Krech/Crutchfield u. a.
Grundlagen der Psychologie
Studienausgabe

David Krech und Richard S. Crutchfield,
Norman Livson, William A. Wilson jr.,
Allen Parducci

Grundlagen der Psychologie

Studienausgabe

Herausgeber Hellmuth Benesch

BELTZ
PsychologieVerlagsUnion

David Krech und Richard S. Crutchfield waren bis zu ihrem Tod Professoren für Psychologie an der University of California in Berkeley.
Norman Livson ist Professor für Psychologie an der California State University in Hayward und forscht am Institute of Human Development in Berkeley.
William A. Wilson jr. ist Professor für Psychologie an der University of Connecticut in Storrs.
Allen Parducci ist Professor für Psychologie an der University of California in Los Angeles.
Hellmuth Benesch, Dr. phil., ist Professor für Angewandte und Klinische Psychologie an der Universität Mainz.

Die Deutsche Bibliothek – CIP-Einheitsaufnahme

Grundlagen der Psychologie / David Krech ... Hrsg.: Hellmuth Benesch. [Aus dem Amerikan. von Brigitte Stein]. – Studienausg. – Weinheim : Beltz Psychologie Verlags Union, 1992
ISBN 3-621-27144-9
NE: Krech, David; Benesch, Hellmuth [Hrsg.]

Gesamtherstellung: Druckhaus Beltz, 6944 Hemsbach
Gestaltung des Umschlags: Dieter Vollendorf, München
Printed in Germany

ISBN 3-621-27144-9

Gesamtinhaltsverzeichnis

Band 1: Theoretische Grundlagen und Entwicklungspsychologie

Band 2: Wahrnehmungspsychologie

Band 3: Lern- und Gedächtnispsychologie

Band 4: Kognitionspsychologie

Band 5: Motivations- und Emotionspsychologie

Band 6: Persönlichkeitspsychologie und Psychotherapie

Band 7: Sozialpsychologie

Inhaltsverzeichnis

Band 1: Theoretische Grundlagen und Entwicklungspsychologie

1. Kapitel
Psychologie als Wissenschaft

Die Psychologie weist an den meisten Universitäten eine der höchsten Studentenzahlen aller Studiengebiete auf. Das war nicht immer so. Tatsächlich existiert die Psychologie erst seit dem Ende des 19. Jahrhunderts als eigenständige akademische Disziplin; vorher wurde sie nur von einzelnen Hochschullehrern (Philosophen, Medizinern, Pädagogen usw.) als spezielles Thema in ihre Vorlesungen mit aufgenommen. Das erste Psychologische Institut gründete Wilhelm Wundt 1879 an der Universität Leipzig. Der starke Zustrom zur Psychologie setzte aber weltweit erst nach dem Zweiten Weltkrieg ein.

Die gegenwärtige Popularität der Psychologie zeugt vor allem von dem Glauben, sie könne Tore zur Selbsterkenntnis öffnen. Die meisten Psychologen teilen diese Auffassung. Relativ wenige der akademischen Psychologen – Professoren und Forschungsspezialisten – dürften jedoch so optimistische Äußerungen wie manche Verheißungen modischer Psychobewegungen machen, die in den letzten fünfzehn Jahren Popularität erlangt haben.

Die akademische Psychologie (mit der Sie die 8 Bände des vorliegenden Werkes vertraut machen sollen) ist eher skeptisch gegenüber den „erstaunlichen Einsichten in das eigene Selbst", die diese Bewegungen versprechen. Skepsis bedeutet jedoch nicht ewigen Unglauben. In der Tradition der akademischen Psychologie wie der Wissenschaft im allgemeinen müssen Erkenntnisse an den Erfahrungen überprüft werden. Empirische Beweise sind unerläßlich. Und solche Beweise sind in der Psychologie wie in allen anderen Wissenschaften nur langsam beizubringen.

1 Wissenschaftliches Vorgehen

Manche mögen vielleicht bezweifeln, ob sich Psychologie wissenschaftlich betreiben läßt. Aber es ist nicht zu leugnen, daß Tausende von Psychologen Tag für Tag dieselben Forschungsmethoden anwenden, die in anderen Wissenschaften üblich sind, und daß sie denselben Beweisregeln unterworfen sind. Psychologen sammeln manche ihrer Daten durch Beobachtung von Menschen in Alltagssituationen, aber sie führen auch Experimente im Labor durch, bei denen sorgfältige Versuchsanordnungen eingehalten und hochentwickelte statistische Techniken benutzt werden, um herauszufinden, ob die Befunde verschiedene Theorien stützen oder ihnen widersprechen. Ob die Erkenntnisse der Psychologen mit denen älterer Wissenschaften wie der Astronomie, der Physik und der Chemie vergleichbar sind, ist eine andere Frage. Die Erfolge der Psychologie werden in den einzelnen Bänden dargestellt. Nachdem Sie sich mit den Leistungen dieser Wissenschaft bekanntgemacht haben, werden Sie besser imstande sein, selbst zu entscheiden, wieviel die Psychologen in Erfahrung gebracht haben und wieviel dieses Fach Ihnen zu bieten hat.

1.1 Das Kontinuum von den Natur- zu den Geisteswissenschaften

Es sei jedoch darauf hingewiesen, daß sich Psychologen mit einer Vielzahl von Problemen beschäftigen, die das Selbstverständnis, das man sich von der Psychologie erhofft, nicht erfüllen. An einem Ende des Spektrums stehen die Psychologen, die das Verhalten von Menschen (und Tieren) über die elektrochemischen Begleitvorgänge in den so wichtigen Neurotransmittern an den Verbindungsstellen zwischen den Nervenzellen erforschen. Ihre Arbeit scheint unumgänglich für das Verständnis der Funktionsweise des Gehirns. Theorien zur Erklärung der Schizophrenie, der häufigsten Form der Psychose, haben auf das mögliche Vorhandensein abnormaler Mengen chemischer Substanzen hingewiesen, die für die neurale Leitfähigkeit entscheidend sind. Die meisten Psychologen haben sehr wenig mit Chemie zu tun, aber sie erkennen dennoch deren fundamentale Bedeutung für die Psychologie an.

Am anderen Ende des Spektrums wirken jene Erforscher der Persönlichkeit, deren Anliegen denen der Geisteswissenschaften, der Literatur und der Philosophie viel näher zu liegen scheinen. Die psychologischen Einsichten Shakespeares und Dostojewskis haben spätere Generationen tief beeindruckt. Diese literarischen Genies waren keine Psychologen im akademischen Sinn, denn sie formulierten ihre psychologischen Einsichten und Beobachtungen nicht als allgemeine Gesetzmäßigkeiten und ihre Lebensschilderungen entsprangen oft eher der Phantasie als dem Faktischen. Aber Persönlichkeitspsychologen gelangen manchmal zu allgemeinen Aussagen über die menschliche Natur, welche den Beobachtungen dieser großen Schriftsteller ähnlich sind.

Zwischen diesen Extremen der Neurochemie und der Literatur erstreckt sich das, was wir als zusammenhängende Fragestellungen der Psychologie ansehen können. Die Erforschung der Wahrnehmung und des Lernens steht der Naturwissenschaft näher als das Studium der Intelligenz und der Persönlichkeit. Die faszinierende Mischung, welche die Sozialpsychologie bildet, nimmt einen großen Raum des Kontinuums ein und ist manchmal fast ununterscheidbar von der Soziologie und Anthropologie. Die Gliederung der verschiedenen Bände orientiert sich an diesem gedachten Kontinuum, aber unter jeweils abschließender Heranziehung verwandten Materials aus der Physiologischen Psychologie (welche die Funktionsweise der Körperorgane im Verhalten erforscht).

1.2 Das Kontinuum von der Grundlagenforschung zur praktischen Anwendung

Im vorhergehenden Abschnitt haben wir gesehen, daß die Psychologie in den Wissenschaften nicht isoliert dasteht. Ebenso wichtig ist ein zweites Kontinuum. Die Psychologie erforscht nicht nur die allgemeinen Gesetzmäßigkeiten des psychischen Geschehens; von gleicher Wichtigkeit ist die Frage, was mit diesen Erkenntnissen geschieht. Außerhalb der Universität interessieren sich die Menschen in der Regel am meisten für die angewandten Aspekte der Psychologie: in welcher Weise sich durch sie ihr Leben verbessern läßt. Sie möchten beispielsweise, daß sie ihnen helfe, ihre Ängste zu vermindern und mit realen Lebensproblemen, wie der Wahl des Berufsweges oder mit der Erziehung ihrer Kinder, fertigzuwerden.

Die akademische Psychologie hat dazu geneigt, vom praktischen Ende des Kontinuums weitaus weniger zu bieten als vom rein wissenschaftlichen Ende. Wissenschaftler aller Fachdisziplinen glauben jedoch, daß sich auf längere Sicht gesehen Grundlagenwissen und Anwendung nicht trennen lassen. Beide profitieren voneinander.

Die speziellen Probleme der praktischen Anwendung von Psychologie werden in einem gesonderten Band behandelt. Im 8. Band geht es dabei um die industriellen, institutionellen, massenpsychologischen usw. Tätigkeiten von Psychologen.

2 Definition der Psychologie

Die Definition einer Disziplin ist aus mehreren Gründen wichtig. Sie grenzt sie gegenüber Nachbardisziplinen ab und kennzeichnet damit ihren Stellenwert im Kosmos der Wissenschaften. Noch wichtiger ist sie als Festlegung für das Selbstverständnis ihrer Fachvertreter und deren eigenständige Bestimmung ihrer Zielsetzungen.

2.1 Mentalismus versus Behaviorismus

Angesichts der ungeheuren Bandbreite psychologischer Fragestellungen kann nicht überraschen, daß es keine einfache Definition gibt, die klar unterscheidet, was Psychologie ist und was nicht. Versuche, die Psychologie zu definieren, spiegeln eher die Auffassungen und Spezialgebiete bestimmter Psychologen. Beispielsweise wurde die Psychologie in Deutschland Ende des 19. und Anfang des 20. Jahrhunderts in der Regel als „Wissenschaft von den Tatbeständen und Gesetzen des Erlebens" definiert. Als ihr Forschungsgegenstand wurden die persönlichen Erfahrungen des Individuums betrachtet, die mit wissenschaftlichen Methoden studiert werden sollten. Diese Definition wurde später in Amerika als in sich selbst widersprüchlich betrachtet. Denn wie kann man seelisches Erleben, das sich im wesentlichen auf den einzelnen beschränkt, mit wissenschaftlichen Methoden erforschen? (Wissenschaft erhebt gewöhnlich den Anspruch, in dem Sinne öffentlich und objektiv zu sein, als dieselben Ereignisse von verschiedenen Personen beobachtet werden müssen.) Dementsprechend definierten die als *Behavioristen* bekannten Psychologen, die kurz vor dem Ersten Weltkrieg ihre Arbeit begannen, die Psychologie als „das Studium des Verhaltens". Damit meinten sie, daß sich das Studium der Psychologie auf beobachtbare Phänomene (wie Bewegungen, gesprochene Worte und Drüsensekretionen) beschränken sollte, die mit Hilfe der objektiven Methoden anderer Wissenschaften studiert werden können.

Wir werden uns mit dieser Kontroverse zwischen den mentalen und den verhaltenstheoretischen Ansätzen der Psychologie im 3. Band ausführlich befassen. Heute befindet sich die Psychologie in einer relativ rezeptiven Periode, in der beispielsweise einige der methodisch strengsten wissenschaftlichen Forscher mathematische Theorien *mentaler* Prozesse entwickeln, Theorien, die dann durch Beobachtung von manifestem *Verhalten* überprüft werden. Eine gängige heutige Definition, die alle Ansätze einzuschließen scheint, identifiziert die Psychologie als „die Wissenschaft vom Verhalten, dem Erleben und der (rückbezüglichen) Erfahrung aus beiden".

2.2 Einzelne versus Gruppen

Die obige Definition grenzt die Psychologie nicht von eng verwandten Gebieten wie der Soziologie, Anthropologie, Linguistik, Wirtschaftswissenschaften und bestimmten Zweigen der Biologie und Physiologie ab. Es stellt sich auch die Frage, wessen psychische Reaktionen studiert werden. Wenige der heute tätigen Psychologen würden darauf bestehen, daß sich die Psychologie auf die Erforschung des Menschen beschränken sollte. Selbst wer in erster Linie dafür eintritt, das menschliche Los zu verbessern, ist sich bewußt, daß wir etwas über uns selbst lernen können, indem wir andere Primaten, Ratten oder sogar Fruchtfliegen studieren. Wir werden viele verschiedene Forschungsbeispiele beschreiben, die einfach nicht mit Menschen hätten durchgeführt werden können. Aber manche Psychologen interessieren sich für andere Spezies um ihrer selbst willen und nicht bloß, um etwas über den Menschen zu lernen. So studieren beispielsweise *Ethologen* (die Zoologen oder Psychologen sein können) das Verhalten von Tieren, bei dem komplexe, unwandelbare Verhaltensabläufe durch bestimmte körperliche Reize ausgelöst werden – instinktives Verhalten, das für den Menschen weitaus weniger typisch ist.

Andere Psychologen interessieren sich weniger für das Verhalten oder das Erleben von Menschen als einzelne betrachtet, dagegen konzentrieren sie sich mehr auf das Verhalten von Gruppen. Die Interessen und Forschungsmethoden, die von diesen Sozialpsychologen angewandt werden, können denjenigen ähneln, die Soziologen zum Studium von Gruppenverhalten (Gesellschaftsschichten, politischen Parteien, ja sogar Familien) benutzen. Psychologen neigen dazu, sich stärker auf den einzelnen zu konzentrieren als Soziologen, aber diese Unterscheidung trifft nicht immer zu und ist oft nicht wichtig.

3 Die Teilbereiche der Psychologie

Die Aufteilung der „Grundlagen der Psychologie" in acht Bände berücksichtigt die speziellen Interessen der Leser, die wegen eines Teilinteresses nicht ein umfangreiches Werk erstehen wollen. Andererseits bietet der einheitliche Aufbau der acht Bände den Vorteil einer weitgehend gleichartigen Darstellung, bei der man sich nicht von Band zu Band an neue Gestaltungskriterien gewöhnen muß. Es dürfte aber nützlich sein, sich zunächst einen knappen Überblick über das Gesamtwerk zu verschaffen.

Der 1. Band beschäftigt sich mit theoretischen Voraussetzungen der Psychologie sowie mit dem Einfluß von Anlage und Umwelt auf die individuellen Unterschiede in der psychischen Entwicklung. Da darin ausführlich auf Statistik, Methodik, die Mechanismen der Vererbung und die Funktionsweise des Nervensystems eingegangen wird, bildet dieser Band die Grundlage für alle folgenden.

Der 2. Band enthält die Wahrnehmungspsychologie: wie wir unsere Umwelt sehen, hören, riechen, schmecken und ertasten. Analysiert man das Seelenleben als einen Vorgang der Informationsverarbeitung, dann steht die Wahrnehmung am Anfang; sie bildet den Input des Verarbeitungssystems. Dies ist vielleicht der älteste und am besten entwickelte Bereich psychologischer Forschung und Erkenntnis.

Der 3. Band befaßt sich damit, wie Organismen die verschiedenen Merkmale ihrer realen Umwelt erlernen, sie erinnern und oft auch vergessen. Manche Psychologen sind auf das Studium der Konditionierung spezialisiert bzw. erforschen andere Verfahrensweisen zur Bildung neuer oder zur Beseitigung alter Gewohnheiten. Andere konzentrieren sich mehr darauf, wie verbale oder bildliche Informationen im Gedächtnis gespeichert und bei Bedarf wieder abgerufen werden. Manche Psychophysiologen spezialisieren sich auf das Studium der physischen Mechanismen, die mit diesen mentalen Prozessen zusammenhängen.

Der 4. Band umfaßt die höheren geistigen Prozesse einschließlich des Denkens, des Problemlösens und der Entscheidungsbildung mit dem Akzent auf der Rolle der Sprache und der Intelligenz. Das letztgenannte Gebiet trug der Psychologie besonders in Amerika öffentliches Interesse ein, als während des Ersten Weltkriegs in großem Umfang Intelligenztests zur Klassifizierung der Soldaten eingesetzt wurden. Amerikanische Schüler sind mit dem Scholastic Aptitude Test (SAT) vertraut, der im Augenblick Gegenstand eingehender Forschung ist und zu Kontroversen Anlaß gab, da er eine der Haupthürden zu den höheren Bildungseinrichtungen darstellt. Gleiches gilt in Deutschland für die Testauslese beim Universitätszugang bei Numerus-clausus-Fächern.

Motivation und Gefühle des Menschen stehen im Mittelpunkt des 5. Bandes. In ihm werden Fragen erörtert, die auch Personen interessieren, die niemals Psychologie studiert haben. Manche Leserinnen und Leser haben vielleicht angenommen, daß die „eigentlichen" Forschungsthemen der Psychologie mit der Motivation und den Gefühlen beginnen. Dieses Material baut jedoch auf den vorher genannten Gebieten auf, so wie es seinerseits die Grundlage für die folgenden Fragestellungen der weiteren Bände bildet. Wiederum gehören hierzu abschließend die physiologischen Mechanismen der Motivation und der Gefühle.

Mit dem Studium der Persönlichkeit, ihrer Störungen und der Psychotherapie im 6. Band dringen wir zum Kern der populären Vorstellung von Psychologie vor. Hier wird dargestellt, wie Psychologen Persönlichkeit und Persönlichkeitsstörungen messen bzw. klassifizieren und wie verschiedene Menschen emotional auf Situationen reagieren. Hier werden auch die wichtigsten Persönlichkeitstheorien vorgestellt, unter spezieller Berücksichtigung der Psychoanalyse und der auf ihr aufbauenden Theorien. Dem Pol der praktischen Anwendungsmöglichkeiten des erwähnten Kontinuums, das sich von der Grundlagenforschung bis zur Anwendung erstreckt, nähern wir uns am stärksten, wenn wir die verschiedenen Methoden der Psychotherapie behandeln. Es sind dies die Versuche von Psychologen und Psychiatern, die Persönlichkeit zu verändern und den Menschen zu helfen, ihre emotionalen Probleme zu lösen.

Der 7. Band ist der Sozialpsychologie gewidmet, die der Frage nachgeht, in welcher Weise Menschen durch ihre gesellschaftliche Umwelt geprägt werden, wie sie sie interpretieren und wie sie sich in Gruppen verhalten. Die Sozialpsychologen sind selbst eine vielgestaltige Gruppe, und wie unser Überblick über ihre Forschungstätigkeit zeigen wird, erstrecken sich ihre Interessen auch auf die meisten Gebiete der früheren Bände. Im sozialpsychologischen Teil finden wir die engsten Verbindungen zwischen der Psychologie und der Soziologie, Anthropologie und Politologie. (Obwohl die Psychologie oft als eine Sozialwissenschaft klassifiziert wird, scheint diese Kategorisierung für das als „Sozialpsychologie" bezeichnete Gebiet am ehesten zuzutreffen.)

Der 8. und letzte Band befaßt sich mit der Angewandten Psychologie (ausgenommen der Tiefenpsychologie, die im 6. Band behandelt wird). Dieser Teilbereich der Psychologie hat in den letzten Jahrzehnten einen großen Aufschwung genommen. Entsprechend den drei hauptsächlichen Zielrichtungen des technologischen, therapeutischen und massenpsychologischen Praxisbezugs werden drei Anwendungsbereiche unterschieden: die Angewandte Organisationspsychologie (Arbeits-, Betriebspsychologie usw.), die Angewandte Klinische Psychologie (Behandlung psychischer Störungen, Prävention usw.) und die Angewandte Sozialpsychologie (Marktforschung, Medienpsychologie usw.).

Eine wichtige Ergänzung in allen Bänden bilden die Boxen. Sie dienen zur Komprimierung des Haupttextes und enthalten häufig eine größere Menge an Einzelheiten über einen bestimmten Versuch oder eine Theorie. Bei einer solchen Durchsicht erhalten Sie einen raschen Überblick über die Hauptgebiete der Psychologie und können einige der wichtigsten Themen in jedem Teilbereich identifizieren. Die angeführten Beispiele heben Gebiete hervor, auf die Psychologen ihre Forschungstätigkeit konzentriert haben.

3.1 Psychologie als System

Es gibt verschiedene Auffassungen über das Verhältnis dieser Teilbereiche der Psychologie untereinander. Zum einen ist Psychologie nichts anderes als die Vereinigung der Vielzahl der soeben genannten und für sich isoliert bestehenden Teildisziplinen, für die keine Gesamtdisziplin nötig ist; außer vielleicht eine Reihe von Hilfsinstrumentarien wie z. B. eine Methodenlehre oder die Statistik. Zum anderen ist die Psychologie eine ursprüngliche Einheit von innerer Übereinstimmung, die nur mit unterschiedlicher Spezialthematik, wie z. B. hinsichtlich des Entwicklungs-, Persönlichkeits- oder Umweltaspektes betrieben wird. Für beide Ansichten gibt es gute Gründe sowie Gegengründe gegen die entgegengesetzte Anschauung. Der Isolationist kann für sich geltend machen, daß es bei der Fülle des anfallenden Erkenntnismaterials keinen Psychologen mehr geben kann, der das Gesamtgebiet der Psychologie voll überschaut; wer das trotzdem versucht, muß Abstriche für seine Kompetenz hinnehmen. Sein holistischer Gegenspieler wird ihm antworten, daß er mit seinen kleinteiligen Erkenntnissen zwar immer genauer einen immer winzigeren Ausschnitt kennenlernt, aber letztlich den Überblick verliert. Zwischen beiden gibt es vielschichtige Kompromisse, wobei jeder Psychologe dem ihm gemäßen Überblick bei gleichzeitiger partieller Detailkenntnis erwerben muß. Der ins Einzelne gehende Überblick, wie ihn die Spezialisten dieses achtteiligen Werkes vermitteln wollen, scheint den Vorteil einer gegenseitigen Verzahnung mit sich zu bringen. In der Abbildung 1 ist ein Modell für die wichtigsten der vielen Gebiete der Psychologie ersichtlich. Dabei dürfte jedes Teilgebiet der Psychologie sowohl als gebende wie als nehmende Instanz aufzufassen sein. Auch hier gilt die Erkenntnis der Gestaltpsychologen, daß das Ganze (der Psychologie) mehr ist als die Summe der Teile (d. h. aller Sparten der Psychologie). Nach dieser Auffassung ist die Psychologie auch ein System der Untersysteme von Wahrnehmungspsychologie, Betriebspsychologie, Entwicklungspsychologie usw. Im Glossar (S. 139 ff.) werden die wichtigsten der psychologischen Disziplinen kurz charakterisiert.

Theoretische Propädeutik	Allgemeine Psychologie	Differentielle Psychologie	Angewandte Psychologie	
Statistik Methodik Psychophysik Wissenschaftstheorie: Funktionen der Psychologie Theorienüberprüfung Psychopathologie Philosophische Propädeutik	Neuropsychologie Wahrnehmungspsychologie Lernpsychologie Aktivationspsychologie Kognitionspsychologie Emotionspsychologie	Entwicklungspsychologie Persönlichkeitspsychologie Psychodiagnostik Motivationspsychologie Sozialpsychologie Vergleichende (Tier-) Psychologie	Klinische Psychologie Arbeits-, Betriebs- und Organisationspsychologie Berufspsychologie Verkehrspsychologie Forensische Psychologie Schulpsychologie	Umweltpsychologie Kulturpsychologie Wirtschaftspsychologie Werbepsychologie Militärpsychologie Medienpsychologie Freizeitpsychologie

Abbildung 1: Gliederung der Hauptgebiete der Psychologie (in Anlehnung an die Klassifikation der APA, der American Psychological Association und an PASAR, Psychological Abstracts Search and Retrieval).

4 Wissenschaftliche Methode und Theoriebildung

Der Anspruch der Psychologie auf den Status einer Wissenschaft basiert auf ihrem Gebrauch grundlegender Forschungsmethoden, welche für andere Wissenschaften kennzeichnend sind. Allgemein gesprochen könnte man diese Methoden als Mittel zur Verbesserung unseres täglichen Bemühens um Verständnis und Wissen betrachten. Ein Großteil der akademischen Ausbildung, die man als Student(in) in der Psychologie im Hauptfach und insbesondere für das Diplom in Psychologie erhält, verfolgt den Zweck, dem Studierenden die in der psychologischen Forschung und Theoriebildung vorhandenen Fallgruben bewußtzumachen. Kritiker der Psychologie beschuldigen sie manchmal, übertriebenen Wert auf wissenschaftliche Beweisführung zu legen und zu skeptisch, zu methodologisch in ihrer Orientierung zu sein. Zu ihrer eigenen Verteidigung heben wissenschaftlich orientierte Psychologen hervor, wie leicht man durch den „gesunden Hausverstand" in die Irre geführt werden kann, insbesondere, wenn Alltagsbeobachtungen zur Unterstützung der eigenen Vermutungen in bezug auf die menschliche Natur herangezogen werden.

4.1 Die experimentelle Methode

Psychologen sind sich darüber einig, daß das wissenschaftliche Experiment, sofern dieses möglich ist, die sicherste Methode darstellt, um falsche kausale Interpretationen der eigenen Beobachtungen auszuschließen. Ein ideales Experiment weist mehrere entscheidende Merkmale auf, die wir wiederholt identifizieren werden, wenn wir auf spezifische Forschungsbeispiele zu sprechen kommen. Da sich jedoch inzwischen ein allgemein gebräuchliches Vokabular zur Beschreibung von Experimenten herausgebildet hat, scheint dies der logische Platz zur Einführung der Hauptbegriffe und Termini einer wissenschaftlichen Versuchsanordnung zu sein. Um diese Einführung konkreter zu gestalten, wollen wir uns eine bestimmte Art von Experiment ansehen: die Bewertung der Wirksamkeit der Psychotherapie. Dieselbe Terminologie und die gleichen Grundüberlegungen in Hinblick auf die Versuchsanordnung sind jedoch auch auf Experimente in allen anderen Gebieten der Psychologie anwendbar.

4.2 Hypothesen

Alle Experimente beginnen mit Annahmen oder *Hypothesen* in bezug auf irgendein gegebenes Faktum. (Schlüsselbegriffe wie „Hypothese" werden im Glossar am Ende des Bandes definiert.) Ein Psychologe kann beispielsweise die Hypothese aufstellen, daß eine bestimmte Form der Psychotherapie eine wirksame Behandlung für Personen darstelle, die an Phobien leiden. Falls diese Behandlung wirksam zu sein scheint, falls die Phobie nach der Behandlung weniger stark ist, besteht eine natürliche Tendenz zu folgern, daß die Hypothese gestützt worden sei – also die Behandlung „funktioniere".

Wir wissen jedoch, daß psychische Störungen oft von selbst besser zu werden scheinen, wie das glücklicherweise auch bei vielen körperlichen Erkrankungen einschließlich Masern und Erkältungen der Fall ist. Der Psychologe kann daher ebensowenig wie der Arzt sicher sein, ob die Besserung auf die Behandlung zurückzuführen ist oder ob sich der Zustand des Patienten auch ohne sie gebessert hätte. Eine entsprechende Versuchsanordnung stellt sicher, daß die Hypothese einer stringenteren Prüfung unterzogen wird, damit man die Möglichkeit ausschließen kann, daß der Patient von selbst gesund geworden ist.

4.3 Unabhängige Variable

Um herauszufinden, ob eine bestimmte Behandlung wirksamer als keine ist, muß man verständlicherweise die jeweiligen Auswirkungen von Behandlung bzw. Nichtbehandlung miteinander vergleichen. Der Versuchsleiter muß feststellen, welche Veränderungen stattfinden, wenn der Patient – oder allgemeiner gesprochen der *Proband* (d.h. die Person, mit der das Experiment durchgeführt wird), die Behandlung erhält oder nicht erhält. In einem Experiment wird die Behandlung manipuliert oder variiert, um ihre Auswirkungen auf ein bestimmtes Merkmal des Verhaltens der *Versuchsperson* (Vp), wie etwa die

Stärke ihrer phobischen Reaktionen, herauszufinden. Der Aspekt, der manipuliert wird, heißt die *unabhängige Variable.* Sie ist unabhängig, weil sie vollständig vom Versuchsleiter kontrolliert wird, der sie unabhängig von anderen Kennzeichen der Umwelt des Probanden variiert. Es wäre nicht richtig, die Behandlung nur zu verabreichen, wenn sich die Lebenssituation des Probanden zu bessern scheint, und sie abzusetzen, wenn sie sich zu verschlechtern scheint oder umgekehrt. Würde die *Psychotherapie* als psychologische Behandlung zur gleichen Zeit durchgeführt wie eine *Chemotherapie* (medikamentöse Behandlung), dann würde man nicht wissen, ob ein möglicher Erfolg der Psychotherapie oder der Chemotherapie zuzuschreiben ist. Eben weil die Versuchsbedingungen *unabhängig* von im übrigen schwer durchschaubaren Umständen wie Veränderungen in der Lebenssituation oder Chemotherapie variiert werden, kann der Experimentator etwaige Unterschiede im Verhalten des Probanden auf die Unterschiede in der speziellen Behandlung, die untersucht wird, zurückführen.

5 Zuordnung von Bedingungen

Dem Leser wird vielleicht eine mögliche Schwierigkeit mit diesem Experiment über die Behandlung von Phobien klar geworden sein: wie kann der Experimentator sicher sein, daß sich bestimmte andere Bedingungen zwischen dem Zeitpunkt, da der Proband keine Behandlung erhielt, und dem Beginn der Behandlung nicht veränderten? Beispielsweise kann der Patient nach einer Periode unveränderter Beschwerden in so viele praktische Schwierigkeiten geraten sein, daß die darauf folgende Besserung auch ohne Behandlung eingetreten wäre. Wenn eine solche irreführende Bedingung auch nur im geringsten möglich erscheint – und bei menschlichen Versuchspersonen ist das nicht bloß möglich, sondern sogar einigermaßen wahrscheinlich – dann muß der Experimentator die verschiedenen Bedingungen der unabhängigen Variablen auf verschiedene Versuchspersonen anwenden (in diesem Fall auf andere an Phobien leidende Individuen). Von einer großen Gruppe von Phobikern ausgehend, wählt der Experimentator die eine Hälfte zur Behandlung aus, während die andere Hälfte unbehandelt bleibt (s. Abb. 2). Natürlich wäre es nicht richtig, für die Behandlung diejenigen Phobiker mit den geringsten Beschwerden auszuwählen, ebensowenig, wie es ratsam wäre, jene mit den stärksten Beschwerden heranzuziehen; in beiden Fällen könnten die Unterschiede im späteren Befinden auf Unterschiede im anfänglichen Schweregrad der Phobie zurückzuführen sein. Das richtige Verfahren besteht darin, eine Münze zu werfen: Zahl, der Patient erhält die Behandlung; Wappen, der Patient erhält keine Behandlung. Die unbehandelten Patienten (oder Probanden bzw. Versuchspersonen) werden oft als *Kontrollgruppe* bezeichnet, da man mit ihrer Hilfe die Auswirkungen der anderen Faktoren, die eine mögliche Besserung verursacht haben könnten, überprüfen bzw. kontrollieren kann. (Wenn der Versuchsleiter zu dem Schluß kommt, daß die

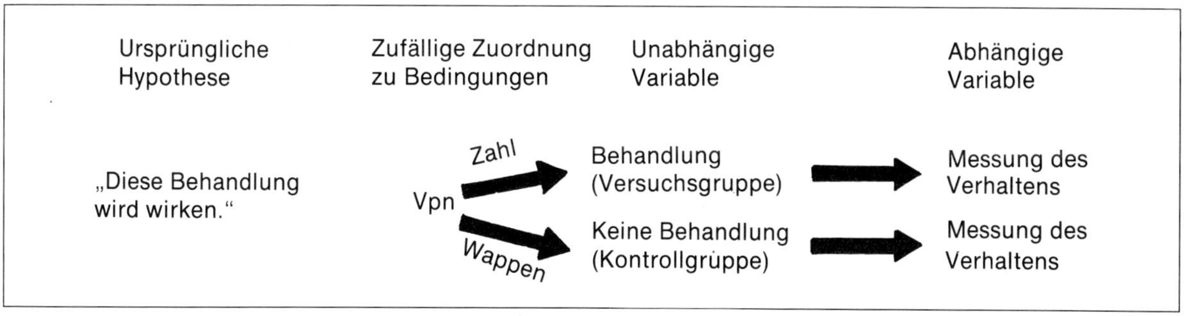

Abbildung 2: Diagramm einer einfachen Versuchsanordnung, bei der die Vpn (Versuchspersonen) nach dem Zufallsprinzip einer von zwei Bedingungen zugeteilt und später verglichen werden, um die Wirkung der verschiedenen Behandlungen festzustellen. Bei komplizierteren Anordnungen kann es zusätzliche Varianten der unabhängigen Variablen geben (z.B. verschiedene Zeitspannen einer bestimmten Behandlung) sowie zusätzliche unabhängige Variablen (z.B. verschiedene Arten von Behandlung).

Behandlung erfolgreich war, werden diese Kontrollprobanden auch behandelt werden – aber erst nach Abschluß des Versuchs.)

Die Logik dieser zufälligen Zuordnung zu Bedingungen scheint einleuchtend, aber es besteht natürlich das Problem, daß rein zufällig die an stärkeren Beschwerden leidenden Patienten überproportional entweder in der behandelten oder in der unbehandelten Kontrollgruppe vertreten sein können. In einem solchen Fall kann der Eindruck entstehen, daß die behandelte Gruppe gebessert wurde, während sie in Wirklichkeit so schlecht dran ist, wie die unbehandelte (Kontrollgruppe). Ohne an diesem Punkt auf Details einzugehen (das geschieht im folgenden Kapitel) sei dem Leser versichert, daß die Statistiker Methoden ausgearbeitet haben, um festzustellen, ob diese Möglichkeit in einem bestimmten Experiment wahrscheinlich wäre. (Im wesentlichen hängen diese Methoden davon ab, wie groß die Auswirkungen der unabhängigen Variablen im Verhältnis zu den Unterschieden zwischen den Probanden innerhalb beider Gruppen zu sein scheinen.)

5.1 Abhängige Variable

Wir haben über die Auswirkungen von Behandlung versus Nichtbehandlung gesprochen, ohne anzugeben, wie diese Auswirkungen gemessen werden. Der Versuchsleiter muß immer irgendeine Meßlatte finden, um einen beobachtbaren Verhaltensaspekt, der für das von der Hypothese vorausgesagte Resultat relevant ist, zwischen Versuchsgruppe und Kontrollgruppe trennen zu können. Diese Meßlatte bezeichnet man als *abhängige Variable,* weil ihre Werte *(Scores)* von der Wirkung der experimentellen Manipulation (= unabhängige Variable) abhängen. Wenn beispielsweise eine irrationale Angst vor Schlangen behandelt wird, dann könnte die abhängige Variable aus den Meßwerten bestehen, wie nahe sich der Patient an eine lebende, aber harmlose Schlange heranwagt. Sehr häufig benutzen Psychologen zahlenmäßige Bewertungen, die entweder von den Probanden selbst oder von anderen Personen, die das Verhalten der Probanden beobachten, vorgenommen werden. Es ist natürlich entscheidend, daß diese Bewertungen so objektiv wie möglich erfolgen, da subjektive Faktoren einen sehr starken Einfluß ausüben und die Ergebnisse ruinieren können.

Ein Mittel besteht darin, den Beobachter, der die Bewertungen vornimmt, völlig im Dunkeln darüber zu lassen, welche Vpn die Behandlung erhielten und welche nicht (sogenannter „Blindversuch"). Um sicherzustellen, daß gebessertes Verhalten nicht einfach ein Versuch des Probanden ist, den Experimentator zufriedenzustellen, ist es manchmal ratsam, vor der Vp zu verheimlichen, ob er oder sie die Behandlung erhält, oder statt dessen zu der Kontrollgruppe zählt. Bei der Erforschung der Wirkung von Medikamenten wird häufig ein *Doppelblindverfahren* benutzt, bei dem weder der Patient noch der Therapeut (bis nach dem Experiment) weiß, welche Personen die wirklichen Medikamente und welche *Plazebos* erhielten (d.h. Substanzen, die aus pharmakologisch unwirksamen Ingredienzien bestehen, die aber dennoch – wenn an ihre Wirksamkeit geglaubt wird – bedeutende Wirkungen hervorrufen können). Beispielsweise führte die amerikanische Gesundheitsbehörde umfangreiche klinische Tests zur Untersuchung des Wertes von Injektionen mit Chymopapain, eines aus Papayas gewonnenen Enzyms, in die beschädigten Bandscheiben von Patienten durch, die an Rückenschmerzen litten. Sowohl die Patienten als auch ihre Ärzte berichteten eine deutliche Besserung der Symptome. Jedoch besserte sich der Zustand von Patienten, denen eine neutrale Salzlösung gespritzt wurde (die als Plazebo gilt, da sie nur geringe medizinische Wirkung haben konnte), ebenso stark wie der der mit dem Medikament behandelten Patienten. Ohne die Kontrolle des Doppelblindverfahrens wäre die Wirksamkeit des Papayaextraktes vielleicht nicht ernsthaft in Frage gestellt worden. Zum Glück ist es so, daß sich viele psychische Probleme, ebenso wie Rückenschmerzen, ohne besondere Behandlung bessern oder verschwinden (sogenannte „Spontanremissionen"). Dadurch wird die Heranziehung von Kontrollgruppen zu einer wesentlichen Voraussetzung für die richtige Bewertung jeglicher Art von Psychotherapie.

5.2 Korrelationsstudien

Wissenschaftler sind am zufriedensten, wenn sie ihre Hypothesen experimentell testen können. Das ist manchmal unmöglich, etwa wenn es sich um Menschen unter Bedingungen handelt, die nicht experimentell manipuliert werden können. Nehmen wir beispielsweise die Hypothese, daß die vom IQ-Test gemessene Intelligenz zum Teil davon abhängt, wieviel elterliche Zuwendung ein Kind zu Hause erhält. Diese Hypothese würde erwarten lassen, daß ein einzelnes oder „einziges" Kind bei im übrigen gleichen sonstigen Voraussetzungen einen höheren IQ haben sollte als Kinder größerer Familien, die die elterliche Aufmerksamkeit mit ihren Brüdern und Schwestern teilen müssen. Aber die „sonstigen Voraussetzungen" sind selten gleich. Eltern von Einzelkindern könnten im Durchschnitt selbst höhere IQs haben, wohlhabender sein, Bücher lesen statt fernzusehen, ihre Kinder in bessere Schulen schicken und sich in zahllosen anderen Hinsichten unterscheiden. Um ein Experiment durchzuführen, das solche Verwirrung stiftende Faktoren kontrollierbar macht, wäre es notwendig, Probanden (Kinder) entweder einzeln oder zusammen mit anderen zufällig ausgewählten Brüdern und Schwestern nach dem Zufallsprinzip in Haushalte einzuweisen. Wie könnte man also die Hypothese, daß das Ausmaß elterlicher Aufmerksamkeit den IQ beeinflußt, testen, da keine Gesellschaft diese Art von Experiment gestatten würde?

Der Korrelationsansatz leistet das, indem er die Beziehung zwischen IQ und Familiengröße feststellt. Zwei Meßwerte werden für jedes Kind bestimmt: (1) Der IQ des Kindes und (2) die Anzahl der übrigen Kinder in der Familie. Ein numerischer Index, der als Korrelationskoeffizient bezeichnet wird, drückt die Richtung und Stärke des Zusammenhangs zwischen zwei solchen quantitativen Merkmalen aus (beispielsweise den Grad des Zusammenhangs zwischen einem höheren IQ und einer kleineren Familiengröße). Wenn die Ergebnisse beider Messungen genau dieselben sind, liegt eine Korrelation von +1.00 vor; sind die Meßwerte genau umgekehrt, dann handelt es sich um eine Korrelation von −1.00; überhaupt keine Beziehung wird durch eine Korrelation von null ausgedrückt. Der Korrelationskoeffizient ist somit ein Maßstab der hypothetisch angenommenen Beziehung.

Ein Großteil der psychologischen Forschung konzentriert sich auf Korrelationsphänomene. Nachdem experimentelle Manipulation entweder unmöglich oder unerschwinglich teuer ist, muß sich der Forscher häufig damit zufriedengeben, die Beziehungen zwischen in der Realität auftretenden Variablen zu beobachten. Dieser Ansatz hat sich in der Astronomie bewährt, wo wir keine Kontrolle über die Bewegungen der Sterne und Planeten haben. Wie wir bei verschiedenen Fragen in den einzelnen Bänden sehen werden, stößt der Korrelationsansatz in der Psychologie auf schwierige Interpretationsprobleme, da die Präsenz irreführender Faktoren es oft schwierig macht, konkurrierende Deutungen der beobachteten Beziehungen auszuschließen. In dem Beispiel der Familiengröße könnten die Eltern vielleicht weniger Geld für die Ausbildung jedes einzelnen Kindes zur Verfügung haben, wenn sie es unter vielen Kindern aufteilen müssen; oder die biochemischen Bedingungen des mütterlichen Körpers könnten sich im Laufe weiterer Geburten oder mit zunehmendem Alter verschlechtern. Psychologen versuchen, irreführende Faktoren wie Geld und Alter zu bewerten, indem sie auch die Korrelationen zwischen IQ und Einkommen, Alter der Mutter, Reihenfolge der Geburt und ähnliches messen und jeden Faktor berücksichtigen, wenn sie ihre Schlußfolgerungen ziehen. Dies ist schwierig, und es bleibt häufig viel Raum für Zweifel und Debatten übrig. Korrelationen sind mit größerem Nutzen als Quellen von Hypothesen denn als Tests von Hypothesen zu betrachten. Noch stärker als in bezug auf Versuche trifft es zu, daß kontroverse Fragen selten durch eine einzige Korrelationsstudie beantwortet werden können. Denn es kommt selten vor, daß ein einzelnes Experiment (experimentum crucis) eine Streitfrage restlos aufklärt.

6 Theorien, Voraussagen und Kontrolle

Das erste Ziel der Wissenschaft ist der Nachweis von Zusammenhängen. Für viele Wissenschaftler ist das Finden einer besseren Erklärung alles, was sie anstreben. Sie fragen sich vielleicht gar nicht nach der praktischen Nützlichkeit solcher Erkenntnisse, und doch wissen wir, daß viele Entwicklungen in der Grundlagenforschung später praktische Konsequenzen hatten, von denen die ursprünglichen Forscher kaum etwas ahnen konnten. (Wer hätte beispielsweise voraussehen können, daß die Keplerschen Gesetze der Planetenbewegung im Zuge der Entwicklung der Physik dazu führen würden, daß Astronauten zum Mond geschickt werden?) Psychologen, die das Lernverhalten von Tieren studieren, interessieren sich vielleicht selbst unmittelbar wenig dafür, wie man Kinder wirksamer unterrichten könnte, aber Pädagogen beziehen ihre Ideen für die Gestaltung des Unterrichts häufig aus Forschungsarbeiten dieser Art.

Wie weiß ein Wissenschaftler, ob irgendein Ereignis zufriedenstellend erklärt wurde? Der übliche Test ist, ob man von einer gegebenen Theorie Bedingungen ableiten kann, unter denen ein bestimmtes Phänomen eintreten wird oder nicht. In diesem Sinne ist eine *wissenschaftliche Erklärung* eine *Voraussage,* daß unter bestimmten Umständen bestimmte Dinge geschehen werden. Die Theorie, daß die elterliche Zuwendung ein wichtiger Faktor für die Entwicklung des IQ sei, sagt voraus, daß der IQ eines „einzigen" Kindes höher sein wird, daß die IQs von Zwillingen niedriger sein werden, usw. (s. Box 4/15, Bd. 4, S. 80f., die de facto eine etwas andere Interpretation nahelegt). Wenn sich irgendeine dieser Voraussagen als falsch erweist, gerät die Theorie in Schwierigkeiten. Manchmal kann eine Theorie durch Heranziehung neuer Annahmen gerettet werden (beispielsweise, Zwillinge seien so selten, daß sie zusätzliche und nicht weniger Zuwendung erhalten). Menschen zögern natürlich, allgemein anerkannte Theorien aufzugeben, selbst wenn sich einige der daraus abgeleiteten Voraussagen als falsch erweisen. Eine alte Theorie wird in der Regel solange nicht völlig über Bord geworfen, bis eine neue Generation mit neuen Wissenschaftlern auf den Plan tritt, die wenig persönliches Interesse an der alten Theorie haben (worauf bereits Max Planck hinwies; vgl. auch Th. Kuhn, 1970).

Wenige zeitgenössische Psychologen erwarten, daß eine allumfassende Theorie auftauchen wird, die geeignet ist, alle bedeutenden Phänomene der Psychologie zu erklären. Das Ziel dieser Psychologen ist es vielmehr, verschiedene Theorien zur Erklärung verschiedener Arten von Phänomenen zu entwickeln. Es gibt somit separate Gruppen von Theorien der Wahrnehmung, des Lernens, des Denkens, der Begriffsentwicklung, der Motivation, der Persönlichkeit und der sozialen Interaktion. Mit der Entwicklung der Erkenntnis und neuen Wissens auf jedem dieser Gebiete kann unsere Fähigkeit zunehmen, auf Geschehnisse einzuwirken, ja die Kontrolle über sie zu erlangen. Wenn man ihre Wirkungen voraussagen kann, dann kann man die Bedingungen manchmal so arrangieren, daß sie die erwünschten Resultate hervorbringen. Ergonomen (Psychologen, die den Mensch-Maschine-Zusammenhang klären, S. 18ff., Bd. 8) haben sich Theorien der Wahrnehmung zunutze gemacht, um eine übersichtlichere Darbietung von Informationen zu entwickeln (beispielsweise im Cockpit von Flugzeugen); Bildungspsychologen haben bei der Programmierung von Lehrmaterial Erkenntnisse der Lerntheorie berücksichtigt, um effizienteres Lernen zu ermöglichen, und Psychotherapeuten haben Behandlungsformen entwickelt, die auf verschiedenen Konditionierungstheorien basieren und geeignet sind, die irrationalen Ängste von Patienten „gegenzukonditionieren" (vgl. Box 3/3, Bd. 3, S. 23).

Für alle diese Teilbereiche sind die Grundlagendisziplinen unersetzliche Voraussetzungen für weiterführende Forschungen.

Zusammenfassung

1. Die gegenwärtige Popularität der Psychologie rührt von dem Glauben her, die Psychologie könne Tore zur Selbsterkenntnis öffnen. Die akademischen Psychologen sind jedoch in der Regel eher skeptisch gegenüber den erstaunlichen Einsichten der Populärpsychologie und fordern Beweise, die den Erfordernissen der Wissenschaft standhalten. Die Psychologie ist insofern eine echte Wissenschaft, als sie die Methoden der Naturwissenschaften benutzt, um zu einem besseren Verständnis der Phänomene zu gelangen, mit denen sie sich befaßt.

2. Verschiedene Psychologen sind mit dem Studium verschiedener Probleme beschäftigt, die entlang eines Kontinuums von den Naturwissenschaften zu den Geisteswissenschaften angeordnet sind. Ein anderes Kontinuum kategorisiert die Psychologen in Hinblick auf ihr Interesse an Grundlagenforschung an dem einen Ende und praktischen Anwendungsmöglichkeiten am anderen Ende des Spektrums ein. Die akademische Psychologie tendiert zu einer Bevorzugung des Grundlagenwissens, aber in der Überzeugung, daß dies zu verbesserten praktischen Anwendungsmöglichkeiten führe.

3. Die Psychologie wurde zuerst als Wissenschaft vom Erleben und später als Verhaltenswissenschaft definiert. Eine allgemein akzeptierte Definition identifiziert die Psychologie als die Wissenschaft des

Verhaltens und Erlebens – nicht bloß des einzelnen Menschen, sondern auch von Tieren und Gruppen. Die acht Bände dieses Werkes behandeln die Hauptgebiete der zeitgenössischen Psychologie.

4. Die Ausbildung in akademischer Psychologie legt großen Wert auf die Interpretation von empirischem Datenmaterial und auf Forschungsmethoden. Experimente stellen das sicherste Mittel zum Ausschluß falscher Interpretationen dar. Sie dienen dem Zweck, Hypothesen darüber zu testen, was unter verschiedenen Bedingungen passiert. Jedes Experiment beinhaltet die Manipulation einer unabhängigen Variablen. Die Probanden werden nach dem Zufallsprinzip den verschiedenen Bedingungen der unabhängigen Variablen zugeordnet – im einfachsten Fall entweder einer Versuchsbedingung (Behandlung) oder einer Kontrollbedingung (Nichtbehandlung). Die sich ergebenden Unterschiede im Verhalten werden mittels der abhängigen Variablen, welche die Wirkung repräsentiert, gemessen.

5. Bei der Bewertung der Wirkung von Psychologie ist es notwendig, eine Kontrollgruppe zur Erfassung von Plazeboeffekten einzurichten. Die beste Kontrolle erreicht man mit Hilfe des Doppelblindverfahrens. Ebenso wie in der Medizin bessern sich psychische Probleme häufig ohne bestimmte Behandlung – ein glücklicher Umstand, der aber die Bestimmung erschwert, was hilfreich ist und was nicht.

6. Die durch Korrelationskoeffizienten (vgl. S. 32f.) ausgedrückten Beziehungen für die Versuchsgruppe und die Kontrollgruppe können nützliche Quellen für Hypothesen sein. Ebenso wie bei allen Experimenten lassen sich kontroverse Fragen selten durch eine einzige Korrelationsstudie beantworten.

7. Ziel der Wissenschaft ist die theoretische Vorhersage bzw. Ableitung, daß unter bestimmten Bedingungen bestimmte Ereignisse eintreten werden. Wenn sich die von einer Theorie gemachten Voraussagen als unrichtig erweisen, dann muß die Theorie revidiert oder aufgegeben werden. Je zutreffender ihre Erklärungen, desto größer sind die Möglichkeiten der Bestimmung von Bedingungen und damit der praktische Nutzen.

2. Kapitel
Statistische Verfahren

Wie aus dem vorhergehenden Kapitel ersichtlich, kommt man in der Psychologie ohne Statistik nicht aus. Wenn beispielsweise behauptet wird, daß die IQs von Individuen, die ihr ganzes Leben in einer günstigen Umgebung gelebt haben, höher seien als die IQs von Personen, die ein kulturell verarmtes Leben geführt haben, dann muß offenkundig jemand die IQs der Menschen *gemessen* haben, deren Leben unter so unterschiedlichen Umständen verläuft.

Es ist außerdem darauf hinzuweisen, daß ein Psychologe, der berichtet, „IQs in günstiger Umgebung" seien höher als „IQs in verarmter Umgebung", fast nie meint, daß jeder einzelne, den er in der ersten Gruppe testete, ein höheres Ergebnis erzielte als alle Angehörigen der zweiten Gruppe; vielmehr will er sagen, daß die privilegierte Gruppe im *Durchschnitt* höhere Werte erzielt als die unterprivilegierte Gruppe.

Der Psychologe, der über einen solchen durchschnittlichen Unterschied zwischen zwei Gruppen berichtet, würde jedoch nicht wirklich erwarten, uns für diese Tatsache zu interessieren, wenn er oder sie nicht beweisen könnte, daß der bei diesen speziellen Personen gemessene Unterschied auch auftreten würde, wenn wir andere Menschen, die unter diesen beiden unterschiedlichen Lebensbedingungen lebten, IQ-Tests unterzögen. Das heißt, der Psychologe interessiert sich ebenso wie auch wir für Menschen *im allgemeinen*, nicht bloß für die zufälligen Teilnehmer an einem bestimmten Experiment.

Meßverfahren und statistische Analyse sind Instrumente, die wir benutzen müssen, wenn wir zu irgendwelchen Schlußfolgerungen von wissenschaftlichem oder praktischem Interesse gelangen wollen. Dieses Kapitel enthält eine Einführung in einige der grundlegenden Fragen und Antworten, mit denen sich jeder vertraut machen sollte, um die Behauptungen zu verstehen – und in Frage stellen zu können – die Psychologen und andere Wissenschaftler (und Pseudowissenschaftler) über ihre Entdeckungen aufstellen.

Das Wort *Statistik* wird oft als bloße Aufzählung verstanden. Die Zahl der tödlichen Verkehrsunfälle pro Jahr oder die Anzahl der Geburten werden gewöhnlich als „Statistik" bezeichnet. Aber die Aufzählung von Ereignissen bildet nur einen sehr beschränkten Teil der Statistik. Der größere Anteil besteht aus sorgfältig ausgearbeiteten Methoden zur Analyse zahlenmäßiger Ergebnisse. Statistische Methoden gestatten uns, solche Daten zusammenzufassen und von einer oder mehreren Gruppen beobachteter Ereignisse auf andere zu schließen. Ein Verständnis einfacher statistischer Methoden ist fast ebenso notwendig für die Aneignung von Wissen wie die Fähigkeit zu lesen und zu schreiben.

1 Beschreibung von einzelnen und Gruppen

Unsere erste Aufgabe besteht darin, das Ausmaß individueller Differenzen zu quantifizieren. Und da wir uns bewußt sind, daß sich die einzelnen auch untereinander unterscheiden, müssen wir Mittel und Wege finden, um die Meßwerte für eine ganze Menschengruppe zusammenzufassen, ohne einerseits die Unterschiede und andererseits die grundlegenden Ähnlichkeiten zu vernachlässigen, die ebenfalls vorhanden sind. Die statistischen Operationen, die wir durchführen müssen, um Antworten zu erhalten, gleichen sich weitgehend, ob es uns nun um Messungen der Persönlichkeit oder Messungen wie der Größe und des Gewichts geht. Beginnen wir daher mit der Erörterung der statistischen Meßverfahren von Größe und Gewicht. Dieses Problem ist relativ einfach, weil uns die Maßeinheiten (Meter und Zentimeter) vertraut sind. Später können wir dann das hier Gelernte auf die komplexeren Probleme anwenden, um die es bei der Messung von Intelligenz, Persönlichkeit und Einstellungen geht.

1.1 Häufigkeitsverteilungen und -diagramme

Die nachstehenden, vor längerer Zeit tatsächlich erhobenen Daten können als Beispiel für viele dienen. An der Universität von Washington wurden 1923/1924 629 neue Studenten zugelassen, deren Größe und Gewicht verzeichnet wurde. Aus Gründen der einfacheren Manipulation sind die Rohdaten für unseren Zweck bereits in Intervallen gruppiert (für den Zweck der Illustration und insbesondere wegen der Intervallgruppierungen, die auf der Basis der uns nicht zugänglichen Rohdaten vorgenommen wurden, haben wir die ursprünglichen Maßeinheiten von Zoll und englischem Pfund beibehalten).

Der kleinste Student (wahrscheinlicher: die kleinste Studentin) maß 60,5 Zoll, der größte 76 Zoll. Die leichteste Studentin wog 100 englische Pfund, der Schwergewichtler der Gruppe 216 Pfund. Hier haben wir somit 1258 Zahlen – Größen- und Gewichtsmaße – eine Art „Geschichte" der individuellen Unterschiede. Wollen wir diese im einzelnen lesen und verstehen, so müssen wir die Zahlen in einer einfachen und systematischen Weise anordnen. Der erste Schritt hierzu ist das Anlegen von *Häufigkeitstabellen.* Eine Häufigkeitstabelle ist genau, was der Name besagt – eine Tabelle, die uns angibt, in welcher Häufigkeit gewisse Zahlenwerte auftreten. Wenn wir es mit einer großen Zahl von Meßwerten zu tun haben, empfiehlt es sich gewöhnlich, die einzelnen Werte in gleiche *Klassenintervalle* oder *Stufenintervalle* aufzuteilen und die Zahl der Fälle anzugeben, die auf jedes einzelne Intervall entfallen. Aus der Anordnung der Daten in Tabelle 1, S. 27, können wir beispielsweise sehen, daß die Größen zwischen 70,5 und 71,5 Zoll unter den 629 Studenten 64 mal vorkamen, während die Größen zwischen 67,5 und 68,5 Zoll 156 mal auftraten.

Graphische Darstellungen haben gegenüber einer Tabelle gewisse rein „optische" Vorzüge. Wir können Häufigkeitstabellen in Häufigkeitskurven umwandeln. Es gibt zwei vielbenutzte Arten von Häufigkeitsdarstellungen: *Histogramme* und *Polygone* (Häufigkeitskurven).

Die Abbildungen 3 und 4, S. 27, zeigen, was aus den Tabellen 1 und 2, S. 27, wird, wenn sie in *Histogramme* umgewandelt werden. Die Meßwerte (ausgedrückt als Mittelpunkte jedes Stufenintervalls) werden hier entlang der horizontalen Abszisse gezeigt, die Häufigkeiten auf der vertikalen Ordinate. Die Abbildungen 5 und 6, S. 28, zeigen die gleichen Daten als Häufigkeitskurven (Polygone).

Die Form der Häufigkeitskurve kann manches Interessante über die Eigenart der dargestellten individuellen Unterschiede aussagen. Manchmal sieht die Kurve wie ein L aus, manchmal wie ein Rechteck und manchmal ist sie so unregelmäßig, daß sie sich einer einfachen Beschreibung widersetzt. Eine sehr häufig anzutreffende Form gleicht jedoch den Abbildungen 5 und 6.

Die Kurven in den Abbildungen 5 und 6 können als mehr oder weniger symmetrisch beschrieben werden: Höhepunkte nahe dem Zentrum und allmählich nach beiden Seiten hin abklingend. Die Körperhöhenkurve ist jedoch symmetrischer als die Gewichtskurve. Eine Kurve, die von der symmetrischen Form abweicht, wird als *schief* oder *asymmetrisch* bezeichnet. Fast alle Maßzahlen (d.h. Rohwerte) für Verhalten, Lernleistung, Gedächtnis, Intelligenz oder Sinnesleistungen führen zu schiefen Häufigkeitsverteilungen.

1.2 Mittelwertsmaße

Das Wort *durchschnittlich* ist für uns oft gleichbedeutend mit „typisch", „am häufigsten" oder „repräsentativ". Alle diese Bezeichnungen definieren letztlich eine Form der sogenannten *zentralen Tendenz* – einen mittleren Wert zwischen zwei Extremen. Versuchen wir aber, diesen Ausdrükken eine präzise mathematische Bedeutung zu geben, so stellen wir fest, daß sie nicht synonym sind. Die jeweiligen Durchschnitte können recht Verschiedenes bedeuten, insbesondere, wenn die Verteilungskurve schief oder asymmetrisch ist.

Drei besonders häufige mathematische Maße für die zentrale Tendenz sind der *Mittelwert, Modalwert* und *Zentralwert.* Jeder dürfte das *arithmetische Mittel* kennen, das die Summe sämtlicher Werte einer Verteilung, dividiert durch die Anzahl der Fälle ist. Als Formel ausgedrückt kann man auch schreiben:

$$M = \frac{\Sigma X}{n}.$$

M ist das arithmetische Mittel, der griechische Großbuchstabe Σ (Sigma) bedeutet Summe der Einzelwerte und n steht für die Zahl der Fälle. So wiegen sämtliche 629 oben angeführten Studenten zusammen 89475 englische Pfund. Σ X ist daher 89475; n ist 629; M, das arithmetische Mittel, wird gefunden, indem man Σ X durch n dividiert, was 142,25 Pfund ergibt. Bei Abrundung auf die nächste ganze Einheit erhalten wir 142 Pfund. Das gleiche Vorgehen bei dem Körperhöhenbeispiel führt zu einem arithmetischen Mittel von 68,0 Zoll bei dem gleichen Kollektiv von Probanden.

Das zweite Maß für zentrale Tendenz ist der Modalwert (auch „Dichtemittel"). Wenn wir sagen, daß Herr A ein neuimmatrikulierter Stu-

Tabelle 1: Häufigkeitsverteilung der Größen neuimmatrikulierter Studenten an der Universität von Washington 1923–1924

Größe in Zoll	Anzahl
75.0–76.0	3
73.5–74.5	5
72.0–73.0	43
70.5–71.5	64
69.0–70.0	148
67.5–68.5	156
66.0–67.0	115
64.5–65.5	51
63.0–64.0	33
61.5–62.5	8
60.0–61.0	3
$n =$	629

Nachdruck der Tabellen 1 und 2 mit Genehmigung aus G. I. Gavett, *A First Course in Statistical Methods;* Copyright 1925 by McGraw-Hill Book Company, Inc.

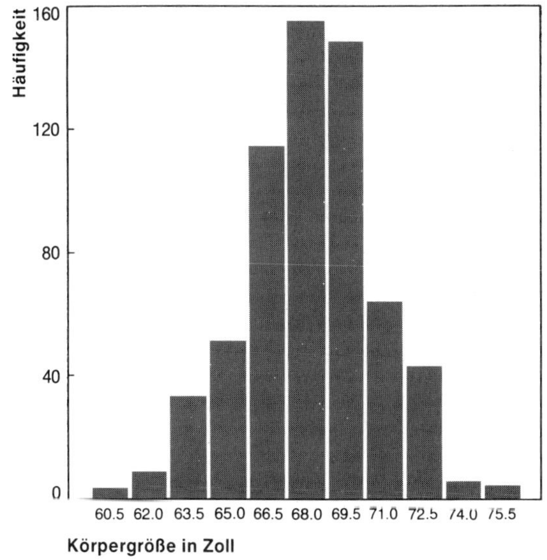

Abbildung 3: Histogramm der Größenverteilung von 629 neuimmatrikulierten Studenten der Universität von Washington, 1923–1924.

Tabelle 2: Häufigkeitsverteilung für das Gewicht neuimmatrikulierter Studenten an der Universität von Washington 1923–1924

Gewicht in englischen Pfund	Anzahl
210–220	1
199–209	3
188–198	5
177–187	16
166–176	35
155–165	82
144–154	129
133–143	162
122–132	138
111–121	44
100–110	14
$n =$	629

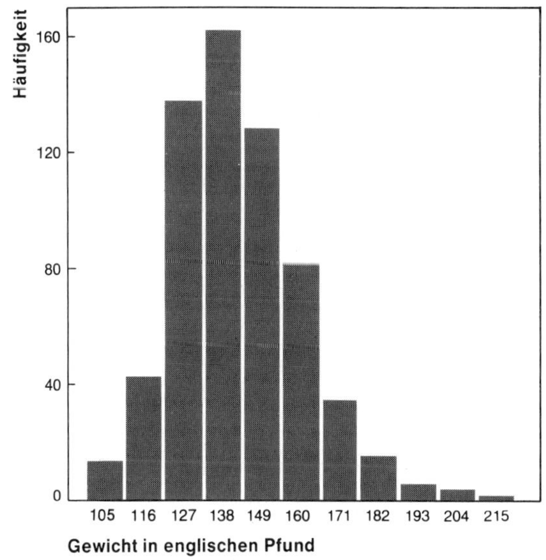

Abbildung 4: Histogramm der Gewichtsverteilung von 629 neuimmatrikulierten Studenten

dent von „durchschnittlicher Größe" sei, so meinen wir möglicherweise, daß A die Größe aufweist, die am häufigsten unter neuimmatrikulierten Studenten auftritt. Modalwerte der Größen und Gewichte im obigen Studentenbeispiel können sowohl aus den Histogrammen wie aus den Häufigkeitskurven gut abgeschätzt werden. Die Histogramme (Abb. 3 und 4) legen nahe, daß der Größenmodalwert irgendwo in dem Intervall zwischen 67,5 und 68,5 Zoll liegt (was auch aus Tab. 1 hervorgeht und in Abb. 3 durch die größte Säule dargestellt ist) und daß der Modalwert für das Gewicht zwischen 133 und 143 Pfund liegt. Wir können jedoch die Modalwerte noch etwas genauer annähern. Wir nehmen dazu an, daß sie in die Mitte der zugehörigen Klassenintervalle fallen.

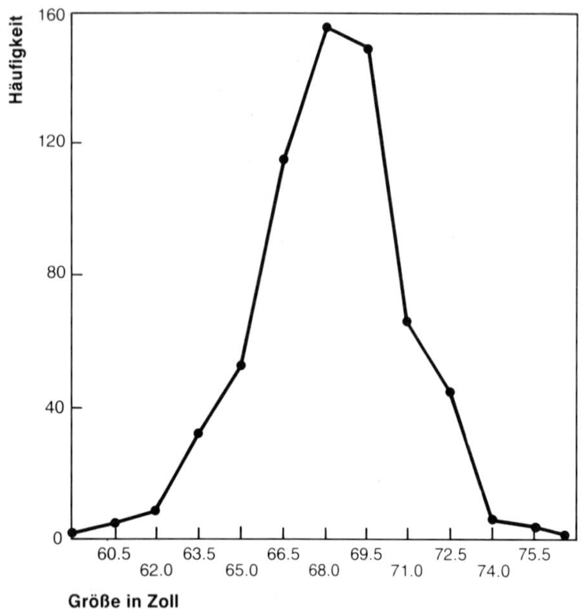

Abbildung 5: Häufigkeitskurve für die Daten der Tabelle 1. Jeder Punkt wird in der *Mitte* des betreffenden Intervalls dargestellt.

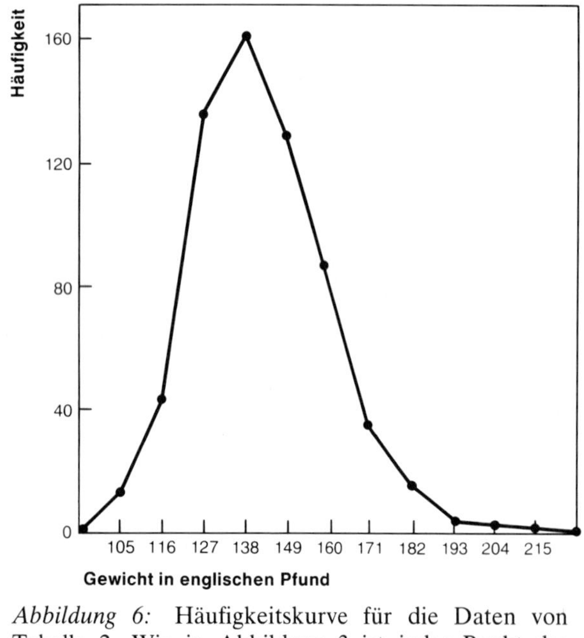

Abbildung 6: Häufigkeitskurve für die Daten von Tabelle 2. Wie in Abbildung 3 ist jeder Punkt des Kurvenzuges auf die Mitte des Intervalls bezogen.

Dies gibt uns für Körperhöhe 68,0 Zoll (welcher Wert auf halbem Wege zwischen 67,5 und 68,5 Zoll liegt) und für Gewicht 138 Pfund (in der Mitte zwischen 133 und 143 Pfund).

Die dritte Maßzahl wird als *Zentralwert* oder *Median* bezeichnet. Wenn wir sagen, daß Student B von „durchschnittlicher Größe" sei, so meinen wir möglicherweise, daß er weder klein noch groß ist, sondern genau *in der Mitte aller Probanden* rangiert. Würden also die 629 Studentinnen und Studenten der Größe nach aufgestellt, so daß die kleinste an das eine Ende und der größte an das andere Ende zu stehen kommt, so würde B die 315. Person in der Reihe sein – 314 sind kleiner und 314 sind größer. Seine Größe würde als Medianhöhe bezeichnet. Der Zentralwert einer Verteilung wird einfach durch geeignete Tabellierung und Abzählen erhalten. Für unser Material finden wir, daß der Zentralwert für Gewicht (abgerundet) 141 englische Pfund beträgt; und für Größe (abgerundet) 68,0 Zoll.

Der Ausdruck „durchschnittlicher Proband" oder „durchschnittliche Größe" kann sich daher auf drei verschiedene Maße für zentrale Tendenzen beziehen, die alle zahlenmäßig verschieden sein können. Jedes Maß hat gewisse Vorzüge und gewisse Nachteile. Das arithmetische Mittel wird durch die Extremwerte der Verteilung stark beeinflußt, was auf den Modalwert und den Zentralwert nicht zutrifft. Und manchmal sind die extremen Beträge „unnatürlich" und sollten aus diesem Grunde ihren vollen Einfluß nicht ausüben. Wollen wir ein Mittel errechnen, das jeden der Mittelwerte einschließlich der Extreme spiegelt, so benutzen wir die arithmetische Methode; interessieren wir uns für einen Mittelwert, der nicht durch extreme Einzelwerte beeinflußt wird, so verwenden wir entweder den Modalwert oder den Zentralwert.

Ist das einzige, was wir über eine Gruppe wissen, der Mittelwert, so würde unsere beste Schätzung der Eigenschaften der Gruppe durch den Mittelwert ausgedrückt werden müssen. Dies ist jedoch im allgemeinen unzureichend und kann zu schwerwiegenden Fehlern führen. Nehmen wir zum Beispiel an, daß zwei Mannschaften in einem Zielwerfen die folgenden Ergebnisse erzielten: 8, 8, 9, 9, 9, 9, 10, 10 (Gruppe A) und 6, 7, 8, 9, 9, 10, 11, 12 (Gruppe B). Beide Verteilungen sind symmetrisch, und in beiden Fällen ist das Mittel 9, ob durch den Mittelwert, den Modalwert oder den Zentralwert gemessen. Es ist jedoch klar, daß die beiden Gruppen in einer wichtigen Hinsicht recht verschieden sind. In der ersten Gruppe liegen die Maßwerte dicht beieinander; in der zweiten

Gruppe sind die einzelnen Werte einer großen Streuung unterworfen. Der Mittelwert reicht demnach nicht aus; wir müssen außerdem Informationen über den Grad der Ergebnisstreuung in einer Gruppe haben.

1.3 Streuungsmaße

Um einen raschen qualitativen Eindruck über den Grad der *Dispersion oder Streuung* einer Verteilung zu erhalten, reicht gewöhnlich eine Inspektion der Häufigkeitsverteilungskurven selbst aus. Zum Beispiel haben wir in Abbildung 7 zwei Verteilungen der gleichen Mittelwerte, aber unterschiedliche Streuung. Es ist offensichtlich, daß die Verteilung A weniger um den Mittelwert streut als die Verteilung B, und aus diesem Grunde ist auch der Mittelwert für A insgesamt repräsentativer als für die Verteilung B.

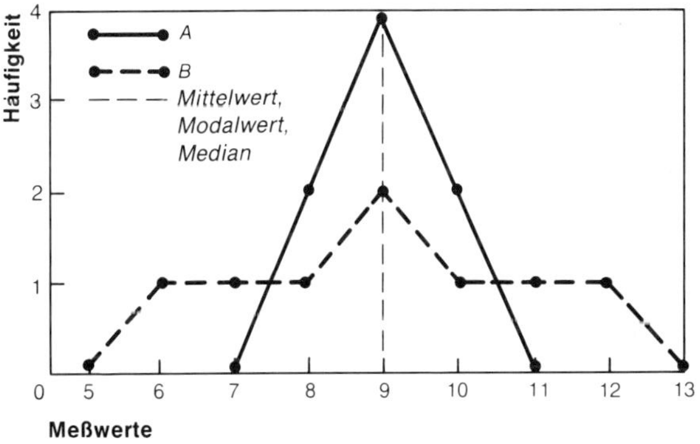

Abbildung 7: Zwei Verteilungskurven, beide symmetrisch, bei beiden sind arithmetisches Mittel, Modalwert und Medianwert identisch, aber ihre Streuung ist unterschiedlich. Die Werte der Kurve B sind offenkundig weiter gestreut (weisen eine größere Variabilität auf) als die der Kurve A.

Wollen wir den Grad der Streuung präziser zahlenmäßig angeben, so benötigen wir eines der zahlreichen Streuungsmaße. Einige in der Psychologie verbreiteten Maße nennen wir im folgenden.

1.4 Variationsweite

Die Intervallgrenzen zwischen der höchsten und der niedrigsten Maßzahl bilden das einfachste zahlenmäßige Streuungsmaß: die Variationsweite, sie umschließt einen Bereich oder eine Klasse, d.h. einen „Merkmalsraum". Dazu können wir unser vorheriges Beispiel heranziehen. Der Bereich für die erste Gruppe von Ergebnissen beträgt 2 (d.h. 10 minus 8); für die zweite Gruppe von Meßzahlen beträgt der Bereich 6 (d.h. 12 minus 6). Der Klassenbereich veranschaulicht uns, daß die individuellen Unterschiede im zweiten Fall größer sind.

Für viele Zwecke und für viele Arten von Verteilungen stellt der Bereich ein ausreichendes Streuungsmaß dar für das, was wir wissen wollen. Das Maß wird jedoch zu leicht durch einen extremen Einzelwert beeinflußt. Als Beispiel wollen wir annehmen, daß sich 1923 auch ein vielversprechender Basketballspieler von 7 Fuß und einem Zoll (ca. 215 cm) unter den Erstsemestern befand. Als einer unter 629 Neuimmatrikulierten würde er die mittlere Größe aller Studenten nur geringfügig beeinflußt haben; nicht einmal in der ersten Dezimalstelle – für den Gesamtbereich jedoch sehr erheblich (Tab. 3).

Tabelle 3: Größen in Zoll von Studenten mit bzw. ohne Einbeziehung des hypothetischen Basketballstars

Maße	Mit dem Star	Ohne den Star
n (Zahl der Studenten)	630	629
M (arithmetisches Mittel)	68.0	68.0
Größter Bewerber	85.0	76.0
Kleinster Bewerber	60.5	60.5
Bereich	24.5	15.5

1.5 Standardabweichung

Ein weiteres, für viele statistische Zwecke sehr viel nützlicheres Streuungsmaß ist die Standardabweichung. Sie beruht wiederum zunächst auf den individuellen Abweichungen vom Mittel.

Wir quadrieren dann aber jede Abweichung, summieren die quadrierten Abweichungen und dividieren durch die Anzahl der Fälle. Der Grund für die Quadrierung der Einzeldifferenzen liegt in gewissen mathematischen Überlegungen, die uns hier nicht zu beschäftigen brauchen. Der letzte Schritt besteht darin, die Quadratwurzel aus dem vorherigen Ergebnis (dem Durchschnitt der quadrierten Abweichungen) zu ziehen.

Dieses Endergebnis, die Standardabweichung, wird gewöhnlich als SD (im englischen Sprachraum „Standard Deviation“) oder durch klein s bezeichnet. Die Grundformel lautet:

$$s = \sqrt{\frac{\Sigma d^2}{N}}.$$

Kehren wir wieder zu unserem Zielwerfen zurück: wir würden s wie in Tabelle 4 für die weniger gestreute Gruppe von Ergebnissen berechnen. Für die andere Gruppe ergibt sich für s ein Wert von 1,89. (SD kann man sich auch als „Streuungsdurchschnitt“ merken!)

Tabelle 4: Berechnung der Standardabweichung für eine Gruppe von Ergebnissen beim Zielwerfen

	Gruppe A	
Ergebnisse	$X - \overline{X}$	$(X - \overline{X})^2$
8	−1	1
8	−1	1
9	0	0
9	0	0
9	0	0
9	0	0
10	1	1
10	1	1
$\Sigma = 72$		4
$\bar{X} = 9$		
$n = 8$		$\Sigma\,(X - \bar{X})^2 = 4$

$$s = \sqrt{\frac{\Sigma\,(X - \bar{X})^2}{n}} = \sqrt{\frac{4}{8}} = \sqrt{.50} = .71$$

Die statistischen Methoden, die wir hier gelernt haben, lassen sich auf zahlreiche Gegenstände anwenden – Größe und Gewicht von Probanden, Intelligenztestergebnisse, Lesefähigkeitstests oder Persönlichkeitsmaße. Manche dieser psychologischen Messungen schaffen jedoch spezielle Probleme, denen wir uns jetzt zuwenden wollen.

2 Maßeinheiten

Wenn Jutta 120 Pfund wiegt, Toni 150 Pfund und Armin 180 Pfund, so können wir mehrere einfache Vergleiche anstellen. Wir können die drei rangmäßig einstufen und sagen, daß Armin der Schwerste, Toni der Zweitschwerste und Jutta die Leichteste der drei ist. Wir können ferner quantitative Vergleiche anstellen und sagen, daß Armin 50 Prozent mehr wiegt als Jutta oder daß der Gewichtsunterschied zwischen Armin und Toni dem Gewichtsunterschied zwischen Toni und Jutta gleich ist. All dies erscheint recht offenkundig. Nehmen wir jetzt aber einen zweiten Satz von Meßwerten und schauen wir, was passiert.

Nehmen wir an, daß wir mit den gleichen drei Probanden Intelligenztests durchführen und feststellen, daß Armin ein Ergebnis von 100, Jutta von 110 und Toni von 120 erzielt. Wiederum können wir die drei Probanden rangmäßig einstufen und angeben, daß Toni der Intelligenteste, Jutta die nächste und Armin der am wenigsten Intelligente sei. Aber wir können *nicht* folgern, daß Jutta 10 Prozent intelligenter als Armin, daß Toni 20 Prozent intelligenter oder daß der Intelligenzunterschied zwischen Toni und Jutta derselbe sei wie zwischen Jutta und Armin! Um dies im einzelnen zu würdigen, müssen wir bestimmte Probleme betrachten, die prinzipiell bei allen Messungen auftreten.

2.1 Absolute Nullwerte

Länge wird bekanntlich durch einen entsprechend geeichten Maßstab gemessen. Die Ziffern auf diesem Maßstab beginnen selbstverständlich bei Null. Nehmen wir an, wir messen die Länge von drei Stäben und stellen fest, daß der eine Stab auf unserem Maßstab von Null bis 10 cm reicht, der zweite von Null bis 20 cm und der dritte von Null bis 40 cm. Der zweite Stab ist doppelt so lang wie der erste und der dritte zweimal so lang wie der zweite (s. Abb. 8 oben).

Nehmen wir jedoch an, daß aus irgendeinem Grund die Bezifferung unseres Maßstabes nicht mit Null beginnt, sondern in einer nicht angegebenen Entfernung vom Nullpunkt, wie in Abbildung 8 unten zu sehen. Nehmen wir weiter an, daß wir wiederum drei Stäbe (diesmal andere) messen und wieder feststellen, daß der erste Stab an dem mit 10 cm markierten Intervall endet, der zweite bei 20 cm und der dritte bei 40 cm. Selbst mit Hilfe dieses sehr sonderbaren „Maßstabes“ könnten wir die drei Stäbe immer noch und durchaus präzis rangordnungsmäßig einstufen und sagen, daß der zweite Stab länger ist als der erste und der dritte am

Abbildung 8: Eine bildliche Darstellung der Schwierigkeiten bei der Verwendung eines Meßinstrumentes, dessen absoluter Nullpunkt nicht mit dem Skalenwert Null zusammenfällt (untere Hälfte der Abbildung).

längsten von allen. Wir könnten jedoch nicht sagen, daß der zweite Stab doppelt so lang ist wie der erste oder daß der dritte doppelt so lang ist wie der zweite. Eine einfache Überlegung macht klar, daß für quantitativ vergleichende Feststellungen (zum Beispiel „dies ist zweimal so lang wie ..." oder „er ist 10 Prozent intelligenter als ...") Meßinstrumente Vorbedingung sind, deren Skalennullwert mit dem wahren Nullwert für die betreffende Dimension zusammenfällt.

Die meisten uns vertrauten Meßinstrumente haben einen echten *(absoluten)* Nullpunkt. So zeigt die Anzeige von Null auf einer zuverlässigen Waage buchstäblich an, daß sich kein Gewicht darauf befindet. Nicht alle unsere physikalischen Meßinstrumente sind von dieser Art. So ist zum Beispiel auf der vertrauten Celsiustemperaturskala die Null auf dem Thermometer nicht der absolute Nullwert für Wärme; eine Temperatur von 80 Grad Celsius ist daher nicht „zweimal so warm" wie 40 Grad. Wenden wir uns psychologischen Meßinstrumenten zu, so stellen wir fest, daß faktisch wenige oder gar keine Tests einen wahren Nullwert besitzen. Es gibt keine Tests, bei denen die Maßzahl Null bedeutet, daß der Proband, sagen wir, absolut „keine Intelligenz" besitzt oder absolut „keine" Ehrlichkeit, Feigheit, Schüchternheit oder Neurotizismus (es fällt auch schwer, sich vorzustellen, was „Null Intelligenz" oder „Null Ehrlichkeit" bedeuten soll).

Da unsere diversen Intelligenz- und Persönlichkeitstests keine absoluten Nullbezugspunkte haben, können wir die erhaltenen Maßzahlen nicht in Verhältniszahlen umwandeln; d.h. wir können u.a. eben nicht sagen, daß Toni um 10 Prozent intelligenter sei als Jutta usw. Direkte Vergleiche dieser Art sind nicht gerechtfertigt. Dies stellt die psychologische Messung vor viele Probleme. Bevor wir uns aber gewissen Lösungsvorschlägen zuwenden, wollen wir eine zweite Schwierigkeit betrachten, die ebenfalls auf viele psychologische Meßinstrumente zutrifft.

2.2 Gleiche Einheiten

Eine weitere wesentliche Eigenschaft des üblichen physikalischen Meßinstruments ist die, daß sämtliche benutzten Einheiten unter sich gleich sind – ein Zentimeter ist gleich lang, unabhängig davon, ob es sich um ein Zentimeterintervall am Anfang oder am Ende des Maßstabes handelt. Dieses gestattet uns die Aussage, daß die Differenz zwischen 20 cm und 30 cm die gleiche ist wie zwischen 10 cm und 20 cm.

Nehmen wir jedoch an, daß auf unserem Meßinstrument die Maßeinheiten nicht von gleicher Größe sind – die „Zentimeter" würden etwa zunehmend länger. Es ist klar, daß dann der Abstand zwischen 20 und 30 „cm" in Wirklichkeit größer wäre als der Abstand zwischen 10 und 20 „cm".

Es gibt nun keinen einzigen Intelligenz- oder Persönlichkeitstest, bei dem wir eindeutig sagen können, ob die benutzten Maßeinheiten die gleiche Größe haben. Die Testergebnisse werden natürlich gewöhnlich in numerischer Form ausgedrückt, wie ein IQ von 110, 111 oder 112. Das garantiert jedoch nicht, daß der Unterschied in der Intelligenz zwischen zwei Personen, die ein Ergebnis von 110 bzw. 111 erzielen, gleich groß ist wie der zwischen zwei Probanden, die Werte von 111 bzw. 112 erreichten.

2.3 Perzentilmaße

Ein Perzentilmaß gibt an, wo der betreffende Proband in irgendeinem Test relativ zu dem Rest der getesteten Gruppe steht. Wir können jeden beliebigen *Rohwert* eines Tests (das tatsächliche von einer Vp erzielte Ergebnis) in sein Perzentiläquivalent umwandeln. Ein Ergebnis mit einem Perzentilwert von 50 würde bedeuten, daß 50 Prozent aller Teilnehmer an einem Test höhere

Ergebnisse und 50 Prozent niedrigere Ergebnisse als diesen Wert erzielten. Ein Perzentil von 90 würde bedeuten, daß lediglich 10 Prozent der Probanden höhere Ergebnisse erzielten, dagegen 90 Prozent der Probanden darunter liegen.

Perzentilwerte variieren immer von Null bis 100, *gleichgültig, welchen Bereich die Rohwerte umspannen.* Dies ermöglicht den Vergleich der Leistung verschiedener Probanden bei unterschiedlichen Tests, deren „Roh"maßeinheiten ebenfalls ganz verschieden sind. Aber trotz des unbezweifelbaren Wertes der Perzentilwerte sollten wir immer bedenken, daß alle Vergleiche von Ergebnissen psychologischer Tests mit Vorbehalt behandelt werden müssen. Bestenfalls sind die Vergleiche bloß relative (d.h. relativ zu der getesteten Personengruppe). Da wir weder ein absolutes Null noch gleiche Maßeinheiten zur Verfügung haben, können wir keine Vergleiche in absoluten Werten – im Sinne der geometrischen und physikalischen Skalen – anstellen.

2.4 Intervall-, Ordinal- und Nominalskalen

Wenn das Instrument, das wir benutzen, gleiche Einheiten aufweist, dann sagt man, daß es *Intervallmessungen* liefere. Dies würde beispielsweise für eine der Temperaturskalen zutreffen. Und trotz der oben beschriebenen Ungewißheiten sind Psychologen manchmal bereit anzunehmen, daß ein gut standardisierter Test Intervallmessungen biete.

In den meisten Fällen benutzen Psychologen Meßinstrumente, die keine gleichen Einheiten aufweisen, die uns aber *Ordinalmessungen* bieten. Das heißt, selbst ohne gleiche Einheiten nehmen wir an, daß jemand mit einem IQ von 115 mehr von dem besitzt, was der Test mißt, als jemand mit einem IQ von 114, und so weiter.

Es gibt noch eine dritte Art des Meßverfahrens, das häufig von Psychologen benutzt wird, obwohl es sich auf den ersten Blick gar nicht um eine *Messung* zu handeln scheint. Nehmen wir an, daß wir 100 fünfjährige Jungen fragen, welche Art von Eiscreme sie am liebsten haben: Schokolade, Vanille, Erdbeere oder Kaffee. Die Antwort jedes Jungen sagt uns etwas über ihn. Wir erhalten somit eine Art von Meßwert für das betreffende Kind – nicht derselben Art wie seine Größe, sein IQ oder seine Körpertemperatur, aber trotzdem ein Meßwert. Wir bezeichnen es als *Nominalmessung,* wenn uns das Verfahren (in diesem Fall die Beantwortung unserer Frage) lediglich instand setzt, den Probanden in die eine oder andere Kategorie einzuordnen. Andere Beispiele wären die Feststellung der Augenfarbe einer Person oder ihrer Zugehörigkeit zu einer politischen Partei.

Diese drei verschiedenen Arten von Meßverfahren gilt es auseinanderzuhalten, weil sie uns bei der Entscheidung helfen, welche Arten statistischer Methoden wir zur Zusammenfassung unserer Befunde benutzen können, und weil sie die Generalisierung auf größere Gruppen erleichtern. In dem obigen Eiscremebeispiel wäre es natürlich sinnlos, nachdem wir herausgefunden haben, daß 42 Jungen Schokolade vorziehen, 23 Vanille, 27 Erdbeere und 8 Kaffee, die vom „durchschnittlichen" Jungen bevorzugte Geschmacksrichtung durch Ermittlung eines arithmetischen Mittels oder eines Medians berechnen zu wollen. Wir *könnten* jedoch die Modalwahl feststellen, wenn wir uns erinnern, daß der Modalwert der am häufigsten auftretende Wert ist; Schokolade ist die *bevorzugte Eiscreme* und kann somit die Vorliebe *des „durchschnittlichen" Jungen repräsentieren.*

3 Korrelationen

Die Beschreibung individueller Unterschiede beschränkt sich nicht auf den Vergleich eines Probanden mit anderen, sondern schließt auch den Vergleich zweier Aspekte bei den gleichen Menschen ein. Welcher Zusammenhang besteht beispielsweise zwischen gutem Rechnen und Musikalität? Gibt es so etwas wie einen in jeder Beziehung fähigen Menschen oder sind die meisten in einigen Bereichen gut, in anderen durchschnittlich und in wieder anderen schlecht? Um diese und andere Fragen zu beantworten, müssen wir den Grad der Zusammenhangsbeziehung wie zum Beispiel zwischen Rechenfähigkeit und Musikalität in irgendeiner Weise formal ausdrücken können. Nehmen wir an, wir geben 10 Studenten drei Tests: einen für sprachliches Schließen, einen für arithmetisches Schließen und einen Labyrinthtest. Außerdem verzeichnen wir das Körpergewicht der 10 Vpn. Angenommen, bei jedem Studenten wird das Ergebnis in den ersten beiden Tests durch die

Anzahl der richtig gelösten Aufgaben bestimmt und beim dritten Test durch die Zahl der Fehler, die der Proband machte, bis er zum ersten Mal das Labyrinth völlig fehlerfrei durchlief. Diese fiktiven Ergebnisse werden in Tabelle 5 dargestellt.

Tabelle 5: Hypothetische Ergebnisse für vier Testmaße und 10 Vpn

Proband	Anzahl der richtigen Lösungen. Test für sprachliches Schließen	Anzahl der richtigen Lösungen. Test für arithmetisches Schließen	Anzahl der Fehler	Gewicht in Pfund
A	98	24	40	135
B	82	21	46	130
C	90	20	48	160
D	95	26	36	125
E	85	23	42	145
F	100	27	34	165
G	80	22	44	143
H	78	19	50	157
J	102	28	32	140
K	91	25	38	150

3.1 Positive Korrelationen

Eine *positive Korrelation* bezieht sich auf zwei Gruppen von Maßen, deren Werte zusammen variieren. Nehmen wir zwei Gruppen von Maßen aus Tabelle 5: Die Verbal- und die Rechentestergebnisse. Um ein „Bild" dieser beiden Ergebnisgruppen anzufertigen, konstruieren wir eine graphische Darstellung mit den Ergebnissen des Verbaltests auf der Horizontalen und den Ergebnissen des Rechentests auf der vertikalen Achse. Es ist ohne Belang, welche Achse wir welchem Test zuordnen. Eine graphische Darstellung dieser Art bezeichnet man als *Korrelationsdiagramm.* In diesem Diagramm (s. Abb. 9) werden die Ergebnisse eines Prüflings in beiden Tests durch *einen* Punkt dargestellt. Zum Beispiel sagt uns der Punkt, der die Leistung des Studenten A darstellt, daß dieser auf dem Verbaltest ein Ergebnis von 98 und auf dem Rechentest ein Ergebnis von 24 erzielt hat.

Eine Betrachtung der Abbildung 9 zeigt für die 10 Vpn einen deutlichen Trend: Je höher das Verbaltestergebnis des Probanden, desto höher ist

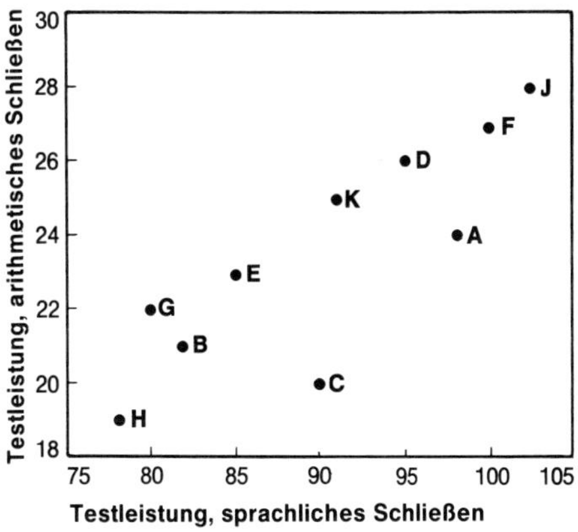

Abbildung 9: Korrelationsdiagramm für Daten aus der Tabelle 5 (positive Korrelation). Jeder Maßpunkt stellt die Ergebnisse eines Probanden in beiden Tests dar. Aus Gründen der Klarheit ist hier jeder Punkt durch den entsprechenden „Namen" des Probanden bezeichnet worden (A, B, C usw.). Normalerweise werden die Koordinatenpunkte in solchen Diagrammen nicht besonders gekennzeichnet.

im allgemeinen auch das von ihm erzielte Ergebnis auf dem Test für arithmetisches Schließen. Hier haben wir eine *positive Korrelation* vor uns: Wenn das Korrelationsdiagramm einen Trend von der linken unteren Ecke nach rechts oben aufweist, existiert eine positive Korrelation. (Vorausgesetzt, daß wie bei unserem Beispiel die in beiden Tests erzielten Ergebnisse jeweils von links nach rechts bzw. von unten nach oben in aufsteigender Reihenfolge abgetragen werden.)

Man bemerkt aber auch gewisse Ausnahmen von dem allgemeinen Trend. Proband C zum Beispiel weicht deutlich ab. Obgleich er bei dem Test für sprachliches Schließen Besseres leistet als die Probanden G, B und E, leistet er weniger in dem Rechentest. Wir können demnach schließen, daß zwar eine positive Korrelation vorliegt, diese aber nicht vollkommen ist.

3.2 Negative Korrelationen

In Abbildung 10, S. 34, werden die Ergebnisse analog für den sprachlogischen Test und den Labyrinthversuch dargestellt: Je weniger Fehler in dem Labyrinthtest gemacht werden, desto höher ist hier das Ergebnis in dem sprachlichen Test. Dementsprechend liegt eine *negative Korrelation* zwischen den zwei Maßzahlgruppen vor. Wenn das Korrela-

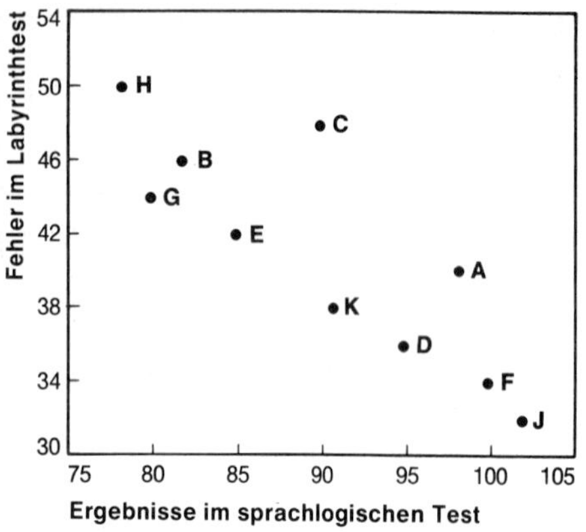

Abbildung 10: Korrelationsdiagramm, welches auf Daten aus Tabelle 5, S. 33, beruht und eine negative Korrelation zwischen den Fehlern im Labyrinthtest und den Ergebnissen im sprachlogischen Test zeigt.

tionsdiagramm einen Trend von der linken oberen zur rechten unteren Ecke zeigt, existiert eine negative Korrelation. Aber wiederum haben wir keine perfekte negative Korrelation vor uns; man beachte zum Beispiel die Ergebnisse für die Probanden A und C.

Diese negative Korrelation zwischen den beiden Gruppen von *Ergebnissen* kann jedoch als eine positive Beziehung zwischen den *Fähigkeiten* interpretiert werden, die von den beiden Tests gemessen werden. Bei unserem Logiktest haben wir die Anzahl der erreichten *Lösungen* festgehalten, wogegen wir bei dem Labyrinthversuch die Anzahl der gemachten *Fehler* benutzten. Offensichtlich ist eine Leistung um so schlechter, je mehr Fehler gemacht werden. Diese negative Korrelation bedeutet daher in Wahrheit, daß eine gute Leistung beim Labyrinthversuch mit einer guten Leistung in dem anderen Test korrespondiert. Das Vorzeichen einer Korrelation (positiv oder negativ) sagt uns daher lediglich etwas über die Beziehung zwischen den in den beiden Tests benutzten Maßzahlen aus. Was eine Korrelation bedeutet, hängt von der Definition dieser Maßzahlen ab.

3.3 Nullkorrelationen

In Abbildung 11 haben wir ein Korrelationsdiagramm für den sprachlichen Test und die Körpergewichtsvariable konstruiert. Die Korrelation zwischen Körpergewicht und den Ergebnissen im sprachlogischen Test ist sehr nahe an Null. Lassen die Punkte in einem Korrelationsdiagramm keinen besonderen Trend erkennen, sondern sind lediglich zufällig und willkürlich verstreut, so besteht eine *Nullkorrelation* (oder eine, die sehr nahe bei Null liegt).

Aus den obigen Beispielen ist klar, daß eine positive oder negative Korrelation nicht völlig positiv oder völlig negativ zu sein braucht. In vielen Fällen müssen wir außer der Richtung, also dem Vorzeichen, auch die Größe oder den Betrag einer Korrelation kennen. Diesem Erfordernis wurde durch die Entwicklung von sogenannten *Korrelationskoeffizienten* genügt – dies ist jeweils ein einziger Index, welcher sowohl das Vorzeichen (im allgemeinen) als auch die Größe der Korrelation angibt.

Im allgemeinen wird eine vollkommene positive Korrelation als +1,00 und eine vollkommene negative Korrelation als −1,00 bezeichnet. Der Korrelationskoeffizient kann also von +1,00 bis −1,00 variieren. Zum Beispiel ist ein Korrelationskoeffizient von +0,14 positiv, ein Korrelationskoeffizient von −0,90 hoch negativ. Man beachte dabei, daß eine Korrelation von −0,90 eine höhere Korrelation darstellt als eine solche von +0,14. Die Größe der Korrelation bezieht sich also auf ihren Abstand von Null (gleichgültig, ob positiv oder negativ), nicht auf ihr positives oder negatives Vorzeichen als solches.

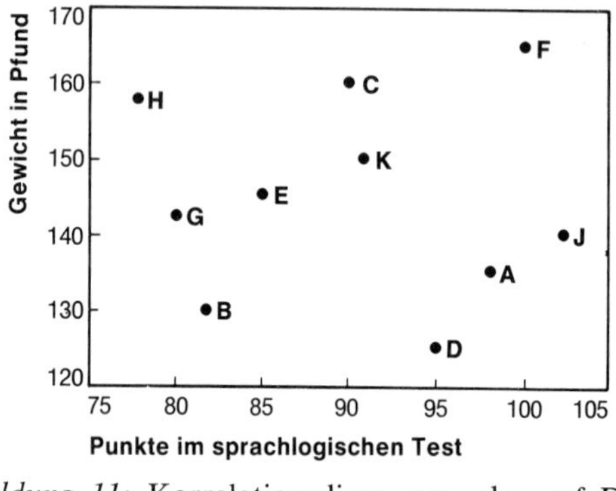

Abbildung 11: Korrelationsdiagramm, das auf Daten der Tabelle 5, S. 33 beruht. Das Fehlen einer Korrelation zwischen dem Körpergewicht der Probanden und ihrer Leistung im sprachlogischen Test ist offensichtlich. Man bemerkt, daß die Punkte nicht in einer systematischen Weise angeordnet zu sein scheinen, sondern über das gesamte Korrelationsfeld verteilt sind. Dies stellt daher eine Nullkorrelation dar.

3.4 Rangkorrelationen

Es gibt eine Anzahl von Methoden, um die Größe eines Korrelationskoeffizienten zu bestimmen. Vielleicht die einfachste von diesen ist einer der sogenannten *Rangordnungs-Korrelationskoeffizienten,* nämlich r_s. Tabelle 6 enthält die nötigen Schritte zur Feststellung von r_s für die Daten aus dem verbalen und arithmetischen Test von Tabelle 5.

In Kolonne vier haben wir die Leistung der 10 Probanden im sprachlogischen Test rangmäßig verzeichnet. Das höchste Ergebnis, 102, wurde von Proband J erzielt, und ihm wird der Rang 1 zugeordnet. Das nächstbeste Ergebnis war 100, dieser Proband F erhält daher den Rang 2; A wird an der Stelle 3 eingestuft usw. In Kolonne fünf haben wir sodann die 10 Vpn auch entsprechend ihren Ergebnissen aus dem Arithmetiktest rangmäßig gestuft.

Tabelle 6: Rangordnungskorrelation zwischen sprachlogischem und arithmetischem Test

1 Proband	2 Anzahl der richtigen Lösungen, sprachlogischer Test	3 Anzahl der richtigen Lösungen, Arithmetiktest	4 Rang, sprachlogischer Test	5 Rang, Arithmetiktest	6 *D*	7 D^2
A	98	24	3	5	−2	4
B	82	21	8	8	0	0
C	90	20	6	9	−3	9
D	95	26	4	3	1	1
E	85	23	7	6	1	1
F	100	27	2	2	0	0
G	80	22	9	7	2	4
H	78	19	10	10	0	0
J	102	28	1	1	0	0
K	91	25	5	4	1	1
						$\Sigma D^2 = 20$

$$r_S = 1 - \frac{6\Sigma D^2}{n(n^2-1)} = 1 - \frac{120}{10(99)} = 1 - \frac{120}{990} = 1 - .12 = +.88$$

Bestünde eine perfekte positive Korrelation, so gäbe es zwischen den beiden Rangordnungen keine Differenz. Zum Beispiel würde Proband J, der bei dem sprachlichen Test an erster Stelle abschnitt, auch bei dem Arithmetiktest Rang 1 erhalten. Die Person, die bei dem sprachlichen Test Rang 2 erhielt, würde auch beim Rechentest auf den zweiten Rang kommen, usw., bis zu dem Probanden, der in beiden Listen an 10. Stelle rangierte. Würden wir hier die Differenzen zwischen den Ergebnissen der Kolonne fünf und den Ergebnissen der Kolonne vier jeweils rechts daneben schreiben, so würde die Kolonne jeweils Nullen enthalten.

Ist jedoch die Korrelation nicht vollkommen, so könnten die Differenzen zwischen den Rängen (das heißt, Kolonne fünf minus Kolonne vier) nicht alle Null betragen. Eine Vp, die bei einem Test an dritter Stelle steht, könnte bei dem zweiten Test den fünften Rang besetzen, usw. Je größer im allgemeinen die Rangunterschiede, desto niedriger würde auch die positive Beziehung zwischen den beiden Maßwertgruppen sein. Der Durchschnitt der Rangdifferenzen ist also offensichtlich eine Methode, den Grad der Korrelation zu messen – je größer die durchschnittliche Differenz, desto niedriger die positive Korrelation.

Da ein + 1,00 als die höchstmögliche positive Korrelation definiert ist, müßten wir von 1,00 die durchschnittlichen Differenzen zwischen den Rängen subtrahieren, um den Korrelationskoeffizienten zu erhalten. Aus verschiedenen mathematischen Gründen arbeiten wir de facto mit den quadrierten Differenzen zwischen den Rangplätzen (wie in Kolonne 7 zu sehen) und verwenden die Summe dieser quadrierten Beträge in der folgenden Formel:

$$r_s = 1 - \frac{6\,\Sigma\,D^2}{n\,(n^2-1)}\,.$$

Nach Anwendung dieser Formel erhalten wir eine Korrelation von $r_s = +0{,}88$ für den Zusammenhang zwischen dem sprachlichen und arithmetischen Test für unsere 10 hypothetischen Probanden. Damit haben wir die positive Korrelation, die sich in der Abbildung 9, S. 33, zeigt, zahlenmäßig ausgedrückt.

3.5 Produkt-Moment-Korrelationen

Der heute gebräuchlichste Koeffizient ist der sogenannte Produkt-Moment-Korrelationskoeffizient, symbolisiert durch den Buchstaben r. Er wurde von dem englischen Mathematiker Karl Pearson (1857–1936) entwickelt und lautet:

$$r = \frac{\Sigma_{xy}}{N_{sx\ sy}}.$$

Dabei bedeuten:

r = die Indexzahl, die den Grad der Verwandtschaft (oder Beziehung) zwischen X und Y angibt;

x = die Abweichung des X-Wertes vom Mittel aller X-Werte ($X - M_X$);

y = ebenfalls $Y - M_Y$;

Σ_{xy} = die Summe der Produkte aus den Abweichungswerten jedes Ergebnispaares;

s_x = die Standardabweichung der X-Verteilung;

s_y = die Standardabweichung der Y-Verteilung;

N = die Zahl der Versuchspersonen in der Gruppe.

Da diese Formel recht umfangreich ist, erfolgen solche Berechnungen meist mit Hilfe von Computern. Die folgende hypothetische Verteilung von fünf Wertepaaren soll das Prinzip erläutern:

Person	Test X	Test Y	x	y	x^2	y^2	xy
A	50	10	20	−20	400	400	− 400
B	40	20	10	−10	100	100	− 100
C	30	30	0	0	0	0	0
D	20	40	−10	10	100	100	− 100
E	10	50	−20	20	400	400	− 400
	150	150	0	0	1000	1000	−1000

$$M_X = \frac{\Sigma X}{N} = \frac{150}{5} = 30$$

$$M_Y = \frac{\Sigma Y}{N} = \frac{150}{5} = 30$$

$$s_x = \sqrt{\frac{\Sigma_{x^2}}{N}} = \sqrt{\frac{1000}{5}} = \sqrt{200} = 14.4$$

$$s_y = \sqrt{\frac{\Sigma_{y^2}}{N}} = \sqrt{\frac{1000}{5}} = \sqrt{200} = 14.4.$$

Die Übertragung dieser Werte in die Formel des Korrelationskoeffizienten lautet:

$$r = \frac{\Sigma_{xy}}{N_{s_x\ s_y}} = \frac{-1000}{5\ (14.4)\ (14.4)} = \frac{-1000}{1000} = -1.00.$$

−1.00 bedeutet eine maximal negative Korrelation. Wenn die Anordnung der Werte im Test Y umgekehrt wäre, d.h. wenn die X- und die Y-Werte identisch sein würden, ergäbe das einen Korrelationskoeffizienten von +1.00 oder eine maximal positive Korrelation.

Solche Extremwerte kommen jedoch sehr selten vor. Der Wert des Korrelationskoeffizienten wird erst deutlich, wenn man mit ihm rechnerisch entscheiden kann, welche Wahrscheinlichkeiten bei Beziehungen zwischen unterschiedlichen Werten zu erwarten sind. Die Statistik hilft somit, subjektive Deutungen in objektive Beurteilungen überzuführen.

3.6 Mißbrauch und Nutzen von Korrelationen

Ein logischer Fehler, der nicht selten bei der Interpretation von Korrelationskoeffizienten gemacht wird, ist das „Ursache-Wirkungs-Argument". Dabei wird angenommen, daß im Falle einer hohen Korrelation zwischen zwei Variablen die eine der beiden als Ursache der anderen anzusehen ist. Eine hohe Korrelation zwischen zwei Ereignissen kann jedoch lediglich bedeuten, daß beide Ereignisse durch einen dritten Faktor verursacht sind, nicht aber daß ein Ereignis das andere bewirkt oder beeinflußt. Faktisch wird in der statistischen Arbeit der Korrelationskoeffizient meist dann benutzt, wenn wir von vornherein wissen, daß zwischen den von uns korrelierten Gruppen von Meßwerten keine Kausalbeziehung besteht. Auf den folgenden Seiten finden sich einige Beispiele für diese Situation. Wenn zwischen zwei Messungen eine Nichtnullkorrelation besteht, können wir, ungeachtet des Kausalzusammenhangs, das Ergebnis eines Probanden bei einem Meßverfahren für die Schätzung oder „Voraussage" seines Ergebnisses beim anderen Verfahren benutzen. Nehmen wir an, daß der in Tabelle 5 präsentierten Gruppe noch ein elfter Student (L) angehörte, der beim sprachlogischen Test 101 Punkte erzielte, der aber beim Arithmetiktest fehlte. Formulieren Sie anhand von Abbildung 9, S. 33, ihre eigene Schätzung, wie dieser elfte Student beim Arithmetiktest abschneiden würde. Da der sprachliche und der arithmetische Test positiv korrelieren und da L beim sprachlichen Test ein hohes Ergebnis erzielte, wäre zu erwarten, daß L auch beim Arithmetiktest gut abschneiden würde. Wir können nicht erwarten, mit unserer Schätzung von L.s Arithmetikergebnis genau richtig zu liegen, aber unsere sicherste Schätzung wäre, daß L beim Arithmetiktest ein ähnliches Ergebnis erzielen würde wie die Studenten, die beim sprachlichen Test etwa dasselbe Ergebnis erzielten wie L (zum Beispiel F und J). Die beste Voraussage ist, daß L in Arithmetik ein überdurchschnittliches Ergebnis erzielen würde, aber nicht so weit über dem Mittelwert wie sein Ergebnis beim sprachlichen Test. Dieses letztgenannte Phänomen wird als *Regression zum Mittelwert* bezeichnet.

4 Meßfehler

Wenn wir irgendetwas messen – sei es die Länge einer Tischkante oder eine Persönlichkeitsdimension eines psychiatrischen Patienten – ist unsere Messung zwangsläufig mit einem gewissen Fehlerausmaß behaftet. Der Fehler kann auf ein unvollkommenes Meßinstrument zurückgehen, auf eine unvollkommene Methode seiner statistischen Handhabung, er kann durch ein nachlässiges Ablesen des Instruments verursacht sein oder durch einen oder mehrere andere Faktoren. Wir beschäftigen uns hier mit zwei Typen von Fehlerproblemen: Der Zuverlässigkeit (Reliabilität) und der Gültigkeit (Validität) unserer Instrumente.

4.1 Reliabilität

Es gibt kein absolut vollkommenes Meßinstrument. Selbst bei der einfachsten Klasse von Meßinstrumenten, dem einfachen Längenmaßstab, gibt es Fehler. Wir wissen jedoch alle, daß gewisse Meßinstrumente größere Fehler mit sich bringen als andere. Ein Maßstab aus Metall zum Beispiel kann deswegen Fehlern unterworfen sein, weil Metall sich entsprechend seinem Temperaturkoeffizienten ausdehnt oder zusammenzieht. Offenkundig wäre ein Maßstab, der sich ausdehnt oder zusammenzieht, unzuverlässig. Denn benutzen wir ihn dazu, den gleichen Gegenstand zweimal zu vermessen, so könnten wir je nach der Raumtemperatur zwei verschiedene Ergebnisse erhalten. Ein zuverlässiger oder reliabler Maßstab würde theoretisch zum gleichen Ergebnis führen, unabhängig davon, wievielmal der gleiche Gegenstand vermessen würde.

Diese einfache Überlegung gibt uns eine Definition für zuverlässige und unzuverlässige Meßinstrumente. Wir sagen, daß die einem Maßstab zukommende Zuverlässigkeit oder Reliabilität (einschließlich der Anwendungsmethode) definiert werden kann als der *Grad, in dem wiederholte Messungen mit dem betreffenden Instrument die gleichen oder ähnliche Ableseergebnisse hervorbringen, also als solche reproduzierbar sind.*

Nehmen wir an, wir wollen den Grad der Zuverlässigkeit oder Reliabilität eines neuen Intelligenztests bestimmen. Wir können den Test einer Gruppe von Kindern geben und die Ergebnisse festhalten. Eine Woche später könnten wir den gleichen Probanden den gleichen Test geben und wieder die Ergebnissse festhalten. Wir hätten nun zwei Gruppen von Ergebnissen für die gleiche Gruppe von Kindern und für den gleichen Test. Sind der Test und seine Anwendungsmethode reliabel, zuverlässig, so sollten die Kinder bei beiden Gelegenheiten die gleichen oder mindestens sehr ähnliche Ergebnisse erzielen. Wenn wir einen Korrelationskoeffizienten zwischen den beiden Gruppen von Ergebnissen berechneten, so würde er einen hohen positiven Wert haben. Ist der Test nicht reproduzierbar, so würden die Kinder bei den zwei Testsitzungen stark differierende Ergebnisse erzielen und der Korrelationskoeffizient wäre Null oder nahe bei Null. Der Korrelationskoeffizient gibt uns daher einen zahlenmäßigen Index, der den Grad der Reproduzierbarkeit oder Reliabilität eines Tests ausdrückt. Wird ein Korrelationskoeffizient zu diesem Zweck benutzt, so bezeichnet man ihn auch als Reliabilitäts- oder Zuverlässigkeitskoeffizient.

Es ist jedoch nicht immer zweckmäßig, den *gleichen* Test zu zwei verschiedenen Zeitpunkten zu wiederholen. Es besteht zum Beispiel immer die Möglichkeit, daß der kindliche Proband sich noch erinnert, wie er in der vorangegangenen Woche reagiert hatte und diese Leistung lediglich auf der Grundlage seines Gedächtnisses wiederholt. Die Korrelation zwischen der ersten und der zweiten Gruppe von Ergebnissen würde uns in diesem Fall ein Maß für das *Gedächtnis* des Probanden statt einem Maß für die *Reproduzierbarkeit* des Tests geben; oder es besteht die Möglichkeit, daß die Intelligenz des Kindes sich tatsächlich während des dazwischen liegenden Intervalls geändert hat. Wir würden daher nicht wissen können, ob eine niedrige Korrelation zwischen der ersten und der zweiten Testdurchführung auf eine Veränderung der Intelligenz oder auf einen Mangel an Testreliabilität zurückzuführen ist.

Ferner besteht noch die Möglichkeit, daß einige Kinder sich bei dem Wiederholungstest langweilen, so daß in diesem Fall eine niedrige Wiederholungskorrelation durch einen Mangel an Motivation bei einigen Probanden statt durch mangelnde Reliabilität des Tests oder der Testmethode verursacht ist.

Mehrere Verfahren sind zu dem Zweck entwikkelt worden, diese Probleme bei der Reliabilitätsbestimmung für einen Test zu umgehen. Eine dieser Techniken wird als Zuverlässigkeitsprüfung durch Testhalbierung bezeichnet.

4.2 Testhalbierung

Die meisten psychologischen Tests bestehen aus einer großen Zahl von Aufgaben, Problemen und Fragen. Nehmen wir an, daß ein Mathematiktest aus 100 verschiedenen Aufgaben besteht. Wir können die 100 Aufgaben in zwei Testfassungen zu je 50 Aufgaben aufspalten. Dies kann beispielsweise so geschehen, daß die Leistung in den ungeradzahlig numerierten Aufgaben (1, 3, 5, 7 usw.) ein Unterergebnis für jeden Probanden darstellt und die Leistung in den geradzahlig numerierten Aufgaben (2, 4, 6 usw.) ein zweites Unterergebnis. Wir erhalten dann für jeden Probanden zwei verschiedene Ergebnisse für zwei vergleichbare Formen des Tests. Als nächstes korrelieren wir dann das Ergebnis des Probanden bei allen ungeradzahligen Unteraufgaben mit seinem Ergebnis bei allen geradzahlig numerierten Aufgaben und bestimmen auf diesem Weg den Reliabilitätskoeffizienten für jede Hälfte und auf dieser Grundlage sodann die Reliabilität des Gesamttests. Deshalb wird dieses Verfahren auch als „Gerade-Ungerade-Reliabilitätskoeffizient“ bezeichnet.

Die genannte Methode hat folgende Vorzüge: Erstens, beide Untertests (geradzahlig und ungeradzahlig) werden zur gleichen Zeit und unter den gleichen Motivationsbedingungen gegeben, unter den gleichen Testbedingungen, der gleichen Frischheit usw. der Probanden; zweitens, da wir den Test in der geradzahlig-ungeradzahligen Weise aufgespaltet haben, ist die Vergleichbarkeit der beiden Versionen gewährleistet; nicht allein hinsichtlich des Inhalts, sondern auch hinsichtlich der Durchführung des Tests. Jeder Untertest enthält Aufgaben, die sowohl anfangs als auch am Ende der Sitzung erscheinen, so daß Faktoren wie Ermüdung und vermindertes Interesse vermutlich für beide Untertests dieselben sind.

Diese und andere Verfahren können über die Angemessenheit eines Tests als eines Meßinstruments wertvolle Informationen liefern. Bloß zu wissen, daß ein Test reproduzierbar oder reliabel ist, reicht jedoch nicht aus, um seinen Wert als Meßinstrument vollständig zu ermitteln. Ein Test kann hoch zuverlässig oder reliabel sein und sich dennoch als ein sehr ungeeignetes Meßinstrument erweisen, weil ihm ausreichende Validität oder Gültigkeit fehlt.

4.3 Validität

Im allgemeinen Sprachgebrauch werden die Bezeichnungen Zuverlässigkeit und Gültigkeit oft nicht streng unterschieden. In der Theorie der Messungsverfahren haben die Begriffe Reliabilität und Validität jedoch eine streng unterschiedliche Bedeutung. Bei der *Validität* geht es um die Frage, ob ein Test oder ein anderes Instrument das mißt, was es messen soll. Ein Instrument kann sehr wohl übereinstimmende Meßergebnisse erzielen (das heißt hohe Reliabilität besitzen), es braucht aber deshalb nicht gleichzeitig das zu messen, was es nach unserer Meinung mißt (das heißt es kann niedrige Validität besitzen). Nehmen wir beispielsweise an, daß Ihre Lehrperson in Psychologie eine sorgfältige Analyse machte und mit der Halbierungsmethode feststellte, daß die Reliabilität einer Abschlußprüfung +0,95 beträgt. Die Prüfung ist also ein zuverlässiger Indikator, aber wovon? Die Lehrperson kann beabsichtigen, Ihr Verständnis der Grundlagen der Psychologie zu messen, aber sie kann sich irren. Bei der Prüfung werden vielleicht vorwiegend Gedächtnisleistungen gemessen und sie hätte somit eine niedrige Validität als Indikator psychologischen Verständnisses.

Die meisten Tests, die bestimmungsgemäß komplexere Phänomene messend erfassen sollen, lassen sich nicht so leicht „validieren“. Zum einen ist Validität oder Gültigkeit ebenso wie Reproduzierbarkeit nicht eine Alles-oder-Nichts-Angelegenheit. Ein Test kann verschiedene Grade von Validität aufweisen. Ihre Prüfungsnote mag nur durch Ihr Verständnis psychologischer Prinzipien beeinflußt sein. In diesem Fall würden wir sagen, daß die Prüfung eine vollkommene Validität als Maßstab des Verständnisses psychologischer Grundsätze aufweise. Aber wahrscheinlicher ist Ihr Ergebnis bei der Prüfung das Resultat Ihres psychologischen Verständnisses plus Ihrer mechanischen Gedächtnisleistung. Die Prüfung besitzt somit einige Validität für psychologische Kenntnis und einige Validität für mechanische Gedächtnisleistung, sie ist jedoch kein reiner Test für das eine oder das andere. Ebenso wie im Falle der Reliabilität brauchen wir irgendein Mittel, um den Grad an Validität eines Meßinstruments auszudrücken. Und ebenso wie im Falle der Reliabilität gibt uns der Korrelationskoeffizient genau dieses Mittel.

4.4 Validität als Korrelation

Offenkundig ist ein Test in dem Maße gültig, wie seine Meßergebnisse mit dem Objekt, das gemessen werden soll, übereinstimmen. Nehmen wir zum Beispiel an, daß der Leser die Gültigkeit eines Tests bestimmen will, der die Fähigkeit von Schülern messen soll, gute Zensuren zu erreichen. Wir könnten den Test einer großen Anzahl von Schülern geben und sehen, ob die im Test erzielten Ergebnisse tatsächlich hoch mit den faktischen Schulzeugnissen korrelieren. Diese Schulzeugnisse würden natürlich hier das endgültige Kriterium der betreffenden Testgültigkeit abgeben. Ist die Korrelation zwischen den Testergebnissen und dem Kriterium hoch, so mißt der Test offenbar das, was er der Intention nach messen soll, er hat eine hohe Validität. Ist die Korrelation niedrig, so hat der Test wenig Gültigkeit. Wird ein Korrelationskoeffizient in dieser Weise verwendet, so wird er als *Validitätskoeffizient* bezeichnet.

Die Schwierigkeit besteht darin, daß häufig kein Kriterium zu finden ist, mit dem die Testergebnisse korreliert werden können. Angenommen wir sollen die Gültigkeit eines Intelligenztests ermitteln: die Intelligenztestwerte selbst sind leicht genug zu erhalten, aber was sollte als Kriterium für „Intelligenz" dienen? Schulzeugnisse? Im „wirklichen Leben" erreichtes Einkommen? Originalität und Kreativität? Führungsrolle in gesellschaftlichen Fragen? Verschiedene Personen könnten auf die Fragen auch verschiedene Kriterien nahelegen und einige der Kriterien würden selbst spezifische Messungsschwierigkeiten bieten. Selbst dann, wenn wir uns beispielsweise darauf einigen könnten, daß „Intelligenz" eng mit Originalität und Kreativität zusammenhängt, stünden wir doch vor dem Problem, allgemein akzeptable und quantifizierbare Maßwerte für Originalität und Kreativität zu finden, die wir mit unserem Intelligenztest korrelieren könnten.

4.5 Grenzen der Validität

Wie wir festgestellt haben, kann ein Test insofern hohe Reliabilität aber niedrige Validität haben, als sich herausstellen kann, daß er nicht das mißt, was er messen sollte. *Ein Test von niedriger Reliabilität kann jedoch nicht hohe Gültigkeit besitzen.* Ist ein Test sozusagen bei der Messung „kapriziös", indem er einmal zu einem hohen, ein andermal zu einem niedrigen Ablesewert führt (und zwar für das gleiche unveränderte Objekt), so sind die Messungen durch Zufallsfaktoren bestimmt. Mit anderen Worten, er hat eine geringe Reliabilität. Unzuverlässige Tests können nicht durchgängig hoch mit Kriterienmaßen korrelieren, weil das, was die Tests messen, weitgehend fehlerbehaftet ist; sie müssen daher eine geringe Validität haben.

5 Verallgemeinerung von Messungen

Immer wenn wir als Psychologen bei einer besonderen Menschengruppe Messungen durchführen, liegt für die getroffene Auswahl einer von zwei möglichen Gründen vor. Wir können uns für die betreffende Personengruppe direkt interessieren. Viel häufiger geht es uns jedoch um eine größere Bevölkerungsgruppe, von der die von uns gemessenen Personen nur eine Untergruppe bilden, eine sogenannte *Stichprobe (sample)*. Die größere Gruppe wird als *Population* bezeichnet.

Im erstgenannten Fall bestehen abgesehen von den bereits genannten Problemen der Zuverlässigkeit und Gültigkeit keine eigentlichen Messungsschwierigkeiten. Wollen wir also wissen, welche Leistungen die Studienanfänger der deutschen

Universität X in einem Leistungstest erzielen, so werden wir alle Erstsemester der Universität X mit diesem Test prüfen und damit ist die Angelegenheit abgeschlossen. Die Ergebnisse können aber nicht ohne weiteres auf die Leistungen von Erstsemestern an allen deutschen Hochschulen verallgemeinert werden. Wie können wir wissen, ob die Ergebnisse unserer Stichprobe die deutschen Studenten insgesamt zuverlässig porträtieren? Vielleicht sind die Studenten in unserer Stichprobe klüger als der durchschnittliche Student – oder dümmer. Sobald wir Messungen an einer Stichprobe statt an der gesamten Gruppe vornehmen, führen wir also die Möglichkeit von Stichprobenfehlern ein. Außerdem wollen wir bei wissenschaftlichen Untersuchungen gewöhnlich noch weitergehend verallgemeinern als auf Personengruppen, die den von uns gemessenen oberflächlich gleichen. Wenn ein Psychologe beispielsweise untersucht, wie rasch eine Studentengruppe nach der Rezitationsmethode lernen kann, dann ist er nicht an dieser spezifischen Studentengruppe, ja nicht einmal an Studenten im allgemeinen interessiert. Der Psychologe will die Frage beantworten, wie die Menschen – alle Menschen aller Hautfarben, aller Bildungsschichten, aller Kulturen – auf diese spezielle Lernmethode reagieren. Bei den meisten wissenschaftlichen Untersuchungen geht es daher theoretisch um unbegrenzt große Populationen.

Bei den meisten Untersuchungen wäre es buchstäblich unmöglich, jedes Mitglied der Population zu testen und zu vermessen. Wir sind deshalb gezwungen, eine Stichprobe zu benutzen. Zum Glück können wir in vielen Fällen ein ebenso ausreichendes Schätzmaß eines Gruppenergebnisses durch Messung an einer Stichprobe gewinnen, wie wir es durch Messung der Gesamtpopulation könnten. Und eine Stichprobe braucht nicht einmal sehr umfangreich zu sein, um eine gute Stichprobe abzugeben.

Idealerweise müssen wir bei der Aufstellung einer Stichprobe aus einer großen Population ein Verfahren benutzen, das jedem Mitglied der Gesamtpopulation die gleiche Möglichkeit bietet, in die Stichprobe einzugehen und das die Auswahl jedes Mitglieds der Stichprobe unabhängig von allen übrigen macht. Das Ergebnis eines solchen Verfahrens ist eine *Zufallsstichprobe,* da es gewährleistet, daß keine systematische Gewichtung zugunsten von Personen oder Stichproben irgendwelcher Art erfolgte. Nehmen wir an, wir wollten das durchschnittliche Körpergewicht sämtlicher Einwohner von Berlin bestimmen, so müssen wir zu diesem Zweck zunächst eine Stichprobe der Einwohner von Berlin zusammenstellen. Eine Möglichkeit, eine echte Zufallsstichprobe zu erhalten, wäre, den Namen jedes Einwohners auf einen gleich großen Zettel zu schreiben, alle Zettel in eine riesige Trommel zu stecken, die Trommel kräftig zu drehen und dann, sagen wir, 3000 Namen aufs Geratewohl herauszuziehen. Wir hätten dann eine Zufallsstichprobe aller Einwohner von Berlin ausgewählt.

Häufig ist es natürlich nicht möglich, eine so ideale Zufallsmethode zu verwenden, wir versuchen daher, uns der idealen Methode anzunähern. Wir könnten beispielsweise jeden dritten Häuserblock hernehmen und aufs Geratewohl ein Mitglied jeder zehnten Familie in jedem Block unserer Stichprobe auswählen. Diese Methode würde eine Annäherung einer Zufallsstichprobe ergeben. Während wir auf diese Weise systematische Stichprobenfehler vermeiden können, bleibt doch die Möglichkeit, daß unsere Stichprobe von der Gesamtbezugspopulation etwa aufgrund von unsystematischen oder „Zufalls"-Ereignissen abweicht. Wir könnten zum Beispiel rein zufällig erheblich mehr weibliche Namen oder Namen älterer Einwohner einbeziehen, als es proportional nach der Bevölkerungsstatistik zu erwarten wäre. Es gibt keine Methode, um das Auftreten solcher *Stichprobenfehler* zu verhindern. Die Methoden der statistischen Analyse ermöglichen uns jedoch die Voraussage der wahrscheinlichen Größe von Stichprobenfehlern und getatten uns mit meßbarem Vertrauen gerechtfertigte Schlußfolgerungen über Populationen zu ziehen.

5.1 Von der Stichprobe zur Population

Lassen wir jetzt das Gewicht der Berliner beiseite und wenden wir uns einem „psychologischeren" Problem zu. Nehmen wir an, eine für einen Verlag arbeitende Psychologin wollte die Behauptung aufstellen, daß alle Eltern ein Lexikon kaufen sollten, weil „Kinder aus Elternhäusern mit einem Lexikon IQ-Werte haben, die im Schnitt über dem Normalwert liegen". Wir wollen annehmen, daß es der Psychologin gelingt, eine einigermaßen zufällige

Stichprobe von Familien mit Lexika zusammenzustellen, daß sie dann aus jeder dieser Familien ein Kind willkürlich auswählt und daß sie diesen Kindern dann einen IQ-Test gibt.

Die IQ-Werte, die unsere Psychologin gemessen hat, stellen ihre Stichprobenwerte dar. Ihre Population umfaßt alle Kinder aus „Lexikonfamilien", aber natürlich ist es unmöglich, sie alle zu testen. Sie kann das arithmetische Mittel der Stichprobenergebnisse berechnen, und wenn es zufällig *unter* dem normalen IQ-Wert von 100 liegt, dann gibt es sichtlich keine Unterstützung für ihre Behauptung über Lexika. Nehmen wir jedoch an, daß das Mittel etwas über 100 liegt – sagen wir bei 110. Was kann die Psychologin nun daraus schließen? Sie kann nicht schließen, daß das Populationsmittel genau 110 ist, weil sie nur einen kleinen Teil der Population gemessen hat. Aber darauf kommt es ihr gar nicht an. Die Frage, die sie beantworten muß, ist, ob 110 so weit über 100 liegt, daß die Schlußfolgerung gerechtfertigt wäre, das Populationsmittel von Kindern aus „Lexikonfamilien" sei *etwas* höher als 100 – mit anderen Worten, über dem Durchschnitt.

Solange man auch über die Zahlen 100 und 110 nachdenken mag, es wird nicht möglich sein, ohne weitere Informationen zu einer vernünftigen Entscheidung zu kommen. Wir müssen herausfinden, ob wir dem Stichprobendurchschnitt von 110 „vertrauen" können. Liegt die Population der „Lexikonkinder" wirklich im Schnitt über dem Normalwert oder ist der Populationsdurchschnitt in Wirklichkeit 100 und weicht der Stichprobendurchschnitt nur aufgrund von Stichprobenfehlern davon ab?

Unser „Vertrauen" zum Stichprobenmittel sollte durch zwei Arten zusätzlicher Informationen beeinflußt werden: (1) die Größe der benutzten Stichprobe und (2) die Variabilität oder Streuung der jeweiligen Ergebnisse in der zu untersuchenden Gruppe. Nehmen wir zunächst die Stichprobengröße. Man wird sich leicht darauf einigen können, daß wir um so mehr Zutrauen zu einer Stichprobe haben können, je größer diese ist. Ist eine Stichprobe extrem groß, so wird sie ja nahezu identisch mit der Population, aus der sie ausgewählt wurde. Im anderen Extremfall würde uns eine Stichprobe von nur einem oder zwei Kindern, obwohl sie eine gewisse Hilfe ist, offensichtlich sehr im Ungewissen über die Population lassen. Wie auch immer der Mittelwert der Population ist, durch eine Zufallsstichprobe können wir ein oder zwei Kinder mit hohem IQ oder aber ein oder zwei mit niedrigem IQ erwischen.

Die Wichtigkeit der Streuung ist nicht so offensichtlich, aber ebenso groß. Man stelle sich eine Situation vor, in der die Populationswerte so gestreut sind, daß ein großer Prozentsatz der Ergebnisse ziemlich stark vom Mittelwert abweicht. Dies würde einen hohen Wert für die Standardabweichung zur Folge haben (s. Formel auf S. 30). In unserer gegenwärtigen Erörterung ist die entscheidende Tatsache die, daß bei einer hohen Streuung jede gewählte Zufallsstichprobe mit größerer Wahrscheinlichkeit Personen einschließen wird, die vom durchschnittlichen Angehörigen der Population sehr weit entfernt sind. Ist die Streuung andererseits niedrig, dann gibt es weniger Möglichkeiten, eine Stichprobe zu erhalten, die aus Personen besteht, welche vom Populationsmittel stark abweichen; der Mittelwert der Stichprobe wird also wahrscheinlich näher beim Mittelwert der Population liegen. Zusammenfassend kann man somit sagen, daß unsere Psychologin den Implikationen des Stichprobenmittelwerts von 110 stärker „vertrauen" wird (und eher zu dem Schluß bereit sein wird, daß der Populationsdurchschnitt nicht 100 beträgt), je *größer* die Stichprobe und je *weniger gestreut* die Verteilung der IQ-Werte ist.

Die Methoden und Formeln der statistischen Analyse sind einfach präzise Mittel zur Berücksichtigung der Meßwerte, die man in der Forschung für eine Stichprobe von Vpn erhalten hat, um zu einer Schlußfolgerung über die Population zu kommen, aus der die Stichprobe gewählt wurde. In dem IQ-Beispiel würde die Psychologin eine statistische Formel benutzen, um eine Zahl zu errechnen, die (1) um so größer wäre, je größer der Betrag wäre, um den der Stichprobenmittelwert 100 überschreitet; (2) auch größer wäre, je größer die Stichprobe ist; aber (3) um so kleiner, je größer die Streuung (Standardabweichung) der Ergebnisse. Diese errechnete Zahl wird zu einer Schlußfolgerung berechtigen. Wenn sie groß ist (und die Einzelheiten der statistischen Theorie würden uns sagen, wie groß sie sein muß), dann würden die Ergebnisse darauf hinzudeuten scheinen, daß das Populationsmittel über dem Normalwert liegt, weil es äußerst unwahrscheinlich wäre, daß eine Stichprobe mit IQ-Werten, wie den von der Psychologin gemessenen, zustande käme, wenn das Populationsmittel

100 wäre. In diesem Fall würde unsere Psychologin vielleicht einen statistischen Ausdruck verwenden und erklären: „Mein Stichprobenmittelwert war *signifikant* höher als 100“. Ist die errechnete Zahl andererseits klein, dann würde sie daraus schließen, daß die Ergebnisse keine überzeugende Bestätigung für ihre Annahme eines übernormalen Populationsmittelwerts bieten; obwohl das Stichprobenmittel etwas über 100 liegen könnte, würde sie wissen, daß es nicht sehr unwahrscheinlich ist, eine solche Stichprobe aus einer Population mit einem Mittelwert von 100 zu erhalten. Jeder Mittelwert würde dann nicht signifikant von 100 abweichen.

5.2 Vergleich zweier Populationen

Nehmen wir an, daß unsere Psychologin die beschriebene Untersuchung durchführt, die geeigneten statistischen Methoden richtig befolgt und entdeckt, daß sie tatsächlich zu der Schlußfolgerung berechtigt ist, „Lexikonkinder“ liegen mit ihrem IQ im Schnitt über den Normalwerten. Würde sie daraufhin versuchen, ihre Firma zu einer Werbekampagne zu überreden, die sich auf Sprüche stützt, wie „Lexika sind Nahrung für den Geist“ und „Heben Sie den IQ Ihres Kindes für wenige Pfennige pro Tag“ etc.? Wir können das leider nicht ausschließen, aber es wäre nicht in unserem Sinne. Obwohl sie bewiesen hat, daß „Familien mit Lexika“ Kinder haben, deren IQ im Schnitt über dem normalen liegt, ist sie weit davon entfernt, bewiesen zu haben, daß *Lexika* eine *kausale* Rolle für die Hebung des IQ spielen. In Familien mit Lexika wird Kultur und Bildung mit ziemlicher Sicherheit höher geschätzt als in Familien ohne solche Nachschlagewerke. Und Familien mit Lexika sind im Schnitt fast sicher wohlhabender als solche ohne (und daher eher imstande, den Kindern eine bessere Ernährung und Gesundheitsfürsorge zu bieten). Jeder dieser beiden Faktoren kann die entscheidende Ursache für den über der Norm liegenden durchschnittlichen IQ sein. Ja, selbst wenn der IQ völlig durch die Erbanlagen bedingt wäre, könnten wir immer noch die erzielten Resultate erklären: Überdurchschnittliche Kinder (oder deren Eltern) interessieren sich mit größerer Wahrscheinlichkeit für den Erwerb von Nachschlagewerken.

Um zu beweisen, daß die Bereicherung eines Bücherregals um ein Lexikon eine Anhebung des durchschnittlichen IQ von Kindern bewirkt, müßte die Psychologin ein Experiment durchführen. Sie müßte Familien, die sich ein Lexikon angeschafft haben, mit anderen, Kontrollfamilien, vergleichen, bei denen dies nicht geschah. Sie würde nach dem Zufallsprinzip eine Gruppe von Familien ohne Lexika auswählen, sie willkürlich in zwei Stichproben aufteilen und dann die eine Gruppe mit den angeblich so wirksamen Enzyklopädien versorgen. Nach Ablauf einer geeigneten Frist (fünf Jahre?) würde die Psychologin ein Kind aus jeder Familie für IQ-Tests auswählen. Die entscheidende Frage wird natürlich sein, ob der durchschnittliche IQ der Lexikagruppe höher ist als der der anderen (Kontroll)Gruppe. Die Psychologin würde jedoch aus den von ihr gesammelten Daten wiederum eine allgemeinere Schlußfolgerung ziehen wollen. Aus den Ergebnissen sowohl der Lexikonstichprobe als auch der Kontrollgruppe würde sie etwas über die beiden Populationen ableiten wollen, die sie repräsentieren (Familien mit und ohne Nachschlagewerke).

Hier würden dieselben Arten von Fakten wichtig sein, wie in der ersten oben erörterten Studie. Je größer der Unterschied zwischen den Stichprobenmittelwerten, desto größer klarerweise die Wahrscheinlichkeit, daß die Populationen in derselben Richtung voneinander abweichen. Aber auch in diesem Fall „vertrauen“ wir einem bestimmten Unterschied mehr, je größer die untersuchten Stichproben und je kleiner die Streuung der Ergebnisse innerhalb jeder Gruppe. Wie zuvor würde die Psychologin eine auf allen diesen Faktoren basierende Zahl errechnen und sie würde diese Zahl ihrer Schlußfolgerung zugrundelegen. Ist die errechnete Zahl groß genug, so würde sie erklären: „die Mittelwerte der Lexikongruppe und der Kontrollgruppe weichen signifikant voneinander ab“, was bedeutet, daß ihrer Ansicht nach tatsächlich ein Unterschied zwischen den Mittelwerten bestehen würde, wenn unbegrenzt große Populationen von Lexikon- und Kontrollgruppen studiert werden könnten. Die Art und Weise, wie sie das Experiment durchgeführt hat, würde sie außerdem zu der Schlußfolgerung berechtigen, daß Lexika tatsächlich einen Unterschied bewirken, das heißt, daß sie eine direkte oder indirekte Ursache des IQ-Unterschieds sind.

Dieses eine Experiment würde jedoch nicht alle Fragen beantworten. So würde die Versuchsleiterin beispielsweise nicht wissen, ob das Lexikon *ihrer* Firma besser geeignet ist, den IQ zu steigern, als das ihrer Konkurrenz, solange sie keinen weiteren Versuch durchführt, bei dem sie die Auswirkungen der beiden Verlagsprodukte direkt vergleicht. Außerdem würde sie nicht wissen, *wie* sich die Lexika auswirken, solange sie keine weiteren Forschungen durchführt. Vielleicht ist es am Ende gar nicht das Wissen und die Anregungen, die sich aus der Lektüre ergeben, wodurch der IQ angehoben wird. Es könnte ja einfach so sein, daß das Vorhandensein der Lexika in den heranwachsenden Kindern die Überzeugung weckt, daß ihre Eltern großen Wert auf Wissen und geistige Leistungen legen, und daß sich diese Überzeugung auf die Versuche des Kindes auswirkt, seinen Eltern zu imponieren. Vielleicht ist es auch so, daß das vielbändige Lexikon in der Wohnung weniger Platz für Comic-Hefte und Fernsehgeräte mit ihren hemmenden Einflüssen auf die Entwicklung der Intelligenz läßt.

5.3 Wissen und Ungewißheit

Ein Aspekt wissenschaftlicher Verallgemeinerungen und insbesondere statistischer Methoden ist noch nicht ausreichend hervorgehoben worden. Immer wenn wir zu einer Schlußfolgerung gelangen wollen, die umfassender ist und mehr einschließt als die zur Verfügung stehenden Fakten, ist es unmöglich, *hundertprozentig* sicher zu sein, daß man richtig liegt. Dasselbe gilt natürlich für alle Verallgemeinerungen im täglichen Leben.

Die Vorzüge, die uns statistische Methoden bieten, sind wichtig, obwohl sie uns keine Gewißheit offerieren. Diese Methoden dienen uns nicht nur als eine Richtlinie, die uns sagt, welche Schlußfolgerung wir aufgrund unserer Meßergebnisse in einer Stichprobe ziehen sollen, sie geben uns auch Aufschluß über den Grad der Wahrscheinlichkeit, daß unsere Annahmen richtig sind. Der Wissenschaftler muß etwas von einem Spieler haben, aber zumindest kann er die Risiken in dem Spiel der Erkenntnis berechnen, das er spielt.

Zusammenfassung

1. Unter *Statistik* versteht man in erster Linie Methoden zur Analyse numerischer Daten, um die darin enthaltenen Informationen präzise formulieren zu können und über die verfügbaren Daten hinaus Verallgemeinerungen machen zu können. Die statistische Behandlung von Daten, die man durch psychologische Meßverfahren erhalten hat, ist im wesentlichen identisch mit statistischen Verfahren, wie sie in anderen Wissenschaften angewandt werden.

2. *Häufigkeitsverteilungen, Durchschnittswerte* und *Streuungsmaße* liefern uns aufschlußreiche deskriptive Zusammenfassungen individueller Unterschiede in den psychologischen Merkmalen, die in den Populationen vorhanden sind.

3. *Psychologische Meßergebnisse* hängen wie alle Meßwerte natürlich von den verfügbaren Meßverfahren wie z.B. Tests ab. Die Eigenheiten psychologischer Merkmale verbieten fast immer die Benutzung von Skalen mit absoluten Nullpunkten und gleichgroßen Einheiten. In der Regel müssen Aussagen über individuelle Unterschiede in relativen Werten ausgedrückt werden; das heißt statt absolute Beträge einer bestimmten Quantität zu ermitteln, können Individuen nur entlang einer bestimmten psychologischen Dimension eingeordnet werden. Manche „Meßverfahren" bestehen darin, jeden Probanden in die eine oder andere Kategorie einzuordnen.

4. Selbst bei Messungen in relativen Werten bleibt jedoch die Möglichkeit, das Verhältnis zwischen jeweils zwei Variablen zu bestimmen. Wir tun dies mit Hilfe der *Korrelation.* Korrelationsmaße sagen uns den Grad, in dem eine Veränderung eines Merkmals an eine Veränderung eines anderen Merkmals gekoppelt ist, aber sie können für sich genommen nicht angeben, was die Ursache und was die Wirkung ist. Dieser Zusammenhang ist eine Frage der Interpretation; er bedarf der logischen oder psychologischen Deutung und ist nicht durch die Statistik zu beantworten.

5. Alle Meßverfahren sind mit einem gewissen Grad von *Fehlern* behaftet. Eine Fehlerquelle bilden Abweichungen bei wiederholten Messungen, sei es des Meßinstruments oder des zu messenden Merkmals. Dies ist eine Frage der *Reliabilität* (Zuverlässigkeit) und des Meßverfahrens. *Validität* (Gültigkeit) bezieht sich dagegen auf den Grad, in dem das Instrument das mißt, was es messen soll; erweist es

sich in dieser Hinsicht als mangelhaft, dann liegt ein Validitätsfehler vor.

6. Eine weitere Fehlerquelle ist der *Stichprobenfehler,* womit wir die Unvollkommenheit meinen, die sich aus der zwangsläufigen Tatsache ergibt, daß wir nur Stichproben einer Population messen können, nicht alle ihre Mitglieder. Durch Auswahl der Stichprobe aus der Population in unparteilicher Weise und durch Anwendung verschiedener Grundsätze der mathematischen Wahrscheinlichkeit ist es möglich, das Ausmaß eines Stichprobenfehlers abzuschätzen. Anhand dieses Ergebnisses können wir den Grad an Vertrauen bewerten, das wir in die Ergebnisse setzen können, die wir von den tatsächlich vermessenen Personen erhalten haben. So können wir beispielsweise ermitteln, ob ein zwischen zwei Stichproben von Vpn festgestellter Unterschied immer noch vorhanden wäre, wenn wir die Möglichkeit hätten, jeden Angehörigen der beiden Populationen zu messen, welche die Stichproben repräsentieren.

3. Kapitel
Vererbung und Umwelt

Der Philosoph Sokrates stellte im 5. Jahrhundert v. Chr. die Frage, wie es komme, daß die Söhne tugendhafter Männer selbst nicht immer so tugendhaft seien. Seit dieser Zeit hat die wissenschaftlich oder weltanschaulich interessierten Menschen das Problem beschäftigt, wodurch die Menschen zu ihrem Tun veranlaßt werden. Der Beginn der modernen Lösungsversuche datiert mit dem Erscheinen des ersten Hauptwerkes von Charles Darwin „The Origin of Species", 1859. Seine Theorie revolutionierte die Art und Weise, wie die gebildeten Schichten den Menschen als Gattung und seinen Platz in der Natur betrachteten. Und was am wichtigsten ist, wie wir sehen werden, durch das Werk Darwins setzte sich ein mechanistisches Herangehen an biologische Fragestellungen durch, ein Ansatz, der biologische Phänomene auf Naturgesetze (wie jene, die das Funktionieren von Maschinen steuern) zurückführt und nicht auf die Erfüllung irgendeines Schöpfungsplanes oder metaphysischen Zieles. Diese mechanistische Sichtweise wurde schließlich beherrschend in der Psychologie wie auch in anderen Sparten der Biologie – und die Psychologie *ist* sowohl eine Sparte der Biologie als auch eine Sozialwissenschaft.

Heute erscheint uns Darwins Theorie als erstaunlich einfach. Sie beginnt mit der häufig gemachten Beobachtung, daß sich die einzelnen Angehörigen einer Spezies (beispielsweise die einzelnen Menschen) sowohl hinsichtlich ihrer physischen Merkmale als auch ihres Verhaltens unterscheiden. Ein Teil dieser Unterschiede ist ererbt. Kinder großer Eltern beispielsweise sind in der Regel selbst auch überdurchschnittlich groß; Kinder aggressiver Eltern tendieren ebenfalls zur Aggressivität. Nehmen wir einmal an, daß unter bestimmten Bedingungen größere und aggressivere Menschen besseren Zugang zu Nahrung und Sexualpartnern haben und deshalb mehr Kinder bekommen werden. Unter diesen Umständen wird die nächste Generation deshalb im Schnitt größer und aggressiver sein als die vorangegangene. Dieses „Überleben der Tauglichsten" ist somit ein Vorgang der *natürlichen Auslese.* Er ist imstande, jede sich vermehrende Population substantiell zu verändern, die unter ihren Angehörigen im Hinblick auf Merkmale, die reproduktive Vorteile mit sich bringen, über eine hinreichend große Streuung verfügt.

Dieser zentrale Begriff der *Streuung* individueller Unterschiede ist entscheidend, um die Anwendungen des Darwinschen Ansatzes auf das Studium des Ursprungs und der Entwicklung von Verhalten zu verstehen. Im Falle der Körpergröße wissen wir, welche Unterschiede zwischen den Menschen es gibt, und wir wissen auch, in welchem Grad diese Unterschiede erblich bedingt sind. Die *Erblichkeit* der Körpergröße ist hoch. Damit meinen wir, daß ein hoher Prozentsatz der feststellbaren Abweichungen in der Körpergröße auf Unterschiede in den Erbanlagen zurückzuführen sind. Grob vereinfachend könnte man sagen, daß selbst, wenn alle Menschen beispielsweise in derselben Umwelt aufwüchsen, dieselbe Nahrung zu sich nähmen und ihnen dieselbe Gesundheitsvorsorge und das gleiche Bildungsangebot usw. zur Verfügung stünde, immer noch starke Unterschiede in der Körpergröße der Erwachsenen vorhanden wären. Und diese verbleibenden Unterschiede wären dann voll und ganz auf Unterschiede in den Erbanlagen zurückzuführen.

Das bedeutet nicht, daß die Ernährung und andere Umweltfaktoren nicht wichtig für die menschliche Entwicklung wären. Ohne Nahrung gäbe es kein Leben und somit überhaupt kein Längenwachstum. Die Auswirkungen jedes ererbten Merkmals manifestieren sich immer in einer Umwelt, und umgekehrt hängt die Art und Weise, wie sich das Merkmal manifestiert, von der jeweiligen Umwelt ab. Veränderungen des Nahrungsangebots, das in unserem hypothetischen Beispiel allen zur Verfügung steht, würden sich somit auf die Körpergröße verschiedener Menschen verschieden auswirken.

Obwohl die Kinder aggressiver Eltern dazu neigen, selbst aggressiv zu sein, kann diese Beobachtung als solche nicht als überzeugender Beweis für die hohe Erblichkeit von Aggressivität gewertet werden. Vielleicht *lernen* Kinder aggressiv zu sein, indem sie sich nach dem Vorbild ihrer Eltern verhalten. Wären sie bei der Geburt von Eltern adoptiert worden, die relativ passiv sind, dann wären dieselben Kinder vielleicht weniger aggressiv geworden. Darwin glaubte nicht, daß erlernte oder *erworbene Eigenschaften* der Eltern weiter vererbt werden können, aber er vermutete, daß viele Verhaltensmerkmale eine hohe Erblichkeit haben. Sein Vetter Francis Galton begründete die Sparte der *Verhaltensgenetik,* die solche Fragen studiert. Das 3. sowie das 5. Kapitel befassen sich mit den Erkenntnissen dieses Forschungsgebiets und sind somit Einführungen in den gegenwärtigen Wissensstand über die Erblichkeit psychologischer Merkmale.

Wenn wir die Geschichte der Psychologie zurückverfolgen, stellen wir fest, daß der Vererbung zunächst große Bedeutung für die Erklärung individueller Unterschiede beigemessen wurde. Dies gilt insbesondere für den Beginn unseres Jahrhunderts, als Francis Galton und Karl Pearson in England das Fundament für die Messung psychologischer Merkmale des Menschen legten – jenes Gebiet, das wir heute als *Psychometrie* bezeichnen.

Mit dem Aufkommen des psychologischen Ansatzes, der als *Behaviorismus* bezeichnet wird, verlagerte sich in den Vereinigten Staaten der Akzent von der Vererbung auf die *Umwelt,* und es entstand eine Sichtweise vom Menschen, die ihn als unbegrenzt formbar und vollständig durch seine Erziehung geprägt darstellt. Behavioristen müssen keine Milieutheoretiker sein, aber die *Milieutheorie* wurde durch Kulturanthropologen wie Margaret Mead gefördert, die schilderten, wie sich die Völker in aller Welt je nach dem Kulturkreis, in dem sie heranwuchsen, voneinander unterschieden. Die Vorstellung, daß sich Kulturen in ihrer grundlegenden Strukturierung der Realität unterscheiden, existiert immer noch, wie es sich in den populären Schriften von Carlos Castaneda zeigt, in denen die magischen Verwandlungen von Tieren im Rahmen der Begriffswelt des indianischen Mentors des Erzählers, einem Yaqui, als völlig natürlich geschildert werden.

Obwohl Sigmund Freud (1856–1939) seine Laufbahn als Neurologe begann, der die Physiologie des Nervensystems studierte und von dem somit zu erwarten wäre, daß er die Vererbung hervorhebt, bekräftigte seine Theorie der *Psychoanalyse* ebenfalls die Vorstellung, daß die Persönlichkeit durch die frühe familiäre Umwelt des Kindes geprägt wird und daß sie durch psychologische Behandlung (Psychotherapie) verändert werden kann.

Ungeachtet all dieser Entwicklungen wird der Vererbung nach wie vor eine große Bedeutung zugeschrieben. Der Ansatz Darwins bildete die

◀ *Abbildung 12:* Erbanlage *und* Umwelt bestimmen, wer und was wir sind.

© Eric Knoll/Taurus Photos; © Kenneth Siegal; © Cary Wolinski/Stock, Boston.

Grundlage für den „Sozialdarwinismus", die Theorie, daß unsere sozialen Institutionen von denselben Überlebensmechanismen zeugen wie diejenigen, welche zur Entstehung der Arten führten. Und zwei relativ neue Bewegungen ließen in der Psychologie das Pendel wieder zurück in Richtung Vererbung schlagen. Die erste machte sich in der *Linguistik* bemerkbar, der Wissenschaft, die sich auf das Studium der Sprache spezialisiert hat und in der Noam Chomskys Theorie einer universellen Grammatik eine dominierende Stellung einnahm. Chomsky argumentierte, daß alle Sprachen von denselben grammatischen Grundregeln geprägt seien, Regeln, die durch Vererbung in unseren Nervensystemen verankert sein müßten. Die Möglichkeit einer solchen grundlegenden Universalität wird durch die beobachtete Ähnlichkeit der linguistischen Regeln bestätigt, welche die frühesten sprachlichen Äußerungen der Kinder in verschiedenen Teilen der Welt kennzeichnet (s. Bd. 5). Natürlich bestimmt die Umwelt, das heißt die ethnische Gruppe oder Kultur, in die man hineingeboren wird oder in der man aufwächst, welche Sprache ein Mensch spricht und versteht; aber Chomsky zufolge entwickeln sich Unterschiede zwischen den Sprachen aus einer universell ererbten „Grund"sprache.

Die zweite zeitgenössische Herausforderung der Milieutheorie kommt aus der *Soziobiologie*. Ihr Begründer Edward O. Wilson wies nach, daß die sozialen Rollen, welche bestimmte Insektenarten, wie Ameisen, an den Tagen legen, aufgrund hereditärer (erblicher) Mechanismen erklärt werden können. Was ist nun mit den sozialen Institutionen des Menschen bzw. den sozialen Konventionen, die das Verhalten steuern, wie die männliche und weibliche Geschlechterrolle in der Gesellschaft? Den Soziobiologen zufolge könnten auch diese viel stärker erblich bedingt sein, als uns die Milieutheoretiker glauben machen wollen.

Man sollte nicht davon ausgehen, daß die Folgen der Vererbung notwendigerweise schon bei der Geburt (oder logischer, bei der Zeugung) festgelegt werden. So wie aus einem sehr großen Neugeborenen manchmal nur ein durchschnittlich großer oder sogar kleiner Erwachsener wird, so verändern auch verschiedene Verhaltensmerkmale im Laufe der individuellen Entwicklung ihre relative Position. Aus dem Baby, das so wach und klug wirkt, wird nicht immer ein hochintelligenter Erwachsener. In manchen Fällen kann sich die Vererbung in verschiedenen Entwicklungsstadien auf verschiedene Weise äußern. In anderen Fällen können sich die Auswirkungen einer bestimmten Erbanlage je nach der Aufeinanderfolge von Umwelteinflüssen, unter denen das Individuum heranreift, unterschiedlich manifestieren.

Im 4. Kapitel geben wir einen Überblick über die Erkenntnisse, die hinsichtlich des Verlaufs der Verhaltensentwicklung und deren Zusammenhang mit der physischen Reifung gewonnen wurden. Bestimmte Entwicklungstendenzen scheinen fast universell, andere eher von bestimmten Kombinationen genetischer und umweltbedingter Faktoren abhängig.

Wenn wir nach der Ursache eines bestimmten Merkmals wie Aggressivität fragen, differierten die Ursachenerklärungen extrem: Begründungen durch Vererbung stehen neben solchen durch die Umwelt und (seit der sogenannten kognitiven Wende) auch Verursachungshinweise durch geistige Steuerung. Die meisten Autoren neigen aber zu der Auffassung einer „Verschmelzung" dieser Einflußrichtungen. In den Antworten, in denen die *Vererbung* hervorgehoben wird – die erste Kategorie –, wird behauptet, daß Männer durch natürliche Auslese mit aggressiven Tendenzen, der ererbten Disposition zum Angriff ausgestattet seien; Frauen seien im Gegensatz dazu wegen ihrer Bereitschaft zur Unterordnung unter jene dominanteren Männer gewählt worden, die die Familie am besten schützen könnten. Die zweite Kategorie von Antworten, die sich an der *Milieutheorie* orientiert, lehnt diese Hervorhebung der Vererbung ab. Ein Milieutheoretiker würde darauf hinweisen, daß kleinen Jungen als Teil ihres Sozialisierungsprozesses beigebracht wird, „ihren Mann zu stehen und zu kämpfen", während kleine Mädchen lernen, schüchtern und zurückhaltend zu sein. Die dritte Kategorie stützt sich auf die *Kybernetik* oder Steuerungstheorie, die sich seit Norbert Wiener mit den eigendynamischen „Selbstorganisationen" in chemischen, physikalischen, biologischen, sozialen, psychologischen Systemen beschäftigt. In solchen Systemen besteht ein internes Fließgleichgewicht (v. Bertalanffy) oder eine Homöostase, ein vernetztes Gleichgewicht oder eine Balance, die auch Eigensteuerungen, u.a. kognitive Eingriffe ermöglicht. Solche Theoretiker sprechen für die Aggression von der Möglichkeit einer „Selbstreizung" (Benesch, 1981). Ein Hauptziel dieses Kapitels wird es sein zu zeigen, weshalb sich die moderne Psychologie für die Auffassung entscheidet, daß diese drei Kategorien gemeinsam das Verhalten des Menschen bestimmen. Es ist unsere Absicht, für differenziertere Erklärungsversuche in der Psychologie einzutreten und zu zeigen, wie ein solcher Ansatz experimentell umgesetzt wurde.

1 Tierische Verhaltensgenetik

Dieser moderne Ansatz gegenüber der Rolle der Vererbung läßt sich am besten durch ein bestimmtes Experiment aus dem Gebiet der Verhaltensgenetik veranschaulichen. Obwohl die Menschen schon vor langer Zeit lernten, Pferde selektiv zu züchten, wurden die ersten umfangreichen Laborversuche dieser Art erst 1927 durch Tryon durchgeführt (s. Box 1/1). Tryon demonstrierte, daß es durch Konstanthaltung der Umwelt bei gleichzeitiger experimenteller Manipulation der Vererbung (Zuchtselektion) möglich war, zwei Rattenstämme zu züchten, die sich stark in ihrer Fähigkeit unterschieden, den Weg durch ein Labyrinth zu finden. Der durchschnittliche Unterschied in den Labyrinthfehlern zwischen diesen beiden Stämmen (die er „labyrinthklug" und „labyrinthdumm" nannte) konnte daher ausschließlich auf den Einfluß der Vererbung zurückgeführt werden.

Aber was wurde genau genommen vererbt? Zwanzig Jahre später wurden die Nachkommen der beiden getrennten Rattenstämme wieder in Tryons Labor getestet, und zwar mit dreißig verschiedenen Varianten der Umweltbedingungen, die bei den ursprünglichen Tests herrschten (Searle, 1949). Die Schlußfolgerung aus diesen späteren Tests war, daß sich der ursprüngliche Unterschied zwischen den beiden Stämmen nur unter bestimmten, stark eingeschränkten Umweltbedingungen zeigte, die denjenigen zu gleichen schienen, unter denen die früheren Ratten selektiv gezüchtet worden waren. In einem einfacheren Labyrinth, das mit Wasser gefüllt war, so daß die Ratten hindurchschwimmen mußten, um zu entkommen, bewährte sich Tryons „dummer" Stamm sogar besser als seine „klugen" Tiere. Die Moral solcher Resultate ist, daß sich die Vererbung immer innerhalb eines Umweltzusammenhangs auswirkt: Wenn sich die Umwelt verändert, können sich auch die Verhaltensauswirkungen der Vererbung ändern. Die moderne Denkweise in diesen Fragen bedient sich deshalb des Konzepts der *Interaktion* (Wechselwirkung) zwischen Vererbung und Umwelt. Eine bestimmte ererbte Konstitution kann überaus adaptiv für bestimmte Umweltbedingungen sein, aber unter anderen Bedingungen der Anpassung im Wege stehen. Wir sprechen von Interaktion immer dann, wenn der Effekt eines Unterschieds in einer bestimmten Variablen (in diesem Fall des genetischen Stamms) von den Bedingungen einer anderen Variablen (in diesem Fall die Beschaffenheit des Versuchslabyrinths) abhängt.

Die Bedeutung der Interaktion hat viele Psychologen und Verhaltensgenetiker mißtrauisch gegenüber den quantitativen Formeln der *Erblichkeit* gemacht. Erblichkeit ist als der Prozentsatz der beobachteten individuellen Unterschiede in einem dauerhaften Merkmal wie Intelligenz definiert worden, die auf genetische Unterschiede zurückzuführen sind. Aber wenn die Auswirkungen genetischer Unterschiede schwanken, je nachdem, welche speziellen Umweltbedingungen vorhanden sind, dann kann es irreführend sein, die Erblichkeit unter einem einzigen zahlenmäßigen Wert zu subsummieren. So hat beispielsweise vielen Psychologen die Behauptung Unbehagen bereitet, daß die durch IQ-Scores gemessene Intelligenz eine Erblichkeit von einem bestimmten numerischen Wert habe. (Ein Wert von 0,60 würde bedeuten, daß 60% der Unterschiede in den Scores übrigbleiben würden, wenn alle dieselbe Umwelt hätten.) Die Skepsis hinsichtlich der Anwendbarkeit der Erblichkeit auf psychologische Merkmale des Menschen ist besonders stark, weil es, wie wir im nächsten Abschnitt sehen werden, schwierig ist, die Einflüsse der Vererbung und der Umwelt auf solche Merkmale beim Menschen zu trennen.

Nur in Tierversuchen können wir Vererbung und Umwelt experimentell kontrollieren und die unabhängige Manipulation beider gewährleisten. Neben der Arbeit mit Ratten haben Verhaltensgenetiker auch Angehörige anderer Spezies selektiv gezüchtet. Das bevorzugte Versuchstier der Genetiker ist die gemeine Fruchtfliege *(Drosophila)*, weil ihr kurzer Lebenszyklus das Studium vieler aufeinanderfolgender Generationen in einem relativ kurzen Zeitraum gestattet und auch, weil ihre großen Chromosomen einen leichteren Zugang zu den Mechanismen der Vererbung eröffnen (s. 5. Kap.). Die Fruchtfliege wurde erfolgreich auf die Stärke der Anziehung zum Licht gezüchtet (Hirsch u. Boudreau, 1958; Hadler, 1964); und es

BOX 1/1

Vererbung der Lernfähigkeit

Das Ziel der Versuchsreihe von R. C. Tryon an der Universität Kalifornien war, durch Zuchtwahl einen Stamm von Ratten, die sich in einem Labyrinth gut zurechtfinden („Kluge"), und einen Stamm, die sich schlecht zurechtfinden („Dumme"), zu züchten.

Tryon begann mit einer Elterngeneration von 142 männlichen und weiblichen Ratten. Jedes Tier mußte 19 Läufe durch ein aus 17 Teilen bestehendes Labyrinth machen. Die klügsten Tiere machten etwa 14 Fehler beim Erlernen des Labyrinths, die dümmsten rund 174. Die intelligenten Weibchen wurden dann mit den intelligenten Männchen gekreuzt, die unintelligenten Weibchen mit den unintelligenten Männchen; die übrigen Tiere wurden aus dem Versuch herausgenommen. Die Nachkommen dieser Paarungen wurden dann am gleichen Labyrinth getestet. Aufgrund ihrer Leistungen wurden die klügsten Exemplare aller klugen Würfe und die dümmsten Exemplare aller dummen Würfe miteinander gekreuzt. Diese Tests und das Zuchtwahlverfahren wurden 18 Generationen lang fortgesetzt. Die Resultate sind in der Verteilungskurve der Abbildung zusammengefaßt, die die Fehler der Elterngeneration, der dritten Generation (F_2), der siebenten Generation (F_6) und der neunten Generation (F_8) zeigt. Im Laufe der Generationenfolge entwickelten sich die beiden Rattenstämme auseinander, bis in der F_8-Generation die dümmsten der klugen Ratten etwa ebenso klug oder klüger waren als die klügsten der dummen Ratten.

In dieser Versuchsreihe wurden strenge Umweltkontrollen beachtet. Alle Tiere genossen dieselbe Pflege. In manchen Fällen wurden sogar die Jungen eines dummen Weibchens einer klugen Mutter zur Aufzucht übergeben und umgekehrt. Durch diesen Austausch sollte die Möglichkeit mütterlicher Fürsorge als Umweltfaktor ausgeschlossen werden. Das Labyrinth war überaus zuverlässig; die Fehler wurden automatisch durch ein elektrisches Gerät registriert, um eine mögliche unbewußte Voreingenommenheit des Versuchsleiters beim Skoren der Ratten zu vermeiden.

Einige Jahre später unterzog L. V. Searle die zwei Rattenstämme in Tryons Labor verschiedenen anderen Lerntests. Er stellte fest, daß die „Klugen" nicht in jeder Hinsicht klug und die „Dummen" nicht völlig dumm waren. Vielmehr wiesen die Ratten beider Stämme unterschiedliche Fähigkeiten auf.

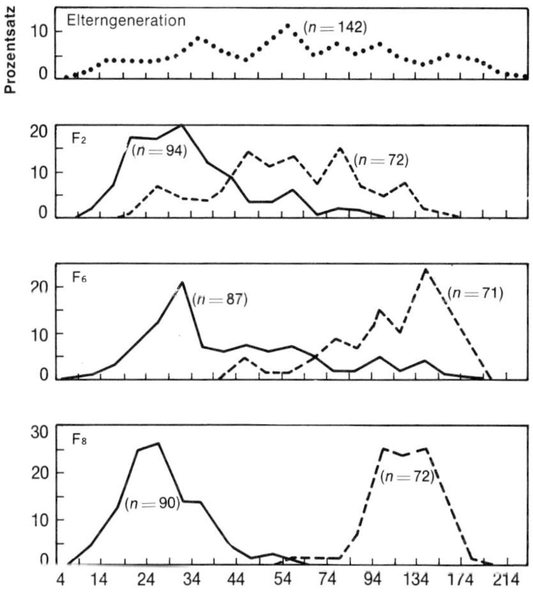

Labyrinthdurchläufe in 19 Versuchen

••••• unausgelesene Stichprobe
—— Nachkommen der „Klugen"
– – – Nachkommen der „Dummen"

Wie die Frage nach der Verallgemeinerung der Lernfähigkeit von Tryons Rattenstämmen schließlich auch beantwortet werden möge – und die Erforschung dieser Frage wird fortgesetzt – zumindest diese Erkenntnis steht fest: manche Arten von Lernfähigkeit sind erblich.

R. C. Tryon: Genetic difference in maze learning in rats. Aus National Society for the Study of Education, *The Thirty-ninth Yearbook.* Bloomington, Ill.: Public School Publishing Co., 1940. (Nachdruck mit Genehmigung der National Society for the Study of Education.)

L. V. Searle: The organization of hereditary maze-brightness and maze-dullness. *Genetic Psychology Monographs,* 1949, *39,* 279–325.

wurde auch nachgewiesen, daß sie eine bemerkenswerte genetische Basis für die Geotaxis besitzt, die Tendenz, der Schwerkraft zu folgen oder sich entgegengesetzt zu dieser zu bewegen (s. Abb. 13 und 14).

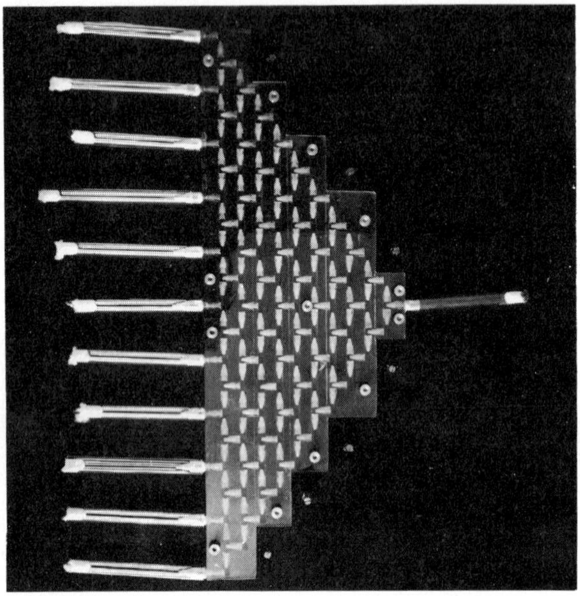

Abbildung 13: Dieses zehnteilige vertikale Plastiklabyrinth, an dessen vorderem Ende sich eine Neonröhre befindet (hier nicht abgebildet) ist ein Apparat zur Messung der Geotaxis (Bewegung in Beziehung zur Schwerkraftrichtung) bei Fruchtfliegen. Schwärme von Fruchtfliegen *(Drosophila)* werden durch die Röhre rechts in das Labyrinth eingeschleust und aus den verschiedenen Röhren links eingesammelt. Die Fliegen werden durch das Licht, von dem sie sich angezogen fühlen, und durch einen starken Nahrungsduft veranlaßt, das Labyrinth zu passieren. Fortgesetzte Zuchtwahl von Fliegen, die dazu neigen, beim Passieren des Labyrinths entweder nach oben oder nach unten zu kriechen, bringt schließlich zwei Stämme von Fruchtfliegen hervor, von denen der eine der Schwerkraft folgt und der andere sich dieser widersetzt.

J. Hirsch. Behavior genetics and individuality understood. *Science, 142,* 1436–1442; Copyright 1963 by the American Association for the Advance ment of Science; Nachdruck mit Genehmigung.

Zuchtwahl hat sich auch bei anderen Insekten als wirksam erwiesen. Normalerweise läuft der Schwarzkäfer *(Tribolium),* aber wenn er nichts zu fressen hat, „fliegt" er (das heißt, er macht kurze Sprünge). Durch fortgesetzte Zuchtwahl der Exemplare mit der größten „Flugbereitschaft" ließ sich der Prozentsatz der „Flieger" im Laufe von bloß sechs Generationen drastisch von zwei auf 50 Prozent anheben, wobei ein großer Prozentsatz dieser Käfer tatsächlich „fliegend" den Raum durchquerte (Lerner u. Inouye, 1969).

Bewegt man sich nun auf der Skala zunehmender Komplexität des Nervensystems nach oben, so hat sich beispielsweise bei Hühnern die Zuchtselektion als erfolgreich im Hinblick auf aggressives Verhalten, soziale Dominanz und auch bezüglich der Paarungshäufigkeit (Sexualverhalten, das teilweise durch Hormone vermittelt ist) erwiesen. Bei Mäusen und Ratten wurde ein breites Spektrum von Verhaltensweisen einschließlich der Emotionalität selektiv gezüchtet (Furchtsamkeit, Horten, Zahmheit und Vorliebe für Alkohol, die teilweise auf genetischen Unterschieden im Blutspiegel eines Leberenzyms basiert, das den Stoffwechselabbau von Alkohol fördert).

Eine der umfangreichsten Untersuchungen der Verhaltensgenetik von Säugetieren wurde von Scott und Fuller (1965) referiert. Ihr Hauptthema war die Zuchtselektion von sozialem Verhalten bei Hunden. In einer Studie, die sich über mehr als zwölf Jahre erstreckte, beobachteten sie sorgfältig

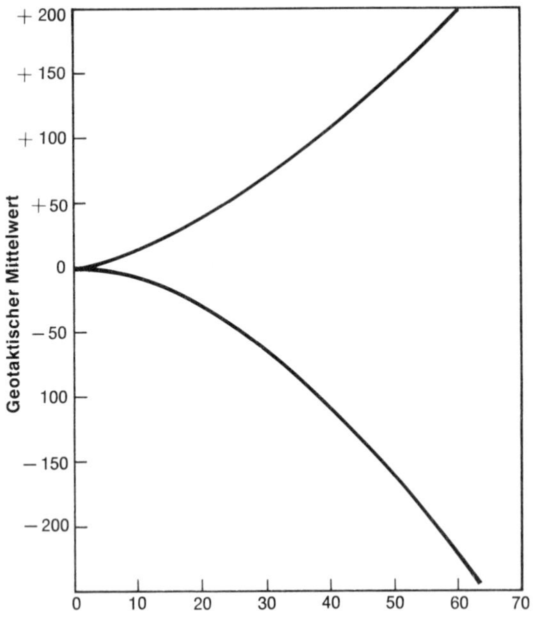

Abbildung 14: Die Resultate der Selektion bei der *Drosophila* für positive und negative Geotaxis über 65 Generationen (kumulative Kurven).

Nach Erlenmeyer-Kimling et al., 1962.

das Verhalten reinrassiger und gemischtrassiger Hunde fünf verschiedener Rassen: Afrikanischer Jagdhund, Beagle, Cocker Spaniel, Foxterrier und Shetland Hirtenhund. Etwa 500 dieser Tiere wurden in ihrem ersten Lebensjahr zu verschiedenen Zeitpunkten in etwa 30 standardisierten Situationen getestet, die darauf angelegt waren, Erkenntnisse über Merkmale wie emotionale Reaktionsfähigkeit, Dressierbarkeit und Problemlösungsvermögen zu liefern. Durch den Leistungsvergleich der reinrassigen Hunde mit den Mischlingen verschiedener Arten und Grade gelang es Scott und Fuller häufig, die genetische Basis verschiedener Verhaltensmerkmale zu demonstrieren, die unter den fünf studierten Hunderassen vorhanden sind. Ebenso wie Tryons Forschungen über Labyrinthklugheit ergab auch dieses Projekt keine generellen (das heißt, auf alle Situationen zutreffenden) Intelligenzunterschiede zwischen den verschiedenen Rassen.

2 Menschliche Verhaltensgenetik

Wenn wir uns dem Menschen zuwenden, so ist es klar, daß unser Moralkodex dem Spektrum von Versuchen, die gestattet wären, strikte Grenzen auferlegt (interessanterweise schlug Plato in seinem berühmtesten Dialog, *„Der Staat"*, tatsächlich die Verwendung von „Intelligenz"-Tests zur Veredelung der herrschenden Klasse durch Zuchtselektion vor). Aber wer würde heute wünschen, daß Menschen auf der Basis ihres Abschneidens bei psychologischen Tests miteinander gepaart würden? Und selbst wenn das möglich wäre, würde man den zeitgenössischen Wissenschaftlern niemals gestatten, die Umwelt zu manipulieren, in der die „Versuchskinder" aufgezogen würden. Doch gerade die Unmöglichkeit, auch nur annähernd so etwas wie eine wirksame Versuchskontrolle über die menschliche Genetik durchzusetzen, scheint die Tür für alternative Interpretationen der relativen Bedeutung von Vererbung und Umwelt für die Entstehung psychischer Merkmale beim Menschen offenzuhalten.

2.1 Vererbung und Umwelt

Das Grundproblem ist, daß Vererbung und Umwelt in den Untersuchungen von Familienbeziehungen und in den Adoptionsstudien, die die Grundlage dieses Forschungsgebiets bilden, immer gemeinsam zu variieren scheinen. Diese Kovariation wird als Verschmelzung bezeichnet, weil sich dabei die Auswirkungen verschiedener kausaler Faktoren miteinander vereinigen oder verschmelzen. Nehmen wir beispielsweise an, daß ererbte Unterschiede teilweise dafür verantwortlich sind, daß manche Kinder mehr Neugier zeigen als andere. Die genetische Gemeinsamkeit zwischen Kind und Eltern würde auch gewährleisten, daß die Eltern neugierigerer Kinder im Schnitt selbst eine überdurchschnittliche Neugier aufweisen. Da die Beobachtung der Neugier ihrer Eltern die Kinder ihrerseits zu noch größerer Neugier ermutigt, ist es da nicht schwer zu sagen, wieviel von ihrer Neugier auf ihre Erbanlagen und wieviel auf die spezielle Umwelt zurückzuführen ist, die von Eltern mit ähnlichen Erbanlagen wie die ihrer Kinder geschaffen wird (s. Abb. 15)? In solchen Fällen ist es unwahrscheinlich, daß Vererbung und Umwelt voneinander unabhängig sind; vielmehr tendieren sie dazu, zusammen zu variieren, wodurch sich das Problem der Feststellung ihrer relativen Wichtigkeit noch stark kompliziert. Dies ist der Hauptgrund, warum manche Verhaltensgenetiker die Verwendung eines simplen Meßwerts der Erblichkeit als Index der relativen Wichtigkeit von Vererbung und Umwelt für menschliche Verhaltensmerkmale ablehnen (Layzer, 1974).

2.2 Zwillingsuntersuchungen

Wie aus der Darstellung der physiologischen Mechanismen der Vererbung im 5. Kapitel hervorgehen wird, hat die Natur ein spektakuläres „Experiment" durchgeführt, bei dem die Einflüsse der Vererbung teilweise von denen der Umwelt getrennt wurden. Etwa bei jeder 86. Entbindung kommen Zwillinge zur Welt. Von diesen Zwillingsgeburten sind etwa ein Drittel *eineiige Zwillinge.* Die beiden Individuen sind in dem Sinn miteinander „identisch", als sie genau dieselben Erbanlagen besitzen, d.h. dieselben Gene, da sie aus einer Teilung desselben befruchteten Eies oder Ovums stammen. Demnach sind alle beobachtbaren

Abbildung 15: Neugier ererbt?
© Rick Smolan.

Unterschiede in ihrem Verhalten auf Unterschiede in ihrer Umwelt oder in der Art und Weise, wie ihre verschiedenen Umweltbedingungen mit ihren identischen Genen interagieren, zurückzuführen.

Die übrigen zwei Drittel der Zwillingsgeburten bestehen aus *zweieiigen Zwillingen.* Hinsichtlich ihrer Erbanlagen gleichen sich diese Individuen im Schnitt nicht mehr als zwei Nichtzwillingsbrüder, zwei Nichtzwillingsschwestern oder ein Nichtzwillingsbruder und seine Schwester (in jedem Fall die Produkte zwei verschiedener befruchteter Eizellen). Da zweieiige Zwillinge gleich alt sind, wurde jedoch manchmal angenommen, daß sie in derselben Umwelt aufwachsen oder zumindest, daß die Umweltbedingungen zweieiiger Zwillinge desselben Geschlechts genauso identisch sind wie die eineiiger Zwillinge. Die Versuchung ist daher groß, jede stärkere Ähnlichkeit zwischen eineiigen Zwillingen verglichen mit zweieiigen Zwillingen auf die Erbanlagen zurückzuführen (s. Abb. 16). Diese Annahme scheint im Hinblick auf bestimmte körperliche Eigenschaften wie Augenfarbe oder Größe plausibel. Und eineiige Zwillinge gleichen sich tatsächlich in der Regel außerordentlich. (Tatsächlich wurde behauptet, daß bei 98 Prozent aller Zwillinge die Antwort auf die folgende simple Frage den richtigen Schluß zulasse, ob es sich um ein eineiiges oder zweieiiges Pärchen handelt: „Habt ihr beiden euch als Heranwachsende geglichen wie ein Ei dem anderen oder wart ihr euch bloß ähnlich wie normale Geschwister?“) (Lundman, 1966). Da sich eineiige Zwillinge äußerlich viel stärker ähnlich sehen, dürften sie wahrscheinlich auch ähnlicher behandelt werden. Das bedeutet wiederum, daß sie unter ähnlicheren Umweltbedingungen aufwachsen als zweieiige Zwillinge.

Mit zunehmendem Alter können jedoch auch eineiige Zwillinge äußerliche Unterschiede entwickeln. Obwohl sie sich in Merkmalen wie Körpergröße, Ergrauen der Haare und Neigung zu bestimmten Krankheiten gleichen, können sie sich im Hinblick auf ihr Gewicht und bestimmte psychische Eigenschaften mit der Zeit deutlich voneinander unterscheiden. Psychologische Ähnlichkeiten und Differenzen verschiedener Art werden an anderer Stelle erörtert (geistige Fähigkeiten in Bd. 4, 3. Kap.; Emotionen in Bd. 5, 2. Kap.; Psychosen oder andere Geisteskrankheiten in Bd. 6, 4. Kap.; Persönlichkeitsdeterminanten in Bd. 6, 3. Kap.), aber der Leser sollte sich des Problems

Abbildung 16: Eineiige Zwillinge

der Verschmelzung von Erbe und Umwelt bewußt sein und sollte wissen, daß wir uns nicht völlig auf die relativen Ähnlichkeiten der Umweltbedingungen eineiiger und zweieiiger Zwillinge verlassen können.

Eine denkbare Möglichkeit zur Überwindung des Problems der Verschmelzung wäre, alle Zwillinge bei der Geburt zu trennen und jedes Kind in eine andere, nach dem Zufallsprinzip ausgewählte Familie zur Adoption freizugeben. (Wer würde allerdings seine Kinder für so ein Experiment hergeben?) In der Realität werden jedoch die Pflegefamilien, selbst wenn die Kinder nicht von ihren leiblichen Eltern aufgezogen werden, *nicht* nach dem Zufallsprinzip ausgewählt. Die Adoptionsvermittler und ärztlichen Berater tendieren dazu, die Pflegeeltern im Hinblick auf alle für wichtig gehaltenen sozioökonomischen oder anderen Merkmale auf die leiblichen Eltern abzustimmen.

2.3 Andere Familienbeziehungen

Gene, die physiologischen Mechanismen der Vererbung (s. 5. Kap.), werden von Individuen mit unterschiedlichen Graden familiärer Verwandtschaft in unterschiedlichem Maße geteilt. Geschwister (Brüder und Schwestern) haben im Durchschnitt die Hälfte ihrer Gene miteinander gemein, ebenso wie Eltern mit ihren Kindern. Cousins und Cousinen haben nur ein Achtel ihrer Gene miteinander gemein. Insofern hat es den Anschein, daß die Vererbung eine um so größere Ähnlichkeit oder Kongruenz von Verhaltensmerkmalen hervorbringt, je größer der Verwandtschaftsgrad ist. Man sollte sich jedoch auch vor Augen halten, daß Geschwister gewöhnlich in derselben Familie aufwachsen und dieselben Grund- und Oberschulen besuchen, was bei Cousins und Cousinen nicht der Fall ist. Wir haben es also wiederum mit einer Verschmelzung von Erbe und Umwelt zu tun, und es ist daher schwierig, die Faktoren zu separieren, welche die Ähnlichkeiten und Unterschiede in den Verhaltensmerkmalen bestimmen. Wir übersehen diese Verschmelzung, wenn wir beispielsweise die Intelligenz eines Kindes entweder ausschließlich auf „gute" Erbanlagen oder ausschließlich auf ein „gutes" häusliches Klima zurückführen. Es wäre in solchen Fällen weitaus richtiger, an eine komplexe Verkettung oder Verknüpfung vieler genetischer und umweltbedingter Faktoren zu denken.

3 Formbarkeit von Merkmalen

Es wird im allgemeinen für optimistischer gehalten, Verhaltensmerkmale auf die Umwelt zurückzuführen, weil man davon ausgeht, daß ungünstige Umweltbedingungen korrigiert werden können, während gegen die negativen Auswirkungen ungünstiger Gene kein Kraut gewachsen ist. Aber dabei wird wiederum das Wechselspiel zwischen Vererbung und Umwelt außer acht gelassen. Man denke beispielsweise an die Phenylketonurie (PKU), ein genetisch bedingter Enzymmangel, der durch seine toxische Wirkung auf das Zentralnervensystem zu einer schweren geistigen Retardierung führt. Es hat sich gezeigt, daß die große Mehrheit von PKU-Kindern einen normalen IQ entwickelt, wenn sie früh auf eine Spezialdiät gesetzt werden, die nur wenig Phenylalanin enthält. In diesem Fall können die ungünstigen Auswirkungen einer bestimmten Erbanlage offensichtlich durch eine relativ einfache Veränderung der Umweltbedingungen überwunden werden. Ein anderes Beispiel ist die manisch-depressive Psychose, eine Störung, die durch extreme Stimmungsschwankungen gekennzeichnet ist und die nach der Schizophrenie die häufigste Form einer stark behindernden emotionalen Störung darstellt. Während manche Spielarten dieser Erkrankung stärker durch genetische Faktoren bedingt zu sein scheinen und andere weniger (s. Bd. 6, 4. Kap.), spricht gerade die Form, bei der es die deutlichsten Anzeichen für hereditäre Ursachen gibt, am besten auf eine pharmakologische Behandlung mit Lithium an.

Allgemeiner gesprochen geht es uns hier um die Feststellung, daß bestimmte Umweltveränderungen einen überwältigenden Einfluß darauf haben können, wie sich Gene auf das Verhalten auswirken. Manche dieser Umweltveränderungen (wie Veränderungen in der Ernährung oder medikamentöse Behandlung) sind leicht möglich, aber das trifft nicht auf alle zu. Gerade manche der wichtigsten Aspekte unserer sozialen und kulturellen Umwelt können sich als überaus resistent gegen Veränderungen erweisen. So wird die Konfessionszugehörigkeit eines Menschen weitgehend durch die Umwelt bestimmt, in die er hineingeboren wird: Kommt jemand in einem bestimmten Teil der Erde zur Welt, dann wird er wahrscheinlich ein Moslem; wird er im Nachbarland geboren, dann wird er ein Jude. Aber wer kann glauben, daß ein erwachsener Moslem leicht zum jüdischen Glauben konvertiert oder umgekehrt? Bestimmte Aspekte des Erziehungsmilieus, die entscheidend für den akademischen Erfolg sind, dürften sich als ähnlich resistent gegen Veränderungen erweisen (s. Box 4/18, S. 86).

4 Regression zum Mittelwert

Eine weitere irrige Annahme über Vererbung und Umwelt, die bei öffentlichen Erörterungen dieses Themas Verwirrung stiftet, ist die feste Überzeugung, daß Kinder so seien wie ihre Eltern. Obwohl Kinder tatsächlich ihren Eltern sowohl in physischer als auch in psychischer Hinsicht gleichen, läßt sich diese Ähnlichkeit viel besser durch die untere Hälfte von Abb. 17 (S. 57) veranschaulichen als durch die obere. Außergewöhnliche Körpergröße oder Intelligenz eines Elternteils ist keine Garantie dafür, daß das Kind über diese beiden Eigenschaften verfügen wird. Wenn wir beispielsweise wissen, daß ein Vater extrem groß ist, sagen wir einen Meter neunzig, dann ist zu erwarten, daß sein Sohn zwar über dem Durchschnitt liegen wird – etwa bei einem Meter achtzig –, aber nicht so groß wie sein Vater sein wird. Ebensowenig ist zu erwarten, daß alle Kinder einer Mutter, die einen IQ von 140 hat, ebenso außergewöhnlich begabt sein werden; es wäre nicht einmal überraschend, wenn eines oder zwei ihrer Kinder nahe beim Durchschnitt (100) oder sogar leicht darunter liegen würden. Und das wäre der Fall, gleichgültig, ob diese Eigenschaften auf die Vererbung, die Umwelt oder (richtiger) auf Wechselwirkungen zwischen den beiden zurückgeführt würden.

Eltern, die besonders groß, klein oder intelligent sind, bzw. im Hinblick auf irgendein anderes Attribut vom Durchschnitt abweichen, haben Nachkommen, die im Schnitt im Hinblick auf dasselbe Attribut weniger extrem sind. Diese statistische Tendenz wird als *Regression zum Mittelwert* bezeichnet. Sie ist von sehr allgemeiner Bedeutung, weil sie überall dort auftritt, wo die *Korrelation* oder Übereinstimmung zwischen zwei Meßwerten (wie IQ des Elternteils und IQ des Kindes) geringer als gleich ist. Wäre die Korrelation vollkommen, dann gäbe es keine Regression zum Mittelwert: Der intelligenteste Elternteil hätte das intelligenteste Kind und das intelligenteste Kind

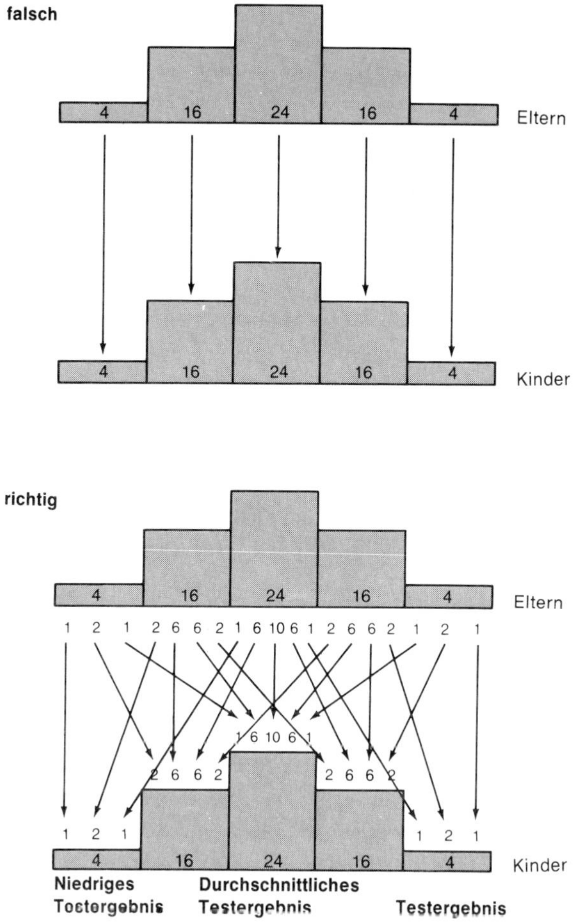

Abbildung 17: Regression zum Mittelwert. Denken Sie sich, daß jede Häufigkeitsverteilung die Ergebnisse von 64 verschiedenen Individuen bezüglich irgendeines Meßwerts wie Größe oder Intelligenz darstellt; und stellen Sie sich vor, daß jedes Verteilungspaar Eltern bzw. Kinder repräsentiert. Jeder Pfeil setzt somit ein Elternscore zu einem Kinderscore in Beziehung. Die falsche Reihe von Pfeilen (oben) impliziert, daß jedes Kind genau wie seine Eltern ist. Die richtigen Pfeile (unten) geben den wirklichen Sachverhalt wieder: es gibt eine gewisse Entsprechung zwischen Eltern und Kindern, aber es gibt auch eine Regression zum Mittelwert. Beispielsweise erzielen die Kinder der vier Väter mit den niedrigsten Testergebnissen selbst entweder ein niedriges (ein Kind von vieren), ein mäßig niedriges (zwei von vieren) oder ein nahezu durchschnittliches Resultat (eines von vieren). Man beachte, daß trotz der Regression die Verteilung der Ergebnisse bei beiden Generationen dieselbe ist.

Nach C. Li, „A tale of two thermos bottles: Properties of a genetic model for human intelligence." Aus: R. Cancro (Hrsg.), *Intelligence: Genetic and Environment influences.* New York: Grune u. Stratton, 1971, S. 161–181.

hätte den intelligentesten Elternteil. Aber sofern die Korrelation weniger als hundertprozentig ist, ist die beste Prognose die, daß der Meßwert, den man voraussagt, weniger extrem sein wird (beispielsweise näher dem Durchschnitts-IQ von 100).

Die ungeheure Variabilität der Beziehungen, die aus der unteren Hälfte von Abbildung 17 hervorgeht, bedeutet, daß „durchschnittliche" Individuen entweder aus Familien mit sehr hohen oder mit sehr niedrigen Meßwerten, aus außergewöhnlich „guten" oder außergewöhnlich „schlechten" Umgebungen oder von irgendeiner Stelle zwischen diesen Extremen stammen können. Wenn wir uns das vor Augen halten, verringert sich unsere Sorge, daß irgendein Mensch zu einer bestimmten Gesellschaftsschicht „verdammt" sein könnte.

4.1 Soziobiologie

In der Einleitung zu diesem Kapitel erwähnten wir zwei theoretische Ansätze, die in den letzten Jahren verstärkt die Aufmerksamkeit auf die Rolle der Vererbung für die Entwicklung des Verhaltens gelenkt haben. Der erste war Chomskys Hervorhebung einer universellen Grammatik, die angeblich in der Beschaffenheit des menschlichen Nervensystems verankert ist. Dieser Ansatz wird im Zusammenhang mit der Entwicklungspsycholinguistik (Bd. 4, 1. Kap.) näher erörtert. Der zweite Ansatz ist die neue Variante des Darwinismus, die *Soziobiologie.* Der führende Exponent dieser Auffassung, Edward O. Wilson, vertritt die Hypothese, daß komplexes soziales Verhalten oft die natürliche Auslese von Genen widerspiegele, die dieses Verhalten kontrollieren, und dadurch die künftige Reproduktion derselben Gene gewährleiste. *Teleologisch* ausgedrückt (d.h. im Hinblick auf einen Endzweck oder ein Ziel) heißt das, daß *Gene bestrebt sind, zu überleben und sich zu vermehren.* Als Darwinsche Mechanistiker sind die Soziobiologen natürlich mit teleologischen „Erklärungen" niemals zufrieden – weil diese nichts wirklich erklären. Ihr Ziel ist es vielmehr, soziales Verhalten anhand der Vererbungsmechanismen zu erklären. Der Akzent liegt jedoch bei den Soziobiologen nicht auf dem Darwinschen Überleben der Spezies, sondern auf dem Überleben der eigenen Gene des Individuums.

Wie könnte das funktionieren? Man bedenke beispielsweise die Unterschiede in den *elterlichen*

Investitionen, die Müttern und Vätern abverlangt werden. Da eine Frau im Laufe ihres Lebens nur wenige Kinder (5, 10, 20?) gebären kann, muß sie darauf achten, daß jedes einzelne überlebt, um die Reproduktion ihrer Gene zu sichern. Mechanistischer ausgedrückt, diejenigen Mütter, die schlecht für ihre Kinder vorgesorgt haben, etwa solche, die sich mit verantwortungslosen Männern paarten, würden im Schnitt weniger Kinder durchbringen, die selbst Nachkommen in die Welt setzen. Die Gene leichtsinniger oder promiskuöser Frauen würden also mit der Zeit verschwinden. Eine umsichtigere Frau würde sich nur mit einem Mann vermählen, bei dem sie sich auf Schutz und Hilfe bei der Aufzucht ihrer Kinder verlassen kann, und es ist daher dieser Frauentypus, dessen Gene mit größerer Wahrscheinlichkeit weitervererbt werden. Durch diesen Prozeß der natürlichen Auslese, so nimmt man an, wurden Frauen in ihren sexuellen Beziehungen vorsichtig und monogam.

Männer brauchen im Gegensatz dazu nicht so vorsichtig zu sein, da sie viele verschiedene Frauen schwängern können. Gerade die Männer mit der größten Promiskuität hätten die beste Chance, daß ihre Gene überleben werden. Daher die „Doppelmoral" – nach dieser soziobiologischen Interpretation. Den schlimmsten Verrat an seinen eigenen Genen begeht nach dieser Analyse der „Hahnrei", der Mann, dessen Partnerin von einem anderen Mann geschwängert wurde, mit der Folge, daß der „Hahnrei" seine eigenen Kräfte darauf verschwendet, das Überleben der Gene eines anderen Mannes zu sichern.

In dieser und ähnlicher Weise haben die Soziobiologen manche Unterschiede im sexuellen Verhalten zwischen Mann und Frau auf biologische Auslese zurückgeführt. Die verbreitete Vorstellung, daß diese Unterschiede willkürliche kulturelle Phänomene seien, Gepflogenheiten, die leicht verändert werden können, um den Maßstäben einer weniger sexistischen Gesellschaft zu entsprechen, scheint durch diese Art der Analyse in Frage gestellt (es ist deshalb nur wenig verwunderlich, daß sich gegen die Soziobiologen ein Sturm der Kritik, ja der Schmähungen erhoben hat).

Am erfolgreichsten war die Soziobiologie bei der Erklärung des Verhaltens der sozialen Insekten und anderer Tiere (s. Box 1/2, S. 59). Was menschliche Sitten und Institutionen wie die sexuellen Verhaltensmuster betrifft, fällt es schwer, sich vorzustellen, wie die Soziobiologie die rapiden Veränderungen erklären könnte, die wir in unserer eigenen Zeit miterlebt haben – beispielsweise, ob sich Mohammedanerinnen völlig verhüllen (und, indem sie sich scheinbar der männlichen Aufmerksamkeit völlig entziehen, ihre Gene vielleicht durch Erhaltung der Loyalität eines verantwortungsvollen Mannes schützen oder ob sie sich der neuesten aufreizenden Moden aus dem Westen bedienen, um die draufgängerischen Männer anzulocken, die vielleicht am besten imstande sind, die Gene der Frau zu beschützen). Kritiker wie Levontin (1974) argumentieren, daß sowohl die theoretische Quote der genetischen Veränderungen im Laufe der Zeit als auch die genetischen Unterschiede zwischen menschlichen Populationen zu gering seien, um die raschen Veränderungen und gravierenden Unterschiede zu erklären, die in bzw. zwischen menschlichen Kulturen zu beobachten sind.

Es sollte klar geworden sein, daß soziobiologische Interpretationen sozialer Institutionen des Menschen überaus spekulativ sind. Außerdem scheint es keine Möglichkeit zu geben, sie zu widerlegen, da alle möglichen Verhaltensweisen als Resultat biologischer Auslese interpretiert werden können. Das kann ein entscheidendes Moment des Anklangs sein, den die Soziobiologie findet. Wenn Männer untreu sind, dann führt die Soziobiologie ihre Promiskuität auf die natürliche Auslese der Gene zurück, die sich durch sexuelle Kontakte mit vielen verschiedenen Frauen reproduzieren. Wenn sich Männer treu verhalten, kann die Soziobiologie ererbte Tendenzen ins Feld führen, „die eigenen Investitionen" durch soziale Arrangements „zu schützen", die Geborgenheit und eine sichere Umwelt für die eigenen Kinder gewährleisten. Das scheinbare Vermögen einer Theorie, alle möglichen sozialen Verhaltensweisen zu erklären, verleiht ihr einen erheblichen geistigen Einfluß. Aber Wissenschaftsphilosophen wie Carl Hempel (1966) haben betont, daß eine Theorie, die alle möglichen Beobachtungen zu erklären scheint, in Wirklichkeit überhaupt nichts erklärt. Eine wissenschaftliche Erklärung sagt voraus, was unter *bestimmten* Bedingungen eintreten würde. Wenn diese Bedingungen erfüllt sind, aber das vorausgesagte Ereignis ausbleibt, dann ist die Theorie *falsifiziert,* d.h. als falsch erwiesen worden. Wenn jedoch alle möglichen Ereignisse mit einer Theorie vereinbar sind, dann gibt es keine Möglichkeit, sie zu falsifizieren. Eine *unfalsifizier-*

BOX 1/2

Altruismus: Überleben der Tauglichsten?

Der britische Biologe J. B. S. Haldane bemerkte einmal, er würde sein Leben für zwei seiner Brüder oder acht seiner Cousins hergeben. Darin liegt eine soziobiologische Erklärung des *Altruismus,* der Aufopferung der eigenen Person für das Wohl anderer. Denn, wie Haldane argumentierte, würden Duplikate etwa der Hälfte seiner eigenen Gene mit jedem seiner Brüder überleben und etwa ein Achtel mit jedem seiner Cousins. Ein fairer Handel?

Betrachten wir Beispiele von selbstaufopferndem Verhalten bei Tieren, von denen wir annehmen, daß sie weniger gründlich über den Anteil an Genen Bescheid wissen, den verschiedene Verwandte mit ihnen gemein haben.

Das Belding-Backenhörnchen (auch Ziesel oder Erdhörnchen) ist ein eingebürgerter Bewohner von Almwiesen, wo es aufrecht neben dem Eingang seiner Höhle steht, immer auf der Hut vor Feinden. Wenn Gefahr naht, braucht das Tier nur in seiner Höhle Schutz zu suchen. Dadurch würden seine eigenen Gene erhalten bleiben. Statt dessen stößt das Backenhörnchen in der Regel seinen charakteristischen Warnruf, einen Piepston, aus. Dadurch zieht es oft die Aufmerksamkeit des Raubtieres auf sich und verringert so seine eigenen Überlebenschancen. Es wäre deshalb anzunehmen, daß sich die natürliche Selektion gegen das Überleben der Erdhörnchen auswirken würde. Die in Haldanes Bemerkung implizierte Antwort darauf ist, daß das Erdhörnchen, indem es seine eigene Sicherheit riskiert, die Chance Dutzender anderer Artgenossen zu entkommen erhöht, von denen die meisten ebenfalls „Piepsgene" besitzen. Wenn warnendes Piepsen die Überlebenschancen dieser Gene erhöht, indem es diesen nahen Verwandten signalisiert, in Deckung zu laufen, dann fördert die natürliche Zuchtwahl dieses scheinbar selbstaufopfernde Verhalten.

Ähnliche Beispiele sind auf verschiedenen anderen Ebenen des Tierreichs zu finden. Im hierarchisch gegliederten Kastensystem der Ameisenkolonie opfern die Krieger ihr Leben, um die Kolonie zu schützen und die sterilen Weibchen arbeiten ihr Leben lang im Dienste der Gene ihrer Schwestern. Manchmal ist es das Weibchen, das vom Männchen scheinbare Selbstaufopferung fordert: bei einigen Vogelarten erwartet das monogame Weibchen vom Männchen, daß es *vor* der Paarung ein Nest baut.

Indem sie bestimmte nichtmenschliche Verhaltensweisen als *altruistisch* bezeichnen, implizieren Soziobiologen wie Edward O. Wilson von der Universität Harvard, daß die aufopfernde Fürsorge für andere, die Menschen üblicherweise als Altruismus bezeichnen, ebenfalls das Produkt natürlicher Selektion ist. Ist es möglich, daß diese edelste aller Eigenschaften bloß ein Schößling der grundlegenden biologischen Mechanismen der Vererbung ist? Die Vorstellung, daß wir durch unsere Selbstaufopferung lediglich einem biologischen Script zur Erhaltung unserer eigenen Gene folgen, scheint den Altruismus irgendwie seiner Tugendhaftigkeit zu berauben.

Kritiker der Soziobiologie wie Richard Lewontin, ebenfalls Harvard-Biologe, weisen darauf hin, daß die Anwendung von Begriffen wie *Altruismus* auf Tiere *anthropomorph* sei; das heißt, menschliche Attribute werden metaphorisch auf Nichtmenschen angewandt. Die Angemessenheit oder Brauchbarkeit der Metapher müsse erst nachgewiesen werden. Selbst wenn bewiesen werden könne, daß die natürliche Zuchtwahl die „Selbstaufopferung" von Tieren erkläre, wäre es immer noch eine bloße Vermutung, daß derselbe Vorgang dem menschlichen Altruismus zugrundeliege.

Über die genetische Erklärung des tierischen Verhaltens wird immer noch debattiert. Wilson selbst (1975, 1978) hat das eindrucksvollste Beweismaterial gesichtet. Selbst bei Tieren scheint es notwendig, eine Reihe verschiedener Erklärungen in Betracht zu ziehen, wie die Stammesselektion, die wir bei Erdhörnchen, Ameisen und Vögeln beschrieben haben und andere Begründungen, die sich auf ausgeklügelte Konzepte wie reziproker Altruismus und Interpopulationsselektion stützen.

E. O. Wilson: Sociobiology: *The New Synthesis.* Cambridge, Mass.: Harvard University Press, 1975.

E. O. Wilson: *On Human Nature.* Cambride, Mass.: Harvard University Press, 1978.

bare Theorie erklärt im Grunde gar nichts, und das Gefühl, die Dinge mit einer solchen Theorie erhellt zu haben, ist folglich eine bloße Illusion.

Darwins Theorie der Evolution ist einer ähnlichen Kritik unterzogen worden (Scriven, 1959). Rückblickend gesehen konnte Darwin das Verschwinden mancher Arten und das Überleben anderer erklären, aber seine Theorie konnte nicht voraussagen, welche Arten künftig überleben würden. Die Evolutionstheorie hat sich so weiterentwickelt, daß sie auf bestimmten Gebieten wie in der Genetik die Ergebnisse von Versuchen vorhersagen kann. Wenn sich diese Prognosen als falsch erweisen, dann muß die Theorie modifiziert werden. Mit Hilfe der experimentellen Biologie mag die Soziobiologie eines Tages imstande sein, soziale Institutionen des Menschen zu erklären. Aber auf ihrem gegenwärtigen Entwicklungsstand scheint die Soziobiologie die Probleme vieler psychologischer Theorien wie der von Sigmund Freud entwickelten Psychoanalytischen Persönlichkeitstheorie zu teilen. Nachdem sich das Kind zu einem Neurotiker entwickelt hat, kann der Psychoanalytiker die Neurose auf Kindheitstraumen zurückführen; aber der Psychoanalytiker kann nicht erklären, warum andere Kinder, die ähnliche Traumen erlitten haben, nicht ebenfalls neurotisch werden.

Die Psychoanalyse hat erfolgreich die rationalistische Art und Weise in Frage gestellt, in der sich unsere Kultur selbst interpretierte (Bd. 6, 2. Kap.). In ähnlicher Weise stellt die Soziobiologie die allzu leichtfertige Tendenz in Frage, alles auf das kulturelle Umfeld zurückzuführen. Das Tauziehen zwischen genetischen und umweltbezogenen Interpretationen ist ein Thema, das jede Zeit unter den ihr neu zugänglichen Erkenntnissen abermals aufnehmen muß.

Zusammenfassung

1. Individuelle Unterschiede in den psychologischen Merkmalen sollten weder ausschließlich auf die Erbanlagen noch ausschließlich auf die Umweltbedingungen zurückgeführt werden, sondern vielmehr auf Wechselwirkungen zwischen Erbe und Umwelt. Das bedeutet, daß die Art und Weise, wie sich eine bestimmte Reihe hereditärer Faktoren auswirkt, von dem jeweiligen Milieu abhängt, in dem sie zum Tragen kommen. Die Darwinsche Theorie der natürlichen Auslese bezieht sich auf eine Auslese im Rahmen eines bestimmten Umfeldes, eine Auslese, die sich als fehlangepaßt erweisen kann, wenn sich das Umfeld verändert.

2. Dieser Ansatz wird durch Versuche in der Verhaltensgenetik veranschaulicht, ein Forschungsgebiet, welches das Verhalten von Tieren und Menschen im Hinblick auf die Rolle der Vererbung studiert. Beispielsweise waren die individuellen Unterschiede in der Zahl der Fehler, die Ratten beim Zurechtfinden in einem Labyrinth machten, die Basis für eine Zuchtselektion, die zu „labyrinthklugen" und „labyrinthdummen" Rattenstämmen führte. Die Überlegenheit des einen Rattenstammes über den anderen generalisierte jedoch nicht auf andere Lernaufgaben. Auch andere Tierarten von Fruchtfliegen bis zu Hunden wurden selektiv auf ein breites Spektrum psychologischer Eigenschaften gezüchtet.

3. Weil wir am Menschen keine Experimente mit Zuchtselektion durchführen wollen, verschmelzen die Auswirkungen von Vererbung und Umwelt gewöhnlich in den Daten, die zum Studium der menschlichen Verhaltensgenetik zur Verfügung stehen. Auch ein „Experiment" der Natur – die Differenz in der genetischen Ähnlichkeit zwischen eineiigen und zweieiigen Zwillingen – entgeht nicht völlig diesem Problem der Verschmelzung, selbst wenn die Zwillinge schon bei der Geburt getrennt werden. Beispielsweise kann es sein, daß eineiige Zwillinge, weil sie sich ähnlicher sehen als zweieiige, gleicher behandelt werden als zweieiige Pärchen. Ähnliche Verschmelzungen komplizieren die Interpretation verschiedener Grade der Verwandtschaft. Verhaltensgenetiker sind aus diesem Grunde skeptisch gegenüber der Brauchbarkeit zahlenmäßiger Indizes der Erblichkeit psychologischer Eigenschaften des Menschen.

4. Es ist ein Irrtum anzunehmen,daß es unmöglich sei, Verhalten zu modifizieren, das stark durch die Erbanlagen beeinflußt wird. Beispiele eines Enzymmangels (PKU) und der manisch-depressiven Psychose veranschaulichen, daß Veränderungen in den Umweltbedingungen auch Verhaltensprobleme genetischen Ursprungs überwinden können. Andererseits ist es keinesfalls leicht, wichtige Aspekte der Umwelt (beispielsweise die Einstellungen einer Gesellschaft zu Bildung und Religion) zu verändern.

5. Bei vielen psychologischen Merkmalen ist die Regression zum Mittelwert so stark, daß man keine Furcht zu haben braucht, Kinder seien dazu verdammt, genau wie ihre Eltern zu werden. Die statistische Regression hat zur Folge, daß die Nachkom-

men eines bestimmten Elternpaares im Schnitt dazu tendieren, weniger extrem zu sein als ihre Eltern.

6. Eine neue Form des Darwinismus, die Soziobiologie, vertritt die Hypothese, daß selbst komplexe soziale Verhaltensweisen die Folge natürlicher Auslese sein können. Beispielsweise könne die größere elterliche Investition der Frau in die Aufzucht ihrer Kinder und die größeren Chancen des Mannes, seine Gene mit vielen Partnerinnen zu reproduzieren, durch natürliche Auslese zu einer stärkeren Promiskuität beim Mann geführt haben. Am erfolgreichsten war die Soziobiologie bei der Erklärung sozialer Verhaltensweisen von Insekten. Im Falle des Menschen ist es umstritten, ob soziobiologische Erklärungen tatsächlich etwas über die beobachteten Unterschiede im sozialen Verhalten aussagen. Dennoch hat die Soziobiologie die konventionellen Denkweisen hinsichtlich des Sozialverhaltens radikal in Frage gestellt.

7. Seit die Kybernetik mit ihrem fächerübergreifenden Nachweis von sich-selbst-regulierenden Systemen in Biologie, Chemie, Technik usw. auch Eingang in die Psychologie gefunden hat, wird die Fähigkeit des Menschen zur Selbststeuerung neben den genetischen und umweltbedingten Einflüssen nicht mehr geleugnet. Durch die „kognitive Wende" der Psychologie werden zunehmend auch die „arbiträren" (d. h. die der eigenen Entscheidung zugänglichen) Verhaltensanstöße untersucht. Die meisten Theoretiker neigen jedoch dazu, das Verhalten des Menschen als eine Verschmelzung genetischer, sozialer und arbiträrer Komponenten anzusehen.

4. Kapitel
Die menschliche Entwicklung

Wir werden uns in diesem Kapitel aus einer ganz anderen Perspektive mit der menschlichen Entwicklung befassen als in anderen Teilen des Gesamtwerkes. Die anderen Bände behandeln relativ festumrissene Themen in Bereichen wie Wahrnehmung, Lernen, Denken, Fühlen, Persönlichkeit und soziales Verhalten. Entwicklung ist dagegen als spezifische Sicht auf das gesamte Psychische zu betrachten. Aus diesem Grunde werden wir ziemlich umfangreiches Datenmaterial über die Entwicklung *im Rahmen* der meisten anderen Themen präsentieren – dieses Material läßt sich am besten im Kontext der speziellen psychologischen Thematik würdigen. Wir können an dieser Stelle lediglich einen Vorgeschmack der ungeheuren Informationsmengen geben, die Psychologen über die Entwicklung aller psychologischen Aspekte angehäuft haben. Vor allem können wir den Leser in diesem Kapitel mit einigen wesentlichen allgemeinen Fragen bekanntmachen, die sich beim Studium der Entwicklung ergeben; wir werden darüber hinaus eine kritische Bewertung der verschiedenen (und einzigartigen) Methoden bieten, die für dieses Studium zur Verfügung stehen, und einen kurzen Überblick über die verschiedenen Phasen der menschlichen Entwicklung vorlegen, die sich über die gesamte Lebensspanne des einzelnen erstreckt. In diesem Zusammenhang werden wir auch einiges über die Bedeutung „nichtpsychologischer" Daten lernen (beispielsweise Fakten über das körperliche Wachstum des menschlichen Organismus). Solche Informationen scheinen an keiner anderen Stelle in diesen Text zu passen; doch es ist wesentlich, ein gewisses Verständnis für den biologischen Kontext zu haben, in dem sich die menschliche Entwicklung vollzieht. Wir werden uns auch eingehend mit den Anfängen dieses Prozesses beschäftigen – Säuglingsalter, Kindheit und Adoleszenz – und einen Blick auf die Entwicklung in den Erwachsenenjahren und im Alter werfen. Die letztgenannten Phasen sind in gewissem Sinn „Ergebnisse" und scheinen am besten in den Abschnitten aufgehoben, die einen Hintergrund für das Verständnis der langen Lebensspanne bieten, die dem Menschen verbleibt, sobald er „erwachsen" geworden ist. (So beleuchtet beispielsweise das 3. Kapitel in Band 6 die entwicklungsmäßigen Voraussetzungen psychischer Gesundheit im Erwachsenenalter, allerdings erst nachdem in einem Kapitel vorher die Persönlichkeitstheorien behandelt wurden.)

Alles in allem steht dieses Kapitel somit eher für eine Perspektive als eine spezielle Thematik. Diese Perspektive repräsentiert die *Veränderungen,* die sich im lebenslangen Prozeß mit den Menschen ereignen. Was die Psychologie charakteristischerweise tut, und was wir im Gesamtwerk auch häufig tun werden, ist, das Individuum in einem einzigen Augenblick gewissermaßen „einzufrieren" und zu studieren. Nur selten (und wir werden auch einige dieser seltenen Ereignisse erörtern) beobachtet der Psychologe ein bestimmtes Individuum bei mehr als einem Anlaß. Darüber hinaus muß der Psychologe verschiedene psychologische Funktionen getrennt behandeln; und schließlich beschäftigt sich die psychologische Forschung am häufigsten mit dem Verhalten, das *im Durchschnitt* unter einem gegebenen Umstand auftritt. Mit Hilfe dieser Vereinfachungstechniken studiert der Psychologe die Wahrnehmung, das Lernen und so fort, soweit diese auf das Verhalten des „Durchschnittsmenschen" zutreffen und dieses erklären. Wir bekommen eine Vorstellung von der Entwicklungsgeschichte jeder dieser Funktionen, indem wir Untersuchungen desselben Phänomens bei verschiedenen Gruppen verschiedener Altersstufen vergleichen, aber dieses Verfahren gestattet uns nur Vermutungen über den Veränderungsprozeß und keine unmittelbaren Beobachtungen. Die seltene Ausnahme gegenüber dieser Strategie bildet die Längsschnittmethode, die in diesem Kapitel später behandelt werden wird, bei der *dieselben* Personen im Laufe ihres Lebens wiederholt untersucht werden.

Alles ist Veränderung, zumindest in der Psychologie der Menschheit. Veränderung findet statt, so oft neue Erfahrungen auf das psychologische Selbst einwirken und es modifizieren, und das ist jeder von uns in jedem gegebenen Augenblick. Das Selbst ist die Ganzheit dessen, was wir genetisch und konstitutionell sind und all dessen, was wir bis zu jedem neuen Augenblick gesehen, gelernt und gewollt haben. Dieses Selbst befindet sich deshalb in einem ständigen Prozeß der Neuerschaffung, und das Studium dieses Prozesses in seinen scheinbar unbegrenzten Variationen von Individuum zu Individuum bildet den „Stoff" der menschlichen Entwicklungspsychologie.

1 Der Entwicklungsprozeß

Als Entwicklung in umfassendem Sinn könnte man jeden an eine Reihenfolge gebundenen und kontinuierlichen Veränderungsprozeß quantitativer wie qualitativer Art in jeder physischen oder psychischen Struktur oder Funktion in jeder Richtung definieren. Veränderungen können allmählich oder abrupt erfolgen. Überwiegend machen die physischen und verhaltensbezogenen Merkmale des Menschen allmähliche Modifizierungen durch. Das körperliche Wachstum beispielsweise ist die Akkumulation infinitesimaler Zunahmen. Im Gegensatz dazu ist der Eintritt der Menarche (der ersten Menstruation) für das heranwachsende Mädchen ein abruptes Ereignis, doch wissen wir, daß auch dieses das notwendige Ergebnis zahlloser allmählicher physiologischer Veränderungen ist. Dasselbe gilt für das Lesenlernen in der Schule und den Erwerb jeder anderen Fertigkeit wie des Radfahrens: Lange Zeit scheint das Trainieren und Üben nur geringe Fortschritte zu zeitigen, aber auf einmal und wie es scheint ziemlich unvermittelt erhält das gedruckte Wort einen Sinn bzw. bewegen wir uns mit einem Mal auf einem Fahrrad fort.

Die meisten Theoretiker sehen darin nicht nur eine bloße Veränderung, sondern ein mehr oder weniger geregeltes Wachstum von unumkehrbaren, aufsteigenden (hierarchischen) Schritten in einer inneren Ordnung von gleichlaufender Zielstrebigkeit (Äquifinalität; Waddington, 1971), allerdings mit häufigen Abwandlungen. Nach Ewert (1983) lassen sich drei Gruppen von Entwicklungstheorien je nach der Auffassung der Einflußfaktoren unterscheiden.

Die mehr vom somatischen Wachstum geprägten Theorien neigen zu einer „Katastrophentheorie“ (Coleman, 1978), wonach der Entwicklungsverlauf durch kurze, dramatische Eruptionen bestimmt sei. Zu ihnen zählt Ewert u. a. die biogenetischen Entwicklungstheorien (Preyer, 1881; Hall, 1907; Kroh, 1937; Gesell, 1943; aber auch die psychoanalytische Entwicklungstheorie). Sie sind bestimmt durch das „biogenetische Grundgesetz“ von Ernst Haeckel (1874), das die Individualentwicklung als eine „Zeitrafferevolution“ der gesamten Stammesgeschichte ansieht. Ihnen gegenüber stellt Ewert die „kulturanthropologische“ Theoriengruppe. Für sie ist der Ablauf der Entwicklung plastisch, d. h. der Mensch scheint durch kulturelle und soziale Einflüsse fast beliebig formbar. Beispielsweise sprach Durkheim (1893) von der „Vergesellschaftlichung der menschlichen Natur“. Baltes u. a. (1980) verweisen auf die Abnahme innerer Entwicklungsfaktoren im Laufe des Lebens zugunsten der Veränderung im „sozialen Wandel“. Die dritte Theoriengruppe begann mit William Sterns Konvergenztheorie (1930), nach der sich innere Entwicklungsbedingungen des Organismus und äußere Entwicklungsbedingungen des Milieus aufeinander zu bewegen. In neuerer Zeit ergänzt man diese Gedankenrichtung durch die Tatsache, daß der Mensch gleichzeitig auch der „Gestalter“ seiner selbst ist („Selbstgestaltungstendenz“, Brim u. Kogan, 1980; Prigogine, 1980; Lerner u. Busch-Rossnagel, 1981). Ewert beschreibt diesen Selbstregulationsmechanismus: „Der 18jährige unterscheidet sich vom Schulanfänger nicht dadurch, daß er mehr Antworten weiß, sondern dadurch, daß er sich für ganz andere Fragen interessiert“.

1.1 Vererbung und Umwelt

Im 3. Kapitel gingen wir näher auf die Interaktion zwischen Erbanlagen und Umweltbedingungen ein, aber es dürfte nützlich sein, diese Frage auch hier, in einem anderen Zusammenhang, anzuschneiden.

Wäre dieses Kapitel vor einigen Jahren geschrieben worden, dann hätte sein Titel „Vererbung oder Umwelt?“ oder vielleicht „Vererbung versus Umwelt“ gelautet. Wir hoffen, daß inzwischen jeder Student des Erstsemesters der Psychologie und im übrigen jeder einigermaßen informierte Leser wissen dürfte, daß jede dieser „Alles-oder-Nichts“-Auffassungen von den Auswirkungen der genetischen Ausstattung einerseits und unseren Erfahrungen mit der Außenwelt andererseits zu simplifizierend ist. Weder die Erbanlagen noch die Umwelt bzw. das Milieu wirkt sich in einer so ausschließlichen Weise aus. (Die auf S. 88 diskutierte Frage Reifung-versus-Lernen hat große Ähnlichkeit damit.) Doch vor noch nicht allzu langer Zeit „wußte“ beispielsweise die Öffentlichkeit – und einige Lehrbücher behaupteten es ebenfalls –, daß Sprechenlernen das ausschließliche Ergebnis der jeweiligen Umwelt eines Individuums sei, während die Intelligenz – um ein anderes und immer noch umstrittenes Beispiel zu nehmen – im wesentlichen durch Erbfaktoren bedingt sei. (Wie im 1. und 3. Kapitel des 4. Bandes herausgearbeitet wird, haben sowohl die Sprachentwicklung als auch die geistige Entwicklung weitaus komplexere Determinanten.) Etwas später gelang es, einen vernünftig erscheinenden Kompromiß zwischen diesen polarisierten Auffassungen (die auch durch die Stichworte „angeboren oder erlernt" oder „Natur versus Kultur" bezeichnet werden) zu erzielen. Die Frage lautete danach: „Welcher Prozentsatz eines bestimmten Merkmals wird durch Erbanlagen und welcher Prozentsatz durch die Umwelt ‚verursacht'?" Aber diese gemäßigte Position erwies sich als ein bloßer Waffenstillstand, und die Scharmützel begannen aufs neue, als die Psychologen anfingen, über die richtigen „Prozentsätze" zu debattieren. Inzwischen scheint man mit einiger Berechtigung, wenn auch vielleicht noch etwas optimistisch, sagen zu können, daß sich der Konflikt seinem Ende nähert, und es ist anzunehmen, daß viele der früheren „Widersacher" vergessen haben, worüber sie sich so sehr erregten. Vermutlich dürfte sich der Streit verlagern. Seit der sogenannten kognitiven Wende (s. 4. Bd., 4. Kap.) gilt der „kognitive Such- und Konstruktionsprozeß" (Neisser, 1974) als dritter Faktorenbereich im Zusammenspiel von genetischen Anlagebedingungen und erworbenen Umweltauswirkungen, der wiederum beiden Bereichen angehört.

Die gegenwärtige Position, die im Rahmen dieses Werkes in den Eröterungen der Entwicklungsdeterminanten von praktisch allen immer wieder durch Beispiele illustriert werden wird, besagt, daß sich Erbanlagen und Umwelteinflüsse in einem ständigen Interaktionsprozeß befinden. Es gibt Ausnahmen, in denen einer dieser beiden Faktoren bis zur fast völligen Ausschließung des anderen dominiert. Zum Glück sind diese selten: ein Kind, das mit einem schweren Nervenschaden geboren wird, zieht keinen Gewinn aus späteren Erfahrungen; aber auch das gilt nicht ohne Einschränkungen; ein Kind, das in fast völliger sozialer Isolierung aufwächst (und manche Kinder hatten ein so schweres Los), ist außerstande, sein genetisches Potential zu aktivieren – aber auch das trifft nicht uneingeschränkt zu. Der typische Verlauf der Entwicklung ist durch ein ständiges Wechselspiel von hereditären (d. h. ererbten) und milieubedingten Kräften gekennzeichnet und dieses Wechselspiel ist *bei jedem Individuum verschieden und einzigartig*. Nur in dem unmöglichen Fall, daß zwei Personen identische Gene haben (wie dies bei eineiigen Zwillingen der Fall ist) *und* während ihres ganzen Lebens identische Erfahrungen machen, würde diese Entwicklungstatsache nicht zutreffen. Und selbst der Begriff der „identischen Erfahrungen" hält einer näheren Untersuchung nicht stand, da die Auswirkungen eines speziellen Erlebnisses auf eine Person zu einem gegebenen Zeitpunkt von ihrem Alter, Geschlecht, Gesundheitszustand, familiären Umständen, den herrschenden Wertvorstellungen der speziellen Kultur, den gleichzeitigen Ereignissen in der Außenwelt und von dem verwirrend komplexen *Wechselspiel* all dieser Faktoren abhängt. Die Folgen der 1929 beginnenden Weltwirtschaftskrise für die Persönlichkeitsentwicklung veranschaulichen diese These in überzeugender Weise. Elder und Rockwell (1977) untersuchten Unterschiede in der Nachwirkung auf die *Erwachsenenjahre* bei Personen, die diese Periode großer wirtschaftlicher Not als Vorschulkind oder als Jugendliche erlebt hatten. Sie fanden in nur einem von vielen Vergleichen heraus, daß Erwachsene, die während dieser Zeit Halbwüchsige gewesen waren, stärkeren beruflichen Ehrgeiz entwikkelten und größeren Wert auf familiäre Sicherheit legten. Im Gegensatz dazu setzten sich Erwachsene, die während der Krise Kinder gewesen waren, in ihren späteren Leben niedrigere Bildungs- und Berufsziele. Während diese beiden Gruppen „denselben" wirtschaftlichen Belastungen ausgesetzt gewesen waren, hatte der unterschiedliche Zeitpunkt in ihrer Entwicklung, zu dem sie diese Belastungen trafen, im wesentlichen *entgegengesetzte* Spätfolgen für ihr Erwachsenenalter. Dies war weit von der „Entweder-oder"-Auffassung von den erblichen und umweltbedingten Einflüssen auf die Entwicklung entfernt, entspricht aber viel eher der Realität unseres Daseins. Im späteren Leben kommt zu beiden zunehmend die kognitive Selbststeuerung hinzu, durch die der Mensch je nach dem ihm gewohnten kognitiven Stil (vgl. Bd. 4) sein Leben auszugleichen versucht.

1.2 Gibt es Stadien in der menschlichen Entwicklung?

Die Antwort lautet ja und nein, je nachdem, was man unter dem ungenau definierten Begriff des Stadiums versteht. Dieser Begriff wird im täglichen Gespräch problemlos benutzt und verstanden – wenn auch nicht von jedem in derselben Weise. Wenn ein bisher umgängliches Kind plötzlich störrisch wird und zu Zornesausbrüchen neigt, dann erklären die Eltern das mit dem Hinweis, daß das Kind „eine Phase durchmacht“, und wir scheinen zu verstehen, was das bedeutet. Oder wir sind uns alle – wie viele frühere Dichter, z. B. Shakespeare oder Schiller – bewußt, daß es „Lebensstadien“ gibt, so daß es uns natürlich erscheint, den Verlauf der menschlichen Entwicklung in Abschnitte zu unterteilen, indem wir über das Säuglingsalter, die Kindheit, die Jugend, die Erwachsenenjahre und das Alter sprechen (s. Abb. 18). Aber betrachten wir einmal die Annahmen, die bloß diesen beiden Verwendungsweisen des Wortes *Stadium* zugrundeliegen. In beiden Fällen liegt eine Verhaltensänderung vor. Im Falle des Kindes ist die Veränderung abrupt und war in ihrem Auftreten bzw. in dessen Zeitpunkt wahrscheinlich unvorhersagbar. Wenn wir von Lebensphasen sprechen, dann impliziert das Wort *Stadium* jedoch weder ein abruptes noch ein unvorhersagbares Einsetzen. Natürlich erwarten wir, daß sich Säuglinge im allgemeinen anders verhalten als Kinder im allgemeinen usw.; diese Veränderungen werden jedoch als allmählich betrachtet – der Jugendliche wird nicht „über Nacht“ ein Erwachsener – und die Reihenfolge ihres Auftretens ist universell.

Die angeführten simplen Beispiele berühren unmittelbar eine Frage, die in der Entwicklungstheorie Gegenstand beträchtlicher Aufmerksamkeit und Kontroverse war. Was ist ein Stadium?, fragten Psychologen, und wie nützlich ist dieser Begriff? Die Antwort auf die erste Frage bestimmt weitgehend auch die Antwort auf die zweite. Vertreter der *„Stadientheorie“* definieren ein *Stadium* als eine Entwicklungsphase, in der ein einziges Thema bzw. eine einzige Aufgabe das Verhalten beherrscht und in der das Fortschreiten zur nächst-„höheren“ Phase voraussetzt, daß die Aufgaben der vorangegangenen gemeistert wurden. Aber die Problematik ist komplizierter als die bloße Idee des Fortschritts, da ein essentielles Erfordernis einer echten Stadientheorie besagt, daß die Themen der aufeinanderfolgenden Stadien qualitativ verschieden voneinander sein müssen: ein Erfordernis, das seinerseits zu der Erwartung einer deutlichen Trennlinie zwischen den Stadien führt. Charakteristischerweise legen die Stadientheorien ziemliches Gewicht auf den biologischen Reifegrad des Individuums als Faktor, der das Voranschreiten von einem Stadium zum nächsten beeinflußt. Die Entwicklung von einem Stadium zum nächsten findet

A

vielleicht nicht über Nacht statt, aber den Stadientheoretikern zufolge haben wir es auch nicht mit einem *allmählichen* Hinübergleiten von einem Stadium zum nächsten zu tun. Beispielsweise ist sich das Kind in Piagets Stadien der kognitiven Entwicklung (die im 1. Kapitel des 4. Bandes eingehend erörtert werden) einige Zeit lang nicht bewußt, daß jemand eine Situation anders erleben könnte als er oder sie; fast plötzlich „kapiert“ das Kind dann, daß andere Sichtweisen der Situation durchaus möglich, ja sogar zu erwarten sind.

Diejenigen, die die Nützlichkeit der Stadientheorien in Zweifel ziehen, stellen keinesfalls die Progression in Frage, die in allen Aspekten der Entwicklung klar sichtbar wird, wohl aber bezweifeln sie, daß die Übergänge zwischen den Stadien so abrupt eintreten, wie Piaget meint. Sie räumen bereitwillig ein, daß es nützlich sei, „Stadien“ zu identifizieren, und sei es aus keinem anderen Grund, als dem, daß sie willkommene Etiketten zur Differenzierung zwischen Entwicklungsperioden bieten, die unterschiedliche Merkmale aufweisen. In ihren Augen vollzieht sich der Entwicklungsprozeß eher allmählich als in „Sprüngen“, entsprechend den ständigen kumulativen Auswirkungen der laufenden Interaktion zwischen den Erfahrungen und den reifebedingten Fähigkeiten des Individuums.

B

C

D

Abbildung 18: Menschliche Entwicklung

E

A – © Kenneth Siegel; B – © Harvey Stein; C – © Frank Siteman/Taurus Photos; D – © Martine Franck/VIVA 1980/ Woodin Camp & Assoc.; E – © Eric Kroll 1979/Taurus Photos

BOX 1/3

Ehe oder *Ehe*

In einer an der Washington University in St. Louis durchgeführten Untersuchung überprüfte R. T. Tamashiro die Hypothese, daß die Vorstellungen der Menschen von der Ehe generell den umfassenden Aspekten ihrer Entwicklung parallel laufen würden, insbesondere in bezug auf das Reifestadium ihrer interpersonellen und sozialen Konzepte. Tamashiros theoretischer Ausgangspunkt war Piagets generalisierende Stadientheorie, die davon ausgeht, daß die menschliche Entwicklung von einer ständig zunehmenden Komplexität und Verfeinerung des Denkprozesses gekennzeichnet ist. Kurz gesagt (Einzelheiten s. 4. Bd., 1. Kap.) vertritt Piaget die Auffassung, daß sich die Progression in einer *unveränderlichen* Reihenfolge vollzieht. Darüber hinaus erforderte jede dieser unverkennbaren und *qualitativen* Veränderungen unserer Auffassung von der physischen und sozialen Welt – jeder Übergang von einem Stadium zum nächsthöheren –, daß das Individuum die für die unmittelbar davorliegende Entwicklungsstufe erforderlichen Denkweisen gemeistert habe. Kurz: Jedes Stadium baut auf dem vorangegangenen auf und kann erreicht werden, sobald man dieses gemeistert hat.

In Tamashiros Untersuchung schloß das Ehekonzept „die Ehedefinitionen der Befragten ein, was sie als die Vorzüge und Nachteile der Ehe ansahen und welche Kriterien sie anwandten, um festzustellen, ob eine Ehe erfolgreich ist". Zur Ausarbeitung eines Tests, der geeignet war, die Auffassungen von Ehe in quantitative Meßwerte zu übersetzen, die einen bestimmten Reifegrad repräsentierten, legte Tamashiro zunächst auf der Basis einer sorgfältigen Analyse der mannigfachen Antworten auf einen Fragebogen über Ehevorstellungen von 162 Oberschülerinnen und -schülern mit einem Durschschnittsalter von 16,1 Jahren Beschreibungen „idealer" Eheformen fest. Der Fragebogen, den die Schüler beantworteten, lautete:

(1) Bitte führen Sie Ihre persönliche Definition von „Ehe" an. (2) Welches sind nach Ihrer Auffassung die Vorzüge oder Vorteile der Ehe? (3) Welches sind die Nachteile? (4) Wonach beurteilen Sie, ob eine Ehe erfolgreich ist? (5) Hat sich Ihre Vorstellung oder Auffassung von der Ehe im Laufe der Jahre (d.h. seit der Kindheit) verändert? Wenn ja, inwiefern hat sie sich verändert?

Aus der Analyse ergaben sich vier Idealtypen, und diese konnten als aufeinanderfolgende Stadien der Ehe betrachtet werden, die jeweils unterschiedlichen Reifestadien entsprachen. Diese waren: das 1. Stadium (magisch), das im wesentlichen einer märchenhaften Vorstellung von der Ehe entspricht, in der ewige Seligkeit herrscht und kein Schatten je den Glanz der Beziehung verdunkelt; das 2. Stadium (idealisiert konventionell), in welchem die traditionellen Vorschriften der Gesellschaft für eine „richtige" Ehe strikt beachtet werden; das 3. Stadium (individualistisch), bei dem beide Partner davon ausgehen, daß sich die Ehe an selbstgesetzten inneren Maßstäben und nicht an traditionellen Normen und Regeln orientieren sollte und das 4. Stadium (bestätigend – das höchste Stadium), bei dem beide Partner die Individualität des jeweils anderen anerkennen und die Konflikte, die in einer so intimen Beziehung unvermeidlich sind, flexibel lösen.

Zwei unabhängig voneinander arbeitende Beurteiler, die anhand einer Liste sehr detaillierter Beschreibungen der vier Stadien vorgingen, stimmten bei der Einordnung der ursprünglichen Beschreibungen der Jugendlichen in eine der vier obengenannten Kategorien weitgehend überein. Diese Ergebnisse wurden dann mit denjenigen von 83 Erwachsenen verglichen (Durchschnittsalter 30,3 Jahre), die im gleichen Ort an Abendkursen einer Hochschule teilnahmen und die den Fragebogen über Ehekonzepte ebenfalls ausgefüllt hatten. Der Leser wird wahrscheinlich leicht erraten können, welche Ergebnisse ein Vergleich dieser beiden Gruppen erbrachte:

Stadium	Anzahl und Prozente der Jugendlichen	Anzahl und Prozente der Erwachsenen
magisch (1)	104 (64,2)	1 (1,2)
idealisiert/ konventionell (2)	57 (35,2)	12 (14,3)
individualistisch (3)	1 (0,6)	54 (65,1)
bestätigend (4)	0	16 (19,3)

Es dürfte nicht im mindesten überraschen, daß Erwachsene im Schnitt Vorstellungen von der Ehe haben, die realistischer und aufgeklärter als die von Halbwüchsigen sind. Schließlich gehen Alter und entwicklungsbedingte Reife jeglicher Art immer Hand in Hand. In dieser Untersuchung weisen Alter und Ehestadiumergebnis jedoch nur einen mäßig positiven Zusammenhang auf, so daß wir den Einfluß anderer Faktoren in Betracht ziehen müssen. Einer dieser Faktoren ist der allgemeine Grad persönlicher Reife auf der Basis des Satzvervollständigungstests der Ich-Entwicklung von Loevinger und Wessler, der ebenfalls sowohl den jugendlichen als auch den erwachsenen Teilnehmern vorgelegt wurde. *Innerhalb* jeder einzelnen Altersgruppe korrelieren die beiden Reifescores positiv (und substantiell) miteinander, was darauf hindeutet, daß ein Individuum, ob halbwüchsig oder erwachsen, das in seiner allgemeinen Reife fortgeschrittener ist (beispielsweise im Hinblick auf emotionale Sensibilität und die Qualität der zwischenmenschlichen Beziehungen) auch fortgeschrittenere Vorstellungen von Ehe hat. Ein interessantes Nebenergebnis ist, daß bei der Adoleszentengruppe insgesamt die persönliche Reife generell ein höheres Niveau aufwies als die Ehevorstellungen, was vielleicht, wie Tamashiro meint, darauf hindeutet, daß „die Thematik der Ehe für Jugendliche bedrohlicher sein könnte als andere Themenkreise, oder [daß] Jugendliche weniger Erfahrung im Nachdenken und Formulieren ihrer Ideen über Ehe verglichen mit anderen Themen gehabt haben könnten".

Die wichtigste aus dieser Untersuchung zu gewinnende Erkenntnis ist vielleicht, daß Jugendliche, ganz abgesehen von ihrer Tendenz, sich für weniger fortgeschrittene Ehevorstellungen zu entscheiden, in ihren Ansichten sehr konformistisch sind. Wie aus der Tabelle hervorgeht, fiel nur ein einziger Jugendlicher außerhalb der beiden ersten Stadien. Im Gegensatz dazu wiesen die Erwachsenen in ihrem Vorstellungsniveau eine weitaus größere Bandbreite auf. Vermutlich – und dies ist die fundamentale Voraussetzung zur Aufstellung einer Stadientheorie – hatten die Probanden, die fortgeschrittenere Auffassungen vertraten, die weniger entwickelten Stadien bereits passiert.

Auf jeden Fall scheint es, zumindest was die hier studierten Altersgruppen betrifft, klar, daß die Auffassung von der Ehe „fortgeschrittener" werden, je älter (und vielleicht „weiser") man wird. Dieses Schicksal mag dem Leser vielleicht nicht unbedingt verlockend erscheinen, da märchenhafte Vorstellungen in bezug auf so gut wie alles unsere Phantasie stärker beflügeln als realistischere Ideen. Was unsere Entwicklung betrifft, so lohnt es sich jedoch auf längere Sicht viel eher, den Fakten ins Auge zu sehen (und sich ihnen in kreativer Weise anzupassen) als an den eigenen Träumen festzuhalten, wenn diese unrealistisch sind.

R. T. Tamashiro: Adolescents' Concepts of Marriage: A Structural-Developmental Analysis. Journal of Youth and Adolescence, 1979, *8*, 443–452.

J. Loevinger u. R. Wessler: Measuring Ego Development, Bd. 1, San Francisco: Jossey-Bass, 1970.

Ob man nun eine strikte Definition von Stadien vertritt oder es statt dessen vorzieht, sie nur als Orientierungshilfen für eine relativ geordnete Progression durch die Lebensspanne zu betrachten, die Entwicklungspsychologen finden das Konzept von Stadien im allgemeinen nützlich. Es gibt eine Fülle von Stadientheorien, die einen umfangreichen Beitrag zur Forschungstätigkeit hinsichtlich eines breiten Spektrums psychologischer Funktionen und damit wiederum zur Erarbeitung von Entwicklungstheorien leisten. Einflußreiche Entwicklungstheorien werden in folgenden Abschnitten diskutiert: Erikson über psychosoziale Entwicklung (Box 6/8; 6. Bd., S. 50f.); Freud über psychosexuelle Entwicklung (6. Bd., 2. Kap.); Kohlberg über moralische Entwicklung (7. Bd., 1. Kap.); und Piaget über kognitive Entwicklung (4. Bd., 1. Kap.). Es gibt sogar eine Stadientheorie des Sterbens (s. Box 6/12, 6. Bd., S. 72f.). Einen Vorgeschmack davon, wie ein Stadium aussieht und wie es Ende der siebziger Jahre zu klaren Unterscheidungen zwischen den Ehevorstellungen von Jugendlichen und Erwachsenen führen konnte, gibt Ihnen Box 1/3.

1.3 Übergangsphasen

Wenn wir über Entwicklungsstadien sprechen, müssen wir uns zwangsläufig der Frage stellen, was *zwischen* den Stadien vor sich geht. Da der *Übergang* von einem Stadium zum nächsten zumindest eine gewisse Zeit beansprucht, müssen in solchen Zwischenperioden auch Dinge geschehen, die sich von denjenigen unterscheiden, die für frühere oder spätere Stadien kennzeichnend sind. Eine gründliche Analyse der Charakteristika von Übergangsphasen, die sich im Laufe des Lebens identifizieren lassen, bieten Bee und Mitchell (1980). Ihre spezielle Version der Stadientheorie, die sich von der Geburt bis über das Alter von 65 hinaus erstreckt, ermöglicht es, sieben Übergangsperioden zu identifizieren, deren früheste beim Säugling im Alter von etwa sieben Wochen auftritt und deren späteste beim Erwachsenen im Alter von etwa 65 Jahren zu beobachten ist. Ein Blick auf eines dieser Zwischenstadien (von der Jugend zur Erwachsenheit, etwa im Alter von 20 Jahren) kann uns als Beispiel einer solchen Übergangsphase dienen). Bee und Mitchell stellen zunächst fest – und da können wir ihnen ohne weiteres zustimmen –, daß der „Wandel vom Jugendlichen zum Erwachsenen schwierig genau zu datieren ist; es ist die erste der ‚verschwommenen' Übergangsphasen der Erwachsenenjahre". Warum „verschwommen"? Weil es eine Reihe von Entwicklungsaufgaben gibt, die der Jugendliche bewältigen muß, bevor er oder sie das Stadium erreicht, das unsere Gesellschaft als Erwachsenenstatus betrachtet. Zu diesen Aufgaben zählt die Erreichung eines beträchtlichen Maßes an Unabhängigkeit von der Herkunftsfamilie, was sich am deutlichsten durch den Auszug aus dem elterlichen Haushalt manifestiert, insbesondere, wenn der oder die Betreffende gleichzeitig imstande ist, seinen/ihren Unterhalt zu verdienen. Der Beginn der finanziellen Unabhängigkeit deutet darauf hin, daß sich der Jugendliche in dieser Übergangsphase für irgendeinen Beruf entschieden hat. Wenn er seinen Lebensunterhalt auch noch aus einer vorübergehenden Beschäftigung beziehen mag (aus einem Job, der zur Verfügung steht, aber keiner echten beruflichen Wahl entspricht), so stellt doch das Faktum, daß der oder die Betreffende sich in Ausbildung zu einem gewünschten Beruf – vielleicht an der Hochschule – befindet, ein berufliches Engagement dar. Ein drittes wesentliches Kennzeichen des Übergangs von der Adoleszenz zum Erwachsenenalter ist die Eheschließung, sei es im offiziellen Sinn oder in Form eines langfristigen Zusammenlebens.

Es ist natürlich nicht möglich, diese Übergangsphase einem bestimmten Alter zuzuordnen. Das Alter von 20 Jahren repräsentiert nicht mehr als einen annähernden Durchschnittswert für den Vollzug dieses Übergangs in unserer heutigen Gesellschaft, und dieser Durchschnittswert hat im Laufe der Geschichte und in den verschiedenen Kulturen ungeheuer geschwankt. Was den Übergang ausmacht, sind die eben aufgezählten tiefgreifenden Veränderungen des Lebensstils. Diese Veränderungen können zwischen 17 oder 19, Anfang 20, später oder auch nie stattfinden. (Jeder von uns weiß, was mit einem „ewigen Teenager" gemeint ist und kennt vielleicht auch einen oder zwei.) Außerdem treten diese Veränderungen in der Regel nicht gleichzeitig auf, obwohl sie der Realität des Lebens entsprechend einander häufig gegenseitig auslösen. Beispielsweise wird man in der Regel nicht im Elternhaus bleiben, nachdem man geheiratet hat oder mit jemandem zusammenlebt; die Notwendigkeit, Rechnungen zu bezahlen, für die man zuvor keine Verantwortung hatte, kann wirksam dazu beitragen, einen beruflich aktiv werden zu lassen.

Übergangsphasen sind ihrer Definition nach Zeiten der Instabilität, und Instabilität ist klarerweise mit Belastungen verbunden. Der Übergang von der Jugend zum Erwachsenenalter bildet keine Ausnahme dieser Regel und könnte in der Tat ihr dramatischster Ausdruck sein. Lowenthal, Thurnher und Chiriboga (1975) benutzten beispielsweise die Bewertungsskala für soziale Neuanpassung (Social Readjustment Rating Scale) von Holmes und Rahe (1967), ein häufig herangezogenes Instrument zur Bewertung der Schwierigkeiten, die bei den verschiedensten Veränderungen im Leben subjektiv wahrgenommen werden (s. 5. Bd., 2. Kap.) und stellten fest, daß Oberschülerinnen und -schüler einen durchschnittlichen Stress Score von 36 erzielten, während nur wenige Jahre ältere, bereits verheiratete Probanden einen Durchschnittswert von 69 aufwiesen.

Die Essenz jedes Übergangs *ist* die Veränderung; und jede Übergangsperiode hat ihren ganz spezifischen Katalog von adaptiven Herausforderungen und Belastungen, weil die Veränderungen erzwungen werden. Diese Notwendigkeit, die eigene Lebensweise radikal umzukrempeln, ist für die meisten von uns in den überwiegenden Fällen ein begrüßenswerter Anstoß zu psychischem Wachstum.

1.4 Kontinuität in der Entwicklung

Die Erwähnung entwicklungsbedingter Veränderungen in den Übergangsphasen deutet unmittelbar auf gewisse *Brüche* der Kontinuität im Laufe des Lebens hin. Aber der Begriff der *Kontinuität* wird im alltäglichen Sprachgebrauch eher eng gefaßt, nämlich in dem Sinne, daß das Vorhandene in einem substantiellen Ausmaß immer gleich bleiben wird. Aus Ihrer eigenen Lektüre und Erfahrung wissen Sie, daß das einfach nicht stimmt. Zwar sind gewisse menschliche Merkmale durchaus beständig. Die Farbe unserer Augen bleibt während unseres ganzen Lebens etwa dieselbe, ebenso unsere Haarfarbe (abgesehen von der Weißhaarigkeit und dem gefärbten Haar). Dasselbe gilt in gewissem Sinn auch für unsere Körpergröße, denn obwohl wir alle wachsen, behalten wir in der Regel schon vom Säuglingsalter an etwa dieselbe relative Stellung gegenüber unseren Altersgenossen bei.

Was die psychischen Merkmale betrifft, so nimmt die Kontinuität – in dem Sinn, in dem wir den Begriff gebraucht haben – hingegen ab. Wie an anderer Stelle aufgezeigt (s. 4. Bd., 2. Kap.) bleibt die eigene Position im Hinblick auf das Intelligenzniveau nach den ersten Lebensjahren zwar im allgemeinen relativ stabil, doch kommt es im Laufe des Lebens trotzdem recht häufig zu signifikanten Veränderungen. Im Bereich der Persönlichkeitsmerkmale ist, wenn man das ganze Leben betrachtet, noch weniger Kontinuität festzustellen. Daten, die diese Behauptung unterstützen, stammen in der Regel aus Längsschnittuntersuchungen der Persönlichkeitsentwicklung, eine Methode, die wir später erörtern werden. (Im Augenblick genügt es zu wissen, daß diese Technik darin besteht, dieselben Personen im Laufe ihrer individuellen Entwicklung wiederholt zu untersuchen, und sich klarzumachen, daß dieser Ansatz die einzige Möglichkeit bietet, um das Ausmaß zu bestimmen, in dem Persönlichkeitsmerkmale oder andere Charakteristika über größere Zeiträume hinweg unverändert bleiben.)

Längsschnittuntersuchungen zeigen, daß sehr wenige Persönlichkeitsmerkmale im Laufe der Entwicklung über lange Zeiträume hinweg stabil bleiben. Eichorn (1973) identifiziert beispielsweise eine Handvoll von Eigenschaften, die sich in drei Längsschnittstudien als stabil erwiesen haben, welche im „Institut für Menschliche Entwicklung" an der Universität von Berkeley seit mehr als fünfzig Jahren laufen. Diese konstanten Merkmale sind Introversion (s. 6. Bd., 1. Kap.), Wärme, Ausdrucksniveau und Reizbarkeit. Nicht sehr viele. Aktivität (bzw. Inaktivität) scheint ebenfalls ein relativ unveränderliches Verhaltensmerkmal zu sein (s. S. 89f.), zumindest in den Jahren vor dem Erwachsensein; auch das Aktivitätsniveau ist ein Charakteristikum, für das es möglicherweise eine genetische Basis gibt.

Die relativ geringe Zahl stabiler Persönlichkeitsmerkmale sollte uns nicht überraschen. Zu erwarten, daß spezifische Merkmale in sehr frühen Jahren fast vollständig ausgebildet werden und im Laufe unseres Heranreifens mit geringen oder keinen Veränderungen fortbestehen, würde wenig Raum für Einflüsse all der Erfahrungen lassen, die wir im Laufe unseres Lebens machen. Die Persönlichkeit kann sich tatsächlich ziemlich stark verändern, und das geschieht auch. *Aber festzustellen, daß die Persönlichkeit stark modifizierbar ist, bedeutet nicht zu behaupten, daß ihre Entwicklung unvorhersagbar sei.* Zwar steht es einerseits fest, daß ein bestimmtes Persönlichkeitsmerkmal nicht über größere Zeiträume unverändert bleibt, daß es nicht beständig und stabil ist. Daraus darf man jedoch nicht den Schluß ziehen, daß dieses Merkmal einfach aus der Persönlichkeitsstruktur verschwindet. Diese Unterscheidung ist wichtig, und wir werden zu demonstrieren versuchen, weshalb.

1.5 Genotypische Kontinuität

Der Begriff genotypische Kontinuität klingt vielleicht etwas technisch, aber wenn wir überlegen, was er bedeutet, wird sich uns sein Sinn quasi von selbst eröffnen. Nach der Definition von Livson (1973) dehnt dieses Konzept den Begriff der *Kontinuität* einfach auf *vorhersagbare* entwicklungsbedingte Veränderungen jedes vorhandenen beobachtbaren Persönlichkeitsmerkmals in ein anderes Merkmal (oder mehrere) aus, das anders „aussieht“. In Wirklichkeit ist das ursprüngliche Merkmal und das davon abgeleitete in dem Sinne genotypisch identisch als sie auf einer tieferen Ebene dasselbe repräsentieren, aber in verschiedenen Entwicklungsperioden an der Oberfläche unterschiedliche Formen annehmen. Nehmen wir beispielsweise das Merkmal der Abhängigkeit. Ein abhängiger Zweijähriger klammert sich vielleicht an seine Mutter und gerät bei ihrer Abwesenheit in Panik. Sobald er die Schule besucht, würde ein solches Verhalten einen sozialen Preis fordern; seine Mitschüler könnten ihn als „Baby“ oder „Muttersöhnchen“ hänseln. Das klammernde Verhalten wird dann vielleicht verschwinden, und der Junge könnte seine Mutter betont übersehen, wenn sie ihn nach der Schule abholt. Wenn er sich konsequent und äußerlich selbstsicher so verhalten würde, dann würde er „unabhängig“ erscheinen und wäre es faktisch auch – vom Standpunkt seines sichtbaren Verhaltens aus. Würden wir aus dieser kleinen Fallgeschichte schließen, daß die Abhängigkeit des Jungen im Laufe seiner Entwicklung Kontinuität oder das Gegenteil gezeigt hat? Die Antwort sollte inzwischen klar sein: Das Verhalten hat eindeutig keine Kontinuität gezeigt (weil es jetzt das genaue Gegenteil des früheren Betragens zu sein scheint). Das zugrundeliegende Merkmal, die Abhängigkeit, ist jedoch insofern konstant geblieben, als wir auf eine Ursache-Wirkung-Relation zwischen dem Klammern des Zweijährigen und der gespielten Selbstsicherheit des Erstkläßlers schließen können. Die Veränderung wird somit durchaus vorhersagbar, wenn man die verschiedenen Bedeutungen der Verhaltensweisen innerhalb der verschiedenen sozialen Kontexte, in denen sie auftreten, richtig interpretiert. In genau diesem Sinne könnten wir von der Abhängigkeit dieses speziellen Kindes sagen, daß sie genotypische Kontinuität aufweise. Diese Fallgeschichte läßt sich leicht auf die Zukunft des Jungen ausdehnen, wenn wir uns fragen, wie sich seine Abhängigkeit in der Adoleszenz oder auch noch später zeigen könnte. Welche sichtbare Form könnte seine Abhängigkeit annehmen, wenn er sich beispielsweise als junger Erwachsener an das Verhalten anpassen muß, das für die Rolle eines Ehemannes, Vaters, „guten Kumpels“ usw. als angemessen gilt?

Ein Zitat aus einer kürzlich erschienenen Übersicht über wichtige Entwicklungsfragen, das – gut in den hier vertretenen Zusammenhang passend – den Titel trägt „Die Kohärenz der individuellen Entwicklung“ kommt zu einer ganz ähnlichen Erkenntnis:

> „Eine Lösung des Problems der Kontinuität in der individuellen Entwicklung besteht darin, nicht identische Verhaltensweisen, sondern qualitative Ähnlichkeiten der Verhaltensmuster über größere Zeiträume hinweg zu suchen. Nach dieser Auffassung spielen Kinder eine aktive Rolle bei der Suche nach Lösungen für eine Reihe von Entwicklungsproblemen. Die Bewertung konzentriert sich darauf, wie gut es dem Kind gelingt, den entwicklungsbedingten Herausforderungen zu begegnen, und auf die Qualität der Anpassungsleistung des Kindes. *Nur auf einer solchen Abstraktionsstufe läßt sich Kontinuität nachweisen.*“ [Hervorhebung durch K. und C.]. (Sroufe, 1979, S. 83).

Weshalb beschäftigen wir uns so eingehend mit genotypischer Kontinuität? Weil sie in unseren Augen das notwendige Gegengewicht zu dem Eindruck darstellt, daß sich „alles ändert und sogar sehr stark“, den der Leser bei der Lektüre der verschiedenen entwicklungsbezogenen Abschnitte dieses Buches gewinnen könnte. Ja, es gibt viele Veränderungen, aber häufig nur an der Oberfläche. Was wir uns vor Augen halten müssen, ist, daß es starke Anzeichen einer zugrundeliegenden Ordnung und Vorhersagbarkeit gibt, die den Verlauf der Entwicklung weitgehend regelt, obwohl diese natürlich durch die Anarchie der zufälligen Ereignisse, die dem Individuum zustoßen, und durch signifikante gesellschaftliche Umwälzungen beeinflußt werden. (Eine schwere Krankheit in der Adoleszenz oder ein weltweiter bewaffneter Konflikt kann den „normalen" Verlauf der Entwicklung massiv stören.)

2 Wie studieren wir die menschliche Entwicklung?

Die notwendige (aber für bestimmte Fragen unzureichende) Voraussetzung für eine Untersuchung der Entwicklung ist, daß wir Messungen des zu erforschenden Merkmals in einer Reihe verschiedener Altersstufen, die über den Verlauf der ganzen Entwicklung verteilt sind, vornehmen können. Wir können unsere Meßwerte auf verschiedene Weise erlangen: Erstens können wir Personengruppen verschiedener Altersstufen zu einem bestimmten Zeitpunkt messen; zweitens können wir Personen eines bestimmten Alters messen und Informationen über frühere Altersstufen durch Berichte der Probanden erhalten; drittens können wir die gleichen Personen im Laufe ihrer Entwicklung in verschiedenen Altersstufen messen. Die erste dieser Methoden nennt man Querschnittuntersuchung; die zweite retrospektive Untersuchung und die dritte Längsschnitt- oder Langzeituntersuchung. Wir werden uns ansehen, was jede einzelne dieser Untersuchungsmethoden zu leisten imstande ist und was nicht.

2.1 Querschnittuntersuchungen

Die meisten der gegenwärtig verfügbaren Daten über physische und psychische Entwicklung wurden durch die Querschnittmethode gewonnen. Der Untersuchungsleiter sammelt zu einem bestimmten Zeitpunkt Vergleichsdaten über ein bestimmtes Merkmal von Kindern, Jugendlichen, jungen Erwachsenen usw. Er oder sie berechnet dann die Durchschnittswerte und ordnet diese so an, daß sie eine Entwicklungskurve ergeben. Diese Methode ist zweifellos praktisch und für viele Zwecke ausreichend. Sie kann Durchschnittstrends richtig darstellen und tut dies auch, mit Ausnahme von Merkmalen, die *gesellschaftlichen* (säkularen, d.h. alle betreffenden) *Veränderungen* unterworfen sind.

Gesellschaftliche Veränderungen sind jedoch kein insignifikanter Faktor bei der Beobachtung der Entwicklungstendenzen eines psychologischen Merkmals wie Intelligenz oder eines physischen Merkmals wie Körpergröße. Jones und Conrad (1933) untersuchten beispielsweise die Intelligenz fast sämtlicher Bewohner eines kleinen Städtchens in New England, um die Alterstendenzen in bezug auf geistige Fähigkeiten festzustellen. Es ergab sich scheinbar eine allgemeine Abnahme der Intelligenz mit zunehmendem Alter in den Erwachsenenjahren, *obwohl* diese scheinbare Einbuße in vollem Umfang auf einen massiven gesellschaftlichen Wandel zurückzuführen sein könnte oder zumindest durch diesen noch bedeutend verschärft worden sein dürfte. Warum? Weil die Probanden im Schnitt, je älter sie waren, desto weniger formale Schulbildung erhalten hatten. Da bestimmte Aspekte der geistigen Leistungsfähigkeit durch formale Schulbildung gefördert werden, folgt daraus, daß die Abnahme der geistigen Leistungsfähigkeit, die das Altern scheinbar begleitete, zumindest teilweise gar kein entwicklungsbedingter Niedergang war, da es sich nicht um ein wahrheitsgetreues Bild dessen handelte, was einem *Individuum* widerfährt. Vielmehr handelte es sich um das Ergebnis einer spezifischen gesellschaftlichen Veränderung, nämlich einer Zunahme an Bildungsmöglichkeiten für jüngere Menschen in den letzten Jahren.

Dasselbe gilt für die Körpergröße. Eine Zeitlang wurde weithin angenommen, daß die Körpergröße, die während der späten Adoleszenz oder in den frühen Zwanzigern ausreift, später, vielleicht in den Fünfzigern oder Sechzigern etwas abzunehmen beginnt. Damon (1965) schließt aus seiner eigenen Forschungsarbeit und aus der anderer, daß diese Abnahme großenteils auf eine gesellschaftliche Veränderung zurückzuführen sein könnte: die Körpergröße Erwachsener hat sich seit vielen Jahrzehnten ständig erhöht. Beispielsweise ergab eine neuere Untersuchung, daß Männer, deren Durchschnittsalter über 80 lag, etwa 5 cm kleiner als Männer in den Zwanzigern waren. Deuten diese Daten darauf hin, daß der Mensch im Laufe von sechs Jahrzehnten seines Erwachsenenlebens um 5 cm schrumpft? Keinesfalls. Die gesamte scheinbar entwicklungsbedingte Abnahme der Körpergröße könnte auf die einfache Tatsache zurückzuführen sein, daß die später geborenen Männer größer werden als die um mehrere Jahrzehnte früher geborenen. Warum das so ist, ist keinesfalls klar; bessere Ernährung *kann* einer – aber nur einer – der dazu beitragenden Faktoren sein.

Damit soll nicht geleugnet werden, daß in vorgerückten Jahren tatsächlich eine leichte Körperschrumpfung stattfindet, die sich nur in bestimmten körperlichen Merkmalen und bei bestimmten Personen manifestiert. Worauf es uns hier ankommt, ist, daß gesellschaftliche Veränderungen eines bestimmten Charakteristikums den wahren entwicklungsbedingten Trend des jeweiligen Merkmals verzerren können, wenn die diesbezüglichen Daten aus Querschnittuntersuchungen gewonnen wurden.

2.2 Retrospektive Untersuchungen

Retrospektive Untersuchungen sind im wesentlichen so angelegt, daß die gegenwärtigen Meßwerte eines Individuums mit *erinnerten* Werten für dasselbe Charakteristikum und dieselbe Person verglichen werden. Man könnte annehmen, daß retrospektive Untersuchungen die Darstellung von Entwicklungsprozessen ohne die durch gesellschaftliche Veränderungen bedingten Irrtümer ermöglichen würden. Vom Standpunkt der Logik aus müßte diese Methode somit funktionieren. Psychologisch gesehen trifft dies jedoch aufgrund der Unzuverlässigkeit des menschlichen Gedächtnisses nicht zu. Die Daten für diese Schlußfolgerung stammen aus Längsschnittuntersuchungen, bei denen Individuen im Verlaufe ihrer gesamten Entwicklung gemessen werden. Längsschnittstudien haben übereinstimmend substantielle Erinnerungsfehler in retrospektiven Untersuchungen nachgewiesen, selbst wenn die gefragten Informationen leicht erinnerbar zu sein scheinen und zwischen dem betreffenden Ereignis und seiner Abrufung aus dem Gedächtnis nur eine relativ kurze Zeit verstrichen war.

Eine bahnbrechende Studie zu dieser Frage, die sich auf vermeintlich leicht erinnerbare Ereignisse konzentriert, stammt von Pyles, Stolz und Macfarlane (1935). Sie verglichen Berichte von Müttern über Fakten, die mit der Schwangerschaft, Geburt und Frühentwicklung von 252 Kindern zusammenhingen, mit den echten Daten über diese Ereignisse, die zur Zeit ihres Eintretens erhoben worden waren. Die Berichte der Mütter wurden aufgezeichnet, als die Kinder 21 Monate alt waren; es war daher in bezug auf manche der erinnerten Fakten, wie das Gewicht des Kindes im Alter von 12 Monaten, weniger als ein Jahr zwischen dem Ereignis und seiner Wiedergabe verstrichen. Ein dramatisches Beispiel ist der Vergleich zwischen der tatsächlichen Dauer der Wehen (8,6 Stunden im Schnitt) und dem durchschnittlichen Erinnerungsirrtum der Mütter (3,5 Stunden), eine Abweichung von 41 Prozent. In anderen Fragen ergaben sich ebenso unzuverlässige Berichte. Es bestand kaum mehr als eine zufällige Entsprechung zwischen den Berichten der Mütter über ihre physische Gesundheit während der Schwangerschaft und ihrem tatsächlichen Gesundheitszustand, wie er sich aus den Unterlagen der Ärzte ergab. Erkrankungen des Säuglings in dessen erstem Lebensjahr wurden etwas zuverlässiger erinnert, aber 30 Mütter, deren Kinder im Laufe dieser Periode relativ schwer erkrankt waren, berichteten, als das Kind 21 Monate alt war, *keine Krankheiten für diesen gesamten Lebensabschnitt.*

Wenn wir weniger eindeutige Umstände wie die Erziehungspraktiken der Mutter in den ersten paar Lebensjahren in Betracht ziehen und den Erinnerungszeitraum erhöhen, dann erweist sich die Retrospektion als noch unzuverlässiger. Robbins (1963) berichtet von einer Längsschnittstudie, bei der Daten über tatsächliches Säuglingsverhalten während des ersten Jahres im Abstand von drei Monaten und danach im Abstand von sechs Monaten erhoben wurden. Als die Kinder drei Jahre alt waren, wurden die Eltern aufgefordert, über verschiedene Verhaltensweisen ihres Kindes und über ihre Erziehungspraktiken zu berichten. Die Berichte deckten sich insgesamt nur wenig mit den Fakten, obwohl die Mütter weniger stark von diesen abwichen als die Väter. Robbins bemerkt dazu:

> „Die Abweichungen von den Fakten waren am größten bei Fragen, die mit dem Alter des Abstillens und der Reinlichkeitserziehung, dem Auftreten von Daumenlutschen und Füttern auf Wunsch zu tun hatten. Die Abweichungen lagen meist in Richtung auf die Empfehlungen der Erziehungsexperten, insbesondere seitens der Mütter."

Robbins' letzter Satz weist auf mindestens eine wichtige Determinante retrospektiver Erinnerungsfehler hin – die Neigung, Dinge günstiger darzustellen als sie tatsächlich waren. Diese Verzerrung ist in dem Sinne „echt", als die Eltern in den meisten Fällen nicht bewußt logen, um einen besseren Eindruck zu erwecken; eine *frühere* Untersuchung dieser selben Eltern (bei der der Zeitraum zwischen dem jeweiligen Ereignis und den Berichten der Eltern viel kürzer war) ergab einen hohen Grad an Genauigkeit (Chess et al., 1960). Die Erinnerungen müssen also anscheinend erst verblassen und unklarer werden, bevor sich das, was wir vielleicht zu erinnern wünschen, in das verwandelt, was wir tatsächlich erinnern und berichten.

Eine neuere Studie (Yarrow, Campbell u. Burton, 1970) bestätigt diesen Befund der „rosigen" Reproduktion entwicklungsbezogener Ereignisse und fügt die Beobachtung hinzu, daß psychisch wärmere Mütter eher dazu neigten. Ebenfalls berichtet wurde eine Tendenz, daß die Erinnerungen der Kinder über dieselben Ereignisse den Erinnerungen ihrer Mütter stärker glichen als der Realität, was die Versuchsleiter zu der Deutung veranlaßte, daß „Mütter eine signifikante Rolle für die Bildung der Bräuche in der Familie spielen und darüber hinaus bei retrospektiven Untersuchungen die Ergebnisse stark beeinflussen".

Viele psychologische Untersuchungen berichten signifikante Zusammenhänge zwischen späteren Persönlichkeitsmerkmalen herangewachsener Kinder und deren frühen Erziehungserlebnissen und Kindheitspersönlichkeiten, *wie diese von den Eltern und den inzwischen erwachsenen Kindern selbst* nach Intervallen von zehn, fünfzehn oder mehr Jahren berichtet wurden. Aber angesichts der auf den vorangegangenen Seiten berichteten Untersuchungsergebnissen unterliegen die auf späteren Erinnerungen basierenden Studien gewissen Zweifeln (s. auch Box 1/4, S. 78). Was besagt all dies über den retrospektiven Ansatz hinsichtlich des Studiums der menschlichen Entwicklung? Das härteste Urteil, das darüber gefällt werden kann, ist, daß er als Methode *schlechter* als unbrauchbar ist, weil die Gefahr so groß ist, daß man ihm zutraut, gültige Daten in bezug auf die Vergangenheit zu ergeben. Wenn beispielsweise alle Familienmitglieder die Geschichte ihrer Familie in derselben Weise darstellen, wie kann es dann ein Außenseiter *(der nicht einmal dabei war),* wagen zu fragen, was „wirklich" geschah? Aber die Realität erfordert, daß wir diese Frage stellen, und zwar ernsthaft. Die Daten, die wir präsentiert haben – und zwar sehr selektiv, da es viele weitere Untersuchungen gibt, die dieselbe Schlußfolgerung unterstützen – sagen uns, daß die Erinnerungen an vergangene persönliche Ereignisse nicht nur überaus ungenau, sondern auch in vorhersagbarer (und „positiver") Richtung voreingenommen sind.

Das soll nicht heißen, daß Informationen, die wir aus dem Gedächtnis abrufen, nicht nützlich seien; sie sind es, aber zu ganz anderen Zwecken als um die Wahrheit in bezug auf die Entwicklungen vergangener Lebensabschnitte herauszufinden. Der „Lebensrückblick", bei dem jemand sein ganzes Leben *aus seiner Sicht* erinnert, ist selbst zu einem vielversprechenden Forschungsbereich geworden. Die Lebensrückschau wird, wie Butler (1963) bemerkte, in der Regel von älteren Menschen abgehalten und schließt oft ein Bilanzziehen darüber ein, wie ihr Leben in der gegenwärtigen Erscheinung „geworden" ist und warum. Kastenbaum (1979) weist auf andere Funktionen hin, die der Lebensrückblick ebenfalls erfüllt, darunter die einer *selektiven* Vergegenwärtigung der Vergangenheit „zur Wiederbelebung von Bedeutungen und von Vitalität durch die einem selbst zur Verfügung stehenden Mittel" als Kompensation für die relativ wenigen Befriedigungen, die vielen Menschen im Alter noch erreichbar sind.

Jedenfalls müssen sich Psychologen, solange noch keine „Zeitmaschine" erfunden ist, mit der man Reisen in die Vergangenheit unternehmen kann, um Daten zu sammeln, der Längsschnittmethode bedienen, um die wichtigsten Fragen in bezug auf die Entwicklung beantworten zu können.

2.3 Längsschnittuntersuchungen

Das wesentliche Merkmal einer Längsschnittstudie ist, daß *dieselbe* Personengruppe während des gesamten Entwicklungszeitraums, der erforscht werden soll, *wiederholt* beobachtet und gemessen wird. Diese Methode ist, abgesehen davon, daß sie die Gefahren der Querschnitt- und der retrospektiven Methode ausschließt, auch die *einzig mögliche* Methode zur Beantwortung verschiedener Arten von Fragen. Wie Kodlin und Thompson (1958,

BOX 1/4

Erinnern Sie sich ...?

In den Jahren 1928 und 1929 wurde eine Gruppe von Säuglingen – ein Drittel aller Kinder, die innerhalb von 18 Monaten in Berkeley, Kalifornien, geboren wurden – Probanden einer Längsschnittuntersuchung (Guidance Study), die vom damaligen Institute of Child Welfare an der Universität von Kalifornien initiiert wurde. Diese Personen sind seit damals intensiv studiert worden, und diese Beobachtungen dauern immer noch an. Ihre Eltern wurden ebenfalls von Zeit zu Zeit untersucht und bei drei Anlässen eingehend interviewt; und zwar zum Zeitpunkt, als die Kinder in die Untersuchung aufgenommen wurden, als sie 17 und als sie 40 Jahre alt waren. Beim letzten Interview (1968 und 1969) waren die Eltern zwischen 50 und 80 Jahre alt, ihr Durchschnittsalter lag bei 69.

Dorothy Field vom Institute of Human Development (der Nachfolger des Institute of Child Welfare) hat die 60 Eltern untersucht, die *zu allen drei Zeitpunkten* interviewt worden waren. Allen Befragten wurden 24 Fragen gestellt, die Fakten betrafen (wie das eigene Alter und das Alter des Ehepartners bei der Heirat; Bildungsstand, Beruf und Geburtsort; Bildungsstand, Beruf und Geburtsort des Ehepartners und der Eltern). Dieser Fragenkomplex wurde bei mindestens zwei der drei Interviews gestellt. Die Befragung der Eltern schloß auch 24 andere Fragen ein, bei denen es – unter vielen anderen Dingen – darum ging, sich die Einstellungen und zwischenmenschlichen Beziehungen in Erinnerung zu rufen, die die Eltern mit ihren eigenen Eltern, mit ihren Ehepartnern zu Beginn der Ehe und in der Lebensmitte und zu ihren eigenen Kindern im High-School-Alter hatten.

Fields Befunde glichen jenen der früheren Untersuchungen jüngerer Erwachsener: Die Erinnerungen vieler dieser älteren Menschen deckten sich im allgemeinen nicht mit früheren Berichten, obwohl die Antworten auf Faktenfragen mit größerer Genauigkeit erinnert wurden als die auf Einstellungsfragen. Die Eltern stimmten mit ihren eigenen früheren Berichten bei den Faktenvariablen im Schnitt zu 73 Prozent überein. Die Übereinstimmung im Hinblick auf Einstellungs- und Beziehungsfragen war erwartungsgemäß beträchtlich niedriger und lag im Schnitt nur bei 47 Prozent. Selbst eine so unverfänglich erscheinende Frage, wie in welchem Bundesstaat der Elternteil geboren wurde, ergab eine Übereinstimmung von nur 92 Prozent. Die Antworten der Eltern deckten sich noch weniger in bezug auf den Geburtsort der eigenen Mutter (74 Prozent), des Vaters (87 Prozent) und des Ehepartners (48 Prozent). Hinsichtlich des Alters zur Zeit der Eheschließung stimmten nur etwa 50 Prozent der Eltern mit ihren eigenen früheren Berichten überein. Hier fiel ein systematischer Unterschied auf: Sowohl die Ehefrau als auch ihr Mann meinten später, die Frau sei zum Zeitpunkt ihrer Heirat jünger gewesen als zum Zeitpunkt ihrer ersten Befragung. Nur im Hinblick auf eine Frage stimmten alle Eltern vollkommen mit den ursprünglichen Angaben überein: Sie erinnerten sich völlig zutreffend, wieviele Kinder sie hatten, wieviele davon Mädchen und wieviele Jungen waren.

Im Gegensatz zur allgemeinen Auffassung stellte es sich heraus, daß das Gedächtnis dieser älteren Menschen in ihren späteren Jahren nicht litt. Der Prozentsatz der *Deckungsgleichheit* veränderte sich im Laufe der Zeit bei Männern und bei Frauen nicht signifikant, ob es sich nun um Fakten- oder Einstellungsfragen handelte. Ob die Angaben erstmals beim frühesten Termin gemacht wurden (als die Kinder dieser Eltern zum

S. 8) in ihrer Bewertung der Längsschnittmethode bemerkten:

„Die Längsschnittuntersuchung ist der *einzige Ansatz*, der uns eine vollständige Darstellung der Wachstumsphänomene ermöglicht ... Das Querschnittverfahren kann niemals das Ziel einer Untersuchung erfüllen, welche die Messung der Veränderung von Eigenschaften eines bestimmten Individuums im Laufe der Zeit erfordert. Das bedeutet, daß das Längsschnittverfahren angewandt werden muß, wenn das Ziel der Wachstumsstudie darin besteht, *Voraussagen über das individuelle Wachstum zu machen* oder die *Korrelation zwischen Meßwerten* herzustellen, die in aufeinanderfolgenden Altersstufen gewonnen wurden."

Die Arbeit von Kodlin und Thompson, die eine sorgfältige und klare Bewertung der Längsschnitt-

ersten Mal untersucht wurden) und beim zweiten Termin (etwa 16 Jahre später) erneut abgefragt wurden oder ob der Vergleich zwischen dem mittleren und dem letzten Termin (ein Intervall von mehr als 23 Jahren) angestellt wurde oder ob die Angaben des ersten und des letzten Termins (ein Intervall von 39 Jahren) miteinander verglichen wurden, es zeigten sich erstaunlich geringe Unterschiede in der Konsistenz. (Die an dieser Untersuchung beteiligten Frauen nahmen auch an der ersten Längsschnittuntersuchung des Erinnerungsvermögens von Pyles, Stolz und Macfarlane teil, die auf Seite 76 dargestellt wird.) Die faktischen Angaben der Mütter waren bei der ersten Befragung (als die Mütter etwa 30 Jahre alt waren und über Ereignisse berichteten, die nicht mehr als zwei Jahre zurücklagen) nicht zutreffender als 40 Jahre später. In dieser Gruppe gesunder, intelligenter Erwachsener war somit keine Abnahme des Gedächtnisses festzustellen, als diese persönlichen Ereignisse in größere Ferne rückten. Für diese Personengruppe trifft es nicht zu, daß das Gedächtnis in den späteren Jahren zu schwinden beginnt.

Ein spezifisches Beispiel mag hier nützlich sein: „Die Frage, wie glücklich die Kindheit gewesen sei, wurde in allen drei Interviews der Eltern auf einer Rating-Skala bewertet, und dieselbe Frage wurde auch in einem Fragebogen gestellt, der 1973 (als alle Eltern bereits über 70 Jahre alt waren) an die Eltern verschickt wurde. Die Einstufungen wurden bei allen vier Befragungen auf einer Skala von „überwiegend glücklich", „gemischt" oder „überwiegend unglücklich" vorgenommen. Das faszinierende Ergebnis ist, daß eine stetig und signifikant zunehmende Zahl von Eltern bei jeder aufeinanderfolgenden Befragung erklärte, eine glückliche Kindheit gehabt zu haben. Mit anderen Worten, es scheint, daß die Vergangenheit in unserer Erinnerung mit vorrükkender Zeit zunehmend in rosigem Licht erscheint. Auf jeden Fall können Betrachtungen über das Glück der eigenen Kindheit nicht ernstgenommen werden – zumindest nicht als Indikatoren tatsächlicher Kindheitsumstände.

Veränderungen der Kindheitswahrnehmungen wie die genannten erinnern uns an den großen Wert, den der Begründer der Individualpsychologie, Alfred Adler (1927, S. 228), auf Kindheitserinnerungen legte:

„Bedenkt man, mit welchen Schwierigkeiten die meisten Kinder zu kämpfen haben, wie wenig leicht es ihnen meist wird, sich in ihren ersten Lebensjahren die Welt als einen angenehmen Aufenthaltsort zu Gemüte zu führen, dann begreift man, daß die *ersten Kindheitseindrücke* außerordentlich bedeutsam sind, weil sie dem Kinde eine Richtung geben, in der es weiterforscht und weitergeht."

Vielleicht verunsichert diese Feststellung und unsere Dokumentation der Fehlbarkeit des menschlichen Erinnerungsvermögens Ihr – zweifellos in der Regel ganz deutliches Gefühl – Ihre eigene Geschichte zu kennen. Dies muß nicht so sein. Statt dessen können Sie das, woran Sie sich erinnern, als ein Fenster, wenn nicht zu Ihrer Vergangenheit, doch zumindest zu Ihrer Gegenwart betrachten.

D. Field: Retrospective reports by healthy intelligent elderly people of personal events of their adult lives. In: K. W. Schaie (Chair.), *Continuity and Discontinuity between Behavioral Variables at Different Ages of Life.* Symposium presented at the International Society for the Study of Behavioral Development at Lund, Sweden, June 1979.

A. Adler: Menschenkenntnis. Leipzig: Hirzel, 1927[1], Frankfurt: Fischer, 1980[22].

methode zuläßt, ist insofern „alt", als in den vergangenen zwei Jahrzehnten substantielle Innovationen in den Methoden der Datensammlung und -analyse im Bereich der Längsschnittstudien stattgefunden haben. Doch sie ist keinesfalls überholt, da sie eine Erkenntnis bekräftigt, die auch für zeitgenössische Studien noch gültig ist – daß die Entwicklung ohne bestimmte unersetzliche Beiträge seitens der Langzeitmethode nicht hinreichend erforscht werden kann. Wohlwill (1973, S. 140) stimmt dem zu und unterscheidet in seinem umfassenden Werk *The Study of Behavioral Development* vier Arten von Zielen, die für Längsschnittdaten von besonderer Bedeutung sind. Es sind dies:

„(1) Informationen über die Form einer Entwicklungsfunktion aufzubewahren; (2) Informationen über Veränderungen und Veränderungsmuster zu gewinnen; (3) früheres Verhalten mit späterem in Beziehung zu setzen und (4) frühere Lebensbedingungen mit späterem Verhalten in Beziehung zu setzen. ... [dafür] sind Längsschnittdaten absolut unerläßlich oder nur unter beträchtlichen Einbußen durch etwas anderes zu ersetzen."

Die Querschnittmethode kann theoretisch als Ersatz für das Längsschnittverfahren dienen; für diese Aufgabe müßte sie jedoch bestimmte Bedingungen erfüllen, die in der Praxis buchstäblich undurchführbar wären. Wie Baltes und Nesselroade (1979, S. 23) bemerken, könnte ein Querschnittansatz dieser Aufgabe nur genügen, wenn „eine Stichprobe vollkommen identischer ... Personen zur Verfügung stünde, die im Laufe ihrer Entwicklungszeit identischen Bedingungen ausgesetzt waren, und wenn man eine unabhängige Stichprobe dieser Personen aus verschiedenen zu messenden Altersstufen heranziehen würde ... Die Annahme vollständiger Deckungsgleichheit ... ihrer Entwicklungsgeschichte würde es gestatten, intraindividuelle Veränderungen oder Konstanz festzustellen. Ein solches rein logisch mögliches Arrangement scheint jedoch in der menschlichen Entwicklungspsychologie nicht zur Verfügung zu stehen". (Es könnte jedoch mit Tieren möglich sein.)

Ein offensichtlicher Grund, warum Individuen verschiedenen Alters keine identischen Entwicklungsgeschichten haben können, ist die oben erwähnte Realität gesellschaftlichen (oder historischen) Wandels: Versuchspersonen verschiedener Generationen wären einfach in verschiedenen „Welten" aufgewachsen. Aber selbst, wenn der gesellschaftliche Wandel kein Problem wäre, könnten Querschnittstudien nur *Gruppen*durchschnittswerte, keine *individuellen* Entwicklungskurven ergeben; und die letztgenannten Befunde wären nötig, wenn wir die Abweichungen der Veränderungsrate bei Individuen für ein bestimmtes Merkmal im Laufe eines bestimmten Zeitraumes feststellen wollen. Querschnittuntersuchungen können uns ebenso gut wie Längsschnittstudien mitteilen, daß beispielsweise Jungen im Durchschnitt ihr raschestes Wachstum zwischen ihrem 13. und 14. Geburtstag erleben, und daß sie in diesem Zeitraum von einem Jahr wiederum im Schnitt um 7,6 cm wachsen. Aber nur eine Langzeituntersuchung kann uns darüber informieren, daß manche Jungen ihre Periode des raschesten Wachstums bereits mit 10 und andere erst mit 17 Jahren durchmachen (Nicolson u. Hanley, 1953); das tatsächliche Größenwachstum innerhalb dieser Einjahresperiode des raschesten Wachstums kann in der Tat, wann immer es auftritt, um etliche cm mehr oder weniger betragen als der genannte Durchschnittswert. Und die Abruptheit und das Ausmaß dieses Wachstumsschubs sind um so größer, je früher das Wachstum einsetzt.

Der Längsschnittansatz bietet uns nicht nur den einzigenZugang zu direkt meßbaren individuellen entwicklungsbedingten Veränderungen, er ist auch das einzige Mittel, um die Zukunft anhand der Vergangenheit vorherzusagen. Ob Psychologen den Versuch unternehmen, die Körpergröße, Intelligenz, die emotionale Anpassung oder die berufliche Leistung im Erwachsenenalter zu prognostizieren – solche Hochrechnungen setzen voraus, daß sie zu mindestens zwei Zeitpunkten Meßwerte von ihren einzelnen Probanden bekommen.

Aus vielen Gründen sind Längsschnittstudien der Entwicklung relativ selten, obwohl sie sich in letzter Zeit zu mehren beginnen. Abgesehen von der offenkundigen Notwendigkeit, für die Durchführung solcher Untersuchungen hinreichend Geldmittel und Zeit zur Verfügung zu haben, machen bestimmte Fallstricke diese riskant. Zunächst ist da der Stichprobenschwund. Mit zunehmender Dauer einer Untersuchung gehen Versuchspersonen aus verschiedensten Gründen unweigerlich verloren. Manche sterben oder ziehen aus dem Ort weg, manche weigern sich, weiterhin mitzuarbeiten und andere können aus gesundheitlichen Gründen nicht länger teilnehmen. Zweitens sind dem Prozeß der wiederholten Messung potentielle Probleme eigen. Es besteht immer das Risiko, daß das ständige Studium von Individuen den Verlauf ihrer Entwicklung beeinflußt; ferner kann die Selbsterforschung, die nötig ist, um an periodischen Interviews teilzunehmen, eine gewisse Persönlichkeitsveränderung bewirken. Die wiederholte Teilnahme an psychologischen Tests – oft denselben – kann sich auch auf die erzielten Ergebnisse auswirken.

Die Anwendung der Ergebnisse einer Längsschnittuntersuchung auf Individuen, die zu verschiedenen Zeiten geboren wurden oder verschiedenen Generationen entstammen, wirft erneut das Problem des gesellschaftlichen Wandels auf. Beispielsweise verglichen Woodruff und Birren (1972) die Resultate des*selben* Persönlichkeitstests bei einer Gruppe, die sowohl in der Jugend (1944) als auch in der Lebensmitte (1969) untersucht worden waren. Die über einen Zeitraum von 25 Jahren gemessenen Persönlichkeitsveränderungen waren sehr gering, aber eine *neue* Gruppe von Jugendlichen, die ebenfalls 1969 getestet wurden, wies substantielle Unterschiede gegenüber den Daten von 1944 auf. Wenn wir somit eine Beschreibung der heutigen adoleszenten Persönlichkeit auf die früheren Daten stützen würden, wäre das ein schwerer Irrtum. Ebensowenig würden vermutlich die Befunde, sagen wir über den Einfluß elterlicher Strafmaßnahmen in den 40er Jahren auf die Gewissensentwicklung inzwischen herangewachsener Kinder, auf eine Stichprobe heute geborener Kinder zutreffen (falls man sie auf ihr Erwachsenenalter projizieren würde). Historische Ereignisse und der kulturelle Wandel können den sozialen und psychologischen Kontext verändern, in dem sich Kinder entwickeln, so daß eine elterliche Verhaltensweise, die sich vor Jahrzehnten in bestimmter Art auf ein Kind auswirkte, ganz andere Folgen haben könnte, wenn sie heute angewandt wird. Kriege, wirtschaftliche Umwälzungen (wie die bereits erwähnte Weltwirtschaftskrise), Veränderungen des Bildungsangebots und der diesbezüglichen Maßstäbe; all dies sind Faktoren, die die Anwendbarkeit eines in einer jahrzehntealten Längsschnittstudie festgestellten Zusammenhangs auf die Entwicklung der heutigen Kinder in Frage stellen können. Bei genügender Erforschung und mit entsprechendem wissenschaftlichem Scharfsinn mag es den Wissenschaftlern schließlich gelingen, einen wirklich allgemein gültigen Zusammenhang herauszuarbeiten, der all diese Faktoren in Rechnung stellt.

Trotz all ihrer Fehler ist die Längsschnittuntersuchung das beste Instrument, das uns gegenwärtig zur Verfügung steht, um entwicklungsbezogene Daten zu erlangen. Wie bereits bemerkt, findet sie zunehmend Verwendung, und dank der durch sie gewonnenen Erkenntnisse wird das Gebiet der Entwicklungspsychologie immer differenzierter und produktiver. Es hat sich beispielsweise gezeigt, daß wir, wenn wir einen Menschen durch sein ganzes Leben begleiten wollen, dies nicht in mechanischer oder festgelegter Weise tun können. Jedes Stadium des menschlichen Lebens – das Säuglingsalter und die Kindheit, die Jugend, die Erwachsenenjahre und das Alter mit seinem unterschiedlichen Stil und Charakter – zwingt den Entwicklungspsychologen, verschiedene Forschungsfragen zu stellen und unterschiedliche Meßmethoden anzuwenden.

3 Entwicklung im Säuglingsalter und in der Kindheit

Bei unserer Erörterung der verschiedenen Entwicklungsphasen müssen wir zwangsläufig selektiv vorgehen und uns auf nur vier der vielen Fragen beschränken, die das Interesse der Wissenschaftler erregt haben. Unsere Fragen beschäftigen sich mit (1) dem *körperlichen Wachstum;* (2) den Anfängen des *Lernens;* (3) dem Prozeß der *Differenzierung;* und (4) der Beschaffenheit des *Aktivitätsniveaus.* Wir können einen Aspekt unserer Ergebnisse zu allen vier Fragen vorwegnehmen, indem wir davon ausgehen, daß wir in bezug auf jede dieser Fragen starke Unterschiede unter den einzelnen Kindern feststellen werden, Unterschiede, die oft den Verlauf der Persönlichkeitsentwicklung beeinflussen.

Ein Punkt sollte jedoch zunächst hervorgehoben werden. Das Kind unterscheidet sich als biologischer Organismus sehr stark vom Erwachsenen. Der Knochenbau ist anders proportioniert, das Nervensystem ist verschieden und die hormonellen und biochemischen Strukturen unterscheiden sich ebenfalls. Und diese Unterschiede und Differenzen sind zweifellos bedeutsam genug, um eine Verallgemeinerung von der Entwicklung des Erwachsenen über die Entwicklung des Kindes zu verbieten.

3.1 Wie wächst der Körper?

Wenn wir von physischem Wachstum sprechen, meinen wir in der Regel die Veränderungen der Körpergröße und des Gewichts. Das körperliche Wachstum beim heranreifenden Kind zu messen, ist jedoch keine einfache Angelegenheit, da die verschiedenen Teile des Körpers nicht im gleichen Tempo wachsen. Zum Zweck einer adäquaten Bewertung des körperlichen Wachstums im Säuglingsalter und in der Kindheit, müssen wir mindestens zwei verschiedene Arten von Messungen vornehmen. Wir müssen die *Gesamtwachstumsraten* studieren, indem wir die Gesamtgröße und das Gesamtgewicht messen, und wir müssen auch *Teilwachstumsraten* messen. Bei dieser zweiten Reihe von Messungen versuchen wir, die verschiedenen Zeiten und das unterschiedliche Tempo festzustellen, mit dem beispielsweise der Kopf, der Rumpf und die Beine der Kinder an Länge zunehmen. Wir müssen etwas über das Gesamtwachstumstempo und die Teilwachstumsraten wissen, weil uns beide unterschiedliche und wertvolle Informationen liefern.

Über das Gesamtwachstumstempo des Menschen wurden seit vielen Jahren Daten gesammelt, und der allgemeine Verlauf der physischen Wachstumskurve ist inzwischen bekannt. Wir wissen jetzt auch etwas über die wichtigsten Einflüsse, die sein Tempo und seine schließliche Grenze bestimmen. Abbildung 19 zeigt das Längenwachstum des ganzen Körpers. Die rapidesten Veränderungen treten de facto in der pränatalen Periode zwischen der Empfängnis und der Geburt ein (diese sind in der

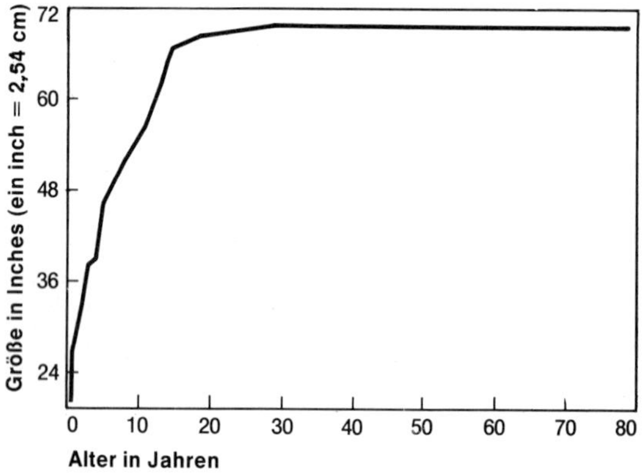

Abbildung 19: Durchschnittliches Längenwachstum männlicher Amerikaner von der Geburt bis zum Alter von 80 Jahren.

N. Bayley. Development and maturation. Aus H. Helson (Hrsg.), *Theoretical Foundations of Psychology;* copyright 1951 by D. Van Nostrand Company, Inc.; Nachdruck mit Genehmigung.

Abbildung nicht enthalten). Gleich nach der Geburt bleibt das Wachstumstempo sehr rapide, rascher als zu jedem späteren Zeitpunkt. Irgendwann im Lauf des zweiten Lebensjahres erreicht das Kind die Hälfte seiner Erwachsenengröße. Gegen Ende der Kindheit erfolgt ein weiterer Wachstumsschub, der sich bis in die Jahre der Adoleszenz erstreckt. Nach der *Pubertät* verlangsamt sich das Wachstumstempo beträchtlich, bis die endgültige Größe erreicht ist. Dann folgt eine ziemlich stabile Periode, nach der de facto ein leichtes Schrumpfen der Gesamtlänge und Körpergröße beginnen kann.

Wie Längsschnittdaten gezeigt haben, gibt es starke individuelle Abweichungen von diesem sogenannten Durchschnittsbild. Es gibt starke Schwankungen sowohl hinsichtlich des Alters, in dem die Pubertät eintritt, als auch hinsichtlich des Zeitpunkts, zu dem die schließliche Körpergröße erreicht wird. Mädchen reifen im Durchschnitt zwei Jahre früher als Jungen. Ein sehr frühreifes Mädchen kann seine Erwachsenengröße bereits im Alter von 14 Jahren erreichen. Ein sich sehr spät entwickelnder Junge kann andererseits seine endgültige Größe erst in den frühen Zwanzigern erlangen.

Faktoren, die das Wachstumstempo beeinflussen, schließen die Ernährung, die physische und psychische Gesundheit und natürlich die Erbanlagen ein. Das Wachstumstempo eines Kindes verlangsamt sich manchmal in Perioden schwerer Unterernährung (etwa zu Hungerzeiten im Krieg), aber sobald sich das Nahrungsangebot wieder normalisiert, beschleunigt sich das Wachstum im allgemeinen wieder und das Kind „holt auf". Wenn eine Population chronisch fehl- oder unterernährt ist, erreichen deren erwachsene Mitglieder hingegen niemals ihr genetisches Wachstumspotential. Schwere Krankheiten zeitigen ähnliche kurzfristige Ergebnisse wie Unterernährung, und auch extremer psychologischer Streß kann das Wachstum zumindest eine Zeitlang hemmen. Es gibt sogar jahreszeitliche Schwankungen: im Frühling ist das Längenwachstum fast doppelt so groß wie im Herbst. Im Normalfall üben jedoch genetische Faktoren den weitaus stärksten Einfluß auf das Wachstumstempo und die schließliche Körpergröße aus. Livson, McNeill und Thomas (1962), die die Ergebnisse mehrerer Längsschnittstudien miteinander verglichen, stellten zunehmende Ähnlichkeiten zwischen Eltern und Kindern in bezug auf die Körpergröße fest, je weiter das Kind heranreift (und das genetische Potential dadurch wirksam wird). Die zutreffende Voraussage der schließlichen Körpergröße von Kindern aufgrund jener ihrer Eltern wird somit zunehmend möglich.

3.2 Historische Veränderungen des Reifungstempos

Das physische Reifungstempo war im Laufe der Zeit tiefgreifenden gesellschaftlich bedingten Veränderungen unterworfen. Das Alter, in dem die Menarche (die 1. Menstruation) eintritt, ein entscheidender Meilenstein in der sexuellen Reifung, hat im Laufe etwa der letzten hundert Jahre eine bemerkenswerte Verlagerung erfahren (s. Abb. 20). Daten aus einer Vielzahl von Quellen setzen das *Durchschnitts*alter der Menarche in den frühen achtziger Jahren (zumindest in gut genährten Populationen) bereits mit 12 Jahren fest. Es hat somit den Anschein, daß die Mädchen in den heutigen Gesellschaften im Durchschnitt etwa im Alter von 13 Jahren gebärfähig werden (die Gebärfähigkeit setzt ungefähr ein Jahr nach der ersten Menstruation ein), eine Tatsache, die dazu beitragen kann, die beunruhigende Zunahme von Teenager-Schwangerschaften in den letzten Jahren zu erklären, wenn schon nicht zu verhindern. (Sehr frühreife Mädchen, die dem Durchschnitt etwa um drei Jahre voraus sind, können bereits im Alter von 10 Jahren schwanger werden.)

Ist anzunehmen, daß sich dieser Trend zu einer immer früheren Menarche (und somit zu einem früheren Beginn der Fortpflanzungsfähigkeit) fortsetzen wird? Es hätte ernste Konsequenzen für die menschliche Gesellschaft, wenn dies der Fall wäre. Zwei Indizienketten sind jedoch einigermaßen beruhigend. Zum einen weisen die historischen Fakten, obwohl sie unvollständig sind, darauf hin, daß das Alter der Erstmenstruation im Laufe der Jahrzehnte beträchtlichen Schwankungen unterworfen war. Diers (1974) bemerkt, daß die Menarche über ein Jahrtausend lang – von etwa 400 v. Chr. bis 700 n. Chr. – im Alter von etwa 13 bis 14 Jahren stattfand. Etwa dasselbe Durchschnittsalter wird für das 11. Jahrhundert angegeben. Im Anschluß daran verzögerte sich die Menarche jedoch bis ins 19. Jahrhundert immer stärker und setzte schließlich erst mit etwa 17 Jahren ein. Danach (Abb. 20 zeigt die weitere Entwicklung auf) begann eine erneute Akzelerationstendenz. Aber der zweite Grund zur Beruhigung hinsichtlich einer immer verfrühteren Menarche sind die staatlichen amerikanischen Gesundheitsstatistiken, aus denen hervorgeht, daß sich der Trend in den letzten Jahren verlangsamt und vielleicht schon ins Gegenteil verkehrt hat.

Es ist keineswegs klar, warum der Zeitpunkt der sexuellen Reifung von Frauen einen so erratischen Verlauf genommen hat. Bessere Ernährung und medizinische Betreuung sind als Erklärungen dieser Akzeleration im Laufe des letzten Jahrhunderts herangezogen worden, aber dies gibt sicher keinen Aufschluß über die Fluktuationen, die im Laufe der letzten zweitausend Jahre stattgefunden

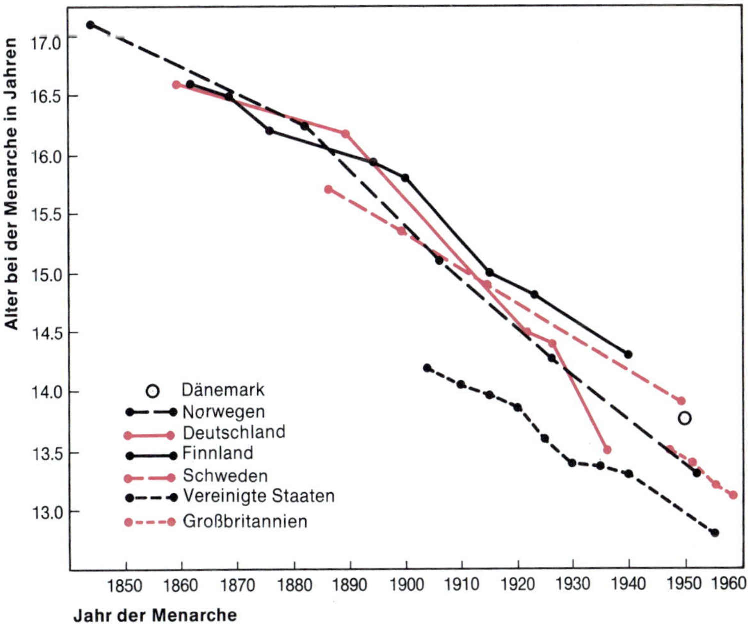

Abbildung 20: Wie sich das Einsetzen der Menstruation (Menarche-Erstmenstruation) im Laufe eines Jahrhunderts in sieben westlichen Ländern verändert hat.

J. M. Tanner. *Growth at Adolescence.* 2. Ausg.; Nachdruck mit Genehmigung von Blackwell Scientific Publications Ltd., 1962.

haben. Welche Begründung ist denkbar? Tanner (1971) spekuliert, daß das Einsetzen der Menarche zumindest in einem gewissen Maß durch den Grad an psychosexueller Stimulierung oder „Sexbetontheit“ beeinflußt sei, die eine Gesellschaft zu einer bestimmten Periode kennzeichnen.

3.3 Unterschiedliche Wachstumsraten innerhalb des Körpers

Wir haben Längenwachstum bisher so behandelt, als vollziehe es sich einheitlich im ganzen Körper. Dies trifft keinesfalls zu, und ebensowenig beschränkt sich, wie wir bald verstehen werden, das körperliche Wachstum auf Veränderungen der anatomischen Dimensionen. Das Tempo des Gesamtwachstums eines Individuums ist die Summe mehrerer ganz unterschiedlicher Wachstumsraten. Kopf, Rumpf und Beine nehmen beispielsweise zu verschiedenen Zeiten und in unterschiedlichem Tempo an Länge zu. Manche Körperorgane wachsen zuerst sehr schnell und das Wachstum verlangsamt sich dann, während andere zuerst langsam und dann beschleunigt wachsen. Eines der auffallendsten Merkmale des wachsenden menschlichen Körpers ist die Veränderung der Form und der Proportionen seiner verschiedenen Teile (Abb. 21 u. 22). Etwa zwei Monate nach der Empfängnis bestehen wir alle etwa zu 50 Prozent aus Kopf. Bei der Geburt sind wir etwa zu 25 Prozent Kopf und der Rest verteilt sich zu gleichen Teilen auf Rumpf und Beine. Schließlich entwikkeln wir uns zu einem durchschnittlichen Erwachsenen, dessen Länge zu 50 Prozent aus Beinen,

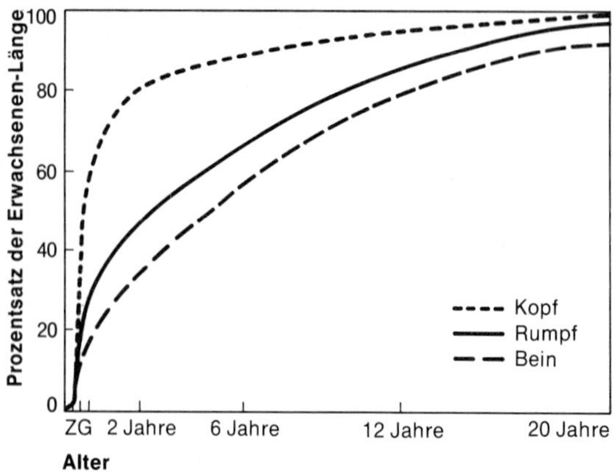

Abbildung 22: Das unterschiedliche Wachstum des menschlichen Kopfes, Rumpfes und der Beine von der Zeugung bis zur Reife. (Z = Zeugung, G = Geburt.)

etwa zu einem Drittel aus Rumpf und nur zu etwa 12 bis 14 Prozent aus Kopf besteht (s. Abb. 22). (Auch hier müssen wir natürlich individuelle Unterschiede in Rechnung stellen – Sie brauchen sich bloß unter Ihren erwachsenen Nachbarn umzusehen.)

Wir haben festgestellt, daß alle eben erörterten Veränderungen durch sehr unterschiedliche Wachstumsraten der verschiedenen Körperteile zustandekommen. Der Kopf beginnt fast sofort nach der Zeugung in sehr schnellem Tempo zu wachsen. Zum Zeitpunkt der Geburt des Kindes hat der Kopf bereits mehr als 60 Prozent seiner Erwachsenengröße erreicht (s. Abb. 22). Der Rumpf wächst am zweitschnellsten und erreicht am Ende des zweiten Lebensjahres die Hälfte seiner endgültigen Länge. Während des zweiten Jahres beginnen auch die Arme und Beine stärker zu wachsen und erreichen die 50-Prozent-Marke etwa

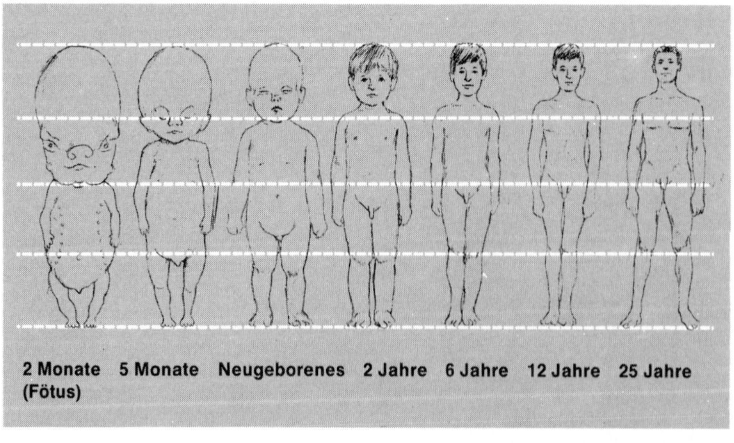

Abbildung 21: Veränderungen der Gestalt und der Proportionen des menschlichen Körpers während der fötalen und der postnatalen Entwicklung bis zur Reife.

W. J. Robbins et al., *Growth;* Nachdruck mit Genehmigung von Yale University Press, 1928

im 4. Jahr. Dieses progressive Wachstum – zuerst der Kopf, dann der Rumpf, dann die Beine – weist eine *cephalokaudale Richtung* (vom Kopf zu den Füßen) auf.

Während der Körper der Länge nach gewachsen ist, hat er auch in *proximodistaler Richtung* zugenommen, das heißt vom Zentrum zur Peripherie. Beispielsweise entwickeln sich zuerst Rumpf und Schultern und dann beginnen die Arme, Finger und Zehen mit ihrem eigentlichen Wachstum.

Korrelierend mit diesen körperlichen Wachstumsrichtungen weist das sensomotorische Verhalten des Säuglings ebenfalls eine vom Kopf zu den Füßen und vom Zentrum zur Peripherie verlaufende Entwicklung auf. Das Saugen ist das früheste und bestorganisierte Verhalten des neugeborenen Kindes. Es ist natürlich primär im Kopf lokalisiert. Der normale Säugling weist die folgende Sequenz *sensomotorischer Entwicklung* auf (Gisell u. Amatruda, 1947):

4 Wochen – Beherrschung der Augenbewegungen; Fähigkeit, einem Objekt visuell zu folgen usw.
16 Wochen – Fähigkeit, den Kopf zu balancieren.
28 Wochen – Fähigkeit, die Hände zum Greifen und zum Umgang mit Objekten zu gebrauchen.
40 Wochen – Beherrschung des Rumpfes, das Kind kann sitzen und krabbeln.
52 Wochen – Beherrschung der Beine und Füße, das Kind kann stehen und sich fortbewegen.

Es ist klar, daß wir es hier mit einer cephalokaudalen Richtung der Entwicklung zu tun haben. Bei der Entwicklung der *Lokomotion* und der Fortbewegungsfähigkeit ist ebenfalls die proximodistale Richtung unverkennbar. Die zielgerichteten Bewegungen des Kindes gehen zunächst von der Schulter und vom Beckengürtel aus. In einem späteren Stadium des Säuglingsalters treten Bewegungen der Ellbogen, Handgelenke, Knie und Fußgelenke auf. Wenn der Säugling beispielsweise nach etwas greift, bewegt er zunächst seine Schultern und Ellbogen auf das Objekt zu und beginnt erst später, seine Handgelenke und Finger zu benutzen.

Eine vergleichende Studie der motorischen Entwicklung, bei der amerikanische Säuglinge der sechziger Jahre dreißig Jahre zuvor geborenen Kindern gegenübergestellt wurden, ergab – wie auch viele andere Untersuchungen – dieselben Entwicklungssequenzen und sehr geringe gesellschaftsbedingte Veränderungen (falls überhaupt welche) hinsichtlich des Durchschnittsalters, in dem verschiedene motorische Fertigkeiten während des ersten Jahres auftreten (Bayley, 1965). Bayley stellte jedoch fest, daß schwarze Kinder im ersten Lebensjahr eine deutlich raschere motorische Entwicklung aufweisen als weiße. Andere in den Vereinigten Staaten durchgeführte Untersuchungen haben dieselben Befunde ergeben, die auch von Untersuchungen schwarzafrikanischer Säuglinge bestätigt wurden (z.B. Geber, 1958; Ainsworth, 1967). Die beiden letztgenannten Forscher führen diese früher einsetzende motorische Entwicklung zumindest teilweise auf Umweltfaktoren zurück, insbesondere auf die beträchtliche Bewegungsfreiheit, die afrikanischen Säuglingen gestattet wird, sowie auf das außergewöhnlich hohe Maß an Körperkontakt mit ihren Müttern.

Nachdem die Erfahrungen von Kindern in ihren ersten Lebensjahren durch Längsschnittuntersuchungen sehr genau erforscht wurden, ist die komplementäre Hypothese, daß zumindest *einige* der Tempounterschiede in der motorischen Entwicklung anlagebedingt seien, in den letzten Jahren zunehmend schwer vertretbar geworden.

Hunt (1979) trifft diese Feststellung in seinem umfassenden Überblick über das gesamte Datenmaterial zu dieser Frage und weist auf sehr substantielle Beziehungen zwischen höchst *spezifischen* Erfahrungen und bestimmten Aspekten der Frühentwicklung hin, Befunde, welche die genetische Hypothese schwächen. Beispielsweise konnte bei Säuglingen, die dazu ermuntert wurden, nach Objekten zu greifen, einfach indem man in ihrem Bettchen Gegenstände über ihrem Kopf baumeln ließ, das Durchschnittsalter dieses „visuell gelenkten Greifens" von 145 Tagen auf 89 Tage gesenkt werden (White, 1967).

Die Möglichkeit besteht natürlich immer noch, daß manche Unterschiede der Frühentwicklung angeboren (oder zumindest anlagebedingt) sind, insbesondere im Falle von Unterschieden, die bereits bei der Geburt festgestellt werden. In einer neueren Studie von über 500 Neugeborenen wurden diese während ihrer ersten 48 bis 96 Lebensstunden genauestens beobachtet. Der Schwerpunkt dieser Untersuchung lag auf den Geschlechtsunterschieden, von denen viele festgestellt wurden. Wie die Forscher (Feldman, Brody u. Miller, 1980) berichten, wiesen die weiblichen Säuglinge beträchtlich mehr Gesichtsbewegungen (insbesondere des Mundes) auf als männliche. Die letzteren übertrafen die Mädchen jedoch im Gebrauch ihrer größeren Muskeln (beispielsweise der zum Strampeln benötigten); und in ihren gesamten Bewegungen waren die Jungen im allgemeinen aktiver als die Mädchen.

Nicht nur die Hauptteile des Körpers (Kopf, Rumpf und Gliedmaßen) weisen unterschiedliche Wachstumsraten auf, sondern auch die einzelnen Organe. Darüber hinaus wachsen auch die Teile eines bestimmten Organes in unterschiedlichem Tempo. Das Wachstum des Gehirns oder spezifischer, die Entwicklung des Cortex cerebri (Großhirnrinde) – der äußersten sogenannten grauen Zellschicht – ist vielleicht das interessanteste Beispiel. Das Gehirn weist bereits bei der Geburt alle Nervenzellen auf, die es je besitzen wird. Aber im Verlauf des körperlichen Wachstums finden im Gehirn bestimmte Veränderungen statt, unter anderem Veränderungen der Größe und chemischen Zusammensetzung der Zellen. Wie zu erwarten, vollziehen sich diese Veränderungen in verschiedenen Teilen des Cortex in unterschiedlichem Tempo. In den ersten sechs Lebensmonaten sind die sensorischen Partien (jene Teile, die Informationen aus den Sinnesorganen erhalten – der Augen, Ohren, der Nase usw.) und die motorischen Bereiche (jene Teile, die die Körperbewegungen kontrollieren – das Gehen, den Gebrauch der Hände) weitaus stärker entwickelt als der Rest des Gehirns. Die anderen cortikalen Bereiche (die, wie man annimmt, mit dem Lernen, dem Denken, dem Gedächtnis usw. zusammenhängen) entwickeln sich erst später zur vollen Reife (s. Abb. 23).

Infolge dieser unterschiedlichen Wachstumsraten und der nicht gleichzeitigen Reifung der einzelnen Teile wäre zu erwarten, daß bestimmte Aspekte der psychischen Entwicklung ebenfalls in unterschiedlichem Tempo voranschreiten würden; und das ist tatsächlich der Fall. Die motorischen und sensorischen Partien des Gehirns (die, wie wir eben festgestellt haben, schneller reifen als die übrigen Teile) beginnen auch relativ früh zu funktionieren. Der Säugling beginnt sehr früh, seine Muskeln beim Saugen, Strampeln, Weinen usw. zu benutzen, und zeigt bald Anzeichen, daß er seine Umgebung wahrnimmt. Das Assoziationszentrum (die Stirnpartie, in Abb. 23 weiß dargestellt) entwickelt sich hingegen langsamer und ist einfach erst später in der Lage, seine Arbeit aufzunehmen. (Diese Gehirnpartie spielt eine wesentliche Rolle bei komplexen Wahrnehmungen und beim Problemlösen.)

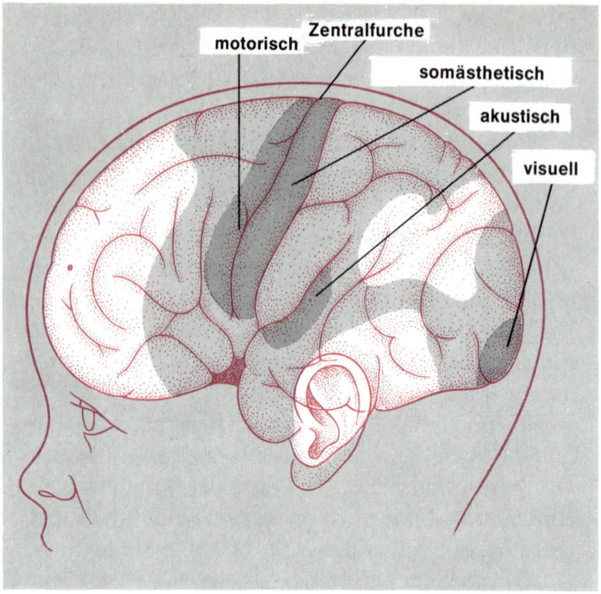

Abb. 23: Das unterschiedliche Entwicklungstempo der kindlichen Großhirnrinde. Dieser Lageplan basiert auf der Untersuchung (im Zuge einer Autopsie) des Gehirns von Neugeborenen und Kleinkindern. Die dunkelste Schattierung bezeichnet das fortgeschrittenste Entwicklungsstadium. Die erste Hirnregion, die reift, ist somit das motorische (Bewegungs-)zentrum; die zweite ist das somästhetische Zentrum (das Botschaften aus der Haut, den Muskeln, Sehnen und Gelenken empfängt); die dritte das Sehzentrum; die vierte das akustische Zentrum. Die weißen Partien reifen zuletzt.

Nach Daten von Conel (1952).

Der Bezug zwischen Gehirnwachstum und Gehirnfunktion kann sich in zweierlei Weise auswirken. Zunächst wissen wir bereits, daß das Gehirn mit zunehmendem Wachstum auch imstande ist, zunehmend besser zu funktionieren. Aber es kann auch sein, daß es rascher wächst als dies sonst der Fall wäre, wenn es *gezwungen wird* zu funktionieren. Die Belege häufen sich (vgl. Bd. 3, 7. Kap.), daß das Gehirnwachstum zumindest bei Tieren durch eine erhöhte Menge und Komplexität der frühesten Erfahrungen angeregt wird.

Die Auswirkung früher Erfahrungen und Übungen auf die Lernfähigkeit der Kinder beschäftigen die Entwicklungspsychologen seit langer Zeit. Wir wissen, daß Babies lallen, sich vom Rücken auf den Bauch und umgekehrt rollen, sich aufsetzen, krabbeln und schließlich zu gehen beginnen, ohne daß

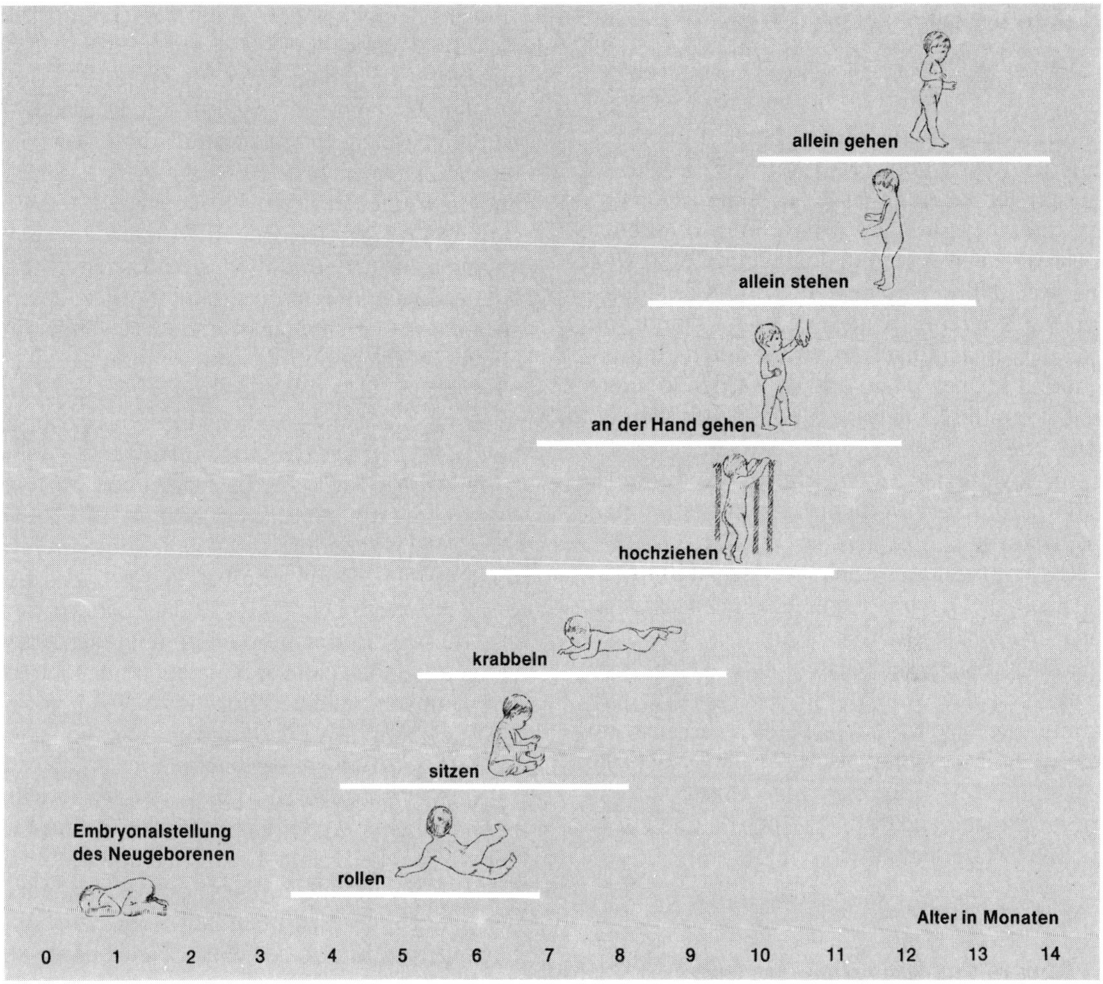

Abbildung 24: Obwohl die Reihenfolge, in der Kinder von einem Stadium zum nächsten voranschreiten, im allgemeinen bei allen gleich ist, schwankt das Alter, in dem die verschiedenen Stadien erreicht werden, beträchtlich. Hier sind die Alters*bereiche* angegeben, innerhalb deren 95 Prozent einer Gruppe von 215 Kindern, die in einer Säuglingsambulanz für gesunde Kinder in Rochester, Minnesota, studiert wurden, die verschiedenen Stadien erreichten. Jedes Stadium erstreckte sich im allgemeinen über mehr als vier Monate. Manche Kinder konnten beispielsweise schon mit achteinhalb Monaten allein stehen, andere erst mit 13 Monaten.

Daten nach Aldrich und Norval (1946).

man ihnen all diese Dinge beibringt oder zeigt (s. Abb. 24). Wir wissen auch, daß sich all diese Fähigkeiten zu verschiedenen Zeiten entwickeln, und zwar korrespondierend mit den jeweiligen zugrundeliegenden körperlichen Strukturen (Gehirn, Muskeln, Sinnesorgane). Diese sukzessive, natürliche Entfaltung von Funktionen, die nur von der Entwicklung von Körperstrukturen abzuhängen scheint, wird als *Reifung* bezeichnet. Dieses „Aufblühen" frühen Verhaltens, die ständige Zunahme des Verhaltensrepertoires – der Dinge, die ein Kleinkind tun kann – setzt sich mehrere Jahre lang ohne spezifisches Training fort. Aber weil wir auch wissen, daß Kleinkinder *lernen* können, wollen wir das Ausmaß herausfinden, in dem sich das Lernen auf das Entwicklungstempo des Verhaltens auswirkt und wie Lernen und Reifung miteinander interagieren.

3.4 Wie wirken sich Reifung und Lernen aus?

Bei der Beantwortung dieser Frage stehen die Psychologen vor einem verwickelten Problem, da es bei der Beobachtung eines Kleinkindes schwierig ist, die Auswirkungen der Reifung von denen des Lernens zu unterscheiden. Das einzige, was wir wissen, ist, daß die Fähigkeiten und Verhaltensweisen eines älteren Kindes (die viel komplexer sind als die eines jüngeren) weder durch Reifung noch durch Lernen *allein* erklärt werden können. Diese Erkenntnis kann folgendermaßen formuliert werden: die Entwicklung des Verhaltens ist ein Ergebnis sowohl der *Reifung* durch Wachstum als auch der kumulativen Auswirkungen des *Lernens* durch Erfahrung.

Psychologen glauben auch, daß die Reifung die Effektivität des Lernens erhöhen kann und daß das Lernen umgekehrt die Reifung beschleunigen dürfte. Zwischen beiden besteht eine Wechselwirkung und beides wirkt sich (entweder separat oder zusammen auf das Kind aus), aber es ist überaus schwierig zu bestimmen, welches die effektivste „Mischung" von Training und Reifung für ein bestimmtes Kind (und übrigens auch für eine spezifische Fähigkeit) darstellt.

3.5 Kann ein Säugling lernen?

Psychologen sind sich nicht immer einig über die Lernfähigkeit des Neugeborenen, weil die Resultate verschiedener Versuche widersprüchlich sind. Manchmal besteht sogar Uneinigkeit darüber, was „Lernen" eigentlich ist und was nicht.

Das Neugeborene neigt zur *Gewöhnung*, die oft als die primitivste Form des Lernens betrachtet wird. Beispielsweise kann ein bestimmtes Geräusch einen Säugling die ersten paar Male, wenn er es vernimmt, erregen oder erschrecken (vgl. Bd. 3, 1. Kap.). Das Baby reagiert vielleicht zunächst durch Weinen oder in irgendeiner anderen körperlichen Weise, aber wenn sich das Geräusch wiederholt, „gewöhnt sich das Kind daran" und die Schreckreaktion flaut allmählich ab.

Cohen (1979) resumiert eine große Zahl solcher Gewöhnungsversuche, bei denen man Säuglinge zunächst an einfache Konturzeichnungen von Gesichtern gewöhnte. Man konfrontiert sie dann mit ähnlichen und auch mit neuen Gesichtsformen; die Unterschiede ihres Gewöhnungsgrades (das heißt, in welchem Maß sie auf diese Reize *nicht* reagieren) sagen uns etwas darüber, was sie gelernt haben. Vielleicht der bemerkenswerteste Befund (Strauss, 1978) ist, daß 10 Monate alte Kinder aufgrund ihrer Gewöhnungsreaktionen erkennen ließen, daß sie sich nicht an vorher gesehene *spezifische* Gesichter am stärksten gewöhnt hatten. Vielmehr reagierten sie am wenigsten auf (d.h. gewöhnten sich am stärksten an) ein „Durchschnitts"-Gesicht – nämlich eines, das sie anscheinend durch eine „Durchschnittsbildung" der verschiedenen Gesichter, die man ihnen präsentiert hatte, kognitiv *konstruiert* hatten. Mit anderen Worten, die Säuglinge zeigten die stärkste Gewöhnung an ein „Durchschnitts"-Gesicht, *das sie nie gesehen hatten.* Die Fähigkeit dazu, ob wir sie nun als „Lernen" betrachten wollen oder nicht, spricht eindeutig dafür, daß der Säugling tatsächlich schon in einem sehr frühen Alter bis zu einem gewissen Maß imstande ist, ein Spektrum von Sinneswahrnehmungen aktiv zu *organisieren.*

Auch etwas höhere Formen des Lernens wurden beim Neugeborenen nachgewiesen. Man brachte Säuglingen bei, beim Ertönen eines bestimmten Geräusches zu saugen. Dies geschieht, indem man das Sauggeräusch ertönen läßt, sooft ihre Stillzeit beginnt (Lipsitt u. Kaye, 1964). Neugeborene können auch lernen, ihren Kopf zu drehen, wenn man sie dafür durch Verabreichung einer Zuckerlösung belohnt (Siqueland u. Lipsitt, 1966). Säuglinge können also anscheinend in den ersten Lebenswochen lernen, *willentlich* Reaktionen hervorzubringen, die ursprünglich *Reflex*reaktionen waren.

Wie bereits bemerkt, ist der zerebrale Cortex des Neugeborenen wenig entwickelt, und auch die ungeduldigsten Eltern müssen auf das Wachstum warten, bevor sie an ihrem Kind Anzeichen des sich entwickelnden Intellekts entdecken können. De facto müssen sie jedoch nicht allzu lange warten, denn verschiedene Formen etwas komplexeren Lernens zeigen sich bereits nach wenigen Lebenswochen. Dies ist teilweise das Resultat der rapiden Entwicklung des Zentralnervensystems – mit einem Wort der *Reifung* – und teilweise die Folge der verschiedenen kleinen Lernfortschritte, die der Säugling bereits gemacht hat und die ihm ihrerseits das weitere Lernen erleichtern.

Außer der Reifung und dem Lernen gibt es einen weiteren überaus wichtigen Entwicklungsprozeß, der ebenfalls die Komplexität des kindlichen Verhaltens erhöht. Es ist dies der Prozeß der *Differenzierung*.

3.6 Warum ist Differenzierung ein wesentlicher Aspekt?

Ein Embryo, der anfangs einer sich ausdehnenden Kugel gleicht, beginnt im Laufe seiner Entwicklung im Uterus der Mutter menschliche Gestalt anzunehmen. Das heißt, jeder Teil der expandierenden „Kugel" beginnt sich von den anderen zu unterscheiden, so daß Kopf, Augen, Rumpf und Gliedmaßen allmählich als das erkennbar werden, was sie schließlich sein werden. Diesen Vorgang bezeichnen wir als zunehmende *Differenzierung* der verschiedenen Organe. In ähnlicher Weise vollzieht sich eine zunehmende Differenzierung der Funktionen im heranwachsenden Säugling und später im heranwachsenden Kind.

Das Interesse des Psychologen beschränkt sich nicht auf die zunehmende Differenzierung der *Struktur:* der Gliedmaßen, Augen und übrigen Organe. Noch fesselnder ist die Entwicklung zunehmend größerer Präzision der Funktionen, die in dem Maße möglich wird, in dem die Organe und Systeme des Körpers heranreifen. Anhand eines Beispiels können wir wieder am besten veranschaulichen, was wir meinen. Jeder, der einen Säugling dabei beobachtet hat, wie er nach einem gewünschten Objekt greift, weiß, wie er sich anfangs dabei benimmt. Zuerst gerät praktisch das gesamte Baby in Bewegung; die Schulterpartie, die Arme, Hände und Finger bewegen sich zuckend und erregt auf das Objekt zu, ohne es je zu ergreifen oder auch nur zu berühren. Mit zunehmender Entwicklung sind immer weniger Partien des Kindes an der Greifbewegung beteiligt, und die Bewegungen als solche werden zunehmend begrenzter und präziser. Schließlich streckt es nur noch die Finger aus – vielleicht nur zwei –, um das Objekt zuversichtlich zu sich heranzuholen. Diese allmähliche Verringerung der Zahl der Muskeln, die an der Greifbewegung beteiligt sind, diese zunehmende Zielgenauigkeit, ist mit der *Differenzierung der Funktionen* gemeint. Das Verhalten wandelt sich von massiven Totalreaktionen zu einigen wenigen präzisen und spezialisierten Aktionen, die voneinander unabhängig eingesetzt werden. Eine Muskelgruppe dient dem Berühren, eine andere dem Greifen, eine dritte dem Wegstoßen und so weiter.

Differenzierung wurde auf allen Ebenen beobachtet, ob es sich um simples manuelles Greifen oder komplexes emotionales Verhalten handelt. So reagiert ein Baby anfangs auf jedes unangenehme Ereignis, von einer nassen Windel zu einem leeren Magen und zur Anwesenheit eines Fremden, mit derselben allgemeinen Unlustreaktion. Später differenziert sich diese negative „Allzweck"-Reaktion in mehrere verschiedene Emotionen und sogar Kognitionen.

3.7 Warum ist der Aktivitätsgrad wichtig?

Es gibt einen weiteren Aspekt kindlichen Verhaltens, der von Psychologen (vielleicht unerwarteterweise) als Schlüssel zum Verständnis seiner Individualität betrachtet wird. Es ist dies das *Aktivitätsniveau* des jeweiligen Kindes, ein Niveau, das von frühester Kindheit an erkennbar ist. Wie wir sehen werden, lohnt es sich, dem Aktivitätsniveau spezielle Beachtung zu schenken. Wir sollten uns jedoch bewußt sein, daß es nur eines von vielen Merkmalen ist, die bei der Erörterung der frühen Verhaltensentwicklung in Betracht zu ziehen sind. Es eignet sich deshalb als ein Beispiel – wenn auch ein wichtiges und faszinierendes –, das wir aus dem verfügbaren Verhaltensrepertoire zum Studium der Entwicklung im Säuglingsalter und in der Kindheit herausgegriffen haben.

Der Begriff *Aktivität* bedeutet in der Fachsprache der Entwicklungspsychologen das Maß an bloßen Bewegungen, die ein Kind aufweist, den Grad an Energie, den es aufwendet. Wie einfach aufgrund der Beobachtung von Säuglingen, Kindern und Erwachsenen zu erwarten ist, hat jeder Mensch ein bestimmtes Aktivitätsniveau; und die Bandbreite der Unterschiede des Aktivitätsniveaus zwischen den einzelnen Individuen ist sehr groß.

Weniger offenkundig ist, warum das Studium des Aktivitätsniveaus so vielversprechend für Entwicklungspsychologen ist. Dafür gibt es jedoch mehrere Gründe. Zum einen scheint das Aktivitätsniveau ein relativ stabiler menschlicher

Wesenszug zu sein, der zumindest in den ersten Jahren der Entwicklung eine bemerkenswerte Konstanz aufweist. Schon in den allerersten Lebenstagen, wenn die Neugeborenen noch weitgehend desorganisierte und unvorhersagbare Geschöpfe sind, stellt das Aktivitätsniveau jedes einzelnen Kindes eines der wenigen *konstanten Verhaltensmerkmale* dar (Bell, 1960; Kessen et al., 1961). Das Aktivitätsniveau kann somit de facto als kennzeichnendes Merkmal jedes einzelnen Kindes gelten. Darüber hinaus korrespondiert das in der frühesten Kindheit beobachtete Aktivitätsniveau in signifikanter Weise mit dem der Jugend und des späteren Lebens (Escalona u. Heider, 1959; Kagan u. Moss, 1962).

Eine zweite Tatsache ist leicht zu übersehen: Das jeweilige Aktivitätsniveau des Kindes kann seine Umgebung beeinflussen. Psychologen neigen, genau wie die Eltern selbst, zu der Annahme, daß jedes Elternpaar alle seine Kinder gleich behandelt. Dem ist aber nicht so. Das Verhalten und die Einstellungen der Eltern zu ihren Kindern besteht aus einer Mischung ihrer eigenen individuellen Eigenarten *und* der Rückkopplung aus den individuellen Eigenarten ihrer Kinder. Ein ständig aktives, kräftiges Kind löst bei seinen Eltern Reaktionen aus, die sich von denjenigen unterscheiden, die ein ruhiges Kind typischerweise hervorrufen würde. Insofern kann ein Säugling durch sein eigenes spezifisches Aktivitätsniveau faktisch das Verhalten der Eltern prägen und sich somit diesen wesentlichen Teil seiner Umwelt selbst schaffen, verändern beziehungsweise beherrschen.

Solche *wechselseitigen,* nicht *einseitigen* Einflüsse zwischen Eltern und Kind beschränken sich keinesfalls auf das Aktivitätsniveau. In einem kürzlich erschienenen Buch, *The Effect of Children on Parents* (Bell u. Harper, 1977), wird das volle Spektrum reziproker Einwirkungen dargestellt und ein theoretisches Modell entwickelt, das diese umfaßt. Die Quintessenz dieser Theorie ist dem folgenden Zitat zu entnehmen:

„Beide Teilnehmer einer Eltern-Kind-Interaktion haben Ober- und Untergrenzen in bezug auf die Intensität, Frequenz oder situative Angemessenheit des vom jeweils anderen gezeigten Verhalten. Wenn die Obergrenze für einen Teilnehmer erreicht ist, besteht die Reaktion des anderen darin, das exzessive, unangemessene Verhalten zu verändern oder zu reduzieren ... Wenn die Untergrenze erreicht ist, zielt die Reaktion darauf ab, das unzureichende oder nichtexistente Verhalten des anderen anzuregen, zu provozieren oder in verschiedenster anderer Weise zu steigern ... Vom Standpunkt der Eltern reduziert und lenkt das Obergrenzenkontrollverhalten kindliches Verhalten, das die elterlichen Maßstäbe überschreitet. Untergrenzenkontrollverhalten provoziert und stimuliert kindliches Verhalten, das unter den elterlichen Standard absinkt" (Bell u. Harper, 1977, S. 65).

Es liegt auf der Hand, daß seitens der Eltern eine enorme Sensibilität gegenüber Nuancen des kindlichen Verhaltens vorhanden sein muß, wenn ein Prozeß dieser Art funktionieren soll. (Daß Säuglinge und Kinder schon in ihren ersten Lebenstagen über eine solche „angeborene" Sensibilität verfügen, ist eine ebensolche Voraussetzung des erwähnten Interaktionssystems.) Sensible Eltern entwickeln einen Grad an Wahrnehmungsfähigkeit und Erwiderung des Verhaltens gegenüber dem Säugling, die wesentlich zum Wohlbefinden des letzteren beitragen.

Diese „Feineinstellung aufeinander" ist, wie Goldberg (1979) bemerkt, für die Eltern von Frühgeburten (Säuglingen, die lange vor Abschluß der normalen 40wöchigen Schwangerschaft zur Welt kommen) weitaus schwieriger zu erreichen. Diese Kinder wiegen bei der Geburt wesentlich weniger, sie sind neurologisch weniger entwickelt und generell anfälliger für verschiedene Komplikationen und erreichen die einzelnen Meilensteine der Entwicklung verzögert – insbesondere in den ersten Lebensjahren. Goldberg stellt fest, daß der *normale* Säugling den Erwachsenen hilft, ihre Elternrolle gut zu erfüllen, indem er ihnen seine körperlichen Zustände und Bedürfnisse klarer signalisiert und dadurch „verständlicher, berechenbarer und empfänglicher" ist. Im Gegensatz dazu sendet der verfrüht geborene Säugling weitaus unklarere Signale aus (ein Problem, das noch durch den stark reduzierten Kontakt zwischen Eltern und Kind verschärft wird, der die zwangsläufige Folge der längeren Aufenthaltszeit im Krankenhaus ist). Halten wir uns darüber hinaus den Bericht von Carlson und Labarba (1979) vor Augen, wonach ängstliche Mütter eine etwas größere Tendenz zu Frühgeburten haben. Obwohl dies ein vorläufiger Befund ist, deutet er darauf hin, daß die hypothetisch angenommene weniger sensible „Feineinstellung" aufeinander – zumindest bei Müttern von Frühgeburten – teilweise oder sogar vollständig auf die anhaltende Ängstlichkeit der Mutter zurückzuführen ist (die sie auf das Verhalten ihres Säuglings weniger sensibel reagieren läßt) und nicht auf die Unfähigkeit der Kinder, ausreichende Hinweise auf ihre Bedürfnisse zu geben.

Unterschiede im Aktivitätsniveau können von beträchtlicher Bedeutung für das Verständnis bestimmter kultureller Differenzen sein. Freedman (1979a) demonstrierte, daß neugeborene Navajo-Säuglinge im allgemeinen ruhiger in ihrer Motorik und im Ausdruck von Gefühlen seien als weiße Neugeborene. Er stellte deshalb die allgemeine Annahme in Frage, daß die gedämpfte Emotionalität von Navajo-Kindern das *Resultat* der Navajo-Praxis sei, die Kinder während des gesamten Säuglingsalters auf einem Wiegenbrett festzubinden (s. Abb. 25). Freedman meint umgekehrt, daß die Navajo-Babies *aufgrund* ihrer Physis und ihres Temperamentes eher dazu neigen, ihren Eltern zu *gestatten*, ein Wiegenbrett zu benutzen, als dies bei sehr aktiven Säuglingen der Fall wäre. Die gemäßigtere Emotionalität der Navajo-Kinder wird somit zumindest als *Teilursache* der kulturellen Praxis von Wickelbrettern gesehen und nicht als bloße Folge derselben.

Andere Forschungen (Freedman, 1979b) haben die Beobachtungen der Motorik und der allgemeinen Temperamentsunterschiede von Neugeborenen auf verschiedene andere Kulturen in Asien, Afrika, Austalien und Europa ausgedehnt. Von besonderer Relevanz in Zusammenhang mit den Navajo-Befunden sind die Erkenntnisse einer vergleichenden Untersuchung von chinesischen und weißen Säuglingen, die in den Vereinigten Staaten (ja sogar im gleichen Krankenhaus in San Francisco) zur Welt kamen. Die weißen Säuglinge wiesen einen erheblich größeren Aktivitätsgrad auf als die chinesischen. Die weißen Babies weinten auch viel leichter und waren schwerer zu trösten. Die chinesischen Säuglinge verhielten sich in umgekehrter Weise; sie akzeptierten es, in fast jede Stellung gebracht zu werden (auch mit dem Gesicht nach unten in ihr Bettchen gelegt zu werden), und wenn sie etwas zum Weinen brachte, ließen sie sich durch einfaches Aufnehmen sofort wieder beruhigen.

Freedman spekuliert, daß die chinesischen und die Navajo-Neugeborenen aufgrund gemeinsamer Erbfaktoren dieselbe Gelassenheit aufweisen könnten. Von den Navajos weiß man, daß sie in relativ jüngerer Geschichte aus Asien ausgewandert sind, und es gibt sogar eine signifikante Anzahl von Worten, die die Sprache der Navajos und Chinesisch miteinander gemein haben. Der stoische Charakter, der sowohl für die Kinder als auch die Erwachsenen dieser beiden Kulturen typisch ist, könnte seine Wurzeln durchaus in diesem gemeinsamen Erbe haben. Individuelle Unterschiede in der Persönlichkeit *innerhalb* einer bestimmten Kultur sind freilich nicht in dieser Weise erklärbar.

Individuelle Differenzen in der Entwicklung können manchmal schwierige psychologische Probleme schaffen. Das Wachstum eines Kindes voll-

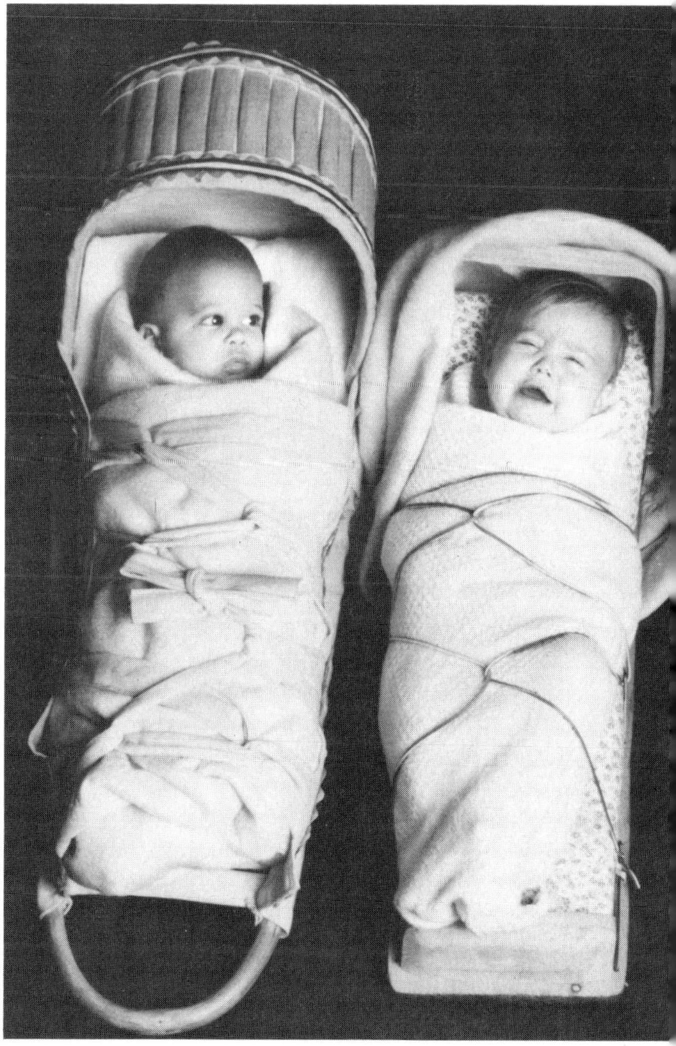

Abbildung 25: Der Navajo-Säugling (links) scheint die Beengtheit des Wickelbettes zu akzeptieren; das weiße Kind wehrt sich sichtlich dagegen.

Photo von Doris Pinney.

zieht sich nicht immer gleichmäßig, und die Entwicklung des Skeletts, des Hormonsystems und der übrigen Körperorgane korrespondiert nicht immer mit dem chronologischen Alter. Man kann dies nicht mit der Bemerkung übergehen: „Er/sie wird da herauswachsen." Das mag so sein, aber bis dahin kann man sich vor Probleme gestellt sehen. Die meisten Menschen erwarten, daß eine bestimmte Körpergröße (und unter Umständen auch ein bestimmter Körperbau) mit entsprechenden Interessen und Emotionen einhergeht. Ein zehnjähriges Kind, das viel größer ist als seine Altersgenossen, wird beispielsweise von anderen als reifer betrachtet, und es kann daher von ihm ein reiferes Verhalten erwartet werden als das seiner durchschnittlichen Altersgenossen. Wenn das Kind statt dessen für sein Alter typisches Verhalten oder Muskelkoordinationen aufweist, kann ein Beobachter (Lehrer, Nachbar, Freund der Familie) das Gefühl haben, daß das Kind ungelenk oder gar zurückgeblieben sei. Das Kind kann seinerseits unter diesem Urteil leiden (s. Abb. 26).

Abbildung 26: Diese Kinder sind alle in derselben fünften Klasse. Überlegen Sie, in welcher vielfältigen Weise ihre beträchtlichen Größenunterschiede wahrscheinlich ihre Interaktionen mit den Lehrern, mit anderen Erwachsenen, vor allem aber untereinander beeinflussen.

Schon aus diesen wenigen Beispielen wird überaus deutlich, daß die enormen individuellen Unterschiede des Zeitpunkts und Tempos aller Aspekte der Entwicklung nachhaltige Auswirkungen auf die Persönlichkeitsentwicklung haben (weitere Einzelheiten s. Bd. 6, 3. Kap.).

4 Die Adoleszenz

Viele Fragen der Entwicklung im Säuglingsalter und in der Kindheit (wie Differenzierung, unterschiedliche Wachstumsraten und insbesondere individuelle Unterschiede) beschäftigen den Entwicklungspsychologen noch stärker in der Adoleszenz (Jugendalter), dem nächsten Stadium des menschlichen Wachstums. *Adoleszenz* wird unterschiedlich definiert, aber am häufigsten versteht man darunter die sehr unterschiedlich lang dauernde Periode zwischen der Kindheit und dem Erwachsenenalter, in der sich sowohl *quantitative* als auch *qualitative* Veränderungen verschiedener Merkmale des Organismus vollziehen. Die unerhörte Bandbreite individueller Unterschiede des Entwicklungstempos im Hinblick auf körperliches Wachstum, sexuelle Reifung und andere Bereiche vereitelt jeden Versuch, die Adoleszenz zeitlich genau einzugrenzen. (Halten wir uns vor Augen, daß sich Mädchen, wie bereits bemerkt, im Durchschnitt in bezug auf verschiedene Aspekte der Adoleszenz etwa zwei Jahre früher entwickeln als Jungen, und daß die einzelnen Angehörigen der beiden Geschlechter um mehrere Jahre voneinander abweichen können.)

Die Adoleszenz im physischen Sinn wird durch physiologische Faktoren bestimmt, die weitgehend hormoneller Art sind. Da diese Determinanten relativ leicht meßbar sind, ist es nicht allzu schwierig, das *Einsetzen* der physischen Adoleszenz als den Zeitpunkt zu definieren, zu dem relativ eindeutige physiologische und physische Veränderungen beginnen. (Ihr Ende zeigt sich weitaus weniger deutlich.) Aber die Adoleszenz ist auch ein psychologisches Phänomen, und hier stoßen wir auf unterschiedliche Erwartungen und Kriterien hinsichtlich ihres *Abschlusses,* den Beginn des Erwachsenseins. Die Kulturen verschiedener Länder und

Abbildung 27: Die jeweilige Kultur, der diese marokkanischen (links) und amerikanischen (rechts) Jugendlichen angehören, hegen sehr unterschiedliche Erwartungen hinsichtlich deren Rolle.

Links – © Rick Smolan; rechts – © Lawrence Frank.

selbst verschiedene ethnische und sozioökonomische Gruppen innerhalb mancher Länder differieren stark voneinander hinsichtlich des Zeitpunkts, ab dem sie den Jugendlichen als Erwachsenen betrachten (s. Abb. 27). Das Ende der Adoleszenz ist in der Regel ein ungenau definiertes kulturelles Phänomen.

4.1 Das psychologische Ende der Adoleszenz

Es gibt mehrere Gründe, warum die Festsetzung eines bestimmten Zeitpunkts als Ende der Adoleszenz willkürlich bleiben muß. Erstens gibt es in der westlichen Gesellschaft wie auch anderswo starke individuelle Unterschiede hinsichtlich des Alters, in dem die Reifung abgeschlossen ist. Und zweitens ist die psychologische Reife niemals ein einheitliches Geschehnis: jemand kann in einer Hinsicht viel rascher reif werden als in anderen, und ohne Zweifel gehen manche Menschen durchs Leben, ohne in manchen Bereichen je reif zu werden. Aber wesentlicher als diese Gründe – oder vielleicht deren eigentliche Ursache – ist der Einfluß der kulturellen Gegebenheiten auf die Adoleszenz.

Die Kulturen verschiedener Länder weichen stark hinsichtlich des Zeitpunkts voneinander ab, von dem an der Jugendliche als Erwachsener betrachtet wird. Selbst innerhalb eines Landes ist festzustellen, daß die Subkulturen verschiedener ethnischer und sozioökonomischer Gruppen sehr unterschiedliche Kriterien für das Erreichen des Erwachsenenstatus haben. Diese Kriterien können ökonomischer Art sein (die Fähigkeit, sich selbst zu erhalten) oder juristischer Art (Eheschließung). Überwiegend scheinen sie aber psychologischer Natur zu sein und davon abzuhängen, wann jemand die volle Verantwortung für sein eigenes Leben übernimmt. Trotz der enormen physischen Veränderungen dieser Periode (an deren Beginn man ein Kind *ist* und an deren Ende man ein Kind *in die Welt setzen* kann) hängt das psychologische Ende der Adoleszenz deshalb im wesentlichen von persönlichen Urteilen darüber ab, ob das Verhalten des/der Betreffenden jenes Niveau erreicht hat, das in der jeweiligen Kultur übereinstimmend als reifes Verhalten definiert wird.

4.2 Reife und Kultur

Vielleicht das wichtigste psychologische Charakteristikum der Adoleszenz ist das Erwachen sexueller Interessen, begleitet von der Fähigkeit, „sie in die Tat umzusetzen“. An diesem Punkt wird die Kultur bzw. die Gesellschaft, in der der Jugendliche lebt, von besonderer Bedeutung.

Die westliche Gesellschaft hat traditionell daran festgehalten, daß die volle Sexualität, abgesehen von einem bestimmten Maß an heimlichen Experimenten (die man tolerierte, solange sie nicht zu ernst wurden) für Erwachsene reserviert sei. Die sexuellen Privilegien waren lange Zeit an die Übernahme des Erwachsenenstatus gebunden und brachte die damit verknüpfte Verantwortung und Selbstkontrolle mit sich. Der Fortschritt zur Erwachsenensexualität ist eng mit der zunehmenden persönlichen Reife verknüpft (so wie diese Reife jeweils von der Gesellschaft definiert wird). Diese Rollendefinition trägt zweifellos zur Motivation des normalen Jugendlichen bei, den vollen Erwachsenenstatus zu erreichen.

In den letzten Jahren hat sich dieses traditionelle Muster jedoch etwas verwischt; viele Jugendliche sehen heute nur wenig Verbindung zwischen sexueller Freiheit (die inzwischen fast ohne Frage als wesentlicher Teil des persönlichen Wachstums und der Selbstverwirklichung betrachtet wird) und der Erfüllung anderer Voraussetzungen der Erwachsenenrolle. In diesem Sinn sind mithin biologisch reifes Verhalten und psychosozial reifes Verhalten heute ohne Bezug zueinander, insbesondere in bestimmten Subkulturen. Die „Kluft zwischen den Generationen", von der so häufig die Rede ist, könnte zumindest teilweise eine Folge und Konsequenz davon sein, daß die psychosoziale Reife (die Übernahme der jeweils gesellschaftlich definierten Erwachsenenrolle) als Voraussetzung der sexuellen Aktivität beseitigt wurde.

Wie ist es dazu gekommen und warum ist der traditionelle Weg, dem der Jugendliche zu folgen hat, heute weniger deutlich vorgezeichnet? Dieser Weg scheint von neuen Sitten und Gebräuchen, Vorstellungen und Moden überwuchert zu sein. Manche der von den studentischen „Rebellen" Mitte der sechziger Jahre entwickelten und nach außen hin vertretenen Werte – die dem Rest der Gesellschaft damals als extrem und schockierend erschienen – werden heute von fast allen Teilen der Bevölkerung in hohem Maße akzeptiert. Dieses Übergreifen der Ideen von der sogenannten „Gegenkultur" auf den Hauptstrom der amerikanischen Jugend, wurde von Daniel Yankelovich untersucht und in seinem Buch The New Morality: *A Profile of American Youth in the Seventies* (1974) dargestellt. Yankelovichs Stichprobe bestand aus 2516 jungen Menschen im Alter von 16 und 25 Jahren, die keine Hochschule besuchten. Die Statistiken seiner Untersuchung (s. Tab. 7) zeigen, wie sich verschiedene Einstellungen der nichtakademischen Jugend zwischen 1969 und 1973 veränderten.

Damit diese Daten über die Veränderung der sexuellen Einstellungen nicht bloß als ein Infragestellen der Werte des Erwachsenenestablishments interpretiert werden, ist es wichtig, eine alternative Deutung in Betracht zu ziehen: Die Daten könnten weniger von einer bewußten Ablehnung der Erwachsenenmoral zeugen als vielmehr von einer Veränderung hinsichtlich der angenommenen „Schlechtigkeit" nichttraditioneller sexueller Haltungen seitens der Jugendlichen.

Tabelle 7: Veränderungen der sexuellen Einstellungen zwischen 1969 und 1973

	Jahr	%
Einstellung	1969	1973
Ich wünsche mir größere sexuelle Freiheit	22	47
Unverbindliche voreheliche Beziehungen sind moralisch falsch	57	34
Freiwillige sexuelle Beziehungen zwischen Homosexuellen sind moralisch falsch	72	47
Abtreibungen sind moralisch falsch	64	48
Ein sauberes moralisches Leben zu führen ist ein sehr wichtiger Wert	77	57

Nach: D. Yankelovich (1974).

Es gibt Belege für diese alternative Sicht: Sorensen (1973) stellte fest, daß die „traditionelle" Ehe während desselben Zeitraums für die meisten Jugendlichen das höchste Beziehungsziel blieb; 92 Prozent der Mädchen und 85 Prozent der Jungen erwarteten, früher oder später zu heiraten. Obwohl diese Zahlen natürlich nicht mehr aktuell sind, ist doch zu vermuten, daß die Einstellungen zur Ehe bis heute „traditionell" geblieben sind. Es wird zumindest berichtet (wenn auch bisher nur informell), daß die Eheschließungen gegenwärtig zunehmen. Gleichzeitig scheint es aber ein gewisses Mißtrauen gegenüber der „Institution" zu geben, vielleicht aufgrund der fortgesetzt hohen Scheidungsrate. Und auch das voreheliche „Zusammenleben" unverheirateter Paare greift immer weiter um sich. (Im Jahr 1979 berichtete das amerikanische Statistische Bundesamt eine achtfache Zunahme solcher Arrangements zwischen 1970 und 1978 bei Personen unter 25.) Wenn man bedenkt, daß die Scheidung bei sehr jungen Paaren am häufigsten ist, könnte dieses Phänomen auf die zunehmende Überzeugung hindeuten, daß man die Heirat am besten aufschiebt, bis man genügend „erwachsen“ ist. Die Neudefinition der Rollen von Frauen und ihre größere Entscheidungsfreiheit tragen aller Wahrscheinlichkeit nach ebenfalls zu diesem Trend bei.

Es kann durchaus sein, daß die Adoleszenz immer noch von sogenannten Mythen umgeben ist. Dazu scheint die „sexuelle Revolution“ zu zählen; möglicherweise auch „das Generationsproblem“ (über das sich allerdings die aufeinanderfolgenden Generationen während des größten Teils der menschlichen Geschichte beklagt haben) (s. Box 6/15, Bd. 6, S. 88). Ein drittes Charakteristikum ist die allgemein akzeptierte Auffassung, daß die Jugend zwangsläufig eine Zeit großer persönlicher Wirrnisse sei. Ohne Zweifel bringt diese Periode für manche Jugendliche ebenso viele Belastungen mit sich, wie, sagen wir, die Pensionierung für manche Erwachsene. Aber ist die Jugend *zwangsläufig* eine besonders schwierige Zeit? Offer und Offer (1975) beispielsweise bezweifeln, ob eine solche Turbulenz de facto das *Resultat* der Belastungen ist, die mit den Versuchen des Jugendlichen verbunden sind, den Erwachsenenstatus zu erreichen. Aufgrund ihrer Informationen, die aus einer Längsschnittstudie männlicher Jugendlicher zwischen 14 und 22 stammen, weisen sie darauf hin, daß nur eine Minderheit ihrer Stichprobe eine turbulente Jugend hatte und daß gerade diese Personen auch überdurchschnittliche Störungen sowohl *vor als auch nach* der Adoleszenz aufwiesen. Kurz, die „Erschütterungen der Jugendarbeit“ sind vielleicht doch kein universelles Übergangsphänomen, das sich unmittelbar und zwangsläufig durch die Belastungen dieser speziellen Entwicklungsphase ergibt.

5 Das Erwachsenenalter

Wie bereits erwähnt, bietet dieser Abschnitt nur einen knappen Überblick der Entwicklung während der Erwachsenenstadien des menschlichen Lebens. Der Grund dafür ist nicht, daß sich in den Jahren der Reife entwicklungsmäßig wenig ereignet. Ohne Zweifel verändert sich die Persönlichkeit weiterhin als Reaktion auf die wechselnden Anforderungen jedes Erwachsenenstadiums (obwohl, wie wir bereits bemerkt haben, bis vor relativ kurzer Zeit die Persönlichkeit des Erwachsenen als im wesentlichen fixiert und statisch angesehen wurde). Eine ausführlichere Diskussion der Erwachsenenentwicklung erfolgt im 3. Kapitel des 6. Bandes, in dem die Entwicklung und die Determinanten der Persönlichkeit – darunter die Auswirkungen der prägenden Erfahrungen der Kindheit und Jugend – behandelt werden.

5.1 Die Erwachsenenjahre

Nach heutigen Schätzungen der Lebenserwartung liegen vor dem Jugendlichen, der die Schwelle zum Erwachsenenalter überschritten hat, noch mehr als fünfzig Lebensjahre. Es gibt natürlich viele solche Schwellen, und der Jugendliche überschreitet sie selten alle zur gleichen Zeit – und manche überschreitet er nie. Trotz dieser starken individuellen Schwankungen definiert die Gesellschaft – zu Recht oder zu Unrecht – jeden von uns etwa im gleichen Alter als „Erwachsenen“, und sobald wir nicht mehr durch das Etikett „Teenager“ geschützt sind, erwartet man von uns, mit der Bewältigung einer Reihe von Entwicklungsaufgaben des Erwachsenen zumindest begonnen zu haben. Zu den vielen „normalen“ Aufgaben, die wir zu über nehmen haben, zählen Werbung, Heirat und Kinderaufzucht sowie Berufswahl und berufliche Leistungen. Aus diesen Rollen ergeben sich andere Anpassungsleistungen und Verpflichtungen. Wenn wir heiraten, sind wir vielleicht später mit Scheidung oder dem Tod des Ehepartners konfrontiert; wenn wir Kinder großziehen, kommt später die Zeit, in der sie das Heim verlassen, um ihren eigenen Lebensstil zu finden; wenn wir arbeiten, werden wir uns wahrscheinlich später an den Ruhestand anpassen müssen.

Manche dieser Aufgaben scheinen auf den ersten Blick gar keine großen Anforderungen zu stellen. Der Ruhestand beispielsweise mag einem jungen Erwachsenen als erstrebenswertes Ziel erscheinen, das, sobald es erreicht ist, uneingeschränkt genossen werden kann. Vielen Individuen bietet die Pensionierung tatsächlich überaus fruchtbare Chancen, aber für viele andere ist dies eine Zeit der Krise, die in manchen Fällen nie erfolgreich bewältigt wird. Dasselbe gilt auch für die Herausforderungen der Ehe, der Elternschaft und des Berufs.

Eine überaus nützliche Erkenntnis bezüglich dieser laufenden Entwicklungsaufgaben ist es wert, zitiert zu werden:

„Wir können Kraft aus der Erkenntnis ziehen, daß ‚die Fähigkeit zu lieben und zu arbeiten‘ keine einmalige Errungenschaft ist, die den Lebensweg des Erwachsenen ein für allemal regelt. In der Vergangenheit hat sich unsere ‚Liebesanschauung‘ mit dem Problem des Erwachsenwerdens beschäftigt, als ob man sich nach dieser Weichenstellung über nichts mehr Sorgen zu machen brauchte – als ob Partner nicht zusammenleben müßten, nachdem sie einander gefunden haben; als ob die Arbeit nicht weiterhin problematisch wäre, nachdem man sich für eine berufliche Identität entschieden hat. Gegenwärtig unternimmt unsere Gesellschaft den Versuch, ein neues Bild vom Erwachsensein zu gewinnen, eine Reihe von Mythen und Vorstellungen zu entwickeln, die einem Leben moralischen Sinn und Zweck verleihen, das kein vorherbestimmtes Ende, keinen dramatischen Abschluß hat" (Swidler, 1977).

5.2 Stadien der Erwachsenenentwicklung

Obwohl die Herausforderungen des Erwachsenenalters ständig weiterbestehen und unterschiedliche Wege eingeschlagen werden, hat es eine Reihe von Versuchen gegeben, die Erwachsenenentwicklung als ein Durchlaufen einer relativ feststehenden Sequenz von Stadien zu kennzeichnen, von denen jedes spezielle Aufgaben bereithält, die gemeistert werden müssen. Eriksons Theorie der psychosozialen Entwicklung (s. Box 6/8, S. 50f.) ist vielleicht insofern das ehrgeizigste Beispiel dieses Ansatzes, als es das Erwachsenenalter in eine Konzeption einbaut, welche die gesamte Lebensspanne von der Geburt an umfaßt. Es gibt jedoch mehrere Theorien, die sich spezifisch und ausschließlich mit dem Erwachsenen befassen, und wir wollen einige davon kurz darstellen. (Es sind dies im wesentlichen „Stadientheorien", und der Leser wird deshalb auf den Beginn dieses Kapitels verwiesen, in dem dieser Ansatz einer generellen Bewertung unterzogen wird.)

Eine andere von Levinson (1978) vertretene Theorie basiert auf Tiefeninterviews von Männern in mittleren Jahren (35 bis 45), aber die darin formulierten Stadien reichen weit über die Altersstufen der befragten Versuchspersonen hinaus. Levinsons Ansatz unterscheidet sich von den gebräuchlicheren Stadientheorien in verschiedener Hinsicht: So spricht er beispielsweise von „Jahreszeiten" (sein Buch trägt den Titel *The Seasons of a Man's Life*), worin sich seine Auffassung ausdrückt, daß die Erwachsenenentwicklung keineswegs notwendigerweise ein Fortschreiten nach „oben" durch den Aufstieg von einem Stadium zum nächsten sei. Außerdem geschehe die psychische „Arbeit" gerade während dieser Übergangsperioden, in denen das eigene Leben untersucht und bewertet wird und man unter möglichen neuen Alternativen seine Auswahl trifft. Die Stadien seien längere Perioden, in denen das Lebensklima der Betreffenden relativ ruhig und stabil bleibe. Die Entscheidungen und Veränderungen, die in den Übergangsphasen vorgenommen werden, sind für Levinson weitgehend durch *äußere* Ereignisse, wie beispielsweise die Erreichung oder Nichterreichung eines bestimmten Karriereziels, bedingt. (Diese Entscheidung fällt in der Regel während des „Übergangsstadiums in der Lebensmitte", dessen gesamter Verlauf in Tabelle 8 dargestellt wird.) Das populäre Buch *Die Krise in der Lebensmitte* (*Passages*, 1977) von Gail Sheehy bezog einen Großteil seiner Interviewdaten aus Levinsons Forschungen.

Goulds (1978) Formulierung von Entwicklungsstadien des Erwachsenenalters ähnelt in vieler Hinsicht der Theorie Levinsons, verlegt den Schwerpunkt jedoch auf die *inneren* Veränderungen des „Bewußtseins". Goulds Stadien sind auch insofern hierarchisch, als jedes neue Stadium, das erreicht wird, seiner Auffassung nach einen höheren Bewußtseinsstand voraussetzt. Insgesamt unterscheidet er vier Stadien: (1) Das Aufgeben der Sicherheit der Adoleszenz und damit der Erwartung eines Schutzes durch die Familie (im Alter von 16–22); (2) die Entwicklung einer unabhängigen Identität und eines Gefühls der Kompetenz, mit der Welt selbst fertigzuwerden (22–28); (3) eine Zeit der Selbstreflexion und der Entdekkung innerer Façetten der eigenen Persönlichkeit wie das Annehmen von Gefühlen der Zärtlichkeit und Angst (28–34); (4) die Übernahme der vollen Verantwortung für das eigene Schicksal, begleitet

Tabelle 8: Lebensstadien des Erwachsenen nach Levinson

Entwicklungsperiode	Alter	Aufgaben
Frühes Erwachsenenalter	17–22	Verlassen der Jugendwelt und vorläufiger Schritt in die Erwachsenenwelt; Erkundung von Möglichkeiten und erste Weichenstellungen.
Eintritt in die Erwachsenenwelt	22–28	Aufbau der ersten wichtigen Lebensstruktur. Gewöhnlich Heirat und Gründung einer eigenen Familie. Gleichzeitig werden Optionen erkundet und eine stabile Lebensstruktur geschaffen.
Übergangsphase mit 30	28–33	Korrektur von „Irrtümern" in der ersten Lebensstruktur. Revision der Entscheidungen der frühen Zwanziger und Vornahme nötiger Änderungen.
Konsolidierung	33–40	Schaffung einer weiteren großen Lebensstruktur, stabiler als die erste. (Gewöhnlich starkes berufliches Engagement und Aufstieg.)
Übergangsphase in der Lebensmitte	40–45	Erneute Überprüfung des eigenen Lebens. Man fragt sich: „Was habe ich bisher damit gemacht und was sollte ich verändern?"
Beginn der mittleren Erwachsenenjahre	45–50	Schaffung einer neuen Lebensstruktur. (Der Schwerpunkt liegt auf neuen familiären Beziehungen, insbesondere mit Kindern und auf neuen beruflichen Aufgaben.)

Nach: Levinson (1978).

von einem größeren Gefühl persönlicher Freiheit wie auch dem Bewußtsein der eigenen Sterblichkeit (35–45).

Gould konzentriert sich darauf, wie wir „innerlich" wachsen und allmählich akzeptieren, daß wir die „Herren unseres Schicksals und die Kapitäne unserer Seele" sind. Obwohl er sicher nicht leugnen würde, daß äußere Ereignisse, insbesondere reale Lebenskrisen, den Verlauf der Erwachsenenentwicklung in gewichtiger Weise beeinflussen, meint Gould, die Art und Weise, wie wir mit solchen Ereignissen *umgehen,* bestimmten grundlegend, ob wir das nächsthöhere Entwicklungsstadium erreichen.

Es wurden auch noch andere Formulierungen der Erwachsenenentwicklung vorgetragen, auf die wir hier nicht eingehen können. Um bloß eine zu erwähnen, das Schema Vaillants, das er in seinem Buch *Adaptation to Life* (1977) erläutert, basiert auf einer langfristigen Längsschnittstudie von Männern, die mit dem Beginn ihres Studiums einsetzte. Vaillants Konzeption schließt sich eng an die Eriksons an, behandelt jedoch die Erwachsenenstadien mit genaueren Unterscheidungen. (Beispielsweise entdeckt Vaillant etwa zwischen dem Alter von 25 und 35 ein Stadium der „Karrierekonsolidierung", das *innerhalb* von Eriksons umfassenderem Stadium der „Generativität versus Stagnation" angesiedelt ist.)

Offenkundig bestehen zwischen diesen verschiedenen Theoriebildungen über das Leben des Erwachsenen beträchtliche Ähnlichkeiten. Eine von mehreren gemeinsamen Thesen lautet, daß während dieses ganzen Lebensabschnitts ständig neue Herausforderungen auf einen zukommen und daß der Verlauf der weiteren Entwicklung entscheidend davon abhängt, ob (und wie) diese bewältigt werden.

5.3 Gibt es eine Krise in der Lebensmitte?

In den letzten Jahren ist (gefördert durch die Massenmedien) die Vorstellung in der Öffentlichkeit populär geworden, daß jeder von uns eines Tages mit einer „Krise in der Lebensmitte" konfrontiert werde. Obwohl uns der Tod und die Steuern gewiß sein mögen, hat es mehr und mehr den Anschein, als ob die Midlife Crisis mehr eine Legende als eine Realität sei. Damit soll nicht geleugnet werden, daß das Phänomen existiert. Viele Erwachsene erleben in den mittleren Jahren berufliche Fehlschläge (einschließlich Verlust des Arbeitsplatzes), eheliche Schwierigkeiten (bis hin zur Scheidung), schwere Krankheiten bei sich oder Angehörigen, Todesfälle geliebter Personen usw., und sie müssen mit diesen Schicksalsschlägen fertig werden. Die Unvermeidlichkeit und die Universalität dieser *Ereignisse* liegt auf der Hand, aber neue Befunde lassen ernste Zweifel daran aufkommen, ob diese immer (oder auch nur typischerweise) *als Krisen erlebt werden.*

Costa und McCrae (1978) nahmen beispielsweise eine gründliche Sichtung der Forschungsarbeiten über Persönlichkeitsentwicklung in den mittleren Lebensjahren vor und fanden nur wenige Belege für den Begriff „der Krise“. Nahezu einer direkten Widerlegung kommt die Arbeit von Cooper (1977) gleich, der in einer Untersuchung des Lebens von 315 Männern im Alter von 33 bis 79 Jahren aktiv nach Hinweisen suchte, daß die Krise in der Lebensmitte als ein „normales“ Ereignis zu betrachten sei. Coopers Befunde waren (einfach ausgedrückt) total negativ, und sie kommt zu dem Schluß, daß es keinen Beweis für eine Midlife Crisis als einem allgemeinen Phänomen gibt.

Fast alle Untersuchungen dieser Hypothese haben sich mit Männern beschäftigt, so daß wir aus den überwiegend negativen Befunden zu Recht schließen könnten, daß die mittleren Jahre und das Altern insgesamt für Männer keine besonderen Belastungen mit sich brächten. Vielleicht ist das *im allgemeinen* so, aber bestimmte Daten verlangen unsere Aufmerksamkeit, selbst wenn wir die Krise in der Lebensmitte als „normales“ Ereignis in der Entwicklung erwachsener Männer in Frage stellen. Wenn wir den Suizid als eine Funktion des Alters betrachten (s. Abb. 28), geht aus den Statistiken klar hervor, daß die Selbsttötungsrate der Männer immer höher liegt als die der Frauen. Am bedeutsamsten für unsere Erörterung ist jedoch die erstaunliche Zunahme dieses Geschlechtsunterschiedes zu Beginn der Erwachsenenjahre. Die Suizidrate der Männer beginnt in den Zwanzigern stetig anzusteigen, während die der Frauen ab etwa 50 kontinuierlich abnimmt. (Im Alter von 40 Jahren ist die Wahrscheinlichkeit des Freitods von Männern beispielsweise etwa doppelt so hoch wie die von Frauen.) Anhand einer Untersuchung, die den Zweck hatte, die Ursachen dieser Unterschiede offenzulegen, entwickeln Breed und Huffine (1979) eine faszinierende Hypothese. Auf den einfachsten Nenner gebracht vertreten sie die Auffassung, daß der Geschlechtsunterschied der Suizidrate auf die Unterschiede der Erziehung von Jungen und Mädchen zurückzuführen sei und daß Mädchen in einer Weise erzogen wurden, die sie

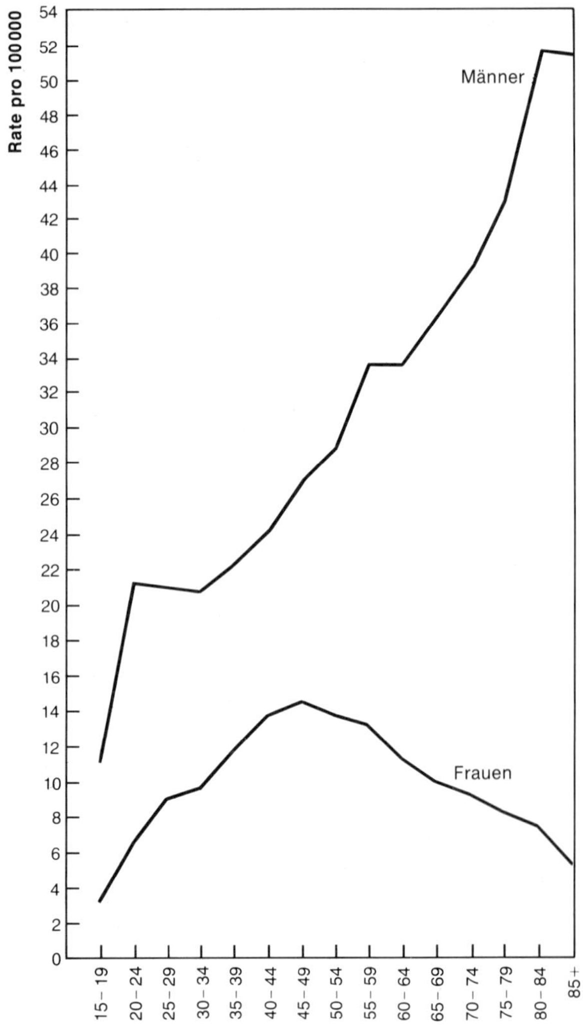

Abbildung 28: Suizidrate der weißen Bevölkerung in den Vereinigten Staaten pro 100000, nach Geschlechtern getrennt, 1970–1974.

National Center for Health Statistics, 1976.

anpassungsfähiger gegenüber den Belastungen ihres späteren Erwachsenenlebens mache. Sie meinen weiter, daß

„die Passivität, Suggestibilität und Formbarkeit der Frauen ironischerweise deren Anpassungsfähigkeit ausmachen könnten. Während dem kleinen Mädchen beigebracht wird, keinen Wind zu machen, lernt sie vielleicht gleichzeitig, im Sturm Balance zu halten, ohne daß ihr Lebensschiff kentert“ (Breed u. Huffine, 1979, S. 301).

Jungen seien im Gegensatz dazu weniger anpassungsfähig, weil man von ihnen erwartet, Problemen frontal zu begegnen, Konflikte auszukämpfen, und, was noch schwerer wiegt, weil ihnen aberzogen wird, ihre Schwächen, Ängste und Fehlschläge zuzugeben. Ein Junge lernt, daß sich ein „echter Mann" in seiner Umwelt durch aktive Selbstbehauptung durchsetzt und daß jedes Scheitern daher ein ernster, ja (wie die Suizide zeigen) tödlicher Schlag für seine Selbstachtung und damit für sein psychisches (und auch physisches) Überleben ist. Was ist die Lösung? Breed und Huffine meinen, wenn Männer von ihrer Leistungsorientierung abrücken würden und eher bereit wären, Hilfe und Trost von anderen zu akzeptieren, würden weniger Selbstmord begehen. Frauen empfehlen sie eine entschiedenere Verfolgung ihrer Karriereinteressen, aber *ohne* Opferung ihrer überlegenen Anpassungsfähigkeit.

Vielleicht schwierig zu befolgende Rezepte. Aber zeichnen sich diese Veränderungen nicht bereits heute in unserer Gesellschaft ab?

5.4 Altern

Das Altern ist ein schwierig zu definierender Prozeß und noch schwieriger zu beschreiben als ein spezifisches Stadium der Erwachsenenentwicklung. (Natürlich „altern" wir von Geburt an oder gar schon vom Augenblick der Zeugung.) Jeder von uns hat eigene Vorstellungen davon, was es bedeutet, alt zu werden, und gerade aus diesem Grund lohnt es sich, uns die Vielzahl verschiedener Ideen über die letzte Periode unseres Lebens zu vergegenwärtigen.

Birren und Renner (1980) haben das Spektrum der Definitionen untersucht, die auf den Alterungsprozeß angewandt werden. Es besteht ein wichtiger Unterschied zwischen dem Altern, das als Verschlechterung oder Abbau der Fähigkeit zur Anpassung an wechselnde Lebensbedingungen definiert wird, und der von Birren und Renner bevorzugten, weitaus weniger restriktiven Definition des Alterns als eines Prozesses, der Veränderungen einschließt, die typischerweise im Laufe der Erwachsenenjahre des Menschen auftreten. Wenn wir also normale Alterungsprozesse studieren wollen, müssen wir untersuchen, welche Verhaltensänderungen in der Regel mit dem Älterwerden einhergehen.

Der Begriff *Alter* hat natürlich bereits als solcher keinen eindeutigen Sinn. Wir unterscheiden (und können messen) „biologisches Alter", „psychologisches Alter" und sogar „soziales Alter", und keiner dieser Begriffe ist mehr als lose an das chronologische Alter gebunden. Beispielsweise haben manche „alte" Menschen biologisch gesehen bedeutend „jüngere" Organismen als andere desselben chronologischen Alters. Wir alle kennen auch Personen, die sich sozial nicht „ihrem Alter entsprechend" benehmen. Angesichts dieser Komplexität können wir hier nicht mehr tun, als einige Beispiele der Fragen zu geben, die von der „Psychologie des Alterns" behandelt werden – ein Bereich, der vielleicht aufgrund des rasch anwachsenden Anteils der älteren Generation in unserer Gesellschaft selbst rasch expandiert (amerikanischen Statistiken zufolge waren 1980 9 Prozent der amerikanischen Bevölkerung 65 Jahre oder darüber, während dieser Prozentsatz um 1900 bei 4 Prozent lag). Vielleicht hat speziell diese demographische Tatsache das Forschungsinteresse einer ständig wachsenden Zahl von Wissenschaftlern erregt.

5.5 Mythen über „das Alter"

Es gibt so viele falsche Vorstellungen über das Altern und die Alten, daß wir nur einige wenige anführen können.

(1) *Das Alter ist eine Zeit zunehmender Depression.* Natürlich machen ältere Menschen häufiger Erfahrungen, die das persönliche Wohlbefinden *in jedem Alter* beeinträchtigen würden. (Der Tod eines Lebenspartners und alter Freunde sind ebenso naheliegende Beispiele wie die zunehmende Zahl von Krankheiten und wirtschaftliche Schwierigkeiten.) Insgesamt liefern die Forschungsdaten jedoch keinen Beweis für diese allgemeine Überzeugung. So haben beispielsweise Neugarten, Havighurst und Tobin (1968) bei der Nachuntersuchung einer im Längsschnitt studierten Stichprobe von Individuen in deren Siebzigern keine Abnahme der berichteten Zufriedenheit mit ihrem gegenwärtigen Leben festgestellt.

(2) *Alte Menschen sind weniger intelligent.* Das stimmt nicht, zumindest soweit es ihre allgemeinen geistigen Fähigkeiten betrifft. Ein Teil dieser Befunde wird an anderer Stelle referiert (Bd. 4, 2. Kap.), so daß wir uns hier mit der Feststellung begnügen wollen, daß mehrere neuere Sichtungen des Datenmaterials (z.B. Baltes, Reese u. Lipsitt,

1980; Birren u. Schaie, 1977) die Annahme nicht stützen, daß alte Menschen generell geistig weniger kompetent seien. In bestimmten Aspekten geistiger Fähigkeit zeichnen sie sich im Gegenteil sogar stärker aus, wie beispielsweise im Hinblick auf durch Erfahrungen gewonnene Weisheit (Clayton u. Birren, 1980). Da die Intelligenz ein so facettenreicher Begriff ist, bleibt diese Frage komplex, denn der Abbau bestimmter geistiger Funktionen nimmt mit dem Alter zu (beispielsweise bei Tests, die eine sehr rasche Informationsverarbeitung erfordern.)

(3) *Alle alten Menschen werden früher oder später senil.* Der Begriff *Senilität* ist *nicht* gleichbedeutend mit „Alter". Vielmehr handelt es sich um einen relativ seltenen (und im wesentlichen biologischen) Umstand, der überwiegend (aber nicht *ausschließlich*) bei älteren Menschen auftritt. Der davon Betroffene erleidet einen substantiellen geistigen und körperlichen Kräfteverfall, er beginnt „verrückte Dinge" zu sagen und wird unfähig, für seine körperlichen Bedürfnisse zu sorgen. Dieser Zustand kann den bevorstehenden Tod ankündigen; tatsächlich deutet ein bestimmtes Muster des Abbaus bei drei spezifischen Intelligenztests (ein Abbau, der mit großer Wahrscheinlichkeit mit der Abnahme der Sauerstoffzufuhr zum Gehirn zusammenhängt) mit erheblicher Wahrscheinlichkeit auf den Tod innerhalb von fünf Jahren hin (Jarvik, Eisdorfer u. Blum, 1973). Aber dieser Zustand ist wie gesagt die Ausnahme und nicht die allgemeine Regel.

(4) *Die sexuelle Aktivität schwindet im Alter.* Dies ist eine komplexe Frage, aber wir müssen uns ansehen, was in der Regel geschieht und warum. Masters und Johnson (1966) stellten in ihrer inzwischen klassischen Studie *Human Sexual Response* fest, daß die *Fähigkeit* zu einem aktiven und befriedigenden Sexualleben bei sehr vielen Männern und Frauen bis ins hohe Alter existiert. Trotzdem nimmt die sexuelle *Aktivität* bei der älteren Generation im allgemeinen rasch ab. Warum? Zum einen erwartet die Gesellschaft, daß genau das geschieht. (Viele jüngere Menschen sind geradezu empört bei dem Gedanken, daß ältere Personen sexuell noch „lebendig und gesund" sind.) Und da viele ältere Menschen dazu neigen, das Stereotyp zu akzeptieren, wird es somit zu einer sich selbst erfüllenden Prophezeiung. Außerdem werden im Alter die sexuellen *Gelegenheiten* oft geringer, wenn Liebespartner sterben und neue Partner weniger leicht zu finden sind. (Dies gilt insbesondere für Frauen, die ja eine höhere Lebenserwartung haben.) Trotz dieser Faktoren ist es wichtig, mit der Legende aufzuräumen, daß mit dem Sex Schluß ist, während das Leben noch weitergeht. Das stimmt nicht, und die Sexualität stellt insbesondere für diejenigen älteren Menschen eine erfüllende und lebenspendende Erfahrung dar, die sie während ihres ganzen früheren Lebens bejaht und genossen haben (Pfeiffer, 1969).

5.6 Altern und Persönlichkeit

Diese Frage wird im 6. Band, 3. Kapitel, ausführlich behandelt. Hier sollen einige Bemerkungen vorweggenommen werden. Eine wichtige Frage ist, ob die Persönlichkeit gegen Ende des Lebens im wesentlichen stabil und unverändert bleibt oder ob sie sich als Reaktion auf tiefgreifende Rollenveränderungen ebenfalls wandelt. Beispielsweise zeigt eine Untersuchung von Menschen über 60 und älter, die seit etwa zehn Jahren beobachtet wurden, im wesentlichen eine Stabilität im Lebensstil und Aktivitätsniveau (Maddox, 1968). Aus anderen Untersuchungen geht hervor, daß Ereignisse, von denen man annahm, daß sie starke Veränderungen in der Anpassung und im Lebensstil bewirken – beispielsweise die Menopause, Witwenschaft, Pensionierung, der Weggang der Kinder – dies anscheinend nicht tun. Diese Studien unterstützen alle die Auffassung, daß die Persönlichkeit im wesentlichen stabil bleibt. Mehrere Untersuchungen zeigen auch, daß grundlegende Wesenszüge wie Ich-Stärke – kurz gesagt, die Fähigkeit, die Welt realistisch zu sehen, Konflikte flexibel zu bewältigen und aus dem Leben Befriedigung zu ziehen – bis ins hohe Alter erhalten zu bleiben scheinen.

Diesem Befund entspricht die Hypothese, daß viele der sogenannten Altersveränderungen, ob sie nun die fundamentale Persönlichkeitsstruktur, die geistigen Fähigkeiten oder andere Verhaltensaspekte betreffen, in Wirklichkeit Funktionen echter körperlicher Schwächung und nicht des Alters als solchem sind. Mit anderen Worten, solange das Individuum, gleich welchen Alters, im wesentlichen körperlich gesund bleibt, wird er oder sie psychologisch gesprochen weitgehend derselbe Mensch wie immer bleiben. Manche der Schreckgespenster des Alterns erweisen sich somit, soweit die Forschung das heute beurteilen kann, weder als zwangsläufig dramatische noch als universell bedrückende Ereignisse. Die Menopause signalisiert nicht nur nicht das Ende der weiblichen Identität, sondern ist häufig ein relativ ignoriertes, ja sogar willkommenes Ereignis. In ähnlicher Weise mag auch der Eintritt in den Ruhestand mit allzu großem Schrecken ausgestattet worden sein. Für viele Menschen ist dieses Ereignis keine Last, sondern ein Ziel, das sie erreicht haben. Eine Untersuchung älterer pensionierter Männer (Reichart et al., 1962) deutet darauf hin, daß die Pensionierung und das Altern im allgemeinen speziell Männern eine Chance zur Befriedigung von Bedürfnissen bieten können, die in den früheren Jahren nicht erfüllt wurden. Das Altwerden kann sogar gesteigerte Selbstakzeptanz mit sich bringen, wenn ein Mann seine Lebensziele und Leistungen in Einklang miteinander bringt.

Cumming und Henry (1961) vertreten hingegen eine Disengagementtheorie des Alterns. Sie meinen, für das Altern sei eine allmähliche Lösung von Bindungen, Verantwortungen und Beteiligung an der sozialen Umwelt charakteristisch. Dieser Prozeß bewirke eine entsprechende Erleichterung mancher Belastungen des Lebens und eröffne manchem einen Weg zu komfortablen und befriedigenden späteren Jahren. Diese spezielle Theorie argumentiert jedoch auch gegen die Kontinuität des persönlichen Stils bis in das höhere Alter.

Ein weiterer Forschungsschwerpunkt ist die Frage erfolgreichen Alterns, und wie zu erwarten, kommen die beiden eben zitierten Untersuchungen zu etwas anderen Schlußfolgerungen bezüglich der Fähigkeit, im Alter das bisherige Aktivitätsniveau beizubehalten. Cumming und Henry stellten fest, daß sich diejenigen älteren Menschen am wohlsten fühlten, die ihre Aktivitäten einschränken, indem sie sich erfolgreich aus dem gesellschaftlichen Leben zurückziehen. Im Gegensatz dazu berichten Reichart et al., daß der Ruhestand sowie das Altern im allgemeinen denjenigen älteren Männern, deren lebenslanges Ziel die Passivität gewesen war, die Erlösung von belastenden Verpflichtungen brachten. Das Wohlbefinden anderer, deren Gefühl der Zufriedenheit und Selbstachtung vorher von Kompetenz und Aktivität abhingen, wurde im Alter hingegen dadurch gewährleistet, daß sie aktiv und energisch ihre früheren Interessen verfolgten. Nach der Sichtung der Forschungsliteratur über Persönlichkeitsveränderungen im Alter kommt Neugarten (1977) andererseits zu der Überzeugung, die *einzige* allgemeine Aussage, die mit Sicherheit gemacht werden könne, sei, daß die Menschen im Alter *introvertierter* werden. Sie stellt fest, daß ältere Menschen die Anzahl der Rollen reduzieren, die sie im Leben spielen, und daß sie darüber hinaus allmählich auch ihr eigenes Engagement gegenüber diesen Fällen, die sie noch beibehalten, einschränken, insbesondere nach dem 70. Jahr (d.h., sie neigen dazu, sich zurückzuziehen – oder anders ausgedrückt: Die Großmutter bleibt eine „Großmutter", aber mit geringerem Engagement).

Es ist im Grunde nicht schwierig, diese scheinbar widersprüchlichen Auffassungen miteinander zu vereinbaren; Bee und Mitchell (1980, S. 632) tun dies recht geschickt:

> „Obgleich es stimmen mag, daß ältere Menschen *als Gruppe* introvertierter und zurückgezogener sind, gilt dies nicht für alle älteren Personen. Viele üben ihr Leben lang zahlreiche Rollen aktiv aus und sind mit diesem Lebensstil zufrieden. Andere distanzieren sich allmählich von ihren verschiedenen Rollen und scheinen aus einem introspektiven, weniger sozialen Lebensstil Befriedigung zu ziehen. Andere wiederum ziehen sich zurück, scheinen aber damit *un*zufrieden. Sehr häufig sind das diejenigen Erwachsenen, deren Rückzug unfreiwillig ist, etwa durch den Tod eines Partners oder durch die Verrentung, obwohl sie es vorgezogen hätten, weiter zu arbeiten. ... Erwachsene passen sich an das Altern in einer Weise an, die ihrem früheren Stil und der Lösung früherer Krisen entspricht."

Wir sind damit am Ende unseres Überblicks über die menschliche Entwicklung im Laufe des gesamten Lebenszyklus – oder doch beinahe. Wie anfangs erläutert, ist unsere Darstellung sehr selektiv und damit unvollständig. Aber wie versprochen, wird in anderen Bänden dieses Textes noch eine Fülle weiteren einschlägigen Materials präsentiert werden, um noch vorhandene Lücken zu schließen. Das Studium der Erwachsenenentwicklung und des Alters hat noch einen weiten Weg vor sich. Wir haben bereits bemerkt, daß ein Großteil des Forschungsmaterials auf Querschnittstudien basiert, d.h. auf Vergleichen zwischen verschiedenen Gruppen in verschiedenem Alter. Das Problem bei diesen Untersuchungen ist, daß es auch kulturelle Unterschiede zwischen Personen verschiedenen Alters gibt, und daß die Forscher daher nicht sicher sein können, welche Unterschiede auf das Altern als solches und welche auf kulturelle, generationsbedingte und gesellschaftsbedingte Unterschiede zwischen den studierten Gruppen zurückzuführen sind. Es werden jedoch zunehmende Bemühungen unternommen, dieselben Individuen über längere Zeiträume hinweg (im Längsschnittverfahren) zu studieren, und diese Forschungsmethode wird mit Hilfe der neueren Lebensspannenmethodologie immer differenzierter und wirksamer (Nesselroad u. Baltes, 1979; Goldstein, 1979). Sobald die Ergebnisse dieser Untersuchungen vorliegen, können wir hoffen, neue Einsichten bezüglich der hier skizzierten Kontroversen zu gewinnen und ungelöste Aspekte der psychologischen Entwicklung im Laufe des ganzen Lebens aufzuklären.

Zusammenfassung

1. Die menschliche Entwicklung ist ein Prozeß und weniger eine spezifische „Topik" (d.h. ein enger und fester Themenkreis) innerhalb der Psychologie, so daß die Entwicklungsdaten über bestimmte Bereiche des psychologischen Funktionierens am besten in jenen Abschnitten der verschiedenen Bände präsentiert werden, in denen diese Gebiete im Detail behandelt werden.

2. Die Entwicklung ist durch nahezu ständige Änderungen gekennzeichnet, sowohl während wir zur Reife heranwachsen als auch während wir altern. In der Regel verläuft die Entwicklung allmählich und kontinuierlich; relativ abrupte Aufwärts- und Abwärtsbewegungen sowohl in der Struktur als auch in der Funktion sind äußerlich zu beobachten, aber diese sind lediglich der sichtbare Ausdruck des zugrundeliegenden kontinuierlichen Entwicklungsprozesses. Genetische Faktoren äußern sich zumeist erst in der allmählichen Reifungsentwicklung.

3. Statt die Auswirkungen von Erbanlagen und Umwelt als eine Entweder-oder-Frage zu betrachten, sollte man sich vor Augen halten, daß diese beiden Faktoren in einer ständigen Wechselwirkung miteinander stehen und daß ihre relative Wirksamkeit von dem speziellen Verhalten, dem Individuum und der Situation abhängt, um die es geht.

4. Trotz der angenommenen Kontinuität, die der Entwicklung zugrundeliegt, ist es nützlich, sich die scheinbar abrupten und beobachtbaren Übergänge als eine feststehende Sequenz aufeinanderfolgender Entwicklungsstadien vorzustellen, die jedes Individuum durchlaufen muß.

5. Kontinuität ist sinnvollerweise als „genotypisches Phänomen" zu betrachten, d.h. trotz entwicklungsbedingter Veränderungen kann dasselbe zugrundeliegende Charakteristikum während der ganzen Lebenszeit erhalten bleiben, obwohl seine sichtbaren Oberflächenmanifestationen im Laufe der Zeit beträchtlichen Veränderungen unterworfen sein mögen.

6. Es gibt drei Hauptmethoden für das Studium menschlicher Entwicklung: Querschnitt, Retrospektive und Längsschnitt. Jede dieser drei Methoden kann uns Daten über altersbedingte Veränderungen eines bestimmten Merkmals im Laufe der Entwicklung liefern, und jede weist bestimmte Vorzüge auf. Jede dieser Methoden hat auch ihre speziellen Mängel. Querschnittstudien können entwicklungsbedingte Veränderungen eines Individuums im Laufe von Monaten oder Jahren nicht erfassen, und ihre Resultate verführen zu gravierenden Fehlinterpretationen, wenn gesellschaftlich bedingte („säkulare") Veränderungen nicht berücksichtigt werden. Retrospektive Untersuchungen riskieren gravierende Irrtümer, weil sie sich auf höchst unzuverlässige Erinnerungen früherer Erfahrungen stützen. Längsschnittstudien sind zeit- und geldaufwendig und werden oft durch den Schwund von Probanden im Laufe der Untersuchungsperiode beeinträchtigt. Auch können ihre Resultate mit Sicherheit nur auf die Generation, die studiert wurde, bezogen werden.

7. Das Kind ist nicht bloß ein kleiner Erwachsener, sondern unterscheidet sich qualitativ und quantitativ in vielen signifikanten körperlichen Merkmalen und im Hinblick auf sein Verhaltenspotential vom Erwachsenen. Menschliches Wachstum und Entwicklung beginnen bei der Geburt (de facto bei der Zeugung) und setzen sich während der Adoleszenz (Jugendalter) fort, wobei sich die raschesten Veränderungen während und kurz nach der Geburt und in den wenigen Jahren vor der Pubertät vollziehen. Die Frühentwicklung erfolgt primär cephalokaudal (vom Kopf zu den Füßen) und proximodistal (vom Zentrum zur Peripherie), was sich beides an unterschiedlichen Entwicklungsraten der verschiedenen Körperorgane und der Verhaltensfertigkeiten zeigt.

8. Die Verhaltensentwicklung in den ersten Lebensjahren ist eine Folge der körperlichen Reifung durch Wachstum und Differenzierung sowie der kumulativen Auswirkungen von Übung, Lernen und allgemeiner Erfahrung. Selbst Neugeborene weisen bestimmte einfache Formen der Reaktion auf, und

ihre verschiedenen Lernfähigkeiten nehmen in den ersten Lebensmonaten rapide zu. Reifung und Lernen stehen im allgemeinen in einer Wechselwirkung, obwohl die Wirkungen einer Erfahrung bei unzureichender Reifung in dem dafür noch nicht bereiten Organismus ohne Spuren bleiben können.

9. Differenzierung ist das Kennzeichen des frühen Entwicklungsprozesses, wobei sich pauschale Reaktionsmuster allmählich präzisieren und zu zielgerichteten Verhaltensweisen wandeln. Es gibt starke individuelle Unterschiede bei diesem Prozeß.

10. Das Aktivitätsniveau des Säuglings ist eines der wenigen schon bei der Geburt erkennbaren Merkmale, das in der Regel zumindest bis in die spätere Kindheit erhalten bleibt. Unterschiede in solchen „angeborenen" Wesenszügen von Säuglingen beeinflussen, wie man annimmt, zumindest bis zu einem gewissen Grad das Verhalten der Eltern ihnen gegenüber.

11. Individuelle Unterschiede im Entwicklungstempo – und es gibt gravierende Unterschiede zwischen Individuen hinsichtlich verschiedener Funktionen eines Individuums – können tiefreichende psychologische Folgen haben, die sich manchmal weit in das spätere Leben hinein auswirken.

12. Die Adoleszenz ist eine durch starke Veränderungen gekennzeichnete Periode (sowohl in Hinsicht auf körperliche Veränderungen als auch auf Verhaltensentwicklung) zwischen der Kindheit und dem Erwachsenenalter. Abgesehen von der Schwierigkeit, diese Periode bei einem Individuum abzugrenzen (die Merkmale unterscheiden sich beträchtlich hinsichtlich der Zeit, die sie zu ihrer vollen Entwicklung brauchen) bestehen auch *zwischen* den einzelnen unerhörte Unterschiede, so daß hinsichtlich des Einsetzens und der Dauer jedes der vielen Aspekte adoleszenter Reifung Abweichungen möglich sind.

13. Obwohl die Adoleszenz durch physiologische Abläufe ausgelöst und auch weitgehend beherrscht wird, spielen ebenfalls wichtige Verhaltensfaktoren eine Rolle, insbesondere in bezug auf das Ende der Adoleszenz. Es sind nicht nur individuelle Unterschiede im Tempo der körperlichen Reifung verantwortlich für tiefreichende psychologische Auswirkungen, sondern allgemeiner gesprochen haben kulturelle Abweichungen der Definitionen der Adoleszenz (und hinsichtlich des Eintauschens von Verantwortung gegen einen vollständigen Erwachsenenstatus) substantielle Konsequenzen für die Entwicklung.

14. Die Erwachsenenjahre, die vom Eintritt in das Erwachsenenalter bis in das hohe Alter dauern, werden in jüngster Zeit gründlicher studiert. Auch diese Periode bringt insofern Entwicklungen mit sich, als laufende Veränderungen wie Heirat, Kindererziehung, Berufswahl und beruflicher Aufstieg einen ständigen Wechsel der Umweltanforderungen mit sich bringen. Es gibt auch eine Reihe von Stadientheorien, die sich ausschließlich mit der Erwachsenenentwicklung beschäftigen.

15. Im großen und ganzen hat sich herausgestellt, daß viele Ereignisse, die das Altern begleiten und als psychologisch unerfreulich betrachtet werden wie die *„mid-life-crisis"* – entweder nicht universell gelten oder neue Befriedigungslösungen erbringen können. Ob diese kompensierenden Befriedigungen auf die Verringerung der Aktivität zurückzuführen sind, die einem das allmähliche Zurückziehen von den Anforderungen der Gesellschaft gestatten, oder ob sie der größeren Freiheit zuzuschreiben sind, eigene Wege zu gehen (in welche Richtung auch immer) steht noch zur Debatte.

16. Es gibt zahllose Mythen über „das Alter". Leider haben diese insofern die Wirkung von sich selbst erfüllenden Prophezeiungen, als ältere Menschen in ihrem Verhalten und ihren Persönlichkeitsveränderungen durch die Erwartungen der Gesellschaft ihnen gegenüber beeinflußt werden. Dazu zählt die starke Einschränkung – oder gar das völlige Einstellen – sexueller Aktivität.

5. Kapitel
Biologische Grundlagen

Eine offenkundige, aber dennoch bemerkenswerte Tatsache hinsichtlich der Angehörigen jeder Spezies ist, daß sie „einander ähnlich und trotzdem verschieden" sind. Alle Menschen haben viele Einzelheiten der Körperstruktur und des chemischen Aufbaus, des Verhaltens und des Erlebens miteinander gemein, bezüglich deren sie sich auch von ihren engsten nichtmenschlichen Verwandten stark unterscheiden. Andererseits gibt es auch viele offensichtliche – wie auch subtilere – Punkte, in denen jeder von uns von jedem anderen Menschen absticht. In den vorangegangenen Kapiteln wurde die Art und Weise erörtert, wie erbliche und umweltbedingte Einflüsse zusammenwirken, um Verhalten hervorzubringen; ferner wurde die Entwicklung dieser Interaktion während des ganzen Lebens des Individuums dargelegt. Bevor wir uns in den folgenden Bänden der detaillierten Untersuchung von Empfindung und Wahrnehmung, von Lernen und Denken, Persönlichkeit und all den anderen Teilbereichen der Psychologie zuwenden, müssen wir kurz die biologischen Grundlagen der Unterschiede *und* der Ähnlichkeit zwischen den einzelnen Menschen darlegen, unter besonderer Berücksichtigung jener Aspekte des biologischen Organismus, die am unmittelbarsten mit dem Erleben und dem Verhalten zusammenhängen.

1 Erbliche Mechanismen

Die Menschheit ist durch einen Evolutionsprozeß entstanden, und es gibt keinen Grund zu der Annahme, daß die Evolutionsvorgänge inzwischen abgeschlossen sind. Um zu verstehen, warum Eltern und Kinder gewisse Ähnlichkeiten miteinander haben, aber verschieden genug sind, um die für die Evolution nötige Vielfalt aufzuweisen, müssen wir die Grundtatsachen der Genetik verstehen. Dies ist die Wissenschaft, die erforscht, wie Merkmale der Körperstruktur und -funktionen einschließlich gewisser Verhaltensaspekte teilweise durch die Wirkung von Genen bedingt sind, die jedes Kind von seinen Eltern erhält.

1.1 Das Individuum und das Chromosom

Das Leben jedes Menschen beginnt, wenn eine *Sperma*zelle des Mannes die Wand einer *Ei*zelle der Frau durchdringt. Bei diesem Befruchtungsvorgang verschmelzen die beiden Zellen zu einer neuen, der sogenannten *Zygote*. Die Zygote vermehrt sich durch Teilung. Sie teilt sich zunächst in zwei Zellen, von denen jede ein vollständiges Duplikat der anderen ist. Diese teilen sich weiter in vier, acht und so weiter, aber die Zellen bleiben untereinander nicht identisch. Im Laufe ihrer Vermehrung differenzieren sie sich in Knochenzellen, Nervenzellen, Hautzellen usw. In diesem Stadium wird der entstehende Organismus als *Embryo* bezeichnet. Allmählich bilden sich die einzelnen Organe wie das Herz, das Gehirn und die Lungen heraus, und schließlich entwickelt sich die für einen Menschen charakteristische Gestalt. Nach etwa 6–8 Wochen wird der differenziertere Organismus als *Fötus* bezeichnet, bis nach Ablauf von etwa 9 Monaten der Säugling zur Welt kommt.

Die Träger der Erbinformationen, jener Teil der Sperma- und Eizelle, die die Eigenschaften bestimmen, in bezug auf die der neue Organismus seinen Eltern gleichen wird, sind die Chromosomen; und diese fadenförmigen Strukturen sind auch in anderen Zellen des Körpers vorhanden (s. Abb. 29). Die Chromosomen befinden sich in dem als Nukleus bezeichneten Teil der Zelle, dem Zellkern, der die Entwicklung und Funktion der Zelle bestimmt. In den meisten Körperzellen treten die Chromosomen paarweise auf; der Mensch besitzt 23 dieser Chromosomenpaare. Bei der typischen Zellteilung – so wie sie während der Entwicklung des Embryos und in geringerem Maße das ganze Leben hindurch – stattfindet, verdoppelt sich zunächst jedes der 46 Chromosomen, so daß *beide* entstehenden neuen Zellen 46 Chromosomen aufweisen. Jedes der 46 Chromosomen der ursprünglichen Zelle ist somit in beiden neuen Zellen vertreten. Bei der Erzeugung der *Gameten* (Samen- oder Eizellen) in den Sexualorganen eines geschlechtsreifen Mannes oder einer Frau findet hingegen eine andere und spezielle Art der Teilung statt. An einem entscheidenden Punkt dieser Geschlechtszellenteilung trennen sich die Chromosomenpaare voneinander und wandern in verschiedene Zellen (s. Abb. 30). Jedes Samenkörperchen oder Ei

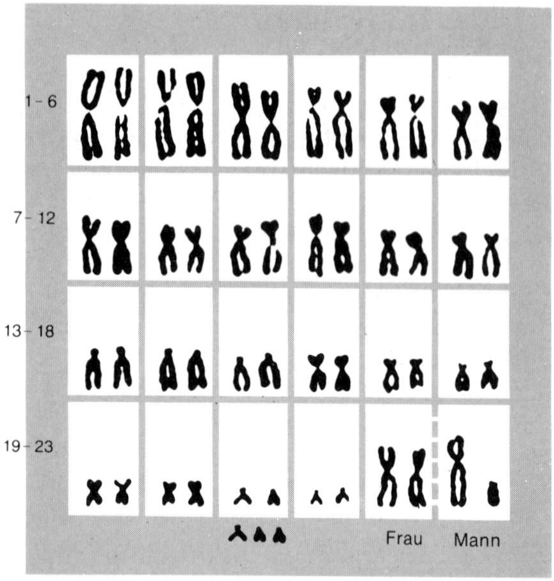

Abbildung 29: Paarweise menschliche Chromosomen. Die ersten 22 Paare sind bei allen normalen Individuen vorhanden. Bei Frauen besteht das letzte Paar aus zwei ähnlichen Chromosomen, die als XX bezeichnet werden; bei Männern weist dieses letzte Paar ein X und ein ganz anders aussehendes, das sogenannte Y, auf. Gelegentlich kommt es zu Abweichungen, etwa dem Fehlen eines Chromosoms oder dem Vorhandensein eines zusätzlichen. Wenn das 21. „Paar" drei Chromosomen enthält (wie am Rand dargestellt), leidet der oder die Betreffende an dem Downschen Syndrom (Mongolismus), eine Krankheit, die verschiedene Abnormalitäten einschließlich einer schweren geistigen Behinderung hervorruft.

Mit Genehmigung von Margery W. Shaw, M. D. Department of Human Genetics, the University of Michigan, Ann Arbor, Michigan; und Upjohn Company, Kalamazoo, Michigan.

besitzt schließlich *eine Hälfte* jedes *Paares* und somit 23 Chromosomen. (Welcher Teil jedes Chromosomenpaares in welche Gamete wandert, ist im Grunde dem Zufall überlassen, und diese zufällige Entwicklung vollzieht sich bei jedem einzelnen der 23 Paare.) Wenn Samenzelle und Ei miteinander verschmelzen, ist die typische Zahl von 46 Chromosomen (23 Paaren) wieder vollständig vorhanden. (Abb. 30 zeigt auch, wie ein spezielles Chromosomenpaar das Geschlecht des Kindes bestimmt.)

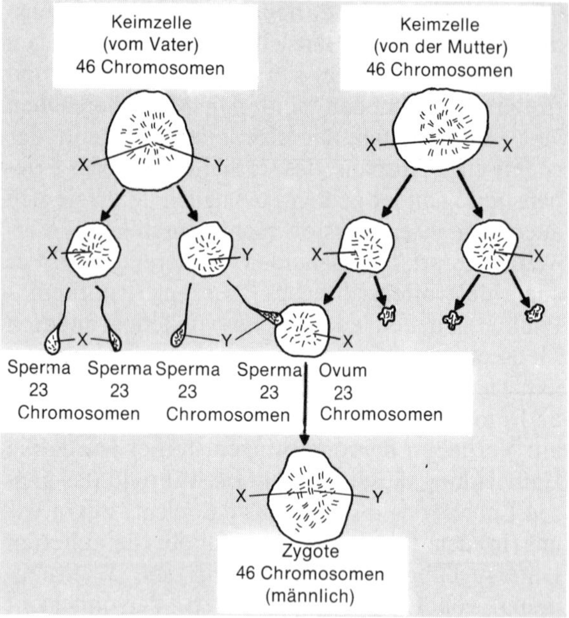

Abbildung 30.: Die Beziehung zwischen den reifen Elternzellen und der Zygote. Jede Zelle, sowohl des Vaters als auch der Mutter (siehe oberste Reihe) weist die volle Anzahl von Chromosomen (23 Paare oder 46 Chromosomen) auf. Sobald die gametenproduzierenden Zellen ihre volle Reife erlangen, teilen sie sich und werden (bei der Frau) zu Eizellen und (beim Mann) zu Samenzellen. In der Regel ist nur ein Ovum (Ei) voll entwickelt und befruchtbar; die anderen sind nicht funktionsfähig.

Während dieser Teilung werden die Chromosomen so angeordnet, daß jede Samenzelle (und jedes Ei) nur ein Glied jedes Paares enthält (mithin 23 Chromosomen). Wenn eine Samenzelle in den Zellkörper eines Eies eindringt, bildet sich eine Zygote, und diese Zygote hat natürlich alle 46 Chromosomen. Aus der Zygote entwickelt sich ein neuer Organismus.

Ein Chromosomenpaar ist besonderer Art – es besteht aus den X-Y-Chromosomen. Die männliche Zelle hat ein X- und Y-Chromosom; die weibliche Zelle hat XX-Chromosomen. Wenn sich die männliche Keimzelle in Samenzellen teilt, erhält eine der entstehenden Samenzellen das X und die andere das Y. Jedes Ei erhält natürlich ein X. Wenn sich eine Samenzelle mit dem Y-Chromosom mit einem Ei vereinigt, wird die Zygote ein XY-Paar aufweisen (wie in der Abbildung); wenn eine Samenzelle mit dem X-Chromosom das Ei befruchtet, dann wird die Zygote ein XX-Paar aufweisen. Eine Zygote mit einem XY-Paar entwickelt sich zu einem Mann; eine Zygote mit einem XX-Paar entwickelt sich zu einer Frau. Gelegentlich kommt es zu Unregelmäßigkeiten in der Samenzellen- oder Eibildung, wodurch abnormale Individuen mit XXY-Chromosomen oder anderen genetischen Abweichungen entstehen.

1.2 Die Gene und Proteine

Jedes Chromosom kann man sich aus einer Sequenz von Einheiten, den sogenannten Genen, aufgebaut vorstellen, die die Träger der Erbinformationen sind. Die Chromosomen und damit die Gene bestehen zum Teil aus einer Substanz, die man als *Desoxyribonukleinsäure (DNS)* bezeichnet. Jedes Molekül der DNS besteht aus einer langen, kettenartigen Sequenz von Bausteinen vier verschiedener Typen. Die spezielle Anordnung der DNS in einem bestimmten Gen (mit den vier Möglichkeiten bei jedem Glied der Kette) kann deshalb in vielen verschiedenen Variationen auftreten, und die spezifische Art und Weise, in der diese Segmente miteinander kombiniert sind, enthält die „Anweisungen", die darüber bestimmen, wie sich jedes einzelne Individuum von allen anderen Organismen unterscheidet (bzw. diesen ähnelt) (s. Box 1/5, S. 110).

Die DNS-Sequenz in einem Gen vollbringt diese bemerkenswerte Leistung, in dem sie die Struktur einer anderen chemischen Substanz, eines Proteins bestimmt. Protein oder Eiweiß ist der Oberbegriff für eine äußerst mannigfaltige Klasse organischer Substanzen, die verschiedene und sehr wichtige Rollen in körperlichen Strukturen und Funktionen spielen. Manche Proteine werden zu einem Bestandteil der Körperstruktur. Zumindest ebenso wichtig sind andere Proteine, die sogenannten Enzyme, welche die Richtung und das Tempo chemischer Reaktionen innerhalb und zwischen den Zellen des Körpers regeln (s. Box 1/5).

Chromosomen treten paarweise auf, und jedes Chromosomenpaar besteht somit aus einer großen Zahl von Genpaaren. Die zwei Gene, die einander in einem Chromosomenpaar gegenüberliegen, wirken in der Regel an der Bestimmung der Proteinstruktur mit, die für ein bestimmtes anatomisches oder physiologisches Merkmal des Organismus bestimmend ist. Wenn die beiden Glieder jedes Genpaares auf deren ganzer Länge identisch wären, dann würde es sich kaum lohnen, die ganze Geschichte zu erzählen, denn dann wäre jede Keimzelle bzw. jeder Gamet eines potentiellen Elternteils identisch mit allen anderen. Die Fakten sind jedoch ganz anders.

Die zwei Gene sind oft chemisch verschieden, und es ist somit höchst unwahrscheinlich, daß die beiden Chromosomen eines Paares miteinander identisch sind. Da es zwei Chromosomen pro Paar und 23 Paare gibt, beträgt die Zahl der verschiedenen Gameten, die durch die Wahl eines Chromosoms aus jedem Paar möglich wäre, $2^{23} = 8\,388\,608$. Die tatsächliche Anzahl verschiedener möglicher Gameten eines bestimmten Menschen ist de facto noch größer. In einem bestimmten Stadium des speziellen Teilungsprozesses, der zur Gametenproduktion führt, nähern sich die beiden Glieder jedes Chromosomenpaares einander an und winden sich umeinander (s. Abb. 31). Sie trennen sich schließlich wieder, aber in manchen Fällen tauschen sie, solange sie zusammen sind, einige Teile ihrer Kette untereinander aus (mit anderen Worten, sie wechseln einige Gene untereinander aus). Dieses *Crossing-Over*, auch als *Chiasmatypie* bezeichnet, dieser Genaustausch zwischen Chromosomenpaaren, ist recht häufig und erhöht in

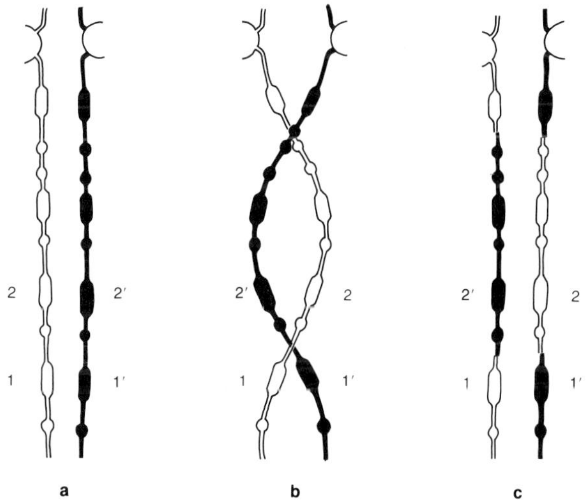

Abbildung 31: Jedes Chromosom hat viele Gene, die die Merkmale des Individuums beeinflussen. Soweit jedes Chromosom intakt ist, bleiben spezifische bestimmte Gene bei der Bildung der Gameten zusammen und werden dadurch von Generation zu Generation weitergegeben. Die Gene 1 und 2 werden ebenso miteinander verbunden bleiben, wie die Gene 1′ und 2′ (siehe a).

In einem Stadium der Gametenproduktion nähern sich jedoch zwei Glieder eines Chromosomenpaares einander an und winden sich umeinander (siehe b). Während dieser Periode kann ein Abschnitt eines Chromosoms gegen einen korrespondierenden Abschnitt des anderen ausgetauscht werden, so daß wir nach der erneuten Trennung des Paares (siehe c) eine Neukombination der Gene in den beiden Chromosomen haben [vgl. a) und c)]. Dieses Phänomen wird als *Crossing-Over* oder *Chiasmatypie* bezeichnet.

BOX 1/5

Aus einem viele: DNS RNS – aus vielen eines: Rekombination von DNS-Teilen

Bis zum Jahre 1953 wußten die Wissenschaftler nur, daß der volle Satz von 46 Chromosomen, die sich im befruchteten Ei befinden, auf irgendeine Weise in den Billionen von Zellen nachgebildet wird, aus denen der menschliche Organismus letzten Endes besteht. Ebenso mysteriös war der Vorgang, durch den die in diesen Chromosomen enthaltenen genetischen Informationen die Entwicklung der zahllosen Strukturen lenkten, aus denen ein entwickeltes Individuum besteht. Aber in jenem Jahr enträtselten drei Wissenschaftler – der Amerikaner J. D. Watson und die Engländer F. H. Crick u. M. H. S. Wilkins – die Molekülstruktur einer Substanz, die in allem genetischen Material enthalten ist. – Für diese Leistung wurden die Forscher 1962 mit dem Nobelpreis für Medizin und Physiologie ausgezeichnet. – Diese Substanz ist die DNS (Desoxyribonukleinsäure), und ihr Verständnis bildet den Kern der neuen Wissenschaft der Molekularbiologie.

Die Vorstellung, daß ein chemischer Mechanismus an der Speicherung und Übermittlung genetischer Informationen von einer Zellgeneration zur nächsten und von einem Individuum an seine oder ihre Nachkommen beteiligt sei, war schon lange gehegt worden, aber Watson und Crick gelang es, ein Modell der DNS-Struktur zu entwerfen, das diesen Vorgang erklärte. Sehr vereinfacht ausgedrückt, ist die DNS ein Molekül in der Form einer Doppelspirale oder einer um die eigene Achse gedrehten Leiter (a). Wenn sich eine Zelle während der Entwicklung und des Wachstums irgendeines Organismus teilt, brechen die „Sprossen" der Leiter in der Mitte auseinander. Die eine Hälfte der Leiter (die ganze eine Seite und die Hälfte jeder Sprosse) holt sich dann aus

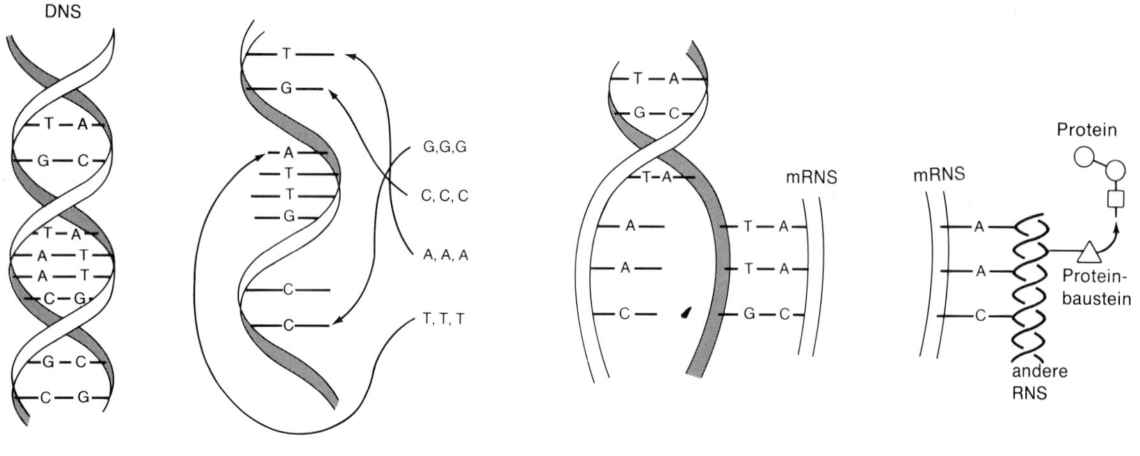

a b c d

unerhörtem Maß die Zahl der genetischen Varianten, die in den Keimzellen eines Mannes bzw. einer Frau möglich sind. Das bedeutet seinerseits, daß die Zahl voneinander etwas differierender Zygoten, die durch ein einziges Elternpaar gebildet werden könnten, praktisch unbegrenzt ist. Außer im Falle eineiiger Zwillinge (siehe unten) ist es deshalb im Grunde ausgeschlossen, daß selbst zwei Brüder oder Schwestern genetisch je identisch sind. Wir ersehen daraus, daß die Erbanlagen die individuellen Unterschiede hervorbringen.

1.3 Verwandte und Zwillinge

Welche Chromosomenkombination ein Kind auch aufweist, es hat andererseits kein einziges Gen, das nicht von einem der beiden Elternteile stammt.

den chemischen Substanzen in der Zelle alle Bestandteile (b), die sie braucht, um eine neue komplementäre Hälfte hervorzubringen (das heißt, sie steuert den Aufbau einer zweiten Hälfte, die ihrer vorigen völlig gleicht). Da beide Hälften des ursprünglichen DNS-Moleküls dies tun, stehen jetzt zwei identische Moleküle für die beiden neuen Zellen zur Verfügung.

Beide Hälften einer Sprosse bestehen aus einer von vier verschiedenen chemischen Substanzen, die wir wie üblich nur mit ihren Anfangsbuchstaben bezeichnen wollen: ATGC. Bei der Bildung einer Sprosse verbindet sich A immer mit T (und umgekehrt) und G mit C. Diese Regel, die auf der Größe, Form und elektrischen Ladung jeder der vier Substanzen basiert, liegt der Tatsache zugrunde, daß jede neugebildete Hälfte eines Moleküls genau der vorher bestehenden gleicht. Aber dies erklärt nur den Verdopplungsvorgang der DNS (und damit des genetischen Materials jedes Chromosoms). Wie regelt dieses selbe Molekül die Proteinbildung und damit die Körperstrukturen und -funktionen?

Während der ganzen Lebensdauer einer Zelle teilen sich kurze Stücke eines DNS-Moleküls (mit anderen Worten, eine kleine Zahl von Genen) von Zeit zu Zeit in der Mitte (A trennt sich von T und G von C, wie zuvor). Eine Hälfte dieses Teils der Leiter steuert die Produktion (c) eines Moleküls etwas anderer Art (der sogenannten *messenger Ribonukleinsäure* oder *mRNS*). Die Reihenfolge der Substanzen A, G etc. in der RNS entsprechen der Reihenfolge in jenem Teil der DNS (mit anderen Worten, in diesen Genen). Diese messenger RNS verläßt den Zellkern und tritt mit Teilen der Zellen in Kontakt, die auf die Proteinbildung spezialisiert sind. Eine andere Art von RNS stellt hier alle die verschiedenen im Protein enthaltenen Bausteine zur Verfügung, aber nur bestimmte werden dem Protein einverleibt, das gerade gebildet wird (d). Die benutzten Bausteine und die Reihenfolge, in der sie aneinandergefügt werden, hängen von der Reihenfolge von A, G etc. in der messenger RNS und daher von der Reihenfolge von A, G etc. in der ursprünglichen DNS des Chromosoms ab. Blöcke von drei aufeinanderfolgenden Substanzen, wie A, C, G; oder G, C, G; oder A, A, A; geben an, welcher Baustein jeweils als nächster angefügt werden soll und bestimmen mithin, wie das Protein beschaffen sein wird. Das Protein wird dann zu einem Bestandteil des Organismus oder fungiert als ein Enzym, das andere chemische Reaktionen im Bereich des Wachstums, der Entwicklung und der Körperfunktionen steuert.

Vor kurzem wurden Möglichkeiten entdeckt, wie man die Teilung der DNS in ihre zwei Hälften und das Auseinanderbrechen sowie die Rekombination kurzer DNS-Stücke steuern kann. Es ist inzwischen auch möglich, DNS-Stücke miteinander zu kombinieren, die ursprünglich von Organismen verschiedener Spezies stammen. Diese Forschungsarbeit liefert uns wichtige wissenschaftliche Aufschlüsse über den Grad der genetischen Verwandtschaft zwischen verschiedenen Tierarten. Darüber hinaus verspricht sie großen praktischen Nutzen – beispielsweise als eine Methode, seltene Substanzen, die zur Bekämpfung von Krankheiten benötigt werden, wie das menschliche Insulin oder andere Hormone, außerhalb des menschlichen Körpers herzustellen (s. jedoch Box 1/6, S. 116).

Die in einer Familie möglichen individuellen Unterschiede sind somit definitiv begrenzt, und die Nachkommen eines einzigen Elternpaares gleichen sich stärker als weniger eng verwandte Individuen. Die Vererbung bringt somit auch Ähnlichkeit hervor.

Eineiige Zwillinge. Es gibt eine Ausnahme der allgemeinen Regel, daß jeder Mensch genetisch einzigartig ist, aber nur im Falle der *eineiigen Zwillinge.* Wir haben gesehen, daß ein neuer Organismus durch Zellteilung und Differenzierung heranwächst. In manchen Fällen bleiben jedoch Tochterzellen nicht zusammen, sondern trennen sich voneinander. Zwei separate Embryos entwickeln sich dann durch die Teilungs- und Differenzierungsprozesse, die sich getrennt in den beiden Tochterzellen vollziehen. (Der Absonderungsvorgang kann auch mehr als einmal auftreten, so daß eineiige Drillinge, Vierlinge, Fünflinge usw. entstehen.) Da sich solche Individuen aus derselben Zygote entwickelt haben und dieselben Chromosomen aufweisen, sind sie genetisch identisch.

Abbildung 32: Die Kienast-Fünflinge und zwei Hunde. Besteht die geringste Möglichkeit, daß die Fünflinge genetisch identisch sind? Die Hunde gehören verschiedenen Rassen an: bedeutet das, daß ihre Gene völlig verschieden voneinander sind?

UPI.

Zweieiige Zwillinge. Eine Frau kann manchmal zur gleichen Zeit mehr als ein funktionsfähiges Ei produzieren. Wenn sie zwei Eier oder Ova produziert und beide befruchtet werden (jedes natürlich von einer anderen Samenzelle), sind die daraus hervorgehenden *zweieiigen Zwillinge* genetisch einander nicht ähnlicher als jedes andere Geschwisterpaar. Es besteht auch die Möglichkeit, daß sogar mehr als zwei Ova zur selben Zeit bereitgestellt werden. Die Mehrfachgeburten, die häufig einzutreten scheinen, nachdem Frauen Medikamente gegen Unfruchtbarkeit genommen haben, sind das Ergebnis der Produktion von zwei oder mehr separaten Ova, und die Kinder sind deshalb in der Regel zweieiige oder mehreiige Zwillinge, Drillinge etc. Auch das Alter der Mutter spielt eine Rolle (größte Häufigkeit zwischen dem 35. und 40. Lebensjahr).

Unter normalen Umständen treten in den westlichen Ländern im Schnitt pro 86 Geburten einmal Zwillinge auf; zu etwa einem Drittel bis einem Viertel dieser Fälle handelt es sich um eineiige Zwillinge. Zwillingsgeburten kommen in manchen Familien häufiger vor als in anderen, und die Häufigkeit zweieiiger Zwillinge ist um so höher, je mehr Kinder eine Frau zuvor geboren hat. Die Zahlen schwanken aber auch zwischen der Stadt- und der Landbevölkerung und für die einzelnen Länder.

Viele gleichgeschlechtliche zweieiige Zwillinge gleichen sich so, wie sich zwei gewöhnliche Schwestern oder Brüder in einem bestimmter Alter gleichen können. Es ist deshalb nicht einmal für Eltern immer leicht, eineiige von zweieiigen Zwillingen zu unterscheiden. Auf die damit zusammenhängenden wissenschaftlichen Probleme gehen wir im 4. und 6. Band näher ein. Es ist jedoch wichtig, daß die Forscher schließlich feststellen können, ob es sich um eineiige oder zweieiige Zwillinge handelt. Dafür kommen mehrere Tests in Frage, die alle auf dem Faktum basieren, daß eineiige Zwillinge genetisch identisch sind. Eineiige Zwillinge weisen deshalb nicht nur dieselbe Blutgruppe (A,B, AB oder 0) auf, sie gleichen sich auch hinsichtlich anderer genetisch bedingter Eigenschaften des Blutes, wie hinsichtlich des Rhesusfaktors und bestimmter Enzyme, die in den Blutzellen vorkommen.

1.4 Genaktion und Interaktion

Gene bilden die Basis der Vererbung und bestimmen daher weitgehend bestimmte Merkmale oder Eigenschaften des Individuums (z. B. die Augenfarbe, Körpergröße oder das Labyrinthverhalten von Ratten). Aber das bedeutet nicht, daß ein Gen nur für eine einzige Eigenschaft verantwortlich ist. Ein bestimmtes Gen beeinflußt die Produktion nur eines einzigen Proteins, aber das jeweilige einzelne Protein ist am Aufbau vieler Körperteile beteiligt oder steuert selbst die Entstehung vieler anderer Substanzen und beeinflußt somit eine Vielzahl von Eigenschaften oder Funktionen des Individuums. Ebenso wichtig ist, daß viele Eigenschaften *polygen* sind, d. h. daß sie durch die Interaktion vieler Faktoren aus mehreren Genen bedingt sind. Mit anderen Worten: Einerseits kann eine Erscheinung das Resultat vieler genetischer Verursachungen sein – andererseits bildet oft eine einzige genetische Ursache den Anlaß für verschiedene Erscheinungen.

Eine andere Art von Geninteraktion findet schon vor der Interaktion von Einflüssen der Gene in verschiedenen Teilen eines Chromosoms oder verschiedener Chromosomen statt. Erinnern wir uns, daß jedes Gen in jedem einzelnen Chromosom einen Partner im jeweiligen Chromosomenpaar hat. Das Gen eines bestimmten Punktes des Chromosoms 1 paart sich demnach mit einem Gen an derselben Stelle von Chromosom 1′. Die beiden Glieder eines Genpaares können identisch sein und hätten somit dieselbe Auswirkung auf die Eigenschaften, die sie beeinflussen. In einem solchen Fall bezeichnet man den Betreffenden als *homozygot* im Hinblick auf das Gen und die Eigenschaft, die es hervorruft. Die Gene eines Paares können jedoch in ihrer Struktur verschieden sein, und in diesem Fall würden sie verschiedene Proteine hervorbringen, die sich im Hinblick auf eine bestimmte Eigenschaft unterschiedlich auswirken. In diesem Fall bezeichnet man das Individuum als *heterozygot.*

Nehmen wir einen Satz von Genen, die bestimmen, ob ein Mensch normale Hauptpigmente hat oder ein Albino ist. Wenn beide Gene eines Individuums in diesem Paar von normaler Art sind (symbolisiert durch A), wird diese homozygote AA-Person die übliche Hautfarbe haben. Wenn beide Gene von der Art sind, die Albinismus hervorrufen kann (als a bezeichnet), wird der Betreffende ein homozygoter aa-Typ sein, und seiner Haut werden die Pigmente fehlen. In der dritten Kombination ist der betreffende heterozygot oder Aa und daher genetisch eine Mischung der beiden determinierenden Faktoren. In einem solchen Fall wird der Betreffende normale Hautpigmente entwickeln, weil diese Eigenschaft als *dominant* gilt, während der Albinismus als *rezessiv* bezeichnet wird.

Dadurch wird unmittelbar klar, daß der *Phänotyp* eines Menschen (die Merkmale seiner Körperstruktur und -funktionen) nur ein *teilweiser* Indikator des *Genotyps* des Betreffenden ist (der Gene, die jemand besitzt und an seine Nachkommen weitergibt). Eine Person, die heterozygot in bezug auf Albinismus ist (Aa), produziert gleich viele Gameten des Typs a wie des Typs A. Die Kinder zweier solcher Menschen können entweder AA, Aa oder aa sein; und ein aa-Kind wird ein Albino sein, obwohl seine beiden Eltern phänotypisch normal sind.

Bei zahllosen Eigenschaften einschließlich derjenigen, die Psychologen interessieren, ist kein scharfer Gegensatz zwischen dominanten und rezessiven Merkmalen festzustellen. Vielmehr hat jedes unterschiedliche Gen eines Paares einen *gewissen* Einfluß auf das resultierende Merkmal, so daß man von einer Art Kodominanz sprechen kann. Man sollte sich auch klar darüber sein, daß es mehr als zwei verschiedene Varianten von Genen für einen bestimmten Platz oder Genort im Chromosom geben kann, wobei für jedes Paar unterschiedliche Verläufe für Dominanz oder Kodominanz möglich sind.

Wir haben erwähnt, daß die Vererbung sowohl Ähnlichkeiten als auch Unterschiede hervorbringt. Auf diesen Punkt müssen wir noch einmal zurückkommen. Trotz der Tausende von Einzelheiten, in denen sich Individuen genetisch voneinander unterscheiden können, gibt es unzählige andere Faktoren, in denen alle Menschen gleich sind. Das bedeutet, daß im Hinblick auf die Mehrzahl aller Genorte in unseren Chromosomen jeder Mensch wahrscheinlich dasselbe aktive Gen besitzt. Wem ein solches Gen fehlt, der könnte kein normales Leben führen – oder vielleicht überhaupt nicht überleben.

Welcher Prozentsatz der Gene ist bei einer Mutter und einem ihrer Kinder identisch? Man könnte versucht sein zu sagen 50 Prozent, mit dem Argument, daß jedes Ovum (und damit jede Zygote) eine genaue Kopie von genau der Hälfte der 46 Chromosomen der Mutter besitzt. Aber eine erneute Lektüre des obigen Absatzes führt zu einer anderen Antwort. Es ist anzunehmen, daß sowohl die Mutter *als auch* der Vater bezüglich eines großen Prozentsatzes der Genorte homozygot sind, daß sie also das normale menschliche Gen für den jeweiligen Platz haben. Welches der beiden Gene beider Elternteile schließlich auch, sagen wir an eine Tochter, weitergegeben wird, diese wird jedenfalls homozygot sein, d.h. dieselbe Art von Genen wie ihre Mutter (und ihr Vater) aufweisen. Mutter und Tochter werden daher in Wirklichkeit viel mehr als die Hälfte ihrer Gene miteinander gemein haben. Die Tochter hat die Hälfte ihrer Gene von ihrer Mutter *erhalten,* und es stimmt, daß ungefähr 50 Prozent jener Gene, *in bezug auf die sie sich von irgendeinem anderen zufällig gewählten Individuum unterscheiden,* bei beiden identisch sind. Mit dieser Einschränkung können wir sagen, daß Elternteil und Kind „50 Prozent ihrer Gene miteinander gemein haben“, was auch für zweieiige Zwillinge und andere Geschwister gilt, während Cousins und Cousinen oder Großelternteil und Enkelkind 25 Prozent ihrer Gene miteinander gemeinsam besitzen – und entsprechend reduziert in der Verwandtschaftskette.

2 Die Menschen und ihre Evolution

Mit relativ seltenen Ausnahmen werden Gene unverändert von Generation zu Generation weitergegeben. Die Ausnahmen treten auf, wenn ein Gen durch einen chemischen Unfall oder durch Strahleneinwirkung wie z. B. durch Röntgenstrahlen unabsichtlich verändert wird. Diese genetischen Unfälle, die man als Mutationen bezeichnet, schaffen die Variabilität, die für evolutionäre Veränderungen der Organismen nötig sind. Eine zusätzliche Variabilität ererbter Eigenschaften entsteht einfach dadurch, daß verschiedene *Kombinationen* von Genen bei verschiedenen Menschen auftreten.

2.1 Kontinuität und Evolution der Tiere

Wenn es durch Mutation, Rekombination und verschiedene ererbte Gene innerhalb einer Spezies Variabilität gibt, dann besteht auch immer die Möglichkeit, daß diejenigen Angehörigen der Spezies, die einen bestimmten Genotypus aufweisen, erfolgreicher bei der Übermittlung ihrer Gene an folgende Generationen sein werden als die Besitzer eines anderen Genotyps. Dies geschieht beispielsweise, wenn nur ein Genotypus Organismen hervorbringt, die genügend lange leben, um sich zu paaren und fortzupflanzen. Ebenso wird der Genotypus überleben, der Individuen hervorbringt, denen es besser gelingt, Partner zu finden und eine große Zahl von Nachkommen zur Welt zu bringen und erfolgreich aufzuziehen. Wir sehen darin das Prinzip wirken, das Darwin als *natürliche Selektion* bezeichnete, wobei bestimmte Gene in einer Gruppe an Häufigkeit zunehmen, weil sie Organismen hervorbringen, die besser geeignet sind (d. h. besser angepaßt), um zu überleben.

Die spezifischen Merkmale, die ein Tier einer Gattung geeigneter machen als ein anderes, hängen zum Teil von der Umwelt ab, in der sie leben. Wenn beispielsweise ein Genotypus einer Affenart Tiere hervorbringt, die nur Blätter des X-Baumes verdauen können, während ein anderer Genotypus nur Blätter des Y-Baumes verträgt, dann würde der eine Genotypus klarerweise in einem X-Wald besser überleben, während der andere Genotypus in einem Wald von Y-Bäumen gedeihen würde. Wenn sich die Umwelt einer Spezies nicht verändert, dann führt die natürliche Selektion relativ rasch zu einer ziemlich stabilen genetischen Balance innerhalb der Spezies mit sehr geringen evolutionären Veränderungen (s. Box 1/6, S.116).

Dramatischere Veränderungen sind zu beobachten, wenn sich die Umwelt selbst verändert und die darin lebenden Organismen vor neue Anforderungen stellt. Wenn eine Spezies keine Individuen aufweist, die unter den neuen Bedingungen überleben können, wird sie aussterben. Wenn es jedoch Individuen gibt, die zu überleben vermögen, dann wird ihr Genotypus eine höhere Verbreitung innerhalb des „Gen-Pools" (d. h. des Gesamtreservoirs) der Spezies erreichen. Zu den Voraussetzungen für das Überleben sowohl in einer veränderten als auch in einer stabilen Umwelt zählen sowohl anatomische Strukturen als auch biochemische Funktionen. Wenn eine Affenart aus X-Blättern mehr Nährstoffe ziehen kann als aus Y-Blättern, dann kann sich die natürliche Selektion zugunsten derjenigen Exemplare auswirken, die eine anlagebedingte Präferenz für X gegenüber Y aufweisen. Wird der X-Baum plötzlich von einer Krankheit befallen, so daß nur Y-Bäume überleben, dann werden jene Exemplare, die sich vollständig weigern, die vorhandenen Y-Blätter zu essen, zugrundegehen. Überspezialisierung kann somit für eine Spezies zu einer Gefahr werden.

2.2 Die Entstehung der Arten

Wenn eine Spezies aus genügend Exemplaren besteht, die über ein hinreichend großes Gebiet verbreitet sind, haben die in verschiedenen Teilen des Gebiets anzutreffenden Populationen meist unterschiedliche genetische Identitäten, insbesondere, wenn ihre jeweilige Umwelt in den verschiedenen Teilen ihres geographischen Verbreitungsgebiets gewisse Unterschiede aufweist. Wenn zwischen zwei oder mehr Gruppen einer Spezies irgendeine Form von geographischer Isolierung stattfindet, ist die Wahrscheinlichkeit einer genetischen Divergenz groß, insbesondere da gelegentliche Kreuzungen unmöglich werden. Wenn der Unterschied in der genetischen Ausstattung so groß wird, daß sich die Angehörigen der beiden Untergruppen nicht mehr paaren wollen oder können und keine Nachkommen mehr hervorbringen, selbst wenn sie wieder in Kontakt miteinander kommen, dann spricht man davon, daß eine *Artbildung* stattgefunden habe. Ab diesem Punkt gelten die beiden Gruppen als separate Spezies, deren Gene sich nicht mehr miteinander vermischen.

Der Vorgang der Artbildung hat während Milliarden von Jahren stattgefunden, seit es Leben auf unserer Erde gibt. Die meisten der entstandenen Arten sind jedoch inzwischen wieder ausgestorben, während einige mit geringen Veränderungen seit Millionen von Jahren überlebt haben. Die Primaten, jene Tierart, zu der auch unsere Spezies *(Homo sapiens)* gehört, existiert wahrscheinlich seit etwa 70 Millionen Jahren.

2.3 Tierversuche und -studium

Psychologen studieren ebenso wie Biologen in der Regel viele verschiedene Tierarten. Ein Teil der Forschungen in der Tierpsychologie beschränkt sich strikt auf Beobachtungen (so werden beispiels weise die Wanderungen von Walen kartographiert und aufgezeichnet); ein anderer Teil besteht aus verhaltensbezogenen Laborversuchen (beispielsweise wird das Lernvermögen von Ratten in Labyrinthen studiert); ein dritter Forschungszweig befaßt sich mit chirurgischen und anderen Eingriffen. Beispielsweise wird unter Narkose die eine oder andere endokrine Drüse (s. Bd. 5, 4. Kap.) entfernt und die resultierenden Veränderungen in den Reaktionen des Organismus gemessen.

In manchen Fällen liegt der Forschungsschwerpunkt unmittelbar auf der Spezies, die studiert wird, aber häufig (und insbesondere unter Psychologen) gilt das Hauptinteresse dem Menschen. Die jeweiligen Forschungen an Tieren durchzuführen, ist nur dann gerechtfertigt, wenn wir den Anspruch erheben können, daß (1) an Tieren gemachte Entdeckungen zumindest teilweise auch auf den Menschen anwendbar sind und (2) die Forschungsarbeit effizienter, genauer oder ethisch einwandfreier durchgeführt werden kann, wenn Menschen nicht als Versuchsobjekte benutzt werden.

Diese Voraussetzungen werden gewöhnlich erfüllt, aber die Frage der Ethik verdient weiteres Nachdenken. Niemand würde bezweifeln, daß es unethisch sei, einen Mitmenschen zu zwingen (oder ihn ohne sein Wissen dazu zu verleiten), versuchsweise ein Medikament oder eine Droge zu nehmen, obwohl es wichtig wäre, die Auswirkungen der jeweiligen Substanz kennenzulernen. Bedeutet das, daß dasselbe Experiment akzeptabel ist, wenn Affen, Hunde oder Ratten das Versuchsobjekt sind? Manche Menschen sind entschieden anderer Ansicht; sie argumentieren, daß Tiere ebenso wie Menschen das Recht auf Freiheit (von Gefangenschaft wie von Schmerz) hätten und deshalb *nicht* zu Versuchen benutzt werden sollten. Andere, einschließlich der meisten wissenschaftlichen Forscher, würden die Grenze an anderer Stelle ziehen, je nach der wissenschaftlichen oder praktischen Bedeutung der zu gewinnenden Informationen, dem Ausmaß von Schmerzen oder Mißbehagen, das die Tiere ertragen müssen, und je nachdem, welche Tierart davon betroffen ist.

2.4 Die Primaten

Die Menschen gehören alle derselben Spezies an, aber wir sind nur eine von etwa 200 lebenden Spezies jener Gattung, die man als *Primaten* bezeichnet und zu der die Menschenaffen, die Affen und eine weitere Kategorie affenartiger Tiere, die sogenannten Halbaffen, zählen. Um besser zu verstehen, was *wir* sind, ist es nützlich, herauszufinden, wie unsere lebenden Verwandten beschaffen sind (d. h. etwas über andere neuzeitliche Primaten in Erfahrung zu bringen) sowie zu erforschen, wie unsere Vorfahren waren, indem wir die menschliche Evolution studieren.

Die großen Menschenaffen (Schimpansen, Gorillas und Orang Utans) haben sich nach Auffassung mancher Fachleute in der Evolution „erst" vor etwa 5 Millionen Jahren von den menschlichen Vorfahren getrennt, während andere Experten dieses Datum erheblich früher ansetzen (s. Abb. 33, S. 119). Auf jeden Fall stimmt es, daß die Menschenaffen unsere engsten lebenden Verwandten sind, ja daß sie de facto mit dem Menschen enger verwandt sind als mit den Affen.

BOX 1/6

Natürliche Selektion und menschliche Selektion

Die Evolution hat uns dahin gebracht, wo wir heute sind; wird sie uns noch weiterbringen? Wir wollen uns zunächst ein klares Beispiel natürlicher Selektion bei einer Tierart ansehen.

Bestimmte Nachtfalter (Birkenspinner) können sowohl in hellgelber und grauer Form als auch in dunkler Form auftreten, die sich von den erstgenannten nur durch ein einziges Gen unterscheidet. Unter Laborbedingungen zeigt es sich, daß die dunklen Insekten eine größere Lebenserwartung haben, und wir könnten deshalb erwarten, daß ihr Genotypus in dieser Spezies verbreiteter ist. Zu Beginn des 19. Jahrhunderts waren jedoch die hellen Varianten in England weitaus häufiger. Der Grund dafür war vermutlich, daß sie in der hellen ländlichen Umgebung, in der sie sich aufhielten, weniger sichtbar waren als die dunkleren Exemplare und daher von Vögeln weniger leicht entdeckt und aufgefressen wurden.

Die industrielle Revolution brachte Luftverschmutzung mit sich, einschließlich Ruß aus Fabrikschornsteinen, der mit der Zeit die Bäume bedeckte, auf der die Insekten lebten. In den Städten und deren Umgebung veränderte sich der prozentuale Anteil beider Farben entsprechend, denn jetzt haben die dunklen Falter die Schutzfarbe und die hellen wurden sehr selten. In den ländlichen Gebieten ist die hellfarbige Variante jedoch nach wie vor zu finden. Wenn die beiden Gruppen genügend isoliert voneinander gewesen wären und andere Veränderungen eingetreten wären, die Kreuzungen zwischen ihnen verhindert hätten, dann würden wir ein Beispiel des Vorgangs der Artbildung haben. Selbst ohne dieses liegen hier klare Anzeichen einer Veränderung der Gensequenz infolge einer Veränderung der Umwelt vor. Dies ist ein Beispiel der Wirkungsweise der Selektion.

Man beachte, daß der Ruß die Dunkelfärbung der Insekten *nicht hervorrief.* Wenn es nicht immer einen kleinen Prozentsatz von dunklen Genen gegeben hätte oder diese durch Mutation aufgetreten wären, dann hätte diese Spezies in den Industriegebieten aussterben können. (Es ist interessant, festzustellen, daß nach der Ergreifung von Maßnahmen zur Reinhaltung der Luft im 20. Jahrhundert helle Nachtfalter wieder an Häufigkeit zunehmen.)

Es ist oft die Vermutung geäußert worden, daß die unterschiedliche Hautfarbe des Menschen unter verschiedenen Umweltbedingungen Anpassungsvorteile biete – daß beispielsweise die dunklere Hautfarbe in sehr sonnigem Klima vor Sonnenbrand schütze, während eine hellere Haut in den Breiten, in denen das Sonnenlicht (und die UV-Bestrahlung) relativ gering sind, eine wirksamere Produktion von Vitamin D in der Haut gestatte. Wenn diese Vermutungen richtig sind, dann wären bei Bevölkerungsgruppen, die in den letzten Jahrhunderten in andere Klimazonen übersiedelt sind, sehr langfristig gesehen Veränderungen der durchschnittlichen Hautfarbe zu erwarten. Dabei sind jedoch auch die Einflüsse der menschlichen Zivilisation in Betracht zu ziehen. Wir verfügen über Kleidung und Sonnenschutzmittel; und wir haben mit Vitamin D angereicherte Milch entwickelt. Wenn von diesen Erfindungen in hinreichendem Maß Gebrauch gemacht wird, so können dadurch die früher ins Gewicht fallenden Vorteile verschiedener Hautfarbe irrelevant werden, und es wäre dann künftig nicht mit Veränderungen der Hautfarbe zu rechnen.

Wir können die der Evolution zugrundeliegenden Naturgesetze nicht abschaffen. Die Menschen unterscheiden sich hinsichtlich ihrer „Tauglichkeit" („Fitneß" – ein Darwinscher Begriff, der sich nicht speziell auf Kraft oder Aggressivität bezieht, sondern auf all das, was geeignet ist, das Überleben der eigenen Gene zu sichern). Die menschliche Zivilisation (die natürlich ebenfalls durch die Wirkung von Genen entstanden ist) macht viele von uns stärker, gesünder, attraktiver und gebildeter, als wir das sonst wären, und beeinflußt dadurch unsere relative Tauglichkeit.

Solche Einflüsse der Zivilisation auf die Evolution sind bis zu einem gewissen Maß während der gesamten menschlichen Geschichte vorhanden gewesen. Eine ebenso faszinierende wie erschreckende neue Perspektive beginnt sich jedoch erst in jüngster Zeit zu eröffnen. Sobald wir die Techniken der Genmanipulation (s. Box 1/5, S. 110) voll beherrschen, wird es möglich sein, die genetische Ausstattung jedes neuen Organismus stark zu modifizieren und somit Individuen (oder „Monster") auf Bestellung zu machen. Wenn die Techniken entsprechend vervollkommnet sind, würden diese manipulierten Lebewesen nicht nur selbst die gewünschten Eigenschaften aufweisen, sondern sie wären imstande, sich fortzupflanzen und ihre „perfektionierten" Gene an folgende Generationen von Nachkommen weiterzugeben. Dadurch geriete die Evolution vollständig unter gesellschaftliche Kontrolle.

Es gibt eine *gewisse* geringe Gefahr, daß genetische Experimente mit Mikroorganismen (die unternommen werden, um benötigte Hormone etc. zu erzeugen, wie in Box 1/5 dargestellt) fehlschlagen, und statt dessen schädliche Bakterien hervorbringen könnten, deshalb wird die Forschungsarbeit in diesem Bereich nur vorsichtig und unter strenger Überwachung durch die Regierung vorangetrieben. Die Probleme, die entstehen werden, wenn uns diese wissenschaftlichen Fortschritte in die Lage versetzen, *menschliche* Gene zu manipulieren, werden sicher noch viel größer sein und uns Entscheidungen abverlangen, die über die einfache Frage von Leben oder Tod hinausgehen.

J. Bishop u. L. Cook: Moths, melanism and clean air. Scientific American, 1975, *232*, 90–99.

Psychologen interessieren sich schon seit langem für das Verhalten von Menschenaffen einschließlich der kognitiven Fähigkeiten, die diese Tiere in Laborversuchen beweisen. Dieses Interesse hat in den letzten Jahren nach zwei verschiedenen Entdeckungen noch stark zugenommen: (1) daß manche Menschenaffen imstande zu sein scheinen, Begriffe der menschlichen Sprache zu lernen und (2) daß gewisse Menschenaffen sogar in der Wildnis die Anfänge sehr menschlicher Eigenarten der Jagd, des Teilens von Nahrung und der Herstellung und des Gebrauchs von Werkzeugen aufweisen.

Affen und Halbaffen gleichen dem Menschen weitaus weniger als die Menschenaffen, aber sie haben sowohl mit den Menschenaffen als auch mit dem Menschen einige wichtige, alle Primaten auszeichnende anatomische und verhaltensbezogene Merkmale gemein. Verglichen mit anderen Säugetieren benutzen die Primaten im allgemeinen eher ihre Augen als ihre Nase als sensorische Informationsquelle; ihr Gehirn ist größer, und sie benutzen ihre Hände in der Regel sowohl zur Manipulation und Exploration wie auch zur Fortbewegung. Die Primaten bringen auch einzelne Jungen zur Welt oder haben kleine Würfe, und die Jungen bleiben relativ lange Zeit bei der Mutter oder anderen Erwachsenen. (Bei vielen Spezies leben die einzelnen Exemplare während ihres ganzen Lebens in dauerhaften „Familien" oder größeren Gruppen.) Diese Züge, die andere Primaten mit dem Menschen teilen, sind der Grund, warum Wissenschaftler so daran interessiert sind, sie zu studieren, nicht bloß die Tatsache, daß sie unsere engsten lebenden Verwandten sind.

2.5 Die Entstehung der Spezies Mensch

Es ist sehr wichtig, sich darüber klar zu werden, daß der Mensch nicht von einer der heute noch vorhandenen Spezies der Primaten abstammt. Die Affen und die Menschenaffen entwickelten sich zur selben Zeit wie unsere Vorläufer, aus denen schließlich unsere Spezies entstand. Man sollte sich auch darüber im klaren sein, daß viele der Fakten bezüglich ausgestorbener Tiere einschließlich unserer Vorfahren schlicht ungewiß sind. Besonders schwierig sind diejenigen Aspekte ausgestorbener Arten in Erfahrung zu bringen, welche die Psychologen am meisten interessieren, nämlich wie ihre Gefühle und ihr Verstand und die daraus resultierenden sozialen Interaktionen beschaffen waren. Dennoch ist es den Anthropologen gelungen, eine Menge über die Anatomie und die physische Kultur (Knochenbau, Werkzeuge und dergleichen) unserer wahrscheinlichen Vorfahren herauszufinden und zu faszinierenden, wenn auch spekulativen Schlüssen über ihr Verhalten zu gelangen, die nicht ignoriert werden können.

Die Spezies, die uns aus der ersten Hälfte der 70 Millionen Jahre Primatenentwicklung bekannt sind, waren kleine Tiere. Auf den ersten Blick wirkten viele rattenähnlich, aber gegen Ende dieses Zeitraums begannen die größeren Gehirne und vorstehenden Augen der modernen Primaten aufzutreten. Bald danach spalteten sich die Halbaffenarten ab, und es traten Tiere auf, die im eigentlichen Sinne als Vorfahren der Affen, Menschenaffen und Menschen gelten können. Vor etwa 10 Millionen Jahren lebte eine als *Ramapithecus* bezeichnete Gattung in verschiedenen Teilen der Alten Welt; nach Auffassung mancher Experten war dies die früheste Tierart der separaten, zum Menschen führenden Linie (d. h. ein Vorfahre des Menschen, nicht hingegen der Menschenaffen). Die Zähne des *Ramapithecus* deuten darauf hin, daß er nicht Früchte, sondern Gras und Körner fraß, und das führt zu der Spekulation, daß er die Bäume (das angestammte Habitat der Primaten) zugunsten von Grasland aufgegeben hatte.

Die verschiedenen unter dem Namen *Australopithecus* zusammengefaßten Spezies zählen ohne Zweifel zu den Vorläufern des Menschen, nicht des Menschenaffen. Der *Australopithecus* lebte vor etwa 6 Millionen bis etwa 1 Million Jahren in Afrika, nicht in Australien – der Name bedeutet „südlicher Menschenaffe". Einige der größten Exemplare entsprachen etwa der Größe eines heutigen Menschen. Obwohl ihr Gehirn nur etwa ein Drittel der Größe des heutigen menschlichen Gehirns wog, war dieses doch relativ größer als das der Menschenaffen. Der Knochenbau des Australopithecus zeigt, daß er ein Zweifüßler war (der wie ein Mensch auf seinen hinteren Gliedmaßen ging), vielleicht (aber nur „vielleicht"), weil er es nützlich fand, die Hände zum Sammeln von Gräsern, Körnern und anderen kleinen eßbaren Dingen frei zu haben, aus denen ein Großteil seiner Nahrung bestand.

Die früheste Spezies des Menschen (der sich noch nicht zum Homo sapiens entwickelt hatte) trat vor etwa 4 Millionen Jahren auf und stammte wahrscheinlich von einem frühen Australopithecus ab, überschnitt sich aber zeitlich mit dessen primitiveren „Vettern". Diese ersten Menschen setzten den Trend zu einem größeren Gehirn fort, und ihre Bein- und Hüftknochen deuten darauf hin, daß ihr Gang völlig unserem heutigen entsprach. Hier haben wir zum ersten Mal definitive Beweise für die Herstellung und den Gebrauch von Werkzeugen und auch Anzeichen für die Jagd großer Tiere. Es wird vielfach angenommen, daß diese Veränderungen zwangsläufig das Aufteilen der Nahrung mit sich brachten und zur Entwicklung verschiedener Arbeitsrollen beider Geschlechter führten. Die Funde aus deren Lebensräumen deuten darauf hin, daß diese Individuen in kleinen Gruppen von bis zu 25 Mitgliedern zusammenlebten. Sie hatten wahrscheinlich irgendeine Form von Sprache, obwohl manche Linguisten (aufgrund fossiler Fundstücke, die über die Form des Mundes und der Kehle Aufschluß geben) der Auffassung sind, daß keiner der Vorläufer des heutigen Menschen die Laute hervorbringen konnte, welche unsere heutige gesprochene Sprache kennzeichnen (Lieberman, 1975).

2.6 Homo sapiens

Die früheren Formen des Menschen verschwanden vor etwa 250000 Jahren, als sie sich zu dem sogenannten Neanderthaler und anderen frühen Arten des *Homo sapiens* entwickelten. Obwohl sie allgemein unserer Spezies zugeschrieben werden (und ihr Gehirn zumindest so groß war wie das unsere), unterschieden sich diese frühesten Menschen in einigem von durchschnittlichen neuzeitlichen Menschen. Ihr Gesicht und ihre Zähne waren in der Regel größer, und einige Gruppen waren generell von kleinerem Wuchs. Sie machten viele Fortschritte in der Herstellung von Steinwerkzeugen und vermutlich auch vieler anderer weniger dauerhafter Gegenstände. Unter den Fossilien, die gefunden wurden, sind auch Knochen von Individuen, die nach einer schwerbehindernden Krankheit noch ziemlich lange gelebt zu haben scheinen, was darauf hindeutet, daß die Alten und Kranken betreut wurden. Die rituelle Bestattung der Toten hat Anlaß zu der Vermutung gegeben, daß Religion eine Rolle in ihrem Leben spielte.

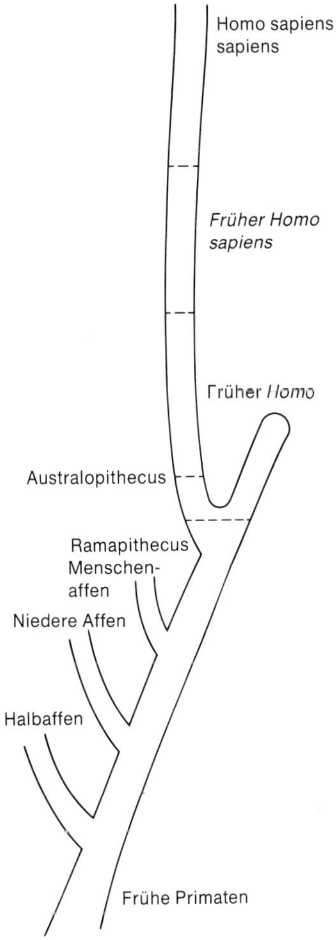

Vor Millionen Jahren	Gehirngröße in Kubikzentimeter	Fortbewegung und Gang	Werkzeugbenutzung und -herstellung	Andere kulturelle Befunde und Indizien
	1450	------	------	------
.04				
	1450	------	*Spezialisierte Steinwerkzeuge*	*Fürsorge um die Alten Bestattungsriten*
.25				
	1000	*Völlig neuzeitlicher Gang?*	*Herstellung von Werkzeugen*	*Gruppengemeinschaften Jagd?*
1				
4	500	*Zweibeinig*	*Einfache Werkzeuge?*	
6				
10				
15				
20				
25				
35				
70				

Abbildung 33: Die Evolution der Menschheit. Man beachte die Änderung der Gehirngröße und des Verhaltens und die Belege geistiger und sozialer Veränderungen, welche die Entwicklung neuer Arten begleiten.

Völlig neuzeitliche Menschen (die zum Unterschied vom ersten Homo sapiens als Homo sapiens sapiens bezeichnet werden) begannen sich vor mindestens 40000 Jahren rasch zu verbreiten. Seit dieser Zeit haben sich in der Welt und in der menschlichen Zivilisation dramatische Veränderungen vollzogen, und damit hat sich auch die physische und soziale Umwelt verändert, an die wir uns anpassen müssen. Es wäre töricht anzunehmen, daß die Prozesse der Evolution plötzlich zum Stillstand gekommen sind. Dennoch sind die biologischen Grundstrukturen des Menschen in diesem jüngsten Zeitraum einigermaßen stabil geblieben. Halten wir uns jedoch vor Augen, daß 40000 Jahre in der Geschichte der Evolution ein relativ kurzes Intervall darstellen. Jeder einzelne Mensch und die Menschheit als Spezies muß sich jedoch in der Welt mit Hilfe des Körpers und des Gehirns zurechtfinden, die wir geerbt haben (s. Abb. 33).

3 Das Nervensystem

Die Entwicklung eines größeren Gehirns ist die vielleicht wichtigste Veränderung in der menschlichen Entwicklung gewesen. Wenn wir uns fragen, welche biologischen Strukturen und Prozesse das

Erleben und die Aktivität des Menschen bestimmen, müssen wir uns in erster Linie mit dem Nervensystem befassen, dem Gehirn, dem Rükkenmark und den Nerven. Es empfiehlt sich, mit der Betrachtung jener Einheiten zu beginnen, aus denen das Nervensystem aufgebaut ist – die Nervenzellen oder Neuronen.

3.1 Die Nervenzelle

Der menschliche Körper enthält mehr als 10 Milliarden Neuronen. Diese unterscheiden sich stark hinsichtlich ihrer Form, Größe und Funktion; dennoch bestehen unter allen Neuronen grundlegende Ähnlichkeiten (s. Abb. 34). Alle Nervenzellen haben mit anderen Zellen des Körpers viele Merkmale gemein. So enthält beispielsweise jede Zelle einen Nukleus oder Zellkern, in dem sich die regulierenden Faktoren der Zellaktivität befinden. Der Nukleus ist in einen *Zellkörper* eingebettet, in dem die vielen chemischen Prozesse, aus denen die Atmung und der Stoffwechsel der Zelle besteht, stattfinden. Der äußere Teil der ganzen Zelle wird als *Zellmembran* bezeichnet; weit davon entfernt, eine passive „Haut" zu sein, deren einzige Aufgabe es ist, die physische Form der Zelle aufrechtzuerhalten, ist diese Membran aktiv an den sehr wichtigen chemischen Reaktionen beteiligt, mit denen wir uns als nächstem Punkt befassen.

3.2 Die Leitung des Nervenimpulses

Die wichtigen kennzeichnenden Eigenschaften einer Nervenzelle hängen von einer spezialisierten Entwicklung der Zellmembran ab. Alle Zellen des Körpers reagieren auf Reizung der Zellmembran durch eine Änderung ihrer Form oder ihrer chemischen bzw. elektrischen Aktivität. Die Nervenzelle unterscheidet sich insofern von den anderen Körperzellen, als bestimmte Arten der elektrischen oder chemischen Stimulierung der Zellmembran Veränderungen in weit von der Reizquelle entfernten Gebieten hervorrufen können; und zwar Veränderungen, die rasch, zuverlässig, wiederholt und

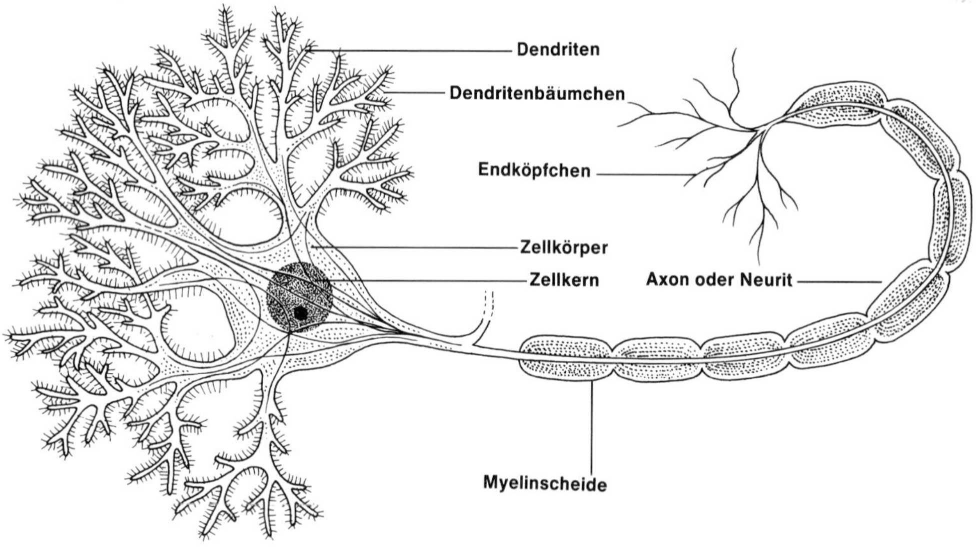

Abbildung 34: Im Körper gibt es die verschiedensten Arten von Neuronen oder Ganglienzellen, aber sie haben verschiedene Merkmale miteinander gemein, die in diesem Diagramm dargestellt sind. Die von anderen Neuronen eintreffenden Impulse stoßen auf die dendritische Zone, die hier aus der Membran der Dendriten (insbesondere den dendritischen Bäumchen) und dem Zellkörper besteht. Die resultierenden elektrischen Veränderungen in diesem Abschnitt können Erregungen auslösen, die sich entlang des Neurits ausbreiten und ihrerseits Reaktionen in den dendritischen Zonen der nachfolgenden Ganglienzellen hervorrufen oder diese beeinflussen, mit denen die dendritischen Bäumchen über die Endköpfchen in Verbindung stehen. Man beachte auch die Myelinscheide, eine segmentierte Fettschicht, die die Neuriten vieler Ganglienzellen umgibt, was die charakteristische weiße Farbe der Leitungsbahnen und Nerven erklärt.

ohne Verletzung der Zelle ablaufen. Wir werden gleich sehen, wie das vor sich geht.

Die enorme Leistungsfähigkeit der Nerven- oder Ganglienzelle wird zusätzlich verwertet durch einen oder mehrere lange *Fortsätze,* die es ermöglichen, daß ein Reiz, der einen Teil der Zelle aktiviert, in zum Teil größerer Entfernung eine Reaktion hervorruft. Wenn wir uns weiter klarmachen, daß die Reaktion einer Nervenzelle eine andere aktivieren kann, dann begreifen wir, wie das Nervensystem darin eine seiner Hauptfunktionen erfüllt: die der Weiterleitung von Informationen innerhalb des Organismus.

Es gibt eine Region der Nervenzellmembran, die besonders empfindlich für Stimulierung durch die Außenwelt oder durch eine andere Nervenzelle ist. Diese Region wird als die *dendritische Zone* bezeichnet; sie ist im intakten Organismus so lokalisiert, daß sie der Stimulierung stärker ausgesetzt ist als alle anderen Partien. In vielen Neuronen umfaßt die dendritische Zone sowohl die Membran um den eigentlichen Zellkörper als auch die Oberfläche relativ kurzer, dicker Fortsätze, den sogenannten Dendriten.

Der andere Teil eines Neurons ist ein langer dünner Fortsatz: der *Neurit.* In einem funktionierenden Organismus wird der Neurit durch Vorgänge innerhalb der dendritischen Zone aktiviert. Aufgrund seiner Länge ist der Neurit imstande, in relativ entfernten Partien des Organismus durch Stimulierung einer anderen Nervenzelle, einer Muskelzelle oder einer Drüse Impulse auszulösen.

Impulse werden mit Hilfe einer Sequenz elektrochemischer Abläufe entlang der Neuronen weitergeleitet, wobei jeder Punkt des Neurons seinerseits aktiv wird. Im *Ruhezustand* (vor der Reizung des Neurons) erhält die Zellmembran eine unterschiedliche Konzentration bestimmter chemischer Substanzen zwischen dem Zellinneren und den die Zelle umgebenden Körperflüssigkeiten aufrecht. Mehrere chemische Substanzen einschließlich Kalium spielen dabei eine Rolle, aber der wichtigste Aspekt der Konzentrationsunterschiede ist die Tatsache, daß positiv geladene Natriumione aus der Zelle ferngehalten werden. Aus diesem Grund ist die Außenseite der Zelle elektrisch positiv (s. Abb. 35). Wenn die Zelle gereizt wird, öffnen sich am Punkt der Reizung vorübergehend Tore oder Kanäle und die Natriumionen dringen in die Zelle ein. Die Folge ist eine elektrische Veränderung, die in der gereizten Partie als Zunahme der negativen Ladung an der Außenseite gemessen werden kann. Diese elektrische Veränderung ist die Funktion des Neurons, von der wir gesprochen haben; sie stellt den *Nervenimpuls* dar. Aber wie kann der an einem Punkt des Neurons produzierte Impuls an einer anderen Stelle des Neurons eine ähnliche Aktivität auslösen?

Der Schlüssel zum Verständnis der Impulsleitung ist in der Tatsache zu suchen, daß der Mecha-

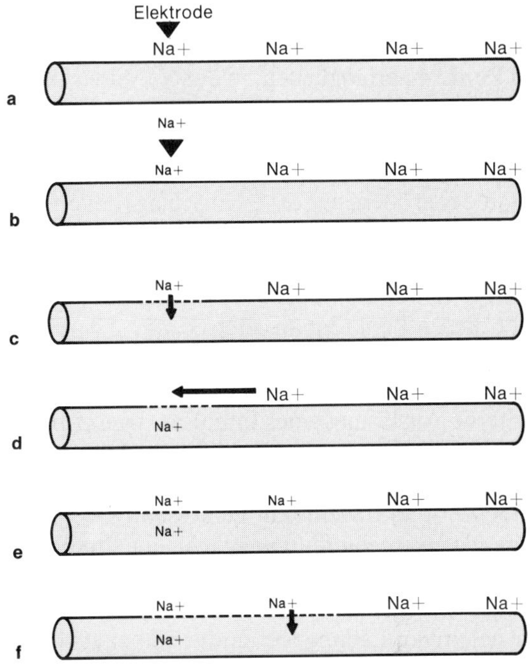

Abbildung 35: Die Stimulierung eines Punktes eines Axons oder Neuriten beeinflußt auch die Aktivität benachbarter Punkte. Hier (a) wird eine negativ geladene Elektrode an das Neuron angesetzt und (b) entfernt einen Teil des positiv geladenen Natriums (Na+) aus der Membran. Dieser Abbau bewirkt die Öffnung der Kanäle der Membran an diesem Punkt (c), so daß das übrige überschüssige Natrium in die Zelle eindringen kann. Natrium von der nächsten Oberflächenpartie nähert sich, um das dadurch entstandene elektrochemische Vakuum zu füllen (d). Die resultierende Abnahme (e) der elektrischen Ladung in der Umgebung ruft nunmehr eine ähnliche Veränderung in der Membran hervor, wodurch das restliche Natrium auch dort eindringen kann (f). Das Eindringen des Natriums (c und f) bewirkt die relative Zunahme der negativen Ladung an der Außenseite des Neurons, die den eigentlichen Nervenimpuls darstellt. Die letzten drei Schritte (d, e und f) wiederholen sich an aufeinanderfolgenden Punktpaaren entlang der ganzen Länge des Neurits: der Nervenimpuls ist weitergeleitet worden.

nismus zur Reizung der Zellmembran, um das Eindringen der Natriumionen an einem bestimmten Punkt zu ermöglichen, in der Veränderung der elektrischen Ladung an diesem Punkt liegt. Schon eine geringe Veränderung zum Negativen bewirkt, daß sich die Kanäle der Zellmembran öffnen und damit der größere negative Umschlag (der eigentliche Impuls) erfolgen kann. Wenn ein Impuls an einem Punkt der Neuronenoberfläche produziert wird, so hat er elektrische Auswirkungen, die sich über diesen Punkt hinaus erstrecken.

Wir haben jetzt das vollständige Bild. Ein wirksamer Reiz an einem Punkt des Neurons verursacht die Auslösung eines Impulses. Dieser Impuls wird als „große" (etwa 120 Millivolt) lokale negative Veränderung der elektrischen Ladung an der Außenseite der Membran gemessen. Eine solche Veränderung beeinflußt nahegelegene Punkte und ruft kleinere Zunahmen der negativen Ladung in solchen Regionen hervor. Die „kleine" Zunahme der negativen Ladung löst in diesen benachbarten Regionen einen Impuls aus, der seinerseits auf die benachbarten Stellen übergreift und somit die ganze Länge des Neurons durchläuft. Das Neuron hat damit sozusagen „gefeuert".

Wenn der ursprüngliche, auf ein Axon einwirkende Reiz zu gering ist, läuft die oben beschriebene Kettenreaktion nicht ab. Die Membrankanäle öffnen sich nicht, das Natrium kann somit nicht eindringen und die benachbarten Regionen des Axons wirksam stimulieren. Die kritische Größe des zur Produktion eines Nervenimpulses nötigen Reizes wird als *Schwelle des Neurons* bezeichnet. Wenn der Reiz größer ist als der Schwellenwert, dann kommt natürlich ein Nervenimpuls zustande, aber es ist wichtig, darauf hinzuweisen, daß die Stärke des Impulses nicht von dem Meßwert abhängt, um den der Reiz die Schwelle übersteigt. Wenn die Zelle überhaupt feuert, dann geschieht dies mit der maximalen im jeweiligen Moment möglichen Intensität. Dieses Prinzip bezeichnet man als das Alles-oder-nichts-Gesetz der Impulsleitung. Dieses Alles-oder-nichts-Prinzip des Impulses wird verständlich, wenn wir uns daran erinnern, daß die Reaktion des Axons oder der Neuriten von der ursprünglichen Konzentrationsdifferenz der Natriumionen innerhalb und außerhalb der Zellmembran abhängt und zum Abbau dieser Differenz führt, sobald das Natrium in die Zelle eindringt. Die Stärke der Reaktion hängt von der Größe dieser Differenz und nicht der Stärke des Reizes ab, der diese Reaktion auslöst. Eine wichtige Ergänzung hierzu ist die sogenannte Summation: mehrere unterschwellige Reize können dabei zur überschwelligen Reizung aufsummiert und zu einem Nervenimpuls umgesetzt werden.

Nun muß es irgendein Mittel geben, um das Natrium wieder aus der Nervenzelle auszuscheiden und die Membran erneut ihre Rolle als Hüterin des elektrochemischen Ungleichgewichts übernehmen zu lassen, nachdem das Neuron gefeuert hat (sonst könnte jedes Neuron nur einmal benutzt werden). Proteine in der Membran (sogenannte Natriumpumpen) arbeiten ständig, um Natrium aus den Zellen zu entfernen. Das Passieren des Impulses und diese Wiederherstellungsprozesse nehmen eine bestimmte Zeit in Anspruch. Während eines Teiles dieser Zeit, die man als Refraktärphase der Zelle bezeichnet, ist die Schwelle des Neurons abnormal hoch. Die Folge davon ist, daß das Neuron nicht feuern kann oder nur feuern kann, wenn ein weitaus stärkerer Reiz angewandt wird.

3.3 Interaktion zwischen Nervenzellen

Die Tatsache, daß Neuronen in Systemen funktionieren und nicht allein, macht uns verständlich, wie ein Neuron ein anderes mobilisieren kann, so daß dieses eine ähnliche Aktivität entfaltet. Das Ende eines Axons verästelt sich in mehrere dünne „Zweige", von denen jeder mit einem kleinen Knoten endet. Diese Endköpfchen nähern sich als Ende des einen Neurons der Membran der dendritischen Zone eines nächsten Neurons, bleiben von letzterem jedoch durch einen Zwischenraum von etwa 0,00002 cm Breite (2 Ångström) getrennt. Die Stelle, an der zwei Neuronen so nah aneinander stoßen, wird als *Synapse* bezeichnet (s. Abb. 36). In jedem Endköpfchen befinden sich kleine Strukturen, die man als *synaptische Bläschen* bezeichnet. Die Leitung eines Impulses entlang des Axons bewirkt die Ausschüttung einer chemischen Substanz, die in diesen Bläschen gespeichert ist, in den synaptischen Spalt. Diese Substanz bezeichnet man als *Transmitter,* weil sie die Botschaft über den synaptischen Spalt hinweg übermittelt. Diese Substanz überschreitet rasch die Synapse und eröffnet Membrankanäle in der dendritischen Zone der nächsten Zelle, die ihrerseits in ihrem eigenen

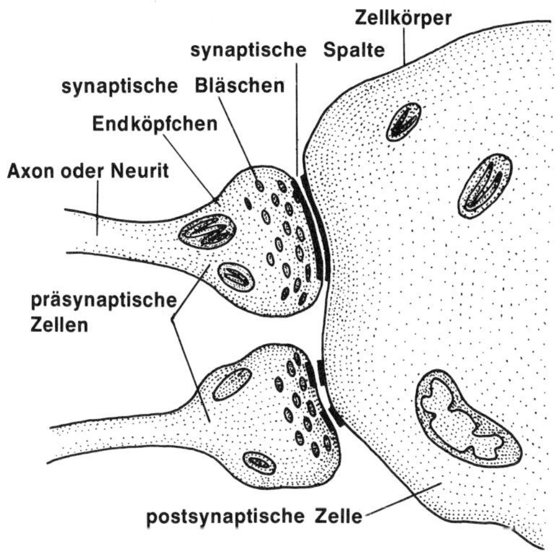

Abb. 36: An jeder Synapse nähert sich ein Axonende (Endköpfchen) eines Neurons der Zellmembran des nächsten Neurons. Diese Abbildung zeigt zwei Endköpfchen, die beide viele synaptische Bläschen enthalten. Die Bläschen schließen Transmittersubstanzen ein, die den synaptischen Spalt überqueren, um die Aktivität der dendritischen Zone des postsynaptischen Neurons zu beeinflussen. Viele der Substanzen, welche die Synthese der Transmitter steuern, werden selbst im Zellkörper erzeugt und dann zum Axonende transportiert. Nachdem ein Transmitter seine Aufgabe erfüllt hat, wird er entweder abgebaut oder wieder vom Endköpfchen absorbiert.

Axon einen Impuls auslösen kann, der die zweite (postsynaptische) Zelle in Erregung versetzt. Man nimmt jedoch an, daß der Transmitter in manchen Fällen die Bildung einer anderen Substanz (eines „*second messenger*") in der Membran des *postsynaptischen Neurons* hervorruft. Der *second messenger* kann die Aktivität der postsynaptischen Zelle relativ lange Zeit beeinflussen (vgl. Iversen, 1979).

Der soeben gegebenen Beschreibung fehlt trotz all ihrer Einzelheiten immer noch ein Anfang und ein Ende. Wie wird das erste Neuron aktiviert – mit anderen Worten, wie versetzen äußere Reize in der realen Welt das Nervensystem in Erregung? Diese Frage bedarf für jedes der verschiedenen Sinnessysteme einer anderen Antwort, aber generell kann man sagen, daß ein Impuls in einem *sensorischen Neuron* ausgelöst wird, nachdem das Neuron eine chemische oder elektrische Veränderung entweder direkt durch einen äußeren Reiz oder durch eine spezialisierte *Rezeptorzelle* in dem jeweiligen Sinnesorgan erfährt. Am anderen Ende der Kettenreaktion bewegen sich Transmittersubstanzen, die von den Endköpfchen jedes *motorischen Neurons* über einen Zwischenraum, der einer Synapse ähnelt, abgesondert werden. Diese rufen in dem Muskel oder der Drüsenzelle, die das Neuron innerviert, Erregungen hervor und bewirken dadurch die schließliche Reaktion des Organismus auf den ursprünglichen Reiz.

Aber das Nervensystem besteht nicht aus einem einzigen Bündel einfacher und direkter Leitungen, von denen jede mit einem Sinnesnerv beginnt, sich dann über eine Neuronenkette fortsetzt und mit einem Bewegungsnerv endet. Die Endköpfchen eines Neurons bringen dieses in Kontakt mit den dendritischen Zonen vieler anderer Nervenzellen, und viele Tausende von Synapsen können an die dendritische Zone einer einzigen Nervenzelle stoßen. Die Aktivität eines Neurons kann somit viele andere Zellen aktivieren und sich indirekt auf alle anderen Nervenzellen des Körpers auswirken. Wenn ein einziger Impuls innerhalb eines Neurons einen Impuls in jeder Zelle auslösen würde, mit denen dieses verbunden ist, dann würden de facto alle Zellen des Nervensystems bald so schnell wie möglich feuern. Es gibt jedoch zwei Gründe, warum dies nicht geschieht.

Erstens hat jedes Neuron, wie wir festgestellt haben, eine Schwelle. Der Reiz, der die dendritische Zone erreicht, muß daher eine bestimmte Stärke haben, bevor ein aktiver Impuls aufgebaut werden kann, und die von einem Nervenimpuls freigesetzte Transmittersubstanz reicht fast nie aus, um das nächste Neuron abzufeuern. Gewöhnlich feuert das zweite oder postsynaptische Neuron nur, wenn seine dendritische Zone Input von den Axonen *mehrerer* anderer Zellen erhält, und zwar von allen etwa gleichzeitig. Zweitens sind manche Transmittersubstanzen hemmend. Wenn solche Substanzen in den synaptischen Spalt freigesetzt werden, wirken sie den Einflüssen des Erregungstransmitters entgegen, so daß eine zusätzliche Menge des Erregungstransmitters nötig ist, um in Gegenwart eines hemmenden Transmitters ein zweites Neuron abzufeuern. Es ist hier auch festzustellen, daß einige prinzipielle Unterschiede zwischen erregenden und hemmenden Synapsen entdeckt wurden. An den erregenden Synapsen sind die Bläschen in den Endköpfchen kugelförmig, während die an den hemmenden Synapsen elliptisch sind – was natürlich darauf hindeutet, daß die beiden Arten verschiedene chemische Stoffe enthalten. Hemmende Synapsen finden sich im allgemeinen am Zellkörperteil der dendritischen Zone, während die erregenden Synapsen häufiger an den Dendriten und insbesondere an deren Verästelungen lokalisiert sind (s. Abb. 34, S. 120).

Von zwanzig oder mehr verschiedenen chemischen Stoffen weiß oder vermutet man, daß sie als Transmitter fungieren. (Auf mehrere wird in späteren Bänden eingegangen.) Viele davon sind lokalisiert, d. h. sie dienen nur den Synapsen einer begrenzten Zahl von Leitungsbahnen des Nervensystems. Wie wir sehen werden, können natürlich viele andere chemische Stoffe (Medikamente, Drogen, Gifte etc.) die Wirkungsweise der Transmitter verändern und das Erleben, das Verhalten und die geistig-seelische Gesundheit eines Menschen beeinflussen.

Die oben erörterten Charakteristika – die Komplexität der Nervenverbindungen, die Existenz von Schwellen und die Wirksamkeit sowohl hemmender als auch erregender Faktoren – befähigen das Nervensystem, mehr zu leisten als bloß Impulse von einem Punkt zum anderen weiterzuleiten. Wenn wir bereits auf dieser untersten Ebene des Nervensystems psychologisch wichtige Funktionen zusammenfassen, so kommen wir auf zwei Hauptleistungen (vgl. Benesch, 1980). Die erste genannte Funktion, das „Feuern", geschieht innerhalb einer Zelle und pflanzt sich bis an die Endköpfchen fort. Diese Funktion bildet rhythmische Erregungsmuster, die durch diese Musterbildung eine psychische Bedeutung erlangen. Die andere Funktion wurde als „Übersprung" der Erregung mittels Transmittersubstanzen von einer zur nächsten Zelle beschrieben. Die Übersprünge sind wegen der Tausende von erregenden und hemmenden Endköpfchen sehr variabel, d. h. die Wege zu den nächsten Zellen sind nicht starr festgelegt, sondern umschaltbar auf andere Folgezellen. Dadurch wird als zweites Muster ein variables Figurenmuster verschaltbarer Netzwerke gebildet. Beide psychophysischen Musterkategorien ergeben *integriert* die Grundlage psychischer Bedeutungsinhalte (s. S. 134f.).

3.4 Die ständige Aktivität des Nervensystems

Im 4. Kapitel des nächsten Bandes wird die Art und Weise erörtert, wie ein Reiz die Aktivität des Nervensystems verändert, und es wird dargestellt, welche Teile des Nervensystems durch einen bestimmten Reiz mobilisiert werden. Dabei mag der Eindruck entstehen, als ob die Nervenzellen (in den Rezeptoren und im Gehirn) völlig inaktiv seien, bis sie von einem Reiz aktiviert werden. Diese Annahme ist nicht richtig. Das Nervensystem ist auch im ruhenden Zustand in mehrfacher Hinsicht aktiv.

Erstens sind die Nervenzellen eines ruhenden Individuums nicht passiv und untätig. In jeder lebenden Nervenzelle treten verstreute und spontane („spontan" deshalb, weil wir ihre äußere Ursache nicht kennen) Nervenimpulse auf; und manche große Zellgruppen erhalten auch ohne spezifische Reize eine organisierte Aktivität aufrecht. In der Tat feuern manche Zellen mehr, wenn sie *nicht* angeregt werden, und reduzieren ihre Aktivität, sobald ein Reiz erfolgt. Und manche Gehirnzellen sind während des Schlafs aktiver als im Wachzustand. Es ist deshalb richtiger, sich vorzustellen, daß ein Reiz gewisse im Nervensystem ablaufende Prozesse eher verändert als sie in Gang setzt. Wenn man sich das vor Augen hält, kann man sich leicht vorstellen, daß ein Reiz weitreichende Wirkungen im ganzen Nervensystem haben kann. Sein unmittelbarer Einfluß mag sich auf einen Teil desselben beschränken, aber die dadurch hervorgerufenen komplexen Prozesse wirken sich auf viele andere Teile aus.

Wir sollten uns in diesem Zusammenhang auch an eine offenkundige Tatsache erinnern: auf keinen Organismus wirkt zu einem bestimmten Zeitpunkt nur ein einziger Reiz ein. In jedem Augenblick ist eine große Zahl von Reizen präsent, von denen sich jeder auf die von uns beschriebenen Prozesse auswirkt.

Schließlich übt das aktive Nervensystem selbst ein gewisses Maß an Kontrolle über die Stärke des Einflusses aus, den ein Reiz auf das System ausübt. Man stelle sich eine Reihe von Neuronen vor, die Impulse vom Auge zum Gehirn übermitteln. Das Nervensystem kann offensichtlich den Erregungsgrad kontrollieren, den ein Licht in diesen Neuronen hervorruft. Wie? Durch Öffnen oder Schließen der Augen! Dem Nervensystem steht aber auch noch eine subtilere Methode des Einflusses zur Verfügung. Ein Neuron des Gehirns hat vielleicht ein Axon, das an einer Synapse an irgendeinem Punkt der Leitungsbahn endet. Im Gehirn ausgelöste erregende oder hemmende Impulse an dieser Synapse würden dann teilweise darüber bestimmen, ob ein von einem Licht ausgelöster

Erregungszustand über die Nervenbahn weitergeleitet oder an Ort und Stelle gestoppt wird und das Gehirn nie erreicht.

3.5 Das EEG und evozierte Potentiale

Das ständig aktive Nervensystem produziert unablässig elektrische Impulse in großer und wechselnder Zahl, und es ist seit dem 19. Jahrhundert bekannt, daß im Gehirn starke elektrische Fluktuationen stattfinden. Erst im Jahre 1929 wies jedoch der Psychiater Hans Berger schlüssig nach, daß die elektrische Aktivität des menschlichen Gehirns durch die ungeöffnete Schädeldecke hindurch aufgezeichnet werden kann, so daß wir die Aktivität des Gehirns verfolgen können. Die auf diese Weise aufgezeichneten elektrischen Wellen bezeichnet man als „Gehirnströme", und ihre graphische Darstellung nennt man Elektronenenzephalogramm, abgekürzt EEG (s. Box 1/7, S. 126).

Das EEG wird durch Elektroden registriert, die an verschiedenen Punkten der Schädeloberfläche aufgesetzt werden (s. Abb. 37). Die Drähte führen zu einem Verstärker, dessen elektrischer Output die Position eines Schreibgeräts auf einer sich weiterbewegenden Papierrolle kontrolliert. Auf diese Weise zeichnen die Gehirnströme ihre eigene Aktivität quasi selbst auf. Wenn ein Organismus ruht und auf keine Reize reagiert, wird ein ziemlich gleichförmiges EEG registriert. Dieser Ruhezustand ist durch die sogenannten *Alphawellen* gekennzeichnet, die eine Frequenz von 8 bis 12 Ausschlägen pro Sekunde aufweisen (s. Abb. 38, S. 128). In vielen Situationen können andere EEG-Muster vorherrschen; bestimmte rhythmische Wellenformen sind charakteristisch für bestimmte Bewußtseinszustände wie Aufmerksamkeit oder Schlaf. (Darauf wird näher bei der Erörterung veränderter Bewußtseinszustände im 5. Band eingegangen.)

Wenn ein Mensch oder ein Tier einem Reiz ausgesetzt wird, spiegelt sich die dadurch hervorgerufene Veränderung der neuralen Aktivität in den elektrischen Messungen, die durch die EEG-Elektroden erfolgen. Die neue elektrische Reaktion bezeichnet man als ein *evoziertes Potential.* Durch das Studium evozierter Potentiale können wir feststellen, welche Teile des Nervensystems von einem bestimmten Reiz am stärksten betroffen

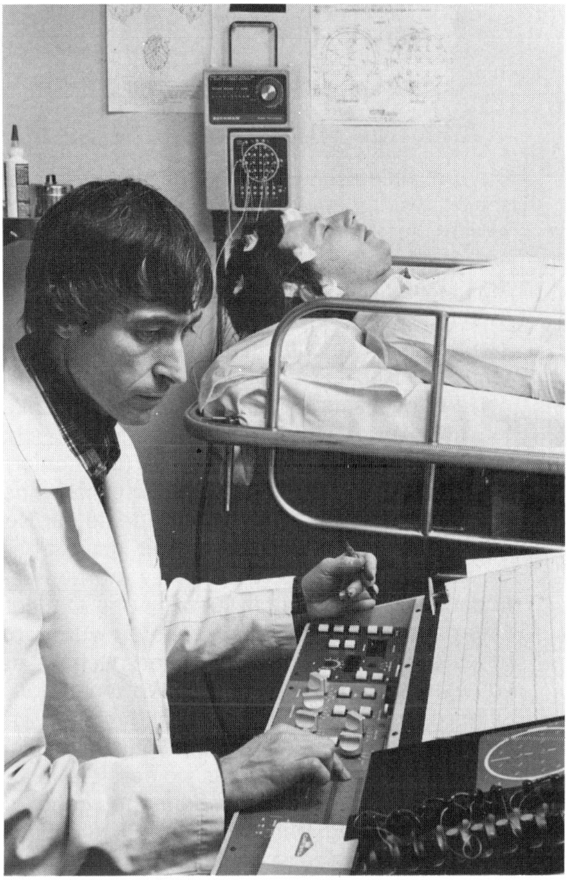

Abbildung 37: Die Aufzeichnung des EEGs einer ruhenden Vp. Die elektrische Aktivität, die zwischen den Elektrodenpaaren gemessen wird, welche vorübergehend an der Schädeldecke angebracht werden, schlägt sich in den Linien nieder, die vom Gerät aufgezeichnet werden.

© Ken Karp.

sind und welche Teile des Gehirns somit an der „Verarbeitung" bestimmter Arten sensorischer Informationen beteiligt sind.

3.6 Milliarden von Nervenzellen

Mit der Hirnevolution potenzierten sich die Nervenzellen nicht nur nach ihrer Zahl, sondern auch nach ihrer Struktur. Letzteres geschah in zwei Richtungen, und zwar in horizontaler und vertikaler. Das Zentralnervensystem weist eine deutliche Höhenschichtung (Stratifikation) über das Rükkenmark, den Hirnstamm usw. bis zum Großhirn auf, die gleichzeitig eine Verbreiterung bedeutet:

BOX 1/7

Alte, neue und entliehene Methoden der Physiologischen Psychologie

Die physiologische Psychologie (die Wissenschaft, welche die körperlichen Strukturen und Aktivitäten vor allem des Nervensystems untersucht, die an mentalen Prozessen und am Verhalten beteiligt sind) hat sich vor allem dreier Hauptforschungsmethoden bedient. Diese drei Techniken benützen verschiedene experimentelle Verfahrensweisen und sind darüber hinaus Beispiele der drei nächstliegenden logischen Möglichkeiten, um zu erforschen, wie ein komplexer Mechanismus (in diesem Fall das Gehirn) funktioniert.

Bei den *elektrophysiologischen Methoden* geht es darum, die elektrischen Effekte der Nervenzellenaktivität zu messen. Dies geschieht in vielen Fällen durch das Studium evozierter Reaktionen, nachdem ein Reiz auf das Auge, Ohr oder einen anderen Rezeptor dargeboten wurde, um herauszufinden, welche Partien des Gehirns davon betroffen sind. Mit anderen Worten, der Versuchsleiter gibt eine genau bestimmte Art von normalem Input in das System ein und „schaut" hinein, um festzustellen, was wo passiert.

Die *elektrischen Reizungsmethoden* gehen einen anderen Weg. Wie in Box 1/8 (S. 134) dargestellt, wird die Reizung direkt auf einen bestimmten Teil des Nervensystems ausgeübt, und der Wissenschaftler erfährt etwas über dessen Funktion, indem er die resultierenden Empfindungen bzw. das Verhalten registriert. Die dabei allgemein angewandte Methode besteht darin, das Innere eines komplexen Mechanismus direkt zu aktivieren, um herauszufinden, ob, wo und wie er dazu veranlaßt werden kann, seine normale Aktivität in irgendeiner Form zu zeigen.

Die *Läsionsmethode* ist eine dritte Möglichkeit. Man beschädigt einen Teil des Systems (zerstört beispielsweise eine bestimmte Partie des Gehirns), dann beobachtet man verschiedene Funktionen des Organismus (sein natürliches Verhalten, seine Reaktionen auf Reize, seine Lernfähigkeit usw.) und vergleicht diese mit denen eines normalen Organismus. Jeder Unterschied impliziert, daß der zerstörte Teil *irgendeine* Rolle (wenn auch vielleicht eine sehr indirekte) in *irgendeiner* psychologischen Funktion spielte, die an dem Verhalten beteiligt ist, das durch die Läsion gestört wurde.

Jede dieser Methoden kann durch verschiedene Mittel modifiziert werden. Insbesondere gibt es *chemische* Varianten all dieser eben beschriebenen physikalischen Manipulationen. So kann der Forscher als Alternative zu den oben geschilderten elektrophysiologischen Methoden chemische Veränderungen messen, um herauszufinden, welcher Teil des Gehirns nach einer Reizung aktiv ist. Oder man kann eine Partie des Gehirns durch Injektion eines chemischen Stoffes statt durch Einsetzen einer Elektrode stimulieren. Auch eine Läsion kann chemisch hervorgerufen werden, mit dem besonderen Vorteil, daß die Wirkung in manchen Fällen, wenn man es wünscht, zurückgenommen werden kann, so daß die normalen Funktionen nur vorübergehend gestört sind.

Nachstehend einige Beispiele der neuesten Methoden zum Studium des Gehirns:

1. Die Aufzeichnung der Aktivität einer einzigen Nervenzelle geschieht inzwischen relativ häufig; diese Methode ist leicht zu verstehen, weil sie „einfach" eine Weiterentwicklung der Überlegungen ist, die dem Studium des EEG bzw. der evozierten Potentiale zugrundeliegen. Der Trick dabei ist, eine Elektrode zu haben, die klein genug ist, so daß sie die Vorgänge in einem einzigen Neuron registriert – und diese Elektrode an den gewünschten Punkt zu befördern und sie stetig dort zu halten. Man kann dann die Wirkung eines Reizes oder andere Veränderungen präziser studieren, als wenn man die Aktivität von Tausenden oder Millionen von Zellen betrachtet (wie das bei der Arbeit mit dem EEG oder typischen evozierten Potentialen der Fall ist).
2. Der CAT-scan *(computed axial tomography)*, ein Schichtaufnahmeverfahren, liefert ein Bild der Innenseite des Gehirns oder irgendeines anderen Körperteils. Eine gewöhnliche Röntgenaufnahme des Gehirns zeigt alles in der Bahn der Strahlen, aber viele Strukturen überlappen einander, so daß es schwierig ist, normales von abnormalem Gewebe zu unterscheiden oder das letztere zu lokalisieren. Der CAT-scan kombiniert Röntgenaufnahmen aus vielen verschiedenen Perspektiven und liefert uns ein Bild des Hirnquerschnitts auf jeder gewünschten Ebene. Dieses Verfahren ist immer noch extrem teuer und wird fast aus-

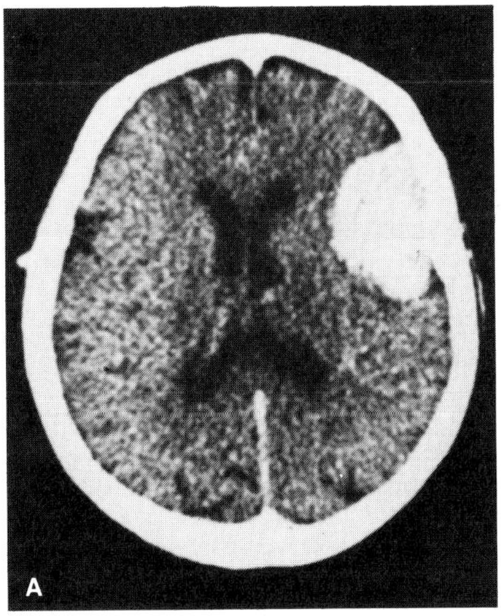

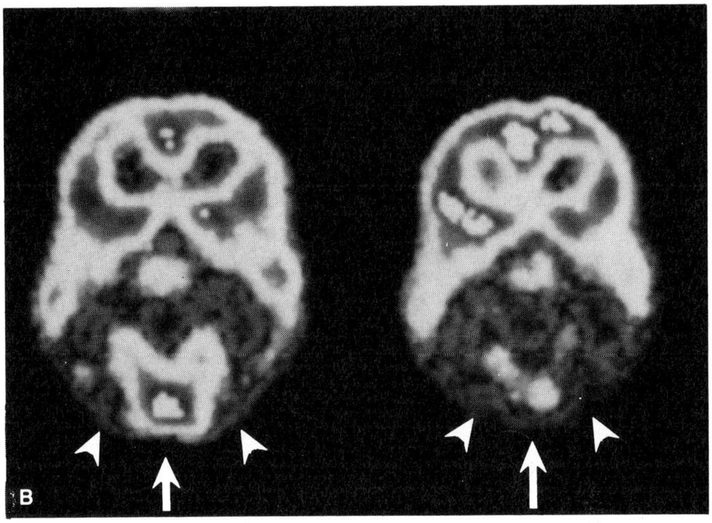

schließlich zur Identifizierung und Lokalisierung von Abnormalitäten bei menschlichen Patienten benutzt. In Abbildung A ist der weiße Fleck ein gutartiger Tumor, so wie er sich durch den CAT-scan zeigt.

3. Eine von mehreren neuen anatomischen Methoden, die bei Tieren benutzt wird, ist die *Autoradiographie.* Eine radioaktive, chemische Substanz wird in eine Gehirnregion injiziert, wo sie von Zellkörpern aufgegriffen und entlang ihrer Axone an ihre Endköpfchen transportiert wird. Wenn eine „Scheibe" dieses Gehirns dann auf eine photographische Platte gelegt wird, bilden sich die Stellen, wo diese Neuronen enden, dann aufgrund der vorhandenen Radioaktivität selbst ab.
4. Glukose ist Blutzucker, jener Bestandteil des Blutes, aus dem das Gehirn seine Energie bezieht. Desoxiglukose ist eine sehr ähnliche Substanz, die die Gehirnzellen aufnehmen und zu verwenden suchen, aber der Unterschied zwischen ihr und Glukose besteht darin, daß ein gewisser Rest von Desoxiglukose die Zelle niemals verläßt. Wenn radioaktive Desoxiglukose einem Organismus injiziert wird, können die Stellen, wo sie sich festsetzt, selbst beim lebenden Tier oder Menschen bestimmt werden. Dies ist wichtig, denn es sind die *aktiven* Nervenzellen, die die Glukose oder Desoxiglukose am stärksten aufnehmen. Wenn man beispielsweise Desoxiglukose injiziert, während man einen visuellen Reiz darbietet oder der Vp ein Problem zu lösen gibt, kann man feststellen, welche Partien des Gehirns an der „Verarbeitung" des betreffenden Reizmaterials beteiligt sind. In Abbildung B wurde das linke Bild aufgenommen, als die Augen offen waren, das rechte, als sie geschlossen waren. Die hellere Färbung verrät einen höheren Energieaufwand, mit anderen Worten, einen höheren Grad neuraler Erregung. Die Pfeile zeigen auf die Sehrinde an der Hinterseite des Gehirns.

Diese und andere Methoden tragen viel zu unseren Erkenntnissen über das Nervensystem bei und sind außerdem wesentlich für ein Verständnis der Funktionsweise des Gehirns. Dennoch sollten wir uns des Unterschieds zwischen den Methoden 1 und 4 einerseits und den Methoden 2 und 3 andererseits bewußt sein. Wie dargestellt, trägt 2 und 3 *nicht unmittelbar* zu unserem Wissen zur Physiologischen Psychologie bei. Wir brauchen einen Verhaltensmaßstab oder eine Reizeinwirkung (wie in den Methoden 1 und 4), um neue Informationen über die physiologischen, anatomischen oder biochemischen Grundlagen psychologischer Funktionen zu erlangen.

Abbildung A: S. Kety: Disorders of the human brain. Scientific American, 1979, *241,* 203.

Abbildung B: M. Phelps, D. Kuhl u. J. Mazziotta: Metabolic mapping of the brains's response to visual stimulation: studies in humans. *Science,* 27. march 1981, *211,* No. 4489.

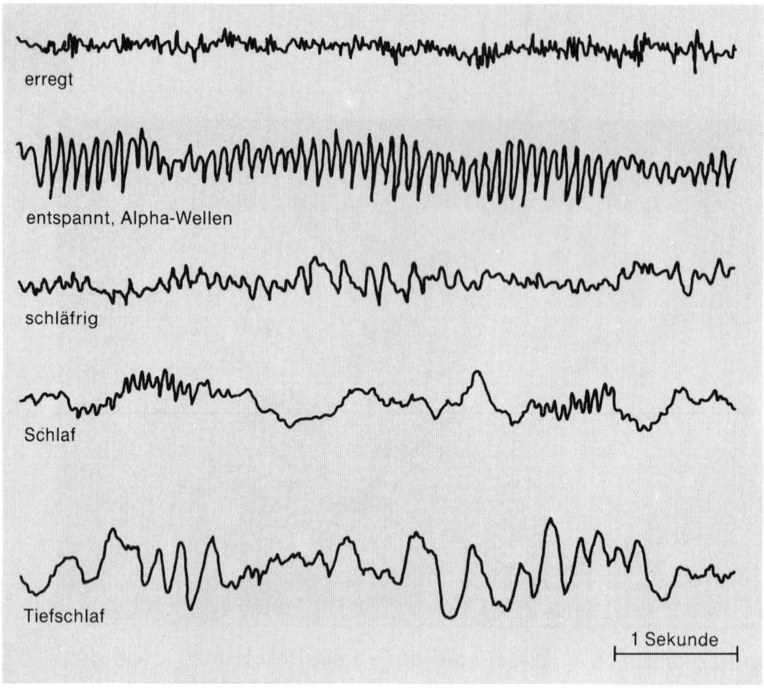

Abbildung 38: Gehirnströme, wie sie für verschiedene Wachheitszustände charakteristisch sind. Man beachte die Veränderungen in der Größe, der Form und der Frequenz der Hirnwellen, wenn die entspannte Vp erregt wird oder einschläft. Die Frequenz kann mit Hilfe der Ein-Sekunden-Markierung gemessen werden.

Nach H. H. Jasper. Electroencephalography. Aus: W. Penfield u. T. Erickson (Hrsg.), *Epilepsy and Cerebral Localization,* 1941; mit Genehmigung von Charles C. Thomas Company.

von einem Querschnitt von wenigen Zentimetern im Rückenmark bis zur Größe einer aufgeschlagenen Doppelseite einer Zeitung für das Großhirn. Um diese Menge im relativ kleinen Schädelraum unterzubringen, ist die Hirnoberfläche stark gefaltet. Die vertikale Seitwärtsstrukturierung (Transversifikation) läßt sich am Gehirn am deutlichsten an den beiden Hirnhemisphären sehen. Ihnen entsprechen unterschiedliche laterale psychische Funktionen. Viel bedeutungsvoller sind jedoch die nebeneinanderliegenden Funktionsunterschiede des spezifischen und des unspezifischen Nervensystems, die 1948 von Moruzzi und Magoun entdeckt wurden.

Betrachten wir jedoch zunächst das Nervensystem als Ganzes, ehe wir in den folgenden Bänden auf Einzelheiten eingehen.

Das Gehirn selbst muß man sich in viele verschiedene Regionen unterteilt vorstellen. Natürlich sind diese Unterteilungen willkürlich, da das Ganze aus komplexen untereinander verbundenen Neuronen besteht und jeder Teil des Gehirns potentielle Verbindungen zu allen anderen besitzt.

Zu Beginn der embryologischen Entwicklung weist das Gehirn von vorn nach hinten drei Hauptabschnitte auf: es sind dies das *Vorder-, Mittel- und Rauten- oder Hinterhirn.* Jeder dieser Abschnitte enthält viele spezifische Partien. Die weitere embryologische Entwicklung verändert das Aussehen des Gehirns. Jedoch greifen wir auch beim erwachsenen Menschen manchmal auf diese drei ursprünglichen Unterteilungen zurück, wenn wir die Strukturen des Gehirns beschreiben (s. Abb. 39, S. 129).

Das Vorderhirn besteht aus dem Cerebrum oder Großhirn, dem Thalamus und dem Hypothalamus (s. Abb. 39, S. 129). Das Großhirn entwickelt sich als Anschwellung des Vorderhirns; es besteht aus zwei Hälften, der linken und rechten Hemisphäre (s. Abb. 40, S. 129). Beide Hemisphären sind mit einer komprimierten Nervenschicht (dem Kortex) bedeckt, die etwa zweieinhalb Millimeter dick ist. Diese Großhirnrinde ist für viele der komplexen menschlichen Funktionen wesentlich; wir werden in späteren Bänden wiederholt auf sie zurückkommen, wenn wir ihre Rolle im Erleben und Verhalten untersuchen.

In den Hemisphären finden sich mehrere große Nuklei, die sogenannten *Basalganglien,* die einen Teil des Nervensystems bilden, der die Bewegungen steuert. Die Neuronen, deren Zellkörper im Kortex und den Basalganglien konzentriert sind, tragen viele ihrer Axone zu der Masse verflochtener Faserstränge bei, die einen großen Teil des Inneren (die weiße Hirnsubstanz) der Hemisphären ausfüllen. Die Faserstränge, die von einer

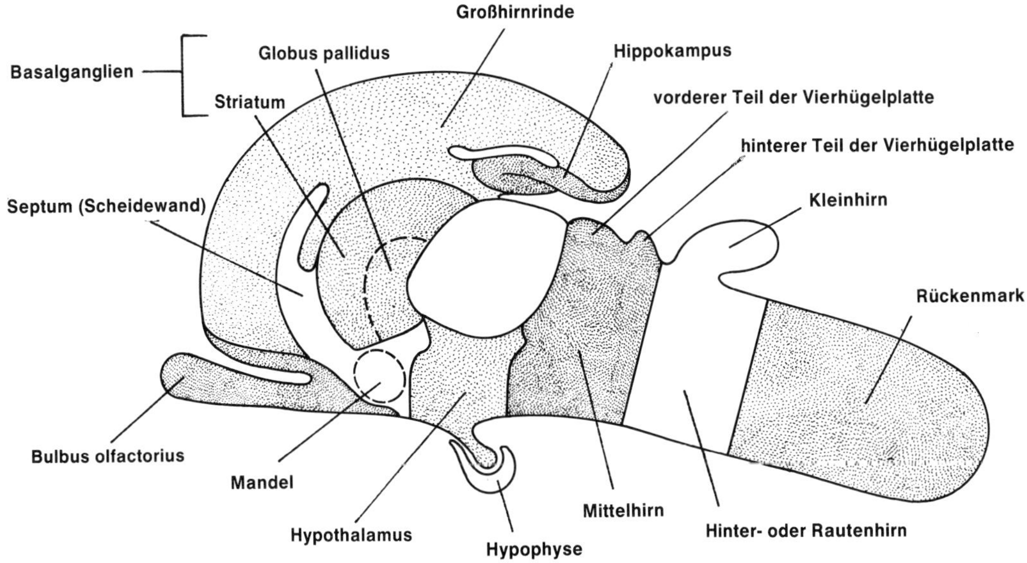

Abbildung 39: Das Zentralnervensystem in schematischer Form. Alle Regionen über dem Mittelhirn sind Teile des Vorderhirns. Diese Ansicht ähnelt der Anordnung der verschiedenen Partien im frühesten Entwicklungsstadium. Man beachte, wie sich die zahlreichen Teile in den realistischeren Darstellungen der Abbildungen 40, 41 und 42 ausgedehnt und anders gelagert haben.

Nach: W. Nauta u. M. Feirtag. The organization of the brain. *Scientific American,* 1979, *241,* 88–111.

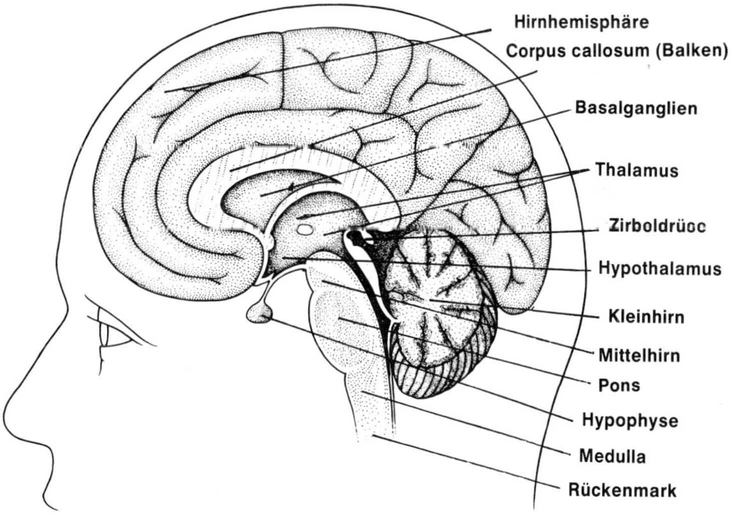

Abbildung 40: Viele der wichtigsten Strukturen des menschlichen Gehirns sind bei einem Schnitt durch die Mitte zu sehen. Die Linien auf der Hirnhemisphäre stellen Furchen der Großhirnrinde dar. Man beachte, daß mit Ausnahme der Hirnhemisphäre die meisten der hier gezeigten Strukturen durchschnitten werden müßten, um eine solche Ansicht zu gestatten: das Corpus callosum besteht beispielsweise aus Fasern, die quer zu diesem Blatt verlaufen und die beiden Hirnhälften miteinander verbinden.

Hemisphäre zur anderen führen, bezeichnet man als *Kommissuren,* deren wichtigste das sogenannte *Corpus callosum* ist. (Wir werden später feststellen, was geschieht, wenn die Kommissuren durchschnitten werden und eine Seite des Gehirns nicht „wissen" kann, was die andere tut.)

Thalamus und *Hypothalamus* sind Sammelnamen für Zusammenballungen von Zellkörpern (Nuklei). Die Zellen der verschiedenen thalamischen Nuklei entsenden Fasern in verschiedene Partien des Kortex. Viele der thalamischen Nuklei sind durch Faserstränge mit den sensorischen Rezeptoren verbunden und dienen somit als „Relaisstationen" an den Leitungsbahnen der von außen eintreffenden sensorischen Informationen. Die meisten der in Abbildung 42 auf Seite 131 dargestellten Sinnesreizleitungen übermitteln Botschaften, die die thalamischen Nuklei passieren,

Abbildung 41: Seitenansicht des Gehirns. Diese Sicht zeigt die generelle „Geographie“ der Hirnoberfläche. Besonders zu beachten sind dabei die Areale: das motorische, das somästhetische (Hautsensibilität), das auditive (Gehörwahrnehmung) und das visuelle (Sehwahrnehmung); ferner die Fissuren oder Furchen und die wichtigsten Hirnlappen: Frontal-, Parietal-, Occipital- und Temporallappen.

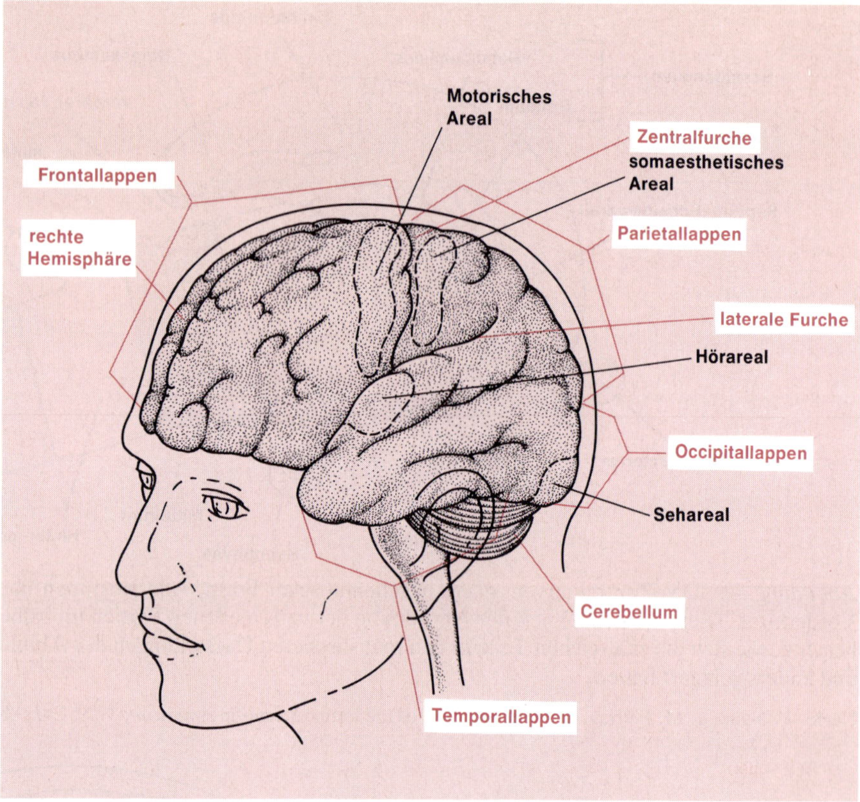

bevor sie in den Kortex gelangen. Das *Corpus geniculatum laterale* und das *Corpus geniculatum mediale* dienen als Umschaltstationen für optische bzw. akustische Bahnen.

Mehrere der hypothalamischen Kernmassen sind intensiv studiert worden. Diese Nuklei haben unterschiedliche Funktionen, sie scheinen aber so viel miteinander gemein zu haben, daß sie an der Kontrolle von Emotionen und Motivationen und dem damit zusammenhängenden Verhalten beteiligt sind. Es hat sich beispielsweise gezeigt, daß Tiere bereit sind, sich unermüdlich anzustrengen (beispielsweise einen Hebel Hunderte von Malen in der Stunde hinunterzudrücken), um sich eine elektrische Stimulierung bestimmter Teile des Hypothalamus zu verschaffen; eine Beschädigung einer anderen Region des Hypothalamus bewirkt, daß ein Tier weitaus mehr frißt als zuvor.

Das *limbische System,* ein untereinander verbundener Komplex kortikaler und subkortikaler Strukturen, die anatomisch mit dem Hypothalamus verwandt sind und ähnliche Funktionen erfüllen, wird erst im 4. Kapitel des 5. Bandes eingehender beschrieben.

Das Mittelhirn besteht zum großen Teil aus einem Gewebe, das als *Retikularsystem* (RAS) bezeichnet wird. Dieser Teil des Gehirns erlangte erhöhte Aufmerksamkeit bei den Forschern, weil er Impulse aussendet, die das Erregungsniveau bzw. die Bereitschaft, auf andere Teile des Zentralnervensystems zu reagieren, steuert (s. 5. Bd.).

Das *Cerebellum* oder *Kleinhirn* ist ein Teil des Rauten- oder Hinterhaupthirns. Es hat einen Kortex ähnlich wie das Großhirn und weist viele Verbindungen zur Großhirnrinde, den Basalganglien und dem Rückenmark auf. Das Kleinhirn spielt eine Rolle bei der Regulierung und Koordination der Bewegungsabläufe.

Dem Aussehen nach ist der *Pons* (die *Brücke*) ein wichtiger Teil des Hinterhirns. Er dient teilweise als Relaisstation für Nervenstränge, die zwischen Groß- und Kleinhirn verlaufen; er enthält aber auch Kernmassen, die Schlaf und Wachen steuern. Die *Medulla oblongata,* das verlängerte Mark, ist der hinterste Teil des Gehirns; seinem Aussehen und seiner Funktion nach hat es Ähnlichkeit mit dem Rückenmark, in das es übergeht. Die dort befindlichen Nuklei spielen eine wesentli-

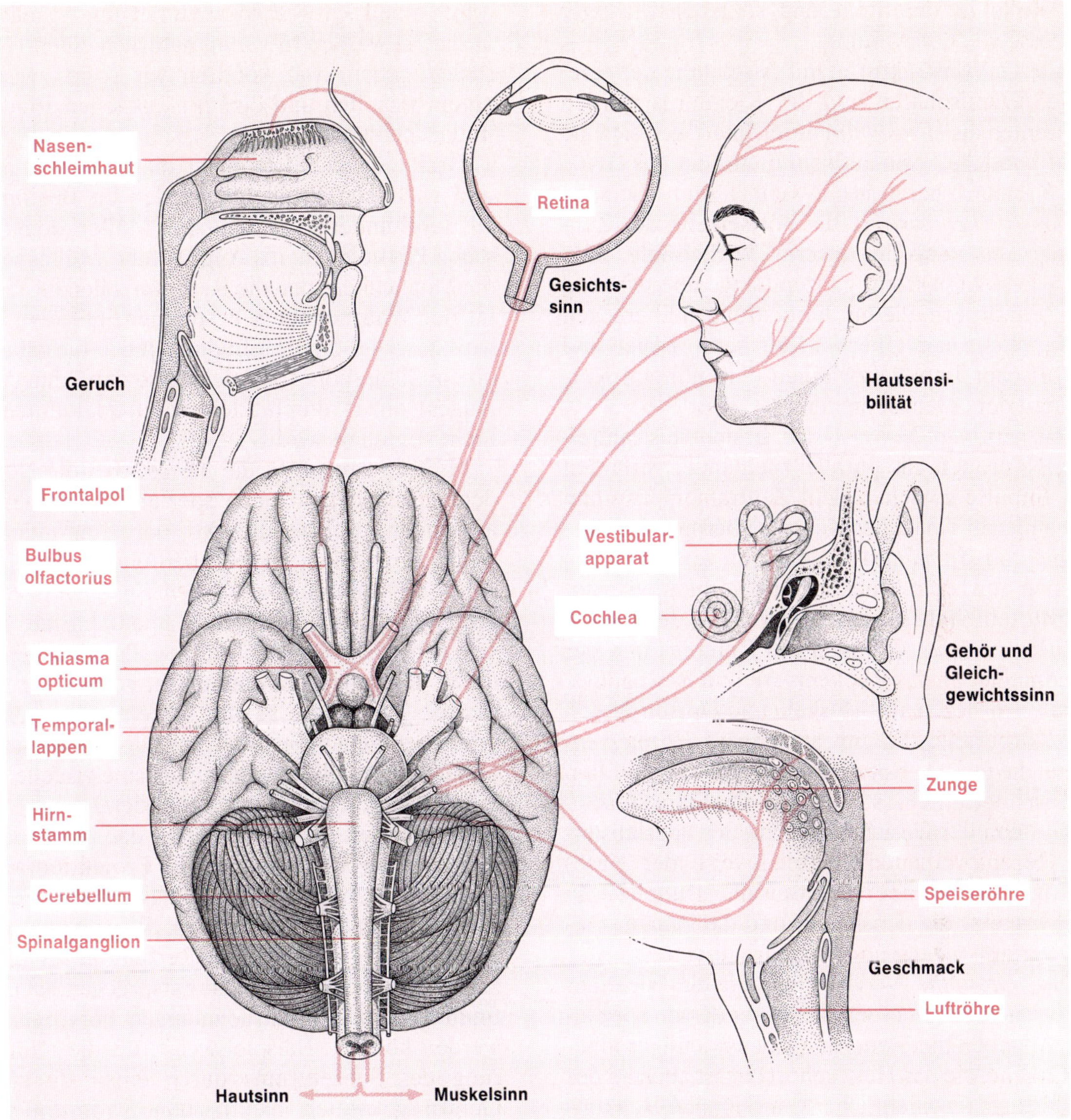

Abbildung 42: Sensorische Bahnen zum Gehirn. Diese Abbildung zeigt das Gehirn von unten, um die Einmündungen besser veranschaulichen zu können. Von hier sieht man deutlicher, daß das Gehirn „bilateral" (zweiseitig symmetrisch) ausgebildet ist. Das Bild gibt nur jeweils eine der beiden Bahnungen wieder. Die neuralen Muster-Botschaften von den Augen, der Nase, der Zunge, den Ohren usw. gehen direkt in das Gehirn; andere, wie die Impulse von der Haut, den Muskeln usw. passieren das Spinalganglion.

che Rolle in der Steuerung so lebenswichtiger Prozesse wie der Atmung.

Alle Gehirnstrukturen mit Ausnahme der zerebralen Hemisphären und des Kleinhirns werden zusammen als *Hirnstamm* bezeichnet, weil sie eine schaftähnliche Form aufweisen, aus der das Groß- und Kleinhirn hervorgesprossen zu sein scheinen.

Das *Rückenmark* ist die Fortsetzung des Zentralnervensystems in unserer Wirbelsäule. Das Mark besteht in seiner ganzen Länge überwiegend aus Zellkörpern, die mit Fasersträngen überzogen sind, welche der Übermittlung sensorischer und motorischer Impulse zwischen dem übrigen Körper und dem Gehirn dienen.

Das *periphere Nervensystem* besteht aus zahlreichen Neuronen, die parallel zueinander verlaufen und Impulse zwischen dem Zentralnervensystem und anderen Teilen des Körpers übermitteln. Eine Reihe von *Spinalnerven,* die auf verschiedenen Ebenen mit dem Rückenmark verbunden sind, übermitteln Sinnesreize von der Haut, den Gelenken und anderen Organen des Rumpfes und der Gliedmaßen an das Rückenmark und Bewegungsimpulse zurück an die Muskeln und Drüsen derselben Körperteile. Es gibt auch zwölf *Hirnnervenpaare,* die neurale Botschaften direkt vom und zum Gehirn übermitteln (s. Abb. 42). Die Sinnesreizleitungen von der Gesichtshaut und den spezialisierten Rezeptororganen (beispielsweise der Nase) benutzen die Hirnnerven. Bewegungsimpulse an die Muskeln, die den Kiefer und die Zunge steuern, verlaufen auch über die Hirnnerven.

Das *autonome Nervensystem* ist ein wichtiger Teilbereich des Nervensystems, zu dessen speziellen Aufgaben die Steuerung lebenswichtiger innerer Organe wie das Herz gehört. Es ist auch an der Auslösung „unwillentlicher" emotionaler Reaktionen beteiligt.

3.7 Spezifisch versus sensorisch

Im 2. Band werden wir uns mit den vielen verschiedenen körperlichen Empfindungen (des Gesichts-, Gehörs-, Geruchs-, Geschmacks- und Tastsinnes) befassen, die wir erleben können, aber zunächst ist es wichtig, die neurale Basis dieser qualitativen Unterschiede im Erleben kennenzulernen. Was ist im Hinblick auf das Gehirn beispielsweise der Unterschied zwischen neuralen Impulsen, die durch eine Lichtwelle bzw. durch eine Schallwelle ausgelöst werden? Es muß natürlich einen Unterschied geben, wie könnten wir sonst zwischen einem visuellen und einem akustischen Eindruck unterscheiden?

Drei mögliche Lösungen dieses interessanten und wichtigen Problems wurden zu Beginn des 19. Jahrhunderts von Johannes Müller, dem deutschen Physiologen, ins Auge gefaßt. Müller schloß die Möglichkeit, daß die Rezeptorzellen die Qualität der Wahrnehmung bestimmen, mit dem Hinweis aus, daß die Empfindung genau dieselbe sei, ob ein Sinnesnerv (beispielsweise der Sehnerv des Auges) direkt durch Elektrizität oder durch ein Licht stimuliert wird.

Müller formulierte die These, daß die Nerven der verschiedenen Sinne spezielle „Botschaften" aussenden, welche die Art der Empfindungen signalisieren. Seine Arbeit betitelte er denn auch „Doktrin von den *spezifischen Energien der Nerven*" [Hervorhebung durch K. und C.]. Eine offensichtliche Schwierigkeit dieser Position besteht darin, daß alle Nervenimpulse, soweit wir jetzt wissen, gleich sind; es gibt keinen physikalischen oder chemischen Test, der uns beispielsweise mitteilen könnte, ob uns ein Impuls eine visuelle oder eine akustische Botschaft signalisiert.

Andererseits wissen wir jetzt, daß die verschiedenen Sinne alle verschiedene Projektionsareale im Kortex haben, also Empfangszentren, die ihre neuralen Impulse registrieren. Wir werden auch sehen, daß durch direkte Reizung jedes dieser kortikalen *Sinneszentren* die entsprechenden Empfindungen bzw. Wahrnehmungen hervorgerufen werden können. Beispielsweise ruft die Stimulierung des Sehzentrums durch einen direkt ins Gehirn geleiteten elektrischen Stromstoß eine Lichtempfindung hervor (s. Box 1/8, S. 134). Dies gilt nicht nur für sehfähige Personen, sondern auch für Blinde. Entscheidend sind somit weder die Rezeptorzellen noch die Nerven, die diese mit dem Kortex verbinden; welche spezielle Sinneswahrnehmung wir haben, hängt vielmehr davon ab, welche spezielle Partie der Großhirnrinde stimuliert wird. Während Lichtempfindungen durch Aktivierung des Sehzentrums ausgelöst werden können, werden akustische Wahrnehmungen durch Stimulierung des Gehörzentrums im Kortex hervorgerufen.

Die Phänomene, die wir erörtert haben, deuten darauf hin, daß die Qualität jedes einzelnen Sinnes von der Stelle im Kortex abhängt, mit der die Sinnesnerven verbunden sind. Ein Großteil des übrigen Gehirns ist dabei ebenfalls aktiv, aber die Aktivität wird geprägt durch die Stimulierung eines bestimmten Sinneszentrums im Kortex. Wir können somit sagen, daß es eine „sensorische Lokalisierung" in der Großhirnrinde gibt.

3.8 Die neurale Steuerung des Verhaltens

Das Verhalten eines Individuums in jedem Augenblick ist ein Produkt der aktiven Muskel- und Drüsenzellen, und die Reaktionen der Muskel- und Drüsenzellen werden ihrerseits durch die Aktivität des Nervensystems bedingt. Obwohl das gesamte Zusammenspiel der Aktivität des Nervensystems die resultierenden Reaktionen beeinflußt, wirken sich alle diese Einflüsse auf das Verhalten nur durch Steuerung der motorischen Nerven aus.

Die motorischen Neuronen stimulieren die Muskeln zu den vielen Arten von Aktivität, deren sie fähig sind – den Bewegungen des Gehens, Atmens, der Augen, des Sprechens usw. Bündel motorischer Neuronen und verwandter Zellen im Rükkenmark sind fähig, die eine oder andere der Bewegungen zu organisieren, die einem bestimmten Muskel oder einer Muskelgruppe möglich sind. Aber was bewirkt, daß diese Bündel motorischer Nervenzellen bestimmte Bewegungen ausführen?

Die Hirnzellen, die Anweisungen an die motorischen Neuronen senden, entspringen überwiegend entweder im Retikularsystem und in anderen Kernmassen des Mittelhirns oder in der Großhirnrinde. Ein Großteil des Beitrags der Großhirnrinde stammt direkt aus einer bestimmten Region, dem sogenannten *Bewegungszentrum* (s. Abb. 41, S. 130). Diese verschiedenen Ausgangsstationen werden selbst von verschiedenen Quellen stimuliert bzw. gesteuert. Das Mittelhirnsystem wird durch Prozesse im Kleinhirn und in den Basalganglien beeinflußt. Das kortikale Bewegungszentrum wird indirekt durch alle anderen Regionen der Großhirnrinde über eine Leitung stimuliert, an die auch die Basalganglien und Teile des Thalamus angeschlossen sind. Eine präzise Differenzierung des relativen Beitrags jeder dieser Teile des Nervensystems ist noch nicht möglich, aber alle Teile scheinen wichtig zu sein. Es wurden Versuche unternommen, die Steuerung der Fein- und Grobmotorik sowie willentlicher und unwillentlicher Bewegungen verschiedenen Subsystemen zuzuordnen, aber es bleiben noch viele Ungewißheiten. (Es ist bekannt, daß jede Krankheit, die Teile des Kleinhirns, der Basalganglien oder damit verbundener Mittelhirnstrukturen beschädigt, Bewegungsstörungen wie Zittern oder große Schwierigkeiten bei der Ausführung willentlicher Bewegungen usw. auslösen kann.)

3.9 Physiologische Psychologie

Verschiedene spezifische Aspekte der psychologischen Vorgänge, die an Denkprozessen und am Verhalten beteiligt sind, werden in den folgenden Bänden behandelt. Einige dieser Abschnitte befassen sich speziell mit den anatomischen Strukturen und den physiologischen Vorgängen, die mit psychologischen Geschehnissen zusammenhängen, wobei ausführlicher Gebrauch von dem hier präsentierten Material gemacht wird. Befunde, die durch das Studium der physiologischen Grundlagen der Psychologie gewonnen wurden, und jene, die durch die Erforschung der psychologischen Prozesse selbst abgeleitet wurden, müssen sich miteinander decken. Mit anderen Worten, psychologische Beobachtungen sollten zur Gewinnung physiologischer Erkenntnisse beitragen und vice versa.

Das Studium der *Physiologischen Psychologie* – die Erforschung der physiologischen Vorgänge und der anatomischen Strukturen, die psychischen Geschehnissen zugrundeliegen – hat sich in den letzten Jahren stärker entwickelt und größere Fortschritte erzielt als die Forschungstätigkeit in fast allen anderen Teilbereichen der Psychologie. Viele faszinierende Entdeckungen sind durch die Entwicklung neuer chemischer, physiologischer und anatomischer Techniken angeregt und unterstützt worden, und diese haben mit Recht die Aufmerksamkeit sowohl der Laien als auch der Wissenschaftler erregt. Dabei hat sich eine Zweiteilung herausgebildet, die bereits der Begründer der „Psychophysik", Gustav Theodor Fechner (1801–1887) vornahm: in der „äußeren Psychophysik" sollten alle somatischen und psychischen Abläufe, gleichgültig, welchen *unmittelbaren* oder *mittelbaren* Bezug sie zueinander haben, untersucht werden: „Ihre Beschreibung und Erklärung kommt der *physiologischen Psychologie* zu, die somit als

BOX 1/8

... und die Tauben hören

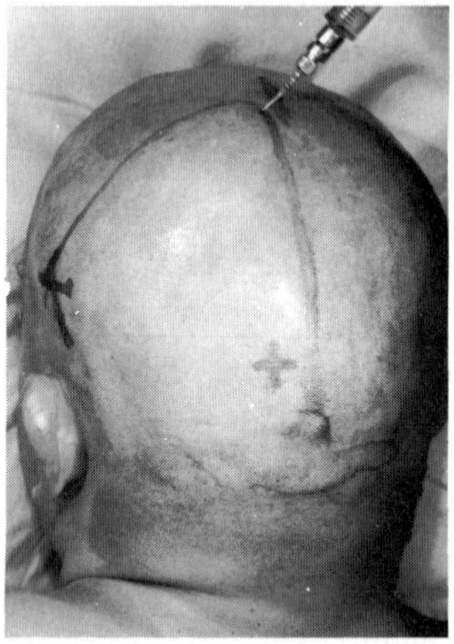

A

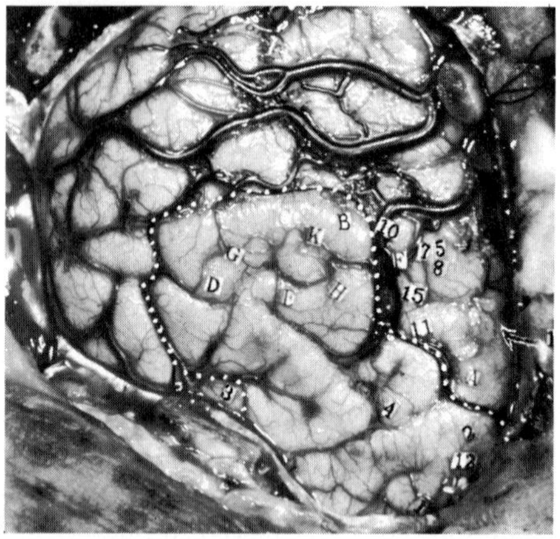

B

Viele wichtige Informationen über das menschliche Gehirn wurden durch das Studium von Patienten gewonnen, die sich Operationen zur Entfernung abnormalen Gewebes wie Tumore oder Vernarbungen unterziehen mußten. Solche Operationen werden oft unter Lokalanästhesie durchgeführt, wobei der Patient während des ganzen Verlaufs bei vollem Bewußtsein ist.

Bei dem hier abgebildeten Verfahren wird die Schädeldecke geöffnet (Abb. A) und das Gehirn dann freigelegt (Abb. B). Der Chirurg möchte so viel abnormales Gewebe wie möglich entfernen, bei geringstmöglicher Störung der normalen Funktionen. Es werden deshalb zunächst Punkte auf dem Kortex durch elektrischen Strom gereizt, die Wirkung des Stromstoßes wird notiert und eine kleine Markierung an den betreffenden Punkten des Gehirns angebracht (Abb. B). Auf diese Weise gewinnt man eine Vorstellung von der Funktionsweise der verschiedenen Teile, und der Chirurg kann, sofern es überhaupt möglich ist, vermeiden, wesentliche Partien wie das Sprachzentrum zu entfernen. (Die Lokalisierung der Funktionen ist teilweise individuell verschieden, bei manchen Menschen sogar extrem, so daß es sich empfiehlt, bei jedem Patienten eine solche Untersuchung vorzunehmen.)

Die Stimulierung der motorischen Zentren des Gehirns kann eine Bewegungsreaktion auslösen oder sich verändernd auf bestimmte Bewegungen auswirken. Wie aufgrund der Doktrin, wonach Nerven über bestimmte Energie verfügen, zu erwarten, löst die Stimulierung anderer Regionen Sinneswahrnehmungen aus. Es wurden separate Regionen für die verschiedenen Sinne entdeckt (s. Abb. 41, S. 130).

Innerhalb eines Sinneszentrums ruft die Reizung verschiedener Punkte durch verschieden starke Stromstöße recht unterschiedliche Eindrücke hervor (beispielsweise „einen kreisrunden Lichtschein" oder „winzige farbige Lichter, die sich bewegen"). Diese Ergebnisse haben sich

das umfassendere Gebiet anzusehen ist, welches die Neuropsychologie einschließt" (Guttmann, 1972). Die heutige Neuropsychologie übernimmt die Aufgabenstellung, die seinerzeit Fechner der „inneren Psychophysik" als einer Lehre „von den unmittelbaren funktionellen Beziehungen zwischen Seele und Körper" zuschrieb. Damit deckt sich dieses Gebiet mit dem „psychophysischen Grundproblem" oder dem sogenannten Leib-Seele-Problem. Deren Fragestellung lautet: Wie entsteht Psychisches auf der Basis der Nervenprozesse?

Die zeitgenössische Neuropsychologie (Benesch, 1980) erklärt ihren Zusammenhang auf der Basis von Kybernetik (Steuerungstheorie von sich selbst organisierenden Systemen) und Semiotik (Lehre der Mustererkennung in bedeutungshaltigen Systemen). Die vorher beschriebenen Pro-

als nützlich für ein grundlegendes Verständnis erwiesen, wie die Rezeptoren mit dem Gehirn verbunden sind und wie das Gehirn funktioniert. Es besteht jetzt die Hoffnung, daß dieses Grundlagenwissen zu äußerst wichtigen Zwecken verwendet werden kann, z.B. um den Blinden das Sehen und den Tauben das Hören näherzubringen.

Forscher arbeiten beispielsweise gegenwärtig an Geräten, die wie ein „künstliches Ohr" funktionieren würden. Dieses Verfahren basiert auf der Umwandlung von akustischen Wellen in elektrische Stromimpulse, die in Elektroden geleitet werden und verschiedene Teile des akustischen Kortex oder des Nervs, der aus dem Ohr in diesen führt, stimulieren. Jemand, der aufgrund einer Erkrankung des Ohres ertaubt ist, könnte auf diese Weise wieder „hören". Bei diesem Forschungsvorhaben sind jedoch noch viele Probleme zu lösen, insbesondere wenn eines Tages die Nuancierungen der menschlichen Sprache mit Hilfe dieser Methode übermittelt werden sollen. Fortschritte zeichnen sich jedoch schon ab: M. Mladejovsky und seine Mitarbeiter haben einen Patienten studiert, in den fünf Elektroden an verschiedenen Punkten implantiert worden waren. Die durch die verschiedenen Elektroden gesandten Stromstöße riefen bei dem Patienten Töne hervor, die er bei fast allen Versuchen als unterschiedlich hoch identifizieren konnte.

W. H. Dobelle, S. S. Stensaas, M. G. Mladejovsky u. J. B. Smith: A prosthesis for the deaf based on cortical stimulation. *Annals of Otology, Rhinology and Larynology,* July-August 1973, *82,* Nr. 4, 445.

Photos courtesy W. Penfield, Montreal Neurological Institute, McGill University.

zesse im Neuron bilden (wie dargestellt) zwei Musterkategorien: die *rhythmischen* Entladungen im Einzelneuron und die variablen Übersprünge von Neuron zu Neuron, die veränderliche *figurale* Netzwerke ergeben. Diese Muster (engl. pattern) sind die Klammer in der psychophysischen Abfolge: Träger-Muster-Bedeutung. Der *somatische* Träger steht für die elektrochemischen Abläufe im Nervensystem. Die *psychische* Bedeutung ist die Gesamtheit aller psychischen Prozesse. Wie entsteht nun prinzipiell aus dem Nervengeschehen Psychisches?

Die Trägerprozesse sind in jedem Fall bestimmte Muster. Als solche sind sie – wie z.B. auch das Muster Melodie in der Musik – abhebbar von einem Träger zum nächsten. Da der Mensch in der Umwelt als einem Musterfeld steht, können sich diese (sozialen) Muster mit den inneren (physiologischen) Mustern grundsätzlich überdecken. Sie sind dadurch von der materiellen Grundlage weniger abhängig. Die zweite Verbindung zwischen Muster und Bedeutung ist ebenfalls „arbiträr", d.h. teilweise unabhängig. Denn Muster können durch Übereinkünfte in ihrer Bedeutung gewandelt werden: z.B. bedeutet das Muster Kopfnicken in der Mehrzahl der Länder Bejahung, jedoch in einer Minderzahl Verneinung. Die Bedeutungen sind also teilweise von ihrem Substrat (dem Nervensystem) über die Musterbildung frei. Dieser „Mustertransfer" erklärt einen bislang unklar gebliebenen Grundwiderspruch: Pychisches ist sowohl *somatisch* wie *immateriell,* abhängig wie unabhängig vom Nervensystem.

Die Forschungen auf dem Gebiet der Neuropsychologie konzentrieren sich demzufolge auf die Musterbildungen im Nervengeschehen in ihrer Zielrichtung auf eine „Mustererkennung" im Zusammenhang von Träger-Muster-Bedeutung. Die Psychologie als Wissenschaft beteiligt sich letztlich in jeder Form, in der sie betrieben wird, in einem jeweils ihr zukommenden Ausschnitt am Kontinuum von den physischen Grundlagen bis zu den psychischen Ereignissen im Erleben, Verhalten und der rückbezüglichen Erfahrung aus beiden.

Zusammenfassung

1. Die drei Einflußgrößen des menschlichen Verhaltens – genetische Programmierung, soziale Umweltkonditionierung und kognitive Selbststeuerung – vermitteln jeweils mit unterschiedlichen Kontingenzen im einheitlichen System jede einzelne Verhaltenssequenz.

2. Die genetische Ausstattung wird bei der Zeugung durch eine bestimmte Kombination, ausgewählt aus mehr als 60 Billionen möglichen Kombinationen, von 23 Chromosomen von jedem Elternteil (insgesamt 46 Chromosomen) gebildet. Die Chromosomen bestehen aus einer Reihe von Genen, von denen

jedes eine Spielart der komplexen chemischen Substanz DNS enthält. Die Gene bestimmen die ererbten Merkmale.

3. Die Gene wirken steuernd auf die Produktion von Enzymen und anderen Proteinen, die ihrerseits die Anatomie des Körpers bestimmen und seine chemischen Funktionen lenken. Gene interagieren durch die Mechanismen der Dominanz bzw. Rezessivität oder durch den alternativen Mechanismus der Kodominanz. Der Phänotypus (die beobachtbaren Merkmale) eines Menschen ist nur eine teilweise Manifestation seines oder ihres Genotypus' (der Gene, die man besitzt und deshalb an die Nachkommen weitergibt). Eine andere Form der Interaktion zeigt sich in polygenen Merkmalen, die durch viele verschiedene Gengruppen bestimmt werden.

4. Eineiige Zwillinge sind zwei Individuen, die sich aus einer einzigen Zygote entwickeln und daher genetisch identisch sind. Im Gegensatz dazu entstehen zweieiige Zwillinge aus zwei verschiedenen Eiern oder Ova und sind deshalb genetisch nicht ähnlicher als jede andere Kombination von Brüdern oder Schwestern. Selbst völlig „unverwandte" Individuen können viele Gene miteinander gemein haben, denn in bezug auf viele Merkmale sind alle Menschen einander gleich.

5. Manche Angehörige einer Spezies sind generell fähiger als andere, ein erfolgreiches Leben zu führen und ihre Gene an Nachkommen weiterzugeben, die ihrerseits lebenstüchtig sind. Anpassungsfähigkeit an neue oder sich wandelnde Umweltbedingungen ist oft eine Voraussetzung des Überlebens.

6. Die eine Spezies, der alle Menschen angehören, zählt zu den etwa 200 Spezies der Primaten. Verglichen mit anderen Säugetieren kommt dem Gesichtssinn bei den Primaten im allgemeinen größere Bedeutung zu als dem Geruchssinn. Ihre (relative) Gehirngröße überragt die anderen Spezies. Die Primaten haben in der Regel eine kleinere Zahl von Nachkommen, die längere Zeit bei der Mutter bleiben.

7. Die Charakteristika der Primaten haben sich im Laufe der 70 Millionen Jahre ihrer Evolution langsam entwickelt. Der *Australopithecus* trat vor etwa 6 Millionen Jahren auf. Er war zweifelsfrei ein Angehöriger des menschlichen Zweiges der Primatenfamilie (im Gegensatz zu den Menschenaffen). Er ging auf den hinteren Gliedmaßen; als die frühesten Angehörigen der Gattung *Homo* auftraten (vor etwa 4 Millionen Jahren), hatten sie schon unseren heute üblichen Gang.

8. Ein wichtiger Aspekt der Entwicklung von den primitiven Primaten über den *Australopithecus* und den frühesten *Homo* zu unserer eigenen Spezies, dem Homo sapiens, war die Zunahme von Größe und Durchstrukturierung des Gehirns, mit der auch eine Steigerung der kognitiven Fähigkeiten (Anfertigung und Gebrauch von Werkzeugen) und der soziokulturellen Komplexität (Zusammenleben in Gruppen, Fürsorge für die Alten, religiöse Gebräuche) einherging.

9. Das Großhirn, das so wichtig für die psychologischen Funktionen des Menschen ist, bildet den wichtigsten Teil unseres Nervensystems. Dieses System besteht aus Milliarden von Neuronen (Nervenzellen), von den jeder in der Regel einen Zellkörper und einen oder mehrere Fortsätze einschließlich eines relativ langen und dünnen Axons hat.

10. Die neurale Aktivität beginnt mit der Stimulierung der Außenhaut (der Zellmembran) eines Neurons in einer Region, die als dendritische Zone bezeichnet wird. Die Reizung eines Punktes des Axons kann Veränderungen in der Membran an benachbarten Punkten hervorrufen; diese Veränderungen wirken dann ihrerseits als Reiz und rufen weitere Veränderungen an umliegenden Punkten hervor. Auf diese Weise kann ein auf einen Punkt der dendritischen Zone ausgeübter Reiz relativ weit weg, am Ende des Axons, eine Wirkung hervorrufen.

11. Die durch einen Reiz hervorgerufene Veränderung in der Nervenmembran besteht aus der Bewegung von Ionen über die Membran. Dieser Nervenimpuls kann als ein über das Neuron verlaufender elektrischer Ausschlag gemessen werden. Die Reizung eines Neurons muß eine bestimmte Intensität (oder Schwelle) erreichen, bevor ein Impuls produziert wird; aber die Stärke eines Impulses erhöht sich nicht durch weitere Verstärkung des Reizes, wenn der Impuls bereits oberhalb der Schwelle liegt (Alles-oder-Nichts-Gesetz).

12. Das Ende eines Axons verzweigt sich in Endköpfchen, von denen sich jedes an die dendritische Zone eines anderen Neurons annähert. Diese Verbindungsstellen heißen Synapsen. In den Axonendköpfchen befinden sich Strukturen, die sogenannten synaptischen Bläschen, die chemische Substanzen, sogenannte Transmitter enthalten. Wenn sich eine erregende Transmittersubstanz in den synaptischen Zwischenraum ergießt, kann sie auf die dendritische Zone des nächsten Neurons übergreifen und dieses aktivieren. Manche Transmitter wirken jedoch hemmend. Die erregenden und die hemmenden Synapsen bilden in ihrem Zusammenspiel variabel verschaltbare neuronale Netzwerke.

13. Die Neuronen sind selbst bei einem schlafenden Organismus nicht passiv und untätig. Ein dem Organismus verabreichter Reiz wirkt eher *verändernd* auf die beiden Erregungsmustergruppen – *rhythmische* Impulsleitung und *figurale* Netzwerke – als diese zu aktivieren. Jeder einzelne Reiz tritt im Zusammenspiel mit einem riesigen Komplex vieler anderer Reize auf, so daß sich die Wirkung eines Reizes gewöhnlich über weite Teile des Nervensystems als Netzwerksysteme erstreckt. Das Nervensystem kann selbst eine gewissen Kontrolle über die Wirkung eines Reizes ausüben, indem es erregende oder hemmende Einflüsse an den Synapsen der Reizleitung produziert, die der Stimulus passieren muß. Ein Elektroenzephalogramm (EEG) ist eine Aufzeichnung elektrischer Wellen im Gehirn, die an der Außenseite des Kopfes gemessen werden können.

14. Das Zentralnervensystem besteht aus dem Rükkenmark und dem Gehirn. Das Vorderhirn schließt das Großhirn (Cerebrum) mit dem Kortex (der Großhirnrinde), dem Thalamus (der als Relaisstation sensorischer Informationen von den Rezeptoren zum Kortex dient) und dem Hypothalamus (der an der Steuerung von Motivationen und Emotionen beteiligt scheint) ein. Das Mittelhirn enthält einen Teil des Retikularsystems, welches das Erregungsniveau anderer Teile des Nervensystems kontrolliert. Das Hinter- oder Rautenhirn besteht aus dem Kleinhirn (Cerebellum), das zur Regulierung und Koordinierung der Motorik beiträgt, der Brücke (Pons) und dem verlängerten Mark (Medulla oblongata).

15. Das periphere Nervensystem besteht aus den Spinalnerven (die sensorische und motorische Impulse zwischen dem Rückenmark, dem Rumpf und den Gliedmaßen befördern) und den Hirnnerven (welche neurale Botschaften direkt vom und zum Gehirn leiten). Die Stimulierung verschiedener Sinnesnerven ruft verschiedene sensorische Eindrücke hervor, aber nicht aufgrund von Unterschieden in den Rezeptorzellen oder wegen unterschiedlicher Impulse in den verschiedenen Nerven. Unterschiedliche Sinneswahrnehmungen kommen vielmehr dadurch zustande, daß die einzelnen Nerven in verschiedenen Teilen des Gehirns enden und dadurch verschiedene Teile des Kortex aktivieren.

16. Die Stimulierungen eines Organismus und ihre Auswirkung auf die vorhandenen Erregungsmuster im Nervensystem können das Verhalten des Organismus durch Steuerung der neuralen Reaktionen in den Bewegungsnerven beeinflussen. Das Bewegungszentrum des Kortex und bestimmte Nuklei des Mittelhirns, Partien, die selbst von vielen anderen Systemen im Gehirn beeinflußt werden, haben Faserstränge, welche die für die Bewegungskontrolle zuständen Zellgruppen im Rückenmark miteinander verbinden; sie rufen auf diese Weise die Muskel- und Drüsentätigkeit hervor, die man als Verhalten bezeichnet.

17. Die Erregungsmuster bilden den „Transfer“ zwischen den somatischen Abläufen im Nervensystem und den psychischen Bedeutungen im Erleben. Da – zum einen – die Muster ähnlich wie die musikalischen Melodien transportabel von einem Träger (z.B. der physikalischen Außenwelt) zum anderen Träger (z.B. dem physiologischen Nervengeschehen) sowie – zum anderen – durch Konventionen in ihrer Bedeutung veränderbar sind, ist das Psychische über dieses dreistufige Kontinuum von Träger-Muster-Bedeutung sowohl abhängig wie unabhängig von seiner neuronalen Grundlage.

Glossar

Abhängige Variable: Eine Messung eines zu untersuchenden Verhaltensaspekts, die der Experimentator vornimmt, um die Auswirkungen der unabhängigen Variablen festzustellen.

Absoluter Nullpunkt: Von einem Meßinstrument, dessen Einheiten von einem wirklichen Nullpunkt ausgehend numeriert sind, sagt man, daß es eine absolute Null als Ausgangspunkt habe. Ein solches Instrument steht im Gegensatz zu einem Meßinstrument, dessen numerierte Einheiten in einer nicht festgelegten Entfernung vom Nullpunkt beginnen. Die Fahrenheit- und Celsius-Thermometer und die meisten Intelligenz- und Persönlichkeitsskalen sind Illustrationen der letztgenannten Art von Meßinstrumenten. Wenn ein Meßinstrument keinen absoluten Nullwert als Ausgangspunkt hat, können wir keine unmittelbaren Verhältnisvergleiche der Ergebnisse vornehmen; das heißt wir können nicht sagen, daß ein Meßwert von 50 auf einem solchen Instrument den doppelten Wert aufweise wie ein Ergebnis von 25 und so weiter.

Adoleszenz (Jugendalter): Das Alter zwischen Pubertät und Erwachsenheit. Obwohl der Beginn der Adoleszenz ziemlich genau bestimmt werden kann (da er durch das spezifische physiologische Kriterium der sexuellen Reife definiert ist), kann das Ende der Adoleszenz nur annähernd festgelegt werden, weil es keine eindeutige Unterscheidung zwischen Adoleszenz und Erwachsensein gibt.

Alles-oder-Nichts-Gesetz: Dieser Terminus bezieht sich auf die Tatsache, daß jeder Nervenimpuls die maximale Intensität aufweist, welche die Zelle zum gegebenen Zeitpunkt produzieren kann. Die Intensität des Reizes, der die Entladung auslöst, bleibt ohne Wirkung auf die Intensität des Impulses.

Alphawelle: Die Wellenform des EEG, die für einen ruhenden Organismus kennzeichnend ist. Sie haben beim Menschen eine Frequenz von 8 bis 12 pro Sekunde.

Aktionspotential: Die elektrische Energie, abgegriffen an den Membranen der Nervenzellen (overshoot) bei überschwelliger Reizung, die nach dem Alles-oder-nichts-Gesetz (s. d.) ausgelöst wird und mit Nachpotentialen ausklingt.

Aktivationspsychologie: Eine neuere allgemeine Disziplin der Psych., in der ältere Bereiche (z. B. die Aufmerksamkeit) und neuere (z. B. das Systemhandeln) unter dem Leitgedanken der funktionalen Reaktion zusammengefaßt werden. In der A. sollen Beschreibungen und Erklärungen des menschlichen Aktivwerdens erfolgen.

Angewandte Psychologie: Teilbereich der Psych., welcher die praktische Anwendung psychologischer Erkenntnisse in beruflicher Hinsicht und die wissenschaftliche Grundlegung dieser Anwendung umfaßt. Hauptbereiche der A. Ps. sind u. a. Klinische Ps., Organisationsps., Arbeitsps., Betriebsps., Berufsps., Verkehrps., Forensische Ps., Wirtschaftsps., Medienps., Freizeitps., Werbeps., Kulturps. (vgl. Bd. 8).

Artbildung: Die Entstehung neuer Spezies, so wenn sich eine vorhandene Spezies in zwei Gruppen teilt, die genetisch so verschieden voneinander werden, daß sie sich nicht mehr paaren können oder wollen.

Australopithecus: Frühe Vorfahren des menschlichen Zweiges am Stammbaum der Primaten. Sie waren Zweifüßler, und ihr Gehirn war im Vergleich zur Körperlänge größer als das von Menschenaffen.

Axon: Der lange dünne Fortsatz eines Neurons. Ein Nervenimpuls wird in der Membran des Axons produziert und passiert dessen gesamte Länge.

Axonendköpfchen: Die kleinen Zweige, in die sich das Ende des Axons oder Neurits verästelt. Die Endköpfchen nähern sich der dendritischen Zone anderer Zellen als tellerförmige Verdickungen und bilden mit dieser eine Synapse.

Das autonome oder vegetative Nervensystem: Die Gesamtheit der dem Einfluß des Willens und dem Bewußtsein entzogenen Nerven und Ganglienzellen, die der Regelung der Lebensfunktionen (Atmung, Verdauung, Stoffwechsel, Sekretion, Wasserhaushalt usw.) dienen und das harmonische Ineinandergreifen der Tätigkeiten der einzelnen Teile des Körpers gewährleisten.

Basalganglien: Gewebestrukturen tief im Inneren des Großhirns. Sie bestehen überwiegend aus Nervenzellkörpern und bilden einen Teil des Nervensystems, das zur Steuerung der Bewegungsreaktionen beiträgt.

Biofeedback: Gesamtheit der apparativ übertragenen Rückmeldungen physiologischer Vorgänge (u.a. Herzfrequenzen, Muskeltonus) als optische, akustische usw. Signale zum Zweck einer bewußten Steuerung dieser automatischen Abläufe.

Black box: Schwarzer Kasten, eine Veranschaulichung (W. R. Ashby) der psychol. Untersuchungssituation, bei der der input (Reizung) und der output (Aktion) offenkundig, aber die internen Veränderungen zwischen beiden (intervenierende Variable) nicht offensichtlich sind und deshalb erschlossen werden müssen.

Chi-Quadrat-(χ^2)-Verfahren: Mit ihm sollen die Häufigkeitsverteilungen bei statistischen Analysen ermittelt werden. Beim eindimensionalen χ^2-Test wird geprüft, ob ein Merkmal gleich- oder normalverteilt ist – beim zweidimensionalen werden Merkmalskombinationen nach ihrer Häufigkeit verglichen – im mehrdimensionalen (z.B. in der Konfigurationsfrequenzanalyse), welche Merkmalskombinationen unter- bzw. überrepräsentiert sind.

Clusteranalyse: Statistische Verfahren zur Bildung von Ähnlichkeitsgruppen nach Untersuchungsobjekten oder Variablen.

Corpus callosum: (Balken, die auffälligste Kommissur des Vorderhirns).

Corpus geniculatum laterale: Die Kernmassen (Nuklei) des Thalamus (eine in jeder Gehirnhälfte), die Nervenimpulse von den Augen empfangen und Impulse an das Sehzentrum in der Großhirnrinde entsenden.

Corpus geniculatum mediale: Der thalamische Kern (Nukleus), der akustische Nervenimpulse von den Ohren empfängt und Impulse in das Gehörzentrum der Großhirnrinde entsendet.

Chromosomen: Fadenartige Körper verschiedener Größe und Form, die in gleichen Paaren auftreten und in den tierischen und menschlichen Zellkörpern vorkommen. Normale menschliche Zellen (außer den Geschlechtszellen) enthalten 23 Chromosomenpaare, insgesamt also 46 Chromosomen. Die Chromosomen bestehen aus den Genen.

Crossing-Over: (**Chiasmatypie,** Faktorenaustausch) bezieht sich auf die Tatsache, daß ein Segment eines Chromosoms abbrechen kann und dann durch ein korrespondierendes Segment des Chromosoms ersetzt werden kann, mit dem es gepaart ist. Die Gene bleiben somit nicht immer in ihren ursprünglichen Chromosomen.

Dendriten: Die relativ kurzen und dicken Fortsätze einer Nervenzelle, die einen großen Teil der dendritischen Zone der Zellmembran einnehmen.

Dendritische Endköpfchen: Kleine, tellerförmige Ausläufer am Ende der Dendriten. Die Endköpfchen bilden mit den dendritischen Zonen der nachfolgenden Zellen die erregungsleitenden Synapsen.

Dendritische Zone: Der Teil der Nervenzellmembran, der auf den Empfang von Reizen entweder aus einer äußeren Quelle, einer Rezeptorzelle oder einer anderen Nervenzelle spezialisiert ist. Ausreichende Stimulierung der dendritischen Zone führt zur Produktion eines Nervenimpulses im Axon.

Desoxyribonukleinsäure (DNS): Eine komplexe chemische Substanz, bestehend aus vier verschiedenen Arten von Bausteinen, die auf viele verschiedene Weisen miteinander kombiniert sein können.

Differenzierung: In Wachstumsuntersuchungen versteht man darunter die allmähliche Einengung des Verhaltens von einem Bündel massiver gleichzeitiger Reaktionen auf eine geringere Zahl begrenzter und einzeln beherrschter Reaktionen.

Diskriminanzanalyse: Sie ist eine multivariate Methode zur Überprüfung von Unterschieden zwischen mehreren Stichproben, falls diese durch mehrere abhängige Variablen gekennzeichnet sind. Dabei soll unterschieden werden, wie wichtig die unterschiedlichen Werte der abhängigen Variablen für die Trennung der Stichproben sind.

Doppelblindverfahren: Eine Versuchsanordnung, die insbesondere beim Studium der Wirkung von Medikamenten allgemein üblich ist und bei der weder die Probanden noch der Versuchsleiter wissen, welche Vpn eine Behandlung erhalten (d.h. mit aktiven Medikamenten) und welche Plazebos bekommen. Auch in Untersuchungen gebräuchlich, in denen verfälschende Wirkungen durch Erwartungen oder den Wunsch zu gefallen möglich sind.

Durchschnitt oder zentrale Tendenz: Ein Mittelwert zwischen den Extremen einer Gruppe von Meßwerten. Es gibt viele verschiedene Arten von Durchschnittswerten. Zu den gebräuchlicheren zählen Mittel-, Median- und Modalwert. Diese drei Meßwerte müssen, selbst wenn sie auf denselben Ergebnissen basieren, nicht identische Maßzahlen ergeben, obwohl sie auf einer vollkommen symmetrischen Häufigkeitskurve liegen. Jede

Maßzahl der zentralen Tendenz hat eine etwas andere Bedeutung.

Effektgröße: Mit dieser Größe werden die Erwartungen zur Alternativhypothese je nach Korrelation, Unterschied oder Veränderung von Variablen angegeben. Sie ist bedeutsam für die Abschätzung der Reichweite empirischer Ergebnisse.

Eineiige Zwillinge: Zwei Individuen, die sich aus einem segmentierten befruchteten Ovum (Zygote) entwickelt haben. Im Gegensatz zu zweieiigen Zwillingen sind eineiige genetisch miteinander identisch. Sie sind von großem Interesse für die psychologische Forschung, die den Einfluß hereditärer Faktoren auf das Verhalten untersucht.

Elektroenzephalogramm (EEG): Die Aufzeichnung der Aktionsströme des Großhirns (Gehirnwellen), die an der Schädeldecke gemessen werden.

Elektrophysiologische Methoden: Die Methoden der physiologischen Psychologie, die sich mit den elektrischen Vorgängen in den Nerven befassen. Zu diesen Techniken zählen die Messungen des EEG sowie Messungen evozierter Potentiale in Relation zu verschiedenen Zuständen des Organismus sowie die Messung der Reaktionen eines Organismus auf künstliche Stimulierung.

Elterliche Investition: Die Energiemenge, die ein Elternteil zur Sicherung des Überlebens seiner Nachkommen aufwendet. Dies ist ein wichtiges Konzept der Soziobiologie (so kann beispielsweise die Mutter eine größere elterliche Investition aufbringen als der Vater).

Embryo: Ein Jungtier in den Frühstadien der Entwicklung im mütterlichen Körper. Beim Menschen bezeichnet man mit diesem Wort das ungeborene Kind bis zum Ende der siebenten Woche nach der Empfängnis.

Emotionspsychologie: Teilgebiet der Psychologie, das sich mit den emotionalen Erscheinungen wie den Gefühlen, Stimmungen, Affekten, aber auch allgemeinen Erregungszuständen (arousal) beschäftigt.

Entwicklung: Sie umfaßt das somatische Wachstum und die psychische Reifung als irreversiblen Ablauf von der Kindheit, Jugend (Adoleszenz) über das Erwachsenenalter bis zu den Rückentwicklungen im Alter.

Entwicklungspsychologie: Sie wird hauptsächlich als ontogenetische Entwicklungspsychologie verstanden, die sich mit der lebenslangen Entwicklung (s.o.) des Einzelmenschen beschäftigt. Die phylogenetische (stammesgeschichtliche) wird zumeist als Vergleichende Entwicklungspsychologie betrieben, bei der es hauptsächlich um Vergleiche zwischen tierischen (bzw. vorgeschichtlichen) Gehirnen und den entsprechenden psychischen Leistungen geht.

Erblichkeit: Ein statistischer Meßwert des Beitrags der Vererbung zu beobachtbaren Unterschieden zwischen Individuen im Hinblick auf ein bestimmtes Merkmal (technisch gesprochen: der auf die Vererbung entfallende Anteil der Gesamtvariation). Der praktische Nutzen dieses Werts in der menschlichen Verhaltensgenetik wird von manchen Genetikern in Frage gestellt.

Evoziertes Potential: Die Veränderung der elektrischen Aktivität des Nervensystems, hervorgerufen durch einen Reiz, der einem Organismus dargeboten wird.

Experiment: Bei diesem wissenschaftlichen Versuch kommt es auf eine Reihe von einzuhaltenden Versuchsbedingungen an, die zumeist auf die folgenden bezogen sind: Planmäßigkeit (Aufstellung von Hypothesen, Versuchspläne etc.), Objektivität (Vermeidung suggestiver Beeinflussung), Wiederholbarkeit (Replikation), Variierung (Veränderung von Ausgangsbedingungen), Standardisierung (Festlegung der Gütekriterien, Prüfbarkeit der Ergebnisse, Abschätzung der Generalisierbarkeit.

Faktorenanalyse: Sie ist ein beschreibendes statistisches Verfahren, welches eine Mehrzahl wechselseitig korrelierter Daten in wenige, zumeist voneinander unabhängige „Grunddimensionen" oder „Faktoren" zusammenfaßt. Beispielsweise können mehrere Tests gemeinsame Eigenschaften besitzen, d.h. ähnliche Merkmale messen. Oder man kann mit einer Faktorenanalyse prüfen wollen, ob ein Test in seinen Untertests verschiedene Dimensionen mißt bzw. ob Untertests zusammengefaßt werden können, weil sie dasselbe messen, so daß eine Testbatterie (vgl. Band 6) „multifaktoriell" zusammengefaßt werden kann. Die häufigste Methode zur Bestimmung von Faktoren ist die Hauptachsenanalyse (PCA); die häufigste Interpretation einer Faktorenstruktur erfolgt durch die Varimax-Rotation.

Fortsatz: In der Anatomie das faserige Ende einer Nervenzelle; ein Axon oder ein Dendrit.

Fötus: Das ungeborene Tier bzw. Kind in der Gebärmutter, insbesondere in den späteren Stadien der pränatalen Entwicklung.

Freiheitsgrade (degrees of freedom): Bestimmungsmerkmale, die bei der Berechnung einer statistischen Prüfgröße unabhängig voneinander variieren.

F-Test: Ein Signifikanztest zur Überprüfung zweier Varianzschätzungen vor allem bei Varianzanalysen.

Gamet: Allgemeine Bezeichnung einer männlichen (Samenzelle) oder einer weiblichen (Ovum) Fortpflanzungszelle.

Gedächtnispsychologie: Untersuchungsgebiet zur

Erforschung der Speicherung von Erfahrungsdaten, ihres Wiedererkennens (Reproduktion, Reminiszenz), ihres Behaltens (Retention) und ihres Abrufs (Dekodierung). Spezielle Probleme beschäftigen sich mit den Arten des Gedächtnisses (Ultrakurz-, Kurzzeit- und Langzeitgedächtnis), der Merkfähigkeit, der Einprägung und anderen Formen der Wiedergabe von Erfahrungen.

Gehirn: Der Teil des zentralen Nervensystems, der sich im Schädel befindet. Es besteht aus vielen verschiedenen Strukturen, die zusammenspielen und teils unter dem Einfluß von außen eintreffender Sinnesreize das Verhalten steuern.

Gehirnstamm: Das gesamte Gehirn mit Ausnahme der Großhirnhemisphären und des Kleinhirns. Es wird so bezeichnet, weil es einem Stamm gleicht, an dem das Groß- und Kleinhirn entsprungen sind.

Gen: Ein Stück der DNS im Chromosom, das die Produktion eines bestimmten Proteins oder eines wichtigen Bestandteils eines Proteins kodiert. Die Gene liefern den heriditären Einfluß, der die Merkmale und Strukturen des entstehenden Individuums mitbestimmt.

Generalisierung: Unter diesem Begriff werden Verallgemeinerungen in mehrfacher Hinsicht verstanden: in der Psychophysiologie bedeutet er die Irradiation von Nervenprozessen, die dadurch von unterschiedlichen, aber ähnlichen Reizen zu gleichen Effekten führen; in der Lernpsychologie dient er als Bezeichnung der Mitübung (Transfer) nichtgelernten Materials; in der Methodik für die Verallgemeinerungsfähigkeit von Ergebnissen; in der Theorienbildung (Epistemologie) als Schluß vom Teil auf das Ganze.

Genotypische Kontinuität: Ein Begriff, der das Konzept der Persönlichkeitsstabilität über größere Zeiträume hinweg auf vorhersagbare, entwicklungsbedingte Veränderungen ausweitet. Obwohl sich die Oberflächenmanifestation eines Charakteristikum von einer Entwicklungsperiode zur anderen verändern kann, bleibt das Charakteristikum selbst auf einer tieferen Schicht relativ stabil.

Genotypus: Die genetischen Anlagen eines Individuums, welche dieses teilweise an seine Nachkommen weitergeben kann. Das im Genotypus vorhandene Gesamtpotential findet nur einen teilweisen Ausdruck in seinem Phänotypus.

Gleichgroße Einheiten: Ein wichtiges Merkmal der üblichen physikalischen Meßinstrumente. Alle Einheiten sind von gleicher Größe; so ist beispielsweise die Entfernung von 4 bis 7 zu n gleichgroß wie die Entfernung von 10 bis 13 zu n. Diese Eigenheit steht im Gegensatz zu der vieler psychologischer Tests (Intelligenz, Persönlichkeit), bei denen wir nicht wissen, ob die Einheiten der Messungen (Scores) von gleicher Größe sind; das heißt der Unterschied zwischen einem IQ-Score und 110 Punkten ist vielleicht *nicht* genau so groß wie der Unterschied zwischen einem Score von 110 und 120 IQ-Punkten.

Großhirn, Hemisphären: Das Großhirn, der größte Teil des menschlichen Gehirns, entwickelt sich in zwei symmetrischen Hälften (Hemisphären), die am Vorderhirn entspringen. Wir unterscheiden die Rinde (Kortex) und die innere weiße Substanz, die aus verschlungenen Nervensträngen besteht, in die die Basalganglien eingebettet sind.

Gültigkeitskoeffizient: Der Grad, in dem die mit einem Instrument ermittelten Meßwerte mit den Kriteriumsmeßwerten korrelieren. Wenn wir fragen, ob ein Instrument *gültig* oder *valide* ist, dann fragen wir, ob es das mißt, was es für unsere Zwecke messen soll. Je höher der Korrelationskoeffizient zwischen den Ergebnissen bei einem Test und den Kriteriumsmeßwerten, desto gültiger ist der Test.

Häufigkeitskurve: Eine graphische Darstellung der Daten einer Häufigkeitstabelle. Die Meßwerte werden entlang einer waagerechten Grundlinie des Diagramms aufgetragen (Abszissenachse); die Zahl der Fälle für jeden Wert entlang der senkrechten Achse (Ordinatenachse). Für jedes Klassenintervall wird ein Punkt in der Mitte des Intervalls auf der entsprechenden Höhe eingetragen, um die Häufigkeit der Fälle im jeweiligen Intervall anzugeben. Die Punkte werden dann durch eine Linie so miteinander verbunden, so daß eine Häufigkeitskurve entsteht. Der Terminus technicus für diese Art des Häufigkeitsdiagramms ist „Häufigkeitspolygon".

Häufigkeitstabelle: Eine systematische Anordnung von Einzelwerten je nach der Häufigkeit des Auftretens der verschiedenen Werte. Gewöhnlich werden die verschiedenen Werte zu Klassenintervallen zusammengefaßt. Die Häufigkeitstabelle stellt die Zahl der Fälle dar, die auf jedes Klassenintervall entfallen.

Heterozygot: So bezeichnet man das Faktum, daß ein Individuum ein Genpaar besitzt, das von unterschiedlicher Wirkung auf ein bestimmtes erbliches Merkmal ist – beispielsweise ein dominantes und ein rezessives Gen (Aa).

Hereditär: Erblich, erbbedingt, dem genetischen Verhaltensprogramm zugehörig.

Hinter- oder Rautenhirn: Der hinterste der embryologischen Abschnitte des Gehirns, aus dem sich das Kleinhirn, die Brücke und das verlängerte Mark entwickeln.

Histogramm: Ein aus Säulen bestehendes Diagramm, das die Daten einer Häufigkeitstabelle enthält. Jedes Klassenintervall wird durch eine separate Säule dargestellt und die Höhe jeder Säule zeigt die Zahl der Fälle an, die auf das jeweilige Intervall entfallen. Die Säulen werden gewöhnlich so angeordnet, daß sich die Säule, die das Klassenintervall mit dem niedrigsten Meßwert repräsentiert, am linken Ende des Diagramms befindet und die Säule mit dem höchsten Wert am rechten Ende.

Homo: Die Gattung der Primaten, der alle neuzeitlichen Menschen (auch *Homo sapiens sapiens* genannt) angehören. Unser frühester Homovorfahre hatte wahrscheinlich schon einen modernen Gang und benutzte Werkzeuge; etwas später setzte der früheste Homo sapiens die Entwicklung fort, sein Gehirn erreichte die heutige Größe, und er hinterließ Anzeichen einer definitiven sozialen Ordnung.

Homozygot: So bezeichnet man das Faktum, daß ein Individuum ein Genpaar besitzt, welches in seiner Auswirkung auf ein bestimmtes erbliches Merkmal identisch ist – beispielsweise zwei dominante Gene (AA) oder zwei rezessive Gene (aa).

Hypothese: Eine allgemeine Aussage über die Wirkung einer bestimmten Bedingung oder bestimmter Bedingungen; eine Behauptung, die einem experimentellen Test unterzogen werden kann. Die meisten Experimente beginnen mit einer Hypothese oder einer Reihe von Hypothesen. Dabei werden Null- und Alternativhypothesen unterschieden. Die Nullhypothese steht für die Behauptung, daß kein Zusammenhang, kein Unterschied oder keine Veränderung bezüglich der vorgestellten Beziehungen besteht. Mit der Alternativhypothese behauptet man dagegen, daß je nach der Art der Fragestellung ein positives Resultat erwartet wird: bei ein- oder mehrseitigen wird die Richtung der Effektgrößen, bei den spezifischen oder unspezifischen wird die Größe vorgegeben oder nicht vorgegeben. Die Alternativhypothese ist mit der Forschungshypothese identisch.

Hypothalamus: Eine Region des Vorderhirns, die aus mehreren verschiedenen Nuklei (Kernmassen) besteht und an der Unterseite des Gehirns unter dem Thalamus liegt. Er bildet einen Bestandteil vieler Nervensysteme, die steuernd auf das Gefühlsleben, auf die Motivationen und das Verhalten einwirken.

Item: Fragen oder Aufgaben, aus denen sich ein Test oder ein anderes Untersuchungsinstrument zusammensetzt, nennt man Items. Sie sollen in ihrer Gesamtheit ein psychologisches Konstrukt (z.B. Aufmerksamkeit) messen. In der Itemanalyse werden in der Erprobung des Fragebogens etc. die Items ausgeschlossen, die nicht genügend trennscharf sind (d.h. zwischen negativen oder positiven Resultaten nicht eindeutig unterscheiden) und ferner diejenigen, die zu niedrige (fast alle können diese Aufgabe) oder zu hohe (fast keiner kann sie) Schwierigkeiten aufweisen.

Intervallmessung: Ein Meßverfahren, bei dem gleiche Intervalle verwendet werden. Die Celsius-Temperaturskala ist ein Beispiel. Weist eine Skala mit gleichen Intervallen auch einen absoluten Nullpunkt auf, dann kann man sagen, daß sie „absolute" Meßwerte gibt.

Kephalokaudale Richtung: Das für den in der Entwicklung befindlichen Menschen sukzessive Wachstum der Körperteile vom Kopf zu den Beinen. Vom griechischen *kephalé* (Kopf) und dem lateinischen *cauda* (Schwanz), wörtlich also „vom Kopf zum Schwanz".

Klassen- oder Gruppenintervall: Die Werte, die bei der Ermittlung einer Häufigkeitstabelle als jeweils eine Gruppe behandelt werden. Wenn wir beispielsweise alle Werte von 11 bis 20 als eine Gruppe und von 21 bis 30 als eine zweite Gruppe behandeln würden, dann würde man diese Bereiche als „Klassenintervalle" bezeichnen.

Kleinhirn (Cerebellum): Ein Teil des Hinter- oder Rautenhirns, der beim Menschen gleich unterhalb der hinteren Region des Großhirns gelegen ist. Es ist mit dem Rückenmark und den Hemisphären des Großhirns verbunden und hat ebenso wie dieses einen Kortex. Das Kleinhirn spielt eine wichtige Rolle bei der Koordination der Muskeltätigkeit.

Klinische Psychologie: Teilbereich der Angewandten Psychologie, der sich mit den Grundlagen des Entstehens psychischer Störungen, und den zu ihrer Beseitigung entwickelten Verfahren oder Therapien beschäftigt (vgl. Bd. 8).

Kognitionspsychologie: Teilbereich der Psychologie, zu dessen Themenkreis das erkennende Gewahrwerden, die Denkprozesse, bewußte Aktivierungen und Reflexionen gehören (vgl. Bd. 4).

Kommissur: Ein Nervenstrang, der von einer Gehirnhälfte zur anderen verläuft und symmetrisch gelegene Punkte miteinander verbindet.

Kommunikationspsychologie: Teilbereich der Psychologie, dessen zentrale Aufgabenstellung die direkten und indirekten Beziehungen zwischen den Menschen betrifft.

Korrelationsdiagramm: Eine graphische Darstellung des Verhältnisses zwischen zwei Gruppen von Ergebnissen. In einem solchen Diagramm werden die Meßwerte einer Vp bei zwei verschiedenen Tests durch einen Punkt repräsentiert. Wenn die Meßwerte mehrerer Personen auf diese Weise im Diagramm eingezeichnet werden, können wir das *Vorzeichen* der Korrelation bestimmen. Wenn die Punkte eines Korrelationsdiagramms von der linken unteren Ecke zur oberen rechten Ecke verlaufen, haben wir es mit einer *positiven Korrelation* zu tun; wenn der Trend von der linken oberen Ecke zur rechten unteren Ecke verläuft, handelt es sich um eine *negative Korrelation;* ist kein spezifischer Trend erkennbar, liegt eine Nullkorrelation vor.

Korrelationskoeffizient: Der am häufigsten benutzte quantitative Index zur Beschreibung der Richtung und des Grades der Beziehung zwischen zwei Meßwertreihen – gewöhnlich derselben Personen, von denen jede ein Ergebnis in beiden Meßwertreihen erzielt. Ein Korrelationskoeffizient kann von +1,00 (eine vollkommene positive Korrelation) bis zu −1,00 (eine vollkommene negative Korrelation) schwanken. Zwei gebräuchliche Korrelationskoeffizienten sind der Rangordnungs-Korrelationskoeffizient (u) und der Produkt-Moment-Korrelationskoeffizient (r).

Kortex: Die äußere Schicht eines Organs. Im Nervensystem eine Rindenschicht, in der Nervenzellkörper konzentriert sind. Der Kortex des Groß- und Kleinhirns bildet die gefältelte Rindenschicht dieser beiden Organe.

Kybernetik: Fachübergreifende Disziplin, die Steuerungs- und Regelungsprozesse in sich selbst organisierenden Systemen in mathematischen Formulierungen beschreibt.

Längsschnittstudien: Eine Methode der Entwicklungsuntersuchung, bei der dieselben Individuen im Laufe ihrer Entwicklung mindestens zweimal (und gewöhnlich öfter) unmittelbar Daten liefern.

Läsionsmethode: Eine Methode der physiologischen Psychologie, bei der ein Teil des Nervensystems (vorübergehend oder dauerhaft) beschädigt wird. Man vergleicht dann die Fähigkeiten des Organismus mit seiner Funktionsweise vor der Beschädigung oder mit den Fähigkeiten eines Normalen (Kontrollexemplares). *Läsion* bedeutet Verletzung.

Lernpsychologie: Teilbereich der Psychologie, der sich mit den „latenten Veränderungen durch Erfahrungen" beschäftigt. Dabei kann es sich sowohl um fremd- wie selbstbeeinflußte, gewollte oder ungewollte, bekannte wie unbekannte, bewußt gesteuerte oder antrainierte, systematische wie zufällige Übungsprozesse handeln (vgl. Bd. 3).

Limbisches System: Ein Ring untereinander verbundener kortikaler und subkortikaler Faserstränge, die den Hirnstamm umgeben. Ebenso wie der Hypothalamus, mit dem es anatomisch verwandt ist, scheint das limbische System von Bedeutung für das Gefühlsleben, die Motivationen und das Verhalten zu sein.

Median: Ein Durchschnitts- oder Meßwert der zentralen Tendenz. Der Median ist jener Wert in einer nach der Größe geordneten Reihe von Werten, der sich genau in der Mitte befindet, das heißt es liegen genauso viele Fälle darunter wie darüber. Der Wert des Medians wird nicht sehr stark durch extreme Fälle in der Gruppe von Werten beeinflußt.

Medulla oblongata (Verlängertes Mark): Der unterste Teil des Hinterhirns, der in das Rückenmark übergeht. Viele der Hirnnerven entspringen oder enden hier. Viele wichtige Reflexfunktionen (die Atmung usw.) werden von Nervenzellen oder Medulla gesteuert.

Messenger Ribonukleinsäure (mRNS): Eine chemische Substanz, die (ebenso wie die DNS) vier verschiedene Arten von Bausteinen enthält. mRNS wird im Zellkern erzeugt und wandert dann in die Zelle hinaus, wo es die Struktur der Proteine bestimmt, die von dieser erzeugt werden.

Milieutheorie: In der Psychologie ist das der Ansatz, der die Rolle der Umwelt hervorhebt (das heißt, die Rolle äußerer Bedingungen wie Erziehung und Ernährung).

Mittelhirn: Das mittlere (von vorn nach hinten) der drei embryologischen Segmente des Gehirns. Nur ein relativ kleiner Teil des reifen Gehirns entwikkelt sich aus dem Mittelhirn, darunter die Hauptmasse des Retikularsystems.

Mittelwert(e): Das arithmetische Mittel, häufig auch als „arithmetischer Durchschnitt" bezeichnet, ist das gebräuchlichste Durchschnittsmaß. Es ist die arithmetische Summe aller Werte einer Datengruppe, dividiert durch die Zahl der Fälle. Die Formel für das arithmetische Mittel lautet

$$\bar{X} = \frac{\Sigma X}{n}.$$

Die Höhe des Mittelwerts kann durch einige wenige Extremwerte, die in der Reihe vorkommen, stark beeinflußt werden.

Modalwert: Eine Maßzahl der zentralen Tendenz. Modalwert ist der am *häufigsten* auftretende Wert in einer Gruppe von Werten. Der häufigste Wert wird oft auch als populärster Wert bezeichnet. Die Höhe des Modalwerts wird durch einige wenige Extremfälle in der Gruppe von Werten keinesfalls beeinflußt.

Motivationspsychologie: Teilbereich der Psychologie, der sich mit allen Formen der Beweggründe, Antriebe, Wahlmöglichkeiten, Gewöhnungen, Einstellungen, Werthaltungen und bewußten Steuerungen beschäftigt (vgl. Bd. 5).

Motorisches Neuron: Ein Neuron, das heißt eine Nervenfaser, die Erregungsimpulse vom Gehirn oder Rückenmark an einen Muskel oder eine Drüse weiterleitet. Stränge solcher parallel verlaufenden Fasern bilden einen motorischen Nerv oder einen Bewegungsnerv.

Motorische Region (des Kortex): Ein Streifen der Großhirnrinde, der sich vor der Zentralfigur (tiefe Querfurche) befindet. Viele Neuronen, die die Bewegungsnerven aktivieren, entspringen hier.

Mutation: Eine Veränderung der Gene, die eine plötzliche Abweichung vom elterlichen Typus verursacht, so kann ein Individuum ein Gen besitzen, das keiner der beiden Elternteile aufweist.

Negative Korrelation: Gegenläufige Tendenz der Werte zweier Gruppen von Maßzahlen. Wenn wir beispielsweise feststellen, daß Kinder, die gut im Rechnen sind, schlecht lesen können und daß die schlechten Rechner gut lesen können, dann liegt eine negative Korrelation vor.

Nerv: Ein Bündel von Axonen oder Neuriten, die im peripheren Nervensystem parallel verlaufen; er kann ausschließlich aus sensorischen oder motorischen Fasern oder aus einer Mischung der beiden bestehen.

Nervenimpuls: Die elektrochemische Veränderung der Nervenzellmembran, welche die Aktivität der Zelle darstellt. Er resultiert aus einer Bewegung elektrisch geladener Partikel (Ionen) über die Membran.

Nervenstrang: Ein Bündel von Nervenfasern (Axonen), die innerhalb des Zentralnervensystems parallel verlaufen.

Netzwerksysteme: Offene Bahnungsfiguren von zusammengeschalteten Neuronenstrecken, die ein hochflexibles (Detektoren-)Muster ergeben, welches der formalen Struktur der psychischen Bedeutungsstrukturen entspricht.

Neuron: Eine Nervenzelle. Die strukturelle und funktionale Einheit des Nervensystems.

Neuropsychologie: Teilbereich der Psychophysiologie, welcher sich mit der direkten Beziehung zwischen den physischen und psychischen Strukturen und somit in erster Linie mit dem sogenannten Leib-Seele-Problem beschäftigt.

Nukleus (Kern): (1) Eine in jeder Zelle einschließlich der Nervenzellen vorhandene Struktur. Der Zellkern ist der Träger der genetischen Informationen der Zelle und steuert deshalb die Reproduktion der Zelle sowie die in ihr ablaufenden chemischen Vorgänge. (2) Kernmasse; jeder Teil des Zentralnervensystems mit Ausnahme des Kortex, in dem Nervenzellkörper konzentriert sind. Die Basalganglien sind solche Kernmassen; der Hypothalamus und der Thalamus bestehen ebenfalls beide aus vielen Nuklei.

Nullkorrelation: Das Fehlen einer Relation zwischen zwei Gruppen von Ergebnissen. Wenn beispielsweise Kinder, die gut im Rechnen sind, schlecht lesen können, während andere Kinder, die gut im Rechnen sind, auch gut lesen können, so würde dies auf eine Nullkorrelation hindeuten.

Nominalmetrik: Eine Methode, bei der jeder Proband einfach in die eine oder andere Kategorie eingeordnet wird, die irgendeine Information (das heißt irgendein Merkmal) über ihn enthält. Beispielsweise die Aufteilung einer Gruppe von Studenten nach ihren Hauptfächern.

Operationalisierung: Nach Popper (1966) geht dieser Begriff auf George Berkeley zurück. Heute wird er in erster Linie zur Lösung von Definitionsproblemen herangezogen (Bortz, 1984). Man versucht dabei Real- oder Nominaldefinitionen in „operationale" Definitionen umzuwandeln. Die Hauptaufgabe ist dabei, den Begriff einer Bedeutungsanalyse zu unterziehen, um ihn dadurch wissenschaftlich prüfbar zu machen. Skinner (1961) betonte die Notwendigkeit des „operationalistischen" Ansatzes für psychologische Begriffe und lieferte selbst operationale Analysen mehrerer psychologischer Schlüsselbegriffe.

Ordinalmetrik: Die Verwendung einer Methode, bei der die Rangordnung einer Reihe von Vpn im Hinblick auf eine bestimmte Aufgabe oder ein Merkmal ermittelt wird. Die Reihenfolge des Einlaufs bei einem Wettrennen würde eine Ordinalskala der Geschwindigkeit ergeben.

Ovum (Ei): Die weibliche Keim- (oder Fortpflanzungs-)zelle, die von den Eierstöcken produziert wird. Das Ovum enthält eine Hälfte jedes Chromosomenpaares der Mutter, insgesamt 23 Chromosomen. Nach der Befruchtung durch die Samenzelle beginnt sich aus dem Ovum ein neues Individuum zu entwickeln.

Peripheres Nervensystem: Die Bewegungs- und Sinnesnerven, die Nervenimpulse aus den Sinnesorganen zum Zentralnervensystem und von diesem zu den Muskeln und Drüsen des Körpers leiten.

Persönlichkeitspsychologie: Teilbereich der Psychologie, der sich mit differentiellen Problemen der Einzelpersönlichkeit gegenüber den für jedermann gleichartig zutreffenden Problemen der Allgemeinen Psychologie beschäftigt. Die Breite dieses Forschungsbereiches reicht von der persönlichen Motivierung über die individuellen Einstellungen, Eigenschaftskonstellationen, Verhaltensdeterminationen bis zu den individuellen Eigenarten der psychischen Störungen.

Perzentilwert: Ein umgewandeltes Ergebnis, bei dem der Meßwert eines Probanden im Verhältnis zu seiner Gruppe in Perzentilpunkten ausgedrückt wird. Ein Perzentilpunkt teilt die Gesamtverteilung der Ergebnisse in 100 Teile, von denen jeder 1 Prozent aller Fälle enthält. Ein Perzentilwert von 90 bedeutet somit, daß 10 Prozent der Vpn in der Gruppe über diesem Ergebnis liegen und 90 Prozent darunter. Die Perzentilwerte schwanken von Null bis 100, ungeachtet der Bandbreite der Rohdaten. Perzentilmaße ermöglichen es uns, die Leistungen von Probanden bei verschiedenen Tests miteinander zu vergleichen, die ganz unterschiedliche ursprüngliche Meßeinheiten aufweisen.

Phänomenologie: Forschungsrichtung, die vor allem auf Edmund Husserl (gesammelt 1962) zurückgeht. Bei ihr wird das psychische Geschehen in der Beschreibung als dem ihm wesensgemäß zukommenden Forschungsverfahren untersucht. Als „Wesensschau" soll nach Husserl das Psychische in einer „auf rein intuitivem Grund sich vollziehenden Analyse, Begriffsbildung und systematischen Beschreibung" erforscht werden.

Phänotypus: Die beobachtbaren Merkmale eines Individuums. Sie stellen nur eine teilweise Manifestation des genetischen Potentials oder Genotypus des Betreffenden dar.

Physiologische Psychologie: Das Studium der Körperteile (Anatomie) und der Funktionen (Physiologie), die für die psychologischen Phänomene von Bedeutung sind. Der ganze Organismus spielt dabei eine Rolle; die Aufmerksamkeit konzentriert sich gewöhnlich auf das Nervensystem.

Plazebo: Eine Nichtbehandlungsbedingung (d.h. eine Bedingung, von der erwartet wird, daß sie als solche keine Wirkung hervorruft), die zur Überprüfung von Nutzeffekten verwendet wird, die einfach dadurch eintreten, daß der Betreffende an dem Versuch teilnimmt, wie beispielsweise das Bestreben, dem Versuchsleiter (oder Therapeuten) eine Freude zu machen, die Erwartung einer Besserung usw. In der pharmakologischen Forschung ist dies gewöhnlich eine Pille, die dem zu erforschenden Medikament ähnelt, aber ohne dessen aktive Ingredenzien (siehe Doppelblindverfahren).

Polygenes Merkmal: Ein Charakteristikum, das von Genen an mehr als einer Stelle des Chromosoms oder sogar verschiedener Chromosome beeinflußt wird.

Pons (Brücke): Ein Teil des Hinter- oder Rautenhirns. Er enthält viele Nuklei, die zum Teil zu den Verbindungssträngen zwischen dem Großhirn und dem Kleinhirn zählen.

Population: Alle Objekte oder Personen einer bestimmten Kategorie. Unter der Population eines Vokabulars würde man beispielsweise alle Worte einer bestimmten Sprache verstehen.

Positive Korrelation: Die direkte Relation der Werte von zwei Gruppen von Maßzahlen. Wenn wir beispielsweise feststellen, daß Kinder, die gut im Rechnen sind, auch gut lesen können und daß diejenigen, die in dem einen Fach schlecht sind, auch in dem anderen schlecht sind, haben wir es mit einer positiven Korrelation zu tun.

Postsynaptisches Neuron: Das Neuron „nach" einer bestimmten Synapse; d.h. das Neuron, welches die Transmittersubstanz über den Synapsenspalt hinweg erhält und dadurch in Aktivität versetzt werden kann. Die Zelle, die den Transmitter freisetzt, bezeichnet man als praesynaptisches Neuron.

Primaten: Die große Gruppe von Säugetieren, zu denen sowohl lebende als auch ausgestorbene Spezies von Menschen, Menschenaffen, Affen und Halbaffen zählen.

Produkt-Moment-Korrelationskoeffizient (r): Der Produkt-Moment-Korrelationskoeffizient, ausgedrückt durch den kleinen Buchstaben r, basiert auf den Werten der einzelnen Ergebnisse der Vpn bei zwei Meßverfahren, die miteinander korreliert werden.

Proximodistale Richtung: Das ebenfalls für die menschliche Entwicklung charakteristische sukzessive Wachstum der Körperteile von den zentralen zu den peripheren (bzw. End-)Partien. Die Schultern entwickeln sich somit als erstes, dann die Arme, dann die Hände und Finger.

Psychodiagnostik: Teilbereich der Psychologie, der sich mit der Erstellung, Prüfung und Anwendung von Verfahren zur Persönlichkeitsbegutachtung beschäftigt.

Psychosomatik: Medizinisch-psychologische Störungstheorie, die die enge Verflechtung psychischer Leiden mit körperlichen Störungen hervorhebt.

Psychotherapie: Sammelbezeichnung von inzwischen rd. 200 Verfahrensgruppen, die bei psychischen Störungen als Intervention eingesetzt werden. Neben den Spezialtherapien (u.a. Kinder-, Familien-, Gruppentherapie) sind dies hauptsächlich die umfassenden Richtungen der Psychoanalyse und ihrer neoanalytischen Folgetherapien, die Verhaltenstherapien, Kognitionstherapien, Gesprächspsychotherapie, Kommunikationstherapie, Suggestionstherapien und Körpertherapien sowie die psychagogischen Verfahren und die integrativ-eklektisch orientierten Therapien (vgl. Bd. 8).

Pubertät: Das früheste Alter, in dem ein Mensch fähig ist, Nachkommen zu zeugen. (Der Begriff *Pubeszenz* bezieht sich auf die Erreichung der Geschlechtsreife.)

Querschnittuntersuchungen: Eine Forschungsmethode, bei der Entwicklungstendenzen durch den Vergleich von Gruppen herausgearbeitet werden, die sich zu einem bestimmten Zeitpunkt durch ihr chronologisches Alter unterscheiden.

Rangordnungs-Korrelationskoeffizient (r_s): Ein Korrelationskoeffizient, symbolisiert durch r_s, der auf dem Vergleich von Rangdaten aufbaut. Die

Formel für den Rangordnungs-Korrelationskoeffizienten lautet:

$$r_s = 1 - \frac{6 \Sigma D^2}{n (n^2 - 1)} .$$

Refraktärphase oder Refraktärperiode: Das kurze Intervall während oder sofort nach der Passage eines Nervenimpulses entlang eines Axons. Im ersten Teil (der absoluten Refraktärphase) ist es unmöglich, einen zweiten Nervenimpuls im Neuron auszulösen. Im restlichen Teil (der relativen Refraktärperiode) kann ein neuer Impuls hervorgerufen werden, wozu es jedoch eines stärkeren Reizes bedarf (d.h. die Reizschwelle der Zelle ist höher).

Regression zum Mittelwert: Die statistische Beziehung, bei der infolge unvollkommener Korrelation das vorausgesagte Ergebnis weniger extrem ist als das Ergebnis, aufgrund dessen es vorausgesagt wird.

Reifung: Die progressive (oder sukzessive) Entfaltung verschiedener körperlicher und mentaler Funktionen und Fähigkeiten, bedingt durch die Entwicklung der entsprechenden körperlichen Strukturen durch den normalen Wachstumsprozeß.

Reizschwelle eines Neurons: Die minimale Intensität eines Reizes, die nötig ist, um einen Nervenimpuls zu produzieren.

Reizungsmethoden: Methoden der physiologischen Psychologie, bei denen der Forscher Teile des Nervensystems mit elektrischen oder chemischen Mitteln stimuliert und die resultierende Veränderung im Erleben oder Verhalten registriert.

Reliabilität: Ein Test oder ein anderes psychologisches Meßinstrument ist dann reliabel oder zuverlässig, wenn er das, was er mißt, identisch mißt, gleichgültig, wann und wo gemessen wird. Dabei werden verschiedene Reliabilitätsmaße unterschieden: Retest-R.: hohe Übereinstimmung zweier aufeinanderfolgender Tests bei ein und derselben Testperson; Paralleltest-R.: hohe Übereinstimmung zweier selbständiger Testformen A und B, die bei derselben Vp. erzielt wird; Split-half-R.: nach Testdurchführung soll eine hohe Übereinstimmung im Vergleich einer ersten und einer zweiten Hälfte des Tests nachweisbar sein.

Retikularsystem: Eine Struktur innerhalb des Gehirnstammes, insbesondere des Mittelhirns, die an der Steuerung des Erregungsniveaus des Organismus beteiligt ist.

Retrospektive Untersuchungen: Eine Methode der Entwicklungsuntersuchung, die sich auf erinnerte Daten stützt.

Rezeptorzelle: Die Zelle eines Sinnesorganes wie des Auges oder der Nase, die empfänglich für eine bestimmte Art von Reizenergie ist. Sie wandelt die Reizenergie, die sie empfängt, in die Energie eines Nervenimpulses um.

Rohwerte: Die ursprünglichen Ergebnisse, die durch ein Meßinstrument ermittelt werden.

Rückenmark: Der von der Wirbelsäule umschlossene Teil des Zentralnervensystems, der als Leitungsbahn für die Übermittlung sensorischer Impulse vom Rumpf und den Gliedmaßen ins Gehirn und motorischer Impulse vom Gehirn zu den Muskeln und Drüsen dient. Außerdem entspringen hier gewisse Bewegungsimpulse, unmittelbar beeinflußt durch die von außen eindringenden sensorischen Impulse.

Ruhezustand: Der Zustand eines Neurons, in dem kein Impuls produziert wird. Während des Ruhezustands erhält die Zellmembran eine unterschiedliche Konzentration bestimmter chemischer Substanzen, insbesondere von Natrium, an der Innen- und Außenseite der Zelle aufrecht.

Säkulare Veränderungen: Veränderungen von Merkmalen im Laufe der Zeit, die nicht durch die individuelle Entwicklung bedingt (bzw. angeboren) sind, sondern eine Folge äußerer Ereignisse.

Sensomotorische Entwicklung: Die Entwicklung von Verhalten, das Koordination zwischen Wahrnehmung und Aktion erfordert (beispielsweise die Fähigkeit, die Hand zu einem Punkt im Raum zu führen, an dem ein Objekt visuell wahrgenommen wird).

Sensorisches Neuron; sensorische Faser: Ein Neuron oder eine Nervenfaser, die Impulse von einem Sinnesorgan (Rezeptor) zum Gehirn oder Rückenmark transportiert. Ein Bündel parallel verlaufender sensorischer Fasern bildet einen Sinnesnerv.

Sensorisches Zentrum (des Kortex): Jede größere Empfangsregion in der Großhirnrinde für Nervenimpulse von einem Sinnesorgan.

Signifikanz: Forschungsergebnisse sind statistisch signifikant, wenn die Wahrscheinlichkeit ihrer Richtigkeit größer bzw. die Gültigkeit der Nullhypothese kleiner als ein festgelegtes Signifikanzniveau ist. Dabei ist „signifikant" das 5%-Niveau und „sehr signifikant" das 1%-Niveau.

Soziobiologie: Ein biologischer Ansatz gegenüber dem Verhalten, der soziale Merkmale auf natürliche Auslese zurückführt, wobei es jedem Individuum angeblich darum geht, seine eigenen Gene zu erhalten.

Sozialisation: Das Hineinwachsen des Individuums, seine Anpassung und die Vergesellschaftung vor allem der Normengebung einer Gesellschaft gilt als Sozialisation, wobei es sich in der Regel um eine internale Übernahme von Verhaltensrichtwerten durch Erziehung, Imitation von Vorbildern oder um eine Enkulturation (Aufnahme tradierter kultureller Verhaltensmaßstäbe) handelt.

Sozialpsychologie: Teilbereich der Psychologie, der sich mit den Beziehungen mehrerer Menschen untereinander, der Bildung und den Gesetzmäßigkeiten von Gruppen, dem Erkennen ihrer Strukturen und der Handhabung von Gruppenbildungen beschäftigt (vgl. Bd. 7).

Sperma: Die männliche Samen- oder Fortpflanzungszelle, die in den Hoden produziert wird. Eine männliche Samenzelle enthält eine Hälfte jedes Chromosomenpaares des Vaters, insgesamt 23 Chromosomen.

Spezifische Nervenenergie: Johannes Müller formulierte 1825 die Theorie, daß die qualitativen Unterschiede in der Wahrnehmung durch Unterschiede in den von den verschiedenen Sinnesnerven übermittelten Botschaften bedingt sei. Die neuesten wissenschaftlichen Befunde sprechen dagegen für die Auffassung, daß die Unterschiede in der Wahrnehmung von den unterschiedlichen Gehirnregionen abhängen, in denen die Sinnesnerven enden.

Spinalnerv (auch Rückenmarksnerv): Ein Nerv, der an irgendeiner Stelle des Rückenmarks mit dem Zentralnervensystem verbunden ist.

Stadientheorie: Eine Auffassung des Entwicklungsprozesses, die davon augeht, daß dieser aus spezifischen Stadien oder Phasen besteht, die gewöhnlich in einer bestimmten Reihenfolge ablaufen. Jedes Stadium zeichnet sich durch qualitative beobachtbare Veränderungen entweder der Struktur oder der Funktion aus; und das Meistern der „Entwicklungsaufgaben" jedes Stadiums ist in der Regel die Voraussetzung für das Fortschreiten zum „nächsthöheren" Punkt.

Standardabweichung (S. D., s.): Statistischer Kennwert der Streuung oder Dispersion einer Verteilung. Die Standardabweichung ist die positive Quadratwurzel aus dem Durchschnitt der quadratischen Abweichungen der Maßzahlen vom Mittelwert. Dieser Index ist entscheidend für die Bewertung der statistischen Signifikanz eines beobachteten Unterschiedes zwischen Mittelwerten.

Statistik: Die mathematische Disziplin, die sich mit der Analyse numerischer Daten befaßt. Statistische Methoden haben den Zweck, solche Daten summarisch zu erfassen, ihre Zuverlässigkeit und Gültigkeit zu bewerten, die Beschaffenheit und Beziehungen zwischen Datengruppen zu ermitteln und uns bei unseren Versuchen zu leiten, aus beobachteten Ereignissen auf neue Ereignisse zu verallgemeinern.

$\bar{X}$ Mittelwert
S Standardabweichung
Σ Summe
r_s Rangordnungs-Korrelationskoeffizient
r Produkt-Moment-Korrelationskoeffizient
n Zahl der Fälle

Statistische Symbole werden häufig mit griechischen Buchstaben benannt. Deren Aussprache lautet:

A/α alfa, B/β beta, Γ/γ gama, Δ/δ delta, E/ε äpßilon, Z/ζ zeta, H/η eta, Θ/ϑ teta, I/ι jota, K/ϰ kapa, Λ/λ lambda, M/μ mü, N/ν nü, Ξ/ξ kßi, O/o omikron, Π/π pi, P/ϱ ro, Σ/σ sigma, T/τ tau, Y/υ üpßilon, Φ/φ fi, X/χ chi (wie in „ich"), Ψ/ψ pßi, Ω/ω omega.

Weitere mathematische Relationssymbole bedeuten:

$=$ ist gleich, $\approx$ ungefähr gleich, $\neq$ ungleich, $\leqq$ gleich oder kleiner als, $<$ kleiner als, $\ll$ sehr kleiner als, $\geqq$ gleich oder größer als, $>$ größer als, $\gg$ sehr groß im Verhältnis zu, $\triangleq$ entspricht, $\cup$ ist vereinigt mit, $\cap$ ist Durchschnitt von. Lateinische Großbuchstaben am Ende des Alphabets (X, Y, Z) stehen für die Zufallsvariablen, die entsprechenden Kleinbuchstaben (x, y, z) kennzeichnen die verschiedenen Werte, die diese Variablen annehmen können.

Stichprobe (sample): Ein Teil einer Population der als repräsentativ für die Gesamtpopulation angesehen wird. Wenn es sich um eine echte Zufallsstichprobe handelt, können die darauf basierenden Schlußfolgerungen repräsentativ für die Gesamtpopulation sein.

Stichprobenfehler: Ein Fehler, der dazu beiträgt, daß eine Stichprobe nicht völlig repräsentativ ist. Wenn wir eine Stichprobe von Probanden messen und versuchen, auf die Gesamtpopulation zu verallgemeinern, können wir falsche Verallgemeinerungen machen, weil unsere Stichprobe nicht völlig repräsentativ für die Population war.

Synapse: Die Stelle, an der sich ein Axonendköpfchen eines Neurons der dendritischen Zone eines anderen Neurons nähert. Die Aktivität des ersten Neurons kann durch die Übermittlung einer Transmittersubstanz über den synaptischen Spalt erregend auf das nächste Neuron wirken.

Synaptische Bläschen: Kleine Gebilde in den Axonendköpfchen, in denen die Transmittersubstanzen gespeichert sind, bevor sie in die synaptischen Spalten freigesetzt werden.

Teleologisch: Als teleologisch bezeichnet man jede Erklärung, die vom Ziel oder Zweck eines Phänomens ausgeht. So ist es beispielsweise teleologisch zu sagen, die Giraffe habe einen langen Hals, damit sie die Blätter eines hohen Baumes erreichen kann (nicht teleologisch wäre es zu sagen, daß die Giraffen mit längeren Hälsen bessere Überlebenschancen hatten).

Testhalbierung: Eine Methode zur Feststellung des Zuverlässigkeitskoeffizienten für ein Meßinstrument durch Ermittlung des Korrelationskoeffizienten zwischen zwei gleichen Hälften desselben Tests. Bei der Testhalbierung werden die Ergebnisse der ungerade numerierten Aufgaben zu einem Unterergebnis zusammengefaßt und die Ergebnisse der gerade numerierten Aufgaben zu einem zweiten Unterergebnis. Aus diesem Grund wird die Zuverlässigkeitsprüfung durch Testhalbierung manchmal auch als die „Gerade-Ungerade-Methode" bezeichnet.

Thalamus: Ein Teil des Vorderhirns, bestehend aus verschiedenen Kernmassen, der zwischen den Hemisphären des Großhirns liegt. Er empfängt Botschaften von den Sinnesnerven und sendet Impulse in viele Regionen des Kortex, einschließlich der sensorischen Zentren.

Tiefenpsychologie: Sammelbezeichnung für eine Reihe von Theorienbildungen, die von einer unterhalb der Schwelle des Bewußtseins liegenden Sphäre des Psychischen ausgehen, die durchlässig zum Bewußtsein und eigendynamisch gedacht wird. Zur Tiefenpsychologie zählt man die Psychoanalyse, die Komplexe oder analytische Psychologie, Individualpsychologie sowie die Traumforschung, sowohl in ihrem phänomenologischen wie experimentell-psychophysiologischen Zweig.

Tierpsychologie: Teilbereich der Psychologie, der sowohl als spezifische Tierpsychologie (Untersuchung, Erklärung und Beeinflussung tierischen Verhaltens) wie als Vergleichende Tierpsychologie (stammesgeschichtliche oder aktuelle Vergleiche von Tier/Tier bzw. Tier/Mensch) betrieben wird.

Träger-Muster-Bedeutung: Prinzip zur Deutung des Zusammenhangs zwischen den somatischen Trägerprozessen im Nervensystem und den psychischen Bedeutungen über die ihnen zukommenden Musterbildungen (engl. pattern). In den Forschungen zur Mustererkennung wird einerseits die Musterbildung bei zentralnervösen Prozessen, andererseits die Musterbildung in den Wahrnehmungen, Kognitionen etc. erforscht und ihre („arbiträre") Deckungsgleichheit zu ermitteln versucht. Mit diesem Prinzip läßt sich durch die höheren Freiheitsgrade der jeweils höheren Stufen Muster und Bedeutung über der Fundamentalstufe Träger klären, inwiefern das Psychische gleichzeitig somatisch und immateriell sein kann.

Transmittersubstanz (Überträgerstoff): Eine chemische Substanz, die vom Axonendköpfchen eines Neurons freigesetzt wird und über den synaptischen Spalt auf die dendritische Zone des nächsten Neurons einwirkt. Wenn der Transmitter dazu tendiert, im nächsten Neuron einen Nervenimpuls auszulösen, bezeichnet man ihn als erregend. Tendiert er dazu, einen Impuls im nächsten Neuron zu verhindern, so bezeichnet man ihn als hemmend.

t-Test: Verfahren zur Überprüfung des Unterschieds zweier Stichprobenmittelwerte. Der t-Test für unabhängige Stichproben vergleicht Mittelwerte von Stichproben aus zwei verschiedenen Populationen; der t-Test für abhängige Stichproben vergleicht zwei Mittelwerte einer Variablen, die zu zwei Zeitpunkten erhoben wurde.

Umweltpsychologie: Dieses Teilgebiet der Psychologie ist sowohl eine Spezialdisziplin der Angewandten Psychologie, sie vertritt aber auch eine spezielle Sicht auf weitgehend alle psychologischen Aufgabenstellungen. Als Spezialdisziplin untersucht man mit ihr die „Merk- und Wirkwelt" des Individuums, sein Umweltverhalten und Umweltgebrauch, sein Umweltbewußtsein sowie deren gruppen- und massendynamischen Auswirkungen und Anwendungen.

Unabhängige Variable: Das Merkmal der Umwelt, welches vom Versuchsleiter zu dem Zweck manipuliert wird, um seine Auswirkungen auf einen Maßstab beobachtbaren Verhaltens (die abhängige Variable) festzustellen.

Unfalsifizierbare Theorie: Eine Theorie, deren Falschheit unmöglich nachgewiesen werden kann, wird als unfalsifizierbar bezeichnet. Da eine solche Theorie mit allen möglichen Beobachtungen vereinbar ist, kann sie nicht zur Ableitung oder Prognose dienen, was unter bestimmten Umständen passieren wird. Sie hat deshalb keinen Erklärungswert für die Wissenschaft.

Univariate Verfahren: Mit diesen Verfahren wird nur eine abhängige Variable untersucht, die Anzahl der unabhängigen Variablen ist dabei unwesentlich.

Validität: Ein psychologisches Meßinstrument ist dann valide, wenn es das, was es zu messen vorgibt, auch tatsächlich mißt und nichts anderes. Man unterscheidet dabei die Inhaltsvalidität (Expertenrating über die Stichhaltigkeit der Items), Übereinstimmungs- bzw. Vorhersagevalidität (die Testdaten werden gleichzeitig mit bekannten Außenkriterien auf ihre Übereinstimmung oder Prognose überprüft), Konstruktvalidität (häufig mit Faktorenanalyse untersuchte Beziehung zum Meßkriterium, z. B. der Intelligenz bei einem neuen Intelligenztest), inkrementelle Validität (Untersuchung des Praxisnutzens).

Variabilität (auch Streuung oder Dispersion): Der Grad der Streuung zwischen den einzelnen Ergebnissen einer Gruppe von Meßwerten. Liegen die Ergebnisse alle nahe bei einem Meßwert der zentralen Tendenz, so sprechen wir von einem niedrigen Grad an Variabilität; sind die Ergebnisse weit um die zentrale Tendenz gestreut, dann liegt ein hoher Grad vor. Es gibt eine Reihe quantitativer Meßwerte der Variabilität, darunter der Bereich und die Standardabweichung.

Varianz: Durchschnittliches Abweichungsquadrat aller Messungen vom Mittelwert.

Varianzanalyse: Überprüfungsverfahren von Mittelwertsunterschieden.

Varianzbreite, Merkmalsraum: Der einfachste zahlenmäßige Wert der Variabilität oder Streuung. Er wird errechnet, indem man den Unterschied zwischen den zwei Extremen oder Endwerten einer Verteilung ermittelt; der Wert des Bereichs wird somit stark durch ein extremes Ergebnis beeinflußt.

Verschmelzung: Wenn verschiedene Faktoren so zusammenspielen, daß man nicht unterscheiden kann, welcher für die studierten Effekte verantwortlich ist, dann sagen wir, daß die Faktoren verschmolzen sind. Es werden Versuche durchgeführt, um die Interpretation der Auswirkungen durch eine Reduktion der Verschmelzung zwischen wahrscheinlichen Kausalbedingungen klären zu helfen.

Versuchspläne, experimental design: Experimentelle Verfahrensweisen zur Überprüfung von Hypothesen. Im allgemeinen unterscheidet man Einzelgruppenpläne (Pre-post-Pläne), Gruppenpläne mit unbehandelten Kontrollen, Gruppenpläne mit variierter Behandlung, Einzelfallpläne, Querschnittspläne (demoskopische Sample).

Vorderhirn: Der vorderste Abschnitt der drei wichtigsten embryologischen Segmente des Gehirns. Das Großhirn, der Thalamus und der Hypothalamus entwickeln sich aus dem Vorderhirn.

Wahrnehmungspsychologie: Teilbereich der Allgemeinen Psychologie, in dem die psychophysiologischen Gesetzmäßigkeiten der Reizaufnahme und -verarbeitung untersucht werden (vgl. Bd. 2).

Zeitreihenanalyse: Systematische Analyse der über einen bestimmten Zeitraum verteilten Messungen.

Zellkörper: Der große runde Teil einer Nervenzelle im Gegensatz zu den Axonen (Neuriten und Dendriten). Die meisten chemischen Reaktionen, welche die Lebensprozesse einer Zelle bilden, finden hier statt.

Zellmembran: Die Außenhaut jeder Körperzelle einschließlich der Nervenzelle. Durch sie müssen die Substanzen passieren, die an den chemischen Reaktionen der Zelle teilnehmen.

Zentralnervensystem: Jener Teil des Nervensystems, der aus dem Gehirn und dem Rückenmark besteht.

z-Transformation: Rechnerische Verlagerung von Meßwerten, um verschiedene Variablen auf ein gleiches Maßsystem abzubilden.

Zweieiige Zwillinge: Zwei Individuen, die sich im Gegensatz zu eineiigen Zwillingen aus zwei verschiedenen befruchteten Ova (Zygoten) entwikkelt haben. Zweieiige Zwillinge können beide Jungen, beide Mädchen oder gemischtgeschlechtlich sein. Sie sind sich genetisch nicht ähnlicher als zwei beliebige andere Geschwister.

Zufällige Zuordnung zu Bedingungen: Das Versuchsverfahren, bei dem die Probanden den verschiedenen Bedingungen der Variablen zugewiesen werden. Der Zweck ist, eine Kontrolle über die vielen anderen Unterschiede zwischen Individuen auszuüben, die sonst die Interpretation der Auswirkung der unabhängigen Variablen irreführen würden.

Zufallsstichprobe: Das Ergebnis eines Auswahlverfahrens, das jedem Angehörigen einer Population die gleiche Chance gibt, aufgenommen zu werden und das gewährleistet, daß jedes Mitglied der Stichprobe unabhängig von allen anderen gewählt wird.

Zuverlässigkeitskoeffizient: Bezieht sich auf den Grad, in dem wiederholte Messungen eines Instruments dieselben oder ähnliche Ablesungen ergeben. Dieser Grad wird ermittelt, indem man den Korrelationskoeffizienten zwischen zwei Gruppen von Messungen derselben Objekte durch dasselbe Meßinstrument feststellt. Je höher die Korrelation, desto zuverlässiger das Instrument.

Zygote: Das befruchtete Ei oder die Zelle, die durch die Verschmelzung eines Ovums und einer Samenzelle entsteht. Die normale menschliche Zygote enthält 23 vollständige Chromosomenpaare (insgesamt 46), wobei ein Teil jedes Paares vom Ovum, der andere von der Samenzelle stammt.

Literaturverzeichnis

Adler, A.: Menschenkenntnis. Frankfurt: Fischer 1966.

Ainsworth, M. D.: Infancy in Uganda: Infant Care and the Growth of Love. Baltimore: Johns Hopkins University Press 1967.

Aldrich, C. A., Norval, M. A.: A Developmental Graph for the First Year of Life. J. Pediat. 29, 1946, 304 to 308.

Asanger, R., Wenninger, G. (Hrsg.): Handwörterbuch der Psychologie. Weinheim, Basel: Beltz 1980.

Baltes, P. B., Nesselroade, J. R.: History and Rationale of Longitudinal Research. In: Baltes, P. B., Nesselroade, J. R. (Hrsg.): Longitudinal Research in the Study of Behavior and Development. New York: Academic Press 1979.

Baltes, P. B., Eckensberger, L. H. (Hrsg.): Entwicklungspsychologie der Lebensspanne. Stuttgart: Kohlhammer 1979.

Baltes, P. B., Reese, H. W., Lipsitt, L. P.: Life-span Developmental Psychology. Ann. Rev. Psychol., 31, 1980, 65–110.

Bartenwerfer, H., Raatz, U.: Methoden der Psychologie. Wiesbaden: Akad. Verlagsges., Bern: Huber 1979.

Bayley, N.: Development and Maturation. In: Helson, H. (Hrsg.): Theoretical Foundations of Psychology. Princeton: Van Nostrand 1951.

Bayley, N.: Comparisons of Mental and Motor Test Scores for Ages 1–15 Months by Sex, Birth Order, Race, Geographical Locations, and Education of Parents. Child Developm., 36, 1965, 379–411.

Becker-Carus, C., Heyden, Th., Ziegler, G.: Psychophysiologische Methoden. Stuttgart: Enke 1979.

Bee, H. L., Mitchel, S. K.: The Developing Person: A Life-span Approach. San Francisco: Harper & Row 1980.

Bell, R. Q.: Relations Between Behavior Manifestations in the Human Neonate. Child Develpm., 31, 1960, 463–477.

Bell, R. Q., Harper, L. V.: The Effect of Children on Parents. Hillsdale, N.J.: Lawrence Erlbaum Assoc. 1977.

Bem, D. J.: Self-perception: An Alternative Interpretation of Cognitive Dissonance Phenomena, Psychol. Rev., 74, 1967, 183–200.

Benesch, H.: Der Ursprung des Geistes. Wie unser Bewußtsein entstand. Stuttgart: DVA 1977, München: dtv 1542, 1980.

Benesch, H.: dtv-Wörterbuch zur Klinischen Psychologie, 2 Bde. München: dtv 3242/3, München: Kösel 1981.

Berger, H.: Über das Electroencephalogramm des Menschen. Nova Acta Leopoldina, N.F. Bd. 6, Nr. 38, S. 200.

Bergius, R.: Entwicklung als Stufenfolge. Hb. d. Psychol., Bd. 3. Göttingen: Hogrefe 1959.

Bertalanffy, L. V.: Das biologische Weltbild. Bern: Francke 1949.

Birbaumer, N.: Physiologische Psychologie. Berlin: Springer 1975.

Birren, J. E., Renner, V. J.: Concepts and Issues of Mental Health and Aging. In: Birren, J. E., Sloane, R. B. (Hrsg.): Handbook of Mental Health and Aging. New York: Van Nostrand Rheinhold 1980.

Birren, J. E., Schaie, K. W.: Handbook of the Psychology of Aging. New York: Van Nostrand 1977.

Bishop, J. A., Cook, L. M.: Moths, Melanism, and Clean Air. Scientific American, 232, 1975, 90–99.

Bogun, M., Erben, C., Schulmeister, R.: Einführung in die Statistik. Weinheim, Basel: Beltz 1983.

Bortz, J.: Lehrbuch der empirischen Forschung für Sozialwissenschaftler. Berlin, Heidelberg, New York, Tokyo: Springer 1984.

Bösel, R.: Physiologische Psychologie. Berlin, New York: de Gruyter 1981.

Breed, W., Huffine, C. L.: Sex Differences in Suicide Among Older White Americans. In: Kaplan, O. J. (Hrsg.): Psychopathology of Aging. New York: Academic Press 1979.

Brim jr., O. G., Kagan, J. (Hrsg.): Constancy and change. Cambridge, Mass.: Harvard University Press 1980.

Brunner, J. S., Oliver, R., Greenfield, P. M.: Studien zur kognitiven Entwicklung. Stuttgart: Klett 1971.

Butler, R. N.: The Life Review: An Interpretation of

Reminiscence in the Aged. Psychiatry, 26, 1963, 65 to 76.
Caplan, D. (Hrsg.): Biological studies of mental processes. Cambridge Mass.: MIT 1980.
Carlson, D. B., Labarba, R. C.: Maternal Emotionality During Pregnancy and Reproductive Outcome: A Review of the Literature. Inter. J. Behav. Develpm., 24, 1979, 343–376.
Chess, S., Thomas, A., Birch, H. G., Hertzig, M.: Implications of a Longitudinal Study of Child Development for Child Psychiatry. Amer. J. Psychiatr., 117, 1960, 434–441.
Chomsky, N.: A Review of *Verbal Behavior,* by B. F. Skinner. Language, 35, 1959, 26–58.
Chomsky, N.: The Case Against B. F. Skinner. The New York Review (Dec. 30) 1971.
Chomsky, N.: Aspekte der Syntax-Theorie. Frankfurt: Suhrkamp 1969.
Clayton, V., Birren, J. E.: Age and Wisdom Across the Life-Span: Theoretical Perspectives. In: Baltes, P. B., Brim, O. G. (Hrsg.): Life-span Development and Behavior. Vol. 3, 1980, New York: Academic Press.
Cohen, L. B.: Our Developing Knowledge of Infant Perception and Cognition. Amer. Psychol. 34, 1979, 894–899.
Coleman, J. C.: Current contradictions in adolescent theory. Journ. of Youth and Adolescence, 7, 1978, 1.
Conel, J. L.: Histologic Development of the Cerebral Cortex. In: The Biology of Mental Health and Disease. New York: Hoeber 1952.
Costa, P. T., McCrae, R. R.: Objective Personality Assessment. In: Storandt, M., Siegler, I. C., Elias, M. F. (Hrsg.): The Clinical Psychology of Aging. New York: Plenum Press 1978.
Cumming, E., Henry, W. E.: Growing Old. New York: Basic Books 1961.
Damon, A.: Discrepancies Between the Findings of Longitudinal and Cross-sectional Studies in Adult Life. Physique and Physiology. Hum. Develpm., 8, 1965, 16–22.
Darwin, Ch.: The origin of species. London 1859.
Diers, C. J.: Historical Trends in the Age of Menarche and Menopause. Psychol. Rep., 34, 1974, 931–937.
Dimond, S. J.: Neuropsychology. London: Butterworths 1980.
Dobelle, W. H., Stensaas, S. S., Mladejovsky, M. G., Smith, J. B.: A Prosthesis for the Deaf Based on Cortical Stimulation. Annals of Otology, Rhinology, and Laryngology. 82. No. 4 (July-August), 1973, 1–19.
Dorsch, F.: Psychologisches Wörterbuch. Bern, Stuttgart, Wien: Huber [10]1982.
Eichorn, D.: The Berkeley Longitudinal Studies: Continuities and Correlates of Behavior. Canad. J. Behav. Sci., 5, 1973, 297–320.
Elder, G., Rockwell, R.: Economic Depression and Postwar Opportunity in Men's Lives. A Study of Life Patterns and Health. In: Simmons, R. (Hrsg.): Research in Community and Mental Health. Greenwich, Conn.: JAI Press 1977.
Erikson, E. H.: Identität und Lebenszyklus. Frankfurt: Suhrkamp 1979.
Ewert, O.: Entwicklungspsychologie des Jugendalters. Stuttgart, Berlin, Köln, Mainz: Kohlhammer 1983.
Escalona, S., Heider, G.: Predicition and Outcome. New York: Basic Books 1959.
Eysenck, H. J.: Vererbung, Intelligenz und Erziehung. Stuttgart: Sewald 1975.
Feldman, J. F., Brody, N., Miller, S. A.: Sex Differences in Non-elicited Neonatal Behaviors. Merrill-Palmer Quart. 26, 1980, 63–73.
Field, D.: Retrospective Reports by Healthy Intelligent Elderly People of Personal Events of Their Adult Lives. In: Schaie, K. W. (Cair.). Continuity and Discontinuity Between Behavioral Variables at Different Ages of Life. Symposium presented at the International Society for the Study of Behavioral Development. Lund: Sweden, June 1979.
Freedman, D. G.: Ethnic Differences in Babies. Hum. Nature (Jan.) 1979a.
Freedman, D. G.: Human Sociobiology. New York: Free Press 1979b.
Freud, S.: Gesammelte Werke. Frankfurt: Fischer 1948ff.
Gavett, G. I.: A First Course in Statistical Method. New York: McGraw-Hill 1925.
Geber, M.: The Psychomotor Development of African Children in the First Year and the Influence of Maternal Behavior. J. Soc. Psychol., 47, 1958, 185–195.
Gesell, A.: Säugling und Kleinkind in der Kultur der Gegenwart. Bad Nauheim: Christian [2]1953.
Gesell, A., Amatruda, C. S.: Developmental Diagnosis: Normal and Abnormal Child Development. New York: Hoeber 1947.
Goldberg, S.: Premature Birth: Consequences for the Parent-infant Relationship. Amer. Scientist, 67, 1979, 214–220.
Goldstein, H.: The Design and Analysis of Longitudinal Studies. New York: Academic Press 1979.
Gould, R. L.: Transformations: Growth and Change in Adult Life. New York: Simon & Schuster 1978.
Graber, G. H. (Hrsg.): Pränatale Psychologie. München: Goldmann 1974.
Guttman, G.: Einführung in die Neuropsychologie. Bern, Stuttgart, Wien: Huber 1972.
Haeckel, E.: Anthropogenie oder Entwicklungsgeschichte des Menschen. Leipzig: Engelmann 1874.
Hall, G. St.: Adolescence. New York, London: Appleton & Co., 1904.
Hassenstein, B.: Verhaltensbiologie des Kindes. München: Piper 1973.
Hebb, D. O.: Einführung in die moderne Psychologie. Weinheim, Basel: Beltz [7]1973.

Herrmann, T., Hofstätter, P., Huber, H. P., Weinert, F.: Handbuch psychologischer Grundbegriffe. München: Kösel 1977.
Hofer, M., Franzen, U.: Theorie der angewandten Statistik. Weinheim, Basel: Beltz 1975.
Höhn, E.: Geschichte der Entwicklungspsychologie und ihrer wesentlichen Ansätze. In: Thomae, H. (Hrsg.): Handbuch der Psychologie, Bd. 3., Göttingen: Hogrefe 1959, S. 21.
Holmes, T. H., Rahe, R. H.: The Social Readjustment Rating Scale. J. Psychosom. Res., 11, 1967, 213.
Hunt, J. MCV: Psychological Development: Early Experience. Ann. Rev. Psychol., 30, 1979, 103–143.
Iversen, L. L.: The Chemistry of the Brain. Scientific American, 241, 1979, 134–149.
Jarvik, L. F., Eisdorfer, C., Blum, J. E. (Hrsg.): Intellectual Functioning in Adults. New York: Springer 1973.
Jarvik, M. E., Essman, W.: Simple One-trial Learning Situation for Mice. Psychol. Rep., 6, 1960, 290.
Jasper, H. H.: Electroencephalography. In: Penfield, W., Erickson, T. (Hrsg.): Epilepsy and Cerebral Localization. Springfield, Ill.: Charles C. Thomas 1941.
Jones, H. E., Conrad, H. S.: The Growth and Decline of Intelligence. Genet. Psychol. Monogr., 13, No. 3, 1933.
Kastenbaum, R.: Humans Developing: A Life-span Perspective. Boston: Allyn & Bacon 1979.
Kagan, J.: Change and Continuity in Infancy. New York: Wiley 1971.
Kagan, J., Moss, H. A.: Birth to Maturity. New York: 1962.
Kessen, W., Williams, E. J., Williams, J. P.: Selection and Test of Response Measures in the Study of the Human Newborn. Child Developm., 32, 1961, 7 to 24.
Kety, S. S.: Disorders of the Human Brain. Scientific American., 241, 1979, 202–214.
Kodlin, D., Thompson, D. J.: An Appraisal of the Longitudinal Approach to Studies of Growth and Development. Monogr. Soc. Res. Child Develpm., 23, No. 1, 1958.
Kroh, O.: Entwicklungspsychologie des Grundschulkindes, 2 Bde. Weinheim: Beltz ²1964.
Laucken, U., Schick, A.: Einführung in das Studium der Psychologie. Stuttgart: Klett ⁴1978.
Layzer, D.: Heritability Analyses of IQ Scores: Science or Numerology? Science, 183, 1974, 1259–1266.
Lerner, R. M., Inouye, N.: Personal communication. 1969.
Lerner, R. M., Busch-Rossnagel, N. A. (Hrsg.): Individuals as producers of their development. New York: Academic Press 1981.
Levinson, D. J.: The Seasons of a Man's Life. New York: Knopf 1978.
Lewontin, R. C.: The Genetic Basis of Evolutionary Change. New York: Columbia University Press 1974.
Lindsay, P. H., Norman, D. A.: Einführung in die Psychologie. Berlin, Heidelberg, New York: Springer 1981.
Lieberman, P.: On the Origins of Language. An Introduction to the Evolution of Human Speech. New York: Macmillan 1975.
Lipsitt, L. P.: Critical Conditions in Infancy. A Psychological Perspective. Amer. Psychol. 1979, 973 to 980.
Lipsitt, L. P., Kaye, H.: Conditioned Sucking in the Newborn. Psychonom. Sci., 1, 1964, 29–30.
Livson, N.: Developmental Dimensions of Personality: A Life-span Formulation. In: Baltes, P. B., Schaie, K. W. (Hrsg.): Life-span Developmental Psychology: Personality and Socialization. New York: Academic Press, 37, 1973.
Livson, N., McNeill, D., Thomas, K.: Pooles Estimates of Parent-child Correlation in Stature from Birth to Maturity. Science, 138, 1962, 818–820.
Loevinger, J., Wessler, R.: Measuring Ego Development. Vol. I. San Francisco: Jossey-Bass 1970.
Lowenthal, M. F., Thurnher, M., Chiriboga, D.: Four Stages of Life. San Francisco: Jossey-Bass 1975.
Lundman, T.: Smoking in Relation to Coronary Heart Disease and Lung Function in Twins. Medica Scandinavica, Supplementum 455, 1966.
Maddox, G. L.: Persistence of Life Style Among the Elderly: A Longitudinal Study of Patterns of Social Activity in Relation to Life Satisfaction. In: Neugarten, B. L. (Hrsg.): Middle Age and Aging. Chicago: University of Chicago Press 1968.
Masters, W. H., Johnson, V. E.: Human Sexual Response. Boston: Little Brown 1966.
Masters, W. H., Johnson, V. E.: Human Sexual Inadequacy. Boston: Little Brown 1970.
Moosbrugger, H.: Multivariate statistische Analyseverfahren. Stuttgart: Kohlhammer 1978.
Moruzzi, Magoun, H. W.: Brain stem reticular formation and activation of the EEG. EEGclin Neurophysiol. 1, 1949, 455.
Nauta, W. J. H., Feirtag, M.: The Organization of the Brain. Scientific American., 241, 1979, 88–111.
Nesselroade, J. R., Baltes, P. B.: Longitudinal Methodology in the Study of Behavior and Development. New York: Academic Press 1979.
Neugarten, B. L.: Personality and Aging. In: Birren, J. E., Shaie, K. W. (Hrsg.): Handbook of the Psychology of Aging. New York: Van Nostrand 1977.
Neugarten, B. L., Havighurst, B., Tobin, S.: Personality and Patterns of Aging. In: Neugarten, B. (Hrsg.): Middle Age and Aging. Chicago: University of Chicago Press 1968.
Offer, D., Offer, J.: From Teenage to Young Manhood. New York: Basic Book 1975.

Oerter, R. (Hrsg.): Entwicklung als lebenslanger Prozeß. Hamburg: Hoffmann & Campe 1978.
Pfeiffer, E.: Sexual Behavior in Old Age. In: Busse, E. W., Pfeiffer, E. (Hrsg.): Behavior and Adaptation in Late Life. Boston: Little Brown 1969.
Phelps, M., Huhl, D., Mazziotta, J.: Metabolic Mapping of the Brain's Response to Visual Stimulation: Studies in Humans. Science (March 27), 1981, 211, No. 4489, cover.
Piaget, J.: Gesammelte Werke, 10 Bde. Stuttgart 1957 ff.
Preyer, W.: Die Seele des Kindes. Tübingen: Grieben [4]1971.
Prigogine, I.: Time, structure, and fluctuations. Science, 1978, 201, 777.
Pyles, M. K., Stolz, H. R., MacFarlane, J. W.: The Accuracy of Mothers: Reports on Birth and Developmental Data. Child Develpm., 6, 1935, 165–176.
Reichard, S., Livson, F., Petersen, P. G.: Aging and Personality: A Study of Eighty-seven Older Men. New York: Wiley 1962.
Reimann, H. u. H.: Das Alter. München: Goldmann 1974.
Robbins, L. C.: The Accuracy of Parental Recall of Aspects of Child Development and of Child Rearing Practices. J. Abnorm. Soc. Psychol., 66, 1963, 261 to 270.
Robbins, W., Brody, J., Hogan, A. G., Jackson, C. M., Greene, C. W.: Growth. New Haven: Yale University Press 1928.
Sachs, L.: Angewandte Statistik. Berlin, Heidelberg, New York: Springer [4]1974.
Schmidt, H.-D.: Allgemeine Entwicklungspsychologie. Berlin-Ost: Dtsch. Verl. d. Wissenschaft 1973.
Schönpflug, W. u. U.: Psychologie. München, Wien, Baltimore: Urban & Schwarzenberg 1983.
Scott, J. P., Fuller, J. L.: Genetics and the Social Behavior of The Dog. Chicago: University Press 1965.
Searle, L. V.: The Organization of Hereditary Maze-brightness and Maze-dullness. Genet. Psychol. Monogr., 39, 1949, 279–325.
Selg, H., Bauer, W.: Forschungsmethoden der Psychologie. Stuttgart, Berlin, Köln, Mainz: Kohlhammer 1971.
Sheehy, G.: Passages: Predictable Crises of Adult Life. New York: Dutton 1977.
Siqueland, E. R., Lipsitt, L. P.: Conditioned Headturning in Human Newborns. J. Exp. Child Psychol., 3, 1966, 356–376.
Sorenson, R. C.: Adolescent Sexuality in Contemporary America. New York: World 1973.
Sroufe, L. A.: The Coherence of Individual Development. Amer. Psychol., 34, 1979, 834–841.
Steiner, G. (Hrsg.): Entwicklungspsychologie, 2 Bde. Weinheim, Basel: Beltz 1984.
Stern, W.: Psychologie der frühen Kindheit bis zum 6. Lebensjahre. Leipzig: Quelle & Meyer 1930.
Strauss, M. S.: The Abstraction and Integration of Prototypical Information from Perceptual Categories by Ten-month-old Infants. Unpublished doctoral dissertation. University of Illinois 1978.
Swidler, A.: Love and Adulthood in American Culture. Paper presented at a Conference on Love and Work in Adult Life. American Academy of Arts and Sciences. Stanford, California 1977.
Tamashiro, R. J.: Adolescents Concepts of Marriage: A Structural developmental Analysis. J. Youth Adolesc., 8, 1979, 443–452.
Tanner, J. M.: Growth at Adolescence. 2nd ed. Oxford: Blackwell 1962.
Trautner, H. M.: Lehrbuch der Entwicklungspsychologie. Göttingen: Hogrefe 1978.
Tryon, R. C.: Genetic Differences in Maze Learning in Rats. In: National Society for the Study of Education. The Thirty-ninth Yearbook. Bloomington, Ill.: Public School Publishing 1940.
Vaillant, G. E.: Adaptation to Life. Boston: Little Brown 1977.
Waddington, C. H.: Concepts of development. In: Aronson, L. R., e.o. (Hrsg.): The biopsychology of development. New York: Academic Press 1971.
White, B. L.: An Experimental Approach to the Effects of Experience on Early Human Development. Minnesota Symposium on Child Psychology, 1, 1967, 201 to 226.
Wiener, N.: Kybernetik. Reinbek: Rowohlt 1968.
Wilson, E. O.: Sociobiology: The New Synthesis. Cambridge, Mass.: Harvard University Press 1975.
Wilson, E. O.: On Human Nature. Cambridge, Mass.: Harvard University Press 1978.
Woodruff, D. S., Birren, J. E.: Age Changes and Cohort Differences in Personality. Develpm. Psychol., 6, 1972, 252–259.
Wohlwill, J. F.: The Study of Behavioral Development. New York: Academic Press 1973.
Yankelovich, D.: The New Morality: A Profile of American Youth in the Seventies. New York: McGraw-Hill 1974.
Yarrow, M. R., Campbell, J. D., Burton, R. V.: Recollections of Childhood: A Study of The Retrospective Method. Monogr. Soc. Res. Child Develpm. 35, 1970, Nr. 138.
Zimbardo, P. G.: Psychologie. Berlin, Heidelberg, New York, Tokyo: Springer 1983.

Stichwortverzeichnis

Inhaltsverzeichnis

Band 2: Wahrnehmungspsychologie

Einleitung

Wahrnehmung ist die unmittelbarste Beziehung zur Umwelt. Sobald der Mensch wach ist, vermitteln ihm seine Sinne ein vielschichtiges und vielgestaltiges Bild seiner Umgebung. Ist dieses Bild „richtig“? Kann man sich auf das, was uns die Sinne mitteilen, verlassen?

Diese Fragen gehören zu den ältesten Anliegen der Menschen. Fakten und Theorien über die Wahrnehmung haben Künstler und Philosophen, Physiker und Physiologen seit langer Zeit gefesselt, und es gibt gute Gründe, warum uns die Art und Weise, wie wir unsere Welt mit den Sinnen aufnehmen, fasziniert.

Sensibel zu sein, verschafft uns Vergnügen und Nutzen. Wir entdecken schöne Dinge um uns herum; Dinge, auf die uns unsere Sinne aufmerksam machen, und die zu erforschen sie uns Gelegenheit geben. Unsere Augen bescheren uns interessante Formen und lebhafte Farben. Geruchs- und Geschmackssinn werden durch angenehme Düfte und ausgewogene Gewürze befriedigt. Eine sanfte Berührung kann uns beruhigen, eine Liebkosung erregen.

Aber das, was unsere Sinne finden, kann uns ebenso rasch abstoßen wie erfreuen. Wir wenden unsere Augen ab und halten uns die Ohren zu, wenn die auf uns einstürzenden Energien zu intensiv sind. Der Geruch oder Geschmack bestimmter Substanzen kann uns mißfallen. Schmerzempfindungen verengen die ganze Welt um uns herum.

Einige der alten griechischen Philosophen (z. B. Platon) glaubten, daß Wahrnehmung dadurch zustandekommt, daß der Betreffende etwas aussendet, das mit einem bestimmten Objekt aus der Umwelt einen Kontakt aufnimmt. Andere (z. B. Aristoteles) meinten, daß Objekte etwas ausstrahlen (wie ein schwaches Bild), das auf den Geist einwirkt.

Die zweite Auffassung ist annähernd richtig, denn die ersten Schritte in der Wahrnehmung kommen tatsächlich dadurch zustande, daß etwas von der äußeren Welt „ausgeht“ und beim Wahrnehmenden ankommt. Es ist jedoch nicht ein „Abbild“ des Objekts, das sich bewegt, sondern vielmehr irgendeine physische Energie oder Substanz, und beeinflußt wird auch nicht unmittelbar der Geist des Wahrnehmenden, sondern seine Rezeptoren (wie Auge und Ohr).

Obzwar die wahrnehmende Person keine „Strahlen“ aussendet, die mit Objekten in der Welt Kontakt aufnehmen, ist der Wahrnehmende tatsächlich ein aktiver Organismus, wie die erste Auffassung vorgibt. Er kann seine Blicke schweifen lassen, auf manches mehr achten, Unvollständiges ergänzt wahrnehmen, Gerüche einsaugen, ein Objekt in die Hand nehmen und dadurch seinen abschließenden Eindruck beeinflussen.

Den Beginn der heutigen Experimentalpsychologie datiert man im allgemeinen in die zweite Hälfte des 19. Jahrhunderts mit der Entwicklung der *Psychophysik*. Diese Fachrichtung befaßt sich mit dem Verhältnis zwischen sensorischer Erfahrung *(Psycho-)* und den physikalischen Eigenschaften der Reize *(Physik)*. Wie verändert sich beispielsweise die Helligkeitsempfindung mit der Stärke des von einer Glühbirne ausgestrahlten Lichtes? Natürlich kann man Lichtstärken messen, gilt dasselbe aber auch von Empfindungen? Gustav Theodor Fechner (1801–1887), ein Physiologe, Physiker und Philosoph, entwickelte die grundlegenden Methoden für die Durchführung solcher psychophysikalischer Messungen und formulierte ein „Gesetz“, das die Empfindungsmenge festzulegen versucht, die von Reizen bestimmter Intensität ausgelöst wird.

Obwohl es feststeht, daß die Energien in der Umwelt die Wahrnehmung beeinflussen, ist eine damit zusammenhängende Frage nicht so leicht zu beantworten. Erwerben wir unser *gesamtes* Wissen ausschließlich durch die Sinne? René Descartes, ein Philosoph des 17. Jahrhunderts, glaubte, daß der Körper wie eine Maschine funktioniere, aber er glaubte auch an die Existenz der Seele. Er vertrat die Auffassung, daß uns manches Wissen und manche Ideen *angeboren* seien, daß beispielsweise unsere Vorstellungen von Größe und Form, von Zeit, Raum usw. schon bei der Geburt in unserer Seele vorhanden seien. Natürlich bezögen wir Erkenntnisse über jedes spezifische Objekt durch unsere Sinne, aber die Grundgedanken seien bereits vorhanden. Diese Lehre von den angeborenen Grundvorstellungen bezeichnet man als *Nativismus*.

Die alternative Auffassung – daß wir *alle* Ideen und Vorstellungen sowie auch spezifische Kenntnisse den Sinnen verdanken – wird als *Empirismus* bezeichnet. Diesen Gesichtspunkt vertraten eine Reihe britischer Philosophen, beginnend etwa zur Zeit von Descartes. Nehmen wir beispielsweise Bischof Berkeley und seine Auffassungen von der Raumwahrnehmung. Die Entfernung eines Objekts von den Augen ist (laut Berkeley) nicht etwas, das man unmittelbar „spüren" kann, aber das bedeutet nicht, daß unser Wissen über diese Distanz von etwas Angeborenem abhänge. Vielmehr spüre man Dinge wie die Stärke der Muskelkontraktion, die nötig ist, um den Blick auf ein bestimmtes Objekt zu richten und dieses zu fixieren, und *bereits gemachte Erfahrungen* hätten uns gelehrt, daß ein bestimmtes Gefühl der Kontraktion mit einer bestimmten Distanz von einem Objekt einhergehe.

Die meisten Pioniere der Experimentalpsychologie vertraten diese empiristische Einstellung, als sie darangingen, die Beziehungen zwischen der äußeren Welt und der Welt des Erlebens zu erforschen. Eine Reaktion fand statt, aber bevor wir darauf eingehen, müssen wir uns eine weitere fundamentale Frage stellen: Was ist der Unterschied zwischen Empfindung und Wahrnehmung? Nicht wenige Psychologen treffen eine solche Unterscheidung, aber sie ist oft unpräzise. Deshalb lehnen einige den Begriff Empfindung rundheraus ab. Als Empfindungen bezeichnet man meist die verschiedenen Arten von Eindrücken (wie Farbe), die den verschiedenen Sinnesorganen zur Verfügung stehen; die Psychophysik beschäftigt sich wie bereits bemerkt mit dem Studium dieser körperlichen Empfindungen sowie mit der Erforschung der anatomischen und physiologischen Mechanismen des Körpers. Wahrnehmung bezieht sich gewöhnlich eher auf das bewußte Erleben von Dingen und Ereignissen wie das Erkennen eines Objekts als Fußball oder das Wissen, daß ein Ding sich schneller bewegt als ein anderes.

Der große deutsche Psychologe Wilhelm Wundt, der 1879 das erste offizielle psychologische Labor gründete, betrachtete die Psychologie als das Studium von Wahrnehmungserfahrungen, die durch eine Methode der Analyse erklärt werden können. Schauen Sie sich doch einmal den Fußball an: Versuchen Sie, ihn als aus separaten Flecken verschiedener Farben, Konturen, Nähten usw. zusammengesetzt zu sehen. Von jedem dieser Teile oder Elemente könnte man annehmen, daß es eine separate *Empfindung* hervorrufe. Wundt und die Psychologen, die sich an ihm orientierten (die sogenannten *Strukturalisten;* nicht zu verwechseln mit dem heutigen Linguistischen Strukturalismus), glaubten, daß sich elementare Empfindungen mit ihren verschiedenen Qualitäten und Stärkegraden vereinigen, um die *Wahrnehmung* von Objekten oder Ereignissen hervorzubringen; die Aufgabe des Psychologen bestehe darin, die Wahrnehmungen (das unmittelbare Erleben) durch sorgfältige Beobachtung in diese einfacheren Elemente zu zerlegen.

Gibt es eine Alternative? Könnte etwas falsch sein an diesem Versuch, durch Analyse (die beispielsweise in der Chemie so nützlich ist) herausfinden zu wollen, wie Komposita (Wahrnehmungen) aus Elementen (Empfindungen) zusammengesetzt sind, und dadurch zu erklären, wie sie überhaupt zustandekommen?

Diese Fragen wurden von den *Gestalt*psychologen, eine Schule, die zu Beginn unseres Jahrhunderts gegründet wurde, entschieden bejaht. Die Gestalttheorie leugnete, daß Wahrnehmungen von Objekten aus elementaren Empfindungen aufgebaut sind, denn die Wahrnehmung eines Fußballs (um zu unserem Beispiel zurückzukehren) erfolgt unmittelbar. Einen Teil des Fußballs als schwarzen Farbfleck zu sehen, ist in der Tat schwierig, artifiziell und kein normaler Aspekt der Wahrnehmung. Mit ihrer Ablehnung der These der Strukturpsychologen wiesen die Gestaltvertreter auch den Empirismus von sich, der mit der Analyse einhergegangen war. Sie verkündeten, daß es Gesetze der Wahrnehmungsorganisation gäbe, die entdeckt werden müßten; diese Gesetze bestimmen, was wir wahrnehmen, wenn die Sinnesrezeptoren in einer bestimmten Weise stimuliert werden, aber frühere Erfahrungen und Lernen wirken sich nur in geringem Maß auf das Ergebnis aus. Zwei zeitgenössische Theorien, die einige Aspekte mit der Gestaltpsychologie gemein haben, obwohl sie neue Interpretationen anbieten und sich in mancher Hinsicht scharf von dieser unterscheiden, sind Gibsons Theorie der direkten Wahrnehmung und Helsons Adaptationsniveautheorie.

Es gab aber noch eine andere Antwort auf die Strukturalisten als die der Gestalttheoretiker. John B. Watson und andere *Behavioristen* (Verhaltensforscher) vertraten die Auffassung, daß sich die Psychologie von allem abwenden müßte, was nicht objektiv feststellbar sei. So meinten sie, daß die Introspektion (die Untersuchung des eigenen bewußten Erlebens) nicht wissenschaftlich sei. Diese Einstellung schloß ihrerseits die Wundtsche Strukturpsychologie und darüber hinaus fast die gesamte Wahrnehmungsthematik aus! Wenn eine Versuchsperson nicht mitteilen darf, was sie sieht, wenn ihr ein bestimmtes Objekt vorgesetzt wird (weil das auf Introspektion beruhen würde), dann müßte uns das Studium der visuellen Wahrnehmung als fast unmöglich erscheinen. Die Behavioristen glaubten, man könne die Relation zwischen äußeren Ereignissen und dem resultierenden Verhalten einer Versuchsperson einschließlich deren verbalen Äußerungen studieren, aber der Psychologe könne dem Bericht der Vp, wie eine bestimmte Wahrnehmung zustande gekommen sei, nicht trauen. Da die frühen Behavioristen in der Regel speziell an dem Phänomen des Lernens interessiert waren, neigten sie darüber hinaus eher zu empiristischen als zu nativistischen Interpretationen.

Die Thesen der Gestaltpsychologen und der Behavioristen enthielten wertvolle Erkenntnisse, aber es bedurfte vieler Jahre und großer Forschungsanstrengungen, bevor es gelang, diese richtigen Erkenntnisse klar von einigen scheinbar damit zusammenhängenden (aber weniger zutreffenden) Behauptungen abzugrenzen. Ein Teil dieser Forschungsarbeit wurde von anderen Disziplinen, insbesondere der *Physiologischen Psychologie* und der *Computerwissenschaft* geleistet. Die Psychophysiologen hatten herausgefunden, daß die Beschädigung verschiedener Teile der sensorischen Systeme und des Gehirns unterschiedliche Wirkungen auf die resultierende Wahrnehmung haben kann, was darauf hindeutet, daß der Wahrnehmungsprozeß doch aus trennbaren Funktionselementen besteht. In der elektronischen Datenverarbeitung müssen Programme geschrieben werden, Anweisungen, in denen festgelegt wird, wie ein Computer eintreffende Informationen durch eine Reihe separater Schritte umwandeln muß, um ein gewünschtes Ergebnis zu erzielen. Als Programme und Geräte entwickelt wurden, die Ergebnisse produzierten, die mit den Leistungen wahrnehmender und denkender Organismen vergleichbar waren, schien die Annahme plausibel, daß solche Organismen manche derselben *Schritte* vollziehen wie die Maschinen. Die Behavioristen und die Gestalttheoretiker hatten recht, als sie den Anspruch zurückwiesen, daß introspektive Analyse die Prozesse in der Wahrnehmung enthülle, aber das bedeutet nicht, daß es innerhalb der Wahrnehmungsaktivität keine Prozesse zu entdekken gebe.

Es entstand dann die Sichtweise der Informationsverarbeitung, bei der der Psychologe in den mentalen Aktivitäten, die durch Sinnesreize ausgelöst werden, trennbare Teile oder Phasen (von denen uns manche nicht bewußt sein mögen) zu entdecken versucht und erforscht, wie diese von einander, von neuem sensorischem Input und von vorher Geschehenem beeinflußt werden. Auf ihrer Suche nach Erklärungen anhand des sensorischen Inputs und seiner Umwandlungen greifen die Informationsverarbeitungstheoretiker in der Regel nicht auf angeborene Ideen zurück. Aber ihr Standpunkt ist nicht notwendigerweise an eine entschiedene Position in der Frage von Nativismus versus Empirismus gebunden. Die informationsverarbeitende Sichtweise (und ihre nahe Verwandte, die Kognitive Psychologie) versuchen tatsächlich mehr zu beschreiben als die Wahrnehmung. Wir werden ihr beim Studium des Lernens und des Gedächtnisses im dritten Band wiederbegegnen.

Angeregt teils durch diese verschiedenen theoretischen Ansätze, teils durch praktische Lösungsprobleme und teils durch simple Neugier haben Psychologen und andere Wissenschaftler eine Menge Erkenntnisse darüber gewonnen, wie wir wahrnehmen: ein wichtiger Schritt zum Verständnis des menschlichen Erlebens und Verhaltens.

1. Kapitel
Das Wahrnehmungserlebnis

Wenn Psychologen zu verstehen versuchen, was einen bestimmten Bewußtseinszustand oder eine Verhaltensweise hervorruft, dann betrachten sie oft zuerst die äußere Welt, um herauszufinden, wie sie sich auf das Individuum auswirkt. In der Wahrnehmungspsychologie werden Fragen wie die folgenden gestellt: Wie verarbeiten unsere Sinne die ankommenden Reize? – Wie werden Sinneseindrücke zu bewußtem Erleben? – Welchen Stellenwert haben die Wahrnehmungen in der Einheit unseres Erlebens und Verhaltens?

Zwischen den Grenzen, die uns durch angenehme Empfindungen und belastende Erfahrungen gesetzt sind, liegen unsere alltäglichen Wahrnehmungserlebnisse. Unsere Sinne müssen auf die Nähe ebenso eingestellt sein wie auf die Ferne, denn wir planen unsere täglichen Aktivitäten nach unserem sensorischen „Input", d. h. der Aufnahme von Sinnesreizen (s. Abb. 1). Aus den Schall- und

Abbildung 1: Die optische Tischkante. Diese Vorrichtung ermöglicht es, die Tiefenwahrnehmung von Tieren zu testen, sobald sich diese in ihrer Umgebung bewegen können. Eine schachbrettartig gemusterte Fläche fällt im Mittelteil senkrecht nach unten ab. Dieser etwa 40 cm tiefe „Graben" ist durch eine weitgehend unsichtbare Glasplatte bedeckt. Der (menschliche oder tierische) Proband wird an den Rand des „Abgrunds" gesetzt und ermuntert, die optische Tischkante zu überschreiten. Die Glasplatte soll verhindern, daß der Proband nichtvisuelle Hinweisreize über die Tischkante erhält und soll ihn vor Schaden bewahren, falls er sich vorwagt.

Photo von William Vandivert, copyright © *Scientific American,* 1960.

Abbildung 2: Ein „verstecktes" Tier. Die Lichtmuster, die auf unser Auge treffen, liefern uns die Informationen, die wir benötigen, um die Objekte in unserer Umgebung zu identifizieren. Unsere Sinne sind gewöhnlich so geschult, daß wir die Details der Lichtflecken kaum bemerken, bis wir Schwierigkeiten haben, ein Objekt zu identifizieren, wie bei dieser kontrastreichen Aufnahme eines Hundes.

R. Gregory: *The Intelligent Eye.* New York: McGraw-Hill, 1970.

Lichtwellen, den Druckreizen und chemischen Stoffen, die unseren Körper erreichen, beziehen unsere Sinne *Informationen* über die Welt um uns herum. Sie befähigen uns, die Formen, Farben und Bestandteile der Dinge zu identifizieren, die wir benutzen; sie unterscheiden zwischen verschiedenen Objekten, stellen Ähnlichkeiten fest, ignorieren die Belanglosigkeiten eines Augenblicks, um sich später den Dingen zuzuwenden, die vorher „belanglos" waren. Unsere Sinne müssen imstande sein, sich vorübergehend auf schwierige Bedingungen einzustellen (s. Abb. 2) und sich anzupassen, damit wir aus allen unseren Erfahrungen Nutzen ziehen können.

Psychologen, die die Wahrnehmung studieren, arbeiten mit Physiologen zusammen, um Fakten und Theorien über die Funktionsweise unserer Sinne zu erarbeiten, und sie kooperieren mit Physikern und Chemikern in dem Bestreben, die Energien zu begreifen, auf die unsere Sinnesorgane

Abbildung 3: Ein Holzschnitt von Albrecht Dürer aus seinem Zyklus von 1525: „Unterweysung der Messung mit dem Zirkel und Richtscheyt in Linien, Ebenen und ganzen Körpern". Um die Lichtreize zu studieren, die von einem Objekt ausgehend auf das Auge treffen, benutzten Maler manchmal durchsichtige Leinwände, um Konturen nachzuzeichnen. Ähnliche Vorrichtungen werden noch heute im perspektivischen Zeichnen verwendet.

Mit freundlicher Genehmigung der New York Public Library.

reagieren. Die Behandlung von Menschen mit sensorischen Behinderungen wird oft von Wahrnehmungspsychologen unterstützt und orientiert sich an psychologischen Theorien der Wahrnehmung; und in der Feinmechanik hängt die Entwicklung von Hör- oder Sehhilfen bzw. von künstlichen Sinnesorganen von Kenntnissen über die Wahrnehmung ab. Die Psychologen lernen auch von Künstlern, die ebenfalls – und aus anderen Gründen – die Wahrnehmung studieren. Seit Jahrhunderten haben Maler mit dem Problem der Wiedergabe von Wahrnehmungserlebnissen gerungen (s. Abb. 3). Aus ihren Werken haben wir viel gelernt, und einige von ihnen haben ihrerseits von der Psychologie gelernt (s. Box 2/13, S. 78). Obwohl wir viel über die Wahrnehmung wissen, bleibt, wie wir bald sehen werden, immer noch ungeheuer viel zu entdecken. Tatsächlich ist immer noch eine lebhafte theoretische Kontroverse über die eigentliche Natur des Wahrnehmungsprozesses im Gange (s. nächstes Kapitel).

1 Physiologie, Phänomenologie und Psychologie

Viele Studenten der Erstsemester werden wahrscheinlich die *physiologische Methode* für den unmittelbarsten und gewinnbringendsten Weg zur Erforschung der Wahrnehmung halten. So erscheint es beispielsweise logisch, daß man, um das Sehen zu begreifen, die Wirkung des auf das Auge einfallenden Lichts studieren sollte, das die in den Nerven und im Gehirn ablaufenden Prozesse auslöst. Wie im 4. Kapitel dargelegt wird, ist der physiologische Ansatz insofern unerläßlich, als er uns wesentliche Informationen über die Natur und die Grundlage sensorischer Prozesse liefert; aber er kann auf sich allein gestellt nicht als völlig adäquate Methode zum Studium der Wahrnehmung dienen.

Die Grundtatsachen der Wahrnehmung, die der Psychologe verstehen muß, erschließen sich uns oft mit Hilfe des *phänomenologischen Ansatzes* (Phänomenologie kommt von dem griechischen *phainomenon,* „das Erscheinende"), bei dem die Versuchsperson aufgefordert wird, detailliert zu berichten, *wie ihr die Dinge erscheinen.* Jede Darstellung der Wahrnehmung, einschließlich einer physiologischen, muß früher oder später eine Erklärung für die phänomenologischen Erfahrungen des Lebens bieten. Nicht alle Erklärungen der Wahrnehmung brauchen jedoch physiologisch zu sein. Wenn wir feststellen, daß eine bestimmte Form von physikalischer Energie (beispielsweise Licht einer bestimmten Wellenlänge) regelmäßig dieselbe Wahrnehmung hervorruft (z.B. einen bestimmten Farbeindruck), solange alle übrigen Umweltbedingungen unverändert bleiben, dann ist uns ein kleines Stück einer *psychologischen* Erklärung der Wahrnehmung gelungen. Und wenn wir konstatieren, daß jeder einzelne von Tausenden von Farbeindrücken durch eine Kombination von nur drei grundlegenden Farbempfindungen (Farbton, Helligkeit und Sättigung) zustandekommt, so bedeutet das, daß wir immer noch ohne Rückgriff auf die Physiologie eine tiefer reichende Erklärung der Wahrnehmung gefunden haben.

Um zu einer erschöpfenden Erklärung der Wahrnehmung zu gelangen, versuchen Psychologen im allgemeinen herauszufinden, welche psychologischen Prozesse mit welchen Wahrnehmungserlebnissen korrespondieren. Diese Verbindung kann auf der phänomenologischen Ebene gesucht werden oder (was üblicher ist) im Blick auf vermutete „grundlegendere" Prozesse, wie die oben erwähnten drei Farbempfindungen.

1.1 Wechselbeziehungen und Probleme

Der physiologische und der psychologische Ansatz stehen nicht im Widerspruch zueinander, sondern ergänzen sich. Im allgemeinen *stellt eine phänomenologische Beschreibung der Wahrnehmung Fakten fest, die zu erklären die Aufgabe der psychologischen und der physiologischen Analysen ist.* Die Zusammenhänge zwischen den aus verschiedenen Ansätzen gewonnenen Daten sind jedoch nicht immer einfach und offensichtlich. Unsere Wahrnehmungserlebnisse stellen die Physiologen oft vor rätselhafte Probleme, und unsere Kenntnisse der Physiologie scheinen häufig dem zu widersprechen, was uns unsere Sinne mitteilen. Sehen wir uns die folgenden drei Beispiele an.

1.2 Beispiel 1: „Gesichtssehen" beim Blinden

Seit Jahrhunderten ist bekannt, daß Blinde das Vorhandensein von Hindernissen entdecken, ohne diese zu berühren. Ein Blinder kann auf eine Wand zugehen und vor dieser anhalten, ohne daran zu stoßen. In einer solchen Situation berichtet der Betreffende gewöhnlich, er habe *gespürt,* daß vor ihm eine Wand sei. Oft wird auch hinzugefügt, daß dieser Eindruck auf einer Tastempfindung, auf einer Art von Kribbeln im Gesicht basiert habe. Deshalb wurde diese Fähigkeit als „Gesichtssehen" bezeichnet.

Dallenbachs Experimente (s. Box 2/1, S. 16) beweisen, daß es die Ohren sind und nicht das Gesicht, die den Blinden Informationen über Hindernisse liefern. Anscheinend hat der Blinde gelernt, Informationen – in diesem Fall die Schallreflexionen fester Gegenstände – zu verwerten, die Sehende gewöhnlich nicht merken. Auch ist sich der Blinde anscheinend seiner wahren Informationsquellen nicht bewußt (s. Abb. 4). Obwohl die Blinden Hindernisse mit ihrem Gehörsinn wahrnehmen, glauben sie, den Tastsinn zu benutzen.

Abbildung 4: Der Stock eines Blinden dient auch noch anderen Funktionen als der offenkundigen, ihn Dinge in seiner Umgebung wahrnehmen zu lassen. Eine solche Funktion dürfte aus Box 2.1, S. 16, hervorgehen. Denken Sie an eine weitere Funktion, die mit den visuellen Aspekten des Stockes zu tun hat.

(Vielleicht bestimmt die Möglichkeit, daß der Kopf und das Gesicht an das Objekt anstoßen könnten, die Wahrnehmung.) *Die wichtige Lektion hier lautet, daß uns die phänomenologische Beschreibung, wenn sie als Schlüssel zur Physiologie einer Situation benutzt wird, in die Irre führen kann: Die Identität des Sinnesorgans, das uns ein sensorisches Erlebnis liefert, ist oft nicht einmal dem Erlebenden selbst phänomenologisch klar.*

BOX 2/1

Mit den Ohren „sehen“

Wie kann ein völlig blinder Mensch, der sich im Raum fortbewegt, Hindernisse entdecken und vermeiden? Eine frühe Erklärung lautete, daß der Blinde eine unheimliche Empfindlichkeit für Luftströme entwickele, die sein Gesicht berühren. Auf diese Weise würde das „Gesichtssehen“ zustandekommen, das es ihm ermögliche, Hindernissen auszuweichen.

An der Cornell-Universität führten K. Dallenbach und seine Mitarbeiter vor einigen Jahren eine Reihe von Untersuchungen durch, um diese Erklärung zu testen. In ihren Experimenten sowohl mit blinden wie mit sehenden Vpn gelang es ihnen, Tastempfindlichkeit des Gesichts als mögliche Ursache für das Entdecken von Hindernissen ohne Sehvermögen auszuschließen: Auch wenn der Kopf durch ein Stück Filz oder einen Hut bedeckt wurde, konnte der Proband immer noch auf eine Wand zugehen und vor dieser stoppen, ohne dagegenzustoßen. Wenn die Ohren verstopft wurden, lief dagegen *jede* Vp gegen die Wand, woraus hervorgeht, *daß akustische Anhaltspunkte eindeutig wesentlich sind.* Dieses Faktum wurde auch dadurch demonstriert, indem sich die blinde Vp in einem separaten schalldichten Raum aufhielt, während der Experimentator auf das Hindernis zuging, wobei er ein Mikrofon trug, das mit den Kopfhörern der Vp verbunden war. Unter diesen Bedingungen konnte die Vp aufgrund der aus den Kopfhörern vernehmbaren Geräusche feststellen, wann der Experimentator im nächsten Raum dem Hindernis nahekam. Wie funktionieren diese akustischen Signale?

Wir wissen, daß Fledermäuse bei ihrem Flug sehr hohe Töne aussenden. Wenn diese Töne auf ein Objekt treffen, werden sie auf die Ohren der Fledermaus reflektiert. Diese *reflektierten* Töne lenken den Flug des Tieres und helfen ihm, das Anstoßen an Gegenstände zu vermeiden. Auch Menschen können sich durch eine ähnliche Art von *Sonar* selbst leiten. W. Kellogg verglich das Verhalten blinder und sehender Vpn in einer Reihe von Experimenten. In einem Experiment hatte der Proband (blind oder sehfähig, aber mit verbundenen Augen) die relative Distanz einer Sperrholzscheibe von 30 cm Durchmesser zu beurteilen, die nacheinander in zwei verschiedenen Abständen präsentiert wurde: einer Standardposition (60 cm von der Vp entfernt) und einer Position, die zwischen 30 cm und 1,20 m schwankte. Sowohl die blinden als auch die sehfähigen Vpn wurden ermuntert, alle Geräusche zu machen, die sie wollten, um ein Echo auszulösen, und sie durften den Kopf und den Körper frei bewegen. Manche Vpn redeten, wobei sie oft dasselbe Wort rhythmisch wiederholten; andere schnippten mit den Fingern, schnalzten mit der Zunge, pfiffen oder sangen sogar.

Das nachstehende Diagramm, das auf Kelloggs Bericht basiert, gibt die kombinierten Resultate von zwei blinden und zwei sehfähigen Probanden wieder. Die Urteile der blinden Vpn waren in jeder der sechs Testpositionen äußerst zutreffend. In Gegensatz dazu erzielten die sehfähigen Probanden kaum je mehr als Zufallstreffer. Die sicherere der beiden blinden Vpn war imstande, einen Unterschied im Abstand der Scheibe zu entdekken, wenn diese auch nur um 10 cm in der einen oder anderen Richtung von ihrem Standardabstand von 60 cm entfernt wurde.

In anderen Versuchen berichteten Kelloggs blinde Probanden, daß das Echo harter und weicher Oberflächen einfach „anders klinge“, und das reichte aus, daß sie beispielsweise zwischen

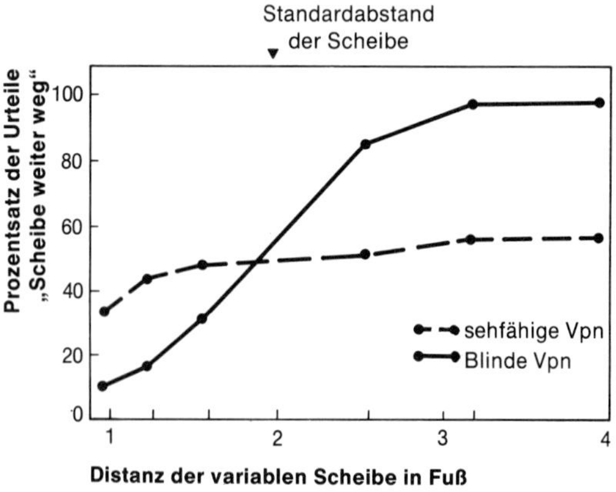

einer metallüberzogenen und einer samtüberzogenen Scheibe mit einer Trefferquote von 99,5% unterscheiden konnten. Vielleicht noch erstaunlicher war ihre Fähigkeit, mit einer Richtigkeit von 86,5% zwischen Samt und Jeansstoff zu unterscheiden. Normale Vpn mit verbundenen Augen waren völlig außerstande, Unterschiede im Material festzustellen.

In späteren Forschungen von C. Rice gelang es sowohl sehfähigen als auch blinden Personen, die Anwesenheit und Richtung von Objekten zu entdecken, und vier blinde Probanden waren imstande, allein durch Echowahrnehmung ein Dreieck von einem Kreis und einem Quadrat – alle gleicher Größe – zu unterscheiden.

Nicht alle blinden Menschen verfügen in gleichem Maß über diese Wahrnehmungsfähigkeit; manche scheinen teilweise durch die Haltungen, die sie infolge ihrer Blindheit einnahmen, behindert zu sein. Einige sehr ermutigende Ergebnisse wurden jedoch von T. Bower mit einem sehr jungen Säugling erzielt. Beginnend mit dem Alter von dreieinhalb Monaten trug ein blindgeborenes Baby täglich mehrere Minuten lang ein schallemittierendes Gerät auf dem Kopf. Im Alter von acht Monaten wendete das Kind den Kopf stets nach Objekten in der Umgebung und bewies eine erstaunliche Fähigkeit, sie zu suchen und zu ergreifen.

M. Supa, M. Cotzin u. K. Dallenbach: Facial vision: The perception of obstacles by the blind. *American Journal of Psychology,* 1944, *57,* 133–183.

P. Worchel u. K. Dallenbach: Facial vision: Perception of obstacles by the deaf-blind. *American Journal of Psychology,* 1947, *60,* 502–553.

W. Kellogg: Sonar system of the blind. *Science,* 1962, *137,* 399–404. Graph adapted by permission; copyright 1962 by the American Association for the Advancement of Science.

C. Rice: Human echo perception. *Science,* 1967, *155,* 656–664.

T. Bower: Blind babies can see with their ears. *New Scientist,* 1977, *73,* 255–257.

1.3 Beispiel 2: Der Vestibularapparat (Gleichgewichtsorgan)

Nicht nur Behinderte, sondern jeder Mensch kann sich der Ursachen bestimmter Eindrücke nicht bewußt sein. Versuchen Sie die folgenden Übungen: Heben und senken Sie sich leicht oder vergegenwärtigen Sie sich das Gefühl, in einem Lift hinauf oder hinunter zu fahren. Schaukeln Sie sich sanft vor und zurück. Die durch diese Bewegungen hervorgerufenen Eindrücke, sogenannte *Gleichgewichtsempfindungen,* werden Ihnen wahrscheinlich klar und eindeutig erscheinen. Stellen Sie sich jetzt vor: In Ihrem Körper gibt es ein kleines, aus zwei Organen bestehendes System, beide nicht mehr als 2 cm lang, das Ihnen genaue Informationen über Veränderungen Ihrer Körperstellung gibt. Dieses System reagiert auf jede Veränderung in der Bewegung oder Stellung des Körpers und ergänzt damit die durch den Gesichtssinn und andere Sinnesorgane empfangenen Informationen. *Wo befindet sich dieses System?* Ist es im Becken? Oder in den Schultern? Oder irgendwo in den Eingeweiden, so daß es durch zu starke Bewegungen erschüttert wird und das benachbarte Verdauungssystem in Mitleidenschaft zieht? Die Antwort lautet, daß dieses System – der sogenannte *Vestibularapparat* (s. 4. Kapitel) im *Ohr* lokalisiert ist (s. Abb. 48). Und obwohl wir fast ständig Informationen dieses Systems benutzen, verspüren wir niemals Empfindungen, die uns seinen Sitz genau verraten. Ein weiteres Resultat also: *das Vorhandensein eines sensorischen Systems ist keine Garantie dafür, daß der Wahrnehmende dieses lokalisieren und erkennen kann, wie von ihm Empfindungen ausgehen.*

1.4 Beispiel 3: Das Phantomglied

Die Vergegenwärtigung durch unsere Sinnesorgane, ja sogar die Wahrnehmung der Dimensionen und Grenzen unseres eigenen Körpers entwickeln und verändern sich langsam. Phänomenologische Untersuchungen bei Amputierten zeigen, daß Gliedmaßen noch lange nach ihrer Amputation ein Phantomdasein führen. Aber es ist ein robustes

Phantom und es wird als zwingende Realität im Hier und Jetzt *erlebt.* Obzwar der Patient weiß, daß er das Glied nicht mehr besitzt, spürt er noch, wie es sich bewegt, empfindet Berührungen der Haut und kann an Krämpfen seiner nichtexistenten Muskeln leiden (s. Box 2/2, S. 19). Ein gezieltes Training durch einen Psychologen ist manchmal erforderlich, um jemandem zu helfen, das Bild seines eigenen Körpers und der vorhandenen Sinnesorgane zu verändern und dadurch diese Phantomempfindungen zu lindern. Ein letztes Resultat dazu: *Physiologische Erklärungen phänomenologischer Beschreibungen geben von sich aus noch keine Veränderung der Wahrnehmungen wieder; neues Lernen ist manchmal nötig, damit der Betreffende den Sitz oder den zweckmäßigen Gebrauch seiner Sinnesorgane entdeckt.* Mit der Wahrnehmung scheint es also doch mehr auf sich zu haben als was ins Auge fällt – oder zu Ohren kommt oder auf der Hand liegt.

2 Die Wahrnehmungskette

Unsere Wahrnehmungssysteme sammeln Informationen über unsere Umwelt und registrieren unsere Aktivitäten in dieser Umwelt. Man kann sich diese Systeme deshalb als Glieder einer Kette vorstellen, die sich von der Außenwelt durch jeden von uns hindurch und wieder zurück in die Außenwelt erstreckt. Jedes Glied dieser Kette ist wesentlich, wenn unsere Informationen über die Welt verläßlich sein und wenn unsere Handlungen die gewünschten Ergebnisse erzielen sollen.

(a) Der Anfang der Kette ist die *Umwelt.* Welche Eigenschaften besitzt die Umwelt, die die nachherige Wahrnehmung bestimmen? Welche Objekte und Energien enthält sie? Wo sind sie lokalisiert und wie sind sie verteilt? Wie sind die physischen Attribute beschaffen, die uns gestatten, Größe, Farbe, Härte, Bewegung, Dauer, Veränderung usw. zu erleben?

(b) Das zweite Glied in der Kette ist das *Medium,* durch das die Umwelt ihre Eigenschaften an unsere Sinne übermittelt. Manche Objekte reflektieren Licht auf unsere Augen; manche senden Schallwellen oder chemische Substanzen durch die Luft aus; andere Objekte lösen sich im Mund auf; manche widerstehen dem Druck der Haut. Andere Objektwirkungen sind Kräfte, wie die Schwerkraft; manche, wie die Wärmeenergie, wirken sich durch ausstrahlende oder weitergeleitete Hitze auf die Haut aus.

(c) Der dritte Abschnitt der Kette ist die *Interaktion* der verschiedenen Formen von Energie und anderen Reizen im Medium mit den sensiblen *Rezeptoren* unseres Wahrnehmungssystems. Man beachte, daß wir von „Interaktion" und nicht von bloßem „Empfang" sprechen. Wenn ein Rezeptor (beispielsweise das Auge) stimuliert wird, kann sich dessen Zustand so verändern, daß eine weitere Reizung Wirkungen auslösen kann, die sich von der ersten etwas unterscheiden. (Beispielsweise bewirkt ein helles Licht, daß sich die Iris des Auges schließt, so daß danach weniger Licht in das Auge eindringen kann.)

(d) Das vierte Glied in der Kette sind die *Sinnesnerven,* die von den Rezeptororganen zum Gehirn führen. Manche sensorischen Nervenbahnen sind sehr lang (wie die von den Zehen zum Gehirn verlaufenden), andere dagegen sehr kurz (so die von den Ohren zum Gehirn).

(e) Der fünfte Teil unserer Wahrnehmungskette ist das Gehirn, insbesondere die *sensorischen Rindenfelder* (auch *sensorische Zentren* oder *Projektionsfelder* genannt), wo die sensorischen Bahnen auf die Großhirnrinde stoßen. Andere Teile des Gehirns sind ebenfalls betroffen, denn von den Projektionsfeldern ausgehende Neuronen führen zur weiteren Verarbeitung in andere Regionen. Nach Auffassung vieler Theoretiker beeinflussen auch unsere in anderen Hirnarealen gespeicherten Erinnerungen und Gefühle die endgültige Wahrnehmung.

(f) Das ist jedoch noch nicht alles. Um die Wahrnehmungskette voll zu würdigen, müssen wir sie uns als eine zweifache Schlinge vorstellen. In vielen Fällen entspricht der „nach oben", zum Gehirn führenden Nervenbahn eine zweite, „hinabführende". Impulse entlang der „hinabführenden" (efferenten) Bahn können sich auf die Synapsen der „hinaufführenden" (afferenten) Leitung oder auf die Rezeptormechanismen selbst auswirken. In beiden Fällen kann sich die Wirkung der verschiedenen Umwelteigenschaften auf das Wahrnehmungssystem verändern, das heißt, die entstehenden Eindrücke werden modifiziert. Andere „hinabführende" Bahnen tragen auf andere Weise zur Wahrnehmung bei. Sie wirken sich auf die Muskeln aus, so daß sich der Körper oder Teile von ihm bewegen und damit neue

BOX 2/2

Das Phantomglied

Nach der Amputation eines Armes oder Beines hat der Patient manchmal das Gefühl, den amputierten Körperteil noch zu besitzen. Er kann einen Juckreiz in diesem verspüren; er kann den Eindruck haben, daß er ihn noch bewegen kann, und er vergißt sogar einen Moment lang, daß er dieses Glied nicht mehr besitzt, und versucht, es zu benutzen. Manchmal treten diese Erlebnisse nur kurze Zeit auf und manchmal dauern sie bis ans Lebensende des Betreffenden an. Noch unangenehmer ist die Tatsache, daß der Patient in vielen Fällen in dem amputierten Glied Schmerzen verspürt. Phantomglieder machen auch oft eine allmähliche Verwandlung ihrer wahrgenommenen Gestalt durch. So berichtet beispielsweise D. Katz, daß eine Phantomhand allmählich schrumpfen und in den Armstumpf hineinwandern kann, bis sie schließlich als eine kleine, dort eingebettete Hand erlebt wird.

M. Simmell von der Brandeis Universität hat eine psychologische Erklärung dieses Phänomens versucht. Ihre Haupthypothese ist, daß Phantomglieder vom Fortbestehen eines früher erlernten „Körperschemas" zeugen. Simmell meint weiter, daß sich dieses Schema nur allmählich, im Laufe eines langen Zeitraums, in dem man Bewegungs- und Berührungsempfindungen in einem Körperteil erlebt hat, hinreichend stabilisiert, um nach der Amputation fortzubestehen. Aus dieser Argumentation würde sich ergeben, daß die Phantomerscheinung um so häufiger auftritt, je später jemand ein Glied verliert. Simmell untersuchte deshalb die Phantomgliederfahrungen von Personen, die in verschiedenem Alter Amputationen durchgemacht hatten. Nachstehend ihre Ergebnisse bei 117 Fällen:

Alter bei der Amputation	Fälle	Prozentsatz von Phantomen
2–4 Jahre	24	25
4–6 Jahre	13	62
6–8 Jahre	20	75
8–10 Jahre	19	100
10–20 Jahre	41	100

Die Entwicklungstendenz in der Häufigkeit der Phantomphänomene nach einer Amputation ist eindeutig: Phantome nehmen vom frühkindlichen Alter an allmählich zu, und ab dem Alter von 8 Jahren führt die Amputation immer zu Phantomerfahrungen.

Eine andere Beweiskette bestätigt und erweitert diese Interpretation von Phantomen als erlerntes Körperschema. Bei ihrer Arbeit mit Leprapatienten stellte Simmell fest, daß keine Phantome erlebt werden, wenn die betreffenden Körperteile (hauptsächlich Finger und Zehen) *allmählich* durch Absorption verschwunden sind. Dieser Absorptionsprozeß verläuft sehr langsam, er erstreckt sich oft über zehn oder mehr Jahre und ist im allgemeinen schmerzlos. Wenn Überreste der absorbierten Finger oder Zehen amputiert werden, dann treten danach fast immer Phantome auf. Simmell bietet die folgende Interpretation an:

> Während der Absorption „kann sich das Schema durch allmähliche kleine Veränderungen, die parallel zu den körperlichen Veränderungen verlaufen, in Einklang mit der körperlichen Realität halten. Die Folge ist, daß keine Phantome auftreten. Im Gegensatz dazu bedeutet die Amputation eine plötzliche Veränderung der physischen Realität, die dem Schema keine Zeit läßt, sich zu verändern; das Fortbestehen des Schemas löst die Phantomerlebnisse aus" (Simmell, 1966).

Die psychologische Hypothese von Simmell über das Phantomgliedphänomen muß eine physiologische Entsprechung haben. Mit anderen Worten, das Körperschema basiert vermutlich auf bestimmten Gehirnmechanismen. (Box 2/20 enthält eine alternative Deutung, die die Rolle von Veränderungen in der Aktivität der peripheren Sinnesnerven hervorhebt, zumindest im Hinblick auf Phantomgliedschmerzen.)

D. Katz: *Gestalt Psychology.* New York: Ronald Press, 1950.

M. Simmell: Developmental aspects of the body scheme. *Child Development,* 1966, *37,* 83–95. Table adapted by permission; copyright 1966 by the Society for Research in Child Development, Inc.

Informationen sammeln. Es mag sonderbar erscheinen, sich die Bewegungen der Augen oder Finger als einen Aspekt der Wahrnehmung zu denken, aber wie könnte man ein Gemälde (oder eine glatte Haut) ohne Bewegungen dieser Art voll erfassen?

Schwierigkeiten treten auf, wenn irgendein Glied der Kette gestört ist (beispielsweise wenn die Lichtwellen durch den Einfall in Wasser abgelenkt werden oder wenn das Sehzentrum des Gehirns beschädigt ist). Ist die Wahrnehmungskette jedoch vollständig und sind wir in unseren Wahrnehmungen genau, dann erhalten wir *wirklichkeitsgetreue* Eindrücke.

2.1 Vom Objekt zum Rezeptor

Eine der frühesten Auffassungen der Wahrnehmung besagte, daß sie das Ergebnis von etwas sei, das der Beobachter aussende, um mit den Objekten der Umwelt Kontakt aufzunehmen. Diese Idee war nicht nur bei den alten Griechen populär, sondern scheint auch heutigen Kindern einzuleuchten. (Die Superhelden von Comics senden oft „besondere Strahlen" aus, die es ihnen gestatten, durch Wände hindurchzuschauen.) Der entscheidende Fehler dieses Konzepts ist, daß etwas auf den *Beobachter,* nicht auf die *Umwelt* einwirken muß, damit Wahrnehmung zustandekommt. Es ist nutzlos, Strahlen auszusenden (oder Geräusche, wie es Fledermäuse oder Delphine tun), wenn nicht irgendein Signal zum Auge, Ohr oder einem anderen Sinnesorgan zurückkommt. (Man erinnere sich an die Befunde in Box 2/1, S. 16.) Kurz, es ist der Rezeptor, der stimuliert werden muß.

In diesem Abschnitt wollen wir den Verlauf der Wahrnehmung von ihren physischen Quellen in der Umwelt durch die Übermittlung der von diesen Quellen ausgehenden verschiedenen Formen von Energie bis zu den Rezeptoren verfolgen, wo diese Reize auf den Körper des Wahrnehmenden treffen. Wir werden uns hier in erster Linie auf das Sehen konzentrieren, weil es nicht nur für die meisten Menschen das wichtigste Wahrnehmungsorgan ist, sondern auch in einem Lehrbuch besser „visuell" verdeutlicht werden kann.

2.2 Reiz und Reizobjekt

Die physikalische Energie, die ein Sinnesorgan in Erregung versetzen und dadurch eine Wirkung auf den Organismus ausüben kann, wird als *Reiz* oder *Stimulus* bezeichnet. Wir müssen jedoch zwischen dem Reiz und dem *Reizobjekt* unterscheiden. Ein Reizobjekt ist ein Objekt in der Umwelt, das die *Quelle* des Reizes bildet. So ist beispielsweise ein drei Meter vor den Augen eines Kindes liegender roter Ball ein Reizobjekt. Der entsprechende visuelle Reiz ist das von dem Ball ausgehende Muster physikalischer Lichtenergie, das auf die Retina (Netzhaut) des Auges trifft. Während das Licht den Ball verläßt und die Entfernung überwindet, verringert sich seine Intensität und kann sich mit anderem Licht vermengen, was beispielsweise von der allgemeinen Beleuchtung des Raumes abhängt. Verschiedene Augen (z. B. kurzsichtige, weitsichtige, normalsichtige) fixieren Lichtstrahlen in verschiedener Weise. Derselbe rote Ball ruft somit auf der Netzhaut verschiedener Beobachter unterschiedliche Lichtmuster hervor.

Es gibt viele physische Gründe, warum ein bestimmtes Reizobjekt eine Vielzahl verschiedener Reize auf der Rezeptoroberfläche hervorrufen kann. Und die Umkehrung davon stimmt ebenfalls: derselbe Reiz kann durch sehr verschiedene Reizobjekte auf der Rezeptoroberfläche ausgelöst werden. Wenn die Netzhaut durch ein bestimmtes Lichtmuster erregt wird, spielt es keine Rolle, wie dieser Reiz hervorgerufen wurde. Das von einem leuchtenden Punkt zum Auge gelangende Licht kann beispielsweise von einem Stern kommen, der Lichtjahre entfernt ist, oder von einem Stecknadelkopf, der nur wenige Zentimeter vom Auge weg liegt. Der Abstand der Lichtquelle kann ungeheuer schwanken, ohne daß sich die Merkmale des in das Auge einfallenden Lichts verändern.

Die letztgenannte Möglichkeit wurde von dem Maler Adelbert Ames genutzt, um verzerrte Räume zu bauen, die durch ein Guckloch gesehen wie normale Räume wirken. Dies hatte eine verzerrte Größenwahrnehmung der im Raum befindlichen Objekte zur Folge (Box 2/3, S. 21). Bei normaler Betrachtung der normalen Umgebung übermittelt das Licht in der Regel genügend Informationen über die Größe, Form, Lage, Beweglichkeit und andere Einzelheiten der Reizobjekte, um wirklichkeitsgetreue Wahrnehmungen auszulösen. Der Raum von Ames zeigt jedoch, daß es möglich

BOX 2/3

Der verzerrte Raum

Das nachstehende Photo zeigt, was ein Beobachter sieht, wenn er mit einem Auge durch ein Guckloch in den Raum schaut. Dieser erscheint dem Beobachter als normaler würfelförmiger Raum, aber die drei darin befindlichen Personen erscheinen in ihren Größenverhältnissen grotesk verzerrt.

Der Raum ist bewußt so konstruiert, daß der Betrachter irregeführt wird (s. Abb.). Er ist in Wirklichkeit völlig asymmetrisch; eine Wand ist dreimal so weit weg wie die andere, aber alle Dimensionen sind so gewählt, daß sie vom Auge des Betrachters aus exakte geometrische Projektionen eines normalen rechteckigen Raumes darstellen.

Der Betrachter darf nur mit einem Auge durch das Guckloch schauen und ist daher von den auf eine Retina einfallenden Reizen abhängig. Allein aufgrund des Netzhautbildes kann der Betrachter nicht beurteilen, wie weit entfernt die Wände des Raumes tatsächlich sind. Ein tatsächlich rechteckiger Raum sowie eine Vielzahl verzerrter Räume könnte dasselbe Bild auf der Netzhaut hervorrufen. Die natürlichste erste Aufnahme ist, daß der Raum normal quaderförmig ist, und da das Reizmuster mit dieser Interpretation übereinstimmt, wird der Raum auch so wahrgenommen.

Aber die Folge dieser Interpretation ist, daß die im Raum befindlichen Objekte wahrgenommene Größen annehmen müssen, die der wahrgenommenen Größe und Form des Raumes entsprechen. Der am nächsten befindliche Mann sieht daher viel größer aus als der entfernteste. Wenn man das Photo mit Ausnahme der Männer abdeckt, kann man sehen, daß sie von gleicher Größe, aber in unterschiedlichen Entfernungen postiert sind. Wenn wir die isolierten Figuren mit einem Rahmen umgeben, der der tatsächlichen Situation „entspricht" (nämlich einer Zimmerdecke, die knapp über allen drei Köpfen verläuft), dann wird die wirklichkeitsgetreue Wahrnehmung etwas leichter.

Photo nach *Scientific American,* April 1959.

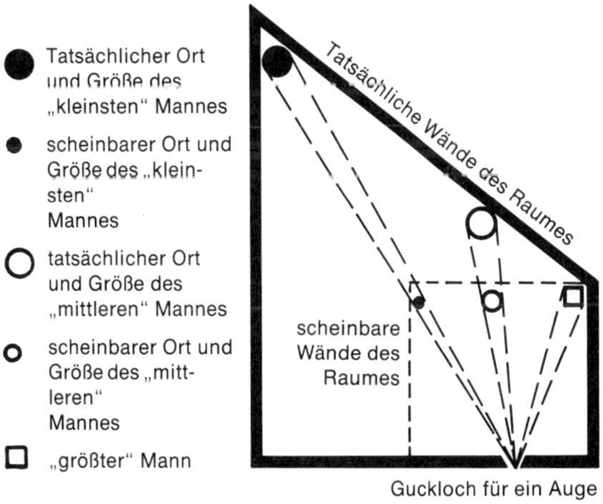

ist, die Gesetze der Wahrnehmung zu umgehen, wenn man über sie Bescheid weiß. Wir haben das Licht beherrschen gelernt durch den Gebrauch von Farben und Anstrichen, Spiegeln, Linsen, photographischen Filmen, elektrischen Lampen und Laser. Zusammen mit unserem Verständnis der Wahrnehmung ermöglicht uns diese Technologie, die informativen Aspekte des Lichts zu reproduzieren und zu manipulieren, um einem Betrachter entweder ein irreführendes Bild der äußeren Welt zu geben oder ihn richtig über ferne Dinge und Orte zu informieren. Ähnliches gilt für jeden unserer Sinne. Wenn wir die chemische Zusammensetzung von Äpfeln studieren, können wir künstliches

Apfelaroma herstellen. Wenn wir die erotischen Duftstoffe höherer Tiere erforschen, können wir aufregende Parfums kreieren. (Michael [1971] stellte fest, daß chemische Substanzen, die den sexuellen Duftstoffen von Affen gleichen, das Herz von Männern schneller schlagen lassen!)

2.3 Psychophysik

Die uns umgebende Energie nimmt viele Formen an – Strahlen, Schwingungen, chemische Substanzen, Wärme, physikalische Kräfte. Diese Formen der physikalischen Energie sind unser *einziges* direktes Bindeglied zu der physischen Welt der Dinge und Ereignisse; und unsere Sinne, die diese Energie empfangen, setzen dem, was wir aus erster Hand über die physische Welt lernen können, Grenzen. Durch Schlußfolgerungen, Experimente und die Erfindung raffiniert ausgeklügelter Instrumente versuchen wir die Reichweite unserer Sinneserfahrung über die von unseren Sinnen gesetzten Grenzen hinaus auszudehnen. Phänomene jenseits dieser sensorischen Grenzen (beispielsweise kosmische Strahlen) werden jedoch für uns, so detailliert und vollständig unsere wissenschaftlichen Kenntnisse auch sein mögen, nie physisch erlebbar sein (so wie der Blinde niemals Farbe und der Taube niemals Musik kennenlernen kann). Die überwältigende Komplexität des gesamten Fundus an menschlichem Wissen muß auch auf einer begrenzten und präzise definierbaren Grundlage unmittelbarer sinnlicher Erfahrungen aufbauen. Eine wissenschaftliche Grundfrage ist, in welcher Beziehung sensorische Erlebnisse *(physiologisch)* zu verschiedenen Formen *physikalischer* Energie stehen. Das Studium dieser Beziehungen bezeichnet man einleuchtenderweise als *Psychophysik.*

Daß die Psychophysik vor hundert Jahren die Experimentalpsychologie ins Leben rief, ist wahrscheinlich kein historischer Zufall. Es versteht sich, daß die Psychophysik als die Brücke zwischen der physischen Welt und dem menschlichen Erleben den plausibelsten Ansatzpunkt für die wissenschaftliche Erforschung der Menschheit bietet. Als Wissenschaftler wie Fechner (1801–1887) und der Physiker Helmholtz (1821–1894) die systematischen Zusammenhänge zwischen physikalischer Energie und sinnlichem Erleben festzustellen suchten, war die *Methode* neu, aber nicht das Problem. Die Verbindung zwischen den beiden „getrennten Welten“ – der psychischen und der physischen – war und ist immer noch eine zentrale Frage der gesamten Wissenschaft.

3 Sinneswahrnehmung beim Sehen

Das Universum ist voll von Strahlungsenergie in Form elektromagnetischer Wellen. Diese sind von sehr unterschiedlicher Länge, von kosmischen Strahlen von einem Billionstel Zentimeter bis zu Radiowellen von vielen Kilometern Länge. Innerhalb dieser Variationsbreite ist nur ein winziger Bruchteil (die sogenannten *Lichtwellen*) imstande, visuelle Eindrücke auszulösen (s. Farbtafel 1 nach S. 88).

Über und unter diesem *sichtbaren Spektrum* gibt es keine optischen Eindrücke. Innerhalb des sichtbaren Spektrums stehen die physikalischen Merkmale der Energiewellen einer Quelle in enger Beziehung zu der Wahrnehmung, die daraus resultiert, wenn das jeweilige Licht auf das menschliche Auge trifft.

In der Sprache der Naturwissenschaft ist Farbe eine Bezeichnung für sämtliche visuellen Eindrücke, die durch einen einheitlichen Reiz hervorgerufen werden. Rot, Rosa, Grau, Dunkelblau und Hellblau sind lauter verschiedene Farben, aber eine weitere Analyse zeigt, daß die Farbwahrnehmung drei unterscheidbare Hauptdimensionen hat: *Farbton, Helligkeit und Sättigung.*

3.1 Farbton

Der Aspekt des visuellen Erlebens, den wir in der Alltagssprache „Farbe“ nennen, ist genauer als Farbton zu bezeichnen. (Die Wellenlängen des Lichts, die verschiedene Farbtöne hervorrufen, sind auf der Farbtafel 1 zu sehen.) Wellenlängen von etwa 700 Nanometer (1 *Nanometer,* abgekürzt nm, ist ein Tausendmillionstel Meter) werden gewöhnlich als rotes Licht gesehen; solche von etwa 400 nm erscheinen im allgemeinen als violettes Licht. Jeder andere Farbton des Spektrums hat seine eigene Wellenlänge, die irgendwo zwischen diesen beiden Extremen liegt.

Wenn Sonnenlicht durch ein Prisma fällt, fächert es sich in das bekannte Farbspektrum auf, das von

Rot bis Violett reicht. Der Regenbogen ist ein bekanntes Beispiel dieses Phänomens: die Sonnenstrahlen werden gebrochen, wenn sie die Regentropfen, die als Prismen dienen, passieren. Wenn wir den Vorgang umkehren und die Spektralfarben des Regenbogens wieder miteinander vereinigen, erhalten wir erneut weißes Sonnenlicht. Weißes Licht ist daher eine Mischung und wird nicht durch eine einzige Wellenlänge hervorgebracht; dasselbe gilt von einigen anderen wichtigen Farben.

3.2 Helligkeit

Jeder einzelne Farbton (beispielsweise Rot) kann von unterschiedlicher Helligkeit sein. Die Helligkeit entspricht genau der Intensität der Lichtenergie. Bei größerer Intensität sind die Farben heller; bei geringerer dunkler.

3.3 Sättigung

Eine Farbe von bestimmter Tönung und Helligkeit kann mehr oder weniger gesättigt sein, d. h. sie kann dunkler und konzentrierter oder blasser, verdünnter und „ausgewaschener" aussehen. Wir können dieses Phänomen leicht demonstrieren, indem wir eine satte blaue Aquarellfarbe allmählich mit Wasser verdünnen, so daß das Blau immer bleicher wird, bis schließlich keine Farbe mehr erkennbar ist. An diesem Punkt haben wir eine völlig ungesättigte oder, wie man es auch nennt, *achromatische* Farbe. Die Skala von Grautönen von Weiß über Mittelgrau bis Schwarz sind die achromatischen Farben – d. h. sie sind völlig ungesättigt.

Achromatische Farbtöne kann man durch Mischung von Licht verschiedener Wellenlänge herstellen. Je größer die Anzahl der verschiedenen Wellenlängen und das heißt auch, je weißer die Farbe (z. B. Rosa), desto geringer die Sättigung. Je „purer" das Licht, desto größer die Sättigung.

3.4 Interaktion von Wellenlänge und Intensität

Die Helligkeit hängt in erster Linie von der Intensität der Lichtquelle ab, und bei jeder einzelnen Wellenlänge wirkt die Farbe um so leuchtender, je intensiver das Licht ist. Es ist jedoch kein Widerspruch, auf eine andere Tatsache hinzuweisen: bei jedem Helligkeitsgrad bringen gewisse Wellenlängen leuchtendere Farben hervor als andere. Diese Tatsache liegt auf der Hand, wenn wir eine sichtbare Wellenlänge mit einer solchen knapp jenseits des sichtbaren Spektrums vergleichen. Ein blaues Licht wirkt beispielsweise heller als ein gleichstarkes ultraviolettes Licht, denn die ultravioletten und die infraroten Wellen können wir überhaupt nicht sehen, so intensiv sie auch sein mögen – d. h. sie haben eine *Helligkeit von null.* Dies ist nicht ganz so einleuchtend innerhalb des sichtbaren Spektrums, aber dennoch leicht verständlich. Gelb- und Grüntöne sind beispielsweise im allgemeinen heller als Nuancen von Rot oder Violett, und dies trifft auch dann zu, wenn wir die Energiemenge (die Stärke) des miteinander verglichenen Lichts sorgfältig gleich hoch bemessen.

Noch weniger offenkundig – aber ebenfalls wahr – ist eine Relation in der umgekehrten Richtung: die Stärke eines Lichts wirkt sich nicht nur auf dessen Helligkeit, sondern auch auf dessen Farbton aus. Wenn ein Licht verstärkt wird (ohne seine Wellenlänge zu verändern), wird es gelber oder blauer erscheinen, je nachdem, von welcher Hälfte des Spektrums es stammt (vom roten oder violetten Ende).

Wenn wir die Wellenlänge und die Intensität einer reinen Lichtquelle kennen, können wir im allgemeinen ihren Farbton und ihre Helligkeit voraussagen, aber wir müssen *sowohl* die Wellenlänge als auch die Lichtstärke wissen, um diese beiden Voraussagen mit wirklicher Genauigkeit machen zu können.

3.5 Farbenmischung

Das Licht, welches auf das Auge trifft, gehört selten einer einzelnen Wellenlänge an; es ist fast immer eine Mischung vieler Wellenlängen, denn die Dinge werden in der Regel von Lichtquellen wie der Sonne beleuchtet, die Lichtwellen verschiedener Längen aussenden. Nur unter außergewöhnlichen Laborbedingungen, unter denen das Licht sorgfältig gefiltert wird, haben wir es aller Wahrscheinlichkeit nach mit Licht einer einzigen Wellenlänge zu tun.

Es ist eine auffallende Tatsache, daß wir eine Lichtmischung nicht in ihre Bestandteile zerlegen können, indem wir sie einfach anschauen. Wir sehen nur die einzige Farbe, die durch die Mischung zustandekommt.

Es gibt bestimmte Regeln, nach denen wir den Farbton, die Helligkeit und den Sättigungsgrad voraussagen können, die wir sehen werden. Ein Farbkreisel (s. Abb. 5) kann benutzt werden, um einen Teil der Netzhaut mit zwei oder mehr verschiedenen Farben zu stimulieren, und die Wirkungen zu demonstrieren. Eine Regel des Farbenmischens lautet, daß jede Farbe ihre eigene *Komplementärfarbe* hat; und wenn zwei Komplementärfarben in gleichen Mengen miteinander vermischt werden, ist das Ergebnis ein achromatisches Grau. Beispielsweise verliert ein richtig gewähltes

Abbildung 5: Ein Farbkreisel zum Mischen von Farben. Buntpapier wird ausgeschnitten und auf der Scheibe so angebracht, daß von beiden Farben Kreissegmente verschiedener Größe zu sehen sind. Wenn das Rad schnell gedreht wird, ist statt der beiden Farben eine völlig gemischte Farbe zu sehen, denn die beiden Farben erreichen jeden Punkt des Auges fast gleichzeitig. Es entsteht daher derselbe Effekt, wie wenn zwei Projektoren zwei verschiedene Farben auf dieselbe Leinwand werfen. Wenn Rot und Grün gemischt werden, verbinden sich die Wellenlängen bei beiden obengenannten Methoden so, daß Gelb entsteht.

Wenn man Malfarben mischt oder mit Buntstiften verschiedene Farben übereinander aufträgt, verbinden sich die Wellenlängen, die jede Farbe allein aussenden würde, *nicht* miteinander. Die Pigmentmischung läßt das Auge nur diejenigen Wellenlängen empfangen, die *beide* Einzelfarben erzeugt hätten. Das ist, wie wenn man zwei verschiedene Filter vor einer Projektorlampe anbringt und das Licht betrachtet, das hindurchfällt. Mischt man Rot und Grün mit diesen Methoden, so entsteht ein nahezu achromatisches Grau.

Rot und ein Blaugrün (mit Wellenlängen von etwa 640 bzw. 490 nm) alle Farbe, wenn man sie auf einem Farbkreisel mischt. Dasselbe gilt für ein Gelb und ein Blau. Wenn die Farben des Spektrums so in einem Kreis angeordnet werden, daß die beiden Farben, die ein komplementäres Paar bilden, einander genau gegenüberliegen, bezeichnet man das Arrangement als *Farbkreis* (s. Farbtafel 2 nach S. 88). Eine allgemeinere Regel ist, daß durch die Kombination zweier nichtkomplementärer Wellenlängen ein Farbton entsteht, der einer zwischen diesen beiden liegenden Wellenlängen entspricht.

Man kann sämtliche Farbtöne durch Mischung von nur drei Farben erzeugen. Beispielsweise ergeben die drei Grundfarben Rot, Grün und Blau, wenn man sie im richtigen Verhältnis mischt, jede gewünschte Schattierung. Durch bloße Beifügung von Weiß und Schwarz zu unseren drei Pigmenten können wir Farben jeder gewünschten Tönung, Helligkeit und Sättigung erzielen.

3.6 Farbenblindheit

Nur in seltenen Fällen ist jemand *völlig* farbenblind (eine Veranlagung, die jedoch bei manchen niedrigeren Tieren durchgängig vorkommt). Ein total farbenblinder Mensch (eigentlich sollte man von Farb*ton*blindheit sprechen, aber das macht niemand) nimmt überhaupt keine Unterschiede an Farbtönen wahr. Seine Welt besteht nicht aus „lebendigen Farben", sondern aus verschiedenen Schattierungen von Weiß, Grau oder Schwarz.

Weitaus häufiger ist eine teilweise *Farbenblindheit.* Bei den zwei am häufigsten auftretenden Formen handelt es sich entweder um eine Unfähigkeit, Rot und Grün zu unterscheiden, oder um dieses Unvermögen plus einer Sensibilitätsschwäche gegenüber dem roten Ende des Spektrums. Ein solcher teilweise farbenblinder Mensch nimmt nur zwei Farbtöne des Spektrums wahr – Blau und Gelb. Wenn die Wellenlänge vom langen (roten) Ende des Spektrums stammt, dann wird Gelb wahrgenommen, ob der Stimulus nun tatsächlich Rot, Orange, Gelb oder grünlich ist. Wenn die Wellenlänge vom kurzen (violetten) Ende stammt, dann sieht der partiell Farbenblinde Blau, obwohl der Farbreiz in Wirklichkeit Violett, Blau oder Blaugrün wiedergibt. Bei etwa 500 nm (ein bläuliches Grün für Leute mit normaler Farbwahrneh-

BOX 2/4

Ist die Bläue im Auge des Betrachters?

Wie sehen farbige Objekte für einen Farbenblinden tatsächlich aus? Menschen mit normalem Farbsehvermögen stellen häufig diese Frage, weil sie das Phänomen der Farbenblindheit zwar faszinierend finden, aber sich seine Auswirkung schwer vorstellen können.

Auf Seite 26 hieß es, daß die häufigste Form von Farbenblindheit die davon Betroffenen auf die Wahrnehmung von nur zwei Farben, Gelb und Blau, reduziere. Diese summarische Feststellung basiert auf der Tatsache, daß farbenblinde Personen die verschiedenen Wellenlängen, die andere als Rot, Orange, Gelb oder Grün unterscheiden würden, als „ein und dieselbe Farbe" wahrnehmen, und daß sie die Wellenlängen, die von farbennormalen Personen üblicherweise als Blau und Violett bezeichnet werden, beide als einen zweiten einheitlichen Farbton wahrnehmen. Der Farbenblinde mag nun die erste Wahrnehmung als „Gelb" und die zweite als „Blau" bezeichnen, aber bedeutet das, daß diese für einen Normalsichtigen *wirklich* gelb und blau aussehen würden? Diese Frage enthält mehrere verschiedene Rätsel; zu begreifen, daß einige davon nicht beantwortbar sind, ist vielleicht noch wichtiger, als die Antworten zu den anderen zu erfahren.

Das erste, worauf wir hinweisen müssen, ist, daß der Farbenblinde sich wahrscheinlich *nicht* auf den Gebrauch von zwei Farbbegriffen beschränken wird. Unter Ausnutzung vieler anderer Anhaltspunkte wird er oft zu denselben Bezeichnungen für unterschiedliche Farbreize gelangen, die andere in seiner Umgebung benutzen, und das Licht der Verkehrsampel, das am hellsten und als oberstes angebracht ist, als „Rot" und das schwächere, unterste als „Grün" bezeichnen. Es gibt viele solcher Anhaltspunkte, und Farbenblinde können in Alltagssituationen ganz gut zurechtkommen. Das ist der Grund, warum das Phänomen der Farbenblindheit erst vor 200 Jahren entdeckt wurde und warum viele farbenblinde Menschen heranwachsen, ohne zu erkennen, daß sich ihr Sehvermögen von dem der anderen unterscheidet. Sorgfältiges Testen ist nötig, um zu beweisen, daß sie tatsächlich nur zwei Farbtöne unterscheiden können. Unsere Behauptung, daß diese Wahrnehmungen in der Tat „Gelb" oder „Blau" sind, basiert zum Teil auf dem Versuch, die Resultate mit bestimmten Theorien der Physiologie des Farbensehens in Einklang zu bringen, Theorien, die davon ausgehen, daß normales Farbensehen auf bestimmten Kombinationen von Rot, Grün, Blau und Gelb beruhen.

Es gibt jedoch einen empirischen Befund, der für diese Frage relevant ist und der diese Theorien in gewisser Hinsicht bestätigt. Es gibt seltene Fälle von Personen, die auf einem Auge farbenblind und auf dem anderen normalsichtig sind. Diese Personen können uns sagen, welche Wellenlänge beim normalen Auge dieselbe Wahrnehmung hervorruft wie mehrere verschiedene Wellenlängen beim farbenblinden Auge. C. Graham und Y. Hsia, Psychologen der Columbia-Universität, stellten fest, daß ein solcher Mensch tatsächlich alle langen Wellenlängen, die dem „schlechten" Auge vorgesetzt wurden, einer Wellenlänge von 570 nm zuordnete, die für das normale Auge gelb aussieht. Die kurzen Wellenlängen wurden blauem Licht von 470 nm zugeschrieben, wenn der Proband sie nacheinander mit dem farbenblinden und dem normalen Auge betrachtete.

Es ist somit berechtigt zu sagen, daß die Farbwahrnehmungen von Farbenblinden Ähnlichkeit mit Gelb und Blau haben. Aber entsprechen die Wahrnehmungen eines typischen, auf beiden Augen Farbenblinden *wirklich* unseren Wahrnehmungen von Gelb und Blau? Dies ist eine unbeantwortete Frage und deshalb nach Meinung mancher eine sinnlose. Ein normalsichtiger Mensch kann nicht in das Bewußtsein eines Farbenblinden „hineinschlüpfen" (oder vice versa), um die Erfahrungen zu vergleichen.

Dieser Schluß gilt jedoch nicht nur für die Farbenblindheit (oder für „abnormale" Erfahrungen im allgemeinen). Denn es ist ebenso richtig, daß keine zwei farbnormale Menschen einander *ihre* „wirklichen" Farbwahrnehmungen mitteilen können, und dasselbe gilt für ihre akustischen Wahrnehmungen und ihre Geschmacks- und Geruchsempfindungen. Wir können das Seelenleben anderer studieren und verstehen, aber wir tun dies, indem wir registrieren, was sie sagen und tun – ebenso wie ein Physiker Atome studiert, indem er beobachtet, wie sie sich verhalten –, statt uns vorzustellen, wie sie sich fühlen.

C. Graham u. Y. Hsia: Color defect and color theory. *Science*, 1958, *127*, 675–682.

mung) wird überhaupt keine Farbe gesehen und der Stimulus erscheint weiß oder grau (s. Box 2/4, S. 25).

Es gibt verschiedene diagnostische Tests für Farbenblindheit. Ein Beispiel eines Tests ist auf Farbtafel 3 abgebildet. Eine Erörterung der bisherigen Erkenntnisse über die physiologische Basis der Farbenblindheit ist im 4. Kapitel zu finden.

3.7 Visuelle Empfindlichkeit

Helligkeitsempfindlichkeit. Empfindlichkeit bedeutet, wie leicht ein Rezeptor stimuliert werden kann, um eine Empfindung zu erzeugen. Sie kann gemessen werden in Hinblick auf die Menge an physikalischer Energie, die nötig ist, um eine Wirkung hervorzubringen (beispielsweise die Lichtstärke, die erforderlich ist, um das Auge zu stimulieren).

Unter den günstigsten Bedingungen ist die minimale Lichtstärke, die man wahrnehmen kann, erstaunlich gering, aber viele Faktoren können den Grad an visueller Empfindlichkeit beeinflussen. Eine wichtige Determinante sind die unmittelbar vorausgegangenen Erfahrungen des Auges; wenn jemand in einem dunklen Raum sitzt, werden seine Augen immer empfindlicher (oder dunkeladaptiert, wie man das nennt). Die Sensibilität wird auch von der Wellenlänge des Lichts beeinflußt. Beispielsweise wird Licht einer Wellenlänge von etwa 500 nm leichter wahrgenommen als Licht, das den Enden des Spektrums näher ist. Außerdem differieren verschiedene Teile der Netzhaut in bezug auf Helligkeitsempfindlichkeit; der mittlere Teil ist *weniger* empfindlich als die ihn unmittelbar umgebenden Zonen. Außerdem ist eine spezielle Region (der blinde Fleck) völlig unempfindlich (s. 4. Kap.).

Farbtonempfindlichkeit. Mehr Licht ist für die Farbwahrnehmung als für die Helligkeit nötig. Mit anderen Worten, es ist leichter, irgendein Licht wahrzunehmen als seinen Farbton zu bestimmen. Für jede Wellenlänge gibt es bestimmte Lichtstärken, bei denen Licht wahrgenommen, aber sein Farbton nicht festgestellt werden kann (s. Abb. 6, S. 26).

Die Farbtonempfindlichkeit der Netzhaut ist ebenfalls von Punkt zu Punkt verschieden, aber in diesem Fall ist (im Gegensatz zur Helligkeit) der

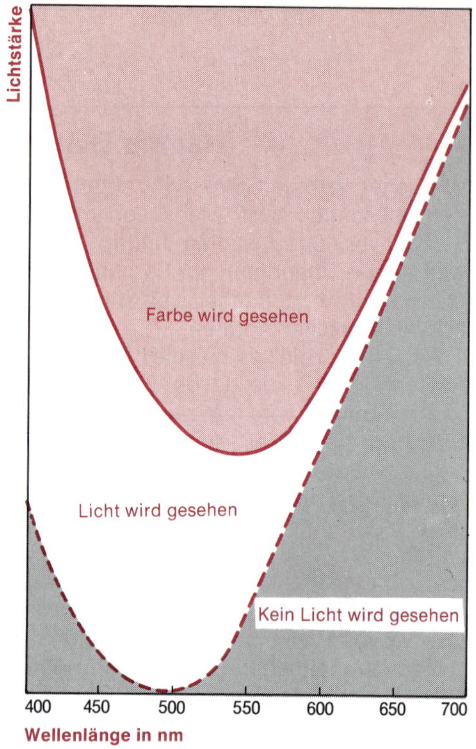

Abbildung 6: Auf diesem Diagramm ist die Empfindlichkeit des menschlichen Auges für Licht verschiedener Wellenlängen dargestellt. Die gestrichelte Kurve zeigt die minimale Lichtstärke, die nötig ist, damit bei jeder Wellenlänge achromatisches *Licht* gesehen wird. Die obere Linie zeigt die minimale Lichtstärke, bei der *Farbtöne* bei jeder Wellenlänge gesehen werden.

Mittelteil am empfindlichsten. Farben werden vom Rand der Netzhaut überhaupt nicht wahrgenommen; mit anderen Worten, am Rande seines Gesichtsfeldes ist jeder farbenblind.

3.8 Sehschärfe

Wenn wir sagen, daß jemand „gut“ oder „schlecht“ sieht, dann meinen wir damit gewöhnlich die Sehschärfe – die Fähigkeit, kleine Unterschiede in der Größe und Form von Objekten wahrzunehmen.

Die herkömmliche Tafel zur Prüfung des Sehvermögens weist Buchstaben oder Zahlen verschiedener Größe auf und befindet sich in einem genormten Abstand vom Betrachter. Die Sehschärfe wird anhand der erfolgreichen Identifizierung der Zeichen gemessen und üblicherweise als Verhältniswert im Vergleich mit dem durchschnittlichen Sehvermögen ausgedrückt. Eine Sehschärfe von 6/6 bedeutet demnach, daß der Betrachter Objekte in einer Distanz von sechs Metern identifizieren kann, die der „Durchschnittsmensch" ebenfalls in dieser Distenz zu identifizieren vermag, und ein Sehvermögen von 3/6 bedeutet, daß der Betrachter sich Objekten,die vom durchschnittlichen Sehvermögen in einem Abstand von sechs Metern identifiziert werden können, auf drei Meter nähern muß. Die Sehschärfe ist ebenso wie die Farbempfindlichkeit im Mittelteil der Retina weitaus besser als am Rand.

4 Sinneswahrnehmung bei anderen Sinnen

4.1 Hören

Wenn ein Objekt in Schwingungen versetzt wird (etwa, wenn eine Violinsaite gezupft oder eine Trommel geschlagen wird), dann breiten sich die dadurch hervorgerufenen *Schallwellen* in alle Richtungen aus. Das Auftreffen dieser Wellen auf dem Trommelfell ist der Stimulus, der uns etwas hören läßt.

Unsere Welt ist voll von vielerlei Schall, der sich hinsichtlich der *Tonhöhe* unterscheidet und von den tiefsten zu den höchsten Tönen reicht. Die Tonhöhe wird hauptsächlich durch die *Frequenz* der Schallwellen bestimmt; je größer die Frequenz, desto höher der Ton. Die *Lautstärke* des Schalls schwankt primär mit der *Amplitude* (Schwingungshöhe) der Schallwellen, d.h. der Energiemenge, die von den Wellen übermittelt wird, wenn sie auf das Ohr auftreffen. Man beachte jedoch die Worte *hauptsächlich* und *primär* in den obigen Sätzen, denn die Tonhöhe eines Schalls wird auch in geringem Maß von der Amplitude seiner Wellen beeinflußt, und die Lautstärke wird teilweise durch die Frequenz mitbestimmt.

In unserer realen Umwelt sind die unser Ohr erreichenden Schallwellen fast immer komplexe Mischungen verschiedener Frequenzen. Diese Mischungen lösen unsere Wahrnehmungen von Timbre (Klangfarbe), Untertönen, Rhythmen, Konsonanz und Dissonanz sowie Lärm aus (s. Abb. 7). Von der gesamten Bandbreite von Wel-

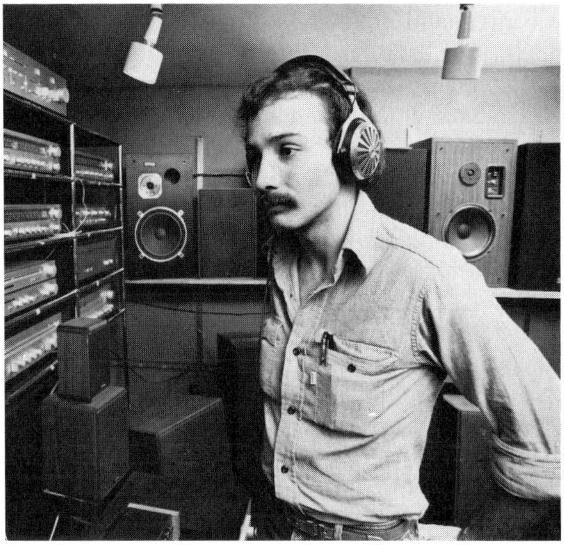

Abbildung 7: Die Welt der Töne erleben. Um das natürliche Hörerlebnis nachzuahmen, müssen beide Ohren mit verschiedenen Schallreizen versorgt werden, die beide eine komplexe Mischung von Schallwellen verschiedener Lautstärke darstellen.

© Ken Karp

len, die von vibrierenden Objekten ausgelöst werden, ist nur ein bestimmtes Frequenzband imstande, Schall hervorzubringen. Die niedrigste Frequenz, die der Mensch hören kann, liegt etwa bei *20 Hertz* (Wellen pro Sekunde, abgekürzt *Hz*), die höchste bei etwa 20000 Hz. Oberhalb und unterhalb dieser Grenzen herrscht Stille – für den Menschen, aber nicht für alle Spezies.

4.2 Schmecken

Wir können fast jede Substanz schmecken, die auf der Zunge zergeht, und es gibt viele verschiedene wahrnehmbare Geschmacksempfindungen. Ebenso wie wir jede Farbe in Hinblick auf drei Komponenten (Farbton, Helligkeit und Sättigung) beschreiben können, läßt sich auch jeder Geschmack durch die unterschiedliche Stärke von vier Eigenschaften definieren. Die vier Hauptkomponenten des Geschmacks und einige chemische Substanzen, die sie auslösen, sind süß (Zucker); sauer (verdünnte Salzsäure); bitter (Chinin); salzig (Kochsalz). Wenn wir jedoch die genaue chemische Zusammensetzung zu identifizieren suchen, die einen bestimmten Geschmack hervorruft, sind wir mit einem Problem konfrontiert, das ungelöst bleibt. Substanzen äußerst unterschiedlicher Zusammensetzung können sehr ähnliche Geschmacksempfindungen auslösen (beispielsweise Zucker und Saccharin) und umgekehrt schmecken Substanzen, die chemisch sehr ähnlich sind, oft ganz verschieden.

Die Empfindung, die im Mund befindliche Nahrung auslöst, ist gewöhnlich ein Resultat von Geschmack *und* Geruch (die Geruchsreize steigen sowohl aus dem Mund zur Hinterseite der Nase auf, als auch von der Gabel in die Nasenlöcher). Die „Geschmacklosigkeit“ selbst unseres Lieblingsgerichtes, wenn dessen Duft durch einen Schnupfen blockiert ist, beweist dies zur Genüge. Das Wort *Aroma* dient oft zur Beschreibung der kombinierten Empfindung des Geschmacks- *und* Geruchssinns, um diese vom Schmecken allein zu unterscheiden.

4.3 Riechen

Die Reize für den Geruchssinn sind gasförmige Partikel, die mit den Rezeptoren in der oberen Nasenhöhle in Kontakt kommen. Obwohl wir viele verschiedene Gerüche benennen und beschreiben können, hat bisher noch niemand ein völlig befriedigendes Schema zu ihrem Verständnis im Hinblick auf eine Reihe von Grundqualitäten entdeckt. Viele Klassifizierungen sind vorgeschlagen worden (mit lediglich vier oder gar 31 „primären“ Gerüchen), aber es kann sein, daß eine Skala grundlegender Gerüche einfach nicht existiert.

Nachdem „Grundgerüche“ nicht entdeckt werden konnten, ist es keinesfalls überraschend, daß auch den Versuchen, Geruchsempfindungen der chemischen Zusammensetzung von Reizen zuzuordnen, bisher nur geringer Erfolg beschieden war.

4.4 Tasten

Die sogenannten *somästhetischen Sinne* schließen sowohl Empfindungen der äußeren Hautrezeptoren als auch von Rezeptoren innerhalb des Körpers ein. Der größte Teil der psychophysischen Forschungsarbeit an den somästhetischen Sinnen hat sich mit den Hautsinnen beschäftigt, die in Berührung, Druck, Schmerz, Wärme und Kälte unterteilt werden können. Die bekannten Empfindungen von „Jucken“ und „Kitzeln“ scheinen aus komplexen Erregungsmustern der Haut zu resultieren. Objekte, die die Haut bewegen (unmittelbar oder vermittelt durch Haare), lösen *Berührungs-* oder *Druckempfindungen* aus. Im Alltag entstehen viele dieser Empfindungen, wenn wir einen Körperteil (beispielsweise einen Finger) gegen oder über ein stationäres Objekt der Umgebung bewegen. *Schmerz* wird ausgelöst, wenn die Haut verletzt oder extremen Formen physikalischer Energie in verschiedenster Weise ausgesetzt wird (Schneiden, Brennen usw.).

Wärmeenergie, der auslösende Reiz unserer Temperaturempfindungen, schwankt entlang eines einfachen physikalischen Kontinuums, das mit einem Thermometer gemessen werden kann. Aber die Sinneseindrücke von Temperatur schwanken nicht bloß entlang einer Intensitätsskala. Unsere Temperaturwahrnehmungen unterscheiden auch Hitze, Wärme, Kühle und Kälte als vier qualitativ unterschiedliche Empfindungen.

Eine Untersuchung der Körperoberfläche würde zeigen, daß nicht alle Punkte gleich empfindlich für Reize sind, die die verschiedenen Hautempfindungen auslösen. So ist beispielsweise die Nasenspitze verglichen mit anderen Hautregionen empfindlicher für Berührungen sowie Wärme- und Kälteempfindungen.

Die *Kinästhesie* (wörtlich „Bewegungsempfindlichkeit“) ist einer unserer grundlegendsten Sinne. Er liefert uns Informationen über Bewegungen unseres Körpers bzw. von Teilen desselben. Die physikalischen Reize für *kinästhetische Empfindungen* sind mechanische Kräfte, die sich auf Rezeptoren in den Muskeln, Sehnen und Gelenken des Körpers auswirken. Wenn die Muskeln Teile des Körpers bewegen, liefern uns verschiedene Druckmuster auf diesen kinästhetischen Rezeptoren die spezifischen „Bewegungs“empfindungen.

5 Wahrnehmungsschwellen

5.1 Absolute Schwelle

Wir haben gesehen, daß Organismen nicht empfindlich für alle Abschnitte der möglichen Skala physikalischer Energie sind. Insbesondere gibt es Stärkegrade auf jeder physikalischen Skala, die zu niedrig sind, um wahrgenommen zu werden. Beispielsweise sind manche Lichter zu schwach, um gesehen, und manche Druckausübung zu leicht, um gespürt zu werden. Ein wichtiges Problem ist die Bestimmung jenes Punktes in der Stärke eines Reizes, der Spüren von Nichtspüren, Sehen von Nichtsehen usw. trennt. Dieser Punkt wird als die *absolute Schwelle* bezeichnet.

Das Wort *absolut* mag den Eindruck von etwas Fixiertem und Unverrückbarem erwecken, aber eine Schwelle kann sich von Zeit zu Zeit in mehreren Hinsichten verändern:

(1) Wenn man längere Zeit hindurch einen sehr schwachen Reiz (beispielsweise einen schwach leuchtenden Stern) beobachtet, bemerkt man vielleicht, daß man ihn „mal sieht und mal nicht". Das bedeutet, daß die eigene Schwelle im Laufe der Zeit leicht fluktuiert, so daß der Stern manchmal über und manchmal unter dem Sichtbarkeitspunkt liegt. Um für Situationen dieser Art eine klare Definition zu besitzen, haben sich Psychologen geeinigt, die Schwelle als die niedrigste Reizstärke zu definieren, die 50 Prozent der Zeit wahrgenommen wird.

(2) Wenn sich der psychologische oder physiologische Zustand eines Menschen verändert, können sich auch die absoluten Schwellen in dem einen oder anderen sensorischen System verändern. So wird beispielsweise die Zunahme der Helligkeitsempfindlichkeit mit zunehmender Dunkeladaptation als Senkung der visuellen absoluten Schwelle gemessen. (Man beachte, daß eine *niedrige Schwelle* bedeutet, daß ein *kleiner* Reiz wahrgenommen werden kann, und deshalb gleichbedeutend mit *hoher* Empfindlichkeit ist.) Ein Hauptgrund, warum Psychologen Schwellen messen, ist ja, um zu studieren, wie sich Menschen unter dem Einfluß einer oder mehrerer neuer Bedingungen verändern.

(3) Nehmen wir an, daß alle 15 Sekunden ein rotes Licht aufleuchtet, das manchmal von einem Ton begleitet wird. Die Töne sind von wechselnder Lautstärke, doch insgesamt alle ziemlich leise. Wenn man nun weiß (oder im Laufe des Experiments feststellt), daß bei fast jedem Aufleuchten ein Ton erklingt, dann hört man die schwächeren Töne viel häufiger als das der Falle wäre, wenn man wüßte, daß nur selten Töne das Aufleuchten begleiten. Wenn man weiß, daß fast jedesmal ein Ton erklingt, schließt man, daß man einen Ton vernommen habe, so oft man nur den geringsten Eindruck eines Geräusches hat. Wenn die Töne selten erklingen, entscheidet man sich in unsicheren Fällen in der anderen Richtung. Das heißt, daß diese oder jede andere Veränderung der eigenen „Kriterien" eine Veränderung der gemessenen Schwelle bewirkt, wodurch die Brauchbarkeit des Konzepts der absoluten Schwelle als solches in Frage gestellt wird. (In Box 2/5, S. 30, findet sich eine Darstellung des *Signalentdeckungsansatzes,* der diese Veränderungen hervorhebt und der das Schwellenkonzept in der Tat als überholt erklärt.)

Selbst unter den bestmöglichen Bedingungen gemessen, schwanken die absoluten Schwellen für verschiedene Reize stark, und manche sind erstaunlich niedrig. So sind beispielsweise Rezeptoren des Auges fähig, auf ein einziges Photon – die kleinstmögliche Einheit – von Licht zu reagieren. Aber die Tatsache, daß ein Teil oder wenige Teile eines Sinnesorganes auf einen Reiz reagieren, bedeutet nicht, daß sich der ganze Organismus dessen bewußt ist. Die Reaktion eines Rezeptors, eines Nervs oder auch einer Gehirnzelle ist nicht gleichbedeutend mit dem bewußten Erleben eines Menschen. Viel mehr muß geschehen, bevor der einzelne sagen wird: „Das habe ich gesehen!"

5.2 Unterschiedsschwelle

Psychologen beschäftigen sich nicht nur mit der absoluten Empfindlichkeit gegenüber physikalischer Energie, sondern auch mit der Empfindlichkeit gegenüber *Unterschieden* in der Energiestärke. Jemand kann zwei Glühbirnen gleichzeitig betrachten oder zuerst die eine und dann die andere, oder er kann eine einzige Birne anschauen, deren Lichtstärke sich allmählich verändert. In jedem Fall erhebt sich die Frage, ob er imstande ist, einen *Unterschied* in den Lichtstärken wahrzunehmen. Die *Unterschiedsschwelle* wird auch hier wieder als jene Reizdifferenz definiert, die in *50 Prozent der Zeit* wahrgenommen werden kann.

Ebenso wie bei der absoluten Schwelle schwankt auch der Meßwert der Unterschiedsschwelle stark, je nach der Art des Reizes und dem Zustand des Organismus. Das erste wichtige quantitative Gesetz der Psychologie wurde 1834 von dem Physiologen Ernst Weber entdeckt. Das Webersche Gesetz lautet: *innerhalb von Grenzen ist die Unterschiedsschwelle ein konstanter Bruchteil der Reizintensität.*

BOX 2/5

Das leise Klopfen an der Tür

Hat es an der Tür geklopft oder nicht? Die Geräusche eines Radios und lärmender Leute im Nebenzimmer machen es schwierig, das Klopfen mit Sicherheit zu erkennen. Wenn man dasitzt und einen wichtigen Besuch erwartet, kommt man eher zu dem Schluß, daß es geklopft hat, als wenn keine solche Aussicht besteht und man es sich eben im Bett gemütlich gemacht hat.

Wenn jemand tatsächlich an der Tür ist, wird man deshalb mit größerer Wahrscheinlichkeit in der ersten Situation (Erwartung) richtiger reagieren als in der zweiten (keine Erwartung). Nehmen wir einmal an, daß ein Proband bereit wäre, seine absoluten Schwellen für das Klopfen in beiden Situationen messen zu lassen. Das bedeutet, daß wir mehrmals mit unterschiedlicher Lautstärke klopfen würden; wir würden feststellen, wie oft er in beiden Situationen (Erwartung und keine Erwartung) auf jede Lautstärke reagiert. Sicherlich wird in der ersten Situation ein leiseres Klopfen genügen, um eine Reaktion auszulösen, als in der zweiten Situation; mit anderen Worten, die gemessene absolute Schwelle würde im Erwartungszustand niedriger sein. Bedeutet das, daß man wirklich empfindlicher ist, wenn man einen Besuch erwartet, daß die Ohren oder das Gehirn besser funktionieren? Nicht unbedingt. Um die Alternative zu verstehen, sehen wir uns einmal die Erklärung an, die B. Tanner Jr. und J. Swets gaben, als sie den Signalerkennungsansatz für Probleme dieser Art formulierten.

Ihre Aufgabe ist es, das Klopfsignal von den „Hintergrundgeräuschen" zu unterscheiden, die in Ihrem Raum immer vorhanden sind. Der Ge-

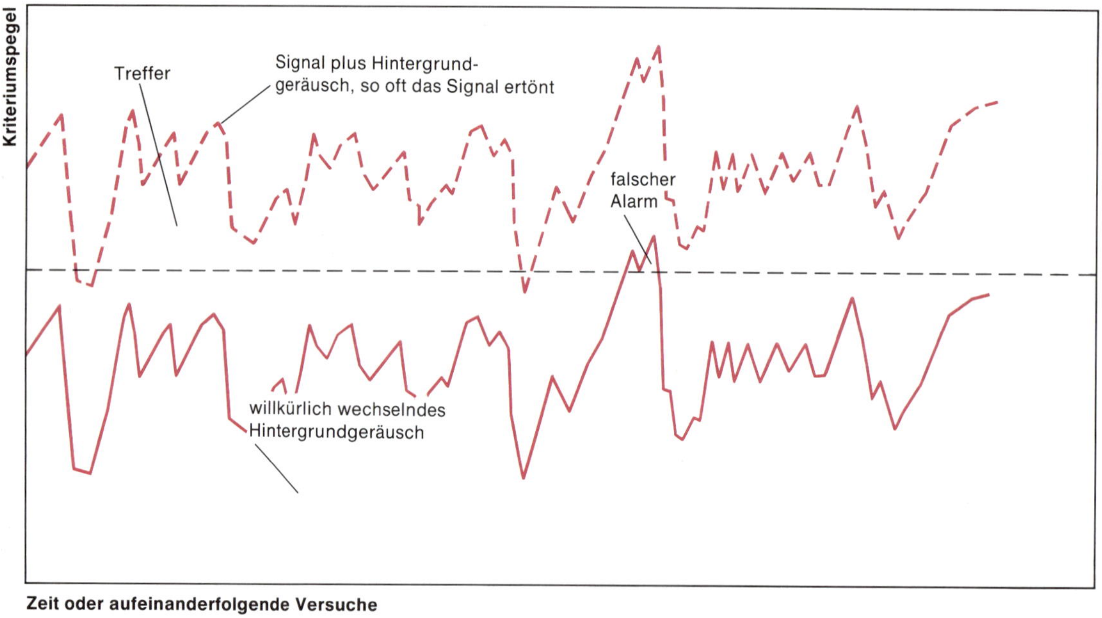

räuschpegel schwankt jedoch von Zeit zu Zeit und wird manchmal genügend hoch werden, daß Sie an der Tür nachsehen (weil es Ihnen so vorkam, daß „das ein Klopfen hätte sein können"), nur um festzustellen, daß niemand da ist. Sie haben (ohne bewußtes Denken) einen Pegel von sensorischer Intensität hergestellt, den man als ein *Kriterium* bezeichnet, so daß Sie jedesmal, wenn dieser Pegel überschritten wird, meinen, es habe geklopft. In solchen Fällen haben Sie recht, wenn es wirklich geklopft hat; wenn es nicht geklopft hat, aber Sie glaubten, ein Klopfen zu hören, dann bezeichnet man das als „falschen Alarm".

Wie bereits bemerkt, wird der Erwartende eher einen „Treffer" (eine zutreffende Wahrnehmung des Signals) erzielen als der Nichterwartende; man beachte jedoch, daß falsche Alarme im Zustand der Erwartung wahrscheinlich ebenfalls häufiger auftreten würden. Die Signalentwicklungstheorie weist darauf hin, daß beide der genannten Wirkungen zu erwarten seien, falls Sie einfach Ihr Kriterium für den Eindruck, „das war ein Klopfen", verändert hätten. Falls Sie in der Erwartungssituation ein niedrigeres Kriterium haben, dann werden Sie auch mehr Treffer *und* mehr falsche Alarme zu verzeichnen haben.

Die Signalerkennungstheorie gibt uns Verfahren an die Hand (ursprünglich entwickelt von L. Thurstone), die uns die Analyse jedes Experiments dieser Art gestatten. Sie berücksichtigen den Prozentsatz von Treffern und den Prozentsatz falscher Alarme und führen zur Berechnung von zwei Werten: einen Meßwert des Grenzkriteriums (cut-off-Wert, genannt β) und einen Meßwert (d') der Empfindlichkeit des Probanden für den Unterschied zwischen den Geräuschen und dem Signal (plus den Geräuschen in der gegenwärtigen Situation).

Wenn jetzt zwei Situationen miteinander verglichen werden, könnte sich bei einem dieser beiden Werte oder bei beiden eine Veränderung ergeben. Vergleicht man Erwartung und Nichterwartung, dann würde der Unterschied wahrscheinlich einfach im Kriteriumspegel des Probanden liegen. In der Tat ist es erstaunlich, wie stabil die Empfindlichkeit einer Vp, trotz drastischer Veränderungen im Verhalten, ausgelöst durch unterschiedliche Motivationen oder Erwartungen, bleiben kann. In anderen Fällen würde die Hauptwirkung die Empfindlichkeit betreffen (beispielsweise wenn man den Geräuschpegel erhöht, indem man einen Staubsauger einschaltet, oder wenn der Proband teilweise ertaubt ist, weil er lange Zeit gezwungen war, laute Musik zu hören).

Diese zwei verschiedenen Möglichkeiten muß man immer in Betracht ziehen, wenn man einen Schwellenwert zu messen oder zu verstehen versucht. Der gemessene Wert kann als Resumée des Verhaltens einer Vp nützlich sein, aber seine Abhängigkeit vom Kriteriumswert sowie von der Empfindlichkeit darf nicht vergessen werden. Durch Anwendung der Signalerkennungsanalyse konnen wir jene Bedingungen, die die Empfindlichkeit der Vp *verändern,* von solchen unterscheiden, die sich nur auf den Kriteriumspegel auswirken.

J. A. Swets, W. Tanner Jr. u. T. Birdsall: Decision processes in perception. *Psychological Review,* 1961, *68,* 301–340.

L. Thurstone: A law of comparative judgment, *Psychological Review,* 1927, *34,* 273–286.

D. M. Green, J. A. Swets: Signal detection and psychophysics. New York: Wiley, 1966.

Wir können dieses Gesetz auch in Form der Gleichung

$$\frac{\Delta R}{R} = k$$

ausdrücken, wobei R die Größe des Ausgangsreizes ist und Δ R der Reizunterschied, der eine Veränderung der Empfindungsintensität bewirkt; k ist ein konstanter Wert, den man als Weberschen Bruch bezeichnet. Für jeden Typus von physikalischer Energie wird *k* wahrscheinlich anders sein, aber für einen bestimmten Typus ist es konstant, außer bei extremen Werten von R. Diese mathematische Formulierung mag unnötig kompliziert für eine so einfache Idee erscheinen, aber Webers frühes Hervortreten damit war wichtig, weil es die Vorstellung widerlegte, daß psychologische Prozesse niemals die quantitative Präzision aufweisen, die für die Naturwissenschaften charakteristisch sind.

Nehmen wir beispielsweise an, daß bei einem Gewicht von 50 Pfund (R) die Unterschiedsschwelle 1 Pfund (Δ R) beträgt – d. h. ein Gewicht muß mindestens 51 Pfund wiegen, um als schwerer wahrgenommen zu werden. Es wird sich dann herausstellen, daß bei 100 Pfund das nächsthöhere Gewicht, das als schwerer wahrgenommen werden kann, 102 Pfund sein wird. Bei einem Gewicht von 150 Pfund wird das nächsthöhere Gewicht, das unterschieden werden kann, 153 Pfund wiegen müssen. In jedem Fall ist die Unterschiedsschwelle derselbe Bruchteil des Reizgewichtes $1/50 = 2/100 = 3/150 = 0{,}02$. (In Box 2/6, S. 32, sind einige repräsentative Webersche Brüche für mehrere verschiedene Reize angeführt.)

In vielen alltäglichen Handlungen machen wir uns die Tatsache zunutze, daß der Zuwachs, der nötig ist, um einen „ebenmerklichen Unterschied" hervorzurufen (manchmal als e. m. U. abgekürzt), von der Intensität des ursprünglichen Reizes abhängt. Wenn wir einem stark gewürzten Gericht ein weiteres Gewürz hinzufügen, ist weniger Vorsicht nötig als bei einem mild gewürzten. Wir zögern weniger, einen ungeladenen Gast zu einer großen Gesellschaft mitzubringen als zu einer kleinen.

BOX 2/6

Schlechter Geschmack und guter Ton

Die folgenden Weberschen Brüche wurden den Arbeiten verschiedener Forscher entnommen. Es handelt sich um minimale Werte, die unter den besten Beurteilungsbedingungen erzielt wurden. Für jeden Reiz ist der absolute Pegel der Reizstärke (R), bei dem der Webersche Bruch ermittelt wurde, angegeben. Wenn das Webersche Gesetz vollkommen richtig wäre, würde es dann eine Rolle spielen, wo die absoluten Schwellen liegen?

Tonhöhe (bei 2000 Hz)	$1/333$
Tiefendruck (bei 400 Gramm)	$1/77$
Visuelle Helligkeit (bei 1000 Photon)	$1/62$
Gehobene Gewichte (bei 300 Gramm)	$1/53$
Lautstärke (bei 100 Dezibel)	$1/11$
Geruch von Gummi (bei 200 Olfaktin)	$1/10$
Hautdruck (bei 5 Gramm pro mm^2)	$1/7$
Salziger Geschmack (bei 3 Mol [Grammoleküle] pro Liter)	$1/5$

Die erstaunliche Variationsbreite der Empfindlichkeit unserer verschiedenen Sinne kommt dadurch gut zum Ausdruck; bei der Tonhöhe (bei der ein Unterschied von nur *einem Drittel von einem Prozent* entdeckt werden kann) ist sie siebzigmal so hoch wie beim Geschmackssinn (bei dem erst ein Unterschied von etwa zwanzig Prozent wahrgenommen werden kann).

Aus: E. Boring, H. Langfeld u. H. Weld (Hrsg.): *Foundation of Psychology,* New York; Wiley, 1948.

5.3 Reaktionsschwelle

Diese subjektiven Merkmale der Schwellen ließ manche Theoretiker an der Existenz der Schwellen überhaupt zweifeln. Für die Position der „Signalerkennungstheorie" (u. a. Green u. Swets, 1966) ist es fraglich, ob es sensorische Schwellen gibt und nicht nur „Reaktionsschwellen". Die Schwellen würden danach eher als Grenzen einer Entscheidungsfindung angesehen, die aus der Bewertung der Konsequenzen erfolgen würden, die mit der

Entscheidung verbunden sind. Man erklärt dies häufig an dem folgenden Beispiel. Wenn ein Schüler vor einem Arzt über seine Bauchschmerzen berichten muß und der Arzt ihn abtastet, so würde die Schmerzwahrnehmung (ganz abgesehen von einer möglichen Simulation) auch davon abhängen, ob er am nächsten Tag eine schwere Mathematikarbeit hätte oder ein Schulausflug bevorstünde. Man neigt heute dazu, diese Kontroverse nicht zugunsten einer Richtung zu entscheiden. Statt dessen behält die klassische Theorie der Absolut- sowie der Differenzschwelle ihre Gültigkeit, sie wird jedoch durch den reaktiven Aspekt der „Reaktionsschwelle" ergänzt (vgl. Box 2/5).

6 Interaktion innerhalb eines Sinnes

Die Wirkungen der verschiedenen Reize für einen bestimmten Sinn wirken so zusammen, daß ein einheitliches Erlebnis zustandekommt. Aus diesem Grund sprechen wir von *„patterns"* (Muster) physikalischer Reize. Die physikalischen Reizmuster wirken sich sowohl räumlich als auch zeitlich aus. Die räumlichen Muster entstehen durch gleichzeitige Reizung verschiedener Teile spezifischer Rezeptororgane (beispielsweise der Netzhaut des Auges oder der Haut des Körpers). Zeitliche Muster resultieren aus der Aufeinanderfolge der Reize.

6.1 Temporale Interaktion

Wenn eine Aufeinanderfolge von Reizen auf ein bestimmtes Aufnahmeorgan trifft, kann die Wechselwirkung zwischen diesen Reizen eine Summierung und *Steigerung* der Reaktion des Rezeptors oder eine Verschmelzung und *Veränderung der Qualität* der Reaktion oder eine Summierung und *Schwächung* der Reaktion *(Adaptation)* bewirken. Diese drei Arten der Interaktion werden durch die folgenden sensorischen Phänomene veranschaulicht.

6.2 Temporale Summierung

Wenn ein kurz aufleuchtendes Licht von anfangs unterschwelliger Stärke für immer längere Zeit angelassen wird, erhöht sich die Wahrscheinlichkeit, daß man es wahrnimmt. Anscheinend gibt es eine Art Summierung vorübergehender Reize im Laufe der Zeit, ein Phänomen, das wir als *temporale Summierung* bezeichnen.

6.3 Flimmern und Verschmelzen

Wenn wir ein Licht in Intervallen von einer Sekunde ein- und ausschalten, sieht der Beobachter eine Sequenz heller und dunkler Intervalle. Wenn wir die Intervalle verkürzen, beginnt das Licht zu *flimmern*. Die wahrgenommene Flimmer-

Abbildung 8: Analyse und Synthese von Bewegung festgehalten in Photographien von Edward Muybridge. Viele Einzelaufnahmen, die im Abstand von Millisekunden gemacht wurden, zeigen uns, wie Pferd und Reiter den Sprung bewältigen. Wenn man die Einzelaufnahmen hintereinander sieht, getrennt durch die richtigen kurzen Intervalle, entsteht der Eindruck von Bewegung, wo keine ist.

Culver Pictures

rate bleibt etwa gleich (etwa 20 pro Sekunde), selbst wenn sich der Wechsel zwischen hell und dunkel in viel langsamerem oder viel schnellerem Tempo vollzieht. Werden die Intervalle weiter gekürzt, verschwindet das Flimmern und man sieht ein ununterbrochenes Licht. Wir nennen das *Verschmelzung*. Diesem Phänomen begegnen wir häufig im Alltag. Ein Film erweckt den nicht zu leugnenden Eindruck eines ständigen, ununterbrochenen Reizempfangs, doch wir wissen, daß unsere Augen in Wirklichkeit einer intermittierenden Serie von Einzelaufnahmen ausgesetzt sind, die durch extrem kurze weiße Intervalle voneinander getrennt sind (s. Abb. 8).

6.4 Sensorische Anpassung

Das Phänomen, bei dem eine Aufeinanderfolge identischer Reize, die denselben Rezeptor treffen, zu einer *Abnahme* der Wirksamkeit späterer Reize führen, wird als *sensorische Anpassung oder Adaptation* bezeichnet. Der Grad und das Tempo der Anpassung ist bei den einzelnen Sinnesorganen verschiedenen.

Man kann leicht das deutliche Verblassen von Farben demonstrieren, das durch eine relativ kurze ununterbrochene Darbietung eines visuellen Reizes entsteht (s. Box 2/7). Die eindrucksvollsten aller visuellen Anpassungseffekte sind die *Lichtanpassung* und die *Dunkelanpassung*. Ein Beispiel dieser Effekte ist die bekannt Erfahrung, die wir machen, wenn wir aus dem hellen Sonnenlicht in ein dunkles Kino eintreten; zuerst können wir keine Objekte sehen, nach einiger Zeit sehen wir sie jedoch mühelos. In ständigem intensivem Licht wird das Auge lichtadaptiert (d.h. relativ *weniger* empfindlich für Lichtreize). Hält man sich danach wieder einige Zeit im Dunklen auf, wird das Auge dunkeladaptiert und erholt sich. Auch das *visuelle Nachbild* ist ein Anpassungsphänomen. (Ein Beispiel eines solchen Nachbildes findet sich in Box 2/8, S. 35.)

Die tägliche Erfahrung zeigt uns, daß sich Anpassung auch in den „chemischen" Sinnen vollzieht. Manche Speise ist deshalb versalzen, weil die Köchin sie während des Kochens zu oft gekostet hat. Ihre Salzschwelle erhöht sich durch wiederholtes Kosten, und wenn der „genau richtige" Punkt für die „angepaßte" Köchin schließlich erreicht ist, liegt die Salzkonzentration für die („unangepaßten") Gäste höchst unerfreulich über deren Schwelle. Bei Gerüchen hat die sensorische Adaptation gewöhnlich eine wohltätigere Wirkung; unfreiwilliger Kontakt mit unangenehmen Gerüchen ist ein häufiges Mißgeschick, und die Schnelligkeit, mit der der widerwärtige Reiz aus unserem Bewußtsein schwindet, ist ein ausgesprochener Vorzug des menschlichen Organismus.

Die Adaptation an Schmerzreize erfolgt nur

BOX 2/7

Unbemerkte Veränderung der Wahrnehmung

Mit Hilfe des gelben Rechtecks auf der Farbtafel 4 (unmittelbar nach S. 88) können Sie sich selbst ein überzeugendes Beispiel einer Wahrnehmungsveränderung vor Augen führen, die eintritt, ohne daß Sie sich dessen bewußt sind.

Nehmen Sie ein Stück graues Papier und legen Sie es über die rechte Hälfte des gelben Rechtecks, so daß das Fixierungszeichen eben noch sichtbar ist. Starren Sie dann unverwandt eine Minute lang genau auf das Fixierungszeichen. *Achten Sie darauf, Ihren Blick nicht davon abzuwenden.* Entfernen Sie nach Ablauf der Minute das graue Deckblatt von dem gelben Rechteck, wobei Sie *ohne Unterbrechung das Fixierungszeichen anschauen.*

Sie werden feststellen, daß das Gelb auf der linken Seite nach Entfernung des Deckblatts verglichen mit dem Gelb auf der rechten Seite „ausgewaschen" erscheint. Während Sie unverwandt die linke Seite anstarrten, hat die wahrgenommene Farbe langsam ihre ursprüngliche Sättigung verloren. Die meisten Menschen sind sich jedoch dieser allmählichen Veränderung nicht bewußt, während sie vor sich geht, und erkennen erst, wie deutlich sie ist, wenn Sie das blaßgewordene Gelb neben dem unbeeinträchtigten satten Gelb auf der Rechten nach Entfernung des Deckblatts sehen. Wahrnehmung kann sich verändern, ohne daß wir die Veränderung wahrnehmen!

Was bei diesem kurzen Versuch geschieht, ist eindeutig ein Beispiel von Anpassung. Bezüglich der physiologischen Ursache des allmählichen Verblassens der Farbe bei längerer Darbietung vgl. 4. Kapitel.

BOX 2/8

Nachbilder

Starren Sie eine Minute lang unverwandt auf die Ziffer im Segel des unten abgebildeten Bootes. Schauen Sie dann auf eine helle Fläche, etwa eine Wand oder ein Blatt Papier. Es wird Sie vielleicht überraschen, das Segelboot dort projiziert zu sehen. Und noch überraschender ist die Tatsache, daß die schwarzen Felder nunmehr weiß sind und umgekehrt. Dieses Bild bezeichnet man als ein *negatives Nachbild*. Von „Nachbild" spricht man, weil der optische Eindruck fortbesteht, nachdem der ursprüngliche Reiz entfernt wurde. „Negativ" bezieht sich auf die Umkehrung der Helligkeitsverhältnisse.

Negative Nachbilder treten sowohl hinsichtlich des Farbtons als auch der Helligkeit auf. Schlagen Sie die Farbtafel 5 (nach S. 88) auf. Fixieren Sie das Kreuz in der Mitte der linken Abbildung etwa 30 Sekunden lang, richten Sie Ihren Blick dann auf das Kreuz in dem grauen Quadrat. Sie werden an der Stelle der vier Farbquadrate der ersten Vorlage deutliche Farben sehen, aber es werden die *Komplementärfarben* der ursprünglichen Töne sein.

Es gibt auch *positive Nachbilder*. Wenn Sie einen Augenblick lang ein kreisendes helles Licht betrachten und dann die Augen schließen, wird das Bild der Bahn des Lichtes noch einige Zeit in Ihnen nachwirken. Das Bild ist insofern positiv, als es dieselben Helligkeitsverhältnisse aufweist wie der ursprüngliche Reiz.

Noch faszinierender ist, daß negative Nachbilder ohne die vorherige Wahrnehmung positiver Bilder auftreten können. G. Sperling (1960) hat dieses Phänomen unter verschiedenen optischen Bedingungen demonstriert. Bei einem Versuch wird eine Dollarnote durch einen hellen Lichtblitz so kurz beleuchtet, daß der Schein nicht wahrgenommen wird. Wenn die Vp danach aber auf eine hellerleuchtete Leinwand schaut, erblickt sie dort deutlich den eigentlich grünen Dollarschein in *Rosa* – als negatives Nachbild.

Die Erklärung der Nachbilder muß in der Tatsache zu suchen sein, daß das Nervensystem noch einige Zeit erregt bleibt, nachdem der Reiz verschwunden ist. Warum das Nachbild oft als *Negativ* des ursprünglichen Reizes auftritt, ist eine faszinierende Frage, die mit der Anpassung des visuellen Nervensystems an das Licht zusammenhängt (s. 4. Kap.).

Anzumerken ist, daß Nachbildphänomene keinesfalls auf das Sehvermögen beschränkt sind. Es gibt auch akustische und verschiedene taktile Nachbilder, wie das anhaltende Gefühl von Druck auf der Haut nach Entfernung des realen Reizauslösers.

G. Sperling: Negative afterimage without prior positive image, *Science*, 1960 a, *131*, 1613–1614.

langsam, und wir scheinen nur eine geringe oder keine Anpassung an den heftigen Schmerz zu bemerken, wenn wir uns im Alltag schneiden oder stechen. Die Anpassung an Wärme- und Kältereize ist allgemein zu beobachten. Das unangenehm heiße Badewasser wird bald erträglich, und der kalte See, in den wir springen, erscheint uns bald nicht mehr so kalt.

Das Ohr neigt auffallend weniger zur sensorischen Adaptation als das Auge und viele andere Sinnesrezeptoren. Selbst wenn man lange Zeit einem Geräuschpegel von durchschnittlicher Höhe ausgesetzt ist, bleibt der Abstumpfungseffekt gering.

6.5 Räumliche Interaktion

Ebenso wie es eine zeitliche Wechselwirkung der Reize gibt, findet auch ein signifikantes räumliches Zusammenspiel statt, und zwar zwischen den einzelnen empfindlichen „Punkten“ an den aufnehmenden Oberflächen unserer Rezeptororgane.

6.6 Räumliche Summierung

Ob ein Licht gesehen wird oder nicht, hängt unter anderem von der Zahl der Netzhautpunkte ab, die erregt werden. Von zwei Lichtern verschiedener Größe, aber gleich geringer Stärke, ist das größere leichter zu sehen. Dieses Phänomen bezeichnet man als *räumliche Summierung.*

6.7 Räumliche Verschmelzung

Das Sichtbarwerden verschiedener optischer Reize, die auf die Netzhaut treffen, hängt von ihrer räumlichen Nähe ab. Man kann das demonstrieren, indem man verschiedenfarbige Fäden betrachtet, die zu einem Muster verwoben sind. Aus der Nähe gesehen sind die einzelnen Farben leicht zu unterscheiden. Aus einem mittleren Abstand betrachtet vermengen sich die Farben und verleihen dem Stoff einen „Schimmer“ oder eine „Struktur“. Aus größerer Distanz betrachtet verschwinden die einzelnen Farben völlig, es kommt zur *räumlichen Verschmelzung.*

Seurat (1859–1891), der französische neoimpressionistische Maler, erfand eine als *Pointillismus* bezeichnete Technik, wobei er, statt Farben in traditioneller Weise auf der Palette oder der Leinwand zu mischen, einzelne Punkte puren Pigments auf die Leinwand auftrug. In den Werken Seurats sind die Farben nicht gemischt, aber die Augen des Betrachters verbinden die verschiedenen Pigmente durch räumliche Verschmelzung zu den gewünschten Schattierungen, wodurch eine visuelle „Lebendigkeit“ entsteht, die bei anderen Gemälden selten ist.

Békésy (1964) hat räumliche Verschmelzung beim Schmecken demonstriert, aber mit der interessanten Einschränkung, daß nicht alle Geschmacksqualitäten miteinander verschmelzen können. Durch gleichzeitige Stimulierung beider Hälften der Zunge, jede Hälfte mit einem anderen Geschmacksreiz oder mit warmen und kalten Reizen, stellte er fest, daß warme, bittere und süße Reize miteinander interagieren und in der Mitte der Zunge eine verschmolzene Empfindung ergeben; dasselbe gilt für kalte, saure und salzige Reize. Süße und salzige Reize werden auf den entgegengesetzten Seiten der Zunge als getrennte Empfindungen wahrgenommen (s. Abb. 9).

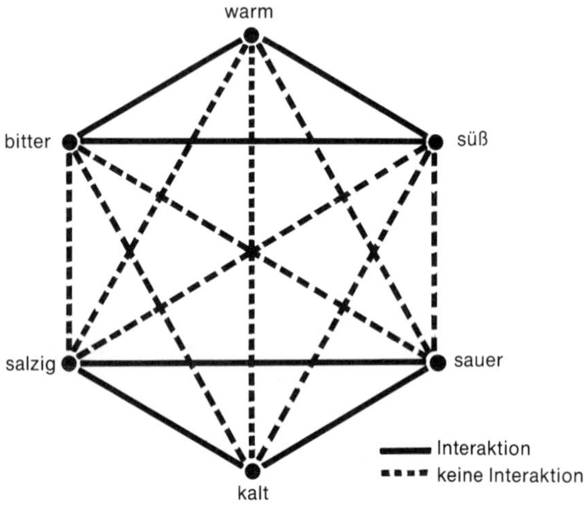

Abbildung 9: Eine graphische Darstellung von Békésys Geschmackstheorie, die sechs verschiedene Empfindungen zeigt, die auf der Zunge wahrgenommen werden können. Die Reize, die zu einer einzigen Empfindung verschmelzen, wenn sie gleichzeitig präsentiert werden, sind durch schwarze Linien miteinander verbunden, die anzeigen, daß sie etwas miteinander gemein haben. Reize, die durch farbige Linien miteinander verbunden sind, können gleichzeitig auf den beiden Seiten der Zunge dargeboten werden, ohne Interaktion miteinander zu zeigen.

G. von Békésy: Duplexity theory of taste. *Science,* 1964, *145,* 834–835; copyright 1964 by the American Association for the Advancement of Science; Nachdruck mit Genehmigung.

6.8 Simultaner Kontrast

Betrachten Sie die grauen Quadrate in Abbildung 10. Für die meisten Menschen ist es schwierig, die beiden Grautöne als identisch wahrzunehmen, dennoch sind sie es. Ein Grau wirkt heller in einer dunklen Umgebung und dunkler in einem hellen Umfeld. Diese Wirkung wird als *simultaner Kontrast* bezeichnet.

Ähnliche Kontrastwirkungen sind auch bei anderen Eigenschaften der Farbe wie Farbton und

Sättigung festzustellen. Wenn man zwei kleine Quadrate von identischem grauen Papier miteinander vergleicht, indem man eines auf ein großes rotes Feld und das andere auf ein großes grünes Feld legt, wirkt das erste graue Quadrat deutlich grünlich und das andere deutlich rötlich. Aber sehen Sie sich nun die Farbtafel 6 an. Aufgrund der Kontrastwirkung könnte man erwarten, daß das Blau auf den Seiten (wegen der schwarzen Linien) heller wirken würde als das Blau in der Mitte, aber genau das Gegenteil passiert. Dieses „Versagen" der Kontrastwirkung (Assimilierung) ist jedoch kein bizarres und unerklärliches Faktum. Ob eine Kontrastwirkung oder Assimilierung eintritt, hängt, wie nachgewiesen werden konnte, von Faktoren wie der relativen Größe und Farbe, der verschiedenen Teile einer Figur ab. Im allgemeinen führen kleine Unterschiede zwischen benachbarten Flächen zur Assimilierung, während größere eine Kontrastwirkung hervorrufen (Bevan u. Gaylord, 1978).

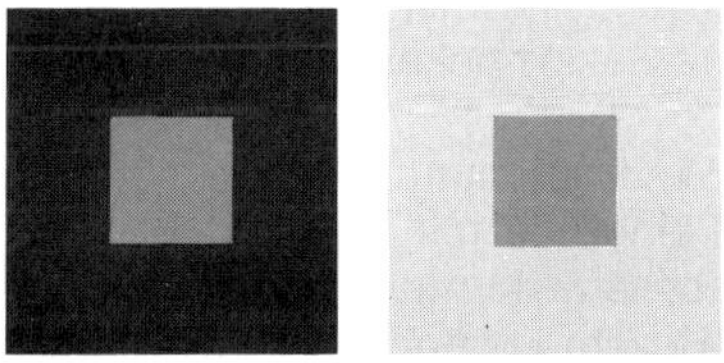

Abbildung 10: Ein Beispiel von Helligkeitskontrast. Die beiden inneren Quadrate werden Ihnen gleich grau erscheinen, wenn Sie die Randfelder abdecken.

Zusammenfassung

1. Die Informationen über unsere Umwelt beziehen wir zwangsläufig durch unsere Sinne, die von Licht- und Schallwellen, Druck und verschiedenen chemischen Reizen beeinflußt werden. Beim Studium der Wahrnehmungsprozesse arbeiten Psychologen eng mit Physiologen, Physikern und Chemikern zusammen, um die Mechanismen und die verschiedenen Formen physikalischer Energie verstehen zu lernen, die an der Aufnahme (dem Empfang) von Reizen beteiligt sind.

2. Der phänomenologische (erfahrungsbezogene) Ansatz liefert uns Grundtatsachen der Wahrnehmung, für die Erklärungen gefunden werden müssen. Der physiologische und der psychologische Ansatz ergänzen einander durch die von ihnen gebotenen Erklärungen.

3. Jenseits der Umwelt, von der die Wahrnehmungsreize ausgehen, befinden sich ein Medium, das die Reize durchqueren, Sinnesrezeptoren, die sie empfangen, sensorische Nerven, die sie zum Gehirn leiten und bestimmte Rindenfelder des Gehirns, wo sie empfangen und verarbeitet werden, um schließlich ein Wahrnehmungserlebnis auszulösen. Die das Gehirn verlassenden Nervenbahnen können auch die Botschaften beeinflussen, die empfangen und übermittelt werden. Dieses komplexe System ist insofern höchst zuverlässig, als es uns fast immer richtige Informationen über die Umwelt vermittelt, aber es gibt eine Reihe von Fehlerquellen, die zu Sinnestäuschungen führen.

4. Der Reiz ist die physikalische Energie, die von einem Reizobjekt ausgeht, die Rezeptoren erregt und ein Wahrnehmungserlebnis auslöst. Das Studium der Beziehungen zwischen den Merkmalen solcher Erlebnisse und den Charakteristika des physischen Reizes bezeichnet man als Psychophysik.

5. Der physische Reiz für das Sehen ist Strahlungsenergie aus einem sehr schmalen Bereich der gesamten Bandbreite elektromagnetischer Wellen. Der Farbton eines Pigments hängt hauptsächlich von der Wellenlänge eines Lichts ab; seine Helligkeit ist vorwiegend eine Folge der Lichtstärke. Sowohl Farbton als auch Helligkeit hängen jedoch bis zu einem gewissen Grad von beiden physikalischen Dimensionen ab – der Wellenlänge *und* der Intensität des Lichts. Sättigung bezieht sich auf die Reinheit einer Farbe; je gemischter (d.h. „weißer") die Lichtwellen, desto niedriger die Sättigung der resultierenden Farbe. Die Farbmischung gehorcht feststehenden Gesetzen, aber das Mischen von Licht ist ganz anders als das Mischen von Farben. Teilweise Farbenblindheit besteht gewöhnlich aus dem Unvermögen, Rot und Grün zu unterscheiden.

6. Die Empfindlichkeit des Auges für Lichtwellen schwankt je nach Wellenlänge, dem Anpassungszustand des Auges infolge vorangegangener Stimulierung und mit der Region der Netzhaut, die stimuliert wird. Farben werden am besten im Mittelteil der Netzhaut, am äußersten Rand dagegen überhaupt nicht gesehen. Die Sehschärfe – die Fähigkeit, Reize voneinander zu unterscheiden, die sich sehr nahe beieinander befinden – schwankt ebenfalls je nachdem, welche Netzhautregion stimuliert wird und ob die visuellen Mechanismen Defekte aufweisen.

7. Luftdruckschwankungen am Trommelfell rufen akustische Wahrnehmungen hervor. Die Tonhöhe ist vor allem von der Frequenz der Schallwellen abhängig; je größer die Frequenz, desto höher der

Ton. Die Lautstärke schwankt hauptsächlich mit der Amplitude der Schallwellen. Wenn Schallwellen verschiedener Art miteinander gemischt werden, erleben wir komplexere Tonqualitäten wie Timbre, Untertöne, Konsonanz und Dissonanz (die im Extremfall als Lärm erlebt wird). Die akustische Empfindlichkeit beschränkt sich ebenso wie die visuelle Empfindlichkeit auf bestimmte Energiebänder und hängt unter anderem von der Frequenz der Schallwellen ab.

8. Schmecken und Riechen hängen eng miteinander zusammen. Der auslösende physikalische Reiz besteht bei beiden aus chemischen Substanzen; diese interagieren in der Regel miteinander. Substanzen von extrem unterschiedlicher chemischer Zusammensetzung können sehr ähnliche Empfindungen auslösen. Chemisch sehr ähnliche Stoffe schmecken dagegen oft völlig unterschiedlich.

9. Obwohl es praktisch ist, Hautempfindungen als Berührung, Schmerz, Hitze und Kälte zu klassifizieren (von denen jede an zahlreichen Rezeptorpunkten wahrgenommen wird, die ungleichmäßig über die Körperoberfläche verteilt sind), ist der Zusammenhang zwischen Rezeptor und Empfindung kein einfacher. Komplexere Empfindungen wie Jucken setzen ebenfalls eine Interaktion zwischen diesen Grundempfindungen voraus.

10. Kinästhetische Empfindungen entstehen durch Bewegungen des Körpers, durch die Rezeptoren in den Muskeln, Gelenken und Sehnen stimuliert werden. Sie informieren uns über unsere Körperhaltung und geben uns wichtige Hinweise für die Steuerung unserer Bewegungen.

11. Der Organismus ist nicht empfindlich gegenüber sämtlichen Bereichen der möglichen Variationsbreite physikalischer Energie. Ein wichtiges psychologisches Problem besteht darin, bei einem Organismus jenen Punkt auf der Intensitätsskala des physikalischen Reizes zu bestimmen, der Sehen von Nichtsehen, Hören von Nichthören, Schmecken von Nichtschmecken usw. trennt. Dieser Punkt wird als die absolute Schwelle bezeichnet, aber viele Faktoren können Abweichungen derselben hervorrufen. Der Signalentdeckungsansatz ermöglicht es uns, Meßwerte für den Kriteriumspegel und die Empfindlichkeit zu ermitteln; dadurch wird das Schwellenkonzept überholt.

12. Die Menge an physikalischer Energie, die gerade groß genug ist, um für die Wahrnehmung einen „eben merklichen Unterschied" zu ergeben, wird als Unterschiedsschwelle bezeichnet. Wie im Falle der absoluten Schwelle, schwankt der Meßwert der Unterschiedsschwelle stark je nach der Art des Reizes und dem Zustand des Organismus. Er hat auch für jede absolute Reizstärke eine andere Größe; so ist beispielsweise die Unterschiedsschwelle für ein schwaches Licht nicht dieselbe wie für ein helles Licht. Innerhalb von Grenzen entspricht die Unterschiedsschwelle annähernd einem konstanten Bruch der Reizintensität. Dies läßt sich durch eine mathematische Formel ausdrücken, die als das Webersche Gesetz bekannt ist.

13. Das Wahrnehmungserleben hängt in hohem Maße von einer Vielzahl von Wechselwirkungen ab. Diese Wechselwirkungen können innerhalb eines einzigen Rezeptors oder zwischen verschiedenen Rezeptoren stattfinden. Manche dieser Wechselwirkungen kommen durch zeitliche Unterschiede der Sinnesreize zustande, andere durch Unterschiede in der Raumverteilung der Rezeptoren und wieder andere durch die Gesamtkonstellation der eintreffenden Reize, die zu Summierung, Verschmelzung und Anpassung führen kann. Interaktion findet auch zwischen verschiedenen Sinnen statt, wodurch das resultierende Wahrnehmungserlebnis insgesamt oft bereichert wird.

2. Kapitel
Wahrnehmung von Raum, Zeit und Bewegung

Im vorherigen Kapitel haben wir uns einen Überblick über die gesamte Wahrnehmungskette verschafft. Wir befaßten uns dabei mit den Eindrükken und Erfahrungen, die der Wahrnehmende gewinnt, die ständig auf ihn eindringen. Das erste Kapitel beschäftigte sich jedoch in erster Linie mit Empfindungen im Unterschied zur übrigen Wahrnehmung. Wir befaßten uns beispielsweise mit Helligkeit und Sättigung und nicht mit der Wahrnehmung einer Straßenszene oder dem Gesicht eines Freundes, und wir sprachen über Aspekte des Schmeckens und nicht über den integrierten Genuß eines erlesenen Mahles oder eines Hamburgers im Stehimbiß. Wir studierten Psychophysik praktisch in ähnlicher Weise wie sie von den ersten Experimentalpsychologen des 19. Jahrhunderts studiert wurde.

Wir wenden unsere Aufmerksamkeit jetzt den weitergespannteren Problemen der Wahrnehmung zu. Wie nehmen wir Objekte und Objektgruppen wahr? Wie nehmen wir Zeit, Raum und Bewegung wahr? Es gibt faktische, experimentelle Antworten auf einige dieser Fragen, und diese wollen wir uns ansehen. Zuerst müssen wir Sie jedoch daran erinnern, daß sich die Psychologen über das Herangehen an solche Fragen uneinig gewesen sind; wir werden einige der wichtigsten theoretischen Ansätze erläutern, damit wir diese vor Augen haben, wenn spezifische experimentelle Befunde prasentiert werden.

1 Theoretische Ansätze

Die verschiedenen Ansätze einer Theorie der Wahrnehmung, die wir erörtern wollen, stellen alle in gewisser Weise eine Reaktion auf die bereits erwähnte *strukturalistische Auffassung* oder eine Weiterentwicklung derselben dar. Versuchen Sie bei der Auseinandersetzung mit diesen Theorien die Ansichten der Strukturpsychologen zu den Problemen und Fragen herauszuarbeiten, die in der Einführung zum 2. Band erwähnt wurden:

1. Kommt all unser Wissen aus den Sinnen – oder hängt es in gewissem Maß von angeborenen Ideen ab?
2. Damit zusammenhängend, aber aus einer anderen Blickrichtung: Ist der Organismus immer ein passiver Empfänger, in dem der Reiz eine Wahrnehmung „erzeugt“ – oder spielt das Individuum eine aktive Rolle, indem es das Wahrnehmungserlebnis organisiert, ergänzt oder überhaupt erst schafft?
3. Resultiert die Wahrnehmung aus der Verschmelzung einfacher Empfindungen zu einem Ganzen – oder ist die Wahrnehmung etwas unmittelbar Einheitliches?
4. Allgemeiner, aber mit Punkt 3 zusammenhängend: Sollten wir nach einer Reihe von Prozessen im geistig-psychischen Leben suchen, in die die Wahrnehmung zerlegt werden kann – oder reicht es aus, einfach den Reizaspekt zu identifizieren, der eine bestimmte Wahrnehmung hervorruft?

1.1 Der Gestaltansatz

In den ersten Jahren dieses Jahrhunderts vertrat eine Gruppe von Psychologen in Deutschland die radikale Auffassung, daß wir natürlicher- und normalerweise vollständige Formen und Objekte wie Stühle und Menschen wahrnehmen, d.h. jeweils das *ganze* vorhandene Reizmuster. Dieses Gestaltkonzept unterschied sich sehr deutlich von der herrschenden strukturalistischen Doktrin, die davon ausging, daß das pure Erleben am besten als gesonderte, unorganisierte, individuelle sensorische Erfahrungen zu charakterisieren sei, die *später* zu Wahrnehmungen verschmolzen werden. Wenn Sie die obigen komplizierten Sätze erstmal verstanden haben, werden Sie sich vielleicht fragen, wie irgend jemand entscheiden könnte, welche Auffassung richtig ist. Wenn Sie einen Stuhl in Ihrem Zimmer anschauen, dann liegt es auf der Hand, daß Sie ihn in der Regel bewußt als „einen Stuhl“ wahrnehmen. Beweist das, daß die Strukturpsychologen mit ihrer Behauptung unrecht hatten, daß man unbewußt separate Linien, Farben und Teile registriert, die zum Wahrnehmungsgegenstand „Stuhl“ zusammengefügt werden?

Der Unterschied zwischen diesen beiden Auffassungen wird erst deutlicher, wenn wir uns fragen, wie es kommt, daß bestimmte Bausteine der ungeheuren Zahl möglicher Elemente der Umgebung schließlich zu separaten Wahrnehmungsgegenständen zusammengesetzt werden. Warum sieht man beispielsweise „einen Menschen auf einem Stuhl sitzen“? Warum wird nicht statt dessen das Bein des Menschen und das daneben befindliche Stuhlbein als zusammengehörige Einheit wahrgenommen? Die Strukturpsychologen glaubten, daß frühere Erfahrungen sehr wichtig seien, um zu bestimmen, was als eine Einheit gesehen wird. Sie würden sagen, daß man die verschiedenen Teile eines Menschen unzählige Male vorher gesehen habe und daß diese Teile daher miteinander verbunden worden sind; ebenso die Teile, die zusammen einen Stuhl ergeben. Deshalb sehe man im Lauf der Zeit „Mensch" und „Stuhl".

Die Gestaltpsychologen demonstrierten ihre Theorie teilweise durch Versuche und Experimente wie in Abbildung 11. Sie haben wahrscheinlich diese speziellen Figuren noch nie zuvor gesehen. Wenn die Strukturpsychologen recht hätten, dann wäre zu erwarten, daß Sie links die Ziffer „4" plus einige zusätzliche Schnörkel erblicken, denn Sie haben eine ähnliche „4" schon oftmals in der Vergangenheit gesehen. Und aus denselben Gründen könnten Sie in der rechten Figur ein „M" und ein „W" erblicken. Doch wahrscheinlich haben Sie diese beiden Figuren zunächst als völlig bedeutungslos angesehen.

Was offerierten nun die Gestalttheoretiker anstelle der früheren Erfahrung? Sie suchten nach *Gesetzen der Form oder Organisation* und fanden diese auch in gewissem Maß, die erklären würden, was als Resultat des jeweiligen Reizmusters wahrgenommen werden würde. Diese Gesetze und die darauf basierenden Theorien behaupteten darüber hinaus, daß frühere Erfahrungen nur eine geringe Rolle bei der Wahrnehmung spielen. Im Falle von Abbildung 11 beriefen sich die Gestaltvertreter auf das Gesetz der *„guten Gestalt"*, d.h. die Tendenz von Reizelementen, sich so zusammenzufügen, daß die Fortsetzung bzw. Ergänzung einer geraden Linie oder einer Kurve möglich wird. Als weitere Erklärung der Gesetze der Wahrnehmungsorganisation glaubten die Gestaltpsychologen an angeborene Gesetzmäßigkeiten der Gehirnorganisation. Wenn ein bestimmtes Reizmuster dargeboten wird, aktiviert es Gehirnprozesse und das entsprechende Wahrnehmungserlebnis.

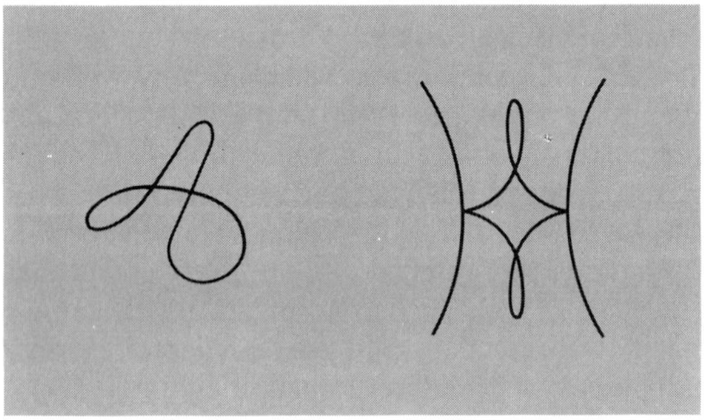

Abbildung 11: Was sehen Sie in diesen beiden Zeichnungen? Wie im Text bemerkt, sehen Sie (links) nicht eine Vier mit einigen zusätzlichen Schnörkeln, sondern eine Figur, die von der Tendenz zeugt, eine Linie, die sich ungebrochen fortsetzt, entweder gerade oder in ziemlich gleichmäßigen Kurven, als eine Einheit zu sehen. Rechts sind zwei symmetrische Bögen mit einer merkwürdigen Figur dazwischen. Wenn die Erfahrung eine wichtige Rolle spielen würde, dann würde der Betrachter ein M unter einem W sehen – die übrigens die Initialen des Schöpfers dieses Beispiels, eines der Begründer der Gestaltpsychologie, bilden.

J. E. Hochberg: Wahrnehmung. Wiesbaden: Ak. Verlagsgesellsch.; Bern, Stuttgart: Huber 1977.

M. Wertheimer: Untersuchungen zur Lehre von der Gestalt, II. *Psychologische Forschungen,* 1923, *4,* 301–350.

W. Ellis: *A Source Book of Gestalt Psychology.* New York: The Humanities Press, 1950, S. 71–88.

Man beachte, wo wir jetzt hingekommen sind. Wenn wir Gesetze finden können, die uns sagen, was bei jedem Erregungsmuster wahrgenommen werden wird, und wenn das ganze Reizmuster in Betracht gezogen werden muß, um zu der richtigen Voraussage zu gelangen (und wenn wir weiter bedenken, daß die Wahrnehmung in der Regel unmittelbar und vollständig zu sein scheint), welchen Sinn hat es dann, an der Idee der Strukturpsychologen festzuhalten, daß irgendwo elementare Empfindungen lauern, die jeglicher Wahrnehmung zugrundeliegen?

Die Bedeutung, die die Gestaltvertreter dem gesamten Reizmuster beimaßen, implizierte, daß die Wahrnehmung eines Teiles der Reizwelt von dessen *Relation* zu allen anderen Teilen abhängt. So hängt beispielsweise, wie aus Abbildung 30 (S. 82) hervorgeht, die Helligkeit, die wir an einem bestimmten Objekt wahrnehmen, nicht ausschließlich von der Stärke und anderen physikalischen Merkmalen des Lichts ab, das davon ausstrahlt, sondern vielmehr von der Relation zwischen dem Licht, das vom Objekt ausgeht und dem Licht, das der gesamte übrige Rest der sichtbaren Welt aussendet. Wie die Gestaltpsychologen sagten: „Das Ganze ist mehr als die Summe seiner Teile." Wir werden im Laufe unserer Erörterung der Wahrnehmung von Raum und Bewegung viele andere Beispiele dafür sehen.

Obwohl es heute nur noch wenige Psychologen gibt, die sich selbst als Gestaltpsychologen bezeichnen würden, hat der Gestaltansatz einen unerhörten Einfluß auf das Forschungsgebiet der Wahrnehmung gehabt. Wir werden später über zwei zeitgenössische Standpunkte sprechen, die von diesem Einfluß zeugen. Die Psychologen, die diese beiden Theorien entwickelten (J. J. Gibbson und Harry Helson), waren in den mittleren Jahrzehnten unseres Jahrhunderts tätig. Zu Beginn ihrer Forschungstätigkeit wurde das Studium der Wahrnehmung im übrigen relativ vernachlässigt, zum Teil aufgrund des Einflusses der behavioristischen Tradition (s. 3. Band, 1. Kap.). Die Wahrnehmung wurde erst wieder als Bestandteil des Informationsverarbeitungsansatzes der kognitiven Prozesse populär.

1.2 Informationsverarbeitung in der Wahrnehmung

Man kann sich vorstellen, daß der Zustrom von Reizen zu den Rezeptoren dem Organismus Informationen liefert, aber die vollständige Wahrnehmung findet nicht sofort, im gleichen Moment statt, in dem ein bestimmter Reiz dargeboten wird. Die Wahrnehmung braucht nicht nur eine gewisse Zeit, man kann auch durch raffinierte Versuchsanordnungen nachweisen, daß die Informationen nach ihrem ursprünglichen Eintreffen in verschiedenen Stadien verarbeitet, d. h. verändert werden. Die Vertreter des *Informationsverarbeitungsansatzes* zum Studium der Wahrnehmung versuchten diese verschiedenen Stadien zu identifizieren und ihr Verhältnis zueinander zu begreifen.

Eine graphische Darstellung einer bestimmten Theorie (bzw. eines Modells) der Informationsverarbeitung ist in Abbildung 12 zu sehen. Es mag zwar plausibel erscheinen, daß die dort angeführten verschiedenen Stadien mentaler Aktivität existieren, aber welche zwingenden Beweise haben wir, daß sie tatsächlich voneinander getrennt sind?

Ein Beispiel liefert der inzwischen berühmte Versuch von Sperling, der in Abbildung 13 illustriert und erörtert ist. Was durch dieses Experiment unmittelbar demonstriert wird, ist, daß man bei einer sehr kurzen Darbietung eines Reizes mehr wahrnimmt, als man zunächst annehmen würde. Obwohl man nur eine begrenzte Menge des Inhalts des optischen Reizes behalten und benennen kann, beweist dieser „Teilbericht“-Versuch, daß man sehr kurze Zeit lang eine viel größere Menge des Gesamtreizes zur Verfügung hat. Das bedeutet mehrerlei: die größere Menge wurde wahrgenommen; sie wurde eine gewisse kurze Zeit lang *behalten* und ein Großteil davon ging *danach* verloren.

Informationsverarbeitungstheoretiker nehmen diese Ergebnisse als Beweis für ein vermutlich sehr

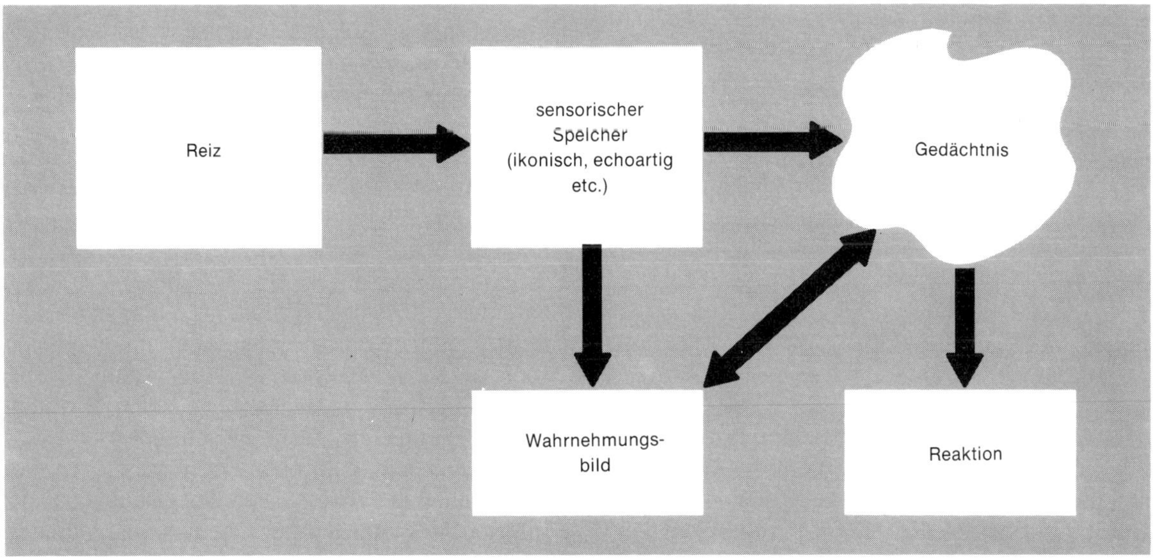

Abbildung 12: Ein Informationsverarbeitungsmodell. Ein vollständiges Modell würde mehr über alle angeführten Stadien aussagen, über die Regeln, die darüber entscheiden, wann und wie spezifische Informationen von einem Stadium zum nächsten transferiert werden, ja auch über die Art der Informationen in jedem dieser Speicher. Dennoch macht dieses Modell einige definitive Aussagen (ob richtig oder nicht): so vertritt es beispielsweise die Auffassung, daß weder die sensorischen Speicher noch die wahrgenommenen Bilder eine unmittelbare Kontrolle über die Reaktionen des Individuums ausüben.

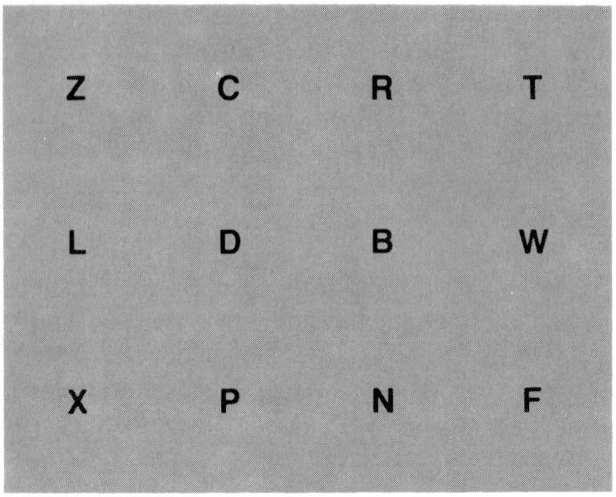

Abbildung 13: Die oben abgebildeten Buchstaben werden einer Versuchsperson nur 50 Millisekunden (50 Tausendstel einer Sekunde) lang dargeboten. (Ein Apparat, der optische Reize so kurz zeigen kann, wird als *Tachistoskop* bezeichnet.) Die meisten Vpn können danach nur etwa vier der gezeigten Buchstaben benennen, was zunächst vermuten läßt, daß man in einem so kurzen Intervall nur vier Gegenstände *wahrnehmen* kann. Nehmen wir jedoch an, daß der Vp vorher angekündigt wird, daß sie sofort *nach* dem optischen Reiz einen von drei Tönen (hoch, mittel oder tief) hören wird. Sie werde die Aufgabe haben, die Lettern in der obersten Reihe zu benennen, wenn ein hoher Ton erklingt, die in der mittleren, wenn ein mittlerer Ton kommt usw. Die Buchstaben leuchten dann kurz auf, und es erklingt einer der drei Töne. Bei diesem Verfahren kann die durchschnittliche Vp immer noch drei oder vier Buchstaben *in der jeweils signalisierten Reihe* benennen. Das bedeutet, daß sie in dem Augenblick, in dem das Signal ertönte, fast alle zwölf Lettern „zur Verfügung" gehabt haben muß. Der ikonische Speicher (Ultrakurzzeitgedächtnis, s. 3. Bd.) verfügt für kurze Zeit über fast die gesamte Information. Inhalte, die danach nicht an einen anderen Speicher übermittelt werden, gehen rasch verloren.

G. Sperling: The information available in brief visual presentation. *Psychological Monograph,* 1960b, *74,* ganze Nr. 487.

kurzes Frühstadium der Wahrnehmung (in Abb. 12, S. 43, als zweiter Kasten dargestellt). Dies muß ein separates Stadium sein, weil es eine andere Kapazität und andere Regeln für das Behalten von Informationen hat als die vorausgegangenen und die folgenden Stadien. In der visuellen Wahrnehmung bezeichnet man dieses Stadium als *ikonische Speicherung* (nach dem griechischen Wort *Ikon,* d.h. „Abbild" oder „Bild"); ein ähnliches Stadium in der akustischen Wahrnehmung wird als *echoartige Speicherung* bezeichnet. Der ikonische Speicher enthält einen sehr großen Prozentsatz der das Auge erreichenden Informationen, aber er scheint dies nur etwa eine Stunde lang zu tun. Während dieses kurzen Intervalls muß der Wahrnehmende die Informationen „verarbeiten", indem er sie an ein anderes Speichersystem transferiert; was nicht transferiert wird, geht verloren.

Die Informationen im ikonischen (oder echoartigen) Speicher sind weitgehend unverarbeitete, einfache Kopien der Sinnesreize. Aber wie wir festgestellt haben, endet der Empfang nicht dort. Anhand der Informationen, die im Laufe der Zeit über das ikonische Stadium eintreffen, bauen wir ein bewußtes Bild des Reizes – ja unserer gesamten Wahrnehmungswelt auf. (Dieser Teil des Verarbeitungssystems ist in Abbildung 12 durch den Kasten mit der Inschrift „Wahrnehmungsbild" dargestellt.) Auch eine andere Form der Verarbeitung ist in der Abbildung dargestellt. Entweder direkt aus dem kurzen ikonischen oder echoartigen Speicher oder vom wahrgenommenen Bild werden Informationen in das Gedächtnis übermittelt (in unserer Abbildung als formloser Klecks wiedergegeben). Diese Klecksform des Gedächtnisstudiums soll keine Zweifel daran wecken, ob das Gedächtnis existiert, sondern vielmehr darauf hinweisen, daß wir noch nicht wissen, wie das Gedächtnis als solches organisiert ist (beispielsweise, ob es getrennte kurzfristige und langfristige Gedächtnisspeicher oder nur ein einziges Gedächtnis gibt).

Man beachte im Augenblick, daß die Inhalte des Gedächtnisses ihrer Natur nach nicht dieselben sein können wie die der früher beschriebenen Stadien: Wenn Sie eine Erinnerung „abrufen" (sei es an jemanden, der Sie vor fünf Minuten verlassen hat oder an Ihre beste Freundin), dann werden Sie wahrscheinlich ein visuelles Bild und vielleicht auch einen akustischen Eindruck erleben, aber diese Bilder sind in keinem der beiden Zeiträume tatsächlich im Bewußtsein präsent gewesen.

Die meisten Wahrnehmungspsychologen von heute gehen in der Regel von den Grundzügen des Informationsverarbeitungsschemas aus, wenn sie an der einen oder anderen experimentellen Frage über die Wahrnehmung arbeiten. Der Informationsverarbeitungsansatz ist jedoch nicht eine Theorie der Wahrnehmung. Vielmehr ist er die allgemeine Annahme, daß es in der gesamten Frequenz von der Wahrnehmung zur Kognition

(Erkennen) verschiedene Stadien gibt. Was in Abbildung 12 dargestellt wird, ist eine etwas spezifischere Theorie, weil davon ausgegangen wird, daß die abgebildeten Speicher tatsächlich existieren, und zwar mit den erwähnten Charakteristika. Jede vollständige Theorie würde mehr über jeden einzelnen dieser Speicher und Stadien aussagen und viel mehr Einzelheiten zu den im Diagramm enthaltenen Pfeilen angeben, d.h. sie müßte uns mehr darüber sagen, welche Art von Veränderung stattfindet, wenn Informationen von einem Block zu einem anderen transferiert werden. Wir werden uns im nächsten Kapitel mit einigen alternativen Auffassungen über eine solche Transformation beschäftigen.

1.3 Kognitionismus

Der *kognitivistische Ansatz* der Wahrnehmung wird heute gewöhnlich im Rahmen einer Informationsverarbeitungshypothese vertreten, aber er legt besonderen Nachdruck auf die Rolle des Gedächtnisses und die daraus resultierenden aktiven Prozesse des Individuums für die Bestimmung des Wahrgenommenen. Es wird angenommen, daß wir erinnerte Reste früherer Erfahrungen zu den jetzt und hier durch Reize ausgelösten Empfindungen hinzufügen und somit eine Wahrnehmung *konstruieren.*

Wie „erkennen" wir ein Reizmuster? Wie entscheiden Sie beispielsweise, was das mittlere Symbol in Abbildung 14 darstellt? Wie die Antwort auch ausfallen mag, der Vorgang muß irgendeine Interaktion zwischen den eintreffenden Informationen und gespeicherten Informationen über B oder 13 oder beides enthalten. Nach der Theorie der *Schemabildung* wird ein neues Symbol mit einer Reihe innerer „Modelle" verglichen. (Ein Schema ist eine Vorlage oder ein Muster, nach der etwas angefertigt wird.) Nach dieser Auffassung trägt das Vorbild, das am ehesten paßt, den „Sieg" davon und liefert uns die Wahrnehmung der Figur.

Die Kognitionstheoretiker lehnen diese Theorie ab. In Abbildung 14 wird ein und dasselbe Symbol als B gelesen werden, wenn man die vertikale Buchstabenreihe betrachtet, und als eine 13, wenn man die Zahlenreihe von links nach rechts liest. Ein Schablonenvergleich ist nicht ausreichend. Die frische Erinnerung an die eben gesehenen Symbole

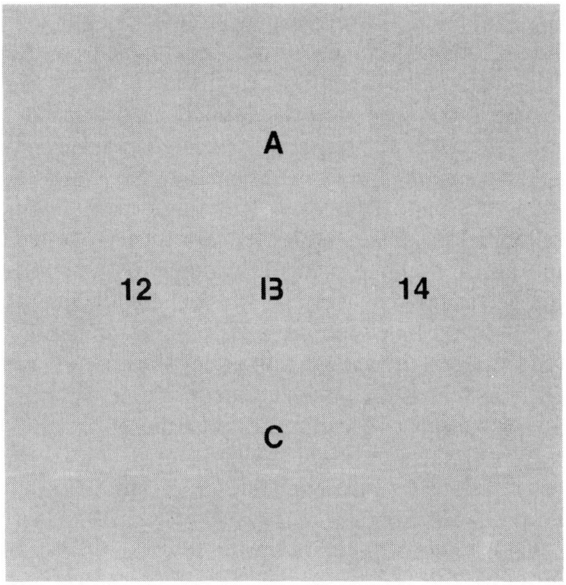

Abbildung 14: Was ist das in der Mitte? Entwerfen Sie eine Versuchsanordnung, um herauszufinden, ob die im Text gemachte Voraussage richtig ist oder nicht. (Sie brauchen dazu mindestens zwei Vpn.)

beeinflußt die Wahrnehmung. Wie Neisser (1967) bemerkt:

„Die einzelnen Attribute und Merkmale, die wir üblicherweise in einer beachteten Figur sehen, unterliegen quasi der freien Wahl. Sie ergeben sich nicht automatisch, einfach weil die relevanten Informationen zur Verfügung stehen, sondern nur, weil ein Teil des Inputs für die Beachtung ausgewahlt wurde, und dann bestimmte Operationen daran vorgenommen wurden. Weder das Objekt der Analyse noch die Natur der Analyse ergeben sich zwangsläufig; beides kann bei verschiedenen Beobachtern und zu verschiedenen Zeiten unterschiedlich sein. Selbst das Wort Analyse ist vielleicht nicht zutreffend. Es legt einen Vergleich mit der Chemie nahe; ein Chemiker analysiert unbekannte Substanzen, um herauszufinden, woraus sie eigentlich bestehen. Zutreffender [ist] ein Vergleich des Wahrnehmenden mit einem Paläontologen, der ein paar Knochenfragmente aus einem Schutthaufen fischt und daraus den Dinosaurier rekonstruiert, der schließlich im naturgeschichtlichen Museum steht. Man untersucht nicht einfach die eintreffenden Informationen und fällt eine Entscheidung; man baut sich ein geeignetes visuelles Objekt."

Sehen wir uns jetzt einige Beispiele von Wahrnehmungsphänomenen an, die eine konstruktionistische Auffassung zu bestätigen scheinen.

Nehmen Sie Ihre eigenen Augenbewegungen. Ihr Blick schweift über diese Seite, durch das Zimmer, Sie schauen rechts und links, bevor Sie die Straße überqueren. Ist es nicht wahr, daß Sie mit jeder Augenbewegung einzelne separate und scharfe „Schnappschüsse" von der Welt aufnehmen müssen? Wenn ja, ist es dann nicht wahrscheinlich, daß sie einen Mechanismus brauchen, um all die Schnappschüsse in der richtigen Ordnung zusammenzusetzen, wobei die Schnappschüsse von links und die von rechts voneinander getrennt gehalten werden müssen? Aus dem Haufen von Schnappschüssen müssen wir eine Gesamtansicht unserer Umgebung „konstruieren".

Wir ergänzen oft fehlende Wörter, Buchstaben oder Leute, wenn wir auf geschriebene oder gesprochene Sprache reagieren. Ja, wir überlesen sogar oft Setzfehler in Texten, selbst wenn diese so auffallend sind wie ein doppelt gedrucktes Wort. In anderen Untersuchungen wurden ähnliche Effekte beim Hören gesprochener Sprache festgestellt. Wenn ein Teil eines besprochenen Bandes gelöscht und durch ein bedeutungsloses Geräusch ersetzt wurde, behaupteten die Vpn, sie hätten den fehlenden Laut deutlich „gehört". (Wenn der gelöschte Teil des Satzes leergelassen wurde, „hörten" die Vpn die fehlenden Laute nicht.) Konstruktionisten würden daraus schließen, daß die Vpn die fehlenden Laute (aus ihrem Gedächtnisspeicher) in ihre Wahrnehmung *eingefügt* haben müssen.

Viele Forscher haben festgestellt, daß Vpn, die lange Zeit in einer unveränderten Umgebung leben, häufig über das Auftauchen komplexer Bilder und Halluzinationen berichten. Von den Zwängen eintreffender Informationen befreit, bauen die sensorischen Systeme komplexe Objekte auf. Diese Objekte basieren vermutlich auf Material, das im Gedächtnis gespeichert ist, was darauf hindeutet, daß Wahrnehmungsmechanismen aus dem Gedächtnis „gespeist" werden können.

Ein letztes Beispiel: Kolers (1972) hat gezeigt, daß die Prozesse, die wir bei der Analyse von Sätzen benutzen, eine wichtige Rolle beim Wiedererkennen spielen. Er stellt fest, daß die Schrift gedruckter Sätze sehr wichtig für deren späteres Wiedererkennen war. Je *schwieriger* die Schrift zu lesen war, desto besser funktionierte die spätere Wiedererkennung. Kolers meint, daß das Lesen der schwer zu entziffernden Schrift mehr Wahrnehmungsoperationen erfordere und daß diese Operationen deshalb die Grundlage für das spätere Wiedererkennen darstellten. Die Maschinerie der Wahrnehmung sei eine Basis für das Gedächtnis. Wenn Sie also eine Botschaft in der Erinnerung behalten wollen, dann lassen Sie sich diese von jemand mit einem starken Akzent vorsagen – Ihre Schwierigkeit, die Botschaft zu verstehen, wird später Ihrem Gedächtnis zugutekommen.

Obwohl die obigen Beispiele von der konstruktiven Natur des Wahrnehmungsprozesses zeugen, werfen sie auch einige Fragen der Interpretation dieser Phänomene auf. So haben wir beispielsweise bei der Abbildung 14, wo uns der Kontext veranlaßt, das Symbol in der Mitte entweder als ein B oder eine 13 zu sehen, nicht den irrigen Eindruck, daß es ein *vollkommenes* B oder eine *vollkommene* 13 sei. Der bekannte Kontext sagt uns, was wir zu erwarten haben, aber er verführt uns nicht dazu, mehr zu konstruieren als die Teile von Dingen, die wirklich da sind. Kurz, es scheint, als ob das Gedächtnis, wie die Konstruktionisten meinen, insofern höchst signifikant für den Wahrnehmungsprozeß ist, als es einen vertrauten Kontext für die Wahrnehmung liefert, aber dies braucht nicht zu geschehen, indem buchstäblich Details zur Wahrnehmung hinzugefügt werden.

1.4 Helsons Anpassungsniveau-Theorie

Man kann nicht verstehen, wie ein bestimmter Reiz wahrgenommen werden wird, ohne ihn in Relation zu anderen Reizen zu sehen. Unter der Bezeichnung *Anpassungsniveau-Theorie* hat Harry Helson eine Theorie entwickelt, die von der bekannten Gestaltauffassung ausgeht, sie jedoch durch eigene Beiträge ergänzt.

Sehen wir uns einen typischen Versuch an (Helson, 1947). Versuchspersonen hatten eine Reihe kleiner Gewichte zwischen 200 und 400 Gramm zu beurteilen, die ihnen in ungeordneter Folge präsentiert wurden. Die Vp nahm jedes Gewicht der Reihe nach in die Hand und stufte es als *sehr sehr leicht, sehr leicht, leicht* und *mittel* bis *sehr sehr schwer* ein. Der Reizwert, der als *mittel* empfunden wurde, betrug im Durchschnitt 250 Gramm. In einem anderen Teil des Versuchs wurde die Vp aufgefordert, etwas anderes zu tun; nämlich ein 900-Gramm-Gewicht zu heben (ohne es zu beurteilen), kurz bevor sie in derselben Weise wie zuvor jedes der Gewichte in der Serie erneut hochheben und einstufen mußte. In dieser neuen Situation mußte ein Gewicht der Serie im Schnitt 338 Gramm wiegen, um als *mittelschwer* beurteilt zu werden. Diese Demonstration, die zeigt, daß das wahrgenommene Gewicht eines Reizes von anderen empfangenen Reizen abhängt, würde einen Gestaltpsychologen keinesfalls in Verlegenheit versetzen, man beachte jedoch die Unterschiede, die zutagetreten, wenn wir sehen, wie die AL-Theorie (von adaptation level = Anpassungsniveau) die Situation analysieren würde.

Es wird unterschieden zwischen den eben wahrgenommenen *aktuellen Reizen* und den *Hintergrundreizen,* das sind alle übrigen Reize, in deren Kontext der aktuelle Reize empfangen wird. Im obengenannten Beispiel stellt die Reihe der Gewichte den aktuellen Reiz und das 900-Gramm-Gewicht ein Teil des Hintergrundreizes dar. Die Wahrnehmung jedes einzelnen der aktuellen Reize wird von den anderen in der aktuellen Reihe dargebotenen Reizen sowie vom Hintergrund beeinflußt. Je stärker alle übrigen Reize sind, desto leichter wird jeder zu beurteilende Reiz erscheinen, und es wird deshalb eines objektiv schwereren Gewichts bedürfen, damit dieses als *mittelschwer* beurteilt wird.

Die Wahrnehmung wird nicht nur von der physikalischen Beschaffenheit der aktuellen oder fokalen (von Fokus = Brennpunkt) und von den Hintergrund- oder Kontextreizen beeinflußt, sowie von dem Maß, in dem der Wahrnehmende diesen ausgesetzt ist, sondern auch durch *residuale Reize.* Dies ist ein allgemeiner Begriff, der die Wirkung früherer Erfahrungen mit anderen derselben vereinigt. Durch diesen Begriff wird es auch möglich, Motivation und andere psychologische Effekte zu berücksichtigen, die den Zustand eines Organismus verändern und dadurch auch die Wahrnehmung des Individuums beeinflussen können.

Die zentrale These der AL-Theorie ist nicht bloß, daß die Wahrnehmung eines fokalen Reizes irgendwie in dessen Relation zu den Hintergrund- und den residualen Reizen gesehen werden müsse. Sie behauptet vielmehr, daß die Wirkungen aller Reize zu einem Bezugs- oder Vergleichswert zusammenfließen, an dem ein bestimmter fokaler Reiz (d. h. jeder wahrgenommene Reiz) gemessen wird. Dieser Bezugsreiz (auch „Ankerreiz" genannt) wird zum Bezugsrahmen (frame of reference) oder Adaptationsniveau (adaptation level). Helson definierte das AL (adaptation level) als das gewichtete geometrische Mittel aus den genannten Komponenten. Der Ankerreiz ist die Größe, die der Wahrnehmende als neutral oder mittel empfinden wird, aber sie wird sich natürlich ändern, wenn sich die empfangenen Reize (einschließlich des Hintergrunds) verändern. Durch die Einführung des 900-Gramm-Gewichts erhöhte sich somit im oben zitierten Beispiel das Adaptationsniveau oder AL.

Da man alle Reize in Relation zum entsprechenden AL wahrnimmt, werden Reize oberhalb des AL als positiv wahrgenommen und mit einem bestimmten Attribut versehen (hell, schwer, leicht oder was auch immer) und die unterhalb des AL werden als negativ betrachtet bzw. mit dem entgegengesetzten Attribut ausgestattet. Wieder auf das obige Beispiel bezogen, bedeutete eine Erhöhung des AL durch Einführung des 900-Gramm-Gewichts, daß ein 300-Gramm-Gewicht (das ursprünglich über dem AL lag und deshalb als *schwer* wahrgenommen wurde) jetzt unter dem AL liegt und deshalb als *leicht* eingestuft wird.

Eine unmittelbare Konsequenz des AL als neutralem Punkt ist, daß es die Definition zweier Reihen von Reizen ermöglicht (die darüber und die darunter). Alle Reize der einen Reihe werden tendenziell als einander qualitativ ähnlich, aber anders als die Glieder der anderen Reihe betrachtet. Ein Versuch bei Affen als Probanden veranschaulicht das. Die Affen mußten zwischen paarweise dargebotenen Schnüren verschiedener Länge unterscheiden. So oft ein Tier die kürzere Schnur eines bestimmten Paares wählte, erhielt es einen Bissen zur Belohnung. Es fiel den Tieren leichter, jeweils die richtige Wahl zu treffen, wenn eine der beiden Schnüre länger war als das AL und die andere kürzer als das AL, als wenn beide Schnüre länger oder beide kürzer waren als die AL-Länge (Wilson, 1972).

Wie Sarris (^{2}1975) feststellen konnte, lassen sich noch komplexere Beziehungen erkennen. So kommt es dann, wenn der Ankerreiz sehr stark vom aktuell zu beurteilenden Reizwert differiert, zu Kontrasteffekten. Die AL-Theorie hat den Vorteil, spezifische Voraussagen über Wahrnehmungstendenzen zu machen. Man könnte aber meinen, daß es nicht die *Wahrnehmung* als solche sei, die durch Veränderungen im AL beeinflußt wird, sondern vielmehr ein abwägendes kognitives

Urteil bzw. die Entscheidung, wie man auf einen Reiz reagieren soll. Noch einmal zurück zu den Gewichten: wird das 300-Gramm-Gewicht wirklich anders *empfunden,* nachdem das 900-Gramm-Gewicht eingeführt wurde? Die Antwort ist ja, und ein anderes Beispiel mag noch überzeugender sein. Man stelle sich einen oder mehrere achromatische (weiß, grau oder schwarz) Reize auf einem achromatischen Hintergrund vor, die alle von einem chromatischen Licht beleuchtet werden. Die verschiedenen Teile dieser visuellen Welt werden unterschiedliche Mengen des farbigen Lichts in das Auge reflektieren, und es ist möglich, ein AL zu berechnen, das durch die Reflexionsstärke (die Grauheit) aller Teile dieser Anordnung bestimmt wird. Jene Teile dieses Bildes, deren Reflexionsstärke etwa dem AL-Wert entspricht, werden fast achromatisch aussehen. Felder, die mehr Licht reflektieren als das AL, werden den Ton der farbigen Lichtquelle aufweisen. Aber jene Felder, die weniger Licht reflektieren als die AL-Menge, werden die Komplementärfarbe des farbigen Lichtstrahls haben! So wird beispielsweise ein ziemlich dunkelgrauer Fleck auf einer weißen Fläche grün erscheinen, wenn das ganze Blatt von einer roten Lampe bestrahlt wird. Der Betrachter „beschließt" nicht, diesen Fleck als grün zu bezeichnen, er *ist* grün für ihn (Bevan u. Gaylord, 1978).

Der AL-Ansatz hat zur Erklärung vieler anderer spezieller Phänomene der Wahrnehmung wie Kontrast und Assimilierung, Konstanz (s. 3. Kap.) und verschiedener optischer Täuschungen gedient. Um diesen Herausforderungen gerecht zu werden und die „alltäglichen" Phänomene der Wahrnehmung zu erklären, beruft sich die AL-Theorie auf die Tatsache, daß uns die Wahrnehmung keine einfache Kopie des augenblicklichen Reizes liefert, der im Mittelpunkt unserer Aufmerksamkeit steht. Statt dessen werden wir durch andere – gegenwärtige und vergangene – Reize beeinflußt, die uns einen Bezugsrahmen liefern, vor dem wir unsere Wahrnehmung bilden.

1.5 Gibsons ökologischer Ansatz

Die bisher vorgestellten Theorien gingen von der Annahme aus, daß es innere Prozesse im Organismus gibt, die auf die eintreffenden Sinnesreize reagieren. Die informationsverarbeitenden Ansätze sprechen von der Transformation und den Interaktionen getrennt empfangener Reize und ihrem Kontakt mit erlebten Schemata. Obwohl sich die Gestalttheoretiker kaum auf das Gedächtnis oder das Lernen konzentrierten, sprachen sie von Gehirnorganisation und der Art und Weise, wie die durch das Nervensystem übermittelten Reizmuster die eine oder andere Wahrnehmung hervorriefen. Die AL-Theorie setzt den äußeren Reiz in Bezug zu einem inneren Adaptationswert. Diese Theorien beginnen mit der Information auf der Netzhaut oder einer anderen Rezeptoroberfläche und versuchen festzustellen, wie diese eintreffenden Reize zu einer richtigen Wahrnehmung verarbeitet werden.

Eine von J. J. Gibson vertretene Theorie stellt sich auf einen völlig anderen Standpunkt als dieser Ansatz. Gibsons Konzept beginnt mit der physikalischen Natur der gesamten Reizenergie (beispielsweise des Lichtmusters, das aus verschiedenen Quellen kommt und von verschiedenen Objekten reflektiert wird), die dem Beobachter zur Verfügung steht. Der Grundgedanke ist zunächst etwas verblüffend, aber nach einigem Nachdenken recht gewinnend: es wird behauptet, daß das Reizmuster (ohne weitere innere Verarbeitung) bereits alle nötigen Informationen aufweise, die uns gestatten, die Welt wahrzunehmen, solange wir fähig sind, den speziellen Aspekt des Reizes auszuwählen, der uns die Information liefert, die wir suchen.

Auf die Frage, „welche Eigenschaft des Lichtes ruft die Wahrnehmung von Rot hervor?", könnten Sie im 1. Kapitel nachschlagen und antworten: „Gewöhnlich Licht von 700 nm." Niemand würde sich über Ihre zutreffende Erklärung der psychophysikalischen Beziehung von Licht und Wahrnehmung wundern. Konzepte der AL-Theorie würden Sie vielleicht veranlassen, Ihre Antwort etwas zu qualifizieren, aber eine einigermaßen simple Antwort scheint immer noch möglich. Wenn wir statt dessen fragen: „Welche Eigenschaft des Lichtes ruft die Wahrnehmung hervor, daß ein Objekt weiter weg ist als ein anderes?", dann mag es vielen Wahrnehmungsforschern naheliegen, daß kaum eine einfache Antwort möglich ist. Keine einzelne Eigenschaft des Lichtes, das auf einen Punkt der Netzhaut trifft, scheint Tiefe ausdrücken zu können, deshalb muß eine andere Art von Antwort gefunden werden. Es ist darauf hingewiesen worden, daß es viele verschiedene „Kriterien" für Tiefen- und Raumwahrnehmung gibt – wie die

Größe eines Objekts oder die Klarheit, mit der es zu sehen ist – und daß diese zusammen in den Kontext unserer früheren Erfahrungen gestellt werden, um uns eine Gesamtwahrnehmung von Tiefe zu liefern.

Gibson glaubt, daß dies ein unnötiger und falscher Ansatz sei. Der Tiefenreiz *sei* im Licht vorhanden, wenn wir „höhere Ordnungs"-Aspekte des Lichts auf der Netzhaut in Betracht ziehen – d.h. das Verhältnis zwischen dem, was auf verschiedenen Punkten eintrifft. Im Falle der Tiefe beachte man die *Strukturgradienten.* In unserem Alltag haben wir es gewöhnlich mit Oberflächen zu tun, die in der Regel irgendeine sichtbare Struktur, d.h. irgendeine Gliederung, aufweisen. Diese kann aus völlig regelmäßigen, in gleichem Abstand angeordneten Bausteinen wie den Kacheln eines Fliesenbodens bestehen oder aus unregelmäßigen Elementen wie den Grashalmen eines gepflegten Rasens. Ein *Strukturgradient* entsteht auf der Netzhaut, wenn die Oberfläche von uns weg geneigt ist (wie in Box 2/9 dargestellt), und der Gradient gibt uns Informationen über die relative Distanz der verschiedenen Punkte sowie über die Größen und den Neigungswinkel von Objekten und Oberflächen.

Die Wahrnehmungsfunktionen einer Spezies verändern sich im Laufe der Evolutionsgeschichte, so wie sich die Wahrnehmungsfähigkeit eines Individuums im Laufe seines Lebens funktionell ändert. Die Anhänger von Gibson weisen darauf hin, daß jeder Wahrnehmende der Nachkomme zahlloser Generationen der Selektion sei, in denen jene Individuen, die nicht imstande waren, die wichtigen Reize in der Umgebung *aufzugreifen,* sich in der Regel als weniger überlebens- und fortpflanzungsfähig erwiesen. Wir seien somit durch den langen Evolutionsprozeß, den unsere Vorfahren durchlaufen haben, auf unsere Umwelt „eingestellt".

„Der in seiner Umwelt aktiv tätige Beobachter erhält somit unveränderte Wahrnehmungen trotz ständig sich ändernder Sensationen. Was er wahrnimmt, ist ein gleichbleibendes Objekt anstelle ständig wechselnder Lichtsensationen, eine gleichbleibende Tastwahrnehmung trotz veränderter Drucksensationen, eine gleich laute Schallquelle trotz Änderung des Lautheitseindrukkes in den Ohren. Ein Erklärungsversuch dafür kann sein, daß ein Individuum offenbar fähig ist, das Invariante in einer Reizsituation herauszuheben und zu benützen, wobei üblicherweise dem Wechsel von Sensationen keine Beachtung geschenkt wird ... Augen, Ohren, Nase, Mund und Haut können sowohl zur Orientierung benützt werden, wie auch um etwas aufzufinden und zu erforschen. Insofern sie sich in dieser Weise aktiv betätigen, können sie nicht einfach nur passive Sinneswerkzeuge oder Kanäle für Sensationen sein. Im Gegenteil, sie sind ‚Aufmerker' für alles, was in den wechselnden Reizsituationen konstant bleibt. In einer solchen explorierenden Einstellung z.B. des Schauens, des Kostens, des Abtastens sind irgendwelche Empfindungserlebnisse nur zufällige Begleiterscheinungen des Explorierens; was dabei herauskommt und sich deutlich abhebt, ist die Information über ein Objekt, das man betrachtet, kostet oder abtastet" (Gibson, 1973).

Die Umwelt einer Spezies ist zwar von Augenblick zu Augenblick und von Jahrhundert zu Jahrhundert gewissen Veränderungen unterworfen, andererseits geschieht dies aber in durchaus charakteristischer Weise; denn es ist nur *eine* aus einer großen Zahl von wirklichen oder vorstellbaren Umwelten, die diese Spezies bewohnt haben könnte. Die Arten von Reizmaterialien, die manchmal bei Versuchen verwendet werden, unterscheiden sich tatsächlich stark von den Reizen, die ein Proband in der realen Welt empfängt. Aber um zu unserem Beispiel der Tiefenwahrnehmung zurückzukehren: vor Gibson wurden in experimentellen Studien bestimmte „Kriterien" für Tiefenwahrnehmung, und zwar gewöhnlich Bilder oder sonstige Versuchsanordnungen, benutzt, deren Strukturgradienten entfernt oder sonstwie variiert wurden. Wir dürfen daher nicht überrascht sein (würde ein Gibson-Anhänger sagen), daß uns ein solches Experiment ein falsches Bild vom Prozeß der Wahrnehmung liefert. Entsprechende Experimente müssen *Umgebungsvalidität* oder einen „ökologischen" Aspekt aufweisen, d.h. sie müssen auf die tatsächliche Umwelt generalisierbar sein, die das Individuum und seine Spezies geprägt hat.

Die Behauptung, daß Wahrnehmung aus der Aufnahme von Informationen bestehe, die im Reiz gegeben seien, wird auf komplexere Merkmale eines Objekts (wie das Alter eines Gesichts) und auch auf Aspekte der Welt ausgedehnt, die in der Zeit ablaufen (wie Bewegung). Die von uns empfangenen Sinnesreize bestünden nicht aus einer Reihe separater Standphotos; das Wahrnehmungssystem habe die Fähigkeit entwickelt, Ereignisse in der Zeit zu erfassen und darin die Reizvariablen höherer Ordnung zu finden, die uns zutreffende Erkenntnisse über die Welt vermitteln. Gibson verweist hier vor allem auf die Eigenbewegung

BOX 2/9

Tiefenwahrnehmung durch Gradienten

Die meisten Oberflächen in der realen dreidimensionalen Welt haben ziemlich gleichmäßige sichtbare Strukturen. Die Struktur der jeweiligen Oberfläche (px in Abbildung A) wird auf die Netzhaut projiziert (s. 4. Kap.). Eine gleichmäßige Oberflächenstruktur, die sich in die Ferne erstreckt, wird solcherart projiziert, daß die weiter entfernten Teile (x) auf der Netzhaut eine dichtere (zusammengedrängtere) Struktur auf der Netzhaut (x′) hervorrufen als die Teile, die näher beim Wahrnehmenden sind (p und p′).

J. J. Gibson vertrat die Auffassung, daß solche Unterschiede in der Dichte der Reizgradienten ausreichende Anhaltspunkte für die Tiefenwahrnehmung seien. Abbildung B ist beispielsweise ein Reizmuster, bei dem die Größe der Punkte und die Abstände zwischen ihnen von unten nach oben gleichmäßig abnehmen. Dieses Reizmuster entspricht dem Erregungsmuster, das auf der Netzhaut in Abbildung A entsteht. Das Resultat ist ein überzeugender Eindruck einer zusammenhängenden, in die Tiefe, d.h. vom Betrachter weg führenden Fläche, ob dieses Muster nun von einer horizontalen Ebene ausgeht, die tatsächlich vom Auge weg führt (wie in Abbildung A), oder von einer vor unserem Auge befindlichen Fläche, deren Punkte alle gleich weit von unseren Augen entfernt sind (wie in Abbildung B). In dem einen Fall haben wir eine richtige Wahrnehmung, in dem anderen eine Tiefenillusion. Ein Test für Gibsons Hypothese der Tiefenwahrnehmung (wie für jede andere Hypothese zur Erklärung irgendeines Phänomens) ist, ob es möglich ist oder nicht, das Phänomen „künstlich“ ausschließlich durch die Beschränkung auf die Aspekte der Situation hervorzurufen, die von der Hypothese erfaßt werden. Mit dieser Illustration ist der Test bestanden.

Abbildung C hat einen Gradienten von null, d.h. eine völlig gleichmäßige Verteilung von Punkten. Gibsons Hypothese entsprechend ruft sie entsprechend *keinen* Eindruck von Tiefe hervor.

Gibson lieferte Illustrationen, die zeigten, daß andere Tiefenanhaltspunkte lediglich Spezialfälle von Reizgradienten auf der Netzhaut sind. Im Fall der relativen Klarheit ist das Licht entfernterer Objekte diffuser, wenn es das Auge erreicht, als Licht von näheren Objekten: Die Folge ist, daß zwischen den korrespondierenden Bildern auf der Netzhaut ein Klarheitsgradient besteht.

J. J. Gibson: *Die Sinne und der Prozeß der Wahrnehmung.* Bern, Stuttgart, Wien: Huber, 1973.

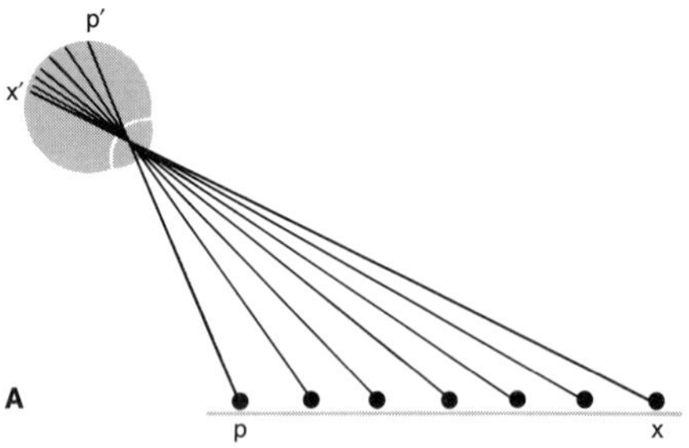

A

B

C

(Lokomotion) des Wahrnehmenden hin, er sei „geographisch orientiert", und erkenne, „wie eine immer größer werdende Zahl von Orten *hintereinander angeordnet ist*".

2 Raumwahrnehmung

Die verschiedenen oben zitierten, etwas widersprüchlichen theoretischen Ansätze können uns möglicherweise als Rahmen dienen, um in die vielen bekannten Tatsachen über Wahrnehmung Ordnung und größere Klarheit zu bringen. Setzen wir nun unsere Sichtung der Fakten über die Wahrnehmung fort, die auf empirischen Wegen entdeckt wurden, und betrachten wir zunächst die Phänomene der räumlichen Lokalisierung.

Wenn wir Dinge wahrnehmen, so lokalisieren wir sie im allgemeinen an einem bestimmten Platz im Raum. Ein bestimmtes Objekt ist entweder vor uns oder hinter uns, weit entfernt oder nahe. Darüber hinaus nehmen wir die Dinge nicht nur in Relation zu uns selbst, sondern auch in Relation zueinander wahr (beispielsweise, die Katze ist zwischen dem Hund und der Ratte, die Violine ist über der Trommel usw.).

Der größte Teil des Wissens, das Menschen über die Placierung von Objekten erwerben, stammt von den Gesichts- und Gehörsinnen, und die meisten der Fragen, die Psychologen über die Raumwahrnehmung stellen, betreffen diese Sinne. Die Haut- und Körpersinne werden oft ignoriert, weil die Antworten, die sie liefern, im allgemeinen selbstverständlich zu sein scheinen: „Wenn ich etwas mit meinem Finger berühre, dann weiß ich natürlich, daß das Objekt dort ist, wo mein Finger ist." Aber wie wissen Sie, wo Ihr Finger ist, wenn man bedenkt, daß er genau vor Ihnen oder hinter Ihrem Kopf, gekrümmt usw. sein könnte? Auch Geschmacks- und Geruchssinn werden oft ignoriert, weil sie gewöhnlich bei Laboruntersuchungen keine Rolle spielen. In Situationen des wirklichen Lebens kann jedoch ein aktiver Organismus den Kopf wenden, schnüffeln, die Zunge herausstrecken und diese „chemischen" Sinne zusammen mit dem Sehen und Hören auf verschiedene Weise benutzen, um sich ein Bild davon zu machen, wo die Dinge in seiner Umwelt sind. Es sollte somit klar sein, daß *alle* unsere Sinne dazu beitragen, uns Informationen über die räumliche Anordnung und Organisation zu liefern.

Bei der Erörterung der Raumwahrnehmung ist es manchmal nützlich, uns an den Unterschied zwischen Richtung und Distanz zu erinnern. Sofern unsere Wahrnehmungsmechanismen dieselbe Unterscheidung treffen, wäre zu erwarten, daß sie uns gewisse Aspekte eines Reizes wie die Richtung eines Reizobjekts in Relation zum Wahrnehmenden mitteilen, während andere Merkmale dieser Reizquelle uns sagen, wie weit entfernt sie ist. Es ist jedoch möglich, daß manche Wahrnehmungsmechanismen dazu dienen, ein Objekt an einem bestimmten Punkt in der dreidimensionalen Welt so zu lokalisieren, daß sowohl Richtung als auch Distanz bestimmt werden. Dies gilt zweifellos für den oben beschriebenen Gebrauch des Tastsinnes.

2.1 Akustische Lokalisation

Schallwellen sind Erschütterungen der Luft, die sich von einer Schallquelle aus in alle Richtungen ausbreiten. Die erschütterte Luft übermittelt, wenn sie in Kontakt mit einem einzelnen Trommelfell kommt, keine sehr brauchbaren Informationen über die Richtung, aus der die Luftbewegung kommt. Wenn Informationen herangezogen werden, die auf beide Ohren treffen *(beidohrige Kriterien),* dann können Geräuchquellen hingegen mit großer Treffsicherheit lokalisiert werden. Ein solches Kriterium ist die *zeitliche Differenz* zwischen den beiden Ohren. Wenn ein Schall von der rechten Seite des Betreffenden ausgeht, erreicht er das rechte Ohr um den Bruchteil einer Sekunde eher als das linke Ohr. Selbst wenn die zeitliche Differenz zwischen beiden Ohren nur die Winzigkeit von 30 Millionstel einer Sekunde beträgt, kann die Seite, von der der Ton kommt, richtig identifiziert werden. Diese Zeitdifferenz ist weitaus kürzer als der Betreffende bewußt erkennen kann, und die Wirkung tritt durch einen automatischen Integrationsprozeß im akustischen Nervensystem ein (s. 4. Kap.). Eine einfache und dramatische Überprüfung der Hypothese, daß die Richtungswahrnehmung von der Zeitdifferenz zwischen beiden Ohren abhängt, ist durch Versuche mit dem *Pseudophon* möglich (s. Abb. 15).

Ein zweites binaurales (beidohriges) Kriterium ist der *Unterschied in der Lautstärke,* der zwischen beiden Ohren auftritt, wenn ein Ton von einer Seite kommt. Eine Schallquelle auf einer Seite des

Kopfes übermittelt dem Ohr auf dieser Seite einen etwas lauteren Ton. Dieser winzige Unterschied in der Lautstärke reicht aus, damit wir einen Schall richtig links oder rechts von der Medianebene des Körpers (der gedachten Fläche, die zwischen den Augen von oben nach unten durch den Körper verläuft) zu lokalisieren.

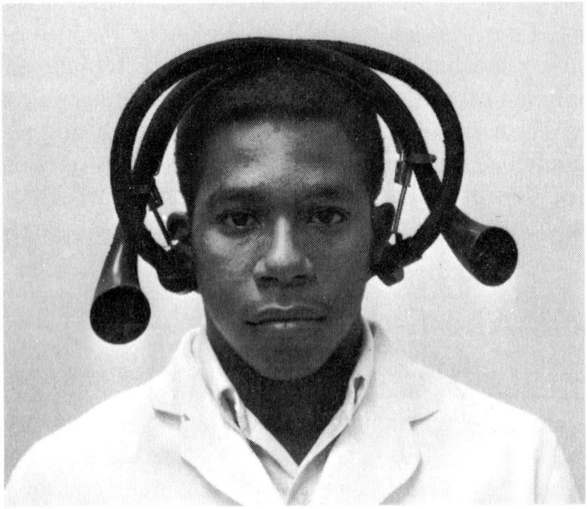

Abbildung 15: Das Pseudophon. Ein von der rechten Seite kommender Ton würde normalerweise zuerst auf das rechte und dann auf das linke Ohr auftreffen, aber die Röhren des Pseudophons lenken den Schall so ab, daß er zuerst das linke Ohr erreicht. Die Folge ist, daß sich die wahrgenommene Richtung des Tones umkehrt, so daß dieser von links zu kommen scheint.

Der bloße Hinweis, daß ein bestimmtes Merkmal des Reizmusters von der Placierung des Reizobjekts abhängt und logischerweise eine Raumwahrnehmung auslösen *könnte,* beweist nicht, daß der Reiz tatsächlich diese Wirkung hat. Und obwohl die zeitliche Versetzung und Differenzen in der Lautstärke tatsächlich Aufschlüsse über die Richtung liefern, ist keiner dieser Anhaltspunkte für sich allein genommen völlig eindeutig. So gibt es beispielsweise eine unbegrenzte Zahl von Punkten, von denen ausgehend ein Schall beide Ohren in einem bestimmten zeitlichen Abstand erreichen wird. Um ein leichtes Beispiel zu nehmen, ein Schall, der von einer genau rechts von Ihrem Kopf befindlichen Quelle ausgeht, braucht etwa 0,75 Millisekunden länger, um Ihr linkes Ohr zu erreichen, gleichgültig, wie weit entfernt die Schallquelle ist. Die Ungewißheit der Lokalisierung wird recht deutlich, wenn der Schall von einem Punkt innerhalb der Medianebene selbst ausgeht. In einem solchen Fall trifft der Schall gleichzeitig und mit gleicher Stärke auf beide Ohren auf und wird daher als von irgendeinem Punkt der Mittelebene kommend gehört, aber der Hörer kann die Schallquelle nicht genauer lokalisieren, weil sie sich *auf* der Mittelebene befindet, d. h. sie kann genau vor, hinter, über oder unter dem Hörer sein. Die zwei binauralen Kriterien (zeitliche Versetzung und unterschiedliche Lautstärke) reichen somit nicht aus, um Töne und Geräusche aus allen möglichen Richtungen lokalisieren zu können. Und dennoch gelingt eine solche Lokalisierung. Wie kommt sie zustande?

2.2 Kopfbewegungen

Wenn wir Geräusche zu lokalisieren versuchen, bewegen wir normalerweise den Kopf, oft so geringfügig, daß die Bewegung nicht merkbar ist.

Diese Kopfbewegungen befähigen uns, die Richtungen, aus denen Töne und Geräusche kommen, zu unterscheiden, die sonst ununterscheidbar sind, indem wir abwechselnd das eine oder das andere Ohr näher an die Schallquelle heranbringen. Dreht man den Kopf von rechts nach links, so ist man imstande, ein Geräusch, das genau von vorn kommt, von einem zu unterscheiden, das von hinten stammt, denn sobald man den Kopf nach links dreht, trifft ein von vorn kommendes Geräusch relativ früher und lauter auf das rechte als auf das linke Ohr auf. In ähnlicher Weise kann man durch Neigung des Kopfes zur einen oder anderen Seite ein genau von oben kommendes Geräusch von einem genau von unten kommenden unterscheiden. Durch die Kombination von Neigungswinkeln des Kopfes und von Veränderungen des Reizmusters an beiden Ohren ist somit die genaue Lokalisierung einer Schallquelle möglich (s. Box 2/10). Dieselben Kriterien, die uns helfen, die Richtung einer Schallquelle zu identifizieren, könnten uns unter gewissen Umständen auch Informationen über die *Entfernung* geben, sie scheinen aber de facto nur eine kleine Rolle zu spielen. Die Lautstärke eines Tones oder eines Geräusches ist ein sehr wichtiger Faktor für die Distanzwahrnehmung, aber für sich genommen ergibt sie nur eine relative Information. Ein lautes Geräusch erscheint uns näher als eine leise Version desselben Geräusches, aber die tatsächliche

BOX 2/10

Lokalisierung von Geräuschen durch Kopfbewegung

H. Wallach machte einen Versuch, bei dem eine Schallquelle ständig genau vor den Kopf gehalten wird. Die Schallquelle wandert automatisch mit, wenn der Kopf gedreht wird. Von der Schallquelle geht ein ununterbrochener Summton aus, und die Vp versucht, sie im Raum zu lokalisieren, wobei es ihr nur gestattet ist, den Kopf nach rechts und nach links zu drehen. Sie erhält somit kinästhetische Signale, daß sich der Kopf dreht, aber gleichzeitig verändern sich die akustischen Reize an den beiden Ohren nicht.

Die Vp hört das Geräusch genau *über dem Kopf* – eine durchaus plausible Verschmelzung der beiden Tatsachen, daß sich der Kopf bewegt, aber die Geräusche an den beiden Ohren sich nicht verändern. Denn, wie leicht einzusehen ist, geschieht genau das nur, wenn sich eine Schallquelle *tatsächlich* genau über dem Kopf befindet. Diese *irrige* Zuordnung ist also im Grunde eine Demonstration der eleganten Funktionsweise des Wahrnehmungssystems.

Eine zweite sehr bemerkenswerte Tatsache ist, daß das System auf *phänomenale* Beziehungen, nicht notwendigerweise auf tatsächliche Reizereignisse anspricht. Die nebenstehende Abbildung verdeutlicht das. Die Vp sitzt in dem schräg gestreiften Zylinder auf einem Hocker. Ihr Kopf ist fixiert, und genau von *vorn* kommt ein ununterbrochener Summton. Der gestreifte Zylinder beginnt sich zu drehen. Diese Drehung ruft bei der Vp den Eindruck hervor, daß sie sich im Kreise drehe, obwohl sie in Wirklichkeit völlig still sitzt. *Wo hört sie das Geräusch?* Auch in diesem Fall wird das Geräusch als genau von oben kommend gehört – trotz der Tatsache, daß sich der Kopf nicht bewegt und die akustischen Reize sich an beiden Ohren nicht verändern. Die Reize an beiden Ohren unterscheiden sich nicht, eine Situation, die einem Geräusch von *irgendeinem Punkt* auf der Mittelebene entspricht. Der *subjektive Eindruck* von Bewegung, verbunden mit dem Fehlen von akustischen Reizveränderungen an beiden Ohren, muß offenkundig zu dem Schluß führen, daß das Geräusch genau von oben kommt.

H. Wallach: The role of head movements and vestibular and visual cues in sound localization. *Journal of Experimental Psychology.* 1940, *27,* 339–368.

Distanz wäre ungewiß, wenn die Lautstärke der einzige Anhaltspunkt wäre, da man die tatsächliche Lautstärke des ursprünglichen Geräusches häufig nicht weiß. Wenn wir ein Geräusch kennen (beispielsweise den Geräuschpegel eines Automotors oder das Weinen eines Säuglings), hilft uns die Lautstärke bis zu einem gewissen Grad.

Es gibt jedoch zumindest einen weiteren Aspekt des Reizes, den wir selten beachten, der aber sehr hilfreich ist. Von den Schallwellen, die aus irgendeiner Quelle an das Ohr gelangen, kommen manche direkt, aber viele andere prallen an Objekten, Wänden usw. ab. Je näher die Quelle dem Ohr ist, desto größer ist der Anteil an Schallwellen, die ungehindert ans Ohr gelangen. Je mehr reflektierte Wellen – je mehr Widerhall – desto weiter weg nehmen wir daher eine Schallquelle wahr (Mershon u. King, 1975).

2.3 Visuelle Lokalisation

Noch mehr als das Gehör gibt uns die visuelle Wahrnehmung nützliche Informationen darüber, *wo* sich Dinge befinden, und nicht nur, um welche Objekte es sich handelt. Die Struktur des Auges liefert uns einen unmittelbaren Schlüssel dafür, wie wir Richtungsinformationen empfangen. Das Auge ist so gebaut, daß Licht aus verschiedenen Richtungen der Außenwelt auf verschiedene Teile der Netzhaut des Auges trifft (s. 4. Kap.). Verschiedene Neurone gehen von verschiedenen Teilen der Retina aus, so daß das Gehirn für jede Richtung in der visuellen Welt eine klare Information erhält.

Wie wir Tiefenunterschiede wahrnehmen, ist ein rätselhafteres Problem. Ein Reiz, der sich in bezug auf den Betrachter in einer bestimmten Richtung befindet, erregt denselben Teil des Auges, ob er nun nahe oder weit weg ist, so daß wir keinen eindeutigen Anhaltspunkt über die tatsächliche Distanz erhalten. Der Schlüssel zum Verständnis, wie wir Informationen über die Raumtiefe erhalten, ist die Erkenntnis, daß es bestimmte Muster in den wahrgenommenen Reizen gibt: ein Erregungsunterschied zwischen den beiden Augen oder zwischen zwei verschiedenen Teilen eines Auges, oder ein Unterschied in der Erregung eines bestimmten Punktes desselben Auges in zwei verschiedenen Momenten genügen bereits für den Tiefeneindruck.

2.4 Binokulare Hinweisreize

Wenn wir ein nahes Objekt zuerst mit dem einen und dann mit dem anderen Auge betrachten, erhält jedes Auge ein anderes Abbild des Objektes, denn jedes Auge schaut das Objekt aus einer etwas anderen Position aus an. Dieser Unterschied der in beide Augen einfallenden Bilder wird als *retinale Disparität* bezeichnet.

Wenn wir das Objekt in der üblichen Weise mit beiden Augen – binokular – betrachten, sehen wir in der Regel ein einziges, einheitliches Bild. Wann immer es möglich ist, harmonisiert oder synthetisiert der Betrachter irgendwie die zwei verschiedenen Netzhautbilder, indem er sie zur Deckung bringt und miteinander verschmilzt, so daß ein einziges einheitliches Feld entsteht. Die verschiedenen Netzhautbilder repräsentieren geringfügig verschobene Ansichten desselben physischen Objekts bzw. derselben Szene. Aber ein gewisser Unterschied zwischen den beiden Reizmustern existiert dennoch, so gering er auch sein mag, er muß vom Wahrnehmungsapparat ausgeglichen werden. Die fast universelle Lösung ist eine Wahrnehmung von möglichst einfacher Organisation, ein einziges, miteinander verschmolzenes dreidimensionales Bild. (Diese Tatsachen ermöglichen das *Stereoskop,* ein Gerät zum Erzeugen von Tiefeneindrükken beim Betrachten zweidimensionaler Photographien, wie in Abbildung 16 zu sehen.) Ein weiteres Tiefensignal kommt durch die Tatsache zustande, daß eine *Konvergenz* der Augen herbeigeführt werden muß, wenn die zwei Bilder auf die korrespondierenden Partien der beiden Netzhäute fallen sollen. Die Augen müssen ihre Blickrichtung so drehen, daß sie beide direkt auf das betrachtete Objekt gerichtet sind. Stellen Sie sich zwei Objekte in verschiedenen Entfernungen von Ihnen vor.

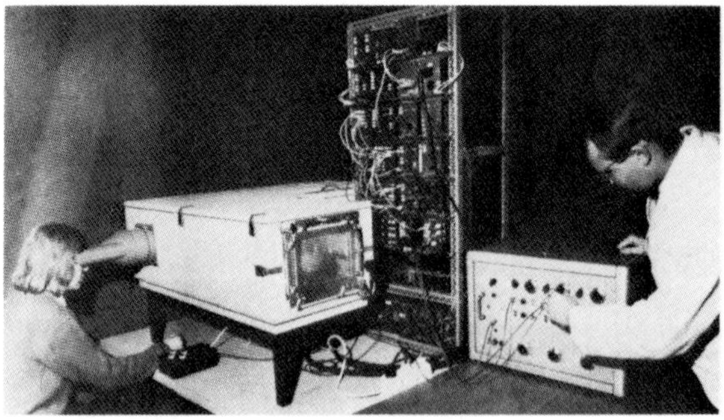

Abbildung 16: Wie werden aus zwei Dimensionen drei? Mit einem Versuchsgerät, das wie ein komplizierter Diaprojektor arbeitet, kann man zwei stereoskopische Aufnahmen, die sich geringfügig voneinander unterscheiden, allmählich so einblenden, daß an einer individueller oder je nach Aufnahme wechselnden Stelle ein dreidimensionales Bild entsteht. Aufgenommen werden solche Dia-Bilder mit einer doppeläugigen Stereo-Kamera.

Wenn sich die Augen stärker zueinander drehen, sobald Sie Ihren Blick von Objekt A abwenden und statt dessen Objekt B anschauen, dann bedeutet das, daß das jetzt betrachtete Objekt (B) näher bei Ihnen ist. Wenn sich Ihre Augen voneinander wegdrehen, dann ist das zweite Objekt weiter entfernt. Die Kenntnis des Winkels zwischen den beiden Blickrichtungen könnte somit die Basis einer genauen Bestimmung der Distanz eines Objekts sein. Die Empfindungen, die von den Muskeln ausgehen, welche die Augen bewegen, könnten uns sagen, wo die Augen sind oder wie sie sich bewegt haben, und uns dadurch einen aufschlußreichen Hinweis auf die Distanz geben. Man beachte jedoch drei wichtige Korrekturen: (1) die Muskelempfindungen sind eigentlich kein visueller Anhaltspunkt, sondern ein kinästhetischer; (2) dieser Anhaltspunkt könnte auch dann funktionieren, wenn man (wie es oft der Fall ist) die Muskelveränderungen nicht wahrnimmt; ferner zeigen (3) Versuche, daß die Konvergenz als Tiefenhinweis nur bei Objekten wirksam ist, die sich relativ nahe befinden.

2.5 Monokulare Hinweisreize

Ein starker monokularer Hinweisreiz (ein Reiz, der durch die Erregungsmuster eines einzigen Auges zustandekommt) hängt von zeitlichen Veränderungen ab. Von *relativer Bewegung* oder parallaktischer Verschiebung spricht man, wenn sich der Kopf von einer Seite zur anderen oder über einen Punkt im Raum hinaus bewegt (Parallaxe ist der Winkel, der entsteht, wenn ein Punkt von zwei verschiedenen Punkten einer Geraden aus beobachtet wird). Kopfbewegungen verändern die Position verschiedener Objekte auf der Netzhaut im Verhältnis zueinander. Wenn man beispielsweise den Kopf nach links bewegt, werden nähere Objekte nach rechts und entferntere Objekte nach links voneinander verschoben. Natürlich nimmt man im allgemeinen die Objekte als stationär wahr, aber in den eben beschriebenen relativen Entfernungen.

Andere monokulare Hinweise hängen von der Relation zwischen Objekten ab, die in derselben Szene sind und daher an verschiedenen Punkten der Netzhaut registriert werden. Beispiele sind (1) das „Verdecken", wobei ein Objekt, das ein anderes teilweise verdeckt, als näher angesehen wird und (2) die *relative Größe:* von zwei Objekten identischer Form und somit vermutlich derselben realen Größe wird dasjenige, das einen größeren Teil der Netzhaut bedeckt, als näher wahrgenommen.

Andere Anhaltspunkte erhält man durch Unterschiede im betrachteten Objekt oder Reizmuster:

1. *Perspektive* wirkt wie relative Größe *innerhalb* eines Objekts. Wenn Sie einen geraden Korridor entlangschauen, dann lösen die parallelen Linien, die die Wände oben und unten begrenzen, auf der Netzhaut keine parallelen Linien aus. Auf der Netzhaut ist der Abstand zwischen Punkten, die von den zwei Linien erregt werden, in jenem Teil der Linien kleiner, der weiter weg ist. Man sieht jedoch parallele Linien, die von einem wegführen – wie es sich gehört.
2. *Strukturgradienten* sind mit der Perspektive verwandt. Fast jede Oberfläche hat irgendeine sichtbare Gliederung (die Webart eines Teppichs, das sich wiederholende Muster einer Tapete oder die Unregelmäßigkeiten einer gestrichenen Wand). Ob diese Struktur nun völlig gleichmäßig ist oder nicht, ihre entfernteren Punkte werden in der Regel einen kleineren Raum beanspruchen und auf der Netzhaut dichter zusammengedrängt sein.
3. *Verschiedene Schattierungsmuster* rufen den Eindruck von Tiefe hervor, wobei sie im allgemeinen der Vorstellung entsprechen, daß das Licht von oben kommt (s. Abb. 17, S. 56).

Schließlich geben uns auch die Merkmale des Reizobjekts, die in manchen Fällen mit früheren Erfahrungen zusammenwirken, gewisse Hinweise:

1. *Bekannte Größe:* Objekte bekannter Größe nehmen in jedem Abstand einen berechenbaren Teil der Netzhaut ein; der Betrachter stellt die bekannte Größe in Rechnung und sieht das Objekt in der richtigen Entfernung (s. Abb. 18, S. 57).
2. *Relative Klarheit:* Das von Objekten ausgehende Licht wird auf seinem Weg zum Auge zerstreut, diffundiert und wird in unterschiedlichem Maß absorbiert; die Verschwommenheit der Bilder und die Bläue des Lichts sind Anhaltspunkte für weiter entfernte Objekte.
3. In diese Gruppe gehört auch ein Kriterium, das ebenso wie die Konvergenz im Grunde nicht visueller Natur ist: die *Akkommodation* ist die Muskelstellung, die die Form der Linse im Auge bestimmt. Um die beste Sehschärfe zu erreichen, muß die Linse eine bestimmte Wölbung aufweisen, die der Distanz des betrachteten Objekts am besten entspricht. Ebenso wie im Fall der Konvergenz sind die kinästhetischen Informationen über die Stärke der Muskelkontraktion eine potentielle Informationsquelle über die Entfernung des Objekts; und ebenso wie im Fall der Konvergenz gibt uns auch diese Quelle nur über eine begrenzte Distanz (einen oder zwei Meter) entsprechende Aufschlüsse (Kaufman, 1974).

2.6 Die Synthese der Tiefenkriterien

Der stärkste und zwingendste Tiefeneindruck entsteht, wenn viele Anhaltspunkte – monokulare und binokulare – gleichzeitig zusammenwirken.

Es treten oft Situationen ein, in denen wir widersprüchliche Hinweise erhalten – beispielsweise, wenn die Anordnung der Objekte im Raum dem Herkömmlichen widerspricht, wenn die Beleuchtung ungewöhnlich ist oder wenn das Reizmuster schwach strukturiert ist. In solchen Fällen kann der Tiefeneindruck abgeschwächt oder verändert werden. Man darf sich die Tiefenwahrnehmung daher nicht als einfache Summierung der verschiedenen Kriterien vorstellen. Im allgemeinen scheint der Wahrnehmungsprozeß die verschiedenen Anhaltspunkte zu gewichten und auf diese Weise zu einer „plausiblen" Raumwahrnehmung zu gelangen. Woher kommen diese Bewertungen der Anhaltspunkte und warum führt ihre Integration gewöhnlich zu einem „plausiblen" Ergebnis?

Brunswik (1956) legte Beweise dafür vor, daß der relative Einfluß eines Kriteriums für die Wahrnehmung aufgrund seiner „ökologischen Validität" sehr genau vorausgesetzt werden kann; d.h. den Hinweisen, die sich in der Umwelt des Betreffenden besser bewähren, wird für die Tiefenwahrnehmung mehr Glauben geschenkt.

In einem typischen Versuch von Brunswik wird die Wahrnehmung eines Probanden nicht im Labor, sondern in seiner natürlichen Umgebung studiert. Der Proband geht durch die Straßen oder einen Park und wird gelegentlich aufgefordert, die relative Entfernung von Objekten anzugeben, die sich gerade in seinem Blickfeld befinden. Der Versuchsleiter mißt dann die tatsächliche Entfernung jedes Objekts und notiert alle Tiefenhinweise, die in der Situation benutzt worden sein könnten. Setzt man das Vorhandensein dieser Anhaltspunkte sowohl zu den Urteilen des Probanden als auch zu den gemessenen Entfernungen in Beziehung, so kann man feststellen, wieviel Bedeutung der Proband einem bestimmten Hinweis insgesamt beigemessen hat und wie oft dieser

Abbildung 17: Welche monokularen Anhaltspunkte für Tiefe können Sie hier identifizieren? Haben Sie den Eindruck, daß die beiden Strichmännchen unterschiedlich weit entfernt sind? Warum? (Der betreffende Hinweisreiz wurde im Text nicht erwähnt.) Gibt es eine ähnliche Erklärung für die wahrgenommene Tiefendifferenz zwischen den Punkten A und B?

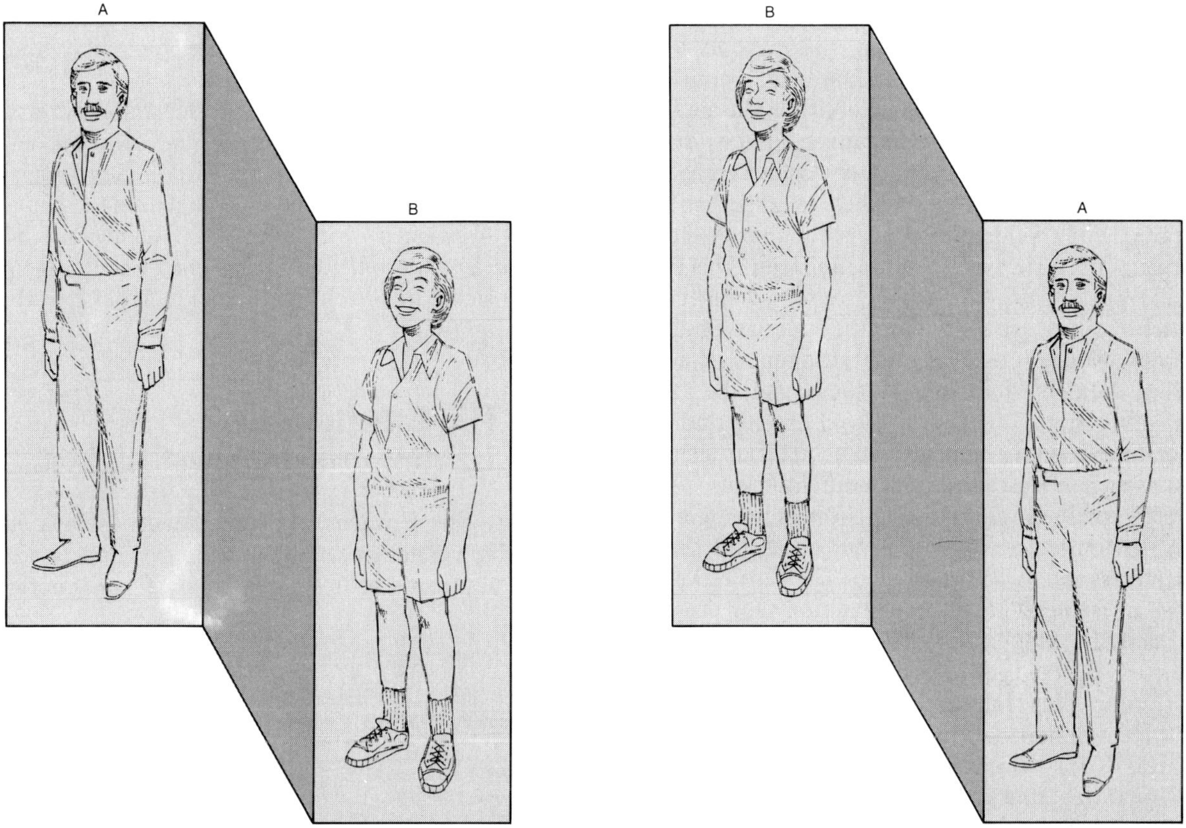

Abbildung 18: Welche Schirmteile sind Ihnen näher, A oder B? Diese Kippobjekte können nach vorn oder hinten abgewinkelt gesehen werden, und wenn keine Personen abgebildet wären, würde man beide geometrischen Figuren wahrscheinlich die halbe Zeit so und anders sehen. Wenn jedoch ein Mann und ein Junge von gleicher Größe (oder ein Fußball und ein Tennisball) abgebildet sind, berichten die Vpn, daß ihnen der Schirm mit dem Bild des Jungen (bzw. dem Tennisball) häufiger als näher erscheint. Dies beweist die Bedeutung von *bekannter* Größe als Anhaltspunkt für Distanz; wenn die Bilder auf Ihrer Netzhaut von gleicher Größe sind, dann muß das Objekt, von dem Sie wissen, daß es kleiner ist, näher bei Ihnen sein. Diese Wirkung wird noch verstärkt, wenn man die Vp vorher an die Unterschiede zwischen Jungen und Männern erinnert.

H. Ono: Apparent distance as a function of familiar size. *Journal of Experimental Psychology*. 1969, *79*, 109–115.

zu einer korrekten Distanzwahrnehmung führt. So hat sich beispielsweise herausgestellt, daß der Ortsposition der Gegenstände – vielleicht das zuverlässigste Kriterium der Tiefenwahrnehmung – de facto das größte Gewicht beigemessen wird, wenn sie festlegbar ist.

2.7 Die Entstehung des Raumes

Wie erlangt man die Tiefen- und Distanzhinweise und wie werden die verschiedenen Hinweise integriert, so daß sie eine einheitliche Raumwahrnehmung ergeben? Werden die Anhaltspunkte und ihre Integration durch die Anpassung des Organismus an seine Umwelt allmählich *erlernt* (die Antwort der Empiriker) oder ist die Raumwahrnehmung in der inhärenten Natur des Organismus „angelegt" (wie die Nativisten sagen würden)?

Raumerfassung ohne Erfahrung. Eine naheliegende Möglichkeit, um diese Fragen zu erforschen, ist die Beobachtung von Kindern, ehe sie genügend Raumerfahrung sammeln konnten. Wenn ein Säugling die richtige Reaktion in bezug auf Richtung und Distanz zeigt, so deutet dies klar darauf hin, daß Lernerfahrungen nicht unbedingt nötig für die Raumerfahrungen sind.

Dieser Ansatz kann mit einer Untersuchungsmethode kombiniert werden, die man als *überwachte Aufzucht* bezeichnet. Das heißt, wenn man Lebewesen kurz nach der Geburt studieren will, kann man sie unter Bedingungen halten, die es verhindern, daß sie bestimmte Arten von Wahrnehmungserfahrungen machen. Versuchstieren kann ihre Sehfähigkeit vorenthalten werden, indem man sie im Finsteren aufzieht. Die erste Überprüfung des Versuchstieres, sobald man es ins Licht bringt, ist nicht dasselbe wie das Studium eines Neugeborenen, aber zusammen können diese beiden Methoden Hinweise auf die Rolle angeborener Fähigkeiten, des Lernens und der Reifung geben. Ähnliche Versuche lassen sich mit akustischen Beschränkungen durchführen.

Wertheimer (1961) testete einen weniger als zehn Minuten alten Säugling und entdeckte, daß er seine Augen in Richtung eines Klickens bewegte, das an seinem linken oder rechten Ohr ertönte. Das deutet darauf hin, daß schon in diesem sehr zarten Alter ein gewisses Maß an akustischer Lokalisierung plus Interaktion zwischen Hören und aktivem Sehen stattfindet. Säuglinge drehen auch ihren Kopf von einem großen sich nähernden Objekt weg, und sie bewegen ihre Augen auf einen „interessanten Reiz" zu, der seitlich dargeboten wird.

In diesen Fällen ist der Reiz eindeutig optischer Natur. Daß es eine Entfernungswahrnehmung im Unterschied zur Richtungswahrnehmung gibt, ist dadurch bewiesen, daß eineinhalb Monate alte Säuglinge weniger Interesse an einem Objekt zeigen (dieses kürzere Zeit fixieren), das mehr als 30 cm entfernt ist, als an näheren Objekten.

Versuche mit menschlichen Säuglingen an der optischen Tischkante (ein scheinbarer Abgrund, der mit einer Glasplatte abgedeckt wird; s. Abb. 1, S. 13) zeigen, daß sie das „tiefe" Ende vom flachen unterscheiden können, sobald sie krabbeln können, aber das bedeutet nicht, daß es im Laufe der Kindheit keine altersbedingten Veränderungen gibt. Die meisten Kleinkinder im Alter von sieben bis acht Monaten können dazu verlockt werden, auf der Glasplatte über einen Viertelmeter hohen „Abgrund" zu krabbeln, und sehr junge Säuglinge, die auf die „tiefe" Seite gelegt werden, weisen Veränderungen des Herzschlags auf, die auf Erregung hindeuten. Klügere, ältere Kinder können nicht verlockt werden, über den Viertelmeter tiefen „Abgrund" zu krabbeln; wenn man sie an das „tiefe" Ende der Tischkante legt, zeigen sie Anzeichen von Furcht (beschleunigter Herzschlag und Wimmern) (Walk, 1978).

Jungtiere können bis zu verschiedenen Altersstufen im Dunkeln aufgezogen und dann an der optischen Tischkante getestet werden. Sehr junge Tiere vieler verschiedener Gattungen zeigen deutliche Anzeichen einer gewissen Tiefenwahrnehmung; aber *sowohl* Reifung *als auch* Erfahrungen in der sichtbaren Welt führen im Laufe der Zeit zu Verbesserungen.

2.8 Die Erhaltung der Raumwahrnehmungsfähigkeit

Wenn ein Erwachsener eine neue Fähigkeit erwirbt, verstehen wir ohne weiteres, daß er sie nicht automatisch für immer behält. Es mag nötig

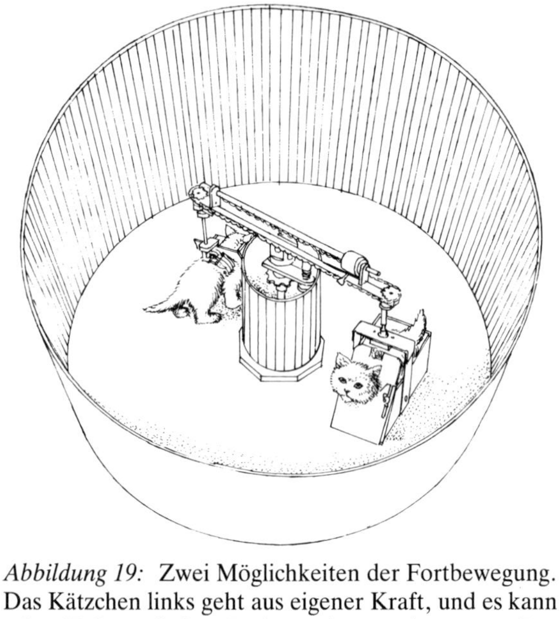

Abbildung 19: Zwei Möglichkeiten der Fortbewegung. Das Kätzchen links geht aus eigener Kraft, und es kann seine Füße auf den Boden sehen und spüren. Das Kätzchen rechts fährt in der Gondel, aber man beachte die Konsequenz: ebenso wie viele andere Gratisfahrten lohnt sich auch diese nicht (siehe Begleittext). In anderen Versuchen konnten Kätzchen aktive Erfahrungen mit einem geöffneten Auge und nur passive Erfahrungen mit dem anderen Auge offen machen. Spätere Tests zeigten normale Tiefenwahrnehmung nur an dem aktiv erprobten Auge.

Richard Held: Plasticity in sensory-motor systems. *Scientific American,* November, 1965;

sein, die betreffende Fertigkeit zu üben, um sie auf einem hohen Niveau zu erhalten. Man mag sich vielleicht nicht klargemacht haben, daß dieselbe Frage auch bei Fähigkeiten auftreten kann, die von Geburt an vorhanden sind oder in der frühen Kindheit entwickelt worden sind; aber es ist so.

Die Erhaltung von Fähigkeiten der Entfernungs- und Richtungswahrnehmung hängt sowohl von visuellen als auch von motorischen Erfahrungen ab. Held und Hain (1963) verschafften zwei Gruppen von Kätzchen optische Erfahrungen nur in dem in Abbildung 19 (S. 58) dargestellten Apparat. Die Kätzchen, die aktiv im Kreise gingen und die Wirkungen ihrer Bewegungen beobachten konnten, reagierten normal, wenn sie später an der optischen Tischkante getestet wurden; diejenigen, die in der Gondel fuhren, konnten am Rande des „Abgrunds" die Tiefe nicht unterscheiden (s. Box 2/11).

Es liegt auf der Hand, daß weder der extreme Empirismus noch der extreme Nativismus eine vollständige Erklärung des Phänomens der Raumwahrnehmung liefert. Unser Raumerlebnis kommt durch ein Zusammenspiel angeborener, reifungsbedingter und erfahrungsbedingter Faktoren zustande.

3 Zeitwahrnehmung

Ein Autofahrer, der darauf wartet, daß die Ampel grün wird, murmelt: „Dieses Rotlicht dauert viel länger als das von heute vormittag." Er gibt uns ein Beispiel von Zeitwahrnehmung. Genauer gesagt, scheint dieser Fahrer die Fähigkeit zu besitzen, die Dauer eines Ereignisses abzuschätzen, d.h. die Dauer dieses Ereignisses irgendwie im Gedächtnis zu behalten, und sie anhand eines Systems, das auch von anderen Menschen benutzt wird, in Relation zu Sonnen- und Erdbewegungen zu beurteilen.

Zeitwahrnehmung beschränkt sich offensichtlich nicht nur auf visuelle Geschehnisse, sondern wird auch auf Reize angewandt, die von den Ohren und anderen Sinnesorganen empfangen werden. In vielen Fällen ist die Zeitwahrnehmung erstaunlich zutreffend, aber es gibt bestimmte Bedingungen, unter denen beträchtliche Irrtümer auftreten. Wie es in der Wahrnehmungsforschung oft der Fall ist, verrät uns die Untersuchung von Situationen, in denen Irrtümer auftreten, eine Menge über normale, richtige Wahrnehmung. Man betrachte diese drei Arten von Befunden:

1. Es scheint eine minimale Zeitspanne zu geben (etwa 50–150 msek), die man wahrnimmt. Beispielsweise können Menschen den Unterschied zwischen einem sehr kurz aufblitzenden Licht (1 msek) und einem längeren nicht feststellen, wenn das längere nicht mindestens 60 msek (1/15 einer Sekunde) dauert. Diese angenommene Grundeinheit der Zeit wird manchmal als *Wahrnehmungsaugenblick* (Stroud, 1955) bezeichnet.
2. Zeitspannen, in denen mehr Reize dargeboten werden, erscheinen länger als weniger ausgefüllte Perioden. Eine Zeitspanne, in der rasch hintereinander Töne erklingen, erscheint uns somit länger als eine gleich lange Spanne, in der Töne in größeren Abständen oder in der gar keine Töne zu vernehmen sind (Thomas u. Brown, 1974).
3. Bestimmte normale oder abnormale Schwankungen der biologischen Funktionen können die Zeitwahrnehmung beeinflusen. Eine Erhöhung der Körpertemperatur (aufgrund von Krankheit oder normalen täglichen Fluktuationen) läßt uns die Zeit scheinbar langsamer vergehen – d.h. die wahrgenommene Dauer einer bestimmten Zeitspanne erhöht sich.

Die Beobachtungen 2 und 3 lassen sich durch eine Generalisierung über Zeitwahrnehmung recht gut erklären: *Unser Erleben des Vergehens von Zeit hängt davon ab, wieviele sensorische Informationen in dem jeweiligen Intervall verarbeitet werden.* Wenn die Sinnesreize in einem mehr oder weniger konstanten Tempo erfolgen, dann erscheint uns ein längerer Zeitraum natürlich länger, sobald jedoch die Reize zunehmen (Töne, Blinklichter usw.), so verlängert sich (fälschlich) die wahrgenommene Dauer eines Zeitraums. Temperaturerhöhungen werden von verstärkter physiologischer Aktivität des Körpers wie einem erhöhten Atmungstempo begleitet, welches seinerseits verstärkte Sinnesreize ausübt, die verarbeitet werden müssen.

Die Beobachtungen 1 und 3 legen jedoch zusammen eine etwas andere Erklärung der Zeitwahrnehmung nahe. Diese Erklärung scheint teilweise mit einer biologischen Tatsache zusammenzuhän-

BOX 2/11

Die verkehrte Welt der Psychologen

Die Auswirkungen des ständigen Tragens eines Linsensystems, das das Blickfeld umkehrt, wurden erstmals 1897 von Georg Stratton an der Universität von Kalifornien studiert, deren psychologisches Laboratorium er begründete. Stratton trug die umkehrenden Linsen acht Tage lang nur auf dem rechten Auge, während das linke verbunden blieb. Der optische Effekt bestand darin, das ganze Blickfeld völlig auf den Kopf zu stellen und auch von rechts nach links umzukehren.

Stratton berichtete, daß er sich sofort nach Aufsetzen der Linsen völlig desorientiert fühlte. Die Koordination von Sehen und Körperbewegungen war schwer gestört. Er griff in die falsche Richtung nach visuell wahrgenommenen Objekten und hörte Geräusche aus der entgegengesetzten Richtung ihrer visuell wahrgenommenen Quelle. Mühsame Versuche waren nötig, um so einfache Handlungen auszuführen wie eine Gabel in Essen zu tauchen und sie zum Mund zu führen. Nach etwa drei Tagen hatte die Desorientierung nachgelassen, und am Ende der acht Tage war die neue visuell-motorische Koordination recht gut geworden. Im Laufe der Zeit war Stratton immer weniger bewußt, daß die optisch wahrgenommene Szene auf dem Kopf stand. Nach der Entfernung der Linsen wurde diese erfolgreiche Anpassung zunichte gemacht, so daß auch unter den wiederhergestellten alten, aber nicht länger „normalen" Bedingungen ein gewisses Maß an Desorientierung eintrat. Dieser zweite Effekt dauerte nur kurze Zeit.

F. Snyder und N. Pronko wiederholten dieses Experiment, wobei die Vp die umkehrenden Linsen diesmal 30 Tage lang trug. Eine Reihe von Tests der visuell-motorischen Koordination wurden vor, während und nach diesem Zeitraum durchgeführt. In einem der Tests mußte die Vp Karten rasch in die richtigen Schachteln sortieren. Die Zeit (in Sekunden), die sie zur Erledigung ihrer Aufgabe brauchte, wurde notiert. Fünf Versuche pro Tag wurden vor dem Tragen der Linsen in 17 Sitzungen durchgeführt, in 28 Sitzungen mit dem Gerät und in vier Sitzungen nach dessen Entfernung. Das Diagramm zeigt die durchschnittlichen Zeitwerte dieser Sitzungen. Man beachte die unerhörte Verlangsamung der Leistungen, nachdem die Linsen erstmals aufgesetzt wurden, und die ziemlich rasche Wiederanpassung während der Brillenzeit sowie die geringfügige und sehr kurze weitere Störung, als die Brillen entfernt wurden.

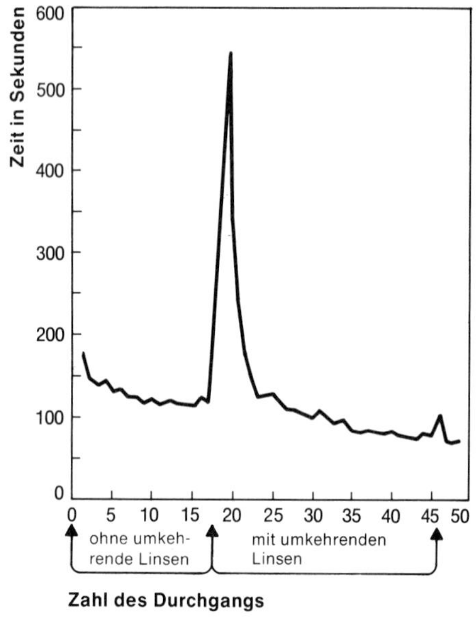

Viele andere Versuche sind mit einem Verfahren durchgeführt worden, das eine ähnliche, aber weniger drastische Reorganisation der räumlichen Welt bewirkt. Wenn Keilprismen vor das Auge geschaltet werden (siehe Zeichnung), dann scheinen sich die Dinge der sichtbaren Welt in Richtung der Keilspitze zu verschieben. Wer durch solche Prismen schaut, faßt daneben, wenn er nach einem Objekt greift. Ebenso wie Stratton passen sich die Vpn schließlich an und greifen richtig nach den Dingen, und ebenso wie Stratton weisen sie einige Nachwirkungen auf und irren sich nach der anderen Richtung, sobald die Prismen entfernt werden.

Anpassungsphänomene sind nicht ausschließlich auf den Gesichtssinn beschränkt. Ebenso wie die Kätzchen von Held und Hain (s. Abb. 19, S. 58) passen sich Personen, die Prismen tragen, während sie in einem Rollstuhl herumgefahren werden, nicht an, während Vpn, die in der gleichen Zeitspanne aktiv herumgehen, eine Adaptation aufweisen. Wenn eine Vp, die sich angepaßt hat, aufgefordert wird, mit geschlossenen Augen geradeaus zu zeigen, deutet sie faktisch etwas zur Seite. Dies zeigt wieder das Zusammenspiel der Sinne und die Bedeutung des vom Bewußtsein gesteuerten Bewegungsapparats.

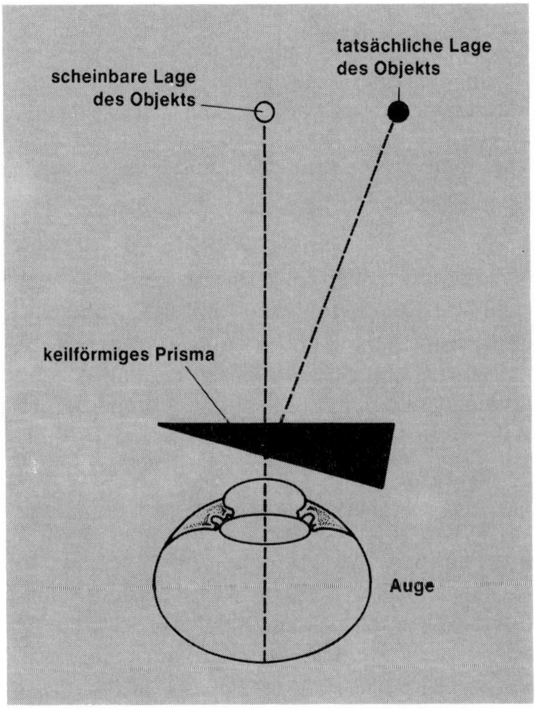

G. Stratton: Vision without inversion of the retinal image. *Psychological Review,* 1897, *4,* 341–360.

F. Snyder u. N. Pronko: Vision with Spatial Inversion. Wichita: University of Wichita. 1952. Nachdruck mit Genehmigung.

C. Harris: Perceptual adaptation to inverted, reversed, and displaced vision. *Psychological Review,* 1965, *72,* 419–444.

H. Mikaelian u. R. Held: Two types of adaptation to an optically rotated visual field. *American Journal of Psychology,* 1964, *77,* 257–263.

I. Kohler: Die Methode des Brillenversuchs in der Wahrnehmungspsychologie mit Bemerkungen zur Lehre der Adaptation. Z. f. exp. u. angew. Psychol. 1956, *3,* 381 bis 417.

gen, die für sich genommen schon interessant ist: Alle lebenden Organismen weisen periodisch wiederkehrende rhythmische Funktionen auf. Im 1. Kapitel haben wir gesehen, daß die Alphawellen des Gehirns acht- bis zwölfmal pro Sekunde auftreten und daß es andere biologische Vorgänge in einzelnen Zellen, in Organen und im Verhalten von Individuen gibt, die starken periodischen Schwankungen unterworfen sind. Viele dieser Rhythmen nehmen ungefähr einen Tag in Anspruch und werden deshalb nach dem lateinischen *zirka* (etwa) und *diem* (Tag) als *zirkadiemische Rhythmen* bezeichnet. Andere Rhythmen wiederholen sich im Monats- oder Jahreszyklus oder in noch längeren Abständen.

Es wird die Hypothese vertreten, daß der eine oder andere (vielleicht mehrere) dieser physiologischen Zyklen als eine Art innerer Zeitmesser funktioniert, der uns sagt, wieviel Zeit vergangen ist, weil soundsoviele Zyklen einer bestimmten Art abgelaufen sind. Wenn jemand Fieber hat, bedeutet die allgemeine Beschleunigung der körperlichen Prozesse, daß der „Zeitmesser" schneller läuft und ein bestimmter Zeitraum dadurch länger erscheint. Die Idee des Wahrnehmungsmoments ist mit einem bestimmten biologischen Rhythmus in Beziehung gesetzt worden – der Alphawelle. Wenn die Hirnaktivität insgesamt durch die Alphaschwingungen in Intervalle unterteilt wird, dann ist es plausibel, daß ein solches Intervall – ein Alphazyklus von 80 bis 120 msek – die kleinste Zeiteinheit ist, die wir wahrnehmen können.

4 Bewegungswahrnehmung

Wir nehmen Reize wahr, die an verschiedenen Punkten im Raum lokalisiert sind, und wir nehmen Reize in zeitlichen Abständen wahr. Wir nehmen auch Sinnesreize in der Bewegung wahr, die (zumindest logisch gesehen) als Äquivalent einer Veränderung der räumlichen Placierung im Ablauf der Zeit betrachtet werden können. Wir analysieren jedoch *nicht* bewußt das Zusammenspiel von Zeit und Raum, um schließlich die rationale „Entscheidung" zu treffen, Bewegung zu sehen. Statt dessen nehmen wir Bewegung unmittelbar wahr, wenn wir mit der entsprechenden Reizsituation konfrontiert sind. Aber wie ist dieser Sinnesreiz, der den Eindruck von Bewegung auslöst, nun eigentlich beschaffen?

Bilder auf der Netzhaut. Man stelle sich einen Betrachter vor, der mit unbeweglichem Kopf dasitzt und seinen Blick fest auf einen unbeweglichen Punkt gerichtet hat. In einem anderen Teil seines Blickfeldes bewegt sich ein Objekt, und der Mensch nimmt das wahr. Bis hierher erscheint alles ganz einfach. Wir sehen Bewegung (könnte man sagen), weil da Bewegung *ist* und sich das Bild auf der Netzhaut, das der Bewegungsreiz auslöst, selbst bewegt. Diese „einfache Antwort" ist nicht hoffnungslos falsch, aber sie ist nur ein kleiner Teil der *vollständig* richtigen Antwort. Um zu verstehen, welches die genauen Voraussetzungen für die Wahrnehmung von Bewegung sind, ist es aufschlußreich, sich die Situationen anzusehen, in denen die Wahrnehmung *nicht* mit dem übereinstimmt, was „dort draußen wirklich passiert".

4.1 Scheinbewegung

Nehmen wir einen einfachen Laborversuch, bei dem zwei Lichter in einem Abstand von einigen Zentimetern voneinander angebracht sind. Das linke Licht leuchtet in regelmäßigen Abständen auf und jeweils ein oder zwei Sekunden später blinkt das rechte Licht auf. Der Beobachter nimmt eine simple Aufeinanderfolge wahr, bei der das eine Licht auf das andere folgt. Wenn man jedoch den zeitlichen Abstand zwischen den Blinksignalen allmählich verkürzt, so wird schließlich ein Punkt erreicht, an dem eine überraschende Wahrnehmungsänderung eintritt. Das linke Licht scheint sich über den Zwischenraum hinweg nach rechts zu bewegen. Ähnliches kann man auf den Anzeigetafeln auf Flughäfen beobachten. Scheinbare Bewegungen dieser Art (die man auch als *stroboskopische Bewegungen* bezeichnet) machen sich Kino und Fernsehen zunutze, wo die Bewegungswahrnehmung aus einer Serie stationärer Bilder bzw. Reihen von Bildpunkten besteht. Der Begriff *Phi-Phänomen* wurde von Max Wertheimer, einem der Begründer der Gestaltpsychologie, für eine solche Bewegungswahrnehmung verwendet, bei der kein sich bewegendes Objekt vorhanden ist.

Es wurde zunächst angenommen, daß scheinbare Bewegungen zustande kommen, weil sich die Augen von einem Reiz zum anderen bewegen und ihre Drehungen kinästhetische Signale auslösen, die in einen Bewegungseindruck übersetzt werden. Diese Annahme ist jedoch leicht durch die Tatsache zu widerlegen, daß Bewegung auch gesehen werden kann, wenn die Augen unbeweglich bleiben, und daß sogar Bewegungen in entgegengesetzten Richtungen gleichzeitig gesehen werden können (s. Abb. 20).

Abbildung 20: Die mit 1 bezifferten Lichter leuchten gleichzeitig auf, einen Sekundenbruchteil später gefolgt von den Lichtern Nr. 2, die ebenfalls gleichzeitig aufflammen. Der Beobachter sieht eine Aufwärtsbewegung zwischen dem rechten Lichterpaar und *gleichzeitig* eine Abwärtsbewegung zwischen dem linken Paar.

Scheinbewegungen werden auch von anderen Sinnen registriert. Wenn beispielsweise auf zwei benachbarte Punkte der Haut hintereinander und im entsprechenden Tempo sehr leichter Druck ausgeübt wird, entsteht der Eindruck, daß sich die Reizquelle von einem Punkt zum anderen über die Haut bewegt habe. Ein Knacken in einem Ohr, dem im nächsten Augenblick ein Knacken im anderen Ohr folgt, kann als ein einziges Geräusch gehört werden, das sich durch den Kopf „bewegt".

Ein erster Schluß scheint unausweichlich. Wenn es so ist, daß die reale Bewegung eine Reihe zahlloser sehr kurzer Darbietungen eines Objekts verschiedener Stellungen auslöst, dann *nehmen* wir Bewegung auch dann *wahr,* wenn lediglich ein sehr kleiner Bruchteil der gesamten Reihe von „Einzelaufnahmen" dargeboten wird, solange diese nur im zeitlich richtigen Abstand aufscheinen.

4.2 Induzierte Bewegung

Wenn man nachts zum Himmel schaut, scheint der Mond manchmal rasch hinter eine unbewegliche Wolke zu gleiten. Wenn in diesem Beispiel ein in Wirklichkeit bewegliches Objekt (die Wolke) sich nicht zu bewegen scheint, sondern vielmehr eine scheinbare Bewegung bei einem Objekt (dem Mond) auslöst, das praktisch oder völlig stillsteht, so bezeichnet man dieses Phänomen als *induzierte Bewegung.*

Auf der Netzhaut befindet sich ein Bild des Mondes und ein Bild der Wolke. Wenn sich die

Wolke bewegt, verändert sich das *Verhältnis* der Entfernung zwischen diesen Netzhautbildern, und diese Veränderung in der Entfernung stellt den auslösenden Reiz für die wahrgenommene Bewegung dar.

Der nächste Schluß ist somit, daß eine relative Positionsveränderung der Bilder auf der Netzhaut der auslösende Reiz für Bewegung ist, jedoch nicht die absolute Positionsveränderung in der Umwelt. Aber was entscheidet, welches Bild wir als sich bewegend sehen, da es die logische Möglichkeit gibt, daß wir beide Objekte so wahrnehmen könnten? Wenn ein Objekt vom anderen eingehüllt oder umgeben ist (wie der Mond von einer Wolke), dann nehmen wir das eingehüllte Objekt als sich bewegend wahr. Allgemeiner gesprochen, ruft das Objekt, das als die Figur betrachtet wird (s. 3. Kap.) eher den Bewegungseindruck hervor.

4.3 Augen im Kopf

In einem der obigen Absätze haben wir bei einem Betrachter Kopf und Augen fixiert und ihn im Raum postiert. Wir entdeckten, daß sowohl reale Bewegung als auch scheinbare und induzierte Bewegung verstanden werden können, wenn wir uns vor Augen halten, daß die Bewegungswahrnehmung von bestimmten Relationen eines Objekts (und dessen Netzhautbild) zu einem anderen Objekt (und dessen Bild) über Zeit und Raum hinweg abhängt. Wenn wir es uns überlegen, ist jedoch offenkundig, daß der stationäre Betrachter (die stationäre Netzhaut) eine große Rarität in der wirklichen Welt darstellt. Die Augen sind fast immer in Bewegung, und der Kopf bewegt sich auch selbst ständig, wodurch sich die Stellung der Augen verändert. Diese beiden Handlungen verändern die Stellung der Netzhäute und damit die Lage der Bilder auf den Netzhäuten. Wie wirken sich diese Veränderungen auf die Bewegungswahrnehmung aus?

Wenn ein Betrachter aufgefordert wird, seine Aufmerksamkeit auf ein bewegliches Ziel zu richten, so wird sein natürliches Verhalten sein, eine ziemlich präzis organisierte Reihe von Bewegungen sowohl des Kopfes als auch der Augen auszuführen. In der Folge dieser Bewegungen wird das Bild des Objekts annähernd am gleichen Punkt der Netzhaut fixiert gehalten. Trotzdem tritt die Bewegungswahrnehmung ein, selbst wenn kein stationäres Objekt sichtbar ist, mit dem der Bewegungsreiz verglichen werden kann. Den Reiz für die Bewegungswahrnehmung als „Lageveränderung der Bilder auf der Netzhaut" zu beschreiben oder selbst als „relative Lageveränderung von zwei Bildern auf der Netzhaut", ist also in diesem Fall eindeutig unzulänglich. Was ist die Erklärung?

Bevor wir diese Frage beantworten, wollen wir uns einer anderen zuwenden. Wenn ein Betrachter seine Blicke über eine unbewegliche Umgebung schweifen läßt, steht die wahrgenommene Welt still, obwohl die Bilder aller wahrgenommenen Objekte sich über die Netzhaut bewegen. Wie ist das zu erklären?

Im allgemeinen ist die Antwort auf beide Fragen einfach genug. Informationen, die die Wahrnehmung einer Bewegung an äußeren Objekten entstehen lassen, *können* durch Augenbewegungen hervorgerufen werden, die selbst *teilweise* durch Kopf- und/oder Körperbewegungen zustandegekommen sind. Genauer gesagt, das Erlebnis von Bewegung hängt vom *Wechselspiel* zwischen den Augenbewegungen und der Stellung der Bilder auf der Netzhaut ab. Wenn sich die Augen bewegen, um einem Objekt zu folgen, dann wird ein Bild, das auf der Netzhaut in derselben Stellung bleibt, (richtigerweise) als in Bewegung befindlich gesehen. Wenn sich der Blick in einer unbeweglichen Welt bewegt, dann interagieren die zwei Faktoren von Augenbewegung und Veränderung der Bildposition so, daß sie einander genau entgegenwirken und die Wahrnehmungswelt stabil bleibt, wie es der Wirklichkeit entspricht.

Versuchen Sie jetzt das folgende Experiment: Drücken Sie mit einem Finger vorsichtig auf ein Auge. Die Welt scheint jedesmal zu springen, so oft sie auf das Auge drücken, während sie an Ort und Stelle bleibt, wenn Sie Ihre Augen willentlich mit Ihren Augenmuskeln bewegen. Das weist uns auf die Tatsache hin, daß es die *Anweisung* des Gehirns an die Augenmuskeln ist (und nicht bloß das Wissen, daß sich die Augen bewegen), was mit der Netzhautinformation interagiert, um die Wahrnehmung von Stabilität (oder Bewegung) hervorzubringen. Wenn Sie Ihr Auge mit dem Finger verschieben, ruft nicht das Gehirn die Bewegung hervor, obwohl Sie wissen, daß sich das Auge bewegt, und die Bewegung auch unmittelbar spüren können, und deshalb werden die Netzhautveränderungen als eine Bewegung der Umwelt „interpretiert".

4.4 Autokinetische Bewegung

Wenn Sie auf einen winzigen unbeweglichen Lichtpunkt schauen, der der einzige sichtbare Reiz in einem dunklen Raum ist, werden Sie eine erstaunliche Erfahrung machen. Das Licht scheint sich manchmal in diese, manchmal in jene Richtung zu bewegen, manchmal langsam, dann wieder schneller. Er kann schließlich in große schwingende Bewegungen geraten oder erratisch zucken. Das Ausmaß dieser Bewegung kann sehr groß sein. Auch das Wissen, daß das Licht in Wirklichkeit stillsteht, hebt diesen Eindruck nicht auf. Ein naiver Betrachter glaubt, daß sich der Punkt tatsächlich bewegt, und dem Eingeweihten fällt es schwer zu glauben, daß er es nicht tut.

Dieser Effekt wird als *autokinetische* („selbsterzeugte") *Bewegung* bezeichnet. Die entscheidende Voraussetzung für ihr Auftreten ist das Fehlen eines optischen Rahmens für diesen Lichtpunkt. Sobald andere visuelle Reize in der Nähe auftauchen (beispielsweise eine Linie oder andere Punkte), läßt die autokinetische Bewegung deutlich nach. Wenn wir das Reizmuster noch weiter strukturieren, indem wir das Licht einschalten, so daß alle Einzelheiten des Raumes zu sehen sind, dann verschwindet dieser Effekt völlig.

Obwohl eine restlose Erklärung der autokinetischen Bewegung noch aussteht, spielen Augenbewegungen und ihre Kontrolle durch das Gehirn dabei sicher eine Rolle. Es besteht keine merkliche Tendenz, daß Augenbewegungen der Richtung der autokinetischen Bewegung folgen (oder sie anführen), aber Matin und Mackinnon (1964) berichten, daß autokinetische Bewegung fast ausgeschaltet wird, wenn Augenbewegungen verhindert werden, die Bewegungen des Netzhautbildes auslösen (im 4. Kapitel werden Techniken zur Stabilisierung der Bilder auf der Netzhaut beschrieben). Unter normalen Umständen (wenn das Netzhautbild nicht stabilisiert ist) gelingt der Versuch, ein Objekt unbeweglich zu fixieren, nur mangelhaft. Wenn sich das Auge geringfügig bewegt, sendet das Gehirn des Betrachters korrigierende Befehle an die Augenmuskeln aus. In der sehr reduzierten visuellen Welt eines autokinetischen Experiments lösen diese Befehle dann vermutlich die Bewegungswahrnehmung aus, so wie das bei willentlichen Augenbewegungsbefehlen geschieht, wenn man einem Objekt folgt, das sich tatsächlich bewegt.

Verschiedene Körperhaltungen spielen bei der autokinetischen Bewegung ebenfalls eine Rolle. Richtung und Ausmaß der Bewegung können merklich durch Bewegungen der Augäpfel, des Kopfes, Halses und Rumpfes aus der normalen Blickrichtung beeinflußt werden. Es gibt somit Anzeichen, daß sich kinästhetische Empfindungen aus den Muskeln auf die visuelle Wahrnehmung auswirken. Das perzeptive Zusammenspiel bezieht auch in diesem Fall verschiedene Sinne mit ein.

Da die optische Voraussetzung für autokinetische Bewegung ein sehr schwach strukturiertes Reizfeld ist, wäre außerdem zu erwarten, daß die Einstellung des Betrachters (s. folgende Kapitel) einen starken Einfluß ausübt, was tatsächlich der Fall ist. Sheriff (1935) hat nachgewiesen, daß das Ausmaß an Bewegungen, das von einem Probanden wahrgenommen wird, durch die Suggestionen anderer Personen leicht zu beeinflussen ist. (Mit entsprechenden Anweisungen ist es sogar möglich, den Eindruck zu erwecken, daß das unbewegliche Licht Ziffern und andere sinnvolle Zeichen beschreibt!)

Wir schließen somit, daß die Bewegungswahrnehmung von Veränderungen der relativen Stellung von Bildern auf der Netzhaut von einem Augenblick zum nächsten abhängt, sowie von ihrer Interaktion mit den „Befehlen" zu Veränderungen der Augenstellung, die vom Gehirn an die Augenmuskeln ausgesandt werden.

Zusammenfassung

1. Moderne Theorien der Wahrnehmung entstanden zunächst als Reaktion auf die visualistische Strukturpsychologie, wobei die Gestaltschule die Unmittelbarkeit der Wahrnehmung hervorhob, die auf dem gesamten Reizmuster und insbesondere auf den Beziehungen zwischen seinen verschiedenen Teilen basiere.

2. Informationsverarbeitende Ansätze gehen davon aus, daß Wahrnehmung (und andere, zur Kognition gezählte Prozesse) aus einer Reihe von Stadien bestehen, in denen sensorische Informationen empfangen, transformiert und gespeichert werden und manchmal auch verlorengehen. Kognitionistische Theoretiker weisen auf die Rolle des Gedächtnisses für die Verarbeitung neuen Materials hin.

3. Die Anpassungsniveau-Theorie und der „Ökologische" Ansatz der Wahrnehmung entstammen der

Gestalttradition. Erstere vertritt die Auffassung, daß Wahrnehmung von der Beziehung des physischen Reizes zu einem inneren Bezugsrahmen abhänge, der selbst eine Funktion anderer Erfahrungen des Organismus mit Reizen derselben Kategorie sei. Der ökologische Ansatz sucht die Vorstellung einer inneren Verarbeitung zu vermeiden, indem er nach Aspekten „höherer Ordnung" der komplexen vorhandenen Sinnesreize sucht, die die Wahrnehmung direkt auslösen könnten.

4. Bei der Raumwahrnehmung geht es um Richtung und Entfernung. Akustische Lokalisierung hängt weitgehend von den Unterschieden (zeitliche Versetzung und unterschiedliche Lautstärke) der Geräusche ab, die die zwei Ohren aus einer einzigen Quelle erreichen. Die Entfernung einer Schallquelle ergibt sich zum Teil aus der resultierenden Lautstärke sowie aus dem Widerhall, von dem ein Geräusch begleitet wird.

5. Die visuelle Lokalisation hängt von den Erregungsmustern wie der unterschiedlichen Erregung der beiden Augen (retinale Disparität) ab. Die meisten monokularen Anhaltspunkte, wie relative Bewegung, verschiedene Ortspositionen, relative Größe, Perspektive und Strukturgradienten hängen von Veränderungen der Erregung im Laufe der Zeit oder von Unterschieden in den Erregungsmustern auf der Netzhaut ab.

6. Raumwahrnehmung entsteht und kann erhalten bleiben nur durch eine Kombination angeborener, reifungs- und erfahrungsbedingter Faktoren.

7. Die Zeitwahrnehmung wird durch die Menge an Sinnesreizen beeinflußt, die verarbeitet werden, aber sie kann auch von einem oder mehreren biologischen Rhythmen abhängen, die eine Art von innerem Zeitmesser darstellen.

8. Die Wahrnehmung von Bewegung läßt sich nicht nur durch die reale physische Bewegung in der Umwelt erklären. Auch Phänomene wie scheinbare und induzierte sowie autokinetische Bewegung benötigen erweiterte Erklärungen. Die Bewegungswahrnehmung hängt auch von Veränderungen der relativen Stellung von Bildern auf der Netzhaut ab. Die Größe oder Lage verschiedener Bilder kann bestimmen, welche als in Bewegung befindlich gesehen werden, und die Wahrnehmung wird auch durch die laufenden Befehle zu Augenbewegungen mitbeeinflußt, die vom Gehirn an die Augenmuskeln ausgesendet werden.

3. Kapitel
Die Organisation der Wahrnehmung

Wahrnehmung schließt das Gewahrwerden von Eigenschaften, von Raum, Zeit und Bewegung ein. Aber wenn man jemanden fragt: „Was siehst oder hörst (oder tastest) du?", dann wird der Betreffende gewöhnlich zunächst *Dinge* nennen, die sich in seinem Wahrnehmungsfeld befinden. Gewöhnlich wird er *mehrere* Dinge (Objekte, Sinnesreize usw.) nennen, so daß es nach und nach klar wird, daß das, was der Betrachter wahrnimmt, ein einheitlich organisiertes Erlebnis ist. Die Organisation der Sinnesreize aus der Umwelt findet ohne bewußte Lenkung und mit größerer Geschwindigkeit und Sicherheit statt, als eine willentliche rationale Analyse gestatten würde.

Daß sich die Organisation der Wahrnehmung spontan vollzieht, bedeutet nicht, daß sie nicht bestimmten Gesetzen folgt oder nicht vorhersagbar ist. Wie wir bereits feststellten, haben bestimmte Psychologen hervorgehoben, daß viele dieser Gesetze formuliert werden können, ohne das Erleben des Individuums in Betracht zu ziehen. Diese *nativistische* Sichtweise impliziert, daß wir versuchen können, einfach die Relation zwischen der Reizorganisation und dem organisierten perzeptiven Ergebnis zu studieren. Wir wollen uns zunächst einige der Entdeckungen ansehen, die von den in dieser Tradition stehenden Psychologen gemacht wurden.

Jeder Komplex von Reizen kann jedoch bei verschiedenen Individuen oder bei einer Person zu verschiedenen Zeiten eine Vielzahl von Wahrnehmungsstrukturen auslösen. Selbst ein Psychologe, der fest von der nativistischen Auffassung überzeugt ist, muß nicht notwendigerweise die Möglichkeit leugnen, daß sich ein Mensch vom anderen in seinen perzeptiven Funktionen unterscheiden kann. Außerdem gibt es tatsächlich Anzeichen, daß die Lebenserfahrung eines Individuums ebenso wie im Falle der Raum- und Zeitwahrnehmung, seine Wahrnehmung von Dingen und Reizmustern beeinflussen kann. Diese Beiträge des *empiristischen* Standpunkts verdienen ebenfalls unsere Aufmerksamkeit.

1 Das Wahrnehmungsfeld

Wir beginnen mit einer vorgestellten Demonstration. Eine Versuchsperson (s. Abb. 21) sitzt mit dem Kopf im Inneren einer großen Halbkugel.

Abbildung 21: Eine experimentelle Methode zur Untersuchung von Wahrnehmungen, die durch gleichförmige Stimulierung des Blickfeldes ausgelöst werden. (Eine andere, einfache Methode besteht darin, über jedem Auge einen halben Tennisball zu befestigen.)

Deren Innenfläche ist glatt und von außen gleichmäßig durch eine weißes Licht so erhellt, daß der auf die Augen ausgeübte optische Reiz völlig einheitlich ist. Was sieht die Vp?

Sie sieht nur einen gleichförmigen grauen „Dunst", der einen endlosen Raum ausfüllt. Es fehlt jegliche perzeptive Differenzierung, deshalb nimmt die Vp keine Objekte, ja nicht einmal Oberflächen wahr. Jetzt nimmt das Licht eine andere Farbtönung an; diese Farbe wird kurze Zeit wahrgenommen, verblaßt aber rasch wieder zu Grau.

Wir kehren wieder zum weißen Licht zurück, aber unter veränderten Lichtbedingungen, so daß die Beleuchtung des Schirms von links nach rechts unmerkliche Schattierungen von dunkler bis heller aufweist. Die Beleuchtung ist so gewählt, daß es dem Betrachter nicht schwerfallen würde, den Unterschied zwischen dem dunkleren und dem helleren Ende seines Blickfeldes auf einer Tafel wahrzunehmen. Wenn man jedoch den Blick langsam über den Schirm der Halbkugel schweifen läßt, bleibt die Helligkeitsdifferenz unterhalb der Wahrnehmungsschwelle. In dieser Situation wird das Wahrnehmungsfeld trotz des Helligkeitsgradienten der Reizquelle weiterhin als völlig homogen wahrgenommen. Diese Tendenz zu maximaler Gleichförmigkeit und mangelnder Differenzierung, die in der Wahrnehmung manchmal auftritt, wird als *Assimilierung* bezeichnet (s. 1. Kapitel).

Diese Demonstration liefert uns Material für einige sehr wichtige Verallgemeinerungen: Wahrnehmung hängt vom Vorhandensein eines ausreichenden Maßes an *Veränderung* in Zeit oder Raum ab.

Wir reagieren auf einen gleichbleibenden Sinnesreiz oder auch auf Veränderung nur, wenn diese einen bestimmten Schwellenwert überschreitet.

Schließlich ziehen wir in unserem Demonstrationsverfahren eine schwache, aber sichtbare senkrechte Linie durch die Mitte des Blickfeldes. Es tritt eine sofortige Veränderung ein. Das gesamte Blickfeld zerfällt in zwei verschiedene Teile. Die linke Hälfte wird als ein gleichförmiges Feld von geringerer Helligkeit und die rechte Hälfte als ein gleichförmiges Feld von größerer Helligkeit gesehen. Die Linie selbst wird als *Kontur* oder Rand einer der beiden Hälften erkannt.

Der wahrgenommene Helligkeitsgrad in jedem der beiden Felder basiert auf der jeweiligen durchschnittlichen Lichtstärke. Die Folge ist, daß der wahrgenommene Unterschied zwischen zwei unmittelbar benachbarten Punkten zu beiden Seiten der Trennlinie größer ist, als aufgrund der sehr geringen physikalischen Differenz zwischen ihrem Helligkeitsgrad zu erwarten wäre.

Dieses Beispiel von *Kontrast* (s. 1. Kap.) illustriert andere wichtige Verallgemeinerungen. Was wir in einem Teil des Blickfeldes wahrnehmen, hängt im allgemeinen von den Reizen ab, die in vielen anderen Teilen des Feldes vorhanden sind, und manchmal sehen wir Differenzen zwischen Reizpunkten, die ununterscheidbar wären (da sie sogar objektiv identisch sein können), wenn sie isoliert vom Rest des Feldes betrachtet würden.

Abbildung 22 enthält eine weitere zwingende Demonstration der wichtigen Rolle, die eine Kontur beim Hervorrufen der Kontrastwirkung spielen kann. Der schwarze und weiße Hintergrund würde normalerweise das normale Grau des Ringes auf der linken Seite heller und auf der rechten dunkler erscheinen lassen. Da der Ring jedoch als ein geschlossenes Ganzes gesehen wird, veranlaßt uns die Assimilierung, den ganzen Ring in einem einheitlichen Grau wahrzunehmen. Wenn wir den ganzen Ring mit Hilfe einer Kontur in zwei Teile spalten, ist deutlich ein Kontrast zu sehen. Die linke Hälfte des Ringes erscheint uns jetzt in einem einheitlich helleren Grau und die andere Hälfte in einem gleichmäßig dunkleren Grau.

Abbildung 22: Man beachte, daß der graue Ring von gleichmäßiger Helligkeit ist. Legen Sie jetzt einen langen, schmalen Gegenstand, etwa einen Bleistift, auf die vertikale Mittellinie. Wie erscheinen Ihnen die beiden Hälften des Ringes jetzt? (Eine Erklärung dieses Phänomens finden sie im Text.) Kommt die Veränderung dadurch zustande, daß man den Ring in zwei Teile teilt, daß man Weiß von Schwarz trennt oder von beiden? Wie können Sie das herausfinden?

1.1 Figur und Grund

Wenn Sie irgendein differenziertes Blickfeld betrachten, werden Sie bemerken, daß sich fast immer ein Teil (die *Figur*) deutlich vom übrigen (dem *Grund*) abhebt. In jeder wirklichen Szene gibt es gewöhnlich mehrere solcher Figuren, aber meist erregt nur eine im jeweiligen Augenblick unsere Aufmerksamkeit. Man stellt auch fest, daß die Figur in der Regel schärfer umrissen und lokalisiert, massiver und integrierter als der Grund ist. Die Figur scheint vor oder auf dem Grund zu sein, der sich geschlossen hinter der Figur zu erstrecken scheint.

Figur-Grund-Differenzierung ist die einfachste Form der Wahrnehmungsorganisation. Sie ist für die Wahrnehmung so unumgänglich, daß es Menschen manchmal schwerfällt zu erkennen, daß sie eine solche Differenzierung vornehmen, so oft sie ein Objekt anschauen. (Neugeborene können einem Objekt mit ihrem Blick folgen, wenn sich dieses vor einem einigermaßen homogenen Hintergrund bewegt.)

1.2 Figur und die Gesetze der Organisation

Wahrnehmungspsychologen haben bestimmte Regeln entdeckt, die jene Merkmale eines visuellen Reizes kennzeichnen, welche bewirken, daß diese als Figur und nicht als Grund gesehen wird: im allgemeinen wird die kleinere oder geschlossenere Fläche als Figur gesehen, und wenn keine sonstigen Unterschiede vorhanden sind, wird auch die einfachere, regelmäßigere Figur bevorzugt (Abb. 23). Vermutlich sind die Gestaltgesetze der Organisation (von denen wir nachfolgend einige anführen werden) am Werk und bestimmen, was als Figur gesehen wird.

Der Leser könnte jedoch einwenden, daß diese Erörterung, was als Figur gesehen wird, eigentlich überflüssig sei. Schließlich sehen wir einen auf dem Rasen herumhüpfenden Fußball als eine Figur vor dem Grund, weil der Fußball vor oder auf dem Feld *ist* und weil er geschlossener und integrierter als das Feld *ist.* Diese Tendenz, einen Teil der Szene als Figur und das übrige als Grund zu sehen, wirkt sich jedoch auch aus, wenn wir ein rein zweidimensionales Bild betrachten; tatsächlich wurden mit eben diesen die meisten experimentellen Untersuchungen von Figur und Grund durchgeführt. Aber wie wissen wir, daß die Gesetze, die sich aus Untersuchungen mit Bildern zu ergeben scheinen, auf eine normale Betrachtung der dreidimensionalen Welt anwendbar sind? Könnte es sein, daß unsere Wahrnehmung von Figuren (Objekten) in Zeichnungen selbst eine Folge davon ist, daß wir gelernt haben, Linien auf einem Papier als Umrisse realer Objekte zu akzeptieren? Die Antwort ist nein. Hochberg und Brooks (1962) untersuchten ein Kind, das fast ohne Kontakt mit Bildern aufgewachsen war; als es zum ersten Mal mit Umrißzeichnungen bekannter Objekte konfrontiert wurde, erkannte es sie nicht nur als Objekte (Figuren), sondern identifizierte sie richtig.

Außerdem wirken sich die Gesetze, die bei zweidimensionalen Bildern in „reiner Form" zu sehen sind, tatsächlich auf unsere Wahrnehmung der wirklichen Welt aus, wie sich am überzeugendsten demonstrieren läßt, wenn sie die Wahrnehmung irreführen. Ein sehr einfaches Beispiel: Bilden Sie aus ihrem Zeigefinger und Daumen etwa 30 cm von ihrem Auge entfernt einen Ring. Schauen Sie jetzt durch den Ring auf eine homogene Fläche, etwa eine drei Meter entfernte gestrichene Wand. Die Hand wird natürlich als Figur gesehen, aber ohne große Mühe können Sie auch den Teil der Wand innerhalb des Ringes als die Figur oder einen Teil derselben erscheinen lassen. Als diese scheint dieses kleine Stückchen Wand uns dann näherzurücken (auf dieselbe Entfernung, in der sich Ihre Hand befindet). Dieser kleine umrandete, einigermaßen regelmäßige Teil der Wand wird somit zur Figur, aber es ist immer noch so gut wie unmöglich, die übrige Wand figurale Merkmale annehmen zu lassen.

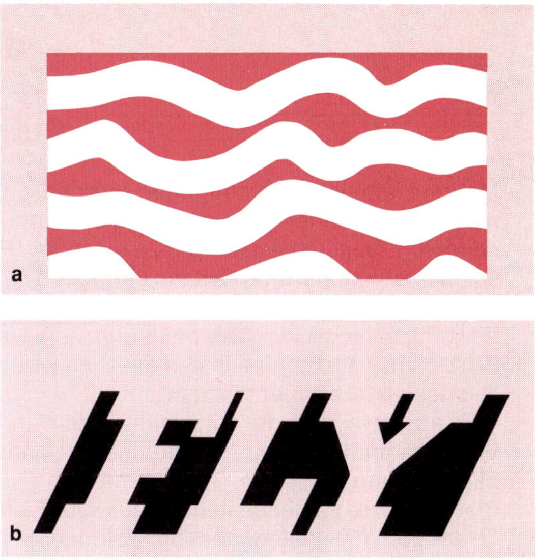

Abbildung 23: Auf der Abbildung a sehen Sie wahrscheinlich gewellte weiße Streifen auf einem braunen Hintergrund und nicht gewellte braune Streifen auf einem weißen Hintergrund, obwohl die Gesamtfläche von Weiß und Braun gleich groß ist. Der Grund ist teilweise, daß die weißen Streifen von gleichmäßiger Breite sind, die braunen hingegen nicht. Aber könnte sich der Farbunterschied ebenfalls auswirken? Wie könnten Sie das feststellen? Was sehen Sie auf der Abbildung b als Figur? Wenn Sie nichts weiter wahrnehmen als fünf schwarze Formen einschließlich eines Pfeiles, dann versuchen Sie, diese Formen zum Grund werden zu lassen, und schauen Sie, was passiert. Beachten Sie, wie schwierig es ist, die neue Figur aufzugeben, sobald Sie sie entdeckt haben.

W. Metzger: *Gesetze des Sehens,* 1953; Nachdruck mit Genehmigung von Dr. Waldemar Kramer (a).
W. Brown u. H. Gilhausen: *College Psychology;* copyright 1949, 1950 von Prentice-Hall, Englewood Cliffs, N.J.: Nachdruck mit Genehmigung (b).

BOX 2/12

Gut und einfach

Mehrere ähnliche Bemühungen wurden unternommen, zu einer allgemeinen Definition *der Güte* (d. h. Qualität) *einer Figur* zu gelangen. Eine solche Definition würde es dann ermöglichen, die These zu überprüfen, daß eine gute Figur die einfachste mögliche Wahrnehmung hervorruft, daß sie am wahrscheinlichsten gesehen wird, am leichtesten zu erinnern ist usw.

F. Attneave maß die Güte einer Figur an der Vorhersagbarkeit des Gesamtmusters anhand partieller Informationen. Die Vp erhält ein großes Blatt kariertes Papier bestehend aus 4000 kleinen Quadraten (50 Zeilen und 80 Kolonnen). Ihre Aufgabe besteht darin, zu schätzen oder zu raten, ob das jeweils anschließende Quadrat schwarz, weiß oder grau ist. Der Versuchsleiter weiß, wie die fertige Figur auszusehen hat (Abb. A).

Ohne zu wissen, wie die Endfigur aussehen soll, beginnt die Vp mit dem Erraten der Farbe des Quadrates in der linken unteren Ecke. Nachdem sie die Farbe richtig bestimmt hat, fährt sie mit dem nächsten Quadrat fort, und zwar bis zum Ende der ersten, d. h. untersten Zeile. Sie beginnt dann wieder am linken Ende der zweiten Reihe und fährt fort, bis alle 4000 Quadrate identifiziert sind.

Attneaves Vpn rieten im Durchschnitt für die ganze Figur nur 15 mal falsch. Dieser niedrige Wert wurde bei dieser Figur aufgrund ihrer großen Regelmäßigkeit erreicht, die es einem leicht macht, in der Regel richtige Voraussagen zu treffen. Hätten die Vpn bei jedem Quadrat rein nach dem Zufallsprinzip geraten, dann hätte die durchschnittliche Fehlerquote bei drei Farben

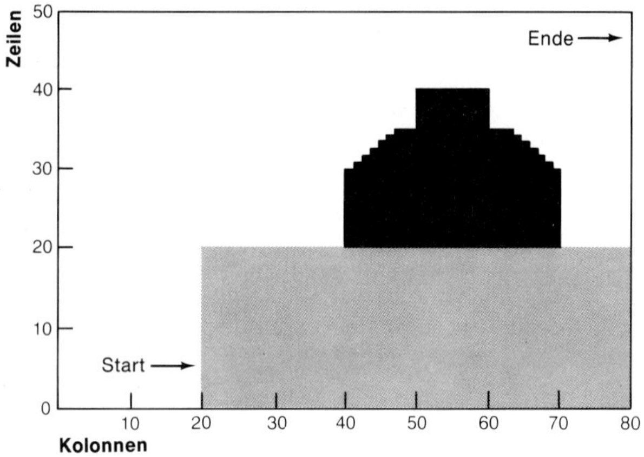

A

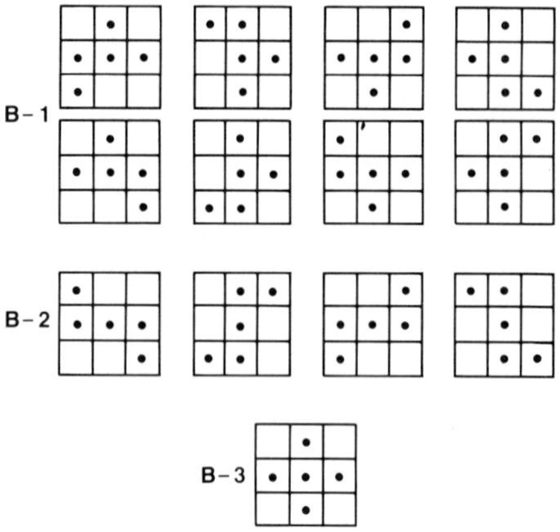

B

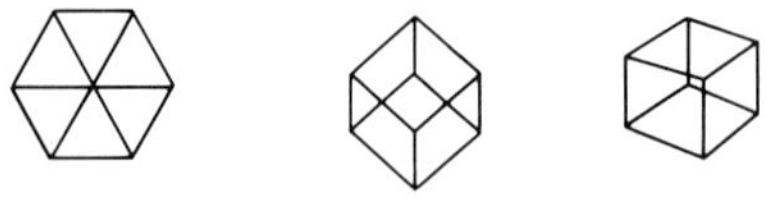

C

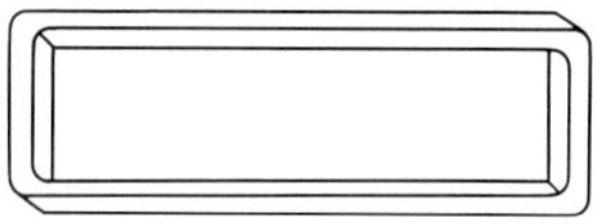

D

2700 betragen. Abbildung A ist daher eine relativ gute oder einfache Figur.

In einer anderen Untersuchung verwendeten W. Garner und seine Mitarbeiter Punktmuster wie in Abbildung B dargestellt. Die Muster in B-1 und B-2 bestehen alle aus genau fünf Punkten. In beiden Gruppen kommen die verschiedenen Alternativen durch Drehung bzw. Auf-den-Kopf-Stellen des jeweiligen Grundmusters zustande. Gibt man Vpn ein *einzelnes* Beispiel der B-2-Reihe, dann bezeichnen sie es als eine „bessere" Figur als ein *einzelnes* Beispiel der B-1-Serie. Auch ohne daß die ganze Serie vorhanden ist, scheinen die Vpn auf die Größe der Serie zu reagieren. Ein Muster aus einer langen Serie wäre schwieriger zu erraten, da es mehr Alternativen gibt; es ist deshalb keine so einfache Figur wie eine leichter vorhersagbare (das heißt, ein Mitglied einer kleineren Serie). Wie steht es mit B-3? Wie gut ist diese Figur verglichen mit den anderen? J. Hochberg und V. Brooks arbeiteten mit mehreren Gruppen von Figuren wie die in Abb. C gezeigten. Diese drei Figuren sind verschiedene Projektionen eines Würfels, gesehen aus verschiedenen Perspektiven. Jede kann sowohl als zweidimensionale wie auch als dreidimensionale Figur gesehen werden, aber die Vpn sind sich einig, daß die Tendenz, sie als dreidimensional zu sehen, von links nach rechts zunimmt. Diese Forscher vertreten die Ansicht, daß der wichtige Reizunterschied zwischen den Figuren darin besteht, daß sie als zweidimensionale Strukturen gesehen von links nach rechts an Einfachheit *abnehmen.* Einfachheit wurde anhand einer Formel gemessen, die sowohl die Zahl als auch die Größe der Winkel und die Zahl der Linien berücksichtigte, und es stellte sich heraus, daß die Ergebnisse die Erwartungen der Versuchsleiter bestätigten. Wenn eine Figur zu komplex ist, um zweidimensional wahrgenommen zu werden, dann erleichtert sie die 3-D-Sicht und diese wird somit wahrscheinlicher gesehen.

Hochberg (1978) weist jedoch auf eine Begrenzung dieses Analyseprinzips hin. Reize wie Abb. D sind als dreidimensionale Figuren gegenüber den zweidimensionalen *nicht* einfacher. Als dreidimensionale Figuren sind sie nämlich de facto *unmöglich.* Dennoch sehen wir sie als massiv an – sonderbar, aber massiv. Die Erklärung kann sein, daß wir auf einer bestimmten, simplen Ebene nur das Material organisieren, das in oder nahe bei unserem augenblicklichen Fixierungspunkt liegt. Diese Informationen werden nach dem Gesetz der Einfachheit interpretiert und können daher (wie im Fall von D) zu einer 3-D-Wahrnehmung führen. Wir haben dann andere Mechanismen, um die Resultate separater Blicke zusammenzufügen. Diese führen zu einer Entscheidung höherer Ebene, ob ein solcher fester Körper tatsächlich möglich ist, und in manchen Fällen (wie D) würden wir das als unmöglich zurückweisen, ohne unsere Wahrnehmung seiner Teile zu verändern.

F. Attneave: Some informational aspects of visual perception. *Psychological Review,* 1954, *61,* 183–193. Nachdruck von Abb. A mit Genehmigung der American Psychological Association.

W. Garner: Good patterns have few alternatives. *American Scientist,* 1970, *58,* 34–42. Nachdruck von Abb. B mit Genehmigung.

J. Hochberg: *Perception.* 2. Ausg. Englewood Cliffs, N.J.: Prentice Hall, 1978. Nachdruck von Abb. C und D mit Genehmigung.

J. Hochberg u. V. Brooks: The psychophysics of form: Reversible-perspective drawings of spatial objects. *American Journal of Psychology,* 1960, *73,* 337–354.

1.3 Kontur

Wenn wir überhaupt eine Figur erkennen können, ist gewöhnlich eine Kontur, ein Umriß vorhanden, der sie vom Grund trennt. In Abbildung 23b ist das Wort „Fly“ versteckt, weil ein Teil der wesentlichen Kontur – der obere und untere Rand der Buchstaben – fehlt. Aus diesem Prinzip zieht der Tarnanstrich strategischen Nutzen, indem man das zu versteckende Objekt mit Linien und Flächen bedeckt, die den Umriß desselben unkenntlich machen.

Bei einer Strichzeichnung hat die Figur und der Grund die Kontur miteinander gemein, dennoch wird sie eindeutig als nur zur Figur gehörig wahrgenommen. Unter bestimmten Umständen fluktuieren Figur und Grund, d.h. sie vertauschen ständig ihre Rollen. Bei einer solchen Umkehrung von Figur und Grund springt die Figur in frappanter Weise von einer Figur zur anderen, und das Aussehen der Kontur ändert sich merklich. Diese wechselnde Qualität der Kontur ist es, was uns manchmal das optische Zusammensetzen von Teilen, etwa eines Puzzle-Spiels, schwierig macht, die, obwohl sie eine identische Kontur haben, sehr verschieden aussehen und nicht leicht aneinanderzufügen sind.

1.4 Geschlossenheit

Wir haben festgestellt, daß eine geschlossenere Fläche eher als Figur zu sehen ist als eine unbegrenzte. Ein ähnlicher Effekt tritt in der anderen Richtung ein: Was wir als Figur sehen, wird oft als geschlossener und festumrissener wahrgenommen als es wirklich ist. Diese Tendenz der Wahrnehmung bezeichnen wir als *Geschlossenheit.* In Abbildung 24a wird das Dreieck zum größten Teil durch *subjektive* Konturen begrenzt, Linien, die nicht wirklich vorhanden sind.

Subjektive Konturen entstehen am leichtesten, wenn uns ihr Vorhandensein hilft, eine komplexe Wahrnehmung zu vereinfachen. Wenn wir potentielle Tiefensignale heranziehen können, um uns eine Wahrnehmung zu vereinfachen, dann ist das Auftreten subjektiver Konturen besonders wahrscheinlich (Coren, 1972). In Abbildung 24a erscheint uns das Dreieck näher als die drei kleinen Kreise, da wir ein räumliches Hintereinander annehmen, um diese Abbildung deuten zu können. In Abbildung 24b kann man sich vorstellen, daß diese drei Linien miteinander verbunden ein Dreieck ergeben, aber es ist keine starke Tendenz vorhanden, die fehlenden Konturen tatsächlich zu sehen, denn durch ihre Ergänzung würden sich andere Teile des Bildes nicht vereinfachen. Tatsächlich ist es leichter, ein anderes, auf der Spitze stehendes Dreieck *vor* dem Dreieck zu sehen, das von den drei V-förmigen Spitzen gebildet wird.

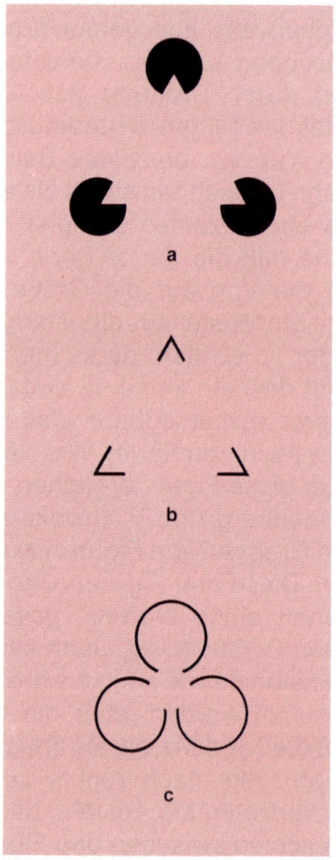

Abbildung 24: Subjektive Konturen. Was sehen Sie in jeder dieser Figuren? (Erklärung im Text.)

Man beachte, daß dieses neue Dreieck *vollständig* subjektiv ist, da keine seiner Konturen real vorhanden ist. Man beachte auch, daß noch andere Kräfte wirksam sind. In Abbildung b ist die zusätzliche Figur ein Dreieck. Welche Form hat sie in Abbildung c?

1.5 Gruppierung

In der täglichen Wahrnehmung haben wir es selten mit einer einzelnen Figur auf einem Grund zu tun; in der Regel teilen sich mehrere Figuren einen gemeinsamen Grund. Auch besteht die Tendenz, einzelne Figuren als in separaten Gruppen oder Bündeln „zusammenhängend" zu sehen. Organisationsprinzipien ähnlich oder identisch mit jenen, die beim Erkennen einer einfachen Figur wirksam sind, gelten auch für die Wahrnehmung einer Gruppierung oder „Überfigur".

Die ältesten Zusammenhangsdeutungen sind die Sternbilder. Obgleich die Orte der Sterne eines Sternbildes, wie beispielsweise für den Großen Bären, nicht mehr miteinander zu tun haben wie andere Sterne auch, werden sie im Blick von unserer Erde zu Bildern verschmolzen und scheinen so die Sternenwelt etwas verständlicher zu machen.

1.6 Nähe

Bereits in der englischen Assoziationspsychologie des 18. Jahrhunderts wurde der Faktor der Nähe als Gedächtnisstütze erkannt. Objekte, die nahe beieinander stehen, haben eine größere Tendenz, gruppiert zu werden, als weiter voneinander entfernte (s. Abb. 25a). Nähe kann sich auch auf zeitlichen statt räumlichen Abstand beziehen: Von einer Reihe von Schallreizen, die in unterschiedlichen Intervallen auftreten, werden die rasch hintereinander erklingenden eher gruppiert.

1.7 Ähnlichkeit

Im Psychischen besteht eine durchgängige Tendenz, Verwandtschaften zu entdecken – auch dort, wo sie objektiv nicht gegeben sind. Beispielsweise beim „analogen" Denken meint man, wenn etwas früher so gewesen sei, müßte es sich später ähnlich wiederholen. Ebenso ist es in der Wahrnehmung. Hier besteht die Tendenz, Reize, die einander ähnlich sind, miteinander zu gruppieren, wie es die Abb. 15b zeigt. Dieses Prinzip gilt nicht nur für den Gesichtssinn, sondern für alle Sinne.

1.8 Gute Gestalt

Unter im übrigen vergleichbaren Umständen werden Reize, die eine *gute Gestalt* bilden, bevorzugt, gleichgültig, ob es sich nun um eine einzelne Gestalt oder eine Gruppierung von ihnen handelt. Nachstehend einige Beispiele für dieses ziemlich allgemein gültige Prinzip:

1. *Gute Fortsetzung:* Hier ist es die Tendenz, Elemente so zu verbinden, daß sie die Fortsetzung einer Linie, einer Kurve oder einer Bewegung in einer bereits bekannten Richtung gestatten (s. Abb. 25c).
2. *Symmetrie:* Gemeint ist die Bevorzugung von Gruppierungen, die zu symmetrischen bzw. ausgewogenen Ganzen vereinigt werden, gegenüber solchen, die zu asymmetrischen Ganzen führen.
3. *Gemeinsames „Schicksal":* Hier handelt es sich um Gruppierungen, deren Elemente sich in dieselbe Richtung bewegen oder im Gegensatz dazu, deren Bewegungs- oder Änderungsrichtung entgegengesetzt verläuft.

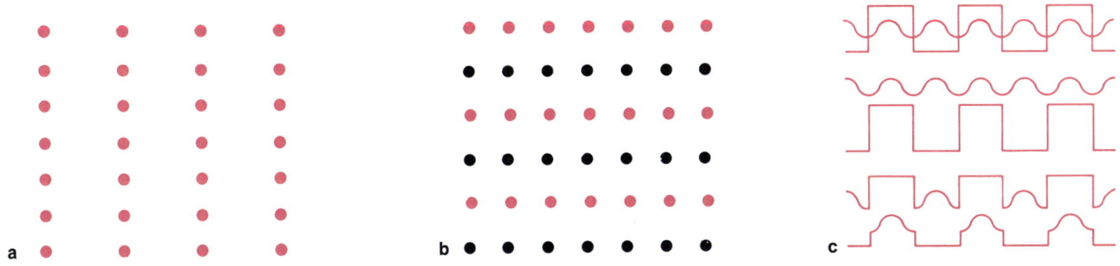

Abbildung 25: Beispiele von Gruppierung. In Abbildung a werden die Punkte als senkrechte Reihen gesehen, weil sie in der vertikalen Richtung näher beisammen sind als in der horizontalen. In Abbildung b, wo die Punkte gleich weit voneinander entfernt sind, werden die Reihen als horizontal wahrgenommen aufgrund von Gruppierung nach Ähnlichkeit. In Abbildung c bewirkt das Prinzip der guten Fortsetzung, daß wir die obere Figur als aus den beiden unmittelbar darunter befindlichen Teilen bestehend sehen, obwohl sie rein logisch betrachtet auch aus den beiden untersten Teilen bestehen konnte.

M. Wertheimer: Untersuchungen zur Lehre von der Gestalt. *Psychologische Forschung,* 1923, *4,* 301–350; Nachdruck mit Genehmigung des Springer-Verlages.

Es ist nicht schwierig, das Prinzip der guten Gestalt auf einfache Beispiele anzuwenden, wie in Abbildung 25, aber eine allgemeine Definition von „Güte“ versteht sich dennoch nicht von selbst. Einige Fortschritte auf eine brauchbare Definition kennzeichnet Box 2/12.

1.9 Veränderung der Organisation

Wenn die Reize, die unsere Rezeptoren erreichen, sich ändern, dann treten auch oft Veränderungen in der Wahrnehmung ein. Das ist nicht immer der Fall, und die Bedeutung von Konstanz in der Wahrnehmung trotz Änderungen der Reizeinwirkung wird im nächsten Kapitel hervorgehoben werden. Im Augenblick müssen wir uns jedoch mit der umgekehrten Alternative befassen: oft tritt eine Änderung der Wahrnehmung ohne Änderung der Sinnesreize ein.

Manche Veränderungen der Wahrnehmung ereignen sich infolge eines Wandels der Erwartungen, der Einstellung oder der Aufmerksamkeit des Beobachters. Manche scheinen spontan einzutreten, und das Phänomen der Oszillation zwischen zwei alternativen Sichtweisen *(Kippfiguren)* ist besonders faszinierend. Die Beispiele in Abbildung 26 zeigen, daß die alternative Sicht manchmal einen Austausch von Figur und Grund beinhaltet (der weiße Kelch), aber in anderen Fällen (der Neckerwürfel) ändert die Figur einfach ihre Struktur oder Anordnung (s. Box 2/13).

Bis zu einem gewissen Grad können Fluktuationen in der Wahrnehmung bewußt vom Betrachter gesteuert werden, teilweise durch Verlagerung des optischen Fixierungspunktes. Der Betrachter kann jedoch weder das Fluktuationstempo völlig kontrollieren noch welche Ansicht er überwiegend sehen wird. Wie aus Box 2/14 (S. 80) hervorgeht, haben die Merkmale eines Reizes, die bewirken, daß diese als Figur in einer klaren optischen Szene gesehen wird (S. 70), auch die Tendenz, das Gesehene als Figur aus dem reversiblen Figur-Grund-Muster herauszuheben.

1.10 Sättigung der Organisation

Wenn wir annehmen, daß eine von zwei Alternativen eine „bessere“ Figur ergibt und daß der Betrachter seine Fixierung oder Aufmerksamkeit

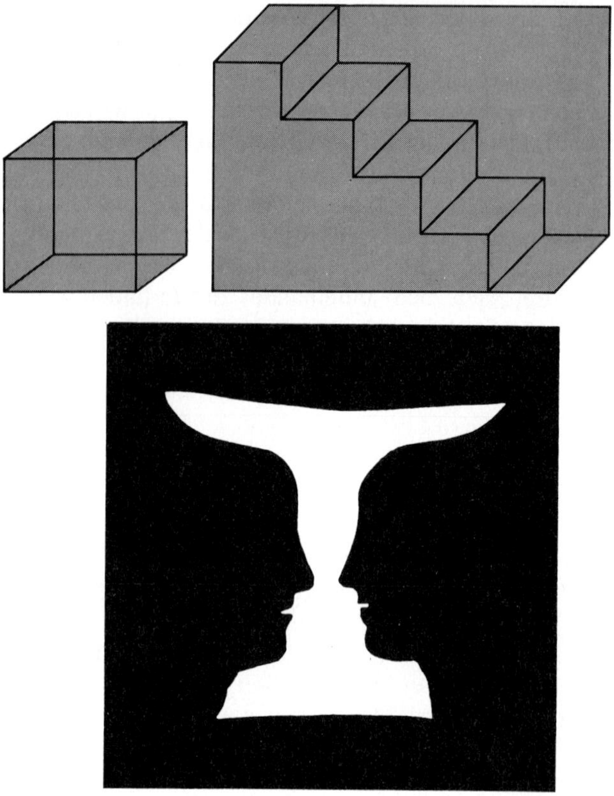

Abbildung 26: Drei Beispiele von reversiblen Figuren, sogenannten „Kippfiguren“. Versuchen Sie in jedem Fall kontrolliert wahrzunehmen. Analysieren Sie, was Sie tun. Haben Sie verschiedene Punkte der Figuren fixiert, als Sie das „Umspringen“ der Figuren bewirkten? Welche Verallgemeinerungen können Sie darüber machen, wie sich der Fixierungspunkt zur Organisation der Wahrnehmung verhält? Können Sie das Umspringen der Figuren auf diese Weise nach Belieben steuern?

nicht verändert, warum finden dann die Umkehrungen statt? Eine frühe Theorie besagte, daß im Gehirn irgendein Vorgang der *Sättigung* eintritt. Das heißt, es wurde angenommen, daß eine bestimmte Wahrnehmung von der Aktivität eines gewissen Hirnsystems abhänge und daß bei Andauern der Wahrnehmung in diesem speziellen Areal eine allmähliche (Über)Sättigung oder Ermüdung eintrete. Schließlich ist das System nicht mehr imstande zu funktionieren, die Wahrnehmung verblaßt und das alternative System und dessen Wahrnehmung dominiert vorübergehend. Wenn das zweite System übersättigt ist, hat sich das erste erholt, usw.

Es gibt keinen unmittelbaren Beweis, der die obige Hypothese bestätigt, aber wenn wir von dem speziellen Begriff der *Sättigung* absehen und allgemeiner an *Anpassung (Adaptation)* denken, scheint diese Erklärung durchaus plausibel. Abbildung 27 zeigt, daß eine Voraussage, die sich aus der Sättigungs- bzw. Adaptationsthese ergibt, durch ein psychologisches Experiment bestätigt wird: Die Darbietung einer der beiden Alternativen bewirkt, daß jeweils die andere Alternative zunächst nicht gesehen wird, um erst bei der Gegenalternative aufzutauchen.

2 Konstanz in der Wahrnehmung

Die Reizverhältnisse ändern sich ständig. Um nicht beispielsweise bei Beleuchtungswechseln plötzlich andere Dinge wahrzunehmen, verhindert ein zentraler Wahrnehmungsmechanismus das ständige Umkippen. Dieses „Konstanthalten" trotz wechselnder Reizbedingungen bezieht sich auf verschiedene Merkmale wie Helligkeit, Größe, Lage, Gestalt oder Färbung.

2.1 Perzeptive Konstanzen

Wenn sich der Reiz verändert, ändert sich auch die Wahrnehmung. Dieser Satz ist richtig und falsch zugleich. Wenn Sie ein am anderen Ende des Zimmers liegendes Buch anschauen, wird es Ihnen mit ziemlicher Sicherheit rechteckig erscheinen, obwohl der Teil der Netzhaut, der davon stimuliert wird, mit ziemlicher Sicherheit *nicht* rechteckig ist. Legen Sie das Buch jetzt in verschiedene Stellungen näher und weiter weg im Raum, in den Schatten und ins Licht: Seine *wahrgenommene* Größe, Form, Helligkeit und Farbe werden sich sehr wenig (falls überhaupt) verändern, während sich all diese Aspekte des *Reizes* mit jedem Stellungswechsel wandeln. Schnee in tiefem Schatten wirkt immer noch weiß und Kohle in der Sonne immer noch schwarz, obwohl die Lichtstärke, die vom Schnee auf das Auge ausgeht, zumeist geringer ist als die der Kohle. Der adaptive Wert der *Konstanz,* wie dieses Phänomen genannt wird, liegt auf der Hand. Indem wir eine stabile Wahrnehmung von Objekten und ihren Eigenschaften beibehalten, finden wir uns besser in unserer Umwelt zurecht.

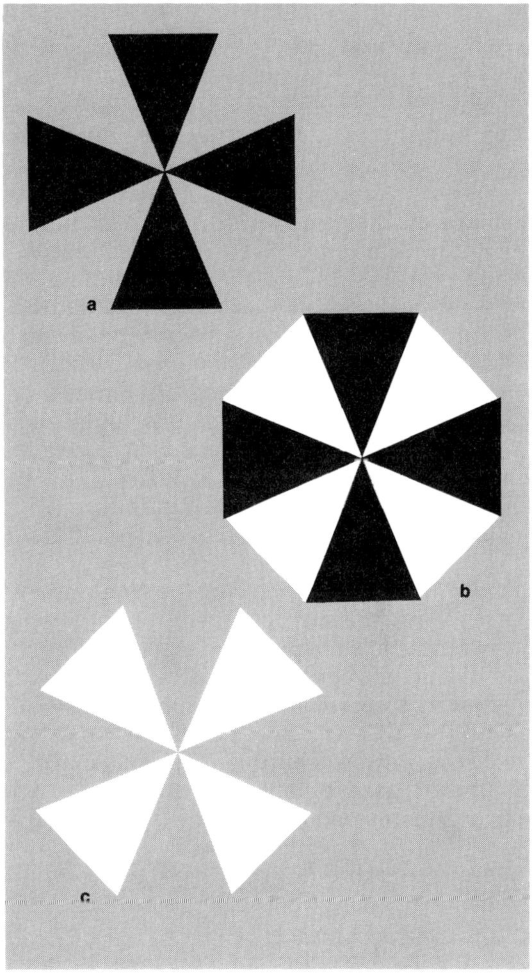

Abbildung 27: In der Abbildung b wird abwechselnd ein schräges weißes Kreuz und ein senkrecht-waagerechtes schwarzes Kreuz als Figur gesehen. Der Grad, in dem das eine leichter gesehen wird als das andere, kann durch vorherige Darbietung einer der beiden Alternativen (Abb. a oder Abb. c) beeinflußt werden. Schauen Sie Abbildung a 60 Sekunden lang an, wobei Sie den Blick unbeweglich auf die Mitte fixiert halten. Fixieren Sie danach die Mitte von Abbildung b. Sie werden eher dazu neigen, das schräge weiße Kreuz zu sehen. Wiederholen Sie den Versuch, indem Sie diesmal Abbildung c fixieren, und schauen Sie dann wieder auf Abbildung b. Jetzt wird eher die schwarze Figur hervortreten. Sind diese Ergebnisse auf die frühere Darbietung einer bestimmten *Farbe* der Figur oder einer bestimmten *Stellung* der Figur zurückzuführen? Wie können Sie das unter Benutzung der obigen Abbildungen herausfinden?

BOX 2/13

Fische und Vögel

Die monokularen (einäugigen) Anhaltspunkte für Tiefe, die in einem Bild vorhanden sind (s. 2. Kap.) wurden von Leonardo da Vinci beschrieben, lange bevor es Psychologen gab, die sie hätten entdecken können. Psychologen verdanken der Kunst immer noch Ideen, Inspirationen und Herausforderungen, aber während des letzten Jahrhunderts scheinen auch manche Künstler durch die Forschungen von Psychologen und anderen Wissenschaftlern Einsichten und Erkenntnisse für ihre Arbeit gewonnen zu haben.

Marianne Teuber ist eine Kunsthistorikerin, die diese Beziehungen eingehend erforscht hat. Teuber hat darauf hingewiesen, daß der Maler Paul Klee (1879–1940) in vielen seiner Werke Kippfiguren verwendet hat, nachdem er ein berühmtes wissenschaftliches Buch kennengelernt hatte („Grundlinien der Lehre von den Bewegungen", Leipzig 1875, von dem Physiologen und Physiker Ernst Mach), in dem diese beschrieben waren. Teuber erwähnte auch den Zusammenhang zwischen wissenschaftlichen Veröffentlichungen von Figuren und Mustern wie in Abbildung A zu sehen und ähnlichen Entwürfen der Op Art der sechziger Jahre. (Fixieren Sie einen Moment lang den Mittelpunkt von Abbildung A. Schauen Sie dann auf eine helle Fläche.)

A

Die Arbeiten des holländischen Malers und Graphikers Maurits C. Escher sind in diesem Zusammenhang besonders interessant. Teuber meint, daß Escher mit den Veröffentlichungen von Psychologen vertraut gewesen sein müsse, die Figur-Grund-Umkehrungen studierten, wie Edgar Rubin und Molly Harrower. Eschers symmetrische Zeichnung von Fischen und Vögeln (Abb. B) exemplifiziert den Gedanken der Äquivalenz, über den Harrower geschrieben hatte – die Tatsache, daß alternative Figuren etwa dieselbe Größe, Einfachheit etc. aufweisen müssen, wenn sie ein ambiges, reversibles Muster bilden sollen. Eine der bekanntesten Lithographien Eschers, *Belvedere,* ist in Abbildung C zu sehen. Der Künstler gab an, daß er die Inspiration zu diesem Werk teilweise dem Bild eines umkehrbaren Würfels verdanke. Man beachte, daß das Rätsel des reversiblen Würfels nicht nur in dem unmöglichen Bauwerk enthalten ist. Das unmögliche Modell, das der Junge in der Hand hält, und die zweidimensionale (und daher mögliche) Zeichnung zu seinen Füßen verkörpern ebenfalls das Prinzip.

Der Künstler geht mit der Erschaffung eines faszinierenden Erlebnisses für die Sinne und den Geist weit über den Psychologen hinaus, aber das hervorgerufene Erlebnis sollte uns schließlich durch wissenschaftliche Erklärung verständlich werden.

M. Teuber: Sources of ambiguity in the prints of Maurits C. Escher. *Scientific American,* 1974, *231,* 90–104. Abbildung A hat Ähnlichkeit mit einer in diesem Artikel erscheinenden Illustration.

M. Teuber: New aspects of Paul Klee's BAUHAUS style. Paul Klee, Paintings and Watercolors from the Bauhaus Years, 1921–1931. Des Moines Art Center, 1973.

Abbildung B und C aus The Graphic Works of M. C. Escher. New York: Ballantine Books, 1971, S. 10 und 74.

B

C

2.2 Größenkonstanz

Größenkonstanz können wir restlos erklären, wenn wir annehmen, daß die wahrgenommene Größe durch ein Zusammenwirken der Größe des Netzhautbildes mit der scheinbaren Entfernung eines bestimmten Objekts zustandekommt. Wenn sich ein Objekt weiter entfernt, nimmt seine Größe auf der Netzhaut ab und seine vermutliche Distanz erhöht sich, aber seine wahrgenommene Größe bleibt dieselbe. Von zwei Objekten, die Netzhautbilder gleicher Größe ergeben, erscheint uns das Objekt, das weiter weg zu sein scheint, in der Regel größer. Diese These ist ganz leicht zu demonstrieren. Schauen Sie etwa 30 Sekunden lang auf 3 cm großes Quadrat aus weißem Papier, das sich in etwa 30 cm Entfernung vor einem dunklen Hintergrund befindet, dann schauen Sie auf eine helle Fläche in etwa derselben Entfernung. Sie werden bemerken, daß das Nachbild – ein dunkles Quadrat –, das Sie dort sehen, etwa dieselbe Größe hat wie das ursprüngliche Quadrat. Schauen Sie schließlich auf eine entferntere Fläche wie die Wand des Zimmers. Sie werden sehen, daß dort das Nachbild viel *größer* ist, obwohl sich der betroffene Teil der Netzhaut (der durch das helle Quadrat erregt wurde) offensichtlich nicht geändert hat. Dieses Verhältnis der wahrgenommenen Größe des Nachbildes und seiner (wahrgenommenen) Entfernung ist das sogenannte Emmertsche Gesetz (s. Abb. 28, S. 81).

Daraus scheint sich zu ergeben, daß dem Betrachter Informationen über die Entfernung zur Verfügung stehen müssen, damit die Größenkonstanz wirksam bleibt, und dies ist tatsächlich bewiesen worden. In beschränktem Maß kann diese Information unmittelbar von dem Reizobjekt selbst stammen. Leibowitz (1971) hat gezeigt, daß die wahrgenommene Größe eines weißen Objekts in einem im übrigen dunklen Umfeld schwankte, da ein unterschiedliches Maß an Akkommodation und Konvergenz nötig waren, um es mit den Blikken zu fixieren. Das bedeutet, daß Akkommodations- und Konvergenzsignale, die von einem realen Objekt in verschiedenen Entfernungen stammen, uns nicht nur über seine Entfernung informieren können, sondern uns auch sagen, daß das Objekt als solches seine Größe nicht verändert.

Es sollte uns jedoch nicht überraschen, daß diese „nichtvisuellen" Anhaltspunkte der Akkommodation und Konvergenz nur von begrenztem Nutzen

BOX 2/14

Weißes Kreuz oder schwarzes Kreuz?

Die Experimente von Oyama sind gute Beispiele dafür, wie man bestimmen kann, welche Aspekte des Reizes das beeinflussen, was man in einer reversiblen Figur sieht. In Oyamas Versuch betrachtete der Proband ständig ein einziges Reizmuster (wie Abb. B) und sollte dabei berichten, welche der beiden Figuren (das weiße oder das schwarze Kreuz) er im jeweiligen Moment sah. Der Proband registrierte das, indem er einen von 2 Knöpfen drückte, die die Figuren repräsentierten. Da die Knöpfe mit zwei Uhren verbunden waren, wurde dadurch die Betrachtungszeit jeder Figur im Laufe von einer Minute aufgezeichnet. Das Verhältnis dieser beiden Zeiten ist das Maß an relativer Dominanz der beiden Figuren in einem bestimmten Versuch.

Oyama untersuchte den Einfluß von vier Faktoren. Erstens fand er durch Darbietung verschiedener Muster, die von Kreuzen mit gleichen Winkeln bis zu einem dünnen und einem dicken Kreuz reichten, heraus, daß, je dünner das Kreuz war, desto länger als Figur gesehen wurde; wenn alle Winkel gleich breit sind, werden beide Kreuze etwa die halbe Zeit gesehen. Zweitens entdeckte Oyama, indem er ein Kreuz ständig schwarz (oder weiß) hielt und die Helligkeit des anderen variierte, daß das konstante Kreuz dominant war, wenn sich die Helligkeit des variablen Kreuzes dem Grau des Hintergrundes näherte. Außerdem hatte Weiß die Tendenz, gegenüber Schwarz zu dominieren. Drittens stellte er fest, daß Farbe einen Einfluß darauf hat, welches Kreuz als Figur gesehen wird. Rote Kreuze werden häufiger als Figur gesehen, blaue Kreuze weitaus weniger. Farben zwischen Rot und Blau im optischen Spektrum liegen auch hinsichtlich ihrer Dominanz in der Mitte. Viertens erwiesen sich Kreuze in vertikalhorizontaler Stellung als dominant gegenüber schräg liegenden Kreuzen.

Bei jedem dieser Versuche wurde nur ein einziger Faktor abgewandelt. Um die Wirkung der Stellung zu bewerten, wurden beispielsweise schwarze und weiße Kreuze mit gleichen Winkeln verwendet und nur ihr relativer Neigungsgrad verändert. Aber sind diese Faktoren kumulativ? (Ist beispielsweise die Dominanz eines dünnen gegenüber eines dicken Kreuzes größer, wenn das dünne Kreuz rot und das dicke Kreuz blau ist?) Der Leser kann selbst Daten zur Beantwortung dieser Fragen sammeln. Abbildung A sollte einen auffallenden Dominanzeffekt ergeben – d.h. eines der Kreuze sollte die meiste Zeit mit wenigen Umkehrungen Figur bleiben. Abbildung B sollte häufige Umkehrungen bewirken. Können Sie erklären warum?

A

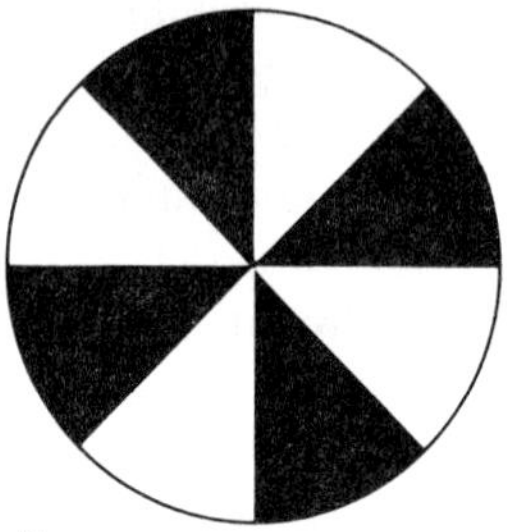

B

T. Oyama: Figur – ground dominanz as a function of sector angel, brightness, hue and orientation. Journal of experimental Psychology, 1960, *60*, 299–305. Nachdruck der Abbildung mit Genehmigung der American Psychological Association.

für die Erzielung der Größenkonstanz sind. Wie anhand dessen, was wir über ihre Rolle in der Entfernungswahrnehmung (s. 2. Kap.) gelernt haben, vorauszusagen war, sind sie nur bei Objekten wirksam, die sich nicht weiter als etwa einen Meter von den Augen entfernt befinden. Jenseits dieser Entfernung kommen andere Wissensquellen über Distanz ins Spiel, und das Resultat bleibt im allgemeinen durchaus zutreffend. Wenn sich ein Objekt entfernt, nimmt seine Netzhautgröße ab, aber seine vermutete Entfernung erhöht sich und seine wahrgenommene Größe bleibt deshalb konstant. Konstanzen sind jedoch nicht notwendigerweise vollkommen. Wie wir sehen werden, kann die Größenkonstanz bei Personen, die aufgrund ihres Alters oder kultureller Faktoren weniger Erfahrung mit der Interpretation von Entfernungsinformationen hatten, „unternormal" reagieren. Aber wir sollten uns nicht zu überlegen fühlen. Haben Sie je bemerkt, wie „niedlich und winzig"

Abbildung 28: Eine Illustration des Emmertschen Gesetzes (siehe Text). Das Nachbild auf der entfernten Fläche sieht ebenso groß aus, wie ein dort befindliches Objekt sein müßte, um ein Netzhautbild derselben Größe hervorzurufen wie dasjenige, das vom ursprünglichen Reiz ausgelöst wurde.

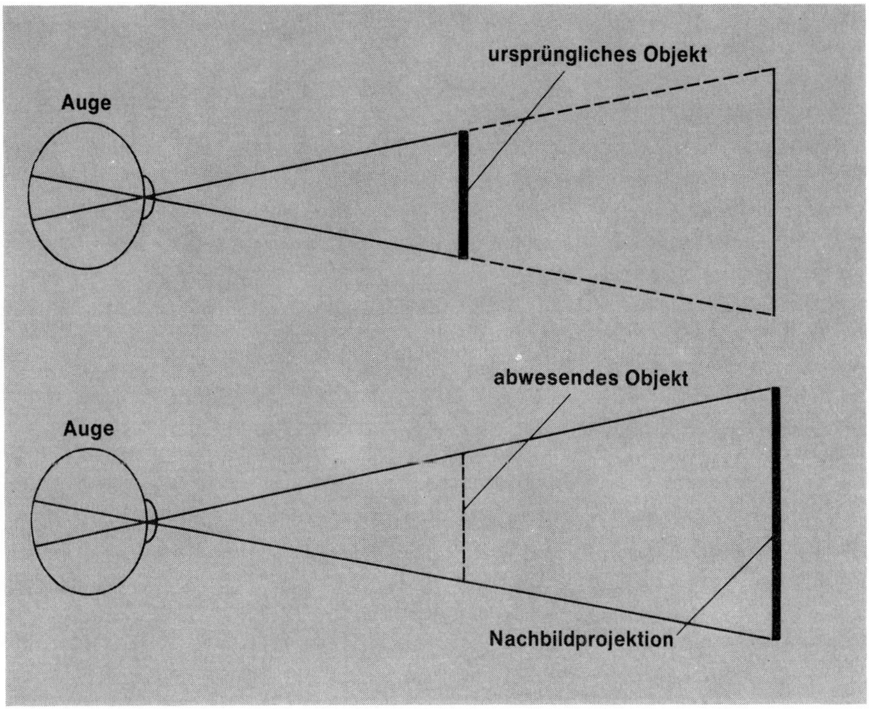

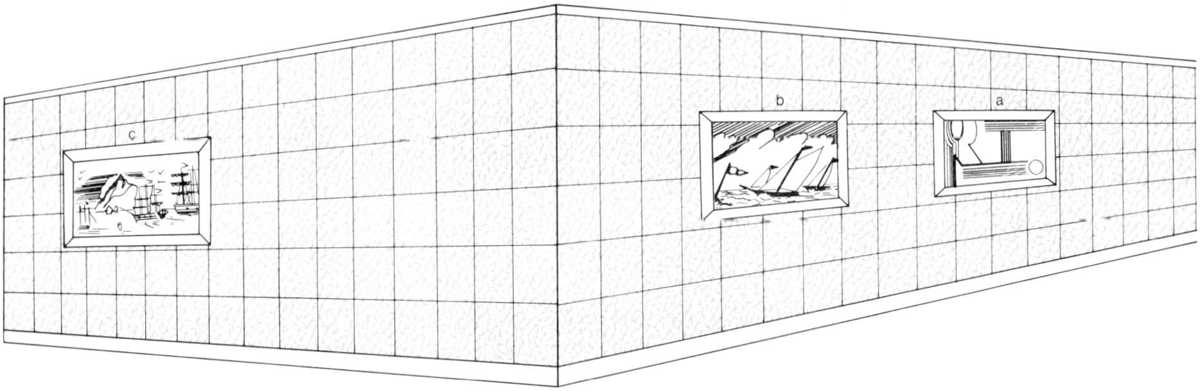

Abbildung 29: Betrachten Sie die Bilder auf dieser Abbildung. Die Bilder a und b sind gleich groß, obwohl ihre Netzhautprojektionen sicher ungleich sind. Die Größe jeder Netzhautprojektion in Relation zu der Projektion ihrer Umgebung bleibt dieselbe. Bild c bewirkt dieselbe Netzhautprojektion wie b, erscheint jedoch größer. Warum?

Häuser, Autos und Gebäude aus einem Flugzeug gesehen wirken? Dies ist ein Beispiel eines Versagens der Größenkonstanz, das die meisten Menschen befällt.

Aus all dem sollte nicht der Schluß gezogen werden, die Relation zwischen Entfernungswahrnehmung und Größenwahrnehmung bedeute, daß wir beim normalen Sehen ständig bewußt Berechnungen durchführen, um uns ein Bild von der Größe eines Objekts machen zu können. Manche Psychologen (s. 2. Kap.) würden sogar den Standpunkt vertreten, daß es nicht richtig sei, die Vorstellung auch nur zu erwähnen, daß eine separate Entfernungswahrnehmung die Größenwahrnehmung beeinflusse; wir sollten einfach sagen, daß die Größenwahrnehmung eines Objekts auf dem Verhältnis zwischen seiner Netzhautgröße und den übrigen Teilen des Gesichtsfeldes basiere oder auf der Zahl von Elementen einer strukturierten Oberfläche, die es „berührt" (s. Abb. 29).

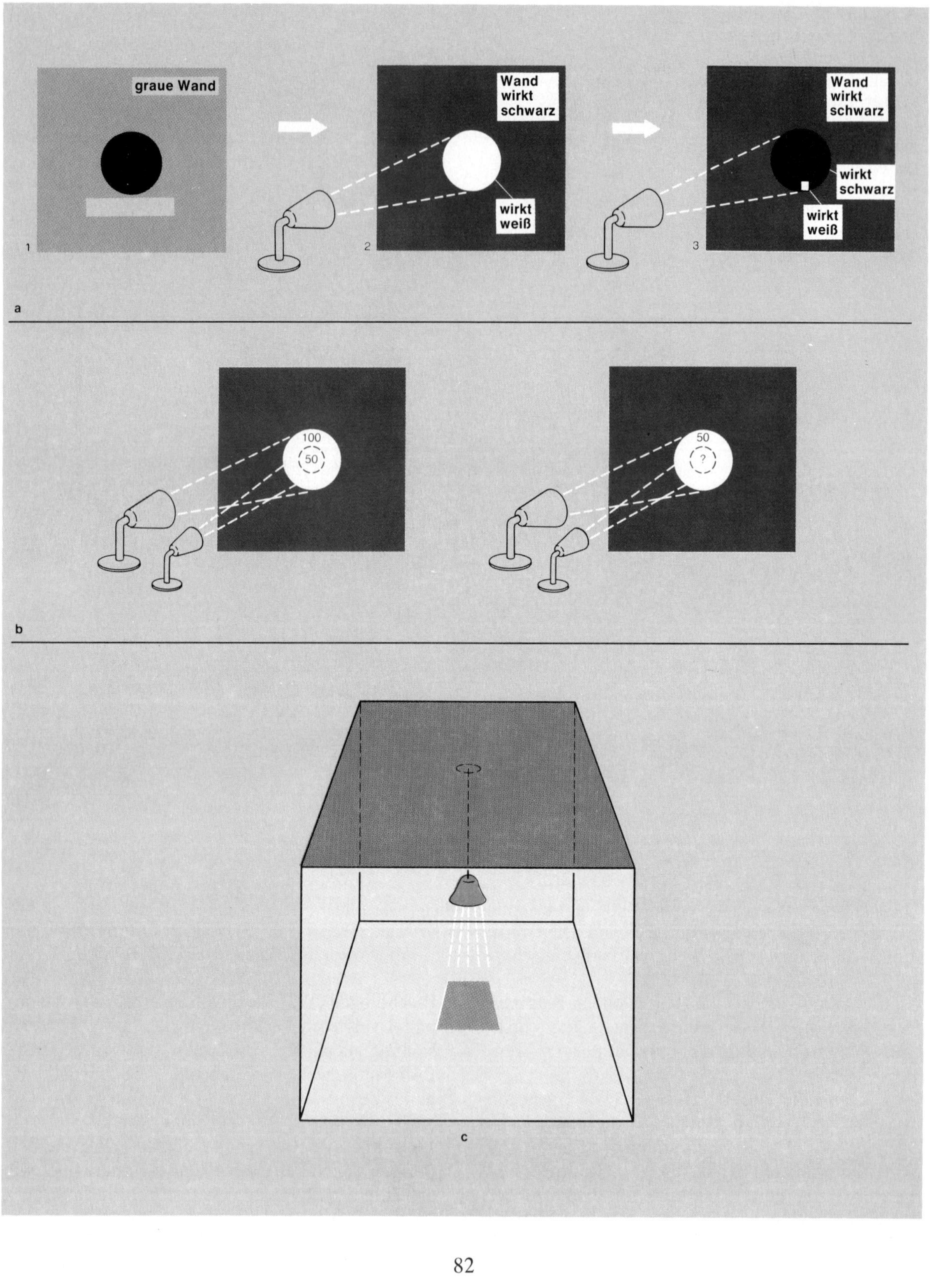
graue Wand
1
Wand
wirkt
schwarz
wirkt
weiß
2
Wand
wirkt
schwarz
wirkt
schwarz
wirkt
weiß
3
a
100
50
50
?
b
c

2.3 Helligkeits- und Farbkonstanz

In Hinblick auf die Helligkeits- und Farbkonstanz gelten dieselben allgemeinen Prinzipien wie bei der Größenkonstanz. Wir erzielen Konstanz der wahrgenommenen Helligkeit oder des Farbtons, selbst wenn sich die Stärke oder Wellenlänge des Lichts, die vom Objekt auf das Auge trifft, verändert hat, denn die Intensität und/oder Wellenlänge des Lichts, die von anderen Teilen des Gesichtsfeldes ausgehen, haben sich ebenfalls verändert. Versuche haben gezeigt, daß die wahrgenommene Helligkeit eines Objekts unverändert bleibt, wenn das Verhältnis des von ihm ausgehenden Lichts verglichen mit dem Licht, das seine Umgebung ausstrahlt, ebenfalls konstant bleibt (s. Abb. 30).

2.4 Formkonstanz

Ein Frisbee (oder ein Teller) fliegt durch die Luft. Während seines Fluges verändert sich wiederholt die Form des Bildes, die er auf der Netzhaut eines Beobachters auslöst. Diese Form wird gewöhnlich irgendeine Ellipse sein, es kann aber auch gelegentlich ein Kreis oder sogar eine gerade Linie sein (wenn der Rand des Objekts zum Auge zeigt). Dennoch wird der Beobachter während dieser ganzen Zeitspanne das *Objekt* richtig als kreisförmig wahrnehmen (s. Abb. 31). Wie hier dargestellt, muß die Formkonstanz von Informationen über die Stellung des Objekts, und zwar im Zusammenspiel mit der Form des Netzhautbildes abhängen. Es ist nicht überraschend, daß die Formkon-

Abbildung 31: Formkonstanz in Aktion. Der Frisbee wirft ein Bild auf die Netzhaut jedes Spielers. Fast sicher sind keine zwei Bilder identisch; trotzdem nehmen die Spieler den Frisbee als kreisförmig wahr.

◀ *Abbildung 30:* In Abbildung a1 befindet sich eine schwarze Scheibe in einem dunklen Raum, aber nur diese Scheibe wird durch ein projiziertes Licht erleuchtet (Abb. a2). Die Scheibe wirkt weiß und der übrigen Raum schwarz. Wenn nun ein kleines Stück weißes Papier am Rand der Scheibe befestigt wird (so daß auch dieses beleuchtet ist), wirkt die Scheibe sofort schwarz (a3). Einen noch präziseren Beweis, daß die Helligkeitswahrnehmung (und damit die Helligkeitskonstanz) von der Verhältnismäßigkeit der Lichtstärke abhängt, liefert der in Abbildung b dargestellte Versuch. Die inneren Kreise sollen miteinander verglichen werden. Wenn die Lichtstärken der anderen 3 Felder wie gezeigt sind, dann muß der innere Kreis rechts mit einer Lichtstärke von 25 bestrahlt werden, damit die beiden inneren Kreise gleich hell erscheinen; auf diese Weise haben beide dasselbe Helligkeitsverhältnis zu ihrer unmittelbaren Umgebung. Schauen Sie aber jetzt Abbildung c an. Wenn das Objekt in der Mitte als am Boden liegendes Rechteck gesehen wird und man somit annimmt, daß es von oben voll beleuchtet wird, erscheint es dunkler, als wenn man es als ein auf der Seite stehendes Trapez ansieht, das nur teilweise beleuchtet wird. Die Helligkeit hängt somit nicht nur von der erhaltenen Lichtstärke ab, sondern auch von unserer „Kenntnis" der Lichtverhältnisse.

A. Gelb: Die „Farbenkonstanz" der Sehdinge. *Handbuch der Normalen und Pathologischen Physiologie,* 1929, *12,* 594–678.

J. Hochberg u. J. Beck: Apparent spatial arrangement and perceived brightness. *Journal of Experimental Psychology,* 1954, *47,* 263 bis 266.

H. Wallach: Brightness Constancy and the nature of achromatic colors. *Journal of Experimental Psychology,* 1948, *38,* 310–324.

stanz nachläßt, wenn dem Beobachter nicht gestattet wird, Informationen über die Stellung im Raum unbeschränkt auszuwerten (Leibowitz u. Bourne, 1956).

Man könnte den Frisbee-Beobachter natürlich auch auffordern, seine Einstellung zu verändern und nicht die wahre Form des Objekts, sondern die Form seiner Netzhautbilder zu beschreiben. Manche Menschen können das einigermaßen richtig, wenn auch nicht vollkommen. Sie können die Tendenz zu naturgetreuer Wahrnehmung nicht ganz ausschalten. Das heißt, die Informationen über die Stellung des Objekts werden auch weiterhin ihre Urteile beeinflussen, was erneut zeigt, daß Konstanzen in der Wahrnehmung automatisch und nicht durch einen bewußten und beabsichtigten Vorgang entstehen (Lappin u. Preble, 1975).

2.5 Muster und Wahrnehmungen

Wir sind aufs neue zu der Erkenntnis gekommen, daß das Gesamtmuster der Reizinformationen in Betracht gezogen werden muß, bevor ein umfassendes Verständnis des perzeptiven Resultats möglich ist. Ähnliches trifft in Hinblick auf komplexere Wahrnehmungen zu, die über die einfachen Konstanzen hinausgehen.

Wenn Sie eine Melodie hören und sie dann nochmals in einer höheren oder tieferen Tonart vernehmen, dann werden Sie sie als dieselbe erkennen, obwohl sich jetzt jede einzelne Note von der korrespondierenden der ersten Darbietung unterscheidet. Der Grund dafür ist natürlich, daß das *Muster,* die *Gestalt* des Reizes unverändert blieb. In ähnlicher Weise können Sie die Äquivalenz zweier Rhythmen erkennen, die in verschiedenen sensorischen Modalitäten dargeboten werden (beispielsweise blinkende Lichter oder Klopfzeichen auf Ihrer Haut). Bei den beiden Melodien werden Sie wahrscheinlich die Unterschiede in der Tonhöhe wahrnehmen. Im Falle der Lichter oder Klopfzeichen würden Sie fast sicher wissen, welches davon was ist! Trotzdem ist die Identität der Wahrnehmung infolge der Identität der Gestalt des Reizkomplexes eindrucksvoll und wichtig.

3 Unterschiede in der Wahrnehmung

Es fällt uns nicht schwer, bestimmte große Unterschiede in der Wahrnehmungsfähigkeit wie den Unterschied zwischen Blinden und Sehfähigen oder auch den Unterschied zwischen Normalsichtigkeit und Kurzsichtigkeit zu akzeptieren. Es können jedoch auch andere individuelle Unterschiede existieren, die schwer zu erkennen sind. Wir haben bereits darauf hingewiesen, daß ein so gravierendes Phänomen wie die Farbenblindheit erst seit relativ kurzer Zeit bekannt ist. Es ist möglich, daß das Kind, das sich weigert, Spinat zu essen, tatsächlich ein ganz anderes Geschmackserlebnis durch diesen Reiz hat als die Eltern, die versuchen, ihn ihm aufzudrängen. Psychologen sind skeptisch geblieben, wieweit die Unterschiede in den Wahrnehmungsprozessen, insbesondere bei komplexen Wahrnehmungen, reichen.

3.1 Geschlechtsunterschiede

McGuinness (1976) hat eine Reihe von Versuchen resümiert, die Geschlechtsunterschiede in den verschiedenen sensorischen Systemen erkennen lassen. Frauen scheinen niedrigere Schwellen für Geruchs-, Gehör-, Druck- und Schmerzreize zu haben, während in Hinblick auf einige visuelle Funktionen (beispielsweise Sehschärfe) Männer im Schnitt besser abzuschneiden scheinen.

Dagegen ist die unterschiedliche Häufigkeit bei der Farbenblindheit gesichert: sie tritt bei Frauen erheblich seltener auf (z.B. für die Rot-Grün-Blindheit bei Männern zu ca. 5%, bei Frauen zu 0,25%).

Um insgesamt ein Urteil über die Geschlechtsunterschiede für die Wahrnehmungen abgeben zu können, ist es nötig, alternative Erklärungen sehr sorgfältig zu untersuchen. Um beispielsweise einen Geschlechtsunterschied in Hinblick auf taktile Empfindlichkeit behaupten zu können, muß man sicher sein, daß die festgestellten Unterschiede nicht auf Unterschieden in der Haut (Schwielen, „Hausfrauenhände“) zurückzuführen sind, die durch den unterschiedlichen Lebensstil der untersuchten Personen zustandekommen. Befunde, die gegen solche Alternativen sprechen, ergeben sich jedoch aus der Tatsache, daß manche dieser sensorischen und perzeptiven Funktionen (und damit die Unterschiede zwischen den Geschlechtern) durch hormonelle Veränderungen modifiziert werden, sei es die normalen, die den Menstruationszyklus hervorrufen, oder solche, die durch Verabreichung von Geschlechtshormonen entstehen.

Die Geschlechter unterscheiden sich auch etwas in bezug auf bestimmte komplexere Wahrnehmungsaufgaben, insbesondere solche, die sich auf räumliche Relationen beziehen (Maccoby u. Jacklin, 1974). So gelingt es Männern beim Versteckte-Figuren-Test (Abb. 32) im Schnitt „besser" als Frauen, die einfachere Figur zu finden, die in den komplexeren verborgen ist. Es ist wichtig, darauf hinzuweisen, daß es ziemlich willkürlich ist, die männlichen Resultate als *besser* zu bezeichnen; man könnte genauso gut sagen, es sei „besser", die komplexere Figur als Gesamtform zu sehen und sich nicht durch die Details der verschiedenen Teile ablenken zu lassen, aus denen sie zusammengesetzt ist. Ähnliche Überlegungen gelten für viele andere Gruppen- und individuelle Unterschiede und nicht nur im Bereich der Wahrnehmung.

Was ist von all diesen Unterschieden zu halten? Es ist keineswegs klar, ob sie eine adaptive Bedeutung haben, obwohl wir uns phantasievolle Erklärungen in bezug auf die vermutlichen Geschlechtsrollen unserer frühesten Vorfahren zurechtbasteln können. Sinnvoller erscheint jedoch der Schluß, daß es sich einfach um geringfügige Nebenwirkungen der hormonellen und zerebralen Differenzen handelt, die in der Tat Männer von Frauen unterscheiden und die sich in anderer, bedeutsamerer Weise auf die Physiologie und das Verhalten auswirken.

Es schadet jedoch nicht, wenn wir uns jetzt erneut daran erinnern, daß die Welt ein verschiedener Ort für verschiedene Individuen ist und daß einige, aber nicht alle Unterschiede in der Wahrnehmung auf erbliche Unterschiede zurückzuführen sind.

3.2 Folgen der Erfahrung

Anzeichen dafür, daß Unterschiede in der Wahrnehmung in gewissem Maß durch angeborene Faktoren (wie Geschlecht) beeinflußt werden, sagen im Grunde nichts über die Frage Nativismus versus Empirismus (angeboren oder erworben) aus. Gibt es Unterschiede in der Wahrnehmung, die aus

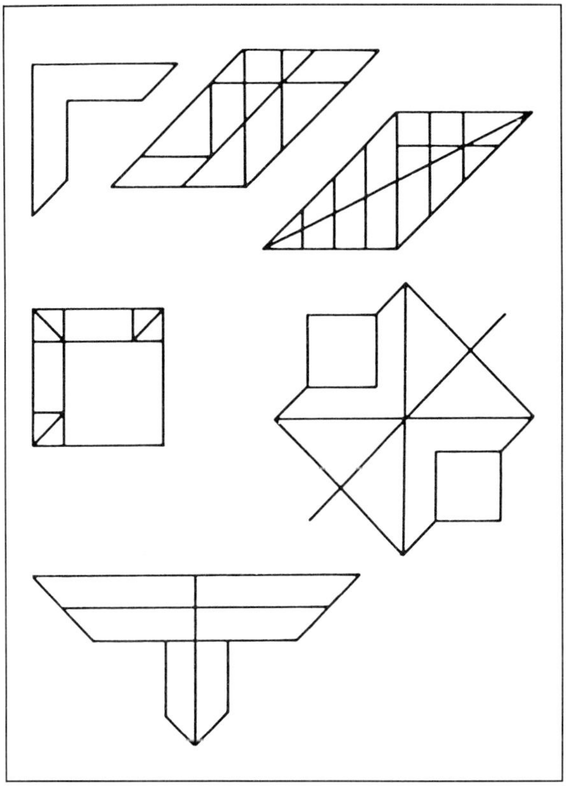

Abbildung 32: Ein Test mit versteckter Figur. Bei dieser Version des Tests wird die Vp einfach aufgefordert, so schnell wie möglich festzustellen, wo die einfache, links oben abgebildete Figur in den komplexeren Figuren enthalten ist.

H. Teuber u. S. Weinstein: Ability to discover hidden figures after cerebral lesions. *Archives of Neurology and Psychiatry,* 1956, *76,* 369–379. Nachdruck mit Genehmigung der American Medical Association.

Unterschieden in der Erfahrung resultieren? Im 2. Kapitel wird darauf hingewiesen, daß die normale Entwicklung und Aufrechterhaltung der Tiefenwahrnehmung in der Kindheit von ausreichenden sensorischen und motorischen Erfahrungen abhängt. Aber gibt es andere allgemeine Ursachen, die zu unterschiedlichen Wahrnehmungsstilen im Erwachsenenalter führen?

3.3 Kulturelle Unterschiede

Anthropologen und Forschungsreisende haben uns einigermaßen überzeugende Berichte über Unterschiede in den perzeptiven Fähigkeiten von Völkern verschiedener Kulturen geliefert. So wird

BOX 2/15

Elefant oder Antilope?

„Was sehen Sie? Was macht der Mann? Welches Tier ist näher bei ihm?" Diese oder ähnliche Fragen wurden von mehreren Psychologen in Afrika und Europa an viele Probanden gerichtet, nachdem man ihnen Bilder wie das nachstehende (A) gezeigt hatte. Der Urheber dieses Tests, W. Hudson, klassifizierte die Antworten als charakteristisch für zweidimensionale oder dreidimensionale Wahrnehmung. Vpn, die meinten, der Jäger ziele auf den Elefanten oder der Elefant sei näher bei ihm, wurden als unfähig eingestuft, die Entfernungskriterien der Ortslage, der bekannten Größe und der Höhe im Bild zu verwerten, die sämtlich zu einer dreidimensionalen Deutung führen würden, wonach es der Jäger auf die Antilope abgesehen hat. Hudsons Ergebnisse führten ihn zu der Schlußfolgerung, daß sowohl weiße als auch schwarze ungelernte afrikanische Arbeiter, die isoliert von der Kultur lebten, im allgemeinen zweidimensional wahrnahmen. Außerdem schienen er und einige andere Forscher, die eine Variante dieses Tests benutzten, manchmal eine geringere dreidimensionale Wahrnehmung bei schwarzen Afrikanern als bei vergleichbaren Weißen festzustellen. Diese Mängel bei beiden Gruppen und der Unterschied zwischen den Gruppen sind vermutlich auf die fehlenden Gelegenheiten zurückzuführen, die „Konventionen" bildlicher Tiefenwahrnehmung zu lernen. Die Probanden hatten im allgemeinen keine Mühe, die Figuren in den Bildern zu identifizieren, aber die Resultate schienen zu beweisen, daß Entfernungskriterien gelernt werden müssen. Wenn dem so ist, würden wir eine weitere Frage stellen: Gilt dies nur für Strichzeichnungen oder schließt das auch die Tiefenwahrnehmung in der wirklichen Welt ein?

Tatsächlich sind die Ergebnisse nicht recht klar. Zum einen bestanden zwischen den weißen und schwarzen Gruppen bedauerlicherweise Unterschiede auch hinsichtlich anderer Faktoren außer der ethnischen Herkunft. Im Hinblick auf das andere referierte Ergebnis argumentieren Hagen u. Jones (1978), daß die kulturelle Isolierung mancher Probanden ihre Einstellung zu Tests im allgemeinen stärker beeinflußt haben könnte als ihre Wahrnehmungsprozesse. Diese Forscher weisen auch darauf hin, daß bei Verwendung von *Photographien,* die Ähnlichkeit mit den Strichzeichnungen hatten, die Zahl der dreidimensionalen Wahrnehmungen in allen Gruppen stark anstieg. Dies deutet darauf hin, daß alle Probanden imstande waren, das eine zusätzliche Entfernungskriterium, den Strukturgradienten des Bodens, zu interpretieren.

A

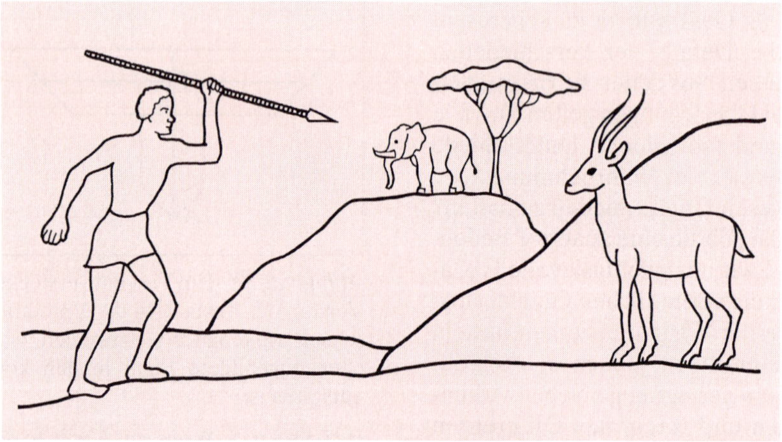

Jahoda u. McGurk (1974) äußerten die Sorge, daß durch die Fragen und die Aufforderung zu verbalen Antworten eine gewisse Ambiguität oder Mehrdeutigkeit entstehen könnte. Beispielsweise könnten manche Probanden die Fragen mißverstanden haben bzw. sie vielleicht buchstäblich dem Bild nach beantwortet haben (der Elefant *ist* doch näher als die Antilope, oder nicht?), obwohl sie die Entfernungssignale berücksichtigt haben könnten, wenn man sie klar darauf hingewiesen hätte, daß sie das tun sollten. Jahoda u. McGurk führten den Hudson-Test mit Kindern in Schottland und Ghana durch. Es zeigte sich ein sehr deutlicher Unterschied zwischen den Gruppen, d.h. fast keines der Kinder aus Ghana gab die „korrekten" dreidimensionalen Antworten. Es wurde dann ein neuer Test durchgeführt, bei dem dem Kind eine Abbildung in der Art von B gezeigt wird. Die Vp muß dann mit Hilfe von Puppen ein dreidimensionales Modell des Bildinhalts nachstellen. Dabei standen Puppen verschiedener Größe (Frauen und Mädchen) zur Verfügung, und das Kind sollte die im Bild vorhandenen Entfernungskriterien berücksichtigen, die passenden Puppen auswählen und sie richtig aufstellen. Bei diesem Test wiesen beide Gruppen (schottische und ghanaische Kinder) ein Überwiegen der 3-D-Reaktionen auf. Und obwohl immer noch ein Unterschied zwischen beiden Gruppen vorhanden war, fiel dieser kaum ins Gewicht.

Wir können aus den Untersuchungen nicht schließen, daß die Erfahrung absolut keine Bedeutung für die bildliche Tiefenwahrnehmung hat, wohl aber, daß sie bei den zahlreichen Menschen, die Erfahrung mit Bildern haben, bestenfalls eine kleine Rolle spielt.

W. Hudson: Pictorial depth perception in sub-cultural groups in Africa. *Journal of Social Psychology,* 1960, *52,* 183–208.

M. Hagen u. R. Jones: Cultural effects on pictorial perception: How many words is one picture really worth? Aus: *Perception and Experience,* R. D. Walk u. H. Pick, Jr. (Hrsg.). New York: Plenum Press, 1978, S. 171–212, Abb. B).

G. Jahoda u. H. McGurk: Pictorial depth perception in Scottish and Ghanaian children: A critique of some findings with the Hudson test. *International Journal of Psychology,* 1974, *9,* 255–267. Abb. B stammt aus Jahoda u. McGurk.

B

beispielsweise berichtet, daß Menschen, die sehr geübt in der Wahrnehmung von Tierspuren sind, Unterscheidungen treffen können, die Menschen ohne solche Erfahrung unmöglich wären. Es wurde auch bemerkt, daß Bewohner des tiefen Dschungels (die keine Erfahrungen mit großen visuellen Entfernungen machen können) außerstande sind, die wahre Größe entfernter Objekte (z.B. von Büffeln) einzuschätzen, wenn sie diese zum ersten Mal sehen.

Viele der Versuche, die diese allgemeine Frage aufgegriffen haben, benutzten Bildmaterial wie das in Box 2/15 (S. 86, 87) gezeigte. In vielen Fällen schienen diese zu beweisen, daß Personen, die außerhalb der Industriezivilisation lebten und geringe oder keine Erfahrungen mit Photographien oder Zeichnungen hatten, die in solchen Bildern vorhandenen Entfernungskriterien nicht deuten konnten. Neuere Versuche haben ergeben, daß Menschen aus afrikanischen Ländern (obwohl ein gewisser kultureller Effekt vorhanden sein mag) ebenso empfänglich für viele der bildlichen Anhaltspunkte sind, die Entfernung implizieren, wie Angehörige europäischer Länder (Hagen u. Jones, 1978).

3.4 Perzeptive Einstellung

Wahrnehmungsprozesse laufen ständig ab, während wir mit allen möglichen anderen Dingen beschäftigt sind. Dabei werden nicht nur die eintreffenden Reize so organisiert, daß sie am besten zueinander „passen", sie werden auch so organisiert, daß sie zu den anderen laufenden Aktivitäten des Wahrnehmenden „passen". Jede Wahrnehmung findet unter dem Einfluß einer bestimmten *Erwartungshaltung* oder *Einstellung* statt, einer Bereitschaft, eine Wahrnehmung durch eine bestimmte Organisation der vorhandenen Reize zustandezubringen (s. Box 2/16, S. 89).

Die perzeptive Einstellung unterscheidet sich insofern von den anderen Faktoren, die Unterschiede in der Wahrnehmung hervorrufen, als sie (1) gewöhnlich den *Inhalt* der Wahrnehmung beeinflußt („War das die Sirene einer Feuerwehr oder der Wind?") und nicht, ob überhaupt ein Reiz wahrgenommen wird, und (2) im allgemeinen ein Resultat spezifischer früherer Erfahrungen oder langfristiger Persönlichkeitsfaktoren wie Bedürfnisse oder Werte ist.

Wie in Abbildung 11 (S. 42) bemerkt, bestimmt die bloße Häufigkeit, mit der wir eine bestimmte Wahrnehmung erlebt haben, nicht notwendigerweise, was wir wahrnehmen, wenn ein unbestimmter Reiz dargeboten wird. Die Häufigkeit kann jedoch eine Rolle spielen. Das zeigt sich bei Versuchen, die eine enge Beziehung zwischen der Gebräuchlichkeit von Worten und der Leichtigkeit der Wiedererkennung dieser selben Worte ergaben, wenn diese sehr kurz gezeigt werden.

Wenn eine perzeptive Einstellung durch frühere Erfahrung hervorgerufen wird, dann scheint Neuheit wichtiger zu sein als Häufigkeit. Epstein u. Rock (1960), die mit den in Box 2/16 (S. 89) enthaltenen Reizen arbeiteten, zeigten den Vpn *mehrmals* hintereinander uneindeutige Figuren (ähnliche wie die in Box 2/16) und dann eine andere eindeutige Figur *einmal.* Sofort danach wurde die mehrdeutige Figur sehr kurz gezeigt und die Vpn wurden aufgefordert zu berichten, was sie gesehen hatten. Das Ergebnis war, daß mehr als die Hälfte der Vpn die Figur sahen, die zuletzt gezeigt worden war, und nicht diejenige, die sie am häufigsten gesehen hatten.

Dem sorgfältigen Leser mag aufgefallen sein, daß wir an verschiedenen Stellen drei verschiedene (einander widersprechende!) Behauptungen über die Auswirkung der Erfahrung auf die Wahrnehmung gemacht haben: (1) Nicht die Wahrnehmung ist wichtig, sondern die dem Reiz und dem Wahrnehmungssystem immanente Organisation (Abb. 11, S. 42); (2) durch den Mechanismus der perzeptiven Einstellung *erhöht sich* durch Erfahrungen mit einer Wahrnehmung die Wahrscheinlichkeit ihres Auftretens; und (3) durch das Phänomen der Übersättigung *vermindert* das Erleben einer Wahrnehmung die Wahrscheinlichkeit ihrer Fortdauer. Alle drei Behauptungen sind de facto richtig. Der Reiz *ist* von überragender Bedeutung für das, was wahrgenommen wird, und in vielen Fällen wird er sich als gewichtiger erweisen als jeder Einfluß der Erfahrung. Wenn der Reiz mehrdeutig ist, kann eine von zwei gegensätzlichen Tendenzen (oder beide) resultieren: Eine bestimmte Wahrnehmung kann sich organisieren und gegenüber anderen möglichen durchsetzen, doch bei jeder Wahrnehmung besteht die Tendenz, daß eine Adaptation oder Übersättigung eintritt und sie schließlich unterliegt, wenn eine alternative mit nahezu gleicher Stärke auftritt.

Die Wahrnehmungsorganisation wird auch oft

BOX 2/16

Gattin oder Schwiegermutter?

Betrachten Sie Abbildung A. Was sehen Sie? Sie werden entweder das etwas abgewandte Profil einer jungen Frau oder das Profil einer alten Frau sehen (Als E. G. Boring dieses Beispiel einer Mehrdeutigkeit veröffentlichte, bezeichnete er es als „Gattin-und-Schwiegermutter"-Bild!) Bei längerer Betrachtung werden Sie imstande sein, diese beiden möglichen Deutungen abwechselnd zu sehen. Normalerweise sehen etwa 60 Prozent der Vpn *zuerst* die junge Frau und etwa 40 Prozent die alte Frau.

Um die Wirkung einer *Vorbereitungseinstellung* auf die Deutung dieses mehrdeutigen Bildes zu testen, führte R. Leeper das folgende Experiment durch. Zwei Gruppen von Vpn wurde zunächst eine Reihe von Bildern gezeigt. Gruppe I sah Abbildung B als eines der Bilder in der Serie. Gruppe II sah Abbildung C als eines der Bilder in der Serie.

Später wurde bei den Gruppen die doppeldeutige Version (Abbildung A) gezeigt und sie wurden aufgefordert, zu berichten, was sie sahen. Die Wirkung der Erwartungshaltung „Junge Frau" oder „Alte Frau", hervorgerufen durch die vorher gesehenen Bilder, war durchschlagend: 100 Prozent der Gruppe I sahen in Abbildung A die junge Frau und 95 Prozent der Gruppe II sahen die alte Frau.

Worauf richten Sie übrigens vorwiegend Ihren Blick, wenn Sie diese Abbildungen betrachten? Was fixieren Sie in A, B und C, wenn Sie jeweils eine der beiden möglichen Deutungen sehen? Entspricht das den Ausführungen auf Seite 76?

A

B

C

R. Leeper. A study of a neglected portion of the field of learning: The development of sensory organization. *Journal of Genetic Psychology,* 1935, *46,* 41–75. Nachdruck der Abbildungen mit Genehmigung von Journal Press.

durch langfristige persönliche Faktoren wie die Bedürfnisse, Emotionen, Einstellungen und Werte des Betreffenden beeinflußt. Je stärker unser momentanes Bedürfnis, desto eher werden wir dann auch in der Umwelt Objekte und Vorgänge wahrnehmen, die für unser Bedürfnis relevant sind.

Wir alle wissen, daß Stimmungen und Gefühle unser Bild von der Welt beeinflussen. Wenn wir den Tag in einer „rosigen" Stimmung beginnen – geneigt, in allem das Beste zu sehen – gelingt es uns fast immer, den „Silberstreifen" in jeder Situation zu entdecken, mit der wir konfrontiert sind. Da wir heute in der Regel wählen können, wo wir uns hinbegeben – und somit auch, mit welchem Teil der Welt wir in Berührung kommen werden – haben wir es entsprechend häufig mit Dingen und Vorgängen zu tun, die in Einklang mit unseren Einstellungen und Grundwerten stehen.

Kompatible (vereinbare) Wahrnehmungen zählen daher in der Regel zu unseren häufigsten und naheliegendsten Erfahrungen. Dies ist wahrscheinlich eine Erklärung für die außerordentliche Dauerhaftigkeit einmal erworbener Einstellungen und Wertbegriffe. Ob es sich um den eigensinnigen Freigeist, den chronisch ängstlichen Neurotiker oder den eingefleischten Bigotten handelt, wir können ziemlich sicher sein, daß jeder eine aus seinem früheren Leben stammende Einstellung aufrechtzuerhalten sucht und diese sogar verstärkt, indem er, wann immer es möglich ist, Dinge und Ereignisse aufsucht, die zu seiner ursprünglichen Erwartungshaltung passen und sie als nochmalige Bestätigung empfindet.

4 Aufmerksamkeit

Die Lehrerin sagt mit halblauter Stimme: „Andreas, schau dir an, was ich an die Tafel geschrieben habe." Andreas, der versonnen aus dem Fenster geblickt und an andere Dinge gedacht hat, setzt sich gerade hin und wendet sich der Tafel zu, er wird empfänglicher für Reize, die auf ihn eindringen, und liest die Worte, die die Lehrerin geschrieben hat. Mehrere der vielen verschiedenen, aber miteinander verwandten Bedeutungen von Aufmerksamkeit sind in diesem Beispiel enthalten.

4.1 Aufmerksamkeitsniveau

Jeder von uns kann leicht zeitliche Schwankungen seiner Wahrnehmungsbereitschaft feststellen. Selbst abgesehen von extremen Unterschieden aufgrund verschiedener körperlicher Zustände wie Schlafen oder Wachen, wissen wir, daß es bestimmte Zeiten gibt, in denen wir aufmerksamer sind als sonst. Wir wissen auch, daß wir innerhalb bestimmter Grenzen um so effektiver wahrnehmen, je erregter und „aufgedrehter" wir sind. Der Erregungsgrad ist selbst eine Funktion des physiologischen Zustandes des Wahrnehmenden (s. 5. Bd., 4. Kap.) und deshalb teilweise eine Funktion des vorangegangenen Wahrnehmungsgeschehens. (Wenn Andreas nicht die Ermahnung der Lehrerin gehört hätte, hätte er nicht die Schreckreaktion erlebt, die zu seiner erneuten Aufmerksamkeit beitrug.)

4.2 Vigilanz

Vigilanz (Wachsamkeit) ist die Fähigkeit zu genauer Wahrnehmung, insbesondere über längere Zeiträume. Bestimmte Aufgaben und Berufe (wie das Führen eines Flugzeuges oder die Überwachung von Fertigungsteilen an einem Fließband) setzen ein hohes Maß an Wachsamkeit voraus, andere, die harte Arbeit oder ein hohes Maß an Intelligenz erfordern, können adäquat ausgeführt werden, selbst wenn die Vigilanz niedrig ist. Klarerweise hängt die Vigilanz vom eigenen Erregungsniveau ab (der „schlafende Hund" ist kein wachsamer Hüter), aber andererseits stimmt es auch, daß ein zu hohes Erregungsniveau eine Minderung der Vigilanz bewirkt – ein Grund, warum die Aussagen von Augenzeugen über ein Verbrechen oder ein UFO nicht zu bereitwillig akzeptiert werden sollten.

Ein Mangel an Vigilanz tritt zweifellos ein, wenn das entsprechende sensorische System seine Arbeit völlig einstellt, wie es in der Regel geschieht, wenn man einschläft. Mehrere Versuche mit dem Signalerkennungsansatz (s. 1. Kap.) deuten jedoch darauf hin, daß Veränderungen in der Vigilanz, die auftreten, wenn man lange Zeit eine Wahrnehmungsaufgabe ausübt, mit einer Änderung des cut-off-Wertes (Kriteriumsgrenzwert) und nicht mit einer Änderung der Empfindlichkeit zusammenhängen.

Wenn die Aufgabe eines Beobachters beispielsweise darin besteht, Meldung zu erstatten, so oft er eine bestimmte Art von Signal erhält, kann mit der Zeit seine Bereitschaft abnehmen, „ja" zu sagen, wodurch sich auch die Zahl sowohl der Treffer als auch der falschen Alarme verringert (Broadbent u. Gregory, 1965).

4.3 Selektive Aufmerksamkeit

Der wichtigste Aspekt der Aufmerksamkeit ist ihre selektive Natur. Wie auch Ihr gegenwärtiges gesamtes Aufmerksamkeitsniveau sein mag, wir hoffen, daß Sie diesem Buch mehr Aufmerksamkeit widmen als beispielsweise den Kleidern auf Ihrem Rücken oder dem Radio bzw. der Kassette, die Sie vielleicht als „Hintergrundmusik" spielen.

Die selektive Konzentration auf einen bestimmten Teil oder Teile der vorhandenen Reize hat viele Konsequenzen. Erstens finden normalerweise bestimmte Bewegungsanpassungen statt. Wenn man beispielsweise ein Objekt betrachtet, wendet sich der Körper üblicherweise in die Richtung des Objekts. Die Augen drehen sich, bis das Bild des Objekts auf die Fovea fällt (Fovea = die vertiefte innerste Stelle des gelben Fleckes, der Stelle des schärfsten Sehens), die Linsenmuskeln akkommodieren sich, um das Bild scharf wahrzunehmen usw. Versucht man ein schwaches Geräusch zu hören, so lehnt man sich vor, legt die gekrümmte Hand hinter die Ohrmuschel und schließt vielleicht die Augen, um konkurrierende visuelle Reize zu eliminieren.

Zum Teil infolge solcher Bewegungsaktivität tendiert derjenige Aspekt des Wahrnehmungsfeldes, der im Mittelpunkt der Aufmerksamkeit steht, dazu, klarer und besser differenziert zu werden als andere Teile (er hebt sich in der Regel als Figur von dem ihn umgebenden Grund ab). In speziellen Situationen können wir natürlich die verschiedenen Aspekte aufmerksamen Verhaltens aufdröseln: Man *kann* die visuelle Fixierung auf einen Punkt aufrechterhalten, während man seine Aufmerksamkeit auf einen anderen Punkt im Gesichtsfeld konzentriert. Aber ein solches ungewöhnliches Verhalten ist kein wirksames Mittel, um Informationen zu sammeln und wird außerhalb eines Psychologielabors selten angewandt. Da die Beachtung (das heißt das Anschauen) eines anderen Menschen jedoch ein wichtiges soziales Signal ist, das zu verbergen manchmal ratsam ist, bedienen wir uns gelegentlich des ähnlichen Mittels, „aus den Augenwinkeln zu schauen". Das bedeutet gewöhnlich, die *Augen* zu drehen, ohne Kopf und Körper in die entsprechende Richtung zu wenden, so daß man fast genau so viel Informationen erhält, wie wenn man geradeaus schaut. (Dies ist jedoch kein sehr nützlicher Trick, wenn der Beobachtete wirklich interessiert ist, denn die meisten Menschen merken, ob sie jemand anschaut oder nicht.)

Zur Erklärung der Funktionsweise der selektiven Aufmerksamkeit sind im Rahmen des Informationsverarbeitungsansatzes mehrere Theorien vorgeschlagen worden. Einige davon kann man als „Filter"-Theorien bezeichnen, weil sie davon ausgehen, daß nichtbeachtetes Material *herausgefiltert* wird (d. h. von der Einwirkung auf den Organismus abgehalten). Eine sehr einfache Art von Filtertheorie vertritt etwa die Auffassung, daß ein sensorischer Kanal vorübergehend auf der Rezeptorebene vollständig oder teilweise „abgeschaltet" wird. Dies ist jedoch nicht sehr plausibel. Man erinnere sich an den Schüler Andreas, dessen Aufmerksamkeit sich nur auf seine Gedanken oder das, was er vor dem Fenster sah, konzentrierte. Hätte die Lehrerin gesagt, „Sophie, paß auf!", dann hätte Andreas das vielleicht gar nicht registriert. Obwohl er also der Lehrerin nicht zuhörte, muß er nichtbeachtetes Material doch zumindest teilweise verarbeitet haben, wenn er auf seinen eigenen Namen und nicht auf den von jemand anderem reagieren konnte.

Eine alternative Art der Erklärung wird von der sogenannten „Kapazitäts"-Theorie angeboten. Diese geht von einem positiveren Ansatz aus, nämlich der Vorstellung, daß jeder Mensch im jeweiligen Augenblick nur eine begrenzte Menge an mentaler Verarbeitung leisten könne. Wahrnehmung erfordert die Verarbeitung neuen Materials im Wechselspiel mit bereits Erfahrenem. Dazu bedarf es einer geistigen Anstrengung. Der Organismus entwirft eine Strategie zur Bewältigung der Sinnesreize, aber er kann zwangsläufig nicht alle vorhandenen Reize verarbeiten: Die Verarbeitungskapazität ist beschränkt, und jene Reize, für die der größte Teil davon aufgewendet wird, sind es eben, denen unser Augenmerk zuteil wird.

4.4 Veränderung des Brennpunkts der Aufmerksamkeit

Im allgemeinen ist unsere visuelle Aufmerksamkeitsschwelle ziemlich kurz. Im Laufe vieler alltäglicher Beschäftigungen wird unsere Aufmerksamkeit häufig von anderen Dingen als den eben betrachteten „gefangengenommen“, wie man sagt, und der Fokus (Brennpunkt) der Aufmerksamkeit und der optische Fixierungspunkt ändern sich entsprechend. Die Tatsache, daß etwas anderes unsere Aufmerksamkeit auf sich ziehen *kann,* bedeutet, daß das, was am Rande unseres Blickfeldes geschieht, ständig wahrgenommen wird, zumindest hinreichend, um eine Veränderung der Fixierung zu bewirken. Sanders (1963) zeigte, daß uns ein gewisses Maß an Informationen über Dinge erreicht, die in einem Winkel von bis zu 80 Grad von der Blickrichtung entfernt geschehen. Wenn solche zu unserer Rechten oder unserer Linken vorhandene Reize gesehen und interpretiert werden können, so impliziert das, daß wir auf unerwartete wichtige Reize an fast jedem Punkt des Blickfeldes reagieren können, indem wir uns ihnen zuwenden, um sie näher anzuschauen.

Bei anderen Gelegenheiten geht der Betrachter bewußt daran, seine Blicke über die Umgebung schweifen zu lassen, um sich ein Bild davon zu machen. Die Verlagerung der Aufmerksamkeit von einem Punkt auf den anderen ermöglicht es, einen Überblick über die gesamte Szene zu gewinnen. Abbildung 13 zeigt uns, daß sich die Fixierungen auf die wichtigen Teile der Bilder konzentrieren, die die meisten Informationen enthalten. Dies gilt selbst für die ersten Sekunden der Betrachtung, woraus hervorgeht, daß man nicht anfangs plan- und ziellos herumsuchen muß, um die wichtigsten Stellen zu finden. Vielmehr macht man andere informationsträchtige Punkte durch das periphere Sehvermögen ausfindig und richtet dann den Blick auf sie. Wie wir alle diese Informationen zusammenfügen, um einen Gesamteindruck von der Szene zu erhalten, ist ein faszinierendes Phänomen, das wir erst zu verstehen beginnen (Hochberg, 1978).

Das Aufmerksamkeitsniveau und die Richtung der selektiven Aufmerksamkeit werden zum Teil durch die im Augenblick auf den Organismus einstürmenden Reize und teilweise durch die Wahrnehmungseinstellung bestimmt. Die Wahrnehmungseinstellung als solche kann von früheren Erfahrungen abhängen (von Dingen, die wir gelernt haben) oder von unmittelbaren Anweisungen oder Absichten wie: „Suche die Autoschlüssel, die du irgendwo am Strand verloren hast.“ Die Prozesse der perzeptiven Suche und des Erkennens sind wichtige Vorgänge, die von früheren Kontakten mit dem Reiz abhängen; wir werden ihnen bei der Erörterung des Lernens und des Gedächtnisses wieder begegnen.

Aufmerksamkeit spielt eine entscheidende Rolle im Leben jedes Menschen. Der Pegel und die Richtung der Aufmerksamkeit bestimmen weitgehend, welche Dinge und Strukturen aus einer großen verfügbaren Gesamtzahl wahrgenommen werden. Sie beeinflussen somit auch das, was wir lernen, was wir erinnern und das daraus resultierende Verhalten – kurz alles, was der Organismus *tut.*

A

B

Abbildung 33: Die aufeinanderfolgenden Fixierungen verschiedener Punkte beim Betrachten eines Bildes, aufgezeichnet von einer Kamera, die die Augenbewegungen der Betrachtenden photographierte. Man beachte die Unterschiede der Augenbewegungsmuster zwischen einem Mann (A) und einer Frau (B) beim Betrachten desselben Bildes.

Museum of Art, Carnegie Institute, Pittsburgh; Nachdruck mit Genehmigung von *Life* Magazine.

Zusammenfassung

1. Durch einen Assimilationsprozeß neigen wir dazu, kleine Reizunterschiede in der Wahrnehmung einzuebnen und Reizmuster, die geringfügige physikalische Unterschiede aufweisen, als homogen wahrzunehmen. Ein umgekehrter Vorgang, den man als Kontrast bezeichnet, macht sich geltend, wenn die Unterschiede ein bestimmtes Maß überschreiten: Wir nehmen die Unterschiede dann als größer wahr, als sie tatsächlich sind.

2. In der Regel ist ein Teil oder sind mehrere Teile eines Reizmusters die Figur, die sich vom übrigen perzeptiv untergeordneten Umfeld abhebt. Die untergeordneten Partien werden als Grund bezeichnet. Eine Reihe von Faktoren bestimmen, welche Teile eines Musters als Figur und welche als Grund gesehen werden.

3. Wenn mehrere Figuren vorhanden sind, können sie entsprechend ihrer Nähe zueinander oder entsprechend ihrer Ähnlichkeit in der Form, Farbe usw. oder nach dem Prinzip der guten Form perzeptiv gruppiert werden. Diese Gruppierungsprinzipien bestimmen manchmal gemeinsam, was in einem Reizmuster zur Figur wird.

4. Es kann Veränderungen der Wahrnehmung ohne Änderung des sensorischen Inputs geben, wie sich am spektakulärsten bei den Kippfiguren zeigt.

5. Ebenso wichtig ist, daß keine Veränderungen der Wahrnehmung eintreten müssen, so oft sich die lokale Reizquelle ändert. Die Konstanzen hängen von der Aufrechterhaltung bestimmter invarianter Beziehungen zwischen Teilen der sinnlich erfaßten Welt ab. Einzelne Elemente der Reizwelt können sich verändern, aber wenn die Relationen zwischen ihnen bestehen bleiben, wird auch die perzeptive Gesamtorganisation andauern und erkannt werden.

6. Die einzelnen Menschen unterscheiden sich in ihren Wahrnehmungsfunktionen, und es wurden auch gewisse vom Geschlecht oder von kulturellen Einflüssen abhängige Gruppenunterschiede festgestellt. Die Wahrnehmungseinstellung ist zum Teil durch frühere Erfahrungen der oder des Betreffenden bedingt. Sie beeinflußt in der Regel den Inhalt der Wahrnehmung und nicht, ob ein Reiz wahrgenommen wird oder nicht.

7. Die Aufmerksamkeit kann sowohl im Hinblick auf das Niveau als auch auf die Richtung schwanken. Die Vigilanz (Wachsamkeit) erhöht sich durch eine mäßige Zunahme der Erregung und Aufmerksamkeit, sie vermindert sich jedoch, sobald man zu stark erregt ist. Selektive Aufmerksamkeit wurde durch Filtermechanismen in den sensorischen Leitbahnen erklärt. Eine alternative Theorie geht davon aus, daß die Kapazität für mentale Verarbeitung begrenzt ist; die vom Wahrnehmenden verfolgte Strategie zur Bewältigung eines Übermaßes an potentiellen Informationen bestimmt, worauf sich die Aufmerksamkeit richtet.

4. Kapitel
Die physiologischen Grundlagen der Wahrnehmung

In diesem Kapitel werden wir uns mit den anatomischen und physiologischen Grundlagen der perzeptiven Phänomene befassen, die in den drei vorhergehenden Kapiteln dargestellt wurden. Wir werden sowohl anatomische Strukturen studieren (die Rezeptororgane und Teile des Nervensystems) als auch physiologische Prozesse (chemische oder mechanische Veränderungen in den Rezeptoren und Impulse in den Neuronen), mit dem Ziel, herauszufinden, mit welchen Mitteln der Organismus auf eintreffende Reize reagiert; und wir werden insbesondere zu erkunden suchen, was über die physiologischen Grundlagen bewußter menschlicher Wahrnehmung bekannt ist.

Wir müssen hier erneut die Tatsache hervorheben, daß sich das Nervensystem in seiner Gesamtheit niemals im Ruhezustand befindet, sondern darauf eingestellt ist, durch eintreffende Reize in Aktion versetzt und gesteuert zu werden. Reize sind natürlich sehr wichtig, aber das schließliche Verhalten und Erleben des Individuums sind Produkte der Interaktion zwischen dem ständig aktiven Nervensystem und neuen Reizen. (Die Zustände der Aktivität oder Erregung werden im 4. Kapitel des 5. Bandes ausführlicher erklärt.)

Bei der Behandlung der einzelnen Sinne werden wir die von einem Reiz ausgelösten Wirkungen verfolgen, wobei wir beim Rezeptororgan beginnen und dann die Vorgänge im Gehirn beleuchten. Dies ist das übliche Verfahren und auch durchaus vernünftig. Aber es verleitet uns, an die Wahrnehmung vom Standpunkt des Reizes aus heranzugehen – in der Tat eine sonderbare Einstellung! Wir eignen uns jedoch ein zutreffenderes Konzept der Wahrnehmung an, wenn wir uns ständig an die wichtige steuernde Rolle des Nervensystems in jedem Stadium der Aktivität erinnern.

An jedem möglichen Punkt wählt das Nervensystem diejenigen Signale aus, die es weiterleiten bzw. nicht weiterleiten will. Es verändert die empfangenen Informationen, indem es bestimmte Aspekte hervorhebt und andere vernachlässigt, getrennt gewesene Informationsbruchstücke vereinigt und Prozesse steuert, die die Menge oder die Art von Informationen verändern können, welche die Sinnesrezeptoren in Zukunft aufsuchen werden.

Das Nervensystem ist in der Tat ein *System,* eine Gruppe wechselseitig voneinander abhängiger, funktional aufeinander bezogener Bereiche und Areale. In seiner Struktur und seiner Aktivität enthält es die Anweisungen, die darüber bestimmen, wie es mit jedem eintreffenden Reiz verfahren wird. Was mit dem Reiz geschieht, hängt von dessen Beschaffenheit (seiner sensorischen Qualität und Stärke) und seiner Bedeutung ab. Das System selektiert, modifiziert und übermittelt die sensorischen Botschaften, während es gleichzeitig, wo es angebracht ist, mehr oder weniger zusätzliche Informationen anfordert.

Bestimmte Arten von Aktivitäten in bestimmten Teilen des Nervensystems sind vermutlich notwendig, wenn wir eine bestimmte Art von bewußtem sinnlichen Erleben haben. Wir wollen uns jedenfalls einen Überblick über die vorhandenen Erkenntnisse zu dieser Frage verschaffen. Andere Aktivitätsmuster koppeln die Neuronen der sensorischen Systeme mit jenen, die Bewegungsabläufe hervorrufen; dies ist der andere natürliche Endpunkt unseres Versuchs, die physiologischen Grundlagen der Wahrnehmung zu studieren.

1 Gesichtssinn

Um die physiologischen Mechanismen zu verstehen, die an der visuellen Wahrnehmung beteiligt sind, müssen wir uns zuerst ein Bild davon machen, wie die Lichtstrahlen vom Reizobjekt in das Auge einfallen, wie sie fokussiert werden, um ein Bild des Reizobjekts auf die Netzhaut zu werfen, und wie diese gebündelten Lichtstrahlen Nervenimpulse in der Netzhaut auslösen. Wir müssen dann lernen, wie sich diese Impulse im Gehirn fortpflanzen und wie das Gehirn reagiert, um diese Signale zu integrieren. Bei der Darstellung dieser Vorgänge werden drei wichtige physiologische Mechanismen erörtert werden: Der *optische* Mechanismus, der *retinale* Mechanismus und der *zentrale* Mechanismus.

1.1 Der optische Mechanismus

Der optische Mechanismus umfaßt die Verarbeitung der Lichtreize im Augenkörper und die dabei auftretenden (zumeist reflektorischen) Veränderungen des physiologischen Apparates.

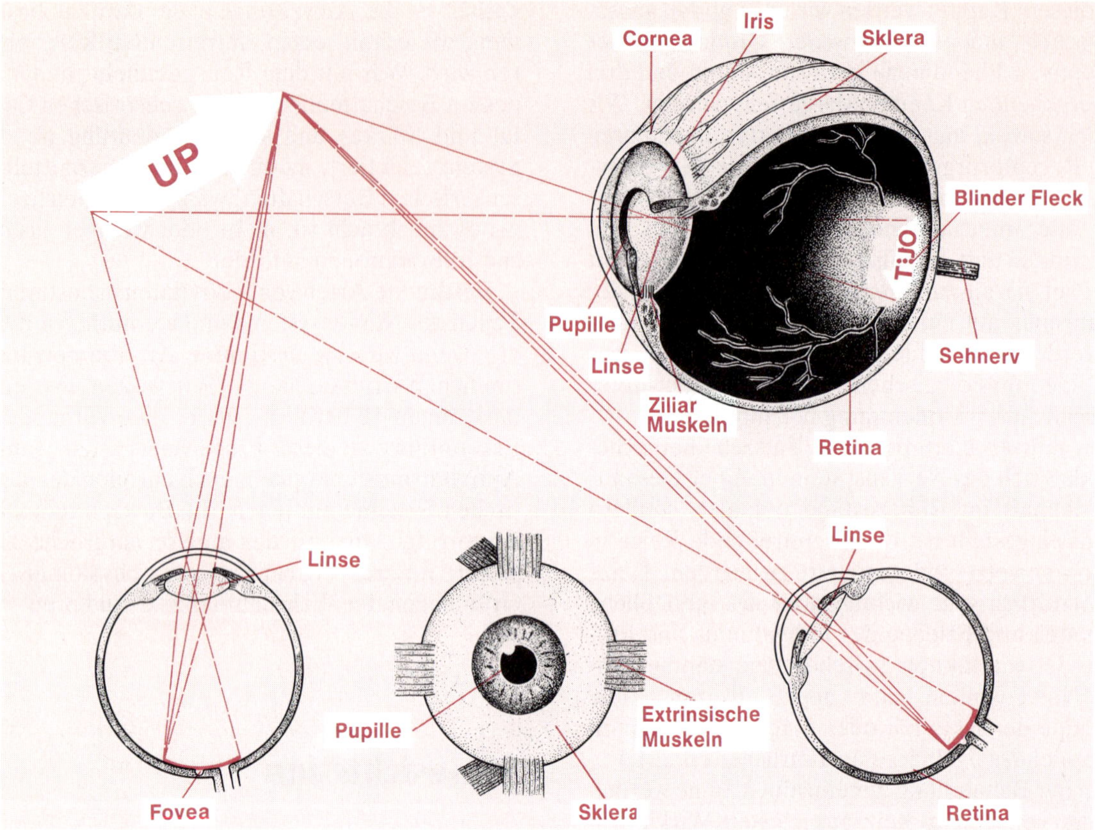

Abbildung 34: Der optische Mechanismus. Für eine eingehende Erklärung und Beschreibung der verschiedenen Teile des Augapfels siehe den Text.

Insbesondere ist folgendes zu beachten:

1. Der Gegenstand im Gesichtsfeld wird bei der Projektion auf die Netzhaut sowohl horizontal als auch vertikal umgedreht: der *linke* Teil des Objekts (das Pfeilende im Beispiel) wird auf die *rechte* Hälfte der Retina projiziert, der *rechte* Teil des Gegenstandes (d. h. die Pfeilspitze) auf die *linke* Hälfte. Darüber hinaus wird auch oben und unten vertauscht abgebildet.
2. Die Lichtstrahlen von jedem Punkt des Objekts breiten sich in alle Richtungen aus. Die Strahlen, die das Auge erreichen, passieren die Cornea und dringen durch die gesamte Oberfläche der Linse ein, die nicht von der Iris bedeckt ist. Die Cornea und die Linse brechen die Strahlen so, daß alle Strahlen, die von einem einzigen Punkt des Objekts ausgehen, auf einen einzigen Punkt der Retina gebündelt werden.
3. Das Diagramm ist so gezeichnet, daß das Auge direkt auf das T des Wortes *Up* eingestellt ist. Ein Teil des U fällt daher auf den blinden Fleck, an dem sich keine Sehzellen befinden.
4. Je weiter das Auge vom Gegenstand entfernt ist, desto weniger müssen die Lichtstrahlen gebogen werden und desto flacher ist deshalb die Linse. Man vergleiche die Linse des Auges in der unteren rechten Ecke mit jener der unteren linken Ecke.
5. Je weiter das Auge vom Gegenstand entfernt ist, desto kleiner ist das Abbild des Objekts auf der Netzhaut. Man vergleiche das Netzhautbild in der rechten unteren Ecke mit dem in der linken unteren Ecke.
6. Die Fovea ist jener Teil der Netzhaut, der zur größten Sehschärfe fähig ist. Wenn das Auge direkt auf einen Gegenstand gerichtet ist, fällt das Bild des fixierten Punktes auf die Fovea.

Struktur. Abbildung 34 (S. 98) enthält eine graphische Darstellung des menschlichen Auges. Der Augapfel ist völlig eingehüllt von einer zähen schützenden Hülle, die aus zwei Teilen besteht. Die undurchsichtige *Sklera* oder *Lederhaut* (das Weiße des Auges) umgibt den größten Teil des Auges mit einer lichtundurchlässigen Schicht, während die transparente Hornhaut Licht durchläßt. Das Auge wird durch sechs sogenannte extrinsische Muskeln bewegt, die an der Außenseite des Augapfels angebracht sind.

Gleich hinter der Hornhaut oder Cornea befindet sich die *Iris,* ein feines, pigmentiertes Gebilde, und die *Linse.* Die Iris kann sich ausdehnen oder zusammenziehen, und dabei verändert sich die Größe des Loches in der Mitte, die *Pupille.* Die Bewegungen der *Ziliarmuskeln* ändern die Krümmung der Linse und ermöglichen dadurch die Scharfeinstellung. Bei der Beschreibung der Funktionsweise dieser verschiedenen Strukturen werden wir immer wieder erleben, daß die verschiedenen Muskelpartien so aufeinander abgestimmt sind, daß ihre Funktionsabläufe vorübergehende Schwierigkeiten kompensieren, vor Übererregung schützen, ausreichende Stimulation erhalten usw. – was alles zu effizienter Wahrnehmung beiträgt. Das meiste erfolgt reflexartig und bedarf keiner Willensentscheidung. Die Hinterseite des Auges ist von der *Retina* oder *Netzhaut* ausgekleidet, einem komplexen Nervengeflecht aus lichtempfindlichen Elementen und verbindenden Zellen. Auf diesen Sachverhalt werden wir später nochmals ausführlich eingehen.

Scharfeinstellung und Akkommodation. Licht aus jeder Quelle (beispielsweise die Spitze des Pfeiles in Abb. 34) breitet sich in alle möglichen Richtungen aus. Lichtstrahlen von jedem Objekt im *Gesichtsfeld* dringt durch die gesamte Vorderseite der Cornea in das Auge ein. Aufgrund ihrer Krümmung bricht bzw. biegt die Cornea diese Strahlen von jedem Punkt nach innen und zueinander. Beim Durchgang durch die Linse werden die Strahlen weiter abgebogen, so daß im fehlerfreien Auge die kombinierte Aktion von Cornea und Linse ein Strahlenbündel von einem Punkt außerhalb des Auges auf der Netzhaut zu einer punktförmigen Abbildung bringt. Wenn sich das Objekt bewegt oder wenn sich das Auge einem anderen näher oder entfernter befindlichen Objekt zuwendet, verändert sich die Krümmung der Linse, um ein scharfes Abbild des Objekts zu erhalten (man vergleiche die Linse links unten in Abbildung 34 mit der Linse rechts unten). Die Justierung der Linse, die es dem Auge gestattet, Objekte in verschiedenen Entfernungen scharf wahrzunehmen (zu fokussieren), wird als *Akkommodation* bezeichnet (s. 2. Kap.).

Bekanntlich sind die Augen nicht immer vollkommen. Wenn das Fokussierungsvermögen des Auges und die Länge des Augapfels nicht richtig aufeinander abgestimmt sind, befinden sich die Lichtstrahlen auf der Netzhaut nicht im Brennpunkt und Kurz- oder Weitsichtigkeit sind die Folge. Wenn das Justierungsvermögen in verschiedenen Richtungen vom Mittelpunkt der Retina ungleich ist (beispielsweise, wenn die Cornea oder Linse eine unregelmäßige Form aufweisen), haben wir es mit Astigmatismus zu tun (in jedem der genannten Fälle ändert sich die wahrgenommene Welt drastisch).

Augenbewegungen und Konvergenz. Die extrinsischen Muskeln, die den Augapfel bewegen, erfüllen beim Sehen mehrere äußerst wichtige Funktionen. Sie bewirken die sichtbaren Bewegungen des Auges, wenn wir unseren Blick von Objekt zu Objekt schweifen lassen. Sie lösen auch winzige schnelle, unwillentliche und meist nicht wahrnehmbare Bewegungen aus, selbst wenn wir ein unbewegliches Objekt betrachten. Mit Hilfe ausgeklügelter Systeme, die die Wirkung solcher Bewegungen aufheben, können Experimentatoren (z. B. Riggs et al., 1953) das Abbild eines betrachteten Musters ständig an einer Stelle der Netzhaut einer Vp fokussiert halten (s. Abb. 35). Reizmuster, die mit diesem *stabilisierten retinalen Bild* betrachtet werden, erscheinen zunächst scharf und klar, beginnen aber sofort zu verblassen, bis sie schließlich verschwinden und ein homogenes graues Feld hinterlassen. An irgendeiner Stelle (oder an Stellen) der Zellkette, die an der Weiterleitung der Sinnesreize beteiligt sind, ruft anhaltende unveränderliche Stimulation Adaptation hervor – die Reaktionsfähigkeit der Zelle und damit des gesamten Wahrnehmungsmechanismus erschöpft sich. Die unwillentlichen Bewegungen des Auges sind somit, obwohl sie für die ursprüngliche Formwahrnehmung nicht notwendig sind, beim normalen Sehen wesentlich für die Aufrechterhaltung der Formwahrnehmung. (Wie im vorherigen Kapitel bemerkt, sind Veränderungen der

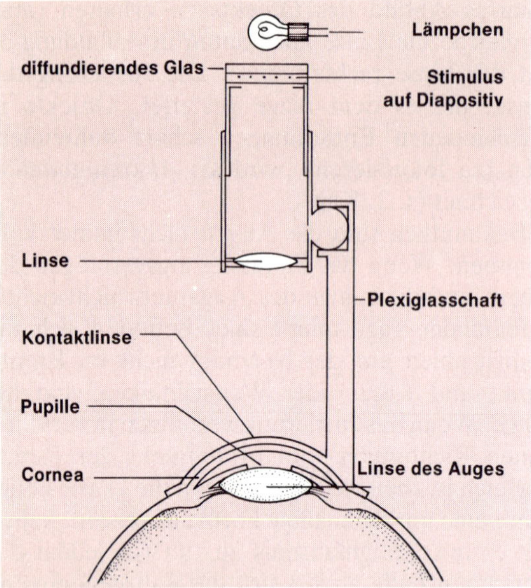

Abbildung 35: Eine Methode zur Erzeugung eines stabilisierten Bildes auf der Netzhaut. Der Stimulus besteht aus einem Diapositiv, das am Ende einer kleinen Röhre angebracht ist, die sich vor dem Auge befindet. Der Stimulus wird von einer Lampe beleuchtet. Auf dem Weg des Lichtes zum Auge muß dieses eine Linse passieren; diese Linse und Justierungen der Röhrenlänge dienen dazu, das Bild des Stimulus im Brennpunkt zu halten. Diese ganze Vorrichtung ist mit einer durchsichtigen Kontaktlinse verbunden, die auf die Hornhaut aufgesetzt wird. Wenn die extrinsischen Muskeln die im Text erwähnten kleinen unregelmäßigen Augenbewegungen hervorrufen, *bewegt sich der Stimulus mit dem Auge.* Dadurch bleibt das durch das Objekt hervorgerufene Abbild an der gleichen Stelle der Netzhaut und stimuliert somit dieselben Rezeptoren. Mehrere Methoden zur Erzeugung eines stabilisierten Bildes wurden entwickelt; dieses Diagramm zeigt eine von R. Pritchard benutzte Vorrichtung.

Nach: R. L. Gregory: *Auge und Gehirn. Zur Psychologie des Sehens.* Frankfurt: Fischer 1972.

Stimulation notwendig, damit Wahrnehmung stattfinden kann.)

Die extrinsischen Muskeln erfüllen darüber hinaus eine sehr spezielle Funktion bei unserer Wahrnehmung der dreidimensionalen Räumlichkeit. (Eine Beschreibung der Rolle des binokularen Sehens für die Wahrnehmung findet sich im 2. Kap.) Jedes Auge betrachtet das Objekt aus einer etwas anderen Richtung und erblickt Ansichten davon, die das andere Auge nicht sehen kann. Daher sind die Abbilder auf den Netzhäuten der beiden Augen nicht identisch (das Phänomen der disparaten Netzhautbilder). Wenn zwei geringfügig verschiedene Bilder entsprechend auf den Netzhäuten fokussiert werden, dann ist die Wahrnehmung eines einzigen dreidimensionalen Objekts das Ergebnis.

Damit die Bilder des Objekts auf korrespondierende Teile der beiden Netzhäute (oder in deren Nähe) fallen, müssen die beiden Augen tatsächlich auf das Objekt eingestellt sein – das heißt, sie müssen auf es konvergieren. Die *Konvergenz* wird durch die extrinsischen Augenmuskeln bewirkt, die die Drehung der Augen in den Augenhöhlen steuern. Der Grad, in dem die beiden Augen konvergieren müssen, um eine einzige Wahrnehmung zu erzielen, schwankt mit der Entfernung des Objekts vom Betrachter. Wenn sich die Augen von einem Objekt auf ein anderes, näher beim Betrachter befindliches richten oder wenn die Augen einem einzelnen Objekt folgen, das sich dem Betrachter nähert, dann wird der Winkel zwischen den Blickrichtungen der Augen größer.

Interessant ist die Feststellung, daß während des Sekundenbruchteils, den man braucht, um den Blick auf ein neues Objekt zu richten, sehr wenig gesehen wird. Ein Beobachter übersieht oft einfach einen Blitz, der aufleuchtete, während sich seine Augen bewegten, oder während des sehr kurzen Intervalls knapp vor oder nach der Bewegung. Diese Wirkung wird teilweise durch hemmende Impulse ausgelöst, die vom Gehirnstamm an das visuelle System ausgehen (vgl. jedoch Box 2/17, S. 106). Sie scheint die undeutliche Wahrnehmung verhindern zu helfen, die wir sonst erhalten würden, wenn sich die Bilder über die Netzhaut bewegen.

Das Verhalten der Pupille. Die Lichtmenge, die die Netzhaut erreicht, muß überwacht werden, so daß die Netzhaut einerseits genügend Licht erhält, um bei schwacher Beleuchtung zu funktionieren, aber andererseits bei starkem Licht nicht geschädigt wird. Diese Überwachung erfolgt durch unwillentliche Veränderungen der Pupillenöffnung. Im allgemeinen wird die Pupille um so kleiner, je intensiver das Licht ist.

1.2 Der retinale Mechanismus

Die Netzhaut oder Retina ist eine feine, fast durchsichtige Membran, die aus mehreren Arten von Zellen besteht. Diejenigen, die auf eintreffende

Reize direkt reagieren, fallen in die allgemeine Kategorie der Rezeptorzellen. Weil sie eine spezielle Lichtempfindlichkeit aufweisen, werden die Rezeptoren des Auges als *Photorezeptoren* bezeichnet.

Im menschlichen Auge gibt es zwei Arten von Rezeptoren, die Stäbchen und die Zapfen. Wie ihre Namen andeuten, unterscheiden sie sich in der Form etwas voneinander. Wichtiger ist jedoch, daß sie sich auch in der Art und Weise unterscheiden, wie sie auf Licht reagieren, wie sie auf der Netzhaut verteilt sind, wie sie untereinander verbunden sind und wie sie mit dem Gehirn kommunizieren. Diese Merkmale werden uns helfen, einige Phänomene der visuellen Wahrnehmung zu verstehen.

Die Struktur der Retina. Die Retina ist sehr komplex strukturiert, ihre Komplexität bildet die Basis für die Interaktionen und die Integration des visuellen Systems. Ein simpler Hinweis auf die Zahl der Verbindungen, die innerhalb dieses Systems existieren müssen, ergibt sich aus der Tatsache, daß es zwar etwa 125 Millionen Stäbchen und 6 Millionen Zapfen gibt, aber nur etwa eine Million Nervenfasern, die aus der Retina hinausführen. Manche dieser Nervenfasern müssen daher viele Stäbchen und Zapfen gleichzeitig versorgen. Beispiele der verschiedenen Arten von Verbindungen zwischen den Lichtrezeptoren und dem Gehirn sind in Abbildung 36 dargestellt. Alle Arten schließen Lichtrezeptoren, verbindende *bipolare Zellen* und Ganglienzellen ein (die den Sehnerv bilden und Impulse direkt an die höheren Zentren im Gehirn übermitteln). Die direkteste Übermittlungsform findet sich bei vielen Zapfen, aber nicht bei den Stäbchen. Bei dieser Form wird der Zapfen mit einer „bipolaren Zwergzelle" verbunden, die selbst wieder an eine Ganglienzelle angeschlossen ist (Abb. 36a). Als nächstes haben wir Systeme, bei denen mehrere Zapfen in eine ihnen gemeinsame bipolare Zelle einmünden, die ihrerseits in eine Ganglienzelle mündet; ähnliche Systeme existieren auch bei den Stäbchen (Abb. 36b). Schließlich gibt es gemischte Stäbchen-Zapfen-Systeme, bei denen sich eine Anzahl von Stäbchen und Zapfen gemeinsam eine bipolare Zelle teilen (Abb. 36c).

Neben den Verbindungen, die durch diese Transmissionssysteme hergestellt werden, sind noch weitere Anschlüsse durch verschiedene andere Arten von Verbindungszellen möglich. Diese letzteren gestatten Interaktionen zwischen benachbarten Rezeptoren sowie ein zusätzliches Zusammenspiel zwischen den bipolaren und den Ganglienzellen. Die Netzhaut ist mit anderen Worten keineswegs eine Ansammlung isolierter lichtempfindlicher Elemente. Ihre Bestandteile sind vielmehr zu vielfältigen und komplexen Interaktionen und zur Integration fähig.

Die *Fovea,* die als Zentrum der Netzhaut gilt, besteht aus sehr schlanken und dicht gedrängten Zapfen, von denen jeder seine eigene „private Verbindung" zum Gehirn hat. Gehen wir von der Fovea nach außen, so finden wir, daß die Zahl der Zapfen abnimmt und die Zahl der Stäbchen zunächst entsprechend zunimmt. Die absolute Zahl der Stäbchen ist knapp neben der Fovea am höchsten und nimmt dann nach außen ab. Am Rande gibt es nur wenige Stäbchen und noch weniger Zapfen. Gegen den Rand zu tritt eine weitere wichtige Änderung ein: jede Ganglienzelle dient einer zunehmenden Zahl lichtempfindlicher Zellen.

Alle Fasern der Ganglienzellen vereinigen sich auf einer Seite der Fovea zu einem Strang. Dieser Strang, der *Sehnerv,* verläßt die Netzhaut durch eine Öffnung im Augapfel (s. Abb. 34, S. 98). Weil es an diesem Punkt der Netzhaut weder Stäbchen noch Zapfen gibt, können die hier einfallenden Lichtwellen keine Nervenimpulse auslösen und daher auch keine visuelle Wahrnehmung bewirken.

Zur Photochemie der Retina. Stäbchen und Zapfen enthalten hoch lichtempfindliche Substanzen, die sogenannten Pigmente. Wenn Licht auf diese Pigmente fällt, dann verändern sie sich chemisch und werden abgebaut. Das bewirkt wiederum eine Veränderung des Natriumflusses (s. 1. Bd., Abb. 35, S. 121) über die Zellmembran und somit der Menge von Transmittersubstanz, die von den Stäbchen und Zapfen freigesetzt wird (Davson, 1976). Wenn diese Veränderungen groß genug sind, rufen sie in den bipolaren Zellen und schließlich auch in den korrespondierenden Ganglienzellen eine neurale Aktivität hervor, wodurch eine Botschaft an das Gehirn übermittelt wird. Andere chemische Reaktionen in den Lichtrezeptoren führen jedoch zu einer ständigen Neuproduktion der lichtempfindlichen Pigmente. Wenn Licht auf die Netzhaut fällt, findet also ständig gleichzeitig deren Abbau und Wiederherstellung statt. Je intensiver das

Licht, desto mehr Aktivität wird an das Gehirn übermittelt. Aber je intensiver das Licht, desto geringer auch die Menge der vorhandenen lichtempfindlichen Pigmente, so daß sich die Empfindlichkeit des Auges für später eintreffende Reize verringert.

Die Lichtpigmente verändern sich um so schneller bzw. werden um so rascher abgebaut, je stärker das Licht ist, aber auch die *Wellenlänge* des Lichtes beeinflußt die Reaktion eines Pigments. Jedes Pigment (es gibt mehr als eine Art), ist besonders empfindlich für Wellenlängen eines bestimmten Teiles des Spektrums und weniger empfindlich gegenüber anderen Wellenlängen. Wichtig ist auch festzuhalten, nicht nur, daß Stäbchen mehr Pigmente haben als Zapfen, sondern, daß das Pigment der Stäbchen lichtempfindlicher ist als das der Zapfen.

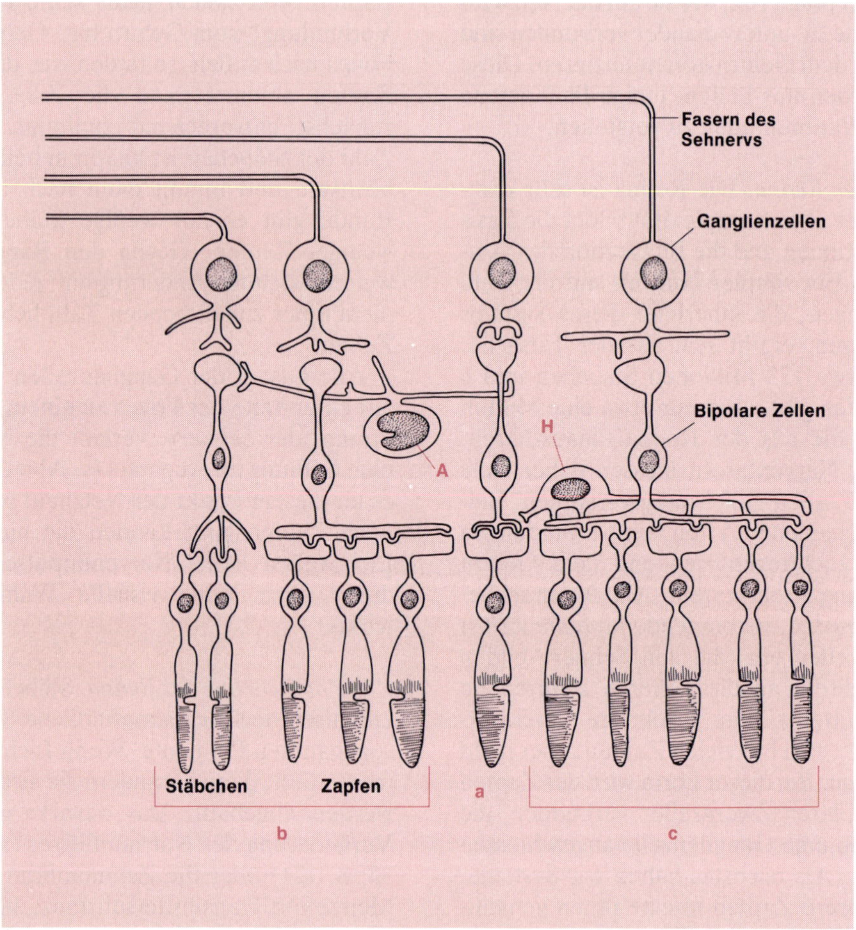

Abbildung 36: Die drei Arten von Verbindungen zwischen den Stäbchen und den Zapfen der Netzhaut und dem Gehirn. Das Übermittlungssystem der zentralen Fovea ist in Abschnitt a zu sehen. Hier hat jeder Zapfen seine eigene bipolare Zelle und jede bipolare Zelle hat ihre eigene Ganglienzelle. Deshalb erregt jeder Zapfen nur eine Faser des Sehnervs. In Abschnitt b teilen sich eine Gruppe von Stäbchen oder Zapfen jeweils eine bipolare Zelle. Das gemischte Übermittlungssystem ist in Abschnitt c dargestellt; wie man sieht, teilt sich eine gemischte Gruppe von Stäbchen und Zapfen eine bipolare Zelle. Diese Art der Konvergenz kann auch in dem Stadium zwischen bipolaren Zellen und Ganglienzellen stattfinden.

Horizontale Zellen (H) und die als A bezeichneten Zellen verbinden einen Teil der Netzhaut mit einem anderen und ermöglichen Interaktion auf der Netzhautebene, sogar zwischen den Zapfen der Fovea wie dem in Abschnitt a gezeigten.

Nachdruck aus: Dowling u. Boycott: Organization of the primate retina: Electron microscopy. *Proceedings of the Royal Society of London,* Serie B, 1966, *166,* 80–111.

1.3 Farbensehen

Es ist seit vielen Jahren bekannt, daß Zapfen für das Farbensehen notwendig sind. Stäbchen vermitteln nur die Empfindungen hell, dunkel und der Grautöne dazwischen. An der Peripherie der Netzhaut, wo sich sehr wenige Zapfen befinden, sind somit alle farbenblind. In jüngster Zeit haben wir ziemlich gut verstehen gelernt, wie die Zapfen die verschiedenen Farbtonempfindungen auslösen – Rot, Grün, Blau und all die vielen dazwischenliegenden Töne, die wir unterscheiden können.

Wir wollen uns jedoch zunächst mit zwei „plausiblen" Erklärungen befassen, *von denen faktisch keine richtig zu sein scheint.* (1) Es könnte viele verschiedene Arten von Zapfen geben und jede Kategorie könnte ein Pigment enthalten, das nur auf einen der vielen wahrnehmbaren Farbtöne anspricht. Dies wäre jedoch ein sehr ineffizientes System, denn wir müßten dann ja an jedem Punkt der Netzhaut einen Vertreter jeder Kategorie von Zapfen haben, um alle an diesem Punkt dargebotenen Farbtöne wahrzunehmen. (2) Eine andere Möglichkeit wäre, daß es nur eine Art von Zapfen gibt, der unterschiedlich empfindlich auf Licht verschiedener Wellenlängen reagiert. (Er könnte beispielsweise mehr auf eine „gelbe" Wellenlänge einer bestimmten Intensität ansprechen als auf eine „blaue" gleicher Intensität.) Diese zweite Alternative würde auch nicht funktionieren, aus einem anderen Grund. Wenn wir die Intensität von Licht jeglicher Wellenlänge erhöhen, nimmt auch die Reaktion der Lichtrezeptoren zu. Wenn wir nur Zapfen der einen erwähnten Art besäßen, würden sie auf ein schwaches gelbes Licht in derselben Weise reagieren wie auf ein starkes blaues Licht. Das heißt, die Lichtstärken könnten justiert werden, um die Differenz in der Reaktion auszugleichen, die sonst aus der unterschiedlichen Empfindlichkeit gegenüber den beiden Wellenlängen resultiert hätte. Wenn das geschähe, dann wären wir nicht imstande, die Farbtöne zu unterscheiden. (Wir haben die Bezeichnungen der Farbtöne oben in Gänsefüßchen gesetzt, weil wir nicht sagen können, daß eine *Wellenlänge* ein Farbton ist. Eine Wellenlänge ruft die *Wahrnehmung* eines Farbtons hervor; wie sie das macht, eben das versuchen die Forscher herauszufinden.)

In Wirklichkeit gibt es drei verschiedene Arten von Zapfen. Jede Art ist empfindlich für ein breites Spektrum sichtbarer Wellenlängen, aber die drei Arten von Zapfen unterscheiden sich hinsichtlich ihres jeweiligen Punktes maximaler Sensitivität. Eine Art können wir als B-Zapfen bezeichnen, weil sie am empfindlichsten für kurze (blaue) Wellenlängen sind. Es gibt auch GR-Zapfen und R-Zapfen; diese sind am empfindlichsten für mittlere (grüne) Wellenlängen bzw. für lange (rote) Wellenlängen (s. Abb. 37). Eine *Drei-Rezeptoren-Theorie* dieser Art war seit vielen Jahren aufgrund psychologischer Befunde vertreten worden, wie die Tatsache, daß jeder Farbton durch das Mischen von Licht von nur drei Wellenlängen erzeugt werden kann, wenn die letzteren in den richtigen Proportionen gewählt werden. Als weiterer Beleg wurde der Nachweis angesehen (Brown u. Wald, 1964), daß die einzelnen Zapfen tatsächlich drei verschiedenen Arten angehören, von denen jede Licht in einem der drei oben erwähnten Abschnitte des Spektrums optimal absorbiert. Aber bedeutet das, daß wir nur drei Farbtöne wahrnehmen können: Rot, Grün und Blau? Wohl nicht. Die Lösung sieht anders aus.

Die Zapfen stimulieren bipolare Zellen, die ihrerseits die Ganglienzellen des Sehnervs erregen. Jede bipolare Zelle, selbst wenn sie von mehreren Zapfen Informationen erhält, scheint nun nur mit einer Kategorie (R, GR, B) verbunden zu sein, so daß nichts Neues gewonnen ist. Die Ganglienzellen teilen uns jedoch etwas anderes mit. Erinnern wir uns, daß alle Neuronen einen gewissen spontanen Aktivitätspegel aufweisen, das heißt, auch ohne bestimmte Sinnesreize Nervenimpulse aussenden. An dieser spontanen Aktivität gemessen, reagieren viele Ganglienzellen mehr (ihre Impulsfrequenz erhöht sich), wenn dem Auge rote Wellenlängen dargeboten werden, und sie reagieren weniger (sind gehemmt), wenn grüne Wellenlängen zu sehen sind. Eine solche Zelle muß über ihre bipolaren Zellen (s. Abb. 37, S. 104) Informationen von zwei verschiedenen Kategorien von Zapfen erhalten, den erregenden Input von roten Zapfen und den hemmenden Input von grünen. Ganglienzellen dieser Art zeigen, welche von zwei Farben – in diesem Fall Rot oder Grün – in einem bestimmten Teil der Netzhaut präsent ist. Eine Zunahme der Impulsfrequenz von dieser R+GR−-Zelle signalisiert dem Gehirn Rot, eine Abnahme signalisiert Grün. Wenn beide Arten von Licht vorhanden sind, verändert sich das Feuertempo in den rot-grünen Ganglienzellen infolge der entgegengesetzten Wirkungen der bei-

Abbildung 37: Dies ist ein schematisches Diagramm, auf dem zu sehen ist, wie drei verschiedene Arten von Zapfen (von denen die Drei-Rezeptoren-Theorie ausgeht) zusammenspielen könnten, um zwei alternative Farbbotschaften in bestimmten Ganglienzellen auszulösen (wie die Theorie der komplementären Paare meint). Die Bögen unter den Ganglienzellen zeigen die Empfindlichkeit jeder der drei Arten von Zapfen für Licht verschiedener Wellenlänge. Man beachte, daß Licht einer roten Wellenlänge den roten Zapfen, dessen bipolare Zelle und die R+GR−-Ganglienzelle stimulieren würde; erhöhte Aktivität in der R+GR−-Zelle ist die Botschaft an das Gehirn für Rot. Dabei ist daran zu erinnern, daß die Ganglienzellen wie die anderen Nervenzellen einen Ruhepegel spontaner Aktivität haben, und es ist zu bedenken, daß die Axonprozesse der bipolaren Zellen, die im Diagramm schraffiert sind, einen hemmenden Einfluß auf die Ganglienzellen haben, mit denen sie in Berührung kommen; alle anderen Axone in dem Bild haben vermutlich erregende Wirkung. Grünes Licht stimuliert den grünen Zapfen und die bipolare Zelle, aber die Aktivität der grünen bipolaren Zelle hemmt die R+GR−-Ganglienzelle. *Diese Abnahme der Aktivität* in der R+GR-Zelle ist das *Signal für Grün,* das zum Gehirn geht. Sowohl rote als auch grüne Bipolarzellen haben einen erregenden Einfluß auf die GE+B-Ganglienzelle. Demnach ist anzunehmen, daß *beide* aktiv sein müssen, um eine Reaktion hervorzurufen. Gelbe Wellenlängen stimulieren sowohl rote als auch grüne Zapfen, und dadurch wird die Botschaft „Gelb“ gesendet (eine Erhöhung der GE+B−-Reaktion). Blaues Licht erzeugt seine Botschaft (eine Abnahme der GE+B−-Aktivität) durch den hemmenden Einfluß der blauen Bipolarzellen.

Wenn der R-Zapfen bei einem bestimmten Individuum grünempfindliches Pigment enthält, wäre die im Text beschriebene Farbenblindheit die Folge. Wellenlängen, denen gegenüber grüne und blaue Pigmente eher unempfindlich sind, würden dann kaum gesehen. Wellenlängen, die normale Personen als grün sehen, würden sowohl die R- als auch die GR-Zapfen stimulieren. Deren neutralisierender Effekt auf die R+GR−-Zelle würde deren Aktivität unverändert lassen, aber die kombinierte Wirkung der R+GR−-Zapfen würde die GE+B−-Zelle aktivieren und die Empfindung von Gelb hervorrufen!

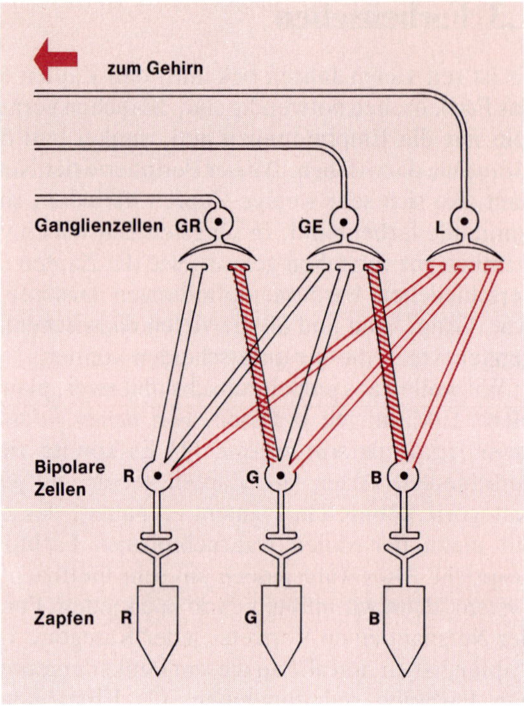

Die L- (für Leuchtkraft) Ganglienzelle erhält erregende Botschaften von allen Arten von Zapfen. Je aktiver ein Zapfen ist (je mehr Licht irgendeiner Wellenlänge dem Auge dargeboten wird), desto aktiver wird diese Zelle sein. Sie übermittelt die Botschaft für Helligkeit. Es ist daran zu erinnern, daß diese Abbildung nur ein schematisches Modell ist, das eine Möglichkeit veranschaulicht wie diese Interaktionen vor sich gehen könnten. Wir wissen, daß die tatsächliche Situation komplizierter ist als hier gezeigt. So ist auf dem Bild die gesamte Integration zwischen den drei Farbprozessen an den Synapsen zwischen den bipolaren und den Ganglienzellen lokalisiert. In Wirklichkeit finden jedoch solche Interaktionen auch auf höheren und niedrigeren Ebenen des Systems statt.

den Lichtarten nicht. Diese Art der Farbübermittlung an das Gehirn paßt gut in die Theorie der komplementären Paare des Farbsehens. Dieser Theorie zufolge sind Farbprozesse paarweise organisiert, beispielsweise rot/grün oder blau/gelb. Man vermutet, daß die beiden Angehörigen eines Paares jeweils gegeneinander arbeiten, so daß jeweils nur einer von ihnen aktiv sein kann.

Wie in Abbildung 37 dargestellt, gibt es auch GE+B−-Ganglienzellen. Diese Zellen verringern ihren Reaktionspegel, wenn das Auge durch ein blaues Licht stimuliert wird, vermutlich weil sie durch B-Zapfen-Aktivität gehemmt sind. Sie weisen ein erhöhtes Reaktionstempo auf, wenn ein gelbes Licht verwendet wird, obwohl es *keine* Zapfen gibt, die für gelbe Wellenlängen maximal empfindlich sind. Gelbes Licht, das die Mitte zwischen Rot und Grün einnimmt, erregt sowohl die R- als auch die GR-Zapfen in gleicher Weise mäßig. Wie Abbildung 37 zeigt, würde jeder Zapfen dieser Art mehr Reaktionen in GE+B−-Ganglienzellen hervorrufen. Das Gehirn erhält somit die Botschaft für Gelb, aber in den R+GR−-Zellen wird per Saldo keine Veränderung der Aktivität ausgelöst.

Jede einzelne Wellenlänge oder Mischung von Wellenlängen, die dem Auge dargeboten wird, löst ein gewisses Maß an Aktivität in den R+GR−-Zellen sowie in den GE+B−-Zellen aus. Diese Ganglienzellen übermitteln ihre Botschaften an das Gehirn, wo andere Mechanismen die verschiedenen Aktivitätsmuster „entschlüsseln", das heißt, sie den vielen Farbtönen zuordnen können.

Farbenblindheit. Man nimmt an, daß Farbenblindheit durch einen Defekt entweder in den Zapfen oder in ihren Verbindungen verursacht wird. Manche farbenblinden Personen zeigen beispielsweise eine stark reduzierte Empfindlichkeit für Rot. Man nimmt an, daß dieser Defekt aus dem Fehlen des rotempfindlichen Zapfenpigments resultiert. Wir können die Hypothese aufstellen, daß bei dieser Art von Rot-Grün-Farbenblindheit die fehlende rote Substanz durch die grünempfindliche Substanz ersetzt wurde.

Die roten Zapfen sind empfindlich für grüne Wellenlängen, nicht für rote, aber die Verbindungen dieser Zapfen mit bipolaren und Ganglienzellen bleiben dieselben wie bei Individuen mit normalem Farbsehvermögen. Die roten und grünen Zapfen werden somit immer gleichzeitig stimuliert und diese Erregung führt zu der Gelbwahrnehmung. Ähnliche Erklärungen werden für andere Arten von Farbenblindheit angeboten.

1.4 Helligkeitssehen

Manche Ganglienzellen werden durch alle Wellenlängen aktiviert. Ungeachtet der Wellenlänge des Lichts ist die Reaktion dieser Zellen stärker, wenn die Intensität des Lichts zunimmt. Es ist dies die Art von Aktivität, die wir in Ganglienzellen erwarten würden, die ihren gesamten Input aus Stäbchen erhalten und genau dies passiert in diesen Zellen. Dieselbe Art von Reaktion findet sich jedoch auch in bestimmten Ganglienzellen, die durch Zapfen erregt werden. Man beachte in Abbildung 37, daß R+GR−- und GE+B−-Ganglienzellen zwar konkurrierenden Input von verschiedenen Arten von Zapfen erhalten, andere dagegen (in der Abbildung mit L bezeichnet) kompatiblen Input aus verschiedenen Arten von Zapfen empfangen. Die letztgenannte Gruppe von Ganglienzellen sowie diejenigen, die ihren Input aus den Stäbchen erhalten, übermitteln die Botschaft für Helligkeit an das Gehirn (s. Box 2/17).

Empfindlichkeit und Adaptation. Die Netzhaut ist am Rande empfindlicher als an der Fovea. Ein Grund dafür ist, daß die Stäbchen ein empfindlicheres Pigment enthalten als die Zapfen – und zwar eine ganze Menge davon – und sie daher stärker als einzelne Zapfen auf schwaches Licht, welcher Wellenlänge auch immer, ansprechen. Ein anderer Grund hängt mit den verschiedenen Beziehungsmustern zwischen den Rezeptoren und Ganglienzellen zusammen (Abb. 36, S. 102). An der Peripherie „münden" bis zu 1200 Stäbchen in eine einzige Ganglienzelle, und es bedarf nur einer geringen Aktivität in jedem dieser Rezeptoren, damit die Ganglienzelle dem Gehirn mitteilt, daß „da draußen etwas los ist". In der Fovea, in der jeweils ein Zapfen eine einzige Ganglienzelle speist, ist eine beträchtliche Aktivität, hervorgerufen durch ein relativ starkes Licht im Zapfen, nötig, um die Ganglienzelle zum „Feuern" zu veranlassen.

Die Empfindlichkeit jedes Rezeptors der Netzhaut unterliegt auch zeitlichen Schwankungen, bedingt durch eine Zu- oder Abnahme des vorhandenen lichtempfindlichen Pigments, Veränderungen, die hauptsächlich durch den Helligkeitsgrad bedingt sind, dem der Rezeptor soeben ausgesetzt war. Dies ist das Phänomen der Adaptation (Anpassung). Wir alle wissen, daß unsere Augen weniger empfindlich sind, wenn sie starkem Licht ausgesetzt waren, als nach einem längeren Aufenthalt im Dunklen.

Jeder Rezeptor wird weitgehend unabhängig von allen anderen Rezeptoren des Auges licht- oder dunkeladaptiert. Diese Tatsache erklärt die negativen Nachbilder. Wenn man eine Abbildung wie die in Box 2/8 (S. 35) fixiert, dann wird das sensitive Pigment der Rezeptoren, die durch das Licht von den weißen Feldern stimuliert werden, abgebaut. Dies geschieht jedoch nicht in den Zellen, auf die das schwächere Licht aus dem schwar-

BOX 2/17

X ≠ Y

Die allgemeinen Prinzipien der Nervenzellenaktivität (s. 1. Bd., 5. Kap.) müssen in jedem Neuron gelten, aber verschiedene Varianten des neuralen Inputs und der Größe und Form können starke Unterschiede in der Art und Weise bewirken, wie sich Zellen verhalten. In den letzten Jahren haben sich Physiologen, Anatomen und Psychophysiker, die die verschiedenen visuellen Systeme studierten, sehr für bestimmte Unterschiede in der Art und Weise, wie Sehzellen reagieren, zu interessieren begonnen. Unterschiede, die zwischen der retinalen und der kortikalen Ebene zu beobachten sind, deuten darauf hin, daß zwei Kategorien von Zellen mit verschiedenen Funktionen unterschieden werden müssen. C. Enroth-Cugell u. R. Shapley, die speziell auf diesen Unterschied hinwiesen, bezeichneten diese Zellen als X- und Y-Zellen.

Da X-Zellen dazu tendieren, weiter zu feuern, solange ein stationärer Reiz dargeboten wird, bezeichnet man sie als „anhaltend". Y-Zellen tendieren dazu, nur zu reagieren, wenn ein Reiz erstmals erscheint und werden deshalb als „vorübergehend" bezeichnet. Mit diesem Unterschied hängt die Tatsache zusammen, daß die Y-Zellen besser auf bewegliche Objekte ansprechen, da ein das Gesichtsfeld durchquerendes Reizobjekt vom Standpunkt der Zelle eine Serie neuer Reize darstellt, von denen jeder eine kurze Reaktion erfordert. In der Netzhaut unterscheiden sich die X- und Y-Ganglienzellen hinsichtlich ihrer Größe, der Oberfläche des Zellkörpers und vermutlich auch hinsichtlich ihrer Reizquellen.

Es wurde die Ansicht vertreten, daß die X-Y-Unterscheidung auch auf den höheren Ebenen des visuellen Systems Gültigkeit habe und daß die simplen Zellen der Sehhirnrinde X-Zellen und die komplexeren kortikalen Zellen Y-Zellen seien, die Informationen aus Y-Zellen im Kniehöcker erhalten. Dies wurde bisher noch nicht bewiesen; *wenn* es jedoch stimmt, würde es die Vorstellung widerlegen, daß komplexe Zellen ihre Informationen von einfachen Zellen erhalten.

Der Unterschied zwischen anhaltend und vorübergehend aktiven Zellen hat zu der psychophysiologischen Deutung geführt, daß die X-Zellen ein System bilden, das für die längere Betrachtung stationärer Objekte zuständig ist, während das Y-System neue oder in Bewegung befindliche Reize registriert. Denkbar ist auch, daß Aktivität in den Y-Zellen die Aktivität der X-Zellen hemmt; dies könnte den Verlust des Sehvermögens während der Augenbewegung, wie auf S. 100 erwähnt, erklären.

Wir wissen zwar schon eine Menge über Struktur und Funktionsweise des visuellen Systems, aber es bleibt noch viel zu entdecken.

C. Enroth-Cugell u. R. Shapley: Adaptation and dynamics of cat retinal ganglion cells. *Journal of Physiology*, 1973, *233*, 271–309.

J. Stevens, B. McGuire u. P. Sterling: Toward a functional architecture of the retina: Serial reconstruction of adjacent ganglion cells. *Science*, 1980, *207*, 317–319.

B. Breitmayer u. L. Ganz: Implications of Sustained and transient channels for theories of visual pattern masking, saccadic suppression and information Proceeding. *Psychological Review*, 1976, *83*, 1–36.

zen Feld auftrifft. Wenn die Netzhaut danach durch das Licht von der grauen Wand stimuliert wird, reagieren die bereits erschöpften Zellen (die mit dem weißen Teil der ursprünglichen Figur korrespondieren) nicht mehr stark, während die anderen Rezeptoren (die dem schwarzen Teil der Figur entsprechen) eine relativ starke Reaktion aufweisen. Was zuvor weiß gewesen war, wird deshalb schwarz erscheinen und vice versa. Trotz der Unabhängigkeit der Rezeptoren beeinflußt jedoch die Lichtmenge, die auf einen Punkt der Netzhaut fällt, die Empfindlichkeit der benachbarten Regionen. Diese paradoxe Tatsache ist wahrscheinlich auf neurale Interaktionen zurückzuführen, die durch die horizontalen Verbindungszellen ausgelöst werden (s. Abb. 36, S. 102, und Enroth-Cugell u. Shapley [1973]).

1.5 Formsehen und Sehschärfe

Wir werden die physiologische Grundlage des Formsehens besser verstehen können, wenn wir uns einen der üblichen Labortests für Sehschärfe näher ansehen. Die Vp wird mit einer Reihe einfacher Figuren aus hellen und dunklen Streifen von gleicher Breite konfrontiert. Wenn das visuelle System (Auge und Gehirn) ein solches Muster korrekt wahrnehmen soll, dann muß es imstande sein, festzustellen, daß es sich um etwas anderes als eine graue Fläche von gleichmäßiger mittlerer Helligkeit handelt. Das heißt, das Gehirn empfängt Botschaften, die von den hellen und den dunklen Streifen ausgehen, und es muß fähig sein zu unterscheiden, daß mehr Botschaften von den ersteren kommen („das ist heller") als von den letzteren („das ist dunkler").

Die erste Grenze wird der Sehschärfe von unserem optischen Mechanismus gesetzt. Wenn das Muster von Streifen auf der Netzhaut nicht scharf eingestellt ist, überlappen die hellen und dunklen Bänder einander beträchtlich, und in diesem Fall können die Lichtrezeptoren nicht verschiedene Botschaften an das Gehirn übermitteln. Eine zweite Grenze wird der Sehschärfe durch die Verteilung und die Verbindungen unserer Lichtrezeptoren gesetzt. Da die Fovea viele eng zusammengedrängte dünne Stäbchen enthält, ist die Sehschärfe in der Fovea am besten und nimmt nach außen hin ab. Drei eng beieinanderliegende Streifen von Hell-Dunkel-Hell, die auf die Fovea auftreffen, können zwei separate Reihen von Zapfen stimulieren, und die Reihe dazwischen (die auf die dunkle Linie eingestellt ist) unstimuliert lassen (s. Abb. 39). Die stimulierten Reihen von Zapfen, von denen jede eine separate Verbindung zum Gehirn besitzt, übermitteln dem Gehirn zwei scharf umrissene Figuren – eine andere Botschaft als von einer gleichmäßig beleuchteten Netzhaut empfangen worden wäre (s. Abb. 39a). Außerhalb der Fovea können zwei eng beieinanderliegende helle Streifen beide dieselben lichtempfindlichen Elemente stimulieren. Selbst wenn die Linien verschiedene Elemente erregen, können diese Elemente alle Impulse an dieselbe Ganglienzelle aussenden und

Abbildung 38: Vogelbeobachtung. Der Feldstecher streut die Lichtwellen, so daß sich das Netzhautfeld, das von dem Bild eines Objekts getroffen wird, vergrößert. Zwei Punkte im Gesichtsfeld, die sonst auf der Netzhaut so nahe beieinander wären, daß sie dieselben Zapfen stimulieren würden, sind jetzt voneinander getrennt; die Sehschärfe ist dadurch erhöht. Viele Vogelarten sehen ohne Feldstecher besser als Menschen mit solchen Sehhilfen.

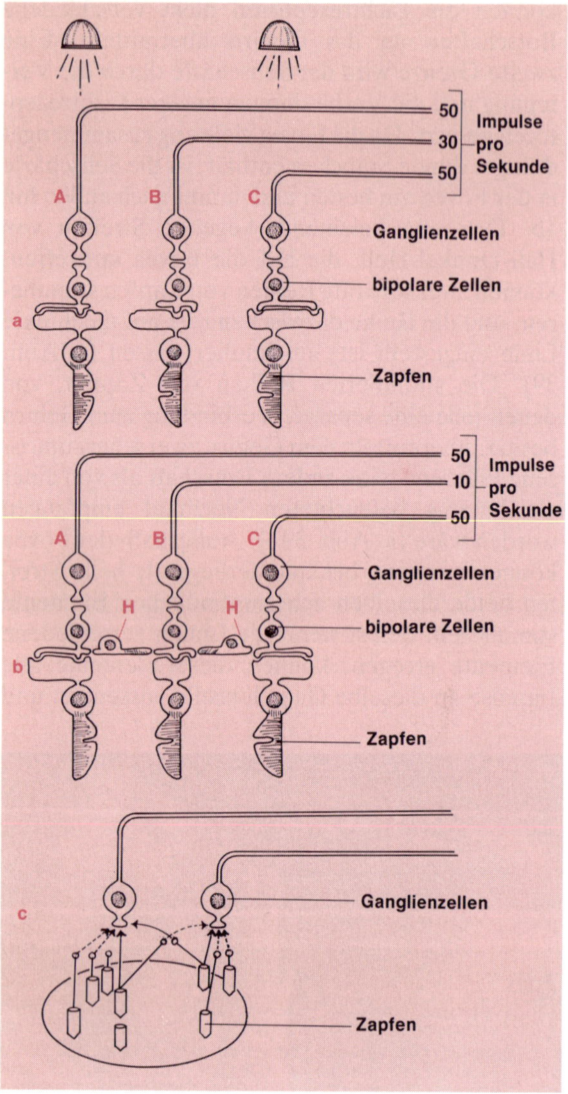

Abbildung 39: Dieses Diagramm zeigt, daß Hemmung die Sehschärfe erhöhen kann, weil sie den neuralen Effekt verstärkt, den ein Reiz auf die Netzhaut ausüben könnte. Im Abschnitt a sehen wir, wie die Netzhaut ohne laterale Hemmung funktionieren würde. Nehmen wir an, daß ein schwaches Licht auf die Zapfen A und C fällt. Dies versetzt ihre jeweiligen bipolaren und Ganglienzellen in eine gewisse Erregung, aber bei schwacher Lichtstärke wäre das Erregungsniveau nicht hoch genug, um vom Gehirn von dem Niveau in der B-Ganglienzelle unterschieden zu werden, das einfach durch spontane neurale Aktivität entsteht. In Abschnitt b schalten wir laterale Hemmung ein, die durch horizontale Zellen bewirkt wird. Die Aktivität in den A- und C-Ketten verändert sich nicht, aber das B-Niveau wird reduziert, wenn die Zapfen A und C erregt werden; A und C werden leichter von B zu unterscheiden sein, und dadurch wird leichter zu erkennen sein, daß A und C zwei separate Reize sind. In Abschnitt c, wo die bipolaren Zellen nicht eingezeichnet sind, erzeugen die durch gestrichelte Linien angedeuteten Axone einen hemmenden Transmitter. Wir weisen darauf hin, daß es mehr als drei Zapfen in der Retina gibt (!) und daß jede Ganglienzelle derart durch laterale Hemmung beeinflußt wird, daß ihr Netzhautfeld nach dem Figur-Grund-Prinzip organisiert ist, wie im Text dargestellt.

dadurch wird nur ein einziger Stimulus wahrgenommen. Damit wird uns klar, daß die Sehschärfe, die Fähigkeit, kleine Details zu unterscheiden, schlechter wird, je weiter wir uns von der Fovea entfernen. In gewisser Weise verbessern jedoch die Nervenzellen der Netzhaut den visuellen Reiz, den die Rezeptoren empfangen. Es wurde festgestellt, daß eine Ganglienzelle zwar ihre „Feuerungsrate" erhöht, wenn ein Lichtrezeptor stimuliert wird, daß sie aber gehemmt werden kann und somit ihre „Feuerungsrate" senkt, wenn ein benachbarter Rezeptor aktiviert wird. Abbildung 39b zeigt, wie das geschehen könnte und welche Wirkung es haben würde. Nehmen wir an, schwaches Licht scheint nur auf die Rezeptorzellen A und C. Nach den üblichen Prozessen der neuralen Erregung, die wir bisher besprochen haben, würden wir eine geringfügige Erhöhung der Aktivität in den unmittelbar mit ihnen verbundenen bipolaren und Ganglienzellen erwarten. Darüber hinaus würde die Aktivität der Ganglienzelle, die in der Abbildung als B bezeichnet ist, abnehmen, wie man annimmt, infolge der lateralen Hemmung, die von den horizontalen Zellen ausgeht, welche die aktivierten Rezeptoren mit der benachbarten bipolaren (B) verbinden. Dadurch signalisiert die Botschaft, die das Gehirn erhält, einen größeren Unterschied zwischen A und C einerseits und B andererseits als ohne die hemmenden horizontalen Zellen der Fall wäre. Da wir gesehen haben, daß Sehschärfe beim Formsehen von der Fähigkeit des Gehirns abhängt, zwischen Botschaften zu unterscheiden, die aus zwei Regionen der Netzhaut eintreffen, ergibt sich daraus, daß hemmende Interaktionen dieser Art die Fähigkeit des Auges, die separaten Reize A und C wahrzunehmen, erhöhen.

Der obige Befund erklärt auch eines der Kennzeichen des rezeptiven Feldes einer Ganglienzelle. Beim Gesichtssinn versteht man unter dem *rezeptiven Feld* jenen Teil der Netzhaut, in dem durch Reizung eine Reaktion in der jeweiligen Nervenzelle ausgelöst wird. Das rezeptive Feld einer Ganglienzelle ist ein kreisförmiger Fleck, der bei den Zellen der Fovea kleiner ist als bei denen der Peripherie, und sich in der Nähe der Ganglienzelle befindet, weil die Rezeptoren dort in die Ganglienzelle münden. Jedes Feld besteht außerdem aus zwei verschiedenen Teilen, einem Zentrum und einer Umrandung. Wenn beispielsweise eine Erregung im zentralen Teil des rezeptiven Feldes einer Zelle eine Erhöhung der Aktivität auslöst, dann wird eine Reizung an irgendeinem Punkt der Umrandung die Aktivität in der Ganglienzelle dämpfen. Der Grund dafür ist, daß die Rezeptoren, die Informationen aus der Reizwelt erhalten, nicht in isolierten Reihen angeordnet sind, wie in Abbildung 39b (S. 108) dargestellt, sondern auf einer zweidimensionalen Fläche, wie in Abbildung 39c zu sehen ist. Die Netzhaut ist ein Komplex überlappender rezeptiver Felder.

Wir beginnen somit die perzeptiven Wirkungen von Reizen in räumlicher oder zeitlicher Nähe zu verstehen, indem wir uns daran erinnern, daß die Netzhaut nicht wie eine Relaisstation aus isolierten Elementen besteht, sondern Zellen besitzt, die die einzelnen Teile untereinander verbinden. Zwei Reizobjekte mögen in der wirklichen Welt physisch voneinander isoliert sein, aber die neuralen Reaktionen, die durch ihre isolierten Bilder in der Netzhaut hervorgerufen werden, können untereinander verbunden sein. So können die Effekte der Summierung, Ausstrahlung und des Simultankontrasts bis zu einem gewissen Grad durch die verbindenden Zellen der Netzhaut erklärt werden.

1.6 Der zentrale Mechanismus

Jeder der beiden Sehnerven besteht aus Bündeln von Axomen der Ganglienzellen, die wie in Abbildung 40 (s. auch Abb. 42 im 1. Bd.) vom Auge in das Cranium (Schädel) führen. Am tiefliegendsten Teil des Gehirns, der sogenannten *Sehnervenkreuzung (Chiasma opticum)* treffen sie zusammen. Hier werden die Nervenfaserbündel in bestimmter Weise aussortiert und umgruppiert, bevor sie ihren Weg weiter ins Gehirninnere fortsetzen. Einmal werden Fasern von der rechten Seite beider Netzhäute zusammengebündelt und führen als rechter Sehstrang zur rechten Hälfte des Gehirns; und Fasern von der linken Seite beider Netzhäute vereinigen sich zum linken Sehstrang, der zur linken Seite des Gehirns führt. In den Sehsträngen verlaufen Fasern aus korrespondierenden Teilen der Netzhäute zum ersten Mal nebeneinander. Licht von einem Objekt auf der linken Seite des Gesichtsfeldes löst auf den rechten Seiten beider Netzhäute ein Abbild aus, und diese beiden Abbilder übermitteln Impulse zur selben (rechten) Seite des Gehirns. Die Umgruppierung bedeutet natürlich auch, daß beide Netzhäute Verbindungen zu beiden Seiten des Gehirns besitzen – die rechte Hälfte beider Netzhäute zur rechten Seite des Gehirns und die linke Hälfte beider Netzhäute zur linken Seite des Gehirns.

Subkortikale Nuklei. Diese beiden Faserstränge setzen dann ihren Weg in das Gehirn fort, wo die meisten von ihnen in zwei Zellbezirken des Thalamus enden, die als *Kniehöcker* (s. 1. Bd., 5. Kap.) bezeichnet werden. Hier springen sie synaptisch zur nächsten Gruppe von Neuronen über, deren Axone den Impuls direkt zur Hirnrinde leiten; und zwar zu einer Region, die als erstes Sehrindenfeld bezeichnet wird.

Nicht alle Fasern der Sehnervenstränge nehmen jedoch diesen Weg. Manche zweigen ab, um Verbindungen herzustellen, die bestimmte Reflexe zu steuern scheinen, wie Veränderungen der Pupillengröße. Andere Fasern umgehen die Kniehöcker und führen statt dessen zu zwei Nuklei im Bereich der Vierhügelplatte. Wir können diese Nuklei nicht ignorieren, weil eine von ihnen ausgehende Leitungsbahn auch zur Hirnrinde führt und offenbar eine wichtige Rolle in der visuellen Wahrnehmung spielt.

1.7 Die Sehrindenfelder

Erstes Sehrindenfeld. Die Region des Hinterhauptlappens (des hintersten Teils des Gehirns), in der die Fasern von den Kniehöckern enden, hat mehrere verschiedene Namen. Wir wollen sie als *erstes Sehrindenfeld* bezeichnen und ihre wesentliche Rolle für das Sehvermögen schildern.

Die erste Frage, die wir untersuchen sollten, ist vielleicht: Wie reagieren die Zellen in den Kniehöckern auf Licht? Mit anderen Worten, was machen diese Zellen mit den Informationen über Farbe, Helligkeit und Form, die in den Reaktionen der retinalen Ganglienzellen enthalten sind? Die Antwort lautet (soweit wir bisher wissen): nicht

Abbildung 40: Das visuelle System. Die graphische Darstellung des Gehirns in der linken oberen Ecke zeigt den Verlauf des Sehnervs und des Tractus opticus vom Auge zur Sehrinde der Hinterhauptlappen. Benutzen Sie diese Skizze, um sich auf der größeren Zeichnung zu orientieren, auf der die Einzelheiten dieses Verlaufs (von oben gesehen) abgebildet sind. Man beachte insbesondere folgendes:

1. Die Lichtstrahlen von der linken Seite des Gesichtsfeldes (dargestellt durch die braunen Streifen) fallen auf die rechte Seite beider Netzhäute, während die Lichtstrahlen von der rechten Seite des Gesichtsfeldes (durch die grauen Streifen dargestellt) auf die linken Seiten beider Netzhäute treffen. Das Licht aus dem oberen Teil des Gesichtsfeldes (durch dunklere Streifen dargestellt) fällt auf den unteren Teil der Netzhäute und umgekehrt.

2. Die Nervenfasern von der rechten Seite beider Netzhäute (dargestellt durch die gestrichelten Linien von den Netzhäuten zu den Hinterhauptlappen) rufen Wirkungen im Cortex des rechten Hinterhauptlappens des Gehirns hervor; Informationen aus der linken Seite beider Netzhäute (dargestellt durch ungebrochene Linien) enden im linken Hinterhauptlappen. Das bedeutet, daß das linke Gesichts*feld* in der rechten Seite des Gehirns repräsentiert ist und das rechte Gesichtsfeld auf der linken Seite des Gehirns. Nur die Hälfte der sichtbaren Welt (aber gesehen von beiden Augen) wird auf jedes der beiden Sehrindenfelder projiziert. Wir erleben natürlich ein integriertes Ganzes. Von unserer Abbildung am oberen Rand der Seite wird beispielsweise der braun-weiß gestreifte Teil und die linke Hälfte des braun-grau gestreiften Teiles auf den rechten Hinterhauptlappen projiziert; der Rest des braun-grau gestreiften Teiles sowie der grau-weiß gestreiften Fläche werden auf den linken Hinterhauptlappen projiziert. Trotzdem vereinigen wir alles zu einem vollständigen visuellen Erlebnis.

Die Rezeptoren der Fovea sind dichter mit den Hinterhauptlappen verbunden als die jedes anderen Teils der Netzhaut. Da die Augen in diesem Diagramm auf den Mittelpunkt der grau-braun gestreiften Fläche fixiert sind, fallen die inneren Teile dieser Fläche auf die Foveas und werden in den Hinterhauptlappen detailliert abgebildet, während der Rest des Bildes weniger genau repräsentiert ist und deshalb hier verkleinert abgebildet wird.

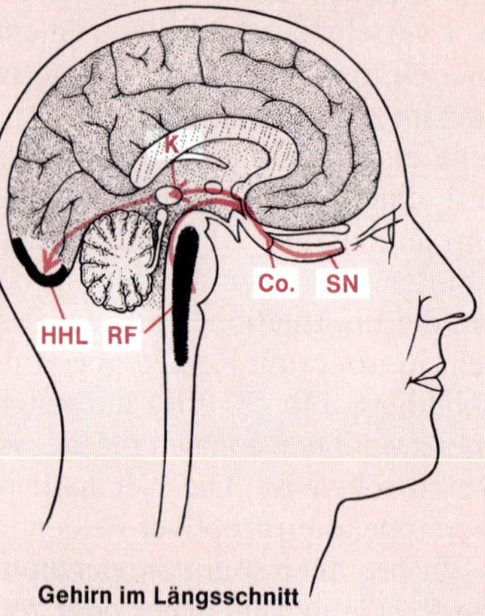

Gehirn im Längsschnitt

SN Sehnerv
Co. Chiasma opticum
RF Retikularformation
K Kniehöcker
HHL Hinterhauptslappen

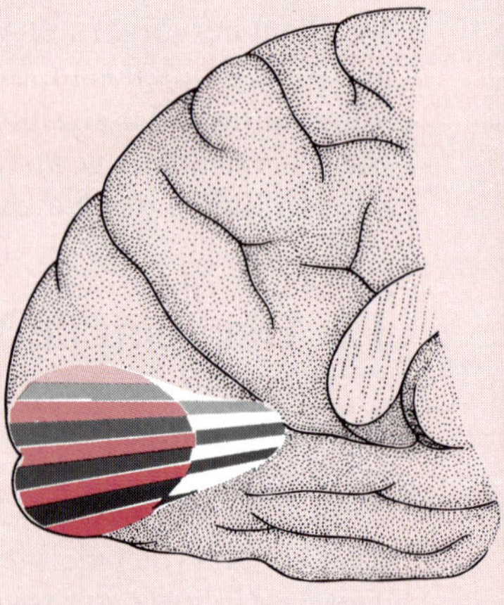

Projektion auf das linke Okzipitalgebiet

viel; außer, sie an die Sehrinde weiterzuleiten. Manche dieser Zellen sind R+GR−-, manche GE+B−- und wieder andere L-Zellen; was ihre Reaktionen auf Wellenlänge und Helligkeit betrifft, sind sie sehr ähnlich denen der Ganglienzellfasern, die zum Kniehöcker führen. Ihre Wahrnehmungsfelder sind im allgemeinen kreisförmig und nach demselben Schema wie die der Ganglienzellen (Zentrum/Umrandung) organisiert.

In der Hirnrinde gibt es auch Zellen mit denselben Eigenschaften hinsichtlich ihres Wahrnehmungsfeldes wie die Ganglienzellen und die Kniehöckerzellen, aber die Sache wird bald interessanter. Viele Zellen im Sehrindenfeld werden am

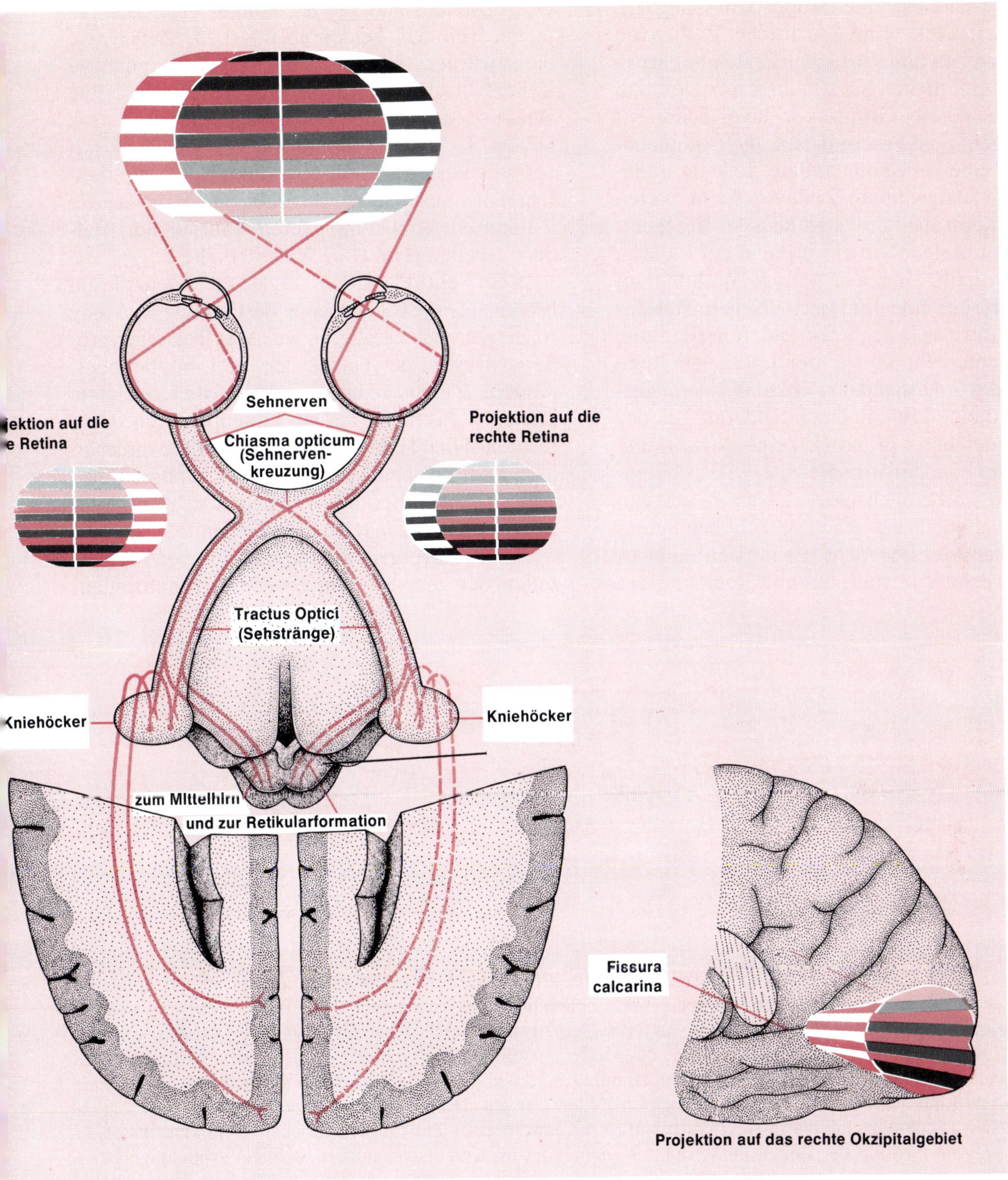

besten nicht durch einen kreisförmigen Fleck, sondern durch eine kurze Linie (bzw. ein schmales Rechteck) von Lichtreizen stimuliert. Um eine bestimmte Zelle zu erregen, muß sich dieser Lichtstrich an einer bestimmten Stelle des Gesichtsfeldes (der sichtbaren Welt) befinden und außerdem muß er in eine bestimmte Richtung zeigen (horizontal, vertikal, diagonal etc.). Abbildung 41 gibt uns eine Vorstellung davon, wie es zu dieser Art von Spezialisierung der Wahrnehmungsfelder kommen kann.

Stellen Sie sich eine Reihe von Zapfen in der Netzhaut vor. Wenn ein linienförmiger Lichtreiz so auf sie auftrifft, daß er diese Zapfen stimuliert, dann aktivieren diese eine Gruppe von Ganglienzellen und indirekt eine spezifische Reihe von Kniehöckerzellen und kortikalen Zellen mit kreisförmigem Feld. Stellen Sie sich aber jetzt vor, daß alle Neuronen dieser Gruppe kortikaler Zellen mit kreisförmigem Feld Fasern haben, die zusammenlaufen, um eine bestimmte andere Zelle zu stimulieren. Die letztgenannte Zelle wird am besten reagieren, wenn alle Punkte entlang der Netzhautlinie beleuchtet sind. Nur einen Punkt der Linie zu beleuchten, hätte eine sehr geringe Wirkung auf die Rindenzelle; eine Linie im gleichen Teil des Gesichtsfeldes, aber in einer anderen Richtung hätte nur einen Punkt mit der optimalen Linie gemein und würde sich daher ebenfalls kaum auswirken; und eine Linie in einem anderen Teil des Gesichtsfeldes hätte praktisch keine Auswirkung auf die Zelle, von der wir sprechen.

Natürlich muß es auch andere Zellen geben, von denen jede ebenfalls auf einen spezifischen linienförmigen Lichtreiz anspricht. Es müssen de facto genügend vorhanden sein, um alle Regionen des Gesichtsfeldes und alle Richtungen einer Linie in jedem Teil des Feldes abzudecken. Zellen wie diese wurden von Hubel u. Wiesel als „einfache Zellen" bezeichnet, die sie entdeckten, als sie die Reaktionen einzelner Zellen registrierten (s. Box 1/7 im 1. Bd.), während sie die Netzhaut mit verschiedenen Lichtmustern stimulierten. Weitere Untersuchungen dieser Art haben die Existenz von Rindenzellen mit komplexeren Wahrnehmungsfeldern ergeben (Hubel u. Wiesel, 1979).

In der Sehrinde wurden Zellen gefunden, die am besten auf eine Linie in einer bestimmten Richtung reagieren, gleichgültig, in welchem Teil einer größeren Region des Feldes sich die Linie befindet. Andere Zellen reagieren am besten auf eine „Ecke" – das heißt, auf ein Linienpaar, das einen rechten Winkel bildet; und wieder andere sprechen besser auf Bewegungsreize als auf stationäre Reize an. Alle diese Befunde kann man sich erklären, wenn man sich vorstellt, daß bestimmte Arten von weiterer Konvergenz zwischen Fasern von Rindenzellen der zuerst beschriebenen Art stattfinden,

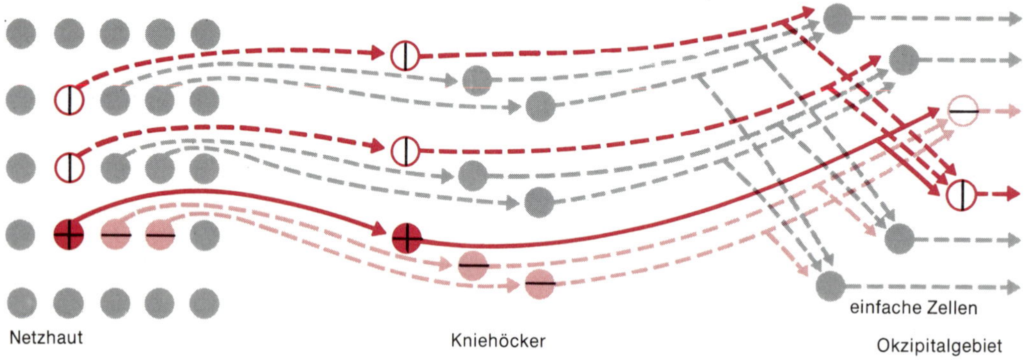

Abbildung 41: Jeder Lichtreiz, der auf die Netzhaut auftrifft, affiziert viele Rezeptorzellen, und die Zellgruppen, die von verschiedenen Reizen erregt werden, können gewisse Zellen miteinander gemein haben. Wie bringt es das visuelle System trotzdem fertig, eine spezifische Reaktion für jeden Reiz zu entwickeln? Dieses Diagramm, das auf den Arbeiten von Hubel u. Wiesel und anderer beruht, zeigt, wie das geschehen könnte. Ein Lichtreiz in Form einer vertikalen Linie würde demnach die Ganglienzellen in der Netzhaut stimulieren, die hier mit einem vertikalen Strich bezeichnet sind; eine horizontale Linie würde die horizontal gestreiften Zellen erregen. (Eine Zelle würde somit durch beide Linien aktiviert werden.) Jede einzelne dieser Netzhautzellen ist mit jeweils einer Zelle im Kniehöcker verbunden. Es spielt keine Rolle, ob die Position der Zellen im Verhältnis zueinander im Kniehöcker anders ist; die Verbindungen sind wichtig, und da es sich um „Einzelanschlüsse" handelt, ist nichts verlorengegangen, aber es ist auch nichts hinzugekommen. Im ersten Sehrindenfeld (hier nicht gezeigt) findet anscheinend immer noch keine Veränderung statt. Durch den Anschluß an die „einfachen" Zellen treten Änderungen ein. Jede hereinführende Faser ist mit zwei einfachen Zellen verbunden, und jede einfache Zelle empfängt Signale von drei hereinführenden Fasern. Wenn wir annehmen, daß die einfachen Zellen nur aktiviert werden können, wenn sie gleichzeitig drei Impulse von außen empfangen, dann wird das einzige Neuron, das von dem horizontalen Reiz stimuliert wird, das horizontal gestreifte sein, und der vertikale Reiz wird effektiv nur das vertikal gestreifte Neuron erregen. Auf diese Weise werden klare und nicht überlappende nervöse Reaktionen erzeugt; Reaktionen, die andere Teile des Nervensystems aktivieren und das Erleben und Verhalten hervorrufen, das dem Reiz entspricht.

nämlich solchen, die am besten auf eine Linie ansprechen, die sich an einer bestimmten Stelle befindet und eine bestimmte Richtung hat. Beispielsweise würde ein eckenförmiger Lichtreiz eine Reaktion in einer Rindenzelle hervorrufen, die Fasern in beiden Zellen erhält, welche besonders reagibel auf die zwei Linien sind, die die Ecke bilden. All diese Befunde zeigen, daß bestimmte Merkmale visueller Reize durch Kodierungsmethoden entdeckt werden, die in die Organisation des Nervensystems „eingebaut“ sind, was darauf hindeutet, daß die Wahrnehmung einer bestimmten visuellen Form von der Erregung der entsprechenden Rindenzellen entlang der richtigen komplexen Nervenleitung abhängt (s. Box 2/18, S. 114).

Wie die Abbildung 18 (S. 57) gezeigt hat, projiziert jede Region der Netzhaut auf einen bestimmten Teil des Kniehöckers, von wo die Fasern zu einer bestimmten Region innerhalb des Sehzentrums leiten. Da benachbarte Regionen zusammenbleiben, wäre zu erwarten, auf der Hirnrinde eine Art „Landkarte“ des Gesichtsfeldes vorzufinden. Es wäre daher anzunehmen, daß zwei nahe beieinander befindliche Lichtpunkte in der Außenwelt benachbarte Punkte auf der Netzhaut und daher auch bis hinauf zur Sehrinde stimulieren würden. Dies trifft im allgemeinen zu, aber eine gewisse Modifikation ist notwendig, um für die Zellen mit Wahrnehmungsfeldern anderer Richtungen „Platz“ zu machen.

Abbildung 42 zeigt, wie dies erreicht wird, obwohl sie uns mit zwei weiteren Komplikationen bekanntmacht. Zunächst müssen wir uns daran erinnern, daß die Großhirnrinde eine bestimmte Dicke hat, etwa 0,25 cm, und aus mehreren übereinander gelagerten Zellschichten besteht. Wenn eine Mikroelektrode an einem Punkt senkrecht durch die Sehrinde eingeführt wird, haben alle Zellen mit einem richtungsspezifischen Wahrnehmungsfeld Felder mit *derselben* Orientierung. Wenn wir dann mit der Mikroelektrode an einem benachbarten Punkt eindringen, stellen wir fest, daß alle Felder geringfügig anders orientiert sind als die Felder der ersten „Zellsäule“. Die Abbildung zeigt, daß ein bestimmter kleiner Teil des Gesichtsfeldes durch eine Gruppe solcher Säulen repräsentiert wird, von denen jede innerhalb dieses Teils des Feldes auf eine andere Richtung eingestellt ist.

Die andere Komplikation kommt durch die Tatsache zustande, daß die von korrespondierenden Punkten in unseren zwei Augen eintreffenden Informationen im Kniehöcker nahe zusammentreffen und im Kortex tatsächlich konvergieren.

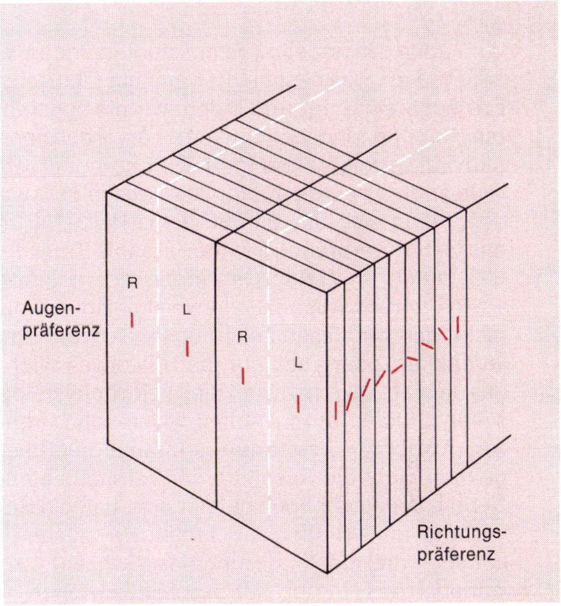

Abbildung 42: Hyperkolumnen des Sehrindenfeldes. Zwei Hyperkolumnen, das Repräsentationsfeld eines kleinen Teils des Gesichtsfeldes in der Hirnrinde, werden mit einigen Details gezeigt. Dieser Teil des Gesichtsfeldes aktiviert korrespondierende Punkte in den beiden Augen und setzt damit separate Erregungsmuster in Gang. Wenn diese die Hirnrinde erreichen, treffen sie dort auf viele binokulare Zellen (die auf beide Augen ansprechen), aber die meisten geben einem Auge den Vorzug gegenüber dem anderen. Hirnregionen mit Rechtspräferenz und Linkspräferenz für die korrespondierenden Netzhautpunkte sind nebeneinander aufgereiht. Im rechten Winkel zu den Augenregionen steht eine andere Informationsaufschlüsselung. Es gibt separate Kolumnen von Rindenzellen, deren richtungsempfindliche Zellen jeweils dieselbe Präferenz für Reize eines bestimmten Winkels der visuellen Erregung gemein haben. Diese kleinste Einheit ist säulenförmig, weil die Hirnrinde aus mehreren Zellschichten besteht. Signale treffen in der Hirnrinde meistens auf einer bestimmten Ebene ein und werden dann bei ihrer Übermittlung nach oben oder unten innerhalb der Säule transformiert. Die benachbarten Hyperkolumnen empfangen Signale aus benachbarten Regionen der Netzhäute.

Nach: D. Hubel u. T. Wiesel: Brain mechanism of vision. *Scientific American,* 1979, *241,* 150–162. (Die Abbildung befindet sich auf S. 160.)

BOX 2/18

Die Blinden sehen

Wir haben das visuelle System studiert, indem wir erkundeten, was geschieht, wenn ein Lichtreiz in das Auge eindringt und indem wir die scheinbaren Hauptleitungsbahnen der hervorgerufenen Aktivität verfolgten. Erinnern wir uns jedoch, daß viele andere neurale Ereignisse „ausgelöst" werden, wenn sich der Einfluß eines Reizes durch das Gehirn verbreitet. Die interessante Tatsache, daß Zellen im ersten Sehrindenfeld reagieren, wenn Licht ins Auge fällt, beweist beispielsweise nicht, daß wir diesen Zellen unser Sehvermögen verdanken, oder auch nur, daß sie etwas Wichtiges leisten. Wir müssen die elektrophysiologischen Studien durch Ablationsversuche ergänzen (Ablation = Zerstörung, Amputation). Solange man nicht die Resultate der Versuche einbezieht, wäre es rein logisch möglich, daß die Sehleistung in Wirklichkeit anderswo zustandekommt – daß die Zerstörung des „Sehzentrums" keinerlei Auswirkung auf das Sehvermögen haben *könnte*.

Seien Sie jedoch unbesorgt. Ablationsexperimente mit Affen und Untersuchungen von Personen, die Verletzungen des Hinterhauptlappens erlitten, zeigen eindeutig, daß der Verlust des ersten Sehrindenfeldes zunächst eine drastische Minderung des Sehvermögens zur Folge hat. Dieser sensorische Verlust scheint auf den ersten Blick tatsächlich vollständig zu sein. Wenn die gesamte Sehrinde zerstört ist, scheinen die Versuchstiere bzw. Vpn blind zu sein; im Falle einer teilweisen Zerstörung ist eine teilweise Blindheit die Folge, die den retino-kortikalen Beziehungen entspricht, die in Abbildung 40 auf S. 110, 111 dargestellt sind.

Die sekundären Resultate sind jedoch genauso wichtig wie die primären und noch interessanter. Durch die Einbuße des ersten Sehrindenfeldes werden Menschen oder Affen nicht *völlig* blind. Affen, deren erstes Sehrindenfeld total lädiert ist, können zunächst völlig blind erscheinen, ihnen angebotene Nahrung ignorieren, gegen Hindernisse stoßen usw. Die am Mount Sinai Hospital in New York arbeitenden Wissenschaftler T. u. P. Pasik konnten jedoch zeigen, daß diese Tiere nach speziellem Training zwischen Formen wie Kreisen und Quadraten entscheiden können. Sie konnten auch Lichtblitze lokalisieren, die an dem einen oder an dem anderen Punkt ihres Gesichtsfeldes kurz aufleuchteten.

Menschen, die eine Beschädigung eines beträchtlichen Teils des Sehrindenfeldes erlitten, wurden von vielen Neurologen und Psychologen mit großem Interesse studiert, und die allgemeine Schlußfolgerung (die von den Patienten selbst geteilt wurde!) war, daß sie nur in einem Teil ihres Gesichtsfeldes blind waren (Abb. 40). In jüngster Zeit haben die am National Hospital in London arbeitenden Forscher L. Weißkrantz und andere eine bemerkenswerte Aufrechterhaltung des Sehvermögens in der Hälfte des Gesichtsfeldes eines Mannes entdeckt, von dem (1) zu *erwarten* war, daß sie aufgrund des bekannten Gehirnschadens sehuntüchtig sein würde, und die (2) dem Mann selbst ohne jede Wahrnehmung zu sein schien. Der Mann wurde aufgefordert zu erraten, ob ein dieser vermeintlich blinden Gesichtsfeldhälfte dargebotener visueller Reiz horizontal oder vertikal sei bzw. ob es sich um ein X oder O handele, oder einfach auf die betreffende Stelle zu zeigen. Obwohl der Mann faktisch nur zu raten glaubte und keine Ahnung hatte, ob seine Antworten richtig seien oder nicht, erzielte er erstaunlich gute Ergebnisse, die bei all diesen Aufgaben weit über dem Zufallsniveau lagen. Die Tatsache, daß er keine bewußte Kenntnis von den Reizen hatte, ist natürlich an sich schon faszinierend. Aber diese Befunde sagen uns auch, daß tatsächlich andere Teile des visuellen Systems zum Sehvermögen beitragen und daß sie dies bis zu einem gewissen Grad unabhängig vom ersten Sehrindenfeld tun. Ferner deuten andere Experimente darauf hin, daß sowohl das zweite Sehrindenfeld als auch einige subkortikale Systeme daran beteiligt sein könnten.

An der visuellen Wahrnehmung scheint zunächst nicht mehr dran zu sein als ins Auge springt, aber sicher jedenfalls mehr als zum ersten Sehrindenfeld gelangt.

T. Pasik u. P. Pasik: The visual world of monkeys deprived of striate cortex: Effective stimulus parameters and the importance of the accessory optic system. *Vision Research,* Supplement No. 3, 1971, *3,* 419–435.

L. Weiskrantz: Trying to bridge some neuropsychological gaps between monkey and man. *British Journal of Psychology,* 1977, *68,* 431–445.

Selbst wenn man jedoch eine Zelle findet, die auf die Reizung beider Augen reagiert, wird diese Zelle im allgemeinen stärker auf das eine als auf das andere Auge ansprechen. Abbildung 42 zeigt, daß das Rindenquadrat, das einen kleinen Ausschnitt des Gesichtsfeldes repräsentiert, nicht nur in Säulen für verschiedene Richtungen unterteilt ist, sondern aus Zellplatten besteht, die stärker auf Reizung des rechten Auges, und anderen „Platten", die stärker auf Reizung des linken Auges reagieren.

Wir haben bisher zwei Prozesse an der Arbeit gesehen. Die *neurale Interaktion* bildet vermutlich die Grundlage der hoch spezialisierten Wahrnehmungsfelder sowohl der einfachen Zellen als auch der komplexeren, die mit ihnen verbunden sind (die Eckendetektoren usw.). Durch diesen Mechanismus kann eine bestimmte Rindenzelle auf eine spezifische visuelle Form reagieren, die durch ein Reaktionsschema auf einer niedrigeren neuralen Ebene übermittelt wurde. Auf der komplexen kortikalen Landkarte der sichtbaren Welt mit ihren Zellen, die von den beiden Augen und von verschiedenen Reizstellungen aktiviert werden und sorgsam aufeinander abgestimmt sind, ist darüber hinaus eine *räumliche Organisation* erkennbar. Es ist nicht klar, welche funktionelle Bedeutung die räumliche Organisation hier hat. Vermutlich stellt sie einfach einen vorbereitenden Schritt für weitere neurale Interaktionen dar, die in anderen Rindenfeldern stattfinden, auf die wir nachfolgend zu sprechen kommen werden.

Zweites Sehrindenfeld. Eine große Region knapp vor dem ersten Sehrindenfeld kann als zweites Sehrindenfeld bezeichnet werden, obwohl es aus mehreren verschiedenen Unterteilungen besteht. Bei ihm münden keine Fasern unmittelbar von den Kniehöckern, aber es erhält visuelle Signale auf zwei Wegen. Erstens empfangen Teile des zweiten Sehrindenfeldes Signale von den oberen Colliculi; zweitens münden Fasern vom ersten Sehrindenfeld in das zweite Feld.

Um eine Vorstellung davon zu erhalten, was die collicularen Signale beitragen, müssen wir zuerst die Aktivität der Zellen *innerhalb* der oberen Hügelplatte verstehen. Auch hier ist eine landkartenähnliche Darstellung des Gesichtsfeldes vorhanden, wobei jede Zelle einen Teil der sichtbaren Welt als ihr eigenes Wahrnehmungsfeld besitzt. Viele der Zellen sprechen besonders auf bewegliche Reize in ihrem Wahrnehmungsfeld an. Manche Zellen sind besonders aktiv, wenn Augenbewegungen zu einer bestimmten Stelle des Feldes stattfinden. Daraus wird der Schluß gezogen, daß die collicularen Signale an das zweite Rindenfeld Informationen übermitteln, die dem Betrachter helfen, die Objekte zu lokalisieren, die er in der sichtbaren Welt anschaut, und sich ihnen so zuzuwenden, daß er sie besser sieht.

Die verschiedenen Teilgebiete des zweiten optischen Rindenfeldes können jeweils eine oder mehrere Arten von zusätzlicher Analyse der Nervenimpulse ausführen, die sie über zwei Leitungsbahnen erreichen (Zeki, 1978). In einem Teilgebiet befinden sich beispielsweise Zellen, die die Entfernung eines Objekts zu analysieren scheinen und von denen jede jeweils am besten auf einen spezifischen Grad an retinaler Disparität der von den Augen empfangenen Reize reagiert; Zellen dieser Art könnten der Ort sein, an dem Interaktionen zwischen den rechtsäugigen und den linksäugigen Zellen des ersten Rindenfeldes stattfinden.

Eine weitere Untergliederung von Zellen ist wahrscheinlich für die spezifischeren Farbenanalysen zuständig. Die Zellen im ersten Rindenfeld reagieren auf Wellenlängen, ähnlich wie die Zellen der niedrigeren Sehzentren, das heißt, sie treffen nur die Unterscheidung zwischen Rot oder Grün bzw. Blau oder Gelb. Im zweiten Rindenfeld sind jedoch Zellen vorhanden, die am besten auf etwas spezifischere *mittlere* Wellenlängen ansprechen (wie Magentarot, eine Mischung aus Rot und Blau), was darauf hindeutet, daß sie von einer bestimmten Kombination von R+GR-- und GE+B--Zellen angeregt werden (Zeki, 1980).

Die Zellen eines weiteren kortikalen Teilbereichs scheinen für die Bewegungen von Reizen zum Auge oder Bewegungen von Objekten zur Mitte des Gesichtsfeldes oder von dieser weg zuständig zu sein.

Wir sind jetzt den optischen Signalen über eine weite Wegstrecke gefolgt und haben gesehen, wie sie transformiert, analysiert und neu kombiniert werden. Wir verstehen, daß es möglich ist, aus der Reizenergie Antworten auf zahlreiche Fragen hinsichtlich der äußeren Welt zu gewinnen, wie z. B. *Wo ist das Objekt? Welche Form, Größe und Farbe hat es?* und so weiter (s. Box 2/19). Aber ist das Wahrnehmung? Haben wir erklärt, wie man einen roten Ballon erkennt oder wie man einem anderen mitteilt, „Ich sehe einen roten Ballon", selbst wenn

BOX 2/19

Visuelle Detektoren

Nachbilder wie die von Box 2/8 (S. 35) können weitgehend mit dem Abbau und der langsamen Regeneration von Lichtpigmenten in den Rezeptoren des Auges erklärt werden (s. S. 103).

Es erfolgen auch andere visuelle Veränderungen nach dem Kontakt mit einem Reiz; manche von ihnen hängen mit Prozessen zusammen, die in den Neuronen des Auges oder des Gehirns vor sich gehen. Manche Nacheffekte oder Nachwirkungen, wie man das nennt, betreffen sowohl Farbe wie auch Richtung (oder Bewegung).

C. McCullough ließ Vpn abwechselnd jeweils 4 Minuten lang zwei Streifenmuster anstarren. Das eine Gitter bestand aus senkrecht angeordneten schwarzen und orangen Streifen; das andere Gitter aus waagerechten schwarzen und blauen Streifen. Wenn die Vpn nach der Darbietungszeit ein Muster aus senkrechten weißen und schwarzen Streifen zu sehen bekamen, erschienen ihnen die weißen Streifen blau (die Komplementärfarbe zu Orange). Wenn sie ein Testmuster aus horizontalen weißen und schwarzen Streifen anschauten, erschienen ihnen die weißen Streifen als orange!

Wären die Vpn nur dem Muster mit den orange farbigen Streifen ausgesetzt gewesen, dann würden wir vielleicht versuchen, das Auftreten des blauen Nachbildes ausschließlich auf der Basis

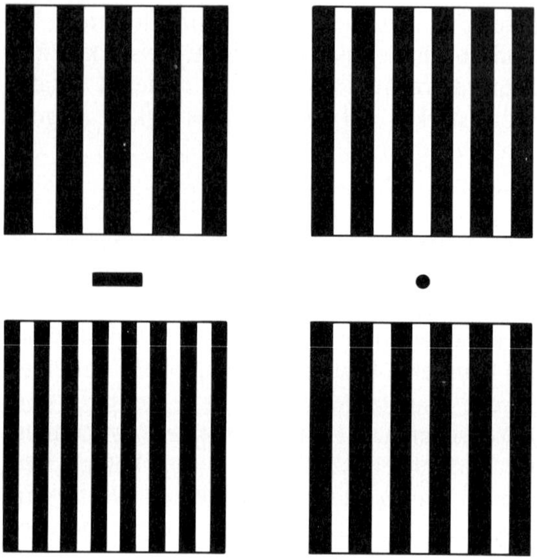

von Veränderungen des Sehpigments zu erklären. Wir würden vielleicht sagen, daß die roten und grünen Pigmente (die stärker auf oranges Licht ansprechen würden als das blaue Pigment) während der Darbietungszeit abgebaut wurden und daß deshalb „blaue" Zapfen stärker auf die

wir genau angeben können, welche Zellen des visuellen Systems speziell auf rote Ballone ansprechen? Wir werden zu dieser Frage zurückkehren, nachdem wir uns von den übrigen sensorischen Systemen ein Bild gemacht haben.

2 Gehör

In diesem Abschnitt wollen wir untersuchen, wie Schallwellen in der Luft zuerst in Schwingungen des *Trommelfells* umgewandelt werden, dann in Hebelbewegungen im *Mittelohr,* danach in Flüssigkeitswellen im *inneren Ohr* und schließlich als nervöse Impulse in die *Schallempfängerelemente* eingehen. Wir werden dann diese nervösen Impulse auf dem Weg zum *Gehirn* begleiten und dann untersuchen, was dort abläuft.

Diese Vorgänge lassen sich in Stadien einteilen, die mit folgenden Mechanismen zu tun haben: 1. *physikalischer Mechanismus;* 2. *schallempfindlicher Mechanismus;* 3. *zentraler Mechanismus.*

2.1 Der physikalische Mechanismus

Die Reizquelle für das Hörerlebnis ist natürlich die Schallwelle (s. 1. Kap.). Treten Schallwellen in das äußere Ohr ein, so löst dies eine Reihe von Vorgängen aus, die schließlich zu einer Gehörwahrnehmung führen.

weißen Teile des Testbildes reagieren konnten. Bei diesem Versuch fixierten die Vpn jedoch *sowohl* orange als auch blaue Lichtreize, und sie sahen beide Farben in den Testbildern. Es ist daher eine andere Erklärung nötig.

Eine mögliche Schlußfolgerung scheint zu sein, daß es irgendwo im Nervensystem Zellen gibt, die nur auf Reize reagieren, die sowohl orange *als auch* vertikal sind; andere Zellen wären nur für Reize empfänglich, die orange *und* horizontal sind, wieder andere wären empfindlich für blau *und* vertikal usw. Wenn man das Auge eine Zeitlang orangen/vertikalen Reizen aussetzt, adaptieren sich die orange-vertikalen Zellen und sind danach eine Zeitlang weniger leicht erregbar. Wenn dann ein weißer-vertikaler Reiz dargeboten wird, können die blauen-vertikalen Zellen (die sich nicht adaptiert haben) stärker reagieren als die orange-vertikalen; das vertikale Testbild erscheint deshalb sowohl blau als auch vertikal. Beim Versuch von McCullough findet gleichzeitig die entgegengesetzte Art von Veränderung von horizontalen Detektoren statt. Die blauen-horizontalen Detektorzellen adaptieren sich während der Darbietungszeit, und das horizontale Testbild erscheint deshalb orange.

Ein etwas einfacheres Beispiel stellt unsere Abbildung dar. Halten Sie das Buch in Armeslänge Abstand und betrachten Sie den kleinen Balken zwischen den zwei Gittern auf der linken Seite. Lassen Sie Ihre Blicke etwa eine Minute lang auf dem Balken hin und her wandern und schauen Sie dann auf den Punkt zwischen den identischen Streifenmustern auf der rechten Seite. Sie werden dann den Eindruck haben, daß das obere Gitter aus schmäleren schwarzen und weißen Streifen besteht (aufgrund der Adaptation an die breiten Streifen links oben), während Ihnen die unteren Streifen aufgrund der Adaptation an die schmalen Streifen links breiter erscheinen werden.

Diese Demonstration deutet darauf hin, daß es eine Reihe von Detektoren gibt, die auf optische Größe ansprechen (genauer genommen auf Neigungswinkel bzw. räumliche Frequenz), eine Auffassung, die die Grundlage einer Erklärung der visuellen Formwahrnehmung bildet.

C. Blakemore u. F. Campbell: On the existence in the human visuall system of neurons selectively sensitive to the orientation and size of retinal images. *Journal of Physiology,* 1969, *203,* 237–260.

C. McCullough: Color adaptation of edge-detectors in the human visual system. *Science* 1965, *149,* 1115 bis 1116.

Struktur des Ohres. Das Ohr besteht aus drei Teilen: Dem *äußeren Ohr,* dem *mittleren Ohr* und dem *inneren Ohr.* Abbildung 43 (S. 118) zeigt in schematischer Weise alle drei. Das äußere Ohr schließt die Gehörmuschel oder die Aurikel sowie den äußeren Gehörgang ein. Dieser Gehörgang ist vom Mittelohr durch eine dünne Membran, das sogenannte *Trommelfell,* getrennt. Das Mittelohr, die Partie zwischen Trommelfell und innerem Ohr, enthält drei kleine *Ossikel* (Knöchelchen). Diese Knöchelchen bilden zwischen dem Trommelfell und dem *ovalen Fenster* des inneren Ohres eine mechanische Kette. Das innere Ohr besteht aus zwei Teilen, dem *Vestibularapparat,* der mit dem Gehör nichts zu tun hat und den wir weiter unten behandeln wollen, und einer spiralförmig gewikkelten, der Länge nach unterteilten und mit Flüssigkeit gefüllten Röhre, der sogenannten *Schnecke* (Cochlea).

Der Querschnitt der Schnecke in Abbildung 43 könnte den Eindruck erwecken, daß sie in drei separate Kanäle unterteilt sei, aber in Wirklichkeit sind der obere und untere Kanal an der Spitze der Spirale miteinander verbunden, wie in der gestreckten Darstellung der Schnecke in Abbildung 44 (S. 119) zu sehen ist. Der dem Mittelohr am nächsten liegende Teil der Schnecke enthält somit beide Enden einer durchgängigen Röhre. Ein Ende der Schnecke wird durch den dritten Ossikel am ovalen Fenster und das andere Ende durch eine dünne Membran am *runden Fenster* abgeschlossen. Die schneckenförmige Röhre ist durch den sogenannten *Cochlearkanal* (Ductus cochlearis) der Länge nach unterteilt; er enthält die

Sinneselemente, mit deren Hilfe die mechanischen Reize in nervöse Impulse umgewandelt werden; in ihm entspringt der Hörnerv, der die Impulse zum Gehirn übermittelt.

Von Schallwellen zu Flüssigkeitswellen. Eine von außen kommende Schallwelle pflanzt sich durch die Luft im äußeren Gehörgang fort, bis sie das Trommelfell erreicht. Das Trommelfell wird dadurch in Schwingungen versetzt, und zwar mit der Frequenz der auftreffenden Welle. Die Schwingungen des Trommelfells werden im Mittelohr durch die Ossikel weitergeleitet und enden mit Vor- und Rückwärtsverschiebungen des Ossikels gegen das ovale Fenster des inneren Ohres. Durch die Hin- und Herbewegung des kleinen Knochens wird Druck auf die Flüssigkeit in der Schnecke ausgeübt. Da das andere Ende der Schnecke (das runde Fenster) durch eine dünne Membran verschlossen ist, bewirkt der alternierende Druck auf die Kanalflüssigkeit entsprechende Ausbuchtungen der Membran; dadurch wird in der Flüssigkeit des Cochlearkanals eine Bewegung erzeugt. Auf diese Weise verwandeln sich die in der Außenwelt ausgelösten Schallwellen schließlich in korrespondierende Druckwellen im inneren Ohr.

2.2 Der schallempfindliche Mechanismus

Die sensorischen Hörzellen, *Haarzellen* genannt, befinden sich im Cochlearkanal, wo sie auf der Basilarmembran ruhen (s. Abb. 43). Die Haarzellen verdanken ihren Namen mikroskopisch kleinen Ausstülpungen, deren Enden in die sogenannte Tectorialmembran eingebettet sind. Gerät der Cochlearkanal durch die in der Schnecke entstehenden Druckwellen in Erregung, so werden Basilarmembran und Tectorialmembran gegeneinander gedrückt, wobei die Haare und ihre Zellen einem Zug und Druck bei verschiedenen Spannungen ausgesetzt werden.

Wenn die Haarzellen gebogen sind, ist es möglich, in ihrem Bereich ein elektrisches Potential (den sogenannten „Mikrophoneffekt“) zu messen.

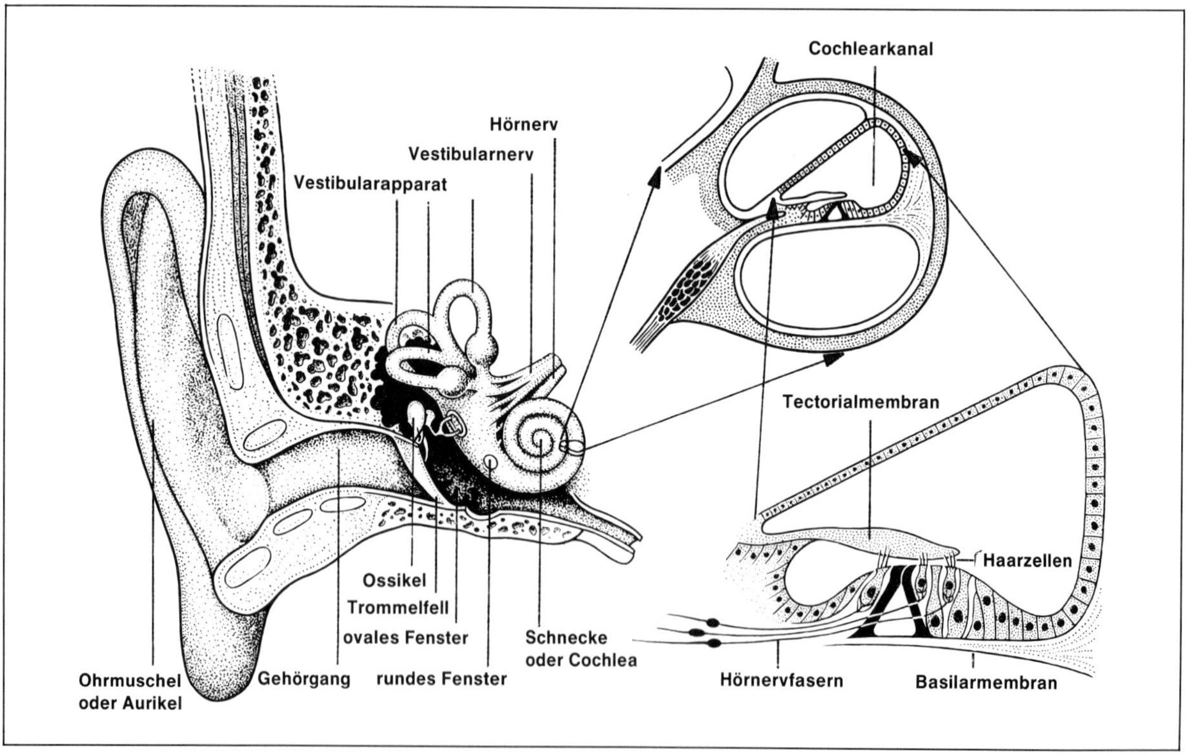

Abbildung 43: Querschnitt des Ohres. Dies ist eine halbschematische Darstellung des äußeren, mittleren und inneren Ohres sowie ein Querschnitt der Schnecke und ein vergrößertes Diagramm der Basilarmembran. (Detaillierte Beschreibung siehe Text.)

Wir wollen annehmen, daß dieses Potential durch die Haarzellen erzeugt wird und daß es seinerseits die Produktion von Impulsen in den Fasern des Hörnervs anregt. (Die Richtigkeit dieser beiden Aussagen ist zum gegenwärtigen Zeitpunkt noch nicht zweifelsfrei erwiesen.) Die Fasern des *Hörnervs* umgeben die Basis der Haarzellen und reagieren, so oft das Ohr Schallreize aufnimmt.

Lautheit. Intensive Schallwellen versetzen das Trommelfell klarerweise in stärkere Schwingungen als weniger intensive Schallwellen. Diese Relation setzt sich durch das ganze System hindurch fort, das heißt, je lauter der Schall, desto größer die Schwingungen, und je größer die Schwingungen, desto stärker der cochleare Mikrophoneffekt.

Die Stärke des Mikrophoneffekts beeinflußt auf zweierlei Weise die Zahl der Impulse, die das Gehirn erreichen. 1. stimuliert eine stärkere cochleare Mikrophonie eine größere Anzahl von Nervenzellen; 2. veranlaßt die stärkere Mikrophonie jede feuernde Zelle, öfter zu feuern. Auf diese Weise korrespondiert die Gesamtzahl der Nervenimpulse, die das Gehirn pro Zeiteinheit erreichen, mit der Intensität des Reizes. Die Eigenschaft der Lautheit in der Wahrnehmung hängt somit von der „Dichte“ (oder Zahl) der nervösen Entladungen ab, die das Gehirn erreichen. Der Zusammenhang zwischen Intensität des Reizes, Zahl der übermittelten Impulse und Stärke der Empfindung ist eine Beziehung, die für alle Modalitäten gilt – Gesichtssinn, Gehör, Geruch und so weiter.

Tonhöhe. Wie lösen Unterschiede in den Frequenzen der Schallwelle unterschiedliche Muster nervöser Impulse im Gehirn aus und bewirken dadurch die Wahrnehmung verschiedener Tonhöhen? Um diese Frage zu beantworten, müssen wir eine weitere Tatsache hinsichtlich der Druckwellen in der Schneckenflüssigkeit einführen. Diese Druckwellen versetzen die Strukturen des Cochlearkanals an verschiedenen Punkten desselben in unterschiedlich starke Bewegungen (s. Abb. 44). Schallwellen verschiedener Frequenzen verursachen ihr jeweiliges Maximum an Bewegungen an verschiedenen Punkten entlang der Schnecke. Im allgemeinen

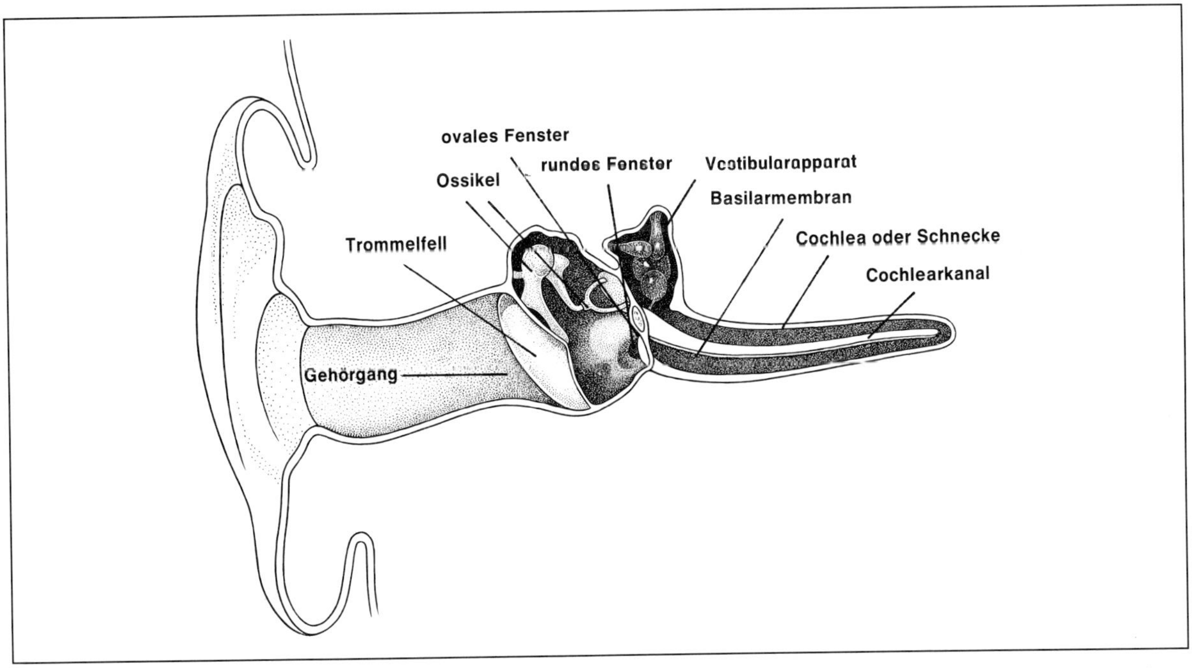

Abbildung 44: Ein schematisches Bild des Ohres. Die Schnecke ist aufgerollt, um zu zeigen, daß sie aus einem einzigen durchgängigen Kanal besteht. Wellen in der Flüssigkeit der Schnecke veranlassen Teile der Membranen des Cochlearkanals zu Bewegungen (in diesem Diagramm nach oben und unten) und stimulieren dadurch die Haarzellen der Basilarmembran. Diese aktiviert ihrerseits Neuronen des Hörnervs.

G. von Békésy u. W. Rosenblith: The mechanical proporties of the ear. Aus: Stevens (Hrsg.): *Handbook of Experimental Psychology;* New York: Wiley, 1951. Abdruck mit Genehmigung von John Wiley & Sons, Inc.

erreicht die Bewegung in der Schnecke, die durch eine Schallwelle sehr hoher Frequenz ausgelöst wird, ihr Maximum in der Nähe des ovalen Fensters und stimuliert die Haarzellen an diesem Punkt. Bewegungen, die durch Wellen einer niedrigeren Frequenz ausgelöst werden, erreichen ihr Maximum tiefer in der Schnecke und regen die Sinneszellen dieser Region an, usw. Auf diese Weise empfängt das Gehirn neurale Botschaften von einer bestimmten Gruppe sensorischer Zellen, wenn eine höherfrequente Schallwelle auf das Ohr trifft, und Botschaften einer anderen Gruppe von Sinneszellen, wenn eine niederfrequente Schallwelle das Ohr stimuliert. In erster Linie auf diese Weise sortiert das Ohr die verschiedensten Frequenzen und erlaubt uns, Tonhöhen zu unterscheiden.

Vielleicht ist Ihnen ein zusätzlicher Weg eingefallen, auf dem die akustischen Rezeptoren dem Gehirn die Botschaft der Frequenz übermitteln könnten. Jeder der aufeinanderfolgenden Impulse einer Schallquelle regt die sensorischen Zellen zur Aktivität an. Könnte nicht jeder Aktivitätsschub unmittelbar an die Hörnervenfasern weitergegeben werden? Auf diese Weise würde die Frequenz einer Schallwelle direkt in die Frequenz der ans Gehirn übermittelten Impulse umgesetzt werden. Tatsächlich findet dieser Mechanismus in der Tonhöhenwahrnehmung eine gewisse Verwendung, aber er ist weniger wichtig als die oben beschriebene räumliche Differenzierung und kommt nur bei relativ niedrigen Frequenzen ins Spiel.

2.3 Der zentrale Mechanismus

Der menschliche Hörnerv ist ein Bündel von etwa 30000 getrennten Nervenfasern, die Impulse von der Schnecke zum Gehirn leiten. Die getrennten Fasern im Hörnerv sind derart gebündelt, daß Fasern, die an benachbarten Punkten der Schnecke entspringen, auf dem Weg zum Gehirn zusammenbleiben. Diese räumliche Organisation der nervösen Elemente, korrespondierend mit den verschiedenen Sinneszellen, bleibt durch mehrere subkortikale Nuklei hindurch und bis hinauf in die Hörrinde erhalten.

Taubheit. Wenn der Cochlearkanal des rechten oder linken Ohres zerstört ist oder wenn der Hörnerv, der von der Schnecke wegführt, an seinem Ursprung unterbrochen ist, ist völlige Taubheit auf dieser Seite die Folge. Man bezeichnet das *Nerventaubheit.* Aber der Ausfall einer dieser Leitungsbahnen nach Eintritt in das Gehirn führt nicht zu vollständiger Taubheit des betreffenden Ohres, weil jede Leitungsbahn, wie wir sehen werden, Fasern aus beiden Schnecken enthält. Erkrankungen des Mittelohres können Übermittlungstaubheit verursachen, weil sie die *Bewegungen* des Trommelfells oder der Ossikel beeinträchtigen können. In solchen Fällen kann das Gehör durch Verstärkung der Knochenleitfähigkeit verbessert werden. Personen, die an *Mittelohrtaubheit* leiden, haben Schwierigkeiten im normalen Gespräch, aber wenn der Betreffende einen Telefonhörer fest gegen das Ohr drückt, kann er meist relativ gut hören, weil die Schallwellen durch die Schädelknochen zum Cochlearkanal des Innenohres geleitet werden. Viele Hörhilfen machen sich dieses Prinzip zunutze. Nerventaubheit ist hingegen irreparabel und auch durch eine Hörhilfe nicht zu beseitigen (s. jedoch Box 1/8 im 1. Bd.).

Subkortikale Nuklei. Bald nach Verlassen des inneren Ohres tritt der Hörnerv in den unteren Hirnstamm ein und endet an den Cochlearkernen (s. Abb. 45). Hier stellen die Fasern neue Verbindungen her, einige mit Neuronen, die zur nächsten Station auf derselben Seite des Gehirns führen, einige mit Fasern zur nächsten Station auf die andere Seite hinüber.

Diese nächste Station ist der *Olivarkomplex.* Hier besteht zum ersten Mal Gelegenheit, für eine *Wechselwirkung* zwischen den Fasern vom linken und rechten Ohr. Die letzte Station auf dem direktesten Verbindungsweg zur Hirnrinde ist der mediale Kniehöcker des Thalamus (s. 1. Band, 5. Kap.).

Die verschiedenen Zentren entlang der akustischen Nervenleitung sollte man sich jedoch nicht als einfache Relaisstationen vorstellen. Zum einen verlassen Fasern an vielen Stellen der Leitungsbahn die beschriebene direkte Route und schlagen andere Wege ein, um andere Strukturen zu aktivieren. So übermitteln beispielsweise manche Fasern Impulse vom Cochlearkern und dem Olivarkomplex an die Retikularformation. Ein großer Teil der Wechselwirkungen resultiert darüber hinaus aus dem Zusammenschluß der Fasern aus den akustischen Leitungsstationen.

Rindenbezirke für das Gehör. Der Großteil des auditiven Zentrums im Gehirn liegt in einem der großen Hirnwindungen verborgen (s. wieder Abbildung 45).

Ebenso wie beim visuellen System ist es möglich, mehrere getrennte Regionen zu unterscheiden, die im Hinblick auf ihre anatomischen Verbindungen mit dem Ohr sowie untereinander etwas differieren. Elektrophysiologische Untersuchungen haben gezeigt, daß Töne steigender Frequenz, die dem Ohr vorgespielt werden, in jeder auditiven Region ein entsprechendes Muster maximaler Reaktionen auslösen, das heißt, die räumliche Organisation der Frequenzen in der Cochlea bleibt auch in der Hirnrinde erhalten. Die Überschneidungen der Fasern auf dem Weg der Leitungsbahnen zum Gehirn bewirken darüber hinaus, daß beide Ohren auf der entgegengesetzten Seite des Gehirns einschließlich der Hirnrinde etwas besser repräsentiert sind als auf ihrer eigenen Seite.

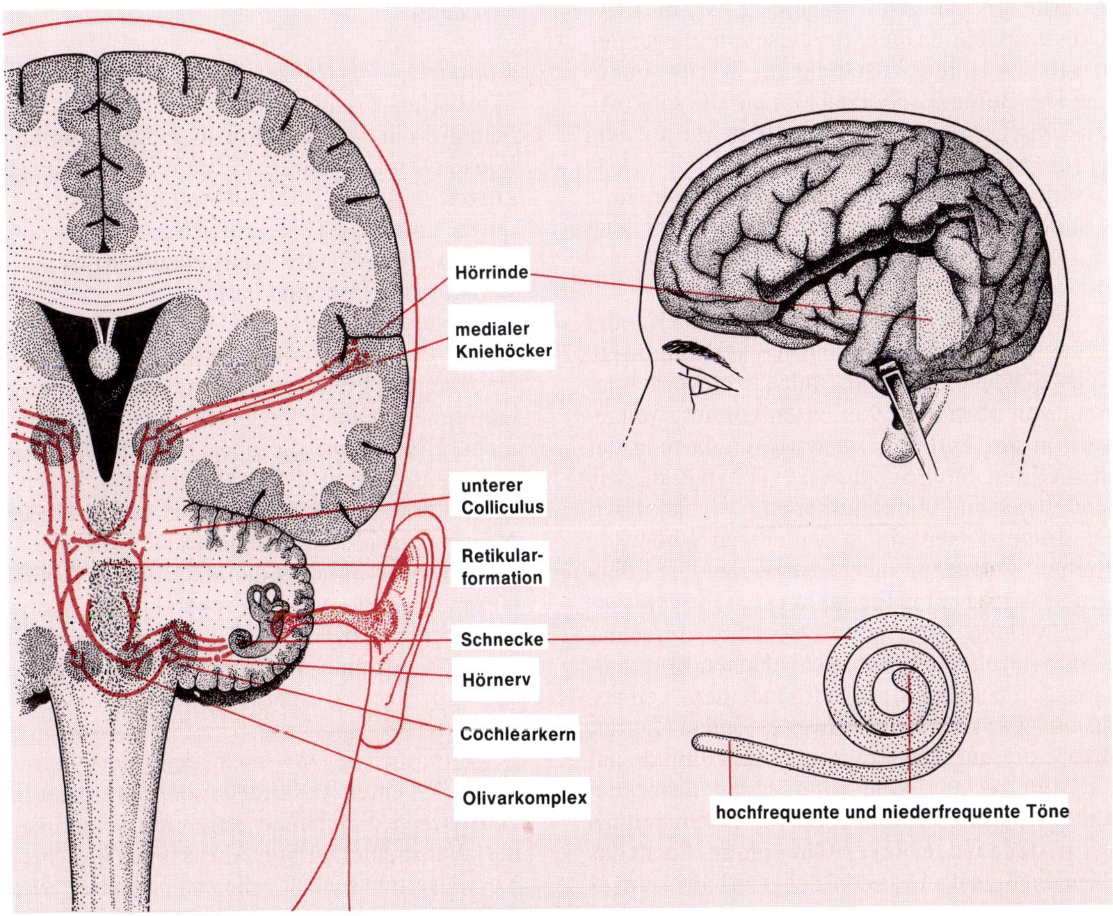

Abbildung 45: Die Leitungsbahn der akustischen Impulse von der Schnecke zur Großhirnrinde. Man beachte, wie nahe sich die Schnecke des Innenohres am Cochlearkern befindet, der ersten Relaisstation innerhalb des Gehirns. (s. 1. Bd. Abb. 42, S. 113, wo der Eintrittspunkt des Hörnervs in das Gehirn zu sehen ist.)

Der Schattierungsgradient in der Schnecke repräsentiert den Gradient der Tonlokalisierung in diesem Organ. Niederfrequente Töne erregen vorwiegend die Sinneszellen an einem Ende der Schnecke; höherfrequente Töne stimulieren die Sinneszellen am anderen Ende. Man beachte auch die Projektion der Cochlea auf die Hirnrinde. Das heißt, die Nervenimpulse von der Schnecke, die durch hochfrequente Töne ausgelöst wurden, rufen ein Maximum an Reaktion tief in den Falten der Hirnrinde hervor, während sich solche von niedrigfrequenten Tönen am stärksten auf die Oberfläche der Falten auswirkten. In dem Diagramm ist der äußere Teil der Hörrinde heruntergezogen dargestellt, um diesen Unterschied zu zeigen.

2.4 Tonhöhe und Lautheit

Die Tatsache, daß verschiedene Schallfrequenzen, die dem Ohr dargeboten werden, jeweils stärkere nervöse Reaktionen an verschiedenen Stellen entlang der Hörrinde auslösen, läßt vermuten, daß diese Rindenregion wesentlich für die Tonhöhenwahrnehmung ist. Untersuchungen von Tieren und von Menschen mit Hirnläsionen zeigen jedoch nur eine geringe oder keine Einbuße der Tonhöhenwahrnehmung (oder der Lautstärkenempfindlichkeit) nach Zerstörung der Hörrinde.

Es erheben sich zwei Fragen: (1) Wenn diese Region des Gehirns *nicht* für diese grundlegenden Aspekte des Hörens zuständig ist, welche sind es dann? Die Befunde scheinen hier auf die subkortikalen Zwischenstationen hinzudeuten, die auf dem Weg zur Hirnrinde passiert werden. (2) Für welche Funktion, falls überhaupt, ist die ausgedehnte Hörrinde wesentlich? Dem wenden wir uns jetzt zu.

Lokalisierung von Schall. Wir haben im 2. Kapitel gesehen, daß unsere Fähigkeit zu erkennen, ob ein Geräusch von rechts oder links, von vorn oder hinten, von oben oder von unten kommt, weitgehend von der Differenz in der Stimulierung der beiden Ohren durch Schallwellen abhängt, die von einem einzelnen Objekt ausgehen.

Die Impulsfolgen, die in den beiden Schnecken entstehen, sind daher auch verschieden. Die Lokalisierung der Schallquelle kommt durch *binaurale Wechselwirkungen* zustande – das heißt, durch das Zusammentreffen der unterschiedlichen Botschaften aus den beiden Ohren in irgendeinem Teil des Gehirns. Es gibt beispielsweise Zellen in der „Olive", die nur reagieren, wenn ein Impuls auf einer vom rechten Ohr kommenden Faser um einen Bruchteil einer Sekunde vor einem Impuls eintrifft, der aus dem linken Ohr kommt. So oft das Gehirn ein Signal aus diesen Zellen erhält, kann es daher das Signal als „von rechts kommend" interpretieren, weil ein von rechts kommender Schall das rechte Ohr natürlich früher erreichen würde als das linke. Andere Zellen in der „Olive" reagieren, wenn ein Impuls aus dem linken Ohr zuerst eintrifft, und so weiter. Binaurale Wechselwirkung findet erstmals in der „Olive" statt und wird in jeder folgenden Relaisstation immer ausgeprägter. Diese Gehörzentren helfen uns somit, uns einen „Schallraum" der Welt aufzubauen.

Bestätigt werden die genannten Befunde durch Ablationsuntersuchungen, bei denen Nervenfasern so durchtrennt werden, daß Botschaften aus den beiden Ohren *nicht* zusammentreffen können oder bei denen die „Oliven" zerstört werden und bei den Versuchstieren einen drastischen Verlust der Fähigkeit zur Schallokalisierung bewirken. Die Hörrinde ist jedoch *auch* notwendig für die Schalllokalisierung. Vermutlich ist jedoch eine weitere Verfeinerung nötig, bevor sich die auf der subkortikalen Ebene festgestellte Ohrendifferenz steuernd auf das Erleben und die Reaktionen auswirken kann.

Komplexe Schallreize und Zeitfaktoren. Unser akustisches Erleben besteht nicht nur aus simplen Schallreizen von gleichbleibender Tonhöhe und konstanter Lautstärke. Schallreize, die in einem kurzen zeitlichen Intervall Änderungen in der Frequenz und Lautstärke aufweisen, sind besonders wichtig. Sprachlaute (speziell die Konsonanten) sind ein gutes Beispiel dafür.

Es wurde nachgewiesen, daß es in der Hörrinde Zellen gibt, die nur ansprechen, wenn ein Ton mit wechselnder Frequenz erklingt. Diese Rindenzellen reagieren auf Töne gleichbleibender Frequenz nicht. Ebenso wie die oben besprochene Ortsbestimmung kommt dies wahrscheinlich durch eine Interaktion von Impulsen aus mehr als einem Neuron zustande, wobei jedes Neuron eine einfache Botschaft aus dem Ohr übermittelt. Abbildung 46 zeigt, wie das vor sich gehen könnte. Verschiedene Studien haben bewiesen, daß die Hörrinde für eine normale Wahrnehmung von Frequenzschwankungen wesentlich ist (Tallal u. Piercy, 1974).

Vermutlich liegen verschiedene Verfeinerungen dieser Art einem Großteil unserer interessantesten akustischen Erlebnisse zugrunde, einschließlich der Wahrnehmung von Musik und Sprache. Das Nervensystem scheint schon so „gebahnt" zu sein, daß es besonders empfindlich für Schallreize ist, die von besonderer Bedeutung für Menschen oder Tiere sind. So weist beispielsweise die Hörrinde des Totenkopfäffchens spezielle Zellen auf, die ausschließlich und sofort auf bestimmte Affenlaute ansprechen, welche eine wichtige Rolle in den sozialen Interaktionen dieser Gattung spielen (Wallberg u. Newman, 1972). Obwohl einige Zellen, die studiert wurden, auf verschiedene Arten von Affenlauten ansprachen, waren andere selek-

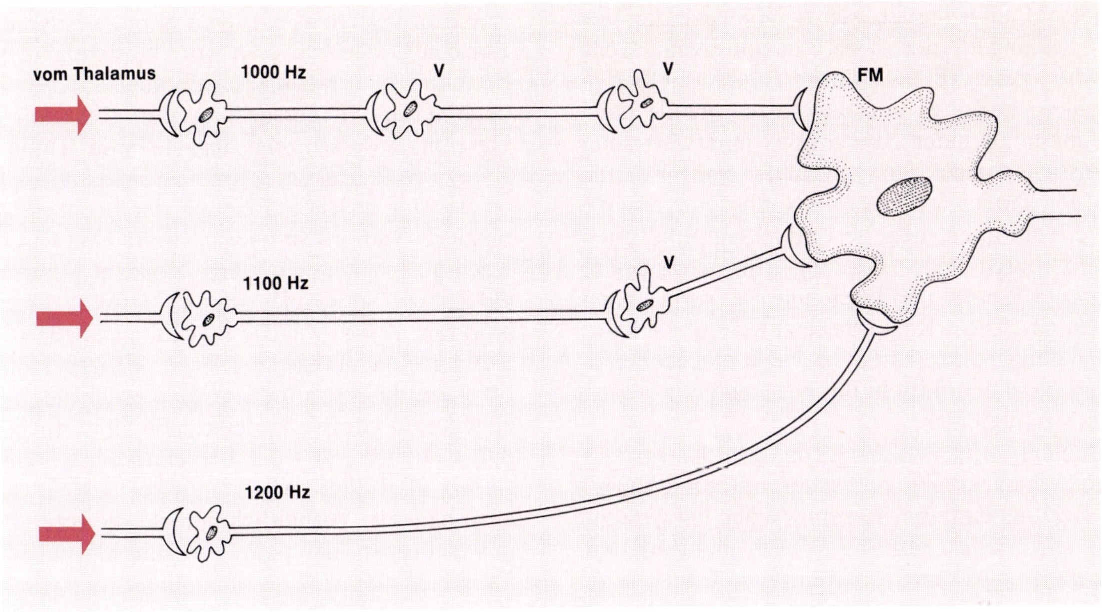

Abbildung 46: Dieses schematische Bild zeigt, wie eine Zelle in der Hörrinde (FM) „verkabelt" sein könnte, so daß sie nur reagiert, wenn das Ohr einen Ton empfängt, der in einem kurzen Zeitraum seine Frequenz ändert, und zwar in einer bestimmten Richtung. Die Zellkörper auf der Linken befinden sich entlang der Hörrinde. Jede Zelle reagiert am stärksten auf eine bestimmte akustische Frequenz, weil sie ihre Signale (durch den Thalamus) aus einem bestimmten Teil der Schnecke empfängt. Diese Frequenz ist durch die Zahl neben jedem Zellkörper gekennzeichnet. Die anderen Zellen sind ebenfalls Rindenzellen und mit V „für Verzögerung" und FM für „Frequenzmodulation" bezeichnet. Nehmen wir an, daß die Zelle FM nur reagiert, wenn sie durch Impulse von *drei* Neuronen stimuliert wird, die gleichzeitig an sie synaptisch anschließen. Wenn ein Schallreiz mit zunehmender Frequenz auf das Ohr trifft, stimuliert er zuerst die 1000-Hz-Zelle und dann nacheinander die 1100-Hz- und die 1200-Hz-Zellen. Wenn jede dieser Zellen direkt mit der Zelle FM verbunden wäre, dann würde FM in einem Augenblick nie mehr als einen Reizimpuls empfangen; sie würde daher auch nicht reagieren. Unser Schema weist jedoch zwei Verzögerungszellen (V) im 1000-Hz-Kanal und eine V-Zelle in der 1100-Hz-Kette auf. Ein Nervenimpuls braucht länger, um eine Synapse zu überqueren, als eine gleichlange Distanz entlang eines Axons zurückzulegen. Die Signalübermittlung wird sich daher im 1100-Hz-Kanal etwas verzögern und im 1000-Hz-Kanal noch stärker. Wenn die Verzögerungen die richtige Dauer haben, dann treffen die Impulse in diesen beiden Kanälen und im nicht verzögerten 1200-Hz-Neuron gleichzeitig am Neuron FM ein, das dadurch seine Schwelle erreicht. Ein reiner Ton von einer der genannten Frequenzen würde nur eine Leitungsbahn erregen und niemals die drei gleichzeitigen Impulse erzeugen, die nötig sind, um die Zelle FM zu aktivieren.

tiver. Die Ausschaltung der Hörrinde zerstört darüber hinaus die Fähigkeit des Tieres, angemessen auf solche Laute zu reagieren (Hupfer et al., 1977).

Die Rolle der Hörrinde für die Sprachwahrnehmung wird im 5. Kapitel des Bandes ausführlicher erklärt, aber eine vorläufige Generalisierung scheint hier möglich: Die Hörrinde ist wesentlich für die Analyse und Wahrnehmung von Schallsequenzen einschließlich der Laute, die für die Kommunikation zwischen Organismen am wichtigsten sind (Ravizza u. Belmore, 1978).

3 Geschmackssinn

Die Geschmacksrezeptoren sind in *Geschmacksknospen* organisiert, die in gewissen Bezirken der Zunge konzentriert sind, sich aber auch in der Schleimhaut der Kehle, des Schlundes und des Gaumens finden. Jede Geschmacksknospe ist ein birnenförmiges Gebilde aus dicht zusammengedrängten, länglichen geschmacksempfindlichen Zellen (s. Abb. 47, S. 124). Die Lebensdauer einer geschmacksempfindlichen Zelle ist kurz, und die Geschmacksknospe enthält Zellen in allen Stadien der Entwicklung: jung, reif und atrophiert (rückgebildet). Um die aktiven, reifen Zellen winden sich die Endungen der Geschmacksnerven. Jede Geschmacksnervenfaser führt zu mehreren Rezeptorzellen, und eine einzelne Rezeptorzelle kann von mehr als einer Nervenfaser innerviert sein. Chemische Substanzen (z. B. in der Nahrung), die sich gewöhnlich im Speichel auflösen, erreichen die Membranen der geschmacksempfindlichen Zellen durch eine Öffnung, die sogenannte *Geschmackspore,* und lösen eine Reaktion in den Zellen aus. Diese Reaktion setzt weitere Reaktionen in den Endungen der Geschmacksneuronen in Gang; diese übermitteln ihrerseits einen nervösen Impuls zum Gehirn.

Man nimmt an, daß es nur vier Grundkategorien des Geschmacks gibt: süß, sauer, bitter und salzig. Die Reizung einzelner Rezeptorzellen hat gezeigt, daß sich jede einzelne Zelle nicht darauf beschränkt, auf Reize einer einzigen Kategorie zu reagieren. Studien an einzelnen Geschmacksnervenfasern zeigen, daß die meisten auf Geschmacksreize aller vier Kategorien ansprechen (Zucker, verdünnte Säure usw.).

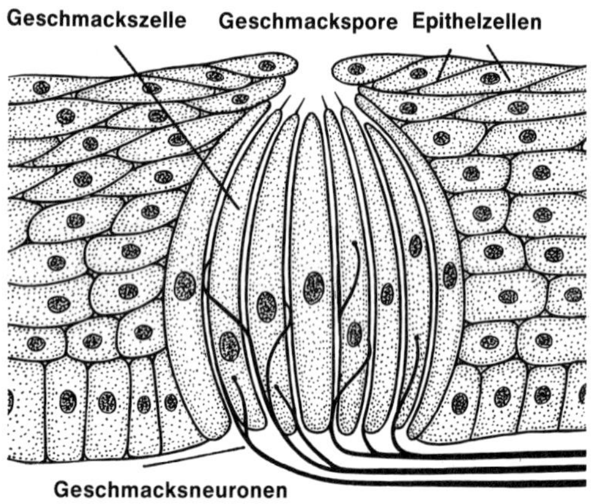

Abbildung 47: Eine schematische Darstellung einer Geschmacksknospe. Jede dieser Strukturen besteht aus einem Bündel von Geschmackszellen, die in die gewöhnlichen Epithelzellen der Zunge eingebettet sind. Eine Öffnung an der Oberfläche der Zunge (eine sogenannte *Geschmackspore*) ermöglicht das Eindringen der aufgelösten, mehr oder weniger schmackhaften Substanz. Die Stimulierung der Geschmackszellen löst in den Geschmacksneuronen Impulse aus, die dem Gehirn die Informationen übermitteln.

A. De Lorenzo: Ultrastructure and hystophysiology of membranes. Aus: Y. Zotterman (Hrsg.): *Wenner-Gren Center International Symposium Series.* New York: Pergamon, 1963; Nachdruck mit Genehmigung von Pergamon Press, Inc.

Worin besteht somit das Charakteristische der Botschaft, die das Gehirn hinsichtlich einer bestimmten Geschmackssubstanz erhält? Eine detailliertere Untersuchung der Reaktion von Geschmacksfasern zeigt, daß sie in der Tat in vier Kategorien zerfallen, wenn man sie danach klassifiziert, auf welchen Reiz sie *am bereitwilligsten* reagieren. So spricht beispielsweise eine Faser auf Kochsalz in einer niedrigeren Konzentration an als auf Zucker, Säure oder Chinin (Pfaffman, Frank u. Norgren, 1979). Manche Psychologen heben diese letztgenannte Tatsache hervor, während andere betonen, daß es selbst *innerhalb* jeder dieser vier Kategorien gewisse Unterschiede gibt. Auf jeden Fall steht fest, daß ein Erregungsmuster an das Gehirn übermittelt wird, um welchen Reiz es sich auch handelt. Vermutlich bewirkt die Interaktion von Neuronen, daß jedes Erregungsmuster Reaktionen in einer ganz bestimmten Gruppe von Nervenzellen im Gehirn erzeugt und dadurch die jeweilige Geschmacksempfindung auslöst.

Die von den Geschmacksknospen kommenden Nervenfasern bündeln sich mehrfach und führen in drei Kranialnerven zum Gehirn (s. Abb. 42 im 1. Bd.). Die Leitungsbahn im Gehirn führt über eine „Haltestelle" im Hinterhirn und eine weitere im Thalamus; danach vermitteln andere Neuronen die Geschmacksbotschaft an die Hirnrinde. Ablationsuntersuchungen haben gezeigt, daß die Entfernung dieses Teils der Hirnrinde keine völlige „Geschmacksblindheit" zur Folge hat, sondern nur die Geschmacksempfindlichkeit vermindert. Die niedrigeren Teile des Nervensystems, die am Schmecken beteiligt sind, vermögen offensichtlich, Geschmacksinformationen hinreichend gut zu nutzen, um eine angemessene Reaktion auszulösen.

4 Geruchssinn

Die olfaktorischen Empfänger befinden sich in der Schleimhaut zu beiden Seiten des oberen Teiles der Nasenhöhle. Diese Empfänger sind relativ lange, säulenförmige Neuronen, die in gewissem Sinn sowohl als Rezeptoren wie auch als Verbindungszellen fungieren. Vom einen Ende dieser *olfaktorischen Zellen* treten feine „Haare" in die feuchte Decke der Schleimhaut ein; vom anderen Ende gehen lange Fäden aus, die Fasern des Geruchsnervs (s. Abb. 42 im 1. Bd.). Erreichen Gaspartikel die Nasenschleimhaut, so werden sie in der diese bedeckenden Flüssigkeit gelöst; durch Einwirkung auf die Rezeptoren der olfaktorischen Zellen regen diese Substanzen die Zellen zu nervöser Aktivität an. Obwohl wir nicht mit Sicherheit wissen, wie die verschiedenen Gerüche zustandekommen oder warum verschiedene Substanzen ganz geruchlos sind, hängt dieses Phänomen wahrscheinlich mit der Größe und Form der Moleküle zusammen.

Untersuchungen der Reizwirkung auf einzelne Rezeptorzellen und Aufzeichnungen der Aktivität einzelner Geruchsnervenfasern haben uns einen allgemeinen Überblick über die Funktionsweise der Geruchsrezeptoren verschafft. Die Befunde deuten darauf hin, daß es eine Anzahl verschiedener Arten von Rezeptoren gibt und daß diese verschiedenen Arten überlappende Empfindlichkeiten für verschiedene Substanzen besitzen. Einige Forscher sind jedoch der Ansicht, daß bestimmte Rezeptoren nur auf einen einzigen Geruch ansprechen. Diese beiden Auffassungen schließen sich natürlich nicht gegenseitig aus.

Es gibt noch eine weitere, eher überraschende Spezialisierung: Jeder bestimmte Geruch ruft seine Hauptwirkung an einer bestimmten Stelle des Geruchstrakts hervor. Anscheinend sind die Geruchszellen, die auf eine bestimmte Art von Geruch ansprechen, nebeneinander angeordnet, aber man weiß nicht, ob das eine entsprechende Rolle im „Codierungsprozeß" der Geruchsinformationen spielt.

Die Fasern der Geruchsnerven verlassen die Sinneszellen und steigen durch winzige Öffnungen im Schädelboden aufwärts, wo sie bald im Bulbus olfactorius münden (s. Abb. 42 im 1. Bd.). Im Bulbus olfactorius läuft eine sehr große Zahl dieser Fasern auf jeweils eine einzige Zelle zu, und jede dieser Zellen ist ohne jede weitere Unterbrechung mit den höheren Zentren des Gehirns verbunden. Die durch diese Anordnung ermöglichte Bündelung kann ein Faktor sein, der zu der enormen Sensitivität des Geruchssinnes beiträgt.

Die Aktivität der Zellen im Bulbus olfactorius ist beträchtlicher Modifizierung durch Impulse aus den Hirnhemisphären ausgesetzt. Diese modifizierenden Impulse können die Reaktion einer Zelle auf einen bestimmten Reiz entweder verstärken oder hemmen.

Nervenimpulse werden in Faserbündeln, die man als *Geruchstrakte* bezeichnet (s. Abb. 42 im 1. Bd.) vom Bulbus olfactorius direkt zu den kortikalen und subkortikalen Empfangsstationen geleitet. Die anschließenden Leitungswege sind komplex und stark vernetzt, wir werden deshalb nicht versuchen, sie hier zu beschreiben. Viele Verbindungen bestehen zu Teilen des limbischen Systems. Dies ist ein Gehirnsystem, das an den Emotionen und Motivationen beteiligt ist (s. 5. Bd., 4. Kap.).

5 Somästhetische Sinne

Wahrnehmungen aus der Haut und dem Körper sowie Wahrnehmungen der Stellungen und Bewegungen unseres Körpers im Raum werden manchmal unter der Bezeichnung *somästhetische* (Körper-)Empfindungen zusammengefaßt.

5.1 Hautsinne

Die Empfindungen der Berührung, der Temperatur, des Druckes und des Schmerzes gehen von Rezeptoren in der Haut aus und werden deshalb als *Hautempfindungen* bezeichnet. Diese eng miteinander verwandten Sinne haben sehr ähnliche physiologische Mechanismen; wir behandeln sie daher gemeinsam.

Obwohl unsere Vorfahren aus irgendeinem unbekannten Grund das geschlossene Haarkleid verloren, das andere Primaten und Säugetiere im allgemeinen kennzeichnet, sind doch mehr als 90 Prozent des menschlichen Körpers mit behaarter Haut bedeckt, wobei jedes Haar mit spezifischen Sinnesrezeptoren für Berührungen ausgestattet ist. Diese Haarrezeptoren bilden ein komplexes Netz von Nervenfasern, die jedes Haarfollikel umgeben und durch die mechanische Einwirkung der Bewegung des Haares stimuliert werden. Sie signalisieren das Vorhandensein oder die Bewegung eines Reizes und rufen die Berührungsempfindung (Hautdruck) hervor. Es gibt mehrere Arten spezialisierter Rezeptoren für Hautdruck in unbehaarter Haut. Andere Rezeptoren, die überall in tieferen Gewebsschichten vorhanden sind, reagieren auf Tiefendruck (s. Abb. 48, S. 126).

Die meisten der Nervenfasern, die die Hautempfindungen zum Gehirn leiten, beginnen jedoch

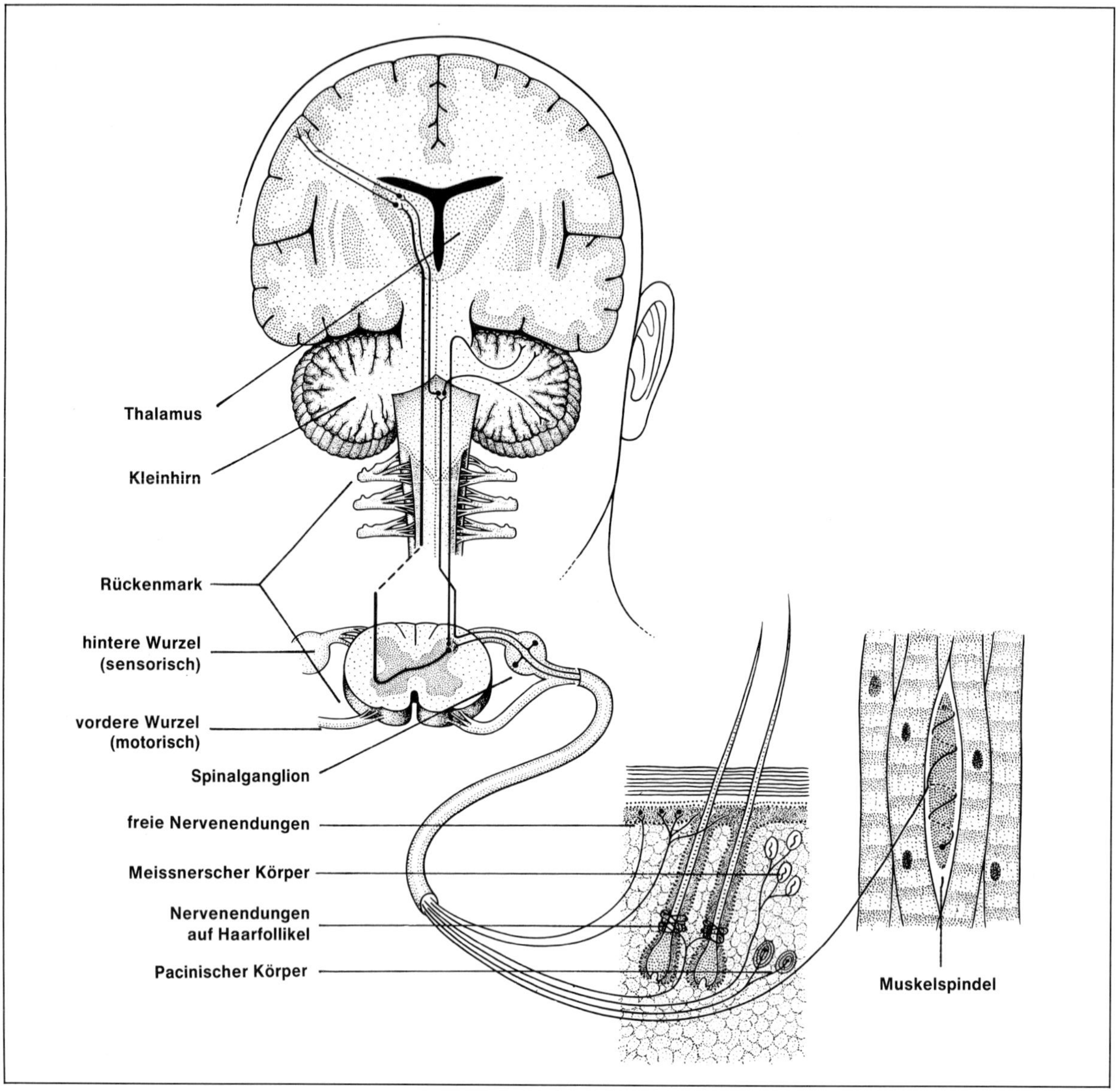

Abbildung 48: Schematische Darstellung der Rezeptoren, Leitungsbahnen und zentralen Mechanismen für die Wahrnehmung von Druck, Temperatur und Schmerz. Die Neuronen von den verschiedenen Rezeptoren der Haut, Muskeln, Gelenke usw. haben ihre Zellkörper im Spinalganglion gleich außerhalb des Rückenmarks. Die Nervenfasern treten in das Rückenmark jeweils in Bündeln durch die *hintere Wurzel* ein. Im Rückenmark führen manche Fasern auf derselben Seite nach oben. Eine wichtige Leitungsbahn führt zum Thalamus der anderen Seite hinüber, mit einer Relaisstation zur somatosensorischen (körpersinnlichen) Hirnrinde. Ein anderes Bündel von Leitungsbahnen wechselt zum Teil schon im Rückenmark auf die andere Seite hinüber. Die Impulse enden schließlich im Kleinhirn, im Mittelhirn, im Thalamus und in vielen Regionen der Hirnrinde.

Die vorderen Wurzeln des Rückenmarks bilden die Bahn, durch die die motorischen Fasern (in der Abbildung nicht gezeigt) aus dem Rückenmark austreten. Die motorischen Fasern haben ihren Ursprung im Gehirn, führen das Rückenmark abwärts, verlassen dann das Rückenmark in verschiedener Höhe durch die vorderen Wurzeln und führen zu den verschiedenen Muskeln, für deren Reizung und Aktivierung sie zuständig sind.

als *freie Nervenendungen,* die, wie ihr Name andeutet, einfache, unspezialisierte Gebilde zu sein scheinen. Einzelne Nervenfasern können sich mehrmals teilen, und die Endungen der geteilten Fasern können eine ziemlich große Fläche bedekken. Die Fasern sind auch untereinander in komplexer Weise verflochten, so daß eine bestimmte Hautpartie freie Nervenendungen aus einer Anzahl von Fasern aufweisen kann. Diese strukturelle Anordnung ermöglicht es, daß die Reizung der freien Nervenendungen zu komplexen Mustern nervöser Impulse führt. Verwirrend ist die Tatsache, daß alle diese Endungen gleich aussehen, obwohl wir wissen, daß die Empfindungen der Wärme und Kälte sowie des Schmerzes und des Drucks alle durch sie empfangen werden können. Es gibt allerdings in gewissem Maße verschiedene „Populationen" dieser Nervenendungen für die verschiedenen Empfindungen, was bedeuten muß, daß jede nur auf eine Art von Reizung anspricht. Eine andere Möglichkeit – und es gibt Anzeichen dafür, daß dies teilweise zutreffen könnte – ist, daß die Wahrnehmung einer bestimmten Art von Empfindung vom Impuls*muster* abhängt, das von mehreren Nervenendungen ausgeht.

Die Fasern von den Hautrezeptoren treten direkt über bestimmte Schädelnerven ins Gehirn ein oder münden ins Rückenmark und steigen von dort zum Gehirn auf. Die vielen komplexen Leitungsbahnen, die benutzt werden, zerfallen im allgemeinen in zwei Gruppen. Die *Schleifenbahnen* von der einen Körperseite führen über das Rückenmark hinauf und wechseln zur gegenüberliegenden Seite des Gehirns, bevor sie den Thalamus erreichen (Abb. 48). Hier entspringen Fasern, die zu drei verschiedenen, aber untereinander verbundenen körpersinnlichen Regionen im Scheitellappen der Hirnrinde führen (Vogt u. Pandya, 1978). In jeder dieser Regionen ist die entgegengesetzte Seite des Körpers wie auf einer Landkarte repräsentiert. Die Zellen einer Region sprechen vorwiegend auf Hautdruck an, die einer anderen auf Tiefendruck und die einer dritten auf Körperbewegung (Gelenkdrehung). Läsionen dieser Regionen bei Affen haben zur Folge, daß es den Tieren sehr schwerfällt, die beschriebenen somästhetischen Sinne zu gebrauchen.

Die *extralemniskalen Systeme* (Lemniskus = Schleifenbahn) entsenden Fasern von einer Seite des Körpers auf beide Seiten des Gehirns, wo sie an mehreren Stellen enden, einschließlich der Retikularformation, den oberen und unteren Colliculi und mehreren Regionen der Hirnrinde. Es wird allgemein angenommen, daß diese Leitungsbahnen hauptsächlich für die Temperatur- und Schmerzempfindungen da sind. Einige Zellen in der Hirnrinde außerhalb der körpersinnlichen Bezirke scheinen etwas auf Reize dieser Art anzusprechen, aber im großen und ganzen gibt es wenig Anzeichen einer kortikalen Repräsentation von Temperatur- und Schmerzempfindungen.

An den Leitungsbahnen der körpersinnlichen Systeme gibt es viele Gelegenheiten für Wechselwirkungen. Diese könnten manche „komische" Empfindung wie Jucken, Kitzeln usw. erklären, sie könnten aber auch eine zentrale Rolle in der Erzeugung bzw. Linderung der nicht so „komischen" Schmerzempfindung spielen (s. Box 2/20, S. 128).

5.2 Wahrnehmung des Körpers im Raum

In der Regel wissen wir, ob unser Körper gebeugt oder aufrecht ist, ob wir uns bewegen oder am Ort verharren. Die Wahrnehmung der Körperstellung oder der Bewegungen wird durch zwei anatomisch getrennte, aber intensiv koordinierte physiologische Mechanismen möglich, das *kinästhetische System* und das *vestibuläre System* des inneren Ohres.

Das kinästhetische System. Die kinästhetischen Rezeptoren befinden sich in den *Kapseln,* die die Gelenke zwischen den Knochen umgeben, und in den *Bändern,* die jeweils zwei Knochen miteinander verbinden. Diese sensorischen Elemente bestehen aus Neuronen, die sich an den Enden in mehrere Zweige verästeln, von denen jeder in einer flachen Platte endet. Diese Platten reagieren, wenn sie zusammengedrückt werden, und sie sind so im ganzen Gelenk verteilt, daß sie nicht nur die momentane Stellung eines Gliedes, sondern auch Richtung und Tempo einer Bewegung angeben können.

Einige der kinästhetischen Nervenfasern vereinigen sich mit den lemniskalen Leitungsbahnen (den Schleifenbahnen), die in der Haut entspringen, und folgen einer ähnlichen Route zum Gehirn, in den somatosensorischen Rindenbezirk, wie oben erwähnt. Bestimmte andere Rezeptoren

BOX 2/20

Schmerz

Sinnesreize aller Art können sowohl eine motivierende oder emotionale, wie auch eine rein perzeptive Wirkung haben. So sind manche Anblicke erfreulich, manche Laute erregend, die meisten Geschmacksempfindungen haben entweder einen positiven oder negativen Aspekt, usw. Schmerz ist natürlich das extreme Beispiel, denn er schafft eine stark motivierende Situation, ist aber gleichzeitig ein Sinneserlebnis, das wie die anderen somästhetischen Sinne zu verstehen ist. In den letzten Jahren hat unser Verständnis für dieses Phänomen stark zugenommen.

Zumindest einige der Fasern, die Schmerz zum Rückenmark leiten, übermitteln nur diese Botschaft. Sie werden aktiv, wenn ihre freien Nervenendungen durch eine schädliche Situation stimuliert werden. Die Region im Rückenmark, wo solche Fasern enden, hat sich als ein Schauplatz verschiedenster und wichtiger Interaktionen erwiesen, an dem viele verschiedene Arten von Einflüssen zusammentreffen, die bestimmen, ob man den Schmerz tatsächlich empfindet oder nicht.

Vom Rückenmark gehen Fasern aus, die in die Retikularformation hinaufführen. Die Erregung dieser Leitungsbahn ist vielleicht nötig, damit man in üblicher Weise Schmerz verspürt, aber sie ist neben dem Ausmaß der Aktivität in den schmerzempfindlichen Fasern der Haut auch noch vielen anderen Einflüssen ausgesetzt.

Die „Torkontrolltheorie" geht davon aus, daß die Rückenmarksfasern, die Schmerzsignale an das Gehirn übermitteln, auch durch Aktivitäten beeinflußt sein könnten, die vom Gehirn *ausgehen,* und dies hat sich als richtig erwiesen. Mit anderen Worten, es gibt eine efferente (vom Gehirn ausgehende) Kontrolle der eintreffenden Schmerzsignale, ein weiteres Beispiel des wechselseitigen Aspekts der Wahrnehmungskette. Es wurde nachgewiesen, daß elektrische Reizung, die in einem bestimmten Nukleus des Gehirnstammes Erregungen auslöst, eine starke analgetische (schmerzmindernde) Wirkung haben kann. Eine kurze derartige Reizung kann eine Wirkung hervorrufen, die stundenlang anhält und ebenso lindernd wirkt wie eine große Dosis Opium. Diese Stimulierung des Hirnstamms bewirkt, daß ein hemmender Einfluß das Rückenmark hinab bis zu der Stelle entsandt wird, von der die potentielle Schmerzbotschaft *ausgeht,* so daß die Botschaft blockiert wird, die sonst über das Rückenmark zum Gehirn hinaufgeleitet werden würde.

Das Schmerzsystem des Körpers ist insofern wichtig, als es uns hilft, Verletzungsgefahren oder lebensbedrohlichen Situationen zu entrinnen bzw. diese zu vermeiden. Die seltenen Fälle von Schmerzunempfindlichkeit sind für die Betreffenden mit vielen Gefahren verbunden und stellen sie vor medizinische Probleme, da sie außerstande sind, auf Reize zu reagieren, welche andere Menschen warnen, vorbeugend zu handeln. Aber es ist auch nützlich, über ein angeborenes System der Schmerz*kontrolle* zu verfügen, als das das efferente Hemmungssystem offenbar anzusehen ist, das wir eben beschrieben haben. Über die normale Funktionsweise dieses Systems ist noch relativ wenig bekannt, aber man kann sich vorstellen, daß es dazu dient (nachdem der Organismus durch den Schmerz hinreichend in Alarm versetzt wurde), um die Stärke chronischer Schmerzen zu vermindern.

Die Ähnlichkeit der Wirkungsweise des efferenten Kontrollsystems und des Effekts von Opium ist kein Zufall, denn es ist inzwischen bekannt, daß das Nervensystem Substanzen produziert (die sogenannten *Endorphine*), die ganz ähnlich wie Morphium oder andere Opiumderiva-

in den Muskeln und Sehnen sprechen auf die Zustände des Muskelsystems an und steuern verschiedene wichtige Reflexe, aber die Experten sind sich nicht einig, ob die von ihnen ausgehenden Botschaften in das Bewußtsein dringen.

Das vestibuläre System. Das innere Ohr enthält wie erwähnt den *Vestibularapparat,* der nicht dem Hören, sondern dem Gleichgewichtssinn dient. Die Vestibularapparate beider inneren Ohren bestehen aus jeweils drei *Bogengängen* und dem *Otolith* oder *Gehörstein,* kleinen, mit Flüssigkeit gefüllten Gebilden, die Sinneszellen enthalten, welche jeweils mit einem Haarbüschel ausgestattet sind. Die Haarzellen der Bogengänge reagieren auf die Wellenbewegungen der Flüssigkeit in den

te wirken. Diese Ähnlichkeit bezieht sich nicht nur auf ihre allgemeine Wirkung bei Schmerzen, sondern auch auf die Art und Weise, wie sie die schmerzübermittelnden Fasern beeinflussen. (Man nimmt an, daß die Endorphine, die in verschiedenen Hirnregionen vorkommen, ihre Wirkung entfalten, indem sie als synaptische Transmittersubstanzen fungieren. Ihre Wirkung beschränkt sich eindeutig nicht auf die Schmerzempfindungen, aber im Augenblick wollen wir von ihren anderen Funktionen im Nervensystem absehen.) Bestimmte Endorphine sind in hoher Konzentration auch im Rückenmark anzutreffen, wo die wichtige Interaktion zwischen den schmerzempfindlichen Fasern aus der Haut und den afferenten (zum Gehirn führenden) sekundären Schmerzfasern stattfindet. Wenn diese Endorphine als eine Transmittersubstanz fungieren, die auf Impulse im efferenten System reagiert, dann können sie möglicherweise die Weiterleitung der Schmerzbotschaft hemmen und das Gehirn in Ruhe lassen. Der analgetische Effekt der Akupunktur ist möglicherweise dadurch zu erklären, daß durch die Stimulierung der peripheren Nervenfasern im Rückenmark oder Gehirn Endorphine ausgeschüttet werden. Vielleicht wirken auch Verfahren wie Hypnose und Entspannung durch unmittelbare Freisetzung von Endorphinen.

R. Melzack u. P. Wall: Pain mechanisms: A new theory. *Science,* 1965, *150,* 971–979.

J. Liebeskind u. L. Paul: Psychological and physiological mechanisms of pain. *Annual Review of Psychology,* 1977, *28,* 41–60.

L. Iversen: The chemistry of the brain. *Scientific American.* 1979, *241,* 134–149.

M. Weisenberg: The regulation of pain. *Annals New York Academy of Sciences,* 1980, *340,* 102–114.

Kanälen und somit auf Bewegungen des Kopfes; die Gehörsteine sprechen auf die Stellung der Haare ihrer Sinneszellen und somit auf die Stellung des Kopfes an (Abb. 49, S. 130).

Der Vestibularnerv, der die Impulse von den sensorischen Zellen des Vestibularapparates weiterleitet, tritt neben dem Hörnerv in den Hirnstamm ein. Im Hirnstamm führen einige der Nervenfasern direkt zum Kleinhirn; die meisten Fasern enden in grauer Substanz, den sogenannten *Vestibularkernen.* Von hier aus werden Botschaften an die Augenmuskeln, die Eingeweideorgane und an das Kleinhirn gesandt. Impulse erreichen auch die Großhirnrinde in der Nähe der Region, wo die Gelenkbewegungen (die Kinästhesie) repräsentiert sind. Es ist nicht bekannt, wie diese Region zu den äußerst koordinierten Wahrnehmungen beiträgt, die wir von den kinästhetischen und vestibulären Systemen empfangen.

Seekrankheit kommt durch die Erregung des Vestibularsystems zustande und tritt besonders dann auf, wenn widersprüchliche Reize von den Bogengängen und den Gehörsteinen oder vom Vestibularapparat und dem visuellen System empfangen werden (Guedry u. Correia, 1978). Bestimmte Gifte rufen ein Erregungsmuster hervor, das Ähnlichkeit mit dem der Seekrankheit hat. Erbrechen ist eine angemessene automatische Reaktion auf solche Gifte, und es stellt sich unangemessenerweise auch ein, wenn durch Bewegungen des Körpers auf einem Schiff oder in einem Flugzeug ähnliche Erregungsmuster ausgelöst werden.

6 Wahrnehmung und Bewußtheit

Nervöse Aktivität, insbesondere der Hirnrinde, scheint wesentlich, damit bestimmte Wahrnehmungen eintreten können, aber wir müssen weitere Fragen stellen können, etwa, wieviel nervöse Aktivität? Antworten auf diese und ähnliche Fragen geben uns die Arbeiten von Libet und seinen Mitarbeitern (1973, 1979), und sie erscheinen notwendig, wenn wir je genau verstehen sollen, welcher Teil der nervösen Aktivität die Basis des Bewußtseins bildet.

Libet interessiert sich für Situationen, in denen eine Person angibt, daß sie einen Reiz sehen oder spüren könne. Er weiß natürlich, daß Reize manchmal bestimmte Arten von Reaktionen bei einer Vp hervorrufen können, ohne ins Bewußtsein zu dringen. Nehmen wir eine Vp, die aufgefordert wird, anzugeben, welches von zwei fast identischen Lichtern heller ist. Obwohl die Vp mitteilt, daß sie sich keines Unterschiedes bewußt ist, kön-

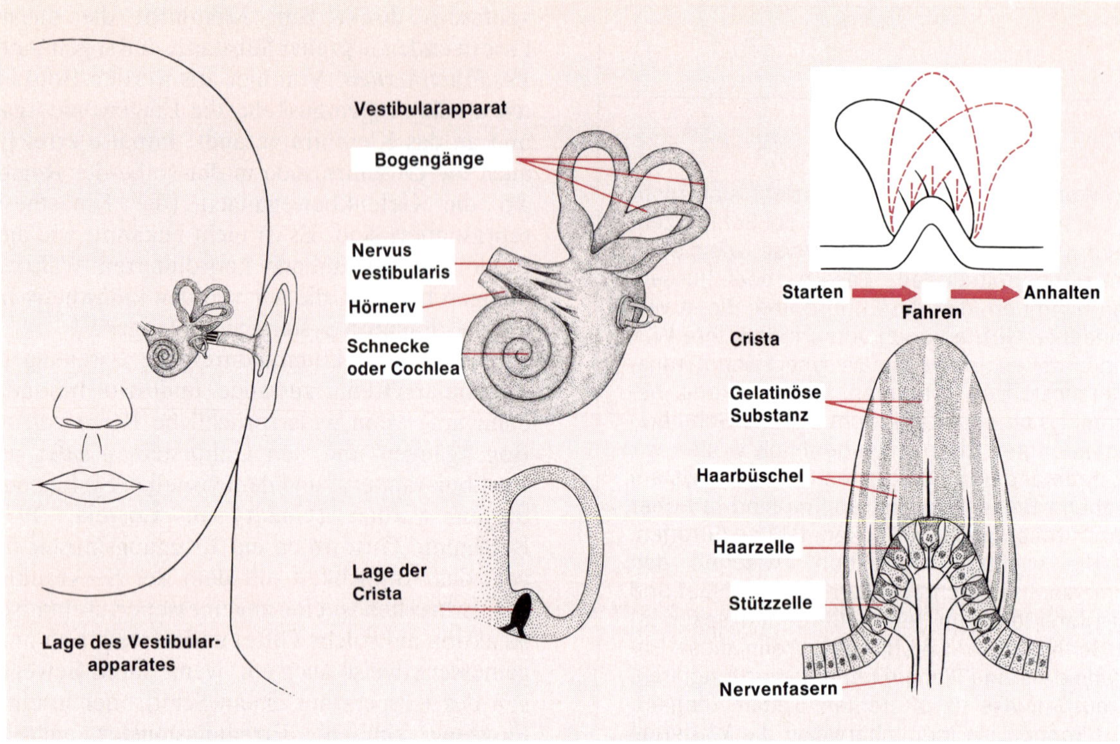

Abbildung 49: Der Vestibularapparat des inneren Ohrs besteht aus drei kleinen, mit Flüssigkeit gefüllten *Bogengängen.* Diese drei Kanäle entsprechen den drei Raumebenen: aufwärts/abwärts, vorwärts/rückwärts und rechts/links. Jeder Kanal besitzt am Beginn eine Erweiterung, in der sich die sogenannte „Crista" befinden, die die Haarzellen enthält. Diese Haarzellen liegen zwischen den Stützzellen und tragen an ihren freien Enden lange *Haarbüschel,* die in eine gelatineartige Substanz eingebettet sind. Bewegungen der Kanalflüssigkeit verschieben die Gelatinesubstanz und die Haarbüschel mehr oder weniger. Dieses Abbiegen der Haarbüschel wiederum reizt die Haarzellen, die daraufhin durch ihre Nervenfasern Impulse zum Gehirn entsenden.

Oben rechts ist die Crista-Aktivität während verschiedener Kopfbewegungen dargestellt. Wenn sich der Kopf zu bewegen oder zu drehen beginnt, bleibt die Flüssigkeit zunächst zurück, wodurch die Haarbüschel in die entgegengesetzte Richtung gebogen werden. (So wie man beim plötzlichen Anfahren des Autos, in dem man sitzt, nach hinten geworfen wird.) Wird die Bewegung des Kopfes fortgesetzt, dann „holt" die Flüssigkeit im Kanal die Bewegung des Kopfes wieder „ein" und die Haarbüschel richten sich wieder auf. Solange sich der Kopf in gleichbleibendem Tempo in dieselbe Richtung bewegt, bleiben die Haarbüschel aufrecht. (Sowie man im Auto aufrecht sitzenbleibt, solange dieses gleichmäßig ohne Verlangsamungen und Beschleunigungen geradeaus fährt.) Wenn die Kopfbewegung aufhört, läßt die Trägheit der Flüssigkeit diese nach vorn schießen, und die Haarbüschel werden wiederum gebogen, diesmal nach vorn. Aus den genannten Gründen empfangen wir nervöse Impulse aus dem Vestibularapparat nur, wenn sich die Bewegung des Kopfes ändert, wie beim Anfahren, in Kurven, bei plötzlicher Beschleunigung oder Verlangsamung und beim Anhalten. Solange wir uns in gleichbleibendem Tempo bewegen, empfängt das Gehirn keine Impulse von den Bogengängen.

nen die Reize in ihrem Gehirn verschiedene elektrische Reaktionen auslösen, und sie kann dennoch das hellere Licht mit einer überdurchschnittlichen Trefferquote identifizieren.

Es mag interessant sein, die für diese Arten des Signalempfangs nötigen Gehirnprozesse zu studieren, aber solche Versuche sagen uns nichts über das Wesen des Bewußtseins. „Das Kriterium für die bewußte sensorische Reaktion muß die Mitteilung der Vp bilden, daß sie sich einer subjektiven Sinneserfahrung bewußt ist" (Libet et al., 1973).

Die Untersuchungen, die uns einige Kenntnisse über den Zusammenhang zwischen Hirnaktivität und Bewußtsein vermittelt haben, wurden an Personen durchgeführt, die sich wegen der Parkinsonschen Krankheit einer Hirnoperation unterziehen mußten, aber diese Befunde haben, wie man annimmt, für alle Menschen Gültigkeit. Eine Operation dieser Art wird in der Regel unter Lokalanästhesie vorgenommen, das heißt, der Patient ist wach und bei vollem Bewußtsein. In dieser Situation wurden elektrische Reize von unterschiedlicher Dauer unmittelbar auf die Rindenbezirke ausgeübt, die normalerweise Signale aus der Haut empfangen. Dabei stellte sich heraus, daß die dadurch ausgelöste kortikale Aktivität mindestens 0,5 Sekunden dauern mußte, bevor der Patient eine entsprechende Empfindung berichtete. (Wir können natürlich Reize auf der *Haut* wahrnehmen, die weniger lang dauern. Wir müssen annehmen, daß normale Hautreizung, wenn sie eine bewußte Reaktion auslösen soll, eine länger dauernde Erregung in der Hirnrinde hervorruft, indem sie in mehreren Neuronenketten Impulse auslöst; diese Impulse erreichen die Hirnrinde in einem gewissen Zeitraum.) Libet hat die Auffassung vertreten, daß eine anhaltende kortikale Erregung eine grundlegende Voraussetzung für bewußtes Erleben sei. Er meint, daß diese Voraussetzung das Bewußtsein davor schütze, durch sehr kurze und bedeutungslose Erregungsschübe „durcheinandergebracht" zu werden. Spätere Experimente haben gezeigt, daß, obwohl wir 0,5 Sekunden Rindenaktivität benötigen, um einen Hautreiz wahrzunehmen, der *Beginn* dieser Rindenreaktion als „Markierungspunkt" für das Einsetzen des Reizes dient.

Wir sollten in diesem Zusammenhang erwähnen, daß die Stimulierung der Hirnrinde viele andere Regionen des Gehirns in Erregung versetzt. (Es wird ja gewiß nicht behauptet, daß das Bewußtsein an der Spitze der Elektrode „lokalisiert" sei.) Diese Versuche werfen jedoch viele spannende Fragen in bezug auf das Bewußtsein auf und zeigen, daß einige davon beantwortet werden können.

7 Wahrnehmung und Reaktion

Wie wir bereits bemerkt haben, ruft ein Reiz manchmal eine Reaktion hervor, obwohl uns der Reiz nicht bewußt wird. Oft geschieht natürlich beides: Wir sind uns des Reizes bewußt und wir reagieren darauf. Dieser Band kann nicht schließen, ohne wenigstens anzudeuten, wie die nervö-

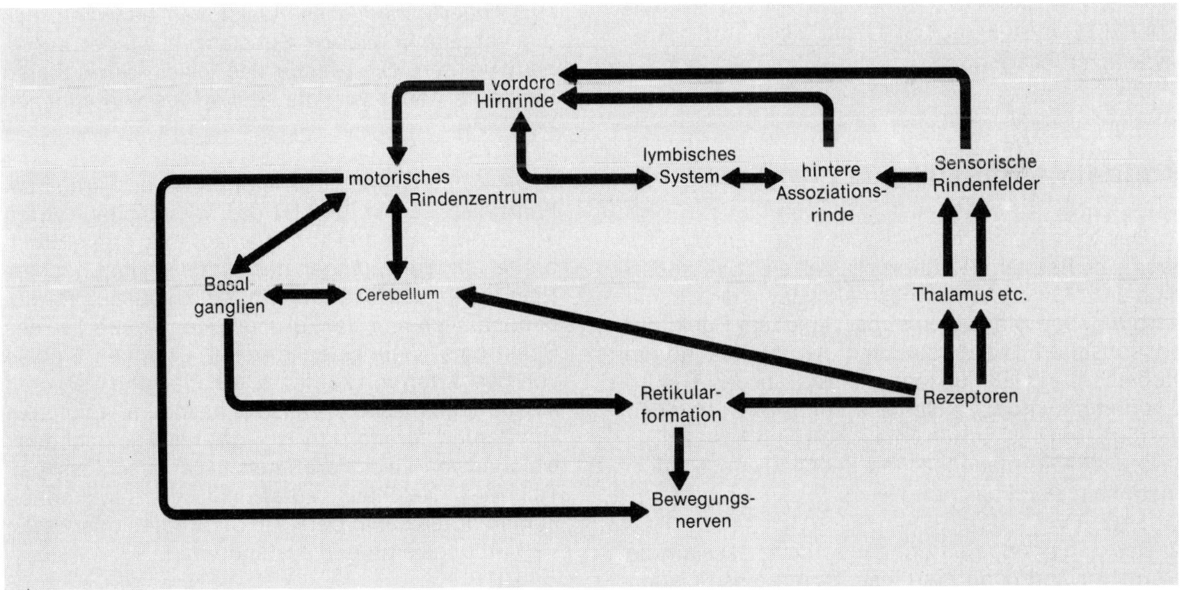

Abbildung 50: Eine skizzenhafte und spekulative Darstellung des Zusammenhangs zwischen den Sinnesorganen und den anderen Elementen des Nervensystems, die für das perzeptive Erleben und die Verhaltensreaktionen wesentlich sind. In diesem Abschnitt haben wir uns vorwiegend mit einigen Einzelheiten der verschiedenen, rechts dargestellten sensorischen Systeme befaßt. Für das Handeln oder die bewußte Wahrnehmung eines Reizes, das heißt, damit ein Reiz eine echte Auswirkung auf den Organismus hat, muß jedoch ein größerer Teil des Gehirns aktiviert werden. (Der Beitrag der anderen Systeme wird in späteren Bänden erörtert.)

sen Erregungen, die durch Sinnesreize ausgelöst werden, zu den Teilen des Nervensystems Zugang erhalten, die die motorische Aktivität steuern.

Unsere gesicherten Erkenntnisse bezüglich dieser Frage sind recht begrenzt, aber einige mögliche Antworten gehen aus Abbildung 50 hervor. Die durch die sensorischen Systeme (Subkortex und Kortex) erzeugten neuralen Impulse werden an das limbische System, das sogenannte Assoziationszentrum, die Basalganglien und das Kleinhirn weitergeleitet. Alle diese Regionen sind direkt oder indirekt mit dem motorischen Rindenzentrum und mit der Retikularformation verbunden. Durch das Wechselspiel zwischen motorischen Zentrum, Basalganglien, Kleinhirn und Retikularformation kommen die Anweisungen an die Bewegungsnerven im Rückenmark zustande, die die Handlungen ausführen.

Unsere Reaktionen sind natürlich nicht ausschließlich durch die Reize bedingt, die im Augenblick auf unsere Netzhaut, Cochlea und so weiter eindringen. Verhalten ändert sich im Laufe der Zeit als eine Funktion von Erfahrung und Lernen, von Motivationen und Emotionen. In den späteren Bänden werden wir diese wichtigen Einflüsse auf das Verhalten untersuchen, und wir werden von Zeit zu Zeit zu der Frage zurückkehren, was uns über die physiologischen Grundlagen ihrer Auswirkungen bekannt ist.

Zusammenfassung

1. Das spezifische Nervensystem ist immer aktiv. Wenn ein Reiz ein Rezeptororgan erreicht, verändert sich das Muster der nervösen Aktivität in dem damit verbundenen Sinnesnerv; aber an jedem Punkt der sensorischen Leitungsbahnen nimmt das übrige Nervensystem Einfluß darauf, was an das Gehirn übermittelt wird. Das Nervensystem trifft unter den verfügbaren bits von Informationen eine Auswahl; es integriert Informationen und beschafft neue Informationen, wenn das nötig ist.

2. Das in das Auge eindringende Licht passiert die Hornhaut und dann die Linse. Durch diese beiden Organe werden die Lichtstrahlen so gebrochen, daß sie auf die Netzhaut fokussiert sind, ein Geflecht aus Lichtrezeptoren und Neuronen an der Hinterwand des Auges. Wenn der Betrachter seinen Fixierungspunkt von einem nahen auf ein entfernteres Objekt verlegt oder umgekehrt, verändert sich die Form der Linse, um das fixierte Objekt in Scharfeinstellung zu behalten; diesen Vorgang nennt man Akkommodation. Wie stark sich beide Augen nach innen drehen (konvergieren) müssen, damit die beiden Bilder eines bestimmten Objekts auf denselben Teil der beiden Netzhäute fallen, hängt auch davon ab, wie weit entfernt das Objekt ist. Normales Sehvermögen hängt von kleinen, unwillentlichen Augenbewegungen ab, die uns gewöhnlich nicht bewußt sind.

3. Die Netzhaut oder Retina weist zwei Arten lichtempfindlicher Zellen auf. Die Zapfen sind am zahlreichsten in der Fovea (dem Zentrum der Netzhaut), während die Stäbchen in der Fovea fehlen und am dichtesten in einiger Entfernung von dieser anzutreffen sind. Beide Arten von Rezeptoren sind mit bipolaren Zellen verbunden. Manche bipolaren Zellen in der Fovea erhalten ihre Signale von einem einzigen Zapfen; andere bipolare Zellen im Umfeld der Fovea sind mit vielen Zapfen, vielen Stäbchen oder einer Mischung von Zapfen und Stäbchen verbunden. Die bipolaren Zellen münden in die Ganglienzellen, aus deren Axonen der zum Gehirn führende Sehnerv besteht.

4. Zapfen und Stäbchen enthalten Substanzen, die sogenannten Pigmente, die abgebaut werden, wenn Licht auf sie fällt. Diese chemische Reaktion erzeugt einen Impuls in den bipolaren und den Ganglienzellen. Andere chemische Reaktionen bewirken, daß die lichtempfindlichen Substanzen wieder aufgebaut werden. Die Menge des jeweils verfügbaren Pigments hängt von der Stärke des vorhandenen Lichts ab.

5. Die Zapfen rufen die Empfindung von Farbe bzw. Farbtönen hervor. Es gibt drei verschiedene Arten von Zapfen. Alle drei sprechen auf eine große Bandbreite von Wellenlängen des Lichts an, ihre höchste Empfindlichkeit liegt aber in verschiedenen Regionen, nämlich im roten, grünen oder blauen Teil des Spektrums. Viele Ganglienzellen scheinen Signale von zwei Arten von Zapfen zu erhalten und reagieren auf entgegengesetzte Weise, je nachdem, welche Art von Zapfen gerade aktiv ist – das heißt, je nachdem, welcher von zwei Farbtönen im angeschlossenen Teil der Netzhaut aufscheint. Farbenblindheit kommt durch einen Defekt in den Zapfen oder deren Verbindungsleitungen zustande.

6. Die Reaktion einer anderen Art von Ganglienzelle hängt von der Lichtstärke ab, mit der die Rezeptoren stimuliert werden, ungeachtet der Wellenlänge dieses Lichts. Je größer die Lichtstärke, desto größer die Reaktion, und umgekehrt. Diese Zellen übermitteln die Botschaft von Helligkeit an das Gehirn.

7. Die Netzhaut ist am Rande, außerhalb der Fovea, am empfindlichsten für die Lichtmenge. Das ist auf die Verteilung der Stäbchen und Zapfen auf der Netzhaut und deren Verbindungen mit bipolaren Zellen zurückzuführen; das Pigment in den Stäbchen ist auch empfindlicher als das in den Zapfen, und die Stäbchen enthalten mehr Pigment als die Zapfen.

8. Die Sehschärfe ist begrenzt durch die Fähigkeit des optischen Mechanismus zur Scharfeinstellung und durch die Verteilung der Photorezeptoren und die Verbindungen zwischen diesen. Unsere Fähigkeit, zwischen zwei nahe beieinander befindlichen Linien zu unterscheiden, wird jedoch durch hemmende Interaktionen innerhalb der Netzhaut gesteigert.

9. Die Hälfte der Neuronen in jedem Sehnerv führen über die Sehnervenkreuzung (Chiasma opticum) zur entgegengesetzten Seite des Gehirns hinüber und bilden damit den Tractus opticus (Sehstrang). In den Sehsträngen verlaufen Fasern von korrespondierenden Teilen der beiden Netzhäute nebeneinander, und die zwei Bilder eines Objekts auf einer Seite des Gesichtsfeldes rufen in dem auf die andere Gehirnseite führenden Strang Erregung hervor. Die Sehstränge enden in den Kniehöckern des Thalamus; andere Neuronen leiten die Impulse von den Kniehöckern zum Okzipitalgebiet.

10. Das Wahrnehmungsfeld eines Neurons im visuellen System ist die Netzhautregion, die in dieser Zelle Erregung auslösen kann. Die Wahrnehmungsfelder von Kniehöckerzellen sind kreisförmige Punkte, während die Felder der Zellen im ersten Sehrindenfeld komplizierter sind. Es kann eine Linie bestimmter Richtung oder Länge sein, es kann die Form einer Ecke haben, usw. Felder dieser Art bedeuten vermutlich, daß Neuronen von Rezeptoren des ganzen Wahrnehmungsfeldes bei der Zelle konvergieren, die untersucht wird.

11. Das zweite Sehrindenfeld empfängt manche Signale vom ersten Sehrindenfeld und andere von den oberen Colliculi (Hügelchen). Jede seiner verschiedenen Parzellen scheinen diese Informationen weiteren Analysen verschiedener Art zu unterziehen, wobei sie sich beispielsweise auf die Entfernung eines Reizes, seine Bewegung oder seine Farbe spezialisieren.

12. Schallwellen pflanzen sich durch die Luft im äußeren Gehörgang zum Trommelfell fort, von wo die Schwingungen über eine Kette von Knöchelchen (Ossikel) weitergeleitet werden, die sich im Mittelohr befinden. Der letzte Knochen verursacht eine Druckwelle in der Flüssigkeit, die sich in der Schnecke des Innenohres befindet.

13. Die auditiven Haarzellen ruhen auf der Basilarmembran der Schnecke. Sie haben haarähnliche Endungen, die gegen die Tektorialmembran gerichtet sind. Die Druckwelle in der Cochlea bringt diese Härchen in Bewegung und erzeugt ein elektrisches Potential, den sogenannten cochlearen Mikrophoneffekt, der seinerseits die auditiven Neuronen in Erregung versetzt. Je lauter der Schallreiz, desto mehr Neuronen werden angeregt und desto öfter „feuert" jedes Neuron.

14. Die Stärke der Bewegung der Schneckenstrukturen ist an verschiedenen Punkten unterschiedlich, und das Bewegungsmuster hängt von der Schallfrequenz ab. Jede Frequenz stimuliert eine andere Gruppe von Haarzellen, und die damit verbundenen Neuronen übermitteln dem Gehirn die zur Unterscheidung der Tonhöhe nötigen Informationen.

15. Die akustische Leitungsbahn führt durch den Hörnerv und eine Reihe subkortikaler Nuklei zur Großhirnrinde. Neuronen, die ähnliche Frequenzen repräsentieren, verlaufen entlang der ganzen Strecke eng beieinander bis zur Hirnrinde. Die Impulse, die in einem Ohr entstehen, treffen schließlich auf beiden Seiten der Hirnrinde ein, wobei beide Ohren auf der gegenüberliegenden Seite der Hirnrinde etwas besser repräsentiert sind als auf ihrer eigenen Seite. Die Hörrinde ist jedoch für die richtige Wahrnehmung von Tonhöhe oder Lautstärke nicht notwendig.

16. Zur Ortsbestimmung von Schallreizen müssen die von den beiden Ohren kommenden verschiedenen Muster nervöser Aktivität zusammentreffen, um die Aktivität gewisser Zellen oder Zellgruppen zu beeinflussen. Diese binaurale Interaktion ist zunächst in einem subkortikalen Hörzentrum, dem Olivarkomplex, zu beobachten. Es wird angenommen, daß die Wahrnehmung komplexer Schallreize auf der Interaktion von Neuronen basiert, von denen jedes einzelne einfache Botschaften weiterleitet.

17. Geschmackswahrnehmungen kommen durch die Aktivierung von Rezeptorzellen in den Geschmacksknospen durch die in der Nahrung enthaltenen chemischen Substanzen zustande. Eine einzelne Geschmackszelle reagiert auf Reize von mehr als einer der vier grundlegenden Geschmacksqualitäten. Die Wahrnehmung einer bestimmten Substanz entsteht dadurch, daß das Gehirn von

mehreren Neuronen im Geschmacksnerv ein spezifisches Reaktionsmuster empfängt.

18. Die olfaktorischen Rezeptorzellen werden durch Gaspartikel stimuliert, die sich in der sie umgebenden Flüssigkeit auflösen. Die Axone dieser Zellen sind die Fasern des Geruchsnervs, die durch Öffnungen im Schädelboden aufwärts führen und in den Bulbus olfactorius münden. Die Aktivität einer Zelle des Bulbus olfactorius kann durch andere Geruchsimpulse oder durch Signale aus anderen Teilen des Gehirns beeinflußt werden. Die im Bulbus olfactorius entspringenden Fasern führen über den Tractus olfactorius in andere Teile des Gehirns, einschließlich des limbischen Systems.

19. Spezialisierte Rezeptoren für Hautempfindungen (beispielsweise die Endungen um Haare herum) sind für leichte Berührungen empfänglich. Einfache freie Nervenendungen können jedoch sowohl als Rezeptoren für Berührungen als auch für Temperatur und Schmerz fungieren.

20. Die kinästhetischen Rezeptoren befinden sich in den an den Knochen haftenden Kapseln und Bändern. Unsere Gesamtwahrnehmung der Körperstellung und -bewegung kommt durch weitere wichtige Signale aus dem Vestibularapparat des Innenohres zustande. Die Bogengänge und die Gehörsteine reagieren empfindlich auf Bewegungen und auf die Stellung des Kopfes.

21. Bewußte Wahrnehmung eines Reizes kann nervöse Aktivitäten besonderer Art oder Menge erfordern. Schwache elektrische Stimulierung der Hirnrinde muß beispielsweise mindestens 0,5 Sekunden dauern, wenn sie bewußt wahrgenommen werden soll. Die vielen Querverbindungen der sensorischen Rindenfelder mit dem limbischen Kortex, dem Assoziationskortex usw. aktivieren schließlich das Bewegungszentrum der Hirnrinde, die Basalganglien, das Kleinhirn und die Retikularformation. Aus all diesen Schaltstellen treffen Anweisungen an die Bewegungszellen im Rückenmark ein, die Reaktionen auslösen.

Glossar

Absolute Schwelle: Die Mindeststärke eines physikalischen Reizes, der nötig ist, um einen Organismus zu stimulieren.

Akkommodation: Die Veränderung in der Scharfeinstellung der Linse, die es dem Auge gestattet, für Objekte in verschiedenen Entfernungen ein scharfes Bild auf der Netzhaut zu erhalten, auch wenn sich die Distanz zwischen dem Auge und dem Objekt ständig verändert.

Anpassungstheorie: Das Konzept, wonach jede Wahrnehmung von der Relation zwischen dem physischen Reizwert und dem Adaptationsniveau des Betrachters abhängt, eine Bezugsgröße, die innerlich durch eine Art Durchschnittsbildung aus früher erlebten oder jetzt als Hintergrund dienenden Reizen derselben Art gebildet wird.

Auditive Haarzellen: Die Sinneszellen des Gehörs. Diese Zellen wandeln wahrscheinlich die Wellenbewegung der Schneckenflüssigkeit in den cochlearen Mikrophoneffekt um. Die Haarzellen befinden sich im Cochlearkanal und ruhen auf der Basilarmembran.

Aurikel oder Ohrmuschel: Der äußere Teil des Ohres.

Äußeres Ohr: Der äußerste und der einzige sichtbare Teil des Gehörapparates. Dazu zählen die Aurikel (Ohrmuschel) und der Gehörgang.

Autokinetische Bewegung: Eine Bewegung, die durch einen unbeweglichen Lichtpunkt in einem abgedunkelten Raum hervorgerufen wird. Der Effekt wird durch das Fehlen oder die Kargheit eines optischen Bezugsrahmens verstärkt.

Bänder: Zähe Gewebestreifen, durch die die Knochen miteinander verbunden sind.

Basilarmembran: Eine Membran im Cochlearkanal, auf der die Haarzellen ruhen.

Beidohrige (binaurale) Kriterien: Die Reizsignale, die an beiden Ohren eintreffen und Geräuschlokalisierung ermöglichen. Identische Schallwellen, die von einer Quelle ausgehen, weisen verschiedene Merkmale auf, wenn sie die Ohren erreichen. Die entscheidenden beidohrigen Anhaltspunkte haben mit den Zeitunterschieden der Schallwellen zwischen den beiden Ohren zu tun.

Binaurale Interaktion: Die Wirkung von Impulsen in Fasern von einem Ohr auf die nervöse Aktivität in Fasern vom anderen Ohr. Allgemeiner gesprochen, jede Wechselwirkung von nervöser Aktivität der beiden Ohren.

Bipolare Zellen: Ein Element des Nervensystems, das Impulse von den Stäbchen und Zapfen zu den Ganglienzellen weiterleitet.

Bogengänge: Drei kleine, mit Flüssigkeit gefüllte Kanäle im Vestibularapparat. Jeder dieser Kanäle hat die Form eines Halbkreises und ist auf eine andere Raumebene eingestellt: oben/unten, links/rechts und vorwärts/rückwärts.

Bulbus olfactorius: Eine Anhäufung von Gehirnzellen und Fasern, die sich auf der Unterseite des Schädels befinden und in die die Geruchsnervenfasern münden. Die Nervenfasern treffen hier mit anderen Fasern zusammen und bilden mit diesen den Tractus olfactorius, der weiter in das Gehirn hineinführt.

Chiasma opticum: Die Stelle im Schädelboden, an der die Sehnerven der beiden Augen zusammentreffen. An dieser Stelle kreuzt sich ein Teil der Fasern des Sehnerven, die auf die jeweils andere Gehirnseite hinüberführen.

Ciliarmuskeln: An der Linse des Auges befestigte Muskeln; Kontraktion und Entspannung dieser Muskeln rufen Veränderungen in der Krümmung der Linse hervor.

Cochlea oder Schnecke: Ein spiralförmige, der Länge nach unterteilte, mit Flüssigkeit gefüllte Röhre, die die sensorischen Elemente des Hörens enthält. Ein Ende der Cochlea wird durch den dritten Ossikel am ovalen Fenster der Cochlea abgeschlossen; das andere Ende wird durch eine dünne Membran am runden Fenster der Cochlea verschlossen.

Cochlearkanal: Die Trennwand, welche die Cochlea der Länge nach in zwei Kanäle teilt. Er ist mit Flüssigkeit gefüllt und enthält die Haarzellen.

Cochlearkerne: Die erste zentrale Zwischenstation der Leitungsbahn für akustische Impulse vom inneren Ohr zur Hirnrinde. Sie befinden sich im Hirnstamm.

Cochlearer Mikrophoneffekt: Ein elektrisches Potential, das durch Deformation der auditiven Haarzellen entsteht. Dieses Potential stimuliert wahrscheinlich die Erzeugung von Impulsen in den Fasern des Hörnervs.

Cornea oder Hornhaut: Die durchsichtige äußere Deckschicht des Auges: das „Fenster" des Auges.

Drei-Rezeptoren-Theorie: Ein Konzept für die physiologische Basis des Farbensehens. Dieser Theorie zufolge gibt es drei spezialisierte Arten von Zapfen: Es wird angenommen, daß eine Zapfenart am empfindlichsten auf Rot, die andere auf Grün und die dritte auf Blau reagiert.

Einstellung (Erwartungshaltung, englisch: **set**): Eine Bereitschaft des Organismus zu einer bestimmten Reaktion oder Reaktionskategorie. Motorische Sets bedeuten eine Bereitschaft zu bestimmten Handlungen; mentale Sets zu bestimmten Denkprozessen; Wahrnehmungssets zu einer bestimmten Organisationsweise der Reize.

Emmertsches Gesetz: Die wahrgenommene Größe eines Nachbildes ist direkt proportional zur Entfernung zwischen dem Beobachter und der Oberfläche, auf die das Bild projiziert erscheint, und ein Bild, das in derselben Entfernung wie das ursprüngliche Objekt gesehen wird, hat dieselbe wahrgenommene Größe wie das Objekt.

Empfindlichkeit oder Sensibilität: Bei einem Sinnesrezeptor versteht man darunter den Grad seiner Empfänglichkeit gegenüber Reizen. Die Empfindlichkeit wird gewöhnlich daran gemessen, wieviel physikalische Energie (Reizstärke) nötig ist, um eine Reaktion auszulösen.

Erstes Sehrindenfeld: Das sensorische Rindenfeld im Okzipitallappen, das Signale direkt von den Kniehöckern empfängt. Impulse, die durch Vorgänge im linken Gesichtsfeld beider Augen ausgelöst werden, stimulieren das erste Sehrindenfeld auf der rechten Gehirnseite.

Extralemniskale Leitungsbahnen: Nervenfasern, die somästhetische Signale (insbesondere Schmerz und Temperatur) vom Rückenmark zu beiden Seiten des Gehirns weiterleiten und in verschiedenen subkortikalen Regionen wie auch in Rindenregionen enden.

Extrinsische Muskeln: Muskeln, die an der Außenseite der beiden Augäpfel befestigt sind und die kontrollierte Drehung des Augapfels in seiner Höhlung ermöglichen.

Farbenblindheit: Ein Defekt in der Empfindlichkeit gegenüber Farbtönen. Totale Farbenblindheit ist sehr selten. Partielle Farbenblindheit besteht meistens aus der Unfähigkeit, Rot und Grün zu unterscheiden, wozu häufig eine Sensibilitätsschwäche gegenüber dem roten Ende des Spektrums kommt.

Farbton: Die „Farbe" eines Objekts (beispielsweise blau, rot, gelb, grün). Der Farbton ist weitgehend, aber nicht ausschließlich von der Wellenlänge des Lichts abhängig.

Figur: Der Teil des Wahrnehmungsfeldes, der sich vom Hintergrund des übrigen Feldes abhebt.

Flimmern: Das visuelle Phänomen, das beim Aufleuchten und Verlöschen eines optischen Reizes in bestimmten Abständen entsteht.

Fovea: Der Mittelteil der Netzhaut, der ausschließlich aus sehr schlanken und dicht gedrängten Zapfen besteht. Jeder Zapfen in der Fovea hat seine eigene bipolare Zelle. Dank ihrer Zusammensetzung ist die Fovea jener Teil der Netzhaut, der zur größten Sehschärfe und zur präzisesten Farbenunterscheidung fähig ist.

Freie Nervenendungen: Nervenfaserendungen in der Haut ohne Verbindungen zu den Umhüllungen des Bindegewebes. Sie sind imstande, alle Hautempfindungen zu übermitteln.

Ganglienzelle: Eine Nervenzelle, die über eine dazwischengeschaltete bipolare Zelle Impulse aus Stäbchen und Zapfen empfängt und diese an das Gehirn weiterleitet.

Gelenkkapsel: Das Bindegewebe, das die Gelenke zwischen den Knochen umgibt.

Geschlossenheit: Die Tendenz, bestimmte Figuren so wahrzunehmen, daß sie vollständig oder geschlossen und nicht unvollständig oder fragmentarisch erscheinen. So wird beispielsweise ein Kreis mit einer kleinen Lücke als vollständiger, geschlossener Kreis gesehen.

Geschmacksknospen: Die Geschmacksrezeptoren, die überwiegend auf der Zunge konzentriert sind. Eine Geschmacksknospe ist ein birnenförmiges Gebilde, das aus einer Gruppe geschmacksempfindlicher Zellen besteht.

Geschmackspore: Die Öffnung am oberen Ende einer Geschmacksknospe, die das Eindringen der im Speichel des Mundes aufgelösten chemischen Substanzen gestattet.

Gesichtsfeld: Alle Objekte und Regionen, die sichtbar sind, wenn sich das Auge in einer fixierten Stellung befindet.

Gestalttheorie: Ein Ansatz für das Studium und das Verständnis der Wahrnehmung, der die Bedeutung von Organisation und Beziehungen hervorhebt.

Geruchszellen: Sinneszellen für Geruchsreize. Es sind dies ziemlich lange, säulenförmige Zellen; vom einen Ende dieser Zellen her treten feine Haare in die feuchte Decke der Schleimhaut ein, vom anderen Ende gehen lange Fäden aus, die den Geruchsnerv bilden.

Gleichgewichtsempfindungen: Wahrnehmungen des Vestibularapparats, die uns über unsere Balance und unsere Bewegungen informieren. Der Hauptreiz für diese Empfindungen sind Beschleunigungsbewegungen von Flüssigkeiten in den halbkreisförmigen Kanälen des Innenohrs.

Gleichzeitiger Kontrast: Die Tendenz einer Farbfläche, die Komplementärfarbe benachbarter Flächen stärker hervortreten zu lassen.

Gehörgang: Der Kanal, der vom äußeren Ohr zum Trommelfell führt und durch den die Schallwellen von außen zum Mittelohr gelangen.

Geruchsnerv: Ein Nerv, der aus den Axonen der Geruchszellen besteht. Diese Axone übermitteln olfaktorische Informationen (Geruchsempfindungen) durch den Schädelboden in den Bulbus olfactorius.

Grund: Jener Teil des Wahrnehmungsfeldes, der als Hintergrund für die Figur dient. Er scheint weniger klar strukturiert als die Figur zu sein und steht weniger im Brennpunkt der Aufmerksamkeit.

Gruppierung nach der guten Gestalt: Besagt, daß vorzugsweise jene Elemente perzeptiv gruppiert werden, die zusammen eine heraushebbare Gestalt ergeben.

Gute Gestalt: Das Kennzeichen eines bestimmten Reizmusters, das die Eigenschaften der guten Fortsetzung, Symmetrie, Geschlossenheit, Einheitlichkeit usw. aufweist.

Hautempfindungen: Die Empfindungen von Berührung, Schmerz, Wärme und Kälte.

Helligkeit: Eine Dimension der visuellen Erfahrung, die von weiß bis schwarz variiert. Sie korreliert eng mit der Stärke der Lichtwellen, hängt aber auch von deren Wellenlängen ab.

Hertz (abgekürzt **Hz**): Einheit zum Messen der Frequenz von Wellen aller Art. Entspricht der Zahl der Schwingungen pro Sekunde.

Hörnerv: Ein aus etwa 30000 separaten Nervenfasern bestehender Strang, der von den Haarzellen im Schneckengang ausgeht. Dieser Strang verläßt das Innenohr, tritt in den unteren Hirnstamm ein und endet bei den Cochlearkernen.

Ikonischer Speicher: Nach dem Informationsverarbeitungsansatz der Wahrnehmung ein sehr frühes Stadium mit einem großen Fassungsvermögen, aber von sehr kurzer Dauer. (Informationen müssen dann anderswohin verlagert werden oder sie gehen verloren.)

Induzierte Bewegung: Die scheinbare Bewegung eines unbeweglichen Objekts, hervorgerufen durch die Bewegung anderer in der Nähe befindlicher Objekte. Beispielsweise lösen ziehende Wolken die Wahrnehmung einer Bewegung des Mondes aus.

Informationsverarbeitungsansatz: Das Konzept, wonach Wahrnehmung und Lernen aus einer Reihe separater Stadien bestehen, in denen das eintreffende sensorische Material (die Informationen) gespeichert und modifiziert (verarbeitet) werden.

Inneres Ohr: Der innerste Teil des Gehörapparats. Er besteht aus zwei Teilen: Dem Vestibularapparat und der Schnecke oder Cochlea.

Iris: Ein feines pigmentiertes, fibröses Gebilde, das auf der Linse des Auges liegt und im Zentrum eine kreisförmige Öffnung (die Pupille) besitzt. Mit Hilfe der Irismuskeln kann die Pupille ihren Durchmesser vergrößern oder verkleinern.

Kinästhetische Empfindungen: Empfindungen, die durch Körperbewegungen und Muskelkontraktionen entstehen, hervorgerufen durch mechanische Kräfte, die sich auf Rezeptoren in den Muskeln, Sehnen und Gelenken auswirken.

Kinästhetisches System: Darunter versteht man das sensorische System, das uns Informationen über Stellung und Bewegungen der verschiedenen Teile des Körpers liefert.

Kippfiguren: Reizmuster, die eine spontane Oszillation zwischen zwei oder mehr alternativen Wahrnehmungsorganisationen auslösen. Der Necker-Würfel (s. Abb. 26, S. 76) ist ein klassisches Beispiel einer Kippfigur.

Knochenleitung: Die Weiterleitung von Schallwellen durch die Schädelknochen zum inneren Ohr, im Gegensatz zum normalen Leitungsweg über die Ossikel (Knöchelchen) des Mittelohres.

Kognitionistischer Ansatz: Die Theorie der Wahrnehmung, die gewöhnlich auf der Basis eines Informationsverarbeitungsansatzes die Rolle des Gedächtnisses und anderer aktiver Prozesse des Individuums für die Bestimmung dessen, was wahrgenommen wird, hervorhebt.

Komplementärfarben: Farben, die einander im Farbkreis genau gegenüberliegen und die, wenn sie zu gleichen Teilen gemischt werden, ein achromatisches Grau hervorbringen (beispielsweise rot und grün, gelb und blau).

Komplementär-Paar-Theorie: Ein Konzept des Farbensehen, das davon ausgeht, daß visuelle Prozesse paarweise organisiert sind, wie rot-grün und blau-gelb. Von diesen gekoppelten Prozessen nimmt man an, daß sie einander entgegenwirken, so daß jeweils nur ein Element eines Paares wirksam sein kann.

Konstanz: Die Tendenz von Merkmalen der Reizwelt, trotz Veränderungen der Reizenergie, die die Rezeptoroberfläche erreicht, perzeptiv unverändert zu bleiben. Es gibt Helligkeitskonstanz, Größenkonstanz usw.

Kontur: Eine Grenzlinie, die einen Teil des Wahrnehmungsfeldes von benachbarten Partien trennt. Die Kontur wird als zur Figur „gehörend“ wahrgenommen und bestimmt die kennzeichnende Gestalt der Figur. Kontur und Figur sind dennoch nicht identisch, da dieselbe physische Kontur bei zwei verschiedenen Figuren völlig anders aussieht.

Konvergenz: Die koordinierte Bewegung (Drehung) der beiden Augen zur Fixierung desselben Punktes. Je näher das Objekt, desto größer die Konvergenz.

Lautstärke: Die Dimension des Schalls (entweder reine Töne, einfache Tonmischungen oder Lärm), die zwischen leise und laut schwanken kann. Sie ist weitgehend, aber nicht ausschließlich von der Intensität des Schalls abhängig (d. h. von der Amplitude der Schallwellen).

Leitungsmechanismus: Ein allgemeiner Begriff, der sich auf die verschiedenen anatomischen und physiologischen Mechanismen bezieht, die an der Weiterleitung nervöser Impulse von den Rezeptororganen zur Hirnrinde beteiligt sind.

Linse: Das durchsichtige Gebilde im Auge, das die von außen kommenden Lichtwellen auf die Netzhaut projiziert. Sie hat etwa die Form einer konvexen Linse; ihre Form kann durch die Kontraktion bzw. die Entspannung der Ciliarmuskeln verändert werden.

Mittelohr: Die Höhlung zwischen dem äußeren und dem inneren Ohr. Es enthält die drei Ossikel (Knöchelchen).

Nerventaubheit: Taubheit, die durch Beschädigung entweder der Schnecke oder des Hörnervs entsteht. Die meisten älteren Personen leiden unter einem gewissen Grad an Nerventaubheit.

Netzhaut oder Retina: Eine aus lichtempfindlichen Elementen (Stäbchen und Zapfen) und Nervenfasern bestehende Membran, die die Rückseite des Augapfels bedeckt.

Ökologische Validität: Im Sinne von Brunswick der Grad an Verläßlichkeit eines Wahrnehmungssignals (wie beispielsweise alle visuellen Kriterien für Raumtiefe).

Olivarkomplex: Die zweite Relaisstation oder das Synapsenzentrum am Weg der akustischen Informationen vom inneren Ohr zur Hirnrinde. Der Olivarkomplex befindet sich im Hirnstamm.

Optischer Mechanismus: Ein allgemeiner Begriff, der sich auf die verschiedenen anatomischen und physiologischen Mechanismen bezieht, die an der Weiterleitung von Lichtquellen von der Außenwelt in das Auge und deren Scharfeinstellung auf der Netzhaut beteiligt sind. Im einzelnen versteht man darunter die Elemente auf Funktionen der Cornea (Hornhaut), der Linse, der Ciliarmuskeln, der Iris und der extrinsischen Muskeln.

Ossikel: Die drei Knöchelchen, die eine Kette vom Trommelfell zum ovalen Fenster der Schnecke bilden. Sie übermitteln die Schwingungen vom Trommelfell zu der Flüssigkeit in der Schnecke.

Otolith oder Gehörstein: Kleine, mit Flüssigkeit gefüllte Gebilde im Vestibularapparat, die empfindlich auf Veränderungen der Kopfstellung reagieren.

Ovales Fenster: Die Öffnung in der Schnecke, die durch den letzten der drei Ossikel, die vom Trommelfell nach innen führen, abgeschlossen wird. Die Schwingungen dieses Ossikels im ovalen Fenster versetzen die Flüssigkeit in der Schnecke in wellenartige Bewegung.

Phänomenalismus: Im Sprachgebrauch der Psychologen versteht man darunter das unmittelbare, unanalysierbare Erleben eines Menschen, ausgelöst durch einen Reiz oder ein Reizmuster. Bei der phänomenologischen Methode (so wie sie zum Studium der Wahrnehmung angewandt wird) wird die Vp angewiesen, zu berichten, wie ihr die Dinge erscheinen, unabhängig davon, ob das ihrem „Wissen“ widerspricht. Wenn ein von der Seite betrachteter Teller ihr als rund erscheint, dann muß die Vp das angeben, obwohl ihre Kenntnisse der Geometrie und Optik ihr sagen, daß er ihr oval erscheinen müßte.

Photorezeptoren: Rezeptorzellen, die auf Licht ansprechen, insbesondere die Stäbchen und Zapfen.

Physikalischer Mechanismus: Ein allgemeiner Begriff, der sich auf die verschiedenen anatomischen und physiologischen Mechanismen bezieht, die an der Übermittlung von Schallwellen von dem Punkt, an dem sie in das Ohr eintreten, bis zu dem Punkt, an dem sie die Haarzellen erregen, beteiligt sind. Insbesondere die Wirkungsweise des Gehörgangs, des Trommelfells, der Ossikel und der Flüssigkeit des inneren Ohres.

Psychophysik: Das Studium der Beziehungen zwischen der Beschaffenheit verschiedener sensorischer Erfahrungen und den Charakteristika der physikalischen Reize, die diese hervorrufen.

Pupille: Die kreisförmige Öffnung im Zentrum der Iris. Die Pupille ist kein Gebilde, sie ist nur das Loch, durch das die Lichtstrahlen ins Auge eindringen.

Reaktionsschwelle: Wahrnehmungsschwelle, deren Schwellenhöhe durch die Bewertung der Konsequenzen, die für den Wahrnehmenden aus der Wahrnehmung folgen könnten, mitbestimmt wird.

Relative Bewegung (Parallaktische Bewegung): Die relative visuelle Verschiebung näherer Objekte nach rechts und entfernterer Objekte nach links, wenn sich der Kopf nach links bewegt (oder näherer Objekte nach links und entfernterer Objekte nach rechts, wenn sich der Kopf nach rechts bewegt).

Retinale Disparität: Der Unterschied in den Netzhautbildern der beiden Augen, wenn man ein im Raum befindliches Objekt betrachtet. Diese Differenz ist auf den etwas unterschiedlichen Blickwinkel zurückzuführen, aus dem jedes Auge auf das Objekt schaut.

Rundes Fenster: Die von einer dünnen Membran bedeckte Öffnung in der Schnecke. Der Röhrengang der Schnecke wird an einem Ende vom ovalen, am anderen Ende vom runden Fenster abgeschlossen. Wenn Schwingungen des ovalen Fensters Veränderungen im Druck der Schneckenflüssigkeit hervorrufen, wölbt sich die Membran des runden Fensters abwechselnd nach innen und außen und gestattet der Flüssigkeit in der Schnecke, durch wellenförmige Bewegungen zu reagieren.

Schallwellen: Periodische Verdichtungen und Verdünnungen der Luft, die, wenn sie auf das Ohr auftreffen, akustische Empfindungen (Töne, Klänge, Geräusche etc.) auslösen. Schallwellen haben ganz bestimmte Frequenzen und Amplituden.

Scheinbewegung: Die Illusion einer Bewegung von einer Reizquelle zur anderen als Funktion der zeitlichen Aufeinanderfolge der Reize. Ein Beispiel ist der Film. Dieses Phänomen wird auch als *stroboskopische Bewegung* bezeichnet.

Schleifenbahnen (lemniskale Bahnen): Somästhetische Leitungsbahnen, durch die Informationen von einer Seite des Körpers über das Rückenmark hinaufgeleitet werden, die dann zum Thalamus auf der anderen Hirnseite hinüberführen und zu den somatosensorischen Regionen des Scheitellappens der Hirnrinde aufsteigen.

Sehnerv; Sehstrang: Das Bündel von Nervenfasern der Ganglienzellen, die nervöse Impulse von den Stäbchen und Zapfen zum Gehirn leiten. Diese Nervenfasern verlassen die Netzhaut durch eine Öffnung im Augapfel, den sogenannten *blinden Fleck.* Der Teil der Leitungsbahn, der sich zwischen Netzhaut und Chiasma opticum befindet, wird als Sehnerv bezeichnet; nach der Sehnervenkreuzung spricht man von *Sehstrang.*

Sehschärfe: Die Fähigkeit, kleine Einzelheiten in der Größe und Form von Objekten visuell zu unterscheiden.

Sensorische Adaptation: Eine Form der zeitlichen Interaktion, wobei die unmittelbar zuvor erfolgte Stimulierung eines Rezeptors die Wirksamkeit späterer Reize modifiziert oder verändert. Der Begriff wird gewöhnlich angewandt, wenn die fortgesetzte Reizung zu einer Abnahme der Wirkung führt.

Signalerkennungsansatz: Der Gedanke, die Wahrnehmung eines Reizes setze voraus, daß man diesen (das Signal) von den Hintergrundreizen („Geräuschpegel") unterscheidet, die ständig vorhanden sind. Die Entscheidung, ob bei einem Versuch ein Signal vorhanden ist oder nicht, wird sowohl durch den Kriteriumspegel des Probanden als auch durch seine Empfindlichkeit beeinflußt.

Sklera: Eine weiße, undurchsichtige Schutzhaut, die den größten Teil des Augapfels einhüllt.

Somästhetisch (soma = Körper; ästhetisch = empfindlich): Der Begriff *somästhetische Empfindungen* bezieht sich auf Haut- und Bewegungsempfindungen; als somästhetische Nerven bezeichnet man die Fasern, die Impulse von den Haut- und Gelenkrezeptoren zum Gehirn leiten. Das somästhetische Rindenzentrum ist der Bereich des Kortex, wo die Impulse aus den somästhetischen Sinnesorganen enden. Diese Region liegt unmittelbar hinter der zentralen Fissur auf der Oberfläche des Gehirns.

Somästhetische Sinne: Die Sinnesorgane, die sowohl Empfindungen aus äußeren Hautrezeptoren als auch aus inneren Rezeptoren registrieren.

Spezifisches Nervensystem: Ein vertikales Leitungssystem, dessen afferente Bahnen über die spezifischen thalamischen Schaltkerne (im Gegensatz zu den oft tausend Synapsen des unspezifischen Systems) über drei Synapsen zum Cortex führt.

Stabilisiertes Netzhautbild: Das Bild eines Objekts auf der Netzhaut, wenn spezielle Methoden angewandt werden, um das Bild genau an derselben Stelle zu halten. Um das zu erreichen, muß ein Verfahren benutzt werden, das den Einfluß der kleinen unwillentlichen Bewegungen des Augapfels ausschaltet.

Stäbchen: Spezialisierte stabartige Zellen in der Netzhaut. Diese Zellen sind empfindlich für Lichtwellen und senden Impulse aus, sobald sie von diesen getroffen werden. Stäbchen reagieren vor allem auf Veränderungen in der Intensität der Lichtwellen. Die Erregung der Stäbchen bewirkt Wahrnehmungen von Helligkeit, aber nicht von Farbtönen.

Stereoskop: Ein Sehgerät, das bei einem zweidimensionalen Bild den Eindruck von Tiefe hervorruft. Dieser Eindruck entsteht, weil jedem Auge ein separates und unterschiedliches Bild dargeboten wird, das dem Netzhautbild entspricht, das vorhanden wäre, wenn beide Augen die dargestellte dreidimensionale Szene betrachtet hätten.

Stimulus (Reiz): Die physikalische Energie, die einen Rezeptor erregt und im Organismus eine Wirkung hervorruft.

Strukturalistische Auffassung: Eine alte Theorie,

daß die Wahrnehmung von Objekten oder Ereignissen durch die Kombination elementarer Empfindungen hervorgerufen wird, die durch die Reize entstehen (auch „Visualismus" oder „Elemententheorie" genannt).

Strukturgradient: Eine kontinuierliche Veränderung der Dichte eines ziemlich gleichmäßig verteilten Merkmals einer sichtbaren Oberfläche, die auftritt, wenn sich die Oberfläche den Augen in einem geneigten Winkel darbietet.

Summierung: Die Additionswirkung im Raum verteilter separater oder zeitlich gestaffelter Reize (räumliche und zeitliche Summation). So können Lichtstärken, die zu schwach sind, um gesehen zu werden, wenn sie nur auf einen kleinen Teil der Netzhaut treffen, gesehen werden, wenn sie auf einen größeren Teil fallen oder wenn mehrfach unterschwellige Reizungen hintereinander erfolgen.

Tektorialmembran: Eine gelatineartige Masse, die sich über den Haarzellen im Cochlearkanal befindet; die Haare dieser Zellen enden in der Tektorialmembran. Wenn sich die Zellen gegenüber der Tektorialmembran verschieben, werden diese Härchen vorübergehend deformiert. Diese Deformation ruft den cochlearen Mikrophoneffekt hervor.

Tonhöhe: Dieses Attribut der Töne hängt eng mit der Frequenz der Schallwellen zusammen.

Tractus olfactorius: Faserbündel, die vom Bulbus olfactorius in verschiedene kortikale und subkortikale Regionen des Gehirns führen.

Trommelfell: Die dünne Membran, die den Gehörgang vom Mittelohr trennt. Schallwellen, die auf das Trommelfell treffen, versetzen dieses in Schwingungen.

Übermittlungstaubheit: Taubheit, die durch eine Behinderung der Bewegungen des Trommelfells oder der Ossikel entsteht. In diesen Fällen kann das Hörvermögen teilweise durch die Übermittlung von Schwingungen der Schädelknochen wieder hergestellt werden; viele Hörhilfen funktionieren nach diesem Prinzip.

Übersättigung: Ein hypothetischer neurologischer Vorgang, von dem man annimmt, daß er sich in einem sensorischen System abspielt, das durch irgendeine Wahrnehmung aktiviert wurde. Sobald das System übersättigt ist, fällt es schwerer, die Wahrnehmung aufrechtzuerhalten. Wenn eine alternative Wahrnehmungsorganisation verfügbar ist, wie bei einer Kippfigur, dominiert die Alternative vorübergehend die Wahrnehmung. Abzusetzen davon ist der Begriff „psychische Sättigung" (K. Lewin, A. Karsten, 1927), der ein Überdrußerlebnis nach fortdauernder Ausführung bestimmter Handlungen oder langdauernder, einförmiger Wahrnehmungen umschreibt. Ferner: Sättigung als Konzentrationsgrad eines Farbtons.

Unspezifisches Nervensystem: Ein vertikales Leitungssystem, das multisynaptisch (gegenüber dem nur drei Schaltstellen umfassenden spezifischen System) afferente Aktivitäten aus allen Sinnesgebieten konvergierend (daher „unspezifisch") über die Formation reticularis und über unspezifische Thalamuskerne bis zum Cortex führt. Dieses System ist bei Schlaf oder Narkose unterdrückt und wird daher mit den physiologischen Grundlagen des Bewußtseins in Verbindung gebracht.

Unterschiedsschwelle: Die Mindestdifferenz zwischen zwei Reizen, die wahrgenommen werden kann.

Verschmelzung: Das visuelle Phänomen, bei dem eine Reihe aufeinanderfolgender Reize einen anhaltenden gleichförmigen Eindruck auslöst, wie im Fall eines in kurzen Abständen aufleuchtenden Lichtes oder einer Mischung von Farben auf dem Farbenkreisel.

Vestibularapparat: Der Teil des inneren Ohres, der das Organ für Gleichgewicht, Körperstellung und Bewegung darstellt. Er besteht aus den Bogengängen und den Gehörsteinen (Otolithen).

Vestibularkerne: Die Ansammlung von Nervenzellen im Hirnstamm, wo die meisten Fasern des Vestibularnervs enden.

Vestibularnerv: Die Neuronen, die Impulse von den sensorischen Zellen des Vestibularapparates zum Gehirn übermitteln.

Vigilanz (Wachsamkeit): Die Aufrechterhaltung korrekter Wahrnehmung, insbesondere über lange Beobachtungszeiträume hinweg.

Visuelles Nachbild: Die Empfindung, die nach der Entfernung des äußeren Lichtreizes nachwirkt. Das positive Nachbild hat dieselben Farben wie der ursprüngliche Wahrnehmungsgegenstand, während das negative Nachbild die entgegengesetzten Farben des ursprünglichen Gegenstandes aufweist.

Wahrnehmungsfeld (eines Neurons): Bei jedem Neuron in einem sensorischen Leitungssystem oder in einem sensorischen Zentrum der Hirnrinde versteht man darunter den Teil des Sinnesorganes (z.B. den Teil der Netzhaut), der die Zelle aktiviert, sobald er in Erregung versetzt wird.

Webersches Gesetz: Das Prinzip, daß der minimalste noch merkliche Unterschied der Intensität zweier Reize (Δ R) ein konstanter Bruch (k) der absoluten Intensität der Reize (R) ist. Die mathematische Formel lautet:

$$\frac{\Delta R}{R} = k$$

Der konstante Bruch verschiebt sich für jeden einzelnen Reiztypus. Dieses Gesetz gilt nicht für die extremen Fälle der Reizskala.

Zapfen: Spezialisierte, zapfenförmige Zellen in der Netzhaut. Diese Zellen sind empfindlich für Lichtwellen und senden nervöse Impulse aus, wenn Lichtwellen auf sie treffen. Zapfen sind besonders empfindlich für Unterschiede in den Wellenlängen des Lichts. Die Reizung der Zapfen bewirkt das Erleben von Farbtönen.

Zentraler Mechanismus: Ein allgemeiner Begriff, der sich auf die verschiedenen anatomischen und physiologischen Mechanismen des Gehirns bezieht.

Zirkadiemischer Rhythmus: Ein biologischer Rhythmus, der etwa 24 Stunden dauert. Der Schlaf-Wach-Zyklus ist das nächstliegende Beispiel, aber es gibt auch viele andere verhaltensbezogene, physiologische oder biochemische Rhythmen, die etwa einen Tag dauern.

Zweites Sehrindenfeld: Die Region der Hirnrinde, die visuelle Signale entweder vom oberen Colliculus oder vom ersten Sehrindenfeld empfängt. Es gliedert sich in mehrere verschiedene Teile.

Literaturverzeichnis

Attneave, F.: Some Informational Aspects of Visual Perception. Psychol. Rev., 61, 1954, 183–193.

Attneave, F.: Informationstheorie in der Psychologie. Bern, Stuttgart: Huber [2]1969.

Békésy, G. von: Duplexity Theory of Tast. Science, 145, 1964, 834–835.

Békésy, G. von, Rosenblith, W. A.: The Mechanical Properties of the Ear. In: Stevens, S. S. (Hrsg.): Handbook of Experimental Psychology. New York: Wiley 1951.

Berlyne, D. E.: Konflikt, Erregung, Neugier. Stuttgart: Klett 1974.

Bevan, W., Gaylord, S.: Stimuli, the Perceiver, and Perception. In: Walk, R. D., Pickk, H. L., Jr. (Hrsg.): Perception and Experience. New York: Plenum Press 1978.

Blakemore, C., Campbell, W.: On the Existence in the Human Visual System of Neurons Selectively Sensitive to the Orientation and Size of Retinal Images. J. Physiol., 203, 1969, 237–260.

Boring, E., Langfeld, H. S., Weld, H. P. (Hrsg.): Foundations of Psychology. New York: Wiley 1948.

Brown, W., Gilhousen, H. C.: College Psychology. Englewood Cliffs, N.J.: Prentice-Hall 1949.

Bower, T. G. R.: Objekt Perception in Infants. Perception, 1, 1972, 15–30.

Bower, T. G.: Blind Babies Can See with Their Ears. New Scientist, 73, 1977, 255–257.

Breitmayer, B. G., Ganz, L.: Implications of Sustained and Transient Channels for Theories of Visual Pattern Masking. Saccadic Suppression and Information Processing. Psychol. Rev., 83, 1976, 1–36.

Broadbent, D. E., Gregory, M.: Effects of Noise and of Signal Rate upon Vigilance Analyzed by Means of Decision Theory. Human Factors, 7, 1965, 155–162.

Brunswik, E.: Perception and the Representative Design of Psychological Experiments. Berkeley: University of California Press 1956.

Brunswik, E.: Wahrnehmung und Gegenstandswelt. Leipzig: Deuticke 1949.

Bösel, R.: Physiologische Psychologie. Berlin, New York: de Gruyter 1981.

Davson, H.: The Eye. 2nd ed. New York: Academic Press 1976.

Delorenzo, A. J. D.: Ultrastructure and Histophysiology of Membranes. In: Zotterman, Y. (Hrsg.): Wenner-Gren Center International Symposium Series. New York: Pergamon 1963.

Dowling, J. E., Boycott, B. B.: Organization of the Primate Retina: Electron Microscopy. Proceedings of the Roy. Soc. London, Series B, 166, 1966, 80–111.

Enroth-Cugell, S., Shapley, R. M.: Adaptation and Dynamics of Cat Retinal Ganglion Cells. J. Physiol., 233, 1973, 271–309.

Epstein, W., Rock, I.: Perceptual Set as an Artifact of Recency. Amer. J. Psychol., 73, 1960, 214–228.

Ertel, S., Kemmler, L., Stadler, M. (Hrsg.): Gestalttheorie in der modernen Psychologie. Darmstadt: Steinkopf 1975.

Evans, R. M.: An Introduction to Color. New York: Dutton 1946.

Ellis, W.: A Source Book of Gestalt Psychology. New York: Humanities Press. 1950, pp. 71–88.

Garner, W.: Good Patterns Have Few Alternatives. Amer. Scientist, 58, 1970, 34–42.

Gelb, A.: Die Farbenkonstanz der Sehdinge. In: Bethe, A. (Hrsg.): Handbuch der normalen und pathologischen Physiologie. Berlin: Springer, 12, 1929, 594 bis 678.

Gibson, J. J.: Die Sinne und der Prozeß der Wahrnehmung. Bern, Stuttgart, Wien: Huber 1973.

Graham, C. H., Hsia, Y.: Color Defect and Color Theory. Science, 127, 1958, 675–682.

Green, D. M., Swets, J. A.: Signal detection and psychophysics. New York: McGraw-Hill 1966.

Gregory, R. L.: Auge und Gehirn. Zur Psychologie des Sehens. Frankfurt: Fischer 1972.

Guedry, F. E., Jr., Correia, M. J.: Vestibular Function in Normal and in Exceptional Conditions. In: Masterton, R. B. (Hrsg.): Handbook of Behavioral Neurobiology. Vol. 1. Sensory Integration. New York: Plenum Press 1978.

Hagen, M. A., Jones, R. K.: Cultural Effects on Pictorial Perception: How Many Words Is One Picture Really Worth?. In: Walk, R. D., Pick, H. L., Jr. (Hrsg.): Perception and Experience. New York: Plenum Press 1978.

Hajos, A.: Wahrnehmungspsychologie. Stuttgart u. a.: Kohlhammer 1972.
Harris, C. S.: Perceptual Adaptations to Inverted, Reversed, and Displaced Vision. Psychol. Rev., 72, 1965, 419–444.
Held, R.: Plasticity in Sensory-motor Systems. Scientific American (Nov.), 213, 1965, 84–94.
Held, R., Hein, A.: Movement-produced Stimulation in the Development of Visually Guited Behavior. J. Comp. Physiol. Psychol., 56, 1963, 872–876.
Helmholtz, H. v.: Die Lehre von den Tonempfindungen. Braunschweig: Vieweg 1913.
Helson, H.: Adaptation-level as a Frame of Reference for Prediction of Psychophysical Data. Amer. J. Psychol., 60, 1947, 1–29.
Hochberg, J. E.: Wahrnehmung. Wiesbaden: Akad. Verlagsgesellschaft; und Bern, Stuttgart: Huber 1977.
Hochberg, J. E., Beck, J.: Apparent Spatial Arrangement and Perceived Brightness. J. Exp. Psycho., 47, 1954, 263–266.
Hochberg, J. E., Brooks, V.: The Psychophysics of Form: Reversible-perspective Drawings of Spatial Objects. Amer. J. Psycho., 73, 1960, 337–354.
Hochberg, J. E., Brooks, V.: Pictorial Recognition as an Unlearned Ability: A Study of One Child's Performance. Amer. J. Psychol., 75, 1962, 624–628.
Hubel, D. H., Wiesel, T. N.: Brain Mechanisms of Vision. Scientific American, 241, 1979, 150–162.
Hudson, W.: Pictorial Depth Perception in Subcultural Groups in Africa. J. Soc. Psychol., 52, 1960, 182–208.
Hupfer, K., Jürgens, V., Ploog, D.: The Effect of Superior Temporal Lesions on the Recognition of Species-specific Calls in the Squirrel Monkey. Exp. Brain Res., 30, 1977, 75–87.
Iversen, L. L.: The Chemistry of The Brain. Scientific American, 241, 1979, 134–149.
Jahoda, G., McGurk, H.: Pictorial Depth Perception in Scottish and Ghanaian Children: A Critique of Some Findings with the Hudson Test. International J. Psychol., 9, 1974, 255–267.
Katz, D.: Gestalt Psychology. New York: Ronald Press 1950.
Katz, D. (Hrsg.): Handbuch der Psychologie. Basel: Schwabe 1951.
Kaufman, L.: Sight and Mind. New York: Oxford University Press 1974.
Kellogg, W. N.: Sonar System of the Blind. Science, 137, 1962, 399–404.
Kohler, I.: Die Methode des Brillenversuchs in der Wahrnehmungspsychologie mit Bemerkungen zur Lehre der Adaptation. Zs. f. exp. u. angew. Psychologie, 3, 1956, 381–417.
Kolers, P. A.: Remembering Operations. Paper presented at the Annual Meeting of the Eastern Psychological Association. 1972.
Lappin, J. S., Preble, L. D.: A Demonstration of Shape Constancy. Perception & Psychophysics, 17, 1975, 439–444.
Leeper, R. W.: A Study of a Neglected Portion of the Field of Learning: The Development of Sensory Organization. J. Genet. Psychol., 46, 1935, 41–75.
Leibowitz, H. W.: Sensory, Learned, and Cognitive Mechanisms of Size Perception. Annals of the N.Y. Academy of Sciences, 188, 1971, 47–62
Leibowitz, H. W., Bourne, L. W.: Time and Intensity as Determiners of Perceived Shape. J. Exp. Psychol., 51, 1956, 277–281.
Liebeskind, J. C., Paul, L. A.: Psychological and Physiological Mechanisms of Pain. Ann. Rev. Psychol., 28, 1977, 41–60.
Libet, B., Wright, E. W., Feinstein, B., Pearl, D. K.: Subjective Referral of the Timing for a Conscious Sensory Experience. Brain, 102, 1979, 191–222.
Mach, E.: Grundlinien der Lehre von den Bewegungen. Leipzig: Engelmann 1875.
Matin, L., Mackinnon, G. E.: Autokinetic Movement: Selective Manipulation of Directioned Components by Image Stabilization. Science, 143, 1964, 147–148.
Maccoby, E. E., Jacklin, C. N.: The Psychology of Sex Differences. Stanford: Stanford University Press 1974.
McCullough, C.: Color Adaptation of Edgedetectors in the Human Visual System. Science, 149, 1965, 1115 to 1116.
McGuinness, D.: Perceptual and Cognitive Differences Between the Sexes. In: Lloyd, B., Archer, J.: Explorations in Sex Differences. New York: Academic Press 1976.
Melzack, R., Wall, P. D.: Pain Mechanisms: A New Theory. Science, 150, 1965, 971–979.
Mershon, D. H., King, L. E.: Intensity and Reverberation as Factors in the Auditory Perception of Egocentric Distance. Perception and Psychophysics, 18, 1975, 409–415.
Metzger, W.: Gesetze des Sehens. Frankfurt: Kramer ^{3}1975.
Metzger, W.: Handbuch der Psychologie, Bd. I, 1, Göttingen ^{2}1974.
Michael, R. P.: Pheromones: Isolation of Male Sex Attractants from a Female Primate. Science, 172, 1971, 964–966.
Mikaelian, H., Held, R.: Two Types of Adaptation to an Optically-rotated Visual Field. Amer. J. Psychol., 77, 1964, 257–263.
Mueller, C. G., Rudolph, M.: Licht und Sehen. Reinbek: Rowohlt 1978.
Neisser, U.: Kognitionspsychologie. Stuttgart: Klett 1977.
Ono, H.: Apparent Distance as a Function of Familiar Size. J. Exp. Psychol., 79, 1969, 109–115.
Pasik, T., Pasik, P.: The Visual World of Monkeys Deprived of Striate Cortex: Effective Stimulus Para-

meters and the Importance of the Accessory Optic System. Vision Res., Supplement No. 3, 1971, 419 to 435.

Pfaffman, C., Frank M., Norgren, R.: Neural Mechanisms and Behavioral Aspects of Taste. Ann. Rev. Psychol., 30, 1979, 283–325.

Ravizza, R. J., Belmore, S. M.: Auditory Forebrain: Evidence from Anatomical and Behavioral Experiments Involving Human and Animal Subjects. In: Masterton, R. B. (Hrsg.): Handbook of Behavioral Neurobiology. Vol. 1. Sensory Integration. New York: Plenum Press 1978.

Rice, C. E.: Human Echo Perception. Science, 155, 1967, 656–664.

Riggs, L. A., Ratliff, R., Cornsweet, J. C., Cornsweet, T. N.: Disappearance of Steadily Fixated Visual Test Objects. J. Opt. Soc. Amer., 43, 1953, 495–501.

Sarris, V.: Wahrnehmung und Urteil. Göttingen: Hogrefe [2]1975.

Schüle, W. (Hrsg.): Wahrnehmungspsychologie. Frankfurt 1978.

Sherif, M.: A Study of Some Social Factors in Perception. Arch. Psychol. N.Y., No. 187, 1935.

Simmell, M. L.: Developmental Aspects of the Body Schema. Child Developm., 37, 1966, 83–95.

Snyder, F. W., Pronko, N. H.: Vision with Spatial Inversion. Wichita: University of Wichita Press 1952.

Sperling, G.: Negative Afterimage Without Prior Positive Image. Science, 131, 1960a, 1613–1614.

Sperling, G.: The Information Available in Brief Visual Presentation. Psychol Monogr., 74, Whole No. 487, 1960b.

Stevens, J. K., McGuire, B. A., Sterling, P.: Toward a Functional Architecture of the Retina: Serial Reconstruction of Adjacent Ganglion Cells. Science, 207, 1980, 317–319.

Stevens, S. S., Warshofsky, F.: Schall und Gehör. Reinbek: Rowohlt 1980.

Strattion, G. M.: Vision Without Inversion of the Retinal Image. Psychol. Rev., 4, 1897, 341–360.

Stroud, J. M.: The Fine Structure of Psychological Time. In: Quastler, H. (Hrsg.): Information Theory in Psychology: Problems and Methods. Glencoe: Free Press 1955.

Supa, M., Cotzin, M., Dallenbach, K. M.: Facial Vision: The Perception of Obstacles by the Blind. Amer. J. Psychol., 57, 1944, 133–183.

Swets, J. A., Tanner, W. P., Jr., Birdsall, T. G.: Decision Processes in Perception. Psychol. Rev., 68, 1961, 301–340.

Tallal, P., Piercy, M.: Developmental Aphasia: Rate of Auditory Processing and Selective Impairment of Consonant Perception. Neuropsychologica, 12, 1974, 83–93.

Teuber, H.-L., Weinstein, S.: Ability to Discover Hidden Figures After Cerebral Lesions. Arch. Neurol. Psychiatr., 76, 1956, 369–379.

Teuber, M. L.: Paul Klee: Paintings and Watercolors from the Bauhaus Years. 1921–1931, Introduction. Des Moines: Des Moines Art Center, 1973.

Teuber, M. L.: Sources of Ambiguity in the Prints of Maurits C. Escher. Scientific American, 231, 1974, 90–104.

Thomas, E., Brown, I.: Time Perception and the Filled Duration Illusions. Perception and Psychophysics, 16, 1974, 449–458.

Thurstone, L. L.: A Law of Comparative Judgement. Psychol. Rev., 34, 1927, 273–286.

Vogt, B. A., Pandya, D. N.: Cortico-cortical Connections of Somatic Sensory Cortex (Areas 3, 1 and 2) in the Rhesus Monkey. J. Comp. Neurology, 177, 1978, 179–192.

Walk, R. D.: Depth Perception and Experience. In: Walk, R. D., Pick, H. L., Jr. (Hrsg.): Perception and Experience. New York: Plenum Press 1978.

Wallach, H.: The Role of Head Movements and Vestibular and Visual Cues in Sound Localization. J. Exp. Psychol., 27, 1940, 339–368.

Wallach, H.: Brightness Constancy and the Nature of Achromatic Colors. J. Exp. Psychol., 38, 1948, 310–324.

Weisenberg, M.: The Regulation of Pain. Annals of the New York Academy of Sciences, 340, 1980, 102–114.

Weiskrantz, L.: Trying to Bridge Some Neuropsychological Gaps Between Monkey and Man. Brit. J. Psychol., 68, 1977, 431–445.

Wertheimer, M.: Untersuchungen zur Lehre von der Gestalt. II. Psychol. Forsch., 4, 1923, 301–350.

Wertheimer, M.: Psychomotor Coordination of Auditory and Visual Space at Birth. Science, 134, 1961, 1692.

Wilson, M.: Assimilation and Contrast Effects in Visual Discrimination by Rhesus Monkeys. J. Exp. Psychol., 93, 1972, 279–282.

Worchel, P., Dallenbach, K. M.: Facial Vision, Perception of Obstacles by the Deaf-blind. Amer. J. Psychol., 60, 1974, 502–553.

Zeki, S. M.: Functional Specialization in the Visual Cortex of the Rhesus Monkey. Nature, 274, 1978, 423–428.

Stichwortverzeichnis

Inhaltsverzeichnis

Band 3: Lern- und Gedächtnispsychologie

Einleitung

Länger als die erste Hälfte des 20. Jahrhunderts war die internationale Psychologie geprägt durch die Lerntheorien. Das muß Außenstehende überraschen: Wie kann das Lernen so wichtig genommen werden, daß es alle anderen Interessen am Psychischen in das zweite Glied drängen konnte?

Dafür sprechen mehrere Gründe. Zu Beginn unseres Jahrhunderts gelang es dem russischen Psychophysiologen Iwan Petrowitsch Pawlow, die ersten physischen Mechanismen für das Lernen aufzudecken. Dadurch bahnte sich eine naturwissenschaftliche Begründung für das Psychische an. Andererseits kamen viele damalige Psychologen aus den Reihen der Pädagogen bzw. waren als Hochschullehrer selber an den Gesetzen des Lernens interessiert. Durch den engen Praxisbezug ließ sich die Beschäftigung mit Lernproblemen nachhaltiger begründen. Der Erfolg der Verhaltenstherapie, die aus dieser theoretischen Richtung hervorging, ist ein beredter Beweis dafür.

Ein dritter Grund scheint aber noch wichtiger gewesen zu sein. Seit den Theorien von Charles Darwin, Mitte des 19. Jahrhunderts, war der Entwicklungsgedanke für die gesamte Naturwissenschaft wichtig geworden. Daß sich alles Lebendige nicht nur stammesgeschichtlich (phylogenetisch), sondern auch individuell (ontogenetisch) entwikkelt, wurde zu einem Fundament der Auffassungen vom Menschen. Man konnte demnach von dieser Richtung komplexe Theorien über den Menschen erwarten, die eine übergreifende Bedeutung für alle anderen Theorienbildungen gewinnen konnten. Lernen wurde nicht mehr so aufgefaßt, wie man es im Alltag sieht, nämlich als das, was in der Schule passieren soll. Der Vorgang des Lernens ist vielmehr grundlegend für jede Art von aktueller Anpassung, die sich als Resultat von Erfahrungen bildet. Das Kind lernt, seine Eltern zu identifizieren, durch Schreien ihre Aufmerksamkeit zu erregen, sie zu lieben, den Hund des Nachbarn dagegen zu fürchten. Das Kind lernt seine Blase unter Kontrolle zu halten, auf verbale Anweisungen zu reagieren, die Bedeutung des Gesichtsausdrucks und der Gesten zu deuten. Das Kind lernt zu sprechen. Obwohl es einem System von Regeln folgt, das nach Ansicht mancher durch Erbanlage in seinem Nervensystem verankert ist, hängen die Sprachinhalte – das, was das Kind wirklich *sagt,* – davon ab, was die Menschen in seiner Umgebung mit ihm verbal und nichtverbal *austauschen.* Die meisten lernen, sich in einer Art und Weise zu verhalten, die von der Gesellschaft gebilligt wird, manche lernen die gesellschaftlichen Regeln zu hassen oder sie lernen zumindest, wie man sie umgeht. Andere von uns lernen, sich in Situationen zu fürchten, in denen keine wirkliche Gefahr besteht: erworbene Ängste können schließlich als dauerhafte Neurosen unser Leben beherrschen. Wir lernen die Zukunft zu planen und auf unmittelbare Befriedigungen zugunsten ferner Ziele zu verzichten. Schöpferische Menschen erlernen erstaunliche neue Möglichkeiten, Dinge zu tun, künstlerische oder intellektuelle Fähigkeiten zu entwickeln und von ihnen zur Verbesserung der Welt Gebrauch zu machen. Wir erwerben religiöse Einstellungen, Denksysteme, die man als weltanschauliche Grundsätze oder als wissenschaftliche Theorien bezeichnen kann. Alle diese Beispiele sind Anwendungsgebiete der Lern- und Gedächtnisforschung.

Das Verdienst, als erster Lerngesetze formuliert zu haben, wird in der Regel Aristoteles zugeschrieben, dem griechischen Philosophen, der im 4. Jahrhundert vor Christus lebte. Aristoteles betrachtete das Lernen (im teilweisen Anschluß an Platon) als eine Frucht von Gedankenassoziationen im menschlichen Geist. Er formulierte drei Gesetze, wie solche Assoziationen zustandekommen: (1) *Kontiguität:* Ereignisse, die zeitlich oder räumlich nahe beieinander liegen, werden psychologisch miteinander verbunden; erinnert man sich an ein Ereignis, fällt einem oft auch das andere ein (Beispiel: Wenn Sie an einen Kurs denken, den Sie gemacht haben, dann erinnert Sie das vielleicht an jemand, den Sie in dem Kurs kennengelernt haben); (2) *Ähnlichkeit:* Wenn man an eine Freundin denkt, so kann einen das an eine andere erinnern, die dieser im Hinblick auf den Namen, das Aussehen oder die Persönlichkeit gleicht; (3) *Kontrast:* Ein sehr heißer Tag kann einen an ein Erlebnis im vorangegangenen Winter erinnern, bei dem man fror, oder ein Akt des Mitgefühls kann ein gesteigertes Bewußtsein menschlicher Grausamkeit bewirken. Solche Assoziationen treten zwischen mentalen (d.h. geistig-seelischen) Erlebnissen auf, Erlebnissen, die selbst durch die physische Welt der Objekte oder Geschehnisse ausgelöst wurden.

Aristoteles' Einfluß auf das spätere Denken war überwältigend – so sehr, daß von mancher Seite angenommen wurde, sein Genie habe die spätere Entwicklung neuer Ansätze behindert. Die Assoziationen von Ideen standen jedenfalls auch im Mittelpunkt der 2000 Jahre später auftretenden philosophischen Bewegung, die man „englischen Empirismus" bezeichnete, die Philosophie von Locke, Berkeley und Hume, die zu den Anfängen der wissenschaftlichen Psychologie führte. Wie wir im vorhergehenden Band gesehen haben, hob der Empirismus die Rolle des Lernens auch für die Wahrnehmung hervor. Die Psychologie hat sich erst teilweise von dieser philosophischen Tradition gelöst: Wir gehen nach wie vor davon aus, daß subjektive Erfahrungen überwiegend das Resultat von Assoziationen sind, die wir durch den Umgang mit unserer Umgebung entwickeln.

Der Erfolg der Darwinschen Theorie der Evolution im zweiten Teil des 19. Jahrhunderts ebnete jedoch den Weg für ein neues Verständnis des Lernens. Die Evolutionstheorie stellte den Menschen in dieselbe biologische Entwicklungskette wie andere Lebewesen. Es wurde „natürlich", das tierische Lernen als Modell des menschlichen Lernens zu betrachten. Die ersten beiden Kapitel des 3. Bandes spiegeln diesen Einfluß, wobei viele der wichtigsten Experimente im Tierlabor durchgeführt wurden.

Die Thematik des 1. Kapitels (das Klassische Konditionieren) geht auf Beobachtungen von Pawlow zurück. Pawlow hatte das Verdauungssystem von Hunden studiert und objektive Meßverfahren für Drüsensekretionen wie Speichel entwickelt, für die er den Nobelpreis erhielt. Als er bemerkte, daß der Hund im Labor beim bloßen *Erscheinen* des Wärters, der ihn später füttern würde, Speichel absonderte, erkannte Pawlow, daß dieses Phänomen eines weiteren Studiums wert war. Er begann damit um die Jahrhundertwende, als er bereits 50 Jahre alt war und einen Namen als Physiologe hatte. Er widmete seine bemerkenswerte Energie der experimentellen Erforschung dieser Art Reiz-Reaktion-Kette, die er als *bedingten Reflex* bezeichnete.

In Amerika erregte die Arbeit Pawlows die Aufmerksamkeit eines jungen wissenschaftlichen Revolutionärs namens John B. Watson, der die „Psychologie des Seelenlebens" satt hatte und sich für das objektive Studium von Reizen und Reaktionen und den zwischen ihnen bestehenden Verbindungen interessierte. Watson sah im Konditionieren die Grundlage für eine neue Wissenschaft der Psychologie, die die Assoziationstheorie außer acht lassen konnte, die ihm zu subjektiv und unwissenschaftlich erschien. Später, als Watson die Erkenntnisse der Psychologie auf praktische Fragen der Kindererziehung anwandte, gründete er seine Anweisungen auf die einfachen Prinzipien des Konditionierens, die ursprünglich an Hunden in Pawlows Labor entwickelt worden waren.

Im zweiten Kapitel wird die Forschungsentwicklung weiterverfolgt. Das Operante (auch „instrumentell" genannte) Konditionieren hebt in diesen psychophysischen Zusammenhängen, der amerikanischen Tradition folgend, stärker die Technik des Lernerwerbs hervor. Kurz vor der Jahrhundertwende, als Pawlow am Beginn seiner epochemachenden Entdeckungen mit Hunden stand, begann Edward Thorndike Katzen und andere Tiere zu studieren, um Behauptungen über deren bemerkenswerte Intelligenz zu überprüfen. Thorndikes Katzen schienen jedoch den in sie gesetzten Erwartungen nicht zu entsprechen, und so kam er zu dem Schluß, daß sie durch einen langsamen Versuch-und-Irrtum-Prozeß lernten, der nur geringe Anzeichen echten Verständnisses erkennen ließ. Von seiner einflußreichen Stellung an der Lehrerbildungsanstalt der Columbia-Universität aus veränderte Thorndike das amerikanische Schulwesen. Er vertrat die Theorie, daß alles Lernen in der Herstellung von Verbindungen zwischen spezifischen Reizen und spezifischen Reaktionen durch *Belohnung* erfolgt, oder, in der Sprache des Konditionierens, durch *Verstärkung*. Diese Reiz-Reaktion-Verbindungen wurden von Thorndike als etwas Konkretes und Spezifisches angesehen. Das Lernen aus Schulbüchern besteht seiner Auffassung nach im Erwerb vieler solcher Gewohnheiten. Die traditionellere Ansicht, daß der Unterricht dem Ziel dienen solle, den Verstand im allgemeinen zu schärfen, schien mit diesen neuen Erkenntnissen nicht mehr vereinbar. Die Folge war, daß formale Disziplinen wie Griechisch und Latein, die traditionell damit gerechtfertigt worden waren, daß sie das logische Denkvermögen schärften, weitgehend aus den öffentlichen Schulen Amerikas verschwanden.

In den unmittelbar auf die zwanziger Jahre folgenden Jahrzehnten wurden wiederholte Versuche unternommen, die verschiedenen Arten des Konditionierens zusammenzufassen und sie mit den kognitiveren Aspekten des Verhaltens in Beziehung zu setzen. An der Universität von Kalifornien in Berkeley führte Edward C. Tolman Versuche durch, um die zweckdienlichen und kognitiven Fähigkeiten zu studieren, die sich sogar im Verhalten eines so niedrigen Säugetieres wie der weißen Ratte zeigen. Tolmans Forschungsarbeit schien zu beweisen, daß selbst eine Ratte einen „kognitiven Lageplan" (Downs u. Stea, 1982) eines Labyrinths entwickeln kann und daß sie lernen kann, am Ausgang des Labyrinths Nahrung „zu erwarten". In mancher Hinsicht repräsentierte Tolman eine Rückkehr zu der älteren philosophischen Tradition, aber mit einer behavioristischen Bevorzugung objektiver Messungen gegenüber subjektiven Berichten. An der Universität Yale begann ein anderer Theoretiker, Clark Hull, die experimentelle Lernpsychologie zu dominieren, der die mechanistische Rolle der Belohnung oder Verstärkung beim Konditionieren neuer Gewohnheiten hervorhob – ganz im Gegensatz zu Tolmans Ansicht.

In der Arbeit von B. F. Skinner wurden die Ideen Hulls mit denen von Watson und auch mit der damals populären philosophischen Richtung, dem „logischen Positivismus", gekreuzt. In der Person Skinners wurde das Konditionsprinzip bis in die Gegenwart fortgeführt und zu einer Lebensphilosophie ausgeweitet, die die Aufmerksamkeit – und vielfach auch die entschiedene Ablehnung – von Gesellschaftskritikern weit außerhalb des Feldes der akademischen Psychologie erregt hat. Skinner, der das Konditionieren bis in seine logischen Extreme weiterentwickelt hat, schwebt eine Welt vor, in der jede Handlung, jeder Wunsch und jeder Traum das Produkt eines sorgfältig geplanten Konditionierungsprozesses ist. Die Leserin und der Leser werden nach dem Studium der Konditionierungsexperimente und ihrer Anwendung auf die „Verhaltensmodifikation", wie sie jetzt genannt wird, selbst beurteilen müssen, bis zu welchem Grad diese Skinnersche Vision in unserer wirklichen Welt realisierbar ist.

Was ist mit den Theorien von Aristoteles und den englischen Empiristen über die Gedankenassoziationen passiert? Schon bevor Pawlow und Thorndike ihre Arbeit mit Hunden und Katzen begannen, hatte der deutsche Psychologe Hermann Ebbinghaus Untersuchungen des menschlichen *Gedächtnisses* durchgeführt. Sich selbst als Versuchsperson benutzend, memorierte Ebbinghaus zahllose Reihen sinnloser Silben, wobei er die Umstände der Darbietung (beispielsweise die Zahl der Lernversuche) systematisch manipulierte, um Grundprinzipien des Erinnerns und Vergessens herauszufiltern. Die Ebbinghaussche Tradition der Erforschung des menschlichen Gedächtnisses mit Hilfe verbalen Materials setzt sich bis in die Gegenwart fort, aber jetzt mit weitaus stärkerer Betonung der sinnvolleren Organisation von Erfahrungen im Gedächtnis. Die im 3. Kapitel beschriebenen neuen Konzepte für verbales Lernen und Gedächtnis, die ein Bestandteil der sogenannten „Kognitiven Psychologie" sind, stehen Tolman näher als den Konditionierungsansätzen von Pawlow, Watson, Thorndike und Skinner. Die neuen Modelle haben weit größere Ähnlichkeit mit den kognitiven Schaltplänen eines Computerprogramms als mit Tolmans simplen kognitiven Landkarten.

Das 4. Kapitel gibt einen Überblick über die Formen des Lernens, die zur Diskussion stehen, und setzt sich eingehender mit der Frage auseinander, welche *körperlichen* Mechanismen an den verschiedenen psychologischen Funktionen beteiligt sind. Um eine Vorstellung von den Forschungsarbeiten zu geben, die durchgeführt werden, sowie von den begrenzten Fortschritten, die erzielt worden sind, werden zwei Problembereiche unterschieden: (1) Die Mechanismen des Lernens (d. h. die zellulären, chemischen und sonstigen physikalischen Veränderungen, die stattfinden, wenn wir lernen) und (2) der Ort des Lernens (d. h. der Teil oder die Teile des Nervensystems, in denen sich die Veränderungen ereignen). Für einfache Arten des Lernens bei niederen Tieren stehen gesicherte Antworten zur Verfügung. Bei komplexeren Situationen oder Vpn gibt es viele faszinierende Möglichkeiten.

Hier im 3. Band der Grundlagen der Psychologie geraten die verschiedenen theoretischen Konzepte der Psychologie am eindeutigsten in einen offenen Konflikt miteinander. Es ist dies eine Domäne, die in Laborversuchen wurzelt, aber Implikationen für die gesamte übrige Psychologie hat. Wir werden auch sehen, inwiefern moderne Konzepte der Persönlichkeit und Methoden der Psychotherapie die Grundlagenforschung über das Konditionieren und die kognitive Psychologie widerspiegeln.

1. Kapitel
Klassisches Konditionieren

Der Konditionierungsansatz des Lernens erforscht die Möglichkeit, daß ein Großteil des komplexen Verhaltensrepertoires, welches alle Tiere und den Menschen kennzeichnet, in Kategorien einfacher Reiz-Reaktions-Verbindungen, die man als *Reflexe* bezeichnet, verstanden werden kann. Manche Reflexe scheinen ungelernt zu sein. Beispielsweise muß man uns nicht beibringen, den Fuß hochschnellen zu lassen, wenn uns der Doktor mit einem Gummihammer unter die Kniescheibe schlägt (der sogenannte Patelarsehnenreflex). Ein viel wichtigeres Beispiel ist der *Orientierungsreflex,* der eine Beschleunigung des Pulsschlags und der Atmung und eine Erweiterung der Blutgefäße im Kopf bei gleichzeitiger Verengung der Gefäße in den Extremitäten einschließt – all dies als Reaktion auf eine plötzliche Veränderung der Stimulation. Der Orientierungsreflex mit seinen verschiedenen physiologischen Komponenten scheint eine Vorbereitungsfunktion zu haben, da er uns auf Veränderungen unserer Umwelt aufmerksam macht und unseren Körper auf rasche Anpassungshandlungen einstellt. Zum Glück tritt beim Orientierungsreflex mit Wiederholung des neuen Reizes ein *Gewöhnungseffekt* ein (das heißt, der Reflex wird schwächer). So passen wir uns an einen dauernden hohen Lärmpegel an, bis wir ihn schließlich ganz überhören. Jede neu auftretende Änderung (beispielsweise eine Polizeisirene unter den übrigen Autobahngeräuschen) löst jedoch sofort wieder den Orientierungsreflex aus. Ohne einen solchen Anpassungsmechanismus könnten wir kaum mit unserer sich stets ändernden Umwelt zurechtkommen (s. Box 3/1, S. 14).

Der Orientierungsreflex scheint ein zentraler Bestandteil des Konditionierungsprozesses zu sein, bei dem adaptiv auf Reflexen aufgebaut wird, so daß auch auf neue Reize die alten Reaktionen erfolgen. Diese Art der Adaptation wird als *Klassisches Konditionieren* bezeichnet, und damit wollen wir uns in diesem Kapitel vor allem befassen.

1 Das Verfahren des klassischen Konditionierens

Die meisten Leser werden schon etwas über das Lernen neuer Reflexe mit Hilfe des *Klassischen Konditionierungsverfahrens* von Iwan P. Pawlow gehört haben (s. Abb. 1). Dieses Verfahren beginnt immer mit einem Reflex, der bereits vorhanden ist (sei es durch frühere Konditionierung,

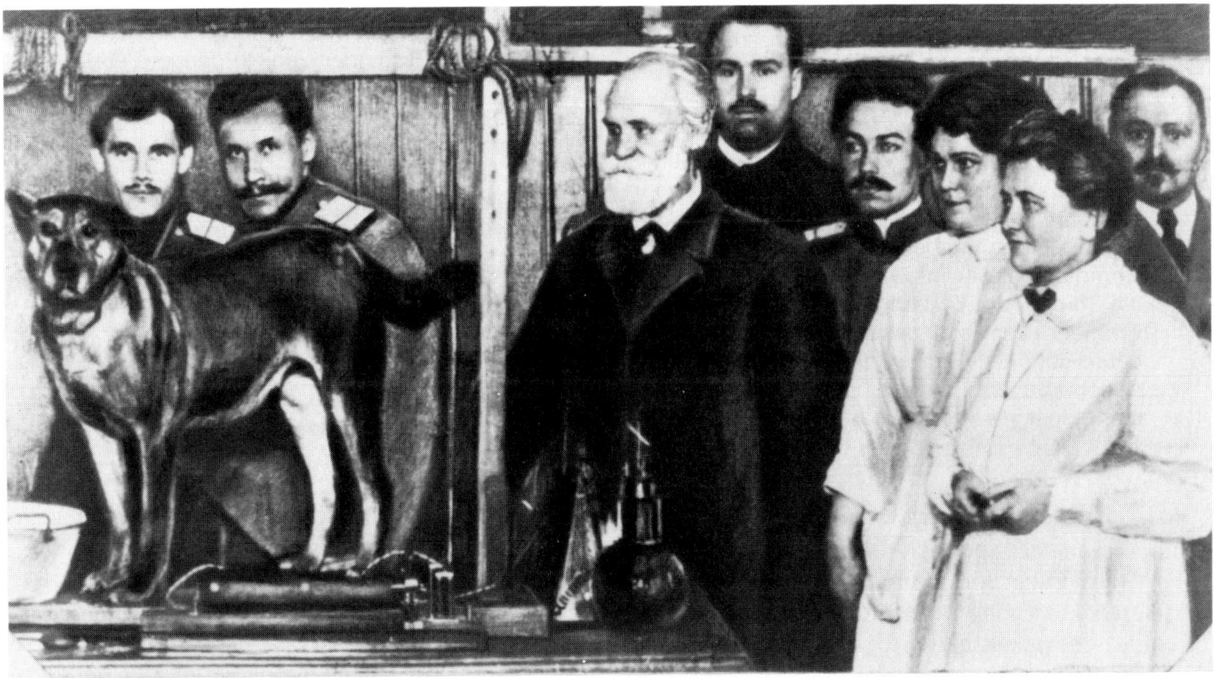

Abbildung 1: Pawlow und Beobachter in seinem Labor in St. Petersburg.

BOX 3/1

Der „Was-ist-das?"-Reflex

Dem Studium der Rolle von Außenreizfaktoren der Erregung, bekannt unter dem Namen *Orientierungsreaktion,* wurde in russischen psychologischen und physiologischen Labors, insbesondere solchen, die in der Pawlowschen Tradition stehen, große Aufmerksamkeit gewidmet. Es war Pawlow, der als erster darauf hinwies (im Jahr 1927), daß diese Reaktion unter strenger Laborkontrolle untersucht werden könnte.

D. Berlyne zitiert einen eloquenten Kommentar Pawlows über die Bedeutung der Orientierungsreaktion oder, wie ihn Pawlow nannte, des „Was-ist-das?"-Reflexes:

> „Dieser Reflex bewirkt bei Mensch und Tier eine augenblickliche Reaktion auf die geringsten Veränderungen in ihrer Umwelt, so daß sie ihr entsprechendes Rezeptororgan sofort entsprechend der wahrnehmbaren Qualität des die Veränderung bewirkenden Agens umorientieren und dieses eingehend untersuchen. Die biologische Signifikanz dieses Reflexes liegt auf der Hand. Wenn das Tier über keinen solchen Reflex verfügte, würde sein Leben in jedem Augenblick an einem Faden hängen. Beim Menschen wurde dieser Reflex stark weiterentwickelt mit weitreichenden Resultaten: In seiner höchsten Form tritt er als Wißbegier auf – die Mutter jener wissenschaftlichen Methode, durch die wir eines Tages durch das Wissen über unsere Umwelt zu einer echten Orientierung zu gelangen hoffen."

Die Orientierungsreaktion besteht aus einer Anzahl verschiedener körperlicher Reaktionen, die aber im allgemeinen zwei Funktionen erfüllen: Sie verstärken den Informationsfluß, den das Individuum aus seiner Umwelt erhalten kann, und sie bereiten auf angemessenes Handeln auf der Grundlage dieser Informationen vor. Wenn sich die Stärke oder Färbung eines Lichtes plötzlich verändert, kann sich das davon betroffene Individuum dem Licht zuwenden, die Pupillen seiner Augen können sich vorübergehend weiten und mehr Licht in seine Netzhaut dringen lassen, und in den Netzhautelementen können photochemische Veränderungen eintreten, durch die sich verschiedene sensorische Schwellen senken. Über diese Reaktionen hinaus – die eine Vermehrung der Informationen bewirken, die der Betreffende durch das Licht erhält – treten eine Vielzahl anderer körperlicher Veränderungen ein. Dazu kann eine Erhöhung der Muskelspannung und des Pulsschlags sowie der Atmung zählen, Änderungen, die alle von einem Zustand erhöhter Aufmerksamkeit und Bereitschaft zu raschen Reaktionen zeugen. Kurz, das Handlungsmuster, welches die ursprüngliche motivationale Erregung kennzeichnet, ist komplex und umfassend und schließt viele Körpersysteme ein; es hat die Wirkung, die psychologischen und physiologischen Schauplätze für sofortiges und effektives Handeln freizumachen.

Irving Maltzman von der Universität von Kalifornien in Los Angeles, der die Forschungsarbeiten über das klassische Konditionieren der psychogalvanischen Reaktion PGR (galvanic skin response GSR) sichtete, kam zu dem Schluß, daß auch der Orientierungsreflex konditioniert wird. Es sei dies eine Form der Aufmerksamkeit und vielleicht ein Anzeichen automatisch ablaufender kortikaler Prozesse oder Denkvorgänge. Bei der Art von Konditionierung auf Worte, die Maltzman studierte, müssen sich die Vpn bewußt werden, was bei dem Versuch geschieht. Maltzman kommt zu dem Schluß, daß diese Bewußtheit durch den Orientierungsreflex deutlicher ausgedrückt wird als durch Verbalisierung.

D. Berlyne: Konflikt, Erregung, Neugier. Stuttgart 1974.

I. P. Pawlow: Sämtliche Werke. Berlin-Ost 1953.

I. Maltzman: Orientierung in classical conditioning and generalization of the galvanic skin response to words: An overview. *Journal of Experimental Psychology: General,* 1977, *2,* 111–140.

sei es ungelernt). Da Pawlow bereits eine Methode zur Messung des Speichelflusses von Hunden nach der Darbietung von Nahrung (im Laufe seiner früheren Forschungsarbeit über das Verdauungssystem) entwickelt hatte, lag es nahe, daß er mit diesem Reflex begann. Er bezeichnete diese Art der verläßlichen Reiz-Reaktion-Verbindung als „unbedingten Reflex". Der Reflex ist *unbedingt* in dem Sinne, daß er von nichts anderem abhängt: Wenn Nahrung, dann Speichelfluß! In Amerika wurde Pawlows russischer Begriff als *unconditional* (unkonditionierter) Reflex übersetzt, der selbst wiederum aus einem *unkonditionierten Stimulus* (abgekürzt UCS) und einer *unkonditionierten*

Reaktion (UCR) besteht. Wird Nahrung präsentiert (UCS), dann erfolgt Speichelfluß (UCR).

Konditionierung findet statt, wenn ein neuer Reiz – neu in dem Sinne, daß er keinen Speichelfluß (UCR) auslöst – kurz vor dem UCS (Nahrung) dargeboten wird. So kann beispielsweise eine Glocke ertönen, kurz bevor dem Hund die Nahrung dargeboten wird. Nach wiederholter Koppelung ist die Glocke imstande, selbst den Speichelfluß auszulösen, bevor Nahrung dargeboten wird oder auch, wenn gar keine Nahrung mehr ins Spiel kommt. Die Glocke wird jetzt als *konditionierter Stimulus* (CS) bezeichnet. Auf diese Weise wird eine neue erlernte Verbindung, ein sogenannter *konditionierter Reflex* hergestellt, wobei der neue Stimulus die alte Reaktion hervorruft, die aber jetzt als *konditionierte Reaktion* (CR) bezeichnet wird. Diese fast magische Transformation der UCR zu einer CR ist der Schlüssel zu einer flexibleren Adaptation, die den Organismus weit über die Beschränkungen der simplen ungelernten Reflexe (wie in Box 3/2 beschrieben) hinausführen kann.

1.1 Zeitliches Konditionieren

Die zeitliche Anordnung von Stimuli ist beim Konditionieren ebenso wichtig wie in der Wahrnehmung. Die Zeitrelation zwischen CS und UCS kann im Hinblick darauf betrachtet werden, ob sich die beiden Stimuli zeitlich überschneiden oder nicht, welcher der beiden als erster dargeboten wird und wie lange der erste wirksam ist, bevor der zweite dargeboten wird. Diese Zeitpläne sind in Abbildung 2 dargestellt. Beim *Verzögerungskonditionieren* beginnt der CS irgendwann vor dem Einsetzen des UCS und dauert zumindest während eines Teiles der Wirkungszeit des UCS an. Der beste Lerneffekt wird oft dann erreicht, wenn der Unterschied in der Beginnzeit, das sogenannte Interstimulusintervall (ISI) etwa 0,5 Sekunden beträgt. Längere Verzögerungen bewirken in der Regel weniger effizientes Lernen.

Die entscheidende Bedeutung des ISI wird durch die Tatsache illustriert, daß die Konditionierung gewöhnlich weniger wirksam ist, wenn CS und UCS gleichzeitig einsetzen (simultaner Konditionierungsplan). Effektives Konditionieren kann in vielen Fällen erzielt werden, wenn der UCS fast sofort nach Ausschaltung des CS beginnt *(Spurenkonditionieren)*. Längere ISI sind beim Spurenkonditionieren selten so effektiv. Die Wichtigkeit der zeitlichen Anordnung wird weiter hervorgehoben durch das gewöhnliche (aber nicht universelle) Scheitern von *Rückwärtskonditionieren,* die Anordnung, bei der der UCS *vor* dem CS auftritt. (Es ist darauf hinzuweisen, daß diese Vergleiche der relativen Wirksamkeit verschiedener zeitlicher Anordnungen beim klassischen Konditionieren nur im großen und ganzen Gültigkeit haben: Im Einzelfall hängt das beste ISI von der Beschaffenheit des jeweiligen CS und der CR ab.)

Die Wirksamkeit von Kurzverzögerungskonditionieren und die relative Unwirksamkeit von gleichzeitigen bzw. Rückwärtsanordnungen passen gut zu der Vorstellung, daß der CS im Grunde ein Warnsignal ist. Die Vp benimmt sich, als ob der CS ein Signal wäre, daß der UCS bevorsteht, und die Reaktion der VP (CR) „macht sie bereit" für den bevorstehenden UCS. So kann beispielsweise die Glocke als ein Signal verstanden werden, daß die Nahrung kommt. (Sie ist zu einer Essensglocke

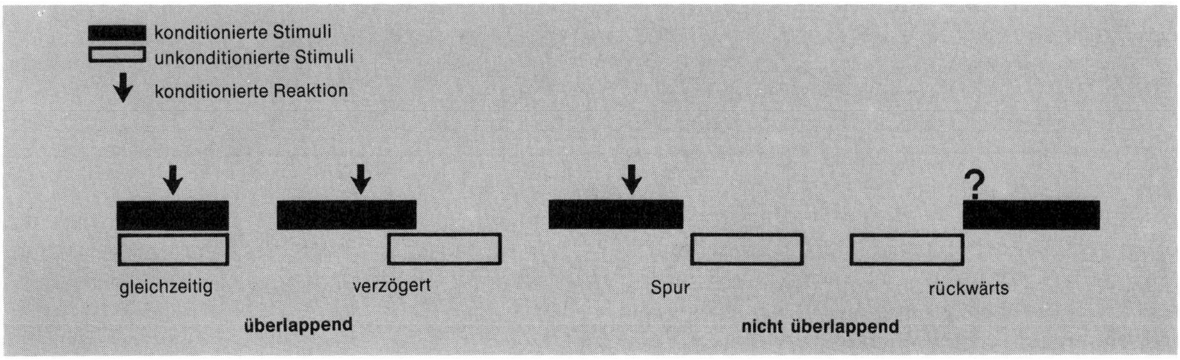

Abbildung 2: Zeitliche Anordnung beim Lernen konditionierter Reaktionen. Die Zeitrelationen zwischen dem Einsetzen der konditionierten und unkonditionierten Stimuli wird für jede im Text erörterte zeitliche Anordnung illustriert. Der Pfeil zeigt an, wann die konditionierte Reaktion in der Regel einsetzt.

BOX 3/2

Der mechanische Mensch

Seit langem gibt es Menschen, die es vorziehen, lebende Organismen als Maschinen zu betrachten, zwar ohne Zweifel komplexer als Maschinen aus Metall, aber dennoch Maschinen. In einer solchen Konzeption von Mensch und Tier wird ein bestimmtes Verhalten als eine direkte, ungelernte Reaktion auf einen spezifischen Reiz in ganz ähnlicher Weise begriffen wie eine Türglokke läutet, wenn man darauf drückt. In beiden Fällen ist das Verhalten nach dieser Auffassung ein ausschließliches Resultat bestimmter eingebauter Verbindungen.

Bestimmte Merkmale des Verhaltens von Organismen einschließlich des Menschen scheinen in der Tat dieser simplen Maschinenkonzeption entgegenzukommen, insbesondere die *Reflexe.* Wir kennen alle den Kniesehnenreflex, der routinemäßig vom Arzt überprüft wird, um festzustellen, ob das Nervensystem normal funktioniert. Diese einfache, unwillentliche und anscheinend automatische Muskelbewegung ist ein Beispiel mechanischen oder maschinenartigen Verhaltens. Der „Knopf" wird gedrückt (ein Punkt knapp unterhalb der Kniescheibe erhält einen leichten Schlag), der Impuls wird vom Knie durch das Rückenmark und wieder zurück zu den Beinmuskeln weitergeleitet und die „Maschine" funktioniert (das Bein zuckt). Fragen in bezug auf Bewußtsein, Zweck und Ziel scheinen völlig überflüssig.

Ein dieser mechanistischen Auffassung des Menschen vergleichbarer Ansatz ergab sich aus dem Studium sogenannter *Tropismen,* die bei Insekten und anderen niederen Tieren beobachtet wurden. Tropismen sind koordinierte zwanghafte Bewegungen, die als Reaktion auf die Stimulussituation auftreten (die Küchenschabe, die vom Licht wegläuft, ist ein Beispiel). Sie dienen insofern einer biologischen Überlebensfunktion, als sich der Organismus dadurch erfolgreich in seiner physischen Umwelt orientiert. Die den Tropismen zugrundeliegenden Mechanismen können in sehr vereinfachte Begriffe gefaßt werden, ohne daß von Vorauswissen, Zweck oder Ziel die Rede sein muß.

Unsere Abbildung zeigt positiven und negativen Phototropismus bei einem hypothetischen Fisch. Das ins Auge fallende Licht bewirkt auf dem Weg über die Nerven eine Bewegung der Flossen, wie durch die Augen und Flossen verbin-

geworden!) Bei den Verzögerungs- und Spurenanordnungen hat der Hund Zeit, mit Speichelfluß zu reagieren, so daß das Tier, wenn die Nahrung schließlich erscheint, dafür bereit ist. Dies kann jedoch in den echten Simultansituationen oder beim Rückwärtskonditionieren nicht geschehen. Es wurde die Auffassung vertreten, daß der CS nicht nur als ein Signal für den UCS dienen kann, sondern unter bestimmten Umständen auch der Vp signalisieren (oder diese informieren) kann, daß der UCS *nicht* kommt (Rescorla, 1967).

denden Linien angedeutet. Im Falle eines *positiven* Phototropismus kreuzen sich die Nerven, so daß eine größere Lichtstärke auf dem rechten Auge die linke Flosse aktiviert und das Tier sich dem Licht zuwendet; sobald beide Augen gleichermaßen stimuliert werden, schnellt der Fisch zum Licht. Beim *negativen* Phototropismus kreuzen sich die Nervenverbindungen nicht, d. h. eine größere Lichtstärke auf dem rechten Auge aktiviert die rechte Flosse, so daß sich der Fisch vom Licht abwendet; werden dann beide Augen gleichermaßen stimuliert, schwimmt er vom Licht weg.

Verhalten ist natürlich in der Regel viel komplexer als der Kniereflex oder der Phototropismus, aber auch komplexeres Verhalten kann erklärt werden, indem man eine sehr große Zahl simpler Reflexmechanismen annimmt, die untereinander so verbunden sind, daß sie schließliche Reaktionen der organischen „Maschine" erzeugen. Eine Reflexreaktion kann man sich als Stimulus für die nächste Reflexreaktion vorstellen, und eine lange Kette von Reflexen kann man sich als Ursache einer ganzen Verhaltenssequenz denken.

So plausibel eine solche Darstellung erscheinen mag, wenn man sie auf einfaches, ungelerntes Verhalten anwendet, so reicht sie doch als Erklärung komplexen Verhaltens nicht aus, Verhaltens, das von Lernen zeugt und an dem viel mehr beteiligt ist als der Ablauf einer angeborenen Sequenz einfacher Reflexe. Genau diese Begrenztheit wurde durch Pawlows Formulierung der konditionierten Reflexe (oder konditionierten Reaktionen) beseitigt, der zufolge *neue* Stimulus-Reaktions-Verbindungen durch Assoziation in der organischen „Maschine" hergestellt werden können.

1.2 Konditionieren höherer Ordnung

Eine eindrucksvolle Demonstration der Möglichkeiten von Flexibilität bei konditionierten Reaktionen ist das *Konditionieren höherer Ordnung,* bei dem der in einem Versuch entwickelte CS zum UCS in einem zweiten Versuch wird, für den er benutzt wird, um einen völlig anderen CS zu etablieren. Nachdem der Speichelfluß beispielsweise zu der Glocke konditioniert wurde, indem man letztere mit Nahrung koppelte, kann dieser neue CS seinerseits mit einem Licht gekoppelt werden (indem man das Licht aufleuchten läßt, kurz bevor die Glocke läutet). Obwohl in diesem zweiten Konditionierungsversuch keine Nahrung dargeboten wird, konditionieren wiederholte Koppelungen von Licht und Glocke schließlich den Speichelfluß zum Licht. In der Terminologie des Konditionierens dient die Glocke selbst als UCS für das zweite Experiment. Wäre es jetzt möglich, den Speichelfluß zu einem dritten neutralen Stimulus zu konditionieren (sagen wir, einen Fingerdruck, der kurz vor dem Licht auf die Flanke des Hundes ausgeübt wird), wiederum ohne Nahrung? Obwohl es schwierig gewesen ist, bei Tieren im Labor Konditionierungen dritter oder vierter Ordnung herzustellen, hat man den Eindruck, daß solche Dinge im täglichen Leben des Menschen häufig passieren. Beispielsweise können positive Gefühle durch Konditionierung höherer Ordnung mit jenen Politikern verknüpft werden, die für eine bestimmte Gesetzgebung eintreten, zu der diese Gefühle bereits konditioniert wurden. Wenn sich die Folgen dieser Gesetzgebung später als ungünstig erweisen, verlieren auch die Politiker, die für sie eintraten, an Popularität. Solche Anwendungen der Konditionierungstheorie auf die komplizierten Stimuli und Reaktionen des täglichen Lebens sind zwangsläufig spekulativ. Dennoch scheint es klar, daß vorher neutrale Stimuli die Macht annehmen, starke Gefühle auszulösen, und daß sie diese Macht später manchmal verlieren, ohne direkte Verbindung mit den unkonditionierten Reflexen, von denen diese Gefühle ein Teil sind.

Es ist wichtig zu erkennen, daß die Pawlowschen Verfahrensweisen einen riesigen neuen Bereich psychologischer Phänomene für die Anwendung wissenschaftlicher Methoden erschlossen haben. Für Pawlow war dies einfach eine Fortsetzung seiner physiologischen Grundlagenforschung. Er und viele seiner russischen Anhänger sahen im Klassischen Konditionieren eine wissenschaftliche Methode, um die Funktionsweise des Gehirns zu studieren (siehe 1. Bd., 5. Kap.). Für andere und insbesondere für John B. Watson, den Begründer des *Behaviorismus,* öffnete der konditionierte

Reflex die Tür, durch die die wissenschaftliche Psychologie dem mentalistischen Irrgarten des persönlichen Bewußtseins entrinnen konnte. Die Messung der Menge des konditionierten Speichelflusses (sowohl was das Volumen, die Verzögerung des Einsetzens, als auch die Wahrscheinlichkeit des Einsetzens betraf) war genauso physikalisch, genauso allgemein beobachtbar und genauso objektiv wie irgendwelche Reaktionsketten in der Chemie oder Physik. Mit den Konditionierungsverfahren als Werkzeug konnte man allgemeine Prinzipien des Lernens entdecken, auf denen man eine echte wissenschaftliche Psychologie aufbauen konnte. Tatsächlich wurde das Konditionieren in Amerika rasch zu einem der wichtigsten Sektoren der psychologischen Forschung. Dieser Bereich wird nach wie vor als grundlegend betrachtet, sowohl im Hinblick auf die Solidität seiner entdeckten Prinzipien als auch auf ihre Anwendungsmöglichkeiten auf andere Gebiete der Psychologie.

Watson erkannte wichtige Konsequenzen dieses wissenschaftlich kontrollierten Lernens. In seiner berühmten, in Abbildung 3 (S. 19) dokumentierten, Demonstration konditionierte er Furcht bei einem elf Monate alten Säugling. Der berühmte „kleine Albert" fürchtete sich nicht vor der zahmen Ratte, mit der er in seinem Zimmer spielen durfte, zumindest so lange nicht, bis sich Watson entschloß, dieses Tier als einen CS für Furcht zu benutzen. Zu diesem Zweck benötigte Watson zunächst einen UCS für Furcht, einen unkonditionierten Stimulus, der Schrecken oder Weinen als UCR auslösen würde. Als seinen UCS benutzte Watson einen starken Lärm, den er erzeugte, indem er nahe am Ohr des kleinen Albert laut auf eine Eisenstange schlug. Der plötzliche Lärm löste bei dem Kind Erschrecken und Tränen aus. Die Konditionierung bestand aus wiederholten Koppelungen von CS und UCS, das heißt, dem Kind wurde die Ratte gezeigt und gleich danach ertönte der Lärm. Nach sehr wenigen Wiederholungen begann das Kind beim Anblick der Ratte sofort zu weinen, schon bevor der Lärm ertönte. Man könnte sagen, daß Watson eine „experimentelle Neurose", wie sie Pawlow bezeichnete, konditioniert hatte.

Der Gebrauch des Wortes *Neurose* im eben beschriebenen Zusammenhang ist etwas spekulativ, denn dieser Begriff wird im allgemeinen eher auf psychodynamische Zustände angewandt, die eine effektive Anpassung an das tägliche Leben erschweren. Aber die hier verwendete Auffassung von Neurose als unangebrachter Furcht, als Angst, die zu Stimuli konditioniert wurde, die bei normalen Personen keine Angst auslösen, ist sehr verbreitet. Wie wir sehen werden (beispielsweise in Box 3/3, S. 23, und im 5. Kapitel des 6. Bandes) sind Methoden psychologischer Behandlung zu dem ausdrücklichen Zweck entwickelt worden, neue Gewohnheiten zu konditionieren, die mit früher konditionierter Angst unvereinbar sind. Allgemeiner gesprochen, veranlaßt uns Watsons Versuch zu der Annahme, daß viele unserer emotionalen Reaktionen im täglichen Leben „klassisch" konditioniert sein könnten.

2 Prinzipien des Konditionierens

Pawlow selbst benutzte ausgetüftelte Versuchsmethoden, das heißt, er variierte systematisch das eine oder andere Merkmal seines Verfahrens, um die Grundprinzipien des Erwerbs von konditionierten Reaktionen herauszufinden. Wir wollen uns die wichtigsten dieser Prinzipien jetzt ansehen und sie durch einige Arbeiten Pawlows und anderer Forscher veranschaulichen, die in der Pawlowschen Tradition weiterarbeiteten.

2.1 Aneignung durch Bekräftigung

Das Phänomen, das in der Konditionierungsforschung in der eindrucksvollsten Regelmäßigkeit auftritt, ist die stetige Zunahme der Stärke eines neuen Reflexes nach wiederholten Koppelungen von CS und UCS. Bei jeder solchen mehrfachen und zeitlich gestaffelten Koppelung wird im Rahmen der Theorie der Klassischen Konditionierung von *Bekräftigung* gesprochen. Dabei ist jedoch die folgende terminologische Unterscheidung zu berücksichtigen. Die ähnliche Prozedur der wiederholten Unterstützung des Bedingten Reflexes durch den Unbedingten wird in der später zu erörternden Operanten Konditionierung „Verstärkung" (reinforcement) genannt. Beide Begriffe werden in der Literatur häufig synonym verwen-

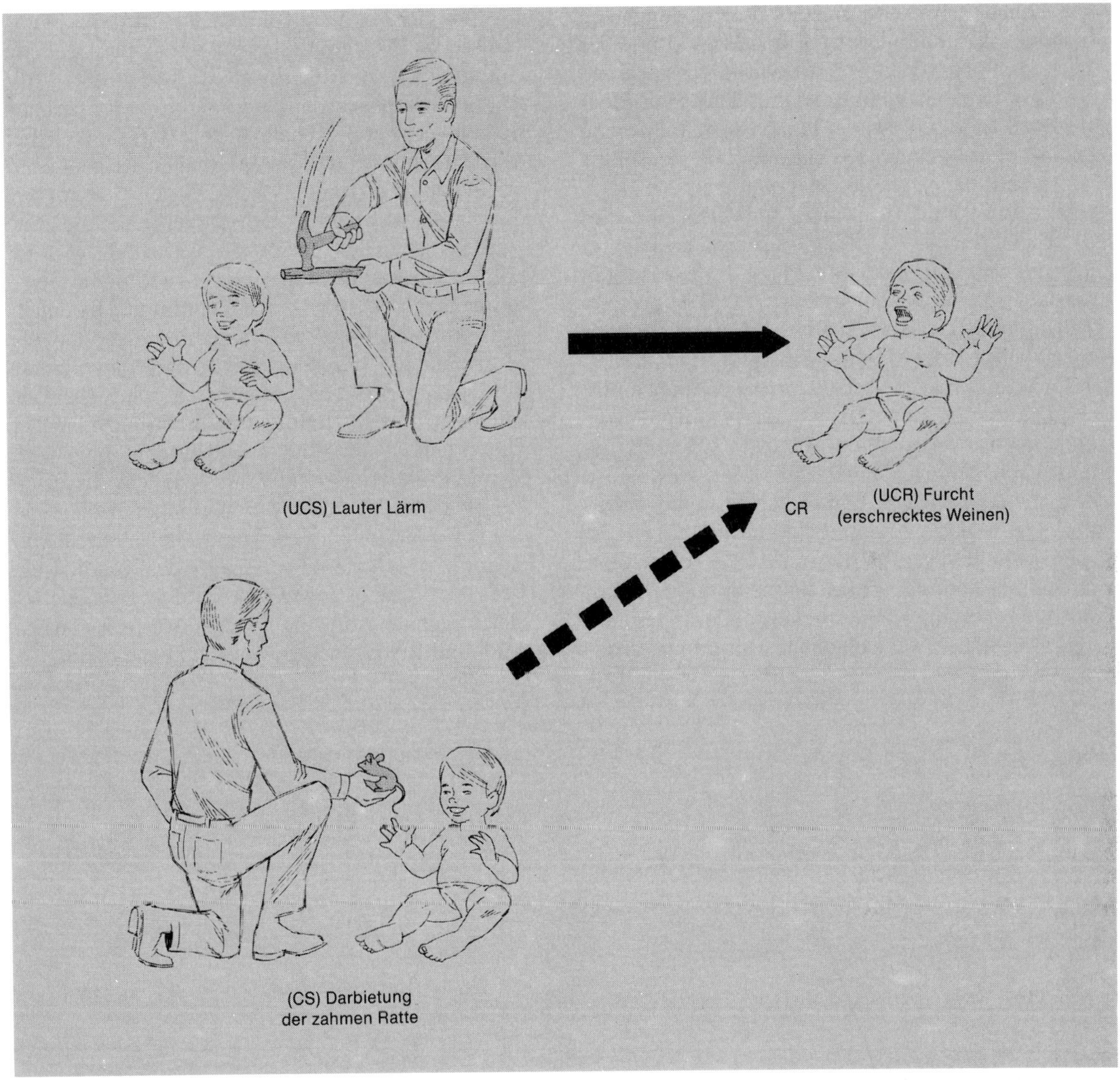

Abbildung 3: Klassisches Konditionieren von Furcht beim „kleinen Albert", einem elf Monate alten Kind. Die Konditionierungsversuche bestehen aus der Koppelung von CS (Darbietung der zahmen Ratte) und UCS (Anschlagen einer Metallstange hinter Alberts Ohr). Die Schreckreaktion und das Weinen (als „Furcht" bezeichnet), die zunächst durch den Lärm ausgelöst wurden, werden jetzt zu der Ratte konditioniert.

J. B. Watson und R. Rayner: Conditioned emotional reactions. *Journal of Experimental Psychology,* 1920, *3,* 1–14.

det, dabei sollte man aber bedenken, daß es sich nicht um völlig gleichwertige Begriffe handelt.

Für das Klassische Konditionieren ist die systematische Wiederholung der Stimuli von großer Bedeutung. In periodischen Abständen können Tests durchgeführt werden, beispielsweise, indem man die Glocke ertönen läßt, ohne Nahrung anzubieten, um zu überprüfen, wieviel Speichelfluß durch die Glocke allein ausgelöst wird. Beim Spurenkonditionieren des Blinkreflexes ist das konditionierte Blinken der Form nach etwas anders als das unkonditionierte Blinken, und bei fortschreitender Konditionierung kann somit die CR schon vor dem Einsetzen der UCR beobachtet werden.

Manchmal kann eine einzige Bekräftigung eine massive Konditionierung bewirken: In einer Untersuchung (Gantt, 1936) wurde einem Hund sofort nach Erklingenlassen eines Tones ein Elektroschock versetzt; als der Hund dreizehn Monate später ohne weitere Konditionierung denselben Ton zu hören bekam, beschleunigte sich sein Herzschlag von 90 auf 130. Charakteristischer ist, daß die Zunahme des konditionierten Reflexes den in der linken Hälfte von Abbildung 4 gezeichneten Verlauf nimmt, wobei anfangs rapide Lernfortschritte erzielt werden, später der Ertrag mit jeder zusätzlichen Bekräftigung allmählich abnimmt.

Diese *Lernkurve* verläuft oft nach einer einfachen mathematischen Formel, die man als *Wachstumsfunktion* bezeichnet. Angesichts der mathematischen Einfachheit dieser Funktion wurde sie in den späten fünfziger Jahren zum grundlegenden Phänomen, das mathematische Lerntheorien (beispielsweise Estes, 1960) zu erklären versuchten. Dies sind Theorien, die mit mathematischer Präzision den Verlauf von Verhaltensänderungen und die Auswirkung verschiedener Faktoren auf das Konditionieren voraussagen. So wird beispielsweise das Aneignungstempo durch das zeitliche Intervall zwischen CS und UCS beeinflußt: Etwa 0,5 Sekunden ist oft optimal, wie wir bereits erklärt haben, aber die Abnahme der Wirksamkeit bei längeren oder kürzeren Intervallen ist genügend regelmäßig, um mit mathematischer Genauigkeit beschrieben zu werden. Die Dauer des Ruheintervalls zwischen den Versuchen ist ebenfalls wichtig: Die Zusammenballung der Konditionierungsdurchgänge in einen kurzen Zeitraum ist weniger wirksam als ihre Verteilung über eine längere Zeitspannne (Pawlow bevorzugte nur einen Durchgang pro Tag!). Mathematische Theorien sind mit großem Erfolg zur Erklärung mancher dieser einfacheren Phänomene herangezogen worden (Veränderung der Wahrscheinlichkeitsverteilung). Solche Theorien waren weniger erfolgreich, wenn sie auf komplexere (und vielleicht intellektuellere bzw. kognitivere) Aspekte des Konditionierens und Lernens angewandt wurden, bei denen es der Organismus mit komplexen Mustern von Stimuli und Reaktionen zu tun zu haben scheint.

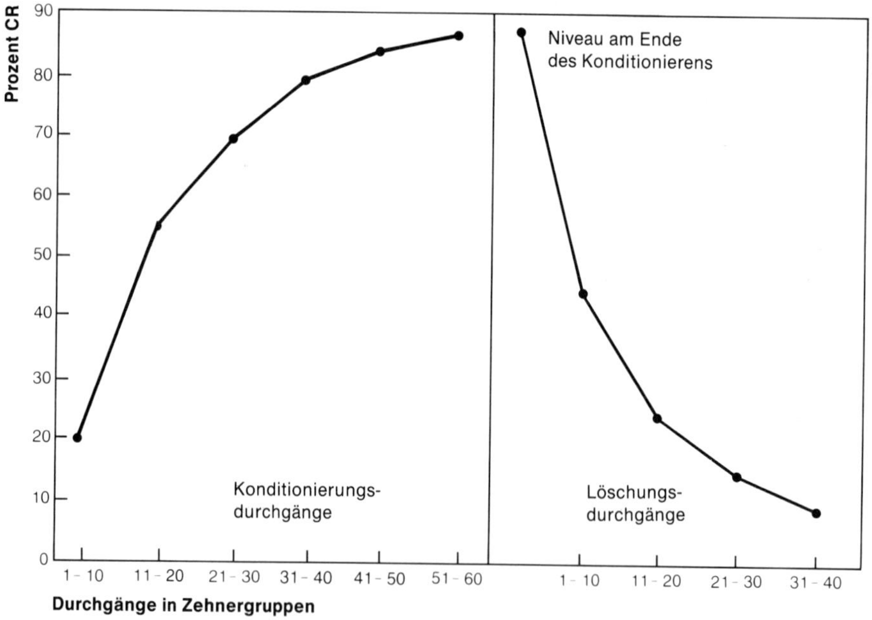

Abbildung 4: Lern- und Löschungskurven des klassisch konditionierten menschlichen Augenlidreflexes, wobei der UCS ein Luftstoß gegen die Hornhaut des Auges ist, die UCR ein Blinken des Augenlids und der CS ein schwaches Licht, das 0,5 Sekunden vor dem Luftstoß aufleuchtet. Die CR beginnt etwa 0,25 Sekunden vor dem Luftstoß, wenn der letztere folgt. Das Diagramm zeigt den Prozentsatz von Vpn, die in jedem aufeinanderfolgenden Block von zehn gekoppelten CS-UCS-Versuchen (links) und den später durchgeführten Nur-CS-Versuchen (rechts) CR aufwiesen. Die Daten sind Laboruntersuchungen von Gregory Kimble entnommen.

Nachdruck aus Gregory Kimble und Norman Garmezy: *Prinziples of General Psychology*. Dritte Ausg. New York: Ronald Press, 1968.

2.2 Löschung (Extinktion)

Abbildung 4 zeigt auch, was geschieht, wenn der CS nach vielen Konditionierungsversuchen wiederholt *ohne* den UCS (d.h. ohne Bekräftigung) dargeboten wird. Das Ergebnis dieses Entzugs der Bekräftigung nennt man *Löschung* (Extinktion): In dem Maße, in dem die CR ausfällt (nicht mehr auftritt), wird sie als *gelöscht* bezeichnet. Es besteht eine gewisse Zweideutigkeit, wie der Begriff *Löschung* zu benutzen ist. In manchen Zusammenhängen versteht man darunter einfach das experimentelle Verfahren (CS, aber kein UCS), ganz abgesehen davon, ob die CR durch das Verfahren tatsächlich geschwächt oder beseitigt wird; in engerer Definition bezieht sich der Begriff auf die abnehmende Stärke des konditionierten Reflexes.

Löschung als Methode wurde zur Behandlung von Phobien wie die irrationale Furcht vor engen Räumen verwendet. Dem Phobiker wird die Aufgabe gestellt, in einem Lift auf- und abzufahren. Anfangs wird er starke traumatische Angst empfinden, als ob seine Furcht vor engen Räumen ankonditioniert worden wäre; etwas später, wenn der Betreffende merkt, daß nichts Schreckliches passiert, kann die Angst verschwinden (Guthrie, 1952). Man nimmt an, daß die Phobie irgendwann in der Vergangenheit des Patienten konditioniert wurde, und ihr Verschwinden wird als ein Beispiel von Löschung interpretiert. Obwohl der „kleine Albert" wegzog, bevor die Löschung seiner konditionierten Phobie systematisch studiert werden konnte, vertrat Watson die Auffassung, daß die richtige Behandlung darin bestanden hätte, die Ratte wiederholt *ohne* den Lärm zu präsentieren. Er meinte auch, die Löschung könne dadurch erleichtert werden, daß man Albert die Ratte zunächst aus großer Entfernung zeige und sie dann, sobald seine Furcht nachlasse, näher heranbringe, während der kleine Albert seine Mahlzeiten einnehme. Zu einem späteren Zeitpunkt wurde dieses Verfahren des „Gegenkonditionierens" von einer Studentin Watsons, Mary Cover Jones (1924) erfolgreich bei einem anderen Kind angewandt. Auch für das Gegenkonditionieren bei Phobien von Erwachsenen sind einfallsreiche Methoden entwickelt worden (s. Box 3/3).

Es gibt einen interessanten Aspekt der Löschung, der zur Vorsicht bei Schlußfolgerungen mahnt, daß eine konditionierte Reaktion *vollständig* gelöscht sei. Oft taucht eine CR, die nach einer massiven Serie von Löschungsdurchgängen (CS, aber kein UCS) verschwunden war, nach einer versuchsfreien Periode wieder auf. Dieses Wiederauftreten ohne zusätzliche CS-UCS-Koppelungen (Bekräftigungen) bezeichnet man als *Spontanerholung*. Eine solche Erholung ist selten vollständig, und ohne weitere Konditionierung verschwindet der in schwacher Form wiederaufgetauchte konditionierte Reflex bei zusätzlichen Löschungsversuchen rasch wieder.

2.3 Stimulusgeneralisierung

Das Konditionieren wäre kein sehr brauchbares Verfahren, wenn die CR nur durch genau denselben Stimulus ausgelöst werden könnte, der im Training verwendet wurde. Der griechische Philosoph Heraklit wies darauf hin, daß man niemals zweimal in denselben Fluß steigen könne, womit er meinte, daß *genau* derselbe Stimulus niemals wiederkehrt, daß es immer irgendwelche Änderungen gibt. Das Prinzip der *Stimulusgeneralisierung* besagt, daß eine CR, die zu einem bestimmten CS konditioniert wurde, auch dazu tendiert, auf andere Stimuli anzusprechen, die dem ursprünglichen CS ähnlich sind. Nachdem der kleine Albert von Watson konditioniert worden war, sich vor der Ratte zu fürchten, bewies das Kind auch Furcht vor anderen pelzigen Objekten, einschließlich eines Kaninchens, ja sogar eines (vielleicht rattenähnlichen?) Pelzmantels. In Box 3/3 wird dargestellt, wie ein einfallsreicher Psychiater aus der Generalisierung Nutzen zog, indem er das Konditionieren auf die Behandlung von Phobien anwandte.

Es ist lehrreich, sich zu überlegen, wie das Phänomen der Generalisierung experimentell studiert werden kann. Bei menschlichen Vpn ist eine abhängige Variable die Stärke der Hautelektrizität, der sogenannten psychogalvanischen Reaktion (dt. Abk. PGR, engl. Abk. GSR), ausgelöst durch einen schwachen Elektroschock, den UCS. Nehmen wir an, der Versuchsleiter benutzt einen 1000-Hz-Ton als CS. Jede Vp, die an dem Versuch teilnimmt, wird wiederholten Koppelungen von CS und UCS ausgesetzt, wobei der Schock 0,5 Sekunden nach Einsetzen des Tones erfolgt (das heißt, *verzögertes Konditionieren*), bis die PGR schon durch den Ton allein heftig einsetzt. Die Vp wird dann mit höheren Tönen von, sagen wir, 1100,

1200 und 1300 Hz oder mit niedrigeren Tönen von 900, 800 und 700 Hz getestet. Es gibt somit sechs Testebenen, drei oberhalb und drei unterhalb des CS. Dadurch entsteht ein interessantes Problem der Versuchsanordnung, das die Allgemeingültigkeit der *Stimulusgeneralisierung* erkennen läßt: Wenn auf jeden Testton ein Schock folgen würde, dann nähme die PGR nicht nur auf dieser Testebene, sondern durch Stimulusgeneralisierung auch auf allen übrigen Testebenen zu, auf denen die Vpn später getestet werden könnten. Wenn andererseits auf die Testtöne *kein* Schock folgen würde, dann bestünde die Tendenz, daß die generalisierte PGR gelöscht würde und auch die PGR, die von anderen Testtönen ausgelöst wird, geschwächt würde. Das Problem ist, daß die Löschung ebenso zur Generalisierung neigt wie die Konditionierung. Um ein eindeutiges Ergebnis zu erzielen, muß jede Vp auf einer einzigen neuen Tonhöhe getestet werden. Bei zufälliger Zuordnung der Vpn zu den sechs verschiedenen Höhen des Testtons kann jeder Unterschied in der PGR eindeutig auf Unterschiede in der unabhängigen Variablen zurückgeführt werden (das heißt, auf die unterschiedlichen Höhen des Testtons). Die Resultate solcher Versuche liefern fallende Gradienten mit zunehmender Entfernung zwischen dem jeweiligen Test und den ursprünglich konditionierten Stimuli, wie in Abbildung 5 dargestellt. Je ähnlicher der Teststimulus dem konditionierten Stimulus ist, desto größer ist die Generalisierung.

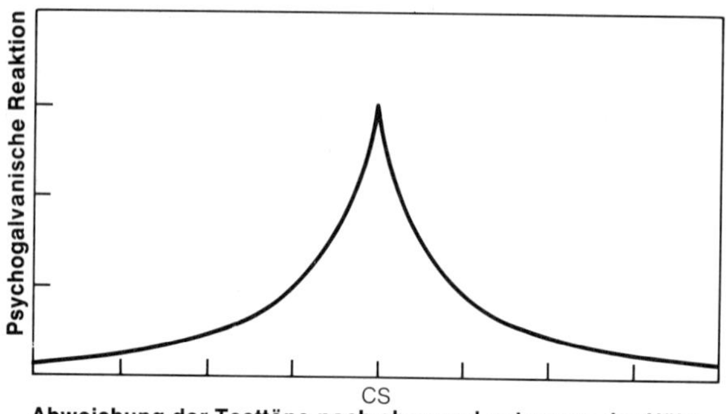

Abbildung 5: Nach Koppelung eines Tones mit einem elektronischen Schock (wodurch die normalerweise durch Schock ausgelöste galvanische Hautreaktion zu diesem Ton konditioniert wird) wurden menschliche Vpn mit Tönen getestet, die entweder höher oder niedriger als der ursprüngliche Ton waren. Die fallenden Gradienten der Reaktion mit zunehmendem Unterschied zwischen Trainings- und Teststimuli sind ein Beweis für die Stimulusgeneralisierung.

Nach Carl Hovland: The sensory generalization of conditioned responses with varying frequency of tone. *Journal of General Psychology,* 1937, *1,* 125–148.

2.4 Diskrimination

Obwohl ein gewisses Maß an Stimulusgeneralisierung notwendig ist, wäre zuviel davon ein Zeichen von Fehlanpassung. Wir müssen imstande sein, zwischen Stimuli zu unterscheiden und insbesondere zwischen einem CS, gefolgt von einem UCS, und anderen Stimuli, nicht gefolgt von demselben UCS. Pawlow (1953) beschrieb, wie diese Art von *Diskrimination* (Unterscheidung) in seinem Labor studiert wurde, indem man den Speichelfluß zu einem leuchtenden Kreis konditionierte, auf den immer Nahrung folgte. Nachdem eine starke CR hergestellt worden war, wurde eine Ellipse in einer Zufallssequenz von Versuchen zusammen mit dem Kreis gezeigt. Auf die Ellipse folgte niemals Nahrung. Anfangs speichelte der Hund auch beim Anblick der Ellipse (Stimulusgeneralisierung). Nach weiterem Training wurde jedoch die Reaktion auf die Ellipse gelöscht: Der Hund hatte gelernt, zwischen dem Kreis und der Ellipse zu unterscheiden (d.h. unterschiedlich auf diese zu reagieren). Die Unterscheidung wurde dann erschwert, indem man gedrungenere Ellipsen präsentierte, die stärkere Ähnlichkeit mit Kreisen hatten. Der Hund war schließlich fähig, sehr feine Unterscheidungen zu treffen (er begann jedoch zu bellen – ein seltener Verstoß gegen das manierliche Testverhalten – als die Achsen der Ellipse ein Verhältnis von 9:8 erreichten). Das Unterscheidungstraining mag ein wichtiger Teil des Heranwachsens sein – beispielsweise, zu lernen, sich vor Situationen zu fürchten, die wirklich gefährlich sind, aber nicht vor Situationen, die nur gefährlich erscheinen.

BOX 3/3

Gegenkonditionieren

Die leichteste Methode, um eine unerwünschte Gewohnheit abzulegen, besteht manchmal darin, eine neue Gewohnheit zu entwickeln, die der alten diametral entgegengesetzt ist. Da die Löschung einer eingefleischten Reaktion ein langsamer Prozeß sein kann, wird das Konditionieren einer damit unvereinbaren Reaktion, die der bestehenden CR zuwiderläuft, in Alltagssituationen benutzt, um das Verhaltensmuster zu verändern.

Der südafrikanische Psychiater J. Wolpe beschreibt, wie er Gegenkonditionieren und Stimulusgeneralisierung zur Behandlung der Phobien anwandte, mit denen er in seiner klinischen Praxis zu tun hatte. Ein junger Mann fürchtete sich beispielsweise davor, mit Frauen auszugehen; er betrachtete alle derartigen Kontaktaufnahmen als einen Verrat an seiner Mutter, die ihn zu beherrschen schien. Wolpe schulte seinen Patienten zunächst darin, sich mit Hilfe verbaler Anweisungen zu entspannen und die einzelnen Muskeln „schlaffwerden" zu lassen. Manchmal ließ er den Patienten auch eine entspannende Mischung aus Kohlendioxid und Sauerstoff einatmen (ein unkonditionierter Stimulus zur Entspannung). Diese Entspannung war die Reaktion, die Wolpe zu den Stimuli konditionieren wollte, die bei seinem Patienten statt dessen Angst auslösten.

Der Patient wurde unter Hypnose ermutigt, die verschiedenen Situationen mitzuteilen, die ihm Angst einjagten. So erschien ihm beispielsweise die Vorstellung, eine Frau um ein Rendezvous zu bitten, als mäßig furchterregend; der Gedanke hingegen, daß seine Mutter allein zu Hause sterben könnte, während er die ganze Nacht mit einer Frau zubrachte, war ausgesprochen quälend für ihn. Wolpe war sich darüber im klaren, daß er die peinigenden Ursachen der Angst nicht unmittelbar gegenkonditionieren konnte. Statt dessen stellte er mit Hilfe des Patienten eine Hierarchie solcher Situationen auf, und zwar in der Reihenfolge der Angstintensität, die sie auslösten. Am Ende, bei der am schwächsten angstbesetzten Situation beginnend, forderte Wolpe seinen Patienten auf, sich vorzustellen, zu einer Verabredung mit einer Frau zu gehen. Darauf folgte sofort der Stimulus zur Entspannung, und die Koppelung wurde solange wiederholt, bis die Entspannung zu einer konditionierten Reaktion für eine vorgestellte Rendezvousszene wurde.

Was Wolpe dabei herausfand, war, daß, während die Entspannung zum untersten Stimulus der Hierarchie konditioniert wurde, sie auch auf Szenen generalisierte, die in der Hierarchie eine höhere Stelle einnahmen – Szenen, die zu peinigend waren, um direkt gegenkonditioniert zu werden. Mit Hilfe dieser Stimulusgeneralisierung gelang es Wolpe, mit dem Patienten Schritt für Schritt die Angsthierarchie durchzuarbeiten, bis zuletzt selbst die schlimmste denkbare Szene, daß die Mutter des jungen Mannes sich selbst töten könnte, weil er sie verlassen hatte, keine Angst mehr auslöste.

Mit Hilfe dieses Verfahrens, das manchmal als *systematische Desensibilisierung* bezeichnet wird, gelang es Wolpe nach eigenen Berichten, 90 Prozent seiner phobischen Patienten zu heilen. Man beachte, daß dabei kein Versuch unternommen wird, die „tieferen" Ursachen des Patientenverhaltens freizulegen (beispielsweise die Basis der ungewöhnlichen Beziehung des jungen Mannes zu seiner Mutter). Wolpe versucht nicht einmal, herauszufinden, wie die ursprüngliche, unangemessene Konditionierung der Angst zustandekam. Der Kern dieses Ansatzes ist, daß neurotisches Verhalten in einfache Reflexe zerlegt wird, die entsprechend den Grundprinzipien des klassischen Konditionierens gelöscht, generalisiert und gegenkonditioniert werden können.

J. Wolpe: *Psychotherapy by Reciprocal Inhibition.* Stanford 1958.

J. Wolpe: *Praxis der Verhaltenstherapie.* Bern, Stuttgart, Wien: Huber, 1972.

3 Interpretation des klassischen Konditionierens

Die Beispiele des Konditionierens innerer Reaktionen wie Speichelfluß, Angst oder Furcht erscheinen uns intuitiv plausibel und einleuchtend. Es kann keinen Zweifel geben, daß diese Art der Konditionierung ständig außerhalb des Labors stattfindet und manchmal von ungeheurer Tragweite ist. Klassisches Konditionieren kann grundlegend für alle Arten von Lernen sein, die sich auf lebenswichtiges Verhalten auswirken; beispielsweise müssen wir erkennen lernen, welche Nahrung uns bekommt oder welche Getränke uns krank machen. Derartige Lernprozesse scheinen oft nach dem Modell des klassischen Konditionierens zu erfolgen. Andere Arten des Lernens (siehe die nächsten beiden Kapitel) scheinen weniger gut zu der Art von automatischen Assoziationen zu passen, die beim klassischen Konditionieren zum Tragen kommen.

3.1 Stimulus – Reaktion – Austauschbarkeit?

In den letzten Jahren wurden umfangreiche Forschungsarbeiten geleistet, die zeigten, daß manche konditionierten Reaktionen viel schwieriger herzustellen sind als andere. Bestimmte angeborene Verhaltensreaktionen dürften beispielsweise viel leichter zu konditionieren sein. Man sollte nicht länger an der so lange gehegten Auffassung festhalten, daß alle CS-UCS-Koppelungen gleichermaßen wirksam seien.

Geschmacksaversion ist gegenwärtig eines der am aktivsten beforschten Gebiete des Konditionierens. Untersuchungen deuten darauf hin, daß es einen riesigen Unterschied macht, welche spezielle Art von Reaktion man zu welcher speziellen Art von Stimulus zu konditionieren sucht. Garcia und seine Mitarbeiter (z.B. Garcia und Rusiniak [1979]) haben gezeigt, daß Geschmack ein viel leichter zu konditionierender Stimulus für Übelkeit ist, wie sie durch Bestrahlung oder ein chemisches Brechmittel ausgelöst werden kann, als Geruchsreize. Ist der UCS jedoch ein Elektroschock, dann sind Gerüche ein wirksamerer CS als Geschmacksreize. Das klassische Konditionieren von Übelkeit ist ein grundlegender, für das Überleben wichtiger Prozeß, der kognitiven Interpretationen nicht immer entgegenkommt (s. Box 3/4). So stellte Bernstein (1978) beispielsweise fest, daß Kinder, die eine Chemotherapie gegen Krebs erhalten, Geschmacksaversionen gegen die spezielle Sorte (Schokolade oder Vanille) von Eiskrem entwickeln, die sie kurz vor den Übelkeit erregenden Behandlungen gegessen haben. Diese Kinder *wußten* von früheren Behandlungen, daß es die Medikation und nicht die Eiskrem war, was ihre Übelkeit auslöste; aber die klassisch konditionierte Abneigung gegen eine bestimmte Geschmacksrichtung (z.B. Vanille, aber nicht Schokolade) stellte sich trotz dieses Wissens ein.

3.2 Stimulus-Reaktion versus Stimulus-Stimulus

Nach 80jähriger Erforschung des Klassischen Konditionierens gibt es immer noch Meinungsunterschiede hinsichtlich der Interpretation dieser Art des Lernens. Ein Problem ergibt sich für diejenigen, die darin eine simple Substitution sehen, mit der eine alte Reaktion mit einem neuen Reiz verknüpft wird, aus dem Faktum, daß die CR *manchmal* sehr stark von der UCR abweicht. Beispielsweise ist die UCR auf einen Elektroschock, der über einen Stiefel auf die Hundepfote ausgeübt wird, Zurückziehen des Fußes, begleitet von einem heftigen Atemholen und auch von einem heftigen Ankämpfen gegen das Geschirr, in dem der Hund festgeschnallt ist; die CR auf eine Glocke, die mit demselben Elektroschock gekoppelt wurde, ist jedoch in der Regel ein flaches Atmen (als bereite sich das Tier auf den unvermeidlichen Schock vor) und ein weniger heftiges Wegstreben. Solche Unterschiede zwischen der CR und der UCR fordern eine kognitive Deutung heraus, daß das Konditionieren die Entwicklung einer „mentalen" S-S-(Stimulus-Stimulus)-Assoziation bzw. die Erwartung bewirkt, daß auf die Glocke ein Schock folgt. Aber wie wir gesehen haben, kann die kognitive Interpretation nicht die inneren konditionierten Reaktionen erklären (wie Geschmacksaversionen), die sich automatisch, ungeachtet des eigenen Verständnisses der Situation, zu entwickeln scheinen.

Das Phänomen der *sensorischen Präkonditionierung* hat auch zu einer kognitiven Interpretation

BOX 3/4

Die Schafe retten, ohne die Wölfe zu töten

Viehzüchter in den Weidegebieten des amerikanischen Westens werden von Steppenwölfen (Coyoten) und Wölfen geplagt, die ihre Schafe reißen. Die Folge ist, daß diese Tiere einen schlechten Ruf erwarben und Abschußprämien auf sie ausgesetzt wurden. Eine vielleicht bessere Lösung dieses Problems wurde von Tierpsychologen entwickelt, die sich der Methoden des klassischen Konditionierens bedienten. Wie von J. Garcia und seinen Mitarbeitern (1977) beschrieben, zieht diese Methode Nutzen aus der Geschmacksaversion, die die Wölfe rasch gegen Fleisch entwickeln, das mit Lithiumchloridkapseln gespickt ist, die Erbrechen auslösen. Die Wölfe greifen normalerweise ein lebendes Schaf an und fressen es, aber nach einer einzigen Mahlzeit von gehacktem Hammelfleisch, das in ein frisch gehäutetes Schaffell gefüllt wurde und das Lithiumchlorid enthält, ändert sich die ganze Szene. Mit einem lebenden Schaf in eine Koppel gesperrt, machen die Wölfe zunächst ihre typischen Flankenangriffe. Aber nach mehreren oralen Kontakten lassen sie ihre Beute sofort los. Es erfolgt dann eine höchst erstaunliche Rollenumkehrung. Statt eines armen, ängstlichen Schafes, das sich hilflos der Vernichtung preisgibt, haben wir es jetzt mit einem kühn gewordenen Angreifer zu tun, der fast wie ein Bulle die Wölfe attackiert, die zu Unterwerfungsgesten Zuflucht nehmen. Eine ähnliche Rollenumkehrung ist beim Coyote zu beobachten. Garcia kommt zu dem Schluß: „Anscheinend blockiert die konditionierte Geschmacksaversion das Auffressen, und das jetzt ungenießbare Schaf löst bei seinen früheren Todfeinden soziales Verhalten aus."

Dieses erstaunliche Beispiel für die Macht des klassischen Konditionierens eröffnet sichtliche Anwendungsmöglichkeiten zur Eindämmung der Wolfsplage. Innerhalb von einigen Monaten entwickeln alle Steppenwölfe eine Aversion gegen Schaffleisch. Man hofft, daß durch diese Methode Abschußprämien überflüssig werden und daß die Steppenwölfe (die für die Viehzüchter in anderer Hinsicht nützlich sind) nicht getötet werden müssen.

Ähnliche Methoden werden seit mindestens 30 Jahren beim Menschen angewandt, insbesondere in der Behandlung von Alkoholismus. Der Alkoholiker erhält ein Medikament (Antabus), das Übelkeit hervorruft, wenn Alkohol getrunken wird. Der einst unwiderstehliche Geruch eines Lieblingsgetränks wird dann zu einem CS, der eine so starke konditionierte Übelkeit auslöst, daß der Betreffende sehr bald einen Zustand erreichen kann, in dem er ausruft: „Ich hasse das Gesöff!" Starke Raucher wurden ähnlichen Behandlungen unterzogen. Aber wie bei allem klassischen Konditionieren muß man damit rechnen, daß mit jedem arzneifreien (nicht verstärkten) Glas Alkohol bzw. mit jeder Zigarette ein Rückfall (Löschung) eintreten kann. Aus diesem Grund bezweifeln viele Forscher, ob dauerhafte Heilungen möglich sind. Es stimmt jedoch, daß die Rekonditionierung bei einer erneuten Behandlung etwas rascher erfolgt.

Garcia warnt, daß „die Behandlung von Menschen, die zu Alkoholismus neigen, nicht annähernd so wirksam [sei] wie bei Steppenwölfen, die eine Vorliebe für Lamm haben. Menschen verleiben sich – vermutlich wegen der angenehmen Wirkungen – schlecht schmeckende Substanzen ein. Der Steppenwolf, der nicht über solche Geistesgaben verfügt, nimmt nichts zu sich, was schlecht schmeckt".

J. Garcia, K. Rusiniak u. L. Brett: Conditioning food – illness aversions in wild animals: *Caveant canonici.* Aus H. Davis u. H. Horwitz (Hrsg.): *Operant-Pavlovian Interactions.* Hillsdale, N.J.: Lawrence Erlbaum Associates, 1977. Illustration aus derselben Quelle.

des klassischen Konditionierens beigetragen. Beim sensorischen Präkonditionieren werden zwei neutrale Stimuli, etwa ein Licht und ein Ton, zunächst in vielen Durchgängen zusammen dargeboten. Im zweiten Teil des Experiments wird ein Stimulus (etwa der Ton) mit einem unkonditionierten Stimulus gekoppelt (wie pulverisierte Nahrung), bis eine konditionierte Reaktion (Speichelfluß zum Ton) eintritt. Im dritten Stadium des Experiments wird schließlich der andere neutrale Stimulus (das Licht) allein dargeboten. Wenn der Hund jetzt speichelt, haben wir sensorische Präkonditionierung demonstriert. Man beachte, daß die einzig mögliche Verbindung zwischen dem CS (Licht) und der CR (Speichelfluß) durch diese früheren Durchgänge vermittelt worden sein muß, in denen die beiden neutralen Stimuli (Licht und Ton) gekoppelt wurden – *bevor* einer von beiden mit der Nahrung gekoppelt wurde. Die Demonstration von sensorischer Präkonditionierung deutet darauf hin, daß die Versuchstiere nicht einfach lernen, auf einen Stimulus zu reagieren (S-R). Was gelernt wird, ist unter anderem, daß verschiedene Stimuli *zusammengehören* (S-S): Licht und Ton, Ton und Nahrung und daher Licht und Nahrung!

Die Phänomene des semantischen Konditionierens legen ebenfalls eine kognitive Interpretation nahe. Bei Pawlow (1953) werden sie als Konditionierungen durch das „zweite Signalsystem“ (Sprache) bezeichnet. In der Arbeit von Maltzman (1977) wird ein bestimmtes Wort als CS mit einem starken Lärm gekoppelt, der ein UCS für die psychogalvanische Hautreaktion ist (Box 3/1, S. 14). Maltzman stellte fest, daß die PGR in Alles-oder-nichts-Manier zu dem Wort konditioniert wird – das heißt, nach einem einzigen Versuch, falls es *überhaupt* zu einer Konditionierung kommt. Wenn die Konditionierung eintritt, dann, weil die Vp den willkürlichen Zusammenhang entdeckt hat (und berichten kann), den der Versuchsleiter zwischen CS und UCS hergestellt hat. Diese Art des Klassischen Konditionierens scheint auf Problemlösungsprinzipien zu basieren. Um das Problem zu lösen, muß die Vp die entscheidende Stimulusbeziehung herausfinden.

Dies erinnert an die Interpretation, die von dem Kognitionspsychologen Edward C. Tolman (1948) entwickelt wurde. Ihm schien klar, daß die Vp bzw. das Versuchstier lernt, „was wozu führt“ – das heißt, Stimulus-Stimulus-(S-S) und nicht Stimulus-Reaktion-(S-R)-Verbindungen. Die größere Schwierigkeit, Rückwärtskonditionieren zu demonstrieren (ein Konditionieren, bei dem der UCS nicht nach, sondern vor dem CS dargeboten wird), scheint ebenfalls mit dieser Vorstellung übereinzustimmen.

Obwohl intuitiv einleuchtend, wurde Tolmans kognitive Interpretation von S-R-Psychologen, die den ganzen Konditionierungsprozeß in mechanistische Formeln zu fassen wünschten, nie als wirklich befriedigend empfunden. Ein enormes Interesse an kognitiven Interpretationen des Lernens ist jedoch neu erwacht. Mit der Entwicklung von Computern sind Maschinen genügend komplex geworden, um Zwischenschritte zwischen Stimulus und Reaktion einzubeziehen, Schritte, zu denen Pläne, Erwartungen und Vergleiche mit gespeicherter Information zählen können. Dies hat größere Aufmerksamkeit auf das *Denken* als Phänomen gelenkt, obwohl man der mechanistischen Auffassung nach wie vor treu blieb. Computer haben nur eine metaphorische Verwandtschaft mit dem menschlichen Geist, aber ihr Problemlösungspotential ermutigte eine Rückkehr zur kognitiven Psychologie, die dem Hausverstand immer plausibler erschienen war als die Stimulus-Reaktion-Interpretation des Konditionierens.

Zusammenfassung

1. Der Konditionierungsansatz des Lernens hat untersucht, wie komplexe Verhaltensrepertoires aus einfachen Stimulus-Reaktion-Verbindungen, den sogenannten *Reflexen,* aufgebaut werden können. Das Konditionieren beginnt oft mit dem Orientierungsreflex, der die Aufmerksamkeit auf eine neue Reizsituation konzentriert. Der Orientierungsreflex läßt bei anhaltender Wiederholung derselben Reize allmählich nach bzw. er weicht der Gewöhnung. Diese Gewöhnung ist vielleicht die einfachste Form des Lernens.

2. Das Verfahren des Klassischen Konditionierens besteht aus der Koppelung eines zuvor neutralen Stimulus mit einem unkonditionierten Stimulus, der bereits die zu konditionierende Reaktion auslöst. Jede solche Koppelung wird als Bekräftigung (im Sinne des Operanten Konditionierens oft auch Verstärkung) bezeichnet. Mit wiederholten Bekräftigungen löst der zuvor neutrale Stimulus schließlich selbst die Reaktion aus: Der neue konditionierte Reflex ist „eingeschliffen“.

3. Die zeitliche Anordnung der konditionierten und unkonditionierten Stimuli ist entscheidend für den Erfolg des Konditionierens. Verzögerungskonditionieren erzielt die besten Resultate, während Spuren- und gleichzeitiges Konditionieren gewöhnlich weniger wirksam sind. Rückwärtskonditionieren zeitigt die geringsten bis keine Erfolge.

4. Konditionieren höherer Ordnung, bei dem ein zuvor konditionierter Stimulus als unkonditionierter Stimulus für das Konditionieren neuer Stimuli dienen kann, ist nachweisbar.

5. Das Konditionieren ist ein grundlegendes Gebiet der Psychologie, zum Teil, weil es mentale Prozesse, die zuvor als subjektiv erschienen waren, objektiviert, und zum Teil, weil es ein Verfahren zum Studium der grundlegenden Phänomene des Lernens bietet. Diese Phänomene haben ein breites Spektrum von Anwendungsmöglichkeiten, vom Bildungswesen bis zur Entwicklung und Behandlung von Neurosen.

6. Die regelmäßige Zunahme der Stärke des konditionierten Reflexes mit zusätzlichen Verstärkungen stellt eine der eindrucksvollsten empirischen Erkenntnisse in der Psychologie dar. Sie verläuft oft in einer charakteristischen *Lernkurve,* die durch eine Wachstumsfunktion ausgedrückt werden kann. Das Tempo der Aneignung wird durch verschiedene Faktoren wie das Interstimulusintervall und die Ruhezeiten zwischen den Konditionierungsversuchen beeinflußt.

7. Das Gegenteil von Bekräftigung ist die Löschung: das Schwinden des konditionierten Reflexes mit wiederholten Darbietungen des konditionierten Stimulus, auf die *kein* unkonditionierter Stimulus folgt. Nach einer Ruhepause kommt es jedoch oft zu einer Spontanerholung der konditionierten Reaktion ohne zusätzliche Bekräftigungen.

8. Nach der Konditionierung kann die konditionierte Reaktion durch andere, zuvor neutrale Stimuli ausgelöst werden, die dem konditionierten Stimulus ähneln. Dieses Phänomen der *Generalisierung* ist in der Regel um so größer, je mehr diese zusätzlichen Stimuli dem konditionierten Stimulus gleichen. Die Löschung generalisiert ebenso wie die Konditionierung.

9. Zuviel Generalisierung wäre ein Zeichen von Fehlanpassung. Wir müssen lernen, zwischen jenen Stimuli zu unterscheiden, auf die eine Bekräftigung folgt, und ähnlichen Stimuli, auf die keine erfolgt. Dies ist die Versuchsanordnung für das Diskriminationstraining, bei dem der UCS auf jede Darbietung des CS folgt, nicht aber auf die Präsentation anderer Stimuli, die große Ähnlichkeit mit dem CS haben können.

10. Obwohl das Klassische Konditionieren grundlegend für jede Art von Lernen zu sein scheint, das zu lebenserhaltendem Verhalten führt, passen andere Arten des Lernens nicht immer in diese spezielle Art von Konditionierungsanordnung. Es sind auch nicht alle Stimulus-Reaktion-Verbindungen gleichermaßen leicht zu etablieren. Manche Lerntheoretiker haben das Klassische Konditionieren als automatische Koppelung alter Reaktionen mit neuen Reizen interpretiert, aber andere haben das Lernen von Assoziationen zwischen verschiedenen Stimuli hervorgehoben – das Lernen, „was wozu führt". Dieser mehr der Kognitionspsychologie (s. 4. Bd.) verpflichtete Ansatz wird von bestimmten Phänomenen des Konditionierens bestätigt, wie der Schwierigkeit des Rückwärtskonditionierens, der Rolle der Bewußtheit im semantischen Konditionieren („zweites Signalsystem"), die sensorische Präkonditionierung und auch durch Computermodelle, die eine komplexere Verarbeitung der Stimulusinformationen gestatten.

2. Kapitel
Operantes Konditionieren

Das wesentliche Charakteristikum des Klassischen Konditionierens, wie im vorhergehenden Kapitel beschrieben, ist, daß bei jedem Durchgang der unkonditionierte Stimulus auf den konditionierten Stimulus folgt, ungeachtet, ob die Vp die konditionierte Reaktion erkennen läßt, bevor der unkonditionierte Stimulus einsetzt. Mit anderen Worten: Das Pawlowsche Verfahren macht die Bekräftigung nicht *kontingent* (abhängig) auf einen bestimmten Leistungsvollzug (performance) seitens der Vp. Das Leistungsverhalten bestimmt jedoch die Konsequenzen in vielen Situationen des täglichen Lebens. Wenn man beispielsweise Fahrradfahren lernt, muß man ständig die Balance und die Stellung des Vorderrades ausgleichen, um nicht herunterzufallen. Von der anderen Seite betrachtet, wenn Sie andere für eine Aufgabe ausbilden, loben Sie sie oder korrigieren sie, je nach der Qualität ihrer Leistungen.

Es scheint auf der Hand zu liegen, daß wir dazu neigen, jene Handlungen zu wiederholen, die in der Vergangenheit günstige Folgen nach sich zogen, und wir lassen gewöhnlich von solchen Handlungen ab, die ungünstige Konsequenzen hatten. Thorndikes ursprüngliche Formulierung dieser Art des instrumentellen Lernens, die er als *Gesetz des Effektes* bezeichnete, besagt, „Lust prägt ein, Schmerz löscht“ (Thorndike, 1911). Er benutzte dies als Erklärung dafür, wie seine Hühner lernten, den kürzesten Weg durch ein Labyrinth zu finden (das er aus aufgestellten Büchern aufbaute), um möglichst schnell an Futter heranzukommen; wie seine Katzen lernten, aus einem kleinen, engen Käfig zu entkommen, indem sie an einer Schlinge zogen, wodurch sich die Käfigtür öffnete (s. Abb. 6) und sogar dafür, wie seine menschlichen Vpn willkürliche Wort-Zahlen-Verbindungen lernten, wenn jede Antwort vom Versuchsleiter entweder durch ein „Richtig“ belohnt oder durch ein „Falsch“ bestraft wurde. In allen Fällen waren Thorndikes Experimente so arrangiert, daß die Folgen vom *Verhalten* der Vp abhängen. Diese Art des Lernens war immer „instrumentell“ in dem Sinne, daß sich dadurch die Umweltbedingungen für die Vp änderten, und deshalb spricht man manchmal von *„instrumentellem“ Konditionieren.*

In dieser selben Tradition arbeitend, prägte B. F. Skinner den heute gebräuchlicheren Begriff *Operantes Konditionieren* für dasselbe Verfahren. Durch die Benutzung des neuen Begriffs *operant* hob Skinner Verhalten hervor, das in oder an der Umwelt *operiert,* ohne notwendigerweise durch einen bestimmten Stimulus ausgelöst zu sein; und ohne daß es eine vom Versuchsleiter initiierte Folge gesonderter Durchgänge gegeben hatte (ein *„Operant“* kann in dem Sinne von der Vp selbst ausgehen, d. h., daß kein sichtbarer UCS vorhan-

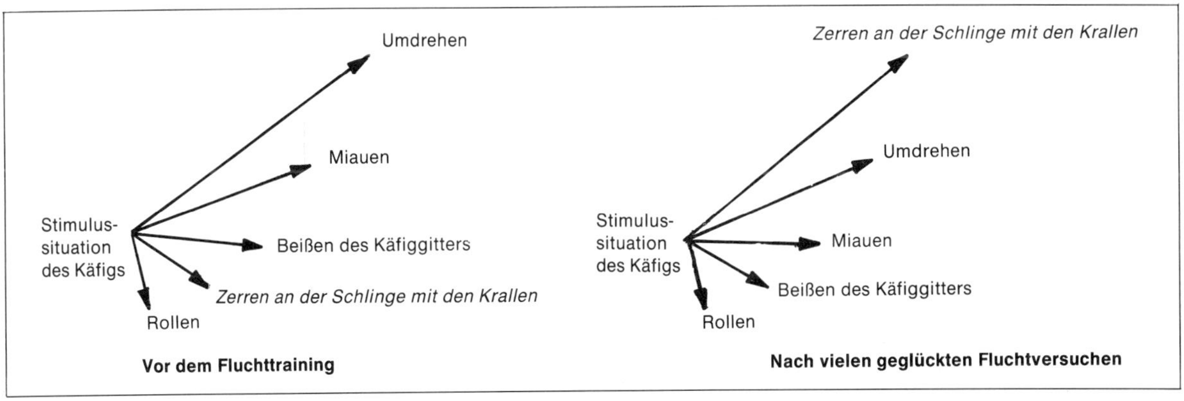

Abbildung 6: Schematisches Diagramm von Thorndikes Analyse, wie Katzen lernten, einem präparierten Käfig zu entkommen. Die Stimulussituation des Eingesperrtseins im Käfig löst eine Hierarchie alternativer Stimulus-Reaktion-Verbindungen oder Gewohnheiten aus, deren relative Stärke (ausgedrückt durch die Länge der Pfeile) durch ihre unmittelbaren Konsequenzen verändert werden. Zu Beginn des Trainings ist das Zerren an der Schlinge mit den Krallen relativ weit unten in der Hierarchie (d. h. es erfolgt mit geringer Wahrscheinlichkeit, die Latenz für das Entkommen ist lang). Da das Zerren jedoch die einzige Verhaltensweise in der Hierarchie ist, die eine gute Wirkung auslöst (Entkommen aus dem engen Käfig), wird diese spezielle Stimulus-Reaktion-Verbindung auf Kosten der anderen Verhaltensweisen in der Hierarchie gestärkt. Nach vielen Durchgängen steht das Zerren mit den Krallen an der Spitze der Hierarchie, was bedeutet, daß die Katze schnell aus dem Käfig entkommt.

den zu sein braucht). In Skinners eigener Forschungsarbeit, zuerst mit Ratten und später mit Tauben, wurde das Versuchstier in einen Behälter gesetzt (der seither als Skinner-Box bezeichnet wird), dessen kahle Wände oft nur durch einen kleinen Napf unterbrochen wurden, in den der Versuchsleiter Futter streuen konnte bzw. der sich mit Futter füllte, wenn das Versuchstier einen Hebel oder Schlüssel drückte oder pickte (s. Abbildung 7).

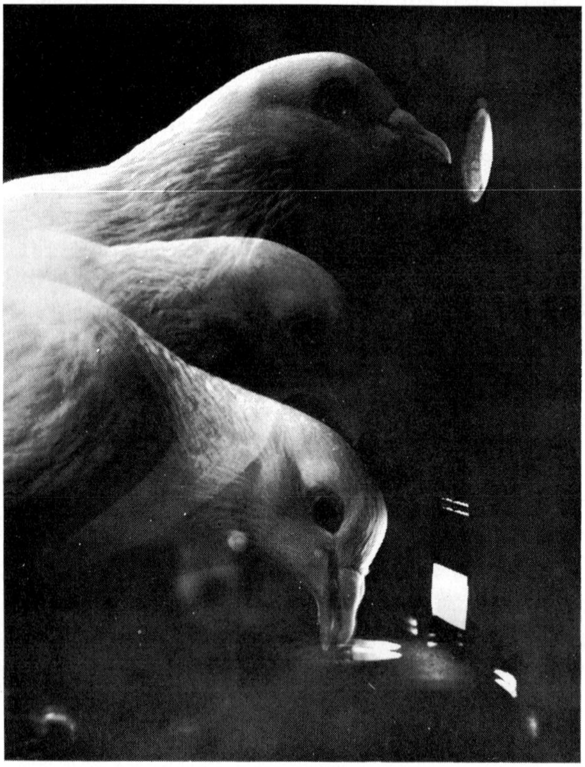

Abbildung 7: Eine Taube in einer Skinner-Box: Dieser Vogel wurde erfolgreich konditioniert und führt in rascher Reihenfolge die Handlungsschritte aus: Zuerst pickt er oben gegen das erleuchtete Fenster und pickt dann unten das Futterkorn auf.

Mit freundlicher Genehmigung von Prof. Norman Guttman.

Ohne Veränderungen der Stimulusumwelt könnte das Verhalten des Tieres eine Vielzahl scheinbar selbstinitiierter Reaktionen durchlaufen, wie Defäkation, gegen die Wände streichen und vielleicht etwa alle 20 Minuten den Hebel drücken. Wenn auf den Hebeldruck jedoch sofort Futter im Napf erscheint und wenn das Tier das Futter *sofort* frißt (wie es das tun würde, wenn es bereits erlebt hätte, in dieser Situation Futter zu finden und zu fressen), dann steigt die Rate der Hebeldrucke steil an. Wie bei jeder anderen Art von instrumentellem Konditionieren *operiert* das Versuchstier so mit seiner Umwelt, daß sich bestimmte Konsequenzen zu seinem eigenen Wohl verändern.

1 Verstärkung (reinforcement)

Obwohl der Begriff *Verstärkung* auch oft im Sinne der Bekräftigung im Klassischen Konditionieren verwendet wird, differiert er davon und spielt im Operanten Konditionieren eine weit größere Rolle. In Tierversuchen ist die Verstärkung gewöhnlich irgendeine offenkundige Folge des erlernten Verhaltens, wie das Futter zu bekommen, indem das Versuchstier den richtigen Weg durch das Labyrinth findet, das Entkommen aus Thorndikes Käfig, indem es an der Schlinge zieht, so daß sich die Tür öffnet, oder die Vermeidung eines schmerzhaften E-Schocks durch das Drehen eines Rades. Was, falls überhaupt etwas, haben alle diese Verstärkungen miteinander gemein?

Thorndikes ursprüngliche Hypothese lautete, daß sie alle durch einen psychologischen Aspekt miteinander verbunden waren, nämlich durch den Lustgewinn oder die Schmerzreduzierung. Angriffe seitens der Behavioristen ließen die Verwendung von Lust und Schmerz als „Kriterien" schließlich als zu subjektiv und zu unwissenschaftlich erscheinen. Clark Hull vertrat die Hypothese, der gemeinsame Faktor aller Verstärker sei, daß sie ein grundlegendes biologisches oder existentielles Bedürfnis vermindern: Nahrung für die Hungrigen, Wasser für die Durstigen, Entkommen von schädlicher Stimulierung und so weiter. Hull vertrat die Auffassung, daß auch beim Klassischen Konditionieren eine Befriedigung körperlicher Bedürfnisse zur Verstärkung nötig sei, und führte damit beide Arten von Konditionierung auf denselben grundlegenden Vorgang zurück. Dies stimmte durchaus mit dem biologischen Vorrang der Lebenserhaltung überein. Aber Ratten können instrumentell konditioniert werden, wenn die einzige Belohnung Saccharin ist, ein Süßstoff ohne Nährwert, und auch wenn die Belohnung eine elektrische Stimulierung ist, die durch implantierte Elektroden unmittelbar auf das Gehirn ausgeübt wird. Außerdem scheinen viele Verstärker, wie

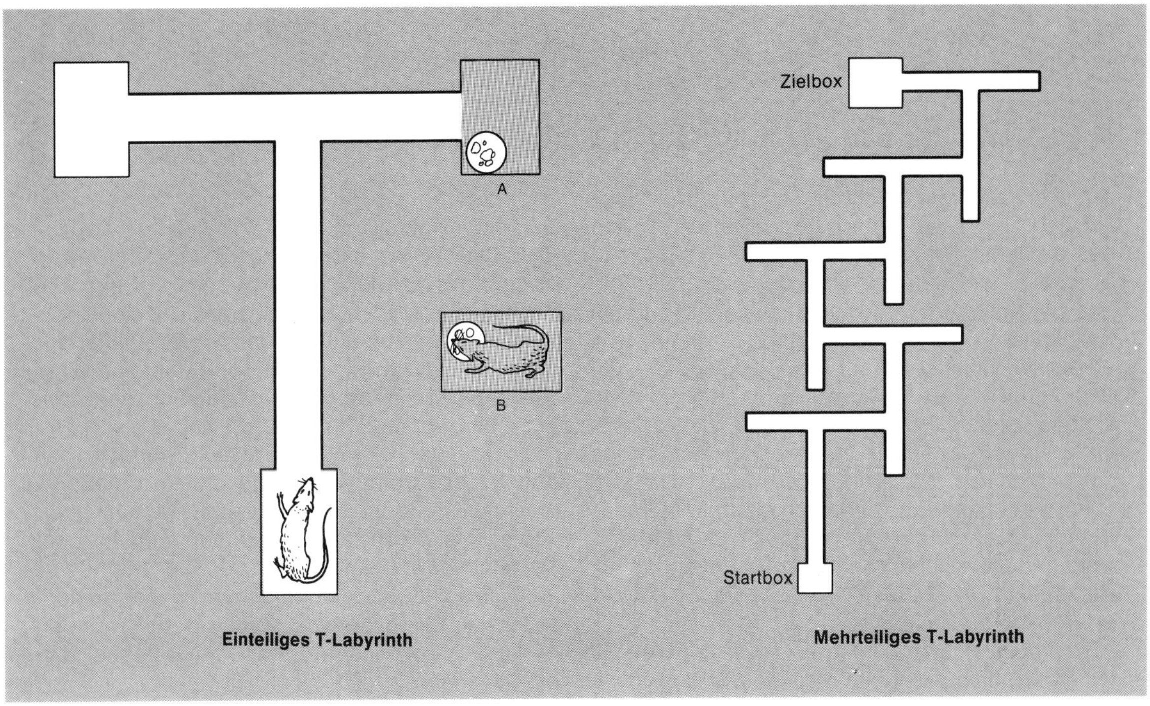

Abbildung 8: Einteiliges T-Labyrinth (links) von oben gesehen. Das Versuchstier (am häufigsten eine Laborratte) wird in die Startbox gesetzt und der Durchgang beginnt, wenn der Versuchsleiter die Tür öffnet, die aus dieser Box in das Labyrinth führt. An der Wegscheide führt ein Abbiegen nach links zu einer leeren Box, nach rechts zu einer Zielbox, die Futter enthält. In einem typischen Versuch wurde die Hälfte der Ratten dafür belohnt, wenn sie nach rechts abbogen, und die andere Hälfte, wenn sie nach links abbogen. Um sekundäre Verstärkung zu demonstrieren, kann eine der Zielboxen in derselben Farbe angestrichen sein wie die Box, in der die Ratte zuvor gefüttert worden war. Ein mehrteiliges T-Labyrinth (rechts) besteht aus einer Aufeinanderfolge solcher T's oder Wegscheiden. Der Versuchsleiter (oder eine automatische Zählvorrichtung) zählt die Fehlleistungen (d. h. Irrwege), und die abhängige Variable könnte die Zahl der Fehlleistungen sein, die vor Erreichung irgendeines Kriteriums (beispielsweise zehn Durchgängen ohne Fehlleistung) sein.

Hull einräumte, ihre Macht durch Assoziation mit Bedürfnisminderung erworben zu haben. So lernen beispielsweise Ratten, sich in einem einfachen T-Labyrinth immer links oder rechts zu halten (s. linke Seite von Abb. 8), obwohl ihre einzige sichtbare Belohnung darin besteht, daß sie in einen Endkäfig gelangen, der dieselbe Farbe hat wie der Käfig, in dem sie früher gefüttert wurden (Saltzman, 1949). Wenn die Endbox, in die man nach Rechtsabbiegen gelangt, schwarz ist, dann lernen Ratten, die früher in einer schwarzen Box gefüttert wurden, nach rechts abzubiegen; Ratten, die in einer weißen Box gefüttert wurden, lernen, nach links abzubiegen (ihre Belohnung besteht darin, in die weiße Endbox des Labyrinths zu gelangen). Obwohl die Farbe der leeren Endbox kaum die Nahrungsbedürfnisse vermindern kann, verstärkt sie die ihr vorangehende Abbiegereaktion. Hull zufolge ist diese „erlernte" oder *sekundäre Verstärkung* eine automatische Folge der Koppelung der Farbe mit einem primären Verstärker (in diesem Fall Futter). Aber die Koppelung mag nicht das Entscheidende sein. Die sekundäre Verstärkung kann von dem *informativen Wert* des sekundären Verstärkers abhängen – was er uns über die primäre Verstärkung „sagt" (Egger u. Miller, 1963). Die Ratte hat gelernt, daß man in einer Box mit schwarzen (oder weißen) Wänden gefüttert wird. Geld ist das nächstliegende Beispiel eines generalisierenden sekundären Verstärkers im täglichen Leben. Weniger offenkundig, aber vielleicht noch wichtiger sind das Lob, das Lächeln und verschiedene andere Formen sozialer Zustimmung, die uns ankündigen, daß uns Angenehmes bevorsteht.

BOX 3/5

Verhaltensausformung durch Bonbons bei autistischen Kindern

Autistische Kinder zeichnen sich durch extreme Unansprechbarkeit seitens ihrer sozialen Umwelt aus, als existieren andere Menschen für sie nicht. Solche Kinder leben in ihrer eigenen persönlichen Welt, eine Welt, die Außenseitern höchst beklemmend erscheint, wenn die Kinder sich stereotyp schaukeln, mit dem Kopf gegen die Wand oder auf das Kissen schlagen, schreien und sich das eigene Gesicht zerkratzen. Viele autistische Kinder lernen nie zu sprechen und enden schließlich als dauernde Insassen psychiatrischer Anstalten. Für die Eltern stellt ein solches Kind eine erschütternde Herausforderung dar. Traditionelle Heilmethoden wie die Psychoanalyse haben sich in diesen Fällen leider nicht als erfolgreich erwiesen.

Der aussichtsreichste therapeutische Ansatz für den Autismus scheint der von Ivar Lovaas zu sein. Lovaas, ein führender Innovator in der Behandlung des kindlichen Autismus beschloß, sich die Wirksamkeit des Konditionierens zunutze zu machen. Selten hatte ein Psychologe Gelegenheit, eine so vollständige Kontrolle über die Lebensumstände anderer auszuüben: was sie zu essen bekommen, wie sie behandelt werden und beinahe, wie sie jede Minute des Tages zu verbringen haben. Dies war nur deshalb möglich, weil die Eltern bereit waren, ihre autistischen Kinder in der Klinik zu lassen, wo Lovaas und seine Assistenten einem Behandlungsplan folgten, der auf den Prinzipien des operanten Konditionierens basierte.

Lovaas' Ansatz bestand darin, in kleinen Schritten vorzugehen und verschiedene der autistischen Verhaltensweisen in die Richtung zu beeinflussen, die der Entwicklung normaler Kinder entspricht. Obwohl seine Technik auf die verschiedensten autistischen Verhaltensweisen angewandt wurde, wollen wir uns auf den Gebrauch konzentrieren, den Lovaas von der Konditionierung machte, um Kindern im Schulalter das Sprechen beizubringen. Aber wie kann man 7jährigen Kindern, die noch nicht sprechen, das Sprechen beibringen?

Lovaas machte sich die Tatsache zunutze, daß autistische Kinder echoartige Laute ausstoßen – das heißt, daß sie Laute, die sie vernehmen, mehr schlecht als recht zu wiederholen scheinen. So sagte Lovaas beispielsweise zu dem Kind: *„Aaa, Jacky, aaa!“* Lovaas achtete dann genau darauf, unter den Lauten, die das Kind ausstieß, nur den „A-Laut“ zu verstärken. Aber wie verstärkt man ein autistisches Kind?

Lovaas stellte fest, daß sich kleine, mit Schokolade überzogene Bonbons oft als wirksam erwiesen. Sobald es ihm also gelungen war, einen A-Laut hervorzurufen, steckte er dem Kind ein Bonbon in den Mund. Manchmal versuchte das Kind, ihm das Bonbon aus der Hand zu nehmen oder es durch Ausstoßen anderer Laute zu erhalten, aber Lovaas blieb bei dem Prinzip wiederholter Annäherungen an den gewünschten Laut. Sobald das „A“ gemeistert war, machte Lovaas „Ma“ daraus, indem er die Lippen des Kindes zusammendrückte und dann losließ, während es das zuvor gelernte „A“ aussprach.

Lovaas' Erfolg beim Lernen rudimentären Sprechens (in manchen Fällen wurden ganze Sätze und brauchbare Sprache daraus) ist in Filmen dokumentiert, die seinen Ansatz veran-

1.1 Verstärkerarten

Skinner und seine Anhänger benutzen den Begriff *positive Verstärkung* für jeden Stimulus, der die Wahrscheinlichkeit oder Stärke der vorangegangenen Reaktion erhöht. Das sagt uns nicht, was eine Verstärkung ist, wohl aber, was sie bewirkt, so daß es dem einzelnen Forscher überlassen ist, herauszufinden, was als positive Verstärkung dienen könnte. Ein Bonbon, das von Studenten vielleicht als beleidigend und von Diätbewußten als widerwärtig empfunden wird, kann ein höchst wirksamer Verstärker für autistische Kinder sein, wie in Box 3/5 dargestellt. Der Lehrer oder Tierdresseur muß zu einem „Verhaltensingenieur“ werden, und ein Arsenal möglicher Verhaltensnachwirkungen durchsuchen, um jene zu entdecken, die geeignet sind, bei dem speziellen Organismus die zu konditionierende Reaktion zu unterstützen oder eben zu „verstärken“.

In der Skinnerschen Terminologie bedeutet *negative Verstärkung* die Festigung von Reaktionen,

schaulichen. Es ist eindrucksvoll zu sehen, wie sich das jeweilige Kind entwickelt – während es anfangs selbstdestruktiv und unansprechbar ist, wirkt es am Ende besser sozialisiert, sprechfähig und glücklicher. Aus den Filmen über dieses Verfahren geht eindeutig hervor, daß es außerordentlicher Geduld und manchmal Tausender von Bonbons oder ermutigender Worte des Lobes bedarf, um dem Kind auch nur ein einziges Wort zu entlocken! Aber so langsam es bei diesen Kindern auch geht, so kann es doch keinen Zweifel geben, daß eine Konditionierung eintritt.

In seiner früheren Forschungsarbeit hatte Lovaas festgestellt, daß eine solche Konditionierung nicht gut generalisiert. Kinder, die in der Klinik erfreulich sozialisiert schienen, regredierten nach ihrer Rückkehr zu den Eltern zu ihren früheren autistischen Verhaltensmustern. In den letzten Jahren erzielte Lovaas größere Erfolge, indem er mit sehr kleinen Kindern zu arbeiten begann. Der kindliche Autismus manifestiert sich oft schon sehr früh (oft bemerkt schon der entbindende Arzt, daß das Kind bei der Geburt „anders erscheint"). Wenn Lovaas mit Zweijährigen zu arbeiten begann, ist es ihm oft gelungen, seine Patienten so zu konditionieren, daß sie schließlich normal sprachfähig waren und sogar die öffentliche Schule besuchen konnten.

O. I. Lovaas: Perspectives in Behavior Modification with Deviant Children. Englewood Cliffs, N.J.: Prentice-Hall, 1974.

O. I. Lovaas: The Autistic Child: Language Development through Behavior Modification. New York: Irvington Publishers, 1977.

auf die sofort eine Verminderung oder Beendigung einer Reizsituation folgt. *Flucht*training basiert auf negativer Verstärkung: Das Entkommen aus dem präparierten Käfig bewirkt, daß die Katze beim nächsten Durchgang schneller an der Schlinge ziehen wird, durch die sich der Ausgang öffnet.

Wenn Eltern aufhören, die Stirn zu runzeln, sobald das Kind den Plattenspieler leiser dreht, dann kann das das Kind konditionieren, die Lautstärke niedriger zu halten (das hängt natürlich von dem jeweiligen Kind, der Situation und den Eltern ab). Die Wahl der negativen wie positiven Verstärker kann eine riskante Sache sein und seitens des Konditionierers einen langen Lernprozeß nach dem Versuch-und-Irrtum-Prinzip erfordern. Weil es verstärkend ist, festzustellen, daß etwas verstärkend wirkt, verstärkt die Entdeckung *als solche* den Gebrauch dieser Verstärkung (s. Abb. 9). (Wer konditioniert wen?)

1.2 Lohn und Strafe

Die Anhänger von Skinner reservieren den Begriff *Bestrafung* für einen Stimulus, der die Wahrscheinlichkeit oder Stärke der vorangegangenen Reaktion *reduziert.* Skinner selbst hat sich skeptisch über die Wirksamkeit von Strafen geäußert und gewarnt, daß aversive Stimulierung, etwa durch Ohrfeigen, emotionale Reaktionen auslöst, die das Lernen beeinträchtigen. Manche seiner Anhänger scheinen jedoch von der massiven Verminderung unerwünschten Verhaltens nach Anwendung selbst einer einzigen Strafmaßnahme beeindruckt zu sein (s. Box 3/6, S. 38/39).

Im Skinnerschen Kontext kann man gewöhnlich etwas finden, das eine bestimmte Reaktion *verstärkt,* etwas, dem wir dessen erhöhte Wahrscheinlichkeit oder Festigung zuschreiben können. Manche Psychologen haben argumentiert, daß Belohnungen und Strafen für das Lernen *unnötig* seien und daß solche Konsequenzen bloß den Ansporn liefern, der darüber entscheidet, wie der Organismus das *manifestiert,* was er gelernt hat. Der kognitive Behaviorist Edward C. Tolman hob den Unterschied zwischen Lernen und Leistungsverhalten mit dem Hinweis hervor, daß Lernen auch ohne Verstärkung geschehen könne. So lernen beispielsweise Ratten, die die ganze Nacht Gelegenheit haben, in einem leeren Labyrinth herumzulaufen, die Anlage des Labyrinths kennen, obwohl ihr beobachtbares Verhalten lediglich aus einer unsystematischen Erkundung von Sackgassen zu bestehen scheint. Daß sie sich bereits einen *kognitiven Lageplan* des Labyrinths angeeignet haben, läßt sich aus ihrem Verhalten folgern, nachdem in die Zielbox des Labyrinths Futter gelegt wurde: Diese erfahrenen Ratten finden das Futter auf schnellerem Wege und mit weniger Fehlleistungen als Tiere, die keine Gelegenheit zu unverstärkter Exploration hatten. Die in Box 3/7 (S. 40) beschriebene Demonstration von latentem

Abbildung 9: Wer konditioniert wen?

Lernen wurde ähnlich interpretiert. Tolman zufolge lernen Ratten (und Frauen und Männer) nicht spezifische Reaktionen, sondern *„was wozu führt"*. Lernen wird somit der *Kontiguität* von Reizen zugeschrieben (der Koppelung eines Stimulus mit einem anderen) und nicht irgendwelchen Verstärkungsmechanismen. Später, wenn es genügend Ansporn gibt – so, wenn Verstärkungen geboten werden, wird aus dem Erlernten guter Nutzen gezogen.

2 Verhaltensausformung (shaping)

Das praktische Interesse am Operanten Konditionieren wurde durch Skinners spektakuläre Demonstrationen geweckt, wie komplexe Verhaltensweisen entwickelt werden können. Unter Benutzung der von ihm so bezeichneten *Methode der sukzessiven Annäherungen* oder der *Verhaltensausformung* gelang es Skinner, Tauben das Ping-Pong-Spiel zu lehren. Lovaas benutzte dieselbe Methode, um autistischen Kindern das Sprechen beizubringen (Box 3/5, S. 34). Diese Methode scheint wie bestimmte Bereiche der Technik mehr eine Kunst als eine Wissenschaft zu sein, aber ihre Anwendung ist oft äußerst eindrucksvoll. Die Verhaltensausformung *(shaping)* besteht darin, schrittweise zu den genau richtigen Zeitpunkten den Verhaltensstandard zu revidieren, dem der Trainee entsprechen muß, um verstärkt zu werden. Nehmen wir beispielsweise an, daß man ein Schwein Klavierspielen lehren will (wie das auf dem Land zur Kirmes geschehen ist). Zunächst setzt man einen leichten Standard für das Tier fest und belohnt oder verstärkt es mit Mais (oder einem anderen Futter, da das Schwein kein wählerischer Fresser ist), sooft es den Kopf in Richtung auf das Klavier wendet. Sobald der Prozentsatz an Zeit, den es zum Klavier hin schaut, zunimmt, liegt es nun an Ihrem Geschick als Trainer, den richtigen Moment zu wählen, um die Anforderungen zu erhöhen: Jetzt erhält das Schwein nur dann Mais, wenn es sich dem Klavier nähert. Sobald es das Klavier erreicht hat, wird der Standard erneut angehoben: Jetzt wird das Tier nur verstärkt, wenn es das Klavier berührt. Zuerst wird es belohnt, sooft es irgendeinen Teil des Klaviers berührt, aber später muß es die Tastatur berühren und noch später eine bestimmte Taste (dafür ist ein Klavier mit großen Tasten nötig). Mit hinreichender Geduld wird es Ihnen gelingen, das Schwein immer näher an Mozart heranzuführen, aber bis dahin sind viele sukzessive Annäherungen zu absolvieren: Der erste Ton, auf den rasch *irgendein* zweiter Ton folgt, dann ein zweiter Ton im richtigen Teil der Tastatur, dann der zweite richtige Ton, und so weiter. Viele von uns kennen die Endresultate einer solchen Dressur vom Fernsehen, vom Zirkus und von Flippershows, bei denen Delphine, Seehunde und Wale auftreten (s. Abb. 10). Obwohl es recht lässig erscheinen mag, wie die Dompteure ihren Schützlingen gelegentlich einen Happen zuwerfen, sehen wir bei diesen Vorführungen einfach die *Aufrechterhaltung* von Verhaltensweisen, die zuvor mit Hilfe der mühsamen und schwierigen Methode der sukzessiven Annäherungen andressiert worden waren.

Diese Art der Dressur ist vielleicht eher für Tiere und sehr kleine Kinder als für erwachsene Menschen geeignet. Aber lernen wir nicht alle in kleinen Schritten, je mehr wir uns in ein komplexes Thema einarbeiten? Denken Sie an die zahllosen Wiederholungen, die Sie beim Multiplizieren nötig hatten, und wie Sie sich selbst verstärkten, wenn Sie die Probe darauf machten, ob 9 × 6 wirklich 54 ist! Später, als Sie lernten zweistellige Zahlen zu multiplizieren, wie 29 × 36, wurden Sie nicht mehr für den ersten Schritt (9 × 6) verstärkt, sondern

Abbildung 10: Die Kunststücke des Delphins können mit nur gelegentlichen Verstärkungen beibehalten werden.

mußten das Resultat vorweisen – (29 × 36) = 1044. Skinners Position ist, daß sich der Mathematikunterricht derselben selektiven Anwendung von Verstärkungen bedient (manchmal durch uns selbst und manchmal seitens der Lehrer), die benutzt werden, um das Verhalten von Tauben, Schweinen oder verschiedenen anderen Tieren zu formen.

3 Verstärkungspläne

Den faszinierendsten Beitrag zu der Kunst der Verstärkung hat Skinner vielleicht durch seine Laboruntersuchungen der Wirkung verschiedener *Verstärkungspläne* geleistet. Genau so, wie es manchmal beim Klassischen Konditionieren geschieht, ist eine Reaktion beim Operanten Konditionieren nach *partieller oder intermittierender Verstärkung* löschungsresistenter als nach kontinuierlicher Verstärkung (s. Box 3/8, S. 42). Das Hebeldrücken oder andere Operanten des Operanten Konditionierens können darüber hinaus durch nur eine gelegentliche Verstärkung aufrechterhalten werden. Wieder besteht die Technik aus einer sukzessiven Anhebung der Anforderungen. Eine Taube in einer Skinner-Box wird vielleicht anfangs verstärkt, sooft sie auf den Auslöser pickt; später können dann Verstärkungen zufälliger eintreten, manchmal nach zwei, drei oder sogar vier unverstärkten Reaktionen, wobei aber im Schnitt etwa dreimaliges Picken pro Verstärkung nötig ist. Noch später kann dieser *variable Quotenplan* (VQ) von zunehmendem „Geiz" zeugen und für jede Verstärkung 100, 1000 oder noch häufigeres Picken für jede Verstärkung erfordern. Nach der Dressur durch einen so frugalen und unvoraussagbaren Plan pickt die Taube 10000 mal ohne weitere Verstärkung. Erscheint uns ihr Vogelhirn ziemlich „töricht", weil sie fortfährt zu picken, ohne belohnt zu werden? Denken wir an die Menschen, die in Las Vegas an Spielautomaten spielen: Haben sie es nicht auch mit einem sehr „geizigen" variablen Quotenplan der Verstärkung zu tun?

Wenn wichtiges Alltagsverhalten ebenfalls das Produkt von Verstärkungen ist, dann wären die inkonsequenten Reaktionen, mit denen wir oft das Verhalten anderer quittieren, durch die Fähigkeit variabler Pläne zu erklären, Verhalten aufrechtzuerhalten. Eltern loben ihre Kinder manchmal für

BOX 3/6

Ist Bestrafung wirksam?

Die Psychologie steht Strafen seit langem ablehnend gegenüber. Ein Teil dieser Ablehnung mag auf den Zeitgeist zurückzuführen sein, insbesondere in den letzten Jahrzehnten. In unserer Gesellschaft sind die Bürgerrechte von Straffälligen ebenso wie die Rechte von Kindern durch Gerichtsentscheidungen festgelegt worden, welche das Recht auf Bestrafung drastisch einschränkten. (Im Jahre 1979 wurde in Schweden ein offizielles Verbot der körperlichen Züchtigung von Kindern – auch durch ihre Eltern – erlassen.)

Die Psychologie hat Strafen ebenfalls abgelehnt, aber auf der Grundlage experimenteller Forschungsarbeiten. W. Estes, ein namhafter mathematischer Psychologe, präsentierte in seiner Doktorarbeit an der Universität von Minnesota eine sorgfältige Analyse der Auswirkung von Elektroschocks auf das Hebeldrücken in der Skinner-Box. Was Estes feststellte, war, daß die elektrische Ladung des Hebels zwar die Reaktion stoppte, die zuvor durch Futter verstärkt worden war, daß die Ratte jedoch wieder anfing, den Hebel zu drücken, nachdem der Schockmechanismus abgeschaltet worden war – obwohl sie dafür kein Futter mehr bekam. Am überraschendsten war, daß die bestraften Ratten schließlich den Hebel ebenso oft unverstärkt drückten wie Ratten, die in derselben Weise verstärkt und gelöscht worden waren, aber ohne Elektroschock. Estes zog daraus den Schluß, daß Bestrafung im Grunde nicht wirksam sei und nur eine vorübergehende *Unterdrückung* der unerwünschten Reaktion bewirke.

Es hat jedoch den Anschein, als ob sich der Zeitgeist inzwischen wieder ändern würde. Obwohl viele Menschen moralische Einwände gegen bestimmte Arten von Bestrafung haben, wird der Wert von Strafen nun von Gerichten, Schulen und auch von Psychologen einer neuen Betrachtung unterzogen (andere Versuche haben Estes' Interpretation seiner Daten in Frage gestellt). Diese Änderung wurde von Richard Solomon vorhergesehen, einem Psychologen, der vor mehr als fünfzehn Jahren warnte, daß die Forschungen Estes' zu stark verallgemeinert worden seien und als Grundlage unhaltbarer „Legenden" über die Unwirksamkeit von Bestrafung gedient hätten. Tatsächlich hat Estes selbst in jüngerer Zeit (1970) hervorgehoben, daß seine frühere Theorie und seine Ergebnisse „nicht als ein allgemeines Rezept gegen den Gebrauch von Strafen zur Verhaltenskontrolle von Kindern verstanden werden sollten. Vielmehr sollten Strafen immer mit ... Belohnungen gekoppelt werden [wenn ein wünschenswerteres Verhalten gelernt werden soll] ..."

Nach Sichtung der experimentellen Forschungsarbeiten kamen zwei andere Psychologen, N. Azrin und W. Holz, zu dem Schluß, daß sich Strafen sehr ähnlich wie Verstärkungen auswirken und einigen derselben Grundprinzipien gehorchen. Eine einzige drastische Bestrafung kann jedoch außerordentlich wirksam sein – und diese Wirkung scheint unumkehrbar. Alle Untersuchungen stimmen überein, daß Strafen um so wirksamer sind, je härter sie sind. Aber was vielleicht am wichtigsten ist, Bestrafung ist effektiver, wenn eine alternative Reaktion positiv verstärkt wird.

Bedauerlicherweise, aber aus offenkundigen moralischen Gründen, sind alle gut kontrollierten Forschungsarbeiten über Bestrafung mit Tieren durchgeführt worden, in der Regel Tauben oder Ratten. Die Anwendung von Strafen auf menschliche Vpn hat einen gewichtigen Nachteil: Im Unterschied zu Ratten in einer Skinner-Box können selbst kleine Kinder oft der Bestrafungssituation entrinnen und gegen den Bestrafer aggressiv werden. Die durch die Bestrafung ausgelöste soziale Störung kann somit oft schlimmer sein als das spezielle Verhalten, das die Bestrafung hervorrief.

Es versteht sich wohl von selbst, daß die Persönlichkeit des jeweiligen Kindes oder Regelverletzers berücksichtigt werden muß, wenn man die Frage entscheiden will, ob Bestrafung nützlich sei. Manche Kinder reagieren positiv auf einen Klaps auf den Popo und geben das Verhalten auf, das damit bestraft wird; andere geraten über das Beleidigende dieser Strafe in einen solchen Zorn oder aus Angst vor Schmerzen in eine solche Panik, daß liebevolle Eltern von solchen Praktiken absehen werden. Strafen einer Art, die akzeptiert werden können, liefern dem Bestraften wichtige Informationen. Das gesamte gesellschaftliche Leben wird von Regeln gesteuert, und die Drohung mit Strafe kann einem sagen, wann Regeln befolgt werden müssen.

Tieruntersuchungen deuten darauf hin, daß Bestrafung, wenn man sich dazu entschließt (und es scheint unwahrscheinlich, daß es je Familien oder Klassenzimmer ohne Zurechtweisung gegeben hat), rasch, konsequent und „lehrreich" sein sollte.

Man beachte, daß *Bestrafung* nicht einfach als Synonym für physischen Schmerz darstellt. Selbst bei Tieren kann ein „Auszeit"-Stimulus, ein Signal, das ankündigt, daß kein Futter mehr kommt, eine wirksame Bestrafung sein und die Stärke einer Reaktion vermindern, die dieses Signal auslöst. Kindern – und auch Erwachsenen – können Privilegien entzogen werden. Die Gefahr einer Haftstrafe oder des Führerscheinentzuges hat eine ernüchternde Wirkung auf soziale Trinker, wie man in Schweden sieht, wo das Gesetz rigoros angewandt wird. Jeder Mensch wird durch soziale Bestrafungen etwas „gebremst" – das Stirnrunzeln oder andere Zeichen der Befremdung, wenn wir z.B. einen geschmacklosen Witz erzählen.

Die populärwissenschaftliche Psychologie, die Ratschläge zur Kindererziehung erteilt, scheint von einem Extrem ins andere zu pendeln und zwischen Perioden drakonischer Disziplin und Perioden großer Nachgiebigkeit zu schwanken. Diese Pendelbewegungen kommen nicht unbedingt durch neue Informationen zustande, die aus der Konditionierungsforschung gewonnen werden. Es wäre in der Tat falsch anzunehmen, daß solche Untersuchungen den Eltern je sagen werden, ob sie ihre Kinder strafen sollen oder nicht. Nach der heute vorherrschenden Meinung von Fachleuten, die die Wirksamkeit von Strafen studieren, sind Eltern als Verhaltens-„Ingenieure" anzusehen, deren Aufgabe es ist, verschiedene Methoden der Verstärkung und Bestrafung auszuprobieren und so herauszufinden, was bei ihren eigenen Kindern am besten wirkt.

N. Azrin u. W. Holz: Punishment. Aus: W. Honig (Hrsg.): *Operant Behavior.* Englewood Cliffs, N.J.: Prentice-Hall, 1966.

W. Estes: An experimental study of punishment. *Psychological Monographs,* 1944, *57,* Nr. 263.

R. Solomon: Punishment. *American Psychologist,* 1964, *19,* 239–263.

W. Estes: *Learning Theory and Mental Development.* New York: Academic Press, 1970.

„braves" Verhalten, das sie in den meisten Fällen kommentarlos übergehen. Die Konditionierung wäre in der Praxis nicht sehr brauchbar, wenn sie durch ständige Verstärkung aufrechterhalten werden müßte, und dasselbe gilt für Bestrafung. Ein gelegentliches Bußgeld bewirkt, daß die meisten Menschen die Geschwindigkeitsbegrenzungen einhalten. (Es könnte niemals genügend Polizisten geben, um sicherzustellen, daß *jede* Gesetzesübertretung bestraft wird!)

4 Motivation und Leistung

Bei Tierversuchen, ob mit der Skinner-Box oder einem Labyrinth, zeigt sich, daß der Leistungsvollzug (performance) des jeweiligen Tieres stark davon beeinflußt wird, wie lange es kein Futter oder Wasser mehr erhalten hat. Eine Ratte wird unmittelbar nach der Fütterung lethargisch. Mit zunehmendem Abstand von der Fütterung steigt das Aktivitätsniveau des Tieres jedoch an. So nimmt beispielsweise die Rate der Hebeldrucke in der Skinner-Box direkt proportional zu den Stunden der Nahrungsdeprivation vor dem Einsetzen in die Box zu. Dieser aktivierende Effekt scheint sich mit unserem üblichen Gebrauch des Begriffs *Motivation* zu decken (s. 5. Bd.): Wir sagen, das hungrige Tier sei *motiviert,* sich Nahrung zu verschaffen.

Welche Wirkung hat die Motivation auf das Lernen? Lernende und Lehrende nehmen gleichermaßen an, daß sie ein entscheidender Faktor ist; und daß Lernen viel effizienter vor sich geht, wenn ein Individuum entsprechend motiviert ist. Es versteht sich eigentlich von selbst, daß das motivierte Lernen effizienter ist. Der motivierte Schüler verbringt mehr Zeit mit dem Lernen, er beschäftigt sich öfter innerlich mit dem Stoff und spricht häufiger darüber, wogegen er oder sie sich vielleicht *pro Einheit der Lernzeit* nicht mehr aneignet als jemand, der schwächer motiviert ist. Dies scheint zumindest die Schlußfolgerung zu sein, die sich aus der Literatur über die Konditionierung von Tieren ergibt.

Man betrachte beispielsweise die Versuche, bei denen die Auswirkung der Motivation auf das instrumentelle Konditionieren studiert werden kann, während andere Faktoren, wie die Menge an

BOX 3/7

Latentes Lernen bei der Ratte

Im Jahre 1929 berichtete H. Blodgett über sein berühmtes Experiment mit latentem Lernen bei Ratten.

Er benutzte ein sechsteiliges T-Labyrinth (ähnlich wie in Abb. 8, S. 33) und ließ drei Gruppen hungriger Ratten durchlaufen, wobei jedes Tier einen Durchgang pro Tag absolvierte. Die Tiere der Gruppe I (Kontrollgruppe) fanden *immer* Futter in der Zielbox und durften dort drei Minuten lang fressen. Danach wurden sie in einen anderen Käfig getan, wo sie ihre normale Mahlzeit beendeten. Die Tiere der Gruppe II fanden an den ersten *sechs* Tagen kein Futter in der Box. Nach Erreichen der Zielbox wurden sie dort zwei Minuten eingesperrt, dann in einen anderen Käfig umgesetzt und erhielten *eine Stunde später* ihre täglichen Rationen. Vom siebenten Tag an fanden diese Tiere Futter in der Zielbox vor und wurden von da an unter denselben Bedingungen laufen gelassen wie die Kontrollgruppe. Die Gruppe III lief an den *ersten zwei* Tagen ohne Futter und fand vom dritten Tag an Futter vor.

Während der futterlosen Tage zeigten die Gruppen II und III wenige Anzeichen des Lernens; das heißt, sie schlugen etwa gleich häufig den falschen (Sackgasse) wie den richtigen Weg ein (s. Abb.). Die Kontrollgruppe bewies die übliche Abnahme der Fehlleistungen. Wichtig ist, daß die Gruppen II und III am ersten Tag, *nachdem* sie Futter gefunden hatten, einen ungeheuren Fortschritt aufwiesen, und die Zahl ihrer Fehlleistungen etwa um 50 Prozent senkten; am zweiten Tag hatten sie die Kontrollgruppe eingeholt. Trotz der Tatsache, daß sie während des ersten Zeitraums die falschen Reaktionen fast ebenso häufig geübt hatten wie die richtigen, hatten sie etwas über das Labyrinth gelernt, wie aus ihrer Leistungskurve *sofort nach Einführung des Futters* hervorgeht. Der Beweis, daß sie etwas gelernt hatten, blieb *latent* oder verborgen, bis es sich lohnte, es zu zeigen.

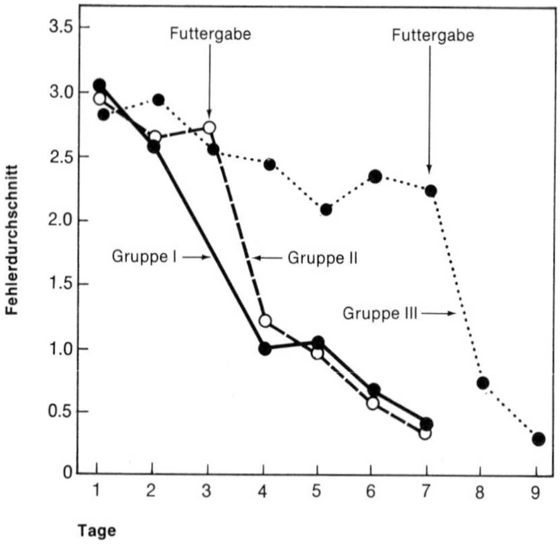

H. Blodgett: The effect of the introduction of reward upon the maze performance of rats. *University of California Publications in Psychology,* 1929, *4,* 113–134.

Übung oder die Motivation, das Gelernte zu demonstrieren, kontrolliert wurden. In einer klassischen Untersuchung (Hillman, Hunter u. Kimble, 1953) wurde gemessen, wie lange Ratten brauchten, um nach verschieden langen Perioden der Wasserdeprivation durch ein komplexes Labyrinth zu laufen, in dessen Zielbox sich Wasser als Verstärkung befand. Die Ratten wurden nach dem Zufallsprinzip zwei Trainingsbedingungen zugeteilt: Die eine Gruppe machte alle Trainingsdurchgänge durch das Labyrinth zwei Stunden nach der täglichen Wasserverabreichung; die zweite Gruppe machte die Durchgänge 22 Stunden nach der Tränke. Den üblichen Befunden entsprechend fand die durstigere Gruppe den Weg durch das Labyrinth viel schneller als die weniger durstige Gruppe. Hatte die erste Gruppe das Labyrinth besser gelernt oder waren diese Tiere bloß stärker motiviert, das anzuwenden, was sie gelernt hatten?

Um die Wirkung der Motivation auf das tatsächliche Lernen von der Wirkung auf die Leistung zu unterscheiden, wählten die Versuchsleiter in der obigen Studie dann die Hälfte jeder Gruppe von Ratten nach dem Zufallsprinzip aus, um sie auf dem jeweils *anderen* Motivationsniveau zu testen (d.h. die Hälfte der nach zweistündiger Deprivation trainierten Ratten wurden nach 22stündiger Deprivation getestet und die Hälfte der nach 22

Stunden trainierten Ratten wurden nach zwei Stunden getestet). Die verbleibende Hälfte beider Trainingsgruppen wurden weiterhin nach derselben Deprivationsdauer getestet, bei der sie zuvor trainiert worden waren. Bei dem Versuch gab es somit zwei unabhängige Variablen: Deprivation während des Trainings und Deprivation während des Testens. Die abhängige Variable war die Zeit, die die Ratten brauchten, um während der Testdurchgänge das Labyrinth bis zum Wasser zu durchlaufen.

Die Resultate der obigen Untersuchung sind in Abbildung 11 zusammengefaßt, die in Form einer 2×2-Tabelle die Wirkungen der beiden unabhängigen Variablen zeigt. Vergleicht man die beiden Reihen, so wird klar, daß die Ratten schneller laufen, wenn sie stark motiviert sind (d. h. wenn sie seit längerer Zeit nichts mehr getrunken haben).

Motivation beim Training

Motivation bei der Prüfung	niedrig	hoch
hoch	schnell	schnell
niedrig	langsam	langsam

Abbildung 11: Die Auswirkungen von Motivation auf das Lernen: Die Geschwindigkeit bei den Testläufen durch das Labyrinth.

Nachdruck aus B. Hillman, W. Hunter u. G. Kimble. The effect of drive level on the maze performance of the white rat. *Journal of Comparative and Physiological Psychology*, 1953, *46*, 87–89.

Vergleicht man die senkrechten Spalten miteinander, stellt man jedoch fest, daß das Deprivationsniveau während des Trainings keine Auswirkung auf die Testperformanz (Prüfungsleistung) zu haben scheint. Diese Schlußfolgerung wird durch eine detaillierte statistische Analyse der Laufzeiten bestätigt: Es gab keine statistisch signifikanten Anzeichen eines Effektes von Motivation *während* des Trainings. Die Schlußfolgerung aus diesem wie auch aus verschiedenen anderen Experimenten, die mit einer Reihe verschiedener Tierarten und verschiedener Motivationen durchgeführt wurden, ist, daß innerhalb weiter Grenzen das Motivationsniveau eine geringe Auswirkung auf die Effizienz des Lernens hat: Die Motivation wirkt sich hingegen auf die Leistungsergebnisse des Tieres aus. Die Forschungsarbeiten über latentes Lernen (Box 3/7) können auch als dieser Schlußfolgerung entsprechend interpretiert werden: Obwohl die Anreizmotivation zum Lernen bei fehlendem Futter sehr niedrig sein mag, lernen die schwächer motivierten Ratten genauso viel über die Anlage des Labyrinths (wie sich in ihrer Leistung nach Darbietung des Futters in der Zielbox zeigt) wie die stark motivierten Tiere.

5 Beziehungen zwischen Klassischem und Operantem Konditionieren

Obwohl beim Operanten Konditionieren die Verstärkung kontingent auf die Reaktion ist, gelten auch hier die Grundgesetze des Klassischen Konditionierens. Der Lerngewinn erhöht sich mit der Zahl der verstärkten Durchgänge. So verringert sich beispielsweise die Zahl der Fehler, die beim Durchgang durch ein Labyrinth gemacht werden, mit *verstärkter Übung*. Und ebenso wie beim Klassischen Konditionieren ist das der Verstärkung vorangehende Zeitintervall entscheidend. Aber während beim Klassischen Konditionieren das entscheidende Intervall das zwischen CS und UCS ist, liegt beim Operanten Konditionieren das entscheidende Intervall zwischen konditionierter Reaktion und ihrer Verstärkung: die Verstärkung ist ineffektiv, wenn sie nicht *sofort* nach der Reaktion erfolgt.

Ebenso wie beim Klassischen Konditionieren wird die operant konditionierte Reaktion *gelöscht*, wenn ihr keine Verstärkung folgt. *Generalisierung* und *Diskrimination* scheinen bei beiden Arten des Konditionierens denselben Regeln zu folgen. Um Diskrimination in der Skinner-Box zu demonstrieren, wird die Taube dafür verstärkt, auf den Auslöser zu picken, wenn das Licht an ist, aber nicht, wenn es ausgeschaltet ist. Nachdem die Taube gelernt hat zu diskriminieren und nur pickt, wenn das Licht aufleuchtet, können Tests über Generalisierung durchgeführt werden. Beispielsweise können Lichter verschiedener Wellenlängen (Farben) eingeschaltet und für jede Wellenlänge die Reaktionsrate gemessen werden. Ebenso wie beim Klassischen Konditionieren ist die Tendenz zu reagieren um so geringer, je größer der Unterschied zwischen den Trainings- und den Teststimuli ist. Die Skinner-Box hat sich als sensibles Instrument erwiesen, um festzustellen, wie perzeptive Dimensionen (z. B. Farbe) von den verschiedenen Tierarten diskriminiert werden (siehe beispielsweise Blough [1961]).

BOX 3/8

Verstärkungspläne, der intermittierende Verstärkungseffekt und Maskierung

In seinen umfangreichen Laboruntersuchungen des Konditionierens studierte B. F. Skinner, wie die operanten Reaktionsraten von verschiedenen Verstärkungsplänen beeinflußt werden. Im allgemeinen sind die *Reaktionsraten* höher bei intermittierender (oder partieller) Verstärkung (wobei nur ein Teil der konditionierten Reaktionen verstärkt wird) als bei ständiger (100prozentiger) Verstärkung. Skinner präsentierte Diagramme typischer kumulierter Reaktionen bei verschiedenen Verstärkungsplänen (siehe Abbildungen). So zeigt beispielsweise das linke Diagramm, daß die Reaktionsrate (ausgedrückt durch die Steilheit der Kurve) faktisch höher ist, wenn die Ratte nur nach jedem 192. Tastendruck Futter erhält als nach jedem 48.; dies sind fixierte Quotenpläne (FQ). Bei fixierten Intervallplänen (FI) wird nur die erste Reaktion nach einer festgesetzten Zeitspanne seit der letzten Verstärkung mit Futter belohnt. Wie aus dem rechten Diagramm ersichtlich, nimmt die Reaktionsrate bei längeren Intervallen ab (d. h. bei einem zwölfminütigen Intervall erfolgen weniger Tastendrucke pro Stunde als bei einem dreiminütigen Intervall – aber die Zahl der Reaktionen pro Verstärker ist etwa dieselbe). Die höchsten Reaktionsraten erzielt man mit einem Zufallsquotenplan, bei dem das Eintreten der Verstärkung nicht vorhergesagt werden kann (s. S. 37).

Man findet Beispiele dieser verschiedenen Arten von Plänen in zahllosen menschlichen Aktivitäten. Am Arbeitsplatz können Angestellte entweder nach Stücklohn oder nach Arbeitsstunden bezahlt werden. In Freundschaften ist es zwar unwahrscheinlich, daß wir einander nach festgelegten Zeitplänen verstärken, aber wir tun dies nach dem Zufallsprinzip, das heißt quasi nach einem variablen Quotenplan. Es scheint auf der Hand zu liegen, daß wichtige Verhaltensweisen im täglichen Leben durch nur gelegentliche Verstärkungen aufrechterhalten werden.

Vielleicht weniger offenkundig ist, was geschieht, wenn keine Verstärkung mehr erfolgt. Während die Reaktion nach einem kontinuier-

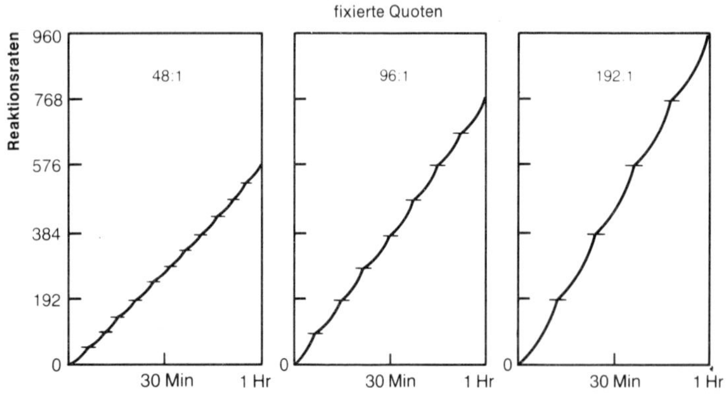

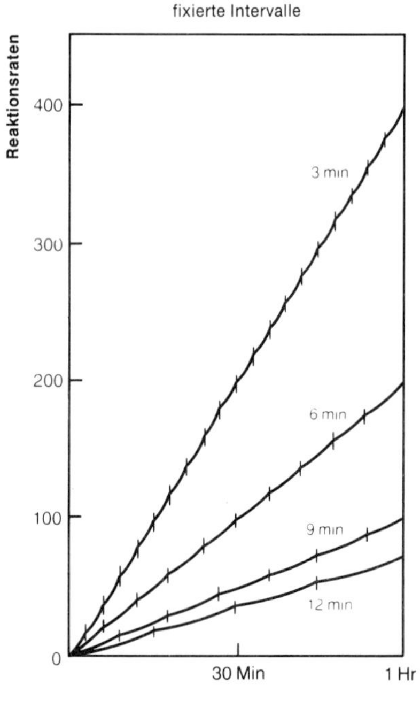

lichen Verstärkungsplan schnell gelöscht wird, erfolgt die Löschung nach partieller oder intermittierender Verstärkung viel langsamer. W. Jenkins und M. Rigby demonstrierten beispielsweise an der Universität von Indiana (wo Skinner einen Großteil seiner Grundlagenforschung betrieben hatte), daß Ratten nach einem fixierten Intervallplan (zwei Minuten) viel langsamer löschten als nach kontinuierlicher Verstärkung.

Diese größere Löschungsresistenz nach intermittierender Verstärkung wurde als *intermittierender Verstärkungseffekt* bezeichnet. Er wurde sowohl für das operante als auch für das Klassische Konditionieren wiederholt nachgewiesen, und es gab eine Menge theoretischer Spekulationen über seine Ursache. Der Hausverstand sagt einem, daß es für das Versuchstier (ob Ratte oder Taube) bzw. die menschliche Vp schwieriger ist, zwischen einem intermittierenden Verstärkungsplan und der Löschung zu unterscheiden als zwischen kontinuierlicher Verstärkung und Löschung. Bei der ersten nichtverstärkten Reaktion nach 100prozentiger Verstärkung muß der Proband erkennen, daß die Regel (wenn nicht der Apparat!) nicht mehr funktioniert. Nach weiteren nichtverstärkten Reaktionen weigert sich der Proband einfach zu reagieren (wie sich auch Menschen verhalten, sobald sie entdecken, daß ein Lebensmittelautomat keine Nahrung mehr verabreicht). Diese *Hemmung* oder Zurückhaltung der Reaktion scheint ein aktiver Prozeß zu sein. (Bei Menschen ist er manchmal von Hemmern auf den Automaten begleitet; bei Ratten können Anzeichen von Erregung auftreten oder auch plötzliches wiederholtes Drücken auf die Taste.) Aber nach partieller Verstärkung, insbesondere bei einem variablen Quotenplan, bei dem sehr selten verstärkt wird, kann lange Zeit vergehen, bevor der Proband die Veränderung erkennt und aufhört zu reagieren. So fährt ein Kind manchmal fort, eine bestimmte Art von Unfug zu treiben, der früher als „drollig" angesehen (und deshalb gelegentlich von Erwachsenen verstärkt wurde), auch wenn die Verstärkungen für solchen Schabernack längst aufgehört haben.

Diese Art von kognitivem Ansatz wird durch eine experimentelle Untersuchung von *Maskierung* ermutigt. Kenneth Spence, ein Psychologe aus der Hullschen Tradition, stellte fest, daß der partielle Verstärkungseffekt verschwindet, wenn der Lidblinkreflex beim Menschen im Rahmen einer maskierenden Aufgabe, die den eigentlichen Untersuchungszweck verheimlichen sollte, konditioniert wurde. So sagte man den Vpn beispielsweise, daß die Luftstöße bloß als Ablenkung von der „eigentlichen" Aufgabe des Versuchs erfolgten, die darin bestehe, vorherzusagen, welches von zwei Lichtern in mehreren aufeinanderfolgenden Durchgängen aufleuchten würde. Wie erwartet, erhöhte die Maskierung die Löschungsresistenz nach kontinuierlicher Verstärkung drastisch und machte den partiellen Verstärkungseffekt zunichte. Spence spekulierte, daß die Maskierung die *hemmende Haltung* verhindert, die die Vpn sonst während der Löschung nach kontinuierlicher Verstärkung einnehmen würden. Wie auch immer man diese Untersuchungen interpretiert, sie haben jedenfalls zu Spekulationen über die eher kognitiven bzw. Problemlösungsaspekte des Konditionierens und der Löschung Anlaß gegeben.

B. F. Skinner: *The Behavior of Organisms: An Experimental Analysis.* New York: Appleton-Century-Crofts, 1938, S. 120–121.

W. Jenkins u. M. Rigby: Partial (periodic) versus continuous reinforcement in resistance to extinction. *Journal of Comparative and Physiological Psychology,* 1950, *43,* 30–40.

K. Spence: Cognitive and drive factors in the extinction of the conditioned eyelid blink in human subjects. *Psychological Review,* 1966, *73,* 445–458.

BOX 3/9

Biofeedback

Der zuerst an der Universität Yale und später an der Rockefeller Universität arbeitende Neal Miller und seine Mitarbeiter haben instrumentelle Konditionierungsverfahren zur Kontrolle verschiedener physiologischer Reaktionen angewandt. Eines der wichtigsten Verfahren bei dieser Forschungsarbeit ist die Methode, die man deskriptiv als Biofeedback bezeichnet, die prompte Übermittlung von Informationen über seine eigenen biologischen Funktionen an den Probanden. Biofeedback ermöglicht die sofortige Verstärkung von Reaktionen, die den Vpn sonst nicht bewußt wären, Reaktionen wie Veränderungen der Gehirnströme (EEG) oder des Blutdrucks. Ohne Biofeedback können die Vpn nicht wissen, ob ihre diesbezüglichen physiologischen Meßwerte besser oder schlechter werden; dank dieser Methode besteht die Möglichkeit, bestimmte medizinische oder psychologische Probleme direkt anzugehen.

In einem kürzlich veröffentlichten Überblick über die Literatur zum Biofeedback würdigt Miller den gegenwärtigen Entwicklungsstand dieses fesselnden Gebiets vom Standpunkt eines experimentell gewieften (und deshalb skeptischen!) Wissenschaftlers, dem es darum geht, welche Fortschritte diese Methode bisher gemacht hat und wie es nunmehr weitergehen soll. Miller identifiziert drei Stadien, die dabei durchlaufen werden sollten: (1) Der Nachweis, daß mit Biofeedback wichtige Änderungen erzielt werden können; (2) sorgfältige experimentelle Tests, die beweisen, daß die Veränderungen auf Konditionierung und nicht bloß auf Plazeboeffekte zurückzuführen sind (siehe Abschnitt 1); und (3) umfassende klinische Tests, um herauszufinden, für wen die Verfahrensweisen geeignet sind (das heißt, wem sie helfen können). Nach Millers Auffassung befindet sich dieser Forschungsbereich noch im ersten Stadium, wird aber bald in das zweite übergehen.

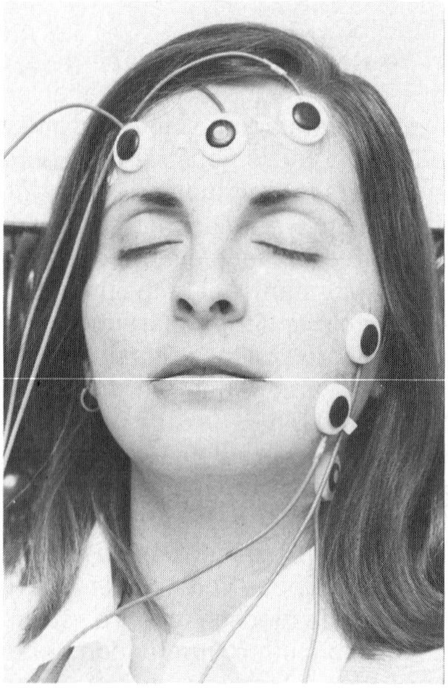

Die Einführung notwendiger experimenteller Kontrollen kann dieses Forschungsgebiet vor interessante Herausforderungen stellen. Miller zitiert das Beispiel von Yogis, die imstande zu sein scheinen, ihren eigenen Herzschlag zu stoppen (mit dem Stethoskop war jedenfalls kein Herzschlag zu vernehmen). Aber das EKG ergab, daß das Herz der Yogis in Wirklichkeit *schneller* als normal schlug! Was der Yogi gemacht hatte, war einfach, einen solchen Druck in seiner Brust zu erzeugen, daß kein Blut mehr die Herzklappen passierte (was man im Stethoskop hört).

Beträchtliches Aufsehen wurde durch Demonstrationen erregt, daß der Anteil an EEG-Aktivität im 8–13-Hz-Bereich, die *Alphawellen,* durch Biofeedback erhöht werden kann. Alphawellen werden als Zeichen von Entspannung betrachtet, und es gibt Anzeichen, daß Meditierende einen größeren Teil ihres EEGs im Alphabereich haben.

Miller weist jedoch darauf hin, daß manche Menschen Alpha als unangenehmen Zustand erleben und daß chronische Angst manchmal mit hohen Alphawerten einhergeht.

Miller, der seit vielen Jahren einer der führenden Forscher in der Konditionierung verschiedener physiologischer Reaktionen ist, sieht dennoch Möglichkeiten eines praktischen Nutzens für die Gesundheit und das Wohlbefinden. Er erwähnt beispielsweise die Verwendung von Biofeedback für die Behandlung von Spannungskopfschmerzen. Mit Hilfe von Elektroden, die Muskelspannungen in Kopf und Nacken registrieren, kann man den darunter Leidenden beibringen, diese Muskeln zu entspannen. Auch in diesem Fall stellt das Feedback eine Form von sofortiger Verstärkung für instrumentelles Konditionieren dar.

Obwohl Miller für die Zukunft hoffnungsvoll ist, warnt er, daß der Nutzen, der gegenwärtig aus Biofeedback gezogen werden kann, „durch die Massenmedien stark übertrieben" worden sei. Beispielsweise betrug die Verminderung des systolischen Blutdrucks in der Regel nur etwa 6 Hg, ziemlich wenig bei Patienten, deren Ziel es ist, eine Reduktion von etwa 120 auf unter 90 Hg zu erreichen. Möglicherweise ist noch viel mehr Übung nötig, um diese unwillentlichen Reaktionen, die uns normalerweise nicht bewußt sind, unter die Kontrolle des Willens zu bringen. Der große Vorzug von Biofeedback ist, daß es zur Verstärkung solcher Reaktionen dienen kann, auch Reaktionen, die nicht den zuverlässigen UCS aufweisen, der für das Klassische Konditionieren nötig ist.

N. E. Miller: Biofeedback and visceral learning. Aus: Mark Rosenzweig u. Lyman Porter (Hrsg.): *Annual Review of Psychology,* Band 29. Palo Alto: Annual Reviews, Inc., 1978.

Photo © Peter Southwick/Stock, Boston.

Obwohl es feststeht, daß körperliche Reaktionen (wie Herzschlag und PGR) klassisch konditioniert werden können, ist die Frage noch nicht ganz beantwortet, ob diese auch operant bzw. instrumentell konditionierbar sind. Die Entwicklung von *Biofeedbacktechniken* (s. Box 3/9) scheint die Kontrolle solcher Reaktionen erhöht zu haben, aber es kann sein, daß die Kontrollmechanismen klassisch konditionierte Körperreaktionen sind, wie ein durch Muskelanspannung entstehender Druck auf der Brust. Vielleicht ist immer *beides,* sowohl Klassisches wie auch Operantes Konditionieren, beteiligt, selbst wenn das Versuchsverfahren das des Operanten Konditionierens ist.

5.1 Selbstausformung

Das überraschende Phänomen der *Selbstausformung (autoshaping)* hat Fragen über die Unabhängigkeit des Klassischen und Operanten Konditionierens aufgeworfen (Brown u. Jenkins, 1968). Um die Selbstausformung in der Skinner-Box zu demonstrieren, wird eine Glasscheibe kurz beleuchtet, so oft der Futternapf offen ist. Das Versuchstier (eine Taube) kann direkt an das Futter heran, könnte also fressen, so oft das Licht an ist. Die Taube ist keinesfalls gezwungen, auf die beleuchtete Scheibe zu picken, noch ist die Verfügbarkeit von Futter in irgendeiner Weise kontingent auf dieses Picken. Doch genau diese Reaktion lernt die Taube! Es scheint, daß die unkonditionierte Reaktion auf Futter – das Picken – klassisch auf die Scheibe konditioniert wurde, die immer aufleuchtet, so oft Futter verfügbar ist. Wenn der Apparat statt Futter für eine hungrige Taube Wasser für eine durstige liefert, dann besteht die überflüssige Reaktion auf das Aufleuchten der Scheibe im Öffnen des Schnabels (die Trinkstellung). Ist es somit möglich, daß in jedem Beispiel von instrumentellem Konditionieren Klassisches Konditionieren stattfindet?

5.2 Vermeidungslernen

Dies ist ein weiteres Phänomen, das sowohl beim Klassischen als auch beim Operanten Konditionieren eine Rolle zu spielen scheint. In einer typischen Demonstration von Vermeidungslernen erhält

BOX 3/10

Die „Schöne Neue Welt" von Walden II

Vor mehr als dreißig Jahren veröffentlichte der Psychologe B. F. Skinner (inzwischen prominenter Professor emeritus an der Universität Harvard) die fesselnde Schilderung einer kleinen Utopie namens Walden II. Im Gegensatz zum ursprünglichen *Walden,* Henry David Thoreaus Ode an die persönliche Freiheit, ging das Buch *Walden II* von der Prämisse aus, daß der menschliche Freiheitsdrang nur ein Produkt psychologischer Konditionierung durch Belohnungen oder Verstärkungen sei. In der fiktiven Gemeinschaft Walden II legt ein Chefplaner namens Frazier ein Gesellschaftsprogramm vor, das vorsieht, die Kinder dazu zu konditionieren, das zu wollen, was ihnen die Gemeinschaft bietet, und sich so zu verhalten, daß es dem Wohl der Gemeinschaft dient, um in Glück und Zufriedenheit zu leben. Rivalität und der Wunsch nach Anerkennung sind verschwunden, die Menschen sind freundlich und rücksichtsvoll, die Gemeinschaft gedeiht und schickt manche ihrer Mitglieder nach draußen, um neue Gemeinschaften zu gründen, die auf denselben oder verbesserten Konditionierungsprogrammen beruhen.

Wie weiß Frazier, wie das von ihm entworfene Programm beschaffen sein soll? Skinner zufolge könnten sich die meisten Menschen auf eine große Zahl von *Nahzielen* verständigen – und das ist wichtig. In einer Veröffentlichung von 1961 schrieb Skinner: „So wie ein genetisches Fernziel nicht erreicht werden kann, wenn seine unmittelbaren Auswirkungen ungünstig sind, so müssen wir uns nur die unmittelbaren Folgen von Verhaltensweisen ansehen, wenn wir Veränderungen auf gesellschaftlicher Ebene anstreben." Es ist alles eine Frage des Wissens, wie bestimmte Verhaltensmuster zu erreichen sind. Skinner ist sich darüber im klaren, daß unser diesbezügliches Wissen begrenzt ist, und deshalb betont er, daß Walden II eine Versuchsgesellschaft ist.

So wurde in Walden II beispielsweise eine Versuchsreihe durchgeführt, um herauszufinden, ob Ehepaare getrennte Zimmer haben sollten oder nicht. Bewährter Versuchsanordnung folgend wurden freiwillige Paare nach dem Zufallsprinzip unterschiedlichen Bedingungen zugewiesen; die Nachuntersuchung nach acht Jahren zeigte, daß die Paare, die getrennte Räume bewohnt hatten, glücklicher, besser angepaßt und liebevoller waren. Die Folge sei gewesen, berichtet der Held des Buches, Frazier, daß „die meisten unserer Ehepaare jetzt zu getrennten Räumen übergegangen sind". Ein solches Experiment könnte nur in einer Gesellschaft durchgeführt werden, deren Angehörige von früher Kindheit an zu einer solch experimentierfreudigen Einstellung zum Leben konditioniert wurden.

Wissen wir wirklich genug über das Konditionieren, um eine solche Utopie verwirklichen zu können? Skinner meint, daß wir viel mehr wissen, als wir zu wissen glauben. Die Technologie der Verstärkung und die Prinzipien des Konditionierens könnten bereits benutzt werden, um unsere gegenwärtigen gesellschaftlichen Bedingungen zu verbessern. In seinen verschiedenen Schriften über dieses Thema appelliert Skinner an den Leser, die Verantwortung dafür zu übernehmen, das Leben zu verbessern, indem er oder sie sich dieser Technologie bedient.

Skinner selbst hat demonstriert, daß Labortiere dressiert werden können, die verschiedensten Kunststücke auszuführen, die außerhalb ihres gewöhnlichen Verhaltensrepertoires liegen (z. B. können Tauben konditioniert werden, miteinander Ping-Pong zu spielen). Die Dressur basiert auf einfachem instrumentellem (oder operantem) Konditionieren. Verstärkungskontingenzen (die Verabreichung von Verstärkungen sofort nach den gewünschten Reaktionen) werden festgelegt, um das gewünschte Endprodukt zu erzielen. Das Endprodukt wird immer als eine Reihe von Reaktionsdispositionen oder Tendenzen gesehen, sich in bestimmten Weisen zu verhalten.

Ein Teil des Reizes von *Walden II* und auch von Skinners späteren Büchern liegt in der Bevorzugung positiver Verstärkung und in der Ablehnung von aversiver Stimulierung und von Bestrafung. Beispielsweise versichert Skinner (1961), daß es „leichter für den Lehrer ist, den Schüler durch Androhung von Strafen zu disziplinieren als durch positive Verstärkung mit ihrer verzögerten, wenn auch stärkeren Wirkung". Weil er Strafen so entschieden ablehnt, zeichnet sich Walden II durch eine angenehme Atmosphäre, eine durchgehende Betonung des Positiven aus. Es werden darin nirgends die Qualen und die Verzweiflung geschildert, die in der wirklichen Welt so unentrinnbar scheinen.

Relativ geringe Aufmerksamkeit wird in Walden II einer genauen Beschreibung der Methoden gewidmet, wie die erwünschten Verhaltensweisen konditioniert werden könnten. Skinner möchte wichtige psychologische Attribute konditionieren: Ehrlichkeit, Mut, Liebe, Rücksichtnahme und Glück. Aber sind diese allgemeinen Dispositionen *konditionierbar?* Ist es nicht ein großer Sprung von der Technologie, die nötig ist, um Ratten zu veranlassen, in der Skinner-Box eine Taste zu drücken, zu der Technologie, die uns eine lebenswertere Gesellschaft bescheren würde? Jede dieser psychischen Eigenschaften, so meint Skinner, könnte in konditionierbare Dispositionen zerlegt werden, auf spezifische Weise zu reagieren – das heißt, in spezifische Bündel von Gewohnheiten. Obwohl solche Analysen noch nicht durchgeführt wurden, regt *Walden II* den Leser an, darüber nachzudenken, wozu Konditionierungstechniken benutzt werden könnten. Wenn wir beispielsweise versuchten, diese Methoden in effizienter Weise in der Erziehung unserer eigenen Kinder anzuwenden, würden wir dann wirklich größere Erfolge erzielen? Sind die Prinzipien des Konditionierens bereits hinreichend bekannt, um uns im täglichen Leben nützlich zu sein?

B. F. Skinner: Futurum zwei. Die Vision einer aggressionsfreien Gesellschaft. Reinbek bei Hamburg: Rowohlt 1972.

B. F. Skinner: The design of cultures. *Daedalus*, Sommer, 1961.

B. F. Skinner: *Science and Human Behavior.* New York: MacMillan, 1953.

eine Ratte in einem weißen Käfig Elektroschocks (Abb. 12, S. 49). Beim Klassischen Konditionieren sollte die Furcht, die die UR auf Elektroschock ist, schließlich auch durch alle anderen vorhandenen Stimuli ausgelöst werden, wie die weißen Wände, die elektrisch geladenen Stäbe im Boden und so weiter. Später ist dann zu erwarten, daß die Ratte auch bei abgeschaltetem Strom die Furchtreaktion zeigt, sooft sie in den weißen Käfig gesetzt wird. O. H. Mowrer (1939) zufolge kann alles, was diese erworbene Furchtreaktion vermindert, selbst als Verstärkung dienen: Das bloße Entkommen in den schwarzen Käfig sollte daher die spezielle Reaktion verstärken, die die Ratte aus dem furchtauslösenden weißen Käfig befreit. Und genau das scheint zu geschehen. Wenn ein kleines Zahnrad mit der Tür zwischen den Käfigen verbunden wird (wie in Abb. 12 zu sehen), so daß sich die Tür öffnet, wenn man an dem Rädchen dreht, dann lernt die Ratte, dieses Rädchen zu drehen. Auf diese Weise ist die Verminderung der klassisch konditionierten Furcht die Verstärkung für das instrumentell konditionierte Drehen am Rad.

Vermeidung kann außerordentlich löschungsresistent sein. Wenn das Tier nicht gezwungen ist, in dem zuvor gefährlichen Käfig zu bleiben, wird es noch lange nach Abschaltung des Schockmechanismus ständig versuchen, daraus zu entkommen (Solomon, Kamin u. Wynne, 1953). Etwas ähnliches kann bei Menschen vor sich gehen, die an Phobien leiden, wie an der irrationalen Furcht, aus dem Haus zu gehen, Höhenangst und ähnlichem. So lange der Phobiker die furchtauslösenden Situationen vermeiden oder davor fliehen kann, hat die klassisch konditionierte Furcht keine Möglichkeit, gelöscht zu werden. Statt dessen werden die neurotischen Vermeidungstendenzen durch die Furchtminderung verstärkt, die auf jeden Rückzug aus furchtauslösenden Situationen folgt.

5.3 Konditionierungserfolge

Obwohl niemand die Relevanz sowohl des Klassischen als auch des Operanten Konditionierens für das Lernen im Alltag bezweifeln kann, würden nur wenige Psychologen versuchen, alle Formen des Lernens auf Konditionierung zu reduzieren. Auf dem Höhepunkt der Lerntheorien, insbesondere in den fünfziger Jahren, hofften die Lerntheoretiker, daß einfache Prinzipien der Verstärkung,

BOX 3/11

Warum Konditionierung immer scheitern muß

Während die in *Walden II* geschilderte „schöne neue Welt" von Generationen von Studenten begeistert aufgenommen wurde, hat sie unter Sozialphilosophen wie dem Linguisten Noam Chomsky Konsternierung und Kritik erregt. Viele Kritiker haben in Skinners Utopie den Inbegriff einer üblen kleinen Diktatur gesehen; sie stoßen sich vor allem an der Bewußtseinskontrolle, die von den Programmierern oder Planern des Staates ausgeübt wird. Skinner warnt, daß Gegenkontrollen programmiert werden müssen, um die Ausmerzung all dessen zu gewährleisten, was nicht funktioniert, aber er spezifiziert die Beschaffenheit dieser Gegengewichte nicht. Die Gemeinschaft von Walden II besitzt kein ausgeklügeltes System von Gewichten und Gegengewichten, wie es die amerikanische Verfassung zum Schutz der persönlichen Freiheit vorsieht.

Skinners Antwort auf solche Einwände ist, daß Freiheit eine Illusion sei. Jeder von uns sei bereits durch die spezielle Geschichte von Verstärkungskontingenzen programmiert, die uns geformt haben. Der einzige Unterschied zwischen Walden II und unserer eigenen Welt sei, daß wir unsere Planung jetzt noch nicht ernstnähmen. Die Verstärkung erfolge oft willkürlich oder zufällig und sei deshalb weniger effektiv, als sie sein könnte.

„Zum Glück!" sagen viele Kritiker. Einer der eloquentesten ist William T. Powers, der die Auffassung vertrat, die Quintessenz des Konditionierens sei, daß die Vp etwas brauche oder wolle, das sie nur bekommen könne, wenn sie das tue, was der Versuchsleiter will. Aber „durch die Herbeiführung dieser Situation wird das operante Konditionieren als Mittel der Verhaltenskontrolle immer *scheitern* – wie es in der gesamten überlieferten Geschichte immer gescheitert ist", schreibt Powers in einem Brief, der in der Zeitschrift *Science* veröffentlicht wurde. „Ein Experimentator, der Menschen und nicht Labortiere zu beherrschen sucht, kann die Tatsache nicht verbergen, daß er das hat, was die Vp will, und daß er es ihr vorenthält, bis sie das tut, was er verlangt. ... nur ein Gott, der imstande wäre, die gesamte Struktur der inneren Ziele eines Menschen zu sehen, könnte für diesen Menschen Kontingenzen festsetzen, ohne Konflikte auszulösen, die zu unmittelbarer und gewalttätiger Konfrontation führen würden."

Powers schließt mit der Feststellung, „der gegenwärtige Zustand der Welt ist das unmittelbare Resultat des Versuchs von Menschen, Belohnungskontingenzen füreinander festzulegen. Es ist Zeit zu erkennen, daß dieses Prinzip der sozialen Interaktion die Ursache der gravierendsten menschlichen Probleme und nicht deren Lösung ist".

W. Powers: Letter to the editor. *Science*, 21. Sept. 1973.

W. Powers: *Behavior: The Control of Perception.* Chicago: Aldine Publishing Co., 1973.

N. Chomsky: The case against B. F. Skinner. *The New York Review*, 30. Dez. 1971.

B. F. Skinner: *Beyond Freedom and Dignity.* New York: Knopf, 1973.

B. F. Skinner: Jenseits von Freiheit und Würde. Reinbek bei Hamburg: Rowohlt, 1973.

B. F. Skinner: *Walden Two.* New York: Macmillan, 1948.

Löschung, Generalisierung und Diskrimination auf alle Formen des Lernens anwendbar sein würden (z.B. Hull [1952]). Leider scheinen diese Prinzipien am wenigsten auf jene Arten des Lernens anwendbar zu sein, welche die spezifisch menschlichen sind (wie Sprache). Obwohl es mit Konditionierungsmethoden gelungen ist, selbst Schimpansen bestimmte grammatische Regeln beizubringen (s. 5. Bd., 1. Kap.), zeigt das „linguistische" Verhalten dieser konditionierten Tiere nicht viel von der Kreativität und Flexibilität, die für die menschliche Sprache charakteristisch ist. Auch das Sprachvermögen, das bei autistischen Kindern unter mühsamer Anwendung von Verstärkungstechniken erzielt wurde (wie in Box 3/5, S. 34, dargestellt), ist oft durch eine stereotype, automatisierte Qualität gekennzeichnet, die es von normaler Sprache unterscheidet.

Dennoch sind die Wirkungen der Konditionierung beeindruckend (s. Boxen 3/10, S. 46, 47 und 3/11). Wenige Anwendungsbereiche der Psychologie können sich einer so spektakulären Kontrolle über das Verhalten rühmen, wie sie bei Konditionierungsversuchen in der Regel erzielt wird. Es ist verlockend, darüber zu spekulieren, ob Grundprinzipien des Konditionierens nicht für alle Formen des menschlichen Lernens gelten. Die meisten Psychologen, die sich gegenwärtig mit der Erforschung der sogenannten höheren mentalen Prozesse beschäftigen, verweisen auf kompliziertere kognitive Beziehungen, wenn sie ihre Befunde zu erklären suchen (s. 4. Bd.).

Umwelt hervorzuheben, wie auch die Tatsache, daß die Reaktion nicht durch einen speziellen Stimulus ausgelöst werden muß. In der Skinner-Box kann der Operant der Tastendruck einer Ratte oder das Picken auf eine beleuchtete Scheibe durch eine Taube sein.

2. Verstärkung ist das charakteristische Merkmal des Operanten Konditionierens, aber es ist nicht klar, was die verschiedenen Verstärker gemein haben, abgesehen davon, daß sie die Stärke der

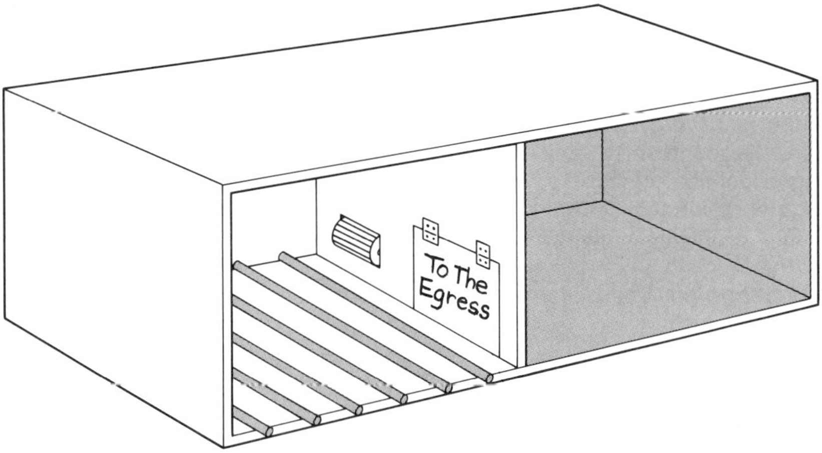

Abbildung 12: Apparat, in dem eine Ratte lernt, aus einem weißen Kasten zu entkommen, in dem sie zuvor (durch elektrisch geladene Schwellen am Boden) geschockt worden war. Die Ratte lernt, das Zahnrad zu drehen, durch das sich die Klappe öffnet, so daß die Ratte flüchten kann (obwohl der weiße Kasten inzwischen nicht mehr „gefährlich" ist).

Nachdruck aus Neal E. Miller: Studies of fear as an acquirable drive: I. Fear as motivation and fear-reduction as reinforcement in the learning of new response. *Journal of Experimental Psychology,* 1948, *38,* 89–101.

Zusammenfassung

1. Instrumentelles oder Operantes Konditionieren ist ein Trainings- bzw. Dressurverfahren, bei dem die Verabreichung von Verstärkungen (reinforcement) vom Verhalten der Vp *abhängt* (im Gegensatz zum Klassischen Konditionieren, bei dem der UCS auf den CS folgt, gleichgültig, ob die Vp eine CR setzt oder nicht). Das Operante Konditionieren gleicht in dieser Hinsicht vielen alltäglichen Lernsituationen, bei denen das eigene Leistungsverhalten die Konsequenzen bestimmt. Thorndike formulierte sein ursprüngliches Effektgesetz („Lust prägt ein ...") als Erklärung für das instrumentelle Konditionieren (und Lernen durch Versuch-und-Irrtum), wie im Fall einer Katze, die es lernt, aus einem präparierten Käfig zu entkommen, oder einer Ratte, die sich ein Labyrinth einprägt. Skinner benutzt den Begriff *Operant,* um dieses aktive Operieren an oder in der

ihnen vorausgehenden Reaktionen erhöhen. Es wurde die Hypothese vertreten, daß primäre Verstärker körperliche Grundbedürfnisse reduzieren und daß sekundäre oder erworbene Verstärker Stimuli sind, die ständig zusammen mit primären Verstärkern auftraten. Generalisierte sekundäre Verstärker wie Geld oder Lob sind vielleicht die wichtigsten Beispiele für das soziale Lernen im Alltag.

3. In der Skinnerschen Terminologie erhöht positive oder negative Verstärkung die Wahrscheinlichkeit oder Intensität der vorangegangenen Reaktion, entweder durch Hinzufügung eines positiven Stimulus oder durch Beseitigung eines negativen oder aversiven. Bestrafung vermindert die Wahrscheinlichkeit einer Reaktion, aber Psychologen sind sich uneinig über die Wirksamkeit von Bestrafung. Insbesondere wird die Sorge geäußert, daß die emotionalen Nebenwirkungen von Bestrafung das Lernen behindern könnten. Bestrafung ist dann am nützlichsten,

wenn sie dem Bestraften Informationen liefert und von der Verstärkung für eine alternative Reaktion begleitet ist.

4. Die Psychologen sind sich auch uneinig darüber, ob Verstärkung für das Lernen *notwendig* ist. Kognitive Psychologen wie Tolman heben den Informationswert hervor, der der Verstärkung innewohnt, statt von einem automatischen Anstoß der Reaktion auszugehen. Das latente Lernen eines Labyrinths ist ein Beispiel dafür, daß es nötig ist, zwischen Lernen und Leistung zu unterscheiden, wobei sich die Verstärkung auf die Leistung und nicht auf das Lernen auswirkt.

5. Verhaltensausformung (*shaping,* die Methode sukzessiver Annäherungen) wird zur Modifizierung von Verhalten durch eine schrittweise Serie Operanter Konditionierungen benutzt, wobei die Vp bzw. das Versuchstier zunehmend schwierigere Aufgaben bewältigen muß, um die Verstärkung zu erhalten. Dieselbe Methode scheint auch teilweise die gezielte Unterweisung von Menschen außerhalb des Labors zu kennzeichnen.

6. Skinner hat die Wirksamkeit verschiedener intermittierender (partieller) Verstärkungspläne demonstriert, um operant mit sehr hohen Quoten reagieren zu können. Ein bemerkenswertes Beispiel ist der variable Quotenplan, nach dem Spielautomaten funktionieren und der auch vielleicht unserer täglichen sozialen Verstärkung zugrundeliegt. Löschungsresistenz ist im allgemeinen viel größer nach intermittierender Verstärkung, insbesondere bei variablen Quotenplänen.

7. Motivation (hervorgerufen beispielsweise, indem man Tieren während verschiedener Zeitspannen Futter oder Wasser vorenthält) scheint eine geringe Wirkung auf die Effizienz des Lernens zu haben. Tiere können auch bei niedrigem *Motivationsniveau* lernen, aber später beweisen sie, daß sie ein hohes *Lern*niveau erreicht haben (vorausgesetzt, daß sie zur Zeit des *Tests* hinreichend motiviert sind).

8. Die Prinzipien der Aneignung durch Bekräftigung bzw. Verstärkung, der Löschung, Generalisierung und Diskrimination, die zuvor für das Klassische Konditionieren beschrieben wurden, gelten alle auch für das Operante bzw. instrumentelle Konditionieren. Das Phänomen der Selbstausformung (shaping) deutet außerdem darauf hin, daß beim Operanten Konditionieren immer auch ein gewisses Maß an Klassischem Konditionieren beteiligt ist. Nach manchen Interpretationen sind am Vermeidungskonditionieren beide Arten des Konditionierens beteiligt.

9. Mit Hilfe von Biofeedback sind verschiedenste körperliche oder autonome Reaktionen konditioniert worden. Biofeedback bedeutet sofortige Rückmeldung von Veränderungen der physiologischen Funktionen an die Vp. Obwohl die Forschungen in diesem Bereich noch in den Anfangsstadien sind, scheint es Gründe für die Annahme zu geben, daß viele Funktionen, die nicht der Kontrolle des Willens zu unterliegen scheinen, durch Konditionierung beherrschbar gemacht werden können.

10. Skinner ist für die vermehrte Anwendung geplanter Konditionierungsprogramme zum Aufbau einer besseren Gesellschaft eingetreten (s. Boxen 3/10, S. 46 und 3/11, S. 48). Seine Kritiker fürchten, daß dies die gegenteilige Wirkung haben könnte und daß Versuche, andere zu konditionieren, soziale Unruhe auslösen könnten.

11. Trotz der enormen Möglichkeiten von Machtausübung, die sich bei den Konditionierungsversuchen gezeigt haben, glauben viele zeitgenössische Psychologen, daß bestimmte Arten von menschlichem Lernen und Denken durch kompliziertere kognitive Prozesse und Beziehungen zu erklären sind.

3. Kapitel
Gedächtnis und verbales Lernen

Unsere Erörterung von Lernen und Gedächtnis begann mit dem Studium des Konditionierens. Wir entdeckten, daß es uns mit den Prinzipien der Kontiguität und der Verstärkung möglich ist, die Verhaltensänderungen zu erklären, die bestimmte Beispiele des Lernens darstellen. Obwohl ein Großteil der Grundlagenforschung beim Konditionieren durchgeführt wird, haben wir Bereiche aufgezeigt, in denen die Konzepte des Konditionierens auf bestimmte Arten des Lernens angewandt werden können.

Dennoch hat sich allmählich gezeigt, daß eine andere Konzeption des Lernens wünschenswert (oder notwendig) ist – auch, um das Verhalten einer Ratte in einem Labyrinth zu verstehen. Obwohl manche Psychologen versucht haben, sowohl das menschliche als auch das tierische Lernen ausschließlich auf der Basis von Konditionierungsprinzipien zu erklären, sind sich jetzt die meisten Forscher in diesem Gebiet einig, daß uns die Entwicklung einer *kognitiven* Theorie einen natürlichen und richtigen Weg zum Verständnis eines großen Teils des menschlichen Lernens weist, eine Theorie, die sich mit den mentalen (geistig-seelischen) Geschehnissen des Lernens, Erinnerns und der Reorganisation (und vielleicht auch des Vergessens) der Informationen befaßt, die uns in der sinnlich erfaßbaren Welt zur Verfügung stehen. Das Wort *Informationen* erinnert Sie vielleicht an den im 2. Band besprochenen Informationsverarbeitungsansatz der Wahrnehmung. Wenn ja, so ist dies eine zutreffende Assoziation, denn es wird tatsächlich die Auffassung vertreten, daß Wahrnehmung und Lernen einfach verschiedene Stadien einer Kette von Ereignissen darstellen, in deren Verlauf der Organismus Sinnesreize transformiert und auf diese reagiert. Das Lernen als solches ist wahrscheinlich kein einfacher, einheitlicher Vorgang, wie wir sehen werden.

In Erörterungen des Konditionierens und des tierischen Lernens im allgemeinen wird das Hauptaugenmerk auf die Aneignung von Verhaltensmustern gelegt, das heißt, darauf, was man tun muß, um eine neue Reaktion, eine Änderung der Handlungsweise zu erreichen. Wir sind uns jedoch darüber im klaren, daß eine Veränderung, sobald diese erfolgt ist, einige Zeit lang im Verhaltensrepertoire des Tieres bleiben wird. Das heißt, sie wird in Erinnerung behalten. Außerdem wird das neue Verhalten nicht ständig von sich gegeben, sondern nur unter bestimmten Bedingungen der Stimulierung bzw. der inneren Befindlichkeit. In Untersuchungen des menschlichen Gedächtnisses werden die drei eben resümierten Aspekte im Detail dargelegt. Der erste ist die *Verschlüsselung* oder Kodierung (wobei die sensorischen Informationen in eine andere Form umgewandelt werden, die dann dem Gedächtnis einverleibt werden kann), der zweite die *Speicherung* (Retention oder *storage,* d.h. die Mittel und Wege, um die aufgenommenen Informationen zu behalten) und schließlich die *Wiedergabe* (Dekodierung oder *retrieval,* wobei die Informationen aus dem Speicher abgerufen werden).

Diese drei Stadien des Lernens und des Gedächtnisses (oder ein Äquivalent dazu, wobei zwei oder mehr Stadien zu einem einzigen Prozeß vereinigt werden) sind notwendig, damit ein sensorischer Input zu einem späteren Zeitpunkt eine nachweisbare Wirkung auf die geistige oder psychische Aktivität bzw. das Verhalten haben kann. Geht man von der Existenz von drei Stadien aus, erheben sich andere Fragen: Sind *alle* Erinnerungen denselben Gesetzen der Verschlüsselung, der Speicherung etc. unterworfen? Bleibt die Erinnerung an irgendein einzelnes Ereignis in einheitlicher Weise passiv gespeichert, solange wir es verfügbar haben? Zahlreiche Befunde legen eine negative Antwort auf diese Fragen nahe. Insbesondere besteht guter Grund zur Annahme, daß die Gedächtnisprozesse in Situationen anders verlaufen, in denen das Wissen nur ein oder zwei Sekunden lang behalten wird, im Gegensatz zu solchen, in denen wir Erinnerungen stunden-, tage- oder jahrelang behalten. Zwei Bezeichnungen tragen diesen zeitlichen Unterschieden Rechnung: Wir sprechen von *Kurzzeitgedächtnis* und *Langzeitgedächtnis.* Wir werden jedoch sehen, daß der zeitliche Unterschied nicht der entscheidende ist. Vielmehr wird angenommen, daß zwei verschiedene Gedächtnisstrukturen existieren und daß eine bestimmte Informationseinheit (ein bit) in den einen oder anderen Speicher aufgenommen werden kann, ja, daß diese bits auch aktiv vom einen (z.B. dem Kurzzeitspeicher) zum anderen transferiert werden können. Obwohl viele Forschungsarbeiten darauf hindeuten, daß diese Analyse zutreffend ist, werden wir auch alternative Möglichkeiten erwägen. (Die Existenz von mehr als einer Art von Gedächtnis ist nicht logisch *erforderlich.*)

1 Ursprünge und Methoden

Obwohl namhafte Psychologen wie Wilhelm Wundt geglaubt hatten, daß die experimentelle Erforschung des menschlichen Gedächtnisses unmöglich sein würde, demonstrierte Hermann Ebbinghaus (1850–1909), daß dem nicht so ist. Ebbinghaus erforschte systematisch sein eigenes Lernen und Erinnern von verbalem Material in einer überaus ausgedehnten Serie von Experimenten. Sein Ziel war das Studium der Entstehung und Aufrechterhaltung neuer Assoziationen zwischen Informationen, aber er erkannte, daß sinnvolle Worte für diese Art des Studiums bestimmte unerwünschte Merkmale aufweisen: Manche Worte sind gebräuchlicher als andere und daher leichter zu lernen; und, was noch wichtiger ist, jedes Wort ist bereits mit bestimmten Worten enger verbunden als mit anderen. Aus beiden Gründen wäre es beispielsweise viel leichter, sich die Wortfolge *Hund-Katze-Ratte-Käse* einzuprägen als die Wortfolge *eft-alb-wen-zealot,* obwohl beide Reihen dieselbe Anzahl von Worten und eine ähnliche Anzahl von Buchstaben enthalten. Wenn man die Auswirkung einer bestimmten Versuchsbedingung (z.B. die Zeit, die man mit dem Studium eines Stoffes zubringt) auf das Lerntempo oder die Merkfähigkeit festzustellen sucht, dann empfiehlt es sich, daß alle Elemente des zu lernenden Stoffes im gleichen Maße vertraut und miteinander assoziiert sind.

Aus diesem Grund erfand Ebbinghaus *sinnlose Silben.* Diese werden gewöhnlich durch eine Abfolge von Konsonant-Vokal-Konsonant gebildet (abgekürzt KVK): zum Beispiel *lop, duf, jad.* Selbst wenn man dabei die tatsächlichen Worte ausmerzt, die sich gelegentlich ergeben (wie hut, mut und so weiter), werden bestimmte konstruierte Silben (wie lav, top etc.) für manche Leute eine Bedeutung haben, und es bestehen auch Assoziationen zwischen ihnen. Dennoch sind sinnlose Silben viel homogener als eine Reihe von Worten und werden deshalb bei der Erforschung des verbalen Lernens häufig benutzt.

Die Vorzüge von sinnlosen Silben verwandeln sich jedoch rasch in Nachteile, wenn man sich für das Studium jener Kennzeichen des Lernens interessiert, die am ausgeprägtesten menschlich sind, das heißt, die kognitiven Aspekte des Lernens und des Gedächtnisses. In den letzten Jahren wurden deshalb bei Untersuchungen in zunehmendem Maße Worte, Sätze und ganze Absätze herangezogen, um faszinierende Fragen bezüglich des menschlichen Lernens zu beantworten. Um unsere Erkenntnisse auf eine noch breitere Basis zu stellen, haben sich die Psychologen darüber hinaus nicht auf verbale Materialien beschränkt, sondern auch das Lernen und Erinnern von Bildern und Szenen, von Klangreizen, Gerüchen und anderen sensorischen Erlebnissen studiert.

1.1 Meßverfahren

Erinnern Sie sich noch an die beiden aus je vier Einheiten bestehenden Reihen, die im obigen Abschnitt als Beispiele zitiert wurden? Wie konnte Ebbinghaus oder irgendein anderer Psychologe herausfinden, ob man sich erinnert und an wieviel?

Es gibt zwei wichtige Meßkriterien des Lernens und Behaltens: Das *Erinnern* bzw. die *Reproduktion* und das *Wiedererkennen.* Als Sie gefragt wurden, ob Sie sich an die Silben oder Worte erinnern, war Ihr erster Impuls zweifellos, sie aus dem Gedächtnis „hervorzuholen“ und sie sich vorzusagen. Sie suchten sich zu erinnern, und wenn es Ihnen gelang, drei der vier Worte einer Reihe wiederzugeben, dann betrug Ihr Erinnerungsscore 75 Prozent. Ein anderer Wert könnte sich ergeben, wenn Ihnen statt dessen eine große Gruppe von Worten einschließlich der vier ursprünglichen vorgelegt worden wäre und wenn man Sie aufgefordert hätte, diejenigen zu identifizieren, die Sie zuvor gelernt hatten. In diesem Fall wird das Wiedererkennen gemessen.

Eine dritte Meßmethode der Merkfähigkeit ergibt sich aus dem *Wiederlernen.* Wenn Sie heute eine Liste von Worten auswendig lernen und sich einen Monat später daran zu erinnern suchen, dann wird Ihnen das vielleicht nicht gelingen. Wenn man Ihnen jedoch dann dieselbe Liste ein zweites Mal zu lernen gibt, werden Sie das wahrscheinlich viel schneller schaffen als beim ersten Mal. Dieser Unterschied (oder diese *Ersparnis,* wie man das nennt) ergibt einen Meßwert dessen, was Sie in der vergangenen Zeit (in einem Monat) behalten haben.

Jedes Meßverfahren bezieht sich immer sowohl auf den Erwerb als auch auf das Behalten, das heißt, sowohl auf die Verschlüsselung (Kodierung) als auch auf die Speicherung. Wenn wir uns in erster Linie für die Verschlüsselung interessieren, dann geschieht das Testen (gleichgültig, welches Verfahren benutzt wird) gewöhnlich sofort nach dem Lernen, um die Rolle des Gedächtnisschwundes zu minimieren, der sonst eintreten würde. Wenn wir uns in erster Linie für die Speicherung interessieren, versuchen wir, mit einer gleichen Menge von Erlerntem zu beginnen und dann die Länge oder andere Merkmale des Intervalls zwischen Lernversuch und Test zu variieren.

Natürlich hängt jeder Meßwert von der Fähigkeit des Organismus ab, die gespeicherten Informationen wieder abzurufen. Die Abrufbarkeit und das Wiedererkennen unterscheiden sich hinsichtlich der Wiedergabebedingungen, unter denen sich die Vp befindet, so daß sie miteinander verglichen werden können, wenn wir uns in erster Linie für dieses Endstadium des Gedächtnisses interessieren. Was die Abrufbarkeit betrifft, so hat das Wiederlernen gewisse Merkmale mit dem *Erinnern (recall)* und gewisse mit dem *Wiedererkennen (recognition)* gemein. Das heißt, wenn Sie nach einem zeitlichen Intervall eine Liste von Worten erneut lernen, suchen Sie sich zuerst zu erinnern; wenn Sie dann den Stoff wieder vor Augen haben, um ihn ein zweites Mal zu lernen, kommt auch das Wiedererkennen ins Spiel.

1.2 Experimentelle Methoden

Ebbinghaus entwickelte viele spezifische Methoden zum Studium des verbalen Lernens und Gedächtnisses. Diese wurden später modifiziert und neue kamen hinzu, wenn sich die Notwendigkeit ergab (s. Box 3/12, S. 56). Nachstehend sind einige Standardmethoden angeführt:

1. Beim *Reihenlernen* (auch serielles oder sequentielles Lernen) erhält die Vp eine Serie von Worten oder Silben (fast immer KVK, obwohl auch anderes Material verwendet werden könnte) in einer bestimmten Reihenfolge. Nachdem die vollständige Liste von Items dargeboten wurde, beginnt der Versuchsleiter von vorne, aber diesmal (und bei den folgenden Durchgängen) versucht die Vp, sich an das jeweils nächste Item der Liste zu erinnern und es zu reproduzieren, *bevor* es dargeboten wird. Diese Methode und die meisten der folgenden wurden ursprünglich als Erinnerungsaufgaben entwickelt, aber die können modifiziert werden, um auch einen Meßwert für das Wiedererkennen zu liefern, falls man das wünscht.
2. Der *Gedächtnisspannentest* ist eine Variante des Reihenlernens, wobei alle Items zuerst vom Versuchsleiter dargeboten werden und die Vp dann versucht, sie der Reihe nach zu wiederholen. In der Regel wird nur ein einziger Durchgang mit einer bestimmten Liste durchgeführt. Aufgaben dieser Art sind in vielen Intelligenztests enthalten, wobei die Items aus Ziffern bestehen.
3. Die *Probe-Technik* ist eine weitere Variante des Reihenlernens. Eine Liste von Items wird einmal dargeboten; dann wird ein einzelnes Item von der Liste genannt. Dies ist die „Probe", und die Aufgabe der Vp besteht darin, das Item zu nennen, das in der ursprünglichen Sequenz unmittelbar darauf folgte.
4. Bei *freiem Erinnern* (Methode der behaltenen Glieder) erhält die Vp eine Liste von Items, aber die Reihenfolge ihrer Darbietung wird gewöhnlich von einem Durchgang zum anderen variiert. Die Vp nennt so viele Items, wie sie nach jeder Darbietung von der Liste erinnern kann. Es ist jedoch keine bestimmte Reihenfolge des Erinnerns notwendig.
5. Beim *paarweisen Assoziieren* erhält die Vp eine Reihe gekoppelter Items (beispielsweise xul-bef, nek-dag etc.). Bei späteren Durchgängen wird der Vp jeweils nur das erste Item jedes Paares genannt und sie versucht, das zweite Item zu reproduzieren.
6. Schließlich kann man das Gedächtnistestverfahren auf vielerlei Weise abwandeln, indem man die Vp beispielsweise auffordert, etwas über die dargebotenen Items zu berichten, statt diese selbst aufzuzählen. Beispielsweise kann man der Vp eine Liste mit Wort- oder Silbenreihen geben und dann nur ein Item nennen und sie auffordern zu sagen, wie weit dieses zurückliegt (bzw. wie viele Items diesem in der Liste folgten). Man kann Items in verschiedenster Weise präsentieren (beispielsweise in Worten oder Bildern) und die Vp später fragen, wie jedes einzelne Item dargeboten wurde.

Bei der Planung eines Versuchs wählt der Psychologe die Methode aus, die sich für die Frage, die erforscht werden soll, eignet, oder er wandelt diese Methode ab. Die interessanteste Frage lautet bei den Gedächtnisaufgaben gewöhnlich nicht, wie gut

BOX 3/12

Woran wir uns erinnern

Die nachstehenden Daten stammen aus einigen der vielen Versuche mit verbalem Lernen, die von L. Postman und seinen Mitarbeitern an der Universität von Kalifornien durchgeführt wurden. Bei einigen dieser Versuche wurde ein als Gedächtnistrommel bezeichneter Apparat benutzt, der es ermöglicht, eine Reihe visueller Stimuli für festgesetzte Zeitspannen darzubieten.

Bei einem Versuch lernte eine Gruppe von Vpn eine aus zwölf Einheiten bestehende Liste sinnloser Silben auswendig, während eine Kontrollgruppe eine aus zwölf Einheiten bestehende Liste gebräuchlicher Wörter lernte. Reihenlernen war erforderlich: Die Vpn mußten sich die Reihenfolge der Worte bzw. Silben auf der Liste merken (das heißt, sie lernten, jedes folgende Item zu antizipieren). Die Versuchsleiter errechneten die durchschnittliche Zahl von Durchgängen, die die Vpn in beiden Gruppen benötigten, bevor sie ein nachfolgendes Wort bzw. eine Silbe richtig antizipieren konnten; die Durchschnittszahl, um zwei Worte bzw. Silben zu antizipieren, und so weiter. Die Lernkurven der Tafel A zeigen, daß die Gruppe schneller lernte, die es mit einem sinnvollen Stoff zu tun hatte – eine häufige Beobachtung.

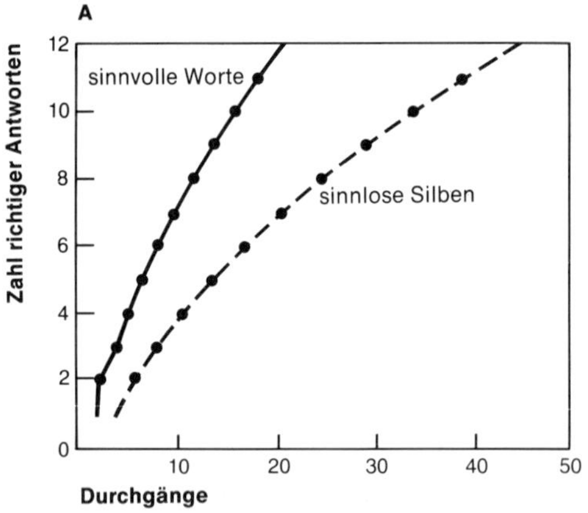

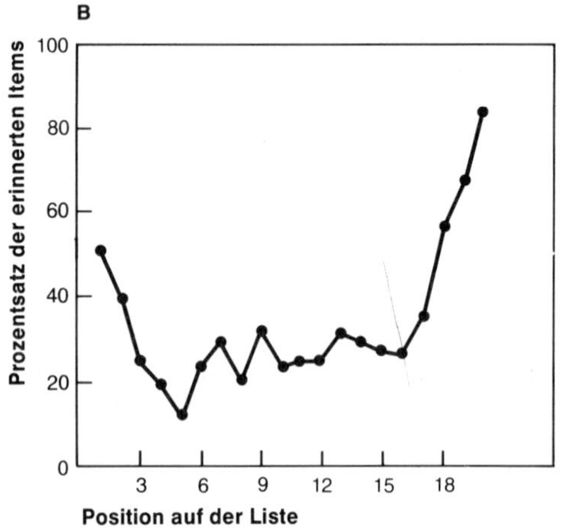

Ein anderer Versuch bediente sich der Methode des freien Erinnerns. Die Tafel B zeigt die Resultate einer der Gruppen, die eine Liste mit 20 Items erhielt und dann versuchte, so viele Items wie möglich zu erinnern. Die Kurve gibt den Prozentsatz der erinnerten Worte an, und zwar bezogen auf die Position der Items in der Liste, so wie sie dargeboten wurde. Es ergibt sich ein *Reihenpositionseffekt;* das heißt, die Items am Anfang und am Ende der Liste wurden prozentuell häufiger erinnert als die Items in der Mitte. Man nennt diese Erscheinung dementsprechend auch Primacy-recency-Effekt.

Dieser Effekt ist ein sehr häufiger Befund bei Laborversuchen, und Sie haben ihn zweifellos auch schon häufig in Situationen des realen Lebens bemerkt. Mehrere verschiedene theoretische Erklärungen dieses Phänomens sind vertreten worden. Eine im wesentlichen perzeptive Erklärung weist darauf hin, daß sich die Items am Anfang und am Ende vom Rest „abheben" und sich daher deutlicher einprägen; es sei daher nicht überraschend, daß sie leichter gelernt werden. Postman und L. Phillips ziehen eine Erklärung in Begriffen der Interferenz vor: Die Items in der Mitte der Liste seien demnach stärkerer Interferenz seitens anderer Worte ausgesetzt als die an beiden Enden der Liste. Es ist aber auch eine Erklärung möglich, die davon ausgeht, daß es sich um zwei verschiedene Arten von Lernen handelt: Die Items am Anfang der Liste haben die Chance, öfter geübt zu werden, und gelangen deshalb mit größerer Wahrscheinlichkeit in das Langzeitgedächtnis; in der im Diagramm dargestellten Situation des freien Erinnerns (free recall) werden die Items am Ende unmittelbar aus dem Kurzzeitgedächtnis referiert und sind deshalb besonders leicht zu behalten. Die Einheiten in der Mitte haben keinen dieser beiden Vorteile.

L. Postman u. L. Rau: Retention as a function of the method of measurement. *University of California Publications in Psychology,* 1957, *8* (3).

L. Postman u. L. Phillips: Short-term temporal changes in free recall. *Quarterly Journal of Experimental Psychology,* 1965, *17,* 132–138.

haben die Vpn abgeschnitten?, sondern vielmehr, welche der verschiedenen dargebotenen Items haben sie gelernt und erinnert? Manchmal stellen die Fehler, die die Vpn machen, eine wichtige Informationsquelle dar.

2 Sensorisches Gedächtnis

Im 2. Band lernten wir den ikonischen und echoartigen Speicher kennen, in dem die auf die Augen oder Ohren treffenden Sinnesreize etwa eine Sekunde lang verbleiben. Diese kurze Speicherung geschieht auch dann, wenn der Stimulus selbst nur Millisekunden dauert. Wenn der verfügbaren Information jedoch keine Aufmerksamkeit zugewandt wird, verschwindet sie rasch wieder und steht dem Gedächtnis nicht mehr zur Verfügung. Für diesen Aspekt der Wahrnehmung und des Gedächtnisses wird auch der allgemeine Begriff *Sensorisches Gedächtnis* gebraucht; eine andere Bezeichnung ist „Ultrakurzzeitgedächtnis".

Das einfachste Konzept des sensorischen Gedächtnisses betrachtet dieses als ein passives Speicherungssystem, in dem eine „Kopie" des Stimulus – fast ein Nachbild – behalten wird und das sich vielleicht in der Struktur der Rezeptoren befindet (wie beispielsweise in den retinalen Zellen [Sakitt u. Long, 1979]). Im Unterschied zum Auge kommt die Struktur des akustischen Rezeptorsystems der Vorstellung einer unmittelbaren Eins-zu-eins-Kopie des sensorischen Inputs weniger entgegen. Die Haarzellen der Cochlea, welche die Informationen über Tonfrequenz und Lautstärke in zeitlicher Verteilung übermitteln, scheinen Platz für die Speicherung kürzlich empfangener Klangreize zu bieten.

Aber auch für das visuelle System ist die Konzeption des sensorischen Gedächtnisses als passiver Speicher de facto unzulänglich. Nehmen wir beispielsweise das Phänomen der *Rückwärtsmaskierung.* Man zeige einen figuralen visuellen Reiz 5 msek lang auf einer Leinwand und schalte ihn dann ab. Ein Beobachter wird den Stimulus in der Tat sehen und ihn berichten. Jetzt wiederhole man den Stimulus für dieselbe Zeitdauer und präsentiere nach dessen Abschalten einen zweiten Stimulus, der aus einem einfachen Lichtblitz bestehen kann. Wenn der zweite Stimulus innerhalb von 20 msek nach dem ersten Stimulus erfolgt, wird der erste oft *nicht* gesehen. Beginnt der zweite Stimulus jedoch erst 100 msek nach dem Ende des ersten Stimulus, dann werden beide Stimuli gesehen. Eine mögliche Interpretation dieses Phänomens ist, daß Informationen aus dem ikonischen Gedächtnis, um adäquat verarbeitet werden zu können, über einen bestimmten Zeitraum verschlüsselt werden müssen. Wenn auf den sehr kurzen ersten Stimulus ein leeres Intervall folgt, verharrt das Abbild lange genug; ein sofort darauf folgender maskierender Stimulus stört hingegen das ikonische Gedächtnis des ursprünglichen Stimulus, während die Verarbeitung noch im Gange ist, und vermindert somit die Chancen, daß der Stimulus wahrgenommen werden kann.

Es ist nicht nur so, daß das ikonische System nur einen sehr kurzen Stimulus *braucht,* um eine Erinnerung zu bilden, es trifft auch zu, daß es dazu tendiert, nur den allerersten Anfang eines etwas längeren Stimulus zu *benutzen.* Je länger ein kurzer Stimulus dargeboten wird, desto weniger wissen wir später zu einem bestimmten Zeitpunkt, nachdem er abgeschaltet wurde, darüber – innerhalb bestimmter Grenzen (DiLollo, 1977). Der Grund dafür ist, daß das Ultrakurzzeitgedächtnis nur die ersten Millisekunden des Inputs „akzeptiert". Je länger der Stimulus dauert, desto weiter liegt der signifikante erste Input zeitlich zurück und daher kann auch um so mehr Vergessen stattfinden.

3 Kurzzeitgedächtnis

Unser gewöhnlicher Gebrauch des Begriffs Gedächtnis schließt das sensorische Gedächtnis nicht ein, sondern beginnt bei Ereignissen, denen wir unsere Aufmerksamkeit zugewendet haben und an die wir uns erinnern „sollten". Wenn man eine Telefonnummer nachschlägt (oder sie bei der Auskunft erfragt), merkt man sie sich gewöhnlich lange genug, um sie zu wählen, aber nicht viel länger. Die Informationen, die vorübergehend in diesem Gedächtnis gespeichert werden, stammen entweder direkt aus dem sensorischen Input oder aus dem sensorischen Speicher. Es erheben sich nun mehrere Fragen. In welcher Form erinnern wir die Telefonnummer? Das heißt, behält man sie in Form einer visuellen oder einer akustischen Erinnerung oder vielleicht im Hinblick auf ihre Bedeutung (d.h. als eine semantische Erinnerung)? Warum vergißt man die Nummer so bald (und manchmal, bevor man sie gewählt hat)? Und wie kommt es, daß man sich manchmal eine Nummer viel länger merkt als andere – monate- oder jahrelang oder bis ans Lebensende? Die erste Frage hängt mit dem Mechanismus des Verschlüsselns *(Codierung)* zusammen.

3.1 Verschlüsselung

Wenn wir über das Stadium der Entstehung einer Erinnerung sprechen, benutzen wir manchmal das Wort *Verschlüsseln* statt *Erwerb, Aneignung* oder die schlichte Bezeichnung *„Merken"*. Der Grund dafür ist, daß oft nachgewiesen werden kann, daß die erhaltene Information, ob sie unmittelbar aus dem sensorischen Input oder dem sensorischen Gedächtnis stammt, verändert oder verarbeitet wurde, so daß sie in einer anderen Form im Gedächtnis ruht als der des ursprünglichen Stimulus.

Genauer gesagt wurde aufgrund verschiedener Versuche die Auffassung vertreten, daß sich das Kurzzeitgedächtnis (zumindest bei verbalem Material) selbst bei visuell präsentierten Items eines akustischen oder auditiven Codes bedient. Conrad (1964) lieferte den ersten wichtigen Beleg dafür. Er konfrontierte seine Vpn mit rapiden *visuellen* Darbietungen von Konsonanten in Gruppen von jeweils sechs Buchstaben. Sie wurden dann aufgefordert zu berichten, was sie soeben gesehen hatten. Die Resultate deuteten darauf hin, daß die Vpn die Informationen in *akustischer* Form aufgenommen hatten, denn wenn bei der Wiedergabe Fehler auftraten, betrafen diese Buchstaben, die ähnlich klingen (wie B und T oder A und H). Dies war der Fall, obwohl die Items visuell dargeboten worden waren. Auf unser Telefonnummernbeispiel bezogen würde dies bedeuten, daß man, wenn man sich eine 3 nicht merkt, sie eher durch eine 2 ersetzen würde (die ähnlich klingt wie die 3) als durch eine 8 (die ähnlich aussieht wie die 3) oder eine 4 (die einen ähnlichen Wert hat wie die 3). Dieser Argumentation zufolge würde dieses Verhaltensmuster auftreten, ob man die Nummer von der Auskunft erfahren hat (akustische Darbietung) oder ob man sie dem Telefonbuch entnommen hat (visuelle Darbietung).

Einschränkende Komplikationen müssen jedoch sofort in Betracht gezogen werden. Bei einem späteren Versuch studierte Conrad (1970) gehörgeschädigte Kinder im Zusammenhang mit einem ähnlichen Problem. Personen, die von Geburt an extrem schwerhörig sind, entwickeln nur eine geringe oder gar keine Sprechfähigkeit, wenn sie keine spezielle Schulung erhalten. Conrad stellte fest, daß die Tendenz, ähnlich klingende Buchstaben zu verwechseln, bei den Vpn größer war, die besser sprechen können, als bei denjenigen, die schlecht sprechen konnten, obwohl alle Vpn gleichermaßen gehörgeschädigt waren. Daraus ergibt sich der Schluß, daß die Fertigkeit, die Laute zu *produzieren,* diese Irrtümer ermöglicht und nicht das Wissen, wie diese Buchstaben klingen. Daraus folgt, daß das Kurzzeitgedächtnis einen Artikulationscode (je nach Laut*herstellung*) besitzt, dagegen keinen akustischen Code (je nach Laut*wahrnehmung*).

Es scheint auch noch andere Arten von Codes zu geben. Eine Stimme im Radio kann ablenkender sein, wenn Sie einem Gesprächspartner zuhören wollen, als wenn Sie zu lesen versuchen. Versuche bestätigen die Annahme, die sich aus diesem Beispiel ergibt, nämlich, daß es im Kurzzeitgedächtnis sowohl eine visuelle Codierung wie auch eine

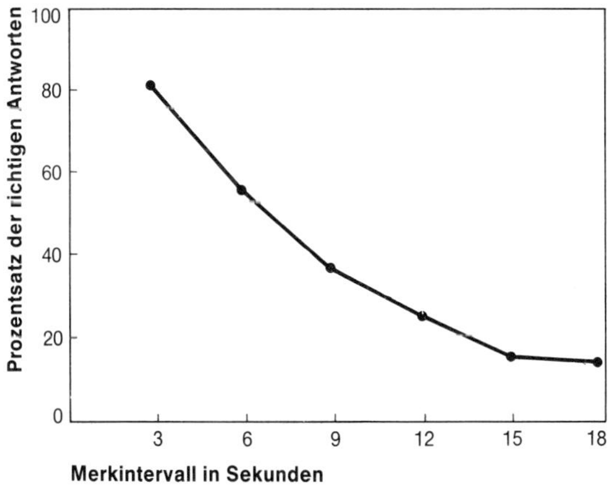

Abbildung 13: Vergessen im Kurzzeitgedächtnis. Der Prozentsatz von Items (Kombinationen von 3 Konsonanten), die nach verschiedenen Zeitintervallen richtig erinnert wurden. Während des Tests wird die Vp aufgefordert, in Dreiersprüngen rückwärts zu zählen, beginnend von einer Zahl, die der Versuchsleiter gleich nach dem Konsonanten benennt. Im Laufe des Versuchs erhielt jede Vp mehrere verschiedene Konsonantenketten und wurde nach verschiedenen Zeitabständen getestet. Man beachte den hohen Prozentsatz des Vergessens schon nach wenigen Sekunden.

Peterson u. Peterson, 1959.

akustisch-artikulationsbezogene Codierung gibt. Inhalte, die verschieden kodiert werden (Informationen aus dem Rundfunk und Informationen aus einem Buch) wirken weniger störend aufeinander als Inputs mit ähnlicher Codierung (die Radiostimme und der Gesprächspartner). Andere Befunde zeigen, daß für verbales Material auch ein semantischer Code (siehe das Kapitel über das Langzeitgedächtnis in einem späteren Unterabschnitt dieses Kapitels) vorhanden zu sein scheint.

Schließlich gibt es Situationen, von denen wir Erinnerungen behalten, die nicht leicht zu verbalisieren sind (Gerüche, Geschmacksempfindungen, abstrakte Bilder etc.). Darüber hinaus weisen auch nichtverbale Tiere wie niedere Affen ein Kurzzeitgedächtnis auf; sie können beispielsweise eine von zwei farbigen Figuren auswählen, nachdem man ihnen zuvor die Figur gezeigt hatte, die sie wählen sollten (z.B. Wilson et al., 1972).

Die Schlußfolgerung scheint angebracht, daß, obwohl der übliche Code des Kurzzeitgedächtnisses für verbales Material stark akustisch-artikulationsbezogen zu sein scheint, die Möglichkeit anderer Arten der Verschlüsselung bestehen bleibt. Jedenfalls sehen wir, daß der Prozeß der Verschlüsselung nicht immer ein simples Einspeichern einer genauen Replik des sensorischen Inputs im Gedächtnis ist.

3.2 Speicherung

Wenn man Ihnen drei Konsonanten (wie X-J-B) nennen und Sie auffordern würde, diese nach einigen Sekunden, Minuten, Stunden oder auch Jahren zu erinnern, dann *könnte* Ihnen das gelingen. Aber nehmen wir den Versuch von Peterson u. Peterson (1959). Diese Forscher präsentierten den Vpn Drei-Konsonanten-Ketten und forderten sie auf, diese nach 3, 6, 9 ... oder 18 *Sekunden* wiederzugeben. In der Zwischenzeit wurde der Vp die Aufgabe gestellt, in Dreiersprüngen rückwärts zu zählen. Wie die Abbildung 13 zeigt, ging ein Teil der Informationen schon nach 3 Sekunden verloren und nach 18 Sekunden betrug der Verlust fast 90 Prozent. Wir schließen daraus, daß das „reine" Kurzzeitgedächtnis, das auf vorübergehenden Stimuli beruht, in der Tat von sehr kurzer Dauer ist.

Obwohl im realen Leben viele Eindrücke somit schnell verlorengehen, bleiben uns andere länger. Man nimmt an, daß Gedächtnisinhalte durch Wiederholungen lebendig erhalten werden. Beispielsweise würden Sie die Buchstabenfolge X-J-B normalerweise innerlich stumm wiederholen und sie dadurch im aktiven Kurzzeitgedächtnis behalten (und möglicherweise auch ihre Einspeicherung in das Langzeitgedächtnis fördern). Wenn die Wiederholung durch das Rückwärtszählen verhindert wird, tritt Vergessen ein (mehr darüber in einem späteren Kapitel über Gedächtnisversagen).

Bei einem Gedächtnistest: „Wiederholen Sie in der richtigen Reihenfolge die Zahlen, die ich Ihnen nenne, sobald ich sie Ihnen vorgesagt habe: 4, 7, 5, 8, 2, 1, 6" wird der durchschnittliche Erwachsene scheitern, wenn die Reihe aus mehr als etwa sieben Einheiten besteht. Es ist eine wiederholt gemachte Beobachtung bei vielen Arten von Items, daß das Kurzzeitgedächtnis nur etwa sieben (plus-minus zwei) Items auf einmal behalten kann.

Wenn unser Kurzzeitgedächtnis nur sieben Items faßt, wie können wir dann längere Sequenzen behalten, wie die zehnstelligen Zahlen, die in der Regel für ein Ferngespräch erforderlich sind? Ein Hilfsmittel besteht darin, die Zahlen zu *gruppieren,* und dadurch die Zahl der Einheiten der ursprünglichen Reihe zu reduzieren. Für den geübten deutschen Fernsprechteilnehmer gliedert sich die Zahl 0-0-4-3-2-2-2-4-3-8-3-5 in die Vorwahl für Österreich 0043, die Vorwahl für Wien 222 und dann in die eigentliche sechsstellige Rufnummer, so daß man sich insgesamt nur acht verschiedene „Items" zu merken braucht. Diese Art der Organisation des Merkstoffes bezeichnet man als *Aufteilen* (chunking, Miller, 1956). Dieser Vorgang spielt eine große Rolle beim Lernen und Memorieren, wobei man sich zuvor gelernte Teile, wie Worte oder Satzfragmente, und sofort organisierte perzeptive Einheiten, wie Figuren und Gruppierungen, einprägt (s. 2. Band).

3.3 Abruf

Es kostet uns manchmal große Mühe, ältere Erinnerungen „auszugraben" (zu „dekodieren"), aber bei frischen Gedächtnisinhalten mag es Ihnen selbstverständlich erscheinen, daß das Abrufen sofort und spontan erfolgt. Keine der beiden letztgenannten Annahmen ist richtig.

Sternberg (1966) zeigte Vpn sehr kurze Zeit eine aus ein bis sechs Einheiten bestehende Liste. Die Vpn bekamen dann ein einzelnes Test-Item vorgesetzt und wurden aufgefordert, sofort zu antworten, ob sich dieses Item auf der ursprünglichen Liste befunden habe oder nicht. Wie die Abbildung 14 zeigt, erhöht sich die zur Antwort nötige Zeit um eine feststehende Zeitspanne (etwa 40 msek) für jede zusätzliche Einheit auf der Liste, und diese selbe Relation besteht auch, ob sich das Test-Item auf der Liste befand oder nicht. Dafür wurden zwei Erklärungen abgegeben. (1) Jedes Item im Gedächtnisspeicher wird separat gesucht,

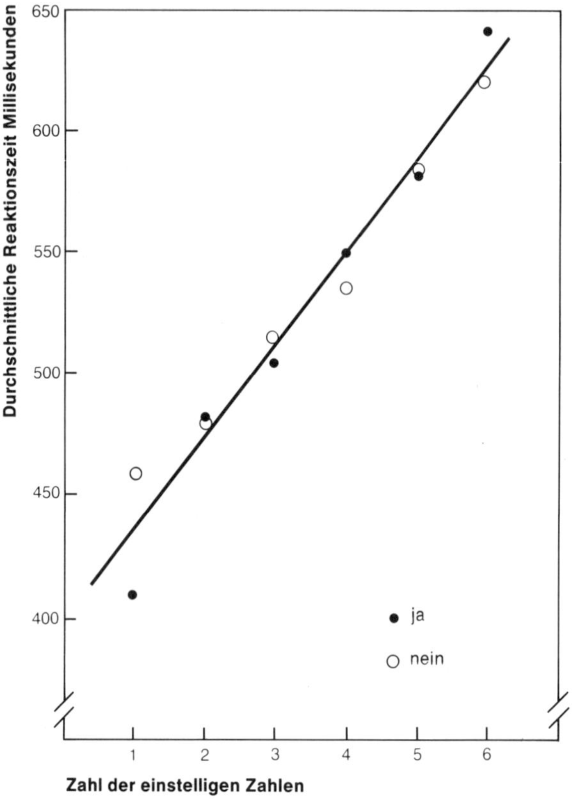

Abbildung 14: Abruf aus dem Kurzzeitgedächtnis. Jede Vp erhielt in jedem Durchgang ein bis sechs einstellige Zahlen, die im Abstand von je einer Sekunde genannt wurden. Zwei Sekunden später wurde eine einstellige Testzahl genannt. Die Vp mußte so schnell wie möglich antworten, ob die Testzahl auf der Liste gewesen war (Ja) oder nicht (Nein). Die Tatsache, daß man länger braucht, um zu antworten, wenn man sich mehr Items merken muß, deutet darauf hin, daß das Gedächtnis in serieller Weise, eine Einheit nach der anderen, durchsucht bzw. überprüft wird. Die Tatsache, daß die Reaktionszeit für die Ja-Antworten genauso steil ansteigt wie für die Nein-Antworten, läßt vermuten, daß diese Suche sehr gründlich ist.

Sternberg, 1966.

abgerufen und (mit dem Test-Item) verglichen. Der Abrufungsprozeß besteht somit aus einem seriellen Überprüfen (eines Items nach dem anderen) und nicht aus einem parallelen Überprüfen (wobei das Test-Item gleichzeitig mit zwei oder mehr Items im Gedächtnis verglichen werden könnte). (2) Da die Kurve für die Ja-Antworten ebenso steil ansteigt wie für die Nein-Antworten, muß der Suchvorgang sehr gründlich verlaufen; er hört nicht auf, bis alle Items überprüft wurden, selbst wenn eines der Items, die als erste überprüft werden, mit dem Test-Item identisch ist.

Die Durchsuchung des Gedächtnisses, die stattfindet (selbst in den Bruchteilen einer Sekunde, von denen wir sprechen), erfolgt jedoch nicht unbedingt völlig unsystematisch. Wenn das Material auf der Liste, die zu untersuchen ist, aufgegliedert werden kann (beispielsweise in Pflanzennamen und Tiernamen) und insbesondere, wenn die Vp einen Hinweis erhält, welche Art von Test-Items kommen wird, dann hat die Länge der *irrelevanten* Gruppe einen geringeren Effekt auf die Reaktionszeit. Vermutlich beschränkt sich durch den Hinweis die Suche in der Regel auf den richtigen Teil des Gedächtnisspeichers (Wescourt u. Atkinson, 1976).

4 Langzeitgedächtnis

Wir werden uns später der wichtigen Frage der Beziehung zwischen Kurzzeit- und Langzeitgedächtnis zuwenden. Für den Augenblick wollen wir jedoch annehmen, daß die Unterscheidung zwischen den beiden hilfreich ist und wollen uns mit der *Verschlüsselung, Speicherung* und dem *Abruf* von Gedächtnisinhalten zuwenden, die Minuten, Stunden oder Jahre überdauern.

4.1 Verschlüsselung

Die verallgemeinernde Behauptung, daß sich das Kurzzeitgedächtnis (zumindest bei verbalem Material) in erster Linie auf einen auditiven oder artikulationsbezogenen Code stütze, wurde von der Annahme begleitet, daß für längere Gedächtnisinhalte überwiegend ein semantischer Code (der sich mit der *Bedeutung* der Informationen befaßt) zuständig sei. Wir sollten uns nicht zu sehr auf den intuitiven Eindruck verlassen, daß es vernünftiger erscheint, irgendwo im Gehirn abstrakte Bedeutungen gespeichert zu haben, als dort visuelle oder akustische Eindrücke „herumkugeln" zu haben; aber zum Glück scheinen viele der experimentellen Resultate die erstgenannte Vorstellung zu bestätigen.

Ebenso wie im Fall des Kurzzeitgedächtnisses können wir durch die Analyse von Irrtümern Informationen über den Vorgang der Codierung im Langzeitgedächtnis erhalten. Der Nachweis eines semantischen Codes wird schwer zu führen sein, wenn man Versuche mit einzelnen Buchstaben oder sinnlosen Silben durchführt! Wenn Sie beispielsweise eine Liste von Wörtern memorieren, in der das Wort ZWEIG vorkommt, und beim Erinnern des Wortes mehrere Minuten oder Stunden später einen Fehler machen, dann werden Sie dazu neigen, AST zu sagen (ein semantischer Fehler) als ZWEI (ein akustischer Fehler) oder ZWERG (ein visueller Fehler).

Ähnliche Resultate ergeben sich anhand von sinnreicherem Material. Sachs (1967) ließ ihre Probanden eine Geschichte anhören. Sie gab ihnen dann einen Wiedererkennungstest in Form eines Satzes der Geschichte, den sie entweder wörtlich wiederholte oder irgendwie abänderte. Manche Varianten veränderten die tatsächliche Bedeutung des Satzes; andere, wie ein Wechsel von der aktiven in die passive Form, ließen die Bedeutung intakt. Wenn der Testsatz ohne zeitlichen Abstand dargeboten wurde, konnten die Vpn jede Abweichung von der ursprünglichen Formulierung erkennen. Nach etwa einer Minute merkten sie zwar immer noch Veränderungen, die die Bedeutung des Satzes verwandelten, sie konnten jedoch nicht „neue" Sätze identifizieren, die nur den Wortlaut veränderten, ohne die Bedeutung anzutasten.

Genau das meinen wir gewöhnlich mit *Lernen* und *Gedächtnis,* wenn wir es mit sinnvollem Material zu tun haben. Der Student – und der Lehrende – sollte daran interessiert sein, ob er sich den semantischen Inhalt der Vorlesungen, Diskussionen und Bücher, aus denen ein Kurs besteht, eingeprägt und behalten hat, nicht daran, ob er den präzisen Wortlaut erinnert oder „das Aussehen" einer bestimmten Buchseite.

Nun können bekanntlich Sänger Texte in einer fremden Sprache lernen und behalten, die sie gar nicht verstehen, es muß deshalb auch für das

Langzeitgedächtnis eine alternative akustische oder artikulationsbezogene Codierung möglich sein. Und wenn ein Schauspieler eine Rolle „auswendig lernt“ oder wenn jemand ein Gedicht in seiner Muttersprache lernt, dann muß sowohl eine semantische als auch irgendeine akustisch-artikulationsbezogene Codierung eine Rolle spielen. Wieder erscheint es uns einleuchtend, daß eine Codierung stattfindet und daß es einen „bevorzugten“ Code geben könnte; aber es ist auch plausibel, die mögliche Existenz alternativer Codes anzunehmen.

4.2 Bilder und Wechselwirkungen

Der vorherrschende Kode im Langzeitgedächtnis mag semantischer Art sein, aber es scheint manchmal unserem Erinnerungsvermögen zu helfen, wenn wir uns ein geistiges Bild von dem zu lernenden Stoff machen (s. Box 2/13). Bedeutet dies an und für sich schon, daß wir in einem solchen Fall einen dualen Code, sowohl semantisch als auch visuell, haben (Paivio, 1971)? Nicht notwendigerweise.

Bower (1972) gab Probanden 20 Wortpaare, die sie paarweise lernen mußten. Jene Vpn, die aufgefordert wurden, sich zu jedem Begriffspaar ein geistiges Bild zu machen, zeigten tatsächlich viel bessere Gedächtnisleistungen als die Kontrollgruppe, die keine solchen Anweisungen erhielt. Aber auch die Vpn, die angewiesen wurden, mit den zwei Worten jeweils einen Satz zu bilden, erzielten bessere Ergebnisse als die Kontrollgruppe, die bloß die Wortpaare auswendig lernte. In einem Fall wie diesem hat es den Anschein, als ob die Formung eines Bildes oder eines Satzes uns zwinge, die Worte zu einer einzigen sinnvollen (semantischen) Einheit zu verbinden. Wenn dann später das erste Wort dargeboten wird, aktiviert es jenen Teil des Gedächtnisses, und das zugehörige Wort fällt einem sofort ein.

Diese Annahme wird durch ein Experiment von Wollen, Weber u. Lowry (1972) bestätigt. Sie gaben Vpn Bilder, auf denen jeweils zwei Objekte zu sehen waren; später wurde vom Versuchsleiter der Name eines der beiden Objekte genannt und die Vp sollte sich an den Namen des anderen Objektes erinnern. Wenn die Objekte (beispielsweise eine Zigarre und ein Klavier) als miteinander interagierend dargestellt worden waren (beispielsweise eine Zigarre, die auf einem Klavier liegt), waren die Erinnerungsscores doppelt so hoch, wie wenn die Objekte einfach nebeneinander abgebildet waren. Darüber hinaus erhöhte sich die Erinnerungsquote *nicht noch mehr,* wenn es sich um ein bizarres Bild handelte (z. B. wenn das Klavier die Zigarre „rauchend“ dargestellt war!). Die Verbesserung der Merkfähigkeit dürfte ausschließlich von der sinnvollen Interaktion der beiden Items abhängen. Sich dabei ein bizarres Bild oder irgendein anderes integriertes Bild vorzustellen, ist ein wirkungsvolles Mittel (wenn auch nicht das einzige), um diese Interaktion zuwege zu bringen.

4.3 Beiläufiges und zielgerichtetes Lernen

Oft lernen wir Dinge ohne offenkundige oder bewußte Absicht (manchmal sogar Dinge, die wir gar nicht wissen wollen); in anderen Fällen lernen wir Dinge absichtlich, aber ohne große Mühe; und in wieder anderen Fällen müssen wir uns sehr plagen, um uns einen benötigten Merkstoff einzuprägen. Es liegt auf der Hand, daß es zum Teil von der Beschaffenheit und Menge des zu lernenden Stoffes abhängt, wie gut es uns bei späteren Versuchen gelingen wird, diesen wiederzugeben, aber welche anderen Faktoren spielen dabei noch eine Rolle? Insbesondere können wir uns fragen, ob die *Absicht,* etwas zu lernen (die wir zur Zeit der Codierung am stärksten empfinden), tatsächlich wesentlich ist.

Überraschenderweise deutet der größte Teil der Befunde darauf hin, daß die „pure“ Absicht, etwas zu lernen, nicht sehr wichtig ist. So maßen beispielsweise Hyde und Jenkins (1969, 1973) die freien Erinnerungsleistungen von Vpn, denen eine Liste von 24 Worten vorgelesen worden war. Manche der Vpn wußten, daß sie diese Worte lernen sollten. Andere wußten nicht, daß ihr Erinnerungsvermögen für diese Worte später getestet werden würde, ihre allfälligen Lernleistungen waren also vermutlich zufällig – das heißt unbeabsichtigt. Die letztgenannten Vpn erhielten jedoch eine andere Aufgabe unter Einbeziehung dieser Worte, um sicherzustellen, daß sie aufgemerkt hatten, als diese Worte dargeboten wurden. Diejenigen, die gewarnt worden waren, daß man sie auffordern würde, die Worte später wiederzugeben, lernten mehr als eine Gruppe von zufällig Lernenden, die einfach angewiesen worden waren, bei jedem Wort (sobald sie es hörten) anzugeben, ob es den Buchstaben *e* enthalte; aber eine andere Gruppe von zufällig Lernenden, die aufgefordert worden waren, jedes Wort danach zu bewerten, wie angenehm oder unangenehm es für sie sei, lernten genauso viel wie die bewußt Lernenden. Der Unterschied mag darin bestanden haben, daß die geistige Aktivität des Überlegens, wie angenehm oder unangenehm ein Wort ist, die Vpn zwang, über dessen Bedeutung nachzudenken, was für die Frage nach der Schreibung eines Wortes nicht zutrifft. Vermutlich verarbeiteten diejenigen Vpn, denen offen gesagt worden war, daß ihre Merkfähigkeit später getestet werden würde, die Worte *spontan* im Hinblick auf ihre Bedeutung und förderten dadurch deren Einspeicherung in den semantischen Kode, dessen sich das Langzeitgedächtnis am ehesten bedient.

Die praktische Bedeutung des obigen Versuchs liegt auf der Hand. Wenn Sie einen Stoff lernen wollen, der für Sie wichtig ist, so *denken* Sie über seine Bedeutung *nach*, lassen sich die Implikationen der Fakten durch den Kopf gehen, usw. Verbringen Sie Ihre Zeit nicht damit, sich selbst vorzusagen, wie wichtig es sei, daß Sie lernen, es sei denn, diese gelegentliche Selbstinstruktion hilft Ihnen, daran zu denken, sich auf den semantischen Inhalt des Stoffes zu konzentrieren.

4.4 Speicherung

Im Gegensatz zum Kurzzeitgedächtnis scheint das Langzeitgedächtnis ein fast grenzenloses Fassungsvermögen zu haben, denn im Laufe des Lebens eines Individuums werden dort Millionen bits von Informationen gespeichert. Dennoch können wir uns bekanntlich nicht alles wieder in Erinnerung rufen, was wir je gelernt haben, noch erinnern wir uns an jeden einzelnen Vorfall, der sich im Lauf unseres Lebens zugetragen hat. Zum großen Teil ist dieses Unvermögen die Folge inadäquater Abrufsignale (s. S. 61), aber es sind dabei auch noch andere Faktoren am Werke.

Ein solcher Faktor trat durch die Arbeiten von Loftus (1979) zutage. Sie zeigte beispielsweise Vpn eine Reihe von Dias mit einem Auto, das entweder auf eine Stoppschild oder ein Vorfahrtschild zufuhr. Später erhielt ein Teil der Vpn die Fehlinformation, daß sie ein anderes als das in Wirklichkeit gezeigte Verkehrsschild gesehen hätten. Noch später, als sie gefragt wurden, welche Art von Schild sie tatsächlich gesehen hätten (Stopp, Vorfahrt oder Parkverbot waren die Alternativen), ließ sich ein großer Prozentsatz von der irreführenden Information verwirren und gab eine falsche Antwort. Am erstaunlichsten ist jedoch, daß diese Vpn, als sie ein zweites Mal „raten" durften, völlig willkürlich antworteten und damit zeigten, daß sie *keine* Erinnerungen mehr an das Verkehrszeichen hatten, das sie auf den ursprünglichen Dias gesehen hatten. Anscheinend hatte sie die irreführende Information völlig überzeugt und ihre allererste (und richtige) Erinnerung völlig ausradiert und ersetzt.

In der eben beschriebenen Weise können separate Informationsbruchstücke, die in den Langzeitspeicher aufgenommen werden, miteinander interagieren, und wenn es die Logik der realen Welt erfordert, kann die eine oder andere Erinnerung verzerrt werden oder verlorengehen. Aber die Interaktion zwischen gespeicherten Gedächtnisinhalten kann auch in einer Weise stattfinden, die das Erinnerungsvermögen steigert, wie wir gleich sehen werden.

4.5 Organisation des Langzeitgedächtnisses

Nehmen wir an, eine Vp erhält eine Liste von Wörtern, die vier Kategorien angehören: Eigennamen, Tiere, Pflanzen und Berufe. Wir präsentieren die Wörter in zufälliger Reihenfolge und ohne die Aufmerksamkeit der Vp auf die unterschiedlichen Kategorien hinzuweisen. Später wird die Vp einem Reproduktionstest über die Liste von Wörtern unterzogen. Bousfield (1953) demonstrierte, daß bei den gegebenen Antworten ein ganz bestimmtes Muster erkennbar ist. Items, die derselben Kategorie angehören, haben die Tendenz, einander auf der Erinnerungsliste zu folgen. Obwohl die Items in zufälliger Reihenfolge dargeboten wurden, werden sie in sinnvollen *clusters* (Gruppen) von Eigennamen, Tieren usw. erinnert. Die Speicherung ist somit kein passiver Prozeß, der zu einer automatischen Reproduktion der einzelnen Items führt; statt dessen findet während der Behaltensperiode

BOX 3/13

Die Pflege und Behandlung des Gedächtnisses

Manche Menschen haben ein besseres Gedächtnis als andere. Manche dieser Unterschiede mögen auf angeborene individuelle Differenzen zurückzuführen sein, und sicher erleiden manche Menschen infolge von Alter oder Krankheit eine Einbuße ihres Erinnerungsvermögens. Dennoch sind die überlegenen Gedächtnisleistungen vieler Menschen auf ihren Gebrauch von Techniken zurückzuführen, die im Einklang mit psychologischen Erkenntnissen über die Produktion und den Schutz von Gedächtnisinhalten stehen.

Wir haben bereits etwas über die Wichtigkeit der Organisation von Gedächtnisinhalten gelernt. Selbst eine nahezu sinnlos erscheinende Organisation von Material kann unter manchen Umständen hilfreich sein, etwa wenn wir eine Reihe von Zahlen oder Buchstaben aufteilen, indem wir sie einfach willkürlich zu Gruppen zusammenfassen. Die Zahl 148265701392 ist viel leichter zu erfassen, wenn man sie in Dreiergruppen unterteilt (148) (265) (701) (392), selbst wenn diese dreistelligen Zahlen als solche bedeutungslos sind. Wenn es uns gelingt, Merkstoffe zu einem sinnvollen Zusammenspiel zu organisieren, dann werden wir noch größeren Nutzen daraus ziehen.

All das ist ja gut und schön, aber Sie haben vielleicht auch von speziellen Kursen oder Techniken gehört, die angeblich die Gedächtnisleistung steigern. Nur etwa zehn Prozent einer kürzlich von J. Harris befragten Stichprobe von Personen benutzen solche Methoden, aber diese sogenannten mnemotechnischen Verfahren helfen einem in der Tat. Eine Methode, die bereits den römischen Volksrednern bekannt war – und die immer noch funktioniert – wird als *„Methode der Orte“* (elaborierte Enkodierung) bezeichnet. Dazu ist es zunächst nötig, sich eine Reihenfolge von Örtlichkeiten einzuprägen. Sie könnten die Räume nehmen, die Sie bei einem Gang durch Ihr Haus oder Ihre Wohnung passieren – von der Eingangstür durch ein Vorzimmer in das Wohnzimmer und so weiter. Sie wählen also eine Reihe von Örtlichkeiten, an die Sie sich später leicht und in einer bestimmten Reihenfolge erinnern können. Wenn Sie jetzt eine Reihe von Worten erhalten, die Sie auswendig lernen sollen (um ein amerikanisches Beispiel zu nehmen, die Rangfolge von Sportclubs in der Nationalliga: Yankees, Cardinals, Pirates, Cowboys, Angels etc.) dann stellen Sie sich einen Yankee an der Tür vor, dann einen Spieler von Cardinal im Vorzimmer etc. Wenn Sie den Merkstoff wiedergeben müssen, brauchen Sie im Geiste nur einen Gang durch Ihre Wohnung bzw. Ihr Haus etc. anzutreten. Die entsprechenden Assoziationen (Yankee, Cardinal etc.) werden sich als Bestandteil Ihrer bildlichen Vorstellung mühelos wieder einstellen.

Versuche haben gezeigt, daß diese Methode tatsächlich funktioniert. L. Groninger stellte fest, daß Probanden, die diese Technik benutzten, imstande waren, 80 Prozent einer Liste von 25 Worten fünf Wochen, nachdem sie sie memoriert hatten, wiederzugeben, während Probanden, die ohne diese Methode lernten, nur 36 Prozent der Worte erinnerten.

Dabei ist es nicht wesentlich, daß man sich bestimmter *Plätze* bedient; die Voraussetzung ist, daß man über eine geordnete Liste von Dingen verfügt, an die man sich leicht und in der richtigen Reihenfolge erinnert und daß es möglich ist, jedes der zu memorierenden Worte mit jedem der „Dinge“ zu assoziieren. Örtlichkeiten eignen sich deshalb gut dazu, weil es einem häufig leicht fällt, sich räumliche Anordnungen einzuprägen. Die Liste der Örtlichkeiten (oder anderer „Dinge“) kann immer wieder benutzt werden.

Ein etwas komplizierteres Verfahren (die „Schlüsselwortmethode“) besteht darin, zunächst Reimverbindungen von Zahlen und gebräuchlichen Objekten auswendig zu lernen. So ließen G. Bower und J. Reitman Probanden lernen: „One is a gun, two is a shoe, three is a tree ...“ über „eleven is penny-one, hot dog bun ...“ bis „twenty is penny-ten, ball-point-pen“. Als die Vpn dann eine Liste von 20 Items zu lernen bekamen, stellten sie beim ersten Wort einen Zusammenhang mit einer *gun* (= Pistole) her und so weiter bis zum letzten Item, den sie mit einem Kugelschreiber (= ball-point-pen) assoziierten. Diese Methode ist hilfreich, wenn man sichergehen will, daß man die numerische Position jedes Items auf der Liste in Erinnerung behält, denn die Position ist im entsprechenden Gedächtnis schon „eingespeichert". Nehmen wir an, das dritte Item wäre „Telephon", und Sie hätten sich ein Telephon auf einem Baum vorgestellt. Wenn Sie später gefragt werden, ob sich „Telephon" auf der Liste befunden habe, könnten Sie das nicht nur bejahen, weil Sie sich an die Verbindung Telephon-Baum erinnern, sondern der Reim würde Ihnen auch sagen, daß „Telephon" das dritte Item war.

Bower und Reitman gaben ihren Vpn de facto fünf Listen mit je 20 Worten. Manche Vpn memorierten fünf verschiedene Bildreihen, für jede Liste eine. Andere erhielten die Anweisung, jedes neue Item dem Bild hinzuzufügen, daß sie sich bereits von dem korrespondierenden Schlüsselwort gemacht hatten. Diese Gruppe hantierte somit mit 20 detailreichen Bildern, die jeweils aus einem Schlüsselwort und fünf Merkwörtern bestanden, während die erste Gruppe mit 100 verschiedenen Bildern jonglierte. Die zweite Gruppe, die mit 20 schrittweise ergänzten Bildern arbeitete, schnitt bei einem sofortigen Gedächtnistest und auch eine Woche später weitaus besser ab als die erste.

Die meisten Instruktionen bezüglich dieser Methoden weisen den Benutzer an, sich Bilder vorzustellen, bei denen es zu einem Wechselspiel zwischen dem Schlüsselwort (oder der Örtlichkeit) und dem zu memorierenden Wort kommt, und dieses Verfahren funktioniert ohne Zweifel. Das wesentliche dabei ist jedoch nicht das Bild, sondern die sinnvolle Organisation des Schlüsselwortes bzw. dessen Interaktion mit dem zu lernenden Begriff.

G. Bower u. J. Reitman: Mnemonic elaboration in multilist learning. *Journal of Verbal Learning and Verbal Behavior,* 1972, *11,* 478–485.

J. Harris: Memory aids people use: Two interview studies. *Memory & Cognition,* 1980, *8,* 31–38.

L. Groninger: Mnemonic imagery and forgetting. *Psychonomic Science,* 1971, *23,* 161–163.

eine Gruppierung statt, d.h. die Items aus verschiedenen Abschnitten der Liste werden nach ihrer Bedeutung zu clusters zusammengezogen. *Clustering* tendiert dazu, mit wiederholten Darbietungen einer Liste (und weiteren Reproduktionsdurchgängen) zuzunehmen.

Die Gedächtnisleistungen sind besser bei Listen mit clusters als bei Listen ohne clusters, und es fördert in der Tat das Behalten, wenn der Lernende eine Liste von Worten zur Zeit der Einprägung nach eigenem Gutdünken organisiert (d.h. in sinnvoller Weise einteilt), selbst wenn vom Versuchsleiter keine naheliegenden Kategorien angeboten werden. Hier sehen wir wiederum dasselbe Prinzip am Werk wie beim Aufteilen oder Unterteilen und beim Vergleich von beiläufigem und zielgerichtetem Lernen sowie bei der Analyse des Effekts von Vorstellungen auf das Erinnerungsvermögen: Das Prinzip der *Organisation.*

4.6 Abruf (retrieval)

Manchmal liegt uns etwas auf der Zunge, wir haben es im Gedächtnis, aber es will uns nicht einfallen. In Prüfungen ist dieser Zustand besonders betrüblich. Aber auch sonst irritiert es uns, wenn uns unser Gedächtnis im Stich läßt. Am häufigsten ist das der Fall, wenn wir uns zwar etwas gut gemerkt haben, aber im Augenblick ist die Wiederbelebung des Gedächtnisinhalts nicht möglich. Offensichtlich sind das Merken und Behalten von Gedächtnisinhalten und der Abruf des Gemerkten aus dem Gedächtnis zwei unterschiedliche Prozesse. Obwohl über einige Punkte noch Uneinigkeit besteht, ist doch schon eine Menge über diese Art des Vergessens bekannt. Wir fragen uns: Wie gelingt es uns, etwas aus dem Langzeitgedächtnis hervorzuholen?

Es ist schwer vorstellbar, daß das Abrufen aus dem Langzeitspeicher eine ungezielte und willkürliche Suche ist, ob gründlich oder nicht, denn es würde sehr lange Zeit in Anspruch nehmen, jedesmal, wenn wir etwas gefragt werden oder einen erinnerungsauslösenden Stimulus erhalten, unseren gesamten Speicherinhalt (und sei es unbewußt) zu durchsuchen. Der Verarbeitungsvorgang, der aktiviert wird, wenn wir etwas erinnern, wird immer durch *Abrufsignale* (retrievals) angeregt und gesteuert, wie die ersten Worte der Wortpaare einer Paarwortliste oder die Worte *Lehrerin in der ersten Klasse* in der Frage, „Erinnern Sie sich an den Namen Ihrer Lehrerin in der ersten Klasse?“, oder die verschiedenen Alternativen in einem Multiple-choice-Test – oder was immer Ihnen einfällt, wenn Sie Ihre Gedanken schweifen lassen. In spezifischen Experimenten benutzen Psychologen oft verschiedene Arten von Abrufsignalen, um deren Wirksamkeit festzustellen.

Es erscheint wahrscheinlich, daß Abrufsignale eine Erinnerung dadurch wecken, daß sie eine teilweise Wiederholung desselben Verarbeitungsvorgangs auslösen, der sich bei der Aneignung dieser Erinnerung abspielte, das heißt, bei ihrer ursprünglichen Codierung (s. Flexser u. Tulving [1978]). Der Stimulus, der jetzt als Abrufsignal fungiert, aktiviert die verschiedenen Erinnerungen, mit denen er bei der Codierung oder vielleicht durch spontane Umgruppierung während der Speicherung organisiert war.

Wir erhalten eine interessante Gelegenheit, den Abrufvorgang am Werk zu sehen, wenn dieser langsam oder unvollständig funktioniert, wie bei dem *Phänomen,* daß uns etwas *„auf der Zunge liegt“* (Brown u. McNeill, 1966). Wenn es Ihnen fast – aber nicht ganz – gelingt, sich an etwas zu erinnern (beispielsweise einen Eigennamen oder das zu einer bestimmten Definition passende Wort), dann erinnern Sie sich gewöhnlich trotzdem an irgendein *Detail* der Antwort, wie die Länge des Wortes, welche Laute darin vorkommen, mit welchem Buchstaben es beginnt, ob es ein häufiger oder seltener Name ist, usw. Diese verschiedenen Aspekte des gespeicherten Wissens müssen, obwohl sie in der Regel eng miteinander verwoben sind, bis zu einem gewissen Grad im Gedächtnis voneinander trennbar sein. Da die in einem solchen Fall bereits vorhandenen Abrufsignale nicht imstande waren, Zugang zu der Zielerinnerung zu erhalten, ist es klüger, sich neue Abrufsignale zu verschaffen, als die alten zu wiederholen. Wenn Sie wissen, daß es ein gebräuchlicher Name war, dann sagen Sie sich verschiedene gebräuchliche Namen vor, statt bloß zu wiederholen, „Ach, wie heißt der bloß?“ (Als Alice im Spiegelland ist, vergißt sie ihren Namen und bemüht sich angestrengt, sich daran zu erinnern. Aber ihre Entschlossenheit half ihr nicht viel, und das einzige, was sie nach langem Kopfzerbrechen wußte, war: ‚L, ich weiß, er beginnt mit L‘.) Welche Art von Kode benutzt das Langzeitgedächtnis nach Auffassung von Lewis Carroll?

5 Gedächtnisstörungen

Wenn man Sie fragen würde, warum Menschen vergessen, dann würden Sie vielleicht bemerken, daß Dinge „mit der Zeit verblassen“. Im Hinblick auf die drei Stadien des Gedächtnisses würde ein simpler „Zerfalls“-Mechanismus dieser Art des Vergessens vermutlich während der Speicherungsperiode stattfinden.

Die meisten psychologischen Untersuchungen tendieren zu anderen Schlußfolgerungen, zumindest was die Hauptursachen des Vergessens betrifft. Es wurde festgestellt, daß das Vergessen einfacher Inhalte größtenteils durch *Interferenz* zu erklären ist, und daß komplexere und sinnreichere Inhalte auch organisatorischen, emotionalen und konstruktiven Prozessen ausgesetzt sind, die sich störend auf das Gedächtnis auswirken können.

5.1 Interferenz

Wenn wir etwas lernen oder uns an etwas zu erinnern suchen, das wir gelernt haben, dann wird unsere diesbezügliche Leistung stark durch die Tatsache beeinflußt, daß wir im Laufe unseres Lebens schon viele Dinge zuvor gelernt haben. *Transfer* ist der allgemeine Begriff für die (positive oder negative) Auswirkung anderen Lernens auf das gegenwärtige Lernen oder Gedächtnis. Einige spezielle Begriffe und Konzepte sind entwickelt worden, um zu erklären, wie sich der Transfer und verwandte Vorgänge störend auf zutreffende Gedächtnisleistungen auswirken können.

Nehmen wir an, daß eine Vp eine Liste von Worten erhält, die sie memorieren soll, und daß sie aufgefordert wird, diese einen Tag später zu reproduzieren. Ihre Gedächtnisleistung wird durch die Tendenz gestört werden, sich an andere Worte zu erinnern, die sie gelernt hatte, bevor sie mit der Liste konfrontiert wurde, und die Tendenz, sich an andere Worte zu erinnern, die sie zwischen der Zeit des ursprünglichen Lernens und dem Gedächtnistest gelernt hat. Diese zwei Quellen von Interferenz werden mit verschiedenen Namen bezeichnet. Die Interferenz, die durch Lernen hervorgerufen wird, das dem ursprünglichen Lernen *voranging,* bezeichnet man als *proaktive Hemmung* (*proactive inhibition* = PI), während Interferenz, die durch anderes Lernen entsteht, das *zwi-*

schen dem ursprünglichen Lernen und dem Gedächtnistest erfolgt, als *retroaktive Hemmung* (*retroactive inhibition* = RI) bezeichnet wird.

Die nachstehenden Diagramme veranschaulichen Versuchsanordnungen (bei denen es um das Lernen und Erinnern von zwei verschiedenen Listen von Wörtern, A und B, ging), die zur Untersuchung der PI und der RI benutzt wurden.

PROAKTIVE HEMMUNG

Versuchsgruppe
Lernt B ——→ Lernt A ——→ Reproduziert A

Kontrollgruppe
Lernt A ——→ Reproduziert A

RETROAKTIVE HEMMUNG

Versuchsgruppe
Lernt A ——→ Lernt B ——→ Reproduziert A

Kontrollgruppe
Lernt A ——→ Reproduziert A

Wenn die Versuchsgruppe bei der Reproduktion von A schlechter abschneidet als ihre Kontrollgruppe, dann nehmen wir an, daß das auf die Interferenz von B zurückzuführen ist. Im ersten Fall ist dies eine proaktive Hemmung, weil B dem Lernen von A vorausgeht. Im zweiten Fall ist es eine retroaktive Hemmung, weil B auf das Lernen von A folgt.

Diese Konzepte der PI und RI sind keine wissenschaftlichen Kuriosa, sondern Mechanismen, die ständig am Werk sind und das Erinnerungsvermögen stören. Wenn Sie außerstande sind, sich an das Datum der Schlacht von Waterloo zu erinnern, so vermutlich vor allem deshalb, weil Sie sowohl vor als auch nach dem Zeitpunkt, als Sie sich dieses Datum einprägten, so viele andere Dinge gelernt haben. Und natürlich geht von anderen *Daten* die Sie gelernt haben, die größte Störwirkung aus. Im Hinblick auf das obige Diagramm gilt, je ähnlicher das interferierende (B-Material) dem A-Material ist, desto größer das Leistungsdefizit, denn desto wahrscheinlicher ist, daß die B-Antworten bei der Reproduktion mit den A-Antworten verwechselt werden. *An welchem Punkt* findet das Vergessen aufgrund von Interferenz statt? Psychologen wie Tulving (1974) haben argumentiert, daß das ganze Vergessen auf ein Abrufversagen zurückzuführen sei. Wenn uns adäquate Abrufsignale zur Verfügung stünden, die genau auf die Zielitems hinweisen, dann würden wir uns richtig erinnern. Sind die Abrufsignale jedoch inadäquat und/oder dienen sie auch als Signale für alternative Erinnerungen, dann könne Interferenz eintreten und die richtigen Antworten würden nicht immer zum Vorschein kommen.

Aber wie weit können wir die Möglichkeit dehnen, daß Interferenz jegliches Vergessen erklärt, einschließlich des Vergessens, das sich im Kurzzeitgedächtnis ereignet? Stellen wir zunächst fest, was geschieht, wenn die Kapazität des Kurzzeitspeichers (s. S. 59) überschritten wird. Wenn eine Vp eine Liste mit zu vielen Eintragungen erhält, wird sie nur einige sofort wiedergeben können. Die Items am Anfang der Liste werden mit der geringsten Wahrscheinlichkeit erinnert werden, weil sie durch die später kommenden aus dem Gedächtnis gedrängt wurden und den verfügbaren Raum in diesem begrenzt aufnahmefähigen Speicher einnahmen. Wir haben es hier mit einer Art von retroaktivem Effekt, den man als Verschiebung *(displacement)* bezeichnet, zu tun, der sich offensichtlich auf das gespeicherte Material auswirkt.

Und was ist mit dem rapiden Verlust an Kurzzeitgedächtnis, der in dem Versuch von Peterson und Peterson nachgewiesen wurde (s. S. 59)? Dieser kann zumindest teilweise als eine Folge von PI erklärt werden. Keppel und Underwood (1962) machten ähnliche Versuche wie Peterson und Peterson, d. h. sie gaben Vpn drei Konsonanten zu merken und füllten die Zeit bis zur Testphase mit irgendeiner Tätigkeit, wie Rückwärtszählen, aus. Ebenso wie bei Peterson und Peterson mußten ihre Vpn verschiedene Konsonantengruppen nach verschiedenen zeitlichen Intervallen wiedergeben. Keppel und Underwood entdeckten, daß die Vpn nach dem ersten „langen" Behaltensintervall (18 Sekunden) genauso gut erinnerten wie nach einer kurzen Merkzeit von drei Sekunden (s. Abb. 15). Als die Vpn jedoch immer wieder mit neuen Konsonanten getestet wurden, verschlechterte sich ihre Reproduktionsleistung nach 18-Sekunden-Intervallen immer mehr, da die zuvor gelernten Konsonanten eine Quelle der Interferenz für jeden neuen Test darstellten. Auf unser Diagramm eines PI-Versuchs bezogen, heißt das, je mehr B-Erfahrungen die Probanden gehabt hatten, desto schlechter war ihr Erinnerungsvermögen für das neue A-Material nach dem 18-Sekunden-Intervall. Die PI zeitigt keine große Wirkung bei einem kurzen Intervall zwischen Lernen und Wiedergabe, so daß die Leistungen nach drei Sekunden selbst nach Darbietung verschiedener ablenkender Reize hoch blieben.

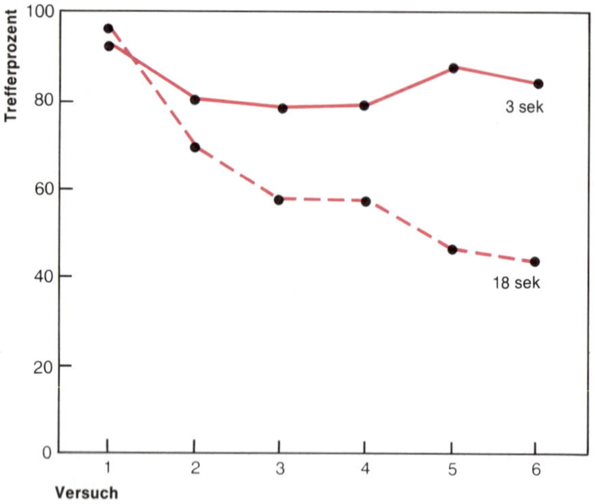

Abbildung 15: Der Prozentsatz an Items (drei Konsonanten-Ketten) die nach Behaltensintervallen von 3 Sek. oder 18 Sek., in denen rückwärts gezählt wurde, richtig erinnert wurden (siehe Abb. 13, S. 59). Jede Vp wurde mit beiden Behaltensintervallen wiederholt getestet, und die Kurven zeigen die Menge des Behaltens beim ersten, zweiten usw. Versuch mit beiden Intervallen. Nach mehreren Durchgängen (siehe rechte Seite der Abbildung) tritt bei 3 Sek. ein signifikantes Maß und bei 18 Sek. ein noch viel größeres Maß an Vergessen ein. Bei der ersten Konfrontation mit einer Gruppe von Konsonanten wird jedoch ungeachtet des Behaltensintervalls sehr wenig vergessen.

Keppel & Underwood, 1962.

5.2 Schwund

Bei den Nachweisen für die Möglichkeit, das das Vergessen teilweise durch das allmähliche Verblassen von Gedächtnisinhalten durch Nichtgebrauch verursacht wird, handelt es sich zwangsläufig um negative Evidenz. Wenn kein anderer Mechanismus herangezogen werden kann, dann ist es plausibel, zunehmenden Gedächtnisschwund auf simplen Abbau zurückzuführen, aber es gibt keine *positive* Methode, um zu beweisen, daß genau das geschieht (man vergleiche dieses Problem mit der Frage, ob Menschen je einfach an Altersschwäche sterben).

Reitman (1971, 1974) führte einen Kurzzeitgedächtnisversuch nach Art von Peterson und Peterson durch, wobei er das 15 Sekunden lange Merkintervall jedoch mit einer perzeptiven statt einer verbalen Aufgabe (wie das Rückwärtszählen) ausfüllte. Dies verringerte die Möglichkeit, daß das Vergessen durch RI verursacht sein könnte. Reitman stellte geringes oder kein Vergessen innerhalb von 15 Sekunden bei Vpn fest, die zugaben, daß es ihnen gelungen war, einen Teil ihrer Aufmerksamkeit während der Behaltensperiode Wiederholungen des gelernten Stoffes zu widmen. Bei Vpn, die behaupteten, den Stoff gar nicht wiederholt zu haben, war jedoch eine geringe Einbuße festzustellen. Die Differenz zwischen den beiden Gruppen mag auf simplen Abbau zurückzuführen sein.

In vergleichbarer Weise können wir feststellen, daß in vielen Versuchen, die dem Studium der Interferenz im Langzeitgedächtnis dienen sollten, ein *gewisser* Gedächtnisverlust selbst bei solchen Vpn zu verzeichnen ist, die nicht absichtlich einer PI oder RI ausgesetzt werden. Dieser Verlust könnte der Interferenz aller möglichen Einflüsse im Alltag zugeschrieben werden, aber es ist gleichermaßen möglich, daß ein Teil davon durch simplen Spurenzerfall bewirkt wird. Diese Frage ist vielleicht nicht von großer unmittelbarer praktischer Bedeutung. Wir wissen, daß unvollkommene Abrufsignale und Interferenz wichtige Ursachen des Vergessens sind; und wir können uns darum bemühen, deren Wirkung zu überwinden (s. beispielsweise Box 3/13, S. 64). Sobald wir mehr über die physiologischen und biochemischen Grundlagen des Gedächtnisses wissen, einschließlich dessen, was durch das bloße Verstreichen der Zeit geschieht, werden wir in der Lage sein, den „Abbau" des Gehirns zu bekämpfen, falls ein solcher nachgewiesen wird.

6 Gedächtnisarten

Wenn der einzige Unterschied zwischen Kurzzeit- und Langzeitgedächtnis in der Länge der Behaltensspanne bestünde, dann würde es nicht lohnen, sich die beiden als voneinander unterschieden vorzustellen. Die wichtige Frage ist, ob das Kurzzeit- und Langzeitgedächtnis auch Merkmale der Codierung, Speicherung und des Abrufens haben, die sie voneinander unterscheiden. Mit anderen Worten: gehorchen sie verschiedenen wissenschaftlichen Gesetzen?

Wir haben gesehen, daß das Kurzzeitgedächtnis dazu tendiert, sich eines akustischen, artikulationsbezogenen Codes zu bedienen, zumindest bei verbalem Material, während im Langzeitgedächtnis ein semantischer Code bestimmend ist. Gleichzeitig wiesen wir auf Belege hin, daß sowohl beim Kurzzeit- als auch beim Langzeitspeicher noch viele andere Arten von Codes eine Rolle spielen. Gemessen an der Gedächtnisspanne oder ähnlichen Kriterien erscheint die Kurzzeitspeicherkapazität begrenzt und gering, während die Langzeitspeicherung offensichtlich ein großes Fassungsvermögen hat; eine alternative Auffassung besagt, daß das Kurzzeitsystem gar nicht als Gedächtnisspeicher betrachtet werden sollte, sondern als eine Phase der Verarbeitung (mit beschränkter Kapazität), bevor die Informationen in das „eigentliche" Gedächtnis eingespeichert werden.

Das Abrufen aus dem Kurzzeitgedächtnis scheint zunächst mühelos und fehlerfrei zu funktionieren, falls die Inhalte nicht verschoben (displaced) wurden oder Zeit hatten zu verblassen, während beim Langzeitgedächtnis aufgrund von unzulänglichen Abrufsignalen und von Interferenz Gedächtniseinbußen häufig vorkommen. Dennoch deuten bestimmte Versuche darauf hin, daß Interferenz auch schon nach kurzen zeitlichen Intervallen Gedächtnisverluste bewirken kann.

6.1 Verarbeitungsebenen

Teilweise als Alternative zu einer Mehr-Speicher-Theorie des Lernens vertraten Craik und Lockhart (1972) einen von verschiedenen Verarbeitungsebenen ausgehenden Ansatz des Lernens und Gedächtnisses. Sie argumentierten, daß jeder empfangene Reiz eine Reihe von Verarbeitungsstadien durchlaufe, die sich in zeitlicher Hinsicht und, was noch wichtiger ist, hinsichtlich ihrer „Tiefe" unterschieden. Die „oberflächlicheren" und sofort erfolgenden Analysen beziehen sich auf die sensorischen Kennzeichen des jeweiligen Reizes; die spätere Analyse betreffe jedoch die *Bedeutung* des Reizes und seiner Assoziationen mit anderen gespeicherten Reizen. Jede Verarbeitungsebene erzeuge Erinnerungen, aber Craik und Lockhart vertraten die Auffassung, daß die Gedächtnisspur um so stärker und bleibender sein werde, eine je tiefere Verarbeitungsebene erreicht worden sei.

Ein Großteil der für die Zwei-Speicher-Hypothese vorgebrachten Evidenz kann mit Hilfe einer Verarbeitungsebenenanalyse erklärt werden, und diese bietet auch einen flexibleren Rahmen, innerhalb dessen sowohl die Unterschiede *als auch* die Ähnlichkeiten zwischen den verschiedenen Gedächtnissen zu verstehen sind. Aber auch dieser konzeptionelle Rahmen hat Kritik auf sich gezogen (Craik, 1979), insbesondere weil er keine unabhängige Definition von „Ebene" und „Tiefe" lieferte. Eine Möglichkeit ist, daß der „Ebenen"-Ansatz künftig als ein Mittel zum Verständnis (und zur weiteren Unterteilung?) der vielen Vorgänge im Langzeitspeicher und weniger als eine Alternative zu der Zweispeicherhypothese dienen wird.

7 Interaktion zwischen Kurz- und Langzeitgedächtnis

Vielleicht ist es Ihrer Aufmerksamkeit entgangen, daß wir bisher nicht sehr viel über die Beziehung *zwischen* Kurzzeit- und Langzeitgedächtnis gesagt haben. Beispielsweise könnte es sein, daß jeder Reiz, der auf uns einwirkt, sowohl im Kurzzeit- als auch im Langzeitspeicher unmittelbar und unabhängig voneinander Aktivitäten auslöst. Dieser Annahme zufolge würden beide Speicher etwas beitragen, wenn eine sofortige Wiedergabe nötig ist, während für eine spätere Reproduktion nur das Langzeitgedächtnis benutzt werden kann, weil der jeweilige Inhalt inzwischen aus dem Kurzzeitgedächtnis geschwunden ist (oder daraus entfernt wurde).

Häufiger haben die Anhänger einer Mehrspeichertheorie eine aufeinanderfolgende Reihe von Gedächtnissen vertreten, wie aus Abb. 16 ersichtlich. Nach dieser Konzeption geht nichts direkt aus dem sensorischen Speicher in das Langzeitgedächtnis über, aber *manche* der Inhalte, die den Kurzzeitspeicher erreichen, werden verarbeitet und in bleibende Erinnerungen umgewandelt.

Der Kurzzeitspeicher ist somit nicht nur eine temporäre Ablage, er ist auch das erste und wichtigste System, das die Gedächtnis*arbeit* ausführt.

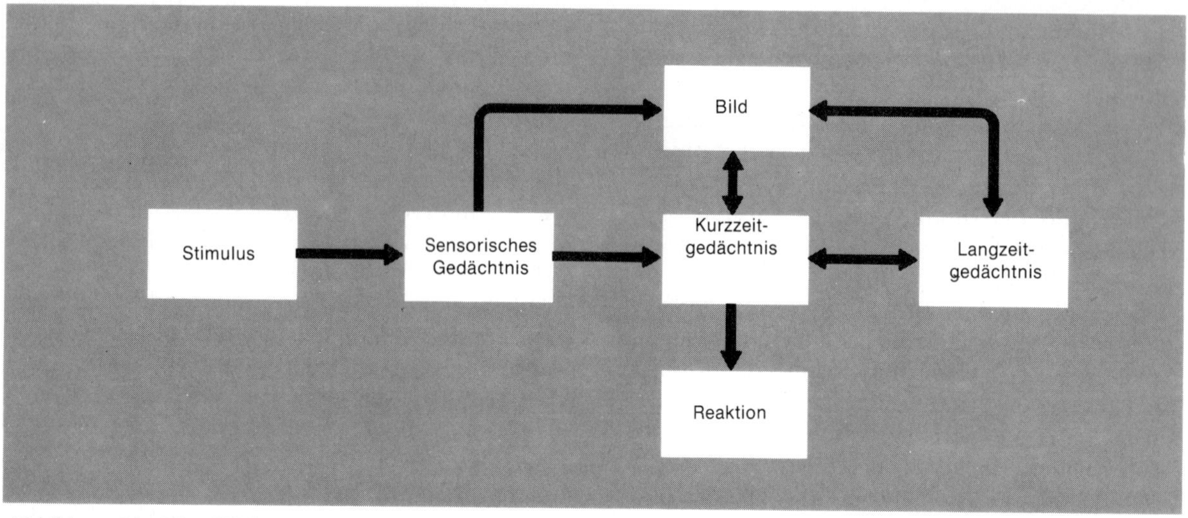

Abbildung 16: Eine Weiterentwicklung des Informationsverarbeitungsmodells (s. 2. Band, Abb. 12, S. 43), erweitert um eine Darstellung des Kurzzeit- und Langzeitgedächtnisses und ihre mögliche Beziehung zueinander und zu anderen Stadien der Verarbeitung. Man beachte, daß das Kurzzeitgedächtnis der wichtigste „Arbeitsraum" ist. Dort werden Inhalte wiederholt, damit sie aktiv bleiben, oder in langfristige Inhalte umgewandelt. Dann ruft das Kurzzeitgedächtnis diese wieder irgendwie aus dem Langzeitspeicher ab (wenn entsprechende Signale vorhanden sind) und kontrolliert den Output von Reaktionen. D. Broadbent (1958) sowie R. Atkinson und R. Shiffrin (1968) zählen zu den Forschern, die spezifische Mehrspeichermodelle entwickelten.

Informationen können durch Wiederholung im Kurzzeitgedächtnis behalten werden, was auch die Entstehung einer langfristigen Erinnerung (vielleicht ohne Veränderung des Kodes?) zur Folge haben kann. Auf der anderen Seite ist die Verschlüsselung oder Codierung für das Langzeitgedächtnis (das Formen von Bildern, das Erkennen von Bedeutungen und das Herstellen von Beziehungen zu anderem Wissen) eine verläßlichere Art der Umwandlung von Material, so daß dieses behalten werden wird. Abbildung 16 gibt auch die verbreitete Vorstellung wieder, daß der Kurzzeitspeicher eine Rolle beim Abrufen und der Reaktionsbildung spielt. Wenn Abrufsignale empfangen werden, gelangen sie in den kurzfristigen Arbeitsspeicher und lösen irgendwie die Suche nach den richtigen Items in der Langzeitgedächtnisbank aus.

Die Vorstellung eines Gedächtnissystems mit mehreren Verarbeitungsebenen hat zu einer unerhörten Menge von Forschungsarbeiten angeregt und ist auch imstande gewesen, eine beträchtliche Anzahl von Befunden zu erklären, die sich aus experimentellen Untersuchungen ergaben. Doch obzwar es einen nützlichen allgemeinen Rahmen zum Verständnis vieler Gedächtnisphänomene bietet, sollten wir dem Mehrspeicherkonzept, solange es keine definitiveren Beweise gibt, nicht gestatten, unser Denken allzusehr einzuschränken. (Im nächsten Kapitel wird sich zeigen, daß Untersuchungen der biologischen Grundlagen des Lernens und Gedächtnisses eine ähnliche mögliche Unterscheidung benutzt und den gleichen Zustand informierter Ungewißheit erzeugt haben.)

Fast alle Versuche, die zu den bisher beschriebenen Theorien und Schlußfolgerungen führten, wurden mit verbalem Material durchgeführt, aber andererseits stimmt auch, daß bei fast allen diesen Experimenten der Merkstoff aus einzelnen Wörtern (oder, noch schlimmer, aus sinnlosen Silben) bestand. Material dieser Art mag zwar eine gewisse Bedeutung haben, aber es vermittelt nicht Wissen in der Weise, wie das ein Satz oder eine Gruppe zusammenhängender Sätze tut. Ein so großer Teil des menschlichen Lernens wird durch Faktenfeststellungen und zusammenhängenden Diskurs vermittelt, so daß es zweifellos der Erörterung bedarf, ob die aus einfacherem Material abgeleiteten Prinzipien ausreichen oder ob andere Vorstellungen entwickelt werden müssen.

7.1 Konstruktives Erinnern und kreatives Vergessen

Im Jahre 1932 berichtete ein britischer Psychologe, Frederick Bartlett, in seinem Buch *Remembering* die Ergebnisse einer langen Reihe von Gedächtnisexperimenten, die mit sinnvollen Geschichten arbeiteten. Bei einem Versuch bekamen die Probanden (Universitätsstudenten) beispielsweise eine Volkssage nordamerikanischer Indianer zu lesen. Fünfzehn Minuten später und danach in verschiedenen Intervallen prüfte Bartlett das Erinnerungsvermögen dieser Probanden. Er stellte fest, daß (1) die allgemeine *Form* der ersten Nacherzählung irgendeines Studenten auch in all dessen späteren Wiedergaben beibehalten wurde; (2) Elemente der ursprünglichen Geschichte, die einem britischen Studenten zusammenhanglos oder sinnlos erscheinen mußten, verändert worden waren, um sie *sinnvoller* zu machen; und (3) verschiedene neue Einzelheiten von den Probanden *erfunden* worden waren, um die Geschichte kohärenter zu machen und sie britischen Sprachmustern, Gebräuchen und Werten anzugleichen. Die Geschichte, die zuletzt „erinnert" wurde, war häufig ganz anders als die ursprünglich gehörte Geschichte, aber das Vergessen bestand nicht bloß aus einem allmählichen Verlust von Einzelheiten; vielmehr fand eine definitive und konsequente *Umarbeitung* des Materials zu einer neuen Geschichte statt, die die Probanden im Grunde nie zuvor gehört hatten. Aus diesem Grund spricht Bartlett von „kreativem Vergessen" und betrachtet das Erinnern als einen „konstruktiven" Vorgang.

Bartlett meinte, daß das Gedächtnis von *Schemata* beeinflußt werde, bei denen es sich um organisierte, aktiv-verändernde mentale Prozesse handele, die von unseren früheren Erfahrungen und Reaktionen geprägt seien; Gedächtnis sei nicht das Einprägen einzelner Worte oder auch einzelner bestimmter Wortgruppen. Spätere Psychologen haben versucht, Bartletts Gedanken zu bestätigen und darauf aufzubauen.

Wie auf Seite 61 festgestellt, fällt es Personen, die eine kurze Geschichte gehört haben, relativ leicht, einen neuen Satz zu entdecken, der eine andere Bedeutung übermittelt als der ursprünglich in der Geschichte enthaltene Satz, aber wenn nur die *Form* des Satzes verändert wird (wenn beispielsweise aus dem Aktiv Passiv wird), ist die Wahrscheinlichkeit viel geringer, daß die Zuhörer den Unterschied bemerken. Ein ähnlicher Irrtum unterläuft Probanden, wenn man sie fragt, ob sie einen Satz wiedererkennen, der ein neues Faktum enthält, das im ursprünglichen Satz nur *impliziert* (vorausgesetzt bzw. mitgedacht) war. So stellten Johnson, Bransford und Solomon (1973) beispielsweise fest, daß Versuchspersonen, die gelesen hatten

> Hans wollte das Vogelhäuschen reparieren. Er schlug eben einen Nagel ein, als sein Vater herauskam, um ihm zuzusehen und ihm bei der Arbeit zu helfen.

durchaus bereit waren, den folgenden Absatz als damit identisch zu akzeptieren:

> Hans arbeitete mit dem Hammer an dem Vogelhäuschen, als sein Vater herauskam, um ihm zuzusehen und bei der Arbeit zu helfen.

Dieses Beispiel zeigt die praktischen Konsequenzen der konstruktiven Aspekte des Gedächtnisses auf, die wir zuvor erwähnt haben. Wir könnten diese Erinnerung an Hansens Hammer insofern einen „guten" Fehler nennen, als die Probanden eine rationale Schlußfolgerung ziehen und in adaptiver Weise reagieren. Nehmen wir jedoch an, daß es später sehr wichtig wäre zu wissen, wo sich der Hammer zu dieser Zeit befunden hat. Es wäre höchst bedauerlich, wenn jemand der Polizei berichtete, er habe gehört, daß Hans ihn hatte, während Hans seine Reparatur in Wirklichkeit mit dem Absatz seines Schuhs ausführte.

Oft behält man den Wortlaut von etwas, obwohl es nicht nötig ist. Kintsch und Bates (1977) testeten an Studenten das Wiedererkennen von Sätzen, die zwei oder fünf Tage zuvor in einer Vorlesung vorgekommen waren. Nach zwei Tagen konnten die Probanden zwischen einem Satz unterscheiden, der in der Vorlesung gesagt worden war, und einem Satz mit derselben Bedeutung, der im Unterricht nicht vorgekommen war. Nach fünf Tagen hatte sich die Erinnerung an den Wortlaut stark reduziert, aber das Gedächtnis für die Bedeutung war nach wie vor gut. Es ergaben sich jedoch zwei ernüchternde zusätzliche Erkenntnisse: (1) Das Gedächtnis für die Sätze, die die Lehrperson für die wichtigsten hielt, war nicht besser als für Sätze, die Details betrafen, und (2) Randbemerkungen wie Ankündigungen und Scherze wurden besser erinnert als zentrale Sätze oder Details (!).

7.2 Die „Grammatik" einer Geschichte

Verschiedene Psychologen und Linguisten haben Methoden zur Analyse der Struktur einer zusammenhängenden Geschichte oder einer deskriptiven Erzählung vorgeschlagen, in derselben Weise, wie ein einzelner Satz in Subjekt, Prädikat usw. zerlegt werden kann. Ein Ziel dieses Bestrebens ist festzustellen, wie die verschiedenen Teile einer zusammenhängenden, sinnvollen Geschichte auf verschiedene Weise gelernt und erinnert werden, und ob die Beziehungen zwischen den Teilen der Geschichte eine Auswirkung auf die Gedächtnisprozesse haben. Es wird damit aber auch noch ein anderer, sehr praktischer Zweck verfolgt. Ein korrektes Verständnis der Art und Weise, wie die Informationen einer Geschichte organisiert werden, hilft uns nicht nur, das menschliche Lernen und Gedächtnis zu begreifen; es kann uns auch beim Bau von Computern helfen, die imstande sind, Informationen so zu verarbeiten, wie das Menschen tun.

Rumelhart (1975) betrachtet beispielsweise eine zusammenhängende Geschichte als ein Netzwerk aus Einzelteilen. Die Hauptbestandteile sind das Setting (wo und unter welchen Umständen die Handlung stattfindet) und eine oder mehr Episoden. Jede Episode besteht aus zumindest einem Ereignis plus der Reaktion des Helden oder der Heldin (oder von jemand anderem) auf dieses Ereignis. Ereignisse und Reaktionen können selbst noch weiter aufgegliedert werden. Diese Bausteine sind untereinander durch Beziehungen verschiedener Art verbunden wie *Verursachen, Ermöglichen, Motivieren* und so weiter. Es ist möglich, dieses oder ein ähnliches System zur Analyse der Erzählstruktur einer Geschichte zu benutzen und diese in einem Diagramm darzustellen (s. Abb. 17). Es wird die Hypothese vertreten, daß ein solches Diagramm einem Schema entspricht, das Lernen und Gedächtnis beeinflußt: Elemente, die einen höheren Platz im Diagramm einnehmen, sind, wie man annimmt, wichtiger in der Geschichte und werden deshalb besser erinnert als tiefer rangierende Elemente. Die Ergebnisse von Versuchen bestätigen in der Regel derartige Voraussagen. Gentner (1976) analysierte einen Abschnitt aus einem historischen Bericht auf diese Weise. Er las die Geschichte dann verschiedenen Probanden viermal vor und ließ sie nach jedem Anhören nacherzählen. Ob eine bestimmte Einzelheit der Geschichte in einem bestimmten Durchgang erinnert wurde, hing davon ab, ob Elemente, die ihrer inneren Logik nach damit zusammenhingen, im vorangegangenen Durchgang erinnert worden waren. Diese Abhängigkeit des Erinnerungsvermögens von der Struktur der Geschichte nahm von einem Durchgang zum nächsten zu, je mehr sich das Verständnis der Vp für die Bedeutung der Zusammenhänge vertiefte.

7.3 Verdrängung

Die Laborversuche über Lernen, Gedächtnis und Vergessen verdeutlichen die Vorgänge, die im realen Leben stattfinden, wenn wir eine Nachrichtensendung im Radio hören, ein Gespräch mit einer Freundin führen, mit Verwandten streiten oder ähnliche Dinge tun. Wenn die theoretischen Erklärungen je ein vollständiges Bild ergeben, sollten wir imstande sein, unser Erinnerungsvermögen für die Reize, denen wir in solchen Situationen des realen Lebens ausgesetzt sind, zu verstehen und vorherzusagen.

Das kreative Vergessen, das bei zusammenhängendem, sinnvollem Material passiert, kann als eine Art von aktivem Vergessen betrachtet werden, im Gegensatz zu dem passiven Vergessen, das durch Interferenz oder simplen Schwund verursacht wird. Eine andere mögliche Ursache des aktiven Vergessens (siehe 6. Band) bezeichnet man als *Verdrängung.* Der psychoanalytischen Theorie zufolge kann dieses unbewußte, aber motivierte Vergessen eintreten, wenn Material, das wir erlebt haben (Reize, Ereignisse, Gefühle) psychologisch extrem schmerzhaft und/oder bedrohlich ist. Es wird behauptet, daß uns die unerträgliche Angst, die die Erinnerung an ein bestimmtes Ereignis auslösen würde, gnädigerweise erspart bleibt, weil wir uns nicht daran erinnern können. Der Theorie zufolge kann die Verdrängung unter extremen Umständen so umfassend sein, daß sie den pathologischen Zustand der Amnesie zur Folge hat. Sicher werden Sie auch in Ihrem eigenen Erleben eine bewußte (und schwächere) Form der Verdrängung erkennen können – den gelegentlichen Versuch, unangenehme Erinnerungen oder „schlimme Gedanken" aus dem Bewußtsein zu „verbannen".

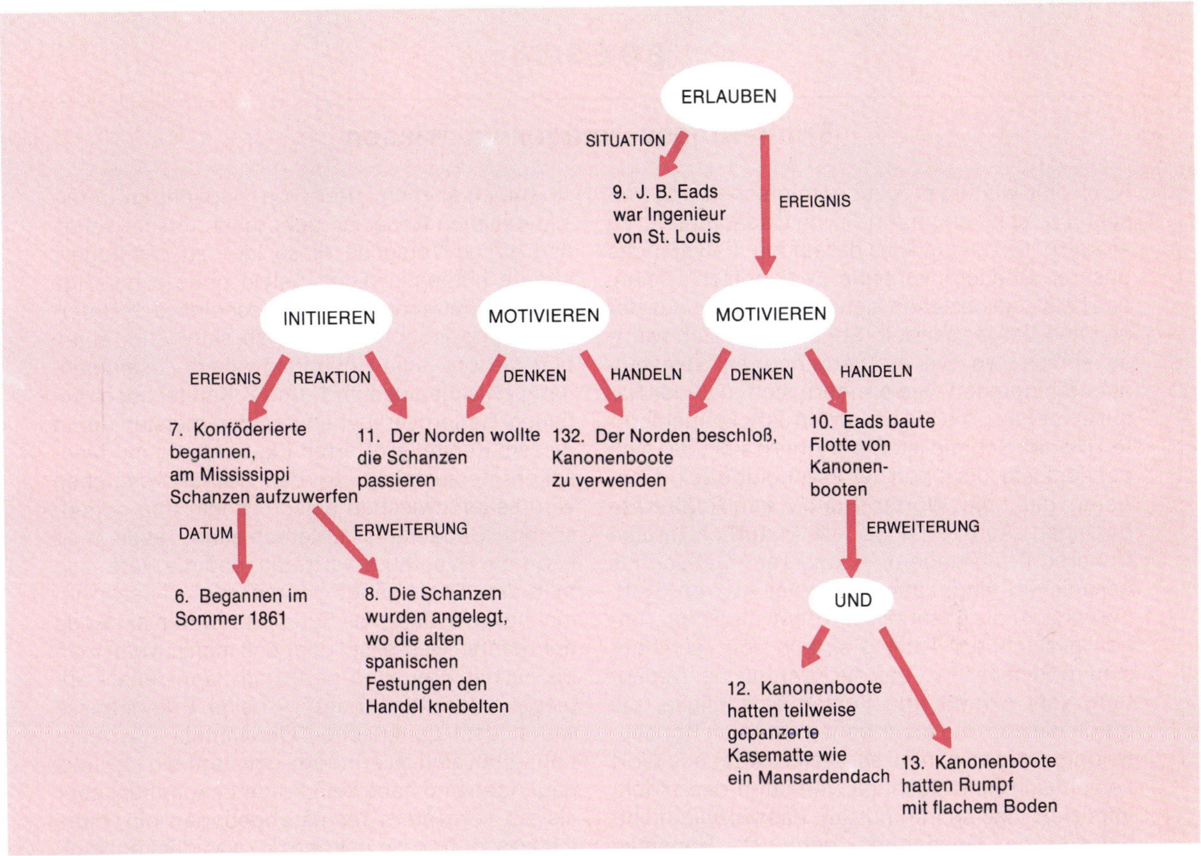

Abbildung 17: Die „grammatische" Struktur eines historischen Berichts über Ereignisse des amerikanischen Sezessionskriegs. Dieses Schema korrespondiert in etwa mit folgendem Absatz:

Im Sommer 1861 begann die Armee der Südstaaten entlang des Mississippi, an dem schon die alten spanischen Festungen den Handel flußabwärts geknebelt hatten, Schanzen aufzuwerfen. Um sie passieren zu können, baute J. B. Eads, ein Ingenieur aus St. Louis, eine Flotte von Kanonenbooten, von denen jedes mit einer teilweise gepanzerten Kasematte in Form eines Mansardendaches und einer flachen Unterseite ausgestattet war.

Eine der hier schematisch dargestellten Tatsachen (daß der Norden beschloß, Kanonenboote zu verwenden) ist im Text nicht enthalten, wohl aber im Schema, da die Analyse davon ausgeht, daß alle Handlungen von einem Plan motiviert sind. Man beachte, daß die Fakten (insgesamt 143 in dem vollständigen zweiseitigen Bericht) in verschiedener Weise miteinander verbunden sind und daß manche mit mehr „Nachbarn" verknüpft sind als andere. Die Vpn hörten den Abschnitt und versuchten viermal, ihn nachzuerzählen. Im Laufe der Durchgänge erhöhte sich die Wahrscheinlichkeit, daß eine Vp ein bestimmtes Faktum erinnern würde, um so stärker, je mehr der „benachbarten" Fakten ihr beim vorangegangenen Durchgang eingefallen waren. Dies zeigt die Wichtigkeit der inneren Organisation von zu lernendem Material, läßt aber auch erkennen, daß die Struktur keine Wirkung hat, wenn sie nicht im Gedächtnis präsent ist.

Aus: D. R. Gentner: The structure recall of narrative prose. *Journal of Verbal Learning and Verbal Behavior,* 1976, *15,* 411–418.

Unser Gedächtnis macht uns zu dem, was wir sind. Ohne ein Bündel von Erinnerungen besäße kein Mensch die Kontinuität, die für unser Selbstkonzept notwendig (wenn auch vielleicht nicht ausreichend) ist. Nicht allen unseren Erinnerungen haftet eine persönliche Qualität an (s. Box 3/14). Und auch nicht alle Erinnerungen dauern ewig: Viele werden unzugänglich, andere verändern sich. Dennoch verbleiben uns im Laufe unseres Lebens genügend Erinnerungen, so daß wir eine gewisse Verwandtschaft mit unserem jüngeren Selbst empfinden, das wir vor zehn (oder 80) Jahren waren.

Die Erkenntnisse über das Lernen und das Gedächtnis, die wir aus Untersuchungen mit sinnlosen Silben und zusammenhanglosen Wörtern

BOX 3/14

Erinnerungsvermögen vs. Wissen

Noch eine weitere mögliche Unterscheidung zwischen verschiedenen Arten von Gedächtnis ist zu erörtern. E. Tulving wies darauf hin, daß manche unserer Gedächtnisinhalte „episodisch" seien, das heißt, sie beziehen sich auf Episoden aus der eigenen Vergangenheit. Sie erinnern sich wahrscheinlich, wo Sie am vergangenen Samstagabend hingingen; Sie erinnern sich, daß der Name einer Frau, die Sie im letzten Jahr kennenlernten, Hanna Schmid ist; Sie erinnern sich, daß sich auf der Liste, die Ihnen der Psychologe zu memorieren gab, die Wörter *Hund-Katze-Ratte-Käse* befanden. Andere Dinge, die (natürlich infolge früherer Erfahrungen) in unserem Gedächtnis gespeichert sind, zählen zu jener Art von Stoff, die wir eher als unser Wissen denn als Erinnerungen bezeichnen. Tulving sprach von „semantischem Gedächtnis", das die Kenntnis der Bedeutung von Worten und Fakten einschließe, die durch die von uns erworbenen verbalen Konzepte logischerweise impliziert seien. Aber das Wort *semantisch* (und Tulvings Definition desselben) impliziert, daß es ihm nur um das *verbale* nichtepisodische Gedächtnis geht. D. Hintzman schlägt vor, daß wir den Ausdruck *generisches Gedächtnis* für diese alternative Art des Erinnerungsvermögens gebrauchen sollten. Dieses solle bekannte Tatsachen, Definitionen von Worten, wissenschaftliche Erkenntnisse aller Art, mechanische Fertigkeiten usw. einschließen (mit anderen Worten: nicht autobiographisches Wissen über die Welt). Ihre Erinnerung daran, wie man *Hund-Katze* etc. schreibt, was diese Wörter bedeuten, aus welchen Lauten sie bestehen und so weiter, all dies ist Teil des generischen Gedächtnisses; Ihre Erinnerung daran, daß Sie diese Worte weiter oben in diesem Absatz gelesen haben, ist episodisch. Wenn Sie sich möglicherweise nicht erinnern können, was Sie am letzten Samstagabend getan haben, aber wissen, daß Sie samstags meist in ein Grillrestaurant und die Lucky-13-Bar gehen, dann wäre das ein Teil des generischen Gedächtnisses.

Eine solche Unterscheidung wäre zweifellos nützlich, wenn wir nachweisen könnten, daß diese verschiedenen Arten von Gedächtnis unterschiedlichen Gesetzen gehorchen; bisher scheinen einige Versuche diese Idee zu bestätigen, andere hingegen nicht. Selbst ohne schlüssige wissenschaftliche Beweise scheint die Unterscheidung jedoch hilfreich zu sein. Zum einen hilft sie uns einen hypothetischen Zusammenhang zwischen den im 1. und 2. Kapitel beschriebenen Tierlernversuchen und den meisten der in diesem Kapitel erörterten Experimente mit Menschen herzustellen. In den Tierlernversuchen wird selten zwischen episodischem und generischem Gedächtnis unterschieden, aber man kann die Hypothese vertreten, daß die Ratte, die mehrere Durchgänge durch ein T-Labyrinth macht, weiß, daß „das Futter dort unten am Ende der rechten Gasse ist" oder daß man, „wenn man bis zu der Kreuzung geht und dann rechts abbiegt, das Futter kriegt" – beide Erkenntnisse wären dem generischen Gedächtnis zuzurechnen – statt sich zu erinnern, „gestern bin ich links gegangen und habe kein Futter bekommen, aber als ich vorgestern rechts abgebogen bin, habe ich was zu fressen gekriegt" – was dem episodischen Gedächtnis entspräche. Ist jede tierische Lernleistung dem generischen Gedächtnis zuzuschreiben?

Vielleicht schätzen wir die Ratte falsch ein. Ratten *können* geschult werden, uns (durch ihr Verhalten) zu zeigen, daß sie sich daran erinnern, was sie zuletzt erlebt haben, und es von Dingen unterscheiden können, die ihnen früher zugestoßen sind. Die Unterscheidung zwischen episodischem und generischem Gedächtnis bietet uns jedenfalls die Möglichkeit, eine Frage zu stellen und die prinzipielle Differenz oder Ähnlichkeit zwischen tierischem und menschlichem Lernen und Gedächtnis auszudrücken.

D. Hintzman: The Psychology of Learning and Memory. San Francisco. Freeman, 1978.

E. Tulving: Episodic and Semantic Memory. Aus: E. Tulving u. W. Donaldson (HSG): Organization of Memory. New York: Academic Press, 1972.

gewonnen haben, gelten auch für das „Bücherlernen“ und die Alltagsereignisse im eigenen Leben, aber aktive Prozesse der Strukturierung spielen in den letztgenannten Situationen eine offenkundigere Rolle. Wir bemühen uns, unseren Erinnerungen ebenso wie unseren sensorischen Erfahrungen einen „Sinn zu verleihen“.

Zusammenfassung

1. Beim Studium des Gedächtnisses unterscheiden wir im allgemeinen drei Stadien: Die Codierung, Verschlüsselung oder schlicht: das Merken (dabei wird der sensorische Input umgewandelt, damit er in das Gedächtnis eingespeichert werden kann); die Speicherung (das Stadium des Behaltens der Informationen, auch Retention genannt); und der Abruf (die Reproduktion der Informationen zum Gebrauch, auch Decodierung oder *retrieval* genannt).

2. Ebbinghaus führte die ersten systematischen Untersuchungen des Lernens und Gedächtnisses durch, in deren Verlauf er ein nützliches Instrument, die sinnlose Silbe, erfand.

3. Erinnern und Wiedererkennen sind die zwei wichtigsten Meßkriterien des Gedächtnisses. Ein drittes Kriterium, das Wiederlernen, hat einige Merkmale mit den beiden erstgenannten gemein. Jedes Kriterium wird durch die Prozesse der Codierung, Speicherung und Abrufung beeinflußt, die stattgefunden haben.

4. Es gibt viele spezifische Methoden zum Studium des Lernens und des Gedächtnisses, wie das serielle Lernen (auch Reihenlernen oder sequentielles Lernen), die Methode der behaltenen Glieder (auch *free recall* oder freies Erinnern) und paarweises Assoziieren.

5. Das sensorische Register (auch Ultrakurzzeitgedächtnis genannt) dient einer kurzen Speicherung, die mit dem Einsetzen eines sensorischen Reizes beginnt. Die dort eintreffenden Informationen müssen codiert und beachtet werden, oder es werden keine späteren Erinnerungen daran behalten. Wenn ein anderer Reiz unmittelbar auf einen sehr kurzen visuellen Reiz folgt, dann wird letzterer nicht als sichtbar gemeldet. Rückwärtsmaskierung stört vermutlich den Fortgang des Codierungsprozesses.

6. Das Kurzzeitgedächtnis kann Informationen direkt aus dem sensorischen Input oder aus dem sensorischen Aufnahmespeicher erhalten und wird bei dieser Gelegenheit umgewandelt oder codiert. Das kurzfristige Behalten verbalen Materials (gleichgültig, ob dieses visuell oder über das Gehör aufgenommen wurde) ist oft akustisch-artikulationsbezogener Natur; das heißt, es basiert auf dem Klang der Worte oder wird durch die Sprechwerkzeuge hervorgerufen. Es kommen jedoch auch andere Arten von Codes für die kurzfristige Speicherung in Frage.

7. Das Kurzzeitgedächtnis *ist* kurz, es sei denn, die Informationen werden durch einen Vorgang des stummen Wiederholens behalten. Das Fassungsvermögen des Kurzzeitgedächtnisses ist ziemlich klein, kann aber durch die Technik des Aufteilens oder Fraktionierens *(chunking)* wirksam vergrößert werden. Das Abrufen aus diesem Gedächtnisspeicher nimmt eine bestimmte Zeit in Anspruch, als ob die einzelnen Elemente durchgegangen und überprüft würden, um das gewünschte Item zu finden.

8. Vom Langzeitgedächtnis wird gewöhnlich angenommen, daß es sich eines semantischen Codes bedient, bei dem es um die Bedeutung der dort gespeicherten Informationen geht. Darüber hinaus können auch akustische oder artikulationsbezogene Modalitäten eine Rolle spielen, beispielsweise, wenn wir einen Text in einer fremden Sprache auswendig lernen.

9. Wenn man sich an ein Wort (z.B. den Namen irgendeines Objektes) erinnern will, ist es ratsam, mit diesem Wort ein anderes zu koppeln oder sich ein geistiges Bild zu machen, das die beiden Worte zueinander in Beziehung setzt oder aus ihnen einen Satz zu bilden (elaborierte Encodierung). Ebenso hilfreich scheint es zu sein, eine Wortsequenz in der Vorstellung mit Gegenständen aus der Umgebung verbunden zu denken (Methode der Orte).

10. Das Lernen (und damit auch das Behalten) wird nicht stark davon beeinflußt, ob man *beabsichtigt* zu lernen oder nicht, aber die bewußte Absicht zu lernen hat gewöhnlich den positiven Effekt, das Individuum zu veranlassen, sich auf die Bedeutung des Materials zu konzentrieren.

11. Das Langzeitgedächtnis mag ein unbegrenztes Fassungsvermögen haben, aber das bedeutet nicht, daß wir notwendigerweise alles erinnern (oder wiedererkennen) können, was wir je gelernt haben. Bestimmte Gedächtnisinhalte oder Vorfälle können bei der Speicherung derart miteinander interagieren, daß ihr getrenntes Abrufen im Grunde unmöglich wird. Die Tendenz zur Gruppierung *(clustering)* ist ein weiteres Anzeichen von Organisation im Langzeitgedächtnis.

12. Ein Abrufsignal aktiviert Gedächtnisinhalte, mit denen es entweder bei der ursprünglichen Codierung oder bei der späteren Reorganisation während der Speicherung organisiert war.

13. Interferenz ist eine Hauptursache von Gedächtnisversagen (d.h. Vergessen). Wenn wir etwas lernen und später unser Erinnerungsvermögen testen, kann das Vergessen sowohl durch proaktive Hemmung (durch Dinge, die vor dem ursprünglichen Lernen des Testmaterials gelernt wurden) als auch durch retroaktive Hemmung (durch Dinge, die nach dem ursprünglichen Lernen gelernt wurden) bewirkt werden. Ein Teil des Vergessens mag auf simplen Spurenzerfall zurückzuführen sein, ein Verblassen von Gedächtnisinhalten im Laufe der Zeit, aber dies ist nicht zwingend bewiesen worden.

14. Der wichtige Unterschied zwischen der Kurzzeit- und der Langzeitspeicherung ist nicht die offensichtliche Differenz in der Behaltensdauer, sondern die oben beschriebenen vermutlichen Unterschiede in der Art der Codierung, im Fassungsvermögen und so weiter. Viele Theoretiker nehmen an, daß Gedächtnisinhalte vom Kurzzeitspeicher in den Langzeitspeicher übergehen und daß das Kurzzeitgedächtnis der „Arbeitsspeicher" sei, durch den Inhalte später erinnert werden, um eine Reaktion auszulösen.

15. Das Behalten sinnvoller Sätze und Geschichten verdeutlicht die Wichtigkeit konstruktiver Fähigkeiten des Gedächtnisses. Menschen „erinnern sich" oft an Dinge, die sie niemals gehört haben, wenn die falsche Erinnerung eine plausible Schlußfolgerung aus Material darstellt, das sie empfangen haben. Bei der Wiedergabe einer zusammenhängenden Geschichte erinnert man sich am besten an die Teile der Geschichte, die am engsten mit den Teilen zusammenhängen, die einem schon zuvor im Gedächtnis haften blieben.

16. Der psychoanalytischen Theorie zufolge ist die Verdrängung eine Form des Vergessens. Von Verdrängung oder „motiviertem" Vergessen spricht man, wenn Gefühle oder andere Reize, die wir erlebt haben, sehr schmerzhaft sind oder psychologisch bedrohlich wirken, so daß sie im Gedächtnis nicht parat sind. Wenn die Erinnerung an diese Erfahrungen verdrängt wird, dann vermeiden wir die unerträgliche Angst, die ihr Auftauchen auslösen würde.

4. Kapitel
Physiologische Grundlagen des Lernens und Gedächtnisses

Im 4. Kapitel des 2. Bandes beschäftigten wir uns mit der Frage der physiologischen Grundlagen von Empfindung und Wahrnehmung. Wir beschrieben die Vorgänge, die sich in verschiedenen Teilen des Nervensystems abspielen, wenn dem Individuum ein Reiz dargeboten wird, und wir entdecken, daß bestimmte Teile des Gehirns unerläßlich sind, wenn das perzeptive Erleben „normal“ und vollständig sein soll. Wenn sich als Resultat von Erfahrungen eine konstante Veränderung in der Reaktion auf ein Reizmuster einstellt, sagen wir gewöhnlich, daß Lernen stattgefunden hat. Dieses Lernen muß seinerseits bedeuten, daß sich im Nervensystem irgendeine Veränderung vollzog. Im 4. Kapitel des 3. Bandes galt unser Interesse der Beschaffenheit und Lokalisierung derartiger Veränderungen.

Die Diskussion der physiologischen Prozesse bei der Wahrnehmung zeigte, daß die Grundvorgänge der Erregungsübertragung als Erklärung dafür auszureichen scheinen, was im Nervensystem geschieht, wenn wir sehen, hören, riechen, tasten usw. Mit dem Lernen betreten wir einen Bereich, von dem nicht sicher bekannt ist, welche physiologischen, chemischen und anatomischen Veränderungen den verhaltensrelevanten Vorgängen zugrundeliegen, für die wir uns interessieren.

Wir wenden uns als erstes dieser Frage der *Mechanismen des Lernens* zu. Wir versuchen zu verstehen, wie die Erfahrung eine bleibende Veränderung im Nervensystem hervorrufen könnte: Eine *Veränderung* als Erklärung des Lernens und eine *bleibende* Veränderung als Erklärung des Gedächtnisses. Fast die gesamte Arbeit in diesem Feld ist neueren Datums, und die obschon begrenzten bisher vorliegenden gesicherten Antworten sind überaus vielversprechend. Eine zweite und damit zusammenhängende Frage hat eine etwas längere Forschungsgeschichte. Es ist die Frage nach dem Ort des Lernens: In welchem Teil bzw. in welchen Teilen des Nervensystems findet das Lernen statt? Unsere erste und zweite Frage sind nicht völlig voneinander trennbar: Wenn wir beispielsweise entdeckten, daß der dem Lernen zugrundeliegende Mechanismus die chemische Substanz X benötigt, dann würde das bedeuten, daß das Lernen vermutlich nicht in einer Gehirnregion erfolgen kann, deren Struktur kein X enthält. Im Umfeld dieser zwei Fragen haben sich jedoch separate Forschungsgebiete entwickelt, die wir der Reihe nach untersuchen wollen.

1 Physiologische Mechanismen

Wie in den früheren Kapiteln dieses Bandes erklärt, gibt es verschiedene Arten von Verfahren, die Verhaltensänderungen hervorrufen können, welche unter den allgemeinen Oberbegriff des Lernens fallen. Es ist nicht unmöglich, daß man eines Tages entdecken wird, daß dieselben biologischen Mechanismen für die kompliziertesten verbalen Lernvorgänge des Menschen und das simpelste klassische Konditionieren von Tieren zuständig sind, aber dies kann nicht a priori angenommen werden. Wir beginnen mit einer Form des Lernens, die generell als noch simpler angesehen wird als das Konditionieren – das Phänomen der Habituation oder Gewöhnung.

1.1 Habituation

Wie im 1. Kapitel definiert, ist Habituation eine Abnahme der Stärke einer Reaktion, die eintritt, weil ein bestimmter Reiz wiederholt dargeboten wurde. Wenn eine Ratte einem starken Lärm ausgesetzt wird, zeigt sie zunächst eine strukturierte Schreckreaktion; aber wenn das Geräusch mehrmals wiederholt wird, schwächt sich die Reaktion ab, bis sie schließlich kaum noch merkbar ist. In vielen Alltagssituationen reagieren Menschen stärker und anhaltender auf einen neuen Reiz als auf einen, an den sie sich gewöhnt haben. Die Art und Weise, wie Sie auf ein Musikstück reagieren, mag eine viel komplexere perzeptive Verarbeitung erfordern als die der Ratte, aber das typische Nachlassen des Interesses, das Sie verspüren mögen, wenn das Werk seine Neuheit verliert, ist zumindest teilweise auf Gewöhnung zurückzuführen.

Ein Großteil unserer wichtigsten Erkenntnisse über die menschliche Genetik stammt aus Versuchen mit Bakterien und Fruchtfliegen. Man weiß nicht mit Sicherheit, ob ein Prinzip, das bei einem dieser Organismen entdeckt wurde, auch auf höhere Arten anwendbar ist, solange dieses Prinzip nicht weiter getestet wurde. Aber die ursprüngliche Forschung kann viel rascher und besser kontrolliert vonstatten gehen, wenn sie an einfacheren Systemen durchgeführt wird.

Überlegungen in diese Richtung haben eine Reihe von Forschern veranlaßt, die Mechanismen der Habituation bei bestimmten wirbellosen Tie-

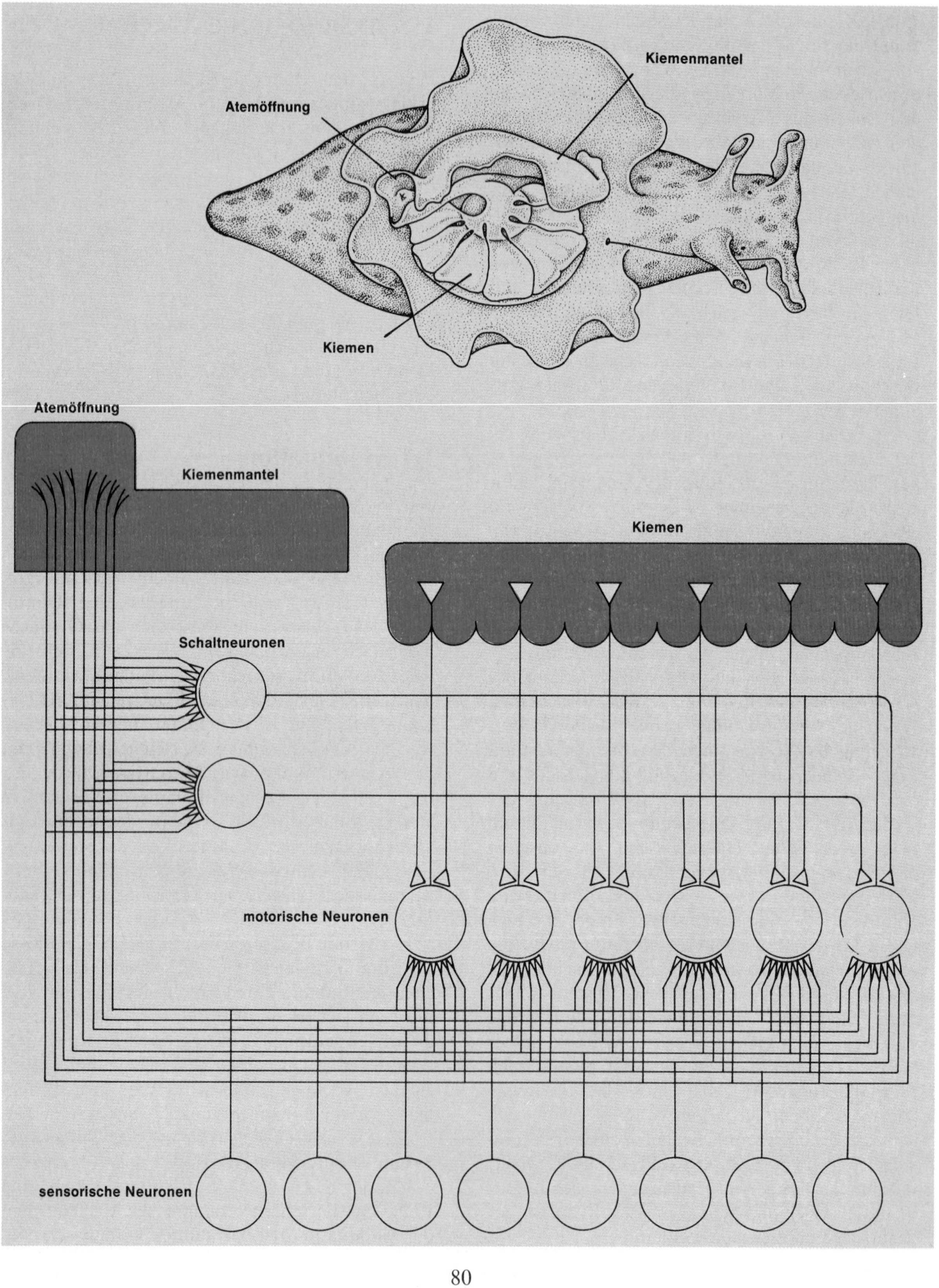
Kiemenmantel
Atemöffnung
Kiemen
Atemöffnung
Kiemenmantel
Kiemen
Schaltneuronen
motorische Neuronen
sensorische Neuronen

ren zu studieren. Am meisten wissen wir über die Schnecke *Aplysia,* auch unter dem Namen „Seehase“ bekannt (Kandel, 1979). Die große Nützlichkeit der *Aplysia* liegt in der Tatsache, daß ihr Nervensystem zwar komplex genug ist, um Habituation und ähnliche Phänomene aufzuweisen, daß es dabei aber relativ einfach und bemerkenswert einheitlich ist. „Einfach“ insofern, als es insgesamt nur mehrere tausend Neuronen statt der beim Menschen vorhandenen Milliarden gibt, und „einheitlich“, weil viele der einzelnen Nervenzellen bei allen Schnecken an derselben Stelle vorgefunden werden und dieselbe Form, Entladungstätigkeit usw. aufweisen. Außerdem kann man Teile des Nervensystems sezieren und dann mit relativer Leichtigkeit einzelne Zellen stimulieren und ihre Aktivität aufzeichnen. Diese Merkmale gestatten es den Versuchsleitern zu analysieren, welche Zellen zu welchen Verhaltensmustern beitragen und wie sich die Aktivität in Reaktion auf wechselnde Situationen anpaßt.

Wenn man die Atemöffnung der *Aplysia* berührt (s. Abb. 18), dann ziehen sich die Kiemen unter den Kiemenmantel zurück. Diese Reaktion habituiert jedoch, das heißt, nach wiederholter Stimulierung der Atemöffnung wird sie immer geringer. Kandel und seine Mitarbeiter entdeckten, daß es in der Atemöffnung nur 24 Sinneszellen gibt, die durch Berührung stimuliert werden. Die Sinneszellen sind mit sechs motorischen Zellen verbunden, die zu den Kiemen führen und den Rückzugsreflex auslösen. Was ist in diesem winzigen System somit die *Veränderung,* die der Gewöhnung zugrundeliegt?

Die Antwort ist *nicht,* daß das sensorische Neuron bei wiederholten Stimulierungen weniger bereitwillig „feuert“, noch, daß das motorische Neuron (oder der Muskel) zögernder reagiert, wenn es bzw. er eine Botschaft der Übermittlersubstanz erhält. Der Mechanismus der Gewöhnung besteht darin, daß die sensorischen Neuronen nach wiederholter Entladung eine zunehmend geringere Menge an Übermittlersubstanz absondern. Versuche anderer Art zeigen, daß in dem sensorischen Neuron genügend Übermittlersubstanz zurückbleibt; ein chemischer Anpassungsprozeß bewirkt jedoch, daß immer weniger ausgestoßen wird, das heißt, die *Aplysia* „macht sich nicht mehr die Mühe“, auf einen unwichtigen Wiederholungsreiz zu reagieren.

Die obigen Experimente wurden mit Stimuli durchgeführt, die alle paar Sekunden oder alle paar Minuten dargeboten wurden. Nach einem Intervall von einer Stunde oder mehr verschwindet die Habituation, und bei Stimulierung der sensorischen Nerven der Atemöffnung wird die ursprüngliche Menge an Transmittersubstanz freigesetzt. Wird dasselbe Stimulierungsverfahren jedoch tagaus, tagein durchgeführt, findet ein gewisser Übertrag statt, und der Reflex tendiert dazu, im Gewöhnungszustand zu verbleiben. Es ist noch nicht bekannt, ob dieser länger anhaltende Effekt (Langzeitgedächtnis?) vom gleichen Mechanismus präsynaptischer Veränderung hervorgerufen wird wie der eingangs beschriebene kurzfristige Effekt.

1.2 Habituation im Rückenmark

Wie wir eben gesehen haben, besteht eine Brücke des Verständnisses zwischen den Nervensystemen einfacher Organismen und dem Zentralnervensystem der Wirbeltiere. Ein anderer Ansatz sieht vor, nur mit einem *Teil* des Nervensystems eines Wirbeltiers zu arbeiten.

Unter Anästhesie wird das Rückenmark eines Versuchstiers völlig durchgeschnitten. Da damit alle neuralen Verbindungen zum Gehirn durch-

◀ *Abbildung 18:* Die Schnecke *Aplysia* und die Habituation. Oben ist eine Abbildung der Meeresschnecke zu sehen, wobei die Kiemen ausgestreckt dargestellt sind. Stimulierung der Atemöffnung (oder bestimmter anderer Körperteile) löst einen Rückzugsreflex der Kiemen aus, so daß sich diese dann in der im kleinen Kreis gezeigten Position unter dem Kiemenmantel befinden. Dies ist leicht als eine Schutzreaktion auf mögliche Gefahr zu verstehen. Darunter ist ein Diagramm eines Teils der beteiligten Zellstruktur. Die 24 sensorischen Neuronen der Atemöffnung stehen in direktem Kontakt mit den sechs motorischen Neuronen der Kiemen, die die Rückzugsreaktion auslösen (außerdem gibt es einige Schaltneuronen, die eine indirektere Verbindung zwischen Atemöffnung und Kiemen herstellen). Wenn die Atemöffnung mehrmals hintereinander stimuliert wird, fahren die sensorischen Neuronen fort zu feuern, aber die Menge an Mittlersubstanz, die an den präsynaptischen Endköpfchen freigesetzt wird, nimmt ab. Die Rückzugsreaktion verringert sich; es hat eine Gewöhnung stattgefunden.

Aus: E. Kandel: Small systems of neurons. *Scientific American,* 1979, *241, 66–84.*

trennt sind, kann die Komplexität, die normalerweise durch Botschaften des Gehirns entstehen würde, vermieden werden, wenn man mit Reizen und Reaktionen arbeitet, die nur den Unterkörper (und den unteren Teil des Rückenmarks) betreffen.

Thompson (Groves u. Thompson, 1970) und seine Mitarbeiter haben gezeigt, daß Habituation im isolierten Rückenmark der Katze alle Merkmale der Habituation im intakten Organismus aufweist. In ihren Untersuchungen benutzten diese Forscher den Beugereflex, d. h. die Rückzugsreaktion eines Gliedes bei einem schmerzhaften Reiz. Der daran beteiligte Reflexbogen beginnt mit sensorischen Neuronen, die die Botschaft des Stimulus an das Rückenmark übermitteln (s. Abb. 19).

Die sensorischen Neuronen sind mit *Schaltneuronen* verbunden (die sich zur Gänze im Rückenmark befinden), die dann mit den Bewegungsneuronen synaptisch verbunden sind und die das Bewegungssignal an die Muskeln des Gliedes weiterleiten. Wenn die Haut (oder deren sensorische Neuronen) wiederholt stimuliert wird, nimmt die Beugereaktion ab, genau wie bei einer normalen, intakten Katze. Versuche haben gezeigt, daß diese Gewöhnung nicht durch verminderte Reagibilität der sensorischen Neuronen oder durch verminderte Sensibilität der motorischen Neuronen bewirkt wird, sondern durch Veränderungen in den Schaltneuronen im Rückenmark. Sie könnte durchaus durch eine Abnahme der freigesetzten Mittlersubstanz hervorgerufen werden, wie bei der Aplysia, aber das wurde noch nicht mit Sicherheit festgestellt.

1.3 Habituation im Gehirn

Habituation findet im Gehirn wahrscheinlich in vielen verschiedenen Regionen statt. Aufgrund der Komplexität des Gesamtsystems ist es jedoch sehr schwierig, detaillierte Informationen über die daran beteiligten chemischen, elektrischen oder anatomischen *Mechanismen* zu gewinnen. Eine

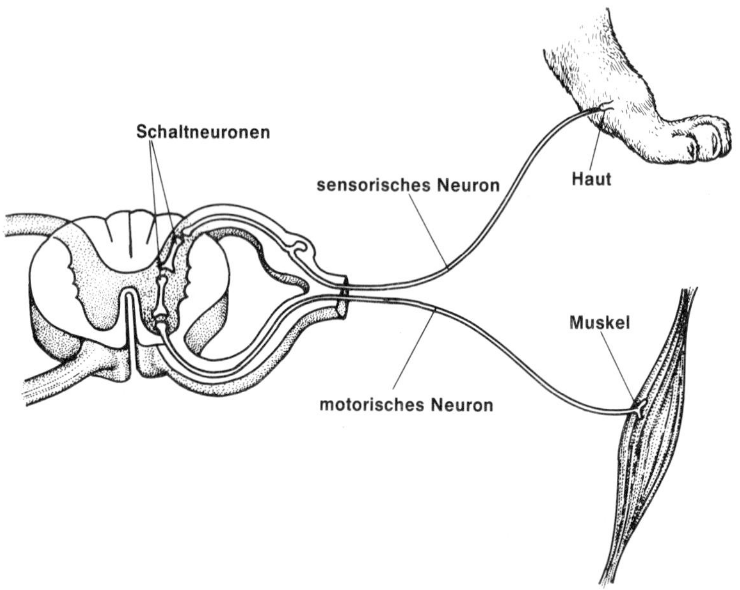

Abbildung 19: Der Beugereflex des Rückenmarks und seine Habituation. Manche Reflexbögen können mit nur zwei Neuronen auskommen: Ein sensorisches Neuron, das die Reizbotschaft an das Zentralnervensystem übermittelt, und ein motorisches Neuron, das die Reaktionsanweisungen vom Gehirn zurück an einen Muskel oder eine Drüse weiterleitet. Der Beugereflex ist repräsentativ für eine typischere Situation, in der ein oder mehrere Schaltneuronen vorhanden sind. Bei wiederholter Stimulierung fährt das sensorische Neuron zwar fort zu feuern, aber es tritt eine Habituation der Reaktion ein. Weitere Untersuchungen haben gezeigt, daß die entscheidende Veränderung stattfindet, wenn der Erregungsbogen das Schaltneuron erreicht.

neue Technik liefert uns jedoch ein nützliches Bindeglied zu den oben erörterten einfacheren Systemen.

Ein dünnes, aus dem Hippokampus (s. 1. Bd., 5. Kap.) entnommenes Gewebepräparat kann mehrere Stunden lang weiterfunktionieren, wenn es in eine Lösung gelegt wird, die den Körperflüssigkeiten entspricht. Es können dann Synapsen identifiziert werden, wobei zu sehen ist, daß die präsynaptischen Nervenfasern an die postsynaptischen Zellen stoßen. Die Neuronen in dem Präparat feuern, wenn sie stimuliert werden und aktivieren andere über Synapsen hinweg und so weiter. Manche dieser Neuronenketten bilden ein habituierbares System; das heißt, die Aktivität in den postsynaptischen Neuronen nimmt ab, wenn die präsynaptische Zelle immer wieder stimuliert wird. Das Fesselnde daran ist, daß auch hier wieder derselbe Mechanismus am Werk zu sein scheint: Aller Wahrscheinlichkeit nach wird die Gewöhnung durch eine Abnahme des Transmitters verursacht, der von den präsynaptischen Zellen abgesondert wird (Lynch u. Schubert, 1980).

1.4 Sensibilisierung

Ein schmerzhafter Reiz, der auf den Schwanz einer Laborratte ausgeübt wird, veranlaßt das Tier vermutlich nicht, sein *Bein* zurückzuziehen. Wenn jedoch ein solcher Reiz zuerst auf den Schwanz ausgeübt wird, kann das die Folge haben, daß das Tier bei einer darauffolgenden *Bein*stimulierung sein Bein heftiger bewegt, als wenn der Schwanz nicht stimuliert worden wäre. Parallel dazu wird ein starker unangenehmer Reiz, der auf den Kopf einer *Aplysia* ausgeübt wird, kaum einen unmittelbaren Effekt auf die Kiemen haben, aber er wird das Tier veranlassen, einen stärkeren Kiemenrückzugsreflex bei Stimulierung der Atemöffnung zu zeigen, als es sonst der Fall gewesen wäre. Dieses Phänomen bezeichnet man als *Sensibilisierung*. Ebenso wie die Gewöhnung tritt auch die Sensibilisierung bei sämtlichen Tieren der phylogenetischen Reihe auf. Ihre allgemeine Nützlichkeit (nämlich den Organismus zu alarmieren, wenn ihm wichtige Dinge zustoßen) liegt auf der Hand.

Ähnliche Experimente wurden mit der Meeresschnecke *Aplysia* durchgeführt. Auch hier ging es um die Analyse der Sensibilisierung: was geschieht bei der Verstärkung solcher Reaktionen? Abbildung 20 zeigt, daß die vom Kopf ausgehenden sensorischen Neuronen auf indirekte Weise die Aktivität der kiemeneinziehenden Bewegungsneuronen erhöhen. Die Kopfneuronen sind nicht an der dendritischen Zone des Bewegungsneurons synaptisch angehängt, sondern an den axonalen Endknöpfchen der sensorischen Neuronen der Atemöffnung (diese kompliziertere Art von synaptischem Mechanismus wird als präsynaptische Erregung bezeichnet). Die allein feuernden Kopfneuronen rufen keine Kiemenreaktion hervor, aber sie erhöhen die Menge der Transmittersubstanz, die in den sensorischen Neuronen potentiell freigesetzt werden kann. Wird die Atemöffnung bald danach stimuliert, dann bewirkt sie den Ausstoß von mehr Transmittersubstanz als im unsensibilisierten Zustand und löst somit eine stärkere Reaktion in den Bewegungsneuronen aus.

Beim spinalen Beugereflex der Wirbeltiere (wo die Sensibilisierung ebenfalls zu sehen ist) scheint ein anderer Mechanismus wirksam zu sein. Vielleicht bewirkt der sensibilisierende Reiz einfach eine allgemeine Erregung vieler Synapsen des Systems und alarmiert sie, so daß sie stärker reagieren, wenn der Reiz einsetzt.

2 Konditionierungsmechanismen

Nach der obigen Darstellung der einfachsten Formen des Lernens wäre es nun erfreulich, wenn wir zum klassischen Konditionieren, zum instrumentellen Konditionieren und anderen komplexen Phänomenen übergehen und in jedem Fall die physiologischen, biochemischen oder anatomischen Veränderungen beschreiben könnten, die das Lernen ausmachen. Leider sind wir von einem solchen Ziel noch weit entfernt.

Ein naheliegender Ansatz besteht darin, ein relativ simples Nervensystem (oder einen Teil eines Nervensystems) zu suchen, das die Art von Lernen oder Gedächtnis aufweist, für die wir uns interessieren, um an ihm herauszufinden, was die Veränderungen verursacht, die bei Lern- und Gedächtnisprozessen vor sich gehen (mit anderen Worten: wir würden im Idealfall genau das tun, was in bezug auf die Habituation gemacht wurde). Dieser Weg wird auch tatsächlich zielstrebig ver-

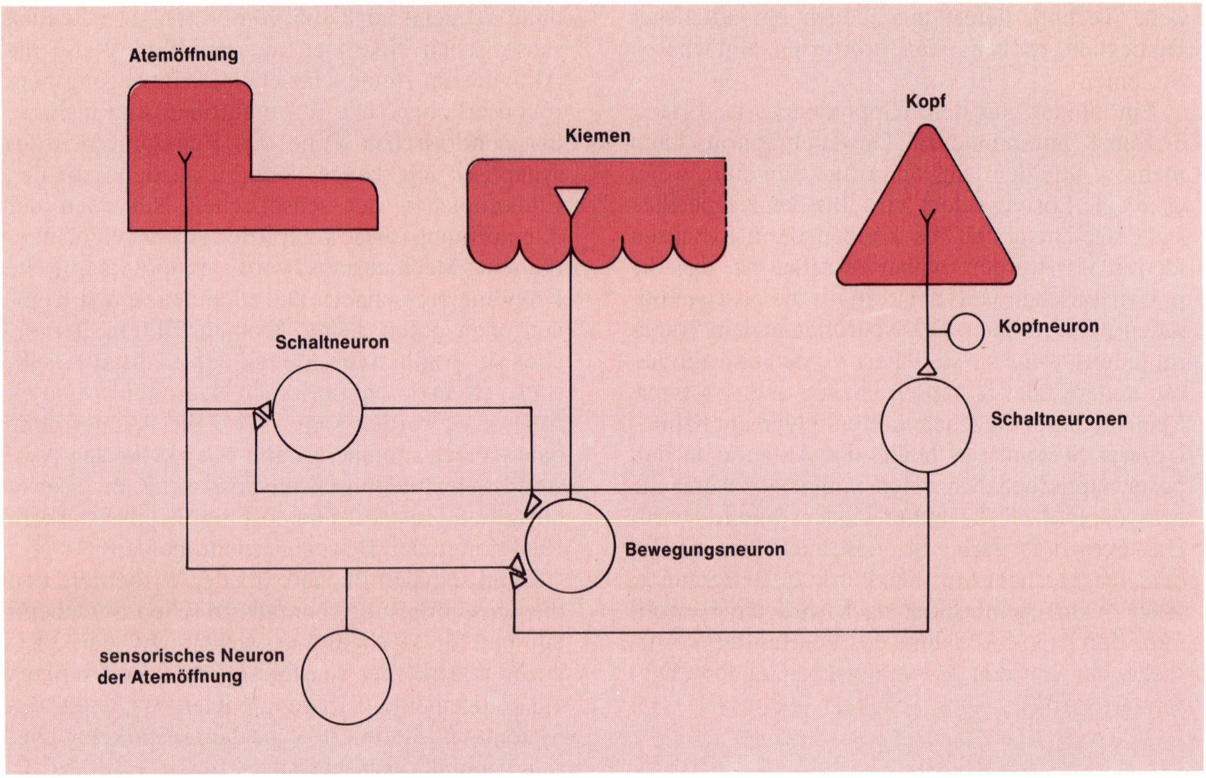

Abbildung 20: Aplysia und Sensibilisierung. Nur ein Teil von Abbildung 18 (S. 80) ist hier wiedergegeben, aber zusätzlich sind sensorische Nervenfasern, die aus dem Kopf kommen, eingezeichnet. Durch Schaltneuronen beeinflussen diese Fasern die Endknöpfchen der Atemöffnungsneuronen. Durch Erregung des sensorischen Systems des Kopfes erhöht sich die Menge an Transmittersubstanz, die in diesen Endungen erzeugt wird, wenn man die Atemöffnung stimuliert. Diese Sensibilisierung kann den Folgen der Gewöhnung entgegenwirken.

Nach: E. Kandel: Small systems of neurons. *Scientific American,* 1979, *241,* 66–84.

folgt, aber es gibt Probleme. Einerseits ist es ziemlich schwierig, überzeugende Beweise zu finden, daß die allereinfachsten Tiere zu diesen komplizierteren Arten des Lernens fähig sind (es gibt solche Möglichkeiten, aber sie haben noch nicht zu klaren Aufschlüssen über die Mechanismen geführt). Bei komplexeren Tieren ist andererseits bisher noch nicht genau bekannt, welche Zellen und Systeme am Lernen beteiligt sind. Gewisse Fortschritte bei der Lösung dieses Problems sind gemacht worden, aber sie betreffen eher die Frage nach dem Ort des Lernens, der wir uns im zweiten Teil dieses Kapitels zuwenden wollen.

Es ist aber auch ein ganz anderer Ansatz denkbar. Im Laufe der Jahre sind einige allgemeine Vorstellungen über mögliche Mechanismen des Lernens (wie physiologische oder biochemische Veränderungen bestimmter Art) entwickelt worden. Obwohl wir diese Mechanismen neuroanatomisch nicht genau lokalisieren können, läßt sich dennoch die Nützlichkeit dieser theoretischen Konzepte nachweisen. So können wir beispielsweise versuchen, einen bestimmten Prozeß bei Labortieren anzuhalten, und danach überprüfen, ob diese Unterbrechung eine Verminderung der Lernfähigkeit oder einen Gedächtnisverlust zur Folge hat. Es wird aufschlußreich für uns sein, uns mit einigen dieser Konzepte auseinanderzusetzen und die dafür und dagegen sprechenden Fakten abzuwägen.

2.1 Rückkopplungsschleifen

Ein Mechanismus des Lernens, der hypothetisch vertreten wurde, basiert nur auf den im 1. Band (S. 133) erörterten grundlegenden Phänomenen neuronaler Erregung. Dabei wird von der Hypothese ausgegangen, daß im Gehirn als Resultat jeder neuen Erfahrung ein neues Verbindungsmuster zwischen Neuronen zustandekommt und daß das Lernen somit aus der Aktivität neuer Organisationsmuster zwischen den neuralen Elementen besteht.

Aber wie können wir erwarten, daß die durch Erfahrungen hervorgerufene neurale Aktivität über längere Zeit anhält? Die unmittelbare neurale Reaktion auf einen Reiz nimmt ihren Verlauf und stirbt in weitaus weniger als einer Sekunde ab; und dennoch bleiben Gedächtnisinhalte manchmal jahrelang erhalten. Eine teilweise Antwort auf diese Frage bietet das Konzept der Rückkopplungsschleifen. Es wurde die Hypothese vertreten, daß im Gehirn geschlossene Neuronenschleifen vorhanden seien. Beispielsweise könnte das Neuron A das Neuron B anregen und dieses das Neuron C, aber letzteres könnte seinerseits den Kreislauf schließen und das Neuron A stimulieren. Wenn in einem solchen Schleifensystem eine neurale Aktivität in Gang kommt, dann könnte sie sich endlos kreisförmig fortsetzen, das Erregungssignal immer wieder weiterleiten und damit die elektrischen Erregungsmuster des Gehirns um einen neuen Aspekt permanenter Aktivität bereichern. Dieser endlose Kreislauf wäre dann eine neurale Basis des Gedächtnisses.

Es gibt jedoch ernstzunehmende Einwände gegen diese Theorie. Viele Zustände und Bedingungen, die die vorhandene neurale Aktivität nachhaltig unterbrechen, bewirken keinen vollständigen Gedächtnisverlust, der logischerweise zu erwarten wäre. So können beispielsweise abnormale Zustände, wie Krämpfe und Anästhesie, und normale Zustände, wie Schlaf, von extremen Veränderungen hinsichtlich des Umfangs und der Regelmäßigkeit der neuralen Aktivität im Gehirn begleitet sein, und dennoch haben diese Zustände keinen merkbaren Verlust des Langzeitgedächtnisses zur Folge. Aufgrund dieser Befunde beschränkt sich die hypothetische Rolle, die permanente Kreisläufe für das Lernen und das Gedächtnis spielen, auf gewisse Vorgänge im Kurzzeitgedächtnis.

2.2 Konsolidierungshypothese

Eine revidierte Version der obigen Theorie geht davon aus, daß unmittelbar nach einer Lernerfahrung (etwa ein einzelner Durchgang in einem Versuch) eine Rückkopplungsschleife gebildet wird, die als neurale Basis für einen Vorgang im Kurzzeitgedächtnis dient. Diese Aktivität dauert nicht sehr lange an. Sie kann einfach absterben (vielleicht die Erklärung des Zerfalls im Kurzzeitgedächtnis?) oder es können neue Reize eintreffen, die den Kreislauf stören, indem sie neue Kreisläufe in Gang setzen, und zwar unter Verwendung einiger Neuronen, die zuvor an der ersten Erinnerung aktiv beteiligt waren (vielleicht die Erklärung der Verschiebung im Kurzzeitgedächtnis?). In anderen Fällen können die Kreisprozesse, bevor sie verschwinden, jedoch zu einer permanenten Veränderung im Gehirn geführt haben, indem sie irgendwie Gehirnmechanismen für eine Langzeiterinnerung in Gang setzen. Wir werden uns bald den möglichen Prozessen des Langzeitgedächtnisses zuwenden. Aber im Augenblick genügt es festzustellen, daß Rückkopplungsschleifen, *falls* es zwei verschiedene Arten von Gedächtnis gibt, dem Kurzzeitstadium zugrundeliegen könnten.

Die eben dargestellte Theorie enthält eine Version einer Konsolidierungshypothese. Diese Hypothese erfordert nicht, daß das Kurzzeitgedächtnis unbedingt durch endlose Kreisläufe erklärt wird, aber ihre Quintessenz lautet, daß dem Kurzzeitgedächtnis gestattet werden muß, ohne Störung abzulaufen, damit eine langfristige Speicherung zustandekommen kann. Mit anderen Worten: ddas Kurzzeitgedächtnis muß sich konsolidieren, um einen langfristigen Gedächtnisinhalt erzeugen zu können. Eine Methode zur Überprüfung der Konsolidierungstheorie wäre daher, der Vp etwas zu lernen zu geben und den Kurzzeitprozeß nach dem Lerndurchgang zu unterbrechen, aber bevor der Langzeitprozeß Gelegenheit hatte, in Gang zu kommen. Die Vp müßte dann außerstande sein, eine Langzeiterinnerung zu entwickeln.

Eine experimentelle Methode, die bei diesen Untersuchungen oft benutzt wird, ist das von Jarvik u. Essman (1960) entwickelte *Springverfahren.* Eine Ratte oder Maus, die auf eine mehrere Zentimeter über dem Boden befindliche kleine Plattform gesetzt wird, hat die natürliche Tendenz, innerhalb weniger Sekunden auf den Fußboden hinunterzuspringen (das Tier macht das ziemlich gleichmäßig tagein und tagaus). Nehmen wir jetzt an, daß der Fußboden eines Tages elektrisch geladen ist und daß bei der Berührung dem Fuß ein schmerzhafter Schock versetzt wird. Wird das Tier später wieder auf die Plattform gesetzt, so erinnert es sich auch noch 24 Stunden später an den Schock und bleibt auf der Plattform – mehrere Minuten oder nötigenfalls auch länger. In dieser Situation zeigt sich eine Gedächtnisleistung dadurch, daß das Tier *nicht* auf den Fußboden hinunterspringt.

Wenn wir nun das Kurzzeitgedächtnis des Tieres sofort nach seinem Erlebnis „Hinunterspringen = Fußschock" stören, bevor dieser kurzfristige Gedächtnisinhalt Gelegenheit hatte, sich zu einer langfristigen Erinnerung zu konsolidieren, dann sollte das Tier kein Anzeichen zeigen, daß es sich an das Schockerlebnis erinnert, wenn es am nächsten Tag getestet wird, und arglos wieder auf den Fußboden hinunterspringen. Eine oft benutzte Methode zur Unterbrechung der Konsolidierung einer kurzfristigen Erinnerung besteht darin, dem Gehirn des Tieres einen elektrischen Stromstoß zu verabreichen. Der Strom löst einen sehr hohen Aktivationsgrad der Neuronen im ganzen Gehirn aus. Eine häufige Folge ist, daß ein Krampf entsteht; eine andere Folge ist, daß ausgebildete Reflexbögen (z. B. Rückkopplungsschleifen), die gerade aktiv sind, unterbrochen werden. Wenn ein *elektrokonvulsiver Schock (EKT)* rasch genug auf eine Sprung-Fußschock-Koppelung folgt und das Tier einen Tag später getestet wird, verhält es sich tatsächlich so, als ob es keine Erinnerung an das Ereignis hätte, und springt ohne sichtbare Erwartung eines Schocks sofort von der Plattform hinunter. Wenn das Intervall zwischen dem Schock und dem EKT länger ist, zeigt das Tier, daß es sich erinnert, indem es auf der Plattform bleibt, wenn es am nächsten Tag getestet wird. Der Theorie zufolge hat das längere Intervall den ungestörten Ablauf der Konsolidierung ermöglicht, und es ist dadurch eine relativ stabile, langfristige Erinnerung entstanden.

Manche medikamentöse Behandlungen, wie die Anästhesie, die eine ähnliche Wirkung auf die neurale Aktivität haben wie der Elektroschock, rufen nachweislich ebenfalls einen zeitabhängigen Gedächtnisverlust hervor. Darüber hinaus ist es möglich, durch Verfahrensweisen, die die Konsolidierung fördern, die Lern- oder Gedächtnisleistungen von Tieren zu *verbessern.* Die Injektion von Stimulantien wie Strichnin oder Pikrotoxin scheint das Lernen zu erleichtern. Eine Injektion wird nach jedem Durchgang eines Lernproblems verabreicht (der Zeitpunkt, zu dem die Konsolidierung vermutlich stattfindet), und die Tiere zeigen dann, wenn sie später getestet werden, überdurchschnittliche Behaltensleistungen des Gelernten. Es wird angenommen, daß diese chemischen Substanzen die Erinnerung an den soeben erlebten Lerndurchgang rascher oder nachhaltiger festigen, als dies üblicherweise der Fall wäre.

Ein beunruhigendes Problem ist jedoch dabei entstanden. Wenn die Sequenz Sprung-Fußschock-sofortiger Elektroschock verabreicht wird und dem Tier einige Stunden später in einem völlig anderen Apparat ohne Plattform und ungeachtet seiner Aktivität ein zusätzlicher Fußschock versetzt wird, dann zögert es am nächsten Tag auf der Plattform (Quartermain et al., 1972). Eine „reine" Version der Konsolidierungstheorie ließe erwarten, daß die Erinnerung an das erste Schockerlebnis für immer und vollständig ausgelöscht ist, aber das ist anscheinend nicht der Fall. Vielleicht wirkt sich der Elektroschock auf die Art und Weise aus, in der die Erfahrung kodiert wurde, indem er sie zwar nicht vollständig auslöscht, aber schwer abrufbar macht. Der zusätzliche Schock würde dann die Erinnerung wecken (und damit wieder abrufbar machen).

Die Tatsache bleibt bestehen, daß die durch Elektroschock und bestimmte Drogen hervorgerufenen Wirkungen weitgehend zeitabhängig sind. Das heißt: die Wirkung ist am größten, wenn die Behandlung (EKT oder Droge) sofort nach dem Versuch verabreicht wird, und die Wirkung ist gering oder null, wenn sich die Verabreichung verzögert. Es liegt auf der Hand, daß sich diese Resultate mit der Unterscheidung zwischen Kurzzeit- und Langzeitgedächtnis decken.

2.3 Retrograde Amnesie beim Menschen

Einige seit langem bekannte Tatsachen über die Folgen von Kopfverletzungen beim Menschen scheinen in Einklang mit den Befunden von Elektroschockversuchen an Tieren zu stehen. Nehmen wir ein plötzliches Ereignis wie einen Verkehrsunfall, der eine vorübergehende Bewußtlosigkeit, aber keine dauerhafte Schädigung der Hirnsubstanz zur Folge hat. Eine häufige Beobachtung in solchen Fällen ist, daß der Patient mit einer Gedächtnislücke hinsichtlich der dem Unfall unmittelbar vorangegangenen Ereignisse erwacht. Er erinnert sich buchstäblich nicht, was ihm „zugestoßen“ ist. Diese *retrograde Amnesie* (Gedächtnisverlust bei einem schädigenden Ereignis für eine Zeitspanne *vor* dem Ereignis) ist das, was man aufgrund der Konsolidierungshypothese erwarten würde. Es ist, als ob sich die Ereignisse, die gerade stattgefunden hatten (wie das Nahen des anderen Autos vor dem Zusammenstoß), im Augenblick der Verletzung noch im Kurzzeitgedächtnis befunden hätten und die durch die Verletzung bewirkte Unterbrechung der neuralen Aktivität ausgereicht hätte, das Kurzzeitgedächtnis zu stören, bevor die Konsolidierung stattfinden konnte. Sehr weit zurückliegende Ereignisse werden erinnert, aber der Betreffende fragt, „wo bin ich?“, nicht nur, weil ihm das Krankenhaus fremd ist, sondern, weil er außerstande ist, sich an den Unfall zu erinnern. Vergleichbar mit den Folgen zusätzlicher „Erinnerungs“-Schocks in Rattenexperimenten ist die Tatsache, daß viele Patienten nach einiger Zeit ihr Erinnerungsvermögen teilweise wiedergewinnen – ein weiteres Argument gegen eine strikte Version der Konsolidierungstheorie.

Wir sollten die Tatsache nicht übersehen, daß Elektroschock, medikamentöse Behandlungen und Kopfverletzungen auch noch andere Auswirkungen als die Störung möglicher Rückkopplungsschleifen im Gehirn haben. Die Ergebnisse der eben besprochenen Untersuchungen stellen keine schlüssigen Beweise der Konsolidierungshypothese oder irgendeiner anderen Zwei-Stadien-Gedächtnistheorie dar, und sie liefern auch keine sehr spezifischen Belege für die Bedeutung von Rückkopplungsschleifen. Sie zeigen jedoch, daß Lernen und Gedächtnis einen zeitabhängigen Aspekt haben; und daß die relative Anfälligkeit frischer Gedächtnisinhalte eines Tages mit Hilfe der genannten Mechanismen erklärt werden muß.

2.4 Synaptische Veränderungen

Ein naheliegender Bestandteil des Nervenapparates, der bei der Suche nach einem Mechanismus der Veränderung erforscht werden muß, ist die Synapse. Die Neuronen oder Nervenzellen sind die Bausteine des Nervensystems, und die Art und Weise, wie sie aufeinander einwirken (um schließlich Verhalten hervorzubringen), muß davon abhängen, wie sie „ineinandergreifen“ – mit anderen Worten: wie leicht ein Axon die Aktivität eines benachbarten Axons über eine Synapse hinweg beeinflussen kann.

Wenn es an der Synapse Veränderungen gibt, dann denkt man zunächst an anatomische. Das Lernen könnte aus der Entwicklung von mehr oder größeren Neuritenendungen bestehen, die die Synapsen bilden. Ein anderes Konzept besagt, daß das Lernen zu einer Verengung der betreffenden synaptischen Spalten führen könne. Beide Möglichkeiten würden die Übermittlung über die Synapse hinweg erleichtern.

Diese strukturellen Hypothesen sind weithin akzeptiert, und inzwischen stehen auch weitere Beweise verschiedener Art zur Verfügung. Eine indirekte Bestätigung bildet die Beobachtung, daß viele Nervenzellen erst nach der Geburt reifen. Der Hippokampus, der oft als entscheidendes Element für das Lernen und das Gedächtnis bezeichnet wurde, enthält viele dieser spät reifenden Zellen. Diese Zellen könnten als die entscheidenden Bindeglieder in den Neuronenketten fungieren, die das Verhalten kontrollieren, indem sie Verbindungen zwischen Nervenfasern herstellen, die Erregung in den Hippokampus leiten, und Neuronen, die aus diesem hinausführen. Weil diese Zellen erst nach der Geburt voll ausgebildet werden, könnten ihre Verbindungen (und damit die genaue Beschaffenheit der entstehenden Neuronensysteme) teilweise durch das Lernen und die Erfahrungen des Individuums bestimmt werden. Tatsächlich wurde nachgewiesen, daß Ratten, die eine tägliche Stimulierung durch einen Versuchsleiter erfahren (z.B. in die Hand genommen werden), eine höhere Ausprägungsrate dieser Zellen aufweisen als Tiere, die unstimuliert (ohne Körperkontakt) in ihren Käfigen bleiben. Das Netzwerk der synaptischen Verbindungen könnte durch Erfahrung und Lernen geprägt werden, und, sobald es vorhanden ist, die physiologische Grundlage des Gedächtnisses bilden (Altman, 1972).

In offensichtlicher Übereinstimmung mit diesen Befunden steht die Tatsache, daß Stimulierung durch die Umwelt die Größe und das Gewicht der Großhirnrinde verändern kann. Krech und seine Mitarbeiter haben gezeigt, daß Ratten, die in einer angereicherten psychologischen Umgebung aufwuchsen, in der es Objekte zu manipulieren, verschiedene Wege zu erkunden und Probleme zu lösen gab (s. Abb. 21, S. 89), dickere und schwerere Großhirnrinden entwickelten als solche, die ihr ganzes Leben in einer verarmten Umgebung

BOX 3/15

Lernen durch Zerfall, Vergessen durch Wachstum?

Die Vertreter einer Synapsenveränderungstheorie des Lernvorgangs gehen gewöhnlich davon aus, daß positive Veränderungen in der Größe oder Zahl der Synapsen mit Erfahrung und Lernen korrelieren. Die Angehörigen eines interdisziplinären Forscherteams an der Universität von Kalifornien haben jedoch auf die Möglichkeit hingewiesen, daß auch negative Veränderungen (d.h. eine Verminderung der Größe oder Anzahl von Synapsen) dem Lernen zugrundeliegen könnten. Einige Befunde dieses Forschungsteams legen diese Möglichkeiten nahe. So hatten beispielsweise in einer angereicherten Umgebung aufgezogene Ratten nur zwei Drittel der Synapsen an bestimmten Dendriten im Kortex, die Ratten aufwiesen, welche in einer reizlosen Umgebung aufgezogen worden waren, obwohl die Synapsen bei den stärker stimulierten Tieren im Schritt etwa doppelt so zahlreich waren.

Eine Verminderung der Zahl der Synapsen als physiologische Basis des Lernens mag paradox erscheinen – aber nicht notwendigerweise. Das Tier könnte mit einer großen Zahl von mäßig aktiven Synapsen in die Lernsituation eintreten. Diese Synapsen könnten jedoch verschiedene Arten von Handlungen erzeugen und somit verschiedenen und vielleicht konkurrierenden Reaktionen zugrundeliegen. Mit zunehmender Erfahrung oder Übung würden die den zu lernenden Gewohnheiten entsprechenden Synapsen an Zahlengröße und Effizienz zunehmen und die dafür ungeeigneten würden atrophieren.

Die Kehrseite der Medaille könnte einen anderen interessanten Befund erklären. B. Campbell und N. Spear haben umfangreiches Datenmaterial gesichtet, das von ihnen und anderen gesammelt wurde und das beweist, daß halbwüchsige Ratten ein schlechteres Gedächtnis haben als erwachsene Ratten. Das heißt, wenn junge und ältere Ratten gleich gut abgerichtet werden, Schock zu vermeiden (oder durch Hebeldruck Futter zu bekommen), dann neigen die Jüngeren viel eher dazu, die neu erworbene Gewohnheit zu vergessen. In dem Intervall zwischen Lernen und Behaltensprüfung gehen im Gehirn der jüngeren Ratten einfach durch die normale Entwicklung noch viele Veränderungen vor sich. Zu diesen Veränderungen zählt ein starker Anstieg der Zahl von synaptischen Verbindungen. Die älteren Ratten (diejenigen, die eine gute Merkfähigkeit zeigen) besitzen zum Zeitpunkt des Lernens bereits ihr volles Quantum an Synapsen.

Die Forscher ziehen zwei verschiedene Möglichkeiten in Betracht, wie diese Faktoren (ein besseres Gedächtnis und eine größere Zahl von Synapsen) miteinander zusammenhängen könnten. Es könnte einfach sein, daß es notwendig ist, zum Zeitpunkt des Lernens eine große Zahl von Synapsen zu besitzen, damit das Gedächtnis optimal funktionieren kann. Andererseits könnte es auch die *Zunahme* der Zahl von Synapsen zwischen dem Zeitpunkt des Lernens und dem Zeitpunkt der Behaltensprüfung sein, was den Gedächtnisverlust der jungen Ratten hervorruft. Die gelernte Reaktion bediente sich vermutlich jener Synapsen, die dem Tier zum Zeitpunkt der Aneignung zur Verfügung standen; im Zuge der Reifung des Tieres werden andere Synapsen gebildet, die am Lernen nicht beteiligt waren (und daher dazu tendieren, anderes Verhalten zu erzeugen). Der ursprüngliche Gedächtnisinhalt ist in gewissem Sinn noch da, aber er kann infolge der konkurrierenden Wirkungen der weiteren Entwicklung nicht abgerufen werden.

Wie Campbell und Spear bemerken, könnten dem schlechten Gedächtnis unreifer Nagetiere ähnliche Phänomene bei Kindern entsprechen. *Infantile Amnesie* ist der Begriff, mit dem die Tatsache bezeichnet wird, daß sich Erwachsene in der Regel nur an sehr wenige Ereignisse ihrer ersten drei bis fünf Lebensjahre erinnern können. Zur Erklärung dieses Phänomens sind verschiedene ziemlich komplizierte Theorien vorgebracht worden, aber am einfachsten wäre es wohl, dies als die Folge eines natürlicherweise schlechten Gedächtnisses für Dinge zu betrachten, die in einem frühen Entwicklungsalter gelernt wurden. Wie die infantile Amnesie der *Ratten* schließlich auch physiologisch erklärt werden mag – diese Erklärung dürfte wahrscheinlich auch auf den Menschen zutreffen.

M. Rosenzweig, K. Møllgaard, M. Diamond u. E. Bennett: Negative as well as positive synaptic change may store memory. *Psychological Review,* 1972, *79,* 93–96.

B. Campbell u. N. Spear: Ontogeny of memory. *Psychological Review,* 1972, *79,* 215–237.

zubrachten. Diese Umwelteinflüsse beschränken sich nicht auf die Entwicklung von Neugeborenen, sondern können auch bei erwachsenen Ratten nachgewiesen werden (Rosenzweig, Bennett u. Diamond, 1972). Zumindest ein Teil dieser Veränderungen kann definitiv an den Synapsen lokalisiert werden, wie sich aus der Tatsache ergibt, daß Ratten aus einer angereicherten Umwelt kompliziertere Verzweigungsmuster ihrer Dendriten und mehr Dendritenfortsätze aufweisen als benachteiligte Ratten (Greenough, 1975). *Das beweist,* daß sich Erfahrung auf die Synapsenbildung auswirkt, und *deutet darauf hin,* daß spezifisches Lernen zu spezifischen Mustern der Synapsenbildung führen könnte (siehe auch Box 3/15).

2.5 Biochemische Mechanismen

Andere Daten implizieren biochemische Aspekte synaptischer Veränderungen bei der Entstehung und Aufrechterhaltung von Gedächtnisinhalten. Wenn ein Neuron die Aktivität eines anderen Neurons, mit dem es in synaptischem Kontakt steht, wirksam beeinflussen soll, dann ist es wichtig, daß sowohl die vom ersten Neuron erzeugte entsprechende Menge an Transmittersubstanz als auch die richtige Menge an Enzymen zur Verfügung steht, die nötig sind, um den Transmitter zu beseitigen, nachdem er die zweite Zelle aktiviert hat. Rosenzweig und seine Mitarbeiter (z.B. Rosenzweig, Krech, Bennett u. Diamond [1968]) haben viele Aspekte der Hypothese untersucht, daß das effektivste Lernen mit den absoluten und relativen Mengen an Acetylcholin (ACh), eine der Transmittersubstanzen, und Acetylcholinesterase (AChE), das Enzym, das ACh abbaut, im Gehirn zusammenhängt. Ihre Untersuchungen haben gezeigt, daß diese allgemeine Hypothese eine gewisse Validität hat, obwohl die beteiligten chemischen Vorgänge ziemlich komplex und noch nicht völlig klar sind. Es ist notwendig, nicht nur die absoluten Mengen dieser Substanzen in Betracht zu ziehen, sondern auch das Verhältnis von ACh zu AChE. Beispielsweise weisen Rattenstämme mit einer höheren Verhältniszahl von ACh zu AChE bessere Lernfähigkeiten auf. Vergleiche dieser Art zwischen verschiedenen Stämmen können keine zweifelsfreie Ursache-Wirkung-Beziehung zwischen zwei korrelierten Merkmalen herausarbeiten, aber diese Befunde lassen zumindest vermuten, daß die Lernfähigkeit teilweise vom ACh- und AChE-Spiegel im Gehirn abhängt.

Darüber hinaus kann Erfahrung und Lernen die synaptischen Substanzen beeinflussen, was auf eine wechselseitige Kausalbeziehung zwischen Biochemie und Verhalten hindeutet. So zeigte sich beispielsweise, daß Ratten, die in einer reizreichen Umwelt aufgezogen worden waren (wie in Abb. 21), auf eine höhere ACh-Produktivität kommen als Ratten, die in einer langweiligen Umgebung aufwuchsen.

Es wurden auch andere Experimente mit Drogen durchgeführt, die den ACh- oder AChE-Spiegel verändern. Diese Behandlungen bewirkten Veränderungen der Lern- und Merkfähigkeit, die sich mit der ACh-AChE-Hypothese decken. Drachman (1977) verabreichte gesunden menschlichen Probanden ein Medikament, das eine Senkung des ACh-Spiegels bewirkt. Er stellte fest, daß die von den Probanden erzielten Ergebnisse in Gedächtnistests nach der Behandlung schlechter waren als vorher; als dieselben Probanden danach ein Medikament erhielten, das eine Erhöhung des ACh-Gehalts bewirkt, kehrten ihre Leistungen bei diesem Test wieder auf ihr normales Niveau zurück. Es fiel auch auf, daß die spezielle Art von Gedächtnisabbau, die durch die Senkung des ACh-

Abbildung 21: Ratten in einer angereicherten Umgebung. Die darin enthaltenen Anregungen und Herausforderungen, die auch Lernmöglichkeiten einschließen, bewirken anatomische und chemische Veränderungen im Gehirn.

E. Bennett et al.: Chemical and Anatomical Plasticity of the Brain. *Science, 146,* 610–619; Copyright 1964 by the American Association for the Advancement of Science; Nachdruck mit Genehmigung.

Spiegels bei diesen jungen, gesunden Probanden hervorgerufen wurde, sehr ähnlich verlief wie der Gedächtnisverlust, den viele Menschen im Alter erleben. Es ist wahrscheinlich, daß diese Befunde bald ein wichtiges Anwendungsgebiet erschließen werden, nämlich die Behandlung von Senilität mit Medikamenten, die den Cholinspiegel im Körper erhöhen (wodurch die Synthese von mehr ACh ermöglicht wird), um die Gedächtnisleistungen zu verbessern.

Es gibt auch noch viele andere synaptische Transmittersubstanzen im Gehirn. Einige davon spielen zweifelsfrei eine Rolle in der Kontrolle bestimmter Verhaltensweisen, dementsprechend könnten sie auch Einfluß auf das Lernen haben.

2.6 Intraneuronale Veränderungen

Bisher haben wir bei unserer Suche nach den entscheidenden physiologischen Mechanismen des Lernens entweder strukturelle oder chemische Veränderungen an der Synapse hervorgehoben. Jetzt wollen wir uns der Möglichkeit zuwenden, daß während des Lernprozesses Veränderungen *innerhalb* und nicht *zwischen* den Neuronen stattfinden. Diese intraneuralen Veränderungen würden dann die neue Verhaltensweise des Organismus steuern. Diese Möglichkeit steht nicht notwendigerweise in Widerspruch zu den bereits beschriebenen, denn Veränderungen in der synaptischen Region dürften fast mit Sicherheit von Stoffwechselprozessen gesteuert werden, die sich innerhalb des Neurons abspielen. Diese Hypothese eröffnet jedoch auch die Alternative, daß die Details der Gedächtnisspeicherung in der chemischen Struktur der Zelle und nicht in den synaptischen Verbindungen festgelegt sind.

Im 1. Band (S. 109) erörterten wir zwei wichtige Substanzen, die Ribonukleinsäure (RNS) und die Desoxiribonukleinsäure (DNS), die beide in jeder lebenden Zelle vorhanden sind. Weder die RNS noch die DNS ist ein reiner chemischer Stoff. Ihre Namen beziehen sich vielmehr auf Klassen von Verbindungen, von denen jede in einer ungeheuren Formenvielfalt auftreten kann. Die Struktur der DNS bestimmt genau, welche Arten von RNS von der Zelle produziert werden; die RNS steuert ihrerseits die Erzeugung von Proteinen einschließlich der strukturellen Bestandteile der Zelle und der Enzyme, die ihre Aktivität regeln. Auf diese Weise wird die Aktivität jeder Zelle des Körpers (und somit schließlich des ganzen Organismus) weitgehend durch die darin vorhandenen Spielarten der DNS und RNS bestimmt. Die Gene bestehen aus DNS und werden in all ihren endlosen Varianten chemischer Zusammensetzung von den Eltern an die Kinder weitergegeben. Durch ihren spezifischen chemischen Aufbau wirken die DNS-Moleküle (Gene) bestimmend auf die strukturellen und verhaltensbezogenen Merkmale des Kindes ein. Die Evolutionsgeschichte der Spezies und die genetische Herkunft jedes Individuums innerhalb der Spezies finden daher ihren Niederschlag in der DNS dieses Organismus; die DNS prägt das „evolutionäre Gedächtnis" (die Determinanten der Struktur und Funktionsweise der Spezies) in jeder Zelle des Körpers eines Neugeborenen.

Eine mit intraneuronalen chemischen Veränderungen operierende Hypothese besagt, daß die Struktur der RNS innerhalb der Neuronen die Trägerin des individuellen Gedächtnisses sei (der Folgen des Lernprozesses eines Individuums innerhalb von dessen Lebenszeit). Diese Hypothese geht davon aus, daß die eine Lernerfahrung begleitende neurale Aktivität die detaillierte chemische Struktur der RNS innerhalb der an einer bestimmten Lernerfahrung beteiligten Neuronen verändern kann. Die Erfahrungen des Individuums würden somit die Einzelheiten des chemischen Aufbaus der RNS in seinen Neuronen in ähnlicher Weise prägen wie die Erfahrungen der eigenen Ahnen die Details der chemischen Struktur der DNS geprägt haben. Weil die RNS die Proteinsynthese innerhalb des Nervenzellkörpers steuert, könnte sich eine Veränderung in der RNS beispielsweise verändernd darauf auswirken, wieviel Transmittersubstanz das Neuron an den Synapsen mit anderen Zellen freisetzt. Das Ergebnis wäre dann eine Änderung des Verhaltens – das heißt, ein Lernvorgang.

Beweismaterial verschiedener Art ist zur Unterstützung dieser Hypothese vorgelegt worden. Ein Beispiel: das Gedächtnis wird durch die Verabreichung von Substanzen beeinträchtigt, die die Erzeugung von RNS durch die DNS verhindern. Ein anderes Beispiel: Lernvorgänge und ähnliche Veränderungen der Verhaltenstendenz scheinen mit einer erhöhten Bildung von RNS zu korrelieren. Eben ausgeschlüpfte Küken, die einem auffälligen Stimulus ausgesetzt wurden, fühlen sich danach zu diesem hingezogen; sie folgen diesem nach und zeigen sich beunruhigt, wenn er verschwindet. Dieses als Prägung bezeichnete Phänomen liegt vermutlich dem Faktum zugrunde, daß sich Küken unter natürlichen Bedingungen in der Regel zur Mutterhenne hingezogen fühlen. Horn, McCabe und Bateson (1979) zeigten, daß die Prägungserfahrung eine Zunahme der RNS im Gehirn bewirkt, insbesondere in einem Teil des Gehirns, der für eine normale Prägung wesentlich ist.

Solche Untersuchungen bestätigen jedoch nicht direkt den kontroversesten Teil der RNS-Theorie: Die Behauptung, daß die *Struktur* der RNS in einem spezifischen Zusammenhang mit den Lerninhalten stehe. Viele dieser Befunde sind durch die Grundannahmen erklärbar, daß (1) die RNS wesentlich für das allgemeine Wohlbefinden und die Funktionstüchtigkeit der Zelle sei; (2) ein generell besser funktionierendes Neuron schneller lerne als ein schlecht funktionierendes; (3) daß die RNS ein natürliches Produkt der Aktivität von Nervenzellen sei.

Es ist behauptet worden, daß spezifische Gedächtnisinhalte transferiert werden könnten, indem man einem trainierten Tier RNS entnimmt und diese einem nichttrainierten Tier injiziert. Eine spezifische Übertragung würde voraussetzen, daß das untrainierte Tier dieselben Leistungen erbringt, wie wenn es trainiert worden wäre. Es gibt jedoch ebenso viele Versuche, die zu negativen wie zu positiven Resultaten führen. Die Realität der Gedächtnisübertragung muß deshalb weiterhin zweifelhaft bleiben.

2.7 Proteinsynthese

In anderen Versuchen hat sich der Interessenschwerpunkt von der Bildung der RNS auf den nächsten Schritt, die Proteinsynthese, verschoben, die natürlich von der RNS gesteuert wird. Hier sind im großen und ganzen dieselben Verfahrensweisen möglich wie bei der RNS. Barondes und Cohen (1967) injizierten Mäuse mit einer Substanz, die die Bildung von Protein hemmt, und trainierten die Mäuse einige Stunden danach, wenn die Proteinbildung erwartungsgemäß am niedrigsten ist, in einem Labyrinth. Sie stellten fest, daß die injizierten Versuchstiere etwa so gut lernten wie die unbehandelten. Als die Mäuse jedoch Minuten oder Stunden später getestet wurden, bewiesen die injizierten schlechtere Gedächtnisleistungen bezüglich des Labyrinths. Dies deutet darauf hin, daß die Proteinbildung nicht notwendig für das Lernen und das Kurzzeitgedächtnis ist, aber daß sie wichtig ist, wenn die Gedächtnisinhalte behalten und zu einem späteren Zeitpunkt abgerufen werden sollen. Vermutlich müssen Proteine synthetisiert werden, um langfristige Gedächtnisinhalte zu fixieren, die später leicht wieder abgerufen werden können.

Wenn die Proteinsynthese für eine effiziente Gedächtnisbildung wesentlich ist, dann könnte man annehmen, daß eine Verminderung der Synthese um beispielsweise 50 Prozent eine merkliche Abnahme des Gedächtnisses zur Folge hätte. Seltsamerweise bedarf es jedoch einer Hemmung von mindestens 80–85 Prozent des normalen Umfangs der Proteinsynthese (zur Zeit des Trainings), um Amnesie hervorzurufen (Quinton u. Kramarcy, 1977).

Ebenso wie im Fall der RNS ist aus vielen Versuchen klar, daß es zu einer verstärkten Proteinbildung kommt, wenn Tiere mit einer Lernaufgabe beschäftigt sind. Bei manchen Versuchen (z. B. Shashoua [1979]) traten die Veränderungen nur bei bestimmten Arten von Proteinen und in bestimmten Teilen des Gehirns auf. Noch andere Erklärungen sind möglich, aber *anscheinend ist eine selektive Produktion neuer Proteine wesentlich für das Lernen.* Mit dieser Erkenntnis sind wir noch ziemlich weit von einem vollständigen Verständnis der Mechanismen des Lernens entfernt. Zu den in Abbildung 22 dargestellten Möglichkeiten zählen die folgenden:

1. Obwohl es unwahrscheinlich ist, könnte es sein, daß das neu gebildete Protein und die RNS, die seine Synthese anregt, in ihrer spezifischen Zusammensetzung einen Kode für den speziellen Gedächtnisinhalt enthält, der gespeichert wird.
2. Das neue Protein könnte zu einem effektiven Wachstum des Neurons dienen, insbesondere von einigen seiner Axonendköpfchen. Manche der Synapsen, die die Endköpfchen des Neurons mit anderen Zellen bilden, werden nach dieser strukturellen Veränderung leichter aktiv überbrückt.
3. Die zusätzliche Proteinsynthese könnte der Produktion von Transmittersubstanz, deren Weiterleitung entlang des Axons oder deren Freisetzung an der synaptischen Spalte dienen.

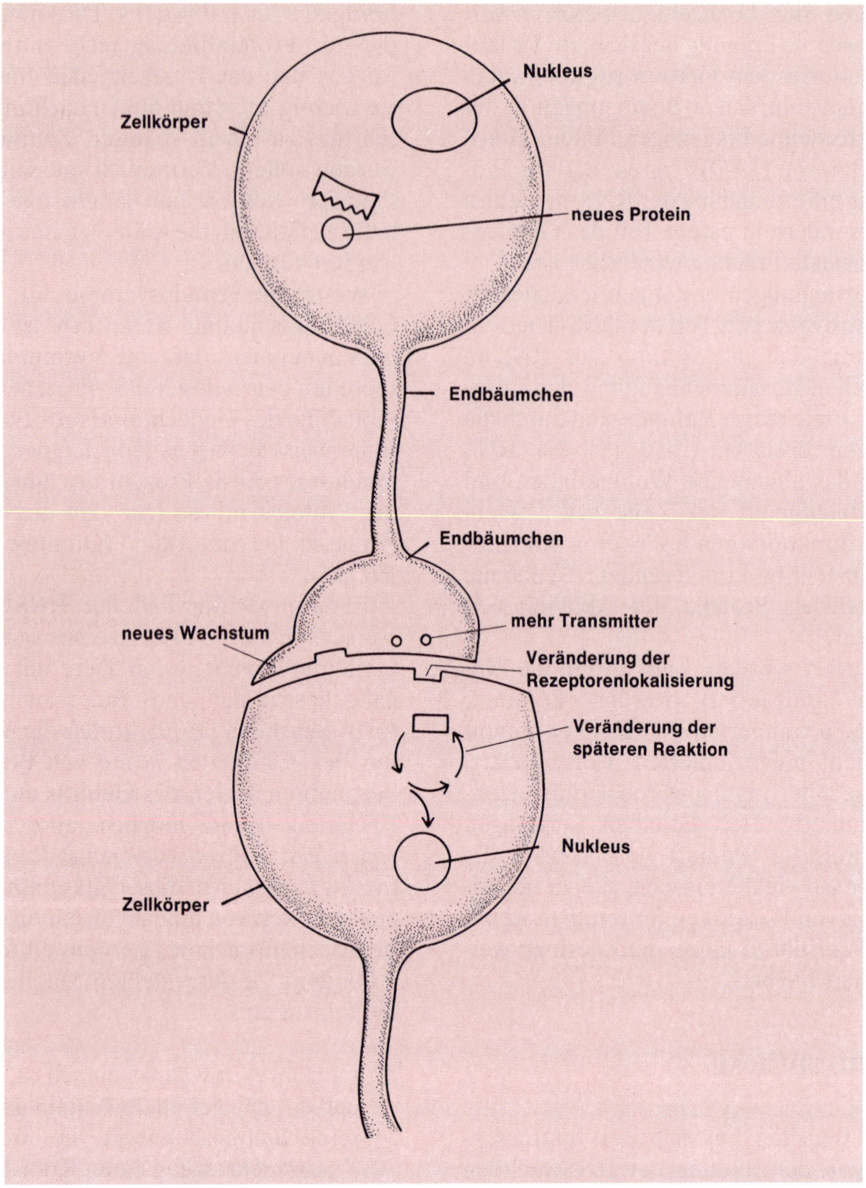

Abbildung 22: Einige der vielen denkbaren Möglichkeiten, wie das Lernen die Neuronen beeinflussen und vielleicht Gedächtnis erzeugen könnte. Mehr Protein könnte synthetisiert werden, das entweder Träger einer speziellen „Botschaft" über die Erfahrung ist oder ein Wachstum der Synapsenendungen bewirkt oder aber die Menge an Transmittermaterial erhöht, das an den Synapsen vorhanden ist. Chemische Veränderungen in einem Neuron könnten die Transmitterrezeptoren seiner eigenen dendritischen Oberfläche oder die chemische Reaktion auf die Transmittersubstanz beeinflussen, die es empfängt.

Diese biochemischen Vorgänge können sich auf die Übermittlung von einem Neuron zum nächsten auswirken.

4. Diese Proteinsynthese könnte eine Veränderung in der *Reaktion* der Zelle auf den Transmitter hervorrufen, der sie aus Zellen erreicht, die ihr in der neuralen Kette vorgelagert sind.
5. Am wenigsten aufregend, aber eine echte Möglichkeit: Der Mechanismus des Lernens ist etwas ganz anderes als alle von uns in Betracht

gezogenen Hypothesen. Lernen erfordert jedoch einen Nachschub chemischer „Bausteine“, und die Proteinsynthese, die im Zusammenhang mit Lernen stattfindet, liefert einfach die Enzyme, die den Aufbau dieser Stoffe steuern.

3 Lokalisationen

Die Frage, wo das Lernen stattfindet und wo sich das Gedächtnis befindet, ja darüber hinaus der ganze Fragenkomplex, wie sich die einzelnen Teile des Gehirns hinsichtlich ihrer Funktion unterscheiden, wurde zum ersten Mal systematisch von Pierre Flourens (1824) angegangen, der sich der Ablationsmethode (s. 1. Band) mit Vögeln als Versuchstieren bediente. Flourens kam zu dem Ergebnis, daß das Gehirn aus mehreren verschiedenen Organen zusammengesetzt sei, von denen jedes seine eigenen Funktionen habe. Er betrachtete das Kleinhirn als den „Sitz des Prinzips, das die Bewegungsabläufe koordiniert“ und das Großhirn als den „Sitz der Intelligenz“. Diese Unterscheidung gilt immer noch als relativ zutreffend. Er glaubte jedoch, daß das Großhirn funktionell unteilbar sei. Diese Überzeugung steht in scharfem Gegensatz zu der Auffassung der Phrenologen (s. Box 3/16, S. 94) und vieler angesehener späterer Wissenschaftler. Der heutige Konsens neigt zu der Auffassung, daß verschiedene Teile des Gehirns verschiedene Funktionen ausüben. Dies wurde bereits bei der Erörterung der Wahrnehmung demonstriert (s. 2. Band), und es wird im folgenden Teil und an anderer Stelle erneut exemplifiziert werden (s. 4. Band).

3.1 Das Rückenmark

Ein Weg zur Beantwortung der Fragen, wo das Lernen stattfindet, besteht darin, den kleinsten und einfachsten Teil des Nervensystems herauszufinden, der imstande ist, eine Verhaltensänderung zu bewirken. Wir werden feststellen, daß wir bei der gegenwärtigen Begrenztheit unseres Wissens mit dieser Methode nicht sehr weit kommen werden, aber einige interessante Befunde ergeben sich doch.

Wir haben bereits festgestellt, daß eine sehr einfache Art des Lernens, die Gewöhnung, im Rückenmark stattfinden kann. Jetzt fragen wir uns, ob auch komplexere Lernvorgänge ohne Einschaltung des Gehirns möglich sind. Obwohl die Kontroverse über diese Frage bereits eine lange Geschichte hat, scheint die Antwort eindeutig *ja* zu lauten, zumindest soweit es das klassische Konditionieren des Beugereflexes betrifft. Abbildung 23 zeigt schematisch, was dazu nötig ist. Sowohl die konditionierten als auch die unkonditionierten Stimuli sowie die Reaktion dürfen nur den Unterkörper betreffen. Schurrager und seinen Mitarbeitern (1940) gelang es, isolierte Muskeln im Bein eines Hundes dazu zu konditionieren, zu zucken, wenn der Schwanz geschockt oder gekniffen wurde. Dieselbe Forschergruppe berichtete auch, daß Tiere,

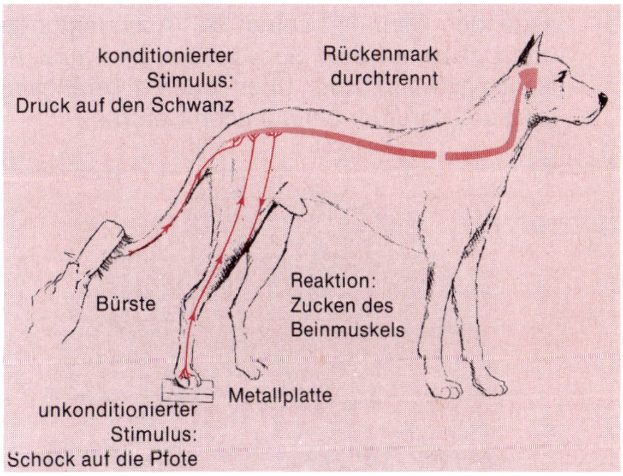

Abbildung 23: Kann das Rückenmark lernen? Diese Zeichnung illustriert die Verfahrensweisen, die von Forschern angewandt wurden, welche diese Frage schließlich bejahten. Das Rückenmark eines Hundes wird durchschnitten und dann werden Konditionierungsversuche begonnen. Bei den Übungsdurchgängen wird der Schwanz mit einer Bürste stimuliert (konditionierter Stimulus) und die Pfote erhält einen Elektroschock (unkonditionierter Stimulus). Der Schock verursacht eine unkonditionierte Reaktion: die Kontraktion eines am Oberbein freisezierten Muskels. Nach ausreichendem Training reagiert der Muskel allein auf den konditionierten Stimulus. Das Gehirn kann an dieser Verhaltenänderung nicht beteiligt gewesen sein, weil die Nervenleitung zwischen ihm und dem Bein durchschnitten worden ist. Ähnliche Experimente werden auch an anderen anästhetischen Tieren durchgeführt, wobei andere Gewebeteile wegseziert werden, so daß die Nerven und Muskeln zu sehen sind und ihre Reaktionen unmittelbar aufgezeichnet werden können.

BOX 3/16

Phrenologie

Obwohl die Arbeit von Flourens den Beginn von experimentellen Untersuchungen über das Verhältnis von Gehirn und Bewußtsein markiert, war dieser Fragenkomplex schon vierzehn Jahre zuvor von zwei deutschen Ärzten, F. J. Gall und G. S. Spurzheim, in spektakulärer Weise angegangen worden. In ihrem sechsbändigen Werk *Anatomie und Physiologie des Nervensystems* legten sie die Grundlage für die *Phrenologie* durch ihre Behauptungen, (1) daß das Gehirn der Sitz des Bewußtseins sei; (2) daß verschiedene Verhaltensweisen durch separate Teile des Gehirns gesteuert werden (s. Abb.); und (3) daß die äußere Form des Schädels durch die Form des darunterliegenden Gehirns bedingt sei (Ausbuchtungen und Dellen auf dem Schädel zeugten ihrer Ansicht nach von einer Über- oder Unterentwicklung des darunter befindlichen Gehirns).

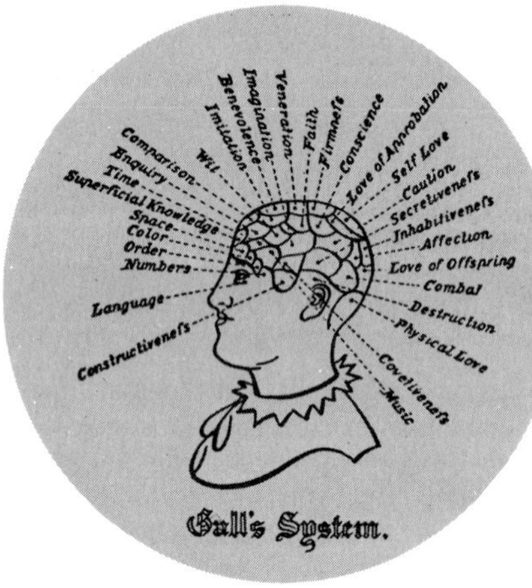

Die Wissenschaft hat sich über Gall und Spurzheim lustig gemacht. Doch ihre anatomischen und neurologischen Ausführungen waren wichtig, und ihre allgemeine theoretische Position war für die damalige Zeit plausibel. Warum haben sie also bei ihren Zeitgenossen und späteren Kollegen so wenig Gnade gefunden? Zwei Erklärungen bieten sich an: Erstens erschien die Phrenologie als ein zu primitiver Weg, um etwas über Menschen zu erfahren (man braucht bloß die Höcker auf ihrem Schädel zu betasten!), und in den Händen von unkritischen Nachbetern und Scharlatanen verkam sie zu einem Sumpf von pseudowissenschaftlichem Unsinn. Zweitens blieben die Daten, mit denen Gall und Spurzheim ihre Thesen zu untermauern suchten, weit hinter den wissenschaftlichen Anforderungen zurück. So berichtete beispielsweise Spurzheim die „Entdeckung", daß die körperliche Liebe vom Kleinhirn gesteuert werde: Als Arzt einer Witwe, die an sehr starken hysterischen Anfällen litt, bei denen sie ihren Kopf mit großer Heftigkeit nach hinten warf, stützte Gall ihren Kopf manchmal mit seiner Hand, und dabei bemerkte er, daß ihr Nacken sehr groß und heiß war. Er kannte ihren Charakter [Galls Fallgeschichte dieser Patientin macht uns klar, warum sie manchmal als „Galls leidenschaftliche Witwe" bezeichnet wird] ... und brachte deshalb die Größe ihres Nackens und die damit zusammenhängende Entwicklung des Kleinhirns mit ihrer Leidenschaftlichkeit in Verbindung.

Wenn eine einleuchtende Theorie grenzenlos übertrieben wird, dann wird schließlich der gute Kern dieser Theorie zusammen mit dem Fragwürdigen daran beiseite gefegt. Dennoch erreichte die Phrenologie, wie uns E. G. Boring in Erinnerung ruft, zweierlei: Sie rückte das Problem der Korrelation von Geist und Gehirn in den Vordergrund ... [und] indem er einen extremen Standpunkt vertrat, ließ Gall eine radikale, aber weniger extreme Auffassung faktisch als konservativ erscheinen. Ohne Gall hätte sich Flourens vielleicht niemals das Problem gestellt, verschiedene Funktionen für das Großhirn, das Kleinhirn, die Medulla und das Rückenmark zu finden.

F. J. Gall u. G. S. Spurzheim: *Anatomie et Physiologie du Systeme Nerveux.* Paris: Schoell, 1810.

E. G. Boring: *A History of Experimental Psychology.* Zweite Ausg. New York: Appleton, 1950.

deren Rückenmark in der frühen Kindheit durchtrennt worden war, in vielen Fällen im Lauf der Zeit ein fast normales Gehvermögen entwickeln.

Wir sollten nicht den Fehler machen, Lernen, das ohne Mitwirkung des Gehirns stattfindet, als Kuriosität zu betrachten, die nur für Labortiere gilt. Es ist auch beim Menschen möglich. Ince, Brucker und Alba (1978) berichteten über einen Mann, dessen Rückenmark in der Brustregion durch einen Unfall vollkommen durchtrennt worden war. Die Folge war, daß dieser Mann keine willentliche Kontrolle über das Urinieren hatte. Eine elektrische Stimulierung des Bauches (die der Mann natürlich nicht bewußt verspürte) wirkte jedoch wie ein unkonditionierter Stimulus und löste ein reflexhaftes Wasserlassen aus. Stimulierung des Beins löste *kein* Wasserlassen aus, bis eine Konditionierung erfolgte. Beinstimulierung (der konditionierte Stimulus) wurde dann in 54 Durchgängen mit der abdominalen Stimulierung (der unkonditionierte Stimulus) gekoppelt. Danach vermochte die Beinstimulierung allein das Wasserlassen auszulösen.

Obwohl die Konditionierung ohne Beteiligung des Gehirns erfolgen *kann,* beweist das nicht, daß Konditionierung normalerweise jemals ausschließlich im Rückenmark stattfinden würde. Wir können dies anhand des eben beschriebenen Versuchs sofort sehen: Wäre dieser Versuch mit einem Menschen durchgeführt worden, der keine Rückenmarksverletzung erlitten hatte, dann hätte er die Reize, die Verhaltensänderung usw. wahrgenommen. Es besteht kein Grund zu zweifeln, daß dasselbe auch für Tiere zutreffen würde.

Die Tatsache, daß die Konditionierung völlig im Rückenmark lokalisiert sein kann, bedeutet jedoch, daß wir bald mehr darüber wissen werden, genau welche Zellen dazu notwendig sind, und daß wir auf diese Weise ebenso viel über die beteiligten Grundmechanismen erfahren könnten, wie es uns im Hinblick auf die Gewöhnung gelungen ist.

3.2 Die Retikularformation

Wir müssen jetzt von dem Verfahren, komplette Lernsysteme zu betrachten, Abstand nehmen, weil unser Wissen noch nicht ausreicht, diese innerhalb des Gehirns zu beschreiben. Statt dessen wollen wir uns verschiedene Strukturen und Regionen näher ansehen, von denen Befunde verschiedener Art vermuten lassen, daß sie für das Lernen oder das Gedächtnis eine besondere Rolle spielen. Wir sollten mit der Erkenntnis beginnen, daß wir nicht auf schlüssiges Beweismaterial stoßen werden, wonach es einen einzigen spezifischen, scharf abgegrenzten Platz oder Ort des Lernens oder Gedächtnisses gibt. Jede Aneignung kann mit gleichzeitigen Veränderungen im Kortex, in verschiedenen subkortikalen Strukturen, im Rückenmark und vielleicht sogar in den peripheren Nervenendungen einhergehen. Was der Forscher tut, wenn er ein bestimmtes Element studiert, ist, einen komplexen Schaltkreis an einem Punkt anzuzapfen.

Die Retikularformation (RAS, partikuläres Aktivationssystem) wurde bereits im 1. Band erwähnt und wird im 5. Band eingehender beschrieben. Dieses Netzwerk von Zellen im Hirnstamm erhält Signale von den verschiedenen sensorischen Leitungsbahnen und entsendet Nervenfasern hinauf in die Großhirnrinde und hinter in das Rückenmark. Obwohl viele Zellen der Retikularformation reagieren, wenn einem Versuchstier ein Reiz verabreicht wird, ist bereits seit einigen Jahren bekannt, daß diese Zellen eine immer geringere Reaktion aufweisen, wenn der Stimulus mehrmals wiederholt wird. Groves und Lynch (1972) haben die Auffassung vertreten, daß diese „physiologische Habituation" der eigentlichen verhaltensbezogenen Gewöhnung zugrundeliegen könnte und daß die Retikularformation deshalb eine zentrale Rolle in dieser einfachsten Form des Lernens spielt, die wir alle aufweisen.

Ein Mitwirkung der Retikularformation ist auch bei komplexeren Lernvorgängen zu vermuten, weil sich die elektrische Stimulierung derselben auf das Lernverhalten von Ratten in einer Vermeidungsaufgabe auswirken kann. Es ist jedoch noch nicht klar, ob andere mögliche Erklärungen ganz auszuschließen sind: Vielleicht hat die Stimulierung eine sensorische oder eine motivationale Wirkung; vielleicht verhindert oder fördert sie die Habituation und verändert auf diese Weise das Ausmaß des Lernens.

3.3 Das limbische System

Das limbische System besteht aus einer Reihe von Elementen, zu denen sowohl kortikale als auch nichtkortikale Regionen zählen, die für die Äußerung und Organisation von motivationalen und emotionalen Prozessen wichtig sind (s. 5. Bd.). Teile des limbischen Systems scheinen auch für das Lernen und das Gedächtnis eine Rolle zu spielen.

3.4 Hippokampus (Ammonshorn)

Den meisten Menschen, die zu epileptischen Anfällen neigen, kann durch Medikamente weitgehend geholfen werden; bei Patienten, deren Anfälle durch Pharmaka nicht hinreichend kontrollierbar sind, kann Gehirnchirurgie angebracht erscheinen. Heutzutage kann durch sorgfältige Tests festgestellt werden, welche Nebenwirkungen eine solche Operation haben wird, so daß Patient und Chirurg eine sinnvolle Entscheidung treffen können, ob sich ein solcher Eingriff empfiehlt. Vor einigen Jahren, bevor dieses Resultat vorhersagbar war, wurde an einem Mann namens H. M., der an medikamentös unbehandelbarer Epilepsie litt, eine operative Durchtrennung des mittleren Teils des Schläfenlappens einschließlich des Hippokampus und der Mandeln, zweier wichtiger Teile des limbischen Systems, vorgenommen. Durch diese Operation besserten sich die epileptischen Anfälle von H. M., aber sie hatte eine sehr ungünstige Nebenwirkung. Eine langjährige Beobachtung dieses Patienten hat eine höchst auffallende und hartnäckige *anterograde Amnesie* ergeben (Gedächtnisverlust für eine Zeitspanne *nach* einem traumatisierenden Ereignis). H. M. weist ein relativ gutes Erinnerungsvermögen in bezug auf Ereignisse vor seiner Operation auf, aber er ist nahezu völlig außerstande, neue Informationen in dauerhafte Gedächtnisinhalte umzuwandeln. Sein Intelligenzquotient ist überdurchschnittlich (117) und sein Gedächtnis reicht aus, um sieben Zahlen sofort zu reproduzieren und um ein Gespräch zu führen. Sobald seine Aufmerksamkeit jedoch auf etwas anderes gerichtet ist, „verliert" er das, was ihm vorher bewußt war. H. M. kann sich die Namen neuer Bekannter oder seine neue Adresse nicht merken (Millner, 1970). Dieses Unvermögen bedeutet, daß, obwohl Kurzzeit- wie auch Langzeitgedächtnis einigermaßen intakt geblieben sind, ein Teil der Region, die operativ entfernt wurde, für die normale Übermittlung von neuen Informationen aus dem Kurzzeit- in das Langzeitgedächtnis notwendig ist. Da bei anderen Personen Läsionen, die dieselben Gehirnpartien *mit Ausnahme* des Hippokampus einschlossen, keine solche Auswirkung hatten, hat sich das Augenmerk verstärkt auf diese Region als entscheidend für das Gedächtnis konzentriert.

Die Möglichkeit, daß der Hippokampus eine Schlüsselrolle für die beschriebene Gedächtnisfunktion spielt, wird in begrenztem Maß durch Experimente sehr verschiedener Art bestätigt, die mit Tieren durchgeführt wurden. Läsionen des Hippokampus haben Defizite in bestimmten Lernsituationen zur Folge, wenn auch nicht so tiefgreifende wie die Schwierigkeiten, die H. M. aufweist. Elektrische Stimulierung dieser Hirnregion kann das Langzeitgedächtnis beeinträchtigen. In anderen Versuchen (z. B. Thompson [1976]) wurden die neuralen Reaktionen von Zellen im Hippokampus während der Konditionierung elektrisch aufgezeichnet. Die Zellen im Hippokampus änderten tatsächlich im Laufe des Verfahrens, und zwar schon in einem früheren Stadium des Trainings, ihr Entladungsmuster. Aber bei diesen wie auch anderen Versuchen, bei denen die neurale Aktivität im Gehirn gemessen wird, ist es schwierig zu wissen, ob die Zellenaktivität entscheidend für das Verhalten ist, das sie begleitet, oder ob es sich einfach um irgendeine Art von Nebenwirkung handelt. Generell ist es rätselhaft, daß weder Läsionen des Hippokampus noch der Mandeln eine auch nur annähernd vergleichsweise Wirkung auf Versuchstiere hatten wie der operative Eingriff bei H. M. Ein neueres Experiment mit Affen könnte erklären, warum: Läsionen des Hippokampus und der Mandeln wirkten sich kaum oder gar nicht auf die Fähigkeit verschiedener Tiere aus, die richtige Wahl zwischen zwei visuell unterscheidbaren Reizen zu erinnern, aber kombinierte Läsionen *sowohl* des Hippokampus als auch der Mandeln riefen eine profunde Amnesie hervor (Mishkin, 1978). Diese beiden Organe scheinen sich somit irgendeine Funktion im Gedächtnis zu teilen. Jedes von ihnen kann diese Aufgabe einigermaßen gut allein ausfüllen, aber wenn beide beschädigt sind, kommt es zu Schwierigkeiten.

3.5 Thalamus und Hypothalamus

Wir müssen uns hier deshalb mit diesen beiden Organen befassen, weil von dem hier zu erörternden Leiden sowohl der mediale Nukleus des Thalamus als auch der Mammillarkörper, der ein Teil des Hypothalamus ist, betroffen ist. Das Korsakowsche Syndrom, eine Erkrankung, die manchmal infolge von Alkoholismus und Unterernährung auftritt, schädigt aus unbekannten Gründen die beiden genannten Organe. Eine Amnesie ist die Folge, die in vieler Hinsicht große Ähnlichkeit mit der von H. M. hat.

„Anfangs ... macht der Patient den Eindruck, im Vollbesitz seiner Fähigkeiten zu sein; er spricht über alles völlig vernünftig, zieht richtige Schlüsse aus gegebenen Prämissen, macht witzige Bemerkungen ... mit einem Wort: er benimmt sich wie ein geistig gesunder Mensch. Erst nach einem langen Gespräch ... bemerkt man, daß er manchmal Ereignisse völlig durcheinanderbringt und daß er sich an absolut nichts erinnert, was um ihn herum vorgeht; er erinnert sich nicht, ob er schon zu Abend gegessen hat, ob er das Bett verlassen hat ... Patienten ... lesen manchmal dieselbe Seite immer wieder, manchmal stundenlang, weil sie völlig außerstande sind, sich zu erinnern, was sie gelesen haben ...

Trotz dieses Zustandes ... erinnern sich die Patienten gewöhnlich ziemlich genau an vergangene Ereignisse, die sich in einer lange vor ihrer Erkrankung liegenden Zeit abspielten" (s. Korsakow, aus Victor u. Yakovlev, 1955).

Neuropsychologische Untersuchungen von Patienten mit dem Korsakowschen Syndrom deuten darauf hin, daß die Ursache ihrer Schwierigkeiten (1) eine unvollständige Verarbeitung aller in einem Reiz vorhandenen Informationen und (2) ein verfrühtes Antworten, vielleicht, bevor es ihnen möglich war, alle relevanten Gedächtnisinhalte abzurufen, sein könnte (Oscar-Berman, 1980). Ein Beispiel, das für den ersten Punkt spricht: Oscar-Berman und Samuels (1977) brachten Patienten bei, zwischen zwei Reizen zu unterscheiden, die in vieler Hinsicht (Farbe, Form, Größe etc.) voneinander differierten. Die Patienten konnten einige Unterschiede lernen, aber im Gegensatz zu gesunden Personen bemerkten sie nur einen oder zwei der vielen vorhandenen Unterschiede. Interessanterweise unterscheiden sich Korsakow-Patienten bezüglich ihrer Einsicht in ihren Zustand drastisch von H. M. Letzterer ist sich seines Gedächtnisproblems durchaus bewußt und verständlicherweise deswegen manchmal bedrückt. Der typische Korsakow-Patient leugnet, daß mit seinem Gedächtnis etwas nicht stimmt und offeriert entweder falsche Antworten oder fadenscheinige Ausreden, warum er Fragen wie „Wer ist Präsident der Vereinigten Staaten?" oder „Welches Krankenhaus ist das?" nicht beantworten kann.

3.6 Die Großhirnrinde

Die Oberfläche des menschlichen Gehirns ist von oben betrachtet von einem vielschichtigen Zellgewebe bedeckt. Im 2. Band haben wir erfahren, daß die sensorischen Systeme sowohl aus Rindenregionen wie auch aus Rezeptororganen und verschiedenen subkortikalen Nuklei bestehen. Wir haben auch gelernt, daß Aktivität im Kortex für eine bestimmte Zeit aufrechterhalten werden muß, damit eine bewußte Erfahrung durch die kortikale Stimulierung entsteht. Im übrigen ist der Kortex insofern der „höchste" Bestandteil des Gehirns, als er bei wirbellosen Tieren nicht vorkommt und seine Bedeutung bei den höheren Tieren zunimmt. Sollte er beim Lernen keine wichtige Rolle spielen? Pawlow glaubte, daß die Konditionierung ohne den Kortex unmöglich sein würde. Wir haben bereits auf Belege hingewiesen, daß das klassische Konditionieren auch im Rückenmark allein möglich ist. Andere Experimente haben gezeigt, daß *großhirnlose Tiere* (deren Kortex zerstört oder entfernt wurde) Anzeichen von sowohl klassischem als auch instrumentellem Konditionieren aufweisen können.

Natürlich beweist die Tatsache, daß der Kortex nicht unerläßlich ist, keinesfalls, daß er inaktiv ist, wenn er vorhanden ist. Tatsächlich ist leicht nachzuweisen, daß Tiere, die eine Läsion bestimmter Teile des Kortex erlitten, bei der einen oder anderen Lernaufgabe langsamer sind oder Dinge schlechter behalten können. Andere Versuche haben bewiesen, daß sich das EEG oder die neurale Aktivität einzelner Zellen im Kortex im Laufe von verhaltensbezogenem Lernen verändern kann.

An dieser Stelle wollen wir jedoch keine vollständige Zusammenfassung und Erörterung derartiger Befunde anbieten. Erstens scheinen manche der kortikalen Regionen, die durch diese Versuche entdeckt wurden, der komplexen Wahrnehmung und nicht dem Lernen oder dem Gedächtnis zu dienen. Zweitens sind viele kortikale Regionen aktiv an den höheren mentalen Prozessen wie Sprache und Problemlösen beteiligt. Alle diese Funktionen – komplexe Wahrnehmung, Sprache, Problemlösen und Intelligenz – hängen zweifellos mit dem Lernen zusammen, eine Gesamtdarstellung der kortikalen Funktionen wollen wir uns jedoch für den nächsten Band aufheben.

3.7 Ein Lernsystem?

Dieser Überblick über die verschiedenen Gehirnstrukturen hat alle wichtigen Regionen berührt, die am Lernen oder Gedächtnis beteiligt sind. Wir haben jedoch dabei das System nur an verschiedenen Punkten angezapft, um zu sehen, ob wir etwas über die Rolle und Bedeutung der einzelnen Strukturen in Erfahrung bringen können. Dies wird die Leserin und den Leser sicher wenig befriedigen. Selbst wenn wir beispielsweise sagen könnten, daß der Hippokampus beim Konditionieren eine wesentliche Rolle spielt, und selbst wenn wir darüber hinaus genau angeben könnten, welche biochemischen oder anatomischen Veränderungen dabei vor sich gehen, dann würden wir immer noch wissen wollen, welche neuralen Strukturen Informationen welcher Art zum Hippokampus leiten und welche Teile des Nervensystems vor und nach erfolgtem Lernen welchen Ausstoß vom Hippokampus empfangen. Mit anderen Worten: Wir können die physiologischen Grundlagen des Lernens erst dann ganz verstehen, wenn wir nicht nur die Orte und Prozesse kennen, sondern das gesamte beteiligte neurale *System* beschreiben können. Das Diagramm der Abbildung 50 im 2. Band (S. 131) ist zwar skizzenhaft, unvollständig und wahrscheinlich nicht ganz zutreffend, aber es liefert uns ein allgemeines Schema, in dem wir die Strukturen plazieren können, die wir eben erörtert haben.

Zusammenfassung

1. Lernen und Gedächtnis müssen eine Veränderung im Nervensystem widerspiegeln. Zwei Hauptfragen können gestellt werden: (1) *Welcher Art* ist die Veränderung (der Mechanismus des Lernens) und (2) *wo* vollzieht sich die Veränderung (der Ort des Lernens)?

2. Bei der primitiven Schnecke *Aplysia* wird Habituation durch eine Verminderung der Transmittersubstanz hervorgerufen, die nach wiederholten Entladungen von den sensorischen Neuronen freigesetzt wird. Bei Wirbeltieren kann die Habituation im Rükkenmark, im Gehirn oder sogar in einem isolierten Präparat aus dem Hippokampus stattfinden; es ist möglich, daß an allen diesen Stellen derselbe Mechanismus (Verminderung der Menge an freigesetztem Transmitter) abläuft.

3. Bei der *Aplysia* geht die Sensibilisierung mit einer Zunahme der freigesetzten Mittlersubstanz einher, aber bei der Sensibilisierung, die im Rückenmark von Wirbeltieren erfolgt, ist wahrscheinlich ein anderer Mechanismus beteiligt.

4. Die Auffassung, daß bestimmte Formen des Lernens einfach in der Herstellung neuer Muster neuraler Aktivität bestehen, vielleicht in Form geschlossener Neuronenschleifen (Rückkopplungsschleifen) kann höchstens für das Kurzzeitgedächtnis gelten, denn Behandlungen, die die Aktivität in solchen Schleifen unterbrechen, löschen nicht alle Erinnerungen aus.

5. Obwohl es noch einige ungelöste Fragen gibt, scheint retrograde Amnesie auf Elektroschock in Tierversuchen und auf unfallbedingte Kopfverletzungen beim Menschen zu folgen, eine Konsequenz, die im großen und ganzen in Einklang mit der Unterscheidung zwischen Kurzzeit- und Langzeitgedächtnis und mit der Konsolidierungshypothese steht.

6. Eine der Haupthypothesen über den Mechanismus des Lernens ist, daß irgendeine strukturelle Veränderung an der Synapse stattfindet, wie das Wachstum von weiteren axonalen Endköpfchen oder die Verengung der synaptischen Spalten. Diese Annahme wird durch die Tatsache gestützt, daß eine stimulierendere Umwelt eine dickere Großhirnrinde und eine Zunahme der Zahl und Komplexität der dendritischen Verbindungen zur Folge hat.

7. An der Funktionsweise der Synapsen sind biochemische Vorgänge beteiligt. Veränderungen der Transmitterfunktion bieten eine (sich *nicht* gegenseitig ausschließende) Alternative zu den vorher genannten strukturellen Veränderungen. Unterschiede in der Menge von Acetylcholin (einem Transmitter) und von Acetylcholinesterase (das Enzym, das diesen abbaut) korrelieren mit Unterschieden in der Lernfähigkeit. Behandlungen, die die Menge dieser Substanzen verändern, rufen entsprechende Veränderungen im Lernen und Gedächtnis hervor. Es gibt auch noch viele andere Transmittersubstanzen im Nervensystem, von denen einige wahrscheinlich eine Rolle beim Lernen spielen.

8. Eine andere Forschungsrichtung hat die entscheidenden Veränderungen des Lernens *innerhalb* der Neuronen statt an den dazwischenliegenden Synapsen untersucht. Eine bestimmte Hypothese geht

davon aus, daß die detaillierte Struktur der RNS die Trägerin einzelner Gedächtnisinhalte ist, es fehlt jedoch noch an schlüssigen Beweisen für diese Auffassung.

9. Es scheint einigermaßen gesichert, daß die selektive Produktion neuer Proteine wesentlich für das Lernen ist, aber das läßt mehrere Möglichkeiten für die Details des Lernens und der Gedächtnismechanismen offen.

10. Untersuchungen der Lokalisierung des Lernens haben gezeigt, daß Konditionierung (ebenso wie Habituation) innerhalb des Rückenmarks möglich ist, wenn dieses vom Gehirn isoliert wird, aber das impliziert nicht, daß sich Lernen normalerweise allein im Rückenmark vollzieht.

11. Eine eklatante anterograde Amnesie mit fast völliger Unfähigkeit, neue Informationen in das Langzeitgedächtnis einzuspeichern, war die Folge bilateraler Läsionen des Hippokampus und benachbarter Regionen bei menschlichen Patienten. Ein etwas ähnlicher Effekt kann bei Tieren hervorgerufen werden, insbesondere wenn ein anderes limbisches Organ, die Mandeln, ebenfalls lädiert werden.

12. Patienten, die an dem Korsakowschen Syndrom leiden (das eine weitreichende Schädigung insbesondere bestimmter thalamischer und hypothalamischer Nuklei bewirkt), weisen ebenfalls einen anterograden Gedächtnisverlust sowie fehlende Einsicht in ihr Problem auf.

13. Die Großhirnrinde ist im evolutionären Sinn der „höchstentwickelte" Teil des Gehirns. Obzwar sowohl Klassisches als auch Operantes Konditionieren bei fehlendem Kortex erfolgen kann, ist dieser zweifellos an komplexer Wahrnehmung, am Lernen und Problemlösen, an der Intelligenz und der Entwicklung des Verhaltens beteiligt.

Glossar

Abschwächung: Bei häufiger Darbietung des Bedingten Reflexes ohne Bekräftigung durch den unbedingten Reiz erfolgt eine Rückentwicklung bzw. ein Verlöschen (Extinktion) des Bedingten Reflexes.

Abruf (retrieval): Der Vorgang der Informationsentnahme aus einem Gedächtnissystem, um eine manifeste Reaktion zu erzeugen.

Acetylcholin (ACh): Ein chemischer Stoff, der an manchen Synapsen des Nervensystems als Übermittlersubstanz fungiert. Bestimmte Enzyme sind zu seiner Erzeugung und zu seinem Abbau nötig.

Acetylcholinesterase (AChE): Das Enzym, das Acetylcholin an der Synapse abbaut. Dieser Vorgang ist nötig, damit die synaptischen Mechanismen wieder in den Ruhezustand zurückkehren können und dadurch erneut einsatzfähig werden.

Acquisition: Allgemeinausdruck für Aneignungsprozesse nach dem Modell der Konditionierung.

Alternativplan: Die Verstärkung eines einzuübenden Verhaltens erfolgt nach der Reihenfolge für zwei Programme, je nach der Bedingung, die zuerst erfüllt wird, um u.a. Verstärkerchancen zu erhöhen.

Analogiegesetz: In neuartigen Situationen besteht nach Thorndike eine Verhaltenstendenz zum Verhalten in ähnlichen Situationen.

Anterograde Amnesie: Eine zeitlich vorwärtsschreitende Amnesie (Gedächtnisverlust). Das heißt, eine Unfähigkeit, sich Dinge zu merken, die nach der Krankheit oder einem anderen traumatischen Ereignis (Operation) geschehen, welche die Amnesie auslösten.

Behaviorismus: Der zuerst von John B. Watson vertretene psychologische Ansatz, in dessen Mittelpunkt das Studium des Verhaltens und nicht das Studium des persönlichen Erlebens steht.

Bekräftigung: Für die Klassische Konditionierung vorbehaltene Bezeichnung einer nachträglichen Unterstützung eines Bedingten Reflexes durch den unbedingten Stimulus, um die zeitweilige neuronale Verbindung zu kräftigen.

Bestrafung: Die Schwächung einer Reaktion, die eintritt, wenn auf letztere eine aversive oder schädliche Stimulierung folgt.

Beugereflex: Das Anziehen von Gliedmaßen an den Körper, das automatisch geschieht, wenn das Glied einem schmerzhaften oder irritierenden Reiz ausgesetzt wird. An dieser Reaktion sind sensorische Neuronen, Schaltneuronen im Rükkenmark und motorische Neuronen beteiligt, die die Muskelbewegung auslösen.

Chaining: s. Verhaltensverkettung.

Codierung oder Verschlüsselung: Der Prozeß der Umwandlung von Material in eine Form, die sich zur Speicherung im Gedächtnis eignet.

Coping: Generelles oder spezielles Bewältigungsverhalten (u.a. Einschätzung der Situation, Beseitigung der Ursachen, Veränderung der Bewertung, Flucht oder Überwindung).

Desensibilisierung: Aufhebung einer Verbindung zwischen furchterregenden Reizen und Angstreaktionen durch systematische Darbietung von gestaffelten Angstreizen im entspannten Zustand.

Diskrimination (Unterscheidung): Das Verhalten eines Organismus nach dem Konditionieren, der unterschiedlich auf verschiedene Stimuli reagiert: ein Hund, der dazu konditioniert wurde, auf einen Ton einer bestimmten Lautstärke mit Speichelfluß zu reagieren, kann beispielsweise auch konditioniert werden, auf leisere oder lautere Töne nicht zu reagieren.

Diskriminationsreiz: Durch Lernprozesse bedingt, löst ein D. (S^D) eine spezifische, eingeengte Reaktion (R) aus.

Effektgesetz: Das von Thorndike formulierte Prinzip, daß eine Reaktion auf einen Stimulus, der im Gegensatz zu anderen eine gute Wirkung folgt, im Vergleich zu den anderen an Stärke zunimmt.

Elektrokonvulsiver Schock (EKT): Ein elektrischer Stromstoß, der dem Gehirn verabreicht wird und der stark genug ist, um eine Konvulsion zu erzeugen (eine Reihe generalisierter Kontraktionen der Muskeln des Körpers). Elektroschock wird manchmal als Therapie bei geistigen Störungen angewandt.

Erinnern (Reproduktion): Eine Methode zur Messung des Behaltens, bei der es darauf ankommt, zuvor gelerntes Material wiederzugeben.

Extinktion: Löschung der zeitweiligen Nervenverbindung, die zur Aufhebung des Bedingten Reflexes führt.

Fraktionierung (chunking): Die Aufteilung von Items im Gedächtnis in Blöcke, um das Erinnern zu erleichtern.

Free recall, freies Reproduzieren oder Erinnern, Methode der behaltenen Glieder: Die Methode, bei der eine Vp versucht, so viele Items einer zuvor dargebotenen Serie wie möglich (ohne Rücksicht auf die Reihenfolge) zu erinnern.

Gedächtnistest: Eine Aufgabe des seriellen Lernens (auch Reihenlernen oder sequentielles Lernen), bei dem eine Liste von Items nur einmal und zur Gänze dargeboten wird, bevor sie abgefragt wird.

Generalisierung: Auslösbarkeit eines gelernten Verhaltens durch zum eigentlichen Auslöser ähnliche Stimuli.

Großhirnloses Tier: Ein Tier, dessen gesamte Großhirnrinde zerstört oder entfernt wurde.

Inhibition: Neuronale Hemmung, die der Erregung entgegenwirkt; äußere I.: bei gleichzeitigen anderen Reizen; innere I.: bei gleichzeitigen physiologischen Begleiterscheinungen.

Instrumentelles oder Operantes Konditionieren: Das Verfahren, bei dem nur dann eine Verstärkung erfolgt, wenn die gewünschte Reaktion gezeigt wurde. (Skinner führte für dieses Verfahren den Begriff des *Operanten Konditionierens* ein.)

Inter-, Zwischen- oder Schaltneuron: Ein „verbindendes" Neuron. Ein Teil der Kette, über die neurale Aktivität von den sensorischen Neuronen zu den Bewegungsneuronen geleitet wird.

Interferenz: Der angenommene störende Einfluß auf eine Reaktion durch die Tendenz, andere Reaktionen erfolgen zu lassen, die entweder vor oder nach dem Erlernen der richtigen Reaktion gelernt wurden.

Intermittierende oder partielle Verstärkung: Verstärkung, die nach weniger als 100 Prozent aller Reaktionen erfolgt (siehe *Verstärkungspläne*).

Interstimulusintervall (ISI): Die Zeit zwischen dem Einsetzen des CS und dem Einsetzen des UCS, wenn diese beiden beim Konditionieren gekoppelt werden.

Intervallplan: Verstärkungen erfolgen nach gleichbleibenden, veränderlichen und unregelmäßigen Maßgaben.

Irradiation: Nach Pawlow eine Ausbreitung von Erregungs- oder Hemmungsprozessen im Zentralnervensystem.

Klassisches Konditionieren: Das Trainingsverfahren, bei dem die Koppelung eines neutralen Stimulus mit einem Stimulus, der bereits eine bestimmte Reaktion auslöst, dazu führt, daß der neutrale Stimulus schließlich diese Reaktion hervorruft.

Kognitive Landkarte: Als seine Ratten lernten, die Sackgassen eines Labyrinths zu vermeiden, nahm Tolman an, daß sie sich ein inneres Bild gemacht hätten, „welcher Weg wohin führt". Daß kognitive Landkarten existieren, ergab sich aus Forschungen, die zeigten, daß Ratten ein Labyrinth lernen konnten, obwohl sie, weil keine Verstärkung vorhanden war, nicht auf kürzestem Weg zur Zielbox liefen.

Konditionierung: Lernen durch Koppelung eines neutralen Reizes (z. B. Klingel) mit einem unbedingten (z. B. Futter), und zwar mehrfach (Kontingenz), zeitlich kurz gestaffelt (Kontiguität), wodurch nachfolgend der neutrale Reiz als „bedingter" den ursprünglichen Effekt (z. B. Speichelfluß) des Unbedingten Reflexes auslösen kann.

Konditionieren höherer Ordnung: Das Konditionierungsverfahren, bei dem der Stimulus, der vorher der CS war, als UCS dient, um dieselbe CR zu einem neuen Stimulus zu konditionieren.

Konditionierte Reaktion (CR): Die Reaktion, die von einem zuvor neutralen Stimulus nach der Konditionierung ausgelöst wird. Die CR unterscheidet sich gewöhnlich geringfügig von der UCR.

Konditionierter Stimulus (CS): Der Stimulus, der durch Konditionierung die Fähigkeit erlangt, eine Reaktion auszulösen.

Kontiguität: Raumzeitliche Nachbarschaft oder gleichzeitiges Auftreten von Reizen (Reaktionen).

Kontingenz: Verknüpfungshäufigkeit von verschiedenen Ereignissen (Reizen, Reaktionen, Konsequenzen).

Konsolidierung: Ein hypothetischer Prozeß, der nach einem Lernvorgang oder einer Erfahrung stattfinden soll. Man nimmt an, daß Konsolidierung nötig ist, damit die Erfahrung eine permanente Wirkung zeitigt, das heißt, zu einem Teil des Langzeitgedächtnisses wird.

Korsakowsches Syndrom: Eine durch chronischen Alkoholismus und damit verbundener Unterernährung ausgelöste Krankheit, die zu einer Schädigung des Gehirns führt. Sie geht mit einer weitreichenden anterograden Amnesie einher, aber der Patient ist sich dessen in der Regel nicht bewußt.

Kurzzeitgedächtnis: Ein System, von dem angenommen wird, daß es Informationen vom sensorischen Input oder sensorischen Aufnahmespeicher empfängt und diese gewöhnlich nur etwa eine Minute behält. Sein Fassungsvermögen ist ziemlich begrenzt, und es wird häufig ein akustischer oder artikulationsbezogener Code benutzt.

Langzeitgedächtnis: Das Speicherungssystem mit einem extrem großen Fassungsvermögen und komplexer Organisation, von dem man annimmt, daß es für relativ dauerhafte Gedächtnisinhalte (über Zeiträume, die von einer Minute bis zu vielen Jahren reichen) zuständig ist. Hierbei herrscht die semantische Codierung vor.

Latenz: Zeitraum zwischen Beginn des bedingten Reizes und Beginn der bedingten Reaktion.

Lernen durch Versuch und Irrtum: In einer Situation, die eine Reihe alternativer Reaktionen gestattet, die richtige Reaktion zu entdecken und dann konsequent zu vollziehen. Die Reaktion kann als richtig nur verifiziert werden, indem man sie ausprobiert und ihre Folgen beobachtet.

Lernkurve: Aus einer Reihe von Punkten zusammengesetzte statistische Kurve, die die Lernfortschritte als Funktion der Zahl der Trainingsdurchgänge angibt (z. B. der Zahl von CS-UCS-Koppelungen).

Löschung (Extinktion): Das Trainingsverfahren, bei dem auf den CS kein UCS folgt. Der Begriff bezieht sich auch auf die Aufgabe der CR durch den Organismus als Resultat dieses Verfahrens.

Negative Verstärkung: Die Zunahme der Stärke einer Reaktion, auf die eine Verminderung einer aversiven oder schädlichen Stimulierung folgt. (Beispiel: Das Öffnen von Fenstern an einem heißen Tag wird dadurch verstärkt, daß die Zimmertemperatur danach weniger unangenehm wird.)

Methode der sukzessiven Annäherungen (Verhaltensausformung): Das Verfahren zum instrumentellen Konditionieren einer schwierigen Reaktion durch die Festsetzung schrittweise höherer Anforderungen, die erfüllt werden müssen, bevor eine Verstärkung erfolgt. Dieses Verfahren wird bei der Tierdressur benutzt.

Operant: Eine Reaktion, die in einer bestimmten Situation aus freien Stücken erfolgt. So kann beispielsweise die Ratte in einer Skinner-Box alle 20 Minuten einmal den Hebel drücken – bevor sie je dafür verstärkt wurde. Im engeren Sinn ist er eine gegenständliche (auch persönliche) Bestimmung des Verstärkerpotentials.

Operantes Konditionieren: Siehe instrumentelles Konditionieren.

Orientierungsreflex: Eine allgemeine Reaktion auf Veränderungen in der Umwelt, die sich aus verschiedenen verhaltensmäßigen und physiologischen Reaktionen zusammensetzt, welche geeignet sind, die Informationen zu vermehren, die den Organismus aus der neuen Situation erreichen, und ihn auf rasches Handeln vorzubereiten.

Paar-Assoziationen-Lernen (PAL, auch paarweises Assoziieren): Eine Liste von Wortpaaren wird dargeboten, von denen jeweils ein Wort als Stimulus und das andere als Reaktion dienen soll. Die Aufgabe der Vp ist es, mit dem zweiten Wort zu antworten, wenn das erste Wort eines Paares dargeboten wird.

Phrenologie: Die 1810 erstmals vorgebrachte Theorie, die die Schädelformation eines Menschen in Beziehung zu dessen Persönlichkeit und Verhalten setzte. Die Phrenologie beruht auf drei Annahmen: (1) Verschiedene Wesensmerkmale werden von verschiedenen Regionen des Kortex bestimmt; (2) je größer eine bestimmte Region des Kortex, desto ausgeprägter ist das damit verbundene Merkmal bei den Betreffenden; (3) die äußere Form des Schädels resultiert aus der Form des darunter befindlichen Gehirns.

Positive Verstärkung: Die Kräftigung einer Reaktion, die eintritt, wenn auf sie sofort eine Zunahme der Stimulierung (oder Belohnung) folgt.

Premack-Prinzip: Bezeichnung für den Verstärkungswert in Abhängigkeit von der Auftretenswahrscheinlichkeit einer Reaktion.

Primacy-recency-Effekt: Vorteile der Anfangs- oder Endpositionen von Gedächtnismaterial.

Proaktive Hemmung: Die störende Wirkung von vorher gelerntem Material auf die Wiedererinnerung von später Gelerntem.

Probe-Technik: Ein Reproduktionsverfahren im Rahmen eines Reihenlernversuchs, bei dem eine Liste von Items einmal dargeboten und danach ein Item von der Liste genannt wird. Die Vp wird dann aufgefordert, das auf dieses Testwort folgende Reihenglied zu nennen.

Psychogalvanische Reaktion, PGR (galvanic skin response, GSR): Die psychogalvanische (Haut-) Reaktion besteht in einer kurzfristigen, zum Teil mehrphasischen Senkung des elektrischen Hautwiderstandes infolge äußerer oder innerer Erregungsstimulationen.

Quotenplan: Verstärkerplan mit feststehenden oder variablen Verstärkungsfolgen.

Reflex(e): Eine simple unwillentliche Reaktion, die zuverlässig auf einen bestimmten Stimulus folgt (z. B. die Kniesehnenreaktion, die auf einen Schlag unterhalb der Kniescheibe erfolgt). Der Begriff bezieht sich auf den Stimulus-Reaktions-Komplex, wird aber auch für Reaktion als solche verwendet.

Reihenpositionseffekt: Die Beobachtung, daß beim verbalen Lernen die Reihenglieder am Beginn und am Ende einer gelernten Liste rascher memoriert werden als diejenigen in der Mitte der Liste.

Response: Physische oder psychische Antwort auf einen Reiz als wahrgenommene Veränderung der äußeren oder inneren Umwelt.

Retrograde Amnesie: Zeitlich rückwirkende Amnesie. Das heißt, ein Gedächtnisverlust für Dinge, die vor der Krankheit oder dem kritischen Ereignis, das die Amnesie verursachte, geschahen.

Retroaktive Hemmung: Die störende Auswirkung des Lernens von neuem Material *zwischen* dem Lernen des ursprünglichen Materials und dessen versuchter Reproduktion.

Rückwärtskonditionierung: Umkehrung der Reizfolge beim Einschleifungsprozeß, bei dem der unbedingte Reiz vor dem zu bedingenden erfolgt.

Rückkopplungsschleife: Eine Reihe von Neuronen, die so angeordnet sind, daß sie einen kontinuierlichen, potentiell sich selbst erregenden, endlosen Kreislauf bilden. Man nimmt an, daß es ein solches System gibt und daß dies als mögliche Erklärung des Gedächtnisses dienen könnte.

Rückwärtsmaskierung: Der Effekt, den ein sofort nachfolgender zweiter Stimulus auf einen sehr kurzen visuellen Reiz haben kann. Der erste Reiz, der für sich allein wahrgenommen werden würde, bleibt unbemerkt, wenn der zweite Reiz schnell genug nachfolgt.

Schema: Nach Bartlett ein sich aktiv wandelnder mentaler Prozeß, der von früheren Erfahrungen beeinflußt wird und selbst das Schicksal von Gedächtnisinhalten mitbestimmt.

Sekundäre Verstärkung: Die Stärkung einer Reaktion durch einen Stimulus, der seine verstärkende Wirkung durch Assoziation mit einem anderen Verstärker erlangt hat. Geld und Lob sind generalisierte sekundäre Verstärker, die mit verschiedensten Verstärkungen wie Nahrung, Getränke, Sex und anderen Dingen verbunden werden, die kein Lernen erfordern, um verstärkend zu wirken.

Selbstformung: Die manifeste Klassische Konditionierung eines Operanten, der nicht durch instrumentelles Konditionieren verstärkt wird (beispielsweise eine Taube, die gegen eine Lichtscheibe pickt, obwohl dies nicht nötig ist, um Futter zu erhalten.

Sensibilisierung: Eine Zunahme der Stärke einer Reaktion auf einen Reiz, die hervorgerufen werden kann, wenn ihr ein anderer, davon völlig unabhängiger Reiz vorangegangen ist. Beispielsweise könnte ein auf den Schwanz eines Tieres ausgeübter Elektroschock das Tier veranlassen, heftiger auf eine darauffolgende Reizung des Beines zu reagieren.

Sensorisches Gedächtnis (auch sensorisches Register): Das hypothetische Gedächtnissystem, das Stimulusinformationen unmittelbar für die Dauer von weniger als einer Sekunde speichert.

Sensorisches Präkonditionieren: Das Trainingsverfahren, bei dem zwei neutrale Stimuli ohne einen begleitenden UCS gekoppelt werden; einer von beiden wird danach mit einem UCS gekoppelt, um eine CR zu erzielen. Wenn der andere neutrale Stimulus jetzt diese CR auslöst, dann wird dies der sensorischen Präkonditionierung zugeschrieben.

Serielles Lernen (Reihenlernen oder sequentielles Lernen): Eine Liste einzelner Items wird bei jedem Durchgang in derselben Reihenfolge dargeboten und muß in der richtigen Reihenfolge reproduziert werden.

Shaping: Von Skinner eingeführter Begriff für Verstärkungen, bei denen im richtigen „timing" allmählich immer näherkommende (approximative) Verhaltensteile eingeübt werden.

Simultanes Konditionieren: Die zeitliche Anordnung, bei der der CS gleichzeitig mit dem UCS einsetzt.

Sinnlose Silben: Eine Kombination von Konsonanten und Vokalen von bewußt geringem Sinngehalt. Die von dem deutschen Psychologen Ebbinghaus erfundenen sinnlosen Silben werden bei verbalen Lernexperimenten häufig als Merkstoff benutzt.

Spontanerholung: Das (zumindest teilweise) Wiederauftreten der gelöschten CR ohne zusätzliche CS-UCS-Koppelungen.

Speicherung: Die Gedächtnisphase, in der Informationen über einen gewissen Zeitraum hinweg behalten werden.

Springverfahren: Eine Schockvermeidungsmethode, durch die ein Tier lernt, daß es sich beim Herunterspringen von einer kleinen erhöhten Plattform auf einen elektrisch aufladbaren Boden einen unangenehmen Elektroschock an den Füßen zuzieht.

Spurenkonditionieren: Die zeitliche Anordnung, bei der der CS vor dem Einsetzen des UCS endet. Wenn der UCS fast sofort nach Aufhören des CS einsetzt, ist dies eine ziemlich effiziente Methode des Konditionierens.

Stimulus: Äußerer (physikalischer, personaler) oder innerer (geistiger, körperlicher) Reiz, der im bestimmten Zusammenhang mit einer Reaktion steht.

Stimulusgeneralisierung: Wenn eine Reaktion zu einem bestimmten Stimulus konditioniert ist, kann sie danach durch andere Stimuli ausgelöst werden, und zwar um so mehr, je stärker diese dem konditionierten Stimulus gleichen.

Summation: Im engeren Sinn der Konditionierungsforschung der Effekt erhöhter bedingter Wirkung bei mehrfacher Einschleifung durch unterschiedlich bedingte Reize auf den gleichen Unbedingten Reflex.

Tandemplan: Verstärkerplan, dessen Operant erst nach der Erfüllung von zwei Plänen eingesetzt wird.

Tendenz zur Gruppierung (clustering): Die Tendenz, Gedächtnisinhalte in bedeutungsmäßig zusammengehörigen Gruppen zu erinnern, obwohl alle Elemente ursprünglich ungeordnet gelernt worden waren.

Time out: Unterschiedlich verwendete Bezeichnung für alle Prozeduren des Verstärkerentzugs oder als Spezialfall des Privilegienentzugs (ausschließlicher Entzug positiver Sozialkontakte).

„Tip-of-the-tongue"-Phänomen: Die Situation, in der einem ein Gedächtnisinhalt „auf der Zunge liegt". Oft kann man Einzelheiten des gesuchten Materials angeben, wie die Länge eines Wortes, und so weiter.

Tokenverstärker: Verstärker, die in Form einer Belohnung (Münzen, Punkte, Marken usw.) bestehen und zumeist konvertierbar, d. h. eintauschbar bzw. bei Erhalt mehrerer Token in einen größeren Wert umtauschbar sind *(token-economy).*

Transfer: Die Auswirkung auf das Lernen oder Erinnern einer Aufgabe (B) durch das Lernen einer anderen Aufgabe (A).

Tropismen: Reflexartige Bewegungen eines Organismus mit dem Ziel, eine bestimmte Reizstärke zu erreichen (z. B. die Tendenz der Motte sich Lichtern zu nähern).

Ultrakurzzeitgedächtnis: Synonymer Begriff für den Sensorischen Speicher (s. d.).

Unkonditionierte Reaktion (UCR): Die Reaktion, die vor dem Konditionieren vom UCS ausgelöst wird.

Unkonditionierter Stimulus (UCS): Der Stimulus, der vor dem Konditionieren die UCR auslöst.

Variabler Quotenplan: Ein quasi nach dem Zufallsprinzip funktionierender Verstärkungsplan, bei dem beispielsweise nur jede dritte, achte, fünfzigste oder dreihundertste Reaktion im Schnitt verstärkt wird. Da bei einem variablen Quotenplan von 300:1 die Verstärkung manchmal nach viel weniger als 300 Reaktionen erfolgt, manchmal nach viel mehr als 300 Reaktionen, ist es nicht genau vorhersagbar, wann die Verstärkung erfolgen wird. Bei einem solchen Plan erhalten die Tiere eine sehr hohe Reaktionsrate aufrecht, die äußerst löschungsresistent ist.

Verdeckte Konditionierung (cover conditioning): Therapeutische Lernprozesse, die das nichtbeobachtbare Verhalten betreffen.

Verhaltenstherapie (VT): Psychotherapeutisches Verfahren, das aus den Konditionierungstheorien entwickelt wurde.

Verhaltensverkettung (chaining): Bei komplizierten Verhaltenskonditionierungen werden einzelne Sequenzen eingeübt, die erst nachträglich verbunden werden.

Vermeidungslernen: Tiere eignen sich oft Reaktionen an, die es ihnen gestatten, einen aversiven Stimulus zu vermeiden (oder diesem zumindest zu entkommen). Eine Erklärung liegt in der Verminderung von klassisch konditionierter Furcht als Verstärkung für die Vermeidungsreaktion.

Verschiebung (displacement): Der Vorgang, der vermutlich stattfindet, wenn man versucht, mehr Items zu lernen als im Kurzzeitgedächtnis behalten werden können. Dabei werden die am Anfang der Liste stehenden Items am häufigsten vergessen.

Verstärkung (beim Operanten Konditionieren): Die Stärkung einer Reaktion, auf die eine Änderung der Stimulierung (oder Belohnung) folgt (siehe positive Verstärkung und negative Verstärkung).

Verstärkungspläne: Das Programm zur partiellen Verstärkung, das festlegt, wann und wie oft gewünschte Reaktionen verstärkt werden.

Verzögerungskonditionieren: Das Verfahren, bei dem der CS vor dem UCS beginnt und während der Darbietung des UCS anhält.

Wachstumsfunktion: Eine mathematische Beziehung, bei der die Veränderung einer Variablen (beispielsweise die Zunahme der Stärke der CR mit jedem Konditionierungsversuch) ein konstanter Prozentsatz ihrer möglichen Veränderung ist (z. B. der Unterschied zwischen der gegenwärtigen Stärke und der maximalen Stärke der CR).

Wiedererkennen: Eine Methode zur Messung des Behaltens, bei der zuvor gelerntes Material aus einer umfangreicheren Liste von Items auszuwählen ist.

Wiederlernen: Eine Methode zur Messung des Behaltens, bei der der Merkstoff nach einem bestimmten Intervall erneut gelernt werden muß. Der Unterschied zwischen dem ursprünglichen Lernen und dem Wiederlernen (hinsichtlich der benötigten Zeit oder der Anzahl von Durchgängen) ist ein Maßstab des Behaltens.

Zweites Signalsystem: In der Klassischen Konditionierungstheorie die Bezeichnung für die verbalen Reize von Bedingten Reflexen.

Literaturverzeichnis

Adams, J.: Human memory. New York: McGraw-Hill 1967.

Angermeier, W. F., Peters, M.: Bedingte Reaktionen. Berlin, Heidelberg, New York: Springer 1973.

Aristoteles: Über die Seele. Hrsg. von Lasson, A. Jena: Fischer 1924.

Atkinson, R. C., Shiffrin, R. M.: Human Memory: A Proposed System and Its Control Processes. In: Spence, K. W., Spence, J. T. (Hrsg.): The Psychology of Learning and Motivation. Vol. 2. New York: Academic Press 1978.

Azrin, N. H., Holz, W. C.: Punishment. In: Honig, W. K. (Hrsg.): Operant Behavior. Englewood Cliffs, N. J.: Prentice-Hall 1966.

Baddeley, A. D.: Die Psychologie des Gedächtnisses. Stuttgart: Klett 1979.

Barondes, S. H., Cohen, H. D.: Comparative Effects of Cycloheximide and Puromycin in Cerebral Protein Synthesis and Consolidation of Memory in Mice. Brain Res., 4, 1967, 44–51.

Bartlett, F. C.: Remembering. Cambridge, Mass.: Cambridge University Press 1932.

Bennett, E. L., Diamond, M. C., Krech, D., Rosenzweig, M. R.: Chemical and Anatomical Plasticity of the Brain. Science, 146, 1964, 610–619.

Bergius, R.: Psychologie des Lernens. Stuttgart: Kohlhammer 1971.

Berlyne, D.: Konflikt, Erregung, Neugier. Stuttgart: Klett 1974.

Bernstein, I. L.: Learned Taste Aversions in Children Receiving Chemotherapy. Science, 200, 1978, 1302.

Blodgett, H. C.: The Effect of the Introduction of Reward upon the Maze Performance of Rats. University of California Publications in Psychology, 4, 1929, 113–134.

Boring, E. G.: A History of Experimental Psychology, 2nd ed. New York: Appleton 1950.

Bousfield, W. A.: The Occurrence of Clustering in the Recall of Randomly Arranged Associates. J. Gen. Psychol., 49, 1953, 229–240.

Bower, G. H., Reitman, J. S.: Mnemonic Elaboration in Multilist Learning. J. Verb. Learn. Verb. Behav., 11, 1972, 478–485.

Bredenkamp, J., Wippich, W.: Lern- und Gedächtnispsychologie, 2 Bde. Stuttgart u. a.: Kohlhammer 1977.

Broadbent, D. E.: Perception and Communication. London: Pergamon 1958.

Brown, R. W., McNeill, D.: The „Tip of the Tongue“ Phenomenon. J. Verb. Learn. Verb. Behav., 5, 1966, 325–327.

Campbell, B. A., Spear, N. E.: Ontogeny of Memory. Psychol. Rev., 79, 1972, 215–237.

Chomsky, N.: A Review of Verbal Behavior, by Skinner, B. F.: Language, 35, 1959, 26–58.

Chomsky, N.: The Case Against B. F. Skinner. The New York Review (Dec. 30), 1971.

Conrad, R.: Acoustic Confusions in Immediate Memory. Brit. J. Psychol., 55, 1964, 75–83.

Conrad, R.: Short-term Memory Processes in the Deaf. Brit. J. Psychol., 61, 1970, 179–195.

Craik, F. I. M.: Human Memory. Ann. Rev. Psychol., 30, 1979, 63–102.

Craik, F. I. M., Lockhart, R. S.: Levels of Processing: A Framework for Memory Research. J. Verb. Learn. Verb. Behav., 11, 1972, 671–684.

Dilollo, V.: Temporal Characteristics of Iconic Memory. Nature, 267, 1977, 241–243.

Downs, R. M., Stea, D.: Kognitive Karten: Die Welt in unseren Köpfen. New York: Harper & Row 1982.

Drachman, D. A.: Memory and Cognitive Function in Man: Does the Cholinergic System Have a Specific Role? Neurology, 27, 1977, 783–790.

Ebbinghaus, H.: Über das Gedächtnis. Leipzig: Dunker & Humblot 1885.

Egger, M. D., Miller, N. E.: When Is a Reward Reinforcing? An Experimental Study of the Information Hypothesis. J. Comp. Physiol. Psychol., 56, 1963, 132–137.

Estes, W. K.: An Experimental Study of Punishment. Psychol. Monogr., 57, 1944, No. 263.

Estes, W. K.: Learning Theory and the New „Mental Chemistry“. Psychol. Rev., 67, 1960, 207–223.

Estes, W. K.: Learning Theory and Mental Development. New York: Academic Press 1970.

Estes, W. K.: Learning Theory and Intelligence. Amer. Psychol., 29, 1974, 740–749.

Estes, W. K.: The Information Processing Approach to Cognition: A Confluence of Metaphors and Methods. In: Estes, W. K. (Hrsg.): Handbook of Learning and Cognitive Processes. Vol. 5: Human Information Processing. New York: Halsted Press 1978.

Flexser, A. J., Tulving, E.: Retrieval Independence in Recognition and Recall. Psychol. Rev., 85, 1978, 153 to 171.

Flourens, P.: Recherches Expérimentales sur les Propriétés et les Fonctions du Système Nerveux dans les Animaux Vertèbres. Paris: Librairie de l'Académie Royale de Médecine 1824.

Foppa, K.: Lernen, Gedächtnis, Verhalten. Köln, Berlin: Kiepenheuer & Witsch [4]1968.

Fürntratt, E.: Motivation schulischen Lernens. Weinheim, Basel: Beltz 1976.

Gall, F. J., Spurzheim, G. S.: Anatomie et Physiologie du Système Nerveux. Paris: Schoell 1810.

Gantt, W. H.: An Experimental Approach to Psychiatry. Amer. J. Psychiatr., 92, 1936, 1007–1021.

Garcia, J. K., Rusiniak, K. W., Brett, L. P.: Conditioning Food-illness Aversions in Wild Animals: Caveant Canonici. In: Davis, H., Hurwitz, H. M. B. (Hrsg.): Perant-Pavlovian Interactions. Hillsdale, New York: Lawrence Erlbaum Assoc. 1977.

Gentner, D. R.: The Structure and Recall of Narrative Prose. J. Verb. Learn. Verb. Behav., 15, 1976, 411 to 418.

Greenough, W. T.: Experimental Modification of the Developing Brain. Amer. Scientist, 63, 1975, 37–46.

Groninger, L. D.: Mnemonic Imagery and Forgetting. Psychonom. Sci., 23, 1971, 161–163.

Groves, P. M., Lynch, G. S.: Mechanisms of Habituation in the Brain Stem. Psychol. Rev., 79, 1972, 237 to 244.

Groves, P. M., Thompson, R. F.: Habituation: A Dual-process Theory. Psychol. Rev., 77, 1970, 419–450.

Guthke, J.: Zur Diagnostik der intellektuellen Lernfähigkeit. Berlin-Ost: Dtsch. Verl. d. Wissensch. 1974.

Harris, J. E.: Memory Aids People Use: Two Interview Studies. Memory and Cognition, 8, 1980, 31–38.

Hillman, B., Hunter, W., Kimble, G.: The Effect of Drive Level on the Maze Performance of the White Rat. J. Comp. Physiol. Psychol., 46, 1953, 87–89, 234.

Hintzman, D. L.: The Psychology of Learning and Memory. San Francisco: W. H. Freeman 1978.

Horn, G., McCabe, B. J., Bateson, P. P. G.: An Autoradiographic Study of the Chick Brain After Imprinting. Brain Res., 168, 1979, 361–374.

Hovland, C. I.: The Sensory Generalization of Conditioned Responses with Varying Frequencies of Tone. J. Gen. Psychol., 17, 1937, 125–148.

Hovland, C. I., Harvey, O. J., Sherif, M.: Assimilation and Contrast Effects in Reactions to Communication and Attitude Change. J. Abnorm. Soc. Psychol., 55, 1957, 224–252.

Hyde, T. S., Jenkins, J. J.: Differential Effects of Incidental Tasks on the Organization of Recall of a List of Highly Associated Words. J. Exp. Psychol., 82, 1969, 472–481.

Hyde, T. S., Jenkins, J. J.: Recall for Words as a Function of Semantic, Graphic, and Syntactic Orienting Tasks. J. Verb. Learn. Verb. Behav., 12, 1973, 471–480.

Ince, L. P., Brucker, B. B., Alba, A.: Reflex Conditioning in a Spinal Man. J. Comp. Physiol. Psychol., 92, 1978, 796–802.

Jarvik, M. E., Essman, W. B.: A Simple One-trial Learning Situation for Mice. Psychol. Rep., 6, 1960, 290.

Jenkins, W. O., Rigby, M. K.: Partial (Periodic) Versus Continuous Reinforcement in Resistance to Extinction. J. Comp. Physiol. Psychol., 43, 1950, 30–40.

Johnson, M. K., Bransford, J. D., Solomon, S. K.: Memory for Tacit Implications of Sentences. J. Exp. Psychol., 98, 1973, 203–205.

Jones, M. C.: The Elimination of Children's Fear. J. Exp. Psychol., 1, 1924, 382–390.

Jüttner, C.: Gedächtnis. München, Basel: Reinhardt 1979.

Kaminski, G.: Verhaltenstheorie und Verhaltensmodifikation. Stuttgart: Klett 1970.

Kandel, E. R.: Small Systems of Neurons. Scientific American, 241, 1979, 66–84.

Keppel, G., Underwood, B. J.: Proactive Inhibition in Short-term Retention of Single Items. J. Verb. Learn. Behav., 1, 1962, 153–161.

Kimble, G. A., Garmezy, N.: Principles of General Psychology, 3rd ed. New York: Ronald Press 1968, 217.

Kintsch, W., Bates, E.: Recognition Memory for Statements from a Classroom Lecture. J. Exp. Psychol.: Hum. Learn. & Memory, 3, 1977, 150–159.

Lefrancois, G. R.: Psychologie des Lernens. Berlin u. a.: Springer 1976.

Loftus, E. F.: Eyewitness Testimony. Cambridge, Mass.: Harvard University Press 1979.

Lovaas, O. I.: A Program for the Establishment of Speech in Psychotic Children. In: Wing, J. K. (Hrsg.): Early Childhood, Autism. Elmsford, New York: Pergamon 1966.

Lovaas, O. I.: Perspectives in Behavior Modification with Deviant Children. Englewood Cliffs, N.J.: Prentice-Hall 1974.

Lovaas, O. I.: The Autistic Child: Language Development Through Behavior Modification. New York: Irvington Publishers 1977.

Maltzmann, I.: Orienting in Classical Conditioning and Generalization of the Galvanic Skin Response to

Words: An Overview. J. Exp. Psychol. Gen., 2, 1977, 111–140.
Metzig, W., Schuster, M.: Lernen zu lernen. Berlin, Heidelberg, New York: Springer 1982.
Mietzel, G.: Pädagogische Psychologie. Göttingen: Hogrefe 1973.
Miller, G. A.: The Magical Number Seven, Plus or Minus Two: Some Limits on Our Capacity for Processing Information. Psychol. Rev., 63, 1956, 81–97.
Miller, N. E.: Studies of Fear as an Acquirable Drive: I. Fear as Motivation and Fear-reduction as Reinforcement in the Learning of New Responses. J. Exp. Psychol., 38, 1948, 89–101.
Milner, P. M.: Physiological Psychology. New York: Holt 1970.
Mishkin, M.: Memory in Monkeys Severely Impaired by Combined but not Separate Removal of Amygdala and Hippocampus. Nature, 273, 1978, 297–298.
Mowrer, O. H.: A Stimulus-response Analysis of Anxiety and Its Role as a Reinforcing Agent. Psychol. Rev., 46, 1939, 553–566.
Murdock, B. B.: Human memory. Potomac: Erlbaum 1974.
Norman, D. A. (Hrsg.): Models of human memory. New York: Academic Press 1970.
Oscar-Berman, M., Samuels, I.: Stimulus-preference and Memory Factors in Korsakoff's Syndrome. Neuropsychologia, 15, 1977, 99–106.
Oscar-Berman, O.: Neuropsychological Consequences of Long-term Chronic Alcoholism. Amer. Scientist, 68, 1980, 410–419.
Paivio, A.: Imagery and Verbal Processes. New York: Holt, Rinehart & Winston 1971.
Pawlow, I. P.: Sämtliche Werke. Berlin-Ost: Akademie Verlag 1953.
Peterson, L. B., Peterson, M. J.: Short-term Retention of Individual Verbal Items. J. Exp. Psychol., 58, 1959, 193–198.
Postman, L., Phillips, L. W.: Short-term Temporal Changes in Free Recall. Quart. J. Exp. Psychol., 17, 1965, 132–138.
Postman, L., Rau, L.: Retention as a Function of the Method of Measurement. U. Calif. Publ. Psychol., 8, 1957, No. 3.
Powers, W.: The Control of Perception. Chicago: Aldine 1973.
Powers, W.: Letter to the Editor. Science (Sept. 21).
Quartermain, D. B., McEwen, B. S., Azmitia, E. C. Jr.: Recovery of Memory Following Amnesia in the Rat and Mouse. J. Comp. Physiol. Psychol., 79, 1972, 360 to 370.
Quinton, E. E., Kramarcy, N. R.: Memory Impairment Correlated Clearly with Cycloheximide Dose and Degree of Inhibition of Protein Synthesis. Brain Res., 131, 1977, 184–190.
Rapaport, D.: Gefühl und Erinnerung. Stuttgart: Klett 1977.
Reitman, J. S.: Mechanisms of Forgetting in Short-term Memory. Cognitive Psychol., 2, 1971, 185–195.
Reitman, J. S.: Without Surreptitious Rehearsal. Information in Short-term Memory Decays. J. Verb. Learn. Verb. Behav., 13, 1974, 365–377.
Rescorla, R. A.: Pavlovian Conditioning and Its Proper Control Procedures. Psychol. Rev., 74, 1967, 71–80.
Rosenzweig, M. R., Krech, D., Bennett, E. L., Diamond, M. C.: Modifying Brain Chemistry and Anatomy by Enrichment or Impoverishment of Experience. In: Newton, G., Levine, S. (Hrsg.): Early Experience and Behavior. Charles C. Thomas. 1968.
Rosenzweig, M. R., Møllgaard, K., Diamond, M. C., Bennett, E. L.: Negative as Well as Positive Synaptic Changes May Store Memory. Psychol. Rev., 79, 1972, 93–96.
Rosenzweig, M. R., Bennett, E. L., Diamond, M. C.: Brain Changes in Response to Experiences. Scientific American, 226, 1972, 22–39.
Rumelhart, D. E.: Notes on a Schema for Stories. In: Bobrow, D. G., Collins, A. (Hrsg.): Representation and Understanding. New York: Academic Press 1975.
Sachs, J. S.: Recognition Memory for Syntactic and Semantic Aspects of Connected Discourse. Percep. & Psychophys., 2 (9), 1967, 437–442.
Sakitt, B., Long, G. M.: Spare the Rod and Spoil the Icon. J. Exp. Psychol., 5, 1979, 19–30.
Shashoua, V. E.: Brain Metabolism and the Acquisition of New Behaviors, III. Evidence for Secretion of Two Proteins into the Brain Extracellular Fluid After Training. Brain Res., 164, 1979, 349–358.
Shurrager, P. S., Culler, E.: Conditioning in the Spinal Dog. J. Exp. Psychol., 26, 1940, 133–159.
Sinz, R.: Gehirn und Gedächtnis. Berlin-Ost: Verlag Volk und Gesundheit 1978.
Skinner, B. F.: Die Funktion der Verstärkung in der Verhaltenswissenschaft. München: Kindler 1974.
Skinner, B. F.: Futurum zwei. Reinbek: Rowohlt 1972.
Skinner, B. F.: The Behavior of Organisms: An Experimental Analysis. New York: Appleton 1938.
Skinner, B. F.: Science and Human Behavior. New York: Macmillan 1953.
Skinner, B. F.: The Design of Cultures. Daedalus (Summer) 1961.
Skinner, B. F.: Beyond Freedom and Dignity. New York: Macmillan 1971.
Spence, K.: Cognitive and Drive Factors in the Extinction of the Conditioned Eyelid Blink in Human Subjects. Psychol. Rev., 73, 1966, 445–458.
Solomon, R. L.: Punishment. Amer. Psychol., 19, 1964, 239–263.
Solomon, R. L., Kamin, L. J., Wynne, L. C.: Traumatic

Avoidance Learning: The Outcomes of Several Extinction Procedures with Dogs. J. Abnorm. Soc. Psychol., 48, 1953, 291–302.
Sternberg, S.: High-speed Scanning in Human Memory. Science, 153, 1966, 652–654.
Thompson, R. F.: The Search for the Engram. Amer. Psychol., 31, 1976, 209–227.
Thorndike, E. L.: Animal Intelligence: Experimental Studies. New York: Macmillan 1911.
Tolman, E. C.: Cognitive Maps in Rats and Men. Psychol. Rev., 55, 1948, 189–208.
Tulving, E.: Episodic and Semantic Memory. In: Tulving, E., Donaldson, W. (Hrsg.): Organization of Memory. New York: Academic Press, 1972.
Tulving, E.: Cue-dependent Forgetting. Amer. Scientist, 62, 1974, 74–82.
Victor, M., Yakovlev, P. I.: S. S. Korsakoff's Psychic Disorder in Conjunction with Peripheral Neuritis. A Translation of Korsakoff's Original Article with Brief Comments on the Author and His Contribution to Clinical Medicine. Neurology, 5, 1955, 394–406.
Watson, J. B., Rayner, R.: Conditioned Emotional Reactions. J. Exp. Psychol., 3, 1920, 1–14.
Watson, J. D., Crick, F. H. C.: A Structure for Desoxyribose Nucleic Acids. Nature, 171, 1953, 737–738.
Weiner, B.: Die Wirkung von Erfolg und Mißerfolg auf die Leistung. Bern: Huber, Stuttgart: Klett 1975.
Weinert, F. E., Kluve, R. H. (Hrsg.): Metakognition, Motivation und Lernen. Stuttgart: Kohlhammer 1984.
Wender, K. F., Colonius, H., Schulze, H.-H.: Modelle des menschlichen Gedächtnisses. Stuttgart u.a.: Kohlhammer 1980.
Wescourt, K. T., Atkinson, R. C.: Fact Retrieval Processes in Human Memory. In: Estes, W. K. (Hrsg.): Handbook of Learning and Cognitive Processes. Vol. 4. Attention and Memory. Hillsdale, N.J.: Lawrence Erlbaum Assoc. 1976.
Wilson, M.: Visual System: Pulvinar-extrastriate Cortex. In: Masterton, R. B. (Hrsg.): Handbook of Behavioral Neurobiology. Vol. 1. Sensory Integration. New York: Plenum Press 1978.
Wilson, M., Kaufman, H. M., Zieler, R. E., Lieb, J. P.: Visual Identification and Memory in Monkeys with Circumscribed Inferotemporal Lesions. J. Comp. Physiol. Psychol., 78, 1972, 173–183.
Wollen, K. A., Weber, A., Lowry, D. H.: Bizarreness Versus Interaction of Mental Images as Determinants of Learning. Cognitive Psychol., 3, 1972, 518–523.
Wolpe, J.: Psychotherapy by Reciprocal Inhibition. Stanford: Stanford University Press 1958.
Wolpe, J.: Praxis der Verhaltenstherapie. Bern, Stuttgart, Wien: Huber 1972.
Zeiher, H. (Hrsg.): Lernen und Verhalten, 2 Bde. Weinheim, Basel: Beltz 1984.

Stichwortverzeichnis

Inhaltsverzeichnis

Band 4: Kognitionspsychologie

Einleitung

Grundlegend für Darwins Theorie der natürlichen Auslese ist die Vorstellung von der biologischen Variantenbildung. Weil sich die verschiedenen Angehörigen derselben Spezies im Hinblick auf Faktoren wie Größe, Farbe und Schnelligkeit voneinander unterscheiden, sind manche besser zum Überleben geeignet als andere.

Die Erkenntnis individueller Unterschiede kann als der Beginn des modernen Studiums der Intelligenz betrachtet werden. Ebenso wie im Falle anderer grundlegender Probleme reicht auch die Beschäftigung mit der Intelligenz und der anderen höheren geistigen Prozesse bis in die Antike zurück. In seinem berühmtesten Dialog, „Der Staat", beschreibt Platon eine utopische Gesellschaft, in der Menschen aufgrund ihres Charakters, ihrer Intelligenz und anderer Merkmale für verschiedene Positionen im Leben ausgewählt und herangebildet werden. Platon formulierte auch eine Theorie des Wissens, die auf angeborenen Ideen beruht. Für die griechischen Philosophen war die Ausübung der kontemplativen Fähigkeiten die höchste Form menschlicher Aktivität. Viele der griechischen Vorstellungen über den Verstand haben heute, 23 Jahrhunderte später, immer noch Gültigkeit für uns. So werden beispielsweise die Spekulationen von Aristoteles, wie Ideen miteinander zusammenhängen (siehe die Einführung in den dritten Band) als fundamentale Gesetze der Assoziation immer noch studiert und diskutiert.

Erst mit Darwin und seinen Anhängern entwikkelte sich jedoch in der zweiten Hälfte des 19. Jahrhunderts die moderne Betrachtungsweise individueller Unterschiede in der Intelligenz und im Denken. Sir Francis Galton, ein entfernter Vetter Darwins, verdient es wahrscheinlich, als der „Vater" der Psychometrie, der psychologischen Messung individueller Unterschiede, betrachtet zu werden. Von 1869 an veröffentlichte Galton eine Reihe von Büchern, in denen er die Auffassung vertrat, daß die Unterschiede zwischen den Menschen, einschließlich der geistigen und moralischen Varianten, die Grundlage für eine Wissenschaft der menschlichen Eugenik bilden könnten. Mit anderen Worten: Man könnte Menschen selektiv im Hinblick auf verschiedene geistige Eigenschaften züchten, mit dem Ziel einer geistigen Höherentwicklung der Menschheit. Galton untermauerte diese Phantasie mit Untersuchungen hervorragender Persönlichkeiten, wobei er nachzuweisen suchte, daß außergewöhnliche Leistungen in der Wissenschaft und auf anderen Gebieten in bestimmten Familien gehäuft auftreten. Obwohl wir Galtons Ansatz heute mit Recht ablehnend gegenüberstehen, da wir uns der unhaltbaren Vermengung von Erbanlagen mit Umwelteinflüssen in allen solchen Untersuchungen bewußt sind, ändert dies nichts an der Tatsache, daß Galton einen neuen und wissenschaftlich bedeutsamen (und in gewisser Hinsicht den „praktikabelsten") Zweig der Psychologie begründete.

Um sein etwas dürftiges Beweismaterial durch objektive Messungen zu untermauern, konstruierte Galton eine Vielzahl technischer Geräte zur Messung sensorischer Fähigkeiten. Mit Hilfe dieser Geräte stellte er fest, wie gut seine Versuchspersonen Farben vergleichen, Tonhöhen und Gewichte unterscheiden und auch wie schnell sie auf Reize verschiedener Art reagieren konnten. Dies waren die ersten objektiven Tests geistiger Fähigkeiten. Waren es Intelligenztests? Nicht in dem Sinne, wie dieser Begriff inzwischen von Psychologen benutzt wird, denn Galtons Tests sensorischer Fähigkeiten ließen keine genauen Vorhersagen in bezug auf sonstige geistige Fähigkeiten zu. So besteht beispielsweise kein enger Zusammenhang zwischen den Resultaten bei sensorischen Unterscheidungstests und Schulnoten oder Erfolg bei späteren geistigen Aufgaben. Galtons Versuchsidee, den Verstand zu messen, war richtig, aber bei der Auswahl der speziellen Fähigkeiten, die gemessen werden sollten, hatte er keine glückliche Hand.

Auf der anderen Seite des Ärmelkanals, in Frankreich, warfen Alfred Binet und seine Mitarbeiter am Ende des 19. Jahrhunderts in dem Bestreben, brauchbare Meßverfahren für den menschlichen Geist herauszufischen, ein größeres Netz aus. Binets Ansatz war gleichzeitig klinischer und auch pragmatischer oder praktischer als der Galtons. Binet wurde angeregt durch die Bemühungen einer französischen Unterrichtskommission, diejenigen Schüler zu identifizieren, die versagen würden, wenn sie keine gezielte Nachhilfe erhielten. Binet, der in den Schulen arbeitete, entwickelte Tests, bei denen ältere Kinder besser abschnitten als jüngere, und die auch zwischen erfolgreichen Schülern und solchen mit scheinbaren geistigen Schwierigkeiten unterschieden. Als besonders brauchbar erwiesen sich dabei Tests des Gedächtnisses und des Verständnisses für Worte und Bilder. Binet entwickelte auch den Gedanken eines relativen Meßwertes der Intelligenz, dem Unterschied zwischen den Leistungen eines bestimmten Kindes und denen des „Durchschnitts"-Kindes derselben Altersstufe.

Galtons Ansatz mit seiner Betonung der Vererbung von Intelligenz war der Sichtweise von Platon und Darwin nähergestanden. Doch die praktikablen Testverfahren von Binet waren es, die sich weltweit durchsetzten. Während des Ersten Weltkriegs führte die amerikanische Armee Tests nach Art von Binet mit Millionen junger Männer durch, die aufgrund ihrer Ergebnisse in diesen Tests verschiedenen Jobklassifizierungen zugeteilt werden sollten. Amerika wurde „testsüchtig" – Tests wurden beinahe über Nacht ein wichtiges Instrument zur Bestimmung von Bildungschancen (die praktische Beschäftigung mit der Aussagefähigkeit von Tests und nicht die ältere, theoretischere Frage nach der Vererbung hat schließlich über ihren Einsatz im militärischen Bereich, im Bildungswesen und in der Arbeitswelt entschieden). Dennoch hat die Kontroverse darüber, ob das Abschneiden bei Tests möglicherweise etwas mit den Erbanlagen zu tun haben könnte, fast seit Anbeginn der IQ-Prüfungen vor etwa 75 Jahren fortgedauert. Die vermutete Rolle der Vererbung ist immer wieder von der Milieutheorie in Frage gestellt worden, welche die amerikanische Psychologie mindestens seit Beginn der 30er Jahre beherrschte. Die Rolle der Umwelt und insbesondere die Erfahrungen, die das Kind im Kontakt mit seiner Umgebung macht, wurden als der dominierende Faktor betrachtet, der für die individuellen Unterschiede in den höheren geistigen Funktionen verantwortlich ist. Was die Kinder im Schulalter angeht, bezeugen die Fachrichtung der Pädagogischen Psychologie und die verschiedenen Bildungsreformprogramme (Beispiel die „Mengenlehre") von unserem Glauben an die Wichtigkeit von Umweltfaktoren.

Der Grund, warum die Vererbung-Umwelt-Kontroverse so starke Emotionen ausgelöst hat, ist, daß verschiedene Bevölkerungsgruppen bei IQ- und anderen geistigen Befähigungstests (zum Beispiel dem Scholastic-Aptitude-Test) sehr unterschiedlich abschneiden können. Daß Schwarze bei diesen Tests oft schlechtere Resultate erzielen, hat besondere Betroffenheit erregt und das Gespenst des Rassismus aufleben lassen. War es möglich, daß Schwarze hinsichtlich der Voraussetzungen geistiger Leistungsfähigkeit tendenziell als genetisch minderwertig anzusehen seien? Unsere Leser können beruhigt sein – die folgenden Abschnitte enthalten nichts, was darauf hindeutet, daß dem so ist. Weder die Gruppenunterschiede noch die Anzeichen, daß genetische Faktoren starke Unterschiede innerhalb von Gruppen bewirken können, eignen sich als Nachweis rassischer Minderwertigkeit. Die dieser Schlußfolgerung zugrundeliegende Logik ist nicht leicht zu verstehen, aber die gesellschaftlichen Implikationen sind so weitreichend, daß wir im dritten Kapitel detailliert auf diese Frage eingehen.

Wie hat die Kontroverse über die Basis rassischer Unterschiede im IQ ein solches Maß an emotionaler Aufladung annehmen können? Sie begann am Ende der politisch brisanten 60er Jahre, als Arthur Jensen in einem von Harvard-Studenten herausgegebenen Magazin einen langen Artikel veröffentlichte (Jensen, 1969). Er behauptete in diesem Artikel, daß die Förderprogramme für milieugeschädigte Kinder weitgehend gescheitert seien, und stellte die Möglichkeit zur Diskussion, daß genetische Faktoren bei den rassischen Unterschieden im geistigen Leistungsvermögen eine Rolle spielen könnten. Das emotionale Feuer wurde dann weiter geschürt durch einen vielzitierten Essay eines anderen Psychologen, Richard

Herrnstein, im *Atlantic Monthly* (1971). Dieser argumentierte, daß wir, wenn die Umwelteinflüsse für alle dieselben wären, schließlich bei einer genetischen Meritokratie landen würden, das heißt, bei einem Gesellschaftssystem, in welchem die Stellung jedes Menschen im Leben ausschließlich durch seine Erbanlagen bedingt wäre (s. Box 4/20, S. 98).

Während diese Kontroverse tobte, gingen die Forschungen über die Entwicklung intellektueller Fähigkeiten lautlos voran. Eine herausragende Figur war in diesem Zusammenhang Jean Piaget, dessen Theorie der kognitiven Entwicklung das rasch wachsende Gebiet der Entwicklungspsychologie beherrschte. Der in der Schweiz arbeitende Piaget war von amerikanischen Psychologen, befangen im Behaviorismus und Positivismus, die ihnen schon den Begriff „Geist" verdächtig erscheinen ließen, lange weitgehend ignoriert worden. (Wie kann man von Behavioristen erwarten, auf eine Theorie anzusprechen, der zufolge das Kind aktiv am geistigen Aufbau seiner kognitiven Welt beteiligt ist?) Aber Piaget identifizierte mentale Verfahrensweisen und Entwicklungsstadien, die der neuen Generation von Entwicklungspsychologen ganz bestimmte Forschungsrichtungen wiesen.

Das Interesse an Piaget verbreiterte sich, als sich die Psychologie aus der methodologischen Zwangsjacke des Behaviorismus befreite. (Während der Behaviorismus ursprünglich von Watson als Gegenbewegung zu den subjektivistischen Tendenzen der Experimentalpsychologie um die Jahrhundertwende entwickelt worden war, machten es die behavioristischen Selbstbeschränkungen schwierig, sich auf die weitreichenden Überlegungen über das Wachstum des Verstandes einzulassen, die die neue Entwicklungspsychologie kennzeichneten.) Dieselbe Befreiung hat sich auch in anderen Bereichen der kognitiven Psychologie einschließlich des Denkens, des Problemlösens und der Entscheidungsfindung durch Erwachsene bemerkbar gemacht.

Der rapide arbeitende Digitalcomputer übte ebenfalls einen dominierenden Einfluß auf die zeitgenössische Erforschung der höheren geistigen Prozesse aus. Diese Maschinen führen zwar offensichtlich langweilige, sich wiederholende Kalkulationen aus, aber auch kreatives Problemlösen ist mit ihnen möglich. Künstliche Intelligenz ist schon heute das praktischste Mittel zur Lösung bestimmter Aufgaben, wie der Betrieb von Montagebändern oder die Steuerung von Robotern auf der Oberfläche des Mondes. Andere Computerprogramme simulieren, wie Menschen tatsächlich Probleme lösen.

In diesen neueren Entwicklungen in der Kognitionspsychologie ist das Konzept der *Organisation* aufs neue wichtig geworden. Gestaltpsychologen hatten von ihrem Studium der Wahrnehmung generalisierend die Wichtigkeit hervorgehoben, bei der Lösung von Problemen neue Strukturen durch Umstrukturierung zu finden. Kognitive Erklärungsversuche des menschlichen Denkens integrieren die von den Gestalttheoretikern hervorgehobene Bedeutung der Organisation detaillierterer Analysen, in denen Informationen vom menschlichen Verstand verarbeitet werden.

Obwohl die höheren geistigen Prozesse schwierige Herausforderungen für die Psychologie darstellen, hat diese neue Freiheit, in Kategorien der kognitiven Organisation zu theoretisieren, diesen zentralen Forschungsbereich mit neuem Leben erfüllt. Die Psychologen sprechen wieder über Vorstellungen, darüber, wie lange es dauert, die Positionen geometrischer Objekte vor dem „geistigen Auge" zu verändern, und welche Funktion kognitive Strukturen beim Problemlösen haben. Die neue Psychologie hat auch die Freiheit, sich mit der Rolle persönlicher Werte für die Entscheidungsfindung zu befassen. Angespornt durch praktische Probleme hat das Interesse daran, wie Menschen Entscheidungen treffen könnten, die in besserem Einklang mit ihren eigenen Werten stehen, zu gemeinsamen Forschungsbemühungen der Psychologie und anderer Sektoren geführt. Dies sind aufregende Zeiten für die Psychologie, und das Studium der höheren geistigen Prozesse steht im Mittelpunkt dieser erregenden Entwicklung.

1. Kapitel Die Entwicklung von Denken und Sprache

Vom Beginn der überlieferten Geschichte an haben Philosophen über die Beschaffenheit des menschlichen Geistes bei der Geburt spekuliert. Manche, wie beispielsweise John Locke, haben das Bewußtsein des Neugeborenen als völlig leer, als eine *tabula rasa* betrachtet, die darauf warte, von den Erfahrungen des Lebens „beschrieben" zu werden. Andere, wie Platon, betrachteten bestimmte Ideen als universell gegeben, was bedeutete, daß sich das Denken von angeborenen gemeinsamen Ursprüngen her entwickelt.

Diese gegensätzlichen Auffassungen finden sich in den Forschungsarbeiten und -schriften von Psychologen ebenso wie von Philosophen. Die in der Tradition Lockes Stehenden betonen die Auswirkung von Schulung und Erfahrung auf die Entwicklung des Kindes. Andere heben dagegen den eigenen Beitrag des Kindes hervor, sie betrachten die Entwicklung als die Entfaltung von Fertigkeiten und Ideen, die solange schlummern, bis die Reifung ihren Ausdruck gestattet. Im vorliegenden Band wollen wir das Wechselspiel dieser scheinbar gegensätzlichen Einstellungen zur kognitiven Entwicklung im allgemeinen und zur Sprachentwicklung im besonderen untersuchen und auch die gelegentlichen Versuche betrachten, die Grenzen dieser beiden Konzeptionen zu überschreiten.

Moderne Auffassungen über die Entwicklung des Denkens werden von der Arbeit des Schweizer Psychologen Jean Piaget beherrscht. Piaget, der seine Arbeit vor fast 50 Jahren begann und bis zu seinem Tod im September 1980 fortführte, bemühte sich, die geistige Entwicklung des Kindes durch Versuche und Beobachtung verstehen zu lernen. Er studierte die Entwicklung des Denkens, der Wahrnehmung, der Sprache und der Intelligenz und die Entstehung von Konzepten der Kausalität und Moral. Ein Großteil seiner frühen Daten stammten aus Beobachtungen des spontanen Verhaltens seiner eigenen Kinder und deren Reaktionen auf klug ausgedachte kleine Experimente. Diese Daten und spätere systematischere Versuchsreihen führten Piaget zur Formulierung einer Reihe von Prinzipien, die auf das breite Spektrum der Entwicklungsprozesse angewandt werden konnten, mit denen er sich beschäftigte.

1 Piagets Theorie der kognitiven Entwicklung

Den Kern von Piagets Theorie bildet seine Überzeugung, daß das geistige Wachstum (bzw. die kognitive Entwicklung) des Menschen das zwangsläufige Resultat der Interaktion des Kindes mit der realen Welt sei. Aber was bestimmt die Handlungen des Kindes, und warum handelt das Kind überhaupt? Auf welche Weise bewirken seine Handlungen und deren Auswirkungen auf die Umwelt und auf seinen Organismus eine stetige Entwicklung seines Wissens über die Welt und seiner Fähigkeit, sich wirksam und intelligent mit dieser auseinanderzusetzen? Piagets allgemeine Entwicklungsprinzipien – Äquilibration, Assimilation und Akkommodation – stellen Versuche dar, diese Fragen zu beantworten.

1.1 Organisation, Äquilibration und Adaptation

Grob gesprochen bezieht sich *Organisation* auf die Überzeugung Piagets, daß die Elemente des geistigen Lebens (er nennt sie *Schemata*) zunehmend zu größeren Systemen oder Ganzheiten verflochten werden, die ihrerseits wieder neue und noch komplexere Schemata darstellen. Das geistige Leben des Kindes besteht nach Piaget aus einem organisierten System von Ideen über das Selbst, andere Menschen, Dinge in der Umwelt und schließlich über Dinge, die nicht gegenwärtig sind (einschließlich der abstrakten Ideen). Anfangs funktioniert dieses System mit äußerster Einfachheit, aber je mehr das Kind mit seinem eigenen Körper und mit den Menschen und Dingen seiner Umgebung in ein Wechselspiel tritt, desto mehr neue und komplexere Erkenntnisse entwickeln sich.

Was ist die Antriebskraft für diesen Prozeß des Aufbaus einer immer differenzierteren kognitiven Organisation? Piaget nimmt an, daß mentale Strukturen von sich aus „motiviert" seien, auf einem höheren Niveau zu funktionieren – eine Tendenz, die er als *Äquilibration* bezeichnet. Wir sind ständig getrieben, Dinge zu tun, die wir bereits tun können, aber so oft wir handeln, streben wir auch danach, den Anpassungsgrad und die Komplexität unseres Verhaltens und unserer mentalen Strukturen zu erhöhen. Das Konzept der Äquilibration stellt im Grunde Piagets einzige (und implizite) Theorie der Motivation dar, und er geht weit über die Motivationstheorie hinaus, die alles Verhalten als mittelbar oder unmittelbar auf die bekannten körperlichen Bedürfnisse wie Hunger, Sex und Sicherheit zurückführbar betrachten. Diese Auffassung Piagets findet eine direkte Parallele in Formulierungen anderer Motivationstheorien, die beispielsweise davon ausgehen, daß die Neugier ein eigenständiges Motiv sei (s. Abb. 1). Diesen Theorien zufolge haben wir alle das Bedürfnis, unsere Umwelt zu erforschen, zu untersuchen und uns mit ihr auseinanderzusetzen – kurz, das *Bedürfnis, etwas zu wissen.*

Piaget beschrieb den fortgesetzten Austausch zwischen Organismus und Umwelt als *Adaptation (Anpassung).* Dieser Prozeß resultiert seinerseits in einer ständig wachsenden Komplexität unserer mentalen Strukturen, die dadurch immer besser imstande sind, die Anforderungen der Umwelt effizient zu bewältigen. Piaget vertritt zwei komplementäre Konzepte, die spezifizieren, wie sich Anpassung vollzieht: auf dem Wege der Assimilation und Akkommodation.

1.2 Assimilation

Das Konzept der *Assimilation* geht davon aus, daß jeder Organismus eine Tendenz hat, Dinge aus der äußeren Umwelt in sich aufzunehmen, die sich darin vorfinden. So haben wir bestimmte körperliche Strukturen und Funktionen, die es uns ermöglichen, bestimmte Nahrungsmittel zu verdauen, und nach diesen Nahrungsmitteln suchen wir und verleiben sie uns ein. Piaget behauptet jedoch, die vorhandenen Strukturen oder Schemata tendierten dazu, *nur* jene Reize aus der Umwelt in sich aufzunehmen, die sie verkraften können. Mit anderen Worten: „Nahrung“ für das Denken wird so ausgewählt, daß sie für das jeweilige Entwicklungsniveau des Denkapparats verdaubar ist.

Abbildung 1: Neugierde, Fragelust, Wißbegier – sie sind das Fundament der geistigen Entwicklung.

Diese Selektion bedeutet praktisch, daß ein Säugling (oder Kind oder Erwachsener) dazu neigt, nur jenen Teil der Welt wahrzunehmen, den er aufgrund seines *bereits vorhandenen* Wissens begreifen kann, obgleich durch das Hineinpressen neuer Informationen in die nicht ganz passenden vorhandenen Schablonen gewisse Verzerrungen entstehen können. Er tendiert auch dazu, nur auf Situationen zu reagieren, mit denen er bereits vertraut ist und für welche die alten Reaktionen mehr oder weniger angemessen sind. Assimilation ist also offensichtlich ein konservatives Prinzip, das darauf abzielt, einen geistig-psychischen Status quo aufrechtzuerhalten. Wäre dies der einzige Anpassungsmechanismus, dann könnten sich die vorhandenen Schemata nicht ändern und die mentale Organisation könnte nicht komplexer werden. Es ist also eindeutig noch etwas anderes nötig.

1.3 Akkommodation

Diese andere Komponente bezeichnet Piaget als *Akkommodation.* Sie stellt insofern eine Ergänzung der Assimilation dar, als die Akkommodation einsetzt, wenn neue Reize nicht an die vorhandenen Schemata assimiliert werden, aber zu hartnäkkig sind, um ignoriert zu werden. Akkommodation bedeutet ganz einfach, daß neue Schemata gebildet oder alte modifiziert bzw. zusammengeführt werden, um komplexere neue Organisationsformen zu schaffen. Alle diese Konzepte zusammengenommen sagen uns, daß es in der Entwicklung des geistigen Lebens „eine ständige Erschaffung immer komplexerer Formen und eine fortschreitende Anpassung dieser Formen an die Umwelt" gibt. In die Alltagssprache übersetzt, stellt die Theorie die normale geistige Entwicklung als ein ständiges Bestreben dar, in unserem Verständnis der Welt um uns herum zu wachsen; wobei das, was wir zu verstehen suchen, nicht das völlig Neue ist, sondern vielmehr das *fast* Verstandene, das an den Grenzen unseres gegenwärtigen Fassungsvermögens liegt.

Angesichts dieser Tendenz unseres Verstandes, sein Fassungsvermögen schrittweise – aber immer nur geringfügig – zu erweitern, wäre zu erwarten, daß sich die geistige Entwicklung allmählich, in glatten und kontinuierlichen Bahnen vollzieht. Piaget bestreitet das. Statt dessen gibt es seiner Auffassung nach vier Hauptstadien der Entwicklung, und jedes Stadium repräsentiert eine eigene und qualitativ höhere Stufe gegenüber den vorangegangenen.

2 Stadien der kognitiven Entwicklung

Piagets allgemeine Prinzipien gelten für alle vier Stadien der kognitiven Entwicklung, obwohl sich die Details ihrer Funktionsweise zwangsläufig von einem Stadium zum anderen unterscheiden. Piaget zufolge sind die Stadien hinsichtlich der *Reihenfolge* ihres Auftretens bei allen Kindern gleich, obwohl die Altersstufen, in denen sie erreicht werden, individuell beträchtlich schwanken können. Die Altersgruppen, die wir für jedes Stadium nennen werden, sind von Piaget und anderen als grobe Demarkierungen und nicht als absolute Grenzen bezeichnet worden. Außerdem hat man sich diese Stadien als *hierarchisch* vorzustellen; das heißt, jedes nachfolgende *setzt* die geistige Organisation des unmittelbar vorangegangenen *voraus* und schließt dieses ein. In unserer Darstellung der vier Entwicklungsstadien Piagets werden wir nicht auf die vielen erkennbaren *Unterstadien* eingehen, die er unterscheidet. (Allein das erste Hauptstadium weist sechs solche Unterteilungen auf.)

2.1 Erstes Stadium: Sensomotorisch

Das erste – *das sensomotorische Stadium* – erstreckt sich von der Geburt bis zum Alter von etwa zwei Jahren. Anfangs besteht die mentale Organisation nur aus einigen angeborenen Reflexreaktionen. Diesen Reaktionen liegen, isoliert voneinander, die simpelsten mentalen Elemente zugrunde. Das Neugeborene hat beispielsweise einen separaten Reflex, der eine Saugreaktion auslöst, wenn ihm die Flasche an die Lippen gesetzt wird, und einen anderen, der eine Greifreaktion in Gang setzt, wenn seine Hand die Flasche berührt. Etwa einen Monat lang besteht die kognitive Entwicklung anscheinend aus nichts anderem als der Ausübung dieser simplen Reflexe. Dann beginnt eine Integration dieser separaten Elemente. Der Säugling sieht zuerst die Flasche, ergreift sie dann und saugt dann an ihr. Er kann sich jetzt auftretenden Reizen zuwenden und beispielsweise den Kopf einem plötzlich ertönenden Geräusch oder einem hellen Licht zudrehen. Es gibt jedoch gewisse Anzeichen, daß solche Orientierungsreaktionen auch schon bei der Geburt vorhanden sein könnten. Wertheimer (1961) berichtete, ein Säugling habe schon zehn Minuten nach der Entbindung Augenbewegungen gezeigt, die einer beweglichen Schallquelle folgten.

Allmählich geht der Säugling, der zunächst auf Stimulierung durch die Umwelt angewiesen ist, dazu über, unabhängiges Verhalten zu initiieren. Er beginnt Reaktionen zu praktizieren, die zu interessanten Resultaten führen – etwa, indem er auf eine Rassel schlägt oder die Bettdecke wegstrampelt. Die Vorstellung eines *ganzheitlichen* Objekts oder Dinges beginnt zu entstehen, sobald die anfangs getrennten Anblicke, Empfindungen, Geräusche und Geschmacksreize eines Objekts zu einer einzigen Organisation verschmelzen.

Wenn zum ersten Mal ein Objektkonzept zustandekommt, dann hat dieses Objekt nur ein flüchtiges „Leben“. Es hört auf zu existieren, sobald es nicht mehr wahrgenommen wird. Mit anderen Worten: ein Spielzeug, das aus dem Gesichtskreis fällt, ist einfach verschwunden – nicht mehr existent. Gegen Ende des ersten Jahres wird das Objekt jedoch dauerhaft und das Kind sucht aktiv danach. Dieses aktive Experimentieren nimmt zu, das Kind genießt es jetzt, neue Dinge zu manipulieren und Folgen zu bewirken. (Eltern, die den Teddybär zum siebzehnten Mal aufgehoben und in das Kinderbett zurückgelegt haben, nur um ihn erneut herausfliegen zu sehen, können die Energie und Hartnäckigkeit solcher Aktivität bezeugen.) Mit etwa eineinhalb Jahren scheint das Kind die Fähigkeit erlangt zu haben, an Dinge zu denken, selbst wenn diese nicht präsent sind, und neue Verwendungsmöglichkeiten für Objekte zu finden; kurz, das Kind scheint in geringem Grad erfinderisch, schöpferisch und phantasievoll geworden zu sein.

Aufgrund der Fülle und Mannigfaltigkeit der Entwicklung, die sich in diesem ersten Stadium vollzieht, ist klar, daß Kleinkinder nicht einfach „kleine Erwachsene“ sind, die die Welt im großen und ganzen ähnlich sehen wie wir. Doch die These, daß sich das geistige Leben des Kindes *qualitativ* von unserem unterscheidet, ist schwer zu glauben, weil wir uns nicht mehr erinnern oder uns eine Welt vorstellen können, die aus flüchtigen, verschwindenden, unzusammenhängenden Dingen besteht. Das Kleinkind ist einfach *unfähig* zu vielen Arten von geistigen Prozessen, die selbst dem unintelligentesten Erwachsenen möglich sind. Diese qualitativen Defizite dauern, wie wir sehen werden, viele Jahre lang an, so daß das normale Kind erst in der Adoleszenz so denken kann wie ein normaler Erwachsener. Die Implikationen dieser allgemeinen Tatsache für Theorien der kognitiven Entwicklung und der Unterrichtsmethodik sind beträchtlich. Ebenso zahlreich und vielleicht noch offenkundiger sind die Konsequenzen für die Eltern.

2.2 Zweites Stadium: Präoperational

Das zweite – präoperationale Stadium – erstreckt sich etwa vom zweiten bis zum siebenten Lebensjahr. Es ist eine Zeit unerhörter geistiger, sozialer, emotionaler und pädagogischer Veränderungen. Etwa vom zweiten Lebensjahr an sind die Anfänge von Phantasie zu bemerken. Während die Dinge zuvor nur sie selbst und nicht mehr waren, kann das Kind jetzt seine Phantasie spielen lassen. Das Kinderbett wird zu einem Ruderboot, aber wehe dem, der glaubt, daß die Einbildungskraft Verwirrung bedeute. Man kann zwar mitspielen und die Seetüchtigkeit des Schiffes loben, aber wenn man es übertreibt, wird man eines Besseren belehrt: „Das Bett ist kein Boot!“ Die Sprache, eine sehr wichtige symbolische Aktivität, durchläuft in den ersten Jahren dieses Stadiums ebenfalls ihre rapideste Entwicklung. Worte beginnen jetzt, Dinge zu repräsentieren, und Handlungen können manchmal durch Gedanken ersetzt werden. Aber obwohl das Kind lernt, mit seiner Umwelt zu spielen und sie in einem beträchtlichen Maß spielend zu meistern, ist seine Sichtweise der Realität höchst egozentrisch. Es steht im Mittelpunkt seiner Erfahrungen und kann sie nur in bezug auf es selbst verstehen. Versuche haben beispielsweise gezeigt, daß ein Kind von fünf oder sechs Jahren noch unfähig ist zu beschreiben, wie eine Szene (beispielsweise ein Modell eines Dorfes) aussehen würde, wenn man sie aus einem anderen Blickwinkel als aus seiner eigenen augenblicklichen Perspektive betrachtet. Ja, es kann sich nicht einmal vorstellen, daß die Szene anders aussehen *könnte*, als sie ihm erscheint. (Mehr darüber in Box 4/1.)

Ähnlich damit ist das Phänomen, das Piaget als

BOX 4/1

Keimendes Verständnis für das Erhaltungsprinzip

Das präoperationale Stadium ist fast ausschließlich in Hinblick darauf beschrieben – und sogar benannt – worden, wozu Vorschulkinder *nicht* fähig sind. Ihre Begriffe sind wechselhaft und werden oft überdehnt. Jedes vierbeinige Tier kann als „Hund" bezeichnet werden; und die ganze Familie amüsiert sich darüber, wieviele Leute der oder die Kleine schon „Papa" genannt hat. In letzter Zeit haben sich jedoch einige Forscher auf die Dinge konzentriert, die ein Vorschulkind tun *kann.* Wenn die Aufgabe einfach genug und kurz genug ist, dann kann das präoperationale Kind Fähigkeiten an den Tag legen, die wir nie vermutet hätten.

Die *Egozentrizität,* die Unfähigkeit, die Welt von einem anderen Standpunkt als seinem eigenen zu betrachten, wurde in verschiedener Weise studiert. Wenn Kinder im Alter von eins bis drei aufgefordert werden, einer gegenübersitzenden Person ein Bild zu zeigen, das ihnen auf dem Kopf stehend gereicht wurde, dann drehen nur wenige das Bild so um, daß die richtige Seite nach oben zeigt und dem Betrachter zugekehrt ist. Bei einer anderen Aufgabe wird Kleinkindern ein Film gezeigt, in dem ein an einem Tisch sitzender Junge um Kekse bittet. Nachdem das Kind den Film gesehen und gehört hat, wird die Mutter des Kindes hereingeholt und bekommt den Film *ohne* Ton zu sehen. Bei einer späteren Befragung zeigt sich, daß Vier- und Fünfjährige genau verstehen, daß ihre Mutter nicht weiß, daß der Junge Kekse will; die kleineren Kinder begreifen das nicht, da sie selbst die Bitte gehört haben und (egozentrisch) annehmen, dasselbe gelte für ihre Mutter.

Auch Verständnis für das Prinzip der Erhaltung, das Kennzeichen konkreter Operationen, kann in vereinfachter Form bei kleineren Kindern nachgewiesen werden. Nimmt man eine genügend kleine Anzahl von Dingen, etwa nicht mehr als fünf, dann zeigt ein Kindergartenkind Verständnis für die Erhaltung der Zahl; das heißt, es weiß, daß dieselbe Zahl von Dingen vorhanden ist, wenn bloß deren Anordnung verändert wurde. Auch ein kleines Kind merkt Unterschiede, die dadurch entstehen, daß Dinge heimlich hinzugefügt oder weggenommen wurden. Dieses Vermögen scheint sich jedoch auf sehr kleine Zahlen zu beschränken und von der Fähigkeit des Kindes abzuhängen, die Dinge zu zählen. Die Sicherheit, mit der ein älteres Kind das Erhaltungsprinzip beherrscht und einem beispielsweise zu verstehen gibt, daß jede Frage nach einer Veränderung der Wasser*menge* albern ist, wenn dieses bloß von einer Flasche in eine andere gegossen wurde, ist bei Vorschulkindern selten. Aber der Keim dieser späteren Sicherheit beginnt schon in diesem Alter zu sprießen.

R. Gelman: Cognitive Development. *Annual Review of Psychology.* Palo Alto: Annual Reviews, Inc., 1978.

Zentrierung bezeichnet, die Tendenz des kleinen Kindes, sich auf einen einzigen Aspekt einer Situation zu beschränken. Diese Tendenz zeigt sich vielleicht am deutlichsten im Unvermögen des kleinen Kindes, das Prinzip der *Invarianz (Konstanz)* oder *Erhaltung* zu meistern. Weil sich das Kind auf ein bestimmtes Charakteristikum eines Objekts konzentriert (beispielsweise seine Form), kann es nicht erkennen, daß andere Eigenschaften desselben Objekts (beispielsweise sein Gewicht) trotz der sehr auffälligen aber de facto irrelevanten Veränderungen des Merkmals, auf das es sich konzentriert hat, konstant bleiben können (das kleine Kind ist sich beispielsweise nicht im klaren darüber, daß eine bestimmte Menge Plastilin gleich viel wiegt, ob dieses nun zu einer Kugel gerollt, zu einer Wurst geformt oder flachgedrückt wird).

Das Verständnis für dieses Prinzip der Erhaltung kennzeichnet den Beginn des nächsten Stadiums.

2.3 Drittes Stadium: Konkrete Operationen

Das dritte Stadium – das der *konkreten Operationen* – beginnt mit etwa sieben Jahren und erstreckt sich bis zur Erreichung des letzten Stadiums: ein Vorgang, der gewöhnlich in der Adoleszenz erfolgt, der sich aber bei manchen Personen stark verzögern kann.

Etwa vom siebenten Lebensjahr an meistert das Kind das Prinzip der Konstanz oder Erhaltung. Das heißt, es beginnt zu verstehen, daß sich eine bestimmte Eigenschaft eines Objekts trotz Veränderungen anderer wahrnehmbarer Merkmale nicht verändert. Das Verständnis des Konzeptes der Erhaltung an Quantität, Gewicht, Volumen, Zahl usw. setzt nach Piagets Theorie eine Reihe kognitiver Fähigkeiten voraus, die in der zweiten Hälfte der Periode der konkreten Operationen erworben werden. Dieser Grundsatz der Erhaltung wird als erstes in bezug auf die Menge begriffen. Etwa ein Jahr später wird die Konstanz des Gewichts verstanden. Schließlich wird die Erhaltung des Volumens erkannt (Box 4/2, S. 19, enthält weitere Beispiele von Invarianzexperimenten).

In dieser Periode erwirbt das Kind auch eine Reihe anderer kognitiver Fähigkeiten. So kann es jetzt beispielsweise eine Anzahl von Stäben in einer bestimmten Reihenfolge, etwa der Länge nach, ordnen. Kurz, das Kind beginnt in dieser Entwicklungsperiode den Erwachsenen als rational zu erscheinen, weil es angefangen hat, in ähnlicher Weise zu denken und zu überlegen wie sie selbst. Aber ein wichtiger Unterschied bleibt noch: Es kann seine neuentwickelten kognitiven Fähigkeiten bisher nur auf konkrete Objekte in seiner unmittelbaren Umgebung anwenden, aber noch nicht auf abstrakte Begriffe. Es kann noch nicht dieselbe Denkoperation *symbolisch* ausführen (beispielsweise mit Worten statt mit Objekten). Die Aneignung der Fähigkeit zum *abstrakten* Denken ist die Aufgabe der nächsten und letzten Entwicklungsphase.

2.4 Viertes Stadium: Formale Operationen

Das letzte Stadium – das Stadium der *formalen Operationen* – beginnt in der Adoleszenz. Seinen geistigen Anforderungen ist der durchschnittliche Jugendliche erst im Alter von sechzehn bis neunzehn Jahren gewachsen, und selbst viele Erwachsene gelangen auf manchen geistigen Gebieten nie über konkrete Operationen hinaus. Der Beginn dieses Bestrebens, sich vom konkreten Denken zu lösen und intellektuelle Reife zu erlangen, setzt interessanterweise etwa zum selben Zeitpunkt ein wie die physische und biologische Reifung. In den Anfängen dieses Stadiums begegnen wir der Anwendung konkreter Operationen auf hypothetische Situationen (beispielsweise: wenn ein Glink größer als ein Zuv und kleiner als ein Blam ist, welcher ist dann der größte von allen?). Um Lösungen zu finden, ist es nun nicht mehr notwendig, reale Objekte (wie Stäbe) zu haben; ja es ist nicht einmal mehr nötig, sich mit Namen zu beschäftigen, die reale, in der physischen Welt vorhandene Dinge bezeichnen. Nach der Ausführung zuvor konkreter Operationen in dieser abstrakteren Weise erwirbt das Kind nach und nach die komplexere logische Denkfähigkeit, die den Verstand der Erwachsenen kennzeichnet. Das Verständnis der Idee der Verhältnismäßigkeit – A verhält sich zu B wie C zu D – illustriert eine dieser neuentwickelten kognitiven Fähigkeiten. Ein anderes Beispiel ist die Fähigkeit, zur Erklärung unbekannter Phänomene Hypothesen zu bilden. Tatsächlich gleichen viele dieser Aufgaben, die diese Periode formaler Operationen charakterisieren, wissenschaftlichen Experimenten. Der Junge oder das Mädchen wird mit einem Problem konfrontiert, das nur gelöst werden kann, indem man systematisch eine Reihe von Variablen manipuliert, die Auswirkungen dieser Abwandlungen sorgfältig beobachtet, erklärende Hypothesen aufgrund dieser Beobachtungen bildet und die Hypothesen dann einzeln testet, bis man die richtige entdeckt hat.

Dieses Stadium bildet den Abschluß einer Entwicklung, die mit dem Säugling in der sensomotorischen Phase begann, der nicht einmal die Vorstellung stabiler Objekte in einer realen Welt hatte. Am Ende dieser Periode hat das Individuum nach Piagets theoretischem Modell das Stadium kognitiver Reife erreicht, das heißt, es kann logisch denken, und zwar auch im Hinblick auf abstrakte Objekte. (Wie wir festgestellt haben, wird dieses Stadium der formalen Operationen jedoch nicht von allen erreicht.) Das soll nicht heißen, daß kein weiteres Wachstum und keine weitere Zunahme der Intelligenz möglich sei. Vielmehr ist das Individuum nunmehr mit einem vollständigen Satz potentieller Denkwerkzeuge ausgestattet, mit deren Hilfe es immer komplexere Adaptationen an die physische und soziale Welt vollziehen kann.

BOX 4/2

Erhaltung (Invarianz)

Jede Art von Erhaltung oder Invarianz kann durch verschiedene Methoden getestet werden, von denen die meisten unmittelbar auf die Verfahrensweisen zurückzuführen sind, die ursprünglich von Piaget und seinen Mitarbeitern angewandt wurden. Man zeigt dem Kind zwei identische Glasgefäße, die bis zur selben Höhe gefüllt sind (links). Die Flüssigkeit wird nun aus dem einen Gefäß in eine hohe, schmale Flasche umgefüllt (Mitte), das andere bleibt unberührt. Sobald das Umfüllen geschehen ist (rechts), wird das Kind befragt. Diese Befragung ist keinesfalls eine einfache Sache. Man kann nicht einmal einen intelligenten Sechsjährigen fragen: „Ist die Flüssigkeitsmenge in den beiden Gefäßen dieselbe?" Die Frage muß dem Entwicklungsstand des Kindes angemessen sein. So können wir beispielsweise fragen: „Stell dir vor, du bist sehr durstig und willst das Wasser aus einer der beiden Flaschen trinken. Ist in beiden Flaschen gleich viel Wasser drin?" Das Kind, das noch kein Verständnis für Mengenkonstanz hat, antwortet vielleicht, daß mehr in der einen Flasche sei, weil diese größer (höher) sei oder mehr in der anderen, weil sie größer (breiter) sei. Andererseits kann es antworten, daß weniger in der einen sei, weil diese schmäler oder weniger in der anderen, weil diese kürzer sei. In jedem Fall hat es sich von einem anderen, irrelevanten wahrnehmbaren Merkmal irreführen lassen – Höhe oder Breite – und hat die Invarianz der betreffenden Menge nicht begriffen.

Die Tests und die Tester bedürfen in diesen Situationen natürlich eines beträchtlichen Einfallsreichtums. Der äußere Rahmen muß dem Prinzip, das es zu untersuchen gilt, angemessen sein; die Frage muß vom Kind verstanden werden, ohne bei diesem eine Voreingenommenheit für eine bestimmte Antwort zu erzeugen. Und wenn all diese Probleme befriedigend gelöst sind, bleibt noch die letzte und schwierigste Aufgabe: zu beurteilen, ob die Antwort des Kindes ein Verständnis des Erhaltungsprinzips verrät oder nicht. Manchmal zeigt ein Kind beim Betrachten der beiden Wasserbehälter auf die höhere Flasche und behauptet selbstsicher: „In dieser Flasche ist mehr, weil sie viel größer ist." Kein Problem – es ist kein Verständnis für das Erhaltungsprinzip vorhanden. Das andere Extrem ist ein älteres Kind, welches das Erhaltungsprinzip verstanden hat und dem Versuchsleiter geduldig erklärt, daß die Wassermenge in den beiden Behältern die gleiche sein „muß", weil „das Wasser aus Flaschen von derselben Größe stammt". Wieder ist die Beurteilung leicht. Aber bei Kindern, die sich mitten im Übergang befinden, sind die Antworten oft zweideutig. Diese Zweideutigkeit spiegelt genau das Schwanken zwischen der prälogischen Gleichsetzung von höher = mehr und der logischen Notwendigkeit der Invarianz wider, sobald die Gesamtsituation verstanden wurde.

Und was ist mit dem Kind, das mit durchaus konsequenter, aber privater Logik antwortet: „In der ersten Flasche war viel mehr Wasser, weil ich es zuerst getrunken habe und da war ich viel durstiger"?.

Photos *The New York Times*.

2.5 Stadienprogression und -regression

Zwei interessante Fragen dominieren die gegenwärtigen Anwendungsversuche von Piagets Theorie auf Erwachsene: (1) Die Möglichkeit, daß Entwicklungsstadien jenseits des Stadiums der formalen Operationen existieren und (2) die Frage des kognitiven Abbaus im Alter (das heißt, die Möglichkeit, daß ein Mensch mit zunehmendem Alter in ein früheres Stadium zurückfällt). In bezug auf die erste Frage haben viele Autoren die Auffassung vertreten, daß die Theorie der formalen Operationen zwar dem fortgeschrittenen logischen Denkvermögen gerecht werde, das nötig ist, um an einer Hochschule zu studieren, die meisten wissenschaftlichen Probleme zu lösen und mit den Problemen des Lebens gut fertig zu werden, daß jedoch für die Erschaffung großer literarischer Werke oder für außerordentliche wissenschaftliche Leistungen, die geeignet sind, mit dem Nobelpreis ausgezeichnet zu werden, eine qualitativ ganz andere Art des Denkens erforderlich sein könnte. Andererseits hat Cowan (1978) darauf hingewiesen, daß es dennoch denkbar sei, auch die höchsten kreativen Leistungen mit Hilfe des Prinzips der formalen Operationen zu erklären, falls dieses nur in einer gründlicheren Weise angewandt werde. Ein offenkundiges Problem bei der Erforschung produktiver Denkprozesse auf so hohem Niveau ist, daß diese wahrscheinlich nur von jemandem nachvollzogen werden können, dessen kognitives Niveau dem des Nobelpreisträgers ebenbürtig oder gar überlegen ist. Wenige kommen für diese Aufgabe in Frage; und jedenfalls mangelt es beiden Auffassungen an ausreichendem Beweismaterial.

Ein umfangreicheres Studium wurde den Auswirkungen des Alterns auf der kognitiven Ebene gewidmet. Mehrere Untersuchungen haben Gruppen älterer Individuen mit Gruppen jüngerer verglichen und festgestellt, daß die erstgenannten auf einem niedrigeren Niveau funktionieren als die letzteren. Bedeutet dieser Befund, daß das Altern ein Zurückfallen, eine Regression der kognitiven Entwicklung zur Folge hat? Keinesfalls. Bei Querschnittuntersuchungen muß man immer mit der Möglichkeit rechnen, daß die älteren und jüngeren Gruppen, die miteinander verglichen werden, *während ihres ganzen Lebens* verschiedene Fähigkeiten aufwiesen (das im 1. Bd. erörterte Problem des säkulären Wandels). Viel mehr der heute Fünfzigjährigen hatten die Chance einer höheren Schulbildung – und viel mehr von ihnen haben kognitiv anspruchsvolle Berufe ausgeübt – als die heute Achtzigjährigen. Eine Untersuchung von LaRue (1979) bestätigt diese Auffassung in überzeugender Weise. Probanden in mittlerem (40 bis 59 Jahre) und höherem Alter (60 bis 79 Jahre) wurden mit Problemen konfrontiert, die sowohl mit Hilfe formaler oder konkreter Operationen als auch durch präoperationale, intuitive Denkprozesse gelöst werden konnten. Die älteren Männer und Frauen neigten weniger dazu, formale Operationen zu benutzen, als die Gruppe in mittleren Jahren, aber sobald die statistische Analyse die gesundheitlichen und bildungsmäßigen Unterschiede zwischen den beiden Gruppen bereinigte, zeigte sich keine Differenz mehr im Niveau der jeweiligen Problemlösungsstrategien. Ein Unterschied, der noch blieb, war der zwischen Männern und Frauen. Frauen tendierten häufiger dazu, an die Probleme von einem konkreten oder präoperationalen Standpunkt aus heranzugehen, während die Männer eher dazu neigten, zur Lösung derselben Probleme formale Operationen heranzuziehen. LaRue (1979) spekuliert jedoch, daß

> „die Geschlechtsunterschiede in den Ergebnissen der vorliegenden Untersuchung vielleicht in ähnlicher Weise hätten eliminiert werden können, wenn es gelungen wäre, die verschiedenen Gruppen hinsichtlich einer dritten Variablen, der beruflichen Laufbahn, miteinander abzugleichen. Die Überprüfung der Informationen, die sich aus den Interviews zur Lebensgeschichte ergaben, zeigten, daß Probanden, deren vorherrschender kognitiver Stil formal-operational war [in der Regel Männer], überwiegend noch aktiv im Berufsleben standen, häufig als Führungskräfte der Wirtschaft, während diejenigen Probanden, deren Stil am *wenigsten* formal-operational war [in der Regel Frauen], oft nicht durchgehend berufstätig gewesen waren oder in Positionen gearbeitet hatten (zum Beispiel als Bürokraft oder Postbote), die nur selten formales Denken erforderten."

Wenn LaRue mit dieser Hypothese Recht hat, dann sollte der gegenwärtige Trend zur beruflichen Chancengleichheit diesen Geschlechtsunterschied früher oder später ausmerzen.

3 Varianten in der kognitiven Entwicklung

3.1 Alter, Stadium und Kultur

Es ist plausibel zu erwarten, daß Umweltfaktoren (beispielsweise kulturelle Unterschiede) einen Einfluß darauf haben, ob und wann jedes einzelne Stadium erreicht wird. Diese Erwartung wird durch Forschungsergebnisse bestätigt, denn tatsächlich wurden starke Schwankungen hinsichtlich des Alters festgestellt, in dem die vier Entwicklungsstadien erreicht werden. Dennoch scheint sich Piagets Behauptung, daß die von ihm vertretenen Entwicklungssequenzen trotz solcher Abweichungen beibehalten werden, in umfangreichen Untersuchungen von Kindern aus westlichen Ländern zu bestätigen. Studien nichtwestlicher Gesellschaften bestätigen ebenfalls die Reihenfolge der Hauptstadien, ergeben jedoch manchmal Unterschiede in der Reihenfolge der Entwicklung innerhalb eines Stadiums. So konstatierte beispielsweise Hyde (Flavell, 1963) in einer Stichprobe von Kindern aus Aden (Naher Osten) eine Anzahl von Fällen, in denen die erwartete Reihenfolge nicht eingehalten wurde. Manche dieser Kinder erfaßten das Prinzip der Erhaltung des Volumens schneller als das der Erhaltung des Gewichts – eine Umkehrung der „normalen“ Sequenz. Solche „Abweichungen“ sind kulturellen Ursprungs; manche Gesellschaften legen beispielsweise besonderen Wert auf intuitives, präoperationales Denken, so daß selbst ein Kind, das zu konkreten Operationen *fähig* ist, es dennoch *vorziehen* kann, intuitiv zu verfahren. (Box 4/3 bietet ein Beispiel dafür, in welcher Weise kulturelle Erfahrungen ihren Einfluß ausüben können.)

Aus welchem Grund auch immer gibt es daher Schwankungen im Denkvermögen bei Kindern eines bestimmten Alters, je nach dem Entwicklungsstadium, das sie erreicht haben. Die Folge ist, daß bestimmte Stoffe für sie zu schwierig sein können und daß bestimmte Unterrichtsmethoden für alle Kinder einer bestimmten Schulklasse trotz ihres homogenen Alters ungeeignet sein können. Psychologen und Pädagogen haben sich bemüht, das Erlangen spezifischer Fertigkeiten durch bestimmte Übungsmethoden zu beschleunigen, aber mit sehr geringem Erfolg. Aussichtsreicher erscheinen Forschungsarbeiten, die auf eine allgemeinere (und wahrscheinlich lohnendere) Förderung der kognitiven Entwicklung abzielen (beispielsweise in der sogenannten „Jena-Plan-Schule“, Petersen, 1974).

3.2 Entwicklungsbeschleunigung durch Übung

Es liegt eine gewisse produktive Ironie in der Tatsache, daß Piagets Theorie der Entwicklungsstadien mit ihren implizierten *Grenzen* dessen, wozu ein Kind in einem bestimmten Alter geistig fähig ist, einen starken Ansporn für Untersuchungen geliefert hat, die auf eine umfassende *Erweiterung* des menschlichen Potentials abzielen. Diese Untersuchungen setzen sich nicht das Ziel, Übungsmethoden zur Beschleunigung der kognitiven Entwicklung zu entdecken; vielmehr geht es dem größten Teil dieser Forschungsarbeiten in erster Linie darum, unser Verständnis für die daran beteiligten Grundprozesse zu erhöhen. Wenn wir beispielsweise herausfinden können, welche von mehreren Übungsmethoden am ehesten geeignet ist, das Verständnis für das Prinzip der Erhaltung zu beschleunigen, dann haben wir wahrscheinlich etwas von allgemeinerer Bedeutung gelernt, das zu der Theorie über den Verlauf der normalen kognitiven Entwicklung beitragen wird. Auf der anderen Seite können, wie das bei allen wissenschaftlichen Forschungen ist (und vielleicht speziell bei der Erforschung der menschlichen Entwicklung), solche theoretischen Fortschritte unmittelbar zu praktischen Anwendungsmöglichkeiten führen. Hier ist beispielsweise ein Vorschlag (Cowan, 1978, S. 241), wie konkret denkende Kinder Geschichte lernen könnten:

> „Ein möglicher Ansatz für den Geschichtsunterricht bestünde darin, mit selbsterlebten Ereignissen in der Gegenwart zu beginnen. Die Kinder können beschreiben, was im Klassenzimmer passiert. In einer zweiten Lektion würde man die Kinder auffordern, ein Ereignis zu beschreiben, das vor fünf Minuten geschah; diese Aufgabe würde sie mit dem Problem konfrontieren, sich darüber klar zu werden, was in der Vergangenheit passierte. Allmählich könnte man die Aktivität dieser jungen Historiker auf eine Rekonstruktion von Ereignissen ausdehnen, die am Beginn desselben Tages, dann vergangene Woche, letzten Monat, letztes Jahr, passierten“ (Cowan, 1978).

BOX 4/3

Wie das Töpfern den Geist entwickelt

Relativ wenige Untersuchungen haben sich mit der Art und Weise beschäftigt, wie sich verschiedene Umweltfaktoren auf das Verständnis des Phänomens der Erhaltung auswirken. Eine fesselnde Studie, die sich genau damit befaßte, wurde von dem Team D. Price-Williams, W. Gordon und M. Ramirez durchgeführt.

Diese Wissenschaftler begaben sich in mexikanische Dörfer und gaben Kindern im Alter von sechs bis neun Jahren Konstanztests. Eine Gruppe von Kindern stammte aus Familien, die Tonwaren herstellten. Die Leistungen dieser Gruppe wurden mit denen einer Kontrollgruppe von Kindern aus demselben Dorf verglichen, die nicht aus töpfernden Familien stammten. Die Gruppen wurden im Hinblick auf Alter, Schuljahre und sozioökonomischen Status einander angeglichen. Die Versuchsleiter sagten voraus, daß die töpfernden Kinder, weil sie schon viel mit Ton gearbeitet und diesen in die verschiedensten Formen gepreßt hatten, das Prinzip der Mengenkonstanz in einem viel früheren Alter begreifen würden als die vergleichbaren Kinder aus Familien, die keine Tonwaren herstellten.

Tests, die zwei solche Gruppen von Kindern miteinander verglichen, wurden in zwei verschiedenen Dörfern durchgeführt. Die Voraussage bestätigte sich in beiden. In einem Dorf zeigten die töpfernden Kinder beispielsweise in insgesamt 77 (von möglichen 80) Fällen Mengenkonstanz, während die Kontrollkinder dieses Prinzip nur in zehn von 80 Fällen begriffen. Darüber hinaus zeigten die *Begründungen,* welche die Kinder abgaben, deren Verhalten Verständnis für dieses Prinzip verriet, daß sie begriffen, *warum* das so war.

Es ist wichtig, darauf hinzuweisen, daß die töpfernden Kinder nur im Hinblick auf das Prinzip der *Mengenkonstanz* fortgeschritten waren; es bestanden keine signifikanten Unterschiede zwischen den Gruppen bei den Tests zur Zahlen- und Gewichtskonstanz. Dennoch liefert diese Untersuchung ein spektakuläres Beispiel dafür, wie sich spezifische Erfahrungen auf das Verständnis des Erhaltungsprinzips auswirken können.

Die Probleme von Forschungen dieser Art werden jedoch durch das Scheitern des Versuchs von B. Steinberg und L. Dunn deutlich, die Ergebnisse von Price-Williams zu bestätigen. Steinberg und Dunn testeten Kinder aus zwei Dörfern in Hinblick auf Mengenerhaltung. Die Frauen des einen Dorfes töpferten, die des anderen nicht. Zwischen den Kindern der Dörfer wurden keine Unterschiede festgestellt, und dies bewog die Forscher, die Art der Teilnahme der Kinder am Herstellungsprozeß der Tonwaren näher zu untersuchen. Im Price-Williams-Dorf waren die Kinder aktiv an verschiedenen Stadien eines Prozesses beteiligt, der große Ähnlichkeit mit dem Testverfahren hatte. Im Steinberg-Dunn-Dorf lieferten diejenigen Aspekte des Produktionsprozesses, an denen die Kinder unmittelbar beteiligt waren, faktisch „Beweise“ *gegen* das Erhaltungsprinzip, und zwar weil der Vorgang des Brennens der Tonwaren in einem Ofen sowohl die Größe als auch das Gewicht der fertigen Produkte veränderte. Steinberg und Dunn folgerten, „Vertrautheit mit dem Material als *solche* fördert nicht signifikant die Leistungen in Konstanzaufgaben. Die spezielle Beschaffenheit der Erfahrungen des Kindes mit dem Material scheint dabei von Belang zu sein“.

Wie es so oft der Fall ist – in der Wissenschaft ebenso wie im Leben – wenn man eine Sache näher betrachtet, können sich scheinbare Widersprüche auflösen, und wir gelangen an eine tiefere (wenn auch immer noch unvollständige) Wahrheit.

D. Price-Williams, W. Gordon u. M. Ramirez: Skill and Conservation. A study of pottery-making Children. *Developmental Psychology,* 1969, *1,* 769.

B. Steinberg u. L. Dunn: Conservation Competence and Performance in Chiapas. *Human Development,* 1976, *19,* 14–25.

Die umfassendste Anwendung haben die aus Piagets Theorie abgeleiteten Prinzipien im naturwissenschaftlichen Unterricht gefunden. Die heutigen Lehrpläne für die Oberschule bedienen sich weit stärker der Methoden des Erforschens und Entdeckens und widmen weniger Zeit der Übermittlung wissenschaftlicher Informationen, um die Bewältigung formaler Operationen zu fördern; diese Stufe ist notwendig, um die grundlegenden abstrakten Prinzipien, um die es dabei geht, wirklich verstehen zu können. Geplante Konfrontationen mit Problemen bestimmter Art können tatsächlich das formale operationale Denken begünstigen, eine Fähigkeit, über die eine deutliche Mehrheit der Oberschüler noch nicht verfügt.

Eine höchst erstaunliche Beschleunigung der Entwicklungssequenz – diesmal nur partiell innerhalb des Piagetschen Rahmens – spielte sich vor einem ebenso krassen Hintergrund der „Benachteiligung“ ab. Vor vielen Jahren wurde das Interesse eines amerikanischen Psychologen durch Berichte über Waisenhäuser im Iran geweckt (Dennis u. Najarian, 1957). Die dort untergebrachten Säuglinge erhielten zwar genug zu essen und wurden auch gesundheitlich gut betreut, aber die überarbeiteten Wärterinnen beschäftigten sich nicht mit ihnen und gestatteten ihnen nicht, sich frei zu bewegen. Die Folge war, daß sich ihre körperliche Entwicklung extrem verzögerte: 58 Prozent der Zweijährigen konnten nicht allein sitzen und 85 Prozent der Vierjährigen konnten nicht gehen. Die kognitiven Fähigkeiten der Kinder wurden nicht getestet, aber auch in diesen Bereichen schienen sie einen ähnlichen Grad an Retardierung aufzuweisen. In den 70er Jahren hatten Hunt und drei iranische Mitarbeiter Gelegenheit, Säuglinge in demselben Waisenhaus zu studieren (Hunt, 1979). Die bloße Erhöhung der Zahl der Betreuerinnen hatte, obwohl diese keine besondere Ausbildung genossen hatten, dazu geführt, daß sich das Durchschnittsalter, in dem die Kinder „stehen und gehen konnten“, von 70 auf 41 Wochen verringerte. Ein wahrscheinlicher Grund für diese beschleunigte Entwicklung war, daß die Betreuerinnen jetzt mehr Zeit zur Verfügung hatten, die sie dazu benutzten, die Kinder mehr als zuvor herumzutragen (oder sie in Sportwägelchen spazierenzuführen). Am spektakulärsten fiel der Vergleich jedoch zwischen Kindern aus, die in der üblichen Weise behandelt worden waren, und solchen, deren Betreuerinnen man gelehrt hatte, wie sie die Interaktion der Kinder mit der Umgebung, insbesondere die verbale Interaktion, fördern sollten. Verglichen mit traditionell aufgezogenen Kindern wiesen die Kinder mit den ausgebildeten Betreuerinnen einen Verhaltensvorsprung in der sensomotorischen Periode von mehr als einem Jahr auf. Noch erstaunlicher war der Unterschied im Erwerb von Sprachfertigkeiten. Während nur eines der Kinder in der traditionellen Gruppe vor dem Alter von 169 Wochen je spontan ein Objekt benannte, taten das alle Kinder, die von ausgebildeten Säuglingsschwestern betreut wurden, bereits in diesem Alter. Im Durchschnitt wiesen sie dieses Verhalten erstmals mit 90 Wochen auf (nur vier Wochen später als eine Stichprobe von Kindern aus Akademikerfamilien in Massachusetts).

Bleiben die Vorsprünge im Entwicklungstempo, die in diesen und anderen Studien zutage traten, auch im Erwachsenenleben erhalten? Die Ergebnisse von Untersuchungen kompensatorischen Unterrichts zeigen, daß bei einer Rückkehr in das „unterprivilegierte“ Milieu die gewonnenen Vorsprünge wieder schwinden. Keine Untersuchung hat bei Erwachsenen, die als Kinder kompensatorischen Unterricht erhielten, ein größeres Maß an Kompetenz nachgewiesen, aber andererseits hat es auch noch keine Untersuchung gegeben, die umfangreich genug gewesen wäre, um einen solchen Befund möglich zu machen. Um diese Frage richtig beantworten zu können, bedürfte es einer sehr umfangreichen und langen Schulung im frühesten Alter und sehr gründlicher Nachuntersuchungen im Erwachsenenalter.

Bei der künftigen Arbeit wird der von Piaget vertretene theoretische Bezugsrahmen wahrscheinlich weiterhin wichtige Leitlinien für solche Bemühungen liefern. Es gibt aber auch noch andere einflußreiche theoretische Analysen der Entwicklung des Denkens. Eine davon wollen wir jetzt vorstellen.

4 Bruners Theorie der kognitiven Entwicklung

Die Entwicklungstheorie von Jerome Bruner und seinen Mitarbeitern (Bruner, Olver u. Greenfield, 1966) weist bestimmte Parallelen mit der von Piaget auf. Ebenso wie Piaget nimmt Bruner eine

Progression im „Stoff" des geistigen Lebens von Handlungen und Wahrnehmungen über Vorstellungen bis zu einem letzten Stadium an, in dem das Denken überwiegend aus der komplexen und flexiblen Manipulation von Symbolen, wie z.B. Worten, besteht. In seiner Erklärung des Verlaufs der kognitiven Entwicklung meint Bruner, daß der Mensch seine Erfahrung der Welt zuerst in Begriffen der *Ausführung* repräsentiert (*enaktive* Repräsentation); das heißt, durch eine innere Organisation *motorischer* Handlungen. So wird beispielsweise unsere Kenntnis davon, wie man Fahrrad fährt, in einem Bewegungsschema kodiert und repräsentiert, aber nicht in Worten oder Bildern. Ja gerade *weil* es sich um motorisches Wissen handelt, können wir dieses Wissen erwerben, indem wir faktisch etwas mit unseren Muskeln *tun;* wir können nicht lernen, Rad zu fahren, bloß indem wir ein Buch über das Thema *Wie man Fahrrad fährt* lesen. Dieser *enaktive Modus der Repräsentation* des Wissens ist bis zu einem gewissen Grad während unseres ganzen Lebens wirksam; schließlich können wir unser ganzes Leben lang mit unseren körperlichen Fähigkeiten immer wieder neue motorische Fertigkeiten lernen. Für den Säugling und das sehr kleine Kind ist dies jedoch die *primäre* Art, Wissen zu repräsentieren. Bruners Theorie zufolge ist somit der enaktive Modus der Wissensrepräsentation das erste Stadium der kognitiven Entwicklung.

Die zweite Art der Wissensrepräsentation ist *ikonisch,* das heißt unter Benutzung von Vorstellungen oder Bildern. Auch dieser *ikonische Modus der Repräsentation* wird während des ganzen Lebens benutzt, ist aber bei Mittelschichtkindern unserer westlichen Gesellschaften bis zu einem Alter von etwa sechs oder sieben Jahren besonders dominant.

Der dritte und wichtigste Typus ist der *symbolische Modus der Repräsentation.* Darunter versteht man die Benutzung von Elementen wie Worten, die eine willkürliche Relation zu den Dingen haben, die sie repräsentieren. Während Vorstellungen auf perzeptiven Aspekten der Erfahrung basieren müssen, können Symbole abstrakte Begriffe einschließlich Umwandlungen, Regeln und Konzepte repräsentieren. Das wichtigste symbolische Medium ist die Sprache, und Bruner meint, daß die Sprache eine der Hauptantriebskräfte der kognitiven Entwicklung bilde, weil das Kind Repräsentationsmodi zu entwickeln versuche, die mit den abstrakten Begriffen korrespondieren, welche es in der eigenen Sprache hört.

Bruner betrachtet die Kognition somit ausdrücklich als ein Mittel zur Interaktion mit der Umwelt, und die Stadien des kognitiven Wachstums – die enaktiven, ikonischen und symbolischen Repräsentationen der Erfahrung – sieht er als teilweise von der Umwelt hervorgerufen und teilweise als Anpassungsleistung dieser gegenüber. Bruners Theorie unterscheidet sich insofern von der Piagets als sie die *adaptiven* Werte verschiedener Repräsentationsmodi der Erfahrung in verschiedenen Umweltkontexten hervorhebt. Bruner (1964) legt auch weit größeren Wert als Piaget auf die Effektivität spezifischer Trainings- und Unterrichtsmethoden:

„Ich vertrete die Auffassung ..., daß die Entwicklung der geistigen Funktionen des Menschen von der Kindheit bis zum jeweils möglichen Grad an Vervollkommnung durch eine Reihe technologischer Fortschritte im Gebrauch des Verstandes geprägt wird. Das Wachstum hängt ab von der Meisterung von [Informationsverarbeitungs-]Techniken und kann ohne Referenz auf eine solche Meisterung nicht verstanden werden. Diese Techniken sind im großen und ganzen keine Erfindungen von Individuen, die heranwachsen; es handelt sich vielmehr um Fertigkeiten, die mit einem unterschiedlichen Grad an Effizienz und Erfolg von der Kultur vermittelt werden – wofür die Sprache ein Paradebeispiel bildet. Das kognitive Wachstum erfolgt somit nicht nur von innen nach außen, sondern in einer wichtigen Hinsicht auch von außen nach innen."

Vielleicht das beste Beispiel für die unterschiedliche Akzentsetzung von Piaget und Bruner findet sich in ihrer Auffassung von Sprache. Piaget neigt dazu, den Sprachgebrauch des Kindes als im wesentlichen durch die von ihm erreichte Stufe des kognitiven Wachstums bedingt zu betrachten, während Bruner davon ausgeht, daß das kognitive Wachstum in gewissem Maße durch den aktiven Gebrauch von Sprache wesentlich mitbestimmt wird. Im folgenden werden wir das Sprachenlernen detaillierter untersuchen, wobei wir uns zunächst die Struktur der Sprache ansehen wollen, dann die Reihenfolge der Stadien, die Kinder beim Spracherwerb durchlaufen und schließlich die anhaltende Kontroverse über den relativen Grad von Einfluß angeborener und umweltbedingter Faktoren auf den Spracherwerb. Im letzten Kapitel folgen die neurophysiologischen Grundlagen.

5 Die Struktur der Sprache

Mutter: Wo bist du mit Opa hingegangen?
Dreijähriges Kind: Wir gehten in einen Park.

Dies ist ein scheinbar einfacher, alltäglicher Dialog zwischen einer Mutter und einem kleinen Kind. Aber man stelle sich einmal vor, was beide Gesprächsteilnehmer über die deutsche Sprache wissen müssen, um dieses Stück Kommunikation zu ermöglichen. Beide hören nur eine Reihe von Geräuschen (die die physischen Schallreize bilden) vom anderen, doch diese Geräusche haben eine Bedeutung. Damit die Laute der Sprache eine Bedeutung haben können, müssen beide Teilnehmer an einem Akt der Kommunikation dieselbe Sprache „im Sinn" haben. Wir meinen dies ganz speziell: Um Sprache *ent*schlüsseln zu können (Laute in Bedeutungen umzuwandeln), muß der Zuhörer denselben Kode kennen, den der Sprecher benutzte, um seine Botschaft zu *ver*schlüsseln (Bedeutungen in Laute umzuwandeln). Nicht nur müssen beide zum Verschlüsseln und Entschlüsseln ihrer Botschaften denselben *Kode* kennen und benutzen, sondern sie müssen auch bei der Verwendung dieses Kodes dieselben *Regeln* beachten. Mit anderen Worten: Sie müssen beide dieselbe Sprache können.

5.1 Linguistisches Wissen

Man könnte einwenden, daß es unmöglich sei zu sagen, daß jemand die Regeln einer Sprache „könne". Und wenn man mit „können" die Fähigkeit meint, die Regeln einer Sprache explizit zu benennen, so ist das natürlich richtig. Aber die Wissenschaftler, die Sprache und Sprachverhalten studieren, meinen etwas anderes, wenn sie von der *linguistischen Kenntnis* sprechen, die ein Individuum von der Struktur seiner Sprache hat. Sie beziehen sich damit auf Kenntnis, die unausgesprochen oder implizit oder unbewußt ist. Wenn wir in der Alltagssprache sagen, daß jemand „Autos reparieren kann" oder „einen guten Eindruck macht", dann meinen wir damit nicht, daß der Betreffende imstande ist, alle Regeln für die Reparatur von Autos oder für das Hervorrufen eines günstigen Eindrucks schriftlich niederlegen kann. Vielmehr meinen wir damit, daß wir aus dem Verhalten des Betreffenden den Schluß gezogen haben, daß er oder sie imstande sei, diese Aufgaben gut zu *bewältigen,* wenn sich die Notwendigkeit dazu ergibt. Um solche Schlüsse ziehen zu können, müssen wir erfahren haben, wie der Betreffende mit einer Reihe von neuen Situationen fertig wird. Wenn es ihm gelungen ist, ein oder zwei Autos gut zu reparieren, dann hat er vielleicht bloß Glück gehabt. Aber wenn er ständig Autos gut repariert, dann sagen wir, daß er „Autos reparieren kann". Und wenn es einem technischen Genie je gelingen würde, das definitive Regelwerk über die Diagnose und Behandlung von Autokrankheiten zu schreiben, dann würden wir feststellen, daß unser Mechaniker schon immer implizit all diese Regeln befolgt hat, lange bevor ein solches Buch geschrieben wurde.

Wir sind nicht alle versierte Mechaniker, aber wir sind *alle* kompetente Sprecher unserer Muttersprache. Dies gilt selbst für den am wenigsten sprachgewandten oder verbalen Menschen. Jeden Tag hören wir viele Sätze, die wir nie zuvor gehört haben, und doch wissen wir, was sie bedeuten; und jeden Tag sprechen wir Sätze aus, die nie zuvor von irgend jemandem geäußert wurden und dennoch gelingt es uns, uns verständlich zu machen. Das heißt, wir benutzen Sprache *ständig* in sinnvoller Weise; demnach müssen wir offenkundig wissen, wie man Laute in bezug zu Bedeutungen setzt. Da die Sprache so *produktiv* ist – das heißt, da es keine Grenze für die Produktion neuer Sätze gibt, die gesagt und verstanden werden können – müssen wir jedem Sprecher eine *produktive Kenntnis der Sprache* zugute halten. Produktive Kenntnis bedeutet im linguistischen Sinn die Beherrschung der Regeln der Phonologie (Lautlehre), Morphologie (Wortlehre), Syntax (Satzlehre) und Semantik (Bedeutungslehre) einer bestimmten Sprache (Box 4/4 zeigt, inwiefern diese produktive Kenntnis paradoxerweise entscheidend dafür ist, daß ein bestimmtes Maß an „Ineffizienz" in der Sprache möglich wird, ein Merkmal, das wir als *Redundanz* bezeichnen).

Untersuchen wir nun das Konzept der produktiven Kenntnis in Hinblick auf den am Beginn dieses Abschnitts zitierten Dialog zwischen Mutter und Kind. Was wissen diese beiden Sprecher über ihre Sprache? Man beachte, daß wir den Dialog in einzelnen, voneinander getrennten Worten aufgeschrieben haben; doch wenn man eine fremde Sprache gesprochen hört, fällt es einem sehr

BOX 4/4

Redundanz in der Sprache

G. Miller hat einige interessante Beobachtungen bezüglich der Redundanz in der Sprache gemacht. Wenn Sie als Englisch sprechender Mensch die Buchstabenreihe *people coul* sehen, können Sie dann den 11. Buchstaben erraten? Unter Benutzung von 10 Buchstaben aus einem sinnvollen Text stellte er fest, daß die Probanden den elften Buchstaben in fast 100 Prozent aller Fälle erraten konnten. Im geschriebenen Englisch ist der elfte Buchstabe nahezu völlig durch den Kontext bedingt; er müßte im Grunde nicht gedruckt werden, weil er für Personen, die mit der Sprache sehr vertraut sind, keine neuen Informationen vermittelt. Dieselbe Idee kann man auch dadurch ausdrücken, daß man sagt, der elfte Buchstabe sei fast zu 100 Prozent *redundant.* Untersuchungen haben ergeben, daß der durchschnittliche Buchstabe in der englischen Sprache zu etwa 75 Prozent durch das Vorangegangene determiniert ist. Auch unsere Worte sind redundant, insbesondere wenn sie in der Mitte von Sätzen auftreten. Vergleichen Sie, „I am going to pu some ——" mit „to put some on my egg". Beim normalen Sprechen besteht eine Tendenz, vor einem Wort mit relativ niedriger Redundanz zu zögern und dieses dann entsprechend zu betonen. Diese Taktik, ein Wort durch den Sprachrhythmus und die Lautstärke zu betonen, dient dazu, die Aufmerksamkeit auf die größere Menge an neuen Informationen zu lenken, die es transportiert.

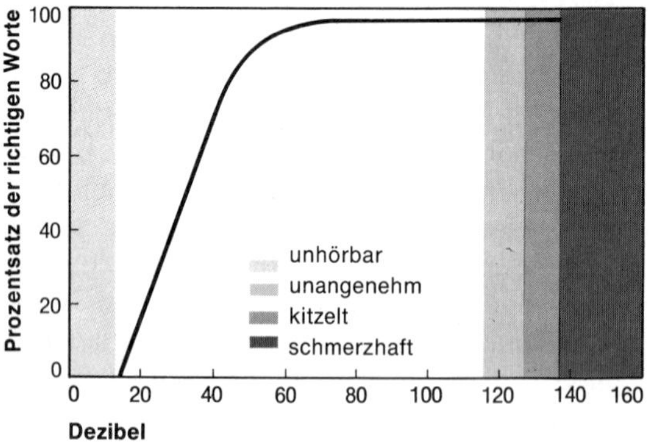

Die Redundanz von Informationen beim normalen Sprechen ist keineswegs eine Zeitverschwendung. Kommunikationssituationen sind oft durch Lärm, Unaufmerksamkeit, schlechte Artikulation oder mangelhafte Übermittlung von verbalem Material beeinträchtigt. Obwohl eine Analyse der Schallwellenübermittlung zeigt, daß bei einem bestimmten Telefongespräch nur ein geringer Teil des Gesagten „ankam", kann die Botschaft dennoch uneingeschränkt verstanden worden sein. Wenn die Übermittlung experimentell modifiziert wird, beispielsweise durch Veränderung der Lautstärke oder Tonhöhe, dann wird das Gesagte immer noch völlig richtig verstanden. Das nachstehende Diagramm zeigt das Verhältnis zwischen dem Prozentsatz einsilbiger englischer Worte, die richtig vernommen werden können, und der Lautstärke am Ohr des Zuhörers. Veränderungen der Lautstärke von fast 100 Dezibel ändern nichts an der Fähigkeit des Zuhörers, richtig zu hören, obwohl die Lautstärke einen Grad erreichen kann, der effektiv schmerzhaft ist. Im Bereich von 50–140 Dezibel scheint somit die Lautstärke keine entscheidende Determinante der Verständlichkeit gesprochener Sprache zu sein.

Natürliche Sprachen mit ihrem hohen Grad an Redundanz sind in den meisten natürlichen Situationen äußerst gut zur Kommunikation geeignet. In dem seltenen Fall idealer Bedingungen – das heißt, jeder Laut bzw. jeder Buchstabe wird übermittelt und empfangen – wird tatsächlich einiges an Zeit und Verarbeitungskapazität verschwendet. Computersprachen sind weit weniger redundant als Deutsch oder Englisch. Wer einige Erfahrung im Programmieren hat, weiß, daß ein falscher Buchstabe die Botschaft, die der

Computer „versteht", gegenüber den Intentionen des Programmierers völlig verändert. Ein Vorzug der immer größeren Speicherkapazität moderner Computer – und eine Notwendigkeit, wenn die nachlässig benutzten Heimcomputer die Nützlichkeit erlangen sollen, die sie in Aussicht stellen – ist die Entwicklung von Computersprachen mit hinreichender Redundanz, damit ein oder zwei Fehler „unbemerkt" bleiben. Bis das gelungen ist, wird eine Barriere bleiben. Wie A. Robinson bemerkt, besteht häufig ein psychologischer „Block" gegen die weitere Ausbreitung von Computersprachen für den alltäglichen Gebrauch in der Wirtschaft, der Industrie und der Familie. Er stellt fest, daß „viele Menschen ... einer Maschine, mit der sie sprechen können (und die ihnen antwortet) den Vorzug gegenüber einem Gerät geben, mit dem sie mittels einer inflexiblen, künstlichen Computersprache und einer schreibmaschinenähnlichen Tastatur kommunizieren müssen". Robinson gibt einen Überblick über die neuesten Fortschritte in der Entwicklung solcher Geräte, die weitgehend auf der Erkenntnis beruhen, daß ein begrenztes Vokabular von bis zu etwa 200 Worten für bestimmte Situationen des „realen Lebens" faktisch ausreichend ist (die Ausbildung von Fluglotsen ist ein Beispiel). Solche Geräte existieren bereits; sie antworten mit Hilfe eines Stimmensynthesizers in verständlicher Weise unmittelbar auf menschliche Sprache.

Solcherart zieht die Technologie Nutzen aus der jahrhundertelangen Evolution des Kommunikationssystems, das uns so gute Dienste leistet, und erweitert seine Brauchbarkeit.

G. Miller: *Language and Communication.* Copyright 1951 by McGraw-Hill Book Company, Inc.; Nachdruck mit Genehmigung.

A. Robinson: More People are Talking to Computers as Speech Recognition Enters the Real World. *Science,* 1979, *203,* 634–638.

Abbildung 2: Eine Sprachkunde: Eine motivierte Lehrerin und ein neugieriges Kind.

schwer, festzustellen, wo ein Wort beginnt und endet. (Es kann einem sogar schwerfallen, manche der Laute zu erkennen.) Da der Leser Deutsch kann, ist er imstande, die Wortgrenzen sowohl mit dem Ohr als auch mit dem Auge zu finden, selbst wenn diese nicht durch akustische oder visuelle Intervalle angezeigt werden:

wobistdumitopahingegangen

Aber wenn man eine Sprache *nicht* kennt, ist es sehr schwierig, festzustellen, wo ein Wort endet und ein anderes beginnt. Es folgt die türkische Übersetzung desselben deutschen Satzes. Können Sie erraten, wo die Zwischenräume hingehören?

dedenlenereyegittinsen

(Sie finden die Antwort am Ende dieses Kapitels.)

Wir können sicher sein, daß die Mutter und das Kind die deutschen Worte erkennen, die in dem Dialog gesprochen wurden (s. Abb. 2). Sie sind fähig, eine ununterbrochene Kette von Lauten zu vernehmen (wobistdumitopahingegangen), aber was Sie hören, sind einzelne, getrennte Worte. Sie müssen daher etwas über die Lautstruktur *(Phonologie)* und die Wortstruktur *(Morphologie)* des Deutschen wissen. Jedes der separaten Worte, die Sie hören, hat eine Bedeutung für Sie; das heißt, Sie wissen auch etwas über die *Semantik* Ihrer Sprache. Sie können auch, indem Sie auf Verände-

BOX 4/5

Auf das Wie kommt es an

Zur Wahrnehmung und Nachahmung der Intonation bedarf es der Aufmerksamkeit auf die Tonhöhe (d. h. die Schallwellenfrequenz) der gesprochenen Sprache. P. Lieberman hat gezeigt, daß Säuglinge schon im Alter von etwa einem Jahr sensibel für die charakteristischen Sprechfrequenzbereiche verschiedener erwachsener Sprecher sind:

Die Stimmen eines zehn Monate alten Jungen und eines dreizehn Monate alten Mädchens wurden unter mehreren verschiedenen Bedingungen aufgezeichnet. Die Stimme des Jungen wurde aufgezeichnet, während er allein in seinem Bettchen babbelte ... zwei weitere Aufzeichnungen wurden gemacht, während er in einer identischen Spielsituation mit seinem Vater bzw. mit seiner Mutter babbelte. Der Junge saß auf dem Schoß seines Vaters und dieser sprach mit ihm, während er mit seinem Hund spielte. Nach fünfzehn Minuten wechselte er auf den Schoß seiner Mutter, die ebenfalls mit ihm sprach. Insgesamt fanden vier Sitzungen statt. Gemessen wurde die durchschnittliche Grundfrequenz, mit der das Kind unter diesen Bedingungen lallte. Das „Gespräch" dauerte unter beiden Bedingungen je etwa 20 Minuten. Dasselbe Experiment wurde dann mit dem dreizehn Monate alten Mädchen wiederholt, die eben im Begriff war, sprechen zu lernen. Die Stimme des Mädchens wurde nicht aufgezeichnet, während sie ... allein vor sich hinplapperte. Sie spielte mit ihrer Katze, während sie auf dem Schoß ihrer Eltern saß. In der nachstehenden Tabelle sind die durchschnittlichen Grundfrequenzen angegeben.

Man beachte, daß die durchschnittliche Grundfrequenz des Jungen 340 Hz betrug, während er mit seinem Vater „redete", beim Zusammensein mit seiner Mutter hingegen 390 Hz. Das Mädchen

Proband	Bedingung	„Sprechen" (in Hz)
10 Monate alter Junge	Allein im Bett	430
	Mit Vater spielend	340
	Mit Mutter spielend	390
13 Monate altes Mädchen	Mit Vater spielend	290
	Mit Mutter spielend	390

wies tendenziell denselben Unterschied sogar noch deutlicher auf. (Die Väter der Kinder benutzten beim normalen Sprechen niedrigere durchschnittliche Grundfrequenzen als ihre Mütter.) Beide Grundfrequenzen des Jungen im „Gespräch" mit seinen Eltern waren niedriger als die Frequenz, die er benutzte, wenn er allein war ... Der Junge senkte offenbar seine Grundfrequenz in Gegenwart beider Eltern und er senkte seine Grundfrequenz noch mehr im Zusammensein mit dem Elternteil, der die tiefere Grundfrequenz aufwies. Auch das Mädchen suchte offenbar, die Grundfrequenzen ihrer Eltern nachzuahmen.

Die allgemeine Annahme, daß schon kleine Kinder subtile Unterschiede in der Art und Weise, wie man mit ihnen spricht, erkennen und auf diese reagieren können, wird somit durch die Forschungsergebnisse eindeutig bestätigt.

P. Lieberman: *Intonation, Perception and Language.* Cambridge, Mass.: M.I.T. Press, 1967. Nachdruck mit Genehmigung von M.I.T. Press, Cambridge, Mass.

rungen des Tonfalls achten, Fragen von Aussagen und diese wieder von Ausrufungen unterscheiden, und Sie wissen somit etwas über die *Intonierungsmuster* Ihrer Sprache. Fast jeder Tagebuchbericht über kindliches Verhalten weist darauf hin, daß der Säugling schon in sehr frühem Alter unterschiedlich auf Abweichungen in der Intonation (Sprachmelodie) elterlicher Äußerungen reagiert oder unterschiedliche Intonationsmuster benutzt, um verschiedene Stimmungen auszudrücken, oder beides. Beispielsweise bemerkte Charles Darwin (1877) in einem Bericht über die Sprachentwicklung seines Sohnes, „Kommunikation ... in ausgeprägter Weise durch unterschiedliche Tonfälle" und fügte die Beobachtung hinzu, „bevor er ein Jahr alt war, konnte er verschiedene Tonfälle unterscheiden". Champneys (1881) bemerkte, daß ein neun Monate alter Säugling „genau den Tonfall einer Stimme nachahmte, wenn ein Wort oder Satz mehrmals in derselben Weise wiederholt wurde". (Über neuere Beobachtungen wird in Box 4/5, S. 28, berichtet.)

Wenn ein Sprecher eine Äußerung in sinnvolle Worte unterteilen kann – das heißt, wenn er die Phonologie, Morphologie, Semantik und die Intonationsmuster der Aussage beherrscht – ist er dann auch imstande, sie zu verstehen? Noch nicht; ein weiterer entscheidender Aspekt linguistischen Wissens ist erforderlich. Betrachten wir noch einmal den Mutter-Kind-Dialog, aber nehmen wir diesmal an, daß die einzige Information, die wir haben, im Falle beider Äußerungen in einer ungeordneten Ansammlung sinnvoller Worte besteht. Führen wir diese Worte beispielsweise in alphabetischer Reihenfolge an:

Mutter: Bist du hingegangen mit Opa wo.
Dreijähriges Kind: Einen gehten in Park wir.

Wir können diese Aussagen nicht verstehen, weil sie nicht geordnet sind; das heißt, sie haben keine *Syntax*. Um Sprache verstehen zu können, müssen wir auch wissen, in welcher Weise die Reihenfolge der Worte die Bedeutung eines Satzes bestimmt (wie könnten wir sonst den Unterschied zwischen „Mann beißt Hund" und „Hund beißt Mann" verstehen?). Wir müssen daher davon ausgehen, daß Mutter und Kind über eine implizite Kenntnis der phonologischen, morphologischen, semantischen, intonationalen *und* syntaktischen Regeln der deutschen Sprache verfügen.

Die Aufgabe der Linguisten ist es, solche Kenntnisse durch das Verfassen detaillierter, formaler Beschreibungen der Strukturen bestimmter Sprachen explizit zu machen. Und es ist die Aufgabe der *Psycholinguisten,* herauszufinden, wie die Strukturen und Merkmale der Erwachsenensprache von Kindern gelernt werden und wie sie in den Prozessen des Sprechens, Verstehens und Erinnerns benutzt werden (eine Einführung in die Psycholinguistik bietet Slobin [1971]). In einem weiteren Sinn sind sowohl die Linguistik als auch die Psycholinguistik Zweige der *Kognitionspsychologie,* die wir in diesem Band behandeln, und die sich u. a. mit dem Erwerb, der Strukturierung, der Speicherung und dem Gebrauch von Wissen befaßt. Die Strukturen bestimmter Sprachen und die Prozesse der Sprachentwicklung und des Sprachgebrauchs hängen von geistigen Grundprozessen ab, die letzten Endes mit den Strukturen und Prozessen des menschlichen Gehirns in Beziehung stehen müssen. Damit befaßt sich das expandierende Forschungsgebiet der Neurolinguistik.

5.2 Verständnis der Syntax

Wir können den oben zitierten Dialog jetzt noch genauer untersuchen und uns fragen, was das Kind über die deutsche Syntax zu wissen scheint (sehen Sie sich den Satz jetzt noch einmal an). Aus der Antwort des kleinen Mädchens auf die Frage ihrer Mutter wird klar, daß sie sie verstanden hat. Wie wußte sie eigentlich, daß es sich um eine Frage handelte? Sie muß das Fragewort *wo* am Satzanfang und die Hebung der Stimme am Satzende bemerkt haben. Außerdem weiß sie, daß sich das Fragewort auf eine Örtlichkeit bezieht, denn sie antwortet mit einer Örtlichkeit, *Park.* Sie weiß, daß sich die Frage auf die Vergangenheit bezieht aufgrund der Vergangenheitsendung *(hingegangen)* und daß sich das Verbum *gehen* auf den Plural bezieht, weil sie gefragt wird „du ... mit Opa". Sie verrät dieses Wissen in ihrer Antwort, indem sie sagt „wir gehten" – *wir* wegen des Plurals, *gehten* wegen der Vergangenheit. Die Tatsache, daß sie „gehten" statt „gingen" sagt, deutet darauf hin, daß sie tatsächlich die *allgemeine* Vergangenheitsregel im Deutschen kennt. Irrtümer wie dieser in der kindlichen gesprochenen Sprache sind sehr informativ, weil sie uns zeigen, daß das Kind die Sprache produktiv benutzt und nicht blind imitiert, was es hört. *Gehten* ist eine echte kindliche Produktion („Kindermundart"), die die Regeln der deutschen Sprache besser befolgt als das Deutsche selbst.

6 Die Entwicklung der Sprache

Das Studium der kindlichen Sprachentwicklung hat tiefe Wurzeln in der Geschichte der Psychologie, Philosophie und Linguistik. Seit dem Ende des 18. Jahrhunderts hat eine Reihe von gebildeten Eltern detaillierte Tagebücher über die sprachliche und geistige Entwicklung ihrer Kinder geführt. Charles Darwin hat, wie wir bereits erwähnten, einige seiner theoretischen Formulierungen auf das Tagebuch gestützt, das er über die Entwicklung seines eigenen Sohnes führte.

Schließlich wurden auch systematischere Untersuchungen der Sprache (mit größeren Stichproben!) durchgeführt, in erster Linie, um eine praktische Frage zu beantworten – wie Sprache am günstigsten zu unterrichten sei. In der amerikanischen Psychologie galt das Hauptinteresse an der Sprachentwicklung des Kindes bis Ende der fünfziger Jahre dem pädagogischen Aspekt, genauer gesagt, der Verbesserung des Sprachunterrichts an den Schulen. Es gab Untersuchungen von altersbezogenen Veränderungen im Umfang des Vokabulars, in der Satzlänge und im Gebrauch von Substantiven und Verben. Diesen Untersuchungen lag die vielleicht implizite Annahme zugrunde, daß die Sprache des Kindes nicht einfach eine noch unrichtige Erwachsenensprache ist. Von diesem Gesichtspunkt aus schien das Interesse an der Schnelligkeit gerechtfertigt, mit der das Vokabular und die Grammatik des Kindes Erwachsenenniveau erreichten. Dieser Ansatz ergab viele der Grundtatsachen des Spracherwerbs, und diese Informationen hatten oft einen praktischen Nutzen (so dienten beispielsweise die Untersuchungen über Wortschatzbildung Schriftstellern als Hilfsmittel, die es ermöglichten, das Vokabular von Kinderbüchern auf das jeweilige Alter der Zielgruppe abzustimmen).

6.1 Entdeckung der Sprache durch das Kind

In den sechziger und siebziger Jahren bildete sich, stark beeinflußt von der modernen Linguistik, ein neuer Ansatz für das Studium der kindlichen Sprachentwicklung heraus. Das Gebiet der *Entwicklungspsycholinguistik* versuchte, unterstützt durch die Einsichten Piagets und durch Theorien über das dem Sprachgebrauch zugrundeliegende Wissen, herauszufinden, wie das kleine Kind die Struktur seiner Muttersprache *entdeckt.* Die Grundannahme dieses Ansatzes ist, daß die *kindliche Sprache de facto eine eigene Sprache mit eigenen systematischen Regeln ist.* Sie ist nicht bloß eine „mangelhafte Nachahmung" der Erwachsenensprache, zu der sie sich schließlich weiterentwikkelt. Vielmehr muß jedes Kind, das die in seiner Umgebung gesprochene Sprache hört, die Sprache seiner Gemeinschaft aktiv neu für sich selbst schaffen. Da alle Kinder einer bestimmten Sprachgemeinschaft schließlich dieselbe Sprache sprechen, müssen sie ähnliche Methoden benutzen, um das Problem des Spracherwerbs zu lösen. Die Entwicklungspsycholinguistik befaßt sich mit der Entdekkung dieser Mittel der Sprachschöpfung, die allen Menschen angeboren sind.

McNeill (1966) bringt in seinem Überblick über das Gebiet der Entwicklungspsycholinguistik die Schwierigkeiten genau auf den Punkt, mit denen diese Disziplin immer konfrontiert war.

Das Grundproblem, mit dem wir uns auseinandersetzen müssen, ist die simple Tatsache, daß sich der Spracherwerb in einer erstaunlich kurzen Zeit vollzieht. Die grammatische Sprache beginnt nicht vor dem Alter von eineinhalb Jahren; doch soweit wir wissen, ist der Grundprozeß mit dreieinhalb Jahren abgeschlossen. Die Basis für die vielfältige und umfassende Beherrschung der Erwachsenengrammatik muß sich somit in der kurzen Zeitspanne von 24 Monaten entwickeln.

Die frühe Psycholinguistik konzentrierte sich auf das Studium der grammatischen Strukturen kindlicher Sprache. Man stellte fest, daß sich das Sprechen von der Äußerung einzelner Worte zu Zwei-Wort-Sätzen, dann zu Kombinationen von Zwei-Wort-Gruppen und später zu komplexeren Sätzen entwickelt und schließlich auch die Verneinung („Andi hat das Auto nicht geschoben") und die Leideform („das Auto wurde von Andi geschoben") einschließt. Die dabei benutzte Methode bestand darin, jede Woche während einer bestimmten Zeitspanne alles niederzuschreiben, was ein Kind sagte, und dasselbe Kind über einen möglichst ausgedehnten Zeitraum zu begleiten.

Obwohl Untersuchungen dieser Art interessantes Material ergaben, wurde mit der Zeit klar, daß etwas Wichtiges fehlte. Kinder benutzen Sprache, um anderen Menschen Bedeutungen mitzuteilen. Die Forscher erkannten, daß sie auch notieren mußten, was das Kind *tat,* während es redete, um herauszufinden, was es meinte; kurz, es wurde klar, daß man Sprache *im Kontext* betrachten muß. Um noch einmal auf den Anfangsdialog zurückzukommen: Wir würden wissen wollen, ob „Opa" und das kleine Mädchen tatsächlich in einen Park gegangen waren, wie lang das her ist, ob die Mutter den Grammatikfehler ihrer Tochter korrigierte oder ob sie einfach reagierte (wie zu vermuten ist), als ob das Kind einen völlig verständlichen und sinnvollen Satz gesagt hätte.

Mit dem neuen Augenmerk auf den Kontext haben die Entwicklungspsycholinguisten neue Methoden zur Beobachtung von linguistischem Verhalten erarbeitet. Der Kontext kann manipuliert werden, so daß es nicht nötig ist, darauf zu warten, daß ein Kind spontan etwas sagt. Ein Beispiel eines solchen experimentellen Verfahrens ist ein Spiel, das dazu dient, herauszufinden, ob ein Kind die Verneinungen von Sätzen verschiedener Art bilden kann. Zwei Handpuppen führen ein Gespräch miteinander; die eine bestreitet alles, was die andere sagt. Den Kindern macht es großen Spaß, für die streitsüchtige Puppe zu sprechen und damit ihre Kenntnis der Verneinungsform zu demonstrieren.

6.2 Erste Worte

Jeder Mensch, der Umgang mit einem Säugling hatte, weiß, daß die verbale Kommunikation beginnt, bevor richtige Worte gesprochen werden. Nach und nach beginnt das Lallen wie gesprochene Sprache zu klingen (sogenannte Lallmonologe), der Tonfall der Umgebung wird nachgeahmt und Laute, die keinen Bestandteil der von der Gemeinschaft gesprochenen Sprache bilden, werden fallengelassen. Was das Auftreten von Worten verzögert, ist offensichtlich die noch fehlende Kontrolle über die Artikulation und nicht ein kognitiver Defekt. Im Bereich der Normalität stehen Intelligenz und Alter beim Sprechen des ersten Wortes in keiner Beziehung. Die wenigen taubstummen Kinder, die früh genug identifiziert wurden, so daß ihre Eltern rechtzeitig mit der Zeichensprache beginnen konnten, sind imstande gewesen, mit etwa acht Monaten, ziemlich lange vor Einsetzen der gesprochenen Sprache, einzelne Worte zu signalisieren. Die ersten Wörter sind gewöhnlich Hauptwörter, und sie werden oft zur Bezeichnung einer eher überraschenden Kategorie von Dingen benutzt. Das englische Wort *fly* wurde von einem kleinen Jungen für Fliegen, kleine Staubkörnchen, Brotkrumen, seine eigenen Zehen, Insekten und eine kleine Kröte benutzt – anscheinend für fast alles Kleine. Diese interessante semantische Eigenschaft früher Worte verrät etwas über die Art und Weise, wie Sprache gelernt wird: Das Wort *fly* wurde *nicht* gelernt, indem der Junge wiederholt Fliegen sah und dazu das Wort „fly" hörte. Das Wort hatte er offensichtlich auf eine große Zahl verschiedenster Dinge generalisiert, deren gemeinsame Eigenschaft ihre Kleinheit war.

6.3 Die Entstehung der Grammatik

Alle Kinder scheinen eine lange Periode durchzumachen, in denen sich ihre Äußerungen auf einzelne Worte beschränken. Solche Äußerungen beginnen irgendwann um den ersten Geburtstag herum und setzen sich mit Abweichungen von einigen Monaten bis zum zweiten Geburtstag fort. Damit das Kind in einzelnen Worten sprechen kann, muß es bereits etwas über die Lautstruktur seiner Sprache entdeckt haben. Es weiß, wie man viele der *Phoneme* oder Lautelemente seiner Sprache ausspricht, und es ist fähig, die Sprache der Erwachsenen in einzelne Worte zu unterteilen. Es versteht vielleicht auch längere Äußerungen, die es von seinen Eltern hört, aber das ist nicht sicher. Die eigenen Äußerungen des Kindes haben bis dahin noch keine grammatische Struktur, da man nicht von der grammatischen Struktur (der Syntax) eines Satzes sprechen kann, der nur aus einem Wort besteht.

Zu irgendeinem Zeitpunkt entdeckt jedoch jedes Kind, daß Worte zu längeren Ketten aneinandergereiht werden können. Im allgemeinen geht dieser Entdeckung eine Phase voran, während der das Kind offensichtlich nach einer Möglichkeit sucht, um Worte aneinanderzureihen. Die Rede eines kleinen Mädchens, das sich vergeblich bemühte, einen Knopf in ihre Tasche zu stecken (was ihr nicht gelingen konnte, weil sie auf der Tasche saß), bestand darin, mehrmals „Knopf" und dann das Wort „Tasche" zu sagen. Sie konnte die beiden Dinge nicht zu einer zusammenhängenden Äußerung verbinden. Es war klar, daß sie die Beziehung zwischen dem Knopf und der Tasche *begriff,* aber daß sie noch nicht wußte, wie sie diese Beziehung grammatisch ausdrücken sollte (Bloom, 1970).

Mit der Entdeckung der *Wortkombinierbarkeit* beginnen Zwei-Wort-Aussagen zu sprießen. Solche Aussagen umfassen ein breites Spektrum von Bedeutungen, die bereits im Ein-Wort-Stadium gesteckt haben, aber nunmehr linguistisch stärker explizit gemacht werden.

6.4 Zwei-Wort-Aussagen

Im *Zwei-Wort-Stadium* reden Kinder in der ganzen Welt in ähnlicher Weise über dieselben Dinge. Nachstehend einige der Bedeutungen, die solche Aussagen ausdrücken:

1. Das Kind weist auf ein Objekt oder eine Situation hin oder kommentiert etwas, wobei ein Aspekt oder eine Eigenschaft des Dinges hervorgehoben wird:

Identifikation: „seh Hund"
Örtlichkeit: „Buch dort"
Wiederholung oder Wiederauftreten: „Mehr Milch"
Fehlen oder Verschwinden: „Puppe weg"
Verneinung: „Nicht Wolf"
Besitz: „Mein Bonbon"
Attribuierung: „Großes Auto".

Jede dieser Äußerungen besteht aus dem Namen eines Objekts (*Hund, Buch* usw.) und einem anderen Wort, das gewissermaßen der Funktionsträger des Dingwortes ist. Dies ist ein universelles Merkmal frühkindlicher Sprache: eine Teilung des Vokabulars in *Inhaltswörter* (Wörter, die Dinge oder Menschen oder Handlungen bezeichnen) und *Funktionswörter.* Diese Funktionswörter (wie *mehr, weg* und *nicht*) sind der Kern, aus dem sich komplexe grammatische Operationen entwickeln, Operationen wie Quantifizierung, Verneinung und Attribuierung.

2. Das Kind kommentiert einen Beziehungsaspekt einer Situation:

Handelnder/Handlung: „Mama geht"
Handlung/Objekt: „haut dich"
Handelnder/Objekt: „Mama Buch" [d.h. „Mama liest ein Buch"]
Handelnder/Örtlichkeit: „Sitz Sessel"
Handlung/Empfänger: „Gib Papa" [d.h. gib dem Papa"]
Handlung/Instrument: „Schneiden Messer" [d.h. „schneiden mit dem Messer"]

3. Und das Kind stellt natürlich Fragen über verschiedene Aspekte solcher Situationen: „Wo Ball?" „Was das?" „Mehr Milch?"

Die oben angeführten Zwei-Wort-Aussagen werden jedem, der mit einem eineinhalbjährigen oder zweijährigen Kind zu tun hatte, bekannt vorkommen. Aber ein erstaunlicher Aspekt dieser Liste ist, daß die Äußerungen nicht alle aus der deutschen Kindersprache stammen; die Beispiele sind vielmehr Übersetzungen von Äußerungen in *Englisch, Deutsch, Russisch, Finnisch, Türkisch, Samoisch* und *Luo* (das in Kenia gesprochen wird). Die gesamte Liste könnte aus Beispielen von Äußerungen Zweijähriger in jeder Sprache bestehen. Es scheint, als ob Kinder in allen Teilen der Welt einen Grundstock an sprachlicher Ausdrucksmöglichkeit für sich selbst erfänden – *universelle Sprachelemente* – ungeachtet der speziellen Merkmale der jeweiligen Muttersprache, von der sie umgeben wird. Wenn man sich die Bedeutungen dieser Mitteilungen genau ansieht – das heißt, die Operationen und Relationen, die ausgedrückt und erfragt werden – dann wird man sich an Piagets Beschreibung des kindlichen Denkens erinnert fühlen, die zu Beginn dieses Abschnitts erörtert wurde. Die sprachlichen Äußerungen des Zweijährigen stellen Leistungen von sensomotorischer Intelligenz dar. Das Kind spricht über Objekte und Handlungen, die mit diesen ausgeführt werden; es stellt Wiederkehren, Verschwinden, Örtlichkeiten und Eigenschaften fest. Die Entstehung von Grammatik folgt somit auf die Entwicklung des Denkens beim Kind und reflektiert dieses.

6.5 Satzlängenbegrenzungen

Obwohl das Kind die Möglichkeit von Wortkombinationen entdeckt hat, ist es zunächst anscheinend auf Kombinationen von nur zwei Worten beschränkt. Dies ist wahrscheinlich auf eine Begrenztheit des Kurzzeitgedächtnisses zurückzuführen (s. 1. Bd., 3. Kap.), die das Kind zwingt, sich bei der Bildung eines Satzes mit einer kleinen Zahl von Elementen zu begnügen (solche Beschränkungen spiegeln sich natürlich auch in der Zeit, die Erwachsene brauchen, um grammatische Merkmale zu verarbeiten, wie wir weiter oben ausgeführt haben).

Die Beschränkungen des Kindes scheinen mehr durch Grammatik und Verarbeitungszeit als durch sein Denk- und Verständnisniveau bedingt zu sein. Ein Kind kann beispielsweise imstande sein zu sagen „Papa werfen", „werfen Ball" und „Papa Ball". Diese separaten Äußerungen zeigen, daß es im Grunde den ganzen Satz, „Papa wirft Ball", begriffen hat, aber noch nicht imstande ist, alle drei Worte hintereinander zustandezubringen.

In einem späteren Stadium können die einzelnen Elemente der Sätze zu vollständigeren Aussagen zusammengefügt werden. Manchmal bilden Kinder Sätze laut, und der Beobachter kann den Vorgang der Satzkonstruktion faktisch hören. Ein Kind kann beispielsweise davon sprechen wollen, daß eine Katze auf einem Tisch aufsteht. Es sagt: „steht auf. Katze steht auf. Katze steht auf dem Tisch auf." Aussagen dieser Art – und sie wurden in vielen verschiedenen Sprachen bei Kindern beobachtet – lassen erkennen, daß das Kind Sätze Stück für Stück zusammenfügt.

6.6 Die Beherrschung der Grammatik

Das Kind ist jetzt dabei, sich die Grammatik seiner Muttersprache anzueignen. Sobald es drei oder dreieinhalb Jahre alt ist, weiß es in groben Zügen alle Grundformen der linguistischen Regeln, obwohl es während seiner ganzen Kindheit und vielleicht noch darüber hinaus fortfahren wird, die feineren Einzelheiten zu lernen. Jedes Kind erarbeitet sich eine selbsterfundene Grammatik, doch sind sich all diese kindlichen Grammatiken in ihren Grundaspekten überraschend ähnlich. Alle basieren auf geordneten Kombinationen sinnvoller Elemente und werden durch Unterschiede in der Betonung und im Tonfall modifiziert. Alle Kinder, die in einer bestimmten Sprachgemeinschaft aufwachsen, können mit den anderen Angehörigen dieser Gemeinschaft kommunizieren. Die Beobachtung, daß alle Kinder ähnliche Grammatiken derselben Muttersprache entwickeln und daß alle Kinder, gleichgültig, welche Sprache sie sprechen, diese Art von grammatischen Prinzipien benutzen, hat bei den Psycholinguisten zu der Hypothese geführt, daß alle Kinder bei der Entdeckung der Struktur ihrer Sprache dieselben grundlegenden Verfahren anwenden und dieselbe Art von Schlüssen ziehen. Diese Verfahrensweisen beginnt man eben erst verstehen zu lernen. Die kommenden Jahre werden uns vermutlich noch viele weitere Erkenntnisse bringen.

7 Erklärungen der Sprachentwicklung

Zwei Standpunkte hinsichtlich des Sprachenlernens sind entschieden verfochten worden und immer noch umstritten. Bei dieser Kontroverse geht es im Grunde um den alten „Anlage-Umwelt-Streit", der zu Beginn dieses Bandes durch die Auffassungen Lockes und Platons exemplifiziert wurde. Ein Blick auf die Argumente beider Seiten fördert einige interessante Fakten über den Spracherwerb zutage.

7.1 Angeborene Ursprünge

Hauptverfechter des Standpunkts, daß der Mensch eine angeborene Prädisposition zum Lernen von Sprache besitzt, daß er für die Sprache „vorprogrammiert" ist, sind Chomsky (1959) und Lenneberg (1967). Welche Gründe haben diese *„Nativisten",* d.h. die Anhänger der Vererbungstheorie der Sprache? Der erste und vielleicht wichtigste ist ein universelles Merkmal aller Kulturen; selbst die technologisch primitivsten Gesellschaften haben eine gesprochene Sprache, die sich einer Grammatik bedient, die eine große Ähnlichkeit mit der geschriebenen Sprache hat, die von den Linguisten studiert wird. Es kann somit kein Zufall sein, daß sich die Sprachen der Welt nach ähnlichen Grundmustern entwickelt haben. Und ein weiteres universelles Grundschema sind die Strategien, die Kinder beim Erlernen von Sprache verfolgen. Die vielleicht eindrucksvollsten Belege für die Rolle der Genetik im Spracherwerb ist jedoch negativer Art. Jeder Versuch (so argumentieren die Nativisten), das Sprachenlernen mit Hilfe der Prinzipien zu erklären, die von Psychologen zur Erklärung anderer Formen des Lernens entwickelt wurden (die Nachahmung ist ein Beispiel), sei zum Scheitern verurteilt. Wir wollen uns zwei Arten des Lernens nacheinander vornehmen und uns anhören, warum die Nativisten sie als ungeeignet bezeichnen.

7.2 Nachahmung

Der erste Grund, Nachahmung als Quelle des kindlichen Sprachlernens auszuschließen, ist logischer Natur. Miller (1965) hat die Zahl möglicher

20-Wörter-Sätze in der englischen Sprache auf 10^{20} (zehn mit 19 Nullen) geschätzt. Es würde, wie er weiter vermutet, etwa tausendmal das vermutliche Alter der Erde in Anspruch nehmen, sich bloß alle diese Sätze anzuhören. Das Kind kann unmöglich alle die Sätze schon gehört haben, die es selbst bilden oder verstehen lernt. Was es gelernt hat, wenn es seine Aufgabe gemeistert hat, ist eine Reihe von Regeln, die ihm helfen, neue Sätze zu verstehen, und die es ihm gestatten, Sätze zu bilden, die es nie zuvor gehört hat. Wenn Sie sich an das kleine Mädchen erinnern, die das Wort *gehten* benutzte, dann ist Ihnen wahrscheinlich schon der andere Einwand eingefallen, der von den Nativisten gegen die Nachahmung als Erklärung des Sprachenlernens erhoben wird. In der Sprache der Kinder findet man sehr häufig Worte, die unmöglich Imitationen erwachsener Redeweise sein können. Fehler im Gebrauch irregulärer Verben (derjenigen, die *nicht* der Regel gehorchen, die Vergangenheitsform mit *ten* zu bilden) kommen bei Kindern bis zum Alter von fünf oder sechs Jahren oder noch älter häufig vor. Die Verwendung von *gehten* oder *kommten* oder *brechten* ist keine bloße Nachlässigkeit; es zeugt von der Kenntnis und dem Gebrauch der üblichen Regel, wie die Vergangenheit regulärer Verben zu bilden ist, und stellt einen Fortschritt gegenüber der „richtigen“ Ausdrucksweise des Zweijährigen dar. Diese Art des Festhaltens an Regeln, sobald diese erlernt wurden, bezeichnet man als *linguistische Übergeneralisation*. Tatsächlich scheinen sich Kinder gegen Ausnahmen von sprachlichen Regeln zu sträuben. McNeill (1966) zitiert überzeugende Beweise, daß Kinder einfach unfähig sind, sich an linguistische Formen zu halten, die gegen ihr eigenes Regelbewußtsein verstoßen. Er zitiert das folgende in einer Aufzeichnung vorliegende Zwiegespräch zwischen Mutter und Kind:

„*Child:* Nobody don't like me.
Mother: No, say ‚Nobody likes me'.
Child: Nobody don't like me.

[Dieser Dialog wiederholt sich achtmal.]

Mother: No, now listen carefully; say ‚nobody likes me'.
Child: Oh! Nobody don't *likes* me.“

Wenn Kinder in ihrer Aufmerksamkeit auf die Sprache, die sie gesprochen hören, selektiv sind, und sich im allgemeinen wenig von der Redensweise Erwachsener beeindrucken lassen, die ihrem eigenen Gefühl für richtige Grammatik nicht entspricht, dann ist es schwer einsehbar, so behaupten die Nativisten, wie Kinder Sprache einfach durch Nachahmung lernen könnten.

7.3 Unterricht und Belohnungen

Der oben zitierte Dialog zwischen Mutter und Kind ist ein Beispiel für eine Mutter, die sich ausdrücklich bemüht, dem Kind etwas über Sprache beizubringen. (Siehe auch Box 4/6 bezüglich der mütterlichen Rolle in der Sprachunterweisung.) Wenn Eltern ihre Kinder auf Fehler aufmerksam machen und sie belohnen, wenn sie richtig sprechen, warum können wir dann nicht einfach das Verstärkungsprinzip des instrumentellen Konditionierens auf das Beispiel des Spracherlernens anwenden? Der Grund, warum dies – den Nativisten zufolge – nicht sinnvoll erscheint, ist, daß ein solcher Unterricht nicht sehr häufig erfolgt.

Unsere Erkenntnisse darüber, was in der linguistischen Umgebung des Kindes tatsächlich vor sich geht, verdanken wir gründlichen Untersuchungen von drei Kindern, die Brown und seine Mitarbeiter an der Universität Harvard durchführten. Diese Kinder wurden von der Zeit an, in der sie zu sprechen begannen, in regelmäßigen Abständen besucht und die spontanen Unterhaltungen zwischen ihnen und ihren Eltern wurden sorgfältig aufgezeichnet und transkribiert (Brown, 1973). Nach Untersuchung jedes Falles, in dem auf die Äußerung eines Kindes Zustimmung oder Mißbilligung durch einen Erwachsenen folgte, kam Brown zu dem Schluß, daß gezielte Schulung keine signifikante Rolle dabei spielen kann, Kinder grammatisch richtig sprechen zu lehren, da die Bewertung durch den Erwachsenen in keinem systematischen Bezug zu den Fortschritten des Kindes stand.

7.4 Die Hypothese der kritischen Periode

Wenn man bedenkt, daß man lernen muß, einen der von Miller geschätzten 10^{20} möglichen Sätze hervorzubringen, staunt man über diese eindrucksvolle Leistung, insbesondere da diese Zahl in Reichweite eines „bloßen“ Kindes liegt. Es mag somit überraschend erscheinen, daß die Aufgabe,

BOX 4/6

Kleinkinder-Kommunikation

Wie Kleinkinder sprechen lernen, ist nicht zuletzt deshalb so rätselhaft, weil die Umgangssprache so schnell, so komplex und oft auch grammatisch falsch und unvollständig ist. Wie, so könnte man sich wirklich fragen, kann ein dreijähriges Kind die Regeln der Syntax anhand der Sprache lernen, die es täglich hört? Einen Teil der Antwort auf diese Frage ergab sich aus gründlicheren Beobachtungen der gesprochenen Sprache. Während die meisten Beispiele verbaler Kommunikation zwischen Erwachsenen einem kleinen Kind kaum eine Grundlage für das Sprachverständnis bieten können, zeigen Stichproben der Sprache, die gegenüber Kindern gesprochen wird, daß die Mütter buchstäblich dazu neigen, in Gegenwart ihrer kleinen Kinder eine andere *Sprache* zu sprechen. Diese Kleinkinder-Kommunikation wird aber nicht nur von den Müttern gesprochen, sie wird auch von Vätern, Onkeln und Tanten und von den meisten übrigen Erwachsenen benutzt, und selbst Kinder, die nicht mehr als vier Jahre alt sind (und sich noch in der egozentrischen, präoperationalen Periode befinden), weisen Veränderungen in *ihrer* Sprache auf, wenn sie mit Zweijährigen reden.

Die Kleinkinder-Kommunikation gegenüber Ein- und Zweijährigen besteht aus einfachen, grammatisch richtigen, kurzen Sätzen, die sich auf konkrete Objekte und Ereignisse beziehen. Sie enthält wenige Bezugnahmen auf die Vergangenheit und fast keine auf die Zukunft. Die Satzintonation und die Betonung werden übertrieben und zwischen den Sätzen werden deutliche Pausen eingehalten. Bis zu dreißig Prozent der Sätze sind Wiederholungen früherer Sätze des Kindes oder der Mutter. Mütter wiederholen Sätze oder Worte auch, um ihnen größeren Nachdruck zu verleihen. Eine Mutter sagt etwa: „Gib das rote Lastauto jetzt in den Karton. Das rote Lastauto. Nein, das rote Lastauto. In den Karton. Das rote Lastauto in den Karton". Die normale Satzstellung kann um der Betonung willen verändert werden:

Kind: Willein Keks.
Mutter: Du willst *was*?
Kind: Ein Keks.

Mit Säuglingen führen Mütter oft einen ganzen Dialog, wobei sie sowohl die Rolle des Säuglings als auch ihre eigene übernehmen. Rülpsen, Husten oder Bewegungen werden dabei oft behandelt, als seien es Mitteilungen. Die Techniken, die im Gespräch zwischen Erwachsenen angewandt werden, um dem anderen zu signalisieren, daß er nun an der Reihe ist, einen Redebeitrag zu liefern – Pausen, Fragen, Komplimente – sind im Gespräch mit präverbalen Säuglingen sehr häufig, obwohl diese natürlich noch nicht im mindesten dazu fähig sind.

Eine häufige Praxis unter Personen, die mit Sprachanfängern sprechen, wird als *Erweiterung* bezeichnet. Ein vom Kind ausgesprochener primitiver Satz wird von der Bezugsperson in grammatisch richtiger und etwas komplexerer Form wiederholt: „Hund frißt" kann erweitert werden zu „Ja, der Hund frißt sein Futter".

Viele der linguistischen Merkmale, die die Redeweise gegenüber kleinen Kindern kennzeichnen, sind auch festzustellen, wenn Menschen mit Haustieren, Liebespartnern und Krankenhauspatienten sprechen. Obwohl die Kleinkinder-Kommunikation ebenso sehr dem Zweck dienen mag, das Gefühl von Zuneigung zu vermitteln wie einen Sprachunterricht zu bieten, ist sie zweifellos geeignet, das Verständnis des Kindes zu fördern.

P. DeVilliers u. J. DeVilliers: *Early Language.* Cambridge, Mass.: Harvard University Press, 1979.

C. Snow: The Development of Conversation between Mothers and Babies. *Journal of Child Language,* 1977, *4,* 1–22.

eine Sprache zu erlernen, Kindern anscheinend leichter fällt als Erwachsenen. Informationen verschiedener Art bestätigen die Vermutung, daß das Spracherlernen vor der Adoleszenz in effektiverer Weise erfolgt. Die Genesung von einem Sprachverlust infolge einer Gehirnverletzung geht bei Kindern ganz anders vor sich als bei Erwachsenen. Erwachsene gewinnen ihre Fähigkeit zum Sprachgebrauch manchmal gar nicht mehr zurück, während Kindern dies oft rasch gelingt. Kinder, die infolge des Downschen Syndroms an geistiger Behinderung leiden (s. Bd. 1), weisen in der Kind-

BOX 4/7

Das Mädchen Genie

Im November 1970 wurden die zuständigen Behörden von Los Angeles auf einen tragischen Fall aufmerksam. Ein Kind wurde entdeckt, dessen Isolierung von menschlichem Kontakt ebenso einschneidend war wie die aller früher bekannt gewordenen Fälle wild aufgewachsener Kinder. Ihre Lebensgeschichte und spätere Entwicklung wurden von S. Curtiss studiert. Genie war in einer Wohnung am Stadtrand elf Jahre lang in ein kleines Zimmer gesperrt und an ein Bett bzw. einen sogenannten „Leibstuhl" gefesselt gewesen. Als sie gefunden wurde, war sie dreizehn Jahre alt und hatte die Pubertät schon hinter sich, wog aber nur 27 Kilo. Obwohl die Krankenblätter bis zum Alter von 20 Monaten (als Genies Gefangenschaft begann) keinen Hinweis auf eine geistige Behinderung enthielten, hatten eine angeborene Hüftluxation und die Rekonvaleszenz nach deren Operation Genie daran gehindert, in der üblichen Zeit gehen zu lernen. Dies hatte bei ihrem Vater die Überzeugung ausgelöst, daß sie hoffnungslos zurückgeblieben sei. In den Jahren ihrer Gefangenschaft wurde sie nur gelegentlich und kurz von ihrer blinden Mutter besucht; nur wenige Worte wurden je an sie gerichtet. Jedes Geräusch, das das Kind machte, trug ihr Schläge seitens ihres Vaters ein, der keinen Lärm vertrug. Aus diesem Grund gab es in der Wohnung weder Radio noch Fernsehen, so daß auch diese Art von passiver „Interaktion" fehlte.

Als Genie gefunden wurde, war sie überraschenderweise nicht psychisch schwer gestört. Sie hatte häufige *stumme* Wutausbrüche, wirkte aber nicht autistisch – das heißt, sie verschloß sich nicht emotional gegenüber der äußeren Welt. Ihr Hör- und Sehvermögen waren normal, aber sie wies praktisch keine Sprachbeherrschung auf. Sie konnte nur wenige Worte und einfache Befehle verstehen und überhaupt nicht sprechen.

Genie lebt seit ihrer Entdeckung in einer Pflegefamilie und hat inzwischen Sprechen gelernt, und zwar hauptsächlich durch Kontakt mit gesprochener Sprache und nicht durch spezielles Training. Viele Charakteristika ihres anfänglichen Sprechens korrespondierten mit der anfänglichen Sprechweise normaler Kinder. Sie machte typische Aussprachefehler und durchlief die übliche Entwicklungssequenz der Satzlänge, das heißt, ihre Äußerungen bestanden zuerst aus jeweils einem und dann aus zwei Worten, bis sie schließlich Zwei-Wort-Sätze zu längeren Satzgebilden aneinanderfügte.

Nicht alle Phasen von Genies Spracherwerb sind jedoch mit denen eines normalen kleinen Kindes identisch gewesen. Manche der Fakten deuten darauf hin, daß sie in ihrem begrifflichen Denkvermögen fortgeschrittener war als das normale, eben das Sprechen erlernende Kind. Bezeichnungen von Farben und Zahlen traten in der Lernsequenz viel früher auf als üblich, und sie meisterte alle „W-Fragen" etwa zur selben Zeit. („Was"- und „Wo"-Fragen werden normalerweise lange vor „Warum"- und „Wann"-Fragen verstanden und richtig benutzt.) Ihr Wortschatz hat schneller zugenommen als ihre Kenntnisse der Syntax; ihr Vokabular umfaßte beispielsweise, als sie in das Zwei-Wort-Stadium eintrat, bereits 200 Wörter. Genie hat immer noch syntaktische Probleme beim Sprechen. Es fällt ihr schwer, in Sätzen wie „der Junge zog das Mädchen" Subjekt und Objekt zu unterscheiden. Sie setzt Verneinungen oft an die falsche Stelle, wie in „nicht mehr Ohr schmerzt". Ihre Artikulation ist ebenfalls schlecht und sie hat ständig Probleme mit den Ausspracheregeln.

Was haben wir aus Genies Fall gelernt? Die einzige klare Schlußfolgerung ist, daß es tatsächlich möglich ist, nach der Adoleszenz viel sprachlich zu lernen. Aufgrund von Genies minimalem

heit nur langsame Fortschritte beim Spracherwerb auf, aber nach der physischen Reife lernen sie gewöhnlich nichts mehr hinzu. Es gibt eine Fülle von Beweisen für die Fähigkeit von Kindern, Fremdsprachen relativ rasch „aufzunehmen". Wenn eine Familie in ein anderes Land übersiedelt, dann hat der Kontakt mit der neuen Sprache gewöhnlich zur Folge, daß die Kinder innerhalb weniger Monate schon „wie Einheimische" sprechen. Die Erwachsenen müssen sich hingegen mit dem Lernen abmühen und werden ihren „ausländischen Akzent" vielleicht niemals los. Erfahrungen wie diese haben die Nativisten zu der Auffassung bewogen, daß das Spracherlernen in der kritischen

Kontakt mit Sprache vor ihrer Gefangenschaft können wir nicht schließen, daß sie *alles,* was sie über Sprache weiß, erst lernte, nachdem sie aufgefunden wurde. Und aufgrund ihrer sozialen und emotionalen Deprivation können wir nicht schließen, daß ihre anhaltenden Sprachschwierigkeiten *ausschließlich* auf das Alter zurückzuführen sind, in dem sie sprechen zu lernen begann. Neurologische Tests haben ergeben, daß sie im Gegensatz zu den übrigen Rechtshändern (zu denen sie zählt) Sprache in der rechten Hemisphäre des Gehirns verarbeitet. In der Regel entwickeln rechtshändige Kinder die *Lateralisierung* (Hemisphärendifferenz) etwa im gleichen Alter, in dem ihr Spracherlernen abgeschlossen ist, etwa im Alter von fünf Jahren, das heißt, die linke Hemisphäre verarbeitet Sprache und die rechte ist für eine Fülle von nichtlinguistischem Material zuständig. (Weitere Details siehe im fünften Kapitel.) Genies Benutzung der rechten Hemisphäre für Sprache hat A. Reynolds und P. Flagg zu der Spekulation veranlaßt, daß nicht die Lateralisierung eine Voraussetzung für das Erlernen von Sprachen ist, sondern daß linguistische Erfahrungen die Lateralisierung fördern. Ihrer Theorie zufolge hat Genies linguistische Deprivation die spezialisierte Entwicklung ihrer linken Hemisphäre verhindert. Es ist höchst interessant, ob Genies zunehmender Sprachgebrauch früher oder später zu einem normalen Verlauf der Lateralisation führen wird.

S. Curtiss: Genie: *A Psycholinguistic Study of a Modern-Day „Wild Child".* New York: Academic Press, 1977.

A. Reynolds u. P. Flagg: *Cognitive Psychology.* Cambridge, Mass.: Winthrop Publishers, Inc., 1977.

Periode zwischen dem Alter von einem Jahr und der Pubertät erfolgen muß, falls es überhaupt dazu kommen soll. Diese Annahme wird auch durch Berichte über Kinder bestätigt, die fernab der Zivilisation aufwuchsen. Es sind viele Fälle von Kindern bekannt geworden, die anscheinend von Tieren in der Wildnis aufgezogen wurden. Vielleicht das bekannteste dieser Kinder ist Victor, dessen Geschichte in Truffauts Film *L'enfant sauvage (Der Wolfsjunge)* in bewegender Weise erzählt wird. Es fällt solchen Kinder sehr schwer, sprechen zu lernen, und viele von ihnen schaffen es nie (die Geschichte eines wildaufgewachsenen Kindes unserer Zeit ist in Box 4/7 enthalten).

Fassen wir zusammen: Nach Auffassung der Nativisten hat das Kind die angeborene Fähigkeit, die Sprache zu entschlüsseln, die es hört, ihre Regeln herauszufinden und diese zu benutzen, um das Gehörte zu verstehen und linguistische Äußerungen hervorzubringen, gleichgültig, in welcher Kultur sich das Kind befindet. Das Kind schafft das ohne Unterricht oder systematische Belohnungen. Wenden wir uns jetzt den Entgegnungen der Milieutheoretiker zu.

7.5 Hilfen durch die Umwelt

Um zu sehen, warum die Milieutheoretiker gegenüber den Konzepten der Nativisten für das Spracherlernen skeptisch bleiben, wollen wir die Argumente der Nativisten der Reihe nach untersuchen. Die Annahme, daß die interkulturelle Universität eines Verhaltens von Vererbung zeuge, ist in vielen Zusammenhängen kritisiert worden. Da Menschen in allen Teilen der Welt über Artikulationsmittel verfügen, erscheint es Lerntheoretikern einleuchtend, daß Kommunikation mit Hilfe von Sprache universell durch die Kooperation und soziale Interaktion belohnt wird, die sie ermöglicht. Die Sprache könnte daher universell durch instrumentelle Konditionierung erworben werden.

Die Milieutheoretiker sehen kein Problem in der inzwischen unbestrittenen Tatsache, daß das, was gelernt wird, eine Reihe von Regeln für das Sprechen und Verstehen von Sprache und nicht ein Fundus von Sätzen ist, die bei Bedarf papageienhaft nachgeplappert werden. Das Regellernen ist Gegenstand umfangreicher Forschungen gewesen, und dieselbe Art der Analyse scheint darauf anwendbar wie auf andere Arten des Lernens. Die Nachahmung ist ein wichtiger Teil der Umweltunterstützung für die Sprache. Sicher ist ein Großteil dessen, was Kinder sagen, nicht imitativ, aber ein anderer Teil ist es schon. Untersuchungen nachahmenden Sprechens haben gezeigt, daß es als eine Art Vorspiel zum Verständnis und Gebrauch von Sprache auftritt. Ein zweijähriges Mädchen sagte beispielsweise: „Ich habe einen Termin mit der Waschmaschine“ und fragte danach: „Was ist ein Termin?“ (Moerk u. Moerk, 1979). Von Kindern nachgeahmte Sätze enthalten, wie sich zeigte, oft schwierige Worte und grammatische Formen, die erst später in ihrer produktiven Sprache auftreten.

Die Analyse von Belohnungssystemen durch die Nativisten ist von den Milieutheoretikern ebenfalls bemängelt worden.

Obwohl sich Eltern vielleicht nicht die Mühe machen, Zustimmung zu sprachlichen Produktionen zu äußern, muß jedem klar sein, der den Standpunkt des Kindes einnimmt, daß das tägliche Leben diesem viele andere Belohnungen für den korrekten Gebrauch von Sprache bietet. Sprache wird von Anfang an benutzt, um zu kommunizieren, Bitten zu äußern und Gefühle auszudrücken. Wenn die Kommunikationen verstanden, die Bitten erfüllt und die Gefühle gewürdigt werden, so wird die Äußerung dadurch belohnt, wenn auch nicht direkt durch ausgesprochene Zustimmung. Ein kleines Kind, das auf die Milchflasche deutet und „muh“ sagt, wird eher durch ein Glas Milch belohnt werden als durch ein Lob, daß es ein „Beinahe-Wort“ gesagt hat. Wenn man feststellt, daß die Sprache dem Kind *ermögliche,* seine Ziele zu erreichen, so sagt man damit, daß es für den Gebrauch der Sprache *belohnt* werde; wir brauchen den Begriff der Belohnung nicht auf verbale Reaktionen Erwachsener einzuengen.

Den Beitrag, den die Umwelt zum Spracherlernen leistet, erkennt man besser, wenn man einmal Situationen betrachtet, in denen etwas fehlt. Obzwar Sprache unter den Kulturen der Welt universell ist, ist es nicht universell, daß Kinder Sprache lernen. Die Untersuchung iranischer Waisenkinder durch Hunt (S. 23) bietet ein gutes Beispiel dafür. Kinder, die von ausgebildeten Wärterinnen betreut wurden, lernten in der üblichen Reihenfolge und in normalem Tempo sprechen; diejenigen, die in der traditionellen Weise der Anstalt versorgt wurden, erlernten es nicht. Hunt schaffte für eine Gruppe von Waisen, die nicht sprechen lernten, Mobiles zur visuellen Stimulierung an und spielte ihnen häufig Sprechplatten in Farsi (der Landessprache) vor, um ihren Kontakt mit der Sprache zu erhöhen – aber ohne linguistische Interaktion. Die Kinder in dieser Gruppe wiesen gegenüber der traditionellen Gruppe weder einen kognitiven noch einen linguistischen Entwicklungsvorsprung auf.

Einen ähnlichen Befund erbrachte das Studium eines normalen Jungen, Jim, dessen Eltern beide stark gehörgeschädigt waren (diese Untersuchung wurde von Bard und Sachs durchgeführt, wie DeVilliers und DeVilliers berichten [1979]). Jims Eltern wollten, daß er normale Sprache benutzen sollte; aus diesem Grund brachten sie ihm die Zeichensprache nicht bei, obwohl sie sie untereinander benutzten. Der Junge hatte Umgang mit sprechenden Menschen außerhalb der Familie, aber sein Hauptkontakt mit der Sprache war durch das Fernsehen, dem er viele Stunden widmete. Mit zweieinhalb Jahren sprach Jim sein erstes Wort. Im Alter von drei Jahren und neun Monaten bewies er nur eine geringe Kenntnis der englischen Syntax, wie aus einigen seiner Sätze hervorgeht: „My mommy in the house apple.“ „Going house a fire truck“ „fall that back“. Zu seinem Glück erhielt Jim ab diesem Zeitpunkt Sprachtherapie, die einen intensiven Austausch einschloß, und innerhalb von sechs Monaten sprach er normal für sein Alter. Dieses Beispiel würde Piaget nicht überraschen. Die *Interaktion* mit der Umwelt ist eine notwendige Voraussetzung dafür, daß Akkommodation stattfindet. Bloß Sprache zu hören oder Leuten beim Sprechen zuzusehen, ist nicht genug. Es muß jemand auf das *reagieren,* was das Kind sagt. (Die entscheidende Bedeutung von menschlichem Kontakt wird in krasser Weise aus dem in Box 4/7, S. 36, geschilderten Fall deutlich.)

7.6 Die Sprache der Tiere

Ein wichtiges Element der nativistischen Position ist die artspezifische Natur der Sprache: Kein Tier verfügt über eine Sprache, die der menschlichen vergleichbar wäre. Naturkundliche Beobachtungen tierischer Kommunikation zeigen, daß sich diese stark vom Sprachgebrauch des Menschen unterscheidet. Smiths (1977) Analysen dieser Daten veranlassen ihn zu dem Schluß, daß tierische Kommunikationsformen keine Botschaft an einen Empfänger zu *beabsichtigen* scheinen. Selbst der faszinierende „Tanz“, durch den Bienen Richtung und Entfernung von Nahrungsquellen mitteilen (von Frisch, 1955), kann als Ausdruck eines inneren Zustands der kommunizierenden Biene interpretiert werden, die damit ihren eigenen nächsten Flug ankündigt. Es wäre ein echter *Coup* für die Milieutheoretiker (abgesehen vom Vergnügen),

BOX 4/8

Sarah und die Invarianz von Volumen und Menge

Sarah, die Schimpansin, der beigebracht wurde, eine aus Plastiksymbolen bestehende Sprache zu benutzen, entwickelte linguistische Fähigkeiten, die in gewisser Hinsicht mit denen eines präoperationalen Kindes vergleichbar sind. Die Forscher G. Woodruff, D. Premack und K. Kennel wollten wissen, ob es Sarah gelingen würde, die traditionellen Invarianzaufgaben zu meistern, die bei einem Kind das Stadium der konkreten Operationen ankündigen. Zunächst wurde Sarah gefragt, ob zwei identische Behälter „dieselbe" oder „verschiedene" Wassermengen enthielten. Es fiel ihr nicht schwer zu kommunizieren, daß es dieselbe Menge war, indem sie das entsprechende Plastik-„Wort" zwischen die beiden Behälter legte. Als nächstes wurde ihr Verständnis des Invarianzprinzips getestet. Beginnend mit derselben Wassermenge in zwei identischen Gefäßen, schaute Sarah zu, während der Experimentator das Wasser aus einem der beiden Gefäße in einen anderen, breiteren Krug goß. Manchmal wurde in den breiteren Krug zusätzliches Wasser gegossen, manchmal nicht; der andere Behälter blieb das Vergleichsobjekt. Dann händigte der Versuchsleiter Sarah die Plastik-„Worte" für „dasselbe" und „verschieden" aus und verließ den Raum. Sarah erwies sich als außerordentlich treffsicher; ihre Antwort war von 24 Mal 21 Mal richtig, wenn die Menge nicht verändert worden war. Könnte es sein, fragten sich die Forscher dann, daß Sarah einfach einen sehr guten Blick für die Wassermenge in einem Gefäß hatte, statt ihr Urteil aufgrund des Umgießens zu treffen, das sie beobachtet hatte? Der Test für Sarahs Volumenwahrnehmung bestand aus denselben Operationen wie der Test für Erhaltung, aber die ursprünglichen, identischen Wasserbehälter wurden ihr nicht gezeigt und das Umgießen aus einem der Behälter in den breiteren Krug wurde für sie nicht sichtbar vollzogen. In dieser Situation hatte Sarah ebensoviel Schwierigkeiten, wie ein Kind gehabt hätte; sie traf nur neun von 24 Mal richtige Urteile, wenn das Volumen dasselbe war, erzielte aber immerhin 16 von 24 Treffern, wenn es verschieden war.

Sarah wurde in ähnlicher Weise hinsichtlich der Mengeninvarianz von einem Lehmklumpen getestet und erwies sich bei dieser Aufgabe als ebenso geschickt. Bei den Tests für Zahlenerhaltung hatte Sarah jedoch Schwierigkeiten. Bei diesem Test wird zunächst eine gleichgroße Zahl von Dingen in zwei Reihen nebeneinander gelegt (in diesem Fall Reihen von zwei, drei oder fünf weißen Knöpfen). Dann wird das Bild verändert, entweder indem man die Objekte enger zusammenrückt oder indem man sie weiter voneinander entfernt. Selbst wenn die beiden Knopfreihen in derselben räumlichen Anordnung belassen wurden, war Sarah unfähig, richtig auf dieselbe oder eine andere Anzahl von Knöpfen zu reagieren, deshalb wurden keine Tests mit veränderter Anordnung ausgeführt. Statt daraus zu schließen, daß Sarah unfähig ist, das Prinzip der Zahleninvarianz zu begreifen, wäre es vielleicht besser zu sagen, wir hätten keinen Beweis dafür, daß sie die Anzahl von Dingen in diesem Kontext wahrnimmt oder beachtet. Versuche, Sarah und anderen Schimpansen beizubringen, gleiche Zahlen einander zuzuordnen, sind bis zu drei oder vier Objekten gelungen. Aber es war schwierig, diesen Gedanken zu vermitteln. Es ist somit kaum überraschend, daß Sarah in dieser Situation kaum auf den Zahlenbegriff ansprach.

Ist Sarahs kognitive Entwicklung in das Schema von Piaget einzuordnen? Ihre Sprache ist eindeutig präoperational, ihr Zählvermögen noch primitiver; doch ihr Verständnis für Volumen und Menge ist dem eines siebenjährigen Kindes ebenbürtig: sie paßt einfach nicht in die Theorie. Aber schließlich ist sie ja eine Schimpansin.

G. Woodruff, D. Premack u. K. Kennel: Conservation of Liquid and Solid Quantity by the Chimpanzee. *Science,* 1978, *202,* 991–994.

wenn es gelänge, einem Angehörigen einer nichtmenschlichen Spezies eine Sprache beizubringen.

Erste Versuche, Schimpansen sprechen zu lehren, scheiterten vor allem an den unzulänglichen Sprechwerkzeugen dieser Tiere. Neuere Bemühungen haben dieses Problem umgangen, indem man sich die große manuelle Geschicklichkeit des Schimpansen zunutze machte. Drei Forschungsprogramme sind auf diesem Gebiet hervorgetreten. Washoe und andere Schimpansen an der Universität von Nevada haben die gewöhnlich von den Taubstummen benutzte amerikanische Zeichensprache (Ameslan) gelernt (Gardner u. Gardner, 1978). Die Äffin Lana am Regionalen Primatenforschungszentrum Yerkes in Atlanta hat mit Hilfe einer Computertastatur kommunizieren gelernt, auf der sich für jedes Wort eine spezielle Taste befindet, obwohl das Symbol auf der Taste *nicht* dem jeweiligen Objekt gleicht (Rumbaugh, 1977). Sarah an der Universität von Pennsylvania hat schließlich verständlich „sprechen" gelernt, und zwar durch Manipulation von Plastiksymbolen, die Wörter repräsentieren und auf einem Steckbrett aneinandergereiht werden können (Premack, 1976). Diese Untersuchungen haben eine Fülle von Daten erbracht (beispielsweise wurde alles, was Lana je sagte, von ihrem Computer aufgezeichnet) und zu einer Vielzahl von Interpretationen geführt. Die Sprache von Sarah und Lana ist nicht „produktiv" in dem Sinn, daß die Tiere die Tastatur oder die Plastikelemente brauchen, um zu „sprechen". Keiner der Schimpansen hat Grammatik von größerer Komplexität gemeistert, als sie in der Sprache eines normalen dreijährigen Kindes enthalten ist, obwohl die Tiere in all diesen Projekten ein Vokabular von Hunderten von Wörtern beherrschen lernten. (Box 4/8 enthält einen Bericht darüber, wie Sarah ihre Plastikchips zur Lösung von Invarianzproblemen benutzt.)

Diese Beschränktheit der Schimpansensprache hat manche Forscher zu der These veranlaßt, daß Angehörige dieser Spezies zwar tatsächlich fähig zu sein scheinen, in bestimmten künstlichen Situationen mit ihren Versuchsleitern zu kommunizieren, daß sie jedoch keine linguistischen Fähigkeiten erworben hätten. Der Unterschied zwischen menschlicher und tierischer Sprache, so versichern diese Kritiker, sei nicht bloß eine Frage des Grades, sondern vielmehr – und entschieden – ein *qualitativer* Unterschied. Sebeok und Umiker-Sebeok (1980) weisen darauf hin, daß Schimpansen, obwohl sie fähig zu sein scheinen, in Laborsituationen in sprachähnlicher Weise zu reagieren, und zwar in der Regel, um durch ihr „Sprechen" irgendeine unmittelbare Belohnung zu erhalten, völlig außerstande seien, neue und originale Sätze zu bilden. Außerdem geben diese Forscher zu bedenken, daß die Kommunikationen der Schimpansen zum Teil durch unbeabsichtigte Handlungen der Versuchsleiter „suggeriert" sein könnten. Vielleicht verraten die Versuchsleiter durch eine Berührung, einen Laut, eine Geste – lauter unbeabsichtigte, aber dennoch wirksame Fingerzeige für das Tier – die richtigen Antworten und stellen dadurch die tatsächliche Fähigkeit des Tieres, Sprache im üblichen Sinn des Wortes zu verwenden, ernsthaft in Frage. Außerdem zitieren sie Fälle, in denen eine sorgfältigere Kontrolle über diese Anhaltspunkte die scheinbaren linguistischen Fähigkeiten verminderten. Im übrigen – und das wiegt noch schwerer – sehen sie keine Möglichkeit, wie hinreichend kontrollierte Tiersprachuntersuchungen durchgeführt werden könnten, da menschliche Interventionen in irgendeiner Form eine wesentliche Voraussetzung genau der Situationen zu sein scheinen, in denen der Schimpanse Verhalten zeigt, das als linguistisch betrachtet werden könnte.

Mit all dem soll nicht geleugnet werden, daß ein Schimpanse imstande ist, ein Vokabular von einigen hundert „Worten" zu lernen, mit denen er den Versuchsleitern seine Bedürfnisse mitteilen kann. Dieses Ergebnis ist zweifellos bemerkenswert und wäre noch vor nicht allzu vielen Jahren für undenkbar gehalten und heftig bestritten worden. Aber eine solche Fähigkeit als Sprache zu bezeichnen, so argumentieren die Kritiker, heiße, dieses Verhalten zu überschätzen und dadurch die in ihren Augen notwendige qualitative Unterscheidung zwischen menschlicher und tierischer Sprache zu verwischen.

Zweierlei Arten von ausgedehnten Untersuchungen werden gegenwärtig durchgeführt. Die eine besteht darin, die Tiere, denen vom Menschen Sprache beigebracht wurde, bei ihrer Kommunikation untereinander statt mit Menschen zu beobachten. Die Schimpansen, die Ameslan benutzen, sind in eine naturgemäßere Situation versetzt worden und verständigen sich dort untereinander durch erlernte Zeichen. (Sie werden auch Gelegenheit erhalten, den Schimpansennachwuchs in der Zeichensprache zu unterrichten.) Die vorläufigen

Ergebnisse deuten jedoch darauf hin, daß die Schimpansen in Abwesenheit menschlicher Intervention dazu tendieren, zu ihren üblichen Kommunikationsmethoden zurückzukehren. In weiteren Projekten wird der Versuch unternommen, anderen Tierarten Sprache beizubringen. Ein Gorilla hat die Zeichensprache erlernt, und es werden Versuche unternommen, einem Delphin beizubringen, Symbole wie die Sarahs zu benutzen.

Zum Schluß wollen wir die Aspekte des Spracherlernens, auf die wir eingegangen sind, noch einmal hervorheben. Die Nativisten haben die Universalität von Sprache, die Schwierigkeit der damit verbundenen Aufgaben und die Überlegenheit des Kindes gegenüber dem Erwachsenen beim Erlernen einer neuen Sprache demonstriert. Die Milieutheoretiker haben an uns appelliert, die Notwendigkeit der Gelegenheit zur Übung nicht zu ignorieren, die uns unsere Umwelt üblicherweise bietet, um beim Spracherlernen normale Fortschritte zu machen. Ebenso wie hinsichtlich aller anderen Verhaltensweisen, die je von Psychologen studiert wurden, leisten eindeutig sowohl biologische als auch erfahrungsbedingte Faktoren einen wesentlichen Beitrag zur Entwicklung der Sprache zu einer reifen Form.

***

Die Lösung des türkischen Wortgrenzenproblems (S. 27) lautet:

dedenle nereye gittin sen?

***

Zusammenfassung

1. Piagets Theorie, die gegenwärtig dominierende Theorie der kognitiven Entwicklung, ist weder auf die Aktivierung von genetischem Potential noch auf das Lernen orientiert, sondern konzentriert sich statt dessen auf die Interaktion zwischen dem Kind und seiner Umwelt.

2. Diese Interaktion besteht aus Assimilation („Einverleibung der Objekte in die Schemata des Verhaltens; Schemata, welche nichts anderes sind als Gerippe von Handlungen, die der Mensch in der Wirklichkeit aktiv wiederholen kann"; Piaget, 1948), Akkommodation (die Veränderung vorhandener Ideen, wenn neue Stimuli nicht assimiliert werden können) und Äquilibration (Ausgleich zwischen widersprüchlichen Kognitionen).

3. Piaget geht von vier Hauptstadien aus: (1) Das sensomotorische Stadium, in dem die Integration von Reflexen vollzogen wird und Objektpermanenz eintritt; (2) das präoperationale Stadium, in dem Sprache beginnt; (3) das Stadium der konkreten Operationen, in dem das Kind Verständnis für das Prinzip der Erhaltung entwickelt; (4) das Stadium der formalen Operationen, in dem sich die Fähigkeit zum ausgereiften, analytischen Denken entwickelt.

4. Die Reihenfolge der Stadien ist in allen Kulturen dieselbe, aber es gibt individuelle Unterschiede hinsichtlich des Alters, in dem diese Stadien erreicht werden. Schulung zur Förderung des Entwicklungsfortschritts zum nächsten Stadium ist höchstwahrscheinlich geeignet, das Entwicklungstempo von Kindern aus „benachteiligtem" Milieu zu beschleunigen.

5. Bruners Theorie der kognitiven Entwicklung umfaßt drei Stadien, von denen jedes durch einen speziellen Modus der Wissensrepräsentation definiert ist. Diese sind (1) der enaktive Modus, in dem das Wissen in Form von Bewegungsmustern repräsentiert ist; (2) der ikonische Modus, in dem das Wissen in Form von Vorstellungen oder Wahrnehmungen repräsentiert ist; und (3) der symbolische Modus, in dem das Wissen durch Symbole, insbesondere Worte, repräsentiert ist, die sowohl für abstrakte Begriffe als auch für konkrete Informationen stehen können.

6. Bruners Theorie unterscheidet sich von der Piagets durch ihre stärkere Betonung der Rolle von Erziehung bzw. Bildung und Erfahrung als Determinanten des geistig-psychischen Wachstums.

7. Um in irgendeiner Sprache wirksam kommunizieren zu können, müssen der Sprecher und der Zuhörer die Regeln kennen – ohne unbedingt imstande sein zu müssen, sie zu benennen –, welche die Lautstruktur (Phonologie), die Wortstruktur (Morphologie), die Bedeutungen (Semantik), die charakteristischen Intonationsmuster und die richtige Reihenfolge der Worte innerhalb eines Satzes (Syntax) bestimmen.

8. Das Sprechen der Kinder beginnt mit einzelnen Worten, geht dann zu Zwei-Wort-Aussagen über und fügt später Zwei-Wort-Elemente zu komplexen Sätzen zusammen. Diese Reihenfolge der Entwicklung ist in den verschiedenen Kulturen unserer Welt dieselbe.

9. Die Nativisten glauben, daß Kinder für das Spracherlernen „vorprogrammiert“ seien. Die Aufgabe ist komplex und die Bedingungen sind schwierig; das kleine Kind erlernt eine Sprache leichter als der Erwachsene.

10. Die Milieutheoretiker sind der Auffassung, daß die Umwelt von sich aus viele Hilfe für das Spracherlernen biete. Ihre Hypothese lautet, daß ohne diese Hilfen kein Lernen stattfinde.

11. Man kann Tieren beibringen, Sprache in nahezu menschlicher Form zu benutzen, wenn auch nur in einem begrenzten Ausmaß. Die Schimpansen sind die Spezies, die in erster Linie für diesen Nachweis herangezogen wurden, aber auch andere Arten scheinen dieses Potential zu besitzen. Manche Kritiker argumentieren, daß sich diese „tierische Sprache“ auch auf ihrem höchsten bisher demonstrierten Entwicklungsniveau immer noch qualitativ von menschlicher Sprache unterscheide.

2. Kapitel
Die Messung geistiger Fähigkeiten

Warum sollte es notwendig sein, spezielle Tests zur Messung von Intelligenz zu entwickeln? Tatsächlich ist argumentiert worden, daß dies nicht nötig sei und daß wir aufhören sollten, Menschen zu testen. Eine Befürchtung lautet, daß Tests geistiger Fähigkeiten Kinder oft auf bestimmte Bildungswege festlegen, mit dem Ergebnis, daß ihnen wesentliche Chancen vorenthalten werden. Damit hängt auch die Befürchtung zusammen, daß Tests intellektueller Fähigkeiten nicht so zutreffende Resultate liefern wie manche das annehmen.

Wenn sich hohe Intelligenz durch hohe Leistungen bei geistigen Aufgaben offenbart, warum können dann diese Leistungen nicht als solche als Index der Intelligenz dienen? Warum kann z.B. nicht die Lehrerin der ersten Klasse die Fähigkeiten der Schüler aufgrund der Tatsache beurteilen, wie rasch die Kinder lesen und rechnen lernen? Lehrer müssen täglich solche Beurteilung treffen, aber viele von ihnen haben auch das Bedürfnis, ihre Schüler durch Spezialisten testen zu lassen. Diese Lehrer mögen ihre eigene Fähigkeit bezweifeln, bei der Beurteilung ihrer Schüler geistige Faktoren von motivationalen zu trennen. Wenn Andreas nicht lesen lernt, so deshalb, weil ihm die Fähigkeit dazu fehlt oder weil er überaktiv oder zu abgelenkt ist, um in der Klasse aufzumerken? Oder vielleicht ist er zu ängstlich oder scheu, um gute Leistungen zu zeigen. Ein weiteres Problem, das von vielen Lehrern unterschätzt wird, ist der Unterschied in den Maßstäben zwischen verschiedenen Schulen. Andreas kann hinter seinen eigenen Klassenkameraden so weit zurückgeblieben sein, daß der Lehrer den Verdacht hat, er sei geistig behindert und vielleicht außerstande, je lesen zu lernen. Aber er ist vielleicht nur im Vergleich mit dem hohen Konkurrenzniveau dieser speziellen Schule „zurückgeblieben": an einer anderen Schule, in der die Kinder langsamere Fortschritte machen, könnte dasselbe Leistungsniveau als völlig normal und befriedigend gelten.

Aus den genannten naheliegenden Gründen wurden zu Beginn dieses Jahrhunderts die ersten brauchbaren Intelligenztests entwickelt. Im Auftrag der Schulbehörden von Paris unternahm es der französische Psychologe Alfred Binet, eine Reihe von Tests zu entwickeln, die es ermöglichen sollten, geistig behinderte Schüler zu identifizieren, damit diese in Schulen eingewiesen werden konnten, in denen sie nicht an den üblichen Lehrplan gebunden waren (Abb. 3 enthält Aufgaben aus Binets Tests). Von dieser Zeit an wurden Intelligenztests benutzt, um die Fähigkeit von Schülern (oder potentiellen Schülern) aus verschiedenen Schultypen besser beurteilen zu können. Die Ausweitung von IQ-Tests auf Erwachsene erfolgte bald danach. Während des Ersten Weltkriegs wurden fast zwei Millionen Männer auf ihre geistigen Fähigkeiten hin überprüft und aufgrund der Ergebnisse zu verschiedenen Verwendungen eingeteilt – die erste massenhafte praktische Anwendung von Psychologie! Im Zweiten Weltkrieg erhöhte sich diese Zahl um weitere Millionen, so wie sich auch die Zahl der Tests zur Messung von Intelligenz und speziellen Fähigkeiten vervielfacht hatte. Heute entgeht praktisch kein Individuum in der westlichen Welt im Laufe seines Lebens einem oder mehreren solcher Tests. (In den USA wird der Zugang zu den meisten Universitäten durch Testverfahren, sogenannte Scholastic Aptitude Tests, SAT, geregelt. In Deutschland geschieht dies teilweise für den Zugang zu Numerus-clausus-Fächern.)

1 Intelligenz und Intelligenztest

Inmitten dieser ungeheuren Aktivität wurde eine grundlegende Frage niemals völlig zufriedenstellend beantwortet: „Was *ist* Intelligenz?" Statt dessen hat die Tendenz bestanden, den theoretischen Aspekt dem Nützlichkeitswert massiver Testprogramme unterzuordnen. Die Hauptanforderung, die an Intelligenztests gestellt wurde, war, daß sie „funktionieren" – daß sie imstande sind, Individuen nach Befähigungskategorien zu klassifizieren und ihre Leistungen im Unterricht vorherzusagen. Um jedoch die Rolle zu verstehen, die die Intelligenz für das Funktionieren des gesamten Individuums und insbesondere in dessen biologischen (genetischen und physiologischen) und sozialen Determinanten spielt, wäre es wichtig, ein gewisses Verständnis für die Natur der Intelligenz zu haben.

Intelligenz ist ein ziemlich umfassender Begriff, der von verschiedenen Personen in unterschiedlicher Weise gebraucht wird. Experten der *Psychometrie* (jenes Zweiges der Psychologie, der sich auf die Messung mentaler Phänomene spezialisiert hat) haben sie als die Fähigkeit definiert, sich an neue Umstände anzupassen, andere als die Fähigkeit zu lernen und wieder andere als die Fähigkeit, mit komplexem und abstraktem Material umzugehen.

Verschiedene Psychologen sind für diese und andere Definitionen eingetreten, und es wurde über dieses Thema eine Menge Forschungsarbeit geleistet. Keine dieser Arbeiten hat jedoch zu einer klaren und allgemein akzeptierten Definition geführt. Aus diesem Grund haben sich viele Psychologen mit einer *operationalen Definition,* wie sie genannt wird, zufriedengegeben; *Intelligenz* ist das, was von den Intelligenztests gemessen wird. Es steht sicherlich außer Zweifel, daß was auch immer diese Tests messen, wichtig für den schulischen und akademischen Erfolg und für eine Reihe anderer Tätigkeiten ist, die vom Denken und Problemlösen abhängen (s. 4. Kap.). In dieser Hinsicht verfahren die Psychologen so wie die frühen Physiker, als diese die Hitze studierten. Lange bevor sich die Physiker auf eine *Definition* von Hitze einigen konnten, erfanden sie zuverlässige Thermometer zur Messung von Temperaturschwankungen, und mit diesen Instrumenten gelang es ihnen, viele wichtige physikalische Gesetze zu entdecken.

Doch selbst für diejenigen, die von Intelligenztests in erster Linie praktische Vorhersagen fordern, ist es überaus wichtig zu verstehen, was von solchen Tests gemessen wird. Abgesehen von der angemesseneren Benutzung von Testergebnissen

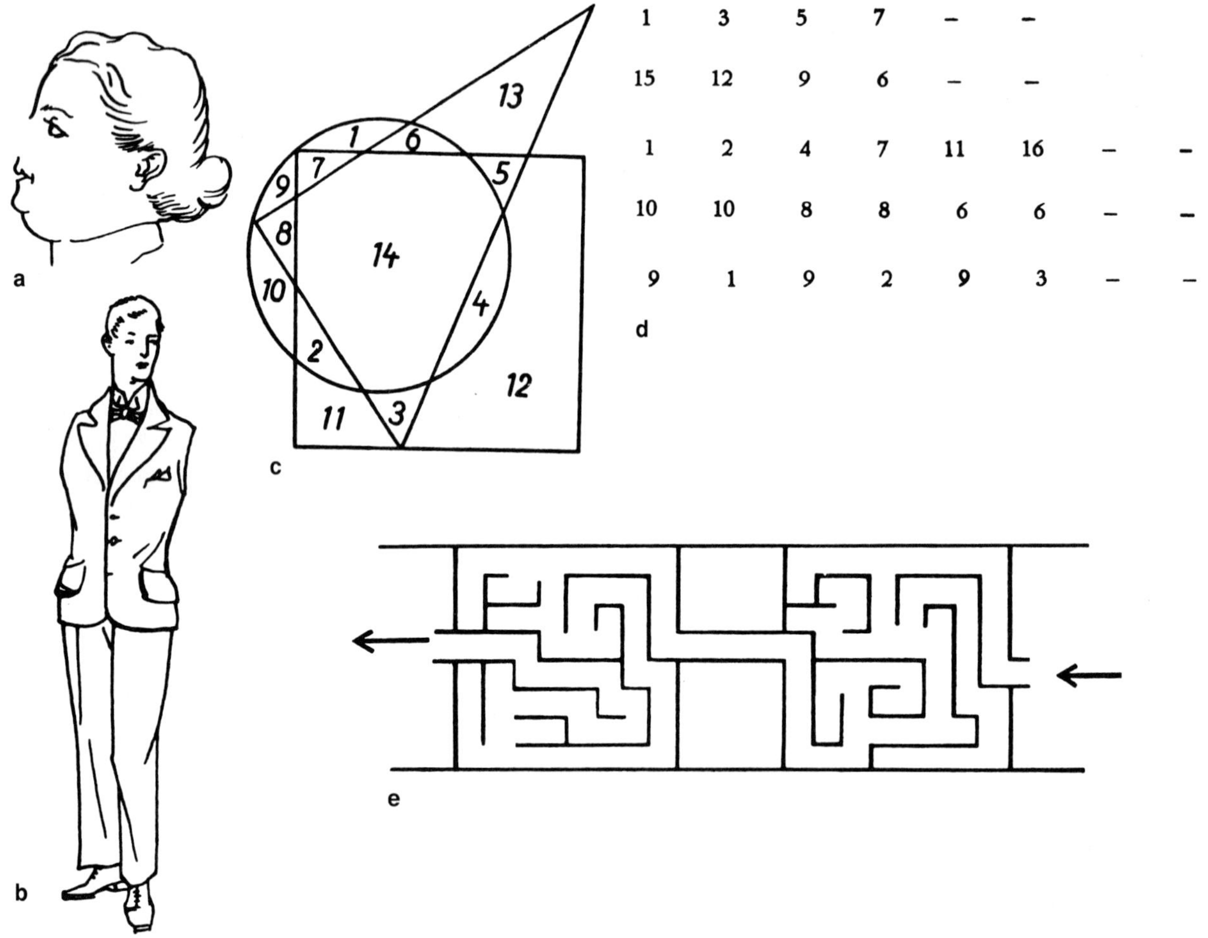

Abbildung 3: Binetarium. Die Abbildungen stammen aus dem ursprünglichen Binet-Simon-Test, der erstmals 1905 erschien. Sie sind immer noch (mit stilistischen Änderungen) in den modernen Revisionen des Stanford-Binet-IQ-Tests bzw. in der deutschen Fassung nach Binet-Bobertag enthalten. Bei den Beispielen a und b sollen Lücken in den Figuren angegeben werden. Bei c steht die 13 nur im Dreieck; die Fragen lauten nun: wo steht 3, 4, 5? Bei d sollen die Zahlenreihen richtig fortgesetzt werden. Bei e ist ein Labyrinth zu durchlaufen.

könnte ein solches Verständnis zu anderen und besseren Tests führen. Man lege sich einmal beispielsweise die folgende Frage vor: Können wir die Intelligenz als eine einheitliche Fähigkeit betrachten oder gibt es statt dessen viele voneinander relativ unabhängige Fähigkeiten, die wir aus Bequemlichkeit oder Ignoranz als eine einzige Eigenschaft ansehen? Einer der profundesten Denker im Zusammenhang mit diesem Problem, Edward Thorndike (1926), vertrat schon vor langer Zeit die Auffassung, daß wir von drei verschiedenen „Intelligenzen" sprechen und diese getrennt messen sollten: Soziale, mechanische und intellektuelle. Dieses Generalthema von verschiedenen Arten von Intelligenz hat auch verschiedene spätere theoretische Formulierungen der Intelligenz bestimmt und die Konstruktion neuer Intelligenztests beeinflußt. Heute erwarten die meisten kognitiven Psychologen zwar keine radikalen Verbesserungen des Prognosewerts der Tests mehr, sie versuchen aber, verschiedene Teilprozesse zu analysieren und zu studieren, von denen sie annehmen, daß sie die Natur geistiger Fähigkeiten veranschaulichen könnten. Wir werden auf die Struktur und die Teilprozesse der Intelligenz gegen Ende dieses Kapitels eingehen.

1.1 Die Konstruktion eines IQ-Tests

Es gibt viele verschiedene Arten von Intelligenztests. Wir unterscheiden *Einzeltests* (wobei jeweils nur eine Person getestet wird); *Gruppentests* (wobei eine Anzahl von Personen gleichzeitig getestet wird); *Tests unter Zeitdruck* (deren Ergebnisse von der Zahl richtiger Antworten abhängen, die innerhalb einer bestimmten festgelegten Zeitspanne gegeben werden); *Schwierigkeitstests* (wobei das Ergebnis vom Schwierigkeitsgrad der erfolgreich gelösten Aufgaben abhängt); *verbale Tests* (bestehend aus Fragen, die verbal zu beantworten sind); und *sprachfreie Tests* (die nur nonverbale Reaktionen messen, wie das Aneinanderfügen von verschiedenfarbigen Perlen einer vorgegebenen Reihenfolge). Diese verschiedenen Arten von Tests schließen sich nicht unbedingt gegenseitig aus: ein verbaler Test kann beispielsweise auch ein Schwierigkeitstest sein, der für Gruppen bestimmt ist.

Intelligenztests bestehen gewöhnlich, welcher Kategorie sie auch zuzurechnen sein mögen, aus einer relativ umfangreichen Reihe von Fragen (bzw. Aufgaben oder Items), und die Scores (Ergebnisse) basieren auf der Gesamtzahl der erfolgreich gelösten Aufgaben. Bei der Konstruktion eines Tests werden Aufgaben verschiedener Art ausprobiert, wie Wortdefinitionen, arithmetische Probleme, Wahrnehmungsaufgaben und komplexe Instruktionen. Bei der Entwicklung des Tests läßt sich der Psychologe von dem folgenden einfachen Prinzip leiten: Da ein Intelligenztest den Zweck hat, den Intellekt und nicht etwa motorische Geschicklichkeit oder Temperament zu messen, sollten die Test-Items mentale Operationen, d.h. Denkprozesse, erkunden. Frühe, in England (vor Binet) unternommene Versuche, Intelligenztests zu konstruieren, zeigten, daß Tests für sensomotorische Fertigkeiten (wie Reaktionszeit) keinen großen prognostischen Wert für Schulleistungen hatten. Wenn heute eine Aufgabe für einen Intelligenztest in Betracht gezogen wird, dann untersucht man ihren Inhalt im Hinblick auf die „intellektuellen" Anforderungen, die sie stellt – wobei man sich vom gesunden Menschenverstand leiten läßt; wenn der Psychologe glaubt, daß es sich um eine intellektuelle Aufgabe handelt, dann wird sie zur Probe aufgenommen. Ein aus solchen Aufgaben bestehender Test ist nach der eigenen Definition der Testautoren ein „Intelligenztest".

1.2 Kriterien für Testaufgaben

Abgesehen von ihrem intellektuellen Inhalt müssen in Aussicht genommene Test-Items mehreren ziemlich spezifischen Kriterien genügen:

1. Das von der Aufgabe geforderte Verhalten muß dem Repertoire des Individuums angehören, dem der Test gegeben wird. Säuglinge können nicht sprechen; deshalb sind bei Intelligenztests für Säuglinge nur nonverbale Reaktionen angebracht. Bei analphabetischen oder präalphabetischen Personen kann der Tester keine Aufgaben verwenden, die Lesen oder Schreiben erfordern.

2. Die Aufgabe sollte für den Probanden interessant sein. Dies vermindert unerwünschte Leistungsschwankungen infolge mangelhafter Motivation oder nachlassender Aufmerksamkeit.

3. Die Aufgabe sollte ein Individuum aufgrund seiner speziellen Gruppenzugehörigkeit weder bevorzugen noch benachteiligen. Aus diesem Grund haben sich die Testmacher bemüht, Aufgaben zu finden, die entweder für alle Probanden neu sind (z.B. die Muster farbiger Blocks einander zuzuordnen) oder die allen vertraut sind (z.B. der Name des Bundespräsidenten). Solche Aufgaben zu finden ist nicht leicht. Bestimmte Aufgaben sagen Jungen mehr zu oder sind ihnen vertrauter als Mädchen; dies trifft gewöhnlich für Aufgaben zu, bei denen es um mechanische Probleme geht. Da geschlechtsneutrale Testaufgaben schwer zu finden sind, besteht die alternative Lösung darin, die Vorteile auszugleichen, indem man jedem der beiden Geschlechter eine gleiche Anzahl von Aufgaben aus bevorzugten Bereichen zugesteht. Und obwohl dieses Problem schon im Hinblick auf die Geschlechter schwierig ist, wird die Sache noch viel heikler, wenn wir versuchen, gegenüber einer kulturellen Minorität fair zu sein. In jeder Gesellschaft entstammen die Psychologen gewöhnlich der dominanten sozialen Gruppe; die Folge ist, daß sie vielleicht unabsichtlich dazu tendieren, Aufgaben zu wählen, die ihre eigene Gruppe als sinnvoll und vertraut empfindet. Beispielsweise entstammten in der amerikanischen Gesellschaft die meisten Psychologen einem vorwiegend weißen, städtischen Mittelschichtmilieu, und die von ihnen gewählten Testaufgaben spiegeln eher ihre Kultur wider als – sagen wir – die weniger gebildeter Schichten oder die von Schwarzen und/oder spanischsprechenden Amerikanern oder von Landbewohnern. Die Frage der *Testfairness* ist gewöhnlich dadurch beantwortet worden, daß man untersuchte, ob der Test richtige Prognosen für verschiedene Probandengruppen liefert. Wenn es sich herausstellt, daß Schüler einer Gruppe bessere Schulleistungen erbringen als aufgrund ihrer Testergebnisse zu erwarten ist, dann ist dieser Test offenkundig unfair gegenüber dieser Gruppe. Soweit es darum geht, Erfolg in einem Schulsystem und in einer Gesellschaft vorauszusagen, die von der Mittelschichtkultur beherrscht wird, tendieren Intelligenztests dazu, die Werte widerzuspiegeln, die dieser Kultur wichtig sind.

4. Das vierte Kriterium spiegelt die landläufige Annahme wider, daß Individuen mehr leisten können, je älter sie sind, zumindest in ihren Jugendjahren. Diesem Kriterium zufolge sind auf jeder höheren Altersstufe mehr Kinder imstande, jede einzelne Testaufgabe zu lösen. Bei einer früheren Revision des Stanford-Binet-Intelligenztests untersuchten Terman u. Merrill (1937) beispielsweise die Fähigkeit von Kindern verschiedener Altersstufen, Worte wie *Verbindung, Gehorsam* und *Rache* zu definieren. Sie stellten fest, daß fast keine Acht- oder Neunjährigen dazu imstande waren. Etwa 10 Prozent der Zehnjährigen konnten diese Aufgabe lösen. In den höheren Altersklassen erhöhte sich der Prozentsatz an Kindern, die diese Aufgabe bewältigten, ziemlich linear. 30 Prozent der Elfjährigen, 50 Prozent der Zwölfjährigen, mehr als 60 Prozent der Dreizehnjährigen und 70 Prozent der Vierzehnjährigen zeigten sich dieser Aufgabe gewachsen. Im Alter von 17 lieferten mehr als 90 Prozent der Vpn richtige Antworten. Diese Aufgabe galt daher als geeignet, weil eine zunehmende Zahl von Kindern sie auf jeder höheren Altersstufe lösen konnte.

5. Die Aufgabe muß eine positive Relation zum Gesamtergebnis des Intelligenztests aufweisen. Mit anderen Worten: Probanden, die die jeweilige Aufgabe lösen können, sollten ein höheres Gesamtergebnis bei dem jeweiligen Test erzielen als diejenigen, die dabei versagen. Umgekehrt gesehen würde es absurd erscheinen, wenn die erfolgreiche Lösung einer bestimmten Aufgabe das Gesamtergebnis um einen Punkt verbessern würde, die Probanden, die diese Aufgabe bestehen, sich jedoch aufgrund ihres *Gesamt*ergebnisses als *weniger* intelligent erweisen als diejenigen, die dabei versagen.

1.3 Standardisierung der Testaufgaben

Um die obigen Kriterien auf Test-Items anwenden zu können, müssen wir erst von einer großen und adäquaten Stichprobe von Personen Reaktionen darauf sammeln. Um beispielsweise sagen zu können, daß die durchschnittlichen Zehnjährigen eine bestimmte Aufgabe lösen können und die durchschnittlichen Achtjährigen nicht, müssen wir zuvor die Aufgabe an einer *repräsentativen Stichprobe der gesamten Population von zehnjährigen und von achtjährigen Kindern erprobt haben.* Die Behauptung, daß die Lösung einer bestimmten Aufgabe in einer positiven Relation zum gesamten Testergebnis stehe, impliziert, daß uns Reaktionen zu diesem Item und zum Gesamttest von einer repräsentativen Stichprobe der Zielgruppe vorliegen, für die der Test gedacht ist. Dieses Verfahren zur Ermittlung der *durchschnittlichen* quantitativen Testergebnisse einer repräsentativen Stichprobe der Zielgruppe bezeichnet man als *Standardisierung* der Testaufgaben. Die Standardisierung des Tests schließt auch die Entwicklung eines Auswertungsverfahrens ein – damit die Leistungen jedes Probanden bei dem Test in verständlicher Weise mitgeteilt werden können.

Sobald wir eine Reihe von Aufgaben besitzen, von denen durch das Verfahren der Standardisierung nachgewiesen wurde, daß sie den eben erörterten Kriterien entsprechen, sind wir auf dem Weg zu einem brauchbaren Test einen guten Schritt weitergekommen. Eine entscheidende Frage bleibt noch: Wie gut ist der Test? In der Fachsprache spricht man von der *Validität* eines Tests. Um die zahlreichen Forschungsarbeiten besser zu verstehen, die sich mit der Validität befassen, müssen wir uns zunächst damit vertraut machen, wie der Test ausgewertet wird, und insbesondere mit den zwei wichtigsten quantitativen Meßwerten, in denen die Leistung bei Intelligenztests ausgedrückt wurde: Geistiges Alter oder Intelligenzalter und Intelligenzquotient (IQ).

1.4 Die Auswertung des Tests

Bei der Entwicklung eines Bewertungssystems für seinen Intelligenztest folgte Binet der laienhaften Praxis, Leistungen relativistisch zu bewerten. Es ist beispielsweise nicht paradox zu sagen, „die hochbegabte Sechsjährige wurde von einer nur durchschnittlich intelligenten Mutter unterrichtet". Die Sechsjährige ist „hochbegabt" im Vergleich zu anderen Sechsjährigen; die Mutter wird ihrerseits mit anderen Erwachsenen verglichen. Binet hätte sich mit einem Bewertungssystem zufriedengeben können, das sich grober verbaler Klassifizierungen bediente, wobei man die Bezeichnung *hochbegabt* für den oder die Beste von jeweils tausend Vpn einer Altersgruppe hätte reservieren können, *begabt* für das nächste Sechstel der jeweiligen Altersgruppe und so weiter; oder er hätte vielleicht die in Box 4/9 (S. 50) genannten Bezeichnungen benutzen können. In gewisser Weise hätte sich die Beibehaltung verbaler Bezeichnungen empfohlen, weil sie einen Eindruck von der relativen Intelligenz vermitteln, ohne zu großen Wert auf geringe Unterschiede in den Testergebnissen zu legen.

1.5 Intelligenzalter und chronologisches Alter

Statt dessen führte Binet den Begriff des *Intelligenzalters* (IA) eines Kindes ein: definiert als das durchschnittliche Alter der Kinder, die dieselbe Aufgabe lösen können. Beispielsweise wurden in der revidierten Fassung des Stanford-Binet-Tests (der so heißt, weil die Revisionen an der Stanford-Universität vorgenommen wurden) von 1960 folgende Aufgaben in der Regel von Sechsjährigen gelöst:

1. Nenne die Bedeutungen von Worten wie „Orange", „Briefumschlag" und „Pfütze".
2. Erkläre die Unterschiede zwischen „einem Vogel und einem Hund", „einem Pantoffel und einem Stiefel".
3. Nenne die fehlenden Details auf Bildern.
4. Zähle eine bestimmte Anzahl von Klötzen aus einem Stapel von zehn Stück.
5. Vervollständige die Analogien: ein Vogel fliegt, ein Fisch ...
6. Zeichne den richtigen Weg durch ein abgebildetes Labyrinth ein.

Die folgenden Aufgaben wurden in der Regel von Vierzehnjährigen bestanden:

1. Vokabular schwierigerer Worte.
2. Finde heraus, nach welchem Prinzip eine Reihe von Papieren gefaltet wurden.
3. Denkaufgabe: Bestimme die Uhrzeit, zu der ein Einbruch stattfand.
4. Erkläre, wie man mit einem Fünf-Deziliter- und einem Neun-Deziliter-Krug dreizehn Deziliter ausmißt.
5. Richtungsorientierung: „Angenommen, du gehst nach Westen und wendest dich dann nach rechts; in welche Richtung gehst du jetzt?"
6. Ausgleich von Gegensätzen: „Was haben folgende Begriffe miteinander gemein – Winter und Sommer, glücklich und traurig?"

BOX 4/9

Genie und Schwachsinn

	Kind mit IQ von ... =	Einen gleich hohen oder höheren IQ haben (von 10000 Kindern)
hervorragend intelligent	160	3
	150	23
	140	130
sehr intelligent	130	440
	120	1300
überdurchschnittlich intelligent	110	3100
normal oder durchschnittlich intelligent	100	5400
	90	7700
unterdurchschnittlich intelligent	80	9200
leicht debil	70	9700
geistig behindert	60	1900

Wir neigen alle stark dazu, IQ-Werte in so drastische Begriffe wie „Genie", „Schwachsinn" oder „Idiot" zu übersetzen. Psychologen haben sich jedoch in der Regel gegen solche Übersetzungen gesträubt, vor allem deshalb, weil die IQ-Werte für große Populationen eine normale Verteilungskurve aufweisen (wie in Abb. 5, S. 52). Es gibt keinen scharfen Bruch zwischen den IQ-Scores von 50 bis 70 (die Scores, die traditionell als Grenzwerte des Schwachsinns gelten) und niedrigeren oder höheren IQs. Außerdem wissen wir, daß es genauso sehr von anderen Faktoren wie vom IQ abhängt, ob die Leistungen eines Individuums die ehrende Bezeichnung „Genie" rechtfertigen – besondere Fertigkeiten und Fähigkeiten, Motivation und andere Persönlichkeitsfaktoren.

Da IQs relative Maßzahlen sind, kann man sich die Bedeutung eines IQ-Scores am ehesten anhand der Zahl der Kinder in der Gesamtpopulation verdeutlichen, die einen gleich hohen oder höheren IQ-Score haben. Die Werte auf der Tabelle basieren auf Schätzungen, die hinsichtlich des revidierten Stanford-Binet-Intelligenztests gemacht wurden.

Die Daten geben einen wichtigen Aufschluß über individuelle Unterschiede in Intelligenztestergebnissen. In Hinblick auf die Intelligenz wie auf andere menschliche Fähigkeiten sind ausgeprägte individuelle Unterschiede ein nicht zu leugnendes Faktum. Und dasselbe gilt natürlich für die vielen einzelnen Facetten der Intelligenz.

L. Terman u. M. Merrill: *Stanford Binet Intelligence Scale. Manual for the Third Revision: Form L-M.* Boston: Houghton Mifflin, 1960.

Es ist nicht überraschend, daß das Intelligenzalter mit dem Lebensalter zunimmt, zumindest unter jungen Menschen. Die meisten Tests sind so konstruiert, daß sie eine Wachstumskurve garantieren, denn ein Kriterium für die Aufnahme eines Items in einen Intelligenztest ist, wie wir gesehen haben, daß er einen solchen Alterstrend aufweist. Die Wachstumskurve des Intelligenzalters ist jedoch nicht ausschließlich Binets eigene Schöpfung – es handelt sich auch um ein statistisches Produkt. Worauf es ankommt, ist, daß er und die Forscher, die seinen Test revidiert haben, imstande waren, sinnvolle Intelligenzaufgaben zu finden, die in einem bestimmten Altersbereich von der Kindheit bis zu den frühen Jugendjahren Wachstumskurven aufweisen. Wenn die geistigen Fähigkeiten mit dem Alter nicht zunähmen, dann wäre es Binet vermutlich nicht gelungen, solche Aufgaben zu finden. Wie Abbildung 4 zeigt, wiesen die während ihrer ganzen Entwicklung studierten Kinder mit zunehmendem Alter zumindest bis zum 14. Lebensjahr regelmäßige Zunahmen ihres Intelligenzalters auf.

Um das Intelligenzniveau in relativistischen Begriffen ausdrücken zu können, verglich Binet das Intelligenzalter von Kindern mit deren Lebensalter (LA). Ein Achtjähriger, dessen Leistungen denen von durchschnittlichen Zehnjährigen entsprachen (mit anderen Worten: ein Achtjähriger mit einem Intelligenzalter von 10), war seinen Altersgenos-

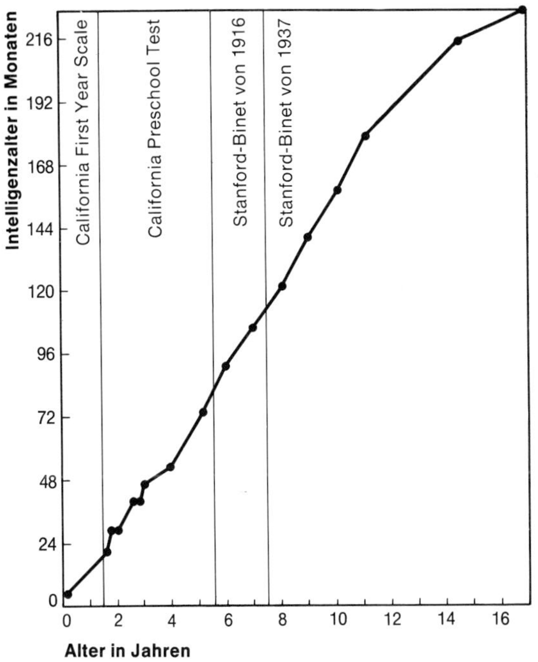

Abbildung 4: Diese Kurve repräsentiert das durchschnittliche Intelligenzalter von Kindern, die mehrere Jahre lang im Rahmen der Berkeley-Wachstumsuntersuchung studiert wurden. Dieselben Kinder wurden regelmäßig in Hinblick auf verschiedene Merkmale, darunter Intelligenz, getestet. Vier verschiedene Arten von Intelligenztests wurden (dem jeweiligen Alter entsprechend) benutzt: California First Year Scale, California Preschool Test, Stanford-Binet von 1916 und Stanford-Binet von 1937. Es fällt auf, daß das Wachstumstempo des Intelligenzalters nach vierzehn Jahren abflacht. Da diese Gruppe von etwas überdurchschnittlicher Intelligenz ist, liegt das Intelligenzalter in den meisten Altersgruppen auch etwas über dem Lebensalter, was von einem überdurchschnittlichen IQ (über 100) zeugt.

N. Bayley: Development and maturation. Aus: H. Helson (Hrsg.): *Theoretical Foundations of Psychology*. Copyright 1951 by D. Van Nostrand Company, Inc.; Nachdruck mit Genehmigung.

sen um zwei Jahre voraus. Später wurde diese Relation als ein Quotient ausgedrückt:

IA/LA.

Multipliziert man diesen Quotienten mit 100 und läßt die Dezimalzahlen weg, dann erhält man den jeweiligen *Intelligenzquotienten* (IQ):

IQ = 100 (IA/LA).

Der IQ des Achtjährigen, dessen Leistungen denen der durchschnittlichen Zehnjährigen entsprechen, wird somit auf folgende Weise berechnet:

IQ = 100 (IA/LA) = 100 (10/8) = 125.

Ein Zehnjähriger, dessen Leistungen denen der durchschnittlichen Achtjährigen entsprechen, hätte folgenden IQ:

IQ = 100 (IA/LA) = 100 (8/10) = 80.

Wie kommt es also, daß das durchschnittliche Kind einer bestimmten Altersstufe einen IQ von 100 hat? Mit einem richtig standardisierten IQ-Test entspricht der Durchschnitt aller Kinder, die diesen Test in diesem Alter machen, genau dem Durchschnitt aller Kinder desselben Alters in der ursprünglichen Stichprobe, nach der der Test standardisiert wurde – so daß Intelligenzalter und Lebensalter im Schnitt denselben Wert ergeben. Ihr Quotient muß demnach 1,0 sein, was mit 100 multipliziert den durchschnittlichen IQ ergibt.

Obwohl es wichtig ist zu wissen, wie das Intelligenzalter zur Berechnung des IQ benutzt wird, um die Fachliteratur lesen zu können, bedient sich das heute benutzte Verfahren zur Berechnung des Stanford-Binet-IQ nicht mehr des IA. Der IQ wird vielmehr heute aus einer Tabelle ermittelt, die die relative Stellung der Leistung eines Probanden in der Verteilung der Leistungen seiner (Alters-) Gruppe angibt.

1.6 Wechsler-Intelligenztest

Diese Methode zur Berechnung des IQ wurde von Wechsler (1958) entwickelt, dem es um die Einführung von Aufgaben ging, die besser für Erwachsene geeignet waren. Da sich die Zahl der erfolgreich gelösten Testaufgaben bei Erwachsenen im Laufe der Jahre (ja schon zwischen 17 und 20) nicht stark verändert, scheint das Konzept des Intelligenzalters für Erwachsene weniger geeignet. Der Wechslersche Test besteht aus zwei Teilbereichen: aus einem *verbalen* und einem *sprachfreien* Test. Innerhalb dieser Teilbereiche gibt es mehrere Untertests, von denen jeder nur Aufgaben einer bestimmten Art enthält. Im verbalen Sektor gibt es Untertests für Information, Verständnis, Wortschatz, Gedächtnisspanne für Zahlen vorwärts und rückwärts, arithmetisches Denkvermögen und Erkennen verbaler Ähnlichkeiten. Im sprachfreien Bereich gibt es Subtests für Objektmontage (ausgeschnittene Teile sind zu einer vollständigen Figur zusammenzufügen), Bilderganzung, Ordnen von Bildern zu einer sinnvollen Sequenz, Zusammenfügen bestimmter Muster aus Klötzchen und Koppelung von Zahlen mit Symbolen. Da für jeden Untertest separate Scores berechnet werden können, ist es möglich, durch diesen Test Profile geistiger Fähigkeiten zu ermitteln.

Da der Wechsler-Test für Erwachsene bestimmt ist, bestanden die Standardisierungsstichproben natürlich aus Erwachsenen. Es war daher nicht nötig, Aufgaben zu wählen, die mit zunehmendem Alter schwieriger wurden; die anderen Kriterien für die Auswahl von Testmaterial behielten ihre Gültigkeit. Außerdem kann bei der Berechnung des IQ aus den Leistungen bei dem Test auf das Konzept des Intelligenzalters verzichtet werden. Statt dessen zeigt der IQ einfach, wie wir bereits bemerkten, die Stellung des Individuums in der Verteilung der Scores für seine oder ihre Altersgruppe an. Die Auswertung ist ähnlich wie beim Stanford-Binet, das heißt, der Durchschnitt liegt bei 100 und etwa zwei Drittel der Bevölkerung erzielen Werte zwischen 85 und 115 (s. Abb. 5).

Derselbe Ansatz ist auch für Kinder geeignet und wird für diese benutzt. Der Wechsler-Intelligenztest für Kinder (Wechsler, 1949), der sich für die Altersgruppen von 5 bis 15 eignet, umfaßt im wesentlichen dieselben Arten von Subtests wie der Test für Erwachsene, besteht aber aus leichteren Aufgaben. Es gibt verschiedene Intelligenztests für Kinder unter fünf Jahren. Zuverlässige Testergebnisse für Säuglinge im Alter von nur zwei Monaten kann man durch die Bayley Scales of Infant Development (Bayley, 1969) ermitteln. Doch die ständig präsente Frage, was denn eigentlich gemessen wird, ist in diesem sehr frühen Alter besonders bedenklich.

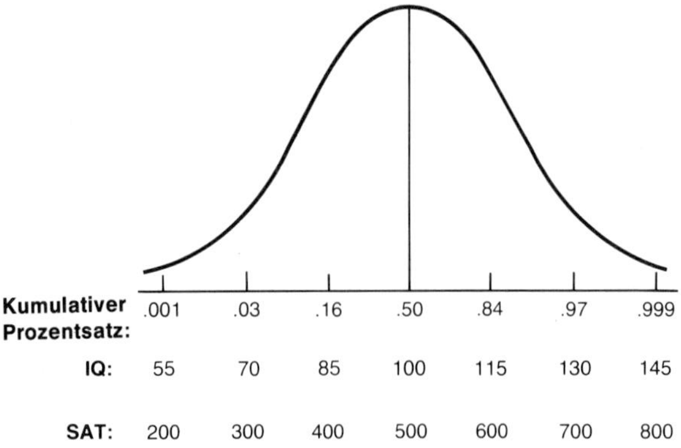

Abbildung 5: Die „normale Verteilung" der Ergebnisse, die man erzielt, wenn man eine große Stichprobe der Bevölkerung einem IQ- oder SAT-Test (Scholastic Aptitude Test) unterzieht. Die Höhe der Kurve über jedem Score zeigt die Zahl der Personen an, die diesen Score erreichen. Die erste Reihe unter der Verteilung gibt die kumulativen Prozentsätze der Personen an, die die verschiedenen Scores erzielten. Beispielsweise erzielten 16 Prozent der Population Werte unter 85 nach Stanford-Binet; ebenso erreichten 16 Prozent der Stichprobe von Studienbewerbern, nach der der SAT ursprünglich standardisiert wurde, Werte unter 400.

1.7 Gruppentests

Die Gruppentests, von denen Sie vielleicht schon selbst einige mitgemacht haben, sind in der Regel auf spezifischere Populationen, oft mit ähnlicher formaler Bildung, zugeschnitten. Die Scholastic Aptitude Tests (Hochschuleignungstests) werden später noch eingehend behandelt werden. Andere Tests sind speziell für Schüler der dritten oder sechsten Klasse usw. gedacht. Sie werden in den USA auf regionaler oder bundesstaatlicher Ebene benutzt. Ihre Durchführung ist weniger kostspielig als Einzeltests. Obwohl sie zur Aussiebung großer Schülerzahlen oder zur Bewertung von Bildungsreformen überaus nützlich sein können, nehmen Einzeltests für die Beurteilung der geistigen Fähigkeiten eines Menschen immer noch einen wichtigen Platz ein. Der mit einem einzelnen Probanden arbeitende Prüfer kann einen zusätzlichen Eindruck von nichtintellektuellen Faktoren wie Motivation gewinnen. Auch kann man Kinder, die noch nicht lesen können, individuell mit Aufgaben testen, die kein Lesen erfordern.

2 Reliabilität und Validität des IQ

Die Wechsler- und Stanford-Binet-Tests werden in Deutschland neben hier gebräuchlichen, wie z. B. den Intelligenz-Struktur-Test IST von Amthauer in abgewandelter Form (z. B. Hamburg-Wechsler-Intelligenztest für Erwachsene, HAWIE, zur Beurteilung der Intelligenz benutzt. Diese beiden Tests scheinen durchaus dieselben Kriterien zu messen. Eine Anzahl von Untersuchungen ergab eine Korrelation von etwa 0,8 zwischen den beiden Tests (s. 1. Bd., S. 32ff., bezüglich der Bedeutung von Korrelation; und s. S. 37 bezüglich der Methoden zur Feststellung von Reliabilität). Diese Korrelation gilt als sehr hoch, da die *Reliabilität* jedes Tests (die Konstanz, mit der die Probanden dasselbe Ergebnis erreichen, wenn sie denselben Test zu verschiedenen Zeiten machen) unvollkommen ist. Verglichen mit anderen Tests ist sie jedoch mit über 0,9 sehr hoch.

Wenn wir nach der *Validität* fragen (d.h., wozu die Tests taugen), suchen wir nach Beweisen, daß der IQ in Beziehung zu anderen Meßwerten steht, die von einer erfolgreichen Anpassung an das Leben zeugen. Wieder können wir im Vergleich mit anderen psychologischen Tests feststellen, daß die Validität der IQ-Tests sehr hoch ist. In einem neueren Überblick (Zigler u. Tricket, 1978) wird darauf hingewiesen, daß bei „keinem anderen Meßwert ein so enger Zusammenhang mit so vielen anderen Verhaltensweisen von theoretischer und praktischer Signifikanz festgestellt wurde". Es sollte daher nicht überraschen, daß sich der IQ dann am besten bewährt, wenn man ihn seiner ursprünglichen Bestimmung zuführt, nämlich der Vorhersage von Schulleistungen.

2.1 Intelligenz und Schulerfolg

Der IQ ist mit zwei Meßwerten des Schulerfolgs korreliert worden: den Noten und fachbezogenen Leistungstests. Im Hinblick auf die Noten spielen auch subjektive Faktoren eine Rolle, denn die Ermittlung der Noten eines Schülers kann von der persönlichen Beurteilung des Schülers durch den Lehrer und dessen Einstellung zu ihm beeinflußt sein. Solche möglichen Voreingenommenheiten spielen bei Leistungstests keine Rolle. Ihre Auswertung ist gewöhnlich objektiv; sie bestehen aus den üblichen Aufgaben, wobei die richtige Antwort aus zwei oder mehr Möglichkeiten herausgefunden werden muß (richtig/falsch, multiple choice), sowie Zuordnungs- und Ergänzungsaufgaben. Sie sind darauf zugeschnitten, festzustellen, wieviel sich der Schüler vom Stoff eines Kurses bzw. Faches angeeignet hat.

Cronbach (1960, 1970) gibt einen Überblick über zahlreiche Forschungsberichte, die sich mit den Zusammenhängen zwischen den Intelligenztestscores und dem Schulerfolg bzw. dem schließlich erreichten Bildungsabschluß befassen. Er stellt fest, daß die Korrelationen in beiden Fällen durchgehend positiv seien. Die Korrelationen zwischen Intelligenztest und Schulnoten in der High School betragen im Schnitt etwa 0,5, sind aber für die Hochschulnoten etwas niedriger. Diese Korrelationen mit Schul- und Hochschulnoten sind höher bei den verbalen Subtests der Intelligenz. Es gibt auch unverkennbare Zusammenhänge zwischen Intelligenz und schließlich erreichtem Bildungsabschluß. Der durchschnittliche IQ der amerikanischen High-School-Absolventen ist 110; der Studenten mit mittlerem Hochschulabschluß 120; der der Hochschüler, die ihr Studium mit einem Ph. D. (Doktorat) abschließen, 130.

Natürlich gibt es in jeder dieser genannten Gruppen beträchtliche Abweichungen. Der schließlich erreichte Bildungsabschluß ist das Resultat einer ungeheuren Vielzahl von Faktoren, zu denen die Persönlichkeit zählt. Je höher jemand auf der akademischen Leiter steigt, desto geringer wird die Korrelation zwischen IQ und Noten. Das bedeutet nicht, daß Intelligenz an den Hochschulen weniger wichtig sei. Weil nicht alle jungen Menschen Hochschulen besuchen, gleichen sich diejenigen, die dort studieren, stärker hinsichtlich ihrer Fähigkeiten, und das macht die Voraussage schwieriger, wer am besten abschneiden wird. Dies gilt besonders für die medizinische Fakultät und bestimmte, unter starkem Konkurrenzdruck stehende Studienfächer, in denen die drastische Auslese bei der Zulassung eine immer stärkere Einengung der Begabung auf einen immer kleineren Bereich zur Folge hat.

McClelland (1973) hat einige grundlegende Fragen über die Bedeutung von IQ-Werten als Maßstäbe des Intellekts aufgeworfen. In einem Aufsatz mit dem Titel „Testing for Competence Rather than for ‚Intelligence'" bezeichnet er die Korrelationen zwischen IQ-Scores und akademischen Leistungen als kaum überraschend, „da der Schulerfolg vom Bestehen ähnlicher Arten von Tests [wie Intelligenztests] abhängt". Er führt weiter aus, „weder die [Intelligenz-Tests] noch die Schulnoten scheinen besonders geeignet zu sein, die tatsächliche Kompetenz in vielen Lebenssituationen vorauszusagen, abgesehen von den Vorteilen, die die [akademischen] Titel dem Betreffenden einbringen". Das ist ein massiver Vorwurf, und er hat einiges Beweismaterial zu seiner Unterstützung zusammengetragen.

Bisher haben uns jedoch die vorliegenden Ergebnisse gestattet, davon auszugehen, daß uns die gegenwärtig üblichen Tests einen einigermaßen zuverlässigen Maßstab für zumindest einige sozial relevante geistige Fähigkeiten bieten.

2.2 Intelligenz und berufliche Eignung

Als die psychologischen Testmethoden erstmals in der Industrie ausprobiert wurden, benutzte man Intelligenztests fast ausschließlich zur Auswahl von Arbeitskräften für verschiedene Beschäftigungen. Dieses Vorgehen basierte auf dem Glauben, daß Intelligenz ein allgemeiner Faktor sei, der für die Ausführung von Arbeiten jeglicher Art wichtig wird. Spätere Forschungen zogen diese Annahme in Zweifel. Man begann spezialisierte *Eignungstests* für jeden wichtigen Berufszweig zu entwerfen. Dennoch korrelieren die Testergebnisse für allgemeine Intelligenz mit den beruflichen Leistungen in den meisten Sparten.

Zwei wichtige Schlußfolgerungen können aus der umfassenden Untersuchung dieser Frage durch Gheselli (1966) gezogen werden:

1. Je nach Berufszweig gibt es starke Schwankungen des Grades, in dem Intelligenzwerte mit beruflichen Leistungen korrelieren.
2. In allen untersuchten Berufen ist die Gesamtkorrelation der allgemeinen Intelligenz mit den beruflichen Leistungen etwa so hoch wie die der typischen Eignungstests, die zur Prognose dieser Leistungen entworfen wurden. Einige spezifische Eignungstests schneiden jedoch besser ab als IQ-Tests.

Intelligentere Personen erbringen nicht nur am selben Arbeitsplatz etwas bessere Leistungen als weniger intelligente; gewisse Berufe scheinen auch intelligentere Menschen zu erfordern oder anzusehen als andere. Aus Datenmaterial, das von Rekruten des Zweiten Weltkriegs gewonnen wurde (Harrell u. Harrell, 1945) haben Personen, die in akademischen Berufen wie dem Lehrberuf, der Justiz, dem Ingenieurwesen und der Finanzverwaltung tätig sind, einen durchschnittlichen IQ von mindestens 120. Bürokräfte und Verkäufer liegen etwas niedriger, aber immer noch deutlich über dem Durchschnitt. Verschiedene Gruppen von manuellen Arbeitern fallen im Durchschnitt unter einen IQ von 100. Diese durchschnittlichen Unterschiede bestätigen wiederum eine funktionale Auffassung von Intelligenz und zeugen von der Validität der Instrumente, mit denen diese gemessen wird. Man sollte sich jedoch davor hüten, aus diesen Daten auf eine direkte Ursache-und-Wirkung-Beziehung zu schließen. *Korrelation sagt nichts aus über Ursachen.* Kinder aus sozioökonomisch privilegierten Gruppen werden ermutigt, ihren Bildungsweg länger fortzusetzen, insbesondere, wenn man von ihnen weiß, daß sie einen hohen IQ haben. Und diese zusätzliche Bildung bewirkt ihrerseits eine leichte *Erhöhung* des IQ. Eine Fortsetzung des Bildungsweges eröffnet auch sowohl durch spezialisierte Ausbildung als auch durch einflußreiche gesellschaftliche Kontakte den Zugang zu höherrangigen Berufen.

Vielleicht der überraschendste Aspekt dieser Befunde ist die wirklich erstaunliche Bandbreite von IQs innerhalb jedes Berufszweiges. Beispielsweise gibt es Landarbeiter, deren IQ über 140 liegt, andererseits aber auch Rechtsanwälte, die weniger als 100 Punkte erzielen. Deshalb sei wiederum gewarnt; die IQ-Werte haben zwar einen Einfluß darauf, welchen Beruf man wählt (oder von welchem man gewählt wird) und wie erfolgreich man darin ist, aber sie sind nicht der einzig wichtige Faktor.

2.3 Geistig Begabte

Im Kontext von Hochschul- und Universitätsbildung besteht ein natürliches Interesse an der Bedeutung sehr hoher Ergebnisse bei Intelligenztests. Vor 50 Jahren wählte N. M. Terman 1000 begabte Kinder aus, die von diesem Zeitpunkt an durch ihre Erwachsenenjahre begleitet wurden (Terman u. Oden, 1959). Terman stellte fest, daß diese Kinder, von denen die meisten IQs über 140 hatten, abgesehen von ihren erwarteten akademischen Leistungen auch in Hinblick auf einige andere Maßstäbe herausragten: Sie waren körperlich größer und gesünder, stärker, sportlicher und sozial reifer als die Durchschnittsamerikaner. Sie wiesen auch weniger Fälle von Geisteskrankheit, eine geringere Straffälligkeit oder Kriminalität und weniger Suizide auf und neigten in geringerem Maß zur Abhängigkeit von Alkohol oder anderen Drogen. Obwohl sich sehr wenige dieser ursprünglichen Tausend einen bedeutenden Namen gemacht haben (da ein hoher IQ keine *Garantie* für Erfolg darstellt), haben sie sich als Gruppe tatsächlich sehr gut behauptet.

3 Hochschuleignungstests

Bevor wir uns weiter mit dem IQ und insbesondere mit seiner Entwicklung und Struktur befassen, wollen wir uns einer anderen Art von Intelligenztest zuwenden, den akademischen Eignungstests. Jedes Jahr unterziehen sich mehr als eine Million amerikanischer Schüler im letzten Jahr der High School dem Scholastic Aptitude Test (SAT), der von den Hochschulen und Universitäten, an denen sie sich beworben haben, als Aufnahmeprüfung vorgeschrieben ist. Dieser Test wurde vom College Entrance Examination Board entwickelt, einer im Jahre 1900 gegründeten Organisation von Hochschulen und Lehrpersonen, die die Aufgabe hatte, die Lehrpläne und auch das von Studienbewerbern zu fordernde Leistungsniveau zu standardisieren. Seit 1947 wird der SAT von einem gemeinnützigen Unternehmen, dem Educational Testing Service, in Übereinstimmung mit den Anweisungen des Board durchgeführt. Ein anderes gemeinnütziges Testinstitut, das American College Testing Programm (ACT), erfüllt eine ähnliche Funktion und testet jährlich etwa eine halbe Million weiterer High-School-Abgänger. Obwohl sich unsere Diskussion auf den SAT konzentrieren wird, gilt sie auch für das ACT, das einen sehr ähnlichen Maßstab der akademischen Eignung bietet. Dabei ist anzumerken, daß keiner dieser beiden Tests zur Messung des IQ dienen soll, sondern beide auf Schüler zugeschnitten wurden, die dem traditionellen Lehrplan der High School folgen.

Eine ähnliche Situation ergibt sich auch in anderen Ländern, beispielsweise in Japan. In Deutschland bestand aus historischen Gründen frühzeitig eine Abneigung gegen Aufnahmetests. In den letzten Jahren hat sich auch in Amerika eine politische Opposition gegen standardisierte Tests wie SAT und ACT und ähnliche Tests erhoben, welche die Zulassung zu juristischen und medizinischen Fakultäten regeln; und zwar mit der Begründung, daß sie diskriminierend gegen Unterprivilegierte und weniger wohlhabende Teile der Bevölkerung wirken. Um diese Kontroverse zu verstehen, ist es für jeden Psychologen nötig, sich gründlich mit den Absichten und Folgen der standardisierten Testverfahren auseinanderzusetzen – und das bedeutet, mit dem sehr schwierigen Problem der Identifizierung jener Faktoren, die über die akademischen Leistungen entscheiden.

3.1 Standardisierung

Die Zulassungsgremien der meisten amerikanischen Hochschulen und Universitäten interessieren sich natürlich mehr für die Leistungen der Bewerber an der High School als für ihren IQ oder SAT. In der Bundesrepublik Deutschland hat man den Wünschen der Universitätsverwaltungen noch mehr Rechnung getragen und die Zulassung bei den Nc-Fächern fast ausschließlich auf den Notenquerschnitt des Abiturs ausgerichtet. Das ließ sich hier eher als in Amerika vertreten, weil das Abitur frühzeitig standardisiert wurde. Dort ist der Stoff, der in bestimmten Fächern an der High School unterrichtet wird, keinesfalls standardisiert. Beispielsweise kann im letzten Schuljahr in Englisch an einer High School von den Schülern verlangt werden, neben der Lektüre von Klassikern wöchentlich Interpretationen im Umfang von 500 Worten zu schreiben; an einer anderen High School oder vielleicht in einem anderen Englischkurs, der an derselben Schule abgehalten wird, besteht der Unterricht vielleicht nur aus einer Gruppendiskussion der momentan vordergründigen Probleme der Schüler, und es sind weder Aufsätze noch Lektüre vorgeschrieben. Da sich die Universitäten nur selten selbst ein Bild vom Unterricht an bestimmten High Schools verschaffen können, mußten sich die Zulassungsgremien weitgehend auf die Beurteilungen der Leistungen der Bewerber durch die High Schools, ausgedrückt in Buchstabenbenotungen, verlassen.

Aber auch die Benotungen leiden unter dem Mangel an Standardisierung. Dieselbe Leistung, mit der man in einer Klasse ein A (die höchste Note) bekommt, würde einem in einer anderen nur ein C eintragen. Die Note drückt weitgehend aus, wie gut die Leistungen eines Schülers verglichen mit anderen Schülern derselben Klasse sind. Klarerweise ist es schwieriger, in einer Klasse von hochintelligenten Schülern gute Noten zu bekommen als in einer Klasse von minderbegabten. Dieser Unterschied gilt auch für ganze Schulen: Ein

Notendurchschnitt von A an einer High School kann einem Durchschnitt von C an einer anderen entsprechen. Die Zulassungsausschüsse versuchen, solche Unterschiede manchmal zu berücksichtigen; und tatsächlich würden öffentliche Universitäten der Diskriminierung beschuldigt werden, wenn sie Noten von Schulen mit niedrigerem Leistungsniveau geringer bewerteten.

Normierte Tests dienen somit dem Zweck, den gleichen Maßstab an alle anzulegen. Ebenso wie die IQ-Tests besteht auch der SAT aus Aufgaben, die entweder für alle neu sind (z. B. Fragen über einen Text, der ein ziemlich ausgefallenes, an der Schule nicht behandeltes Thema betrifft) oder allen vertraut (z. B. Aufgaben, die nur mathematisches Wissen der Unterstufe voraussetzen). Im Unterschied zu den IQ-Tests basiert der SAT auf der Annahme, daß der Bewerber einen bestimmten Studiengang durchlaufen hat, nämlich das Hochschulvorbereitungsprogramm, das von den meisten öffentlichen Schulen in Amerika angeboten wird. Er ist somit insofern ein *Eignungstest,* als er zu messen versucht, was der Schüler durch Beschäftigung mit dem getesteten Stoff lernen kann. Die Unterscheidung zwischen Eignung und Leistung ist jedoch nicht ganz klar, weil der Test den intellektuellen Entwicklungsstand des Schülers mißt und weil sich die Testfragen notwendigerweise enger an die Programme der stärker akademisch orientierten Schulen anlehnen. So legt beispielsweise der verbale Teil des SAT beträchtlichen Wert auf den Wortschatz. Schüler von Schulen, die nur wenig Lektüre vorschreiben, hatten somit geringeren Umgang mit den selteneren Worten, insbesondere, wenn sie in Familien aufwuchsen, in denen diese Worte in den Tischgesprächen nicht zu hören waren. Dasselbe gilt auch für den mathematischen Teil des SAT (der Test ergibt zwei separate Scores, einen für den verbalen und den anderen für den mathematischen Teil): Obwohl in verschiedenen Einführungskursen in die Algebra dieselben Grundoperationen behandelt werden mögen, wird in manchen viel mehr geübt und der Schüler erinnert sich daher besser an die Grundbegriffe der Algebra bzw. Geometrie, wenn er zwei oder drei Jahre später getestet wird. Ebenso wie beim IQ-Test ist die Annahme einer vergleichbaren Bekanntschaft mit den Materialien dieses Tests nur ein Ideal, dem man in der realen Welt wahrscheinlich nicht sehr nahe kommt.

3.2 Auswertung

Für jeden Teil des SAT wurde eine Bewertungsmethode benützt, die bei der ursprünglichen Stichprobe der Hochschulbewerber einen Mittelwert von 500 und eine Standardabweichung (s. 1. Bd., S. 29) von 100 ergab. Das bedeutete, daß etwa ein Sechstel der Gesamtstichprobe Werte unter 400 erzielte, ein zweites Sechstel erreichte mehr als 600 Punkte (wie in Abb. 5, S. 52, dargestellt). Man beachte, daß nur etwa zwei Prozent weniger als 300 oder mehr als 700 Punkte erzielten, und nur ein Proband von 1000 erreichte die höchste Punktezahl, 800, oder die niedrigste, 200. Die Testergebnisse sind in den letzten Jahren abgesunken, so daß die gesamte Verteilung jetzt mehr als 50 Punkte tiefer liegt (s. 3. Kapitel). Mit den SAT-Ergebnissen erhält man den Prozentsatz derjenigen Mitbewerber, die den Test absolvierten und mit ihrem Ergebnis den eigenen Wert übertragen.

3.3 Validität

Trotz der ungeheuren bildungsmäßigen Unterschiede der verschiedenen Schüler, die diesen Test absolvieren, hat sich der SAT als ein bemerkenswert brauchbarer Maßstab der Hochschulreife bewährt – viel besser als Intelligenztests. Dies wird durch Validitätsstudien bestätigt, die die Testergebnisse mit Maßstäben der Studienleistungen, gewöhnlich den Noten, in Beziehung setzen. Die Voraussage ist oft am genauesten, wenn die Noten in einem bestimmten Kurs als *Kriterium* benutzt werden (das, was man vorauszusagen sucht; alle werden nach denselben Maßstäben benotet). Goldman u. Hewitt (1975) stellten fest, daß für den Grundkurs in Biologie die Korrelation nahe bei eindrucksvollen 0,5 für den SAT (verbal), für den SAT (Mathematik) und auch für den Notendurchschnitt (GPA) in der High School lag; aber für den Grundkurs in Chemie an derselben Universität war das beste Prognoseinstrument der SAT (Mathematik) mit 0,55, während der SAT (verbal) nur eine Korrelation von 0,21 hatte und der Notendurchschnitt in der High School (GPA) überhaupt keinen prognostischen Wert für die Noten in Chemie hatte (d. h. Korrelation = 0!). Einer der Verfasser dieses Buches benutzte die Examensnoten seiner 500 Studenten in seinem Grundkurs in Psychologie als Kriterium: in diesem Fall lieferte der SAT

BOX 4/10

Wie schwierig ist Ihr Hauptfach?

Der Gesamtnotendurchschnitt (GPA) wird oft als Maßstab der akademischen Leistungen benutzt. Die Ansicht ist jedoch verbreitet, daß manche Studiengänge viel schwieriger als andere seien und daß auch die Bewertungsmaßstäbe in manchen Fächern viel höher seien als in anderen. Wenn die Maßstäbe wirklich so verschieden sind, würde es unfair erscheinen, den Notendurchschnitt als Basis der Auswahl von Studenten für höhere Studiengänge zu nehmen. Aber wie können solche Unterschiede dokumentiert werden?

R. Goldman und M. Widawski bedienten sich einer ausgeklügelten Technik zum Vergleich verschiedener Studiengänge innerhalb derselben Universität. Ihre Technik macht sich die in Deutschland wegen der ausschließlichen Diplomausrichtung nicht verwendbare Tatsache zunutze, daß ein und derselbe Student Lehrveranstaltungen in verschiedenen Fächern besucht. Wenn beispielsweise alle Studenten, die sowohl Biologie als auch Psychologie belegt haben, schlechtere Noten in Biologie bekommen, dann ist der Bewertungsmaßstab nach der Definition in Biologie höher. Durch die Kombination der verschiedenen paarweisen Vergleiche für eine Zufallsstichprobe von 475 Studenten gelang es Goldman und Widawski, jedem Fach eine Zahl zuzuordnen, aus der hervorgeht, wie weit über oder unter dem Durchschnitt die Noten in diesem Fach sind (wobei die Notenskala von 0 bis 4 reicht). Nachstehend einige repräsentative Durchschnittswerte: Biologie −0,53, Chemie −0,35, Physik −0,23, Psychologie 0,03, Soziologie 0,29 und Stadtentwicklung 0,38. Zur Ermittlung des Unterschieds im Benotungsmaßstab zwischen zwei Fächern nimmt man einfach den Unterschied zwischen ihren Durchschnittswerten. Psychologie war somit mehr als einen halben Benotungspunkt leichter als Biologie, 0,03 − (−0,53) = 0,56; umgekehrt war Psychologie etwa einen Drittel Punkt schwieriger als Stadtentwicklung, 0,38 − 0,03 = 0,35; während Biologie und Stadtentwicklung sich fast durch einen ganzen Benotungspunkt unterschieden, 0,38 − (−0,53) = 0,91. Das bedeutet, daß derselbe Student einen höheren Notendurchschnitt erzielen würde, wenn er Stadtentwicklung als Hauptfach nimmt, zumindest an der Universität, an der Goldman und Widawski ihre Daten ermittelten.

Die Benotungsmaßstäbe in den 17 verschiedenen von der Studie berücksichtigten Fächern wurden durch den Scholastic Aptitude Test (SAT) erstaunlich gut prognostiziert: Je höher der SAT (sowohl verbal als auch mathematisch) von Studenten, die ein bestimmtes Fach als Hauptfach gewählt hatten, desto anspruchsvoller war der Benotungsmaßstab in diesem Fach. Für jeden Teil des SAT und auch für den High-School-Notendurchschnitt lagen diese Korrelationen nahe bei 0,65.

Warum unterscheiden sich die verschiedenen Fächer so stark und in so vorhersagbarem Grad hinsichtlich ihres Benotungsmaßstabes? Die Antwort lautet nach Ansicht von Goldman und Widawski, daß die Tendenz bestehe, Individuen im Vergleich mit ihren Konkurrenten zu beurteilen. In den Fächern, die die höherqualifizierten Studenten anziehen, ist die Beurteilung strenger.

Goldman und Widawski ziehen daraus den Schluß, daß „Noten als solche kein eindeutiger Maßstab akademischer Befähigung sind. Die Bedeutung der Noten eines Studenten hängt vielmehr stark von der Wahl der Lehrveranstaltungen in den verschiedenen Fächern ab".

R. Goldman u. M. Widawski: A within-subjects technique for comparing college grading standards. *Educational and Psychological Measurement,* 1976.

(verbal) die besten Prognosen mit einer Korrelation von 0,58, der SAT (Mathematik) korrelierte 0,29 und ein High-School-GPA korrelierte mit nur 0,23. Am bemerkenswertesten war, daß von den 34 Studenten, die beim SAT (verbal) weniger als 400 Punkte erzielt hatten, 22 entweder D oder F in seinem Kurs erhielten (womit sie zu den untersten 15 Prozent des Kurses zählten) und nur ein einziger ein B schaffte (womit er unter den obersten 55 Prozent war).

Die Korrelationen sind in der Regel viel niedriger, wenn der SAT zur Vorhersage des Gesamtnotendurchschnitts an der Universität und nicht einzelner Seminarnoten herangezogen wird, weil die einzelnen Studenten ja verschiedene Fächer studieren. Ein Student kann in einem Hauptfach schlecht abschneiden und nach dem Wechsel zu einem anderen Hauptfach zufriedenstellende Noten erzielen. Weniger bekannt ist, daß die verschiedenen Studiengänge innerhalb derselben Universität sehr verschiedene Maßstäbe für die Benotung benutzen (s. Box 4/10). Insgesamt ist der Notendurchschnitt ein unzuverlässiges Kriterium und daher schwierig zu prognostizieren. Im umfassendsten Überblick über die jüngsten Validitätsdaten (Ford u. Campos, 1977) wird berichtet, daß der SAT eine Korrelation von etwa 0,4 mit dem Notendurchschnitt im ersten Hochschuljahr habe, wobei der SAT (verbal) eine etwas bessere Prognose ergebe als der SAT (Mathematik). Der High-School-GPA liegt mit einer Korrelation von etwa 0,5 noch günstiger, vielleicht, weil er eine viel breitere Basis bietet und vielleicht auch, weil manche der Studenten, denen Noten besonders wichtig sind, sowohl an der High School als auch an der Universität Kurse wählen, in denen sie sicher sein können, gute Noten zu bekommen. Die beste Prognose für die Leistung an der Universität erhält man jedoch durch eine Kombination des SAT (oder ACT) und des Notendurchschnitts an der High School (GPA) (Breland, 1978).

3.4 Testbias

Die Kritik, die am häufigsten an standardisierten Tests geübt wird, speziell in politischen Debatten, argumentiert, daß solche Tests kulturell voreingenommen seien: Schüler aus Schulen mit einem niedrigeren akademischen Standard oder aus Randgruppen- und Unterschichtmilieus hätten keine faire Chance, wenn sie an Aufgaben getestet würden, die ihnen weniger vertraut seien. Man stelle sich einmal vor, so wird gesagt, daß die andere Seite am Zuge wäre, daß die Tests aus Fragen bestünden, wie „welches der folgenden Geräte unterscheidet sich am stärksten von den anderen: Pflug, Sämaschine, Traktor, Egge?“ Wären dann nicht Landkinder, die bei standardisierten Tests oft schlecht abschneiden, eher in der Lage, die richtige Antwort zu wissen (in diesem Fall „Traktor“) als die Schüler der auf die Universität vorbereitenden Stadtrandschulen? Zur Unterstützung dieser Argumentation sind verschiedene Tests entwickelt worden, die beispielsweise die Erfahrungen der in den Stadtzentren wohnenden farbigen Jugendlichen besonders berücksichtigen (z.B. Williams, 1972), mit Fragen nach den Namen von „soul foods“ oder nach der Bedeutung verschiedener Slangausdrücke, wie sie in armen Wohnvierteln der Farbigen gebräuchlich sind. Obwohl ein solcher Test fair gegenüber den Probanden sein mag, auf die er zugeschnitten ist (da nach dem gefragt wird, was sie wissen), wäre er ein schlechter Indikator ihres Erfolgs an der Universität – sofern das dort übliche *Bewertungssystem* nicht ebenfalls umgekehrt würde. Und zwar deshalb, weil Spezialwissen über landwirtschaftliche Geräte oder die Bezeichnungen von Nahrungsmitteln bestimmter ethnischer Gruppen keine Kompensation für mangelndes schulisches Grundwissen darstellen. Um in sinnvoller Weise am geistigen Leben von Hochschulen und Universitäten in ihrer heutigen Form teilnehmen zu können, müssen die Studenten das Vokabular beherrschen, auf dem die von diesen Institutionen angebotenen Studiengänge aufbauen. Es besteht natürlich die Möglichkeit, das höhere Bildungswesen zu verändern und den Kenntnissen und Kulturen von Gruppen anzupassen, die gegenwärtig an den renommierteren Universitäten unterrepräsentiert sind. Aber nachdem das höhere Bildungswesen so oft als Zugang zum gegenwärtigen Hauptstrom der amerikanischen Kultur betrachtet wird, wären aufstiegsorientierte Studenten an einer Veränderung dieser Art wenig interessiert.

Aber sind die Tests insofern unfair, als sie die Leistungen benachteiligter Studenten an den Hochschulen unterschätzen? Nach einer gründlichen Untersuchung im Auftrag der American Psychological Association kam eine Expertenkommission für Psychometrie zu dem Schluß, daß es keine Belege für eine derartige Unfairness gebe (Cleary et al., 1975). Sie zitierten zahlreiche Studien, in denen die Hochschulleistungen schwarzer und weißer Studenten verglichen werden, zur Bestätigung ihres allgemeinen Eindrucks, daß das Verhältnis zwischen SAT-Ergebnissen und den späteren Hochschulnoten bei beiden Gruppen dasselbe ist. Hingegen erwies sich der High-School-Notendurchschnitt (GPA) als voreingenommener Maßstab, der die Hochschulleistungen benachteiligter Studenten in der Regel *zu günstig* prognostizierte. Diese zu günstige Einschätzung spiegelt das für diese weniger akademisch orientierten High Schools, die sich häufig in einem akademisch ungünstigeren Umfeld befinden, typische niedrigere Niveau wider.

Die schärfsten Kritiker normierter Testverfahren, selbst solche, die deren Eignung als Prognoseinstrument späterer akademischer Leistungen anerkennen, argumentieren gewöhnlich, daß zu großer Wert auf akademische Qualität und nicht genügend Gewicht auf den langfristigen sozialen Nutzen gelegt werde, der sowohl einzelnen als auch der Gesellschaft insgesamt erwachse, wenn sich die Studienzahlen bisher unterrepräsentierter Gruppen erhöhten. Wenn die Zulassungsanforderungen hoch sind, dann sind die Wahrscheinlichkeiten größer, daß benachteiligte Studenten, die erfolgreich hätten studieren können, abgewiesen werden (Thorndike, 1971; Linn, 1976). Ein Argument lautet, daß jeder benachteiligte Schüler, der zum Studium zugelassen werde, Schüler in ähnlicher Lage ermutige, die seinem Beispiel folgen werden.

Obwohl ein allgemeiner Konsens zugunsten von *affirmative action* besteht (verstärkte Angebote für Angehörige bisher unterrepräsentierter Gruppen), gehen die Meinungen über die Wege stark auseinander, die dabei eingeschlagen werden sollten. Manche Vertreter von Minderheiten wie Thomas Sowell (1972) argumentieren, daß man der Sache keinen guten Dienst leiste, wenn man sich im Namen der *affirmative action* dazu herablasse, die Anforderungen zu senken. Da der akademische und der berufliche Erfolg de facto von der Erfüllung höherer Anforderungen abhängen, erklären sie, beflügele es die Leistungen der Studenten mehr, wenn man diese Erkenntnis hervorhebe.

4 Die Entwicklung der Intelligenz

Eine Grundfrage, die man sich über die Entwicklung der Intelligenz stellen kann, ist: Wie stabil ist die Intelligenz über längere Zeiträume hinweg? Es ist bekannt, daß das Intelligenzalter mit dem Lebensalter zunimmt, zumindest bis zur Adoleszenz. Es bleibt jedoch noch die Frage, ob der IQ (die geistigen Fähigkeiten in Relation zum Lebensalter) eines bestimmten Individuums während seines ganzen Lebens derselbe bleibt. Die Grundfrage nach der Stabilität der Intelligenz umfaßt zwei Aspekte: Zum einen der *Durchschnitts*trend der geistigen Fähigkeiten von der Geburt bis zum Tod in der Gesamtbevölkerung; und zum anderen die Konstanz des IQ eines bestimmten Individuums im Laufe der Zeit. Diese Fragen haben verschiedene theoretische und praktische Implikationen.

4.1 Alter und Intelligenz

Wie wir in Abbildung 4 (S. 51) gesehen haben, nimmt die *absolute* geistige Leistungsfähigkeit, die durch das Intelligenzalter gemessen wird, bis zur Adoleszenz zu. Jenseits der Adoleszenz ist es jedoch keinesfalls offenkundig, welcher Trend, falls überhaupt einer, bei zunehmendem Alter zu erwarten ist. Was wissen wir also über das Schicksal der intellektuellen Fähigkeiten im Erwachsenenalter?

Wenn wir die Leistungen repräsentativer Stichproben der Bevölkerung aus verschiedenen Altersgruppen vergleichen, bringen wir die Auswirkungen veränderter Bildungsmöglichkeiten mit den Auswirkungen des Alterns als solchem durcheinander. Längsschnittstudien vermeiden diesen Irrtum, indem sie die geistigen Fähigkeiten desselben Individuums an zwei oder mehr Punkten seines Lebens testen. Diese Untersuchungen, die dieselbe repräsentative Stichprobe von Probanden über Jahre hinweg begleiten, deuten darauf hin, daß die Zahl der Testaufgaben, die im Erwachsenenalter gelöst werden können, im allgemeinen mit den Jahren zunimmt. Dieser Befund wird durch drei extensive Langzeituntersuchungen nachdrücklich bestätigt, die sich mit der geistigen Entwicklung von der späten Adoleszenz bis zum Alter von 40 bis 50 Jahren befaßten. Zwei dieser Untersuchungen umfassen Intelligenztestdaten derselben Probanden aus den frühesten Lebensjahren, über die in Kürze berichtet werden wird. Honzig (1973) verglich IQ-Werte von Probanden der Berkeley (California) Guidance Study im Alter von 18 und von 40 Jahren und von Probanden der Oakland (California) Growth Study im Alter von 17 und 48 Jahren und stellte zum allermindesten eine Bewahrung des Intelligenzniveaus fest, mit starken Anzeichen, daß bestimmte Facetten der Intelligenz im Laufe dieser Lebensspannen de facto zunehmen. Untertests zur Messung von Wortschatz, Wissen und Verständnis wiesen sowohl bei Männern als auch bei Frauen im Laufe der Erwachsenenjahre signifikante Zunahmen auf.

Eine andere Längsschnittuntersuchung – die Berkeley Growth Study (Bayley, 1968) – führte zu ähnlichen Ergebnissen.

Diese Untertests sind alle vorwiegend verbal und entsprechen ziemlich genau dem akademischen Erfolg in den Oberschuljahren unmittelbar vor dem Intelligenztest im Alter von 18. Die Mädchen schnitten in diesem Alter weniger gut ab als die Jungen, aber im Alter von 40 Jahren waren die Frauen den erwachsenen Männern ebenbürtig. Honzig spekuliert, daß diese frühere „Schwäche" ein Produkt gesellschaftlicher Einstellungen gewesen sei, die gesellschaftlichen Erfolg bei Mädchen höher bewerteten als akademischen Erfolg. Wie die feministische Bewegung heute vorausgesagt haben würde, hielten die Frauen immer noch an diesen Werten fest, trotz der Tatsache, daß sich ihre tatsächlichen Testergebnisse so gebessert hatten. Typische Kommentare von Frauen im Alter von 40 Jahren, die etwa 1970 diese Intelligenztests ablegten, lauteten: „Ich habe nachgelassen" und „ich habe nichts mehr dazugelernt, seit ich aus der Schule bin". Das veranlaßte Honzig zu der Bemerkung, es sei „viel Ermutigung und Anerkennung nötig gewesen, um diesen Frauen genügend Selbstvertrauen zu geben, den Test abzuschließen".

Andere Längsschnittstudien ergaben ebenfalls Zunahmen der geistigen Fähigkeiten im Erwachsenenalter. In einem Fall wiesen sowohl Männer als auch Frauen, die die durchschnittliche Bandbreite von IQs umfaßten, erhebliche Intelligenzsteigerungen zwischen zwei Intelligenztests auf, die im Alter von etwa 30 und danach im Alter von 42 Jahren gemacht wurden (Kangas u. Bradway, 1971). Die Verfasser berichten auch, daß Frauen eine um so größere Zunahme des IQ aufwiesen, je niedriger ihr anfänglicher IQ gewesen war. Dies bestätigt erneut die Annahme, daß die Intelligenztestleistungen von Frauen – insbesondere in jüngeren Jahren – durch Einstellungsfaktoren niedrig gehalten werden könnten. Im niedrigen IQ-Bereich machte Charles (1953) eine Nachuntersuchung an Personen, die in ihrer Grundschulzeit als geistig behindert eingestuft worden waren. Die für die Zweituntersuchung im Alter von 42 Jahren verfügbaren Probanden erzielten einen durchschnittlichen IQ von 81. Dieser Wert lag signifikant über dem ursprünglichen Durchschnittswert von 58, den diese Personen als Kinder erreicht hatten. Dies mag einfach ein weiteres Beispiel der statistischen *Regression zum Mittelwert* sein (s. 1. Bd.), die auf die unvollkommene Korrelation der IQs in den verschiedenen Altersstufen zurückzuführen ist. Charles berichtet jedoch auch, daß die Mehrheit dieser Stichprobe in ihrem Erwachsenenleben soziale Anpassungsleistungen vollbrachte – in Hinblick auf ihre Ehe, Elternschaft und ihre Fähigkeit, sich selbst zu erhalten – die aufgrund der früheren Diagnose der geistigen Behinderung nicht zu erwarten gewesen wäre.

Die Daten von Charles sind natürlich kein unmittelbarer Beweis geistiger Entwicklung im Erwachsenenalter, aber sie nähren einen Verdacht, der aufmerksamen Lesern bereits gekommen sein sollte – daß der IQ weder ein völlig stabiles noch ein absolut vorhersagbares Attribut jedes Individuums ist.

Verschiedene Untersuchungen haben ergeben, daß die Zunahme an Intelligenz im späteren Leben abflacht und daß im Alter ein gewisser Abbau der Intelligenz stattfindet, wenn auch zu ganz unterschiedlichen Zeiten für verschiedene Tests und mit unerhörten individuellen Unterschieden. Bei einer Studie (Blum, Fosshage u. Jarvik, 1972) zeigte sich, daß die verbalen Fähigkeiten, gemessen durch eine Vielzahl von Untertests (Wortschatz und Wissen sind Beispiele) im Durchschnitt bei Achtzigjährigen leicht nachlassen. Selbst zwischen 90 und 100 hielt sich der Abbau in Grenzen. Die in diesem fortgeschrittenen Alter festgestellte leichte Verminderung der verbalen Intelligenz bezieht sich auf die *Durchschnittsergebnisse;* manche Menschen weisen in ihren Achtzigern und Neunzigern sogar Steigerungen auf. Bei nonverbalen Untertests, insbesondere solchen, die großen Wert auf schnelle Reaktionen legen, tritt in diesem Alter hingegen eine deutliche Abnahme ein.

Interessante Forschungsarbeiten (Jarvik, Eisdorfer u. Blum, 1973) deuten darauf hin, daß bestimmte Veränderungen der geistigen Fähigkeiten den Tod ankündigen können. Genauer gesagt, wenn eine ziemlich abrupte Verschlechterung der Ergebnisse in drei Subtests eintritt – Wortschatz, die Fähigkeit, Ähnlichkeiten zwischen Worten zu identifizieren, und Schnelligkeit und Genauigkeit bei der Zuordnung von Nummern und Symbolen – dann ist die Wahrscheinlichkeit groß, daß der oder die Betreffende innerhalb von fünf Jahren stirbt. Dieser Zusammenhang wurde bei älteren Probanden festgestellt, die zum Zeitpunkt des Tests in einigermaßen guter körperlicher Verfassung waren, und er hängt keinesfalls mit dem faktischen

Alter des Betreffenden zusammen. Diese Formen des Abbaus können auf bestimmte Veränderungen der Gehirnfunktionen zurückzuführen sein, die den Tod ankündigen. Diese Veränderungen der Gehirnfunktion oder der Sauerstoffzufuhr zum Gehirn können so subtil sein, daß sie durch die üblichen, uns heute zur Verfügung stehenden medizinischen Tests unentdeckt bleiben. Es könnte sich hier um ein weiteres Beispiel der generell zutreffenden Beobachtung handeln: Verhaltens- und Intelligenztests sind ein feineres Instrument für die Entdeckung von Funktionsstörungen des Gehirns als physische oder physiologische Untersuchungen. Um diese unheilvolle Veränderung zu entdecken, bedarf es natürlich sorgfältiger und wiederholter Tests über einen langen Zeitraum; ganz bestimmt kann sie nicht durch eine allgemeine Beobachtung des Verhaltens noch durch einen einzigen Intelligenztest festgestellt werden, so sorgfältig dieser auch sein mag, der mit dem Betreffenden in irgendeinem Alter durchgeführt wird. Fassen wir zusammen: Alter, selbst sehr hohes Alter, bringt keinesfalls einen massiven Abbau der Intelligenz mit sich. Die meisten geistigen Fähigkeiten halten sich recht gut, und die Fähigkeiten, deren es bedarf, um informiert, ja sogar weise zu sein, sind die robustesten von allen. Das Forscherteam, das wir in diesem Abschnitt zitiert haben (Blum, Jarvik u. Clark, 1970) zieht folgende Moral aus seinen Befunden:

„An eine Untersuchung der geistigen Veränderungen im Laufe des ganzen Lebens sollte man in Hinblick auf individuelle Unterschiede in bestimmten Fähigkeiten und nicht in Hinblick auf die Gesamtintelligenz herangehen. Das individuelle Intelligenzprofil zu ignorieren heißt, den uralten Fehler zu begehen, den Alten in Bausch und Bogen nachzusagen, daß sie ihre Nützlichkeit überlebt hätten – statt zu erkennen, daß es das Individuum, nicht das Alter ist, was den Unterschied ausmacht."

4.2 Stabilität und Vorhersagbarkeit der Intelligenz

Die Untersuchung der Stabilität und Vorhersagbarkeit der Intelligenz ist das ausschließliche Monopol von Langzeitstudien, weil solche Fragen wiederholte Messungen derselben Personen über lange Zeiträume hinweg erfordern. Die Daten aus solchen Untersuchungen versprechen nicht nur, uns schließlich Aufklärung über die Veränderungen der Intelligenz im Erwachsenenalter zu geben, sondern sie lassen auch die scheinbare Gleichmäßigkeit der geistigen Entwicklung, die aus den durchschnittlichen Intelligenzwachstumskurven hervorzugehen scheint, in einem anderen Licht erscheinen. Die Tatsache, daß die *Durchschnittskurve* während der ganzen Jugend glatt verläuft, zwingt uns keinesfalls zu dem Schluß, daß alle oder auch nur die meisten Kinder dieselben gleichmäßigen Fortschritte in der intellektuellen Entwicklung aufweisen. Das genaue Gegenteil trifft zu; hinter dem gleichmäßigen Verlauf der Kurve verbergen sich bei vielen Kindern während dieses Zeitraums durchaus erhebliche Veränderungen der getesteten Intelligenz.

Wie stabil und vorhersagbar ist die Intelligenz *eines Individuums* (soweit sie durch Intelligenztests meßbar ist) von der Geburt bis zur Lebensmitte? Die Antwort auf diese Frage ist von Honzik (1973) aufgrund der Ergebnisse einer Reihe von Längsschnittstudien, die in verschiedenen Städten der ganzen Welt mit normalen Probanden durchgeführt wurden, zusammengefaßt worden. Es stellte sich heraus, daß die Testwerte über kurze Zeiträume hinweg hohen prognostischen Wert haben, aber je länger das Intervall zwischen den Tests ist, desto weniger genau ist die Vorhersage. Und je jünger das Kind war, als es den ersten Test machte, desto unzutreffender ist die Prognose. So ist in der Berkeley Guidance Study die Korrelation zwischen den IQs im Alter von drei und im Alter von fünf Jahren (ein Zeitraum von zwei Jahren) 0,54, aber für den Zeitraum von zwei Jahren zwischen den Altersstufen 12 und 14 erhöht sich die Korrelation sprunghaft von 0 auf 0,9. Das Säuglingsalter stellt eine andere Situation dar, da es eine Periode rascher Entwicklung des Gehirns ist, gekennzeichnet von zunehmender Fähigkeit, Informationen aus der Umwelt zu verarbeiten. Intelligenztests, die mit Säuglingen in den ersten Lebensmonaten durchgeführt werden, ergeben stabile Resultate für einige Monate, aber allmählich treten Veränderungen ein. Das Tempo dieser Veränderungen ist bei jedem Kind verschieden. Das bedeutet, daß die Aussagekraft von Testergebnissen im Säuglingsalter für den IQ in den Vorschuljahren gering und für den IQ in den Schuljahren unerheblich ist. Die *Vorschuljahre,* die Altersstufe zwischen zwei und fünf, stellt eine Periode deutlicher Zunahme der Aussagekraft dar. Das Testergebnis eines Zweijährigen hat nur einen geringen prognostischen Wert, aber der IQ des Fünfjährigen prognostiziert recht genau den IQ *in jedem künftigen Lebensalter,* selbst bis zum Alter von 40 Jahren. (Abb. 6 enthält eine nach Geschlechtern gegliederte Zusammenfassung.) Das bedeutet nicht, daß alle Menschen vom fünften bis zum vierzigsten Lebensjahr auf demselben Intelligenzniveau verbleiben. Keinesfalls. Im Durchschnitt tendieren die Menschen jedoch dazu, ihre *relative Stellung gegenüber ihren Altersgenossen* vom fünften Lebensjahr bis zur Lebensmitte beizubehalten. Das heißt, der oder die intelligenteste Fünfjährige einer Gruppe tendiert auch dazu, der oder die intelligenteste Vierzigjährige derselben Gruppe zu sein (in Abb. 7 sind zwei konkrete Fallgeschichten dargestellt, aus denen die Variationsbreite hervorgeht, die in der geistigen Entwicklung möglich ist).

Selbst während der relativ stabilen Schuljahre (neun bis achtzehn) schwankten 85 Prozent der Kinder in der Berkeley Guidance Study in den acht Tests, die sie machten, um zehn oder mehr IQ-Punkte, und fast zehn Prozent der Kinder fluktuierten um mindestens 30 Punkte. Obwohl bei manchen Personen starke Veränderungen auftreten, ist der Prognosewert in den Erwachsenenjahren ziemlich hoch. Die Korrelationen zwischen den IQs, die im Alter von 17 bis 20 Jahren festgestellt wurden, und den IQs, die 20 bis 30 Jahre später erzielt wurden, betragen gewöhnlich etwa 0,7.

Obwohl sehr frühe Intelligenztests keine Voraussagen der späteren Intelligenz zulassen, bleibt die Möglichkeit, daß bestimmte Aufgaben oder Gruppen von Aufgaben die spätere Intelligenz voraussagen *können.* Ein Bericht von Cameron, Livson und Bayley (1967) scheint diese Spekulation zu bestätigen. Die Autoren stellten beispielsweise fest, daß die Tendenz weiblicher Säuglinge zu lallen eine recht genaue Voraussage des späteren IQs (bis zum Alter von 36 Jahren) erlaubt, während das *Gesamt*ergebnis von Intelligenztests für Säuglinge *keinen* prognostischen Wert hat. Cagan (1971) stellt in seiner Untersuchung der Veränderungen bzw. der Kontinuität im Säuglings-

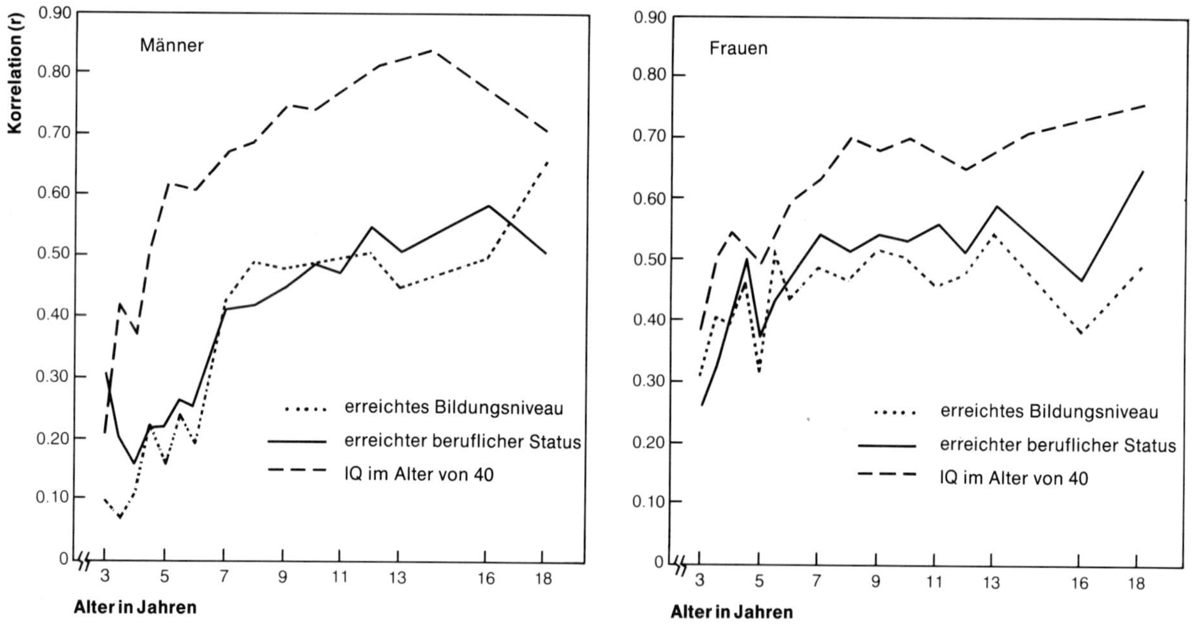

Abbildung 6: Korrelation des Kindheits-IQ (gemessen in den verschiedenen Altersstufen, die an der waagerechten Achse angegeben sind) mit drei anderen Meßwerten: Der IQ derselben Person, gemessen im Alter von 40, der berufliche Status der Person im Erwachsenenalter und die schließlich abgeschlossene Schulbildung. Man beachte, daß der Kindheits-IQ eine weitaus genauere Voraussage des Erwachsenen-IQ erlaubt als des beruflichen Erfolgs oder der Schulbildung. Man beachte weiter, daß sich der Vorhersagewert bei Jungen um das Alter von fünf Jahren erstaunlich bessert, bei Mädchen (deren frühere IQs bereits einen ziemlich hohen Prognosewert haben) weitaus weniger. Der Verlauf aller Kurven repräsentiert den Prognosewert (gemessen durch Korrelation; er repräsentiert nicht die Höhe des IQs oder das erreichte berufliche oder bildungsmäßige Niveau).

Nach: R. McCall: Childhood IQ's as predictors of adult educational and occupational studies. *Science,* 1977, *197,* 482–483.

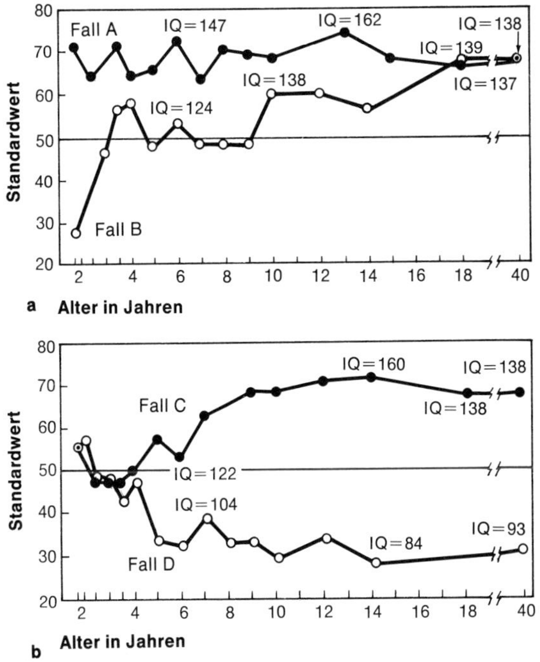

Abbildung 7: (a) Konvergierender Verlauf geistiger Entwicklungen. Fall A ist eine Frau, die von ihrem ersten Test im Alter von 18 Monaten bis zu ihrem Test im Alter von 40 Jahren ein hohes und überaus konstantes geistiges Niveau aufweist. Fall B beginnt ziemlich niedrig, aber verbessert ihre Leistungen allmählich, bis sie denen von Fall A entsprechen. (b) Divergierender Verlauf geistiger Entwicklungen. Fall C ist ein Mann, dessen geistige Fähigkeiten in früher Jugend etwa durchschnittlich waren, aber der allmählich ein beträchtlich höheres Niveau erreichte, das er bis zum Alter von 40 Jahren bewahrte. Fall D begann etwa am gleichen Punkt wie Fall C, wies aber von da an eine abnehmende Tendenz auf. Verschiedene, für das jeweilige Alter geeignete Intelligenztests wurden benutzt, um diese Kurve zu erzielen. Die Ordinatenwerte (die Werte auf der senkrechten Achse) sind Standardscores, die die relative Stellung einer Person verglichen mit anderen, die im gleichen Alter denselben Test machten, angeben (der Durchschnittsscore in jedem Alter ist 50). Die eigentlichen IQ-Werte werden für jede Person gelegentlich angegeben.

Aus: M. Honzik u. J. W. MacFarlane: Personality Development and Intellectual Functioning from 21 Months to 40 Years. In: Jarvik, Eisdorfer u. Blum (Hrsg.). *Intellectual Funktioning in Adults.* New York: Springer, 1973.

alter auch eine „außergewöhnliche Stabilität des Lallens weiblicher Säuglinge" fest. Diese Ergebnisse stellen die verbreitete Auffassung in Frage, daß die Intelligenz ein einheitliches Merkmal sei. Die Fluktuation des IQ erweckt darüber hinaus den Verdacht, daß die Intelligenz aus einem heterogenen Strauß separater Fähigkeiten bestehen könnte, die sich in unterschiedlichem Tempo entwickeln. Wir wenden uns jetzt einer Untersuchung des Datenmaterials über die Struktur der Intelligenz zu.

5 Die Struktur der Intelligenz

Die Frage nach der Struktur der Intelligenz ist Gegenstand scheinbar endloser Kontroversen und fast ebenso vieler Forschungsarbeiten gewesen. Der Streit dreht sich vor allem darum, wie viele separate und unterscheidbare Aspekte der Intelligenz es gibt. Eine sekundäre Frage war – und bleibt –, ob sich die Struktur der Intelligenz mit dem Alter verändert und wenn ja, in welcher Weise. Was die erstgenannte Thematik betrifft, gibt es Vertreter der Auffassung, daß (1) die Intelligenz eine allgemeine und einheitliche Fähigkeit sei; oder (2) daß sie aus einer kleinen Zahl weitgespannter und voneinander halbwegs unabhängiger Fähigkeiten bestehe; oder (3) daß es sich um ein Bündel einzelner, separater Fähigkeiten handele. Was die Frage der strukturellen Veränderungen im Laufe des Alterungsprozesses betrifft, wurde die Auseinandersetzung hauptsächlich zwischen zwei Lagern geführt. Das eine behauptet, die Intelligenz werde im Alter zunehmend differenzierter; das andere vertritt die Auffassung, daß im Laufe der Zeit keine systematischen strukturellen Veränderungen stattfinden.

5.1 Die Allgemeinheit der Intelligenz

Jede Sichtweise der Struktur der Intelligenz stützt sich in erster Linie auf Interkorrelationen zwischen geistigen Fähigkeiten und darauf, wie diese Interkorrelationen interpretiert werden. Es ist klar, daß die Hypothese von der Einheitlichkeit größeres Gewicht bekäme, wenn jeder Meßwert der Intelligenz vollkommen mit jedem anderen Meßwert korrelierte. Wenn andererseits alle Interkorrelationen gleich null wären, dann wäre die Auffassung unvermeidlich, daß die Intelligenz ein Bündel separater Fähigkeiten sei. Die Realität sorgt natürlich wie so häufig dafür, daß das Resultat irgendwo in der Mitte liegt: Die meisten Meßwerte der Intelligenz korrelieren zwar positiv, aber nur mäßig miteinander. Zum besseren Verständnis der Bedeutung einer bestimmten Reihe von Interkorrelationen zwischen Intelligenzmeßwerten werden die Methoden der Faktorenanalyse angewandt. Unter Faktorenanalyse versteht man mathematische Techniken, die in der Regel dazu benutzt werden, um eine relativ kleine Zahl von Faktoren aufzufinden, die das Interkorrelationsmuster unter einer größeren Zahl von Meßwerten erklären können. Es muß jedoch betont werden, daß es verschiedene Formen der Faktorenanalyse, basierend auf unterschiedlichen mathematischen Annahmen, gibt. Diese verschiedenen Formen gestatten *alternative* Interpretationen der Struktur der Intelligenz, selbst anhand derselben Reihe von Interkorrelationen.

5.2 Die Zwei-Faktoren-Theorie

Etwa zur selben Zeit, als Binet den ersten modernen Intelligenztest entwickelte (zu Beginn des 20. Jahrhunderts), vertrat Charles Spearman, ein britischer Psychologe und Statistiker, die Auffassung, daß es nur einen einzigen „allgemeinen Intelligenz"-Faktor gebe; er nannte diesen Faktor *g (= generell) und behauptete, daß er alle Korrelationen zwischen den Meßwerten geistiger Fähigkeiten restlos erkläre. Zwar, so gab er zu, seien die Leistungen bei einer bestimmten Aufgabe nicht ausschließlich eine Funktion von g* (Spearman setzte *g* auch mit „geistiger Energie" gleich), sondern seien von einem zusätzlichen Faktor abhängig, der für jede Aufgabe *spezifisch* sei. Diese spezifischen Faktoren bezeichnete er als *s*-Faktoren. Die Leistung bei einer Arithmetikaufgabe sei somit durch $g + s_1$ und die Leistung bei einem Wortschatztest durch $g + s_2$ bedingt. Die Tatsache, daß die beiden Ergebnisse positiv korrelieren, sei durch ihren gemeinsamen Anteil an *g* zu erklären; daß die Korrelation nicht vollkommen ist, resultiere aus der Tatsache, daß an beiden verschiedene und voneinander unabhängige *s*-Faktoren beteiligt seien. Spearman „bewies" seine *Zwei-Faktoren-Theorie* der Intelligenz (*g* und *s*) durch Anwendung einer von ihm erfundenen Form der Faktorenanalyse auf verschiedene Intelligenztestergebnisse, die damals verfügbar wurden.

5.3 Die multiple Faktoren-Theorie

Eine bedeutsame Reaktion auf die Zwei-Faktoren-Theorie findet sich in den Arbeiten von L. L. Thurstone von der Universität von Chicago. Unter Heranziehung einer anderen Methode der Faktorenanalyse (die er erfand), entwickelte Thurstone seine *multiple Faktoren-Theorie,* die davon ausgeht, daß nahezu das ganze geistige Potential des Menschen auf sieben elementare intellektuelle Fähigkeiten zurückgeführt werden könne (Thurstone, 1938). Diese sind *Rechnen, Wortflüssigkeit, Sprachverständnis, Gedächtnis, logisches Denkvermögen, Raumvorstellung* und *Auffassungsgeschwindigkeit.* Für jeden dieser Faktoren wurden Tests konstruiert, die als die Thurstone *Primary Mental Abilities* Tests (PMA) bekannt sind. Thurstone machte jedoch nicht die Erfahrung, daß diese primären geistigen Fähigkeiten voneinander unabhängig sind. Jede dieser Dimensionen korreliert vielmehr positiv mit jeder anderen. So korreliert beispielsweise *Rechnen* 0,46 mit *Wortflüssigkeit,* 0,38 mit *Sprachverständnis,* 0,18 mit *Gedächtnis* usw.; *Sprachverständnis* korreliert 0,51 mit *Wortflüssigkeit,* 0,39 mit *Gedächtnis* und 0,54 mit *logischem Denken.*

Diese Befunde implizieren, daß unter den elementaren geistigen Fähigkeiten auch ein allgemeiner Faktor entdeckt werden könnte. Thurstone war sich dieser Implikation bewußt. Die Streitfrage läßt sich jedoch möglicherweise leicht lösen. Die Zwei-Faktoren-Theorie erklärt die Tatsache, daß Intelligenztests im allgemeinen positive Interkorrelationen untereinander aufweisen; Thurstones multiple Faktorentheorie erklärt die Tatsache, daß diese Korrelationen etwas höher unter Tests sind, die ihrer Intention nach eine bestimmte Facette der Intelligenz zu messen scheinen. Je umfassender wir Intelligenz definieren und je mehr wir uns bemühen, neue Aufgaben zu finden, um jeden Teilbereich der Intelligenz zu erfassen, desto mehr Faktoren könnten wir natürlich finden. Durch Faktorenanalyse entdeckte Guilford mindestens 40 Faktoren (Guilford, 1956). Er entwarf ein theoretisches Schema für die geistigen Fähigkeiten (Guilford, 1967), das vorhersagt, daß schließlich 120 Faktoren gefunden werden würden. Andere wie Thomson (1952) haben sogar die Auffassung vertreten, daß die Intelligenz in eine im Grunde unbegrenzte Zahl geistiger Fähigkeiten unterteilt werden könne. Diese Theoretiker würden die positiven Korrelationen zwischen Intelligenztests dadurch erklären, daß jeder Ein-Faktoren-Test gewöhnlich Aufgaben enthält, die sich mit Aufgaben anderer spezifischer Tests überschneiden. Das heißt, jeder Test enthält *Stichproben (samples)* aus überlappenden Fähigkeitsbereichen – deshalb wird der Begriff *Sampling-Theorie* auf derartige Intelligenztesttheorien angewandt (Box 4/11 enthält ein extremes Beispiel der Komplexität, die die Struktur der Intelligenz bei einem Individuum aufweisen kann).

5.4 Kognitive Verarbeitung

Mit der Entwicklung der Kognitionspsychologie in den letzten 20 Jahren verstärkte sich das Interesse, mit Hilfe von Experimenten die spezifischen geistigen Prozesse zu analysieren, die nötig sind, um die Aufgaben der Intelligenztests zu lösen. Dabei wird weniger der Zweck verfolgt, die Tests zu verbessern, als vielmehr zu einem fundamentaleren Verständnis der Funktionsweise des Verstandes zu gelangen. Sobald Psychologen über ein besseres Verständnis der verschiedenen am Lernen (s. 3. Bd., 3. Kap.) und am Problemlösen (s. folgendes Kapitel) beteiligten Prozesse verfügen, so hofft man, werden sie auch bessere Unterrichtsmethoden zur Förderung der geistigen Fähigkeiten entwickeln können. Die Intelligenzforschung hat dazu tendiert, sich auf bestimmte Aufgaben wie den Zahlengedächtnistest zu konzentrieren. Durchschnittliche Zehnjährige, die den Stanford-Binet-Test ablegen, können beispielsweise eine Reihe von sechs ungeordneten einstelligen Zahlen wie 8, 3, 2, 9, 1, 4 wiederholen. Sorgfältige Versuche (beschrieben von Estes [1974]) haben gezeigt, daß selbst diese einfache Aufgabe kein Maßstab der Fähigkeit ist, unmittelbare Assoziationen zu bilden (3 folgt auf 8, 2 folgt auf 3, etc.). Zehnjährige, die die ganze Liste wiederholen können, hätten vielleicht sogar Schwierigkeiten zu sagen, was auf 2 folgt, wenn sie nicht gewarnt werden, daß eine solche Frage folgen werde. Erfolgreiche Probanden teilen die Zahlen vielmehr in kleinere Gruppen wie 832 und 914 auf, und diese Aufteilung erleichtert stark die Reproduktion. Probanden, die keine Aufgliederungsstrategien entwickelt haben, können sich bei Aufgaben dieser Art besonders schwertun. Wenn diese Fähigkeit zur Aufgliederung – oder vielleicht auch andere spezifische Verarbeitungstechniken, wie die richtige Reihung von Gruppen – identifiziert und bewertet werden kann, dann ist es möglich, spezielle Unterrichtsprogramme zur Verbesserung der Leistungen zu entwickeln, nicht bloß für diesen Teil des IQ-Tests, sondern für eine Vielzahl anderer Situationen, in denen solche Fertigkeiten wichtig sind. Aufgrund umfangreicher Forschungen an informationsverarbeitenden Aufgaben, wie Kodierung, Beachtung von Reihenfolge, geteiltes Hören und anderen, die im vorhergehenden Band beschriebenen wurden, führen Hunt, Lunneborg u. Lewis (1975) aus, daß es die Fähigkeit zur Benutzung der erwähnten Informationsverarbeitungsmethoden sei, was die allgemeine verbale Intelligenz bestimme, wie sie durch den IQ, den SAT und andere standardisierte Tests allgemeiner geistiger Fähigkeiten gemessen werde.

5.5 Schlußfolgerungen

Es sei hervorgehoben, daß keine der Arbeiten über die Struktur der Intelligenz oder über spezifische Bewertungen kognitiver Verarbeitung bisher unsere Fähigkeit verbessert hat, vorauszusagen, wie gut Personen in der Schule oder bei anderen Aufaben abschneiden werden, die geistige Fähigkeiten erfordern. Überraschenderweise haben ein einziger IQ-Wert oder die SAT- (verbal und Mathematik-)Werte ebenso viel Aussagekraft wie eine ganze Batterie spezifischerer Maßzahlen. Es klingt vielleicht erstaunlich angesichts der vielen nichtintellektuellen Faktoren (wie Motivation), die sich ebenfalls auf die Leistungen in realen Lebenssituationen auswirken, daß sich diese allgemeinen Tests so gut bewähren. Dennoch sollten wir nie vergessen, daß ihre Prognosen bestenfalls so grob sind, daß man sie für gefährlich halten muß, wenn sie auf Einzelfälle angewandt werden. Daß sich das Ergebnis in Zahlen präsentiert, mag einen falschen Eindruck von Präzision hervorrufen. Korrelationen von 0,5 oder selbst 0,7 lassen Raum für spektakuläre Irrtümer, Fälle, in denen Probanden mit hohen Testergebnissen in der Schule versagen und andere, in denen schlecht abschneidende Probanden später bemerkenswerte intellektuelle Beiträge leisten. Wir sollten Intelligenztests einerseits nicht unterschätzen: Sie sind die brauchbarsten Instrumente zur Messung des

BOX 4/11

Der Fachidiot

Von Zeit zu Zeit treten in der menschlichen Bevölkerung sogenannte Fachidioten im engeren Sinn des Wortes auf – Schwachsinnige mit einer oder mehreren hochentwickelten Fähigkeiten. Der am intensivsten studierte Fall ist der von L., über den M. Scheerer, E. Rothmann u. K. Goldstein berichteten. L. wurde im Alter von elf Jahren von seiner Mutter zur psychologischen und neuropsychiatrischen Untersuchung gebracht. Dieser Fall wurde von 1937 bis 1943 studiert.

Die ärztlichen Untersuchungen in diesem Zeitraum von sechs Jahren wiesen ihn als gesund und körperlich gut entwickelt und ohne Anzeichen neurologischer Störungen aus. Sein EEG war normal, aber seine geistige Untersuchung enthüllte eine Welt von Paradoxien.

L. konnte für jedes Datum zwischen 1880 und 1950 den Wochentag angeben. Er konnte zehn- bis zwölfstellige Zahlen so schnell addieren, wie der Versuchsleiter sie ausrufen konnte. Er konnte viele Worte *vorwärts* und *rückwärts* richtig buchstabieren und vergaß niemals die Schreibung eines Wortes, sobald man sie ihm gesagt hatte. Er konnte allein nach dem *Gehör* Kompositionen wie das *Largo* von Dvorak spielen und von Anfang bis Ende die Arien „Credo", „Si Ciel" und „Adagio Pathétique" aus der Oper *Otello* singen.

Auf der anderen Seite war L. außerstande, dem üblichen Lehrplan seiner Schule zu folgen. Sein allgemeiner Wissensstand war extrem unterdurchschnittlich. Er kannte die Bedeutung von sehr wenigen Worten. Er ermangelte fast völlig der Fähigkeit zu logischem Denken und war völlig hilflos bei jedem Problem, bei dem es um Abstraktionen ging. Sein IQ nach dem Binet-Test war 50!

L. scheint ein eindrucksvolles Zeugnis gegen die Auffassung abzulegen, daß geistige Aktivitäten durch eine einzige Eigenschaft oder Fähigkeit bedingt seien. Aber sein Fall berechtigt uns nicht zu der Annahme, daß intellektuelle Leistungen durch eine Vielzahl separater und voneinander unabhängiger Fähigkeiten bestimmt seien, von denen jeweils eine für eine bestimmte Art von Leistung zuständig sei.

Wie Scheerer, Rothmann und Goldstein bemerken, zeugt L.s Überlegenheit auf einigen eng umgrenzten Gebieten nicht notwendigerweise von einer speziellen *Begabung* in diesen Bereichen. Was L. zu demonstrieren scheine, sei vielmehr der Effekt spezieller Motivation und Übung auf sehr spezialisierten Gebieten. Jedes normale Kind *könnte* das schaffen, was L. leistete – und noch viel mehr. Die genannten Autoren vertreten folgende Deutung dieses Phänomens des „Fachidioten".

Es gibt sowohl allgemeine als auch spezifische intellektuelle Fähigkeiten. Abstraktionsfähigkeit sei eine wesentliche Voraussetzung für das normale Funktionieren *aller* geistigen Fähigkeiten. Wenn die Abstraktionsfähigkeit beeinträchtigt sei, könne sich der Betreffende in abnormalem Maß motiviert fühlen, diejenigen Funktionen zu üben und zu entwickeln, die weniger behindert seien. Aber es bestehe eine enge *Interdependenz* zwischen allen geistigen Funktionen, die nur zu atypischen Formen des Ausdrucks mit Hilfe relativ intakter Fähigkeiten führen könne. Der Betreffende entwickle daher „ausgefallene" Leistungsmuster. Er kann zweistellige Zahlen addieren, aber nicht die Logik und die Regeln der Arithmetik verstehen. Er kann Wörter buchstabieren, aber ihre Bedeutungen nicht begreifen.

Die Leistungen des „Fachidioten" seien ebenso wie die des Normalen durch die Interaktion spezieller und allgemeiner Fähigkeiten bedingt. Und die Notwendigkeit, von Profilen geistiger Fähigkeiten und nicht von einem allgemeinen Intelligenzniveau zu sprechen, lasse sich an diesem Fall leicht verdeutlichen.

M. Scheerer, E. Rothmann u. K. Goldstein: A Case of „Idiot Savant": An Experimental Study of Personality Organization. *Psychological Monographs,* 1945, *58,* Nr. 4.

Verstandes, die die Psychologie bisher hervorgebracht hat. Andererseits sollten wir uns bewußt sein, daß diese Tests nicht mit einer physikalischen Waage vergleichbar sind und daß Selbsttäuschungen über ihre Brauchbarkeit mehr Schaden als Nutzen stiften können.

Zusammenfassung

1. Der ursprüngliche Anstoß für das Testen der Intelligenz ergab sich aus der praktischen Notwendigkeit, Personen nach ihren geistigen Fähigkeiten zu klassifizieren. Dies bleibt auch weiterhin der allgemeine Zweck dieser Tests, die trotz der immer noch ungelösten Frage nach der Definition der *Intelligenz* „funktionieren".

2. Man unterscheidet bei den Intelligenztests Einzel- oder Gruppentests, Test unter Zeitdruck oder Schwierigkeitstests, verbale oder sprachfreie Tests – je nachdem, wie sie durchgeführt werden und aus welchen Aufgaben sie bestehen. Anfangs benutzte Tests, bei denen sensomotorische Fertigkeiten gemessen wurden, hatten keinen hohen Prognosewert für intellektuelle Aufgaben. Beginnend mit einer großen Zahl von Aufgaben, die intellektuelle Anforderungen zu stellen scheinen, wählen die Testautoren schließlich diejenigen Items aus, die mit dem Gesamttestscore korrelieren und die angemessen, interessant und für die Probanden nicht diskriminierend (d.h. fair) erscheinen und (bei Kindern) die für ältere Kinder leichter zu lösen sind als für jüngere. Wenn die Eignung gemessen werden soll, bemüht man sich, Aufgaben zu finden, die entweder für alle Probanden neu oder aber allen vertraut sind.

3. Zum Zwecke der Standardisierung müssen große Bezugsgruppen getestet werden, um Normen abzuleiten und Auswertungsverfahren zu entwickeln. Die Bewertung in Form des IQ drückt aus, wie gut ein Proband im Vergleich mit seinen Altersgenossen oder einer allgemeinen Bezugsgruppe (z.B. allen Erwachsenen) abschneidet. Bei Kindern liefert die Zahl der Aufgaben, die gelöst werden, einen Maßstab des Intelligenzalters. Die Stanford-Binet- und Wechsler-IQ-Tests sind die populärsten individuellen Intelligenztests, während zur Klassifizierung in großem Maßstab im allgemeinen Gruppentests verwendet werden.

4. Verschiedene IQ-Tests können miteinander hoch korrelieren, was darauf hindeutet, daß es sich um zuverlässige Maßstäbe handelt. Hinsichtlich der Validität „steht uns kein anderes Meßverfahren zur Verfügung, das mit so vielen anderen Verhaltensweisen von theoretischer und praktischer Bedeutung" zusammenhängt. IQ-Tests haben sich speziell für die Vorhersage des Erfolgs in der Schule und in geringerem Maße bei der späteren beruflichen Arbeit bewährt. Es hat sich auch gezeigt, daß ein hoher IQ in der Regel mit guter physischer wie geistiger Gesundheit einhergeht.

5. Der Hochschuleignungstest (SAT) dient der Vorhersage des akademischen Erfolgs an der Universität. Er bildet eine wertvolle Ergänzung des Notendurchschnitts an der Oberschule. Obwohl er jetzt nach einem etwas anderen System ausgewertet wird (die ursprüngliche Standardisierung des SAT hatte einen Durchschnitt von 500 im Vergleich zu dem durchschnittlichen IQ von 100), liefert dieser Test ebenfalls einen gut standardisierten relativen Meßwert (in diesem Fall für die Studienbewerber). Sein Prognosewert ist sehr hoch für bestimmte Lehrveranstaltungen, aber weniger hoch für das gemischte Kriterium des gesamten Notendurchschnitts eines Studenten.

6. Die angebliche Unfairness standardisierter Intelligenztests war Gegenstand beträchtlicher politischer Kontroversen: Man sprach von Testbias (Voreingenommenheit). Definiert man diese Voreingenommenheit jedoch als Unterschätzung oder Überschätzung der späteren akademischen Leistungen verschiedener Gruppen, dann erwiesen sich die Tests nicht als parteiisch. Manche Kritiker sind dennoch der Auffassung, es sei zu großer Wert auf intellektuelle Qualität und nicht genügend Gewicht auf den langfristigen Nutzen eines leichteren Zugangs zu höheren Bildungseinrichtungen gelegt worden.

7. Gemessen an der Zahl der gelösten Aufgaben nimmt die Intelligenz mit dem Alter zu, zumindest in der Kindheit. Viele Aspekte der Intelligenz entwikkeln sich auch noch lange nach den Jugendjahren, wenn auch in langsamerem Tempo, und weisen bis zu hohem Alter leichte Zunahmen auf. Längsschnittuntersuchungen (bei denen *dieselben* Individuen über längere Zeiträume getestet werden) zeigen, daß der IQ keinesfalls konstant ist: 10 Prozent der Kinder schwanken im Lauf der Schuljahre um mindestens 30 Punkte. Je älter der Proband zur Zeit des Tests ist, desto höher ist dessen Prognosewert. In der späten Jugend festgestellte IQs sind somit ein ausgezeichnetes Prognoseinstrument des IQs in viel späteren Lebensabschnitten.

8. Es gibt zwei Hauptauffassungen über die Struktur der Intelligenz. Nach der ersten ist die Intelligenz

eine einheitliche Fähigkeit; ein intelligentes Individuum würde demnach dazu neigen, sich bei allen intellektuellen Aufgaben durch besonders hohe Leistungen auszuzeichnen. Nach der zweiten Auffassung besteht die Intelligenz aus einer begrenzten Zahl voneinander relativ unabhängiger Fähigkeiten. Die Forschung gestattet uns keine eindeutige Entscheidung für eine dieser beiden Ansichten; zum Teil, weil die Hauptmethode derartiger Forschungen keine unbezweifelbaren Resultate ergibt. Das Datenmaterial deutet darauf hin, daß sich die Struktur der Intelligenz im Ablauf der Lebensalter verändert, wahrscheinlich in Richtung auf eine zunehmende Differenzierung der geistigen Fähigkeiten, besonders in den Perioden des raschesten geistigen Wachstums.

9. Die vorrangige Beschäftigung mit kognitiver Verarbeitung hat dazu geführt, daß man sich weniger um verbesserte Meßverfahren der Intelligenz und mehr um die experimentelle Analyse bestimmter geistiger Aufgaben bemüht. So befähigt beispielsweise die Aufteilung von Zahlen in kleine Gruppen zu besseren Gedächtnisleistungen.

10. Obwohl sie die aussagefähigsten Meßverfahren der Intelligenz sind, über die wir verfügen, können die IQ- und SAT-Ergebnisse auch mißbraucht werden. Die geistigen Fähigkeiten sind nur ein Faktor des späteren Erfolgs. Intelligenztests können daher auch zu gravierenden Prognosefehlern führen.

3. Kapitel Unterschiede in den geistigen Fähigkeiten

Wir wenden uns nunmehr den Leistungen von einzelnen und Gruppen bei den im vorangegangenen Kapitel beschriebenen Intelligenztests zu. Warum interessieren sich Psychologen für diese Fragen? Ihr Interesse hat zwei Gründe: (1) Theoretische Erwägungen über die Wechselbeziehung von Vererbung und Umwelt sowie deren Auswirkung auf die geistigen Leistungen der Menschen; und (2) die praktische Frage, wie wir eine gerechtere Gesellschaft schaffen können, die dem einzelnen die intellektuellen Möglichkeiten bietet, die ihn zur maximalen Entwicklung seines eigenen Potentials ermutigt. Es ist natürlich zu hoffen, daß sich mit dem theoretischen Verständnis bessere Lösungsmöglichkeiten für die praktischen Probleme ergeben werden, die mit der Frage der Bildungschancen zusammenhängen.

Die nachfolgenden Erörterungen beziehen sich in erster Linie auf die nordamerikanischen Verhältnisse. Aber auch für den deutschsprachigen Raum sind die Ergebnisse dieser Diskussion keinesfalls unerheblich. Weil gerade Eingriffe in die Bildungsbereiche in den Staaten rigoroser erfolgten, zeigen sich Auswirkungen auffälliger.

Eine deutliche Ähnlichkeit besteht aber in der emotionalen Brisanz der Auseinandersetzungen. Die Beteiligten verstricken sich persönlich in Fragen über die Erblichkeit des IQ oder der „Bildungsmisere" – und zwar in einem Grad, der vernünftige Diskussionen oft verhindert.

Ein Grund, warum die „Anlage-Umwelt"-Debatte mit solcher „Hitzigkeit" geführt (und von so wenig „Licht" erhellt!) wird, ist, daß die Komplexität der Wechselbeziehungen zwischen Vererbung und Umwelt schwer zu durchschauen ist (s. 1. Bd.). Außerdem geben diese Wechselwirkungen zu wichtigen politischen Erwägungen Anlaß. Niemand will hören, daß die Gruppe, der er oder sie angehört, genetisch minderwertig sei. Traditionell haben diejenigen Individuen, die nach den Maßstäben der Gesellschaft am erfolgreichsten waren, am ehesten dazu geneigt, die Rolle der Vererbung hervorzuheben. Die Reichen möchten gern glauben, daß sie zusammen mit ihrem Reichtum auch überragende Fähigkeiten geerbt haben, die ihnen eine Anrecht auf ihren Besitz verschaffen. Aber es besteht nicht *notwendigerweise* eine Verbindung zwischen den Ansichten über Vererbung oder selbst der politischen Einstellung eines Menschen. Viele der Reichen können ihren Reichtum mit ebenso gutem Grund auf harte Arbeit und Charakterstärke zurückführen – und tun das auch –, wobei sie vielleicht argumentieren, daß jeder eine bessere Chance hätte, einen fairen Anteil zu bekommen, wenn alle Eltern ihre Kinder zu diesen Tugenden aufriefen. Und einige politische Liberale haben de facto darauf hingewiesen, gerade die Tatsache einer „ungerechten" Verteilung der Gene erfordere es, daß die Gesellschaft besondere kompensatorische Anstrengungen unternehme, um zu gewährleisten, daß jeder am „guten Leben" teilhabe (s. Box 4/12, S. 72).

Es ist klar, daß praktische Erwägungen tatsächlich Einfluß darauf haben, wie die Menschen über die Ursache der beobachteten Unterschiede in den geistigen Fähigkeiten sprechen. Die Tatsachen, die jeweils zitiert werden, und die theoretischen Interpretationen, die favorisiert werden, scheinen unlösbar mit der politischen Handlungsweise zusammenzuhängen, die von den Betreffenden bevorzugt wird. Obwohl wir uns dessen bewußt sind, werden wir dennoch versuchen, in der bewährten Tradition der Wissenschaft die Darstellung der theoretischen Fragen von unseren späteren Erörterungen der verschiedenen praktischen Überlegungen zu trennen.

1 Theoretische Fragen: Vererbung und Umwelt

Die Tatsachen, die zumindest für eine gewisse *Erblichkeit* geistiger Fähigkeiten sprechen, stehen außer Frage. In Box 4/13 (S. 74) werden extreme Beispiele zitiert, in denen sich zeigte, daß genetische Bedingungen, z.B. das Vorhandensein oder Fehlen eines Chromosoms oder auch nur eines einzelnen Gens profunde Auswirkungen auf die geistigen Fähigkeiten haben kann. Die genetische Bestimmung ist jedoch weitaus komplexer hinsichtlich der meisten Unterschiede im Gesamt-IQ. Das Datenmaterial stammt hauptsächlich aus Untersuchungen, in denen Individuen verschiedener Verwandtschaftsgrade (und daher auch teilweise identischer Gene) miteinander verglichen werden, oder aus Studien, in denen Individuen nebeneinandergestellt werden, die in verschiedenen Umgebungen mit unterschiedlichen Bildungschancen aufgezogen wurden. Theoretisch ist der einfachste Fall der von eineiigen Zwillingen, die

BOX 4/12

Bewegen wir uns auf eine erbliche Meritokratie zu?

In einem provozierenden Artikel, der weithin Aufmerksamkeit und politische Empörung erregte, präsentierte der Harvard-Psychologe R. Herrnstein den folgenden Syllogismus:

1. Wenn die Unterschiede in den geistigen Fähigkeiten vererbt werden und
2. wenn der Erfolg solche Fähigkeiten voraussetzt und
3. wenn Einkommen und Prestige von Erfolg abhängen,
4. dann hängt die gesellschaftliche Stellung, die auf Einkommen und Prestige basiert, in gewissem Maß von vererbten Unterschieden zwischen den Menschen ab.

Herrnstein gelangte zu dem Schluß, daß die Verbesserung der Bildungschancen die Bedeutung genetischer Unterschiede zwischen den Individuen zwangsläufig *erhöhen* werde, so daß unsere Gesellschaft in zunehmendem Maß nach der genetischen Ausstattung geschichtet werde. Um den Extremfall zu nehmen: wenn wir die Umweltbedingungen so einnehmen könnten, daß Leistungsunterschiede nicht mehr im geringsten auf Umweltunterschiede zurückzuführen wären, dann würden allein die Erbanlagen die Stellung eines Menschen im Leben bestimmen!

Was bedeutet dies für unsere Träume von einer klassenlosen Gesellschaft, in der alle eine faire Chance haben und niemand aufgrund von Umständen, an denen er nichts ändern kann, an den „untersten Sprossen der Leiter" hängenbleibt? Betrachten wir zunächst das grundlegende Konzept der „Chancengleichheit". Im Bildungswesen würde das bedeuten, daß alle in den gleichen Fächern an den gleichen Schulen unterrichtet würden und daß ihnen die gleichen Bücher zur Verfügung stünden. Aber offensichtlich ist ein bestimmter Bildungsweg für manche Menschen geeigneter als für andere. Alle Schüler zu zwingen, sich denselben Lehrplänen zu unterwerfen, wäre, als zwinge man alle Radrennfahrer, ein Rad derselben Größe zu benutzen: kleine Fahrer könnten die Pedale nicht erreichen und große würden mit ihren Knien gegen ihre Brust stoßen. So wie Fahrräder auf die Fahrer zugeschnitten werden, so müssen verschiedene Aspekte des Bildungswesens den unterschiedlichen Fähigkeiten der Schüler angepaßt werden. Wahre Chancengleichheit würde somit bedeuten, den fähigeren Schülern schwierigere Stoffe vorzusetzen.

Chancengleichheit wird jedoch manchmal anders interpretiert. Beispielsweise wird argumentiert, die der Bildung zur Verfügung stehenden Mittel sollten auf die Schüler mit den geringsten Fähigkeiten, die nicht lesen und rechnen lernen, konzentriert werden. Konsequent praktiziert, würde diese Verfahrensweise die hereditäre Meritokratie abmildern, die Herrnstein auf uns zukommen sieht. Wir könnten auch unser Belohnungssystem verändern und es weniger abhängig von Leistungen machen. Doch das marxistische Motto „Jeder nach seinen Fähigkeiten, jedem nach seinen Bedürfnissen" scheint auch in kommunistischen Ländern nicht verwirklicht worden zu sein. Wer imstande ist, in der Sowjetunion oder in China an die Spitze vorzudringen, der scheint materielle Vorteile gegenüber seinen weniger erfolgreichen Mitbürgern zu genießen. Diese psychologische Realität mag eine ebenso

bei der Geburt getrennt wurden (s. 1. Bd.). Es sei daran erinnert, daß dies ein *natürliches Experiment* ist, bei dem zwei Individuen mit denselben Genen – das heißt, mit denselben Erbanlagen – in verschiedenen Milieus aufwachsen. Wenn einer der beiden Zwillinge ein höheres intellektuelles Leistungsniveau erreicht als der andere, dann führen wir diesen Unterschied auf die Umwelt zurück. Oder umgekehrt ausgedrückt, die Korrelation oder Übereinstimmung zwischen ihrem Intellekt liefert uns einen direkten Maßstab der Vererbbarkeit von Intelligenz in den Milieus, in denen die Zwillinge aufgezogen wurden (s. Abb. 8, S. 73).

Untersuchungen dieser Art haben sich fast immer auf IQ-Tests konzentriert (s. 2. Kap.). Der Grund dafür ist der hohe Prognosewert dieser Tests für eine Vielzahl von Tätigkeiten, die von geistigen Fähigkeiten abzuhängen scheinen, und auch, weil der IQ weniger durch spezielle Studiengänge beeinflußt wird, als dies bei Leistungstests

große oder noch größere Auswirkung haben wie die der Klassenunterschiede in unserer eigenen Gesellschaft. Gleiche Belohnungen für alle könnte sich somit als eine psychologische Unmöglichkeit erweisen.

Es mag in der Natur erblich bedingter Unterschiede liegen, daß sie Unterschiede in den von der Umwelt gebotenen Chancen hervorbringen. Aufgeweckte, wißbegierige Kinder erhalten zweifellos mehr Aufmerksamkeit und geistige Förderung von ihren Eltern. Das Kind, das nie Fragen stellt, hat eine geringere Chance, Antworten zu erhalten, mit der Folge, daß es sich aus Lernsituationen zurückziehen kann.

Wie alle guten utopischen (oder antiutopischen) Gedanken zwingen uns Herrnsteins Argumente zur Frage, welche Art von Gesellschaft wir wollen. Bringen uns unsere gegenwärtigen Bemühungen, eine gerechtere Gesellschaft zu schaffen, paradoxerweise einer Gesellschaft näher, in der die Erbanlagen (d.h. die zufällige Kombination von Genen im Augenblick der Befruchtung) die Stellung jedes Menschen in der Gesellschaft völlig determinieren? Herrnstein hat unsere Aufmerksamkeit auf das unbestreitbare Faktum gelenkt, daß sich die relative Bedeutung erblich bedingter Unterschiede in dem Maß erhöhen muß, in dem es uns gelingt, die relative Bedeutung umweltbedingter Unterschiede zu reduzieren..

R. Herrnstein: IQ. *The Atlantic Monthly,* September 1971, 43–64.

R. Herrnstein: *IQ in the Meritocracy.* Boston: Little, Brown, 1973.

der Fall ist. (Es ist ja wohl klar, daß der Zwilling, der Algebra studiert, bei einem Algebratest besser abschneiden würde.) Die allgemeinere und stabilere Natur des IQ sichert diesem das anhaltende Interesse ernstzunehmender Forscher.

Abbildung 8: Ein anregendes geistiges Milieu?

1.1 Unterschiede des IQ innerhalb von Gruppen

Wie steht es mit getrennt aufgezogenen eineiigen Zwillingen? Wie zu erwarten, besteht ein krasser Mangel an Eltern, die allein zu Forschungszwekken bereit wären, ihre eineiigen Zwillinge zu trennen. (Zwar nicht in der Praxis, aber idealerweise sollte die Trennung schon bei der *Befruchtung* stattfinden, um die Auswirkung der intrauterinen Umgebung kontrollieren zu können). Selbst in den Fällen, wo die Trennung aus finanziellen oder anderen Gründen kurz nach der Geburt stattfindet, werden die getrennten Zwillinge häufig in einem ähnlichen Milieu, oft bei Verwandten, aufgezogen.

Adoptionsvermittlungsstellen und Hausärzte berücksichtigen üblicherweise die Situation der biologischen Eltern bei der Wahl einer geeigneten Familie für die Adoption. Dennoch weisen diese getrennten eineiigen Zwillinge später so erstaunlich ähnliche IQs auf, daß es schwierig ist, diese allein aufgrund der ähnlichen Umweltbedingungen zu erklären. Bei der Betrachtung der in Abbildung 9 dargestellten Scores beachte man, daß Cyril Burts 53 Zwillingspaare im Durchschnitt fast so ähnlich abschnitten, als wäre derselbe Proband bei zwei verschiedenen Anlässen getestet worden (siehe aber auch die Warnung bezüglich der Daten

BOX 4/13

Ein Chromosom – ein Gen – eine geistige Fähigkeit – aber in einer bestimmten Umwelt

Der Beitrag der Umwelt zur Entwicklung geistiger Fähigkeiten beträgt niemals null. Diese Feststellung kann als ein Glaubensartikel, eine offenkundige logische Notwendigkeit oder ein empirisch nachgewiesener Befund betrachtet werden – und kein Psychologe oder Genetiker würde sie in Frage stellen. Dennoch wurde bewiesen, daß die Vererbung hinsichtlich mancher intellektueller Eigenschaften, psychischer Neigungen und geistiger Fähigkeiten einen geradezu überwältigenden Einfluß ausübt. Unter Umständen kann ein einziges Chromosom oder sogar ein einziges Gen der bestimmende Faktor sein. Nachstehend einige Beispiele:

Das *fehlende* X-Chromosom beim Turnerschen Syndrom führt zu einem hochspezifischen Grundmuster geistiger Fähigkeiten. So tendieren Mädchen mit diesem Syndrom, J. Money zufolge, zu überdurchschnittlichen verbalen Fähigkeiten, aber zu einem Defizit im räumlichen Vorstellungsvermögen.

Das *überzählige* Chromosom beim Downschen Syndrom (für das gelegentlich noch seine frühere, rassistische Bezeichnung „Mongolismus" verwendet wird), bewirkt einen krassen und allgemeinen Mangel an geistigen Fähigkeiten. Individuen mit diesem extra Chromosom haben durchweg einen IQ von etwa 50–60. Schulung kann zwar helfen, aber selbst die beste verfügbare Schulung bewirkt nur eine Zunahme von zehn IQ-Punkten, wie N. Bayley und andere berichten.

Wo ein normaler Satz von 46 Chromosomen vorhanden ist, kann ein einziges rezessives Gen am X-Chromosom die Fähigkeit des Betreffenden zur dreidimensionalen Raumvorstellung beeinflussen. In einer ausgedehnten Untersuchung von Eltern und Kindern in 167 Familien gelangten R. Bock und D. Kolakowski zu der Schätzung, daß nahezu 50 Prozent der Schwankungen, welche ihre Probanden hinsichtlich dieser Fähigkeit aufwiesen, auf dieses eine Gen zurückzuführen seien.

Geistige Behinderungen verschiedener Art sind durch unterschiedliche enzymatische Mängel bedingt. Das Credo *ein Gen/ein Enzym* wird von den meisten Genetikern vertreten. Zweifellos wird die menschliche Genetik im Laufe der Zeit mehr und mehr unmittelbare Beziehungen zwischen bestimmten genetischen Faktoren und bestimmten geistigen Funktionen ans Licht bringen. Dennoch sei wiederholt, daß der Beitrag der Umwelt zur Entwicklung der geistigen Fähigkeiten niemals gleich null ist.

J. Money: Two cytogenetic syndromes: Psychological comparisons, Intelligence and specific factor quotients. *Journal of Psychiatric Research,* 1964, *2,* 223–231.

N. Bayley, N. Rhodes, B. Gooch u. N. Marcus: A Comparison of the Growth and Development of Institutionalized and Home-reared Mongoloids: A follow-up Study. Aus Hellmuth (HSG), *Exceptional Infant,* Bd. II. *Studies in Abnormality.* New York: Brunner-Mazel, 1971.

R. Bock u. D. Kolakowski: Further Evidence of Sex-linked Major-gene Influence on Human Special Visualizing Ability. *American Journal of Human Genetics,* 1973, *25,* 1–14.

Burts' in Box 4/14, S. 76f.). Auch die anderen drei Untersuchungen weisen eine hohe, wenn auch nicht so extreme Ähnlichkeit der getrennten Paare auf, und zwar eine höhere als die, welche in der Regel bei gemeinsam aufgezogenen zweieiigen Zwillingen festgestellt wird.

Diese Vergleiche sind zusammen mit den Werten für andere Verwandtschaftsgrade in Abbildung 10 dargestellt. Die Korrelation zwischen den IQs der getrennten eineiigen Zwillinge ist nicht so hoch wie die Korrelation zwischen den gemeinsam aufgezogenen eineiigen Zwillingen. Dieser Unterschied innerhalb der Grenzen der etwas abweichenden Resultate der einzelnen Untersuchungen (von denen die eine oder andere umfangreicher und zuverlässiger war als die anderen) ist als solcher ein Beweis für die Rolle der *Umwelt.* Wenn eineiige Zwillinge zusammen aufwachsen, sind ihre IQs ähnlicher, als wenn sie getrennt aufwachsen.

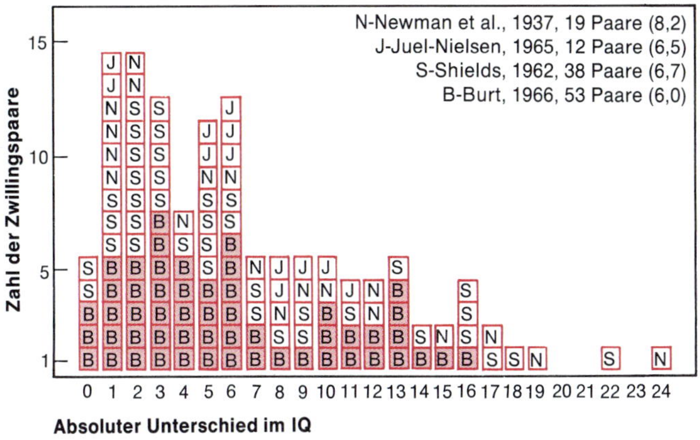

Abbildung 9: Verteilungen der Unterschiede im IQ zwischen getrennt aufgezogenen Zwillingspaaren. Vier separate Studien aus den Vereinigten Staaten, England und Dänemark sind hier miteinander kombiniert; sie unterscheiden sich hinsichtlich der benutzten Intelligenztests, des Testalters und des Alters, in dem die Zwillinge getrennt wurden. In allen vier Untersuchungen wurden insgesamt 122 Zwillingspaare studiert. Bei fünf dieser Paare bestand beispielsweise ein Unterschied im IQ von 9 Punkten. Eines dieser fünf Paare stammte aus der Untersuchung von Burt, zwei aus der Untersuchung von Shields und je eines aus den Untersuchungen von Newman und Juel-Nielsen. Die Zahlen in Klammern geben die durchschnittlichen Unterschiede im IQ zwischen den Zwillingen in jeder einzelnen Untersuchung an.

Nach Jensen, 1972.

1.2 Andere Verwandtschaftsverhältnisse

Die Korrelation zwischen dem IQ des Kindes und dem IQ beider Elternteile beträgt etwa 0,5 (auch hier wurden in verschiedenen Untersuchungen verschiedene Werte erzielt, aber die Maßzahl 0,5 wird weithin akzeptiert). Sie entspricht etwa der Korrelation zwischen der Körpergröße der Kinder und der ihrer Eltern. Die Korrelationen zwischen den IQs von Brüder und Brüdern, Schwestern und Schwestern oder Brüdern und Schwestern (d.h. zwischen allen *Geschwistern*) ist ebenfalls etwa 0,5. Da Eltern und Kind und auch Geschwister etwa die Hälfte der Gene miteinander gemein haben, sprechen diese Daten für einen starken Einfluß der Vererbung auf den IQ. Aber auch die Umwelt wird im selben Maß von Geschwistern und Eltern geteilt. Die Übereinstimmung im IQ ist natürlich viel höher zwischen Angehörigen derselben Familie als zwischen nicht miteinander verwandten Personen (die somit weniger Gene miteinander gemein haben und wahrscheinlich auch nicht in derselben Umwelt leben). IQs tendieren zu größerer Ähnlichkeit bei nicht miteinander verwandten Kindern, die von derselben Familie adoptiert wurden, als bei nicht verwandten Kindern, die in verschiedenen Familien aufwuchsen – was für die Bedeutung der Umwelt sprechen könnte. Aber dabei sollte man sich wieder daran erinnern, daß dieser Unterschied aufgrund der *selektiven Ver-*

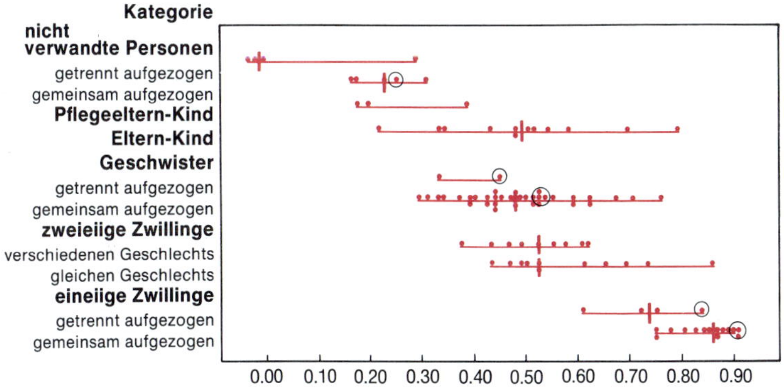

Abbildung 10: Korrelationskoeffizienten für den IQ. Die Kategorien sind so angeordnet, daß die genetische Ähnlichkeit auf der Vertikalachse von oben nach unten gelesen zunimmt. Viele verschiedene Intelligenztests wurden zur Feststellung des IQ benutzt. Die individuellen Korrelationskoeffizienten für jede Gruppe sind durch einen farbigen Punkt eingezeichnet. Die Mittelwerte sind durch vertikale Linien angegeben. Die Eltern-Kind-Korrelationen basieren so weit wie möglich auf dem durchschnittlichen IQ beider Eltern; ansonsten wurde nur der IQ der Mütter benutzt. Die Befunde von Burt sind von einem Kreis umgeben.

L. Erlenmeyer-Kimling u. L. Jarvik: Genetics and Intelligence: A Review. *Science,* 1963, *142,* 1477–1478; Copyright 1963 by the American Association for the Advancement of Science; Nachdruck mit Genehmigung.

BOX 4/14

Der seltsame Fall von Sir Cyril Burt

Größere Skandale sind in der Wissenschaft selten, vielleicht, weil die wissenschaftliche Methode die *Wiederholbarkeit* betont, die Bestätigung von Resultaten durch andere Forscher. Die Anthropologie hatte ihren „Piltdown-Menschen", einen gefälschten Knochenfund, der angeblich das fehlende Bindeglied zwischen Mensch und Affe repräsentierte. Die Psychologie hat ihren eigenen berüchtigten Skandal, und zwar in der politisch brisanten Arena von IQ und Vererbung.

Die Hauptfigur in dieser Geschichte war der führende englische Psychometriker Sir Cyril Burt. Burt war ein unerhört renommierter Mann, der wissenschaftliche Nachfahre von Francis Galton und Karl Pearson, den Begründern der Bewegung, die zu den Intelligenztestverfahren und der Wissenschaft von den individuellen Unterschieden führte. Burts Forschungsarbeit wurde während seines Lebens offensichtlich nicht in Frage gestellt.

Die wissenschaftliche Botschaft, die Burt über die Vererbbarkeit des IQ verkündete, war in ihrer Simplizität attraktiv: Etwa 88 Prozent der Differenzen im IQ seien durch genetische Unterschiede und nur sechs Prozent durch Umweltunterschiede bedingt; die restlichen sechs Prozent seien auf die Unzuverlässigkeit der Testergebnisse zurückzuführen. Burt stützte diese Behauptung auf seine Untersuchungen der IQs eineiiger Zwillinge, die bei der Geburt getrennt worden waren und Jahre später getestet wurden, nachdem sie in verschiedenen Familien aufgewachsen waren. Burt zufolge waren die Unterschiede in den Bildungschancen, die diese verschiedenen familiären Situationen den Zwillingen boten, ebenso groß wie die Milieuunterschiede, die in der gesamten weißen Population von Großbritannien zu finden sind. Trotz der angeblich so unterschiedlichen Bildungschancen wiesen die beiden Angehörigen jedes Zwillingspaares schließlich fast so ähnliche IQs auf, als wären sie eine Person (d.h., so ähnlich wie die Testergebnisse einer Person, die zwei verschiedene Formen eines IQ-Tests macht).

Burts Behauptungen wurden weithin akzeptiert und sein Datenmaterial in führenden Lehrbüchern der Psychologie präsentiert. Obwohl manchen Psychologen die altmodische, etwas klassenbewußte Art, wie Burt die Rolle der Vererbung vertrat, nicht ganz geheuer gewesen sein mag, schienen seine Daten eine solide Basis für Schlußfolgerungen über die Vererbbarkeit des IQ darzustellen.

Arthur Jensen, der führende zeitgenössische Verfechter der Erblichkeit des IQ, machte in seinen eigenen Berechnungen massiven Gebrauch von Burts Daten. Jensens Interpretationen und nicht Burts Daten gerieten schließlich als erste in die politische Schußlinie. Nach heutigen wissenschaftlichen Maßstäben in der Psychologie waren Burts Methoden der Berichterstattung manchmal überaus fragwürdig. Beispielsweise blieben, während sich die Gesamtzahl der getrennten eineiigen Zwillinge im Lauf der Jahre erhöhte, die Korrelationen zwischen ihren IQs merkwürdig konstant. Der Psychologe L. Kamin von der Universität Princeton verfaßte einen scharfen Angriff auf Burt, in dem er dessen Daten Unregelmäßigkeiten vorwarf (1974). Jensen (1974) berichtete, es sei ihm nicht möglich gewesen, die ursprünglichen Unterlagen Burts aufzufinden. In einer Enthüllungsgeschichte in der Londoner *Sunday Times* (1976) wurde behauptet, daß zwei der „Koautoren" Burts nie existiert hätten. Ein neuerer Artikel in *Science* (Dorfman, 1979) beanstandete in der Verteilung der IQ-Scores in den Burtschen Tabellen ein *Übermaß* an „Normalität", quasi, als ob dieser die Dinge so berichtet hätte, wie sie seiner Meinung nach sein sollten, und nicht so, wie sie waren.

mittlung auch von den größeren genetischen Ähnlichkeiten zwischen Pflegegeschwistern zeugen könnte (wenn auch indirekt).

In einer Längsschnittuntersuchung stellten Skodak und Skeels (1949) fest, daß die IQs von adoptierten Kindern, die zwischen dem Alter von zwei und vierzehn Jahren wiederholt getestet wurden, eine zunehmende Angleichung an das Bildungsniveau ihrer biologischen Mütter aufwiesen (wenn Eltern nicht für Tests zur Verfügung stehen, wird die Zahl ihrer Schuljahre manchmal als grober Maßstab ihres IQs herangezogen). Im Gegensatz dazu bestand in keinem Alter eine signifikante Korrelation mit dem Bildungsniveau ihrer *Pflege-*

Burts eifrigste Anhänger glauben, daß kein bewußter Betrug vorliege, nur eine bedauerliche Leichtfertigkeit im Umgang mit den Daten (z.B. Eysenck [1977]). Da Burts eigenes Renommée so gewaltig war, empfand er vielleicht nicht die Notwendigkeit, seine Schlußfolgerungen mit derselben Sorgfalt zu rechtfertigen, wie sie von weniger angesehenen Psychometrikern erwartet wird. Auch waren die Maßstäbe, die an die psychologische Forschung in den Jahren angelegt wurden, in denen sich Burt einen Namen machte, weniger strikt.

Kritiker wie Kamin sind weit weniger nachsichtig gewesen und haben Burts Berichte als eine bewußte Verfälschung der Wahrheit interpretiert. Was war der Zweck dieser Verfälschung? Den Kritikern zufolge ging es ihm darum, die klassenorientierten, antiegalitären Werte eines früheren Zeitalters zu bewahren. Dieser Deutung zufolge war Burt ein unverbesserlicher Konservativer, der ein Milieu zu erhalten suchte, in dem die Massen dazu verdammt waren, Bürger zweiter Klasse zu bleiben, während die Söhne wohlhabender Familien die besten Bildungs- und Berufschancen erhielten.

Abgesehen von dem ziemlich schwierigen Problem, Burts Motive und die Natur seiner Abweichung von den richtigen wissenschaftlichen Verfahrensweisen zu deuten, ist die wichtigste Frage die, in welchem Grad die Psychologie (und in diesem Fall vielleicht auch die Politik der Regierung) durch falsche Daten in die Irre geführt wurde. Ist die Vererbung weniger wichtig für den IQ, als Burt uns glauben machen wollte? Diese Frage kann man unter anderem dadurch beantworten, daß man Burts Daten mit denen anderer Forscher vergleicht, die den IQ von getrennten eineiigen Zwillingen studierten (s. Abb. 8, S. 73). Verglichen mit den drei anderen großangelegten Untersuchungen steht fest, daß Burt *höhere* IQ-Relationen berichtete. Doch die anderen drei Untersuchungen konstatieren alle höhere Korrelationen zwischen getrennten eineiigen Zwillingen als zwischen gemeinsam in derselben Familie aufgezogenen *zweieiigen* Zwillingen. Die sicherste Schlußfolgerung in diesem Zusammenhang scheint demnach zu sein, daß man auch unter Ausschließung von Burts Daten eine hohe Vererbbarkeit des IQ annehmen kann; aber nicht so hoch, wie Burt behauptete.

Vielleicht noch wichtiger als die Beschäftigung mit Burts Daten ist die Veränderung, die in der Art und Weise stattgefunden hat, wie Daten dieser Art üblicherweise interpretiert werden. Die Auffassung von einem einzigen Erblichkeitskoeffizienten des IQ wird jetzt stark in Frage gestellt. Burt schenkte wahrscheinlich auch der Korrelation zwischen den *Milieus* seiner getrennten Zwillinge nicht genügend Augenmerk – das heißt, der Tatsache, daß sie trotz ihrer Trennung dennoch in relativ ähnlichen Umgebungen aufgewachsen sein könnten. Da diese letztgenannte Korrelation so schwierig zu kontrollieren oder auch nur zu bewerten ist (Burt versuchte es), sind zeitgenössische Psychologen und Genetiker skeptisch gegenüber prozentuellen Schätzungen hinsichtlich der Rolle der Vererbung für den IQ.

C. Burt: The inheritance of mental ability. *American Psychologist,* 1958, *13,* 1–15.

A. Jensen: Kinship Correlations Reported by Sir Cyril Burt. *Behavior Genetics,* 1974, *4,* 1–28.

H. Eysenck: Sir Cyril Burt (Leserbrief). *American Psychologist,* 1977, *32,* 674–676.

L. Kamin: *The Science and Politics of IQ.* Potomac, Md.: Erlbaum, 1974.

D. Dorfman: The Cyril Burt question. New Findings. *Science,* 1979, *201,* 1177–1186.

mütter, die diese Kinder von frühester Jugend an aufgezogen hatten.

Diese Daten von Skodak-Skeels über adoptierte Kinder wurden mit Eltern-Kind-IQ-Korrelationen verglichen, die in einer Längsschnittstudie von Kindern, die von ihren leiblichen Eltern aufgezogen wurden, festgestellt worden waren (Honzik, 1957). Der Vergleich ist in Abbildung 11 zu sehen. Die Ähnlichkeit der Kurven aus den beiden Studien sowohl für die Mutter als auch für den Vater bestätigt Honziks Auffassung, daß diese Relationen weitgehend genetisch bedingt seien. Man sollte jedoch *nicht* den Schluß daraus ziehen, daß die häusliche Umgebung ein unbedeutender Faktor für die Entwicklung geistiger Fähigkeiten sei. Der IQ dieser adoptierten Kinder (in Abb. 11 nicht angegeben) wies tatsächlich eine erhebliche Steigerung auf, wahrscheinlich dank des anregenderen geistigen Milieus der Adoptivfamilien. In der Untersuchung von Skodak-Skeels betrug der durchschnittliche IQ der leiblichen Mütter nur 86, der ihrer Kinder jedoch 106 – ein Unterschied von 20 Punkten! Das ist nicht bloß eine Regression zum Mittelwert (denn durch diese Steigerung um 20 Punkte liegen die Kinder deutlich über dem Durchschnitt).

Widerspricht dieser Anstieg des durchschnittlichen IQ adoptierter Kinder Honziks Schlußfolgerungen, die den Einfluß der Vererbung hervorheben? Nicht, wenn man sich vor Augen hält, daß die IQs von Müttern und Kindern weitgehend *korrelieren,* selbst wenn sich der durchschnittliche IQ von einer Generation zur nächsten erhöht. Der Korrelationskoeffizient gibt nur an, inwieweit Paare von individuellen Meßwerten dieselbe *relative* Position bzw. denselben Rang einnehmen (s. 1. Band, S. 35). Was man sich vor Augen halten muß, ist, daß sich die durch Korrelationen gemessene Erblichkeit auf den Grad bezieht, in dem die Vererbung für die *Unterschiede* zwischen Individuen einer bestimmten Gruppe verantwortlich ist (in diesem Fall die Gruppe von Kindern, die bei Adoptiveltern aufwuchsen). Infolge der kultivierteren Umgebung, die ihnen von ihren Pflegeeltern geboten wurde, könnten zwar *alle* diese Kinder schließlich einen höheren IQ erreicht haben als ihre leiblichen Eltern, aber dennoch eine deutliche Korrelation mit den IQs dieser Eltern aufweisen.

Ähnliche Schlüsse können aus einer neueren Studie von Scarr u. Weinberg (1978) gezogen

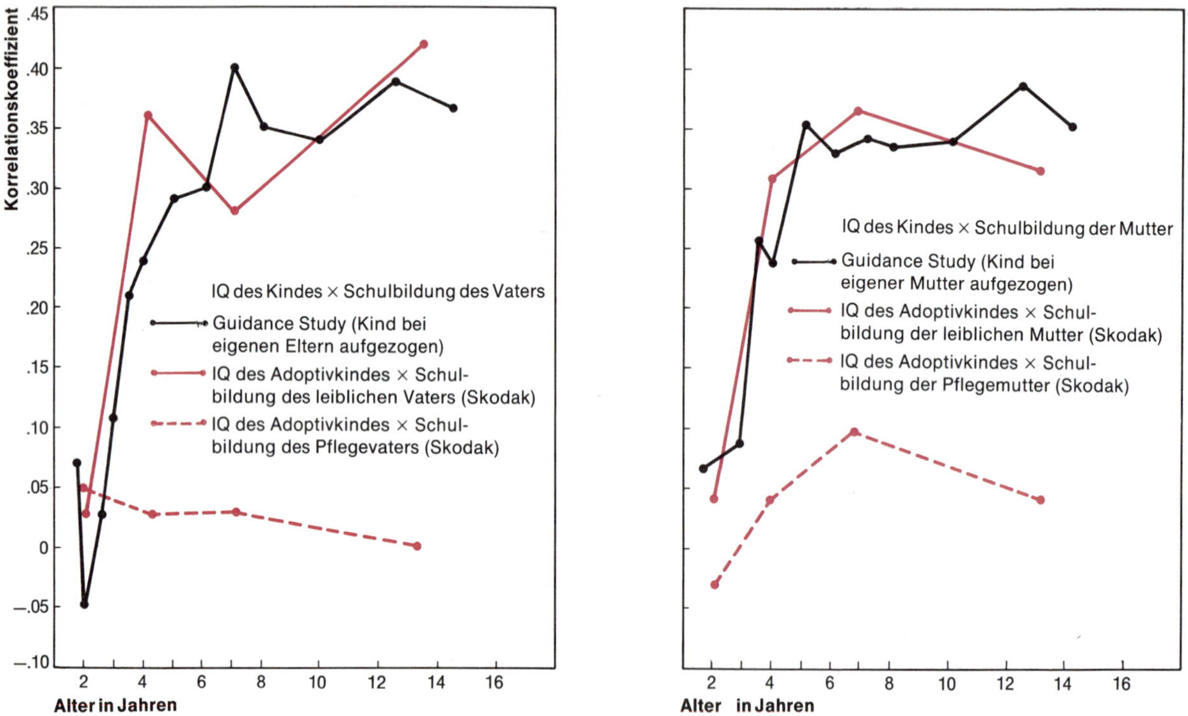

Abbildung 11: Trends in den Eltern-Kind-IQ-Korrelationen von Kindern, die bei ihren leiblichen Eltern sowie von Kindern, die nicht bei ihren Eltern aufwuchsen. Die beiden oberen Kurven in beiden Abbildungen vergleichen direkt den relativen Einfluß leiblicher Eltern auf die Intelligenz ihrer Kinder – in dem einen Fall, wenn die Kinder von ihren eigenen Eltern aufgezogen werden (von der Berkeley Guidance Study an der Universität von Kalifornien, über die Honzik berichtet), im anderen Fall, wenn sie von Pflegeeltern aufgezogen wurden (Skodak und Skeels). Die beiden Kurven sind im großen und ganzen in beiden Fällen identisch. Im Gegensatz dazu weist die Intelligenz der Pflegeeltern eine unerhebliche Korrelation mit der Intelligenz ihrer adoptierten Kinder auf.

M. Honzik: Developmental studies of parents-child resemblance in intelligence. *Child Development,* 1957, *28,* 215–228; © 1957 by The Society for Research in Child Development, Inc.; Nachdruck mit Genehmigung.

werden, die jedoch einen interessanten methodologischen Fortschritt in der Adoptionsforschung zu repräsentieren scheint. Diese Forscher verglichen die Korrelationen zwischen Eltern- und Kind-IQs sowohl der leiblichen als auch der Pflegeeltern, die sich beide hinsichtlich ihres sozioökonomischen Status glichen (keine der beiden waren wirklich arm). Die Korrelationen waren viel höher in den Familien, in denen die Kinder bei ihren leiblichen Eltern aufgewachsen waren. Scarr und Weinberg fassen die Ergebnisse dieser neuen Studie folgendermaßen zusammen:

„Die Schlußfolgerung, die wir durch unsere Daten für gerechtfertigt halten, ist, daß intellektuelle Unterschiede zwischen Kindern am Ende der Jugendzeit wenig mit Umweltunterschieden *zwischen Familien, die von einem soliden Arbeitermilieu bis zur oberen Mittelschicht reichen,* zu tun haben ... Unterschiede im häuslichen Milieu, die sich auf den IQ auswirken, sind weitgehend das Resultat genetischer Unterschiede zwischen den Elternpaaren, die ihre eigene gesellschaftliche Stellung beeinflußten und die genetisch an ihre Nachkommen weitergegeben werden, deren gesellschaftliche Stellung schließlich ebenfalls davon beeinflußt wird" [Hervorhebung durch K. u. C.].

Wir haben die obige Hervorhebung angebracht, um das wichtige Faktum zu beleuchten, daß die Bandbreite an familiären Milieus in dieser Studie etwas eingeschränkt war. Aber die nachdrückliche Warnung, nicht allzu viel von geringen Umweltunterschieden zu erwarten, ist besonders eindrucksvoll, da sie von Autoren kommt, die überzeugendes Beweismaterial für Veränderungen des IQ bei einschneidenderen Veränderungen in der Umwelt vorgelegt haben (s. Box 4/17, S. 84).

Selbst die IQs von getrennten eineiigen Zwillingen weisen einige stark Unterschiede auf. In Abbildung 8 (S. 73) beträgt der größte Unterschied zwischen eineiigen Zwillingen 24 Punkte und ist somit größer als alle Gruppenunterschiede, mit denen wir uns beschäftigen werden. In diesem Fall waren die Zwillinge Schwestern, die im Alter von 18 Monaten getrennt worden waren. Eines der Mädchen war in einem hinterwäldlerischen Milieu aufgewachsen und hatte nur *zwei Jahre die Schule besucht!* Ihre Zwillingsschwester, die in einer wohlhabenden Landgemeinde groß wurde, hatte studiert und war Lehrerin geworden. Im Alter von 35 Jahren getestet, zeigt der ungeheure Unterschied zwischen ihren IQs, wie folgenschwer *extreme* Unterschiede in der Umwelt sein können. Vermutlich hätte die in der Abgeschiedenheit aufgewachsene Zwillingsschwester viel besser abgeschnitten, wenn sie eine halbwegs normale Schulbildung erhalten hätte. Die Vorstellung von „intelligenten" Genen oder „dummen" Genen hat nur bezogen auf ein bestimmtes Milieu Bedeutung. Man erinnere sich, daß Tryons „kluge" Ratten „dumm" wurden, als man sie in einer anderen Umgebung testete (Box 1/1).

Tryon wählte seine Ratten in Hinblick auf ihre Leistungen in einer bestimmten Umgebung aus und paarte sie. Die biologische Auslese hat im *Homo sapiens* eine Spezies hervorgebracht, die dank ihrer Fähigkeit zum Umgang mit Symbolen und anderen Werkzeugen imstande ist, sich an die verschiedensten Umgebungen anzupassen. In Hinblick auf diese Fähigkeiten sind die Unterschiede zwischen Individuen unbedeutend, verglichen mit jenen zwischen dem Menschen und selbst seinen engsten evolutionären Verwandten, wie den Menschenaffen. Wir staunen über Sarahs Umgang mit Symbolen (s. 1. Kap.) nur, weil sie eine Schimpansin ist; wäre sie ein Mensch, würden wir sie als „Pflegefall" klassifizieren.

Jener Teil der beobachteten Abweichungen (wie im IQ), der auf genetische Unterschiede zurückzuführen ist (die sogenannten *Erbanlagen*), wird aber auch durch Unterschiede in der Umwelt beeinflußt. In Box 4/12 (S. 72) wurde ein möglicher Extremfall ins Auge gefaßt, nämlich gleiche Umweltbedingungen für alle – mit der Konsequenz, daß alle Unterschiede im schließlichen Erfolg ausnahmslos auf Unterschiede in den Erbanlagen zurückzuführen sein würden. Aber in der wirklichen Welt wachsen wir alle in verschiedenen Umgebungen auf und ziehen entweder Nutzen aus den pädagogischen Fähigkeiten viel älterer Geschwister oder müssen mit fast gleichaltrigen Geschwistern um die elterliche Aufmerksamkeit konkurrieren (s. Box 4/15, S. 80). Darüber hinaus kann das Kind mit einem leichten genetischen Vorzug weitaus größere Aufmerksamkeit erregen, mit der Folge, daß ihm seine Umgebung viel bessere Bildungschancen bietet. Dies wäre ein Beispiel eines *Wechselspiels* zwischen Vererbung und Umwelt. Und der Vorteil, den eine besonders „bildungsfreudige Umgebung" bietet, könnte weitaus größer für ein Kind sein, dessen natürliche Wißbegier aus dieser Gelegenheit Nutzen zieht.

Bevor wir diesen Überblick über den Stand der Forschungsarbeiten über Familienbeziehungen

BOX 4/15

Intelligenz und Altersabstand von Kindern

Weil wir wichtige dauerhafte Merkmale eines Bildungsmilieus nicht experimentell manipulieren können, ist es schwierig, deren Wirkungen zu testen. Die „natürlichen" Experimente, die auf der Untersuchung bereits vorhandener Unterschiede basieren, sind gewöhnlich hoffnungslos verwickelt. Beispielsweise gehen Unterschiede im Bildungsniveau mit Unterschieden im Einkommen, der Ernährungsweise, der Familiengröße, in den kulturellen Werten und zahlreichen anderen Faktoren, darunter auch genetische, einher, von denen sich jeder einzelne auf die geistigen Fähigkeiten auswirken kann. Obwohl wir es kaum vermeiden können, unsere eigenen „bevorzugten" Interpretationen zu entwickeln, können wir nie sicher sein, daß die Ursachen, die wir für die wichtigsten halten, wirklich die entscheidenden sind. Dennoch können wir versuchen festzustellen, ob unsere kausalen Interpretationen sich zumindest mit den relevanten Daten decken.

R. Zajonc hat im Zuge der Entwicklung seiner „Konfluenz"-Theorie intellektueller Unterschiede umfangreiches Datenmaterial über Familiengröße, Reihenfolge der Geburt und Intervalle der Geburten analysiert. Zajonc geht dabei von der Hypothese aus, daß die einem Kind gebotenen Bildungschancen zum Teil durch das durchschnittliche *Intelligenzalter* (nicht den IQ) *aller* Mitglieder der unmittelbaren Familie bedingt sind. Große Familien mit vielen kurz nacheinander geborenen Kindern stellen ein eher ungünstiges Bildungsumfeld dar, da das durchschnittliche Intelligenzalter solcher Familien in den ersten Lebensjahren des Kindes in der Regel ziemlich niedrig ist (d.h. die meisten der Kinder sind zur selben Zeit klein und fallen daher stärker ins Gewicht als die höheren Intelligenzalter ihrer Eltern). Wenn die Geburten der Kinder in kurzen Abständen erfolgen, finden die später geborenen nach diesem gleichen Maßstab ein ungünstigeres Umfeld vor. Wenn einer der beiden Elternteile fehlt, muß das durchschnittliche Intelligenzalter ebenfalls niedriger sein. Zajonc hebt das *durchschnittliche* Intelligenzalter hervor, in der Überzeugung, daß ältere Geschwister und Eltern eine pädagogische Funktion erfüllen und daß sie Wissen wirksamer vermitteln können, wenn sie selbst mehr wissen. Wenn die Kinder hingegen in zu

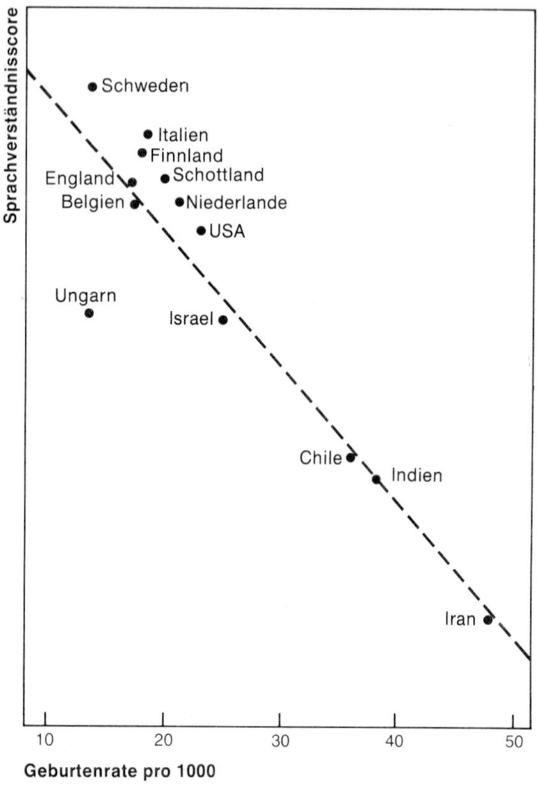

knappen Abständen geboren werden, müssen sie um die begrenzte Aufmerksamkeit ihrer Bezugsperson konkurrieren.

Zur Unterstützung dieser Interpretation präsentiert Zajonc Datenmaterial, aus dem hervorgeht, daß die durchschnittlichen Sprachverständnisscores verschiedener Länder sich umgekehrt proportional zu deren Geburtenrate verhalten, wobei letztere ein grober Index der Altersabstände ist (siehe obige Abbildung). Andere Daten zeigen, daß die geistigen Leistungen innerhalb eines bestimmten Landes niedriger sind, wenn die Familien größer sind. Zajonc weist auch nach, daß in Familien einer bestimmten Größe (z.B. fünf Kinder) die Erstgeborenen die höchsten und die später geborenen Kinder immer niedrigere Ergebnisse erzielen (dies gilt nicht in Ländern wie Frankreich und Schottland, wo die Geburten in größeren Abständen erfolgen, mit dem Resultat, daß sich das Verhältnis umkehrt).

Zajonc zieht denselben Grundgedanken heran, um die Rassenunterschiede im IQ teilweise zu erklären. So fehlt in schwarzen Familien häufiger ein Elternteil und damit auch eine pädagogische Bezugsperson. Außerdem kommen die Kinder in diesen Familien in der Regel in kürzeren Abständen zur Welt.

Die Abnahme der SAT-Ergebnisse deckt sich ebenfalls insoweit mit Zajoncs Interpretation, als diese Abnahme parallel zu einer Zunahme in der durchschnittlichen Geburtsordnung (d.h. der Position des Kindes in der Familie) der getesteten Schüler verläuft. Auf dieser Grundlage prognostizierte Zajonc zutreffend die jüngste Abflachung der SAT-(verbal)Ergebnisse, aber nicht das neuerliche Absinken der Gesamtergebnisse für den verbalen und mathematischen Teil. Dabei sollte man sich klarmachen, daß Zajonc die Abnahme nicht *nur* auf die familiäre Situation zurückführt. Er vertritt lediglich die Ansicht, der Rückgang könnte *teilweise* einer verminderten Unterweisung in der Familie zuzuschreiben sein.

Obwohl Zajoncs Interpretation auf den ersten Blick einleuchtend erscheint, ist es zu diesem Zeitpunkt noch schwierig, deren Schlüssigkeit zu beurteilen. Das Problem der verflochtenen Bedingungen kann nicht überwunden werden, indem man einfach große Mengen übereinstimmender Daten beschafft. Was nötig wäre, ist eine experimentelle Manipulation, die geeignet ist, einige der wichtigeren Faktoren zumindest teilweise zu entwirren. Wenn beispielsweise Pflegekinder nach dem Zufallsprinzip auf Adoptivfamilien verschiedener Größe verteilt werden könnten, dann könnte man zumindest die Verquikkung von Familiengröße und Vererbung beseitigen. Solche Experimente sind nicht leicht durchzuführen, und wir sind deshalb nach wie vor auf die Post-factum-Analysen nichtexperimenteller Daten angewiesen. Dennoch macht uns Zajonc auf eine interessante Möglichkeit aufmerksam: Das Maß an informeller Unterweisung, die Kinder innerhalb der Familie erhalten, kann einen spürbaren Unterschied in ihren Leistungen bei standardisierten Intelligenztests ausmachen.

R. Zajonc: Family Configuration and Intelligence. *Science*, 1976, *192*, 227–236.

abschließen, möchten wir unsere Leser daran erinnern, daß IQs eine beträchtliche *Regression zum Mittelwert* aufweisen (s. Abb. 3 im 1. Bd., S. 27). Eltern mit hohen IQs sind oft enttäuscht, wenn die meisten (und manchmal alle!) ihrer Kinder viel niedrigere IQs haben als sie selbst. Wenn wir beispielsweise lediglich wissen, daß einer von zwei Elternteilen einen IQ von 140 hat, dann ist die beste Prognose für ein bestimmtes Kind dieses Paares ein IQ von etwa 120. Dies gilt ungeachtet der Kombination von Erb- und Umweltfaktoren, die im Spiel sind. Obwohl die Regression zum Mittelwert insofern alle gleich behandelt, als Kinder von Eltern mit niedrigem IQ eine gute Chance haben, besser abzuschneiden als ihre Eltern, ist das kein Trost für Eltern mit hohem IQ.

1.3 Unterschiede im IQ zwischen Gruppen

Nehmen wir an, daß man nach Vergleich der Forschungsergebnisse über Unterschiede innerhalb von Gruppen zu dem Schluß kommt, daß die Vererbung eine höchst wichtige Rolle für die Entstehung der Unterschiede in den IQs spielt. Sollte man dann auch die Unterschiede zwischen den durchschnittlichen IQs verschiedener Bevölkerungsgruppen auf die Vererbung zurückführen? Dies scheint eine logische Folgerung, und sie ist oft von Leuten gemacht worden, die sich von den Zwillings- und Adoptionsstudien beeindruckt zeigten. Wir werden jedoch zu demonstrieren versuchen, daß diese Folgerung falsch ist und daß hohe Erblichkeit innerhalb von Gruppen *nicht* logischerweise impliziert, daß alle Unterschiede zwischen Gruppen ebenfalls der Vererbung zuzuschreiben sind.

Man betrachte das folgende Beispiel (s. Abb. 12). Wir haben zwei unbewohnte Inseln, die sich in vieler Hinsicht einschließlich der Verfügbarkeit von Vitamin D voneinander unterscheiden. Große Bevölkerungsgruppen wünschen, auf diese Inseln zu emigrieren. Durch Wurf einer Münze schicken wir die Hälfte der Leute auf die vitaminreiche Insel, die andere Hälfte auf die andere. Später vergleichen wir die Körpergröße der auf den beiden Inseln heranwachsenden Kinder. Obwohl die durchschnittliche Größe der ursprünglichen Einwanderer aufgrund der willkürlichen Zuordnung

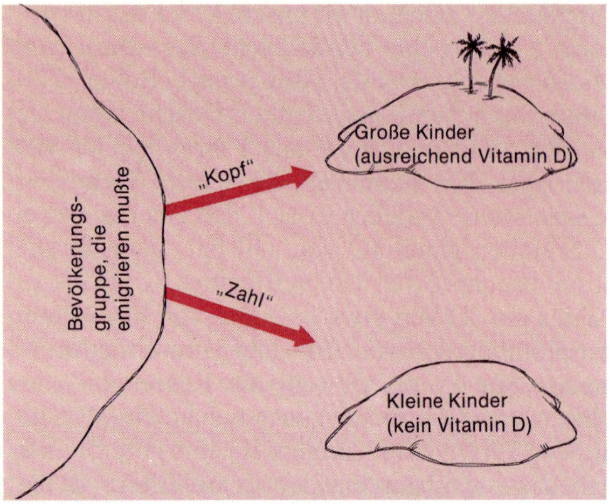

Abbildung 12: Bei zufälliger Aufteilung auf die Inseln repräsentieren die beiden Emigrantenpopulationen denselben Genpool. Und doch werden ihre Kinder auf der Insel mit Vitamin D (und Bäumen!) größer. In diesem Fall ist es klar, daß die Größenunterschiede zwischen den Inseln umweltbedingt sind, obwohl auf beiden Inseln eine hohe Erblichkeit der Körpergröße bestehen mag. Gilt dasselbe auch für andere Gruppenunterschiede?

auf beiden Inseln dieselbe ist, stellen wir fest, daß die auf der vitaminreichen Insel heranwachsenden Kinder im Durchschnitt größer werden.

Nehmen wir jetzt an, daß Psychologen kommen und sorgfältige Untersuchungen der im letzten Abschnitt beschriebenen Art über Unterschiede innerhalb von Gruppen durchführen (indem sie beispielsweise eineiige Zwillinge bei der Geburt trennen). Diese Untersuchungen zeigen, daß die Größenunterschiede auf beiden Inseln in erheblichem Maß mit hereditären Unterschieden zusammenhängen (genau wie in unserer Gesellschaft). Können wir dann logischerweise schließen, daß die Unterschiede in der durchschnittlichen Körpergröße zwischen den beiden Inseln zumindest teilweise auch auf systematische Unterschiede in den Erbanlagen zurückzuführen seien? Ganz sicher nicht! Unser Verfahren der zufälligen Zuordnung gewährleistet, daß die Menschen auf beiden Inseln repräsentative Stichproben *desselben* Genpools darstellen. Die Logik unserer Versuchsanordnung zwingt uns, den Unterschied in der durchschnittlichen Größe auf irgendein experimentell manipuliertes Merkmal zurückzuführen – in diesem Fall die Umweltunterschiede zwischen den beiden Inseln. Da wir bereits wissen, daß Vitamin D wichtig für das Wachstum ist, führen wir den Unterschied in der durchschnittlichen Größe mit Recht zumindest teilweise auf diesen Umweltunterschied zurück.

1.4 Rassische Unterschiede

In einem sehr fundamentalen Sinn leben die verschiedenen ethnischen oder rassischen Gruppen in den USA auf verschiedenen „Inseln“. Sie leben in Kulturen, die sich in wichtigen Punkten voneinander unterscheiden, vielleicht auch hinsichtlich des Angebots an Vitamin D, aber bestimmt in vielen anderen Hinsichten, von denen manche entscheidend für den IQ sein könnten. *Wir können nicht logischerweise folgern, daß Unterschiede zwischen Gruppen auf die jeweiligen Faktoren zurückzuführen seien, die Unterschiede innerhalb von Gruppen hervorrufen.* Die Bedeutung dieses schwer verständlichen Argumentes kann gar nicht genug hervorgerufen werden. Selbst Skeptiker gegenüber umweltbezogenen Erklärungen von Gruppenunterschieden im IQ (z. B. Jensen [1973]) haben die fundamentale Logik dieses Arguments akzeptiert (obwohl Jensen immer noch glaubt, daß es genetische Ursachen für rassische Unterschiede im IQ gebe).

Um die heftigen Emotionen zu verstehen, die von Erörterungen rassischer Unterschiede in der Intelligenz ausgelöst werden, ist es hilfreich, sich um ein halbes Jahrhundert in die Zeit zurückzuversetzen, als Adolf Hitler dem deutschen Volk seine Rassentheorie aufdrängte. Hitler versicherte den Deutschen, daß sie Mitglieder der arischen „Herrenrasse“ seien. Im Gegensatz dazu sollten andere Völker wie die Juden, Zigeuner, Polen und Farbigen als genetisch minderwertig angesehen werden, als eine Gefahr für die rassische „Reinheit“, dank der die Deutschen die Weltherrschaft erringen würden. Als 1936 bei der Olympiade in Berlin der schwarze Amerikaner Jesse Owens einige Leichtathletikwettbewerbe gewann, weigerte sich Hitler sogar, dem Sieger die Hand zu schütteln. Damals gab es in Europa zwar nur wenige Schwarze, aber mehr als sechs Millionen der Juden unter Hitlers Herrschaft wurden in Konzentrationslager verschickt, wo die meisten seiner „Endlösung“ unterzogen wurden – Tod in den Gaskammern oder durch Verhungern. Als diese grauenerregenden Tatsachen bekannt wurden und insbesondere, nachdem amerikanische Soldaten am Ende des

BOX 4/16

Individuelle und Gruppenunterschiede

Die nachstehende graphische Darstellung gibt die *Häufigkeitsverteilung* der Ergebnisse wieder, die von zwei verschiedenen Gruppen bei denselben Tests erzielt wurden. Wenn beispielsweise die SAT-(verbal)Ergebnisse darzustellen wären, dann könnte eine Gruppe aus den Studenten bestehen, die in eine private Eliteuniversität aufgenommen wurden, und die andere aus den Studenten, die zu einer staatlichen Universität zugelassen wurden. In diesem Fall wäre der Unterschied zwischen den beiden Mittelwerten etwa 100 Punkte. Wenn diese Verteilungen statt dessen IQ-Scores repräsentierten, dann könnte eine Gruppe die Population weißer Schulkinder und die andere die Population schwarzer Schulkinder sein, oder eine Gruppe könnten Kinder aus Akademikerfamilien und die andere Kinder aus Arbeiterfamilien sein. In den beiden letztgenannten Fällen würde der Unterschied zwischen den beiden Durchschnitts- oder Mittelwerten etwa 15 Punkte betragen.

Es besteht eine erhebliche Überschneidung zwischen den Populationen bei diesen Meßwerten. Beispielsweise fällt ein Sechstel der Ergebnisse der höheren Population unter den Durchschnittswert der anderen Population. Um dieses Faktum hervorzuheben, haben manche Psychometriker erklärt, „die Unterschiede innerhalb von Gruppen sind größer als die Unterschiede zwischen Gruppen". Das stimmt, denn beide dieser „normalen" Verteilungen erstrecken sich im Prinzip bis an die obersten und untersten Grenzen des Tests (z. B. 200 und 800 für jede Hälfte des SAT).

Wenn man sich jedoch auf die äußeren Enden dieser Kurven konzentriert, erscheinen die Unterschiede größer. Ein IQ von 115 mag als Minimum für den Erfolg an einer guten staatlichen Universität gelten. Dies würde dem oberen Sechstel der höheren Verteilung entsprechen, aber nur das oberste Vierzigstel der niedrigeren Verteilung würde einen so hohen IQ aufweisen. Dennoch sind einige Ergebnisse in der niedrigeren Verteilung ebenso hoch wie die besten der höheren Verteilung.

Wie man an diese Verteilungen auch herangehen mag, so viel sollte klar sein, daß ein Gruppendurchschnitt nur eine begrenzte Aussagekraft hat. Einzelne weichen in hohem Maß vom Durchschnitt ab. Wir alle möchten nach unseren eigenen Meriten beurteilt werden, als das, was wir sind, und nicht nach irgendeinem stereotypen Durchschnittswert, der das Individuum vielleicht gar nicht gut repräsentiert.

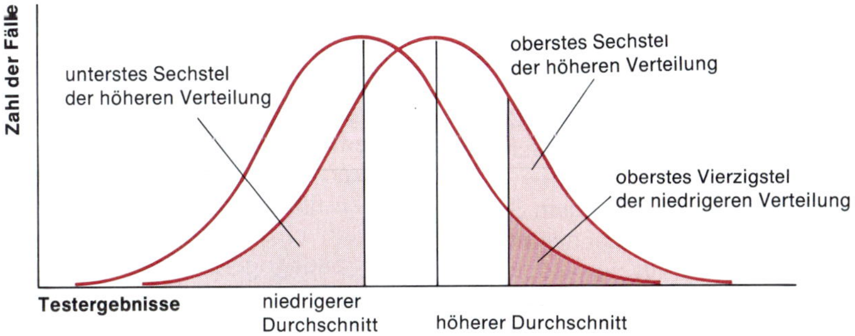

Zweiten Weltkriegs die Konzenzentrationslager befreiten, entwickelten sensible Menschen in allen Teilen der Welt einen Widerwillen gegen alle Andeutungen rassischer Unterschiede. Denn wenn man davon ausgeht, daß verschiedene Bevölkerungsgruppen *in Dingen, die sich auf ihr Verhalten auswirken,* genetisch verschieden seien, öffnet man Vorstellungen von rassischer Überlegenheit und Unterlegenheit Tür und Tor.

Das Beispiel Hitlers ist uns eine Warnung, wohin eine solche Denkweise führen kann. Dies ist demnach einer der Hauptgründe für das Mißtrauen – ja sogar die Empörung – die sich zeigen, wenn Tests große systematische Unterschiede im IQ

BOX 4/17

Wenn schwarze Kinder von weißen Familien adoptiert werden

Bei Vergleichen der IQs und der Schulleistungen verschiedener Bevölkerungsgruppen werden Erb- und Umweltfaktoren miteinander vermengt. Adoption durch andersrassische Eltern stellt ein interessantes Beispiel dafür dar, wie einige dieser Faktoren entwirrt bzw. voneinander getrennt werden können. Sandra Scarr und Richard A. Weinberg von der Universität von Minnesota machten 68 Kinder mit jeweils einem schwarzen leiblichen Elternteil (fast immer der Vater) ausfindig, die in frühester Jugend von weißen Akademikerfamilien in Minnesota, in der Regel Lehrer, Pastoren und Ingenieure, adoptiert worden waren. Die IQs der Stiefeltern und auch deren leiblicher (weißer) Kinder betrugen im Durchschnitt etwa 120. Die IQs der leiblichen Eltern der adoptierten Kinder standen nicht zur Verfügung, aber sowohl die Mütter als auch die Väter (soweit diese überprüfbar waren) hatten einen Bildungsstand, der im Schnitt nahe beim Mittelwert der Gesamtbevölkerung lag (d. h. etwas über 12 Jahre Schulbildung), was vermuten ließ, daß ihr IQ im Schnitt nahe bei 100 liegen würde. Wären die adoptierten Kinder bei ihren leiblichen Eltern geblieben, dann hätte ihr durchschnittlicher IQ also auch nahe bei 100 liegen müssen. Ihr IQ betrug aber im Schnitt 109. Dies scheint ein klarer Beweis, daß eine vollständige Integration in ein gehobeneres Bildungsumfeld, die geeignet ist, die Auswirkungen von Rassenunterschieden zu vermindern, eine erstaunliche Erhöhung des IQ zur Folge hat. Was noch wichtiger ist, diese adoptierten Kinder erzielten Ergebnisse über dem nationalen Durchschnitt bei verschiedenen Tests wie Schulleistung, Wortschatz, Lesen und Rechnen.

Diese Studie sollte einen nicht zu dem Schluß verführen, daß damit alle Bildungsnachteile für die adoptierten Kinder beseitigt gewesen seien. Das Stigma der Rasse mag, wenn auch in stark verringertem Maß, für viele von ihnen noch präsent gewesen sein. Ihre Pflegeeltern und ihre Lehrer haben vielleicht weniger von ihnen erwartet, und sie mögen aus diesem Grund weniger von sich selbst erwartet haben. Außerdem wurden viele erst nach monatelangem Aufenthalt bei vorläufigen Pflegeeltern adoptiert, das heißt, sie hatten sich zunächst in einer weit weniger idealen Umgebung befunden.

Scarr und Weinberg interessierten sich für die Auswirkungen einer radikalen Veränderung des sozialen Umfeldes. Sie betonen jedoch, daß sie Veränderungen dieser Art nicht als Lösung für die Schulschwierigkeiten so vieler schwarzer Kinder empfehlen. Selbst wenn es praktikabel wäre, alle Kinder bei der Geburt von Familien mit hohem IQ adoptieren zu lassen, was natürlich nicht der Fall ist, gibt es andere Werte wie Empathie, Geselligkeit und Altruismus, die von einem hohen IQ nicht garantiert werden und möglicherweise in Familien mit bescheidenem IQ besser gedeihen.

Wozu diese Untersuchung Mut macht, ist der Gedanke, daß wir Wege finden können, um die gegenwärtigen Bildungsdefizite benachteiligter schwarzer Kinder, ja benachteiligter Kinder aller Art, zu überwinden. Dies wird nicht leicht sein. Tatsächlich gelangen die Autoren zu dem Schluß, daß „pädagogische Interventionen allein wahrscheinlich nicht die Auswirkungen haben werden, die hier für die Adoption festgestellt wurden. Schulen, so wie sie heute sind, können nicht dieselbe weitreichende und intensive Wirkung haben wie das Leben in der Familie".

S. Scarr u. R. Weinberg: IQ test performance of black children adopted by white families. *American Psychologist,* 1976, *31,* 726–739.

Foto: © Lawrence Frank 1970.

zwischen Schwarzen und Weißen oder zwischen anderen ethnischen Gruppen ergeben.

Die Unterschiede zwischen Schwarzen und Weißen (in der Regel 15 Punkte bei IQ-Tests – s. Box 4/16, S. 83) würden weniger Aufmerksamkeit erregen, wenn sie sich nicht mit Unterschieden in den Schulleistungen deckten. Die Tatsache, daß so viele schwarze und spanischsprechende amerikanische Kinder nicht richtig lesen lernen, ist es, was das unheilvolle Gespenst der „rassischen Minderwertigkeit" wieder aufleben läßt. Wie kommt es, daß die Hälfte der Kinder in manchen der von Minoritäten besuchten Schulen niemals bis zu dem Niveau lesen lernen, das für das Verständnis einer Zeitung erforderlich ist?

Wenn wir zu unserem Beispiel von den zwei Inseln zurückkehren, dann können wir uns nicht enthalten, über eine Analogie zu Vitamin D als den möglichen entscheidenden Faktor zu spekulieren, der die Gruppenunterschiede in den geistigen Leistungen erklärt. Aber selbst in dem Inselbeispiel wird nicht bewiesen, daß Vitamin D der *einzige* Faktor von Bedeutung ist. Der durchschnittliche Größenunterschied zwischen den Kindern kann auf eine Vielzahl anderer Faktoren, einschließlich Unterschiede im Angebot an anderen Nahrungsmitteln, zurückzuführen sein. Dasselbe gilt für Unterschiede zwischen Bevölkerungsgruppen in unserer Gesellschaft. Wo können wir mit dem Versuch ansetzen, die vielen verflochtenen Bedingungen zu entwirren, die als Ursachen der Unterschiede in den akademischen Leistungen zwischen Gruppen in Frage kommen?

Die Adoption schwarzer Kinder durch weiße Familien stellt vielleicht am ehesten so etwas wie ein Experiment in diesem Bereich dar – und aller Wahrscheinlichkeit nach die einschneidendste Veränderung der Umwelt. Die Studie von Scarr u. Weinberg (1976; s. Box 4/17) offenbarte eine spektakuläre Zunahme des IQ nach Adoption durch andersrassische Eltern. Diese Studie gibt zu Spekulationen Anlaß, welche Merkmale der Umwelt am wichtigsten für die Entwicklung des IQ dieser adoptierten Kinder waren. Es wäre ein Fehler, sich auf ein leicht identifizierbares Charakteristikum wie die bessere Versorgung mit Büchern oder der Besuch einer Schule mit höherem akademischen Niveau zu beschränken. Es gibt viele andere Möglichkeiten, die von der Ernährung bis zur Interpretation von Mißerfolg durch die Kultur reichen. Und einige dieser Faktoren könnten sich als entscheidend erweisen. Die wohlhabenderen Adoptivfamilien bieten nicht nur viele mögliche Vorteile innerhalb des Heims, sondern auch außerhalb desselben: Spielkameraden, die größeren Wert auf akademischen Erfolg legen, Schulen, in denen die meisten Kinder stärker leistungsorientiert sind, und ein allgemeines Klima, in dem die Menschen zu wissen scheinen, wie sie „vorankommen", wenn sie sich nur genügend bemühen. Alle diese Faktoren zusammengenommen summieren sich zu einer Kultur, und Kulturen können erstaunlich resistent gegenüber Veränderungen sein (s. Box 4/18).

1.5 Sozioökonomische Unterschiede

Es gibt große *schichtspezifische* Unterschiede im IQ. Wie sehen die Tatsachen aus? Erstens: Obzwar die westliche Welt danach streben mag, eine „offene Gesellschaft zu sein, d.h. eine Gesellschaft, in der die Fähigeren auf der gesellschaftlichen und ökonomischen Leiter aufsteigen können, leben wir keinesfalls in einer klassenlosen Gesellschaft. Verschiedene Gemeinden in den Vereinigten Staaten wurden von einer Anzahl von Sozialwissenschaftlern sorgfältig studiert, und alle Forscher scheinen sich einig zu sein, daß unsere Gesellschaft nach soziologischen und Verhaltensmaßstäben zweifelsfrei eine Klassenstruktur aufweist. So schienen beispielsweise in Yankee City (der Deckname einer Kleinstadt in New England, die von Warner und Lunt [1941] studiert wurde) und in Old Town (die Bezeichnung, die Davis, Gardner u. Gardner [1941] für ihre Kleinstadt im Süden benutzten) sechs verschiedene Klassen oder Schichten zu existieren: die obere Oberschicht, die untere Oberschicht, die obere Mittelschicht, die untere Mittelschicht, die obere Unterschicht und die untere Unterschicht. Die Angehörigen jeder dieser Schichten feierten Feste miteinander, heirateten wechselseitig in die Familien ein und unterschieden sich von den anderen Schichten im Hinblick auf ihre Bildung und ihren Beruf.

Gesellschaftsschichten existieren, und die Unterschiede zwischen ihnen werden definiert im Hinblick auf Unterschiede in Vermögen, Einfluß, Bildungsgrad, Beruf und Sozialverhalten (s. Abb. 13). Mit beträchtlichem Forschungsaufwand wurden Vergleiche zwischen dem IQ von Angehörigen verschiedener sozioökonomischer Schichten

BOX 4/18

Jüdische versus schwarze Kultur

Unterschiede in der „Einstellung und im Verhalten geschichtlich verwurzelter Gruppen sind relativ immun gegen Veränderungen, außer aus einer zeitlichen Perspektive betrachtet, in der die kleinste Meßeinheit ein Jahrhundert ist". Das schreibt der an der Universität Yale tätige Psychologe Seymour Sarason. Was uns Sarason vor Augen halten möchte, ist, daß Umweltfaktoren sehr viel länger brauchen, um sich zu verändern, als die meisten von uns glauben möchten.

Sarason führt überzeugende Beispiele an, die uns veranlassen sollten, unsere eigenen zeitlichen Perspektiven für gesellschaftliche Veränderungen zumindest in Frage zu stellen. Diese Beispiele konzentrieren sich auf seine eigenen Erfahrungen, die er beim Heranwachsen als Angehöriger der jüdischen Kultur in Amerika machte. Sein Vater, unterbezahlter Zuschneider, beglückte seine Kinder mit einem sündhaft teuren, ledergebundenen Wälzer, dem ungekürzten Oxford-Wörterbuch, ganz zu schweigen von der *New York Times,* die so „intellektuell" war, daß sie nicht einmal Comicstrips enthielt. Und dann war da Vetter Leo, der so klug war, daß er die Cornell-Universität besuchte (eine Universität, in die damals sehr wenige jüdische Jungen aufgenommen wurden). Immer wieder hörte der junge Sarason den Ausspruch über gebildete junge Leute: „Der wird etwas aus sich machen." Respekt für geistige Leistungen ging einem in Fleisch und Blut über, ohne daß man sich dessen bewußt wurde, so wie man einen Geschmack für Lachs und „Bagels, gefilte Fish oder Knishes" entwikkelte. Im übrigen haben solche Leistungen im Leben der Juden jahrhundertelang über zahllose Generationen hinweg eine wichtige Rolle gespielt.

Sarason stellt diesen Aspekt der jüdischen Kultur in Gegensatz zur heutigen schwarzen Kultur in Amerika, eine Kultur, in der Intellektualität oder Bücherwissen verständlicherweise bisher keinen Vorrang genossen. Man könnte versuchen, diesen Unterschied zu erklären, aber Sarason beschäftigt eher die Frage, wie lange es dauern werde, bis er verschwindet. Er meint, in der psychologischen Theorie oder Forschung gebe es nichts, was darauf hindeute, daß diese Unterschiede rasch verschwinden könnten.

„Ist es nicht erstaunlich", fragt er, „wieviele Sozialwissenschaftler auf den Beschluß des Obersten Gerichtshofs zur Aufhebung der Rassentrennung reagieren, als ob er wirklich bedeutete, daß die Rassentrennung zu Ende sei [und die IQ-Unterschiede deshalb sofort verschwinden würden] oder spätestens in einem Jahrzehnt zu Ende sein würde?"

Sarason schließt seinen Essay:

„Es gibt einen Punkt, von dem an man die Konsequenzen der Unwissenheit als sündhaft betrachten muß, und diesen Punkt haben die Milieutheoretiker erreicht, als sie erwarteten, daß sich die schwarze Kultur rasch von Grund auf wandeln würde. Die Verfechter des Erbeinflusses haben ihn erreicht, als sie zu dem Schluß kamen, das generelle Scheitern kompensatorischer Förderprogramme habe die Bedeutsamkeit genetischer Faktoren demonstriert, auf die neue Programme zugeschnitten werden müßten. Mit solchen Freunden brauchten die Schwarzen keine Zeit damit zu vergeuden, sich über ihre Feinde den Kopf zu zerbrechen, eine Lektion, die die Juden im Laufe der Jahrhunderte gut gelernt hatten."

S. Sarason: Jewishness, Blackishness and the Nature-nature Controversy. *American Psychologist,* 1973, *28,* 962–971.

gezogen. Nach einer Sichtung der vielen über dieses Gebiet vorliegenden Studien kommt Tyler (1956) zu dem Schluß, daß „der Zusammenhang zwischen IQ und sozioökonomischem Niveau eine der bestdokumentierten Tatsachen in der Geschichte der Intelligenztests ist". Es scheint eindeutig, daß die IQs in den Familien der höheren sozioökonomischen Schichten höher sind als in den unteren.

Wir müssen uns daran erinnern, daß die IQ-Scores die Bildungschancen sowohl in der Schule als auch im häuslichen Milieu und nicht bloß genetische Unterschiede widerspiegeln. Da die unteren sozioökonomischen Gruppen benachtei-

Abbildung 13: Jedes dieser beiden Kinder wächst in einer bestimmten sozioökonomischen Schicht heran.

(oben) © Rick Smolan, (unten) © Leif Skoogfors, 1981/ Woodfin Camp & Assoc.

ligt sind, und da die Einstellungen der ersteren (vielleicht als ein Resultat) zur Bildung in der Regel weniger günstig sind, ist der gegenwärtige Unterschied im IQ zweifellos teilweise auf Umweltunterschiede zurückzuführen. Aber es stimmt auch, daß verschiedene Berufe verschiedene IQs erfordern. In einer Gesellschaft, in der vollständige Chancengleichheit herrschte, könnte das bedeuten, daß jeder einzelne tendenziell die Möglichkeit hätte, die ihm nach seinem vererbten IQ entsprechende Berufsgruppe zu finden (s. Box 4/9, S. 50).

Diese Möglichkeiten haben sehr wichtige Implikationen für das Funktionieren einer demokratischen Gesellschaft. Da ist jedoch noch ein spezieller Umstand, der insbesondere die schichtspezifischen Unterschiede betrifft. Erinnern wir uns, daß im ersten Band darauf hingewiesen wurde, daß die Vererbung sowohl Unterschiede als auch Ähnlichkeiten zwischen den Nachkommen und ihren Eltern bedeute. Diese Tatsache gilt insbesondere für jedes Merkmal wie die Intelligenz, das zweifellos von einer großen Zahl von Genen oder Erbfaktoren beeinflußt wird. Sollten wir infolgedessen je den Zustand völliger Chancengleichheit erreichen (mithin einen Zustand, in dem die Angehörigen der verschiedenen sozioökonomischen Schichten genetisch unterschiedliche geistige Potentiale haben), *so würden wir dennoch erwarten, innerhalb jeder Berufsgruppe Kinder zu finden, die intelligenter, und solche, die weniger intelligent sind, als ihre Eltern.* Diese Erwartung wird durch Forschungsergebnisse nachdrücklich bestätigt. Die gegenwärtigen Unterschiede im IQ zwischen den Kindern von Eltern aus verschiedenen Berufsgruppen basieren auf *Durchschnitts*zahlen. Wir stellen auch starke individuelle Unterschiede innerhalb jeder Gruppe und beträchtliche Überschneidungen zwischen den Gruppen fest (man erinnere sich an Box 4/16, S. 83).

Eine der wichtigsten Konsequenzen dieser genetisch bedingten Streuung ist unser Wunsch, daß wir, wenn wir die menschlichen Ressourcen unserer Gesellschaft maximieren wollen, Bedingungen schaffen müssen, unter denen jeder einzelne ungeachtet seiner sozioökonomischen Herkunft die Chance erhält, sich selbst bis an die Grenze seiner Möglichkeiten zu verwirklichen. Die Tochter des Rechtsanwalts oder Professors mag in ihren Fähigkeiten begrenzt sein, während die Tochter des Taglöhners ihre Eltern in den Schatten stellen und

BOX 4/19

Das Scheitern des Kastenwesens

Ein führender Genetiker, Theodosius Dobzhansky, lieferte einen aufschlußreichen Kommentar über das Faktum, daß sich Kastensysteme in ihrem Bemühen, den Zugang zu bestimmten Berufen auf spezifische Gruppen zu beschränken, sowohl als unwirksam wie auch als potentiell verschwenderisch erwiesen haben:

Jede der zahlreichen Kasten und Unterkasten im klassischen Indien hatte einen Geschäftszweig, ein Handwerk oder eine Arbeit, die traditionell für diese reserviert waren. Die Probleme der Ausbildung und Statuszuweisung vereinfachten sich dadurch – jeder wußte von Kindheit an, womit er seinen Unterhalt verdienen und in welchem Beruf oder bei welcher Arbeit er Fertigkeiten erwerben mußte. Natürlich gehörte man der Kaste der eigenen Eltern an und mußte eine Person derselben Kaste heiraten. Man konnte nicht in eine Kaste auf- oder absteigen, egal, welche Leistungen oder Mißerfolge, Talente oder Unfähigkeiten man vorzuweisen hatte. Zugehörigkeit zur Oberkaste war automatisch mit Respekt und Privilegien verbunden; die unteren Kasten und die Kastenlosen („Unberührbaren") hatten schimpfliche Behandlung zu erdulden.

Das System war von unserem modernen Standpunkt aus empörend ungerecht, doch es hatte eine plausibel klingende Begründung. Bose [ein indischer Soziologe], kein Verfechter des Kastensystems, schrieb: „Die Sorgfalt, mit der die Tradition einer engen Entsprechung zwischen Kaste und Beruf geschaffen wurde, ist ein deutlicher Hinweis darauf, was den Anführern der Hindugesellschaft vorschwebte. Sie glaubten an die Vererbung des Charakters und hielten es für das Beste, den Beruf eines Menschen sowie seine Stellung im Leben mittels der Familie zu fixieren, in die er hineingeboren wurde." ... Der fatale Fehler aller Kastensysteme ist, daß sie explizit oder implizit auf solchen Annahmen aufgebaut sind. ...

Der Genpool jeder Kaste bringt Erbanlagen hervor, deren Träger in Berufen, die traditionell für andere Kasten reserviert sind, Gutes, ja Hervorragendes leisten könnten. Nehmen wir einmal hypothetisch an, daß die Angehörigen einer Kaste zu irgendeinem Zeitpunkt genetisch besser für irgendeine Aufgabe geeignet waren als andere Kasten. Es gab Kasten von Priestern, Gelehrten, Kriegern, Händlern usw. Könnte die unterschiedliche Eignung viele Generationen lang aufrechterhalten werden, es sei denn durch systematische Schulung des Nachwuchses in den Traditionen ihrer Familien und Vorfahren? Genetisch bedingte Eignung verliert sich allmählich ... [ein Grund dafür ist, daß ungeeignete Nachkommen trotz ihres genetischen Unvermögens gezwungen werden, die Berufe ihrer Eltern auszuüben). Vergeudung von Begabungen ist tatsächlich eine fatale Untugend aller Kasten- und rigiden Klassensysteme. Wenn die soziale Mobilität ernstlich behindert wird, finden Personen, die durch ihre Fähigkeiten qualifiziert sind, einen bestimmten Beruf auszuüben, keinen Zugang zu diesem, und Unqualifizierte werden beibehalten. Sobald sich die Klassenstruktur lockert, nehmen die Behinderungen der sozialen Mobilität ab und ... jeder erwirbt seine Stellung und Rolle in einer Gesellschaft und erbt sie nicht von seinen Eltern ... die eigene sozioökonomische Situation ist eine Funktion der eigenen Fähigkeiten und Leistungen und nicht oder wenigstens nicht ausschließlich des ererbten Reichtums oder Fehlen desselben ...

Das Versagen der Kastensysteme ist im Lichte der Genetik verständlich. Menschliche Populationen verfügen ebenso wie die meisten sich geschlechtlich fortpflanzenden und exogamen Arten über einen enormen Vorrat an genetischen Varianten aller Art. Selbst mit ausdrücklich zu diesem Zweck praktizierter künstlicher Auslese ist es praktisch unmöglich, eine Population zu

eine hervorragende Romanautorin werden kann. Wir können Menschen nicht im voraus klassifizieren. Sowohl die genetische Theorie als auch die tatsächlichen Erfahrungen bestätigen, daß Hochbegabte jeder sozioökonomischen Gruppe entstammen können. (In Box 4/19 ist der spektakuläre und zu begrüßende Fehlschlag eines großangelegten Versuchs dargestellt, eine ganze Population genetisch aufgrund des Berufs und des gesellschaftlichen Status voneinander zu trennen.)

erhalten, die in allen ihren Genen völlig homozygot [oder identisch] ist. ... Wir leben zum Glück nicht in Huxleys *Schöner Neuer Welt.* Alle menschlichen Populationen, selbst die relativ ingezüchteten, verfügen über einen reichen Vorrat an genetischen Spielarten."

Dobzhansky fällt folgendes Urteil:

„Das Kastensystem in Indien war das größte genetische Experiment, das je mit Menschen gemacht wurde. Die indische Gesellschaft versuchte mehr als zwei Jahrtausende lang etwas herbeizuführen, das wir jetzt als genetische Spezialisierung der Kastenangehörigen für bestimmte Arten von Arbeit bzw. für bestimmte Funktionen bezeichnen würden. Eine derartige Spezialisierung ist nicht gelungen.

Nachdem das Kastensystem gesetzlich und weitgehend auch kulturell abgeschafft wurde, zieht das moderne Indien Nutzen aus dem Scheitern dieses ‚größten genetischen Experiments'. Während sich Indien immer stärker auf eine offene Gesellschaft zubewegt, hat jede Kaste bereits überaus fähige Individuen in jedem Schaffensbereich hervorgebracht. Und diese Erfahrung hat jede Gesellschaft gemacht, die von einem traditionellen Klassensystem mit eingeschränkten Bildungs- und Ausbildungschancen zu einer Gesellschaftsform überging, in der die individuellen Fähigkeiten und die Motivation, eine bestimmte Rolle in der Gesellschaft zu spielen, über die Möglichkeiten dazu entscheiden."

Der Titel von Dobzhanskys Buch verrät bereits den Kern seiner Botschaft: Menschliche Chancengleichheit gewährleistet die beste Nutzung des enormen Potentials an genetischer Vielfalt – zum Vorteil des Individuums und seiner Gesellschaft.

T. Dobzhansky: *Genetic Diversity and Human Equality.* New York: Basic Books 1973.

1.6 Geschlechtsunterschiede

Mit der Entwicklung der *Frauenbewegung* zu Beginn der 70er Jahre verstärkte sich das Interesse an den scheinbaren Unterschieden in den geistigen Fähigkeiten von Männern und Frauen. Obwohl der Durchschnitts-IQ sowohl bei Männern als auch bei Frauen 100 beträgt, ist dies so, weil eine bewußte Anstrengung unternommen wurde, eine Ausgewogenheit zwischen Aufgaben verschiedener Art herzustellen, so daß die Gesamtergebnisse dieselben sein würden. Starke Leistungsunterschiede zwischen den Geschlechtern werden bei verschiedenen Untertests (verschiedenen Teilen desselben Tests) festgestellt. Im allgemeinen schneiden Männer besser bei visuell-räumlichen Aufgaben, Mathematik und verbaler Logik ab, während Frauen bessere Ergebnisse in Wortschatz und Orthographie erzielen. Systematische Unterschiede zwischen den Geschlechtern können stark ins Gewicht fallen, wenn bei den verschiedenen Untertests keine Ausgewogenheit zur Minimierung von Geschlechtsunterschieden hergestellt wird. (Aus diesem Grund wird bei der National Merit Scholarship Examination Frauen ein Bonus von zusätzlichen Punkten zugestanden.) Männer erzielen im Schnitt beim mathematischen Teil des SAT um 50 Punkte mehr als Frauen, aber etwas weniger als diese beim verbalen Teil des SAT. Obwohl es ausgezeichnete Mathematikerinnen und Naturwissenschaftlerinnen gibt, sind Frauen in manchen dieser wissenschaftlichen Fächer ebenso unterrepräsentiert wie die Schwarzen und andere Gruppen, die als „benachteiligt" bezeichnet wurden.

Was ist der Grund für diese geschlechtsspezifischen Unterschiede? Vertreterinnen der Frauenbewegung haben eher zu *umweltbezogenen* Deutungen geneigt. Eine nicht zu leugnende Tatsache ist, daß Frauen ungeachtet ihrer Qualifikationen von bestimmten Gebieten systematisch ausgeschlossen wurden. Man nehme den erstaunlichen Fall der medizinischen Fakultäten in den Vereinigten Staaten. Bis vor kurzem verhängten sogar manche der öffentlichen Universitäten an ihren medizinischen Fakultäten Zulassungsbeschränkungen für Frauen. Dieselben kulturellen Wertvorstellungen, die diese unfairen Beschränkungen gestatteten, können auch schon die Erziehung von Frauen beeinflußt haben und dadurch auf gewissen Gebieten die Entstehung von intellektuellem Ehrgeiz im Keim erstickt haben.

Systematische Unterschiede in der Art und Weise, wie Eltern auf kleine Jungen im Vergleich zu kleinen Mädchen reagieren, können dauerhafte Auswirkungen auf geistige Einstellungen und sogar auf Fähigkeiten haben. Beispielsweise ist die Wahrscheinlichkeit größer, daß Jungen Lastautos, Bauklötze und Chemiekästen geschenkt bekommen, während ihre Schwestern Puppen und „hübsche Kleider“ erhalten. Eltern machen sich in der Regel auch größere Sorgen über die künftige berufliche Laufbahn ihrer Söhne. Es scheint wenig Zweifel daran zu bestehen, daß die Geschlechter bereits während der prägenden Jahre vor der Adoleszenz unterschiedlich behandelt werden. Die Ursachen dafür sind jedoch nicht leicht zu entwirren und zu diagnostizieren. Eltern reagieren auf Unterschiede zwischen ihren Kindern: Das Kind, das sich für bestimmte Arten von Spielzeug interessiert, bekommt mit größerer Wahrscheinlichkeit solches Spielzeug geschenkt. Die Soziobiologen (s. 1. Bd.) vertreten die Auffassung, daß genetischen Unterschieden eine gewisse Rolle zugeschrieben werden sollte – daß die natürliche Auslese geschlechtsspezifische Gene hervorgebracht habe, die bei Frauen pflegende und schützende Tätigkeiten begünstigen und ein größeres Interesse an Puppen als an Eroberungswaffen, die dem promiskuöseren Mann dazu dienen, seine Gene zu verbreiten – ebenfalls ein Ergebnis der natürlichen Auslese. Es sei jedoch daran erinnert, daß alle derartigen Deutungen geschlechtsspezifischer Unterschiede, ob sie sich nun auf die Umwelt oder die Vererbung berufen, höchst spekulativ und schwierig, wenn nicht unmöglich, zu testen sind.

Selbst wenn geschlechtliche Unterschiede in den geistigen Fähigkeiten ausschließlich auf Umweltunterschiede zurückzuführen wären, sollte man nicht die Schwierigkeiten unterschätzen, die Umweltbedingungen zu *verändern.* Jahrelange bewußte Bemühungen, Berufe für Frauen zu öffnen, die bis dahin Männern reserviert gewesen waren, haben keinen starken Anstieg der Zahl von Frauen bewirkt, die solche Berufe ergreifen. Obwohl Frauen bei der Zulassung zu medizinischen Fakultäten inzwischen fairer behandelt werden, hat sich die Zahl der Ärztinnen in den USA bisher nur geringfügig erhöht. Es scheint allgemein anerkannt, daß Frauen auf Arbeitsplätzen, die früher für Männer reserviert waren (einschließlich körperlich anstrengender Tätigkeiten wie etwa die Polizeiarbeit) gute Leistungen erbringen können bzw. tatsächlich erbringen (s. Abb. 14), und inzwischen erwarten Frauen viel häufiger (oder es wird von ihnen erwartet), daß sie sich selbst erhalten oder finanziell zum Unterhalt ihrer Familie beitragen können. Es ist jedoch nicht klar, ob dies eine Folge der Erziehungspraktiken ist oder ob es durch einen tiefgreifenden Wandel der ökonomischen Umstände bedingt ist, wie das Vorhandensein von Arbeitsplätzen und von arbeitssparenden Haushaltsgeräten. Außerdem ist nicht zu leugnen, daß die beruflichen Chancen auch der tüchtigsten Frauen durch Kinderbetreuung und Haushaltsführung eingeschränkt sind.

Abbildung 14: Wo Hautabschürfungen zum Berufsrisiko zählen.

1.7 Zusammenfassung der Gruppenunterschiede

Es dürfte inzwischen klar sein, daß es wenig direkte Anhaltspunkte für die Deutung von Unterschieden in den geistigen Fähigkeiten zwischen Gruppen gibt. Im Hinblick auf rassische, sozioökonomische und geschlechtsspezifische Unterschiede vermischen sich Einflüsse der Vererbung und der Umwelt ebenso untrennbar miteinander wie verschiedene Umweltfaktoren. Wir können keine wissenschaftlich kontrollierten Experimente durchführen, bei denen wir das gesamte soziale Umfeld und die Bildungschancen gesellschaftlicher Gruppen manipulieren – und wir sollten das auch gar nicht wünschen. Viele Sozialwissenschaftler sind sogar der Auffassung, daß sich die Erforschung von Gruppenunterschieden kaum als fruchtbar erweisen werde. Statt dessen, so meinen sie, sollten wir unsere Aufmerksamkeit auf soziale Probleme richten und die praktischen Auswirkungen verschiedener pädagogischer Reformen erforschen.

2 Praktische Fragen: Veränderung der akademischen Leistungen

Es gibt eine verbreitete, aber irrige Ansicht, daß, sofern verschiedene Unterschiede zwischen Individuen weitgehend erblich bedingt seien, nichts getan werden könne, um sie zu verändern. Auf die Irrigkeit dieser Annahme wurde im 1. Band hingewiesen, und es wurden Beispiele zitiert (Phenylketonurie und manisch-depressive Psychose), bei denen es sich als leichter erwiesen hat, die Folgen ungünstiger Erbanlagen zu beseitigen als die Folgen einer ungünstigen Umwelt. Und was die verschiedenen Gruppenunterschiede betrifft, ist noch nicht einmal klar, ob tatsächlich Unterschiede in den Erbanlagen eine wichtige Rolle für die beobachteten Unterschiede in den geistigen Fähigkeiten spielen.

Auf der anderen Seite gibt die Literatur über individuelle und Gruppenunterschiede nie genau an, welche Umweltfaktoren am wichtigsten sind. Das Problem liegt in der Vermischung: Wenn eine experimentelle Manipulation wahrscheinlicher Faktoren nicht möglich ist (und eine solche Manipulation mit zufälliger Zuordnung zu Bedingungen ist im täglichen Leben nur selten möglich), können wir niemals beweisen, daß irgendein bestimmter Faktor entscheidend ist. Selbst wenn der starke Verdacht besteht, daß bestimmte Merkmale der Umwelt schädlich für die Entwicklung geistiger Fähigkeiten sind, ist es sehr schwierig, diese Merkmale zu verändern. In folgenden Absätzen dieses Kapitels werden wir uns der Frage zuwenden, was geschieht, wenn sich die Umwelt tatsächlich verändert, sei es durch ein gesellschaftspolitisches Programm oder durch scheinbar ungeplante Umwälzungen in einer Gesellschaft.

2.1 Aufhebung der Rassentrennung an den Schulen

Wenn es um die Schulleistungen geht (was von Anfang an einer der praktischen Gründe für die Beschäftigung mit dem IQ war), dann ist ein naheliegender Ansatzpunkt der Unterschied zwischen den Schulen. Schulen, die von schwarzen Kindern, von hispano-amerikanischen Kindern und von Kindern der Armen besucht wurden, sind oft in einer Reihe potentiell wichtiger Hinsichten benachteiligt gewesen. Die Klassen sind an solchen Schulen häufig größer, die Lehrer wenig gut ausgebildet; die Schulgebäude oft herabgekommener und älter; und in den Klassen herrschen häufig anarchische Zustände, so daß dem Lernen weniger Aufmerksamkeit gewidmet wird. Unter solchen Umständen erschien das ganze Klima ungünstiger für akademische Leistungen. Die Aufhebung der Rassentrennung an den Schulen erschien deshalb zunächst als ein naheliegender Schritt, um diese sozialen „Inseln" weniger ungleich in Hinblick auf die dort gebotenen Bildungschancen zu machen.

Schon vor der gesetzlichen Aufhebung der Rassentrennung an den Schulen gab es erstaunliche Beweise dafür, was durch eine Veränderung der Umwelt erreicht werden könnte. Die IQs schwarzer Kinder, die im Süden geboren wurden, aber im Norden die Schule besuchten, waren in der Regel viel höher als die schwarzer Kinder, die im Süden zur Schule gingen, und diese Differenz wurde um so größer, je länger sie im Norden lebten. Die eindrucksvollste diesbezügliche Untersuchung, die von E. Lee (1951) durchgeführt wurde, ergab die in Tabelle 1 dargestellten Resultate. Diese Tabelle enthält die IQs von über 1500 schwarzen Schulkindern, von denen manche in Philadelphia geboren wurden, andere aus dem Süden in diese Stadt übersiedelten. Die verschiedenen IQs innerhalb einer waagerechten Reihe repräsentieren Ergebnisse, die von denselben Schülern bei aufeinanderfolgenden Tests erzielt wurden. Während sich diese Ergebnisse bei den in Philadelphia geborenen Kindern nicht systematisch erhöhen, weisen sie bei den aus dem Süden stammenden Kindern statistisch signifikante Steigerungen auf. Die durchschnittliche Zunahme um mehr als sechs Punkte bei denjenigen, die in der ersten Klasse begannen, ist ein besonders eindrucksvoller Beweis, daß eine Veränderung der Umwelt den IQ erhöhen kann.

Tabelle 1: Durchschnittliche IQs schwarzer Kinder

	Klasse, in der der Test gemacht wurde				
Gruppe	1A	2B	4B	6B	9A
In Philadelphia geborene Kinder, die nicht den Kindergarten besuchten	92,1	93,4	94,7	94,0	93,7
Im Süden geborene Kinder, die in Philadelphia eingeschult wurden, in Klasse:					
1A	86,5	89,3	91,8	93,3	92,8
1B–2B		86,7	88,6	90,9	90,5
3A–4B			86,3	87,2	89,4
5A–6B				88,2	90,2
7A–9A					87,4

Aus: E. Lee: Negro Intelligence and Selective Migration. *American Sociological Review,* 1951, *16,* 227–233. Nachdruck mit Genehmigung.

Dieser Anstieg des IQ ist natürlich nicht notwendigerweise auf die Überlegenheit der Schulen des Nordens zurückzuführen. Andere wichtige Merkmale der Umwelt verändern sich ebenfalls, wenn eine Familie in den Norden zieht. Im Untersuchungszeitraum dieser Studie schienen rassische Vorurteile im Süden viel stärker zu sein – zumindest wurden sie stärker öffentlich sanktioniert – als im Norden, so daß das soziale Umfeld mit der Übersiedlung nach Norden entgegenkommender geworden sein dürfte. Es ist jedoch durchaus möglich, daß der sich im „Neuen Süden" vollziehende Wandel hinreichend signifikant sein könnte, so daß sich diese Auswirkungen heute als weniger gravierend und in einem Jahrzehnt von heute als noch geringer erweisen könnten.

Wenden wir uns jetzt den Folgen der vom Obersten Gerichtshof verfügten Aufhebung der Rassentrennung zu. Erst im Jahre 1954 wurde in einer berühmten Entscheidung des Obersten Gerichtshofs der Vereinigten Staaten (*Brown* v. *Board of Education*) die gesetzlich erzwungene Rassentrennung als verfassungswidrig bezeichnet. David Krech, einer der ursprünglichen Autoren dieses Buches, war vor dem Obersten Gericht in einem mitreißenden Plädoyer für die Aufhebung der Rassentrennung eingetreten. Wir wissen nicht, wie einflußreich die Stellungnahme von Krech und anderen führenden Psychologen war, aber das Urteil war im Kern eindeutig psychologisch in seiner Schlußfolgerung: *Getrennt kann nicht gleich bedeuten.*

Obwohl es klar ist, daß erzwungene Rassentrennung in einer Demokratie keinen Platz hat, ist der *praktische* Nutzen der Desegregation (Aufhebung der Rassentrennung) immer noch Gegenstand tiefschürfender Fragen. Die potentiellen psychologischen Vorteile können zwei breiten Kategorien zugeordnet werden: (1) Die kulturelle Erfahrung des Umgangs mit Angehörigen verschiedener ethnischer Gruppen, mit der daraus resultierenden Zunahme des Verständnisses und der Würdigung kultureller Unterschiede und auch mit der erhöhten Fähigkeit zur Zusammenarbeit; und (2) verbesserte Schulleistungen seitens der Schüler, die früher rassisch getrennte Schulen mit niedrigerem akademischem Niveau besucht hatten. Unser Hauptinteresse wird in diesem Abschnitt der zweiten Kategorie gelten, den Auswirkungen der Desegregation auf die schulischen Leistungen.

Man sollte sich im klaren darüber sein, daß die Desegregation nie einer völlig fairen Prüfung unterzogen wird, die nur unter experimentell kontrollierten Bedingungen möglich wäre. Politische und persönliche Motive sind in diesem Bereich so stark, daß bestimmte Methoden der Desegregation immer Kompromisse darstellen, die sie aus jedem Blickwinkel nicht gerade ideal erscheinen lassen. Die humanistische und politische Unmöglichkeit, eine zufällige Zuordnung zu Bedingungen vorzunehmen, kompliziert auch die Interpretation der verschiedenen „Experimente" mit der Integration. Ein besonders katastrophaler Faktor ist das verbreitete Phänomen der „white flight" (Flucht der Weißen) gewesen, wobei Familien aus bestimmten Schulbezirken wegzogen oder ihre Kinder in Privatschulen schickten, um die Integration zu vermeiden. In einer Reihe von Studien (z. B. Giles [1978]) wurde festgestellt, daß die *white flight* in Schulbezirken mit einem höheren Prozentsatz von Schwarzen höher ist und noch viel höher, wenn der Anteil der Schwarzen 30 Prozent übersteigt.

Die Ergebnisse von 15 veröffentlichten Untersuchungen über die Auswirkungen der Rassenintegration auf die Leistungen schwarzer und hispanoamerikanischer Schüler wurden von Stephan (1978) gesichtet. Sechs dieser fünfzehn Studien verzeichneten höhere Leistungen nach der Integration; keine berichtete über einen Rückgang der Leistungen. Obwohl das Datenmaterial nicht überwältigend ist und obwohl einige großangelegte, sorgfältig geplante Untersuchungen keine Verbesserung feststellten (z. B. Gerard u. Miller [1975]), weisen die Daten doch in die positive Richtung, die von den Psychologen vorhergesagt worden war, welche vor dem Obersten Gerichtshof gegen die Rassentrennung argumentiert hatten. Leider enthält derselbe Überblick nur wenig, was den Voraussagen über den Rückgang der Vorurteile recht gibt, vielleicht, weil Vorurteile schwerer zu messen sind als Schulleistungen, und vielleicht auch, weil manche kulturellen Differenzen tatsächlich geeignet sind, Antagonismen zwischen Gruppen zu fördern.

Abgesehen von eindeutigen Beweisen sagt einem der gesunde Menschenverstand, daß sich die Schulleistungen bessern sollten, wenn sich durch Beseitigung der Rassenschranken das Lernklima im Klassenzimmer bessert. Dies geschieht am ehesten dort, wo eine relativ kleine Zahl von Schülern aus leistungsschwachen Schulen in Klassen mit einer relativ großen Zahl von Schülern aus leistungsstarken Schulen aufgenommen werden (wie es in Minneapolis geschah). Die ideale Lösung wäre, den benachteiligten Schülern bessere Lernmöglichkeiten zu bieten, ohne die privilegierten Schüler zu vertreiben, deren Anwesenheit nötig ist, damit die Integration funktioniert. Es ist jedoch darauf zu achten, daß eine allzu große Diskrepanz im Leistungsniveau innerhalb derselben Klasse vermieden wird. (Können Sie sich vorstellen, wie demoralisierend es wäre, der einzige Schüler zu sein, der nicht lesen kann?) Ironischerweise erhöht es das Selbstvertrauen leistungsstarker Schüler, wenn sie in Kontakt mit anderen kommen, die weniger wissen als sie – ein unbeabsichtigter Nutzen der Rassenintegration.

Die Pädagogische Psychologie hat diese Probleme noch nicht gelöst. Und allzu oft wird das, was zunächst wie eine Lösung oder zumindest wie eine Verbesserung aussah, zu einer politischen und auch demographischen Unmöglichkeit. Dies ist in vielen großen städtischen Schulbezirken der Fall, in denen die ethnischen „Minderheiten" einen so großen Prozentsatz der Gesamtschülerzahl ausmachen, daß eine pädagogisch günstige Rassenintegration unmöglich werden kann.

2.2 Förderprogramme

Abgesehen von der Desegregation könnten die größten Experimente in diesem Bereich als Versuche bezeichnet werden, Gruppen, die im regulären Unterricht keine guten Resultate erzielen, zusätzliche oder spezielle Förderung zuteil werden zu lassen; ein Komplex, den man im Englischen als *compensatory education* bezeichnet. Das bekannteste Beispiel in den USA ist *Project Headstart,* ein sehr großzügig angelegtes Programm zur Bereicherung des Unterrichtsangebots für benachteiligte Kinder. Obwohl über einige unmittelbare Fortschritte berichtet wurde, verschwanden diese nach ein oder zwei Jahren regulären Schulbesuchs. Rückblickend scheint man sich allgemein einig zu sein, daß man von einem Projekt wie *Headstart,* das von allzu vielen Zielen belastet war (außer seinen pädagogischen und medizinischen Zielen für Kinder auch, Arbeitsplätze für Erwachsene zu schaffen), keine allzu dramatischen Auswirkungen auf die späteren schulischen Leistungen erwarten durfte. Außerdem, was vielleicht am wichtigsten ist, verflüchtigt sich der Nutzeffekt von Förderprogrammen rasch, wenn ihnen keine intensiven Förderkurse im regulären Schulsystem folgen. Dies war zumindest die Schlußfolgerung von Studien, die von zwei Forschungseinrichtungen, Rand und Westinghouse, durchgeführt wurden. Neuere Berichte über spätere Nachuntersuchungen von *Headstart* geben zu größeren Hoffnungen Anlaß, und die veröffentlichten Daten werden auf intensives Interesse stoßen. Eine Durchsicht der Literatur über kurzfristige Förderprogramme an regulären Schulen macht nicht zuversichtlich, daß wir bereits wissen, wie wir den Schulunterricht entscheidend verbessern könnten. In den Schuljahren 1970/71 finanzierte beispielsweise das *Office of Economic Opportunity* in den USA verschiedene Programme, die zur Verbesserung der Unterrichtsmethoden im Klassenzimmer entwickelt wurden: Private Institutionen nahmen sich etwa 13000 Schüler zwischen sechs und vierzehn Jahren in den Gettos und anderen einkommensschwachen Vierteln von zwanzig verschiedenen Groß- und Kleinstädten an, wobei Methoden des programmierten Unterrichts, intensive persönliche Betreuung und andere empfohlene Unterrichtstechniken angewandt wurden. Mit diesen privaten Unternehmen wurden quasi „Erfolgshonorare" vereinbart, das heißt, ihre Entlohnung hing von den pädagogischen Resultaten ab, die sie erzielten. Große Gewinne standen auf dem Spiel, und wenn irgendeine dieser Firmen Erfolg gehabt hätte, dann hätten sich die Schulen in allen Teilen des Landes um ihre Dienste gerissen. Die Resultate werden am besten in einem Pressezitat aus dem Regierungsbericht zusammengefaßt (*Los Angeles Times,* 1. Februar 1972, S. 1):

„In allen Fällen lag das durchschnittliche Leistungsniveau der Kinder [nach dem Besuch der Förderprogramme] deutlich unter ihrer Klassennorm, und in allen Fällen fiel der Durchschnitt im Laufe des Jahres in Notenäquivalenten ausgedrückt noch weiter zurück ... die klarste aus dem Experiment gezogene Schlußfolgerung ist, daß wir immer noch keine Lösungen für das spezifische Problem haben, wie man benachteiligten Kindern Rechnen und Lesen beibringt."

Die meisten von uns, ob Lehrer, Eltern oder Schüler, haben ihre eigenen Theorien darüber, wie bestimmte Aspekte des öffentlichen Schulsystems verbessert werden könnten. Die Verwirklichung der meisten dieser Ideen würde Geld kosten, und daher meinen wir, daß mehr Geld für die Schulen ausgegeben werden sollte. Die einen fordern kleinere Klassen, während andere für speziell ausgebildete Lehrer, offene Klassenzimmer, audiovisuelle Lehrmittel und so weiter eintreten. Es scheint wenig Beweismaterial zu geben, von denen eine Reihe von fähigen Wissenschaftlern ernsthaft untersucht wurden, wobei modernste statistische Analysen angewandt wurden. Die berühmteste dieser Analysen, der *Coleman Report,* wurde 1966 veröffentlicht und zog sich später den Vorwurf zu, an der Beschreibung der finanziellen Mittel für Bildungsprojekte durch die Regierung Nixon schuld zu sein. Eine spätere Kommission (Jencks, 1972) kam jedoch zu ähnlichen Schlußfolgerungen:

„Wir fanden keine Beweise dafür, daß Unterschiede zwischen den Schulen signifikant zu Differenzen im Wissensstand beitragen, noch waren wir sehr erfolgreich bei der Identifizierung spezifischer genetischer oder umweltbedingter Determinanten von Testleistungen."

Bedeutet das, daß die Qualität des Schulunterrichts *keinen Einfluß* hat? Sollten wir einfach anerkennen, daß wir nicht wissen, wie sich Bildung vollzieht, und deshalb von unseren Versuchen ablassen, die Unterrichtsmethoden zu verbessern? Im Gegenteil: Es ist ebenso absurd zu sagen, daß der Schulunterricht keine Rolle spielt, wie es die Behauptung wäre, daß Erbanlagen keine Rolle spielen. Es ist jedoch wichtig, daß wir uns unseres Mangels an Verständnis in diesen Bereichen bewußt sind, damit wir mit klarerem Kopf und einer aufgeschlosseneren, experimentierfreudigeren Einstellung an die Aufgabe herangehen können, herauszufinden, was denn nun eigentlich funktioniert und was nicht.

Um den gegenwärtig unternommenen Anstrengungen volle Gerechtigkeit widerfahren zu lassen: Von der Mitte der sechziger Jahre an wurde eine Vielzahl von Projekten finanziert, die das Ziel hatten, den Bildungsstand zu heben. Es wirkt jedoch ironisch, daß während dieses Zeitraums ein allgemeiner Niedergang des akademischen Leistungsniveaus stattgefunden zu haben scheint. Woher wir das wissen? Die Beweise stammen von dem einzigen konstanten Maßstab, der uns zur Bewertung des Bildungsniveaus großer Schülerzahlen zur Verfügung steht.

2.3 Rückläufige SAT-Ergebnisse

Obwohl der *Scholastic Aptitude Test* (SAT) dazu ausersehen war, geeignete Bewerber für das Hochschulstudium auswählen zu helfen (s. 2. Kap.), stellt er auch den stabilsten Maßstab zum Vergleich des Bildungsniveaus heutiger und früherer Schülergenerationen dar. Die jahrelange Standardisierung, die durch Wiederholung gewisser Aufgaben mit experimentellen Testgruppen erreicht wurde, gewährleistet, daß heute ein Ergebnis von, sagen wir, 500 dasselbe bedeutet wir vor 25 Jahren (in diesem Fall, daß man ein durchschnittliches Ergebnis gemessen an der ursprünglichen Stichprobe von Hochschulanwärtern erzielt hat).

In Abbildung 15 (S. 95) ist der drastische Rückgang der SAT-Ergebnisse in den letzten siebzehn Jahren dargestellt. Um uns die Implikationen die-

Abbildung 15: Die Abnahme der SAT-Ergebnisse. Diese aus Veröffentlichungen des *College Entrance Examination Board* stammenden Daten zeigen den dramatischen Rückgang der Ergebnisse sowohl im mathematischen als auch im verbalen Teil des *Scholastic Aptitude Test* (SAT). Man beachte, daß der Niedergang Anfang der 60er Jahre nach einem Anstieg, der auf den Sputnik-Schock folgte, begann und sich in einem ziemlich konstanten Tempo fortsetzte. Die Ergebnisse im verbalen Teil schienen sich vor einigen Jahren zu stabilisieren, aber der Gesamtverlust ist im verbalen Teil größer als im mathematischen Teil.

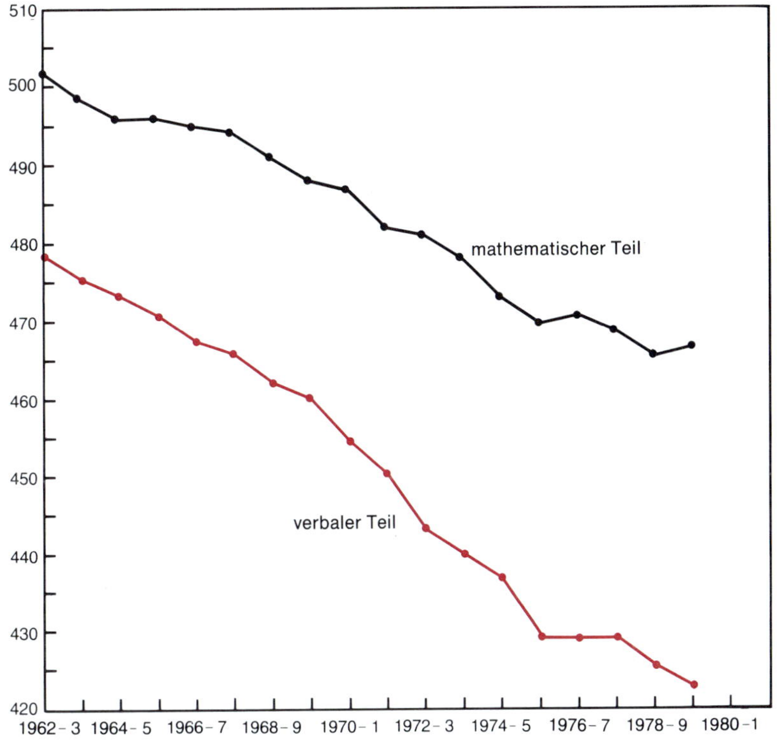

ser Abnahme zu verdeutlichen, müssen wir uns klarmachen, daß sie eine Verlagerung der Gesamtverteilung der Ergebnisse repräsentiert: der Prozentsatz an Schülern, die mehr als 650 Punkte erzielen, ist von etwa 7 auf 3,5 Prozent zurückgegangen; im Gegensatz dazu hat sich der Anteil derjenigen, die weniger als 350 Punkte erzielen, mit einem Anstieg von 7 auf 12 Prozent fast verdoppelt.

Die Tatsache, daß sich dieser Rückgang nicht auf das untere Ende der Verteilung beschränkt, scheint die häufig gemachte Annahme auszuschließen, daß das Absinken der Ergebnisse auf die Öffnung der höheren Bildungswege für große (und benachteiligte) Segmente der Bevölkerung zurückzuführen sei, die vor 15 Jahren an dem Test noch nicht teilnahmen. Außerdem hat es in dem Zeitraum, in dem dieser Rückgang am stärksten war, nur geringe Veränderungen in den naheliegenden demographischen Kriterien wie ethnische Zugehörigkeit, Geschlecht, geographische Verteilung, sozioökonomischer Status und so weiter gegeben (McCandless, 1975). Es scheint daher nicht vertretbar, den intellektuellen Niedergang auf die benachteiligten Schüler zu schieben.

2.4 Wer ist schuld?

Wie ist demnach das Absinken der SAT-Ergebnisse von Hochschulbewerbern zu deuten? Schulvertreter bieten eine Vielzahl von Erklärungen an, von denen die meisten in dem stark beachteten Bericht einer Regierungskommission unter Vorsitz des früheren Arbeitsministers Willard Wirtz (1978) zusammengefaßt wurden. Der allgemeinste Nenner, auf den die vermuteten Ursachen gebracht werden können, ist vielleicht, daß praktisch alle Segmente unserer Gesellschaft in letzter Zeit geringeren Nachdruck auf geistige Leistungen gelegt haben als früher. Eltern scheinen geringeren Druck auf ihre Kinder auszuüben, um zu lernen; und Schüler verbringen viel mehr Zeit mit Fernsehen und daher weniger mit Lesen und Schreiben. Die Anforderungen der Schulen sind zurückgegangen; die Lehrer haben weniger Autorität gegenüber ihren Schülern und sind auch in ihren eigenen Grundwerten weniger intellektuell orientiert. Auch der Auftrag des öffentlichen Schulwesens hat sich von den traditionellen Bildungsinhalten (der Art, wie sie vom SAT gemessen werden) in Richtung auf persönliche Anpassung verlagert. Erfahrungen mit Drogen und der „Null-Bock-Subkultur“ mögen ebenfalls die schulischen Leistungen selbst mancher der begabtesten Schüler unterminiert haben.

Es ist merkwürdig, daß die Einbußen beim verbalen Teil ausgeprägter waren als bei den mathematischen Teilen des SAT. Man hätte erwarten können, daß die Konfrontation mit Nachrichtenkommentaren und anderen Fernsehsendungen mit Bildungsanspruch eine teilweise Kompensation für die entgangenen Leseerfahrungen dargestellt hätten, ohne in Mathematik von Nutzen zu sein. Logischerweise hätte dies einen tieferen Einbruch im mathematischen Teil als im verbalen Teil des SAT zur Folge haben müssen. Die Schullehrpläne sind jedoch in Mathematik stärker normiert geblieben: Algebra ist immer noch Algebra, während Englisch manchmal zu einer vereinfachten Form von Psychologie geworden zu sein scheint. Man hatte sogar gehofft, daß sich die Mathematikergebnisse durch die Einführung der sogenannten „Neuen Mathematik“ bessern würden. Obwohl der Rückgang in Mathematik geringer ist, ist er immer noch groß genug, um Anlaß zu ernster Besorgnis in Hinblick auf technische und naturwissenschaftliche, aber auch auf sozialwissenschaftliche Studiengänge wie Volkswirtschaftslehre und Psychologie zu geben, die auf eine gute Fundierung in Mathematik angewiesen sind. Die Oberschullehrer beklagen sich, daß die Schüler nicht bereit seien, in Mathematik gleich viele Beispiele zu rechnen wie früher. Der vorgeschriebene Stoff wird immer noch dargeboten; aber wenn die Schüler selbst nicht eine ausreichende Zahl von Beispielen lösen, um *Überlernen* zu garantieren (d.h. Lernen über das Minimum hinaus, das für kurzfristiges Behalten nötig ist), dann wird das Gelernte rasch wieder vergessen.

2.5 Zu nachsichtige Benotung

Da der SAT einen so hohen Prognosewert für die Hochschulleistungen hat, könnte man annehmen, daß mit den sinkenden SAT-Ergebnissen auch die Noten abgesunken seien. Statt dessen hat sich der Rückgang beim SAT in einer Periode der *Noteninflation* ereignet: Die Schüler lernen weniger, aber bekommen bessere Noten für das, was sie lernen. Diese Inflation der Noten hat sich auf allen Ebenen des Bildungswesens ereignet. Eine der führenden privaten Universitäten meldete kürzlich A (A ist die beste Note) als Durchschnittsnote für die Erstsemester; und mehr als die Hälfte der Highschoolabsolventen erzielte einen Notendurchschnitt von B oder darüber. Die jährlichen statistischen Erhebungen über Erstsemester, die von Alexander Astin für den *American Council of Education* durchgeführt werden, bezeugen, daß die Noteninflation anhält und daß die meisten der befragten Schüler der Ansicht ist, daß die Noten in ihrer eigenen Highschool zu hoch gewesen seien. Wenn alle Bewerber beste Noten haben, muß die Auswahl auf anderen Maßstäben beruhen – gewöhnlich auf standardisierten Tests. Dies zeigt sich besonders bei der Zulassung zu den höheren Studiengängen *(graduate und professional schools)*. (Box 4/20, S. 98 enthält einen Appell an die Lehrenden, diesen inflationären Trend in der Benotung umzukehren.)

Zunehmende Heranziehung von Tests scheint eine bedauerliche Folge der Noteninflation zu sein. Selbst die überzeugtesten Verfechter standardisierter Tests würden einräumen, daß kein Test für sich genommen eine ideale Voraussetzung für die Auswahl bieten kann. Außerdem bewirkt die scharfe Konkurrenz zwischen den Bewerbern für eine kleine Zahl von Studienplätzen in bestimmten Fächern, daß Maßstäbe gesetzt werden, die insofern unangemessen sind, als die Bewerber, die diesen hohen Testanforderungen entsprechen, vielleicht nicht diejenigen sind, die die besten Praktiker abgeben würden (die Auswahl scheint manchmal eher darauf zugeschnitten, medizinische Forscher oder Rechtsgelehrte hervorzubringen, als praktizierende Ärzte und Juristen). Die Tests können dazu beitragen, diejenigen auszuwählen, die in den verschiedenen Studiengängen am besten abschneiden werden, aber wir wissen nicht, ob diejenigen, die an der Universität die besten Resultate erzielen, auch schließlich die besten Ärzte und Zahnärzte, Anwälte etc. werden. Das Problem ist, daß es bisher noch keine befriedigende Meßmethode gibt, um herauszufinden, wie sich diese testerfolgreichen Bewerber später im Beruf bewähren werden, und solange wir dies nicht genau wissen, gibt es keine Möglichkeit, festzustellen, ob hohe Ergebnisse im MCAT (Medizinischer Eignungstest) oder LSAT (juristischer Eignungstest) die geeigneten Kriterien für die Hochschulzulassung sind. Es ist interessant, daß der Oberste Gerichtshof der Vereinigten Staaten in seiner berühmten *Bakke*-Entscheidung im Jahr 1978 zwar verfügte, daß der Studienbewerber Bakke von der medizinischen Fakultät aufzunehmen sei, die ihn zuvor zugunsten schwarzer Bewerber mit niedrigeren Testergebnissen abgewiesen hatte, daß er aber gleichzeitig bestimmte, daß andere Faktoren wie die Rassenzugehörigkeit bei den Zulassungsverfahren berücksichtigt werden sollten.

2.6 Aufsatzschreiben

Obwohl die Besorgnis über den Rückgang des Lesens und der mathematischen Kenntnisse verbreitet ist, macht man sich an den amerikanischen Hochschulen vielleicht noch größere Sorgen über eine ähnliche Abnahme der Fähigkeiten im Schreiben. Aufgrund schlechter Leistungen bei Zulassungstests muß eine steigende Zahl von Studenten Förderkurse in Englisch belegen, in denen so grundlegende Kenntnisse wie Grammatik und Interpunktion gepaukt werden, Kenntnisse, die eigentlich schon in der Oberschule oder noch früher hätten erworben werden sollen. Abgesehen von diesem Grundwissen äußern die Lehrpersonen eine allgemeine Unzufriedenheit darüber, wie schwer es den Studenten fällt, eine Erörterung in kohärente Absätze zu gliedern. Der Präsident der Universität Harvard berichtete vor kurzem, daß einige stark gesiebte Abiturienten es bis Harvard schaffen, obwohl sie während ihrer ganzen Oberschuljahre nicht mehr als einen oder zwei nennenswerte Aufsätze geschrieben haben. Dementsprechend scheint auch an deutschen Universitäten die schriftliche Ausdrucksfähigkeit gelitten zu haben.

Außenstehende sind manchmal überrascht, wenn Tests im Aufsatzschreiben keine schriftlichen Antworten bzw. ganze Aufsätze erfordern. Gute Multiple-Choice-Tests wie der verbale Teil des SAT sind jedoch durchaus imstande, vorherzusagen, wer die besten Aufsätze schreiben kann (und Prüfungen im Aufsatzschreiben sind nun einmal viel kostspieliger in der Durchführung). Teile des SAT, wie Wortschatz, Erkennen grammatischer Unterschiede und Textverständnis sind offensichtlich für das Aufsatzschreiben notwendig. Obwohl der Leistungsabfall im Aufsatzschreiben teilweise nur durch Aussagen von Universitätslehrern konstatiert wurde, scheint er sich völlig mit dem drastischen Rückgang der Ergebnisse im SAT (verbal) zu decken.

2.7 Weiterbildung

Angesichts der mangelhaften Vorbereitung auf das Hochschulstudium haben die meisten amerikanischen Hochschulen und Universitäten ihre Zulassungsanforderungen gesenkt. Diese Reduzierung der Anforderungen wird sich wahrscheinlich Mitte der achtziger Jahre noch verstärken, wenn es aufgrund der nachlassenden Geburtenraten der sechziger Jahre weniger geeignete Abiturienten geben wird. Was können höhere Bildungsanstalten tun, um ihr akademisches Niveau angesichts dieses Rückgangs der Zahl gut vorbereiteter Studienbewerber zu wahren?

Eine Lösung, die von den meisten amerikanischen Universitäten einschließlich einiger mit dem höchsten akademischen Niveau gewählt wurde, war die Entwicklung von Förderprogrammen. Im Gegensatz zu den Behauptungen der Lehrer scheinen derartige Förderkurse – zumindest bei den meisten Studenten – jedoch keine spektakulären Erfolge zu zeitigen. Dies zeigte sich bei Versuchen, in denen Aufsätze von Studenten, die teils vor, teils nach der Teilnahme an Förderkursen in Englisch „blind" bewertet wurden – das heißt, ohne daß der Leser wußte, welcher Aufsatz zuerst geschrieben worden war. Eine Übersicht über die umfangreiche Literatur, in der über solche Untersuchungen berichtet wird, ist sehr entmutigend in ihren Schlußfolgerungen (Braddock et al., 1963). Zwei neuere Studien (Davis, 1979; Holland, 1979) haben eine gewisse Verbesserung durch die Kurse ergeben, aber in sehr geringerem Umfang (nur einen Viertelpunkt auf einer Fünf-Punkte-Skala).

Abgesehen von dem enttäuschenden empirischen Datenmaterial sagt einem der gesunde Menschenverstand, daß Weiterbildung auf der Hochschulebene nur begrenzte Resultate haben würde. Nehmen wir beispielsweise Kurse in Mathematik, die für Studenten gedacht sind, welche nur mit Kenntnissen der dritten oder vierten Grundschulklasse in Arithmetik an die Hochschulen kommen. Das letztendliche Ziel ist es, diese Studenten auf ein Niveau zu heben, das es ihnen gestattet, an Lehrveranstaltungen in den Naturwissenschaften und in Analysis teilzunehmen, die für die Erstsemester in Medizin vorgeschrieben sind. Ist ein solches Ziel sinnvoll? Man muß sich vor Augen halten, daß selbst Studenten, die in der Oberschule Algebra, Geometrie und Trigonometrie gemeistert haben (das heißt, die sechs oder mehr Jahre

BOX 4/20

„Ist die Meritokratie im Bildungswesen zu retten?"

Besorgnis über das Absinken des akademischen Niveaus wird erneut von vielen, aber nicht allen (!) Vertretern des Bildungswesens geäußert. Der folgende Aufsatz von John D. Palmer, einem Zoologen, erschien ursprünglich als Leitartikel in *Science,* dem renommierten Fachblatt der *American Association for the Advancement of Science.*

Ist es nicht merkwürdig, daß der Antiintellektualismus unter Lehrenden so verbreitet ist? Ich spreche von dem bestürzenden Absinken des Niveaus, das wir auf allen Ebenen des amerikanischen Bildungswesens, insbesondere während der letzten eineinhalb Jahrzehnte, zugelassen haben. Der gute Wille und nicht die Leistung wird inzwischen so hoch belohnt, daß die häufigste Note, die in vielen unserer Universitäten vergeben wird, inzwischen ein A ist. Man kann die nötigen Scheine bekommen, obwohl man vielleicht nichts gelernt und sich geistig nicht entwikkelt hat. Kurse in Kerzenmachen, Joga und Angeln bringen oft dieselbe Punktezahl ein wie Lehrveranstaltungen in Quantenmechanik, Zellphysiologie und physikalischer Chemie.

Die oberste Schulbehörde für Hawaii kündigte an, daß Diplome allein für Anwesenheit vergeben werden würden. Als eine beherzte Schar von Lehrern ein Kreisschulsystem in Virginia konsequent auf das Leistungsprinzip umstellte, bezeichneten schockierte Journalisten dies als „neue Idee" und „ein Experiment" und berichteten, daß Schulvertreter im ganzen Land Informationen über dieses innovative Programm haben wollten. Das einst bedeutende City College of New York, das 54 Jahre lang mehr Doktoranden hervorbrachte als jede andere amerikanische Universität mit einer Ausnahme, hob 1969 alle Zulassungsbeschränkungen auf. Inzwischen wird an diesem College in dem verzweifelten Bemühen, Terrain aufzuholen, das sie freiwillig aufgaben, von den Studienbewerbern ein der 9. Klasse (= Fünfzehnjährige) entsprechendes Wissen in Mathematik verlangt. Ohne Zweifel ist unserem Berufsstand der Professionalismus abhanden gekommen. Unsere Torheiten gutzumachen und das Vertrauen der Öffentlichkeit zu uns wiederherzustellen, sind heute unsere dringendsten Aufgaben.

Ein Weg zur Wiederherstellung unserer Glaubwürdigkeit ist der Abbau der Noteninflation – eine Krankheit, die epidemische Ausmaße angenommen hat. In den vergangenen 15 Jahren, während die SAT-Ergebnisse ständig zurückgingen, hat sich die Zahl der guten Noten, die an nahezu jeder Universität dieses Landes vergeben werden, ständig erhöht. Das Absinken des Niveaus im Bildungswesen wird von großen Teilen der Öffentlichkeit erkannt und von verantwortungsbewußten Journalisten überall (oft in Cartoonform) kritisiert. Diese falsche Bewertung in den Klassenzimmern gipfelt in der Verleihung von Diplomen an ungebildete Teilnehmer von Lehrveranstaltungen im künstlerischen und wissenschaftlichen Bereich und von Gesellenbriefen an schlecht ausgebildete Absolventen von Fach- und Berufsschulen. So schlecht gerüstet, können sich viele in den für Akademiker „reservierten" Positionen nicht halten. Die wirklich guten Absolventen – deren Noten sich von denen der Unfähigen oft nicht unterscheiden – sind enttäuscht, wenn potentielle Arbeitgeber von ihren Leistungsnachweisen nicht beeindruckt sind.

Presseartikel machen auf den schlechten Stellenmarkt für Hochschulabsolventen und die Zahl der Akademiker aufmerksam, die in Positionen

über die Arithmetik hinaus sind), oft mit der Hochschulmathematik Schwierigkeiten haben. Es wäre geradezu ein Wunder, wenn ein Nachhilfeprogramm in einem Jahr das erreichen könnte, was in sechs oder mehr Jahren auf dem normalen Bildungsweg nicht erreicht wurde. Es scheint auch keine Anhaltspunkte dafür zu geben, daß solche Wunder tatsächlich geschehen. Weitaus wahrscheinlicher ist, daß mit Förderkursen guten Studenten geholfen werden kann, denen nur ein Weniges an Kenntnissen oder Motiven fehlt. Ein solcher Förderunterricht, der die Gesamtstudiendauer vielleicht um ein Jahr verlängert, kann gewährleisten, daß das übrige Studium lohnender wird.

Das einzige, was in diesem entmutigenden Bild eines allgemeinen Absinkens des akademischen Niveaus zuversichtlich stimmt, ist, daß so viele

arbeiten, in denen früher Leute beschäftigt waren, die keine Hochschulbildung hatten. In wievielen dieser Fälle fehlt eher die Übereinstimmung zwischen Akademiker und Diplom als zwischen Akademiker und Arbeitsplatz? Wir haben einen Teil unserer Verantwortung bereits an die Arbeitgeber von Hochschulabsolventen und an die harte Schule des Lebens abgetreten. Wenn wir diesen Trend nicht umkehren, werden noch mehr von unseren Absolventen von der Industrie und der Regierung getestet werden müssen, bevor man sie – und uns – als kompetent anerkennt. Die Industrie wendet bereits heute Millionen für die Ausbildung auf, die wir ihren Arbeitskräften nicht mitgegeben haben. Unsere Studenten mögen zwar kein Nichtgenügend mehr erhalten, dafür aber wir.

Die wichtigste Aufgabe, der sich alle Lehrenden konfrontiert sehen, ist, wieder Maßstäbe zu setzen und bei der Öffentlichkeit wieder glaubwürdig zu werden. Gelingt uns das erste, dann ergibt sich das letztgenannte von selbst. Von allen akademischen Disziplinen haben die naturwissenschaftlichen und technischen Fächer ihren Standard am wenigsten preisgegeben. Daher ist es logisch, daß diese Gruppe am leichtesten die Initiative zur Wiederherstellung einer akademischen Meritokratie ergreifen könnte. Ich hoffe, daß sich in jeder akademischen Institution einige Naturwissenschaftler erheben und ihre Kollegen zur Lauterkeit in der Pädagogik zurückgeleiten werden.

J. Palmer: Can Meritocracy in Academe be saved? *Science*, 1979, *203*, 1199.

Menschen – Studenten, Eltern Lehrer, Arbeitgeber und Regierungsvertreter – darüber besorgt zu sein scheinen. Leider ist es leichter, Besorgnis zu äußern als Lösungen anzubieten, die funktionieren. Die Arbeitgeber beklagen sich, daß junge Arbeitnehmer schlecht ausgebildet durch die Hochschulen ihre Arbeit antreten. Die Hochschulen jammern, daß die Studenten mit mangelhaften Kenntnissen von der Highschool kommen. Die Highschools beschweren sich, daß sie Dinge unterrichten müssen, die auf einer früheren Stufe hätten gelernt werden sollen. Die Regierungsgelder haben sich oft auf die Grundschulen konzentriert, wo die Kinder lesen, schreiben und rechnen lernen (bzw. allzu oft nicht lernen). Wie bereits erwähnt, konzentrierte sich das ehrgeizige Projekt *Headstart* in den sechziger Jahren auf einen noch früheren Altersabschnitt, die Vorschulkinder; und manche Pädagogen sind der Ansicht, nicht was in der Schule passiere, sondern was zu Hause geschehe, bevor das Kind alt genug für die Schule ist, bestimme das Niveau der späteren akademischen Leistungen. Was auch immer die wahren Ursachen des Problems sein mögen, die Tatsache, daß es jetzt ins allgemeine Bewußtsein gedrungen ist, läßt hoffen, daß unsere Gesellschaft künftig stärkeres Gewicht auf geistige Leistungen legen wird.

3 Sind intellektuelle Unterschiede wichtig?

Ihre eigenen IQ- und SAT-Ergebnisse werden von amerikanischen Studenten, die diese Ergebnisse allzu häufig als Maßstäbe ihres eigenen persönlichen Wertes betrachten, als ungeheuer wichtig erachtet. Aber selbst nach den kraß materialistischen Maßstäben unserer heutigen Gesellschaft stellt weder der IQ noch der SAT eine Garantie des Erfolgs dar. Studenten mit IQs über 130 und SATs über 700 versagen manchmal in ihrem Studium (vgl. z.B. Terman u. Oden [1959]); und es gibt Hochschulabsolventen mit hohen Testergebnissen und akademischen Graden, die jetzt Taxi fahren oder als Kellner arbeiten. Schließlich sind Leute mit hohen Ergebnissen einer starken Versuchung ausgesetzt, die Bedeutung solcher Tests selbst zu überschätzen.

Die Angehörigen unserer Bevölkerung, denen solche Tests wahrscheinlich weitaus weniger wichtig erscheinen, sind dieselben, die die niedrigsten Ergebnisse erzielen. Aber gerade den schlecht abschneidenden Gruppen wird der Weg zu materiellen Belohnungen verbaut. Wer in unserer Gesellschaft als Analphabet heranwächst, wer nicht imstande ist, für die Öffentlichkeit bestimmte technische Anleitungen zu lesen, wer nicht einmal einfache arithmetische Rechnungen ausführen kann, der ist von den meisten besser bezahlten Arbeitsplätzen, die zur Verfügung stehen, ausgeschlossen. Solche Leute werden nur als ungelernte Arbeitskräfte beschäftigt. Maschinen können jetzt einen immer größer werdenden Anteil dieser Arbeit ausführen, so daß die Arbeitslosigkeit steigt und die Löhne sinken. In den Vereinigten Staaten ist die Arbeitslosenquote in den städtischen Gettos jetzt bestürzend hoch. Verbesserte Bildung scheint die einzige Lösung für dieses Problem zu sein. Aber in diesem Abschnitt sollte deutlich geworden sein, daß es bisher noch keine einfachen Lösungen für das Problem gibt, das Bildungsniveau der Schüler zu heben, die gegenwärtig nicht imstande sind, sich die geistigen Grundwerkzeuge unserer Kultur anzueignen.

3.1 Warnung

Zum Abschluß unseres Überblicks über den emotionsgeladenen und kontroversen Stoff dieses Kapitels scheint es uns wichtig, eine Warnung anzufügen. Untersuchungen von individuellen und Gruppenunterschieden in den geistigen Fähigkeiten werden in der Regel nicht im Labor unter strikter experimenteller Kontrolle durchgeführt – zumindest nicht mit Menschen. Korrelationsstudien eignen sich für alternative Interpretationen, wovon die einen die Rolle genetischer Einflüsse, die anderen die Rolle der Umwelt hervorheben. Aber ohne Zuordnung von Menschen zu verschiedenen Lebensbedingungen nach dem Zufallsprinzip ist es schwierig, bestimmte Interpretationen zugunsten anderer auszuschließen. Außerdem werden ständig neue Interpretationen zur Deutung alten Datenmaterials entwickelt. Manche der Forschungsergebnisse, die in früheren Ausgaben dieses Lehrbuchs als wesentlich für einen Streit dieser Art behandelt wurden, werden in der vorliegenden Fassung nicht einmal mehr erwähnt. Und dieser Problembereich mag in weiteren zehn Jahren wieder ganz anders aussehen.

Es scheint uns wichtig anzumerken, daß bestimmte sehr ernstzunehmende Experten des Forschungsbereichs der geistigen Fähigkeiten diesem Abschnitt vorwerfen würden, es werde darin kein hinreichend großes Gewicht auf die Vererbung gelegt. Andere Experten würden dem Text vorwerfen, die Rolle der Umwelt werde nicht genügend hervorgehoben. Verglichen mit den anderen Lehrbüchern haben wir relativ größeres Gewicht auf praktische Fragen gelegt – die standardisierten Testergebnisse, die so wichtig für die Zulassung zu den Hochschulen im allgemeinen und Fächern wie Medizin und Jura etc. im besonderen sind, und die Unfähigkeit unseres öffentlichen Schulsystems, die in es gesetzten Erwartungen zu erfüllen. Ob man nun hereditären oder umweltbezogenen Deutungen zuneigt, dies sind Probleme, denen Lehrende und Studierende als Staatsbürger ihre Aufmerksamkeit schenken sollten.

Zusammenfassung

1. Individuelle Unterschiede und Gruppenunterschiede in den geistigen Fähigkeiten bewirkten, daß man sich verstärkt darum bemühte, das Wechselspiel des Einflusses von Vererbung und Umwelt besser zu verstehen und den Einzelnen praktische Möglichkeiten zu bieten, sein eigenes Potential zu entwickeln. Es gibt keinen zwangsläufigen Zusammenhang zwischen politischen Wertvorstellungen und den Standpunkten in der „Anlage-Umwelt"-Frage, aber dies ist ein Bereich der Psychologie, in dem moralisches Empfinden eine große Rolle spielt.

2. Die große Ähnlichkeit zwischen den IQs von eineiigen Zwillingen, die bei der Geburt getrennt wurden (selbst wenn man die Daten von Burt außer acht läßt), sowie die Korrelationen für andere Verwandtschaftsverhältnisse deuten darauf hin, daß die Vererbung eine wichtige Rolle für die Entstehung individueller Unterschiede im IQ spielt. Darüber hinaus erhöht sich die Korrelation zwischen den IQs von Pflegekindern und den IQs ihrer leiblichen Eltern im Laufe der Jahre bei der Adoptivfamilie sogar. Die adoptierten Kinder erreichen allerdings IQ-Werte über denen ihrer leiblichen Eltern, was auf einen wichtigen Einfluß der Umwelt hinweist. Regression zum Mittelwert ist in der Regel zu beobachten: Kinder von Eltern mit hohen IQs erzielten gewöhnlich niedrigere Ergebnisse als ihre Eltern, obwohl sie bei diesen aufwuchsen.

3. Wenn die Vererbung auch ein wichtiger Faktor für die Entstehung von Unterschieden *innerhalb* von Gruppen ist, kann sie von geringer oder gar keiner kausalen Bedeutung für das Entstehen manchmal großer Unterschiede *zwischen* Gruppen sein. Diese Erkenntnis ist von spezieller Bedeutung, wenn es sich um rassische Unterschiede handelt, ein Thema, das angesichts der Rassenpolitik des nationalsozialistischen Deutschland von besonderer Brisanz ist.

Der Einfluß von Umweltfaktoren scheint durch die Zunahme des IQs schwarzer Kinder bewiesen, die durch weiße Familien adoptiert wurden oder deren Eltern in eine andere und vermutlich günstigere Umgebung übersiedelten.

4. Unterschieden der sozialen Schicht entsprechen ebenfalls starke Unterschiede im IQ. Die Verflechtung von genetischen und Umweltfaktoren macht es schwierig, ihren relativen Einfluß abzuschätzen. Auch hier gibt es wieder beträchtliche Unterschiede innerhalb der Gruppen, Unterschiede, die nur zum Schaden der Gesellschaft ignoriert werden können.

5. Männer und Frauen unterscheiden sich im Durchschnitt hinsichtlich ihrer speziellen geistigen Fähigkeiten. Männer sind besser in Aufgaben, die räumliches Vorstellungsvermögen erfordern, in Mathematik und verbaler Logik. Frauen schneiden bei Aufgaben, in denen es um Wortschatz und Orthographie geht, besser ab. Obwohl es widersprüchliche Theorien für diese Unterschiede gibt (z. B. der Standpunkt der Feministinnen und der der Soziobiologen) ist es angesichts der Verwobenheit möglicher kausaler Faktoren auch hier schwierig, die Gründe für die Unterschiede festzustellen.

6. Selbst wenn Gruppenunterschiede weitgehend auf der Ungleichheit der Bildungschancen, des häuslichen Milieus und der jeweiligen Subkultur beruhen, sollte die Schwierigkeit, diese Umweltbedingungen zu verändern, nicht unterschätzt werden.

7. Die Aufhebung der Rassentrennung an den amerikanischen Schulen scheint größere Auswirkungen auf die schulischen Leistungen als auf die rassischen Einstellungen gehabt zu haben. Ideale Bedingungen für die Rassenintegration wurden jedoch nur selten erreicht, teilweise infolge demographischer Faktoren, wie der „Flucht der Weißen" aus den Innenstädten.

8. Kompensatorischer Unterricht ist oft außerstande, die Schulleistungen zu verbessern, oder seine Wirkungen sind von enttäuschend kurzer Dauer. Es gibt bis jetzt keine allgemeinen Anzeichen, daß die Verbesserung der Schulen nachhaltig zur Verbesserung der Leistungen geführt hätte.

9. Das scharfe Absinken der SAT-Werte gibt andererseits für das höhere Bildungswesen Anlaß zu echter und dringender Besorgnis. Die vielen Faktoren, die als Teilursachen für dieses Absinken genannt wurden, legen den Schluß nahe, daß praktisch alle Segmente unserer Gesellschaft in den letzten Jahren geringeren Wert auf geistige Leistungen gelegt haben als früher. Auf dem Hochschulniveau ist zu bezweifeln, ob es möglich ist, durch Förderkurse frühere Versäumnisse wettzumachen.

10. Die Noteninflation hat dazu geführt, daß man sich in den USA in zunehmendem Maß auf standardisierte Tests verläßt. Dies mag zu bedauern sein, wenn, wie bei den Auswahlverfahren für die medizinischen, juristischen etc. Fakultäten, die Tests nicht in Hinblick auf spätere Leistungen in dem jeweiligen Beruf validiert wurden.

11. Die von den standardisierten Tests gemessenen intellektuellen Unterschiede geben in der Praxis Anlaß zur Sorge in Hinblick auf jene Schüler, die die niedrigsten Ergebnisse erzielen, weil diese von materiellen Belohnungen abgeschnitten werden, die Grundkenntnisse im Lesen und Rechnen voraussetzen. Obwohl die Erkenntnis inzwischen verbreitet ist, daß geistige Mängel ein ernstes Problem darstellen, scheint es klar, daß uns dafür noch keine praktischen Lösungen zur Verfügung stehen.

4. Kapitel
Denken, Problemlösen und Entscheiden

Das Denken wird manchmal als höchste Errungenschaft der Evolution und gelegentlich gar als Nachweis der menschlichen Existenz betrachtet. Der französische Philosoph René Descartes faßte diese Einstellung präzise in seinem berühmten ersten Prinzip zusammen: *Cogito, ergo sum* (Ich denke, daher bin ich). Es ist unsere faszinierende Fähigkeit, logisch zu denken, Probleme zu lösen und neue Gedanken und Konzepte hervorzubringen, die uns befähigt, uns über die Forderungen des bloßen Überlebens zu erheben, darüber nachzudenken, was sein könnte, und zu verstehen, was ist. Obwohl viele zeitgenössische Psychologen die Auffassung vertreten würden, daß auch Tiere und vielleicht sogar Computer zumindest bis zu einem gewissen Grad die Art von Verhalten manifestieren können, die wir Denken nennen (Box 4/21 enthält dazu einen Testvorschlag), teilen nahezu alle die Auffassung, daß das Denken mit der Menschheit seinen Zenit erreichte. Die meisten Vergleiche zwischen dem menschlichen Denken und den Intelligenzleistungen selbst des bestdressierten Schimpansen oder des leistungsfähigsten Computers lassen den ungeheuren Vorsprung, den der menschliche Intellekt gegenüber dem jeder anderen Spezies, sei sie biologischer oder elektronischer Natur, aufweist, nur um so deutlicher hervortreten.

Nachdem wir unsere Überlegenheit festgestellt haben, bleibt jedoch noch eine herausfordernde Frage: Sind wir klug genug, um genau die geistigen Prozesse zu verstehen, die unsere Überlegenheit ausmachen? In diesem Kapitel werden einige der Fortschritte dargestellt, die in dieser Hinsicht erzielt wurden. Dieses Kapitel beschäftigt sich mit drei Kategorien geistiger Aktivität: Denken, Problemlösen und Entscheiden. Die Grenzen zwischen diesen drei Bereichen sind etwas willkürlich gezogen, denn die beiden letztgenannten beziehen selbstverständlich auch das *Denken* mit ein, das wir als die innerliche Veränderung von symbolisch repräsentierten Objekten und Ereignissen definieren können. Bestimmte Arten des Denkens, wie das Tagträumen, scheinen keine praktische Funktion zu haben. Wenn das Denken praxisbezogen wird, das heißt, wenn wir es benutzen, um Hindernisse oder Lücken zu überwinden, die uns von einem Ziel oder einer Lösung trennen, dann handelt es sich um *Problemlösen* (s. Abb. 16). Den pythagoräischen Lehrsatz zu beweisen – daß bei einem rechtwinkligen Dreieck das Quadrat der Hypothenuse gleich der Summe der Quadrate der beiden Katheten ist – kann als ein schwieriges Beispiel für das Problemlösen gelten. Das *Entscheiden* oder die *Entscheidungsfindung* ist eine besondere Art des Problemlösens, bei der wir zwischen alternativen Handlungsweisen wählen. Die Entscheidung, ob man den eigenen Bildungsweg fortsetzt oder die Schule verläßt, um sich eine Stelle zu suchen, ist ein Beispiel für die Art von Wahl, die die meisten Schüler bzw. Studenten

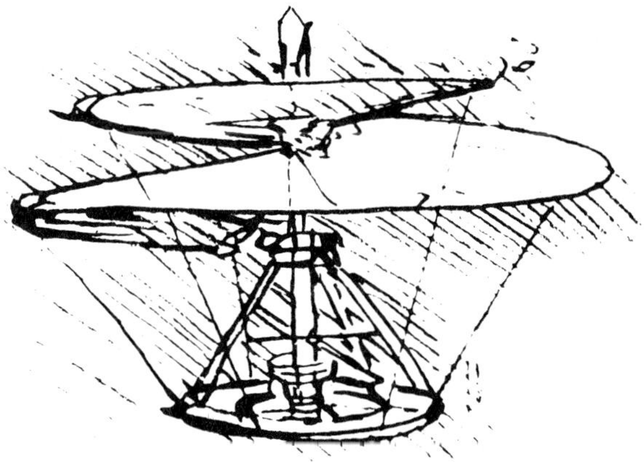

Abbildung 16: Die Zeichnung stammt von Leonardo da Vinci (1452–1519 – Maler, Bildhauer, Musiker, Architekt, Mathematiker und Ingenieur – einer der schöpferischsten Geister aller Zeiten).

(oben) New York Public Library Collection; (unten) C Lawrence Frank, 1981

BOX 4/21

Kann eine Maschine denken?

Im Jahr 1950, vor der Entwicklung der modernen Computertechnik, schlug der Mathematiker A. Turing den folgenden Test vor, um festzustellen, ob eine Maschine denken könne: *Überprüfen wir, ob die Antworten der Maschine auf Fragen von den Antworten eines Menschen zu unterscheiden sind.*

Oberflächliche Unterschiede kann man beseitigen, indem man die Antworten des Menschen ebenfalls in Form eines Computerausdrucks erscheinen läßt. Der Beurteiler kann in einem Raum mit zwei Fernschreibern sitzen. Er kann jede Frage stellen, die er will, indem er sie in den Fernschreiber tippt. In einem anderen Raum tippt jemand Antworten, die auf einem der beiden Fernschreiber erscheinen. Die Antworten des Computers auf dieselben Fragen erscheinen auf dem anderen Fernschreiber. Turing argumentierte, wenn der Beurteiler nicht sagen könne, welcher Ausdruck vom Computer und welcher von dem Menschen stamme, dann könne der Computer denken. Ob ein heutiger Computer diesen Test bestehen könnte, würde davon abhängen, welche Fragen gestellt werden. Wenn der Fragende jedoch auf ein hinreichend schmales Spektrum von Fragen beschränkt wäre, dann wäre es unmöglich, zwischen Mensch und Computer zu unterscheiden. Nehmen wir beispielsweise den folgenden Dialog zwischen einer jungen Dame und einem Computer, der darauf programmiert wurde (Weizenbaums DOCTOR-Script für Eliza), einen nach Rogers' Methode der klientenzentrierten Psychotherapie arbeitenden Therapeuten zu simulieren (oder zu parodieren?). (Darstellung von Rogers' Methode der Psychotherapie s. 6. Bd.) Die Frau tippte ihre Bemerkungen (in normaler Schrift), auf die der Computer antwortete (in Großbuchstaben):

Die Männer sind alle gleich.
IN WELCHER HINSICHT
Sie nerven uns immer mit irgend etwas.
FÄLLT IHNEN EIN BESTIMMTES BEISPIEL EIN
Nun ja, mein Freund hat mich hierher geschickt.
IHR FREUND HAT SIE HIERHER GESCHICKT
Er meint, ich sei oft deprimiert.
ES TUT MIR LEID ZU HÖREN, DASS SIE DEPRIMIERT SIND
Es stimmt. Ich bin unglücklich.
GLAUBEN SIE HIERHERZUKOMMEN WIRD IHNEN HELFEN NICHT UNGLÜCKLICH ZU SEIN?
Ich brauche Hilfe, so viel scheint sicher.
WAS WÜRDE ES FÜR SIE BEDEUTEN, HILFE ZU BEKOMMEN
Vielleicht könnte ich lernen, mich mit meiner Mutter zu vertragen.
ERZÄHLEN SIE MIR MEHR ÜBER IHRE FAMILIE
Meine Mutter sorgt für mich.
WER IN IHRER FAMILIE SORGT SONST NOCH FÜR SIE
Mein Vater.
IHR VATER
Sie sind in gewisser Weise wie mein Vater.
WELCHE ÄHNLICHKEITEN BEMERKEN SIE
Sie sind nicht sehr aggressiv, aber ich glaube, sie wollen nicht, daß ich das bemerke.
WARUM GLAUBEN SIE, ICH SEI NICHT AGGRESSIV
Sie streiten nicht mit mir.
GEFÄLLT IHNEN DIE VORSTELLUNG, DAS ICH MICH VOR IHNEN FÜRCHTE
Mein Vater fürchtet sich vor allen.
WAS FÄLLT IHNEN NOCH EIN, WENN SIE AN IHREN VATER DENKEN
Tyrann.
HAT DAS IRGEND ETWAS MIT DER TATSACHE ZU TUN, DASS IHR FREUND SIE HIERHER GESCHICKT HAT?

Würde dieser Ausschnitt aus dem „Gespräch" Ihrer Meinung nach Turings Test bestehen?

A. Turing: Computing machinery and intelligence. *Mind,* 1950, *59,* 433–450.

J. Weizenbaum: *Computer Power and Human Reason: From Judgment to Calculation.* San Francisco: Freeman, 1976, S. 3–4.

früher oder später treffen müssen, eine Entscheidung, für die es vielleicht nicht die eindeutige Lösung gibt, die für Probleme anderer Art charakteristisch ist. Wenn Sie über diese drei Kategorien, die natürlich nicht alle Möglichkeiten geistiger Tätigkeit umfassen, nachsinnen – Denken, Problemlösen und Entscheiden –, sollten Sie zu dem Schluß kommen, daß es sich dabei um überlappende, miteinander zusammenhängende kognitive Aktivitäten handelt.

Die Leser seien auch gewarnt, daß die Erörterung dieser Themen zwei verschiedenen Richtungen folgt, die allzu häufig miteinander verwechselt werden. Wenn sie als Wissenschaftler vorgehen, schlagen Psychologen den Weg der *Deskription* ein, das heißt, sie versuchen zu beschreiben, wie unsere Denkprozesse ablaufen, wie wir darangehen, Probleme zu lösen und wie wir Entscheidungen treffen. Solche Beschreibungen offenbaren manchmal irrationale, in sich widersprüchliche und sogar törichte oder selbst destruktive Aspekte unserer Denkvorgänge. Aber Psychologen beschreiben nicht nur, sie greifen auch gestaltend in die Gesellschaft ein und tragen zur Entwicklung von *Normen* bei. (Die Alternativen lauten also *beschreibend* oder *deskriptiv* und *normativ* oder *präskriptiv = vorschreibend.*) In dieser letztgenannten Eigenschaft ist es ihr Ziel, den Menschen zu helfen, kreativer zu denken, Probleme effizienter zu lösen und Entscheidungen zu treffen (manchmal mit Hilfe raffinierter mathematischer Modelle), die den eigenen persönlichen Wertvorstellungen jedes einzelnen besser entsprechen.

1 Denken

Der Denkprozeß besteht aus der Verwandlung von *symbolischen Elementen* wie Vorstellungen, Worten und Konzepten, die Aspekte der Realität repräsentieren. Manchmal ist diese Repräsentation von der Realität ziemlich weit entfernt, etwa wenn man sich die Stirn eines Pferdes mit einem spitzen Horn geschmückt vorstellt und damit das rein fiktive Einhorn erfindet. Im 1. Kapitel wurde dargestellt, daß diese Fähigkeit zum Umgang mit Symbolen sowohl für Piaget als auch für Bruner das letzte, erwachsene Stadium in der kognitiven Entwicklung des Menschen bildet. Manchmal wird dieses Zusammenspiel symbolischer Elemente von dem Betreffenden gesteuert und aktiv kontrolliert, etwa bei der Arbeit an bestimmten Problemen. Bei solchem realistischen Denken spielen die Gesetze der Logik und die „normative Kraft des Faktischen" eine wichtige Rolle. Der gesamte Verlauf des Denkens wird dann von den Erfordernissen der objektiven Situation gelenkt. Diese Art des gesteuerten Denkens ist offensichtlich nützlich und der Anpassung dienend. Bei anderen Gelegenheiten wirkt das spontane Wechselspiel von Bildern und Symbolen ungesteuert, ja wahllos, und wir verlieren uns in scheinbar ziellose und unkontrollierte Träumereien. Solche mäanderhaften Gedanken mögen sinnlos erscheinen, aber wir werden sehen, daß auch sie beim kreativen Denken und Problemlösen eine wichtige Rolle spielen und somit eine Anpassungsfunktion erfüllen können. Selbst *autistisches Denken* – der Extremfall, bei dem das Denken bei geringer oder gar keiner Rücksicht auf die Realität völlig von den eigenen Wünschen und Gefühlen beherrscht ist – kann in gewissem Sinn der Anpassung dienen. Die Analyse dieser Art des Denkens wurde von der Freudschen Tiefenpsychologie angeregt, wobei unbewußte Triebkräfte, Gedanken und Wünsche in den Träumen und auch im Wunschdenken des wachen Lebens in ihrer verkleideten, symbolischen Form erkannt werden sollten (s. 6. Bd.). Hier können wir nur das Augenmerk auf die häufig gemachte Beobachtung lenken, daß Phantasie und Einbildungskraft manchmal einen Strom realistischer Gedanken zum Fließen bringen, die zu praktischen Leistungen in der wirklichen Welt führen. Kurz, alle Formen des Denkens können wesentliche Beiträge zum menschlichen Anpassungsrepertoire leisten.

1.1 Methoden zur Untersuchung des Denkens

Vielleicht das nächstliegende Verfahren bei der Erforschung des Denkens besteht darin, dem eigenen Verstand zuzuschauen, das eigene persönliche Erleben zu untersuchen, um herauszufinden, was geschieht. Als Aristoteles das vor 2300 Jahren machte, gelangte er zu dem Schluß, daß das Denken aus einer Kette von Assoziationen bestehe, bei der eine Vorstellung auf die andere folge. Mit der Entwicklung einer auf Selbstbeobachtung basierenden experimentellen Psychologie Ende des 19. Jahrhunderts wäre eigentlich ein gewaltiger Forschungsschub über die Natur des Denkens zu erwarten gewesen. Die ersten Experimentalpsychologen in Deutschland, wie Wilhelm Wundt, bezweifelten jedoch, ob ein so deduktiver Prozeß im Rahmen der engen analytischen Grenzen der klassischen Selbstbeobachtung erkundet werden könne. Später, zu Beginn unseres Jahrhunderts, gelangte eine Gruppe deutscher Psychologen in Würzburg schließlich zu der Ansicht, daß manche Menschen sich keiner bildlichen Vorstellungen bewußt sind, während sie ein Problem durchdenken, und damit schien das Denken nun endgültig dem Bereich der klassischen Selbstbeobachtung entrückt. Die aristotelischen Assoziationen von Vorstellungen wurden außerdem durch die Gestaltpsychologie in Frage gestellt. Zunächst in Deutschland und dann in den Vereinigten Staaten (wohin ein Großteil von ihnen vor dem Nationalsozialismus geflohen waren) traten die Gestaltpsychologen für ein weniger analytisches Herangehen an die menschlichen Denkprozesse ein.

In Amerika stieß die Gestaltpsychologie, ja das Studium des Denkens als solches, auf den Widerstand von Watsons Behaviorismus (s. Einführung in den 3. Bd.). Jede Bezugnahme auf persönliche geistig-psychische Erfahrungen wurde als *subjektiv* und deshalb außerhalb des Forschungsbereichs der wissenschaftlichen Psychologie liegend betrachtet. Das war bedauerlich, denn wie wir sehen werden, können auch verhaltenswissenschaftliche Methoden benutzt werden, um zu studieren, wie wir denken und Probleme lösen. Zu diesen Methoden zählen auch Analysen manifester, beobachtbarer Ereignisse wie die verschiedenen Arten von Irrtümern, die von Versuchspersonen beim Problemlösen gemacht werden. Mit der Entwicklung der Computer ist die Erforschung des Denkens wieder zu einem respektablen und wichtigen Forschungsgebiet geworden. Da die Computer verschiedene Denkprozesse zu simulieren vermögen, können sie von Psychologen zur Aufstellung von Hypothesen benutzt werden, um das Denken zu erklären. Diese Forschungsarbeiten bewirkten eine Emanzipation der amerikanischen Psychologie, die sich nunmehr wieder die Freiheit nehmen kann, über Vorstellungen und Gedanken und das, was in unseren Köpfen vor sich geht, zu sprechen. Die modernen Psychologen brauchen sich also nicht durch die Bemerkung Mark Twains in Verlegenheit bringen zu lassen: „Welch ein winzig kleiner Teil des Lebens eines Menschen sind seine Handlungen und seine Worte! Sein wirkliches Leben spielt sich in seinem Kopf ab, und niemand kennt es, außer ihm selbst."

1.2 Vorstellungen und Denken

Beginnen wir unsere Erörterung des Denkens mit dem Vergleich von zwei verschiedenen Arten geistig-psychischer Elemente, die das Erleben eines Menschen ausmachen. Zum einen sind da die *Wahrnehmungen* konkreter Dinge, die hier und jetzt in unserer konkreten Welt existieren und die auch von jedem anderen wahrgenommen werden können, der zufällig anwesend ist: Bäume, Zäune, weinende Kinder, Autobahnverkehr, Smog. Zum anderen sind da Vorstellungen von Dingen, die nicht unmittelbar in unserer physischen Welt präsent sind. Wenn wir das Haus zu schildern versuchen, in dem wir als Kind lebten, können wir es in gewissem Sinn sehen, obwohl das Gebäude längst abgerissen wurde. Man bezeichnet das als *Gedächtnisbild,* da es das ist, was wir von unserem Haus erinnern. Oder der Romanautor, der über seine nächste Episode nachdenkt, kann seine Heldin, eine Person, die in der wirklichen Welt nie existiert hat, vor sich sehen – ein *Phantasiebild.*

1.3 Ähnlichkeiten zwischen Vorstellungen und Wahrnehmungen

Wir können unsere Vorstellungen in ebenso realen, reichhaltigen und vielgestaltigen Formen erleben wie unsere Wahrnehmungen. Genauso wie wir physisch vorhandene Objekte sehen, hören, riechen, schmecken oder tasten können, können wir auch Dinge „sehen", die nicht vorhanden sind, Musik „hören", die nicht gespielt wird, Speisen „schmecken", die wir seit Jahren nicht mehr gegessen haben, und „das seidige, traurige, ungewisse Rascheln jenes violetten Vorhangs" erleben, wenn wir Edgar Allan Poe lesen.

Die einzelnen Menschen scheinen sich stark hinsichtlich der *Lebendigkeit* ihrer Vorstellungswelt zu unterscheiden. Die klassische Studie auf diesem Gebiet war Sir Francis Galtons Frühstückstisch-Untersuchung in den achtziger Jahren des vorigen Jahrhunderts: Galton forderte seine Probanden auf, sich an den Frühstückstisch zu erinnern, an den sie sich am Morgen gesetzt hatten, und ihre Gedächtnisbilder zu berichten – ob die vorgestellten Dinge naturgetreue Farben aufwiesen oder nicht, ob sie genau erkennbar und scharf konturiert waren und so weiter. Galton erhielt widersprüchliche Berichte, die von ebenso lebhaften Vorstellungen wie die ursprünglichen Wahrnehmungen am Frühstückstisch bis zu gar keinen Vorstellungen reichten! (In den Boxen 4/22 und 4/23 werden die Berichte von zwei der interessante-

BOX 4/22

Die Vorstellungen Albert Einsteins

Seit den Tagen von Sir Francis Galton besteht ein Interesse an den Vorstellungen, die Wissenschaftlern durch den Kopf gehen, während sie an Problemen arbeiten. Nichtpsychologen haben wertvolle Beiträge zu diesem Komplex geliefert. Eine der interessantesten Beispielsammlungen ist in einem Buch des Mathematikers Jacques Hadamard enthalten. Er meint: „Die Vorstellungen der Mathematiker ... sind am häufigsten visueller Art, aber sie können auch anders beschaffen sein – beispielsweise kinetisch. Es kann aber auch akustische geben." Unter den Mathematikern, die Hadamard in seiner Studie erfaßte, befand sich auch Albert Einstein. Der folgende Ausschnitt aus einem Brief Einsteins an Hadamard gibt uns einen außerordentlich interessanten Einblick in die Denkprozesse Einsteins, so wie er sie selbst erlebte:

„Die Worte der Sprache, so wie sie geschrieben oder gesprochen werden, scheinen in meinem Denkmechanismus keine Rolle zu spielen. Die geistigen Einheiten, die als Elemente meines Denkens dienen, sind bestimmte Zeichen und mehr oder weniger klare Vorstellungsbilder, die ‚willkürlich' reproduziert und miteinander kombiniert werden können ... dieses kombinatorische Spiel scheint die Quintessenz des produktiven Denkens zu sein – bevor es Verbindungen mit logischen Konstruktionen in Worten oder Symbolen anderer Art gibt, die anderen mitgeteilt werden können. Die obenerwähnten Elemente sind in meinem Fall visueller und gelegentlich muskulärer Art. Herkömmliche Worte oder andere Zeichen müssen erst in einem zweiten Stadium mühsam gesucht werden, wenn das obenerwähnte assoziative Spiel hinreichend gefestigt ist und nach Wunsch reproduziert werden kann."

J. Hadamard: *Psychology of Invention in the Mathematical Field.* Princeton: Princeton University Press, 1949.

sten Figuren des Geisteslebens unseres Jahrhunderts, Albert Einstein und Aldous Huxley, miteinander verglichen.) Offensichtlich unterscheiden sich die Menschen auch hinsichtlich einer Vielzahl von Eigenschaften ihrer Vorstellungen.

BOX 4/23

Das vorstellungslose Denken von Aldous Huxley

In scharfem Kontrast zu dem in Box 4/22 enthaltenen Bericht über Vorstellungsbilder („Die Vorstellungen Albert Einsteins") zeigt das folgende Zitat des bekannten Schriftstellers Aldous Huxley, daß sehr phantasievolles und kreatives Denken auch *ohne* viele anschauliche Vorstellungen stattfinden kann.

„Es fällt mir schwer, und soweit ich mich erinnern kann, ist es mir immer schwergefallen, Dinge bildlich vorzustellen. Worte, selbst die prägnanten Worte von Dichtern, evozieren keine Bilder vor meinem inneren Auge. Keine hypnagogischen Visionen umspielen mich vor dem Einschlafen. Wenn ich mich an etwas erinnere, dann taucht die Erinnerung nicht als deutlich sichtbares Ereignis oder Objekt vor mir auf. Durch eine Willensanstrengung kann ich mir ein nicht sehr lebhaftes Bild davon vor Augen rufen, was gestern nachmittag geschah ... Aber solche Vorstellungsbilder haben nur wenig Substanz und absolut kein autonomes Eigenleben. Sie stehen zu realen, wahrgenommenen Objekten in derselben Beziehung wie Homers Geister zu den Menschen aus Fleisch und Blut, die sie im Schattenreich besuchten. Nur wenn ich eine hohe Temperatur habe, erwachen meine Vorstellungsbilder zu eigenem Leben. Menschen, die ein lebhaftes bildliches Vorstellungsvermögen besitzen, muß meine innere Welt merkwürdig eintönig, reduziert und uninteressant erscheinen."

U. Neisser, ein Psychologe an der Cornell-Universität, kommentiert das Huxley-Zitat folgendermaßen:

„Diese Passage ist für sich genommen bemerkenswert. Huxley wußte sichtlich, wie lebhafte Vorstellungsbilder beschaffen sind, da er sie aus Fieberzuständen kannte, wir müssen ihm deshalb glauben, wenn er über ihr Fehlen berichtet. Dennoch fällt die Vorstellung schwer, sein Innenleben sei ‚uninteressant' gewesen, wenn jemand es in so fesselnden Wendungen beschreibt wie hier. Wenn es ihm auch an Vorstellungsbildern fehlte, dann doch nicht an Phantasie."

A. Huxley: *The Doors of Perception and Heaven and Hell.* (Einbändige Ausgabe.) Harmondsworth, Middlesex: Penguin, 1959.

U. Neisser: Kognitive Psychologie. Stuttgart: Klett, 1974.

BOX 4/24

Wie man Dinge innerlich umdreht

ACHTUNG!
Bevor Sie den folgenden Text lesen oder die unten abgebildeten Figuren betrachten, besorgen Sie sich eine Uhr mit Sekundenzeiger, mit der Sie sich selbst stoppen können. Beachten Sie dann genau folgende Anweisungen:

Sie werden gleich zwei Bilder anschauen. *Noch nicht!* Jedes Bild zeigt ein aus Holzklötzen bestehendes dreidimensionales Objekt. Versuchen Sie herauszufinden, ob es sich um zwei verschiedene Ansichten *desselben* Objekts oder um zwei *verschiedene* Objekte handelt. Machen Sie sich jetzt bereit, um die Sekunden zu stoppen, die Sie brauchen, um zu entscheiden, ob die beiden Objekte *identisch* oder verschieden sind. *Los!*

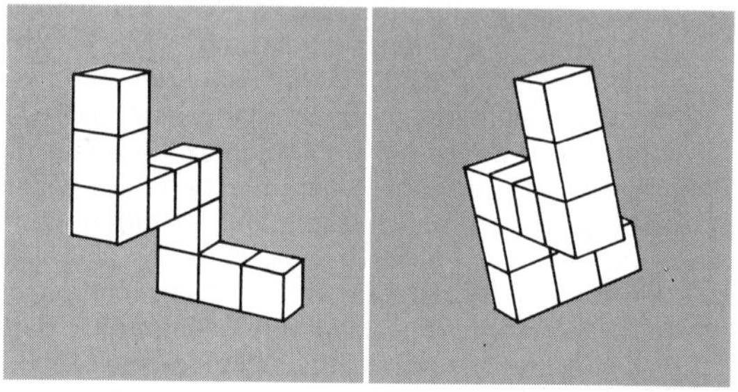

Stellen Sie die Zeit fest. Verfahren Sie nun ebenso mit den nächsten beiden Abbildungen (siehe unten).

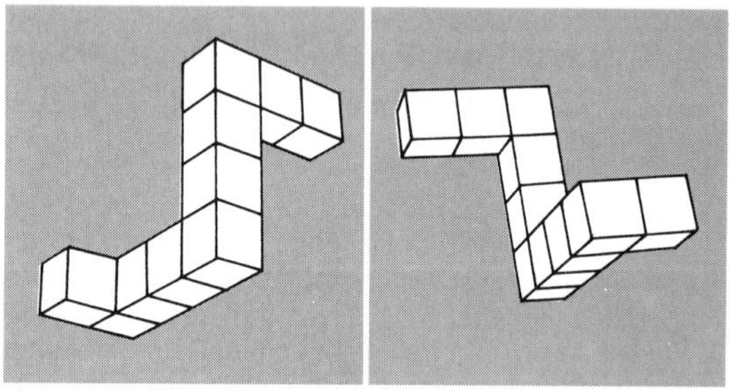

Wenn es Ihnen so erging wie den meisten Probanden in einem von R. Shepard und J. Metzler an der Stanford-Universität durchgeführten Experiment, dann haben Sie festgestellt, daß Sie bei dem zweiten Bildpaar länger überlegen mußten als beim ersten (obwohl Sie bei der zweiten Entscheidung den Vorteil einer gewissen Übung hatten). Was geht hier vor sich? Um das herauszufinden, ließen Shepard und Metzler acht erwachsene Probanden 1600 Bildpaare von ähnlichen wie den obigen Objekten betrachten. Die Hälfte der Bilder zeigten zwei verschiedene Ansichten *desselben* Objekts; das heißt, das rechte Bild zeigte einfach eine gedrehte Ansicht des linken Objekts. Die andere Hälfte der Bilder zeigte zwei *verschiedene* Objekte, die nicht gleich waren, wie man sie auch drehte. Die Entscheidungszeit jeder Vp wurde in allen 1600 Fällen genau registriert.

Die Ergebnisse (für die 800 „identischen" Bildpaare) folgten einem eindeutigen und überraschenden Schema. Es bestand eine direkte, geradlinige Relation zwischen der Zeit, die benötigt wurde, um zu entscheiden, ob die Objekte identisch waren oder nicht, und dem Drehwinkelunterschied zwischen den beiden verschiedenen Ansichten des Objekts.

Wie ist dieses Ergebnis zu erklären? Die Autoren meinen:

„Obwohl Selbstbeobachtungsberichte mit Vorsicht genossen werden müssen, behaupteten alle Probanden ..., daß sie, um den nötigen Vergleich zu ziehen, sich erst das eine Objekt als in dieselbe Richtung gedreht vorstellen mußten wie das andere und daß sie diese ‚geistige Drehung' nicht schneller als in einem bestimmten, begrenzten Tempo ausführen konnten."

Und weiter: „Wenn wir diesen Vorgang als eine Art ‚geistige Drehung im dreidimensionalen Raum' beschreiben können, dann beträgt das Durchschnittstempo, in dem die jeweiligen Objekte ‚gedreht' werden können, etwa 60 Grad pro Sekunde."

Die zwei Objekte, die wir hier als Beispiele aus den 1600 Fällen herausgenommen haben, sind miteinander *identisch;* d.h., die rechte Figur ist in beiden Fällen einfach eine gedrehte Ansicht der linken (nur der Drehungswinkel ist beim zweiten Paar erheblich größer). Bei den 1600 Fällen (mit der Hälfte ungleicher Objekte) wurden praktisch alle Urteile (etwa 97 Prozent), ob identisch oder verschieden, *richtig* gefällt; für das Urteil „verschieden" brauchten die Vpn im Schnitt 3,8 s, etwa eine Sekunde länger als für das Urteil „gleich".

R. Shepard u. J. Metzler: Mental rotation of three-dimensional objects. *Science,* 1971, *171,* 701–703. Copyright 1971 by American Association for the Advancement of Science.

Die Vorstellungen mancher Menschen sind überwiegend visuell, die anderer überwiegend akustisch. Manche Menschen „sehen“, wenn sie an das Meer denken, die sich auftürmenden Wellen der Dünung vor sich, andere „hören“ sie herandonnern und wieder andere „riechen“ sogar den salzigen Geruch des Seetangs. Die meisten Menschen erleben jedoch eine Kombination dieser verschiedenen Vorstellungsweisen.

Die britischen Empiristen glaubten, Vorstellungen seien wie schwache Wahrnehmungen, aber weniger lebhaft und flüchtiger. Es gibt interessante Forschungsarbeiten, die diese Auffassung bestätigen (Forschungen, die auch veranschaulichen, wie verhaltenswissenschaftlich orientierte Psychologen etwas so Subjektives und schwer faßliches wie Vorstellungen studieren können). So führte beispielsweise James G. Miller (1939) ein psychophysikalisches Experiment durch, mit dem er demonstrierte, wie Menschen Wahrnehmungen mit Vorstellungen verwechseln können. Unter dem Vorwand eines Tests über Telepathie wurden Millers Probanden aufgefordert, sich auf einer vor ihnen befindlichen Milchglasscheibe diejenige von fünf Figuren (Kreis, Quadrat, Stern, Dreieck oder Zick-zack-Linie) vorzustellen, die der Versuchsleiter in einem hinter ihnen befindlichen Raum hochhielt. Was die Versuchspersonen nicht wußten, war, daß der Versuchsleiter tatsächlich (von hinten) Figuren auf die Milchglasscheibe projizierte. Bei sehr schwacher Wahrnehmbarkeit erzielten die Vpn, die die richtige Figur zu „sehen“ versuchten, nicht mehr als Zufallstreffer (keine Telepathie). Bei deutlicherer Projektion „errieten“ die Vpn fast immer die richtige Antwort oder glaubten sie auf „telepathische“ Weise erfahren zu haben. Das Erstaunliche war, daß keine einzige Vp protestierte, daß tatsächlich Figuren zu sehen seien, obwohl der Versuchsleiter selbst und seine Kollegen die Abbildungen auf dem Milchglas deutlich wahrnehmen konnten. Die Vpn zeigten sich sogar höchst überrascht, als man ihnen nach dem Versuch vorführte, wie sie manipuliert worden waren. Bei diesem Versuch waren die Wahrnehmungen, die mit den Vorstellungen verwechselt wurden, zweifellos sehr schwach. Wenn jemand seine Vorstellungen für Wahrnehmungen hält, insbesondere, wenn die Vorstellungen zwingend genug sind, um Furcht auszulösen (etwa wenn Gespenster gesehen werden, die niemand anderer wahrnimmt), sprechen wir von *Halluzinationen*.

Ein weiteres Beispiel eines verhaltenswissenschaftlicheren Herangehens an Vorstellungen wird in Box 4/24 (S. 110) dargestellt. Obwohl die Vorstellungen nicht unmittelbar gemessen werden, läßt sich dieses Experiment von Shepard u. Metzler am leichtesten durch die Theorie erklären, daß die Probanden diese Figuren tatsächlich „vor ihrem inneren Auge“ rotieren „sehen“. Der überzeugendste Beweis, daß normale Menschen recht detaillierte Gedächtnisbilder haben können, erweist sich am *eidetischen Phänomen* (siehe Box 4/25, S. 112), wobei Personen – gewöhnlich Kinder – ein Erinnerungsvermögen für Details beweisen, das schwierig zu erklären wäre, wenn nicht optische Anschauungsbilder mit erstaunlicher Klarheit behalten würden.

1.4 Sprache und Denken

Die beim Denken am häufigsten benutzten Elemente sind Worte, und die üblichste Weise, etwas mitzuteilen, was wir denken, ist die sprachliche Kommunikation. Die Entwicklung eines neuen Konzepts führt oft dazu, daß ein neues Wort oder eine neue Wendung geprägt oder ein altes Wort mit neuer Bedeutung versehen wird. Aus diesen und anderen Gründen stimmen die meisten Psychologen darin überein, daß eine enge Beziehung zwischen Denken und Sprache besteht – so eng, daß manche Forscher wie Piaget und Bruner die Sprache des Kindes analysierten, um die Entwicklung des Denkens und der kognitiven Reifung zu studieren.

Aber hinsichtlich der Sprache müssen wir ebenso wie hinsichtlich der Vorstellungen (die beim Denken zu erleben manche Menschen leugnen) zwischen dem unterscheiden, was für das Denken *notwendig* ist und was bloß *hilfreich* sein mag. Selbst wenn wir einräumen, daß die Sprache eine entscheidende Rolle im menschlichen Denken spielt, ist es nicht notwendig, daraus den Schluß zu ziehen, daß Sprache für das Denken unerläßlich sei. Wenn das zuträfe, dann wären Tiere und präverbale Kinder unfähig zu denken. Sowohl durch unsystematische Beobachtung als auch durch sorgfältig geplante Experimente scheint jedoch klar, daß selbst ein so niedriges Tier wie die Laborratte zu Aktionen fähig ist, die man bei einem Menschen normalerweise dem Denken zuschreiben würde (s. Box 4/26, S. 114).

BOX 4/25

Photographisch klare Vorstellungsbilder

Am anschaulichsten und detailliertesten von allen Vorstellungen sind die *eidetischen* Bilder. Viele experimentelle Untersuchungen (insbesondere des deutschen Psychologen E. R. Jaensch) haben sich mit den erstmals 1907 beschriebenen eidetischen Bildern befaßt. Die hier angeführten Berichte stammen aus einem Versuch, der von Heinrich Klüver an der Stanford-Universität mit einer hervorragenden Eidetikerin durchgeführt wurde.

Die Probandin hatte zunächst Gelegenheit, eine der beiden hier abgebildeten Silhouetten sehr kurze Zeit zu betrachten. Die Silhouette wurde dann entfernt und die Vp schaute auf einen leeren grauen Karton. Sie wurde gefragt, was sie dort „sehe". Das folgende Exzerpt stammt aus einem Bericht Klüvers über eine seiner Probandinnen, nachdem diese die Abbildung A 30 Sekunden lang betrachtet hatte.

A

Die Vp „sieht" den Alligator mit einem „gebogenen Schwanz"; „das Kind" mit Mund und Augen; „den großen Baum rechts"; „einige Palmen" im Hintergrund. „Der kleine Junge und der Alligator sind ganz deutlich zu sehen"; sie zählt im Unterkiefer des Alligators achtzehn Zähne (richtig!); „die Füße sehe ich gar nicht; sie sind im

B

Wasser. Ich sehe zwei Vorderbeine und ein Hinterbein. Zwei Bäume im Hintergrund haben einen Stamm" (und viele andere Einzelheiten). Klüvers Bericht über dieselbe Frau *drei Monate nachdem* sie Abbildung B 30 Sekunden lang gesehen hatte, lautete:

Die Vp sieht „eine Frau mit dem Schirm in der rechten Hand. Sie steht so da" (zeigt die Stellung richtig). „Der Mann rechts hat seine Zigarre verloren; sie ist auf den Boden gefallen. Neben der Frau steht ein kleiner Mann. Rechts ist ein Theater. Über der Tür sehe ich ‚Entra'. Links neben der Tür ist ein Plakat. Vor der Tür ist ein Laternenpfahl. Die Lampe scheint sechseckig zu sein. Im Hintergrund ist eine Kirche. Im Vordergrund sehe ich drei Hunde. Sie sind schwarz, nur der rechte und der linke haben weiße Halsbänder. Der linke Hund hat einen geringelten Schwanz. Sein Maul steht offen." (Dieses Protokoll enthält zahlreiche weitere richtig beschriebene Details der ursprünglichen Silhouette.)

Eidetiker sagen in der Regel, daß sie ein Bild „sehen", obwohl sie wissen, daß sie das Objekt nicht vor sich haben.

Eidetische Bilder kommen bei Kindern häufiger vor als bei Erwachsenen. In einer mit amerikanischen Schulkindern durchgeführten Untersuchung stellten die Psychologen der Universität Yale, R. N. Haber und R. B. Haber, fest, daß acht Prozent einer Gruppe von 151 Grundschulkindern eindeutig als Eidetiker zu klassifizieren waren und detaillierte Schilderungen in der Art des oben zitierten Berichts über die Abbildung A geben konnten. Bei amerikanischen Erwachsenen ist ein solches Vorstellungsvermögen hingegen selten. Warum verblaßt diese Fähigkeit beim Erwachsenwerden?

Der ebenfalls in Yale arbeitende Psychologe L. Doob meint, dies sei auf kulturelle Faktoren zurückzuführen. Als Doob auf dem Lande lebende erwachsene Angehörige eines bestimmten Stammes in Nigerien testete, die weder lesen noch schreiben konnten, stellte er fest, daß eidetische Bilder bei ihnen sehr häufig vorkamen. Doch als Doob Angehörige desselben Stammes testete, die in einer benachbarten Stadt lebten, fand er kaum Anzeichen dieses Phänomens. Möglicherweise sind die Anforderungen des Schulunterrichts und der Akkulturation an das Erwachsenenleben in einer städtischen Umgebung irgendwie unvereinbar mit den eidetischen Phänomenen. In einer solchen Umgebung lebende Personen entwickeln deshalb vielleicht andere Formen der Gedächtniskodierung. Auch bei uns könnte der Verlust der eidetischen Fähigkeiten beim Erwachsenwerden eine Folge der Urbanisierung bzw. der Akkulturation sein.

H. Klüver: An experimental study of the eidetic type. *Genetic Psychology Monograph*, 1926, *1*, 71–230. Nachdruck der Abbildungen mit Genehmigung von *Journal Press*.

R. N. Haber u. R. B. Haber: Eidetic Imagery: I. Frequency. *Perceptual and Motor Skills*, 1964, *19*, 131–138.

L. Doob: Eidetic Images among the Ibo. *Ethnology*, 1964, *3*, 357–363.

1.5 Sprache im stillen und im kommunikativen Denken

Sprache spielt eine wichtige Rolle, sowohl, wenn wir still für uns denken (im Stadium des „stummen“ Denkens) als auch, wenn wir unseren Gedanken entweder durch Sprechen oder Schreiben Ausdruck verleihen (im Stadium des „kommunikativen“ Denkens). Eine detaillierte Analyse ergibt, daß sich die exakte Rolle der Sprache in den beiden Stadien voneinander unterscheidet.

Im Stadium des schweigenden Denkens scheinen spezifische Grammatik und Wortschatz eine relative Rolle für Verlauf und Inhalt des Denkens zu spielen. Wygotski (1939), ein russischer Psychologe, hat das *innere Sprechen,* das beim schweigenden Denken vor sich geht, folgendermaßen charakterisiert: (1) Es sei abrupt und unvollständig; (2) es beinhalte viele Annahmen über die „selbstverständliche“ Natur der Fakten und Relationen, die in jedem Gedankengang enthalten sind; und (3) es sei relativ unabhängig von den Regeln der Grammatik.

Im Stadium des kommunikativen Denkens erfüllt die Sprache eine, wie man es nennen könnte, ordnende oder redigierende Funktion, und hier könnte die spezifische Struktur der Sprache eine gewichtigere Rolle spielen. Wir sind uns bewußt, daß wir uns im Gespräch mit anderen nicht so abrupt und unvollständig äußern können. Wir müssen unsere Schritte verdeutlichen und Worte präziser gebrauchen; wir müssen auch auf die grammatische Konstruktion achten. Sonst riskieren wir, uns gar nicht verständlich zu machen. Wir sind uns dieser Notwendigkeiten bewußt, weil wir gelernt haben, daß unsere private Innenwelt nicht von anderen geteilt wird.

Der sprachliche Unterschied zwischen dem Stadium des schweigenden Denkens und dem Stadium der Kommunikation stellt keinen scharfen Bruch dar. Der graduelle Unterschied hängt teilweise vom Verhältnis zwischen Sprecher und Zuhörer ab. Im allgemeinen kann man sagen, je mehr vergangene Erlebnisse, Sympathien und aktuelle Zusammenhänge Sprecher und Zuhörer miteinander gemein haben, desto verkürzter, fragmentarischer, unvollendeter und grammatisch informeller kann das Reden sein – und dennoch verstanden werden. Den einen Pol bildet die Art und Weise, wie wir mit uns selber reden; den anderen die

BOX 4/26

Die Ratte und das kreative Problemlösen

Viele Psychologen behaupten, daß sogar die Ratte zu kreativen Problemlösungen fähig sei. Im Jahr 1930 berichteten E. Tolman u. T. Honzik an der Universität von Kalifornien über ihren klassischen Versuch, der die Fähigkeit von Ratten zur Einsicht mittels eines auf hohen Beinen montierten Labyrinths ohne Wände (siehe Photo) testen sollte.

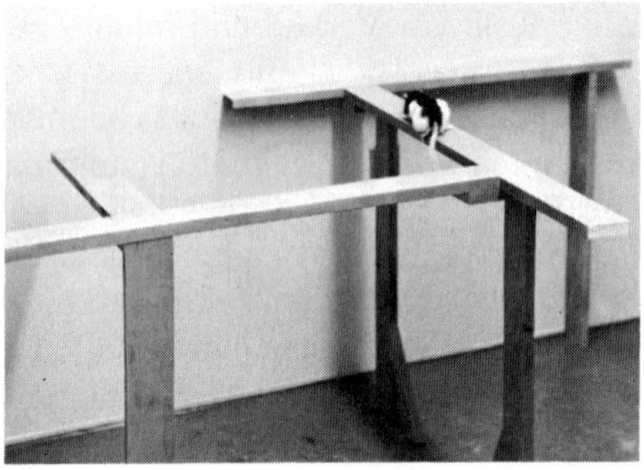

Die Apparatur, die sie benutzten, enthielt drei Wege zur Zielbox, in der sich Futter befand (siehe Diagramm). Weg 1 war der kürzeste, Weg 2 der zweitkürzeste und 3 der längste Weg. Weg 1 und 2 hatten das letzte Teilstück des Weges miteinander gemein, nicht aber Weg 3. Zunächst erhielten die Ratten ein *Vorbereitungstraining.* Tiere, die seit 24 Stunden keine Nahrung mehr erhalten hatten, wurden in die Startbox gesetzt und sollten den Weg zur Zielbox finden. Sie machten täglich zehn Durchgänge. Nachdem sie die verschiedenen Wege ausprobiert hatten, lernten sie bald, den kürzesten Weg zum Futter einzuschlagen. Als die Versuchsleiter Weg 1 am Punkt A *blockierten,* kehrten die Ratten zur Weggabelung zurück und schlugen dann fast immer (in etwa 93 Prozent aller Fälle) Weg 2 ein.

Im *Testlauf* wurde die Sperre zum *ersten Mal* im gemeinsamen Abschnitt von Weg 1 und 2 errichtet (am Punkt B). Als die Ratten dann Weg 1 zurückliefen, schlugen sie nicht mehr Weg 2, sondern Weg 3 ein – den längsten Weg, *aber den einzigen, der zur Zielbox noch offen war.* Von den fünfzehn an diesem Versuch teilnehmenden Ratten verhielten sich 14 in dieser Weise.

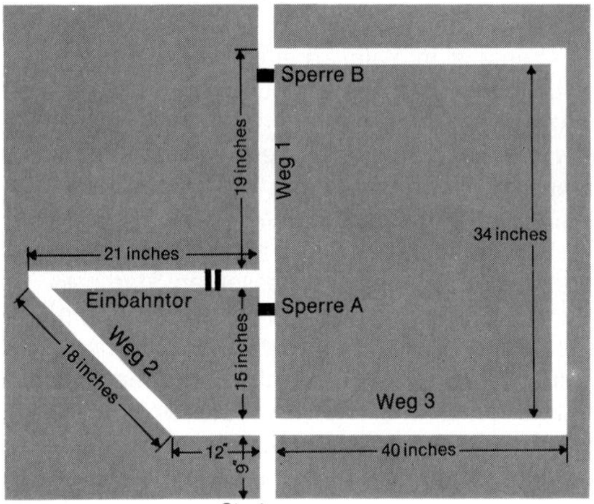

Weg 1 zurückzulaufen und Weg 3 einzuschlagen, war eine relativ neue und originelle Lösung – die nach Ansicht der Psychologen, die das Verhalten der Ratten beobachteten, die Fähigkeit zu einsichtiger Erfahrung verriet, das heißt, zu etwas, was wir versucht sind, *kreatives Problemlösen* zu nennen.

E. Tolman u. C. Honzik: „Insight" in rats. *University of California Publications in Psychology,* 1930, *4,* 215–232. Nachdruck der Abbildungen mit Genehmigung.

formelle schriftliche Mitteilung, die sich an ein unbekanntes Publikum richtet.

Wenn wir versuchen, unsere Gedanken für den öffentlichen Gebrauch „herauszuputzen", stellen wir manchmal fest, daß uns dies nicht gelingt oder daß dies den Aufwand kaum lohnt. Der amerikanischen Schriftstellerin Dorothy Parker kam einmal vor dem Einschlafen im Bett eine „profunde" Erkenntnis. Klugerweise schrieb sie sie sofort zum Nutzen der Nachwelt nieder. Am nächsten Morgen fand sie auf ihrem Notizblock den folgenden, zwar ganz witzigen, aber kaum tiefsinnigen Knüttelvers:

Higamous, hogamous,
women are monogamous,
hogamous, higamous,
men are polygamous.

Wieviele solcher „unerhört tiefsinnigen" Gedanken, die uns im Halbschlaf (oder in irgendeinem anderen veränderten Bewußtseinszustand) kommen, würden kritischer Prüfung standhalten? Bei Tageslicht stellen wir fest, daß wir uns überschätzt haben, daß unser Denkprozeß nicht abgeschlossen war. Der Grund, warum wir manchmal unsere Gedanken nicht in Worte kleiden können, ist, daß diese Gedanken noch keine klare Form angenommen hatten.

Das Stadium des kommunikativen Denkens ist somit nicht bloß ein Stadium der Äußerung; es ist häufig eine Fortsetzung des schöpferischen Stadiums. Forscher, die sich über die Mühe beklagen, zum Zwecke der Publikation einen schriftlichen Bericht über ihre Arbeit verfassen zu müssen, räumen manchmal ein, daß ihnen die tieferen Implikationen ihrer eigenen Arbeit erst klar wurden, als sie sie anderen erklären mußten. Daß die Erfordernisse der Sprache dem Denkprozeß zugute kommen können, wurde in einer Untersuchung von Gagné und Smith (1962) gezeigt. Sie stellten fest, daß Versuchspersonen, die angehalten wurden, bei der Arbeit an einem Problem alle ihre Gedanken in Worte zu fassen und schließlich auch das Grundprinzip der Lösung zu formulieren, zu erheblich besseren Problemlösungen gelangten.

1.6 Kognitive Algebra

Man sollte nicht glauben, daß alles systematische oder disziplinierte Denken der introspektiven Berichterstattung leicht zugänglich ist. Anderson (z.B. 1962, 1979) hat nachgewiesen, daß unsere Denkprozesse manchmal einfachen algebraischen Regeln folgen, deren wir uns nicht bewußt sind. So bediente sich Anderson (1962) beispielsweise eines Verfahrens des Gestaltpsychologen Solomon Asch und forderte seine Vpn auf, eine Person, die durch zwei Adjektive wie *kühn* und *verständig* charakterisiert wurde, auf einer Sympathieskala zu bewerten. Dieselbe Bewertung sollte auch bei anderen Personen vorgenommen werden, die durch jeweils zwei andere Adjektive wie *ungehobelt* und *gutmütig; humorlos* und *undankbar; gutmütig* und *humorlos* und so weiter gekennzeichnet wurden. Es stellte sich heraus, daß die Versuchspersonen bei diesen Bewertungen auf einer numerischen Sympathieskala einer simplen algebraischen Formel für die Durchschnittsbildung folgten: Die Vp verfährt, als berechne sie das Mittel aus zwei Werten, dem „Sympathiewert" für das erste Adjektiv und dem Wert für das zweite Adjektiv in jedem Paar. Bei vielen Anlässen messen die Vpn dem ersten Adjektiv größeres Gewicht bei, wenn sie den Durchschnitt „errechnen" (der erste Eindruck, den man macht, sollte daher immer ein guter sein!). So wurde beispielsweise die Person, die als „ungehobelt und gutmütig" charakterisiert worden war, nicht so positiv bewertet wie die Person, der dieselben Eigenschaften in umgekehrter Reihenfolge zugeschrieben wurden, nämlich „gutmütig und ungehobelt". Es war nicht nötig anzunehmen (wie es Asch getan hatte), daß sich die *Bedeutung* eines Adjektivs je nach der Reihenfolge der Adjektive oder nach dem speziellen Adjektiv, mit dem es gekoppelt wird, ändere; vielmehr wird dem ersten Adjektiv einfach mehr Aufmerksamkeit geschenkt, und es trägt daher stärker zu dem Gesamteindruck bei. Anderson gelangte zu dieser Erkenntnis weder durch persönliche Selbstbeobachtung noch, indem er seine Probanden ihre kognitiven Prozesse beschreiben ließ, sondern durch einfache Versuche, die es erlaubten, aus den Bewertungen der Vpn zu schließen, ob die subjektiven Bedeutungen konstant blieben oder nicht.

2 Problemlösen

Wenn das Denken darauf gerichtet ist, eine Lösung zu finden, d.h. ein Hindernis zu überwinden, das uns von einem Ziel trennt, dann sprechen wir von Problemlösen. Viele der Probleme, denen wir in unserer täglichen Umgebung begegnen, erfordern kaum mehr als eine Reproduktion dessen, was wir in ähnlichen Situationen bereits gelernt haben. Wenn der Motor eines Autos nicht anspringt, obwohl der Anlasser die Maschine durchdreht, ist den meisten von uns klar, daß der Motor wahrscheinlich abgesoffen ist und daß wir etwas warten sollten, bevor wir ihn erneut zu starten versuchen. Solches *reproduktives Denken* ist zwar eine wirksame Anpassungsleistung, scheint jedoch weitgehend durch die Prozesse der Konditionierung, des Lernens und Gedächtnisses und der Übungsübertragung erklärbar (s. Bd. „Lern- und Gedächtnispsychologie").

Wir wenden unser Augenmerk jetzt dem *produktiven Denken* oder *kreativen Problemlösen* zu,

BOX 4/27

Übung macht blind

A. Luchins untersuchte an der New York University folgende Frage: „Mehrere Probleme, die alle durch ein ziemlich komplexes Verfahren lösbar sind, werden hintereinander präsentiert. Wenn danach eine ähnliche Aufgabe gestellt wird, die durch eine direktere und einfache Methode gelöst werden kann, ist der Betreffende dann blind für diese einfache Möglichkeit?" Unter Benutzung einer Technik, die an der Universität von Berlin erprobt worden war, führte Luchins eine Reihe von *Einstellungsexperimenten* durch, um diese Frage zu beantworten.

Dann wird das Problem 2 gezeigt, die Antwort wieder im Diagramm dargestellt (Abb. B) und dazu erklärt: „Man füllt den 127-Liter-Behälter und aus diesem füllt man einmal das 21-Liter-Gefäß und dann zweimal das 3-Liter-Gefäß. Im 127-Liter-Behälter bleiben dann 100 Liter Wasser zurück."

B

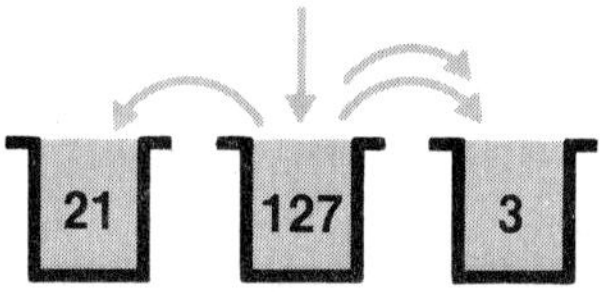

Problem	Vorhandene leere Gefäße, welche die angeführte Zahl von Litern fassen			Die folgende Zahl von Litern Wasser ist auszumessen
1	29	3		20
2	21	127	3	100
3	14	163	25	99
4	18	43	10	5
5	9	42	6	21
6	20	59	4	31
7	23	49	3	20
8	15	39	3	18

Die Aufgabe: Mit Hilfe und unter Verwendung leerer Meßgefäße ist eine bestimmte Wassermenge auszumessen. Die folgende Tabelle enthält die acht Grundprobleme, die benutzt wurden. Problem 1 diente der Illustration; die Probleme 2 bis 6 waren Übungsprobleme; die Probleme 7 und 8 waren die entscheidenden Testaufgaben. Das Problem 1 wird bekanntgegeben und die Lösung dann im Diagramm gezeigt (Abb. A).

A

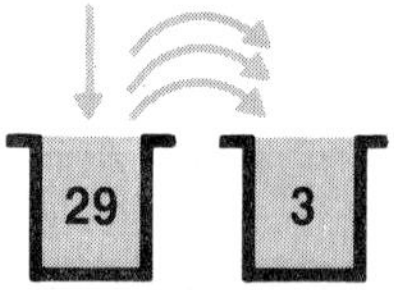

Die Methode zur Lösung der Probleme 2 bis 6 kann auch für 7 und 8 benutzt werden. Aber das Problem 7 kann *unmittelbarer* gelöst werden, indem man drei von 23 abzieht; das Problem 8, indem man 3 zu 15 hinzufügt.

Einer Versuchsgruppe wurden hintereinander die Probleme 1 bis 8 gestellt. Eine Kontrollgruppe ging vom Problem 1 zu den Problemen 7 und 8 über; die Probleme 2 bis 6 wurden ausgelassen.

Die nachstehende Tabelle zeigt die Ergebnisse eines Versuchs, der mit Studenten durchgeführt wurde: Früherer Erfolg mit einer Technik kann somit den Betreffenden für einfachere Lösungen blind machen.

		Prozentsatz		
Gruppe	**Zahl der Vpn**	**indirekter Lösungen**	**direkter Lösungen**	**anderer Lösungen oder völligen Versagens**
Kontrollgruppe	57	0	100	0
Versuchsgruppe	79	81	17	2

A. S. Luchins: Mechanization in problem-solving. *Psychological Monographs,* 1942, *54,* Nr. 6. Nachdruck der Tabellen und Abbildungen mit Genehmigung der American Psychological Association.

das die Hervorbringung neuer und origineller Lösungen erfordert. Das Problemlösen eines Individuums wird dann zu Recht als kreativ (vom psychologischen Standpunkt) bezeichnet, wenn es für das betreffende Individuum neu ist. (Es spielt keine Rolle, ob die spezielle Lösung vorher schon von jemand anderem produziert wurde.) Das Problem kann trivial oder von weitreichender Bedeutung sein; es kann Fragen der Wissenschaft, der Kunst oder einen praktischen Umstand des täglichen Lebens betreffen. Es könnte so verschiedene Gebiete berühren wie die Suche nach einem Sommerjob, das Bemühen, die Ursachen für den Niedergang der Städte zu finden, den Text für einen witzigen Autoaufkleber zu formulieren, einen neuen Weg zur Energiegewinnung zu beschreiten oder einen Konflikt in den persönlichen Beziehungen zu lösen.

2.1 Arten von Problemen

Die Erforschung des Problemlösens hat dazu tendiert, sich auf bestimmte Arten von Problemen zu konzentrieren. Diese werden im Detail analysiert; außerdem versucht man durch Experimente die speziellen Denkprozesse festzustellen, die entweder zu richtigen oder unrichtigen Lösungen führen. Bei der Sichtung dieser Forschungsarbeiten hat der Psychologe James Greeno (1978) Probleme je nach den Prozessen, die an ihrer Lösung beteiligt sind, in drei Grundtypen eingeteilt. Die meisten Probleme, insbesondere die interessantesten, sind nicht einer einzigen Kategorie zuzuordnen, sondern enthalten Elemente von jedem dieser Idealtypen.

2.2 Probleme der Strukturinduktion

Die erste Art von Problemen kann gelöst werden, indem man ein *Schema* findet, das verschiedene Elemente zueinander in Beziehung setzt. Greeno zufolge hängt das Finden des Schemas vom Verständnis funktionaler Beziehungen ab. Ein bekanntes Beispiel ist das der Wortanalogien: Fenster verhält sich zu Haus wie *was* zu Schiff? Der Problemlöser muß wissen, daß ein Fenster eine Öffnung bestimmter Art in einem Haus ist und daß es sich von einer Tür oder einem Rauchfang unterscheidet. Aufgrund dieses Verständnisses der Beziehung lehnt der Problemlöser deshalb bestimmte Assoziationen mit Schiff wie *Luke* oder *Schornstein* ab und entscheidet sich statt dessen für die richtige Antwort, *Bullauge,* weil sich dieser Begriff so zu Schiff verhält wie Fenster zu Haus.

2.3 Probleme der Umformung

Bei Problemen der zweiten Art werden Objekte in Einklang mit bestimmten einschränkenden Regeln gebracht, um einen bestimmten Endzustand zu erreichen. Luchins' Probleme mit den Wassergefäßen sind gute Beispiele dieser Art (s. Box 4/27, S. 116). Noch bekannter sind die Beweise von Lehrsätzen, die wir beim Studium der Geometrie brauchen. Der Problemlöser braucht irgendeine Strategie, um in jedem Stadium der Annäherung an die Lösung unter den zahllosen möglichen Operationen eine Auswahl zu treffen. Der bekannteste Versuch, eine ganze Reihe ähnlicher Probleme zu knacken, ist der in Box 4/28 (S. 118) beschriebene Allgemeine Problemlöser (AP). Dies ist ein Programm für *Computersimulation,* bei dem das Problem in eine Hierarchie von Zielen und Unterzielen aufgegliedert wird, die sich auf eine Lösung zubewegen. Dieses Programm erfordert eine Verbindungstafel, auf der alle möglichen Zustände und ihre Verbindungslinien aufgeführt sind. Newell und Simon (1972) bedienten sich dieses Ansatzes in der Weise, daß ihr Computerprogramm Aussagen produzierte, die große Ähnlichkeit mit tatsächlichen Aussagen von Probanden hatten, die „laut dachten", während sie logische Theoreme bewiesen.

2.4 Probleme der Anordnung

Der dritte von Greeno identifizierte allgemeine Problemtypus erfordert vom Problemlöser eine Neuordnung der Elemente, wie bei der Lösung eines Anagramms. Die Aufgabe kann beispielsweise darin bestehen, ein (englisches) Wort aus den Buchstaben GANRE zu bilden. Laut Mayer (1977) bilden die meisten Studenten das Wort RANGE, wobei die Hälfte dazu weniger als acht Sekunden braucht; manche Studenten finden jedoch auch das Wort ANGER, wobei ihre durchschnittliche Reaktionszeit 114 Sekunden beträgt!

BOX 4/28

AP: Eine Fallstudie

Wie verfährt der Allgemeine Problemlöser (AP), ein Computerprogramm für artifizielle Intelligenz, um ein Problem zu lösen? Die folgende Schilderung basiert auf einem Bericht von G. Ernst und A. Newell vom Carnegie Institute of Technology.

Stellen Sie sich vor, daß Sie das Problem haben, drei Dicke (D+) und drei Dünne (D−) über einen Fluß zu bringen. Das einzige Transportmittel ist ein kleines leichtes Boot, in dem nur zwei Leute Platz haben. Sie wissen, daß zu keinem Zeitpunkt mehr Dicke als Dünne auf einem der beiden Flußufer sein dürfen. Wie kann man alle sechs Leute über den Fluß schaffen, ohne daß die Verschwender umgebracht werden?

Man könnte dieses Problem dem AP in folgender Form präsentieren:

Voraussetzungen:
(a) Eine Ausgangssituation (3 V und 3 G am linken Flußufer);
(b) eine erwünschte Situation (die 3 V und die 3 G am rechten Flußufer);
(c) ein Satz von Operatoren (schaffe zwei V und keinen G auf einer Fahrt vom linken zum rechten Ufer, schaffe jeweils einen hinüber, etc.).

Suche:
eine Sequenz von Operatoren, die die Ausgangssituation in die erwünschte Situation umwandeln.

Das Vorgehen des AP besteht generell darin, Unterschiede zwischen der Ausgangssituation („anfängliches Objekt") und dem erwünschten Zustand („erwünschtes Objekt") festzustellen und Operatoren anzuwenden, die diese Unterschiede reduzieren. Da zwischen den Anfangs- und den End-„Objekten" viele Unterschiede bestehen, setzt sich der AP einfachere Unterziele, deren Erreichung Schritt für Schritt zur Erreichung des Endzieles führen. Bei der Arbeit an dem Problem benutzt der AP zwei allgemeine Verfahren, die in wiederholten Zyklen aufeinanderfolgen. Das erste ist ein „Ausführungs"-Prozeß, der aus einer Suchphase, in der das ursprüngliche Problem in Unterziele aufgegliedert wird, und aus einer Bewertungsphase besteht, in der die Resultate eines zweiten Verfahrens, der sogenannten Mittel-Zweck-Analyse, beurteilt werden, das darin besteht, Sequenzen von Operatoren zu suchen, die zur Erreichung des Unterzieles führen.

Im nachstehenden Programmausschnitt analysiert das Ausführungsverfahren des AP das Problem (Schritt 1) und wählt ein Unterziel (Ziel 2), dessen Erreichung das Programm dem erwünschten Zustand näherbringen würde. In Schritt 3 wendet das Programm einen Operator an, der zu einem Objekt A führt (ein „Objekt" ist ein Zustand). Der AP versucht dann, das Objekt A in das erwünschte Objekt zu übersetzen. Faktisch versucht er, den übriggebliebenen G am linken Ufer an das rechte Ufer zu schaffen (Schritt 6), dazu braucht er aber das Boot (das sich gegenwärtig infolge von Schritt 3 am rechten Ufer befindet). Er schafft somit ein Unterziel (Ziel 7), das darin besteht, das Boot vom rechten an das linke Ufer zu schaffen. Dieses Ziel erreicht er, indem er das Boot von einem G rudern läßt (Schritt 8). Aber indem der G im Boot durch den G am Ufer ersetzt wird, der das Boot wieder an das rechte Ufer zurückrudert (Ziel 9), landen wir wieder bei Objekt A, das das Programm bereits ohne Erfolg in das erwünschte Objekt zu übersetzen suchte. Dies ist eindeutig eine Sackgasse. Während ein „geistloser Roboter" an diesem Punkt hilflos rotieren würde, verhindert das Ausführungsverfahren des AP, daß dies geschieht, denn in der Bewertungsphase wird registriert, daß dieses spezielle Verfahren bereits ohne Erfolg ausprobiert wurde. Das Ausführungsverfahren wählt dann ein *anderes* Unterziel, wendet die Mittel-Zweck-Analyse an, um es zu erreichen, usw. usw., bis die Lösung gelungen ist.

1. TOP-ZIEL VERWANDLE ANFANGS-OBJEKT IN ERWÜNSCHSTES OBJEKT
2. ZIEL 2 REDUZIERT G IM ANFANGSOBJEKT (UNTERZIEL VON TOP-ZIEL)
3. ZIEL 3 SCHAFFE 2 G VOM LINKEN ANS RECHTE UFER
   (UNTERZIEL VON ZIEL 2)
   DIES FÜHRT ZU OBJEKT A (D. H. 3 V UND 1 G SIND AM LINKEN UFER, 0 V UND + 2 G SIND AM RECHTEN UFER. BOOT IST AM RECHTEN UFER.
4. ZIEL 4 VERWANDLE OBJEKT A IN ERWÜNSCHTES OBJEKT
   (UNTERZIEL VON TOP-ZIEL)

5. ZIEL 5 REDUZIERE ZAHL VON G AM LINKEN UFER IN OBJEKT A
6. ZIEL 6 SCHAFFE EINEN G IN OBJEKT A VOM LINKEN ANS RECHTE UFER
(UNTERZIEL VON ZIEL 5)
7. ZIEL 7 SCHAFFE BOOT IN OBJEKT A ANS LINKE UFER
(UNTERZIEL VON ZIEL 6)
8. ZIEL 8 EIN G IN OBJEKT A AM RECHTEN UFER RUDERT BOOT ANS LINKE UFER. DAS FÜHRT ZU OBJEKT B (D.H., 3 V, 2 G UND DAS BOOT SIND AM LINKEN UFER, 0 V UND 1 G SIND AM RECHTEN UFER).
(UNTERZIEL VON ZIEL 7)
9. ZIEL 9 SCHAFFE EINEN G UND BOOT VOM LINKEN ANS RECHTE UFER. DAS PRODUZIERT WIEDER OBJEKT A
(UNTERZIEL VON ZIEL 6)

Aus diesem kurzen Programmausschnitt wird ersichtlich, daß das Ausführungsverfahren des AP ständig den erzielten Gesamtfortschritt bewertet. Da die in der Mittel-Zweck-Analyse benutzte heuristische Methode keine Lösung garantierte, kann das Ausführungsverfahren nach anderen Unterzielen suchen, die erfolgversprechender scheinen, wenn sich die ersten als zu schwierig erweisen (z.B. in einer endlosen Schleife oder in einem Problem resultieren, das *komplexer* ist als das ursprüngliche Problem).

Der Computer druckt einen ständigen Bericht darüber aus, was er unter Anleitung des AP-Programms tut. Dieser Bericht wird dann mit den Berichten menschlicher Probanden verglichen, die an dem gleichen Problem arbeiteten. Auf diese Weise können Ähnlichkeiten und Unterschiede zwischen dem Problemlösungsverhalten menschlicher Probanden und dem des AP studiert und die Ergebnisse dieser Vergleiche zwischen Mensch und Maschine dazu benutzt werden, um die Lebensechtheit des Programms zu verbessern.

(Pure Menschlichkeit veranlaßt uns, Ihnen die Lösung des Problems zu verraten. Sie steht auf Seite 134.)

G. Ernst u. A. Newell: *A Case Study in Generality and Problem Solving.* New York: Academic Press, 1969.

Es gibt 120 mögliche Anordnungen von jeweils fünf Buchstaben, so daß man ein narrensicheres, erschöpfendes System zur systematischen Überprüfung jeder möglichen Kombination entwickeln könnte, um möglichst viele Worte zu finden. Dies würde jedoch viel Zeit erfordern. Was die Vpn statt dessen zu tun scheinen ist, kleine, aussprechbare Buchstabenkombinationen, wie z.B. AN, RAN, RANG, zu bilden und diese zu einem Wort aus fünf Buchstaben zu ergänzen. Dame und Schach sind andere Beispiele, bei denen mit jedem Zug eine Neuanordnung der Figuren erforderlich ist. Greeno spekuliert, daß diese Brettspiele insofern eine Menge mit den viel einfacheren Anagrammen zu tun haben, als der erfolgreiche Spieler imstande sein muß, Konstellationen (Anordnungen der Figuren) ausfindig zu machen, die geeignet sind, die eigene Position auf dem Brett zu verbessern.

2.5 Umstrukturierung der Gestalt

Probleme der Anordnung bildeten die Basis fur den Gestaltansatz gegenüber dem Denken und Problemlösen, ein Ansatz, der dieses Forschungsgebiet in Amerika stark beeinflußt hat. Max Wertheimer (1959) unterschied zwischen dem bloßen *mechanischen Gedächtnis,* das einen Großteil des reproduktiven Denkens kennzeichnet, und dem *strukturellen Verständnis,* das für das produktive Denken ausschlaggebend ist. Beispielsweise wird Schülern in der Regel beigebracht, daß die Fläche eines Parallelogramms durch Multiplikation von Länge mal Höhe berechnet werden kann. Man kann sich das merken, indem man sich den Satz einprägt oder indem man sich klarmacht, daß ein Parallelogramm immer in ein Rechteck umgewandelt werden kann (wie in Abb. 17). Obwohl beide Methoden für viele Parallelogramme genügen, haben Schüler, die die Formel mechanisch gelernt haben, viel größere Schwierigkeiten mit Parallelogrammen, deren nebeneinanderliegende Winkel extrem ungleich sind.

Ein anderes Beispiel stammt aus der Forschungsarbeit von Wolfgang Köhler (1925), einem der Begründer der Gestaltpsychologie. Köhler, der als deutscher Staatsbürger während des Ersten Weltkriegs auf der Insel Teneriffa interniert war, benutzte seinen dortigen Aufenthalt, um das Problemlösen bei Schimpansen zu studieren. Er beobachtete das Versuchstier in der Phase „angestrengten Nachdenkens", bevor es plötzlich die Lösung „sah" – so schien es sich zuerst vorzustellen, daß es Kisten aufeinanderstapeln und sich dadurch eine Leiter machen könnte, die zu der Banane hinaufführt, die Köhler verlockend an der Decke außerhalb der Reichweite des Tieres aufgehängt hatte, und führte diesen Plan dann aus. Die Gestaltpsychologie legte großen Nachdruck auf diese Art von perzeptiver Reorganisation, d.h. die Fähigkeit, Dinge in anderen Zusammenhängen zu „sehen". (Wenn es Ihnen schwerfällt, Affen so etwas wie „Einsicht" zuzutrauen, dann erinnern Sie sich an die „einsichtige" Erfahrung der Ratte [Box 4/26, S. 114].)

2.6 Stadien des Problemlösens

Gestaltpsychologen haben auch auf eine Reihenfolge von Stadien hingewiesen, die zu der Lösung eines Problems führen. Wallas (1926) identifizierte vier solche Stadien des Prozesses, wie schöpferische Menschen in der Kunst und den Wissenschaften zu Lösungen gelangen – ein Konzept, das auf den ersten Blick einleuchtend erscheint. Im ersten Stadium, dem der *Vorbereitung,* werden Informationen gesammelt und, was am wichtigsten ist, das Problem wird in brauchbarer Weise formuliert.

Ein zweites Stadium, das der *Inkubation,* tritt ein, wenn sich das Problem einer raschen Lösung zu entziehen scheint. Viele Wissenschaftler berichten, daß sie ein Problem manchmal bewußt beiseiteschieben; wenn sie nach einer gewissen Zeit, in der sie keinen bewußten Lösungsversuch unternommen haben, zu ihm zurückkehren, finden sie prompt eine Lösung oder machen zumindest einen plötzlichen Fortschritt auf die Lösung zu. Mathematiker, Erfinder, Dichter, Naturwissenschaftler und Künstler haben berichtet, daß ihnen lange gesuchte Lösungen unerklärlicherweise einfielen, während sie sich rasierten, ein Bad nahmen oder ein Konzert hörten.

Das dritte Stadium, die *Erleuchtung,* tritt ein, wenn einem nach der Inkubation plötzlich ein „Licht" aufgeht, d.h. einem die Lösung einfällt. Das ist das „Aha!"-Erlebnis (wie Karl Bühler es nannte), das wir alle schon irgendwann einmal gehabt haben. Das Erlebnis der Erleuchtung kann manchmal irreführend sein – das heißt, die „Lösung" mag nicht die richtige sein – und deshalb wird der sorgfältige Problemlöser zu einem vierten Stadium, der *Verifizierung,* übergehen. In diesem Stadium wird die Lösung in größeren Einzelheiten ausgearbeitet, angewandt und getestet. Wenn sie den Test besteht, ist das Problem gelöst; wenn sie versagt, müssen die vier Stadien zur Gänze oder zumindest teilweise wiederholt werden.

2.7 Das Trichterprinzip

Diese Aufeinanderfolge von Stadien wurde von Duncker (1935), einem anderen Gestaltpsychologen, noch beträchtlich weiterentwickelt. Duncker wies darauf hin, daß der Prozeß des Problemlösens oft eine trichterförmige Einengung von allgemeinen über funktionale zu spezifischen Lösungen mit sich bringt. Dies wird durch einen seiner Versuche veranschaulicht, bei dem er seinen Probanden

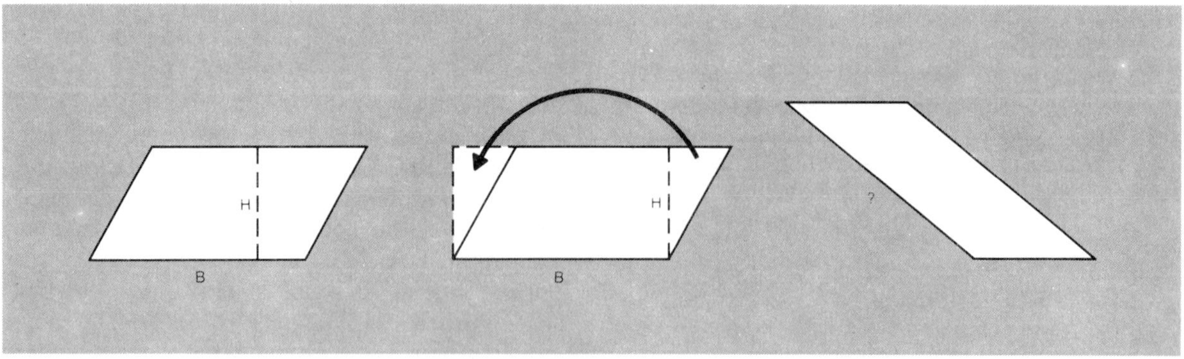

Abbildung 17: Wie man die Fläche eines Parallelogramms berechnet, kann man auswendig lernen (Länge × Höhe) oder indem man *begreift,* daß es immer in ein Rechteck umgewandelt werden kann (wie in der mittleren Abbildung). Wie berechnen Sie die Fläche des rechts abgebildeten Parallelogramms? (Antwort s. S. 134.)

Nach: M. Wertheimer: Produktives Denken. Frankfurt: Kramer, 1957.

(Studenten der Universität von Berlin) die in Abbildung 18 gezeigte schematische Zeichnung zusammen mit folgendem Problem vorlegte:

Nehmen wir an, ein Mensch hat einen inoperablen Magentumor. Wir wissen, daß der Tumor durch Behandlung mit bestimmten Strahlen von hinreichender Stärke zerstört werden kann. Das Problem ist: Wie kann man diese Strahlen mit der nötigen Stärke gegen den Tumor einsetzen, ohne gleichzeitig das gesunde Gewebe zu vernichten, das den Tumor umgibt?

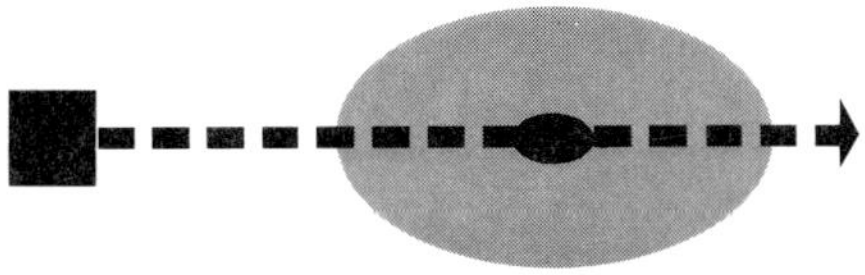

Abbildung 18: Dieses schematische Diagramm, das von Duncker bei seinem Krebsproblem benutzt wurde, soll einen Querschnitt durch den Körper darstellen, wobei sich der Tumor in der Mitte und der Bestrahlungsapparat links befindet. Die strichlierte Linie mit dem Pfeil stellt die Einfallsrichtung der Strahlen dar.

Lesen Sie das im Text vorgestellte Problem und versuchen Sie es zu lösen.

K. Duncker: On problem solving. *Psychological Monographs,* 1945, *58,* Nr. 5; Nachdruck mit Genehmigung. Dtsch.: Zur Psychologie des produktiven Denkens. Berlin: Springer, 1935.

Duncker forderte seine Probanden auf, „laut nachzudenken", während sie an diesem Problem arbeiteten. Abbildung 19 (S. 122) enthält eine schematische Aufgliederung der Gedanken eines Probanden während seines Lösungsversuchs. Sein Problemlösungsprozeß bestand aus mehreren *allgemeinen Suchbereichen, funktionalen Lösungen* und *spezifischen Lösungen.*

Der erste von diesem Studenten gewählte *allgemeine Suchbereich* lautete: „Ich muß irgendeinen Weg finden, um den Kontakt zwischen den Strahlen und dem gesunden Gewebe zu vermeiden". Dieser allgemeine Suchbereich konnte zu mehreren spezifischeren Neuformulierungen des Problems führen, und das geschah auch (d.h. zu funktionalen Lösungen): Man könnte einen freien Weg zum Magen benutzen; man könnte das gesunde Gewebe aus dem Einfallskanal der Strahlen entfernen; man könnte eine schützende Wand zwischen den Strahlen und dem gesunden Gewebe einführen; man könnte den Tumor an die Oberfläche verlagern. Von jeder dieser funktionalen Lösungen wurde eine spezifische Lösung abgeleitet. Diese Lösungen wurden ihrerseits entweder vom Versuchsleiter als unzulänglich abgelehnt oder vom Probanden selbst als ungeeignet erkannt. Sobald eine Lösung abgelehnt war, ging der Student zu einer anderen funktionalen Lösung bzw. zu einem anderen allgemeinen Suchbereich über, bis er sich schließlich für diesen entschied: „Man vermindere die Stärke der Strahlen auf ihrem Weg durch das gesunde Gewebe." Dieser dritte allgemeine Suchbereich führte schließlich zu der richtigen Lösung. Wir zitieren den Studenten, als er diesen letzten Weg einschlug und von der funktionalen zu der spezifischen Lösung gelangte: „Man muß die Strahlen irgendwie ablenken ... diffundieren ... zerstreuen ... halt! Man leitet ein breites und schwaches Strahlenbündel so durch eine Linse, daß der Tumor im Brennpunkt liegt und dadurch intensiv bestrahlt wird." Diese Lösung kommt den besten Lösungen nahe: Man richtet mehrere Strahlenbündel von mehreren Punkten außerhalb des Körpers auf den Tumor, so daß alle diese schwachen Strahlenbündel bei diesem aufeinandertreffen; die zur Zerstörung von Gewebe nötige Strahlenintensität wird dadurch nur bei dem Tumor erreicht. Oder man beschränkt sich auf eine einzige Strahlenquelle, dreht aber den Körper, so daß nur der Tumor ständig den Strahlen ausgesetzt ist (die Strahlen können übrigens nicht durch normale Linsen fokussiert werden, wie der Student vorschlug; dennoch akzeptierte der Versuchsleiter dies als eine Lösung). Die Gesamtdauer dieses Problemlösungsversuchs betrug etwa eine halbe Stunde.

Die obige Beschreibung wurde aus vielen Beobachtungen generalisiert. Nicht jeder Problemlöser durchläuft die drei Ebenen allgemeiner Suchbereich – funktionale Lösung – spezifische Lösung in dieser Reihenfolge. Wenn man eine genügend große Gruppe von Probanden untersucht, trifft man auf fast jede vorstellbare Ausnahme dieser Regel. Dennoch bietet Dunckers Schema ein anschauliches Modell des Problemlösungsprozesses.

2.8 Funktionale Fixiertheit und Einstellung

Weitere Untersuchungen mit dem Krebsproblem führten Duncker zur Formulierung seines Konzepts der *funktionalen Fixiertheit.* Duncker stellte fest, daß das Problem für seine Probanden weitaus schwieriger zu lösen war, wenn man ihnen das Diagramm (Abb. 18, S. 121) zeigte, als wenn man ihnen das Problem nur in Worten beschrieb. Er zog daraus den Schluß, daß das Denken der Probanden durch das Diagramm auf die Vorstellung eines einzigen Strahls fixiert wurde und sie daher an der Exploration einer mehrstrahligen Lösung hinderte. Allgemeiner gesprochen definiert Duncker *funktionale Fixiertheit* als „Hemmung bei der Entdeckung eines angemessenen neuen Gebrauchs eines Objekts durch die frühere Benutzung dieses Objekts seitens des Probanden in einer anderen Funktion als der durch die gegenwärtige Situation erforderten". (Ein anderes, trivialeres Beispiel: Sie wollen den Deckel von einem Farbtiegel entfernen, haben aber keinen Schraubenzieher zur Hand. Wie groß ist die Wahrscheinlichkeit, daß Sie auf die Idee kommen, den Hausschlüssel zu benutzen, den sie in der Tasche haben?)

Bein unserem Studium der Wahrnehmung (s. 2. Bd.) haben wir gesehen, daß die zeitliche Anordnung von Reizen einen Einfluß darauf haben kann, wie diese wahrgenommen werden. Beim Problemlösen hat man dies als den *Einstellungseffekt* bezeichnet. Der Einfluß von Einstellungen ist gründlich studiert worden, wobei die klassischen und außerordentlich umfangreichen Forschungsarbeiten auf diesem Gebiet von Luchins gemacht wurden (s. Box 4/27, S. 116). Seine Ergebnisse deuten darauf hin, daß die Lösung einer Reihe von Problemen durch eine Methode den Betreffenden dazu verleitet, dieselbe Methode auch bei späteren Problemen anzuwenden, obwohl dafür raschere (und normalerweise näherliegende) Methoden zur Verfügung stehen.

Knight (1963), der eine etwas abgewandelte Version des Einstellungstests benutzte, ließ zwei Gruppen von Probanden (Studenten in einer Unterrichtssituation) eine Reihe von 21 Wasserbehälterproblemen lösen. Die zwei Gruppen unterschieden sich nur in einer Hinsicht:

Eine Gruppe erhielt das Etikett „Große Mühe", weil sie beim ersten Durchgang mit einem Problem konfrontiert wurde, das ziemlich schwierig zu lösen war. Das Fassungsvermögen der Behälter war (A) 1000; (B) 0; (C) 317; (D) 247; (E) 25; Ziel: 199 Liter.

Die andere Gruppe erhielt das Etikett „Geringe Mühe", weil sie vor ein leichteres Problem gestellt wurde: (A) 1000; (B) 0; (C) 300; (D) 10; (E) 1; Ziel: 293 Liter.

Beide Probleme waren nach demselben Prinzip lösbar: (C) − (D) + 3 (E).

Keineswegs überraschend brauchte die „Große Mühe"-Gruppe weitaus länger, um ihr schwierigeres erstes Problem zu lösen. Bei den folgenden Durchgängen zeigte sie, verglichen mit der „Geringe Mühe"-Gruppe einen erheblich größe-

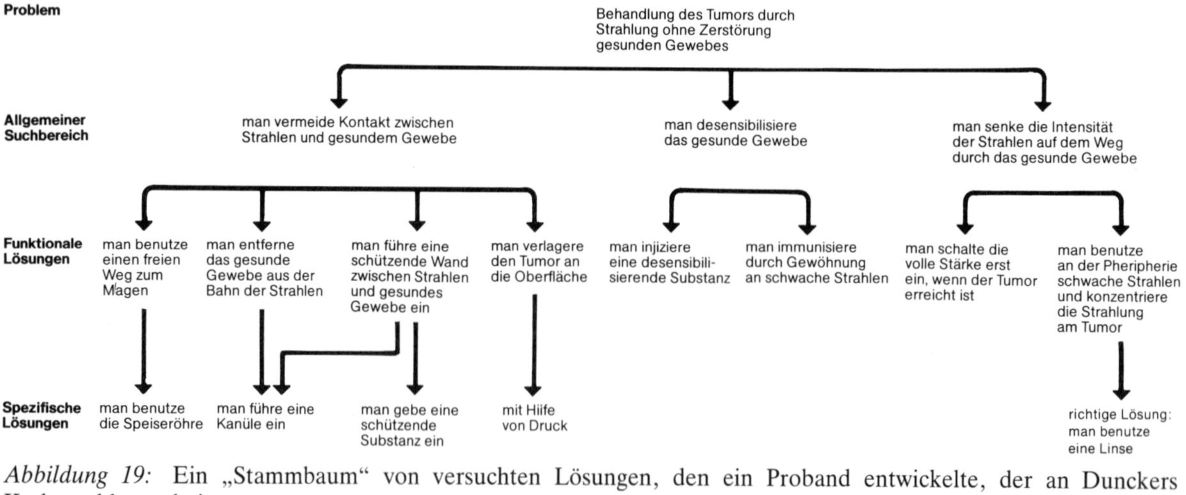

Abbildung 19: Ein „Stammbaum" von versuchten Lösungen, den ein Proband entwickelte, der an Dunckers Krebsproblem arbeitete.

K. Duncker: On problem solving. *Psychological Monographs,* 1945, *58,* Nr. 5; Nachdruck mit Genehmigung.

ren Einstellungseffekt, d.h. sie beharrte auf der Benutzung des ursprünglichen, komplexeren Prinzips, obwohl ein weitaus einfacheres Verfahren möglich war. Als die Große-Mühe-Gruppe dann vor ein Problem gestellt wurde, bei dem das ursprüngliche Prinzip gar nicht funktionierte, bewies sie weiterhin den Einstellungseffekt, indem sie übermäßig komplizierte Verfahren ersann, die dem ursprünglichen Prinzip ähnlich waren. Am erstaunlichsten ist vielleicht der Befund, daß beim letzten Problem (Fassungsvermögen: 1000; 0; 680; 640; 320; Ziel: 1000) nur 7 der 22 Probanden in der Große-Mühe-Gruppe die offenkundige Lösung erkannten; dagegen 18 von 24 in der Geringe-Mühe-Gruppe.

Die Lektion dieses Versuchs scheint auf der Hand zu liegen: Je mehr Mühe wir anfangs dafür aufwenden, um ein bestimmtes Problemlösungsprinzip zu erarbeiten, desto wahrscheinlicher ist es, daß wir daran festhalten. Ob diese Investition kognitiv, motivational oder emotional ist, können wir nicht sagen – wahrscheinlich ein bißchen von allem – aber die praktischen Konsequenzen dieses Befundes, auf die wir gleich eingehen werden, sind nicht schwierig zu sehen.

2.9 Motivationaler Ansatz

Wir alle wissen, daß die Konfrontation mit einer Problemsituation beim Problemlöser verschiedene emotionale und motivationale Zustände auslösen kann. Diese Zustände können ihrerseits die Effektivität des Problemlösens beeinflussen. Es gibt eine Reihe von experimentellen Verfahren zur Auslösung von Streß und emotionalem Druck in Problemlösungssituationen, und Psychologen haben diese bei experimentellen Untersuchungen benutzt. Bei einer solchen Untersuchung konstruierte Ray (1965) ein Problem, bei dem die Vp das Prinzip herausfinden mußte, nach dem aus einer Reihe von Zahlen die „richtige“ Zahl zu wählen war. Das Prinzip bestand darin, jeweils nur die letzte Stelle einer aus drei aufeinanderfolgenden Ziffern bestehenden Zahl auszuwählen (z.B. 4 5 6). Die Hälfte seiner Probanden war jedoch vorher vor ein ähnliches Problem gestellt worden, bei dem es kein richtiges Prinzip gab. Die „Mißerfolgsgruppe“ arbeitete 12 Minuten an dieser frustrierenden Aufgabe, bevor sie sich dem eigentlichen und lösbaren Problem zuwandte. Die Kontrollgruppe (die andere Hälfte der Vpn) ging gleich an das eigentliche Problem. Von der Kontrollgruppe lösten 49 Prozent das eigentliche Problem in der vorgesehenen Zeit. Dies gelang nur 32 Prozent der Mißerfolgsgruppe, was darauf hindeutet, daß sie eine Mißerfolgseinstellung erworben hatten.

Dieses Ergebnis sollte keine Überraschung darstellen. Es gibt eine Fülle von Beweisen dafür, daß die geistigen Fähigkeiten generell durch Mißerfolg beeinträchtigt werden. Ein Teil dieses Beweismaterials stammt aus Versuchssituationen, in denen die getestete Intelligenz nach einem kurzfristig induzierten Mißerfolg tatsächlich absank. Die immer weiter absinkenden IQ-Werte mancher Gruppen von benachteiligten Kinder mit zunehmendem Alter könnten teilweise auf ihre wiederholten Mißerfolge in der Schule zurückzuführen sein, die ihrerseits vielleicht durch das Unvermögen der Familie, der Schule und der Gesellschaft insgesamt bedingt sind, den Kindern adäquate geistige Vorbereitung und Anregung zu bieten. Wenn man sich andererseits in *übertriebenem* Maß darum bemüht, Kinder vor Mißerfolgen zu bewahren und diese für schlechte Leistungen lobt, dann bleiben sie in ihren Leistungen unter dem ihnen erreichbaren Niveau.

Die Auswirkungen von zuviel Frustration können höchst eindrucksvoll sein. Im 5. Band (S. 38) wird dargestellt, daß die Konfrontation mit unlösbaren Problemen zu *gelernter Hilflosigkeit* führen kann, und im 5. Band (S. 44) wird beschrieben, wie sich das Spiel von Kindern durch ein geringfügiges frustrierendes Erlebnis weniger konstruktiv gestalten kann. Motivation, die so stark ist, daß sie Streß bewirkt, kann ebenfalls die Effizienz des Problemlösens verringern. Empirisches Datenmaterial über die Auswirkung des Motivationsgrades auf das Problemlösen liegt von verschiedenen Spezies einschließlich Schimpansen und Menschen vor. Im allgemeinen kann die Relation zwischen Problemlösen und Motivationsstärke als eine umgekehrte U-Kurve dargestellt werden. Das heißt, je größer die Motivation des Problemlösers, desto größer seine Problemlösungskompetenz, *bis zu einem optimalen Punkt* oder Niveau, an dem man am besten funktioniert. Eine weitere Steigerung des Motivationsgrades bewirkt danach eine Abnahme der Effizienz.

2.10 Behavioristischer Ansatz

Obwohl das Studium des Problemlösens weitgehend durch Gestaltkonzepte der perzeptiven Umstrukturierung und des einsichtigen Verhaltens angeregt wurde, scheint es klar, daß diese Fragen auch im Rahmen der Verhaltenswissenschaft interpretiert werden können. Maltzman (1955) vertrat die Auffassung, daß die von Konditionierungsversuchen abgeleiteten Grundgesetze des Verhaltens zumindest teilweise auch auf das Problemlösen und das Denken im allgemeinen angewandt werden können. Maltzmans Grundgedanke war dabei, daß beim Menschen verschiedene Hierarchien von Gewohnheiten am Problemlösen beteiligt seien, von denen jede aus bestimmten Stimulus-Reaktions-Verbindungen unterschiedlicher Stärke bestehe. Das Unvermögen einer hierarchischen Ebene, eine Lösung zu liefern, verringert ihre Stärke im Vergleich mit anderen Ebenen. Dunkkers Analyse des Krebs-Strahlen-Problems (das in Abb. 19, S. 122, nicht als Hierarchie, sondern als Stammbaum dargestellt ist) kann somit auch in Begriffen verschiedener Bündel von Reaktionsdispositionen oder -gewohnheiten formuliert werden.

Clark Hull, ein führender behavioristischer Psychologe, argumentierte, daß mit Ausnahme des klassischen Konditionierens jede Lernsituation einschließlich des instrumentellen Konditionierens irgendeine Art des Problemlösens enthalte. Der in der behavioristischen Tradition arbeitende Harry Harlow und seine Mitarbeiter demonstrierten in umfangreichen Forschungsarbeiten mit niedrigen Affen und sogar auch mit Katzen, daß diese Tiere „lernen können, wie man lernt". So zeigten sie beispielsweise, daß diese Tiere bei wiederholter Verstärkung richtiger Unterscheidungen (von drei Bauklötzen, von denen zwei dieselbe Form oder Farbe hatten, den jeweils ungleichen herauszusuchen) dasselbe Unterscheidungsprinzip auch auf neue Objektgruppen anwenden konnten.

Es scheint weitgehend außer Frage zu stehen, daß die mentalistischen (kognitiven) Analysen durch behavioristische ersetzt werden können. Die praktische Frage ist: Was gewinnt man durch die versuchte Übersetzung in verhaltenswissenschaftliche Kategorien wie Stimulus, Reaktion und Gewohnheit – und was verliert man andererseits? Die Hauptkritik, die am Gestaltansatz geübt wurde, war, daß er zu allgemein und zu vage sei, um *rigoros* durch Versuche getestet zu werden (z.B. Mayer [1977]). Der gleiche Vorwurf wurde auch gegen die behavioristische Interpretation des Problemlösens erhoben (z.B. Greeno [1978]).

2.11 Informationsverarbeitung und künstliche Intelligenz

Eine andere Methode, um den Vorgang des Problemlösens zu analysieren, bedient sich der Begriffe des Informationsflusses durch ein System. Der Prozeß des Problemlösens gleicht in vieler Hinsicht der Art und Weise, wie superschnelle elektronische Computer Informationen verarbeiten; und diese Parallelen haben insbesondere seit den sechziger Jahren zur Entwicklung eines vielversprechenden neuen Ansatzes, der sogenannten *Informationsverarbeitung* geführt (s. 3. Band, 3. Kap.). Problemlösen (oder jeder andere biologische Vorgang) kann erfolgreich studiert werden, wenn man hinreichend erfinderisch beim Entwurf von Prozeßmodellen nach dem Schema der Operationen ist, die zur Programmierung von Computern benutzt werden. Im Falle der *künstlichen Intelligenz* werden tatsächlich Programme geschrieben, in denen jeder Schritt, den der Computer ausführen muß, um zu der Lösung zu gelangen, in allen Einzelheiten festgelegt wird. Obwohl Theorien der Informationsverarbeitung nicht auf solche Details eingehen müssen, entspricht die Sequenz der Operationen, die in solchen Theorien vorgesehen werden, dem Ablauf, der bei der Programmierung eines Computers benutzt wird.

Dieser Ablauf wird gewöhnlich in Form eines *Flußdiagramms* festgelegt. Flußdiagramme sind einfach Diagramme, die den Durchlauf von Informationen durch ein System festlegen. Auf diesen Diagrammen ist sowohl die *Art* der Operationen als auch die *Reihenfolge,* in der sie ablaufen, angegeben. In dem in Abbildung 20 dargestellten Flußdiagramm bezeichnen die rechteckigen Kästen die *Operationschritte,* und die rautenförmigen Kästen stehen für die *Entscheidungsschritte;* Punkte, an denen der Computer eine bestimmte Verfahrensweise wählt, wenn die Antwort auf eine Frage Ja lautet, und eine andere Verfahrensweise, wenn die Antwort Nein lautet. In Abbildung 20 muß der Computer jedesmal, wenn die Antwort Nein ist, eine *Schleife* machen und dieselbe Reihenfolge der Schritte (mit neuen Informationen) wiederholen, bis er wieder an den Entscheidungspunkt gelangt und erneut fragt, ob die Antwort Ja oder Nein laute, und so weiter. Indem man eine Entscheidung vom Ergebnis einer früheren Entscheidung abhängig macht, ist es möglich, eine ganze Hierarchie von Entscheidungen pyramidenförmig aufzubauen („Entscheidungsbäume“), so daß man ein Gesamt*programm* von unerhörter Spannweite und Flexibilität erhält. Diese Fähigkeit, im hohen Tempo die endlosen Kreisläufe und Neuanordnungen einiger weniger Grundprozesse zu vollziehen, ist einer der Gründe, warum der Computer ein so großartiges Hilfsmittel ist.

Bisher scheinen wir noch nichts gesagt zu haben, was uns zur Aussage berechtigen könnte, daß ein Computer „denkt“ oder „Intelligenz“ besitzt. Aber durch Programme, die im wesentlichen dem eben beschriebenen einfachen Prinzip entsprechen, können Computer „geistige“ Leistungen vollbringen, z.B. Krankheiten diagnostizieren (wobei Symptombeschreibungen und Labortestresultate als Eingabedaten dienen), gut Schach spielen, heikle Phasen komplexer Herstellungsprozesse steuern, ein Raumschiff durch die äußeren Regionen unseres Sonnensystems lenken und sogar Musik komponieren und abstrakte Bilder von gewissem künstlerischem Reiz anfertigen. All dies sind Beispiele künstlerischer Intelligenz, und zwar von kreativen Lösungen von verschiedenartigen Problemen. Damit unterscheiden sich diese Programme vom Einsatz von Computern zur *Simulierung* menschlichen Problemlösungsverhaltens.

Man sollte nicht glauben, daß die Art und Weise wie der Computer (oder vielmehr das Programm, das den Computer steuert) ein Problem löst, unbedingt große Ähnlichkeit damit hat, wie Menschen in der Realität Probleme lösen. Ein Computer kann manchmal durch gewaltige Detailschritte alle möglichen Alternativen durchspielen, ein Verfahren, das für jeden Menschen viel zu zeitraubend und mühsam wäre. Beispielsweise könnte ein Computer die Folgen aller möglichen Züge in einem Damespiel auflisten – vorausgesetzt, daß nur wenige Figuren auf dem Brett sind; erhöht sich die Zahl der Figuren jedoch drastisch, wäre die Zahl der Möglichkeiten zu groß, um von irgendeinem der bisher existierenden Computer bewältigt werden zu können (Stockmeyer u. Chandra, 1979). Selbst bei der Figurenzahl in einer typischen Damekonstellation würde der größte der heute verfügbaren Computer Jahre brauchen, um die Folgen jedes erlaubten Zuges zu untersuchen. Der Unterschied zwischen dieser Art von erschöpfender Suche und den *Abkürzungen,* deren sich Menschen bedienen, wird in Box 4/29 (S. 128) beschrieben.

Jedes der verschiedenen *Arten* von Problemen (S. 117) ist anhand des Informationsverarbeitungs-

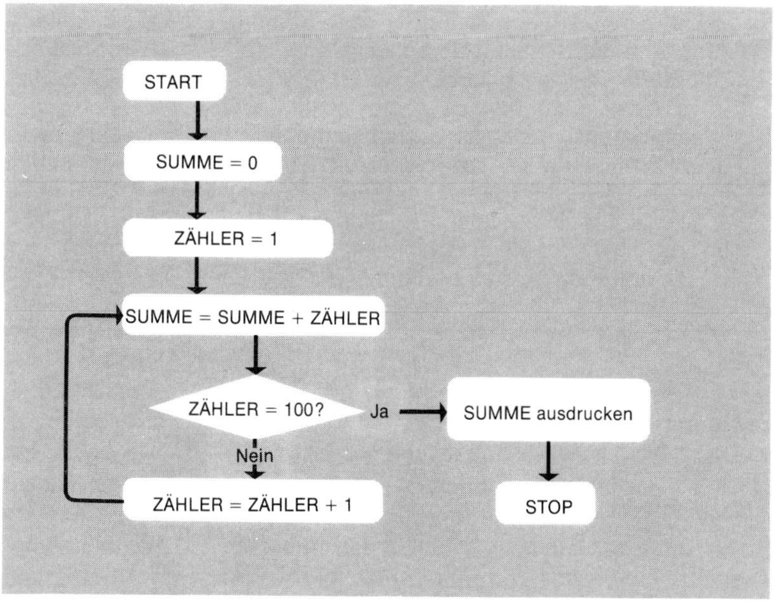

Abbildung 20: Dieses Flußdiagramm zeigt die Schritte eines hypothetischen Computerprogramms, das darauf ausgerichtet ist, die Summe aller Zahlen von 1 bis 100 zu berechnen (1 + 2 + 3 . . . + 98 + 99 + 100 = ?). Der ZÄHLER repräsentiert eine Gedächtniszelle im Computer, deren Aufgabe es ist zu verfolgen, wieviele Zahlen zusammengezählt wurden; SUMME (eine andere Gedächtniszelle) speichert die akkumulierte Summe an jedem Punkt der Sequenz. So lange der ZÄHLER eine unter 100 liegende Zahl enthält, fügt der Computer dem ZÄHLER 1 hinzu und macht die „Schleife“ zurück zur SUMME = Summe + ZÄHLER und setzt diesen Kreislauf fort, bis die Zahl im ZÄHLER schließlich 100 erreicht. Sobald dies geschieht, hat der Computer Anweisung, den Inhalt von SUMME (die Antwort) auszudrucken und dann abzuschalten.

BOX 4/29

Computerschach

Computerschach ist als die „Fruchtfliege der künstlichen Intelligenz" bezeichnet worden, weil der Ehrgeiz, die besten Schachcomputerprogramme zu entwickeln, in diesem Forschungsbereich eine so große Rolle spielte. Es ist sogar behauptet worden, daß sich die Programme für Computerschach für ihren Aufgabenbereich durch eine größere Kompetenz auszeichnen als jede andere Art von Programmen für künstliche Intelligenz. Die interessante Frage ist, ob die Forschungsarbeiten über Computerschach, die überwiegend aus privaten Quellen finanziert wurden, uns etwas über die Natur des menschlichen Problemlösungsverhaltens verraten.

Zunächst wäre darauf hinzuweisen, daß die anfängliche Zuversicht bezüglich der Fähigkeiten schachspielender Computer ein bißchen zu optimistisch war. Im Jahr 1978 gewann ein internationaler Schachmeister eine zehn Jahre zuvor abgeschlossene Wette, daß kein Computerprogramm imstande sein werde, ihn in diesem Zeitraum zu schlagen. Die gegenwärtigen Einsätze sind hoch: eine holländische Firma bot 50000 Dollar für ein Programm, das in einer befristeten Zeit einen internationalen Großmeister schlagen kann. Schachspielende Computer haben inzwischen das Niveau menschlicher „Schachexperten" erreicht, können sich aber noch kaum mit sogenannten „Schachmeistern" messen. Dieses Ziel dürfte jedoch erreichbar sein.

Das andere, für die Psychologie *wichtigere* Faktum ist, daß viele der besten Computerprogramme ein Verfahren anwenden, das keinesfalls mit den Denkprozessen menschlicher Schachspieler identisch ist. Computer glänzen im Hinblick auf ihre fabelhafte Schnelligkeit und ihr Gedächtnis. Die meisten erfolgreichen Programme machen sich das zunutze und bedienen sich einer umfassenden Suchmethode, bei der der Computer jeden möglichen Zug bis zu sechs Zügen im voraus überprüft und bewertet. Das erfordert in einer typischen Schachstellung die Bewertung von etwa 35^6 Positionen. Weil die Möglichkeiten exponentiell zunehmen, würde ein Vorausblicken bis zum Ende eines typischen Spiels die Überprüfung von etwa 35^{84} Alternativen erfordern, eine bizarre, nicht mehr handhabbare Zahl (selbst für die größten Computer, die in den drei Minuten, die für jeden Zug zur Verfügung stehen, 30 Millionen Stellungen überprüfen können). Die Folge ist, daß diese Programme manchmal wichtige Chancen übersehen. Beispielsweise würde der Computer viele Züge im

ansatzes studiert worden, manchmal mit Hilfe von Computerprogrammen wie dem AP (Box 4/28, S. 118). Jede solche Lösung scheint jedoch auf das spezifisch zu lösende Problem zugeschnitten zu sein. Auch der AP braucht für jedes Problem, das er löst, eine vollständige Liste aller Verbindungen (das heißt eine Aufzählung aller nötigen Problemzustände und ihrer „Entfernungen" voneinander). Wie Greeno (1978) den gegenwärtigen Stand der Forschung charakterisierte, haben wir zwar „gute Konzepte zur Analyse spezifischer Aufgaben, aber wir haben noch keine aus allgemeinen psychologischen Prinzipien bestehende zusammenhängende Theorie entwickelt, die das Verhalten in breiten Problemkategorien erklärt".

Eine grundlegende Schwierigkeit bei der Simulation menschlichen Problemlösens ist, daß das menschliche Gehirn mit seinen weit mehr als zehn

voraus überprüfen müssen, um festzustellen, daß Weiß aus der in der Abbildung gezeigten Stellung gewinnen kann, indem der linke Bauer bis an den Brettrand marschiert, wo er gegen die Königin eingetauscht werden kann.

Menschliche Schachmeister ziehen *nicht* alle möglichen Züge in Erwägung. Statt dessen konzentrieren sie sich auf ein paar Sequenzen von Zügen, die sie aufgrund von Konstellationen, die ihnen *bekannt* sind, auswählen. Die richtige Spielweise bei dem abgebildeten Problem wäre einem Menschen sofort klar. Meisterspieler sind anscheinend im Schnitt nicht intelligenter und verfügen nicht über ein besseres mechanisches Gedächtnis als andere Personen mit ähnlicher Bildung. Es liegt auf der Hand, daß die erfolgreichsten Computerschachprogramme eine andere Strategie verfolgen als der menschliche Verstand.

Dennoch ist es möglich, leistungsstarke Computerschachprogramme zu schreiben, die sich nicht der erschöpfenden Suchmethode bedienen. Diese menschenähnlicheren Programme betrachten vielmehr die Gesamtkonstellationen der Figuren. Computer werden dieses Verfahren vielleicht nie so gut beherrschen wie Menschen. Wenn das Ziel jedoch nicht darin besteht, Schachturniere zu gewinnen, sondern vielmehr die Methoden des menschlichen Problemlösens zu begreifen, dann erscheint diese selektivere, intuitivere und globalere Art der kognitiven Verarbeitung weitaus vielversprechender zu sein.

A. Robinson: Tournament competition fuels computer chess. *Science*, 1979, *204*, 1396–1398. Abbildung nach einer Zeichnung von Eleanor Warner in *Science*, 1979, *205*, 262.

Milliarden Neuronen ein erheblich größeres Informationsverarbeitungspotential besitzt als jeder Computer, den man sich vorstellen kann. Menschen sind imstande, den *Kontext* eines Problems in einem Maße zu berücksichtigen, das dem Computer nicht möglich ist. Dies war auch die Schwierigkeit bei der Entwicklung brauchbarer Übersetzungsgeräte (die beispielsweise russische Texte ins Englische übersetzen können). Diese Versuche haben sich bisher noch nicht gelohnt. Die Bedeutung eines bestimmten Wortes hängt von einem riesigen Kontext anderer Bedeutungen ab, in die das Wort eingebettet ist. Manche Computersimulationen wie Weizenbaums ELIZA (s. Box 4/21, S. 106) haben etwas faszinierend Menschenähnliches. Wir sollten jedoch ihre Grenzen nicht ignorieren.

Selbst Weizenbaum (1976) hat mit moralischer Empörung auf Vorschläge reagiert, menschliche Psychotherapeuten durch das DOKTOR-Skript für ELIZA zu ersetzen, da derartige Vorschläge seiner Ansicht nach von einer grotesken Fehleinschätzung der Grenzen eines Computerprogramms zeugten. Kein Programm kann die echte menschliche Empathie aufweisen, die Weizenbaum als essentiell für die Psychotherapie erachtet. Obwohl ELIZA imstande zu sein scheint, die Klienten hinters Licht zu führen (eine von Weizenbaums Sekretärinnen wollte nicht, daß er erfährt, was ELIZA ihr „sagte") und somit den Turing-Test von Box 4/21 besteht, ist jede Äußerung des Computers einfach das Resultat der Anwendung von Regeln, die von Weizenbaum programmiert wurden. In einem fundamentalen Sinne sind Computersimulationen wahrscheinlich bessere Beispiele von *reproduktivem* als von *produktivem* Denken. Wie Estes (1978) schrieb, „wiederholen sich kreative Handlungen per Definition nicht, und wir wissen so gut wie nichts über die Bedingungen, die sie hervorbringen". In allen Fällen von Problemlösen durch einen Computer ist das Problem selbst von einem Menschen beschrieben worden. Und dieses Erfassen und Hervorbringen von Problemen ist ein entscheidender Bestandteil dessen, was in der wissenschaftlichen Forschung, in der Kunst und anderen Hochleistungsbereichen des menschlichen Geistes vor sich geht.

2.12 Einige praktische Vorschläge

Wenn wir uns daran erinnern, daß die räumliche Anordnung der Objekte und Ereignisse einer Problemsituation eine Lösung erleichtern oder behindern kann, dann sollten wir imstande sein, ein schwieriges Problem durch entsprechende räumliche Anordnung in ein leichteres umzuwandeln. Diese Überlegung läuft auf eine sehr simple praktische Anregung zur Verbesserung der Problemlösungseffizienz für bestimmte Situationen hinaus:

Der Problemlöser ist gewöhnlich nicht mit einer unbeweglichen Konstellation von Materialien und Objekten konfrontiert. Er hat die Möglichkeit, sie zu manipulieren und neu anzuordnen oder zumindest, sie sich in anderen Positionen vorzustellen. Durch bewußtes Ausprobieren verschiedener räumlicher Anordnungen erhöht er die Wahrscheinlichkeit, rein zufällig auf eine Konstellation zu stoßen, die die Lösung erleichtert.

Es gibt noch eine andere Möglichkeit, mit dem Problem der Reizanordnung umzugehen. Wie wir früher bemerkt haben, können bestimmte Merkmale des Problems so dominierend sein, daß sie unsere ganze oder den größten Teil unserer Aufmerksamkeit auf Kosten weniger augenfälliger, aber entscheidender Aspekte auf sich ziehen. Um diese Möglichkeit auszuschließen, empfiehlt es sich (so paradox das erscheint), die Aufmerksamkeit zu *vermindern,* die man dem zu lösenden Problem schenkt. Das kann man tun, indem man eine Pause macht, das Problem für eine Weile vergißt und etwas anderes tut. Wenn man dann zu dem Problem zurückkehrt, kann sich die übertriebene Konzentration auf die zuvor dominierenden Aspeke abgeschwächt haben. Dies mag eine teilweise Erklärung für die günstige Wirkung sein, die der *Inkubation* zugeschrieben wird (S. 120).

Das für die Lösung eines Problems ausschlaggebende Element ist in der unmittelbaren Situation oft gar nicht vorhanden. Es kann sich deshalb als nützlich erweisen, an damit zusammenhängenden Problemen zu arbeiten, von denen eines das fehlende Element enthalten könnte, das man zur Lösung des ursprünglichen Problems braucht. Vielleicht ist das der Grund, warum es oft fruchtbar ist, mit Hilfe von Analogien vorzugehen.

Eine verwandte Taktik besteht darin, die zeitliche Reihenfolge zu verändern, in der Teile des Problems angegangen werden. Viele Probleme erfordern die Lösung einer Reihe von Teilproblemen. Manchmal fällt es dem Problemlöser schwer zu erkennen, daß eine bestimmte Reihenfolge nicht ein für allemal fixiert ist. Der Problemlöser sollte sich vielleicht den Rat des Vermonter Hinterwäldlers hinter die Ohren schreiben, der auf die Frage eines Touristen, wie er nach Saint Johnsbury komme, antwortet: „Wenn ich Sie wäre, würde ich nicht von hier anfangen!"

Im Unterschied zum Reisen haben wir beim Problemlösen oft die Wahl, entweder dort anzufangen, wo wir hinwollen, oder dort zu beginnen, wo wir im Augenblick sind. Im ersten Fall beginnen wir mit einer Analyse des Ziels, um herauszufinden, was sich alles verändern würde, wenn wir es erreichen würden (z.B. welche Teilprobleme damit gelöst wären, etc.). Diese Analyse würde ihrerseits die Reihenfolge der Probleme bestimmen und wir würden uns dann rückwärts bis zum Anfang durcharbeiten. Im zweiten Fall beginnen wir mit einer Analyse der gegenwärtigen Situation. Wir erkennen die Implikationen der gegebenen Bedingungen und der Konstellation und gehen die verschiedenen Teilprobleme in Richtung auf unser Ziel an. In wieder anderen Fällen mag es sogar vorzuziehen sein, in der Mitte zu beginnen. Das heißt, wir könnten annehmen, daß wir beispielsweise die ersten vier Teilprobleme gelöst haben und an diesem Punkt angekommen sind. Jetzt fragen wir uns: „Wie geht es von hier aus weiter?"

In unserer Analyse des Einstellungseffekts haben wir gesehen, daß eine der Gefahren für das Problemlösen in einer zu starken Fixierung auf eine Methode besteht, die sich in der Vergangenheit bei ähnlichen Problemen wie dem gegenwärtigen als wirksam erwiesen hat. Manchmal kann diese Fixierung durchbrochen werden, indem man sich eine Zeitlang von diesem Problem abwendet. Wenn wir nach einiger Zeit zu ihm zurückkehren, müssen wir mit frischer Aufmerksamkeit beginnen, statt blind und automatisch zu reagieren. Dies könnte als weiterer möglicher Bonus der Inkubation angesehen werden.

Ein anderer Ansatz ist der von Maier (1933), der die stereotypisierende Wirkung der Einstellung zu überwinden suchte, indem er dem Problemlöser die Notwendigkeit, auf verschiedene Weise an das Problem heranzugehen, unmittelbar vor Augen führte. Diese Technik wird in Ausbildungsprogrammen in der Praxis weithin benutzt. Die Teilnehmer müssen sich darin üben, sich ungewöhnliche Verwendungen für Objekte auszudenken. Ein beliebtes Beispiel ist die Art und Weise, wie eine Frau das Problem eines gerissenen Ventilatortreibriemens löste, das sich in der heißen Wüste, fernab von jeglicher Hilfe, ereignete. Diese innovative Problemlöserin setzte sich über die Vorstellung hinweg, daß ein Treibriemen aus Gummi bestehen müsse und ersetzte ihn durch einen ihrer Nylonstrümpfe!

Maier selbst demonstrierte durch Versuche die Nützlichkeit der folgenden allgemeinen Hinweise:

„Machen Sie eine Schwierigkeit ausfindig und versuchen Sie, sie zu überwinden. Wenn es Ihnen nicht gelingt, schlagen Sie sie sich völlig aus dem Sinn und suchen Sie sich eine ganz andere Schwierigkeit.

Seien Sie kein Gewohnheitstier und bleiben Sie nicht immer im selben Gleis. Halten Sie Ihren Sinn offen für neue Bedeutungen.

Das Lösungsmuster erscheint plötzlich. Sie können es nicht erzwingen. Bleiben Sie aufgeschlossen für neue Kombinationen und verschwenden Sie keine Zeit auf erfolglose Bemühungen."

Maiers Versuche bedeuten natürlich nicht, daß wir, um „eingeschliffene Gewohnheiten und hartnäckige Fixierungen" zu vermeiden, lediglich ein paar allgemeiner Hinweise über das Denken bedürfen. Persönlichkeitsfaktoren können wirksam die Entwicklung „neuer Gesichtspunkte" hemmen. Wir können nicht zu jemandem, der durch mehrdeutige Reizmuster aus der Fassung gerät, sagen: „Seien Sie aufgeschlossen für neue Standpunkte" oder „Lassen Sie sich nicht durch Gewohnheiten leiten" und bessere Resultate erwarten, als wenn wir einem neurotisch ängstlichen Menschen den Rat erteilen: „Machen Sie sich keine Sorgen mehr!" Geeignetere Methoden des Problemlösens werden zu einem Bestandteil der Bildung werden, wenn wir lernen, sie wirksamer zu präsentieren.

3 Entscheidungsfindung

Die Entscheidungsfindung ist eine Form des Problemlösens, die an wichtigen Knotenpunkten des Lebens von besonderer Bedeutung ist. Wir müssen uns entscheiden, ob wir weiterhin zur Schule gehen, welchen Beruf wir ergreifen, ob wir heiraten, Kinder bekommen, ein Haus kaufen sollen und so weiter. An jedem dieser Scheidewege sind wir mit einer kleinen Zahl von Alternativen, manchmal nur zwei, konfrontiert und müssen die ungewissen und oft riskanten Konsequenzen jedes einzelnen Weges antizipieren. In vielen Fällen wird es nie klar werden, welches die beste Wahl gewesen wäre. Und natürlich kann sich das, was für einen Menschen eine ausgezeichnete Wahl ist, für einen anderen als katastrophal erweisen.

Das wissenschaftliche Interesse an der Entscheidungsfindung hat (wie wir am Beginn dieses Abschnitts warnten) zwei verschiedene, aber in einer engen Wechselbeziehung stehende Richtungen eingeschlagen. Die erste ist *normativ,* das heißt, es geht darum, herauszufinden, wie man gute Entscheidungen trifft. Die normative Entscheidungstheorie sagt uns, wie wir unsere eigenen Wertvorstellungen und etwaigen Erkenntnisse über die Wahrscheinlichkeit verschiedener Folgen in Rechnung stellen sollen. Ihr Ziel ist es, uns zu helfen, die Alternative zu wählen, die unsere eigenen Werte *optimiert* – mit anderen Worten: die Wahl, die uns die größte Befriedigung bietet.

Der andere Ansatz ist *deskriptiv* (d.h. empirisch). Er setzt sich zum Ziel, herauszufinden, nicht wie Menschen Entscheidungen treffen sollten, sondern wie sie sie tatsächlich treffen. Wenn die wissenschaftliche Forschung ergibt, daß wir uns manchmal irrational, inkonsequent und launisch verhalten, dann um so schlimmer für uns! Aber vielleicht können wir aus dem Wissen über den Unterschied zwischen unserem tatsächlichen Vorgehen bei wichtigen Entscheidungen und einer idealen Art der Entscheidungsfindung Nutzen ziehen. Ideale Verfahrensweisen können uns ebenso wie Utopien zumindest nützliche Hinweise für Verbesserungen liefern.

3.1 Subjektive Nutzenerwartung

Der normative Ansatz kann anhand des populärsten theoretischen Modells der Entscheidungsfindung veranschaulicht werden. Dieser Ansatz, der von dem Statistiker L. J. Savage (1954) brillant formuliert wurde, beruht auf einer intuitiv einleuchtenden Vorstellung von Rationalität bzw. Konsequenz, indem man von den jeweiligen persönlichen Überzeugungen hinsichtlich der Resultate alternativer Entscheidungen ausgeht. Nehmen wir an, um ein triviales, aber relativ leichtes Beispiel heranzuziehen, daß Sie bei einem Pferderennen sind und sich zu entscheiden suchen, ob sie auf den Favoriten setzen sollen, der eine Gewinnquote von 4:1 hat, oder auf einen Außenseiter mit einer Quote von 9:1. Wenn Sie 10 Mark auf den Sieg des Favoriten setzen, bekommen Sie 40 Mark, falls er tatsächlich gewinnt; aber Sie verlieren Ihre 10 Mark, wenn er verliert. Wenn Sie statt dessen Ihre 10 Mark auf den Sieg des Außenseiters setzen, bekommen Sie 90 Mark, falls er gewinnt; auch in diesem Fall verlieren Sie Ihren Einsatz, wenn er verliert. Welches ist die klügere Wette?

Um diese Entscheidung zu treffen, müssen Sie etwas über die Siegeschancen des einen und des anderen Pferdes wissen. Nehmen wir an, daß Sie aufgrund verfügbarer Informationen, sei es das bisherige Abschneiden oder der Rat eines versierten Freundes, die Siegeschancen des Favoriten 50:50 einschätzen (das heißt, die Chance, daß er gewinnt, ist ebenso groß, wie daß er nicht gewinnt). Aufgrund derselben Quellen meinen Sie, daß die Gewinnchance des Außenseiters nur 1:5 beträgt; was bedeutet, daß Sie seine Wahrscheinlichkeit zu gewinnen mit 0,2 und nicht zu gewinnen, als 0,8 einschätzen. Diese Einschätzungen sind zusammen mit den DM-Resultaten in dem in Abbildung 21 dargestellten *Entscheidungsbaum* angegeben. (Sehen Sie sich Abbildung 21 an, bevor Sie diesen Absatz zu Ende lesen.) Die Wahrscheinlichkeitstheorie sagt uns, daß wir zur Berechnung des zu erwartenden Wertes jeder Wette einfach die Wahrscheinlichkeit (nach unserer subjektiven Einschätzung) mit dem Gewinn- oder Verlustbetrag multiplizieren und die Ergebnisse zusammenzählen. Wenn wir somit auf den Favoriten setzen, beträgt das erwartete Ergebnis 0,5 × 40 DM = 20 DM (wenn er gewinnt) + 0,5 × (− 10 DM) = − 5 DM (wenn er verliert); der erwartete Nettowert beträgt somit (20 DM − 5 DM) = 15 DM. Wenn wir auf den Außenseiter setzen, beträgt das erwartete Ergebnis (0,2 × 90 DM) + (0,8 × [− 10 DM]) = 18 DM − 8 DM) = 10 DM. Wenn man Wert auf Geld legt, dann sollte man deshalb (in diesem speziellen Fall) auf den Favoriten setzen.

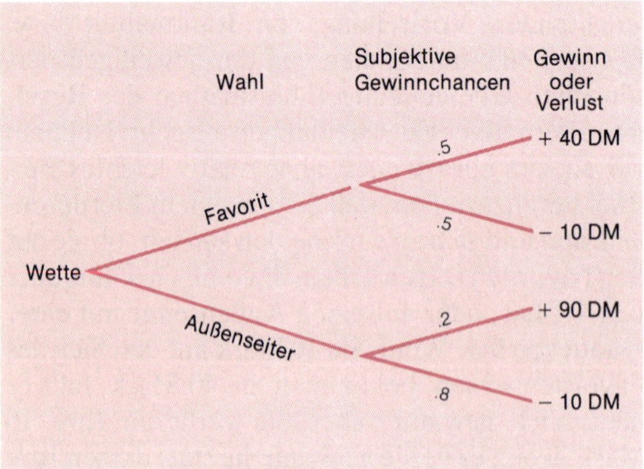

Abbildung 21: Der Favorit hat eine Gewinnquote von 40 DM, der Außenseiter von 90 DM. Aber die Wahrscheinlichkeit ist größer, daß der Favorit siegt. Welche Wette ist die klügere? (Antwort siehe Text.)

Es ist nun denkbar, daß Sie unbedingt den Betrag von 90 Mark benötigen, um einen Ausflug machen zu können, für den Ihnen die geringere Summe nicht wirklich weiterhelfen würde. Oder vielleicht verursacht Ihnen Ihre Wettleidenschaft solche Schuldgefühle, daß Sie sich (irrational) besser fühlen, wenn Sie beim Rennen verlieren. In beiden Fällen sollten Sie auf den Außenseiter setzen. Allgemeiner gesprochen: es ist nicht immer möglich, den Wert von Ergebnissen einfach auf Mark und Pfennig zu reduzieren. Ein bestimmtes Resultat mag keinen klaren Marktwert, aber einen großen subjektiven Wert haben. Dieser persönliche oder subjektive Wert, den man als *Nutzen* bezeichnet, muß von jeder Person, die eine Entscheidung trifft, abgewogen werden, genauso wie die Wahrscheinlichkeiten verschiedener Resultate subjektiv eingeschätzt werden. Es besteht eine bedauerliche Tendenz, sich auf diejenigen Werte zu konzentrieren, die leicht in Mark und Pfennig auszudrücken sind; materielle Kosten und Gewinne scheinen oft stärker berücksichtigt zu werden als Gesundheit, Komfort und Schönheit. Man sollte jedoch versuchen, die subjektiven Werte aller Konsequenzen einzubeziehen. Der hinter diesem Ansatz stehende Grundgedanke ist, daß der rationale Mensch dann die spezielle Entscheidung treffen würde, die den subjektiv erwarteten Wert maximiert und somit (für dieses Individuum) den größten Nutzen ergibt.

Dieses Vorgehen wird äußerst kompliziert, wenn man es nicht mit den allereinfachsten Entscheidungen zu tun hat. Nehmen wir beispielsweise die Wahl zwischen mehreren verschiedenen Autos, die man für einen Kauf in Erwägung zieht. Die Autos unterscheiden sich in bezug auf Anschaffungskosten, spätere Betriebskosten, Benzinverbrauch, Wiederverkaufswert, Komfort, äußere Attraktivität, Schnelligkeit, Prestige und andere Faktoren. Wenn wir uns überlegen, um wieviel komplizierter Entscheidungen sind, die von großen Unternehmen oder von der Regierung getroffen werden, wird uns klar, warum diese Methode der Entscheidungsfindung oft einen ungeheuren Aufwand an Zeit, Geld und Hilfsmitteln aller Art erfordert.

Obwohl Industrieunternehmen und Regierungsbehörden der Öffentlichkeit nur eine begrenzte Zahl von Entscheidungsanalysen bekanntgeben, steht uns ein interessantes Beispiel in einem Fall gerichtlich verfügter Aufhebung der Rassentrennung an Schulen zur Verfügung (Edwards, 1979). In diesem Fall bediente sich eine Schulbehörde dieser Entscheidungsanalyse, um ihre eigenen Ziele klären zu helfen und um herauszufinden, wie gut jeder einzelne von sechs in Erwägung gezogenen Plänen diese Ziele erfüllen würde. Subjektive Werte und Wahrscheinlichkeitsschätzungen wurden für jeden einzelnen Zweig eines sehr großen Entscheidungsbaumes nach Art des in Abbildung 21 (S. 130) abgebildeten ermittelt, der aber in diesem Fall Hunderte von Ästen hatte und bei dem als Nutzen nicht Geld, sondern pädagogische Wertvorstellungen eingesetzt waren. Vielleicht nicht allzu überraschend erhielt der Plan die höchste Bewertung, der zuvor von der Schulbehörde vorgeschlagen, aber vom Richter abgelehnt worden war, weil er kein ausreichendes Maß an Rassenintegration gewährleiste. Überraschend ist, daß diese Anwendung der Entscheidungsanalyse trotz größerer Meinungsunterschiede über die relative Bedeutung verschiedener Folgen der Rassenintegration zu einer weitgehenden Übereinstimmung unter den Schulleitern über den relativen Gesamtnutzen der Alternativpläne führte. Bei seiner Darstellung dieses Falles berichtet Edwards, daß sich bei Anwendung dieses Ansatzes trotz „zunächst scheinbar stark divergierender Meinungen in der Regel schließlich ein hohes Maß an Übereinstimmung erzielen" lasse.

3.2 Empirische Entscheidungsprozesse

Psychologen tendieren dazu, sich stärker dafür zu interessieren, wie Menschen tatsächlich Entscheidungen treffen, als für die optimalen theoretischen Lösungen. In den sechziger Jahren durchgeführte Untersuchungen dienten oft dem Zweck, herauszufinden, ob die intuitiv getroffene Wahl oder Entscheidung auch diejenige ist, die die Summe der Produkte von Wahrscheinlichkeit und Nutzen maximiert – das heißt, ob die Menschen von sich aus dem Modell der subjektiven Nutzenerwartung (SNE) folgen. Die anfänglichen Resultate waren widersprüchlich. In einigen sehr einfachen Versuchssituationen, in denen aufschlußreiche Tests möglich waren, folgten die Vpn eindeutig der Multiplikationsregel der SNE (Anderson u. Shanteau, 1970). In einem neueren Überblick (Slovic, Fischhoff u. Lichtenstein, 1977) wird hingegen berichtet, daß „die Vertreter der SNE in den letzten fünf Jahren immer stärker in die Minderzahl gegenüber deren Kritikern gerieten" (über eine sehr moderne experimentelle Untersuchung wird in Box 4/30 referiert).

Die gewichtigste Kritik der SNE stammt vielleicht von Tversky und Kahneman (1974), die zeigten, daß verschiedene Vorurteile gegenüber der *heuristischen Methode* (simple Abkürzungsstrategie) berechtigt sind. In einem Experiment wurde ihren Vpn beispielsweise mitgeteilt, daß für eine Zufallsstichprobe von 70 Ingenieuren und 30 Rechtsanwälten Persönlichkeitsbeschreibungen vorlägen. Die Vpn sollten im Hinblick auf jede einzelne Beschreibung die Wahrscheinlichkeit einschätzen, daß es sich um einen Ingenieur oder um einen Anwalt handele. Als den Vpn nicht gestattet wurde, eine Beschreibung des Mannes zu lesen, entsprachen ihre Schätzungen diesen zuvor genannten Wahrscheinlichkeiten (in diesem Fall schätzten sie die Wahrscheinlichkeit auf 0,7 bzw. 0,3 für diese beiden Berufsgruppen. Man sehe sich jedoch die folgende *nichtssagende* Beschreibung an:

> „Dick ist ein 30jähriger Mann. Er ist verheiratet, ohne Kinder. Als überaus fähiger und stark motivierter Mann verspricht er auf einem Gebiet sehr erfolgreich zu sein. Bei seinen Kollegen ist er sehr beliebt."

Angesichts dieser Beschreibung ignorieren die Vpn völlig die vorher genannten Wahrscheinlichkeiten von 70:30 und bewerteten die Chance, daß Dick ein Ingenieur sei, nur mit 0,5!

In anderen Untersuchungen hat sich gezeigt, daß die Vpn zu unbeweglich sind, wenn es darum geht, ihre Schätzungen abzuprüfen, weitere Informationen zu berücksichtigen, daß sie ferner zu sehr auf ihre Beurteilung der Resultate vertrauen und daß sie sich zu leicht von sehr kleinen Stichproben beeindrucken lassen. Diese Voreingenommenheiten legen nicht nur Studenten an den Tag, sondern auch erfahrene Forscher, wenn sie sich auf ihre Intuition verlassen.

Tversky (1972) hat eine Theorie entwickelt, wonach die tatsächliche Entscheidungsfindung als eine Heuristik (oder Strategie) der schrittweisen Eliminierung beschrieben wird. Beim Kauf eines Autos setzt man beispielsweise zunächst eine Preisgrenze von, sagen wir, 20000 DM und schließt dadurch alle teureren Modelle aus den Überlegungen aus. Unter den verbleibenden Alternativen

BOX 4/30

Würden Sie einen Gebrauchtwagen mit dieser Empfehlung kaufen?

Wie entscheiden Menschen, wieviel sie für einen Gebrauchtwagen zahlen sollen? M. Birnbaum und seine Mitarbeiter haben diese Frage als repräsentativ für eine ganze Kategorie von Entscheidungsproblemen studiert, bei denen die Betreffenden verschiedene Arten von Informationen miteinander kombinieren, um zu einer Gesamtbewertung zu gelangen. Beispielsweise fragten Birnbaum und Stegner ihre Vpn, wieviel sie einem Käufer raten würden, für ein Auto zu zahlen, dessen „Buchwert" (das heißt, der durchschnittliche Marktwert für dieses Modell und Baujahr) $ 450 beträgt, das aber von einem Experten, der „zufällig mit dem Verkäufer befreundet ist", auf $ 700 geschätzt wurde. (Die durchschnittliche Antwort betrug für dieses spezielle Beispiel $572.)

Zur Unterscheidung zwischen verschiedenen Interpretationen, wie diese Informationen miteinander kombiniert werden, um zu der Gesamtbewertung zu gelangen, wurden in der Versuchsanordnung vier unabhängige Variablen verwendet: 1) der *Buchwert* (der von $ 350 bis $ 650 schwankte); 2) die *Schätzung* des Autos durch den *„Experten"* (zwischen $ 300 und $ 700); 3) die *Fachkompetenz* (ob es sich bei dem „Experten" um einen Mechaniker oder bloß eine kompetente Person handelt, die für sich selbst Autos gekauft hatte); und 4) die *Parteilichkeit* des „Experten" (ob er ein Freund des Verkäufers, ein Freund des Käufers oder neutral ist). Den Studenten, die bei diesem Versuch als Probanden dienten, wurden alle möglichen Kombinationen dieser vier unabhängigen Variablen vorgelegt und sie wurden aufgefordert zu schätzen, wieviel der Käufer nach der jeweiligen Kombination ihrer Ansicht nach für das Auto zahlen sollte.

Birnbaum und Stegner stellten fest, daß die Schätzungen ihrer Vpn, wieviel der Käufer zahlen sollte, aufgrund eines algebraischen Modells vorausgesagt werden konnten, nachdem der vom „Experten" genannte Preis je nach seiner Parteilichkeit eingeschätzt wurde. Der Effekt dieser adjustierten Bewertung in den Schätzungen der Vpn hing hauptsächlich von der fachlichen Kompetenz ab. Wie zu erwarten, verringerte sich jedoch dieser Effekt, wenn der „Experte" als parteilich angesehen wurde.

Das Ermutigende an Untersuchungen dieser Art ist, daß sie die Möglichkeit zeigen, spezifische Hypothesen darüber zu testen, wie wir bei der Entscheidungsbildung Informationen benutzen. Da Forscher wie Birnbaum die verworrenen Bedingungen der Entscheidungsfindung im Alltag entwirren können, erhellen sie die Prozesse, die sich beim Menschen tatsächlich abspielen. Obwohl sich diese Prozesse nicht immer mit den Ratschlägen der normativen Entscheidungstheorie decken (das heißt, mit Empfehlungen, wie man Entscheidungen treffen *sollte*), scheinen sie doch insofern feststehenden Regeln zu folgen, als die Bewertungen der Vpn mit Hilfe einfacher algebraischer Formeln zutreffend vorhergesagt werden können.

M. Birnbaum u. S. Stegner: Source credibility in social judgement: bias, expertise and the judge's point of view. *Journal of Personality and Social Psychology*, 1979, *37*, 48–74.

M. Birnbaum, R. Wong u. L. Wong: Combining information from sources that vary in credibility. *Memory & Cognition*, 1976, *4*, 330–336.

wird dann ein weiterer Aspekt ausgewählt, vielleicht die Bedingung, daß das Auto ein automatisches Getriebe haben muß; somit werden alle Autos ohne Automatik von der Liste gestrichen. Dieser Vorgang wiederholt sich, bis alle Modelle mit Ausnahme von einem eliminiert sind.

Versuche (Tversky, 1972), bei denen Studenten tatsächlich eine Wahl treffen mußten, entsprachen eher dem schrittweisen Eliminierungsprozeß als dem Modell der subjektiven Nutzenerwartung. Tversky zufolge (1972, S. 292) besteht der Vorzug dieser Heuristik darin, daß sie

> „leicht zu formulieren, zu begründen und anzuwenden ist. Bei der Wahl zwischen vielen komplexen Alternativen, wie neue Autos oder Stellenangeboten, ist man in der Regel mit einer überwältigenden Menge relevanter Informationen konfrontiert. Das optimale Verfahren, um unter diesen Alternativen eine Wahl zu treffen, erfordert gewöhnlich komplizierte Berechnungen, die auf dem Wert basieren, den man den verschiedenen

relevanten Faktoren zuschreibt. ... die Menschen scheinen sich davor zu scheuen, nach dem Grundsatz zu handeln, daß (auch sehr wichtige) Entscheidungen von Berechnungen abhängen sollten, die auf subjektiven Schätzungen von Wahrscheinlichkeiten oder Werten beruhen, zu denen der Entscheidungsfinder selbst nur begrenztes Zutrauen hat."

Dabei ist zu betonen, daß die Zuhilfenahme von einfachen Regeln keine guten Entscheidungen garantiert. Wie Tversky (1972) bemerkt, kann die Eliminierungsstrategie zur Rechtfertigung jeder speziellen Wahl benutzt werden, indem man einfach diejenigen Aspekte in Betracht zieht, die diese Wahl gegenüber den Alternativen begünstigen. Eine Wahl, die unter Berücksichtigung nur gewisser Aspekte getroffen wird, etwa jenen, die von einem geschickten Verkäufer in den Vordergrund gestellt werden, kann deshalb sehr üble Folgen haben. Obwohl spätere Forschungen (referiert von Slovic, Fischhoff u. Lichtenstein [1977]) darauf hindeuten, daß Menschen manchmal anderen Regeln folgen, etwa jeweils nur zwei Alternativen miteinander zu vergleichen und nur die bessere für spätere Vergleiche beizubehalten, spricht viel für Tverskys Hypothese, daß einfache Strategien benutzt werden, um die Last schwerer Entscheidungen zu erleichtern.

3.3 Bessere Entscheidungen

Die Situation scheint die zu sein, daß wir einen idealen Ansatz zur Entscheidungsfindung haben, das Modell der subjektiven Nutzenerwartung, dessen Anwendung uns leider oft extrem schwierig erscheint. Das praktische Problem ist, Strategien zu entwickeln, die uns helfen, bessere Entscheidungen zu treffen, ohne die Aufgabe so zu komplizieren, daß es unmöglich wird, überhaupt zu einer Entscheidung zu gelangen (s. Box 4/31). Eine Möglichkeit ist, das Problem zu umreißen, ohne tatsächlich vollständige (und zeitraubende) Listen anzufertigen oder irgendwelche Berechnungen anzustellen. Beispielsweise kann einem ein einfaches Aufschreiben der verschiedenen Überlegungen, die einem beim Kauf eines Autos wichtig erscheinen, helfen, einen besseren Überblick über das Problem zu gewinnen, mit dem Ergebnis, daß man geringeren Wert auf triviale Überlegungen wie den Geruch eines „neuen Autos" oder die Persönlichkeit des Autoverkäufers legt.

Es scheint auch auf der Hand zu liegen, daß wir als Entscheidungsfinder in unserem eigenen Leben größeres Gewicht auf die langfristigen Auswirkungen unserer wichtigen Entscheidungen legen sollten. Bei der Wahl eines Partners lassen wir uns natürlich von unseren augenblicklichen Gefühlen leiten. (Wie kommen wir mit diesem Menschen jetzt zurecht? Erscheint uns die Aussicht auf ein Zusammenleben verlockend? Sind wir wirklich verliebt?) Aber die Klugheit gebietet, daß wir nicht nur nach dem momentanen Lustgewinn fragen. (Wie wird sich der auserkorene Partner in der Elternrolle bewähren? Wie gut werden wir miteinander auskommen, wenn wir beide die volle Verantwortung des Erwachsenseins tragen?) Menschliche Gesellschaften haben diese Art von Weitblick seit dem Beginn der Geschichte empfohlen. Die Schwierigkeit ist, daß solche Empfehlungen ebenso wenig leicht zu befolgen sind, wie das Modell der subjektiven Nutzenerwartung.

Wenn wir versuchen, uns die künftigen Folgen alternativer Entscheidungen vorzustellen, sollten wir die Relativität von Werterfahrungen berücksichtigen (s. 5. Bd., 1. Kap.). So wird beispielsweise ein großes Einkommen in der Regel einem kleineren vorgezogen: Wenn es um die Entscheidung geht, ob jemand Arzt werden soll, dann würden die meisten Leute darin übereinstimmen, daß dieser Beruf in materieller Hinsicht große Anreize bietet. Studenten in Amerika, Europa oder Japan drängen deshalb in Scharen in die medizinische Ausbildung, angelockt durch das hohe zu erwartende Einkommen. Man sollte sich jedoch daran erinnern, daß Ärzte gewöhnlich mit Berufskollegen oder sonstigen gutverdienenden Akademikern Umgang pflegen, so daß ihnen ihr eigenes Einkommen vergleichsweise nicht so hoch wie erwartet erscheinen mag. Wenn das Arzteinkommen nicht als hoch erlebt wird, dann sollten wahrscheinlich andere Überlegungen größeres Gewicht erhalten; aber das ist nicht leicht, wenn die Menschen, von denen man umgeben ist, die absolute Höhe der persönlichen Einkünfte zum ausschlaggebenden Kriterium des Erfolgs machen.

Eine Sichtung der Forschungsergebnisse über Entscheidungsfindung sollte uns überzeugen, daß wir uns auf diesem Gebiet nicht besonders bewähren – das heißt, wir könnten viel bessere Entscheidungen treffen, wenn wir die Geduld, moralische Entschlossenheit, Geschicklichkeit und sonstigen Voraussetzungen besäßen, die nötig sind, um opti-

BOX 4/31

Zufriedenstellen statt Optimieren

Der Nobelpreis wird in Psychologie nicht verliehen – zumindest bisher noch nicht. Im Jahr 1978 wurde der Nobelpreis in Wirtschaftswissenschaft jedoch an einen Psychologen vergeben, Herbert A. Simon von der Carnegy-Mellon-Universität, dessen Arbeiten über Entscheidungsfindung und künstliche Intelligenz unser Verständnis der Psychologie des Problemlösens stark vorangebracht hat. Eine der fesselndsten und einflußreichsten Thesen Simons besagt, daß Entscheidungsfinder ihre Wahl im Grund nicht *optimieren* in dem Sinn, daß sie alle möglichen Alternativen nach der besten durchsuchen. Statt dessen suchen sie Simon zufolge lediglich eine *zufriedenstellende* Lösung – das heißt, sie wählen die erste Alternative, die „gut genug" ist.

Die Stoßrichtung eines Großteils der Arbeit Simons war, die Grenzen der rationalen Ressourcen des Menschen zu demonstrieren, die Tatsache, daß ein großer Teil der für eine Entscheidung relevanten Informationen nicht ohne weiteres zur Verfügung stehen oder zu teuer zu beschaffen und benutzen ist. Seine Ideen lassen sich durch die Parabel von dem Bauern veranschaulichen, der einen Hemdknopf verloren hat. Vielleicht könnte der Bauer seinen Heuhaufen nach der schärfsten Nadel durchsuchen; aber das ist zu mühsam, also beschließt er, nach irgendeiner Nadel zu suchen, die sich zum Annähen des Knopfs eignen würde. Plötzlich fällt dem Bauern ein, daß es in seinem Haus üblich ist, Hemden, denen Knöpfe fehlen, in die Waschküche zu hängen. Eine „zufriedenstellende" Lösung!

Was Simon damit sagen will, ist, daß die Entscheidungsfindung selbst in großen Industrieunternehmen eher damit vergleichbar ist, daß der Bauer sein Hemd in die Waschküche hängt, als daß er den Heuhaufen nach der schärfsten Nadel durchsucht.

H. Simon: *The New Science of Management Decision.* New York: Harper, 1960.

J. March: The 1978 Nobel Prize in Economics. *Science,* 1978, *202,* 858–861.

malen Gebrauch von allen verfügbaren Informationen zu machen. Aber Informationen kosten Geld, Zeit ist nötig, um sie sich zu beschaffen, und es bedarf großen Geschicks, um sie klug zu benutzen. In Wirklichkeit werden Entscheidungen deshalb oft nach der simpleren intuitiven Methode getroffen, mit dem Ergebnis, daß wir erst „durch Schaden klug" werden.

Lösung zu Abbildung 17

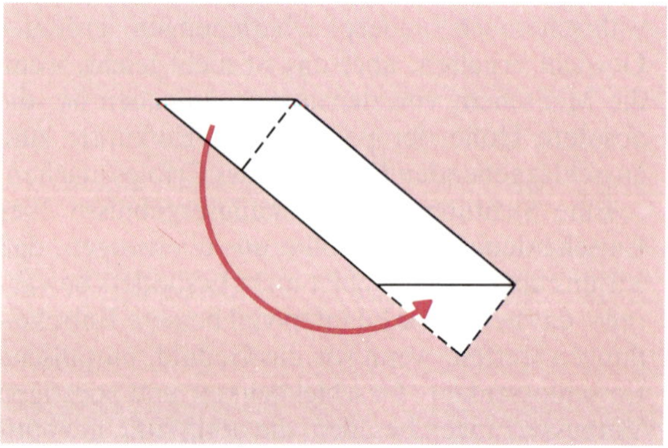

Lösung zu Box 4/28

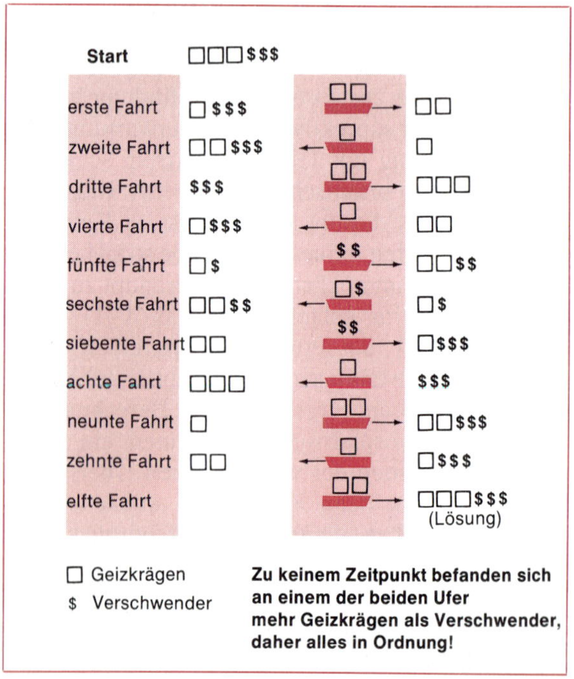

Zusammenfassung

1. *Denken* ist die innerliche Verwandlung symbolischer Elemente wie Worte und Vorstellungen, die Aspekte der wirklichen Welt repräsentieren. Wenn das Denken eine praktische Zielsetzung hat, sprechen wir von *Problemlösen. Entscheidungsfindung* ist eine besondere Art des Problemlösens, bei der zwischen alternativen Handlungsweisen gewählt wird. Beim Studium dieser engverwandten Bereiche müssen wir stets zwischen der *Beschreibung* geistiger Prozesse und *normativen Empfehlungen,* wie diese Prozesse zu verbessern sind, unterscheiden.

2. Das Denken ist manchmal bewußt auf bestimmte Zwecke gerichtet; bei anderen Gelegenheiten ist es weniger praktisch orientiert und wir verlieren uns in unkontrollierter Träumerei. Aber selbst die extreme Art der Wunscherfüllung, die man als *autistisches Denken* bezeichnet, kann manchmal zu Anpassungsleistungen und echtem Problemlösen führen.

3. Die aristotelische Konzeption des Denkens als bloße Assoziation von Vorstellungen wurde durch das bildlose Denken in Frage gestellt, das die klassische Introspektion offenbare, sowie von der Hervorhebung des organisierten, konstruktiven Charakters geistiger Erfahrungen durch die Gestaltpsychologie. Der Behaviorismus zog seinerseits den introspektiven Ansatz in Zweifel und lenkte das Studium des Denkens auf die systematische Beobachtung manifesten Verhaltens. Die Heranziehung des Computers zur Simulation kognitiver Prozesse hat das Studium des Denkens und Problemlösens von früheren Einschränkungen befreit und weitaus komplexere Operationen ermöglicht, die dennoch im Detail angeführt werden müssen.

4. *Vorstellungen* sind wie schwache Wahrnehmungen, entweder von Dingen, die sich tatsächlich ereigneten, oder von Einbildungen oder Erfindungen, die aber ebenfalls auf visuellen, akustischen oder anderen perzeptiven Erfahrungen zu basieren scheinen. Die Menschen unterscheiden sich stark in ihren Vorstellungswelten.

5. Obwohl die *Sprache* für das Denken nicht notwendig ist, spielt sie ebenfalls eine wichtige Rolle, zuerst im oft noch desorganisierten Stadium des stillen Denkens und später im sorgfältiger strukturierten Stadium des kommunikativen Denkens.

6. Verschiedene Informationen werden in einer Weise integriert, die manchmal der Selbstbeobachtung nicht zugänglich scheint, aber dennoch präzisen *algebraischen Regeln* folgt, wie statistische Analysen der manifesten Reaktionen der Vpn beweisen.

7. *Problemlösen* kann manchmal weitgehend durch die simple Reproduktion von Lösungen erklärt werden, die sich zuvor bei ähnlichen Problemen bewährt haben; andere Probleme erfordern jedoch *produktives Denken,* die Schaffung neuer Lösungen. Durch experimentelle Analyse des Problemlösens wurden drei Grundtypen identifiziert: (1) Probleme der Strukturierung (wie bei Wortanalogien); (2) Probleme der Umwandlung (wie bei geometrischen Beweisen); (3) Probleme der Anordnung (wie bei Anagrammen oder Schach).

8. Der Gestaltansatz hat vier Stadien beschrieben, durch die sich schöpferische Individuen zu Lösungen hindurcharbeiten: Vorbereitung, Inkubation, Erleuchtung und Verifizierung. Das Problemlösen wurde von Gestaltpsychologen auch als ein Prozeß der trichterförmigen Verengung von allgemeinen über funktionale zu spezifischen Lösungen gesehen. Dieser Prozeß wird beeinträchtigt durch *funktionale Fixiertheit* und *Einstellungen,* die den Problemlöser in weniger kreativen Denkgleisen festhalten

9. Auch motivationale Faktoren sind wichtig: Menschen können eine Mißerfolgseinstellung erwerben. Im allgemeinen wird die Beziehung zwischen Problemlösen und Intensität der Motivation als eine umgekehrte U-Kurve dargestellt.

10. Der behavioristische Ansatz interpretiert Denken und Problemlösen als Manifestationen von Stimulus-Reaktion-Verbindungen, die in Hierarchien von Gewohnheiten organisiert sind. Obwohl es behavioristischen Analysen gelungen ist, unser Verständnis dafür zu vertiefen, wie sogar tierische Organismen lernen können „wie man lernt", sind Experimentalpsychologen, die das Problemlösen studieren, der Ansicht, daß allgemeine Ansätze wie die der Gestaltpsychologie oder der Verhaltenswissenschaft noch genauer ausformuliert werden müssen, bevor sie rigoros getestet werden können.

11. Der Informationsverarbeitungsansatz, der durch den Erfolg der künstlichen Intelligenz (wie schachspielende Computer) ermutigt wurde, versucht Computermodelle zu entwickeln, die den Informationsfluß simulieren, der abläuft, wenn Menschen Probleme lösen. Detaillierten Programmen (wie dem Allgemeinen Problemlöser) ist es gelungen, bestimmte Arten von Aufgaben zu analysieren; weniger erfolgreich waren sie bei der Erarbeitung allgemeiner Prinzipien, die auf ein breites Spektrum von

Problemen anwendbar sind. Das menschliche Gehirn, das über weitaus mehr Verbindungen verfügt als der größte Computer, kann den Kontext eines Problems viel umfassender berücksichtigen (wie bei der Übersetzung eines russischen Textes ins Englische) als dies mit jedem existierenden Computer möglich ist.

12. Zu den praktischen Vorschlägen für besseres Problemlösen zählen die bewußte Neuanordnung der Elemente des Problems; die Abkehr der Aufmerksamkeit von dem Problem; die Arbeit an verwandten Problemen; an anderen Punkten auf dem Weg zur Lösung zu beginnen (zum Beispiel am Ziel oder an einem Unterziel und dann umgekehrt vorzugehen, statt am Anfang zu beginnen); und das Vermeiden von Einstellungen, funktionaler Fixiertheit und anderen stereotypisierenden Auswirkungen, indem man aufgeschlossen für neue Wege, neue Bedeutungen und neue Perspektiven bleibt.

13. Der vorherrschende Ansatz in der normativen Forschung über Entscheidungsfindung hat das Modell der subjektiven Nutzenerwartung (SNE) benutzt, wonach Entscheidungen im Hinblick auf subjektive Wahrscheinlichkeiten und Werte ihrer Resultate analysiert werden. Dieser Ansatz ist geeignet, die Wertvorstellungen und Optionen von Menschen zu klären, aber er ist oft zu kompliziert, um zur individuellen Entscheidungsfindung herangezogen zu werden. Wie Menschen tatsächlich ihre Entscheidungen fällen, scheint zutreffender durch einfache Abkürzungsstrategien (Heuristik) beschreibbar. Menschen ignorieren oft frühere Wahrscheinlichkeiten, sie neigen dazu, bei der Berücksichtigung neuer Informationen zu unbeweglich zu sein, zu selbstsicher und zu beeindruckt von wenigen Anhaltspunkten. Ein Beispiel einer simplen Heuristik ist der schrittweise Eliminierungsprozeß, der zwar leicht anzuwenden ist, aber zu falschen Entscheidungen führen kann.

14. An praktischen Empfehlungen sind zu nennen: Die eigenen Optionen aufzuschreiben, um zu vermeiden, daß man die erste Alternative, die einem einfällt, überbewertet; der Versuch, sich den Wert verschiedener Resultate in künftigen Kontexten vorzustellen (das heißt, die Relativität des Nutzens zu berücksichtigen); und der Versuch, einen geeigneten Kompromiß zwischen der teuren Beschaffung und Nutzung von Informationen und kostensparenden Strategien zu erzielen, die auf die umfassende Auswertung potentiell verfügbarer Informationen verzichten.

5. Kapitel
Die physiologischen Grundlagen der geistigen Prozesse

In den ersten vier Kapiteln des vierten Bandes haben wir uns mit denjenigen Aspekten des Erlebens und Verhaltens beschäftigt, die den Menschen am stärksten von Tieren unterscheiden. Selbst in diesen Bereichen zeigte es sich selten, daß eine strenge Trennungslinie zwischen menschlichen und nichtmenschlichen Fähigkeiten gezogen werden kann, aber im allgemeinen war es weniger offenkundig als in früheren Teilen des Buches, daß eine Extrapolation aus tierischen Beispielen die in bezug auf den Menschen gestellten Fragen sofort erhellen würde.

Am Schluß dieses Bandes setzen wir das Studium der höheren geistigen Prozesse fort, indem wir die körperlichen Äquivalente untersuchen, die an diesen Prozessen beteiligt sind.

Unterscheidet sich das Gehirn eines Genies von dem eines geistig Behinderten? Und was ist mit den Gehirnen von Personen verschiedenen Intelligenzgrades innerhalb des „normalen" Bereichs? Welche verschiedenen neuralen Strukturen (oder biochemischen Reaktionen etc.) sind beteiligt, wenn Sie sich ankleiden, den Weg zu einer Vorlesung einschlagen, eine Frage beantworten, die Ihnen die Lehrperson stellt, oder wenn Sie Ihre Zukunft planen? Wir werden feststellen, daß es große Bereiche gibt, über die im Grunde gar nichts bekannt ist. Auf anderen Gebieten gibt es viele spezifische Erkenntnisse, aber diese sind noch nicht zu den Antworten zusammengefaßt worden, die wir uns wünschen. Doch wir werden auf viele interessante Anhaltspunkte stoßen und Einsichten in Fragen gewinnen, die wir bisher noch nicht einmal formuliert hatten.

Bereits im Ansatz wird es uns nicht gelingen, unsere Aufmerksamkeit ausschließlich auf einen gesonderten, abgehobenen Bereich geistiger Prozesse zu konzentrieren, der abgetrennt von Empfindungen und Wahrnehmungen, von Lernen und Gedächtnis und quasi „über" diesen existiert. Erstens wurden Fragen wie die Abhängigkeit der Sprache vom Lernen, die Rolle der sensomotorischen Fertigkeiten für die Intelligenz und so weiter noch nicht völlig gelöst. Zweitens wird es bei der Betrachtung der Nervensysteme, die an den höheren geistigen Vorgängen beteiligt zu sein scheinen, immer notwendig sein zu bedenken, welche anderen Rollen diese Systeme spielen könnten, statt oder zusätzlich zu jenen, die uns interessieren.

Außerdem wird es sich trotz der speziellen Beschaffenheit der geistigen Fähigkeiten des Menschen empfehlen, mit einem Überblick über Forschungsarbeiten an Tieren, insbesondere an Primaten, zu beginnen. Die Großhirnrinde ist besonders wichtig für verschiedene geistige Fähigkeiten, und viele der einflußreichsten (guten und schlechten) Ideen über die Funktionen der menschlichen Großhirnrinde stammen aus Forschungsarbeiten über niedere und höhere Affen.

1 Die Funktionen der Großhirnrinde

Von allen wichtigen Strukturen im Gehirn ist der Kortex diejenige, die im Laufe der Evolution von den wirbellosen Tieren und den niedrigen Wirbeltieren (die keinen Kortex haben) über die Reptilien und Vögel zu den Säugetieren am stärksten an Bedeutung zunimmt. Unter den Säugetieren ist der Kortex bei den Primaten relativ größer als bei anderen Arten, etwa den Nagetieren oder den Raubtieren. Diese neuroanatomische Tatsache sowie frühe Beobachtungen von hirngeschädigten Menschen und vorläufige Tierversuche veranlaßten die Neurologen zu der allgemeinen Annahme, daß der Kortex das Zentrum der geistigen Funktionen des Menschen sei. Vermutungen, wie diese Funktionen im Kortex im einzelnen organisiert sind, reichten von Spezialisierungshypothesen (in der Tradition von Gall und Spurtzheim) zur Annahme völliger Nichtspezifizität (in der Tradition von Flourens [s. 3. Bd., 4. Kap.]).

In den zwanziger und dreißiger Jahren legte ein amerikanischer Psychologe, Karl Lashley, das vielleicht stärkste experimentelle Beweismaterial für kortikale Nichtspezifizität vor. Er führte eine ausgedehnte Versuchsreihe mit kortikalen Läsionen bei Ratten durch. Vorwiegend mit Labyrinthen arbeitend, stellte er fest, daß es ziemlich bedeutungslos für die Lernerfolge des Tieres war, welcher spezielle Teil des Kortex zerstört wurde. Eine Läsion einer Partie des Kortex hatte dieselbe Auswirkung wie eine Läsion derselben Größe in einer anderen Region. Aus diesem Grund sprach Lashley von der *Äquipotentialität* der Regionen des Kortex. Von Bedeutung war nicht, welcher Teil des Kortex zerstört wurde, sondern wieviel zerstört wurde.

Bald wurden jedoch alternative Erklärungen für Lashleys Daten angeboten. Gute Leistungen in einem Labyrinth hängen vermutlich von vielen verschiedenen sensorischen und motorischen Fertigkeiten und Funktionen und vielleicht auch von separaten Lern- oder Denkfähigkeiten ab. Selbst wenn jede dieser Fähigkeiten an spezifischen Stellen im Kortex lokalisiert wäre, würden Läsionen verschiedener Teile des Kortex genau die Ergebnisse hervorbringen, die Lashley feststellte. Läsionen von gleicher Größe würden verschiedene dieser spezifischen Fähigkeiten beeinträchtigen und dennoch die gleiche Wirkung auf das Gesamtergebnis haben; je größer eine Läsion, desto mehr dieser verschiedenen Fertigkeiten wären beschädigt und desto schlechter wären daher die Leistungen. Viele seit damals durchgeführte Versuche, bei denen man sich der Läsionsmethode und mehrerer anderer Techniken bediente, haben aber in der Tat eine Funktionsspezialisierung innerhalb des Kortex demonstriert. Natürlich ist es nicht möglich, mit Menschen ebenso mannigfaltige Experimente zu machen, wie das bei Tieren möglich ist. Bevor wir uns den Fakten zuwenden, die über den Menschen bekannt sind, wollen wir uns daher einige der wichtigsten Erkenntnisse über Tiere ansehen.

Obwohl wir uns eigentlich für das „Wo und Was“ (die Lokalisierung und den Mechanismus) bestimmter psychologischer Funktionen wie Aufmerksamkeit, Lernen, Problemlösen und so weiter interessieren, wird durch die Art und Weise, wie die meisten Versuche durchgeführt werden müssen, die Frage umgedreht, und die Forscher müssen sich mit dem Problem auseinandersetzen: Welche Funktion hat eine bestimmte Gehirnregion oder ein biochemisches System? Das heißt, man versucht in der Regel nicht, in jeder einzelnen Partie des Kortex separate Läsionen vorzunehmen und dann zu beobachten, welche die Funktion beeinträchtigen, für die man sich interessiert. Vielmehr beginnt sich der Forscher für eine bestimmte Region aufgrund ihrer Anatomie oder der Ergebnisse früherer Experimente zu interessieren und versucht dann, ihre Rolle für das Verhalten zu analysieren, indem er Vpn mit Läsionen in diesem Bereich verschiedene Tests gibt, mit denen unterschiedliche Fähigkeiten geprüft werden. Zum Teil aufgrund dieser Tatsache werden wir über Wahrnehmungs- und Lernfunktionen sowie über Funktionen sprechen, die irgendwo zwischen diesen oder jenseits derselben zu liegen scheinen. Neben den Unterschieden in der *Gesamt*menge des Kortex, der bei den verschiedenen Tierarten vorhanden ist, wurde innerhalb der Primatengruppe auch noch ein anderer Unterschied festgestellt. Schon früh benutzten Neurologen die Bezeichnung *Assoziationszentren* für jene Teile der Großhirnrinde, die nicht primär sensorischen oder motorischen Funktionen zu dienen schienen. Obwohl die Teile des Kortex, die sensorische oder motorische Funktionen zu erfüllen scheinen, im Laufe der Jahre mit der Entwicklung neuer Forschungsmethoden zugenommen haben, und obwohl das Wort *Assoziation* nicht als genaue Funktionsbezeichnung betrachtet werden sollte, gilt der Terminus Assoziationszentren (auch Assoziationsfelder oder -areale) immer noch als brauchbare Bezeichnung. Diese Zentren nehmen bei den höheren Primaten und speziell beim Menschen einen höheren Prozentsatz des Gesamtkortex ein als bei anderen Tieren.

1.1 Das visuelle System

Im hinteren Teil der Großhirnrinde, selbst in den Regionen, die nicht dem ersten oder zweiten sensorischen Rindenfeld zugerechnet werden, besteht dennoch eine gewisse Spezifizität der Sinnesmodalitäten. Das heißt, eine bestimmte Region ist wichtiger für Verhalten, das durch visuelle Informationen gesteuert wird, als für Reaktionen auf Schallreize oder Berührungen, während eine andere Region ein primär *auditives* Assoziationsareal ist und so weiter.

Wie bereits im 2. Band (5. Kap.) erklärt, befindet sich das erste Sehrindenfeld im hinteren Teil der Hirnhemisphären, wo die visuellen Reize von der Netzhaut über die Kniehöcker eintreffen. Verschiedene Unterareale des *zweiten Sehrindenfeldes* erhalten einen doppelten Input, einerseits vom primären Sehrindenfeld und andererseits von dem subkortikalen Nukleus, der als oberer Hügel der Vierhügelplatte bezeichnet wird. Elektrische Aufzeichnungen aus den Zellen dieser sekundären Areale haben zu Vermutungen über ihre Funktionen geführt. Areale, die speziell auf Entfernung, Farben, Bewegungen und so weiter ansprechen, scheinen alle zu unserer *Wahrnehmung* der sichtbaren Welt beizutragen.

Die Wahrnehmung ist jedoch keine völlig passive Reaktion auf die Sinnesreize, die den Organismus erreichen. In einem Läsionsversuch mußten niedere Affen zuerst lernen, aufgrund bestimmter visueller Merkmale, die zwei Reize voneinander unterschieden, eine Wahl zu treffen (s. Abb. 22). Wenn sie beispielsweise unter ein quadratisches Objekt schauten, fanden sie eine Rosine, unter einem runden Objekt fanden sie hingegen eine leere Schachtel. Nachdem sie das gelernt hatten, wurden sie dann vor ein anderes Problem gestellt, das in manchen Fällen erforderte, auf Objekte zu achten, die sich an einem anderen Ort im Raum befanden. Läsionen der Areale, die Input vom oberen Hügel erhalten, beeinträchtigten die Leistungen der Tiere bei der zweiten Aufgabe, wenn es darum ging, ihre Aufmerksamkeit auf einen neuen Punkt im Raum zu richten (Wilson, Wilson u. Remez, 1977). Dieser Befund ist verständlich, wenn man davon ausgeht, daß der obere Hügel Informationen über räumliche Lokalisierung und Bewegungen in diese Rindenfelder übermittelt, wo sie mit spezifischen sensorischen Merkmalen der Reizquelle interagieren, die vom Sehrindenfeld eintreffen. Es drängt sich jedoch die Frage auf, ob ein Wort wie *Aufmerksamkeit* die Funktion dieses Areals nicht mindestens ebenso gut beschreiben würde wie *Wahrnehmung*.

Wenn wir vom zweiten Sehrindenfeld knapp vor dem ersten zum unteren Rand des Schläfenlappens hinuntergehen, befinden wir uns mitten in der Region, die generell als Assoziationszentrum gilt (s. Abb. 23, S. 142). Läsionsversuche in diesem Bereich haben höchst merkwürdige Resultate. Obwohl sich die Affen nicht verhalten, als ob sie blind seien, und bei sorgfältigen Tests auch keine beeinträchtigten sensorischen Schwellen aufwei-

Abbildung 22: Der Affe auf dem Photo lernt (oder löst) ein Unterscheidungsproblem. Eine Barriere zwischen dem Tier und den beiden Objekten ist soeben entfernt worden und der Affe hat jetzt Gelegenheit, eines der beiden Objekte zur Seite zu schieben. Unter jedem Objekt befindet sich eine flache Mulde. Im Laufe der Versuchsreihe werden die Links-Rechts-Positionen der Objekte nach dem Zufallsprinzip variiert. Eine Belohnung in Form von Futter ist immer unter demselben Objekt (in diesem Fall unter der Trompete) zu finden. Das Photo ist aus der Perspektive des Versuchsleiters aufgenommen.

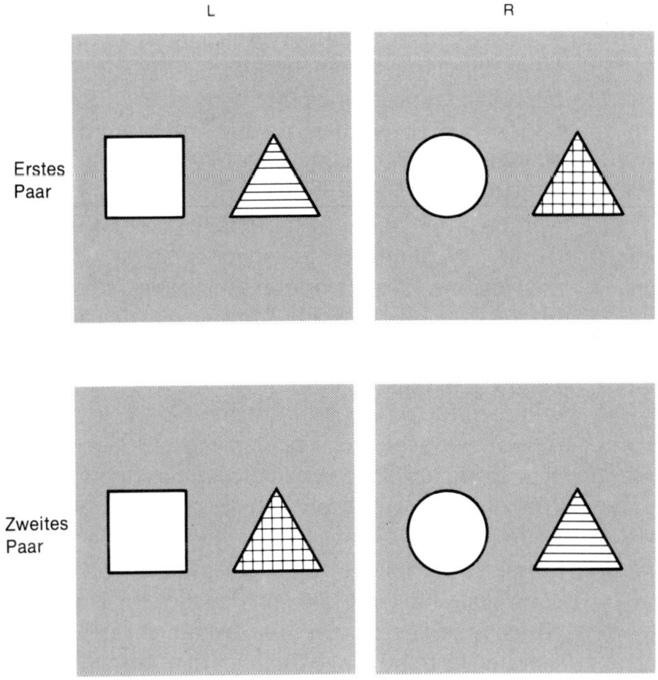

Statt dieser Objekte kann man flache Scheiben oder Karten mit Formen oder Farben auf der Oberfläche verwenden. Die Zeichnung zeigt Kartenpaare, die dazu benutzt werden könnten, um ein Problem zu präsentieren, bei dem der Blick wandern muß. Die zwei Kartenpaare werden in mehreren Durchgängen dargeboten und dann wieder gemischt. Auf jeder Karte sind zwei Figuren zu sehen. Zuerst wird dem Tier beigebracht, die Karte mit dem Quadrat zu wählen (L-1 statt R-1 und L-2 statt R-2); um das zu tun, muß es auf die linke Figur auf jeder Karte achten und das Quadrat wählen. Nachdem es das gelernt hat, könnte ein neues Problem darin bestehen, daß der Affe die karierte Figur auswählen muß. Er müßte dann auf die rechte Figur auf jeder Karte achten, und R-1 bzw. L-2 wählen.

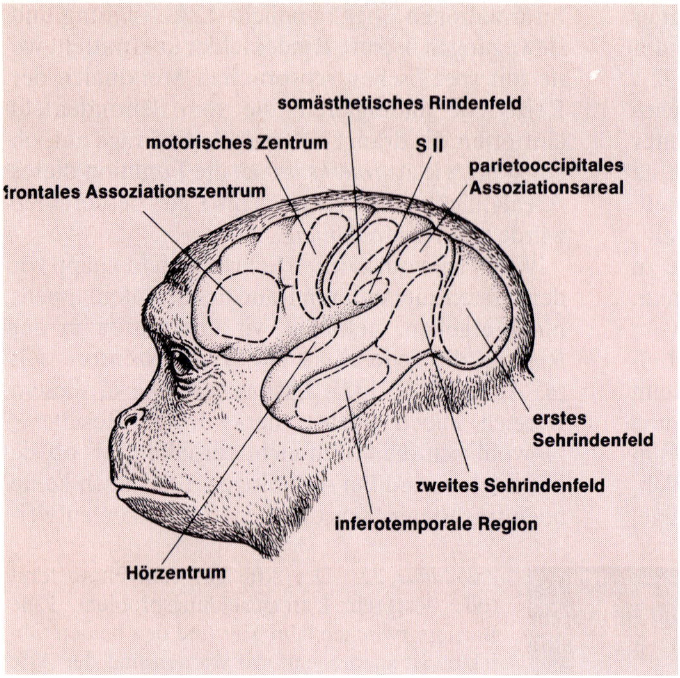

Abbildung 23: Eine funktionale Landkarte der Großhirnrinde des Affen. Eingezeichnet sind die primären sensorischen Rindenfelder, das Bewegungszentrum, einige sekundäre sensorische Felder und einige der Assoziationszentren.

sen, haben Affen, bei denen dieser Teil des Gehirns entfernt wurde, große Schwierigkeiten bei Lernaufgaben, die von visuellen Reaktionen abhängen. Ein normaler Affe, der zum ersten Mal mit Lernaufgaben wie den in Abbildung 22 gezeigten konfrontiert ist, braucht etwa 300 Versuche, bis er ein Formunterscheidungsproblem (beispielsweise zwischen einem Quadrat und einer Raute) nahezu fehlerfrei löst. Tiere mit Läsionen brauchen 3000 Durchgänge oder erbringen unter Umständen niemals Leistungen, die über dem Zufallsniveau liegen. Dieselben Tiere können jedoch bei taktilen oder auditiven Lernaufgaben ganz normale Leistungen erzielen.

Die kortikale Region, bei der es in der obigen Untersuchung geht, wird als *inferotemporales Areal* (= unter dem Schläfenbein) bezeichnet, und es wurden verschiedene Versuche unternommen, seine Funktion zu erklären. Die vage Aussage, daß es sich um ein Lernzentrum handele, scheint unzureichend und vielleicht auch unangebracht, solange es keine Beweise gibt, daß sie unmittelbar an der „Verknüpfung" von Reizen und Reaktionen bzw. an der Herstellung von Assoziationen zwischen einem visuellen Reiz und einer Belohnung beteiligt ist. Häufig wird die Idee vertreten, daß sie eine perzeptive Funktion höherer Ordnung erfülle. Bei Versuchen, bei denen die Reaktionen einzelner Zellen aufgezeichnet wurden, sprachen viele inferotemporale Neuronen am besten auf sehr spezifische visuelle Reize (wie die Pfote eines Affen), weniger gut hingegen auf allgemeine Merkmale (wie „rot" oder „vertikal") an. Es wurde nachgewiesen, daß dieser *inferotemporale Kortex* wichtige Signale vom primären und sekundären sensorischen Rindenfeld erhält. Die perzeptive Hypothese würde behaupten, daß visuelle Merkmale, die von verschiedenen sensorischen Rindenfeldern erfaßt wurden, in der inferotemporalen Region zur Wahrnehmung eines Objekts, eines *Dinges* einer bestimmten Art, zusammengefaßt werden. Eine andere Möglichkeit, die der erstgenannten nicht unbedingt widerspricht, ist, daß dies die Region ist, in der Interaktionen stattfinden, die in gewissen perzeptiven Konstanzen des Sehens resultieren. Die Fähigkeit, ein Quadrat als ein Quadrat zu erkennen, wann immer es im Gesichtsfeld auftaucht, könnte durchaus eine kortikale Region voraussetzen, in der Signale aus vielen verschiedenen Teilen des Feldes zusammentreffen könnten. Die Tatsache, daß die inferotemporalen Zellen sehr große rezeptive Felder haben und auf Stimulierung beider Augen ansprechen, steht mit der Vorstellung in Einklang, daß dies ein Teil ihrer Aufgabe sei. Keine dieser Auffassungen erklärt für sich oder zusammengenommen die Tatsache, daß

Abbildung 25: Eine funktionale Topographie der menschlichen Großhirnrinde. Auch hier sind die sensorischen, die motorischen und die Assoziationszentren eingezeichnet, aber es werden andere Areale voneinander unterschieden. Spezifische Sprachareale sind gekennzeichnet (dies *ist* die linke Gehirnhälfte), aber größere Beschädigungen an fast jeder Stelle können manchmal zu Sprach- oder Sprechstörungen führen. Man beachte in den sensorischen und den motorischen Zentren die relativ großen Felder, die für die Hände, Finger und das Gesicht zuständig sind (die Körperteile mit der größten Sensitivität und dem feinsten Bewegungsvermögen). Eine ähnliche Unterteilung kann beim Affen nachgewiesen werden.

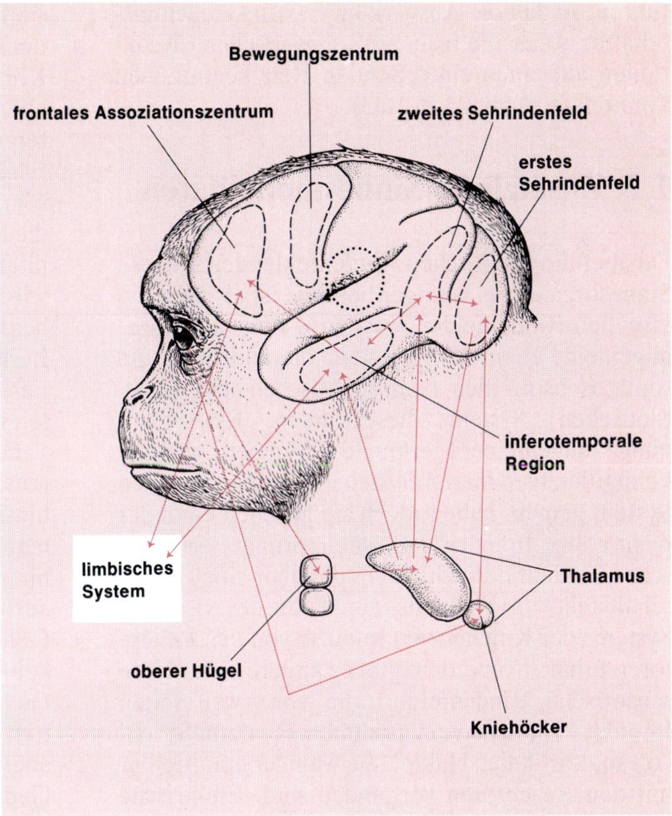

die Reaktionsbereitschaft der inferotemporalen Neuronen stärker davon abhängt, ob der jeweilige Reiz für den Betreffenden „wichtig" ist, als dies für die Zellen im zweiten Sehrindenfeld zutrifft. Die Reaktionsstärke der Zellen hängt hier von den jüngsten Erfahrungen des Affen mit dem Stimulus ab und kann bei einem Stimulus, der als Signal für Futter bekannt ist, viel stärker sein als bei demselben Stimulus, wenn dieser keine besondere Bedeutung für das Tier hat. Führt dies wieder zu der Aussage zurück, daß die inferotemporale Region eine Rolle für das Lernen bzw. das Gedächtnis spielt? Wir haben bisher keinen Beweis, daß diese Region an der Herstellung neuer Verbindungen zwischen Reiz und Reaktion oder zwischen Reiz und Belohnung beteiligt ist. Aber vielleicht *ist* die inferotemporale Region ein Teil des Gedächtnisses, ein Ort, wo frühere Erfahrungen mit einem Reiz oder einer Kategorie von Reizen in einem Schema kodiert wird, das die Bedeutung neuen Inputs interpretieren hilft (Wilson, 1978).

Sowohl nach der sensorisch-perzeptiven Auffassung als auch nach der Wahrnehmungs-Gedächtnis-Hypothese wird allgemein angenommen, daß die inferotemporale Region Informationen an die limbischen Strukturen übermittelt (Mishkin, 1978). Das limbische System (s. 5. Bd., 4. Kap.) ist eine Gruppe von neuralen Strukturen, die für unsere Gefühle und emotionalen Reaktionen sehr wichtig sind. Die Ergebnisse der Analyse des visuellen Inputs in allen Regionen der Sehrindenfelder und der Assoziationszentren würden somit für die Verknüpfung mit emotionalem und motivationalem Wissen über Belohnungen oder Strafen verfügbar gemacht. Auf diese Weise könnte der Affe lernen: „Ein quadratisches Objekt ist gut – es führt zu Rosinen" oder, in einer natürlicheren Umgebung: „Diese grüne Frucht ist schlecht – sie führt zu Magenschmerzen."

Die Wahrnehmungs-Gedächtnis-Hypothese behauptet jedoch darüber hinaus, daß Informationen über den motivationalen Zustand des Tieres oder die Folge (Belohnung oder Bestrafung) bestimmter Reize als *Rückmeldungen* die Aktivität des inferotemporalen Areals beeinflussen. Die Vertreter dieser Hypothese können auch darauf hinweisen, daß Nervenfasern von der inferotemporalen Region zu den sensorischen Rindenfeldern zurückführen, so daß die Auswirkungen von Gedächtnisinhalten sogar die früheren „sensorischen" Reaktionen auf einen eintreffenden Reiz beeinflussen könnten (s. Abb. 24, S. 143).

1.2 Zusätzliche Sinnesmodalitäten

Da über die spezifischen Rindenfelder der anderen Sinnesorgane viel weniger bekannt ist als über die visuellen Rindenfelder, werden wir uns auf einige allgemeine Bemerkungen über die auditiven und somatosensorischen (somästhetischen und kinästhetischen) Systeme beschränken. Es scheint einige allgemeine Merkmale zu geben, die die beiden letztgenannten Systeme mit dem visuellen System gemein haben, doch sie gleichen einander nicht völlig. In jedem Fall ist ein primäres sensorisches Rindenfeld vorhanden, das über eine Hauptschaltstelle im Thalamus (im Falle des visuellen Systems der Kniehöcker) Impulse von den Rezeptoren erhält. Außerdem gibt es andere, sekundäre sensorische Rindenfelder, die von zwei Seiten Impulse erhalten, vom primären Rindenfeld und von subkortikalen Nuklei, die weniger unmittelbar mit den Rezeptoren verbunden sind. Elektrische Aufzeichnungen und Läsionsexperimente deuten darauf hin, daß die Hauptaufgabe des primären Rindenfelds die getreue Wiedergabe der Merkmale des Stimulus ist, während die sekundären Rindenfelder spezifische Aspekte der darin enthaltenen Informationen abstrahieren.

Auf einige Unterschiede zwischen diesen Systemen wurde bereits hingewiesen (s. 2. Bd., 4. Kap.). Beispielsweise ist die Zerstörung des ersten Sehrindenfeldes sehr behindernd und läßt einen Affen fast erblinden, während der Verlust des primären Hörzentrums nur eine geringe beobachtbare Wirkung hat, mit Ausnahme sehr schwieriger Tests, die eine hohe Aufmerksamkeit auf die zeitliche Verteilung von Schallreizen erfordern. Ein weiterer Unterschied ist, daß das somatosensorische System mindestens drei verschiedene Empfindungsmodalitäten einschließt, die auf der Ebene des primären sensorischen Rindenfelds getrennt sind, aber anscheinend danach miteinander verbunden werden.

Ein letzter und fesselnder möglicher Unterschied betrifft die Assoziationszentren als solche. Gibt es Regionen, die mit der inferotemporalen Region in den anderen Systemen vergleichbar sind? Gewisse Anzeichen deuten auf das Vorhandensein eines auditiven Assoziationszentrums im Kortex des oberen Teils des Schläfenlappens hin, aber ebenso wie im Falle des Gehörzentrums müssen erst komplexe Probleme gelöst werden, bevor Läsionsversuche Ergebnisse zeitigen können. Im somatosensorischen System gibt es *zwei* Regionen, die für diese Rolle in Frage kämen, die parietooccipitale Region und ein Areal, das als S-II bezeichnet wird (s. Abb. 22, S. 141). Läsionen einer dieser beiden Regionen haben ähnliche Folgen für das Lernen im taktilen Bereich, wie sie infolge von Läsionen des inferotemporalen Kortex bei visuellen Problemen auftreten.

Dieselben Interpretationsprobleme stellen sich (zusammen mit denselben möglichen Antworten) hinsichtlich der Funktionen dieser Areale. Läsionen der sensorischen Rindenfelder deuten darauf hin, daß deren Teilbereiche sensorische Analysen ausführen, aber könnte es sein, daß in manchen Fällen ein komplexerer Prozeß wie Aufmerksamkeit in diesen Teilbereichen abgeschlossen wird? Das Defizit durch Läsionen der Assoziationszentren zeigt sich am deutlichsten bei Lern*aufgaben,* aber betrifft die Einbuße Wahrnehmungs- bzw. Gedächtnisfunktionen oder vollzieht sich eine grundlegende Veränderung in der komplexen sensorisch-perzeptiven Interaktion?

1.3 Multimodales Areal

Es hat sich herausgestellt, daß die parietooccipitale Region, die möglicherweise ein Assoziationszentrum für somatosensorische Impulse enthält, auch Zellen mit einer anderen Funktion aufweist (Mountcastle et al., 1975). Manche dieser Zellen feuern, wenn das Auge des Affen ein interessantes Objekt in seiner Reichweite fixiert; andere reagieren knapp, bevor eine visuell gesteuerte Handbewegung ausgeführt wird; wieder andere entladen sich, wenn das Tier ein sich bewegendes Objekt mit den Augen verfolgt. Diese wurden in der Annahme, daß sie unmittelbar die Aktivität der Zellen steuern, die die Bewegungen ausführen, als „Befehls"-Neuronen bezeichnet. Diese Zellen feuern jedoch manchmal auch, wenn keine Bewegungen ausgeführt werden, aber das Tier seine visuelle Aufmerksamkeit auf ein Objekt richtet, das es möglicherweise zu einer Bewegung veranlassen *könnte.* Mit anderen Worten: Diese Zellen treten bei visueller Fixierung in Aktion, die für die Steuerung von Bewegungsreaktionen relevant ist oder bald sein könnte. Wenn die verschiedenen Arten von Zellen in dieser Region in der geschilderten Weise zusammenarbeiten, könnte dies zu einem Zusammenspiel visueller, taktiler und motorischer Aktivität führen (s. Box 4/32).

1.4 Frontales Assoziationszentrum

Knapp vor der Mittelfurche befindet sich das motorische Feld des Kortex (s. Abb. 23, S. 142). Ein Teil des übrigen Stirnlappenkortex (an der Mittel- und an der Unterseite) ist Bestandteil des limbischen Systems. Die übrige Masse, vor allem an den Seitenflächen, bildet das frontale Assoziationsareal. Läsionen des frontalen Assoziationskortex haben nur eine sehr geringe oder gar keine Auswirkung auf die Fähigkeit eines Affen, einzelne Diskriminierungsprobleme lösen zu lernen, aber sie rufen tiefgreifende Veränderungen der Fähigkeit des Tieres hervor, sensorische Informationen für bestimmte Arten von adaptivem Verhalten zu nutzen.

Auf eindrucksvolle Weise zeigt sich diese Wirkung beim *Problem der verzögerten Reaktion.* In dieser Situation beobachtet der Affe, wie der Versuchsleiter in einen von zwei identischen Behältern Futter gibt. Dem Affen wird erst nach einem Intervall von bestimmter Dauer gestattet, sich den Behältern zu nähern. Wenn das Tier dann eine Wahl trifft, erhält es eine Belohnung, wenn es tatsächlich den futterhaltigen Behälter wählt. Der Versuchsleiter kann viele solche Durchgänge veranstalten, wobei er jedesmal das Futter willkürlich in den einen oder anderen Behälter legt, während ihm der Affe zusieht. Normale Affen können unter diesen Umständen lernen, nach Intervallen von mehreren Stunden oder länger richtig zu reagieren. Ein Tier, dessen frontales Assoziationszentrum zerstört wurde, scheitert jedoch unweigerlich bei einem solchen Problem mit einer Verzögerung von nur wenigen Sekunden (das Tier beobachtet, wie der Versuchsleiter Futter versteckt und wählt bloße fünf Sekunden später den einen oder anderen Behälter mit etwa dem Zufall entsprechender Treffsicherheit).

Dasselbe Leistungsdefizit ist durch eine sogenannte reversible Läsion zu erreichen. Beispielsweise kann eine Sonde über dem Kortex des Affen implantiert werden, die das Gewebe, mit dem sie in Berührung kommt, rasch abkühlt. Wenn die kritische Region des frontalen Assoziationszentrums abgekühlt wird und die Zellen daher nicht normal reagieren, erbringt der Affe schlechte Leistungen bei Aufgaben mit verzögerter Reaktion, obwohl er sonst normal wirkt; wenn die Temperatur wieder auf den Normalwert steigt, normalisieren sich auch die Leistungen des Tieres wieder (Bauer u. Fuster, 1976).

Die häufigste Interpretation der Ergebnisse dieser Studien konzentriert sich auf die offensichtliche Bedeutung des Verzögerungsintervalls. Man vermutet, daß die betroffenen Regionen des frontalen Assoziationszentrums wesentlich für irgendeinen Aspekt des Gedächtnisses sind. Wenn diese Regionen zerstört werden, kann das Tier zwar sehen, wo der Versuchsleiter das Futter versteckt, und geht dorthin, wenn man ihm das sofort erlaubt; aber es kann die Information, in welchem Behälter sich der Köder befindet, nicht in Erinnerung behalten. Diese Hypothese wird eindeutig durch den Nachweis bestätigt, daß sich bei normalen, an solchen Aufgaben arbeitenden Affen die Zellen im Stirnkortex (und im medialen Thalamuskern, mit dem er durch viele Bahnen verbunden ist) während der Verzögerungsperiode in charakteristischen Mustern entladen (Fuster u. Alexander, 1971).

Ein Vertreter der Auffassung, daß die Stirnpartie wesentlich für gutes Gedächtnis ist, muß irgendeine Erklärung für die Tatsache finden, daß das „frontalgeschädigte“ Tier ebenso rasch wie ein normales lernen kann, viele andere Arten von Problemen zu lösen (z.B. schwierige visuelle Unterscheidungsaufgaben). Zu lernen, einen bestimmten Behälter beispielsweise mit einem Kreuz auf dem Deckel unter vielen anderen auszuwählen, erfordert zweifellos eine Gedächtnisleistung. Eine mögliche Antwort auf dieses Paradox ist, daß der Stirnkortex nur dem Kurzzeitgedächtnis dient (das an der Aufgabe mit der verzögerten Reaktion beteiligt ist), während Unterscheidungsaufgaben wie die eben beschriebene, das Langzeitgedächtnis beanspruchen. Diese Antwort impliziert natürlich, daß sich Kurzzeit- und Langzeitgedächtnisprozesse grundlegend voneinander unterscheiden.

Von mehreren anderen vorgeschlagenen Interpretationen dieser Verhaltensänderung, die als solche so eindeutig ist, möchten wir nur eine

BOX 4/32

Mehrere Sinne, aber nur ein Gehirn

Nehmen wir an, Sie präsentieren ein Problem, wie das in Abbildung 22 (S. 141) beschriebene als eine *taktile Unterscheidungsaufgabe:* Der Affe muß etwas im Dunkeln lernen. Sie könnten beispielsweise das Futter in mehreren Durchgängen jedesmal unter die Spielzeugtrompete legen. Der Affe würde die beiden Objekte (Trompete und Aschenbecher) betasten und allein aufgrund dieser Sinneseindrücke entscheiden müssen, welches er beiseite schiebt, um an das Futter zu kommen. Nach mehreren Durchgängen würde der Affe lernen, jedesmal die Trompete zu wählen, da er keine Belohnung erhält, wenn er den Aschenbecher wählt.

Sie verwandeln das Problem jetzt in ein visuelles, indem Sie das Licht einschalten; und um sicherzugehen, daß sich das Tier nicht von taktilen Anhaltspunkten leiten läßt, stellen Sie die beiden Objekte (die Trompete und den Aschenbecher) in identische durchsichtige Behälter. Die richtige Entscheidung ist immer noch die Trompete. Sie nehmen vielleicht an, daß der Affe (vielleicht nach einem Augenblick der Verwirrung) die Trompete wählen wird und damit einen *Modalitätstransfer* vom Tast- zum Gesichtssinn vollzieht. Mit anderen Worten: Er würde die Informationen, die er durch *eine* Sinnesmodalität (den Tastsinn) gewonnen hat, dazu benutzen, um seine Reaktionen zu steuern, wenn er die Entscheidung durch eine *andere* Modalität (den Gesichtssinn) treffen muß. Im Anschluß daran fragen Sie sich vielleicht, wie das Gehirn des Affen das macht. Wenn es separate visuelle und taktile Nervensysteme gibt, wie kommunizieren sie untereinander?

Diese letztgenannte Frage erwies sich als etwas voreilig, als sich einige Forscher diesem Gebiet zuwandten. Denn es zeigte sich, daß Affen in einer solchen Situation einen weitaus geringeren Transfer aufweisen, als man hätte erwarten können. Tatsächlich behaupteten einige Wissenschaftler, daß Affen einfach zu keinem Modalitätstransfer fähig seien. Diese Schlußfolgerung war besonders interessant angesichts der unabhängig davon geäußerten Vermutung, daß die Entwicklung von Sprache und Modalitätstransfer eng miteinander verbunden seien: Eine Vermutung ging dahin, daß *Sprache* das nötige Instrument zur Herstellung von intermodalen Verbindungen sein könnte. (Daß dem Menschen das Wort *Trompete* zur Verfügung steht, erleichtert uns nach dieser Auffassung den Transfer.)

Der erste definitive Beweis von spezifischem intermodalem Transfer wurde von W. Wilson und O. Shaffer in einem dem oben beschriebenen Versuch sehr ähnlichen Experiment erbracht, bei dem aber zwei Holzstäbe verschiedener Länge benutzt wurden. Affen, die in der Dunkelheit gelernt hatten, daß „kurz richtig ist", neigten dazu, auch bei Licht den kürzeren Stab zu wählen. Diejenigen, die gelernt hatten, „lang ist richtig", taten das Gegenteil.

Ein noch stärkerer Effekt wurde von A. Cowey und L. Weiskrantz nachgewiesen, die eine von W. Shepherd entwickelte Technik geschickt für ihre Zwecke adaptierten. Bei diesem Verfahren sind die zu unterscheidenden Objekte mit der eßbaren Belohnung identisch, die nach ihrer Form unterschieden werden muß. Ein Affe wird eine Zeitlang mit Futter in Form von Plätzchen im Dunkeln gelassen. Die Hälfte dieser Plätzchen sind beispielsweise quadratisch, die andere Hälfte vielleicht rund. Während alle Plätzchen der einen Form eßbar sind, wurden die Plätzchen der anderen Form durch Zusatz von Chinin bitter und ungenießbar gemacht. In einer solchen Situation ißt der Affe die guten Plätzchen und wirft die anderen weg, nachdem er einige oder alle gekostet hat. Die Frage ist jedoch: Was wird das Tier später *bei Licht* tun, wenn es die Wahl zwischen einem viereckigen und einem runden Plätzchen hat? Die Antwort lautet, daß es in den meisten Fällen dieselbe Form wählen wird, die es im Dunkeln als wohlschmeckend erkannt hat.

---

erwähnen: Vielleicht wäre es richtiger zu sagen, daß der Verlust des frontalen Assoziationszentrums eine Unfähigkeit hervorruft, flexibel zu sein und das eigene Verhalten aufgrund neuer Informationen zu verändern. Das Tier *perseveriert* (d. h. tut immer wieder dasselbe), es wählt immer wieder denselben Behälter, obwohl es angebrachter wäre, anders zu verfahren.

Eine weitere, etwas anders geartete Veränderung, die ebenfalls nach Läsionen des Stirnhirns

Mit Hilfe dieser Plätzchentechnik wurden zwei Regionen der Großhirnrinde des Affen als mögliche Zentren intermodalen Transfers identifiziert. M. Petrides und S. Iversen stellten fest, daß Läsionen des Frontalkortex Affen anscheinend unfähig zum Transfer machten; dieser Befund stimmt mit der Tatsache überein (die sich durch anatomische Untersuchungen ergeben hat), daß in der fraglichen Rindenregion Informationen aus den verschiedenen sensorischen Systemen zusammenlaufen.

P. Aitken erzielte ein ähnliches Resultat mit Läsionen eines Areals des limbischen Kortex an der Medialfläche des Stirnlappens. Dieser Befund wird noch bemerkenswerter, wenn man sich an die Frage des Zusammenhangs zwischen Sprache und intermodalem Transfer erinnert und von einem weiteren Resultat Kenntnis nimmt: Im gleichen Experiment waren die Tiere abgerichtet worden, einen Laut von sich zu geben, und diese konditionierte Vokalisation wurde *ebenfalls* durch Läsionen des limbischen Kortex am medialen Stirnlappen beseitigt. Das mag nur ein Zufall sein, denn Vokalisationen von Affen sind, ob konditioniert oder nicht konditioniert, kaum mit menschlicher Sprache zu vergleichen; dennoch gibt es zu Spekulationen Anlaß und legt weitere Untersuchungen nahe.

P. Aitken: Lesion effects on tactual-to-visual cross-modal matching in the rhesus monkey. *Neuropsychologia*, 1980, *18*, 575–578.

A. Cowey u. L. Weiskrantz: Demonstration of cross-modal matching in rhesus monkeys, *Macaca mulatta*. *Neuropsychologia*, 1975, *13*, 117–120.

M. Petrides u. S. Iversen: Cross-modal matching and the primate frontal cortex. *Science*, 1976, *192*, 1023–1024.

W. Shepherd: Some mental processes of the rhesus monkey. *Psychological Monographs*, 1910, *12*, Nr. 5, 1 bis 61.

W. Wilson u. O. Shaffer: Intermodality transfer of specific discriminations in the monkey. *Nature*, 1963, *197*, 107.

bei Primaten auftritt, ist bei höheren Affen deutlicher zu beobachten als bei niederen. Schimpansen erbringen ebenso wie niedere Affen nach Läsionen des Stirnkortex schlechte Leistungen bei Problemen mit verzögerter Reaktion. Ein normaler Schimpanse, der an einem solchen Problem getestet wird, zeigt in den seltenen Fällen, wenn er die richtige Antwort vergißt oder sonst einen Fehler macht, sein Mißvergnügen und seine Enttäuschung. Nach einer Läsion des Stirnkortex macht der Schimpanse ebenso wie niedere Affen viele Fehler, aber jetzt *scheint es ihm nichts auszumachen*. Diese Verminderung der emotionalen Reaktionsfähigkeit nach Läsionen des Stirnkortex bei Menschenaffen führte schließlich zu der Idee der Psychochirurgie an menschlichen Patienten (s. 5. Bd., 4. Kap.).

Der Stirnkortex hat mehrere Unterregionen, und es besteht kein Zweifel, daß es in deren Funktionen sowohl Ähnlichkeiten als auch Unterschiede gibt. Der Stirnkortex erhält Impulse aus allen kortikalen Sinnessystemen, die ihn vermutlich über Reize informiert halten, die vorhanden und für das Tier von Interesse sind. Von gleicher Bedeutung sind seine ausgedehnten Verbindungen zum limbischen System, dem bereits kurz erwähnten „emotionalen Gehirn" (auf das im 5. Bd. im einzelnen eingegangen wird). Die frontolimbischen Verbindungen könnten wesentlich für ein normales Gefühlsleben sein, und ihre Unterbrechung würde den Mangel an Emotionalität erklären, der bei Schimpansen nach der Läsion zu beobachten ist.

Das Zusammenspiel zwischen Stirnkortex und limbischen Strukturen wurde auch als Ursache für das offensichtliche Defizit im Kurzzeitgedächtnis genannt. Bei Aufgaben mit verzögerten Reaktionen, bei denen die Belohnung (Futter) in einen von zwei Behältern gelegt wird, muß das Versuchstier imstande sein, diesem Behälter rasch und flexibel einen hohen „Wert" zuzuschreiben, um ihn dann wählen zu können, wenn die Reaktion gestattet wird. Und das limbische Gehirn könnte natürlich angesichts des Lustgewinns, den das Futter bedeuten würde, den emotionalen Wert beisteuern.

Eine indirekte Bestätigung dieser Hypothese liefert eine vergleichende Analyse ganz anderer Art. Das Defizit bei den Aufgaben mit verzögerter Reaktion ist unter den einzelnen Tierarten verschieden groß, so ist es beispielsweise ausgeprägter bei Affen als bei Fleischfressern (Katzen oder Hunden) und bei Fleischfressern größer als bei Nagetieren. Das Ausmaß der frontolimbischen Verbindungen differiert unter diesen drei Tiergattungen in genau der gleichen Weise, das heißt, es ist bei den Primaten am stärksten und bei den

Nagetieren am wenigsten entwickelt (Markowitsch u. Pritzel, 1977).

Das frontale Assoziationszentrum hat auch enge Verbindungen zu dem gleich dahinter befindlichen Bewegungszentrum, durch die es die schließliche Reaktion des Organismus vermutlich steuern hilft.

2 Geistige Prozesse und ihre Störung

Ein guter Weg, um etwas über eine bestimmte menschliche Fähigkeit zu lernen, besteht darin, diese bei einem Menschen zu studieren, der diese Fähigkeit unbezweifelbar besitzt. In verschiedenen Bänden dieses Werkes sind wir diesem geraden Weg gefolgt, etwa beim Studium der Sprache, des Problemlösens und so weiter. Wir machten uns jedoch auch die Vorteile zunutze, die darin liegen, Vpn (Säuglinge und Kinder) zu beobachten, die über bestimmte Fähigkeiten nicht in vollem Maße verfügen. Der entwicklungsbezogene Ansatz lehrt uns nicht nur etwas speziell über Kinder, sondern hilft uns auch, die Komponenten zu identifizieren, aus denen sich die voll entwickelten Fähigkeiten des Erwachsenen zusammensetzen.

In ähnlicher Weise kann uns die Entdeckung, wie das Nervensystem funktioniert und die physiologische Grundlage für eine komplexe Funktion liefert, zeigen, ob diese Funktion aus mehreren einfacheren Fähigkeiten zusammengesetzt ist. Die Kenntnis der Beziehungen zwischen Gehirn und Verhalten hat auch einen wichtigen unmittelbaren praktischen Nutzen: mit dieser Kenntnis des Zusammenhangs zwischen dem Verhalten von hirngeschädigten Personen und der Beschaffenheit einer bestimmten Hirnverletzung wird durch neuropsychologische Tests die Diagnose erleichtert, welcher Teil des Gehirns in welcher Weise beeinträchtigt sein kann. Dadurch lassen sich für die Betreffenden medizinische, chirurgische und psychologische Behandlungen planen.

Unser Wissen über Gehirnvorgänge bei menschlichem Verhalten einschließlich der komplexesten intellektuellen Prozesse stammt größtenteils aus „Läsionsstudien" und besteht aus Informationen über die Lokalisierung von Funktionen. Natürlich werden keine Läsionsversuche an normalen Menschen unternommen. Man beobachtet aber Patienten, deren Gehirn durch Krankheiten teilweise zerstört wurde oder von deren Gehirn Teile operativ entfernt oder durchtrennt wurden, um Krankheiten zu stoppen. Manchmal ist es auch möglich, aus dem Studium des freiliegenden Gehirns während einer Operation Informationen zu gewinnen. Das beste empirische Datenmaterial stammt vielleicht vom Studium von Menschen, die durch *Unfälle* Hirnverletzungen erlitten, weil in diesem Fall nicht die komplizierende Möglichkeit besteht, daß das intakte Gehirn von der Krankheit affiziert sein könnte, die zu der Läsion führte.

2.1 Sprache und Sprechen

Durch Hirnschäden bedingte Sprachstörungen bezeichnet man als *Aphasie*. Man kann sagen, daß mit dem Studium dieses Phänomens 1861 begonnen wurde, als der französische Arzt Paul Broca eine Autopsie am Gehirn eines Mannes durchführte, der die Sprachfähigkeit eingebüßt hatte. Broca entdeckte eine Läsion, die sich auf die linke Hemisphäre beschränkte, und die daraus abgeleitete Konsequenz, daß die linke Seite des Gehirns am wichtigsten für die Sprachfunktion sei, gilt immer noch als richtig. Weitere, im Laufe der Jahre durchgeführte Untersuchungen haben gezeigt, daß fast immer eine Läsion der linken Hemisphäre die Ursache ist, wenn rechtshändige Menschen aphasisch werden. Unter Linkshändern weisen die *meisten* Aphasiker ebenfalls einen linksseitigen Schaden auf, aber in etwa 20 bis 30 Prozent dieser Fälle befindet sich die Läsion auf der rechten Seite. Wenn die beiden Gehirnhälften unterschiedliche Funktionen haben, müssen sie sich offensichtlich auch irgendwie in ihrer Struktur unterscheiden. Tatsächlich wurden verschiedene anatomische Unterschiede zwischen den beiden Hemisphären nachgewiesen, einschließlich eines größeren Anteils an Kortex gegenüber subkortikalem Gewebe auf der linken Seite (Gur et al., 1980).

Die Läsion des Patienten von Broca war ziemlich umfangreich, aber Broca behauptete, die Sprachschwierigkeiten des Mannes seien ausschließlich auf die Zerstörung einer Region des Stirnkortex zurückzuführen (s. Abb. 25, S. 150), die seither als *Brocasches Zentrum* bezeichnet wird. Ob er im Falle dieses Patienten recht hatte oder nicht, es ist inzwischen bekannt, daß Sprachstörungen manchmal auf Beschädigung eines großen Teils der linken Rindenoberfläche zurückzuführen sind. Außerdem ist man sich inzwischen klar darüber, daß es mehrere verschiedene Arten von Aphasie gibt und daß eine gewisse Korrelation zwischen der jeweiligen Abart der Sprachstörung und der Lokalisierung der Läsion besteht. Bei der sogenannten *Brocaschen Aphasie* fällt es dem Betreffenden sehr schwer, Worte spontan zu produzieren oder Worte nachzusprechen. Die gebräuchlichsten Worte sind oft besser erhalten, aber der Patient spricht langsam, im Telegrammstil und ungrammatisch. Im Gegensatz dazu kann er gesprochene oder geschriebene Sprache relativ gut, wenn auch nicht vollkommen verstehen. Unter diesen Umständen stellt sich gewöhnlich heraus, daß das Brocasche Zentrum von der Läsion betroffen ist.

Das als Wernicke-Aphasie bekannte Syndrom unterscheidet sich davon durch flüssiges Sprechvermögen bei gleichzeitiger Störung des Sprachverständnisses. Das flüssige Sprechen ist jedoch nicht immer richtig, und verschiedene Worte können für die vermutliche Absicht falsch gewählt sein. Die Satzstruktur wird ziemlich gut aufrechterhalten. Das beschädigte Gewebe befindet sich meist im hinteren oberen Abschnitt des Temporallappens, in einem Bereich, der dem auditiven Assoziationszentrum zugerechnet werden könnte.

Der Unterschied zwischen diesen beiden Arten von Aphasie hat manche Fachleute veranlaßt, die Brocasche Aphasie wegen der Unfähigkeit zu flüssigem Sprechen als *motorische Aphasie* zu bezeichnen, das Wernicke-Syndrom dagegen wegen der offenkundigen Verständnisschwierigkeiten als *sensorische Aphasie*. Diese Bezeichnungen scheinen auch deshalb angebracht, da das Brocasche Zentrum dem Bewegungszentrum des Stirnlappens benachbart ist, während sich das Wernicke-Zentrum in der auditiven Region des Temporallappens befindet. Beide Syndrome schließen jedoch *sowohl* sensorische als auch motorische Aspekte ein, und neuere Studien haben eine fundamentalere Unterscheidung zwischen diesen beiden Arten von Aphasie nahegelegt. Die Brocaschen Aphasiker haben Schwierigkeiten mit den kleinen Worten (Artikel, Präpositionen) und mit bestimmten Wortteilen (den Endungen, die einen Plural oder verschiedene Zeiten anzeigen, etc.), die der Sprache ihre Struktur geben; ihre Schwierigkeiten beziehen sich jedoch sowohl auf das Verständnis sowie auf die Produktion dieser grammatischen Elemente. Patienten mit Wernicke-Aphasie haben auf der anderen Seite Schwierigkeiten mit Inhaltsworten wie Substantiven und Verben, sowohl was deren Verständnis als auch ihre Hervorbringung betrifft (Zurif et al., 1972; Bradley et al., 1979). Dies scheint darauf hinzudeuten, daß das Wernicke-Syndrom eine *semantische* Aphasie ist, bei der Bedeutungen verlorengehen, während die Brocasche Aphasie eine *syntaktische* Sprachstörung ist, bei der grammatische Strukturen beeinträchtigt sind.

Um noch eine weitere Spielart zu nennen, wollen wir uns die gemischte transkortikale Aphasie ansehen. Bei dieser sind das Broca- und das Wernicke-Zentrum sowie die Verbindungen zwischen diesen intakt, aber dieses gesamte Sprach- und Sprechzentrum ist vom übrigen Kortex durch eine Läsion, die es umgibt, isoliert. Bei diesem seltenen Krankheitsbild spricht der Patient nicht spontan und kann Sprache nicht verstehen, aber wiederholt, was ihm vorgesagt wird und kann bekannte Redewendungen vervollständigen, deren Anfang er hört (wie „Rosen sind ____"). Es scheint, daß die Mechanismen zur Analyse des auditiven Inhalts von Sprache und für deren Hervorbringung einigermaßen intakt und miteinander verbunden sind, aber der Patient kann weder aus dem Gehörten eine Bedeutung herausfiltern noch seine eigenen Gedanken verbalisieren, weil das übrige Gehirn keinen Kontakt mit dem Sprachsystem hat (Geschwind et al., 1968).

2.2 Linke und rechte Hirnhälfte

Eine totale Aphasie ist sehr selten, selbst bei einer großen Läsion. Außerdem gewinnen die meisten Personen, deren Aphasie durch ein plötzliches Ereignis wie einen Unfall oder einen Gehirnschlag bedingt ist, im Laufe der Zeit einen Teil der verlorengegangenen Fähigkeit zurück. Es erhebt sich die Frage, welchen neuralen Strukturen das verbleibende oder wiederkehrende Sprachvermögen zuzuschreiben ist. Es ist möglich, daß andere Regionen der linken Gehirnhälfte beteiligt sind, es gibt aber auch gute Gründe, die mögliche Mitwirkung der rechten Hälfte in Betracht zu ziehen.

Kinder, die in den ersten Lebensjahren starke Verletzungen einer der beiden Hirnhälften erleiden, gewinnen schließlich ein ganz normales Sprachvermögen zurück, aber wenn die Beschädi-

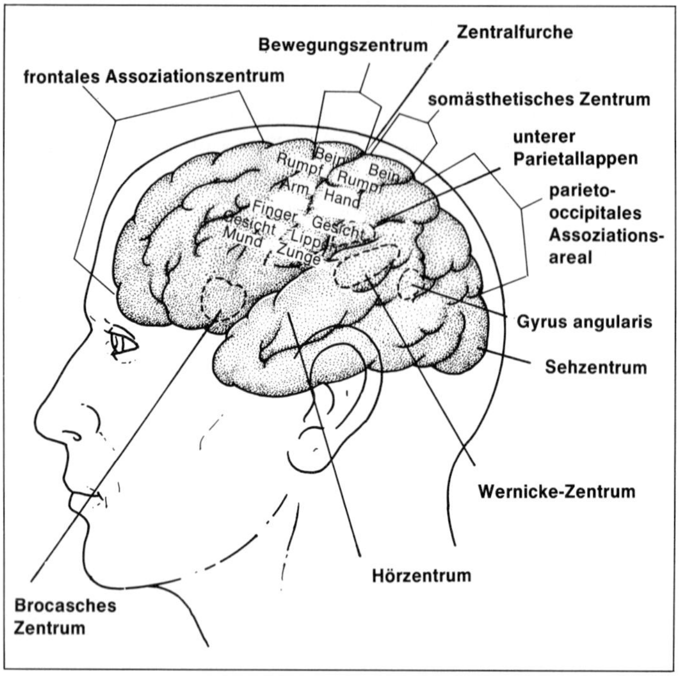

Abbildung 24: Die Pfeile repräsentieren die Hauptverbindungen zwischen den Rindenregionen, die am Sehen und am visuell gesteuerten Verhalten und Lernen beteiligt sind. Das zweite Sehrindenfeld besteht aus mehreren Teilbereichen, die hier nicht eingezeichnet sind. In entgegengesetzte Richtung zeigende Pfeile bedeuten, daß Impulse in beide Richtungen gehen, aber das setzt natürlich voraus, daß es zwei parallel verlaufende Nervenleitungen gibt, da jedes einzelne Neuron Impulse nur in eine Richtung weiterleitet. Die nicht eingezeichneten limbischen Verbindungen befinden sich an der Medialfläche und der Unterseite der Hemisphäre. Die tatsächliche subkortikale Lage des Thalamus ist durch die gestrichelte Linie angedeutet. Abgesehen von dem eingezeichneten System sind Verbindungen zu den Basalganglien, zum Bewegungszentrum, zum Kleinhirn und zur Retikularformation am Zustandekommen der Reaktion beteiligt.

gung etwa zu dem Zeitpunkt eintritt, in dem sie zu sprechen beginnen, kann es vorübergehende Sprachstörungen geben, gleichgültig, welche Seite beschädigt ist. Diese Befunde führen zu dem Schluß, daß beide Hemisphären mit einsetzendem Sprechen an den Sprachfunktionen beteiligt sind. Normalerweise übernimmt die linke Hemisphäre vor dem zehnten Lebensjahr größtenteils die Kontrolle über die Sprache, aber wenn die linke Hemisphäre außer Funktion gesetzt wird, während die rechte gleichermaßen beteiligt ist, kann auch die rechte Hemisphäre die Sprachfunktionen übernehmen. (Tatsächlich kann die rechte Hemisphäre bei allen Menschen ein gewisses Sprachpotential beibehalten.)

Auch bei normalen Erwachsenen ist die rechte Hemisphäre vermutlich nicht ohne gewisse sprachliche Fähigkeiten. Anzeichen dafür zeigen sich bei Personen, deren Corpus callosum (Balken) (s. Abb. 26) operativ durchtrennt wurde, um epileptische Anfälle unter Kontrolle zu bringen. Diese Operation, bei der beide Hemisphären des Gehirns intakt bleiben, hilft bei bestimmten Patienten und bewirkt eine erstaunlich geringe Einbuße an Fähigkeiten oder Veränderung des Verhaltens. Man kann sich bestimmte Merkmale der Nervenbahnen des Gehirns zunutze machen, um die Funktionen der beiden Hemisphären an Personen mit „gespaltenem Gehirn" getrennt zu studieren.

Abbildung 26 erinnert uns daran, daß Reize im rechten Gesichtsfeld (d. h. rechts vom Fixierungspunkt) die linke Hälfte beider Netzhäute affizieren und dann zum linken Hinterhauptlappen weitergeleitet werden. Wenn ein Reiz im *linken* Gesichtsfeld eines Probanden mit durchtrenntem Balken präsentiert wird, so gibt dieser gewöhnlich an, nichts zu sehen, weil der Reiz nur die rechte Seite des Gehirns erreicht. Die „sprechende" linke Seite hat *nichts* gesehen und berichtet das auch wahrheitsgemäß. All dies steht in Einklang mit der These, daß nur die linke Seite sprachliche Funktionen habe. Nehmen wir jedoch an, im linken Gesichtsfeld (und somit der rechten Gehirnhälfte) wird ein gedrucktes Wort dargeboten und die linke Hand (die ebenfalls in Kontakt mit der rechten Hälfte steht) erhält eine Reihe von Objekten zu betasten, die den Blicken verborgen bleiben. Vpn mit durchtrennten Balken sind imstande, das Objekt zu finden, das in dem gedruckten Wort benannt wurde und beweisen dadurch, daß die rechte Seite des Gehirns über ein gewisses sprachliches Verständnis verfügt, obwohl es die verbale Produktion nicht steuern kann (Bogen, 1979).

2.3 Lesen und Schreiben

Diese Fähigkeiten bauen auf Sprachfertigkeiten auf, sie sind aber auch durch viele andere spezielle Merkmale gekennzeichnet. Diese Fähigkeiten mit zunehmender Bedeutung für die adäquate Interaktion in der modernen Gesellschaft ziehen das erhöhte Interesse von Psychologen auf sich, welche die zugrundeliegenden Prozesse verstehen wollen. Der Begriff *Leseschwäche* oder Legasthenie bezieht sich auf den Umstand, daß jemand nicht im normalen Tempo sowie fehlerfrei lesen lernt, obwohl Intelligenz, Motivation und andere verwandte Faktoren im übrigen normal erscheinen. In solchen Fällen wurde keine Gehirnanomalie festgestellt, obwohl der Begriff *minimale Gehirndysfunktion* manchmal für eine Gruppe von Störungen benutzt wird, welche die Leseschwäche einschließen.

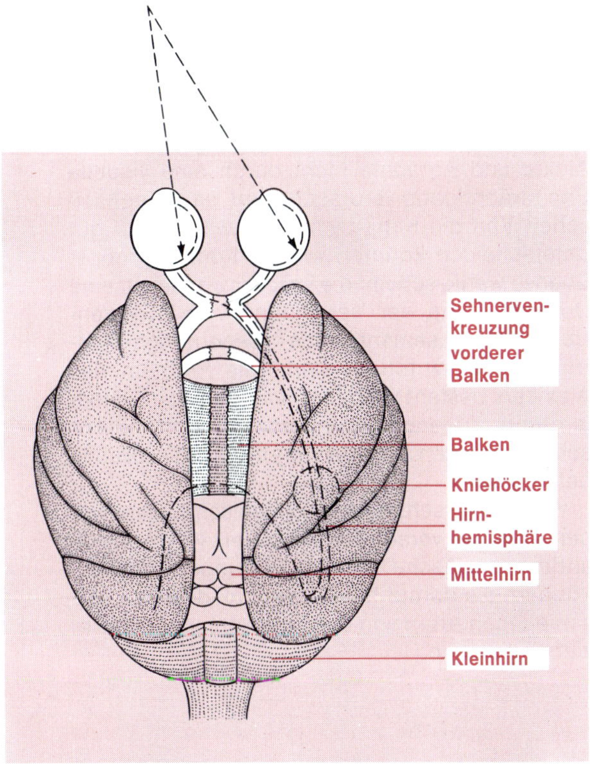

Abbildung 26: Die Zeichnung zeigt von oben die wichtigsten Leitungsbahnen vom Auge zur Sehrinde. Ein Teil des visuellen Inputs von beiden Augen gelangt infolge der Sehnervenkreuzung in beide Seiten des Gehirns. Ein Austausch visueller Informationen von einer Hemisphäre zur anderen kann auch über den Balken erfolgen. Nehmen wir jedoch an, daß (1) die Vp den Punkt X fixiert und daß (2) der Balken der Vp durchtrennt wurde. Nunmehr trifft ein von Punkt L (im linken Gesichtsfeld) ausgehendes Licht nur die rechte Seite der beiden Netzhäute und endet (den strichlierten Linien folgend) ausschließlich in der rechten Gehirnhälfte, ohne einen direkten Weg, auf dem es in die linke Hälfte gelangen könnte. Eine menschliche Vp wäre nicht imstande, sprachlich auszudrücken, was am Punkt L gesehen wird, sie könnte jedoch imstande sein, dies mit der linken Hand anzudeuten, die auch in sensorischem und motorischem Kontakt mit der rechten Gehirnhälfte steht.

Alexie (totaler Verlust) und *Dyslexie* (teilweiser Verlust der Lesefähigkeit) sowie *Agraphie* (Schreibschwäche) sind Zustände, die eintreten, nachdem man die betreffende Fähigkeit bereits besessen hat; sie werden mit erkennbarer Gehirnpathologie in Verbindung gebracht. Jede dieser Störungen kann zusammen mit Aphasie auftreten, und der Neuropsychologe kann mit vielen verschiedenen Formen von Beeinträchtigungen konfrontiert sein. Obwohl es nicht an Kontroversen und Ungewißheiten fehlt, ist in bezug auf viele Syndrome ziemlich genau bekannt, welche Form (oder Formen) von Gehirnschäden dafür verantwortlich sein könnten. Ein interessantes Beispiel ist Alexie ohne Agraphie, bei der ein Patient alles schreiben kann, wozu man ihn auffordert, aber dann nicht mehr imstande ist zu lesen, was er geschrieben hat! Viele Fachleute meinen, daß diese spezielle Variante gewöhnlich durch eine Kombination von Läsionen bewirkt werde, eine im linken Sehrindenfeld und eine, durch die der hintere Teil des Balkens beschädigt wurde. Aufgrund der Befunde anderer Patienten wird angenommen, daß für das Lesen und Schreiben der linke Gyrus angularis (s. Abb. 25, S. 150) intakt sein muß. Ein Patient mit Alexie ohne Agraphie besitzt zwar diese Region und hat auch die nötigen neuralen Voraussetzungen für das Schreiben. Es gelangen jedoch keine visuellen Informationen in diese Region, weil (1) die linke Sehrinde selbst beschädigt ist und (2) der beschädigte Balken verhindert, daß die visuellen Informationen von der rechten Gehirnhälfte zur linken hinübergeleitet werden (s. Geschwind [1965]; s. auch Box 4/33). Der Betreffende kann deshalb nicht lesen.

BOX 4/33

Lesen nach Lauten oder nach Sinn

Ein Alexiker (jemand, der an Alexie leidet) ist in seiner Lesefähigkeit beeinträchtigt. Ist der Betreffende außerstande, die Worte zu sehen und voneinander zu unterscheiden? Kann er zwar die Worte wahrnehmen, aber keine Verbindung zwischen dem visuellen Input und dem Gehirnsubstrat für die *Aussprache* des Wortes herstellen? Oder haben der visuelle Input und die neurale Basis für die Wort*bedeutung* keine Verbindung miteinander?

Diese Fragen sind leichter zu beantworten, wenn man Menschen studiert, die nicht Englisch oder Deutsch, sondern Japanisch lesen. Die chinesische Schrift besteht aus Ideogrammen (oder Begriffszeichen), von denen jedes ein gesprochenes Wort repräsentiert, das sich aber nicht aus kleineren Einheiten für einzelne Laute wie unseren Buchstaben zusammensetzt. Das geschriebene Japanisch vereinigt in gewisser Weise die Charakteristika sowohl des Chinesischen als auch des Englischen. Die Japaner lernen das Kanji-System, das Symbole wie die chinesischen Schriftzeichen benutzt, von denen jedes für ein ganzes Wort steht. Außerdem benutzen sie das Kana-System, bei dem jedes Symbol einem Laut entspricht. Mit Hilfe von Kana kann man jedes Wort schreiben; aber ebenso wie unsere Buchstaben werden die Kana-Symbole in verschiedenen Kombinationen benutzt, um die einzelnen Worte zu ergeben. Angesichts dieser verschiedenen Möglichkeiten ist es aufschlußreich, festzustellen, was passiert, wenn ein Lehrer von Japanisch alexisch (wortblind) wird.

Dieses Problem wurde von S. Sasanuma und O. Fujimura an der Universität von Tokio studiert, die mit aphasischen Vpn arbeiteten und Nichtaphasiker als Kontrollgruppe benutzten. Bei den Kanji-Symbolen machten beide Gruppen sowohl beim Lesen als auch beim Schreiben manche Fehler, die gewöhnlich in der Verwechslung von zwei ähnlich aussehenden Schriftzeichen bestanden. Beim Lesen und Schreiben von Kana wurden fast alle Fehler von der Aphasikergruppe gemacht und bestanden im allgemeinen aus der Verwechslung von zwei Symbolen, die ähnlich klingen.

Dies würde zu der Schlußfolgerung führen, daß Alexie und Agraphie nicht durch eine visuelle Beeinträchtigung verursacht sind, da die aphasischen Vpn die Kanji-Symbole etwa ebenso gut unterscheiden konnten wie die Kontrollgruppe. Ebenso wenig scheint die Leseschwäche auf eine Unterbrechung der Verbindung vom „Sehzentrum“ zum „semantischen (Bedeutungs-)Zentrum“ zurückzuführen sein. Das Problem des Alexikers besteht vielmehr darin, mit dem visuellen Input Zugang zu den auditiven und motorischen Regionen zu finden, die an der Aussprache beteiligt sind.

Weitere Forschungen an Japanisch-Lesern zeigen, daß bei verschiedenen Arten von Aphasie andere spezifische Beeinträchtigungen auftreten können, die darauf hindeuten, daß diese zu verschiedenen Arten von Gehirnverletzungen in Beziehung stehen.

S. Sasanuma u. O. Fujimura: An analysis of writing errors in Japanese aphasic patients: Kanji vs. kana words. *Cortex,* 1972, *8,* 264–282.

S. Sasanuma u. H. Monoi: The syndrome of gogi (word-meaning) aphasia: selective impairment of kanji processing. *Neurology,* 1975, *25,* 627–632.

2.4 Aufmerksamkeit

Ein Aphasiker kann viele verschiedene Symptome der Abnormalität aufweisen, aber mit ziemlicher Sicherheit werden die wichtigsten seine Sprachfähigkeit betreffen. Es gibt mehrere andere durch Gehirnschäden bedingte Krankheitsbilder mit Verhaltensauffälligkeiten, bei denen jedoch Unsicherheit darüber herrscht, wie die nicht mehr intakten normalen Funktionen am besten zu benennen und zu analysieren sind. Nehmen wir einige Beispiele.

Unaufmerksamkeit infolge von Gehirnschaden kann in vielen Formen auftreten. Das gemeinsame Charakteristikum ist, daß die Vp zwar nachweislich normale sensorische Fähigkeiten besitzt, aber dennoch nicht auf Reize reagiert (ja sogar deren

Vorhandensein leugnet), die auf der gegenüberliegenden Seite der kortikalen Läsion dargeboten werden. In manchen Fällen ignoriert der Patient nicht nur Reize auf dieser Körperseite, sondern bekleidet diese Seite nicht oder leugnet sogar, daß der Arm und das Bein „dort drüben" ihm gehören!

Manche Neurologen und Psychologen haben die Auffassung vertreten, daß diese Vernachlässigung im Grunde eine Empfindungs- oder Wahrnehmungsstörung sei, aber dies scheint wenig überzeugend, weil sich die Schwierigkeit nicht verringert, wenn man die Aufmerksamkeit des Patienten auf die vernachlässigte Seite lenkt und ihn auffordert, sich darauf zu konzentrieren. (Box 4/34 [S. 154] zeigt, daß sich die Nichtbeachtung sowohl auf die innere Vorstellungswelt als auch auf die äußere Welt gegenwärtiger Reize bezieht.)

Die Vernachlässigung betrifft gewöhnlich mehr als eine Sinnesmodalität, und die Hirnregionen, deren Beschädigung dieses Syndrom hervorrufen kann, sind die Areale, denen multimodale Funktionen zugeschrieben werden. Die am häufigsten betroffene Region ist die des unteren Parietallappens (s. Abb. 25), ein multimodales Assoziationszentrum, das mit der parietooccipitalen Region bei Affen verwandt sein könnte (s. S. 144).

2.5 Erkennen

Ein Gehirnschaden kann auch eine *Agnosie,* die Unfähigkeit, früher vertraute Objekte wiederzuerkennen, zur Folge haben. Entsprechend den verschiedenen Sinnesmodalitäten gibt es viele verschiedene Arten von Agnosie, von denen jede die Folge einer gewöhnlich bilateralen Beschädigung eines der Subareale eines Assoziationszentrums ist.

Der „reinste" Fall ist ein Patient, der weder ein visuell dargebotenes Objekt (wie einen Hausschlüssel) benennen noch seinen Gebrauch oder seine Beschaffenheit beschreiben kann, der aber ein Bild des Objekts *zeichnen* und dieses *identifizieren* kann, wenn er Gelegenheit hat, es mit den Händen zu betasten.

Prosopagnosie klingt einfacher, wenn man den alternativen Namen *Gesichtsagnosie* benutzt, aber der Zustand als solcher ist erstaunlich. Die Patienten sind imstande, andere Objekte, die sie zuvor gesehen haben, wiederzuerkennen, aber sie sind unfähig, ihnen bekannte Personen durch physiognomische Kennzeichen zu unterscheiden. Bei diesem Zustand scheint ebenso wie bei einigen anderen Krankheitsbildern, bei denen die Interaktion zwischen perzeptiven und räumlichen Kennzeichen betroffen ist, eine Beschädigung der rechten Hirnhälfte gravierender zu sein als ein linksseitiger Schaden.

2.6 Die Funktion des Stirnlappens

In diesem Fall verzichten wir fast vollständig auf den Versuch, die wichtigsten Funktionen zu identifizieren, die durch einen Gehirnschaden gestört werden, und präsentieren statt dessen einfach eine Zusammenfassung des Verhaltens eines Menschen, der eine Beschädigung der uns interessierenden Partie erlitten hat. Beschreibungen des Verhaltens von Menschen mit einer Läsion der Stirnregion des Gehirns sind oft in allgemeinen Begriffen gehalten, wie die Unfähigkeit, abstrakt zu denken, mangelnde Bedachtnahme auf Konsequenzen oder das Unvermögen, vorauszuplanen. Es scheint fast sicher, daß jede dieser Beschreibungen ein gewisses Maß an Wahrheit enthält, aber die Untersuchung von Studien, bei denen adäquate objektive Tests mit entsprechenden Kontrollen benutzt wurden, ergibt sehr wenig Greifbares. Eines steht fest: Menschen mit einer Verletzung des Stirnhirns haben nicht die großen Schwierigkeiten mit dem Problem der verzögerten Reaktion, die bei Affen so leicht zu erzielen sind. Es ist jedoch mit einigem Erfolg gelungen zu zeigen, daß die Auswirkungen von Stirnhirnschäden bei Menschen und Affen eine gemeinsame zugrundeliegende Basis haben könnten, obwohl sich die resultierenden Verhaltensweisen oberflächlich gesehen unterscheiden.

Ein Beispiel stammt aus Untersuchungen, bei denen Patienten mit beschädigtem Stirnhirn aufgefordert werden, Karten zu sortieren, die Ähnlichkeit mit Spielkarten haben. Wenn ein solcher Patient die Karten nach den Farben zu sortieren beginnt, dann kann er dabei genauso effizient verfahren wie ein normaler Mensch. Wenn die Spielregeln jedoch abrupt geändert werden und er jetzt nach den Zahlen sortieren soll, kann er darauf beharren, wie zuvor weiterzuarbeiten, ohne sich an die veränderte Situation anzupassen. Man hat angenommen, daß dieser Effekt durch eine gesteigerte Perseverationstendenz zu erklären ist (die-

BOX 4/34

Eine einseitige Welt

Der Zustand der *einseitigen Vernachlässigung* (oder Unaufmerksamkeit) ist wie im Text erläutert, auf verschiedene Weise erklärt worden. Überzeugende Beweise dafür, daß es nicht angebracht ist, dies als eine Art von sensorischem Defekt zu betrachten und daß sogar unsere übliche Vorstellung von Aufmerksamkeit inadäquat ist, haben sich aus faszinierenden Studien von E. Bisiach, C. Luzzatti u. D. Perani von der Universität von Mailand ergeben. Eine Untersuchung wurde an zwei Patienten ausgeführt, die vor kurzem Schlaganfälle erlitten hatten, von denen die rechte Seite des Gehirns betroffen war. Erste Tests ergaben, daß sie an sensorischen Defekten an der linken Körperseite (deren sie sich nicht bewußt waren) und einer damit verbundenen

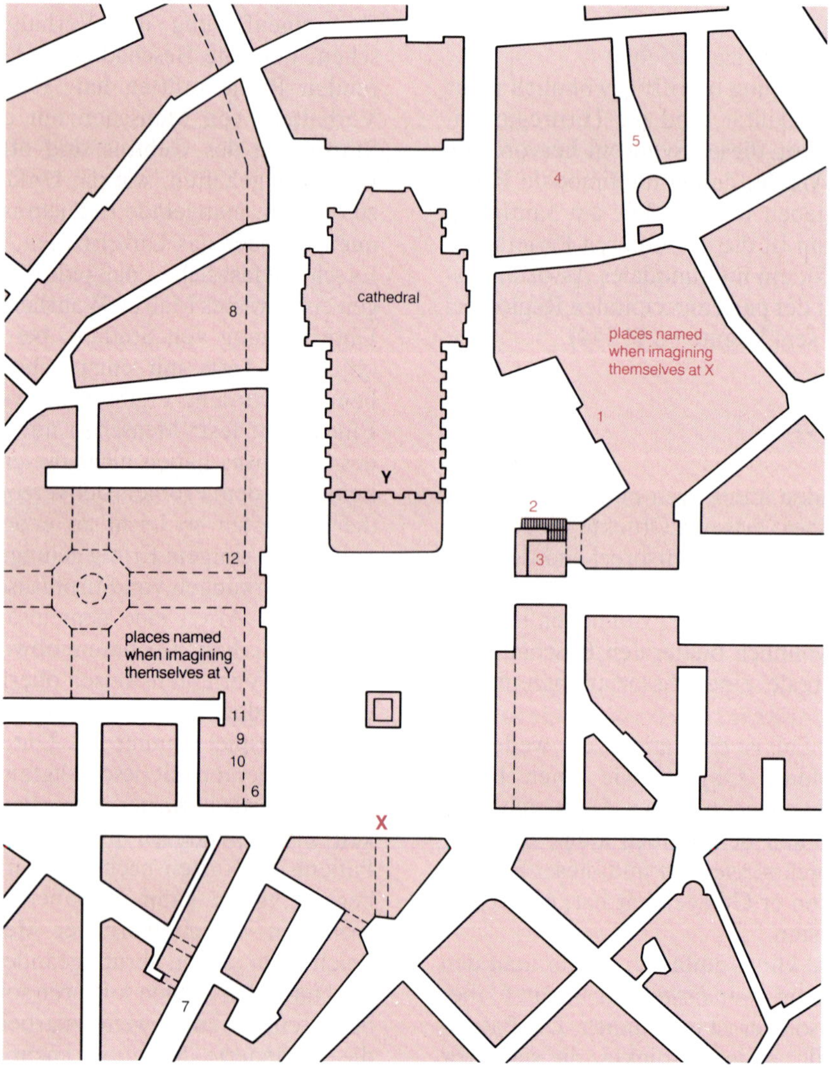

Vernachlässigung der linken Seite des Raumes litten. Beide Patienten wurden aufgefordert, aus dem Gedächtnis eine Örtlichkeit zu beschreiben, die jedem Mailänder vertraut ist, nämlich den Domplatz der Stadt. Die Probanden wurden zweimal dazu aufgefordert; zuerst sollten sie sich vorstellen, daß sie dem Dom gegenüberstehen (am Punkt X auf dem abgebildeten Stadtplan), und dann sollten sie vorgeben, aus den vorderen Toren (Y) des Domes hinauszuschauen. In beiden Fällen nannten die Probanden nur die Dinge, die aus der Perspektive, die sie im Geiste einnahmen, *in der rechten Hälfte des Gesichtsfeldes* zu sehen sind. Sie ignorierten Dinge, die sich auf der linken Seite des Gesichtsfeldes befinden würden, obwohl sie diese selben Dinge erwähnten, wenn der fiktive Standort gewechselt wurde. Die Läsion einer Abdeckung mit einem eineinhalb cm breiten Spalt. Beide Bilder eines Paares bewegten sich hintereinander nach rechts (oder nach links) und die Vp mußte dann angeben, ob sie miteinander identisch seien oder nicht. Manche „Wolken" waren identisch, aber andere Bildpaare unterschieden sich am rechten oder am linken Ende.

Den gehirngeschädigten Vpn gelang es fast ebenso gut wie den Kontrollpersonen, die Unterschiede zu entdecken, wenn sie sich auf der rechten Seite der Wolkenbilder befanden, aber sie machten viel mehr Fehler, wenn sich die Formen am linken Ende unterschieden (man bedenke, daß *die Figuren nie vollständig gezeigt wurden*). Die Vpn mußten sich selbst ein Bild der Figuren machen, etwa so wie man sich ein „Bild" eines Raumes machen würde, den man nur Punkt

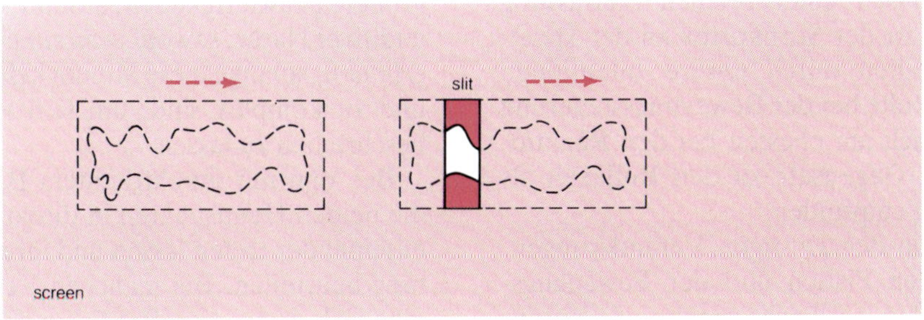

beeinträchtigte somit ihre Vorstellung bzw. ihre geistige Repräsentation der Welt, nicht bloß, was sie sahen, wenn sie unmittelbar mit einem Reiz konfrontiert waren.

Bei einem anderen Versuch wurden 19 Vpn mit rechtsseitigem Gehirnschaden und linksseitiger Vernachlässigung mit 30 gesunden Vpn verglichen. Alle erhielten Figurenpaare zum Anschauen und wurden aufgefordert, bei jedem Paar festzustellen, ob sich die beiden Formen voneinander unterschieden oder nicht. Die beiden Figuren eines Paares wurden jeweils hintereinander dargeboten. Außerdem wurde jede Figur so dargeboten, daß die Vp sich selbst eine Vorstellung davon „aufbauen" mußte (wie die obige Skizze zeigt). Die Bilder waren 6 cm hoch und 20 cm breit und stellten weiße „Wolken" vor einem blauen Hintergrund dar. Die Vp konnte jedoch nur jeweils einen eineinhalb cm breiten Ausschnitt der Figur sehen, denn die Bilder bewegten sich hinter für Punkt mit dem schmalen Lichtkegel einer Taschenlampe erkunden könnte. Die hirngeschädigten Vpn *vernachlässigten* selektiv die linke Seite dieser Bilder, wie sich an ihrer Unfähigkeit zeigte, Unterschiede zu bemerken, die dort zu sehen waren.

Die Forscher vermuten, daß der Verlust von rechtsseitigem Gehirngewebe den Betroffenen der Möglichkeit beraubt, sich eine linke Seite der Welt vorzustellen. Es besteht ein Bewußtseinsdefizit, gleichgültig, ob es sich um Dinge handelt, die unmittelbar wahrgenommen, erinnert oder konstruiert werden.

E. Bisiach u. C. Luzzatti: Unilateral neglegt of representational space. *Cortex,* 1978, *14,* 129–133.

E. Bisiach, C. Luzzatti u. D. Perani: Unilateral neglegt, representational scheme uf consciousness. *Brain,* 1979, *102,* 609–618.

selbe Tendenz, die in einer Erklärung der bei Affen mit Läsionen des Stirnkortex auftretenden Störungen angeführt wurde).

Bei den Tests, welche Probanden mit Stirnhirnschäden Leistungsdefizite gegenüber gesunden Menschen aufweisen, geht es auch oft um richtige Orientierung oder Körperbeherrschung. So verursachen Stirnhirnschäden beispielsweise Schwierigkeiten bei der einfachen Aufgabe, Körperteile zu berühren, die auf einer schematischen Skizze bezeichnet sind, und Schwierigkeiten, einen Weg durch ein Labyrinth zu verfolgen. Derartige Befunde und die zuvor erwähnten Perseverationstendenzen – sowie der häufige Bericht, daß der Betreffende nicht vorausplanen könne bzw. die Konsequenzen seiner Handlungen ignoriert, haben die Vermutung nahegelegt, daß das Stirnhirn an einem System beteiligt ist, das Reaktionen vorbereitet oder organisiert (auch schon vor einer Stimulusdarbietung), wobei es andere gegenwärtige und geplante Handlungen des Betreffenden berücksichtigt. Nach einer solchen Auffassung (Pribram, 1962) ist der Stirnkortex an der Steuerung von Verhalten durch unsere Intentionen beteiligt; seine Rolle bei der Bewegungssteuerung zeigt sich demnach am ehesten bei den Reaktionen, die wir im Gegensatz zu den Reflexen als Willkürhandlung empfinden.

Abgesehen von den geistigen Veränderungen, die beim flexiblen Planen und der Bewegungssteuerung auftreten, sind auch emotionale Veränderungen zu beobachten, wie aufgrund des Beispiels der „gleichgültigen" Schimpansen zu erwarten ist (S. 147). Im allgemeinen wird berichtet, daß Menschen mit Stirnhirnverletzungen weniger Gefühle zeigen als zu erwarten wäre. Dies könnte lediglich eine Phase einer *Unangemessenheit* von Gefühlen und Reaktionen sein. So neigen diese Personen oft zu übertriebener Scherzhaftigkeit und machen unangebrachte Witze; oder sie weinen über irgendeine Lappalie, ohne eine spezielle Gefühlstiefe zu besitzen. Die emotionalen Störungen können von motivationalen Schwankungen wie Veränderungen der Nahrungsaufnahme und des Sexualtriebs begleitet sein.

Die Gesamtheit dieser Veränderungen kann befremdlich wirken, aber sie steht nicht in Widerspruch zu den anatomischen Verhältnissen dieser Region, einschließlich ausgedehnter Verbindungen zum parietooccipitalen Assoziationszentrum und zum limbischen System.

2.7 Kognition, Bewußtsein und Gehirnasymmetrie

Es wurde bereits festgestellt, daß Befunde von Menschen mit durchtrenntem Balken und mit einseitigen Läsionen erkennen lassen, daß die linke Hirnhälfte in der Regel wichtiger als die rechte für sprachliche Funktionen verschiedener Art ist. Bei anderen Versuchen wurde das EEG an beiden Seiten des Gehirns gemessen, wobei sich zeigte, daß die Gehirnströme auf der linken Seite besonders ausgeprägt sind, wenn sich die Vp einer sprachlichen Tätigkeit widmet. Die zerebrale Asymmetrie erstreckt sich jedoch nicht nur in eine Richtung. Andere Studien haben gezeigt, daß für bestimmte nichtsprachliche Funktionen die rechte Gehirnhälfte bei Normalen wesentlicher und aktiver zu sein scheint. Beispielsweise bewirkt eine Schädigung der rechten Hemisphäre (und insbesondere der Schläfen- oder Hinterhauptlappen) größere Schwierigkeiten, Stimuli, ob visueller oder auditiver Natur, sowohl *wahrzunehmen* als auch zu *erinnern,* solange diese Stimuli keine Namen haben und zu komplex sind, um sich leicht in Worten beschreiben zu lassen.

Bei Vpn mit durchtrenntem Balken kann man die beiden Hemisphären in direkte „Konkurrenz" miteinander treten lassen und ihre relative Bedeutung beurteilen. Bei manchen Versuchen bedient man sich dazu „visueller Schimären", zusammengesetzter Bilder, die gemacht werden, indem man die linke Hälfte eines Stimulus mit der rechten Hälfte eines anderen zusammenfügt (Abb. 27). Der Proband fixiert die Bildmitte und betrachtet das Bild nur sehr kurz. Wenn man ihm dann die beiden ursprünglichen, vollständigen Bilder vorlegt und ihn auffordert, auf das zuvor Gesehene zu *zeigen,* dann wählt die Vp mit durchtrenntem Balken das Bild, das in der linken Hälfte der Schimäre zu sehen war – das heißt, das Bild, das von der *rechten* Seite des Gehirns wahrgenommen und behalten worden war. Wenn der Proband statt dessen aufgefordert wird, *verbal* zu benennen oder zu beschreiben, welchen Stimulus er sah, dann wird der Stimulus der rechten Hälfte (und somit der linken Hemisphäre) identifiziert (Levy et al., 1972). Wir ersehen daraus, daß die rechte Seite des Gehirns wichtiger für die Wahrnehmung und/oder das Gedächtnis ist, solange keine Sprache ins Spiel kommt, in welchem Fall sich die linke Seite durchsetzt.

Abbildung 27: Das Wort Schimäre stammt von der Bezeichnung einer mythologischen Figur, teils Löwe, teils Ziege und teils Schlange. Wenn eine visuelle Schimäre wie in Bild A, B, C oder D einer Vp mit durchtrenntem Balken gezeigt wird und sie später angeben soll, welche der Bilder 1–8 sie gesehen hat, dann hängt die Wahl des Gesichtes davon ab, ob bei der Antwort Sprache benutzt wird oder nicht. (Einzelheiten siehe dort.)

J. Levy et al.: Perception of bilateral chimeric figures following hemispheric deconnexion. *Brain: A Journal of Neurology*, 1972, I. Teil, *95*, 61–78. Abbildung auf S. 68 dieses Artikels.

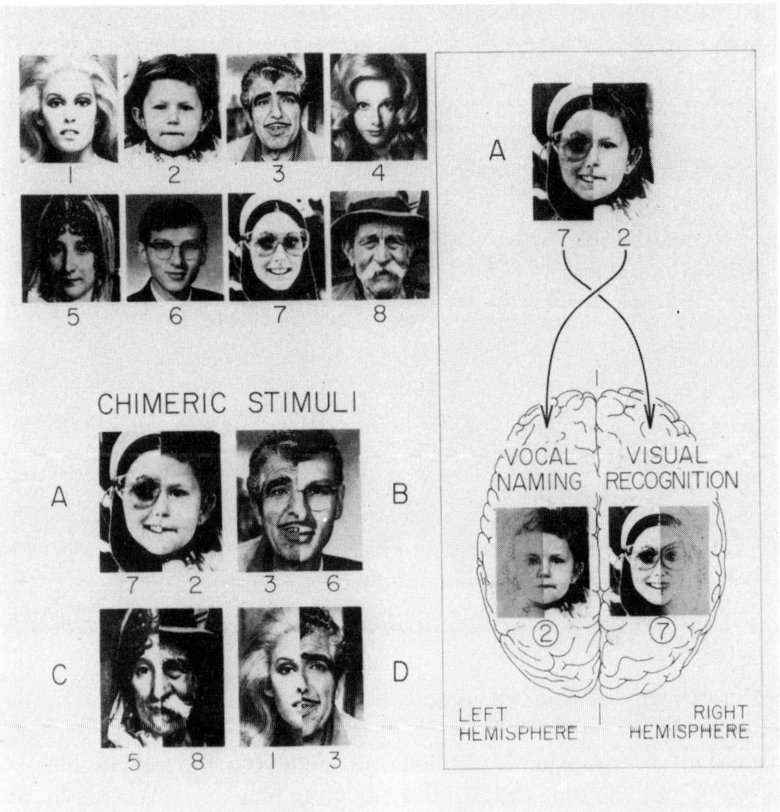

Experimente, bei denen die Intensität der neuralen Aktivität auf beiden Seiten des intakten Gehirns separat gemessen wurde, haben gezeigt, daß die linke Seite zwar besonders aktiv ist, wenn sich jemand einer verbalen Aufgabe widmet, daß sich die Aktivität jedoch überwiegend auf die andere Seite verlagert, wenn ein *räumliches* Problem gelöst wird (Galin u. Ornstein, 1972) oder wenn räumliche Vorstellungen ausgelöst werden (Ornstein et al., 1979).

Manche Psychologen haben die Auffassung vertreten, es sei hilfreich, sich die eine oder andere Gehirnhälfte als „dominant“ vorzustellen, wenn der Betreffende eine entsprechende geistige Tätigkeit ausübt bzw. ein entsprechendes Verhalten zeigt. Darüber hinaus wird die Ansicht vertreten, daß manche Menschen „linkshirnig“ und andere „rechtshirnig“ seien, je nachdem, welche Funktionen in der Art und Weise, wie ein bestimmter Mensch die Welt organisiert und versteht, vorherrschen. Und in der Tat ist die Ansicht geäußert worden, daß wir eine bestimmte Gehirnhälfte bevorzugt „schulen“ können, um diejenigen geistigen Aktivitäten zu fördern, die bevorzugt von dieser Hälfte gesteuert werden. Meinungen wie diese gehen oft mit umfassenderen Vorstellungen von den Unterschieden zwischen den Hemisphären einher, als bei den oben beschriebenen Versuchen demonstriert wurden; beispielsweise der Idee, daß das linke Gehirn nicht nur verbal, sondern analytisch und rational sei, während das rechte Gehirn intuitiv, sensibler und raumbezogen sei.

Es steht außer jedem Zweifel, daß es funktionale Unterschiede zwischen manchen symmetrisch angeordneten Hirnregionen gibt, genauso wie anatomische Unterschiede zwischen den zunächst „gleich“ erscheinenden Strukturen der beiden Seiten existieren. Sobald man sich das klargemacht hat, ist es jedoch nicht bemerkenswerter als die Tatsache, daß es Unterschiede zwischen der Vorderseite und der Rückseite des Gehirns gibt. Wir können viele interessante Fragen stellen, inwiefern sich Menschen hinsichtlich ihres kognitiven Stils und ihrer Persönlichkeit unterscheiden und wie sich ein Mensch freiwillig oder unter dem Einfluß äußerer Reize verändern kann. Und wenn sich zwei Menschen voneinander unterscheiden, oder

Abbildung 28: Einem Kind mit Down-Syndrom werden von einer Lehrerin durch Tanztherapie die Begriffe rechts und links beigebracht. Die Tatsache, daß eine genetische Ursache dieses Krankheitsbildes definitiv feststeht, bedeutet natürlich nicht, daß wir die Erziehung oder Behandlung der Betroffenen als sinnlos abtun sollten; es lassen sich Wirkungen erzielen. Auf diesem Photo befolgt das Kind teilweise richtig die Anweisung: „Hebe dein rechtes Knie, berühre es mit deiner linken Hand."

wenn sich jemand von Zeit zu Zeit verändert, dann müssen sich diese Unterschiede in unterschiedlicher Hirnaktivität in der einen oder anderen Region und auf der einen oder anderen Seite niederschlagen. Wir wissen viele dieser Antworten noch nicht, aber die Fragen sind nicht neu.

3 Intelligenz

3.1 Geistige Retardierung

Menschen, die in ihren geistigen Funktionen infolge einer Abnormalität während der Entwicklung weit unter dem Durchschnitt bleiben, werden als *geistig retardiert* bezeichnet. Eine Reihe spezifischer Faktoren kann geistige Retardierung bewirken, obwohl in der Mehrzahl der Fälle kein Grund für diesen Zustand bekannt ist (s. Abb. 28).

3.2 Genetische und äußere Faktoren

Das Down-Syndrom einschließlich der dazugehörigen geistigen Retardierung wird durch das Vorhandensein eines überschüssigen Chromosoms verursacht (s. 1. Bd., S. 107ff.). Es gibt mehrere andere Krankheitsbilder, bei denen ein Chromosom oder sogar ein Gen die entscheidende Rolle spielt, und bei mehreren dieser Krankheiten ist Wissenschaftlern die Identifizierung gelungen, welches spezielle Enzym bei den Betroffenen fehlt. Es ist nicht immer so klar, wie durch das Fehlen von Enzymen (und der von ihnen gesteuerten Reaktionen) geistige Retardierung hervorgerufen wird, aber bei manchen dieser Krankheiten ist eine weitreichende Degeneration des Gehirns zu beobachten.

Die normale Entwicklung des Gehirns (und somit normale Intelligenz) setzt adäquate Ernährung und ausreichende Sauerstoffzufuhr in den entscheidenden Lebensstadien vor und nach der Geburt voraus. Zweifellos sind viele Fälle geistiger Retardierung von unzulänglicher Ernährung der Mutter und des Kindes beeinflußt. Viele Untersuchungen in verschiedenen Teilen der Welt haben gezeigt, daß stark unterernährte Kinder niedrigere IQs haben als relativ besser genährte Kinder derselben Länder (Birch u. Gussow, 1970). Aufschlüsse über einen der biologischen Mechanismen, durch den sich der Ernährungszustand auf den IQ auswirken könnte, ergaben sich aus einer Untersuchung des DNS-Gehalts des Gehirns. Die Zunahmerate der DNS während der Entwicklung steht in einem unmittelbaren Zusammenhang zur Zunahme an Zellen. Es ist gelungen, den DNS-

Gehalt des Gehirns von Säuglingen, die an Unterernährung starben, verglichen mit Säuglingen, die an anderen Ursachen starben, festzustellen. Das Gehirn der unterernährten Säuglinge wies signifikant weniger DNS auf als das normal genährter Säuglinge. Die unterernährten Kinder wären, hätten sie überlebt, mit einer unterdurchschnittlichen Zahl von Nervenzellen durchs Leben gegangen.

Im Winter 1944/45 herrschte in einem Teil von Holland eine schwere Hungersnot. Jahre später wurden mit jungen Männern, die im Winter 1944/45 geboren worden waren, Intelligenztests durchgeführt. Die Probanden aus dem Hungergebiet schnitten *nicht schlechter* ab als die Probanden aus anderen Teilen des Landes und auch nicht schlechter als andere vor oder nach der Hungersnot geborene Männer. Widerlegt das die Behauptung, daß die Gehirnentwicklung durch Unterernährung beeinflußt werden könne? Nein. Es ist bekannt, daß das ungeborene Kind den Vorrang für alle Nährstoffe besitzt, die im Körper der Mutter vorhanden sind. Die sicherste Schlußfolgerung in diesem speziellen Fall ist somit vielleicht die, daß die holländischen Mütter genügend Nährstoffreserven besaßen, um die normale Entwicklung ihrer Sprößlinge zu gewährleisten, da die holländische Bevölkerung vor dem Krieg gut und bis zum Ausbruch der Hungersnot relativ gut genährt war. In Teilen der Welt, in denen chronische Unterernährung herrscht, scheint die Annahme hingegen gerechtfertigt, daß die geistige Entwicklung vieler Kinder durch Nahrungsmangel entscheidend beeinträchtigt wird.

3.3 „Spontane" Retardierung

In vielen Fällen sind die Ursachen der Retardierung unbekannt. Oft sind keine klaren Anzeichen neurologischer Veränderungen vorhanden, die mit dem Zustand einhergehen, aber manchmal sind Anomalien zu beobachten. Purpura (1974) hat Autopsien der Gehirne normaler und retardierter Kinder durchgeführt. Manche der retardierten Kinder wiesen an den Neuronen der Großhirnrinde eine abnormal niedrige Zahl von Dendritenfortsätzen (und somit vermutlich eine geringe Zahl von Synapsen) auf.

3.4 Normale Schwankungen der Intelligenz

Die Schwierigkeit, Intelligenz zu definieren (s. 2. Kap.) und festzustellen, was ihre verschieden starke Ausprägung, die bei den einzelnen gemessen wird, verursacht, ist mit unserem gegenwärtigen physiologischen Wissen nicht zu lösen. Bis heute gibt es keinen anatomischen oder biochemischen Faktor, von dem bekannt ist, daß er mit der Intelligenz (ob diese nun als gemessener IQ-Wert, gelungene Anpassungsleistung oder wie auch immer definiert wird) innerhalb der normalen menschlichen Bandbreite korreliert. Wenn es uns gelänge, irgendeinen körperlichen Meßwert zu entdecken, der tatsächlich beispielsweise mit den IQ-Scores korreliert, so würde uns das verstärktes Zutrauen zur Testung geistiger Fähigkeiten geben. Die Art der anatomischen Meßwerte könnten uns vielleicht auch Hinweise auf die Faktoren geben, die Unterschiede in der Intelligenz hervorrufen.

Es könnte scheinen, daß diese fehlenden Erkenntnisse als solche auch eine Art von Erkenntnis bieten, daß sie nämlich umweltbezogene im Gegensatz zu genetischen Erklärungen für die Unterschiede in den Fähigkeiten bestätigen. Dies wäre jedoch eine unangebrachte Schlußfolgerung. Wenn wir eine wissenschaftliche Untersuchung der biologischen Grundlagen des Verhaltens durchführen, einschließlich der Frage, „wie intelligent" junge Menschen auf dieselben Herausforderungen reagieren, dann gehen wir davon aus, daß alle Verhaltensunterschiede mit Unterschieden im Nervensystem oder anderen körperlichen Prozessen zusammenhängen, ob diese biologischen Unterschiede selbst nun genetischen Ursprungs oder milieubedingt sind. Ein überzeugter Milieutheoretiker würde glauben müssen, daß eine anregende *Umwelt* die Intelligenz fördert, indem sie das Gehirn verändert, während die hereditäre Gegenposition davon ausgeht, daß sich der *genetische* Faktor in der neuralen Entwicklung manifestiert.

Unser gegenwärtiger bedauernswerter Mangel an Wissen über die physiologischen Faktoren der Intelligenz beweist wenig oder gar nichts. Wenn wir mehr – viel mehr – über solche Faktoren gelernt haben, so wird uns das nicht nur helfen, wissenschaftliche Fragen zu lösen, sondern es könnten sich auch wichtige praktische Anwendungsmöglichkeiten daraus ergeben.

Zusammenfassung

1. *Der Kortex (die Großhirnrinde)* ist jene Gehirnstruktur, die im Laufe der Evolution von den „niederen" (wirbellosen) Tieren zu den „höheren" Tieren (Primaten) am stärksten an Bedeutung zunimmt. Obwohl Lashley Ergebnisse von Rattenuntersuchungen vorlegt, die die Theorie der Äquipotentialität des Kortex für das Lernen unterstützten, haben viele andere Experimente ein gewisses Maß an Funktionsspezialisierung im Kortex, ja sogar in den Assoziationszentren demonstriert.

2. Im hinteren Kortex des Affen befinden sich *modalitätsspezifische* Regionen für das Sehen, Hören und so weiter. Die Sehrinde besteht aus dem ersten und zweiten Sehrindenfeld. Das letztere gliedert sich in Subregionen, die für verschiedene spezialisierte visuelle Wahrnehmungsfunktionen, wie Entfernung, Farbe, Bewegung usw. zuständig zu sein scheinen.

3. Läsionen des visuellen Assoziationszentrums, das als *inferotemporales Areal* bezeichnet wird, behindern Affen stark bei visuellen Unterscheidungsaufgaben, obwohl die Tiere nicht blind zu sein scheinen und keine Defizite beim nichtvisuellen Lernen aufweisen. Alternative sensorisch-perzeptive und perzeptiv-gedächtnisbezogene Hypothesen sind zur Erklärung der normalen Funktionen dieser Regeln herangezogen worden.

4. Etwas ähnliche Areale befinden sich in den somatosensorischen und auditiven Regionen der hinteren Hirnrinde. Außerdem scheint ein Areal in der parietooccipitalen Region als mögliche Schaltstelle zwischen visuellen, taktilen und motorischen Aktivitäten zu dienen.

5. Bei Primaten führen Läsionen des *frontalen Assoziationszentrum* zu einem Versagen bei Aufgaben mit verzögerter Reaktion, was alternativ als Folge einer Einbuße des Kurzzeitgedächtnisses oder eines Verlusts an Flexibilität im Verhalten erklärt wird. Die Zerstörung von frontolimbischen Verbindungen mag zu dem abnormalen Verhalten beitragen.

6. Beim Menschen können Gehirnschäden die eine oder andere Art von *Aphasie,* den Verlust der Sprachfähigkeit, hervorrufen. Die Ursache ist gewöhnlich eine Läsion der linken Hirnhemisphäre, insbesondere bei Rechtshändern. Mehrere andere Unterschiede sowohl anatomischer als auch funktionaler Art zwischen den beiden Gehirnhälften sind entdeckt worden.

7. Bei der *Brocaschen Aphasie* besteht ein Mangel an spontanen Sprechakten bei ziemlich gutem Verständnis. Der zugrundeliegende Verlust kann hier die grammatischen Strukturen sowohl hinsichtlich des Verstehens als auch des Sprechens betreffen. Die Läsion ist gewöhnlich im Stirnhirn lokalisiert.

8. Bei der Wernicke-Aphasie kann der Betreffende zwar flüssig sprechen, aber seine Sprache ist nicht immer richtig. Weitere Analysen deuten darauf hin, daß die entscheidende Schwierigkeit die Bedeutung von Worten betrifft, sowohl beim Verstehen als auch beim Hervorbringen von Sprache. In diesem Fall ist häufig der Schläfenlappen des Gehirns geschädigt.

9. Versuche mit Vpn, deren Balken durchtrennt wurde, und Beobachtungen von Kindern mit Gehirnschäden deuten darauf hin, daß die rechte Hemisphäre über eine gewisse Sprachfähigkeit verfügt, aber daß sie bei normaler Entwicklung den größten Teil dieser Funktionen im Alter von etwa zehn Jahren verliert.

10. *Alexie* bzw. *Dyslexie* (totaler oder teilweiser Verlust der Lesefähigkeit) und *Agraphie* (Verlust der Schreibfähigkeit) kann nach bestimmten Hirnverletzungen eintreten; keine spezifische neurale Erklärung ist jedoch für die *Legasthenie* bekannt, das langsame und oft unvollständige Lesenlernen, das bei manchen Menschen zu beobachten ist.

11. Gehirnschäden können einseitige *Vernachlässigung* hervorrufen, wobei der Betreffende dazu neigt, Reize zu ignorieren, die auf eine Seite des Körpers treffen oder von einer Seite der sensorischen Welt kommen. Mehrere verschiedene Arten von *Agnosien,* wobei der Betreffende vorher vertraute Gegenstände nicht wiedererkennen kann, können ebenfalls durch örtlich begrenzte Gehirnschäden hervorgerufen werden.

12. Beschädigungen des Stirnhirns rufen beim Menschen keine Schwierigkeiten bei einfachen Problemen mit verzögerter Reaktion hervor, aber sie verursachen Veränderungen, die verschiedentlich auf die Störung bestimmter Funktionen zurückgeführt wurden. Diese Veränderungen könnten auch den Auswirkungen solcher Läsionen bei den Primaten zugrundeliegen. Manche Fachleute haben von einer gesteigerten Tendenz zur *Perseveration* gesprochen; andere betonen die Rolle der Stirnregionen für die Auslösung von Willkürreaktionen.

13. Bei verschiedenen abnormen Zuständen wie dem *Down-Syndrom* gibt es definitive Beweise, daß eine spezifische genetische Veränderung geistige Retardierung bewirkt. Es liegt auch umfangreiches Beweismaterial vor, daß *schwere Unterernährung* zu niedrigeren IQs führen kann, aber das scheint nur zuzutreffen, wenn die Ernährungsmängel über Generationen hinweg chronisch sind.

Glossar

Adaptation (Anpassung): Bei Piaget der Prozeß der ständigen Interaktion zwischen vorhandenen Strukturen und Umweltreizen.

Agnosie: Die Unfähigkeit, ein früher bekanntes Objekt wiederzuerkennen. Diese Unfähigkeit kann die Folge einer kortikalen Verletzung sein.

Agraphie: Die Unfähigkeit zu schreiben, insbesondere infolge eines Gehirnschadens.

Akkommodation: Bei Piaget die Form der Anpassung, bei der alte Schemata oder Strukturen modifiziert oder neue gebildet werden, um Umweltreize zu absorbieren, die weder ignoriert noch durch Assimilation in bestehende Strukturen eingefügt werden können.

Alexie: Die Unfähigkeit zu lesen.

Aphasie: Sprachstörung nach Verletzung der Hirnrinde.

Äquilibration: Bei Piaget die inhärente Tendenz von Strukturen, auf immer höherem und komplexerem Niveau zu funktionieren. Im Grunde die Motivationsbasis für das kognitive Wachstum.

Äquipotentialität: Ein von Lashley behauptetes Prinzip, wonach im Hinblick auf bestimmte spezifische Funktionen ein Teil der Gehirnrinde dasselbe leisten kann, wie jeder andere Teil.

Assimilation: Bei Piaget die Form der Adaptation, bei der die vorhandenen Strukturen nur diejenigen Aspekte von Umweltreizen in sich aufnehmen, die in die vorhandenen Schemata passen oder passend gemacht werden können.

Assoziationszentren: Teile des Kortex, die nicht primär sensorischer oder motorischer Natur sind. Das frontale Assoziationszentrum befindet sich in den Stirnlappen; das hintere Assoziationszentrum schließt die Verbindungen zwischen den Temporal-, Parietal- und Occipitallappen ein.

Brocasche Aphasie: Mangel an spontanen Sprechakten bei einigermaßen gutem sprachlichem Verständnis. Das Brocasche Syndrom, das früher als motorische Aphasie betrachtet wurde, wird jetzt als syntaktische Aphasie angesehen, bei der die grammatischen Strukturen, sei es bei der Hervorbringung oder beim Verständnis gesprochener Sprache beeinträchtigt sind.

Brocasches Zentrum: Das untere Stirnhirn der linken Hemisphäre des menschlichen Gehirns. Wesentlich für die normalen Sprachfunktionen bei fast allen rechtshändigen sowie den meisten linkshändigen Erwachsenen.

Computersimulation: Ein Computer wird so programmiert, daß er in Übereinstimmung mit möglichen psychologischen Prozessen wie Denken oder Problemlösen funktioniert – gewöhnlich in der Absicht, mehr über diese Prozesse zu lernen.

Denken: Die innere Umstrukturierung von Objekten und Ereignissen, die symbolisch repräsentiert sind.

Deskriptiver Ansatz: Der Ansatz, der im Hinblick auf Denken, Problemlösen und Entscheiden zu beschreiben versucht, wie Menschen die genannten Operationen tatsächlich ausführen.

Eignungstests: Tests zur Feststellung des zu erwartenden Nutzens weiterer Bildungs- oder Ausbildungsgänge.

Einstellung: Die Neigung, sich durch frühere Erfahrungen zu einer weniger effizienten oder unangemesseneren Methode, ein Problem zu lösen, verleiten zu lassen (auch im Englischen wird dieser deutsche Begriff verwendet, da die Forschungsarbeit auf diesem Gebiet von Deutschland ausging).

Entscheidungsfindung: Die Wahl zwischen alternativen Handlungsweisen.

Entscheidungsbaum: Ein Diagramm, in dem die alternativen Entscheidungen astförmig dargestellt sind, wobei die weiteren Verzweigungen alternative Entscheidungssequenzen repräsentieren. Die zu bewertenden Konsequenzen oder Resultate sind an den Enden der Zweige verzeichnet.

Entwicklungspsycholinguistik: Das Studium des Prozesses, durch den Kinder zu kompetenten Sprachbenutzern werden.

Enaktiver Modus der Repräsentation: Die Repräsentation von Wissen durch Bewegungsschemata. Die Fertigkeit, auf einem Fahrrad fahren oder einen bestimmten Tanz ausführen zu können, ist enaktives Wissen. Dies ist das erste von Bruners drei Stadien des kognitiven Wachstums und ist das primäre Stadium bei Säuglingen.

Erhaltung: Ein Aspekt der geistigen Entwicklung, der nach Piagets Theorie darin besteht, daß das Kind begreifen lernt, daß sich bestimmte Eigenschaften eines Objekts (z.B. das Gewicht) trotz Veränderungen anderer wahrnehmbarer Merkmale dieses Objekts nicht verändern.

Erleuchtung: Das dritte Stadium des Problemlösens, die plötzliche Erkenntnis, wie das Problem tatsächlich gelöst werden kann.

Faktorenanalyse: Eine statistische Technik zur Aufstellung einer Tabelle von Korrelationen zwischen Intelligenztests (oder einer anderen Reihe meßbarer Quantitäten) anhand einer kleinen Auswahl theoretischer Konzepte, die man als *Faktoren* bezeichnet. Verschiedene Methoden der Faktorenanalyse können etwas unterschiedliche Faktoren ergeben.

Flußdiagramm: Ein in der Regel aus Kästen und Pfeilen bestehendes Diagramm, das den Informationsfluß durch ein Informationsverarbeitungssystem (wie einen Computer oder das menschliche Gehirn) zeigt. Auf Flußdiagrammen sind sowohl die durchgeführten Operationen als auch die Reihenfolge ihrer Ausführung angegeben.

Formale Operationen: Piagets viertes und letztes Stadium der geistigen Entwicklung, das etwa im Alter von elf Jahren beginnt und in dem die Fähigkeit zum abstrakten Denken erworben wird.

Funktionale Fixierung: Von Duncker definiert als „Hemmung, eine geeignete neue Verwendungsmöglichkeit eines Objekts zu entdecken, weil der Betreffende das Objekt früher in einer anderen Funktion als der gegenwärtig erforderlichen benutzt hat".

Gedächtnisbild (auch Erinnerungsvorstellung): Ein subjektives Erleben quasi-perzeptiver Art (d.h. visuell, auditiv, olfaktorisch etc.) eines Objekts oder Ereignisses, das einst tatsächlich als physische Realität wahrgenommen wurde, aber jetzt im eigenen Wahrnehmungsfeld nicht präsent ist. Gedächtnisbilder, die besonders detailliert, lebendig und genau sind, werden als *eidetische Bilder* bezeichnet. Diese kommen bei Kindern häufiger vor als bei Erwachsenen.

Gruppentests: Tests zur Messung geistiger Fähigkeiten, die gleichzeitig mit einer großen Zahl von Probanden durchgeführt werden. (Der Hochschuleignungstest ist ein Beispiel dafür.)

Heuristik: Eine einfache Abkürzungsmethode oder Strategie, um ein Problem zu lösen oder eine Entscheidung zu treffen. Steht im Gegensatz zu der blinden mechanischen Überprüfung aller möglichen Alternativen. Heuristische Methoden sind rascher, aber nicht immer besser.

Ikonischer Modus der Repräsentation: Bei Bruner die Repräsentation von Wissen in Form von Vorstellungen und Wahrnehmungen. Die Erinnerung an das Gesicht eines Freundes ist ein Beispiel dafür. Dies ist das zweite von Bruners Stadien des kognitiven Wachstums.

Inferotemporaler Kortex: Bei Affen eine Region am unteren Rand des Schläfenlappens, die wichtige Funktionen bei bestimmten visuell gesteuerten Verhaltensweisen ausübt. Nach Läsionen weisen die Tiere große Lerndefizite auf.

Inkubation: Das zweite Stadium, das beim Problemlösen auftreten kann. Während dieses Stadiums erfolgt keine bewußte Arbeit an dem Problem, aber sobald man das Problem wieder aufgreift, stellt sich ein prompter Fortschritt über den zuvor erreichten Punkt hinaus ein. Das produktive Denken scheint also auch während der Inkubationszeit anzuhalten.

Intelligenzquotient (IQ): Das Ergebnis eines Intelligenztests. Bei früheren Versionen des Stanford-Binet-Tests wurde der IQ durch Division von Intelligenzalter durch Lebensalter und Multiplikation des Ergebnisses mit 100 berechnet. Bei neueren Fassungen und beim Wechsler-Intelligenztest wird der IQ einfach von einer Tabelle abgelesen, die aus Normen für Kinder derselben Altersstufe oder für die gesamte erwachsene Bevölkerung errechnet wurde.

Intelligenzalter (IA): Das Durchschnittsalter der Kinder, die dieselben Aufgaben lösen können wie der Proband, dessen Intelligenzalter berechnet wird – ausgedrückt in Jahren und Monaten (siehe *Intelligenzquotient*).

Intonationsmuster: Veränderungen im Stimmfall beim Sprechen, wie das Heben und Senken der Stimme bei Fragen und Ausrufen.

Konkrete Operationen: Piagets drittes Stadium der geistigen Entwicklung, das sich vom Alter von etwa sieben bis elf Jahren erstreckt und in dem sich das Verständnisprinzip der Erhaltung entwikkelt.

Kriterium: Um die Validität eines Tests festzustellen, überprüft man, wie gut er die Ergebnisse eines anderen Tests oder bestimmte Verhaltensweisen voraussagen kann; die Dimension, die man vorherzusagen versucht, wird als *Kriterium* bezeichnet.

Künstliche Intelligenz: Der Einsatz von Computern (oder anderen Geräten) zur Erledigung von Aufgaben, die üblicherweise Intelligenz oder Denken erfordern würden. K-I-Programme werden in allen Einzelheiten schriftlich niedergelegt, so daß die Aufgaben tatsächlich ausgeführt werden können – wenn auch nicht notwendigerweise mit dem Ziel zu lernen, wie Menschen solche Aufgaben ausführen, was in der Regel die Absicht der K-I-Programme ist.

Legasthenie (Schreib-, Leseschwäche): Eine Störung, bei der der Betreffende nicht im normalen Alter und mit normaler Schnelligkeit und Genauigkeit lesen und schreiben lernt.

Leistungstests: Mit denen gemessen wird, was man bereits gelernt oder erreicht hat.

Linguistisches Wissen: Die implizite, unbewußte Fähigkeit, in einer bestimmten Sprache eine unbegrenzte Zahl neuer Sätze zu sprechen und zu verstehen (manchmal auch als Sprachkompetenz bezeichnet).

Linguistische Übergeneralisation: Das Ignorieren linguistischer Ausnahmen durch Kinder, indem allgemeine Regeln auf alle relevanten Formen angewandt werden.

Linguistische Universalien: Grundstrukturen, die alle menschlichen Sprachen miteinander gemein haben.

Modell der subjektiven Nutzenerwartung (SNE): Die Theorie, wonach der subjektive Wert einer Entscheidung gleich der Summe der Produkte der subjektiven Wahrscheinlichkeit und der subjektiven Werte der möglichen Resultate ist. Es wird angenommen, daß der rationale Entscheidungsfinder die Alternative wählt, für die diese Summe (d.h. der erwartete Nutzen) am größten ist.

Morphologie: Die Regeln der Wortbildung in der Sprache.

Multiple Faktorentheorie: Eine Theorie über die Struktur der Intelligenz, die diese als aufteilbar in eine relativ begrenzte Zahl sogenannter Gruppenfaktoren betrachtet (theoretische Konzepte, von denen jedes eine Anzahl eng zusammenhängender geistiger Fähigkeiten umfaßt.

Normativer Ansatz: Der Versuch zu beschreiben, wie man sich verhalten *sollte:* wie man kreativer denken, effizienter Probleme lösen und Entscheidungen treffen kann, die mit den eigenen persönlichen Wertvorstellungen besser in Einklang stehen.

Nutzen: Der subjektive Wert: Wie wertvoll ein bestimmtes Objekt, Ereignis oder Resultat für einen Menschen ist.

Operationale Definition: Definition eines Konzepts im Hinblick auf die Verfahrensweisen oder Beobachtungen, die zu seiner Identifizierung oder Messung dienten (*Intelligenz* ist das, was von den Intelligenztests gemessen wird).

Organisation: Bei Piaget die Auffassung, daß das geistige Leben durch die zunehmenden Wechselbeziehungen einfacher Elemente oder Schemata aufgebaut wird, die sich zu neuen und immer komplexeren Schemata zusammenfügen.

Phonologie: Die Lehre von den Phonemen (Lauteinheiten im Sprachsystem).

Psychometrie: Das Teilgebiet der Psychologie, das sich auf die Messung psychologischer Phänomene spezialisiert hat.

Präoperationales Stadium: Piagets zweites Stadium der geistigen Entwicklung, das etwa vom zweiten bis zum siebenten Lebensjahr dauert und in dem die Sprache erlernt wird.

Problemlösen: Praxisbezogenes Denken, das darauf abzielt, die Hindernisse zu überwinden, die einem bestimmten Ziel oder einer Lösung im Wege stehen.

Problem der verzögerten Reaktion: Ein Problem, bei dem der Proband auf einen Reiz reagieren muß, der nicht mehr vorhanden ist, beispielsweise das Problem, einen von zwei identischen geschlossenen Behältern zu wählen, in den vorher vor den Augen des Probanden eine Belohnung gelegt wurde.

Produktives Denken (kreatives Problemlösen): Das Erreichen einer Lösung, die zumindest für den Problemlöser neu und erstmalig ist. Früher angeeignete Methoden müssen abgewandelt oder revidiert werden, um den Besonderheiten des Problems gerecht zu werden.

Produktive Kenntnis der Sprache: Das Wissen, das ein Individuum befähigt, Äußerungen hervorzubringen und zu verstehen, denen es vorher nie begegnet ist.

Prosopagnosie (Gesichtsagnosie): Unfähigkeit, bekannte Personen aufgrund ihrer Gesichtszüge zu erkennen.

Reliabilität: Die Zuverlässigkeit eines Tests oder einer anderen Methode, die sich beispielsweise darin äußert, wie gut die Ergebnisse korrelieren, wenn derselbe Test mehrmals zu verschiedenen Zeitpunkten gemacht wird.

Redundanz in der Sprache: Bezieht sich auf die Tatsache, daß bestimmte Buchstaben und Worte, die in bestimmten Kontexten auftauchen, einen unterschiedlichen Grad an neuer Information transportieren. Ein Wort mit hundertprozentiger Redundanz trägt keine Informationen bei; ein Wort mit null Redundanz vermittelt eine völlig neue Information.

Reproduktives Denken: Die direkte und unveränderte Anwendung früher erworbenen Wissens auf ein Problem.

Schemata: In Piagets theoretischem System die Grundelemente des geistigen Lebens (bzw. der kognitiven Organisation). Die bei der Geburt vorhandenen sensomotorischen Reflexe sind Beispiele der einfachsten Schemata.

Semantik: Jene Disziplin, die sich mit den Bedeutungen von Worten und sonstigen sprachlichen Äußerungen befaßt.

Sensomotorisches Stadium: Das erste Stadium Piagets, das sich von der Geburt bis zum Alter von zwei Jahren erstreckt und in dem sich die geistige Organisation des Säuglings, beginnend mit einigen wenigen angeborenen Reflexreaktionen, die den Anfang der geistigen Entwicklung bilden, entfaltet.

Sprachfreie Tests: Intelligenztests, die überwiegend aus Bewegungs- oder Wahrnehmungsaufgaben bestehen (wie dem Kopieren von Würfelmustern) und keine Demonstration der verbalen Fähigkeiten erfordern. Einen Gegensatz dazu bilden die *verbalen Tests.*

Standardisierung: Um Vergleichsmaßstäbe für Leistungen und Verfahren für die Auswertung eines neuen Tests zu erhalten, wird eine repräsentative Stichprobe von Personen diesem Test unterzogen.

Symbolischer Modus der Repräsentation: Bei Bruner die komplexeste und flexibelste Form, in der Wissen innerlich repräsentiert sein kann – das letzte Stadium des kognitiven Wachstums. Symbolisches Wissen besteht aus Elementen, die eine willkürliche Beziehung zu den Dingen haben, die sie repräsentieren (z.B. der Gebrauch von Worten).

Syntax: Der Korpus an linguistischen Regeln, die es ermöglichen, eine Reihe von Worten in einem Satz zu der zugrundeliegenden Bedeutung dieses Satzes in Beziehung zu setzen; das heißt, die grammatischen Regeln, die die Reihenfolge der Worte eines Satzes (Satzstellung) in einer Sprache bestimmen.

Validität: Ein Test ist in dem Maße *valide,* als er das leistet, was er zu leisten vorgibt. So ist beispielsweise ein Schuleignungstest in dem Grad *valide,* als die Probanden, die bei dem Test höhere Ergebnisse erzielen, auch tatsächlich in der Schule bessere Noten erreichen.

Verbale Tests: Intelligenztests, die überwiegend aus Aufgaben bestehen, die den Wortschatz, die verbale Logik, das Sprachverständnis und so weiter messen. Vergleiche im Gegensatz dazu *sprachfreie* Tests.

Verifizierung: Das vierte Stadium des Problemlösens. Dies ist der Punkt, an dem die in Aussicht genommene Lösung genauer ausformuliert und getestet werden kann.

Vernachlässigung: Das Syndrom selektiver Unaufmerksamkeit infolge von Gehirnschäden. Es ist in der Regel durch Unfähigkeit gekennzeichnet, auf Reize auf der der Läsion gegenüberliegenden Körperseite zu reagieren.

Wernicke-Aphasie: Aphasie, die durch eine Störung des Verständnisses und nicht immer angemessenes flüssiges Sprechen gekennzeichnet ist. Während man sie früher als sensorische Aphasie betrachtete, besagt eine gegenwärtige Auffassung, daß es sich um eine semantische Aphasie handele, bei der die Bedeutung von Inhaltswerten sowohl im Verständnis als auch in der Sprachproduktion verlorengeht.

Vorbereitung: Das erste Stadium des Problemlösungsprozesses. Dies ist das Stadium, in dem man mit dem Problem bekannt wird und mit Ideen zu seiner Lösung zu „spielen" beginnt.

Zwei-Faktoren-Theorie: Eine Theorie über die Struktur der Intelligenz, wonach diese einen allgemeinen Faktor *(g)* enthält, der bei allen intellektuellen Leistungen eine Rolle spielt, sowie eine Vielzahl voneinander unabhängiger spezifischer Faktoren *(s),* von denen jeder nur für die Leistung bei einer bestimmten Aufgabe von Belang ist.

Zwei-Wort-Stadium: Ein Stadium in der kindlichen Sprachentwicklung etwa zwischen dem Alter von 18 und 24 Monaten, in dem das Kind entdeckt, daß Worte *kombiniert* werden können, um semantische Operationen und Relationen auszudrücken.

Literaturverzeichnis

Aitken, P. G.: Lesion Effects on Tactual-to-visual Crossmodal Matching in the Rhesus Monkey. Neuropsychologia, 18, 1980, 575–578.

Anderson, N. H.: Application of an Additive Model to Impression Formation. Science, 138, 1962, 817–818.

Anderson, N. H.: Algebraic Rules in Psychological Measurement. Amer. Scientist, 67, 1979, 555–563.

Anderson, N. H., Shanteau, J.: Information Integration in Risky Decision Making. J. Exp. Psychol., 84, 1970, 441–451.

Bauer, R. H., Fuster, J. M.: Delayed-matching and Delayed-response Deficit from Cooling Dorsolateral Prefrontal Cortex in Monkeys. J. Comp. Physiol. Psychol., 90, 1976, 293–302.

Bayley, N.: Development and Maturation. In: Helson, H. (Hrsg.): Theoretical Foundations of Psychology. Princeton: Van Nostrand 1951.

Bayley, N.: Comparisons of Mental and Motor Test Scores for Ages 1–15 Months by Sex, Birth Order, Race, Geographical Location, and Education of Parents. Child Developm., 36, 1965, 379–411.

Bayley, N.: Cognition and Aging. In: Schaie, K. W. (Hrsg.): Theory and Methods of Research on Aging. Morgantown, W. V.: West Virginia University Press 1968.

Bayley, N.: Bayley Scales of Infant Development. New York: Psychological Corporation 1969.

Bayley, N., Rhodes, L., Gooch, B., Marcus, N.: A Comparison of the Growth and Development of Institutionalized and Home-reared Mongoloids: A Follow-up Study. In: Hellmuth (Hrsg.): Exceptional Infant. Vol. II. Studies in Abnormality. New York: Brunner/Mazel 1971.

Benesch, H.: Der Ursprung des Geistes. München: dtv 1981.

Berlyne, D. E.: Konflikt, Erregung, Neugier. Stuttgart: Klett 1974.

Betz, D.: Psychophysiologie der kognitiven Prozesse. München: Reinhardt 1974.

Birnbaum, M. H., Stegner, S. E.: Source Credibility in Social Judgment: Bias, Expertise, and the Judge's Point of View. J. Pers. Soc. Psychol., 37, 1979, 48–74.

Birnbaum, M. H., Wong, R., Wong, L.: Combining Information from Sources that Vary in Credibility. Memory & Cognition, 4, 1976, 330–336.

Birren, J. E., Renner, V. J.: Concepts and Issues of Mental Health and Aging. In: Birren, J. E., Sloane, R. B. (Hrsg.): Handbook of Mental Health and Aging. New York: Van Nostrand Rheinhold 1980.

Bloom, L.: Language Development: Form and Function in Emerging Grammars. Cambridge, Mass.: M.I.T. Press 1970.

Blough, D. S.: Experiments in Animal Psychophysics. Scientific American, 205, 1961, 113–122.

Blum, J. E., Fosshage, J. L., Jarvik, L. F.: Intellectual Changes and Sex Differences in Octogenarians: A Twenty-Year Longitudinal Study of Aging. Developm. Psychol., 7, 1972, 178–187.

Blum, J. E., Jarvik, L. F., Clark, E. T.: Rate of Change on Selective Tests of Intelligence: A Twenty-year Longitudinal Study of Aging. J. Gerontol., 25, 1970, 171–176.

Bock, R. D., Kolakowski, D.: Further Evidence of Sex-linked Major-gene Influence on Human Spatial Visualizing Ability. Amer. J. Hum. Genet., 25, 1973, 1 to 14.

Bösel, R.: Signalverarbeitung in Nervennetzen. München: Reinhardt 1977.

Braddock, R., Lloyd-Jones, R., Schoer, L.: Research in Written Composition. Champaign, III: National Council of Teachers of English 1963.

Breland, H. M.: Population Validity and College Entrance Measures. Princeton: Educational Testing Service, 1978.

Brown, P. (Hrsg.): Radical Psychology. New York: Harper & Row 1973.

Bruner, J. S.: The Course of Cognitive Development. Amer. Psychol., 19, 1964, 1–16.

Bruner, J. S., Olver, R. R., Greenfield, P. M. (Hrsg.): Studies in Cognitive Growth. New York: Wiley 1966.

Burt, C.: The Inheritance of Mental Ability. Amer. Psychol., 13, 1958, 1–15.

Cameron, J., Livson, N., Bayley, N.: Infant Vocalizations and Their Relationship to Mature Intelligence. Science, 157, 1967, 331–333.

Champneys, F. E.: Notes on an Infant. Mind, 6, 1881, 104–197.
Charles, D. C.: Ability and Accomplishment of Persons Earlier Judged Mentally Deficient. Gen. Psychol. Monogr., 47, 1953, 3–71.
Chomsky, N.: A Review of Verbal Behavior, by Skinner, B. F. Language, 35, 1959, 26–58.
Chomsky, N.: The Case Against B. F. Skinner. The New York Review. (Dec. 30), 1971.
Cleary, T. A., Humphreys, L. G., Kendrick, S. A., Wesman, A.: Educational Uses of Tests with Disadvantaged Students. Amer. Psychol., 30, 1975, 15 bis 41.
Cowan, P. A.: Piaget: With Feeling. New York: Holt, Rinehart & Winston, 1978.
Cowey, A., Weiskrantz, L.: Demonstration of Cross-modal Matching in Rhesus Monkeys. Macaca mulatta. Neuropsychologia, 13, 1975, 117–120.
Cronbach, L. J.: Essentials of Psychological Testing. 2nd ed. New York: Harper 1960.
Cronbach, L. J.: Essentials of Psychological Testing. 3rd ed. New York: Harper & Row 1970.
Curtiss, S.: Genie: A Psycholinguistic Study of a Modern-day „Wild Child." New York: Academic Press 1977.
Darwin, C.: A Biographical Sketch of an Infant. Mind, 2, 1877, 292–294.
Davis, A., Gardner, B. B., Gardner, M. B.: Deep South. Chicago: University of Chicago Press 1941.
Davis, K.: Significant Improvement in Freshman Composition as Measured by Impromptu Essays: A Large-scale Experiment. Research in the Teaching of English, 13, 1979, 45–48.
Dennis, W., Najarian, P.: Infant Development Under Environmental Handicap. Psychol. Monogr., 71, 1957, 1–13.
DeVilliers, P. A., DeVilliers, J. G.: Early Language. Cambridge, Mass.: Harvard University Press 1979.
Dobzhansky, T.: The Present Evolution of Man. Scientific American, 203, 1960, 2–7.
Dobzhansky, T.: Genetic Diversity and Human Equality. New York: Basic Books 1973.
Dorfman, D. D.: The Cyril Burt Question. New Findings. Science, 201, 1979, 1177–1186.
Duncker, K.: Zur Psychologie des produktiven Denkens. Berlin: Springer 1935.
Erlenmeyer-Kimling, L., Hirsch, J., Weiss, J. M.: Studies in Experimental Behavior Genetics: III. Selection and Hybridization Analyses of Individual Differences in the Sign of Geotaxis. J. Comp. Physiol. Psychol., 55, 1962, 722–731.
Erlenmeyer-Kimling, L., Jarvik, L. F.: Genetics and Intelligence: A Review. Science, 142, 1963, 1477 bis 1478.
Ernst, G. W., Newell, A.: A Case Study in Generality and Problem Solving. New York: Academic Press 1969.
Estes, W. K.: An Experimental Study of Punishment. Psychol. Monogr., 57, 1944, No. 263.
Estes, W. K.: Learning Theory and the New „Mental Chemistry." Psychol. Rev., 67, 1960, 207–223.
Estes, W. K.: Learning Theory and Mental Development. New York: Academic Press 1970.
Estes, W. K.: Learning Theory and Intelligence. Amer. Psychol., 29, 1974, 740–749.
Estes, W. K.: The Information Processing Approach to Cognition: A Confluence of Metaphors and Methods. In: Estes, W. K. (Hrsg.): Handbook of Learning and Cognitive Processes. Vol. 5: Human Information Processing. New York: Halsted Press 1978.
Eysenck, H. J.: The Effects of Psychotherapy: An Evaluation. Consult. Psychol., 16, 1952, 319–324.
Eysenck, H. J.: Sir Cyril Burt (Letter to the Editor). Amer. Psychol., 32, 1977, 674–676.
Flavell, J. H.: The Developmental Psychology of Jean Piaget. Princeton: Van Nostrand 1963.
Flavell, J. H.: Kognitive Entwicklung. Stuttgart: Klett 1979.
Flourens, P.: Recherches Expérimentales sur les Propriétés et Les Fonctions du Système Nerveux dans les Animaux Vertèbres. Paris: Librairie de l'Académie Royale de Médecine 1824.
Ford, S. F., Campos, S.: Summary of Validity Data from the Admission Testing Program Validity Study Service. Princeton: Educational Testing Service 1977.
Frisch, Y. K.: The Dancing Bees. New York: Harcourt 1955.
Fuster, J. M., Alexander, G. E.: Neuron Activity Related to Short-term Memory. Science, 173, 1971, 652–654.
Galin, D., Ornstein, R.: Lateral Specialization of Cognitive Mode: An EEG Study. Psychophysiol., 9, 1972, 412–418.
Galton, F.: Hereditary Genius. New York: Harcourt 1964. Originally published in 1869.
Gardner, R. A., Gardner, B. T.: Comparative Psychology and Language Acquisition. In: Salzinger, I., Denmark, F. (Hrsg.): Psychology: The State of the Art. Annals of the New York Academy of Sciences, 309, 1978, 37–76.
Gelman, R.: Cognitive Development. Ann. Rev. Psychol. 1978, Palo Alto, Calif.: Annual Review.
Gerard, H. B., Miller, N.: School Desegregation: A Long-term Study. New York: Plenum Press 1975.
Gheselli, E. E.: The Validity of Occupational Aptitude Tests. New York: Wiley 1966.
Gilbert, C., Bakan, P.: Visual Asymmetry in Perception of Faces. Neuropsychologia, 11, 1973, 355.
Giles, M. W.: White Enrollment Stability and School Desegregation: A Two-level Analysis. Amer. Soc. Rev., 43, 1978, 848–864.
Goldman, R. D., Hewitt, B. N.: Adaptation-level as an Explanation for Differential Standards in College Grading. J. Educ. Meas., 12, 1975, 149–161.

Goldman, R. D., Widawski, M. H.: A Within-subjects Technique for Comparing College Grading Standards. Educ. Psychol. Meas., 1976.

Greeno, J. G.: Nature of Problem-solving Abilities. In: Estes, W. K. (Hrsg.): Handbook of Learning and Cognitive Processes. Vol. 5: Human Information Processing. Hillsdale, N.J.: Lawrence Erlbaum Assoc. 1978.

Guilford, J. P.: The Structure of Intellect. Psychol. Bull., 53, 1956, 267–293.

Guilford, J. P.: Nature of Human Intelligence. New York: McGraw-Hill 1967.

Gur, R. C., Packer, I. K., Hungerbuhler, J. P., Reivich, M., Obrist, W. D., Amarek, W. S., Sackeim, H. A.: Differences in the Distribution of Gray and White Matter in Human Cerebral Hemispheres. Science, 207, 1980, 1226–1228.

Haber, R. N., Haber, R. B.: Eidetic Imagery: 1. Frequency, Percep. Motor Skills, 19, 1964, 131–138.

Hadamard, J.: Psychology of Invention in the Mathematical Field. Princeton: Princeton University Press 1949.

Harrell, T. W., Harrell, M. S.: Army General Classification Test Scores for Civilian Occupations. Educ. Psychol. Meas., 5, 1945, 229–239.

Herrnstein, R.: „IQ". Atlantic Monthly (Sept.), 1971, 43–64.

Herrnstein, R.: IQ in the Meritocracy. Boston: Little Brown 1973.

Holland, M. K.: Studies of Students in UCLA's Composition Courses: A Final Report. Working Papers, 1, 1979, 1–95.

Honzik, M. P.: Developmental Studies of Parent-child Resemblance in Intelligence. Child Developm., 28, 1957, 215–228.

Honzik, M. P.: Predicting IQ over the First Four Decades of the Life Span. Paper presented at the Biennial Meeting of the Society for Research in Child Development. Philadelphia 1973.

Honzik, M. P., MacFarlane, J. W.: Personality Development and Intellectual Functioning from 21 Months to 40 Years. In: Jarvik, L. F., Eisdorfer, C., Blum, J. E. (Hrsg.): Intellectual Functioning in Adults. New York: Springer 1973.

Hunt, E. B., Lunneborg, C., Lewis, J.: What Does It Mean to be High Verbal? Cognitive Psychol., 7, 1975, 194–227.

Hunt, H., Chefurka, C.: A Test of the Psychedelic Model of Altered States of Consciousness. Arch. Gen. Psychiatr., 33, 1976, 867–876.

Hunt, J.: MCV. Psychological Development: Early Experience. Ann. Rev. Psychol., 30, 1979, 103–143.

Huxley, A.: The Perennial Philosophy. New York: Harper 1945.

Huxley, A.: The Doors of Perception and Heaven and Hell. (Published in one vol.) Harmondsworth, Middlesex: Penguin 1959.

Jarvik, L. F., Eisdorfer, C., Blum, J. E. (Hrsg.): Intellectual Functioning in Adults. New York: Springer 1973.

Jensen, A. R.: How Much Can We Boost IQ and Scholastic Achievement? Harvard Educ. Rev., 39, 1969, 1–123.

Jensen, A. R.: Genetics and Education. New York: Harper & Row 1972.

Jensen, A. R.: Educability and Group Differences. New York: Harper & Row 1973.

Jensen, A. R.: Kinship Correlations Reported by Sir Cyril Burt. Behav. Genet., 4, 1974, 1–28.

Kamin, L.: The Science and Politics of IQ. Potomac, Md.: Lawrence Erlbaum Assoc. 1974.

Kangas, J., Bradway, K.: Intelligence at Middle Age: A Thirty-eight Year Follow-up. Developm. Psychol., 5, 1971, 333–337.

Klix, F.: Erwachendes Denken. Berlin-Ost: Dtsch. Verl. d. Wiss. 1980.

Klüver, H.: An Experimental Study of the Eidetic Type. Genet. Psychol. Monogr., 1, 1926, 71–230.

Knight, K. E.: Effect of Effort on Behavioral Rigidity in a Luchins Water Jar Task. J. Abnorm. Soc. Psychol., 66, 1963, 190–192.

Köhler, W.: The Mentality of Apes. New York: Harcourt 1925.

Larue, A.: Older Women and Younger Men: Differing Cognitive Approaches. Paper presented at the 87th Annual Convention of the American Psychological Association. New York 1979.

Lashley, K. S.: Brain Mechanisms and Intelligence: A Quantitative Study of Injuries to the Brain. Chicago: University of Chicago Press, 1929, 395–396.

Lee, E. S.: Negro Intelligence and Selective Migration. Amer. Soc. Rev., 16, 1951, 227 233.

Lenneberg, E. H.: The Biological Foundations of Language. New York: Wiley 1967.

Levy, J., Trevarthen, C., Sperry, R. W.: Perception of Bilateral Chimeric Figures Following Hemispheric Deconnection. Brain, 95, 1972, 61–78.

Lieberman, P.: Intonation, Perception and Language. Cambridge, Mass.: M.I.T. Press 1967.

Lieberman, P.: On the Origins of Language: An Introduction to the Evolution of Human Speech. New York: Macmillan, 1975.

Linn, R. L.: In Search of Fair Selection Procedures. J. Educ. Meas., 13, 1976, 53–58.

Luchins, A. S.: Mechanization in Problem-solving. Psychol. Monogr., 54, 1942, No. 6.

McCall, R. B.: Childhood IQ's as Predictors of Adult Educational and Occupational Status. Science, 197, 1977, 482–483.

McCandless, S. A.: Paper presented at the Western Regional Meeting of the College Entrance Examination Board. San Francisco 1975.

McClelland, D. C.: Toward a Theory of Motive Acquisition. Amer. Psychol., 20, 1965, 321–333.

McClelland, D. C.: Testing for Competence Rather than for „Intelligence“. Amer. Psychol., 28, 1973, 1 bis 14.
Maier, N. R. F.: An Aspect of Human Reasoning. Brit. J. Psychol., 24, 1933, 144–155.
Maltzman, I.: Thinking: From a Behavioristic Point of View. Psychol. Rev., 62, 1955, 275–286.
March, J. G.: The 1978 Nobel Prize in Economics. Science, 202, 1978, 858–861.
Markowitsch, H. J., Pritzel, M.: Comparative Analysis of Prefrontal Learning Functions in Rats, Cats and Monkeys. Psychol. Bull., 84, 1977, 817–837.
Mayer, R. E.: Denken und Problemlösen. Berlin: Springer 1979.
Miller, G. A.: Language and Communication. New York: McGraw-Hill 1951.
Miller, G. A.: The Magical Number Seven, Plus or Minus Two: Some Limits on Our Capacity for Processing Information. Psychol. Rev., 63, 1956, 81–97.
Miller, G. A.: Some Preliminaries to Psycholinguistics. Amer. Psychol., 20, 1965, 15–20.
Mishkin, M.: Memory in Monkeys Severely Impaired by Combined but not Separate Removal of Amygdala and Hippocampus. Nature, 273, 1978, 297–298.
Moerk, E. L., Moerk, C.: Quotations, Imitations and Generalization. Factual and Methodological Analyses. Int. J. Behav. Develpm., 2, 1979, 43–72.
Money, J.: Two Cytogenetic Syndromes: Psychological Comparisons, Intelligence and Specific Factor Quotients. J. Psychiatric Res., 2, 1964, 223–231.
Neisser, U.: Kognitive Psychologie. Stuttgart: Klett 1974.
Newell, A., Simon, H. A.: Human Problem Solving. Englewood Cliffs, N.J.: Prentice-Hall 1972.
Oerter, R.: Psychologie des Denkens. Donauwörth: Auer [4]1974.
Ornstein, R., Herron, J., Johnstone, J., Swencionis, C.: Differential Right Hemisphere Involvement in Two Reading Tasks. Psychophysiol., 16, 1979, 398–401.
Palmer, J. D.: Can Meritocracy in Academic Be Saved? Science, 203, 1979, 1199.
Perky, C. W.: An Experimental Study of Imagination. Amer. J. Psychol., 21, 1910, 422–452.
Petersen, P.: Der kleine Jena-Plan. Weinheim: Beltz [55]1974.
Petrides, M., Iversen, S. D.: Cross-modal Matching and the Primate Frontal Cortex. Science, 192, 1976, 1023 bis 1024.
Piaget, J.: The Moral Judgment of the Child. New York: Free Press 1965.
Premack, D.: Intelligence in Ape and Man. New York: Lawrence Erlbaum Assoc. and Wiley 1976.
Pribram, K. H.: A Review of Theory in Physiological Psychology. Ann. Rev. Psychol., 11, 1960, 1–40.
Price-Williams, D., Gordon, W., Ramirez, M. III.: Skill and Conservation: A Study of Pottery-making Children. Develpm. Psychol., 1, 1969, 769.
Ray, W. S.: Mild Stress and Problem-solving. Amer. J. Psychol., 78, 1965, 227–234.
Reynolds, A. G., Flagg, P. W.: Cognitive Psychology. Cambridge, Mass.: Winthrop 1977.
Robinson, A. L.: More People Are Talking to Computers as Speech Recognition Enters the Real World. Science, 203, 1979, 634–638.
Robinson, A. L.: Tournament Competition Fuels Computer Chess. Science, 204, 1979, 1396–1398.
Rumbaugh, D. M. (Hrsg.): Language Learning by a Chimpanzee. New York: Academic Press 1977.
Sarason, S. B.: Jewishness, Blackishness, and the Nature-nature Controversy. Amer. Psychol., 28, 1973, 962–971.
Sasanuma, S., Fujimura, O.: An Analysis of Writing Errors in Japanese Aphasic Patients: Kanji vs. Kana Words. Cortex, 8, 1972, 264–282.
Sasanuma, S., Monoi, H.: The Syndrome of Gogi (Word-meaning) Aphasia: Selective Impairment of Kanji Processing. Neurology, 25, 1975, 627–632.
Savage, L. J.: The Foundations of Statistics. New York: Wiley 1954.
Scarf, M.: The More Sorrowful Sex. Psychology Today (April), 12, No. 11, 1979, 44–52, 89–90.
Scarr, S., Weinberg, R. A.: IQ Test Performance of Black Children Adopted By White Families. Amer. Psychol., 31, 1976, 726–739.
Scarr, S., Weinberg, R. A.: The Influence of „Family Background“ on Intellectual Attainment. Amer. Soc. Rev., 43, 1978, 674–692.
Scheerer, M., Rothmann, E., Goldstein, K.: A Case of „Idiot Savant“: An Experimental Study of Personality Organization. Psychol. Monogr., 58, No. 4, 1945.
Sebeok, T., Umiker-Sebeok, D. J. (Hrsg.): Speaking of Apes – A Critical Anthology of Two-way Communication with Man. New York: Plenum Press.
Shepard, R. N., Metzler, J.: Mental Rotation of Three-dimensional Objects. Science, 171, 1971, 701–703.
Shepherd, W. T.: Some Mental Processes of the Rhesus Monkey. Psychol. Monogr., 12 (5), 1910, 1–61.
Simon, H. A.: The New Science of Management Decision. New York: Harper 1960.
Skodak, M., Skeels, H. M.: A Final Followup Study of One Hundred Adopted Children. J. Genet. Psychol., 75, 1949, 65–125.
Slobin, D. I.: Psycholinguistics. Glenview, Ill.: Scott, Foresman 1971.
Slovic, P., Fischhoff, B., Lichtenstein, S.: Behavior Decision Theory. In: Rosenzweig, M. R., Porter, L. W. (Hrsg.): Annual Review of Psychology, Vol. 28, 1977, Palo Alto, Calif.: Annual Reviews.
Smith, W. J.: The Behavior of Communication: An Ethological Approach. Cambridge, Mass.: Harvard University Press 1977.
Snow, C. E.: The Development of Conversation Between Mothers and Babies. J. Child Lang., 4, 1977, 1 bis 22.

Sowell, T.: Black Education. New York: David McKay 1972.

Steinberg, B. M., Dunn, L. A.: Conservation Competence and Performance in Chiapas. Hum. Develpm., 19, 1976, 14–25.

Stephan, W. G.: School Desegretation: An Evaluation of Predictions Made in Brown v. Board of Education. Psychol. Bull., 85, 1978, 217–238.

Terman, L. M., Merrill, M. A.: The Stanford-Binet Intelligence Scale: Manual for the Third Revision: Form L-M. Boston: Houghton Mifflin 1960.

Terman, L. M., Oden, M.: The Gifted Group at Midlife. Stanford, Calif.: Stanford University Press 1959.

Thomson, G. H.: Chapter in C. Murchison (Hrsg.): A History of Psychology in Autobiography. Vol. 4. Worcester, Mass.: Clark University Press 1952.

Thorndike, E. L.: Animal Intelligence: Experimental Studies. New York: Macmillan 1911.

Thorndike, E. L.: The Measurement of Intelligence. New York: Teachers College, Columbia University Press 1926.

Thorndike, E. L.: Concepts of Culture-fairness. J. Educ. Meas., 8, 1971, 63–70.

Thurstone, L. L.: A Law of Comparative Judgment. Psychol. Rev., 34, 1927, 273–286.

Tolman, E. C.: Cognitive Maps in Rats and Men. Psychol. Rev., 55, 1948, 189–208.

Tolman, E. C., Honzik, C. H.: „Insight“ in Rats. University of California Publications in Psychology, 4, 1930, 215–232.

Tryon, R. C.: Genetic Differences in Maze Learning in Rats, National Society for the Study of Education. The Thirty-ninth Yearbook. Bloomington, Ill.: Public School Publishing 1940.

Tryon, W. W.: The Test-trait Fallacy. Amer. Psychol., 34, 1979, 402–406.

Turing, A. M.: Computing Machinery and Intelligence. Mind, 59, 1950, 433–450.

Tversky, A.: Elimination by Aspects: A Theory of Choice. Psychol. Rev., 79, 1972, 281–299.

Tversky, A., Kahneman, D.: Judgment Under Uncertainty: Heuristics and Biases. Science 185, 1974, 1124 bis 1131.

Tyler, L. E.: The Psychology of Human Differences. 2nd ed. New York: Appleton 1956.

Wallas, G.: The Art of Thougth. New York: Harcourt 1926.

Wechsler, D.: Wechsler Intelligence Scale for Children. New York: Psychological Corporation 1949.

Wechsler, D.: The Measurement and Appraisal of Intelligence. Baltimore: Williams & Wilkins 1958.

Weizenbaum J.: Computer Power and Human Reason: From Judgment to Calculation. San Francisco: Freeman 1976.

Wertheimer, M.: Produktiver Denken. Frankfurt: Kramer 1957.

Wimmer, H., Perner, J.: Kognitionspsychologie. Stuttgart: Kohlhammer 1979.

Williams, R. L.: The BITCH Test (Black Intelligence Test of Cultural Homogeneity). St. Louis, Mo.: Black Studies Program. Washington University 1972.

Wilson, M.: Assimilation and Contrast Effects in Visual Discrimination by Rhesus Monkeys. J. Exp. Psychol., 93, 1972, 279–282.

Wilson, M.: Visual System: Pulvinar-extrastriate Cortex. In: Masterton, R. B. (Hrsg.): Handbook of Behavioral Neurobiology. Vol. 1. Sensory Integration. New York: Plenum Press 1978.

Wilson, M., Kaufman, H. M., Zieler, R. E., Lieb, J. P.: Visual Identification and Memory in Monkeys with Circumscribed Inferotemporal Lesions. J. Comp. Physiol. Psychol., 78, 1972, 173–183.

Wilson, M., Wilson W. A. Jr., Remez, R.: Effects of Prestriate, Inferotemporal, and Superior Temporal Sulcus Lesions on Attention and Gaze Shifts in Rhesus Monkeys. J. Comp. Physiol. Psychol., 91, 1977, 1261 bis 1271.

Wilson, W. A. Jr., Shaffer, O. C.: Intermodality Transfer of Specific Discriminations in the Monkey. Nature, 197, 1963, 107.

Woodruff, G., Premack, D., Kennel, K.: Conservation of Liquid and Solid Quantity by the Chimpanzee. Science, 202, 1978, 991–994.

Zajonc, R. B.: Social Facilitation. Science, 149, 1965, 260–274, 721–722.

Zajonc, R. B.: Family Configuration and Intelligence. Science, 192, 1976, 227–236.

Zigler, E., Tricket, P. K.: IQ Social Competence, and Evaluation of Early Childhood Intervention Programs. Amer. Psych. 33, 1978, 789–798.

Zurif, E. B., Caramazza, A., Myerson, R.: Grammatical Judgments of Agrammatic Patients. Neuropsychologia, 10, 1972, 405–417.

Stichwortverzeichnis

Inhaltsverzeichnis

Band 5: Motivations- und Emotionspsychologie

Einleitung

Mit diesem Band der „Grundlagen der Psychologie“ dürfte mancher Leser meinen, endlich das „eigentliche“ Anliegen der Psychologie erreicht zu haben. Motive wie Hunger und Sexualität – Gefühle wie Liebe und Furcht sind für jeden von uns im eigenen Erleben gegenwärtig, sie scheinen dem Leben viele seiner wichtigsten Qualitäten zu verleihen. Wenn wir die Einzigartigkeit jedes Individuums zu würdigen suchen, beachten wir häufig Aspekte wie die Wünsche und Gefühle eines Menschen, obwohl wir wissen, daß sich die Menschen auch hinsichtlich ihrer Wahrnehmungsfähigkeit und ihres Lernvermögens unterscheiden. Die Hoffnung ist nicht unbegründet, daß wahre Einsicht in die menschliche Natur nur durch ein besseres Verständnis der Motivationen und der Emotionen zu erreichen sein wird.

Nach dem täglichen Sprachgebrauch versucht ein Psychologe, der die *Motivation* individuellen Verhaltens aufspüren will, herauszufinden, *warum* jemand bestimmte Dinge tut. Wenn wir jedoch die so definierte Motivation mit den in den vorangehenden Bänden erörterten Verhaltensdeterminanten in Einklang zu bringen suchen (z. B. Wahrnehmungen, Gewohnheiten, Wissen, Denken und ihre biologischen Voraussetzungen), stehen wir vor einem ziemlich schwierigen Problem. *Brauchen* wir tatsächlich den Begriff der Motivation? Ist es nicht möglich, wenn wir die Erbanlagen eines Menschen und seine früheren und gegenwärtigen Erfahrungen kennen, sein Verhalten zu erklären und vorauszusagen, was er als nächstes tun wird? Oder anders herum: Wenn Motivation wirklich erklären kann, warum eine bestimmte Handlung erfolgt, dann sollte die Kenntnis der Motive eines Menschen ein unmittelbares Verständnis und die Vorhersage seines Verhaltens ermöglichen, ohne Wahrnehmung, Lernen und so weiter zu berücksichtigen. Ein Blick auf die Geschichte des Begriffs der Motivation wird uns zeigen, wie er in die psychologische Theorie gelangte und welche Rollen ihm zur Erklärung von Verhalten und Erleben zugeschrieben wurden.

Emotion oder Gefühl ist ein weiterer Begriff, der sorgfältig untersucht werden muß, obwohl seine Bedeutung auf der Hand zu liegen scheint. Gewiß benutzen wir diese beiden Worte, um Erlebnisse von bestimmter Art zu kennzeichnen, aber ist das alles, worum es dabei geht? Was ist mit den damit verbundenen körperlichen Veränderungen, wie beschleunigter Herzschlag? Sind diese ein *Bestandteil* des Gefühls oder eine *Folge* des Gefühls? Haben darüber hinaus alle Erlebnisse eine emotionale Komponente? Wenn nicht, was unterscheidet die einen von den anderen? Schließlich noch die Frage: Sind Gefühle angeboren oder erlernt, und wie beeinflussen sie das Verhalten? Die Antworten sind nicht unstrittig, aber manche dieser Fragen werden uns klarer werden, wenn wir sie knapp im historischen Kontext betrachten.

Für die meisten der frühen griechischen Philosophen bestand keine Notwendigkeit für ein Konzept der Motivation. Diese Denker waren *Rationalisten* und glaubten, die Handlungen eines Menschen seien das Resultat seines freien Willens. Man mag zwar widersprüchliche Wünsche haben, aber die letzte Entscheidung werde von dem Individuum getroffen, das dann die Verantwortung für die begangene Handlung trage. Dieser Standpunkt wurde durch die christliche Theologie übermittelt und spielt in der westlichen Gesellschaft weiterhin eine führende Rolle, inzwischen in merkwürdigem Gleichgewicht mit einer gegensätzlichen Auffassung, die im 17. Jahrhundert in den Vordergrund trat.

Descartes (s. Einführung in den 2. Bd.) war der Ansicht, daß Tiere pure Automaten seien und daß Menschen viel mit ihnen gemein hätten. Tiere reagierten mechanisch auf Kräfte, die auf sie einwirken; Menschen seien denselben Kräften ausgesetzt, wenn sie sich auch insofern von den Tieren unterscheiden, als sie eine Seele haben, die beeinflussen könne, was sonst rein automatische Handlungen wären. Die Kräfte, die das Verhalten von Tieren und Menschen beeinflussen, schlössen sowohl innere, durch körperliche Zustände wie Hunger oder Durst bedingte Antriebe wie solche ein, die durch die Rezeptoren aus der äußeren Welt übermittelt würden. Motivationale Konzepte begannen somit einen Platz in der Verhaltenssteuerung einzunehmen.

Der Philosoph Hobbes (1588–1679) war einer der britischen Empiriker. Er ging weiter als Descartes, indem er den Menschen die Freiheit und Verantwortung der Rationalität absprach. Hobbes glaubte, daß alle Handlungen das Resultat eines simplen Hedonismus seien: Wir tun das, wovon wir glauben, daß es uns Vergnügen machen wird und Schmerz vermeiden hilft; die körperlichen Zustände wie Hunger, sexuelles Verlangen und so weiter seien die Hauptursachen von Schmerz und Lust.

Der Rationalismus lebte jedoch in den Lehren von Kant (1724–1804) und schottischen Philosophen des 18. und 19. Jahrhunderts weiter. Er spielt immer noch eine Rolle in der Psychologie (sogar im Denken mancher, die das Konzept des freien Willens zu vermeiden suchen), beispielsweise in der Annahme, daß die Ziele oder Anreize eines Menschen diesem bekannt seien, daß sie durch sein Wissen und seine kognitiven Prozesse beeinflußt werden können und daß sie das Verhalten steuern.

Die Schließung der Kluft zwischen Mensch und Tier, die im 17. Jahrhundert begonnen hatte, machte im 19. Jahrhundert mit Darwin und anderen Biologen große Fortschritte, die die Auffassung vertraten, daß bei allen Spezies das „tauglichste“ Verhalten sowie die „tauglichste“ Anatomie wesentlich für das Überleben seien. Demnach führen ungeeignete motivationale Einflüsse nicht weniger als inadäquate Strukturen zum Aussterben von Spezies.

Eine radikal andere Sicht und Deutung motivationaler Kräfte zur Erklärung der menschlichen Natur begann die Psychologie mit Freuds Entwicklung der psychoanalytischen Theorie zu beeinflussen. Dies war jedoch keine Rückkehr zum Rationalismus, sondern eine Anerkennung *irrationaler Kräfte*. Freud lieferte eine motivationale Erklärung von Verhalten, aber er vertrat die Auffassung, daß die Menschen sich im allgemeinen ihrer wichtigsten Motive nicht bewußt seien. Diese Motive müßten das Verhalten so steuern, daß Spannungen abgebaut werden, sonst würden wichtige Energien irregeleitet und vielleicht unerwünschte Symptome oder regelrechte psychische Störungen hervorrufen.

Der englische Terminus *drive* (Trieb, Antrieb), der manchmal als Synonym für *Motiv* benutzt wird, wurde zu Anfang dieses Jahrhunderts von dem amerikanischen Psychologen Woodworth zur Bezeichnung der „Antriebskraft“, die Verhalten hervorruft, geprägt. Als Menschen besitzen wir von unseren Anlagen her viele Fähigkeiten und sind imstande, uns viele andere durch Lernen anzueignen; doch wir legen diese Fähigkeiten nicht ständig an den Tag. Ein Trieb, der vielleicht aus einem biologischen Bedürfnis wie Nahrungsmangel entsteht, wird zu einer motivierenden Kraft und verwandelt ein bestimmtes Potential in reales Verhalten. In dieser Rolle hat die Motivation einen Part in vielen neueren psychologischen Theorien gespielt. In manchen Fällen wurde angenommen, daß es viele spezifische Triebe wie Hunger, Sex und so weiter gibt, von denen jeder das Verhalten steuert sowie diesem Energie zuführt. In anderen Theorien wird Trieb als eine generalisierte Kraft angesehen, die eine gesteigerte Bereitschaft zu handeln hervorruft, aber eines anderen Einflusses, etwa eines bestimmten Reizes bedarf, um ein spezifisches Verhalten auszulösen.

Im Denken vergangener Jahrhunderte wie auch in den heutigen Theorien wurden Emotion und Motivation gewöhnlich als miteinander zusammenhängend betrachtet; dennoch wird im allgemeinen zwischen den beiden eine Unterscheidung getroffen. Ein Großteil der den Gefühlen gewidmeten Aufmerksamkeit hat zwei Fragen gegolten: Kann die Fülle an emotionalen Erfahrungen auf der Basis einer kleinen Zahl von Grundgefühlen oder emotionalen Dimensionen adäquat beschrieben werden? Und: Was ruft die Gefühle und Gefühlsäußerungen hervor?

Descartes zählte Gefühlszustände zu den inneren Triebkräften, die bei Tieren und Menschen das Verhalten steuern. Er gliederte diese „Leidenschaften der Seele“ in sechs elementare Gefühle: Staunen, Liebe, Haß, Begierde, Freude und Traurigkeit. In verschiedenen Kombinationen könnten diese alle Gefühle hervorrufen, die wir erleben, und das Individuum zu einer bestimmten Handlungsweise disponieren.

Von dem von Hobbes und anderen vertretenen Hedonismus kann man sagen, daß bei ihm die Motivationen im Dienst der wichtigsten Gefühlszustände stehen. Hunger, sexuelles Verlangen und so weiter steuern das Verhalten nur insofern, als das Individuum entscheidet, was ihm ein Maximum an Vergnügen und ein Minimum an Schmerz einbringen wird.

Als sich im 19. Jahrhundert aus der Psychophysik die Experimentalpsychologie entwickelte, war ihr Ziel das Studium der bewußten Erfahrung. Das konnte die durch Motivation hervorgerufenen psychischen Zustände einschließen, dementsprechend wurde den Gefühlen von Wilhelm Wundt ein ganz bestimmter Platz zugewiesen. „Gefühle" galten zusammen mit den Empfindungen und Vorstellungen als eine der drei Grundkategorien des Erlebens. Wenn sich verschiedene Gefühle in einer bestimmten Reihenfolge miteinander verbinden, dann rufen sie die eine oder andere Emotion (Gemütsbewegung) hervor. Wundt vermutete, daß Gemütsbewegungen Willensakte auslösen können, aber die Strukturalisten bemühten sich im allgemeinen nicht sehr um ein Verständnis, wie *Verhalten* hervorgerufen wird.

Darwin interessierte sich in der Tat sowohl für Verhalten als auch für Strukturen, wie wir gesehen haben, und er äußerte seine Auffassung von der Kontinuität der Spezies am eindringlichsten in seinem Werk *The Expression of the Emotions in Men and Animals*. Er glaubte, daß bestimmte Emotionen erlernt sind, aber daß Ähnlichkeiten in der Äußerung angeborener Emotionen in verschiedenen menschlichen Kulturen sowie zwischen Menschen und Tieren festzustellen seien. Die Beachtung, die Darwin dem Gesichtsausdruck schenkte, regte das Interesse an der Kommunikation von Affekten von einem Menschen zum anderen an. Die weitere Entwicklung der Psychologie am Ende des 19. Jahrhunderts wurde stark von dieser neuen Darwinschen Biologie beeinflußt, die das Bewußtsein studierte, um herauszufinden, wie dieses mit körperlicher Aktivität interagiert, um ein „tauglicheres" Geschöpf hervorzubringen.

Der amerikanische Psychologe William James offerierte eine andere, phantasievolle Interpretation des Ursprungs der Gefühle. Er vertrat die Auffassung, das Erlebnis eines Gefühls steige nicht direkt aus dem sensorischen Input eines gefühlsauslösenden Reizes ins Bewußtsein; vielmehr löse der Reiz bestimmte reflexartige Reaktionen aus (wie verstärktes Schwitzen, Anspannung der Muskeln und so weiter) und die *Wahrnehmung* dieser Reaktionen löse den Gefühlszustand aus. James' Theorie ging davon aus, daß verschiedene Gefühle aufgrund ihrer körperlichen Begleiterscheinungen unterschieden werden können, eine Schlußfolgerung, die von Descartes und anderen akzeptiert worden wäre, die an eine Reihe von Grundgefühlen glaubten.

Eine alternative und neuere Auffassung erinnert an das Konzept der Motivation als generalisierte Antriebskraft. Die *Theorie der Gefühlsaktivation* geht davon aus, daß die wichtigsten physiologischen Abläufe bei allen Gefühlen dieselben seien. Sie hätten die Funktion miteinander gemein, das Individuum auf genaue Wahrnehmung und rasches Handeln vorzubereiten. Die Differenzierung zwischen den Gefühlen komme ausschließlich durch den übrigen sensorischen Input der gefühlsauslösenden Situation zustande.

Viele der anderen neueren Entwicklungen in der Empirie und Theorie des Studiums der Emotionen sind ebenfalls Versuche, eine Alternative zu der von James vertretenen Theorie zu finden. Diese jüngeren Forschungen versuchen herauszufinden, ob die körperlichen Reaktionen tatsächlich notwendig oder ausreichend für das Erleben eines Gefühls sind, und den Zusammenhang zwischen dem Wissen des Betreffenden um die Situation und den ausgelösten Gefühlen festzustellen. Der Versuch wird fortgesetzt, die scheinbare Vielfalt der Gefühle auf eine Reihe fundamentalerer Gemütsbewegungen zurückzuführen und die Rolle von Erfahrung und Lernen für die Entwicklung der „Leidenschaften der Seele" zu verstehen.

1. Kapitel
Die menschliche Motivation

Was treibt uns an? Was sind unsere Ziele? Solche Fragen der menschlichen Motivation werden von jedem denkenden Menschen gestellt. Wir wollen wissen, was unsere Mitmenschen bewegt und antreibt – und was wir selbst eigentlich wollen.

Wenn die Psychologie die Fragen der menschlichen Motivation in brauchbarer Weise beantworten könnte, wären ihre Antworten von ungeheurem Interesse für jeden, der imstande ist, sie zu begreifen. Geschäftsleute würden beispielsweise viel darum geben, die Marktentwicklung vorhersagen zu können: welche Produkte die Verbraucher kaufen werden, welche Aktien gefragt sein werden, ob die Menschen es vorziehen, ihr Geld auszugeben (und der Inflation aufzuhelfen) oder es auf die hohe Kante zu legen. In wichtigen Hinsichten hängen all diese Voraussagen mit der Natur der menschlichen Motivation zusammen. Von erfolgreichen Wirtschaftsführern nimmt man an, daß sie ein besonderes Gespür dafür haben, wie Menschen motiviert sind; doch trotz all des darauf konzentrierten Interesses wird die Börse von manchen ausgefuchsten Fachleuten immer noch als „blindes Huhn" (das heißt, als im Grunde unvorhersagbar) bezeichnet.

Auch Lehrer interessieren sich für Fragen der Motivation („Wenn die Schüler nur besser motiviert wären ...!"). Schüler äußern sich besorgt über ihre eigenen Motivationen („Meine Gedanken wandern, wenn ich meine Schulbücher zu lesen versuche. Wie kann ich mich besser konzentrieren? Was kann ich tun, damit mich der Stoff mehr interessiert?"). In den letzten zwanzig Jahren wurden dramatische Anstrengungen unternommen, um die Schüler zu motivieren, indem man den Unterricht durch audiovisuelle Lehrmittel (Filme, Fernsehen usw.) belebte, Texte oft mit irrelevanten farbigen Bildern illustrierte, Lob statt Drohungen einsetzte, bessere Noten gab und die Anforderungen senkte. Keine dieser Bemühungen, den Unterricht attraktiver zu gestalten, ist jedoch imstande gewesen, das allgemeine Absinken des akademischen Niveaus aufzuhalten.

Im Geschäftsleben, in der Wirtschaft, im Bildungswesen, in den internationalen Beziehungen und in allen anderen Bereichen des menschlichen Verhaltens spielen Fragen der menschlichen Motivation eine große Rolle und bleiben bedauernswerterweise weitgehend unbeantwortet. Wenn derart wichtige Fragen so lange ohne Antworten bleiben, sollten wir die Möglichkeit ins Auge fassen, daß die Fragen entweder nicht richtig gestellt werden oder daß die Antworten weitaus komplizierter sein könnten, als die einfache Formulierung der Fragen erwarten läßt. Das ist natürlich auch in anderen Bereichen der Fall gewesen. Man denke nur an die Intensivprogramme der Regierungen, eine Heilmethode für den Krebs zu finden: nach einem Vierteljahrhundert konzentrierter Anstrengungen von Biologen und medizinischen Forschern scheint eine solche Heilmethode ein unerreichbares Ziel zu sein, jedenfalls auf dem Weg einer einzigen, „wunderähnlichen" Entdeckung.

Es ist vielleicht zu vereinfachend gedacht, daß wir eine einzige, allgemeingültige Antwort auf die Frage nach unseren Motiven finden könnten. Geschäftsleute neigen dazu, ihre Erklärungen auf Geld oder Macht zu konzentrieren. Religiöse Menschen stellen Liebe oder den Gedanken an die Ewigkeit in den Vordergrund. Politische Reformer setzen Freiheit oder wirtschaftliche Gerechtigkeit an die erste Stelle. Orthodoxe Psychoanalytiker nennen Sex, während humanistische Therapeuten Selbstachtung propagieren. Von älteren Personen nimmt man an, daß sie Wert auf Sicherheit und Schmerzfreiheit legen, während die Jugend Vergnügungen und die Gelegenheit zu neuen Erfahrungen sucht (s. Abb. 1, S. 14). Griechische Philosophen erblickten in der Liebe zur Weisheit das höchste menschliche Motiv. An all diesen Antworten mag etwas richtig sein, und doch scheint keine völlig geeignet. Der Grund dafür ist, daß niemand imstande ist, besser als der gesunde Menschenverstand vorauszusagen, was Menschen tun werden (das heißt, zu verstehen, was Menschen „in Gang hält").

Dabei ist hervorzuheben, daß diese Frage nicht bloß die Motivation betrifft. Jeder Band dieses Werkes behandelt Gebiete – Wahrnehmung, Lernen, höhere geistige Prozesse, Persönlichkeit und Sozialpsychologie – die das Verständnis des motivierten Verhaltens zu erweitern sucht. Wie wir die Welt wahrnehmen, bestimmt teilweise unsere Gefühle und unser Verhalten ihr gegenüber. Beispielsweise ist die Art der Reizinformation (was verfügbar ist und wie es dargeboten wird) entscheidend, um zu verstehen, was Verbraucher kaufen werden. Und die Menschen müssen auch gelernt haben, was sie erwartet, welches die Konsequenzen alternativer Handlungsweisen wie die Bevorzugung eines Produkts gegenüber einem anderen

Abbildung 1: Was motiviert sie?

© Al Stephenson, 1981/Woodfin Camp & Assoc.

sind. Erwartung, Planung und Problemlösen sind geistige Vorgänge, die die Richtung unseres Verhaltens bestimmen, ob auf dem Marktplatz oder auf jedem anderen Gebiet.

Es mag als artifizielle Unterscheidung erscheinen, die Motivation von anderen Bereichen der Psychologie zu trennen; und dennoch beziehen wir uns in unserem alltäglichen Verständnis, wie sich Menschen verhalten, regelmäßig auf Konzepte wie Motive, Triebe, Wünsche, Pläne, Anweisungen, Anreize, Ziele und Befriedigungen. Ein Großteil unseres Verhaltens scheint *Absichten* zu dienen und *zielgerichtet* zu sein. Dieses Verhalten scheint einerseits oft durch bestimmte Bedürfnisse *angeregt* zu sein. Es kommt entweder durch einen äußeren Reiz in Gang (beispielsweise durch neue Information) oder durch einen inneren „Anstoß" (manchmal ein spezifischer Zustand wie Hunger, bei anderen Anlässen ein allgemeines Gefühl wie Rastlosigkeit oder Unzufriedenheit). Wenn wir *Gründe* für unser Verhalten anführen wollen, nennen wir oft solche Anstöße und reden dann darüber, wie wir in sinnvoller Weise damit umzugehen suchen. Wenn Sie beispielsweise erklären wollen, warum Sie mitten im Lernen die Bibliothek verließen, dann sagen Sie vielleicht, daß Sie eine Pause brauchten oder daß es Ihnen schwergefallen sei, sich zu konzentrieren. Die Gründe für Ihre Handlungsweise könnten jedoch auch „bedürfnisfreie" Überlegungen gewesen sein. Vielleicht wußten Sie, daß die Cafeteria offen sein würde und hofften, dort eine bestimmte Freundin zu treffen. Oder vielleicht sind Sie auch bloß einer oft praktizierten Gewohnheit gefolgt, wie die Ratte, die immer auf einem bestimmten Weg durch das Labyrinth läuft.

Verschiedene Psychologen, die Motivationen studieren, neigen dazu, sich auf bestimmte Aspekte dieser komplizierten Mischung aus Antrieben zu konzentrieren. Die physiologisch orientierten Forscher interessieren sich speziell für bestimmte körperliche Bedürfnisse wie die Vorgänge in den Zellen, die dem Durst zugrundeliegen. Psychologen, die sich mit Neurosen befassen (Theoretiker wie Freud), haben sich weniger mit den physiologischen Grundlagen beschäftigt als mit den Ängsten, die entstehen, wenn ein Bedürfnis frustriert wird, wobei sie herauszufinden suchten, wie sich Angst entwickelt und wie sie abgebaut werden kann (Freud betonte auch das Streben nach Lustgewinn, die Kehrseite des Vermeidens von Angst). Viele der heutigen Psychotherapeuten heben die Bedeutung langfristiger Planung und Suche nach Sinn und Selbstverwirklichung hervor. Wieder andere Psychologen haben sich auf die Entscheidungsprozesse konzentriert: wie Menschen eine bestimmte Verhaltensweise wählen. Die wissenschaftlichen Forscher, etwa im Bereich der Kognitiven Psychologie, die Motivation studieren, haben in den letzten Jahren dazu geneigt, die intellektuellen und erfahrungsbezogenen Komponenten von zielgerichtetem Verhalten hervorzuheben.

Keine dieser Erkenntnisse liefert uns eine präzise Definition der Motivation, die es uns gestattet, sie gegenüber der restlichen Psychologie abzugrenzen. Aber als ersten Schritt zu einer Definition könnten wir die Motivation oder genauer gesagt ein *Motiv* als theoretisches Konzept bezeichnen, das zur Erklärung dient, wie Verhalten in Gang gesetzt, mit Energie versorgt und auf ein Ziel oder einen Ansporn gerichtet wird, der sich als mehr oder weniger befriedigend erweisen kann. Wir ziehen dieses Konzept heran, wenn wir den Drang verspüren, einem Mißbehagen zu entfliehen oder wenn wir uns von einer Reizquelle angezogen fühlen. Aber wir benutzen den Motivbegriff auch zur Erklärung von Verhalten, das unseren bewußten Motiven zu widersprechen scheint, etwa wenn wir von *unbewußter Motivation* sprechen.

1 Konzepte der menschlichen Motivation

Wir wollen mit einigen der umfassendsten philosophischen Deutungen der menschlichen Motivation beginnen, von denen jede geeignet ist, uns zur Betrachtung verschiedener Facetten dieses wichtigen Studiengebietes anzuregen. Später werden wir spezifische Ideen aufgreifen, die innerhalb des einen oder anderen dieser umfassenden Ansätze entwickelt wurden. Ein Überblick über die verschiedenen Sichtweisen der Motivation sollte uns die enorme Kluft zwischen unserem Wunsch nach einfachen Antworten und der Komplexität der menschlichen Situation vor Augen führen, die jede einfache Antwort ihrer praktischen Brauchbarkeit beraubt.

1.1 Die Maschine

Zumindest bis auf Descartes und LaMettrie, zwei französische Philosophen des 17. und 18. Jahrhunderts, geht die Vorstellung zurück, daß lebende Organismen im Grunde so etwas wie Maschinen seien und auf dieselbe Weise verstanden werden könnten wie Maschinen. Man nehme beispielsweise die Uhr – ein simpler Mechanismus, der die Menschen einst in derselben Weise faszinierte, wie wir heute vom superschnellen elektronischen Computer fasziniert sind. Ein ungebührlich naiver Beobachter könnte zu dem Schluß kommen, daß die beiden Zeiger der Uhr ein verschiedenes Maß an Motivation manifestieren: der kleinere Zeiger wirkt ziemlich faul, er bewegt sich nur äußerst zögernd, während der größere viel mehr Geschäftigkeit und Ehrgeiz verrät. Beide Zeiger, so könnte man ebenfalls bemerken, scheinen von zwanghafter Gleichförmigkeit in ihren Bewegungen. Aber was motiviert (bewegt) diese beiden Zeiger wirklich? Bei genügender Geduld könnte ein solcher Beobachter begreifen lernen, daß die Energiequelle menschlicher Natur ist: der Mensch, der die Uhr *aufzieht,* motiviert sie. Schwieriger könnte es sein zu verstehen, warum *dieser Mensch* die Uhr aufzog, aber es ist auch möglich, von Menschen anzunehmen, daß sie sich weitgehend wie Uhren verhalten.

Im 20. Jahrhundert haben so verschiedene Denker wie Albert Einstein und Sigmund Freud darin übereingestimmt, daß in einem sehr fundamentalen Sinn die gesamte Natur wie ein Uhrwerk laufe. Und wenn man den Mechanismus begreifen könnte, dann könnte man von der Stellung der Zeiger zu jedem bestimmten Zeitpunkt voraussagen, wie ihre Stellung zu jedem anderen Zeitpunkt sein werde. Auf die Natur im allgemeinen ausgedehnt, wird diese philosophische Annahme als *Determinismus* bezeichnet. Die jahrhundertealten Fragen bezüglich der offenkundigen Unvereinbarkeit von freiem Willen und Determinismus sind Grundfragen der menschlichen Motivation, weil es dabei um die Frage geht, inwiefern Motive Ausdruck einer echten Wahlfreiheit sind.

1.2 Determinismus

Die Annahme, daß prinzipiell alles vorhersagbar sei, ist eine verbreitete, aber nicht unerläßliche Untermauerung des wissenschaftlichen Denkens. Freud als *psychologischer Determinist* glaubte, daß nicht einmal menschliche Irrtümer Produkte des Zufalls seien: „Es muß immer einen Grund geben." Jedes psychologische Ereignis, selbst etwas scheinbar so Harmloses wie ein Versprecher oder ein absurder Traum, *müsse* das Resultat von determinierenden Kräften und manchmal von nicht so tief in unserem Unbewußten schlummernden Motiven sein. Jede Entscheidung, jeder Wunsch, jede Begierde und jede Furcht hätten, ob bewußt oder unbewußt, ihren Platz in der langen Kette natürlicher Ursachen.

BOX 5/1

Die Veränderung der menschlichen Motivation durch operantes Konditionieren

In einem fesselnden Essay haben B. Schwartz, R. Schuldenfrei und H. Lacey die Folgen der Anwendung von Prinzipien des operanten Konditionierens auf Fabrikarbeit analysiert. Sie zitieren zustimmend den amerikanischen Philosophen John Dewey über den Zusammenhang zwischen Arbeit und Motivation (Dewey, 1931, S. 175–176):

> Die Berufe determinieren die Hauptformen der Befriedigung, die Maßstäbe von Erfolg und Mißerfolg. Daher liefern sie auch die praktischsten Wertkategorien, sie steuern die Wunschprozesse. Darüber hinaus entscheiden sie, welche Ziele und Beziehungen wichtig sind und bestimmen dadurch den Inhalt oder Stoff der Aufmerksamkeit und die Qualitäten, die als signifikant gelten.

Von dieser Orientierung ausgehend, spüren Schwartz und seine Mitautoren den Veränderungen in den Arbeitsbedingungen nach, die seit der Zeit des mittelalterlichen Feudalismus stattgefunden haben. Im 13. Jahrhundert, versichern sie, seien die Leibeigenen nicht mit geistlosen, monotonen Aufgaben wie dem Anziehen von Bolzen an einem Automobilmontageband beschäftigt gewesen. Die Leibeigenen hatten vielmehr in der Regel eine Vielzahl ständig wechselnder Aufgaben zu erfüllen, von denen jede von ihnen erforderte, selbst kluge Entscheidungen zu treffen, wie die Arbeit am besten getan werden konnte. Der Leibeigene habe außerdem nicht gegen Lohn gearbeitet, sondern im Rahmen einer gesetzlichen Verpflichtung gegenüber dem Lehnsherren.

Am Ende des 18. Jahrhunderts führten die Arbeiten in den Textilfabriken den ganzen Tag lang dieselben Handgriffe aus und arbeiteten, wo immer sie den höchsten Lohn erhalten konnten. Davon zeugte die eben aufkommende „klassische" Volkswirtschaftslehre von Adam Smith, der zufolge die Wirtschaft vom Wunsch nach Profit angetrieben wird. Mit der Entwicklung „wissenschaftlicher Betriebsführung" im 19. Jahrhundert wurden Methoden der operanten Kontrolle der Produktion artikuliert und angewandt. Der Anführer dieser Bewegung, F. Taylor, beschrieb, wie Arbeitskräfte mit derselben Effizienz eingesetzt werden konnten wie Maschinen: die Idee war, die unterschiedlichen Verfahrensweisen der einzelnen Arbeiter zu eliminieren und die Bewegungen jedes Arbeiters zum Zwecke größerer Effizienz einander anzugleichen und zu minimieren. Die Betonung wurde auf höhere Löhne als das Ziel des Arbeiters gelegt, wobei der Lohn am Ende jedes Tages oder jeder Woche ausbezahlt und die Produktionsleistung des Arbeiters in regelmäßigen Abständen bekanntgegeben wurde. Schwartz und seine Mitarbeiter (1978) weisen auf folgendes hin:

> „Wir sehen in der wissenschaftlichen Betriebsführung somit ein selbstbewußtes Beispiel dessen, was schließlich die typischen Methoden der Verhaltensanalyse wurden: die Schaffung einfacher Verhaltenseinheiten, die Ersetzbarkeit einer Verhaltenseinheit durch eine andere und die Manipulation des Reaktionstempos durch Variation der Verstärkungsraten und -pläne ... An der früheren Form von Arbeit waren Fähigkeiten beteiligt, die wir als außerhalb der Reichweite der operanten Psychologie betrachten, insbesondere die Fähigkeit zu klugen Urteilen. Der Prozeß, der kluges Urteilen aus der Arbeit eliminiert, ist gleichzeitig ein Prozeß, der die Arbeit auf ein Verhalten reduziert, das nur um einer Belohnung willen getan wird. Das Aufkommen der modernen Farbrikarbeit hat somit ältere Formen von Arbeit ersetzt, die mit operanten Prinzipien nicht adäquat erklärt werden konnten ... Der Charakter der Arbeit hat sich, wie wir glauben, in fundamentaler Weise gewandelt und mit ihr ein Großteil des übrigen Lebens".

Diese Wandlung der Arbeit von etwas, das seinen Lohn in sich selbst trägt, zu einem bloßen Mittel des Profits hat diesen Verfassern zufolge auch den Charakter der nichtindustriellen Aktivitäten verseucht. Sie führen beispielsweise den Wissenschaftler an, der Produktivität nach der *Zahl* seiner Publikationen mißt und tatsächlich bis zu einem gewissen Grad entsprechend seinem Produktionstempo bezahlt wird (genau wie der Fabrikarbeiter des 18. Jahrhunderts). In dieser Weise sind die Manipulationsmöglichkeiten des operanten Konditionierens angewandt worden, um den Charakter der menschlichen Motivation zu verändern. Was früher verstärkend wirkte, weil es intelligent und kreativ war, ist nicht mehr verstärkend. Statt dessen sind wir in der eng umgrenzten Weise, die das operante Konditionieren vorschreibt, motiviert.

Bei dieser wie auch bei anderen historischen Interpretationen kann der Skeptiker natürlich auch alternative Deutungen der Veränderungen in der Motivation geben. Man braucht die Behauptung nicht zu akzeptieren, daß die Arbeit im Feudalismus mehr Intelligenz erforderte als am heutigen Fließband. Eine Skinnersche Analyse der Arbeit im 13. Jahrhundert könnte (wenn eine solche Analyse tatsächlich möglich wäre) eine Produktionskontrolle durch Zufallsquoten-Verstärkungspläne ergeben. Der Leibeigene mag durch den Zwang eingeengt worden sein, jede Aufgabe in monoton gleichförmiger Weise auszuführen. Was sich verändert hat, ist vielleicht nicht der Charakter der Motivation, sondern vielmehr unser Verständnis dafür, wie Anreize das Verhalten steuern.

Vielleicht.

B. Schwartz, R. Schuldenfrei u. H. Lacey: Operant psychology as factory psychology. *Behaviorism,* 1978, *6,* 229–254.

J. Dewey: *Philosophy and Civilization.* New York: Minton, Balch & Co., 1931.

1.3 Freier Wille

Obwohl die meisten Menschen bereit wären, eine deterministische Deutung des Funktionierens einer Uhr zu akzeptieren – daß die Stellungen der Zeiger die Folge eines inneren, von einer Feder angetriebenen Mechanismus sind – würden viele eine ähnliche Interpretation ihres eigenen Verhaltens ablehnen. Wissen wir nicht, daß wir im Unterschied zur Uhr die Freiheit besitzen, die Stellung unserer „Zeiger" (das Verhalten unseres Körpers) selbst zu bestimmen und, allgemeiner gesprochen, unserem eigenen Willen entsprechend zu denken, fühlen und handeln? Nur wenn uns jemand Schranken setzt, wenn wir Gefangene von anderen sind, haben wir Zweifel an dieser Art von Freiheit.

Obwohl sie einräumten, daß wir die Freiheit besitzen, zu tun was wir tun wollen, haben manche Wissenschaftsphilosophen und Psychologen argumentiert, daß unsere Motive (und damit unsere Entscheidungen) im Prinzip genauso determiniert und genauso vorhersagbar seien wie die Zeiger einer Uhr. B. F. Skinner ist der zeitgenössische Psychologe, der am stärksten mit dieser philosophischen Position identifiziert wird. Für Skinner besteht das Problem der Motivation einfach darin, aufzudecken, von welchen Manipulationen der Umwelt zu erwarten ist, daß sie das Verhalten eines Individuums in spezieller Weise prägen. Für Skinner sind die moralistischen Appelle an die individuelle Freiheit lediglich das reaktionäre Vermeiden der Verantwortung, eine bessere Welt zu gestalten. Obwohl er daran glaubt, daß alles determiniert ist, versichert uns Skinner, daß das, was wir tun, de facto unser eigenes künftiges Verhalten und das anderer determiniert. Aber er sagt auch, es sei nicht wichtig, daß unsere Entscheidungen völlig determiniert seien. Worauf es ankomme, sei (Skinner, 1973), daß wir uns entscheiden sollten, die Dinge zu tun, die eine bessere Welt schaffen (eine kritische Würdigung findet sich in Box 5/1).

Bei der Formulierung ihrer Vorstellungen in bezug auf Motivation haben Skinner und andere *mechanistische* Psychologen lebende Organismen einschließlich des Menschen als Maschinen behandelt, die nach bestimmten unabänderlichen Prinzipien funktionieren – den *Naturgesetzen.* Clark Hull, ein führender Lerntheoretiker, empfahl den Verhaltenswissenschaftlern, sie sollten als Prophylaxe gegen mentalistisches Denken sich vorzustellen versuchen, wie eine Maschine ein Verhaltensprinzip manifestieren könne, das sie bereit seien, dem Menschen zuzuschreiben. Hull, Tolman und andere frühe Behavioristen bauten – oder entwarfen zumindest – tatsächlich kleine Apparaturen, die sich in Einklang mit denselben Prinzipien verhalten konnten, die zur Erklärung der zielgerichteten Verhaltensaspekte herangezogen wurden.

Diese simplen Apparaturen sind heute nicht mehr besonders attraktiv, denn die meisten zeitgenössischen Psychologen sind überzeugt, daß die kognitiven Prozesse des Menschen viel komplizierter sind als alles, was wir in einen uhrähnlichen Mechanismus einbauen könnten. Die Entwicklung von Computern ermutigt uns jedoch, uns maschinenähnliche Prozesse (vgl. 3. u. 4. Bd.) von extremer Komplexität vorzustellen. Dieser Ansatz operiert ebenfalls innerhalb eines mechanistischen Rahmens, denn alles, was ein Computer macht, steht in Einklang mit vorher festgelegten Regeln für das An- und Abstellen von Schaltungen. Der Computer wird durch elektrischen Strom gespeist, aber er funktioniert nach Plänen, die von Menschen für ihn programmiert wurden. Sofern der Computer programmiert werden kann, die Zielgerichtetheit, Zweckmäßigkeit, Vorausschau, Frustration und die gelernte Hilflosigkeit, die in der menschlichen Motivation zu finden sind, erfolgreich zu simulieren, hatten kognitive Psychologen den Eindruck, ein gewisses *Verständnis* dieser wichtigen Aspekte menschlichen Verhaltens zu erreichen (s. 4. Bd., 4. Kap.). Obwohl der Output solcher Programme manchmal die Programmierer überraschen mag, ist es (wie in jedem logischen System) unwiderlegbar richtig, daß der Output des Computers prinzipiell immer anhand einer Kenntnis der Regeln des Systems und der erfolgten Eingaben vorausgesagt werden kann.

Idealistische Gesellschaftskritiker haben über diese „entwürdigende" mechanistische Konzeption der menschlichen Motivation gespottet und auch Besorgnis darüber geäußert. Der relative Erfolg der am eindeutigsten mechanistischen Wissenschaften Physik und Chemie hat zur Anwendung dieses Ansatzes auf die Psychologie ermuntert.

1.4 Fatalismus

Älter als die mechanistische Auffassung von der Motivation und weniger attraktiv für den modernen Menschen ist der Glaube an das *Schicksal,* an übernatürliche Kräfte, an die unerklärliche Determination von Ereignissen durch Kräfte außerhalb der menschlichen Kontrolle. In der Mythologie tragen die Götter des Olymps ihre Rivalitäten und Konflikte miteinander aus und benutzen die Männer und Frauen dabei als Schachfiguren für ihre eigenen Ziele. Nach manchen Darstellungen ringen die Kräfte des Guten und des Bösen um die Seele eines Menschen; nach anderen legen undurchschaubare Mächte vorherbestimmte Bahnen für uns fest, denen wir fatalistisch folgen müssen, ohne davon abweichen zu können.

Man sollte nicht glauben, daß solche Vorstellungen völlig überwunden seien. Auch in unserem Zeitalter hört man in Kriegszeiten junge Soldaten sagen, was den Tod in der Schlacht betreffe, so sei dies einfach eine Frage des Schicksals: „Entweder es gibt eine Kugel, die für mich bestimmt ist, oder nicht. Da kann man nichts dagegen machen". Vom versicherungsmathematischen und statistischen Standpunkt aus erscheint diese Auffassung jedoch eindeutig falsch. Soldaten unter Beschuß, die ihren Kopf (und andere Körperteile) in Deckung halten, werden weniger oft getroffen als solche, die das nicht tun. Obwohl die meisten Verfechter einer deterministischen (und mechanistischen) Weltanschauung nichts mit *Fatalismus* zu tun haben wollen, gibt es dennoch einige rätselhafte Zusammenhänge zwischen diesen unterschiedlichen Konzeptionen der menschlichen Motivation (wie in Box 5/2, S. 19, exemplifiziert).

1.5 Das Tier

Im weitesten Sinne ist die biologische Auffassung der Motivation am einflußreichsten in der Experimentalpsychologie gewesen, und sie wird daher in späteren Teilen dieses Bandes besondere Aufmerksamkeit finden. Für viele Wissenschaftler ist der biologische Ansatz eine spezielle Form des mechanistischen Ansatzes, unter Hervorhebung der evolutionären Ursprünge der menschlichen Maschine. Fortschritte in Physiologie und Genetik haben die Einzelheiten der inneren Funktionsweise (der Mechanismen dieser Maschine) zu wich-

BOX 5/2

Newcombs Paradox: Noch einmal freier Wille und Determinismus

William A. Newcomb, ein theoretischer Physiker am Lawrence-Livermore-Laboratorium der Universität von Kalifornien konstruierte die folgende Situation, die zu weiterem Kopfzerbrechen über die Frage „freier Wille oder Determinismus" Anlaß gibt:

Vor Ihnen auf einem Tisch stehen zwei Schatullen, eine größere und eine kleinere. Die kleine Schatulle enthält tausend Dollar. In der großen Schatulle befindet sich entweder eine Million Dollar *oder nichts.* Sie müssen eine unwiderrufliche Wahl treffen: entweder Sie nehmen den Inhalt von *beiden* Schatullen oder nur den Inhalt der größeren Schatulle. Ihre Wahl wird noch durch die Tatsache kompliziert, daß das Geld von einem höheren Wesen mit erstaunlichen prognostischen Fähigkeiten hineingetan wurde (was nur in einer entschieden deterministischen Welt möglich ist). Wenn es voraussagte, daß Sie *beide* Schatullen nehmen würden, dann hat es die größere Schatulle leergelassen; aber wenn seine Prognose lautete, daß Sie *nur* die größere Schatulle nehmen würden, dann hat es diese mit einer Million Dollar ausgestattet.

Wie würden Sie sich entscheiden?

Nehmen wir an, daß Sie von Natur aus konservativ sind. Sie wissen, daß dieses „höhere Wesen" beim Rennen beneidenswerte Erfolgsserien erzielt und in zahllosen Rennen richtige Voraussagen gemacht hat. Wenn Sie deshalb beide Schatullen nehmen, werden Sie fast mit Sicherheit am Ende „nur" 1000 Dollar haben. Warum sich also nicht mit der „glatten Million" zufriedengeben, statt 1001000 Dollar einheimsen zu wollen?

Aber das ist zu einfach. Das Geld befindet sich ja bereits in den Schatullen, wenn Sie Ihre Entscheidung treffen; und Ihre Entscheidung verändert die Situation nicht. (Wenn Ihnen das höhere Wesen gestattet, hinter den mit einer durchsichtigen Rückseite ausgestatteten Schatullen einen Freund zu postieren, um sicherzugehen, daß nichts entfernt wird, nachdem Sie Ihre Wahl getroffen haben, dann würde sich dieser Freund für Sie freuen, wenn Sie beide Schatullen nehmen. Wenn Sie beide Schatullen wählen, bekommen Sie, was bereits da ist – und somit zumindest so viel, wie wenn Sie sich mit der größeren Schatulle zufriedengeben hätten.)

Wie würden Sie sich entscheiden?

Die Leute scheinen sehr verschiedener Ansicht über die „richtige" Entscheidung zu sein. Selbst Mathematiker und Spieltheoretiker verstricken sich in hitzige Auseinandersetzungen darüber. Wenn Sie dieses Problem mit anderen erörtern, versuchen Sie, ruhig zu bleiben, und beobachten Sie, wie *andere* ihre Argumente wiederholen, jedesmal mit größerer Lautstärke.

Die Vorstellung eines höheren Wesens mit einer solchen prognostischen Fähigkeit entspricht im Prinzip völlig dem Glauben an den *Determinismus.* Die Idee, daß irgend jemand unsere eigene Entscheidung so gut voraussagen könnte, scheint uns jedoch unserer Willensfreiheit zu berauben. Ein überzeugter Vertreter des *freien Willens* bemerkte zu diesem Rätsel, er würde beide Schatullen packen und davonlaufen und sie später verbrennen, ohne ihren Inhalt zu untersuchen. Wenn seine Entscheidung tatsächlich vorhersagbar sei, dann würde er das nicht wissen wollen!

Aus: M. Gardner: Mathematical games. *Scientific American,* July 1973, *223,* 104–109.

tigen Brennpunkten der Spekulation und der Untersuchung gemacht.

Eine der Auswirkungen der Evolutionstheorie von Charles Darwin war die Suche nach Gemeinsamkeiten von Mensch und Tier. Der evolutionäre Ansatz lenkte die Aufmerksamkeit sowohl auf tierähnliche Eigenschaften des Menschen wie auch auf menschenähnliche Eigenschaften von Tieren. Auf dieser Basis wurde die Überlegung angestellt, daß wir mehr darüber wissen würden, was Menschen motiviert, wenn wir herausfinden könnten, was Tiere motiviert. Es wurde angemerkt, daß selbst ein so niedriges Tier wie die Laborratte zielgerichtetes Verhalten und mütterliche Fürsorge für ihre Jungen zeigen konnte, daß sie frustriert und neurotisch werden und generell das ganze Spektrum von Verhaltensweisen an den Tag legen konnte, das wir mit Motivation verbinden. Dies weckte seinerseits Zweifel an der Notwendigkeit speziell „menschlicher" Erklärungen der menschlichen Motivation.

1.6 Bedürfnisse und Triebe

Aus biologischer Sicht sind die fundamentalsten Motive (des Menschen wie des Tieres), die einen Organismus zu handeln veranlassen, die physiologischen *Triebe.* Diese Triebe, auf deren Existenz wir schließen, stehen in engem Zusammenhang mit den physiologischen *Bedürfnissen:* Erfordernisse an Nahrung, Wasser, Sauerstoff, das Vermeiden schmerzhafter Reize und ähnliches. Diese vermutlich angeborenen Triebe entwickelten sich durch natürliche Auswahl und dienten somit der notwendigen Überlebensfunktion des Organismus. Die Erklärung motivierten Handelns wird somit weitgehend auf eine Erklärung der Triebe als Antriebsfaktoren reduziert – wie sie ins Spiel gebracht werden, ihre Auswirkungen auf das Verhalten und ihr Verschwinden, sobald sie befriedigt sind. Beispielsweise führt der Abbau von Nahrungssubstanzen im Körper zu einem zunehmenden biologischen *Bedürfnis,* dessen unmittelbare psychologische Folge der *Trieb* ist, den wir „Hunger" nennen. Man beachte, daß dieser Trieb durch Nahrungsmangel *ausgelöst* wird, aber mit diesem nicht *identisch* ist. Manche Menschen erleben Hunger, so oft sie an einer Eisdiele vorüberkommen, ob ihr Körper wirklich in einem Zustand biologischen Bedürfnisses ist oder nicht. Andere mögen dringend der Nahrung bedürfen, aber keinesfalls hungrig sein. Dieses abgeleitete Konzept eines Triebes wie Hunger dient zur Erklärung des motivationalen Charakters von Verhalten. Der Hungrige sucht nach Nahrung, nimmt Nahrung zu sich und hört manchmal auf zu essen, wenn sich das Bedürfnis nach Nahrung genügend verringert hat.

1.7 Anreize

Das Herangehen an die Motivation über den Tiervergleich rückt auch ein weiteres motivationales Konzept in den Vordergrund: das des *Anreizes.* Die hungrige Ratte lernt, den Weg durch das Labyrinth zu finden, der zum Futter führt. Die Ratte schlägt diesen speziellen Weg nicht ein, wenn kein Futter vorhanden ist. Futter in hinreichender Quantität und Qualität, muß vorhanden sein, um als Anreiz zu dienen, den Weg zur Futterbox einzuschlagen. Bildlich gesprochen sind Anreize die (an)ziehende Kraft, während Triebe die schiebende (drängende, treibende) Kraft sind.

Bei Motivationsversuchen ist das Verhalten des Versuchstieres merklich beeinflußt durch die Zahl der Stunden, die seit seiner letzten Fütterung vergangen sind (wovon man annimmt, daß es die Triebstärke bedingt), und durch die Menge der Qualität des Futters (von der man annimmt, daß sie seinen Anreizwert ausmacht). Bei Versuchen mit Menschen können die Probanden dem Versuchsleiter sagen, wie hungrig sie sind und wie stark der Anreiz für sie ist, Nahrung oder irgendein anderes Zielobjekt zu erlangen. Den in der Tiertradition arbeitenden Behavioristen war bei diesen subjektiven Berichten über Motivation unbehaglich, doch es scheint klar, daß solche Berichte in engem Zusammenhang mit den Trieben und Anreizen standen, auf die die Behavioristen bei ihrem Tierstudium schlossen. (Der Unterschied ist natürlich, daß die Tiere ihre Motivation nicht beschreiben können.)

1.8 Instinkte

Angeborene Verhaltensmuster, die manchmal als *Instinkte* bezeichnet werden, sind weitere Beispiele biologisch verwurzelter Motive. Es gibt eine Fülle von Beispielen solchen Verhaltens, welche zeigen, daß durchaus komplexe Handlungen auf angeborenen Strukturen des Nervensystems beruhen können. Durch entsprechende Stimulierung ausgelöst, läuft eine komplexe Verhaltenskette ab – unter der Kontrolle der Umwelt, in der sie auftritt, bzw. an diese angepaßt. Der Nestbau von Vögeln ist beispielsweise hinreichend flexibel, um die Suche und Verwendung einer Vielzahl von Materialien zu gestatten. Sobald die entsprechenden inneren und äußeren Ereignisse den Nestbau in Gang gesetzt haben, wird jedes Material, das vorhanden und geeignet ist, in das Nest eingearbeitet. Es ist somit möglich, die Determinanten eines Instinkts experimentell in physiologische und Umweltfaktoren aufzugliedern. Dieses Wechselspiel von umweltbedingten und angeborenen Verhaltensmustern ist eine wichtige Quelle der Ermutigung für Versuche, die gesamte Motivation von einer relativ vereinfachten biologischen Grundlage abzuleiten (s. Abb. 2).

Wir sollten hier darauf hinweisen, daß, obwohl das wissenschaftliche Studium instinktiven Verhaltens beträchtliche Erfolge zu verbuchen hatte, der umgangssprachliche Gebrauch des Wortes *Instinkt*

Abbildung 2: Ist dies eine instinktgeprägte Formation?

im allgemeinen von Psychologen abgelehnt wird, da es ihm an Aussagekraft fehle. Warum kehrt der erwachsene Lachs an seinen Ursprung zurück? Antwort: Aufgrund seines Instinkts. Sagt uns das irgend etwas, das wir nicht bereits wußten, als wir die Frage stellten? Dieser Verweis auf einen Instinkt oder „Wandertrieb" erinnert an Charley Chaplins Antwort (in dem Film *Monsieur Verdoux*) auf die Frage seines Sohnes, warum sie kein Fleisch essen: „Weil wir Vegetarier sind!" Zu behaupten, daß Menschen Kriege führen aufgrund ihres Aggressionstriebes, daß sie ihr Eigentum verteidigen aufgrund ihres Besitztriebes oder Seitensprünge machen, weil sie polygam seien, erklärt im Grunde nichts. Es liefert lediglich Etiketten für Phänomene, die bereits beobachtet wurden.

Was die Lachse betrifft, haben sorgfältige Versuche gezeigt, daß ihre Wanderung durch Außenreize ausgelöst wird, nämlich das Vermeiden von Licht, das ihre lichtempfindlichen Rezeptoren irritiert und die Fische dadurch in tiefere Gewässer und schließlich ins Meer hinaustreibt. Später treibt sie ihr Bedürfnis nach Sauerstoff wieder flußaufwärts in schneller fließendes Gewässer zurück, und die Gerüche, die sie mit ihrem Herkunftsort verbinden, geleiten sie wieder „nach Hause".

Informationen dieser Art sind aussagekräftig und klären uns tatsächlich darüber auf, was den Lachs zu seiner Wanderung veranlaßt. Diese Erklärung besteht insofern einen letzten Test, als sie uns gestattet, die Wanderung des Lachses zu steuern (beispielsweise an Staudämmen), indem man den Lichteinfall und später den Sauerstoffgehalt des Wassers entsprechend reguliert. (Werden die Öffnungen der Geruchsrezeptoren des Lachses verstopft, so verliert er die Tendenz, an seinen Geburtsort zurückzukehren.)

Aus biologischer Sicht dient alles Verhalten entweder mittelbar oder unmittelbar der Befriedigung physiologischer Grundbedürfnisse. Da das meiste Verhalten nicht aus *direkten* Reaktionen auf einen biologischen Trieb besteht, sind die Vertreter der biologischen Sichtweise genötigt gewesen, alle anderen Triebe als *erworbene* oder *abgeleitete* Triebe zu behandeln. In diesem Sinne sind erworbene Triebe im Gegensatz zu den durch biologische Bedürfnisse entstehenden Primärtrieben als sekundäre Triebe zu betrachten. Beispielsweise lernen wir alle, daß Geld nützlich für die Befriedigung verschiedenster Triebe einschließlich Hunger, Durst und manchmal sogar des Sexualtriebes ist. Aber manche Menschen scheinen sich Geld um seiner selbst willen zu wünschen, auch wenn alle ihre biologischen Bedürfnisse befriedigt sind. Ein solches Verhalten wird durch den Hinweis auf sekundäre oder erworbene Triebe erklärt (s. 3. Bd., 2. Kap., wo die Verminderung einer erworbenen Furcht bei fehlender primärer Verstärkung zur Erklärung für Konditionierung herangezogen wurde). Diese biologische Sichtweise setzt die zahllosen menschlichen Motive in Bezug zu einer sehr kleinen Zahl physiologischer Grundbedürfnisse.

1.9 Der rationale Herr

Etwas abweichend vom biologischen Ansatz (aber nicht notwendigerweise unvereinbar mit diesem) ist die früher gehegte Auffassung vom Menschen als *Herr seines Schicksals*. Aus dieser Perspektive betrachtet sind unsere Motive das Resultat rationaler Berechnungen hinsichtlich der Wünschbarkeit verschiedener Verhaltensweisen. Die Zentrale, die die Motivationen steuert, befindet sich jetzt in der Großhirnrinde und die Gesetze der Motivation sind Gesetzmäßigkeiten rationaler Prozesse; wir entscheiden bewußt, was wir tun wollen, und wir tun, wozu wir uns entschieden haben. Motive scheinen daher vernünftig zu sein, und die vernunftmäßige Begründung einer Handlung ist identisch mit deren Motiv.

1.10 Hedonismus

Ein wichtiger Bestandteil des rationalen Ansatzes ist die Hervorhebung von *Lustgewinn* als Ziel allen Handelns gewesen. Die verbreitete Auffassung des *psychologischen Hedonismus* geht davon aus, daß wir von Natur aus dazu neigen, uns in einer Weise zu verhalten, von der wir annehmen, daß sie zu Lustgewinn führt und Schmerzen vermeiden hilft. Lust und Schmerz sind somit die obersten Herren.

Der psychologische Hedonismus ist vom *ethischen Hedonismus* zu unterscheiden, der Doktrin, daß wir uns vom Streben nach Lustgewinn leiten lassen *sollten*. Nach ihrer berühmtesten Formulierung – die von dem englischen Nationalökonomen und Philosophen Jeremy Bentham stammt, der vor 200 Jahren lebte – besteht das moralische Ziel des Lebens darin, auf „das größtmögliche Glück der größtmöglichen Zahl" von Menschen hinzuarbeiten. Glück wurde seinerseits als Überwiegen der Lust gegenüber dem Schmerz identifiziert. Benthams System, der sogenannte *Utilitarismus,* hatte einen enormen Einfluß auf das politische Denken, obwohl die Beschäftigung mit dem Glück als Ziel des Lebens damals bereits stark in der Luft lag (tatsächlich wird das Streben nach Glück in der Amerikanischen Unabhängigkeitserklärung als ein „unveräußerliches Recht" bezeichnet).

Ein psychologischer *Hedonismus der Vergangenheit* lag den frühen Formulierungen des Effekt-Gesetzes von Thorndike zugrunde (s. 3. Band, 2. Kap.). Nach Thorndikes Auffassung neigen wir zur Wiederholung von Verhaltensweisen, die in der Vergangenheit (in derselben Reizsituation) von Lustgewinn gefolgt waren. Im Gegensatz dazu ist Freuds *Lustprinzip* ein *Hedonismus der Zukunft.* Wenn wir uns im Einklang mit Freuds Lustprinzip verhalten, suchen wir sofortige Befriedigung – die einen Lustgewinn bedeutet. Die Erfahrung lehrt uns jedoch, bestimmte Befriedigungen hinauszuschieben und ein bestimmtes Maß an Schmerz im Interesse eines auf lange Sicht gesehenen Lustgewinns zu akzeptieren. Sofern wir uns von solchen rationalen Erwägungen leiten lassen, handeln wir in Einklang mit Freuds *Realitätsprinzip.* Der psychologische Hedonismus hatte seine Verfechter seit der Zeit der klassischen griechischen Philosophie, und er ist immer noch stark im Schwange. (*Erscheint* uns sein Grundgedanke nicht auf einer sehr allgemeinen Ebene als einleuchtende Erklärung dessen, was wir unter menschlicher Motivation verstehen?)

Einwände gegen den psychologischen Hedonismus als Theorie der Motivation weisen auf die Vagheit des Begriffs der *Lust* hin. Die Behavioristen waren natürlich unzufrieden mit subjektiven Erfahrungen wie Lust, weil keine Möglichkeit in Sicht war, persönliche psychische Zustände objektiv zu messen. Angesichts der Schwierigkeit, Lust bei anderen zu identifizieren, ist nicht klar, was der psychologische Hedonismus zur Erhellung von Motivationsproblemen beitragen kann. So bezeichnet man beispielsweise Menschen, die hemmungslos ihrem Appetit nachgeben (z.B. Gourmands) als Hedonisten, d.h. als Menschen, die auf diese Weise Lustgewinn suchen. Aber wenn sich andererseits jemand wie ein Asket verhält, hungert und andere Zustände erduldet, die den meisten Menschen als schmerzhaft erscheinen würden, dann sagen wir, es bereite ihm *Lust,* „sich selbst zu kasteien". Welches Ziel ein Individuum auch verfolgt, der Verfechter des psychologischen Hedonismus wird behaupten, derjenige glaube, sich auf diese Weise Lust zu verschaffen. Mit einer solchen Theorie sind keine Prognosen möglich; und obwohl sie alles zu erklären scheint, erklärt sie letztlich gar nichts.

1.11 Nutzen

Das Modell der *subjektiven Nutzenerwartung* (s. 4. Bd., 4. Kap.) ist eine verfeinerte Version des hedonistischen Ansatzes. Der Nutzen oder subjektive Wert korrespondiert mit dem *Anreizwert,* der für den animalischen Motivationsbegriff eine so wichtige Rolle spielt. Die Rationalität in der Entscheidungsfindung besteht darin, jene Handlungsweise zu wählen, die den subjektiven Wert für das Individuum maximiert. Aber Menschen sind nicht immer rational in diesem Sinne von Rationalität; das heißt, das Modell der subjektiven Nutzenerwartung wird nicht immer befolgt (und wurde somit als Beschreibung motivierten Verhaltens teilweise widerlegt). Statt dessen bedienen wir uns der *Heuristik* (einfacher Abkürzungsstrategien) im Umgang mit der überwältigenden Menge an Informationen, die uns oft zur Verfügung stehen, wenn wir schwierige Entscheidungen treffen müssen. In Fällen, wo es darum geht, welches Auto wir kaufen oder welchen Studienweg wir einschlagen sollen, sind widersprüchliche Motive vorhanden. Wir wünschen uns vielleicht ein Auto, das elegant und schnittig ist, aber gleichzeitig möchten wir mit wenig Benzin auskommen. Wir werden der Lösung von Konflikten zwischen Motiven am Ende dieses Bandes weitere Betrachtungen widmen. Wenn wir rational verfahren, versuchen wir durch vergleichende Bewertung der Konsequenzen aller verschiedenen Differenzen zu einer Lösung zu gelangen.

Die Vorstellung von einer rationalen Menschheit bleibt ein Ideal, wenn es auch nicht der Realität entspricht. Tatsächlich werden Individuen je nach dem Grad, in dem sie von diesem Ideal abweichen, für ihren Fehltritt verurteilt oder entschuldigt. Nehmen wir an, ein Killer wird von jemandem gedungen, der vom Tod des Opfers profitiert. Das Motiv (Profit) scheint rational zu dem Verbrechen zu führen, daß der Verbrecher alle Voraussetzungen für eine Verurteilung wegen Mord erfüllt. Wenn jemand demgegenüber impulsiv ohne ersichtlichen Grund einen Fremden tötet oder vielleicht sogar in Widerspruch zu einem erkennbaren Motiv (das Opfer könnte jemand sein, den er liebt), dann wird das Verbrechen als sinnlos betrachtet und die Irrationalität des Mörders dient als Begründung für eine leichtere Strafe und vielleicht sogar für die Empfehlung einer psychiatrischen Behandlung (vgl. 6. Bd., 4. Kap.).

Die Vorstellung, daß die menschliche Motivation von der Vernunft bestimmt sei, wurde aufs Nachhaltigste durch Freuds Konzept der unbewußten Motivation in Frage gestellt, der wir uns als nächstes zuwenden wollen. Ergänzt durch den biologischen Ansatz ist jedoch die Rationalität wieder zur beherrschenden Kraft im zeitgenössischen wissenschaftlichen Studium der Motivation geworden. Derselbe Ansatz wird auch in der Wirtschaftswissenschaft benutzt, in der mathematische Modelle der Entscheidungsfindung (s. 4. Band, 4. Kap.) das Wahlverhalten unter der Annahme vollständiger Rationalität mit menschlichen Werten und Erwartungen in Beziehung setzen.

1.12 Unbewußte Motivation

Die Auffassung des Menschen von sich selbst als eines rationalen Lebewesens wurde ernsthaft herausgefordert, als Freud am Ende des 19. Jahrhunderts eine zwingende Darstellung der irrationalen Kehrseite des geistig-psychischen Lebens präsentierte. Freud zufolge sind sich Menschen oft über den *wahren* Grund, d. h. die *unbewußte Motivation* für manche ihrer motiviertesten Verhaltensweisen nicht im klaren. Wir sind uns solcher Motivation nicht bewußt, weil sie tief in unserem Unterbewußten verborgen liegt; und sie bleibt verborgen, weil es zu beunruhigend, zu erschreckend und zu herausfordernd oder bedrohlich für unser Selbstbild als rationale Geschöpfe wäre, sie an den Tag zu bringen.

Das soll nicht heißen, daß Menschen ihrem Verhalten keinen Sinn zu geben vermögen. Sie haben Bedürfnisse und Wünsche, Ziele und Absichten und neigen dazu, ihre Handlungen in Hinblick auf diese verschiedenen Facetten der menschlichen Motivation zu interpretieren. Aber die Motive, die sie bewußt wahrnehmen, können aufwendige „Fassaden" sein, hinter denen sich andere, unbewußte Motive verbergen. Unter gewissen Umständen kann somit unser „Verständnis" für unsere eigenen Motivationen weitgehend aus Rationalisierungen bestehen.

Obwohl es viele historische Vorläufer solcher Ansichten (einschließlich Shakespeares) gab, rückte die Konzeption des Unbewußten erst durch Sigmund Freud und seine Theorie der Psychoanalyse in den Mittelpunkt der Aufmerksamkeit. Die Freudsche Theorie der menschlichen Motivation und Persönlichkeit wurde zu einem beherrschenden Einfluß in bestimmten Teilen des Geisteslebens, insbesondere in der amerikanischen Psychiatrie und Psychotherapie. Eine detaillierte Darstellung seiner Konzeption der unbewußten Motivation folgt im 6. Band, 2. Kapitel. Im Augenblick wollen wir nur anmerken, daß der Einfluß des Freudschen Konzepts der unbewußten Motivation immens war und immer noch ist und bis in die letzten Ausläufer unserer Konzeption der Conditio humana vordrang, so wie sich diese in der Literatur, Kunst, Theologie, im Bildungswesen, in der Philosophie und in der Medizin artikulierte.

Paradoxerweise hatte Freud, der in seinem eigenen wissenschaftlichen Vorgehen den Gipfel an Rationalität verkörperte und tief verwurzelt in der Experimentalbiologie war, zur Folge, daß sich die Menschen sowohl von den rationalen als auch von den biologischen Deutungen der menschlichen Motivation abwandten. Jetzt, da sich sein wissenschaftlicher Einfluß verringert hat, scheint die irrationale oder unbewußte Seite der Motivation eine weniger große Rolle in der akademischen Psychologie zu spielen. Mechanistisch orientierte Psychologen scheuen vor metaphorischen Bezugnahmen auf im Unbewußten verborgene Triebkräfte zurück. Sie versuchen diese „Kräfte“ im Hinblick auf Körperfunktionen und die Reize, die das manifeste Verhalten kontrollieren, zu identifizieren. Damit soll nicht gesagt werden, daß der Freudsche Einfluß nicht mehr bestimmend für die allgemeine Sichtweise der menschlichen Motivation sei. Tatsächlich ist ein großer Teil der Klinischen Psychologie damit beschäftigt, einzelnen bei der Klärung ihrer eigenen Motive zu helfen, von denen manche als unbewußt in dem von Freud beschriebenen Sinn interpretiert werden.

1.13 Das Produkt der Gesellschaft

Der letzte und in gewisser Weise neueste der umfassenden philosophischen Deutungsversuche der Motivation betont den sozialen Charakter der menschlichen Motivation. Dies ist die Perspektive, die in der Soziologie, der Kulturanthropologie und der marxistischen Wirtschaftswissenschaft am populärsten gewesen ist. Der Betrachtungsweise des Menschen als Produkt seiner Gesellschaft liegt im Kern die Auffassung zugrunde, daß das menschliche Verhalten völlig verstanden werden kann, wenn wir uns klarmachen, daß wir das, was wir tun, als Reaktion auf die Wertvorstellungen, Ideale und Sanktionen unserer Gesellschaft tun. Dabei wird angenommen, daß diese gesellschaftlichen Richtlinien den Anpassungsforderungen der Umwelt dienen, in der die jeweilige Kultur existiert. Da sich diese Anforderungen der Umwelt verändern können, können sich auch die Wertbegriffe einer Gesellschaft verändern; die Motive ihrer Mitglieder sind daher nicht in roboterhafter Weise fixiert. Die soziale Gruppe, die plötzlich mit einer anderen Gruppe um die knappen Ressourcen einer Region konkurrieren muß (in unserer Zeit liefern die abnehmenden Erdölreserven ein prekäres Beispiel), mag darangehen, Mut und Kampfbereitschaft einen höheren Rang in ihrer Wertskala einzuräumen. Ein neuer kultureller Wert entsteht nicht über Nacht, sondern dringt allmählich in den Geist einer Kultur ein, indem er in den verschiedensten Lebensbereichen von den Zielsetzungen der Erziehung bis zu den Freuden des Alters seinen Niederschlag findet.

Die Langsamkeit, mit der sich diese Anpassung an veränderte Bedingungen vollzieht, bezeichnet man als *kulturellen Rückstand.* Ein Beispiel für einen solchen Rückstand bilden die beobachtbaren Auswirkungen der gegenwärtigen Versuche, die Einstellungen amerikanischer Minderheiten zur Schulbildung zu verändern. Eines der Hindernisse gesellschaftlicher Veränderungen ist, daß gerade die Werte und Motive, die sie beschleunigen würden, durch andere Aspekte der Gesellschaft entmutigt werden (z. B. durch den Respekt gegenüber dem Recht von einzelnen und Gruppen, an ihrer eigenen Sprache und Umgangsweise mit anderen Menschen festzuhalten).

Als Produkte ihrer Gesellschaft legen Menschen in verschiedenen sozialen Situationen ganz unterschiedliche Motive und Wertvorstellungen an den Tag. Der von Anthropologen entwickelte Begriff des *kulturellen Relativismus* lehnt jede Annahme einer universellen menschlichen Natur ab und vertritt statt dessen die Ansicht, daß das Verhalten jedes einzelnen nur im Zusammenhang mit den vorherrschenden Motiven seiner Kultur verstanden und beurteilt werden kann. Die eigene Kultur ist der Bezugsrahmen, innerhalb dessen die eigenen Motive, Absichten, Ziele und Wertvorstellungen entstehen. Sie erscheinen nur dann sinnvoll, wenn wir uns für den Augenblick die psychologische Situation des Betreffenden vergegenwärtigen

BOX 5/3

Lernen, etwas zu leisten

D. McClelland, ein Psychologe an der Universität Harvard, hat mehr als 20 Jahre lang das studiert, was er als „Leistungsbedürfnis" (Lb) bezeichnet. Zur Messung der Stärke dieses Bedürfnisses benutzte er eine Variante des Thematic Apperception Test (s. 6. Bd., 1. Kap.), bei dem die Vp aufgefordert wird, Geschichten über speziell dafür präparierte Bilder zu erfinden (auf einem Bild sieht man beispielsweise einen Jungen, der lernt, auf einem anderen einen sportlichen Wettbewerb).

McClelland und seine Mitarbeiter haben eine Vielzahl von Untersuchungen mit dieser Technik durchgeführt. Ein wichtiges Forschungsproblem bilden die Schwankungen des Lb innerhalb kultureller Untergruppen in den Vereinigten Staaten sowie in anderen Nationen. Einer ihrer Befunde besagt, daß sich die gesellschaftlichen Schichten in den USA hinsichtlich des Grades zu unterscheiden scheinen, in dem das Kind auf Leistung sozialisiert wird (d.h. von seiner Familie und Gruppe dazu erzogen wird). Das Leistungsbedürfnis ist in den unteren sozioökonomischen Schichten niedrig, in der Mittelschicht dagegen hoch. Die Daten für diese Verallgemeinerungen schließen detaillierte Interviews und Beobachtungen von Kindererziehungspraktiken ein. Eltern, die in ihrem eigenen Leben in ihren Handlungen und Worten stärker leistungsorientiert sind, belohnen ihre Kinder ziemlich rasch für Leistungen und, was vielleicht noch wichtiger ist, dienen ihren Kindern selbst als Vorbilder. Sie bieten ihnen ein Lb-förderndes Familienklima, das heißt, ein Klima, das die Entwicklung eines starken Lb (durch spezifische und allgemeine Techniken) im Kind begünstigt.

Es gibt Anzeichen dafür, daß ein Lb-förderndes Klima auf nationaler Basis erzeugt werden könnte. McClelland maß die Stärke des Leistungsbedürfnisses, die sich aus den Geschichten in den Kinderbüchern von dreißig Ländern ablesen läßt. Er stellte eine signifikante Korrelation zwischen dem auf diese Weise festgestellten Lb und der wirtschaftlichen Entwicklung dieser Länder zwei Jahrzehnte *später* fest, so daß man in dieser Hinsicht von einem kulturellen Rückstand von etwa einer Generation sprechen kann. Dieses Ergebnis impliziert natürlich nicht eine bewußte Absicht seitens der nationalen Planer, die künftige Generation mit Lb zu erfüllen. Vielmehr kann es als Anzeichen einer allgemeinen kulturellen Bereitschaft bestimmter Nationen zu wirtschaftlichem Wachstum interpretiert werden, die von den Verfassern und den Beurteilern der jeweiligen Kinderliteratur verspürt und vorweggenommen wird.

McClelland würde jedoch behaupten, daß ein solcher Prozeß nicht dem Zufall überlassen werden müsse. Er hat Schulungsprogramme entwikkelt und angewandt, die darauf abzielten, das Lb von Geschäftsleuten zu steigern und ihr Verhalten in Richtung auf stärkere Initiative und größere Leistungen zu verändern. Zumindest kurzfristig hatten diese Programme ein gewisses Maß an Erfolg zu verzeichnen.

D. McClelland: Toward a theory of motive acquisition. *American Psychologist,* 1965, *20,* 321–333.

D. McClelland: *Assessing Human Motivation.* New York, General Learning Press, 1974.

D. McClelland u. D. Winter: *Motivating Economic Achievement.* New York: Free Press, 1969.

und uns in diese hineinversetzen können (das heißt, die Welt, so wie der Betreffende sie wahrnimmt).

Die Auffassung von der Menschheit als Produkt der Gesellschaft wird oft mit der Lehre des *Sozialdeterminismus* verknüpft. Diese Lehre geht davon aus, daß es Gesetzmäßigkeiten der sozialen Organisation und der historischen Tendenzen gibt, die die menschliche Natur des Individuums transzendieren. In der Wirtschaftswissenschaft bildet das Gegenstück zu diesem Ansatz der ökonomische Determinismus von Karl Marx, der die theoretischen Ideale für verschiedene kommunistische und sozialistische Regierungssysteme geliefert hat. Als hautnäheres Beispiel betrachte man die Rolle der Frau in der Familienstruktur und damit als Bestandteil des größeren Sozialgefüges. Diesem Ansatz zufolge ist sie, da sie den von der Gesellschaft vorgeschriebenen Weg geht und die ihr zudiktierte Rolle ausfüllt, zu einem eng umschriebenen Lebensstil verurteilt, das bloße Werkzeug unentrinnbarer Mächte des ökonomischen Determinismus.

Die Sichtweise des Sozialdeterminismus führt uns wieder zu der Auffassung von der menschlichen Motivation als Beute von Mächten zurück, über die wir wenig Kontrolle haben. Sofern die Gesellschaft ein Faktor ist, dem gegenüber wir machtlos sind, muß ihr Einfluß auf die menschliche Motivation in der Tat unentrinnbar sein. Aber diese Machtlosigkeit ist vielleicht nur eine Illusion, ein Nebenprodukt unserer Unkenntnis der gesellschaftlichen Kräfte und nicht unserer Unfähigkeit, sie zu verändern. Ein konsequentes Programm der wirtschaftlichen Entwicklung mag nicht direkt oder unmittelbar die herrschenden Wertbegriffe einer unterentwickelten Nation verändern, aber es bewirkt manchmal Veränderungen der Umwelt, die früher oder später diese Folge haben. (Eine Andeutung, wie dies geschehen könnte, ist in Box 5/3 zu finden.)

Es ist oft behauptet worden, daß gesellschaftliche Einstellungen nicht durch Gesetze verordnet werden könnten. Aber in den entwickelteren Nationen scheint die Gesetzgebung im Bereich der politischen Rechte, der Bildungschancen und der wirtschaftlichen Aufstiegsmöglichkeiten tatsächlich im Laufe der Zeit die herrschenden *Einstellungen* zu unterprivilegierten Minderheiten zu verändern. Die Folgen von Bürgerrechtsgesetzen und verwandten Gerichtsentscheidungen in den Vereinigten Staaten (über das Wahlrecht, die Rassenintegration an den Schulen und gleiche Beschäftigungschancen) sind bereits im Verhalten *sowohl* der herrschenden Gruppen als auch der Minderheiten sichtbar geworden. Während das Tempo dieser Veränderungen deren Nutznießern empörend langsam erscheinen mag, ist ihre Unvermeidlichkeit kaum zu leugnen.

Der Sozialdeterminismus hatte stets entschiedene Gegner. Der totale kulturelle Relativismus, den manche Anthropologen vertreten, wird gegenwärtig von Soziobiologen und Linguisten scharf angegriffen. Trotz seiner Begrenztheit ist der Sozialdeterminismus manchen seiner Anhänger als eine optimistische Theorie erschienen. (Haben wir nicht oft das Gefühl, daß wir die gesellschaftlichen Kräfte zumindest bis zu einem gewissen Grad kontrollieren können, von denen Motive dieser Art herrühren?)

2 Motivation als biologischer Mangel

Wir wenden uns jetzt einigen der spezifischeren Motivationstheorien zu, die sich aus den philosophischen Denksystemen ergeben, mit denen wir uns befaßt haben. Die erste und in der wissenschaftlichen Psychologie am stärksten akzeptierte Theorie setzt die Motive in Bezug zu biologischen Mängeln. Diese Theorie entwickelte sich aus der Darwinschen Betonung von Selbsterhaltung, Arterhaltung und Anpassung. Der größte Teil der Grundlagenforschung wurde zunächst an Tieren durchgeführt; diese Motivationstheorie stimmt somit am besten mit der animalischen Sichtweise der menschlichen Motivation überein. Geschichtlich wurde der Begriff „biologisch" so interpretiert, daß er sich nur auf bestimmte allgemein bekannte physiologische Bedürfnisse wie beispielsweise das Bedürfnis nach Wasser, Nahrung, Sauerstoff und so weiter beziehe (eine Erörterung physiologischer Bedürfnisse findet sich im 4. Kap.). Diesem Ansatz liegt ein Konzept zugrunde, das als *Mangelmotivation* bezeichnet wurde, die Auffassung, daß ein Organismus nur dann zum Handeln getrieben werde, wenn es ihm an einem wichtigen Ingrediens fehlt. Ein Motiv ist demnach das Resultat eines physiologischen Ungleichgewichts.

2.1 Homöostase

Im Jahr 1932 schrieb Walter Cannon *The Wisdom of the Body,* in dem er die bemerkenswerte Fähigkeit des physiologischen Systems als Ganzes beschreibt, das Gleichgewicht der Bedingungen zu wahren, die notwendig sind, um den Organismus am Leben zu erhalten. Dieser sich selbst regulierende Prozeß wird als *Homöostase* bezeichnet.

Cannon beschrieb die automatischen physiologischen Mechanismen, durch die die Blutmenge und die darin enthaltenen Konzentrationen von Zukker, Salz, Sauerstoff und Kohlendioxid konstant gehalten werden; durch die die Körpertemperatur innerhalb enger Grenzen gehalten wird; und durch die fremde Substanzen und eindringende Organismen aus der Blutbahn entfernt werden. Diese Mechanismen sind insofern automatisch, als sie sich ohne Bewußtsein und willentliche Handlung des Organismus als Ganzes vollziehen. Beispielsweise können erstaunlich starke Temperaturschwankungen in der Umwelt durch Schwitzen, Frösteln, Hecheln und andere Mechanismen ausgeglichen werden. Früher oder später können jedoch die automatischen homöostatischen Mechanismen die notwendigen Gleichgewichtszustände im Körper nicht mehr aufrechterhalten. An diesem kritischen Punkt wird der ganze Organismus veranlaßt, bewußte Maßnahmen zu ergreifen, um die körperlichen Defizite oder Störungen zu korrigieren.

Manche Störungen des Gleichgewichts rufen ungewöhnliche und unnatürliche bzw. artifizielle Bedürfnisse hervor. So kann beispielsweise ein Kalziummangel in seltenen Fällen zu einem bizarren Kalziumhunger führen. Die physiologischen Funktionen des Drogenabhängigen verändern sich so, daß der Körper schließlich eine bestimmte Menge der Droge benötigt und deren Entzug akute und überaus quälende Mangelzustände auslöst. In Box 5/4 wird die Entstehung eines solchen artifiziellen oder induzierten Motivs beschrieben.

Nicht jede Form eines schweren physiologischen Ungleichgewichts oder Mangelzustands ruft ein bestimmtes Bedürfnis hervor. Der Betreffende kann auch bloß ein vages Unwohlsein oder eine Übelkeit verspüren oder er empfindet vielleicht gar nichts Außergewöhnliches zu einem Zeitpunkt, in dem lebenswichtige Funktionen irreparabel geschädigt werden wie bei bestimmten Formen von Krebs.

2.2 Körperliche Bedürfnisse und bewußte Antriebe

Die homöostatische Auffassung von Motivation stößt auf häufige Diskrepanzen zwischen *physiologischen Bedürfnissen* und *bewußten Antrieben.* Einerseits kann uns selbst ein dringender physiologischer Mangel, etwa an Vitaminen, verborgen bleiben, andererseits können wir, obwohl nicht der geringste Nahrungsmangel vorliegt, Hunger empfinden. Der Zusammenhang zwischen physiologischem Bedürfnis und bewußter Empfindung eines Dranges oder Motivs kann somit alles andere als vollkommen sein (experimentelle Demonstrationen s. Box 5/5 [A], S. 30 und 5/5 [B], S. 31).

Diese mangelnde Entsprechung zwischen physiologischen Bedürfnissen und psychologischen Antrieben kann teilweise der Tatsache zugeschrieben werden, daß in der äußeren Umwelt vorhandene Reize als wichtige *Auslöser* der motivierenden Zustände dienen, die wir als Triebe oder Antriebe bezeichnen. Die Reize lösen einen Drang aus, der im Augenblick zuvor noch nicht existierte und der sich steuernd auf das Verhalten auswirken kann, auch wenn die inneren körperlichen Bedürfnisse vollständig gesättigt sind (in Box 5/5 [A] und 5/5 [B] wird das auch demonstriert, aber jeder der auf Gesellschaften zwanghaft nascht, kann selbst ein Lied davon singen). In anderen Fällen steigern oder verlängern Dinge und Ereignisse in der Außenwelt einen bereits vorhandenen motivationalen Zustand, wie beispielsweise der Geruch von Speisen bei einem Hungrigen. Menschen lernen ein riesiges Repertoire von Auslösereizen, Symbolen und Signalen, die Triebzustände auslösen. Die Essensglocke kann einen Trieb erwecken, das Wort *nackt* einen anderen.

Selbst wenn sich das Individuum ruhig verhält und nicht von physiologischen Bedürfnissen oder Außenreizen betroffen ist, ist es dennoch durch den ständigen Strom an Ideen, Gedanken und Vorstellungen, der vom Nervensystem hervorgebracht und gesteuert wird, der motivationalen Erregung ausgesetzt. Eine äußerlich ruhig wirkende Frau kann plötzlich und unerklärlich in Aktion treten. Wir kennen dieses Phänomen alle bei uns selbst. Während wir im Bett liegen und nachdenken, kommen uns Ideen, die ein lebhaftes Motiv auslösen können, vielleicht eine Aggression, die wir teilweise abreagieren, indem wir auf das Kissen einschlagen.

2.3 Kritik an Mangeltheorien der Motivation

Die Mangeltheorie der Motivation, die bis etwa 1950 das Feld beherrschte, ist aus verschiedenen Richtungen angegriffen worden. Die Verspieltheit der Jugend, Menschenkinder wie Tierjunge, lieferte die Anhaltspunkte für die frühesten Herausforderungen. Bühlers (1928) Beobachtungen von Kleinkindern konzentrierten das Augenmerk auf die Tatsache, daß Spielen ebenso verbreitet ist und ebenso wenig sichtbare Zwecke aufweist, wie es „nach der Spannungsreduktionstheorie" unnötig ist. Nissen (1930) demonstrierte, daß Ratten ihre sicheren und vertrauten Nester verlassen, bloß um Labyrinthe zu erforschen, die unbekannte Gegen-

BOX 5/4

Morphiumsucht beim Schimpansen und beim Menschen

An den Yale-Labors für Primatenbiologie führte S. Spragg bei vier jungen Schimpansen experimentell Morphiumsucht herbei. Den Affen wurden zweimal täglich um 9.00 Uhr morgens und um 17.00 Uhr nachmittags in einem Injektionsraum in der Nähe ihrer Wohnkäfige subkutan Morphium injiziert. Der Zeitraum, in dem die Injektionen regelmäßig verabreicht wurden, schwankte bei den Schimpansen zwischen sechs Wochen und dreizehn Monaten.

Drei bis sieben Wochen nach Beginn der Injektionen zeigten sich die ersten Anzeichen physischer Abhängigkeit von der Droge. Wenn die Stunde der Injektionen heranrückte, wiesen die Tiere eine Reihe von Symptomen auf, die gewöhnlich auch bei drogenabhängigen Menschen auftreten, wenn ihnen die Droge vorenthalten wird: Gähnen, Unruhe , übermäßige Speichelabsonderung, Lethargie, Weinen und Reizbarkeit.

Nach einem weiteren Zeitraum zeigten sich deutliche Anzeichen eines *Bedürfnisses* nach der Droge. Eine echte Abhängigkeit begann sich zu manifestieren. Die Verhaltensanzeichen für die Existenz des Bedürfnisses waren überzeugend. Wenn die übliche Stunde für die Injektion näherrückte, zeigte das Tier Anzeichen erwartungsvoller Erregung, es drängte sich zum Ausgang des Käfigs, zog den Versuchsleiter den Korridor entlang in den Injektionsraum, erklomm manchmal freiwillig den Tisch und nahm die übliche Stellung für die Verabreichung der Injektion ein. Wurde das Tier vom Versuchsleiter aus dem Injektionsraum geführt, ohne die Droge erhalten zu haben, dann zeigte es offensichtliche Anzeichen von Streß und Frustration. Alle diese Anzeichen des Verlangens schwanden nach Verabreichung der Injektion völlig und traten erst wieder auf, wenn das Tier einige Zeit ohne die Droge gewesen war.

Bei einem anderen Versuch konnten die Tiere zwischen einer schwarzen Schachtel, die Futter enthielt, und einer weißen Schachtel, in der sich die Injektionsnadel befand, wählen. Hatten die Tiere erst vor kurzem eine Spritze erhalten, dann entschieden sie sich überwiegend für das Futter; wenn sie jedoch etwa 18 Stunden *sowohl* keine Nahrung als auch kein Morphium mehr erhalten hatten, dann entschieden sich die meisten für die weiße Schachtel mit der Spritze. Wurden sie daran gehindert, die Schachteln zu erreichen, dann verbrachten die Tiere mehr Zeit mit Versuchen, an die Schachtel mit der Spritze zu gelangen. Weitere Experimente zeigten, daß die weiße Schachtel eher geeignet war, das Tier zur Lösung von Problemen zu motivieren als die Futterschachtel.

Es ist klar, daß bei diesen Tieren durch wiederholte Injektionen der Droge ein starker Drang hervorgerufen wurde. Dieses künstliche Bedürfnis nahm alle Merkmale primärer Überlebenstriebe an und *überwältigte* diese sogar, als beispielsweise dem Morphium der Vorzug selbst gegenüber der Nahrung gegeben wurde.

Die Anzeichen dieser lebensbedrohlichen und selbstzerstörerischen Folgen von Abhängigkeit sind beim Menschen sicherlich nicht weniger dramatisch. Alkoholiker ziehen ihre Droge der Nahrung vor, so daß ein häufiges Ergebnis von anhaltendem Alkoholismus schwere Unterernährung ist, die zu Krankheiten und sogar zum Tod führen kann. Außerdem löst das Bedürfnis nach Alkohol oft Verhalten aus, welches das soziale Überleben bedroht (Unfähigkeit zu arbeiten oder Beziehungen zu anderen Menschen aufrechtzuerhalten). Bei Morphiumabhängigen und, was heute noch häufiger ist, bei Heroinabhängigen, treten dieselben selbstzerstörerischen Folgen auf.

Suchtwirkungen befallen nicht nur willensschwache oder charakterschwache Menschen. Persönliche und situationsbedingte Faktoren beeinflussen unsere Bereitschaft, mit dem Drogengebrauch zu *beginnen,* wenn entsprechender sozialer Druck, dies zu tun, vorhanden ist (und das

stände enthielten. Sie tun das, selbst wenn sie sich einem Elektroschock aussetzen müssen, um diese Erkundung machen zu können. Kurz, die Homöostase lieferte keine zureichende Erklärung für derartiges Verhalten.

Die Kenntnisnahme solcher Daten rief nach einer Überprüfung der Theorie. Diese wurde vielerorten vorgenommen. Hendrick (1943), ein Psychoanalytiker, erblickte im Streben nach Meisterschaft einen angeborenen Trieb im biologischen Repertoire des Menschen. White (1959) vertrat ein „Effektanzmotiv“, das er als die Ten-

College-Campus ist ein soziales Umfeld, in dem ein solcher Druck manchmal vorhanden und leider allzu häufig wirksam ist). Wenn man sie jedoch einmal genommen hat, können die Drogen Veränderungen in der Biochemie des Körpers bewirken, die eine echte *physische* Abhängigkeit auslösen – eine Abhängigkeit, die gegenüber moralischen oder rationalen Appellen immun ist. Beim Menschen ist eine leichte physische Abhängigkeit schon nach nur acht Verabreichungen von 15 mg Morphium festzustellen. Bei fortgeschrittener physischer Abhängigkeit zeigen sich sechs bis zehn Stunden nach der letzten Dosis unter anderem Symptome wie Ruhelosigkeit, ungewolltes Weinen, starke Schweißausbrüche, Rücken- und Beinschmerzen, Muskelzucken, Übelkeit und Erbrechen, Appetitmangel, Verringerung des Körpergewichts und Anstieg der Temperatur und des Blutdrucks.

Diese schweren Entzugserscheinungen lassen nach drei vollen Tagen etwas nach, aber allgemeine Schwäche, Gewichtsverlust, Schlaflosigkeit, Nervosität und Muskelschmerzen können noch wochenlang anhalten. Moralische Appelle allein sind gegenüber dem drogenabhängigen Menschen genauso unwirksam wie sie gegenüber einem Schimpansen sein würden. Ärztliche Intervention ist wesentlich, aber selbst diese ist nicht immer wirksam. Eine Reihe von Medikamenten steht zur Verfügung, um manche der Entzugssymptome zu lindern, aber der abstinente Suchtkranke hat trotzdem noch lange Zeit zu leiden. Die vollständige körperliche Wiederherstellung nach Morphium- oder Heroinabhängigkeit setzt nicht weniger als sechs Monate *totale* Abstinenz voraus.

S. Spragg: Morphine addiction in chimpanzees. *Comparative Psychological Monographs,* 1940, *15,* 7.

D. Efron (Hrsg.): *Psychopharmacology: A Review of Progress,* 1957–1967. Washington, D.C.: U.S. Government Printing Office, 1968.

denz definierte, die Umwelt zu erforschen und zu beeinflussen. Beide Auffassungen sprechen von einem Motiv in Hinblick auf seine schließlichen Folgen.

Eine Möglichkeit, wie ein biologischer Triebreduktionsansatz mit diesen Befunden fertig werden kann, ist, Spiel, Exploration und Neugier selbst als biologische Triebe zu erklären. Diese Erklärung ist angeboten worden, aber wie White (1959) bemerkte, um den Preis einer erheblichen Schmälerung der Integrität des biologischen Ansatzes. Zum einen erfordert dies eine peinliche Proliferation neuer „biologischer" Triebe, nämlich einen für jede Variante unerklärten, aber sichtlich motivierten Verhaltens (ein Aktivitätstrieb, ein Erkundungstrieb usw.). Zum anderen präjudiziert diese Hypothese eine bisher noch nicht beantwortete wissenschaftliche Frage. Spiel, Neugier und Erkundung müssen insofern alle eine physiologische Basis haben, als ja das *gesamte* Verhalten durch die Vorgänge im Organismus bestimmt wird. Aber ob diese physiologische Grundlage, wenn sie einmal entdeckt wird, in irgendeiner brauchbaren Weise den physischen Mangelerscheinungen gleichen wird, die beispielsweise dem Durst zugrundeliegen, ist nicht bekannt.

Es ist nicht klar, was man gewinnt, indem man etwas als *biologisch* etikettiert, wofür noch keine biologischen Zusammenhänge entdeckt oder auch nur hypothetisiert wurden. Wir brauchen auch nicht den Begriff der Motivation einzuschränken, indem wir Loyalität gegenüber irgendeinem spannungsreduzierenden Modell fordern. Berlyne (1960) machte diese Feststellung, als er seine höchst originellen Überlegungen zu einer breiten Skala von Verhaltensweisen vorstellte, die er als „Spielverhalten" bezeichnete. Unter Spielverhalten versteht er die zahlreichen Aktivitäten von Mensch und Tier, die unbestreitbar primär sind, ohne eine bekannte biologische Ursache zu haben. Zu diesen Aktivitäten zählen Erforschung, Untersuchung, Neugier – auch Kunst und geistige Spiele aller Art (einschließlich Wissenschaft und Humor). Berlyne macht sich keine Sorgen über ihren gegenwärtigen Mangel an bekannten biologischen Grundlagen. Er schreibt:

„Soweit wir wissen, leistet das Spielverhalten möglicherweise einen Beitrag zur biologischen Anpassung und insbesondere zum Zustand des körperlichen Gleichgewichts und Wohlbefindens, dessen Erhaltung die sogenannten homöopathischen Prozesse dienen. Es könnte durchaus die Überlebenschancen beeinflussen. Wie jeder Zoodirektor zu seinem Bedauern weiß, leben die Tiere in der Gefangenschaft oft nicht lange; manche weigern sich, zu fressen oder sich fortzupflanzen. Und wie lange Menschen nach ihrer Pensionierung noch leben, wird, wie man annimmt, davon beeinflußt, ob sie

BOX 5/5 A

Aus den Augen, aus dem Mund – ein Rätsel

Zunächst ein Rätsel: BEVOR Sie Box 5/5 B (S. 31) anschauen (wo wir humanerweise die Lösung angeben), studieren Sie sorgfältig die folgende Tabelle, in der in abgekürzter Form einige tatsächliche Versuchssituationen beschrieben sind, die das Problem darstellen. Es werden hier die typischen (und gegensätzlichen) Verhaltensweisen zweier Menschengruppen beschrieben – etwa Normalgewichtige und entschieden Übergewichtige. Aus diesen Angaben sollten sie imstande sein, eine Hypothese zu bilden, welche die Unterschiede zwischen Normalgewichtigen und Übergewichtigen erklärt.

Situation	Resultate Normalgewichtige	 Übergewichtige
1. Vpn, die ihr Abendessen normalerweise etwa um 18.00 Uhr einnehmen, beteiligen sich an einer kurzen, scheinbar nicht mit Essen zusammenhängenden Veranstaltung, die etwa um 17.05 Uhr endet. Sie werden dann etwa eine halbe Stunde alleingelassen; um 17.35 Uhr kehrt der Versuchsleiter zurück, unschuldig aus einer Schachtel mit Salzkeks naschend. Einige Minuten später geht er wieder, wobei er die Vpn beiläufig auffordert, sich von den Keksen zu bedienen. Bei einem Versuch läuft die Wanduhr jedoch nur mit halber Geschwindigkeit, so daß sie um 17.35 Uhr, wenn der Versuchsleiter zurückkehrt, erst 17.20 Uhr anzeigt, bei einem anderen Versuch läuft die Uhr doppelt so schnell wie normal und zeigt 18.05 Uhr an. *Gemessen wird:* die Menge der Kekse, die gegessen wurde (Schachter u. Gross).	Aßen um „18.05 Uhr" etwa ebensoviel wie um „17.20 Uhr".	Aßen um „18.05 Uhr" etwa doppelt so viel wie um „17.20 Uhr".
2. Die Vpn erhalten Gelegenheit, so viel sie wollen von zwei Sorten Eiscreme zu essen. Die eine ist köstlich, die andere schmeckt eher unangenehm. *Gemessen wird:* die gegessene Menge (Nisbett).	Normal- und Untergewichtige aßen relativ weniger von der köstlichen Eiscreme als die Übergewichtigen.	Übergewichtige aßen relativ mehr von der köstlichen Eiscreme als die Normalgewichtigen.
3. Yom Kippur, der jüdische Bußtag, an dem ein 24stündiges Fasten vorgeschrieben ist, ist verständlicherweise ein Tag, an dem in der Regel keine Nahrung zur Verfügung steht. *Gemessen wird:* ob die Vp das Fasten durchstand und wenn ja, wie unangenehm diese Erfahrung war (Goldman, Jaffa u. Schachter).	69% fasteten, und die Unangenehmheit der Erfahrung stand in keinem Zusammenhang mit der in einer Synagoge verbrachten Zeit.	83% fasteten, und diese Erfahrung wird als weitaus weniger unangenehm empfunden, wenn mehr Zeit in der Synagoge zugebracht wird.
4. Die Besatzung einer Air-France-Maschine auf der achtstündigen Paris-Nordamerika-Route trifft in der Regel nach Ortszeit nachmittags in New York ein. Aber nach Pariser Zeit wäre das Abendessen fällig. *Gemessen wird:* Häufigkeit von Berichten, „unter der Diskrepanz zwischen dem körperlichen Zustand und der Essenszeit in Amerika zu leiden" (Goldman, Jaffa u. Schachter).	25% klagen über Schwierigkeiten, sich an die Essenszeiten anzupassen.	12% klagen über Schwierigkeiten, sich an die Essenszeiten anzupassen. (Diese Vpn sind nur leicht übergewichtig, nicht dick.)
5. Die Vpn finden sich am Morgen im Labor ein, ohne gefrühstückt zu haben. In den nächsten vier Stunden werden in Abständen von 15 Minuten ihre Magenkontraktionen gemessen; die Vp wird gefragt, ob sie hungrig sei oder nicht. *Gemessen wird:* das Verhältnis der Kontraktionen zu Hungerempfindungen (Strunkard).	71% berichten Hungergefühle, so oft Magenkontraktionen wahrgenommen werden.	48% berichten Hungergefühle, so oft Magenkontraktionen registriert werden.

BOX 5/5B

Aus den Augen, aus dem Mund – die Lösung

Eine mögliche Lösung des in Box 5/5A (S. 30) beschriebenen Rätsels, das auf eine Idee von R. Nisbett von der Columbia-Universität zurückgeht und von Stanley Schachter am selben Institut weiterentwickelt wurde, ist, daß übergewichtige Menschen (verglichen mit Normalgewichtigen) *unempfindlich für innere physische Auswirkungen des Nahrungsentzugs sind, aber sehr empfindlich für äußere nahrungsbezogene Hinweisreize in ihrer unmittelbaren Umgebung.*

In den Situationen 1 und 4 sagte somit die *Uhr* (nicht ihr Magen) den übergewichtigen Vpn, daß es „Essenszeit" sei. In Situation 2 wurden die Geschmacksunterschiede der Eiscremes von den Übergewichtigen stärker bemerkt und sie aßen mehr von dem wohlschmeckenderen Produkt. Ein größerer Prozentsatz der übergewichtigen Vpn fastete in Situation 3; anscheinend war es für sie relativ leichter, auf Nahrung zu verzichten, weil die für diesen Feiertag typische Umwelt gnädigerweise keine nahrungsbezogenen Auslösereize bot. Und die Versuchung sowie die resultierenden Unlustgefühle des Hungers waren für sie um so geringer, je mehr Zeit sie in der Synagoge zubrachten, eine Umgebung ohne die geringsten Nahrungssignale. Schließlich – und das ist vielleicht ein direkterer Befund – verspürten die übergewichtigen Vpn in Situation 5 viel seltener Hunger, als sie es hätten sollen, nämlich so oft ihnen ihr innerer Zustand ein Bedürfnis nach Nahrung signalisierte.

Diese Hypothese wurde weitaus stärker erforscht, als hier dargestellt wird. Die Forschungen haben im großen und ganzen die allgemeine Hypothese bestätigt. Aber selbst wenn sich diese Auffassung letztlich als richtig erweisen sollte, bleibt immer noch ein Rätsel ungelöst: *Warum* reagieren fettleibige Menschen stärker auf äußere Nahrungssignale und weniger auf innere als Normalgewichtige?

Manche sind der Ansicht, daß dies einen physiologischen Grund habe. Ein Fingerzeig ergab sich aus einer Studie von zwei französischen Physiologen, M. Cabanac und R. Duclaux, die feststellten, daß normalgewichtige Vpn, nachdem sie eine große Menge einer Traubenzuckerlösung getrunken hatten, ein gewöhnlich als wohlschmeckend empfundenes süßes Getränk entschieden ablehnten, während es den dicken Vpn fast genausogut schmeckte wie sonst auch. Das deutet darauf hin, daß übergewichtige Menschen eine ungewöhnliche physiologische Unempfindlichkeit gegenüber einem normalerweise wirksamen Signal aufweisen, daß der Körper im Augenblick keinen Bedarf an Zucker mehr hat. Obwohl dies ein vielversprechender Befund zu sein scheint, ist noch viel weitere Forschungsarbeit zu leisten.

R. Nisbett: Taste, deprivation and weight determinants of eating behavior. *Journal of Personality and Social Psychology,* 1968, *10,* 107–116.

S. Schachter: Obesity and Eating. *Science,* 1968, *161,* 751–756.

M. Cabanac u. R. Duclaux: Obesity: Absence of satiety aversion to sucrose. *Science,* 1970, *168,* 496–497.

sich beschäftigen und Interessen entwickeln können ... gerade die Rätselhaftigkeit von Tätigkeiten, denen sich die Menschen emsig widmen, obwohl kein klares biologisches Bedürfnis für sie vorhanden ist, macht es eminent wichtig, sie zu studieren. Wenn es verborgene motivationale Faktoren gibt, die imstande sind, Organismen in Abwesenheit offensichtlicherer Motivationsquellen perzeptiv und geistig zu aktivieren, dann könnten diese verborgenen Faktoren am Werk sein und immer dann mit bekannteren Motiven zusammenwirken, wann immer Schauen und Denken zur Lösung praktischer Probleme beitragen."

Es besteht sichtlich die Notwendigkeit, ein gegensätzliches bzw. komplementäres Konzept von Motivation zu entwickeln.

3 Überflußmotivation

Im Gegensatz zu Selbsterhaltungsmotiven und bedürfnisbezogenen Motiven steht eine andere Kategorie, die man als Befriedigungs- und Stimulierungsmotive bezeichnen könnte. Das Verlangen, etwas zu erforschen oder zu verstehen, etwas zu erschaffen oder zu leisten, zu lieben oder Selbstachtung zu empfinden – alle diese Wünsche dienen sichtlich nicht dem unmittelbaren Ziel, Mißbehagen oder Gefahr zu beseitigen. Tatsächlich scheinen sie ja eine Spannungs*zunahme* und einen Zustand des Überflusses über die Bedürfnisse der unmittelbaren Selbsterhaltung und Sicherheit hinaus anzustreben.

In Tabelle 1 werden die wichtigsten menschlichen Motive zwei Hauptkategorien zugeordnet: Selbsterhaltung und Sicherheit (Defizit- oder Mangelmotive) und Befriedigung und Anregung (Abundanz- oder Überflußmotive). Die Tabelle zeigt, daß sich sowohl Defizit- als auch Überflußmotive auf *dasselbe* Objekt beziehen können. Der Körper ist somit das Objekt sowohl von Selbsterhaltungsmotiven (wie beim Vermeiden von Hunger) *als auch* von Befriedigungsmotiven (wie die Suche nach sinnlicher Lust). Jede brauchbare theoretische Behandlung von Motiven würde gut daran tun, beide Kategorien in ein einziges Modell zu integrieren; ein in dieser Richtung von Maslow unternommener Versuch wird auf Seite 435 dargestellt.

3.1 Das Bedürfnis nach Anregung

Ein beträchtlicher Forschungsaufwand ist in bezug auf ein spezifisches Überflußmotiv – das Bedürfnis nach Anregung – getrieben worden. Wir können alle bezeugen, daß eine monotone Umgebung mit geringen Sinnesreizen zu Langeweile führen und uns dadurch zum Handeln motivieren kann. Aber Forschungen haben gezeigt, daß solche reizarme Umgebungen manchmal mehr bewirken, als uns lediglich zu langweilen; sie können überaus quälend und zerstörend wirken.

In den fünfziger Jahren durchgeführte Versuche (Bexton et al. [1954] und Heron et al. [1956] sind Beispiele) ergaben, daß Studenten, die als Vpn das

Tabelle 1: Die menschlichen Motive

	Selbsterhaltung und Sicherheit (Defizitmotive)	Befriedigung und Anregung (Abundanzmotive)
Den Körper betreffend	Vermeidung von Hunger, Durst, Sauerstoffmangel, starker Hitze und Kälte, Schmerz, Überfüllung von Blase und Dickdarm, Müdigkeit, überanspannten Muskeln, Krankheit und anderen unangenehmen körperlichen Zuständen, etc.	Suche nach lustbetonten sinnlichen Erlebnissen; Geschmacksreize, Gerüche, Schallreize etc.; sexueller Genuß; körperliches Behagen; Betätigung der Muskeln, rhythmische Körperbewegungen, etc.
Die Beziehungen zur Umwelt betreffend	Vermeidung gefährlicher und erschreckender, häßlicher und ekelerregender Objekte; Suche nach Objekten, die für das künftige Überleben und die Sicherheit nötig sind; Erhaltung einer stabilen, klaren, gewissen Umgebung etc.	Erwerb erfreulicher Besitztümer; Objekte bauen und erfinden; die Umwelt verstehen; Probleme lösen; Spiele spielen; Suche nach Neuheit und Veränderung der Umwelt, etc.
Die Beziehungen zu anderen Menschen betreffend	Vermeidung von interpersonalen Konflikten und Feindseligkeiten; Aufrechterhaltung von Gruppenzugehörigkeit, Prestige und Status; Umsorgtwerden durch andere; Anpassung an Gruppenmaßstäbe und -werte.	Streben nach Liebe und positiven Identifizierungen mit einzelnen und Gruppen; Freude an der Gesellschaft anderer Menschen; anderen helfen und sie verstehen; Unabhängigkeit; die Bewunderung oder Unterwerfung anderer gewinnen.
Das Selbst betreffend	Vermeidung von Gefühlen der Minderwertigkeit und des Versagens beim Vergleich des Selbst mit anderen oder mit dem idealen Selbst; Vermeidung von Identitätsverlust; Vermeidung von Gefühlen der Scham, Schuld, Furcht, Angst, etc.	Streben nach Gefühlen der Selbstachtung und des Selbstvertrauens; Äußerung der eigenen Persönlichkeit; Gefühl der eigenen Leistung; Gefühl der Herausforderung; Festlegung moralischer und anderer Wertvorstellungen; Entdeckung eines sinnvollen Platzes für das Selbst im Universum.

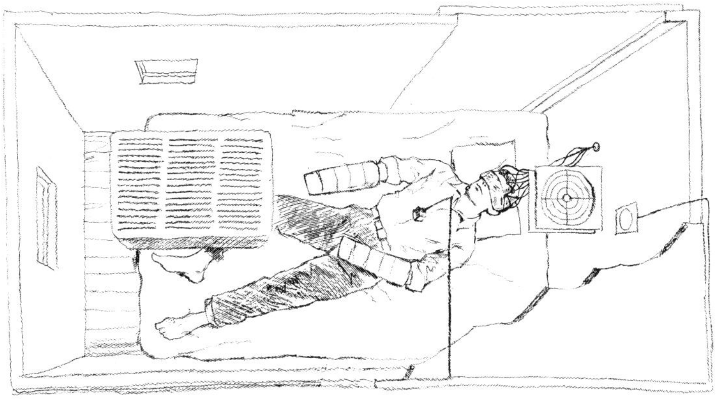

Abbildung 3: Eine Klimaanlage (links) und ein Ventilator (rechts) in der Zelle übertönten von draußen hereindringende Geräusche. Die am Kopf der Vp befestigten Drähte gestatteten es dem Versuchsleiter, die Gehirnströme zu studieren.

Woodburn Heron: The Psychology of boredom. **Scientific American,** Januar 1957;

damals großzügige Honorar von 20 Dollar pro Tag lediglich dafür bekamen, sich in einer reizarmen Umgebung aufzuhalten, in unerwarteter Weise reagierten. Die Situation schien harmlos genug – ein kleiner, schalldichter Raum mit einer komfortablen Liege. Die Vp mußte (mit Ausnahme von Mahlzeiten und Toilettenpausen) ununterbrochen auf diesem Bett liegen und durfte nichts tun. Die Beleuchtung war an, aber da die Vp dunkle Brillen trug, konnte sie keine Objekte wahrnehmen. Andere Vorrichtungen hinderten sie daran, Objekte zu berühren oder strukturierte Geräusche zu hören (s. Abb. 3, oben). Anfangs schliefen die Probanden viel, aber die Situation wurde rasch unerträglich, und die Vpn brachen den Versuch bereits nach zwei oder drei Tagen ab, wozu sie jederzeit Gelegenheit hatten.

Worin bestanden nun die spezifischen Auswirkungen dieser radikalen Einschränkung der normalen Stimulierung, dieser sensorischen Deprivation? Es wurde nicht das friedliche *Nirwana* der Homöostase erlebt, sondern statt dessen ein Gefühl des Mißbehagens und des Mangels. Das Empfinden von Langeweile und motorischer Ruhelosigkeit war noch die geringste der Reaktionen. Die Denkprozesse waren merklich gestört und die Leistungen bei Intelligenztests verschlechterten sich erheblich. Tagträume (ein Versuch der Selbststimulierung?) waren ein häufiges Resultat, die sich logischerweise, wenn auch weniger häufig, zu aktiven Halluzinationen steigerten. Es traten zahlreiche physische Auswirkungen einschließlich Veränderungen der Hirnstromtätigkeit ein. Kurz, bei diesen Untersuchungen hatte die sensorische Deprivation oft schwere Störungen der ganzen menschlichen Funktionsskala zur Folge und wurde von den Probanden als so enervierend empfunden, daß sie trotz der resultierenden Einbuße an Stolz und Entlohnung das Signal zum sofortigen Abbruch gaben (indem sie auf einen Knopf drückten).

Nicht alle Probanden in der obigen Untersuchung reagierten jedoch auf so extreme Weise. Spätere Forschungen anderer Wissenschaftler ergaben beträchtliche Unterschiede in den Reaktionen. Speziell wenn die Bewegungsfreiheit nicht völlig eingeschränkt war und keine offenkundig furchterregenden Aspekte der Situation vorhanden waren (z. B. Aufenthalt in einem Wassertank oder das Vorhandensein einer „Panikklingel"), kreuzten die Vpn am häufigsten die Kategorien „gleichgültig" oder „es machte mir nichts aus" an. Suedfeld (1975) resumierte eine Bestandsaufnahme, die er an Laboratorien durchgeführt hatte, an denen Studien in sensorischer Deprivation an insgesamt 3300 Vpn vorgenommen wurden: Abgesehen von vier psychiatrischen Patienten, die nach der sensorischen Deprivation psychotische Episoden erlebten, bedurfte nur ein einziger Proband einer Psychotherapie. (*Anmerkung:* Solche Untersuchungen hätten heute kaum eine Chance, denn inzwischen wurden strikte Überraschungsmaßnahmen gegen jeden möglichen Mißbrauch von Vpn eingeführt.) Einige der anderen Vpn bezeichneten die Deprivationserfahrung als „unangenehm". Aber es war nicht ungewöhnlich, auf Probanden zu stoßen, die „das Erlebnis genossen" hatten und wieder an einem solchen Versuch teilnehmen wollten.

Suedfeld selbst fand Anzeichen dafür, daß 24 Stunden sensorische Deprivation erstaunlich wirksam dazu beitragen können, Menschen zu helfen, das Rauchen aufzugeben. Eine zwei Jahre später durchgeführte Nachuntersuchung ergab, daß die

37 Probanden, die nur einen einzigen Tag lang der sensorischen Deprivation ausgesetzt gewesen waren, das Rauchen um 48% eingeschränkt hatten, während 10 Vpn in dieser Gruppe es vollkommen aufgegeben hatten. Die nach dem Zufallsprinzip ausgewählte Kontrollgruppe, die keiner sensorischen Deprivation unterzogen, aber im übrigen in derselben Weise behandelt wurde, wies nur eine 18prozentige Verminderung des Rauchens auf (Suedfeld, 1975). Im Gegensatz zu den haarsträubenden Geschichten über „Gehirnwäsche" mit sensorischer Deprivation scheint die Verminderung des Stimulierungsniveaus nur die *Freiwilligen* zu einer Verhaltensänderung motiviert zu haben, *die sich schon vorher ändern wollten.* Tatsächlich sind, wie Suedfeld anmerkt (1975, S. 66), die sogenannten Gehirnwäschetechniken gekennzeichnet durch „Reizüberflutung, fehlende Rückzugsmöglichkeit, Schlafmangel und ständige Indoktrinierung und Kritik einschließlich Selbstkritik"; solche Techniken erinnern somit eher an bestimmte Formen der Gruppentherapie als an sensorische Deprivation.

Obwohl manche Menschen anscheinend mühelos mit einem stark reduzierten Reizpegel auskommen können, scheint dieser eine so einschneidende Veränderung der Umwelt darzustellen, daß nachhaltige Folgen auftreten (wie die von Suedfeld zwei Jahre später durchgeführten Nachuntersuchungen bewiesen). Vermeintlich sind bei diesen Versuchen mit sensorischer Deprivation alle physischen Grundbedürfnisse befriedigt. Aber die Motivation umfaßt sichtlich mehr als bloß die Befriedigung physischer Bedürfnisse. Wir haben das Bedürfnis nach Anregung zum Teil deshalb hervorgehoben, weil diese Phänomene eine radikale Revision unserer traditionellen Motivationskonzepte versprechen. Die Anerkennung von Stimulierungsbedürfnissen könnte uns auch Anhaltspunkte in bestimmten umstrittenen Motivationsdilemmas liefern. Nehmen wir die Situation, in der wir uns von Erfahrungen merkwürdig angezogen fühlen, die wir vernünftigerweise meiden müßten (vernünftigerweise, wenn die Vermeidung von Schmerz und das Streben nach Lustgewinn unsere einzigen Ziele wären) – die durchrüttelnde Fahrt auf der Achterbahn oder der Horrorfilm, der uns Angst macht, aber fasziniert.

Der Mensch ist nicht der einzige Streßsucher. Tiere untersuchen oft das am hartnäckigsten, was sie am meisten fürchten. Berlyne (1960) hat das experimentell bewiesen. Er berichtet, daß Ratten, die in einem bestimmten Teil der Apparatur E-Schocks erlitten, veranlaßt wurden, die Zeit zu *erhöhen,* die sie mit der Erforschung dieses Teils zubrachten. Dieses Verhalten mag evolutionär sinnvoll sein, wenn man es als einen Versuch betrachtet, potentiell schädliche Situationen zu verstehen; aber jedenfalls haben wir es hier mit einer aktiven Suche nach einem höheren Erregungsniveau zu tun.

3.2 Bedingungen der Gefühlsaktivierung

Die motivationale Erregung hängt sowohl von *inneren* Zuständen des körperlichen Ungleichgewichts als auch von *äußeren* Reizbedingungen ab. Die allgemeinste Aussage, die über eine Reizsituation gemacht werden kann, die zu motivationaler Aktivierung führt, ist, daß eine solche Erregung durch eine *Veränderung* im Reizumfeld bewirkt wird. Diese Veränderung kann entweder in einer Zunahme oder einer Abnahme der Reizstärke oder in einer qualitativen Veränderung bestehen. Nehmen wir beispielsweise einen Lichtreiz: Das Licht wird ein- oder ausgeschaltet, es wechselt seine Stärke oder die Farbe; jede dieser Reizänderungen kann das erste Stadium der motivationalen Erregung einleiten, indem sich das Individuum auf diesen sich ändernden Teil seines Reizumfeldes orientiert. Der ganze Organismus gerät in einen Alarmzustand; die Aufmerksamkeit konzentriert sich, um ein Maximum an Informationen zu erhalten; und das Individuum ist „gespannt", bereit, in Aktion zu treten (eine ausführlichere Beschreibung dieser Orientierungsreaktion bzw. dieses „Was-ist-das?"-Reflexes findet sich in Box 3/3, 3. Bd., S. 23).

Veränderung allein ist nicht genug. In der Regel ist unsere Entscheidung, sich einem Ereignis in unserer unmittelbaren Umgebung zuzuwenden oder diesem Aufmerksamkeit zu zollen, durch die Interaktion zwischen einer Reizänderung und dem kognitiven Zustand des Betreffenden bedingt. So gesehen kann der Grad an motivationaler Erregung als eine Funktion von Ungewißheit betrachtet werden. Die Ungewißheit darüber, was dort draußen unter den äußeren Reizen eben geschehen ist, zieht unsere Aufmerksamkeit auf sich, nicht die Reizänderung als solche. Diese Auffassung hat zu

Spekulationen über den Zusammenhang zwischen dem Grad an Ungewißheit und seinem Motivierungswert Anlaß gegeben. Zunächst könnte es als offenkundig erscheinen, daß die motivationale Erregung um so größer ist, je größer die Ungewißheit ist: Eine Situation, die völlig gewiß ist (keine Neuheit, keine Überraschung, keine Herausforderung) ist kaum geeignet, Interesse auszulösen oder aufrechtzuerhalten. Wenn eine Situation andererseits extrem komplex, neu und ungewiß ist, dann kann das Individuum den Wunsch haben, in weniger verwirrende, wenn auch weniger herausfordernde Regionen zu entfliehen. Die empirische Forschung deutet darauf hin, daß ein mäßiger Grad an Ungewißheit die optimale Voraussetzung ist, um Interesse zu erwecken und einen optimalen Motivationszustand aufrechtzuerhalten. Doch die Frage ist schwer experimentell zu lösen, zum Teil, weil Ungewißheit ein innerer Zustand ist (obwohl sie offensichtlich mit der Komplexität des Reizes zusammenhängt).

Dieses sichtliche Bedürfnis nach einem optimalen Grad der Stimulierung bzw. Erregung – größer als der Nullwert der Homöostase, aber nicht größer, als wir verkraften können – scheint sowohl für das Defizit- als auch für das Überflußkonzept der Motivation zu gelten. Sicher geht man nicht fehl in der Annahme, daß schließlich die meisten Motivationstheorien beide genannten Auffassungen widerspiegeln werden. Tatsächlich sind bereits mehrere Versuche in dieser Richtung unternommen worden.

3.3 Ein Versuch der Aussöhnung: Maslows Bedürfnishierarchie

Ein Versuch, die Defizit- und die Abundanzmotive in einem einzigen Modell miteinander zu vereinigen, wurde von Abraham Maslow (1954) gemacht. (Seine allgemeine Theorie der Persönlichkeit wird im 6. Bd., 2. Kap., vorgestellt.) In seinem Modell sind alle Motive, sowohl die der Spannungsreduktion als auch die anderen, in ein Schema integriert, ohne die Frage der physiologischen Basis aller Motive zu präjudizieren. Maslow vertritt die Auffassung, ein fundamentales Motiv des Menschen sei es, seine Möglichkeiten in ihrer effektivsten und vollständigsten Form auszuleben; er nennt es das Bedürfnis nach *Selbstverwirklichung*.

Im einzelnen unterscheidet Maslow die folgenden fünf Bedürfnisebenen, die man sich auf einer Leiter beginnend mit niedrigeren Bedürfnissen und aufsteigend zu höheren Bedürfnissen angeordnet vorstellen kann:

1. Physische Bedürfnisse: z.B. Hunger und Durst,
2. Sicherheitsbedürfnisse: z.B. Schutz und Stabilität,
3. Zugehörigkeits- und Liebesbedürfnisse: z.B. Zuneigung und Identifizierung,
4. Wertschätzungsbedürfnisse: z.B. Prestige und Selbstachtung,
5. Bedürfnis nach Selbstverwirklichung.

Die Bezeichnungen niedriger und höher deuten lediglich darauf hin, daß bestimmte Bedürfnisse früher im Entwicklungsprozeß auftreten, daß sie fester an biologische Notwendigkeiten gebunden sind und einen engeren Spielraum haben. Am wichtigsten ist jedoch laut Maslow, der den *Entwicklungs*charakter der Motivation hervorheben wollte, daß ein niedrigeres Bedürfnis hinreichend befriedigt sein muß, bevor sich das nächsthöhere in der Entwicklung eines Menschen voll entfalten kann. Man kann sich nicht der Gewährleistung der eigenen Sicherheit widmen, solange die physischen Erfordernisse nicht erfüllt sind. Erst nachdem man ein fundamentales Gefühl von Sicherheit erreicht hat, können Liebesbeziehungen und das Gefühl der Zusammengehörigkeit mit Menschen ihre volle Kraft erlangen. Und ein entsprechendes Maß an Befriedigung des Bedürfnisses nach Liebe gestattet ein uneingeschränktes Streben nach Wertschätzung und Selbstachtung. Und erst wenn alle vorangegangenen Ebenen erfolgreich gemeistert wurden, kann die Tendenz zur Selbstverwirklichung ihren Höhepunkt erreichen.

Die Entwicklung der Motivationsstruktur des Individuums vollzieht sich natürlich nicht in strikt voneinander getrennten Schritten – das jeweils niedrigere Bedürfnis muß nicht vollständig befriedigt sein, bevor das nächsthöhere Bedürfnis auftrifft. Eher könnte man von aufeinanderfolgenden Wellen sprechen, wobei sich die Dominanz zwischen den verschiedenen Bedürfnissen allmählich von einem zum anderen verlagert (s. Abb. 4).

Dieser natürliche Lauf der Entwicklung kann entgleisen, wenn auf einer der genannten Ebenen eine unzureichende Befriedigung der Bedürfnisse erfolgt. Die nächsthöheren Bedürfnisse werden dadurch an ihrer vollen Entfaltung gehindert und die höchsten treten vielleicht niemals auf. Der

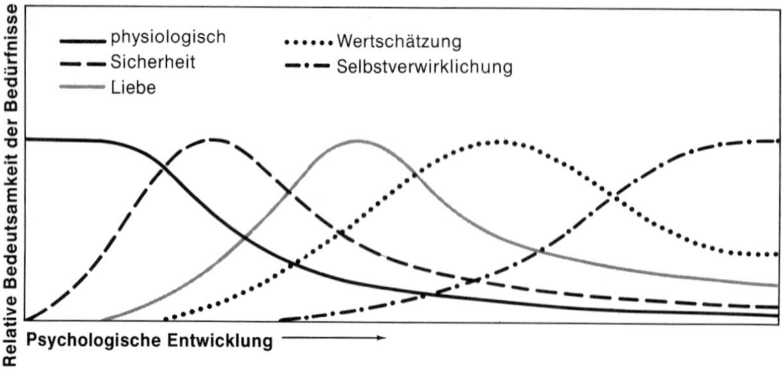

Abbildung 4: Eine schematische Darstellung des allmählichen Wandels der relativen Bedeutsamkeit der fünf Hauptkategorien der Bedürfnisse nach A. H. Maslow. Man beachte, daß der Gipfel einer früheren Hauptkategorie von Bedürfnissen überschritten sein muß, bevor das nächsthöhere Bedürfnis anfangen kann, eine beherrschende Rolle einzunehmen.

Mensch, dessen lebenslange Umwelt nur die kargsten Voraussetzungen für sein physisches Überleben bietet, wird aller Wahrscheinlichkeit nach keine drängenden Bedürfnisse nach Leistung, Prestige und Schönheit entwickeln. Der chronisch Hungrige wird nie den Versuch unternehmen, eine „schöne neue Welt" zu errichten. Er ist zu sehr damit beschäftigt, seine unmittelbaren und dringenden Nahrungsbedürfnisse zu befriedigen. Nur das Individuum, das von der Herrschaft der niedrigeren Bedürfnisse befreit ist, kann durch andere als mangelbedingte Antriebe motiviert werden. Die ideale physische und soziale Umwelt ist deshalb so beschaffen, daß sie die Befriedigung jeder Bedürfnisebene dann ermöglicht, wenn diese beim einzelnen ihren Höhepunkt erreichen. Das war die visionäre Idee Abraham Maslows.

4 Kognitive Attribuierungen

Während der letzten zehn Jahre haben Sozialpsychologen studiert, wie Menschen in Fragen der sozialen Wahrnehmung Zuschreibungen von Kausalbeziehungen vornehmen. Die Attributionstheorie, so wie sie von Heyder (1958), Kelley (1967) und anderen (s. 7. Bd., 3. Kap.) entwickelt wurde, eignet sich für wichtige Anwendungen im Bereich der menschlichen Motivation. Man nehme das Phänomen der *gelernten Hilflosigkeit* (Box 5/6, S. 38), wobei Individuen aufzugeben scheinen, wenn sie ihr eigenes Versagen einer relativ dauerhaften Bedingung zuschreiben, die zu verändern sie nicht die Macht haben. Im Rahmen dieses Attributionsansatzes entwickelte Weiner (1979) eine Motivationstheorie, welche die *Informationssuche* als eine „Hauptantriebsfeder des Handelns" hervorhob. Obzwar Weiners Ansatz nicht unbedingt das auf Lust und Unlust aufbauende hedonistische Motivationskonzept ablöst, legt er größeren Wert auf die Art und Weise, wie Menschen sich selbst, ihre Erfolge und ihre Mißerfolge sehen. Besondere Bedeutung mißt er den motivationalen Konsequenzen der wahrgenommenen Kausalität zu.

Bei der Entwicklung seiner Theorie hat Weiner drei Hauptdimensionen wahrgenommener Kausalität herausgearbeitet: *Ort, Stabilität* und *Beherrschbarkeit.* Jede dieser genannten Dimensionen kann in verschiedenem Maß in allen möglichen Kombinationen erlebt werden. Wenn Sie beispielsweise zu analysieren versuchen, warum Sie in Mathematik durchgefallen sind, dann könnten Sie Ihr Versagen auf Ihren eigenen Mangel an mathematischen Fähigkeiten zurückführen. Weiner würde von einer solchen Attribution sagen, sie habe einen *inneren Ort* (der Fehler liegt bei Ihnen und nicht bei jemandem oder etwas außerhalb von Ihnen), sie sei *stabil* (Sie sind nun einmal so) und *unbeherrschbar* (niemand kann etwas dagegen tun). Wenn Sie Ihren Mißerfolg statt dessen einer *Voreingenommenheit* seitens Ihrer Lehrerin zugeschrieben hätten, dann würde Weiner Ihre Zuschreibung als *äußerlich* (die Lehrerin war schuld, nicht Sie) *stabil* (sie ist seit dem ersten Schultag so gewesen) und *beherrschbar* (sie könnte nachsichtiger sein) klassifizieren.

Weiner (1979) zufolge hat jede dieser Dimensionen wahrgenommener Kausalität Konsequenzen für die Motivation. Der *Ort* ist wichtig für die Selbstachtung, die beeinträchtigt ist, wenn Sie den Mißerfolg als Ihren eigenen Fehler betrachten, und die gesteigert wird, wenn Sie den Erfolg auf Ihre eigenen Vorzüge zurückführen. Die *Stabilität* wirkt sich auf das Maß aus, indem Sie erwarten, daß Ihnen dasselbe in der Zukunft wieder zustoßen wird (wenn Sie durchfielen, weil Sie Pech hatten, könnten Sie das nächste Mal mehr Glück haben). Wenn Sie die *Beherrschung* anderen zuschreiben, kann sich das darauf auswirken, wie sehr Sie diese mögen.

Die speziellen Gefühle, die Sie nach Erfolg oder Mißerfolg erleben, werden ebenfalls von den Ursachenzuschreibungen beeinflußt. Obwohl Erfolg Sie glücklich macht (und Sie sich nach Mißerfolg im allgemeinen enttäuscht und niedergeschlagen fühlen), wird Ihr Selbstvertrauen steigen, wenn Sie Ihren Erfolg Ihren Fähigkeiten und nicht Ihrem Glück zuschreiben. Sie werden überraschter sein, wenn Sie ihn dem Glück und nicht Ihren Fähigkeiten zuschreiben. Wenn Sie Ihren Mißerfolg auf mangelndes Bemühen zurückführen, werden Sie eher Schuldgefühle oder Scham empfinden (Weiner, Russell u. Lerman, 1979). Weiner glaubt, daß solche Gefühle viel wichtigere Ursachen der Motivation seien, als sowohl die behavioristische als auch die Kognitive Psychologie bisher zugestanden hat. Die Bedeutung der Gefühle liegt in der phänomenologischen Erfahrung selbst und auch in den Auswirkungen solcher Erfahrungen auf das spätere Verhalten.

Zu dem Beispiel der *gelernten Hilflosigkeit* zurückkehrend, faßt Weiner (1979, S. 22) die von Seligman und seinen Mitarbeitern entwickelte Interpretation der *Depression* folgendermaßen zusammen:

> Depressive Personen versuchen wahrgenommene Anzeichen zu deuten, daß ihre Reaktionen die Resultate nicht beeinflussen. Es wird eine Ursache festgestellt, die oft als stabil, innerlich und global klassifiziert wird. Dies führt zu einer niedrigen Erfolgserwartung unter den verschiedensten Umständen und zu einem verschärften negativen Affekt (Verlust von Selbstachtung), die zusammen ausreichende Vorläufer der Depression sind.

Nehmen wir ein anderes Beispiel des Attributionsansatzes der Motivation, wobei sich diesmal die Attribution nicht auf die eigenen Mißerfolge, sondern auf die Ursachen der Mißerfolge anderer bezieht. Nehmen wir an, Sie sind Mitglied eines Ausschusses, der über die Entlassung von Strafgefangenen zu entscheiden hat (deren ursprüngliches Strafmaß, wie wir bemerkt haben, berücksichtigte, ob ihre Verbrechen rational motiviert waren). Einer Analyse der Literatur von Carroll und Payne (1976) zufolge beschäftigt Sie nun vor allem ein gerechtes Verhältnis zwischen Strafe und Verbrechen, aber auch die Wahrscheinlichkeit, daß eine vorzeitige Entlassung zu weiteren Verbrechen führen würde. Wenn Sie das ursprüngliche Verbrechen auf innere und beherrschbare Faktoren (wie böse Motive) zurückführen, dann wären Sie eher geneigt, die Aussetzung der Strafe abzulehnen, als wenn Sie das Verbrechen äußeren oder unbeherrschbaren Ursachen zuschreiben würden (wie die wirtschaftliche Lage oder schlechte Gesellschaft). Ihre Einschätzung des mit der Strafaussetzung verbundenen *Risikos* würde davon abhängen, ob Sie das Verbrechen Bedingungen von hoher Stabilität zuschreiben (irgendeinem unveränderlichen Charaktermangel) oder Bedingungen, die leicht verändert werden könnten (wie daß der Verurteilte eine gute Anstellung finden könnte). Carroll und Payne fanden Bestätigung für diese Konsequenzen des Attributionsansatzes sowohl, indem sie die tatsächlichen von solchen Ausschüssen gefällten Entscheidungen untersuchten und auch, indem sie Versuche durchführten, bei denen Studenten unter Bedingungen, die sich hinsichtlich der beschriebenen Ursachen von kriminellem Verhalten unterschieden, über die Aussetzung von Strafen entscheiden mußten.

Es ist ermutigend, daß das Attributionskonzept von Gefühlen und Motivation durch experimentelle Studien bestätigt wird. Die herrschenden Strömungen der experimentellen Psychologie im letzten halben Jahrhundert haben dazu tendiert, diesen wichtigen Aspekt der menschlichen Motivation zu vernachlässigen. Der Behaviorismus wandte sich vom Denken und Fühlen ab, mit der Begründung, daß diese Phänomene außerhalb des Bereichs der objektiven Wissenschaft liegen. Die Kognitive Psychologie hat zwar dem Verstand wieder Achtung verschafft, sie hat aber dazu geneigt, Motive und Gefühle zu vernachlässigen. Der phänomenologische Ansatz, vertreten von Maslow und anderen (s. 6. Bd., 2. Kap.), hat sich mit Gefühlen in einer ziemlich allgemeinen, philosophischen Weise befaßt, die wenig mit den empirischen Tests der Experimentalpsychologie zu tun hat. Durch Betrachtung der Zusammenhänge zwischen kognitiven Attributionen und Gefühlen in einer Vielzahl spezifischer Situationen haben Weiner und andere Attributionstheoretiker eine Theorie der Motivation entwickelt, die der Art und Weise nahekommt, wie wir tatsächlich im Alltag unsere Motive darstellen. Diese Forscher haben gleichzeitig ihre Hypothesen im Versuchslabor

BOX 5/6

Gelernte Hilflosigkeit und Depression

In den letzten fünfzehn Jahren haben M. Seligman und seine Mitarbeiter an der Universität von Pennsylvania das von ihnen so bezeichnete Phänomen der *gelernten Hilflosigkeit* studiert, eine überraschende Folge von unvorhersagbaren Verstärkungskontingenzen. Ihre Arbeit ist von Konditionierungsuntersuchungen mit Hunden zum Studium der vom Menschen vorgenommenen kognitiven Attribuierungen vorangeschritten. Diese Arbeit ist ein gutes Beispiel dafür, wie Interpretationen in dem Maße stärker kognitiv ausgerichtet werden, in dem der Psychologe die Konditionierungsanalysen auf komplexes menschliches Verhalten anwendet.

Bei einem der frühen Versuche wurden acht Hunde dazu abgerichtet, einen Elektroschock abzuschalten, indem sie auf eine Taste drückten. Eine zweite Gruppe von acht Hunden wurde an dieselbe Apparatur geschnallt und erhielt dieselbe Menge an E-Schocks wie die erste Gruppe. Bei der zweiten Gruppe waren die verabreichten Schocks jedoch völlig unabhängig vom Verhalten der Versuchstiere (d.h. unabhängig davon, ob die Hunde die Taste drückten). Eine dritte Gruppe, die naive Kontrollgruppe, erhielt keine E-Schocks. 24 Stunden später wurde jeder der Hunde in einen Käfig gesetzt, in dem sie den Schocks durch Überspringen einer Barriere zur anderen Käfigseite leicht entgehen konnten. Wie erwartet, fiel es den Hunden, die zuvor gelernt hatten, dem Schock durch Tastendruck zu entgehen, nicht schwer, die neue Fluchtmethode zu lernen (ihre Lernkurve ist im Diagramm mit *Entkommen* bezeichnet). Die Kontrolltiere (siehe die *naive* Kurve) waren zwar in den ersten beiden Durchgängen etwas langsamer, entkamen aber bald mindestens genauso schnell wie die erste Gruppe. Überraschend ist, daß sechs der acht Hunde, die in der zuvor erwähnten Apparatur unabhängig von ihrem Verhalten geschockt worden waren, *niemals* lernten, dem Schock im Käfig zu entkommen (siehe die Kurve *Nichtentkommen*). Statt dessen liefen sie etwa dreißig Sekunden lang verzweifelt in ihrer Käfighälfte umher,

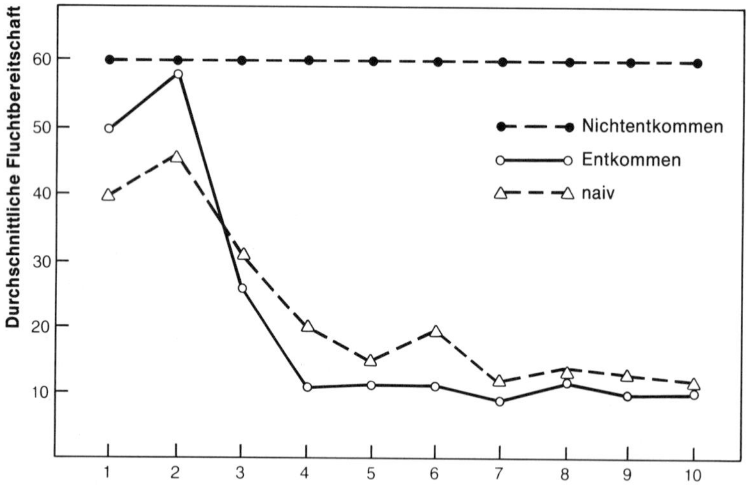

Gelernte Hilflosigkeit, demonstriert durch Unterschiede in der durchschnittlichen Reaktionsbereitschaft (benötigte Sekunden, um dem E-Schock zu entkommen) im abgeteilten Käfig nach unentfliehbarem Schock (Nichtentkommen), vermeidbarem Schock (Entkommen) oder keinem Schock (naiv).

Daten aus Maier und Seligman (1976).

legten sich dann nieder und winselten leise, bis der Strom nach etwa sechzig Sekunden abgeschaltet wurde. Anthropomorph gesprochen, gaben diese Hunde einfach auf. Ihre vorherige Frustration machte sie offenbar hilflos angesichts einer neuen Aufgabe, die sie sonst leicht gemeistert hätten.

Ähnliche Fälle gelernter Hilflosigkeit wurden nach Konfrontation mit anderen unlösbaren Aufgaben ohne schädliche Reize und auch mit anderen Tieren einschließlich Ratten, Katzen und Fischen demonstriert. Auf der einfachsten Ebene scheint es, daß Tiere, die einer Situation ausgesetzt werden, in denen sie das Ergebnis durch ihr Verhalten nicht beeinflussen können, lernen, daß ihre Handlungen keinen Einfluß haben, und diese Hilflosigkeit dann auf andere Situationen generalisieren. Ähnliche Beispiele gelernter Hilflosigkeit wurden in Versuchen mit Menschen demonstriert. So konnten beispielsweise in einem Experiment Studenten, die vor unlösbare Entscheidungsprobleme gestellt worden waren, eine simple Bewegungsreaktion nicht lernen, die einen lauten Lärm abgeschaltet hätte. Andere Studenten, die vor vernünftige Probleme gestellt worden waren, die sie auch lösten, lernten rasch, wie man den Lärm abstellt.

Man fragt sich, was die Studenten der ersten Gruppe über sich und die unlösbaren Probleme dachten. Wie andere Psychologen glaubt auch Seligman, daß verschiedene Individuen verschiedene Zuschreibungen vornehmen: Manche geben sich selbst die Schuld, entweder, weil es ihnen schwerfalle, Probleme zu lösen oder weil sie bloß momentan müde und verwirrt seien; andere geben der Aufgabe die Schuld und behaupten, daß diese speziellen Probleme keine Lösungen hätten oder daß die Versuchsleiter es immer so einrichten, daß man scheitert. Die Forschung zeigt, daß der Grad an gelernter Hilflosigkeit davon abhängt, wie der einzelne die Situation interpretiert. S. Roth und L. Kubal ließen beispielsweise Probanden am gleichen Tag an zwei getrennten Versuchen teilnehmen. Die Probanden, denen beim ersten Versuch gesagt worden war, daß der Test, den sie nicht bestanden hatten, ein gutes Prognoseinstrument für künftige Noten sei, wiesen beim kognitiven Problem des zweiten Versuchs Defizite auf; die Probanden, denen gesagt wurde, der erste Versuch sei bloß eine Lernstudie, schnitten beim zweiten Versuch besser ab (die erste Gruppe wurde selbstverständlich später über die Täuschung aufgeklärt). Je globaler, auf die eigene Person bezogener und stabiler die Mißerfolgszuschreibung (z. B. ich bin zu dumm, um an der Hochschule je in irgend etwas Erfolg zu haben), desto niederschmetternder ist der Grad an gelernter Hilflosigkeit.

Seligman hat dieses Konzept gelernter Hilflosigkeit auch auf bestimmte Arten klinischer *Depression* angewandt. Wenn man lernt, daß die Resultate unkontrollierbar sind, so führt dies zu Symptomen von Passivität, negativer kognitiver Einstellung und dem Gefühl der Depression.

M. Seligman: Helplessness: *On Depression, Development and Death.* San Francisco: Freeman, 1975.

S. Maier u. M. Seligman: Learned helplessness: theory and evidence. *Journal of Experimental Psychology: General,* 1976, *105,* 3–46.

L. Abramson, M. Seligman u. J. Teasdale: Learned helplessness in humans: critique and reformulation. *Journal of Abnormal Psychology,* 1978, *87,* 49–74.

S. Roth u. L. Kubal: Effects of noncontingent reinforcement on tasks of differing importance; Facilitation and learned helplessness. *Journal of Personality and Social Psychology,* 1975, *32,* 680–691.

getestet; dabei ist darauf hinzuweisen, daß solche Tests für jeden Anwendungsbereich separat ausgeführt werden müssen (der Attributionsansatz behauptet nicht, eine simple allgemeine Antwort für Probleme der Motivation zu bieten).

5 Widersprüchliche Motive

Konflikte entstehen, wenn verschiedene Motive miteinander in Widerspruch geraten. Manchmal besteht dieser Gegensatz zwischen Individuen, wie bei Interessenkonflikten. In umfassenderem Sinn geraten die Bedürfnisse des Individuums manchmal in Konflikt mit denen einer Gesellschaft als Ganzes, und die Gesellschaft muß deshalb einen Ausgleich zwischen dem persönlichen Wohl des einzelnen und dem kollektiven Wohl der Gruppe herstellen; aber da wir die Maßstäbe der Gesellschaft verinnerlichen, wenn wir heranwachsen, verlagert sich der Austragungsort von Konflikten dieser Art oft in das Individuum. Manche unserer härtesten Kämpfe scheinen wir deshalb häufig mit uns selbst auszufechten.

Nehmen wir ein konkretes Beispiel eines inneren Konflikts. Ein Mann fühlt sich zu einer Frau hingezogen und nähert sich ihr mit dem unwiderstehlichen Wunsch, irgendeinen Kontakt zu ihr herzustellen. Wäre er absolut frei von sozialen Zwängen, dann würde er vielleicht versuchen, sie wie ein Neandertaler zu packen, wobei sein einziger Konflikt von der Befürchtung herrühren würde, daß sie ihm erfolgreich Widerstand leisten (und ihn vielleicht sogar verletzen) könnte. In der Gesellschaft ist er jedoch aufgrund der sozialen Normen nicht frei, sich wie ein Höhlenmensch aufzuführen. (Er könnte als „psychopathisch" oder zumindest als „unsozialisiert" bezeichnet werden. Vielleicht würde man ihn sogar einsperren.) Da die meisten Männer bis zu einem gewissen Grad sozialisiert sind, wird er gegenüber der Frau zum Glück vorsichtiger vorgehen. Sobald er ihr näherkommt (physisch und psychisch) wird die Anziehung noch stärker, während gleichzeitig auch seine Ängste zunehmen: Wird sie seine Avancen ablehnen und ihn demütigen? Ein wahres Tauziehen findet in ihm statt. Der wohlerzogene, weltgewandte Mann bewältigt solche Konflikte durch eine Reihe von spannungsreduzierenden Manövern. Er kann ein Gespräch anknüpfen. Wenn die Frau darauf eingeht, vermindert sich seine Furcht, abgelehnt zu werden, und er nähert sich ihr dann noch stärker (psychisch, wenn nicht physisch). Seine Taktik zielt darauf ab, die Wahrscheinlichkeit der Ablehnung (und damit seine eigene Furcht) zu reduzieren und die Erfüllung seiner eigenen positiven Ziele möglich zu machen. Aber natürlich gehören zu diesem Spiel zwei, und der Erfolg seines Unternehmens hängt deshalb vom Interesse und der Verfügbarkeit der Frau und von anderen Faktoren ab, die völlig außerhalb seiner Kontrolle sein können.

Der Grundcharakter innerer Konflikte dieser Art hat die ernsthafte Aufmerksamkeit von Experimentalpsychologen auf sich gezogen, die die Motivation studierten. Die ursprüngliche Analyse wurde von Kurt Lewin, dem Begründer eines „topologischen" Motivationsansatzes, vorgenommen, der das Konzept des „Lebensraums" der Person (der subjektiven Welt der Person) mit Regionen von verschiedener *Valenz* (subjektivem Wert) entwickelte. Anziehende Objekte haben eine *positive Valenz* und abstoßende Objekte eine *negative Valenz*. Diese Ideen wurden von dem Verhaltenspsychologen Neal Miller (1959) etwas umgewandelt und weiterentwickelt, der ein System von Gradienten zur Erklärung einfacher motivationaler Konflikte entwarf.

5.1 Konfliktgradienten

In Millers System vermindert sich die Anziehungskraft eines Ziels (die eigene Tendenz, sich diesem zu nähern) mit zunehmender psychischer oder physischer Entfernung von diesem Ziel. Das bedeutet: Unter im übrigen gleichen Bedingungen unternimmt man, je näher man dem Ziel kommt, um so größere Anstrengungen, es zu erreichen. Bedauerlicherweise sind die „übrigen Bedingungen" selten „gleich" und deshalb haben wir Konflikte. Mit diesem *Annäherungsgradienten* korrespondiert laut Miller ein *Vermeidungsgradient:* Je näher man einem negativen oder furchterregenden Objekt kommt, desto größer ist die eigene Tendenz, es zu meiden.

5.2 Annäherungs- und Vermeidungs-Konflikt

Was geschieht, wenn dasselbe Objekt *sowohl* ein Ziel als auch eine Quelle der Furcht ist, wie in unserem Beispiel des Mannes, der sich zu einer Frau hingezogen fühlt, die ihn ablehnen könnte? Diese Situation ist in Abbildung 5 graphisch dargestellt, die auch ein weiteres entscheidendes Merkmal von Millers Analyse zeigt: *Der Vermeidungsgradient ist steiler als der Annäherungsgradient.* Was das bedeutet, ist, daß sich der Mann aus einer größeren Entfernung der Frau zu nähern beginnt; seine Tendenz, sich ihr zu nähern, ist größer als seine Tendenz, sie zu meiden (oder sich zurückzuziehen). Seine Annäherung wird sich bis zu dem Punkt fortsetzen, an dem die beiden entgegengesetzten Tendenzen gleich stark sind (wo sich die Gradienten in der Abbildung kreuzen). Dort muß er innehalten, bis die Ereignisse (wie etwa die Reaktionen der Frau) die Höhe der jeweiligen Gradienten verändern. Wenn sie ihn abweist, wird der Vermeidungsgradient höher werden, und

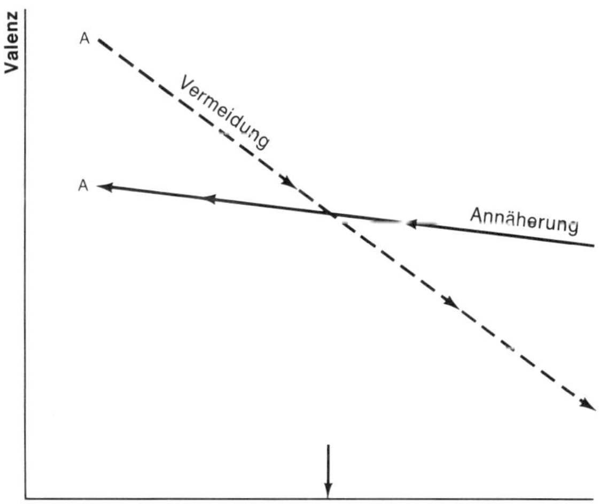

Abbildung 5: Annäherungs-Vermeidungs-Konflikt: Die Gradienten repräsentieren die Anziehungskraft von Objekt A (die feste Linie, die als *Annäherung* bezeichnet ist) und die Abstoßungskraft von Objekt A (gestrichelte Linie, die als *Vermeidung* gekennzeichnet ist). Der Vermeidungsgradient ist steiler. Der Pfeil zeigt den Gleichgewichtspunkt an, an dem die Anziehung ebenso stark ist wie die Abstoßung. Größere Annäherung an Objekt A würde dessen negative Valenz schneller erhöhen als seine positive Valenz; der Rückzug von Objekt A hätte die gegenteilige Wirkung.

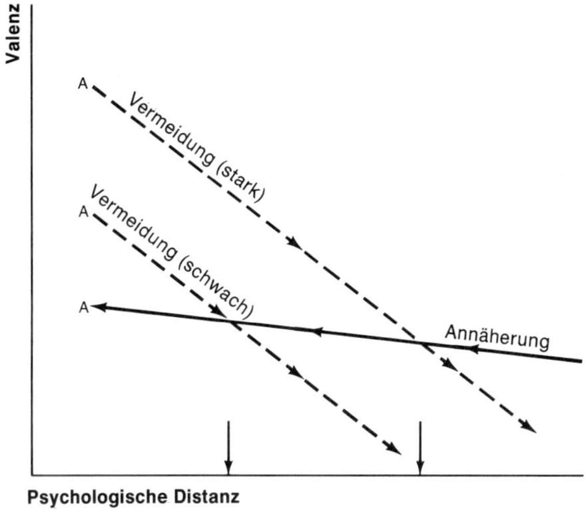

Abbildung 6: Annäherungs-Vermeidungs-Konflikt: Die Folge der Verstärkung des Vermeidungsmotivs. Der Kreuzungspunkt ist weiter vom Objekt A entfernt, wenn das Vermeidungsmotiv stärker ist. Deshalb ist der Gleichgewichtspunkt weiter weg.

(wenn er nicht der Typ ist, den die Zurückweisung „scharf macht“) er wird sich zurückziehen. Wenn sie ihn hingegen ermutigt, wird sein Vermeidungsgradient absinken und er wird sich ihr stärker nähern (dies ist in Abb. 6 illustriert). Es ist wichtig, darauf hinzuweisen, daß sich Analysen dieser Art nicht ausschließlich auf die *physische* Distanz beziehen. Der ganze kleine dramatische Konflikt kann sich abspielen, während seine Akteure einander an einem Tisch gegenübersitzen. Worauf es phänomenologisch ankommt, ist die *psychologische Distanz* und nicht die bloße körperliche Distanz.

Millers Theorie der Gradienten basierte auf experimentellen Befunden, die zuerst von Krechevsky (1935) und dann von Brown (1948) geliefert wurden. Diese Forscher befestigten Bindfäden an Laborratten, um die Zugkraft zu messen, sowohl hin zum Futter als auch weg von einer Stelle, an der die Ratten zuvor geschockt worden waren. Krechevsky stellte fest, daß sich die Annäherungsgradienten erhöhten, je hungriger die Ratten waren. Brown entdeckte, daß der Vermeidungsgradient höher war, wenn der Schock stärker gewesen war, und daß der Vermeidungsgradient auf jeden Fall steiler verlief als der Annäherungsgradient. Verändern wir unser Szenarium etwas und stellen wir diesmal die Frau vor den Konflikt: Sie hat die Wahl zwischen zwei verschiedenen

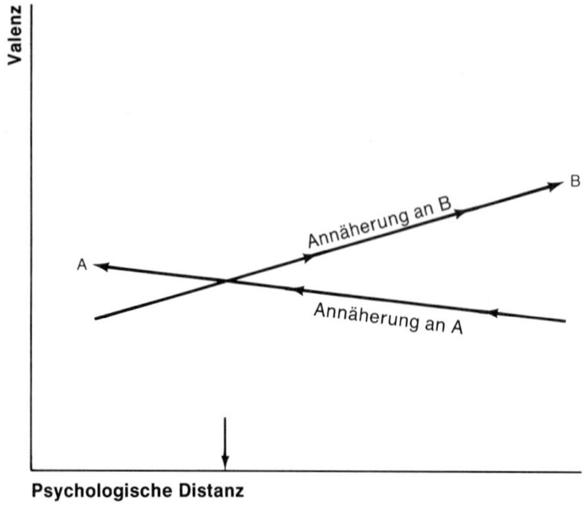

Abbildung 7: Annäherungs-Annäherungs-Konflikt: Zwei Annäherungsgradienten, der eine von Objekt A links, der andere von Objekt B rechts. Der Gleichgewichtspunkt muß wieder da sein, wo sich die beiden Gradienten kreuzen (d.h. die Anziehungskraft beider Objekte gleich stark ist). Jede Hinbewegung auf eines der beiden Objekte erhöht die relative Anziehung dieses Objektes.

Freiern, die beide sehr attraktiv sind. Sie haben vielleicht von dem Esel gehört, der zwischen zwei gleichermaßen verlockenden Heuschobern verhungerte. Glauben Sie es nicht! Die Millersche Analyse verwandelt einen Konflikt dieser Art in einen leicht lösbaren (s. Abb. 7), weil jede Bewegung auf eines der beiden Ziele zu das Gleichgewicht stört und die relative Anziehungskraft des Zieles, auf das die Bewegung hin gemacht wurde, erhöht. (Erinnern Sie sich, daß wir im *psychologischen* Raum operieren.) Die Annäherung zu einem der Freier hin kann bloß aus einer größeren Kommunikationsbereitschaft, einer größeren Intimität oder der Entdeckung einer „geistigen Verwandtschaft" bestehen. Die Dame wird natürlich, wenn sie nicht über beide Ohren verliebt ist, bei beiden Bewerbern bestimmte Fehler (negative Valenzen) feststellen, wodurch die Analyse viel komplexer wird. Es ist auch möglich, daß die bloße Vorstellung der Eheschließung mit einem Bewerber aufgrund des daraus resultierenden Verlusts des anderen es ihr unmöglich machen würde, einen von beiden zu heiraten (der Gedanke, einen von beiden zu heiraten, könnte höhere Vermeidungsgradienten bewirken).

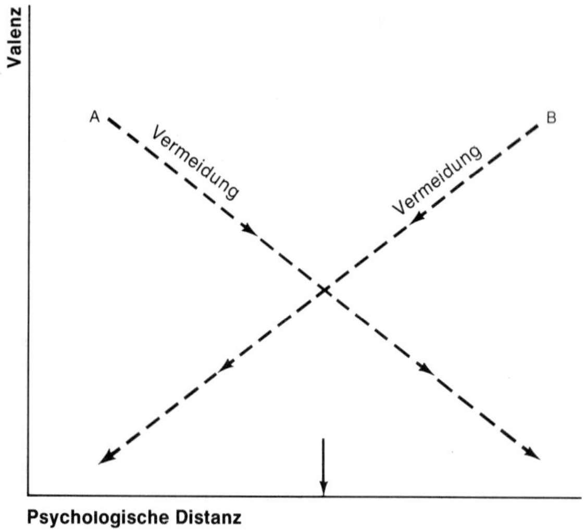

Abbildung 8: Vermeidungs-Vermeidungs-Konflikt: Zwei Vermeidungsgradienten, einer von Objekt A links, der andere von Objekt B rechts. Der Gleichgewichtspunkt befindet sich an der Kreuzung. Seine Veränderung erhöht die Vermeidung der entsprechenden Richtung.

5.3 Vermeidungs-Vermeidungs-Konflikt

Dies ist das Problem des „geringeren von zwei Übeln". Nehmen wir an, daß eine geschiedene Frau mit kleinen Kindern einen Heiratsantrag von jemandem erhält, den sie nicht liebt. Sie erkennt, daß eine solche Ehe wahrscheinlich fehlschlagen würde, und sie scheut davor zurück. Diese Frau fürchtet jedoch gleichzeitig, daß sie, wenn sie diesen Antrag ablehnt, nie wieder einen ebenso guten bekommen könnte: Sie würde dann weiterhin die Last des Unterhalts für ihre Kinder zu tragen haben, an eine unattraktive Anstellung gefesselt sein und einer einsamen Zukunft entgegenblicken. Ein Konflikt dieser Art kann relativ stabil werden, wie Abbildung 8 zeigt. Die Frau kann den Bewerber hinhalten, ohne ihn endgültig abzuweisen, und er wird vielleicht schließlich eine Entscheidung erzwingen müssen. Oder die Situation kann sich verändern: Die Frau kann einen besseren Arbeitsplatz finden oder einem besseren Ehekandidaten begegnen. Wenn der Annäherungsgradient aus einer Richtung kommt und der Vermeidungsgradient aus einer anderen, dann gibt es kein Problem. (So ein Glück wünschen wir uns alle!)

6 Frustration von Motiven

Der Begriff *Frustration* wird in der Psychologie – wie in der deutschen (und englischen) Sprache im allgemeinen – in mehrdeutiger Weise verwendet. Manchmal bezieht er sich auf einen blockierenden Faktor oder auf eine Barriere, etwas, das einen von einem Ziel trennt. Sie würden vielleicht Psychologie gerne als Hauptfach wählen, aber sind frustriert (das heißt, *blockiert*) durch die Anforderungen in Statistik, die an Ihrer Universität in diesem Fach gestellt werden. Die Barriere kann teilweise in Ihnen selbst liegen, die Erkenntnis Ihrer eigenen Schwierigkeiten in Mathematik und Naturwissenschaft. *Frustration* wird aber auch zur Bezeichnung der psychologischen Auswirkung benutzt, von Ihrem Ziel getrennt zu sein. Als psychologischer Zustand kann Frustration sich destruktiv äußern, wie im Fall eines Kindes, das einen Wutausbruch hat, wenn es daran gehindert wird, draußen mit Freunden zu spielen. Die von einem Kind erlebte Frustration, nicht draußen mit Freunden spielen zu dürfen, kann aber auch zu einer konstruktiven alternativen Beschäftigung wie dem Klavierüben führen. Lang andauernde Frustrationen, die einem auferlegt sind und die man empfindet, können langfristige *Kompensationen* hervorrufen. Ein Teddy Roosevelt, der ein überaus schmächtiges Kind war, kann einen Großteil seines späteren Lebens dem Aufbau und der Erprobung seiner physischen Kräfte widmen (s. die Persönlichkeitstheorie von Alfred Adler im 6. Bd., 2. Kap.).

Jedes Problemlösen muß seiner Definition nach ein bestimmtes Maß an Frustration beinhalten, eine gewisse Barriere vor der Lösung. Wenn die Lösung sofort erkennbar wäre, gäbe es kein Problem. Die Frustration ist es, die uns, in konstruktive Bahnen gelenkt, zu einer Umstrukturierung des Problems veranlaßt oder zur Erprobung neuer Wege, die zur Lösung führen könnten (s. 4. Bd., 4. Kap., über Problemlösen).

6.1 Die Frustrations-Aggressions-Hypothese

Wir wissen, daß die Erregung und die Wut, die wir im Zustand der Frustration erleben, manchmal unsere Toleranzgrenze überschreiten. Statt rational nach einer Lösung für unsere Probleme zu suchen, fallen wir in einem solchen Augenblick über das nächste Zielobjekt her. Wir sind wie Laborratten, die, wenn sie einem plötzlichen und unentrinnbaren Schock ausgesetzt sind, das nächstgelegene Objekt angreifen – eine andere Ratte oder sogar eine im selben Käfig befindliche Puppe (Azrin et al., 1964). Vor nahezu einem halben Jahrhundert postulierte eine Gruppe von Psychologen der Universität Yale (Dollard, Doob, Miller, Mowrer u. Sears, 1939), daß *Frustration zwar nicht immer Aggression auslöst, daß Aggression aber immer das Ergebnis von Frustration sei.* Diese Hypothese ist auf das aggressive Verhalten derjenigen gesellschaftlichen Gruppen angewandt worden, die in ihren Forderungen nach Gerechtigkeit frustriert wurden. Sie dient als Erklärung dafür, warum rassische Vorurteile, die zu gewissen Zeiten mancherorts aggressiver auftraten, sich unter den armen frustrierten Weißen im Süden der Vereinigten Staaten stärker manifestierten als in Bevölkerungsgruppen anderer, wohlhabenderer Regionen. Leider ist es nicht immer leicht, vorherzusagen, wann Aggression auftreten wird, denn es gibt eine Vielzahl sozialer Hemmnisse, die ihren Ausbruch mehr oder weniger erfolgreich verhindern können – oder die dafür sorgen, daß die Frustration in sozial akzeptablere Gleise gelenkt wird.

6.2 Andere Folgen der Frustration

In Box 5/7 wird ein Beispiel einer *Regression* zu früheren Anpassungsstadien geschildert, welche sich manchmal als Reaktion auf Frustration einstellt. Lewin und seine Mitarbeiter fanden viele Situationen, in denen sich das Verhalten ihrer Vpn verschlechterte und dem Betragen kleiner Kinder annäherte. Bei anderen Experimenten war die Verschlechterung einfach ein hoffnungsloser Versuch, einer langweiligen Aufgabe zu entkommen – ein Versuch, sich aus der Situation davonzustehlen. Gähnen und andere Zeichen von Langeweile sind häufige Reaktionen auf Frustration, etwa wenn Studenten gezwungen sind, langweiligen Vorlesungen beizuwohnen, obwohl sie lieber etwas anderes – egal was – tun würden (s. Abb. 9, S. 45). (Manche Studenten verstehen es, Frustrationen dieser Art zu entkommen, indem sie sich in konstruktiver Weise beschäftigen, etwa indem sie

BOX 5/7

Frustration und Regression bei Kindern

An der Universität von Iowa studierten R. Barker, T. Dembo und K. Lewin die Auswirkungen von Frustration auf die Konstruktivität des Spiels von Kindern. Dreißig Kinder zwischen zwei und fünf Jahren wurden paarweise beim Spiel mit jeweils identischen Spielsachen beobachtet (s. Abb. A). Beobachter klassifizierten den Grad an Konstruktivität im Spiel jedes einzelnen Kindes, das heißt, die Phantasie, den Einfallsreichtum und die Strukturiertheit ihrer Aktivitäten. Auf dem Boden zu sitzen und den Anhänger an ein Lastauto anzukoppeln, wurde beispielsweise als wenig konstruktiv bewertet, während die Inszenierung einer langen Fahrt, in deren Verlauf dem Auto samt Anhänger die verschiedensten Ereignisse zustießen, als konstruktiv beurteilt wurde.

A

Es stellt sich ein enger Zusammenhang zwischen der Konstruktivität des Spiels und dem Intelligenzalter des jeweiligen Kindes heraus. Es war deshalb möglich, die Konstruktivität des Spiels in „IA-Einheiten" zu bewerten, das heißt, im Hinblick auf die Konstruktivität, die Kindern eines bestimmten Intelligenzalters entspricht.

Es wurde dann experimentell Frustration induziert, indem man den Kindern gestattete, kurz mit faszinierenden neuen Spielsachen zu spielen, die

B

sich in einem anderen, normalerweise abgeschlossenen Teil des Versuchsraums befanden, und indem man die Kinder dann wieder in ihre Spielecke zurückführte und sie durch ein Schergitter von dem faszinierenden Spielzeug trennte (s. Abb. B).

Die Auswirkungen der Frustration wurden studiert, indem man die Konstruktivität des Spiels der Kinder mit den ursprünglichen Spielsachen vor und nach der Frustration verglich.

Im allgemeinen war eine deutliche Abnahme der Konstruktivität des Spiels festzustellen. Im Durchschnitt regredierte die Konstruktivität in einem Maße, das einem Intelligenzalter von 17,3 Monaten entsprach. Mit anderen Worten: nach der Frustration spielte das Kind auf einem Konstruktivitätsniveau, das einem etwa eineinhalb Jahre jüngeren Kind entsprach.

Die Forscher bemerken dazu:

> Das Nachlassen der Konstruktivität des Spiels ist mit der Verhaltensänderung vergleichbar, die im Zustand hoher Emotionalität eintritt, wobei ruhelose Bewegungen, stereotype Wiederholung von Sätzen und Stottern häufig sind. Bei beiden Änderungen ist ein ... gewisser Mangel an Realismus festzustellen.

R. Barker, T. Dembo u. K. Lewin: Frustration and regression: An experiment with young children. *University of Iowa Studies: Child Welfare,* 1941, *18,* No. 386.

Abbildung 9: Langeweile kann das Ergebnis von Frustration sein.

aufmerksam mitschreiben und dem Vortrag dadurch zu einer Struktur verhelfen, die ihm im übrigen fehlt.) Die verschiedenen Versuche, der Frustration zu entkommen, gleichen den von Sigmund Freud beschriebenen Abwehrmechanismen. Freud glaubte, daß diese Mechanismen eher dem Schutz vor *Angst* als vor Frustration dienen. Angst kann jedoch als eine emotionale Folge langandauernder Frustration betrachtet werden. (Eine weitere Erörterung der Abwehrmechanismen und anderer charakteristischer Methoden des Umgangs mit Motivationskonflikten findet sich im 6. Bd., 2. Kap.)

7 Der Beziehungscharakter von Anreizen

Ein wichtiger Teil der Motivation ist der Wert des Ziels, des Objekts, der Situation oder der Art von Betätigung, auf die die motivierte Person zustrebt. In der Tierforschung ist die Quantität (oder Qualität) des Futters in der Zielbox ein wichtiger Faktor, der die Antriebskraft der Performanz bestimmt (beispielsweise, wie schnell eine Ratte den Weg zum Futter zurücklegt). Obwohl das auf der Hand zu liegen scheint (arbeiten wir nicht alle fleißiger für eine größere Belohnung?), wird der beziehungsbedingte Charakter von Anreizen oft übersehen.

In einem berühmten Versuch demonstrierte Crespi (1942), daß Ratten viel schneller zum Futter laufen, nachdem sie von vier Futtereinheiten auf 16 Einheiten hinaufgesetzt wurden, als nach einer Kürzung von 64 Einheiten auf dieselben 16 Einheiten (manche Ratten verweigerten nach der „Lohnkürzung" sogar das Futter!). Diese Art von „Enttäuschung" oder Frustration wurde noch dramatischer von Tinklepaugh (1928) demonstriert, der einen Affen dazu dressierte, sich Futter zu holen, das vor seinen Augen unter eines von zwei Kästchen gelegt worden war. Tinklepaugh ließ den Affen zuschauen, wie er eine Banane (eine hochgeschätzte Belohnung) unter eines der Kästchen legte, die er dann aber heimlich gegen ein Salatblatt (einen adäquaten, aber weniger geschätzten Anreiz) austauschte. Als der Affe dann zwischen den beiden Kästchen wählen durfte, drehte er dasjenige um, unter dem er ganz richtig die Banane vermutete. Als er nur das Salatblatt fand, drehte er das andere Kästchen um, das aber leer war. Der Affe ergriff daraufhin das Salatblatt und schleuderte es gegen Tinklepaugh! (Salat reicht einfach nicht, wenn man sich auf Banane gefreut hat.)

Unseren Lesern sollte es nicht schwerfallen, ähnliche Beispiele aus ihrem eigenen Erleben zu finden. Wir bewerten Anreize im Vergleich mit dem, was wir erwarteten, was wir in der jüngsten Vergangenheit erhielten oder was andere bekommen – andere, mit denen wir uns vernünftigerweise vergleichen können (s. Box 5/8). Wir fühlen uns nicht weniger gut bezahlt, wenn wir lesen, daß Konzernpräsidenten oder Rockstars eine Million

BOX 5/8

Vergleiche als Voraussetzung der Zufriedenheit

In Los Angeles wurde eine Telefonumfrage veranstaltet, bei der 400 Angehörige einer Zufallsstichprobe über verschiedene Faktoren befragt wurden, die zu ihrer Zufriedenheit in verschiedenen Lebensbereichen beitrugen. Sie wurden unter anderem gefragt, wie zufrieden sie mit ihren *Arbeitsplätzen, mit ihrem Wohnviertel, ihrer Familie und den Regierungsbehörden seien.* Ebenso wie in anderen Studien waren die Reaktionen überwältigend zustimmend. Selbst das Schlangestehen im Arbeitsamt wurde gewöhnlich als „befriedigend" bewertet (vielleicht, weil das nötig ist, um sein Arbeitslosengeld zu erhalten).

Diese Erhebung schürfte jedoch tiefer als die meisten anderen, sie enthielt Fragen, die die verschiedenen Kontexte in jedem dieser Erfahrungsbereiche berührten. So wurden die Interviewten beispielsweise aufgefordert, ihren gegenwärtigen Arbeitsplatz verglichen mit „anderen Jobs, die Sie gehabt haben oder die Sie kennen" zu bewerten. Dieselbe Art von kontextbezogenen, zu Vergleichen herausfordernden Fragen wurden im Hinblick auf das Wohnviertel, die Familie und den Umgang mit den Behörden gestellt. Andere Fragen betrafen objektivere Variablen wie Alter, Geschlecht, Rasse, Einkommen, Schulbildung, Familienstand und Hausbesitz.

Das Hauptergebnis war, daß die Unterschiede im gesamten Zufriedenheitsgrad viel enger mit den Unterschieden in den Reaktionen auf die Kontextfragen verknüpft waren, wie die Bewertung des gegenwärtigen Arbeitsplatzes verglichen mit anderen Jobs, als mit irgendeiner der objektiven Variablen wie Einkommen. Leute, die ihren eigenen Job besser bewerteten als andere Jobs, neigten viel eher dazu, ihre eigene Arbeit als „befriedigend" zu bezeichnen; Personen mit höherem Einkommen tendierten hingegen nicht eher dazu, ihre Arbeit als „befriedigend" zu bewerten als Leute mit geringerem Einkommen. Dasselbe galt für jeden einzelnen Lebensbereich.

Diese Befunde deuten darauf hin, daß man, um zu verstehen, warum jemand mit einem bestimmten Lebensbereich zufrieden oder unzufrieden ist, versuchen sollte herauszufinden, was womit verglichen wird, ob frühere Jobs als besser oder schlechter angesehen werden als der gegenwärtige, ob andere Wohnviertel besser oder schlechter eingeschätzt werden, und so weiter. Vergleiche scheinen wichtiger zu sein als simple objektive Meßwerte wie Einkommen oder der Grad an Schulbildung. Um zu verstehen, wie zufrieden Menschen mit dem sind, was sie haben, muß man herausfinden, wie sie das, was sie haben, mit dem vergleichen, was sie früher hatten oder was ihnen Nahestehende haben. Wichtig ist nicht, wieviel man verdient, sondern wie sich das eigene Einkommen neben dem anderer ausnimmt, mit denen es verglichen wird.

Sind manche Menschen von Natur aus neidisch und wählen sich höhere Vergleichsmaßstäbe, während sich andere durch die entgegengesetzte Einstellung auszeichnen und ihre eigene Situation immer mit etwas Schlechterem vergleichen? Nicht nach dieser Erhebung. Eine statistische Analyse der Bewertungen zeigt, daß es unmöglich ist, von einem Lebensbereich zum anderen Prognosen abzugeben. So neigten beispielsweise diejenigen Befragten, die ihren eigenen Arbeitsplatz im Vergleich zu anderen ungünstiger einschätzten, nicht eher dazu als andere Befragte, auch das eigene Wohnviertel im Ver-

Dollar im Jahr verdienen, aber es bringt uns aus der Fassung, wenn wir entdecken, daß jemand für dieselbe Arbeit, die wir selbst tun, mehr bezahlt bekommt.

7.1 Soziale Vergleiche

Eine Reihe von Untersuchungen der Moral unter den amerikanischen Soldaten während des Zweiten Weltkriegs enthielten interessante Beispiele *sozialer Vergleiche.* Eine Studie (Merton u. Kitt, 1950) konstatierte eine höhere Moral unter den im Ausland (aber hinter den Kampflinien) stationier-

gleich zu anderen ungünstig zu bewerten. Dies scheint sich mit einem allgemeinen Trend in der zeitgenössischen psychologischen Forschung zu decken: Persönlichkeitsmerkmale tendieren dazu, spezifisch für bestimmte Erfahrungsbereiche zu sein, das heißt Menschen, die in physischen Konfrontationen wie im Sport Mut beweisen, können in intellektuellen Dingen oder in geschäftlichen Unternehmungen zaghaft sein (s. 6. Bd., 1. Kap.).

Diese Untersuchung bestätigt die Vermutung, daß die Menschen ihre Werterfahrungen in verschiedene Lebensbereiche aufgliedern. Innerhalb jedes Bereichs wird das Gesamtmaß an Befriedigung durch die Verhältnisse zwischen verschiedenen Ereignissen bestimmt, die in diesem Bereich erlebt wurden. Es ist noch nicht möglich, diejenigen äußeren Ereignisse zu identifizieren, die die verschiedenen Kontexte für die Beurteilung bilden. Aber diese Befunde scheinen eindeutig gegen die Annahme zu sprechen, daß simple absolute Gradmesser der üblichen objektiven Faktoren wie Höhe des Einkommens oder Schulbildung genügen würden, um den Grad an Zufriedenheit zu bestimmen. Statt dessen bestätigt diese Studie die Auffassung, daß die Zufriedenheit, die Menschen in einem bestimmten Erfahrungsbereich erleben, von Vergleichen zwischen dem, was sie haben, dem was sie hatten, was andere in ihrer Umgebung haben und dem, was sie in dem speziellen Bereich erwarteten, abhängen.

B. Gutek, T. Tyler, H. Allen, R. Lau u. A. Majchrzak: The importance of intrapsychic determinants of satisfaction. *Journal of Community Psychology,* 1980.

ten Soldaten als unter der Truppe, die an amerikanischen Universitäten ausgebildet wurde, wo sie ihren eigenen Mangel an Freiheit zweifellos mit der der zivilen Studenten verglichen. Eine andere Studie (Stouffer et al., 1949) ergab, daß der Autobusdienst, der die Militärbasen im Süden mit den Nachbarorten verband, von schwarzen Soldaten als „schlecht" bewertet wurde, anscheinend weil die Busfahrer die ortsüblichen diskriminierenden Praktiken anwandten (d.h. die Schwarzen zwangen, im hinteren Teil des Busses zu sitzen). Dieselbe diskriminierende Praxis wurde jedoch von Schwarzen aus dem Norden viel *niedriger* bewertet: Die Schwarzen aus dem Süden neigten viel eher dazu, ihre nicht der Armee angehörigen Brüder für den sozialen Vergleich heranzuziehen, die, da sie im Süden lebten, den gleichen Demütigungen ausgesetzt waren. Erfahrungen aus der Zeit vor dem Wehrdienst können ebenfalls als Grundlage für Vergleiche gedient haben.

7.2 Relative Deprivation

Bei der Analyse seiner Armeedaten entwickelte Stouffer das Konzept der *relativen Deprivation* zur Erklärung der rätselhaften Unterschiede in der Art und Weise, wie verschiedene soziale Gruppen bestimmte Bedingungen einschätzen. Die relative Deprivation ist ein psychologischer Zustand, in dem jemand Ressentiments darüber empfindet, etwas (wie Eigentum, Chancen oder Achtung) nicht zu haben, was andere haben. In den folgenden Jahren wurde viel über diese Frage der relativen Deprivation geforscht, in erster Linie von Sozialpsychologen. Diese Forschung, eine Mischung aus Befragungen und Experimenten, wurde von Crosby (1976) gesichtet, die ihre eigene Theorie zur Erklärung der Befunde entwickelte. Crosbys Theorie geht davon aus, daß relative Deprivation nur dann erlebt wird, wenn jemand anderer etwas hat, das man sich selbst wünscht, worauf man ein Recht zu haben glaubt, das zu erlangen man für möglich hält und für dessen Nichtbesitz man sich nicht selbst die Schuld gibt. Wenn nicht alle vier Voraussetzungen zutreffen, erlebt man keine relative Deprivation. Diese *notwendigen Voraussetzungen* hängen ihrerseits von verschiedenen Faktoren ab, wie den eigenen früheren Erfahrungen mit dem, was man sich jetzt wünscht, und die Nähe anderer, die das haben. So bewerteten beispielsweise die Versuchspersonen in einem Experiment, das für die von Crosby überprüften Versuche typisch war, das vom Versuchsleiter angewandte Belohnungssystem als weniger fair, wenn andere Vpn höhere Belohnungen erhielten (Ross u. McMillan, 1973).

Crosbys Theorie ermöglicht eine detaillierte Analyse der verschiedenen Faktoren, welche für die relative Deprivation bestimmend sind. Wenn einer dieser Faktoren fehlt (wenn es beispielsweise unmöglich erscheint zu erlangen, was man sich wünscht), dann wird keine relative Deprivation erlebt. Sie zitiert De Tocquevilles berühmte Bemerkung: „Mißstände, die geduldig ertragen werden, wenn sie unvermeidlich scheinen, werden unerträglich, sobald sich die Möglichkeit zu eröffnen scheint, ihnen zu entrinnen." Ein jüdischer Wissenschaftler, der die Sowjetunion verlassen hatte, berichtete beispielsweise, daß sein Gefühl der Ungerechtigkeit im sowjetischen Wissenschaftsbetrieb viel schärfer wurde, nachdem er sich um sein Ausreisevisum beworben hatte. Der Grund dafür war nicht bloß, daß er sofort seinen Arbeitsplatz in der Forschung verlor und sich von Freunden erhalten und beherbergen lassen mußte, sondern auch, weil er sich dann erst so richtig bewußtmachte, in welcher Weise die Politik das wissenschaftliche Leben in der Sowjetunion unter Kontrolle hält (die Bevorzugung von Parteibonzen gegenüber fähigen Wissenschaftlern, der offiziell sanktionierte Antisemitismus und so weiter). Mit anderen Worten: erst nachdem er die Entscheidung getroffen hatte, das Land zu verlassen, erschien ihm die bloße Möglichkeit, in der Sowjetunion bleiben zu müssen, als unerträglich. Persönliche Beobachtungen dieser Art werden, wie Crosby zeigt, durch Experimente und Befragungen bestätigt. Um bloß eine zu zitieren: Patchen (1961) stellte fest, daß Angestellte, die zur Beförderung vorgeschlagen wurden, größere Unzufriedenheit über ihr gegenwärtiges Gehalt äußerten als andere Belegschaftsangehörige.

7.3 Soziale Verstärker als Anreize

In der menschlichen Motivation bilden *soziale Verstärker* wie verbales Lob („gut gemacht!") oder andere Äußerungen der Zustimmung (ein ermunterndes Lächeln) viel häufigere Anreize als die Nahrungsmittel oder das Wasser, die zur Motivation des deprivierten Tiers im Labor so wichtig sind. Eltern, Lehrer und Freunde – sie alle benutzen soziale Verstärker, um zu größeren Anstrengungen zu motivieren. Schulkinder lernen fleißig, um die Anerkennung anderer zu erringen. Später, wenn auch Geld manchmal der Hauptanreiz für harte Arbeit zu sein scheint, kann soziale Anerkennung ebenso wichtig sein (wir leben tatsächlich nicht nur „von Brot allein").

Die motivierende Kraft sozialer Anreize scheint ebenso eindeutig relativistisch zu sein wie der wechselnde Anreizwert des Futters für Crosbys Ratten. Lob verliert seinen Anreizwert, wenn es zu regelmäßig gespendet wird: der Lehrer, der alle Schüler auf jeder Leistungsebene lobt, muß feststellen, daß dieses Lob als Ansporn unwirksam wird. Wenn wir wissen, daß die Anforderungen hoch sind, dann bemühen wir uns mehr, um das kleinste Kompliment zu erringen. Es ist nicht die absolute Menge an Lob, Anerkennung oder Belohnungen, die unser Motivationsniveau bestimmt, sondern, wie groß diese Menge im Vergleich dazu ist, was uns in der Vergangenheit zuteil wurde oder was wir vernünftigerweise künftig erwarten können.

Zusammenfassung

1. Fragen der *Motivation* spielen in den meisten wichtigen Bereichen menschlichen Verhaltens eine Rolle, aber jeder wichtige Forschungsbereich der Psychologie beteiligt sich auch an der Suche nach einer Erklärung für motiviertes Verhalten. Es ist oft schwierig, die Motivation von diesen anderen Bereichen zu trennen. Es gibt auch keine einfache Antwort auf die Frage, was die Menschen motiviert. Vielmehr muß sich der Motivbegriff mit der Frage auseinandersetzen, wie Verhalten angeregt, mit Energie versorgt und auf Ziele oder Anreize gerichtet wird, die sich als mehr oder weniger befriedigend erweisen können. Motive können unmittelbar erlebt oder aus Umweltbedingungen oder *zielgerichtetem Verhalten* abgeleitet werden.

2. Fünf umfassende Konzeptionen der menschlichen Natur bedienen sich unterschiedlicher Ansätze zum Verständnis der menschlichen Motivation. Eine behandelt den Menschen als *Maschine,* etwa eine Uhr oder ein elektronischer Computer. Dies setzt ein deterministisches Universum voraus, in dem alles einschließlich der menschlichen Motivation im Prinzip prognostizierbar ist. Ein zweiter und oft eng verwandter Ansatz vertritt eine *biologische* Auffassung mit besonderer Betonung der Anpassungsfunktionen der menschlichen „Maschine". Dieser Ansatz hebt die Bedeutung von Bedürfnissen, Trieben und Anreizen in einem motivationalen System hervor, das eine größere Aussagekraft hat als die ältere Konzeption der Instinkte. Die Auffassung des Menschen als *rationaler Herr* seines eigenen Schick-

sals ist modernisiert worden, wobei der altmodische Hedonismus durch eine neuzeitliche Entscheidungstheorie ersetzt wurde, obwohl ihr immer noch eine rationale Sicht der menschlichen Motivation zugrundeliegt. Dieser Rationalität tritt die Auffassung Freuds entgegen, daß manche unserer wichtigsten Motive irrational und unbewußt seien. Ein letztes Modell interpretiert die menschliche Motivation im Hinblick auf *soziale Zwänge.*

3. Der Deutungsversuch der Motivation im Tiervergleich hebt biologische Defizite und die selbstregulierenden Prozesse der Homöostase hervor. Die *Mangel-* oder *Defizittheorien* haben mit einigen offensichtlichen Widersprüchen zu kämpfen: das spielerische Verhalten und die inhärente Neugier, die ohne Zusammenhang mit biologischen Bedürfnissen auftreten. Äußere Reize und innere Gedanken scheinen ebenfalls Verhalten zu motivieren, ohne daß erkennbar biologische Defizite vorliegen.

4. Die *Überfluß-* oder *Abundanzmotivation* stellt ein alternatives Konzept dar, das vom Bedürfnis nach Anregung und Spannungserhöhung statt Spannungsverminderung ausgeht. Die manchmal zerstörende Wirkung sensorischer Deprivation und die Präferenz für mäßige Grade an Ungewißheit sind die bestätigenden Ergebnisse aus zwei wichtigen Forschungsbereichen, die durch Theorien des „Überflusses" ins Leben gerufen wurden.

5. Die von Maslow postulierte Hierarchie der Bedürfnisse ist ein Versuch, sowohl Mangel- als auch Überflußmotive zu einem einzigen Modell zusammenzufassen. Maslow zufolge sind die niedrigeren Bedürfnisse überwiegend biologisch und müssen befriedigt werden, bevor höhere, überflußbedingte Bedürfnisse (z.B. nach Leistung, ästhetischen Genüssen und Selbstverwirklichung) erfüllt werden können.

6. *Gelernte Hilflosigkeit* ist ein Beispiel, wie die Zuschreibungen von Kausalbeziehungen das Verhalten von Menschen motivieren (in diesem Fall, ihr Aufgeben). Weiners Analyse der Informationssuche beschreibt, wie Motive von den Interpretationen der Ursachen von Erfolg und Mißerfolg abhängen.

7. Innere Konflikte zwischen verschiedenen Motiven werden im Hinblick auf *Annäherungs-* und *Vermeidungsgradienten* analysiert. Drei verschiedene Arten von Konflikten sind durch verschiedene Lösungen gekennzeichnet: Annäherung-Vermeidung, Annäherung-Annäherung und Vermeidung-Vermeidung.

8. *Frustration* kann gute oder schlechte Folgen haben. Das heißt sie kann zu besseren Lösungen führen, etwa beim Problemlösen, oder zu Aggression und auch Regression.

9. Die Ressentiments, welche die *relative Deprivation* kennzeichnen, sind ein Beispiel des Beziehungscharakters von Anreizmotivation. Ungünstige soziale Vergleiche machen uns unzufrieden mit dem, was wir haben. Selbst soziale Verstärker verlieren ihren Anreizwert, wenn wir sie zu leicht erlangen.

2. Kapitel
Die menschlichen Emotionen

Die meisten Laien und vielleicht auch viele Psychologen betrachten das Studium der Gefühle und Emotionen als eine der Hauptaufgaben der Psychologie. Zweifellos, so argumentieren sie, sind Wahrnehmung, Lernen und Problemlösen fundamentale menschliche Aktivitäten, denen wir die erfolgreiche Beherrschung unserer Umwelt verdanken, und Motive können als die Kraft betrachtet werden, die uns zu diesen Aktivitäten antreibt und diese steuert. Aber, so fährt diese Argumentation fort, werden nicht alle diese Funktionen weniger hautnah und eindringlich erlebt als die Quintessenz der menschlichen Existenz – das eigene Gefühlsleben? Die Gefühle, so wird gesagt, sind es, was uns zu Menschen macht; sie liefern die Akzente oder die „Farbe", die ein Erlebnis wichtig für uns werden läßt und ein anderes nicht. Vielen Menschen dient die Bezeichnung „emotional gestört" als willkommener Euphemismus für eine Vielzahl von Geisteskrankheiten, wobei hervorgehoben wird, daß unverarbeitete Affekte oder „negative" Gefühle zu den unerträglichsten Symptomen zählen können, die zu den merkwürdigen Verhaltensweisen führen, von denen viele psychische Störungen gekennzeichnet sind.

So wichtig sind Gefühle für die Menschheit, daß sie oft den Brennpunkt von Kunstwerken bilden. Gefühle können in der Musik und in der Malerei und am buchstäblichsten in einem Roman beschrieben werden. Sind sie jedoch auch für die Wissenschaft faßbar? Viele Menschen meinen, daß Rationalität und Gefühle gegensätzliche Kräfte seien, die das menschliche Verhalten bestimmen. Wir können nicht klar denken, wenn uns starke Emotionen beherrschen, aber sobald wir uns davon zu befreien suchen, ist das Leben seines Sinns beraubt. Die Methoden der wissenschaftlichen Psychologie auf einen solchen Forschungsgegenstand anzuwenden, kann ein widersprüchliches, scheinbar unmögliches Unterfangen sein; E. E. Cummings (zitiert in Simon [1969, S. 18]) hat das pointiert ausgedrückt:

"While you and I have lips and voices which
are kissing and to sing with
who cares if some one-eyed sun of a bitch
invents an instrument to measure spring with?"

Vielleicht ist es deshalb nicht überraschend, daß sich ein Großteil der wissenschaftlichen Psychologie auf Verhalten in einem Kontext konzentriert, der so frei wie möglich von Emotionen aller Art ist. Versuchspersonen werden vor jeder ungeplanten Stimulierung geschützt, und alle Emotionen, die sie in die Versuchssituation mitbringen könnten, werden als eine potentielle Fehlerquelle betrachtet. Wenn Psychologen ihre Aufmerksamkeit dem Thema der Emotionen zuwenden, scheint das Unternehmen oft an Methodenfragen zu scheitern. Jede emotionale Erfahrung ist ihrer Natur nach für andere unmöglich direkt zu beobachten, und sie ist vorübergehend und unterliegt der Kontrolle von Gedanken, die der Vp gehören und nicht unter die Kontrolle des Versuchsleiters gebracht werden können.

Das Studium der Emotionen zieht nicht nur diejenigen Psychologen an, die eine hohe Toleranz für methodologische Schwierigkeiten haben, es scheint auch Forscher zu reizen, die sich auf „das Negative" konzentrieren. Lindauer (1968) analysierte eine Stichprobe von Büchern und Artikeln über Psychologie und verglich sie mit einer Stichprobe literarischer Werke: Belletristik, Dramen und Lyrik. Die psychologischen Werke befaßten sich überwiegend mit negativen oder unerfreulichen Emotionen; in den literarischen Werken überwogen die positiven. Die Psychologie ist in den letzten zehn Jahren darangegangen, mit ihrer Betonung der Liebe diese Unausgewogenheit zu beseitigen. Aber die Erforschung von Streß, Schmerz und Trauer stößt nach wie vor auf großes Interesse.

Beim Studium der Emotionen haben sich im Laufe der Jahre drei Fragen als zentrale Themen herauskristallisiert, auf denen Theorien der Emotionen aufbauten. Die erste und dringendste ist die Frage, was die Emotionen *verursacht.* Kommen die Emotionen von Veränderungen unseres körperlichen Zustands oder von unseren Gedanken über das, was um uns vorgeht, das heißt, ereignen sich die Veränderungen der körperlichen Zustände *infolge* unserer Gedanken?

1 Körperliche Prozesse, Gedanken und Emotionen

Am Ende des 19. Jahrhunderts vertraten zwei Männer, William James, ein Psychologe der Universität Harvard, und Carl Lange, ein dänischer Physiologe, die unabhängig voneinander arbeiteten und das Werk des jeweils anderen nicht kannten, dieselbe überraschende Theorie der Emotionen. Angesichts der physiologischen Veränderungen in Affektzuständen, ausgelöst durch das autonome Nervensystem – Veränderungen des Pulsschlags, Erröten, Erweiterung und Verengung der Pupillen, Muskelanspannung –, kamen beide zu dem Schluß, daß diese körperlichen Reaktionen als *direkte* Reaktion auf einen bedrohlichen oder erregenden Reiz eintreten und daß emotionale Gefühle und Gedanken diesen Reaktionen *folgen*. Dieses Konzept wird als *Theorie der Emotionen* von James und Lange bezeichnet. James (1890, S. 449–450) hat es so formuliert:

„Der Hausverstand sagt, wir verlieren unser Vermögen, sind traurig und weinen; wir begegnen einem Bären, erschrecken und laufen davon; wir werden von einem Rivalen beleidigt, geraten in Zorn und schlagen zu ... Meine Theorie ... ist, daß die körperlichen Veränderungen unmittelbar auf die Wahrnehmung einer Tatsache folgen und daß unsere Empfindung derselben Veränderungen, die da eintreten, die Emotion ist ... daß wir uns traurig fühlen, weil wir weinen; und zornig sind, weil wir zuschlagen, ängstlich, weil wir zittern, und daß wir nicht weinen oder zittern, weil wir je nachdem traurig, zornig oder furchtsam sind."

Die Auffassung von James und Lange birgt jedoch Probleme in sich; diese wurden besonders gut von Cannon (1929) auf den Punkt gebracht. Er wies darauf hin, daß Menschen zwar eine Vielzahl verschiedener Emotionen deutlich voneinander unterscheiden können, daß das physiologische Reaktionsmuster für viele verschiedene emotionale Erlebnisse jedoch weitgehend dasselbe zu sein scheine. Wie kann dann jemand wissen, ob er freudig erregt oder wütend ist, wenn sein Körper in beiden Fällen gleich reagiert? Cannon bemerkte auch, daß sich die Veränderungen im körperlichen Zustand zu langsam vollziehen, um die *Ursache* der emotionalen Gefühle sein zu können; Emotionen werden gewöhnlich als Reaktion auf eine Situation sehr rasch empfunden.

Spätere Forschungen, die sich sensiblerer Methoden der Beobachtung physiologischer Reaktionen in emotionsauslösenden Situationen bedienten, haben gewisse Erkenntnisse über verschiedene physiologische Reaktionsmuster bei verschiedenen Emotionen erbracht, obwohl niemand imstande gewesen ist, allein auf der Basis physiologischer Befunde sehr feine Unterscheidungen zwischen Emotionen zu treffen. Die typische Langsamkeit der physiologischen Reaktionen verglichen mit den emotionalen Reaktionen könnte durch Lernvorgänge erklärbar sein; erwachsene Menschen haben schließlich eine Fülle emotionaler Erlebnisse hinter sich. Obwohl es zutreffen mag, daß die emotionale Reaktion auf den Anblick eines knurrenden Bären tatsächlich langsam erfolgt, wenn man sich zum ersten Mal in einer solchen Situation befindet (oder davon hört), könnte das Gefühl der Furcht schließlich unmittelbar durch das Erscheinen des Bären ausgelöst werden (es brauchte nicht mehr von der Wahrnehmung eines inneren Zitterns oder eines jagenden Pulses abzuhängen). Es gibt Belege dafür, daß Emotionen bei Kindern langsamer auftreten und sich erst im späteren Leben nach einem bestimmten Maß an Erfahrungen schneller einstellen (Mandler, 1962).

Cannon glaubte, daß „echte" Emotionen nicht allein durch die Wahrnehmung physiologischer Veränderungen im eigenen Körper hervorgerufen werden können. Seine Argumentation basierte in erster Linie auf einem klassischen Experiment von Marañon (1924). Marañon injizierte 210 Patienten ein Medikament, das physiologische Veränderungen hervorruft, die große Ähnlichkeit mit den körperlichen Vorgängen im Zustand starker Emotionen haben, und zeichnete dann die Erlebnisse auf, über die die Patienten berichteten. Einundsiebzig Prozent der Vpn berichteten nur die unmittelbaren physiologischen Reaktionen (und überhaupt keine Emotionen); die übrigen sagten, sie fühlten sich, „als ob" sie intensive Gefühle erlebten, aber sie hätten gleichzeitig auch gewußt, daß sie keine erlebten. Erst als Marañon seine Vpn auf emotionsauslösende Gedanken brachte – sie beispielsweise über ihre verstorbenen Eltern reden ließ – empfanden sie „wirkliche" Gefühle.

Schachter und Singer (1962) planten einen Versuch, der zeigen sollte, daß sowohl die physiologische Erregung als auch die Situation, in der sich jemand befindet, und kognitive Faktoren seine emotionale Reaktion beeinflussen können. Sie wiesen darauf hin, daß Marañons Probanden genau gewußt hätten, daß das Medikament, das man ihnen gespritzt hatte, die physiologischen Veränderungen erklären könnte, die sie erlebten. Es sei deshalb plausibel gewesen, daß sie ihre „Gefühle" dem Medikament zuschrieben. Schachter und Singer injizierten ihren Vpn Adrenalin (ebenso wie Marañon), desinformierten aber einen

Teil der Vpn über die Auswirkungen der Droge. Manche Vpn erhielten Adrenalin, andere nicht; von der letztgenannten Gruppe bekamen manche eine Placebo (eine inaktive Substanz). Diese komplexe Versuchsanordnung unterschied sich auch darin, ob die Vpn wußten, wie sich das Medikament physiologisch auswirken würde oder nicht, und hinsichtlich der sozialen Situation,in der sie sich befanden (entweder in einer Ärger erregenden Situation oder in einer Situation, die geeignet war, eine Hochstimmung oder Euphorie zu erzeugen). Die Ergebnisse des Versuchs führten Schachter zu der Schlußfolgerung, daß kognitive Faktoren (Wissen über die von der Droge hervorgerufenen körperlichen Veränderungen), soziale Faktoren und physiologische Faktoren zusammenwirkten und die von den Vpn empfundenen und berichteten Emotionen hervorriefen. (Diese Auffassung ist als *Emotionstheorie von Schachter-Singer* bekannt.) Sobald sie von der Droge erregt waren, empfanden die Vpn beispielsweise Wut in einer wutauslösenden Situation und Entzücken in einer euphorischen Situation.

Diese Theorie ist immer noch anerkannt; zwei neuere Versuche, die Resultate von Schachter und Singer zu reproduzieren, sind jedoch fehlgeschlagen (Marshall u. Zimbardo, 1979; Maslach, 1979), vielleicht aufgrund unterschiedlicher Verfahrensweisen. In beiden Studien rief die physiologische Erregung in der euphorischen sozialen Situation keine positiven („glücklichen“) Emotionen hervor. In Maslachs Versuch wurde eine ausgeklügelte Technik angewandt, um Probleme mit individuellen Unterschieden in der Reaktion auf die Dosierung zu vermeiden: Es wurde *kein* Adrenalin benutzt und die physiologische Erregung statt dessen durch Hypnose hervorgerufen. Maslach hypnotisierte ihre Vpn und gab ihnen dann Anweisung, in Erregung zu geraten, wenn sie ein bestimmtes Stichwort sahen, aber zu vergessen, daß sie hypnotisiert worden waren oder irgendwelche Anweisungen erhalten hatten. Als das Stichwort später als Bestandteil irgendeiner anderen Versuchsaufgabe präsentiert wurde, berichteten die Vpn tatsächlich, daß sie sich erregt fühlten und waren sich der Ursache dieser Erregung natürlich nicht bewußt. Schachter und Singer (1979) bemerken, daß bei diesen Versuchen die Euphorie oder Wut auslösenden sozialen Situationen nicht *unmittelbar* auf das Stichwort folgten, so daß die Vpn einige Minuten lang ohne eine „Erklärung“ für ihre Erregung gelassen wurden. Deshalb, argumentieren sie, hätten die Vpn mit Recht dazu geneigt, vorwiegend negative Emotionen in Zusammenhang mit dieser unerklärten (und unangenehmen) Erregung zu berichten, denn der soziale Rahmen, der den Zweck gehabt habe, eine positive Interpretation zu fördern, sei zu spät gekommen. Schachter und Singer behaupten weiter, die scheinbar widersprüchlichen Resultate von Marshall und Zimbardo seien auf ihren Gebrauch zu hoher Dosen von Adrenalin zurückzuführen gewesen, durch die ein physiologischer Reaktionszustand ausgelöst worden sei, der weit über den von normalen emotionalen Erlebnissen (und des Versuchs von Schachter und Singer) hinausgehe.

Wieder einmal und wie immer benötigen wir mehr (oder bessere) Forschungsergebnisse, bevor wir ein endgültiges Urteil über die Theorie von Schachter und Singer fällen können. Fassen wir diese noch einmal genau zusammen: Physiologische Reaktionen, die der Betreffende *nicht* als Folge einer physischen Ursache (wie etwa einer Droge) erkennt, führen zur Wahrnehmung irgendeiner Form von emotionaler Erregung. Die spezielle Form, die die Erregung annimmt – Ärger, Freude oder irgendeine andere bestimmte Emotion – wird durch die soziale Situation bestimmt (eine andere Untersuchung aus Schachters Labor bestätigt ebenfalls diese Formulierung; s. Box 6/9).

Manche Theoretiker legen noch größeren Nachdruck auf die *kognitiven* Determinanten der Emotionen. Lazarus (1968) glaubt beispielsweise, daß Emotionen das Ergebnis von zwei Stadien einer *kognitiven Bewertung* seien. Nach Wahrnehmung einer Situation („ein Bär kommt auf mich zu“) stellt die primäre Beurteilung fest, ob die Situation bedrohlich ist. Wenn sie als bedrohlich erkannt wird, entscheidet die sekundäre Beurteilung dann, welche Bewältigungsstrategie anzuwenden ist. Die Qualität und Intensität unserer emotionalen Reaktionen seien durch die Interaktion dieser Prozesse bedingt. Für Lazarus sind die physiologischen Reaktionen *Nebenprodukte* dieser Beurteilung und keinesfalls die Ursachen des emotionalen Erlebens.

Außer der Bewertung, wie körperliche Prozesse und kognitive Aktivität zusammenwirken und das emotionale Erleben bestimmen, äußern sich Theorien über das Gefühlsleben häufig auch zu zwei anderen wichtigen Fragen. Werden die Gefühle stärker durch das Lernen oder durch angeborene

BOX 5/9

Adrenalin, Chlorpromazin und Vergnügen

Wie im Haupttext dargelegt, stellten Schachter und Singer als erste die Theorie auf, daß Emotionen zustandekommen, wenn physiologische Erregung, die man nicht auf eine körperliche Ursache (wie Krankheit oder Drogen) zurückführen kann, aufgrund der sozialen Situation, in der man sich befindet, als eine bestimmte Emotion interpretiert wird. In einer anderen, zusammen mit L. Wheeler durchgeführten Studie untersuchte Schachter die Frage, ob physiologische Erregung tatsächlich das Erleben einer Emotion beeinflußt. Würde der physiologische Zustand der Probanden in einer sozialen Situation, die geeignet ist, das Erleben von Heiterkeit zu fördern (wie das Betrachten eines lustigen Films) den Grad der Belustigung beeinflussen, die sie empfanden? Die Probanden erhielten entweder Adrenalin als physiologisches Aufputschmittel, Chlorpromazin (ein Beruhigungsmittel, das die Aktivität des sympathischen Nervensystems dämpft) oder ein Placebo, das hinsichtlich der physiologischen Funktionen neutral war. Das Vergnügen wurde mit zwei Methoden gemessen, zum einen auf das Verhalten bezogen – wie oft und wie heftig die Vpn lachten – und zum anderen anhand ihrer eigenen Bewertungen, wie lustig ihnen der Film erschien. Die Drogen hatten eine starke Wirkung auf die Verhaltensreaktionen auf den Film; sechzehn Prozent der Vpn unter Adrenalinwirkung reagierten nach Eindruck der Beobachter mit „zwerchfellerschütterndem Gelächter", während keine der Vpn der beiden anderen Gruppen so heftig lachte. Die Differenz zwischen den Gruppen war jedoch weitaus geringer, als diese aufgefordert wurden, den Film zu beurteilen.

Vielleicht war dieses letztere Ergebnis darauf zurückzuführen, daß die physiologische Erregung das Erlebnis „echten" Vergnügens nicht beeinflußte, oder vielleicht versuchten die Vpn, bei der Beurteilung des Films objektiv zu sein und sich nicht davon beeinflussen zu lassen, wie sie sich während des Films gefühlt hatten. In den Worten eines Probanden: „Ich konnte einfach nicht verstehen, warum ich während des Films lachte. Im allgemeinen hasse ich Jack Carson und diese Art von Klamauk, und so habe ich den Film auch bewertet."

S. Schachter u. L. Wheeler: Epinephrine, Chlorpromazine and Amusement. *Journal of Abnormal and Social Psychology,* 1962, *45,* 121–128.

Faktoren beeinflußt, die wir mit anderen Lebewesen gemein haben? Wie ist die „Geographie" der Emotionen beschaffen? Sind alle komplexen Emotionen „gleichwertig" oder gibt es bestimmte primäre Emotionen, die die Grundlage für andere Emotionen liefern, die sich aus solchen primären Emotionen zusammensetzen?

2 Erbe, Umwelt und Emotionen

Die Theorie und die Forschung über den Ursprung emotionaler Erlebnisse wird immer noch von einer bahnbrechenden historischen Figur beeinflußt. So wie die Schriften von William James hinsichtlich der Rolle der physiologischen Reaktionen immer noch beachtet werden, so hören wir immer noch auf das, was Charles Darwin über die Wurzeln der Emotionen zu sagen hatte. Darwin widmete einen Großteil seines wissenschaftlichen Lebens dem Studium des Ursprungs der Arten. Da er glaubte, daß viele verschiedene Tierarten gemeinsame Vorfahren haben, vertrat er die Auffassung, daß sie auch manche Gefühlsäußerungen miteinander gemein hätten. In seinem Buch *The Expression of the Emotions in Men and Animals* (Erstveröffentlichung 1872, Neuauflage 1965) behauptete er, daß manche Emotionen gelernt, andere dagegen erblich bedingt seien. Eine Methode, um herauszufinden, welche menschlichen Emotionen im wesentlichen angeboren sind, bestand darin zu untersuchen, welche Gefühlsäußerungen in allen menschlichen Kulturen *universell* vorhanden sind (S. 14f.):

„Immer dann, wenn dieselbe Mimik oder Gestik bei mehreren verschiedenen Rassen des Menschen dieselben Gefühle ausdrückt, können wir mit großer Wahr-

BOX 5/10

Die Rolle von Bewegung für das Verständnis von Gesichtsausdrücken

Fast alle Arbeiten über den Gesichtsausdruck von Emotionen wurden anhand von Standphotos gemacht, und diese Photos schienen für das Erkennen von Emotionen durchaus auszureichen. Eingehendere Studien zeigen, daß sich die Probanden bei der Beurteilung, welche Emotion in einem Bild geäußert wird, von der statischen Position und der Form der Gesichtszüge und Falten leiten lassen.

Ein Psychologe in Toronto, J. Bassili, hat den Beitrag untersucht, den die Bewegung zur Äußerung von Emotionen leistet. Seine Forschungen zeigen, daß es in der Tat für Beobachter leichter zu erkennen ist, welche Emotion ausgedrückt wird, wenn man einen Film oder eine Videoaufzeichnung sieht, als wenn ein Standphoto benutzt wird. Da ein Film nichts anderes ist als eine Serie rasch nacheinander projizierter Standphotos, auf denen die Gesichtszüge und Falten in den charakteristischen Formen zu sehen sind, die sie bei einer Gefühlsäußerung annehmen, fragte sich Bassili, ob die Bewegung selbst eine Rolle bei der Überlegenheit von Filmen gegenüber Photos spielen könnte. Er schminkte die Gesichter von Schauspielern schwarz und brachte dann willkürlich angeordnete weiße Punkte darauf an. Als über einen Bildschirm, der ziemlich dunkel und sehr kontrastreich eingestellt war, eine Videoaufzeichnung der Schauspieler abgespielt wurde, waren nur die weißen Punkte zu sehen. Die Schauspieler wurden geschult, sechs Emotionen auszudrücken: Überraschung, Glück, Traurigkeit, Wut, Furcht und Ekel. Von den Standphotos mit den Punkten auf den Gesichtern der Schauspieler war es sehr schwierig zu erkennen, welche Emotionen dargestellt wurden, aber als auf den Videofilmen die Bewegung zu sehen war, ließen sich alle Emotionen leichter identifizieren. Zwei Aspekte dieser Untersuchung bestätigten frühere Befunde: Frauen waren etwas besser als Männer beim Erkennen von Emotionen, und Glück zählte zu den am leichtesten erkennbaren Emotionen. Im Gegensatz zu den Befunden früherer Forschungen zählte Überraschung ebenfalls zu den am leichtesten identifizierbaren Emotionen. (Vielleicht ist die *Geschwindigkeit* der mimischen Bewegung bei der Überraschung ein wichtiger Anhaltspunkt für ihre Erkennung.) Wenn nur die Hälfte des Gesichts zu sehen war, dann erwies sich die untere Hälfte als aufschlußreicher für die Darstellung von Glück und Ekel, während die obere Hälfte wichtiger für Wut und Furcht war. Bei Überraschung und Traurigkeit spielte es keine Rolle, welche Hälfte des Gesichts zu sehen war.

J. Bassili: Emotion recognition: The role of facial movement and the relative importance of upper and lower areas of the face. *Journal of Personality and Social Psychology,* 1979, *37,* 2049–2058. Nachdruck der Photos mit Genehmigung.

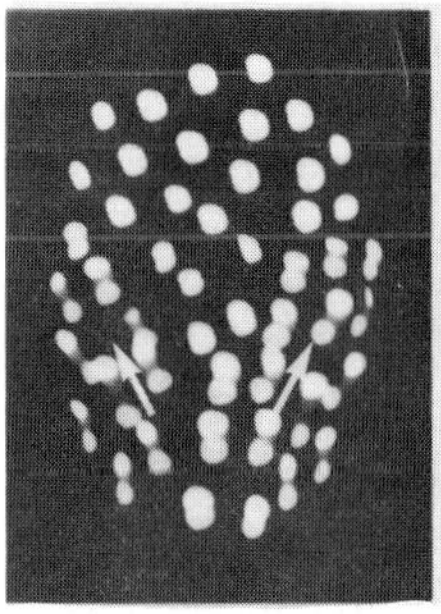

Glück

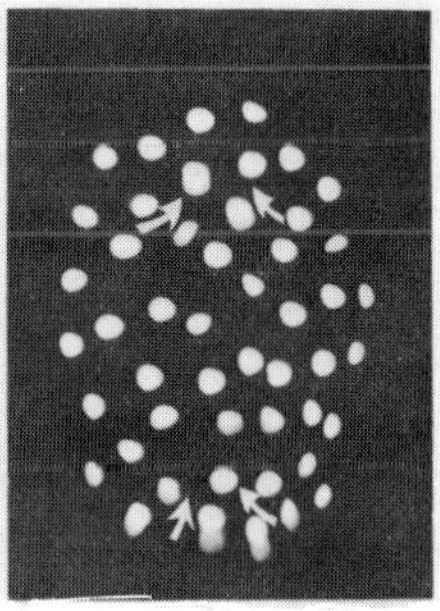

Traurigkeit

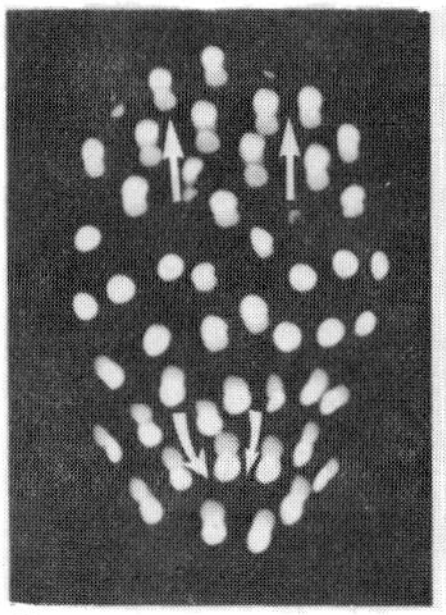

Überraschung

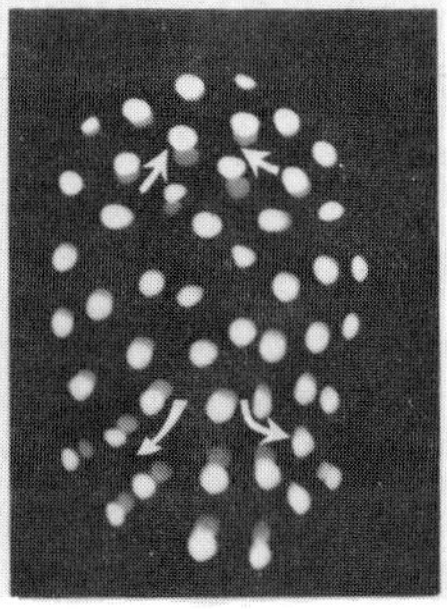

Furcht

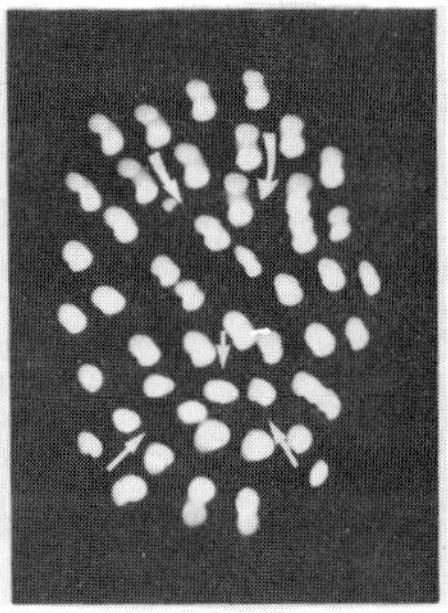

Wut

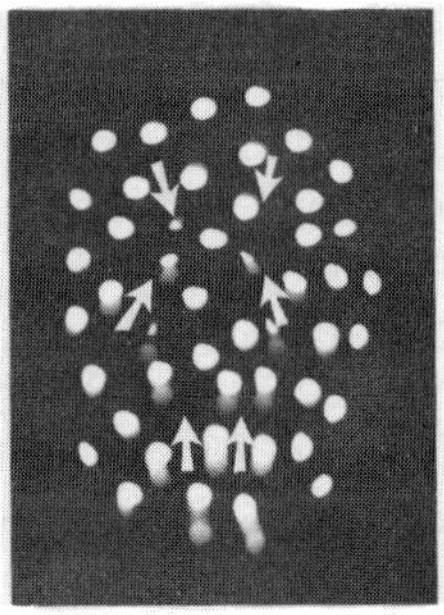

Ekel

Dies sind Zeitlupenaufnahmen der beschriebenen Videoaufzeichnungen. Bewegungen sind durch die Unschärfe mancher Punkte zu erkennen. Pfeile deuten die Richtung der Bewegungen an.

scheinlichkeit darauf schließen, daß dieser Ausdruck echt, das heißt, angeboren oder instinktiv ist."

Der 7. Band beschäftigt sich ausführlicher mit dem, was wir über den Gesichtsausdruck von Gefühlen und deren Erkennbarkeit wissen. Tatsächlich scheint es Gefühlsäußerungen zu geben, die in vielen Kulturen der Welt in derselben Weise erkennbar sind (Ekman, 1973). Ob dies ein Beweis dafür ist, daß diese Emotionen angeboren sind oder daß diese Gefühlsäußerungen universell vorhanden sind, ist noch offen. Es scheint jedoch wahrscheinlich, daß gewisse ererbte Mechanismen existieren, die eine solche Universalität erklären. Es könnte auch (oder vielmehr) so sein, daß die Menschen überall aus irgendeinem Grund dieselben Äußerungsformen eines bestimmten Gefühls lernen und daß diese ihrerseits dieses Gefühl universell erkennbar machen. Aber Hiatt, Campos und Emde (1979) haben gezeigt, daß Erwachsene allein aufgrund des Gesichtsausdrucks von zehn und zwölf Monaten alten Säuglingen zuverlässig Emotionen (insbesondere Glück und Überraschung) identifizieren können; es erscheint höchst unwahrscheinlich, daß in einem so frühen Alter bereits Lernen stattgefunden hat (der Gesichtsausdruck hat ein großes Maß an Forschungsinteresse auf sich gezogen; in Box 5/10 [S. 57] sind außerdem auch die Körperbewegungen, die sehr wahrscheinlich wichtige Anhaltspunkte bilden, mit einbezogen.)

Eine sehr einflußreiche Theorie, die den Gesichtsausdruck als Bestandteil einer erblich bedingten emotionalen Reaktion begreift, stammt von Tomkins (1962). Tomkins' Theorie leitete Ekman bei der Auswahl von Photos für seine ursprüngliche Arbeit über interkulturelle Zuverlässigkeit bei der Beurteilung von Gefühlsäußerungen. Eine der Grundannahmen von Tomkins' umfassender Theorie der Persönlichkeit und des Verhaltens ist, daß *Emotionen als primäre Motive* anzusehen seien. Er behauptet, „das primäre Motivationssystem ist das affektive [emotionale] System, und die biologischen Triebe haben nur dann eine motivierende Kraft, wenn sie durch das affektive System verstärkt werden". Tomkins hält der Psychologie vor, daß sie sich durch ihren fast totalen Verzicht auf die Erkenntnisse des bewußten Erlebens von Gefühlen und Emotionen an einem umfassenderen Verständnis des menschlichen Verhaltens gehindert habe.

Tomkins beabsichtigt, die über bewußte Gefühle als psychologische Daten verhängte „Quarantäne" zu beenden. Zum einen, so argumentiert er, seien Emotionen in Wirklichkeit nicht etwas so Persönliches, wie manche glauben. Vielmehr würden sie von anderen leicht verstanden und könnten Informationen in zuverlässiger Weise mitteilen. Der größte Teil dieser Mitteilungen, so behauptet er, finde in der Gesichtsmuskulatur statt, und die mimischen Reaktionen trügen dazu bei, sowohl dem Beobachter als *auch dem Individuum selbst* seinen jeweiligen Gefühlszustand bewußt zu machen (Box 5/11 [S. 59] weckt Zweifel an der Funktion des Gesichtsausdrucks als *bestimmendem Faktor* des eigenen Gefühlslebens; dieser kann jedoch ein zuverlässiger *Indikator* des Gefühlszustands für andere sein).

Wie üben Emotionen den entscheidenden Einfluß aus, den Tomkins ihnen zuschreibt? Er vertritt die Auffassung, daß Emotionen das angeborene „Wollen" und „Nichtwollen" bestimmen, die das Verhalten von Säuglingen beherrschen, und daß Emotionen in komplexerer Form dieselbe Rolle bei Erwachsenen spielen. Sie tun dies nach Tomkins' Ansicht in folgender Weise: Das Neugeborene ist mit bestimmten positiven und negativen Affekten ausgestattet. Freude oder Aufregung seien beispielsweise von Natur aus positiv; Furcht und Schmerz seien von Natur aus negativ. Der Säugling lächele zunächst automatisch angesichts des Vergnügens, gefüttert zu werden, oder wenn eine faszinierende Rassel ertönt. Ein lauter Knall oder eine offene Sicherheitsnadel in der Windel löst zwangsläufig negative Affekte aus. Wenn sich der Säugling entwickelt, lernt er zunächst, sich positive Gefühlszustände und nicht negative zu wünschen. Später, wenn sich die Anpassungsfähigkeit entwickelt, lernt das Kind, sich in einer Weise zu verhalten, das die positiven Affektzustände maximiert und die negativen minimiert. Obwohl man von Geburt an weiß, daß Essen „gut" und Schmerz „schlecht" ist, sind wir nur durch weitere Reifung und Lernerfahrungen imstande, auf den Markt oder in ein Restaurant zu gehen, sobald wir Hunger empfinden, und dadurch Situationen zu vermeiden, die uns Schmerz und Pein verursachen.

Tomkins glaubt, daß diese angeborenen positiven und negativen Gefühle von drei fundamentalen Emotionen abstammen, die durch natürliche Auslese im Evolutionsprozeß in den Organismus „eingebaut" wurden. Diese seien erstens eine

BOX 5/11

Gibt es ein Lächeln, das Sie glücklich macht?

S. Tomkins und später C. Izard schrieben dem Gesichtsausdruck der Emotionen eine sehr wichtige Rolle zu. Sie gehen davon aus, daß der Gesichtsausdruck unmittelbar und angeborenerweise vom Gehirn bestimmt wird und daß unser Erleben von Gefühlen weitgehend durch Rückmeldungen bedingt sei, und zwar nicht von Herzfrequenz, Zittern oder Laufen (wie die Theorie von James u. Lange behauptet), sondern davon, was das Gesicht „tut". („Method-acting" soll den Schauspieler zu überzeugender Darstellung von Gefühlen befähigen, indem man ihm Verhaltensweisen beibringt, die bei ihm auf der Bühne „echte" Gefühle hervorrufen.) Könnte die Kausalbeziehung auch in der anderen Richtung funktionieren (das heißt, könnte realistische Äußerung von Gefühlen bei den Schauspielern Gefühlserlebnisse auslösen)? Um diese Möglichkeit zu untersuchen, studierten R. Tourangeau und P. Ellsword die emotionalen Erlebnisse von Probanden, die Filme unter vier Voraussetzungen anschauten. Die Vpn wurden angewiesen, ihr Gesicht in einer Miene entweder von Furcht oder Traurigkeit zu halten. Die Vpn in Kontrollgruppen schnitten entweder Grimassen ohne bestimmten Gefühlsausdruck oder hatten keinerlei Anweisung. Filme, die ausgewählt wurden, um bei den Betrachtern Traurigkeit oder Furcht auszulösen, hatten einen starken Einfluß darauf, wie sich die Vpn fühlten, aber der Gesichtsausdruck hatte keinerlei Wirkung darauf. Diese negativen Resultate widersprachen früheren Befunden von J. Laird, daß Vpn, die sich Zeichentrickfilme lächelnd ansahen, diese lustiger fanden als Vpn, die sich dieselben Filme stirnrunzelnd anschauten.

Offensichtlich ruft die Miene, die man aufsetzt, kein spezielles Gefühl hervor (da Vpn, die mit einer Miene der Furcht oder der Wut einen neutralen Film betrachteten, keine einschlägigen Emotionen empfanden) und sie verstärkt oder schwächt auch Gefühle, die von äußeren Ereignissen, wie dem Betrachten emotionsgeladener Filme, ausgelöst werden. Wenn der Gesichtsausdruck als Anhaltspunkt für unsere Emotionen dient, dann muß das nur in natürlichen Situationen so sein, in denen keine andere Erklärung für den Ausdruck existiert. Ein solcher Befund könnte den Beobachtungen entsprechen, über die in Box 5/9 (S. 56) berichtet wird. Wenn Probanden wußten, daß ihnen eine Droge injiziert wurde, die die physiologischen Reaktionen von emotionaler Erregung hervorrufen würde, dann erlebten sie die *Symptome,* aber berichteten keine Zunahme von positiven oder negativen Emotionen. Wenn sie nicht wußten, daß die Droge die Ursache physiologischer Veränderungen war, gaben sie ein verstärktes Erleben von Emotionen an.

Haben Sie je bemerkt, daß sie lächelten, und sich gefragt, warum?

R. Tourangeau u. P. Ellsword: The role of facial response in the experience of emotion. *Journal of Personality and Social Psychology,* 1979, *37,* 1519–1531.

J. Laird: Self-attribution of emotion: The affects of expressive behavior on the quality of emotional experience. *Journal of Personality and Social Psychology,* 1974, *29,* 475–486.

angeborene *Furchtreaktion auf eine Lebensgefahr;* zweitens ein Gefühl der *Freude* (das sich beispielsweise zeigt, wenn wir auf ein Lächeln mit einem Gefühl von Freude und durch Erwiderung des Lächelns reagieren); und drittens die angenehme *Erregung,* die von etwas Neuem ausgelöst wird.

Diese Auffassung erinnert uns allerdings wieder an die schwierige Unterscheidung zwischen Motiv und Emotion. Tomkins läßt sich jedoch dadurch nicht beunruhigen; er glaubt, daß physiologisch bedingte Motive selbst das Verhalten steuern können. Solche Motive würden durch Gefühlszustände charakteristischerweise *verstärkt.*

Ein scharfer körperlicher Schmerz ist zweifellos biologisch und emotional negativ. Aber sobald er als mögliches Anzeichen von Krebs identifiziert ist, veranlaßt er uns (wenn wir vernünftig sind), etwas gegen den Schmerz zu *unternehmen.* Ebenso essen wir normalerweise, wenn wir hungrig sind oder wenn wir uns in einer „Essenszeit"-Situation befinden. Würde jedoch eine Katastrophe die künftige Versorgung mit Lebensmitteln bedrohen, dann würde sich unser gewöhnlich mäßiger biologischer Nahrungstrieb zu einer verzweifelten Suche nach Lebensmitteln verstärken. Mit anderen Worten, Wissen kann Emotionen erwecken, die ihrerseits das Gefühl von Dringlichkeit enorm verstärken können und uns zu Anpassungshandlungen motivieren.

Robert Plutchik (1980) konzentriert sich ebenfalls auf angeborene emotionale Muster, aber seine Theorie orientiert sich stärker an Verhaltensweisen als die von Tomkins. Plutchik hat acht fundamentale funktionale Sequenzen identifiziert, die er für charakteristisch für alle Tiere (und auch für den Menschen) hält. Jede dieser Sequenzen besteht aus einem Reizereignis (beispielsweise dem Bären, der ins Blickfeld tritt), einer Kognition (unser Gedanke: „Dieser Bär ist eine Gefahr"), einem Gefühl (Furcht) und einem Verhalten (Davonlaufen oder „Totstellen"). In Tabelle 2 sind die acht Sequenzen und ihre verschiedenen Funktionen angeführt. Diese Sequenzen sind ihrer Natur nach angeboren, Lernen kann jedoch insofern eine Rolle spielen, als es bestimmt, welcher Reiz welche Sequenz auslöst. Um zu unserem „Bären"-Beispiel zurückzukehren, man kommt nicht mit dem Wissen auf die Welt, daß man vor diesem Tier davonlaufen muß. Lernen kann auch das spezifische Verhalten modifizieren, das der Anpassung dient. Wenn einem beispielsweise ein Waldhüter sagt, daß „Totstellen" den Bären eher von einem Angriff abhält als Davonlaufen, dann wird man wahrscheinlich (klugerweise) seinen Rat beherzigen.

Plutchik unterscheidet zwischen der *sprachlichen Bezeichnung* einer Emotion (ausgehend von der subjektiven Empfindung, die sie hervorruft) wie beispielsweise Trauer, Abscheu oder Panik; der Handlungsweise wie Rückzug, Flucht, Angriff oder Paarungsverhaltens; und der Funktion der Sequenz, die Schutz, Zerstörung oder Reproduktion (Fortpflanzung) sein kann.

3 Die Struktur der Emotionen

Seit Jahren haben Psychologen über die Struktur der Emotionen und deren Zusammenhang untereinander spekuliert. Viele Forscher sind zu dem Schluß gekommen, daß es eine relativ begrenzte

Tabelle 2: Fünf Aspekte der acht Grundemotionen von Plutchik

Gefühl	Reizereignis	Erschließbare Kognition	Verhalten	Wirkung
Furcht (Panik)	Bedrohung	„Gefahr"	Davonlaufen oder -fliegen	Schutz
Zorn (Wut)	Hindernis	„Feind"	Beißen, Schlagen	Vernichtung
Ekstase (Freude)	Potentieller Sexualpartner	„Besitzen"	Werben, Paaren	Fortpflanzung
Kummer (Traurigkeit)	Verlust eines geschätzten Individuums	„Verlassenheit"	Weinen, um wiederzufinden	Wiedervereinigung
Billigung (Vertrauen)	Gruppenmitglied	„Freund"	Pflegeverhalten, Teilen	Sich anschließen
Abscheu (Ekel)	Abstoßendes Objekt	„Gift"	Erbrechen, Wegstoßen	Ablehnung
Neugierde (Erwartung)	Neues Territorium	„Was ist da draußen?"	Untersuchen, Kartieren, Organisieren	Erkundung
Erstaunen (Überraschung)	Unerwartetes Objekt	„Was ist das?"	Anhalten, Alarmieren	Orientierung

Nach Plutchik, 1980.

BOX 5/12

Der Aufbau der Emotionen

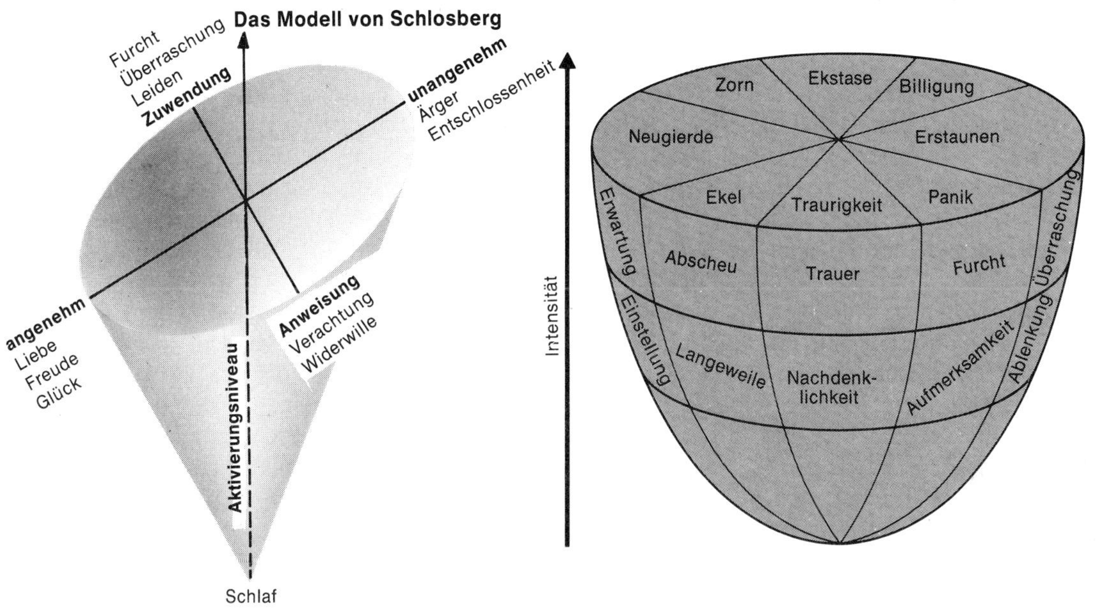

Zwei bekannte Modelle des Aufbaus der Emotionen sind durch dreidimensionale Figuren darstellbar. Die Zeichnung links zeigt das Modell von H. Schlosberg, das von der Beurteilung von Emotionen auf Portraitbildern abgeleitet ist. Rechts ist das Modell von R. Plutchik, das auf den Berichten von Vpn basiert, wie sie sich fühlen, wenn sie bestimmte Emotionen erleben. Beide Modelle benutzen die Intensität als dritte Dimension und beide zeigen, daß sehr schwache Emotionen schwierig zu unterscheiden sind (die dreidimensionale Darstellung des Aufbaus wird schmäler bei geringerer Intensität; Emotionen, die nahe beieinander liegen, gelten als ähnlich oder schwierig zu unterscheiden). Schlosberg benutzt zwei Dimensionen zur Beschreibung der qualitativen Unterschiede zwischen den Emotionen: Angenehm – unangenehm, Aufmerksamkeit – Ablehnung. Die Oberfläche seiner Figur ist oval, da die Emotionen entlang der Aufmerksamkeit-Ablehnung-Achse schwerer zu unterscheiden sind als entlang der Angenehm-unangenehm-Achse. Plutchik unterscheidet hingegen acht qualitativ verschiedene Emotionen und benutzt (außer der Intensität) kein weiteres dimensionales Schema, um sie näher zu beschreiben. (Können die zwei Achsen von Schlosberg auf die acht Emotionen angewandt werden, von denen Plutchik ausgeht?)

H. Schlosberg: Three dimensions of emotion. *Psychological Review,* 1954, *61,* 81–88.

R. Plutchik: Emotion: A Psychoevolutionary Synthesis. New York: Harper & Row, 1980. Nachdruck mit Genehmigung.

Zahl fundamentaler Emotionen gibt, aber sie beschränken sich darauf, diese zu identifizieren. Andere Formulierungen gehen von einer komplexeren Struktur der Emotionen aus. Zwei von diesen sind in Box 5/12 graphisch dargestellt. Es gibt mehrere verschiedene Methoden, um zu einer solchen Struktur zu gelangen und um zu verifizieren, ob diese tatsächlich der Erfahrung entspricht, aber diese beiden sind am häufigsten benutzt worden. Die erste von Schlosberg (1954) basiert auf den Emotionen, die von Probanden auf Portraitbildern wahrgenommen wurden. Diese Gesichter können entweder Personen gehören, die tatsächlich eine bestimmte Emotion erleben, oder Schauspielern, die einen bestimmten Gefühlsausdruck darstellen. Die Probanden werden aufgefordert, anzugeben, welche Emotionen sie auf den Bildern „sehen“, und ihre Antworten werden dann strukturell analysiert, wobei man davon ausgeht, daß, falls bestimmte *verschiedene* Emotionen demselben Bild zugeschrieben werden, diese Emotionen einander ähnlich sein müssen und sie deshalb in etwa derselben Region des emotionalen „Raumes“ lokalisiert werden können (Schlosbergs Resultate sind in Box 5/12 zu sehen).

Die andere Möglichkeit, etwas über den Aufbau zu erfahren, besteht darin, Menschen aufzufordern, direkt zu berichten, welche Emotionen einander ähnlich sind, und zwar aufgrund ihrer Erfahrungen mit Emotionen und ihrer Verwendung der Sprache der Emotionen. Plutchik (1980) benutzte diese Technik zur Entwicklung des in Box 5/12 abgebildeten Modells. Er ließ seine Probanden auch Emotionen anhand des semantischen Differentials beschreiben (Osgood, Suci u. Tannenbaum, 1957), eine Technik, bei der Begriffe (in diesem Fall Emotionen) auf einer Skala von 34 Adjektivpaaren bewertet werden (beispielsweise „schwach-stark“). Drei fundamentale Dimensionen (gut-schlecht, angespannt-entspannt und aktiv-passiv) wurden von Osgood und seinen Mitarbeitern mit Hilfe einer statistischen Methode aus diesen Bewertungen abgeleitet, und zwar so, daß man diejenigen Emotionen, die auf den 34 Adjektivskalen ähnlich bewertet wurden, derselben Kategorie zuordnete. Plutchik benutzte ebenfalls eine Faktorenanalyse, um die acht primären Emotionen herauszufiltern, die mit den acht funktionellen Sequenzen in Tabelle 2 korrespondieren. Er glaubt, daß die acht primären Emotionen, die sich aus dieser Analyse ergaben, auch zur Beschreibung von Persönlichkeitsstrukturen herangezogen werden können. (Beispielsweise werden Menschen, die sich selbst als furchtsam bezeichnen, vermutlich häufig Furcht erleben.) Anhand von Berichten über ihre emotionalen Erlebnisse entwickelte Plutchik typische emotionale Profile für viele „Problem“-Gruppen wie Drogenabhängige, Alkoholiker, Schizophrene und potentielle Selbstmörder. Ein interessantes Resultat war, daß Personen mit Suizidtendenz einen hohen Grad von Depression und von Wut und einen *niedrigen* Grad von Angst aufwiesen. Wut und Depression disponieren einen Menschen zum Suizid, meint Plutchik, während Angst, die einen so selbstzerstörerischen Impuls unterdrücken würde, nicht in genügender Quantität vorhanden ist, um seine Äußerung zu hemmen. Das emotionale Profil eines Menschen könne uns daher, wie er sagt, eine Menge über dessen Persönlichkeit verraten, und die für gestörte Personen typischen Gefühlsmuster können uns noch viel mehr über die Geisteskrankheit selbst und über die Erlebnisse des geistig oder psychisch gestörten Menschen sagen.

Aus dem bisher vorliegenden Material wird deutlich, daß es nur einen geringen Konsens über die theoretischen Grundfragen beim Studium der Emotionen gibt. Viele Forschungsarbeiten wurden durch diese Fragen angeregt und viele weitere Arbeiten müssen noch geleistet werden, bevor wir ein grundlegendes Verständnis der Emotionen und der Emotionalität erreichen. Wir wollen uns als nächstes der Forschung über zwei spezifische emotionsbezogene Themen zuwenden und uns gleichermaßen eingehend mit einem „erfreulichen“ und einem „unerfreulichen“ Phänomen befassen. Diese beiden Themen sind Liebe und Streß.

4 Liebe

Liebe, dieses bezwingendste aller Gefühle, ist zwar Gegenstand der Dichtung und der Musik, aber selten der wissenschaftlichen Analysen. Viele Autoren haben beklagt, daß es an Versuchen fehle, Liebe auf wissenschaftliche Weise zu studieren. (Siehe das Zitat von E.E. Cummings zu Beginn dieses Kapitels.) Der amerikanische Senator William Proxmire gab eine Presseerklärung heraus, in der er die Streichung der Mittel für ein Forschungsvorhaben der National Science Foundation über Liebe folgendermaßen begründete: „Ich glaube, daß 200 Millionen Amerikaner meine Auffassung teilen, daß gewisse Dinge im Leben geheimnisvoll bleiben sollten, und an der Spitze der Liste jener Dinge, die wir nicht wissen wollen, steht, warum sich ein Mann in eine Frau verliebt und umgekehrt ... (zitiert in Walster, Walster u. Berschied [1978], S. VIII). Wir sind anderer Ansicht, und dasselbe gilt für viele Psychologen. Es ist die Aufgabe jeder Wissenschaft, Lösungen für so viele „Rätsel“ zu bieten, wie ihr möglich ist. Aber schauen wir einmal, was die Forschung über dieses Thema bisher ergeben hat.

Zum einen ist die Liebe ein Bereich, in dem die Vermischung von Kognition und Physiologie besonders offenkundig ist. Es ist unmöglich, Liebe zu studieren, ohne die Beziehung zwischen den Liebenden in unser Studium einzuschließen. Wenn wir die Gefühle eines Verliebten betrachten wollen, müssen wir uns ansehen, was er oder sie in bezug auf die geliebte Person empfindet; diese Gefühle sind unentwirrbar mit Wahrnehmungen der anderen Person und mit Wahrnehmungen der Interaktion zwischen den beiden verknüpft. Auch die Physiologie ist wichtig für das Studium der Liebe, nicht nur, weil Liebe geeignet ist, sexuelle Erregung hervorzurufen, sondern weil *allgemeine* physische Erregung Gefühle der Liebe beeinflussen kann.

Eine der inzwischen klassischen Studien über Liebe wurde 1970 von Rubin referiert. Er entwickelte eine Bewertungsskala, nach der Menschen ihre Gefühle von Liebe angeben konnten, und eine zweite, um Sympathie zu messen. Die „Liebesskala" besteht aus drei Teilen: Zugehörigkeits- und Abhängigkeitsbedürfnisse, Hilfsbereitschaft und Ausschließlichkeit und Grad des Engagements. Bei der Sympathieskala geht es um weniger intensive Empfindungen, die eher mit Anerkennung und Respekt vor einem anderen Menschen zu tun haben. Bei einer Stichprobe von Liebespaaren stellte Rubin fest, daß bei den Männern eine engere Beziehung zwischen Lieben und Gernhaben besteht als bei den Frauen. Obwohl Frauen ihre Partner gernzuhaben scheinen, empfinden mehr Männer Sympathie für ihre Freundinnen, und wie sehr sie diese mögen, hängt enger damit zusammen, wie sehr sie sie lieben. Beim Studium von Beziehungen zwischen engen Freunden desselben Geschlechts stellte sich heraus, daß Frauen ihre Freundinnen mehr lieben als Männer ihre Freunde.

In einer späteren Untersuchung verfolgten Rubin und seine Mitarbeiter (Hill, Rubin u. Peplau, 1976) zwei Jahre lang 231 Liebespaare, um festzustellen, welche der Paare zusammenblieben, welche heirateten und welche sich trennten. Nach Ende des Versuchszeitraums hatten sich 103 Paare getrennt. Paare, die zwei Jahre zusammenblieben, hatten zu Beginn der Studie viel höhere Werteauf der *Liebes*skala als diejenigen, die sich trennten; ihre Ergebnisse auf der *Sympathie*skala waren jedoch nur wenig höher als die der Paare, die sich trennten. Zwei andere Meßzahlen hatten keinen Prognosewert bezüglich der Frage, ob sich das Paar trennen würde: Ob das Paar sexuellen Verkehr miteinander gehabt hatte und ob sie zusammengelebt hatten. Die Frauen schienen besser voraussagen zu können, ob das Paar zusammenbleiben würde, als die Männer. Rubin schließt daraus, daß die Frauen entweder einflußreicher für den Verlauf einer Beziehung oder sensibler für den Zustand der Beziehung sind als Männer. (Natürlich kann beides richtig sein.)

Einige andere interessante Geschlechtsunterschiede traten in der Studie von Rubin zutage, als man sich auf die Paare konzentrierte, die sich trennten. In fast jedem Fall wurde das Auseinandergehen von einem Partner dringender gewünscht als vom anderen. In diesen Beziehungen schien es zwei ausgeprägte Rollen zu geben: die des Ablehnenden und die des Abgelehnten. Nicht überraschenderweise fühlte sich der Ablehnende dabei besser, und je besser – das heißt freier – sich der Ablehnende fühlte, desto schlechter – trauriger – fühlte sich in der Regel der abgelehnte Partner. Sowohl in dieser als auch in einer früheren Studie (Rubin, 1969) erfolgten mehr Trennungen auf Wunsch der Frauen als der Männer. Der Grund dafür war sichtlich nicht, weil sich die Frauen weniger für die Beziehung engagiert hatten (de facto schienen sie sich stärker engagiert zu haben), sondern, weil sie das Gefühl hatten, daß ihr Engagement nicht erwidert worden sei. Obwohl die Geschlechtsunterschiede nicht groß waren, scheint es doch so zu sein, daß sich Männer zwar leichter *ver*lieben als Frauen, daß sich Frauen aber leichter *ent*lieben als Männer (Rubin, Peplau u. Hill, 1980).

Auf der Basis von über 200 intensiven Befragungen verwirft Lee (1973, 1976) die Vorstellung, daß Liebe in jedem Fall dasselbe bedeute. Er unterscheidet sechs Spielarten von Liebe, denen er griechische Bezeichnungen gibt, um der Tatsache gerechtzuwerden, daß die unterschiedlichen Vorstellungen von Liebe tief in unserem kulturellen Erbe verwurzelt sind. „Platonische" Liebe basiert auf Freundschaft; „Agape" ist die klassische „christliche" Liebe, die geben will, ohne sich zu fragen, was sie zurückbekommt; „manische" Liebe ist besitzergreifend, zwanghaft und von Eifersucht gekennzeichnet; „pragmatische" Liebe ist realistisch und praktisch; „luzide" Liebe ist spielerisch und frei, mit einem Minimum an Abhängigkeit und Bindung; und „erotische" Liebe schließlich ist die Liebe zur Schönheit, in deren Mittelpunkt die physische und sexuelle Anziehung steht. Studien haben gezeigt, daß das Einteilungsschema von Rubin am ehesten mit den gebenden, besitzergreifenden und freundschaftlichen Spielarten der Liebe zu vergleichen ist (Rosenman, 1978). Walster, Walster u. Berschied (1978) treffen eine einfachere Unterscheidung; sie sprechen von leidenschaftlicher Liebe und kameradschaftlicher Liebe (eine vielleicht weniger aufregende Form von Liebe, die auf Zuneigung, Loyalität und Beständigkeit beruht). Während Leidenschaft selten sehr lange dauere, bemerken sie, könne sich leidenschaftliche Liebe in kameradschaftliche Liebe, die Basis für eine lange und glückliche Beziehung, verwandeln.

Welchen Beitrag leisten Erregungszustände zur Liebe? Mehrere Untersuchungen zeigen, daß verschiedene (und scheinbar irrelevante Emotionen) Gefühle von Liebe verstärken können. Es zeigte sich, daß sich Versuchspersonen, die auf den Beginn eines schmerzhaften Experiments warteten (verglichen mit Vpn, denen ein schmerzloses Experiment bevorstand) in stärkerem Maß zu einer *unbekannten* Person (die zufällig anwesend war) hingezogen fühlten. Dieselbe Reaktion zeigte sich bei Probanden, die auf einer Brücke befragt wurden, welche furchterregend über einer achtzig Meter tiefen Felsenschlucht schwankte, im Gegensatz zu Probanden auf einer ungefährlichen Brücke drei Meter über einem seichten Bach (Dutton u. Aron, 1974). Verstärkte sexuelle Erregung wurde bei Frauen festgestellt, die vor einem sexbetonten Film einen Gruselfilm sahen (Hoon, Wincze u. Hoon, 1977) sowie bei Männern, die von einem Versuchsleiter beleidigt und in Wut versetzt worden waren, bevor sie aufgefordert wurden, eine Geschichte über ein Bild eines Mannes und einer Frau zu erfinden (Barclay, 1969). Bei einer Untersuchung zeigte sich sogar, daß sich Probanden, die durch falsche physiologische Rückmeldungen (beschleunigte Herzfrequenz) fälschlicherweise verleitet wurden zu *glauben,* daß sie von bestimmten Personen des anderen Geschlechts physisch erregt wurden, sich zu diesen in verstärktem Maß hingezogen fühlten (Walsh, Meister u. Kleinke, 1977). (Dieses Ergebnis scheint voll in Einklang mit der Überzeugung von Schachter und Singer zu stehen, daß eine Emotion eine tatsächliche Erregung – oder die Wahrnehmung einer Erregung – und eine soziale Situation erfordert, die die Erregung erklärt, um ihre spezifische Qualität zu erhalten.)

5 Streß

Wir wenden uns jetzt einem emotionalen Zustand zu, der gewöhnlich eine negative Konnotation hat: Streß. Obwohl Streß auch durch ein überwiegend erfreuliches Ereignis wie die eigene Hochzeit entstehen kann und obwohl ein gewisses Maß an Stimulierung und Streß nötig sind, um das Leben interessant und erträglich zu machen, kann zuviel davon unangenehm und ungesund sein.

Vielleicht der einflußreichste Pionier der Streßforschung war der Physiologe Hans Selye (1956). Selye stellte fest, daß Menschen, die an den verschiedensten Krankheiten litten, viele derselben Reaktionen aufwiesen wie Ratten, die gar nicht krank gewesen waren, aber unter den verschiedensten streßauslösenden Umgebungen gelitten hatten. Diese Beobachtungen veranlaßten Selye, eine Sequenz von Ereignissen zu postulieren, die er als das Allgemeine Anpassungssyndrom (AAS) bezeichnete. Das AAS besteht aus drei Stadien: (1) die Alarmreaktion, die erste Reaktion des Körpers auf das streßauslösende Ereignis; (2) das Stadium des Widerstands, in dem der Körper den Alarmzustand des ersten Stadiums aufrechterhält, aber gleichzeitig den Schaden zu reparieren beginnt, der durch die intensive emotionale Reaktion entstanden ist; und (3) das Stadium der Erschöpfung, in dem eine Gegenreaktion auf die Erregung der ersten beiden Stadien eine drastische Verlangsamung der körperlichen Funktionen bewirkt, die, falls sie sehr lange andauert, zum Tod führen kann.

Eine Fülle von Belegen deutet darauf hin, daß Streß jeder Art, sofern dieser entsprechend stark und anhaltend ist, zu Krankheiten aller Art beitragen kann. Diese allgemeine Feststellung ergibt sich aus den Untersuchungen von Holmes und Rahe (1967), die eine Skala von „lebensverändernden Ereignissen" entwickelten und aufgrund der Beurteilung von Probanden, eine wie große Veränderung und Anpassung die verschiedenen Ereignisse in der Regel erforderten, jedem Ereignis eine bestimmte Zahl von „Lebensveränderungseinheiten" zuschrieben. Ob die Veränderung „gut" oder „schlecht" war, spielte keine Rolle; die Einheiten hingen lediglich von der erforderlichen Anpassungsleistung ab. (Tabelle 3 zeigt die LVE, die den verschiedenen Ereignissen zugeschrieben wurden.)

Tabelle 3: Lebensveränderungseinheiten (LVE), die verschiedenen Ereignissen von großen Menschengruppen zugeschrieben wurden, welche die Anpassungsleistungen, die die einzelnen Ereignisse erfordern, mit denen der Eheschließung verglichen.

Ereignis	LVE-Werte
Familie:	
Tod des Partners	100
Scheidung	73
Trennung vom Ehepartner	65
Tod eines nahen Familienmitglieds	63
Eheschließung	50
Eheliche Versöhnung	45
Einschneidende Veränderung des Gesundheitszustands der Familie	44
Schwangerschaft	40
Hinzukommen eines neuen Familienmitglieds	39
Einschneidende Veränderung in Streitigkeiten mit (dem Partner)	35
Sohn oder Tochter verlassen das Haus	29
Schwierigkeiten mit den Schwiegereltern	29
Ehefrau beginnt oder hört auf zu arbeiten	26
Einschneidende Veränderung bei Familientreffen	15
Persönliches:	
Gefängnisaufenthalt	63
Schwerer persönlicher Unfall oder Krankheit	53
Sexuelle Schwierigkeiten	39
Tod eines engen Freundes/einer Freundin	37
Hervorragende persönliche Leistung	28
Beginn oder Ende der formalen Schulbildung	26
Gravierende Veränderung in den Lebensbedingungen	25
Einschneidende Veränderung der persönlichen Gewohnheiten	24
Wechsel in eine neue Schule	20
Wohnungswechsel	20
Gravierende Veränderung im Freizeitverhalten	19
Gravierende Veränderung in kirchlicher Betätigung	19
Gravierende Veränderung in den Schlafgewohnheiten	16
Gravierende Veränderung in den Eßgewohnheiten	15
Urlaub	13
Weihnachten	12
Kleinere Gesetzesübertretungen	11
Arbeit:	
Verlust des Arbeitsplatzes	47
Eintritt in den Ruhestand	45
Gravierende geschäftliche Veränderung	39
Wechsel in einen anderen Beruf	36
Gravierende Veränderung in den beruflichen Aufgaben	29
Schwierigkeiten mit dem Chef	23
Gravierende Veränderung in den Arbeitsbedingungen	20
Finanzielles:	
Gravierende Veränderung in der finanziellen Situation	38
Hypothek oder Darlehen über 10000 $*	31
Verfallserklärung der Hypothek	30
Hypothek oder Darlehen unter 10000 $*	17

* Sicher hat sich die Inflation auf die LVE dieser Dollarbeträge ausgewirkt (Holmes u. Rahe, 1967).

Forschungen, die sich dieser Skala bedienten, zeigten, daß Personen, die für ihre jüngste Vergangenheit eine hohe Zahl von LVE angaben, de facto häufiger erkrankten als Personen mit niedrigen LVE-Werten. Ob die Lebensveränderungen tatsächlich ein Maß an Streß *hervorriefen,* das diese Gruppe zu Krankheiten disponierte, muß sich erst erweisen, da dieselben Personen, die Lebensveränderungen angeben, auch die Tendenz haben könnten, Krankheiten anzugeben, ungeachtet des Ausmaßes an Veränderungen oder Krankheiten, die tatsächlich eintraten. Dieser Zusammenhang muß erst noch durch weitere Forschungen genau geklärt werden.

Menschen meistern Ereignisse in ihrem Leben auf verschiedene Weise. Die Arbeit von Friedman und Rosenman (1974) hat sich auf den Beitrag konzentriert, den der Bewältigungsstil eines Men-

Abbildung 10: Können Sie die A-Typen und die B-Typen in dieser zweifellos streßreichen Situation identifizieren?

© Kennth Karp

schen zu seiner Aussicht leistet, an einem Herzleiden zu erkranken. Sie haben eine Theorie entwikkelt, daß Menschen in ihren Reaktionen auf die Belastungen des Lebens in zwei Kategorien einzuordnen sind. *Typus A* ist gekennzeichnet durch „einen Aktions-Emotions-Komplex, der bei jeder Person festzustellen ist, die aggressiv einen chronischen, unablässigen Kampf führt, in immer geringerer Zeit immer mehr zu erreichen, und zwar notfalls gegen die Widerstände anderer Objekte oder Personen" (Friedman u. Rosenman, 1974, S. 67). *Typus B* ist im wesentlichen definiert durch das Fehlen von Typus-A-Verhalten. Es ist, als ob die A-Typen Streß *herausfordern,* während ihn die B-Typen vermeiden. Nach den von Friedman und Rosenman gesammelten Daten war die Wahrscheinlichkeit, an einem Herzleiden zu erkranken, beim Typus A doppelt so hoch wie beim Typus B (s. Abb. 10).

Seit dem Erscheinen der Untersuchung von Friedman und Rosenman haben Psychologen Skalen zur Klassifizierung von Personen als Typus A oder Typus B entwickelt (Glass, 1977); dies hat weitere vergleichende Studien erleichtert. Typus A signalisiert demnach das Verstreichen von einer Minute rascher als Typus B. Er wird aggressiver und feindseliger als Typus B, wenn er frustriert ist, und er neigt eher dazu, in nahezu maximalem Tempo zu arbeiten, selbst wenn ihm keine ausdrückliche Frist gesetzt wurde; er neigt auch *weniger* dazu, über Ermüdung oder andere körperliche Symptome zu berichten. Typus A konzentriert sich sehr intensiv auf die jeweilige Situation und schränkt aktiv seine Aufmerksamkeit gegenüber ablenkenden Ereignissen ein (Matthews u. Brunson, 1979). Während das Verhalten von Typus A ein hohes Leistungsniveau bei Laboraufgaben hervorzubringen scheint, ist dieses Verhalten mit sehr schädlichen physiologischen Zuständen wie Atherosklerose verknüpft. Friedman und Rosenman (1974) erörtern die physischen Vorgänge, die bei der ständigen Streßsuche des Typus A ablaufen, und sie machen Vorschläge, wie der Typus A seinen Bewältigungsstil in eine entspanntere und kontemplativere Lebensweise umwandeln könnte.

Die kognitive Bewertungstheorie der Emotionen, die wir in einem früheren Teil dieses Abschnitts erwähnt haben, wurde zur Erforschung der Art und Weise, wie Menschen Streß bewältigen, herangezogen (Lazarus, Averill u. Opton, 1970). Typische Laborverfahren bestanden entweder aus der Verabreichung unangenehmer E-Schocks oder der Vorführung von Filmen, in denen Unfälle oder Verstümmelungen vorkamen. Verschiedene Tonspuren, die gleichzeitig mit diesen Filmen liefen, enthielten Botschaften, die darauf abzielten, die Bewältigungstechnik der Probanden zu manipulieren. So rief beispielsweise ein Kommentar, der den traumatischen und verstörenden Charakter der Filme hervorhob, eine stärkere Beschleunigung der Herzfrequenz und der berichteten Belastung hervor, während Kommentare, in denen geleugnet wurde, daß die im Film gezeigten Ereignisse schmerzhaft oder schädlich seien, oder die sich durch einen kalt-intellektuellen Tenor auszeichneten, eine Abnahme der belastenden Reaktionen bewirkten (Speisman et al., 1964). Natürlich unterscheiden sich die Individuen in ihrer *Disposition* zu der einen oder anderen Bewältigungsstrategie. Manche Menschen verfahren mit potentiell streßauslösenden Ereignissen typischerweise durch Leugnung von deren Existenz, während andere die Situation meistern, indem sie alles über die bedrohliche Situation in Erfahrung zu bringen suchen, d. h. „durch Intellektualisierung". Die Untersuchung von Speisman zeigte, daß es den gewohnheitsmäßigen „Leugnern" leichter fiel, ihren Streß mit dem „Leugnungskommentar" wirksam zu reduzieren, während die Intellektualisierer ihre Belastung eher durch den intellektualisierenden Kommentar vermindern konnten.

Die Lazarus-Gruppe (Lazarus, 1975) hat auch Menschen in tatsächlich belastenden Situationen studiert: Medizinstudenten, die an ihrer ersten Leichensektion teilnahmen; Fallschirmspringer, die sich auf einen Absprung vorbereiteten; Eltern, deren Kinder an Krebs im Endstadium leiden; Personen, die schwere Operationen vor sich haben. Wieder zeigte sich, daß die Menschen unterschiedlich mit Streß umgehen; die verschiedenen belastenden Situationen wurden in verschiedener Weise behandelt. Für jeden einzelnen haben sich bestimmte Methoden des Umgangs mit Streß am günstigsten erwiesen, um das Individuum vor physischem Schaden zu schützen und ihm gleichzeitig zu gestatten, falls erforderlich, unmittelbar zu handeln. Diese verschiedenen Möglichkeiten zu entdecken (und zu lehren), wäre ein Segen für alle, die mit Streß fertigwerden müssen (und das ist jeder einzelne von uns).

Die obigen Erörterungen von nur zwei Phänomenen aus der scheinbar unbegrenzten Vielzahl von Emotionen (und deren Schattierungen und Abstufungen) können natürlich nur als Beispiele für die Probleme und Möglichkeiten dieses erstaunlich wenig erforschten Bereichs der Psychologie dienen. Statt mit dieser Darstellung spezifischer Emotionen fortzufahren, wollen wir annehmen, daß dies als Einführung in die Probleme ausreicht, mit denen sich diese Forschung konfrontiert sieht, und werden jetzt zu allgemeineren Fragen übergehen.

6 Die Äußerung von Emotionen

Es wäre schwierig, eine liebevolle Mutter davon zu überzeugen, daß die emotionalen Reaktionen ihres Neugeborenen in Wirklichkeit so diffus sind, wie wir es beschrieben haben, und daß sogar das Lächeln ihres Säuglings anfangs jedem gilt, der sich in der Nähe befindet. Der Volksmund behauptet, daß eine Mutter am Ton des Weinens ihres Säuglings erkenne, ob dieser hungrig oder naß ist oder sich nach Gesellschaft sehnt. Vielleicht ist dem so, aber diese Behauptung wurde noch nicht durch systematische Forschung bewiesen. Da die Fähigkeit, den Gefühlszustand eines anderen zu beurteilen, mit intimer Kenntnis des Betreffenden zunimmt, sind Mütter in einer bevorzugten Lage, wenn es darum geht, die relativ wenigen und recht unüberhörbar geäußerten Emotionen ihrer Sprößlinge zu unterscheiden. Aber wie wir gleich sehen werden, ist die Situation ganz anders, wenn es um den Ausdruck und die Unterscheidung der Gefühlszustände von Erwachsenen geht.

BOX 5/13

Emotionen auf der linken Seite

In den letzten 20 Jahren ist das Interesse an den unterschiedlichen Funktionen der beiden Hemisphären des menschlichen Gehirns rapide gewachsen (s. 4. Bd., 5. Kap.). Stehen diese neuen Daten mit der alten Erkenntnis in Zusammenhang, daß das Gesicht fast jedes Menschen *asymmetrisch* ist und daß seine zwei Hälften einen recht unterschiedlichen Ausdruck vermitteln können? W. Wolff hat die Auffassung vertreten, daß die rechte Gesichtshälfte den Ausdruck aufweist, den man bewußt zur Schau stellen möchte, und daß die linke Seite persönlichere Gefühle verrate. Forschungen schienen zunächst diese Auffassung zu bestätigen. Wenn Bilder und Spiegelbilder des Gesichts in der Mitte auseinandergeschnitten und so zusammengesetzt werden, daß jeweils zwei linke und zwei rechte Gesichtshälften ein Gesicht ergeben, dann wird das rechtsseitige Kompositum in der Regel als dem ursprünglichen „öffentlichen" Gesicht ähnlicher bezeichnet als das linksseitige, wie D. Lindzey und seine Mitarbeiter berichten. Was in diesen frühen Untersuchungen jedoch nicht beachtet wurde, war der Grad der Ähnlichkeit der Komposita mit dem *Spiegelbild* des ganzen Gesichts. Diese Frage, mit der sich C. Gilbert und P. Bakan beschäftigten, förderte ein interessantes Faktum zutage: Probanden sprechen den linksseitigen Komposita größere Ähnlichkeit mit dem Spiegelbild zu. Mit anderen Worten: es ist die Hälfte des Gesichts, die auf *unserer* linken erscheint – gewöhnlich die rechte unseres Gegenübers, außer wenn wir in den Spiegel schauen, die bestimmt, wie ein Gesicht wirkt. Die „Verzerrung" liegt in den Augen des Betrachters, nicht in der Form des Gesichts.

H. Sackeim, R. Gur und M. Saucy gingen einer etwas anderen Frage nach. Welche Seite des Gesichts, fragten sie, spielt beim Ausdruck von Gefühlen die wichtigste Rolle? Unter Benutzung von gestellten Photos der sechs Gefühlsausdrükke, die universell erkannt werden (vgl. den Text über die Arbeiten von Darwin und Ekman), setzten die Forscher Komposita der linken und der rechten Gesichtshälften zusammen. (Ein Beispiel einer solchen Bildreihe ist unten zu sehen.) Be-

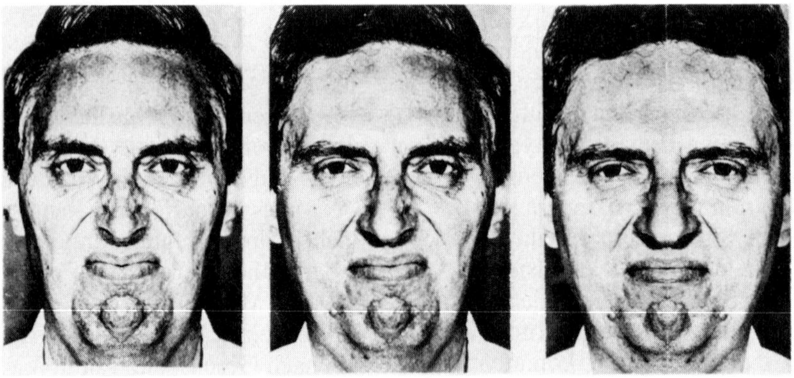

(A) Linksseitiges Kompositum, (B) ursprüngliche Aufnahme und (C) rechtsseitiges Kompositum desselben Gesichts. Das Gesicht drückt Ekel aus.

trachter, die die linksseitigen Komposita ansahen, konnten besser beurteilen, welches Gefühl ausgedrückt wurde, und sie beurteilten den emotionalen Ausdruck auch als intensiver als denjenigen, der sich auf den rechtsseitigen Komposita abzeichnete. Es hat demnach den Anschein, daß die linke Seite des Gesichts erfolgreicher Emotionen ausdrückt.

Wenn wir uns fragen, was all das bedeutet, bleiben noch viele Aspekte unbeantwortet. Andere Forschungen haben gezeigt, daß die rechte Hemisphäre des Gehirns (und damit das linke Gesichtsfeld) besser imstande ist, ein Gesicht wiederzuerkennen. Wenn wir jemandem ins Gesicht schauen, dann befindet sich die emotional ausdrucksvolle linke Seite in der Regel in unserem rechten Gesichtsfeld und wird dann in unsere für Gesichter relativ unempfindliche linke Hemisphäre projiziert. Hat der linksseitige Ausdruck von Emotionen die adaptive Funktion, uns das Erkennen von Emotionen zu *erschweren,* oder kompensiert die linke Seite des Gesichts unsere linkshemisphärische Insensibilität? Würden wir andere Resultate erzielen, wenn „echte", ungestellte Bilder von Personen, die Gefühle erleben, benutzt würden statt der gestellten Bilder? Zweifellos werden uns die nächsten Jahre Antworten auf manche dieser Fragen bringen.

W. Wolff: *The Expression of Personality.* New York: Harper, 1943.

G. Lindzey, B. Prince u. H. Wright: A study of facial asymmetry. *Journal of Personality,* 1952, *21,* 68–84.

C. Gilbert u. P. Bakan: Visual asymmetry in perception of faces. *Neuropsychologia,* 1973, *11,* 355.

H. Sackeim, R. Gur u. M. Saucy: Emotions are expressed more intensely on the left side of the face. *Science,* 1978, *202,* 434–435. Das Photo stammt aus diesem Artikel.

6.1 Probleme der Definition und Messung

Wir müssen uns zunächst überlegen, wie Emotionen festgestellt werden sollen und welche konkreten Verfahren benutzt werden können, um sie zu messen. Und dieses Problem beim wissenschaftlichen Studium der Emotionen ist ein besonders dorniges. Für jede einzelne Emotion gibt es viele Indikatoren, die eine Vielzahl höchst unterschiedlicher Messungsverfahren gestatten.

Nehmen wir Aggression als ein Beispiel. Soll man messen, wie sich der Betreffende fühlt, wie er sich verhält oder sich äußert oder physiologische Vorgänge wie Veränderungen der Herzfrequenz und des Blutdrucks? All dies sind plausible Indikatoren von Wut, aber sie erfordern sehr unterschiedliche Verfahrensweisen. Wir können natürlich alle drei Aspekte messen, aber wie wir gleich sehen werden, können die verschiedenen Gruppen von Meßwerten zu verschiedenen Schlußfolgerungen führen, ob der Betreffende wirklich wütend ist und in welchem Grad. Lösen dieselben Situationen bei allen Menschen Aggressionen aus? Gibt es eine *einheitliche* Verhaltensreaktion bei Zorn und Wut? Weisen alle Menschen in der Regel *denselben* Gesichtsausdruck auf, wenn sie wütend sind? Besteht eine *hohe* Übereinstimmung zwischen den einzelnen in ihren körperlichen Abläufen, die das Erleben von Wut begleiten? Die Antwort auf jede dieser Fragen ist ein bedingtes Nein. Aber innerhalb der Welt eines einzigen Individuums ist die Situation auch nicht viel klarer: Jeder von uns wird zu verschiedenen Zeiten über verschiedene Dinge wütend und äußert dieses Gefühl je nach dem Anlaß unterschiedlich (und empfindet vielleicht auch die Wut innerlich anders). Trotz dieser Komplexität weisen die verschiedenen Arten, wie die Emotion geäußert wird, bestimmte systematische, wenn auch höchst verwickelte Wechselbeziehungen auf. So berichteten beispielsweise Funkenstein, King und Drolette (1957), daß Personen, die Wut *äußerten,* eine erhöhte Sekretion von Noradrenalin im Blut aufwiesen; Personen, die Angst hatten oder die ihre Irritation und Wut gegen *sich selbst kehrten,* sondern dagegen in erhöhtem Maß Adrenalin ab. Jedes dieser beiden Hormone ruft ein anderes somatisches Reaktionsmuster hervor, obwohl beide an der körperlichen Reaktion auf emotionale Belastung beteiligt sind.

BOX 5/14

Lächeln als Kommunikation

Zwei neuere Studien haben gezeigt, daß Lächeln häufiger als Kommunikationsmittel zwischen Menschen statt als Ausdruck von Emotion dient. Bei der ersten von R. Kraut und R. Johnson durchgeführten Studie wurden Tausende Personen auf dem Campus der Cornell-Universität und in deren Umgebung beobachtet. Drei Situationen wurden ausgewählt, in denen „soziales“ Lächeln von Lächeln als Ausdruck von Glück unterschieden werden konnte. In einer Kegelbahn wurde das Lächeln registriert, wenn die Vpn mit ein oder zwei Würfen alle Neun schoben und noch die Kegel anschauten oder wenn sie sich bereits wieder ihren Freunden zuwandten. Beim Blick auf die Freunde wurde viel häufiger gelächelt als beim Blick auf die Kegel. Bei einem Eishockeyspiel wurden Zuschauer über den Platz hinweg photographiert, wenn ihr Team soeben ein Tor erzielt hatte, aber auch bei neutralem Spielverlauf. Es zeigte sich, daß die Zuschauer sowohl im sozialen Kontakt mit ihren Sitznachbarn lächelten als auch, wenn ihr Team einen Treffer erzielt hatte. Bei der Beobachtung von Fußgängern auf der Straße zeigte es sich, daß sie in der Regel lächelten, wenn sie mit Freunden redeten, aber nicht die Reaktion auf außergewöhnlich schönes Wetter (ein signifikantes Ereignis für nördliche Regionen). Die Autoren kamen zu dem Schluß, daß Lächeln zwar als Gefühlsausdruck dienen kann, aber gewöhnlich die Funktion einer sozialen Geste hat.

Eine andere Untersuchung von L. Brunner befaßte sich mit der Rolle des Lächelns im Gespräch. Eine sorgfältige Analyse des Einsetzens von Lächeln in einem Gespräch zeigte, daß Lächeln an genau denselben Punkten im Gespräch auftritt wie bestimmte verbale Reaktionen der Erwiderung, die als „back channels“ bezeichnet werden. Dazu zählen Kommentare wie „ja“ und „mhm“ und Gesten wie Kopfnicken. Diese dienen dazu, die Teilnahme und Anteilnahme sowie das Verständnis des Zuhörers zu signalisieren und seine persönlichen Reaktionen wie Zustimmung, Widerspruch, Schock oder Interesse an dem Gespräch auszudrücken. Das Lächeln kann in einer Gesprächssituation ziemlich unabhängig von den empfundenen Emotionen ein- und ausgeschaltet werden, wie es den Zwecken der Kommunikation dienlich ist.

R. Kraut u. R. Johnson: Sozial and emotional messages of smiling: An ethological approach. *Journal of Personality and Social Psychology,* 1979, *37,* 1539–1553.

L. Brunner: Smiles can be back channels. *Journal of Personality and Social Psychology,* 1979, *37,* 728–734.

Befunde, die auf einen Zusammenhang zwischen der Verhaltensäußerung einer Emotion und ihren physiologischen Manifestationen hindeuten, sagen uns jedoch nicht, ob oder wie wir *zwischen* verschiedenen Emotionen unterscheiden können. Und diese Frage ist die entscheidende.

6.2 Emotionen und Selbstbeobachtung

Wissen wir, was *wir selbst* fühlen? „Natürlich“, antworten wir. „Wenn *wir* es nicht können, wer sollte es dann können?“. Aber dieser Anspruch auf ein spezielles Privileg und eine besondere Autorität seitens des „Fühlenden“ fördert einen gravierenden Mangel dieser Erkenntnisquelle zutage. Jedes Phänomen, das seiner Definition nach nur durch ein einziges Individuum (und niemals für einen Außenstehenden) beobachtbar ist, stellt die wissenschaftliche Forschung vor große Schwierigkeiten. Wir können uns zwar zugegebenerweise auf Definitionen verschiedener Zustände einigen, aber dieser Konsens ist rein verbaler Natur, solange nicht beispielsweise bewiesen werden kann, daß zehn Personen, die behaupten, glücklich zu sein, tatsächlich dasselbe empfinden. Aber wie können wir sicher sein, daß Selbstangaben über denselben Gefühlszustand, selbst wenn sie alle identisch klingen, tatsächlich von einer echten Übereinstimmung über die Erlebnisinhalte zeugen?

Eine wichtige Quelle indirekter Beweise in dieser Frage ist das übergreifende Vorhandensein einer Übereinstimmung im Verhalten. Wenn uns jemand sagt, daß er Angst habe, dann verhält er sich fast immer in der Art und Weise, die wir bei anderen Menschen beobachtet haben, die von sich sagten, daß sie Angst hätten. Wenn unser Informant uns darüber hinaus sagt, daß er einen Augenblick zuvor nur angespannt und noch nicht wirklich ängstlich gewesen sei, dann akzeptieren wir diese Unterscheidung, weil sie sich mit unseren Beobachtungen seines unmittelbar vorausgegangenen Verhaltens deckt. Die Frage, um die es geht, ist, ob wir die Emotionen eines anderen Menschen aufgrund seines Verhaltens zuverlässig unterscheiden können oder nicht (obwohl dieses übergreifende Problem im 7. Bd., 3. Kap., eingehend behandelt wird, scheint es angebracht, die Frage der Wahrnehmung emotionaler Zustände hier aufzugreifen).

Wir haben bereits gesehen, daß bestimmte Gesichtsausdrücke – die von Ekman auf der Basis von Tomkins' Theorie zum Studium ausgewählt worden waren – von Menschen aus den verschiedensten Kulturkreisen als Ausdruck derselben Emotionen angesehen werden. In Box 5/3 (S. 25) wird über eine Untersuchung berichtet, welche Seite des Gesichts die emotionale Botschaft übermittelte, und aus Box 5/14 geht hervor, daß eine Botschaft vorhanden ist. Wenn wir objektive Bilder von Menschen in emotionalen Zuständen benutzen, sind die Emotionen manchmal schwieriger zu erkennen, wie in Abbildung 11 zu sehen ist.

Es bestehen zweifellos kulturelle Unterschiede hinsichtlich des Grades, in dem auf Menschen eingewirkt wird, ihre Gefühlsäußerungen unter Kontrolle halten zu lernen. Dieses Element der Selbstbeherrschung trägt natürlich zu dem Problem bei, die Intensität eines emotionalen *Erlebnisses* aus der Intensität seiner *Äußerung* zu erschließen. Eine neuere Untersuchung (Clark u. Clark, 1980) veranschaulicht eindringlich dieses Hindernis, aufgrund von Selbstberichten zu einer zutreffenden Beurteilung emotionaler Zustände zu gelangen. Die Probanden waren Träger aus dem Bergland von Nepal, die es offensichtlich gewohnt waren, in großer Höhe schwere Lasten (und oft bei Temperaturen unter Null) zu tragen; sie berichteten in der Regel keine negativen Gefühlszustände während dieser Arbeit. Bedeutet das, daß sie unter diesen Umständen weniger Unbehagen und Schmerzen empfinden als Besucher aus dem Westen, die solche Reaktionen zu Protokoll geben? Clark und Clark sagen nein; ihre Untersuchung ergab, daß die Nepalesen bei schmerzhafter elektrischer Stimulierung zwar signifikant geringere Schmerzempfindungen angaben als die Bergsteiger aus dem Westen, daß sie aber nicht weniger fähig waren, *Veränderungen* im Grad der Stimulierung wahrzunehmen. Die Schlußfolgerung der Forscher: Die Unterschiede in den Selbstberichten sind nicht auf Unterschiede in der Schmerzempfindlichkeit zurückzuführen, sondern auf „den Stoizismus [der Nepalesen], der wahrscheinlich auf ihre harten Lebensbedingungen und vielleicht auch teilweise auf andere ethnokulturelle Faktoren wie Religion zurückzuführen ist" (1980, S. 411).

Trotz solcher Unterschiede in der emotionalen „Lesbarkeit" versuchen wir in der Regel, durch alle Fassaden hindurchzusehen, die errichtet werden; es ist von Vorteil, die Gefühle deuten zu

Abbildung 11: Was beobachten diese Personen! – Die Auflösung steht auf S. 75.
Foto: Charles Gatewood

können, die vielleicht unwissentlich von anderen geäußert werden. Wir können das lernen, aber unsere Fähigkeit, das zu tun, hängt offensichtlich von unseren Einstellungen und früheren Erfahrungen ab. Dittman, Parloff und Boomer (1965) forderten Psychotherapeuten und professionelle Tänzer auf, die Angenehmheit des Gefühlszustandes einer Frau aufgrund ihres Verhaltens, das in einem Film zu sehen war, zu beurteilen. Beide Gruppen ließen sich bei ihren Beurteilungen fast ausschließlich durch ihren Gesichtsausdruck leiten und widmeten anderen Anhaltspunkten wie Körperhaltung, Bewegung und Muskelspannung nur geringe Aufmerksamkeit. Als das Gesicht bei späteren Durchgängen abgedeckt wurde, bewiesen beide Gruppen die Fähigkeit, durchgehend aufgrund dieser gewöhnlich vernachlässigten körperlichen Kriterien zu urteilen. Bei einer letzten Reihe von Durchgängen, als wieder alle Anhaltspunkte zur Verfügung standen, bewiesen jedoch nur die Berufstänzer ein erhöhtes Vermögen, sich an den körperlichen, nicht vom Gesicht ausgehenden Anhaltspunkten zu orientieren.

Beide Gruppen stellten somit fest, daß sie eine neue Kategorie von Hinweisen zur Beurteilung von Emotionen benutzen *konnten,* aber nur die Tänzer, die sich vermutlich der Bewegungen des ganzen Körpers stärker bewußt sind, wiesen nachhaltige Folgen dieser Lernerfahrung auf. Die Psychotherapeuten kehrten zu ihrer früheren, fast ausschließlichen Konzentration auf mimische Hinweise zurück.

6.3 Emotionen und körperliche Prozesse

Eine riesige Zahl von körperlichen Signalen sind mit emotionalen Erlebnissen assoziiert worden. Obwohl ihre Funktionsweise im einzelnen für eine spätere Erörterung bestimmt ist, wollen wir einige aufzählen, die relativ leicht zu messen sind: Atmung, Herzfrequenz, galvanische Hautreaktion (im Zusammenhang mit Schwitzen), Hauttemperatur, Erweiterung der Pupillen und Zwinkern, Speichelabsonderung und Magen-Darm-Bewegungen. Andere, wie Blaßwerden oder Erröten, sind, obwohl sie zweifellos mit emotionalen Zuständen zusammenhängen, quantitativ schwerer zu erfassen. Manche Signale wie Zittern oder schnelles Blinzeln sind mit freiem Auge leicht wahrnehmbar; andere, wie die galvanische Hautreaktion, können nur mit Hilfe spezieller Instrumente gemessen werden. Der Laie schließt somit aufgrund üblicherweise sichtbarer Anhaltspunkte auf einen Gefühlszustand, der Fachmann aufgrund derselben Signale, aber auch aufgrund seiner Instrumentenablesungen. Keines von beidem ist immer richtig. Der Verdächtige, dessen erhöhter Blutdruck auf einem Psychogalvanometer (einem Lügendetektor) aufscheint, kann Angst haben und dennoch unschuldig sein. Einzelne, isolierte somatische Anhaltspunkte sind für sich genommen unzuverlässige Indikatoren spezifischer Gefühlszustände (s. Abb. 12).

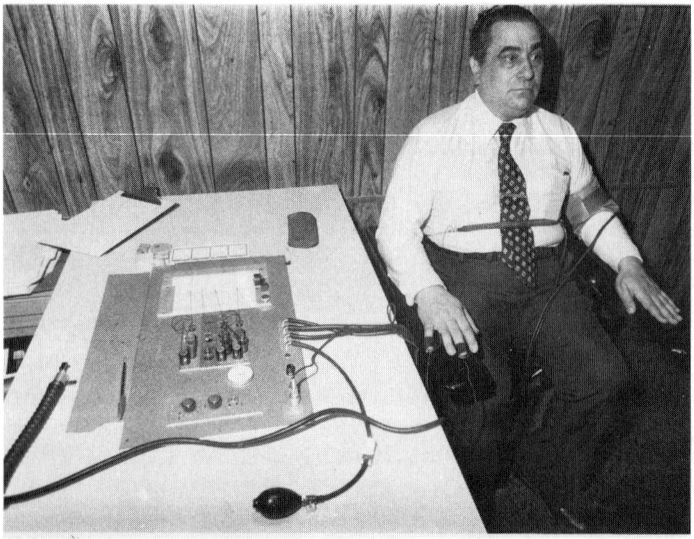

Abbildung 12: Eine an einem Polygraphen angeschlossene Versuchsperson.

Versuche, spezifische Emotionen aufgrund einer *Reihe* physiologischer Signale zu identifizieren, sind erfolgreicher gewesen. Der Lügendetektorexperte kann in seiner Beurteilung zuversichtlicher sein, wenn er eine Vielzahl verschiedener Indikatoren einer Emotion wahrnimmt bzw. mit einem Polygraphen aufnimmt. Er zieht auch sämtliche situationsbezogenen Informationen heran, die er sich verschaffen kann und kombiniert sie.

Ein ähnlicher Ansatz wurde beim Studium der menschlichen Stimme verwendet. Der Psychologische Stress Evaluator (PSE) (Holden, 1975) analysiert Bandaufzeichnungen von Stimmen und ermöglicht die Entdeckung von Streß, indem er die Unterdrückung eines unwillkürlichen Muskeltremors registriert, der normalerweise in der ungestreßten Stimme vorhanden ist. Wenn die Stimmaufzeichnung eines Gesprächs oder sogar eines Telephonats oder einer Rundfunksendung den Tremor offenbart, dann kann daraus der Schluß gezogen werden, daß der Betreffende ungestreßt ist und daher die Wahrheit sagt; im anderen Fall kann das Gesagte verdächtig sein. Dieses Gerät ist bei Gerichtsverhandlungen benutzt worden und steht auch der Industrie zur Verfügung, aber seine Zuverlässigkeit und Legalität wird mit Recht bezweifelt. Solange keine besseren Befunde zur Verfügung stehen, empfiehlt es sich, den PSE als Quelle experimenteller Daten und nicht als Lügendetektor zu betrachten. (In Box 5/15 wird eine weitere ungewöhnliche Methode zur Identifizierung von Emotionen vorgestellt, die nicht bloß Emotionalität anzeigt, sondern zwischen verschiedenen Emotionen unterscheiden kann.)

7 Die Entwicklung der Emotionen

Die meisten Beobachter kindlichen Verhaltens stimmen darin überein, daß das Neugeborene eine begrenzte Skala von Emotionen ausdrückt und daß die Zahl der verschiedenen Emotionen bis zum Alter von etwa zwei Jahren zunimmt, der Zeitpunkt, in dem das Kind bereits die meisten der komplexen menschlichen Emotionen aufweist. Es gibt zwei Auffassungen dieses Prozesses. Die eine, die Differenzierungshypothese (Bridges, 1932) geht davon aus, daß beim Neugeborenen zunächst nur eine einzige Emotion vorhanden ist, allgemeine Erregung, und daß sich alle anderen separaten Emotionen schrittweise jeweils aus einer vorhergehenden entwickeln. Dieser Prozeß ist in Abbildung 13 schematisch dargestellt. Sroufe (1979a) vertritt dieselbe Auffassung wie Bridges, daß spätere Emotionen von früheren, simpleren abstammen. Er meint „frühe obligate Aufmerksamkeit“ differenziere sich zu Vorsicht und schließlich zu Furcht. Aus frühem Mißbehagen werde Zorn, dann Wut und schließlich Trotz. Das Lächeln sei schon bei der Geburt vorhanden und bilde den Vorläufer von Vergnügen, Lachen, Freude, Hochstimmung, Stolz und Liebe.

Die zweite Theorie über die Entstehung der Emotionen geht von der Vorstellung aus, daß Emotionen separate, angeborene Systeme seien. Izard und Buechler (1979) glauben, die Entwicklung des Menschen sei so vor sich gegangen, daß die für komplexere Emotionen erforderlichen Gehirnmechanismen erst dann reifen, wenn diese Emotionen für das Individuum einen Anpassungswert erhalten. Der schon bei der Geburt vorhandene Notschrei befähigt den Säugling, Hilfe herbeizurufen, wenn er hungrig oder müde ist oder frische Windeln braucht. Er erregt die Aufmerksamkeit des Betreuers und führt zumindest ein Minimum an Reaktion mit dieser Bezugsperson herbei. Furcht erfülle hingegen keine Anpassungsfunktion für das Kleinkind, bis es physisch imstande ist, einer Gefahr zu entfliehen. Deshalb tauche sie erst im zweiten Halbjahr auf, wenn adaptives Verhalten (Fortbewegung) möglich sei.

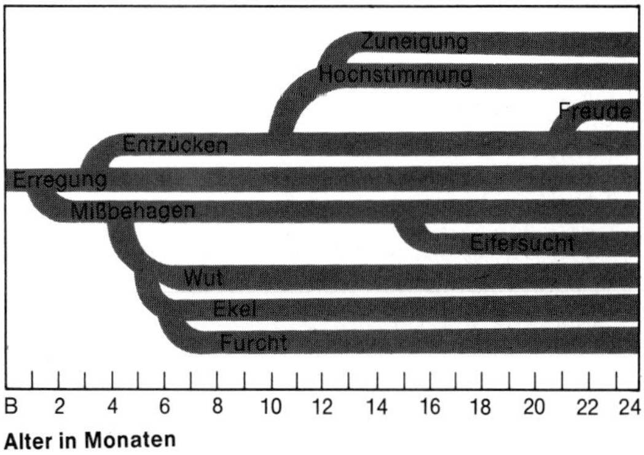

Abbildung 13: Eine schematische Darstellung der schrittweisen Differenzierung der Emotionen in den ersten zwei Lebensjahren des Kindes.

K. Bridges: Emotional development in early infancy. *Child Development, 3,* 324–341; © 1932 by The Society for Research in Child Development; Nachdruck mit Genehmigung.

BOX 5/15

Emotionen als Sentic States

M. Clynes, ein Konzertpianist, Elektroingenieur und Physiologe, hat über erstaunlich direkte Verbindungen zwischen eingebildeten Gefühlszuständen und simplen beobachtbaren Verhaltensweisen berichtet. Er weist eine Versuchsperson an, sich einige Minuten lang konzentriert in ein bestimmtes Gefühl „hineinzusteigern" und dieses Gefühl dann durch einen kurzen (etwa zwei Sekunden langen) Druck eines Fingers auf eine Taste auszudrücken, auf der der Finger die ganze Zeit ruhte. Die Taste ist elektronisch so instrumentiert, daß sie eine ständige Messung von zwei Aspekten der Fingerdruckreaktion ermöglicht: (1) vertikaler Druck (Druck nach unten) und (2) horizontaler Druck zum Körper hin oder vom Körper weg. Diese zwei Meßwerte, die in den zwei Sekunden entstehen, werden für jeden Knopfdruck zu einem einzigen Diagramm kombiniert, das eine fortlaufende Aufzeichnung der Schwankungen in diesen beiden Druckrichtungen liefert. Die nebenstehende Abbildung zeigt den Verlauf der Kurve, so wie er charakteristischerweise bei Emotionslosigkeit bzw. bei „Wut" und „Liebe" auftritt. Bei jedem Kurvenpaar repräsentiert die obere Kurve den vertikalen Druck (je tiefer die Kurve verläuft, desto größer war der Druck in diesem Augenblick), während die untere Kurve die horizontalen Druckschwankungen ausdrückt (nach unten = weg vom Körper; nach oben = hin zum Körper). (Die Stärke des Drucks kann anhand der Skala geschätzt werden, die die vertikale Distanz angibt, welche einem Druck von 200 g entspricht.)

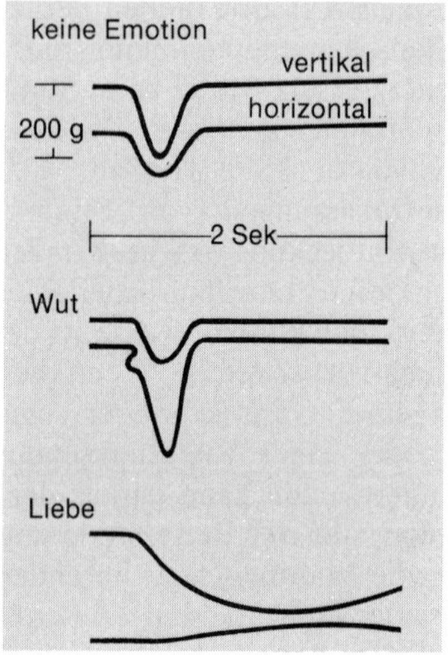

Die Kurve *Keine Emotion* entsteht, wenn die Vp einfach auf die Taste drückt, ohne sich eine bestimmte Emotion vorgestellt zu haben; wir haben es hier nur mit einem ziemlich raschen und ausgeprägten, etwas vom Körper wegzielenden Druck nach unten zu tun. „Wut" ist ähnlich; der Druck erfolgt ebenfalls rasch, aber die Betonung liegt hier auf der Richtung vom Körper weg (wegstoßend?) und nicht nach unten. „Liebe" ist ein viel langsameres Phänomen, und sanfte Übergänge sind während der ganzen zwei Sekunden sichtbar: Die obere Kurve zeigt einen anfangs sehr leichten Druck nach unten, der sich dann allmählich verstärkt, bis er allmählich wieder nachläßt. An der unteren Kurve ist ein leicht zunehmender, zum Körper gerichteter (umarmender?) Druck abzulesen.

Clynes berichtet, daß die meisten Probanden keine Schwierigkeit mit dieser Aufgabe zu haben scheinen und jede Emotion in einer individuell gleichbleibenden Weise ausdrücken (das heißt, spätere, von einem Probanden erzeugte Aufzeichnungen für eine Emotion haben große Ähnlichkeit mit seinen früheren Aufzeichnungen für dieselbe Emotion). Darüber hinaus – und das ist überaus vielversprechend – produzieren verschiedene Probanden sehr ähnliche Kurven für eine bestimmte Emotion – selbst Probanden von so weit voneinander entfernten Teilen der Welt wie den Vereinigten Staaten, Japan, Mexiko und der indonesischen Insel Bali.

Clynes betrachtet seine Ergebnisse als Belege für das Vorhandensein genetisch bedingter Gehirnprogramme oder, wie er es nennt, *sentic states,* die jedem spezifischen Gefühlszustand zukommen (vgl. 1. Bd., 5. Kap.: Träger-Muster-Bedeutungsprinzip). Er behauptet weiter, nachdem jede Emotion so unmittelbar durch spezifische Gehirnprogramme gesteuert sei, sei das *Muster* der Körperbewegungen, die an der Äußerung jeder Emotion beteiligt seien, bei vielen Menschen sehr ähnlich. Clynes zufolge ist es diese Gleichartigkeit des Bewegungsausdrucks, die unsere Fähigkeit erklären, die Gefühlszustände anderer zu beurteilen, selbst wenn diese anderen Kulturen entstammen, die sich von unserer eigenen stark unterscheiden.

Die *sentic patterns* sind Formen in der Zeit, die Clynes zufolge ebenso viel Realität aufweisen wie Formen im Raum. Der Grund, warum die Musik eine so einzigartige Fähigkeit besitze, uns emotional zu berühren, argumentiert er, sei, daß sie die Dimension der Zeit in einer Weise benutze, wie es die anderen Künste nicht können. Clynes glaubt nicht nur, daß die *sentic patterns* der Emotion angeboren sind, er weist auch darauf hin, daß Versuche, sie zu modifizieren, d.h. Menschen zu veranlassen, die Art und Weise zu verändern, wie sie sich in emotionalen Zuständen bewegen, jedesmal fehlschlagen.

Die Daten von Clynes sind zweifellos ungewöhnlich und sie warten auf Überprüfung durch andere Forscher. Weitere Untersuchungen sollten uns befähigen, das theoretische Gebäude, das er auf seinen Daten errichtet hat, besser bewerten zu können. Jedenfalls scheint sich dadurch ein neuer Ansatz in einem Bereich zu eröffnen, wo er dringend gebraucht wird – in der Thematik der Entstehung und der Natur der emotionalen Erlebnisse des Menschen und ihres Ausdrucks.

M. Clynes: *Sentics: The touch of emotions.* Garden City, NY: Anchor Press/Doubleday, 1977. Text © 1977 by Manfred Clynes. Vorwort: © by Doubleday + Co., Inc. Erste Britische Ausgabe Souvenir Press Ltd., 1977.

M. Clynes: Biocybernetics of space-time forms in the genesis and communication of emotion. Aus dem Symposium „Biocybernetics of the Dynamic Communication of Emotions and Qualities", vorgetragen auf dem Kongreß der American Association for the Advancement of Science, Chicago, 1970.

Ein Großteil der Forschung über das Gefühlsleben von Säuglingen und Kleinkindern hat sich auf die Beziehung zwischen dem Säugling und seiner Mutter (bzw. Hauptbezugsperson) konzentriert. Die ersten Hinweise darauf, daß die Mutter-Kind-Beziehung von entscheidender Bedeutung für das kleine Kind ist, ergaben sich aus den drastischen Reaktionen von Kleinkindern, die wegen eines Krankenhausaufenthalts von ihren Müttern getrennt wurden. Spitz (1945) studierte eine Gruppe von Kleinkindern, die in fast totaler Isolierung von menschlichem Kontakt hospitalisiert waren. Diese Kinder wiesen ein Syndrom auf („failure-to-thrive-syndrome"), das unter anderem durch abnormal verlangsamtes physisches Wachstum gekennzeichnet war. Die Kinder waren extrem passiv, zeigten keine Furcht vor Fremden und nur geringes Interesse an den Vorgängen um sie herum. Zwei Jahre nach der Geburt waren bereits 37 Prozent der Kinder gestorben, im Vergleich zu keinem einzigen derjenigen, die von ihren Müttern behandelt worden waren. Dasselbe Syndrom tritt gelegentlich bei Kindern auf, die zu Hause heranwachsen; Untersuchungen dieser Familien zeigen gewöhnlich, daß die Mutter des Kindes dessen Bedürfnisse nicht erkennt und sie entsprechend entweder ignoriert oder negativ auf sie reagiert (Lipsitt, 1979).

Was auch immer in diesen frühen Interaktionen zwischen Säugling und Betreuer geschieht, ist offensichtlich wichtig für die Entwicklung. So ist beispielsweise das Bindungsverhalten ein entscheidender Faktor (s. 6. Bd., 3. Kap.). Die Äußerung von Emotionen mag durchaus angeborenen Mustern folgen, aber frühe Erfahrungen sind wesentlich für das Wechselspiel zwischen Emotionen und sozialen Kontakten, die den signifikanten Beziehungen in unserem Leben Sinn verleihen.

***

Die Auflösung von Abbildung 11:
Diese Aufnahme wurde 1972 bei einem „Happening" in der Gallery of Erotic Art in New York gemacht. In dem Augenblick, in dem die Blitzlichtaufnahme gemacht wurde, räkelte sich eine nackte Frau auf einem Wasserbett, das von innen durch farbige Lichter schwach erleuchtet war. Die Zuschauer konnten einander nicht sehen, da der übrige Raum in totale Dunkelheit getaucht war. Das einzige, was sichtbar war, war die Silhouette der Frau, die sich in einer Art und Weise auf dem

Bette wand, die von den meisten Zuschauern in diesem Rahmen als erotisch empfunden wurde.

Haben Sie einigermaßen richtig erraten, was hier vorging? Wahrscheinlich nicht. Die Mienen der Betrachter sind ja durchaus unterschiedlich und wären auch jedem anderen Ereignis angemessen, das genügend interessant ist, um die gebannte Aufmerksamkeit eines Publikums auf sich zu ziehen.

Zusammenfassung

1. Menschen betrachten Emotionen als wichtig und interessant, aber vielleicht nicht als Gegenstand wissenschaftlicher Erforschung. Anfangs vermieden es Psychologen oft, das emotionale Verhalten zu studieren; wenn sie sich damit befaßten, konzentrierten sie sich hauptsächlich auf die unangenehmen Emotionen.

2. Die Theorie von James und Lange besagt, daß Emotionen durch ein Gewahrwerden der körperlichen Reaktionen auf emotionsauslösende Reize entstehen.

3. Schachter und Singer vertreten die Auffassung, eine Emotion basiere auf einer allgemeinen *physiologischen Aktivierung*, die dann durch den *sozialen Kontext interpretiert* und *identifiziert* wird.

4. Darwin meinte, daß manche Emotionen *angeboren* seien und daß der dazugehörige *Gesichtsausdruck* von Menschen aller Kulturen erkannt werden könne.

5. Wir können Emotionen als Gefühle oder als funktionelle Verhaltensabläufe betrachten, die aus einem *Reiz*, einem *Gefühl* und einer *Aktion* mit einer adaptiven Wirkung bestehen.

6. Emotionen sind aufgrund verschiedener *struktureller Modelle* klassifiziert worden. Diese treffen gewöhnlich Unterscheidungen nach Qualität und Intensität.

7. Paare, die von sich sagen, daß sie einander mehr lieben als andere, werden sich mit geringerer Wahrscheinlichkeit trennen. Frauen neigen weniger dazu, eine Beziehung zu beginnen, hingegen eher, sie zu beenden, und sie sind stärker engagiert, solange die Beziehung anhält.

8. Liebe kann die verschiedensten Formen annehmen; eine einfache Unterscheidung ist die zwischen *leidenschaftlicher Liebe* und *kameradschaftlicher Liebe.*

9. Liebe kann durch das Hinzukommen irgendeiner Form von *Erregung* intensiviert werden, selbst wenn es sich bei letzterer um Furcht oder Schrecken handelt.

10. Langanhaltender *Streß* kann den Körper schädigen. Eine Theorie besagt, daß manche Individuen Streß suchen, indem sie einen bestimmten Lebensstil bevorzugen, und daß sie deshalb mit größerer Wahrscheinlichkeit an Herzleiden erkranken. Eine andere Theorie geht davon aus, daß Veränderungen im eigenen Leben, selbst erfreuliche, Streß hervorrufen, wodurch sich die Wahrscheinlichkeit von Erkrankungen erhöht.

11. Menschen gehen mit Streß auf verschiedene Arten um, die wahrscheinlich erlernt sind; manche davon sind adaptiver als andere.

12. Säuglinge manifestieren bei der Geburt nur eine undifferenzierte *Erregung.* Die Komplexität ihrer emotionalen Reaktionen erhöht sich mit zunehmender Reifung. Ihre Beziehung zu ihren primären Betreuern ist wichtig für ihre emotionale Entwicklung.

3. Kapitel
Bewußtseinszustände

Die Psychologie wurde einst als das Studium des Bewußtseins betrachtet. Aber die frühen Psychologen stellten fest, daß ihre Versuche, das bewußte menschliche Erleben zu studieren, oft zu unrealistischen und widersprüchlichen Ergebnissen führten, und das war einer der Gründe, warum viele Psychologen ihre Aufmerksamkeit vom Innenleben auf das Verhalten verlegten. Heute können wir erkennen, daß ein Teil ihrer Probleme durch ihr Versäumnis entstand, zwei Faktoren hinreichend zu beachten. Erstens unterschätzten die Psychologen die Bedeutung vermutlich grundlegender individueller Unterschiede im bewußten Erleben und tendierten deshalb dazu, individuelle Unterschiede fälschlich als „Widersprüche" in ihren Befunden zu interpretieren. Zweitens berücksichtigten sie nicht immer hinlänglich den allgegenwärtigen Einfluß des Versuchsleiters, das heißt, die vielerlei Weisen, wie ein Versuchsleiter unwissentlich sowohl auf das Verhalten des Probanden als auch auf dessen verbalen Bericht über sein Erleben einwirken kann; sie unternahmen deshalb wenig, um diesen Faktor unter Kontrolle zu halten, der seinerseits zur Unzuverlässigkeit beitragen kann.

Entwicklungen in den Naturwissenschaften tragen dazu bei, die Aufmerksamkeit auf die Natur des Bewußtseins zu konzentrieren, und die moderne Psychologie wendet sich erneut diesem Gebiet zu, wobei sich gegenwärtig ein starkes Interesse auf die sogenannten *veränderten Bewußtseinszustände (VBZ)* konzentriert. Das wissenschaftliche Studium solcher besonderen Bewußtseinszustände steckt noch in den Kinderschuhen, weitet sich aber rapide aus.

1 Normale und veränderte Bewußtseinszustände

Wenn wir unser Bewußtsein im Alltag beobachten, stellen wir fest, daß sich zwar die genaue Beschaffenheit unseres Erlebens von Augenblick zu Augenblick verändert, daß sich diese Schwankungen jedoch innerhalb einer bestimmten Bandbreite abspielen. Von einem Tag zum anderen finden Sie Ihre Denkprozesse vielleicht etwas lebhafter oder etwas gedämpfter als üblich. Sie sind sich Ihrer körperlichen Empfindungen manchmal mehr und manchmal weniger bewußt, und Sie widmen Ihrer Umgebung manchmal etwas mehr, manchmal weniger Aufmerksamkeit. Dennoch weist unser Bewußtsein von Tag zu Tag genügend Kontinuität und Regelmäßigkeit der Abläufe auf, daß wir von einem normalen Bewußtseinszustand (NBZ) sprechen können.

Wenn Sie einem Freund von einem bewußten Erlebnis erzählen, das Sie gestern, heute nacht oder letzte Woche hatten, dann würde es Ihnen wahrscheinlich nicht schwerfallen anzugeben, ob es etwas war, das geschah, während Sie in Ihrem NBZ (normalen Bewußtseinszustand) waren, oder ob es geschah, während Sie in dem VBZ waren, das man als Träumen bezeichnet. Es gibt viele verschiedene Arten von VBZ, und wir werden jetzt auf eine Reihe von ihnen einen kurzen Blick werfen. Wir werden mit Zuständen beginnen, die von den meisten Menschen erlebt werden, und dann zu selteneren übergehen. Wir werden hier nicht versuchen, uns mit VBZ auseinanderzusetzen, die charakteristisch für bestimmte Formen geistiger Erkrankungen sind (s. 6. Bd., 4. Kap.), aber einige der VBZ, über die wir sprechen werden, wie Halluzinationen, treten auch bei bestimmten Krankheiten auf.

2 Der hypnagoge Zustand

Wahrscheinlich jeder Mensch erlebt den *hypnagogen Zustand,* den Übergangszustand vor dem Einschlafen, wenn man nicht mehr ganz wach ist, aber auch noch nicht tief schläft. Der hypnagoge Zustand weist von Mensch zu Mensch unerhörte Unterschiede auf: Manche Individuen haben äußerst lebhafte, inhaltsreiche Erlebnisse, die ebenso „real" oder realer sind als der Wachzustand; andere erinnern sich an praktisch nichts während dieser Periode. Daß individuelle Unterschiede bestehen, ist sicher, aber die enormen Differenzen im Erleben sind noch nicht erklärt worden.

Die modernen Menschen, mit denen in diesem Bereich geforscht wird, werden durch die Untersuchungen des hypnagogen Zustands veranschaulicht, die von Vogel, Foulks und Trosman (1966) durchgeführt wurden. Diese Forscher maßen Hirnstromveränderungen durch Elektroenzephalogramme (EEG) der Hirnaktivität (s. 1. Band,

5. Kap., S. 125); sie registrierten auch die Augenbewegungen hinter den geschlossenen Lidern. Rasche Augenbewegungen (*rapid eye movements* oder REM) und langsame Augenbewegungen (*slow eye movements* oder SEM) treten gewöhnlich in bestimmten Schlafstadien auf. Die Forscher fanden heraus, daß die physiologischen Veränderungen, die beim Einschlafen vor sich gehen, in vier genau unterscheidbare Phasen unterteilt werden können: (1) ein Alpha-/REM-Stadium, gekennzeichnet durch die rhythmische, aus 8 bis 12 Schwingungen pro Sekunde bestehende normale EEG-Aktivität des Wachzustands (Alpha-Wellen) und gelegentlichen REM der geschlossenen Augen; (2) ein Alpha-/SEM-Stadium, in dem der Alpha-Rhythmus des EEG noch vorhanden ist, aber die geschlossenen Augen langsamere, rollende SEM aufweisen; (3) das erste Schlafstadium (s. 4. Kap.), in dem das EEG ein langsameres, unregelmäßigeres Muster aufweist und keine Augenbewegungen erfolgen; (4) das zweite Schlafstadium, in dem das EEG Kurven aufweist, die als „Schlafspindeln" bezeichnet werden (Ausschläge von 14 Hertz) neben unregelmäßigen, langsamen Ausschlägen, wieder ohne Augenbewegungen der einen oder anderen Art.

Die Probanden wurden während des Einschlafens aufgeweckt und ersucht, ihre Gedanken vor

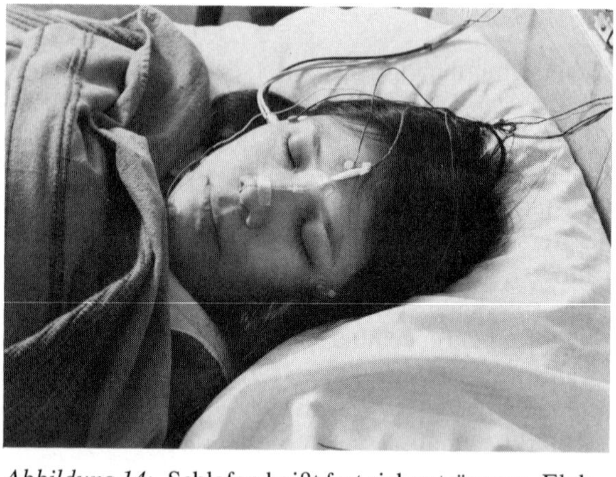

Abbildung 14: Schlafen heißt fast sicher träumen. Elektroden werden an verschiedenen Stellen des Kopfes befestigt. Die von jeder Elektrode registrierte elektrische Aktivität wird am stärksten von den ihr benachbarten Teilen des Gehirns beeinflußt. Andere Elektroden zeichnen die REM und SEM auf, indem sie die Aktivität der Muskeln messen, welche die Augen bewegen.

dem Aufwachen zu beschreiben. Bei der Analyse dieser Berichte stellten die Forscher eine Abfolge von drei Erlebniskategorien fest, die man als verschiedene Bewußtseinszustände bezeichnen kann. Die erste Phase nannten sie das *Stadium des intakten Ichs,* in dem die Vp leicht zwischen den Vorgängen in ihrem Bewußtsein und äußeren Vorgängen unterscheiden kann; dieses Stadium weist Denkprozesse auf, die einigermaßen logisch und normal erscheinen. Es hat große Ähnlichkeit mit dem NBZ, dem gewöhnlichen Wachzustand des Probanden. Darauf folgt das Stadium des *destrukturalisierten Ichs,* ein VBZ, in dem die Vp Kontakt mit äußeren Reizen verlor und ziemlich bizarre mentale Inhalte berichtete, etwa, sie habe ein Gesicht verkehrt in der Luft hängen gesehen oder sei mit Taucherausrüstung auf einen Berg geklettert. Daran schloß sich ein drittes Stadium, das Stadium des *restrukturalisierten Ichs,* in dem der mentale Inhalt wieder ziemlich plausibel wurde, wie im ersten Stadium und im NBZ. Die Berichte waren nicht mehr bizarr, aber der Kontakt mit der Außenwelt war immer noch völlig unterbrochen, wie im zweiten Stadium.

Ein Beispiel eines typischen Berichts über jeden einzelnen Ichzustand mag dies veranschaulichen:

Intakter Ichzustand:
„Ich dachte an die Laborsekretärin, die meine Transkripte tippt."

Restrukturalisierter Ichzustand:
„Ich fuhr ein Auto und ermahnte andere Leute, eine bestimmte Geschwindigkeitsgrenze nicht zu überschreiten."

(Beim letzten Bericht fällt auf, daß der Inhalt wieder plausibel und realistisch ist, obwohl während des berichteten Erlebens der Kontakt mit der äußeren Realität völlig verlorenging.)

Destrukturalisierter Ichzustand:
„Ich schaute in das Innere eines Brustkastens. Da waren kleine Menschen drin, wie in einem Raum. Die Menschen waren behaart wie Affen. Die Wände dieser Brusthöhle bestanden aus Eis und waren schlüpfrig. In der Mitte befindet sich eine Bank aus Elfenbein, auf der Menschen sitzen. Manche Menschen werfen Kugeln aus Käse gegen die Innenwand der Brust."

Diese drei Ichzustände korrespondieren eindeutig mit den aufeinanderfolgenden physiologischen Stadien beim Einschlafen. Die intakten Ichzustände korrespondierten überwiegend mit Alpha-/REM- oder Alpha-/SEM-Stadien und traten sehr selten in den beiden anderen Zuständen auf. Die destrukturalisierten Ichzustände traten überwiegend während des ersten Schlafstadiums des EEG auf und die restrukturalisierten Ichzustände überwiegend während des zweiten Schlafstadiums des EEG. Beim Einschlafen scheint unser Bewußtsein somit aus einem gewöhnlichen Zustand unmittelbar in einen völlig destrukturalisierten überzugehen, und erst danach wird das Denken wieder in üblichere Bahnen gelenkt. Vogel und Mitarbeiter interpretierten diesen Befund in psychoanalytischen Begriffen und vertraten die Hypothese, daß der destrukturalisierte Ichzustand als zu bedrohlich erlebt werde, weil er nicht genügend Abwehr gegen inakzeptable Impulse biete (s. 6. Band, 2. Kap.). Wenn der Betreffende also nicht imstande wäre, eine gewisses Maß an Realität wiederherzustellen – was im dritten, restrukturalisierten Zustand geschieht – dann wäre er aufgrund der resultierenden Angst unfähig, weiterzuschlafen. Man kann aber auch einfach feststellen, daß die Veränderungen in den Hirnfunktionen beim Einschlafen, die sich im EEG niederschlagen, Veränderungen der mentalen Aktivität hervorrufen, die als die verschiedenen Ichzustände erlebt werden.

Die Korrespondenz zwischen physiologischen Veränderungen und Bewußtseinszuständen ist jedoch nicht vollkommen, sondern stellt ein wichtiges methodologisches Problem dar, wie diese Zustände zu definieren sind. Wir können mit bestimmten physiologisch abgrenzbaren Zuständen beginnen, aber dann stellen wir wie in diesem Fall fest, daß die damit verbundenen mentalen (geistig-psychischen) Phänomene unterschiedlich sind. Oder wir können es vorziehen, unsere Zustände in Kategorien ihrer mentalen Attribute zu definieren, aber dann ist keine vollkommene physiologische Korrespondenz mit diesen mentalen Zuständen vorhanden. Verschiedene Forscher ziehen den einen oder anderen Ansatz als in gewisser Hinsicht schlüssiger vor, aber de facto ergänzen sich die Ansätze gegenseitig, und jeder weist bestimmte Vorzüge und Nachteile auf.

Der hypnagoge Zustand wird wahrscheinlich von den meisten Menschen jeden Abend vor dem Einschlafen erlebt. Er dauert gewöhnlich nicht länger als ein paar Minuten und wird in der Regel beim Einsetzen anderer Arten von Schlaf völlig vergessen. Bestimmte östliche Traditionen deuten darauf hin, daß der Mensch lernen kann, den mentalen Inhalt des hypnagogen Zustands zu beherrschen und für sein eigenes Wachstum zu benutzen; manche Künstler und andere kreative Menschen glauben, daß dieser Zustand eine reiche Quelle neuer Ideen sei. In bezug auf diese Möglichkeiten gibt es wenig wissenschaftliche Befunde.

3 Träumen

Wenn man das EEG und die Augenbewegungen eines Schläfers während der ganzen Nacht registriert, treten interessante und regelmäßig wiederkehrende Muster zutage. Es gibt offensichtlich ziemlich genau unterscheidbare Schlafstadien (Einzelheiten im 4. Kap.). Manche dieser Schlafstadien scheinen darüber hinaus durch Träume gekennzeichnet zu sein.

Anfang der fünfziger Jahre weckte Eugene Aserinsky (der damals an der Universität von Chicago tätig war) Versuchspersonen während jedes dieser verschiedenen Schlafstadien und fragte sie, ob sie geträumt hätten. Die Vpn berichteten in etwa 80 Prozent der Weckungen aus dem 1. REM-Stadium, das durch schnelle Augenbewegungen gekennzeichnet ist, daß sie geträumt hätten. In anderen Schlafstadien wurde nur selten über Träume berichtet (Aserinsky u. Kleitman, 1953).

Aserinsky schloß daraus, daß der veränderte Bewußtseinszustand, den man als Träumen bezeichnet, in der ersten REM-Phase eintritt und daß die gelegentlichen Berichte über Traumerfahrungen in anderen Schlafstadien, die gewöhnlich ohne REM verlaufen (NREM-Schlaf) wahrscheinlich bloß Erinnerungen an vorherige, noch nicht vergessene Träume waren.

3.1 REM- und NREM-Träume

Es wurde demnach zunächst angenommen, daß Schlaf ohne schnelle Augenbewegungen (NREM-Schlaf) traumloser Schlaf sei. Aber spätere Untersuchungen von NREM-Schlaf, bei denen der Vp eine neutralere Frage gestellt wurde, wie „Was ist Ihnen vor dem Aufwachen durch den Kopf gegangen?“ (und nicht: „Was haben Sie soeben geträumt?“) ließen ein beträchtliches Maß an mentaler Aktivität erkennen. Während ein Teil dieser Aktivität derjenigen gleicht, die bei Weckungen aus dem ersten-REM-Stadium berichtet wurden, gibt es wichtige Unterschiede.

Typisch ist die Angabe nach dem Aufwecken aus NREM-Schlaf, daß der Vp nichts durch den Kopf gegangen sei. Ebenso typisch sind Berichte über Vorgänge, die von den Vpn im allgemeinen als „Gedanken" bezeichnet werden, das heißt, mentale Aktivität, die gewöhnlich nicht von visuellen Vorstellungen begleitet ist und sicher nicht als eine vollständige Traumwelt erlebt wird, an der alle Sinne beteiligt sind, wie das bei richtigen Träumen der Fall ist. Der Inhalt solcher Berichte ist gewöhnlich kurz und realistisch; eine Vp berichtet beispielsweise, daß sie an die Prüfung des nächsten Tages gedacht oder sich lässig mit einem mathematischen Problem beschäftigt habe. Bewußtheit des eigenen Selbst oder daß man in einem VBZ ist, scheint im NREM-Schlaf im allgemeinen nicht vorhanden zu sein. Aufgrund der relativen Spärlichkeit von Aktivität und der Schwierigkeit des Probanden, sich daran zu erinnern, verfügt die Wissenschaft bisher über kein sehr gutes Verständnis der Natur dieses VBZ.

Dennoch kann NREM-Schlaf sehr aktiv sein. Im Gegensatz zu den Erwartungen der meisten Forscher haben Laboruntersuchungen gezeigt, daß Schlafwandeln und Sprechen im Schlaf gewöhnlich nicht in den typischen (oder „klassischen") Träumen des ersten REM-Stadiums auftritt, von dem man annehmen könnte, daß diese motorischen Aktivitäten das Ausagieren eines Traums seien. Statt dessen treten diese Phänomene in der Regel im NREM-Schlaf auf. (Auch die meisten Alpträume scheinen sich im NREM-Schlaf zu ereignen.)

Trotz der mit NREM-Schlaf verbundenen mentalen Aktivitäten scheint es jedoch immer noch eine ziemlich brauchbare Verallgemeinerung über das Träumen zu sein, daß es primär in Verbindung mit dem ersten REM-Stadium auftritt (s. Box 5/16).

Träumen ist bei weitem der häufigste VBZ in unserer Kultur; fast jeder Mensch kann sich zumindest gelegentlich an einen Traum erinnern, obwohl der größte Teil der Traumaktivität der Nacht gewöhnlich vergessen wird. Trotz seiner Vertrautheit repräsentiert das Träumen jedoch eine der radikalsten Veränderungen unseres NBZ. Der Träumer verliert praktisch allen Kontakt mit der äußeren Welt und erschafft sich eine innere Welt (die dem Träumer als äußere erscheint), die an deren Stelle tritt. Laboruntersuchungen haben gezeigt, daß Träumer auf die meisten ihnen dargebotenen Sinnesreize nicht reagieren, solange diese Reize nicht so intensiv sind, daß sie davon aufwachen. Gewöhnlich ist im Traum keine Spur des einwirkenden Reizes zu finden, wenn der Träumer kurz danach aufgeweckt wird. In den gelegentli-

BOX 5/16

Schlafparalyse

Eines der erschreckendsten Erlebnisse, das einem zustoßen kann, ist es, aus einem Traum zu erwachen und sich nicht bewegen zu können. Obwohl dieses Erlebnis gewöhnlich nur einige Sekunden oder ein, zwei Minuten dauert, verstärken die eigenen verzweifelten Bemühungen, sich zu rühren, nur noch den Schrecken.

Die Natur dieser *Schlafparalyse* wurde von R. Hodes und W. Dement entdeckt. Während der ersten REM-Phase, dem Schlafstadium, in dem man gewöhnlich träumt, werden genau wie im Wachzustand in unsere Muskeln Bewegungsimpulse entsandt. Im ersten REM-Stadium repräsentieren diese motorischen Impulse wahrscheinlich die körperlichen Aktionen, die wir in unseren Träumen erleben. Wenn das die ganze Geschichte wäre, dann würden wir unsere Träume ausagieren, während wir für unsere gesamte physische Umwelt blind und taub wären, und die Nacht wäre eine gefährliche Zeit. Zum Glück sendet ein spezielles Gehirnsystem während der ersten REM-Phase *hemmende* Signale in alle unsere Muskeln: wir sind dann buchstäblich gelähmt. Manchmal schaltet sich dieser normale Lähmungsmechanismus nicht sofort ab, sobald wir aufwachen, so daß wir die Lähmung noch bewußt erleben. Man braucht beim gelegentlichen Auftreten von Schlafparalyse keine Angst zu haben. Nur wenn diese häufig ist, könnte sie ein Anzeichen von *Narkolepsie* sein, eine Störung, die auch durch extremes Schlafbedürfnis gekennzeichnet ist. Narkolepsie kann erfolgreich medizinisch behandelt werden.

R. Hodes u. W. Dement: Depression of electrically induced reflexes (H-reflexes) in men during low voltage EEG „sleep". *Electroencephalography and Clinical Neurophysiology,* 1964, *17,* 617–629.

chen Fällen, wo noch eine Spur des Reizes vorhanden ist, wurde dieser entweder so in das Gewebe des Traums verwoben, daß er den Traum so wenig wie möglich stört, oder er wurde verzerrt oder verändert, um in das Traumgeschehen hineinzupassen. (Wenn das Telefon tatsächlich in einem anderen Raum klingelt, dann kann im Traum tatsächlich ein Läuten des Telefons vorkommen, aber der Träumer kann es im Traum so arrangieren, daß jemand anderes den Hörer abhebt.)

Während die meisten Elemente dieser Traumwelt dem Alltag entnommen sind, reorganisiert der Träumer diese Elemente oft zu bizarren Kombinationen, die unter normalen Umständen nie auftreten würden. Nicht nur die Gegenstände der Traumwelt werden vom Träumer erschaffen, sondern auch die Menschen, die seinen Traum bevölkern und mit denen er in verschiedene lebhafte Interaktionen tritt. Für viele Menschen sind Träume ebenso reichhaltig und lebendig wie die gewöhnliche Realität (vielleicht noch mehr) und ganz anders als Dinge, die man sich im NBZ bloß vorstellt.

Dieser komplexe Vorgang der Erschaffung einer vollständigen Erlebniswelt vollzieht sich ohne Ichbewußtsein. Der Traum wird als Realität genommen, während er sich ereignet (außer in Ausnahmefällen wie den sogenannten luziden Träumen, die später erörtert werden). In welchem geistig-psychischen Zustand befindet sich ein Träumer, daß er der Realität nicht im mindesten gewahr wird? Der primäre kognitive Unterschied zwischen dem Träumen und unserem NBZ ist der stark verminderte Vergleich der Ereignisse mit unseren impliziten, internalisierten Überzeugungen und unserem Wissen darüber, wie sich die Dinge abspielen *sollten* und wie die Welt tatsächlich beschaffen ist. Diese Diskrepanzen, die uns in unserem NBZ schockieren und alarmieren würden, befremden uns in unseren Träumen oft nicht im geringsten. Wenn Sie in Ihrem Zimmer sitzen und lernen und ein Eskimo würde mit einem Krokodil an der Leine hereinkommen, das einen Meter über dem Boden schwebt, dann wären Sie doch einigermaßen konsterniert: Wenn Ihnen diese Szene im Traum erschiene, dann würden Sie den Eskimo vielleicht beiläufig fragen, ob denn das Krokodil wirklich zahm sei.

Obwohl der Traumzustand aus der Perspektive eines NBZ manchmal sinnlos erscheint, haben viele Forscher die Auffassung vertreten, daß das Traumbewußtsein nicht bedeutungslos, sondern vielmehr in einer qualitativ anderen Weise verständlich sei. Das heißt, die Ereignisse in den Träumen könnten eine andere Art von Sprache oder Denkweise als die unseres gewöhnlichen NBZ repräsentieren, und sehr wichtige Botschaften über uns selbst könnten in dieser Sprache ausgedrückt werden.

3.2 Die Interpretation von Träumen

Der bekannteste Vertreter der letztgenannten Auffassung war Sigmund Freud. Als er um die Jahrhundertwende sein bahnbrechendes Werk, *Die Traumdeutung* (Freud, 1900) veröffentlichte, herrschte die Ansicht vor, daß Träume im Grunde bedeutungslos, vielleicht das Produkt von Verdauungsstörungen nach einem großen oder ungewöhnlichen Mahl seien. Diese Ansicht stellte faktisch einen Sieg des wissenschaftlichen Rationalismus über das Okkulte dar, denn während der gesamten früheren Menschheitsgeschichte waren Träume als bedeutsam und sogar prophetisch angesehen worden. Als Freud behauptete, daß Träume höchst bedeutungsvolle Aussagen in symbolischer Sprache über einen gegenwärtigen Zustand der Persönlichkeit des Träumenden seien, wurde ihm von manchen Unwissenschaftlichkeit vorgeworfen. Er versicherte darüber hinaus, diese „Sprache" verstehen zu lernen, sei sowohl für Psychotherapeuten bei ihrer Arbeit mit Geistesgestörten als auch für jeden Menschen, der sich selbst verstehen wolle, eine große Hilfe (s. 6. Bd., 2. Kap.).

Träume haben nach Auffassung Freuds die Funktion einer teilweisen Abfuhr des Sexual- und des Aggressionstriebs in einer Weise, die der öffentlichen Mißbilligung enthoben ist. Freuds Hypothese besagte somit nicht nur, daß Symbolisierung die Sprache der Träume sei, sondern auch, daß Träumen einer lebenswichtigen Anpassungsfunktion diene und ein Fenster zum Unbewußten öffne. Obwohl Freuds Konzeption des Träumens die am allgemeinsten anerkannte Theorie über diesen VBZ ist, wird sie von den meisten Psychologen nicht als bewiesene Theorie betrachtet. Daß die Traumdeutung nach Freudschen Grundsätzen manchem gestörten Patienten zu helfen scheint, ist kein Beweis; wie auch andererseits die Tatsache, daß wir oft durch freies Assoziieren über unsere Träume irgendeine scheinbare Bedeutung darin finden können, nicht notwendigerweise beweist, daß es irgendeine „wahre" Bedeutung des Traums ist.

3.3 Das experimentelle Studium von Traumdeprivation

Versuche, bestimmte Aspekte der Freudschen Traumtheorie experimentell zu bestätigen, haben sich die jüngsten Fortschritte in der Physiologie der VBZ zunutze gemacht, aber die Resultate sind nicht eindeutig. Folgende logische Überlegungen standen hinter diesen Versuchen: Freud zufolge erfüllten Träume eine wichtige Rolle in der teilweisen Freisetzung sexueller und aggressiver Energien; wenn man daher jemanden irgendwie daran hindern würde zu träumen, dann würden sich diese unbewußten Energien aufstauen und die üblichen Lebensfunktionen zu stören beginnen. Wissenschaftler versuchten, diese Hypothese zu testen, indem sie Probanden beobachteten, die mehrere Nächte hintereinander in einem Labor schliefen, während ihr EEG registriert und ihre Augenbewegungen gemessen wurden. So oft die Aufzeichnungen einer Vp ein erstes REM-Stadium anzeigten, wurde sie aufgeweckt und dadurch vermutlich am Träumen gehindert oder darin unterbrochen. (Die Vpn durften länger schlafen, um sie für diese Störungen zu entschädigen, so daß sie jede Nacht genügend Schlaf bekamen.) Ihre gesamte Traumzeit wurde durch dieses Verfahren bewußt auf etwa fünf Prozent der üblichen Zeit reduziert. Andere Vpn wurden in ihrem Schlaf gleich häufig gestört, aber nur während NREM-Perioden.

Das erste solche Experiment mit Traumdeprivation (Dement, 1960) schien Freuds Theorie durchaus zu bestätigen. Nach mehreren Nächten der Traumdeprivation verrieten die Vpn in ihren alltäglichen Verrichtungen ein beträchtliches Maß an Erregung und neurotischen Symptomen. Nach einigen Nächten ungestörten Schlafs, in denen sie ihren „Nachholbedarf" befriedigten und erheblich mehr Zeit im ersten REM-Stadium zubrachten als üblich („üblich" ist etwa 25 Prozent der gesamten Schlafdauer), verschwanden die Symptome und die Vpn kehrten sowohl psychologisch als auch physiologisch zum Normalzustand zurück.

Als andere Forscher jedoch diesen Versuch wiederholen wollten (Johnson, 1973), fanden sie bei ihren Probanden fast keine Anzeichen einer psychischen Störung, selbst wenn die Traumdeprivation länger dauerte als im ursprünglichen Versuch. Auch diese Probanden deckten später wieder einen Nachholbedarf an Schlaf der ersten REM-Phase, wie in Dements Studie. Es ist somit noch nicht klar, ob Menschen das *psychologische Erlebnis* des Träumens tatsächlich brauchen. Der Psychologe Gerald Vogel (1975) stellte sogar fest, daß über die Hälfte von 50 depressiven Patienten, die an insgesamt mehr als 4000 Nächten dem Traumdeprivationsverfahren ausgesetzt wurden, danach klinisch gebessert schienen!

3.4 Luzide Träume und Erlebnisse der Körperlosigkeit

Beim gewöhnlichen Träumen denken die Betroffenen manchmal: Das ist ein Traum. Wenn sie sich später an den Traum erinnern, wird ihnen jedoch klar, daß sie, obwohl sie das Erlebnis als Traum bezeichneten, dennoch die Diskrepanzen akzeptieren und auch andere Reaktioenn aufwiesen, die das normale Träumen kennzeichnen. In seltenen Fällen haben Personen jedoch berichtet, daß eine radikale Veränderung in ihrem Erleben stattfand, nachdem sie in einem Traum erkannt hatten, daß sie träumten. Während sie in der Traumwelt bleiben (das heißt, die Traumszenerie, die Personen etc. weiterhin sehen), „wachen sie auf", in dem Sinne, daß sie das Gefühl haben, über die meisten oder alle der Fähigkeiten ihres NBZ zu verfügen. Dies bezeichnet man als *luzides Träumen.* Der Schläfer kann kritisch über die Tatsache nachdenken, daß „das ein Traum ist" und kann dann ein höheres Maß an Kontrolle über den Trauminhalt ausüben als üblicherweise.

Nehmen wir an, Sie hatten einen luziden Traum, der so lebhaft war, daß Sie überzeugt waren, Sie träumten *nicht,* und statt dessen glaubten, sie seien in ihrem NBZ und in der wirklichen Welt, ohne daß sich ihr Bewußtsein in ihrem Körper befand. Nehmen wir an, daß Sie in diesem Traum dann ihr Schlafzimmer oder einen anderen Ort, an dem Sie Ihren Körper vermuteten, aufsuchten und sich selbst von außen sahen. Menschen haben gelegentlich über solche Eindrücke berichtet und beschrieben, wie sie aus gewöhnlichen Träumen entstanden. Man bezeichnet dies als Erlebnisse der Körperlosigkeit. (In älterer mystischer Literatur wurden diese oft als „Astralprojektionen" bezeichnet.) Diese Erlebnisse können als VBZ betrachtet werden, in denen der Ausgangspunkt der eigenen Wahrnehmungen radikal verändert ist, obwohl andere Aspekte der mentalen Funktionen normal erscheinen. Erlebnisse der Körperlosigkeit folgen oft auf nahe Begegnungen mit dem Tod (s. Box 5/17).

Es ist noch nicht bekannt, ob luzide Träume oder Erlebnisse der Körperlosigkeit physiologische Korrelate derselben Art aufweisen wie normale Träume der ersten REM-Phase. Träume dieser Art sind allein schon aufgrund ihrer Seltenheit schwierig systematisch zu studieren, aber Traumforschung ist ein Gebiet, auf dem zunehmend gearbeitet wird.

4 Hypnose

Hypnose ist einer der am stärksten erforschten VBZ, wahrscheinlich, weil hypnotisierte Personen eine dramatische und fesselnde Fähigkeit zu bizarren Verhaltensweisen an den Tag legen. Die Menschen unterscheiden sich sehr stark im Hinblick auf ihre Hypnotisierbarkeit. Etwa 5 bis 10 Prozent aller Menschen scheinen fast völlig unzugänglich zu sein, weitere 10 bis 20 Prozent können in tiefe Hypnosezustände gelangen, und alle übrigen sind zwischen diesen beiden Extremen verteilt. Es hat eine Menge Forschungsarbeiten über die Kennzeichen hypnotisierbarer und nichthypnotisierbarer Probanden gegeben; so wissen wir beispielsweise, daß Kinder im allgemeinen empfänglicher sind als Erwachsene. Kein signifikanter Zusammenhang zwischen Hypnotisierbarkeit und anderen Persönlichkeitsaspekten ist definitiv festgestellt worden, aber es gibt Anzeichen, daß Eigenschaften wie die Fähigkeit, „loszulassen", und eine reiche und phantasievolle Erlebniswelt im normalen Bewußtseinszustand positiv mit der Hypnotisierbarkeit korrelieren (Hilgard, 1970). Aber bisher wissen wir einfach noch nicht, warum ein Mensch leicht hypnotisierbar ist und ein anderer nicht.

Die Hypnose macht sich die Tatsache zunutze, daß die meisten Menschen auch in ihrem NBZ etwas suggestibel sind. Wenn man Sie beispielsweise auffordert, sich mit geschlossenen Augen aufrecht hinzustellen, und wenn dann jemand erklärt, daß Sie langsam nach vorn und nach hinten schwanken, dann werden Sie wahrscheinlich tatsächlich zumindest ein bißchen zu schwanken beginnen und im Extremfall vielleicht sogar stürzen, wenn man sie nicht auffängt. Die *hypnotische Induktion* besteht im allgemeinen aus Suggestionen von Schläfrigkeit, Müdigkeit, Entspannung und der Aufforderung, nur auf die Stimme des Hypnotiseurs zu achten. Nachdem der Proband allmählich auf schwierigere Arten von Suggestionen reagiert hat, erreicht er schließlich einen Punkt, an dem er zu spüren beginnt, daß sich sein Bewußtseinszustand verändert hat. Für die sehr reagible Versuchsperson ist die Veränderung gegenüber ihrem NBZ offensichtlich und dramatisch. Der Vp, die nur bedingt ansprechbar ist, fällt es vielleicht schwer, einen leichten hypnotischen Zustand von ihrem NBZ zu unterscheiden. Wir werden uns hier nur mit den Erfahrungen der Probanden befassen, die am ansprechbarsten sind und in eine tiefe Hypnose gelangen können.

4.1 Hypnotische Phänomene

Nehmen wir an, eine Vp befindet sich in tiefer Hypnose, aber es ist ihr noch nicht gesagt worden, daß etwas Besonderes mit ihr geschehen wird. Wenn man sie dann fragt: „Was erleben Sie?", dann antwortet die Vp gewöhnlich: „Nichts." Die tiefe Hypnose, in der keine bestimmten Phänomene suggeriert werden (die sogenannte *neutrale Hypnose*) scheint ein Zustand zu sein, in dem das spontane Denken und Fühlen, die in unserem gewöhnlichen NBZ ständig vor sich gehen, auf ein sehr niedriges Niveau absinken oder zu einem völligen Stillstand kommen. Die Vp ist zwar bei Bewußtsein, weist aber nur eine geringe selbstinitiierte geistig-psychische Aktivität auf. Die neutrale Hypnose wird im allgemeinen als weder angenehm noch unangenehm beschrieben.

Eine ganze Reihe perzeptiver Phänomene, sogenannte *Hyperästhesien* (Überempfindlichkeiten), können dann durch Suggestion hervorgerufen werden. Man kann der Vp beispielsweise suggerieren, daß ihr Tastsinn außergewöhnlich gut sei, und sie wird dann berichten, daß sie Oberflächenunterschiede von Objekten, die normalerweise kaum wahrnehmbar sind, leicht unterscheiden könne (das mag auf die immens verstärkte Konzentration der Aufmerksamkeit im hypnotischen Zustand

BOX 5/17

Todesnahe Erlebnisse

„Der Tod ist der größte Trip, den es gibt: deshalb wird er bis zum Schluß aufgespart.“

Anonyme Inschrift auf einer Wand in Berkeley.

Der größte Teil der Menschheit hat fast immer an irgendeine Form des Weiterlebens nach dem Tode geglaubt, aber das zeitgenössische wissenschaftliche Denken lehnt diese Vorstellung im allgemeinen als unmöglich ab und hält sie daher keiner Untersuchung wert. Wenn das Bewußtsein nichts weiter ist als eine Funktion der Gehirntätigkeit, und wenn das Gehirn beim Tod offenkundig zerfällt, kann kein Anteil am Bewußtsein den Tod überleben. Die Menschen haben immer gewußt, daß sich der Körper nach dem Tode auflöst, und dennoch haben sie an ein Leben nach dem Tod geglaubt. Wie könnte dieser Glaube zustandegekommen sein?

Das *todesnahe Erlebnis* (near-death-experience; NDE) ist ein moderner psychologischer Begriff für eine Erfahrung, die wahrscheinlich älter als die Menschheit ist. NDE bezieht sich auf Erlebnisse, die von Personen berichtet werden, die wieder ins Leben zurückkehrten, nachdem sie von anderen für tot gehalten worden waren (und oft auch schon von Ärzten offiziell für tot erklärt wurden). Da der *Tod* seiner Definition nach unwiderruflich ist, können wir schließen, daß diese Menschen nicht wirklich tot waren, aber sie sind dem Tod zumindest sehr nahegekommen.

Berichte über NDE sind in unserer Gesellschaft lange tabu gewesen, aber sie haben in den letzten Jahren nach der Veröffentlichung des Bestsellers *Life after Life* von dem Philosophen und Arzt Raymond Moody im Jahr 1975 eine Menge Aufmerksamkeit erregt. In Gesprächen mit vielen Patienten, die scheinbar gestorben und dann wieder ins Leben zurückgekehrt waren, stellte Moody eine Übereinstimmung in den Erfahrungsberichten fest, die inzwischen durch mehrere andere Untersuchungen bestätigt wurde. Die gemeinsamen Elemente der NDE (wenn sie auch nicht in jedem Fall vorkommen) sind in der Reihenfolge ihres Auftretens:

1. Man hört, wie man vom Arzt als tot erklärt wird.
2. Man hört ein lautes, unangenehmes Geräusch, das oft als „Dröhnen“ oder „Klingeln“ beschrieben wird.
3. Das Gefühl einer raschen Bewegung, die in der Regel als rasende Fahrt durch einen langen dunklen Tunnel auf ein Licht zu beschrieben wird.
4. Ein klassisches Erlebnis der Körperlosigkeit, das heißt, man ist im gleichen Zimmer wie der eigene Körper und sieht ihn von „außen“; oft beobachtet man auch ärztliche Wiederbelebungsversuche. Quälende Empfindungen sind zu diesem Zeitpunkt häufig.
5. Man bemerkt, daß man noch irgendeinen Körper hat, obwohl es nicht der physische Körper ist.
6. Man bemerkt, daß andere „Menschen“ oder Wesen herbeikommen, um einen zu empfangen und einem zu helfen. Diese scheinen die Geister verstorbener Verwandter oder Freunde zu sein.
7. Man begegnet einem „Lichtwesen“. Dieses „Wesen“ wird als mächtig, mitfühlend und verständnisvoll empfunden. Es kann je nach den eigenen religiösen Überzeugungen ein „Engel“ oder eine „Christusfigur“ etc. sein.
8. Das eigene Leben zieht wie ein Film an einem vorüber, was sich bei einigen auf ein Wiedererleben der Höhepunkte beschränken kann, während andere überzeugt sind, daß *jedes einzelne Ereignis* an ihrem inneren Auge vorübergezogen sei. Dieses Erlebnis scheint ein ganzes Leben lang zu dauern und ist dennoch zeitlos. Der Betroffene beschließt oft aufgrund der gewonnenen Selbsterkenntnis, sein Leben zu ändern. Bei diesem Rückblick wird „Gericht gehalten“, doch die Berichterstatter betonen, daß sie selbst das Urteil fällen, und zwar völlig objektiv und liebevoll, daß sie nicht vor ein fremdes Gericht gestellt oder bestraft werden.

zurückzuführen sein). Diese Suggestibilität kann bis zur Täuschung getrieben werden, d.h. die Vp nimmt dann die Realität verzerrt wahr und kann beispielsweise in Reizmuster, die in unserem NBZ im Grunde bedeutungslos sind, bedeutsame Inhalte „sehen“.

Die Hyperästhesie kann über den Punkt der Täuschung hinaus bis zu tatsächlichen *Halluzinationen* weitergetrieben werden. Ein Proband in tiefer Hypnose kann ein Objekt mit offenen oder geschlossenen Augen „sehen“, obwohl nichts da ist. Diese Fähigkeit zu halluzinieren gleicht der

9. Die Wahrnehmung einer Art Schranke oder Grenze zwischen diesem Leben und dem nächsten. Die Betroffenen wollen die Grenze überschreiten, aber es wird ihnen nicht gestattet.
10. Starker Widerstand gegen die Rückkehr ins Leben, der Wunsch, in das Leben nach dem Tode einzugehen, das als Dasein voll Liebe, Freude und Friede empfunden wird.
11. Rückkehr in den eigenen Körper.
12. Großes Zögern, jemandem über die NDE zu erzählen, aus Angst, als „verrückt" bezeichnet zu werden (tatsächlich wurden manche Patienten, die dem Krankenhauspersonal über NDE berichteten, zu Psychiatern geschickt).
13. Eine spätere profunde Veränderung des Lebensstils, um all das zu lernen und zu üben, was dem eigenen Leben fehlt, wie einem der Rückblick zeigte.

Menschen, die eine NDE durchgemacht haben, glauben oft, daß sie tatsächlich gestorben seien und aus dem „Jenseits" zurückgeholt wurden. Das prähistorische Erleben von todesnahen Zuständen mag den Glauben an das Weiterleben nach dem Tod ausgelöst haben, und die jüngste Veröffentlichungswelle über NDE scheint diesem Glauben ein gewisses „faktisches" Fundament geliefert zu haben. Aber es gibt noch eine andere Erklärung.

Man vergleiche das Folgende mit dem obigen Punkt 3: „Ich bewege mich durch eine Art Eisenbahntunnel. Ich sehe Lichter und Farben aller Art." Und man vergleiche die folgende Aussage mit den Punkten 4, 7 und 8: „Mein Geist hat meinen Körper verlassen und ist offenbar in das ‚zweite Stadium', wie es manche nennen, eingetreten. Ich spürte, daß ich in einem riesigen, hell erleuchteten Saal war ... ich sah sonst nichts, aber spürte die Präsenz einer höheren Intelligenz, die jedes Erlebnis und jeden Eindruck, den ich gesammelt hatte, aus meinem Bewußtsein sog. Ich bat, gehen zu dürfen, in meinen Körper zurückzukehren. Er war grauenerregend!"

Diese Zitate stammen nicht von Personen, die eine typische NDE hinter sich haben. Es sind Berichte über Erlebnisse in drogeninduzierten Halluzinationen, die von R. Siegel und M. Jarvik gesammelt wurden. Siegel weist auf viele Möglichkeiten hin, inwiefern die psychologischen und physiologischen Bedingungen während einer NDE den Zuständen gleichen können, die durch bestimmte halluzinogene Drogen hervorgerufen werden. Die Todesnähe muß eine sehr tiefe und nachhaltige Erfahrung sein. Es überrascht nicht, daß sie manche der Betroffenen und manche Außenstehende von der Realität des Lebens nach dem Tode überzeugt. Es ist jedoch auch die Deutung möglich, daß sich die gesamte Reihe der berichteten psychischen Vorgänge nicht in dem Zeitraum ereignet, während der Betreffende scheintot ist, sondern erst in der Zeitspanne, wenn er „wiederbelebt" wird. Sie könnten somit das natürliche Resultat des sehr ungewöhnlichen Zustands sein, den das Gehirn durchläuft, wenn es nach einem fast vollständigen Erlöschen aller Funktionen wieder zu arbeiten beginnt, ein außergewöhnlicher Zustand, der denjenigen gleicht, die durch bestimmte Drogen hervorgerufen werden.

R. Moody: *Life after Life.* Atlanta: Mockingbird Press, 1975.

R. Siegel u. M. Jarvik: Drug, induced hallucinations in animals and men. Aus: R. Siegel u. L. West (Hrsg.): Hallucinations: Behavior, Experience and Theory. New York: Wiley, 1975.

R. Siegel: The psychology of lifer after death. *American Psychologist,* 1980, *35,* 911–931.

Erschaffung einer vollständigen und überzeugenden Erlebniswelt im Traum, aber in der Hypnose ist sie durch Suggestion genau kontrollierbar. Für diese Fähigkeit zu halluzinieren sind psychotherapeutische Verwendungsmöglichkeiten entwickelt worden. Jemand kann an einer Furcht vor etwas leiden (zum Beispiel Höhenangst oder Furcht vor Schlangen), die so stark ist, daß er im täglichen Leben diese Objekte immer vermeidet und nie Gelegenheit hat, diese Furcht überwinden zu lernen. In der Hypnotherapie kann der Patient gezwungen werden, die gefürchtete Situation zu halluzinieren, und man kann ihm dann helfen, diese Furcht zu bearbeiten, so daß er sie schließlich verliert.

Das entgegengesetzte Phänomen der Hyperästhesien sind *Hypoästhesien.* In diesem Fall macht die Suggestion eine Vp *weniger* empfindlich für Sinnesreize bestimmter Art. (Beispielsweise kann man der Vp sagen, daß sie teilweise taub sei und nur die lautesten Geräusche hören könne.) Eine solche Suggestion kann bis zum Punkt der *negativen Halluzination* getrieben werden, bei der ein Proband ein Objekt nicht sieht, das tatsächlich und unbezweifelbar vorhanden ist. Eine spezifische Form dieses Phänomens ist die hypnotisch induzierte Analgesie: man sagt der Vp in der Hypnose, daß sie keinen Schmerz empfinden könne. Der in tiefer Hypnose befindliche Proband kann sich dann sogar einer chirurgischen Operation unterziehen, bei der er keine sichtbaren Anzeichen von Schmerz erkennen läßt, und nachher berichten, daß er nichts empfunden habe. In den letzten Jahren, seit die Ausbildung in der Technik allgemeiner zugänglich geworden ist, wird Hypnose in zunehmendem Maß von Zahnärzten als Ersatz für konventionelle Anästhesie verwendet. So wertvoll und spektakulär die hypnotische Anästhesie auch ist, so geht es doch nicht einfach darum, den Schmerz nicht zu empfinden (wie in Box 5/18 erörtert wird).

Die Trennung des Handelns vom Bewußtsein kann ebenfalls in der tiefen Hypnose suggeriert werden. Man kann einem Probanden beispielsweise sagen, daß er völlig blind sei (eine total negative Halluzination) und er wird dann so handeln und über sein Erleben berichten, als ob er tatsächlich nicht sehen könnte. Sobald jedoch ein vorher abgesprochenes visuelles Signal erscheint, das eine andere hypnotische Erfahrung einleitet, während er angeblich noch blind ist, reagiert der Proband darauf. Sein Verhalten läßt erkennen, daß er sieht, und dennoch sieht er bewußt nicht. Denk- und Urteilsprozesse können in der tiefen Hypnose ebenfalls verändert werden. Man kann einer Vp einreden, daß die Nummer 5 nicht existiere, daß die ganze Idee von 5 lächerlich sei und keinen Sinn ergebe. Wenn sie dann aufgefordert wird, 1 von 6 abzuziehen, dann antwortet sie vielleicht „9“. Ebenso können auch emotionale Prozesse verändert werden: Suggestionen können eine Vp daran hindern, in Situationen, die normalerweise starke Gefühle hervorrufen würden, Emotionen zu empfinden, oder sie können starke Emotionen auslösen, obwohl kein echter Stimulus dafür vorhanden ist.

Manche Therapeuten glauben, daß die dissoziative Natur der Hypnose dazu dienen könnte, zu unbewußten mentalen Prozessen vorzudringen. Der Patient kann im hypnotischen Zustand angewiesen werden, einen Traum zu haben, der wichtige Information über einen bestimmten psychologischen Konflikt enthält oder bestimmte Konflikte im hypnotischen Traumzustand zu bearbeiten.

Einer der interessantesten Aspekte der Hypnose als VBZ sind die *posthypnotischen Effekte.* Während der Hypnose kann dem Probanden suggeriert werden, ein bestimmtes Signal werde später, wenn er wieder im normalen Bewußtseinszustand ist, ein bestimmtes Verhalten auslösen. Der Proband wird dann aus dem hypnotischen Zustand aufgeweckt, später wird ihm das Signal gegeben und daraufhin tritt (wenn es sich um eine reagible Vp handelt) das suggerierte Verhalten oder Erlebnis ein. Der Betreffende mag sich bewußt sein, etwas Ungewöhnliches zu tun oder nicht. Ein Beispiel: In der Hypnose wird jemandem gesagt, daß er später, wenn er wieder im Normalzustand ist, das Fenster öffnen wird, wenn der Hypnotiseur sich, sagen wir, am Ohr kratzt. Und bei diesem Signal tut der Proband genau das, obwohl er nicht mehr in Hypnose ist. Wenn man ihn nach einer Erklärung für sein Handeln fragt, wird er beispielsweise antworten: „Es ist ziemlich heiß hier drinnen, nicht?“ Er wird sich keiner Verbindung zwischen dem Signal des Hypnotiseurs (dem Kratzen am Ohr) und seinem Öffnen des Fensters bewußt sein, insbesondere, wenn er den Auftrag erhalten hat, sich an die posthypnotische Suggestion nicht zu erinnern.

4.2 Mahnung zur Vorsicht

Ist es gefährlich, sich selbst zu hypnotisieren oder von anderen hypnotisieren zu lassen? Wenn man von einem Psychologen oder einem Psychiater mit einschlägigen Fachkenntnissen hypnotisiert wird, ist die Gefahr minimal. Personen ohne fachliche Qualifikation stellen eine wirkliche Gefahr dar, insbesondere, wenn sie versuchen, mit emotionalen Krisen fertigzuwerden, die in der Hypnose auftreten können. Die Frage wird oft gestellt, ob ein im übrigen gesetzestreuer, ja ausgesprochen friedfertiger Mensch im hypnotischen Zustand veranlaßt werden kann, Gesetze zu brechen, gewalttä-

BOX 5/18

Der versteckte Beobachter

Eines Tages hypnotisierte E. Hilgard, ein führender Hypnoseforscher, in Anwesenheit seiner Studenten einen jungen Mann, um hypnotische Taubheit zu demonstrieren. Der Proband schien völlig unbeeindruckt durch plötzliche Geräusche oder laute Zurufe der Studenten. Eine Studentin stellte jedoch die Frage, wie man mit Sicherheit wissen könne, daß der hypnotisierte Proband nichts höre. Hilgard sagte zu dem (hypnotisch tauben) Probanden, er solle seinen Finger heben, falls er hören könne, was Hilgard sage: er hob den Finger! Dem Probanden, der seinem späteren Bericht zufolge kein bewußtes Hörerlebnis gehabt hatte, fiel jedoch auf, daß sich sein Finger „ohne Grund" hob, und er bat, aus der Hypnose aufgeweckt zu werden, damit er erfahren könne, was seinen Finger in Bewegung versetzt hatte.

Hilgard erklärte, wenn er seine Hand auf den Kopf des Probanden lege, würde er in Kontakt mit dem Teil des Probanden sein, der den Finger gehoben habe. Sobald Hilgard seine Hand auf den Kopf des Probanden legte, war dieser bereit und imstande, eine vollständige Beschreibung jedes Geräusches zu geben, das in seiner Nähe gemacht worden war. Als Hilgard seine Hand zurückzog, sagte der Proband, er erinnere sich, daß Hilgard angekündigt habe, er werde mit einem Teil von ihm sprechen, aber daß er sich nicht an das Gespräch erinnere.

Ähnliche Experimente wurden mit Versuchspersonen ausgeführt, die in einen Zustand hypnotisch induzierter Analgesie versetzt worden waren: Während der bewußte, hypnotisierte Teil der Vp wenig oder keinen Schmerz als Reaktion auf irgendeinen Reiz wie das Eintauchen der Hand in Eiswasser berichtet, sagt der Teil des Bewußtseins, den man als „verborgenen Beobachter" bezeichnen könnte, wenn man mit ihm in Kontakt tritt, daß der Arm große Schmerzen empfinde. Trotzdem wird der Schmerz meist nicht als störend empfunden.

Hilgards Versuche mit dem „verborgenen Beobachter" werfen wichtige Fragen über die Beschaffenheit des Bewußtseins auf und wie dieses in Teile aufgespalten werden kann, die untereinander relativ unzugänglich sind. *Multiple Persönlichkeiten* (das ist, wenn mehrere deutlich voneinander unterscheidbare Persönlichkeiten zu dem einen oder anderen Zeitpunkt in einem Menschen zu existieren scheinen) sind extreme Beispiele dieses Phänomens.

E. Hilgard: Divided Consciousness: *Multiple Controls in Human Thought and Action.* New York: Wiley, 1977.

tig zu werden oder gar zu morden. Während die Möglichkeit eines solchen Ereignisses ziemlich weit hergeholt ist, gibt es keine absolute Garantie, daß es nicht geschehen könnte. Es hat experimentelle Demonstrationen gegeben, bei denen hypnotisierte Probanden angewiesen wurden, eine angeblich geladene Pistole auf einen anderen Menschen abzufeuern und tatsächlich auf den Abzug drücken. Aller Wahrscheinlichkeit nach dürfte die Vp annehmen, daß – aus welchem Grund auch immer – keine wirkliche Gefahr bestehe, da kein Hypnotiseur einen so verwerflichen und unerklärlichen Befehl erteilen würde. Aber es ist möglich, daß eine Versuchsperson, insbesondere, wenn es sich um einen psychisch gestörten Menschen handelt, es sich in den Kopf setzt, daß ihr Zielobjekt ihr tatsächlich etwas antun werde, wenn sie nicht zuerst handele.

Kurz, es ist nicht so, wie viele glauben, daß jeder Mensch irgendeine eingebaute Sicherung besitzt, die es ihm unmöglich macht, eine Handlung zu begehen, die seinen persönlichen Überzeugungen und seinem Gewissen zuwiderläuft. Die Persönlichkeit ist etwas Komplexes, und moralische Skrupel sind komplex determiniert. Wenn man die hypnotische Trance als einen Zustand interpretiert, der eine Aufhebung der persönlichen Verantwortung gestattet, und wenn jemand in unbewußten Schichten gewalttätige Impulse gestaut hat, dann kann eine normalerweise undenkbare Tat vorgestellt – und ausgeführt werden. Hypnose ist ein mächtiger VBZ, kein Gesellschaftsspiel. Sich von einem ungeschulten oder professionell verantwortungslosen Menschen hypnotisieren zu lassen, ist zweifellos eine riskante Angelegenheit.

5 Gipfelerlebnisse und meditative Zustände

Die bisher erörterten VBZ sind keine Zustände, in die man sich in erster Linie um des Vergnügens oder der emotionalen Befriedigung willen begibt: Hypnagoge Zustände und Träume ereignen sich von selbst, und mit Hypnose beschäftigt man sich um bestimmter therapeutischer Ziele willen oder aus intellektuellem Interesse. Wir wenden unsere Aufmerksamkeit jetzt VBZ zu, die emotional so befriedigend sein können, daß sie von vielen Menschen aktiv gesucht werden. Zu diesen VBZ zählen *Gipfelerlebnisse* und bestimmte Zustände, die durch Meditation herbeigeführt werden können.

5.1 Merkmale der Gipfelerlebnisse

Der Begriff „Gipfelerlebnis" wurde von Abraham Maslow zur Beschreibung bestimmter Arten von Erfahrungen geprägt, die als Höhepunkte des Lebens betrachtet werden (Maslow, 1962). Maslow gelangte zu diesem Begriff, indem er Menschen ersuchte, die wunderbarsten Erfahrungen ihres Lebens zu beschreiben, die Augenblicke der Ekstase oder die großen schöpferischen Momente. Nur wenige Menschen berichteten über solche Erlebnisse und noch weniger gaben an, mehrere gehabt zu haben.

Wie soll man sich ein Gipfelerlebnis vorstellen? In einem Gipfelerlebnis verändert sich Maslow zufolge die Wahrnehmung der äußeren Welt radikal: das Wahrgenommene wird als sich selbst genügendes Ganzes gesehen, gleichgültig, ob es dem Wahrnehmenden nützlich oder bedrohlich erscheint. Der Erlebende hat das Gefühl, seine gesamte Aufmerksamkeit dem Wahrgenommenen zuzuwenden, und das kann eine ekstatische Erfahrung sein. Unsere übliche Klassifizierung der Wahrnehmungen in kognitive Kategorien verschwindet entweder vorübergehend oder wird zu einer sekundären und nicht sehr wichtigen Aktivität. Wiederholte Wahrnehmung eines Objekts in einem Gipfelerlebnis führt zu einem immer reicheren Gewahrwerden desselben. Das totale Aufgehen im Wahrgenommenen führt manchmal zu einem Gefühl des Einsseins zwischen Wahrnehmendem und Wahrgenommenem.

Maslow berichtete, daß das Gipfelerlebnis Werte aus sich hervorzubringen scheint, die mit Worten wie Ganzheit, Wahrheit, Vollkommenheit, Selbstgenügsamkeit, Vollendung, Gerechtigkeit, Lebendigkeit, Schönheit und „das Gute" beschrieben werden können. Der Romancier Aldous Huxley hat bemerkt, daß die von Gipfelerlebnissen und mystischen Erfahrungen abgeleitete Wertstruktur die Grundlage einer umfassenden Lebensphilosophie bilden könne (Huxley, 1945). Das Gipfelerlebnis wird häufig als Ergebnis einer Kommunikation mit etwas beschrieben, das außerhalb des eigenen Selbst und größer als dieses ist. Gipfelerlebnisse, innerhalb eines religiösen Kontexts interpretiert, mögen auch bei der Gründung mehrerer der großen Religionen eine Rolle gespielt haben. Einem religiösen Erlebnis als solchem kann zumindest eine gewisse Ähnlichkeit mit einem VBZ zugesprochen werden (s. Box 5/19).

Wie im 1. Kap. dargelegt, glaubte Maslow, daß erst, wenn die biologischen, sozialen und psychologischen Bedürfnisse eines Menschen einigermaßen befriedigt seien, sich weniger gebieterische Bedürfnisse entfalten können, Bedürfnisse, die zum Auftreten eines Gipfelerlebnisses führen können. Ein generell neurotischer Mensch werde deshalb wahrscheinlich nie ein Gipfelerlebnis haben weil zuviel psychische Energie durch sein neurotisches Muster der Anpassung (bzw. Fehlanpassung) an die Welt gebunden sei. Ein psychisch reifer Mensch sollte dagegen für Gipfelerlebnisse aufgeschlossen sein. Man sollte sich klar darüber sein, daß Maslows Theorie des Ursprungs von Gipfelerlebnissen nicht bewiesen wurde. Skeptiker mögen sogar die Existenz von Gipfelerlebnissen als etwas qualitativ anderes als besonders angenehme oder bewegende Erlebnisse im normalen Bewußtseinszustand bezweifeln; und es ist durchaus möglich, daß Menschen, die angeben, keine Gipfelerlebnisse gehabt zu haben, einfach nicht dieselbe „Sprache" benutzen wie Personen, die über ein solches Erlebnis berichten.

5.2 Meditation und Bewußtseinszustände

Maslow glaubte ursprünglich, daß Gipfelerlebnisse fast immer spontan einträten, daß sie nicht bewußt herbeigeführt werden könnten. Er mag zu dieser Überzeugung gekommen sein, weil er hauptsäch-

BOX 5/19

Religiöse Erlebnisse

Die religiöse Empfindung wurde von William James, einem der Begründer der amerikanischen Psychologie, in der folgenden Passage beschrieben:

„Bei der psychologischen und philosophischen Deutung von Religion versuchen die Autoren genau zu definieren, worum es sich bei diesem Phänomen (der ‚religiösen Empfindung') handele. Der eine verknüpft sie mit dem Gefühl der Abhängigkeit, der andere erblickt darin einen Abkömmling der Furcht; wieder andere bringen sie mit dem Sexualleben in Verbindung; manche identifizieren sie mit dem Gefühl der Unendlichkeit; und so weiter. Derartig verschiedene Sichtweisen sollten schon an sich Zweifel daran wecken, ob es sich tatsächlich um etwas Spezifisches handeln könne; und in dem Moment, in dem wir bereit sind, den Begriff ‚religiöse Empfindung' als kollektive Bezeichnung für die vielen Empfindungen zu behandeln, die religiöse Objekte abwechselnd in uns erwecken können, werden wir sehen, daß er wahrscheinlich gar nichts enthält, was ihn psychologisch irgendwie festlegt. Es gibt religiöse Furcht, religiöse Liebe, religiöse Ehrfurcht, religiöse Freude und so weiter. Aber religiöse Liebe ist nichts weiter als das natürliche Gefühl der Liebe eines Menschen, die auf ein religiöses Objekt gerichtet ist; religiöse Furcht ist nur die gewöhnliche, sozusagen handelsübliche Furcht, das bekannte Erbeben der menschlichen Brust, soweit es von der Vorstellung der Strafe Gottes ausgelöst wird; religiöse Ehrfurcht ist derselbe organische Schauder, den wir in der Dämmerung in einem Wald oder in einer Felsschlucht empfinden; nur überkommt es uns diesmal beim Gedanken an unsere Beziehung zum Überirdischen; und ähnliches gilt für all die verschiedenen Empfindungen, die im Leben religiöser Menschen ins Spiel kommen können. Als konkrete Bewußtseinszustände, bestehend aus einem Gefühl plus einem Objekt bestimmter Art sind religiöse Emotionen natürliche psychische Phänomene, die von anderen ausgeprägten Emotionen unterscheidbar sind, aber es gibt keinen Grund für die Annahme, daß eine simple abstrakte ‚religiöse' Empfindung als gesonderter elementarer Affekt für sich existiert und in jedem religiösen Erlebnis ausnahmslos vorhanden ist ... Es scheint keine einzelne elementare religiöse Empfindung zu geben, sondern nur einen gemeinsamen Fundus von Emotionen, die sich auf religiöse Objekte richten können."

Einen Hinweis darauf, daß religiöse Erlebnisse im Rahmen der VBZ zu sehen sind, erteilt uns ein Versuch des Harvard-Psychologen W. Pahmke. Theologiestudenten erhielten kurz vor der Teilnahme an einem hohen kirchlichen Fest entweder Psilocybin oder ein Placebo, eine inaktive Substanz. Den Studenten wurde nicht mitgeteilt, ob sie das Placebo oder die Droge erhalten hatten. Das „religiöse Erlebnis" während des Gottesdienstes war erheblich größer bei denjenigen, die die Droge erhalten hatten. Von den zehn Studenten, die Psilocybin bekommen hatten, berichteten neun über mystische Erlebnisse; von den zehn Probanden in der Placebogruppe hatte nur einer ein solches Erlebnis.

Inhaltlich unterschieden sich die mystischen Erlebnisse stark voneinander. Drogen können eine Erweiterung und Bereicherung des Erlebens bewirken, aber sie rufen keinesfalls einheitliche Emotionen hervor. Was wir empfinden, bleibt eine Funktion dessen, was wir erwarten oder beabsichtigen zu empfinden. A. Tillyard nahm diese Erkenntnis schon vor vielen Jahren vorweg. Damals wurden die Versuchspersonen aufgefordert, ihre emotionalen Erlebnisse während Meditationsübungen zu berichten. Einige der Vpn gingen an diese Situation mit der Absicht heran, zu tieferen religiösen Erlebnissen vorzustoßen, und das gelang ihnen im allgemeinen auch. Andere, die keine solche Erwartung hegten, hatten keine religiösen Erlebnisse.

W. James: *The Varieties of Religious Experience.* New York: Modern Library, 1936.

W. Pahnke: Drugs and mysticism: An analysis of the relationship between psychedelic drugs and mystical consciousness. Unveröffentlichte Dissertation, Harvard-Universität, 1963.

A. Tillyard: *Spiritual Exercises and their Results: An Essay in Psychology and Comparative Religion.* New York: Macmillan, 1927.

lich Amerikaner untersuchte, Vertreter einer Kultur, die im allgemeinen nicht mit den vielen Techniken der *Meditation* vertraut ist, die in anderen Teilen der Welt seit Tausenden von Jahren bekannt sind und benutzt werden. *Meditation* kann als eine Reihe von Techniken zur Erreichung verschiedener VBZ definiert werden, von denen manche sich durch die ekstatischen Merkmale von Gipfelerlebnissen auszeichnen. Die Meditation ist von der westlichen Psychologie fast vollständig ignoriert und gewöhnlich als eine Form der Selbsthypnose abgetan worden. Die folgenden Bemerkungen, die auf einer umfangreichen Studie eines Psychiaters und eines Psychologen beruhen (Naranho u. Ornstein, 1971), stellen eine alternative Auffassung vor.

Die traditionelle Argumentation zugunsten der Meditation beginnt mit der Behauptung, daß wir zu sehr darauf erpicht seien, uns Lust zu verschaffen und Schmerz zu vermeiden. Diese Orientierung halte uns in einem ständigen Zustand psychischer Erregung, so daß wir die Realität nicht gut wahrnehmen könnten, geschweige denn, das zu entwickeln vermögen, was als das spirituellere Potential der Menschheit betrachtet wird. Die Meditation sei ein Weg, um die Agitation von Geist und Psyche beruhigen zu lernen, so daß die subtileren und wertvolleren Aspekte der Wirklichkeit und des Menschseins wahrgenommen werden könnten.

Die religiöse Literatur über Meditation bietet eine Vielzahl von Techniken zur Erreichung dieses Zustands. Diese Techniken haben jedoch manches miteinander gemein, wie etwa die Forderung, daß man beim Meditieren in der Regel bequem aufrecht sitzen müsse, wobei Kopf, Nacken und Wirbelsäule eine gerade Linie bilden sollen. Die Einzelheiten jeder Technik und die dafür gegebenen Erklärungen weichen stark voneinander ab. So wird man beispielsweise angewiesen, in einem bestimmten Rhythmus zu atmen oder mit bestimmten Lauten (Mantras) zu meditieren, die angeblich eine spezielle Wirkung auf das Bewußtsein ausüben, oder auch mit sehr komplexen visuellen Mustern (Mandalas), die das Bewußtsein oder die Realität symbolisieren (s. Box 5/20, S. 93). Naranho und Ornstein unterscheiden zwei Grundformen der Meditation, die diesen verschiedenen Techniken zugrundeliegen: Konzentrative (oder restriktive) Meditation und öffnende (oder erweiternde) Meditation.

Die *konzentrative Meditation* versucht den Meditierenden in der Entwicklung eines totalen Fokus zu schulen, einer Bewußtseinskonzentration auf einen Punkt, und zwar, indem die Aufmerksamkeit lange Zeit hindurch auf ein einziges Objekt beschränkt wird. Diese Form der Konzentration ist fast unmöglich in unserem NBZ, weil Gedanken und Gefühle spontan von einem Ding zum anderen wandern. Im Zazen, der grundlegenden Meditationstechnik des Zen-Buddhismus, sitzt der Meditierende beispielsweise aufrecht und versucht, sich der natürlichen Bewegung seines Bauches während des Atmens bewußt zu sein. Er soll nichts tun, um seine Atmung zu verändern, sondern soll seine Aufmerksamkeit auf die tatsächlich dadurch verursachten Empfindungen konzentrieren. Wenn seine Aufmerksamkeit von seiner Atmung wegwandert, wenn er an andere Dinge denkt oder auf andere Empfindungen achtet, dann soll er sein Augenmerk sanft (nicht gewaltsam) immer wieder zu den Bewegungen der Bauchdecke zurückführen, bis er lernt, sich lange Zeit hindurch, manchmal sogar mehrere Stunden lang, auf diese zu konzentrieren.

Konzentrative Meditation ist viel leichter zu beschreiben als auszuführen. Jahrelanges tägliches Üben ist oft notwendig, bevor man imstande ist, sich auch nur wenige Minuten lang vollkommen auf irgend etwas zu konzentrieren. Wenn sie „erfolgreich" ist, dann führt die konzentrative Meditation zu einem VBZ, der von Eingeweihten in Begriffen wie Klarheit, „Leere" oder „Hohlheit" beschrieben wird. Alle Wahrnehmung der Welt ist vorübergehend aus dem Bewußtsein ausgeschlossen, nicht gewaltsam, sondern durch die Konzentration auf das gewünschte Objekt. Ebenso hört auch alle innere mentale Aktivität auf, während eine Art von reiner Bewußtheit und Klarheit ohne irgendeinen bestimmten Inhalt zurückbleibt. Dieser Zustand mag nur wenige Sekunden oder einige Minuten dauern, aber er erscheint einem zeitlos. Die bereichernde Nachwirkung ist ein Gefühl einer viel frischeren und gesteigerten Wahrnehmung des eigenen Selbst und der Welt, ein Gefühl, daß man die Dinge unmittelbar spürt. Der Zen-Meister Suzuki Roshi hat diesen Zustand folgendermaßen beschrieben (Naranho u. Ornstein, 1971):

> „Der vollkommene Mensch benutzt sein Bewußtsein wie einen Spiegel, der nichts festhält, nichts verweigert, der empfängt, aber nicht behält."

BOX 5/20

Transzendentale Meditation

Transzendentale Meditation oder TM ist wahrscheinlich die am häufigsten praktizierte Form der Meditation in den Vereinigten Staaten, teils aufgrund ihrer Einfachheit, teils dank der intensiven Werbekampagne ihres Gründers, des Maharishi Mahesh Yogi, und seiner Anhänger und teils aufgrund ihres Anspruchs, daß ihre Wirksamkeit wissenschaftlich erwiesen sei. Dieses angebliche wissenschaftliche Gütesiegel wurde seinerseits zu weiterer aggressiver Werbung für die TM benutzt.

TM ist eine Form der *Mantra*-Meditation, bei der der Meditierende im Geist ein bestimmtes Wort oder einen Laut (das Mantra) ständig wiederholt. Das Mantra soll angeblich eine spezielle Wirkung auf das Bewußtsein ausüben. Anhänger behaupten, das ständige Praktizieren von TM führe zu einem Zustand der *Euphorie* und habe auch weitere günstige Wirkungen wie Entspannung und Streßreduktion.

TM ist ausführlicher erforscht worden als jede andere Form der Meditation, und das allgemeine Bild, das sich ergab, ist, daß TM-Praktizierende entspannter und streßfreier sind und mit dem Leben etwas besser zurechtkommen als Kontrollgruppen, die nicht meditieren. Verschiedene physiologische Auswirkungen, wie Veränderungen des Grundumsatzes, der Durchblutung und des EEG, werden mit der Ausübung von TM in Verbindung gebracht, insbesondere bei sehr erfahrenen Meditierenden. Obwohl die Anhänger der TM ein großes Aufheben von diesen physiologischen Veränderungen gemacht haben, ist ihre praktische Bedeutung oft unbekannt: es mag eindrucksvoll klingen, wenn man sagt, daß die Gehirnströme über der Schädeldecke symmetrischer geworden seien, aber wissen wir wirklich, was das bedeutet?

Die Kontrollgruppen, mit denen die TM-Praktizierenden verglichen wurden, bestanden gewöhnlich aus Leuten, die keinerlei systematische Meditation oder Entspannungsübungen praktizieren, so daß wir aufgrund der bisherigen Forschungen zwar wissen, daß TM eine leichte günstige Wirkung hat, es aber nicht klar ist, ob die spezifischen Praktiken der TM besser oder wirksamer sind als irgendwelche anderen systematischen Entspannungsübungen. Ein Forscher hat sogar die Auffassung vertreten, die Meditation über irgendein völlig neutrales Wort oder irgendeine sinnlose Silbe sei ebenso nützlich wie die Meditation über ein TM-Mantra.

In den letzten Jahren haben Vertreter der TM behauptet, verschiedene *sidhis* (das Sanskrit-Wort für „übernatürliche Kräfte") wie *Levitation* (Schweben in der Luft) und *Unsichtbarkeit* zu lehren; aber die hohen Gebühren, die für diese Unterweisung verlangt werden, und die hartnäckige Weigerung der TM-Organisation, qualifizierte Wissenschaftler Zeugen dieser *sidhis* werden zu lassen, hat die wissenschaftliche Glaubwürdigkeit der TM untergraben. (Ein wesentliches Prinzip wissenschaftlicher Verfahrensweisen ist, daß man seine Behauptungen demonstriert, damit andere sich ein Bild davon machen können.)

H. Benson: *The Relaxation Response*. New York: Morrow, 1975.

Die entgegengesetzte Art von Meditation, die *öffnende Meditation*, erfordert keine intensive Einengung der Aufmerksamkeit auf ein bestimmtes Objekt. Statt dessen wird ein Zustand freischwebender Wachheit angestrebt.

Obwohl es keine unmittelbaren empirischen Beweise für die Behauptung gibt, daß Meditation zu gesteigerter Wahrnehmungsfähigkeit führe, scheint eine physiologische Untersuchung der Zen-Meditation dies indirekt zu bestätigen (Kasamatsu u. Hirai, 1966). Wenn gewöhnliche Probanden oder Zen-Mönche, die nicht meditieren, einem Ticken ausgesetzt werden, dann setzt bei ihrer Hirnstromreaktion manchmal eine Gewöhnung ein; das heißt, obwohl der Alpha-Rhythmus zunächst durch das Ticken blockiert ist, setzt er nach einiger Zeit wieder ein. Dieser Vorgang der Gewöhnung ist so interpretiert worden, daß das Gehirn deutlich auf einen Reiz reagiert, solange dieser neu ist, ihn aber dann bald als etwas kategorisiert, das keine Anpassungshandlung erfordert und ab diesem Punkt auch keine Reaktion mehr auslöst. Wenn Zen-Mönche meditieren, weisen sie jedoch keinerlei Gewöhnung gegenüber dem fortgesetzten Ticken auf, was darauf hindeutet, daß sie dem Vorhandenen weiterhin ihre uneingeschränkte Aufmerksamkeit widmen, obwohl es nicht länger interessant ist oder ihre Beachtung erfordert.

5.3 Einige Warnungen

Die Erkenntnisse über Gipfelerlebnisse und die verschiedenen meditativen Zustände sind sichtlich ganz anderer Art als die Daten, die zur Identifizierung der meisten anderen psychologischen Phänomene benutzt werden. Von manchen Psychologen wird sogar die Existenz solcher VBZ in Frage gestellt, und viele derjenigen, die an ihr Vorhandensein glauben, bezweifeln, ob diese Zustände von bekannteren (und gründlicher erforschten) Formen des Bewußtseins wie Hypnose unterschieden werden können. Auch in diesem Fall bedarf es weiterer Forschungen.

Es gibt viele Lehrer oder Gurus, die uns anbieten, uns zu neuen Erlebnis- und Lebensweisen zu führen, die befriedigender und in Einklang mit „höherer Weisheit“ zu sein versprechen. In schwierigen Zeiten wie diesen sind wir alle empfänglich für solche Hoffnungen. Manche dieser Lehrer sind bewußte Scharlatane, denen es um Reichtum und persönliche Macht geht, während andere Neurotiker sind, die ihre Abwehr gegen ihre eigenen Ängste verstärken wollen, indem sie andere von ihrer Weisheit überzeugen. Einige von ihnen sind tatsächlich sehr weise und außergewöhnliche Menschen. Die psychologische Technik, deren sich viele dieser Lehrer bedienen, schließt die Auslösung von veränderten Bewußtseinszuständen zum unmittelbaren Erleben grundlegender Ideen ein. Per Saldo tut man jedoch gut daran, sich zu erinnern, daß ein großer Unterschied darin bestehen kann, einen großen Gedanken zu erfassen und diesen in wirksamer Weise in die Praxis umzusetzen. Wenn der Erwerb des neuen Wissens gefährlich ist oder wenn dieses Wissen keine merklichen günstigen Folgen bewirkt, dann mag es angezeigt sein, sich zu fragen, ob man wirklich Weisheiten erworben hat.

6 Alkohol und Trunkenheit

Alkohol in der Form von Bier oder Wein scheint seit dem Anbeginn der Zivilisation in menschlichen Kulturen existiert zu haben. Trotz dieser langen Geschichte und der riesigen Mengen an Alkohol, die in unserer Gesellschaft konsumiert werden, besitzen wir keine genauen Erkenntnisse über seine Wirkung auf das Bewußtsein. Eine enorme Menge an Literatur existiert, die entweder die Behauptung vertritt, daß „ein kleiner Schluck noch niemand geschadet hat“ oder daß alle Probleme der Welt vom Erzübel Alkohol herrühren. Der Alkohol ist jedoch eine der wenigen bewußtseinsverändernden Drogen, die definitive Auswirkungen auf das Verhalten hat, und in diesem Bereich verfügen wir über eine beträchtliche Menge an Informationen.

Wie aus Tabelle 4 hervorgeht, ist die Auswirkung des Alkohols auf das Verhalten und das Erleben eine Funktion der Dosierung. Ebenso wie im Falle anderer drogeninduzierter VBZ wissen wir gegenwärtig noch nicht, ob es einen bestimmten Punkt gibt, ab dem die Spielarten des NBZ enden und ein echter VBZ beginnt, aber der Rauschzustand ist erreicht, wenn der Alkoholgehalt im Blut etwa 0,1 Prozent beträgt. Die Tatsache, daß die physiologische Konzentration des Alkohols genau angegeben werden kann, scheint den Grad an Bewußtseinsveränderung objektiv anzuzeigen. Aber es bestehen große individuelle Unterschiede, sowohl zwischen den einzelnen Menschen als auch zwischen verschiedenen Zeitpunkten bei ein und derselben Person hinsichtlich der Reaktion auf eine bestimmte Dosis einer Droge, so daß diese Meßwerte nicht so nützlich sind, wie man annehmen könnte.

Dennoch sind gewisse Verallgemeinerungen möglich. Nach einem relativ geringen Alkoholkonsum sind die Hauptwirkungen Gefühle der Entspannung, der körperlichen Wärme, leicht verstärkte Emotionen und eine Verminderung der Hemmungen sowie eine deutliche Beeinträchtigung der Geschicklichkeit bei motorischen Aufgaben, die ein hohes Maß an Koordination erfordern. Bei stärkeren Rauschzuständen (etwa über 0,1 Prozent) ist die Koordination noch stärker beeinträchtigt und die motorischen Fähigkeiten vermindern sich bis zum totalen Koordinationsverlust. (In diesem Grad der Trunkenheit Auto zu fahren, ist

Tabelle 4: Folgen des Alkoholgenusses

Zahl der Drinks (30 g, 90 Vol. Proz.)	Prozente Alkohol im Blut	
1	0,03	Gewöhnlich keine Wirkung.
2–3	0,06	Wärme, Entspannung, Hochgefühl, leichte motorische Beeinträchtigung.
3–4	0,09	Enthemmte Verhaltensweisen und übertriebene Emotionalität, stärkere motorische Beeinträchtigung.
5–6	0,12	Erratisches Verhalten, Taumeln, starke motorische Beeinträchtigung, undeutliches Sprechen, sichtlich betrunken.
10–12	0,25	Schwere Wahrnehmungs- und Bewegungsstörungen (sieht doppelt, fällt zu Boden). Kann das Bewußtsein verlieren.
25	0,50	Totaler Stupor, möglicherweise Tod.

Diese Zahlen und Verhaltensauswirkungen sind Annäherungswerte und basieren auf einem Körpergewicht von 67,5 kg. Die Alkoholkonzentration im Blut dient in den Vereinigten Staaten zur juristischen Definition von Trunkenheit; in den meisten Bundesstaaten ist 0,10 bis 0,15 die gesetzlich erlaubte Grenze, in einigen liegt sie jedoch bei 0,08.

eindeutig eine potentiell mörderische Handlungsweise.) Bei noch höherer Alkoholkonzentration sind Stupor und schließlich der Tod die Folge.

Alkohol wurde aufgrund seiner Wirkung als soziales „Schmiermittel" geschätzt. McClelland et al. (1972) studierten die Wirkung von Alkohol bei gesellschaftlichen Anlässen und stellten fest, daß diese anfänglichen sozialen Wirkungen nicht aus einer Angstverminderung resultierten (Angstabbau trat faktisch erst nach starkem Alkoholkonsum ein), sondern auf die Auslösung starker Machtphantasien zurückzuführen waren. In einem leichten bis mäßigen Zustand der Trunkenheit äußern sich solche Phantasien in der Regel in sozial akzeptabler Weise wie dem Gefühl, die ganze Welt retten zu können. Bei zunehmender Trunkenheit verwandeln sich diese Phantasien in die Illusion einer persönlichen Art von Macht, die leicht zu Aggressivität und Gewalttätigkeit führen kann. Das zunehmende Selbstvertrauen in mäßigen bis starken Rauschzuständen zusammen mit der verminderten Leistungsfähigkeit macht Alkohol zu einer wirklich gefährlichen Droge.

Unsere allgemeinen Annahmen über Trunkenheit sind von verschiedenen sozialen Erwartungen durchsetzt, die nur geringen Bezug zu der pharmakologischen Wirkung der Droge haben. Anthropologen haben über Kulturen berichtet, in denen zwar stark getrunken wird, aber das Phänomen eines Katers unbekannt ist; doch in unserer Kultur betrachten wir diesen als einen unvermeidlichen physiologischen Effekt. Der mit Alkohol verbundene Abbau von Hemmungen, der sich in dem Altweibermärchen spiegelt, daß der Mensch in alkoholisiertem Zustand sexuell ansprechbar sei (dem die Erkenntnis junger Frauen entgegensteht, daß Männer in diesem Zustand weniger potent sind), mag eine direkte physiologische Basis haben, vielleicht aber auch primär aus der Tatsache resultieren, daß einem die Trunkenheit einen sozial akzeptableren Vorwand liefert, sich in einer Weise zu verhalten, die unter nüchterneren Umständen normalerweise unterdrückt wird. Die Wichtigkeit kultureller Faktoren gilt sowohl für Alkohol als auch für andere Drogen. Eine verbreitete kulturelle Überzeugung hinsichtlich der Gefühle und des Verhaltens, die der Konsum einer bestimmten Droge zur Folge haben soll, kann diese Wirkungen unmittelbar auslösen, aber diese Reaktionen werden oft (und fälschlicherweise) auf die pharmakologische Wirkung der Droge zurückgeführt.

7 Drogen und „VBZ“

7.1 Marihuanaintoxikation

Marihuana ist die Bezeichnung, die in Amerika gewöhnlich für verschiedene Präparate aus den Blättern oder Blüten der indischen Hanfpflanze *Cannabis sativa* verwendet wird; in Europa ist der Begriff Haschisch gebräuchlicher. Haschisch hat auch noch viele andere Namen wie „Grass“ und „Pot“. Die meisten dieser Präparate werden geraucht, aber manchmal auch gegessen; die Droge wirkt viel rascher und auch beträchtlich stärker, wenn sie geraucht wird. Marihuana ist seit Jahrtausenden in vielen Zivilisationen ein populäres Rauschmittel gewesen, obwohl es bis vor kurzem im Westen unbekannt war. Trotz schwerer Strafen, die auf dem Besitz von Marihuana stehen, gibt es Belege dafür, daß mehr als die Hälfte aller amerikanischen Hochschulstudenten diese Droge ausprobiert hat und viele sie ziemlich regelmäßig benutzen. Aus einem Bericht des amerikanischen Gesundheitsministeriums geht hervor, daß zwischen 1974 und 1979 der Prozentsatz an Teenagern (die Altersgruppen 12–17), die sich zum gelegentlichen Konsum von Marihuana bekannten, von 12,4 auf 16,1 Prozent stieg, während sich der Anteil an 14- bis 18jährigen, die *täglich* zu dieser Droge greifen, von 6 auf 10 Prozent erhöhte.

Die pharmakologische Forschung hat in den letzten 10 Jahren gezeigt, daß das wichtigste aktive Ingrediens von Marihuana eine chemische Substanz namens Tetrahydrokannabinol (THC) ist. Andere Bestandteile der Pflanze können ebenfalls eine Wirkung ausüben oder die Wirkung von THC modifizieren. Die Wirkung von Marihuana auf Versuchstiere ist eingehend studiert worden, aber um bei Tieren beobachtbare Verhaltensauswirkungen zu erzielen, müssen die Dosen viel höher sein als die Maximaldosen, die im allgemeinen von Menschen benutzt werden.

Bei den beim Menschen üblichen Dosierungen bestehen die einzigen bekannten unmittelbaren *physiologischen* Folgen in einer leichten Steigerung der Herzfrequenz und einer Erweiterung der winzigen Blutgefäße des Auges, wodurch die Augen einige Stunden lang blutunterlaufen erscheinen können. Verschiedene Berichte deuten darauf hin, daß Marihuana insbesondere nach langem Gebrauch eine Abnahme der Spermenzahl und des Testosteronspiegels (s. 4. Kap.) im Blut bewirken (Harris et al., 1977). Es ist wahrscheinlich fair zu sagen, daß es bisher noch keine definitiven Erkenntnisse über die physiologischen oder biochemischen Folgen eines mäßigen Gebrauchs dieser Droge gibt, während langanhaltender übermäßiger Konsum schädliche Auswirkungen haben kann (Hollister, 1971; Weil, 1969). Natürlich muß *irgendein* Mechanismus die Veränderung der Herzfrequenz, die Erweiterung der Blutgefäße und die nachstehend erörterten Auswirkungen auf das Verhalten und Erleben verursachen. Einigen Berichten zufolge wirkt sich Marihuana auf das sympathische Nervensystem und die neuralen Transmitter aus. Diese Veränderungen ziehen *vielleicht* keine kumulativen schädlichen Folgen nach sich, aber bis vor relativ kurzer Zeit wurde natürlich auch hinsichtlich des Zigarettenrauchens eine ähnliche Auffassung vertreten.

Die Wirkung von Marihuana oder THC auf das beobachtbare *Verhalten* ist viel weniger ausgeprägt als die Wirkung auf die Wahrnehmung und die Denkprozesse, und es können auch widersprüchliche Resultate früherer Erfahrungen mit der Droge auftreten. Einerseits entwickeln Menschen (ebenso wie Tiere) eine gewisse Toleranz für die Droge, so daß die gleiche Dosis hinsichtlich bestimmter geistiger und motorischer Aufgaben eine stärkere Wirkung auf Neulinge als auf erfahrene Benutzer hat. Auf der anderen Seite berichten erfahrene Benutzer oft über intensivere subjektive Wirkungen (vielleicht aufgrund der nachstehend diskutierten drogenunabhängigen Faktoren). Außer diesen Folgen kann es bei starkem langfristigem Gebrauch zusätzliche schädliche Wirkungen auf das Verhalten und die Persönlichkeit geben, aber diese sind noch nicht hinreichend studiert worden. Ein Aspekt der Forschung über Verhaltensänderungen sollte auf jeden Fall angemerkt werden. Tests der Fähigkeit, die Spur zu halten, und der Wahrnehmungsleistungen in Lenksimulatorstudien liefern eindeutige Anzeichen von Veränderungen nach dem Genuß von Marihuana. Die Implikationen für die Verkehrssicherheit in realen Situationen sind offenkundig und wichtig.

Bei der Betrachtung der Folgen von Marihuana auf das *Erleben* ist es besonders wichtig, den Effekt von drogenunabhängigen Faktoren (wie kulturelle Unterschiede, individuelle Bedürfnisse und persönliche Erwartungen) auf den Charakter eines durch eine chemische Substanz ausgelösten VBZ hervorzuheben. Bei einem Versuch, durch den ein solcher Einfluß demonstriert werden sollte, verbrachten die Versuchspersonen zehn Minuten in einer ruhigen, isolierten Umgebung. Einige der Vpn erhielten explizite Anweisungen, wie sie auf ihre subjektiven Erlebnisse achten sollten, andere nicht. Ein Teil der Probanden wurde aufgefordert, sich vorzustellen, daß sie eine Droge wie LSD oder Meskalin erhalten hätten, andere hingegen nicht. Die Vpn, die entweder angewiesen worden waren, nach innen zu schauen, oder sich vorzustellen, daß sie Drogen genommen hätten, berichteten über weitaus mehr intensive Erlebnisse als die übrigen, unter anderem, sie hätten ein Leuchten gesehen, hätten in ambigen Objekten Muster entdeckt, hätten sich depersonalisiert gefühlt und das Gefühl gehabt zu schweben. Manche Vpn waren tatsächlich überzeugt, daß die Versuchsleiter ihnen einen Streich spielten und in dem Raum optische Täuschungen hervorriefen (Hunt u. Chefurka, 1976). Dieses Experiment deutet darauf hin, daß Personen, die in der Hoffnung, ihre Gedanken und Gefühle zu verändern, Drogen nehmen, dies als Teil einer besonderen Situation tun, in der sie sich berechtigt und ermutigt fühlen, nach innen und nicht nach außen zu schauen. Manche der Auswirkungen, die der Droge zugeschrieben werden, könnten einfach das Ergebnis dieser Innenschau sein. Die Bedeutung eines solchen Faktors ist noch größer bei stärkeren psychedelischen Drogen wie LSD; das sollten wir uns während der ganzen folgenden Erörterung vor Augen halten.

In Abbildung 15 sind verschiedene Kategorien von Auswirkungen auf das Erleben angegeben, über die erfahrene Marihuanabenutzer im schwächsten Grad der Intoxikation (nach dem Urteil der Benutzer) berichtet haben, unterhalb dessen diese Wirkungen selten auftreten, während sie über diesem erlebt werden können, wenn die psychologischen Bedingungen günstig sind. Individuelle Unterschiede, die beträchtlich sein können, werden in dieser Abbildung nicht berücksichtigt. Es ist auch wichtig, darauf hinzuweisen, daß dies Wirkungen sind, die von *erfahrenen* Benutzern angegeben wurden, was sie zu einer besonders ausgewählten Gruppe von Leuten macht, für die die angenehmen Wirkungen des Marihuanarausches viel ausgeprägter sind als die unerfreulichen.

Wie aus Abbildung 15 hervorgeht, besteht die unmittelbarste Wirkung auf den Raucher, der das Gefühl hat, in den VBZ der Marihuanaintoxikation einzutreten, in einem vorübergehenden

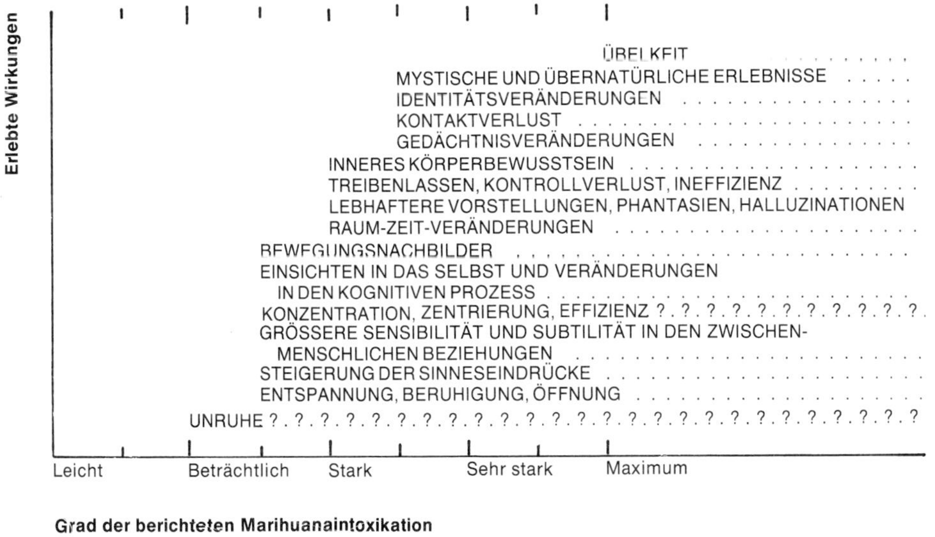

Abbildung 15: Schwellen der Marihuanaintoxikation, an denen verschiedene Erlebnisse eintreten. Die Schwelle für jede Kategorie ist der Intoxikationsgrad, bei dem 50 Prozent der erfahrenen Benutzer der Droge deren erstes Auftreten berichten. Sobald eine Wirkung eingesetzt hat, hält sie in der Regel auch in stärkeren Intoxikationsgraden an, außer dort, wo hinter der Bezeichnung der Kategorie Fragezeichen stehen. So tritt beispielsweise *Unruhe* erstmals auf, wenn der Raucher angibt, daß er „ziemlich" angetörnt sei, hält kurze Zeit an und verschwindet dann, wenn der Raucher über eine „starke" Wirkung berichtet; die *Steigerung der Sinneseindrücke* tritt erstmals zwischen dem Stadium der „beträchtlichen" und der „starken" Intoxikation ein, hält aber dann an.

Gefühl der Unruhe, das aber fast immer nach wenigen Minuten verschwindet. Es folgt dann ein Gefühl größerer Entspannung und geistiger Beruhigung. Daran schließt sich eine „Steigerung der Sinneseindrücke“ – das Gefühl, daß man die Dinge mit allen Sinnen feiner wahrnimmt und sensibler spürt als gewöhnlich. Eine faktische Zunahme der physischen Sensibilität tritt nicht ein, aber die Art und Weise, wie sensorische Informationen aufgenommen werden, wird als verändert erlebt. Diese scheinbare Veränderung schließt eine größere Sensibilität gegenüber den Äußerungen anderer Menschen und ihrem Verhalten und das allgemeine *Gefühl* ein, bei allen Aufgaben, die man in Angriff nimmt, effizienter zu sein, besser imstande, sich auf diese zu konzentrieren und sie zu meistern. In diesem mittleren Rauschzustand berichten viele erfahrene Benutzer auch über zahlreiche spontane „Einsichten“ in ihr eigenes Seelenleben. Es kann zu ungewöhnlichen Assoziationen und Gedankengängen kommen, oder Probleme werden aus einer neuen Perspektive gesehen. Viele Benutzer glauben, daß Marihuana dank dieser Veränderungen in der kognitiven Verarbeitung das kreative Denken fördere.

Sobald ein starker Rauschzustand erreicht ist, beginnt sich der Erlebnisrahmen von Raum und Zeit zu verändern, und die Zeit scheint viel langsamer zu vergehen. Bildhafte Vorstellungen und Phantasien sind intensiviert, und in einem sehr fortgeschrittenen Stadium kann der Benutzer tatsächlich halluzinieren, obwohl er sich im allgemeinen bewußt ist, daß es sich um eine Halluzination und nicht um eine reale Wahrnehmung handelt. Die anfänglichen Gefühle der Konzentration und Effizienz werden nunmehr vom Eindruck der Ineffizienz und vom Dahintreiben der Denkvorgänge abgelöst. Es gibt auch Gefühle verstärkten Kontakts mit inneren körperlichen Vorgängen; so kann man das Gefühl haben, physiologische Funktionen zu spüren, die normalerweise nicht bewußt wahrgenommen werden (beispielsweise kann einem der eigene Herzschlag sehr stark, ja erschreckend bewußt werden.

Wenn der Benutzer in die stärksten Rauschzustände dieses marihuanabedingten VBZ eintritt, schrumpft die Gedächtnisspanne in der Regel, und zwar manchmal so stark, daß der Betreffende unfähig ist, einen Satz zu beenden, weil er dessen Anfang vergessen hat. Der Benutzer kann vorübergehend den sensorischen Kontakt mit der Umwelt verlieren, wenn er die Augen schließt und sich seinen Phantasien und psychischen Vorgängen überläßt. Das Gefühl der persönlichen Identität kann vorübergehend verblassen, und der Benutzer hat häufig das Gefühl, viel mehr zu sein als ein menschliches Wesen (das heißt, eine bestimmte Person mit einer spezifischen Geschichte). Mystische Erlebnisse können eintreten, und manchmal hat der Benutzer das Gefühl, Telepathie oder ähnliche übernatürliche Erscheinungen erlebt zu haben.

Im Stadium der stärksten Intoxikation kann Übelkeit manchmal bis zum Punkt des Erbrechens auftreten. Erfahrene Benutzer geben jedoch an, daß dies äußerst selten sei, da sie normalerweise nicht genügend Stoff rauchen, um diesen Grad zu erreichen. Im allgemeinen rauchen erfahrene Benutzer eine bestimmte Menge, stellen dann fest, ob sie den gewünschten Grad der Intoxikation erreicht haben, und bleiben dann entweder auf diesem Niveau oder rauchen mehr, um noch „higher“ zu werden.

Die Fürsprecher von Marihuana zitieren die meisten der obengenannten Effekte als Vorzüge dieser Droge. Gegner führen dieselben Erfahrungen als Exempel der psychologischen Desorganisation und anderer pathologischer Auswirkungen an. Ob eine bestimmte Art von Erlebnis als pathologisch betrachtet wird, ist oft eine Frage der kulturellen Wertvorstellungen und des persönlichen Standards von akzeptablem Verhalten. Ob bei lang anhaltendem Marihuanagebrauch bei einigermaßen gesunden Personen schädliche physiologische Folgen auftreten, muß erst durch weitere Langzeitstudien geklärt werden. Wenn ein Benutzer schließlich von seinen Marihuanaerlebnissen als seiner wichtigsten Quelle der Befriedigung im Leben abhängig wird und es dann vermeidet, sich den Herausforderungen der wirklichen Welt zu stellen, dann wird er diese Herausforderungen freilich nie bewältigen können. Die Analogie zur Abhängigkeit von Alkohol ist auch hier angebracht, das sollte aber den Benutzern beider Drogen nur einen geringen Trost bieten.

7.2 LSD: Eine psychedelische Droge

Der Begriff *psychedelisch* kommt vom lateinischen *psyche* („Seele") und dem griechischen *delos* („klar sichtbar"). Er wurde von dem Arzt Humphrey Osmond geprägt, womit er sagen wollte, daß bestimmte Drogen „die Seele sichtbar" machen, das heißt, Aspekte des Bewußtseins offenbaren, die gewöhnlich nicht sichtbar sind. Osmond wollte die älteren Begriffe *halluzinogen* und *psychotomimetisch* (auch *psychosomimetisch*) ersetzen, die zur Beschreibung dieser Drogen benutzt wurden und mit Konnotationen belastet waren, die implizierten, daß derartige Erfahrungen immer pathologisch seien (manchmal werden mit diesen Drogen Halluzinationen oder quasi-psychotische Zustände erlebt, aber das ist kein notwendiges Resultat). LSD (Lysergsäurediäthylamid) ist die bekannteste psychedelische Droge. Andere sind Meskalin (der aktive Bestandteil des Peyote-Kaktus) und Psilocybin (von vielen Amerikanern als „mexikanischer Zauberpilz" bezeichnet). Manche würden auch Marihuana, insbesondere in hohen Dosen, als psychedelische Droge bezeichnen, aber in den üblichen Dosierungen ist ihre Wirkung weitaus schwächer als die von LSD, Meskalin und Psilocybin.

Obwohl eine immense Literatur über die Wirkungen psychedelischer Drogen existiert, ist ein Großteil davon widersprüchlich, so daß es schwer ist, sich ein kohärentes Bild der davon ausgelösten VBZ zu machen. Unger (1963) kommt bei seiner Sichtung der Forschungsdaten über LSD, Meskalin und Psilocybin zu dem Schluß, daß alle ähnliche Wirkungen haben, daß die individuellen Unterschiede aber so groß seien, daß es unmöglich sei, ein kohärentes Bild der VBZ zu präsentieren, die von einer bestimmten psychedelischen Droge ausgelöst werden.

Drogenunabhängige Faktoren, die die Reaktionen auf Marihuana so stark beeinflussen, spielen auch bei den Reaktionen auf psychedelische Drogen eine Rolle. Wenn wir persönliche Berichte über LSD-Erfahrungen lesen, haben wir gewöhnlich keinerlei Informationen über die Persönlichkeitsmerkmale des Berichterstatters und wie diese seine Reaktionen beeinflußt haben könnten. Und obwohl es mehr als 1000 Laboruntersuchungen über die Auswirkungen von LSD gibt, wurden fast alle unter psychologischen Bedingungen durchgeführt, von denen wir jetzt wissen, daß sie die Möglichkeit eines „bad trip" maximieren. Als LSD erstmals zum Gegenstand wissenschaftlicher Untersuchungen wurde, glaubten die meisten Forscher, daß es eine typische Psychose auslöse und deshalb das Studium des psychotischen Prozesses im Labor gestattet. Ein Großteil dieser Forschung wurde deshalb von Psychiatern in Krankenhäusern ausgeführt, die die Probanden im wesentlichen fragten, wie „verrückt" sie sich fühlten; rückblikkend ist es nicht überraschend, daß in manchen Fällen dadurch tatsächlich vorübergehende experimentelle Psychosen ausgelöst wurden.

Für viele psychologische und psychiatrische Autoritäten haben fast alle Erfahrungen, die im Zusammenhang mit psychedelischen Drogen gemacht wurden, Ähnlichkeit mit den Erlebnissen in Psychosen oder sind identisch mit diesen; aus diesem Grund wird LSD als unglaublich gefährlich angesehen und als wahrscheinliche Ursache des angenommenen geistigen Abbaus bei den Hunderttausenden betrachtet, die diese Droge benutzt haben. Andere Autoritäten bestreiten dieses Urteil als zu hart und sind bereit, die Möglichkeit ins Auge zu fassen, daß Erlebnisse mit psychedelischen Drogen medizinisch harmlos sind, eine vorübergehende Befreiung aus kulturellen Zwängen ermöglichen und nützliche Einsichten in die eigene Persönlichkeit, in die unmittelbare soziale Umgebung und in die menschliche Natur im allgemeinen gestatten.

In seinem Überblick über Hunderte von klinischen Untersuchungen des Gebrauchs von LSD in der Therapie kommt Mogar (1965) zu dem Schluß, daß sich LSD als hilfreich erweisen kann, wenn es unter entsprechender Kontrolle, in großen Intervallen und mit gleichzeitiger psychotherapeutischer Arbeit verwendet wird, die darauf abzielt, die gewonnenen Einsichten zu assimilieren. In einer inzwischen bekannten Warnung weist er jedoch auf die entscheidende Bedeutung der Persönlichkeit des Benutzers hin, die zusammen mit anderen drogenunabhängigen Faktoren die spezifischen Wirkungen des LSD-Gebrauchs bestimme. Auch unterschieden sich die Bedingungen, unter denen Menschen allein LSD nehmen, gewöhnlich stark von denen, die anscheinend günstige therapeutische Ergebnisse bewirken. Häufiger LSD-Konsum durch Personen von generell angegriffener psychischer Gesundheit oder in Zeiten großer persönlicher Belastungen kann wahrscheinlich zu emotionalen Zusammenbrüchen und zu einer ernsten Verschlechterung des psychischen Zustands führen.

Wer durch Drogen oder andere Mittel einen veränderten Bewußtseinszustand erreichen will, sollte möglichst gut über die psychologischen, physischen und juristischen Gefahren sowie über die Mittel und Wege informiert sein, die entwickelt wurden, um diese Gefahren zu minimieren. Es ist keinesfalls eine Alltäglichkeit, einen VBZ bei sich selbst auszulösen. Das Resultat ist von einer Vielzahl von Faktoren abhängig, von denen wir viele nicht unter Kontrolle haben. Die Drogen, über die wir gesprochen haben, wirken sich tatsächlich auf das Gehirn aus, wenn uns in den meisten Fällen unsere gegenwärtigen Erkenntnisse auch noch in Ungewißheit über die genaue Beschaffenheit und Unumkehrbarkeit der Folgen lassen. Aber wer möchte schon der erste sein, bei dem gravierende Langzeitwirkungen des Drogenkonsums entdeckt werden? Zumindest sollte man sich ernsthaft überlegen, ob der mögliche Nutzen das Risiko aufwiegt.

7.3 Drogengebrauch und Drogenmißbrauch

Trotz der starken negativen Einstellungen zu Drogen konsumiert unsere Gesellschaft diese in riesigen Mengen. Wie eine neuere Umfrage in einer überwiegend weißen Mittelschichtgemeinde im US-Staat Maryland ergab, die von Forschern der Johns-Hopkins-Universität durchgeführt wurde, hatten über 60 Prozent der befragten Frauen und fast 42 Prozent der Männer in den letzten 48 Stunden ein oder mehrere (rezeptpflichtige oder nicht rezeptpflichtige) Medikamente eingenommen. Der Konsum von bewußtseinsverändernden Medikamenten wie Tranquilizer auf ärztliche Verschreibung ist gigantisch. Natürlich beweist die Tatsache, daß legale bewußtseinsverändernde Drogen in großem Umfang benutzt werden, nicht, daß sie ungefährlich sind; es beweist auch umgekehrt nicht, daß *illegale Drogen* sicher sind.

Es gibt Drogen, über deren Gefährlichkeit sich fast alle Autoritäten einig sind. Ihre Benutzer werden abhängig, ihr persönliches Leben wird zerstört und sie erleben großes Unglück. Dies sind die sogenannten schweren Rauschgifte wie Opium, Heroin und Morphium, die starken Stimulantien wie Dexedrinsulfat („Speed“ und „Meth“) und starke Sedativa wie Barbiturate.

7.4 VBZ, die Gesellschaft und wir

Die westliche Kultur hat im großen und ganzen bewußt herbeigeführte VBZ mißbilligt, obwohl sie im Falle der Alkoholisierung ambivalent ist. Die meisten selbst herbeigeführten VBZ werden als „Sünde“ oder als Symptome emotionaler Störungen klassifiziert. Aber unsere Kultur ist sehr heterogen, und speziell heute, da die traditionellen kulturellen Werte geschwächt sind oder von vielen Menschen aufgegeben wurden, scheinen durch Drogen und/oder Meditation hervorgerufene VBZ akzeptabler geworden zu sein. (Für bestimmte Subkulturen sind sie zu einem positiven Ziel geworden.)

Die psychiatrische und psychologische Mehrheitsmeinung besagt, daß die bewußte Herbeiführung eines VBZ durch ein Individuum bereits auf eine unvollkommene psychische Gesundheit hindeutet und daß manche VBZ als solche gefährlich für die psychische Gesundheit des Betroffenen sind. Die Minderheit würde dagegen die Auffassung vertreten, die obige Schlußfolgerung laufe auf die Aussage hinaus, VBZ könnten zur Folge haben, daß sich ein Individuum Werten und Verhaltensweisen verschreibt, die vom traditionellen größeren Hauptstrom der Kultur als abweichend angesehen werden, obwohl bestimmte Subkulturen (die Jugend, Hippies, Spiritualisten etc.) diesen Mangel an Konformismus gutheißen können.

Es ist nicht leicht, den Forderungen der Gesellschaft zuwiderzuhandeln. Wir sind ihre Produkte in weitaus mehr als einem intellektuellen Sinn; wir sind tief und gefühlsmäßig in Überzeugungen verwurzelt, die wir nicht einfach durch eine „rationale Entscheidung“ verändern können. Es ist jedoch wichtig, sich klarzumachen, daß *Kultur* nicht nur die Sitten und Gebräuche eines Landes als Ganzes umfaßt. Jeder von uns ist auch Teil von einer oder mehreren Subkulturen, von denen jede ihrerseits ihre eigenen Regeln für das Verhalten ihrer Mitglieder bereithält. Es ist mindestens so töricht, sich auf eine potentiell gefährliche Methode einzulassen, in einen VBZ zu gelangen, bloß, weil „alle meine Bekannten es tun“, wie, sich eine wichtige Erfahrung zu versagen, nur, weil die eigene Großmutter vielleicht nie davon gehört hat. Viele Menschen haben sich bewußt auf die Suche nach VBZ begeben, und andere haben ohne überlegte Entscheidung mit diesen experimentiert; aber manche dieser Menschen sind nicht imstande gewesen, mit den Konflikten fertigzuwerden, die durch ihre Abweichung von der Mehrheitskultur entstehen. Manche derjenigen, die VBZ suchen, entwickeln Geisteskrankheiten oder es kommt tatsächlich zu „bad trips“. Das Experimentieren mit VBZ ist mit wirklichen Gefahren verbunden, und es ist ratsam zu erkennen, daß Versuche und insbesondere Selbstversuche nicht leichtgenommen werden sollten.

Das soll nicht heißen, daß wir unser ganzes Leben in der Gemütsruhe eines langweiligen NBZ zubringen müssen. Die Lebensumstände liefern immer wieder mächtige Anstöße für tiefgreifende Veränderungen unseres normalen Gefühlszustands. Wir verlieben uns und werden dadurch in Euphorie versetzt oder niedergeschmettert. Kinder werden uns geboren, und Menschen, die wir lieben, sterben. Geistige, künstlerische oder andere Leistungen beflügeln uns; eine Katastrophe kann uns zu einer Heldentat oder doch zu einem Beweis unseres Mutes veranlassen. Ob diese Höhen und Tiefen ausreichen, um die ewig sehnsüchtige Seele zu befriedigen, oder ob wir aktiv nach neuen und anderen Bewußtseinszuständen suchen sollen, ist eine Entscheidung, über die die Wissenschaft in ihrem gegenwärtigen Entwicklungsstand äußerst wenig zu sagen hat.

Zusammenfassung

1. Die Psychologie, die einst als das Stadium des *Bewußtseins* definiert wurde, hat dieses Thema lange Zeit ignoriert. In neuerer Zeit hat sich die Aufmerksamkeit der Forschung diesem Thema zugewandt, insbesondere der Vielzahl *veränderter Bewußtseinszustände (VBZ)*, die in verschiedener Weise vom eigenen Normalzustand unterscheidbar sind.

2. Beim Einschlafen (im *hypnagogen Zustand*) durchläuft man drei Stadien (intakte, destrukturalisierte und restrukturalisierte Ichzustände), die in einem systematischen Zusammenhang mit dem gleichzeitigen Verlauf der Gehirnströme und mit den Augenbewegungen stehen.

3. Frühere Forschungen deuteten darauf hin, daß sich das Träumen auf eine bestimmte Phase des Schlafes beschränkt (erstes REM-Stadium), aber neuere Befunde haben ergeben, daß auch in anderen Schlafzuständen ein erhebliches Maß an mentaler Aktivität, wenn nicht tatsächlich Träume, vorhanden ist. Während eines Traums werden äußere Reize in der Regel ignoriert, obwohl sie manchmal in den Traum eingewoben werden können, ohne daß der Träumende davon erwacht.

4. Träume können in symbolischer oder verkleideter Form wichtige Facetten der Persönlichkeit ausdrükken, die sonst unzugänglich bleiben können. Freud war der einflußreichste moderne Vertreter dieser Auffassung, obwohl viele andere Persönlichkeitstheoretiker generell zustimmen würden. Ob die Traumdeutung ein nützliches therapeutisches Werkzeug ist, wird immer noch diskutiert.

5. *Erlebnisse* der *Körperlosigkeit* sind sehr selten und die Belege dafür überwiegend anekdotisch.

6. Die einzelnen unterscheiden sich sehr stark hinsichtlich ihrer Ansprechbarkeit für *Hypnose.* Zu den hypnotischen Phänomenen zählen erhöhte Sensibilität gegenüber Reizen *(Hyperästhesie),* verminderte Sensibilität (Hypoästhesie) bis zu dem Punkt, an dem schmerzhafte Reize nicht mehr empfunden werden *(Analgesie),* und Halluzinationen verschiedener Art. Auch posthypnotische Effekte können demonstriert werden.

7. Sich von einer nicht ausgebildeten Person hypnotisieren zu lassen, kann ein gefährliches Unternehmen sein, insbesondere, wenn man unter emotionalen Problemen leidet. Richtig angewandt ist die Hypnose jedoch ein vielversprechendes therapeutisches Instrument.

8. Nach Auffassung von Maslow können psychisch reife Menschen überaus befriedigende und Einsichten bewirkende *Gipfelerlebnisse* haben, die eine nachhaltige Wirkung auf ihre Wertvorstellungen und ihr künftiges Leben ausüben können.

9. Unter *Meditation* versteht man eine Vielzahl von Techniken zur Erreichung einer Palette von VBZ, von denen manche dem ekstatischen Zustand von Gipfelerlebnissen gleichen. Zwei Grundformen der Meditation können unterschieden werden: Die *konzentrative Meditation,* bei der die Aufmerksamkeit auf einen Brennpunkt konzentriert wird, und die *öffnende Meditation,* die einen nichtkonzentrierten, freischwebenden Zustand selbstbezogener Wachheit hervorruft.

10. Die Verhaltensauswirkungen des Alkohols hängen von dessen Konzentration im Blut ab, aber seine Wirkungen auf das Bewußtsein sind weniger direkt. Die kulturellen Erwartungen hinsichtlich der Wirkungen des Alkohols haben einen großen Einfluß auf dessen spätere Folgen, der vielleicht ebenso stark ist wie die unmittelbare pharmakologische Wirkung.

11. Innerhalb der üblichen Dosierungsgrenzen hat *Marihuana* wenige und milde Auswirkungen auf das Verhalten und auch diese hauptsächlich auf Personen, die zuvor noch nicht Bekanntschaft mit der Droge gemacht hatten. Die Auswirkungen auf das Erleben scheinen jedoch mit fortgesetztem Gebrauch zunehmen. Eine Vielzahl *drogenunabhängiger Faktoren* wirken sich auf die Qualität und Intensität der Reaktion auf Marihuana aus. Jede Art der Reaktion setzt ein gewisses Maß an Intoxikation voraus.

12. *Psychedelische Drogen,* von denen LSD am bekanntesten ist, lösen verschiedene VBZ aus, was sehr stark von dem psychologischen Kontext abhängig ist, in dem sie genommen werden. Über ihre Wirkung ist wissenschaftlich zu wenig bekannt; aus diesem Grund werden sie von manchen als überaus gefährlich, von anderen als für den einzelnen wertvoll angesehen, insbesondere in einem kontrollierten therapeutischen Rahmen.

13. Worin sich wohltuender Gebrauch und gefährlicher Mißbrauch von bewußtseinsverändernden Drogen unterscheiden, hängt weitgehend von *kulturellen Wertvorstellungen* ab. Es steht jedoch außer Zweifel, daß die harten Drogen wie Heroin sowohl süchtig machen als auch äußerst schädlich sind.

14. Jede Kultur verfügt über einen gewöhnlich impliziten Katalog von Annahmen darüber, welche menschlichen Potentiale aus dem riesigen Gesamtspektrum für wertvoll gehalten und kultiviert werden sollten. Die westliche Gesellschaft begegnet veränderten Bewußtseinszuständen jeder Art im allgemeinen mit Mißtrauen, und diese verbreitete Einstellung behindert die adäquate Erforschung mancher dieser Zustände. Aber diese Haltung scheint sich inzwischen etwas zu ändern. Eine persönliche Entscheidung, veränderte Bewußtseinszustände herbeizuführen, sollte nicht leichtfertig erfolgen.

4. Kapitel
Die physiologischen Grundlagen von Motivation und Emotion

In den Schlußkapiteln der anderen Bände erörtern wir die physiologischen Grundlagen der Empfindung und Wahrnehmung, des Lernens und des Gedächtnisses sowie der höheren mentalen Prozesse. In diesem Kapitel wollen wir uns den biologischen Vorgängen zuwenden, die der Wachheit, der Emotion und der Motivation zugrunde liegen. Das Erleben und die Äußerung von Motivationen und Emotionen hängen offenkundig von gegenwärtigen und vergangenen Erfahrungen und somit von der Wahrnehmung und vom Lernen und den damit verbundenen neuralen Systemen ab. Es wird sich jedoch als notwendig erweisen, einige weitere Aspekte des Körpers – im Nervensystem und anderenorts – zu erforschen, um die biologischen Grundlagen von Emotion und Motivation zu verstehen. Wir werden etwas über das autonome Nervensystem, die endokrinen Drüsen und das limbische System des Gehirns sowie über das Funktionieren der chemischen Vermittler erfahren, die diese miteinander verbinden.

Wir müssen uns zunächst die erstaunlichen Unterschiede der allgemeinen Reagibilität vor Augen führen, die den schlafenden Organismus von einem wachen und aktiven unterscheiden. Diese Unterschiede zeigen sich nicht nur in der Reaktionsbereitschaft auf äußere Reize, sondern auch in der Reaktionsbereitschaft auf die inneren Zustände, die ein Teil der treibenden Kräfte von Emotion und Motivation sind.

1 Schlafen und Wachen

Wir werden uns jetzt in einer allgemeinen Weise mit den verschiedenen Stadien des Schlafens und Wachens und den physiologischen Veränderungen, die ihnen zugrunde liegen, beschäftigen. Selbst wenn wir wach sind, ist es offenkundig, daß wir zu gewissen Zeiten stärker aktiviert sind als zu anderen. Wie im 1. Band (S. 125) dargestellt, sind im Wachzustand zwei besonders wichtige EEG-Kurven festzustellen, die mit den beiden Erregungsextremen korrespondieren. Das EEG einer entspannten Vp, die ihr Augenmerk nicht auf einen starken Reiz gerichtet hat, ist durch einen regelmäßigen sogenannten Alpha-Rhythmus von acht bis zwölf Ausschlägen pro Sekunde gekennzeichnet. Wenn sich der Betreffende mit einer (realen oder vorgestellten) Wahrnehmungsaktivität beschäftigt oder wenn er eine konzentrierte geistige Tätigkeit ausübt, wie sie zur Lösung eines mathematischen Problems erforderlich ist, dann werden diese Wellen durch unregelmäßigere von höherer Frequenz, aber geringerer Größe (das heißt, von niedrigerer Spannung) abgelöst.

1.1 Stadien des Schlafs

Wenn eine Veränderung im Wachheitsgrad in der anderen Richtung stattfindet (vom entspannten Wachzustand zum Schlaf), dann verändert sich das EEG ebenfalls in umgekehrter Weise. Zunächst tritt eine Periode leichten Schlafs ein (1. Stadium), in der das EEG unregelmäßiger und die Ausschläge kleiner werden als beim Alpharhythmus im Wachzustand. In späteren Stadien (2 und 3) wird dieser unregelmäßige Rhythmus durch das Auftreten von *Schlafspindeln* (Sequenzen sehr schneller Wellen) im EEG unterbrochen. Im noch tieferen Schlaf (Stadium 4) verschwinden die Spindeln und die Alphawellen und es treten große, langsame Wellen auf. Im Schläfer finden auch andere, damit zusammenhängende Veränderungen statt. Die Körpertemperatur und der Blutdruck sinken ab und die Atemfrequenz wird regelmäßiger; im allgemeinen ist der Schläfer jetzt schwerer aufzuwecken.

Nach etwa einer Stunde Tiefschlaf passiert der Schläfer diese Stadien in umgekehrter Reihenfolge. Wenn er diesmal ein EEG-Muster wie im ersten Stadium erreicht, befindet er sich aber de facto *nicht* in einem sehr leichten Schlaf. Diese Phase wird als erstes REM-Schlafstadium bezeichnet, denn außer dem charakteristischen EEG des ersten Stadiums treten auch schnelle Augenbewegungen (*rapid eye movements* = REM) auf, die unter den geschlossenen Lidern zu sehen sind. Die ganze Nacht hindurch weist der Schlafende abwechselnde Folgen von erstem REM-Stadium und den verschiedenen Stadien von NREM (keine raschen Augenbewegungen) auf. Diese Zyklen dauern jeweils ungefähr 90 Minuten, und obwohl die erste REM-Phase sehr kurz sein kann, können die späteren bis zu einer Stunde dauern.

Diese Phasen des REM-Schlafs können nicht als leichter Schlaf angesehen werden, denn trotz eines EEG-Musters, das dem eines wachen oder im frühesten Schlafstadium befindlichen Menschen gleicht, ist der Schläfer jetzt *schwerer* aufzuwecken

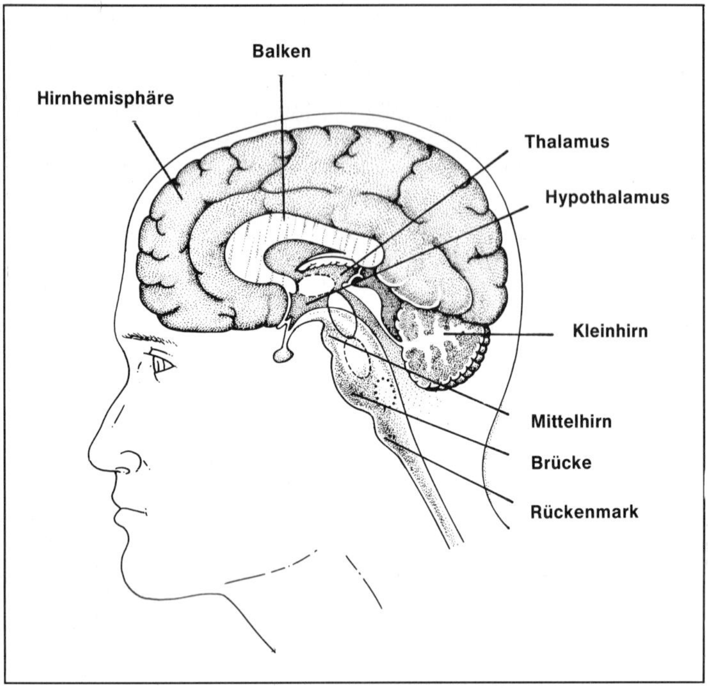

Abbildung 16: Auf dieser Zeichnung sind einige der Strukturen und Systeme zu sehen, deren Aktion und Interaktion unsere Schlaf- und Wachzustände bestimmen. Die obere gestrichelte Linie bezeichnet Teile des Thalamus und Hypothalamus, die den aus langsamen Wellen bestehenden NREM-Schlaf fördern. Die darunter befindliche geschlossene Linie bezeichnet den oberen Teil des retikulären Aktivierungssystems und einen Teil des Hypothalamus; diese Strukturen aktivieren die Hirnrinde und wecken das Individuum auf. Das andere, von einer gestrichelten Linie begrenzte Areal (überwiegend in der Brükke) fördert ebenfalls den NREM-Schlaf, anscheinend durch Hemmung des benachbarten Aktivierungssystems. Diese Region enthält eine hohe Konzentration des Transmitters Serotonin. Die punktierte Linie bezeichnet schließlich eine Region in der Brücke und im Rückenmark, die für die Entstehung von REM-Schlaf wichtig sein könnte; ACh (Acethylcholin) und Noradrenalin scheinen die chemischen Botenstoffe zu sein, die die Ansprechbarkeit dieses Systems kontrollieren.

als in manchen Stadien des NREM-Schlafs. Außerdem sind die Muskeln des Körpers dabei extrem entspannt und sogar die Reflexe sind sehr schwierig auszulösen.

Und natürlich träumt der Schläfer während des ersten REM-Stadiums am meisten (siehe vorheriges Kapitel). Manche Forscher vertreten die Auffassung, daß im ersten REM-Stadium zwei weitere Phasen unterschieden werden können. Während des *tonischen REM-Schlafs* sind die physiologischen Meßwerte relativ stabil; während des phasischen REM-Schlafs sind die Augenbewegungen dagegen besonders ausgeprägt, und es kann auch eine ähnliche Muskeltätigkeit der kleinen Muskeln im Mittelohr auftreten. Phasische Perioden scheinen durch Träume gekennzeichnet zu sein, in denen visuelle oder auditive Vorstellungen und Bewegungen am ausgeprägtesten sind; in den tonischen Perioden sind die Träume gedankenähnlicher und begrifflicher (Pivik, 1978). Angesichts des Zusammenhangs zwischen Traumstadium und erstem REM-Stadium ist es vielleicht überraschend zu hören, daß diese Art von Schlaf im Laufe des Lebens abnimmt. Während das erste REM-Stadium beim Neugeborenen etwa die Hälfte der Schlafzeit und im Fall eines vorzeitig geborenen Säuglings noch mehr ausmacht, beträgt es beim Erwachsenen nur noch 25 Prozent der Schlafzeit.

Es ist auch darauf hinzuweisen, daß REM-Schlaf auch bei Säugetieren verbreitet ist und vielleicht auch bei Vögeln auftritt.

Angesichts dieser Fakten werden sich die Leser vielleicht erneut fragen, warum Menschen eigentlich träumen. Ja, warum schläft der Mensch eigentlich? Wir sind gegenwärtig nicht imstande, diese Fragen erschöpfend zu beantworten. Um die Grenzen unseres Wissens in den nötigen Kontext zu stellen, wollen wir uns jedoch jetzt mit den neuronalen und chemischen Vorgängen im Gehirn beschäftigen, die diese verschiedenen Bewußtseinszustände und Erregungsgrade kontrollieren.

1.2 Neurale und chemische Mechanismen im Schlaf

Früher waren viele Neurophysiologen der Meinung, daß Schlaf lediglich als „Abwesenheit von Wachheit" betrachtet werden könnte. Dieser *passiven Schlaftheorie* zufolge ist Schlaf nichts weiter als der normale Zustand des Gehirns, wenn keine Aktivität in jenen Teilen vorhanden ist, die für den Wachzustand verantwortlich sind. Eine Fülle von empirischem Material hat die Forscher jedoch veranlaßt, gegenwärtig eine *aktive Theorie des*

Schlafs ins Auge zu fassen, der zufolge NREM-Schlaf, REM-Schlaf und Wachzustand jeweils dann eintreten, wenn bestimmte Teile des Gehirns aktiv sind.

Der Wachzustand scheint von der Aktivität bestimmter subkortikaler Regionen abzuhängen (s. Abb. 16). Von diesen Regionen ist insbesondere die Retikularformation des Hirnstamms wichtig, speziel die Teile derselben, die sich im Mittelhirn und im oberen Teil der Brücke befinden; hier vorhandene Aktivität ruft einen Erregungszustand in der Hirnrinde hervor. Außerdem gibt es eine Region im hinteren Teil des Hypothalamus, die erregend bzw. wachmachend wirkt; diese Region kann auch für andere Aspekte des Wachzustands verantwortlich sein, etwa, daß die Muskeln im Zustand der Bereitschaft gehalten werden und das autonome Nervensystem in entsprechender Weise aktiv ist, wie weiter unten in diesem Abschnitt ausgeführt.

Das Areal des NREM-Schlafs setzt sich aus ziemlich komplexen Strukturen zusammen. Dazu zählt ein System im Vorderhirn, bestehend aus einigen Nuklei im Thalamus und im vorderen Hypothalamus. Verletzungen dieser Region können Schlaflosigkeit auslösen, während elektrische Reizung Schlaf erzeugen kann. Außerdem ist ein Hirnstammsystem vorhanden, das in erster Linie aus den sogenannten *raphé-Neuronen* besteht. Diese Neuronen benutzen Serotonin als Transmittersubstanz; wenn der Serotoninspiegel experimentell erhöht oder gesenkt wird, verändert sich die Schlafdauer entsprechend. Das Hirnstammsystem übt seine Kontrolle über den Schlaf zumindest teilweise durch Entsendung hemmender Neuronen in die Retikularformation aus (siehe oben). Solange das untere System aktiv ist, bleibt der Erregungseffekt der Retikularformation auf die Hirnrinde und andere Regionen abgeschaltet (Koella, 1973).

Bei dem Schlaf, über den wir gerade gesprochen haben, handelt es sich jedoch nur um den langsamwelligen NREM-Schlaf. Das Bild für den REM-Schlaf ist ebenso komplex und noch zweifelhafter. Die entscheidenden Neuronen befinden sich im unteren Teil der Brücke; eine dortige Region namens *Locus coeruleus* ist an der Erzeugung von REM-Schlaf und seinem zyklischen Auftreten mit NREM-Perioden beteiligt. Es ist auch bekannt, daß der Acethylcholin- und *Noradrenalin*spiegel (ein weiterer neuraler Transmitter) wichtig sind. Aber die Zusammenhänge sind komplex; die Menge an REM-Schlaf scheint zuzunehmen, wenn die ACh-Synapsenaktivität gesteigert oder die Noradrenalinübermittlung gehemmt wird (Holman et al., 1975). Die Verhaltensunterschiede in den verschiedenen Schlaf- und Wachzuständen werden natürlich nicht ausschließlich durch neurale und chemische Aktivität an den erörterten Stellen ausgelöst, sondern durch die Wirkung, die diese Regionen auf die neuralen Aktivitätsmuster in der Hirnrinde und im ganzen Gehirn haben.

1.3 Der Schlaf-Wach-Zyklus und seine Funktionen

Nachdem wir die relevanten Nervensysteme erwähnt haben und nun darangehen, die Fragen nach dem „Warum“ des Schlafens und Träumens zu beantworten, sollten wir zunächst auf eine wichtige (wenn auch offenkundige) Tatsache hinweisen. Im täglichen Schlaf-Wach-Zyklus haben wir ein Beispiel der Funktionsweise einer inneren biologischen „Uhr“ vor Augen. Der Zyklus des Schlafens und Wachseins, der uns – und so vielen Tieren – so natürlich erscheint, ist nur einer von vielen Rhythmen körperlicher Veränderungen, die etwa dieselbe Zeitspanne umfassen wie die Drehung der Erde um ihre Achse. Diese werden nach dem lateinischen *zirka* (etwa) und *diem* (Tag) als *zirkadianische* Rhythmen bezeichnet. Es gibt auch tägliche Rhythmen in der Körpertemperatur, in der Produktion bestimmter Hormone und in anderen Vorgängen, die alle der Kontrolle der inneren Zeitregelungsmechanismen unterliegen.

An diesem Punkt mag der Leser einen Einwand haben. Wenn wir aufwachen, sobald die Sonne aufgeht oder der Hahn kräht oder der Radiowekker schrillt, und wenn wir einschlafen, sobald es dunkel wird, sollte man dann von einem *inneren* Rhythmus sprechen? Ist eine einfachere Erklärung nicht in einem Rhythmus zu finden, der auf der Reaktion auf *äußere* Stimulierung beruht? Dieser Einwand hält angesichts der unterschiedlichsten empirischen Daten nicht stand. Viele von uns haben schon Bekanntschaft mit dem *„jet lag“* gemacht. Wer in rapidem Tempo mehrere tausend Kilometer von Ost nach West (oder umgekehrt) reist, tritt in eine Umwelt ein, in der die Sonne und die gesamte menschliche Aktivität einem anderen

Tagesrhythmus folgt als an dem Ort, von dem er herkam. Der Reisende stellt fest, daß er nicht angemessen auf den neuen Rhythmus der äußeren Stimulierung reagieren kann, der allen um ihn herum als „natürlich“ erscheint. Sein Körper scheint noch nach dem Tagesrhythmus von „zu Hause“ zu funktionieren, und es dauert mehrere Tage, bis er sich an den neuen Rhythmus gewöhnt hat. Tatsächlich gibt es mehrere innere „Uhren“, die einzeln umgestellt werden müssen, wenn wir schnell von einer Zeitzone in die andere reisen. Und selbst nachdem sich der Schlafzyklus umgestellt hat, kann der Tagesrhythmus der Produktion bestimmter Hormone immer noch phasenungleich mit den Erfordernissen des neuen Tagesablaufs sein.

Experimentelle Labordemonstrationen des inneren Ursprungs und der relativen Stabilität dieser Schlaf-Wach-„Uhr“ sind leicht möglich. Wenn sich Menschen in einer Umgebung aufhalten, in der keine Informationen über die Tageszeit erhältlich sind, und wenn man ihnen gestattet, je nach Wunsch zu wachen oder zu schlafen, behalten sie einen regelmäßigen Zyklus des Schlafens und Wachseins bei, mit denselben Schwankungen der Schlaftiefe, die in der Außenwelt auftreten (Webb u. Agnew, 1974). Ähnliche Experimente wurden mit Tieren durchgeführt, die entweder bei ständigem Licht oder in ständiger Dunkelheit gehalten wurden. Sie behalten wochen- oder monatelang einen täglichen zirkadianischen Aktivitätsrhythmus bei. Genauer gesagt tendieren sowohl Menschen als auch Tiere in solchen Versuchen dazu, ihren Zyklus auf etwas mehr als 24 Stunden auszudehnen. Paradoxerweise ist dies ein besserer Beweis für einen biologischen Zeitmesser als es ein vollkommener 24-Stunden-Rhythmus wäre. Im letzteren Fall bestünde die Möglichkeit, daß die Probanden auf sehr kleine, unauffällige Außenreize reagieren (etwa auf einen vom Versuchsleiter unbemerkten schwachen akustischen Reiz, der auf die Zeit hinweist, oder auf irgendeinen subtilen Anhaltspunkt, der durch die Erddrehung entsteht).

Hilft uns die Tatsache, daß innere Mechanismen den Schlaf- und Wachrhythmus des Organismus sichern, das Wesen des Schlafs als solches und dessen Bedeutung für das Individuum zu verstehen? Die meisten traditionellen Vorstellungen über die Funktion des Schlafs basieren auf der Annahme, daß dieser eine Zeit der Erholung sei – daß beispielsweise die Neuronen einfach „müde“ werden und eine Periode der Inaktivität brauchen, bevor sie aufs Neue mit optimaler Effizienz an die Arbeit gehen können. Die bisherigen Befunde stützen eine solche Auffassung nicht. Es scheint keine Nervensysteme zu geben, die während des Schlafs völlig inaktiv sind; in Wirklichkeit feuern manche häufiger als im Wachzustand. Und obwohl es immer gefährlich ist, aus negativen Befunden definitive Schlüsse zu ziehen: es gibt keine Beweise, daß Schlafmangel eine schädliche physiologische Wirkung auf das Nervensystem oder irgendwelche anderen körperlichen Mechanismen hat. Natürlich ist es richtig, daß man sich bei Schlafentzug (und in dieser Hinsicht scheint das vierte Schlafstadium am wichtigsten zu sein) „schläfrig“ und gestreßt fühlt und in seinen Handlungen beeinträchtigt ist (Webb u. Agnew, 1977). Was ist der Grund dafür?

Eine interessante *verhaltensbezogene* Auffassung besagt, daß wir Schlaf und Inaktivität im Hinblick auf ihre Gesamtbedeutung für die Selbsterhaltung des Individuums und der Spezies und nicht als eine Periode der physischen Kräftigung betrachten sollten (Millner, 1970). Jeder Organismus hat Zeiten der Aktivität, in denen er *am effektivsten* Nahrung sammeln und konsumieren, sich paaren, für den Nachwuchs sorgen usw. kann. Manche Tiere haben sich evolutionsgeschichtlich so entwickelt, daß sie diese Funktionen am besten während der Nacht ausüben können; die meisten Primaten sind ebenso wie der Mensch visuelle Lebewesen, die sich an einen Tagesablauf angepaßt haben, nach dem sich der größte Teil ihrer Aktivität auf die Tageslichtphase des 24-Stunden-Zyklus beschränkt. Wenn die Vorfahren der ersten Menschen in den Stunden des Tageslichts beispielsweise am besten Nahrung finden und ihre anderen Bedürfnisse befriedigen konnten, dann war es viel günstiger für sie, nachts in einer Höhle zu schlafen, als ineffektiv in der Dunkelheit herumzustolpern, den Raubtieren der Nacht ausgeliefert und die unter Tags gewonnene Nahrungsenergie verschwendend. Ein menschlicher Urahne, der darauf bestanden hätte, ein „Nachtmensch“ zu sein, hätte wenig Chance gehabt, lang genug zu überleben, um Nachkommen zu haben. Ein Vergleich zwischen vielen Tierarten zeigt tatsächlich, daß die Schlafdauer verschiedener Organismen allein aufgrund von zwei Faktoren gut erklärt werden kann: (1) die Energiemenge, die das Tier

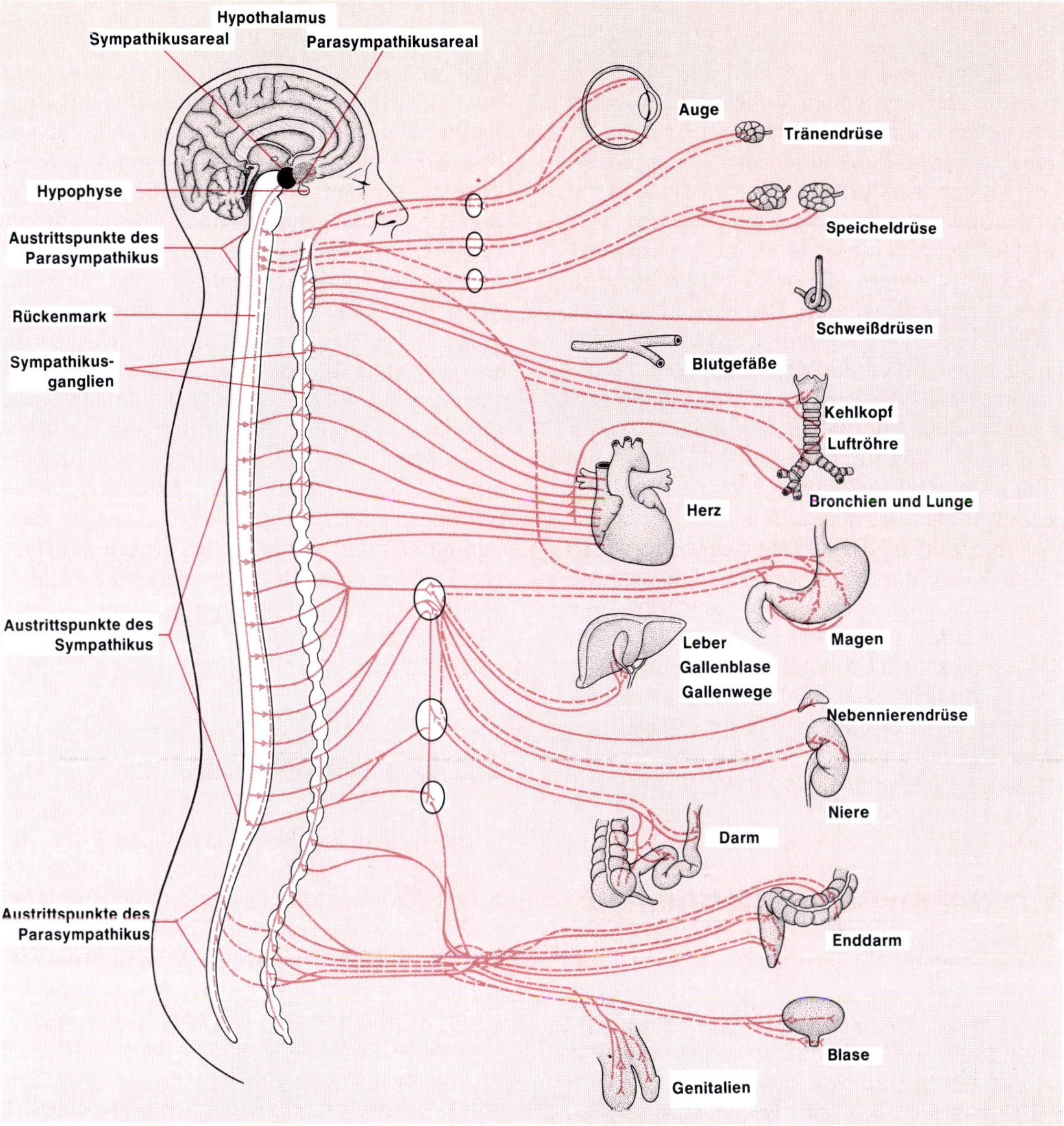

Abbildung 17: Das autonome oder vegetative Nervensystem: eine halbschematische Darstellung des Gehirns, des Rückenmarks und der peripheren Teile des sympathischen und parasympathischen Systems. Ein Großteil der autonomen Aktivität (aber nicht die gesamte) wird vom Hypothalamus gesteuert.

Betrachten wir zuerst das sympathische System, das durch ungebrochene Linien dargestellt ist. Die Nervenaktivität wird im unteren Teil des Hypothalamus oder an anderen Stellen des ZNS angeregt. Etwa in der Mitte der Wirbelsäule (in dem Abschnitt, der als *Austrittspunkt des Sympathikus* bezeichnet ist) verläßt es das Rückenmark (durch kleine Pfeile angedeutet). Jedes Neuron tritt dann in eines der Sympathikusganglien ein, wo es mehrere Verbindungen herstellt. Der Nervenimpuls fließt dann die Ganglienkette hinauf und hinunter und stellt den Kontakt mit vielen Sympathikusganglien her. Wenn ein Neuron des Rückenmarks in Aktion tritt, geraten somit viele Ganglien in Erregung. Von diesen Ganglien erstrecken sich andere Neuronen in die verschiedenen inneren Organe – Schweißdrüsen, Blutgefäße, Herz, Genitalien etc.

Das parasympathische System ist durch gestrichelte Linien eingezeichnet. Auch in diesem kann die Aktivität vom Hypothalamus ausgehen, aber von dessen oberem Teil. Die Impulse verlassen das Gehirn oder das Rückenmark an einer von zwei Stellen (an den Punkten, die als Austrittsstellen des *Parasympathikus* gekennzeichnet sind). Die Neuronen stellen keine synaptischen Verbindungen in den nahe beim Rückenmark befindlichen Ganglien her, sondern näher bei oder direkt an den inneren Organen, die sie versorgen. Die Impulse erreichen schließlich im wesentlichen dieselben Organe wie diejenigen des Sympathikus, aber die Wirkungen der Stimulierung durch die beiden Systeme sind im allgemeinen entgegengesetzter Art. Zu beachten ist auch, daß ein bestimmtes Aktivitätsmuster des parasympathischen Systems in der Regel weniger Organen dient als eine einzige Aktivierung des sympathischen Systems.

bewahren muß, und (2) die Zeit, die es dafür aufwenden muß, potentiellen Feinden aus dem Weg zu gehen (Allison u. Cicchetti, 1976).

Einige mögliche Funktionen speziell des REM-Schlafs werden in Abschnitt 20 erwähnt, und auf mehrere andere haben wir hingewiesen. Der Freudsche Gedanke, daß er ein Mittel sei, inakzeptable Triebe zu äußern, die sich sonst im Wachzustand manifestieren würden, ist eine Theorie, die den REM-Schlaf als notwendige Alternative zum Wachzustand betrachtet. Mehrere andere Theorien sehen im REM-Schlaf eine wünschenswerte oder notwendige Alternative zum NREM-Schlaf. Beispielsweise könnte es sein, daß bestimmte Regionen des Gehirns leiden würden, wenn sie lange Zeit in der Art und in dem Grad stimuliert würden, die für den NREM-Schlaf charakteristisch sind. Das REM-Stadium unterbricht den langsamwelligen Schlaf, ohne den Schläfer zu stören. Eine weitere Theorie – für die einiges spricht (Carlson, 1977) – lautet, der REM-Schlaf spiele eine besondere Rolle für das Lernen und für das Gedächtnis, indem er die Konsolidierung oder Reorganisation von Materialien gestatte. Dies bleibt eine faszinierende, wenn auch noch ungelöste Frage.

2 Entstehung der emotionalen Reaktionen

Zur Erörterung der biologischen Grundlagen von Emotion und Motivation müssen wir unsere frühere Beschreibung des Nervensystems in zwei Hinsichten erweitern. Wir müssen einen speziellen Teil davon, das *autonome Nervensystem,* genauer beschreiben und auf die Art und Weise eingehen, wie das Nervensystem mit den *endokrinen* Drüsen interagiert.

2.1 Das autonome Nervensystem

Die Erörterung des Nervensystems im 1. Band beschränkte sich in erster Linie auf das *zerebrospinale Nervensystem* (auch animales N. S.), das primär mit dem sensorischen Input aus der Außenwelt und mit der Kontrolle der Skelettmuskeln (die am Knochengerüst befestigt sind und somit die Körperbewegungen ausführen) beschäftigt ist. Hier werden wir uns primär mit dem *autonomen* oder *vegetativen* Nervensystem befassen. Obzwar dieses auch einen Teil der von außen kommenden Sinnesreize verarbeitet, ist das autonome Nervensystem außerdem für den speziellen Input zuständig, der aus den Schmerz- und Druckrezeptoren in den *inneren Organen* wie Herz und Blutgefäßen, Magen und Genitalien eintrifft. Was die Motorik betrifft, ist das autonome Nervensystem in das *sympathische* und das *parasympathische Nervensystem* unterteilt (s. Abb. 17). Zusammen kontrollieren diese Subsysteme die nichtskelettalen Muskeln der inneren Organe und die Drüsen, die die verschiedenen, vom Organismus benötigten chemischen Substanzen erzeugen. Das zerebrospinale NS wurde früher als der *willkürliche* Teil und das autonome oder vegetative NS als der *unwillkürliche* Teil des Gesamtsystems betrachtet. Eine solche Beschreibung ist unzutreffend, aber sie enthält ein Körnchen Wahrheit, wie wir sehen werden (Box 5/21).

2.2 Das sympathische NS

Dieses System enthält zwei Ganglienketten, die zu beiden Seiten des Rückenmarks verlaufen. Jedes Sympathikusneuron, das aus dem Rückenmark austritt, entsendet Zweige in mehrere dieser Ganglien, und jedes Neuron stellt den Kontakt zu mehreren Zellen her, die dann zu verschiedenen Erfolgsorganen (Nervenendorganen) weiterleiten. Das sympathische System ist somit so angelegt, daß es *weitreichende* Entladungen ermöglicht. Aus einer Sympathikusentladung könnte beispielsweise das folgende viszerale Reaktionsmuster resultieren: Erweiterung der Pupille; Beschleunigung der Herzfrequenz; Erhöhung des Blutdrucks; Umleitung des Bluts von der Haut und dem Magen zu den Muskeln der Gliedmaßen; und so weiter. Diese Reaktionen bereiten den Organismus insgesamt auf eine Notfallreaktion vor.

2.3 Das parasympathische NS

Die Nervenfasern des Parasympathikus entspringen im Gehirn und im Rückenmark. Dieses System erreicht im allgemeinen dieselben Organe wie das sympathische System, aber es gibt einige wichtige

BOX 5/21

Das Lächeln bleibt

Viele Arten von motivationalem und emotionalem Verhalten, die mit körperlichen Bedürfnissen zusammenhängen, scheinen angeboren zu sein. Manche treten schon bei der Geburt auf, andere benötigen einige Zeit zu ihrer Reifung. So ist ein Saugreflex schon beim Neugeborenen vorhanden, und alle normalen Kinder kauen schließlich ihre Nahrung ohne spezielles Training.

Wir gehen gewöhnlich davon aus, daß das menschliche *Sozial*verhalten erlernt sei und daß es von gesehenen Beispielen und von erhaltenen Belohnungen und Strafen abhänge. Verschiedene Untersuchungen, insbesondere solche, die von Ethologen (Tierverhaltensforschern) durchgeführt wurden, haben bemerkenswerte Ausnahmen von dieser Vorstellung demonstriert.

Von blind geborenen Kindern wird berichtet, daß sie in derselben Weise lächeln, lachen und weinen und Gesichtsausdrücke des Zornes, der Furcht und des Schmollens aufweisen, wie normal sehfähige Kinder. Doch die blinden Kinder können niemanden imitieren. Die Möglichkeit, daß ein solches Kind durch Berührung des Gesichts seiner Mutter lächeln könnte, wird durch den erstaunlichen Fall ausgeschlossen, über den I. Eibl-Eibesfeldt vom Max-Planck-Institut für Verhaltensphysiologie berichtet hat. Dieses Kind wurde blind, taub und ohne Arme geboren und wies doch die normalen grundlegenden Gesichtsausdrücke auf.

Wie diese Beobachtungen erwarten lassen, ergibt der Vergleich von Angehörigen verschiedener Kulturen starke Ähnlichkeiten im Gesichtsausdruck von Emotionen. Zwar kann es gewisse Unterschiede geben, aber die Unterschiede sind das, was erlernt wurde. P. Ekman berichtete, daß die Gesichtsausdrücke, mit denen auf einen emotionsauslösenden Film reagiert wurde, bei japanischen Vpn dieselben waren wie bei amerikanischen, wenn jeder Proband den Film allein anschaute, daß sie sich jedoch unterschieden, wenn zugleich eine Autoritätsfigur anwesend war.

Bei normalen Kindern wird das ursprünglich spontane Lächeln zunehmend willkürlicher und von bestimmten Reizen abhängig, wenn das Kind älter wird, aber die grundlegende Reaktion ist angeboren.

I. Eibl-Eibesfeldt: *Ethology: The Biology of Behavior.* New York: Holt, Rinehart & Winston, 1970.

P. Ekman u. H. Oster: Facial expressions of emotion. *Annual Review of Psychology,* 1979, *30,* 527–554.

Unterschiede. Zum einen ist das parasympathische System so angelegt, daß es einen *spezifischeren* Einfluß auf die inneren Organe ausübt als das sympathische System: eine einzige Nervenfaser des Parasympathikus beeinflußt weniger Organe als eine Zelle des sympathischen Systems.

Zweitens sind die von den beiden Systemen ausgehenden Erregungswirkungen gewöhnlich entgegengesetzter Art. So *beschleunigt* beispielsweise die Stimulierung des Herzens durch das *sympathische System* das Herz; Stimulierung durch den *Parasympathikus* verlangsamt es. Die meisten inneren Organe werden somit durch zwei „entgegengesetzte“ Systeme versorgt. Während das sympathische System den Körper im allgemeinen auf einen Notfall vorbereitet, führt das parasympathische System den Organismus zum Normalzustand zurück und konserviert die körperlichen Reserven.

Schließlich ist auch die Transmittersubstanz, die an der Verbindungsstelle zwischen motorischer Endfaser und Muskel- bzw. Drüsenzelle austritt, in den beiden Systemen verschieden. Im parasympathischen System (ebenso wie im zerebrospinalen System) ist der Transmitter Acethylcholin; im sympathischen System ist es Noradrenalin.

Trotz dieser Unterschiede werden beide Systeme, wie wir gleich sehen werden, von einigen derselben Strukturen des ZNS beeinflußt.

2.4 Das endokrine System

Jede endokrine Drüse (s. Abb. 18) besteht aus einer Zellansammlung, die ein oder mehrere chemische Produkte herstellt, welche für einige oder alle Zellen des Körpers von Bedeutung sind. Diese

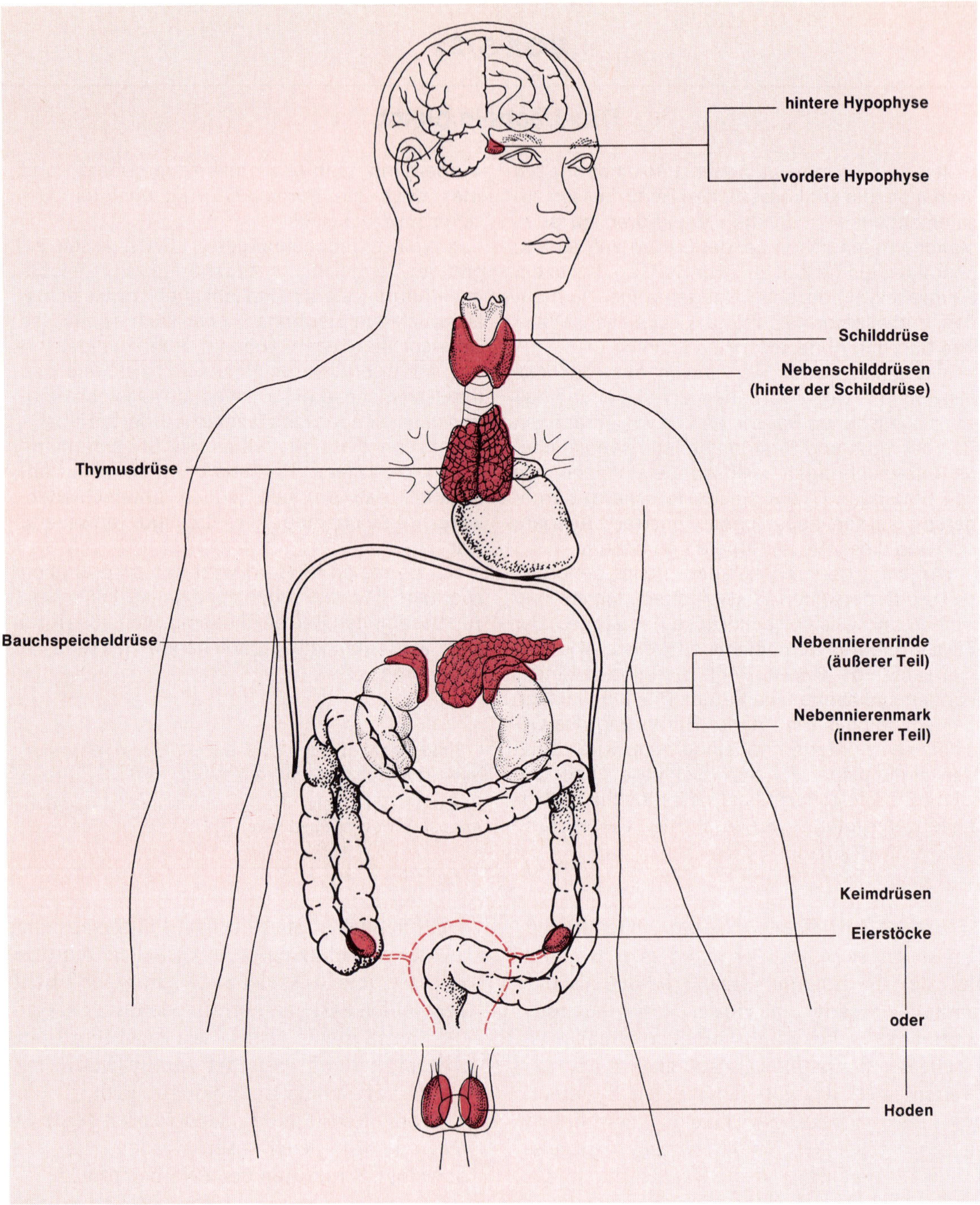

Abbildung 18: Die wichtigsten endokrinen Drüsen des Körpers. Die meisten davon werden im Text erörtert. Die Bauchspeicheldrüse (wo das Insulin erzeugt wird) und die Nebenschilddrüsen erzeugen Hormone, die verschiedene Aspekte des Zellstoffwechsels steuern. Die Thymusdrüse ist an der Reaktion des Körpers auf fremde Substanzen, der sogenannten Immunreaktion, beteiligt.

chemischen Stoffe, die man als *Hormone* bezeichnet, werden direkt in den Blutkreislauf eingeleitet, der sie durch den ganzen Körper transportiert. Einige dieser Drüsen stehen unter der überwiegenden Kontrolle des vegetativen Nervensystems, während andere ein integriertes, in sich selbst geschlossenes System bilden, in dem die Menge eines von einer Drüse ausgeschiedenen Hormons unmittelbar die Menge bestimmt, die eine andere Drüse absondert. Wir werden uns mit den Hormonen, die sich vor allem auf die sexuelle Entwicklung und das sexuelle Verhalten auswirken, in einem späteren Teil dieses Abschnitts beschäftigen. Hier wollen wir uns mit einigen anderen befassen, die sich merklich auf das Verhalten der Organismen auswirken.

2.5 Die Hypophyse

Die Hypophyse besteht eigentlich aus zwei eng beieinander liegenden separaten Drüsen. Die *hintere Hypophyse* wird vollständig vom Hypothalamus gesteuert. Eines der Hormone, die sie absondert, ist das *antidiuretische Hormon,* welches das Tempo und die Menge der Harnproduktion kontrolliert. Wird kein antidiuretisches Hormon erzeugt, dann ist die Harnmenge viel größer als normal. Dieser Kontrollmechanismus dient gewöhnlich der Aufrechterhaltung der richtigen Flüssigkeitsbalance im Körper. In verschiedenen emotionalen Zuständen können jedoch Veränderungen der hypothalamischen Aktivität entweder zu extrem starker oder sehr geringer Harnausscheidung führen.

Die *vordere Hypophyse* erzeugt viele verschiedene Hormone. Einige derselben wirken sich indirekt auf den Körper und das Verhalten aus, weil sie die Hormonmengen steuern, die von anderen endokrinen Drüsen ausgeschieden werden. (Wir werden uns mit diesen Hormonen beschäftigen, wenn wir auf die fraglichen *Ziel*drüsen zu sprechen kommen.) Andere Hormone der vorderen Hypophyse wirken sich unmittelbar aus und beeinflussen beispielsweise das Tempo und die Dauer des allgemeinen Körperwachstums. Die Erzeugung und Ausscheidung aller dieser Hormone durch die vordere Hypophyse unterliegen teilweise der Kontrolle des Hypothalamus und des vegetativen Nervensystems und teilweise der Steuerung durch andere Hormone.

2.6 Die Nebennieren

Jede der beiden Nebennierendrüsen (die sich zu beiden Seiten des Körpers befinden) ist ebenfalls aus zwei Drüsen zusammengesetzt, und zwar aus der *Nebennierenrinde* und dem *Nebennierenmark.* Beide Teile der Nebennierendrüsen erzeugen Hormone, die das Verhalten beeinflussen.

Die Sekretion der Hormone – der Nebennierensteroide – durch die *Nebennierenrinde* wird von einem Hormon der vorderen Hypophyse gesteuert, das als adrenokortikotropes Hormon oder

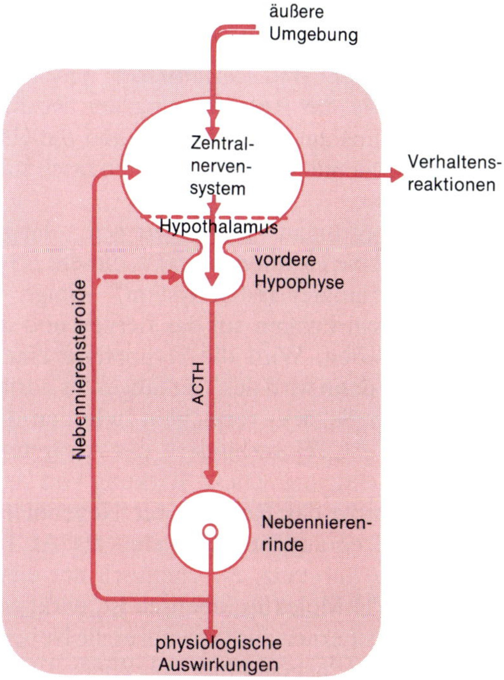

Abbildung 19: Die Wechselbeziehungen zwischen Zentralnervensystem, Hypophyse und Nebennierenrinde. Das ZNS vermittelt die Auswirkungen der Umweltveränderungen und übt mittels eines vom Hypothalamus erzeugten chemischen Botenstoffes einen regulierenden Einfluß auf die vordere Hypophyse aus. Die vordere Hypophyse steuert ihrerseits die Nebennierenrinde durch ihre Erzeugung des adrenokortikotropen Hormons (ACTH). Die Hormone der Nebennierenrinde (die Nebennierensteroide) fließen zum ZNS und zur Hypophyse zurück und beeinflussen das Verhalten und die Aktivität der vorderen Hypophyse. Die Nebennierenhormone gelangen auch unmittelbar in andere Teile des Körpers und beeinflussen deren Reaktionen auf Streß.

ACTH bekannt ist. Die Hypophyse reagiert ihrerseits bei ihrer Produktion von ACTH auf die Konzentrationen der Nebennierenhormone im Blut, und diese Interaktionen bilden ein ausgewogenes System, das ein ziemlich konstantes Niveau der Hormonproduktion aufrechterhalten kann (s. Abb. 19, S. 113). Dieses System muß jedoch auf sich ändernde Bedingungen reagieren und tut dies auch. Die ACTH-Produktion (und damit auch die Produktion der Nebennierensteroide) erhöht sich bei körperlicher oder psychischer Belastung erheblich. Es hat sich gezeigt, daß Angst, Wut und andere Zustände die Ausscheidung der Nebennierensteroide steigern.

Welche Bedeutung haben diese Veränderungen des ACTH- und des Nebennierensteroidspiegels? Einige Wirkungen der Nebennierensteroide auf den Körper sind allgemeiner physiologischer Natur, wie die Beeinflussung der Reaktion des Organismus auf Verletzungen und die Erhöhung der Energiemenge, die den Zellen rasch zur Verfügung steht.

Darüber hinaus wissen wir seit relativ kurzer Zeit, daß die Hormonspiegel in diesem „Hypophysen-Nebennierenrinden-System" einige spezifische Auswirkungen auf das Lernen und das Verhalten haben. Wird die Hypophyse einer Ratte zerstört, dann wird das Tier länger als normal dazu brauchen, Schocks vermeiden zu lernen. Injektionen von ACTH verhindern das Auftreten dieser Beeinträchtigung. Diese Wirkung von ACTH ist jedoch nicht das Resultat der Nebennierentätigkeit, die es auslöst; auch eine als ACTH 4–10 bekannte Substanz, die chemisch mit einem Teil des ACTH-Moleküls identisch ist, wirkt sich positiv auf das Lernen aus (obwohl es die Nebennierenreaktion nicht beeinflußt [DeWied, 1974]). Vermutlich wirken diese Substanzen (ACTH oder zumindest dessen Bestandteil ACTH 4–10) unmittelbar auf bestimmte Gehirnzellen und verbessern Lernen oder Leistung.

Das *Nebennierenmark* erzeugt zwei sehr ähnliche Hormone, *Adrenalin* und *Noradrenalin*. Noradrenalin wurde bereits als Transmittersubstanz im sympathischen Nervensystem und in Teilen des Gehirns erwähnt. Es sollte uns daher nicht überraschen zu hören, daß die Wirkung von Adrenalin (auch Epinephrin) und Noradrenalin (Norepinephrin) in vieler Hinsicht der durch die Aktivität des sympathischen NS hervorgerufenen gleicht. Das Nebennierenmark hat offenbar die Funktion, die Wirkungsweise des sympathischen NS zu unterstützen. Da die Aktivität des Nebennierenmarks selbst der Kontrolle des sympathischen NS unterliegt, wird zwischen den beiden Systemen als Reaktion auf eine Notsituation eine kooperative Beziehung aufrechterhalten. In einer furchtauslösenden Situation stimulieren beispielsweise die Sympathikusnerven gleichzeitig die inneren Organe und das Nebennierenmark. Die Organe werden durch die neurale Botschaft zu einer *sofortigen* Notfallreaktion veranlaßt; die langsamer eintreffenden, aber eine längere Wirkung ausübenden Hormone halten die entsprechenden Veränderungen aufrecht, bis die Notwendigkeit zu handeln vorüber ist. Wir sollten erneut darauf hinweisen, daß diese Hormone ihren Effekt teils durch direkte Einwirkung auf die inneren Organe und teils durch Beeinflussung der Gehirnzellen ausüben. Auch hier ist wieder ein interagierendes Netzwerk der zentralen und peripheren Nervensysteme und des endokrinen Systems am Werk.

2.7 Die Schilddrüse

Die Hormonsekretion der *Schilddrüse* wird ebenfalls durch eine Ausscheidung der vorderen Hypophyse gesteuert – das *thyriotrope Hormon*. Emotionale Erregung wird von einer erhöhten Sekretion des thyriotropen Hormons und damit des *Schilddrüsenhormons* (Thyroxin) begleitet und gefolgt. Das Schilddrüsenhormon wirkt beschleunigend auf den Grundumsatz aller Körperzellen. Bei dem Krankheitsbild, das als *Schilddrüsenüberfunktion* bekannt ist, wird dieses Hormon im Überschuß erzeugt, mit der Folge, daß sich der Patient erregt, reizbar oder „nervös" fühlt.

Eine normale Menge an Thyroxin ist wesentlich für die ungestörte Entwicklung einschließlich des Wachstums und der Vermehrung der Nervenzellen (Lauder, 1977). Extreme *Schilddrüsenunterfunktion* (bei der zu wenig Thyroxin erzeugt wird) vor oder bald nach der Geburt hat einen Zustand zur Folge, der als *Kretinismus* bezeichnet wird und eine Retardierung des geistigen und physischen Wachstums bewirkt. Erhält das davon betroffene Kind massive tägliche Dosen von Thyroxin, das entweder synthetisch hergestellt oder aus der Schilddrüse von Kühen gewonnen wird, dann kann sich das Wachstum normalisieren, falls die Behandlung früh genug begonnen wurde.

2.8 Die emotionale Reaktion

Wir alle wissen, daß jedes emotionale Erlebnis von einer Reihe körperlicher Reaktionen begleitet ist. An manchen dieser Reaktionen, etwa wenn wir von einem erschreckenden Stimulus davonlaufen, eine geliebte Person anlächeln, schreien usw., sind die Skelettmuskeln beteiligt. Viele andere Reaktionen (beschleunigter Herzschlag, Schwitzen usw.) unterliegen der Kontrolle des vegetativen Nervensystems und des endokrinen Systems und finden in den nichtskelettalen Muskeln oder in den Drüsen statt. Es wird angenommen, daß im Labor ebenso wie im täglichen Leben die autonomen (oder vegetativen) Reaktionen bessere emotionale Indikatoren sind als die der Skelettmuskeln, da es schwieriger ist, diese bewußt unter Kontrolle zu halten, wenn jemand seine Emotionen verbergen will.

2.9 Die galvanische Hautreaktion

Als Reaktion auf viele Reize, insbesondere solche, die Emotionen auslösen, verändern sich die elektrischen Eigenschaften der Haut. Wenn ein sehr schwacher elektrischer Strom (der nicht spürbar ist) durch die Haut geleitet wird und man den Hautwiderstand mißt, so zeigt sich ein Absinken des Widerstands der Haut bei emotionalem Streß. Mit anderen Worten: die elektrische Leitfähigkeit der Haut erhöht sich, wenn man sich in einem emotionalen Erregungszustand befindet. Diese Veränderung wird als *elektrodermale Reaktion* bezeichnet; ältere, noch gebräuchlichere Begriffe sind *galvanische Hautreaktion* (GHR) oder *psychogalvanische Reaktion* (PGR). Die PGR resultiert aus der Aktivität der Schweißdrüsen, die ausschließlich vom sympathischen NS innerviert werden. Wir betrachten das Schwitzen normalerweise als Mittel zur Reduzierung der Körperwärme, aber es wurde darauf hingewiesen, daß es auch die Haut zäher machen kann und dadurch den Organismus vor Verletzungen schützen könne (Andreassi, 1980). Das würde erklären, warum es einen Teil der Sympathikusreaktion auf emotionsauslösende „gefährliche" Reize bildet.

2.10 Blutdruck, Blutmenge und Herzfrequenz

Der Herzmuskel funktioniert rhythmisch und pumpt mit jeder Kontraktion Blut in die Arterien. Bei emotionalem Streß ist eine der vielen Auswirkungen der Tätigkeit des sympathischen NS eine Erhöhung des Blutdrucks. Die Nerven im sympathischen System können den Blutdruck auf zweierlei Weise beeinflussen. Sie können den Durchmesser der Arterien verändern, und sie können die Stärke und das Tempo des Herzschlags ändern. Darüber hinaus gibt es direkte endokrine Einflüsse auf den Blutdruck, da sowohl Adrenalin als auch Noradrenalin eine Erhöhung des Blutdrucks bewirken.

Obwohl sich die Herzfrequenz als Reaktion auf einen furchtauslösenden Reiz erhöht, kann sie absinken, wenn ein neuer Reiz als lediglich „interessant" angesehen wird. Dieser Befund deckt sich mit den Anzeichen, daß die Verlangsamung des Herzschlags über eine komplexe Reflexschleife die Tätigkeit der Hirnrinde verstärkt, wodurch vermutlich die Wahrnehmungsfunktionen geschärft werden und sich somit die Fähigkeit, einen neuen Reiz zu untersuchen, erhöht (Lacey u. Lacey, 1974).

Das sympathische NS kann auch die Blutzufuhr in die verschiedenen Körperteile verändern. Mehrere neuere Experimente (z.B. Heiman, 1977) haben gezeigt, daß die gemessenen Blutmengen in den Genitalien mit den Berichten von Personen beiderlei Geschlechts über sexuelle Erregung durch erotisches Material oder durch sexuelle Phantasien übereinstimmen. Emotionen werden ferner von vielen anderen körperlichen Veränderungen begleitet. Dazu zählen Veränderungen der Atmung, der Pupillengröße, der chemischen Zusammensetzung verschiedener Körperflüssigkeiten und so weiter.

3 Mechanismen der emotionalen Organisation

3.1 Theorien der Emotion

Die obige Darstellung der autonomen und endokrinen Systeme hat die Art und Weise zusammengefaßt, wie emotionale Reaktionen hervorgerufen werden, aber nur wenig wurde darüber gesagt, wie diese Reaktionen zur richtigen Zeit durch bestimmte Reize ausgelöst werden. Eine Emotion wird durch bestimmte Reize hervorgerufen, die auf einen „bereiten Organismus" einwirken. Ob ein bestimmtes Reizmuster eine Emotion erzeugt, hängt vom jeweiligen Zustand des Organismus und dessen genetischer und persönlicher Geschichte ab. Die Emotion als solche hat zwei Komponenten – einen charakteristischen Bewußtseinszustand (das emotionale Gefühl oder Erlebnis) und ein körperliches Reaktionsmuster. Physiologische Emotionstheorien haben die körperlichen Strukturen und Prozesse zu identifizieren versucht, die diesen Komponenten zugrunde liegen.

3.2 Die James-Lange-Theorie

Die James-Lange-Theorie behauptet, daß wir auf die Darbietung eines emotionsauslösenden Reizes zuerst mit den Muskel- und Drüsenreaktionen reagieren, die für die Emotion typisch und der Situation angemessen sind. Erst wenn die Rückmeldungen dieser Reaktionen die Hirnrinde erreichen (wenn uns bewußt wird, daß wir laufen, schwitzen oder erröten), empfinden oder erleben wir die entsprechende Emotion. Forschungen und weitere Gedankengänge, die durch die James-Lange-Theorie angeregt wurden sind im 3. Kapitel zusammengefaßt.

3.3 Andere Theorien

Obwohl der Begriff *Theorien* in manchen Fällen etwas hochgegriffen sein mag, sind mehrere Alternativen zu der Auffassung von James und Lange vorgetragen worden. Diese haben im allgemeinen die entgegengesetzte, „unmittelbar einleuchtende" Auffassung vertreten, daß die emotionalen Reaktionen entweder auf das emotionale Erlebnis folgen oder daß diese Reaktionen und das Erlebnis gleichzeitig eintreten. Manche dieser Theorien haben auf bestimmte Hirnregionen außer oder zusätzlich zu der Hirnrinde als besonders wichtig für das emotionale Erleben und die Erzeugung emotionaler Reaktionen hingewiesen.

Eine Theorie vertritt die Auffassung, daß der Hypothalamus ein entscheidend wichtiges Organ für die Emotionen sei. Dieser Theorie zufolge erreichen die sensorischen Informationen eines emotionsauslösenden Reizes den Hypothalamus, von dem aus die Impulse zwei Hauptbahnen folgen. Die eine führt zur Hirnrinde, wo das emotionale *Erlebnis* bearbeitet wird; die andere führt zu den Muskeln und Drüsen des Körpers, wo die emotionalen *Reaktionen* stattfinden.

Eine weitere Theorie hebt die Rolle der Retikularformation hervor. Dieses System aus Zellen und Nervenfasern, das sich über das gesamte Mittelhirn und andere Teile des Hirnstamms erstreckt, erhält Input aus den verschiedenen sensorischen Systemen. Es konnte gezeigt werden, daß ein gewisses Aktivitätsniveau in der Retikularformation den Kortex aktiv und die Person wach hält (eine Läsion dieser Struktur kann ein langanhaltendes Koma hervorrufen). Zu den afferenten Einflüssen gesellen sich efferente Wirkungen, da die Retikularformation auch Zellen hat, deren Nervenfasern nach unten führen und die spinalen Bewegungsreaktionen aktivieren. Diese *Aktivierungstheorie der Emotion* vertritt die Ansicht, daß die Retikularformation zusammen mit dem Hypothalamus sowohl die Rindenfelder kontrolliert, die für das emotionale Erleben wichtig sind, als auch das System, welches die emotionalen Reaktionen bewirkt.

Eine weitere Formulierung hängt von der Existenz eines Rings miteinander verbundener Strukturen im medialen Vorderhirn ab, der den Hirnstamm umgibt (s. Abb. 20). Zusammengenommen werden diese Strukturen als das *limbische System* bezeichnet. Der Neuroanatom Papetz beschrieb eine Leitungsbahn vom Hypothalamus (wo nach seiner Vermutung die körperlichen Äußerungen der Emotionen organisiert werden) zu einem kortikalen Teil des limbischen Systems, wo nach seiner Ansicht das emotionale Erleben entstehen könnte. Obwohl die Bedeutung des limbischen Systems für die Emotionen außer Frage steht, sind die Einzelheiten seiner Funktionsweise noch alles andere als klar.

Abbildung 20: Die wichtigsten limbischen Strukturen mit dem Ring des limbischen Kortex und damit zusammenhängenden subkortikalen Regionen, die nach Auffassung von Papez besonders wichtig für die Emotionen sind. Die gestrichelte Linie gibt die vermutete Leitungsbahn durch das limbische System für Impulse an, die emotionale Erlebnisse auslösen: sie beginnt in der limbischen Hirnrinde im hinteren Teil des Gehirns, verläuft durch die Kette subkortikaler limbischer Strukturen, folgt wichtigen Nervenbahnen vom Hypothalamus zum Thalamus und führt von dort zur Hirnrinde. Papez meinte, daß Impulse auf zwei Wegen in diese Leitungsbahn gelangen und emotionale Erlebnisse auslösen können: entweder von anderen Regionen der Hirnrinde oder von anderen Teilen des Hypothalamus.

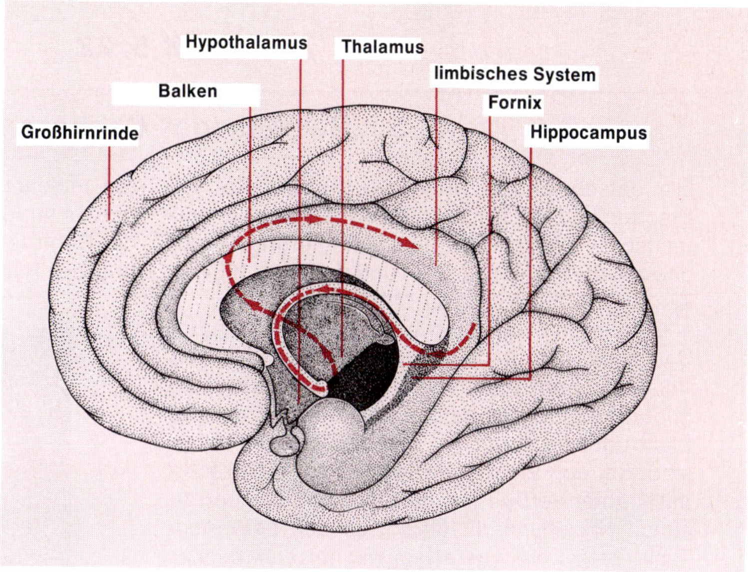

In den letzten Jahren ist eine anatomische Erklärung anderer Art für die Emotionen vertreten worden. Statt Strukturen und Systeme innerhalb des Gesamtgehirns miteinander zu vergleichen, vertritt diese neuere Theorie die Auffassung, daß die rechte Seite des Gehirns (und insbesondere die rechte Hirnhemisphäre) auf emotionale Bewußtheit und Reaktionen spezialisiert sei (s. 2. Kap.).

Alle bisher erörterten Theorien sind dadurch gekennzeichnet, daß sie verschiedenen anatomischen Rückkopplungsschleifen oder Regionen eine Rolle für die Emotionen zuschreiben. Nachdem inzwischen eine Fülle von Informationen über die Auswirkungen chemischer Stoffe auf das Gehirn und über den Effekt verschiedener synaptischer Transmitter gewonnen wurde, sind in letzter Zeit auch andere Hypothesen aufgetaucht. So wurde behauptet, daß bestimmte Spielarten der Emotionen (und vielleicht auch die abnormalen Bewußtseinszustände psychotischer Individuen) durch spezifische Transmitterstoffe im Gehirn hervorgerufen werden könnten. Theorien dieser Art müssen früher oder später mit den neuralen Theorien koordiniert werden (welchen Effekt könnte ein Transmitter haben, außer bestimmte Neuronen zu stimulieren?). Aber nicht alle von ihnen haben bisher solche Einzelheiten zu bieten.

3.4 Strukturelle Mechanismen der Emotion

Untersuchen wir nun das Beweismaterial hinter den verschiedenen Hypothesen darüber, welche neuralen Systeme und Hirnregionen besonders wichtig für Emotion und Reaktion sind.

3.5 Der Hypothalamus

Dieser Teil des Vorderhirns besteht aus vielen verschiedenen Nuklei, von denen einige definitiv als wichtig für verschiedene Arten von emotionalem und motivationalem Verhalten erwiesen wurden. So ist beispielsweise der hintere Teil des Hypothalamus an der Erzeugung eines integrierten Verhaltensmusters von Wut bei Versuchstieren beteiligt. Ist der Hypothalamus und das Mittelhirn zerstört, dann zeigt das Tier „vereinzelte Teile" der Reaktionen, die gewöhnlich als Bestandteile einer Wutreaktion auftreten, aber es manifestiert kein vollständiges, koordiniertes Verhaltensmuster. Ist der Hypothalamus nicht beeinträchtigt, dann weist das Tier ein komplettes Wutverhalten auf.

Die elektrische Reizung verschiedener Teile des Hypothalamus löst ebenfalls verschiedene emotionale Reaktionen aus. Außer Wut kann bei Katzen eine weitere aggressive Reaktion, das sogenannte *Anpirschen* hervorgerufen werden. Das Tier

BOX 5/22

„Belohnende" Gehirnzentren

Die entscheidende Rolle der Hirnaktivität für Emotion und Motivation veranschaulichen in dramatischer Weise die Selbststimulierungsversuche, die die Pioniere J. Olds und P. Milner 1954 an der McGill-Universität durchführten.

Bei diesen Versuchen werden Elektroden auf Dauer in verschiedene Teile des Gehirns von Versuchstieren implantiert. Nebenstehende Abbildung ist eine Röntgenaufnahme, auf der die Elektroden im Kopf einer intakten Ratte zu sehen sind. Bei den Versuchen werden die Elektroden mit Drähten verbunden, die zu einer Taste und zu einem Netzanschluß führen, so daß bei einem Tastendruck ein kurzer schwacher elektrischer Impuls in das Gehirn entsandt wird. Ratten, die in einen Käfig gesetzt werden, wo ihnen eine angeschlossene Taste zur Verfügung steht, lernen rasch, diese zu drücken und sich dadurch die Hirnstimulierung zu verschaffen. Wenn der Versuchsleiter die Stromzufuhr abschaltet, hören sie bald auf, die Taste zu drücken.

Die umfangreiche Forschung über Selbststimulierung zeigt, wie stark deren Wirkung ist. Ratten drücken eine angeschlossene Taste bis zu 5000 mal pro Stunde. Sie tun dies 15 bis 20 Sekunden lang, bis sie erschöpft umfallen und einschlafen und dann beginnen sie das Spiel aufs Neue. Tiere überqueren einen elektrisch geladenen Rost, um zu ihrem „Hirnhebel" zu gelangen, und nehmen dabei einen stärkeren Fußschock in Kauf, als sie bereit sind zu tun, um an Nahrung zu gelangen, nachdem sie 24 Stunden nichts gefressen hatten. Es wird auch berichtet, daß sie lernen, den Weg durch ein kompliziertes Labyrinth zu finden, um zu einer angeschlossenen Taste zu gelangen.

Durch Ausprobieren aller verschiedenen Hirnpartien war es möglich, die Regionen zu kartieren, in denen die Stimulierung solche Wirkungen hervorruft. Solche Punkte sind in fast allen Teilen des Gehirns zu finden, aber das limbische System und der Hypothalamus sind besonders wichtig.

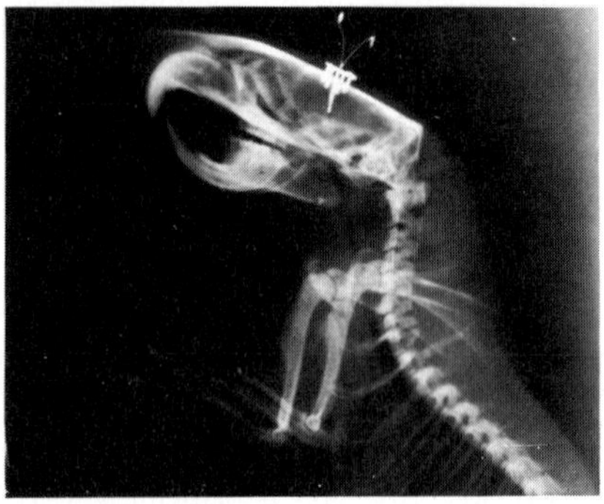

Die Stimulierung mancher Punkte im Gehirn hat eine ganz andere Auswirkung. Diese Punkte sind „negativ" (das heißt, die Tiere drücken einen Hebel, um die Stimulierung *abzuschalten,* die auf diese Stellen ausgeübt wird).

Die positiven und negativen Systeme können auch chemisch kartiert werden. Mehrere Versuche deuten darauf hin, daß die Katecholamin-Transmitterstoffe, Noradrenalin und Dopamin, bei der Selbststimulierung aktiviert werden und daß Serotonin und Acethylcholin im negativen oder Bestrafungssystem aktiv sind (Wise, Berger u. Stein, 1973).

Berichte über die Anwendung der Stimulierungstechnik bei menschlichen Patienten geben uns eine Vorstellung von der Art der positiven Effekte. C. Sem-Jacobsen und A. Torkildsen vom Gausted Psychiatrischen Krankenhaus in Oslo berichten, daß die Patienten die Hirnstimulierung

schleicht dabei in seinem Käfig herum, bis es ein geeignetes Opfer findet und greift erst dann an. Über Furchtreaktionen wurde ebenfalls berichtet; in manchen Fällen scheint das Tier alarmiert zu sein, in anderen tritt eine *Flucht*reaktion ein (s. a. Box 5/22).

Diese Verhaltensmuster können ausgelöst werden, selbst wenn das ganze Gehirn über dem Hypothalamus entfernt wurde. In diesem Fall kann das Tier jedoch nicht sehen oder hören und daher seinen Angriff oder seine Furchtreaktion nicht entsprechend orientieren. Aufgrund dieser Beobachtungen könnten wir sagen, daß Regionen, die für die Wahrnehmung notwendig sind, wie der Thalamus und der Kortex, daher eine Rolle für das emotionale Verhalten spielen (die emotionale

zu mögen scheinen, daß sie erfreut scheinen und lächeln, wenn sie stimuliert werden, und daß sie eine Taste zur Selbststimulierung drücken, genau wie die Ratten. In den Beschreibungen, die die Patienten von ihren Gefühlen während der Stimulierung geben, ist von einem „guten Gefühl“ die Rede, das aber nicht immer mit bestimmten Belohnungen oder Erlebnissen identifiziert werden könne.

Verschiedene Interpretationen hinsichtlich der exakten Beschaffenheit der eben beschriebenen Hirnsysteme wurden angeboten. Die gängigste ist, daß diese Systeme zumindest einige Neuronen mit Systemen gemein haben, die aktiviert werden, wenn man eine normale Belohnung oder Bestrafung erhält, aber sie können außerdem eine motivierende Wirkung haben.

J. Olds u. P. Milner: Positive reinforcement produced by electrical stimulation of septal area and other regions of rat brain. *Journal of Comparative and Physiological Psychology,* 1954, *47,* 419–427.

J. Olds: Differential effects of drives and drugs on selfstimulation at different brain sites. Aus: D. Sheer (Hrsg.): *Electrical Stimulation of the Brain.* Austin: University of Texas Press, 1961.

C. Sem-Jacobsen u. A. Torkildsen: Depth recording and electrical stimulation in the human brain. Aus: E. Reamy u. D. O'Doherty (Hrsg.): *Electrical Studies on the Unanesthetized Brain.* New York: Hoeber, 1960.

C. Wise, B. Berger u. L. Stein: Evidence of Alphanoradrenergic Reward Receptors and Serotonergic Punishment Receptors in the Rat Brain. *Biological Psychiatry,* 1973, *6,* 3–21.

Nachdruck des Photos mit Genehmigung von *Scientific American.*

Reaktion auf das Wort *Feuer* hängt zum einen von der eigenen Fähigkeit ab, das Wort zu sehen oder zu hören, und zum anderen von dem Wissen, was das Wort bedeutet). Aber auch das meiste „nichtemotionale“ Verhalten ist natürlich in derselben Weise auf die steuernde Rolle des Thalamus und der Hirnrinde angewiesen.

3.6 Die Retikularformation

Diese Region wirkt sich zweifellos auf das Erregungsniveau des Organismus aus. Man muß erregt sein, um starke Emotionen zu empfinden oder zu äußern. Andererseits spielt dieses System eine ähnliche Rolle für das nichtemotionale Verhalten und scheint sich nicht steuernd auf die eine oder andere spezifische Emotion auszuwirken.

3.7 Das limbische System

Die Suche nach Regionen über dem Hypothalamus, die eine *spezielle Rolle* für das emotionale Verhalten spielen, hat viele Wissenschaftler veranlaßt, das von Papetz beschriebene limbische System zu studieren. Dieses anatomische „Dikkicht“ ist nahezu undurchdringlich und seine funktionellen Zusammenhänge sind so schwierig zu entwirren, daß sich schon mancher „Entdecker“ darin verirrte.

Als Beispiele der Versuche, die durchgeführt wurden, sei darauf hingewiesen, daß Läsionen in einem Teil des limbischen Systems die Fähigkeit von Ratten vermindern, Schocks vermeiden zu lernen (vermutlich durch eine Verminderung der Furcht), während Läsionen in einem anderen Teil ihre Lernfähigkeit erhöhen. Läsionen einer bestimmten limbischen Struktur machen Rattenmütter sehr ineffizient bei der Fürsorge für ihre Jungen, während ähnliche Läsionen bei Mäusen keine solche Wirkung zeitigen. Läsionen einer anderen limbischen Struktur machen einen wilden Affen zahm, während von ähnlichen Läsionen bei Katzen berichtet wird, sie seien dadurch wild geworden (s. a. Box 5/23, S. 120). Befunde wie die genannten beweisen nicht, daß das Gehirn zu kompliziert ist, als daß der menschliche Verstand es je erfassen könnte. Sie bedeuten einfach, daß wir noch nicht über die richtigen Antworten verfügen – und vielleicht nicht einmal die richtigen Fragen stellen.

Einige spezifische Theorien wurden in der Absicht formuliert, Ordnung in die Befunde der limbischen Untersuchung zu bringen, aber man kann sagen, daß sich kein geschlossenes System lange einer breiten Zustimmung erfreute. Eine vorsichtige Schlußfolgerung empfiehlt uns die zumindest vorläufige Annahme einer zugegebenerweise

BOX 5/23

Schöne neue Welt?

Das Verhalten wird durch das Nervensystem gesteuert. Abnormales Verhalten muß darauf hindeuten, daß das Gehirn abnormal ist. Wenn wir das abnormale Gehirn in irgendeiner Weise *verändern* können, dann könnten wir vielleicht seine Abnormalität beseitigen und damit auch die Abnormalität im Verhalten. Dies ist die Argumentation bestimmter Neurochirurgen, die an Personen, die zu Gewalttätigkeit neigen, *psychochirurgische* Operationen ausführen.

Dr. W. Sweet und Dr. V. Mark zählen zu den Operateuren, die auf diesem Gebiet tätig sind. Bei manchen ihrer gewalttätigen Patienten wurden aufgrund neurologischer Untersuchungen, spezieller medizinischer Tests (Röntgen- und andere Untersuchungen) und vielleicht einer Vorgeschichte epileptischer Anfälle Hirnanomalien diagnostiziert. Oft scheint sich diese Anomalie in der Amygdala (Mandel), einem Teil des limbischen Systems im Schläfenlappen, zu konzentrieren. Da es unzählige Beweise dafür gibt, daß das limbische System *irgendeine* besondere Rolle für die Steuerung der Emotionen spielt, halten es diese Ärzte und ihre Mitarbeiter für plausibel, daß das gewalttätige Verhalten, welches diese Patienten an den Tag legen, durch Beseitigung dieser Hirnregionen, die sich in Tests als abnormal erweisen, geheilt werden könnte. Sie zitieren viele eindrucksvolle Fallberichte:

„Thomas' Hauptproblem waren seine gewalttätigen Wutausbrüche ... Wenn er Auto fuhr ... und von einem anderen Auto geschnitten wurde, beschleunigte er ... bis er den anderen Fahrer eingeholt hatte ... Wenn der andere Fahrer ein Mann war, rammte ihn Thomas; wenn es eine Frau war, beschimpfte er sie ... Manchmal hob er seine Frau hoch und schleuderte sie gegen die Wand ... Dasselbe machte er mit seinen Kindern ... Thomas wurde von seinem Psychiater, der den Patienten bei einem ... Anfall beobachtet hatte, an unser Krankenhaus überwiesen. Eine Hirnstromuntersuchung ergab in beiden Schläfenregionen epileptische Kurvenverläufe ...... Wir schlugen ihm vor, im Mittelteil seiner beiden Mandeln eine destruktive Läsion vorzunehmen ... [Abb. A zeigt eine Elektrode, die in die Zielregion eingeführt wird. Abb. B ist eine Röntgenaufnahme, auf der Elektroden in der Mandel eines solchen Patienten zu sehen sind.] Seit der Operation sind vier Jahre vergangen, und Thomas hat während dieser Zeit keinen einzigen Wutanfall erlitten."

Eine andere Patientin, Julia, litt seit ihrem zweiten Lebensjahr, als sie einen schweren Anfall von

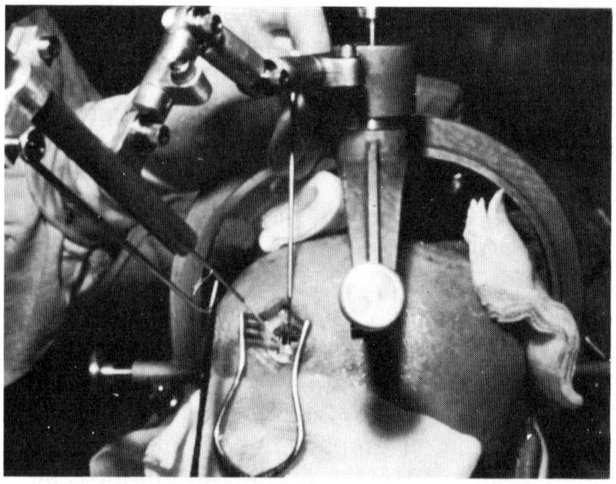

A

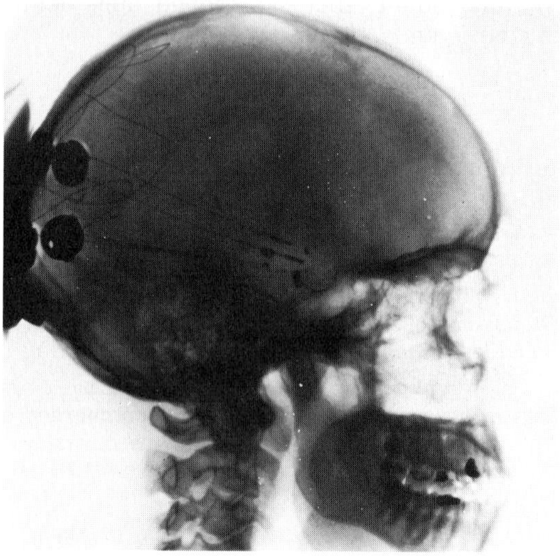

B

Enzephalitis (Gehirnentzündung) hatte, an Hirnerkrankungen. In späteren Jahren litt sie unter epileptischen Anfällen.

Ihr Verhalten zwischen den Anfällen war durch schwere Wutausbrüche, gefolgt von extremer Reue gekennzeichnet ... [Einschließlich vier] ernster Suizidversuche ... Julia hatte ohne sichtliche Provokation zwölfmal andere Menschen körperlich angegriffen.

Bei ihrer Untersuchung Julias benutzten Dr. Sweet und Dr. Mark einen von Dr. J. Delgado entwickelten „Stimoceiver". Dieses Gerät ermöglicht die Aufzeichnung der Aktivität einer bestimmten Gehirnregion oder auch deren Stimulierung.

„Bevor wir eine Stimulierung vorgenommen hatten, ... zeigte die elektrische Aktivität in Julias Amygdalanukleus das typische Muster eines epileptischen Anfalls ... Die Stimulierungssequenz begann, als Julia Gitarre spielte ... Nach fünf Sekunden Stimulierung hörte Julia auf zu singen und starrte leer vor sich hin. Während der Sequenz riß die Kommunikation mit ihr ab und sie war außerstande, die Fragen zu beantworten, die ihr der untersuchende Psychiater stellte ... Die hintere Amygdala wies eine ständige abnormale elektrische Entladung auf, die für einen Anfall charakteristisch ist. Plötzlich schleuderte sie die Gitarre heftig von sich. Die Gitarre verfehlte den Kopf des Psychiaters nur knapp und krachte gegen die Wand. ..."

Kurze Zeit nach Aufzeichnung dieser Sequenzen nahmen wir eine destruktive Läsion in Julias rechter Amygdala vor. Es ist noch zu früh, die Resultate dieses Verfahrens abzuschätzen, aber im ersten postoperativen Jahr hatte sie nur zwei leichte Wutanfälle und im zweiten gar keinen.

Leider sind nicht alle Berichte über die Behandlungen dieser Fälle so positiv. Laut S. Chorover wurde Thomas späteren Berichten zufolge nach seiner Operation mehrmals rehospitalisiert und seine Krankenberichte enthalten Kommentare wie „an einer Schlägerei beteiligt, sehr impulsiv" und „gegenwärtig sehr aggressiv, streitsüchtig und gefährlich". Was Julia betrifft, berichtet Chorover, daß sie nach Stimulierung ihrer Amygdala zunehmend depressiver wurde und auch noch nach ihrer Läsion „wegen ihres psychotischen Verhaltens immer wieder in psychiatrischen Krankenhäusern landete".

Eine Regierungskommission, die die verschiedenen Anwendungen der Psychochirurgie untersuchte, kam kürzlich zu dem Schluß, daß noch nicht genügend darüber bekannt ist, um ihren Gebrauch zu rechtfertigen oder völlig zu verurteilen. Es ist klar, so wird darin bemerkt, daß wir nur durch sorgfältiger kontrollierte Studien, als in der Vergangenheit üblich waren, lernen werden, ob und wann diese hilfreich sei.

S. Chorover: *From Genesis to Genocide.* Cambridge: The Meaning of Human Nature and the Power of Behavior Controll. MIT Press, 1979.

V. Mark u. F. Ervin: *Violence and the Brain.* New York: Harper & Row, 1970.

vagen Idee, die von Pribram (1960) und von Thomas et al. (1968) vertreten wurde. Diese Autoren erinnern uns an die Unterschiedlichkeit der *Verhaltensdispositionen,* die verschiedene Spezies kennzeichnen – Tendenzen, in festgelegter Weise auf bestimmte Reizmuster zu reagieren. Thomas und seine Mitarbeiter erwähnen, daß Ratten die Tendenz haben, ihre Umgebung zu erkunden, Menschen haben die Disposition, sprechen zu lernen und so weiter. Diese Dispositionen haben angeborene Aspekte und einige der Charakteristika von Reflexen, aber sie haben auch emotionale und motivationale Aspekte. Die Hypothese besagt daher, daß das limbische System das neuronale Netzwerk für Verhaltensdispositionen enthalte. Da die Verhaltensdispositionen jeder Spezies von ihrer Evolutionsgeschichte abhängen, sollten wir nicht überrascht sein, festzustellen, daß manche ähnliche Hirnstrukturen bei verschiedenen Tierarten unterschiedliche Funktionen zu haben scheinen.

Wir dürfen natürlich nicht die Hinweise vergessen (s. 3. Bd., 4. Kap.), daß gewisse limbische Strukturen wesentlich für das normale Lernen und Gedächtnis sind. Für die Student/inn/en mag es ärgerlich sein, daß die Hirnsysteme für das Lernen und für Motivation und Emotion in dieser Weise überlappen, aber dieses Überlappen ist durchaus verständlich. Lernen findet gewöhnlich unter dem Einfluß eines Motivs statt und ist in der Regel auf das Ziel gerichtet, einen erwünschten Gefühlszustand zu erreichen oder einen unerwünschten zu vermeiden. Die Nervensysteme müssen in Kontakt miteinander sein (vielleicht wie im 2. Bd., Abb. 50, S. 131, skizziert).

3.8 Chemische Mechanismen bei Emotion und Psychose

Seit Jahrtausenden ist allgemein bekannt, daß sich bestimmte chemische Stoffe (Alkohol, Narkotika und so weiter) auf die Stimmung und den emotionalen Zustand auswirken können. Wie in Abschnitt 20 erörtert, können manche Drogen zu extremen Veränderungen des Bewußtseins, der Emotionen und des Verhaltens führen, die große Ähnlichkeit mit denjenigen zu haben scheinen, die die schwersten Geisteskrankheiten kennzeichnen.

In den letzten Jahren hat sich die Kenntnis der Biochemie des Gehirns enorm erweitert und viele Hypothesen über die Rolle chemischer Veränderungen bei der Entstehung von Psychosen angeregt. Diese erweiterte Kenntnis und die daraus resultierenden Spekulationen haben sich überwiegend auf synaptische Mechanismen konzentriert. Die Hypothesen gehen im allgemeinen davon aus, daß einem bestimmten abnormalen Zustand ein Überschuß oder Mangel eines gewissen Transmitters zugrunde liege. Um dies zu beweisen, wird manchmal gezeigt, daß experimentelle Behandlungen, die die Verfügbarkeit des fraglichen Transmitters erhöhen oder verringern, Veränderungen in der Stimmung oder im Verhalten hervorrufen, die an diese Krankheit erinnern. Umgekehrt kann es so sein, daß ein Medikament, das sich bei der *Behandlung* der Krankheit bewährt hat, die Verfügbarkeit des Transmitters in *entgegengesetzter* Richtung verändert.

Um vollständig verstehen zu können, wie ein biochemisches Ungleichgewicht, das einen Transmitter tangiert, abnormale Gefühle und Verhaltensweisen hervorruft, müßten die Forscher genau wissen, welche Teile des Gehirns den jeweiligen Transmitter verwenden. Dieses Wissen ist bisher erst teilweise vorhanden, und manche Theorien sind aus diesem Grund recht unvollständig.

Es gibt auch praktische Schwierigkeiten. Die meisten der sich anbietenden experimentellen Verfahren wirken sich auf mehr als einen Transmitter aus, und dasselbe gilt für die therapeutischen Wirkstoffe (Medikamente), die zur Behandlung eingesetzt werden. Dies führt verständlicherweise zu Unsicherheiten in der Interpretation und ruft konkurrierende Theorien auf den Plan.

3.9 Depression

Eine psychotische Depression ist eine tiefe und grundlose Traurigkeit, begleitet von einem Rückzug aus der normalen Aktivität und von physiologischen Veränderungen, wie Schlaflosigkeit, Appetitverlust und einer Verminderung des Sexualtriebs. Perioden der Depression können mit Perioden der Normalität oder mit manischen Phasen abwechseln.

Die Katecholamintheorie der Depression (Schildkraut u. Kety, 1967) vertritt die Auffassung, daß Depression teilweise durch einen Mangel an den Transmitterstoffen Noradrenalin und Dopamin (die zusammen als *Katecholamine* bezeichnet werden) bedingt sei. Wenn diese Theorie richtig ist, könnte eine erfolgreiche Behandlung möglich sein, wenn es gelänge, diesen Mangel irgendwie zu beseitigen. Zur Veranschaulichung, wie die antidepressiven Medikamente das bewirken, vergegenwärtige man sich die synaptischen Mechanismen, die im 1. Band (5. Kap.) skizziert und in Abbildung 21 (S. 124) näher erläutert wurden.

Eine Transmittersubstanz wird im Axon erzeugt und im Endbäumchen gespeichert; ein das Axon passierender Impuls kann den Transmitter freisetzen, der sich über die synaptische Spalte ergießt und das nächste Neuron stimuliert. Die Produktion, Speicherung und Freisetzung der Transmitter ist jedoch kein in eine einzige Richtung verlaufender Prozeß. Ein Teil der in einem Axon erzeugten Transmittersubstanz wird in demselben Axon abgebaut. (Ein Enzym namens Monoaminoxidase [MAO] bewirkt dies im Fall der Katecholamine.) Außerdem kann selbst nach Freisetzung eines Transmitters in die synaptische Spalte das Erzeugerneuron weiterhin eine Wirkung darauf ausüben und einen Teil des Transmitters, den es vorher freigesetzt hat, wieder absorbieren.

Zwei Hauptkategorien von antidepressiven Medikamenten sind in Gebrauch, wobei von beiden angenommen wird, daß sie auf die Katecholaminsynapsen einwirken, aber in unterschiedlicher Weise. Die *MAO-Hemmer* erhöhen die Transmittermenge, die zur Stimulierung des nächsten Neurons vorhanden ist, indem sie MAO daran hindern, die Katecholamine im Axon abzubauen. Die *trizyklischen Medikamente* erhöhen die Transmittermenge, indem sie die Reabsorption des Transmitters durch das freisetzende Axon blockieren. Die Möglichkeit, daß Noradrenalinmangel an der Depression beteiligt sein könnte, wird durch die Erkenntnis gestärkt, daß Noradrenalin als Transmitter in Nervensystemen dient, die von der Retikularformation zum Hypothalamus und zum limbischen System führen, wo sich aller Wahrscheinlichkeit nach ein Mechanismus zur Kontrolle des emotionalen Erlebens und Verhaltens befindet.

Eine weitere Transmittersubstanz namens *Serotonin* wurde ebenfalls nach der Katecholaminhypothese für eine ähnliche Rolle wie Noradrenalin und Dopamin ins Auge gefaßt. Tatsächlich gibt es Befunde, die darauf hindeuten, daß Personen, die zu Depressionen neigen, in zwei Gruppen eingeteilt werden können: solche mit niedrigem Noradrenalinspiegel und solche mit niedrigem Serotoninspiegel. Manche der trizyklischen Antidepressiva sind aktiver bei der Verhinderung der Wiederaufnahme von Serotonin, während sich andere auf das Noradrenalin auswirken, und die Effektivität dieser Medikamente unterscheidet sich entsprechend für die beiden Gruppen von Depressiven (McGeer u. McGeer, 1980).

3.10 Manie

Manche Menschen, die an Depressionen leiden, sind am Gegenpol ihrer Stimmungskurven auch manischen Anfällen ausgesetzt. Diese Perioden erhöhter körperlicher Aktivität begleitet von Redseligkeit und Gefühlen der Euphorie sind für den Patienten weniger belastend als der depressive Zustand. Sie disponieren den Betreffenden jedoch zu relativ so unkontrollierter Aktivität, daß er sich und anderen gefährlich werden kann.

Seit vielen Jahren werden chemische Stoffe, die *Lithium* enthalten, zur Behandlung manischer Anfälle benutzt. Die allgemeine Hypothese lautet, daß der manische Zustand durch einen Überschuß an Transmittern (Noradrenalin und möglicherweise auch anderen) hervorgerufen werde und daß die Wirkung des Lithiums der der Antidepressiva entgegengesetzt sei. Dieser Auffassung zufolge hindert das Lithium entweder das Axonendbäumchen daran, den Transmitter in die Synapse freizusetzen, oder es erhöht das Tempo, mit dem das Endbäumchen den freigesetzten Transmitter reabsorbiert.

3.11 Schizophrenie

Diese häufigste Form der Psychose ist durch Störungen des Denkens und Fühlens gekennzeichnet, die oft zu Halluzinationen und Wahnvorstellungen führen. Sie hat den Anstoß zu den zahlreichsten biochemischen Theorien gegeben, von denen viele inzwischen weitgehend historische Kuriositäten sind.

Eine gegenwärtige Theorie besagt, daß ein *Überschuß* an Dopamin an kritischen Synapsen Schizophrenie hervorrufe (ob Dopaminmangel nun Depression verursache oder nicht). Darauf deutet die Tatsache hin, daß Amphetamin (das Dopaminsynapsen stimuliert) eine Psychose auslösen kann, die der Schizophrenie gleicht. Auch wenn der Dopaminspiegel (beispielsweise durch ein Medikament, das gegen andere Krankheiten angewandt wird) erhöht wird, können gelegentlich als Nebenwirkungen psychotische Symptome auftreten.

Und es hat sich herausgestellt, daß von den verschiedenen Medikamenten zur Behandlung von Schizophrenie diejenigen am wirksamsten sind, die, wie sich bei Laborversuchen zeigen läßt, die Freisetzung von Dopamin aus den Axonendbäumchen am effektivsten verhindern (McGeer u. McGeer, 1980).

Diese Theorie ist jedoch noch keinesfalls bewiesen. Besonders verunsichernd ist, daß kein definitiver Nachweis einer Abnormalität in der Erzeugung oder im Abbau von Dopamin bei schizophrenen Patienten gelungen ist. Dennoch ist die Theorie sowohl in anatomischer als auch in biochemischer Hinsicht durchaus plausibel. Dopamin ist der Transmitter in mehreren spezifischen Hirnleitungsbahnen, einschließlich einer vom limbischen System zur Großhirnrinde; es liegt also durchaus nahe, daß eine Beeinträchtigung der Neurotransmission an dieser Stelle Störungen des Denkens, Fühlens und Handelns zur Folge haben könnte.

3.12 Normale Stimmungsschwankungen

Alle Menschen haben *Stimmungsschwankungen*, das heißt, sie fühlen sich abwechselnd „himmelhoch jauchzend“ und dann wieder „zu Tode betrübt“. Manchmal kann man seinen emotionalen Zustand auf irgendein äußeres Ereignis zurückführen, aber in anderen Fällen scheint er spontan aufzutreten. Abgesehen von solchen Unterschieden beim Einzelnen gibt es zweifellos Unterschiede unter den Menschen; manche unserer Bekannten sind einfach generell heiterer oder aktiver als andere. Nehmen wir an, daß die eine oder andere biochemische Theorie der Psychose richtig ist. Würde das bedeuten, daß die normalen Stimmungsunterschiede in derselben Weise erklärt werden könnten – das heißt, durch vermutlich kleinere Veränderungen oder Unterschiede in den synaptischen Transmittern?

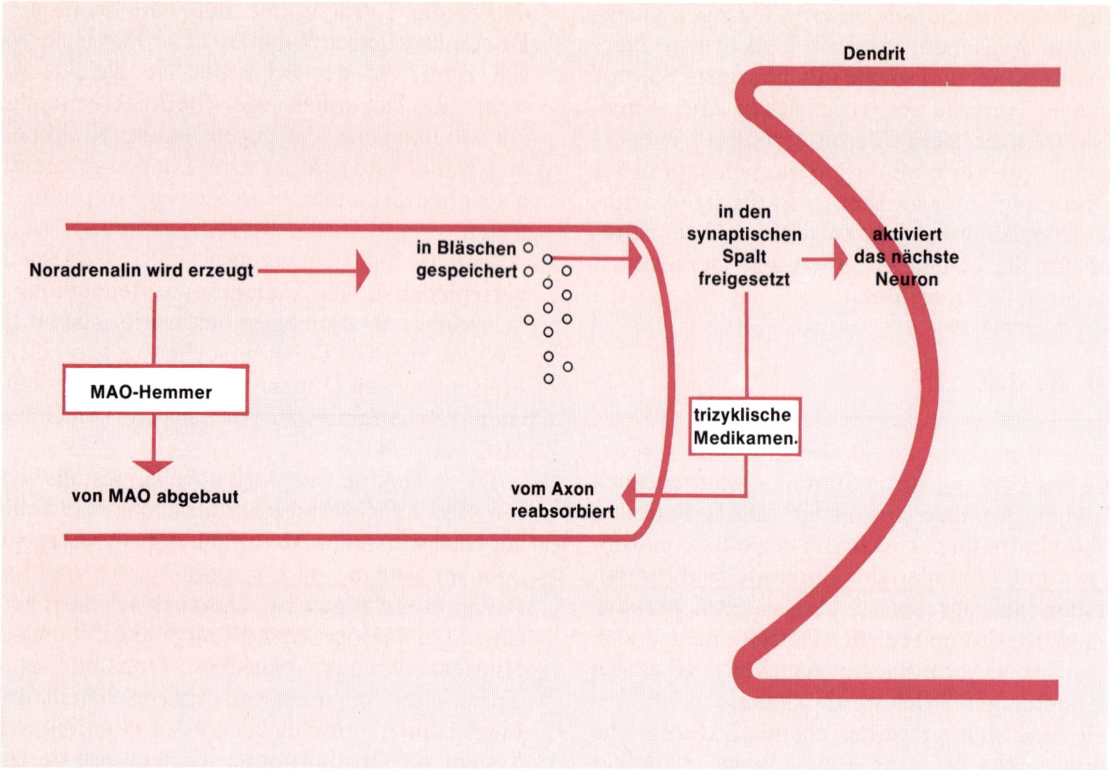

Abbildung 21: Diese Abbildung zeigt einige der chemischen Prozesse, die bestimmen, ob eine gewisse Transmittersubstanz, die in einem Axonendbäumchen erzeugt wird, schließlich eine Wirkung auf das nächste Neuron ausüben kann. Noradrenalin kann beispielsweise durch Monoaminoxidase (MAO) abgebaut werden, bevor es das Endbäumchen verläßt, oder es kann später von dem Axon reabsorbiert werden. Jedes der in einem Kästchen genannten Medikamente hemmt den einen oder anderen dieser Prozesse und macht dadurch mehr Transmitterstoff verfügbar. Man nimmt an, daß dies die günstige Wirkung auf Depressionszustände erklärt.

Nicht notwendigerweise. Es könnte sein, daß die Psychosen durch irgendeinen spezifischen Faktor verursacht werden (eine genetische Störung, ein unbekannter Virus, eine frühe traumatische Erfahrung etc.), der zu einer qualitativen Veränderung im chemischen Aufbau des Gehirns führt, und daß begrenztere Stimmungsschwankungen ganz anderer Art sind und von neuralen Aktivitätsmustern abhängen, die durch ganz normale Transmittermengen zustande kommen. Dies sind jedoch nur Spekulationen. Viele der antipsychotischen Medikamente wirken sich im Grunde auf „normale" Menschen ähnlich wie auf Patienten aus; so befreit beispielsweise Lithium manische Patienten von ihren Symptomen, aber es wirkt auch „beruhigend" auf Gesunde und macht diese apathisch und desinteressiert an sozialen Kontakten (Judd et al., 1977). Das deutet darauf hin, daß sich Psychotiker nur graduell von „normalen" Menschen unterscheiden und führt seinerseits zu einigen wichtigen Schlußfolgerungen.

In unserer Erörterung der biochemischen Mechanismen gibt es nichts, was die Theorien zwingend widerlegt, die die Ursachen der meisten Psychosen familiären und anderen Umwelteinflüssen zuschreiben. Es könnte tatsächlich zutreffen, daß bestimmte Erlebnismuster zu Störungen des Denkens, der Emotionen oder des Handelns führen. Eine biochemische Theorie könnte uns lediglich sagen (insbesondere, nachdem die damit zusammenhängenden neuralen Rückkopplungsschleifen voll erfaßt wurden), *wie* sich diese Erfahrungen auf das Gehirn und somit auf das Verhalten auswirkten. Wenn eine biochemische Theorie jedoch allgemeine Anerkennung finden sollte, dann würde sie Richtlinien für die Behandlung liefern und uns zu chemischen (oder chirurgischen) Therapien verhelfen, die vielleicht viel rascher wirken als mögliche Alternativen wie Psychotherapie (s. Box 5/23, S. 20).

4 Die Physiologie der Antriebe

Wenn wir uns dem Studium der biologischen Grundlagen einzelner Triebe zuwenden, stellen wir fest, daß wir wie im Falle der Emotionen die biologischen Zustände verstehen wollen, die den jeweiligen Trieb auslösen. Wir wollen außerdem wissen, welche Mechanismen im Körper an den damit verbundenen *Gefühlen* und den entsprechenden *Reaktionen* beteiligt sind. Im Fall der Triebe (im Gegensatz zu den Emotionen) sind die Reaktionen ziemlich offenkundig, da wir essen, wenn wir hungrig sind, trinken, wenn wir durstig sind, und so weiter; andererseits liegen die genauen Vorgänge, die das Erlebnis auslösen, keinesfalls auf der Hand. Wir wissen, wann wir hungrig sind, aber welches Signal ruft dieses Gefühl eigentlich hervor? Wir suchen deshalb Antworten auf zwei Fragen: durch welche Reizsignale wird ein Trieb „eingeschaltet" bzw. „abgeschaltet"? Und welche neuralen Mechanismen sind für den Empfang dieser Signale verantwortlich und rufen dadurch die jeweiligen Empfindungen und Reaktionen hervor?

4.1 Der Hunger

Hunger entsteht in der Regel nach einem längeren Zeitraum ohne Nahrungsaufnahme, es erscheint daher einleuchtend, uns die körperlichen Veränderungen vor Augen zu führen, die durch Nahrungsentzug hervorgerufen werden, um einen Anhaltspunkt für den Hungerreiz zu finden. Eine Auswirkung anhaltenden Nahrungsentzugs ist eine Verminderung der Zuckerkonzentration im Blut und eine daraus resultierende Verminderung des Tempos, in dem die Zellen Zucker aus dem Blut aufnehmen. Blutzucker (Glukose) ist eine wesentliche Energiequelle, und nach der *glukostatischen Theorie der Nahrungsaufnahme* dient eine Verminderung der von den Zellen aufgenommenen Glukosemenge als innerer Stimulus für Hunger. Injektionen von Insulin bewirken eine Senkung des Glukosespiegels, die zu erhöhter Nahrungsaufnahme führt. Tägliche Injektionen von Insulin können eine so starke Erhöhung der Nahrungszufuhr bewirken, daß ein Versuchstier dick wird.

Wenn man lange genug nichts ißt, nimmt man ab. Wenn Nahrung zur Verfügung steht, tendieren Menschen und andere Lebewesen dazu, jahrelang ein sehr stabiles Körpergewicht beizubehalten. Diese Fakten hängen mit der *lipostatischen Theorie* zusammen, die besagt, daß unser Hunger- oder Eßmechanismus irgendwie über die im Körper gespeicherten Fettmengen Bescheid weiß. Wenn ein Tier (beispielsweise durch tägliche Insulininjektionen) künstlich dick gemacht wird oder wenn es (durch Unterernährung) extrem abmagert und wenn es danach Gelegenheit erhält, seine Nahrungsmenge selbst zu bestimmen, dann wird es die Menge solange modifizieren, bis es wieder sein ursprüngliches Normalgewicht erreicht hat. Vielleicht wird irgendeine Substanz ins Blut abgegeben, das die entsprechenden Gehirnregionen über die Gesamtmenge an gespeichertem Fett informiert.

Man beachte jedoch, daß sich weder der Blutzuckerspiegel noch die Menge an gespeichertem Fett *sofort* verändert, wenn man eine Mahlzeit zu sich nimmt. Dennoch verschwindet der Hunger, und man hört auf zu essen. Es müssen bald nach der Nahrungsaufnahme Veränderungen im Körper stattfinden, die den Effekt haben, den Hungermechanismus abzuschalten. Allein schon das Vorhandensein füllender Substanzen im Magen (sei es Nahrung, eine Salzlösung oder ein aufgeblasener Ballon) hat eine gewisse Auswirkung auf die Menge der Nahrungsaufnahme. Neuere Versuche deuten darauf hin, daß ein spezielles Hormon, *Cholecystokinin,* vom Dünndarm freigesetzt wird, sobald dort Nahrung eintrifft, und daß dieses über das Blut dem Gehirn die Botschaft übermittelt, von weiterer Nahrungsaufnahme abzusehen (Smith u. Gibbs, 1976).

4.2 Hunger und Gehirn

Wenn einige oder alle der eben beschriebenen Faktoren das Gehirn beeinflussen, um Empfindungen des Hungers oder der Sättigung auszulösen, dann würden wir gerne wissen, wo und wie das geschieht. Seit mehr als 30 Jahren ist bekannt, daß drastische Veränderungen der Nahrungsaufnahme durch eine Manipulation in zwei kleinen Regionen des Hypothalamus hervorgerufen werden können (s. Abb. 22). Elektrische Stimulierung der *Lateralregion* veranlaßt ein Tier prompt zum Fressen, obwohl es gerade gesättigt schien; Zerstörung dieser Region hat zur Folge, daß die Tiere aufhören zu fressen und verhungern, wenn sie nicht zwangsernährt werden. Diese Region wurde deshalb seither als ein Kontrollzentrum der Nahrungsaufnahme betrachtet. Elektrische Reizung des *ventromedialen Nukleus* veranlaßt Tiere dagegen, das Fressen einzustellen, und eine Läsion bewirkt extremes Überfressen und schließlich Übergewicht. Diese Region wurde als ein Sättigungszentrum bezeichnet. Man nahm an, daß diese Zentren die Veränderungen von Substanzen wie Blutzucker und Cholecystokinin registrieren und Hunger und Nahrungsaufnahme entsprechend regulieren. In den letzten Jahren haben Befunde verschiedener Art manche Wissenschaftler daran zweifeln lassen, ob diese „Zentren" tatsächlich von zentraler, spezifischer Bedeutung für den Hunger sind.

Ein erster Einwand richtete sich nicht unbedingt gegen die Bedeutung der angenommenen Kontrollzentren, sondern gegen die implizite Annahme, daß sie (1) ihre Hunger- und Sättigungssignale in erster Linie aus Substanzen im Blut beziehen und (2) daß diese Zentren die Nahrungsaufnahme durch neurale Botschaften an die Bewegungszentren steuern. Manche Forscher sind der Ansicht, daß es Zellen in der Leber, nicht im Gehirn seien, die auf die vorhandene Menge an Nährstoffen (Glukose) im Blut reagieren; diese Leberzellen schickten dann eine neurale Botschaft an das Gehirn (Friedman et al., 1976). Außerdem bewirken Läsionen des ventromedialen Nukleus einen abnormal hohen Insulinspiegel im Blut, was darauf hindeute, daß die Läsionen durch diesen indirekten Mechanismus Überessen bewirken und nicht durch eine direkte Beeinflussung der motorischen Kontrolle (Powley u. Opsahl, 1974).

Eine schwierigere Frage betrifft die *Spezifität* der Auswirkungen, die bei Manipulationen dieser Regionen auftreten. Es wurde festgestellt, daß

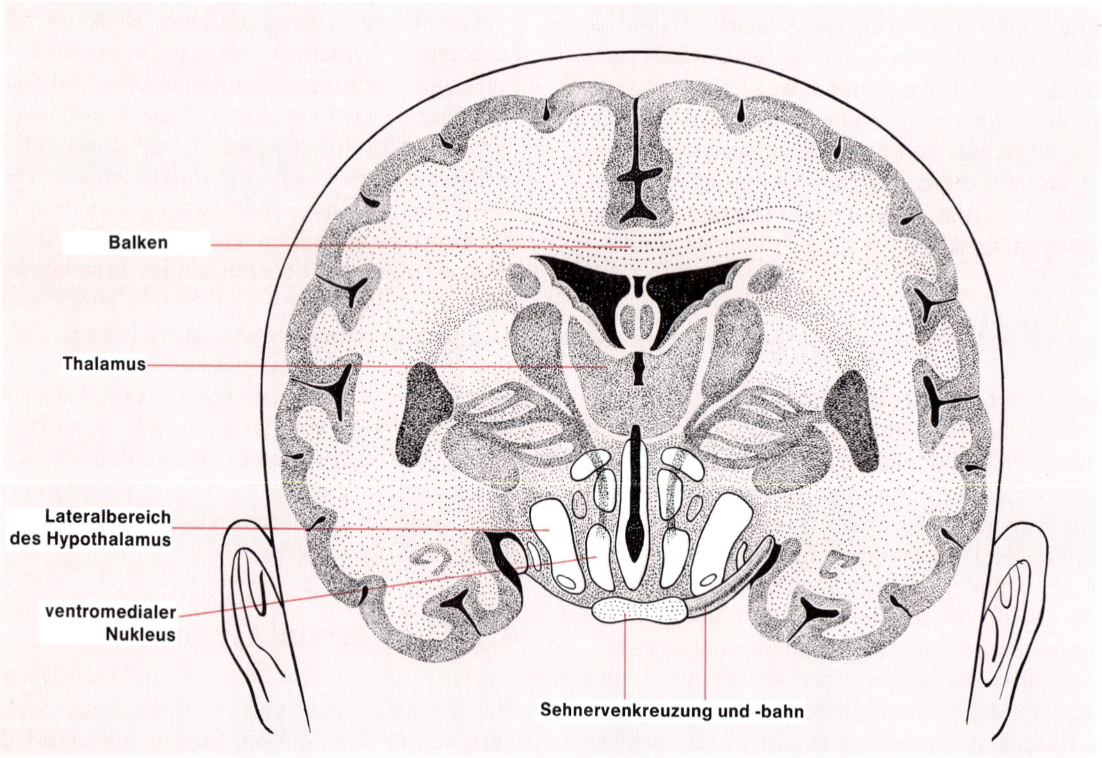

Abbildung 22: Der Hypothalamus besteht aus einer Ansammlung von Nuklei an der Unterseite des Gehirns und aus Faserendungen, die diese miteinander verknüpfen (siehe die weißen Areale in der Abbildung). Mehrere Nervenbahnen, die andere Partien des Gehirns miteinander verknüpfen, verlaufen durch diese Region. Die Regionen, die im Abschnitt über Hunger erörtert wurden, sind der laterale Hypothalamus und der ventromediale Nukleus.

Ratten mit Läsionen der Lateralregion des Hypothalamus nicht nur aufhören, zu fressen und zu trinken, sondern auch in vielen anderen sensorischen und motorischen Funktionen Defizite aufweisen (Marshall u. Teitelbaum, 1974). Das läßt vermuten, daß diese Region für die allgemeine Aktivierung und nicht ausschließlich für das Fressen zuständig ist.

Eine andere Frage hat mit der zentralen anatomischen Bedeutung dieser Regionen zu tun. So wurde beispielsweise die Auffassung vertreten, daß am lateralen Hypothalamus gar keine wichtigen Nervenzellkörper zu finden seien, sondern daß Läsionen dort den Effekt haben, Nervenbahnen (Axonen) zu durchtrennen, die zu anderen „wirklich wichtigen" Zellen hinführen (Oltmans u. Harvey, 1972; Zeigler u. Karten, 1974). Die Nervenbahnen, die diese Regionen durchqueren, können anhand der Transmitter, die sie benutzen, identifiziert werden. Es scheint, daß Dopamin in einer Nervenleitung aktiv ist, die zum Essen anregt; Noradrenalin und Serotonin dagegen in „Sättigungsbahnen".

Aufgrund anderer Versuche und täglicher Beobachtung ist durchaus klar, daß auch andere Partien des Gehirns an der Steuerung der Nahrungsaufnahme beteiligt sind. Experimente haben gezeigt, daß Läsionen des Stirnkortex oder der Amygdala die Nahrungsaufnahme beeinflussen können. Auch dem Laien zeigt die Beobachtung, daß äußere Reize (wie der Anblick oder der Geruch von Speisen oder der Anblick anderer Esser) und Gewohnheiten (wie der Brauch, zu einer bestimmten Tageszeit zu essen) bei Mensch und Tier eine Auswirkung auf den Hunger und die Nahrungsaufnahme haben. Diese Tatsachen implizieren natürlich, daß die Teile des Gehirns, die Signale über das Vorhandensein von Nahrung empfangen und interpretieren oder die an den Gewohnheiten und täglichen Rhythmen der Nahrungsaufnahme beteiligt sind, ebenfalls wichtig sein müssen.

Die richtige Schlußfolgerung scheint eine vorsichtige zu sein. Es deutet nach wie vor viel darauf hin, daß es neurale Mechanismen im oder nahe am lateralen Hypothalamus gibt, die von besonderer Bedeutung für die Kontrolle der Nahrungsaufnahme sind (obwohl diese auf engstem Raum mit vielen anderen Zellen zusammengedrängt sind, die andere Aktivitätsmuster regulieren). Der ventromediale Nukleus übt wahrscheinlich eine gewisse Kontrolle über die Nahrungsaufnahme und deren Beendigung aus, aber dies kann ein indirekter Einfluß durch die Steuerung des Körperstoffwechsels sein. Nervenfasern, die an diesen Auswirkungen beteiligt sind, können aufgrund der vorhandenen Transmitter gekennzeichnet werden, aber die Nervenzellen, die sie miteinander verbinden, sind noch nicht mit Sicherheit lokalisiert worden. Hunger und Nahrungsaufnahme sind vielen Einflüssen aus dem Körper und aus der Umwelt unterworfen; der Hypothalamus spielt eine wichtige Rolle beim Essen, aber auch höhere Strukturen sowohl im Kortex als auch im limbischen System sind an dem Prozeß beteiligt.

4.3 Der Durst

Wenn man den „Mann auf der Straße" fragt, wie er seine Wasserzufuhr reguliert, dann wird er einem vielleicht antworten, daß er trinkt, wenn sein Mund trocken ist. Eine solche Theorie wurde schon vor langer Zeit von dem Physiologen Cannon vertreten. Er meinte, wenn der Körper Wasser brauche, sei kein ausreichender Speichelfluß vorhanden und diese Mundtrockenheit diene als Auslöser für den Durst.

Es wäre absurd zu leugnen, daß ein trockener Mund jemand zum Trinken veranlassen kann. Als eine vollständige Erklärung der beteiligten Prozesse hat diese Theorie jedoch sorgfältigen Prüfungen nicht standgehalten. So trinken beispielsweise Personen, die ohne Speicheldrüse geboren wurden (und die daher immer einen trockenen Mund haben), nicht mehr als der Durchschnitt. Außerdem bewirken Injektionen von Pilocarpin, einem Medikament, das den Speichelfluß erhöht, keine Verringerung des Verlangens nach Wasser.

Die körperlichen Bedingungen, die imstande zu sein scheinen, Durst hervorzurufen, sind Hypovolämie (Verminderung des Blutvolumens) und *zelluläre Dehydration* (beides tritt bei ungenügender Wasserzufuhr auf). Die Hypovolämie entfaltet ihre Wirkung teilweise über eine Rückkopplungsschleife durch die Nieren. Im Herz und in den Blutgefäßen befinden sich sensorische Rezeptoren, die die Blutmenge messen. Wenn Hypovolämie eintritt, senden diese Rezeptoren Impulse an die Nieren und veranlassen diese zur Freisetzung eines Hormons, das im Blut in eine Substanz namens *Angiotensin* verwandelt wird. Das Angiotensin ruft dann zwei wichtige Effekte hervor.

Indirekt auf die Nieren rückwirkend, führt es zu einer Konservierung der Körperflüssigkeit durch Verminderung der Harnausscheidung. Im Gehirn stimuliert das Angiotensin wahrscheinlich Durst und motiviert den Organismus unmittelbar zum Trinken.

Die Hirnstrukturen, die die chemischen und neuronalen Signale empfangen, welche durch Hypovolämie und zelluläre Dehydration erzeugt werden, befinden sich wahrscheinlich im Hypothalamus. Mehrere Beweisketten deuten darauf hin, daß sich ebenso wie im Fall des Hungers ein wichtiger Teil des Durstkontrollmechanismus in dieser winzigen Hirnregion befindet. *Osmorezeptoren* (spezialisierte, auf Dehydration ansprechende Zellen) sind in dieser hypothalamischen Region zu finden, und hier verursachen Läsionen Veränderungen in der Wassermenge, die nach Injektionen von Angiotensin dem Organismus zugeführt wird. Obwohl Zellen, die für das Trinken zuständig sind, mit solchen vermischt zu sein scheinen, die das Essen regulieren, sind diese nicht genau identisch. Eine Injektion in den lateralen Hypothalamus mit einer bestimmten acethylcholinähnlichen Substanz löst Trinken aus, während eine Injektion mit Noradrenalin Nahrungsaufnahme bewirkt; diese Befunde lassen vermuten, daß die beiden Systeme verschiedene Transmitterstoffe benutzen, um ihre interneuralen Botschaften zu übermitteln.

Wenn man begonnen hat zu trinken, wird Flüssigkeit absorbiert und dadurch verändern sich sehr rasch die Voraussetzungen des Durstes, aber der Laie hat auch hier teilweise recht: Stimuli aus dem Mund und dem Magen sagen einem, wann man „genug" hat (Blass u. Hall, 1976).

In dieser Erörterung konzentrieren wir uns auf einen kleinen (wenn auch wichtigen) Ausschnitt eines komplexen Netzes von Kontrollsystemen. In Wirklichkeit trinkt ein Tier in der Regel nicht erst, wenn es durstig ist. Obwohl alle die oben beschriebenen Mechanismen vorhanden sind, um die Trinksignale nötigenfalls „einzuschalten", folgen beispielsweise normale Ratten faktisch einem zircadianischen Trinkrhythmus und *antizipieren* ihren künftigen Wasserbedarf, indem sie die nötige Menge beim Fressen zu sich nehmen (Fitzsimmon, 1971).

4.4 Der Sexualtrieb

Die Gefühle, die durch sexuelle Reize und Reaktionen ausgelöst werden, legen eine Behandlung dieses Themas im obigen Abschnitt über Emotionen nahe, aber die *Steuerungs*aspekte der Sexualität rechtfertigen ihre Einreihung unter die Triebe. Ebenso wie im Fall der anderen behandelten Triebe interessieren wir uns für die daran beteiligten Reize, die Reaktionen und die inneren Mechanismen.

Beim normal entwickelten erwachsenen Menschen spielen äußere Reize – visuelle, akustische und Geruchsreize – eine wichtige Rolle als Triebauslöser. (Viel hängt natürlich auch von der Zeit, dem Ort und dem richtigen Partner ab.) Die Bedeutung dieser Reize wird im wesentlichen durch Lernvorgänge bestimmt.

Außer dem Einfluß erlernter Reize auf das Erwachen des Sexualtriebs gibt es andere Reize, die angeborene Reaktionen steuern und die von Lernvorgängen wenig beeinflußt werden. Berührungsreize (Anfassen, Massieren, Streicheln) lösen sowohl in den primären als auch in den sekundären erogenen Zonen solche Reaktionen aus.

Wenn visuelle, akustische, olfaktorische und taktile Reize sexuelles Verlangen auslösen, welche physiologischen Prozesse setzen sie damit in Gang? Die Hauptmechanismen betreffen das autonome oder vegetative Nervensystem. In einer Untersuchung der sexuellen Reaktionen der Menschen (Masters u. Johnson, 1966) wurden diese eingehend beschrieben. Zunächst füllen sich die Blutgefäße, was sich auf die Genitalien und die sekundären erogenen Zonen (z.B. die Brüste) auswirkt und sich auf der Haut als Erröten zeigen kann. Außerdem erhöhen sich die Herzfrequenz und der Blutdruck. An der zunehmenden sexuellen Erregung ist das autonome Nervensystem massiv beteiligt: die Gefäße füllen sich mit Blut, die Atmung vertieft sich, die Herzfrequenz nimmt zu (von normalen Werten von etwa 72 bis zu 180 Schlägen pro Minute), der Blutdruck steigt stark an, die deutliche Rötung der Haut breitet sich aus und es kommt zu starker Transpiration, die nicht durch physische Aktivität bedingt ist. Masters und Johnson heben die Ähnlichkeit dieser allgemeinen autonomen Reaktionen bei Männern und Frauen in der Phase der sexuellen Erregung hervor.

An der Kopulation sind Reaktionen der Skelettmuskeln und des autonomen NS beteiligt, und das

Verhalten wird teilweise von den untersten spinalen Partien des sympathischen und parasympathischen Systems gesteuert. Manche Männer, deren Rückenmark *über* der Region durchtrennt wurde, die die sexuellen Reaktionen steuert, sind nach wie vor zu Erektionen (und in manchen Fällen zur Ejakulation) fähig, da die Stimulierung der Haut in der Genitalregion diese Reaktionen reflexartig auslöst.

Sex und Hormone: Das sexuelle Verhalten wird zum Teil von den Hormonen gesteuert, die von den Keimdrüsen erzeugt werden (den *Hoden* des Mannes und den *Eierstöcken* der Frau). Die Keimdrüsen haben auch die wesentliche Funktion, die Keimzellen zu erzeugen (Spermien beim Mann und Ova oder Eizellen bei der Frau).

Die Produktion der Sexualhormone durch die Keimdrüsen (auch Geschlechtsdrüsen oder Gonaden) wird durch *gonadotrope Hormone* aus der vorderen Hypophyse geregelt. Die Hoden erzeugen mehrere Hormone, darunter das männliche Sexualhormon Testosteron. Es sei darauf hingewiesen, daß die normalen Hoden auch eine kleine Menge von *Östrogen,* einem weiblichen Sexualhormon, produzieren. Die Ovarien (Eierstöcke) erzeugen zwei Hormone: Östrogen und *Progesteron.* Im entsprechenden Stadium des Menstruationszyklus trägt Progesteron dazu bei, den Uterus auf die Schwangerschaft vorzubereiten. Bei normal heranreifenden Individuen ist das Testosteron beim Mann und das Östrogen bei der Frau für das Wachstum der Sexualorgane und die Entwicklung *sekundärer Geschlechtsmerkmale* wie die Körperbehaarung, die Proportionen des Knochengerüsts und die Dicke und Beschaffenheit der Haut verantwortlich.

Hormone sind von entscheidender Bedeutung für die *Entwicklung* sowohl des Geschlechtsapparats als auch des normalen Sexualverhaltens. Nach Abschluß dieser Entwicklung spielen die Sexualhormone beim Menschen eine relativ unwichtige Rolle. Der Rückgang der Sexualhormone bei der Frau nach der Menopause (auch Wechseljahre oder Klimakterium) muß den Sexualtrieb nicht beeinträchtigen. Bei erwachsenen Männern *kann* die Entfernung der Hoden eine deutliche Verminderung des Sexualtriebs bewirken, aber sehr häufig wird bis zu 20 Jahren nach der Operation keine Veränderung des Sexualverhaltens erlebt.

Eine Wechselbeziehung zwischen Sexualhormonen und Erfahrung im Einleiten sexuellen Verhaltens wurde bei der Katze nachgewiesen (Rosenblad u. Aronson, 1958). Erwachsene Kater, die vor der Pubertät kastriert wurden, zeigen keine sexuellen Reaktionen gegenüber läufigen Katzen. Androgenbehandlung führt zu sexueller Ansprechbarkeit, und Kater, die sowohl Androgen erhalten als auch Gelegenheit zur Paarung haben, manifestieren auch noch nach dem Entzug der Sexualhormone sexuelles Verhalten. Behandlung mit Sexualhormonen ohne begleitende sexuelle Erfahrungen bewirkt, daß das Tier nach Absetzung der Hormone keine sexuellen Reaktionen aufweist.

4.5 Hormone, Körper, Gehirn und Verhalten

Sexualhormone spielen eine entscheidende Rolle bei der Entwicklung der Sexualorgane und der neuralen Basis des Sexualverhaltens. In einem sehr frühen Lebensstadium eines Tieres (beim Affen vor der Geburt und bei der Ratte in den ersten zehn Tagen nach der Geburt) resultiert das Vorhandensein männlicher Sexualhormone in der Entwicklung männlicher Charakteristika und das Fehlen männlicher Hormone prädisponiert das Tier zur Entwicklung eines weiblichen Körperbaus und Verhaltens. Schon in diesem frühen Stadium werden die männlichen Hormone normalerweise durch die Hoden im männlichen Fötus beigesteuert. Aber wenn beispielsweise eine Äffin, die mit einem *weiblichen* Fötus trächtig ist, männliche Hormone injiziert bekommt, entwickelt der Fötus ein Skrotum (Hodensack). Solche Weibchen weisen außerdem, wenn sie heranwachsen, männliche Charakteristika beim Spielen und im Sozialverhalten auf (Young et al., 1964). Eine entgegengesetzte Veränderung findet bei einem Männchen statt, das seiner natürlichen Hormone beraubt wird.

Unter bestimmten Umständen sind ähnliche Resultate beim Menschen festzustellen. Wenn eine Frau, die mit einem weiblichen Fötus schwanger ist, eine extensive Behandlung mit Testosteron erhält, kann das Mädchen äußere männliche Genitalien entwickeln. Ein männlicher Fötus, der kein Testosteron produziert, wird keine normalen männlichen Geschlechtsorgane ausbilden. Manche

Forscher schließen daraus, daß beide Geschlechter im Hinblick auf das Nervensystem im Grunde weiblich angelegt sind – das heißt, daß das Nervensystem ursprünglich darauf eingerichtet ist, weibliches Sexualverhalten hervorzubringen und daß es nur unter der Bedingung, daß zu der entscheidenden Zeit männliche Hormone vorhanden sind, auf ein männliches Verhaltensmuster umgestellt werden kann. Sobald diese Verhaltensmuster entwickelt sind, können sie nach dieser Auffassung durch eine spätere Veränderung der hormonellen Balance nicht mehr substantiell beeinflußt werden.

Es gibt jedoch Grund zur Annahme, daß bei jedem neugeborenen Tier *separate* Nervensysteme *sowohl* für männliches als auch für weibliches Verhalten existieren (Guy, 1970; Whalen, 1974). Erwachsene Tiere, die eine normale Kindheit hatten, können immer noch veranlaßt werden, sexuelle Verhaltensweisen zu zeigen, die eigentlich beim anderen Geschlecht „angebracht" wären, wenn ihnen Hormone dieses Geschlechts injiziert werden. Die meisten Untersuchungen homosexueller Menschen ergaben, daß sich diese hinsichtlich ihrer endokrinen Aktivität nicht von anderen Angehörigen ihres Geschlechts unterscheiden; vielmehr haben in diesem Fall wahrscheinlich soziale Faktoren bestimmte Verhaltensweisen hervorgebracht, die für das jeweils andere Geschlecht typischer sind. Die weiblichen Affen, die nach Verabreichung männlicher Hormone vor der Geburt männliches Spielverhalten entwickelten, behielten dennoch manche Aspekte weiblicher Verhaltensmuster bis ins Erwachsenenalter bei. Manche Knaben weisen eine seltene genetische Erkrankung auf, die trotz normaler männlicher Hormonproduktion weibliche äußere Genitalien hervorbringt; selbst wenn sie als Mädchen aufgezogen werden, neigen sie dazu, in der Pubertät ihre Geschlechtsidentität vermutlich infolge des starken Testosteronausstoßes zu dieser Zeit zu verändern (siehe Rubin et al., 1981). Die „hormonelle Situation" in der frühen Kindheit ist wichtig, aber diese und andere Studien haben gezeigt, daß das ursprüngliche Geschlecht des Organismus, seine frühen Erfahrungen, die Geschlechtsrolle, die er von seiner sozialen Umwelt erlernt und sein erwachsener Hormonhaushalt sämtlich dazu beitragen, wieviel von beiden Verhaltensweisen (männlich oder weiblich) geäußert werden.

4.6 Der Hypothalamus

Unsere Kenntnis des Hypothalamus und seiner umfassenden Kontrolle autonomer Reaktionen sollten uns erwarten lassen, daß er für den Sexualtrieb wichtig ist, und das ist auch der Fall. Läsionen eines Teils vermindern oder eliminieren das Sexualverhalten, und die elektrische Reizung einer anderen Region kann bei der männlichen Ratte den Ablauf einer vollständigen sexuellen Verhaltenssequenz einschließlich Ejakulation in Gang setzen (Vaughn u. Fisher, 1962). Injektion der männlichen Hormone in einen anderen hypothalamischen Nukleus kann sowohl bei männlichen als *auch* bei weiblichen Ratten gewisse männliche Sexualreaktionen hervorrufen. Bei menschlichen Patienten hat elektrische Stimulierung durch Elektroden im Hypothalamus oder in benachbarten Regionen sexuelle Lustgefühle und sogar Ejakulation ausgelöst (Sem-Jacobsen, 1968). Darüber hinaus hat die elektrische Reizung mehrerer anderer subkortikaler Regionen, die für Emotionen und Lustempfindungen wichtig sind, bei Affen sexuelle Reaktionen ergeben.

Der Sexualtrieb ist vielleicht stärker als jeder andere von den Integrationsmechanismen im Körper einschließlich des zerebrospinalen Nervensystems, des autonomen Nervensystems und des endokrinen Systems abhängig. Sowohl die physiologischen als auch die psychologischen Befunde zeugen von den komplexen Wechselwirkungen, die am Sexualtrieb beteiligt sind.

4.7 Andere Motive

Und was ist mit all den anderen Motiven, die im menschlichen Verhalten eine Rolle spielen? Worin besteht die biochemische Grundlage des Neugiermotivs? Wo ist das Gehirnzentrum für das Bedürfnis nach Selbstverwirklichung? Diese Fragen mögen töricht erscheinen und uns sogar an die Versuche der Phrenologen erinnern, Charakterzüge in verschiedenen Teilen des Gehirns zu lokalisieren (s. Box 3/16, S. 94). Tatsächlich müssen wir annehmen, daß Fragen dieser Art vielleicht in raffinierterer Formulierung eines Tages beantwortbar sein werden. Für den Augenblick können wir nur darauf hinweisen, daß „höhere" Motive wie diese von den perzeptiven und integrativen

Funktionen des Vorderhirns, insbesondere der Großhirnrinde und des limbischen Systems, abhängen.

Die physischen Bedürfnisse wie Hunger, Durst und so weiter sind fundamental zumindest in dem Sinn, daß sie sowohl in den einfachsten als auch in den komplexesten Organismen vorhanden sind. Spezielle biochemische und anatomische Mechanismen für diese Bedürfnisse existieren insbesondere in älteren Teilen des Nervensystems und üben die Kontrolle über das Verhalten aus. Welcher Zusammenhang auch immer zwischen den physischen Bedürfnissen und den „höheren" Motiven bestehen mag, die als charakteristisch für die Menschheit betrachtet werden, so steht fest, daß Motive beider Art unter dem ständigen Einfluß sowohl der primitiven als auch der höher entwikkelten Sektoren des Nervensystems stehen.

Zusammenfassung

1. Die Grade von *Wachheit* und allgemeiner *Reaktionsbereitschaft* schwanken im Laufe des 24-Stunden-Tages. Außer den Veränderungen des EEG-Musters, der Munterkeit, der Körpertemperatur etc., die im Wachzustand zu beobachten sind, finden auch während des Schlafs Veränderungen verschiedener physiologischer Meßwerte statt. Im Laufe einer Nacht durchläuft man mehrere alternierende Zyklen von *langsamwelligem Schlaf* und REM-Schlaf; letzterer macht etwa 25 Prozent der Schlafzeit eines Erwachsenen und bei Kindern noch mehr aus.

2. Der *Wachzustand* wird durch Aktivität in der *Retikularformation* und einer Region im Hypothalamus hervorgerufen. Andere Systeme im Hirnstamm scheinen REM- und NREM-Schlaf zu kontrollieren. An diesen separaten Systemen sind nicht nur verschiedene Nervenleitbahnen beteiligt, sondern sie scheinen sich auch verschiedener Transmittersubstanzen zu bedienen.

3. Der *Wachen-Schlafen-Zyklus* kann nicht abrupt verändert werden, und selbst nachdem er sich verändert hat (etwa, wenn man in eine andere Zeitzone reist), kann die Anpassung mancher physiologischer Rhythmen viel länger dauern. Es könnte sein, daß die Schlafgewohnheiten, die sich bei verschiedenen Spezies entwickelt haben, dazu dienen, das Individuum in den Zeiten der größten Gefahr inaktiv zu halten.

4. Das *autonome* (*vegetative* oder *sympathische*) *Nervensystem* kontrolliert die Muskeln der inneren Organe und die endokrinen Drüsen. Man unterscheidet *Sympathikus* und *Parasympathikus*. Der Sympathikus ruft Veränderungen hervor, die den Körper auf einen Notfall vorbereiten; der Parasympathikus bringt das System wieder zum Normalzustand zurück.

5. Das *endokrine System* besteht aus einer Reihe von Drüsen. Diese produzieren Hormone – Substanzen, die die Aktivität einiger oder aller Zellen des Körpers steuern. Die Tätigkeit dieser Drüsen ist mit der des autonomen Nervensystems integriert. Insbesondere das Nebennierenmark hat die Aufgabe, die Aktivität des Sympathikus zu unterstützen. Einige der Hormone der vorderen Hypophyse steuern die Produktion anderer endokriner Drüsen einschließlich der Nebennierenrinde.

6. *Nebennierensteroide* (von der Nebennierenrinde erzeugte Hormone) werden in Zeiten physischer oder psychischer Belastung in erhöhten Mengen produziert. Sie verändern die Reaktion des Körpers auf Verletzungen und wirken sich auf die Energiemenge aus, die den Zellen zur Verfügung steht. Hormone des Hypophysen-Nebennieren-Systems können außerdem in bestimmten Situationen das Lernen beeinflussen.

7. Das *Schilddrüsenhormon* hat die Funktion, die Stoffwechselvorgänge im ganzen Körper zu beschleunigen und damit auch auf andere körperliche Prozesse beschleunigend zu wirken. Ein Überschuß oder Mangel an diesem Hormon kann zu Abnormitäten in der körperlichen Entwicklung, Intelligenz und Persönlichkeit führen.

8. Viele Veränderungen des Aktivitätsniveaus, die emotionale Erlebnisse begleiten, unterliegen der Kontrolle des endokrinen und des autonomen Nervensystems.

9. Die *James-Lange-Theorie* besagt, daß emotionale Erlebnisse durch die sensorischen Rückmeldungen entstehen, die wir bei einer emotionalen Reaktion empfangen. Andere Theorien der Emotion versuchen im allgemeinen die Teile des Gehirns zu isolieren, die an emotionalen Erlebnissen und Reaktionen beteiligt sind.

10. Es gibt Belege dafür, daß der *Hypothalamus* und die *Retikularformation* für die Emotionen wichtig sind. Im Vordergrund der Untersuchungen struktureller Mechanismen der Emotion stehen verschiedene Teile des limbischen *Systems*. Läsionen und

elektrische Reizung verschiedener Teile dieses Systems verursachen Veränderungen in vielen Arten motivierten Verhaltens und emotionaler Reaktionen, aber keine vereinfachende Interpretation der Gesamtfunktionen dieses Systems hat bisher allgemeine Zustimmung gefunden.

11. Die in einer Nervenzelle erzeugte *Transmittersubstanz* kann abgebaut werden, noch bevor sie das Axon verläßt, oder sie kann vom Axonendbäumchen reabsorbiert werden. In beiden Fällen verringert sich die Transmittermenge, die zur Verfügung steht, um die nächstgelegenen Neuronen zu stimulieren. Medikamente, die diesen Verlauf an den Noradrenalinsynapsen verhindern, wirken sich günstig auf depressive Zustände aus. Die *Katecholamintheorie* der Depression erklärt dies so, daß die *Depression* durch einen Mangel an *Noradrenalin* und verwandten Substanzen hervorgerufen sei, die zu einer Gruppe von Verbindungen gehören, die als *Katecholamine* bezeichnet werden.

12. Es gibt verschiedene Theorien über bestimmte Signale, die Hunger und Essen steuern, aber keine erklärt das Problem restlos. Läsionen oder Stimulierung bestimmter Teile des Hypothalamus wirken sich drastisch auf die Nahrungsmenge aus, die konsumiert wird, aber die Rolle der dortigen Nuklei und der Leitungsbahnen wird noch nicht ganz verstanden.

13. Durst scheint sich einzustellen, wenn die Körperzellen Wasser verlieren und *dehydriert* werden oder wenn sich die Gesamtblutmenge des Körpers vermindert. Einige der Signale, die durch diese Bedingungen ausgelöst werden, verlaufen über eine Reflexschleife durch die Nieren, bevor sie sich auf das Gehirn auswirken. Mechanismen im Hypothalamus sind auch für die Steuerung der Wassermenge wichtig, die sich der Organismus zuführt.

14. Am Zustandekommen sexueller Reaktionen ist sowohl das *autonome* als auch das *zerebrospinale Nervensystem* beteiligt. Obwohl die sexuelle Aktivität ohne signifikante Veränderungen erhalten bleiben kann, wenn die Sexualhormone beim Erwachsenen aus dem Körper eliminiert werden, sind die Hormone wesentlich für die ursprüngliche Entwicklung der Geschlechtsorgane und des normalen sexuellen Verhaltens.

15. Es gibt Belege, die darauf hindeuten, daß das Gehirn eines Fötus oder Säuglings beiderlei Geschlechts darauf angelegt ist, *weibliches Sexualverhalten* hervorzurufen, und daß nur, wenn das männliche Hormon in der frühesten Entwicklung vorhanden ist, im späteren Leben normales männliches Sexualverhalten auftritt. Andere Wissenschaftler glauben, daß im Säugling beiderlei Geschlechts *separate Nervensysteme sowohl für männliches als auch für weibliches Verhalten* existieren und daß genetische Faktoren, Erfahrungen und die hormonelle Balance während des ganzen Lebens bestimmen, wie entschieden sich Verhaltensweisen des einen oder anderen Geschlechts später manifestieren werden.

Glossar

Abundanzmotive: Motivation gekennzeichnet durch den *Wunsch,* Freude zu erleben, Befriedigung zu erlangen, zu verstehen und zu entdecken, Neues zu erleben, etwas zu leisten und zu schaffen. Hierzu zählen die allgemeinen Ziele der Befriedigung und Anregung. Im Gegensatz zur Defizitmotivation kann dabei oft *Spannungszunahme* statt Spannungsverminderung angestrebt werden.

Adrenalin (Epinephrin): Ein Hormon, das zusammen mit dem chemisch ähnlichen Noradrenalin vom Nebennierenmark ausgeschieden wird. Eine Wirkung dieser Hormone besteht darin, die körperlichen Veränderungen aufrechtzuerhalten, die durch die Aktivität des Sympathikus hervorgerufen werden.

Adrenokortikotropes Hormon (ACTH): Ein Hormon der vorderen Hypophyse, die die Erzeugung und Ausscheidung (Steroide) der Nebennierenrinde kontrolliert. Es kann auch direkte Auswirkungen auf das Gehirn haben.

Aktive Schlaftheorie: Eine Theorie, daß Schlaf infolge einer bestimmten Art von Aktivität in einem spezifischen Teil des Gehirns eintritt. Es kann verschiedene aktive Schlaftheorien geben, aber sie stehen alle in Widerspruch zur passiven Schlaftheorie.

Aktivierungstheorie der Emotionen: Die Theorie, daß Emotionen durch Erregung des Gehirns hervorgerufen werden, die durch neurale Aktivität in der Retikularformation ausgelöst wird.

Angiotensin: Eine im Blut erzeugte Substanz, die indirekt die Harnausscheidung reduziert. Sie könnte auch das Gehirn dazu anregen, Durst auszulösen und den Organismus zum Trinken zu veranlassen. Wenn die Gesamtblutmenge niedrig ist, sondern die Nieren ein Hormon ab, das in Angiotensin umgewandelt wird.

Annäherungsgradient: Die zunehmende Anziehung, die von attraktiven Objekten ausgeht, wenn man sich diesen nähert.

Anreiz: Die motivierende oder anziehende Kraft, die einem Zielobjekt zugeschrieben wird.

Antidiuretisches Hormon: Ein Hormon, das von der hinteren Hypophyse ausgeschieden wird. Es steuert das Tempo und die Menge der Harnausscheidung. Emotionale Belastungen können die Sekretion des Hormons hemmen, was zu häufiger und exzessiver Harnausscheidung führt.

Antrieb: Ein deduzierter psychologischer Zustand, der entweder durch biologische Bedürfnisse oder durch bestimmte aktivierende Stimulierung eintreten kann, die äußerlich (etwa schädliche Reize) oder innerlich (etwa Gedanken über die Folgen des eigenen Verhaltens) sein kann. Antriebe aktivieren uns zu zielorientiertem Verhalten bzw. steuern dieses. Der Begriff *Antrieb* wird manchmal synonym mit *Motiv* verwendet.

A-Typus-Verhalten: Die charakteristische Weise eines Individuums, auf umweltbedingten Streß zu reagieren. Personen des A-Typus führen aggressiv einen chronischen, pausenlosen Kampf, um in der kürzestmöglichen Zeit so viel wie möglich zu erreichen.

Autonomes (vegetatives oder sympathisches) Nervensystem: Das Nervensystem, das die inneren Organe versorgt und in erster Linie für die automatischen Reaktionen des Körpers verantwortlich ist. Das autonome System besteht aus zwei Subsystemen: Sympathikus und Parasympathikus.

Bedürfnis: Ein körperlicher Zustand, in dem für das Überleben wichtige chemische Substanzen entweder fehlen oder im Überfluß vorhanden sind (z.B. Nahrungsmangel; gewebeschädigende Stimulierung). Der Begriff wird auch manchmal für erschließbare psychologische Zustände wie beispielsweise „Leistungsbedürfnis" verwendet.

B-Typus-Verhalten: Die charakteristische Art eines Individuums, auf Streß zu reagieren, die durch das *Fehlen* von A-Typus-Verhalten gekennzeichnet ist. Bereitwilliges Hinnehmen und nicht Kampf ist das vorherrschende Kennzeichen.

Cerebrospinales Nervensystem: Jener Teil des Nervensystems, der in erster Linie mit dem Empfang sensorischer Informationen aus der Außenwelt beschäftigt ist und diese mit bereits im NS vorhandener Aktivität integriert und die Bewegung der Skelettmuskeln steuert.

Cholecystokinin: Ein Hormon, das bei Vorhandensein von Nahrung vom Dünndarm freigesetzt wird. Es hat anscheinend die Funktion, dem Gehirn eine Botschaft der Sättigung zu übermitteln.

Defizitmotivation: Die Interpretation von Motivation, welche physische Bedürfnisse, biologische Triebe und Spannungsreduktion in den Mittelpunkt stellt.

Determinismus: Die philosophische Annahme, daß man, wenn man alle Naturgesetze und den Zustand der Welt zu irgendeinem bestimmten Zeitpunkt kennen würde, alles voraussagen könnte, was je geschehen wird (und auch rückblickend, was je geschehen ist). Der *psychologische Determinismus* ist die Annahme, daß sich dieselbe Vorhersagbarkeit auf das menschliche Erleben und Verhalten erstreckt.

Eierstöcke (Ovarien): Weibliche Geschlechtsdrüsen, die sowohl Drüsenfunktion als auch andere Aufgaben haben. Zu letzteren zählt die Produktion von Eizellen (Ova). Die Drüsenfunktion besteht in der Herstellung und Sekretion von Geschlechtshormonen einschließlich Östrogen und Progesteron.

Emotionen als primäre Motive: Die Auffassung, daß biologische Triebe ihre motivationale Wirksamkeit primär daraus beziehen, daß sie von emotionalen Zuständen begleitet und verstärkt werden, deren Ursprünge weitgehend angeboren sind.

Emotionstheorie von James und Lange: Die Auffassung, daß körperliche Veränderungen unmittelbar durch die Wahrnehmung bestimmter Reize erfolgen und daß das Fühlen dieser Veränderungen die Emotion *ist.*

Emotionstheorie von Schachter und Singer: Die Theorie, daß Emotionen dann auftreten, wenn physische Erregung, eine soziale Situation und die Vorstellung, daß die soziale Situation die Erregung *verursachte,* vorhanden sind.

Endokrine Drüsen: Die röhrenlosen Drüsen des Körpers, so genannt, weil ihre Produkte von den Zellen unmittelbar in den Blutkreislauf gelangen, ohne Röhren oder Kanäle zu passieren.

Erlebnisse der Körperlosigkeit: Ein als völlig real erlebter Bewußtseinszustand, in dem man alle wesentlichen Fähigkeiten des normalen Bewußtseins zu besitzen scheint und trotzdem das Gefühl hat, sich physisch außerhalb des eigenen Körpers zu befinden.

Erworbene Motive: Ein deduzierter motivationaler Zustand, der durch Konditionierung oder anderes Lernen entstanden ist. (Beispiel: Furcht vor einem bestimmten Ort.)

Ethischer Hedonismus: Die Lehre, daß wir nach Lustgewinn streben *sollten,* entweder für uns selbst oder für andere Menschen (Utilitarismus).

Fatalismus: Der Glaube, daß alle Dinge außerhalb der menschlichen Kontrolle liegen und daß wir deshalb keinen Einfluß darauf nehmen können, was uns zustößt.

Frustration: Entweder die Barriere, die uns von unserem Zielobjekt fernhält, oder der psychologische Zustand, der durch diese Blockade ausgelöst wird.

Galvanische Hautreaktion (auch psychogalvanische Reaktion): Eine Veränderung des elektrischen Widerstands oder Potentials der Haut. Diese Veränderung ist oft die Folge emotionaler Erregung.

Gipfelerlebnisse: Erlebnisse, die überwältigend intensiv und emotional positiv gefärbt sind; man nimmt an, daß sie langfristige Auswirkungen auf das Leben des Betreffenden haben. Ein Erlebnis der Ekstase, von dem angenommen wird, daß es außerhalb der normalen Gefühlsskala liegt.

Glukostatische Theorie der Nahrungsaufnahme: Die Theorie, daß die Nahrungszufuhr und der Hunger von der Glukosemenge (Blutzucker) reguliert werden, die von den Körperzellen aus dem Blut aufgenommen wird.

Gonadotropes Hormon: Ein Hypophysenhormon, das teilweise die Erzeugung und Ausscheidung der Geschlechtshormone der Hoden und Eierstöcke kontrolliert.

Halluzination: Etwas als physisch existent wahrnehmen, wofür an dieser Stelle keine sensorischen Reize vorhanden sind. Eine Halluzination ist eine radikalere Veränderung der Wahrnehmung als eine Illusion, bei der sensorische Reize faktisch vorhanden sind, die aber fehlgedeutet und verzerrt erlebt werden.

Hintere Hypophyse: Der hintere Teil der Hypophyse, der vom Hypothalamus gesteuert wird. Das antidiuretische Hormon wird dort freigesetzt.

Hoden: Die männlichen Geschlechtsdrüsen, die sowohl Drüsenfunktion als auch andere Aufgaben haben. Zu letzteren zählt die Erzeugung von Spermien. Ihre Drüsenfunktion ist die Erzeugung und Absonderung der Geschlechtshormone, darunter Testosteron und eine kleine Menge an Östrogen.

Homöostase: Die Aufrechterhaltung ausgeglichener körperlicher Zustände durch selbstregulierende Mechanismen (wie Schwitzen und Frösteln, die beide geeignet sind, die Körpertemperatur auf ihr Normalmaß zurückzuführen).

Hormone: Chemische Verbindungen, die von den

endokrinen Drüsen erzeugt und in den Blutkreislauf ausgeschieden werden. Die Hormone, die vom Blutkreislauf in die verschiedenen Körperorgane transportiert werden, können die Aktivität dieser Organe anregen oder hemmen.

Hyperästhesie (N): Das Gefühl der Überempfindlichkeit für sensorische Reize entweder in dem Sinn, daß sich die eigene Wahrnehmungsschwelle gesenkt hat oder daß Reize viel intensiver als normal erlebt werden.

Hypnagoger Zustand: Der Übergangszustand des Bewußtseins, den man beim Einschlafen erlebt.

Hypnose: Ein veränderter Bewußtseinszustand, der durch eine stark erhöhte Suggestibilität gekennzeichnet ist.

Hypoästhesie: Das Gefühl, viel unempfindlicher gegenüber sensorischen Reizen zu sein, entweder in dem Sinn, daß die eigene Wahrnehmungsschwelle stark erhöht ist oder daß Reize viel weniger intensiv erlebt werden als üblich.

Hypovolämie: Eine Verminderung der Gesamtblutmenge, einer der Faktoren, der Durst und Trinken auslöst.

Instinkt: Vier Verhaltensforscher (Ethologen) benutzen diesen Begriff für stereotype, ungelernte Verhaltensmuster, die durch bestimmte Reize ausgelöst werden und bei allen Angehörigen einer Spezies auftreten. In der älteren Literatur wurde *Instinkt* manchmal synonym mit *Motiv* benutzt.

Katecholamintheorie der Depression: Die Hypothese, daß Depression teilweise durch eine Verminderung der Katecholaminmengen (Noradrenalin und verwandte Substanzen), die in bestimmten Teilen des Gehirns zur Verfügung stehen, hervorgerufen wird.

Keimdrüsen (Gonaden oder Geschlechtsdrüsen): Beim Mann die Hoden; bei der Frau die Eierstöcke.

Kognitive Beurteilung: Ein Vorgang, in dessen erstem Stadium festgestellt wird, ob eine Situation von emotionaler Bedeutung für ein Individuum ist; in der sekundären Bewertung wird entschieden, wie darauf zu reagieren sei. Die kognitive Beurteilung kann physische Erregung zur Folge haben.

Kompensation: Eine Form des Ersatzes für etwas, das man nicht bekommen kann, etwa wenn eine beeinträchtigte Fähigkeit später besonders hoch entwickelt wird.

Konzentrative Meditation: Meditative Techniken, bei denen man die Aufmerksamkeit auf ein bestimmtes Ziel konzentriert und nicht umherwandeln läßt.

Kretinismus: Ein pathologischer Befund, der durch extreme und chronische Schilddrüsenunterfunktion in frühen Lebensstadien verursacht wird. Die Folge ist Zwergwuchs und Retardierung der geistigen Entwicklung. Sehr frühe Behandlung des betroffenen Kindes mit Schilddrüsenhormonen bewirkt in der Regel eine normale körperliche und geistige Entwicklung.

Kultureller Relativismus: Die von manchen Anthropologen vertretene Auffassung, daß menschliche Motive und auch moralische Wertvorstellungen nur im Hinblick auf die spezielle Kultur, in der sie auftreten, Sinn haben. Dementsprechend wird die menschliche Natur in einer Kultur als etwas grundlegend anderes betrachtet als die menschliche Natur in anderen Kulturen.

Kultureller Rückstand: Wenn die gesellschaftlichen Bräuche sich nur mit Verzögerung an veränderte Umweltbedingungen anpassen, die frühere Bräuche weniger angemessen erscheinen lassen.

Lateralbereich des Hypothalamus: Eine Hirnregion, die an der zentralen Steuerung der Nahrungsaufnahme beteiligt ist. Elektrische Reizung dieser Region bewirkt, daß ein Versuchstier zu fressen beginnt; die Zerstörung dieser Region hat zur Folge, daß das Tier keine Nahrung mehr zu sich nimmt.

Limbisches System: Ein Komplex zusammenhängender Strukturen im mittleren und unteren Teil des Gehirns. Diese scheinen eine besondere Rolle für die Steuerung der Emotionen zu spielen.

Lipostatische Theorie: Die Theorie, wonach die Nahrungszufuhr so gesteuert wird, daß die im Körper gespeicherte Fettmenge konstant bleibt.

Lithium: Ein dem Natrium verwandtes chemisches Element. Lithium enthaltende Substanzen scheinen Symptome manischen Verhaltens zu mildern, vielleicht durch Veränderung der Konzentration einer oder mehrerer Transmittersubstanzen im Gehirn.

Locus coeruleus: Eine Region im unteren Teil der Brücke, die das Einsetzen von REM-Schlaf und sein zyklisches Wiederauftreten nach Perioden von NREM-Schlaf zu steuern scheint.

Luzider Traum: Ein Traum, bei dem man weiß, daß man träumt und gleichzeitig alle wesentlichen Fähigkeiten des normalen Wachzustands des Bewußtseins zu besitzen scheint.

Marihuana: Präparate der indischen Hanfpflanze *Cannabis sativa,* die zur Änderung des Bewußtseinszustandes benutzt werden. Marihuana hat viele englische Slangbezeichnungen, wie „grass" und „pot". Haschisch ist die konzentrierte Form, die aus dem Harz der Pflanze destilliert wird. THC (Tetrahydrocannibinol) ist der wirksame Hauptbestandteil von Marihuana.

Meditation: Eine Reihe von Techniken, die geeignet sind, bestimmte Bewußtseinszustände herbeizuführen. (Siehe *konzentrative Meditation* und *öffnende Meditation.*)

Monoaminoxidase (MAO)-Hemmer: Ein antidepressives Medikament, das der Aktivität von Monoaminoxidase (MAO) entgegenwirkt. MAO ist ein Enzym, das bestimmte chemische Stoffe in den Zellen einschließlich Noradrenalin abbaut. Ein MAO-Hemmer erhöht deshalb die Menge an vorhandenem Noradrenalin.

Motiv: Ein sehr allgemeines theoretisches Konzept, das zur Erklärung dafür benutzt wird, wie und warum Verhalten in Gang gesetzt, mit Energie versorgt und auf ein Ziel oder einen Anreiz gerichtet wird. Motive sind manchmal dem Bewußtsein unmittelbar zugänglich, manchmal nicht (siehe *unbewußte Motivation*).

Multiple Persönlichkeit: Ein Zustand, bei dem der Betreffende bei verschiedenen Anlässen zwei oder mehr deutlich unterschiedene Persönlichkeiten aufweist, wobei diese Persönlichkeiten gewöhnlich nichts von der Existenz und den Handlungen der jeweils anderen wissen.

Narkolepsie: Eine Krankheit, bei der der Betreffende unter unangemessenen oder gefährlichen Umständen einschläft, obwohl er versucht, wach zu bleiben und obwohl er nachts in ausreichendem Maß schläft.

Nebennierenrinde: Der äußere Teil der Nebennierendrüse. Sie sondert viele Hormone ab, die als Nebennierensteroide bezeichnet werden; die Rinde wird durch einen erhöhten ACTH-Spiegel im Blut stimuliert.

Nebennierenmark: Der innere Teil der Nebennierendrüse; sie sondert weitgehend vom Sympathikus gesteuert Adrenalin (Epinephrin) und Noradrenalin (Norepinephrin) ab.

Nebennierensteroide: Eine Gruppe von Hormonen, die von der Nebennierenrinde ausgeschieden werden. Sie sind an den physiologischen und biochemischen Reaktionen des Körpers auf Streß beteiligt.

Negative Halluzination: Von negativer Halluzination spricht man, wenn Sinnesreize nicht wahrgenommen werden, obwohl die Sinnesorgane hinreichend stimuliert wurden.

Noradrenalin (Norepinephrin): Eine Substanz, die zu den vom Nebennierenmark ausgeschiedenen Hormonen zählt. Sie dient auch als Transmitter in verschiedenen Teilen des Nervensystems, einschließlich der Verbindung zwischen den sympathischen Nervenfasern und den Drüsen und Muskeln, die diese aktivieren.

Notwendige Voraussetzungen: Umstände, ohne die ein bestimmtes Ereignis unmöglich eintreten kann. (Die Herbeiführung der notwendigen Voraussetzungen muß aber nicht ausreichen, um dieses Ereignis hervorzurufen.)

Öffnende Meditation: Meditative Techniken, bei denen die gesamte Aufmerksamkeit auf das gerichtet wird, was spontan geschieht, ohne den Versuch zu machen, die Aufmerksamkeit zu kontrollieren oder zu konzentrieren.

Östrogen: Ein weibliches Sexualhormon, das von den Eierstöcken erzeugt und ausgeschieden wird. Es scheint teilweise für die Entwicklung der sekundären Geschlechtsmerkmale und für die Steuerung des Sexualtriebs verantwortlich zu sein.

Parasympathisches Nervensystem: Ein Teil des autonomen Nervensystems. Das parasympathische System versorgt die inneren Organe über Nervenfasern vom Gehirn und vom Rückenmark; dieses System ist etwas spezifischer auf die Versorgung dieser Organe ausgerichtet als das sympathische System.

Passive Schlaftheorie: Die Theorie, daß Schlaf einfach der natürliche Zustand des Gehirns sei, wenn dieses nicht durch äußere Reize stimuliert wird und wenn die für den Wachzustand verantwortlichen Regionen nicht aktiv sind.

Phasischer REM-Schlaf: Perioden während des ersten REM-Stadiums, in denen die REM-Aktivität besonders heftig ist. In der Brücke treten rasche elektrische Wellen auf, und auch die Mittelohrmuskeln können spontan kontrahieren. Träume, die durch motorische Aktivität und lebhafte Vorstellungen gekennzeichnet sind, sollen dabei häufig vorkommen.

Posthypnotische Effekte: Verhaltens- oder Erlebnisreaktionen auf hypnotische Suggestionen, die nach dem Ende der hypnotischen Trance auftreten, nachdem die Vp vermutlich wieder in ihren normalen Bewußtseinszustand zurückgekehrt ist.

Progesteron: Ein weibliches Geschlechtshormon, das von den Eierstöcken erzeugt wird. Es bereitet den Uterus auf die Schwangerschaft und die Brüste auf die Laktation (Milchbildung vor).

Psychedelische Droge: Eine Droge, die Halluzinationen, Verzerrungen der Wahrnehmung, psychoseähnliche Zustände und so weiter hervorruft. In manchen Fällen verändert sie den eigenen Bewußtseinszustand in einer Weise, die vom Benutzer als Offenbarung verborgener seelischer Bereiche empfunden wird; das heißt, es wird dadurch die Beobachtung mentaler Prozesse möglich, die üblicherweise nicht beobachtbar sind. Bekannte psychedelische Drogen sind LSD, Meskalin und Psilocybin.

Psychologischer Hedonismus: Die Theorie, daß alles Verhalten durch das Streben nach Lustgewinn motiviert sei: Entweder neigen wir dazu, das Verhalten zu wiederholen, das in der Vergangenheit Lustgewinn nach sich zog (Hedonismus der Vergangenheit) oder wir tun etwas, wovon wir glauben, daß es zu Lustgewinn führen wird (Hedonismus der Zukunft).

Raphé-Neuronen: Eine Ansammlung von Neuronen in der Mittellinie des Hirnstamms. Sie bilden einen Teil der Nervenleitung, die Serotonin als Transmitter benutzt und zur Auslösung von NREM-Schlaf beiträgt.

rapid eye movements (REM): Augenbewegungen, die für das Schlafstadium charakteristisch sind, in dem die meisten Träume stattfinden.

Relative Deprivation: Ressentiments, die man empfindet, weil man nicht hat, was andere haben.

Schilddrüse: Eine endokrine Drüse im Hals. Sie sondert das Schilddrüsenhormon in einem Tempo ab, die vom Thyreotropinspiegel im Blut gesteuert wird.

Schilddrüsenhormon: Das von der Schilddrüse abgesonderte Hormon. Es hat sowohl allgemeine als auch spezifische Wirkungen. Es erhöht den Grundumsatz fast aller Körperzellen, steigert den Blutdruck, beschleunigt die Herzfrequenz und so weiter.

Schilddrüsenüberfunktion: Eine Störung, die durch eine ständige Überschußproduktion des Schilddrüsenhormons gekennzeichnet ist.

Schilddrüsenunterfunktion: Eine Störung in Form einer chronisch unzureichenden Produktion an Schilddrüsenhormon.

Schlafparalyse: Eine Hemmung der Muskelbewegungen, die normalerweise während des ersten REM-Stadiums auftritt und uns daran hindert, uns durch Ausagieren unserer Träume selbst zu verletzen. Sie kann manchmal auch noch kurz nach dem Erwachen aus einem Traum anhalten.

Schlafspindeln: Sehr schnelle Wellen, die im EEG schlafender Personen anzutreffen sind, insbesondere, wenn sich diese in mäßig tiefem Schlaf befinden.

Sekundäre Geschlechtsmerkmale: Die äußere Erscheinung und andere nichtreproduktive Kennzeichen des Mannes und der Frau (z. B. Körperbehaarung, Klang der Stimme, Proportionen des Knochengerüsts und Dicke der Haut).

Selbstverwirklichung: Der Prozeß der wirksameren Entwicklung des eigenen Potentials und schließlich die Annäherung an die Idealfigur, die zu werden man das Potential besitzt.

Serotonin: Ein neuraler Transmitter, der in verschiedenen Nervenbahnen zu finden ist, einschließlich derjenigen, die mit Schlaf, Depression und Sättigung zusammenhängen.

Skelettmuskeln: Die Muskeln des Körpers, die an den Knochen befestigt und somit für die Bewegungen der Gliedmaßen, des Rumpfes und so weiter zuständig sind. Die übrigen Muskeln sind für die inneren Organe da.

Sozialer Determinismus: Der Glaube, daß es Gesetze der kulturellen Umwelt gibt (einschließlich historische Tendenzen), die das individuelle Verhalten in dem Sinne steuern, daß sie die Gesetze der individuellen menschlichen Natur transzendieren (siehe *Determinismus*).

Sympathikus: Ein Teil des autonomen Nervensystems. Der Sympathikus besteht aus zwei Ganglienketten, die zu beiden Seiten des Rückenmarks verlaufen; Nervenfasern, die in diese Ganglien hinein und aus diesen heraus führen, versorgen verschiedene innere Organe. Dieses System ist auf weitgefächerte Entladung angelegt.

Testosteron: Ein männliches Geschlechtshormon, das von den Hoden erzeugt wird. Es scheint für die Beschleunigung des Wachstums der männlichen Geschlechtsorgane wichtig zu sein. Es steuert auch die Entwicklung der sekundären Geschlechtsmerkmale und wirkt mitbestimmend auf die sexuelle Aktivität des Individuums ein.

Thyreotropin: Ein Hormon der vorderen Hypophyse, das teilweise die Erzeugung und Ausscheidung des Schilddrüsenhormons steuert.

Todesnahe Erlebnisse (near-death-experience, NDE): Erlebnisse, die jemand hat, der scheinbar tot ist, aber später ins Leben zurückkehrt.

Tonischer REM-Schlaf: Im Gegensatz zu den phasischen Perioden versteht man darunter relativ stabile Perioden von Schlaf des ersten REM-Stadiums. Träume, die aus tonischen Perioden berichtet werden, sind eher durch Gedanken und Überlegungen gekennzeichnet als durch Aktionen.

Trizyklische Medikamente: Eine Gruppe antidepressiver Medikamente, die das Axon daran hindert, Noradrenalin aus der synaptischen Spalte aufzunehmen und die dadurch mehr Noradrenalin verfügbar machen, um die dendritische Oberfläche des postsynaptischen Neurons zu stimulieren.

Überflußmotive: s. Abundanzmotive.

Unbewußte Motivation: Dieses von Freud entwickelte Konzept bezieht sich auf Motive, deren sich der einzelne nicht bewußt ist – gewöhnlich, weil eine solche Bewußtheit unerträgliche Angst auslösen würde.

Valenz: Der Wert eines Objekts im psychologischen Wertsystem des Betreffenden: Objekte mit positiver Valenz ziehen an, solche mit negativer Valenz stoßen ab.

Ventromedialer Nukleus: Ein hypothalamischer Nukleus, der möglicherweise am Essen beteiligt ist. Zerstörung des ventromedialen Nukleus führt zu hemmungsloser Nahrungsaufnahme und schließlich zur Dickleibigkeit.

Veränderter Bewußtseinszustand (VBZ): Ein

Bewußtseinszustand, der sich vom normalen Bewußtseinszustand (NBZ) unterscheidet.

Verhaltensdisposition: Eine Tendenz, auf eine bestimmte Weise auf bestimmte Reizmuster zu reagieren. Verschiedene Dispositionen, zum Teil angeboren, aber durch Erfahrungen beeinflußt, sind in verschiedenen Spezies anzutreffen.

Vermeidungsgradient: Die zunehmende Abstoßung eines Objektes mit negativer Valenz, wenn man diesem näherkommt. In der *Konflikttheorie* wird der Vermeidungsgradient gewöhnlich steiler dargestellt als der Annäherungsgradient.

Vordere Hypophyse: Der vordere (Stirn)-Teil der Hypophyse. Ihre Aktivität wird teils vom Hypothalamus und teils von den anderen endokrinen Drüsen gesteuert. Sie scheidet viele verschiedene Hormone aus, die unter anderem das allgemeine Körperwachstum und die Sekretion der Nebennierenrinde, der Geschlechtsdrüsen und der Schilddrüse kontrollieren.

Zelluläre Dehydration: Eine Abnahme der Wassermenge innerhalb der Zellkörper; einer der Faktoren, die Durst und Trinken auslösen.

Literaturverzeichnis

Abramson, L. Y., Seligman, M. E. P., Teasdale, J. D.: Learned Helplessness in Humans: Critique and Reformulation. J. Abnorm. Psychol., 87, 1978, 49–74.

Allison, T., Cicchetti, D. V.: Sleep in Mammals: Ecological and Constitutional Correlates. Science, 194, 1976, 732–734.

Andreassi, J. L.: Psychophysiology. New York: Oxford University Press 1980.

Arnold, M. B.: Emotion and personality. New York: Columbia Press 1980.

Aserinsky, E., Kleitman, N.: Regularly Occurring periods of Eye Motility and Concomitant Phenomena During Sleep. Science, 118, 1953, 273–274.

Atkinson, J. W.: Einführung in die Motivationsforschung. Stuttgart: Klett 1975.

Barclay, A. M.: The Effect of Hostility on Physiological and Fantasy Responses. J. Pers., 37, 1969, 651 bis 667.

Barker, R., Dembo, T., Lewin, K.: Frustration and Regression: An Experiment with Young Children. University of Iowa Studies: Child Welfare, 18, 1941, No. 386.

Bassili, J. N.: Emotion Recognition: The Role of Facial Movement and the Relative Importance of Upper and Lower Areas of the Face. J. Pers. Soc. Psychol., 37, 1979, 2049–2058.

Benson, H.: The Relaxation Response. New York: Morrow 1975.

Berlyne, D.: Konflikt, Erregung, Neugier. Stuttgart: Klett 1976.

Bexton, W. H., Heron, W., Scott, T. H.: Effects of Decreased Variation in the Sensory Environment. Canad. J. Psychol., 8, 1954, 70–76.

Blass, E. M., Hall, W. G.: Drinking Termination: Interactions Among Hydrational, Orogastric, and Behavioral Controls in Rats. Psychol. Rev., 83, 1976, 356–374.

Bösel, R. (Hrsg.): Streß. Hamburg: Hoffmann & Campe 1978.

Boltenberg, E. H.: Emotionspsychologie. München: Goldmann 1972.

Bridges, K. M. B.: Emotional Development in Early Infancy. Child Developm., 3, 1932, 324–341.

Brown, J. S.: Gradients of Approach and Avoidance Responses and Their Relation to Level of Motivation. J. Comp. Physiol. Psychol., 41, 1948, 450–465.

Brunner, L. J.: Smiles Can Be Back Channels. J. Pers. Soc. Psychol., 37, 1979, 728–734.

Cabanac, M., Duclaux, R.: Obesity: Absence of Satiety Aversion to Sucrose. Science, 168, 1970, 496–497.

Cannon, W. B.: Bodily Changes in Pain, Hunger, Fear, and Rage. 2nd ed. New York: Appleton 1929.

Cannon, W. B.: The Wisdom of the Body. New York: Norton 1932.

Carlson, N. R.: Physiology of Behavior. Boston: Allyn & Bacon 1977.

Chorover, S. L.: From Genesis to Genocide: The Meaning of Human Nature and the Power of Behavior Control. Cambridge, Mass.: M.I.T. Press 1979.

Clark, W. W., Clark, S. B.: Pain Responses in Nepalese Porters. Science, 209, 1980, 410–412.

Clynes, M.: Biocybernetics of Spacetime Forms in the Genesis and Communication of Emotion. Chicago: AAAS 1970.

Clynes, M.: Sentics: The Touch of Emotions. Garden City, N. Y.: Anchor Press/ Doubleday 1977.

Cofer, C. N., Appley, M. H.: Motivation, theory and research. New York: Wiley 1964.

Crespi, L.: Quantitative Variation of Incentive and Performance in the White Rat. Amer. J. Psychol., 55, 1942, 467–517.

Crosby, F.: A Model of Egoistical Relative Deprivation. Psychol. Rev., 83, 1976, 85–113.

Cumming, E., Henry, W. E.: Growing Old. New York: Basic Books 1961.

Darwin, Ch.: The Expression of the Emotions in Man and Animals. Chicago: University of Chicago Press 1965. Originally published in 1872.

Deci, E. L.: Intrinsic motivation. New York, London: Plenum Press 1975.

Dewey, J.: Philosophy and Civilization. New York: Minton, Balch & Co. 1931.

Dittman, A. I., Parloff, M. B., Boomer, D. S.: Facial and Bodily Expression: A Study of Receptivity of Emotional Cues. Psychiatry, 28, 1965, 239–244.

Dollard, J., Doob, L. W., Miller, N. E., Mowrer, O. H.,

Sears, R. R.: Frustration and Aggression. New Haven, Conn.: Yale University Press 1939.
Efron, D. H. (Hrsg.): Psychopharmacology: A Review of Progress, 1957–1967. Washington, D.C.: U.S. Government Printing Office 1968.
Eibl-Eibesfeldt, I.: Ethology: The Biology of Behavior. New York: Holt, Rinehart & Winston 1970.
Eiff, A. W. v. (Hrsg.): Seelische und körperliche Störung durch Streß. Stuttgart: Fischer 1976.
Ekman, P.: Cross-cultural Studies of Facial Expression. In: Ekman, P. (Hrsg.): Darwin and Facial Expression: A Century of Research in Review. New York: Academic Press 1973.
Ekman, P. (Hrsg.): Darwin and Facial Expression: A Century of Research in Review. New York: Academic Press 1973a.
Ekman, P., Friesen, W. V.: Nonverbal Leakage and Clues to Deception. Psychiatry, 32, 1969, 88–106.
Ekman, P., Friesen, W. V.: Detecting Deception from the Body or Face. J. Pers. Soc. Psychol., 29, 1974, 288–298.
Ekman, P., Oster, H.: Facial Expressions of Emotion. Ann. Rev. Psychol., 30, 1979, 527–554.
Ekman, P., Sorenson, E. R., Friesen, W. V.: Pancultural Elements in Facial Displays of Emotion. Science, 164, 1969, 86–88.
Fitzsimmon, J. T.: The Physiology of Thirst: A Review of the Extraneural Aspects of the Mechanisms of Drinking. In: Stellar, E., Sprague, J. M. (Hrsg.): Progress in Physiological Psychology. Vol. 4. New York: Academic Press 1971.
Freud, S.: Gesammelte Werke. Frankfurt: Fischer 1974.
Friedman, M., Rosenman, R. H.: Type A Behavior and Your Heart. New York: Knopf 1974.
Friedman, M. I., Rowland, N., Saller, C., Stricker, E. M.: Different Receptors Initiate Adrenal Secretion and Hunger During Hypoglycemia. Neuroscience Abstracts, 2, 1976, 299.
Funkenstein, D. H., King, S. H., Drolette, M. E.: Master of Stress. Cambridge, Mass.: Harvard University Press 1957.
Gardner, M.: Mathematical Games. Scientific American, 223, 1973, 104–109.
Gilbert, C., Bakan, P.: Visual Asymmetry in Perception of Faces. Neuropsychologia, 11, 1973, 355.
Glass, D. C.: Behavior Patterns, Stress, and Coronary Disease. Hillsdale, N.J.: Lawrence Erlbaum Assoc. 1977.
Graumann, C. F.: Motivation. Frankfurt, Bern: Akad. Verlagsgesellsch./Huber 1969.
Gutek, B. A., Tyler, T. R., Allen, H., Lau, R. R., Majchrzak, A.: The Importance of Intrapsychic Determinants of Satisfaction. Unpub. man. 1980.
Harris, L. S., Dewey, W. L., Razdan, R. K.: Cannabis: Its Chemistry, Pharmacology, and Toxicology. In: Martin, W. R. (Hrsg.): Drug Addiction II. Amphetamine, Psychotogen, and Marihuana Dependence. Handbook of Experimental Pharmacology, 45, Part II. Berlin: Springer-Verlag 1977.
Heckhausen, H.: Motivation und Handeln. Berlin: Springer 1980.
Heider, F.: The Psychology of Interpersonal Relations. New York: Wiley 1958.
Heider, F.: Social Perception and Phenomenal Causality. In: Tagiuri, R., Petrullo, L. (Hrsg.): Person Perception and Interpersonal Behavior. Stanford, Calif.: Stanford University Press 1958a.
Heiman, J. R.: A Psychophysiological Exploration of Sexual Arousal Patterns in Females and Males. Psychophysiol.,14, 1977, 266–274.
Hendrick, I.: The Discussion of the „Instinct to Master“. Psychoanalytic Quart., 12, 1943, 561–565.
Heron, W.: The Pathology of Boredom. Scientific American (Jan.), 196, 1957, 52–56.
Hiatt, S. W., Campos, J. J., Emde, R. N.: Facial Patterning and Infant Emotional Expression: Happiness, Surprise, and Fear. Child Develpm., 50, 1979, 1020–1035.
Hilgard, E. R.: Divided Consciousness: Multiple Controls in Human Thought and Action. New York: Wiley 1977.
Hilgard, J. R.: Personality and Hypnosis: A Study of Imaginative Involvement. Chicago: University of Chicago Press 1970.
Hill, C. T., Rubin, Z., Peplau, A.: Breakups Before Marriage: The End of 103 Affairs. J. Soc. Issues, 32, 1976, 147–167.
Hodes, R., Dement, W.: Depression of Electrically Induced Reflexes (H-Reflexes) in Man During Low Voltage EEG „Sleep.“ Electroencephalography and Clinical Neurophysiology, 17, 1964, 617–629.
Holden, C.: Psychosurgery: Legitimate Therapy or Laundered Lobotomy? Science, 179, 1973a, 1109 bis 1112.
Holden, C.: APA Adopts Detailed Code on Human Experimentation. Science, 179, 1973b, 662.
Holden, C.: Lie Detectors: PSE Gains Audience Despite Critics' Doubts. Science, 190, 1975, 359–362.
Holman, R. B., Elliott, G. R., Barchas, J. D.: Neuroregulators and Sleep Mechanisms. Ann. Rev. Med., 26, 1975, 499–520.
Holmes, T. H., Rahe, R. H.: The Social Readjustment Rating Scale. J. Psychosom. Res., 11, 1967, 213.
Hoon, P. W., Wincze, J. P., Hoon, E. F.: A Test of Reciprocal Inhibition. Are Anxiety and Sexual Arousal in Women Mutually Inhibitory? J. Abnorm. Psychol., 86, 1977, 65–74.
Hunt, H., Chefurka, C.: A Test of the Psychedelic Model of Altered States of Consciousness. Arch. Gen. Psychiatr., 33, 1976, 867–876.
Izard, C. E.: Die Emotionen des Menschen. Weinheim, Basel: Beltz 1981.

Izard, C. E., Buechler, S.: Emotion Expressions and Personality Integration in Infancy. In: Izard, C. E. (Hrsg.): Emotions in Personality and Psychopathology. New York: Plenum Press 1979.
James, W.: The Principles of Psychology. Vol. II. New York: Holt 1890.
James, W.: The Varieties of Religious Experience. New York: Modern Library 1936.
Johnson, L. C.: Are Stages of Sleep Related to Waking Behavior? Amer. Scientist, 61, 1973, 326–338.
Judd, L. L., Hubbard, B., Janowsky, D. S., Huey, L. Y., Attewell, P. A.: The Effect of Lithium Carbonate on Affect, Mood, and Personality of Normal Subjects. Arch. Gen. Psychiatr., 34, 1977, 355–357.
Kelley, H. H.: Attribution Theory in Social Psychology. In: Levine, D. (Hrsg.): Nebraska Symposium on Motivation, 1967. Lincoln: University of Nebraska Press 1967.
Kelley, H. H.: Attribution in Social Interaction. Morristown, N. J.: General Learning Press 1971.
Koella, W. P.: The Physiology and Pharmacology of Sleep. In: Mendels, J. (Hrsg.): Biological Psychiatry. New York: Wiley 1973.
Kraut, R. E., Johnson, R. E.: Social and Emotional Messages of Smiling: An Ethological Approach. J. Pers. Soc. Psychol., 37, 1979, 1539–1553.
Krechevsky, I.: Measurement of Tension. Paper read at Symposium on Topological Psychology. Bryn Mawr, Pa. 1935.
Kübler-Ross, E.: On Death and Dying. New York: Macmillan, Paperback ed. 1970.
Kübler-Ross, E.: Death: The Final Stage of Growth. Englewood Cliffs, N. J.: Prentice-Hall 1975.
Laccy, B. C., Lacey, J. I.: Studies of Heart Rate and Other Bodily Processes in Sensorimotor Behavior. In: Obrist, P. A., Black, A. H., Brener, J., DiCara, L. V. (Hrsg.): Cardiovascular Psychophysiology. Chicago: Aldine 1974.
Laird, J. D.: Self-attribution of Emotion: The Effects of Expressive Behavior on the Quality of Emotional Experience. J. Pers. Soc. Psychol., 29, 1974, 475 bis 486.
Lazarus, R. S.: Emotions and Adaptation: Conceptual and Empirical Relations. In: Arnold, W. J. (Hrsg.): Nebraska Symposium on Motivation. Lincoln: University of Nebraska Press 1968.
Lazarus, R. S.: The Self-regulation of Emotion. In: Levi, L. (Hrsg.): Emotions: Their Parameters and Measurement. New York: Raven Press 1975.
Lazarus, R. S., Averill, J. R., Opton, E. M.: Towards a Cognitive Theory of Emotion. In: Arnold, M. B. (Hrsg.): Feelings and Emotions. New York: Academic Press 1970.
Lee, J. A.: Colours of Love. Toronto: New Press 1973.
Lee, J. A.: The Colors of Love. Englewood Cliffs, N. J.: Prentice-Hall 1976.
Lewin, K., Lippitt, R., White, R. K.: Patterns of Aggressive Behavior in Experimentally Created Social Climates. J. Soc. Psychol., 10, 1939, 271–299.
Lindzey, G.: Projective Techniques and Cross-cultural Research. New York: Appleton 1961.
Lindzey, G., Prince, B., Wright, H. K.: A Study of Facial Asymmetry. J. Pers., 21, 1952, 68–84.
Lipsitt, L. P.: Critical Conditions in Infancy: A Psychological Perspective. Amer. Psychol. 1979, 973 bis 980.
McClelland, D. C.: Toward a Theory of Motive Acquisition. Amer. Psychol., 20, 1965, 321–333.
McClelland, D. C.: Assessing Human Motivation. New York: General Learning Press 1974.
McClelland, D. C., Davis, W., Kalin, R., Wanner, H.: The Drinking Man: Alcohol and Human Motivation. New York: Free Press 1972.
McClelland, D. C., Winter D.: Motivating Economic Achievement. New York: Free Press 1969.
McGeer, P. L., McGeer, E. G.: Chemistry of Mood and Emotion. Ann. Rev. Psychol., 31, 1980, 273–307.
Madson, K. B.: Theories of motivation. Kopenhagen: Munksgaard, 1973.
Maier, S. F., Seligman, E. P.: Learned Helplessness: Theory and Evidence. J. Exp. Psychol.: Gen., 105, 1976, 3–46.
Marañon, G.: Contribution à l'Étude de l'Action Émotive de l'Adrenaline. Revue Francaise d'Endocrinologie, 2, 1924, 301–325.
Mark, V. H., Ervin, F. R.: Violence and the Brain. New York: Harper & Row 1970.
Marshall, E.: Psychotherapy Works. But for Whom? Science, 207, 1980, 506–508.
Marshall, G. D., Zimbardo, P. G.: Affective Consequences of Inadequately Explained Physiological Arousal. J. Pers. Soc. Psychol., 37, 1979, 970–988.
Maslach, C.: Negative Emotional Biasing of Unexplained Arousal. J. Pers. Soc. Psychol., 37, 1979, 953 bis 969.
Maslow, A. H.: Motivation and Personality. New York: Harper 1954.
Maslow, A. H.: Toward a Psychology of Being. Princeton: Van Nostrand 1962.
Maslow, A. H.: A Theory of Metamotivation: The Biological Rooting of the Value Life. J. Hum. Psychol., 1, 1967, 93–127.
Maslow, A. H.: Motivation and Personality. 2nd ed. New York: Harper & Row 1970.
Maslow, A. H.: Psychologie des Seins. München: Goldmann 1973.
Matthews, K. A., Brunson, B. I.: Allocation of Attention and the Type A Coronary-prone Behavior Pattern. J. Pers. Soc. Psychol., 37, 1979, 2081–2090.
Merton, R. K., Kitt, A. S.: Contributions to the Theory of Reference Group Behavior. In: Merton, R. K., Lazarsfeld, P. F. (Hrsg.): Studies in the Scope and

Method of „The American Soldier". Glencoe, Ill.: Free Press 1950.
Milner, P. M.: Physiological Psychology. New York: Holt 1970.
Moody, R.: Life After Life. Atlanta: Mockingbird Press 1975.
Naranjo, C., Ornstein, R.: On the Psychology of Meditation. New York: Viking 1971.
Nebraska Symposium on Motivation. Lincoln: University of Nebraska Press ab 1952.
Nissen, H. W.: A Study of Exploratory Behavior in the White Rat by Means of the Obstruction Method. J. Genet. Psychol., 37, 1930, 361–376.
Nuttin, J.: Théorie de la motivation humaine du besoin au project d'action. Paris: Presses Univ. de France 1980.
Olds, J.: Differential Effects of Drives and Drugs on Self-stimulation at Different Brain Sites. In: Sheer, D. E. (Hrsg.): Electrical Stimulation of the Brain. Austin: University of Texas Press 1961.
Olds, J., Milner, P.: Positive Reinforcement Produced by Electrical Stimulation of Septal Area and Other Regions of Rat Brain. J. Comp. Physiol. Psychol., 47, 1954, 419–427.
Osgood, C. E., Suci, G. J., Tannenbaum, P. H.: The Measurement of Meaning. Urbana, Ill.: University of Illinois Press 1957.
Pahnke, W. N.: Drugs and Mysticism: An Analysis of the Relationship Between Psychedelic Drugs and Mystical Consciousness. Unpublished doctoral dissertation. Harvard University 1963.
Pivik, R. T.: Tonic States and Phasic Events in Relation to Sleep Mentation. In: Arkin, A. M., Antrobus, J. S. (Hrsg.): The Mind in Sleep: Psychology and Psychophysiology. Hillsdale, N.J.: Lawrence Erlbaum Assoc. 1978.
Plutchik, R.: Emotion. New York: Harper & Row 1980.
Powley, T. L., Opsahl, C. A.: Ventromedial Hypothalamic Obesity Abolished by Subdiaphragmatic Vagotomy.. Amer. J. Physiol., 226, 1974, 25–33.
Pribram, K. H.: A Review of Theory in Physiological Psychology. Ann. Rev. Psychol., 11, 1960, 1–40.
Rosenman, M.: Liking, Loving, and Styles of Loving. Psychol. Rep., 42, 1978, 1243–1246.
Ross, M., McMillan, M. I.: External Referent and Post Outcomes as Determinants of Social Discontent. J. Exp. Soc. Psychol., 9, 1973, 437–490.
Roth, S., Kubal, L.: Effects of Noncontingent Reinforcement on Tasks of Differing Importance: Facilitation and Learned Helplessness. J. Pers. Soc. Psychol., 32, 1975, 680–691.
Rubin, Z.: The Social Psychology of Romantic Love. Unpublished doctoral dissertation. University of Michigan 1969.
Rubin, Z.: Measurement of Romantic Love. J. Pers. Soc. Psychol., 16, 1970, 265–273.
Rubin, Z., Peplau, A., Hill, C. T.: Loving and Leaving: Sex Differences in Romantic Attachments Sex Roles 1980.
Sackeim, H. A., Gur, R. C., Saucy, M. C.: Emotions are Expressed More Intensely on the Left Side of the Face. Science, 202, 1978, 434–435.
Schachter, S.: Obesity and Eating. Science, 161, 1968, 751–756.
Schachter, S., Latané, B.: Crime, Cognition and the Autonomic Nervous System. In: Levine, D. (Hrsg.): Nebraska Symposium on Motivation. Vol. 12. Lincoln: University of Nebraska Press 1964.
Schachter, S., Singer, J. E.: Cognitive, Social and Physiological Determinants of Emotional State. Psychol. Rev., 69, 1962, 379–399.
Schachter, S., Singer, J. E.: Comments on the Maslach and Marshall and Zimbardo Experiments. J. Pers. Soc. Psychol., 37, 1979, 989–995.
Schachter, S., Wheeler, L.: Epinephrine, Chlorpromazine, and Amusement. J. Abnorm. Soc. Psychol., 45, 1962, 121–128.
Schildkraut, J. J., Kety, S. S.: Biogenic Amines and Emotion. Science, 156, 1967, 21–30.
Schlosberg, H.: Three Dimensions of Emotion. Psychol. Rev., 61, 1954, 81–88.
Schwartz, B., Schuldenfrei, R., Lacey, H.: Operant Psychology as Factory Psychology. Behaviorism, 6, 1978, 229–254.
Seligman, M. E. P.: Gelernte Hilflosigkeit. München: Urban & Schwarzenberg 1979.
Selye, H.: The Stress of Life. McGraw-Hill 1956.
Sem-Jacobsen, C. W.: Depth-electrographic Stimulation of the Human Brain and Behavior. Springfield, Ill.: Charles C. Thomas 1968.
Sem-Jacobsen, C. W., Torkildsen, A.: Depth Recording and Electrical Stimulation in Human Brain and Behavior. In: Ramey, E. R., O'Doherty, D. S. (Hrsg.): Electrical Studies on the Unanesthetized Brain. New York: Hoeber 1960.
Siegel, R. K.: The Psychology of Life After Death. Amer. Psychol., 35, 1980, 911–931.
Siegel, R. K., Jarvik, M. E.: Drug-induced Hallucinations in Animals and Man. In: Siegel, R. K., West, L. J. (Hrsg.): Hallucinations: Behavior, Experience, and Theory. New York: Wiley 1975.
Simon, J. L.: Basic Research Methods in Social Science. New York: Random House 1969.
Skinner, B. F.: The Behavior of Organisms: An Experimental Analysis. New York: Appleton 1938.
Smith, G. P., Gibbs, J.: Cholecystokinin and Satiety. In: Novin, D., Wyricka, W., Bray, G. (Hrsg.): Hunger: Basic Mechanisms and Clinical Implications. New York: Raven 1976.
Speisman, J. C.: Depth of Interpretation and Verbal Resistance in Psychotherapy. J. Consult. Psychol., 23, 1959, 93–99.

Speisman, J. C., Lazarus, R. S., Mordkoff, A., Davison, L.: Experimental Reduction of Stress Based on Egodefense Theory. J. Abnorm. Soc. Psychol., 68, 1964, 367–380.

Spielberger, C.: Streß und Angst. Weinheim und Basel: Beltz 1980.

Spitz, R. A.: Hospitalism. In: The Psychoanalytic Study of the Child. Vol. 1. New York: International Universities Press 1945.

Spragg, S. D. S.: Morphine Addiction in Chimpanzees. Comp. Psychol. Monogr., 15, 1940, No. 7.

Sroufe, L. A.: The Coherence of Individual Development. Amer. Psychol., 34, 1979, 834–841.

Stouffer, S. A., Suchman, E. A., Devinney, L. C., Star, S. A., Williams, R. M., Jr.: The American Soldier: Adjustment During Army Life. Vol. 1. New York: Wiley-Princeton University Press 1949.

Suedfeld, P.: The Benefits of Boredom: Sensory Deprivation Reconsidered. Amer. Scientist, 63, 1975, 60 bis 69.

Thomae, H. (Hrsg.): Allgemeine Psychologie: Motivation. Göttingen: Hogrefe 1965.

Thomas, A., Chess, S., Birch, H. G.: Temperament and Behavior Disorders in Children. New York: New York University Press 1968.

Tillyard, A. C. W.: Spiritual Exercises and Their Results: An Essay in Psychology and Comparative Religion. New York: Macmillan 1927.

Tomkins, S. S.: Affect, Imagery, Consciousness: Vol. 1. The Positive Affects. New York: Springer 1962.

Tourangeau, R., Ellsworld, P. C.: The Role of Facial Response in the Experience of Emotion. J. Pers. Soc. Psychol., 37, 1979, 1519–1531.

Vaughn, E., Fisher, A. E.: Male Sexual Behavior Induced by Intracranial Electrical Stimulation. Science, 137, 1962, 758–760.

Vogel, G. W.: A Review of REM Sleep Deprivation. Arch. Gen. Psychiatr., 32, 1975, 749–761.

Vogel, G. W., Foulkes, D., Trosman, H.: Ego Functions and Dreaming During Sleep Onset. Arch. Gen Psychiatr., 14, 1966, 238–248.

Walsh, N. A., Meister, L. A., Kleinke, C. L.: Interpersonal Attraction and Visual Behavior as a Function of Perceived Arousal and Evaluation by an Opposite Sex Person. J. Soc. Psychol., 103, 1977, 65–74.

Walster, E., Walster, G. W., Berschied, E.: Equity, Theory and Research. Boston: Allyn & Bacon 1978.

Webb, W. B., Agnew, H. W., Jr.: Analysis of the Sleep Stages in Sleep-wakefulness Regimens of Varied Length. Psychophysiol., 14, 1977, 445–450.

Weiner, B.: A Theory of Motivation for Some Classroom Experiences. J. Educ. Psychol., 71, 1979, 3–25.

Weiner, B.: Motivationspsychologie. Weinheim: Beltz 1984.

Weiner, B., Russell, D., Lerman, D.: The Cognition-emotion Process in Achievement-related Contexts. J. Pers. Soc. Psychol., 37, 1979, 1211–1220.

Whalen, R. E.: Sexual Differentiation: Models, Methods, and Mechanisms. In: Friedman, R. C., Richart, R. M., Van de Wiele, R. L. (Hrsg.): Sex Differences in Behavior. New York: Wiley 1974.

White, R. W.: Motivation Reconsidered: The Concept of Competence. Psychol. Rev., 66, 1959, 297–333.

Wise, C. D., Berger, B. D., Stein, L.: Evidence of Alpha-noradrenergic Reward Receptors and Serotonergic Punishment Receptors in the Rat Brain. Biol. Psychiatr., 6, 1973, 3–21.

Wolff, W.: The Expression of Personality. New York: Harper 1943.

Young, W. C., Goy, R., Phoenix, C. H.: Hormones and Sexual Behavior. Science, 143, 1964, 212–218.

Zeigler, H. P., Karten, H. J.: Central Trigeminal Structures and the Lateral Hypothalamic Syndrome in the Rat. Science, 186, 1974, 636–638.

Stichwortverzeichnis

Inhaltsverzeichnis

Band 6: Persönlichkeitspsychologie und Psychotherapie

Einleitung

Die Fragen zur Persönlichkeit werden von vielen – und sicher von den Spezialisten dieses Gebietes – als die herausforderndsten Rätsel betrachtet, mit denen Psychologen konfrontiert werden, da sie die Gesamtheit des Erlebens und Verhaltens der Menschheit einschließen. Die aus dem Studium der Persönlichkeit resultierenden Einsichten werden deshalb häufig als krönende Errungenschaft der Psychologie angesehen. Aber kann eine hinreichende Menge an Datenmaterial vorgelegt werden, die eine solche Inthronisierung der Persönlichkeitspsychologie rechtfertigt?

Die Öffentlichkeit betrachtet einen *Psychologen* zweifellos als jemanden, der sich auf die eine oder andere Weise mit der Persönlichkeit befaßt – der sie zu verstehen, ihr Verhalten vorherzusagen, ihre Motivierung zu interpretieren und die Gesamtperson „in Ordnung zu bringen" sucht. Gibt es einen Psychologen unter der Sonne, der, nachdem er bei einer gesellschaftlichen Zusammenkunft vorgestellt wurde, nicht sofort mißtrauisch als jemand beäugt würde, der die „wahre" Persönlichkeit eines jeden zu entdecken vermag? Manchmal wird sie oder er von den Kühneren gefragt, wie man die eigene Persönlichkeit (oder die des Partners oder der Kinder) „verbessern" könne. Wie kommt es zu diesem eng gefaßten Stereotyp des Psychologen und der Psychologie? Wir glauben, weil fast jeder Mensch sich viel stärker dafür interessiert, wie er oder sie als „Person" ist (oder erscheint), als für die Frage, wie wir wahrnehmen, lernen, etwas im Gedächtnis behalten oder logisch denken. Dies ist jedoch mehr als bloße Eitelkeit, weil es beweist, daß die Menschen der Qualität ihres Lebens den höchsten Wert beimessen (und das Leben wird nun einmal von „Persönlichkeiten" gelebt und nicht von Netzhautprozessen, operantem Verhalten und Kurzzeitgedächtnis). Meine Persönlichkeit, das *bin* ich, so sehen es die meisten von uns. Und deshalb erwarten wir von den Psychologen, daß sie sich am intensivsten damit beschäftigen.

Die meisten Psychologen hätten keine Einwände dagegen, dies als allgemeine Beschreibung ihrer Aufgabe zu betrachten, obwohl sie ihren psychologischen Tagesgeschäften auf verschiedenste Weise nachgehen. Viele, die selbst keine „Persönlichkeitspsychologen" sind, gehen davon aus, daß ihre Forschungen zur Entstehung eines kohärenten Bildes von der Funktionsweise des gesamten Individuums und damit zum Verständnis der Persönlichkeit beitragen. Es ist jedoch unwahrscheinlich, daß ihnen stets bewußt ist, an welcher Stelle ihre speziellen Beiträge in dieses „Gesamtbild" passen – ja, ob sie überhaupt zu einem Gesamtbild gehören. Manche machen sich darüber überhaupt keine Gedanken. Für sie spielt diese Frage keine große Rolle, da die Forschungsfortschritte aus jedem Spezialgebiet der Psychologie dazu beitragen, nach und nach die Lücken in unserem Verständnis der Gesamtpersönlichkeit zu schließen. Nehmen wir ein einziges Beispiel, wie dieses ziemlich global klingende Szenarium funktionieren könnte. Manche Kinder werden taub geboren und stellen daher ein quasi-„natürliches" Experiment dar, das Psychologen die Möglichkeit gibt zu studieren, wie die anderen Sinne ihre Funktionsweise modifizieren, um den Mangel an akustischen Informationen zu kompensieren. Diese Studien könnten zur Entdekkung alternativer Strategien führen, die taube Kinder entwickeln, um ihre Umwelt kennenzulernen. Diese Strategien wirken sich ihrerseits zwangsläufig in ungewöhnlicher Weise auf ihren Spracherwerb und ihre geistige Entwicklung aus; taube Kinder bilden daher aller Wahrscheinlichkeit nach neue Arten des Denkens und Problemlösens aus. Und sicher verläuft auch ihre soziale und emotionale Entwicklung in ungewöhnlichen Bahnen. Die Entdeckung dieser „speziellen" Prozesse und

„anderen“ Wege in der Entwicklung tauber Individuen liefert uns unerläßliche Anhaltspunkte, Hypothesen und theoretische Voraussagen hinsichtlich der Persönlichkeitsentwicklung dieses speziellen Personenkreises. Aber ebenso zwangsläufig tragen solche Erkenntnisse zu einer umfassenderen Konzeption der *allgemeinen* Prozesse bei, die an der Persönlichkeitsentwicklung beteiligt sind.

Das Kind, von dem wir eben gesprochen haben, muß nicht taub gewesen sein. Es war nur notwendig (für unsere Argumentation), daß es „anders als die anderen“ ist – eine leicht zu erfüllende Bedingung. Tatsächlich ist Anderssein eine Bedingung, die fast immer erfüllt wird. Wie sich bei unserer Auflistung von Definitionen der Persönlichkeit gleich zu Beginn dieses Bandes zeigen wird, ist die *Einzigartigkeit* des Individuums ein unentrinnbares Faktum. Wir leugnen nicht, daß es universelle Gesetze gibt, die zu entdecken sind, oder Gesetze, die für bestimmte Gruppen von Menschen gelten. Ja, wir stimmen völlig der Feststellung von Kluckhohn und Murray von 1948 zu (wenn wir uns auch von ihrem inzwischen komisch wirkenden und sicher unbeabsichtigten Sexismus distanzieren), „jeder Mann ist in gewissen Hinsichten wie alle anderen Männer, wie manche anderen Männer [und] wie kein anderer Mann“. Definitionen der Persönlichkeit müssen auch deren Mannigfaltigkeit und grenzenlose Modifizierbarkeit berücksichtigen. (Wahrscheinlich für immer von der psychologischen Bühne verschwunden ist die einst vorherrschende Meinung, daß die Persönlichkeit eines Menschen in einem frühen Lebensalter voll ausgebildet sei und daß sie sich nicht an die wechselnden Herausforderungen anpasse, denen man im Laufe seines ganzen Lebens begegnet.) Von Längsschnittstudien der Erwachsenenentwicklung und des Alterns wissen wir in zunehmendem Maß, wie grundlegend und förderlich Persönlichkeitsveränderungen in späteren Lebensstadien sein können.

Das erste Kapitel beschäftigt sich auch mit Persönlichkeitstypologien – Systemen zur Klassifizierung der Aspekte, in denen manche Menschen gewissen anderen gleichen und wieder anderen nicht. Dieser Ansatz findet seit ältester Zeit Anklang; Hippokrates unterteilte etwa um 400 v. Chr. die Menschheit in vier verschiedene Typen, und zwar aufgrund ihrer Körperflüssigkeiten, und Theophrastus schuf etwas später mit beträchtlichem literarischem Flair ein reichhaltiges Register typologischer Skizzen, das sich heute noch zur Typisierung des Spektrums menschlicher Persönlichkeiten eignet. Das 1. Kapitel schließt mit einem Überblick über die zahlreichen und unterschiedlichen Methoden zur Messung von Persönlichkeit und deren Vorzügen und Schwächen (brauchbare Messungen sind natürlich die entscheidende Voraussetzung für das Studium der Persönlichkeit).

Das 2. Kapitel bietet einen umfassenden Überblick über die drei wichtigsten theoretischen Ansätze zum Verständnis des Ursprungs und der Entwicklung der Persönlichkeit: Die Psychoanalyse (die ursprünglich von Freud ausging, aber ihren Einfluß auch durch andere Theoretiker vergrößerte, die zunächst dem orthodoxen Freudschen Weg folgten und dann von ihm abwichen); der Behaviorismus oder die Verhaltenswissenschaft (lernorientierte Theorien, die ursprünglich auf Ergebnissen aus Laborversuchen basierten) und der phänomenologische Ansatz (unmittelbar erlebnisbezogene Theorien, die, da sie individuelle Integrität und eine inhärente Motivation zum persönlichen Wachstum hervorheben, inzwischen auch als „Humanistische Psychologie“ bezeichnet werden). Unsere Perspektive in diesem weitreichenden Überblick ist bewußt eklektisch, und soweit dies möglich ist, weisen wir auf die Gemeinsamkeiten und Konvergenzen hin, die unter diesen allzu oft polarisierten theoretischen Ansätzen zur Persönlichkeitsentwicklung zu finden sind.

Eine ähnliche unparteiische Haltung wird im 3. Kapitel bei der Erörterung von Determinanten der Persönlichkeitsentwicklung eingenommen. Wir zitieren reichlich (aber ohne Anspruch auf Vollständigkeit) aus dem enormen Fundus an Erkenntnissen und weisen auf signifikante Einflüsse erblicher und somatischer Faktoren, früher Erfahrungen und späterer Erlebnisse hin, die sich aus den sozialen und kulturellen Kontexten ergeben, in denen sich unsere Persönlichkeitsentwicklung bis an unser Lebensende vollzieht. Wir vertreten dabei den Standpunkt, daß all diese Einflüsse ohne Zweifel in Wechselwirkung miteinander stehen, ein Standpunkt, der es gestattet, auch tiefgreifende, umwälzende Einflüsse anzuerkennen. In dieser kontroversen Situation über den relativen Primat bleibender Persönlichkeitsmerkmale und situationsbedingter Faktoren versuchen wir einen ausgleichenden Standpunkt zu vertreten.

Wenn die Persönlichkeit aus ihren normalen

Entwicklungs„bahnen“ entgleist, ist über die verschiedenen neurotischen oder psychotischen Umwege zu sprechen (4. Kap.), die in der Regel eingeschlagen werden. Dabei werden fünf Perspektiven oder Modelle der Psychopathologie ausdrücklich ins Auge gefaßt: das medizinische, das psychodynamische, das verhaltenswissenschaftliche und das humanistische Modell sowie das Modell der gesellschaftlichen Unterdrückung. Auch hier bemühen wir uns wieder um eine ausgewogene, nicht eine parteiische Bewertung. Im 4. Kapitel ist eine gründliche (und auf den neuesten Stand gebrachte) Klassifizierung der geistigen und psychischen Störungen sowie eine Bewertung ihrer möglichen Ursachen von intrapsychischen bis zu sozialen Faktoren zu finden.

Im 5. Kapitel, in dem die Psychotherapien vorgestellt und beurteilt werden, haben wir uns restlos einem pluralistischen Standpunkt verschrieben. Das Kapitel enthält eine Darstellung einiger wichtiger therapeutischer Ansätze – psychoanalytisch, phänomenologisch, interpersonal und psychophysiologisch – zusammen mit einer Beschreibung mehrerer Varianten der genannten Schulen. Schließlich werden die Ziele und die Wirksamkeit der Psychotherapien und der Psychotherapie im allgemeinen untersucht. Einen gewissen Aufschluß über unsere Erwartungen hinsichtlich des künftigen Status' der psychotherapeutischen Kunst gibt unser Schlußsatz: „So viel scheint bereits klar, daß der Therapeut von morgen über viele Fertigkeiten verfügen muß: Sie oder er wird ein ‚Psychoneuropharmakotherapeut‘ sein.“ Auf die praktische Seite der psychotherapeutischen Tätigkeit gehen wir im 2. Kapitel des 8. Bandes ein.

Eine grundsätzliche, alle fünf Kapitel über „Persönlichkeit und Psychotherapie“ durchziehende Erkenntnis ist die, daß wir uns auf diesem weiten Feld der Psychologie wie auf keinem anderen auf einem Boden bewegen, den wenige Laien zu betreten scheuen. Wir betrachten uns alle in gewisser Weise als Fachleute in diesen Dingen; das tun wir nicht, wenn es beispielsweise um Wahrnehmung, Denken oder physiologische Grundlagen geht. Dieser Zustand (oder genauer, diese „Ideologie“) kann sowohl ein Segen als auch ein Fluch sein und ist es gewöhnlich auch: ein Segen, weil sich der Leser diesem Stoff mit einer Aufgeschlossenheit nähert, die das Ergebnis lebenslanger Vertrautheit mit einem Großteil dessen ist, worüber wir sprechen werden; ein Fluch, weil der Leser vielfach lange gehegte und vielleicht liebgewordene Überzeugungen darüber in Frage gestellt sieht, wie Menschen sind, was „gut“ und was „schlecht“ für ihre Entwicklung ist und welche Wege zu beschreiten sind. Wir bauen auf diesen vorgefaßten Meinungen auf, soweit dies möglich ist, das erleichtert das Lernen. Ist es nicht möglich, dann ist es unsere Aufgabe, den Leser zu überzeugen, wie schwerwiegend vorgefaßte Meinungen sind. Das Resultat, das wir in diesem Band zu erreichen hoffen, ist es, dem Leser einen maximalen Zuwachs an Verständnis seiner selbst und der anderen zu vermitteln, gestützt auf die Einsichten seiner eigenen einzigartigen Lebenserfahrungen.

1. Kapitel
Die Bestimmung der Persönlichkeit

Das Wort Persönlichkeit hat viele Bedeutungen – vielleicht zu viele, wie man bald sehen wird. Eine der frühesten Definitionen, die wahrscheinlich vom Ursprung dieses Wortes abgeleitet wurde, betrachtet die Persönlichkeit als den *äußeren* Aspekt des Individuums – wie die Person von anderen Menschen gesehen wird und wie sie sich auf diese auswirkt. (Im römischen Theater war die Maske des Schauspielers die *persona*, das Gesicht, das dem Publikum gezeigt wurde.) Wie wir später sehen werden, geht ein einflußreicher moderner Abkömmling dieser Auffassung davon aus, daß die Persönlichkeit zu einem großen Teil durch die Art und Weise geformt wird, wie andere auf einen reagieren.

1 Versuch einer Definition

Das Studium der Persönlichkeit ist seit langer Zeit eine der schwierigsten Herausforderungen der Psychologie und wird dies auch weiterhin sein. Alles psychologische Wissen sollte letzten Endes zum Verständnis der Persönlichkeit beitragen – wodurch diese geformt wird, warum sie von Individuum zu Individuum verschieden ist, wie sie sich entwickelt und im Laufe des Lebens verändert. Die Tatsache, daß die meisten anderen Sparten der Psychologie eine sehr geringe Verbindung mit der modernen Persönlichkeitstheorie haben, ist als solche Beweis genug, daß es noch keine umfassende Theorie der Persönlichkeit gibt. Die Folge ist, daß sich die Psychologen noch nicht einmal über eine Definition von Persönlichkeit einig sind.

Schon vor langer Zeit, 1937, konnte Gordon W. Allport 50 verschiedene Definitionen von Persönlichkeit auflisten, die er aus der Philosophie, Theologie, dem Rechtswesen, der Soziologie und der Psychologie zusammengetragen hatte. Rappoport (1972) zeigte in einem Überblick über die modernen Definitionen, daß dieselbe Mannigfaltigkeit auch heute noch existiert. Wie Rappoport bemerkt, kann man je nach seinen persönlichen Überzeugungen unter einem breiten Spektrum alternativer Definitionen wählen, die theoretisch alle durchaus respektabel sind. Der auffallendste Unterschied ist, daß ein Großteil dieser neueren Definitionen die Komplexität oder Einzigartigkeit des Persönlichkeitsaufbaus hervorhebt. Von sehr wenigen Definitionen wird die Persönlichkeit lediglich als eine *Ansammlung* bestimmter Eigenschaften betrachtet; zur Veranschaulichung ein einziges Beispiel (Sarnoff, 1962):

> „Unter Persönlichkeit versteht man jene relativ dauerhaften Wesenszüge und Dispositionen des Individuums, die sich im Laufe der Zeit *zu einem Verhaltensmuster verfestigt haben, das es von anderen Individuen unterscheidet.*" [Hervorhebung durch K. und C.]

Wiggins, Renner, Clore und Rose (1971) weisen zusätzlich darauf hin, daß wir uns, obwohl wir uns alle individueller Unterschiede in der Persönlichkeit bewußt sind, nur selten das gesamte Spektrum solcher Unterschiede klarmachen. Zur Illustration zitieren sie Kommentare zum Begriff der Persönlichkeit aus drei verschiedenen Perspektiven – aus biologischer, psychologischer und anthropologischer Sicht:

> „Halten wir uns vor Augen ..., daß jeder Mensch mit einem unverwechselbaren Magen-Darm-Trakt ausgestattet ist ... mit einem unverwechselbaren Nervensystem und einem morphologisch unverwechselbaren Gehirn ... kann es sein, daß [diese Tatsachen] im Hinblick auf das Problem der Persönlichkeitsunterschiede folgenlos sind? (Roger Williams, ein Biologe, der sich in der Fachpresse und in populärwissenschaftlichen Veröffentlichungen glaubhaft über die biologische Individualität geäußert hat, mit der wir geboren werden.)
>
> Das Studium der Persönlichkeit ist das Studium dessen, wie Menschen zu dem werden, was sie sind. Natürlich unterscheiden sich die Menschen sehr stark in dem, was sie gelernt haben; jeder Mensch ist tatsächlich einzigartig. Aber wir haben alle in Einklang mit denselben allgemeinen Gesetzen gelernt ... Worauf es hier ankommt, ist, daß es keine Gesetze der Persönlichkeit gibt, die außerhalb der Gesetze der allgemeinen Psychologie funktionieren (Nevitt Sanford, ein Psychologe, der sich mit der Erforschung der individuellen Persönlichkeitsentwicklung befaßt).
>
> Die Lebensgeschichte eines Individuums ist zunächst und vor allem eine Aneignung der Verhaltensmuster und Maßstäbe, die in seiner Gemeinschaft tradiert werden. Vom Augenblick seiner Geburt an prägen die Sitten und Gebräuche, in die er hineingeboren wurde, sein Erleben und Verhalten (Ruth Benedict, bahnbrechende Anthropologin, die für ihre Beschreibung von Persönlichkeitstypen, die sich von Kultur zu Kultur voneinander unterscheiden, bekannt ist)."

Statt sich über solche Variationen in der Definition von Persönlichkeit zu beklagen, bemerkten Wiggins und seine Mitarbeiter, daß jede von ihrem eigenen besonderen Standpunkt aus abgeleitete Bedeutung zu einem besseren Verständnis von Persönlichkeit beitrage. Ja, sie versichern, daß es sich empfehle, „Persönlichkeit aus vielen, oft widersprüchlichen Blickwinkeln zu betrachten". Das macht das Studium der Persönlichkeit zu einer einzigartigen, von der übrigen Psychologie getrennten Disziplin: Die Konzentration auf die *Integration* aller Fähigkeiten, Überzeugungen, Einstellungen, Werte, Motive und Gewohnheiten innerhalb *jedes einzelnen* Individuums. Der Bereich der Persönlichkeit schließt natürlich zwangsläufig auch Interaktionen mit dem Rest der Welt ein – sowohl die Einflüsse auf die sich entwikkelnde Persönlichkeit als auch die Auswirkungen des individuellen Verhaltens auf das soziale Umfeld. Wir werden uns jetzt mit einigen grundlegenden Methoden auseinandersetzen, die dem Studium der Persönlichkeit dienen.

2 Persönlichkeitsmessung

Die Wahl der Methode zur Persönlichkeitsmessung sowie die Zulänglichkeit der gewählten Methode hängt notwendigerweise von der eigenen speziellen Auffassung von Persönlichkeit und vom Zweck des Meßverfahrens ab.

Es ist wenig sinnvoll zu fragen, welche Form der Persönlichkeitsmessung am „genauesten" sei, solange wir unsere Frage nicht durch die Einschränkung ergänzen, „nach der Theorie X" oder „für den Zweck Y". Es mag zunächst schwerfallen, ein so relativistisches Kriterium zu akzeptieren, teilweise deshalb, weil wir in unserem alltäglichen Denken davon ausgehen, daß die Persönlichkeit eines Menschen aus Eigenschaften zusammengesetzt ist, die dieser Mensch *wirklich* besitzt. Wir neigen zu der Annahme, daß, wenn es ein Wort für eine Eigenschaft gibt – beispielsweise „Ehrlichkeit" – diese Eigenschaft tatsächlich *existieren* müsse. Die Menschen, so nehmen wir an, müssen ein größeres oder geringeres Maß an Ehrlichkeit aufweisen; und wieviel sie davon besitzen, werde sich in den unterschiedlichsten Situationen und über einen langen Zeitraum hinweg zeigen. Aber fassen wir einmal die Möglichkeit ins Auge, daß unsere Annahme falsch ist. Menschen können in einer Situation ehrlich sein und in einer anderen unehrlich – heute Lügner und Betrüger und morgen „ehrliche Michel" (in einer klassischen Untersuchung [Hartshorne u. May, 1928] sehr kleiner Kinder wurde gezeigt, daß sich *dasselbe* Kind je nach der jeweiligen Situation ehrlich oder unehrlich verhalten kann). Umfangreiche Forschungen sind daher nötig, bevor wir wissen, ob eine bestimmte Eigenschaft immer und überall vorhanden ist.

Die Tendenz, an einen feststehenden Charakterzug zu glauben, scheint viel größer zu sein, wenn wir einen veröffentlichten Test in der Hand halten, der eine Punktezahl für etwas enthält, das wie ein Merkmal klingt. Ein Autor bezeichnet einen solchen logischen Denkfehler als „Test-Merkmal-Trugschluß" (Tryon, 1979). Der Name eines Tests sollte natürlich genau die Art von Verhalten angeben, die quantifiziert wird. Aber es ist von *entscheidender* Bedeutung, sich klarzumachen, daß jede Art von Meßverfahren nicht mehr als eine *Stichprobe* eigenschaftsbezogenen Verhaltens bieten kann. Damit ein Meßverfahren brauchbar ist – schließlich stellt es nicht mehr dar als die Destillation einer relativ kleinen Stichprobe des Verhaltens eines Menschen zu einem numerischen Meßwert – muß es zwei Voraussetzungen erfüllen: *Generalisierbarkeit* und *Validität.*

Man halte sich vor Augen, daß Persönlichkeitsmessungen auf eine Vielzahl von Informationsquellen zurückgreifen. Im Prinzip ist jeder Verhaltensaspekt zur Persönlichkeitsanalyse geeignet. Die Geschichte, die ein Kind seiner Puppe erzählt, der Brief an eine Freundin, die Tonbandaufzeichnung eines Gesprächs zwischen Therapeut und Klient – alle können Rohdaten für das Studium der Persönlichkeit liefern. Spontanes Verhalten wird beobachtet, Befragungen werden durchgeführt, Persönlichkeitsfragebogen werden zusammengestellt, Testsituationen werden konstruiert, sogar physiologische Reaktionen werden aufgezeichnet. *Generalisierbarkeit* (eng verwandt mit dem Konzept der Zuverlässigkeit oder Reliabilität, die im 1. Bd., 2. Kap., erörtert wurden) bezieht sich darauf, ob ein Score (Testergebnis) auf eine entsprechend große Zahl von Situationen und Anlässen generalisierbar (anwendbar) ist und auch, ob verschiedene Beurteiler oder Tests hinsichtlich der Scores übereinstimmen würden, die sie jedem einzelnen zuweisen. *Validität* bezieht sich dagegen darauf, ob ein Score tatsächlich die Eigenschaft widerspiegelt, die wir messen wollen. Ein sehr genereller oder zuverlässiger Meßwert für die Tendenz zur Selbstkritik (die Neigung, sich für „nicht okay" zu halten) mag beispielsweise kein guter (das heißt valider) Indikator dafür sein, ob der Betreffende Psychotherapie benötigt, obwohl dies ein Item in Professor „Superschlaus" bekanntem Test über Neurotizismus bildet. Noch einmal, nur umfangreiche Forschungen können die Nützlichkeit jedes einzelnen Meßwerts beweisen.

Die Meßverfahren, die beim Studium der Persönlichkeit benutzt werden, sind viel zu zahlreich, um hier erschöpfend behandelt zu werden. Wir werden uns deshalb in diesem Kapitel auf einzelne ausgewählte Beispiele aus dem Katalog von Techniken beschränken, die zur Gewinnung von Informationen über die Persönlichkeit angewandt werden. Diese Techniken lassen sich je nach der *Datenquelle,* die sie benutzen, in drei Hauptkategorien unterteilen: (1) direkte Beobachtungen des Verhaltens eines Menschen, so wie es von anderen berichtet wird; (2) Berichte eines Menschen über sich selbst; (3) Interpretationen, die es erfordern, auf der Basis einer bestimmten Persönlichkeitstheorie über das unmittelbar beobachtete Verhalten hinauszugehen. Diese Kategorisierung der Informationen korrespondiert mit der Art und Weise, wie viele Persönlichkeitstheorien unterscheiden, was ein Mensch tatsächlich tut, wie er sich selbst sieht und was in einer tieferen, unbewußten Schicht der Persönlichkeit vor sich geht.

3 Meßtechniken

Wie bereits bemerkt, können wir nur einige Beispiele der vorhandenen Techniken darstellen und werden uns dabei auf die gängigeren konzentrieren.

3.1 rating-Skalen

Die vielleicht am häufigsten benutzte Persönlichkeitsmeßmethode, die *ratings* (Beurteilung, Bewertung, Einstufung), dienen in der Regel (aber nicht immer) zur Beurteilung von Verhalten, das in relativ natürlicher Umgebung beobachtet wird. Ein *Persönlichkeitsrating* ist nichts anderes als die Zuschreibung eines numerischen Meßwerts zu einer beobachteten Versuchsperson aufgrund einer Bewertungsskala (s. Tabelle 1).

Tabelle 1: Beispiel einer Bewertungsskala zur Messung des Merkmals Dominanz-Unterwerfung

Anweisung: Kreuzen Sie die Aussage an, die das Verhalten des/der Betreffenden am besten charakterisiert.

______ 1. Übernimmt die Führung in allen Beziehungen zu anderen Menschen; ist immer dominant und bestimmend.
______ 2. Übernimmt in den Beziehungen zu anderen gewöhnlich die überlegene Rolle, aber folgt auch gelegentlich, statt zu führen.
______ 3. Spielt in den Beziehungen zu anderen gleich häufig die dominante und die fügsame Rolle.
______ 4. Übernimmt gewöhnlich die fügsame Rolle, aber dominiert gelegentlich gegenüber anderen.
______ 5. Spielt in allen Beziehungen zu anderen Menschen die fügsame Rolle; läßt sich immer führen und beherrschen.

Wir alle machen häufigen Gebrauch von Bewertungsskalen, zumindest vereinfachter Art. Wenn wir beispielsweise bemerken, eine Freundin sei, sagen wir, streitsüchtig, dann haben wir eine Bewertung auf einer Zwei-Punkte-Skala vorgenommen: Ja oder Nein. In der Tat ist eine Adjektiv-Strichliste ein formelles Beispiel dieses Bewertungsverfahrens: die Aufgabe des Beurteilers besteht einfach darin, anzukreuzen, welche Eigenschaftsadjektive von einer großen zur Wahl stehenden Zahl auf das Verhalten der Versuchsperson zutreffen.

Gewöhnlich wird jedoch der Versuch feinerer Unterscheidungen unternommen: Fünf-Punkte-Skalen sind gebräuchlich, und selbst 10-Punkte-Skalen sind nicht selten. Die für die Skala angemessene Punktezahl hängt weitgehend von der Qualität der Informationen ab, auf denen die Bewertung basieren soll. Je mehr Beobachtungsdaten zur Verfügung stehen, desto feinere Unterscheidungen sollten möglich sein. Und je klarer die einzelnen Items ausformuliert werden, desto wahrscheinlicher ist es, daß zuverlässige Unterscheidungen getroffen werden können. Stellen Sie sich beispielsweise vor, daß man Sie aufgefordert hat, eine Reihe Ihrer Bekannten hinsichtlich ihrer „Neigung zu Konkurrenzverhalten" zu bewerten. Man hat Sie angewiesen, nur eine Fünf-Punkte-

Tabelle 2: Beispiel einer Bewertungsskala zur Messung von Konkurrenzneigung mit detaillierten Kriterien für jedes Item

______ 1. Extremes oder hektisches Bedürfnis, die Konkurrenten zu übertreffen; spielt entweder nicht, wenn er nicht gewinnen kann oder wählt immer unterlegene Gegner oder mogelt, um zu gewinnen. Seine Konkurrenten zu schlagen, ist praktisch seine einzige Befriedigung in einer Spiel- oder Arbeitssituation. Konkurrenzneigungen beherrschen den größten Teil seiner Unternehmungen – ein breites Spektrum, das sich auf viele Menschen und die verschiedensten Situationen erstreckt, die bei den meisten Menschen kein Konkurrenzverhalten auslösen würden.

______ 2. Genießt es sehr, Konkurrenten zu übertrumpfen, daß er verstört ist, wenn er verliert; wird von Niederlagen sehr hart getroffen bzw. läßt sich seine Befriedigung offen anmerken, wenn er gewinnt. Nicht so extrem wie (1), aber charakteristisch und für jeden bemerkbar, mit dem er in Kontakt kommt. Hat entweder mehrere Gebiete, auf denen seine Konkurrenzneigung sehr ausgeprägt ist, aber nicht so extrem wie bei (1) oder hat einen Bereich, in dem es ihm äußerst wichtig ist, andere zu übertreffen.

______ 3. Fühlt sich durch Konkurrenzsituationen angeregt und freut sich, wenn er andere übertrifft, kann aber Niederlagen ohne große Schwierigkeit akzeptieren. Gelegentliche Anfälle von Konkurrenzverhalten, aber weder von langer Dauer noch auf allen Gebieten noch extrem.

______ 4. Keine echten Konkurrenzbeziehungen; spielt gern aus Spaß an der Freud', wobei es ihm relativ unwichtig ist, wer gewinnt.

______ 5. Empfindlich gegenüber Konkurrenzsituationen, die bei ihm Desorganisation, Niedergeschlagenheit, Unproduktivität oder Flucht auslösen. In negativer Weise widerstandsfähig. Extrem entmutigt hinsichtlich seiner Fähigkeiten oder scheint zwanghaft Niederlagen zu suchen.

Aus: MacFarlane, Allen und Honzik, 1954.

Skala zu benutzen: Neigt sehr stark zu Konkurrenzverhalten, überdurchschnittlich, durchschnittlich, unterdurchschnittlich und neigt sehr wenig zu Konkurrenzverhalten. Unter diesen Umständen ist es unwahrscheinlich, daß Ihre Bewertungen stark mit denen anderer übereinstimmen würden, selbst wenn alle Beurteiler im gleichen Maß Gelegenheit hatten, dieselben Personen zu beobachten. Wenn dagegen im anderen Extremfall jeder der fünf Skalenpunkte durch eine Reihe spezifischer Verhaltensbeschreibungen klar umrissen worden wäre (wie in Tabelle 2), ließe sich sicher eine stärkere Übereinstimmung erzielen. Solche genauen Formulierungen würden nicht nur gewährleisten, daß Sie „Neigung zu Konkurrenzverhalten" genauso definieren wie die anderen Beurteiler, sondern es würden auch die Bedeutungen so verschwommener Begriffe wie „sehr" und „überdurchschnittlich" klarer werden.

3.2 Q-Sortierungen

Die *Q-Sortierung* ist eine Variante, ein Beispiel des Skalierungsverfahrens, aber mit einem nützlichen Unterschied. In der Regel erhält der Beurteiler einen Stapel von, sagen wir, 100 Karten, von denen jede eine spezifische Persönlichkeitsbeschreibung enthält, wie z. B. „verhält sich anderen gegenüber gebend" oder „ist gesellig". Die Aufgabe besteht darin, die Karten je nach dem *Grad* des Zutreffens einer Beschreibung auf die eigene Person in mehrere Stapel zu sortieren. Stapel 9 könnte jene Beschreibungen enthalten, die auf den zu Beurteilenden genau zutreffen, Stapel 1 die am wenigsten charakteristischen Items, Stapel 5 Items, die weder charakteristisch noch uncharakteristisch sind und die übrigen Stapel könnten dazwischenliegende Beurteilungen enthalten. Die Zahl der Karten, die jedem Stapel zugeordnet werden, ist gewöhnlich im voraus festgelegt, so daß es nicht möglich ist, Personen eine unterschiedliche Zahl von Eigenschaften pro Stapel zuzuschreiben.

Die Nummer des Stapels, dem eine Karte zugeordnet wird, scheint große Ähnlichkeit mit dem numerischen Punktwert zu haben, der einer Person auf einer rating-Skala zugeschrieben wird. Wenn somit die Karte „Ist gesellig" auf den Stapel 9 kommt, dann könnten wir dieselbe Person automatisch als 9 auf einer Skala von 1–9 für Geselligkeit einstufen. Dies wäre jedoch unkorrekt, da ein *wichtiger Unterschied zwischen Q-Sortierungen und den meisten anderen Bewertungsverfahren besteht.* Im üblichen Bewertungsverfahren wird abgewogen, wo eine bestimmte Person auf einer rating-Skala *im Vergleich mit allen anderen Personen in der Stichprobe* einzuordnen ist. Bei der Q-Sortierung sind es dagegen die Beschreibungen, die nach dem Grad ihres Zutreffens *auf ein Individuum* eingestuft werden. Wenn man somit die Q-Sortierungsaussage „Ist durchsetzungsfähig" in bezug auf Charlie Brown der Kategorie 1 (am wenigsten charakteristisch) zuordnet, so muß das nicht heißen, daß Charlie von allen Comic-Strip-Figuren die sanftmütigste ist (obwohl das durchaus zutreffen könnte), sondern man gibt dadurch lediglich den Eindruck wieder, daß dieser Antiheld, falls er durch irgendeine Aussage gekennzeichnet werden kann, jedenfalls *nicht* durchsetzungsfähig ist. Dieses Verfahren, die Charakteristika einer Person in eine Reihung zu bringen, wird als *ipsative Messung* bezeichnet, während die übliche Methode *normative Messung* heißt; die erstere erfordert erfahrungsgemäß viel geringeren Zeitaufwand seitens der Beurteiler (und wirkt „natürlicher"), insbesondere, wenn eine sehr große Zahl von Eigenschaften für jedes Individuum bewertet werden soll.

Es gibt Bewertungsskalen zur Messung vieler verschiedener Persönlichkeitsmerkmale, und diese haben sich für einen großen Teil der Forschungsarbeit über Persönlichkeit als unverzichtbar erwiesen. Diese Skalen sind jedoch auch mit gewissen Gefahren behaftet. Manche Persönlichkeitsmerkmale sind so vage oder ungenau definiert, daß sie nicht zuverlässig und mit einer bestimmten Validität eingestuft werden können, so gut ihre Bewertungsskalen auch aufgebaut sein mögen. Die allgemeine Regel lautet daher, daß Einstufungen, wann immer es möglich ist, von mehreren verschiedenen Beurteilern unabhängig voneinander vorgenommen werden sollten, so daß der Grad an Übereinstimmung ihrer Urteile überprüft werden kann. Wenn sich die Bewertungen einigermaßen decken, wird ihr *Durchschnitt* als Ergebnis genommen.

4 Beobachtungen und Tests

Bewertungen aller Art können auf unmittelbarer Beobachtung des Verhaltens einer Person entweder in einem begrenzten Rahmen (z. B. Bewertungen der Eigenschaften von Kindern aufgrund ihres Verhaltens auf dem Spielplatz der Schule) oder in viel weiterem Rahmen beruhen (z. B. Beurteilung von Arbeitskräften durch die Vorgesetzten aufgrund ihres Verhaltens in vielen unterschiedlichen Situationen, bei formellen und informellen Anlässen). Die Bewertungen können auch auf persönlichen Gesprächen mit dem Betreffenden oder auf dem Studium verschiedener anderer Informationsquellen beruhen (biographische Dokumente, Arbeitsleistungen, Testergebnisse usw.). Aus allen diesen Quellen versucht der Beurteiler einen Gesamteindruck der Merkmale des Betreffenden zu gewinnen, der genügend detailliert ist, um Quantifizierung zu gestatten.

Die Urteilsfähigkeit, die für eine solche Skalierung nötig ist, differiert je nach Forschungssituation. Oft wird der Versuch gemacht, die Funktion des Beurteilers auf die Berichterstattung auf objektive, verhaltensbezogene Daten zu beschränken. Häufig geht es darum, einen Ausgleich zwischen der relativ großen Informationsmenge, die von einem Beurteiler, der den Betreffenden in unterschiedlichen Situationen gut kennt, zu einer Globalbewertung zusammengetragen wurden, und der Objektivität einer Bewertung herzustellen, die eng an eine bestimmte Verhaltensbeobachtung gebunden ist.

4.1 Interviews

Ein Interview unterscheidet sich in seiner informellsten Form nur wenig von einem Gespräch (wenn es sich auch um ein im wesentlichen einseitiges Gespräch handelt). Die Aufgabe des Interviewers ist es, aus dem Interviewten genügend Informationen herauszuholen, um es dem Interviewer (und anderen, die mit Tonbandaufnahmen oder getippten Transkriptionen des Interviews arbeiten) zu gestatten, die für die jeweilige Untersuchung erforderlichen Bewertungen vorzunehmen. Um zu gewährleisten, daß genügend Informationen in einheitlicher (und damit unparteiischer) Weise gesammelt werden, gibt es gewöhnlich einen *Interviewplan,* der das Gespräch mit einer gewissen Struktur versieht (daher der Begriff „strukturiertes Interview"). Der Interviewplan besteht aus spezifischen Fragen, die gestellt werden sollen, und oft aus einer Reihe weiterer Fragen, die von den Antworten auf die Hauptfragen abhängen. Dem Interviewten kann gestattet werden, frei auf die Fragen des Interviewers zu antworten. In einem solchen Fall sprechen wir von *„open-end"*-Fragen, die nicht so leicht zu Ratlosigkeit führen und eine arge Geduldsprobe darstellen können, wenn es der Interviewer mit einem sehr redseligen Probanden zu tun hat. Im anderen Extremfall können die Antworten des Interviewten auf festgelegte Kategorien beschränkt sein, wie beim Staatsanwalt, der darauf besteht, daß man „mit ja oder nein antwortet“, oder bei der Frage „Wie glücklich sind Sie?“, bei der man nur zwischen den Antworten „sehr“, „mäßig“, „nicht sehr“ oder „gar nicht“ wählen darf.

Der Staatsanwalt und der Demoskop sind nicht gezwungen, Bewertungsskalen auf die Antworten anzuwenden, aber der Psychologe, der seitenlange *open-end*-Antworten vor sich hat, tut sich schwer. Der Demoskop trägt keine eigene Analyse zu der Feststellung bei, wie glücklich seine Vp tatsächlich ist, obwohl er durch seine Begegnung mit der Vp vielleicht Gelegenheit hatte, sich eine persönliche Meinung zu diesem Thema zu bilden. Statt dessen registriert er lediglich die Selbstbeurteilung oder Selbstaussage des Betreffenden, Informationen, die Psychologen grundlegend anders bewerten als objektive Verhaltensbeurteilungen.

4.2 Situationstests

Ein weiteres wertvolles Verfahren zur Persönlichkeitsmessung besteht darin, den Probanden einer gebräuchlichen Testsituation auszusetzen, die in etwa einer Situation des wirklichen Lebens entspricht, und Einzelheiten seines Verhaltens zu registrieren. Dabei geht man von der Annahme aus, daß das Verhalten in der Testsituation allgemeine Verhaltenstendenzen des Betreffenden widerspiegelt. Diese Entsprechung wird um so enger sein, je realistischer die Testsituation ist. Manchmal ist sich die Vp tatsächlich vielleicht gar nicht bewußt, daß es sich um einen Test handelt. So überprüfte beispielsweise MacKinnon (1938) in einem klassischen Vorläufer seiner späteren Verwendung von *Situationstests* während des Zweiten Weltkriegs die Ehrlichkeit von Mitarbeitern des *Office of Strategic Services,* indem er jeden Probanden in einer üblichen Testsituation allein ließ, in der dieser eine Reihe von Rechenproblemen lösen sollte. Ein Büchlein mit den Lösungen war vorhanden, aber die Probanden wurden angewiesen, es nicht zu benutzen. Der Versuchsleiter beobachtete die Probanden durch einen Einwegspiegel und notierte, ob gegen das Verbot verstoßen wurde oder nicht.

Der Situationstest sieht oft Interaktionen zwischen mehreren Personen vor, die beobachtet werden. So kann beispielsweise einer Gruppe von fünf Leuten ein Diskussionsthema gestellt werden, wobei ihnen erlaubt ist, ihren eigenen Diskussionsleiter zu wählen, selbst Regeln festzusetzen und zu verfahren, wie sie wollen. Das Verhalten jedes einzelnen im Umgang mit den anderen wird von Beobachtern registriert und im Hinblick auf eine oder mehrere Persönlichkeitsvariablen wie Dominanz, Ausgeglichenheit, Führungstalent, Negativismus, Toleranz und Originalität bewertet. Die Ergebnisse können auf objektive Weise durch das Zählen bestimmter Verhaltensweisen zustande kommen (beispielsweise, wie oft jemand während der Diskussion Vorschläge macht) oder sie können anhand einer Bewertungsskala zustande kommen.

Manche Situationstests sind bewußt darauf angelegt, die Vp Belastungen oder Konflikten auszusetzen, die überwunden werden müssen, um die gestellte Aufgabe zu erfüllen. Bei einem solchen Situationstest kann beispielsweise von den Probanden verlangt werden, ein Problem zusammen mit einer anderen Person zu bearbeiten, die in Wirklichkeit mit dem Beobachter unter einer Decke steckt und die Lösungsversuche des Probanden in regelmäßigen Abständen durchkreuzt. Die spezielle Art, wie der Proband auf den Streß reagiert und mit dem zwischenmenschlichen Konflikt umgeht, liefert Daten zur Messung verschiedener Persönlichkeitsdimensionen.

Ein Problem bei Situationstests (wie natürlich bei allen Tests) ist die Frage ihrer Validität. Der Forscher mag eine bestimmte Situation als „typisch“ für belastende Lebenssituationen ansehen, während die Versuchsperson die Vorgänge vielleicht ganz anders interpretiert. Jemand, der in einem Streßtest ruhig reagiert (weil er vermutet, daß es sich tatsächlich nur um einen Test handelt), könnte durchdrehen und sogar ausfällig werden, wenn er glaubt, in einer realen Situation zu sein. Aus diesem Grund bemüht sich die Forschung gegenwärtig häufig, Erkenntnisse aus realen Situationen und nicht aus nachgestellten Szenen zu gewinnen.

4.3 Natürliche Beobachtung

Wann immer es möglich ist, empfiehlt es sich, das Verhalten eines Menschen in dem Rahmen zu beobachten, in dem es sich tatsächlich abspielt, und nicht in einer artifiziellen Laborumgebung. Um zu erfahren, wie sich jemand zu Hause benimmt, ist es besser, den Betreffenden zu Hause zu beobachten, als ihn über seine Lebensgewohnheiten zu befragen. Um zu wissen, wie sich jemand bei der Arbeit verhält, ist es am besten, ihn oder sie am Arbeitsplatz zu beobachten. Auch die „biotisch“ genannte Forschung steht jedoch vor vielen Problemen; die bloße Anwesenheit eines Beobachters kann die „lebensechte“ Situation signifikant verändern.

Eine Art von Forschung konzentriert sich auf „unauffällige Messungen“ von Verhalten. Ein Beispiel einer unauffälligen Messung wäre, das Aktivitätsniveau einer Stichprobe von Kindern danach abzuschätzen, indem man verfolgt, wie rasch ihre Schuhe abgetragen werden. Das offenkundige Problem bei diesem zugegeben objektiven Merkmal (abgesehen von Qualitätsunterschieden der Schuhe) ist, daß es sehr schwierig ist, Daten über ein hinreichend breites Spektrum von Eigenschaften oder Verhaltensweisen jeweils einer Person zu sammeln, um diese Technik für ein Studium der Gesamtpersönlichkeit zu qualifizieren.

4.4 Persönlichkeitsinventare

Die beim Studium der Persönlichkeit am häufigsten benutzten Informationen stammen aus Eigenaussagen. Die Erklärungen eines Menschen über sich selbst sind aus verschiedenen Gründen interessant. Wer weiß es schließlich besser? Wer hat mich länger oder in mehr verschiedenen Situationen beobachtet, als ich mich selbst? Selbstbeurteilungen können als zutreffende Berichte über die Verhaltensweisen oder Charakterzüge eines Menschen für bare Münze genommen werden. Aber es liegt auf der Hand, daß solche Selbsteinschätzungen infolge mangelnder Offenheit, begrenzter Perspektive und Selbsttäuschung Verzerrungen unterliegen. Eine Selbstbeurteilung kann stark von den Bewertungen objektiver Beobachter abweichen.

Man sollte sich jedoch darüber im klaren sein, daß der Hauptwert von Selbsteinschätzungen darin liegt zu erfahren, wie sich ein Individuum *selbst* sieht. Das Selbst ist eine organisierte und dauerhafte Wahrnehmung im Leben des einzelnen, es ist auf diese Person beschränkt und bildet einen zentralen Teil ihrer *Persönlichkeitsstruktur* (s. Box 5/1). Wenn sich ein Mensch freimütig äußert, dann liefern seine Selbstbewertungen wahrscheinlich die besten Aufschlüsse darüber, was der Betreffende über sich selbst *glaubt*. Und die Tatsache, daß Selbstbewertungen oft von den objektiven Urteilen von Beobachtern abweichen, ist ebenfalls eine fruchtbare Quelle von Informationen über den Grad an Selbsttäuschung und Selbsteinsicht eines Individuums. Bei einem Verfahren (Gough, 1961) kreuzt der Proband beispielsweise auf einer Liste von 300 Adjektiven diejenigen an, die er als auf ihn zutreffend erachtet. Ein Team fachkundiger Beobachter benutzt dieselbe Liste, um den Probanden zu beschreiben. Dann wird der Grad an Übereinstimmung zwischen der Selbstbeschreibung des Probanden und dem Durchschnitt der Beschreibungen der Beobachter berechnet. Eine hohe Übereinstimmung zeugt vermutlich von einem hohen Grad an Selbsterkenntnis, eine niedrige umgekehrt von geringer Selbsteinsicht. In diesem Fall wird die „Wahrheit“ eindeutig durch einen Konsens zwischen Experten definiert.

Es gibt jedoch eine noch grundlegendere Erkenntnis. Das Selbst wird von dem Betreffenden oft als aus zentraleren und privateren Schichten („mein wahres Ich“) und peripheren und öffentlicheren Schichten („der unwichtige Teil von mir“) zusammengesetzt gesehen. Diese *Dualität* des Selbst (besonders bei geringer Selbsteinsicht) kann oft schuld an den Diskrepanzen zwischen den Ergebnissen der Selbstbewertung und der Bewertung durch andere sein.

Ein wichtiger Ansatz zur Persönlichkeitsmessung ist der *Persönlichkeitsfragebogen* (auch *Persönlichkeitsinventar*), mit dem man die verschiedensten Merkmale zu erfassen sucht. Manche beziehen sich auf persönliche Interessen; andere haben mit der emotionalen Anpassung, den sozialen Beziehungen, Einstellungen und Werten zu tun. Ein Inventar besteht aus einer großen Zahl von Aussagen oder Fragen, die mit einer von mehreren vorgegebenen Kategorien wie „stimme zu“ oder „stimme nicht zu“, „mag ich“ oder „mag ich nicht“ beantwortet werden sollen. Der Meßwert eines bestimmten Persönlichkeitsmerkmals basiert nicht auf der Beantwortung eines einzigen

BOX 6/1

Generalisierte Kontrollüberzeugung

1. (a) Manchmal kann ich nicht verstehen, wie Lehrer zu den Noten kommen, die sie einem geben.
   (b) Es besteht ein direkter Zusammenhang zwischen dem Fleiß, mit dem ich lerne, und den Noten, die ich bekomme.
2. (a) Wer Chef wird, das hängt davon ab, wer das Glück hatte, als erster am richtigen Ort zu sein.
   (b) Menschen dazu zu bringen, das Richtige zu tun, ist eine Frage der Fähigkeit; Glück hat wenig oder nichts damit zu tun.

Welche Alternative halten Sie persönlich in diesen beiden Fällen für richtig? Dies sind zwei von vielen Fragen eines Fragebogens, der von J. Rotter für Forschungszwecke entwickelt wurde. Wie leicht zu ersehen ist, haben Personen, die die (a)-Alternativen wählen, nicht das Gefühl, kontrollieren zu können, was ihnen zustößt. Sie werden als „außengesteuert" bezeichnet, weil sie glauben, daß externe Kräfte bestimmen, was mit ihnen geschieht. Menschen, die sich für die (b)-Alternativen entscheiden, glauben, daß sie die Kontrolle über die wichtigen Ereignisse in ihrem Leben haben; man bezeichnet sie als „innengesteuert".

Die generalisierte Kontrollüberzeugung (locus of control; l.o.c.) wurde ursprünglich als ein Merkmal oder eine Dimension der Persönlichkeit konzipiert, aber ebenso wie im Falle anderer Merkmale, auf die sich die Aufmerksamkeit bestimmter Forscher konzentrierte, werden Internalität und Externalität inzwischen eher als eine Typologie denn als eine einzelne Dimension benutzt. Kein Individuum ist überzeugt ausschließlich innen- oder außengesteuert zu sein. Ebenso wie hinsichtlich aller psychologischer Kriterien entfallen die meisten Menschen auf den mittleren Bereich, das heißt, sie haben auf manchen Gebieten ihres Lebens eine interne und auf anderen eine externe Einstellung. Was dieses Merkmal für eine Typologie qualifiziert, ist die Tendenz von Psychologen, so zu schreiben (und zu denken), als ob die Menschen tatsächlich in zwei verschiedene Gruppen, Interne und Externe, eingeteilt werden könnten. H. Lefcourt berichtet:

„Wir besitzen nur geringe Informationen über die Bewältigungsmechanismen, die es Internen gestatten könnten, Fehlschläge mit größerer Leichtigkeit zu akzeptieren als Externe. Wenn Vergessen nicht die spezielle Methode des Internen für die Bewältigung von Mißerfolgen ist, was befähigt ihn dann, trotz Mißerfolgen beharrlich weiterzumachen? Wir vermuten, daß Interne immer noch einen Rest an Hoffnung behalten: wenn sie noch eine Chance bekommen, könnte es ihnen gelingen, die Fehler von heute auszubügeln."

Forschungen über den „Ort" des Steuerungseindrucks haben gezeigt, daß sich sein Einfluß auf die unterschiedlichsten Situationen erstreckt. Unter Tuberkulosepatienten wußten Interne mehr über die Krankheit als Externe (vermutlich, weil sie meinten, dadurch eine bessere Chance zu haben, sich selbst zu helfen). Interne Insassen von Jugenderziehungsheimen wußten über Bedingungen der Strafaussetzung besser Bescheid als Externe. Interne strengen sich mehr an, wenn sie von einer Aufgabe annehmen, daß sie Geschicklichkeit erfordert und nicht bloß Glückssache ist; Externe differenzieren nicht so stark zwischen diesen beiden Arten von Aufgaben.

J. Sims und D. Baumann meinen, daß regionale Unterschiede im Glauben an persönliche Kontrolle eine erstaunliche Tatsache erklären könnten: Obwohl Alabama und Illinois alljährlich von einer gleichgroßen Zahl schwerer Tornados heimgesucht werden, sind in Alabama jedes Jahr im Zusammenhang mit den Stürmen mehr Todesopfer zu beklagen. Diese Forscher untersuchten Stichproben von Einwohnern beider Staaten und stellten fest, daß sich die Alabamer in ihren Ant-

Items, sondern auf den Antworten zu einer Reihe von Items, die zusammen eine Skala bilden, die geeignet ist, das fragliche Merkmal zu messen. Ein Inventar kann Meßwerte für ein Dutzend oder mehr Merkmale ergeben.

Es gibt zwei ganz unterschiedliche Methoden, Items auszuwählen und die Richtung festzulegen, wie ihre Antworten auszuwerten sind. Bei der *A-priori-* (oder rationalen) Methode entwirft der Testautor Items, deren Inhalt klar erkennen läßt,

worten als weitaus fatalistischer oder externer erwiesen als die Einwohner von Illinois. Letztere unternehmen mehr aktive Anstrengungen, um sich vor Tornados zu schützen, sie hören Radio, um die Sturmwarnungen mitzubekommen und suchen Schutzräume auf, sobald ein Sturm angekündigt ist.

Es wurden schließlich auch verschiedene soziale Gruppen im Hinblick auf dieses Kriterium miteinander verglichen; die Resultate deuten darauf hin, daß niedrigere sozioökonomische Schichten und Minoritäten dazu neigen, externer zu sein als andere Gruppen – ein Ergebnis, das zumindest teilweise darauf zurückzuführen sein kann, daß sie angesichts der Realitäten unserer Gesellschaft tatsächlich weniger Macht haben, um ihr Schicksal selbst zu gestalten.

In den letzten 20 Jahren wurde viel über die Steuerungs- oder Kontrollüberzeugungen geforscht. Inwiefern könnte die allmählich entstandene Tendenz, Internalität und Externalität mit Persönlichkeitstypen gleichzusetzen, irreführend sein? Nur, wenn es dazu führt, Menschen in allzu vereinfachender Weise zu klassifizieren (eine Tendenz, die allen Typologien anhaftet). Wir dürfen nicht vergessen, daß erstens kaum jemand völlig intern oder extern ist – die meisten Menschen sind irgendwo in der Mitte – und daß es zweitens viele wichtige Charakterzüge eines Menschen gibt, die absolut nichts damit zu tun haben, ob er intern oder extern ist.

J. Rotter: Generalized expectancies for internal vs. external control of reinforcement. *Psychological Monographs,* 1966, *80* (ganze Nummer 609).

H. Lefcourt: *Locus of Control: Current Trends in Theory and Research.* Hillsdale, N.J.: Erlbaum, 1976.

J. Sims u. D. Baumann: The tornado threat: Coping styles of the North and South. *Science,* 1972, *176,* 1386–1391.

wie sie auszuwerten sind. Diese Methode wird beispielsweise beim Edwards Personnel Preference Schedule (Edwards, 1959) angewandt. Die Items in diesem Test beziehen sich offensichtlich auf das zu messende Merkmal. Nachstehend einige Merkmale, die in diesem Test behandelt werden, und einige Beispiele positiv ausgewerteter Items: *Aggression* („Ich möchte mich rächen, wenn mich jemand beleidigt hat"); *Geselligkeit* („Ich unternehme lieber etwas mit meinen Freunden als allein"); *Veränderung* („Es gefällt mir, zu experimentieren und Neues auszuprobieren"). Bei dieser A-priori-Technik ist es natürlich nicht erforderlich und wird auch nicht erwartet, daß sich der Proband über die Richtung der Auswertung jedes Items oder der zu messenden Dimensionen Rechenschaft gibt.

Bei der alternativen *empirischen* Methode der Testkonstruktion wird die Richtung, in die das Item auszuwerten ist, durch Vortesten einer großen Zahl von Items (die keineswegs in offenkundigem Zusammenhang mit irgendwelchen der zu messenden Persönlichkeitsmerkmale stehen müssen) an sogenannten Kriteriengruppen (das sind Gruppen, die aus Personen bestehen, von denen man *weiß,* daß sie das fragliche Merkmal in geringem oder in hohem Maß aufweisen). Die Items, bei denen die Antworten der beiden Gruppen signifikant voneinander abweichen, werden schließlich in die endgültige Inventarskala aufgenommen. Ein Beispiel für die empirische Methode ist das Minnesota Multiphasic Personality Inventory oder MMPI (Hathaway u. McKinley, 1950; Dahlstrom u. Welsh, 1960). Es besteht aus 550 einfachen Aussagen, auf die die Versuchsperson „richtig" „falsch" oder „kann ich nicht sagen" antworten soll. Die Items beziehen sich auf so unterschiedliche Bereiche wie körperliche Beschwerden („Ich leide alle paar Tage oder öfter unter Schmerzen in der Magengrube"); Befürchtungen und Ängste („Ich fürchte mich, wenn ich von einem hohen Ort hinunterschaue"); Verhaltenskennzeichen („Ich überquere oft die Straße, um jemandem nicht zu begegnen, den ich sehe"); soziale und moralische Einstellungen („Ich mache niemand einen Vorwurf, der Leute ausnützt, die dazu einladen").

Dieses Inventar wurde durch Erprobung einer sehr großen Zahl anfänglicher Items (beträchtlich mehr als die 550 Items, die schließlich überbleiben) an Personengruppen, von denen man wußte, daß sie hinsichtlich der zu messenden Persönlichkeitsmerkmale hohe oder niedrige Werte hatten, entwickelt. So wurden beispielsweise die Items, die von einer Personengruppe mit hohen Paranoiawerten (institutionalisierte Psychotiker, die als paranoid diagnostiziert waren – s. 4. Kap.) signifikant anders beantwortet wurden als von Normalen, als Kernstück der Paranoiaskala des endgültigen Inventars beibehalten. Das Ergebnis eines Probanden auf der Skala wird dann durch die Zahl der Items bestimmt, die er in derselben Weise beantwortet wie die Kriteriumsgruppe der paranoiden Patienten. Der Test wird nach einer Reihe von Skalen ausgewertet. Diese Skalenwerte sind Maßzahlen von Merkmalen, die, falls sie in extremem Maß vorhanden sind, wahrscheinlich symptomatisch für Störungen der Persönlichkeit sind (beispielsweise Depression, Hysterie, Paranoia). Das MMPI zählt zu den Verfahren, die von Klinischen Psychologen zur Diagnose von Persönlichkeitsstörungen am häufigsten benutzt werden.

Ein anderes Inventar, das in ähnlicher Weise konstruiert ist, aber auf die Messung normalerer Merkmale abzielt, ist das California Psychological Inventory oder CPI (Gough, 1957). Es besteht aus 18 Skalen, die in vier Kategorien unterteilt sind: (1) Messungen von Ausgeglichenheit, Dominanz und Selbstsicherheit; (2) Messungen von Sozialisation, Reife und Verantwortung; (3) Messungen von Leistungspotential und intellektueller Effizienz; (4) Messungen des Denkstils und der Orientierung zum Leben.

Gough hat in seinem CPI besonderen Wert darauf gelegt, ein Persönlichkeitsinventar zu entwickeln, das in verschiedenen Kulturen anwendbar sein würde. Seine Skalen verfolgen die Absicht, „Charakterzüge zu messen, die sich unmittelbar und zwangsläufig aus dem zwischenmenschlichen Leben ergeben und die daher relevant für das Verständnis und die Prognose sozialen Verhaltens in nahezu allen Situationen und Kulturen sein sollten“. Die Aussagen, aus denen Goughs Skalen bestehen, beziehen sich auf Situationen, die in den meisten Kulturen vorkommen; bei seiner Sozialisationsskala reagiert die Vp beispielsweise auf Aussagen wie „Bevor ich etwas tue, versuche ich, mir vorzustellen, wie meine Freunde darauf reagieren werden.“ Diese Strategie hat sich offenbar gut bewährt; zahlreiche Studien bestätigen die Validität von vielen CPI-Skalen in verschiedenen Ländern. Um ein Beispiel zu nehmen, Gough und Sandhu (1964) berichten, daß die Sozialisationsskala (bei der ein *niedriges* Ergebnis auf Delinquenz hindeutet) in Indien mit großer Effektivität zwischen Studenten und inhaftierten Straftätern vergleichbaren Alters unterschied.

4.5 Reaktionstendenzen

Persönlichkeitsinventare, in denen die zu messenden Merkmale ziemlich offenkundig sind, wurden kritisiert, weil ihre Ergebnisse substantiell durch Reaktionstendenzen beeinträchtigt werden. Beispielsweise neigen Vpn dazu, sozial wünschenswerte Aussagen ungeachtet ihrer tatsächlichen Meinungen anzuerkennen. Soweit dies geschieht, vermindert es tatsächlich zwangsläufig die Validität des Instruments (seine Fähigkeit, die *beabsichtigten* Merkmale zu messen). Wenn Depression ein Merkmal ist, zu dem sich die meisten von uns nicht gern bekennen, dann werden wir vielleicht dazu tendieren, unsere Antworten auf eindeutige diesbezügliche Fragen in einem Persönlichkeitsinventar zu verzerren. Ähnliches gilt für die Zustimmungstendenz, die Neigung, die meisten Fragen ohne Rücksicht auf ihren Inhalt zu bejahen. Wenn man an die Aussagen eines Persönlichkeitsinventars mit einer generell zur Zustimmung neigenden Reaktionstendenz herangeht, dann muß die Validität der Eigenschaftsmessungen ebenfalls leiden. Einer der Gründe, warum solche Reaktionstendenzen wirksam werden, ist, daß der Betreffende nicht nur weiß, daß er getestet wird, sondern sich wahrscheinlich auch über die offensichtliche diagnostische Bedeutung einer bestimmten Aussage im klaren ist. Aus diesem Grund ist es empfehlenswert, weniger direkte Meßverfahren für Persönlichkeitsmerkmale zu benützen, bei denen die Absicht einer bestimmten Frage für den Probanden weniger offensichtlich ist.

Die meisten Psychologen würden zustimmen, daß Antworttendenzen mehr als eine ärgerliche Fehlerquelle sind; die Tendenz eines Menschen, anderen zuzustimmen oder bei der Beantwortung von Persönlichkeitsinventaren gesellschaftlich erwünschte Antworten zu geben, ist als solche ein meßbares Persönlichkeitsmerkmal von einigem Interesse. Zu dieser Auffassung hat auch die Arbeit von Crowne und Marlowe (1964) beigetragen, die eine Skala konstruierten, mit der man unmittelbar die Tendenz messen kann, gesellschaftlich wünschenswerten Antworten den Vorzug zu geben. Durch den Vergleich mit dem tatsächlichen Verhalten von Personen, die auf dieser Skala hohe und niedrige Werte erzielen, stellten sie fest, daß Personen mit hoher Punktezahl dazu tendieren, relativ fügsam und abhängig und im allgemeinen konventioneller und vorsichtiger zu sein. Bei der Entwicklung eines Persönlichkeitstests ist heute der Nachweis üblich, daß dessen Ergebnisse nicht zu hoch mit der Crowne-Marlowe-Skala korrelieren, so daß man sagen kann, daß der Test mehr mißt als Konformität (oder Nichtkonformität) mit den Wertvorstellungen der Gesellschaft.

4.6 Projektive Techniken

Psychologen, die mit einzelnen Klienten arbeiten, benutzen verschiedene Mittel, um sich ein Bild von Teilen der Persönlichkeit zu machen, über die der Betreffende selbst keine Auskunft geben könnte, auch wenn er zu absoluter Offenheit bereit wäre. Manchmal geht es dabei lediglich darum zu beachten, was ein Mensch tatsächlich *tut* im Gegensatz zu dem, was *er zu tun behauptet.* Oder es wird ein Versuch unternommen, über das beobachtete Verhalten hinaus zu einer Schlußfolgerung über eine „tiefe" Schicht der Persönlichkeit vorzudringen, eine Schicht, die dem Bewußtsein des Betreffenden offenbar unbekannt ist. Es ist darauf hinzuweisen, daß manche Psychologen es nicht für nützlich halten, solche „unbewußten" oder unmittelbar nicht beobachtbaren Informationsquellen in das Studium der Persönlichkeit einzubeziehen. Meßdaten, die vorgeben, über das Beobachtbare hinauszugehen, sind für sie ohne Wert. Andere erwägen sehr sorgfältig die Träume, über die jemand berichtet, Kunstwerke, die der Betreffende schafft und insbesondere die „Projektionen" des Probanden oder Klienten.

Projektive Techniken basieren auf einem von Freud identifizierten Abwehrmechanismus (s. folg. Kap.). Gedanken und Impulse im Unbewußten, die zu bedrohlich sind, um bewußt gemacht zu werden, können ohne Gefahr zu laufen, vom Bewußtsein erkannt zu werden, als „Projektionen" auf ambige (das heißt, für verschiedene Interpretationen offene) Reize in der Außenwelt geäußert werden. Im Feuer oder in Wolken bekannte Objekte zu „sehen", ist ein Beispiel dieses Vorgangs. Standardisierte Tests wurden entwickelt, bei denen dem Probanden mehrdeutige Vorlagen dargeboten werden und er aufgefordert wird zu sagen, was er in diesen sieht oder eine Geschichte darüber zu erfinden. Danach wird interpretiert, welche unbewußten Prozesse bei diesen Projektionen am Werk waren. Zu den frühesten und immer noch häufig verwendeten projektiven Tests zählen die Rorschach-Tintenkleckse und der Thematic-Apperception-Test.

4.7 Der Rorschach-Test

Diese weithin gebräuchliche projektive Technik, die 1911 von dem Schweizer Psychiater Hermann Rorschach entwickelt wurde, besteht aus der Präsentation von zehn gleichbleibenden Tintenklecksen, von denen einige schwarz und weiß und andere farbig sind. Der Proband wird aufgefordert, die verschiedenen Dinge zu beschreiben, die er in den Klecksen sieht, und die Reaktionen werden nach einer Reihe von Kategorien ausgewertet. Die Kategorien beziehen sich auf die *Stelle,* die das identifizierte Ding in dem gesamten Klecks einnimmt, auf den *charakteristischen Reiz,* der dabei beachtet wird (beispielsweise Form, Farbe, Schattierung, Struktur und Bewegung), auf den *Inhalt* des Wahrgenommenen (ob es sich um Tier, einen Menschen oder ein unbelebtes Objekt handelt) und auf die *Originalität* der Reaktion.

Den verschiedenen Scores wird ein Diagnosewert für spezifische Tendenzen zugeschrieben. Den Klecks als Ganzes zu betrachten wird beispielsweise als Anzeichen einer abstrakten und theoretischen Orientierung angesehen, während die Konzentration auf viele kleine Details der Kleckse von einer zwanghaften Fixierung auf Trivialitäten zeugt; Farbreaktionen werden mit Gefühlsäußerungen in Beziehung gesetzt, und Antworten, die sich auf menschliche Bewegungen beziehen, gelten als Anzeichen eines reichen Innenlebens. Die Verhältniszahlen der einzelnen Scores werden ebenfalls diagnostisch behandelt. Ein starkes Überwiegen von Farbantworten gegenüber Formantworten wird als Anzeichen einer Tendenz zu unkontrolliertem emotionalem Verhalten angesehen; ein starkes Überwiegen von Bewegungsantworten gegenüber Farbantworten gilt als Zeichen einer Tendenz zu Introversion; und so weiter.

Obwohl die Auswertung des Rorschach-Tests mehr oder weniger standardisiert ist, gilt das keinesfalls für die Interpretation. Es bedarf eines überaus geschickten Testers, die Informationen aus dem gesamten Spektrum der Testscores zusammenzufassen und daraus eine Konzeption von der Struktur der betreffenden Persönlichkeit zu ent-

BOX 6/2

Jedem seinen eigenen Tintenklecks

Bevor Sie weiterlesen, betrachten Sie den Tintenklecks und schreiben Sie nieder, was Sie darin sehen.

Was Sie sehen, kann etwas über ihre Persönlichkeit aussagen. Es kann auch etwas über die Kultur aussagen, in der Sie herangewachsen sind. Es gibt Berichte über eklatante kulturelle Unterschiede in den Wahrnehmungsreaktionen auf die Rorschach-Kleckse.

Eine Untersuchung von M. Bleuler und R. Bleuler zeigte beispielsweise, daß nomadische Wüstenbewohner Marokkos in einem viel höheren Maß als Europäer auf winzige *Details* der Kleckse achten. Die obige Abbildung zeigt einen der üblichen Kleckse, der von europäischen Probanden häufig als „zwei streitende Frauen" identifiziert wird. In einer typischen marokkanischen Antwort wurden die winzigen, kaum wahrnehmbaren Zakken an dem kleinen hochragenden Gebilde (siehe Pfeile) als Schlachtordnung arabischer Infanterie identifiziert, der eine Reihe christlicher Krieger gegenübersteht.

Den anderen Extremfall bilden die Samoaner, die dazu neigen, relativ wenig auf kleine Einzelheiten einzugehen und deren Antworten sich statt dessen häufig auf das Gesamtbild beziehen; T. Cook stellte fest, daß sie den gesamten Klecks als eine Landkarte oder ein Tier wahrnehmen. Außerdem unterscheiden sich die Samoaner auch insofern stark von typischen Europäern und anderen Bevölkerungsgruppen, als sie sich in ihren Antworten häufig auf die *weißen* Zwischenräume zwischen den Klecksen beziehen, die sie als Objekte und nicht als Lücken wahrnehmen. Auf dem hier abgebildeten Klecks könnten sie beispielsweise die helle Mittelfläche als eine Insel ansehen.

Diese Unterschiede in den Wahrnehmungstendenzen, die auch aus zahlreichen anderen Studien hervorgehen, verdeutlichen die Wirkungsweise kultureller Faktoren auf ganz unmittelbare Art. In der marokkanischen Kunst und Religion wird kleinen Einzelheiten große Bedeutung beigemessen; für die Samoaner ist Weiß eine symbolische und höchst wertvolle Farbe.

Es ist nicht so, daß Marokkaner keine Ganzheiten oder Samoaner keine Details sehen können. Worauf es ankommt, ist, daß Menschen verschiedener Kulturen die Tendenz haben, diese Tintenkleckse, die sich für viele verschiedene Interpretationen eignen, in unterschiedlicher Weise zu sehen.

Und diese Abweichungen in den Wahrnehmungen beweisen auch nicht, daß die Persönlichkeit der Marokkaner anders ist als die der Samoaner oder die der Europäer. G. Lindzeys Überprüfung des Rorschach-Tests in interkulturellen Untersuchungen veranlaßt ihn jedoch zu der Schlußfolgerung, daß sich die Reaktionen auf die Tintenkleckse nicht nur substantiell zwischen verschiedenen Kulturen unterscheiden, sondern – was noch wichtiger ist –, daß Schlüsse, die aufgrund des Rorschach-Tests über die Persönlichkeit gezogen werden, mit den Schlüssen übereinzustimmen scheinen, die von Anthropologen, welche dieselben Kulturen studierten, auf der Basis ihrer umfangreichen Feldstudien gezogen wurden. Und wenn man bedenkt, daß Tintenkleckse nonverbale Reize sind und sich aus eben diesem Grund für den Gebrauch in allen Kulturkreisen – selbst analphabetischen – eignen, dann wird einem die anhaltende Beliebtheit dieses projektiven Tests in der interkulturellen Forschung verständlich.

M. Bleuler u. R. Bleuler: Rorschach's ink-blot-tests and racial psychology. *Character and Personality,* 1935, *4,* 97 to 114. Nachdruck der Abbildung mit Genehmigung von Hans Huber, Bern.

T. Cook: The application of the Rorschach-test to a Samoan group. *Rorschach Research Exchange,* 1942, *6,* 51–60.

G. Lindzey: *Projective Techniques and Crosscultural Research.* New York: Appletown, 1961.

wickeln. Solche Konzeptionen sind intuitiv, und dieselben Testscores können von verschiedenen Fachleuten ganz unterschiedlich interpretiert werden. Außerdem können die Antworten, wie aus Box 6/2 hervorgeht, für Angehörige verschiedener Kulturen unterschiedliche Bedeutung haben. Diese Möglichkeit gibt zu Zweifeln hinsichtlich der Validität dieser Technik Anlaß, solange kulturelle (und subkulturelle) Abweichungen nicht irgendwie berücksichtigt werden. Vielleicht ist es teilweise diesem Faktor zuzuschreiben, warum Studien zum Zweck der Validierung des Rorschach-Tests uneinheitliche Ergebnisse aufweisen. Holley (1974) bemerkt, das wesentliche Problem sei die Verwendung ungeeigneter Methoden der statistischen Bewertung von Validität, und tatsächlich zeigt die Benutzung einer neuen Technik („G-Index der Übereinstimmung") eine erhöhte Validität für den Rorschach. Jedenfalls wird der Rorschach-Test weiterhin viel benutzt – und kritisiert.

4.8 Thematischer Apperzeptionstest

Eine weitere gebräuchliche projektive Technik ist der Thematic Apperception Test (TAT), der von Morgan und Murray (1935) speziell zur Messung der verschiedenen *psychologischen Bedürfnisse* entworfen wurde, von denen in Murrays Theorie der Persönlichkeit ausgegangen wird. Diese Theorie basiert auf der Annahme, daß bei jedem Menschen ca. 20 Bedürfnisse in unterschiedlichem Grad vorhanden seien. Murray nimmt weiter an, daß die Persönlichkeit eines Menschen durch die relative Stärke jedes Bedürfnisses und die Art und Weise gekennzeichnet ist, wie diese Bedürfnisse während der Entwicklung des Menschen organisiert werden.

Der TAT besteht aus 20 Testbildern, auf denen einfache Szenen von ambiger Bedeutung abgebildet sind: Beispielsweise ein Mann, der mit gebeugtem Kopf neben einem Bett steht, auf dem eine teilweise entkleidete Frau liegt, oder eine alte Frau, die hinter dem abgewandten Gesicht einer jüngeren Frau hervorschaut (s. Abb. 1). Der Proband wird aufgefordert, über jedes Bild eine Geschichte zu erzählen und anzugeben, was da vor sich geht, wie es dazu kam und was als nächstes „geschehen" wird. Die Geschichten werden dann systematisch analysiert, wobei man bestimmte Tendenzen und wiederkehrende Themen im Aufbau der Handlung, in der Wahl der Helden oder im Ausgang der Erzählungen herausarbeitet, die vom Probanden auf das Bild projiziert werden. Von diesen Merkmalen der Geschichten wird angenommen, daß sie wichtige Aspekte der Bedürfnisse, Einstellungen, Konflikte, Identifizierungen, Zielvorstellungen und des Selbstkonzepts der Versuchsperson enthüllen.

Die Verwendung des TAT ist auch auf Probleme außerhalb der Messung von Murrays Bedürfnissen ausgedehnt worden. In Box 6/3 (S. 26) wird eine interessante Verwendungsmöglichkeit vorgestellt, welche die Interaktion zwischen Kultur und Persönlichkeit veranschaulicht.

Alles in allem weist keine *einzelne* Technik zur Messung der Persönlichkeit eine hinreichende Validität auf, um sich für einen sinnvollen prognostischen Gebrauch zu eignen. Dieser Mangel ist ein sehr realer Faktor, der die jüngsten Angriffe in den Massenmedien gegen die Übel von Testverfahren mitverschuldet hat. Diese Attacken stützen sich

Abbildung 1: Ein TAT-Bild. Viele verschiedene Geschichten können über jedes TAT-Bild erzählt werden.

H. A. Murray: Thematic Apperception Test; Copyright 1943 by President and Fellows of Harvard College; Nachdruck mit Genehmigung.

BOX 6/3

In zwei Zungen reden

Im allgemeinen gibt es zweifellos Persönlichkeitsunterschiede zwischen Angehörigen verschiedener Kulturen, und projektive Techniken haben sich als sensitiv für solche Unterschiede erwiesen, wie aus Box 6/2 (S. 24) hervorgeht. Was ist aber mit einem Menschen, dessen Lebenserfahrung zwei Kulturen überspannt? Wird seine gegenwärtige Lebensweise in seinem Persönlichkeitsbild vorherrschen, das durch einen projektiven Test ans Licht kommt? Oder behält die Kultur, in der er seine Kindheit verbrachte, ihren prägenden Einfluß auf seine Persönlichkeit bei? Vielleicht koexistieren die beiden Persönlichkeiten Seite an Seite; wir werden sehen.

S. Ervin verabreichte den Thematic Apperception Test (TAT) an der Universität von Kalifornien, Berkeley, bei zwei Anlässen jeweils 64 Männern und Frauen, die in Frankreich aufgewachsen waren, aber seit längerer Zeit (im Durchschnitt seit 12 Jahren) in den USA lebten. Alle Probanden sprachen fließend Französisch und Englisch, so daß beim ersten Testdurchgang das gesamte Verfahren – die Anweisungen des Versuchsleiters und die Geschichten der Probanden – in Französisch und beim zweiten Durchgang in Englisch durchgeführt werden konnte. Für die Hälfte der Gruppe kam der französische TAT zuerst und für die andere Hälfte der englische. Alle Probanden erzählten deshalb Geschichten über dieselben TAT-Bilder in beiden Sprachen, wobei zwischen den beiden Testdurchgängen etwa sechs Wochen vergingen. Bei jedem Durchgang wurden neun Bilder verwendet, und die Anweisungen erfolgten nach dem standardisierten TAT-Verfahren. In Ervins Worten wurden die Vpn aufgefordert, „zu sagen, was [auf dem Bild] geschieht, was in der Vergangenheit geschehen war und was in der Zukunft geschehen würde und was die Figuren denken und fühlen. Darüber hinaus wurden sie bei der zweiten Sitzung angewiesen, diesmal eine andere Geschichte zu erzählen, falls sie sich an die erste überhaupt erinnerten".

Die TAT-Geschichten können in Hinblick auf verschiedene Themen auf verschiedene Weise ausgewertet werden. Ervin entschied sich, nur jene acht Themen auszuwerten, bei denen aufgrund vergleichender Studien der französischen und amerikanischen Kultur mit einiger Wahrscheinlichkeit Persönlichkeitsunterschiede zu erwarten waren. Das bei dieser Untersuchung angewandte Auswertungsschema ist ziemlich komplex, aber der wesentliche Punkt ist, je häufiger ein bestimmtes Thema in den neun Geschichten eines Probanden in jeweils einer Sprache auftrat, desto höher war seine Punktezahl zu diesem Thema, wie es sich in dieser Sprache äußerte.

Wenn die für den TAT benutzte Sprache ohne Belang wäre, dann würden die Probanden dieselben Themen bei beiden Durchgängen im gleichen Maß favorisieren. Aber Ervins Hauptergebnis ist, daß bei drei der neun Themen statistisch signifikante Unterschiede zu verzeichnen waren. Diese zweisprachigen Frankoamerikaner äußerten in ihren französischen Geschichten mehr verbale Aggression gegenüber Gleichgestellten und neigten weitaus stärker dazu, geliebten Personen durch Zurückweisung oder unmoralisches Verhalten wehzutun. Nur bei den Frauen zeigte sich auch je nach der Sprache ein Unterschied in Hinblick auf Leistungsthemen; die Französin (bzw. ihre Heldin in der Geschichte) bewies größeren Ehrgeiz und setzte sich oder geliebten Personen höhere Ziele, wenn die Geschichte auf Englisch erzählt wurde.

Die Gegensätze, die in den Geschichten derselben Vp über dasselbe Bild auftraten, lassen sich durch die folgenden Auszüge aus den Testprotokollen einer 27jährigen Französin, die mit einem Amerikaner verheiratet war, gut veranschaulichen. Im ersten Durchgang reagierte sie in *Französisch* auf das TAT-Bild, das einen jungen Mann zeigt, der sich mit abgewandtem Gesicht von einer jungen Frau wegdreht, die ihn in den Armen hält. Im zweiten Durchgang kommentierte sie dasselbe Bild in *Englisch*.

Französische Antwort

„Sie scheint ihn zu bitten, ihn anzuflehen ... Ich glaube, er möchte sie verlassen, weil er eine andere Frau gefunden hat, die er mehr liebt ... er möchte wirklich gehen, oder vielleicht ist es, weil ... sie ihn mit einem anderen Mann betrogen hat. Ich weiß nicht, wessen Schuld es ist, aber sie scheinen wirklich böse miteinander zu sein. Oder es hat etwas mit seiner Arbeit zu tun, und er möchte zu jemand hingehen und mit jemand Streit anfangen und sie hält ihn zurück und möchte nicht, daß er wütend wird. Ich weiß es nicht, es könnte vieles sein."

Englische Antwort

... Nun, ich glaube, das ist ein Ehepaar, durchschnittlich ... er hat beschlossen, eine gute Ausbildung zu machen, vielleicht würde er danach einen besseren Job bekommen und seiner Frau viel mehr bieten können ... Er arbeitet ständig und besucht abends noch oft Kurse ... Schließlich fand er, daß es zuviel sei. Er stellte fest, daß er zu müde war, er war niedergeschlagen ... und seine Frau versucht, ihn aufzuheitern ... schließlich wird er sich wahrscheinlich da durchbeißen und zuletzt sein Diplom machen und einen besseren Job bekommen und sie werden viel glücklicher sein."

Die Schlußfolgerung, die Ervin aus allen ihren Daten zieht, ist, daß ihre Vpn zwei Persönlichkeiten haben. Sie weist darauf hin, daß dieses Ergebnis nicht erstaunlicher sei als die Tatsache, daß sich jeder Mensch in verschiedenen sozialen Kontexten etwas anders benimmt. Der Erwachsene, der sich etwas mehr wie sein Kindheitsselbst verhält und so empfindet, wenn er wieder in seinem Elternhaus inmitten von Szenen und Figuren seiner Jugend ist, als wenn er sich in seiner üblichen Umgebung befindet, dürfte ein bekanntes Beispiel sein.

Tatsächlich scheinen ein frühes Selbst und ein gegenwärtiges Selbst miteinander zu koexistieren, und der TAT kann beide ausfindig machen. In dieser Hinsicht zeugen die Resultate von der Sensitivität eines projektiven Tests für die Messung subtiler Persönlichkeitsveränderungen. Diese Ergebnisse mögen peinlich berühren, wenn der Test vorgibt, *nur* den dauerhaften Kern der Persönlichkeit zu bewerten, der vorgeblich immun gegenüber Einflüssen des sozialen Rahmens ist, in dem der Test durchgeführt wird, immun auch gegenüber vorübergehenden Stimmungsschwankungen. Aber vielleicht ist diese Aufgabe, wenn sie so definiert wird, gar nicht erfüllbar.

S. Evin: Language and TAT content in bilinguals. *Journal of Abnormal and Social Psychology,* 1964, *68,* 500–507.

bei ihren spektakulärsten Beispielen auf die leider gelegentlich gerechtfertigte Behauptung krasser Fehleinschätzungen von Probanden anhand der Ergebnisse eines einzigen Tests. Das Ziel dieser Angriffe ist meistens ein „Strohmann"; selbst in der Vergangenheit kam es selten vor, daß ein Psychologe einen Menschen aufgrund seines Abschneidens bei einem einzigen Test zu charakterisieren versuchte. Heute bedient sich das typische Verfahren, die sogenannte *Persönlichkeitsbeurteilung,* einer Batterie verschiedener Meßtechniken, statt sich für die Bewertung und Prognose der Persönlichkeit auf einen einzigen Test zu verlassen.

4.9 Persönlichkeitsbeurteilung und Prognose

Persönlichkeitsbeurteilung *(personality assessment)* ist ein Begriff, der jede Situation umfaßt, bei der eine Reihe verschiedener Persönlichkeitsmessungen an einem Probanden vorgenommen werden, die später zu einer umfassenden Persönlichkeitsbeschreibung oder einer Prognose über eine bestimmte Leistung zusammengefaßt werden.

Persönlichkeitsinventare, projektive Techniken, Situationstests und Bewertungsskalen – all dies wird für diesen Zweck eingesetzt. Und in der Regel wird jede wichtige Persönlichkeitsdimension nicht durch eine, sondern durch eine Kombination unterschiedlicher Techniken gemessen. Eine intensive Beurteilung kann auch die Sammlung verschiedener Daten über körperliche Merkmale, physiologische Funktionen, die Lebens- und Arbeitsgeschichte, die soziale Herkunft und ähnliches einschließen.

Diese Art der globalen Beurteilung findet in der amerikanischen Industrie zunehmend Verwendung und wird in einem sogenannten Beurteilungszentrum *(assessment center)* durchgeführt (Howard, 1974). In dem Zentrum arbeiten bestens ausgebildete Beurteiler jeweils einige Tage lang mit einer kleinen Gruppe von Kandidaten (die gewöhnlich bereits Mitarbeiter der betreffenden Firma sind und von ihren Vorgesetzten für höhere Positionen in Aussicht genommen wurden).

Die Kandidaten werden dort mit Hilfe unterschiedlichster Techniken beurteilt, wie standardisierte Tests, Managementspiele, Simulationen der

BOX 6/4

Die weisen Männer von China

Der erste bekannte Gebrauch von psychologischen Tests reicht bis in das Jahr 2000 v. Chr. in China zurück. Anders als spätere europäische Monarchen hatten die Kaiser von China keine erbliche herrschende Klasse, der das Amt des Regierens oblag. Es wurde deshalb ein umfangreiches System von Prüfungen für den öffentlichen Dienst geschaffen, das die Aufgabe hatte, Bewerber auszuwählen, die geeignet waren, Mandarine zu werden, d.h. öffentliche Ämter zu übernehmen. Die Examinierungen fanden in kleinen Privaträumen statt und wurden anonym ausgewertet, um die Parteilichkeit auszuschalten, die auftreten könnte, wenn der Beurteiler der Prüfung den Kandidaten gekannt hätte. Prüfungen wurden auf Gemeindeebene, Kreisebene und schließlich in Peking für diejenigen abgehalten, die die Vorprüfungen bestanden hatten.

Im 18. und 19. Jahrhundert lernten französische und britische Diplomaten das chinesische Prüfungssystem kennen und empfahlen seine Verwendung in ihren Ländern. Obwohl das Prüfungssystem in China etwa um 1900 abgeschafft wurde – weil es den klassischen Künsten wie der Dichtkunst und der Essayistik den Vorzug vor gegenwärtig nötigen Kenntnissen in Technik, Ingenieurwesen und Kommerz gab – diente es dennoch dem britischen Civil Service System und dem amerikanischen Civil Service Examination System als Vorbild.

P. Dubois: *A History of Psychological Testing.* Boston: Allyn and Bacon, 1970.

Arbeitssituation, Interviews, Gruppendiskussionen und ähnliches. Am Schluß sichten die Beurteiler die Leistungen jedes Kandidaten anhand des gesammelten Datenmaterials und schreiben einen Bericht, in dem sie auf seine Stärken und Schwächen in Hinblick auf den jeweiligen Beurteilungszweck hinweisen. Diese Programme haben sich als genügend erfolgreich erwiesen, um ihre weitere Verwendung als Personalbewertungstechnik trotz ihrer relativ hohen Kosten zu rechtfertigen.

Kritiker der Forschung, die sich mit den Beurteilungszentren befaßt, weisen darauf hin, daß man häufig mit einem Problem namens *Kriterienverschmelzung* konfrontiert ist. Das geschieht, wenn Kandidaten aufgrund der Aussagen eines Beurteilungszentrums befördert werden, und das Beurteilungszentrum dann validiert wird, *weil* die Kandidaten, die es empfiehlt, befördert werden! Natürlich wird kein Unternehmen ein solches Zentrum einrichten und es dann nicht zu Personalentscheidungen heranziehen; Kriterienverschmelzung ist daher ein echtes Problem. Eine andere Frage ist, ob eine Firma nicht vielleicht ein sehr eng begrenztes Bild von dem Mitarbeitertypus hat, den sie sucht, und daher die Beurteiler darauf trimmt, nur solche Bewerber auszuwählen, die diesem Stereotyp entsprechen. Ein solches Verfahren würde das Unternehmen mit der Art von Mitarbeitern versorgen, die es zu brauchen *glaubt,* während ihm gleichzeitig gute (oder sogar bessere) Kräfte entgehen, die nicht dieser Schablone entsprechen. Wie dem auch sei, die Beurteilungsmethode dürfte weiterhin Verwendung finden, und es läßt sich kaum bestreiten, daß sie fairer gegenüber Kandidaten ist als das Treffen von lebensbestimmenden Personalentscheidungen auf der Basis von ein oder zwei Tests sowie vielleicht einem Gespräch. Außerdem gibt es starke Anzeichen, daß diese Beurteilungszentren inzwischen einen gewissen Reifungsprozeß durchgemacht haben: auf einem internationalen Kongreß im Jahre 1979 ratifizierten Vertreter dieser Technik einen Katalog von technischen und ethischen Maßstäben, von dem sie sich künftig leiten lassen wollen (über eine frühe Form der Benutzung von Beurteilungen in der Vergabe von Stellen im öffentlichen Dienst lesen Sie in Box 6/4; in Box 6/5, S. 29, wird ein gewichtiger Einwand gegen die Verwendung von Persönlichkeitstests bei Einstellungen und Beförderungen analysiert).

4.10 Intuitive versus statistische Prognose

Es gibt zwei Hauptstrategien für die Umsetzung von Daten in explizite Voraussagen über einzelne Persönlichkeiten. Einerseits kann der Psychologe das gesamte Datenmaterial über eine Person studieren – Meßwerte, Testergebnisse, Interviewmaterial und so weiter – und aufgrund einer mehr oder weniger bewußten Anwendung seiner impliziten

BOX 6/5

Können Sie bei Persönlichkeitstests mogeln?

Vor vielen Jahren geriet einer der Herausgeber des Magazins *Fortune,* W. Whyte, über die Verwendung von Persönlichkeitstests für die Beförderung von Führungskräften in Zorn. Er hatte den Eindruck, daß die Tests uninteressanten, konformistischen, phantasielosen Leuten zum Aufstieg verhalfen, statt den außergewöhnlichen Persönlichkeiten, die das Management am dringendsten brauchte. *Fortune* testete eine Gruppe von 60 sehr erfolgreichen Topmanagern, was die Erkenntnis bewirkte, daß die Hälfte dieser Männer, wenn ihre Beförderung von Testergebnissen abgehangen hätte, nicht nur nicht befördert, sondern vielleicht auf die Straße gesetzt worden wäre, um sich nach einem neuen Job umzusehen. Als Ausdruck seiner Wut über den Mißbrauch von Tests stellte Whyte die folgende Liste von „Regeln" für die Schablone auf, in die Tester nach seiner Meinung die Kandidaten zu pressen suchten:

1. Wenn man Sie nach Wortassoziationen fragt oder Sie zu Kommentaren über die Welt auffordert, geben Sie die konventionellste, abgedroschenste, langweiligste Antwort, die Sie sich vorstellen können.
2. Falls Sie Zweifel haben, welches die günstigste Antwort auf eine Frage ist, denken Sie daran:
   Ich liebte meinen Vater und meine Mutter, aber meinen Vater ein bißchen mehr.
   Ich war ein glücklicher, normaler amerikanischer Junge, und alle hatten mich gern.
   Ich möchte, daß alles so bleibt wie es ist.
   Ich mache mir nie Sorgen über etwas.
   Ich liebe meine Frau und meine Kinder.
   Ich lasse mich von ihnen nicht von meiner Arbeit für die Firma abhalten.
   Ich mache mir nicht viel aus Büchern oder Musik.

Kritik dieser Art hat, da sie mehr als ein Körnchen Wahrheit enthält, die Industriepsychologen angespornt, sich vor der Tendenz zu hüten, konformistischen Bewerbern den Vorzug gegenüber kreativen und ungewöhnlichen Persönlichkeiten zu geben. Eine Studie von F. Carlton, die an einem Beurteilungszentrum der Firma SOHIO durchgeführt wurde, zeigte, daß bei einer Stichprobe positive Beurteilungen *negativ* mit Konformismus korrelierten. Eine bei IBM von W. Dodd und A. Kraut durchgeführte Untersuchung ergab, daß Vorgesetzte eher dazu neigten, Kandidaten zu nominieren, die konformistisch und abhängig waren. Es kann sein, daß Testverfahren, insbesondere der Art, die sich auf die verschiedensten Meßwerte (einschließlich Simulierungen der Arbeitssituation) stützen, die Tendenz von Vorgesetzten *korrigieren,* die dem Konformisten den Vorzug vor einem Mitarbeiter geben, der „Leben in den Laden bringt".

Sei es, daß die Beurteiler heute bloß eine andere Schablone benutzen, oder sei es, daß sie de facto besser qualifiziert sind, die besten Kandidaten für einen Job zu finden – es würde einem wahrscheinlich heute nicht mehr viel nutzen, sich an Whytes „Regeln" für das Schummeln bei Tests zu halten. Die Personaltestverfahren konzentrieren sich heute weit stärker auf die Fähigkeit, sich in einer spezifischen Arbeitssituation zu bewähren, als auf andere, allgemeinere Aspekte der Persönlichkeit.

W. Whyte: The fallacies of personality testing. *Fortune,* September 1954.

F. Carlton: Relationships between follow-up evaluations and information developed in a management assessment center. *APA Proceedings,* 1970.

W. Dodd u. A. Kraut: *The Prediction of Management Assessment Center Performance from Earlier Measures of Personality and Sales Training Performance. A Preliminary Report.* IBM Corporation, 1970.

und expliziten Persönlichkeitstheorien plus seiner eigenen Vorstellung davon, was beispielsweise einen guten Architekten ausmacht, intuitiv zu einer Voraussage gelangen. Im anderen Extremfall wird diese klinische Einsicht durch den Computer ersetzt. Statistische Analysen ermitteln die Gewichte, die jeder Maßzahl beizumessen sind, und das gewichtete Ergebnis führt zu einer „objektiven" Voraussage. Der Unterschied besteht nicht in der Art der verwendeten Daten, denn die intuitive Voraussage kann genau so Gebrauch von quantitativen Testergebnissen machen, wie man für statistische Prognosen höchst subjektive, wenn auch quantifizierte Beurteilungen benutzen kann.

Es geht darum, wie die Daten kombiniert werden, nicht wie sie erhoben werden, obwohl, wie wir gleich sehen werden, die Daten, die sich für jede der beiden Methoden als am nützlichsten erweisen, nicht identisch sind.

Die Lösung dieser Frage erscheint auf den ersten Blick als empirisches Problem. In zahllosen Untersuchungen wurden die intuitiven Fähigkeiten erfahrener Klinischer Psychologen statistischen Methoden gegenübergestellt, wobei sich beide derselben Informationen bedienten, um dasselbe Ergebnis vorauszusagen. Bei seiner Sichtung der Beweislage glaubt Gough (1962) eine Überlegenheit des statistischen Ansatzes zu erkennen. Er räumt jedoch ein, daß die beiden Ansätze nicht unter völlig vergleichbaren Bedingungen bewertet wurden.

Tatsächlich gibt es guten Grund für den Verdacht, daß diese vergleichenden Studien (unabsichtlich) zugunsten der statistischen Prognose gewichtet sind. Am häufigsten geschieht dies durch die Beschränkung von Prognose*informationen* auf das statistisch Handhabbare und auch durch die Wahl eines vereinfachten, quantifizierbaren Resultats für die Voraussage. Genau die Anhaltspunkte, die für die klinische Beurteilung von Vorteil sein könnten, sind zu subtil und schwer faßbar, um in die Konkurrenz einbezogen zu werden, und die Prognose von komplexen, widersprüchlichen und erratischen Verhaltensmerkmalen (die bei den meisten Menschen verbreitet sind) wird vermieden. Baughman (1972) kommt in einem ausgezeichneten Überblick über die Daten und Probleme bei dieser Kontroverse zu dem Schluß, daß ein valides (und damit faires) Urteil noch nicht möglich sei.

Der wesentliche Punkt in dieser Streitfrage ist jedoch nicht, wer „gewinnt", sondern wie die Voraussage verbessert werden kann. Prognosewettbewerbe sind nicht typisch für das Herangehen des Psychologen an das Problem der Voraussage. Er oder sie wird oft statistische Methoden heranziehen, um grobe Klassifizierungen vorzunehmen und sich dann auf die Intuition verlassen, um diese weiter zu verfeinern. So mag beispielsweise ein Bewerber für ein Architekturstudium, der bei einem Test von erwiesener prognostischer Validität schlecht abgeschnitten hat, von einer statistischen Prognosegleichung ausgeschlossen werden, es kann dann aber ein intuitives Urteil ins Spiel kommen, das die Entscheidung rückgängig macht. Vielleicht würde die endgültige Entscheidung von der offensichtlich hohen Motivation des Kandidaten für seine Weiterbildung und seine starke Identifizierung mit einem Verwandten, der auf diesem Gebiet Hervorragendes leistete, beeinflußt werden – Erwägungen, die kaum in die statistische Gleichung Eingang finden dürften.

Fest steht, daß die Kontroverse „Intuition kontra Statistik" noch nicht beigelegt ist; ja, daß sie sich auch auf Bereiche jenseits ausgesprochen psychologischer Probleme erstreckt. Elstein (1976) legte eine gründliche Analyse der neueren Befunde in dieser Frage vor, wobei er ihrer zunehmenden und potentiellen Relevanz für die medizinische Diagnostik besondere Beachtung schenkte. Einen Aspekt, den er hervorhebt – und dem wir zustimmen müssen – ist, daß hinsichtlich der Definition des Problems eine wachsende Konvergenz zwischen den beiden Lagern zu beobachten ist. Die Kontrahenten sind zu der Erkenntnis gekommen, daß ihre ursprünglich gegnerischen Positionen extrem waren und der Modifizierung bedürften. Ein Beispiel: Der Verfechter der „Statistik" beginnt weniger für die *Quantifizierung* als solche einzutreten und betont statt dessen die Notwendigkeit, Entscheidungskriterien, aus welche Quelle sie auch kommen mögen, *expliziter* zu machen.

Zweifellos werfen umfassende Beurteilungen der Persönlichkeit und Voraussagen aufgrund solcher Beurteilungen viele Fragen auf. Außer Zweifel steht, daß Verbesserungen noch möglich sind und daß die psychologische Forschung mit ihrem primären Streben nach einem größeren Verständnis der Persönlichkeit notwendigerweise eines Tages dem sekundären Ziel dienen wird, menschliches Verhalten – und ebenso das Zustandekommen anderer wichtiger menschlicher Entscheidungen – vorhersagen zu können.

Zusammenfassung

1. Es gibt zahlreiche Definitionen von *Persönlichkeit,* von denen jede unterschiedliche Betonungen auf verschiedene Facetten der Entwicklung eines Individuums legt.

2. Eine allgemein akzeptable Definition von Persönlichkeit ist schwer zu erreichen, wohl aber ist Übereinstimmung über bestimmte Aspekte der Persön-

lichkeit zu erzielen, die eine solche Definition berücksichtigen muß. Zu diesen Kriterien zählen *Vollständigkeit* (alle Aspekte des Individuums müssen erfaßt werden), *Veränderlichkeit* (trotz erblicher Einflüsse ist die Persönlichkeit ein sich ständig anpassendes Phänomen), *Struktur* und *Organisation* (die Persönlichkeit ist *kein* bloßes Agglomerat isolierter und leicht trennbarer Eigenschaften) und *Einzigartigkeit* (kein Individuum kann einem anderen völlig gleichen).

3. Die Persönlichkeit, wie immer man sie definiert, prägt allem ihren Stempel auf. Sie beeinflußt nicht nur, wie sich Menschen in zwischenmenschlichen Situationen verhalten und fühlen, sondern spiegelt sich auch im charakteristischen Stil eines Individuums in einem breiten Spektrum von Verhaltensweisen.

4. Es gibt keinen „besten" Weg, um ein bestimmtes Persönlichkeitsmerkmal zu messen. Die Wahl eines Meßinstruments hängt weitgehend von der Definition von Persönlichkeit ab, für die man sich entschieden hat.

5. *Ratings* (Bewertungen, Beurteilungen) sind einfach die Zuordnung eines numerischen Meßwerts, der angibt, wie man ein bestimmtes Persönlichkeitsmerkmal einer Vp aufgrund von Beobachtungen einschätzt. Ratings können in verschiedener Form ausgedrückt werden, einschließlich *Rating-Skalen,* Q-Sortierungen und Adjektiv-Prüflisten.

6. Es gibt zahlreiche Kriterien zur Bewertung der Validität von Ratings, und kein einzelnes gibt uns eine echte Garantie, daß die Ratings den Betreffenden wirklich beschreiben. Aus diesem Grund sollten, wann immer es möglich ist, mehrere Arten von Kriterien benutzt werden.

7. Datenquellen zur Beurteilung von Persönlichkeit sind unter anderem direkte Verhaltensbeobachtung in unterschiedlichen Situationen sowie Gespräche mit dem zu Beurteilenden. Der Betreffende kann auch Selbsteinschätzungen vornehmen.

8. Durch die Beantwortung eines Persönlichkeitsinventars kann ein Proband Informationen über sich liefern, die seine Einschätzung hinsichtlich einer großen Zahl von Persönlichkeitsmerkmalen gestattet. Es gibt zwei Hauptansätze für den Entwurf solcher Inventare: (1) Die *A-priori-Methode,* bei der die Items des Inventars in ziemlich unmittelbarem Zusammenhang mit den zu messenden Merkmalen stehen, und (2) die *empirische Methode,* bei der der Zusammenhang zwar statistisch nachweisbar, aber keinesfalls offensichtlich zu sein braucht.

9. Unterschiede in der Tendenz der Probanden, den Aussagen bzw. Fragen von Persönlichkeitsinventaren oder sozial wünschenswerten Aussagen zuzustimmen, können sich auf die Validität von Messungen auswirken. Solche Reaktionstendenzen sind allerdings selbst auch meßbar und insofern von Interesse für die Persönlichkeitsbeurteilung.

10. Wenn wir eine Vp berichten lassen, was sie in einem ambigen, vieldeutigen Reizmuster wie einem Tintenklecks wahrnimmt, können wir dadurch oft auf bestimmte zugrundeliegende Charakterzüge schließen. Solche *projektiven Techniken,* zu denen der Rorschach-Test und der Thematic Apperception Test zählen, bedürfen einer überaus kundigen Interpretation, wenn sie valide Meßwerte ergeben sollen.

11. Die Persönlichkeitsbeurteilung ist ein umfassendes Verfahren, bei dem verschiedenste Meßinstrumente eingesetzt werden und das Verhalten in unterschiedlichsten Situationen beobachtet wird. Diese Form der Beurteilung wird in zunehmendem Maß von Unternehmen für Personalentscheidungen benutzt.

12. Schlußfolgerungen über die Persönlichkeit können *intuitiv* anhand aller verfügbaren Beobachtungsdaten getroffen werden, oder diese Daten können statistisch kombiniert werden, so daß sie *quantitative Prognosen* ergeben. Obwohl das letztgenannte Verfahren häufiger valide zu sein scheint, steht ein fairer Vergleich zwischen den beiden Ansätzen noch aus.

2. Kapitel
Theorien der Persönlichkeit

Mit den Persönlichkeitstheorien kommen wir dem am nächsten, was die meisten Menschen für die „eigentliche“ Psychologie halten. Denn in dieser Domäne haben Psychologen ihre kühnsten Interpretationen der menschlichen Individualität – die charakteristische Art und Weise des einzelnen, sich an andere anzupassen und über sich selbst nachzudenken – entwickelt. Persönlichkeitstheoretiker leugnen nicht die Bedeutung physiologischer Anpassungsmechanismen, noch auch die Wichtigkeit anderer Gebiete wie Wahrnehmung, Konditionierung, Lernen und Problemlösen. Die Persönlichkeitstheoretiker geben jedoch einem ganzheitlichen Ansatz den Vorzug; ihr Ziel hat gewöhnlich darin bestanden, die *ganze* Person durch das Studium der eigenen Selbstwahrnehmungen und der Interaktionen mit anderen zu begreifen. Diese Forschungsrichtung wurde am nachhaltigsten von Sigmund Freud geprägt, dessen psychoanalytische Theorie die Persönlichkeitspsychologie seit nahezu einem Jahrhundert beherrscht. Selbst diejenigen zeitgenössischen Persönlichkeitstheorien, die sich am stärksten von der Psychoanalyse zu unterscheiden scheinen, sind von manchen der Freudschen Grundannahmen über die Persönlichkeit beeinflußt. Eine häufig wiederholte Behauptung lautet, daß unser befriedigendes Selbstbild im Laufe der Geschichte des menschlichen Denkens durch drei große geistige Revolutionen bedroht wurde. Das erste war die kopernikanische Revolution, bei der die Vorstellung von unserer Welt als physisches Zentrum des Universums durch die ökonomischere (d. h. einfachere) Theorie in Frage gestellt wurde, daß die Erde bloß einer von vielen Planeten sei, der selbst um die Sonne kreist. Später stellte der Darwinismus die herausgehobene Position des Menschen in der Ordnung aller Lebewesen in Frage und erklärte den *Homo sapiens* zu lediglich einem weiteren Produkt der natürlichen Selektion. Und in jüngster Zeit, weniger als ein halbes Jahrhundert nach Darwin, zog die Freudsche Revolution das menschliche Selbstverständnis als ein rationales, edel gesinntes, moralisches Geschöpf, dessen Verhalten von bewußten olympischen Idealen gesteuert ist, in Zweifel. Im ersten Abschnitt werden wir uns mit der Freudschen Revolution, Freuds Theorie der Persönlichkeit und auch mit einigen neueren Entwicklungen auseinandersetzen, die unsere grundlegenden Selbstkonzepte ins Wanken gebracht haben.

1 Psychoanalyse als Persönlichkeitstheorie

Die Ideen Sigmund Freuds, so wie sie um die Jahrhundertwende ursprünglich formuliert und dargeboten wurden, verletzten die bürgerliche (Doppel-)Moral. An gegenwärtigen Maßstäben gemessen war diese Epoche ein außergewöhnlich prüdes Zeitalter. Wohlerzogene, „anständige“ Menschen redeten nicht über Sex, zumindest nicht öffentlich (obwohl sie, soweit wir das beurteilen können, sexuell nicht weniger aktiv waren als wir und auch ziemlich in derselben Weise). Freuds Behauptung, daß selbst die angesehensten, sittenstrengsten und idealistischsten Menschen von

Abbildung 2: Sigmund Freud
UPI

unaussprechlichen sexuellen Bedürfnissen umgetrieben würden und daß bedeutende Werke der Kunst und Wissenschaft Ausdruck sexueller Neugier und Frustration seien – all dies war mehr als die damalige „gute" Gesellschaft ertragen konnte. Wenn die Auffassungen Doktor Freuds richtig seien, gaben Skeptiker zu bedenken, wie komme es dann, daß man selbst außerstande sei, in sich die tierischen Leidenschaften zu entdecken, von denen Freud so großes Aufheben mache. Freud antwortete mit einem direkten Gegenangriff: Die Menschen erkennen nicht, was ihr Verhalten steuert, weil das zu beunruhigend für sie wäre.

1.1 Unbewußte Motivation

Um zu erklären, wie es möglich ist, daß unerkannte sexuelle Triebe so wichtig sein können, postulierte Freud die Existenz eines *unbewußten* Seelenlebens, einer Welt von Trieben und Gedanken, die verborgen gehalten wird, um die Angst zu vermeiden, die man empfinden würde, wenn man ihnen gestattete, ins Bewußtsein zu dringen. Für die rationalen „Viktorianer" war Freuds Verweis auf das Unbewußte ein ebensogroßer Affront wie seine Betonung der Sexualität. Es spielte keine Rolle, daß Shakespeare schon lang vor ihm, im liberaleren Elisabethanischen Zeitalter, eindrucksvolle Beispiele dessen geliefert hatte, was Freud als *Verdrängung* bezeichnete (das Verbergen von unbewußtem Material vor sich selbst und vor anderen). Freuds Theorie erntete einen Sturm der Entrüstung, auch von seinen Fachkollegen.

Die Vorstellung der *unbewußten Motivation* als solcher, heute das am allgemeinsten anerkannte Element der Freudschen Theorie, wurde von manchen Philosophen als sich selbst widersprechend abgelehnt. Wie kann man Wünsche oder Begierden haben, deren man sich nicht bewußt ist? Freud erklärte die unbewußte Motivation durch den Vergleich mit der Ausführung einer posthypnotischen Suggestion (ein Phänomen, von dem er während seines Studiums in Frankreich Demonstrationen gesehen hatte). Der Hypnotiseur befiehlt beispielsweise einer weiblichen Vp, nach ihrem Erwachen aus der hypnotischen Trance einen Stuhl umzudrehen. Die Vp erinnert sich nicht daran, diese Anweisung erhalten zu haben, aber später, nachdem sie aus der Trance aufgeweckt wurde, zeigt sie Anzeichen von Unruhe und Erregung, als befinde sie sich in einem inneren Konflikt. Plötzlich geht sie hin und dreht den Stuhl um, wie ihr befohlen worden war. Wenn man sie auffordert, dieses bizarre Verhalten zu erklären, gibt die Vp irgendeinen halbwegs plausiblen Grund an wie „der Raum wirkt so langweilig, darum wollte ich etwas Abwechslung hereinbringen". Der Hypnotiseur weiß, die Zeugen wissen und in gewissem Sinn muß auch die Vp wissen, daß sie den Auftrag des Hypnotiseurs ausführte. Gleichzeitig erweckt die Vp jedoch den überzeugenden Eindruck, diesen wahren Grund nicht zu kennen. Freud versicherte, daß wir in unseren alltäglichen Reaktionen auf emotionale Situationen von solchen unerkannten (das heißt, *unbewußten*) Motiven angetrieben würden.

1.2 Struktur und Entwicklung der Persönlichkeit

Freud hatte eine Ausbildung als Neurophysiologe. Er verschrieb sich der Forschung und wurde ein entschiedener *Determinist* (d.h. er glaubte, daß alles einschließlich scheinbar zufälliger Versprecher eine Ursache habe): „Es muß einen Grund geben!" Obwohl er annahm, daß Persönlichkeit eines Tages in Begriffen der Biologie des Nervensystems erklärbar sein werde, gelangte Freud durch seine Studien bei dem berühmten französischen Arzt Charcot sowie durch seine eigenen Erfahrungen als praktizierender Neurologe (Facharzt für Erkrankungen des Nervensystems) zu der Überzeugung, daß verborgene sexuelle Bedürfnisse die Ursache der emotionalen Probleme seiner Patientinnen und Patienten bildeten. Diese Probleme, die als *Neurosen* bezeichnet wurden, waren nicht durch bekannte physiologische Ursachen erklärbar. Er glaubte deshalb, daß es notwendig sei, eine *psychologische* Theorie der Persönlichkeit zu entwickeln.

1.3 Es, Ich und Über-Ich

Ein grundlegendes Element der in der Entwicklung befindlichen Persönlichkeit ist nach Freud das *Es*. Das Es wird als der primitive Teil der Persönlichkeit angesehen, aus dem die beiden anderen Dimensionen hervorgehen. Freud sah im Es auch ein Reservoir psychischer Energie, der sogenannten *Libido,* die sexuellen Charakter hat (obwohl er in seinem späteren Denken zunehmend aggressive und selbstzerstörerische Motive hervorhob). Das Es ist natürlich ein rein hypothetisches Konzept, das vielleicht von der 2300 Jahre alten platonischen Metapher des wilden Pferdes abgeleitet ist, das den Wagenlenker an den Rand des Abgrunds zieht: Das Es will sofortige Befriedigung, die augenblickliche Erfüllung seiner Bedürfnisse. Freud bezeichnete dies als das *Lustprinzip,* das er als die Motivation definierte, sich ohne Rücksicht auf die Folgen Lust zu verschaffen und Schmerz zu vermeiden.

Wie wundervoll wäre die Welt, wenn wir alle unsere simpelsten Wünsche erfüllen könnten, ohne andere zu verletzen oder zu beleidigen und ohne in Schwierigkeiten zu kommen! Aber das ist unmöglich, und in dieser Unmöglichkeit sah Freud die Tragödie der Zivilisation – wenn auch eine notwendige Tragödie, denn um zu überleben, müssen wir der ungezügelten Wildheit des Es Grenzen setzen.

Die Wertbegriffe der Gesellschaft, die in einem anderen Aspekt der Persönlichkeit, dem *Über-Ich,* verkörpert sind, ziehen uns oft in andere Richtungen als das Es, wie wenn das eine Pferd eines Gespannes in eine andere Richtung zöge als das andere. Nur bestimmte Formen sexuellen oder aggressiven Verhaltens sind in der menschlichen Gesellschaft gestattet. Das Über-Ich wird durch moralische Vorschriften geprägt, vielleicht durch unsere Eltern, die uns mit Liebesentzug drohten, so daß wir Angst oder zumindest Schuldgefühle empfinden, sooft wir gegen bestimmte moralische Gebote verstoßen. Der Philosoph Bertrand Russell bezeichnete das schuldige Gewissen als „diese leise kleine Stimme in uns, die wispert und uns sagt ..., daß uns jemand zuschaut". Dies könnte als eine teilweise Erklärung der Art und Weise, wie das Über-Ich funktioniert, betrachtet werden. Aber das Über-Ich repräsentiert auch unser Streben nach einem Ideal, das von unserer *Identifizierung* mit einem Elternteil (gewöhnlich des gleichen Geschlechts) zeugt; das heißt, das Über-Ich repräsentiert unsere *Introjektion* sozialer Werte, ihre Verinnerlichung und Verschmelzung mit unserer eigenen Persönlichkeit.

Wenn wir uns das Es als das ungebärdige Pferd vorstellen, das uns zum Ruin drängt, und das Über-Ich als das gezähmte Pferd, das auf dem geraden und engen Pfad bleibt, was ist es dann, das gezogen wird? Die Antwort Freuds: Das *Ich* oder Selbst, wie wir uns normalerweise selbst sehen. Dies ist der Teil unserer Persönlichkeit, der durchaus akzeptabel ist, denn unser Ich scheint unser Eigeninteresse in rationaler Weise zu verfolgen. So wie der Wagenlenker versucht das Ich die beiden Rösser zu lenken und unter Kontrolle zu halten. Es verhält sich entsprechend dem *Realitätsprinzip,* das heißt, es berücksichtigt auch die Folgen. Einerseits muß es die katastrophalen Konsequenzen vermeiden, die sich eröffnen, wenn es dem Es die Zügel schießen läßt; andererseits muß es sich vor einer von Schuldgefühlen zernagten Existenz hüten, in die es von einem allzu mächtigen Über-Ich gezogen werden könnte. Manche „Egos" (oder Ichs) zerbrechen unter der Belastung, aber in der Regel kann das Ich die konkurrierenden Kräfte weitgehend miteinander versöhnen, so daß die Persönlichkeit als ein halbwegs gut integriertes Ganzes funktioniert.

Man sollte nicht vergessen, daß diese Akteure im großen Drama des Lebens – das Es, das Über-Ich und das Ich – für Freud nur metaphorische Charakterisierungen waren, die ihm dazu dienten, die Beschaffenheit der menschlichen Anpassungsprobleme zu veranschaulichen. Freud vertrat die Hypothese, daß sich die Persönlichkeit entwickelt, indem sie eine Reihe potentiell belastender Episoden oder Perioden durchmacht, die er als die *psychosexuellen Entwicklungsstadien* bezeichnete. Von besonderem Interesse ist die psychoanalytische (d.h. Freudsche) Auffassung davon, wie die Persönlichkeit in einem dieser Stadien *fixiert* werden kann (quasi darin steckenbleibt), was zu charakteristischen Formen persönlicher Fehlanpassung führt. Dieser Aspekt seiner Theorie hat in Amerika die nachhaltigsten Auswirkungen auf die Kindererziehung gehabt.

1.4 Die kindliche Sexualität

Freud behauptete, daß schon der Säugling etwas erlebe, das mit sexueller Befriedigung verwandt sei und daß selbst die Nahrungsaufnahme beim Stillen sexuelle Konnotationen habe. Wenn ihm die lustbetonte Stimulierung des Mundes vorenthalten werde (wie beispielsweise bei einer zu plötzlichen oder erschreckenden Entwöhnung von Brust oder Flasche) kann die Persönlichkeit des Kindes in der *oralen Phase* fixiert werden. In einem solchen Fall erfolgt die Freisetzung sexueller oder aggressiver Energien durch Betätigungen des Mundes. Es sei darauf hingewiesen, daß diese Manifestationen gewöhnlich nicht übermäßig sexuellen Charakter haben. Als Erwachsene fahren solche oral fixierten Personen fort, sich ihre primären Gratifikationen oral zu verschaffen – durch Neigung zu exzessivem Reden, Rauchen, vielleicht (wie im Falle des „oral Aggressiven") durch eine aggressive, alles zerpflückende Redeweise, mit der Diskussionspartner in Stücke gerissen werden oder vielleicht (wie im Fall des „oral Passiven") durch Manifestation extremer Passivität, wie der Mann, der von der Arbeit nach Hause kommt, sich in einen Sessel fallen läßt und darauf wartet, daß ihm seine Frau sein Bier bringt, wie er als Säugling darauf wartete, daß die Mutter mit der Flasche kommt. Man beachte, daß Freud *nicht* behauptete, jeder Mensch, der zu früh entwöhnt wurde, werde zu einer oralen Persönlichkeit, sondern nur, daß solche Personen in der psychoanalytischen Therapie oft Erinnerungen an angstmachende oder frustrierende Erlebnisse in dieser frühesten Phase der psychosexuellen Entwicklung (das heißt, während des ersten Lebensjahres) berichten.

Nach diesem frühesten Stadium treten die meisten Kinder in die *anale Phase* ein, die für das zweite Lebensjahr charakteristisch ist und in der sie mit den Problemen der Reinlichkeitserziehung konfrontiert sind. „Anale Charaktere" – Menschen, die vielleicht aufgrund übertriebener elterlicher Reinlichkeitsbemühungen in diesem Stadium fixiert wurden – können entweder geizig („anal einbehaltend") oder extravagant („anal ausstoßend") sein. Im letztgenannten Fall werfen sie mit ihrem Geld um sich, so wie sie als Zweijährige mit ihren Fäzes gern überall ihre Markierungen hinterlassen hätten. Der Abscheu, den Eltern äußerten, wenn sie ihr Kind beim Spiel mit seinen Exkrementen überraschten, ist ein möglicher Ursprung für das *Trauma* (schädigendes, erschreckendes Erlebnis), von dem man annimmt, daß es manche Kinder in diesem Stadium fixiert. Sauberkeits- und Ordnungsfanatiker (z. B. Frauen, die nicht zu Bett gehen können, wenn auch nur ein einziger schmutziger Löffel im Spülbecken zurückbleibt) sind ebenfalls dieser Art von Fixierung verdächtig, hinter der sich vielleicht der tiefsitzende Wunsch verbirgt, eine „Sauerei" anzurichten.

In der nächsten, der *phallischen Phase*, wendet sich das Interesse des Kindes seinen eigenen Sexualorganen zu. In der ödipalen Situation (die Freud nach dem mythologischen griechischen König Ödipus so benannte, der mit seiner eigenen Mutter koitierte), strebt das männliche Kind nach dem Alleinbesitz seiner Mutter, wobei es seinen Vater als furchterregendes Hindernis erlebt. Diese Kulmination der kindlichen Sexualität bezeichnet man als *Ödipus-Komplex*. Männer können in diesem Stadium fixiert werden, vielleicht infolge einer tatsächlichen Kastrationsdrohung (oder durch irrtümliches Schließen auf eine solche Gefahr aufgrund beobachteter anatomischer Unterschiede zwischen Mann und Frau). Freud nahm an, daß Frauen eine analoge Phase durchmachen, beherrscht vom *Elektra-Komplex* (dem genauen Gegenstück des Ödipus-Komplexes), in der das kleine Mädchen mit seiner Mutter um die Zuneigung seines Vaters rivalisiert. Während des phallischen Stadiums versetzen sich die Kinder in phantasierte Rollen von Vater oder Mutter, aus denen sie primäre Identifizierungen beziehen, die wichtige Aspekte der erwachsenen Persönlichkeit darstellen.

Nach einer Latenzperiode, in der die Kinder, wie man annimmt, weniger von ihrem eigenen Körper in Anspruch genommen sind (eine Annahme, die durch den 1947 erschienenen Kinsey-Report über das Sexualverhalten der Männer in Frage gestellt wurde), treten die meisten Menschen (in oder nach der Pubertät) in das *genitale Stadium* ein, in dem sie erstmals in den vollen Genuß der Erwachsenensexualität kommen.

1.5 Verdrängung und andere Abwehrmechanismen

Wie kommt es, daß wir uns normalerweise nicht erinnern können, diese Phasen durchgemacht zu haben oder in einer dieser Phasen traumatisiert oder fixiert worden zu sein (wenn dies tatsächlich der Fall wäre)?

Freud zufolge – und dies ist die Quintessenz seiner Neurosentheorie – ist die Unfähigkeit, sich an traumatisierende Ereignisse in der Frühentwicklung zu erinnern oder sich zu seinen eigenen geheimen Wünschen in der Gegenwart zu bekennen, auf einen aktiven Vorgang des Selbstschutzes zurückzuführen, den er als *Verdrängung* bezeichnete. Verdrängung *(repression)* ist zu unterscheiden von Unterdrückung *(suppression):* Wenn wir uns dabei ertappen, daß wir uns an eine peinliche Szene erinnern, die wir erlebt haben, und dann bewußt versuchen, sie aus unseren Gedanken zu verbannen, indem wir an etwas anderes denken, dann *unterdrücken* wir diese Erinnerungen. Im Falle der Verdrängung ist das Material, das wir aus unserem psychischen Bewußtsein wegschieben, dagegen so beunruhigend und angstauslösend, daß wir es nicht einmal ertragen, es zu erkennen. Nach Freuds Auffassung ist Verdrängung das schwächende Charakteristikum der Neurose – schwächend, weil es so viel von unserer psychischen Energie aufzehrt, die in produktiverer oder befriedigenderer Weise genutzt werden könnte. Verdrängung funktioniert nie vollständig, vielleicht, weil ein Teil der Angst erlebt werden muß, bevor die Verdrängungsmechanismen ins Spiel kommen. Jeder der anderen Abwehrmechanismen, mit denen wir uns beschäftigen werden, funktioniert so weitgehend in derselben Weise wie die Verdrängung, daß es schwerfällt, die letztgenannte bloß als einen weiteren Abwehrmechanismus zu betrachten.

Der Begriff *Verschiebung* bezieht sich auf die systematische Verlagerung einer Quelle der Befriedigung von ihrem ursprünglichen Objekt auf ein ungefährlicheres, weniger angstauslösendes Objekt. Aggression wird häufig nicht gegen die Person oder Institution gerichtet, die einen frustriert, sondern statt dessen auf ein schwächeres Ersatzobjekt. Wenn eine Mutter beispielsweise ihrer Tochter verbietet, im Schmutz zu spielen, kann sie danach ihr kleines Mädchen dabei beobachten, wie es seine Puppe schilt. Das Kind benutzt seine Mutter als Vorbild, aber es läßt auch an der Puppe einen Teil der Wut aus, die es gegenüber seiner Mutter nicht wagt, auszudrücken (oder auch nur bewußt zu erleben).

Verschiebung muß sich nicht immer auf Aggression beziehen. Es gibt ein altes englisches Lied, das mit den Worten beginnt:

„I want a girl just like the girl that married dear old Dad."

Dies hat vielleicht eine noch stärkere Freudsche Konnotation als das vorhergehende Beispiel. (Unser erstes Beispiel stammt aus der Freudschen Analphase, das zweite aus der phallischen – in diesem Fall ödipalen – Phase der psychosexuellen Entwicklung.) Nach der Freudschen Interpretation hat die Bindung des Liedermachers seiner Mutter gegolten, und er hängt wahrscheinlich immer noch übermäßig an ihr; aber indem er ein anderes Objekt für seine Zuneigung findet, das dem verbotenen inzestuösen Objekt gleicht, kann er seine Libido in eine ungefährlichere und erfüllendere Richtung umleiten.

Verschiebung kann auch in Kategorien von *Annäherungs- und Vermeidungsgradienten* analysiert werden (s. 5. Bd., 1. Kap.): Im obigen Beispiel löst das ursprüngliche Zielobjekt zuviel Angst aus. Die Annäherung hält deshalb bei einem anderen attraktiven Objekt, das psychologisch weit genug entfernt ist, so daß der Vermeidungsgradient nicht stärker ist als der Annäherungsgradient.

Eine später zu den Abwehrmechanismen hinzugezählte Verdrängungsart ist die *Rationalisierung*. In den vorangegangenen Bänden über Wahrnehmung und Denken wurde das adaptive Streben der Individuen hervorgehoben, ihren Erfahrungswelten Sinn zu verleihen. Menschen suchen Erklärungen nicht nur für äußere Phänomene, sondern auch für ihre eigenen Verhaltensweisen und Gefühle. Die kognitiven Prozesse, die an der Erarbeitung solcher Erklärungen beteiligt sind, bleiben den verzerrenden Einflüssen emotionaler und motivationaler Faktoren unterworfen. Die Individuen neigen deshalb dazu, ihre Verhaltensweisen und Gefühle in Konfliktsituationen in einer Weise zu erklären, die geeignet ist, ihre Selbstachtung zu erhalten und Angst zu vermeiden. Eine solche kognitive Anpassung an Konflikte wird als Rationalisierung bezeichnet.

Rationalisierung kann viele Formen annehmen. In Fällen von persönlichem Versagen oder von Verstößen gegen moralische Prinzipien finden Menschen falsche, aber plausible Gründe zur Rechtfertigung ihres Betragens. Wenn eine Studentin einen Test nicht besteht, „weil die Fragen unfair sind", dann braucht sie keine Gewissensbisse zu haben, daß sie nicht gelernt hat. Wer bei der Einkommensteuer schwindelt, entschuldigt sich mit der Begründung, daß „die Regierung eine ineffiziente Bürokratie ist, die das hart verdiente Geld der Steuerzahler verschwendet – und außerdem tut es jeder". Der frustrierte Fuchs in der Parabel von den „sauren Trauben" hat viele menschliche Entsprechungen: Der Mann, der erklärt, daß der Job, aus dem er gefeuert wurde, ohnehin nichts taugte, oder daß die Frau, die ihn

BOX 6/6

Die gute Seite der Abwehrmechanismen

Abwehrmechanismen sind nicht alle schlecht, oder zumindest haben sie positive Aspekte, die vernachlässigt wurden und die, wenn man sie einer theoretischen Prüfung unterzieht, wichtige adaptive Eigenschaften aufweisen. So argumentiert der Psychologe N. Haan, der eine Neudefinition häufig benutzter Mechanismen entwickelt hat, die jedem defensiven Mechanismus ein positives Bewältigungsverhalten gegenüberstellt. Der entscheidende Punkt bei dieser Formulierung ist nicht, daß die Mechanismen der Anpassung dienen; es ist bereits vollkommen klar, daß sie das insofern tun, als sie den Betreffenden vor dem Schmerz erlebter Angst bewahren, wenn auch um den Preis einer zumindest leichten Realitätsverzerrung (die die Anpassung wiederum erschwert). Haan vertritt vielmehr die Auffassung, daß solche Mechanismen einen wirksamen und angemessenen Umgang mit der Realität *ohne eine solche Verzerrung* erleichtern können. Obwohl es beispielsweise ein Zeichen von Abwehr ist, die eigenen, persönlich inakzeptablen Impulse jemand anderem zuzuschreiben (Projektion), ist es nützlich und realistisch und dient daher der Konfliktbewältigung, sich bewußtzumachen, was der andere tatsächlich fühlt (Empathie). Projektion kann somit als fehlgeleitete Empathie verstanden werden; diese beiden Phänomene stellen die zwei Seiten einer Medaille dar, d. h. eines psychologischen Prozesses, der in diesem Fall als *Sensitivität gegenüber anderen* bezeichnet werden kann.

Die Unterscheidung zwischen den Bewältigungs- und Abwehrpolen eines solchen Prozesses kann anhand einer Reihe von Kriterien getroffen werden. In Tabelle A sind die entsprechenden Unterscheidungsmerkmale zusammengefaßt.

In Tabelle B sind die Bewältigungsgegenstükke von zwei der im Text erörterten Abwehrmechanismen zu finden (es empfiehlt sich, deren Definitionen jetzt noch einmal nachzulesen) zusammen mit dem allgemeinen psychologischen Prozeß, mit dem sie einhergehen (siehe erste Spalte). Haans Schema ist noch reichhaltiger und umfaßt alle bekannten Abwehrmechanismen.

Die Gemeinsamkeiten, die jeden Bewältigungsmechanismus von seinem Abwehrpendant unterscheiden, sind sein größerer Respekt für die

Tabelle A

Kennzeichen der Bewältigungsmechanismen	Kennzeichen der Abwehrmechanismen
Bei dem Verhalten wird eine Wahl getroffen; es handelt sich somit um flexibles, zielgerichtetes Verhalten. Es sind autonom sich ergebende Verhaltensweisen.	Das Verhalten ist zwanghaft, rigide, kanalisiert, vielleicht konditioniert.
Das Verhalten ist auf die Zukunft bezogen und berücksichtigt die Bedürfnisse der Gegenwart.	Das Verhalten wird von der Vergangenheit „geschoben".
Das Verhalten ist an den realen Erfordernissen der gegenwärtigen Situation orientiert.	Das Verhalten verzerrt im Grund die gegenwärtige Situation.
Das Verhalten orientiert sich an der Notwendigkeit des Organismus, das Erleben beunruhigender Affekte zu bemessen.	Das Verhalten geht von der Annahme aus, daß es möglich sei, beunruhigende Affekte auf magische Weise zu beseitigen.
Das Verhalten gestattet Formen der Impulsbefriedigung in offener, geordneter und gemäßigter Weise.	Das Verhalten gestattet Impulsbefriedigung unter Vorwänden.

Tabelle B

Prozeß	Abwehr-mechanismus	Bewältigungs-mechanismus
Impuls-zügelung	Verdrängung	Unterdrückung (*bewußtes* und *zeitweiliges* Ausschalten angstauslösender Erlebnisse aus dem Bewußtsein)
Impuls-ablenkung	Verschiebung	Sublimierung (Finden sozial akzeptabler Möglichkeiten zur Äußerung ursprünglicher Impulse)

Realität und seine bewußte (im Gegensatz zur unbewußten) Kontrolle über das Verhalten, wodurch dieses nach Wunsch umkehrbar wird. Diese Neuformulierung verspricht, fruchtbar zu werden. Mehrere Forscher haben bereits über ganz unterschiedliche Faktoren berichtet, die mit Tendenzen verknüpft sind, die Bewältigungs- oder Abwehraspekte mehrerer dieser Prozesse zu benutzen. In einer solchen Studie stellte H. Alker Beziehungen zwischen Sensitivität (Empathie im Gegensatz zu Projektion) und den Einstellungen von Studenten gegenüber dem Kolonialismus fest. Dazu zählte die tendenzielle Verknüpfung einer *extrem* antikolonialistischen Einstellung mit der Neigung zu Projektionen. Dies ist ziemlich weit von der Alltagsproblematik der Konfliktbewältigung und Abwehr entfernt und aus eben diesem Grund um so interessanter.

N. Haan: A tripartite model of ego functioning values and clinical and research applications. *Journal of Nervous and Mental Desease*, 1969, *148*, 14–30. Copyright 1969 by The William & Wilkins Company.

H. Alker: A quasi-paranoid feature of students' extreme attitudes against colonialism. *Behavioral Science*, 1971, *16*, 218–227.

abwies, eine schlechte Ehefrau gewesen wäre. Dieselbe Funktion wie die Saure-Trauben-Reaktion erfüllt das „Süße-Zitrone"-Phänomen: Leute, die in unangenehme Situationen gedrängt werden, rationalisieren, daß sie in Wirklichkeit ihre neue Stelle oder ihre neuen Freunde sehr schätzen.

Rationalisierungen bestehen gewöhnlich aus einem komplexen Geflecht von Erklärungen, nicht aus einer einzigen, und dieses Netzwerk trägt dazu bei, sie gegen Angriffe abzusichern. Der Rationalisierer verfügt über eine gestaffelte Abwehr. Wenn eine Rationalisierung zusammenbricht, hat er noch andere in Reserve. Jemand, der beschuldigt wird, einen geliehenen Kochtopf in beschädigtem Zustand zurückgegeben zu haben, versichert, daß er sich den Topf nie ausgeliehen habe, daß er ihn in tadellosem Zustand zurückgegeben habe und daß der Topf außerdem das Loch schon gehabt habe.

In milder Form können Rationalisierungen die nützliche Funktion haben, das Individuum vor Angst zu schützen und ihm gleichzeitig zu gestatten, in der angstauslösenden Situation zu bleiben, in der er schließlich eine adaptive Lösung finden mag (s. Box 6/6). In extremer Form führen Rationalisierungen jedoch häufig zu noch schlimmeren Zusammenbrüchen der Anpassung. Der Betreffende verstrickt sich so in ein Netz wahnhafter Selbstrechtfertigungen, daß er unfähig wird, Probleme realistisch anzupacken.

Der menschliche Geist scheint ferner unter gewissen Umständen fähig, zwei logisch unvereinbare Konzepte nebeneinander zu unterhalten, ohne sich der offenkundigen Diskrepanz bewußt zu sein. Dieses Phänomen voneinander abgeschotteter Bereiche ist eine Form der *Isolierung*. Dieser Mechanismus isoliert einen Bereich psychischer Inhalte von anderen Bereichen dergestalt, daß die normalen Interaktionen zwischen den Bereichen reduziert werden und Konflikte deshalb gelöst werden können.

Ein bizarres Beispiel solcher voneinander abgeschotteter Bewußtseinsbereiche ist in dem denunzierenden Brief eines empörten Gegners von Tierversuchen an einen Psychiater zu finden, der seine Experimente mit Elektroschocks an Tieren beschrieben hatte:

„Es überrascht mich, daß ein so gebildeter Mensch wie Sie es sein müssen ... sich zu einer solchen Niedrigkeit herbeiläßt, hilflose Kätzchen zu foltern, um ein Heilmittel für Alkoholiker zu finden ... Warum ... foltern sie nicht statt dessen die Trinker? Wenn diese Leute Schwächlinge sind, ist die Welt besser dran, ohne sie ... Mein größter Wunsch ist, daß man Sie einer Folter unterzieht, die tausendmal schlimmer ist als das, was sie den kleinen Tieren antun ... Ich bin froh, daß ich bloß ein gewöhnlicher Mensch bin ... mit einem reinen Gewissen, da ich noch keinem Lebewesen wehgetan habe" (Masserman, 1946).

Die Isolierung zwischen der Verteufelung von Quälerei und dem Eintreten dafür bewahrt diesen Gegner von Tierversuchen vor inneren Konflikten.

Eine verbreitete Form der Isolierung ist die extreme *Intellektualisierung,* zu der manche Menschen im Umgang mit den verschiedensten Problemen tendieren. Indem sie sich auf die intellektuellen Aspekte eines Problems beschränken, können sich die Betreffenden vor den Ängsten schützen, welche von den emotionalen Aspekten ausgehen könnten. Ein Chemiker, der sich mit der Entwicklung von wirksamerem Napalm beschäftigt, wird sich beispielsweise vielleicht weigern, an den Tod und das Leiden zu denken, das durch dessen Einsatz verursacht wird.

Ein anderes Mittel zur Abwehr von Angst, die durch Versagen oder Schuld entsteht, ist die *Projektion* der Schuld auf jemand anderen. Jemand, der sich seiner eigenen feindlichen Impulse nicht bewußt ist, aber sie bei *anderen* wahrnimmt – und anderen unterstellt, *ihn* zu hassen und zu verfolgen – projiziert ebenfalls.

Die Richtung der Projektion ist keine zufällige; vielmehr tendiert sie zu Objekten, deren wahrgenommene Eigenschaften sich am besten eignen, das verschobene Material aufzunehmen. Frenkel-Brunswik und Sanford (1945) kamen beispielsweise zu dem Ergebnis, daß extrem rigide und auf konventionelle Moral bedachte Studentinnen, die außerstande sind, sich zu ihren eigenen „verdammenswerten" sexuellen Impulsen zu bekennen, dazu neigen, diese auf bestimmte „minderwertige" Minoritäten zu projizieren. Das heißt, sie bezichtigen andere, ihre Sexualität in hemmungsloser (und vielleicht beneidenswerter) Weise auszuleben. Diese Projektion kann dem Zweck gedient haben, das Selbstkonzept der Studentinnen von ihrer höheren „Reinheit" aufrechtzuerhalten.

Die Verdrängung starker angstauslösender Impulse wird oft auch von einer gegenläufigen Tendenz begleitet, die den verdrängten Tendenzen genau entgegengesetzt ist: Man bezeichnet das als *Reaktionsbildung.* Jemand kann beispielsweise zu einem fanatischen Bekämpfer von Lasterhaftigkeit werden, weil dieses (für ihn) sündige Verhalten einen unbewußten Reiz für ihn hat. Diese Impulse hat er vielleicht verdrängt und bekämpft schließlich genau die Laster, nach denen er sich, ohne es zu wissen, sehnt. In ähnlicher Weise kann sich hinter den extremen Manifestationen der Sorge einer Mutter um ihr Kind eine (verdrängte) Feindseligkeit gegenüber dem Kind verbergen; extreme Höflichkeit gegenüber einem Menschen kann in Wirklichkeit geheime Verachtung bedeuten, und hinter einem betont forschen Auftreten kann sich Furcht verbergen.

Reaktionsbildung kann verhindern, daß sich der Betreffende in einer Weise verhält, die im Grunde Angst auslösen würde, und sie kann häufig verhüten, daß sich der Betreffende in einer antisozialen Weise benimmt. Auf der anderen Seite hat die Reaktionsbildung aufgrund der irrationalen Intensität der Reaktion häufig auch gefährliche soziale Konsequenzen.

Wenn man nur etwas über das Phänomen der Reaktionsbildung weiß, gerät man leicht in Versuchung, eine überaus skeptische Einstellung gegenüber den menschlichen Motiven zu entwickeln. Wenn die Dinge manchmal genau das Gegenteil dessen bedeuten können, was sie an der Oberfläche scheinen, wie kann man dann die wahre Motivation in jedem einzelnen Fall herausfinden? Die Antwort lautet, daß von der Reaktionsbildung wie von jedem anderen Abwehrmechanismus angenommen wird, daß sie sich nur unter ziemlich speziellen Umständen ereignet. Die meisten eifrigen Reformatoren sind keine geheimen Sünder; die meisten besorgten Mütter hegen keinen Haß gegen ihre Kinder. Einen Unterschied wird man wahrscheinlich im Grad der offenkundigen Übertriebenheit des jeweiligen Verhaltens finden. Aber trotz Shakespeare („The lady doth protest too much, methinks") ist auch die Intensität des Verhaltens kein hundertprozentiger Beweis einer Reaktionsbildung. Wir sollten viel über den Betreffenden und alle Begleitumstände wissen, bevor wir intensives Gefühl oder Verhalten als Reaktionsbildung interpretieren.

Kritiker der Auffassungen Freuds haben manchmal die Reaktionsbildung als den speziellen Abwehrmechanismus herausgehoben, der es unmöglich mache, Freuds Theorie der Verdrängung zu überprüfen. Denn wenn sich ein bestimmtes Motiv manchmal als sein genaues Gegenteil

BOX 6/7

„Geräucherter Lachs ist das Lieblingsgericht meiner Freundin!"

In seiner „Traumdeutung" schildert Freud die Analyse eines Traums, den ihm eine seiner Patientinnen erzählt hatte. Die Patientin sagte zunächst: „Sie sagen immer, daß ein Traum eine Wunscherfüllung bedeute. Jetzt werde ich Ihnen einen Traum erzählen, in dem genau das Gegenteil passierte, in dem ich gehindert wurde, meinen Wunsch zu erfüllen." Freud antwortet, daß erst die Analyse die Bedeutung des Traums enthüllen könne (denn die verschiedenen Elemente eines Traums verhüllen manchmal die unbewußten Wünsche, die sie repräsentieren). In diesem Traum hatte die Patientin ein Abendessen mit geräuchertem Lachs geben wollen. Es war jedoch Sonntag und die Geschäfte waren alle geschlossen. Deshalb mußte sie auf ihren Wunsch verzichten, das Essen zu geben.

In ihren freien Assoziationen über die verschiedenen Elemente des Traums kam heraus, daß der Ehemann der Patientin beschlossen hatte, abzunehmen, indem er keine Einladungen zum Abendessen mehr akzeptierte. Aber in einem anderen Zusammenhang hatte er bemerkt, daß sich Künstler häufig für das gerundete Hinterteil junger Frauen interessierten. Die Patientin gab zu, auf eine Freundin eifersüchtig zu sein, die sehr schlank war. Zum Glück ziehe ihr Mann üppigere Figuren vor.

Freud verband diese „Schnipsel" miteinander und offerierte ihr eine vorläufige Analyse:

„Es ist, als hätten Sie sich selbst gesagt: ‚Man wird üppiger, wenn man am Tisch anderer Leute ißt. Ich würde natürlich die Figur meiner Freundin noch verbessern helfen, indem ich sie an meiner Tafel mäste, so daß sie meinem Mann noch besser gefällt. Da gebe ich lieber gar keine Abendessen mehr.'"

Die Patientin konnte natürlich diese Deutung leugnen – wie das Patienten so oft tun. Welchen Beweis gab es, daß sie ihren Traum als Frustration eines Wunsches verkleiden mußte, um den Gedanken, daß sie ihrer Freundin übelwollte, für sich selbst akzeptabler zu machen? Psychoanalytische Deutungen werden mit Hilfe – und idealerweise mit Zustimmung – des Patienten vorgenommen. Als Freud die Patientin nach dem geräucherten Lachs fragte, fühlte sie sich gezwungen zu gestehen: „Geräucherter Lachs ist das Lieblingsgericht meiner Freundin!"

Dieses Ineinandergreifen verschiedenster Informationsschnipsel war es, was Freud und all jene, die sich seither von der Psychoanalyse angezogen fühlten, überzeugte. Bloßer Zufall? Manche dieser Zufälle können verblüffende Beispiele jenes von Freud behaupteten *psychischen Determinismus* sein, der davon ausgeht, daß alles eine Ursache habe, selbst Versprecher oder Verballhornungen von Namen.

S. Freud: The Interpretation of Dreams. Aus: A. A. Brill (Hrsg.): *The Basic Writings of Sigmund Freud.* New York: Random House 1938.

manifestieren kann, wie können wir dann je sicher sein, welches der beiden das *wirkliche* ist? Damit erhebt sich die Frage der Beweise. Welche Beweise gibt es für die psychoanalytische Persönlichkeitstheorie oder irgendeine spezielle psychoanalytische Interpretation?

1.6 Die analytischen Methoden

Die psychoanalytischen Erkenntnisquellen über die Beschaffenheit der individuellen Persönlichkeit erfordern die Analyse von Millionen Worten, die der Patient gegenüber dem Therapeuten äußert (im Falle Freuds handelte es sich dabei weitgehend um Selbstanalyse, denn Freud war sein eigener wichtigster Patient). Eines der Hauptinstrumente der psychoanalytischen Methode ist das *freie Assoziieren.* Der Patient wird aufgefordert, sich zu entspannen, aus seiner psychischen Deckung zu gehen und dem Therapeuten alles zu sagen, was ihm in den Sinn kommt. Das freie Assoziieren wird am häufigsten nach dem Bericht eines Traumes aus der vergangenen Nacht praktiziert. Der Patient kann aufgefordert werden, zu den verschiedenen Elementen des Traums (wie der geräucherte Lachs in dem Traum, über den in Box 6/7 berichtet wird) frei zu assoziieren. Obwohl diese freien Assoziationen oft wirr erscheinen, kann der Analytiker mit Hilfe des Patienten Ordnung in das scheinbare Chaos bringen.

Die Methode Freuds besteht somit aus Abstraktion von freien Assoziationen, Berichten über Träume, Übertragungsverhalten während der analytischen Sitzungen (wenn sich der Patient unpassenderweise gegenüber dem Therapeuten genau so verhält, wie er sich früher gegenüber seinen eigenen Eltern benahm) und sogar aus der Analyse von Schriften und Kunstwerken nicht mehr lebender Personen. Die ursprünglichen Ideen scheinen aus solchen Analysen der ersten eigenen Patienten Freuds und insbesondere von ihm selbst zu stammen. Sobald die Ideen jedoch formuliert worden waren (vorwiegend in den neunziger Jahren des 19. Jahrhunderts), dienten sie ihrerseits als Richtlinie für die Analyse neuer Patienten, für die Diagnose ihrer Persönlichkeitsstrukturen und den Versuch, durch Aufdeckung des verdrängten Materials eine Veränderung zu bewirken.

1.7 Der Einfluß der Psychoanalyse

Möglicherweise übte die Psychoanalyse mit dieser Auffassung, daß die Freisetzung verdrängten Materials wohltuende Wirkungen haben kann, ihre stärkste Wirkung aus. Wie später dargestellt wird (s. 5. Kap.), benutzen selbst Psychotherapien, die sich nicht zu Freud bekennen, oft Methoden, die den Zweck haben, aufgestaute Emotionen freizusetzen und unbewußte Motivationen zu enthüllen. Allgemeiner gesprochen wird von vielen die Auffassung geteilt, daß die Äußerung von Gefühlen gut für die Psyche (wenn nicht für die Seele) sei. Aber es scheint wichtig, sich klarzumachen, daß diese Auffassung, so populär sie auch sein mag, eher den Status einer Arbeitshypothese als eines gut dokumentierten, wissenschaftlichen Gesetzes hat.

Die psychoanalytische Theorie der Persönlichkeit übte auch einen enormen Einfluß auf die Kindererziehung und das Bildungswesen aus. Die Besorgnis, daß die Traumatisierung von Kindern diese in infantilen Stadien der psychosexuellen Entwicklung fixieren könnte, hat die Autorität der Eltern offensichtlich auf eine Weise geschwächt, die Freud selbst mißbilligt hätte (paradoxerweise erscheint Freud aus der Sicht unserer heutigen „frei denkenden“ Gesellschaft, die so tief durch seine Ideen beeinflußt wurde, manchmal als autoritär und sogar prüde).

Es hat inzwischen den Anschein, daß der Einfluß Freuds auf dem Umweg über *andere* psychologische Ansätze viel größer ist als durch das unmittelbare Festhalten an seiner eigenen Persönlichkeitstheorie. In der akademischen Psychologie besteht eine verbreitete Skepsis hinsichtlich der *Überprüfbarkeit* seiner Theorien (kann man sich ein Verfahren vorstellen, mit dem zu beweisen wäre, daß sie falsch ist?). Der Philosoph Sidney Hook (1959) schrieb, daß er zwanzig Jahre lang Psychoanalytiker gefragt habe, wie sie feststellen könnten, daß jemand *keinen* Ödipuskomplex habe (wenn ein Mann erklärt, er liebe seine Mutter, dann macht er sich verdächtig. Wenn er andererseits behauptet, seine Mutter zu hassen oder selbst wenn er angibt, sich nicht viel aus ihr zu machen, dann verdrängt er vielleicht bloß die wahre, aber unbewußte Natur seiner sexuellen Bindung an sie). Ebenso wie die Soziobiologie (s. 1. Bd., 4, Kap.) hat die Psychoanalyse ungeheuren Anklang gefunden, weil sie so viel zu erklären schien. Die offenkundige Unmöglichkeit, Freuds Theorie zu testen, hat zu der Kritik geführt, daß sie, gerade weil sie zuviel „erkläre“, vielleicht nicht genug erklärt.

2 Andere tiefenpsychologische Theorien

Man sollte nicht glauben, daß Freuds Konfrontation mit dem überzogenen viktorianischen Rationalismus ausschließlich auf Ablehnung stieß. In Wien bildete sich um Freud rasch ein Kreis gleichgesinnter Analytiker. Obwohl Freud eindeutig die führende Rolle zufiel, leisteten verschiedene dieser Schüler bedeutsame und bleibende eigene Beiträge. Jeder von ihnen schien Schwierigkeiten mit dem Meister zu haben, und die unvermeidlichen Trennungen erfolgten nicht immer in freundschaftlicher Weise. Vielleicht der bedeutendste der ursprünglichen Rivalen Freuds war Carl G. Jung.

Neben Alfred Adler, der ebenfalls eine eigene Schule gründete, gab es eine Reihe von „Dissidenten“: Harry Stack Sullivan, Otto Rank, Paul Federn, Wilhelm Stekel u. a. Später wandelte sich die Psychoanalyse zu einer „Neoanalyse“ mit neuen Richtungen wie z. B. der „Ich-Analyse“ (H. Hartmann) oder der „Chicagoer-Schule“ (H. Kohut).

2.1 Die analytische Psychologie Jungs

In der Frühzeit der psychoanalytischen Bewegung war Carl Gustav Jung ein enger Mitarbeiter Freuds und dessen designierter Nachfolger. Jung war in der Tat der erste Präsident der Internationalen Psychoanalytischen Gesellschaft, eine Stellung, die er niederlegte, als ihn persönliche und theoretische Differenzen veranlaßten, mit Freud zu brechen, um seine eigene Spielart einer psychodynamischen Theorie zu entwickeln, die er als „analytische Psychologie" bezeichnete. Dennoch weist die Jungsche Theorie bestimmte Ähnlichkeiten mit den Konzeptionen Freuds auf.

In seiner Jugend hatte Jung vorgehabt, Philosophie und Archäologie zu studieren. Sein Umsatteln auf die Medizin und Naturwissenschaft war angeblich durch einen Traum beeinflußt. Es wird noch deutlich werden, daß solche überaus persönlichen Reaktionen einen wichtigen Aspekt von Jungs Persönlichkeitstheorie bilden, in der Träume, Mythen und spirituelle Aspekte der Kultur eine wichtige Rolle spielen. Ein bedeutendes Element des Jungschen Ansatzes bildet die Selbstverwirklichung, das angeborene Streben des Menschen nach Identität und Ganzheit.

2.2 Persönlichkeitsstruktur

Die Gesamtpersönlichkeit wird in der Theorie Jungs als *Psyche* bezeichnet und setzt sich aus mehreren, völlig getrennten, aber interagierenden Systemen zusammen. Ähnlich wie in der Freudschen Theorie ist das Ich die überwiegend bewußte Dimension der Persönlichkeit und besteht aus all den Wahrnehmungen, Gedanken, Erinnerungen und Gefühlen, die dem Individuum zur Verfügung stehen; das Ich hilft dem oder der Betreffenden, im täglichen Leben zu funktionieren, und gibt ihm oder ihr auch ein Gefühl der Identität und Kontinuität.

Neben den bewußten Prozessen nimmt Jung das Vorhandensein unbewußter Vorgänge an, die in Konflikt mit dem bewußten Ich stehen. Es gibt zwei unterscheidbare Sphären unbewußter Prozesse. Die eine, das persönliche Unbewußte, besteht aus den Erfahrungen und Gedanken, die, obwohl sie einmal bewußt waren, der Wahrnehmung nicht mehr zugänglich sind, wenn sie auch unter bestimmten Umständen wieder bewußt werden können. (Dieses Konzept Jungs von einem persönlichen Unbewußten gleicht in vieler Hinsicht dem Unbewußten Freuds.)

Im Gegensatz dazu spiegelt das *kollektive Unbewußte* nicht die *individuelle Geschichte* und Erfahrung, sondern die akkumulierten Erfahrungen der *Spezies. Jedes Individuum verfügt über ein Reservoir der akkumulierten Kultur der Menschheit, die diese in der gesamten evolutionären Entwicklung erworben hat.* Diese Idee eines kollektiven Unbewußten ist der einzigartige und vielleicht umstrittenste Aspekt der Jungschen Theorie. Jung zufolge ist es universell vorhanden und durch die Bereitschaft aller Menschen, sich in ähnlichen Situationen ähnlich zu verhalten, nachgewiesen. Die Inhalte des kollektiven Unbewußten sind im Gegensatz zu denen des persönlichen Unbewußten dem bewußten Denken *nie* direkt zugänglich, obwohl sie sich auf das Verhalten auswirken.

2.3 Archetypen

Wichtige Bestandteile des kollektiven Unbewußten sind die *Archetypen.* Ein Archetypus ist eine emotionsbefrachtete, universelle Idee oder Vorstellung. Ein Beispiel ist das archetypische Bild der Mutter, das von allen geteilt wird und das die gesamte Kulturgeschichte dieser Rolle in sich trägt. Dieser Archetypus kann sich von der tatsächlichen persönlichen Wahrnehmung, den Erinnerungen und dem unbewußten Bild des einzelnen von seiner eigenen Mutter unterscheiden. Kunst, Mythen, Träume, Visionen und Halluzinationen enthalten viele archetypische Bilder und sind unsere wichtigste Informationsquelle über diese Urbilder.

Ein anderes Beispiel: *Anima* und *Animus* beziehen sich auf die Elemente des anderen Geschlechts, die jede/jeder von uns in sich trägt. Der weibliche Archetypus der Männer ist die Anima; der männliche Archetypus der Frauen ist der Animus. Der Jungschen Theorie zufolge haben sich diese Elemente aus unseren Erfahrungen als Spezies mit Angehörigen des jeweils anderen Geschlechts entwickelt, und der voll integrierte Erwachsene akzeptiert und benutzt seinen andersgeschlechtlichen Anteil, statt dessen Existenz zu leugnen. In einem sehr realen Sinn ist dies die eigentliche Botschaft mancher Sprecherinnen der Frauenbewegung – daß sowohl Männer als auch Frauen erfüllter und tatkräftiger sein werden, daß sie fähiger sein werden, einander wirklich nahezukommen, wenn beide das andersgeschlechtliche Erbe in sich selbst erkennen.

Es gibt viele andere Archetypen nach der Jungschen Theorie, aber die erwähnten sollten ausreichen, um einen wichtigen Unterschied in den Auffassungen Freuds und Jungs zu beleuchten. Während die *individuelle* Geschichte ein zentraler Teil der Freudschen Theorie und die Quintessenz seiner analytischen Methode und Interpretation ist, bildet sie für Jung ein weitaus weniger wichtiges Element als der Inhalt des *kollektiven* Unbewußten. Wo Freud nach dem persönlichen Drama suchen würde, würde Jung archetypische Bedeutungen herauslesen. Ein weiterer wichtiger Unterschied zwischen Freud und Jung ist, daß Freud Sexualität und biologische Imperative im Lustprinzip, dem Es und der Libido verkörpert sieht, während Jung biologischen Kräften geringe Bedeutung beimißt und statt dessen von rein mentalistischen, ja spirituellen Ursachen ausgeht. Beispielsweise kann für Jung die bewußte Wahrnehmung (das Ich), die eine Frau von ihrer sexuellen Identität hat, zu dem kollektiven, unbewußten Archetypus ihres Animus in Widerspruch stehen. Der Konflikt spielt sich hier zwischen Aspekten der Psyche ab und besteht nicht aus biologischen Impulsen, die nach Äußerung drängen.

2.4 Dynamik der Persönlichkeit

Über die Persönlichkeitssysteme hinaus vertrat Jung die Auffassung, daß der einzelne von zwei grundlegenden Orientierungen oder Haltungen bestimmt werde: Die Orientierung auf die äußere, objektive Welt bezeichnete er als *Extraversion,* die Orientierung auf die innere, subjektive Welt als *Introversion.* Obwohl jedes Individuum etwas von beiden Haltungen hat, dominiert gewöhnlich die eine oder andere im Bewußtsein und verbindet sich mit vier grundlegenden Funktionen der Persönlichkeit, woraus sich ein Klassifizierungssystem ergibt. Alle Funktionen sind in jedem Individuum vorhanden; aber es gibt auch hier wieder Unterschiede in dem Grad, in dem sie das bewußte Denken beherrschen oder in das Unbewußte verwiesen werden und nur in Träumen und in der Phantasie wieder auftauchen. Er unterscheidet folgende vier Funktionen:

Denken – das konzeptionelle und intellektuelle Erfassen des Selbst und der Welt.
Fühlen – die Reaktion eines Individuums auf andere Menschen, Situationen oder Objekte in Form von Lust, Schmerz, Wut, Furcht und anderen Emotionen.
Empfinden – die Wahrnehmung der Realität oder die psychische Repräsentation von Realität.
Intuition – die unbewußte Wahrnehmung des unterschwelligen Wesenskerns der Realität.

Das Ziel des personalen Selbst ist Jung zufolge die Herstellung einer Balance zwischen diesen Funktionen, obgleich eine solche Balance nie vollkommen gelingen kann. Im Grunde stellt dieser Ansatz ein geschlossenes System dar; seine primäre Antriebskraft ist psychische Energie, die nach zwei Grundprinzipien funktioniert: Äquivalenz und Entropie. Das Prinzip der Äquivalenz ist die Erhaltung von Energie: Wenn sich die Investition von Energie in einem Element der Persönlichkeit erhöht, muß sie in einem anderen Element abnehmen. Vom Ich abgezogene Energie wird deshalb in einem anderen Bereich wie dem persönlichen oder kollektiven Unbewußten reinvestiert werden. Das Prinzip der Entropie ist ein Prinzip der Homöostase bzw. des Gleichgewichts: Wird das Ich zu irgendeinem Zeitpunkt mit mehr Energie ausgestattet als das persönliche Unbewußte, dann entsteht eine spontane Verlagerung dieser psychischen Energieverteilung, um die Niveauunterschiede wieder auszugleichen. Diese beiden Energieprinzipien sind es, die die Psyche in der Jungschen Theorie im Konflikt halten und für Persönlichkeitsveränderungen verantwortlich sind.

Während Freud die frühen Stadien der Entwicklung hervorhob, maß Jung der letzten Lebenshälfte, in der eine Entwicklung zur Vollständigkeit und zum personalen Selbst erfolgt, relativ größere Bedeutung bei. Die Erfahrungen der frühesten Entwicklungsperiode können zwar das Individuum daran hindern, sein persönliches Selbst zu erlangen, es reicht jedoch nach der Auffassung Jungs nicht aus, auf die Ursachen dieser Blockierung zurückzublicken; es ist auch notwendig, sich darauf zu konzentrieren, was die einzelne Persönlichkeit *jetzt* zu erreichen versucht – ihren Handlungsplan für die Zukunft.

Jungs System ist ziemlich komplex und schwierig zusammenzufassen; diese kurze Erörterung sollte nicht mehr als einen Eindruck davon geben. Aber wir können sehen, daß beträchtliche Aufmerksamkeit der Philosophie, der Mythologie und der Kultur gewidmet wird und daß die Theorie weniger stark in den medizinischen und biologischen Wissenschaften wurzelt als die Freuds. Die eigentliche Hauptantriebskraft ist das Streben des Individuums nach Selbstverwirklichung und Integration. Obzwar Erfahrungen das Wachstum behindern können, ist das Jungsche Modell eindeutiger auf eine Theorie der optimalen Persönlichkeitsentwicklung hin orientiert als die Freudsche Theorie (die sich eher auf die Punkte konzentriert, an denen die Entwicklung fehlgeschlagen ist und zu Pathologie geführt hat).

Das Unbewußte ist in der Jungschen Theorie natürlich von zentraler Bedeutung. Aber es ist nicht ein Unbewußtes von Impulsen, die schließlich unter Kontrolle gebracht werden müssen. Es ist vielmehr das kollektive Unbewußte, das die Quelle von Rohmaterial ist, welches (obwohl es nie wirklich bewußt gemacht wird) in die Gesamtpersönlichkeit integriert werden muß. Während Jung der Biologie relativ gleichgültig gegenübersteht, nimmt er an, daß die Geschichte der Spezies von primärer Bedeutung für die Entstehung der Inhalte des kollektiven Unbewußten ist. Wie diese Bilder und Archetypen im einzelnen übermittelt werden, ist nicht klar. Aber die Mythologie, die Religion und das Okkulte, so versichert er uns, würden uns helfen, die universellen Urbilder und Archetypen zu verstehen.

Obwohl Wachstumsbedürfnisse, Persönlichkeitsstruktur und dynamische Prinzipien bei allen Menschen vorhanden seien, wird den einzigartigen Erfahrungen des Individuums von universellen Phänomenen beträchtliche Aufmerksamkeit gewidmet. Die Untersuchung des Traums, der Imagination und der kreativen Erfahrungen eines Menschen ist ein Mittel, um zu verstehen, wie der Betreffende seine individuellen und kollektiven Erfahrungen integriert. Jung und Freud repräsentieren zwei deutlich unterscheidbare Richtungen innerhalb des weiten Rahmens psychodynamischer Persönlichkeitstheorien.

In diesem Kontext ist das Urteil von Hall und Lindzey (1970) über Jung und seinen Platz in den heutigen Kontroversen wert, wörtlich zitiert zu werden:

„Alles in allem genommen behauptet sich Jungs Persönlichkeitstheorie, so wie sie in seinen zahllosen Schriften entwickelt und auf eine breite Skala menschlicher Phänomene angewandt wurde, als eine der bemerkenswertesten Leistungen des modernen Denkens. Die Originalität und Kühnheit des Jungschen Denkens haben wenige Parallelen in der neueren Wissenschaftsgeschichte, und kein anderer Mensch neben Freud hat uns mehr konzeptionelle Fenster zu dem eröffnet, was Jung als ‚die Seele des Menschen' bezeichnen würde."

2.5 Die Individualpsychologie Adlers

Alfred Adler begann als einer der ersten Schüler Freuds; ebenso wie Jung lehnte er jedoch schließlich Freuds Betonung der Sexualität, insbesondere im Kindesalter, ab. Konzentrierte sich Freud auf die innerpsychischen Konflikte, so Adler auf die anderen, zwischenmenschlichen. Den Namen Individualpsychologie wählte er wegen seiner Grundannahme einer einheitlichen (d. h. unteilbaren oder individuellen) „Bewegungslinie, in der sich die soziale Aktivität einer Persönlichkeit darstellen und empfinden läßt" (Adler, 1930). Diese zielstrebige innere Ausrichtung auf die Umwelt belegt er mit verschiedenen Bezeichnungen, wie „Schema des Lebens", „Leitlinie", „Lebensplan" usw.; diese Grundausrichtung entwickelt sich nach Adler aus zwei Tendenzen:

„Über dieser tiefsten Bewegungslinie des Individuums, von der das Menschenkind manches weiß, deren grundlegende Bedeutung es immer verkennt, baut sich die ganze seelische Struktur auf. Alles Wollen, der ganze Kreis der Gedanken, des Interesses, Assoziationsverlauf, Hoffnungen, Erwartungen und Befürchtungen laufen im Geleise dieser Dynamik. Aus ihr und zu ihrem Schutze stammen Weltanschauung, Antrieb oder Bremsvorrichtungen, und jedes Erlebnis wird so weit gedreht und gewendet, bis es zugunsten des eigentlichen Persönlichkeitskernes, jener kindlichen Bewegungslinie, seinen Nutzeffekt abgegeben hat.

Unsere Individualpsychologie hat aber auch den Nachweis erbracht, daß die Bewegungslinie des menschlichen Strebens zunächst einer Mischung von Gemeinschaftsgefühl und Streben nach persönlicher Überlegenheit entspringt. Beide Grundfaktoren zeigen sich als soziale Gebilde, der erste als angeboren, die menschliche Gemeinschaft festigend, der zweite als anerzogen, als naheliegende allgemeine Verführung, die unablässig die Gemeinschaft zum eigenen Prestige auszubeuten trachtet."

Die Richtungen, die beim Streben nach Überlegenheit eingeschlagen werden, haben oft den Charakter der „Kompensation“, wie Adler es nannte, die man als einen weiteren Abwehrmechanismus bezeichnen könnte. Adler zufolge wird sich jeder Mensch in den Anfangsstadien seines Lebens irgendeiner inneren Schwäche oder eines Mangels bewußt (schon allein die zwangsläufige Unterlegenheit jedes Kindes gegenüber dem Erwachsenen gewährleistet die Universalität einer solchen Erfahrung). Die Wahrnehmung dieser Unzulänglichkeit oder Minderwertigkeit weckt Bestrebungen, diesen Mangel zu überwinden oder zu kompensieren. Paradoxerweise, aber vorhersehbar, zeichnet sich der oder die Betreffende zuletzt gerade auf dem Gebiet aus, auf dem er oder sie die größten Mängel aufwies – das schwer sprachbehinderte Kind ringt verbissen darum, diesen Mangel zu überwinden und wird schließlich zu dem eloquenten Redner Demosthenes. Kompensatorische Neigungen können auch indirekte Formen annehmen – das körperlich behinderte Kind kann sich auf intellektuellem Gebiet auszeichnen; das unhübsche Mädchen kann zur erfolgreichen Karrierefrau werden.

Die Persönlichkeitsentwicklung verläuft nach dieser Auffassung als kontinuierlicher Prozeß der Reaktion auf eine reale oder eingebildete Unterlegenheit; mit anderen Worten als Antwort auf ein Minderwertigkeitsgefühl. Und da diese Unterlegenheit in so vielen Bereichen auftreten kann und jeder Mensch in der einen oder anderen Form Erfahrungen damit macht, nehmen die Kompensationsbemühungen kein Ende. Adler betrachtet das Stadium der Kindheit als besonders wichtig, nicht (wie in der Freudschen Theorie) wegen des Drucks der kindlichen Sexualität, sondern weil die unvermeidliche Schwäche eines Kindes in einer Welt von Erwachsenen zwangsläufig das Bestreben zur Folge hat, diese Defizite zu überwinden. Minderwertigkeitsgefühle sind somit wesentliche Voraussetzungen des psychischen Wachstums. Nur wenn zu der Unterlegenheit extreme Belastungen hinzukommen oder wenn die gemachten Anstrengungen wiederholt fehlschlagen, kann sich ein *Minderwertigkeitskomplex* daraus entwickeln, mit all seinen schädlichen Folgen für die weitere Anpassung.

Adler legt großen Wert auf die Einzigartigkeit jeder Persönlichkeit, die sich in der speziellen Richtung ihres Strebens nach Überlegenheit zeigt, die das Individuum eingeschlagen hat. Diese Grundrichtung wird in der Regel schon in der Kindheit festgelegt, und zwar als Folge der spezifischen Mängel, die das Kind an sich wahrgenommen hat, und seiner speziellen Methoden, mit ihnen fertigzuwerden. Und diese Grundrichtung leitet das gesamte Verhalten und bringt die Ziele, Interessen und Wertvorstellungen hervor, die das Individuum in einzigartiger Weise kennzeichnen.

Die Wege zur Vollkommenheit weichen von Mensch zu Mensch stark voneinander ab. Der eine sucht die Vollkommenheit in umfassenden Kenntnissen auf einem bestimmten wissenschaftlichen Gebiet; der andere in religiöser Offenbarung. Oder die Vollkommenheit wird in künstlerischer Hervorbringung, in sportlichen Leistungen oder in der Erziehung von Kindern gesucht. Was für ein Individuum das Ziel der Vollkommenheit ist, mag anderen Menschen alles andere als vollkommen erscheinen – ein Hitler, der die Herrschaft über eine Herrenrasse anstrebt, ein Psychotiker, der davon besessen ist, den vollkommenen Mord zu begehen. Aber trotz solcher destruktiven Tendenzen meinte Adler, daß das Streben nach Überlegenheit unter optimalen Entwicklungsbedingungen sozial konstruktive Formen annehme, die mit kooperativen Beziehungen zum Menschen, Identifizierungen mit der Gruppe und dem Bemühen zusammenhängen, die ideale Gesellschaft zu schaffen.

2.6 Die Neopsychoanalyse

Die Adlersche Betonung zwischenmenschlicher und gesellschaftlicher Faktoren wurde als radikale Kritik am orthodoxen Freudschen Denken und als Abweichung von diesem angesehen. Adlers Werk bahnte den Weg für die sogenannte Neopsychoanalyse (oder Neoanalyse), die ebenso wie Adler die ständige Suche nach emotionaler Sicherheit in zwischenmenschlichen Beziehungen beginnend mit der Familie hervorhebt. Karen Horney, Erich Fromm, Harald Schultz-Hencke, Harry Stack Sullivan, Viktor Frankl und Heinz Kohut zählen zu den prominentesten Vertretern dieser Richtung, indem sie bereit waren, in einigen Punkten von grundlegenden Konzeptionen Freuds abzuweichen. Erik Erikson vollzog eine ähnliche Neuorientierung des Denkens, obwohl er weitgehend innerhalb des von Freud abgesteckten Rahmens blieb (Box 6/8, S. 50).

Jede dieser verschiedenen Persönlichkeitstheorien wird immer noch mit Interesse studiert. Man kann jedoch mit einigem Recht sagen, daß weder Freud noch die Neoanalytiker heute in Amerika die Popularität genießen, die sie vor zwanzig oder dreißig Jahren hatten. Der Interessenumschwung ist leichter zu beschreiben als zu erklären. Der phänomenologische Ansatz (der am Ende dieses Kapitels dargestellt werden wird), verschaffte sich inzwischen Geltung, der einerseits eine Revolte gegen das psychoanalytische Denken darstellt und andererseits gegen die Versuche, Persönlichkeit in die mechanistischen Elemente des Behaviorismus zu zerlegen. Auf dem Gebiet der Psychiatrie und im medizinischen Bereich ist nunmehr ein großes Interesse an den chemischen Vorgängen im Gehirn, der Rolle der Neurotransmitter und an der Möglichkeit chemischer Erklärungen psychischer Zustände wie Schizophrenie und manisch-depressiver Psychose vorhanden. Außerdem war in der breiteren Öffentlichkeit eine Abkehr vom wissenschaftlichen Denken zu beobachten. Obwohl die Psychoanalyse in ihren Grundkonzepten oft metaphorisch war, blieb Freud dem wissenschaftlichen Denken verpflichtet, und sein Ziel war eine Theorie, die die Zusammenhänge wissenschaftlich erklären konnte. In Amerika ist in den vergangenen zwanzig Jahren auch unter manchen Studenten eine Ablehnung wissenschaftlicher Erklärungsversuche der Persönlichkeit zu beobachten gewesen. Von den tiefenpsychologischen Theorien scheint die Jungs gegenwärtig das größte Interesse zu erwecken – vielleicht, weil sie dem Hang zum Mystizismus besonders entgegenkommt. Bei einer Bewertung des Einflusses psychoanalytischen Denkens sollten wir jedoch nicht die vielfältigen Weisen übersehen, in denen Freudsche Vorstellungen unsere Deutungen menschlicher Motivation in Alltagssituationen durchdrungen haben.

Ein Großteil der akademischen Psychologen ist nach wie vor skeptisch in bezug auf den wissenschaftlichen Status der Psychoanalyse als einer Theorie der Persönlichkeit. Psychologen, die mit den Grundprinzipien der Konditionierung vertraut sind, haben eine stärker behavioristisch ausgerichtete Theorie der Persönlichkeit gefordert, in der die in den Labors der Experimentalpsychologie gewonnenen Erkenntnisse über das menschliche Verhalten einen direkteren Niederschlag finden. Mit diesem Ansatz wollen wir uns jetzt beschäftigen.

3 Behavioristische und neobehavioristische Ansätze

In der Tradition von Watson und Skinner wurden die Theorien Freuds, Jungs und der verschiedenen Neoanalytiker alle als zu *mentalistisch* betrachtet, um unkritisch akzeptiert zu werden. Für einen Behavioristen ist die Persönlichkeit einfach ein Ensemble von *Reaktionsdispositionen,* d.h. von Tendenzen, unter bestimmten physischen Bedingungen in bestimmter Weise zu reagieren. Aus dieser Sicht reduziert sich der von Adler beschriebene Minderwertigkeitskomplex auf eine Tendenz, schlecht von sich selbst zu sprechen bzw. so zu handeln, als seien andere besser als man selbst. Wie jede Gewohnheit ist auch die, schlecht von sich zu sprechen, eine Reaktion, die durch Verstärkung auf verschiedene Reize konditioniert wurde. Manche Kinder lernen, der Bestrafung zu entgehen, indem sie sich selbst demütigen, zuerst vor ihren Eltern, später vor Lehrern und schließlich vor allen Inhabern von Machtpositionen.

Für Skinner ist das Problem der Persönlichkeitsanpassung primär ein technologisches – die Entwicklung eines Systems sozialer Verstärker, die diejenigen Reaktionen festigen, die zu günstigen Folgen führen. Dies scheint nur weitere Fragen herauszufordern, da es voraussetzt, daß wir bereits wissen, welche Folgen günstig sind. Skinner glaubt, daß wir bereits so weit sind (s. Box 3/10) oder daß zumindest eine allgemeine Übereinstimmung über die Arten von Verhalten besteht, die gefördert werden sollten.

Forscher, die innerhalb des psychoanalytischen Rahmens arbeiten, leugnen gewöhnlich, daß die Persönlichkeit auf einen Katalog spezifischer Gewohnheiten reduziert werden könne. Freuds Genius veranlaßte ihn, die verborgenen Tiefen der Persönlichkeit hervorzuheben. Der Ödipuskomplex war nicht einfach als eine Reihe übermäßig gefühlsbetonter Gewohnheiten in Gegenwart der Mutter und eine Reihe übertrieben rivalisierender Gewohnheiten in Gegenwart des Vaters konzipiert. Für Freud waren die verschiedenen Weisen, wie sich der Ödipuskomplex im manifesten Verhalten zeigen konnte, lediglich *Symptome* eines tiefersitzenden Problems. Obwohl Freud den medizinischen Begriff *Symptom* benutzte, gelang es ihm nicht, eine physische Basis oder Ursache für das Symptom zu identifizieren. Seine Behauptung

BOX 6/8

Erikson und psychosoziale Krisen

Freuds Hervorhebung der beherrschenden Rolle physiologischer Triebe wurde erstmals durch Alfred Adler in Frage gestellt, der Freud vorwarf, interpersonale und soziale Faktoren in der Persönlichkeitsentwicklung nicht hinreichend zu berücksichtigen. Karen Horney, Erich Fromm und Harry Stack Sullivan sind namhafte Vertreter der Wissenschaftler, die diese Richtung weiterverfolgten und dabei bereit waren, von einigen Grundkonzeptionen Freuds abzuweichen. Erik Erikson, der selbst Psychoanalytiker war, hat dagegen für die traditionelle psychoanalytische Theorie einen ähnlichen „Sozialisationsprozeß" vollbracht, ohne dabei den Freudschen Bezugsrahmen zu verlassen.

Laut Erikson macht das Individuum im Verlauf seiner Entwicklung in jedem Stadium eine für dieses typische psychosoziale Krise durch. Sie ist *psychosozial,* weil die Gesellschaft in dem Bestreben, das Individuum auf seinem Weg durch diese Stadien zu formen und zu sozialisieren, gesellschaftliche Institutionen entwickelt hat. Im ersten Stadium ist das Kind beispielsweise völlig abhängig von der sozialen Institution, die gewöhnlich von der Mutter repräsentiert wird. Freuds orale Phase stellt somit neben der Suche nach unmittelbarer oraler Befriedigung eine psychosoziale Krise dar, in der das Kind mit der Problematik von Vertrauen oder Mißtrauen insbesondere in bezug auf seine Mutter konfrontiert ist. Bei der Lösung dieser Frage entstehen bleibende Haltungen etwa in Hinblick auf das Gefühl, daß die Welt ein sicherer, Geborgenheit bietender Ort ist, die Fähigkeit, anderen ungehemmt Zuneigung zu schenken usw.

Nach Eriksons Schema gibt es acht solche psychosoziale Krisen, von denen jede ihre eigene Kernproblematik hat und die sich durch ein ganzes Menschenleben bis in das hohe Alter erstrekken (s. Tabelle). Von diesen Krisen hat das größte Interesse seine Annahme geweckt, daß Identitätsbildung die Aufgabe und die Krise der Adoleszenz sei. Zu dieser Zeit müssen die verschiedenen und oft unvereinbaren Selbstwahrnehmungen und Zielsetzungen, die der Jugendliche im Laufe seiner Entwicklung erworben hat, integriert werden, wenn er oder sie zu einer tatkräftigen erwachsenen Persönlichkeit werden soll. Ein Junge kann sich beispielsweise mit seiner heiteren und emotional zugänglichen Mutter identifizieren; mit seinem wortkargen, eher reservierten Vater; und mit einem leichtlebigen Onkel, der einmal eine wichtige Rolle in seinem Leben spielte. Wenn der Junge im Laufe der Adoleszenz nicht imstande

Psychosoziales Stadium	Ungefähres Alter	Erfolgreiche Lösung des Problems führt zu
Urvertrauen vs. Mißtrauen	Erstes Jahr	Optimismus, Wärme
Autonomie vs. Scham, Zweifel	2–3 Jahre	angemessener Selbstkontrolle, Stolz auf Leistung
Initiative vs. Schuldgefühle	3–5 Jahre	Entschlußkraft und Zielstrebigkeit
Fleiß vs. Unterlegenheit	6 Jahre bis Pubertät	einem Gefühl der Tüchtigkeit, der Beherrschung der Umwelt
Identität vs. Rollendiffusion	Adoleszenz	einem Gefühl des Selbst, wer man eigentlich ist
Intimität vs. Isolierung	Frühes Erwachsenenalter	einer Fähigkeit, enge Beziehungen herzustellen
Fruchtbarkeit vs. Stagnation	Mittlere Jahre	Produktivität und Kreativität, Engagement für künftige Generationen
Integrität vs. Verzweiflung	Späteres Erwachsenenalter	dem Gefühl eines sinnvollen Lebens, dem Akzeptieren der Sterblichkeit

ist, aus diesen widersprüchlichen Elementen ein kohärentes Selbstbild zu formen, dann wird er später an *Identitätsdiffusion* leiden, wie Erikson es nannte. Einfacher ausgedrückt, wird es dem oder der Betreffenden nicht gelingen, sich selbst zu finden. Diese Suche nach Identität bildet ein immer wiederkehrendes Thema im modernen Drama und in der Literatur.

Ein bestimmtes Maß an Identitätsdiffusion ist eine fast unvermeidliche, ja sogar wünschenswerte Erfahrung der Adoleszenz. Man kann sich auch zu früh finden. Wenn das Individuum entscheidet (obwohl dies keineswegs ein völlig bewußter Prozeß ist), wer und was es ist, ohne die Weisheit und die Perspektive, die man durch das Experimentieren mit verschiedenen Rollen gewinnt, dann ist die gewählte Identität oft nicht imstande, spätere Krisen zu bewältigen oder einem dauerhafte persönliche Erfüllung zu bescheren. Das Mädchen, das schon immer wußte, daß es Ärztin werden wollte, riskiert es, sich die Tür zu den Möglichkeiten des Lebens zu rasch verschlossen zu haben.

Es ist vielleicht kein Zufall, daß Theoretiker wie Erikson einen tiefreichenden Einfluß auf die amerikanischen Konzeptionen der Persönlichkeit hatten. Die Definition der Persönlichkeit als ein realitätsorientiertes, ständig lernendes und sich immer wieder neu anpassendes System steht tatsächlich eher in Einklang mit anderen Aspekten des amerikanischen Ethos mit seiner Bedeutung der Produktivität und Anpassung an die unmittelbare Situation als die klassische Version der psychoanalytischen Theorie. Mit ihrer Verankerung im Triebleben und ihrer Betonung frühester Erfahrungen scheint die letztere dem Potential des Individuums, sich zu verändern und anzupassen, hemmende Fesseln aufzuerlegen. Die Konsequenzen dieser Evolution für die Psychotherapie sind ebenfalls weitreichend gewesen.

E. Erikson: Indentity and the life cycle. *Psychological Issues*, 1959, *1*, No. 1.

E. Erikson: *Childhood and Society.* Zweite Ausg. New York: Norton, 1963.

E. Erikson: *Identity, Youth and Crises.* New York, 1968.

unbewußter Kräfte ist deshalb nach der Auffassung altmodischer Behavioristen bloßer Eskapismus. Und Behavioristen, die gegenüber Hinweisen auf *bewußte* Vorgänge als Determinanten des Verhaltens skeptisch waren, standen der Behauptung hypothetischer *unbewußter* Prozesse noch skeptischer gegenüber.

In den vierziger Jahren waren häufig ernste Appelle zu einer Annäherung zwischen Behaviorismus und Psychoanalyse zu vernehmen. Wenn es nur gelänge, die von Freud so brillant skizzierten Einsichten in die Natur der Persönlichkeit mit der experimentellen Exaktheit der Behavioristen zu verquicken, dann werde es eine wahre Wissenschaft der Persönlichkeit geben.

3.1 S-R-Verstärkertheorie

1950 veröffentlichten zwei Psychologen der Universität Yale, John Dollard und Neal Miller, einen heroisch zu nennenden Versuch, psychoanalytische Begriffe in den Kategorien von Reiz, Reaktion und Verstärkung auszudrücken. Wir bekommen eine Vorstellung vom Geist dieses Werkes, wenn wir demonstrieren, wie Dollard und Miller den Freudschen Schlüsselbegriff der *Verdrängung* analysierten. Sie stützten sich dabei auf Experimente, in denen Ratten neue Reaktionen lernten, mit deren Hilfe sie den Käfigen entkamen, in denen sie zuvor geschockt worden waren (S. 3. Bd., 2. Kap.). Nehmen wir beispielsweise an, ein Soldat hat eine Kriegsneurose erlitten: eine Bombe explodiert in seiner Nähe, tötet einen seiner Kameraden und traumatisiert ihn in einem solchen Maß, daß er sich nicht mehr erinnert, in der Armee zu sein. Nach dem Ansatz von Dollard und Miller wurde Furcht klassisch auf Reize konditioniert, die beim Tod seines Kameraden vorhanden waren. Durch Reizgeneralisierung wird die Furchtreaktion schließlich auch von anderen Stimuli ausgelöst, die mit der Schlacht und der Armee im allgemeinen zusammenhängen. Allein schon der Gedanke an den Krieg kann ausreichen, um den Soldaten (der inzwischen Patient in einem Armeekrankenhaus ist) in Panik zu versetzen. Jede Reaktion, die seine Panik „abschaltet", wird *negativ verstärkt* (das heißt, durch die Verminderung seiner Furcht gefestigt). So oft der Soldat aufhört, daran zu denken, daß er wieder in die Schlacht zurück muß, wird genau diese Reaktion des Innehaltens im Denken, des „Abschaltens" der schlimmen Gedanken, gestärkt. Verdrängung ist dieser Analyse zufolge einfach eine Gewohnheit, die nach denselben Prinzipien der Konditionierung erworben wurde, die für andere Gewohnheiten gelten.

Obwohl es Dollard und Miller gelang, eine Vielzahl psychoanalytischer Phänomene in behavioristischen Begriffen zu beschreiben, ist nicht klar, ob sie den Annahmen Freuds etwas Wesentliches hinzufügten. Sie hatten gehofft, die Experimentalpsychologie, die das Erlernen und die Löschung solcher Reaktionen studiert, könne zu einem besseren Verständnis der Persönlichkeit und zu effektiveren Methoden der Psychotherapie führen. Ein besseres Verständnis schien sich aber nicht zu entwickeln, vielleicht weil ihr theoretischer Ansatz an demselben Mangel an Überprüfbarkeit litt wie die Psychoanalyse – dem Problem, das sie so umfänglich zu erklären schien, aber in Wirklichkeit nicht genug erklärte. Obwohl die Analysen von Dollard und Miller in den Begriffen der Konditionierungsprinzipien die verschiedensten spezifischen Beispiele von Persönlichkeitsproblemen aufzuhellen schienen, erfolgten diese Erklärungen immer im *nachhinein;* ebenso wie im Falle der Psychoanalyse kann man auch aus dieser Theorie nicht genau ableiten, was unter spezifischen Bedingungen geschehen wird. Dennoch hat dieser Ansatz (neben dem Skinners) zur Entwicklung vielversprechender neuer psychotherapeutischer Methoden, den Verhaltenstherapien, geführt. Ihre Entwicklung wurde aber auch durch kognitive Ansätze gefördert, die zwar Veränderungen der Persönlichkeit auf Lernerfahrungen zurückführen, die wichtigste Rolle jedoch dem Erwerb von Erwartungen und symbolischer Konstrukte zuschreiben, die als Verhaltensrichtlinien dienen. Hier, im Kontext der Persönlichkeitstheorien, werden wir uns mit zwei wichtigen kognitiven Ansätzen des sozialen Lernens beschäftigen.

3.2 Rotter und die Kontrollüberzeugung

Julian B. Rotter, der den Ansatz von Dollard und Miller weiterverfolgte, entwickelte eine umfassende Persönlichkeitstheorie, basierend auf einer Theorie des Lernens und mit spezieller Beachtung klinischer Anwendungsmöglichkeiten (Rotter, 1954). Mit *Theorie des sozialen Lernens* meint Rotter, daß wir lernen, wie wir uns in sozialen Situationen zu verhalten haben, und daß die Befriedigung unserer Bedürfnisse von anderen Menschen abhängt. Diese Theorie verbindet das behavioristische Konzept der *Verstärkung* mit dem kognitiven Konzept der *Erwartung* und gelangt so zu Prognosen darüber, wie sich das Individuum in komplexen sozialen Situationen verhalten wird. Für Rotter ist Erwartung die subjektive Wahrscheinlichkeit, daß spezifisches Verhalten zu Verstärkung führen wird. Er nimmt an, daß das tatsächliche Verhalten eine gemeinsame Funktion dieser Erwartung und der Vorliebe des Individuums für eine bestimmte Verstärkung sei. All dies geschieht in einem Situationszusammenhang, der den Grad der Präferenz oder des Wertes für die Verstärkung und auch die subjektive Erwartung bestimmt. Diese Betonung des Situationszusammenhangs deutet auf einen wichtigen Unterschied zwischen der Theorie des sozialen Lernens und der traditionellen Psychoanalyse hin: Während Freud das Verhalten des Erwachsenen anhand seiner Kindheitserfahrungen zu erklären suchte, schreibt Rotter der gegenwärtigen Lebenssituation eine weitaus wichtigere Rolle zu.

In den sechziger Jahren wurde die soziale Lerntheorie um das Konzept der *Kontrollerwartung* (locus of control) erweitert (s. Box 6/1). Rotter geht von einem Kontinuum aus, an dessen einem Ende sich die Individuen befinden, die eine generalisierte Erwartung haben, daß sie Verstärkung durch ihre eigenen Bemühungen herbeiführen können, das heißt, sie glauben an *innere Steuerung,* während die Individuen am andern Ende die Verstärkung auf *äußere Einflüsse* zurückführen, das heißt, auf solche Faktoren wie andere Menschen in Machtpositionen, Schicksal oder bloßen Zufall. Diese Unterscheidung hat zu umfangreichen Forschungsarbeiten darüber angeregt, wie sich „Interne" in einer Vielzahl von Situationen von „Externen" unterscheiden. Beispielsweise wiesen Rotter und Mulry (1965) nach, daß „Interne" länger brauchen, um zu einer Entscheidung zu gelangen, wenn in den Instruktionen auf Fertigkeiten Wert gelegt wird, während „Externe" länger brauchen, wenn in den Anweisungen betont wird, daß es auf Glück ankomme. Phares (1978, S. 431) faßt die Unterschiede folgendermaßen zusammen: „Das Grundcharakteristikum interner Individuen scheinen ihre größeren Anstrengungen zu sein, mit ihren Umweltbedingungen fertigzuwerden oder die Herrschaft über diese zu erlangen."

3.3 Bandura und die soziale Modellbildung

Eine eng damit verwandte Theorie des sozialen Lernens wurde von Albert Bandura (1977a) entwickelt. Er kann als ein Neobehaviorist bezeichnet werden, der für jene zeitgenössischen Psychologen repräsentativ ist, die von den traditionellen Stimulus-Reaktions-Analysen ausgehen, die aber diesen Ansatz durch eine stärkere Einbeziehung dessen erweitern, was normalerweise als *Kognition* bezeichnet wird. Ebenso wie die Neoanalytiker und wie Rotter hebt auch Bandura in erster Linie die Rolle der sozialen Umwelt für die Entwicklung der Persönlichkeit hervor. Ebenso wie die Behavioristen stützt sich Bandura stark auf Versuche, bei denen die üblichen Fehlerquellen, die die Interpretation klinischer Beobachtungen einschränken, durch Zufallszuordnung zu Versuchsbedingungen reduziert werden. Er hat mit verschiedenen Mitarbeitern eine eindrucksvolle Reihe von Versuchen durchgeführt, in denen er die verschiedenen Bedingungen aufzeigte, unter denen Menschen das Verhalten von Personen *nachahmen,* die sie bewundern oder die mächtiger sind als sie.

Banduras Persönlichkeitsansatz läßt sich durch seinen berühmten Versuch (1969) veranschaulichen, bei dem Kinder einen Film sahen, in dem ein Erwachsener eine Puppe schlug und trat und sie zu Boden stieß. Die Versuchsmanipulation (die unabhängige Variable) bestand darin, ob der Erwachsene im Film für sein Verhalten danach bestraft oder belohnt wurde. Die abhängige Variable war der Grad an Aggressivität, den die verschiedenen Gruppen von Kindern gegenüber dieser Puppe an den Tag legten, mit der sie spielen durften, nachdem sie die eine oder die andere Version des Films gesehen hatten. Die Kinder, die gesehen hatten, daß der Erwachsene für seine Aggressivität belohnt wurde, erwiesen sich als aggressiver. Aber auch die Kinder, die gesehen hatten, daß der Erwachsene wegen seiner Aggressivität bestraft wurde, hatten gelernt, die Puppe „zu mißhandeln", wie sich an ihrer erhöhten Aggression zeigte, nachdem man ihnen Belohnungen für aggressiveres Verhalten versprochen hatte.

Bandura schreibt dieser Art des Beobachtungslernens eine wichtige Rolle in der Entwicklung der Persönlichkeit zu. Das Kind baut *durch Beobachtung anderer* Erwartungen darüber auf, wie es sich verhalten soll. Bei dieser Form des Lernens beweisen auch schon sehr kleine Kinder beträchtliches Unterscheidungsvermögen. So lernen sie beispielsweise, sich gegenüber Erwachsenen in *einer* Weise zu verhalten, gegenüber gleichaltrigen Kindern in einer anderen und gegenüber jüngeren Kindern in wieder einer anderen Weise. Diese charakteristischen Verhaltensweisen, die in einem behavioristischen Rahmen das ausmachen, was als *Persönlichkeit* bezeichnet wird, werden auch durch die Folgen des Verhaltens beeinflußt. Die Erwartungen verändern sich ständig, und bei all dem ist die soziale Umgebung von entscheidender Bedeutung. Ebenso wie der kognitive Behaviorismus von Tolman (s. Einführung 3. Bd.) leuchtet dieser neobehavioristische Persönlichkeitsansatz dem Hausverstand unmittelbar ein. Alle Eltern sollten sich deshalb bewußt sein, daß ihr eigenes Verhalten ihren Kindern als Vorbild dient. (Die Mahnung „tu, was ich sage, nicht was ich tue!" wird wahrscheinlich nicht befolgt werden.)

Bandura (1977b) hat das kognitive Konzept der *Selbstwirksamkeit* (auch „Kompetenz-Vertrauens-Theorie" genannt) zur Voraussage der psychologischen Wirkungen verschiedener Behandlungsarten benutzt. Die Verhaltenstherapie dient zur Stärkung der Erwartungen der persönlichen Wirksamkeit (Bandura, 1977b, S. 134): „Wer subjektiv bedrohliche Handlungen fortsetzt, die in Wirklichkeit relativ gefahrlos sind, erwirbt korrigierende Erfahrungen, die sein Gefühl der Wirksamkeit verstärken und dadurch sein abwehrendes Verhalten mit der Zeit eliminieren." So scheinen beispielsweise die handlungsorientierten Therapien, bei denen Klienten aversiven Ereignissen ausgesetzt sind, wirksamer zu sein als andere Formen der systematischen Desensibilisierung, die nur eine symbolische Vorstellung der gefürchteten Reize erfordern (auf die Verhaltenstherapie wird im 5. Kap. näher eingegangen).

4 Phänomenologische Theorien

Die humanistische oder existentielle Bewegung, die manchmal als die *dritte Kraft* in der zeitgenössischen Persönlichkeitstheorie bezeichnet wurde, hat eine oppositionelle Stellung gegenüber den anderen beiden Richtungen, der Psychoanalyse und dem Behaviorismus, eingenommen. Diese dritte Kraft argumentiert, daß das unmittelbare, unanalysierbare Erleben die geeigneten Daten für das Studium der Persönlichkeit liefere. Dieser als *Phänomenologie* bezeichnete Ansatz war ein wichtiger Aspekt der Technik der Gestaltpsychologen zum Studium der Wahrnehmung. Manche der phänomenologisch fundierten Persönlichkeitstheorien haben eine breite Popularität erlangt. Die Theorien von Abraham Maslow und Carl Rogers sind vielleicht heute am einflußreichsten; mit ihnen wollen wir uns als nächstes befassen. Rollo May ist ebenfalls zu dieser Gruppe zu rechnen, ebenso wie Erich Fromm, dessen vielgelesenes *Escape from Freedom* (1941; dtsch. *Die Furcht vor der Freiheit*, Frankfurt 1966) demselben phänomenologischen Ansatz verpflichtet ist (wenn auch eindeutiger in der psychoanalytischen Tradition).

4.1 Maslows Theorie der Selbstverwirklichung

Maslow glaubte, daß sich die Psychologen zu lange auf das Studium menschlicher Bemühungen konzentriert hätten, Spannungen abzubauen oder Schmerz und Angst zu vermeiden. Maslow meinte, ein neuer Blickwinkel sei nötig, um die volle Breite der Persönlichkeitsentwicklung zu verstehen – eine Sichtweise, die der Freude, dem Wohlbefinden und dem Wachstumspotential des Menschen gebührende Beachtung schenkt.

In einer frühen Schrift (1954) behauptete Maslow, daß der Mensch eine einzigartige psychologische Natur habe, deren Struktur inhärente Bedürfnisse, Fähigkeiten und Entwicklungspotentiale einschließe. Die vollständige Entwicklung des Individuums erfordere die *Selbstaktualisierung* oder Selbstverwirklichung dieser Struktur, das heißt, die Entwicklung der eigenen Anlagen. (C. G. Jung war ein Vorläufer dieser Auffassung.) Psychopathologie, so argumentierte Maslow, resultiere aus einer Blockade oder Verkrüppelung der Entwicklung dieser Struktur, während alles, was ihre Entwicklung in Richtung auf Selbstverwirklichung fördere, zu psychischer Gesundheit, ja sogar zu einer Transzendenz des gewöhnlichen Zustands normalen Funktionierens führe.

Dieses Streben nach Selbstverwirklichung ist Maslow zufolge universell. Außerdem dränge es ständig nach Äußerung, obwohl es weitaus empfindlicher und zerbrechlicher sei als die zugrundeliegenden, im Biologischen wurzelnden Triebe, von denen Freud und die Verhaltenstheoretiker ausgegangen waren.

Maslow leugnete nicht die Existenz grundlegender biologischer Bedürfnisse, die Freud und die Behavioristen so sehr interessiert hatten. Er erweiterte jedoch den Bereich der Grundbedürfnisse wie Hunger- und Schmerzvermeidung um Bedürfnisse wie die nach Zuneigung, Sicherheit und Selbstachtung. Maslow erkannte auch die Existenz von „Metabedürfnissen" an, deren Erfüllung die Selbstverwirklichung begleitet (Maslow, 1967). Zu diesem würde das Streben nach dem Guten, nach Gerechtigkeit, Schönheit und Einigkeit zählen.

Grundbedürfnisse entstehen durch physische oder psychische Defizite, zu deren dringendsten Hunger und andere Mangelerscheinungen zählen, die faktisch das physische Überleben gefährden. Diese Bedürfnisse können vom Wichtigsten bis zum Unwichtigsten für das unmittelbare Überleben des Organismus in einer Hierarchie angeordnet werden. (Eine detaillierte Aufstellung dieser Hierarchie findet sich in 5. Bd., 1. Kap.) Bis die dringendsten Bedürfnisse, die physiologischer Art sind, befriedigt sind, bleiben alle übrigen ausgeschlossen. („Wenn Hunger zur Tür hereinkommt, fliegt Liebe beim Fenster hinaus.") Aber sobald die physiologischen Defizite gestillt sind, kann sich das Individuum höheren Grundbedürfnissen wie dem nach Zuneigung und Sicherheit widmen. Diese höheren Grundbedürfnisse beherrschen ihrerseits das Verhalten, solange *ihre* Befriedigung unvollständig oder zweifelhaft ist. Erst wenn die Befriedigung der *vollständigen* Hierarchie der Grundbedürfnisse erreicht ist, können Metaziele verfolgt werden (so daß es schließlich zur Verwirklichung des vollen Potentials eines Menschen kommt). Wird jedoch die Erreichung der Metaziele frustriert, dann reagiert der oder die Betreffende mit Apathie, Zynismus und Entfremdung.

Maslow würde behaupten, daß dies das Schicksal vieler wohlgenährter und gut versorgter Zeitgenossen sei.

Maslow argumentierte, daß der Grad an Persönlichkeitsentwicklung, den wir realistischerweise anstreben könnten, von Persönlichkeitstheoretikern nicht ernsthaft studiert wurde und von Psychotherapeuten für ihre Patienten auch nicht als Ziel angesehen worden sei. Maslow empfand deren Ausrichtung als überwiegend negativ, da sie Mängel der Persönlichkeit hervorhoben, statt das den Menschen innewohnende positive Potential zu fördern. Um dieser Konzentration auf Defizite entgegenzuwirken, suchte und studierte er Individuen, von denen er glaubte, daß sie die Selbstverwirklichung erreicht hätten.

Maslow fand selbstverwirklichte Individuen überwiegend realistisch, obwohl die meisten von ihnen tiefe mystische oder spirituelle Erfahrungen hatten (siehe die Erörterung von „Gipfelerlebnissen", 5. Bd., 3. Kap.). Solche Menschen unterhalten enge Beziehungen in der Regel nur zu sehr wenigen Menschen, und diese sind meist sehr engagiert und tiefreichend, nie oberflächlich. Diese Menschen – und das wird nicht als Widerspruch angesehen – weisen jedoch auch ein starkes Bedürfnis nach Zurückgezogenheit und Distanz auf. Selbstverwirklichte Menschen, wie sie Maslow beschrieb, verfügen über viel Spontaneität, und ihr Sinn für Humor ist gut entwickelt und selten feindselig. Sie sind überaus kreativ und leisten dem auf sie ausgeübten Druck, sich blind an die Gesellschaft anzupassen, entschiedenen Widerstand. Es war Maslows Überzeugung, daß Eigenschaften wie die genannten die vorherrschende Persönlichkeitsstruktur jedes Menschen kennzeichnen, der zur Selbstverwirklichung fähig ist. Freilich hängt das Gelingen der Selbstverwirklichung von der vorherigen und *anhaltenden* Befriedigung grundlegenderer Bedürfnisse ab, aber diese Grundbedürfnisse sind nicht die Antriebskräfte der Persönlichkeitsentwicklung.

Dieser Ansatz beharrt auf dem überaus zielgerichteten Charakter der menschlichen Entwicklung, der auf unsere angeborene Tendenz zur Selbstverwirklichung zurückzuführen sei. Unbewußte Faktoren spielen in der Konzeption Maslows keine bedeutende Rolle, obwohl es klar ist, daß Selbstverwirklichungstendenzen durch ungeeignete oder feindselige Kräfte von innen wie von außen zunichte gemacht werden können.

Frühe entwicklungsbedingte Erfahrungen können den Drang zur Selbstverwirklichung entweder fördern oder behindern. Wenn das Individuum beispielsweise niemals das Maß an Zuneigung, Sicherheit und Selbstachtung erhält, das eine notwendige Voraussetzung ist, damit die Selbstverwirklichungstendenz ihren Ausdruck finden kann, dann wird es vielleicht nie dieses höchste Stadium erreichen. Maslow betrachtete also in gewisser Weise seinen Standpunkt als Ergänzung und nicht als Alternative zu den Theorien, die statt dessen die Mangelaspekte der Entwicklung und des Funktionierens der Persönlichkeit hervorheben.

Und schließlich folgt jedes Individuum auf seinen Wanderungen zur Selbstverwirklichung, ob diese erreicht wird oder nicht, einem einzigartigen Weg. Maslows Betonung der Individualität der höheren und höchsten Zielsetzungen eines Menschen ist eher als eine neue Religion denn als eine wissenschaftlich überprüfbare Theorie der Persönlichkeit bezeichnet worden.

4.2 Der personenzentrierte Ansatz von Rogers

Mit dem Tod von Maslow wurde Carl Rogers zum führenden Exponenten des phänomenologischen oder humanistischen Persönlichkeitsansatzes. Stärker in der psychotherapeutischen Praxis verwurzelt als Maslow, teilt Rogers mit diesem die Betonung der gesunden, funktionsfähigen Persönlichkeit. Rogers lehnt die Auffassung Freuds ab, daß sich der neurotische Patient verzweifelt den Bemühungen des Analytikers widersetze, das Unbewußte zu enthüllen: Der „Klient" werde nicht durch angsterzeugende Triebkräfte motiviert, sondern durch ein gesundes Bedürfnis nach Selbstachtung. Dieser Ansatz hat sich zu detaillierten Beschreibungen gesunder Persönlichkeiten weiterentwickelt.

Die personenbezogenen Individuen von Rogers stehen in engem Kontakt zu ihren eigenen Gefühlen und Werten. Es besteht eine Kongruenz zwischen dem realen Bild, das sie von sich haben, und ihrem Idealbild von sich selbst. Sie haben mit Maslows Selbstverwirklichern das Gefühl gemein, eigenständige Menschen zu sein. Sie entsprechen nicht den Wünschen anderer, sondern sie sind das, was sie selbst sein wollen. Rogers' gesunde Persönlichkeiten sind umgänglich, natürlich und ebenso bereit, andere zu akzeptieren, wie sich selbst. Aggressivität und Feindseligkeit scheinen in der Psyche solcher Menschen eingedämmt zu sein. Sie sind „cool" im Sinn von entspannt; ja sie scheinen dem Ideal sehr nahe zu kommen, das viele nichtaktivistische Menschen von heute respektieren können. Verglichen mit den Selbstverwirklichern Maslows sind die Selbstverwirklicher Rogers' weniger ehrgeizig, weniger darum bemüht, Probleme zu lösen oder die Welt zu verbessern. Sie sind *„laid back"*, ein Begriff, der Schattierungen von *lässig* über *Schlaffis* bis zu *Tuwenig* oder *Tunix* umfaßt, nicht als Flucht aus der Realität, sondern, weil sie niemanden zufriedenstellen müssen, außer sich selbst. Das folgende Zitat gibt einen gewissen Eindruck von der Kindhaftigkeit dieser Haltung, so wie Rogers sie in seinem populären Buch *On Becoming a Person* (1961, S. 88) beschrieben hat:

„Man bekommt das Gefühl eines spontanen, entspannten Genießens, einer primitiven Lebensfreude, vielleicht vergleichbar mit dem Lamm, das auf einer Wiese umhertollt, oder mit einem Delphin, der geschmeidig über die Wogen schnellt."

Es sei betont, daß Rogers' Auffassung von Persönlichkeit nicht die eines statischen, unveränderlichen Zustands ist. Er glaubt an Wachstum durch Selbsterkenntnis und durch Lernen, man selbst zu sein. Obwohl dieser personenzentrierte Ansatz strenggenommen nicht auf einen Katalog von Prinzipien reduzierbar ist, gibt die in Box 6/9 angeführte Liste eine gute Vorstellung, worauf es ihm ankommt.

BOX 6/9

Prinzipien und Maximen für einen personenzentrierten Menschen

Die folgenden, aus den Schriften von Carl Rogers entnommenen Grundsätze artikulieren einige der wichtigsten Annahmen von Rogers über die Natur der Persönlichkeit:

1. Jeder Mensch hat die inhärente Tendenz, sein einzigartiges Wachstumspotential zu aktivieren – in einer Weise, die sein Leben erhält oder bereichert.
2. Wir sollten aufgeschlossener für alle unsere Erfahrungen einschließlich körperlicher Empfindungen sein.
3. Andere Menschen sind eine wichtige Unterstützung, die uns hilft, vollständiger zu erleben.
4. Das Konzept des Selbst entsteht aus diesem Erleben sowie aus Interaktionen mit anderen Menschen.
5. Obwohl es wichtig ist, von anderen bedingungslos geliebt zu werden, sollten wir unsere eigene Selbstachtung nicht auf die Meinungen anderer gründen.
6. Wir verlieren den Kontakt mit uns selbst oder werden uns selbst entfremdet, wenn wir versuchen, so zu sein, wie andere uns haben wollen.
7. Angst, Rigidität und Neurose entstehen, wenn neue Erfahrungen nicht kongruent mit unseren eigenen Selbstkonzepten sind.
8. Wenn man die eigenen Selbstkonzepte nach den Erwartungen anderer gestaltet, kann die Belastung verwirrender Wertkonflikte durch den Kontakt mit stützenden Überzeugungen wie Religion vermindert werden.
9. Wenn uns andere so akzeptieren, wie wir sind, wird es leichter für uns selbst, uns so zu akzeptieren, wie wir sind.

Nach: T. Holdstock u. C. Rogers: Person-centered theory. Aus: R. Corsini (Hrsg.): *Current Personality Theories.* Itasca, Ill.: F. E. Peacock Publishers, 1977.

5 Ein Vergleich der verschiedenen Ansätze

In diesem Abschnitt haben wir uns nur auf einige der Dutzende von verschiedenen Persönlichkeitstheorien konzentriert, die für Psychologen von Interesse sind und drei der wichtigsten Konzepte veranschaulicht: den psychoanalytischen, den behavioristischen und den phänomenologischen Ansatz. Diese unterscheiden sich voneinander hinsichtlich ihrer grundlegenden Wertorientierungen, ihrer Auffassung von Persönlichkeit und ihrer Annahmen, wie Veränderungen der Persönlichkeit zustande kommen. Von diesen drei Ansätzen hat die Psychoanalyse zweifellos bis jetzt den größten Einfluß ausgeübt.

Die Psychoanalyse ist auch der am stärksten biologisch orientierte Ansatz, ohne sich auf echte Erkenntnisse über die Funktionsweise des Körpers zu stützen. Sie ist in dem Sinn biologisch, als sie biologischen Grundbedürfnissen, insbesondere der Sexualität, überwältigende Bedeutung zuschreibt. (Freud maß später auch einem Aggressionstrieb, bei ihm Todestrieb oder Destruktionstrieb, große Bedeutung bei.) Für die Behavioristen ist Sex bloß ein Trieb unter anderen, ein Motivator des Verhaltens und eine bestimmte Form des Ansporns oder der Verstärkung. Ohne die Wichtigkeit der Sexualität zu leugnen, ist der Mensch in den Augen der Phänomenologen stärker mit den Sinnfragen, den existentiellen Fragen des Lebens beschäftigt. Maslow zufolge müssen biologische Bedürfnisse einschließlich dessen nach Sex befriedigt sein, bevor Selbstverwirklichung möglich wird. Aber in diesem Zeitalter des Wohlstands ist sie die Spitze der Hierarchie von Bedürfnissen, die für uns charakteristischerweise die größte Bedeutung erlangt hat.

Die Psychoanalyse schreibt dem Unbewußten die entscheidende Rolle bei der Bestimmung der bewußten Aspekte der Persönlichkeit zu. Freuds wichtigster Beitrag bestand darin, uns zu zwingen, unsere alltäglichen Motive, die Gründe, die wir für unsere Reaktionen auf andere anführen, in Frage zu stellen – wie wir lieben, hassen, arbeiten und spielen. Behavioristen stimmen insofern mit Freud überein, als auch sie sich nicht mit unseren alltäglichen „oberflächlichen" Erklärungen zufriedengeben, aber das Gerede über unbewußte Motivation erscheint einem eingefleischten Behavioristen (wie B. F. Skinner) ebenso überflüssig wie das Reden über bewußtes Erleben. Auf der anderen Seite sind Neobehavioristen wie Rotter und Bandura durchaus kognitiv orientiert, das heißt, sie erlauben ein bestimmtes Maß an phänomenologischer Spekulation über Erwartungen, Ziele, Pläne und so weiter. Extremere Phänomenologen wie Maslow und Rogers lehnen das gesamte metaphorische System der Psychoanalyse ab und leugnen den Wert des Versuchs, unbewußte Verhaltensdeterminanten zu erhellen. Im Gegensatz zu den Behavioristen glauben sie jedoch, daß man den innersten Kern der Persönlichkeit übersieht – das, was in unseren persönlichsten Momenten subjektiver Erfahrung geschieht – wenn man sich nur auf das konzentriert, was Menschen tun oder sagen.

Drei Richtungen haben Techniken zur Veränderung der Persönlichkeit entwickelt: die Psychoanalyse, die Verhaltenstherapie und die Gesprächspsychotherapie. In den zwanzig Jahren nach dem Zweiten Weltkrieg beherrschte in den USA der psychoanalytische Ansatz das medizinische Fach der Psychiatrie, während sich der phänomenologische Ansatz an Universitätskliniken und in der Pädagogik besonderer Beliebtheit erfreute. Die Verhaltenstherapie ist ein neueres Phänomen. Die Psychoanalytiker einschließlich Freud sind wahrscheinlich am pessimistischsten in Hinblick auf die Möglichkeit gewesen, echte Veränderungen der Persönlichkeit zu erreichen. Die Behavioristen haben dagegen den größten Optimismus bewiesen, aber der Grund dafür kann sein, weil sie sich auf spezifische Gewohnheiten und nicht auf die ganze Person konzentrieren. In den letzten Jahren hat der phänomenologische Ansatz am ehesten dem Interesse der Allgemeinheit an der Psychologie entsprochen.

Vom Standpunkt der Forschung aus (und in diesem Sinne vielversprechend für die Zukunft) wäre zu erwarten, daß sich die behavioristischen Ansätze am ehesten für genuin wissenschaftliche Verfahrensweisen wie Versuche und öffentlich beobachtbare und meßbare Verhaltensweisen eignen. Mit seiner Konzentration auf spezifische Gewohnheiten scheint der Behaviorismus jedoch weit von den globalen Konzeptionen der Persönlichkeit entfernt, die die Psychologie in der Tradition von Freud in einem weiteren Sinne bestimmt haben. Wenn man die verschiedenen Façetten der menschlichen Anpassung betrachtet, die die Persönlichkeitstheoretiker fasziniert haben, ist schwer zu erkennen, welcher Teil der Psychologie nicht in das Aufgabengebiet dieser Wissenschaft fällt. Rückblickend betrachtet scheint es, daß den verschiedenen Arten von Fehlanpassung, den mißglückten Seiten der Persönlichkeit, ein großes Maß an Beachtung geschenkt wurde. Darin spiegelt sich die Überzeugung Freuds, daß das Studium neurotischer Persönlichkeiten uns ein ins Extreme übersteigertes Bild der normalen Persönlichkeit liefern werde. Es ist auch ein Beispiel der praktischen Erfahrung, daß „das knarrende Rad geschmiert wird": Da Millionen von Menschen unter psychischen Störungen leiden, hat die Psychotherapie auch die Menschenbilder der Persönlichkeitspsychologie mitbestimmt.

Keiner dieser Erklärungsversuche der Persönlichkeit hat den Status einer allgemeinen wissenschaftlichen Theorie erlangt. Es wäre ein Fehler, sie dafür anzusehen. Was wir bei ihnen suchen sollten, sind vielmehr Ideen, Anregungen und Wertvorstellungen. Die Wertbegriffe Freuds sind primär *hedonistisch:* reduzieren wir die Angst und versuchen wir, unser Sexualleben zu verbessern, indem wir das Lustprinzip den drückenden Beschränkungen der Realität anpassen. Die Phänomenologen repräsentieren eine optimistische Rückkehr zu konventionellen Werten: Rücksichtnahme und Einfühlung in andere, aber mit starker Betonung der persönlichen Entwicklung. Die Behavioristen in ihrer Rolle als Wissenschaftler haben versucht, auf Wertvorstellungen zu verzichten. Sie gehen davon aus, daß wir bereits wissen, was wir sein wollen, und beschränken sich darauf, die Verstärkungsverfahren zu entdecken, die uns dazu machen.

Zusammenfassung

1. *Theorien der Persönlichkeit* in der Tradition der *Psychoanalyse* streben ein globales Verständnis des gesamten Menschen an. Am Ende des 19. Jahrhunderts präsentierte Freud eine revolutionäre Herausforderung des Paradigmas vom Menschen als rationalem, edel gesinnten Wesen. Freuds Hervorhebung der *unbewußten Motivation* und auch der *kindlichen Sexualität* wurde zunächst feindselig aufgenommen, beherrschte aber schließlich die Persönlichkeitspsychologie.

2. Freud ging von der Existenz einer verborgenen Welt unbewußter Motive aus, vergleichbar mit den hypnotischen Suggestionen, die das Verhalten steuern, ohne daß sich der Hypnotisierte bewußt zu sein scheint, daß er den Suggestionen des Hypnotiseurs folgt.

3. Freud beschrieb die Struktur der Persönlichkeit metaphorisch gesprochen als aus drei Subsystemen bestehend, dem Es, dem Ich und dem Über-Ich. Das *Es* ist das Reservoir angeborener Triebkräfte; unter diesen hob Freud die sexuellen Motive hervor, die er als wichtigste Ursachen persönlicher Probleme ansah. Das *Ich* verkörpert die rationalen, kognitiven Fähigkeiten, die sich durch den Kontakt mit der Wirklichkeit entwickeln; und das Über-Ich repräsentiert die Verinnerlichung der Maßstäbe und Verbote der Gesellschaft.

4. Freud hob auch die Bedeutung frühkindlicher Erlebnisse hervor und beschrieb die Entwicklung der Persönlichkeit als ein Durchlaufen einer Folge psychosexueller Stadien: *orale, anale, phallische Phase und Latenzperiode,* die ihren Abschluß in der heterosexuellen Anpassung der *genitalen Phase* finden. Jedes dieser Stadien ist durch seine eigene Form der Triebbefriedigung gekennzeichnet. Traumatisierende Erlebnisse in jedem Stadium werden als mögliche Ursachen der Fixierung der Persönlichkeit in Phänomenen angesehen, die für das jeweilige Stadium charakteristisch sind.

5. Freud zufolge wird ein Großteil des motivierenden Inhalts der Persönlichkeit durch einen aktiven Prozeß namens *Verdrängung* in das Unbewußte abgeschoben. Verdrängung ist die Grundlage verschiedener anderer Abwehrmechanismen: u.a. Verschiebung, Rationalisierung, Isolierung, Projektion und Reaktionsbildung. Die Aufgabe der Verdrängung ist es, diejenigen Motive, Gefühle und Gedanken im Unbewußten zu begraben, die, wenn sie ins Bewußtsein drängen, unerträgliche Angst und Schuldgefühle auslösen würden.

6. Freuds Theorie basiert auf den freien Assoziationen seiner neurotischen Patientinnen und Patienten und insbesondere auf seiner Analyse seiner eigenen freien Assoziationen. Er nahm an, daß die Öffnung des Unbewußten günstige Wirkungen haben könne. Diese Annahme hatte unerhörte Konsequenzen für die Behandlung von Neurosen, so wie seine Theorie der kindlichen Sexualität und der fixierenden Wirkung von Kindheitstraumen starken Einfluß auf unsere Vorstellungen von Kindererziehung ausgeübt haben.

7. Die Kritik an Freud hat verschiedene Richtungen eingeschlagen. In der akademischen Psychologie ist der Hauptvorwurf der, daß die Theorie Freuds die Persönlichkeit nie wirklich erklärt. Psychoanalytische Konzeptionen wie Verdrängung und Reaktionsbildung gewährleisten, daß die Theorie keinen entscheidenden Tests unterzogen werden kann. Mit ihrer scheinbaren Erklärung aller denkbaren Konstellationen erklärt die Theorie in Wahrheit vielleicht gar keine.

8. Im Rahmen der psychoanalytischen Tradition entwarf Jung eine alternative Theorie, die speziellen Wert auf die Träume, Mythen und spirituellen Aspekte der Gesellschaft legt, in der das Individuum und seine Vorfahren gelebt haben. Obwohl Jung ebenso wie Freud der Vorstellung anhing, daß unbewußte Kräfte wichtige Aspekte der Persönlichkeit seien, unterteilte er das Unbewußte in zwei Sphären: das *persönliche* und das *kollektive Unbewußte.* Im kollektiven Unbewußten gibt es die *Archetypen* – universelle Gedanken, Bilder oder Vorstellungen –, die aus den akkumulierten Erfahrungen resultieren, die in der Geschichte der Spezies gemacht wurden. Das Ziel der Selbstwerdung ist Jung zufolge ein Gleichgewicht zwischen Denken, Fühlen, Empfinden und Intuition.

9. Ebenfalls innerhalb der tiefenpsychologischen Tradition stand Alfred Adler, der das Streben nach *Überlegenheit* betonte – eine Reaktion auf das Gefühl der *Minderwertigkeit.* Adler betonte die soziale gegenüber der triebhaften Seite der Persönlichkeitsentwicklung ebenso, wie eine Reihe von Neoanalytikern, die sich vor allem mit der Suche nach emotionaler Sicherheit in den zwischenmenschlichen Beziehungen beschäftigten.

10. Der Behaviorismus ist die treibende Kraft einer der neueren Gegenbewegungen gegen die psychoanalytische Tradition. Behavioristen wie Dollard und Miller versuchten die Persönlichkeit als ein Ensemble von *Reaktionsdispositionen* zu analysieren, die durch *Konditionierung* erworben werden. Dies hat die Entwicklung von *Verhaltenstherapien* gefördert, die dem Ziel dienen, bestimmte, die Anpassung erschwerende Gewohnheiten zu konterkonditionieren. In jüngerer Zeit ist der behavioristische Ansatz um *kognitive Erwägungen* erweitert worden, darunter die unterschiedlichen Kontrollüberzeugungen (d. h. die Annahmen woher die Handlungssteuerungen stammen), die Rotter studierte, sowie die von Bandura demonstrierte soziale Modellbildung.

11. Eine zweite wichtige Strömung der Auflehnung gegen die Psychoanalyse ist die *phänomenologische* Bewegung mit ihrem Akzent auf unmittelbarer Erfahrung und ihrem Glauben an das individuelle Wachstumspotential. Maslow bekannte sich zu dem Ziel der *Selbstverwirklichung,* die nur erreicht werden könne, nachdem die grundlegenderen biologischen Bedürfnisse erfüllt wurden. Die positive Seite der Persönlichkeit in den Vordergrund stellend, beschrieb Maslow die Gipfelerlebnisse bestimmter außergewöhnlicher, sich selbst verwirklichender Individuen.

12. Ebenfalls der phänomenologischen Bewegung ist der *personenzentrierte Ansatz* von Rogers zuzurechnen. Rogers lehnt die Analyse des Unbewußten ab und hebt statt dessen das Streben jedes Menschen nach *Selbstachtung* hervor. Personenzentrierte Individuen sind Rogers zufolge in engem Kontakt mit ihren eigenen Gefühlen und Werten – und zu ständigem Persönlichkeitswachstum fähig.

13. Ein Vergleich der drei wichtigsten Persönlichkeitstheorien – des *psychoanalytischen,* des *behavioristischen* und des *phänomenologischen* Ansatzes – legt fundamentale Unterschiede in ihrer Auffassung von der menschlichen Natur offen. Für den Psychoanalytiker wird der Mensch durch unbenennbare biologische Triebe motiviert, die er oft verzweifelt vor sich selbst zu verbergen sucht. Für den Behavioristen ist der Mensch ein Bündel von Gewohnheiten, die durch die Verstärkungswirkung der Umwelt gebildet werden. Für den Phänomenologen sind wir Menschen nach Gesundheit strebende Geschöpfe, die zu einer fast göttlichen Erfüllung unserer eigenen Sehnsüchte fähig sind. Keines dieser Systeme hat den Status einer alles erklärenden Theorie erlangt, dennoch hat jedes einen tiefreichenden Einfluß auf verschiedene Façetten unserer Kultur gehabt, ebenso wie auf das praktische Herangehen der Psychologie an die Behandlung von Persönlichkeitsproblemen durch die Psychotherapie.

3. Kapitel
Persönlichkeitsentwicklung

Sowohl die Persönlichkeitsdefinitionen wie die Persönlichkeitstheorien könnten den irreführenden Eindruck erwecken, daß die Persönlichkeit ein statisches Gebilde sei. Demgegenüber hat man bereits in frühen Kulturen ihre Veränderlichkeit im Zeitablauf hervorgehoben. Der altgriechische Philosoph Heraklit schrieb: „In dieselben Flüsse steigen wir und steigen wir nicht, wir sind und wir sind nicht."

Sobald wir einzelne Faktoren betrachten, die die Persönlichkeitsveränderung in den verschiedenen Lebensstadien eines Individuums beeinflussen, wird klarwerden, daß wir es vielleicht mit der komplexesten und am wenigsten verstandenen Aufgabe der Psychologie zu tun haben; dennoch wird es sich bei diesen Faktoren bestenfalls um eine begrenzte Auswahl aus der enormen Skala von Kräften handeln, die nachweisbare Auswirkungen auf die Persönlichkeitsentwicklung haben. Diese Mannigfaltigkeit spiegelt den „Entwicklungsstand" in diesem Bereich der psychologischen Forschung wider, und weil wir noch nicht wissen, „was *wirklich* wichtig" ist, stellt sich ein Gefühl von Dynamik, von einem im Gange befindlichen Gärungsprozeß ein. Die Hauptkontroverse entzündet sich de facto nicht daran, was „wirklich wichtig" ist (wenige Psychologen würden irgendeinem der zu erörternden Faktoren Null Einfluß zuschreiben), vielmehr ist es die *relative* Bedeutung der einen Kategorie von Einflüssen gegenüber anderen, die zu den stärksten Meinungsverschiedenheiten führt. Wenn wir eine Stichprobe von verschiedenen persönlichkeitsbeeinflussenden Faktoren präsentieren, dann versuchen wir damit gleichzeitig auch Informationen über die Bandbreite der Erkenntnisse zu bieten, die diese Sparte kennzeichnen.

Ein Gedanke mag uns helfen, einen sichereren Kurs durch den Wirrwarr von Theorien und Daten über Persönlichkeitsentwicklung zu steuern: Sofern sich ein bestimmter Faktor in extremem Maß geltend macht, *begrenzt* er aller Wahrscheinlichkeit nach die möglichen Einflüsse aller anderen Faktoren. Wir können diese Behauptung durch zwei Beispiele veranschaulichen: (1) Nehmen wir an, daß jemand mit irgendeinem körperlichen Defekt (oder einem Merkmal, das in seiner Gesellschaft als Defekt definiert wird) geboren wird. Diese Behinderung kann sein ganzes Leben lang einen beherrschenden Einfluß ausüben, obwohl die spezifischen Auswirkungen unterschiedlich sein mögen. Der Betreffende kann sich von sozialen Kontakten zurückziehen, oder er kann diese reale oder gesellschaftlich vermittelte Benachteiligung durch außerordentliche und erfolgreiche Anstrengungen kompensieren, Eigenschaften und Fertigkeiten zu entwickeln, die ihn dafür entschädigen. Zweifellos werden sich auch andere Faktoren (sagen wir, die Wärme oder Kälte seiner Familie) auf seine Persönlichkeitsentwicklung auswirken, aber wahrscheinlich in geringerem Maße, als wenn er keinen körperlichen

BOX 6/10

Eine indische Auffassung von Persönlichkeit

Der Historiker Arnold Toynbee hat ausgeführt, daß die indische Welt im 6. vorchristlichen Jahrhundert die einzelne menschliche Persönlichkeit als ein kompliziertes Netz von Beziehungen zwischen unzähligen psychischen Ereignissen und nicht als eine einzelne stabile, dauerhafte Struktur begriff. Er schreibt:

„... Buddha machte die Entdeckung, daß die angebliche Unteilbarkeit einer ‚individuellen' Persönlichkeit eine Illusion ist. Mit dem scharfen Blick der Intuition diagnostizierte er eine Persönlichkeit als flüchtige Reihe unzähliger aufeinanderfolgender psychischer Zustände ... [Jeder] stellte einen Bruch gegenüber seinen Vorgängern und seinen Nachfolgern dar. Zwei Kräfte und nur diese zwei hielten sie zusammen: der Wind der Begierde, der sie vorantrieb wie eine Herde dahineilender Wolkenzüge, und die Last des *Karma* – die kumulative Bilanz der sich selbst aufzeichnenden moralischen Gewinn- und Verlustrechnung, die die Begierde in ihrem vergeblichen Versuch, sich selbst zu befriedigen, in Gang hält."

Das Thema ist auch mehr als 2500 Jahre später noch sehr aktuell. Vielleicht wird es in dieser Entweder-oder-Manier immer vorhanden sein und uns dadurch die wahrscheinliche Lösung verstellen – daß jede der beiden Auffassungen „wahr" ist, je nachdem, welche sich zur Beantwortung bestimmter Fragen der Persönlichkeitsentwicklung als brauchbarer erweist.

A. Toynbee: *A Study of History*. Bd. 12: *Reconsiderations*. New York: Oxford University Press, 1961.

Defekt hätte. (2) Nehmen wir an, die Mutter eines Mädchens – oder wer auch immer es in der Kindheit betreut – sei unfähig zu emotionaler Zuwendung. Obwohl das Mädchen genügend physische Pflege erhält, wird es nur als Nebenprodukt der körperlichen Pflegehandlung angefaßt; es wird nie geherzt und niemand spielt mit ihm. Die Folge dieser frühen Deprivation kann tiefreichend sein: Wenn das Mädchen aus diesem Grund keine normale emotionale Beziehung zu dieser Bezugsperson entwickelt, dann wird sich dieses Versäumnis, dieses erste (und entscheidende) menschliche Band zu entwickeln, in der einen oder anderen Weise schädlich auf die Entfaltung ihrer Persönlichkeit auswirken. Dies begrenzt wiederum die möglichen Einflüsse vieler späterer Erfahrungen in ihrem Leben, so daß die Spannweite ihrer Persönlichkeit – die vielen „Selbst", die sie möglicherweise entwickelt haben würde – auf relativ enge Grenzen beschränkt wird.

Diese entscheidende menschliche Beziehung, die ein Kleinkind normalerweise am Beginn seines Lebens zu seiner Hauptbezugsperson entwickelt, wird als *Bindung* bezeichnet; sie ist ein mächtiger Prozeß, der während des ganzen Lebens wirksam ist. Aus diesem Grunde erzählen wir die Geschichte der Entwicklung und des Fortbestands des Bindungsphänomens relativ ausführlich. (Es wird uns nicht möglich sein, in unseren späteren Erörterungen anderer, vielleicht gleichermaßen wichtiger Einflüsse auf die Persönlichkeitsentwicklung ebenso gründlich vorzugehen.) Beim Erzählen dieser Geschichte werden wir häufig auf Beobachtungen nichtmenschlicher Spezies zurückgreifen, da solche Daten eine entscheidende Rolle für die Entstehung der Theorien des menschlichen Bindungsverhaltens gespielt haben. Außerdem ist es faszinierend, sich die mögliche artenübergreifende Universalität eines so fundamentalen Prozesses in der psychischen Entwicklung vor Augen zu halten.

1 Menschliche Bindungen

Der Säugling stellt eine sehr spezielle und überaus starke psychische Beziehung zu dem ersten Menschen her, der für ihn oder sie sorgt, gewöhnlich die Mutter. Das kleine Kind wendet sich an diese Person, wenn es hungrig oder müde ist, erwartet sich Beruhigung von ihr, wenn es sich fürchtet, und benutzt sie als sichere Ausgangsbasis, von der aus es die Welt zu erkunden beginnt. Es ist dies die erste und wichtigste Bindung, die das Individuum in seinem Leben herstellen wird. Die emotionale Macht dieser frühen Liebesbeziehung ist so groß, daß Psychologen erst in den letzten zwei Jahrzehnten ein vielleicht „natürliches" Zögern überwunden haben, sie einer wissenschaftlichen Erforschung zu unterziehen und unter Laborbedingungen zu untersuchen. (Diese Beziehung ist ein klassisches Thema in der Welt der Kunst [s. Abb. 3].)

Abbildung 3: Mutter und Kind.

Mutter und Kind von Pablo Picasso, Öl auf Leinwand, 1921. Mit Genehmigung von The Art Institute of Chicago. Collection Mary und Leigh B. Block Charitable Foundation, Maymar Corp. Mrs. Maurice L. Rothschild, Mr. und Mrs. Edwin E. Hokon, Hertle Fund.

Anfangs glaubten die meisten Psychologen, daß die Bindung des Kindes an seine Mutter durch irgendeine erlernte Assoziation (vielleicht durch irgendeine Form von Konditionierung) der Befriedigung biologischer Bedürfnisse, vor allem Hunger und Durst, mit der Betreuerin, die diese lieferte, zustandekomme. Die Befunde, die einerseits durch Laboruntersuchungen und andererseits durch verstärkte Beobachtung des Verhaltens vieler nichtmenschlicher Spezies in ihrer natürlichen Umwelt zustandekamen, bestätigten diese Theorie jedoch nicht.

In einer Pionierstudie untersuchte Harlow (1959) an der Universität von Wisconsin die Reaktionen von Rhesusaffenjungen auf zwei „Ersatzmütter", von denen die eine aus blankem, zusammengelötetem Draht bestand (die „Drahtmutter"), die zweite aus einem mit weichem Frotteestoff überzogenem Drahtgestell (die „Stoffmutter"). Die Hälfte der Äffchen erhielten ihre Milch von der Drahtmutter, die andere Hälfte von der Stoffmutter. Obwohl die Futtermenge gleich groß war, schienen die Äffchen psychologisch stärker an die Stoffmutter gebunden zu sein. Beispielsweise verbrachten beide Gruppen von Jungen viel mehr Zeit an „sie" geklammert als an die Drahtmutter. Ja die Äffchen, die ihre Nahrung von der Drahtmutter erhielten, verbrachten *nur* so viel Zeit mit „ihr", als der Fütterungsvorgang in Anspruch nahm, und widerlegten dadurch die verbreitete Vorstellung, daß Bindung durch die bloße Assoziation der Mutter mit einer Verminderung von Hunger oder Durst zustandekomme. (Berührung oder „Kontakttröstung" scheint der entscheidende Faktor zu sein.)

Diese Schlußfolgerung wurde durch das Verhalten der Äffchen, wenn diese Streß unterworfen wurden, weiter bestätigt. Furchterregende Objekte wie ein mechanischer Teddybär ließen die Äffchen zu der Stoffmutter fliehen; nachdem sie einige Zeit in diesem sicheren Hafen zugebracht hatten, untersuchten sie schließlich, wenn auch aus einer gewissen Distanz, das Objekt, das sie erschreckt hatte (Abb. 4 und 5). Wenn das Affenjunge allein in einen unbekannten Raum gesetzt wurde, verkroch es sich in einer Ecke, wenn keine Mutter oder nur die Drahtmutter anwesend war. Wenn die Stoffmutter da war, klammerte es sich zunächst an „sie" und ging dann daran, den Raum zu erforschen, wobei es gelegentlich zur eigenen Beruhigung zu ihr zurückkehrte („sie" wurde als die sichere Basis benutzt, von der aus die Umgebung erforscht wurde.) Andere Faktoren außer dem Körperkontakt wurden in weiteren Studien von Harlow und seinen Mitarbeitern berücksichtigt. Ein Vergleich der Reaktionsbereitschaft von Affenjungen auf zwei Stoffmütter, von denen die eine unbeweglich war und die andere schaukelte, zeigten, daß alle Jungen die wiegende Mutter bevorzugten.

Umfangreiche Forschungen über ein offensichtlich verwandtes Phänomen – das der *Prägung* – nährte ebenfalls Zweifel an der Auffassung, daß

Abbildung 4: Wenn die Äffchen mit einem fremden Objekt konfrontiert wurden, zeigten sie eine Angstreaktion.

Abbildung 5: Aber wenn sie sich in der Nähe der Stoffmutter befanden, zeigten sie Neugier gegenüber dem Objekt.

Photos: Harry F. Harlow, Wisconsin Primate Laboratory.

BOX 6/11

Ein Augenblick der Prägung – lebenslange Loyalität

Prägung ist eine merkwürdige Form frühen Lernens, die bei vielen Tierarten eine Schlüsselrolle bei der Entstehung starker Bindungen der Neugeborenen zu spielen scheint. Das charakteristischste Merkmal der Prägung scheint seine Tendenz zu sein, zu einem sehr frühen Zeitpunkt und innerhalb ziemlich enger Altersgrenzen, ursprünglich als die „kritische Periode" bezeichnet, stattzufinden. Genauer gesagt, ein Tier wird geprägt, wenn es auf der Basis einer kurzen Konfrontation mit einem bestimmten Objekt während seiner kritischen Phase sich danach gegenüber diesem Objekt in verschiedenen Weisen verhält, die auf eine tiefe und dauerhafte Bindung an dieses hindeuten.

Anzeichen einer Prägung wurden bei Hunden, Schafen, Meerschweinchen, ja sogar Büffeln festgestellt. Seinen deutlichsten Ausdruck findet die Prägung jedoch bei Vögeln verschiedener Arten. Vielleicht die populärste Spezies für Prägungsuntersuchungen ist die Wildente. Einen großen Teil unserer Erkenntnisse über den Prägungsvorgang dieses Vogels verdanken wir der im Anschluß an Konrad Lorenz durchgeführten Forschungsarbeit von Eckhard Hess, einem Psychologen der Universität von Chicago. Durch eine Reihe von Versuchen hat Hess nachgewiesen, daß ein Entenjunges auf ein Objekt geprägt wird (gewöhnlich eine Holzimitation eines Erpels), nachdem es diesem Objekt für kurze Zeit gefolgt war. (Zehn Minuten können ausreichen, damit Prägung stattfindet [s. Photo].) Diese Prägung kommt am leichtesten etwa vierzehn Stunden nach dem Ausschlüpfen zustande, sie kann aber auch – mit abnehmender Leichtigkeit – während des ersten oder zweiten Lebenstages stattfinden. Danach ist die Prägung schwierig, wenn nicht unmöglich, vielleicht, weil das Junge inzwischen eine Furcht vor neuen und fremden Objekten entwickelt hat. Sobald es auf ein Objekt geprägt ist, folgt das Entenjunge diesem Objekt, selbst unter erschwerten Umständen oder in Gegenwart eines natürlicheren Objekts für seine Zuneigung; so bewahrt es beispielsweise seine Anhänglichkeit gegenüber dem hölzernen Erpel und widersteht den Reizen einer lebenden weiblichen Ente.

Neuere Forschungen haben gezeigt, daß die Vorstellung einer „kritischen" Periode – d.h. eines bestimmten *Alters*abschnitts – der Revision bedarf. Anscheinend ist nicht das Alter *als solches* der entscheidende Faktor für die Empfänglichkeit zur Prägung; vielmehr kann das Ausmaß des Kontakts mit der Außenwelt diese Zeitspanne modifizieren. Wenn der Vogel beispielsweise gleich nach dem Ausschlüpfen eine Kapuze aufgesetzt bekommt (und damit visueller Erfahrungen beraubt wird), dann ist Prägung auch noch nach fünf oder mehr Tagen nachweisbar. Aus diesem Grund wird inzwischen der Begriff „sensible Periode" als der zutreffendere anerkannt.

Nicht alle Objekte eignen sich gleichermaßen für die Prägung. Manche Tiere können nur auf Angehörige ihrer eigenen Spezies oder eng verwandter Arten geprägt werden; andere haben ein größeres Spektrum der Prägbarkeit; so sind En-

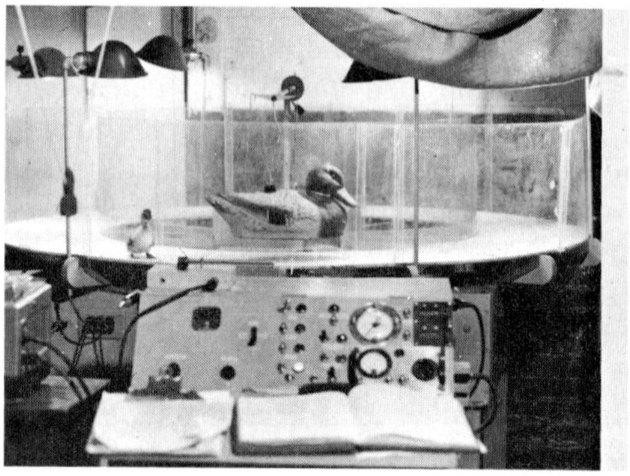

tenjunge und andere Vögel erfolgreich auf Menschen geprägt worden. Ein Faktor, der sich nachweislich auf die Attraktivität eines Prägungsobjekts auswirkt, ist, wie bunt und auffallend dieses ist. P. H. Klopfer und J. P. Hailman stellten bei ihrer Arbeit mit Küken fest, daß diese viel eher dazu neigten, einer optisch sehr auffallenden hölzernen Wildente (gelb mit bunten Flecken und Streifen) zu folgen als einer reinweißen. Küken, die zunächst während der kritischen Periode mit der einfarbigen Holzente konfrontiert wurden, tendierten später dazu, dem bunten und nicht dem einfarbigen Lockvogel zu folgen.

Der Vorgang der Prägung – früher als einmaliger Akt aufgefaßt, bei dem das Tierjunge seine Mutter definierte, seine eigenen Artgenossen entdeckte und das Ziel seiner späteren sexuellen Annäherungsversuche identifizierte – beginnt nun etwas komplexer zu erscheinen. F. Schutz, der im Labor von Konrad Lorenz arbeitet, berichtete, daß verschiedene Entenarten unterschiedliche sensible Perioden für verschiedene Aspekte eines allgemeinen Prägungsvorgangs aufweisen. Ihre primäre Bindung an eine „Mutter" ereignet sich als erstes und ziemlich früh, aber erst im Alter von fünf oder sechs Wochen identifiziert sich das Junge mit seiner Spezies. Wenn das Junge nur eine Spezies zu sehen bekommt, wird diese später, nach Eintritt der sexuellen Reife, zur Paarung gewählt.

In neuerer Zeit haben die englischen Biologen G. Horn, S. Rose und P. Bateson neues Datenmaterial vorgelegt und die vorhandenen Befunde auf spezifische biochemische Veränderungen im Nervensystem verschiedener Spezies hin untersucht, die sehr frühe Erfahrungen begleiten, Veränderungen, die sich von denjenigen unterscheiden, die nach denselben Erfahrungen eintreten, welche in späteren Entwicklungsstadien gemacht werden. Ihre Arbeit enthält Aufschlüsse, die zu einem Verständnis der überaus raschen Lernvorgänge führen könnten, die den Prägungsprozeß hinsichtlich der weitaus größeren Plastizität des Nervensystems tierischer Neugeborener charakterisieren. Eine Frage, die noch nicht beantwortet wurde, ist ob ein der Prägung vergleichbarer Vorgang auch bei Menschenkindern stattfindet. Ein Säugling entwickelt zweifellos etwa im sechsten Lebensmonat eine unverwechselbare und unterscheidungsfähige Bindung an die Person, gewöhnlich die Mutter, die ihn betreut, und manche Psychologen haben die Auffassung vertreten, daß diese sechs Monate die sensible Phase für den Menschen darstellen. Diese Ansicht wird durch die Tatsache bestätigt, daß Babies auch zu etwa diesem Zeitpunkt eine Furcht vor Fremden zu zeigen beginnen. Solche Furchtreaktionen könnten das Ende der Periode signalisieren. Obwohl es diese Hypothese verdient, von der Forschung beachtet zu werden – was auch geschieht – sollten wir uns vor allzu raschen Analogieschlüssen hüten. Alle Arten entwickeln jedoch Bindungen und ein Bewußtsein ihrer eigenen Artgenossen, und dieser Vorgang scheint sich bei einigen der sich später entwickelnden Spezies verzögert stattzufinden. Dieses Faktum ist vom Standpunkt der Anpassung aus sinnvoll, da die Prägung – falls eine solche stattfindet – noch zu der Zeit eintreten sollte, in der das Kleinkind abhängig ist. Das Resultat wäre die Garantie, daß jedes Tierjunge – einmal abgesehen von der Intervention manipulativer Psychologen – während seiner kritischen Periode in Gesellschaft seiner eigenen Artgenossen wäre. Sonst könnte es passieren, daß sich ein umherstreunendes Lämmchen den Wolf, dem es zufällig über den Weg läuft, als Mutter erwählt – mit naheliegenden und höchst fehlangepaßten Konsequenzen.

E. Hess: Imprinting in birds. *Science,* 1964, *146,* 1128 bis 1139.

P. Klopfer u. J. P. Hailman: Perceptual preferences and imprinting in pigs. *Science,* 1964, *145,* 1333–1334.

F. Schutz: Sexuelle Prägung bei Anatoiden. Z. *Tierpsychologie,* 1965, *22,* 50–103.

G. Horn, S. Rose u. P. Bateson: Experience and plasticity in the central nervous system. *Science,* 1973, *181,* 506–514.

Photo mit Genehmigung von E. Hess, Universität von Chicago.

diese Bindung durch eine Assoziation der Verminderung körperlicher Bedürfnisse mit der Mutter zustandekommt (s. Box 6/11, S. 66). Entenjunge und Hühnerküken können sich von Geburt an selbst ernähren, folgen aber trotzdem jedem beweglichen Objekt, das sie sehen, insbesondere, wenn sie es dreizehn bis sechzehn Stunden nach dem Ausschlüpfen zum ersten Mal erblicken. Diese „Folge"-Reaktion, ein überaus mächtiger Drang, scheint vor allem auf visuelle Auslösereize anzusprechen, obwohl es auch Anzeichen gibt, daß akustische Reize dazu beitragen können. Wenn ein Entenjunges beispielsweise vor dem Ausschlüpfen isoliert wird und daher nicht imstande ist, die Rufe zu hören, die andere Entenjunge in ihren Eischalen ausstoßen, dann zeigt es später eine verminderte Reaktionsbereitschaft auf die Rufe seiner Mutter (Gottlieb, 1968).

Die Tatsache, daß Prägung nur während einer begrenzten Periode stattzufinden scheint, deutet ebenfalls darauf hin, daß andere Faktoren als assoziatives Lernen wirksam sind. Beispielsweise zeigen Affenjunge, die in den ersten sechs Monaten ihres Lebens isoliert gehalten wurden, extrem abnormes Verhalten, wenn sie später in eine normale Umgebung kommen. Sie scheinen unfähig, mit anderen Affen in Beziehung zu treten. Von größerer praktischer Bedeutung ist, daß Hundejunge, die nach dem Alter von vierzehn Wochen in einem Zwinger von menschlichem Kontakt isoliert wurden, in der Regel keine Bindung an ihre blinden Besitzer entwickeln, wenn sie später als Blindenhunde ausgebildet werden (Pfaffenberger u. Scott, 1959).

Einer der ersten Forscher, der *menschliches* Bindungsverhalten aus einer ethologischen Perspektive aus studierte, war Bowlby (1969). Er ging davon aus, daß Menschenkinder mit einer genetisch bedingten Disposition geboren werden, sich sehr eng an die Erwachsenen anzuschließen, die für sie sorgen (in der Regel die Eltern) und daß die Eltern ihrerseits prädisponiert sind, mit Verhaltensweisen zu reagieren, die die Sicherheit ihrer Sprößlinge gewährleisten. Diese komplementären Verhaltensmuster dürften, da sie für das Überleben der Spezies notwendig sind, ein Produkt der menschlichen Evolution sein, da sie den Schutz der Nachkommen gewährleisten. Um Pflegereaktionen der Bezugsperson auszulösen und aufrechtzuerhalten, so wird angenommen, hat das menschliche Kleinkind artspezifische Verhaltensweisen wie Weinen, Klammern, Saugen, Lächeln und Nachlaufen entwickelt. Andererseits wird jedoch bezweifelt, daß die sogenannte *Mutterliebe* angeboren sei.

Schaffer u. Emerson (1964) führten eine der ersten Längsschnittstudien menschlichen Bindungsverhaltens mit einer Gruppe schottischer Säuglinge durch. Sie sammelten monatlich Daten über 60 Säuglinge von der Geburt bis zum Alter von zwölf Monaten und stellten fest, daß ein Drittel nach sechs Monaten und drei Viertel nach neun Monaten Bindungsverhalten zeigten. Es gab jedoch starke individuelle Abweichungen. Bei zwei Säuglingen war im Alter von zwölf Monaten noch kein Bindungsverhalten zu beobachten, während einige schon im Alter von vier Monaten auf einen vertrauten Erwachsenen reagierten. Ob Erkenntnisse über die Faktoren gewonnen werden können, die zu solchen starken Abweichungen beitragen, ist Gegenstand zahlreicher neuerer Forschungsarbeiten gewesen.

Ainsworth und ihre Mitarbeiter haben ihre Aufmerksamkeit auf dieses Problem individueller Unterschiede in Mutter-Kind-Beziehungen konzentriert (1978). Sie benutzen eine Versuchsanordnung, die als „fremde Situation" bezeichnet wird und die Beobachtung des Säuglingsverhaltens gegenüber der Bezugsperson ermöglicht. Das Kind wird in einer feststehenden Reihenfolge mit Ereignissen konfrontiert, die geeignet sind, Furcht und demnach intensiviertes Bindungsverhalten auszulösen: Aufenthalt in einem fremden Raum, Eintreten eines unbekannten Erwachsenen und Trennung von der Mutter. Ainsworth hat ihre Forschungsarbeit auf die Art und Weise konzentriert, wie jedes einzelne Kind auf diese Ereignisse reagiert, und insbesondere auf die Art, wie das Kind auf die Wiedervereinigung mit der Bezugsperson reagiert.

Aus den Ergebnissen scheinen sich bestimmte Muster von Verhaltensreaktionen herauszukristallisieren. „Sicher gebundene" Kinder erforschten den Raum in Gegenwart ihrer Mutter, suchten Kontakt mit ihr und erforschten weniger in Gegenwart eines Fremden, wirkten unglücklich in Abwesenheit ihrer Mutter und suchten nach ihrer Rückkehr Kontakt mit ihr. „Unsicher gebundene" Kinder zerfielen in zwei getrennte Gruppen: In der ersten Gruppe waren manche durch die Trennung sehr verstört und suchten nach der Rückkehr der Bezugsperson in ambivalenter Weise Kontakt mit ihr, d. h. sie waren gleichzeitig ärgerlich und leisteten Widerstand; in der zweiten „unsicher gebundenen" Gruppe wirkten die Kinder kaum oder gar nicht unglücklich über die Trennung und vermieden Kontakt nach Rückkehr der Mutter.

Ainsworth und ihre Mitarbeiter untersuchten den Zusammenhang zwischen mütterlichem Verhalten und dem Bindungsverhalten der Kinder und stellten fest, daß der auffallende Unterschied zwischen den sicher und unsicher gebundenen Kindern auf die Sensibilität der Mütter für die Signale und Kommunikationen ihrer Kinder zurückzuführen war. Die sicher gebundenen Kinder hatten in der Regel Mütter, die schnell und präzise auf Signale ihrer Sprößlinge reagierten und beispielsweise die Kinder bestimmen ließen, wann die Fütterung beginnen und enden sollte. Im Gegensatz dazu hatten ängstlich gebundene Kinder häufig Mütter, die eher auf der Basis ihrer eigenen Bedürfnisse reagierten als auf der ihrer Kinder. Die Kinder, die den Kontakt vermieden, hatten meist ablehnende Mütter, die selbst eine Aversion gegen engen körperlichen Kontakt zu haben schienen.

Diese Arbeit verstärkt den Eindruck, daß das Bindungsverhalten irgendwie mit der Kommunikationsfähigkeit der Mutter und dadurch mit dem Gefühl der Beherrschbarkeit oder Kontrolle zusammenzuhängen scheint, die das Kind von seiner oder ihrer Umgebung zu erwarten lernt. Wenn die frühesten Erfahrungen des Kindes mit seiner Umwelt es lehren, daß seine Handlungen in keiner Weise mit den Reaktionen anderer zusammenhängen, dann kann das Vertrauen des Kindes zu sich selbst und zu anderen ernsthaft geschädigt werden. Dieses Phänomen erinnert stark an Seligmans Konzept der „gelernten Hilflosigkeit" (s. 3. Bd., 2. Kap.).

Das Problem ist jedoch keinesfalls einseitig, und es ist auch nicht einfach zu analysieren. Die mangelnde anfängliche Reaktionsbereitschaft eines Säuglings auf seine Mutter könnte die Art und Weise beeinflussen, wie die Mutter zunächst mit ihrem Kind umgeht. Wenn das Kind beispielsweise nicht häufig lächelt, könnte die Mutter anfangen, sich unzulänglich zu fühlen und sich dann körperlich und gefühlsmäßig von dem Kind abwenden (die Erörterung der „Wechselwirkungen" im 1. Bd., 4. Kap., ist hier unmittelbar relevant). Bindung wird daher zunehmend als ein wechselseitiger Vorgang angesehen, der im Englischen mit dem Begriff *bonding* bezeichnet wird, was auf eine *wechselseitige* Beziehung zwischen Mutter und Kind hindeutet. In Entbindungskliniken ist es inzwischen üblich, den Säugling nicht bei der Geburt von seiner Mutter zu trennen, sondern beiden zu gestatten, beträchtliche Zeit zusammen zu verbringen, um die Entstehung dieser wechselseitigen Beziehung zu fördern. Daß dieser Bindungsprozeß tatsächlich unmittelbar nach der Geburt beginnt, ist eine Hypothese, die durch ein neueres (und außerordentliches) Forschungsergebnis indirekt bestätigt wird: DeCasper und Pfeifer (1980) berichten, „ein neugeborener Säugling im Alter von weniger als drei Tagen kann nicht nur die Stimme seiner Mutter unterscheiden, sondern strengt sich auch mehr an, um ihre Stimme und nicht die einer anderen Frau ertönen zu lassen" (S. 1175). Diese Schlußfolgerung basiert auf ihrer Entdeckung, daß der Säugling sehr rasch lernt, kräftiger an dem Lutscher eines Fläschchens zu saugen, wenn sich dadurch eine Bandaufzeichnung der Stimme seiner Mutter in Gang setzt, die eine Geschichte vorliest, als wenn danach die Stimme einer anderen Frau zu horen war.

Väter sind erst in neuerer Zeit als potentielle Bindungsziele erkannt worden. Eine Folge davon ist der gegenwärtige Trend, den Vater stärker in das Geburtserlebnis einzubeziehen (indem er beispielsweise bei der Entbindung anwesend ist), was dazu beitragen kann, die Entstehung einer Bindung zwischen Vater und Kind zu gewährleisten.

Es greift auch die Erkenntnis um sich, daß die Mutter-Kind-Bindung keineswegs die einzige enge Bindung ist. Harlow und Harlow (1965) sprechen von „affektiven Systemen" statt von Bindungen und unterscheiden fünf: Kind an Mutter, Mutter an Kind, Kind an Altersgenossen, heterosexuelle Beziehungen und erwachsener Mann an Kind.

Der Rolle des Vaters bei der Kindererziehung wird zunehmende Aufmerksamkeit gewidmet, da infolge sich wandelnder gesellschaftlicher Einstellungen ein etwas größerer Teil der Verantwortung für die Kinder auf den Mann übergeht. Lamb (1977) wiederholte Ainsworths Versuchsanordnung der fremden Situation so, daß das Kind einmal von der Mutter und ein anderes Mal vom Vater in das Labor begleitet wurde. Mehrere Kinder, die mit der Mutter ängstlich erschienen oder Vermeidungsverhalten zeigten, aber sehr sicher an ihren Vater gebunden waren, gerieten in große Erregung, sobald ihre Väter weggingen. Es hat daher den Anschein, daß das Kleinkind durchaus imstande ist, verschiedene Arten von Beziehungen je nach der speziellen Qualität der Interaktionen mit diesen zu verschiedenen Personen herzustellen.

Da sich ein Teil der Verantwortung für die Kinderbetreuung auf Tagesstätten verlagert, wird auch die Rolle von Ersatzbetreuern erforscht. Die Resultate sind etwas widersprüchlich. Fox (1977) verglich die Reaktionen israelischer, im Kibbuz aufgezogener Kinder gegenüber ihren Müttern und ihren *metapelets,* die sie anfangs in einer Tagesstätte betreuten, und stellte fest, daß die *metapelet* in einer solchen Situation leicht zur primären Bezugsperson werden konnte. Farran und Ramey (1977) berichteten dagegen, daß die Mütter den Betreuerinnen der Tagesstätten vorgezogen wurden und daß letztere nicht einmal den Vorzug gegenüber Fremden genossen. Es bedarf offensichtlich weiterer Forschungen, um die möglichen Determinanten der Bindungsentstehung in solchen Umgebungen zu klären – die Art der Tagesbetreuung, das Alter des Kindes bei seinem Eintritt in eine solche Einrichtung, die Vorgeschichte der Mutter-Kind-Beziehung und so weiter (Ainsworth, 1979 a).

Die Fähigkeit des Kindes, andere Bindungen zu entwickeln, ermöglicht die Genesung von einer frühen fehlgeschlagenen Erfahrung. Mehrere verstörte Rhesusäffchen, die in den ersten sechs Lebensmonaten isoliert worden waren, erholten sich bereits nach 26 Wochen in erstaunlicher Weise, wenn sie mit anderen jungen Affen zusammengebracht wurden (Suomi u. Harlow, 1972). Beim Menschen bieten spätere Interaktionen mit Geschwistern, Altersgenossen, Lehrern und Freunden andere mögliche korrektive Erfahrungen. Ainsworths Forschungen wurden auch als Grundlage für die Therapie von Familien mit emotional gestörten Kleinkindern sowie im Umgang mit Kindern benutzt, die institutionalisiert werden müssen. Allgemein kann man sagen, daß die Angehörigen der psychischen Heilberufe beginnen, die Wichtigkeit der Stärkung „sozialer Unterstützungssysteme" für die Familieneinheit zu erkennen, die Belastungen dieser Art ausgesetzt ist.

Wenn solche Beziehungen zu anderen Menschen wesentliche Wachstumserfahrungen sind, dann ist das Faktum, daß man sich selbst als lebensfähiges Individuum – getrennt von anderen – erlebt, sowohl eine ergänzende wie essentielle Errungenschaft. Im allgemeinen beginnt das Kind etwa zwischen dem achten und dem zwölften Lebensmonat bei der Trennung von der Mutter Angst zu äußern; etwa nach dem Alter von zwei Jahren kann das Kind Trennungen ohne großes Mißbehagen ertragen, was darauf hindeutet, daß das Kind zu diesem Zeitpunkt darauf vertraut, daß die Mutter zurückkehren wird. Obzwar gewisse Zweifel daran bestehen, daß Bindung und Trennungsangst zwangsläufig miteinander verbunden sind (Weinraub u. Lewis, 1977) bleibt es nützlich, sich die beiden als letztlich verwandte Phänomene vorzustellen.

Mahler und ihre Mitarbeiter (Mahler, Pine u. Bergman, 1975) haben ein Entwicklungsmodell des Prozesses vorgeschlagen, demzufolge sich das Kind eine eigenständige und separate Identität schafft. Mahler glaubt, daß das Neugeborene sein psychisches Leben in einem undifferenzierten Zustand (einer *autistischen Phase*) beginne, in der es außerstande sei, seine eigenen Anstrengungen zur Spannungsreduktion von seinem Erleben seiner Mutter zu unterscheiden. Nach etwa einem Monat folgt eine Phase der *Symbiose.* Zu diesem Zeitpunkt scheint der Säugling Mutter und Selbst als eine Einheit zu erleben – als buchstäblich untrennbar. Aus diesem symbiotischen Stadium beginnt der Säugling, Mahler zufolge, dann im Alter von etwa vier bis fünf Monaten „auszuschlüpfen". Von dieser Zeit an bis zum Alter von etwa zweieinhalb Jahren erlangt das Kind zuerst ein Gefühl des Getrenntseins und später das vollständige Erlebnis, ein einzigartiges Individuum zu sein. Laut Mahler hat der Grad und die Geschicklichkeit, mit der das Kind diesen Entwicklungsschritt meistert, einen entscheidenden Einfluß auf seine Fähigkeit, während seines ganzen späteren Lebens mit Trennung und dem Verlust wichtiger Liebesobjekte – seien es Personen, Rollen oder Besitztümer – fertigzuwerden.

Wir haben nunmehr ziemlich eingehend die verschiedenen Formen und Formulierungen von Bindung in den frühesten Lebensjahren dargestellt. Es liegt auf der Hand, daß dies ein entscheidend wichtiges Thema ist, das sich wie ein roter Faden durch das ganze Leben zieht und zu immer neuen theoretischen Deutungen herausfordert. So haben beispielsweise Porter u. Laney (1980) versucht, Bindung in ein Konzept von „Einbeziehungstauglichkeit" (inclusive fitness) aufzunehmen, das aus einer ganz neuen „soziobiologischen"

Theorie stammt (s. 1. Bd., 3. Kap.). Kurz gesagt, erweitert diese neue Formulierung Bowlbys ausschließliche Konzentration auf die Bindung an die Mutter (bzw. die primäre Bezugsperson) um eine große Zahl von Verwandten, wodurch die Bindung schließlich eine entscheidende Rolle für das Überleben der Spezies, nicht bloß des einzelnen Kindes spielt.

Die Mutter-Kind-Beziehung ist natürlich, obwohl sie überaus mächtig und dauerhaft ist, nur eine von vielen Bindungen, die jeder Mensch im Laufe seines Lebens entwickelt. Der Eindruck dieser ersten Beziehung übt wahrscheinlich einen starken Einfluß auf die Qualität künftiger Bindungen aus, und die Summe dieser Beziehungen ist sowohl für den einzelnen als auch für die Gesellschaft bedeutsam. Es mag überraschen, daß das Objekt einer Bindung nicht ein anderer Mensch zu sein braucht. Das starke Band, das man in manchen Berufen beobachten kann (beispielsweise bei Feuerwehrleuten, deren Leben oft von ihrer Ausrüstung abhängt, die sie „liebevoll" pflegen), kann als eine solche im Erwachsenenalter entwickelte Bindung betrachtet werden. Und die emotionale Beziehung, die Musiker mit ihren Instrumenten verbindet, oder einen Halbwüchsigen mit seinem ersten Auto, all dies spricht für eine Bindung, deren Objekt ein unbelebter Gegenstand sein kann.

Bindung muß als ein lebenslanger Prozeß betrachtet werden, der immer wieder Umbruchsituationen zeitigt: Wie beginnt Bindung und was bestimmt den Verlauf ihrer Entwicklung (s. Abb. 6)? Beginnen wir mit der Annahme Ainsworths, daß die mütterliche Reaktionsbereitschaft einem Kleinkind gestatte, eine innere Repräsentation der Mutter aufzubauen. Dieses Vorstellungsbild trägt es als eine Quelle der Beruhigung mit sich herum, wenn die Mutter für kurze Zeiten abwesend ist (Ainsworth, 1979b). Der Verlauf läßt sich am besten durch ein ausführliches Zitat aus einer Analyse der Rolle der Bindung bei ehelicher Trennung darlegen (Weiss, 1975), die genau eine solche „Naturgeschichte" des Bindungsverhaltens während des ganzen Lebens zu skizzieren versucht:

„In den Jahren vor der Adoleszenz ist die Entwicklung des Bindungsverhaltens durch die zunehmende Fähigkeit des Kindes gekennzeichnet, Trennungen von der Bindungsfigur ertragen zu können, solange diese Figur als erreichbar begriffen wird. Ein zweijähriges Kind, mit dem die Mutter zum Spielplatz geht, kann sich von ihr

Abbildung 6: Im Beisein der Mutter erhält eine eigentlich angsterzeugende Situation eine interessante Note.

wegbegeben, um seine Umgebung zu erforschen, solange es sicher ist, daß es, so oft es sich nach ihr umsieht, seine Mutter auf der Bank sitzen sieht, wo es sie verlassen hat. Ein etwas älteres Kind kann zufrieden vor seinem Haus spielen, in dem Bewußtsein, daß seine Mutter drinnen ist. Ein noch älteres Kind kann am Morgen in die Schule gehen und spät nachmittags zurückkehren, ohne sich verunsichert zu fühlen. Die anhaltende Wichtigkeit der Erreichbarkeit der Mutter für dieses ältere Kind ist jedoch leicht zu erkennen, falls das Kind bei seiner Rückkehr nach Hause unerwartet ein leeres Haus vorfindet. Wenn längere Zeit vergeht und die Mutter immer noch nicht erscheint, kann das Kind in Panik geraten. Fundamentale Veränderungen in der Funktionsweise von Bindungen scheinen in der Adoleszenz aufzutreten. Es erfolgt ein fortschreitender, wenn auch manchmal unterbrochener und oft belastender Entzug der Bindung von den Eltern und an seiner Stelle die Entwicklung von Bindungen an Gleichaltrige: vielleicht eine unzertrennliche beste Freundin, vielleicht ein Altersgenosse des anderen Geschlechts, vielleicht eine Gruppe von Gleichaltrigen, wobei die Gruppe als eine einzige Figur erlebt wird. Eltern können für die Sicherheit des Kindes wichtig bleiben, aber in anderer Weise, als dies in den früheren Jahren des Kindes der Fall war. Jetzt sind sie wichtig, weil sie eine feste Basis bieten können, von der aus das Kind sich in die Unabhängigkeit bewegen kann; ihre Zugänglichkeit kann immer noch wichtig sein, aber nicht mehr so sehr.

Wenn das Individuum aus der Adoleszenz herauswächst und eine Erwachsenenidentität zu etablieren beginnt und sich damit der Person annähert, die er oder sie als Erwachsener sein wird, dann richten sich die Bindungsgefühle auf jemand, mit dem das spätere Leben geteilt werden wird. In der frühen Adoleszenz beginnt eine Konvergenz der Bindungsgefühle und der sexuellen

BOX 6/12

Über Tod und Sterben

Elisabeth Kübler-Ross, eine Chicagoer Ärztin, hat einen sensiblen klinischen Bericht veröffentlicht, der ein Destillat ihrer Erfahrungen in jahrelanger Arbeit mit sterbenden Krankenhauspatienten enthält. Ihren Ansatz beschreibt sie in ihrer Einführung zu einem früheren Buch (1970):

> „Wir haben den sterbenden Patienten [gebeten] ... unser Lehrer zu sein, damit wir mehr über die letzten Lebensstadien mit allen ihren Ängsten, Befürchtungen und Hoffnungen lernen können. Ich erzähle bloß die Geschichten meiner Patienten, die ihre Qualen, ihre Erwartungen und ihre Frustrationen mit uns teilten. Es ist zu hoffen, daß dies andere ermutigen wird, die ‚hoffnungslos' Erkrankten nicht zu scheuen, sondern ihnen näherzukommen, da sie ihnen in ihren letzten Stunden viel helfen können. Die wenigen, die das tun können, werden auch entdecken, daß es ein gegenseitig befriedigendes Erlebnis sein kann; sie werden viel über die Funktionsweise des menschlichen Bewußtseins erfahren, die einzigartigen menschlichen Aspekte unserer Existenz, und sie werden aus dieser Erfahrung bereichert und vielleicht mit weniger Ängsten in bezug auf ihre eigene Sterblichkeit hervorgehen."

Kübler-Ross interviewte im Laufe ihrer ursprünglichen Studie über 200 sterbende Patienten – eine Studie, die bei der Lektüre überzeugend demonstriert, daß die „Versuchspersonen" in diesem Fall nicht nur unerläßliche Quellen seltener Daten, sondern auch unmittelbare Nutznießer des Forschungsprozesses waren. Diese Gespräche kamen erst nach Überwindung starker Widerstände zustande, aber diese stammten weitestgehend von den verantwortlichen Ärzten. Neun von zehn Ärzten reagierten, als sie erstmals um Erlaubnis ersucht wurden, mit ihren sterbenden Patienten zu sprechen, mit „Unbehagen, Verärgerung und offener oder verdeckter Feindseligkeit". Obwohl die Genehmigung nur in seltenen Fällen glatt verweigert wurde, gab es massiven Widerstand und die verschiedensten Ausreden. Manche Ärzte leugneten sogar, moribunde Patienten unter ihrer Aufsicht zu haben. Diese Leugnung wurde oft von einer damit einhergehenden Haltung begleitet: man solle dem Patienten nicht sagen, daß er sterbe. Kübler-Ross bemerkt, daß „das Bedürfnis [der Patienten] nach Leugnung in direktem Verhältnis zu dem Bedürfnis der Ärzte nach Leugnung" stehe.

Aber Leugnung und eine selbstverhängte psychologische Isolierung sind eindeutig die Anfangsstadien eines Patienten, der erfahren hat, daß ihm der Tod bevorsteht. Kübler-Ross versichert, daß dies ein notwendiges Stadium sei, das dem einzelnen einen Puffer gegen überwältigende Furcht gewähre und ihm Zeit gebe, seine Gedanken und Kräfte zu sammeln.

Leugnung kann mit seltenen Ausnahmen nicht während der ganzen Zeit des Sterbens aufrechterhalten werden. Kübler-Ross beschreibt den Ablauf der folgenden Stadien, die sie immer wieder beobachtet hat: Auf die Leugnung folgt oft Wut über das eigene Schicksal und Neid auf die Gesundheit und das Glück anderer. An dieses Stadium schließt sich manchmal eine kurze Periode des Feilschens an – des Versuchs, das unerbittliche Schicksal irgendwie, durch Versprechen, ein besserer Mensch zu werden, zu ködern und zumindest einen begrenzten Aufschub zu erlangen. Dann kommt unweigerlich das Stadium der Depression, aber es gibt zwei Arten. Zuerst ist der Patient – und aus gutem Grund – deprimiert über die Verschlechterung seines körperlichen Zustands, über die Angst und die Zerreißprobe, der seine Familie ausgesetzt ist, und so weiter. Dies läßt sich bis zu einem gewissen Grad und manchmal mit erstaunlichem Erfolg lindern, Besorgnisse können zerstreut und Schritte zur Lösung praktischer Probleme (beispielsweise hinsichtlich der finanziellen Belastung des Krankenhausaufenthalts) unternommen werden. Aber die zweite, spätere Form der Depression läßt sich nicht durch ermutigenden Zuspruch und hilfrei-

Wünsche, so daß dieselbe Person zu einem Objekt für beides werden kann. In der späten Adoleszenz und den frühen Erwachsenenjahren kann es darüber hinaus wichtig werden, daß eine künftige Bindungsfigur eine Person ist, die mit der sich eben entwickelnden Identität des Individuums vereinbar ist. Die in Aussicht genommene Person muß als Lebenspartner geeignet sein, ausgehend davon, was für ein Mensch der Betreffende ist und sein will. Die Bindungswahl kann einem in der Tat helfen, eine bestimmte Identität herauszukristallisieren. Im frühen Erwachsenenalter kann es zwei oder mehr Bindungsfiguren geben. Sooft eine Bindungsbeziehung

che Handlungen zerstreuen – und nach Ansicht von Kübler-Ross sollte man das auch nicht versuchen. Warum nicht? Weil nach ihrer Auffassung der Patient dadurch Gelegenheit hat, über seinen eigenen Tod nachzusinnen, und dies sei eine notwendige Vorbereitung auf den Tod. In diesem Stadium sucht der Patient in der Regel die Einsamkeit, und jeder Versuch, ihn, ja selbst seine Familie aufzuheitern, vertieft ironischerweise nur noch seinen Schmerz. Wenn er darum ringt, Frieden mit sich selbst zu machen, dann verstärken alle derartigen Bemühungen nur seinen inneren Aufruhr.

Wenn der Patient genügend Zeit und sensible Hilfe für die Durcharbeitung der früheren Stadien hatte, kann es ihm gelingen, den Tod – und das heißt, das Ende aller menschlichen Bindungen – zu akzeptieren. In gewissem Sinn hat er seine Trauer jetzt abgeschlossen – die Trauer um den bevorstehenden Verlust geliebter Menschen und um sich selbst. Es ist eine Zeit relativen inneren Friedens, wenn auch fast bar aller Gefühle. Für Freunde und Angehörige kann dies eine besonders schwierige Zeit sein, da sich der Patient oft schon vom Leben zurückgezogen hat und wenig Bedürfnis verspürt, mit ihnen zu kommunizieren. Ihre stille Anwesenheit ist ihm jedoch während dieser letzten Periode oft zutiefst willkommen.

Dem Tod ins Auge zu sehen kann einen großen Gewinn bedeuten – für sterbende Patienten, ihre Familie und für alle Beobachter und Beteiligte – und das sind wir alle. Das zweite Buch von Kübler-Ross leistet uns dabei gute Dienste.

E. Kübler-Ross: Interviews mit Sterbenden. Stuttgart, Berlin 1971.

E. Kübler-Ross: Death: The Final Stage of Growth. Englewood Cliffs, N.J.: Printers Hall, 1975.

E. Kübler-Ross: *On Death and Dying.* Taschenbuchausgabe. New York: McMillan, 1979.

endet, ist es wahrscheinlich, daß Gefühle der Einsamkeit und des Selbstzweifels auftreten, so vernünftig die Beendigung auch sein mag. Früher oder später heiraten die meisten Menschen und nehmen mit der Heirat an, daß ihnen nunmehr eine ständig erreichbare Bindungsfigur sicher sein werde. Diese Überzeugung, daß die Ehe die Zugänglichkeit der Bindungsfigur gewährleistet, ist sehr wahrscheinlich einer der Gründe für die Attraktivität der Ehe; die Enttäuschung dieses Glaubens ist eine Quelle der Bitterkeit bei der Trennung" (S. 41–42).

Bei der Erörterung der Trennung vom Ehepartner und der Scheidung bemerkt Weiss, daß die Bindung an den eigenen Partner noch lange weiterbesteht, nachdem alle Liebe verflogen ist, und selbst, wenn Haß an ihre Stelle getreten ist. Er schreibt:

„Ehepartner, die überzeugt sind, daß ihre Ehe hoffnungslos ist und die sich ihrer anhaltenden Bindung an einen Partner bewußt werden, den sie glauben, verlassen zu müssen, verfluchen sich oft selbst wegen ihrer Schwäche und Abhängigkeit. Das sollten sie nicht tun. Bindungen können außerordentlich widerstandsfähig sein. Selbst Personen, die seit langem getrennt leben, die glauben, daß ihre Ehe zu Ende ist und die einen neuen Partner gefunden haben, können bei einer Wiederbegegnung mit dem ersten Partner merken, daß latente Bindungsgefühle aufs Neue erwachen" (S. 45).

Bindung und Trennungsangst manifestieren sich zum letzten Mal im Angesicht des Todes – und danach (s. Abb. 7). Wie in Box 6/12 dargestellt, kann sich derjenige, dem es gelingt, sich von lebenslangen Bindungen zu lösen, mit dem Ende

Abbildung 7: Jede Gesellschaft hat irgendeine Bestattungszeremonie als ritualistische Hilfe beim Umgang mit einem schmerzlichen Verlust. Auf dem Bild sind Trauernde beim Begräbnis des siebzehnjährigen Indianers Louis Cain Top Bear zu sehen, der im Indianerreservat Pine Ridge in South Dakota Selbstmord beging.

seines Lebens abfinden. Auf das ganze Leben bezogen kann man sagen, daß die *Ablösung* den erfolgreichen Abschluß der Naturgeschichte des Bindungsprozesses darstellt. Für die Hinterbliebenen geht das Leben weiter, sie müssen die Belastung und Angst der Trennung ertragen und überwinden, wenn ihre Trauerarbeit erfolgreich abgeschlossen werden soll. Im Normalfall ist diese Periode des Trauerns zeitlich begrenzt; wenn sie nicht endet, dann wird das Fortbestehen der Bindung zu einer destruktiven Kraft – und zweifellos auch zu einem Phänomen der Fehlanpassung für diejenigen, deren Leben weitergeht. Ebenso wie die Toten „den Geist aufgegeben haben", müssen die Lebenden ihre Bindungen aufgeben. Wenn die Hinterbliebenen überleben sollen (und nicht nur das), dann ist dies ihre einzige Möglichkeit.

Mit dieser detaillierten Darstellung der Bindungsprozesse wollten wir nicht nur einen allgegenwärtigen Entwicklungsvorgang beschreiben, sondern auch ihre Bedeutung als immer wiederkehrende (wenn nicht stets vorhandene) Kraft demonstrieren, die das Wachstum der Persönlichkeit während des ganzen Lebens beeinflußt. Wir wenden uns jetzt einer anderen allgemeinen Kategorie von Determinanten zu – erblichen und somatischen Faktoren, die mit Merkmalen des Körpers und dessen Wachstum zu tun haben – deren Einfluß sich weitgehend, wenn auch nicht völlig auf die Entwicklungszeit der Kindheit und Jugend beschränkt.

2 Vererbte und somatische Einflüsse

Persönlichkeitsdeterminanten dieser Art mögen als weniger „plausible" Quellen des Einflusses erscheinen als andere, über die wir gesprochen haben. Jeder Kausalzusammenhang zwischen körperlichen Faktoren und Persönlichkeit scheint nicht nur weit hergeholt – allein schon ihn in Erwägung zu ziehen, stößt oft auf Kritik. Es ist, als ob ein Tabu gegen jeden Versuch existiere, eine Verbindung zwischen dem Körper und der Psyche herzustellen, als würde die Spiritualität der menschlichen Persönlichkeit durch die Andeutung beeinträchtigt, daß diese von so „krassen" Faktoren beeinflußt werden könnte. Es gibt Ausnahmen von diesem Tabu, aber diese beziehen sich auf abweichende Phänomene. Es ist akzeptabel, Erblichkeit mit Intelligenz in Verbindung zu bringen, solange wir nur nach den Ursachen geistiger Retardierung suchen. In ähnlicher Weise ist es legitim, selbst die Persönlichkeit auf eine genetische Prädisposition zurückzuführen; aber nur, wenn wir von psychotischen Störungen wie Schizophrenie sprechen.

Vielleicht haben wir übertrieben, aber zweifellos wird dieses Thema in der Regel sehr knapp und vorsichtig abgehandelt. Wir werden uns dem nicht anschließen, weil wir glauben, daß es, um die Entfaltung der Persönlichkeit zu verstehen, nötig ist, sowohl die möglichen *unmittelbaren* Beiträge der Vererbung als auch die *weniger unmittelbaren* Einflüsse genetisch bedingter körperlicher Merkmale sowie physischer und biologischer Reifungsgeschwindigkeiten auf die Gesamtpersönlichkeit in Betracht zu ziehen.

2.1 Erbfaktoren

Wie durch Zwillingsuntersuchungen nachgewiesen wurde (s. 4. Bd., 3. Kap.), gibt es überzeugende Belege dafür, daß die genetische Konstitution unter Personen des gleichen Milieus einen gewissen Einfluß auf individuelle Unterschiede in der Intelligenz hat. Die Daten über die genetischen Einflüsse auf die nichtintellektuellen Aspekte der Persönlichkeit sind jedoch weniger klar. Zum einen sind die vorhandenen Meßverfahren für die Intelligenz besser validiert und allgemeiner akzeptiert als die Meßverfahren für die meisten übrigen Persönlichkeitsattribute. Und im allgemeinen ist auch über die Vererbung von Persönlichkeit weniger geforscht worden. Das verfügbare Datenmaterial scheint jedoch darauf hinzudeuten, daß die Vererbung einen starken Einfluß auf bestimmte Persönlichkeitsaspekte hat. Am stärksten davon betroffen ist möglicherweise das *Temperament,* ein Begriff, der sich auf solche Façetten der Persönlichkeit wie Stimmung, Reaktionsfähigkeit und Energieniveau bezieht. Tierzüchter sind sich beispielsweise seit langem über die ausgeprägten Unterschiede im Temperament bestimmter Tierrassen und Stämme verschiedener Spezies im klaren. Manche Hunderassen sind phlegmatisch, andere lebhaft und reizbar. Sorgfältig kontrollierte Untersuchungen der Verhaltensgenetik (s. 1. Bd., 3. Kap.) bestätigen diesen Eindruck.

2.2 Studien zur Verwandtschaftsähnlichkeit

Ähnliche Untersuchungen am Menschen fehlen verständlicherweise, so daß wir uns an weniger unmittelbare Erkenntnisquellen halten müssen. Dazu zählen in erster Linie Untersuchungen der Verwandtschaftsähnlichkeit, das heißt des Grades, in dem *Verwandte* der Individuen, für die wir uns interessieren, ähnliche Persönlichkeitsmerkmale aufweisen. Die Hauptschwierigkeit dieser Untersuchungen ist, daß Ähnlichkeit der Umweltbedingungen gewöhnlich Hand in Hand mit genetischer Ähnlichkeit auftritt. Kinder derselben Eltern wachsen gewöhnlich in derselben Familienatmosphäre auf, so daß nicht anzunehmen ist, daß Ähnlichkeiten in ihrer Persönlichkeit ausschließlich auf Erbfaktoren zurückzuführen sind. Wir alle kennen Kinder, die ihren Eltern „nachgeraten", aber diese Tatsache allein, wenn es denn eine Tatsache ist, sagt nichts über das Ausmaß des genetischen Einflusses aus.

Vergleiche von eineiigen und zweieiigen Zwillingen liefern uns dagegen brauchbare Anhaltspunkte. Sowohl Vandenberg (1962, 1968) und Gottesman (1966) stellten fest, daß eineiige Zwillinge einander in Hinblick auf zahlreiche emotionale und Persönlichkeitseigenschaften stärker gleichen als zweieiige; Introversion-Extraversion ist eine Dimension, die sich in diesen Studien als teilweise erblich erwiesen hat. Gottesman (1963) stellte darüber hinaus fest, daß sich eineiige Zwillinge hinsichtlich ihrer Persönlichkeitsmerkmale auf mehreren Skalen des MMPI (Minnesota Multiphasic Personality Inventory) und des CPI (California Psychological Inventory; s. 1. Kap.) stärker gleichen als zweieiige. Andere Forscher (z.B. Nichols, 1965; Schoenfeldt, 1968) berichten über ähnliche Unterschiede bei adoleszenten Zwillingen – eineiige versus zweieiige – in Hinblick auf verschiedene Persönlichkeits- und Interessenfragebogen. Einer der relevantesten Befunde ist, daß die allgemeine Eigenschaft der Emotionalität beim Menschen weitgehend durch hereditäre Faktoren bedingt ist. Loehlin (1965) verfeinert diese Schlußfolgerung noch, gestützt auf Vandenbergs Daten. Seine Analyse kommt zu dem Ergebnis, daß bestimmte Aspekte der Emotionalität bis zu einem gewissen Grad erblich seien, andere hingegen nicht. Beispiele von angeblich hereditärer Emotionalität sind die Fähigkeit, seine Impulse unter Kontrolle zu halten, oder die Neigung zum Abenteuer und zu raschem Handeln. Von der Vererbung wenig beeinflußt sind dagegen solche Merkmale wie Nervosität, Fahrigkeit und die Auflehnung gegen Regeln. Aufgrund dieser Ergebnisse wäre zu erwarten, daß sich eine direkte physiologische Basis für „hereditäre" Emotionalität finden lassen könnte, während wir im Hinblick auf „nichthereditäre" Emotionalität, die eher interpersonalen oder sozialen Charakter zu haben scheint, in erster Linie das Erziehungsmilieu und die Erfahrungen der Kindheit untersuchen sollten.

Interpretiert man diese Befunde als direkten Beweis eines erblichen Faktors, so müßte man annehmen, daß die *Umwelt* eineiiger Zwillinge sich nicht ähnlicher ist als die zweieiiger (wie im 1. Bd., 4. Kap., hervorgehoben, stehen Erbe und Umwelt jedoch *immer* in Wechselwirkung zueinander). Wenn wir solche Tatsachen berücksichtigen wie den Brauch, eineiige Zwillinge gleich anzuziehen, und die Schwierigkeit, die sogar Freunde und Angehörige haben, die beiden voneinander zu unterscheiden (wodurch es auch schwieriger für sie wird, sie verschieden zu behandeln), dann ist die Annahme schwer aufrechtzuerhalten, daß die Umwelt in beiden Fällen einen gleichen Grad an Ähnlichkeit oder Unähnlichkeit aufweist.

Eine raffinierte Methode zur Umgehung des Problems möglicherweise einflußreicher Umweltunterschiede beim Aufziehen von eineiigen und zweieiigen Zwillingen wurde von Freedman und Keller (1963) vorgestellt, die während des ersten Lebensjahres monatliche Bewertungen verschiedener körperlicher, geistiger und emotionaler Eigenschaften von Zwillingen vornahmen. Der entscheidende Umstand bei dieser Studie ist, daß es während des ersten Lebensjahres ohne besondere Tests keinesfalls klar erkennbar ist, ob ein bestimmtes Zwillingspaar eineiig oder zweieiig ist. Die Eltern von eineiigen Zwillingen konnten diese daher während dieser Periode nicht „gleicher" behandeln als die Eltern von zweieiigen Zwillingen ihre Kinder. Die Versuchsleiter können aus diesem Grund in ihren Beobachtungen nicht unabsichtlich eine Voreingenommenheit walten lassen (die eineiige Zwillinge fälschlicherweise ähnlicher erscheinen lassen könnte als zweieiige). Erst nach Abschluß der einjährigen Beobachtung wurden eineiige und zweieiige Zwillinge durch Blutgruppentests diagnostiziert, und erst dann wurde der

Grad an Ähnlichkeit verschiedener Merkmale getrennt für die eineiigen und zweieiigen Zwillinge ermittelt. Das Hauptergebnis dieser Untersuchung war, daß eineiige Zwillinge in Hinblick auf *jedes* gemessene Charakteristikum größere Ähnlichkeit aufwiesen als zweieiige, was zumindest auf einen *gewissen* erblichen Einfluß hinsichtlich einer umfangreichen Liste von Eigenschaften hindeutet.

Wenn Kinder von anderen Personen als ihren eigenen Eltern aufgezogen werden, ergibt sich natürlich in der Regel eine Trennung der erblichen und umweltbedingten Faktoren. Wenn die Kinder darüber hinaus eineiige Zwillinge sind, die in verschiedenen Familien aufwachsen, dann ist die Versuchsanordnung zur Auswertung des genetischen Einflusses ideal (diese Technik der Zwillingsuntersuchung ist auch wertvoll für das Studium der Erblichkeit von Intelligenz; s. 4. Bd., 3. Kap.). Eine aufschlußreiche Studie, die diese Anordnung auf Persönlichkeitsmerkmale anwandte, wurde in England von Shields (1962) durchgeführt, wobei es mit Hilfe eines Aufrufs über BBC-Fernsehen gelang, 44 getrennt aufgezogene eineiige Zwillingspaare zu finden. Die meisten waren schon vor dem Alter von sechs Monaten getrennt worden, und die Trennung hatte ein Minimum von fünf Jahren gedauert. Überwiegend auf dem gleichen Weg machte Shields auch eine gleiche Zahl eineiiger Zwillinge ausfindig, die ihre gesamte Kindheit zusammen verbracht hatten. Zu dem Zeitpunkt, in dem die beiden Gruppen ausgewertet wurden – durch Interviews, Intelligenztests, Fragebogen und körperliche Untersuchungen – waren sie zwischen acht und 59 Jahre alt, obwohl die meisten in ihren Dreißigern und Vierzigern waren. Mit besonderer Sorgfalt wurde überprüft, daß es sich tatsächlich um eineiige Zwillinge handelte (durch Techniken wie Vergleich der Blutgruppen, Fingerabdrücke, Tendenz zur Farbenblindheit und physische Merkmale).

Das Ergebnis dieser Untersuchung spricht sehr deutlich für den Einfluß von Erbfaktoren auf die verschiedensten Merkmale. Die eineiigen Zwillinge, ob sie nun getrennt oder zusammen aufwuchsen, glichen einander in Hinblick auf fast alle gemessenen Merkmale weitaus stärker als eine dritte Gruppe von 32 Paaren zweieiiger Zwillinge. Die beiden Gruppen von eineiigen Zwillingen wiesen nur die minimalsten Unterschiede beispielsweise in den Meßergebnissen des Temperaments auf, während die zweieiigen Zwillingspaare starke Unterschiede zeigten. Ähnliche Ergebnisse wurden für so divergierende Merkmale wie Gewicht, Intelligenz und sogar Rauchgewohnheiten erzielt.

Wie schwierig es ist, das subtile Zusammenspiel erblicher und umweltbedingter Faktoren selbst bei solchen Zwillingsuntersuchungen zu analysieren, wird durch einen weiteren und unerwarteten Befund von Shields demonstriert. Es stellt sich heraus, daß eineiige Zwillinge, die getrennt voneinander aufwuchsen, in Hinblick auf bestimmte Persönlichkeitskennwerte de facto *ähnlicher* waren als gemeinsam aufgezogene eineiige Zwillinge. Das heißt, die identische familiäre Umwelt bewirkte bei den gemeinsam aufgewachsenen, daß sie in gewisser Hinsicht einander unähnlicher und nicht ähnlicher wurden. Der Grund für dieses anscheinend paradoxe Ergebnis ist wahrscheinlich der, daß bei den zusammenlebenden Paaren die Tatsache ihrer Zwillingsgeburt als solche einen Einfluß auf ihre Persönlichkeitsentwicklung hatte. Geringe *anfängliche* Unterschiede zwischen den Zwillingen in solchen spiegelbildlichen Merkmalen wie Dominanz, Beeinflußbarkeit, Extraversion-Introversion können sich im Laufe ihres Zusammenlebens und ihrer Interaktion somit verstärkt haben. Analoge Ergebnisse wurden von Wilde (1964) erzielt, der feststellte, daß getrennt aufgewachsene zweieiige Zwillinge einander in Hinblick auf Meßwerte für neurotische Instabilität, Extraversion und selbstkritische versus abwehrende Haltung gegenüber den Tests *stärker* glichen als zusammen aufgewachsene zweieiige.

Diese allgemeine Hypothese, daß Interaktion zu Diskrepanzen zwischen Zwillingen in der Persönlichkeit und im Verhalten führen kann, scheint erstmals 1883 von Sir Francis Galton vertreten worden zu sein, der auf die Tendenz jeweils eines Zwillings, Führungseigenschaften zu entwickeln, hinwies. Es wurde außerdem beobachtet, daß bei Zwillingen eine Differenzierung der Persönlichkeit quasi im Sinne einer Arbeitsteilung stattfindet, wobei der eine als eine Art „Außenminister" für das Paar fungiert, während der andere die Rolle des „Innenministers" übernimmt. Eine Reihe von Veröffentlichungen, die sich mit den Beziehungen von Zwillingen befassen, werden von Koch (1966) resumiert. Diese bestätigen den Eindruck, daß es Charakterzüge gibt, die trotz einer möglicherweise hohen genetischen Komponente infolge des gemeinsamen Aufwachsens von Zwillingen zu divergieren beginnen. Wenn die Zwillinge getrennt aufgezogen werden, erhält die genetische Verhaltensdeterminante anscheinend eine bessere Chance, sich zu manifestieren.

2.3 Somatische Faktoren

In sogenannten mechanistischen Begriffen ausgedrückt, können sich hereditäre Einflüsse natürlich durch *somatische Faktoren* äußern. Dieser Begriff bezieht sich auf die physischen und physiologischen Merkmale des Individuums wie charakteristische Hormonfunktionen, neurologischer Befund, Schärfe der Sinnesorgane und Körperbau. Es versteht sich jedoch von selbst, daß die somatischen Faktoren nicht ausschließlich genetischen Ursprungs sind, sondern immer auch bis zu einem gewissen Grad von Umwelteinflüssen bestimmt werden (Krankheiten und Ernährung sind offenkundige Faktoren dieser Art). Tatsächlich erweisen sich körperliche Merkmale, die wir manchmal für fast ausschließlich genetisch bedingt halten, oft als überwiegend umweltgeprägt. Es ist daran zu erinnern, daß die Umwelt ihren Einfluß nicht bei der Geburt, sondern bei der Empfängnis auszuüben beginnt.

2.4 Pränatale Einflüsse

Diese Einflüsse auf die sich entwickelnden Organe und Funktionen des Fötus stellen ein Beispiel des umweltbedingten *(in utero)* Ursprungs eines somatischen Merkmals dar. Die Ernährung der Mutter während der Schwangerschaft wirkt sich auf die postnatale physische und geistige Entwicklung ihres Kindes aus. Ihre emotionale Einstellung während dieser Periode ist ebenfalls ein einflußreicher Faktor; beispielsweise gebären Frauen, die während ihrer Schwangerschaft längere Zeit hindurch stark erregt waren, mit ziemlicher Wahrscheinlichkeit Kinder, die zumindest anfangs reizbar und hyperaktiv sind (Sontag, 1941). Wie kommt es zu solchen Auswirkungen, da uns doch keine unmittelbaren Verbindungen zwischen dem Nervensystem der Mutter und des Fötus bekannt sind? Einiges deutet darauf hin, daß dieser Effekt durch Veränderungen in der chemischen Zusammensetzung des mütterlichen Blutes zustandekommt, das durch die Plazenta zum Fötus gelangt. Diese Veränderungen werden durch Reaktionen des hormonellen und des vegetativen Nervensystems der Mutter auf ihre emotionale Belastung ausgelöst (Squire u. Dunbar, 1946).

Offensichtlich bedürfen die pränatalen Einflüsse auf die Persönlichkeit – insbesondere auf die menschliche Persönlichkeit – noch weiterer Untersuchungen. Die allgemeine Erkenntnis ist jedoch wahrscheinlich richtig, daß die Erfahrungen der Mutter während der Schwangerschaft durch Veränderung der uterinen Umwelt ihres in der Entwicklung befindlichen Kindes dessen somatische Beschaffenheit beeinflussen können, die sich wiederum auf dessen Persönlichkeit, Intelligenz und andere Merkmale auswirkt. Dennoch ist dies weit von dem Ammenmärchen entfernt, daß eine Mutter *in utero* ein musikalisches Genie hervorbringen könne, wenn sie nur während der Schwangerschaft fleißig in Konzerte gehe. Wie bei vielen Mythen der Menschheit mag sich jedoch eines Tages herausstellen, daß auch diese einen wahren Kern enthält.

Was auch immer die Determinanten der somatischen Faktoren sein mögen, es steht außer Zweifel, daß Unterschiede in der körperlichen Konstitution und in den physiologischen Funktionen divergierende Auswirkungen auf die Persönlichkeit haben können. Schwere Krankheiten in entscheidenden Stadien der Entwicklung oder auch eine chronisch geschwächte Gesundheit können häufig Persönlichkeitsstörungen zur Folge haben. Aber wie wir gleich sehen werden, kann dies auch anders herum geschehen.

2.5 Psychosomatische Störungen

Die kausalen Verbindungen zwischen somatischen Faktoren und Persönlichkeitsfunktionen sind schwer zu entwirren. Es ist nicht nur so, daß somatische Faktoren Verhalten und Persönlichkeit beeinflussen, auch das Umgekehrte kann zutreffen. So gibt es beispielsweise viele Arten von körperlichen (somatischen) Vorgängen, die von verhaltensbedingten oder psychischen Faktoren verursacht sein können. Sicher sind wir uns alle des mächtigen und köstlichen Zusammenspiels physiologischer Reaktionen bewußt, die durch den Anblick (oder auch nur die Vorstellung!) einer geliebten Person ausgelöst werden können. Oder, um ein ganz anderes Szenarium zu nehmen, wir sind ebenso vertraut mit den genauso intensiven körperlichen Reaktionen auf eine furchterregende Situation. Wenn psychologische Faktoren zu chronischen oder lange anhaltenden somatischen Beeinträchtigungen führen, sprechen wir von *psychosomatischen Störungen* (s. 4. Kap.). Zu den häufigsten psychosomatischen Störungen zählen Magengeschwüre, von denen vielfach angenommen wird, daß sie durch chronische Angst ausgelöst werden. Es ist natürlich unwahrscheinlich, daß psychologische Faktoren die ausschließliche Ursache einer Krankheit oder eines somatischen Vorgangs sind. Es ist möglich, daß bei manchen Menschen Magengeschwüre überwiegend auf Angst zurückzuführen sind, während bei anderen eine konstitutionelle Anfälligkeit die Hauptursache sein mag. In den meisten Fällen ist jedoch eine *Wechselwirkung* zwischen einer konstitutionellen Disposition und Persönlichkeitsfaktoren zu vermuten. Manche Personen mit einem hohen Grad von konstitutioneller Anfälligkeit können daher schon bei relativ leichtem Streß Magengeschwüre entwickeln; andere mit geringer Anfälligkeit werden Magengeschwüre nur bekommen, wenn sie unter sehr starkem Streß stehen; und wieder andere werden ungeachtet der emotionalen Belastungen, denen sie ausgesetzt, nie an diesem Leiden erkranken.

J. H. Block et al. (1964) und Block (1968) überprüften diese Art der Formulierung in Hinblick auf Kindheitsasthma, eine allergische Erkrankung, die lange verdächtigt wurde, psychischen Ursprungs zu sein. Das Hauptergebnis war, daß diese Krankheit bei manchen Kindern primär psychisch bedingt und bei anderen somatischen Ursprungs ist. Wenn ein Kind in einer streßbelasteten Familie aufwächst, kann es Asthma bekommen, selbst wenn sein medizinisch festgestelltes „allergisches Potential" ziemlich niedrig ist. Umgekehrt erkranken Kinder, die physiologisch stark anfällig für Allergien sind, selbst dann an Asthma, wenn ihre häusliche Situation günstig ist. Die Warnung, die hier ausgesprochen werden sollte, ist, daß es irreführend ist, irgendeine physische Störung pauschal als psychosomatisch oder persönlichkeitsbedingt zu bezeichnen.

Neuere Forschungsergebnisse (Bayer, Honzik u. Whissel-Buechy, 1979) deuten darauf hin, daß bestimmte frühere Persönlichkeitsmerkmale später einen dauerhaften und günstigen somatischen Einfluß haben können. Anhand von Daten aus zwei langfristigen Längsschnittstudien stellten die Wissenschaftler fest, daß *physische* Gesundheit bei Männern und Frauen in ihren Vierzigern aufgrund einer Reihe „gesunder" Persönlichkeitsmerkmale in der frühen Adoleszenz wie Unbeschwertheit, Zuverlässigkeit und Zufriedenheit mit sich selbst vorhersagbar ist. Dieses Ergebnis sollte uns nicht überraschen; wenn es tatsächlich irgendeine Art von physiologisch vermittelter Leib-Seele-Beziehung gibt, dann ist zu erwarten, daß es sowohl positive wie negative Gefühlszustände widerspiegelt. Kurz gesagt, wenn Streß zu Krankheit führt, dann ist plausiblerweise zu erwarten, daß sein Fehlen – oder noch besser, das Vorhandensein eines aktiven Gefühls des Wohlbefindens – einer guten Gesundheit förderlich ist.

2.6 Körperbau und Persönlichkeit

Nicht jeder somatische Faktor, der sich auf die Persönlichkeit auswirkt, tut dies *unmittelbar,* das heißt, durch einen strukturellen oder physiologischen Mechanismus, der die Funktionsfähigkeit des Individuums bestimmt. Die Auswirkung kann indirekt erfolgen, das heißt, von den Reaktionen anderer auf den Betreffenden vermittelt sein. Ein körperlich verkrüppeltes Individuum kann, wenn ihm andere mit offenkundigem Mitleid begegnen, Minderwertigkeitsgefühle und extreme Scheu allein aufgrund der sozialen Haltungen entwickeln, die ihm gegenüber eingenommen werden. Aber wenn der oder die Betreffende den Mut und die Hartnäckigkeit hat, „normale" Ziele zu verfolgen und zu erreichen, dann kann er oder sie ein wohlverdientes Gefühl eigener Leistung erleben. In von Weißen beherrschten Gesellschaften sind Personen mit schwarzer, brauner, gelber oder roter Hautfarbe meist in vieler Hinsicht anders behandelt worden, gewöhnlich in degradierender Weise, als sogenannte weißhäutige. Darüber hinaus sind Menschen lange Zeit allein aufgrund ihrer Hautfarbe – gewöhnlich negative – Charakterzüge zugeschrieben worden. Diese beklagenswerte Situation ist die indirekte Folge sozialer oder kultureller Reaktionen auf Hautfarbe und nicht irgendwelcher inhärenter Persönlichkeitskorrelate derselben.

Der Faktor der „sozialen Bewertung" kompliziert auch immens das Problem der Interpretation von Korrelationen, die zwischen Persönlichkeitsmerkmalen und Körperbau festgestellt wurden.

Wenn es stimmt, daß „Dicke heiter sind", ist dies eine unmittelbare Auswirkung der physischen Konstitution auf das Temperament oder einfach die Folge davon, daß sich der fettleibige (endomorphe) Mensch an das Stereotyp der Gesellschaft anzupassen sucht? Und wenn letzteres der Fall ist, *woher* kommt das Stereotyp? Daß es gewisse Beziehungen zwischen Persönlichkeitsmerkmalen und Körpertypen gibt (ungeachtet der Frage, was nun die Ursache und was die Wirkung ist), wurde durch zahlreiche Forschungsarbeiten bestätigt (s. Box 6/13, S. 80). Aus einer Reihe von Untersuchungen, die Montemayor (1978) gesichtet hat, ergeben sich sogar Anzeichen dafür, daß ein Aspekt der Intelligenz – Sprachbeherrschung – positiv mit Mesomorphie (großer Schlankheit) korreliert, aber nur bei Männern.

Warum der Körperbau möglicherweise einen Einfluß auf die Entwicklung der Persönlichkeit haben könnte, ist eine Frage, auf die die verschiedensten Antworten möglich sind, von denen einige hier (und in Box 6/13) zur Sprache kamen. Ein weiterer Einfluß liegt irgendwo zwischen einer unmittelbaren, genetisch vermittelten Auswirkung und einem auf kulturelle Stereotypen zurückzuführenden Effekt. Ein Beispiel dieses „mittleren" Standpunkts: halten wir uns vor Augen, daß Mesomorphie tatsächlich mit größerer Kraft einhergeht, was für bestimmte physische Leistungen einen echten Vorteil darstellt. Die größere Durchsetzungsfähigkeit und Konkurrenzneigung des Mesomorphen könnte dann eine Folge davon sein, daß der oder die Betreffende auf bestimmten Verhaltensgebieten, ganz abgesehen von der positiven Bewertung seiner oder ihrer Leistungen durch andere, de facto mehr Erfolgserlebnisse hatte.

2.7 Adoleszentes Reifungstempo und Persönlichkeit

Ein besonders eindeutiges Beispiel der Schwierigkeiten, auf die man bei der Trennung mittelbarer und unmittelbarer Auswirkungen somatischer Faktoren stößt, ergibt sich aus der Forschungsarbeit über Persönlichkeitskorrelate des adoleszenten Reifungstempos. Wie im 1. Band (4. Kap.) dargestellt, ist die Pubertät durch auffallende Veränderungen in der Größe und im Körperbau und durch zahlreiche hormonelle Veränderungen gekennzeichnet. Weil Jungen beispielsweise um fünf oder mehr Jahre hinsichtlich des Alters voneinander abweichen können, in dem sie diese Metamorphose in die Erwachsenheit beginnen und abschließen, können zwei Männer hinsichtlich ihrer Größe im Erwachsenenalter beträchtlich voneinander abweichen, aber da sie ihre Wachstumsschübe zu verschiedenen Zeiten ihrer Adoleszenz gehabt haben können, mögen sie als Halbwüchsige durchaus zu irgendeinem Zeitpunkt gleich groß gewesen sein (s. Abb. 8, S. 82). Umgekehrt können zwei Männer, die im Erwachsenenalter einen fast identischen Körperbau aufweisen, während mehrerer Jugendjahre ganz verschieden ausgesehen haben. (Der eine kann während der Adoleszenz mehr als eine Handbreit größer gewesen sein als der andere und kann dadurch erheblich älter und männlicher gewirkt haben.) Die erste Frage, die sich erhebt, ist, ob durch diese vorübergehenden körperlichen Unterschiede irgendwelche Persönlichkeitsdifferenzen ausgelöst wurden oder nicht. Wenn ja, kann sich dadurch eine zweite, inzwischen bereits vertraute Frage stellen: Sind solche Unterschiede auf Differenzen in den Reaktionen ihrer Familien und Freunde auf die Betreffenden zurückzuführen oder vielmehr auf die unmittelbaren Folgen der hormonellen Unterschiede, die von Anfang an das unterschiedliche Reifungstempo zur Folge hatten?

Jones (1965) faßt die Ergebnisse mehrerer Untersuchungen zu diesen Fragen dahingehend zusammen, daß der früh reif werdende Junge in der Adoleszenz *und* im Erwachsenenalter dazu tendiert, sich zu einem eher ausgeglichenen, verantwortungsbewußten Individuum zu entwickeln, das den Erwartungen der Gesellschaft entspricht und im allgemeinen einen guten Eindruck macht. Der Spätentwickler ist im Gegensatz dazu oft ruhelos, sehr ausdrucksfähig und in seinen Jugendjahren gesellschaftlich relativ erfolglos. Als Erwachsener entwickelt er jedoch mehr Eigenständigkeit und Toleranz als der Frühreife und in der Regel auch ausgeprägtere geistige Interessen. Jones führt diese dauerhaften Unterschiede in erster Linie auf Unterschiede zwischen den Jungen in ihrem „sozialen Stimuluswert" zurück; beispielsweise ist die Wahrscheinlichkeit größer, daß frühreife Jungen in früherem Alter als Erwachsene behandelt werden und Erwachsenenrollen möglicherweise in etwas inflexibler Form übernehmen. Peskin (1967), der mit Jungen aus einer anderen Längsschnittuntersuchung der Persönlichkeit arbeitete,

BOX 6/13

Körperbau und Temperament

Ein besonders interessanter Versuch, Zusammenhänge zwischen Körperbau und Temperament nachzuweisen, wurde von W. Sheldon und seinen Mitarbeitern an der Universität Harvard im Anschluß an den deutschen Psychiater Ernst Kretschmer unternommen. In seiner ursprünglichen Studie untersuchte und vermaß er Tausende von Photos von nackten männlichen Körpern und gelangte zu dem Schluß, daß jeder Körper in Hinblick auf den jeweiligen Anteil von drei Komponenten identifiziert werden könne: *Endomorphie,* die fettleibige, viszerale Komponente; *Mesomorphie,* die muskuläre Komponente; *Ektomorphie,* die „schlanke" Komponente. Der Somatotyp eines Menschen, das heißt, sein gesamter Körperbau, läßt sich durch eine dreistellige Zahl ausdrücken, die den Anteil jeder Komponente enthält. Für jede Komponente schwankte die Zahl ursprünglich von maximal sieben bis minimal eins. Diese Skala ist inzwischen nach oben erweitert worden, um Extremfällen gerechtzuwerden, und das ganze Schema wurde auch zur Klassifikation der Körpertypen von Frauen angewandt.

Die Abbildung veranschaulicht Personen, die in Hinblick auf eine Komponente extrem sind und nur minimale Anteile der beiden anderen Komponenten enthalten. Ebenfalls abgebildet ist eine Person, deren Körperbau in Hinblick auf alle drei Komponenten nahe am Mittelwert liegt.

Als einen zweiten Schritt isolierte Sheldon drei Hauptbündel von Persönlichkeitsmerkmalen, die ihm als charakteristisch für alle wichtigen individuellen Unterschiede im Temperament erschienen. Diese Bündel, die ebenfalls auf einer Sieben-Punkte-Skala bewertbar waren, sind:

Viszerotonie. Entspannte Haltung, liebt physischen Komfort, langsame Reaktionen, wahllose Liebenswürdigkeit, tiefer Schlaf, in schwierigen Situationen Bedürfnis nach Menschen, und so weiter.

Somatotonie. Selbstsicherheit in der Haltung und Bewegung, liebt körperliche Abenteuer, konkurrierende Aggressivität, allgemein lärmend, in schwierigen Situationen Bedürfnis zu handeln, und so weiter.

Zerebrotonie. Zurückhaltung und Straffheit in Haltung und Bewegung, extrem schnelle Reaktionen, gehemmte soziale Reaktionen, schlechte Schlafgewohnheiten, chronische Müdigkeit, in schwierigen Situationen Bedürfnis nach Einsamkeit, und so weiter.

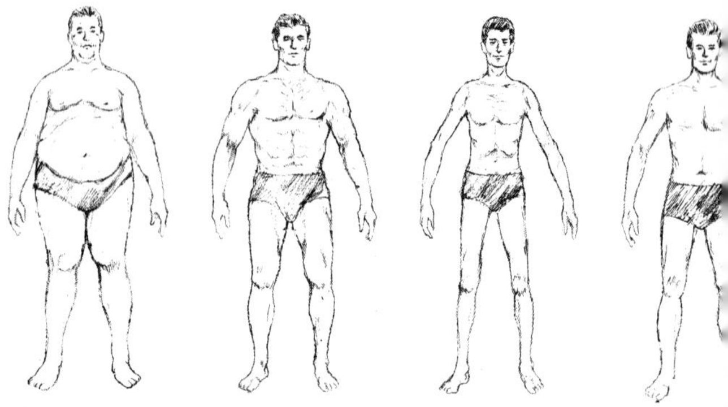

Sheldon stellte die Hypothese auf, daß ein bestimmter Körperbau und ein bestimmtes Temperament verschiedene Äußerungsformen desselben genetischen Faktors seien. Er sagte voraus, daß die Endomorphie mit der Viszerotonie Hand in Hand gehen werde, die Mesomorphie mit der Somatotonie und die Ektomorphie mit der Zerebrotonie.

Um diese Voraussagen zu überprüfen, somatotypisierte Sheldon 200 Studenten und stufte dann jeden von ihnen aufgrund umfangreicher Verhaltensbeobachtungen nach ihren drei temperamentmäßigen Komponenten ein. Die Korrelationen zwischen Somatotyp und Temperament waren erstaunlich hoch in der von Sheldon vorhergesagten Richtung. Die Korrelation zwischen Endomorphie und Viszerotonie betrug 0.79, die zwischen Mesomorphie und Somatotonie 0.82 und die zwischen Ektomorphie und Zerebrotonie 0.83.

Wie Kritiker angemerkt haben, sind diese Korrelationen leider einfach zu gut, um wahr zu sein; angesichts von Meßfehlern und der Komplexität von Persönlichkeitsdeterminanten ist nicht zu erwarten, auf simple Beziehungen dieser Größenordnung zu stoßen. Sheldon hatte es versäumt, dafür zu sorgen, daß die beiden Meßverfahren unabhängig voneinander durchgeführt wurden. Da er selbst sowohl den Körperbau als auch das Temperament bewertet hatte, ist es wahrscheinlich, daß seine Kenntnis des Körperbaus seiner Vpn seine Beurteilungen der Temperamentsmerkmale beeinflußte.

Obwohl es stimmt, daß es keiner späteren Untersuchung, die größere experimentelle Vorsichtsmaßnahmen walten ließ, gelungen ist, so hohe Korrelationen wie die von Sheldon zu reproduzieren und daß manche keine signifikanten Zusammenhänge zwischen Körperbau und Temperament festgestellt haben, unterstützt der Konsens nach mehr als zwanzig Jahren sporadischer Untersuchungen Sheldons Formulierungen in ihren wichtigsten Punkten. Eine dieser Untersuchungen, die von den Psychologen J. Cortés und F. Gatti an der Universität Georgetown durchgeführt wurde, bediente sich einer überaus objektiven Methode zur Feststellung des Somatotyps, während zur Bewertung des Temperaments Selbstbeschreibungen der Vpn benutzt wurden, die jene Adjektive ankreuzten, von denen sie das Gefühl hatten, daß sie ihre Persönlichkeit kennzeichneten. Die Temperamentscores wurden dann durch Zusammenzählen der Kreuze in den entsprechenden Adjektivgruppen ermittelt. Bei einer Stichprobe von 100 Studentinnen betrugen die Korrelationen zwischen Körperbau und Temperament (in derselben Reihenfolge wie oben) 0.36, 0.47 und 0.49 – lauter statistisch signifikante Werte.

Die Versuchsanordnung dieser Studie scheint zu gewährleisten, daß Körperbau und Temperament unabhängig voneinander gemessen wurden. Die Autoren weisen außerdem darauf hin, daß die Temperamentwertungen, da Menschen dazu neigen, sich in eher schmeichelhaften Begriffen zu beschreiben, insofern von der Wahrheit abweichen und daher niedrigere Korrelationen mit dem Körperbau aufweisen sollten, als dies bei objektiverer Persönlichkeitseinschätzung der Fall wäre. Aber es ist auch möglich, daß diese Korrelationen bloß darauf hindeuten, daß Selbstbewertungen die Akzeptanz des Betreffenden von gesellschaftlichen Klischeevorstellungen widerspiegeln, die seinem eigenen Körperbau anhaften. Wie wir bereits angedeutet haben, lernt der dickleibige Mensch die Erwartung der Gesellschaft zu befriedigen, daß alle dicken Menschen zu „wahlloser Freundlichkeit" neigen.

Es ist anzunehmen, daß Untersuchungen von Kindern zur Lösung dieser Fragen beitragen könnten, da das Verhalten des Kindes vermutlich weniger durch gesellschaftliche Erwartungen geprägt ist als das des Erwachsenen. M. Davidson, R. McGinnes und R. Parnell haben die von ihnen vorausgesagten Beziehungen zwischen Körperbau und Temperament bei Siebenjährigen bestätigt gefunden. R. Lerner und S. Korn stellten dagegen in einer Untersuchung an der City University von New York fest, daß Jungen schon im Alter von fünf und sechs Jahren ausgeprägte Vorlieben für den mesomorphen Körperbau und negative Einstellungen zu Endomorphie und Ektomorphie aufwiesen, wie sich aus ihren Beurteilungen von gezeichneten Darstellungen der verschiedenen Körperbautypen ergab. Wir stehen also weiterhin vor dem Dilemma, Ursache und Wirkung voneinander zu trennen.

Die Sache scheint ein Körnchen Wahrheit zu enthalten. Falls und sobald es gelingt, den Zusammenhang zwischen Körperbau und Temperament unbezweifelbar nachzuweisen, wird die nächste Aufgabe darin bestehen, die Rolle genetischer und kultureller Faktoren in solchen Verbindungen herauszufinden.

E. Kretschmer: Körperbau und Charakter. Berlin: Springer, [24]1961.

W. Sheldon, S. Stevens u. W. Tucker: *The Varieties of Human Physique.* New York: Harper & Row, 1940.

W. Sheldon u. S. Stevens: *The Varieties of Temperament.* New York: Harper & Row, 1942.

J. Cortés u. F. Gatti: Physique and self-description of temperament. *American Psychologist,* 1964, *19,* 572.

M. Davidson, R. McGinnes u. R. Parnell: The distribution of personality rates in seven year old children: a combined psychological, psychiatric and somatotype study. *British Journal of Educational Psychology,* 1957, *27,* 48–61.

R. Lerner u. S. Korn: The development of bodybuild stereotypes in males. *Child Development,* 1972, *43,* 908 bis 920.

Abbildung 8: Im Alter von 22 (links) weisen diese Männer deutliche Unterschiede in ihrer Körpergröße auf, obwohl sie im Alter von 13 (rechts) etwa gleich groß waren. Die Erklärung? Der Junge rechts im Bild reifte während seiner Adoleszenz viel früher, so daß er im Alter von dreizehn Jahren schon fast ausgewachsen war.

konstatierte viele derselben Persönlichkeitsunterschiede, maß aber schwer wägbaren Faktoren größere erklärende Bedeutung bei; so habe beispielsweise der Spätentwickler mehr Zeit, sich auf die hormonelle Umstellung vorzubereiten, die die Pubertät begleitet. Dieser Faktor könne es ihm ermöglichen, sich zu einem anpassungsfähigeren Erwachsenen zu entwickeln. Der frühreife Junge tendiere dagegen zu einer ganz anderen Charakterstruktur im Erwachsenenalter (Peskin u. Livson, 1972, S. 350):

„Man könnte sagen, daß der Frühreife rascher die sichtbaren Belohnungen, die ernsten Pflichten und die festumrissenen Leitbilder anstrebe, die ihm die Welt bereitwillig anbietet, und daß er zu einem früheren Zeitpunkt wichtige Lebensbindungen eingeht. Der Spätentwickler hat sich dagegen im Alter von dreißig Jahren mit geringerer Wahrscheinlichkeit in Hinblick auf Heirat oder Berufswahl entschieden. Insgesamt könnte man sagen, daß er sich auf größere Beherrschung der *intrapsychischen* Umwelt und Sicherheit in dieser vorbereitet hat, während der Frühentwickler im *sozialen* Umfeld einen sichereren Boden für seine Selbstdefinition findet." [Hervorhebung durch K. & C.]

Bei Mädchen ergibt sich ein anderes Bild. Verglichen mit den Spätentwicklern scheint es dem frühreifen Mädchen schwerzufallen, ihre Gefühle unter Kontrolle zu halten, und sie zieht sich oft aus dem gesellschaftlichen Leben zurück – ganz im Gegensatz zu der sozialen Kompetenz, die ihr frühreifes männliches Pendant an den Tag legt. Im Erwachsenenalter ist sie jedoch ganz anders und entwickelt sich im allgemeinen psychisch gesünder als die spät reifende Frau (Peskin u. Livson, 1972).

In allen diesen Studien sind die auf unterschiedliches Reifungstempo rückführbaren Persönlichkeitsdifferenzen, wodurch sie auch vermittelt sein mögen, ziemlich gering. Was für die Reifungseffekte gilt, trifft auch für andere Persönlichkeitsdeterminanten zu. Kein einzelner Faktor ist von entscheidendem Einfluß.

3 Frühe Erfahrungen

Das ist nun freilich ein Begriff, der alles und jedes umfaßt – wir werden in unserer Darstellung aber keinesfalls „alles" berücksichtigen. Es steht außer Zweifel, daß das, was uns in frühester Kindheit zustößt (und was wir selbst tun), unsere Persönlichkeitsentwicklung beeinflußt, und daß es dauerhafte Folgen für das spätere Leben haben kann. Aber die Unterscheidung zwischen „früh" und „spät" ist unscharf und sollte es auch sein. Die Hauptgedanken, die es zu vermitteln gilt, sind vielleicht (1), daß die Persönlichkeit, so wie sie sich entfaltet, die laufend gemachten Erfahrungen widerspiegelt; und (2), daß keine dieser Erfahrungen unwiderrufbar in ihrem Einfluß auf die spätere Entwicklung ist. Die *Weichen* mögen früh im Leben gestellt werden – etwa durch die Haltungen, die unsere Eltern in der Kindererziehung einnehmen – aber spätere Erfahrungen können deutliche Kurskorrekturen gestatten (und das geschieht auch oft), ja selbst völlige Kehrtwendungen auf unserem Lebensweg.

So gesehen liegt es auf der Hand, daß ein bestimmtes Persönlichkeitsmerkmal des Erwachsenen niemals unmittelbar auf ein bestimmtes Ereignis (auch nicht ein traumatisches) zurückgeführt werden kann (oder, im Falle einer Persönlichkeitsstörung, diesem „die Schuld gegeben werden kann"), das, sagen wir, in der frühen Kindheit stattfand. Und wenn die Persönlichkeitsentwicklung als ein kontinuierlicher Prozeß betrachtet wird, besteht auch keine Notwendigkeit, zwischen „früh" und „spät" zu unterscheiden, sondern vielleicht nur, auf die zwangsläufige Aufeinanderfolge von „vorher und danach" hinzuweisen. (Wie wir in Box 6/14 sehen, läßt sich selbst die „unbestreitbare" Ansicht, daß die Vergangenheit die Zukunft beeinflusse, aber sicher nicht umgekehrt, in Frage stellen.) Dennoch gibt es eine Reihe von Themenbereichen, die sinnvollerweise unter der allgemeinen Rubrik „frühe Erfahrungen" abgehandelt werden können.

3.1 Kindererziehungspraktiken

Vielleicht die hartnäckigsten und hitzigsten Kontroversen sind über die richtigen und unrichtigen Methoden der Kindererziehung und deren angebliche Konsequenzen für die Persönlichkeitsbildung entbrannt – ob es sich nun um das Stillen, die Entwöhnung, die Reinlichkeitserziehung oder die Bestrafung handelt. In Hinblick auf diese und andere Praktiken der Kinderschulung hat es wechselnde Moden und Tendenzen gegeben, die häufig auf mangelhaft erprobten Annahmen beruhten (einen historischen Abriß dieser Thematik bietet das Werk *Geschichte der Kindheit* [englische Originalausgabe 1972] von Ariès). Stendler (1950) präsentiert einen entnervenden Überblick über die unerhörten Schwankungen in den Erziehungspraktiken, die seit 1890 von Fachleuten in Frauenzeitschriften empfohlen wurden. Im ersten behandelten Jahrzehnt wurden Liebe und Zuwendung zu Allheilmitteln für jedes emotionale Problem der Kindheit erklärt. Später (1910–1920) war das Gegenteil „richtig": die Mütter wurden vor den Gefahren gewarnt, ihre Kinder zuviel zu herzen, und wurden aufgefordert, sich strikt an Stillzeiten zu halten und kompromißlose Disziplin durchzusetzen. Der Psychoanalytiker Sigmund Freud ließ das Pendel für eine Weile wieder zum Pol „Liebe und Zuwendung" ausschlagen. Der Behaviorist J. P. Watson, der die Konditionierungsprinzipien in der Erziehung hervorhob, kehrte zum Pol „keine Verweichlichung" zurück (um das Kind nicht zu „verwöhnen"). Die Pendelbewegungen haben sich später fortgesetzt und dauern zweifellos zum Zeitpunkt der Lektüre dieses Buches – in der einen oder anderen Richtung – weiterhin an.

Zwei Dinge sollten wir uns vor Augen halten: (1) Das Kind ist kein passives Objekt, und die Unterschiede zwischen den Kindern rufen fast zwangsläufig bestimmte Verhaltensweisen bei fast allen Eltern hervor. (Siehe die Erörterung „reziproker Wirkungen" im 1. Bd., 4. Kap.) (2) Selbst wenn die „richtige" Art der Erziehung ein für allemal (und für alle Kinder) bekannt wäre, können Eltern einfach nicht Methoden praktizieren, die nicht in Einklang mit ihren individuellen Werten, Bedürfnissen und Persönlichkeiten stehen. Aus diesen Gründen werden Sie hier kein Rezept, „wie sich Eltern verhalten sollen", finden, abgesehen von den Erkenntnissen, die Sie persönlich aus dem dargebotenen Stoff ziehen mögen. Es gibt einfach zu wenig „gesicherte" Forschungsergebnisse, aus denen man nachdrückliche Empfehlungen für irgendeinen Aspekt der Erziehung ableiten könnte, und die Daten, über die wir verfügen, gestatten keine einfachen und direkten Schlußfolgerungen für die Praxis. Einige Beispiele mögen dazu dienen, um diese vielleicht enttäuschende Warnung zu verdeutlichen.

BOX 6/14

Nutzen der Vergangenheit

H. Peskin, der mit N. Livson an Daten der langfristigen Längsschnittstudien arbeitete, die am Berkeley Institute of Human Development (Universität von Kalifornien) durchgeführt wurden, hat eine Auffassung von Persönlichkeitsentwicklung vertreten, die paradoxerweise eine scheinbare Umkehrung der üblichen „Vorher-Nachher"-Sequenz von Ursache und Wirkung in der Persönlichkeitsentwicklung gestattet. Dieses Konzept, das als „Nutzen der Vergangenheit" bezeichnet wird, geht davon aus, daß die gesamten früheren Erfahrungen eines Menschen eine „Quelle" oder einen Fundus darstellen, aus dem man spezifische Ressourcen schöpfen kann, die man benötigt, um den Anforderungen erfolgreicher Anpassung an spätere Lebensstadien gerechtzuwerden. Beispielsweise sind Menschen, die sich im Ruhestand befinden oder deren Kinder „das Nest verlassen haben" (wie im 1. Bd., 4. Kap., erörtert), mit einer neuen „Aufgabe" konfrontiert, die für dieses spätere Entwicklungsstadium des Erwachsenen charakteristisch ist. Aus den Forschungsergebnissen der Längsschnittstudien geht hervor, daß im allgemeinen diejenigen Männer, die im Alter von etwa fünfzig psychisch gesund sind, in ihrer Vergangenheit (vor allem in ihrer Adoleszenz) fürsorglich und ästhetisch empfindsam waren, eine relativ geringe Machtorientierung aufwiesen und kaum das Bedürfnis, ein „Supermann" zu sein. Männer, die in ihrer Adoleszenz nicht diese Eigenschaften hatten, fühlten sich im gleichen Stadium ihres Erwachsenenlebens weniger wohl: daß sie (von einer früheren Zeit her) keinen Zugang zu dieser Art von „Weichheit" in ihrer Persönlichkeit hatten, behinderte ihre erfolgreiche Anpassung an eine Entwicklungsperiode des Erwachsenenalters, die in gewissem Sinn ein Weicherwerden und „Loslassen" erfordert.

Für Frauen, die sich dem Alter von fünfzig nähern, stellt sich eine ganz andere „Aufgabe" für ihr späteres Leben. Sie sind inzwischen relativ frei von den Pflichten der Kindererziehung und des Haushalts und treten in einen Lebensabschnitt ein, in dem sie vermehrt Gelegenheit haben, „für sich" zu sein. Die früheren Ressourcen, auf die sich die psychisch gesunden Frauen stützen können, sind deshalb ganz andere als die, deren sich die Männer bedienen. Für Frauen haben dagegen solche Eigenschaften der Adoleszenz wie intellektuelle Kompentenz, Neugier und persönliche Entschlossenheit hohen Prognosewert dafür, daß sie es in diesem späteren Stadium ihres Erwachsenenlebens „schaffen werden".

Was wir uns vor Augen halten müssen, um diese Auffassung von einem „Nutzen der Vergangenheit" zu verstehen, ist, daß die Grundlage für die später benötigten Persönlichkeitsmerkmale zwar für uns alle in früheren Entwicklungsperioden gelegt wird, daß diese aber in dem Zeitraum dazwischen *keinesfalls evident* sein müssen. Diese Ressourcen sind zwar immer „da", aber nur in dem Sinne, daß sie in unserem Lebensspeicher auf Abruf bereitgelegen haben. Was wir diesem Erfahrungsspeicher entnehmen, wird durch spätere Ereignisse bestimmt; und in diesem Sinn wird die Vergangenheit von der Zukunft „beeinflußt".

H. Peskin u. N. Livson: Uses of the past in adult psychological health. Aus: D. Eichhorn, P. Mussen, J. Clausen, N. Haan u. M. Honzik (Hrsg.): *Present and Past in Middle Life.* New York: Academic Press, 1980.

N. Livson u. H. Peskin: Perspectives on adolescence from longitudinal research. Aus: J. Adelson (Hrsg.): *Handbook of Adolescent Psychology.* New York: Wiley, 1980.

3.2 Stillpraktiken

Heinstein (1963) untersuchte die allgemeine Hypothese, daß es in Hinblick auf die Stillzeiten weniger auf die *Form* ankomme, wie diese gehandhabt werden, sondern auf die spezielle *Bedeutung,* die der Vorgang für den Säugling habe. Das gleiche Vorgehen kann je nach der Art und Weise, wie die Bezugsperson es ausführt, psychologisch sehr verschieden sein. Heinstein erforschte das spätere Auftreten emotionaler Schwierigkeiten und Verhaltensprobleme und deren Zusammenhang mit unterschiedlichen Stillpraktiken. Seine Schlußfolgerung enthält keine simplen Richtlinien für korrektes mütterliches Verhalten, da er feststellte, daß das „beste" Fütterungsverfahren (Brust versus Flasche, lange versus kurze Dauer) sowohl von den Persönlichkeitsmerkmalen der Mutter als auch vom Geschlecht des Kindes abhängen:

„... weder Muttermilch noch Flasche scheint vorzuziehen, wenn man entweder von einem günstigen oder einem ungünstigen Milieu für Jungen ausgeht. Mädchen mit einer hingebungsvollen Mutter waren mit Brusternährung viel besser dran als mit Flaschenkost, während Mädchen mit einer gefühlskalten Mutter weniger Störungen aufwiesen, wenn sie die Flasche statt der Brust erhielten. Bei Jungen sind in einer ungünstigen Umgebung kurze Fütterungszeiten günstiger; wenn die persönlich-soziale Umgebung des Jungen dagegen positiv war, erwies sich langes Stillen als besser. Für Mädchen gilt das umgekehrte. Kurze Stillzeiten hatten weniger Probleme zur Folge, wenn die Mutter stabil war, während langes Stillen im Falle unstabiler Mütter mit Fehlanpassung korrelierte."

Um das Bild noch weiter zu komplizieren, kann auch die sehr frühe, angeborene Persönlichkeit des Säuglings mitbestimmen, was die beste Praxis ist. Aufgrund von Längsschnittstudien berichten Thomas et al. (1968), daß beispielsweise das Aktivitätsniveau von Geburt an ein recht stabiles Merkmal von Säuglingen ist. Solche früh auftretenden Temperamentsunterschiede sollten sich auf die elterliche Planung geeigneter Erziehungsmethoden auswirken. Im einzelnen berichten Thomas et al., daß Versuche, relativ früh Veränderungen einzuführen (z.B. Abstillen und Reinlichkeitserziehung) bei Kindern mit niedrigem Aktivitäts- und Reaktivitätsniveau manchmal zu emotionalen Störungen des Kindes führen. Ein gewisses Maß an Störungen trat auch bei sehr aktiven Kindern auf, bei denen solche Veränderungen relativ spät durchgesetzt wurden.

3.3 Disziplin

Wenn man das Wort *Disziplin* erwähnt, ruft man damit in der Kindererziehung sofort einen Begriff wach, der gewöhnlich als dessen Gegenteil gilt: Permissivität. Benjamin Spock, der unerhört einflußreiche amerikanische Kinderarzt, gilt als herausragender Vertreter des letztgenannten Ansatzes; obwohl Spock tatsächlich anfangs den Eltern zur Permissivität riet, rückte er später von diesem Standpunkt ab. In der *zweiten* englischen Ausgabe seines fast zur Bibel avancierten Handbuchs *Säuglings- und Kinderpflege* (die 1957 in Amerika erschien) bemerkt er, es habe „ein großer Wandel in der Einstellung stattgefunden und heutzutage [vor etwa 25 Jahren!] scheint die Wahrscheinlichkeit größer, daß gewissenhafte Eltern mit Permissivität in Schwierigkeiten geraten als mit Strenge".

Permissivität ist noch nicht als eine diskreditierte Erziehungsphilosophie anzusehen; die Auffassung ist noch weit verbreitet, daß das „natürliche Potential" des Kindes seinen höchsten Ausdruck nur unter dieser Art von elterlichem Regime (oder Nichtregime) finden kann. Der Grund, warum sich die Permissivität weiterhin behauptet, trotz aller Rufe nach Strenge zur Verhinderung und Kontrolle von delinquentem Verhalten bei Kindern und Jugendlichen (und vielleicht früher oder später auch bei Erwachsenen), ist vielleicht, daß in der Disziplinfrage eine Polarisierung eingetreten ist. Kraß ausgedrückt können sich Eltern vor die Wahl gestellt fühlen, entweder ein „Waschlappen" oder ein „Tyrann" zu sein.

Das muß nicht so sein, meint Baumrind (1980), die aufgrund dreißigjähriger Forschungen über die Entstehung sozialer Kompetenz bei Kindern zu einer theoretischen (und *praktischen*) Auffassung der Elternrolle (einschließlich der Disziplinfrage) gelangt ist, die das „Waschlappen-Tyrann"-Dilemma einer Lösung zuführt. Der Kern dieser Lösung ist die klare Unterscheidung, die zwischen dem autoritären und dem autoritativen Stil der Erziehung und Disziplinierung getroffen wird. Der erstere ist in der Tat tyrannisch, und sein ursprüngliches Motiv ist es, historisch gesehen, den Willen des von Natur aus eigenwilligen und unzivilisierten Kindes zu brechen. Der zweite, als autoritativ bezeichnete, fördert dagegen die Unabhängigkeit des Kindes. (Baumrinds Auffassung von „permissiver" Erziehung ist aufschlußreich, weil sie nicht stereotyp ist, sondern viele Façetten aufweist.) Ihre Definitionen (1978, S. 244–245) mögen für sich selbst sprechen:

„*Autoritäre* Eltern betrachten Gehorsam als eine Tugend und neigen zu eindrucksvollen Strafmaßnahmen, um den eigenen Willen des Kindes immer dann zu zügeln, wenn dessen Handlungen oder Ansichten mit den Auffassungen der Eltern von richtigem Betragen in Konflikt geraten. Autoritäre Eltern halten es für richtig, das Kind in einer untergeordneten Rolle festzuhalten und seine Autonomie, d.h. sein Recht auf Selbstbestimmung, einzuschränken. Sie ermutigen es nicht zu einem verbalen Austausch, in der Überzeugung, daß das Kind die Entscheidung der Eltern, was richtig und was falsch ist, akzeptieren sollte. Autoritäre Eltern können sehr besorgt und beschützend sein oder eher zur Vernachlässigung des Kindes neigen.

Der Prototyp des *permissiven* Erziehungsstils erfordert, daß die Eltern auf die Impulse und Handlungen des Kindes bestätigend, akzeptierend und gütig reagieren. Permissive Eltern betrachten sich als eine Quelle der Hilfe für das Kind, von der es nach seinen Wünschen Gebrauch machen kann, aber nicht als aktiv Handelnde, die für die Gestaltung und Veränderung des gegenwärtigen und künftigen Verhaltens des Kindes verantwortlich sind. Das unmittelbare Ziel ideologisch bewußter permissiver Eltern ist es, das Kind so weitgehend von Zwängen zu befreien, wie dies mit seiner Sicherheit zu vereinbaren ist. Manche permissive Eltern sind sehr beschützend und liebevoll, während andere mit sich selbst beschäftigt sind und dem Kind Freiheit lassen, um sich ihrer Verantwortung für die Entwicklung des Kindes zu entziehen.

Autoritative Eltern, so wie ich sie in meinen Untersuchungen identifizierte, versuchen die Aktivitäten des Kindes in rationaler, sachorientierter Weise anzuleiten. Sie ermutigen verbales Geben und Nehmen, teilen dem Kind die Gründe elterlicher Entscheidungen mit und ermuntern das Kind, Einwendungen vorzubringen, wenn es sich weigert, den elterlichen Vorstellungen zu entsprechen. Sowohl autonomer Eigenwille als auch disziplinierte Anpassung werden von autoritativen Eltern als wertvoll angesehen. Solche Eltern weisen daher das kleine Kind entschieden in die Schranken, wenn es nicht folgt, aber sie engen das Kind nicht durch Verbote ein. Autoritative Eltern setzen die Perspektive des Erwachsenen durch, aber sie erkennen die individuellen Interessen und Besonderheiten des Kindes an. Solche Eltern bestätigen die gegenwärtigen Eigenschaften des Kindes, aber sie setzen auch Maßstäbe für künftiges Betragen, wobei sie sowohl Vernunft als auch Macht einsetzen und Disziplin und Verstärkung zur Erreichung elterlicher Ziele anwenden. Diese Eltern lassen sich in ihren Entscheidungen weder von Gruppenkonsens noch von den individuellen Wünschen des Kindes leiten."

In einer Studie, von der diese elterlichen Erziehungsstile im wesentlichen abgeleitet wurden, klassifizierte Baumrind (1967) eine Stichprobe von Vorschulkindern durch Kombination ihrer Ergebnisse in fünf verschiedenen Aufgabenbereichen je nach ihrer Kompetenz (nach intensiven Beobachtungen sowohl im Kindergarten als auch zu Hause) in drei Gruppen. Die Eltern dieser Kinder wurden dann aufgrund von Interviews und Beobachtungen zu Hause hinsichtlich der Dimensionen Kontrolle, Reifeforderungen, Klarheit der Eltern-Kind-Kommunikation und elterliches Pflegeverhalten bewertet. Baumrinds Resultate (1972, S. 253) liefern weitere qualitative Merkmale der drei Arten von Eltern:

„1. Die Eltern der [kompetentesten] Kinder ... waren streng und fordernd; aber sie waren auch warm, rational und aufgeschlossen für die Mitteilungen des Kindes. Diese einmalige Kombination von Strenge und positiver Ermutigung der Autonomie- und Unabhängigkeitsbestrebungen des Kindes wurde als *autoritatives* Elternverhalten bezeichnet.
2. Die Eltern der Kinder [mittlerer Kompetenz] waren, verglichen mit den anderen, unzufrieden, verschlossen und mißtrauisch, sie waren selbst distanziert und herrisch und etwas weniger warm als die übrigen Eltern. Sie wurden als *autoritäre Eltern* bezeichnet.
3. Die Eltern der [inkompetentesten] Kinder ... waren nachgiebig, stellten keine Forderungen an die Kinder und waren relativ warm. Diese wurden als *permissive* Eltern bezeichnet."

Nur die autoritativen Eltern erzielten die höchsten Werte hinsichtlich der vier oben erwähnten Erziehungsparameter; sie sind sehr warm und liebevoll zu ihren Kindern, eine Eigenschaft, die nicht unvereinbar damit ist (wie manche meinen könnten), ihren Kindern sehr deutlich ihre Erwartung zu übermitteln, daß diese bestimmten Standards von sozial reifem Verhalten entsprechen. Aus solchem Disziplinverhalten erwächst nach Auffassung von Baumrind die „instrumentelle Kompetenz", die in der westlichen Gesellschaft mit hohen Leistungen verbunden ist.

Hoffman (1975) bringt überzeugende Argumente für die Auffassung vor, daß wirksame Disziplin entscheidenden Einfluß auf die Fähigkeit des Kindes habe, moralische Maßstäbe zu *verinnerlichen.* Er meint, eine solche Disziplin vermittle dem Kind eine bestimmte Erfahrung, die für den Prozeß der Internalisierung wesentlich sei – es erziele eine Balance zwischen der Fähigkeit, seine Impulse und Wünsche offen auszudrücken, und gleichzeitig lerne es durch die elterliche Disziplinierung, sie unter Kontrolle zu halten. Ein ähnlicher Standpunkt wird in der Arbeit von Sears, Maccoby und Lewin (1957) vertreten, die im 7. Band (1. Kap.) detailliert dargestellt wird. Hier ist ihr Befund relevant (s. Tabelle 3, S. 87), daß Kinder, deren

Eltern weder permissiv noch strafend sind, in der Schule die geringsten Aggressionen aufweisen. Es erscheint nützlich, dieses Resultat als Ergebnis einer vernünftigen Mischung von Baumrinds autoritativen (weder permissiven noch strafenden) Eltern und Hoffmans wirksam disziplinierenden Eltern (die dem Kind Selbstbeherrschung vermitteln) zu betrachten.

Disziplin ist natürlich nur ein Aspekt der Erziehung, aber wir haben ihn hier hervorgehoben, weil er zentral für die Kontinuität von „akzeptablem“ Verhalten über Generationen hinweg zu sein scheint. Allgemeiner gesagt, wenn wir von der Internalisierung elterlicher Moralmaßstäbe durch Kinder sprechen, sind wir in einem weiteren Sinn mit einer sehr ähnlichen Frage konfrontiert, aber auf der grundsätzlicheren Ebene dauerhafter gesellschaftlicher Werte. Jede Generation versucht die folgende so zu sozialisieren, daß sie ihrem eigenen Selbstbild entspricht, und es ist banal festzustellen, daß der Erfolg dieser Bemühungen nicht gerade überwältigend ist. Deshalb ist auch oft von der „Kluft zwischen den Generationen“ zu horen. (Ein ungewöhnlicher Kommentar über dieses Phänomen ist in Box 6/15 zu finden.)

3.4 Geschwisterfolge

Selbst die Tatsache, als wievieltes Kind man in eine Familie hineingeboren wurde, ist in gewissem Sinn eine frühe Erfahrung und spielt eine Rolle für die Entwicklung von Charakterzügen. Das ist nicht so weit hergeholt, wie es klingt, obwohl sich diese Frage für die Forscher als Wespennest erwiesen hat! Die Idee ist, kurz gesagt, daß die Inhaber bestimmter Plätze in der Geschwisterfolge, sagen wir die Erstgeborenen, von ihren Eltern anders erzogen werden als deren übrige Kinder, zumindest innerhalb einer bestimmten Kultur. Das Erstgeborene wird beispielsweise mit größerer Wahrscheinlichkeit zum Träger des Familienehrgeizes, ihm wird eine dominante Rolle gegenüber den später geborenen Kindern zugewiesen und so weiter. Die bisherigen Erkenntnisse über die Geschwisterfolge sind recht gemischt (Babladelis, 1972; Sutton-Smith u. Rosenberg, 1970), aber es gibt ziemlich umfangreiches empirisches Material, das darauf hindeutet, daß die Erstgeborenen – vielleicht die ausgeprägteste Gruppe – zumindest in der westlichen Gesellschaft tendenziell geselliger,

Tabelle 3: Geschwisterfolge amerikanischer Präsidenten, gewählt in Krisen- und Nichtkrisenzeiten

	Krisenwahlen	Nichtkrisenwahlen
Erstgeborene und einzige Söhne	9	8
Später geborene Söhne	1	13

Anmerkung: Als Wahlen in Krisenzeiten wurden nur solche gewertet, die kurz vor oder während der acht folgenden Kriege stattfanden: 1812 (Krieg von 1812), 1848 (mexikanischer Krieg), 1860 und 1864 (Sezessionskrieg), 1896 (spanisch-amerikanischer Krieg), 1916 (Erster Weltkrieg), 1940 und 1944 (Zweiter Weltkrieg), 1948 (Koreakrieg), 1964 (kurz vor massivem Truppeneinsatz im Vietnamkrieg).

Daten aus L. H. Stewart (1970).

erfolgreicher und konformistischer sind als ihre Geschwister. Es gibt auch Anzeichen dafür – deutlicher für Jungen –, daß Erstgeborene weniger aggressiv sind, vielleicht weil sie in stärkerem Maß nur Erwachsenenmaßstäben von angemessenem Sozialverhalten ausgesetzt waren (Feshbach, 1971). Eine Reihe von Studien deutet darauf hin, daß Erstgeborene im späteren Leben in verschiedener Weise größere Prominenz erlangen; beispielsweise sind amerikanische Präsidenten mit größerer Wahrscheinlichkeit Erstgeborene, zumindest diejenigen, die in Krisenzeiten gewählt werden (s. Tabelle 3).

Die Auswirkungen der Geschwisterfolge werden noch durch die Tatsache kompliziert, daß dieser Faktor in signifikanter Weise mit solchen anderen Familienvariablen wie der Gesamtzahl der Kinder, der Zahl von Jungen und Mädchen in der Familie und den zeitlichen Intervallen zwischen den Geburten interagiert. Ein kürzlich entdeckter Faktor, der mit der Geschwisterfolge zu tun hat, wird von Lewis und Kreitzberg (1979) berichtet. Sie beobachteten die verschiedensten Verhaltensweisen von Müttern gegenüber ihren drei Monate alten Kindern, wobei sie sich auf die Interaktion zwischen Mutter und Kind in der natürlichen Umgebung der eigenen Wohnung konzentrierten. Erstgeborene schienen mehr Aufmerksamkeit von ihren Müttern zu erhalten und im allgemeinen eine größere Zahl von verschiedenen Verhaltensweisen zu zeigen. (Ursache und Wir-

BOX 6/15

Die „Kluft zwischen den Generationen"

Obwohl die Vorstellung einer „Kluft zwischen den Generationen" dieser Tage neu erscheinen mag, ist die Geschichte der Menschheit bis hin zu den frühesten schriftlichen Aufzeichnungen voll wehmütiger Klagen der Älteren, daß die jüngere Generation nicht zu würdigen wisse, was ihre Vorgänger geleistet hätten – oder zu leisten versuchten.

Arthur Hoppe, ein Feuilletonist, der für seine launigen Kommentare über die menschliche Situation bekannt ist, die aber einen ernsthaften Kern enthalten, hat folgendes über die Kluft zwischen den Generationen zu sagen:

Die größte Generation

Es war einmal ein Mann namens Ben Adam, der wie die meisten Angehörigen der älteren Generation nur noch wenig Haare und überwältigende Schuldgefühle hatte. Er hatte auch einen Sohn namens Irwin, der wie die meisten Angehörigen der jüngeren Generation einen dichten Haarschopf und eine abgrundtiefe Verachtung für alle Leute über 30 hatte.

„Mensch, was für einen Saustall deine Generation in der Welt angerichtet hat", pflegte Irwin mehrmals am Tag zu sagen. „Weil ihr alles vermasselt habt, leben wir jetzt in einer Gesellschaft, die rassistisch, militaristisch, vergiftet und übervölkert ist und über der das Damoklesschwert der Wasserstoffbombe hängt. Vielen Dank."

„Wir sind wahrscheinlich die schlimmste Generation, die je gelebt hat", pflegte Ben Adam darauf zu antworten, wobei er schuldbewußt nickte. „Es tut mit leid, Irwin." Und Irwin zuckte dann mit den Schultern und ging mit seinen Freunden weg, um ein paar Joints einzuziehen.

Ben Adam hatte das deutliche Gefühl, daß ihn eines Tages der geballte Zorn Gottes wegen seiner Sünden ereilen würde. Es war deshalb ein gelinder Schock für ihn, eines Nachts aufzuwachen und am Fußende seines Bettes einen Engel zu erblicken, der in einem Goldenen Buch schrieb.

„Ich bin gekommen, Ben Adam", sagte der Engel, „um dir einen Wunsch zu gewähren."

„Mir?", sagte Ben Adam überrascht. „Warum mir?"

„Du bist vom Himmlischen Computer als typisches Exemplar deiner Generation ausgewählt worden", antwortete der Engel. „Und deine Generation soll für ihre überragenden Leistungen belohnt werden."

„Da muß ein Irrtum vorliegen", sagte Ben Adam stirnrunzelnd.

„Wir haben uns furchtbar benommen. Wir haben eine rassistische Gesellschaft geschaffen ..."

„Die Menschheit ist immer rassistisch gewesen", antwortete der Engel sanft. „Ihr wart die ersten, die es zugaben und nach Abhilfe suchten."

„Und wir haben unsere Demokratie militarisiert. Als ich ein kleiner Junge war, hatten wir eine Armee von bloß 134000 Männern."

„Ihr habt eine Armee von vier Millionen Männern geschaffen, in der Hoffnung, der ganzen Welt Freiheit und Demokratie zu bringen", sagte der Engel. „Wahrlich ein nobles Ziel."

„Nun, mag sein", sagte Ben Adam. „Aber du kannst nicht leugnen, daß wir das Wasser und die Luft verschmutzt haben und unsere Abfälle in alle Winde verstreuten."

„Das ist richtig", sagte der Engel. „Aber die Umwelt ist nur deshalb verschmutzt, weil ihr die wohlhabendste Gesellschaft geschaffen habt, die die Welt je gesehen hat."

„Das stimmt wahrscheinlich", antwortete Ben Adam. „Aber bedenke doch einmal die Bevölkerungsexplosion. Hunger und Pestilenz drohen der Menschheit."

„Nur weil deine Generation Krankheiten heilte, das Nahrungsangebot erhöhte und dadurch das menschliche Leben verlängerte", antwortete der Engel. „Eine unerhörte Leistung."

„Und wir leben in Angst vor der Wasserstoffbombe", entgegnete Ben Adam niedergeschlagen. „Was für ein Vermächtnis."

„Nur weil deine Generation auf ihrer Suche nach Weisheit die Geheimnisse des Atoms entdeckte", meinte der Engel. „Was für ein großartiger Triumph."

„Findest du wirklich?", entgegnete Ben Adam, sich aufrichtend und unsicher lächelnd.

„Eure Motive waren edel, eure Ziele idealistisch, eure Energien grenzenlos und eure Leistungen gigantisch", sagte der Engel, aus dem Goldenen Buch vorlesend. „In den Äonen, seit es die Menschheit gibt, nehmen die Namen deiner Generation, Ben Adam, die erste Stelle ein. Und deshalb bin ich dank der mir verliehenen Autorität bevollmächtigt, dir einen Wunsch zu gewähren. Was wünschst du dir?"

„Ich wünsche mir, sagte Ben Adam, der vom Himmel erwählte Repräsentant der älteren Generation, mit einem Seufzer, „daß du mal ein Wörtchen mit Irwin redest."

A. Hoppe: The greatest generation. *San Francisco Chronicle,* 1. Februar 1970. Copyright 1970, Chronicle Publishing Company. Nachdruck mit Genehmigung des Autors.

kung? Man lese die Erörterung der Wechselwirkungen 1. Bd., 4. Kap., nach.) Die Erstgeborenen schauten ihre Mütter nicht nur häufiger an, sondern sie lächelten und lachten auch mehr als später geborene Kinder und spielten erheblich länger mit Objekten. Der Abstand zwischen den Geburten erwies sich ebenfalls als eine Determinante der mütterlichen Aufmerksamkeit; in sehr kurzem Abstand geborene Kinder (weniger als 18 Monate) *und* in sehr großem Abstand geborene (mindestens 43 Monate) erhielten mehr Aufmerksamkeit als in mittlerem Abstand geborene.

Ergebnisse wie die genannten verleiten zu allen möglichen Mutmaßungen, und es wäre überaus wichtig, sie mit späteren Persönlichkeitsmerkmalen in Beziehung zu setzen. Im Augenblick erscheint es uns verständlich, wenn Sarason und Smith (1971) bei der Durchsicht der Forschung auf diesem Gebiet milde bemerken, die Geschwisterfolge sei „die Sorte von Variable, die manche Forscher als ärgerlich empfinden ...“.

3.5 Geschlechterrolle

Ein anderer Bereich, in dem frühe Erfahrungen von großer Bedeutung sind, ist die Konfrontation mit dem eigenen Geschlecht, d.h. der Prozeß, durch den wir lernen, uns in einer bestimmten Kultur als „richtige“ Männer und Frauen zu verhalten.

Von frühester Kindheit an werden Kinder im allgemeinen von beiden Eltern ermutigt, sich mit dem gleichgeschlechtlichen Elternteil zu identifizieren. Eltern – insbesondere „moderne“ – mögen meinen, geringe derartige Beeinflussungen auszuüben, falls überhaupt welche; doch angesichts der gegenwärtigen Realitäten unserer Gesellschaft ist es kaum möglich, die Geschlechtstypisierung nicht zu fördern, und sei es nur durch die Äußerung von Einstellungen und durch Verhaltensweisen, deren sich die Eltern selbst gar nicht bewußt sein mögen. (Schließlich wurden sie selbst in einer Gesellschaft aufgezogen, in der der Unterschied zwischen den Geschlechtern ein herausragendes Merkmal war.)

Viele Faktoren bestimmen, wie erfolgreich die Geschlechtsrollentypisierung bei einem bestimmten Kind sein wird. Im allgemeinen neigen Jungen und Mädchen dazu, die Geschlechtsrolle des gleichgeschlechtlichen Elternteils in dem Maße zu übernehmen, wie dieser Elternteil warm und unterstützend ist und ihnen Geborgenheit gibt. Darüber hinaus – und dies gilt nur für Jungen – erleichtert größere Dominanz und Autorität des Vaters Erlernen der traditionellen Männerrolle (Hetherington u. Frankie, 1967). Es kann jedoch auch eine Form von unmittelbarem sozialen Lernen mitspielen. So stellten beispielsweise Franzini, Litrownik und Blanchard (1978) fest, daß Eltern ausdrücklich dazu neigen, *nur* diejenigen Verhaltensweisen eines Kindes zu belohnen, die sie als seinem Geschlecht „angemessen“ erachten; und es trifft sicherlich nach wie vor zu, daß Eltern solche Unterscheidungen mühelos und in guter Übereinstimmung miteinander treffen können.

Eltern – und auch den Kindern selbst – wird von der Öffentlichkeit und am wirksamsten von den Massenmedien dabei „geholfen“, Geschlechtsunterschiede zu machen und aufrechtzuerhalten. Die heutigen Fernsehprogramme, Bücher und Kinderfilme lassen keinen Zweifel daran, daß die festgelegte Geschlechterrolle nach wie vor „in“ ist – obwohl natürlich bemerkenswerte Ausnahmen gegenüber diesem Trend zu finden sind. (In der Serie „Sesamstraße“ wird beispielsweise darauf geachtet, nicht nur die gleiche Zahl männlicher und weiblicher Figuren auftreten zu lassen, sondern sie auch dieselben Dinge tun zu lassen.) Einschlägige Untersuchungen darüber wurden von McArthur und Eisen (1976) durchgeführt. Durch eine detaillierte Analyse der *Handlungen* von Fernsehsendungen für Kinder stellten diese Forscher fest, daß männliche Personen öfter bei Verhaltensweisen gezeigt werden, die als sozial wünschenswert gelten. Zum Beispiel: doppelt so viele Männer wie Frauen werden bei der erfolgreichen Lösung von Problemen gezeigt. Andere Handlungselemente, die bei Männern vorherrschen, sind unabhängiges Verhalten (Dinge allein, ohne Hilfe tun) und die Ausübung von Autorität (anderen sagen, was sie zu tun haben). In den Augen der Öffentlichkeit werden sozial wünschenswertere Verhaltensweisen auf diese Art zu typisch „männlichen“ Verhaltensweisen (siehe Abbildung 9).

Es ist zweifellos eine gewisse Asymmetrie in den Bemühungen der Eltern festzustellen, das Geschlechterrollenverhalten ihrer Kinder zu beeinflussen. In einer Studie, in der unter anderem die Versuche der Eltern verfolgt wurden, die Spielinteressen ihrer Vorschulkinder zu beeinflussen,

Wer kann arbeiten?

Dick sagt: „Schau, ich arbeite.

Ich kann Vater helfen.

Ich kann etwas holen.

Etwas für Vater."

Abbildung 9: Ein Beispiel für die erste Lektüre von Jungen und Mädchen, die anfangen, lesen zu lernen.

wurde festgestellt, daß in Hinblick auf die *Ermutigung* von „geschlechtsspezifischem" Spiel Mütter gegenüber ihren Töchtern aktiver waren und Väter gegenüber ihren Söhnen. Was jedoch die *Entmutigung* von „geschlechtsunangemessenem" Spiel betrifft, so übten beide Elternteile weitaus stärkeren Einfluß auf das Verhalten ihrer Söhne aus (Fling u. Manosevitz, 1972).

Aber wir könnten sagen (wie Bob Dylan vor einigen Jahren sang) „The times, they are a ‚changin' ..." – und natürlich hätten wir recht. Die Gesetzgebung in den westlichen Ländern fordert beispielsweise – wenn auch recht bedächtig – den Trend zur Chancengleichheit für Frauen im Berufsleben; und tatsächlich drängen Frauen jetzt in wachsender Zahl in „männliche" Berufe. Die gesellschaftlichen Einstellungen verändern sich jedoch nur sehr langsam (s. 7. Bd., 2. Kap.), und es finden sich daher bisher erst wenige Anzeichen, daß die Geschlechtstypisierung im Schwinden begriffen ist. Ein eindrucksvolles neueres Beispiel dafür ergibt sich aus einer Forschungsarbeit von Urberg (1979). Versuchspersonen wurden aufgefordert, ihre „ideale Frau" bzw. ihren „idealen Mann" zu beschreiben, indem sie diesen persönlichen Klischeebildern diejenigen persönlichkeitsbeschreibenden Adjektive zuordneten (die sie aus einer langen Liste wählen konnten), die am besten ihren Auffassungen entsprachen. Die Liste enthielt viele Adjektive, die traditionell mit Männlichkeit bzw. Weiblichkeit assoziiert werden (z. B. *durchsetzungsfähig* und *fügsam*). Wer glaubt – oder vielleicht auch nur hofft –, daß ein Wandel in der Luft liege, mag sich durch die Ergebnisse bestätigt fühlen. Zwei Gruppen erwachsener Vpn (im Alter von 25 bis 40 und 50 bis 65) wiesen *keine* signifikanten Stereotype der Geschlechterrolle in Bereichen wie persönliche Tüchtigkeit, Fügsamkeit, Abhängigkeit und Durchsetzungsvermögen auf (wie sich aus den gewählten Adjektiven ergab); weder die erwachsenen Männer noch die Frauen ordneten diese Eigenschaften bei der Beschreibung ihrer Idealbilder von den zwei Geschlechtern in einseitiger Weise dem einen oder anderen zu.

Erwachsene scheinen also „die Botschaft verinnerlicht" zu haben, zumindest auf der Ebene einer bewußten und öffentlichen Meinungsäußerung (vielleicht, weil sie den Veränderungen im gesellschaftlichen Klima länger ausgesetzt waren). Zwei andere Gruppen von Versuchspersonen (Kinder und Jugendliche der siebenten bis zwölften Schulklassen) verrieten dagegen eine signifikante Neigung zu Klischeebildern, insbesondere die Schüler und Schülerinnen der zwölften Klasse. Verglichen mit den Mädchen beschrieben die Jungen in der letztgenannten Gruppe die „ideale Frau" beispielsweise als fügsamer und abhängiger – und als mehr „heterosexuell"! – (zeigt sich da eine gewisse Furcht vor Frauen?). Ein merkwürdiges Ergebnis ist, daß sowohl die erwachsenen als auch die halbwüchsigen Frauen den „idealen" Mann als unabhängiger beschrieben als sich die Männer selbst sahen. Dieses spezielle Ergebnis zeigt, daß Geschlechtsstereotypisierung nicht nur keine Einbahnstraße ist, sondern auch, was noch wichtiger ist, daß Männern bestimmte „maskuline" Eigenschaften aufgezwungen werden. Vielleicht ist es tatsächlich so, wie die meisten Vorkämpferinnen für die Gleichberechtigung für Frauen behauptet haben, daß sowohl Männer als auch Frauen persönlich „befreit" werden, sobald eine wahrhaft egalitäre Gesellschaft erreicht ist. Wie dem auch sei, die Klischeebilder existieren immer noch und die Geschlechtsstereotypisierung bleibt eine kritische frühe Erfahrung für Kinder sowie ein Faktor, der während ihres ganzen Lebens seinen Einfluß auf ihre Persönlichkeitsentwicklung ausübt.

Die hier vorgestellte kleine Stichprobe von Forschungsergebnissen gibt einen ersten Einblick in die Erkenntnisse, die gegenwärtig von Psychologen über frühe Umwelteinflüsse auf die Persönlichkeitsentwicklung gewonnen werden. Eine wichtige Einschränkung hinsichtlich solcher Einflüsse sollte man sich dabei vor Augen halten. Die Vorstellung ist naheliegend, aber falsch, daß diese Einflüsse quasi eine Zeitlang latent bleiben und sich erst zu einem späteren Zeitpunkt unmittelbar auf die Persönlichkeit auswirken. Selbst im Falle extremer traumatischer Erlebnisse in der Kindheit wie dem Tod eines Elternteils bleibt keine „offene" Wunde zurück, deren Schmerzen sich später unmittelbar störend auf spätere menschliche Beziehungen auswirken. Wenn sich eine Auswirkung im Erwachsenenleben zeigt, dann läßt sich dies über eine lange, ununterbrochene Kette von emotionalen Krisen von der ursprünglichen Erfahrung bis zur gegenwärtigen Persönlichkeitsschwierigkeit zurückverfolgen. Der ursprüngliche Verlust mag das Kind verängstigt und es veranlaßt haben, sich mißtrauisch zurückzuziehen, was wiederum andere Familienmitglieder gestört und vielleicht sogar verärgert hat, wodurch das Kind vielleicht noch furchtsamer wurde, und so weiter. Die Zahl der eingeschlagenen Wege ist theoretisch unbegrenzt, so daß eine bestimmte langfristige Wirkung keinesfalls zwangsläufig eintritt. So gesehen kann keine Kindheitserfahrung als irreparabel angesehen werden, und keine Fehlanpassung an eine solche Erfahrung ist für alle Zeiten irreversibel.

4 Soziale und kulturelle Einflüsse

Das Spektrum möglicher langfristiger Auswirkungen irgendeines Kindheitseinflusses oder einer Erfahrung wird unüberblickbar, wenn wir uns den breiteren gesellschaftlichen Kontext vor Augen halten, in dem das Ereignis stattfindet (wie wir es bereits in bezug auf die Geschlechtstypisierung getan haben). Wenn wir das Kriterium des kulturellen Relativismus anwenden – nämlich einfach die Vorstellung, daß ein bestimmtes Ereignis im Rahmen des Wert- und Normensystems der jeweiligen Kultur interpretiert werden muß, in der das Kind aufwächst – erscheint es tollkühn, die Existenz eines Gesetzes anzunehmen, das systematisch jede Kindheitserfahrung mit einem bestimmten Persönlichkeitsresultat im Erwachsenenalter verknüpft. Um ein besonders augenfälliges Beispiel zu nehmen: In der einen Gesellschaft markiert der Akt der Beschneidung in der Pubertät den Eintritt des Jungen in das Mannesalter und wird von dem frischgebackenen Mann als ein Erlebnis empfunden, das zwar einerseits schmerzhaft ist, ihn aber andererseits auch mit Stolz erfüllt. In einem anderen gesellschaftlichen Umfeld, in dem diese Praxis nicht üblich und nicht mit dieser entscheidenden psychosozialen Bedeutung getränkt ist, würde sich die Beschneidung zwangsläufig ganz anders auf die Persönlichkeitsentwicklung auswirken. Der Junge und/oder seine gesellschaftliche Gruppe könnte sie als einen Akt der Bestrafung empfinden oder sogar definieren, oder sie könnten darin auch nur eine belanglose, medizinisch gebotene Prozedur erblicken, von der anzunehmen ist, daß sie in Hinblick auf die Persönlichkeit neutral ist und dementsprechend ohne Auswirkungen bleibt.

Solche gesellschaftlichen und kulturellen Einflüsse sind selbst *innerhalb* einer bestimmten Gesellschaft keineswegs einheitlich. (Ein erschreckender Bericht über die Wirkung, die ein kurzer Kontakt mit einer Subkultur auf Erwachsene haben kann, ist in Box 6/16 enthalten.) Wir sind uns alle deutlich der Hartnäckigkeit der Wertvorstellungen und Praktiken bewußt, die Begleiterscheinungen sozialer und kultureller Unterschiede in amerikanischen Gemeinwesen darstellen und die ethnische Identität oft über viele Generationen hinweg mehr oder minder stark bewahren helfen. Solche Subkulturen werden manchmal wegen ihrer Loyalität gegenüber ihrer ursprünglichen Kultur gepriesen, aber bei anderen Anlässen werden sie wegen ihres Mangels an Anpassungsfähigkeit kritisiert. Wie dem auch sei, was uns hier beschäftigt, ist, daß verschiedene Gruppen innerhalb der westlichen Nationen ihre Kinder in Einklang mit unterschiedlichen Wertvorstellungen erziehen und ihren erwachsenen Mitgliedern unterschiedliche Verhaltensregeln aufnötigen.

Bis zu einem gewissen – aber nur bis zu einem gewissen – Grad sind diese Differenzen die Folge

BOX 6/16

Die Pathologie der Gefangenschaft

„Ich wurde kürzlich aus der Einzelhaft entlassen, in der ich 37 Monate (Monate!) gehalten worden war. Mir wurde eine Schweigeverpflichtung auferlegt, und wenn ich dem Mann in der Nachbarzelle auch nur etwas zuflüsterte, wurde ich dafür von den Wachen geschlagen, mit der chemischen Keule besprüht, mit dem Totschläger traktiert, getreten und in eine Leerzelle gesperrt, ohne Bettzeug, Decke, Waschbecken, ja sogar ohne Klo, wo ich nackt auf dem Betonboden schlafen mußte. ... Ich würde lieber sterben, als es hinzunehmen, nicht wie ein Mensch behandelt zu werden ... ich denke jetzt daran, die zu töten, die mich geschlagen haben und die mich behandelten, als wäre ich ein Hund. Ich hoffe und bete um meiner eigenen Seele und eines künftigen Lebens in Freiheit willen, daß es mir gelingt, die Bitternis und den Haß zu überwinden, die täglich an meiner Seele fressen, aber ich weiß, daß das nicht leicht sein wird."

Den obigen Brief erhielt P. Zimbardo, ein Psychologe der Universität Stanford. Nachstehend ein Auszug aus dem Bericht Zimbardos:

„Dieser beredte Hilferuf ... erreichte mich vor kurzem in dem Brief eines Häftlings ... der über einen Versuch gelesen hatte, den ich vor kurzem durchführte ... da ich verstehen wollte, was es eigentlich bedeutet, ein Gefangener oder ein Gefangenenwärter zu sein. Craig Haney, Curt Banks, Dave Jaffe und ich richteten unser eigenes Gefängnis ein. Wir unterzogen 70 Freiwillige einer sorgfältigen Prüfung ... Es waren psychisch reife, emotional stabile, normale, intelligente Studenten aus Mittelschichtfamilien ... Keiner von ihnen hatte eine Vorstrafe, und alle waren ursprünglich in vieler Hinsicht relativ homogen.

Die Hälfte wurde durch Werfen einer Münze willkürlich zu Gefangenen, die andere Hälfte zu Wärtern gemacht. Dies waren die Rollen, die sie in unserem simulierten Gefängnis spielen sollten. Die Wärter stellten nach eigenem Gutdünken Regeln und Vorschriften auf ... Die Gefangenen wurden unerwartet von einem städtischen Polizeibeamten in einem Streifenwagen abgeholt, durchsucht und in Handschellen gelegt, dann wurden ihnen die Fingerabdrücke abgenommen ... Im Gefängnis wurden sie entkleidet, entlaust, in eine Uniform gesteckt, mit einer Nummer versehen und zusammen mit zwei anderen Gefangenen in eine Zelle gesteckt, wo sie die nächsten zwei Wochen zubringen sollten. ...

Nach Ablauf von nur sechs Tagen mußten wir unser Pseudogefängnis schließen, weil erschreckende Dinge passierten. Für die meisten unserer Probanden (und auch für uns) war nicht mehr klar, wo die Realität endete und ihre Rollen begannen ... Es traten dramatische Veränderungen in nahezu jedem Aspekt ihres Verhaltens, Denkens und Fühlens ein. In weniger als einer Woche machte die Erfahrung der Gefangenschaft (vorübergehend) einen lebenslangen Lernprozeß zunichte: menschliche Werte waren aufgehoben, Selbstkonzepte in Frage gestellt und die häßlichste, niedrigste, pathologische Seite der menschlichen Natur trat zutage ...

Drei Gefangene mußten wir schon in den ersten vier Tagen freilassen, weil sie so akute situationsbedingte traumatische Reaktionen aufwiesen wie hysterisches Weinen, Verwirrung des Denkens und schwere Depression. Andere baten um Freilassung auf Bewährung ... als ihr Antrag auf Bewährung abgelehnt wurde, kehrten sie brav in ihre Zellen zurück ...

Etwa ein Drittel der Wärter wurden in ihrer willkürlichen Machtausübung tyrannisch, sie genossen ihre Herrschaft über Menschen ... Manche der Wärter taten bloß ihre Arbeit ... Kein guter Wärter protestierte jedoch je gegen einen Befehl eines schlechten Wärters; sie intervenierten nie zugunsten der Gefangenen, sie forderten die anderen nie auf, sich zu bremsen ... und keiner kam je zu mir als Leiter des Gefängnisses oder als zuständigem Versuchsleiter, um sich zu beklagen ...

Am Ende der Woche war aus dem Versuch Wirklichkeit geworden ... Unser Gefängnisberater, ein ehemaliger Sträfling mit sechzehnjähriger Hafterfahrung in kalifornischen Vollzugsanstalten, wurde, sooft er unser Gefängnis besuchte, so deprimiert und wütend wegen der pathologischen Ähnlichkeit mit seinen Erfahrungen, daß er wieder gehen mußte. Ein katholischer

von Unterschieden im Nationalcharakter. Viel ist von Sozialpsychologen, Anthropologen, Soziologen und Verfassern von Reiseführern über solche Fragen geschrieben worden, wie z.B. warum die Chinesen angeblich fleißig sind, die Deutschen tüchtig, die romanischen Völker romantisch und so weiter. Solche Aussagen sprengen den Rahmen dieses Kapitels. Wir wollen hier nur das offenkundige Faktum festhalten, daß wir soziale und kulturelle Einflüsse zu den genetischen, somatischen und frühkindlichen Erlebnisfaktoren hinzufügen müssen, die wir bereits erörtert haben. Es gibt jedoch einen gesellschaftlichen Einfluß, der quer durch die Volksgruppenzugehörigkeit wirksam zu sein scheint: das ist die soziale Klassen- oder Schichtzugehörigkeit, insbesondere, soweit sie sich auf die Erziehungspraktiken auswirkt.

Priester, ein ehemaliger Gefängniskaplan in Washington, D.C., sprach nach vier Tagen mit unseren Häftlingen und sagte danach, sie seien genau wie die anderen Erstverurteilten, die er gesehen hatte."

Zimbardo war von diesem sozialpsychologischen Experiment so beeindruckt, daß er schrieb:

„Das individuelle Verhalten ist weitgehend von sozialen Faktoren und Umweltbedingungen abhängig und nicht von Persönlichkeitsmerkmalen, Charakter, Willenskraft oder anderen empirisch nicht validierten Konstrukten. Wir erzeugen eine Illusion von Freiheit, indem wir uns selbst, dem Individuum, mehr innere Kontrolle zuschreiben als tatsächlich vorhanden ist. Wir unterschätzen auf diese Weise die Macht und Reichweite situationsbedingter Einflüsse auf das Verhalten, weil sie: (a) häufig nicht offenkundig und subtil sind, (b) wir häufig vermeiden können, in solche Situationen zu geraten, in denen wir unter diese Einflüsse kommen würden, (c) wir jene Menschen als „schwach" oder „deviant" bezeichnen, die sich in solchen Situationen anders verhalten, als wir das von uns glauben."

Dies ist zweifellos ein nachdenklich stimmender Bericht über den potentiellen Einfluß extremer Situationen auf Gefühle und Verhalten. Aber rechtfertigt das die Schlußfolgerung, daß das „individuelle Verhalten weitgehend von gesellschaftlichen Faktoren und Umweltbedingungen abhängt"? Vielleicht. Aber man bedenke, daß eine solche Umgebung weitaus stärker von derjenigen abweicht, mit der wir es im Alltag zu tun haben und daß sich die Gefangenen in ihren Reaktionen unterschieden, zweifellos aufgrund ihrer individuellen und wahrscheinlich dauerhaften Persönlichkeiten.

P. Zimbardo: Psychology of prisons. *Society, 9*, 4, April 1972, 4–8.

4.1 Unterschiede zwischen den sozialen Schichten

Allgemein gesprochen haben Eltern der Arbeiterklasse zumindest in der jüngeren Vergangenheit dazu tendiert, ihre Kinder dazu zu erziehen, sich nicht in Schwierigkeiten zu stürzen, da sie eine härtere Vergeltung seitens der Gemeinschaft riskieren als Eltern der Mittelschicht. Im Gegensatz dazu schienen Mittelschichteltern größeren Wert auf Selbstbeherrschung und innere Maßstäbe zu legen, von denen sie sich längerfristig einen größeren Nutzen erwarteten. Aber da sich die Klassenunterschiede rasch zu verwischen beginnen (vielleicht, weil die Bildungs- und Einkommensunterschiede, von denen sie weitgehend abhängen, heute weniger ausgeprägt sind), sind Verallgemeinerungen riskant. Wir vermuten folgendes: Teils, weil die Klassenunterschiede heute weniger ausgeprägt sind, und teils, weil die Massenmedien einen nivellierenden Einfluß haben, da sie „einheitliche" Erziehungsweisheiten verkünden, erfolgt eine zunehmende Angleichung der Erziehungspraktiken in allen sozialen Schichten.

Es wäre natürlich noch weitaus mehr über die sozialen und kulturellen Einflüsse auf die Persönlichkeitsentwicklung anzumerken, allein schon in Hinblick auf die Klassenunterschiede. Solche Klassenunterschiede finden beispielsweise ihren Niederschlag in den Schulen und den Peer-Gruppen (Gruppen von Gleichaltrigen, deren Wertvorstellungen im Leben des Kindes, das zum Jugendlichen heranwächst, eine so wichtige Rolle spielen). Wir können nur hoffen, daß es uns gelungen ist, eine Vorstellung von der Vielfalt und Komplexität der Einflüsse auf die Persönlichkeitsentwicklung zu vermitteln. Das folgende Zitat bildet vielleicht einen passenden Abschluß dieser Erörterung der in subtiler Wechselwirkung stehenden Determinanten der Persönlichkeit und unseres bislang noch unzulänglichen theoretischen Verständnisses derselben. Es resumiert die Eindrücke des Leiters einer vierzig Jahre umfassenden Untersuchung der Persönlichkeit von nahezu 200 Individuen, deren Entwicklung von frühester Kindheit an eingehend studiert worden war (MacFarlane, 1964):

„Aufgrund einer Durchsicht der Lebensgeschichte haben wir festgestellt, daß bestimmte Defizite der Konstitution und/oder der Umwelt und bestimmte unlösbare zwischenmenschliche Konflikte bis zum 30. Lebensjahr langfristige Auswirkungen auf das Individuum haben. Wir haben weiter festgestellt, daß ein Großteil der Persönlichkeitstheorie, die auf pathologischen Fällen beruht, für den größten Teil der Menschen kein brauchbares Prognoseinstrument abgibt. Viele unserer reifsten und tüchtigsten Erwachsenen hatten in ihrer Kindheit und Jugend mit großen Schwierigkeiten und Wirrnissen zu kämpfen. Viele unserer überaus erfolgreichen Kinder und Jugendlichen haben ihr vorhergesagtes Potential nicht erfüllt. Es steht fest, daß wir die differenziertere Theorie benötigen, die uns hilft, die relevanten Komponenten entsprechend zu gewichten – die Arten von Streß und die kompensierenden Unterstützungen bei Organismen verschiedener Art in den einzelnen Entwicklungsperioden – wenn es uns gelingen soll, vorauszusagen, welche Faktorenkombinationen Reife und Kraft beeinträchtigen und welche Kombinationen sie fördern."

Zusammenfassung

1. *Persönlichkeitsentwicklung* ist ein in ständigem Fluß befindlicher Prozeß, so daß es ein schwieriges Unterfangen ist, von deren Determinanten zu sprechen. Ein allgemeines Prinzip ist, daß immer dann, wenn ein einzelner Faktor in extremem Ausmaß vorhanden ist, alle übrigen in ihrem potentiellen Einfluß auf die Entwicklung eingeschränkt sind.

2. Durch die Beschreibung einer „Fallgeschichte" der menschlichen Bindungen erhalten wir Gelegenheit, einen einzelnen und entscheidenden psychologischen Prozeß über ein ganzes Leben hinweg zu verfolgen.

3. Die Persönlichkeitsentwicklung ist zahllosen Einflüssen ausgesetzt – erbliche und somatische Faktoren, Kindheitserfahrungen sowie soziale und kulturelle Determinanten. Die Beiträge aller dieser Faktoren sind noch nicht präzise definiert worden, ebensowenig deren Wechselwirkungen.

4. Untersuchungen der *Verwandtschaftsähnlichkeit*, insbesondere Vergleiche von *eineiigen und zweieiigen Zwillingen*, sind die Hauptquelle von Beweisen für die *Erblichkeit* von Persönlichkeitsmerkmalen. Das aus solchen Studien stammende Datenmaterial deutet auf eine substantielle genetische Komponente bei den verschiedensten Merkmalen hin. Weitere nützliche Ergebnisse wurden durch den Vergleich zwischen getrennt aufgewachsenen und gemeinsam aufgewachsenen Zwillingen erlangt.

5. Genetische Einflüsse auf die Persönlichkeit werden oft durch *somatische Faktoren* übermittelt. Somatische Faktoren sind jedoch keinesfalls ausschließlich erblich bedingt; oft sind sie die Folge von Veränderungen in der uterinen Umgebung, die durch Erfahrungen der Mutter ausgelöst wurden.

6. *Psychosomatische Störungen* sind Beispiele dafür, daß sich psychologische Faktoren auf die Körperfunktionen auswirken, und nicht dafür, daß somatische Faktoren die Persönlichkeit beeinflussen. Aber damit sich solche Einflüsse geltend machen können, ist es wahrscheinlich nötig, daß bestimmte körperliche Dispositionen oder Anfälligkeiten für diese Störungen existieren.

7. Ein gewisser Zusammenhang zwischen *Körperbau* und Persönlichkeit ist wahrscheinlich, aber seine tieferen Ursachen – ob genetischer oder kultureller Art – sind noch nicht klar.

8. Abweichungen im Tempo der *individuellen Reifung* während der Adoleszenz wirken sich auf die Persönlichkeitsentwicklung aus, wenn auch in unterschiedlicher Weise für die beiden Geschlechter.

9. *Kindererziehungspraktiken* sind modischen Schwankungen unterworfen, aber abgesehen davon, was gerade in Mode ist, bewährt sich wahrscheinlich das am besten, was den Einstellungen und Persönlichkeitsmerkmalen der Eltern am genauesten entspricht.

10. Verschiedene *Disziplinierungsstile* wirken sich stark auf die Entwicklung von sozialer Kompetenz bei Kindern aus.

11. Die Stellung eines Kindes innerhalb der *Geschwisterreihe* beeinflußt ebenfalls seine Persönlichkeit. Die *Erstgeborenen* unterscheiden sich am stärksten von den übrigen Gruppen. Aber auch andere Faktoren wie die Gesamtzahl der Kinder, ihr Geschlecht und die Intervalle zwischen ihren Geburten sind relevant.

12. Jungen und Mädchen neigen zur Nachahmung der *Geschlechterrollen ihrer gleichgeschlechtlichen Eltern*, sofern diese Eltern Wärme ausstrahlen und ihnen Geborgenheit geben. Die von Eltern ausgeübte Autorität ist ebenfalls ein Faktor. Gesellschaftlich bedingte *Geschlechtsstereotypisierung* ist jedoch von primärer Bedeutung.

13. *Soziale* und *kulturelle Faktoren* bilden den entscheidenden Kontext, in dem sich andere Persönlichkeitsdeterminanten auswirken – und zwar auf unterschiedliche Weise auswirken.

4. Kapitel
Psychische Störungen

Der Begriff der Psychischen Störung ist abhängig von der theoretischen Position, von der man ausgeht. Ein Verhaltenstherapeut wird den Begriff Verhaltensstörung vorziehen, der Psychoanalytiker den der Neurose, der Kinderpsychotherapeut den der Fehlanpassung oder Anpassungsstörung; andere verwandte Begriffe sind: Leistungsstörung, abweichendes Verhalten, Leidensreaktion, Fehlhaltung, Psychopathie, Soziopathie, Devianz, Depersonalisation (vgl. Benesch, dtv-Wörterbuch der Klinischen Psychologie).

Diese Bezeichnungen werden verwendet, wenn die Fähigkeit eines Individuums, in realistischer und wirksamer Weise mit den Herausforderungen und Aufgaben des täglichen Lebens fertigzuwerden, nicht mehr als adaquat betrachtet wird. Die Ursachen dafür werden sehr unterschiedlich bewertet. Eine Sichtweise hebt das Versagen der psychischen Abwehr hervor. Aber vielleicht hat die Abwehr auch *zu gut* funktioniert, in dem Sinne, daß ein bestimmter Abwehrmechanismus das Verhalten eines Menschen so sehr dominiert, daß er dessen tägliche Wahrnehmungen ständig in gravierender Weise verzerrt, so daß er nicht mehr angemessen funktionieren kann.

Die Formen, die Psychische Störungen annehmen können, sind vielgestaltig, und sie unterscheiden sich auch hinsichtlich des Grades, in dem sie durch rein psychologische Faktoren verursacht sind. Was auch ihre Ursache sein mag, sie sind überaus verbreitet, obwohl es recht schwierig ist, mehr als sehr grobe Schätzungen der Häufigkeit der verschiedenen Formen zu bieten.

Viele Klinische Psychologen (die Psychologen, die sich am eingehendsten mit dieser Art von Verhalten befassen) und Psychiater nehmen an, daß abweichendes Verhalten in erster Linie häufiger psychisch als physisch verursacht ist. Andere Fachleute konzentrieren sich auf die Suche nach möglichen genetischen, biochemischen und physiologischen Ursachen von Verhaltensdevianz. Selbst Sigmund Freud, dessen Arbeit in der Psychoanalyse den stärksten Einfluß auf die Entwicklung psychologischer Behandlungen von abnormem Verhalten hatte, war der Auffassung, daß früher oder später die biologischen Ursachen geistiger und seelischer Störungen entdeckt werden würden. Und in den letzten Jahren ist es gelungen, durch Pharmakotherapie, das heißt durch Anwendung von Medikamenten, psychopathologische Symptome weitgehend unter Kontrolle zu bringen. Die Wirksamkeit vieler Medikamente ist für viele ein Anzeichen dafür, daß den meisten geistigen und seelischen Störungen tatsächlich biochemische Anomalien zugrundeliegen könnten (Kety, 1979). Dennoch sind die tatsächlichen organischen Ursachen vieler dieser Störungen nicht bekannt, und wir werden uns in diesem Kapitel in erster Linie auf die situationsbedingten Faktoren und Lebenserfahrungen konzentrieren, die mit verschiedenen Störungen zusammenzuhängen scheinen. Wir werden auf einige der heute üblichen Systeme zur Klassifizierung solcher Störungen eingehen und uns auch mit einigen der heute einflußreichen Konzeptionen befassen, die zur Klärung abnormer Verhaltensweisen entwickelt wurden.

Obwohl eine Psychische Störung weitgehend durch abweichendes *Verhalten* gekennzeichnet ist, impliziert der Begriff, daß der *intrapsychische Zustand* negativ betroffen ist. Der Begriff der Psychischen Störung mag daher auch angebracht erscheinen, wenn das Individuum chronisch unglücklich, ängstlich, unangenehm launenhaft oder depressiv ist. Wenn sich der Betreffende übertriebene Sorgen über Beeinträchtigungen seines Sexuallebens oder seiner zwischenmenschlichen Beziehungen macht, kann er an einer *Neurose* leiden. Wenn er Stimmen hört, die niemand anderer hört, oder glaubt, systematisch verfolgt zu werden, oder unter radikalen Stimmungsschwankungen von Verzweiflung bis zu Euphorie leidet, dann kann es sich um eine *Psychose,* eine schwerere Form der geistig-psychischen Störung, handeln. Diese abweichenden Verhaltensweisen werden eher als Symptome von Geistesstörungen interpretiert, wenn sie gegen das übliche gesellschaftlich gebilligte Verhalten verstoßen. Wie es ein Psychiater formulierte: „Wenn ich mit Gott spreche, dann bete ich. Wenn Gott mit mir spricht, habe ich Schizophrenie" (Szasz, 1973).

Ob der geistig oder psychisch Gestörte nur leicht oder schwer beeinträchtigt ist, er oder sie können trotzdem, gemessen an den allgemeinen Kriterien eines „soliden Bürgers", adäquat funktionieren. Sie können einen Beruf ausüben, für ihre Familie sorgen und nur selten gegen gesetzliche oder moralische Normen verstoßen. Unter diesen Umständen kann das im übrigen abweichende Verhalten unbemerkt bleiben, der Betroffene mag in seinen eigenen Augen oder denen anderer nicht geistig oder psychisch gestört sein. Sobald sein Verhalten jedoch für *andere* ärgerlich oder störend wird (und sei es nur, weil es in irgendeiner Weise gegen gesellschaftliche Normen verstößt), ist die Wahrscheinlichkeit größer, daß das Prädikat „psychisch gestört" auf ihn angewandt wird. Wie Szasz (1970) bemerkt, sind gesellschaftlich verurteilte Verhaltensweisen, die von wiederholten gewalttätigen Angriffen auf andere Menschen bis zu privat und mit gegenseitiger Einwilligung ausgeübtem homosexuellem Verhalten reichten, als Symptome von „Geisteskrankheit" angesehen worden. Selbst Masturbation wurde gelegentlich so bezeichnet, ebenso wie Drogenmißbrauch und gewohnheitsmäßige Delinquenz. Manche dieser Verhaltensweisen sind tatsächlich als asozial zu betrachten, aber es ist die Frage, ob ein solches asoziales Verhalten notwendigerweise „krank" ist.

1 Was ist „abnorm"?

In dem Bemühen, psychologische Abnormität zu definieren, ist eine Reihe allgemeiner Modelle entwickelt worden. Zu den Modellen, die wir hier einer kurzen Betrachtung unterziehen wollen, zählen (1) das statistische Modell, (2) das kulturelle Modell und (3) das Modell des persönlichen Leidensdrucks.

Im Rahmen des *statistischen Modells* wird Anomalie als jede substantielle Abweichung vom durchschnittlichen oder typischen Verhalten der Gruppe definiert, der das Individuum angehört. (Die Diagnose der geistigen Retardierung basiert ebenfalls auf dieser Annahme.) Demnach wird jedes Verhalten, das entsprechend selten oder statistisch ungewöhnlich ist, als abnorm bezeichnet. Ein offenkundiges Problem bei dieser Position ist, daß nicht ausgeführt wird, welche statistisch abweichenden Verhaltensweisen *wünschenswert* und welche *nicht wünschenswert* sind. Es erscheint nicht sinnvoll, so außergewöhnliche Leistungen wie die Komposition eines symphonischen Meisterwerkes als abnorm zu beschreiben. Doch die strikte Anwendung dieses Modells würde bedeuten, daß therapeutische Bemühungen unternommen werden, um untypische (wenn auch kreative und innovative) Verhaltensweisen *jeder Art* zu entmutigen. Das statistische Modell läßt auch die Möglichkeit unberücksichtigt, daß Verhalten, das für eine bestimmte Gruppe üblich oder typisch ist, nach den Kriterien einer anderen Gruppe höchst unerwünscht sein kann.

So leidet beispielsweise ein erheblicher Prozentsatz – vielleicht eine Mehrheit – unserer Bevölkerung mehr oder weniger stark unter Problemen wie Angst, Depression, Drogenmißbrauch sowie eheliche und sexuelle Unzufriedenheit. Eine strikte Anwendung des statistischen Modells könnte bedeuten, daß Personen, die keines dieser relativ häufigen Probleme haben, abnorm seien. Die Humanistischen Psychologen (Maslow, 1970; Rogers, 1977) glauben, daß das typische oder durchschnittliche Funktionsniveau in unserer Gesellschaft weit unter den tatsächlichen Fähigkeiten der meisten Individuen liege, ihr angeborenes Potential zu verwirklichen. Selbst Menschen, die keine offenkundigen Anzeichen emotionaler Störung aufwiesen, schöpften nicht unbedingt ihr volles menschliches Potential aus, deshalb stelle das in einer Gesellschaft verbreitete Verhalten nicht das beste Modell für Normalität oder Effizienz dar.

Konzeptionelle Ähnlichkeit mit der statistischen Position weist das *kulturelle Modell* auf. Dieser Auffassung zufolge wird Normalität nach dem Grad beurteilt, in dem sich das Individuum an die Verhaltensnormen oder -maßstäbe anpaßt, die für ein Individuum in seiner Position oder Rolle innerhalb der Gesellschaft als angemessen gelten. Um als normal betrachtet zu werden, muß Verhalten gesellschaftlich akzeptabel sein. Gesellschaftlichen Anstoß erregendes Verhalten kann somit als Folge von Störungen betrachtet werden.

Nach dem kulturellen Modell muß Verhalten nach dem sozialen Kontext bewertet werden, in dem es auftritt. Die Überzeugung, von Hexen verfolgt zu werden, würde beispielsweise in manchen Kulturen oder unter bestimmten Umständen nicht als Anzeichen einer persönlichen Psychischen Störung angesehen werden. Wenn man darauf insistiert, solche Verhaltensweisen als *absolute* Indikatoren Psychischer Störung zu betrachten, dann müßte man zu dem Schluß gelangen, daß ganze Kulturen „gestört" sein könnten – bestenfalls eine riskante Mutmaßung.

Ein Problem mit dem inflexibel angewandten kulturellen Modell ist, daß Abweichungen von gesellschaftlichen Erwartungen als Anzeichen intrapsychischer Störung gewertet werden und daraus die Notwendigkeit einer Behandlung abgeleitet wird. In Wirklichkeit kann abweichendes Verhalten jedoch die Folge eines Konflikts zwischen den Werten des Individuums und denjenigen der Gesellschaft sein, oder es kann eine Reaktion gegen gesellschaftliche Forderungen nach Anpassung darstellen. Soll man eine tüchtige, kreative und ehrgeizige Frau, die in die Arbeitswelt einzutreten wünscht, insbesondere auf einem Gebiet, das traditionell als männliche Domäne gilt, als abnorm oder pathologisch betrachten? Wir müssen uns davor hüten, wie Szasz (1970) wiederholt gewarnt hat, nicht dasjenige Verhalten, das wir einfach *mißbilligen,* als „geisteskrank" zu etikettieren. Die Versuchung dazu ist gewaltig, da dies den offenkundigen Vorteil hat, einen persönlichen Angriff in einen scheinbar unpersönlichen Akt der Diagnose oder objektiven Feststellung umzuwandeln. Wir alle kennen Personen, die das mit anderen machen, und wer von uns hat noch nie jemand, dessen Meinung er aufs schärfste verurteilte, als „verrückt" bezeichnet? Was noch schlimmer ist, manche Nationen haben diese Praxis sanktioniert, indem sie rebellierende Dissidenten sogar (aus „psychiatrischen" Gründen) in Anstalten sperren.

Ein anderer Ansatz zur Bewertung des Abweichens von psychischer Normalität ist das *Modell des persönlichen Leidensdrucks.* Aus dieser Sicht sind die Kriterien zur Beurteilung von Abnormalität die Gefühle des Unglücklichseins, der Depression, der Schuld und Angst, die das Individuum subjektiv zu berichten vermag. Die Annahme, daß solche Gefühle des Mißbehagens eine Funktion geistiger oder seelischer Störungen sind, ist weit verbreitet, und Eigenberichte sind eine wichtige Informationsquelle für den diagnostischen Prozeß. Wenn der persönliche Leidensdruck genügend stark ist, dann ist die Annahme, daß das Individuum psychisch gestört sei, durchaus plausibel.

Ein Problem bei diesem Modell ist jedoch, daß es Verhaltensweisen gibt, die in den Augen *anderer* gestört sind, die aber das Individuum selbst nicht als emotional belastend oder verunsichernd empfindet. Wenn jemand Kinder sexuell belästigt oder zwanghaft sadistische Vergewaltigungen oder Morde begeht, aber dabei keine Schuldgefühle, Angst oder sonstige Anzeichen persönlichen Unbehagens aufweist, sollten wir dann nicht sein Verhalten als ausreichenden Beweis einer Psychischen Störung ansehen dürfen? Unter gewissen Umständen kann das *Fehlen* von persönlichem Leidensdruck ein Anzeichen einer Neurose oder Psychose sein.

Kritiker des Modells vom persönlichen Leidensdruck haben argumentiert, daß die meisten Menschen von Zeit zu Zeit ein gewisses Maß an Mißstimmung, Angst, Depression und so weiter erlebten. Die „gewöhnlichen" Probleme des täglichen Lebens als Beweis einer Geisteskrankheit oder Psychopathie zu werten, impliziere, daß wir alle anomal seien, wenn wir nicht ständig glücklich sind. Diese Auffassung berücksichtige nicht einmal die Angemessenheit solcher Gefühle wie Angst oder Kummer, wenn tatsächlich ein guter Grund für Furcht oder Trauer vorhanden ist.

Wenn wir uns vor Augen halten, daß jedes der oben erörterten Modelle von Anomalie seine Nützlichkeit, aber auch seine Nachteile hat, liegt es auf der Hand, daß wir alle von diesen Positionen aufgeworfenen Fragestellungen in Betracht ziehen müssen, wenn wir zu einem adäquaten Verständnis von Abnormität und geistig-psychischen Störungen gelangen wollen.

2 Perspektiven der Psychopathologie

Die obige Erörterung hat sich auf Modelle zur Beurteilung von „Abnormität" konzentriert. Wir wenden uns jetzt einigen wichtigen allgemeinen Theorien zu, die abnormes Verhalten zu erklären suchen. Bei diesen Theorien handelt es sich um das medizinische Modell, das psychodynamische Modell, das behavioristische Modell, das humanistische Modell und das Modell der sozialen Deprivation.

2.1 Das medizinische Modell

Das medizinische Modell betrachtet abnormes Verhalten in derselben Weise, wie körperliche Erkrankungen analysiert werden. Nach dieser Konzeption wird angenommen, daß es genau unterscheidbare geistige oder psychische Krankheiten gibt, die durch bestimmte Symptome zu identifizieren sind und die spezifische ätiologische (ursächliche) Faktoren aufweisen. Das medizinische Modell nimmt häufig an, daß die Ursachen geistiger oder psychischer Erkrankungen überwiegend körperlicher Art seien, wie hereditäre (erbliche) oder biochemische Anomalien oder irgendein physisches Trauma, das dem Nervensystem zugefügt wurde. Wo das medizinische Modell psychosoziale Ursachen anerkennt, wird gewöhnlich angenommen, daß spezifische Erfahrungen zur Entwicklung einer spezifischen und erkennbaren Reihe von Symptomen geführt haben. So könne beispielsweise eine frühe schwere Störung der Eltern-Kind-Beziehungen das Individuum zur späteren Entwicklung chronischer oder wiederkehrender Depression prädisponieren.

Das medizinische Modell unterstellt, daß es durch sorgfältiges Studium von Verhaltensmustern möglich sei, übereinstimmende Gruppen oder „Bündel" von Symptomen zu identifizieren, die diagnostizierbare und festumrissene Krankheiten mit bestimmten Ursachen repräsentieren. Sobald die Ursachen festgestellt sind, können bestimmte Behandlungsweisen oder Vorbeugungsmaßnahmen in ähnlicher Weise wie für körperliche Erkrankungen entwickelt werden.

Das herkömmliche medizinisch-physiologische Modell läßt sich durch ein sehr anschauliches Beispiel verdeutlichen. Im 19. Jahrhundert waren in den Irrenanstalten Menschen mit einer bestimmten Konstellation von Symptomen anzutreffen (paralytische Demenz), zu denen außer Bewegungs- und Koordinationsstörungen auch psychologische Symptome wie Verfolgungswahn kamen. Das Befinden dieser Patienten verschlechterte sich zunehmend. Als sorgfältige Krankengeschichten und Lebensberichte erhoben wurden, stellte sich heraus, daß ein großer Prozentsatz dieser Patienten zu irgendeinem Zeitpunkt an einer Syphilisinfektion erkrankt war, die dann klinisch inaktiv wurde; in späteren Obduktionen konnte das Vorhandensein von Syphiliserregern im Gehirn nachgewiesen werden. Es wurden Behandlungsmethoden entwickelt, mit denen es gelang, den Verlauf der Krankheit zu stoppen, und als Medikamente (vor allem Penicillin) zur Eindämmung der Syphilis in der allgemeinen Bevölkerung entdeckt wurden, nahmen die Fälle von paralytischer Demenz drastisch ab. Es gibt viele andere Beispiele, in denen abnormes Verhalten auf physische Faktoren zurückgeführt werden konnte (Kety, 1979), und die Suche nach den organischen Ursachen weiterer wird fortgesetzt. Anhänger des medizinischen Modells ziehen zu seiner Unterstützung auch die Tatsache heran, daß viele Geisteskrankheiten teilweise mit erblichen Faktoren zusammenzuhängen scheinen und daß viele dieser Störungen günstig auf medikamentöse Behandlung ansprechen.

Korrekte Diagnose ist die tragende Säule des medizinischen Modells. Es liegt auf der Hand, daß „Symptombündel" exakt identifiziert werden müssen, wenn mögliche kausale Faktoren entdeckt werden sollen. Abnormes Verhalten und die entsprechenden Symptome weisen jedoch oft nicht den Grad an Korrespondenz auf, der eine zuverlässige Diagnose gestatten würde. Erfahrene Diagnostiker können deshalb zu ganz unterschiedlichen Bewertungen kommen, selbst wenn sie scheinbar dasselbe Verhalten beobachten. (Über dieses Problem werden wir an späterer Stelle mehr zu sagen haben.) Manche Kritiker des Krankheitsmodells glauben, daß das diagnostische Verfahren nicht nur unzuverlässig sei, sondern daß es auch einem Verständnis der Einzigartigkeit des Individuums im Wege stehe, das, wie sie argumentieren, für effektive helfende Beziehungen wesentlich sei. Andere Autoren vertreten die Auffassung, daß die Diagnostizierung oder Etikettierung de facto das Verhalten des Patienten mitpräge und daher eine sich selbst erfüllende Prophezeiung darstelle. Das heißt, der Patient übernimmt gewissermaßen das Etikett und lernt, sich in einer Weise zu verhalten, die der Diagnose entspricht.

2.2 Das psychodynamische Modell

Das psychodynamische Modell hat seinen Ursprung im Werk Sigmund Freuds (seine allgemeine Theorie der Persönlichkeitsentwicklung wird im 2. Kap. erörtert und sein therapeutischer Ansatz im 5. Kap.). Eine der Grundannahmen dieses Modells ist, daß sowohl die normale als auch die abnorme Persönlichkeit durch Konflikte zwischen angeborenen Bedürfnissen und Wünschen und gesellschaftlich vermittelten moralischen Maßstäben geformt werden. Es wird angenommen, daß wir alle verborgene oder unbewußte *Impulse* haben, die nach Ausdruck verlangen, aber für unsere internalisierten moralischen Maßstäbe inakzeptabel sind, die ihre direkte Äußerung zu hemmen suchen. Wenn Impulse durchbrechen oder durchzubrechen drohen und sich in inakzeptabler Form äußern, dann können Angst oder Schuldgefühle die Folge sein. Ein Übermaß an Angst oder Schuldgefühlen sei eine der Hauptquellen gestörten Verhaltens.

Die Symptome psychischer Störungen können sich auf Formen der Impulsäußerung konzentrieren, die indirekt und weniger befriedigend, aber akzeptabler sind. Das heißt, Impulse können etwas modifiziert werden, um den internalisierten Maßstäben zu entsprechen. Beispielsweise kann ein gewohnheitsmäßiger Sarkasmus ein Mittel zum Ausdruck einer nichtakzeptablen starken sadistischen Feindseligkeit sein. Gestörte Verhaltensweisen können umgekehrt Mechanismen repräsentieren, die das Ausleben von Impulsen völlig verhindern. Beispielsweise kann jemand eine sogenannte funktionale Paralyse seines Arms entwickeln (die keine organische Basis hat) und die dazu dienen kann, ihn daran zu hindern, seinem verborgenen feindseligen Impuls nachzugeben, jemand zu schlagen.

Die vom psychodynamischen Modell diktierte Behandlung unternimmt den Versuch, dem Individuum zu ermöglichen, sich die zugrundeliegende Dynamik seiner Symptome und seines Verhaltens bewußtzumachen und dadurch zu einer reiferen oder ausgewogenen Form der Äußerung seiner Impulse zu gelangen. Das psychodynamische Modell betrachtet asoziale Verhaltensweisen als Resultat eines Versäumnisses seitens des Individuums, die üblichen inneren Maßstäbe zu erwerben, die die Äußerung bestimmter Impulse wirksam steuern. Die Behandlung asozialer Verhaltensweisen zielt darauf ab, den Mangel an wirksamer früher Sozialisation zu kompensieren, das heißt, des Versäumnisses, die Spielregeln zu erlernen, die einem das Fortkommen in der eigenen Gesellschaft ermöglichen. In manchen Fällen sind asoziale Verhaltensweisen jedoch eher so zu verstehen, daß sie dem Individuum helfen, verborgene Impulse unter Kontrolle zu halten. So kann sich jemand asozial verhalten, weil er unbewußt Ablehnung durch andere sucht, die ihn daran hindern soll, in seinen persönlichen Beziehungen Intimität zu erfahren. Diese selbstauferlegte Isolierung kann ihn ihrerseits befähigen, erschreckende sexuelle oder aggressive Impulse unter Kontrolle zu halten. Dem psychodynamischen Modell zufolge, können identische Verhaltensweisen somit aus völlig unterschiedlichen Psychodynamiken resultieren, so daß wir nur durch ein eingehendes Studium des Betreffenden erfahren können, welche Formulierung des tieferliegenden Problems für *ihn* zutreffend ist.

2.3 Das behavioristische Modell

Im Gegensatz zum psychodynamischen Modell schließt dieser Ansatz keine Annahmen über tieferliegende oder unbewußte Impulse ein. Der Behaviorist betrachtet abweichendes Verhalten als Folge der Wechselfälle des Lernens und der Konditionierung (die allgemeine Theorie und die therapeutischen Techniken des behavioristischen Ansatzes werden im 2. u. 5. Kap. ausführlicher erörtert). Im Unterschied zu den Vertretern des psychodynamischen Modells hat der Behaviorist kein Bedürfnis, über die vielen möglichen – bewußten oder unbewußten – erfahrungsbedingten Faktoren zu spekulieren, die zu dem gestörten Verhalten führten. Ihn interessiert vielmehr, welche spezifischen Techniken geeignet sind, das Verhalten, so wie es sich gegenwärtig zeigt, zu modifizieren.

Das behavioristische Modell betrachtet jedoch Angst oder Furcht als eines der Grundphänomene, mit denen man sich bei fast jedem Menschen befassen muß, der unter schweren Verhaltensstörungen leidet. Angst, so würden Behavioristen argumentieren, ist nicht die Folge eines drohenden Durchbruchs inakzeptabler Impulse, sondern Gegenkonditionierungen auf Reizmuster der Umwelt. Das heißt, Verhaltensweisen, die Angst vermindern, schleifen sich in zunehmendem Maße ein. Wenn ein Kind beispielsweise eine Abnahme seiner Angst erlebt, wenn es ordentlich, gepflegt und untadelig sauber ist, dann kann es diese Verhaltensweisen als Erwachsener in übertriebener Form aufweisen, obwohl die ursprüngliche Gefahr (zum Beispiel Verärgerung der Eltern oder Bestrafung durch diese) längst nicht mehr existiert. Manchmal ist es die *Vermeidung* bestimmter Verhaltensweisen, die einem hilft, Angst unter Kontrolle zu halten (indem man sich beispielsweise von hohen Orten fernhält, wenn man unter starker und irrationaler Höhenangst leidet). Im allgemeinen hält eine behavioristische Analyse nach den problematischen Verhaltensweisen Ausschau, die in der Vergangenheit entweder direkt oder durch Verminderung von Angst verstärkt wurden, und die Behandlung trachtet danach, ein systematisches Programm zur Rekonditionierung und zum Neuerlernen dieser fehlangepaßten Reaktionen aufzustellen.

2.4 Das humanistische Modell

Das humanistische Modell wurde am klarsten in den Schriften der Psychologen Abraham Maslow und Carl Rogers entwickelt. Sie gehen von der Annahme aus, daß die Menschheit von Natur aus gut sei und daß wir alle den Drang haben, unser eigentliches Selbst zu realisieren, *Selbstverwirklichung* zu erreichen. Der Mensch suche seine Anlagen und Talente auszuschöpfen und zu entfalten, aber er werde oft durch soziale Kräfte der Zustimmung und Ablehnung gebremst, die ihn zwingen, Aspekte seiner selbst zu verleugnen, und dadurch die Entwicklung seines wahren Selbst verhindern. Aus dieser Perspektive gesehen ist es diese Leugnung des wahren Selbst, die als Quelle psychischen Leides und abweichenden Verhaltens anzusehen ist. Die Therapie verschafft dem einzelnen Gelegenheit, sich selbst freier zu äußern und diejenigen Aspekte seines Fühlens und Denkens zu akzeptieren, die er zu verbergen und zu vermeiden suchte. Wenn sich der Mensch vollständiger akzeptieren kann, dann wird es ihm auch gelingen, eine befriedigendere psychische Integration zu erreichen.

2.5 Das Modell der sozialen Deprivation

Die Verfechter dieses Modells beziehen sich auf psychische Schäden, die aus Umweltereignissen resultieren. Unter Deprivation versteht man den Entzug der für ein gesundes seelisches Leben nötigen „grundlegenden psychischen Bedürfnisse" (Langmeier, Matějček, 1977). Sie nehmen an, daß ein Großteil der beobachtbaren Devianz und des persönlichen Leidensdrucks durch kulturspezifische gesellschaftliche Kräfte erzeugt werden, die außerhalb des Individuums liegen, wie Armut, Schutzlosigkeit und Unterdrückung. Wie man von der Gesellschaft behandelt werde, das könne zu negativen emotionalen Erfahrungen und zu Verhaltensweisen führen, die als pathologisch beurteilt werden. Selbst wo das Individuum zunächst kein persönliches Unbehagen empfinde, könnten die Reaktionen anderer auf das Verhalten, die Einstellungen oder Gedanken des oder der Betreffenden *pathogen* sein – das heißt, zu pathologischen Erscheinungen führen. Wenn die Gesellschaft das Verhalten als „krank" etikettiere, dann könne dieses dem Verhalten anhaftende Stigma für das Individuum soziale Probleme entstehen lassen, die ihrerseits zu emotionalen bzw. psychischen Schwierigkeiten führen (Homosexuelle sind eine Personengruppe, die nach Ansicht vieler in dieser Weise zu Unrecht etikettiert und unterdrückt wurde, mit entsprechenden Auswirkungen auf ihr psychisches Wohlbefinden).

Nach dieser Vorstellung mehrerer Modelle, die als Kontext zur Definition „geistiger bzw. psychischer Störungen" dienen, sollten zwei allgemeine Vorbehalte klar sein: (1) Es wäre ebenso töricht wie gefährlich und unproduktiv, alle Formen von Psychopathie aus der Perspektive eines *einzigen* Modells zu betrachten. Kein einzelnes ist allein „richtig", und jedes kann (zumindest bis zu einem gewissen Grad) für ein bestimmtes Problem einer bestimmten Person „richtig" sein. (Diese Überlegung führt unmittelbar zum zweiten Vorbehalt.) (2) Wir müssen immer mit der Wahrscheinlichkeit *mehrfacher Ursachen* rechnen. Für jede einzelne geistige oder psychische Störung können wir kausale Faktoren in mehr als einem Modell der Psychopathologie finden.

3 Die Häufigkeit geistiger und psychischer Störungen

Unter *Epidemiologie* versteht man das Studium der Häufigkeit und der Veränderungen von Krankheiten im Laufe der Zeit und im Vergleich zwischen verschiedenen Bevölkerungsgruppen. Solche Informationen können der Forschung helfen, auf Ursachen zu schließen und mögliche vorbeugende Maßnahmen zu ergreifen. Epidemiologische Untersuchungen werden erschwert, wenn es um geistige bzw. psychische Störungen geht (Gruenberg u. Turns, 1975), da Widersprüche in den diagnostischen Bezeichnungen bestehen und es andere diagnostische Probleme gibt, auf die wir bereits Bezug genommen haben.

Eine Methode, um zu halbwegs fundierten Schätzungen der Häufigkeit psychischer Störungen zu gelangen, ist die Befragung einer *repräsentativen Stichprobe* der Gesamtbevölkerung einer bestimmten Gemeinde. Bei einer solchen Erhebung, die in einem Stadtteil von New York durchgeführt wurde (Srole et al., 1962) wurde festgestellt, daß ganze 30 Prozent der Bevölkerung unter psychischen Problemen leiden, die als so gravierend bewertet wurden, daß sie sie in ihrem täglichen Leben behindern – eine wirklich erschrekkende Zahl, der man sicher nicht einmal nahegekommen wäre, wenn man sich nur auf die formelleren amtlichen Statistiken über geistige und psychische Erkrankungen gestützt hätte. Niedriger, aber kaum beruhigend ist die Schätzung einer nationalen Enquete, wonach zehn Prozent der amerikanischen Schulkinder einer Behandlung wegen Psychischer Störungen bedürften.

Die 30-Prozent-Schätzung für die erwachsene Bevölkerung schließt alle Formen und Grade geistiger und psychischer Störungen ein, von psychiatrischer Hospitalisierung über ambulante psychiatrische Behandlung bis zu unbehandelten Störungen. Diese letztgenannte Kategorie ist natürlich am schwierigsten zu definieren und zu zählen.

Wie die Prozentsätze im einzelnen auch aussehen mögen, in den USA hat sich in letzter Zeit hinsichtlich der Hospitalisierung ein interessantes Muster herauskristallisiert, das von bedeutsamen Veränderungen in der Art des Umgangs mit Psychischen Störungen zeugt. Die Gesamtzahl der Aufnahmen in psychiatrische Krankenhäuser steigt nach wie vor an, aber die durchschnittliche Dauer der Hospitalisierung ist drastisch zurückgegangen, mit dem Ergebnis einer beträchtlichen Abnahme der Zahl stationärer Patienten in psychiatrischen Krankenhäusern. Während des gleichen Zeitraums hat in den USA die Inanspruchnahme ambulanter Behandlungsmöglichkeiten und Tagespflegestätten stark zugenommen. Nach Auffassung mancher Beobachter hat der massive Einsatz von Chemotherapie (der medikamentösen Behandlung von Symptomen) die notwendige Dauer der Hospitalisierung verkürzt. Ein weiterer wahrscheinlicher Faktor war die Zunahme kommunaler psychotherapeutischer Einrichtungen, die sowohl eine Abnahme der ursprünglichen Hospitalisierungen als auch der Rehospitalisierungen psychisch gestörter Personen bewirkt haben dürfte.

4 Die Klassifikation geistiger und psychischer Störungen

Die American Psychiatric Association entwickelt und veröffentlicht in regelmäßigen Abständen Richtlinien zur Klassifizierung und Diagnose von Geisteskrankheiten und psychischen Störungen. Diese Richtlinien haben nach ihrem jeweiligen Erscheinen einen starken Einfluß auf die Bezeichnungen, die die Fachleute gegenüber Personen anwenden, die Verhaltensstörungen aufweisen. Die augenblicklich geltende Version nennt sich *Diagnostic and Statistical Manual of Mental Disorders* (DSM-III, American Psychiatric Association, 1979, dessen Erscheinen Expertenbefragungen und Felduntersuchungen vorausgegangen waren). In diesem Abschnitt werden wir unsere Darstellung und Klassifizierung teilweise noch auf die im DSM-II von 1968 enthaltenen Kategorien stützen, das zur Zeit der Abfassung dieses Textes noch in Kraft war. Da die revidierte Fassung jedoch einige bedeutsame Veranderungen in der Sichtweise und Nomenklatur einschließt, werden wir, wo immer es nützlich erscheint, auf die im DSM-III verwandten Bezeichnungen und Kategorien hinweisen, um einen Eindruck der Veränderungen zu vermitteln, die sich in der Theorie und in der Grundeinstellung vollziehen. Ohne diese direkte Gegenüberstellung der beiden Leitlinien hätten wir es de facto nur mit der einen oder anderen statischen Klassifizierung zu tun und ließen uns die Chance entgehen, uns ein Bild von der notwendigen Weiterentwicklung jedes wirklich brauchbaren und nützlichen diagnostischen Systems zu machen. Ob man der Nützlichkeit von Diagnosen zustimmt oder nicht, die DSMs haben einen starken Einfluß auf das Denken von Klinikern, Justizbehörden und Versicherungsgesellschaften (die in den USA von zunehmender Bedeutung als Kostenträger von Behandlungen und/oder Krankenhausaufenthalten sind). Die American Psychological Association, der die Klinischen Psychologen angehören, hat jedoch bisher der DSM-III nicht ihre formelle Zustimmung erteilt, insbesondere hinsichtlich ihrer Klassifikation von Störungen der Kindheit und Adoleszenz (Foltz, 1980).

Im DSM-II sind unter der Rubrik *Funktionsstörungen* der größte Teil der emotionalen Störungen aufgeführt, die dem Laien am ehesten vertraut sind. Der Begriff *Funktionsstörung* bezieht sich auf Störungen, für die noch keine bestimmte organische Basis entdeckt wurde und in der die früheren Erfahrungen des Patienten eine wichtige Rolle spielen. Damit soll nicht impliziert werden, daß Funktionsstörungen keine physischen Niederschlag im Nervensystem haben; wir wissen, was sie bewirken. Es bedeutet auch nicht, daß genetische Einflüsse fehlen; wir wissen, daß sie vorhanden sind. Aber weil man von diesen Störungen generell bisher noch keine spezifischen organischen Ursachen kennt, konzentrieren sich die Versuche, sie zu verstehen und zu behandeln, vorwiegend auf psychologischen Verfahren.

In der Kategorie der Funktionsstörungen ist es üblich, drei Gruppen zu unterscheiden: die Psychosen, die Neurosen und die Persönlichkeitsstörungen.

Im Gegensatz zu den anderen Klassen von Störungen handelt es sich bei der *Psychose* um einen relativ hohen Grad psychischer Desorganisation. Im allgemeinen weist das psychotische Individuum insbesondere im akuten Stadium schwere Denk-, Gefühls- und Verhaltensstörungen auf. Der Betroffene kann den Anschein erwecken, den Kontakt zur Realität, wie andere sie wahrnehmen, verloren zu haben, und er kann emotionale Reaktionen zeigen, die anderen nicht als angemessene Verhaltensweisen in seiner gegenwärtigen Situation erscheinen. Der Psychotiker kann unter Wahnvorstellungen und Halluzinationen leiden, und er kann von sich selbst und von anderen als so funktionsunfähig betrachtet werden, daß er eines Krankenhausaufenthalts oder der Behandlung durch starke Medikamente bedarf, um seine extremeren Verhaltensweisen zu dämpfen.

Der an einer *Neurose* leidende Mensch ist in seinem Verhalten nicht so stark desorganisiert wie der Psychotiker, und er ist gewöhnlich zu einigermaßen angemessenen Reaktionen auf die Realität fähig. Er verhält sich oder empfindet jedoch in einer Weise, die ihm selbst unbehaglich ist und die anderen oft etwas irrational erscheint. Personen, die als neurotisch diagnostiziert sind, können beispielsweise Perioden akuter Panik ohne entdeckbare Ursache ihrer Angst erleben. Sie können sich getrieben fühlen, bestimmten zwanghaften Gedanken nachzuhängen oder bestimmte zwanghafte Handlungen auszuführen, die sie selbst und Beobachter als irrational empfinden. Neurosen sind emotionale Störungen, in deren Zentrum gewöhnlich Ängste stehen.

Der Begriff *Persönlichkeitsstörung* (manchmal auch als *Charakterstörung* bezeichnet) bezieht sich auf asoziale Verhaltensmuster, die von anderen mißbilligt werden oder für das eigene Selbst oder andere schädlich sind. Oft sind diese Verhaltensweisen illegal, wie im Falle von Perversionen, Alkoholismus, Drogenmißbrauch und ähnlichem. In anderen Fällen ist das Verhalten bei Persönlichkeitsstörungen zwar nicht verboten, aber fehlangepaßt für das Individuum, wenn auch in einer Weise, die sich von den Verhaltensmustern von Psychotikern und Neurotikern unterscheidet. Bei Persönlichkeitsstörungen fehlt oft die von Psychotikern gezeigte Verzerrung der Realität und die Symptome emotionaler Verstimmung der Neurotiker. Die Persönlichkeitsstörung ist durch generalisierte Verhaltensstile gekennzeichnet, die sich auf alle oder fast alle Reaktionen des Beteffenden auf die Umwelt erstrecken. Eine solche Person kann sich der störenden oder selbstschädigenden Aspekte ihres eigenen Verhaltens entweder nicht bewußt sein oder dazu tendieren, sie moralisch zu rationalisieren. Ihr Stil kann für die Menschen, mit denen sie in Kontakt kommt, wesentlich unangenehmer sein als für sie selbst, und diese negativen Reaktionen der anderen mögen den Betreffenden schließlich zwingen, sich in Behandlung zu begeben.

Bevor wir die verschiedenen Klassen von geistigen und psychischen Störungen eingehender beschreiben, sei darauf hingewiesen, daß unsere Darstellung den fünf oben erwähnten Modellen nicht gleiches Gewicht einräumen wird. Der Hauptakzent wird auf einer im wesentlichen psychodynamischen Sichtweise liegen. Der Grund dafür ist, daß die Entwicklung einer Nomenklatur und eines Klassifizierungsschemas, ja die ganze Idee der Differentialdiagnose überwiegend durch die Bemühungen von Forschern der psychodynamischen Richtung zustande kamen und von ihnen als notwendig erachtet werden. Behavioristen und Humanisten neigen demgegenüber eher zu der Auffassung, daß Krankheitsbezeichnungen und ausgeklügelte diagnostische Verfahren sich eher verwirrend als klärend auf unser Verständnis und die Behandlung fehlangepaßten Verhaltens auswirken. Behavioristen sind im allgemeinen überzeugt, daß die Vielzahl von Erklärungen, die von psychodynamischen Theoretikern zur Unterscheidung der vielen verschiedenen hypothetisch angenommenen Klassen von gestörtem Verhalten vorgeschlagen werden, angesichts des grundlegenden und relativ unkomplizierten Lern- bzw. Konditionierungsparadigmas, das sie auf *alle* Verhaltensformen anwenden, überflüssig seien. Die Humanisten lehnen das Diagnose- und Klassifizierungsschema aus einem anderen Grund ab. Sie finden, daß es den Blick darauf verstelle, was sie für das wichtigste erachten: die *einzigartigen* Aspekte des Individuums.

4.1 Neurosen

Ein als *neurotisch* diagnostiziertes Individuum kann eine extrem breite Skala von Verhaltensweisen zeigen. Der vorliegende Entwurf des DSM-III führt die Neurosen unter der übergeordneten Kategorie der Angststörungen auf, obwohl die Liste der hier aufgeführten Krankheitsbilder ziemliche Ähnlichkeit mit der traditionelleren Kategorisierung des DSM-II hat. Die Neufassung behält den Standpunkt bei, der von Fachleuten fast aller theoretischen Richtungen geteilt wird, daß Angst oder deren Vermeidung ein wesentliches Merkmal dieser Störungen sei. Diese Angst kann bewußt erlebt werden, und dieses Erlebnis kann den Hauptaspekt der Störung ausmachen. In vielen anderen Fällen bestehen die neurotischen Phänomene aus Reaktionen, die Angst abwehren oder unter Kontrolle halten, die aber dann selbst zum Auslöser von Verstimmungen werden. Die Angst, ob sie nun erlebt wird oder nicht ins Bewußtsein dringt, verzerrt die Erfahrungen und das Lernen, so daß angemessene Reaktionen (die besser an die Realität angepaßt wären) nicht erfolgen können.

Die Symptome des Neurotikers können sich von Zeit zu Zeit ändern, aber unter diesen sich wandelnden Symptomen ist gewöhnlich ein vorherrschendes Muster zu entdecken. Dieses Muster sagt uns wahrscheinlich etwas über die Natur des Individuums und seine Probleme, genauso wie uns das charakteristische Muster der Abwehrmechanismen des Individuums uns etwas über seine Persönlichkeit sagt. Einige der allgemein anerkannten Formen psychoneurotischer Reaktionen werden in den folgenden Absätzen dargestellt.

4.2 Angstneurosen

Wie der Name andeutet, ist eine Angstneurose durch das Auftreten von Perioden der Angst gekennzeichnet. Die Angst kann in kurzen Perioden akuter Panik ausbrechen, oder sie kann chronischer und alles durchdringender Natur und von leichter bis mäßiger Heftigkeit sein. Jeder Mensch erlebt manchmal Angst, aber Angstneurotiker weisen diese emotionale Reaktion in einem Grad auf, der weit über das hinausgeht, was durch die unmittelbaren Situationen gerechtfertigt erscheint. Chronische Angst kann mit anderen Phänomenen wie Schlaflosigkeit und Reizbarkeit und mit körperlichen Symptomen wie Magengeschwüren und Störungen der Herz-Kreislauf-Funktionen einhergehen, was schließlich zu einer ernsthaften Gefahr für die Gesundheit werden kann. (Auf S. 107 dieses Kapitels erörtern wir solche „psychosomatischen Störungen".)

Ein Beispiel dafür, wie sich eine Angstreaktion entwickeln und an bestimmten Punkten der beruflichen Laufbahn eines Menschen wieder auftreten kann, ist in Box 6/17 (S. 106) angeführt.

4.3 Hysterische Neurosen

Das Krankheitsbild der *Hysterie* (auch *Konversionsneurose*) ist, obwohl es heute als relativ selten gilt, von historischem Interesse für die Entwicklung der psychodynamischen Perspektive, weil viele der ersten Patientinnen Freuds dieser Kategorie zugerechnet wurden. Es gibt zwei Haupttypen der Hysterie: die Konversionsreaktion und die dissoziative (abspaltende) Reaktion. Die *Konversionsreaktion* besteht aus physischen Störungen in den sensorischen Systemen und dem Teil der Muskulatur, von dem normalerweise angenommen wird, daß er der Kontrolle des Willens unterliege. Ohne daß ein physiologischer oder neurologischer Schaden vorliegt, kann der Betreffende de facto (d. h. der Funktion nach) blind oder taub oder in einem bestimmten Körperteil gefühllos sein. Der oder die Kranke kann eines der Gliedmaßen als gelähmt empfinden oder krampfhafte Zuckungen einer Muskelgruppe aufweisen. Die psychodynamische Position neigt dazu, diese Symtome als ein Mittel zu betrachten, durch das der Hysteriker einem psychischen Konflikt ausweicht. Wenn der

BOX 6/17

Eine Angstreaktion

Der Psychologe R. White präsentiert die folgende Zusammenfassung und Interpretation eines Falles von Angstneurose, über den ursprünglich H. Dicks berichtet hat.

Ein vierzigjähriger Mann kam wegen schwerer Angstanfälle zur Behandlung, die insbesondere durch Klaustrophobie, Atmungsschwierigkeiten (besonders nachts) und ein überaus unangenehmes Gefühl einer bevorstehenden Katastrophe gekennzeichnet waren. Er hatte für die Psychologie immer nur Verachtung übrig gehabt und suchte die Hilfe eines Psychiaters nur als verzweifeltes letztes Mittel. Er war soeben nach einer erfolgreichen Karriere als Regierungsbeamter in den Ruhestand getreten. Da ihm die Politik der Regierung zu liberal erschien, machte er seine Kündigung zu einer Grundsatzfrage. Er hatte sich ins Privatleben zurückgezogen und spielte mit dem Gedanken an einen neuen Berufsweg, als ihn die Angstanfälle zu überwältigen begannen.

Als seine berufliche Laufbahn zurückverfolgt wurde, stellte sich heraus, daß er auch schon früher gelegentlich unter Angst gelitten hatte. Der letzte derartige Anlaß war seine Entlassung aus dem Militärdienst nach dem Ersten Weltkrieg, in dem er als Bataillonskommandant gedient hatte und in sehr jungen Jahren ausgezeichnet worden war. Dieser Umstand veranschaulicht den fehlenden Zusammenhang zwischen neurotischer Angst und wirklicher Gefahr: Erst nach der Entlassung aus der Armee, als er in Sicherheit war, erlitt der Patient die Angstanfälle. Vor diesen Anfällen hatte er unter Schwierigkeiten gelitten, als er zu studieren begann. Eine Zeitlang konnte er nicht in Vorlesungen sitzen; wenn er überhaupt hinging, setzte er sich neben die Tür, damit er jederzeit weggehen konnte. Davor hatte er im Alter von sieben Jahren einen Angstanfall gehabt, als er in einer düsteren gotischen Kirche einen ganzen Gottesdienst lang stillsitzen mußte. Verschiedene Ängste in Zusammenhang mit der Ödipussituation wurden aufgedeckt, aber sie zeigten kaum Verbindungen mit den Inhalten seiner Angstattacken. Schließlich schloß sich die Kette der Vorfälle, als sich der Patient an eine Szene erinnerte, die in seiner Kindheit stattfand, als er an Bronchopneumonie erkrankt war. Er lag hustend und fast erstickend in einem Gitterbett, in akuter Panik, aber gleichzeitig wütend auf seine Mutter, die dabeistand und ihm in seiner Not nicht helfen konnte. Er erinnerte sich unter anderem an ein Zelt über seinem Bett und verschiedene andere Einzelheiten. Aus anderen Quellen konnte rekonstruiert werden, daß er tatsächlich im Alter von achtzehn Monaten an Bronchopneumonie erkrankt war und daß ein Zelt über dem Bett eine der Behandlungsmaßnahmen darstellte. Die Form der Angstanfälle des Patienten – die Atmungsschwierigkeiten und die Klaustrophobie – hing offensichtlich mit dieser ... Panik zusammen. Sein Anfall in der Kirche scheint durch die massiven gotischen Bögen (die ihn an das Zelt erinnerten) und die Notwendigkeit, stillzusitzen (Hilflosigkeit und Bewegungseinschränkung) ausgelöst worden zu sein. Aber wir können seine späteren Anfälle, insbesondere diejenigen, die ihn schließlich zum Arzt trieben, nur verstehen, wenn wir etwas über die Entwicklung seiner Persönlichkeit wissen. Der Patient war der älteste Sohn und auch der Älteste im Kreis seiner Vettern. Seine Eltern drängten ihn in die Rolle eines großen Jungen. Er übernahm diese Rolle erfolgreich und wurde selbstbewußt und ausgesprochen unabhängig. Er identifizierte sich mit den Autoritäten und dem Moralkodex und wurde zum Anführer und Zuchtmeister seiner jüngeren Verwandten. Dieses Muster setzte sich in der Schule fort, zeigte sich an der Universität aufs Neue, verstärkte sich während seiner Dienstzeit als Armeeoffizier und blieb auch während seiner Beamtenzeit wirksam. Er wurde ein energischer und erfolgreicher Mann mit einem starken Bedürfnis nach Überlegenheit. Man merkt jedoch, daß seine Karriere etwas von der Getriebenheit hatte, die einen neurotischen Schutzmechanismus kennzeichnet. Immer dann, wenn seine Aktivität, seine Erfolge und seine Überlegenheit blockiert waren, fiel er den Angstanfällen zum Opfer: als er seine Primusrolle an der Schule verlor und an der Universität zum „Niemand" wurde; als er seine militärische Führungsrolle verlor und bei der Abmusterung zum „Niemand" wurde; als er seine Position als Regierungsbeamter verlor und zu einem „Niemand" ohne Beruf wurde.

Dieser Fall veranschaulicht die frühe Entstehung eines neurotischen Kerns als Resultat eines zutiefst erschreckenden Erlebnisses ... Als sich die Persönlichkeit des Patienten entwickelte, wurde sie ermutigt, eine Form anzunehmen, die ein ausgezeichnetes Mittel zur Kompensation seiner neurotischen Anfälligkeit war. Sein Entwicklungsmuster betonte Unabhängigkeit (Ablehnung der nutzlosen Sehnsucht nach Abhängigkeit), Aktivität (die einen passiven Zustand der Hilflosigkeit verhinderte) und Macht (das Gegenteil seiner Unfähigkeit, seine Mutter zu beeinflussen). Diese Bestrebungen waren effektiv, brachten ihm Befriedigung und ein konstruktives Leben. Sie hatten nur einen Fehler: sobald sie alle blockiert waren, so daß er zu einem „Niemand" wurde, entwickelte er nicht bloß die Frustration, die jeder unter solchen Umständen empfinden mag, sondern mehr als das – akute Angstanfälle.

H. Dicks: *Clinical Studies in Psychopathology.* Baltimore: Wood, 1939.

R. White: *The Abnormal Personality,* 3. Ausg. New York: Ronald, 1964.

oder die Betreffende beispielsweise unfähig ist zu sprechen, kann er oder sie auf diese Weise die verbale Äußerung inakzeptabler Impulse vermeiden.

Das DSM-III verzichtet auf den Terminus *Hysterie* und schlägt statt dessen eine neue Kategorie vor, die sogenannten *somatoformen Störungen.* Diese Kategorie schließt sowohl Konversionsreaktionen als auch die somatoformen Störungen ein. Personen mit somatoformen Störungen leiden an einer Vielzahl körperlicher Beschwerden, gegen die ärztliche Hilfe gesucht wird, wobei die ärztliche Untersuchung jedoch keine organische Pathologie ergibt. Im Gegensatz zu den Konversionsreaktionen ist die Krankengeschichte bei Somatisierungsstörungen gewöhnlich kompliziert, vage und dennoch dramatisch. Vor dem DSM-III wurden manche dieser Patienten als *Hypochonder* diagnostiziert, eine Bezeichnung, die uns allen vertraut ist.

Unter die neue somatoforme Kategorie fällt im DSM-III eine weitere Diagnose, die *Psychalgie.* Darunter versteht man chronische Klagen über Schmerzen bei offenkundigem Fehlen eines medizinischen Befunds, der ausreichen würde, um Schmerzen in einer Heftigkeit zu erzeugen, wie sie der Patient beschreibt. Der Diagnostiker kann auf psychologische Faktoren bei Psychalgie schließen, wenn er feststellt, daß belastende Ereignisse im Leben des Patienten das Auftreten oder die Verschlimmerung der erlebten Schmerzen auszulösen und zu begleiten scheinen. Andererseits liegt der Verdacht nahe, daß die Schmerzen dem Patienten unbewußt gestatten, irgendeine unangenehme Lebenserfahrung und Verantwortung zu vermeiden.

Es ist angebracht, hier eine allgemeine Bemerkung über Entstehung und Verlauf geistiger bzw. psychischer Störungen zu machen. In der psychodynamischen Theorie wird zwischen primären und sekundären Krankheitsgewinnen bei emotionalen Symptomen unterschieden. Unter *primärem Gewinn* versteht man den inneren Anpassungs- und Abwehrnutzen, der in erster Linie durch die Vermeidung von Angst entsteht. Dieser Gewinn wäre wichtig, gleichgültig, wie die anderen reagieren. Als *sekundären Gewinn* bezeichnet man dagegen die Vorteile, die der Betreffende durch die Reaktionen der anderen hat. Zu diesem Gewinn zählen Mitgefühl und Unterstützung durch andere, die Beschaffung eines legitimen Grundes, um unangenehmen Situationen aus dem Weg zu gehen oder sogar die weitere Gewährung von Krankengeld, Frührente etc. Es ist jedoch hervorzuheben, daß sich der Betreffende des Zusammenhangs zwischen den Symptomen und den Sekundärgewinnen nicht bewußt sein muß. Wenn jemand bewußt eine Krankheit oder emotionale Störung vorspiegelt, dann würde er, falls man ihm draufkommt, vielmehr als „Simulant“ bezeichnet werden.

Es sei betont, daß es eine Reihe physischer Störungen gibt (z. B. Multiple Sklerose, Diabetes, Gehirnschaden), die ganz ähnliche Symptome hervorrufen können wie jene, die wir als Resultat von somatoformen Störungen oder Angstneurosen bezeichnet haben. Die Unterscheidung zwischen diesen und organischen Störungen zu treffen, ist schwierig. Haas (1979) zitiert mehrere Studien, in denen auf die potentiellen Gefahren einer Diagnose ohne sehr sorgfältige körperliche Untersuchungen hingewiesen wird. Stefansson (1976) stellte in einer überaus gründlichen Auswertung der Krankengeschichten von mehreren hundert als hysterisch diagnostizierten Patienten fest, daß die meisten neben den hysterischen Symptomen tatsachlich auch organische Störungen hatten.

Es wird angenommen, daß die organische Störung oft psychische Beschwerden auslöst oder „suggeriert“. Slater u. Glithro (1965) führten Nachuntersuchungen an Patienten durch, die ursprünglich als hysterisch diagnostiziert worden waren, und stellten fest, daß die Mehrheit früher oder später echte körperliche Störungen entwikkelt hatte, die oft neurologischer Art waren. Bei der Benutzung dieser Diagnosen ist offenkundig Vorsicht am Platz angesichts der Möglichkeit, daß der beteiligte Kliniker vielleicht nicht näher nach potentiell vorhandenen organischen Störungen forscht.

Viele Berichte deuten darauf hin, daß die somatoformen und andere psychische Störungen eine riesige und kostspielige Last für unsere medizinischen Versorgungseinrichtungen darstellen. Gegenwärtig werden in den USA Untersuchungen durchgeführt, um herauszufinden, ob der Einsatz von Psychotherapie als Ergänzung der traditionellen medizinischen Behandlung zu einer menschlich und ökonomisch sinnvollen Lösung dieser Probleme beitragen könnte (Olbrisch, 1977).

Eine andere Gruppe emotional bedingter physischer Symptome, häufig als *psychosomatische* oder *psychophysiologische Störungen* bezeichnet, schließen Krankheitsbilder wie Magengeschwüre, Bluthochdruck, Asthma und so weiter ein. Es wird angenommen, daß chronischer Streß und emotionale Erregungszustände die Entstehung echter körperlicher Symptome und organische Pathologie verursachen oder verschlimmern können. Manche Fachleute sind der Ansicht, daß sich Konversionsreaktionen als ein Versuch entwickeln, psychische Konflikte oder Angst *aufzulösen* (Primärgewinn), während psychosomatische Störungen als *Folge* von extrem starken und/oder chronischen emotionalen Erregungszuständen oder Streß entstehen und keine spezielle Funktion für die Lösung psychischer Konflikte haben müssen.

4.4 Dissoziative Störungen

Historisch wurden die verschiedenen als dissoziative Störungen bezeichneten Krankheitsbilder als eine Unterkategorie der Hysterie betrachtet, aber im DSM-III wurde eine separate Kategorie für dissoziative Störungen eingeführt, unter die auch die psychogene *Amnesie,* Fugue (Verlassen der gewohnten Umgebung im Dämmerzustand) und multiple Persönlichkeit zählen.

Bei der *psychogenen Amnesie* verliert das Individuum gewöhnlich ziemlich plötzlich die Fähigkeit, sich an Informationen über die eigene Person zu erinnern. Diese Reaktion kann auf ein psychisch traumatisierendes Ereignis wie der Tod einer geliebten Person erfolgen oder sich als Antwort auf einen emotionalen Konflikt entwickeln, wobei sie dann dazu dient, die Erinnerung an die Emotionen oder Aktivitäten auszulöschen, die dem Betreffenden unangenehm waren. Es kann vorkommen, daß der amnestische Patient seine eigene Umgebung und seine Bezugspersonen verläßt und vielleicht sogar eine neue Identität annimmt, die viele Jahre lang erhalten bleibt. Wenn der Betreffende in dieser Weise die emotionale „Flucht" antritt, wird seine Störung als psychogene *Fugue* bezeichnet.

Eine besonders interessante, wenn auch seltene Form einer dissoziativen Form der Reaktion ist die *multiple Persönlichkeit.* In diesem Fall entwickelt das Individuum zwei oder mehr verschiedene Persönlichkeiten, die in ihrem Charakter oder Lebensstil oft stark voneinander abweichen. Oft ist die eine Persönlichkeit gehemmt und moralistisch, die andere dagegen impulsiv und vergnügungssüchtig. Psychodynamisch gesehen ist es, als ob ein Konflikt im Individuum zwischen moralischen und amoralischen Kräften durch Aufspaltung der ursprünglichen Persönlichkeit in separate Teile gelöst würde, indem eine Konfrontation zwischen den inkompatiblen Elementen vermieden wird. Unter Nichtfachleuten kommt es häufig zu Verwechslungen zwischen multipler Persönlichkeit und Schizophrenie. Die multiple Persönlichkeit, die manchmal laienhaft als „gespaltene Persönlichkeit" bezeichnet wird, unterscheidet sich jedoch sehr deutlich von der Schizophrenie, und die verschiedenen „Personen" sind in der Regel mehr oder minder gut an ihre unterschiedlichen sozialen Umwelten angepaßt. Im Gegensatz dazu ist die Schizophrenie eine Psychose, und der Schizophrene verhält sich mit wenigen Ausnahmen stark fehlangepaßt. Es liegt auf der Hand, wie die multiple Persönlichkeit vom psychodynamischen Standpunkt aus konzeptionell zu bewerten wäre: Die verschiedenen Persönlichkeiten gestatten eine Äußerung normalerweise verbotener Impulse, ohne daß das Individuum die Schuldgefühle erleben muß, die es sonst haben würde. Bei amnestischen Episoden kann der Identitätsverlust das Individuum aus unerträglich belastenden Lebenssituationen befreien, in denen Konflikte vorhanden sind, die es durch andere Mittel nicht lösen kann.

4.5 Phobische Neurosen

Die phobische Neurose ist gekennzeichnet durch übertriebene Furcht vor Objekten, Umgebungen oder Situationen. Diese Furcht unterscheidet sich von den vernünftigen Reaktionen, die wir alle in objektiv gefährlichen Situationen erleben. Das phobische Individuum hat *irrationale* Ängste (s. Abb. 10, S. 109). So reagieren manche Phobiker mit Panik, wenn sie in eine Menschenmenge geraten; andere reagieren in derselben Weise, wenn sie sich völlig allein auf einem offenen Feld befinden. Manche Personen leiden unter einer abnormen Furcht vor Krankheitskeimen und greifen zu extremen, aber unwirksamen Maßnahmen, um jede mögliche Ansteckungsquelle auszuschalten. Eine Frau, die um ihr Leben fürchtet, sobald sie ihre Wohnung verläßt, leidet unter einer phobischen Neurose; dasselbe gilt für Studenten, die bei ihren Schlußexamen jedesmal in Panik geraten.

Abbildung 10: Die Furcht dieses Mädchens ist irrational, daher phobisch. Wenn es sich nicht um Tauben, sondern um Klapperschlangen handelte, wäre ihre Reaktion realistisch.

Milde phobische Reaktionen sind in unterschiedlichen Graden bei den meisten Menschen vorhanden. Wenn diese jedoch um sich greifen und einen daran zu hindern beginnen, sein Leben zu führen, dann werden sie als pathologisch und neurotisch angesehen. Starke phobische Reaktionen können überaus unangenehm und störend sein, aber sie haben einen bestimmten Vorteil gegenüber den *freiflottierenden* und ungerichteten Ängsten des Angstneurotikers. Da es sich um eine deutlich objektbezogene Furcht handelt, kann das Individuum aktive Schritte unternehmen, um die phobische Situation und ihre desorganisierende Wirkung zu vermeiden. Bedauerlicherweise kann der Betreffende aber phobisch in bezug auf Situationen oder Aktivitäten werden, die unvermeidbar sind, wenn er ein aktives Leben führen will, und er ist somit ständigen, unerträglichen Krisen ausgesetzt.

Vom psychodynamischen Standpunkt aus sind phobische Ängste Verschiebungen oder Substitute für Befürchtungen oder Wünsche, die unbewußt bleiben. In Freuds klassischem Fall des „kleinen Hans" litt ein fünfjähriger Junge unter einer schweren Phobie gegenüber Pferden. Nach Freuds Analyse des Falles war das Pferd ein symbolisches Äquivalent für Hänschens Vater, auf den der Junge seine eigene Feindseligkeit projiziert hatte. Durch einen komplexen psychologischen Prozeß führte die Wut des Jungen gegenüber seinem Vater und seine Furcht vor ihm sowie seine Furcht vor seinen eigenen feindseligen Impulsen zu deren Verschiebung von seinem Vater auf das Pferd. Nach der psychodynamischen Deutung können andere Phobien auch für unbewußte Ängste stehen, wobei symbolische Beziehungen zwischen dem phobischen Objekt und der eigentlichen unbewußten Furcht vorhanden sind.

Vom behavioristischen Standpunkt aus sind Phobien konditionierte Ängste, die durch Schmerz oder Furcht entstanden sind, indem ein Reiz (gewöhnlich durch Zufall) mit dem phobischen Reiz assoziiert wurde. Durch den Mechanismus der Reizgeneralisierung können später auch Situationen und Objekte, die nicht am ursprünglichen Lernvorgang beteiligt waren (aber diesem ähnlich sind) phobische Ängste auslösen. Beispielsweise wurde in einem klassischen Experiment (Watson u. Rayner, 1920) ein elf Monate altes Kind namens Albert, das sich ursprünglich in Gegenwart einer weißen Ratte durchaus wohlzufühlen schien, ja sogar Lust hatte, mit dieser zu spielen, konditioniert, die Ratte zu fürchten (zu weinen und davon wegzustreben), indem man jedesmal ein erschrekkendes Geräusch ertönen ließ (in wiederholten Durchgängen), so oft Albert die Hand nach seinem „Spielkameraden" ausstreckte. Albert lernte auf diese Weise nicht nur, sich vor weißen Ratten zu fürchten, sondern die Furcht generalisierte auf ähnliche flauschige Objekte (ein Kaninchen, ein Pelzmantel, ein Wattebällchen) – Objekte, die ihn zuvor ebensowenig beunruhigt hatten. Watson und Rayner hatten vorgehabt zu beweisen, daß Alberts erlernte Ängste später wieder verlernt werden könnten, aber sie verloren ihn aus den Augen. Jones (1924) wiederholte ihre Demonstration (mit einem anderen Kind), daß Phobien in dieser Weise gelernt werden können; sie beseitigte die Furcht jedoch später durch Löschungsverfahren. Dies war vielleicht der erste beglaubigte Fall einer Anwendung der heutigen verhaltenstherapeutischen Techniken (s. 5. Kap.).

Eine ziemlich stark behindernde phobische Reaktion ist die sogenannte *Agoraphobie*. Wie bereits erwähnt, entwickeln Personen, die an dieser Störung leiden, eine irrationale Furcht davor, ihre Wohnung zu verlassen (s. Abb. 11). Die Furcht bleibt oft aus, wenn der Betreffende von jemand anderem begleitet wird. Im DSM-III wird eine Untersuchung angeführt, aus der hervorgeht, daß etwa fünf Prozent der amerikanischen Bevölkerung in irgendeinem Abschnitt ihres Lebens unter dieser Störung leiden. Agoraphobie wird häufiger bei Frauen als bei Männern diagnostiziert.

Eine phobische Reaktion, die bei Schülern und Studenten auf beträchtliches Interesse stößt, ist die Versagens- oder Prüfungsfurcht. Personen, die an dieser Störung leiden, gehen in jede Situation, in der ihre Kompetenz bewertet werden soll, mit beträchtlicher Furcht und einer starken Erwartung, den Bewertungsmaßstäben nicht zu genügen. Diese vorwegnehmende Angst kann die Leistungen so stark beeinträchtigen, daß sich die Wahrscheinlichkeit des Versagens beträchtlich erhöht. Die negativen Auswirkungen sind nicht überraschenderweise dann am größten, wenn die fragliche Prüfung von großer Bedeutung für die langfristigen beruflichen Ziele des Individuums ist (Atkinson u. Raynor, 1978).

Abbildung 11: Die Außenwelt wird als gefährlicher Ort angesehen; in den eigenen vier Wänden zu bleiben gibt ein Gefühl der Sicherheit.

4.6 Zwangsneurosen

Bei der Zwangsneurose ist der Betreffende zu Handlungen und/oder Gedanken genötigt, die ihm unangenehm sind, aber die er nicht verhindern kann. Die zwanghaften Gedanken sind für den Betreffenden beunruhigend, belastend oder sogar widerwärtig; oft betreffen sie Schmutz, Obszönität oder Handlungen, die gesellschaftlich so inakzeptabel sind, daß sie dem Betreffenden widerlich erscheinen. Zwangshandlungen können von einfachen Gesten bis zu komplexen Ritualen reichen, die buchstäblich Stunden in Anspruch nehmen können. Wenn der Betreffende irgendwie daran gehindert wird, diese zwanghaften Handlungen auszuführen, erlebt er häufig ein akutes Mißbehagen oder sogar Panik.

Das Verhalten des Zwangsneurotikers scheint manchmal eine Art von Balance zu halten zwischen asozialen, inakzeptablen Impulsen in Form von Zwangsgedanken und späteren Versuchen, die inakzeptablen Impulse durch büßendes, ritualistisches Verhalten ungeschehen zu machen. (In Box 6/18, S. 112, wird ein extremer Fall einer solchen Zwangsreaktion vorgestellt.)

Die psychodynamische Theorie interpretiert diese Verhaltensweisen wie gehabt als Ausdruck von Versuchen, Konflikte zwischen Impulsen zu lösen. Zwanghafte Gedanken und Impulse inakzeptabler Art werden oft der Gefühle und Emotionen entkleidet, von denen solche Inhalte üblicherweise begleitet werden, und diese Isolierung dient als Mittel der Entstellung. Das Zwangsverhalten wird als ein Mittel angesehen, inakzeptable Impulse zu vermeiden und zu verleugnen.

Vom behavioristischen Standpunkt aus wird zwanghaftes Verhalten als Resultat eines Versuchs betrachtet, Furcht zu reduzieren oder zu verhindern. Jedes Verhalten, das mit der Verminderung von Furcht (Fluchtlernen) oder mit der Vermeidung von Furcht (Vermeidungslernen) assoziiert ist, erweist sich in Gegenwart des betreffenden Reizes als sehr hartnäckig (s. 3. Bd., 2. Kap.). So gesehen zeigt der Zwangsneurotiker Reaktionen, die einst eine durchaus realistische Abwehr gegen eine bedrohliche Situation dargestellt haben mögen, die aber in der gegenwärtigen Situation nicht rational erscheinen (und nicht der Anpassung dienen). Im Fall von Ramona (Box 6/18) könnte eine behavioristische Analyse die Auffassung vertreten, daß sie wahrscheinlich beträchtliche Angst empfand, als sie die Schüssel auf dem Tisch zerbrach (vielleicht weil sie an die Liebesaffäre ihres Mannes und ihre eigenen feindseligen Phantasien dachte). Als die Schüssel zerbrach, wurde dieser Stimulus (zerbrochene Schüssel) mit Angst bzw. der Furcht assoziiert, ihren Mann zu verlieren oder ihn zu töten. (Der Inhalt ist hier nicht wichtig.) Vielleicht verminderte sich ihre Angst vorübergehend durch ihre Konzentration auf das Saubermachen nach dem Mißgeschick, das als solches ebenfalls ein Mittel zur Vermeidung der Angst und der furchterzeugenden Gedanken war, weil es sie ablenkte. Von diesem Augenblick an kehrte die assoziierte Furcht jedesmal wieder, so oft sie etwas Zerbrochenes sah, sie vollzog deshalb ritualistisch jene Handlungen, die ihr ursprünglich geholfen hatten, den angstauslösenden Stimulus zu beseitigen (wodurch sich die Angst verminderte). Durch den Vorgang der Stimulusgeneralisierung wurden auch andere ähnliche Reize mit Angst assoziiert und mußten ebenfalls entfernt werden.

Der jeweilige Inhalt der Angstassoziation wäre für einen Verhaltenswissenschaftler, dem es darum geht, das zwanghafte Verhalten zu behandeln, relativ unwichtig. Er würde sich darauf konzentrieren, eine Gegenkonditionierung zu erreichen oder zwischen den Reizen neue Assoziationen herzustellen, vielleicht indem er die Angst durch Entspannung ersetzt, so daß die Reiz-Angst-Assoziation unterbrochen und die Notwendigkeit des angstvermeidenden Verhaltens eliminiert wird.

4.7 Die existentielle Neurose

Diese psychische Störung ist weder im DSM-II noch im DSM-III enthalten, aber sie hat unter Autoren, die den existentiellen Standpunkt vertreten, starke Beachtung gefunden. Kurz gesagt definiert sich der Mensch nach dieser Auffassung durch bewußte Wahlentscheidungen und die schließliche Erkenntnis der Endlichkeit seiner Existenz. Der Mensch ist auf der Suche nach Sinn, und wenn er keinen findet, kann er die Erfahrung existentieller Frustration machen (Frankl, 1962). Eine *existentielle Neurose* (Maddi, 1967) entsteht durch den Versuch, mit dieser Frustration umzugehen oder sie zu leugnen. Der Mensch kann überwältigende Schuldgefühle erleben, wenn ihm bewußt wird, daß er sein Potential nicht ausgeschöpft hat, oder er kann in zwanghafter Weise sein fruchtloses und zwanghaftes Bemühen um eine unerreichbare Gewißheit und Vollkommenheit fortsetzen, Ersatzziele für sein gescheitertes Streben nach Selbstverwirklichung.

4.8 Persönlichkeitsstörungen

Die zweite große Kategorie Psychischer Störungen, die Persönlichkeitsstörungen, besteht aus Verhaltensweisen, von denen angenommen wird, daß es sich um universelle Persönlichkeitsstile handelt, die sich als Reaktion auf frühe Konflikte im Leben des Betreffenden entwickelten. Diese unterscheiden sich von den Neurosen, die wir eben erörtert haben, zum Teil insofern, als die Verhaltensweisen, die diese Störungen kennzeichnen, von dem Betreffenden oft nicht als sonderbar oder in irgendeiner Weise für ihn selbst störend empfunden werden. Eine Reihe dieser Persönlichkeitsstörungen haben dieselben Bezeichnungen wie Neurosen und sind verhaltensmäßig oft mit der Neurose verwandt. Andere, wie die paranoiden und zyklothymen Persönlichkeitsstörungen, gleichen Psychosen (die in einem späteren Teil dieses Kapitels behandelt werden). Zur Veranschaulichung wollen wir eine ausgewählte Gruppe von Persönlichkeitsstörungen beschreiben.

BOX 6/18

Eine Zwangsneurotikerin

Norman Cameron berichtet über diese Fallgeschichte einer Frau, die sich in ein Netz lähmender Zwänge verstrickte:

„Ramona M. war die 42jährige Frau eines Geschäftsmannes in Minnesota und Mutter von drei Kindern. Ihre Symptome traten plötzlich auf. Eines Abends servierte sie ihrer Familie das Essen, als ihr eine Schüssel aus der Hand fiel und auf dem Tisch zerbrach. Der Vorfall entsetzte sie. Während sie die Scherben aufwischte, wurde sie von einer irrationalen Furcht gepackt, daß Splitter in das Essen ihres Mannes gelangen und ihn töten könnten. Sie ließ nicht zu, daß das Mahl fortgesetzt wurde, bis sie alles abgeräumt und den Tisch mit einem frischen Tuch und sauberem Geschirr neu gedeckt hatte. Statt daß ihre Furcht dann nachließ, wuchs sie sich zu einer schrecklichen Angst vor der Möglichkeit aus, daß sie selbst und ihre Kinder an Glassplittern sterben könnten."

Die Ängste und Abwehrrituale der Patientin waren damit nicht zu Ende. Ramona entwickelte ein unwiderstehliches Bedürfnis, jeden gläsernen Gegenstand, den sie in die Hand nahm, genauestens zu untersuchen. Wenn sie die kleinste Absplitterung entdeckte, warf sie den Gegenstand weg; und sie mußte ihn selbst zur Mülltonne tragen, um sicher zu sein, daß er das Haus verließ. Dann begann sie auf den fehlenden Splitter Jagd zu machen, den sie natürlich selten fand. Sie hatte irgendwo gelesen, daß Kupfer- und Aluminiumtöpfe für bestimmte Gerichte nicht verwendet werden sollten. Jetzt machte sie sich auch darüber Sorgen. Es fiel ihr ein, daß ihr Ehering außer Gold auch etwas Kupfer enthielt. Zuerst nahm sie ihn jedesmal ab, wenn sie kochte oder Geschirr spülte; schließlich verlor sie ihn.

Inzwischen hörte sie über andere Dinge, die neue Befürchtungen erweckten und bei ihr weitere zwanghafte Gegenmaßnahmen auslösten. Dazu zählte die Gefahr einer Übertragung von Viruskrankheiten von der Toilette auf die Küche, die Gefahren von Laugen und Pestiziden und des chemischen und organischen Düngers, mit dem der Rasen gedüngt wurde. Schließlich mußten alle potentiellen Gifte jeder Art von den Kochgeräten und dem Geschirr isoliert werden, indem sie sie in der Garage unterbrachte – sogar die Reinigungsmittel und Scheuerpulver, die zum täglichen Waschen und Saubermachen benötigt wurden.

Diese endlosen vorbeugenden Rituale trieben die Familie zur Verzweiflung, sie brachten aber auch Ramona keinen dauerhaften Frieden. Ihre Liste potentieller Gefahren wurde häufig länger, bis es ihr einfach nicht mehr möglich war, allem genügend Aufmerksamkeit zu schenken. Wenn sie nicht sicher war, ob sie etwas in einer bestimmten Weise getan hatte oder nicht, dann mußte sie einzelne Schritte wiederholen, um sich zu vergewissern, oder nochmals ganz von vorn beginnen.

Was war der Sinn dieses Netzwerks von Befürchtungen und Vorsichtsmaßnahmen? Warum benahm sich diese gewöhnliche Hausfrau, als seien ihr Mann und ihre Kinder in Gefahr, in ihrem eigenen Haus heimtückisch ermordet zu werden wie mittelalterliche Prinzen? Im Laufe der Therapie stellte sich heraus, daß Ramona alle Angehörigen vor ihr selbst schützte. Allmählich wurde sie sich der Quelle ihrer gefährlichen Feindseligkeit bewußt. Einige Zeit bevor sie die Glasschüssel zerbrach, hatte sie entdeckt, daß ihr Mann eine Affäre hatte. Das demütigte und ärgerte sie, aber sie sagte nichts darüber. Was Ramona entsetzte, als sie die Schüssel zerbrach, war die kurz aufblitzende bewußte Hoffnung, daß er einen Splitter schlucken und sterben werde, ein mörderischer

4.9 Die zwangsneurotische Persönlichkeit

Die frühen Freudianer stellten fest, daß die Zwangsneurose in der Regel außer den ins Auge springenden merkwürdigen Verhaltensweisen, die diese Störung kennzeichnen, in der Regel auch mit universellen Persönlichkeitsmerkmalen meist ziemlich identischer Art einherging. Die Betroffenen waren in der Regel in extremer Weise auf Sauberkeit und Ordnung und die Einhaltung feststehender Regeln bedacht. Ebenso war bei diesen Personen eine starke Hemmung unmittelbar geäußerter oder offensichtlicher Aggressionen so wie eine Unfähigkeit zu bemerken, sich emotional

Wunsch, daß ihre Unachtsamkeit ihn töten werde. Sie verleugnete und verdrängte diesen Wunsch augenblicklich; aber von diesem Moment an richteten sich alle ihre zwanghaften Vorsichtsmaßnahmen gegen die Möglichkeit eines neuen Unfalls, durch den sie „versehentlich" ihren unbewußten Wunsch ausführen könnte.

In diesen wie in vielen anderen Fällen von Zwangsneurose dienten die Symptome mehreren verschiedenen Zwecken. Während ihre Sauberkeits- und Isolierungsrituale Ramona davor schützten, ihren Tötungswunsch auszuführen, erfüllten sie auch den Zweck, das Objekt ihrer Feindseligkeit, ihren Mann, bis zur Unerträglichkeit zu frustrieren, einzuschränken und zu reizen. Die Mahlzeiten waren niemals fertig. Es dauerte endlos lange, bis sie auf den Tisch kamen. Ständig wurde irgendwo saubergemacht. Ramonas Rache vollzog sich also auf Umwegen, in Form ihrer vorbeugenden Symptome. In der schützenden Obhut ihrer Neurose hielt sie die Familie gefangen. Sie bestrafte sie in einer solchen Weise, daß ihre Angehörigen – da sie selbst ja neurotisch krank und leidend war – sich nicht einmal beklagen konnten, ohne sich selbst für herzlos halten zu müssen.

Ramona bestrafte sich auch selbst. Ihre gefährlichen Impulse zwangen sie, alle ihre wachen Stunden für Abwehrmaßnahmen aufzuwenden. Sie war in der Lage eines Dammwärters, wenn das Wasser gleichzeitig an vielen verschiedenen Stellen durchzubrechen droht. Ständig entdeckte sie neue Schwachstellen in ihrer Abwehr, während sie gleichzeitig auf der Hut sein mußte, daß die alten nicht zerbröckelten. Am Ende brach sie selbst zusammen.

N. Cameron: *Personality Development and Psychopathology.* Boston: Houghton Mifflin, 1963.

spontan zu verhalten. Später wurde entdeckt, daß diese Persönlichkeitsmerkmale auch bei Individuen auftreten, die *nicht* die auffallenden Zwangsgedanken und -handlungen des klassischen neurotischen Syndroms aufweisen. Das DSM-II klassifiziert dieses Krankheitsbild als *zwangsneurotische Persönlichkeit.* Das heißt, wie alle Individuen mit Persönlichkeitsstörungen weisen diese Personen nicht die bizarreren und störenden Symptome ihrer neurotischen Pendants auf, obwohl ihr allgemeiner Denk- und Bewältigungsstil ähnlich ist. Danach wurde angenommen, daß diese Merkmale bei diesen Menschen relativ dauerhafte Strukturen der Persönlichkeit darstellen, so daß kein aktueller Konflikt mehr nötig ist (wie im Falle der Neurosen), um aufrechterhalten zu werden.

Diese Strukturen stellen vielmehr de facto die Persönlichkeit des Betreffenden dar. Das Individuum mit einer zwangsneurotischen Persönlichkeitsstörung erlebt gewöhnlich keine Angst; ja es kann sogar bemerkenswert frei davon sein. Und im Unterschied zum Neurotiker empfindet der Betreffende sein Verhalten meist nicht als abnorm oder auch nur fremd, bezogen auf sein Selbstkonzept. Tatsächlich wurde die Auffassung vertreten, daß der Betreffende erst dann, wenn die speziellen Abwehrstile, die ein Bestandteil seines längst gefestigten Charakters sind, zu versagen beginnen (d.h. ihn nicht mehr frei von Angst halten, die durch das Bewußtwerden inakzeptabler Impulse entsteht), genötigt ist, seinen Selbstschutz zu verstärken, indem er zu extremeren und groteskeren Abwehrmanövern greift. Nach dieser Auffassung kann sich somit durch eine Lebenskrise eine ansonsten stabile Persönlichkeitsstörung zu einer korrespondierenden Neurose entwickeln.

4.10 Die hysterische Persönlichkeit

Individuen, die als hysterische Persönlichkeiten bezeichnet werden, weisen eine Reihe von Persönlichkeitsmerkmalen auf, die für den hysterischen Neurotiker charakteristisch sind. Diese Personen neigen in ihrem Gefühlsleben und ihrem Verhalten zur Dramatisierung. So extrem diese Reaktionen auch wirken, so scheinen sie doch nicht von echtem Gefühl zu zeugen. Ein typisches Muster, das vorwiegend bei Frauen festgestellt wurde, besteht aus Verhaltensweisen, die sexuell überaus verführerisch wirken, obwohl die Betreffende im Grunde gar nicht bereit ist, sich einzulassen, und ehrlich bestürzt ist, wenn ihre Koketterie mit sexuellen Avancen beantwortet wird. Ebenfalls typisch für diese Störung sind Wesenszüge wie extreme Abhängigkeit von anderen und das Bemühen, deren Aufmerksamkeit zu erregen. Im DSM-III wird festgestellt, daß diese Verhaltensweisen bei beiden Geschlechtern wie eine Karikatur der

Femininität wirken. Diese Störung wird häufiger bei Frauen diagnostiziert. Das DSM-III plädiert dafür, diese Verhaltensweisen als „theatralische Persönlichkeitsstörungen" zu bezeichnen.

4.11 Die paranoide Persönlichkeit

Diese Störungen weisen viele Merkmale auf, die denen paranoider Schizophrener gleichen. Das als *paranoide Persönlichkeit* diagnostizierte Individuum ist überempfindlich, sehr argwöhnisch, oft durch extreme Eifersucht und manchmal auch durch die Tendenz gekennzeichnet, sich selbst als übertrieben wichtig zu empfinden. Das Mißtrauen dieser Personen und ihre starre Weltsicht ist nicht leicht durch Konfrontation mit gegenteiligem Beweismaterial zu modifizieren. Die emotionale Spannweite ist begrenzt, enge Freundschaften sind selten und zwischenmenschliche Reibungen häufig. (Solche Personen tendieren dazu, ständig in Prozesse verwickelt zu sein.) Diese Individuen werden nicht als psychotisch bezeichnet, weil sich ihr Denken nicht bis zum Grad von Wahnvorstellungen verwirrt und weil sie keine Halluzinationen erleben. (Wenn wir später die Kriterien für die Diagnose der Schizophrenie erörtern, wird der Unterschied zwischen Persönlichkeitsstörungen und Psychosen klarer werden, wenn auch die Differentialdiagnose in vielen Fällen sehr schwierig ist.)

4.12 Die zyklothyme Persönlichkeit

Diese Persönlichkeit ist durch starke Stimmungsschwankungen von Trauer bis zu Euphorie gekennzeichnet, ähnlich wie sie von Personen erlebt werden, die als „manisch-depressive" Psychotiker bezeichnet werden, wieder mit der Ausnahme, daß diese Störung in der Regel nicht mit *Wahnvorstellungen* oder Halluzinationen einhergeht und daß die Denkstörungen fehlen, die die Psychose kennzeichnen. Von Individuen mit dieser Persönlichkeitsstruktur wird angenommen, daß sie mit relativ größerer Wahrscheinlichkeit psychotische Episoden in Form einer manisch-depressiven Störung entwickeln können. Sie werden auch als „bipolare Depressionen" in manchen Depressionstypologien aufgeführt.

4.13 Die asoziale Reaktion

Eine der interessantesten Persönlichkeitsstörungen ist die Kategorie, die als asoziale Reaktion bezeichnet wird (früher sprach man von *psychopathischer Persönlichkeit*). Diese Bezeichnung bezieht sich auf Personen, die eine diffuse und chronische Unfähigkeit zu einer beständigen, geregelten Lebensweise zeigen. Das Individuum handelt impulsiv, offensichtlich, um eine unmittelbare Befriedigung seiner Bedürfnisse zu erlangen. Der Betreffende scheint relativ unfähig, die Konsequenzen seiner Handlungen vorauszusehen und ist daher außerstande, aus Erfahrungen zu lernen, vorauszuplanen oder langfristige Ziele zu verfolgen. Er handelt, bevor er denkt. Auch ist er unsensibel gegenüber den Bedürfnissen anderer. Außerstande, Frustrationen zu ertragen, lebt er von Augenblick zu Augenblick, und seine Handlungsweisen erscheinen sprunghaft, verantwortungslos und unvorhersagbar.

Nach außen hin kann der Psychopath anfangs einen bemerkenswert angenehmen Eindruck machen. Seine Intelligenz ist nicht beeinträchtigt. Er ist oft charmant und eloquent und macht gewandten Gebrauch von Schmeicheleien und Flunkereien, um Situationen für seine Zwecke zu manipulieren. Obwohl er freundlich erscheint, ist er gewöhnlich infolge seiner Unfähigkeit, dauerhafte Bindungen herzustellen, isoliert.

Die asoziale Persönlichkeit scheint an dem Versäumnis zu leiden, moralische Maßstäbe oder ein Gewissen zu entwickeln; es ist, als hätte der Betreffende in der Kindheit nie gelernt, die Erfüllung seiner Begierden aus Rücksicht auf die Wünsche oder Wertvorstellungen seiner Eltern zu verschieben, und als sei es ihm somit mißlungen, die Normen der Gesellschaft zu verinnerlichen. Dieser Grundstruktur entsprechend scheint er überraschend wenig Schuldgefühle oder Angst zu kennen. Tatsächlich scheint sich die asoziale Persönlichkeit in Situationen wohlzufühlen, in denen sich die meisten Menschen unbehaglich fühlen würden. Nicht nur Angst, sondern auch andere Emotionen scheinen zu fehlen oder oberflächlich zu sein. Wie bereits bemerkt, weist dieses Individuum nur eine geringe Fähigkeit zu echter Liebe oder Bindung auf (es ist wichtig, darauf hinzuweisen, daß asoziales Verhalten auch in dem Sinne „normal" sein kann, als es auch oft bei Personen auftritt, die weder das typische Fehlen von Schuldgefühlen aufweisen, noch den Mangel an engen zwischenmenschlichen Beziehungen, die für den als asoziale Persönlichkeit diagnostizierten Typus kennzeichnend sind).

Ein interessanter Befund in bezug auf diese Personen ist, daß sie relativ weniger fähig sind, konditionierte Vermeidungsreaktionen zu lernen (s. 3. Bd., 2. Kap.), ob es sich bei dem aversiven Resultat um Elektroschocks oder gesellschaftliche Mißbilligung handelt (Lykken, 1957). Schachtner und Latané (1964) duplizierten diesen Befund und zeigten darüber hinaus, daß eine Injektion von Adrenalin die Schnelligkeit erhöht, mit der sie diese Reaktionen lernen können. Hare (1970) hat einen Großteil des Datenmaterials in diesem Bereich gesichtet und ist zu der Überzeugung gekommen, daß Individuen, die als asoziale Persönlichkeit diagnostiziert wurden, ein Defizit im Hinblick auf Furcht- oder Angstreaktionen aufweisen dürften, das ihre relativ geringe Fähigkeit erklärt, Verbote sozial inakzeptablen Verhaltens zu lernen und zu internalisieren. Interessanterweise zeigte jedoch eine neuere Studie von Schmauk (1970), daß solche Personen beim Erlernen von Vermeidungsreaktionen anderen Gruppen sogar überlegen waren, *sobald das Nichtlernen sofortigen Geldverlust bedeutete.* Die asoziale Persönlichkeit *kann* somit lernen, Strafe zu vermeiden, ist jedoch „selektiv" in bezug auf die Art der Strafe, die sich als wirksam erweist – offensichtlich eine wichtige Erkenntnis für die Verhütung und Behandlung dieser Persönlichkeitsstörung.

4.14 Sexuelle Funktionsstörungen

Von verschiedenen sexuellen Verhaltensweisen wurde bisher angenommen – und dies gilt auch weiterhin –, daß sie durch emotionale Störungen verursacht sind oder mit diesen zusammenhängen. Im DSM-III sind unter der allgemeinen Überschrift *psychosexuelle Störungen* sexuelle Perversionen (oder Anomalien), Störungen der Geschlechtsidentität und die psychosexuellen Funktionsstörungen zusammengefaßt.

Zu den Störungen der Geschlechtsidentität zählen die fehlende Korrespondenz zwischen primären Geschlechtsmerkmalen und dem, was als „Geschlechtsidentität" bezeichnet wird. *Geschlechtsidentität* bezieht sich auf die subjektiven Gefühle, die das Individuum hinsichtlich seiner Geschlechtszugehörigkeit hat. So spricht man beispielsweise von einer *Störung der Geschlechtsidentität,* wenn eine Person, deren Geschlechtsorgane anatomisch eindeutig männlich sind, überzeugt ist, eigentlich eine Frau zu sein. Das subjektive Gefühl, in einem anatomisch „falschen" Körper zu leben, taucht sehr früh im Leben des Betreffenden auf (Manny u. Primrose, 1968) und ist eine hartnäckige und tiefempfundene Überzeugung. Solche Individuen bemühen sich manchmal (und erhalten auch gelegentlich) chirurgische und hormonelle Behandlung, um ihr Geschlecht zu wechseln. Manny u. Primrose (1968) berichten, daß in einer Stichprobe von Männern dieses Typus viele schon als Kinder in ihrem Wesen und Aussehen als relativ feminin gegolten hatten. Wir müssen betonen, daß die relativ häufigen Gefühle der Unzulänglichkeit bei der Erfüllung der Anforderungen einer gesellschaftlich definierten Geschlechtsrolle keine solche Diagnose rechtfertigen. Man kann sich unbehaglich fühlen, weil man bestimmte Verhaltensweisen vermissen läßt, die für das eigene Geschlecht als angemessen gelten, oder weil es einem in gewisser Hinsicht an körperlicher Attraktivität mangelt, ohne grundlegende Zweifel zu verspüren, welchem Geschlecht man angehört.

Der Begriff *Perversion* bezieht sich auf abweichende sexuelle Verhaltensweisen. Im DSM-III sind in dieser Kategorie Verhaltensweisen angeführt wie Transvestitismus, Fetischismus, Exhibitionismus, Voyeurismus, Pädophilie, sexueller Sadismus bzw. Masochismus und anderes.

Um eine Diagnose von Perversion zu rechtfertigen, muß der Betreffende das deviante Verhalten wiederholt und als den bevorzugten oder gar ausschließlichen Modus zur Auslösung sexueller Erregung benutzen. In weit weniger dominierender Form dienen diese Aktivitäten häufig als Hilfsmittel zur sexuellen Erregung und als Vorspiel zum Sexualakt. Die Diagnose ist nur dann angebracht, wenn der Betreffende in der Regel außerstande ist, sexuelle Befriedigung zu erlangen, ohne diese Verhaltensweisen auszuüben. Viele dieser Anomalien sind primär bei Männern zu finden, von denen viele von Therapeuten als unreif, naiv, unzulänglich und oft recht gehemmt in Hinblick auf erwachsene genitale Sexualität beschrieben werden (man kann verstehen, warum Freudianische Theoretiker annahmen, daß diese Verhaltensweisen Ausdruck tiefsitzender, zum Teil unbewußter Gefühle männlicher Unzulänglichkeit sind, die auf sehr frühe Erfahrungen zurückgehen). Verhaltenstheoretiker haben die Auffassung vertreten, daß die deviante Aktivität durch Lernprozesse zu einem konditionierten Reiz für die sexuelle Erregung wird, ohne den der Betreffende mit der deutlichen und verstörenden Möglichkeit konfrontiert ist, sexuell nicht erregbar zu sein.

Beim *Fetischismus* wird die sexuelle Befriedigung durch Kontakt mit unbelebten Objekten oder mit Körperteilen des Sexualpartners, die in der Regel nicht sexuell besetzt sind, erreicht. Der Fetischist empfindet eine starke sexuelle Faszination gegenüber einem Objekt oder Körperteil. Bei Männern sind häufige Fetische Frauenkleider (wie Schuhe oder Unterwäsche) und Körperteile (wie Füße).

Beim *Transvestitismus* ist das Tragen von Kleidern des anderen Geschlechts eine Quelle der sexuellen Erregung. Diese Verhaltensweisen sind oft bei Personen mit heterosexueller Orientierung zu finden.

In der als deviant geltenden Form von *Exhibitionismus* versteht man das zwanghafte Bedürfnis, die eigenen Genitalien vor anderen Menschen zu entblößen, um sich dadurch selbst in Erregung zu versetzen. Die Absicht scheint zu sein, das Opfer zu erschrecken oder in Verlegenheit zu versetzen, und es wird angenommen, daß diese Reaktion des Beobachters wichtig für das Hervorrufen der sexuellen Erregung des Exhibitionisten ist. Tatsächlicher Körperkontakt mit dem Opfer ist selten.

Beim *Voyeurismus* werden Situationen aufgesucht, in denen nichtsahnende Personen des anderen Geschlechts entweder nackt, beim An- oder Entkleiden oder beim Koitus beobachtet werden können.

Die bisher erörterten sexuellen Perversionen oder Anomalien unterscheiden sich insofern von den zwei folgenden, als sie fast nie mit körperlichen Verletzungen für das jeweilige Opfer verbunden sind. Im Gegensatz dazu wird beim *Masochismus* sexuelle Erregung durch Bestraftwerden erlebt, und die bevorzugten Auslöser für sexuelle Erregung sind geschlagen, beschimpft oder gefesselt zu werden oder auf andere Weise Schmerzen zugefügt zu bekommen. Bei Männern kann Impotenz die Folge sein, wenn die Komponente des Leidens fehlt. Die zugefügten Schmerzen können zu schweren Verletzungen und sogar zum Tod führen. Beim *Sadismus* wird die sexuelle Befriedigung erreicht, indem man dem Sexualpartner Schmerzen zufügt. Für die Diagnose des Sadismus ist es belanglos, ob der Partner dabei mitspielt oder nicht.

Psychodynamische Theoretiker, insbesondere Freudianer, neigen zu der Auffassung, daß Sadismus und Masochismus auf den frühkindlichen Eindruck zurückzuführen seien, daß Sexualität und Aggression eng miteinander verwoben sind. Verhaltenstheoretiker würden wie üblich auf ein frühes Konditionierungserlebnis hinweisen, das sadistische oder masochistische Verhaltensweisen zu Auslösereizen für sexuelle Erregung werden ließ.

Die *Homosexualität* wurde historisch oft als ein sexuell perverses und unmoralisches Verhalten betrachtet und als Anzeichen einer emotionalen Störung gewertet. Die öffentliche und psychiatrische Meinung ist jedoch stark im Wandel begriffen. Die sich gegenwärtig herauskristallisierende Position der American Psychiatric Association in Hinblick auf Homosexualität ist in Box 6/19 dargestellt. Generell kann man sagen, daß sich die Auffassungen auf den Standpunkt zubewegen, daß homosexuelles Verhalten *an sich* ebensowenig als ausreichender Beweis einer psychischen Störung gewertet werden kann wie eine heterosexuelle Orientierung. Diese Position wird jedoch keinesfalls von allen Angehörigen der psychologischen Heilberufe vertreten. Manche namhafte Kliniker sind weiterhin überzeugt, daß Homosexualität *prima facie* Symptom einer schweren emotionalen Störung oder eines Defekts in der Entwicklung des Betreffenden sei. Nach dem DSM-III ist homosexuelles Verhalten nur dann mit einer psychiatrischen Diagnose zu versehen, wenn das Individuum ein durchgängiges homosexuelles Verhaltensmuster aufweist, *das von dem oder der Betreffenden als belastend empfunden wird.*

Die sich wandelnde psychiatrische Position bezüglich der Diagnosen von Pathologie bei gesellschaftlich mißbilligten Verhaltensweisen wie Homosexualität kann als Leitbild für andere Veränderungen in der diagnostischen Etikettierung dienen. Untersuchungen des Anpassungsgrades von Homosexuellen, die sich nicht auf Stichproben aus klinischen oder gerichtlichen Kontakten stützen, deuten darauf hin, daß Homosexualität als solche kein zuverlässiger Indikator emotionaler Störungen ist (Bell u. Weinberg, 1978). Bentler, Shearman und Prince (1970) haben ähnliches

BOX 6/19

Homosexualität: Eine Geisteskrankheit?

Die Kontroverse über den Status von homosexuellem Verhalten als Anzeichen einer Psychischen Störung dauert an. Die gegenwärtig von den Autoren des DSM-III vertretene Position geht aus dem folgenden Zitat aus einem Entwurf des DSM-III hervor. Dieser Abschnitt trägt den Titel „Begründung, weshalb Homosexualität nicht in diese Klassifizierung einbezogen werden sollte".

„Der Ausschluß der Homosexualität *als solcher* von einer Klassifizierung psychischer Störungen ist Gegenstand einer ziemlich heftigen Kontroverse gewesen. Viele Kliniker und Forscher sind der Auffassung, daß wiederholte sexuelle Erregung eines Erwachsenen, hervorgerufen durch homosexuelle Phantasien oder Handlungen, d. h. Homosexualität, immer als pathologisch angesehen werden sollte. Sie behaupten, Homosexualität sei immer entweder durch unbewußte irrationale Angst motiviert oder das Resultat einer Pathologie in den frühen Familien- und Peer-Beziehungen oder eine Manifestation einer Entwicklungsstörung der Männlichkeit bei Männern und der Weiblichkeit bei Frauen.

Andererseits argumentieren viele Kliniker und Forscher, die Schlußfolgerung, daß Homosexualität durch unbewußte irrationale Angst motiviert sei, basiere nicht auf hinreichendem wissenschaftlichem Beweismaterial aus anderen Quellen als einzelnen individuellen Fallgeschichten und stehe in Widerspruch zu Daten aus mehreren Quellen. Bei manchen Menschen mögen genetische und/oder pränatale Einflüsse ausreichen, um sie zur Entwicklung von Homosexualität zu prädisponieren. Unter Forschern und Klinikern besteht große Uneinigkeit darüber, welche postnatalen Einflüsse zur Entstehung von Homosexualität prädisponieren können und weitere Uneinigkeit, ob solche Einflüsse als pathologisch zu betrachten seien, bloß weil sie zu Homosexualität führen.

Die zentrale Frage für die Entscheidung, ob Homosexualität *als solche* als eine Störung betrachtet werden sollte oder nicht, ist nicht die Ätiologie des Verhaltens, sondern seine Konsequenzen und die Definition von psychischer Störung. Ein signifikanter Prozentsatz der Homosexuellen ist offenkundig mit seiner sexuellen Orientierung zufrieden, zeigt keine signifikanten Anzeichen manifester Psychopathie (wenn man nicht Homosexualität als solche für Psychopathie hält) und ist in seinen Lebensfunktionen einschließlich der Fähigkeit, zu lieben und zu arbeiten, nicht beeinträchtigt. Diese Personen kommen entweder nie in Behandlung oder sie bemühen sich um psychotherapeutische Hilfe nur aufgrund von äußerem Druck oder anderen Problemen (z. B. Depression).

Legt man die Kriterien von *Leidensdruck* oder *Behinderung* an, dann ist Homosexualität *per se* somit nicht als psychische Störung zu betrachten. Benutzt man das Kriterium des *inhärenten Nachteils,* dann ist es keineswegs klar, daß Homosexualität in allen Kulturen oder Subkulturen ein Nachteil ist. Obwohl Homosexualität gegenwärtig in den meisten Subkulturen dieses Landes aufgrund der negativen Sanktionen gegen homosexuelles Verhalten ein Nachteil ist, gibt es einige Subkulturen, die der Homosexualität entweder neutral gegenüberstehen oder diese unterstützen. Homosexualität unterscheidet sich darüber hinaus von den Perversionen, die in ihrer extremen Form sämtlich mit einer starken Beeinträchtigung der Fähigkeit zu liebevoller sexueller Aktivität zwischen erwachsenen menschlichen Partnern einhergehen, ein Faktum, das in diesen Leitlinien als inhärenter Nachteil angesehen wird.

American Psychiatric Association. DSM-III, dritte Ausg. (Entwurf von 1979).

Beweismaterial in Hinblick auf Transvestiten geliefert. Erkenntnisse dieser Art werfen eine wichtige methodologische Frage auf. Es kann sein, daß Personen, die verschiedenste gesellschaftlich oder moralisch mißbilligte Verhaltensweisen manifestieren *und die mit Angehörigen der psychologischen Heilberufe in Berührung kommen,* tatsächlich einen höheren Grad an emotionaler Störung aufweisen als diejenigen, die einer solchen Erfassung entgehen. Die Signifikanz bestimmter Verhaltensweisen für die Diagnose einer psychischen Störung kann deshalb aufgrund dieses selektiven Faktors überbetont werden.

Eine weitere große Klasse sexueller Störungen, zweifellos die häufigsten, wird im DSM-III als *psychosexuelle Funktionsstörungen* bezeichnet. In den letzten zehn Jahren hat sich ein unerhörter Wandel in bezug auf unsere Auffassung von „normaler" Sexualität vollzogen. Es wird auch in zunehmendem Maß Wert darauf gelegt, die Sexualität intensiver und auf einer intimeren Ebene genießen zu können, und es wird nachgerade zu einer Frage der moralischen Ethik, daß sexuelle Erfahrungen beiden Partnern Vergnügen bereiten *sollten.*

Masters und Johnson (1970) waren Pioniere der Erforschung des Verlaufs der sexuellen Erregung. Sie entwickelten auch ein Behandlungsprogramm für sexuelle Funktionsstörungen, das mit gewissen Abwandlungen zu einer vielfach benutzten Therapie dieser Dysfunktionen wurde. Da Störungen in diesem Bereich oft weitreichende negative Auswirkungen auf die persönlichen Beziehungen zwischen Paaren haben, kann die erfolgreiche Behandlung häufig die Qualität einer sexuellen Partnerschaft erheblich verbessern. Die Häufigkeit dieser Störungen wird als extrem hoch eingeschätzt. Masters und Johnson äußerten die Vermutung, daß zumindest die Hälfte aller Ehen in den Vereinigten Staaten Anzeichen von Störungen dieser Art aufweisen. Wir werden kurz die Natur dieser Störungen beschreiben, so wie sie von Masters und Johnson kategorisiert wurden. (Auf die Behandlungstechniken wird im 5. Kap. eingegangen.)

Masters und Johnson beschreiben acht Hauptgruppen sexueller Funktionsstörungen, von denen vier aus anatomischen Gründen ausschließlich auf Männer beschränkt sind. *Primäre Impotenz* bezeichnet einen Zustand, bei dem der Mann nie imstande war, eine Erektion genügend lange aufrechtzuerhalten, um einen Koitus erfolgreich abschließen zu können. Im Falle der *sekundären Impotenz* hat der Mann zumindest gelegentlich einen Koitus vollzogen; das Erektionsversagen ist jedoch chronisch. (Es ist hervorzuheben, daß ein gelegentliches Auftreten von Impotenz oder einer der anderen nachstehend beschriebenen Funktionsstörungen diese Diagnose nicht rechtfertigt und auch keinen Anlaß zur Sorge geben sollte.) *Vorzeitiger Samenerguß* tritt bei Männern auf, denen es nicht schwerfällt, eine Erektion zu erreichen, aber denen es nicht gelingt, die Ejakulation genügend lange hinauszuzögern, um ihrer Partnerin die Möglichkeit zu geben, zur Befriedigung zu gelangen. *Ejakulationsunfähigkeit* ist ein selten auftretendes Problem, wobei der Mann zwar potent ist (d.h. eine Erektion aufrechterhalten kann), aber während des Koitus nicht imstande ist zu ejakulieren.

Sexuelle Funktionsstörungen der Frau wurden früher häufig als „Frigidität" bezeichnet. Dieser Begriff wird jedoch inzwischen abgelehnt. Masters und Johnson beschrieben drei Arten von Funktionsstörungen, die aus anatomischen Gründen ausschließlich Frauen betreffen. Im Fall der *primären Anorgasmie* ist die Frau in keiner Situation oder durch keine Methode je zum Orgasmus gekommen. Bei der *situationsbedingten Anorgasmie* ist der Orgasmus in bestimmten Situationen (z.B. durch Masturbation) möglich, aber nicht durch Koitus. Als *Vaginismus* bezeichnet man eine unabsichtliche Kontraktion der Muskeln am Scheideneingang, sobald die Möglichkeit einer Penetration besteht. Diese Reaktion macht den Sexualakt unmöglich oder zumindest sehr schmerzhaft. Schließlich gibt es noch die *Dyspareunie* – das Auftreten von Schmerzen beim Koitus. Diese kann sowohl bei Männern als auch bei Frauen vorkommen.

Obwohl es Fälle gibt, in denen diese Störungen auf organisch-physischen Krankheitsfaktoren beruhen, wird angenommen, daß die große Mehrzahl dieser Störungen auf psychische Faktoren zurückzuführen ist. Masters und Johnson und andere haben darauf hingewiesen, daß der Ursprung mancher dieser Probleme in einem ein- oder zweimaligen Auftreten einer solchen Funktionsstörung liegen kann, das dann zu einer angstbesetzten Antizipation weiterer Schwierigkeiten führt. Diese antizipatorische Angst erhöht de facto die Wahrscheinlichkeit, daß die Funktionsstörung erneut auftreten wird und löst somit einen sich verselbständigenden Teufelskreis aus. Aus Angst vor Versagen beteiligt sich der Betroffene am Sexualakt in einer „Zuschauerrolle", wie es genannt wird, das heißt, er beobachtet und registriert ängstlich die „Qualität" seiner „Leistungen". Masters und Johnson und andere weisen auf eine Reihe von Faktoren in früheren Erfahrungen hin, die das Individuum zu sexuellen Funktionsstörungen prädisponieren können, darunter simple Unwissenheit und Vorurteile.

4.15 Funktionale Psychosen

Das DSM-II unterscheidet drei Formkreise funktionaler Psychosen: Affektstörungen, Schizophrenie und die paranoiden Zustände. Das Hauptmerkmal, das sie miteinander gemein haben und das sie von anderen Klassen psychischer Störungen unterscheidet, ist in gewissem Sinn ein gesellschaftliches: Jede dieser Krankheiten geht mit einer signifikanten Beeinträchtigung der Fähigkeit einher, den üblichen Anforderungen des Lebens zu genügen. Die *Art* dieser Beeinträchtigung ist jedoch in jeder dieser Psychosen durchaus unterschiedlich.

Die *Affektstörungen* sind gekennzeichnet durch übertriebene Gefühlszustände und manchmal durch Schwankungen zwischen Extremen. Die drei häufigsten bekannten Formen von *Affektstörungen* sind die manische, die depressive und die manisch-depressive.

Der *manische* Typus gerät aus einer normalen Stimmungslage in ein extremes Hoch, verbunden mit starker Erregung, und das kann sich zu gewalttätigem und unkontrolliertem Verhalten steigern. Im Gegensatz dazu pendelt der *depressive* Typus zwischen normalen Stimmungslagen und extremer Depression, die manchmal mit Tendenz zum Suizid einhergeht und gelegentlich so extrem ist, daß der Betreffende in einen Zustand körperlicher Immobilität gerät. Manche psychotische Patienten weisen *Schwankungen* zwischen extremer Hochstimmung und Depression auf (daher die Bezeichnung *manisch-depressiv*). Der manisch-depressive Zyklus kann von unterschiedlicher Dauer und Regelmäßigkeit sein. Nicht selten weisen Patienten einen regelmäßigen 48-Stunden-Zyklus auf, 24 Stunden Depression gefolgt von 24 Stunden Hochstimmung. Die Vorhersagbarkeit dieser psychologischen Stimmungskurven zeugt von der Zuverlässigkeit und Regelmäßigkeit der inneren „Uhren", wie diese auch beschaffen sein mögen, die diese Stimmungsschwankungen steuern. Andere Patienten können Zyklen haben, die bis zu 18 oder 24 Monaten dauern. Diese Patienten machen regelmäßig einschneidende charakterliche Veränderungen durch: Sie sind abwechselnd niedergeschlagen, apathisch und schlapp und dann wieder euphorisch, voll grandioser Projekte, sprudelnder Begeisterung und grenzenloser Energie. Schätzungen zufolge befinden sich in den Vereinigten Staaten jährlich etwa hunderttausend solcher Personen in Krankenhäusern, so extrem sind ihre Stimmungsschwankungen; weitere zweihunderttausend werden in Kliniken und zu Hause behandelt.

Stimmungsschwankungen kennen wir alle. Es kann sogar sein, daß es sowohl für Männer als auch für Frauen normal ist, *regelmäßige Zyklen von Stimmungsschwankungen* zu durchlaufen: jahreszeitlich, monatlich, zweimonatlich oder wechselnd. Aus verschiedenen Studien haben sich sogar bereits Hinweise ergeben, daß leichte, aber erkennbare Stimmungsschwankungen einer der universellen Zyklen der menschlichen Psyche zu sein scheint, die zum Teil durch dieselben biologischen „Uhren" reguliert werden, welche den rhythmischen Fluß der Körperhormone steuern und zeitlich regulieren (s. 5. Bd., 4. Kap.). Diese Stimmungsschwankungen müssen auch nicht mild sein, um als normal angesehen zu werden. Wahrscheinlich ist schon jeder Mensch in irgendeiner Phase seines Lebens tief deprimiert oder überglücklich gewesen. Tiefe Niedergeschlagenheit ist eine ebenso normale Reaktion auf einen traumatischen Verlust (sei es eines geliebten Menschen oder der eigenen Gesundheit, ja sogar der eigenen Selbstachtung) wie tödliche Angst eine normale Reaktion auf eine lebensbedrohliche Konfrontation ist. Aber wenn kein signifikantes Ereignis in der Umwelt des Betreffenden zu finden ist, das einen profunden Stimmungswandel einleuchtend „erklären" könnte, und das Verhalten des Betreffenden übertrieben erscheint oder zu lange dauert – das heißt, wenn es stark von den gesellschaftlich akzeptierten Normen abweicht – dann können wir von „Affektstörung" sprechen und dann und nur dann empfinden wir es als gerechtfertigt, uns um eine Therapie zu bemühen.

4.16 Depression als ein allgemeines Problem

Das Problem der Depression erstreckt sich weit über den Kreis der Personen hinaus, bei denen eine gravierende Affektstörung diagnostiziert wurde. Obwohl es über die Existenz der Depression schon seit alters her schriftliche Zeugnisse gibt, selbst in den frühesten Aufzeichnungen von Völkern der Antike, hat die Aufmerksamkeit, die diesem Thema in wissenschaftlichen und sonstigen Publikationen gewidmet wurde, im letzten Jahrzehnt enorm zugenommen. Unsere Ära war bis dahin gewöhnlich als „das Zeitalter der Angst" charakterisiert worden, aber das verstärkte Auftreten (oder vielleicht die wachsende Erkenntnis) depressiver Tendenzen hat eine Reihe von Beobachtern zu der Behauptung veranlaßt, daß wir in eine Phase eingetreten seien, die treffender als „das Zeitalter der Melancholie" zu kennzeichnen wäre. Diese Metapher bedeutet nicht, daß das Auftreten klassischer manisch-depressiver Psychosen epidemische Ausmaße erreicht hätte, sondern vielmehr, daß Depression in der allgemeinen Bevölkerung vermutlich weit verbreitet ist. Manche Fachleute glauben, daß diese bereits hohe Verbreitung der Depression weiter zunimmt, aber diese Auffassung bleibt umstritten, wie wir später sehen werden.

Welches sind die allgemeinen Symptome von Depression? Ein Symptom ist zweifellos die Verstimmung. Die Betroffenen fühlen sich traurig oder haben das Gefühl, daß ihnen das Leben keine Befriedigung oder keine Zuwendung von anderen biete; und sie geben sich häufig selbst die Schuld an diesen Umständen. Sie können auch eine verstärkte Abhängigkeit von denjenigen aufweisen, bei denen sie sich über ihren Mangel an Selbstachtung beklagen. Ermutigender Zuspruch durch andere vermag jedoch meist nichts gegen Traurigkeit auszurichten. Gedanken an Selbstmord sind häufig, und Suizidversuche stellen eine echte Gefahr für den Depressiven dar. Körperlich weist der Betreffende oft einen starken Appetitverlust und eine Abnahme des Interesses an Sex auf. Sehr häufig ist der Schlaf gestört und Schlaflosigkeit bzw. Frühes Erwachen ist durchaus typisch.

Wenn Depressionen nach einem offenkundig belastenden Ereignis im Leben des Betreffenden, wie Verlust eines geliebten Menschen, Erlebnis einer persönlichen Blamage oder einem gravierenden Verlust an Sozialprestige, dann wird der Begriff *exogen* (auch „reaktiv") angewandt, das bedeutet, daß die Ursache „außerhalb" der Person liegt. Wenn keine offenkundigen Ereignisse als Ursache des depressiven Zustands feststellbar sind, dann spricht man von *endogener* Depression (das heißt, „aus dem Selbst oder dem Körper stammend"). Es wird inzwischen vermutet, daß die endogene Depression auf einen Defekt in der Neurophysiologie des Betreffenden zurückzuführen ist. Die Anfälligkeit für endogene Depressionen kann erblich sein, wobei gewöhnlich angenommen wird, daß physiologische Mechanismen beteiligt sein müssen, wenn eine Störung vererbbar ist (Kety, 1979). Untersuchungen, in denen eineiige und zweieiige Zwillinge verglichen wurden, zeigten, daß eineiige Zwillinge häufiger dieses Leiden miteinander gemein haben.

Es gibt verschiedene psychologische Modelle zur Depression. Die psychodynamische Auffassung wurde von Freud in seiner berühmten Schrift „Trauer und Melancholie" dargestellt. Freud sah einen Unterschied zwischen normaler Trauer (die er als ein bewußtes „Durcharbeiten" eines Verlustes betrachtete) und Depression (die nach seiner Ansicht aus einer „Verdrängung" feindseliger Gefühle gegenüber dem verlorenen Objekt resultiert). Diese feindseligen Gefühle werden, wie er meinte, gegen das Selbst gerichtet (weil sie als „inakzeptabel" empfunden werden) und die Folge seien jene Traurigkeit, Schuldgefühle und Selbstvorwürfe, die für den Depressiven charakteristisch sind.

Beck (1974) hat ein psychologisches Modell der Depression entworfen, demzufolge das Problem durch negative Erwartungen – die auf frühe Einübung zurückgehen – von Hoffnungslosigkeit und Hilflosigkeit gekennzeichnet ist. Das depressive Individuum sieht sich typischerweise als inadäquat und machtlos, und es erwartet, daß seine Zukunft nicht besser sein wird. Zum Beispiel weisen Personen, die versucht haben, sich selbst zu töten, in Gesprächen unmittelbar nach dem Suizidversuch in der Regel extreme Hoffnungslosigkeit auf (Beck, Covacs u. Wiessman, 1975). Die gelegentliche und beiläufige Konfrontation eines solchen Individuums mit Fakten, die für das Gegenteil sprechen, hat nur eine geringe Auswirkung auf sein negatives Selbstbild. Beck und andere versuchen jedoch, die Depression durch direkte, systematische und über längere Zeiträume fortgesetzte kognitive Angriffe auf diese negativen Selbstkonzepte zu behandeln.

Ein theoretisch verwandtes Modell, das die Depression als einen Ausdruck von Hilflosigkeit zu erklären versucht und das in letzter Zeit beträchtliche Aufmerksamkeit erregt hat, wurde ursprünglich aus Versuchen abgeleitet, die Lerntheorie zu testen. Seligman (1975) verabreichte Hunden in Versuchssituationen, aus denen es kein Entkommen gab, schmerzhafte Reize. Es zeigte sich häufig, daß diese Tiere später nicht mehr lernen konnten, sich schmerzhaften Reizen zu entziehen, *selbst wenn dann eine Fluchtmöglichkeit offenstand.* Andere Tiere ohne Vorgeschichte von unentrinnbarem Schmerz oder mit vorherigen Erfahrungen von Flucht aus solchen Situationen lernten rasch, sich schmerzhaften Reizen zu entziehen, wo immer dies möglich war. Seligman bezeichnet das Verhalten der ersten Gruppe von Tieren als *gelernte Hilflosigkeit* (s. 3. Bd., 2. Kap.). Wie diese gelernte Hilflosigkeit bei Tieren zu heilen ist, wurde ebenfalls erforscht. Dem Modell zufolge versucht das Tier nicht zu entfliehen, weil es die Erwartung hat, daß es *keine* Reaktion gibt, die den Schock beendet. Die Hunde mit dem Syndrom der gelernten Hilflosigkeit wurden an langen Leinen wiederholt aus der Box (in der ihnen der Schock verabreicht wurde) in die „sichere Box" gezogen und dadurch wurde ihnen beigebracht, daß Flucht in der Tat möglich war. Es war ein langwieriger Prozeß, aber alle Hunde wurden durch diese Therapie schließlich geheilt.

Gelernter Hilflosigkeit kann man vermutlich vorbeugen, indem man das Individuum wiederholt mit einer Reihe schmerzhafter Situationen konfrontiert, für die es eine erlernbare Fluchtreaktion gibt. Tiere, denen gelernte Hilflosigkeit andressiert wurde, verhalten sich passiv, zeigen keine Aggression, leiden unter Freßstörungen und weisen sogar bestimmte Veränderungen der chemischen Hirnstruktur auf (s. 5. Bd., 4. Kap.); Seligman erblickt in diesen Phänomenen viele Parallelen zur menschlichen Depression. Er argumentiert, daß die üblichen auslösenden Ereignisse für Depressionen beim Menschen – Versagen im Beruf oder in der Schule, Zurückweisung durch andere oder Verlust durch Tod sind Beispiele – alle durch ein ausgeprägtes Schwinden des Glaubens der Betroffenen an ihre eigene Fähigkeit, *Verstärkung* zu kontrollieren (d.h. die äußere Reaktion auf ihre Handlungen) gekennzeichnet sind. Seligman spekuliert, daß die Therapie für Depressive Versuche enthalten müsse, das Gefühl der persönlichen Wirksamkeit des Betreffenden zu steigern. Menschen, die über beträchtliche Erfahrungen verfügen, daß sie die Umwelt kontrollieren können, sollten demnach relativ widerstandsfähig gegenüber Depressionen sein. Seligman und seine Mitarbeiter (Abramson, Seligman u. Teasdale, 1978) haben vor kurzem die Ergebnisse einer großen Zahl von Untersuchungen an Tieren und Menschen gesichtet, wobei sie das Konzept der gelernten Hilflosigkeit zur Erklärung der Depression benutzten. Diese Forscher gehen inzwischen von der Auffassung aus, daß potentielle Depressive dazu neigen, jedes Versagen auf „stabile innere Faktoren", wie sie es nennen, zurückzuführen (wie ihr eigener grundlegender Mangel an Kompetenz), während Nichtdepressive dazu tendieren, Mißerfolg äußeren oder nichtstabilen Aspekten des Selbst (wie „Glück" oder unzureichendes Bemühen) zuzuschreiben. (Dies hängt unmittelbar mit den generalisierten Kontrollüberzeugungen zusammen, einem Konzept, das im 1. Kap. erörtert wurde.) Der Depressionsanfällige mit seiner speziellen Tendenz, seine eigenen Gefühle der Wirksamkeit aufgrund seiner Mißerfolgserlebnisse zu vermindern, bewegt sich in Richtung auf reduziertes Selbstvertrauen und verminderte Selbstachtung, Phänomene, die beide für die Depression charakteristisch sind. Die Verfasser weisen darauf hin, daß die als gesichert anzusehende Tatsache, daß Frauen weitaus stärker zu Depressionen neigen als Männer, mit der Tendenz von Mädchen zusammenhängen könnte, Mißerfolg auf ihren eigenen Mangel an *Fähigkeiten* zurückzuführen, während Jungen diesen lediglich mangelndem Bemühen zuschreiben. (Die Frage der größeren Häufigkeit der Depression unter Frauen wurde von Scarf [1979] klar und umfassend erörtert.)

Wir haben erwähnt, daß das Auftreten von Depression in unserer Gesellschaft dem Anschein nach rasch zunimmt. Farber (1979), ein Psychiater, hat in bezug auf diese Frage eine interessante Auffassung vertreten. Er hält es für möglich, daß die scheinbare Zunahme an diagnostischer Depression eine Folge der Tatsache sein könnte, daß wir Medikamente entwickelt haben, die imstande sind, die *Auswirkungen* dieser angeblich physiologischen Krankheit zu mildern. Er führt weiter aus, daß sich im Grunde an den „Problemen", mit denen er im Lauf der Jahre in seiner Praxis von seinen Patienten konfrontiert wurde, weniger geändert habe als an deren Bereitschaft, sich als depressiv zu *bezeichnen.* Die Patienten scheinen zunehmend von der *Annahme* auszugehen, daß Depression eine körperliche Erkrankung sei, so daß man Unglück auf unvermeidliche Defekte in der eigenen Physis zurückführen kann und es daher legitimerweise durch Medikamente bekämpft. Farber meint, die Patienten könnten sich in dieser Weise bequem um eine schmerzhafte Prüfung des eigenen Selbst und der Gesellschaft drücken, eine Prüfung, die andere, korrigierbare Ursachen des eigenen Unbehagens zutage fördern könnte. Farber unterstreicht auch die von anderen vertretene Auffassung, daß es „Behandlungen auf der Suche nach einer Krankheit" gibt (das heißt, sobald eine Krankheit *behandelt* werden kann, erhöht sich möglicherweise die Häufigkeit, mit der sie „entdeckt" und diagnostiziert wird) und daß sich in Wirklichkeit die Fälle von echter Depression in den letzten Jahren nicht erhöht haben.

4.17 Schizophrenie

Unter den Personen, die zu einem bestimmten Zeitpunkt hospitalisiert oder in Behandlung sind und die an einer funktionellen Psychose leiden, stellen die Patienten mit der Diagnose *Schizophrenie* wahrscheinlich die klare Mehrheit dar. Obwohl das Vorkommen dieser Störung in den meisten Populationen, die studiert wurden, nur auf etwa ein Prozent geschätzt wird, ist die damit einhergehende Behinderung in der Regel langfristig und fordert den davon Betroffenen einen tragischen Preis ab. Die Vielzahl der Symptome, die Schizophrene als Klasse aufweisen können, ist enorm; aber sie sind niemals alle bei einer Person zu finden.

Im allgemeinen scheint bei Schizophrenen eine sonderbare Verzerrung der Emotionen und des Denkens vorzuliegen; der Betreffende kann völlig unempfindlich gegenüber Dingen erscheinen, die normalerweise emotionale Reaktionen auslösen würden (beispielsweise die Nachricht vom Tode eines Familienmitglieds). Die Maßstäbe des Betragens, der Bekleidung, der persönlichen Hygiene und der zwischenmenschlichen Beziehungen können eine drastische Verschlechterung aufweisen. Der Betreffende kann sich völlig in sich selbst zurückziehen und jeglichen Kontakt mit der Außenwelt verlieren. Das kann so weit gehen, daß der Patient stundenlang regungslos stillsitzt, und wenn während dieser Zeit jemand anderer seine Gliedmaßen bewegt, dann verharren sie in der Stellung, in die sie gebracht wurden. Der Schizophrene ist oft Halluzinationen ausgesetzt, in denen er Stimmen hört oder Bilder sieht, oder er kann unter Verzerrungen des normalen sensorischen Erlebens leiden (s. Abb. 12). Viele Personen, die als schizophren diagnostiziert wurden, weisen selten, falls überhaupt, die oben beschriebenen grotesken, bizarren und leicht erkennbaren Verhaltensweisen auf. Ihre Denk- oder Verhaltensstörungen können von subtilerer (und manchmal auch fragwürdiger) „Abnormität" sein.

Nach dem DSM-II und DSM-III gibt es eine Reihe von Unterteilungen der Schizophrenie, und die nötigen diagnostischen Unterschiede zwischen diesen Untergruppen zu machen, ist fast immer schwierig und in vielen Fällen unzuverlässig. Der *katatone* Typus äußert sich beispielsweise am dramatischsten durch motorische Symptome und ist

Abbildung 12: Eine bildnerische Fallgeschichte von Schizophrenie. Diese Serie von Katzenbildern des zeitgenössischen Malers Louis Wain veranschaulicht die Entwicklung seiner Erkrankung an Schizophrenie von deren frühesten Stadien bis zu ihrer extremsten Manifestation. Ob die immer bizarreren und komplexeren Verfremdungen in den Bildern die Folge tatsächlicher Veränderungen seiner Wahrnehmungen der Welt oder nur seiner Ausdrucksweise sind, läßt sich allein aufgrund der Bilder nicht sagen.

Photos aus der Sammlung Guttman-MacClay/Institute of Psychiatry, London.

selbst wieder in zwei Untergruppen zu teilen: Die *erregte* (agitierte) Form, die durch ruhelose und oft bizarre Bewegungen gekennzeichnet ist, und die *in sich gekehrte* Form, bei der der Patient im Stupor verharrt. Der *paranoide* Subtypus ist durch extremes Mißtrauen und Verfolgungswahn gekennzeichnet. Dieser äußert sich manchmal vage und fragmentarisch, in anderen Fällen ist ein ziemlich gut organisierter und innerlich logischer Glaube an ein systematisch aufgezogenes Komplott vorhanden, das sich gegen den Betreffenden richtet. Der Paranoiker kann auch unter wahnhaften Vorstellungen großer Macht leiden („Größenwahn"), wie der Vorstellung, daß er Gott sei. Der *Hebephrene* (im DSM-III als „desorganisiert" bezeichnet) weist einen extremen Abbau seines Denkvermögens auf und verhält sich in emotional unangebrachter Weise. Die verbalen Äußerungen können sehr bizarr und manchmal völlig unverständlich werden.

Ein anderes Einteilungsprinzip der Schizophrenie, das sich als brauchbar erwiesen hat, ist die Unterscheidung zwischen *Prozeß*typus und *reaktivem* Typus, wobei man unter ersteren Personen versteht, die diese Krankheit im Laufe ihres Lebens allmählich, aber unabwendbar entwickeln, während bei der zweiten Gruppe die psychotische Reaktion ziemlich plötzlich einsetzt. Prozeßschizophrene sind in der Regel auf dem Weg zur psychischen Reife nie sehr weit gekommen, und ihre Heilungsprognose ist schlecht. Im Gegensatz dazu sind reaktive Schizophrene bis zum Zeitpunkt ihres Zusammenbruchs oft sozial kompetent gewesen, und sie haben im allgemeinen eine weitaus bessere Chance zu genesen und ihre Funktionsfähigkeit zurückzugewinnen. Wie bei allen solchen Unterscheidungen handelt es sich auch bei dieser nicht um eine Frage von entweder/oder. Vielmehr handelt es sich um ein Kontinuum, aber eines, für das brauchbare Meßverfahren entwickelt wurden (z.B. Ullmann u. Giovannoni [1964]; Cromwell [1975]).

Im allgemeinen wird Schizophrenie bei Personen diagnostiziert, die schwere Denkstörungen, Wahrnehmungs- und Gefühlsstörungen aufweisen und die sich aus ihrer Umwelt zurückziehen. Im Gegensatz zu den affektiven Psychosen, deren Hauptsymptome Verstimmungen sind, tendieren Schizophrene eher zu Denkstörungen, innerhalb derer Mißstimmungen von relativ sekundärer Bedeutung sind. Eine Sichtweise der Desorganisation des Denkens und Fühlens, die manchmal in der Schizophrenie auftritt, ist, diese als Zusammenbruch der „perzeptiven Filterung" zu verstehen (Colman et al., 1980), der Fähigkeit, zwischen relevanten und irrelevanten Reizen zu unterscheiden. Die Konzentration wird schwierig, und die Fähigkeit, die Aufmerksamkeit auf ein bestimmtes Thema oder Problem zu richten, ist geschwächt.

Die psychodynamische Theorie der Schizophrenie geht von dem Gedanken aus, daß ein Durchbruch bisher verdrängter inakzeptabler Impulse erfolgt, die das Ich nicht länger unter Kontrolle halten kann. Demnach repräsentieren viele der bizarren Denk- und Verhaltensmuster von Schizophrenen ein Auftauchen dessen, was Freud als „primärprozeßhaftes Denken" bezeichnete, wobei sich primitive Emotionen und Impulse im Bewußtsein und im Verhalten symbolisch manifestieren. Dieser Mechanismus weist eine gewisse Ähnlichkeit mit Freuds Theorie der Träume auf, die er als symbolischen Ausdruck von Impulsen betrachtete, deren Äußerung die Abwehrmechanismen des Individuums diesem während seiner wachen Stunden nicht gestatten würden (tatsächlich wurden Aspekte des schizophrenen Erlebens metaphorisch als „Träumen im Wachzustand" bezeichnet). Wenn man sich vorstellen kann, daß man nicht imstande ist, zwischen Traum und Realität zu unterscheiden, dann vermittelt einem das vielleicht ein schwaches Bild von den inneren Erfahrungen des Schizophrenen.

Die eben beschriebenen Zustände können offensichtlich sehr erschreckend sein und in den ersten akuten Stadien einer schizophrenen Episode entsprechende Panik auslösen. Der akute Anfall klingt gewöhnlich wieder ab, aber manchmal entstehen danach gefestigte psychotische Symptome. Diese Symptome können die Funktion von Abwehrmanövern gegen die anfängliche Panik haben oder sie können der Anpassung dienen. So kann beispielsweise die Überzeugung des Paranoikers, daß er willkürlich und systematisch verfolgt werde, als Erklärung für seinen Mißerfolg oder die Ablehnung durch andere dienen. Solche Überzeugungen können ihm helfen, ein gewisses Maß an Selbstachtung zu bewahren (wenn auch offensichtlich um einen horrenden Preis an Realitätsverlust). Um ein anderes Beispiel zu nehmen, die Wahnvorstellung, daß geheimnisvolle Mächte mit Hilfe elektronischer Geräte den Körper des Betreffenden mit Energie versorgen und dadurch perverse und inakzeptable sexuelle Empfindungen bei ihm auslösen, kann es dem Paranoiker ermöglichen, solche sexuellen Gefühle *(vor sich selbst)* zu rechtfertigen, ohne starken desorganisierenden Schuldgefühlen oder Angst ausgesetzt zu sein.

4.18 Paranoide Störungen

Personen, deren Diagnose in diese Kategorie fallen, stellen sowohl für die traditionellen als auch für die gegenwärtigen Versuche, sinnvolle diagnostische Einteilungen zu finden, einen interessanten, wenn auch seltenen Sonderfall dar. Im DSM-III wird die Auffassung vertreten, daß diese Diagnose auf Personen angewandt werden sollte, deren „vorherrschende Symptome hartnäckiger Verfolgungswahn oder wahnhafte Eifersucht" seien, und zwar bei Individuen, die *keine* Denk- oder Verhaltensstörungen aufweisen, welche eindeutig die Bezeichnung *Psychose* rechtfertigen würden. Im DSM-III wird eingeräumt, daß die Unterscheidung von anderen Störungen wie schwerer paranoider Persönlichkeitsstörung und paranoider Schizophrenie unklar sei, aber im allgemeinen seien bei den paranoiden Störungen sowohl die intellektuelle als auch die berufliche Funktionsfähigkeit relativ gut erhalten.

Paranoia ist ein Subtypus unter den paranoiden Störungen, der extrem selten, aber von beträchtlichem klinischem Interesse ist. Es handelt sich dabei um die Entwicklung eines dauerhaften und oft komplexen, aber innerlich logischen Wahnsystems. Paranoia kann somit bei Personen auftreten, die ihre logischen Denkprozesse beizubehalten scheinen und deren Emotionen durchaus mit ihren Denkinhalten in Einklang stehen. Der Betreffende kann fest davon überzeugt sein, daß systematische Komplotte gegen ihn geschmiedet werden, und er gliedert bekannte Fakten in ein offenbar wohldurchdachtes System ein, um seine Überzeugungen zu rechtfertigen. Manchmal kann der Betreffende auch aufgrund dieser Überzeugungen handeln und dann ziemlich gefährlich werden. Gelegentlich gelingt es solchen Personen, andere davon zu überzeugen, daß ihre Weltsicht richtig ist; wenn sich eine andere Person (oder andere Personen) in dieses Wahnsystem einbeziehen läßt, dann schlägt das DSM-III vor, von „geteilter paranoider Störung" zu sprechen. Wenn der Paranoiker genügend intelligent und charismatisch ist, kann es ihm gelingen, seinen Einfluß auf eine ganze Sekte – oder sogar eine Nation – auszudehnen, zu deren fanatisch verehrtem Führer er wird.

Man könnte die Auffassung vertreten, daß genau dies in der von Jim Jones angeführten People's Church geschehen sei. Im Jahre 1978 begingen Jones und 900 seiner Anhänger, die die Vereinigten Staaten verlassen hatten, um in Guyana eine Landkommune zu gründen, gemeinsam Selbstmord. Viele der Mitglieder waren anscheinend zu der Überzeugung gekommen, daß ihnen eine gnadenlose Verfolgung durch „äußere Feinde" bevorstand. Andererseits ist die Möglichkeit nicht von der Hand zu weisen, daß auch eine Reihe der bedeutenden Reformatoren in der Geschichte durchaus als „paranoid" zu bezeichnen wären. Wenn ein Mensch fanatisch und erfolgreich die Überzeugung vertritt, daß nichts in der Welt mit rechten Dingen zugehe, und dies in einer Weise tut, die den herrschenden Meinungen zuwiderläuft, dann könnte sein Verhalten als psychisch gestört bezeichnet werden – und dies ist auch immer wieder geschehen. Obwohl es wichtig ist, zwischen militanten Reformatoren und paranoiden Sektenführern zu unterscheiden, mag diese Unterscheidung nicht immer eindeutig sein. Und die von der Öffentlichkeit gefällten Urteile mögen eher auf persönlichen Wertvorstellungen als auf objektiven Kriterien für Geistesstörungen basieren.

4.19 Organische Psychosen

Psychotische Verhaltensweisen der hier beschriebenen Art sind auch häufige Begleiterscheinungen einer Schädigung des Gehirns bzw. des Nervensystems aufgrund von Unfällen, Krankheiten oder Gifteinwirkung. Zu den wichtigeren Faktoren, die eine solche Schädigung hervorrufen können, zählen syphilitische Veränderungen des Gehirns, Hirntumore, Degeneration des Nervengewebes in der Senilität und (vielleicht weniger unmittelbar) übermäßiger Konsum von Alkohol und bestimmten anderen Drogen. Weil es *bekannte* Faktoren gibt, die diesen psychotischen Verhaltensweisen zugrundeliegen, werden diese Krankheitsbilder häufig als *organische Störungen* bezeichnet.

Ebenso wie vielfach angenommen wird, daß funktionelle Psychosen zum Teil auf bisher noch ungeklärte physiologische Störungen zurückzuführen sind, so wird von organischen Psychosen im allgemeinen angenommen, daß sie teilweise durch frühere Erfahrungen des Betreffenden bedingt seien. So zeugen beispielsweise die speziellen psychotischen Symptome eines an einem Gehirntumor leidenden Patienten teilweise von den Konflikten und den Bewältigungsstrategien, die seine prämorbide Persönlichkeit kennzeichnete. Aber weil die physiologischen Grundlagen dieser Psychosen auffindbar sind (wenn es dazu auch oft äußerst raffinierter ärztlicher Detektivarbeit bedarf), beschränkt man sich bei den Heilungsversuchen gewöhnlich auf irgendeine Form von unmittelbarer physiologischer Intervention (beispielsweise die operative Entfernung des Tumors). (Zur allgemeinen Erörterung dieses Zusammenhangs s. 3. Kap.)

5 Die Ursachen von Geistesstörungen

Die bei Geisteskrankheiten ablaufenden psychischen Prozesse sind äußerst komplex und ihr physiologisches Substrat wird bisher ebenfalls nur ungenügend verstanden. Die Ursachen dieser Störungen können in aktuellen Lebenskrisen, in fernen und relativ unzugänglichen Lebenserfahrungen des Patienten oder in subtilen biochemischen und neuralen Störungen liegen. Am wahrscheinlichsten ist, daß in den meisten Fällen alle genannten Ursachen zusammenwirken. Die Durchführung kontrollierter Untersuchungen über die Genese, die Entwicklung und Veränderung von Geistesstörungen stellt uns vor die schwierigsten Forschungsprobleme.

Man bekommt eine Vorstellung von dem Problem, ohne es zu vereinfachen, wenn man sich vor Augen hält, daß die Entstehung von Geistesstörungen innerhalb der umfassenderen Frage nach der Entstehung von Persönlichkeitsmerkmalen oder -typen zu sehen ist. So betrachtet gewinnt unsere Erörterung der Persönlichkeitsdeterminanten im vorhergehenden Kapitel hier neue Relevanz.

Ein Großteil der Forschung über die Ursachen von Geistesstörungen hat sich auf die Schizophrenie konzentriert. Wir werden uns mit einigen der Vermutungen hinsichtlich der Ursachen auseinandersetzen, die sich aus der Schizophrenieforschung in Hinblick auf hereditäre, physiologische und organische sowie lebensgeschichtliche Determinanten ergeben haben.

5.1 Die Ursachen der Schizophrenie

Die Vorstellung, daß Geisteskrankheiten erblich bedingt seien, ist lange verbreitet gewesen. Aber dieser Glaube basierte auf einer unkritischen Hinnahme von Feststellungen, daß jeweils mehrere Mitglieder derselben Familie an Geistesstörungen erkranken. Das tatsächliche Vorkommen von Schizophrenie in Familien ist rückblickend sehr schwierig festzustellen, und selbst wenn es eindeutige Beweise mehrerer Fälle in einer Familie gibt, ist es gewöhnlich unmöglich, zwischen den Auswirkungen einer ähnlichen Umwelt und den Folgen ähnlicher Erbanlagen zu unterscheiden.

Der Vergleich von Zwillingsuntersuchungen (s. 4. Bd., 3. Kap.) erweist sich hier als praktikabel. Die frühesten Zwillingsforschungen deuteten auf eine sehr starke genetische Prädisposition für Schizophrenie hin. Kallman (1946) stellte beispielsweise fest, daß unter den Verwandten von Schizophrenen die Wahrscheinlichkeit, daß leibliche Geschwister oder zweieiige Zwillingsgeschwister ebenfalls schizophren werden würden, etwa 11 Prozent betrug, während die Wahrscheinlichkeit, daß der eineiige Zwilling eines Schizophrenen gleichfalls an diesem Leiden erkranken würde, bei mindestens 69 Prozent lag. (Den Grad an Übereinstimmung in den Erbanlagen bezeichnet man als *Konkordanzrate.*) Neuere Untersuchungen dieser Zusammenhänge mit einer weitaus besseren Methodologie für die Zwillingskonstatierung und die Diagnose von Schizophrenie haben erheblich niedrigere, wenn auch immer noch substantielle Konkordanzraten ergeben (s. Tabelle 4).

Auf der Suche nach weiterem Beweismaterial für genetische Einflüsse studierte Heston (1966) die Kinder schizophrener Mütter, die kurz nach ihrer Geburt zu Pflegeeltern kamen, und verglich sie mit einer in Hinblick auf andere Merkmale parallelisierten Kontrollgruppe von Kindern normaler Mütter, die ebenfalls kurz nach ihrer Geburt an Pflegefamilien übergeben wurden. Man kann davon ausgehen, daß dies ein natürliches Experiment darstellt, bei dem es gelingen könnte, die Einflüsse von Erbanlagen und Umwelt voneinander zu trennen. Die Vpn waren bereits erwachsen, als Heston sie auf Anzeichen emotionaler Störungen hin untersuchte. Er stellte fest, daß, verglichen mit der Kontrollgruppe, unter den Nachkommen der schizophrenen Mütter weitaus mehr Fälle an

Tabelle 4: Konkordanzraten (K) für Schizophrenie bei eineiigen und zweieiigen Zwillingen

Untersuchung	Eineiige N	Eineiige K	Zweieiige N	Zweieiige K
Kringlen, Norwegen (1967)	69	45%	96	15%
Fischer et al., Dänemark (1969)	25	56	45	26
Tienari, Finnland (1971)*	20	35	23	13
Allen et al., USA (1972)*	121	43	131	9
Gottesman und Shields, Großbritannien (1973)	26	58	34	12
Summe	261	46%	329	14%

* Nur männliche Paare.

Nach Gottesman und Shields (1973).

Schizophrenie sowie verschiedener Neurosen und Persönlichkeitsstörungen zu finden waren. Es blieb natürlich die Möglichkeit offen, daß diese scheinbar genetischen Auswirkungen auf die Kinder in Wirklichkeit die Folge toxischer Lebensbedingungen im Körper der schwangeren schizophrenen Mütter waren. Aber diese Möglichkeit wurde in einer Studie von Wender et al. (1968) überzeugend ausgeschlossen, die nachwies, daß adoptierte Kinder, deren leibliche *Väter* schizophren waren, *ebenfalls* mit größerer Häufigkeit Psychopathologie manifestierten als die Kontrollgruppen. Interessanterweise glaubte Heston, daß trotz der starken Häufung emotionaler Störungen unter den Nachkommen schizophrener Mütter eine große Zahl der Angehörigen dieser Gruppe überaus kreativ und gesund waren. Diese Beobachtung wird durch eine Untersuchung von Isländern bestätigt, die Karlsson (1970) durchführte und bei der sich herausstellte, daß enge Verwandte von Schizophrenen mit signifikant erhöhter Wahrscheinlichkeit als herausragende Persönlichkeiten mit besonderen kreativen Leistungen zu gelten haben. Solche Befunde werfen faszinierende Fragen hinsichtlich der biologischen Funktion und der Wirkungsweise schizophrener Tendenzen bei Menschen auf.

Das Datenmaterial spricht deutlich für eine genetische Prädisposition bestimmter Personen zur Schizophrenie, durch die sie besonders anfällig für bestimmte Umweltbelastungen sind. Die meisten dieser Personen sind Belastungen dieser Art nicht ausgesetzt, so daß diese Krankheit bei ihnen nie ausbricht, obwohl sie bestimmte *quasi-schizophrene* Merkmale aufweisen können; aber manche sind solchen Belastungen ausgesetzt und erkranken deshalb. Kurz, eine genetische Prädisposition ist eine notwendige, aber keine ausreichende Voraussetzung für das Entstehen von Schizophrenie.

Der Rolle der Familie für die Entstehung von Schizophrenie wurde in den letzten Jahren beträchtliche Aufmerksamkeit gewidmet. Eine Theorie vertritt die Auffassung, daß in *schizophrenogenen* (Schizophrenie erzeugenden) Familien die Kommunikation unter den Angehörigen chronisch und ernsthaft gestört sei (Laing u. Esterson, 1970). Eine spezifische Form dieser gestörten Kommunikation ist die *double-bind-Situation* (Bateson et al., 1956). Bei einer *double-bind*-Situation (deutsch manchmal als Doppelbindung, Beziehungsfalle oder Zwickmühle bezeichnet) ist der Betreffende zwei völlig widersprüchlichen Botschaften ausgesetzt, oft seitens desselben Familienmitglieds, kann aber keine Klarstellung erhalten, auf welche der beiden er reagieren soll. Es liegt in der Natur solcher Botschaften, daß der Empfänger, wenn er positiv auf die eine Botschaft reagiert, automatisch ungehorsam gegenüber der anderen ist. Ein Vater ermahnt beispielsweise seinen Sohn, sich *niemals* gegen seine Autorität aufzulehnen. Auf der anderen Seite beklagt er sich bitter, daß ihm sein Sohn nicht „wie ein Mann" entgegentrete. Das *double-bind*-Opfer befindet sich in einem unlösbaren Entscheidungskonflikt, aber was noch schlimmer ist, es wird von den Spielregeln dieser Situation daran gehindert, auf den Widerspruch auch nur aufmerksam zu machen.

Manche Forscher führen Datenmaterial an, das darauf hindeutet, daß Schizophrenie primär (oder sogar ausschließlich) auf genetische Faktoren zurückzuführen sei. Was hat dies zu bedeuten? Gottesman und Shields (1972) kommentieren bei ihrer Sichtung der genetischen Untersuchungen über Schizophrenie:

Es ist wichtig, die Konsequenzen eines Befundes zu verstehen, daß ein Merkmal wie die Anfälligkeit für Schizophrenie eine hohe Erblichkeit aufweist. Für die bisher studierten Stichproben bedeutet das, daß Umweltfaktoren als ursächliche Auslöser der Schizophrenie unwichtig waren. Diese Daten lassen jedoch nicht die Schlußfolgerung zu, und das kann nicht genügend hervorgehoben werden, daß therapeutische oder vorbeugende Maßnahmen unwirksam seien.

6 Die „Fabrikation" des Wahnsinns

Eine Reihe von Kritikern hat nachdrücklich darauf hingewiesen, daß die Art und Weise unserer Theoriebildung über deviantes Verhalten nicht nur außerstande ist, geistige und psychische Störungen zu erklären, sondern de facto dazu tendiert, Wahnsinn zu erzeugen oder „fabrizieren" (Szasz, 1970). Nehmen wir ein Beispiel: Aufgrund einer vorübergehenden oder relativ geringfügigen Verhaltensauffälligkeit, vielleicht einer zeitweiligen Reaktion auf Streß, kann ein bestimmter Patient mit Diagnostikern in Berührung kommen. Sobald er als „geisteskrank" bezeichnet wird – sei es, als neurotisch oder psychotisch oder der einen oder anderen Unterkategorie zuzurechnen –, kann er dann mit einer unabsichtlichen Übernahme der entsprechenden „Krankenrolle" reagieren, die mit seinen eigenen Definitionen und Erwartungen und mit denen anderer in Einklang steht. Kurz, wenn er von Experten als „verrückt" bezeichnet wird, dann fängt er an, „verrückt" zu handeln und sich so zu fühlen.

Wenn es so wäre, daß diese diagnostische Etikettierung im allgemeinen tatsächlich richtig und zuverlässig ist, daß sich zwei versierte Diagnostiker selten uneinig über die vorgenommene Kategorisierung wären, dann könnten wir uns vielleicht etwas geringere Sorgen über das Problem machen. Die diagnostische Übereinstimmung scheint jedoch nicht hoch zu sein. Selbst hinsichtlich der gröbsten (und deshalb bedeutsamsten) Unterscheidung und unter Verwendung der ausgeklügeltsten diagnostischen Techniken bestand in einer Studie in 20 Prozent aller Fälle Uneinigkeit darüber, *ob ein Patient psychotisch sei oder nicht* (Sandifer et al., 1964). Die Übereinstimmung über Diagnosen *spezifischer* Psychosen ist, wie eine Auswertung einer Reihe von Untersuchungen ergab, noch beträchtlich niedriger und liegt selten über 50 Prozent. Angesichts der Tatsache, daß das typische psychiatrische Interview, das als Grundlage solcher diagnostischen Entscheidungen dient (und damit auch als Grundlage so kritischer Entscheidungen wie der gerichtlichen Einweisung in eine Institution), oft nicht länger als einige Minuten dauert, steht die Plumpheit des Verfahrens in krassem Gegensatz zu dessen Bedeutung für das Individuum. Innerhalb weniger Minuten kann der Betreffende somit zu einem Psychotiker abgestempelt werden. Es ist ermutigend, daß der oberste amerikanische Gerichtshof im April 1979 die Entscheidung fällte, daß „klare und überzeugende" Beweise dafür vorhanden sein müssen, daß ein Individuum geisteskrank und eine Gefahr für sich selbst und/oder die Gemeinschaft darstellt, bevor der Betreffende gegen seinen Willen in eine psychiatrische Anstalt eingewiesen werden darf. (Das striktere Kriterium, „über einen vertretbaren Zweifel hinaus", wurde von dem Gericht angesichts der „Fehlbarkeit psychiatrischer Diagnosen" abgelehnt.)

Ein Studium psychiatrischer Diagnosen, wiewohl diese unter relativ artifiziellen Bedingungen gestellt wurden, verstärkt das Unbehagen über die Haltbarkeit dieser Kategorisierungen. Nehmen wir beispielsweise die Tatsache, daß Psychosen häufiger in den unteren als in den mittleren sozioökonomischen Schichten konstatiert werden (Hollingshead u. Redlich, 1958). Dieser Befund wird gewöhnlich als Folge der größeren Belastungen des Lebens in der Unterschicht mit ihren Problemen des Überlebens und des Zerfalls der Gemeinschaft und der Familie angesehen. Andere Fachleute (Wender et al., 1973) haben jedoch die Hypothese vom „Abrutschen" untersucht, wonach psychisch beeinträchtigte Personen *infolge* ihrer Störungen auf der sozialen Leiter absteigen. In einer anderen Untersuchung (Lee u. Temerlin, 1970) wurden psychiatrische Assistenzärzte aufgefordert, die psychische Gesundheit einer Person allein aufgrund des Transkripts eines Gesprächs mit dieser zu beurteilen. Die angebliche soziale Schichtzugehörigkeit der interviewten Person wurde gegenüber mehreren Gruppen von psychiatrischen Assistenzärzten absichtlich verschieden dargestellt. Obwohl jede Gruppe von Diagnostikern genau *dasselbe Interview* vorliegen hatte, stellte sich heraus, daß der Betreffende häufiger als psychotisch bezeichnet wurde, wenn man ihn als Angehörigen der Unterschicht ausgab. Wurde der Befragte als Angehöriger der Mittel- oder Oberschicht bezeichnet, dann stellten die Fachärzte wohlwollendere Diagnosen. Obwohl in dieser Studie die üblichen Umstände einer Diagnose nicht genau dupliziert wurden und obwohl die Diagnostiker noch keine voll qualifizierten Psychiater waren, liegt das Problem klar zutage. Ein Attribut des Patienten (d. h. die soziale Schichtzugehörigkeit), das für die Diagnose völlig irrelevant sein sollte, scheint einen

BOX 6/20

Unzurechnungsfähigkeit

„Nicht schuldig aufgrund von Unzurechnungsfähigkeit." Wir alle kennen dieses Urteil aus den Medien, aber vielleicht, ohne uns der verschlungenen und in ständigem Wandel begriffenen Zusammenhänge zwischen psychologischen Definitionen von Geisteskrankheit und juristischen Auffassungen von Unzurechnungsfähigkeit voll bewußt zu sein. Wir können hier nicht im Detail auf die lange Geschichte dieses Problems eingehen; lassen wir es bei der Feststellung bewenden, daß diese beiden Auffassungen niemals identisch waren und es auch jetzt nicht sind, das heißt, die Tatsache als geisteskrank diagnostiziert worden zu sein, bedeutet keinesfalls einen automatischen Schutz vor strafrechtlicher Verfolgung.

Eine frühe juristische Definition von *Geisteskrankheit* (die Entscheidung von M'Naghten in der englischen Gesetzgebung von 1843) stellte den Angeklagten straffrei, „wenn sein Verstand durch eine Geisteskrankheit so getrübt ist, daß er sich über die Natur und Beschaffenheit seiner Handlungen nicht im klaren sein konnte". Diese Regel war verständlicherweise schwierig anzuwenden; doch sie hat sich in manchen amerikanischen Gerichten bis zu diesem Tage gehalten, oft etwas modifiziert durch den Begriff des unwiderstehlichen Dranges. Durch diese Ergänzung wird es möglich, zu dem Schluß zu gelangen, daß der Angeklagte zwar den Unterschied zwischen gut und böse kannte, aber seine kriminellen Handlungen nicht unter Kontrolle halten konnte.

In jüngster Zeit ist von vielen amerikanischen Gerichten eine Formulierung übernommen worden, die ursprünglich vom American Law Institute vorgeschlagen worden war: „Eine Person ist für kriminelle Handlungen dann nicht verantwortlich, wenn ihr zum Zeitpunkt dieser Handlungen infolge einer Geisteskrankheit oder eines psychischen Defekts weitgehend die Fähigkeit fehlte, entweder die Kriminalität ihrer Handlungen zu erkennen oder ihr Verhalten den Erfordernissen der Gesetze anzupassen." Dazu bedarf es natürlich einer Definition von „Geisteskrankheit". Im Augenblick wird folgende benutzt: „Jeder abnorme Geisteszustand, der sich gravierend auf die geistig-psychischen oder emotionalen Prozesse auswirkt und die Verhaltenskontrolle substantiell beeinträchtigt."

Gegenwärtig wird dieses neue Konzept der *juristischen Unzurechnungsfähigkeit* mit einer Ausnahme an allen amerikanischen Bundesgerichten (ähnlich wie in der deutschen Gerichtsbarkeit) angewandt. Es scheint eine vernünftige Verbindung zu den gegenwärtigen Auffassungen von Geisteskrankheit herzustellen, aber die entscheidende Frage – wann verdient jemand eine Bestrafung? – bleibt weiterhin offen.

Die Komplexität dieser Urteile wird durch die folgende Schilderung eines Aufsehen erregenden Falles veranschaulicht.

Als David Berkowitz, der sich selbst als „Son of Sam" bezeichnet, verhaftet und angeklagt wurde, sechs Menschen getötet und sieben andere verwundet zu haben, versicherte er, keine Wahl gehabt zu haben, weil ihm „Dämonen", die durch die Stimmen bellender Hunde zu ihm sprachen, befohlen hätten, zu töten. Die rechtlichen Fragen, um die es in vielen derartigen Fällen geht, sind, ob der Beschuldigte für seine Verbrechen zur Verantwortung gezogen werden soll bzw. ob er überhaupt prozeßfähig ist. In vielen Fällen werden Angehörige der psychologischen Heilberufe herangezogen, um zu diesen Fragen Stellung zu nehmen. Berkowitz wurde von drei Psychiatern untersucht. Zwei versicherten, daß er aufgrund seines Geisteszustands für seine Verbrechen nicht zur Verantwortung gezogen werden sollte. Ein dritter, Dr. David Abrahamson, vertrat die Auffassung, daß Berkowitz als juristisch verantwortlich für seine Taten anzusehen sei. Das Gericht schloß sich Abrahamson an und verurteilte Berkowitz, der nach dem Urteilsspruch zugab, seine Geschichte von den „Dämonen", die ihn gezwungen hätten zu töten, sei tatsächlich erfunden gewesen.

Meinungsverschiedenheiten zwischen Fachleuten in bezug auf den Geisteszustand beschuldigter Personen, wie wir sie in diesem Fall gesehen haben, sind keineswegs selten. Diese Beurteilungen sind weit von wissenschaftlicher Zuverlässigkeit entfernt, und es bleibt oft den Richtern und Geschworenen überlassen, die letztendliche Entscheidung darüber zu treffen, wieweit der Beschuldigte für seine Verbrechen verantwortlich ist. Bei unserem gegenwärtigen Wissensstand ist das vielleicht auch richtig so.

J. Abrahamson: „Unmasking ‚Son of Sam's Demons.'" *The New York Times Magazine,* 1. July 1979.

starken Einfluß auf das gefällte Urteil ausgeübt zu haben. Ist es so, daß Psychosen in der Unterschicht häufiger sind? Oder sind der Mittelschicht entstammende Psychiater schneller bereit, Unterschichtpatienten als schizophren zu diagnostizieren? Und was würde bei einer Untersuchung herauskommen, bei der Psychiater und Patienten verschiedenen ethnischen oder rassischen Gruppen entstammen?

Die entscheidende Bedeutung einer richtigen Diagnose emotionaler Störungen wird einem auch deutlich, wenn man sich die Tatsache vor Augen hält, daß sich die Justiz und der Strafvollzug oft stark auf solche Beurteilungen stützen, wenn es um die Frage geht, ob ein Angeklagter verhandlungsfähig ist, und wenn über die Art der Bestrafung zu befinden ist, die für begangene Verbrechen verhängt werden soll. Alljährlich wird über das Schicksal von buchstäblich Tausenden von Personen (zumindest teilweise) auf der Basis von Diagnosen entschieden, und es ist überaus wichtig, daß wir uns über den Grad an Zuverlässigkeit und Fairneß im klaren sind, mit dem auf diesen Grundlagen Gerechtigkeit geübt werden kann. (In Box 6/20, werden einige dieser Fragen erörtert und ein reales Fallbeispiel vorgestellt.)

6.1 Verbesserungen der Diagnose

Es ist darauf hinzuweisen, daß es möglich ist, durch eine klarere und detailliertere Beschreibung der Kriteriumsverhaltensweisen, die zur Feststellung einer bestimmten Störung benutzt werden, sowie durch Schulung der Diagnostiker in der Anwendung dieser Regeln den Grad an Übereinstimmung zwischen den Fachleuten im diagnostischen Prozeß zu erhöhen. Spitzer und Mitarbeiter (Spitzer et al., 1976) haben neue und klarer ausformulierte Systeme entwickelt und berichten über höhere Reliabilitäten. Das DSM-III enthält auch eine weitaus detailliertere Beschreibung der Kriterien als das DSM-II, und wenn die Kliniker veranlaßt werden können, das neue System mit Sorgfalt anzuwenden, dann sollte sich die Zuverlässigkeit von Routinediagnosen erhöhen. Es gibt jedoch keine Gewähr, daß auch die *Validität* der Diagnosen als eine Funktion ihrer erhöhten Reliabilität ansteigen wird, aber ohne hohe Reliabilität ist keine akzeptable Validität zu erreichen. Ein Maßstab der Validität von Diagnosen wäre eine Verbesserung der therapeutischen Wirksamkeit, wenn die entsprechende Therapie auf der Basis zuverlässigerer Diagnosen ausgewählt wurde.

Verbesserungen der Reliabilität und Validität von routinemäßig gestellten Diagnosen müssen jedoch erst noch nachgewiesen werden, und es bleibt die Möglichkeit bestehen, daß gegenwärtig weitverbreitete offizielle Auffassungen von Geisteskrankheit teilweise Mittel und Wege zur Durchsetzung und Rationalisierung tiefsitzender gesellschaftlicher Vorurteile sein könnten. Was am erschreckendsten ist, selbst politische Faktoren können ins Spiel kommen. Vielleicht sollten wir uns ernsthaft fragen, ob solchen „Experten" das ausschließliche Recht gewährt werden sollte, solche Urteile zu fällen, die über das weitere Schicksal eines Menschen entscheiden. Vielleicht sollten wir statt dessen Mittel und Wege finden, gemeinsam die Verantwortung für solche Urteile zu übernehmen.

Zusammenfassung

1. *Psychische Störungen* in ihren verschiedenen Ausprägungen und Stärkegraden werden im allgemeinen auf psychologische Ursachen zurückgeführt, obwohl auch genetische, biochemische und physiologische Faktoren beteiligt sein können. Viele Fachleute glauben, daß eines Tages der Nachweis erbracht werden könnte, daß *organische* oder *physische* Faktoren die entscheidenden Determinanten geistig-psychischer Störungen sind, aber bisher besitzen wir nur relativ wenig konkretes Wissen über diese Faktoren. Viele der gängigen Theorien konzentrieren sich deshalb auf Erfahrung und Lernen als primäre Determinanten dieser abweichenden Verhaltensweisen.

2. Das Etikett „geistesgestört" wird manchmal etwas unkritisch auf Individuen angewandt, die durchaus funktionsfähig sind, aber in irgendeiner Weise von den gesellschaftlichen oder moralischen Normen des richtigen Betragens abweichen, insbesondere wenn ihr Verhalten geeignet ist, andere zu verärgern oder zu verstören. Asoziales Verhalten ist nicht notwendigerweise „krankes" Verhalten.

3. Die Frage, was abnormes Verhalten ist, wurde auf verschiedene Weise beantwortet. Das *statistische Modell* geht von der Vorstellung aus, daß atypisches Verhalten abnorm sei, während das *kulturelle Modell* Abnormität als Abweichung von positiv

bewertetem Verhalten ansieht, das für die Angehörigen einer Kultur innerhalb bestimmter Rollen als angemessen erachtet wird. Das *Modell des persönlichen Leidensdrucks* hebt die von den Betreffenden berichteten negativen subjektiven Gefühle als Hauptkriterium der Beurteilung psychischer Abnormität hervor.

4. Bei den Versuchen, die Entstehung bzw. die Ursachen geistig-psychischer Störungen zu erklären, hat sich eine Reihe theoretischer Richtungen herausgebildet. Das *medizinische Modell* geht davon aus, daß abnormes Verhalten grundsätzlich in der gleichen Weise zu sehen ist wie körperliche Erkrankungen. Das *psychodynamische Modell* betrachtet abnormes Verhalten als Resultat unbewußter Konflikte zwischen den Impulsen des Individuums und gesellschaftlich bzw. persönlich akzeptablem Verhalten. Das *behavioristische Modell* nimmt keine solchen unbewußten Konflikte an; vielmehr betrachtet es abweichendes Verhalten als Ergebnis mangelhafter Lernvorgänge, durch die Angst oder Furcht in unangemessener Weise auf bestimmte Situationen konditioniert wurden. Die *humanistisch-existentielle Position* vertritt die Auffassung, daß der Mensch oft Aspekte seines wahren Selbst verleugne und daß diese Verleugnung der Ursprung seines Leidens und seines abweichenden Verhaltens sei. Der *Standpunkt der sozialen Deprivation* unterstreicht die Auffassung, daß man bei der Untersuchung von deviantem Verhalten Faktoren im sozialen Kontext, in dem sich das Individuum befindet, wie Armut/Isolation oder starke soziale Mißbilligung berücksichtigen sollte.

5. Die Häufigkeit geistiger und psychischer Störungen ist zwar schwer zu messen, wurde jedoch auf bis zu 3 Prozent der Population geschätzt, wenn „geisteskrank" als hilfsbedürftig in bezug auf psychische Probleme definiert wird. Bei der Klassifizierung geistiger und psychischer Störungen wird zwischen (offenkundig physisch bedingten) *organischen Störungen* und (offenkundig psychisch bedingten) *Funktionsstörungen* unterschieden.

6. Zu den Funktionsstörungen zählen Psychosen, Neurosen und Persönlichkeitsstörungen. *Psychosen* sind die schwersten emotionalen Störungen und gehen oft mit akuten Beeinträchtigungen des Denkens, Fühlens und Verhaltens einher. Bei *Neurosen* liegen weniger gravierende Störungen vor, es wird jedoch ein beträchtliches Maß an Angst erlebt. *Persönlichkeitsstörungen* sind durch ungewöhnliche und allgemeine Verhaltensstile gekennzeichnet, die häufig Anpassungsprobleme verursachen. Der Betroffene ist jedoch häufig relativ angstfrei.

7. Bei der Neurose ist die zentrale Frage die, ob Angst unmittelbar geäußert oder abgewehrt wird. Die spezifische Art und Weise des Umgangs mit Angst liegt den Unterscheidungen zwischen den Neurosen zugrunde, die traditionellerweise in Angst-, hysterische, phobische und Zwangsneurosen eingeteilt wurden. Im DSM-III wird eine neue allgemeine Kategorie der *somatoformen Störungen* vorgeschlagen, die eine Reihe von Unterformen umfassen soll, darunter die Konversionsreaktionen, bei denen körperliche Beschwerden hervorgerufen werden. Eine andere Kategorie ist die der *dissoziativen Reaktionen,* bei denen es zu Gedächtnis- oder Identitätsstörungen kommt.

8. Die Persönlichkeitsstörungen umfassen verschiedene Unterkategorien, darunter der zwanghafte, hysterische, paranoide und zyklothyme Typus. Von diesen Störungen wird im allgemeinen angenommen, daß sie auf ähnliche Weise entstehen wie die korrespondierenden Kategorien neurotischen Verhaltens. Der Unterschied liegt jedoch in der besseren Konfliktlösung und Angstreduktion, die bei Persönlichkeitsstörungen möglich sind.

9. Eine Reihe sexueller Verhaltensweisen werden mit psychischen Störungen in Verbindung gebracht. Bei der *Störung zur Geschlechterrolle* liegt eine Diskrepanz zwischen anatomischer und psychologischer Geschlechtszugehörigkeit vor. Unter *Perversionen* versteht man die Konzentration auf spezielle sexuelle Praktiken wie Fetischismus oder Exhibitionismus als ausschließliches Mittel sexueller Befriedigung. *Psychosexuelle Funktionsstörungen* sind Schwierigkeiten bei der Initiierung und Vollendung des sexuellen Erregungszyklus.

10. Es besteht eine klare Tendenz, Individuen, die *homosexuelle Verhaltensweisen* ausüben, nicht mehr als emotional gestört zu bezeichnen.

11. *Affektive Störungen* sind durch extreme Stimmungen gekennzeichnet, die psychotische Ausmaße erreichen können. Dazu zählt der *manische,* der *depressive* und der (fluktuierende) *manisch-depressive* Typus.

12. *Depression* nimmt nach Auffassung vieler in unserer Gesellschaft an Häufigkeit zu. Einer der neueren Erklärungsversuche der Depression geht vom Konzept der *erlernten Hilflosigkeit* aus, die teilweise durch die Tendenz verursacht werde, die Bedeutung der eigenen Erfolge und Mißerfolge falsch zu interpretieren.

13. Es gibt verschiedene Formen der *Schizophrenie,* der häufigsten schweren Geisteskrankheit. Obwohl

das Hauptsymptom dieser Krankheit schwierig zu identifizieren ist, scheinen äußerst unangemessene emotionale Reaktionen auf Lebenssituationen der am häufigsten beobachtete Faktor zu sein. Wenn das schizophrene Verhalten plötzlich und abrupt auftritt (und nicht das Endstadium eines langfristigen Abbauprozesses ist), dann ist die Prognose nach jüngsten Erkenntnissen optimistischer als bei langfristiger Schizophrenie. Die psychodynamische Auffassung sieht in den akuten schizophrenen Episoden einen Durchbruch bisher unbewußten Materials.

14. Wahnvorstellungen (am häufigsten Größen- oder Verfolgungswahn) bilden den Kern der *paranoiden Störungen.* Diese Wahnvorstellungen sind überaus logisch und charakteristischerweise durch gegenteiliges Beweismaterial nicht zu erschüttern. Wenn es dem Paranoiker gelingt, andere ebenfalls von seinem Wahnsystem zu überzeugen, kann es zur Entstehung gefährlicher Sekten und Kulte kommen.

15. Umfangreiches Datenmaterial spricht für die Schlußfolgerung, daß es eine *genetische Basis* der Schizophrenie gibt. Die Vererbung sollte jedoch als notwendige, aber nicht ausreichende Voraussetzung des Auftretens dieser Krankheit angesehen werden. Ebenso unzweifelhaft ist, daß eine überaus komplexe Interaktion zwischen genetischen und umweltbedingten Determinanten stattfindet und daß eine psychologische Behandlung der Schizophrenie keinesfalls auszuschließen ist.

16. Das Datenmaterial deutet darauf hin, daß die Diagnosen von Geistesstörungen oft unzuverlässig sind und daß die Anwendung diagnostischer Etiketten oft stark durch Faktoren wie die soziale Schichtzugehörigkeit des Patienten beeinflußt wird. Durch die Abstempelung mit einer psychiatrischen Krankheitsbezeichnung kann abweichendes Verhalten unter Umständen entstehen oder sich verschlimmern, weil sich der Betreffende veranlaßt fühlt, die seiner „Krankheit" entsprechende Rolle zu übernehmen.

17. Neue Arbeiten zur Revision diagnostischer Kategorien und zur klareren Ausformulierung der Kriterien, die zur Anwendung dieser Bezeichnungen benutzt werden, könnten unsere Chance verbessern, geistige und psychische Störungen zu verhindern bzw. wirksam zu bekämpfen.

5. Kapitel
Die Psychotherapien

Von der Zeit an, da sich die Menschen in sozialen Gemeinschaften zu organisieren begannen, sind sie mit dem Problem konfrontiert gewesen, wie Verhalten, das als abweichend betrachtet wird, unter Kontrolle zu halten und zu begrenzen ist, insbesondere Verhaltensweisen, die eine Gefahr für die Gemeinschaft darstellen. Wir haben stets dazu tendiert – und das ist immer noch so – Abweichung mit „Abnormität" gleichzusetzen. Unser Herangehen an die Behandlung von „abnormem" Verhalten war deshalb immer von unseren Vorstellungen über die *Ursachen* der Abweichung abhängig – ob diese nun richtig waren oder nicht. Diese Vorstellungen sind zwangsläufig immer im jeweiligen kulturellen Kontext und in den herrschenden philosophischen Ansichten über die Natur der Menschheit und die Stellung unserer Spezies innerhalb der „natürlichen" Ordnung – in physischer, biologischer und spiritueller Hinsicht – des Lebens auf diesem Planeten und im Universum verwurzelt gewesen und sind dies auch heute noch. Für unsere primitiven Vorfahren lag die Ursache *außerhalb* des Individuums; dessen abweichendes Verhalten wurde als Folge der Besessenheit von Dämonen angesehen. Aus diesem Grund – und durchaus vernünftigerweise angesichts dieses vermeintlichen Ursprungs – bestand die Behandlung aus verschiedenen Formen des Exorzismus, der den Zweck hatte, diese fremden bösen Geister auszutreiben.

Als die Medizin und die Biologie Fortschritte machten und sich die naturalistischen Philosophen durchsetzten, wurden die Ursachen der Abweichung *in* das Individuum verlegt und abnormes Verhalten als ein Zeichen einer physischen Krankheit betrachtet. Die Bemühungen um Heilung und eine Rückkehr zur Normalität nahmen die Form physischer Heilmittel an, einschließlich Löcher, die in den Schädel gebohrt wurden, elektrischer und chemischer Schockbehandlung und chirurgischer Verfahren. Dieses „medizinische Modell" ist immer noch weithin gültig. Die Wissenschaftler setzen ihre Suche nach den biologischen Grundlagen von Geisteskrankheiten fort, und die Ärzte verschreiben weiterhin Medikamente und andere physische Therapien, um das deviante Verhalten ihrer Patienten unter Kontrolle zu bringen. Wir werden an späterer Stelle in diesem Kapitel mehr darüber sagen.

Sigmund Freud führte zu Beginn dieses Jahrhunderts eine kritische und neuartige Erweiterung dieses Ansatzes ein, wobei er im wesentlichen dem medizinischen Modell treu blieb, das die Ursachen der Psychopathologie letzten Endes inneren physiologischen Phänomenen zuschreibt. Er entwikkelte eine Form von verbaler Therapie, die *Psychoanalyse* (die er auch als „Redekur" bezeichnete), und eine Auffassung von Geisteskrankheit, die persönliche Lebenserfahrungen, insbesondere sehr frühe, als Kausalfaktoren einbezog. Auch heute noch benutzen ärztliche Psychotherapeuten (Psychiater) häufig eine Kombination klassischer medizinischer Behandlungen (z. B. Medikamente, Elektroschock) und irgendeine Form von verbaler Psychotherapie.

Mit der Ausbreitung der Sozialwissenschaften ist eine noch stärkere Erweiterung der Auffassungen von deviantem Verhalten und seiner Behandlung einhergegangen. Die Ursachen der Devianz werden nunmehr *sowohl innerhalb als auch außerhalb des Individuums gesucht.* Geisteskrankheit wird als eine Störung betrachtet, die nicht nur aufgrund von Faktoren innerhalb des Betreffenden, sondern auch aus Faktoren in der sozialen Gruppe und in der größeren Gesellschaft, der er oder sie angehört, entsteht. Es sind somit, wie im vorhergehenden Kapitel festgestellt, Faktoren aus der Umwelt entdeckt worden, die mit psychischen Störungen zusammenhängen; anthropologische Erkenntnisse haben uns darüber hinaus eine breitere und somit potentiell universellere Basis für das Verständnis sowohl der Ursprünge als auch des Spektrums alternativer Therapien für Geisteskrankheiten geliefert. Selbst religiöse Philosophien des Ostens (wie der Zen-Buddhismus) – und das ist relativ neu – haben begonnen, signifikante Einflüsse auszuüben, charakteristischerweise im Kontext ständig zunehmender nichttraditioneller (im westlichen Sinn) „persönlicher Reifungsbewegungen" wie der Transzendentalen Meditation (TM).

Es ist wichtig zu verstehen, daß die Entwicklung von Behandlungsansätzen für geistig-psychische und emotionale bzw. Verhaltensstörungen und unser Verständnis der kausalen und heilenden Faktoren kein simples lineares Voranschreiten von primitiven „abergläubischen" Beschwörungen zu modernen, „wissenschaftlich" bewiesenen Techniken darstellte. Ideen über die physischen Grundlagen von Psychopathologie sind in den Schriften von Hippokrates im vierten Jahrhundert v. Chr. zu finden, und schon Aristoteles schrieb über den

Wert der verbalen Katharsis. Unsere zeitgenössischen Methoden mögen nicht so einzigartig sein; manche Beobachter haben den Eindruck, daß die moderne westliche Psychotherapie auffallende Parallelen zu den Heilungstechniken aufweist, die in primitiveren Kulturen von Medizinmännern angewandt wurden (Torrey, 1972).

Die klinischen Verhaltenswissenschaften, die allesamt zu den Psychotherapien beitragen, befinden sich noch in den frühen Entwicklungsstadien; es bleiben viele Unsicherheiten über den Zusammenhang zwischen Leib und Seele, Individuum und Gesellschaft und die Ursachen und Behandlungen von Psychopathologie bestehen – und das wird vielleicht immer so sein. Die Vermehrung der Konzepte, Theorien und Behandlungsansätze, die in den letzten 50 Jahren aufgetaucht sind, deuten zweifellos darauf hin, daß es bis heute noch keinen einzelnen „richtigen" Ansatz gibt; und ebensowenig gibt es eine bewiesene oder einheitliche Theorie oder Behandlung. Die Psychoanalyse ist nur eine Komponente eines façettenreichen Systems, das viele Behandlungsarten (z. B. Verhaltenstherapie, Kunsttherapie, Psychochirurgie, Pharmakotherapie, Gesprächspsychotherapie, Milieutherapie usw.; vgl. Benesch, 1981) einschließt. Die unter den verschiedensten Bedingungen (in Landeskrankenhäusern, Privatpraxen, Gefängnissen, psychiatrischen Kliniken, psychotherapeutischen Ambulanzen, therapeutischen Wohngemeinschaften etc.) und von den verschiedensten Fachkräften und Assistenzkräften (Psychiatern, Psychologen, Sozialarbeitern, psychiatrischen Krankenschwestern, Beschäftigungstherapeuten, Schulberatern, freiwilligen Gemeindehelfern etc.) durchgeführt werden. Trotz dieser Mannigfaltigkeit wird von manchen die Auffassung vertreten, daß sich die gängigen Behandlungsansätze zu stark auf das Individuum konzentrieren und die tieferliegenden gesellschaftlichen Ursachen psychologischer „Devianz" und mithin auch die Notwendigkeit soziopolitischer Interventionen ignorieren. Von diesem Standpunkt aus helfen die heute üblichen biophysischen und psychotherapeutischen Methoden dem Individuum nicht bei seiner eigenen persönlichen Entwicklung und „Befreiung", sondern trachten statt dessen, den einzelnen zur „Anpassung" an ein von Grund auf pathologisches Gesellschaftssystem zu zwingen (Brown, 1973).

1 Verschiedene Formen der Psychotherapie

Der Begriff *Psychotherapie,* so wie er heute benutzt wird, umfaßt eine ungeheure Vielzahl von Theorien der Persönlichkeitsentwicklung und von spezifischen Techniken und therapeutischen Zielsetzungen. In einem Buch über dieses Thema (Harper, 1959) wurden 36 verschiedene psychologische Behandlungsansätze analysiert und trotzdem war die Liste schon zur Zeit der Veröffentlichung nicht vollständig. In neuerer Zeit unterschied Herink (1980) mehr als 250 verschiedene Behandlungsformen! Jede Methode basiert auf etwas anderen Auffassungen von der Natur des Menschen.

Berücksichtigt man allein die *namhaften* und von vielen Therapeuten praktizierten Psychotherapien, so kommen wir auf rund 140 Behandlungsformen. Im 2. Kapitel des 8. Bandes werden diese Verfahren tabellarisch aufgeführt und die wichtigsten Praktiken beschrieben. Im folgenden sollen demgegenüber die *theoretischen* Grundlagen der vier bekanntesten Richtungen vorgestellt werden. Jede repräsentiert eine wichtige theoretische und philosophische Einstellung zur Behandlung.

1. Die *psychoanalytischen Therapien* sind von Freuds Technik der Psychoanalyse abgeleitet und konzentrieren sich auf die frühen und weitgehend unbewußten *entwicklungsbedingten Ursprünge* der Persönlichkeit und deren Pathologie.
2. Den *Verhaltenstherapien* liegen als Basis die Theorien und Prinzipien des Konditionierens und des instrumentellen Lernens zugrunde (s. 3. Bd., 1. u. 2. Kap.), und sie konzentrieren sich in erster Linie, wenn auch nicht ausschließlich auf die Modifizierung von *manifestem beobachtbaren Verhalten.*
3. Die *humanistischen Therapien* konzentrieren sich auf die *gegenwärtige Funktionsfähigkeit* des Patienten im Hier und Jetzt, auf das *subjektive Erleben* seines eigenen Selbst und seiner Umwelt.
4. Die *interpersonellen Therapien* einschließlich der Einzel-, Familien- und Gruppentherapien stellen die *zwischenmenschlichen* Beziehungen und deren Einfluß auf das Verhalten in den Mittelpunkt und versuchen häufig, weniger die intrapsychischen Aspekte des Individuums zu verändern, sondern vielmehr die Systeme seiner zwischenmenschlichen Interaktion.

Darüber hinaus werden wir auch eine Reihe moderner physiologischer Behandlungsansätze erörtern.

2 Die psychoanalytischen Therapien

Nach der psychoanalytischen Theorie ist gestörtes Verhalten die Folge verborgener, unbewußter Konflikte (diese theoretische Grundlage der Therapie wird im 2. u. 4. Kap. eingehender behandelt). Diese Konflikte entstehen durch den Zusammenprall biologischer Triebe (Es-Impulse), den internalisierten Forderungen der Gesellschaft (repräsentiert durch das Über-Ich) und den Anforderungen der Realität (repräsentiert durch das Ich). Die psychoanalytische Position geht davon aus, daß diese Konflikte, wenn sie nicht in frühen Entwicklungsstadien wirksam gelöst wurden, fortbestehen und das Bild des Individuums von sich selbst und von seiner Welt verzerren und den Betreffenden dadurch in seiner Funktionsfähigkeit behindern. Die sichtbare Angst bzw. das gestörte Verhalten, beispielsweise die Unfähigkeit, die eigene Wohnung zu verlassen (eine sogenannte Phobie, wie im 4. Kap. dargestellt) – ist lediglich ein manifestes *Symptom* eines tieferliegenden Problems oder Konflikts. Das Ziel der Psychoanalyse oder einer psychoanalytisch orientierten Psychotherapie ist es, die unbewußten Prozesse und Konflikte ins Bewußtsein zu rufen. Durch diesen Vorgang wird *Einsicht* erzielt, und diese wird als Schlüssel zunächst zur Selbsterkenntnis und dann zu einer freiwilligen Veränderung in Richtung auf ein befriedigenderes Gefühl der Selbstachtung und eine verbesserte Funktionsfähigkeit betrachtet.

Die psychoanalytischen Therapien basieren auf der Theorie der Persönlichkeitsentwicklung, die von Sigmund Freud (s. 2. Kap.) vertreten wurde, und auf den von ihm entwickelten Behandlungstechniken. Obwohl Freud, der selbst Arzt war, fest an die letztlich biologischen Wurzeln aller psychischen Phänomene glaubte, war er der erste, der die wichtige Rolle sowohl der Erfahrungen als auch des Lernens für die Entstehung der verschiedenen Formen von Psychopathologie hervorhob, die man im allgemeinen als Neurosen bezeichnet. Dieses Konzept – daß das Verhalten des Erwachsenen (ob normal oder abnorm) in den frühen Lebenserfahrungen des Individuums wurzelt – ist die grundlegende These der Freudschen Psychologie und die Basis der psychoanalytischen Technik.

Nach der psychoanalytischen Theorie ist die neurotische Erkrankung das Resultat unbewußter Konflikte. Diese beeinflussen die individuelle Wahrnehmung der Realität und das Verhalten, aber sie dringen nicht ins Bewußtsein und bleiben deshalb der Kontrolle des Willens und des Verstandes entzogen. Das Ziel der analytischen Psychotherapie ist es, den *Widerstand* gegenüber der Bewußtwerdung zu beseitigen, so daß Gedanken und Erinnerungen, die der Verdrängung zum Opfer fielen, und die mit diesen Elementen verbundenen Gefühle wieder ins Bewußtsein zurückkehren und unter die Kontrolle logischer Denkprozesse gebracht werden können. Wie bei allen neuen Lernerfahrungen – und jede Form der Psychotherapie enthält Lernprozesse (oder vielleicht zutreffender *Umlernen* oder *Neulernen*) – muß der Betreffende Anweisungen erhalten, wie er dabei vorgehen soll. Dies geschieht notwendigerweise und in der Regel sehr *früh* in einer neuen psychoanalytisch-therapeutischen Beziehung. Eine der ersten Verfahrensweisen, die den Patienten beigebracht werden, ist *immer* die Technik des *freien Assoziierens* – was nichts anderes bedeutet, als in *unzensurierter* Weise „auszusprechen, was einem durch den Sinn geht".

2.1 Freies Assoziieren

Das Ziel der psychoanalytischen Psychotherapie besteht darin, frühe Lebenserfahrungen in Erinnerung zu rufen und aufs neue zu durchleben, um Einsicht in den Grundkonflikt zu gewinnen, der den dargebotenen Symptomen zugrundeliegt. Diese frühen Erfahrungen wurden verdrängt oder in anderer Weise durch andere Abwehrmechanismen verzerrt. (Diese werden im 2. Kap. eingehend erörtert.) Um Zugang zu solchem verdrängten Material zu gewinnen, wird die Technik der freien Assoziation angewandt.

In der traditionellen psychoanalytischen Praxis liegt der Patient auf einer Couch, und der Analytiker sitzt außerhalb von dessen Blickfeld hinter ihm oder ihr. Der Analytiker sagt meistens sehr wenig, um den Patienten nicht in seinen Gedanken zu stören. Der Patient wird aufgefordert, frei über alles zu sprechen, was ihm in den Sinn kommt, so trivial, dumm oder beschämend es auch erscheinen mag, und dem Fluß seiner Gedanken freien Lauf zu lassen. Die *Träume* des Patienten, in denen die Gedanken vermutlich eine weniger strukturierte und kontrollierte Form annehmen als im wachen

Leben, werden ebenfalls analysiert. Durch die Techniken des freien Assoziierens und der Traumanalyse sucht der Analytiker Material zu entdekken und zu interpretieren, dessen sich der Betreffende nicht bewußt war, und den Patienten zu einem tieferen Verständnis seiner Probleme zu führen. Der Analytiker hilft dem Individuum, sich die Selbsterkenntnis zu eigen zu machen und zu bewahren, die durch diese Technik der Aufhebung der Zensur des Gedankenflusses gewonnen wurde.

Manchmal wird der Gedankenfluß durch die unbewußte Vermeidung des Patienten von Gefühlen und Erinnerungen behindert, die besonders eng mit den traumatischen Ereignissen oder verdrängten Inhalten zusammenhängen und die Wurzel des Problems bilden. Es ist die Aufgabe des Therapeuten, diesen Widerstand oder dieses Vermeiden zu bemerken und zu deuten, so daß der Patient anfangen kann, im Rahmen einer neuen und nichturteilenden Beziehung, alles, was aus seinem Bewußtsein verbannt war, aufs neue zu durchleben. Dieses erneute Durchleben kann zu neuen Einsichten und schließlich zu Persönlichkeitsveränderungen führen.

Die heute verbreitetste Variante der Psychoanalyse, im allgemeinen als *psychoanalytisch orientierte (oder neoanalytische) Therapie* bezeichnet, macht viel stärkeren Gebrauch von thematischen Interviews (wobei der Patient nicht auf einer Couch liegt, sondern dem Therapeuten gegenübersitzt) und nur begrenzten Gebrauch von der freien Assoziation.

2.2 Übertragung

Der Prozeß der psychoanalytischen Therapie ist in vieler Hinsicht sehr schwierig. (Wenn Sie über diese Behandlungsform weiterlesen, versuchen Sie, sich in die Rolle des Patienten zu versetzen, und Sie werden vielleicht nachfühlen können, wie belastend, ja bedrohlich dieser Prozeß zumindest anfangs erscheinen kann.) Es ist nicht leicht, das eigene „logische" Denken zu überwinden und *alles* auszusprechen, was einem in den Sinn kommt. Da dem Therapeuten viel enthüllt wird, was sehr intim und peinlich einzugestehen ist, überrascht es nicht, daß der Patient sehr starke persönliche Gefühle gegenüber dem Analytiker entwickeln kann. Als Freud diese Gefühle bei seinen Patientinnen bemerkte, wurde ihm klar, daß es sich um übertriebene Reaktionen handelte, die oft kindlich und primitiv in der Form und im Ausdruck waren. Freud glaubte, daß diese Gefühle nicht bloß durch das entstanden seien, was in der gegenwärtigen therapeutischen Beziehung vor sich ging; vielmehr meinte er, daß sie durch einen Prozeß der *Übertragung* von unbewußten Erlebnissen und Gefühlen gegenüber Schlüsselfiguren (insbesondere den Eltern) aus der frühen Kindheit der Patientin auf den Analytiker entstanden. Der Patient fühlt und verhält sich somit in gewisser Weise, *als ob* der Therapeut sein Vater oder seine Mutter oder beides wäre. Es ist die Aufgabe des Therapeuten, darauf hinzuweisen, daß er (oder sie) keine dieser Personen ist und dem Patienten die eigentlichen Ursprünge der Übertragung klarzumachen. Der Therapeut kann dann dem Patienten helfen, die in der frühen Kindheit wurzelnden unbewußten Konflikte zu untersuchen und es dem Patienten auf diese Weise erleichtern, die Übertragungsgefühle gegenüber dem Analytiker unter bewußte Kontrolle zu bringen.

Die Aufgabe, die Übertragung zu deuten, ist besonders schwierig, weil die Wirksamkeit der Deutungen davon abhängt, daß sie nur dann gemacht werden, wenn der Patient nur einen Schritt davon entfernt ist, sie selbst aufzudecken. Wenn die Deutungen zu früh erfolgen, dann kommen die Abwehrmechanismen des Individuums rasch ins Spiel, und die Erinnerungen werden noch stärker blockiert. Die Abwehrmechanismen jedes einzelnen – eines Patienten, Ihre oder meine – können für jeden offenkundig sein, außer den Betroffenen selbst (der sie „braucht", um sich vor der Gesellschaft, so wie er sie *sieht,* zu schützen). Aber den Patienten direkt mit seinen Abwehrmechanismen zu konfrontieren oder sie zu „erklären", ist wertlos – er wird es nicht verstehen oder, was noch schlimmer ist, er wird sich angegriffen fühlen und aus der Behandlung zurückziehen. Dasselbe gilt für vorschnelle Deutungen.

Der Übertragungsprozeß wird als das Kernstück der psychoanalytischen Therapie betrachtet, da er die emotionale „Umerziehung" des Betreffenden ermöglicht (Alexander, 1946):

„Die pathologische Wirkung früherer emotionaler Erfahrungen wird korrigiert, indem man den Patienten in der therapeutischen Situation emotionalen Konflikten derselben Art aussetzt. Der Therapeut reagiert jedoch anders, nicht wie die Eltern, Lehrer, Verwandten oder Freunde in der Vergangenheit. Dieser Unterschied zwischen der Reaktion des Therapeuten und den ursprünglichen elterlichen Reaktionen ist der fundamentalste therapeutische Faktor."

Im Laufe einer solchen psychoanalytischen Therapie beginnt sich beispielsweise die Frau, die an einer irrationalen Furcht vor dem Verlassen der Wohnung leidet – einer Phobie (s. Abb. 11) – durch ihr freies Assoziieren daran zu erinnern, daß sie als Kind immer vor den Gefahren der Außenwelt gewarnt und ermahnt wurde, zu Hause zu bleiben. Vielleicht träumt sie auch von jaulenden und angsteinflößenden Katern, die um ihr Haus streichen. Diese Erlebnisse können etwas über die möglichen Anfänge der Phobie verraten und die ersten Schritte zu ihrem schließlichen Begreifen der Ursprünge ihrer Phobie darstellen.

Ein reales Beispiel (Cameron, 1963) des Behandlungsverlaufs einer Phobie – in diesem Fall einer *Höhenangst* – sind vielleicht am besten geeignet, den Prozeß zu veranschaulichen:

Agnes W., eine unverheiratete 30jährige Frau, war seit einem Jahr außerstande, in Gebäuden höher als bis zum zweiten oder dritten Stock hinaufzugehen oder -fahren. Sooft sie ihre Furcht zu überwinden versuchte, löste sie einen überwältigenden Angstanfall aus. Sie berichtete, das Problem habe eines Tages angefangen, als sie allein im Büro arbeitete und plötzlich von einer Panik ergriffen wurde, daß sie aus dem offenen Fenster im achten Stockwerk springen oder fallen könnte. Sie verließ das Gebäude in einem akuten Angstzustand. Immer wieder versuchte sie, an ihren Arbeitsplatz zurückzukehren, aber ihre Angst machte es ihr unmöglich.

In der psychoanalytisch orientierten Therapie traten allmählich die ihrem Problem zugrundeliegenden Konflikte und Umstände zutage. Dabei kamen ihre jüngsten Konflikte und Lebensumstände als erstes zur Sprache. Agnes hatte seit einiger Zeit eine Affäre mit einem verheirateten Mann, der sich nicht scheiden lassen wollte. Sie beschwor ihren Liebhaber, sie zu heiraten, aber er weigerte sich. Einige Tage vor ihrem Angstanfall hatte sie einen Abschiedsbrief von ihm erhalten und entdeckt, daß er die Stadt verlassen hatte.

Agnes fühlte sich gedemütigt, wütend und blamiert. Im Laufe ihrer Therapie traten ihre Selbstmordgedanken und ihr unbewußter Impuls zutage, sich aus dem Fenster zu Tode zu stürzen. An die Stelle ihrer Furcht vor ihren eigenen Suizidimpulsen trat ihre manifeste Höhenangst.

Während die spezifischen phobischen Symptome von unbewußten Konflikten ausgelöst wurden, die mit einem erst kurz zurückliegenden Ereignis in ihrem Leben zusammenhingen, begann sich Agnes im Laufe der psychoanalytisch orientierten Therapie auch über längerfristige neurotische Verhaltensmuster klarzuwerden. Seit zehn Jahren war sie unfähig gewesen, eine dauerhafte oder befriedigende Beziehung zu einem Mann aufzubauen und hatte bei ihren schon ziemlich alten Eltern gelebt, die sie wie ein halbwüchsiges Mädchen behandelten. Sie waren streng und erwarteten Anpassung, aber gleichzeitig auch kalt und abgewandt. Sobald sie sich einige Male mit einem Mann traf, kritisierten oder verspotteten ihre Eltern ihn, und bald fühlte sie sich in seiner Gesellschaft selbst unbehaglich. Bei dem verheirateten Mann hatte Agnes die Konfliktgefühle „vermieden", weil sie ihn nicht mit nach Hause brachte. Dennoch wurden durch die heimliche Affäre ungelöste Kindheitskonflikte wiederbelebt, die sich in Schuldgefühlen und Furcht äußerten, aber bis zu ihrer Therapie unbewußt blieben. Allmählich begann sie die unbewußten Konflikte zu verstehen, die ihre ganze Entwicklung begleitet hatten. Mit dieser Einsicht gelang es Agnes schließlich, ihre Phobie zu überwinden.

Die Veränderungen, die sich bei Agnes vollzogen, kamen nicht automatisch durch ihr Verständnis ihrer Gefühle gegenüber ihr selbst und ihrem Liebhaber zustande; diese Gefühle hatten die Phobie *ausgelöst,* aber sie waren nicht die gesamte *Ursache* der Phobie.

Obwohl Freud anfangs erwartete, daß die Einsicht automatisch zur „Heilung" führen werde, hat er später erkannt, daß Veränderungen Zeit brauchen, manchmal sehr viel Zeit. Aus der psychoanalytischen Perspektive kann man diesen Prozeß nicht beschleunigen oder zu rasch versuchen, Symptome zu beseitigen, ohne die Konflikte und Abwehrmechanismen, die sie hervorrufen, gründlich zu erforschen. Cameron kommentiert den Fall von Agnes W.: „Die Therapie sollte nicht darauf abzielen, neurotische Abwehrmechanismen zu zerstören, sondern all das durchzuarbeiten, was sie notwendig macht. Bei dieser Frau entwickelte sich die Phobie vor einem Hintergrund von Persönlichkeitsschwierigkeiten, die auf längere Sicht gesehen gravierender waren als ihr Symptom."

2.3 Durcharbeiten

Das *Durcharbeiten,* auf das Cameron anspielt, ist die wichtigste Komponente der psychoanalytischen Therapie. Dieser Prozeß des Repetierens und des allmählichen Auftauchens neuer Reaktionen, der im Verlauf der Therapie ständig wiederholt wird, ist der „umerziehende" Aspekt der analytischen Therapie; er ermöglicht, daß anfängliche Einsichten und Veränderungen internalisiert, d. h. der Persönlichkeitsstruktur des Patienten einverleibt werden.

Wenn die Ursprünge der Neurose zutage treten, ist es wahrscheinlich, daß sich mehrere überlappende und miteinander verflochtene Erklärungen herauskristallisieren. Ein einziges Symptom kann zur Abwehr vieler verschiedener verdrängter Gedanken dienen. Ungeachtet der angebotenen Erklärungen konzentriert sich die Therapie jedoch nicht allein darauf, die Ursachen der Symptome in der Vergangenheit aufzudecken, sondern auch, dem Patienten zu helfen, die Einsicht in vergangene Ereignisse dazu zu *benutzen,* seine Wahrnehmungen der Gegenwart zu korrigieren. Der Patient wird entdecken, daß die Symptome Abwehrmaßnahmen gegen das Wiederauftreten schmerzhafter Gefühle und Erinnerungen sind. Sobald diese Gefühle und Erinnerungen aufgedeckt sind, verschwindet theoretisch das abwehrende *Bedürfnis* nach dem Symptom. Aber wie bereits bemerkt, stellen sich die Verhaltensänderungen leider oft nur langsam ein. Und wie noch später erörtert werden wird (detailliert in Box 6/23, S. 164), muß sich der Patient bewußt und aktiv dafür *entscheiden,* sich zu verändern.

Fassen wir zusammen: Psychoanalyse und psychoanalytisch orientierte Therapie können mit der Technik des freien Assoziierens beginnen oder auf Schlüsselthemen gerichtete Assoziationen enthalten. Diese Prozesse helfen dem Patienten, Erinnerungen und unbewußte Konflikte neu zu durchleben. Dabei kann der Patient verschiedene Formen von Widerstand und Abwehr einschließlich Übertragung aufbieten, um die schmerzhafte Erinnerung an traumatische Ereignisse und Gefühle zu vermeiden. Nachdem der Patient erkannt hat, daß diese Konflikte seine täglichen Interaktionen verzerren, muß er versuchen, diese Konflikte im Hier und Jetzt zu korrigieren (im Sinne realistischen Verhaltens). Die Verantwortung des Therapeuten ist es, den Widerstand des Patienten zu *deuten,* so daß das unbewußte Material ins Bewußtsein zurückkehrt, wo es bearbeitet werden kann.

In Gegenwart des interessierten *und* nichturteilenden Therapeuten kann das unbewußte Material an die Oberfläche kommen und immer wieder durchgearbeitet werden – nach der Therapiesitzung und im Alltag – bis die alten Konflikte gelöst sind und neuere Handlungsweisen und Haltungen geübt, gelernt und schließlich soweit verinnerlicht sind, daß sie bei den meisten zwischenmenschlichen Kontakten „automatisch" ablaufen.

2.4 Kommentar über die psychoanalytische Therapie

Der gesamte Prozeß der Psychoanalyse und der psychoanalytisch orientierten Therapie ist zeitraubend, kostspielig, manchmal „schmerzhaft" und setzt voraus, daß der Patient beträchtliche Intelligenz, psychologisches Verständnis und zu Beginn (oder im Frühstadium) der Therapie ein gewisses Maß an Ich- oder Persönlichkeitsstärke besitzt. Während Freud grundsätzlich der Auffassung war, daß psychotische Personen nicht imstande seien, sich einer Analyse zu unterziehen, wenden moderne analytische Therapeuten in ihrer Arbeit mit psychotischen Patienten Modifizierungen der Technik an. Rosen (1968) benutzt beispielsweise bei Psychotikern ein System der „direkten Analyse", wobei die primitivsten und grundlegendsten unbewußten Impulse unmittelbar gegenüber dem Patienten gedeutet werden, sobald sie dem Therapeuten klarwerden. Bei diesem Verfahren bemüht man sich weniger um das behutsame, langsame Aufdecken von Widerständen und Übertragungsproblemen; statt dessen wird jede Manifestation von Widerstand direkt und in einer manchmal brutal erscheinenden Weise angegangen. Der Schockeffekt dieses Vorgehens ermöglicht es dem Therapeuten oft, zu stark isolierten Patienten durchzubrechen und mit ihnen zu kommunizieren.

Ein Großteil der heutigen Kritik an der Psychoanalyse stößt sich an deren langer Dauer, hohen Kosten, Mangel an eindeutig nachgewiesener Wirksamkeit und ihrer offenkundigen Beschränkung auf einen sehr begrenzten Personenkreis. Von vielen Psychologen wird sie als eine massive therapeutische Dosis für sehr wenige Angehörige der gebildeten und wohlhabenden Elite angesehen, deren Störungen relativ harmlos seien. Tatsächlich basierte die Entwicklung der psychoanalytischen Technik vorwiegend auf Freuds Erfahrungen mit Wienerinnen des Mittelstandes, die an Konversionshysterie litten (s. 4. Kap.), ein Komplex, zu dessen zentralen Themen häufig die Verdrängung sexueller Impulse, Konflikte und Erinnerungen zählen. Die Konversionshysterie mag in gewissem Sinn die spezielle Pathologie der emotional restriktiven viktorianischen Gesellschaft gewesen sein. Es wurde die Auffassung vertreten, daß ganz andere Methoden und Theorien nötig seien, um die Pathologien unserer modernen Massengesellschaft und deren Tendenz, das Individuum zu enthumanisieren, in den Griff zu bekommen und zu erklären.

Praktiker der Verhaltenstherapie zählen zu den führenden Kritikern des psychoanalytischen Ansatzes, wobei sie behaupten, die Psychoanalyse führe in den meisten Fällen nicht zu Verhaltens- oder Persönlichkeitsveränderungen. Selbst unter den vielen Beobachtern, die anerkennen, daß die Methode etwa ebenso gut funktioniert wie andere Formen der Psychotherapie, wird manchmal die Vermutung geäußert, daß sie aus anderen als den in der psychoanalytischen Theorie angeführten Gründen wirksam sei. Dollard und Miller (1950) versuchten beispielsweise vor einiger Zeit, die psychoanalytische Theorie und Therapie in die Sprache der Lernpsychologie (Behaviorismus) zu übersetzen. Wie wir sehen werden, hat ihr ursprünglicher Versuch viele unterschiedliche Nachahmer gefunden.

3 Verhaltenstherapien

Verhaltenstherapeuten lehnen das medizinische Modell der Psychopathologie ausdrücklich ab, das im devianten Verhalten lediglich ein Symptom einer tieferliegenden Pathologie sieht. Abnormes Verhalten wird von den Behavioristen statt dessen als direkte Folge mangelhafter oder falscher Lernprozesse betrachtet. Die *Verhaltenstherapie* ist für sie im wesentlichen ein Umerziehungsprozeß, um dieses Fehllernen zu korrigieren.

Alle Probleme der Anpassung werden in derselben Weise gesehen. Sowohl die normale als auch die pathologische Entwicklung unterliegen nach dieser Auffassung denselben Lerngesetzen. Abnormes Verhalten wird nicht als Symptom einer zugrundeliegenden Krankheit, sondern als gelernte Reaktion auf die spezifischen und besonderen Anforderungen und Belastungen der Umwelt des Betreffenden gesehen. Das Symptom *ist* die Störung, wie die folgende typische Auffassung versichert: „Die Verhaltenstherapie befaßt sich nicht mit ‚Schizophrenie' oder ‚Zwangsneurosen' (d.h. mit Krankheitsmodellen), sondern mit einer Reihe von Reaktionen, die dem Patienten oder seiner Umwelt Schwierigkeiten machen" (Kanfer u. Phillips, 1970).

Im Falle einer Phobie besagt diese Auffassung beispielsweise, daß das Objekt der Phobie (der konditionierte Reiz) irgendwann im Laufe des Lebens wahrscheinlich durch Zufall mit irgendeinem unangenehmen Reiz (dem unkonditionierten Stimulus) gepaart wurde, der normalerweise Furcht und Angst auslöst. (Diese und andere benutzte Begriffe werden im Glossar erläutert.) Um die Angst zu vermeiden, die danach durch ein Zusammentreffen mit einem solchen konditionierten Reizobjekt ausgelöst wird, wird das Objekt (ja selbst die Gedanken daran) fortan völlig gemieden. Ein solches Vermeiden schmerzhafter Reize ist selbstverstärkend: Solange der Reize gemieden wird, erlebt der Betreffende tatsächlich weder Furcht noch Angst. Dieses Modell der Vermeidungskonditionierung ist die grundlegende lerntheoretische Erklärung für die Entstehung von Phobien. Sie wurde sogar zur Neuinterpretation Freudscher Mechanismen wie Verdrängung benutzt, indem man letztere einfach als gelerntes Vermeiden angsterzeugender Gedanken betrachtete.

Obwohl die meisten Theoretiker der Verhaltenstherapie von irgendeinem Konditionierungsmodell ausgehen (nämlich von der Annahme, daß eine direkte Verbindung zwischen einem äußeren Reiz und einer beobachtbaren Verhaltensreaktion gelernt wird), leugnen sie nicht notwendigerweise die Existenz innerer Zustände und verborgener Prozesse. Tatsächlich haben sich die neuesten Entwicklungen in der Verhaltenstherapie mit kognitiv-symbolischen Prozessen nichtmanifester Ereignisse befaßt. „Verborgene Verhaltensweisen sind qualitativ nicht anders als manifeste ... Ein Gedanke ist nicht völlig ‚unbeobachtbar' ... Durch Schulung kann der einzelne lernen, sich wissenschaftlich mit der eigenen Person zu befassen;

verborgene Geschehnisse können in ähnlicher Weise studiert und unter Kontrolle gebracht werden wie manifeste Verhaltensweisen“ (Thoreson u. Mahoney, 1974).

Die von Bandura (1969) entwickelten Techniken der Verhaltensmodifizierung stützen sich *ausdrücklich* auf bestimmte innere Zustände und Prozesse, durch die Reaktionen vermittelt werden, und diese Prozesse passen immer noch in den Kontext der Theorie des sozialen Lernens. Neueste Entwicklungen im *Biofeedback* ermöglichen es uns, normalerweise verborgene (und nicht vom Willen gesteuerte) Reaktionen wie Hirnströme, Körpertemperatur oder Muskelspannung mit Hilfe von Apparaten zu beobachten, die diese physiologischen Vorgänge messen. Auf diese Weise können körperliche Prozesse, von denen normalerweise nicht angenommen wird, daß sie der Kontrolle des Willens unterliegen (z. B. der Blutdruck) durch Anwendung der Methoden des operanten Konditionierens „trainiert“ werden, auf bewußte Einwirkung zu reagieren. (Eine nützliche und klare Einführung in Biofeedback-Verfahren bieten Blanchard u. Epstein [1978].)

Obwohl die Verhaltenstherapien auf Konditionierungs- und Lernkonzeptionen des Verhaltens beruhen, bestehen sie keineswegs aus einem homogenen Instrumentarium an Techniken. Dazu zählen so unterschiedliche Verfahren wie das Verabreichen schmerzhafter Reize bei jedem Auftreten eines unerwünschten Symptoms, bewußte Einübung des Symptoms, um es unter die Kontrolle des Willens zu bringen, oder allmähliche Desensibilisierung eines furchterzeugenden Reizes durch systematische Entspannungsübungen. Obwohl diese Techniken keinesfalls neu sind (die frühesten datieren bis zu den 20er Jahren zurück) ist der Verhaltenstherapie in den letzten Jahren eine Renaissance und ein erstaunliches Wachstum beschieden gewesen.

3.1 Reziproke Hemmungstherapie

Eine von Joseph Wolpe (1958, 1973) entwickelte Technik der Verhaltensmodifikation ist die *reziproke Hemmungstherapie*. Der Begriff ist der Physiologie Pawlows entliehen, wo er sich auf das Phänomen bezieht, daß eine Muskelgruppe nicht gleichzeitig mit einer bestimmten anderen Muskelgruppe funktionieren kann, zu der sie sich *antagonistisch* verhält.

Wie alle Verhaltenstherapeuten nimmt auch Wolpe an, daß die Symptome des Patienten gelernte (konditionierte) gewohnheitsmäßige Reaktionen sind. Die primären Symptome, mit denen er sich befaßt, sind Angst und die daraus resultierenden Verhaltensweisen. Verhalten, das dem Zweck dient, Angst zu vermeiden, wird als fehlangepaßte Reaktion angesehen, die eliminiert und mittels therapeutischer Techniken durch angemessenere Reaktionen zu ersetzen ist. Um das zu erreichen, schafft Wolpe eine Situation, in der der Patient veranlaßt wird, bei Verabreichung des konditionierten (symptomerzeugenden) Reizes eine neue und, wie man annimmt, angemessenere Reaktion zu setzen. Da die neue Reaktion bewußt so gewählt wird, daß sie sich zu dem alten Symptom antagonistisch verhält – das heißt, mit diesem unvereinbar ist, weil beide Reaktionen nicht koexistieren können – wird die alte und fehlangepaßte Reaktion auf diese Weise gehindert, einzutreten. Nach wiederholten Durchgängen dieser Art wird die Assoziation zwischen dem konditionierten Reiz und dem Symptom schließlich durchbrochen und an ihrer Stelle eine Assoziation zwischen dem Reiz und der wünschenswerteren Reaktion entwickelt. Dieser Prozeß der Eliminierung und Substitution von Reaktionen auf einen Reiz nennt man *Gegenkonditionierung*. In vielen Fällen ist die neue Reaktion, wie im folgenden Abschnitt dargestellt, ein Zustand der Entspannung.

3.2 Systematische Desensibilisierung

Welche Arten von wünschenswerteren Reaktionen können wirksam an die Stelle unerwünschter treten? Wolpe argumentiert folgendermaßen: Die verschiedenen Vermeidungsverhalten, die dem Patienten Schwierigkeiten verursachen, werden als Wege zur Angstbewältigung gelernt. Aber es gibt bestimmte psychische und physische Zustände, die sich *als solche* antagonistisch zur Angst verhalten. Beispielsweise kann Angst nicht im Zustand tiefer Entspannung auftreten. Die spezifische Technik, bei der Entspannung zur Gegenkonditionierung der Angstreaktion auf einen Reiz eingesetzt wird, bezeichnet man als systematische Desensibilisierung. Diese besteht aus einem Drei-Phasen-Prozeß: (1) Entspannungsübungen; (2) Aufstellung einer Hierarchie angstauslösender Reize; (3) allmähliche Koppelung der angstauslösenden Reize mit dem entspannten Zustand durch Vorstellung.

Das funktioniert folgendermaßen: Im ersten Interview versucht der Therapeut die verschiedenen Probleme und Symptome zu identifizieren, die dem Patienten Schwierigkeiten machen; der Therapeut stellt dann eine Liste von Reizen auf (Gedanken, Objekte, Erfahrungen), die nach dem subjektiven Empfinden des Patienten bei diesem Angst verschiedenen Grades auslösen (die Auslöser werden nach dem Grad der Angst, die sie erzeugen, geordnet). Sobald diese Listen aufgestellt sind, schult der Therapeut den Patienten systematisch in Methoden zur Erreichung tiefer Entspannungszustände. Sobald der Patient diese Methoden beherrscht, wird er oder sie aufgefordert, sich die auf dieser Liste genannten Erfahrungen lebhaft vorzustellen, die zunehmend angsterregend sind (beginnend mit der Reizsituation, die die geringste Angst erweckt) *und dabei vollkommen entspannt zu bleiben.* (Der Zustand echter Tiefenentspannung hat Ähnlichkeit mit der hypnotischen Trance). Während sich der Patient jede einzelne Erfahrung vorstellt, fragt ihn der Therapeut, ob er sich im jeweiligen Augenblick völlig entspannt fühle oder nicht. *Nur* wenn er in einem entspannten Zustand zu bleiben scheint, während er sich ein bestimmtes Erlebnis vorstellt, wird er angewiesen, zur nächsten (stärker angstbesetzten) Situation auf der Liste überzugehen. (Ein aus der Wirklichkeit gegriffenes Beispiel einer systematischen Desensibilisierung ist in Box 3/3 [S. 23] enthalten.) Durch das lebhafte Vorstellen furchtbesetzter Szenen oder Objekte gelingt es dem Patienten, allmählich die Assoziation zwischen den Reizen und der Angstreaktion zu durchbrechen.

3.3 Andere Formen von Verhaltenstherapie

Alle Formen von Verhaltenstherapie basieren auf Konditionierungs- und Lernprinzipien; es wurde jedoch eine Vielzahl spezifischer und durchaus unterschiedlicher Techniken entwickelt. Statt zu versuchen, Angst als Reaktion auf einen konditionierten Reiz zu *hemmen,* benutzt beispielsweise Stampfl eine Technik, die darauf abzielt, die Angstreaktion gegenüber dem konditionierten Reiz *hervorzurufen,* wobei er jedoch darauf achtet, die Reaktion nicht zu festigen (das heißt, er gestattet dem Patienten nicht, die Angstreaktion zu vermeiden und dadurch zu verstärken; Stampfl u. Levis, [1967]). Bei der *Überflutungstherapie,* wie diese Technik heißt, wird der Patient wiederholt und nachhaltig dem konditionierten angsterzeugenden Reiz in Situationen ausgesetzt, in denen die Angst *nicht* verstärkt wird, und dadurch wird die Reaktion (sowohl die Angst als auch das angstvermeidende Verhalten) schließlich gelöscht. Wie ein Kommentar über diese Technik bemerkt (London, 1964), sucht Stampfl diesen Löschungsprozeß zu beschleunigen, indem er „jedes denkbare Mittel benutzt, um die Patienten bei einer Sitzung so stark wie möglich und so lange wie möglich in Angst zu versetzen". Dies geschieht, indem er bei den Patienten die lebhafte Vorstellung erweckt, sich in den am *stärksten* angsterzeugenden Situationen zu befinden, Situationen, die der Therapeut in den eindrucksvollsten und erschreckendsten Details für sie ausmalt. Sobald die Angst erfolgreich für diese erschreckendsten Szenen gelöscht wurde, generalisiert die Löschung, wie Stampfl behauptet, automatisch auf die weniger angsterzeugenden Situationen.

Die Angaben über die Ergebnisse der Überflutungstherapie sind widersprüchlich, und die Technik scheint stark von der Fähigkeit des Therapeuten abzuhängen, nicht nur die angsterregenden Reize zu identifizieren, sondern diese in einer dramatischen, furchterregenden Weise zu präsentieren (Morgenstern, 1973).

Bei einer stark differierenden Variante der Verhaltenstherapie wird ein Skinnersches Modell des operanten Konditionierens dazu benutzt, um die Entwicklung sozialer Sprache bei Kindern zu fördern, die ein pathologisches Maß an autistischem Denken und Verhalten aufweisen (das heißt, Denken und Verhalten, das überwiegend von persönlichen Bedürfnissen geprägt und nur wenig von der objektiven Realität beeinflußt ist). Lovaas (1966) benutzt anfangs Süßigkeiten, um Verhalten zu verstärken, das sich in zunehmendem Maß einem reaktionsbereiten Gespräch nähert, ein Beispiel der im 3. Band (2. Kap.) beschriebenen Verhaltensausformung. (Dieser Ansatz hat in Amerika den Spitznamen „M&M-Therapie", weil dabei häufig Bonbons mit diesem Namen als positive Verstärkung benutzt werden.)

Allmählich treten sekundäre Verstärker (z.B. verbales Lob) an die Stelle der Süßigkeiten. Unerwünschte begleitende Verhaltensweisen werden durch Verwendung negativer Verstärkungen eliminiert oder aversiv konditioniert. Dabei werden anfangs so primäre negative Verstärker wie Elektroschock und später verbale Mißbilligung benutzt.

Um Verhalten zu modifizieren und die Möglichkeiten der Veränderung zu fördern, geht Salter (1961) noch einen anderen Weg. Er gibt Patienten spezifische Anweisungen und Aufträge, wünschenswerte Verhaltensweisen zu zeigen, und zwar in der Außenwelt, in der sich die *natürlichen* Verstärkungen im Leben üblicherweise ereignen. Das Ziel dieser Therapieform ist, die Patienten zu lehren, die Lernprinzipien wirksam auf das eigene Verhalten anzuwenden und dadurch Selbststeuerung zu erreichen.

Bandura (1969) empfiehlt die Benutzung von *Imitationslernen* zur Modifizierung von Verhalten, nicht nur, um unerwünschte Reaktionen zu beseitigen, sondern auch, um neue Reaktionen auszulösen. Bei diesem Ansatz erhält der Patient Gelegenheit, stellvertretend zu leben (und zu lernen), indem er (entweder *live* oder im Film) das Verhalten einer anderen Person bzw. eines Vorbilds beobachtet, die in einer Situation agieren, welche mit seinem speziellen Problem zusammenhängt. Bei einer Schlangenphobie würde man beispielsweise wiederholt einem Menschen zuschauen, der angstfrei mit Schlangen umgeht und dadurch mit der Zeit etwas weniger anfällig für eine extreme und irrationale Furcht selbst vor einer harmlosen Schlange werden.

Verhaltenstherapeutische Behandlungsansätze für psychologische Probleme haben sich in den letzten Jahren stark vermehrt, insbesondere auf dem Gebiet der Selbstmodifizierung von Verhalten und der Anwendung von Verhaltenstechniken zur Gewohnheitskontrolle, etwa in bezug auf Rauchen und unkontrolliertem Essen. Obwohl verstärkte Selbstbeherrschung ein Ziel vieler Formen von Psychotherapie ist, wurden von Verhaltenstherapeuten spezielle Verfahren und Techniken zur Verbesserung der Selbstbeobachtung, Selbstüberwachung und Selbstverstärkung entwickelt. Diese Techniken arbeiten häufig als „Hausaufgaben", so daß die Behandlung und das Lernen außerhalb der therapeutischen Sitzung stattfinden kann. Die Patienten können aufgefordert werden, einfach einen Überblick über bestimmte Verhaltensweisen zu gewinnen, indem sie Tagebücher, Tabellen oder am Handgelenk zu tragende Zählvorrichtungen (wrist counter) benutzen. Sie können die Anweisung erhalten, sich selbst zu belohnen, wenn sie erwünschte Verhaltensweisen zeigen oder unerwünschte meiden. Oder sie können aufgefordert werden, bestimmte physiologische Reaktionen (z.B. Körpertemperatur, Gehirnströme, Muskelspannung) mit Hilfe neu entwickelter Biofeedback-Geräte zu registrieren, um zu lernen, diese physiologischen Reaktionen selbst zu regulieren oder die somatischen Reaktionen als Mittel zur Einschätzung und Modifizierung emotionaler Reaktionen zu benutzen (Stuart, 1977).

3.4 Kommentar über die Verhaltenstherapie

Therapeuten, die die Rolle der Einsicht hervorheben, behaupten, daß Symptombeseitigung *als solche* (und die damit verbundene Verhaltensänderung) ohne Behandlung der zugrundeliegenden Pathologie zur Entstehung neuer Symptome führt, die denselben Abwehrfunktionen dient. Dies wird als *Symptomsubstitution* bezeichnet. Verhaltenstherapeuten halten dem entgegen, daß das Auftreten solcher neuen Symptome selten sei und daß das Phänomen, wenn es auftrete, in lerntheoretischen Begriffen erklärt (und behandelt) werden könne (Buchwald u. Young, 1969).

Ein anderer häufiger Kommentar ist, daß die Verhaltenstherapeuten bei der Entwicklung ihrer Techniken einen großen und fragwürdigen Sprung von Lernprinzipien, die in rigorosen Tierversuchen systematisch erforscht und verfeinert worden waren (wie im 3. Bd., 1. u. 2. Kap., dargestellt), zur Behandlung komplexer Verhaltensweisen gewagt hätten, die zwangsläufig die entscheidende Intervention symbolischer Prozesse wie der Sprache erforderten. Darüber hinaus wurde argumentiert, daß sich die Verhaltenstherapeuten auf die Extrapolation aus einem sehr engen Spektrum an experimenteller Forschung beschränkt hätten und Studien über Wahrnehmung, Emotion und Kognition weitgehend ignorierten – ein Punkt, auf den insbesondere Lazarus (1968) eingeht. Die von Verhaltenstherapeuten benutzten Lernmodelle, so wird deshalb von manchen Beobachtern geschlossen, seien wahrscheinlich allzu vereinfacht, verfälscht und unzulänglich für die Anwendung auf menschliches Verhalten in seiner vollsten und typischen Form.

In einem Überblick über die theoretischen Grundlagen und das Datenmaterial, das für die Verhaltenstherapien spricht, stellen Breger und McGaugh (1965) sowohl die angebliche Relevanz der Lerntheorie für diese Methoden als auch die fragwürdigen empirischen Beweise für deren Wirksamkeit in Frage. Die anfänglichen Erfolgsbehauptungen, die für verschiedene Formen der Verhaltenstherapie aufgestellt wurden, sind in der Tat bescheidener geworden, als weitere Forschungen ergaben, daß Verhaltenstherapien etwa dieselbe Erfolgsquote aufweisen wie die psychoanalytische oder andere psychologische Therapien.

Da die Verhaltensansätze gewöhnlich eine enge Auffassung von Persönlichkeitsstörungen vertreten und sie in der Regel auf festumrissene Verhaltenssymptome beschränken, scheinen solche Symptome am ehesten zugänglich für diese Therapieform. Grossberg (1964) stellt aufgrund seiner Überprüfung verschiedener Verhaltensmodalitäten fest, daß diese „am erfolgreichsten bei Störungen sind, die spezifische fehlangepaßte Verhaltensweisen involvieren. Konditionierungsverfahren waren überaus wirksam bei phobischen Reaktionen, Angstreaktionen, Bettnässen und Stottern". Solche spezifischen fehlangepaßten Verhaltensweisen machen jedoch bei weitem nicht das mannigfaltige Repertoire menschlicher Neurosen und Psychosen aus; und am häufigsten kommt es vor, daß eine bestimmte Störung diffus ist und fast jeden Aspekt der Funktionsfähigkeit eines Menschen beeinträchtigt.

London (1972), ein langjähriger Verfechter des verhaltensmodifizierenden Ansatzes, hat eine wahrscheinlich nützliche Unterscheidung zwischen den angeblichen Grundlagen der Verhaltenstherapien, nämlich der Lerntheorie, und der praktischen Wirksamkeit dieser Therapien getroffen. In einem Aufsatz mit dem treffenden Titel „Das Ende der Ideologie in der Verhaltensmodifikation" tritt er nachdrücklich für ein verstärktes Bemühen um die Weiterentwicklung der „Technologie" der Verhaltenstherapie und eine Aufgabe der Suche nach den theoretischen Rechtfertigungen solcher Entwicklungen ein. Er resumiert:

„Ich behaupte, daß sich die Theorie in der Verhaltensmodifizierung abgenutzt hat und daß sich unser Hauptinteresse nunmehr auf die Technologie, im wesentlichen der Behandlung, konzentrieren sollte, längerfristig vielleicht sogar, um wissenschaftlichen Zwecken zu dienen ... Die Entwicklung, die mir vorschwebt, beschränkt sich nicht auf Apparaturen und entsteht nicht von selbst, sondern durch die systematische Erforschung therapeutischer Verfahren aller Art, ohne Hemmung oder Rücksicht, ob diese vordergründigen *Prinzipien* des Lernens, der Verstärkung oder was auch immer, entsprechen, sondern mit dem einzigen Maßstab, ob sie mit den Fakten der menschlichen Erfahrung in Einklang stehen ... Da die Ära der Polemik praktisch zu Ende ist und Skinner in seinem letzten Werk Freud immer wieder zitiert, und die American Psychoanalytic Association bei einem ihrer letzten Kongresse die Verhaltensmodifikation ganz selbstverständlich in ihre Diskurse über Psychotherapie einbezog, ist die politische Nützlichkeit der Lerntheorie, die zur Definition des Gebietes so genannt worden war, am Ende angelangt. So wie wir sie benutzten, war es ohnehin nie wirklich eine Theorie, sondern eine Ideologie zu professionellen Zwecken und eher eine Metapher im klinischen Bereich.

Ich glaube, es ist jetzt für den therapeutischen Zweig dieser Disziplin an der Zeit, sich nicht mehr um ihre wissenschaftlichen Prätentionen in theoretischer Hinsicht zu kümmern, solange sie funktionell sauber arbeitet, und eine Art technologischen Zweig oder genauer gesagt einen systemanalytischen Ansatz für ihre eigenen Operationen zu entwickeln. Wir haben aus alten Prinzipien, selbst richtigen, soviel Nutzen gezogen, wie möglich war, aber wir haben kaum begonnen, mit der neuen Technologie zu arbeiten."

Abgesehen von den Überlegungen über die Reichweite, Tiefe und Validität der Verhaltenstherapie finden viele Kritiker, daß sie eine antihumanistische, mechanistische Auffassung von der Menschheit verkörpere und sich mit dem Einsatz von „Experten" zur Kontrolle und Gestaltung menschlichen Verhaltens einverstanden erkläre. Manche sehen in dieser Einstellung eine Annäherung an George Orwells Alptraum *1984,* für andere ist hingegen eine Gesellschaft, die auf Lernprinzipien beruht und in der die Verstärkungen klug durch Fachleute kontrolliert werden, eine Utopie. Tatsächlich hatte B. F. Skinner, lange Zeit ein führender Vertreter dieses Standpunkts, vor einiger Zeit die Vision einer solchen idealen Gesellschaft in seinem Roman *Walden Two* (1948; dt. *Futurum Zwei,* 1972) geschildert. Und Skinner setzt die Rechtfertigung seiner Position in seinem umstrittenen und inzwischen klassischen Essay *Beyond*

Freedom and Dignity (1971; dt. *Jenseits von Freiheit und Würde,* 1973) fort.

Thoreson und Mahoney (1974) haben argumentiert, daß die Prinzipien der Verhaltenstherapie als Mittel zur Förderung humanistischer Zwecke und persönlicher Freiheit dienen könnten. Durch die Anwendung von Techniken, die die Gefühle des einzelnen verstärken, die Kontrolle über sich selbst zu haben und fähig zu sein, sein eigenes Verhalten zu „steuern“ und zu verändern, könne die Abhängigkeit von Experten wie Therapeuten verringert werden.

4 Humanistische Therapien

Phänomenologie und *Existentialismus* entwickelten sich in der Psychologie zum Teil als Reaktion auf die als distanziert, atomistisch und pseudoobjektiv angesehenen Ansätze der Experimentatoren und Behavioristen. Als Theorien und Therapien sind Phänomenologie und Existentialismus am umfassendsten und ausdrücklichsten philosophisch orientierte Richtungen. Sie vertreten nicht nur Konzeptionen des pathologischen Verhaltens, sondern auch der psychischen Gesundheit, Integration und Selbstverwirklichung. So kann Carl G. Jung, dessen umfassende Theorie der Persönlichkeit im 2. Kap. erörtert wurde, als Vorläufer der heutigen *humanistischen Therapien* und Abraham Maslow, der im gleichen Kapitel behandelt wird, als deren späterer theoretischer Sprecher gelten.

4.1 Willenstherapie

Einer der frühesten phänomenologischen Therapeuten war Otto Rank, der seine psychoanalytische Ausbildung bei Freud gemacht hatte. Rank lehnte die Vorstellung von den unvermeidlichen Auswirkungen früherer Erfahrungen auf die Persönlichkeit als eine militant deterministischen Auffassung von Entwicklung ab. Statt dessen konzentrierte er sich auf die Erfahrungen des Individuums in der *Gegenwart* statt auf die frühere Entwicklung und hob die Einzigartigkeit des Menschen als ein *selbstbestimmtes, mit einem eigenen Willen ausgestattetes* Wesen hervor. Ranks Auffassungen fanden Ausdruck in einer Behandlungsmethode, die er als *Willenstherapie* bezeichnete (Rank, 1947).

Phänomenologische Ansätze wie die von Rank lehnen das medizinische Modell der Psychopathologie als einer Krankheit sowie die Notwendigkeit einer Differentialdiagnose der spezifischen Krankheitsform ab. Alle Psychischen Störungen werden statt dessen als Folgen desselben Grundkonflikts zwischen dem persönlichen Identitätsgefühl eines Menschen (das, was ihm seine eigenen Sinne über seine innere und äußere Welt sagen) und den Werten anderer betrachtet (denen er sich in seinem Verhalten, oft in Widerspruch zu seinen eigenen Erfahrungen, anzupassen sucht). Der Konflikt besteht somit zwischen Selbststeuerung und Außensteuerung, zwischen dem Bekenntnis zu oder der Identifikation mit allen Aspekten des eigenen Selbst und der Entfremdung von Teilen des eigenen Selbst, wenn die eigenen Empfindungen, Gefühle und Bedürfnisse nicht mit den Geboten anderer übereinstimmen. Sooft dieser Konflikt auftritt, ruft er Angst hervor. Um diese Angst zu vermeiden, entwickeln die Individuen bestimmte Verhaltensmuster, die es gestatten, Teile der eigenen Person abzutrennen, zu verleugnen und sich selbst zu entfremden. Dieses Vermeidungsverhalten bringt die Symptome hervor, die den Patienten veranlassen, sich um Therapie zu bemühen.

Das Ziel der Willenstherapie ist es, dem Individuum zu helfen, seiner selbst gewahr zu werden – sich selbst zu entdecken. Die Aufgabe des Therapeuten ist es, eine Situation zu schaffen, in der eine solche Selbstentdeckung am besten gelingen kann. Selbst-Bewußtheit im *Hier und Jetzt* ist der Schlüssel. Sobald der Patient diese Bewußtheit erlangt hat, ist er notwendigerweise frei, rationale Entscheidungen zu treffen; und er erlebt sein Verhalten nicht länger als außerhalb der eigenen Kontrolle liegend. Eine Weiterentwicklung dieser Richtung beschrieb in neuerer Zeit spezifische Techniken, die Therapeuten anwenden können, um die Selbstentdeckung zu fördern (Gendlin, 1979).

4.2 Gesprächspsychotherapie

Der als klientenzentrierte Therapie oder Gesprächspsychotherapie bekannte Ansatz entstand in den vierziger Jahren an der Universität von Chicago. Diese vor allem von Carl Rogers entwikkelte Therapieform wird auch als *nichtdirektive* Therapie bezeichnet. (Meador u. Rogers [1979] änderten die Bezeichnung dieses Ansatzes in „klientenzentrierte Therapie" um. In diesem Kapitel werden wir jedoch die im Deutschen gebräuchlichere Bezeichnung Gesprächspsychotherapie (GT) benutzen.)

Das Ziel der Gesprächspsychotherapie ist es, dem Patienten zu helfen, eine Kongruenz zwischen seinen Gedanken und Gefühlen in bezug auf sich selbst und den Beobachtungen seines eigenen Verhaltens zu erreichen. Um diese Deckungsgleichheit zwischen Gefühlen und Fakten zu erzielen, ist es nötig, daß der/die Betreffende ein positives Selbstkonzept und die Bereitschaft entwickelt, mehr Aspekte des eigenen Selbst zur Kenntnis zu nehmen.

Das herausragende Kennzeichen der GT ist vielleicht ihre Forderung, daß das innere Bezugssystem des Klienten und nicht die theoretischen Vorlieben des Therapeuten den Verlauf der Behandlung leiten sollte. Der Therapeut versucht, die Wahrnehmungen des Klienten von seiner Welt in allen Einzelheiten zu verstehen. Er hilft dem Klienten, die Natur seiner Probleme für sich selbst zu klären; eine Technik besteht darin, in klareren und präziseren Worten zu resumieren, was der Klient verbal oder nonverbal bereits *selbst* ausgedrückt, aber sich noch nicht völlig bewußt gemacht hat. Eine Façette dieser Technik wird als *Reflexion der Gefühle* bezeichnet, ein subtiler Vorgang, bei dem der Therapeut versucht, dem Klienten in selektiver und konzentrierter Form Aspekte der vom Klienten geäußerten Gefühle und Emotionen „zurückzuspielen", Aspekte, die der einfühlsame Therapeut entdecken kann, die dem Klienten aber bisher nicht bewußt geworden sein mögen.

Ein Grundprämisse dieser Methode ist die Überzeugung, daß jeder Mensch selbst die Fähigkeit besitzt, seine eigenen Lösungen für seine Probleme zu finden. Die Aufgabe des Therapeuten ist es deshalb, dem Klienten zu helfen, zu eigenen Lösungen zu gelangen, die das einzigartige Potential des Individuums für Persönlichkeitswachstum und -veränderung ausdrücken. Die Aufgabe des Therapeuten ist es *nicht,* theoretische Erklärungen für Probleme anzubieten oder autoritative Ratschläge zu erteilen, wie sie gelöst werden könnten.

Seit seiner ersten Formulierung durch Rogers (1942) hat der klientenzentrierte Ansatz mehrere Veränderungen und Entwicklungen durchgemacht. In der ersten, „nichtdirektiven" Periode (1940–1950) versuchte der Therapeut in der Regel, das Entstehen von Einsicht durch Schaffung eines permissiven, nichtautoritären Klimas zu fördern. Das Hauptanliegen war es, dem Klienten zu helfen, seine Gefühle und Wahrnehmungen zu klären, und der Therapeut hütete sich davor, Ratschläge zu erteilen, Deutungen zu machen oder seine eigenen Gefühle zu äußern.

In einer zweiten Periode (etwa in den frühen fünfziger Jahren), die durch Veröffentlichung von Rogers' Buch *Client-Centered Therapy* (1951) gekennzeichnet war, wurde größerer Nachdruck auf die sensible Reaktionsfähigkeit (bzw. geäußerte Empathie) gegenüber den Gefühlen des Klienten gelegt. Die affektive oder Gefühlskomponente wurde zentraler für die Interaktion als die kognitive oder Einsichtkomponente. Es wurde daher zur Hauptaufgabe des Therapeuten, die Quellen der Bedrohung aufzuspüren, indem der Therapeut die Gefühle des Klienten *widerspiegelt.*

Von etwa 1957 an hat die Gesprächspsychotherapie eine empirische Richtung eingeschlagen, was sich in einer *aktiveren Kommunikation* der Gefühle des Therapeuten äußerte. Im Jahr 1957 formulierte Rogers mehrere „notwendige und ausreichende" Voraussetzungen, damit eine Therapie erfolgreich ist, die sich alle mit Aspekten der Therapeutenrolle befassen, einschließlich (1) bedingungsfreie positive Zuwendung zum Patienten, (2) empathisches Verstehen und (3) Kongruenz und Echtheit des Therapeuten bei der Offenbarung seiner eigenen Gefühle. Und der Therapeut wird nunmehr als Wegbereiter der Veränderung in einer wahrhaft menschlichen und persönlichen Beziehung gesehen.

Der gesprächspsychotherapeutische Ansatz mag täuschend einfach erscheinen. Sein offensichtlicher Mangel an einer systematischen Technik wirkt auf manche anziehend, während andere darin eine fatale Schwäche erblicken. Die Auffassung, daß die *Person* des Therapeuten und nicht das, was er oder sie *tut,* zu günstigen Veränderungen führt, hat jedoch in den letzten Jahren beträchtliche Zustimmung gefunden.

Schon früh nahm die Gesprächspsychotherapie eine führende Rolle in Hinblick auf den Fleiß und das Raffinement ein, mit dem Forschungsarbeiten zur empirischen Auswertung der Art und des Ausmaßes ihrer Wirksamkeit geplant wurden. Eine Grundthese besagt, daß sich Anpassung und Persönlichkeitsänderung zunächst durch Modifikation in der Selbstwahrnehmung des Betreffenden ankündigen und daß solche Modifikationen ihrerseits zu Verhaltensänderungen führen. Rogers und Dymond (1954) legten schon vor langer Zeit umfangreiches empirisches Datenmaterial für diese Konzeption vor, wie die Persönlichkeit durch Psychotherapie verändert werden kann, Material, das nach wie vor die Wirksamkeit des klientenbezogenen Ansatzes belegt.

4.3 Gestalttherapie

Obwohl die *Gestalttherapie* und die Gesprächspsychotherapie ähnliche philosophische und theoretische Ursprünge haben, bestehen beträchtliche Unterschiede zwischen beiden hinsichtlich ihrer Techniken und des allgemeinen Tons der therapeutischen Sitzungen. Die Gesprächspsychotherapeuten scheinen im allgemeinen, wie wir festgestellt haben, auf spezifische Methoden und Techniken zu verzichten; Gestalttherapeuten haben eine Reihe von Verfahren, Techniken und Spiele zum Gebrauch in der Therapie entwickelt und haben ausdrückliche Regeln zur Förderung der Selbsterkenntnis (der Einsicht und der Reifung) aufgestellt.

Die ursprünglich von Frederick Perls (Perls, Hefferline u. Goodman, 1951) entwickelte Gestalttherapie fand in den späten fünfziger und in den sechziger Jahren starke Verbreitung und ist auch heute noch eine häufig benutzte Behandlungsform. Der Name wurde in ziemlich loser Anlehnung an die klassische Schule der Gestaltpsychologie gewählt, welche die aktiven Wechselbeziehungen zwischen der ganzen Form (Gestalt eines wahrgenommenen Objekts) und Organisationsvorgängen im Wahrnehmenden hervorhob, ein Vorgang, der demjenigen vergleichbar ist, der im gestalttherapeutischen Rahmen zu Einsichten führen kann.

In der Gestalttherapie wird der einzelne aufgefordert, genau auf seine *augenblicklichen* Gefühle, Gedanken und Wünsche zu achten. Im Mittelpunkt steht das *Jetzt* und die Art und Weise, wie der Patient sich selbst daran hindert, sein gegenwärtiges Selbst vollständig und bewußt zu erleben. Psychische Störung wird als die Entfremdung des Individuums von Teilen seiner selbst und seines Erlebens betrachtet. Der Prozeß der persönlichen Integration und Entfaltung setzt voraus, daß der Betreffende erkennt, wie er das Erreichen dieser totalen Bewußtheit verhindert (bzw. dagegen Widerstand leistet), und die schließliche Beseitigung der Widerstände. Um dem Patienten zu helfen, die uneingeschränkte Selbst-Bewußtheit zu erlangen, konzentriert sich der Gestalttherapeut auf genau das, was der Betreffende im jeweiligen Augenblick an körperlichem, symbolischem und zwischenmenschlichem Verhalten manifestiert. *Nonverbales Verhalten* wird häufig als Anhaltspunkt dafür benutzt, wie der Patient Bewußtheit und Ausdruck blockiert. Wenn der Patient beispielsweise häufig mit verschränkten Armen dasitzt („als wolle er sich vor möglichen Verletzungen schützen"), dann wird der Therapeut seine Aufmerksamkeit auf das häufige Auftreten dieses abblockenden Verhaltens lenken. Aber der Therapeut beantwortet nie Fragen darüber, was ein bestimmtes Verhalten oder ein Dialog bedeutet; er (oder sie) *interpretiert niemals* für den Patienten. Vielmehr muß der Patient die Bedeutung für sich selbst entdecken. Auf diese Weise vermeidet es der Therapeut bewußt, sich mit der Leugnung von Interpretationen oder von Bedeutungen seitens des Patienten auseinanderzusetzen. Der Patient kann sich nicht von Dingen distanzieren, die *er selbst* entwickelt und mit Bedeutung versehen hat.

Um Patienten zu befähigen, sich entfremdete Aspekte ihrer selbst wieder anzueignen, läßt der Therapeut sie die verleugneten Teile spielen. Vermeidung ist der Fingerzeig darauf, was verleugnet wird und was der Reintegration bedarf. In der Gestalttherapie führt bloßes Reden über diese Dinge nirgendwo hin; es wird nicht erwartet, daß die Reintegration durch intellektuelle verbale Erklärungen bewirkt werden kann. Vielmehr ist es nötig, daß der Patient das, was er zu vermeiden suchte, tatsächlich *durchlebt.*

Nachstehend einige der Techniken, die benutzt werden, um den Patienten das, was er verleugnet hat, wiedererleben zu lassen (Levitzky u. Perls, 1970):

1. *Die Projektion spielen.* Wenn sich ein Patient beklagt, daß der Therapeut nicht vertrauenswürdig oder nicht sympathisch sei, wird er aufgefordert, aktiv die Rolle eines nicht vertrauenswürdigen Menschen zu spielen. Auf diese Weise beginnt er vielleicht zu begreifen, welche Teile von ihm selbst nicht vertrauenswürdig oder unsympathisch sind und worin sein

eigener innerer Konflikt in dieser Hinsicht besteht. Übertragungsartige Projektionen werden nicht wie in der Psychoanalyse so gedeutet, daß der Patient dem Therapeuten Merkmale „signifikanter anderer" (z.B. der Eltern) zuschreibt. Statt dessen wird angenommen, daß das Individuum das projiziert, was für es selbst im Hier und Jetzt gilt. Sogar Beschreibungen der Eltern – und Versuche, ihnen die Schuld für eigene Mängel zuzuschieben – werden als Projektionen *abgelehnter* oder *verleugneter* Teile des Selbst betrachtet.

2. *Umkehrungen.* Der Name sagt in diesem Fall schon alles über das Spiel. So wird beispielsweise eine schüchterne Person aufgefordert, einen Exhibitionisten zu spielen, um auf diese Weise den Kontakt mit einem vermiedenen (d.h. angsterzeugenden) Teil des eigenen Selbst aufzunehmen. Durch dieses Erleben und schließliches Überwinden des vermiedenen Teils wird dieser wieder angeeignet und reintegriert. Der oder die Betreffende ist danach mehr „beieinander".
3. *Übertreibung.* Wenn ein Therapeut bemerkt, daß jemand häufig irgendeine geringfügige unbewußte Bewegung ausführt (z.B. rasch mit dem Finger auf die Tischplatte klopft), dann fordert er den Patienten auf, diese Bewegung zu übertreiben, um besser in Kontakt mit den Gefühlen zu kommen und diese zu verstehen, die diese ziellose, unbewußte Handlung „verrät". Manchmal wird der Patient aufgefordert, einen Ausspruch oder einen Satz auszuagieren, den ihm der Therapeut aufgrund einer Vermutung, was der Patient wahrscheinlich nicht direkt mitteilen kann, vorsagt. Der Therapeut nimmt jedoch *nicht* die Deutung vor. Indem der Patient den Satz spielt, entdeckt er vielmehr dessen Bedeutung spontan für *sich selbst* und eignet sie sich auf diese Weise an.

Gestalttherapeuten glauben, daß Träume die spontansten Produktionen und Äußerungsformen sind, und viele der Techniken, die sie entwickelt haben, werden bei ihrer Arbeit mit Träumen angewandt.

4.4 Kommentar über humanistische Therapien

Kritik an den humanistischen Ansätzen kommt aus zwei Richtungen: Von den Anhängern des psychoanalytischen Modells und von den Verhaltenstherapeuten.

Die humanistischen Ansätze werden von den Vertretern der Psychoanalyse als in erster Linie für ein Individuum geeignet angesehen, das bereits eine relativ gesunde Persönlichkeitsstruktur hat und lediglich kurzfristige Hilfe zur Klärung kleinerer augenblicklicher Schwierigkeiten benötigt. Spezifische humanistische Ansätze wurden verschiedener Kritik unterzogen. Der *nichtdirektive* Ansatz der klientzentrierten Rogerianer, wird als nicht genügend mächtig und motivierend bemängelt, um die neurotische Abwehr und den Widerstand gegen tiefreichende Selbstprüfung zu überwinden. Angesichts der phänomenologischen Konzentration auf die Realität, auf die Gegenwart und auf bewußtes Material vertritt die psychoanalytische Richtung darüber hinaus die Ansicht, daß die signifikantesten Aspekte der Übertragung, der Verdrängung und des Widerstands mithin nie behandelt werden, daß ihre Behandlung aber unerläßlich ist, wenn es zu einer therapeutischen Veränderung kommen soll.

Die psychoanalytische Kritik der Gestalttherapie räumt ein, daß die Bereitschaft des Therapeuten, sich mit Träumen, Phantasien und unbewußtem Material auseinanderzusetzen, der psychoanalytischen Perspektive entspricht. Aber Psychoanalytiker beklagen, daß die sehr direktive Tätigkeit des Gestalttherapeuten die volle Entwicklung einer Übertragung ausschließt und daß das Versäumnis, sich mit der Vergangenheit auseinanderzusetzen, die Einsicht in die Entstehung der neurosenerzeugenden unbewußten Konflikte verhindert.

Wie bereits bemerkt, vertreten Gestalttherapeuten auch die Auffassung, daß jeder Mensch nur für sich selbst verantwortlich sein sollte, und der Gestalttherapeut lehnt es deshalb im allgemeinen ab, die Verantwortung dafür zu übernehmen, was mit dem Patienten geschieht, und zwar mit dem Argument, daß das dessen Abhängigkeit vergrößern würde. Diese Auffassung von Verantwortung wurde von den Vertretern der Psychoanalyse als eine Verweigerung der sehr notwendigen Verantwortlichkeit *jedes* Therapeuten für den Verlauf der Behandlung kritisiert. Obwohl der Gestalttherapeut de facto beträchtliche Macht zur Steuerung des Geschehens in Anspruch nimmt, leugnet er gleichzeitig jegliche Absicht zu manipulieren und lehnt jede persönliche Verantwortung für den Verlauf oder das Resultat der Behandlung ab.

Die Kritik, die von Verhaltenstherapeuten an humanistischen Therapien geübt wird, gleicht den Einwänden, die Behavioristen gegen die Psychoanalyse und andere Ansätze erheben, die die Rolle der Einsicht betonen. Den Behavioristen zufolge funktionieren diese anderen Ansätze – falls sie es tun – nur aufgrund von Konditionierungs- und Lerneffekten, die zufällig ins Spiel kommen. Die Weigerung der humanistischen Therapeuten, sowohl die Störungsgrundlage wie auch die Details der Behandlung zu definieren und genau zu umreißen, wird von ihnen als ein Verzicht auf ihre Rolle als wahre Experten in der Wissenschaft vom Verhalten angesehen. Die Veränderungen in der Selbst-Bewußtheit, die solche Therapeuten als ausdrückliches Ziel anführen, bewirken nicht notwendigerweise Änderungen im Verhalten. Und nach Ansicht der Verhaltenstherapeuten ist es fehlangepaßtes *Verhalten,* nicht bloß (oder gar nicht) mangelnde Selbst-Bewußtheit, was es dem Patienten schwermache, in der wirklichen Welt zurechtzukommen. Schließlich bleiben starke philosophische Meinungsverschiedenheiten in Fragen des freien Willens und der Selbstbestimmung bestehen, die den Behavioristen vom humanistischen Psychologen trennen (eine faszinierende und nach wie vor relevante Auseinandersetzung zwischen eloquenten Vertretern beider Positionen bietet Rogers u. Skinner [1956]).

5 Interpersonelle Therapien

„Im letzten Jahrzehnt ist der Rahmen um das Individuum zerbrochen, und Fragen, warum ein Mensch das tut, was er tut, werden in Hinblick auf den Kontext der Beziehungen beantwortet, die er herstellt und in denen er lebt. Der Grund für diesen Wandel ist die seit Jahren anhaltende Betonung zwischenmenschlicher Beziehungen und die in letzter Zeit erfolgte Entwicklung von Ideen über Systeme" (Haley, 1967).

Psychopathologie und Psychotherapie werden in zunehmendem Maß als sozialwissenschaftliche und nicht medizinische Disziplinen betrachtet. Sowohl die Familientherapie als auch die Gruppentherapie und die interpersonellen Modelle der Einzeltherapie heben die interaktiven, kommunikativen und Beziehungsaspekte der Psychopathologie und der psychischen Gesundheit hervor, wenn auch innerhalb dieser allgemeinen Orientierung ein breites Spektrum spezifischer Techniken entwickelt wurde.

Die interpersonell orientierten Therapien wurden anfangs als radikaler Störfaktor der intimen, fast sakrosankten individuellen Therapeut-Klient-Beziehung angesehen. Als interpersonelle Techniken erstmals angewandt wurden, betrachtete man sie als experimentell; und sie wurden anfangs nur als Ergänzung zu Einzelbehandlungen benutzt, bedingt durch Realitätsprobleme, die sich etwa in Familien von Kinderpatienten oder Alltagssituationen in Zusammenhang mit der Führung psychiatrischer Abteilungen ergaben. Die Praktiker dieser neuen Therapieformen waren zunächst nicht generell auf ein soziales oder interpersonelles Modell festgelegt. Familien- und Gruppenbehandlung wurden in begrenztem Stil und hauptsächlich aus praktischen Gründen angewandt; im übrigen hielten die Therapeuten überwiegend an traditionelleren Modellen der Einzeltherapie und Pathologie fest.

Als separate, eigenständige Therapieschule betrachtet, geht das interpersonelle Modell davon aus, daß es sich bei der Psychopathologie primär um ein interpersonelles und nicht um ein intrapsychisches Problem handelt. (Alfred Adler, dessen Trennung von Freud im 2. Kap. erörtert wird, kann als der Begründer dieser Entwicklung betrachtet werden.) Das fehlangepaßte Verhalten, Fehllernen und die fehlerhafte Wahrnehmung der Realität, die die Pathologie und ihre Symptome bilden, entwickeln sich nach dieser Auffassung aus gestörten Beziehungen und gestörter Kommunikation zwischen den Menschen, und die Behandlungsmethode konzentriert sich auf die Verbesserung dieser Beziehungen und der Verständigung.

5.1 Sullivans interpersonelle Therapie

Harry Stack Sullivan (1953, 1954) wird allgemein als der erste interpersonelle Therapeut im heutigen Sinne angesehen. Obwohl er die Patienten einzeln behandelte, unterstrich er in seiner Theorie und Therapie seine Überzeugung, daß emotionale Probleme durch gestörte Beziehungen zwischen zwei oder mehr Personen entstehen und dadurch aufrechterhalten werden (daher der Begriff *interpersonell*).

Therapie ist nach Sullivan eine interpersonelle Erfahrung, bei der der Therapeut als „teilnehmender Beobachter" fungiert, der dem Patienten hilft, seine verzerrte Wahrnehmung von Ereignissen, von sich selbst und von anderen zu erkennen und diese schließlich richtiger wahrzunehmen und zu verstehen. Der Therapeut achtet besonders auf die Art und Weise, wie sich die Schwierigkeiten des Patienten in der therapeutischen Beziehung manifestieren. Der Therapeut hilft dem Patienten, sich seine *parataxischen Verzerrungen* (Verzerrungen zwischenmenschlicher Beziehungen) bewußtzumachen, so daß sich der Betreffende von den Verzerrungen seiner Vergangenheit trennen kann (die parataxische Verzerrung ist mit dem Freudschen Konzept der Übertragung vergleichbar). Das Individuum reagiert auf gegenwärtige Situationen, als glichen sie Situationen der Vergangenheit. Nach dieser Auffassung muß sich die Entwicklung einer solchen Bewußtheit im Kontext einer positiven interpersonellen Beziehung vollziehen.

5.2 Transaktionsanalyse

Die Transaktionsanalyse ist eine etwas neuere psychotherapeutische Entwicklung, in deren Mittelpunkt die verschiedenen Rollen stehen, die Menschen im Verhältnis zueinander spielen. Das Konzept wurde durch Bestseller wie *Spiele der Erwachsenen* (Berne, Originalausgabe 1964) und *Ich bin O. K., Du bist O. K.* (Harris, Originalausgabe 1967) bekannt.

Der Ansatz wurde von Eric Berne entwickelt, der die esoterischen psychoanalytischen Konzepte in alltäglichere Sprache zu übersetzen suchte. Berne postulierte, daß die Persönlichkeit aus drei „Ich-Zuständen" (Eltern, Erwachsener und Kind) zusammengesetzt sei und daß die Individuen in ihren „Transaktionen" oder Interaktionen mit anderen Menschen aus diesen verschiedenen Ich-Zuständen heraus handeln. Manchmal schöpfen einzelne nicht das gesamte Repertoire von Ich-Zuständen aus, das ihnen zur Verfügung stehen sollte; so können sie beispielsweise als Erwachsene ihr spontan reagierendes Kind-Ich zum größten Teil aufgegeben haben oder primär als kritisches Eltern-Ich agieren. Ein Großteil der Theorie und Therapie der Transaktionsanalyse konzentriert sich auf die alltäglichen Kommunikationen und Interaktionsstile zwischen den Patienten und wichtigen Bezugspersonen in seinem Leben. Das Ziel dieser Therapie ist es, dem einzelnen erkennen zu helfen, wie sich verschiedene Transaktionsmuster zu „Spielen" und „Skripten" (unbewußten Lebensplänen) entwickelt haben, die Fehlanpassungen darstellen; im Brennpunkt steht eine genaue Analyse der persönlichen Transaktionen. Durch diese können wir Selbsterkenntnis gewinnen und dadurch beginnen, unsere Beziehung zu *uns selbst* sowie zu anderen wichtigen Personen in unserem Leben zu verändern.

Eines der ersten von Berne analysierten Transaktionsspiele wurde von ihm während einer gruppentherapeutischen Sitzung erstmals beobachtet. Es zeigt, welchen Widerstand Patienten häufig gerade gegen die Hilfe und die Ratschläge leisten, um die sie sich doch aktiv zu bemühen scheinen. Es ist das „Ja, aber ..."-Spiel. Nachstehend ein Beispiel aus Dousay und Dousay (1979):

Patientin S: Wenn ich nur wüßte, wie wir das Loch in unserem Dach reparieren sollen.
Antwortender 1 (ein Mitglied der Therapiegruppe): Warum ersuchst du nicht deinen Mann darum?
Patientin S: Das ist eine gute Idee, aber er hat an diesem Wochenende beruflich zu tun.
Antwortender 2: Warum machst du es nicht selbst?
Patientin S: Ich würde es schon machen, aber ich habe kein Werkzeug.
Antwortender 3: Warum besorgst du dir kein Werkzeug?
Patientin S: Wir haben in diesem Monat schon zuviel Geld ausgegeben.
Antwortender 4: Warum machst du nicht das ... oder jenes?
Patientin S: Ja, aber ... Ja, aber ...

Die Transaktionsanalyse nimmt an, daß der einzelne, sobald ihm diese Dinge bewußt werden, Veränderungen in seinen Beziehungen und Veränderungen in der Art und Weise, wie er zu sich selbst steht, vornehmen kann. Die Therapie findet häufig in Gruppen statt, wo die Interaktionen zwischen Gruppenmitgliedern ein Licht auf die „Spiele" werfen, die es zu beobachten und zu analysieren gilt. Die Einführung in die Therapie besteht häufig in einer Vermittlung der Theorie der Transaktionsanalyse. TA erfreut sich inzwischen beträchtlicher Popularität in der therapeutischen Arbeit mit Alkoholikern, Häftlingen und Drogenabhängigen. Ihre Theorie hat auch zu einer Überprüfung der Natur der therapeutischen Beziehungen als solcher geführt (Shepard u. Lee, 1970).

5.3 Gruppentherapie

In der Gruppentherapie werden ungeachtet ihrer theoretischen Orientierung die Deformationen der interpersonellen Beziehungen von den einzelnen Gruppenmitgliedern ausagiert, worauf andere Gruppenmitglieder entsprechend reagieren. Der einzelne hat somit Gelegenheit, im Kontext realer und mannigfaltiger interpersoneller Beziehungen neue Formen der Interaktion zu lernen.

Die Gruppentherapie mag zunächst lediglich als ökonomische Maßnahme erscheinen, weil ein einzelner Therapeut gleichzeitig mit mehreren Patienten arbeitet. In einem wichtigen Sinne werden die an der Gruppe teilnehmenden Patienten jedoch *füreinander* zu Therapeuten, indem sie sich gegenseitig ihre Probleme und Ängste offenbaren, Veränderungen im Verhalten der anderen im Verlauf der Behandlung kommentieren und Übertragung sowohl zu anderen Patienten als auch zum Therapeuten entwickeln. Der Therapeut ermutigt diesen Prozeß, wobei er selbst psychologisch und sogar physisch im Hintergrund bleibt und primär nur durch eine gelegentliche klärende Beobachtung oder Deutung interveniert. Abgesehen von dem Nutzen, den der oder die einzelne durch das Gefühl der Gruppenzugehörigkeit haben mag, erhält er oder sie auch ständig Gelegenheit zur „Realitätserprobung", insbesondere im Bereich der zwischenmenschlichen Beziehungen. Der Patient kann somit schnell lernen, was gegenüber anderen Menschen „funktioniert" (nämlich, in der Kommunikation direkt und ehrlich zu sein). Wenn der Patient eine Möglichkeit gefunden hat, in der Therapiegruppe (einem Mikrokosmos der Gesellschaft) mit einem Problem umzugehen, dann erhöht sich die Wahrscheinlichkeit, daß er diese Veränderung auch auf den Alltag übertragen kann.

Eine spezielle Variante der Gruppentherapie versucht Reaktionen der Gruppenmitglieder auf das jeweils einzigartige Entwicklungsmuster der *Gruppe* als psychologische Einheit zu benutzen, um deren individuelle Konflikte zu beleuchten und ihnen zu helfen, neue Formen des Umgehens mit der Situation zu entwickeln (Bion, 1959). Im ersten Entwicklungsstadium einer Gruppe stehen beispielsweise häufig Fragen des Vertrauens im Mittelpunkt, und persönliche Konflikte mit Abhängigkeit/Unterwerfung und Gegenabhängigkeit/Auflehnung zeichnen sich ab. Personen, die in diesem Stadium mit der Gruppe in Schwierigkeiten geraten, haben häufig nicht gelernt, wie sie sich gegenüber Autoritätspersonen verhalten sollen, und haben kein sicheres Gefühl von Unabhängigkeit entwickelt. Das Ziel der Gruppenerfahrung ist es, solchen Patienten zu helfen, ihre Konflikte in diesem Bereich zu identifizieren und sie durch die Interaktionen der Gruppe zu lösen.

Die therapeutische Wirksamkeit der Gruppeninteraktion zur Verbesserung der Kommunikation ist von Psychologen in anderen verwandten Arbeitsgebieten festgestellt worden. Die *Encounter*-Gruppe oder T-Gruppe (das T steht für Training) hat in zunehmendem Maß dazu gedient, Menschen generell zu helfen, ihr eigenes Verhalten zu verbessern. Diese Gruppen entstanden aus den Schulungsmethoden, die entwickelt wurden, um die Führungskompetenz und die organisatorische Effektivität von leitenden Angestellten zu verbessern (Bradford et al., 1964).

Encounter-Gruppen, so wie sie sich heute darstellen, zeichnen sich durch eine verwirrende Vielfalt aus. Viele Leiter solcher Gruppen besitzen keine formale Qualifikation für die Übernahme einer so wichtigen und potentiell einflußreichen Rolle. Da sich praktisch jeder selbst zum „Leiter" einer solchen Gruppe ernennen kann – es gibt bisher noch keine gesetzlichen Beschränkungen dagegen – besteht die Möglichkeit, daß sich Encounter-Gruppen unter Leitung von Leuten bilden, denen die nötige Kompetenz fehlt, um effektiv mit normalen Menschen zu arbeiten, geschweige denn mit gestörten Personen. Damit soll nicht für die Unerläßlichkeit von Experten eingetreten werden; zweifellos gibt es viele Encounter-Gruppen (und andere Formen „wachstumsorientierter" Gruppenerfahrungen), die vielen Menschen genutzt haben, obwohl sie von Personen geleitet wurden, die keine wissenschaftlichen Qualifikationen vorzuweisen hatten. Eine sorgfältige Untersuchung eines breiten Spektrums von Gruppen, deren Leiter sich hinsichtlich ihrer formalen Schulung und Erfahrung stark voneinander unterschieden, ergab beispielsweise, daß etwa drei Viertel der Teilnehmer solcher Gruppen ihre Gruppenerfahrungen als hilfreich erachteten (Lieberman, Yalom u. Miles, 1973). Die Erfolgsrate schwankte jedoch enorm zwischen den verschiedenen Gruppen, und ein anderes Ergebnis dieser Studie war, daß es gelegentlich zu „psychologischen Unfällen" kam. Ob das letztgenannte Resultat mit der Persönlichkeit des Leiters, den in der Gruppe angewandten Methoden oder dem schon vorher existierenden Grad der Störung des Teilnehmers zusammenhing, ließ sich nicht feststellen. Gruppenteilnehmer, die ihre Gruppenleiter als „fürsorglich" empfanden, berichteten mit größerer Wahrscheinlichkeit über positive Ergebnisse ihrer Erfahrung. Demgegenüber produzierten die Leiter, deren Stärke ihr offensichtliches Charisma war – ihr selbst erhobener und von anderen bestätigter Anspruch, ein Gefühl persönlicher Macht und Mission zu haben – mit größerer Häufigkeit „Unfälle", besaßen aber sehr selten die Wahrnehmungsfähigkeit, um das zu erkennen.

Die allgemeinen Befunde der obigen Studie werden durch eine Arbeit bestätigt, die einen Überblick über die verfügbaren Daten zu diesem Thema gibt und eine gründliche Auswertung vornimmt („Deterioration Effects in Enconter-Groups", Hartley, Roback u. Abramowitz, 1976). (Es handelt sich um einen leicht lesbaren Beitrag, aus dem interessierte Studenten wertvolle Erkenntnisse schöpfen können, insbesondere, wenn sie selbst vorhaben, an einer Gruppe teilzunehmen.) Obwohl seine Verfasser darauf hinweisen, „das Herausgreifen von Encounter-Gruppen bedeute nicht, daß dies die einzigen Techniken seien, die einer gründlicheren Untersuchung und präziseren Auswertung bedürften", machen sie eine Reihe von Vorschlägen, die den Zweck haben, adäquatere Sicherungen für alle Formen von Encounter-Gruppenerfahrungen zu bieten. Bemerkenswert ist auch ihre Feststellung: „Es hat sich genügend empirisches Datenmaterial über psychologisch schädliche Wirkungen angesammelt, um eine separate Untersuchung von Encounter-Gruppenpraktiken zu rechtfertigen." Eine solche Untersuchung, meinen sie, werde konstruktive Reaktionen und Reformen auslösen, die das Vertrauen der Fachleute und der Öffentlichkeit zu dieser ständig wachsenden und potentiell sehr wertvollen Variante der Psychotherapie steigern könne. Sie kommen im wesentlichen zu dem Fazit, daß Encounter-Gruppen, nachdem sie aller Wahrscheinlichkeit nach nicht verschwinden werden, untersucht und in ihrer Wirkung überprüft werden sollten, damit sie effektiver – und mit geringerem Risiko – zum psychischen Wohlergehen der Menschen beitragen können.

5.4 Familientherapie

Die radikalsten Befürworter der Familientherapie betrachten diesen Ansatz nicht bloß als einen weiteren Behandlungsmodus zur Veränderung von Individuen, sondern als eine theoretisch eigenständige Orientierung zur Behandlung pathologischer interpersoneller Systeme (Ferber et al., 1972). Für Familientherapeuten ist die interpersonelle Arena nicht bloß die Quelle von individueller Pathologie; sie ist *selbst* die Störung. Das Ziel ist demnach, nicht das Individuum durch die Familie zu behandeln, sondern die Interaktions- und Funktionsmuster des Familiensystems zu behandeln und zu verändern.

In manchen Familien wird ein Mitglied unbewußt dazu bestimmt, die Familienstörung auszuagieren; es ist somit derjenige, der als „krank", kriminell oder schwierig gebrandmarkt wird. Diese Person ist der *identifizierte Patient,* der angegebene Grund, warum sich die Familie um Therapie bemüht. Familientherapeuten weisen jedoch darauf hin, daß andere Mitglieder der Familie des identifizierten Patienten im allgemeinen ein wichtiges persönliches Interesse an dessen Pathologie und Symptomen haben. Ebenso wie es der Psychoanalytiker ablehnt, spezifische verhaltensbezogene Symptome isoliert zu behandeln, und statt dessen nach den tieferliegenden Ursachen forscht, behandelt der Familientherapeut nicht das „Symptom" der Familie (d.h. den identifizierten Patienten), sondern sucht die zugrundeliegende und allgemeinere *Familien*pathologie zu verstehen.

Familientherapeuten haben festgestellt, daß, wenn sich die Behandlung auf den identifizierten Patienten, aber nicht auf die Familie richtet, jede Besserung, die zu einem Verschwinden der Symptome des Patienten führt, häufig entweder von der Familie unterminiert wird oder zur Auflösung des Familiensystems (z.B. Scheidung der Eltern) führt. Einfach ausgedrückt: die Familienmitglieder wollen nicht – das ist ihnen gewöhnlich nicht bewußt –, daß sich der identifizierte Patient „bessert“. Sobald die Pathologie des identifizierten Patienten zu einem Bestandteil der *Familienhomöostase* geworden ist (der Tendenz der Familie, so weiterzumachen wie bisher) und eine akzeptierte, wenn auch schmerzhafte Komponente des Familiensystems darstellt, dann stört jede Veränderung im pathologischen Verhalten des identifizierten Patienten, *selbst eine Besserung,* das Familiengleichgewicht. (Dieser Aspekt wird von Jackson [1957], einem Pionier der Familientherapie, hervorgehoben.) Eine solche Störung der Familienhomöostase ist für das System schwer zu ertragen, und die Familie übt deshalb Druck aus, um den vorherigen Zustand wiederherzustellen. Ebenso wie die Familie Druck auf den identifizierten Patienten ausübt, so ist auch der Patient recht geschickt dabei, seine eigene pathologische Rolle als Mittel zur Ausübung eines gewissen Maßes an Kontrolle und Einfluß im Familiensystem beizubehalten. In der Familientherapie haben die Familienmitglieder Gelegenheit, mehr oder weniger in ihrer üblichen Weise zu interagieren, und der Therapeut kann dann auf die Formen der Kommunikation hinweisen, die sich im Moment abspielen. Der Therapeut dient auch als ein Vorbild effektiver Kommunikation. Die Therapiesituation ermöglicht es, in der Familie die Interaktionen im Hier und Jetzt zu untersuchen, die Auswirkungen der augenblicklichen Verhaltensmuster verstehen zu lernen und neue auszuprobieren.

Es gibt viele verschiedene Arten von Familientherapien, und es ist schwierig, deren verschiedene Ansätze angemessen zu resumieren (in Box 6/21, S. 155, wird ein Beispiel nur einer Form vorgestellt, bei der der Therapeut ziemlich aktiv ist). Im allgemeinen kann der Therapeut bei der Familientherapie nicht leicht im Hintergrund bleiben, weil seine Intervention häufig nötig ist, um eine Veränderung im System zu bewirken, und weil die Familienmitglieder den Therapeuten oft in genau die Konflikte verwickeln, die die Ursache sind, daß sie als soziale Einheit schlecht funktionieren. Die Hauptanstrengungen dieser Form von Psychotherapie richten sich de facto auf eine Verstärkung der Anpassungsfähigkeit der Familie als *Ganzes* und weniger auf die Behandlung einzelner Angehöriger. Der Therapeut kann nicht wie in der Einzeltherapie lernen, die Welt durch die Augen des einzelnen Patienten zu sehen und die Behandlung innerhalb dieses Rahmens durchführen, weil die harschen oder wohlwollenden Realitäten anderer Familienmitglieder ständig vorhanden sind und eine Auseinandersetzung fordern. Sobald die Fehlwahrnehmungen jedes Familienmitglieds dem Therapeuten klarwerden, ist es seine Aufgabe, jedem zu einer realistischeren Sichtweise der Bedürfnisse, Mängel und Stärken der anderen zu verhelfen und auf diese Weise eine funktionsfähigere und befriedigendere Beziehung zwischen *allen* Mitgliedern der Familie herbeizuführen.

5.5 Sexualtherapie für Paare

Untersuchungen der Ursachen sexueller Funktionsstörungen sind seit viktorianischen Zeiten aktiv betrieben worden. Sigmund Freud war einer der ersten, der versuchte, Sexualprobleme in einem Familienkontext durch verbale Psychotherapie zu behandeln. Freud war der Auffassung, daß sexuelle Probleme Symptome unbewußter Konflikte seien und daß Einsicht eine notwendige Voraussetzung einer Heilung sei.

Im Jahre 1954 begannen Masters und Johnson eine tiefschürfende Studie der sexuellen Reaktionen und der sexuellen Funktionsstörungen des Menschen (1966, 1970). Obwohl sie sicher nicht die ersten waren, die sexuelles Verhalten in dieser Weise studierten, stellte ihre Laborforschung über die sexuellen Reaktionen des Menschen eine radikale Neuerung dar, die schließlich zur Entwicklung neuer Ansätze für die Behandlung sexueller Funktionsstörungen führten. Diese Forscher ließen sich bei ihrer Arbeit von verschiedenen Prämissen leiten. Die erste und wichtigste besagte, daß den meisten sexuellen Funktionsstörungen nicht tiefsitzende intrapsychische oder medizinische Krankheiten zugrundeliegen, sondern soziokulturelle Faktoren und oft auch bloßer Mangel an Informationen. Zweitens glaubten sie, daß sexuelle Probleme in stabilen Beziehungen nie auf einen Partner beschränkt, sondern vielmehr die Probleme *beider* Partner sind; deshalb benötigten auch beide Partner irgendeine Form von Therapie. Masters und Johnson entwickelten ein *Ko-Therapie-Modell* (bei dem ein weiblicher und ein männlicher Therapeut zusammenarbeiten) für die Behandlung heterosexueller Paare, um die Vermittlung von Informationen zu erleichtern und beiden Partnern ein Gefühl der Unterstützung zu geben.

Die meisten der Klienten, die an dem ursprüng-

BOX 6/21

Stirnrunzeln, gute Noten und Liebesbotschaften

T (Therapeutin) (zum Ehemann): Mir fällt auf, daß du die Stirn runzelst, Ralph. Bedeutet das, daß du dich im Moment ärgerst?
M (Ehemann): Ich wußte nicht, daß ich die Stirn runzle.
T: Manchmal hat jemand einen Gesichtsausdruck oder Tonfall, der ihm nicht bewußt ist. Kannst du uns sagen, was du eben gedacht und gefühlt hast?
M: Ich dachte über das nach, was sie (seine Frau) sagte.
T: Über welche ihrer Worte hast du nachgedacht?
M: Als sie sagte, ich sollte sie darauf hinweisen, wenn sie so laut spricht.
T: Was hast du darüber gedacht?
M: Ich habe nie daran gedacht, es ihr zu sagen. Ich glaubte, sie würde es mir übelnehmen.
T: Aha, dann hat das Stirnrunzeln vielleicht bedeutet, daß du verwirrt warst, weil deine Frau hoffte, daß du etwas tun würdest, und du wußtest nicht, daß sie das hoffte. Glaubst du, daß du durch dein Stirnrunzeln signalisieren wolltest, daß du verwirrt bist?
M: Ich glaube, ja.
T: Ist dir bewußt, daß du schon öfter in derselben Lage warst, das heißt, daß du von etwas verwirrt warst, was Alice gesagt oder getan hat?
M: Natürlich, schon oft.
T: Hast du es Alice jemals gesagt, daß du verwirrt warst, wenn du es warst?
F (Frau): Er sagt nie etwas.
T (lächelnd zu Alice): Einen Moment, Alice, laß mich hören, wie Ralph das sieht, was er tut. Ralph, wie, glaubst du, hast du es Alice mitgeteilt, wenn du verwirrt warst?
M: Ich glaube, sie weiß es.
T: Nun, schauen wir einmal. Frag doch Alice, ob sie es weiß.
M: Das ist lächerlich.
T (lächelnd): Vermutlich scheint es so in dieser Situation, weil Alice ja hier ist und sicher gehört hat, wie deine Frage lautet. Sie weiß, worum es geht. Ich habe jedoch den Verdacht, daß weder du noch Alice mit Sicherheit wißt, was der andere erwartet, und ich glaube, ihr habt keine Möglichkeiten entwickelt, um das herauszufinden. Alice, gehen wir noch einmal an den Punkt zurück, als ich auf Ralphs Stirnrunzeln hinwies. Hast du das auch bemerkt?
F (klagend): Ja, er macht immer so ein Gesicht.
T: Welche Botschaft hast du aus diesem Stirnrunzeln herausgelesen?
F: Er will nicht hier sein. Ihm ist alles egal. Er redet nie mit mir. Sieht bloß fern oder ist nicht zu Hause.
T: Ich bin neugierig. Meinst du, wenn Ralph die Stirn runzelt, dann siehst du darin seine Art, dir zu sagen: „Ich liebe dich nicht, Alice. Du bist mir gleichgültig, Alice."?
F (erregt und den Tränen nahe): Ich weiß nicht.
T: Nun, vielleicht habt ihr beide noch keine kristallklaren Mittel gefunden, um dem anderen eure Liebe und Wertschätzung zu zeigen. Jeder Mensch braucht unmißverständliche Signale, um dem anderen seine Wertbotschaften zu übermitteln. (Zum Sohn) Was weißt du, Jim, darüber, wie du deinen Eltern deine Wertbotschaften übermittelst?
S (Sohn): Ich weiß nicht, was du meinst.
T: Nun, wie teilst du es beispielsweise deiner Mutter mit, daß du sie gern hast, wenn dir danach ist? Jeder Mensch hat zu verschiedenen Zeiten verschiedene Gefühle. Wenn du froh bist, daß deine Mutter da ist, wie teilst du ihr das mit?
S: Ich mache, was sie mir anschafft. Arbeiten und so.
T: Aha, wenn du zu Hause deine Arbeit machst, dann soll das eine Botschaft für deine Mutter sein, daß du über ihre Anwesenheit froh bist.
S: Nicht eigentlich.
T: Du meinst, du schickst ihr dann eine andere Botschaft. Nun, Alice, hast du diese Botschaft von Jim als eine Liebesbotschaft empfunden? (Zu Jim: Was machst du, um deinem Vater die Botschaft zu übermitteln, daß du ihn gern hast?)

In diesem Ausschnitt aus einer Familientherapiesitzung mit einer der frühesten Praktikerinnen und Publizistinnen dieser Technik findet sehr wenig spontane Interaktion zwischen den Familienmitgliedern statt. Die Therapeutin lenkt sichtlich das Gespräch und hält es in Gang. Oft geraten jedoch zwei oder mehr Familienmitglieder in eine lebhafte oder hitzige Diskussion, und die Therapeutin wird zur Zuschauerin und Moderatorin.

V. Satir: *Conjoint Familiy Therapy: A Guide to Theory and Technique.* Rev. Ausg. Palo Alto, Calif.: Science + Behavior Books, 1967.

lichen Schnellbehandlungsplan teilnahmen, verbrachten zehn Tage bis zwei Wochen in einem Behandlungszentrum (in St. Louis, Missouri), in welcher Zeit sie 25–50 Stunden Therapie erhielten. Die Therapie bestand aus Schulung in spezifischen sexuellen Techniken, Unterweisung und Aufklärung über die sexuellen Funktionen sowie psychologischer Erforschung der Gefühle, Phantasien und Wünsche, der Vorlieben und der emotionalen Beziehung zwischen den Partnern. Es wurden Probleme wie Mangel an sexuellem Interesse, Impotenz, Orgasmusunfähigkeit und vorzeitige Ejakulation untersucht und behandelt.

Viele Psychotherapeuten haben sich einer Spezialausbildung in den Techniken der Sexualtherapie unterzogen (häufig basierend auf dem Modell von Masters u. Johnson) und haben die Komponenten dieses Ansatzes in ihre eigene psychotherapeutische Methodik eingebaut (in manchen Bundesstaaten der USA – beispielsweise in Kalifornien – müssen Diplompsychologen eine solche Ausbildung vorweisen, gleichgültig, über wieviel Erfahrung in psychotherapeutischer Praxis sie verfügen mögen).

5.6 Kurztherapie und Krisenintervention

In den letzten Jahrzehnten hat das Interesse an psychotherapeutischen Behandlungsmethoden zugenommen, die keine langen Zeiträume erfordern. Wie wir gesehen haben, ist einer der Hauptkritikpunkte an der Psychoanalyse und der psychoanalytisch orientierten Psychotherapie der Aufwand an Zeit und Geld, den die Behandlung erfordert, und die Ineffizienz der Ausbildung von Analytikern, die letztlich im Laufe ihres Berufslebens nur relativ wenige Patienten behandeln können.

Der Anstoß zu kürzeren Methoden der Therapie kam aus einer zunehmenden öffentlichen Bewußtheit des potentiellen Werts der Psychotherapie und der daraus resultierenden Zunahme der Zahl an Menschen, die Hilfe suchen. Um mit diesem Patientenstrom fertigzuwerden, wurde die gemeindenahe psychiatrische Versorgung in den USA ausgebaut und demokratisiert, und man erkannte schließlich auch die Notwendigkeit rascher und effektiver Interventionen in Not- oder Krisensituationen (Small, 1971; Ewing, 1978).

Obwohl Kurztherapien von Therapeuten vieler theoretischer Richtungen angewandt werden, haben Therapien, die spezifisch für eine kurzfristige Behandlung gedacht sind, bestimmte Merkmale miteinander gemein. Die Kurzpsychotherapie hat im allgemeinen unmittelbarere, begrenztere und spezifischere Ziele als die unbefristete oder langfristige Behandlung. Der Akzent liegt oft auf der Besserung spezifischer Symptome, auf der emotionalen Stützung und auf der Wiederherstellung des Funktionsniveaus, auf dem sich der Betreffende vor der Krise oder dem Trauma befand (s. Abb. 13). Die Zahl der Sitzungen einer „Kurztherapie" ist gewöhnlich auf zwischen sechs und 25 begrenzt. Dabei kann es sich um die üblichen 50minütigen Sitzungen einmal wöchentlich handeln, aber oft wird deren Häufigkeit und Dauer modifiziert, um individuellen Zielen oder Krisensituationen gerechtzuwerden. Die zeitliche Begrenzung der Therapie wird oft im vorhinein oder während der ersten Sitzung festgelegt. Die therapeutischen Gespräche konzentrieren sich in der Regel auf die Realität und befassen sich mit spezifischen Problemen, um dem Patienten zu helfen, Bewältigungsmechanismen zu entwickeln.

Kurztherapie wird bei traumatischen Problemen wie Vergewaltigung angewandt, als Krisenintervention für psychotische Episoden, die eine Alternative zur Hospitalisierung darstellt, oder als eine Methode der Arbeit mit Paaren oder Familien. Sie kann auch zur Behandlung eines breiten Spektrums von Zuständen wie Trauerreaktionen, Depression, schwere somatische Störungen und psychotische Schübe dienen. Der Kurztherapeut ist häufig etwas aktiver, etwas direktiver und selektiver bei der Erkundung von Problemen als seine traditioneller arbeitenden Kollegen.

Der folgende Fall zeigt, wie ein Therapeut, der sich an einem Kurzinterventionsmodell orientiert, mit einem spezifischen Problem umgeht. Dabei wird hier davon ausgegangen, daß die Patientin über die persönlichen und psychischen Kräfte verfügt, um sich in der Richtung zu entwickeln, die als therapeutisches Ziel angepeilt wurde. Die Aufgabe des Therapeuten ist es somit, der Klientin zunächst zu helfen, die relevantesten und wichtigsten Konflikte dingfest zu machen und ihr dann zu helfen, die Realitätsprobleme zu lösen, die zu ihren unangenehmen Symptomen beitrugen.

„Ms. O. ist die 21jährige unverheiratete Mutter eines vier Jahre alten Sohnes. Bei ihrem ersten Gesprächstermin klagte sie über lähmende Angst, Kopfschmerzen, Schlaflosigkeit und vage Gefühle, daß ‚mir etwas zustoßen wird'. Sie sagte dem Therapeuten, daß sie sich nunmehr um eine Behandlung bemühe, weil ihre Kopfschmerzen, für die die Ärzte keine organische Basis gefunden hatten, unerträglich würden. Sie erklärte, daß ihre Symptome schon seit vielen Jahren vorhanden

Abbildung 13: Krisenintervention ist genau das; es ist jemand da, mit dem man *in dem Moment,* wo ein Problem auftaucht, Kontakt aufnehmen kann.

seien, aber sich in den letzten Monaten verschärft hätten. Die Frage, ob sie das Einsetzen oder die Verschlimmerung ihrer Symptome mit irgendwelchen signifikanten Ereignissen oder Veränderungen in ihrem Leben in Verbindung bringen könne, wurde von Ms. O. verneint.

Nach der Feststellung, aus dem Aufnahmeantrag von Ms. O. gehe hervor, daß sie eine unverheiratete Mutter sei, und der Bemerkung, daß dies oft eine belastende Rolle sei, begann der Therapeut seine ‚Systemüberprüfung' mit einer Erkundung der Beziehung der Patientin zu ihrem Sohn. Anfangs reagierte Ms. O. etwas abwehrend und ausweichend mit der Bemerkung, daß sie ihr Kind, obwohl es unehelich geboren sei, sehr liebe und keinen Grund sehe, ihn ‚dahineinzuziehen'.

Obwohl er sich bewußt war, da an einen heiklen Punkt zu rühren, fuhr der Therapeut behutsam, aber entschlossen fort, die Mutter-Kind-Beziehung zu erforschen. Er reagierte auf Ms. O.s Abwehrhaltung, indem er erklärte, daß es eine schwierige und belastende Aufgabe sei, ein Kind allein aufzuziehen, und daß ihre Symptome mit dem Streß zusammenhängen könnten. Ms. O. wurde merklich zugänglicher und sagte zu dem Therapeuten, daß sie in dieser Hinsicht Glück gehabt habe: ihr Kind sei bis vor kurzem bei einer Pflegefamilie aufgewachsen. Nach dieser signifikanten Mitteilung bedurfte es nur noch geringer weiterer Nachforschung, um festzustellen, daß Ms. O.s Symptome erstmals unerträglich geworden waren, kurz nachdem sie die Verantwortung für ihren Sohn wieder übernommen hatte. Sobald der Therapeut auf den wahrscheinlichen Zusammenhang zwischen diesem Ereignis und der Verschlimmerung ihrer Symptome hingewiesen hatte, gab Ms. O. bereitwillig zu, daß das, was ihr gegenwärtig die meisten Sorgen machte, nicht ihre Symptome waren, sondern ihre wachsenden Gefühle von Schuld, Frustration und mütterlicher Unzulänglichkeit. Diese Enthüllung führte schließlich zu einer Übereinkunft, daß sich die Intervention darauf konzentrieren werde, Ms. O. zu helfen, ihre erzieherische Kompetenz zu verbessern.

Obwohl Ms. O.s Beziehung zu ihrem Sohn als Problemfokus der Intervention angesehen wurde, stellte sich auch heraus, daß ihre Schwierigkeiten mit ihm durch die Tatsache verschärft wurden, daß sie arbeitslos war und keine in der Nähe wohnenden engen Freunde oder

Verwandten hatte. Von einem sehr bescheidenen Einkommen lebend und nicht unterstützt durch ein soziales oder familiäres Netzwerk, war Ms. O. gezwungen, praktisch jede wache Stunde mit ihrem Sohn zu verbringen. Diese Beobachtung hatte natürlich klare Konsequenzen für die Planung einer entsprechenden Intervention" (Ewing, 1978).

5.7 Psychotherapeutische Arbeit mit Kindern

Psychotherapeuten, die mit Kindern arbeiten, kommen aus all den theoretischen Richtungen, die wir besprochen haben – der Psychoanalyse, der Gesprächspsychotherapie, der interpersonellen und der Verhaltenstherapie. Ihre Methoden und Verfahren werden in der Regel von den allgemeinen Grundsätzen geleitet, die in ihrer jeweiligen Schule für die Erwachsenentherapie gelten. Brody (1964) hat die Auffassung vertreten, daß die Kinderpsychotherapie über keinen leicht identifizierbaren eigenen Fundus an Theorien verfüge. Dennoch stellen Kinder, insbesondere jüngere, die Therapeuten, deren Methoden sich im Prinzip auf den verbalen Austausch stützen, vor spezielle Probleme. Die Einführung des *Spiels* in die therapeutische Situation erweitert die Beziehung über die Grenzen der Sprache hinaus. In der *Spieltherapie* werden Spielsachen, Puppen, Plastilin, Farben und so weiter entweder als projektive Technik benutzt, um Zugang zu unbewußten oder schwer zu verbalisierenden Konflikten zu gewinnen, oder als Mittel der Verhaltensbeobachtung und der Erprobung angepaßteren Verhaltens (beide Aspekte dienen dem Zweck, das Verhalten des Kindes zu modifizieren). Kurz, das Spiel eröffnet Kanäle zur Übermittlung von Informationen an den Therapeuten, die das Kind, aus welchem Grund auch immer, noch nicht direkt oder verbal übermitteln kann (siehe Abbildung 14).

5.8 Kommentar über die interpersonelle Therapie

Die Kritik an den interpersonellen Ansätzen ist ebenso vielfältig wie die Methoden selbst. Manche Kritiker dieser Richtung argumentieren, daß der Therapeut im allgemeinen zu aktiv sei und daß sich daher keine vollständige (und notwendige) Übertragung entwickeln könne. Andere behaupten, daß die Konzentration auf das interpersonelle System die sehr realen *intrapsychischen* Pathologien ignoriere, die durch gründliche Untersuchung der den Problemen des Patienten zugrundeliegenden unbewußten Faktoren behandelt werden müßten. Diese Kritiker weisen darauf hin, daß schließlich nicht alle Kinder aus Familien mit gestörten Kommunikationsmustern Neurosen oder Psychosen entwickeln, so daß intraindividuelle Faktoren am Werk sein müßten, die daher von jeder Therapie beachtet werden sollten.

Verhaltenstherapeuten bemerken, daß die Anwendung von Verstärkungen in der Familientherapie in unsystematischer Weise erfolge, aber auf der positiven Seite stimmen sie mit deren Hervorhebung des *Lernens* von pathologischem Verhalten überein. Außerdem erkennen sie in der Regel an, daß es nützlich sei, interpersonellen Variablen Beachtung zu schenken, die nach ihrer Ansicht die Bedingungen für das Lernen in der natürlichen Umgebung beeinflussen.

6 Psychophysiologische Therapien

Die psychophysiologischen Therapien nehmen unter den Therapien zur Behandlung psychischer Probleme eine Sonderstellung ein, weil es Methoden sind, die aufgrund gesetzlicher Beschränkungen nur von Ärzten angewandt werden dürfen. Diese Methoden werden häufig in Verbindung mit psychotherapeutischen Verfahren eingesetzt, obwohl sie manchmal die primäre oder gar die einzige Therapieform darstellen.

Eine Variante dieser Therapieform ist die *Psychochirurgie,* worunter man operative Verfahren zur Zerstörung oder Entfernung scheinbar gesunden Gewebes zum Zweck der Verhaltensänderung des Patienten versteht. Die Entfernung von *infiziertem Hirngewebe* oder einem *Hirntumor* gilt also nicht als Psychochirurgie (obwohl beide Eingriffe als Nebenwirkung beträchtliche Verhaltensänderungen hervorrufen können). Dagegen ist eine *präfrontale Lobotomie* (Durchschneiden von Nervenbahnen, die die Frontallappen des Gehirns mit

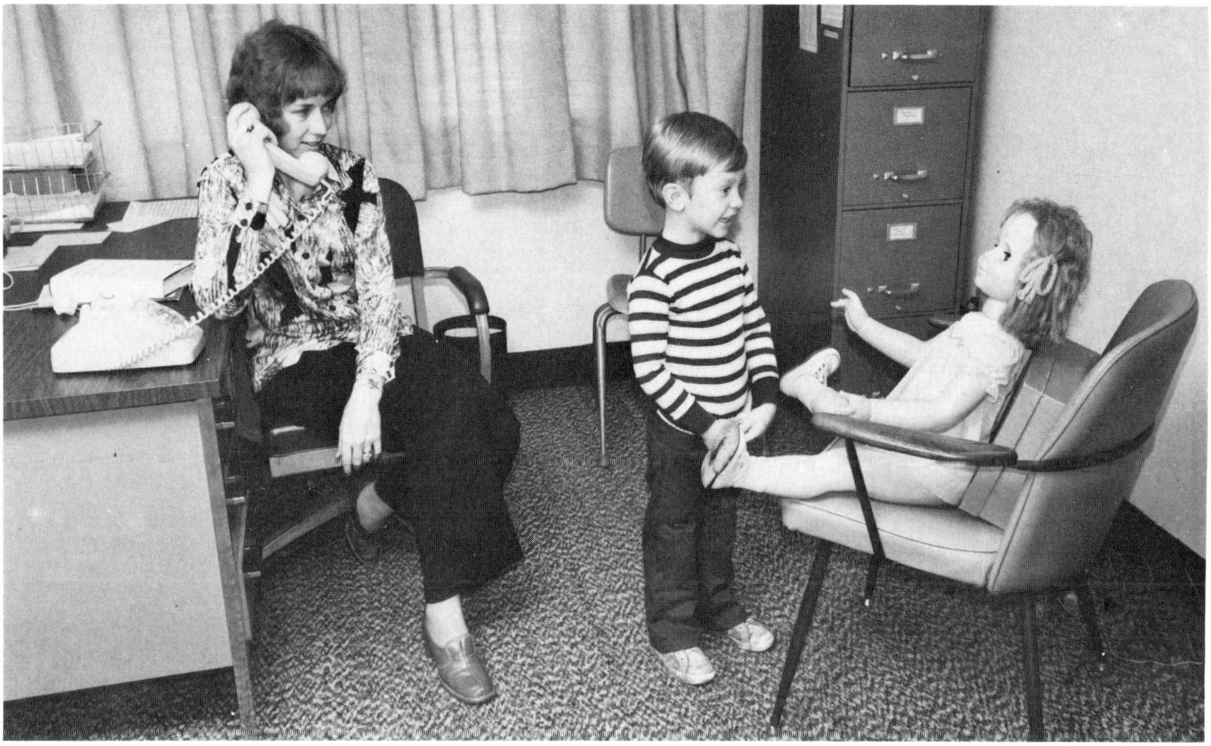

Abbildung 14: Das Kind spricht mit einer Puppe, die mit einer Telefonsprechanlage ausgestattet ist. In Wirklichkeit führt es ein Gespräch mit der Logopädin, deren Stimme durch das Telefon übermittelt wird.

dem Thalamus verbinden [s. 5. Bd., Abb. 16, S. 106]), wenn keine physischen Anzeichen einer Pathologie in den Stirnlappen oder im Thalamus vorliegen, als Psychochirurgie zu bezeichnen, weil ihre einzige Absicht die Verhaltensänderung des Patienten ist. In den fünfziger Jahren wurden schätzungsweise 50000 Lobotomien an Patienten durchgeführt, die an verschiedenen geistigen und psychischen Störungen litten. Obwohl es zutrifft, daß diese Operationen dazu beitrugen, die Zahl der Insassen psychiatrischer Krankenhäuser zu reduzieren, produzierten sie auch eine große Zahl „Dahinvegetierender". Die Entwicklung wirksamer Beruhigungsmittel schien den Lobotomien schließlich ein Ende zu setzen, aber da manche Patienten auf keines der verfügbaren Medikamente ansprechen, könnte die Psychochirurgie jetzt wieder aufleben.

Die neue Psychochirurgie vermeidet Lobotomien und konzentriert sich statt dessen auf das limbische System, die tieferliegende Hirnregion, die aufs engste mit dem emotionalen und motivationalen Verhalten und Erleben zusammenhängt (s. 5. Bd., Abb. 20, S. 117). In den letzten Jahren wurden Hunderte solcher Operationen durchgeführt. Obwohl das keine großen Zahlen sind, hat diese Form von Chirurgie sowohl unter Wissenschaftlern als auch in der breiten Öffentlichkeit erhebliche Kritik ausgelöst, da man nur einen geringen Unterschied zwischen den neuen Methoden und den früheren Lobotomien sah. Diese Kritiker betrachten die neue Psychochirurgie mit Sorge wegen der sozialen und politischen Konsequenzen, die sie entdecken: Für sie repräsentiert die Psychochirurgie das Potential für eine besonders heimtückische Form der gesellschaftlichen Kontrolle (eine Darstellung dieser Kontroverse ist in Box 6/22 zu finden).

Lange Zeit erhielten schwergestörte stationäre Patienten *Elektroschocktherapie* (der Fachausdruck lautet Elektrokrampftherapie oder EKT). Diese Behandlung besteht in der Verabreichung von Stromstößen zur Auslösung kurzer Krampfanfälle mit darauf folgenden Perioden der Luzidität. Dies geschieht, um den Patienten für kurze Zeit in einen Zustand geistiger Klarheit und größeren

BOX 6/22

„Psychochirurgie: Legitime Therapie oder verfeinerte Lobotomie?"

Unter dem obigen Titel untersuchte das Wissenschaftsmagazin *Science* Anfang 1973 ein medizinisches Verfahren, um das eine heftige gesellschaftliche und politische Kontroverse entbrannt war. Die Kernthese des Artikels besagte:

„Da manche Chirurgen Gehirnoperationen an Individuen vornehmen, die zur Gewalttätigkeit neigen, sind viele Kritiker der Ansicht, daß dies nur einen Schritt davon entfernt ist, die Psychochirurgie – oder die Drohung damit – als Werkzeug der gesellschaftlichen Kontrolle einzusetzen."

Wie *Science* berichtet, hat sich die Kontroverse auf ein Trio von Chirurgen und Neurologen konzentriert, die vorher an der Universität Harvard gearbeitet hatten. Im Jahr 1967 hatten diese drei Mediziner in einem Leserbrief an das *Journal of the American Medical Association* ausgeführt (wir zitieren *Science*):

„Während bei den Ausschreitungen, die damals in den Metropolen des Landes tobten, zweifellos umweltbedingte und soziale Faktoren eine Rolle spielten, wurde ein anderer Faktor ignoriert: Nämlich der mögliche Einfluß von Hirnerkrankungen – ‚fokalen Läsionen', die ‚sinnlose' Angriffe und destruktives Verhalten auslösen. Es bedarf wissenschaftlicher und klinischer Studien, um solche Personen mit niedriger Gewaltschwelle zu identifizieren, zu diagnostizieren und zu behandeln, bevor sie zu weiteren Tragödien beitragen."

Diesem Vorschlag stehen verschiedene Einzelpersonen, ad-hoc-Ausschüsse und Organisationen ablehnend – und in manchen Fällen sehr entschieden ablehnend – gegenüber. So mißbilligt Peter Breggin, ein Washingtoner Psychiater, jedweden chirurgischen Eingriff in das Gehirn zum Zwecke der Verhaltensänderung. Er argumentiert, daß diese Operationen die Gefühle und Denkprozesse des Betreffenden abstumpfen und daß es keine theoretische oder empirische Rechtfertigung für solche Eingriffe gebe. Er behauptet weiter, die Psychochirurgie werde dazu benutzt, Hilflose zu unterdrücken und sie ihrer geistigen und seelischen Fähigkeiten zu berauben: die Armen, die Frauen, die Schwarzen, die Häftlinge und die Insassen psychiatrischer Anstalten. Die Zeitschrift *Ebony* greift dieses Thema in einem Artikel mit dem Titel auf: „Neue Gefahr für Schwarze: Gehirnchirurgie zur Verhaltenskontrolle". Eine Anzahl von öffentlich bediensteten Wissenschaftlern und psychiatrischen Fachkräften des National Institute of Mental Health (NIMH) und des National Institute for Neurological Diseases and Strokes (NINDS) schlossen sich zu einer Protestgruppe namens „NIMH-NIDS Ad Hoc Committee on Psychosurgery" zusammen, die Petitionen gegen die Bereitstellung von Regierungsmitteln für die von der Harvard-Gruppe geforderte Art von experimenteller Chirurgie zirkulieren ließ. In der Petition heißt es im einzelnen: „Da die Psychochirurgie die geistigen und emotionalen Fähigkeiten eines Menschen schwerstens beeinträchtigen kann, sind die Aussichten auf Repression und soziale Kontrolle beunruhigend."

Vielleicht sind die meisten Neurologen der Ansicht, daß gewisse Formen von Psychochirurgie bereits heute hilfreich und zu rechtfertigen seien und weitere nützliche Formen vermutlich noch entdeckt werden, aber dennoch hegen sie stärkste Bedenken gegen den Einsatz von Gehirnoperationen zur Eindämmung von Gewalt, insbesondere als eine Form der Aufrechterhaltung von *„law and order"*.

Der Artikel in *Science* schließt:

„Manche Leute sind der Auffassung, daß dem Thema Psychochirurgie mehr Aufmerksamkeit gewidmet werde als es verdient. Tatsächlich stellt es den Extremfall eines breiten Spektrums immer raffinierterer Methoden dar, mit deren Hilfe Menschen lernen, einander zu manipulieren. Aber aus diesem Grund mag es uns auch anspornen, Wege zur Beurteilung zu finden, in welcher Weise die neuen Verhaltenstechnologien die Freiheit des einzelnen beeinträchtigen und uns darüber klarzuwerden, inwieweit sie wünschenswert sind."

C. Holden: Psychosurgery: Legitimate therapy or laundered lobotomy? *Science*, 1973a, 179, 1109–1112.

Kontakts mit der Realität zu versetzen, so daß der Therapeut mit ihm kommunizieren kann. Diese Behandlung ist bestenfalls mäßig erfolgreich; sie hat sich als relativ wirksam erwiesen, um schwer depressive Psychotiker in besseren Realitätskontakt zu bringen. Trotz aller Spekulationen wissen wir nicht, *wie* die Schocktherapie funktioniert – falls sie überhaupt funktioniert.

Nicht überraschenderweise erhoben sich zunehmend Bedenken hinsichtlich der moralischen Rechtfertigung (oder enger betrachtet, der Legalität) der EKT und insbesondere hinsichtlich der Bürgerrechte des Patienten, der diese Form der Behandlung über sich ergehen lassen muß. Eine neuere Analyse dieser Frage kommt zu den folgenden Erkenntnissen (Edwards u. Flaherty, 1978):

„Es ist nötig, das Konzept der Zustimmung bzw. Ablehnung einer Behandlung durch die Begriffe von Einwendung und Nichteinwendung zu ersetzen ...

Wenn Patienten keine Einwände gegen die EKT erheben, ist es nötig, daß der Arzt dem Patienten ausreichende Informationen gibt, die in Einklang mit dem psychischen Zustand des Patienten stehen ...

Der Patient hat ein legitimes Recht, die EKT abzulehnen, und über diese Ablehnung darf man sich nur unter besonderen Umständen hinwegsetzen ...

Bei Patienten, die Einwände gegen die EKT erheben, sollten die Einwände durch ein Fachgremium an dem Krankenhaus oder der Klinik geprüft werden ...

Dennoch gibt es Bedingungen, unter denen die EKT gegen die Wünsche des Patienten gerechtfertigt ist, aber diese müssen auf lebensbedrohliche Umstände oder Situationen beschränkt werden, in denen ein ernster Schaden für den Patienten oder für andere wahrscheinlich ist. In diesen Fällen hat der Patient ‚ein Recht auf Behandlung'."

6.1 Psychotrope Medikamente

Die *Psychopharmakotherapie* oder *Chemotherapie* – Behandlung mit chemischen Stoffen oder Medikamenten – hat sich in den letzten Jahren entwikkelt und rasch ausgebreitet. Obwohl sie von Psychotherapeuten häufig als Zusatz oder Unterstützung anderer Behandlungsformen angesehen wird, dient die Chemotherapie häufig als die einzige Methode und ist heute wahrscheinlich die verbreitetste Behandlungsform, ob sie nun allein oder in Verbindung mit anderen psychotherapeutischen Methoden angewandt wird. Die Hauptgruppen dieser Psychopharmaka sind die Medikamente zur Psychosebehandlung (*major tranquilizers* oder Neuroleptika), die Medikamente gegen Angstzustände (*minor tranquilizers* oder Tranquillantien) und die Antidepressiva.

Die antipsychotischen Medikamente, die häufig (wenn auch nicht ganz zutreffend) als „major tranquilizers" bezeichnet werden, umfassen mehrere verschiedene Gruppen chemischer Verbindungen. Ihre in den fünfziger Jahren begonnene Verwendung hatte eine profunde Auswirkung auf die Behandlung hospitalisierter psychotischer Patienten und auf die Zahl der stationären Patienten in psychiatrischen Krankenhäusern (s. Abb. 15, S. 162). Vor der Verwendung dieser Medikamente waren die psychiatrischen Krankenhäuser primär Verwahranstalten, da die psychotischen Symptome die therapeutische Kommunikation mit dem Patienten beeinträchtigten oder völlig verhinderten. Die Entwicklung dieser Medikamente schien eine verbale Psychotherapie möglich zu machen, und dies führte zu einer verstärkten Forderung nach bzw. Erwartung auf einen positiven Behandlungsverlauf und entsprechende Resultate. Es wurden deshalb auch andere Therapieformen an stationären Patienten erprobt. Das Behandlungsziel war und ist dabei eindeutig, den Patienten sobald wie möglich wieder in die Gemeinschaft einzugliedern. An die Stelle langfristiger stationärer Krankenhausaufenthalte in staatlichen Einrichtungen trat die kurzfristige akute Hospitalisierung mit nachfolgender ambulanter Therapie.

Die *Phenothiazine* (Thorazin, Stelazin, Prolixin) sind eine wichtige Gruppe der antipsychotischen Medikamente. Sie bewirken eine Abnahme psychotischer Denkprozesse wie Halluzinationen und Wahnvorstellungen, eine Dämpfung der motorischen Aktivität beim hyperaktiven Patienten und eine Reduktion des aggressiven Verhaltens. Obwohl diese Substanzen eine beruhigende (sedierende) Wirkung auf psychotische Patienten zu haben scheinen, rufen sie weder bei normalen noch bei psychotischen Personen ein Gefühl der Gleichgültigkeit hervor; was am wichtigsten ist, sie öffnen die Patienten für die verschiedensten Therapien, die vorher durch ihre krasseren Verhaltenssymptome unmöglich waren.

Die antipsychotischen Medikamente wurden und werden in Hunderten von Doppelblindtests studiert (das sind Versuche, bei denen weder der Therapeut noch der Patient weiß, daß letzterem

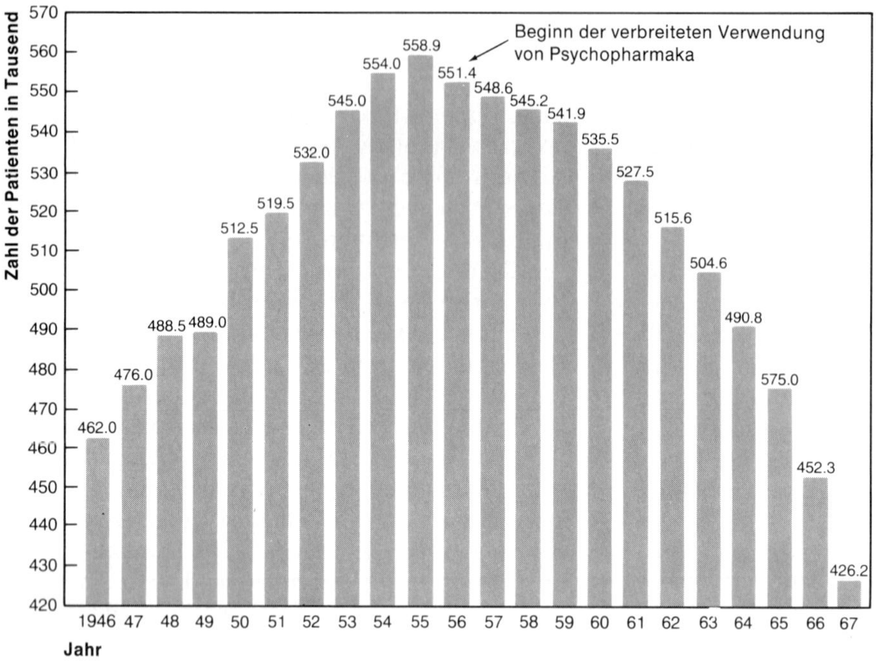

Abbildung 15: Patientenzahlen der öffentlichen psychiatrischen Krankenhäuser in den Vereinigten Staaten 1946–1967. Man beachte die stetige Abnahme der Patientenzahlen seit 1956, die mit der verbreiteten Anwendung der Phenothiazine korrespondierte, auf die kurz danach andere psychoaktive Substanzen folgten.

Basierend auf Daten des United States Public Health Service. Aus: A. M. Freedman, H. I. Caplan u. B. J. Sodock (Hrsg.): *Comprehensive Textbook of Psychiatry*. Bd. II. Baltimore: William & Wilkins, 1975.

ein bestimmtes Medikament verabreicht wurde). Obwohl es klar ist, daß diese Medikamente signifikant wirksamer sind als Plazebos (inaktive Substanzen, die wie ein Medikament aussehen), steht nicht fest, bei welchem Prozentsatz der Patienten eine Besserung eintritt. (Ein umfassender Überblick über die Wirksamkeit von Chlorpromazin ist in Swazey [1974] enthalten.)

Anxiolytika (von Angst befreiende Wirkstoffe) wie Librium, Valium, Miltown und Equanil, manchmal als Tranquillantien bezeichnet, sind heute die am häufigsten verschriebenen Medikamente in der amerikanischen Medizin. Sie werden nicht in erster Linie von Psychiatern verordnet, sondern von Allgemeinärzten. Neuere bundesweite Untersuchungen ergaben, daß etwa 20 Prozent der erwachsenen Amerikaner im Laufe des vergangenen Jahres irgendwelche psychotherapeutischen Medikamente genommen hatten und daß etwa zwei Drittel davon Anxiolytika waren. Etwa doppelt so viele Frauen wie Männer haben diese Anxiolytika benutzt. (Dies ist eher auf die Tendenz männlicher Ärzte zurückzuführen, diese Medikamente Frauen, aber nicht Männern zu verschreiben, und ist nicht unbedingt ein Anzeichen größerer Angst unter Frauen.)

Die Anxiolytika werden den Barbituraten als überlegen für die Kontrolle von Spannungs- und Angstzuständen angesehen. Der Hauptgrund dafür ist, daß die Risiken der Überdosierung und der Sucht geringer sind, obwohl die Tranquilizer physische und psychische Abhängigkeit erzeugen können, wenn sie für den langfristigen Gebrauch verschrieben werden. Wegen der Gefahren der Abhängigkeit bei langfristigem Gebrauch und der Möglichkeit synergistischer (verstärkter) Wirkungen bei Benutzung in Verbindung mit anderen Medikamenten oder Alkohol gelten die Tranquilizer im allgemeinen als geeigneter für eine kurzfristige Krisenintervention oder als sorgfältig überwachte Ergänzung einer Psychotherapie.

Die Verringerung der Angst durch diese Medikamente kann dem Patienten helfen, Nutzen aus der Psychotherapie zu ziehen. Ironischerweise können diese Medikamente aber auch die Psychotherapie konterkarieren, da sie die Angst und das Unbehagen des Patienten vermindern, die beide als wichtige und ständig wirksame Motivation dienen, um Hilfe zu suchen.

Es werden heute zwei Arten von *Antidepressiva* benutzt: Die trizyklischen Verbindungen (mit Markenbezeichnungen wie Amitriptylin, Tofranil und Norpramin) und die Monoaminoxydase (MAO)-Hemmer. Obwohl diese Substanzen antidepressiv wirken, rufen sie weder Euphorie noch Stimulation hervor, wie das bei Amphetaminen der Fall ist. Die trizyklischen Antidepressiva scheinen die Wirkungen des Noradrenalin im Gehirn zu potenzieren (erhöhen), während MAO-Hemmer die Bildung von Monoaminoxydase bremsen, einem Enzym, das die Umwandlung von Noradrenalin und Serotonin im Gehirn fördert (s. 5. Bd., 4. Kap.). Die Wirkung der Antidepressiva auf das Gehirn hat zu Spekulationen über die chemische Basis depressiver Störungen geführt.

Für die Behandlung von bipolaren Depressionen (manisch-depressiv) oder die akute manische Phase dieser Störung ist Lithiumkarbonat der am häufigsten benutzte pharmakologische Wirkstoff, manchmal in Verbindung mit antidepressiven Substanzen. Obwohl Lithium in erster Linie zur Behandlung der manischen Komponenten benutzt wird, hat es sich in manchen Fällen auch bei Patienten mit einer manisch-depressiven Störung als nützlich zur Linderung der depressiven Episoden erwiesen. Es scheint bei diesen Patienten eine stimmungsstabilisiereende Wirkung zu haben. Die therapeutischen Effekte des Lithiums zeigen sich nicht sofort, und Patienten, die dieses Medikament erhalten, sollten wegen seiner möglichen Toxizität unter ständiger Aufsicht eines Arztes sein.

6.2 Amphetamine in der Behandlung von Hyperaktivität

Die Verwendung psychomotorischer Stimulantien wie Ritalin zur Behandlung von Hyperaktivität bei Kindern hat sich die scharfe Kritik derjenigen zugezogen, die fürchten, daß sie zur Verhaltenskontrolle von Kindern eingesetzt werden könnten. Obwohl man annimmt, daß Hyperaktivität die Folge einer minimalen Hirndysfunktion sei, wird diese Störung und ihre psychosozialen und physiologischen Ursachen bisher ungenügend verstanden. Amphetamine haben auf Kinder die umgekehrte Wirkung wie auf Erwachsene. Sie wirken auf Kinder beruhigend, und das bewirkt nach Meinung mancher Sachverständiger eine Besserung in bestimmten Bereichen der kognitiven Funktionen, vielleicht, weil es das Kind befähigt, seine Aufmerksamkeit besser zu konzentrieren. Das Medikament soll nicht der Kontrolle asozialer, rebellischer oder ausgelassener Kinder dienen, obwohl es schwierig sein kann, die entscheidende Differentialdiagnose vorzunehmen. Zu diesem Zeitpunkt scheint es fair zu sagen, daß diese diagnostische Schwierigkeit zu einem massiven Übereinsatz von Ritalin bei „schwierigen" Schulkindern beigetragen hat.

Da die Forschungsarbeiten über die Physiologie psychischer Erkrankungen andauern, werden neue und bessere chemische Verbindungen gesucht – und wahrscheinlich gefunden werden. Es kann bald die Zeit kommen, da der Psychotherapeut das Risiko eingeht, einen Kunstfehler zu machen, wenn er auf die Hilfe des Pharmakologen verzichtet. Ebenso zutreffend ist freilich, daß kein Forschungsergebnis darauf hindeutet, daß der Pharmakologe je imstande sein wird, bei der Behandlung psychischer Erkrankungen ohne den Psychotherapeuten auszukommen. Die Frage, welches die primäre und welches die ergänzende Therapie sei, wird bald keine sehr fruchtbare oder auch nur sinnvolle mehr sein.

7 Ziele und Wirksamkeit der Psychotherapie

Zwangsläufig drängt sich die Frage auf, *ob* die Psychotherapie – in welcher Form auch immer – funktioniert. Leider ist dies keine Frage, die leicht zu beantworten ist. Wie wir in diesem Kapitel darzustellen versuchten, definiert jede Methode und jeder Ansatz andere Zielsetzungen für sich (z. B. spezifische Verhaltensänderungen, Lösung unbewußter Konflikte, Selbstverwirklichung, Veränderungen im Familiensystem). Außerdem bestehen wahrscheinlich erhebliche Differenzen in der persönlichen Interpretation jedes Zieles. Manche Patienten suchen lähmende emotionale Blockaden zu überwinden; andere erträgliche, aber unbefriedigende persönliche Beziehungen zu verbessern; wieder andere Hindernisse, die ihnen die Erreichung beruflicher Ziele erschweren, zu beseitigen. Manche möchten beliebter werden; andere wollen ein erfüllteres Leben führen; manche wünschen sich größeren Erfolg; und wieder andere wollen nur menschlicher werden, mit den Realitäten ihres Lebens besser zurechtkommen und ein bißchen Glück finden.

Dieses Thema ist gegenwärtig ein „heißes Eisen", nicht zuletzt deshalb, weil der amerikanische Kongreß begonnen hat, gesicherte klinische Beweise für die Leistungsfähigkeit der Psychothe-

BOX 6/23

Wie sich Menschen verändern

Trotz der enormen Unterschiede in der Art und Weise, wie Therapeuten an die Aufgabe herangehen, Menschen zu helfen, sich zu verändern, scheint allen Psychotherapieformen eine Annahme zugrundezuliegen: Sobald die richtige Technik gefunden ist (vielleicht ganz unterschiedliche Ansätze für verschiedene Individuen mit verschiedenen Problemen), dann werden, psychologisch gesehen, „gute" Dinge zu geschehen beginnen. Tatsächlich ist die richtige Therapie einfach diejenige, die funktioniert.

Wahrscheinlich läßt sich an diesem praktischen und funktionalen Kriterium dafür, was richtig ist, nichts mehr verbessern. Aber bei all dem wird der freien Entscheidung keine Rolle zugeschrieben. Mit anderen Worten: Wenn sich der Patient X bessert, dann ist es, weil – und *nur weil* – die richtigen therapeutischen „Knöpfe" gedrückt wurden, um das spezielle psychologische Problem zu beseitigen. Aber damit eine Persönlichkeitsveränderung eintreten kann, ist es manchmal für den Therapeuten wichtig, daß sich der oder die Betreffende *entschließt,* sich zu verändern; vorausgesetzt er weiß woran dieser Entschluß hängt. Kurz, die Frage lautet: Ist es möglich, daß der freie Wille – dieses „außerwissenschaftliche" Konstrukt – die Rolle eines Pförtners spielt, der gestattet oder verhindert, daß selbst eine „vollkommene" Therapie bei dem Betreffenden Veränderungen bewirken kann?

Ein Psychoanalytiker, Allen Wheelis, der auch Romancier, Dramatiker und Essayist ist, hat einen eloquenten Kommentar zu dieser Frage mit dem Titel *Wie sich Menschen verändern* geschrieben. In diesem Essay setzt er sich eingehend mit der sonderbarerweise bisher ignorierten Frage auseinander, warum manche Menschen – nach Jahren der Einsicht, des Umlernens oder welcher sonstigen psychotherapeutischen Erfahrungen auch immer – in radikal anderer und anpassungsfähigerer Weise an ihr Leben herangehen, und andere so bleiben, wie sie sind (oder immer waren), mit nur geringen oder gar keinen Veränderungen. Seine durchdachten Überlegungen zu dieser Frage ziehen das medizinische Modell der Psychotherapie ernsthaft in Zweifel, nach dem eine Psychische Störung wie ein Fall von Masern von einem Experten diagnostiziert und behandelt wird. Der Patient bleibt ein relativ passiver Zuschauer, der den Verlauf der Behandlung beobachtet, aber nicht mitbestimmt oder an deren schließlichem Erfolg beteiligt ist. Wheelis vertritt den Standpunkt, daß das medizinische Modell völlig falsch ist, daß Einsicht nicht automatisch zu Persönlichkeitsveränderungen führt und daß der Patient bewußt seinen freien Willen ausüben und sich *entschließen* muß, sich zu verändern. Wheelis hat dazu unter anderem folgendes zu sagen:

„Das Buch für den Chirurgen ist nicht für den Patienten der Chirurgie bestimmt. Man übergibt seinen kranken Körper – mit seinem Abszeß oder Tumor oder gebrochenen Bein – in die Hände des Chirurgen, und dessen elementarste Informationen und Fertigkeiten werden alles überschreiten, was der Patient zu wissen braucht. Der Patient muß kooperieren – eine grüne Kapsel dreimal täglich, das Bein hochhalten, viel trinken – aber er braucht nicht zu verstehen, wie oder warum. Die Verantwortung liegt beim Chirurgen, es ist *sein* Problem, für das Mißlingen schuldet *er* Rechenschaft, der Erfolg ist *sein* Verdienst. Patient und Chirurg lernen nicht aus denselben Büchern.

Viele Patienten gehen zum Psychiater wie zum Chirurgen und viele Psychiater betrachten sich selbst als Psychochirurgen. Wenn ein solcher Patient zu einem solchen Therapeuten kommt, kann eine Beziehung von beträchtlicher Dauer daraus resultieren, aber sonst nicht viel. Denn die Aufgabe kann, wenn überhaupt, nur vom Patienten geleistet werden. Diese Aufgabe jemandem anderen zu übertragen, soviel Einsicht oder Charisma dieser andere auch haben mag, heißt, die Quelle der Veränderung zu verleugnen. Beim Prozeß der Persönlichkeitsveränderung spielt der Psychotherapeut die Rolle eines Katalysators. Als Ursache ist er manchmal nötig, niemals ausreichend. Die Verantwortung des Patienten endet nicht beim freien Assoziieren, der Pünktlichkeit, der Hartnäckigkeit, der Bereitschaft, seine Rechnungen zu bezahlen oder mit irgendeinem anderen Element der Kooperation. Der Patient schuldet nur sich selbst Rechenschaft, und diese Verantwortlichkeit erstreckt sich bis hin zu der Veränderung, die er wünscht, und darauf, ob er sie erreicht oder ob er das Ringen aufgibt ...

Die verbreitetste Illusion unter Patienten und merkwürdigerweise auch unter erfahrenen Therapeuten ist, daß Einsicht Veränderungen hervorruft; und die verbreitetste Enttäuschung in der Therapie ist, daß das nicht stimmt. Einsicht ist ein Instrument der Veränderung, oft eine wesentliche Komponente des Prozesses, aber sie bewirkt die Veränderung nicht auf direktem Wege. Die umfassendste und profundeste Interpretation – wahr, relevant, gut formuliert, perfekt getimed – kann inaktiv im Bewußtsein des Patienten liegenbleiben; denn er kann immer, wenn er es will, sagen: ‚Ja, aber das hilft mir nicht.' Wenn ein Therapeut den Standpunkt vertritt, wie das viele tun, daß diejenige Deutung richtig ist, die Resultate erzielt, daß das Erzielen von Resultaten ein wesentliches Kriterium für die Richtigkeit einer Deutung ist, dann wird er sich zu immer weiter hergeholten Rekonstruktionen von Kindheitsereignissen versteigen, wird sich weiter und weiter von der gegenwärtigen Realität entfernen und auf das ‚Ja, aber warum?' des Patienten mit immer neuen Ausgrabungen immer weiter zurückliegender Ereignisse und Umstände reagieren. Der Patient sagt dann de facto: ‚Ja, aber was wirst *du* [Hervorhebungen durch K. u. C.] dagegen machen?', und der Therapeut, statt zu sagen, wie er es sollte: ‚Was wirst *du* dagegen tun?', reagiert entsprechend seiner professionellen Überschätzung der Wirksamkeit von Einsicht, indem er um immer grundlegendere Formulierungen ringt. *Manche Patienten wollen sich nicht verändern.* Wenn ein Therapeut die Aufgabe übernimmt, einen solchen zu verändern, dann läßt er sich auf einen Wettkampf ein, den der Patient immer gewinnt ...

Persönlichkeitsveränderung folgt auf die Änderung im Verhalten. Da wir sind, was wir tun, müssen wir, wenn wir das verändern wollen, was wir sind, anfangen, indem wir verändern, was wir tun, müssen uns neue Handlungsweisen aneignen. Da der Sinn einer solchen Aktion die Veränderung ist, wird sie mit den vorhandenen verkrusteten Strukturen in Konflikt geraten, die protestieren und Widerstand leisten werden. Das neue Verhalten wird als schwierig, unangenehm, erzwungen, unnatürlich, angsterregend erlebt werden. Es kann leichthin begonnen, aber nur durch eine beträchtliche *Willens*anstrengung aufrechterhalten werden. Veränderungen werden sich nur dann einstellen, wenn das neue Verhalten über lange Zeiträume hinweg praktiziert wird ...

Da Freiheit abhängig ist von Bewußtheit, kann die Psychotherapie durch die Erweiterung der Bewußtheit Freiheit schaffen ... So wie ein Gericht den Angeklagten daran erinnern mag, daß Unkenntnis des Gesetzes keine Entschuldigung sei, so kann ein Therapeut den Patienten daran erinnern, daß Blindheit gegenüber der Freiheit nicht Zwang und Beschränkung rechtfertige. Und sofern es als glaubwürdig erscheinen mag, das eigene Leben in Hinblick auf ignorierte Wahlmöglichkeiten neu zu schreiben, rückwirkend die Verantwortung dafür zu übernehmen, was man getan hat und dadurch geworden ist, so wird es auch möglich werden, in der Gegenwart Alternativen zu sehen, sich bewußtzumachen, daß man *jetzt in diesem Augenblick frei ist zu wählen, wie man leben will* und daß sich das, wozu man werden wird, aus dem ergibt, was man jetzt *tut.*"

In einem späteren Buch spricht Wheelis erneut über Freiheit.

„Wir sind so frei, wie wir fähig sind zu sein, sind gefährlich frei und werden in unserer Arroganz vielleicht mehr zerstören, als wir uns leisten können zu verlieren. Nichts garantiert unseren Fortschritt oder auch nur unser Überleben."

Doch Wheelis hält daran fest, daß wir die Freiheit haben, unseren Weg im Leben zu wählen, und daß der Glaube, daß es keine Wahl gebe, eine destruktive Selbsttäuschung sei. Wir können das, was wir tun und was wir sind, nur verändern, wenn wir *beschließen,* uns zu verändern. Nur dann können uns die besten Therapeuten eine Hilfe sein. Dies ist ein bedenkenswerter Gedanke, und er liegt an der Wurzel aller Formen von Psychotherapie.

A. Wheelis: *How People Change.* New York: Harper & Row, 1973.

A. Wheelis: *On Not Knowing How to Live.* New York: Harper & Row, 1975.

rapie zu verlangen, bevor er sich bereiterklärt, sie mitzufinanzieren (Marshall, 1980). Gerade weil die Methoden und Zielsetzungen (und die Patienten und Praktizierenden) der Psychotherapie so unterschiedlich sind, ist es so schwierig, ihre Wirksamkeit zu beurteilen. Und es mag sogar unrichtig sein, „Psychotherapie“ als eine einzige spezifische Behandlungsform zu betrachten (wie beispielsweise die Polio-Schluckimpfung nach Salk). Das bedeutet natürlich nicht, daß die Psychotherapie nicht systematisch evaluiert werden sollte, aber wir müssen uns bemühen, die vielen Komplexitäten zu berücksichtigen, die die Resultate beeinflussen könnten. Die Forschung hat sich deshalb auch bemüht, jene Elemente des psychotherapeutischen Prozesses zu identifizieren, die am stärksten zu positiven Resultaten beitragen. Analysen des Inhalts psychotherapeutischer Interviews lassen beispielsweise erkennen, daß die Kommunikation des Therapeuten von Empathie, nicht besitzergreifender Wärme und Echtheit wesentlich ist (Truax u. Carkhuff, 1967; Truax u. Mitchell, 1971). Umgekehrt sind vorzeitige und allzu „tiefschürfende“ Interpretationen geeignet, bei Patienten Widerstand hervorzurufen (Speisman, 1959). Und die psychosozialen Merkmale des Patienten sowie seine „Aufgeschlossenheit für die Psychologie“ wirkt sich ebenfalls auf die Ergebnisse aus.

Im Jahre 1952 veröffentlichte Eysenck ein Papier, in dem er die Auffassung vertrat, daß Psychotherapie bei Neurotikern nicht wirksamer sei als überhaupt keine Therapie. Seither wurde beträchtliche Kritik an Eysencks Argumentation geübt, das Interesse an methodologischen Fragen der Erforschung von Psychotherapie hat zugenommen und Beweise (in Form vieler weiterer Papiere) wurden präsentiert, die Eysencks Schlußfolgerungen widersprachen. In einem umfassenden Überblick über die Psychotherapieforschung wird behauptet, daß sich das Befinden von acht von zehn behandelten Personen stärker bessere als das in unbehandelten Kontrollgruppen (Smith u. Glass, 1977). Manche zeitgenössischen Forscher stimmen nunmehr generell überein, daß die Frage „Ist Psychotherapie wirksam?“ so formuliert nicht beantwortbar ist. Natürlich ist da auch die Frage, wie „Besserung des Befindens“ zu definieren ist. Und wer soll das Urteil fällen – der Patient, die Familie des Patienten, der Therapeut, ein psychologischer „Test“? Außerdem müssen wir, um therapeutische Wirksamkeit zu beurteilen, mit *ursprünglich* vergleichbaren behandelten und unbehandelten Gruppen arbeiten, und diese sind recht schwierig zu finden.

Die Tatsache, daß manche Menschen Behandlung suchen und erhalten, andere hingegen nicht, zeugt wahrscheinlich als solche von gewissen psychologischen Unterschieden zwischen den Behandelten und den Unbehandelten. Tatsächlich haben manche Psychologen die Auffassung vertreten, daß die Wirksamkeit von Psychotherapie davon abhänge, ob sich der Patient entschließt, sich zu ändern. Es ist jedoch ein Fehler anzunehmen, daß die Kontrollgruppenpatienten, die keine Therapie an der Klinik erhalten, an der sie sie ursprünglich beantragten, sich nicht anderswo – und sei es bei Nichtfachleuten – um Hilfe umsehen werden. Das Befinden dieser Personen kann sich auch „spontan“ bessern, was nichts anderes besagt, als daß niemand genau weiß, wie es sich „bessert“.

Eine der vielen Studien über die Wirksamkeit von Psychotherapie gegenüber dem Verzicht auf jegliche formelle Behandlung ist wert, zitiert zu werden. Sloane und Mitarbeiter (1975) teilten Studenten, die an der psychiatrischen Klinik einer Universität eine Behandlung beantragten, nach dem *Zufallsprinzip* in drei Gruppen auf: Verhaltenstherapie, psychoanalytisch orientierte Therapie und eine Warteliste. Obwohl die Patienten auf der Warteliste nach einem bestimmten Zeitraum eine gewisse Besserung aufwiesen, hatte sich das Befinden beider Therapiegruppen signifikant stärker gebessert. Außerdem gelang es den meisten Mitgliedern beider Therapiegruppen, den Grad an Besserung, den sie am Schluß ihrer Behandlung aufwiesen, danach zwei Jahre lang beizubehalten.

7.1 Wo suchen wir Hilfe?

Obwohl die Zahl der Amerikaner, die in den letzten zwanzig Jahren die Hilfe von Angehörigen der psychischen Heilberufe in Anspruch genommen haben, um 20 Prozent gestiegen ist, bleibt die kirchliche Seelsorge eine häufig gewählte Quelle der Hilfe bei persönlichen Problemen (Gurin, Veroff u. Feld, 1960; Kulka, Veroff u. Douvan, 1979). Beachtenswert ist, daß, wie aus Tabelle 5 hervorgeht, Ärzte als Gruppe, mit Ausnahme von Fachärzten für Psychiatrie, den schärfsten Rückgang als Helfer bei psychischen Problemen zu verzeichnen hatten. Das mag eine Folge der Tatsache sein, daß Ärzte traditionell praktisch keine Ausbildung in der psychologischen Beratung ihrer Patienten erhalten haben; dieser Rückgang könnte demnach auf eine wachsende öffentliche Bewußtheit dieses Defizits in ihrer Ausbildung und ihrer Kompetenz zurückzuführen sein. Die ärztliche Ausbildung macht jedoch in den USA gegenwärtig einen substantiellen Wandel durch; so wird unter anderem mehr Zeit für die Vermittlung von wenigstens minimalen therapeutischen Kenntnissen aufgewendet. Der „neue" Arzt von heute wird dadurch zumindest eher imstande sein, bei seinen Patienten emotionale Störungen zu entdecken – gleichgültig, ob diese Schwierigkeiten mit dem medizinischen Problem zusammenhängen, das er behandelt – und den Patienten an eine geeignete Therapiemöglichkeit verweisen können – was einen längst überfälligen Fortschritt darstellt.

Tabelle 5: Quellen therapeutischer Hilfe 1957 und 1976*

Quelle	Prozent 1957	Prozent 1976
Kirchliche Seelsorge	43	39
Arzt (außer Psychiater)	30	21
Psychiater, Psychologe	18	29
Eheberater	4	8
Andere psychische Heilberufe	10	18
Öffentliche Einrichtungen	3	4
Rechtsanwalt	6	2
Sonstige	13	5

* Die Spalten ergeben mehr als 100 Prozent, weil manche Befragten mehr als eine Quelle benannten.

Es gibt auch Studien, nach denen nichtprofessionelle Helfer mit beträchtlicher Wirksamkeit eingesetzt werden konnten. Hausfrauen, Oberschüler und sogar Drogenabhängige haben an Schulungsprogrammen teilgenommen und sind später – und mit Erfolg – zur Arbeit an emotional gestörten Menschen übergegangen. So stellten beispielsweise Shelton und Madrazo-Peterson (1978) fest, daß sich paraprofessionelle Therapeuten (ohne formale akademische Qualifikation, aber mit informeller Schulung) bei der Verabreichung der systematischen Desensibilisierungstherapie (S. 142) genauso bewährten wie „voll ausgebildete Fachkräfte". Die von den Laienhelfern erzielten therapeutischen Resultate waren ebenso bemerkenswert wie die der Fachkräfte und darüber hinaus erwies sich der von ihnen erzielte Erfolg als ebenso dauerhaft wie die Resultate der Fachkräfte, wie eine fünf Monate nach Abschluß der Behandlung durchgeführte Nachfolgeuntersuchung ergab.

Obwohl die Frage der Kontrollgruppen und der möglichen Rolle nichtprofessioneller Helfer eine zuverlässige Erforschung der psychotherapeutischen Erfolge erschweren, ist es eine noch schwierigere Aufgabe, Untersuchungen über die *relativen* Meriten verschiedener Therapieformen durchzuführen. Wie wir gesehen haben, arbeiten die unterschiedlichen Methoden mit verschiedenen Zielsetzungen, sie können es mit verschiedenen präsentierten Problemen zu tun haben und ihren Erfolg mit unterschiedlichen Maßstäben messen. In der Vergangenheit sind Studien, in denen verschiedene Therapieformen verglichen wurden, von der fragwürdigen Annahme ausgegangen, daß Patienten, Methoden und Therapeuten im wesentlichen austauschbar und daß die Ziele und Resultate der verschiedenen Behandlungen vergleichbar seien (Kiesler, 1966). Die von einem Therapeuten benutzte Methode mag jedoch nicht völlig identisch mit der eines anderen sein, der angeblich „dieselbe" Technik benutzt, und die von den verschiedenen Therapieformen behandelten Stichproben von Patienten können sich ebenfalls voneinander unterscheiden. Eine andere Schwierigkeit beim Vergleich verschiedener therapeutischer Ansätze ist, daß der versierte Therapeut seine Verfahrensweise im Lauf der Behandlung eines Patienten verändern kann, entweder weil sich die ursprüngliche Methode schlecht bewährte oder weil ihm in verschiedenen Stadien unterschiedliche Methoden angebrachter erscheinen. Sehr erfahrene Therapeuten bedienen sich häufig dieser flexiblen Strategie, wahrscheinlich zum Nutzen des Patienten, aber sicher zur Verwirrung des professionellen Therapiebewerters.

Zur korrekten Auswertung von Forschungen über die Wirksamkeit von Psychotherapie müssen die Fragen so formuliert sein, daß sie uns Aufschlüsse darüber geben, welche Behandlungsformen sich bei welchen Patientengruppen und unter welchen Bedingungen bewähren. Und wie wir bereits festgestellt haben, sollte vielleicht größere Aufmerksamkeit der Frage gewidmet werden, ob sich der Patient *entschließt,* sich zu verändern (s. Box 6/23, S. 164).

In diesem sich ständig weiterentwickelnden und verändernden Problembereich läßt sich mit einiger Gewißheit sagen, daß *Vorbeugung* wertvoller ist als noch so viele Heilungsversuche. Und je mehr wir über die Grundprozesse der Persönlichkeitsentwicklung und die psychologischen und physiologischen Verhaltensdeterminanten in Erfahrung bringen, desto wirksamer können vorbeugende Maßnahmen – psychologischer wie physiologischer Art – werden. Soviel scheint bereits klar, daß der Therapeut von morgen auf vielen verschiedenen Gebieten beschlagen sein wird: er oder sie wird ein/e Psycho-Neuro-Pharmako-Therapeut/in sein!

Zusammenfassung

1. Die psychoanalytischen Therapien, exemplifiziert durch Freuds Theorie und Methode, konzentrieren sich auf *unbewußte Konflikte* als Quelle störender Symptomatologie. Das Ziel dieses Ansatzes ist es, dem Patienten zu helfen, diese Konflikte aufzudekken, so daß sie bewußt und rational wahrgenommen und unter Kontrolle gebracht werden können. Bei dieser Methode stehen die Techniken der *freien Assoziation* und die Deutung der *Widerstände* des Patienten gegen das Erkennen unbewußter Einflüsse im Vordergrund.

2. Eine wichtige Form des Widerstandes ist die Reaktion des Patienten auf den Therapeuten nach dem Muster seines Verhältnisses zu früheren Bezugspersonen. Dies wird als *Übertragung* bezeichnet und stellt auch einen Brennpunkt therapeutischer Interpretation dar. Das ständige Durchgehen der Probleme stellt den *Durcharbeitungs*aspekt der psychoanalytischen Therapie dar.

3. Die Kritik an der psychoanalytischen Psychotherapie setzt an deren langer Dauer, hohen Kosten und begrenzter Eignung für viele Menschen an.

4. Die Verhaltenstherapien basieren im allgemeinen auf Prinzipien des *Lernens* und der *Konditionierung.* Sie gehen davon aus, daß Pathologie das Ergebnis schlechter oder fehlerhafter früher Lernerfahrungen seien. Die Symptome selbst sind das Problem, mit dem man sich auseinandersetzen muß, und es wird kein Versuch unternommen, irgendwelche unbewußten oder zugrundeliegenden Ursachen von Fehlangepaßtem in Betracht zu ziehen.

5. Bei der *reziproken Hemmungs*therapie von Wolpe werden systematische Desensibilisierungsverfahren zur Reduzierung von Angst eingesetzt, die als Ursache des unangebrachten Vermeidungsverhaltens des Patienten und der meisten seiner Symptome angesehen wird. Durch Darbietung früher angsterzeugender Stimuli (gewöhnlich durch Vorstellungen), während sich der Patient in einem Zustand *tiefer Entspannung* befindet, wird die Angstreaktion gehemmt oder am Auftreten gehindert. Nach und nach wird die Angst vom Stimulus dissoziiert, und angebrachte Reaktionen werden möglich.

6. Es gibt mehrere andere Formen von Verhaltenstherapie; dazu zählt Stampfls *Überflutungstherapie,* bei der angsterzeugende Reize in intensiver Form dargeboten werden, bis die Angstreaktion allmählich gelöscht wird, weil es ihr nicht gelingt, dem Betreffenden zu helfen, den Reiz zu vermeiden, und weil sie auch keine unangenehmen Folgen nach sich zieht.

7. In letzter Zeit hat sich die Verhaltenstherapie mit *kognitiv-symbolischen* Prozessen und der Veränderung verdeckter Reaktionen befaßt. Biofeedback-Techniken und „Hausaufgaben" in Selbstbeobachtung und Selbstverstärkung werden angewandt, um den einzelnen zu befähigen, sein eigenes Verhalten mit Hilfe von Lernprinzipien zu kontrollieren und zu modifizieren.

8. Die Kritik an der Verhaltenstherapie hebt hervor, daß diese mögliche tieferliegende Ursachen der Pathologie ignoriere und sich darauf beschränke, etwas zu behandeln, was nach Auffassung anderer bloße Symptome und keine Ursachen sind. Der Verhaltenstherapie wurde im allgemeinen auch vorgeworfen, ihren Anspruch auf Wissenschaftlichkeit nicht einzulösen, da de facto eine beträchtliche Lücke zwischen den benutzten Techniken und der Theorie sowie experimentellen Lernuntersuchungen besteht, auf denen diese angeblich beruhen.

9. Die *humanistischen Therapien* widmen der *psychischen Gesundheit* und der Selbstverwirklichung generell ebenso großes Interesse wie der Pathologie. Die tieferen Ursachen der psychischen Probleme sehen sie im Versuch des Individuums, bestimmte Teile seiner selbst zu verleugnen, weil sie ihm gesellschaftlich oder sonstwie anstößig erscheinen. Das Ziel dieser Therapieformen ist es, dem Individuum zu helfen, sich diese verleugneten Teile seiner selbst wieder anzueignen, und damit psychisch voll und ganz funktionsfähig zu werden.

10. In der *Gesprächspsychotherapie* (GT) von Carl Rogers sind die wesentlichen Elemente eine nichtdirektive Haltung und die bedingungslose positive Zuwendung des Therapeuten und seine richtige Einfühlung und Echtheit gegenüber dem Patienten.

Dem Gebrauch spezifischer Techniken wird in diesem Rahmen geringere Bedeutung beigemessen.

11. In der von Perls entwickelten *Gestalttherapie* steht das *Hier und Jetzt* der Gefühle stärker im Vordergrund als die Lebensgeschichte. Eine Reihe von Rollenspieltechniken werden angewandt, um dem Patienten zu helfen, jene Aspekte seiner selbst zu reklamieren und zu reintegrieren, die er auf Kosten seiner psychischen Gesundheit zu verleugnen versucht hat.

12. Die Kritik der *humanistischen* Modelle behauptet, daß diese Techniken nur bei Individuen brauchbar seien, die bereits eine relativ gesunde Persönlichkeitsstruktur haben, daß sie sich nicht mit den entwicklungsbedingten Ursachen der Pathologie auseinandersetzen und daß sich die Therapeuten scheuen, die nötige Verantwortung für ihre Rolle als Experten zu übernehmen.

13. Die *interpersonellen Therapien* betrachten die von einzelnen präsentierten Schwierigkeiten nicht in Kategorien intrapsychischer individueller Konflikte und Pathologien, sondern als Probleme des interpersonellen Systems (z.B. der Familie), in dem der oder die Betreffende lebt.

14. Sullivans Therapie geht davon aus, daß der Patient seine Schwierigkeiten in der therapeutischen Situation manifestiert und daß die Patient-Therapeut-Beziehung somit zum Brennpunkt der therapeutischen Interpretation wird. In der *Transaktionsanalyse* werden die fehlangepaßten Kommunikationsmuster der Patienten in Hinblick auf die drei Ich-Zustände (Eltern, Erwachsener und Kind) analysiert, die den interpersonellen „Spielen" und „Skripten" oder „Lebensplänen" zugrundeliegen, die häufig gespielt zu werden bzw. als Handlungsvorlage zu dienen scheinen.

15. In der *Gruppentherapie* ist das zentrale Thema der Prozeß und die Dynamik der Gruppe in Relation zu jedem Teilnehmer. In der *Familientherapie* wird nicht das einzelne Mitglied, sondern das gesamte Familiensystem als der Patient angesehen.

16. Eine relativ neue und spezifische Anwendungsform des interpersonellen Therapiemodells wurde von Masters und Johnson in Form der *Sexualtherapie für Paare* entwickelt. Dieser Ansatz betont die Notwendigkeit richtiger Informationen und der Erforschung soziokultureller Muster und Mythen als Teil des therapeutischen Prozesses. Die Förderung einer besseren Kommunikation zwischen den Partnern ist eine wichtige Komponente dieses Ansatzes.

17. Die Kritik an den *interpersonellen* Therapien setzt an der generell stark direktiven Ausrichtung und Aktivität der Therapeuten an, wirft ihnen vor, die sehr reale intrapsychische Desorganisation und Pathologie des Patienten zu ignorieren und – von einem verhaltenstherapeutischen Standpunkt aus – die Verstärkungsprinzipien bei ihrer Methode unsystematisch anzuwenden.

18. Die *psychotherapeutische Arbeit mit Kindern* hat sich aus all den erörterten allgemeinen theoretischen Richtungen entwickelt. Spezielle Techniken wie die Einbeziehung des *Spiels* tragen dazu bei, die begrenztere Fähigkeit von Kindern, ihre Gedanken und Gefühle zu verbalisieren, zu überwinden.

19. Während *psychophysiologische Therapien* bisher als Ergänzung zur Psychotherapie betrachtet wurden, deuten neuere Erkenntnisse darauf hin, daß sie für viele Patienten die Hauptbehandlungsform sein könnten (z.B. für von der Gemeinschaft erhaltene schizophrene oder an Angst leidende Patienten, die Psychotherapie ablehnen). Valium, ein zur Behandlung von Angst dienender Tranquilizer, ist heute in den Vereinigten Staaten das am häufigsten verschriebene Medikament. Es gibt drei große Klassen psychopharmakologischer Wirkstoffe: Medikamente zur Behandlung von Psychosen, von Angst und von Depressionen. *Psychochirurgie* und *Elektrokrampftherapien* sind weniger häufig benutzte psychophysiologische Behandlungsformen.

20. Die Therapieziele variieren beträchtlich je nach dem allgemeinen Ansatz, der benutzt wird. Forschungsarbeiten, die auf die systematische Evaluation von Therapie in jedweder Form abzielen, sind mit schwierigen methodologischen Problemen befrachtet, so daß immer noch nach zuverlässigen Schlußfolgerungen über die therapeutische Wirksamkeit gesucht wird.

Glossar

Adjektivprüfliste: Ein deskriptives Instrument, das aus einer großen Zahl von Eigenschaftswörtern besteht (z.B. warm, reizbar, verantwortungsbewußt). Der Beobachter kreuzt einfach an, welche für die zu beschreibende Person zutreffen.

Affektive Störungen: Eine Kategorie von psychotischer Reaktion, gekennzeichnet durch übertriebene Gefühlszustände, die von Euphorie bis zu tiefer Depression und Regungslosigkeit reichen. Wenn beide Extreme abwechselnd bei derselben Person auftreten, spricht man von *manisch-depressiver* Reaktion.

Amnesie: Ein Gedächtnisverlust, der durch verschiedene Ursachen zustandekommen kann.

Analphase (Freud): Das zweite Stadium der psychosexuellen Entwicklung, das gewöhnlich im zweiten Lebensjahr erreicht wird, wobei das Kleinkind seine sexuellen Befriedigungen in erster Linie durch Vorgänge der Verdauung und Ausscheidung erhält.

Angstneurose: Eine Form der Neurose, die durch relativ schwere und manchmal chronische Angstzustände gekennzeichnet ist, wobei auch Perioden akuter Panik auftreten können.

Amphetamine: Medikamente, die den Kortex anregen und bei Erwachsenen als psychomotorische Stimulantien wirken, aber auf hyperaktive Kinder einen paradoxen Beruhigungseffekt zu haben scheinen. Ritalin ist ein häufig benutztes Amphetamin zur Behandlung hyperaktiver Kinder.

Archetypen (Jung): Emotional aufgeladene Urbilder, die Bestandteil des kollektiven Unbewußten sind.

Asoziale Reaktion (psychopathische Persönlichkeit): Eine Form von Charakterstörung, bei der das Individuum eine chronische und sozial behindernde Tendenz aufweist, nach sofortiger Befriedigung zu streben. Der Betroffene besitzt nur eine geringe Fähigkeit, die Konsequenzen seiner sozialen Handlungen zu beurteilen und lernt nicht aus sozialen Erfahrungen.

Autistische Phase: Die ersten beiden Lebenswochen, in denen der Säugling ein fast rein biologischer Organismus ohne Bewußtsein der Mutter als eines außerhalb des eigenen Selbst existierenden Wesens zu sein scheint.

Behavioristisches Modell: Jenes Paradigma, das davon ausgeht, daß alles Verhalten den Prinzipien der Konditionierung und des Lernens entspricht.

Bindung: Ursprünglich die Tendenz des Kindes, die Nähe bestimmter Personen zu suchen und sich in deren Gegenwart sicherzufühlen. Dieser Vorgang scheint sich in irgendeiner Form während des ganzen Lebens fortzusetzen.

Biofeedback: Die Verwendung von Instrumenten, um physiologische Prozesse zu messen (Temperatur, Hirnströme) und diese Informationen ständig dem Patienten zu übermitteln. Biofeedback und Entspannungstechniken werden benutzt, um Menschen beizubringen, ihre „nicht vom Willen gesteuerten" Körperprozesse zu kontrollieren.

Chemotherapie: In Zusammenhang mit psychischen Störungen versteht man darunter den allgemeinen Ansatz der Behandlung psychotischer und neurotischer Erkrankungen durch bestimmte chemische Substanzen oder Medikamente (siehe auch *Psychopharmakotherapie*).

Determinist: Jemand, der glaubt, daß jedes Ereignis eine Ursache habe und daß alles, was geschieht, aus hinreichendem Wissen über die Welt und die Naturgesetze abgeleitet werden könnte.

Dissoziative Störungen: Eine unter den Oberbegriff der Hysterie fallende Reaktion, bei der es zu Störungen des Gedächtnisses (Amnesie) und der Identität kommt (multiple Persönlichkeit: zwei oder mehr völlig verschiedene Persönlichkeiten innerhalb eines Individuums).

Durcharbeiten: Der psychoanalytische Prozeß, durch den Einsichten und neue Lerninhalte assimiliert werden. (Bezeichnet auch eine Periode der relativen Inaktivität und Wiederholung während der Behandlung.)

Einsicht: Bewußtheit oder Erkenntnis der psychologischen Basis der eigenen Symptome und der ihnen zugrundeliegenden Konflikte. Einsicht ist das *sine qua non* der psychoanalytischen Therapie.

Elektra-Komplex (Freud): Die sexuelle Bindung der

Tochter an ihren Vater, die sich während der phallischen Phase entwickelt.

Encounter-Gruppe: Die neuere Bezeichnung für „T-Gruppe". Heute eine generalisiertere Gruppenerfahrung für Individuen, die mehr über sich selbst in Beziehung zu anderen Menschen lernen wollen. Ein Variante der Gruppentherapie.

Endogen: Zustände, von denen angenommen wird, daß sie auf innere (wahrscheinlich körperliche) Ursachen zurückzuführen sind.

Es (Freud): Jener Teil der Psyche, der durch blinde Triebkräfte gekennzeichnet ist, die sofortige Befriedigung verlangen (siehe Lustprinzip).

Exogen: Zustände, die auf äußere Bedingungen zurückgeführt werden (auch als *reaktiv* bezeichnet).

Familienhomöostase: Ein von Jackson entwickelter Begriff, der sich darauf bezieht, daß Familienmitglieder die Aufrechterhaltung des Status quo bzw. des Gleichgewichts „brauchen" – nämlich, daß die Dinge in der Familie so bleiben, „wie sie sind". Die Familie wirkt häufig auf die Bewahrung der Homöostase auf Kosten der Besserung des psychischen Befindens eines einzelnen Mitgliedes hin.

Familientherapie: Eine Technik der Psychotherapie, bei der der Therapeut gleichzeitig mit allen oder mehreren Mitgliedern der Familie arbeitet. Die Familie wird als eine psychologische Einheit betrachtet, und es werden die „Familienneurosen" (nicht bloß die eines einzelnen) behandelt.

Fixierung (Freud): Vielleicht infolge eines Kindheitstraumas hört die Persönlichkeit in einer der prägenitalen Phasen auf, sich weiterzuentwickeln, so daß die sexuelle Befriedigung weiterhin in Weisen gefunden wird, die für dieses Stadium der angehaltenen Entwicklung charakteristisch ist.

Freies Assoziieren: Die von Freud und anderen Psychoanalytikern benutzte Methode, bei der die augenblicklichen Gedanken und Gefühle „ausgespien" werden, ohne daß man sich bemüht, sie zu organisieren, zu zensieren oder sie verständlich zu machen.

Funktionsstörungen: Die große Kategorie der geistigen und psychischen Erkrankungen einschließlich sowohl der Neurosen als auch der Psychosen, die primär psychischen Ursprungs sind und die nicht durch irgendwelche bekannten pathologischen Veränderungen der organischen Strukturen ausgelöst werden.

Gegenkonditionierung: In der Verhaltenstherapie die Konditionierung eines Reizes, der zuvor Angst ausgelöst hat, in einer solchen Weise, daß der Reiz mit einer neuen Reaktion wie Entspannung assoziiert (bzw. auf diese konditioniert) wird.

Gelernte Hilflosigkeit: Darunter versteht man passive Muster der Reaktion auf Schmerz, nachdem gelernt wurde, daß die eigenen Reaktionen kein zuverlässiges Mittel der Flucht oder Vermeidung darstellen.

Genitale Phase (Freud): Die Kulminationszeit der psychosexuellen Entwicklung, in der die sexuelle Erfüllung durch den Liebesakt mit dem anderen Geschlecht zustandekommt.

Gesprächspsychotherapie (GT): Eine der Hauptrichtungen der Psychotherapie, die durch eine nichtdirektive Haltung des Therapeuten gekennzeichnet ist, der die vom Klienten geäußerten Gefühle in einfühlsamer Weise spiegelt, statt sie direkt zu interpretieren und auszuwerten. Der Klient wird dann ermutigt, hinsichtlich seiner Probleme und einer geeigneten Abhilfe zu seinen eigenen Einsichten zu gelangen. Die Gesprächspsychotherapie ist mit dem Namen von Carl Rogers verbunden.

Gestalttherapie: Der von Perls entwickelte Ansatz, der sich auf das Jetzt und Hier konzentriert. Der Therapeut macht keine Interpretationen, sondern läßt den Patienten all die vermiedenen und verleugneten Teile seiner selbst, all die Objekte und Charaktere in seinen Träumen und all die „projizierten Teile des Selbst" spielen, um zu seinen eigenen Einsichten zu gelangen und diejenigen Teile seiner selbst, die er gemieden hat, zu reintegrieren.

Gruppentherapie: Eine Technik der Psychotherapie, bei der eine Gruppe von Patienten in Gegenwart eines Therapeuten gleichzeitig durch Gruppengespräche behandelt wird. Sehr häufig dienen die Patienten einander als „Therapeuten", während der professionelle Therapeut im Hintergrund bleibt.

Halluzination: Die Wahrnehmung eines Ereignisses, Objekts oder einer Erfahrung, ohne daß solche Ereignisse oder Objekte in der Außenwelt existieren.

Humanistische Therapien (englisch *phenomenological*): Eine Reihe psychotherapeutischer Ansätze, in deren Brennpunkt die subjektive Erfahrung des Patienten von sich selbst, sein gegenwärtiges Leben und sein Wachstumspotential steht.

Humanistisches Modell: Jene Auffassung von Persönlichkeit und Verhalten, die das Streben nach Selbstintegration und Selbstverwirklichung sowie die Einzigartigkeit des Individuums hervorhebt.

Hysterie: Eine unter den frühen Patientinnen Freuds häufig auftretende Form der Neurose, zu der auch die Konversionsreaktion und die hysterischen Reaktionen zählen. Sie ist heute relativ selten bzw. erscheint in abgewandelter Form.

Hysterische Persönlichkeit: Eine Persönlichkeitsstörung, die eine gewisse Ähnlichkeit mit der korrespondierenden Neurose hat; übertrieben dramatisches Verhalten und nicht ernstgemeinte Anwendung von Verführungskünsten sind häufige Merkmale.

Ich (Freud): Der Teil der Persönlichkeit, der gewöhnlich als das „Selbst" bezeichnet wird. Das Ich versucht das Es und das Über-Ich zu kontrollieren, wobei es in Einklang mit dem Realitätsprinzip handelt.

Identifizierter Patient: Ein in der Familientherapie benutzter Begriff, der sich auf das Individuum bezieht, das von der Familie als psychisch krank oder Probleme verursachend angesehen wird. Häufig nur die Person, die ursprünglich in die Therapie gebracht wird, obwohl die gesamte Familiensituation die eigentliche Pathologie darstellt.

Interviewplan: Ein Katalog von Fragen, die darauf abzielen, spezifische Informationen zu erlangen. Die Fragen können *openend* sein, d.h. dem Befragten gestatten, nach Gutdünken zu antworten, oder die Antworten können auf vorgeschriebene Kategorien beschränkt *(standardisiert)* sein, wie bei der üblichen Meinungsumfrage.

Ipsative Messung: Diese liegt vor, wenn Testwerte (Meßwerte) nicht von Individuum zu Individuum verglichen werden können, sondern wenn sie nur innerhalb der von einer Vp vorliegenden Meßwerte vergleichbar sind, wie bei der Q-Sortierung (siehe *normative Messung*).

Isolierung: Ein Abwehrmechanismus, bei dem eine Trennung von kognitiven oder emotionalen Systemen erfolgt, um schützende Rationalisierungen aufrechtzuerhalten und beunruhigende Gedanken und Gefühle abzuschneiden.

Kollektives Unbewußtes (Jung): Diejenigen Aspekte des eigenen Unbewußten, die die akkumulierten Erfahrungen der Spezies Mensch repräsentieren; es steht im Gegensatz zum persönlichen Unbewußten, das die eigenen individuellen Erfahrungen widerspiegelt.

Kontrollüberzeugung (Rotter): Die Persönlichkeitsskala, auf der sich Individuen im Hinblick darauf unterscheiden, ob sie erwarten, Verstärkung durch eigene Anstrengungen zu erlangen (interne Kontrolle) oder durch externe Faktoren wie Schicksal, die Macht anderer oder glückliche Umstände (externe Kontrolle).

Konversionsreaktion: Eine Reaktion innerhalb des Oberbegriffs der Hysterie, bei der es zu sensorischen oder motorischen Störungen kommt, für die keine organische Basis vorliegt. Beispiele sind hysterische Blindheit und Lähmung.

Kriterienverschmelzung: Eine Situation, bei der die Validität eines Tests durch einen Vergleich der Testergebnisse mit einem Kriterium wie Beförderung festgestellt wird, das unter Umständen auf den Testergebnissen basierte.

Libido (Freud): Die generalisierte Quelle biologischer Energie (sexueller oder aggressiver Natur), die den Anstoß für die psychische Aktivität liefert.

Lustprinzip (Freud): Die dem Es zugeschriebene Motivation, ohne Rücksicht auf die Folgen sofort Lust zu erlangen und Schmerz zu vermeiden.

Medizinisches Modell: Emotionale Störungen werden nach diesem Modell in ähnlicher Weise betrachtet wie körperliche Störungen.

Minderwertigkeitsgefühl (Adler): Die persönliche Besessenheit von Gefühlen, den eigenen Maßstäben oder denen anderer nicht zu genügen. Die Minderwertigkeitsgefühle sollen kompensatorische Bestrebungen auslösen.

Modell der gesellschaftlichen Unterdrückung: Die Auffassung, daß Persönlichkeitsabweichungen auf unterdrückende kulturelle und gesellschaftliche Kräfte (z.B. Armut) zurückzuführen seien.

Neurose: Die Kategorie der milderen Formen psychischer Störungen, die gewöhnlich nicht der Hospitalisierung bedürfen. Der Neurotiker behält seine Orientierung auf die Umwelt bei und bleibt weitgehend in Kontakt zur Realität, seine kognitiven und emotionalen Prozesse sind jedoch soweit gestört, daß wirksame Lebensanpassungen dadurch behindert werden.

Normative Messung: Von normativen Messungen spricht man, wenn Meßwerte einer Person hinsichtlich eines bestimmten Merkmals mit der anderer Personen verglichen werden (siehe ipsative Messung).

Ödipuskomplex (Freud): Die sexuelle Bindung des Sohnes an seine Mutter, die sich während der phallischen Phase entwickelt.

Orale Phase (Freud): Die früheste Phase der psychosexuellen Entwicklung, gewöhnlich während des ersten Lebensjahres, in der die sexuelle Befriedigung überwiegend durch sinnliche Betätigungen des Mundes erlangt wird.

Organische Störungen: Ein psychopathologischer Zustand, für den es in der Physis oder den physiologischen Funktionen des Organismus eine gesicherte Basis gibt. Diese Störungen sind von den *funktionellen Psychosen* zu unterscheiden.

Paranoide Persönlichkeit: Eine Form der Störung, die durch ein umfassendes und oft organisiertes System von Wahnvorstellungen gekennzeichnet ist, wobei Verfolgungswahn und Größenwahn am häufigsten sind.

Parataxische Verzerrung: Ein von Sullivan benutzter Begriff, der die Einstellung eines Menschen zu einem anderen aufgrund einer phantasierten oder verzerrten Bewertung oder aufgrund der Identifizierung des Betreffenden mit einer Bezugsperson aus der eigenen Vergangenheit bezeichnet (ähnlich dem Freudschen Konzept der *Übertragung*).

Persönlichkeitsbeurteilung (assessment): Ein Verfahren für die umfassende Bewertung einer Persönlichkeit und die Voraussage indviduellen Verhaltens, bei dem eine große Zahl verschiedener Meßinstrumente und Techniken Verwendung finden.

Persönlichkeitsmerkmal (Charakterzug): Eine dauerhafte Eigenschaft des Individuums, die sich in einer konstanten Verhaltensweise in unterschiedlichsten Situationen manifestiert. Solche Merkmale können unterschiedlicher Art sein; manche erstrecken sich auf viele Bereiche, andere auf wenige, manche sind an der Oberfläche und andere in tieferen Schichten.

Persönlichkeitsinventare: Methoden zur Messung von Persönlichkeitsmerkmalen, darunter solchen, die Auskunft über die Interessen, Einstellungen, die emotionale Anpassung und die sozialen Beziehungen des Probanden geben. Solche Inventare bestehen aus einer großen Zahl einfacher Aussagen oder Fragen, von denen jede nach vorgegebenen Kategorien beantwortet werden soll. Ein bestimmtes Merkmal wird durch das Gesamtergebnis einer großen Zahl von Items gemessen.

Persönlichkeitsstörungen: Eingefleischte, gewohnheitsmäßige und rigide Verhaltens- oder Charaktermuster, die das Anpassungspotential des Individuums stark einschränken, die aber von dem oder der Betreffenden oft nicht als problematisch oder fehlangepaßt empfunden werden. Manchmal auch als *Charakterstörungen* bezeichnet.

Perversionen: Eine neue Kategorie des DSM-III, die verschiedene Mittel und Wege umfaßt, Sexualität zu äußern, die als aberrant oder deviant angesehen werden.

Phallische Phase (Freud): Das Stadium der psychosexuellen Entwicklung, gewöhnlich zwischen dem dritten und fünften Lebensjahr, in dem sich die sexuelle Befriedigung auf die eigenen Geschlechtsorgane des Kindes konzentriert.

Phänomenologie: Der theoretische Ansatz, der die unmittelbare Erfahrung in den Mittelpunkt des Forschungsinteresses der Psychologie stellt. Dies ist von der klassischen *Introspektion* zu unterscheiden, die der Art und Weise, wie Beobachter ihre Erlebnisse berichten konnten, Beschränkungen auferlegte.

Phenothiazine: Eine große Kategorie *antipsychotischer* Medikamente, die zu der Eindämmung psychotischer Denkvorgänge und Prozesse wie Halluzinationen und Wahnvorstellungen dienen.

Phobie: Eine Form der Neurose, die durch irrationale und starke Ängste vor bestimmten Objekten, Örtlichkeiten oder Situationen gekennzeichnet ist.

Präfrontale Lobotomie: Eine Form der Psychochirurgie, bei der die Nervenfasern durchtrennt werden, die die Frontallappen des Gehirns mit dem Thalamus verbinden.

Prägung: Der Vorgang, durch den die Jungen vieler Spezies eine Bindung an eine „Mutterfigur" herstellen. Sie scheint innerhalb einer begrenzten zeitlichen Periode – der „lernsensiblen Phase" – im ersten Lebensabschnitt zu erfolgen und relativ unveränderlich zu sein.

Primärgewinn: Vorteile vorwiegend innerer Art, die man aus psychischen Symptomen ziehen kann (z. B. Beherrschung von Angst).

Projektion: Ein Abwehrmechanismus, bei dem man seine eigenen inakzeptablen Motive oder Eigenschaften anderen zuschreibt.

Projektive Techniken: Eine Methode, die zur Messung tieferliegender Tendenzen eines Menschen dienen soll, die nicht ohne weiteres durch direktere Methoden feststellbar sind. Dazu zählen die Darbietung schwach strukturierter oder mehrdeutiger Reizmaterialien (z. B. Tintenkleckse), von denen angenommen wird, daß der Proband in ihre Wahrnehmung und Interpretation Tendenzen hineinprojiziert, deren er sich vielleicht nicht bewußt ist.

Psychalgie: Schmerzen, die extremer erscheinen, als aufgrund des tatsächlichen körperlichen Zustands erklärbar ist.

Psyche (Jung): Die aus einer großen Zahl von Subsystemen einschließlich des Ich, des persönlichen Unbewußten und des kollektiven Unbewußten bestehende Gesamtpersönlichkeit. Allgemeiner gesprochen der Geist – mit der Betonung auf persönlichen geistig-seelischen Erlebnissen.

Psychischer Determinismus: Eine bestimmte Form einer deterministischen Position, die die Möglichkeit betont, persönliche mentale Zustände, Motive und Gefühle in Kategorien universeller Naturgesetze zu erklären. Freud war ein psychischer Determinist.

Psychoanalyse: Eine wichtige Methode der Psychotherapie, die ursprünglich von Sigmund Freud entwickelt wurde. Sie erfordert eine langfristige und intensive Erforschung der Konflikte, verdrängten Erinnerungen, Kindheitserfahrungen usw. des Patienten. Die Haupttechnik ist das *freie Assoziieren;* und ein wesentlicher Teil der Psychotherapie ist der Prozeß der *Übertragung,* bei dem die emotionale Einstellung des Patienten zu sei-

Hospitalisierung nötig.

Psychosexuelle Entwicklungsphasen (Freud): Die Theorie, daß die Kindheitsentwicklung der Persönlichkeit über verschiedene charakteristische Weisen der Freisetzung von Libido voranschreitet: die orale, anale, phallische, latente und genitale Phase.

Psychosexuelle Funktionsstörungen: Eine neue Kategorie im DSM-III, die sexuelle Probleme wie Impotenz umfaßt.

Psychosomatische Störung: Eine körperliche Störung, die weitgehend von psychologischen Faktoren verursacht wird. Zu diesen Faktoren zählen gewöhnlich belastende Emotionen, die nicht unmittelbar geäußert werden. Beispiele sind: Magengeschwüre, hoher Blutdruck und sogar Hautekzeme. Diese Störungen sind jedoch nicht immer psychosomatischen Ursprungs.

Q-Sortierung: Eine Form der Messung, bei der persönlichkeitsbeschreibende Items in Kategorien sortiert werden, die ihre relative Bedeutung oder Relevanz für die Kennzeichnung einer Person anzeigen (siehe *ipsative Messung*).

Ratings (Einstufung, Bewertung): Vielleicht die verbreitetste Methode zur Messung von Persönlichkeitsmerkmalen. Das Ergebnis eines Probanden in bezug auf ein bestimmtes Persönlichkeitsmerkmal wird durch seine Plazierung auf einer Beurteilungsskala durch einen Beurteiler bestimmt. Es können auch Selbstbeurteilungen vorgenommen werden.

Rationalisierung: Ein Abwehrmechanismus, bei dem man durch kognitive Verzerrung akzeptable Gründe findet, um das eigene inakzeptable Verhalten zu rechtfertigen. Die Psychoanalyse nimmt an, daß dieser Prozeß unbewußt verläuft.

Reaktionsbildung (Freud): Der Abwehrmechanismus, der darin besteht, Motive und Gefühle zu äußern, die den eigenen wahren psychischen Zuständen entgegengesetzt sind, um diese vor sich selbst zu verbergen.

Reaktionsdispositionen: Gewohnheiten oder Tendenzen, sich in Gegenwart bestimmter Reize in bestimmter Weise zu verhalten.

Reaktionstendenzen: Einstellungsfaktoren, die die Tendenz haben, Eigenangaben in Persönlichkeitsinventaren unobjektiv zu machen. Ein solcher Faktor ist soziale Wünschbarkeit, d.h. der Proband tendiert dazu, Aussagen zuzustimmen, von denen allgemein angenommen wird, daß sie von einer wünschenswerten Einstellung zeugen, und neigt dazu, weniger lobenswerten Aussagen zu widersprechen.

Realitätsprinzip (Freud): Konsequenzen berücksichtigend, versucht das Ich, sowohl die Befriedigung des Es zu erreichen als auch die Ideale des Über-Ich zu erfüllen, indem es die Impulsivität des ersteren vermeidet, um den angsterfüllten Schuldgefühlen des letzteren zu entgehen.

Reziproke Hemmungstherapie: In Wolpes Verhaltenstherapie versteht man darunter eine Reaktion (z.B. Entspannung), die sich antagonistisch zur Angst verhält und deshalb nicht gleichzeitig mit dieser auftreten kann.

Schizophrenie: Die häufigste aller Psychosen, gekennzeichnet durch extremen emotionalen Rückzug und verminderten Kontakt mit der Realität, eine allgemeine Verschlechterung des sozialen Verhaltens und häufig Halluzinationen. Oft besteht eine auffallende Unvereinbarkeit oder Spaltung zwischen Emotion und Verhalten; daher die unwissenschaftliche Bezeichnung *„gespaltene Persönlichkeit“* (nicht zu verwechseln mit „multiplen Persönlichkeiten“).

Schocktherapie: Ein psychotherapeutisches Hilfsmittel, durch das bei psychotischen Patienten durch die Verabreichung von Insulin oder Elektroschock Krampfanfälle ausgelöst werden. Ein Resultat ist eine vorübergehende Periode der Luzidität, während der der Therapeut besser mit dem Patienten kommunizieren kann.

Sekundärgewinn: Der Nutzen, den der Patient durch die Reaktionen seiner Umwelt aus seinen Symptomen zieht.

Selbst: Das „Ich", dessen sich die Person in ihrem Denken, Fühlen und Handeln bewußt ist. Das Selbst hat wie jedes wahrgenommene Objekt eine Struktur mit verschiedenen Eigenschaften und ist der Entwicklung und Veränderung unterworfen. Der Begriff *Selbst* ist von den Begriffen *Ich, Persönlichkeit* und *Organismus* zu unterscheiden. Das Selbst ist nur ein Teil der Gesamtpersönlichkeit des Individuums.

Selbstverwirklichung (Maslow): Die vollständige Äußerung des einzigartigen Wachstumspotentials der Persönlichkeit eines Individuums. Die Tendenz dazu wird als angeboren betrachtet.

Situationstest: Eine Methode zur Messung von Persönlichkeitsmerkmalen, bei der die Vpn in standardisierten Testsituationen beobachtet werden, die weitgehend Bedingungen des realen Lebens gleichen. Testsituationen sehen häufig Interaktionen zwischen mehreren Probanden vor.

Somatische Faktoren (der Persönlichkeit): Physische Merkmale des Organismus wie Hormonspiegel, Sinnesschärfe, Körperbau und so weiter, die das Tempo und die Richtung der Persönlichkeitsentwicklung und der Funktionsfähigkeit des Individuums beeinflussen können.

Somatoforme Störungen: Eine Kategorie des vorliegenden Entwurfs des DSM-III, die unter anderem Konversionsreaktionen und Somatisierungsreaktionen umfaßt.

Spieltherapie: Eine Technik der Psychotherapie, bei der das Kind aufgefordert wird, mit Spielzeug und anderem Material so zu spielen, daß es seine Gefühle und Konflikte frei äußern kann. Das Spiel dient sowohl zur Diagnose wie zur Heilung Psychischer Störung.

Störung der Geschlechtsidentität: Das subjektive Gefühl, ein Mann oder eine Frau zu sein, steht nicht im Einklang mit der sexuellen Anatomie des oder der Betreffenden.

Symbiose: Ein Stadium der Interdependenz (wechselseitigen Abhängigkeit) zwischen dem Säugling und seiner Mutter, in dem sich der Säugling so verhält, als sei er mit der Mutter verschmolzen und bilde mit dieser eine Einheit.

Symptomsubstitution: Eine Situation, in der ein neues Symptom oder unangemessenes Verhalten auftritt, nachdem es gelungen ist, das ursprüngliche Symptom zu beseitigen. Dies geschieht, weil der ursprüngliche Konflikt unaufgelöst blieb und deshalb immer noch irgendeine Art von „selbstschützendem" Symptom benötigt wird.

Systematische Desensibilisierung: Eine von Wolpe entwickelte verhaltenstherapeutische Technik, bei der Hierarchien angsterzeugender Vorstellungen dargeboten werden, wenn sich der Patient in einem Zustand tiefer Entspannung befindet. Allmählich werden die Vorstellungen von der Angstreaktion dissoziiert und durch die gelernte Entspannungsreaktion ersetzt.

T-Gruppe (T = Training): Selbsterfahrungsgruppe, in der die Teilnehmer ihre Interaktionen miteinander untersuchen, um ihre interpersonellen Beziehungen verbessern zu lernen. Wurde ursprünglich für die Schulung von Wirtschaftsführern und Pädagogen entwickelt (siehe *Encounter-Gruppe*).

Tranquilizers (Tranquillantien): Eine Klasse von Medikamenten, die dazu dienen, die Stimmung von Patienten zu verändern, gewöhnlich, um Angst zu reduzieren. Dieser Effekt kann den Betreffenden sozial zugänglicher und aufgeschlossener für die Psychotherapie machen.

Transaktionsanalyse: Ein therapeutischer Ansatz, der die Kommunikationsmuster der Patienten und ihren Ursprung in den Ich-Zuständen von Erwachsenem, Eltern oder Kind analysiert. Sich wiederholende Interaktionsmuster werden als „Spiele" und „Life-scripts" bezeichnet.

Trauma: Jedes schädliche, angsterregende Erlebnis. Freud zufolge können traumatische Erlebnisse die Ursache von Persönlichkeitsproblemen sein.

Über-Ich (Freud): Jener Teil der Persönlichkeit, der als Gewissen (oder „schuldiges Gewissen") dient und die elterlichen und gesellschaftlichen Wertvorstellungen und Ziele verkörpert.

Überflutungstherapie: Eine von Stampfl entwikkelte verhaltenstherapeutische Methode, bei der der Patient wiederholt massiven Dosen von angsterzeugenden Vorstellungen ausgesetzt wird. Man nimmt an, daß die Angstreaktion schließlich gelöscht wird, weil sie nicht mit tatsächlichem physischem Schaden gekoppelt ist.

Übertragung: Der besonders in der Psychoanalyse und der psychoanalytisch orientierten Therapie wichtige Prozeß, durch den der Patient seine gestörten emotionalen Einstellungen zu seinen Eltern und anderen wichtigen Bezugspersonen auf seine Wahrnehmung des Psychotherapeuten transferiert. Die Übertragung gibt Gelegenheit, diese grundlegenden emotionalen Haltungen mit Hilfe des Therapeuten umzugestalten.

Unbewußte Motivation: Jene Motive, Wünsche und Befürchtungen, deren man sich nicht bewußt ist.

Literaturverzeichnis

Abrahamson, J.: Unmasking „Son of Sam's Demons", The New York Times Magazines (July 1), 1979.

Abramson, L. Y., M. E. P. Seligman, Teasdale, J. D.: Learned Helplessness in Humans: Critique and Reformulation, J. Abnorm. Psychol., 87, 1978, 49–74.

Adler, A.: Individual Psychology, in Murchison, C. (Hrsg.). Psychologies of 1930. Worcester, Mass.: Clark University Press, 1930.

Ainsworth, M. D.: Attachment: Retrospect and Prospect. Presidential address at Meeting of Society for Research in Child Development, San Francisco 1979a.

Ainsworth, M. D.: Infant-mother Attachment, Amer. Psychol., 34, 1979b, 932–937.

Ainsworth, M. D. et al.: Patterns of Attachment. New York: Wiley 1978.

Alexander, F.: Individual Psychotherapy, Psychosom. Med., 8, 1946, 110–115.

Alker, H.: A Quasi-paranoid Feature of Students' Extreme Attitudes Against Colonialism, Behav. Sci., 16, 1971, 218–227.

Allport, G. W.: Persönlichkeit, Meisenheim: Hain ^{2}1959.

American Psychiatric Association, Task Force on Nomenclature and Statistics: DSM-III draft. Diagnostic and Statistical Manual of Mental Disorders. 3rd ed. Washington, D.C.: American Pychiatric Association 1979.

Arnold, M. B.: Emotion and personality. 2 vols. Irvington: Columbia UP 1960.

Atkinson, J. W., Raynor, J. O.: Personality and Motivation. New York: Van Nostrand 1978.

Bandura, A.: Principles of Behavior Modification. New York: Holt, Rinehart & Winston 1969.

Bandura, A.: Social Learning Theory. Englewood Cliffs, N. J.: Prentice-Hall 1977a.

Bandura, A.: Self-efficacy: Toward a unifying Theory of Behavioral Change, Psychol. Rev., 84, 1977b, 191 bis 215.

Bateson, G., Jackson, D., Haley, J., Weakland, J.: Toward a Theory of Schizophrenia, Behav. Sci., 1, 1956, 251–264.

Baughman, E. E.: Personality: The Study of the Individual. Englewood Cliffs, N. J.: Prentice-Hall 1972.

Baumrind, D.: Childcare Practices Anteceding Three Patterns of Preschool Behavior, Genet. Psychol. Monogr., 75, 1967, 43–88.

Baumrind, D.: Socialization and Instrumental Competence in Young Children, in Hartup, W. W. (Hrsg.): The Young Child: Reviews of Research. Vol. II. Washington, D. C.: National Association for the Education of Young Children 1972.

Baumrind, D.: Parental Disciplinary Patterns and Social Competence in Children, in Oragastin, E., Elder, G. (Hrsg.): Adolescence in the Life Cycle. Washington, D. C.: Hemisphere 1978.

Baumrind, D.: New Directions in Socialization Research, Amer. Psychol., 35, 1980, 639–652.

Bayer, L. M., Honzik, M. P., Whissell-Buechy, D.: Adolescent Health and Personality. Paper presented at Fall Meeting of the Society for Adolescent Medicine 1979.

Beck, A. T.: Depressive Neurosis, in Arieti, S. (Hrsg.): American Handbook of Psychiatry. 2nd ed. New York: Basic Books 1974.

Beck, A. T., Kovacs, M., Wiessman, A.: Hopelessness and Suicidal Behavior, J. of the A. M. A., 234, 1975, 1146–1149.

Beck, A. T. u.a.: Kognitive Therapie der Depression. München: Urban & Schwarzenberg 1981.

Bell, A. P., Weinberg, M. S.: Homosexualities: A Study of Diversity Among Men and Women. New York: Simon and Schuster 1978.

Benesch, H.: Wissenschaft der Menschenbehandlung. Heidelberg: Quelle & Meyer 1958.

Benesch, H.: Wörterbuch zur Klinischen Psychologie. München: dtv 1981.

Benesch, H.: „Und wenn ich wüßte, daß morgen die Welt unterginge ...". Zur Psychologie der Weltanschauungen. Weinheim: Beltz 1984.

Bentler, P. M., Shearman, R. W., Prince, C.: Personality Characteristics of Male Transvestites, J. Clin. Psychol. 126, 1970, 287–291.

Berne, E.: Spiele der Erwachsenen. Reinbek: Rowohlt 1967.
Berne, E.: Transactional Analysis in Psychotherapy. New York: Grove Press 1973.
Berne, E.: Spielarten und Spielregeln der Liebe. Reinbek: Rowohlt 1974.
Bion, W. A.: Experiments in Groups and Other Papers. New York: Basic Books 1959.
Blanchard, E. B., Epstein, L. H.: A Biofeedback Primer. Reading, Mass.; Addison-Wesley 1978.
Bleuler, M., Bleuler, R.: Rorschach's Ink-blot Tests and Racial Psychology, Charact. and Pers., 4, 1935. 97 bis 114.
Block, J. H.: Further Consideration of Psychosomatic Predisposing Factors in Allergy, Psychosom. Med., 30, 1968, 202–208.
Block, J. H., Jennings, P. H., Harvey, E., Simpson, E.: The Interaction Between Allergic Predisposition and Psychopathology in Childhood Asthma, Psychosom. Med., 26, 1964, 307–326.
Bowlby, J.: Attachment and Loss. Vol. I. New York: Basic Books 1969.
Bray, D. W.: Current Trends and Future Posibilities, in Moses, J. L., Byham, W. C. (Hrsg.). Applying the Assessment Center Method. New York; Pergamon 1977.
Breger, L., McGaugh, J. L.: Critique and Reformulation of Learning-theory: Approaches to Psychotherapy and Neurosis, Psychol. Bull., 63, 1965, 338 bis 358.
Buchwald, A. M., Young, R. D.: Some Comments on the Foundations of Behavior Therapy, in Franks, C. M. (Hrsg.). Behavior Therapy: Appraisal and Status. New York: McGraw-Hill, 1969.
Brown, P. (Hrsg.): Radical Psychology. New York: Harper & Row 1973.
Cameron, N.: Personality Development and Psychopathology. Boston: Houghton Mifflin 1963.
Campbell, D. T.: Ethnocentrism and Other Altruistic Motives, in Levine, D. (Hrsg.): Nebraska Symposium on Motivation. Vol. 13. Lincoln: University of Nebraska Press 1965.
Carelton, F. O.: Relationships Between Follow-up Evaluations and Information Developed in a Management Assessment Center. A. P. A. Proceedings of the Annual Meeting 1970.
Cattell, R. B.: Die empirische Erforschung der Persönlichkeit. Weinheim: Beltz 1973.
Coleman, J. C., Butcher, J. N., Carson, R. C.: Abnormal Psychology and Modern Life. 6th ed. Glenview, Ill.: Scott, Foresman 1980.
Cook, T. H.: The Application of the Rorschach Test to a Samoan Group, Rorsch. Res. Exch., 6, 1942, 51–60.
Cortes, J. B., Gatti, F. H.: Physique and Selfdescription of Temperament, Amer. Psychol., 19. Abstract 1964. 572
Cromwell, R. L.: Assessment of Schizophrenia, in Rosenzweig, M. R., Porter, L. W. (Hrsg.). Annual Review of Psychology. Palo Alto, Calif.: Annual Reviews 1975.
Crowne, D. P., Marlowe, D.: The Approval Motive: Studies in Evaluative Dependence. New York: Wiley 1964.
Dahlstrom, U. G., Welsh, G. S.: An MMPI Handbook: A Guide to Use in Clinical Practice and Research. Minneapolis: University of Minnesota Press 1960.
Davidson, M., McGinnes, R., Parnell, R.: The Distribution of Personality Traits in Seven Year Old Children: A Combined Psychological, Psychiatric and Somatotype Study, Brit. J. Educ. Psychol., 27, 1957, 48–61.
Decasper, A. J., Fifer, W. P.: Of Human Bonding: Newborns Prefer Their Mother's Voices, Science, 208, 1980, 1174–1176.
Dicks, H. V.: Clinical Studies in Psychopathology. Baltimore: Wood 1939.
Elstein, A. S.: Clinical Judgment: Psychological Research and Medical Practice, Science, 194, 1976, 696–700.
Erikson, E.: Identity and the Life Cycle, Psychol. Issues, 1, No. 1, 1959.
Erikson, E.: Kindheit und Gesellschaft. Stuttgart: Klett ^{5}1973.
Erikson, E.: Identität und Lebenszyklus. Frankfurt: Suhrkamp 1979.
Ervin, S. M.: Language and TAT Content in Bilinguals, J. Abnorm Soc. Psychol., 68, 1964, 500–507.
Ewing, C. P.: Crisis: Intervention as Psychotherapy. New York: Oxford University Press 1978.
Eysenck, H. J.: The Effects of Psychotherapy: An Evaluation. Consult. Psychol., 16, 1952, 319–324.
Fahrenberg, J.: Objektive Tests zur Messung der Persönlichkeit. In: Hdb. d. Psychol. Bd. 6, ^{3}1971. – Psychophysiologische Persönlichkeitsforschung. Göttingen: Hogrefe 1967.
Farber, L. H.: Merchandising Depression, Psychology Today (April), 12, No. 11, 1979, 63–64.
Farran, D. C., Ramey, C. T.: Infant Day Care and Attachment Behavior Towards Mothers and Teachers, Child Develpm., 48, 1977, 1112–1116.
Ferber, A., Mendelsohn, M., Nupier, A.: The Book of Family Therapy. New York: Science House 1972.
Feshbach, S.: The Dynamics and Morality of Violence and Aggression: Some Psychological Considerations, Amer. Psychol., 26, 1971, 281–292.
Filipp, S.-H. (Hrsg.): Selbstkonzept-Forschung. Probleme, Befunde, Perspektiven. Stuttgart: Klett/Cotta 1979.
Fling, S. & M. Manosevitz: Sex Typing in Nursery School Children's Play Interest, Child Develpm., 1, 1972, 146–152.
Foltz, D.: Judgment Withheld on DSM-III, New Child

Classification Being Pushed, APA Monitor, 11, No. 1, 1, 1980.
Frankl, V. E.: Man's Search for Meaning. Boston: Beacon 1962.
Frankl, V. E.: Der Wille zum Sinn. Bern: Huber 1972.
Franzini, L. R., Litrownik, A. J., Blanchard, F. H.: Modeling of Sex-typed Behaviors: Effects on Boys and Girls, Develpm. Psychol., 14, 1978, 313–314.
Freedman, A. M., Kaplan, H. I., Sodock, B. J. (Hrsg.): Comprehensive Textbook of Psychiatry. Vol. II. Baltimore: Williams & Wilkins 1975.
Freedman, D. G., Keller, B.: Inheritance of Behavior in Infants, Science, 140, 1963, 196–198.
Frenkel-Brunswik, E., Sanford, R. N.: Some Personality Factors in Anti-Semitism, J. Psychol., 20, 1945, 271–291.
Freud, S.: Gesammelte Werke. London: Imago 1961[3].
Gehlen, A.: Der Mensch. Bonn: Athenäum 1958.
Gendlin, E. T.: Experiential Psychotherapy, in Corsini, R. J. (Hrsg.). Current Psychotherapies. Itosca, Ill.: Peacock 1979.
Gottesman, I. I.: Heritability of Personality: A Demonstration, Psychol. Monogr., 77, No. 9. 1963.
Gottesman, I. I.: Genetic Variance in Adaptive Personality Traits, J. Child Psychol. and Psychiatr., 1, 1966, 199–208.
Gottesman, I. I., Shields, J.: Schizophrenia and Genetics – A Twin Study Vantage Point. New York: Academic Press 1972.
Gottesman, I. I., Shields, J.: Genetic Theorizing and Schizophrenia, Brit. J. Psychiatr., 122, 1973, 15–30.
Gottlieb, G.: Prenatal Behavior of Birds, Quart. Rev. Biol., 43, 1968, 148–174.
Gough, H. G.: Manual for the California Psychological Inventory. Palo Alto, Calif.: Consulting Pychologists Press 1957.
Gough, H. G.: The Adjective Checklist. Palo Alto, Calif.: Consulting Psychologists Press 1961.
Gough, H. G.: Clinical Versus Statistical Prediction in Psychology, in Postman, L. (Hrsg.). Psychology in the Making. New York: Knopf 1962.
Gough, H. G., Sandhut, H. S.: Validation of the CPI Socialization Scale in India, J. Abnorm Soc. Psychol., 68, 1964, 544–546.
Guilford, J. P.: Persönlichkeit. Weinheim: Beltz [4]1970.
Gutjahr, W.: Die Messung psychischer Eigenschaften. Berlin: Verl. d. Wissensch. 1971.
Gurin, G., Veroff, J. Feld, S.: Americans View Their Mental Health: A Nationwide Interview Survey. Monograph series No. 4. Joint Commission on Mental Illness and Health. New York: Basic Books 1960.
Haan, N.: A Tripartite Model of Ego Functioning Values and Clinical and Research Applications, J. Nerv. Ment. Dis., 148, 1969, 14–30.
Haas, K.: Abnormal Psychology. New York: Van Nostrand 1979.
Haley, J.: Toward a Theory of Pathological Systems, in Zuk, G. H., Boszormeny-Nagy, I. (Hrsg.). Family Therapy and Disturbed Families. Palo Alto, Calif.: Science & Behavior 1967.
Hall, C. S., Lindzey, G.: Theories of Personality. 2nd ed. New York: Wiley 1970.
Hare, R. D.: Psychopathy: Theory and Research. New York: Wiley 1970.
Harlow, H. F.: Love in Infant Monkeys, Scientific American, 200, 1959, 68–74.
Harlow, H. F., Harlow, M. K.: The Affectional Systems, in Schrier, A. M., Harlow, H. F., Stollnitz, F. (Hrsg.). Behavior of Nonhuman primates. Vol. 2. New York: Academic Press 1965.
Harper, R. A.: Psychoanalysis and Psychotherapy: 36 Systems. Englewood Cliffs, N. J.: Prentice-Hall 1959.
Harris, T.: I'm O. K., You're O K. New York: Harper & Row 1967.
Hartley, D., Roback, H. B., Abramowitz, S. I.: Deterioration Effects in Encounter Groups, Amer. Psychol., 31, 1976, 247–255.
Hartshorne, H., May, M. A.: Studies in the Nature of Character. Vol. 1. Studies in Deceit. New York: Macmillan 1928.
Hathaway, S. R., McKinley, J. C.: The Minnesota Multiphasic Personality Inventory Manual. Rev. ed. New York: Psychological Corp. 1951.
Heinstein, M.: Behavior Correlates of Breastbottle Regimes Under Varying Parent-infant Relationships, Monogr. Soc. Res. Child Develpm., 28 (Series No. 88), 1963.
Heiß, H.: Allgemeine Tiefenpsychologie. Bern: Huber 1956.
Herink, R.: Handbook of Psychotherapy. New York: New American Library 1980.
Herrmann, T.: Lehrbuch der empirischen Persönlichkeitsforschung. Göttingen: Hogrefe [2]1972.
Herrmann, T.: Persönlichkeitsmerkmale. Stuttgart u. a.: Kohlhammer 1973.
Hess, E. H.: Imprinting in Birds, Science, 146, 1964, 1128–1139.
Heston, L. L.: Psychiatric Disorders in Foster Home Reared Children of Schizophrenic Mothers, Brit. J. Psychiatr., 112, 1966, 819–825.
Hetherington, E. M., Frankie, G.: Effects of Parental Dominance, Warmth, and Conflict on Imitation in Children, J. Pers. Soc. Psychol., 6, 1967, 119–125.
Hoffman, M. L.: Moral internalization, Parental Power, and the Nature of Parent-child Interaction, Develpm., Psychol., 11, 1975, 228–239.
Holden, C.: Psychosurgery: Legitimate Therapy or Laundered Lobotomy? Science, 179, 1973a, 1109 bis 1112.
Holdstock, T., Rogers, C.: Person-Centered Theory, in Corsini, R. (Hrsg.): Current Personality Theories. Itosca, Ill.: Peacock 1977.

Holley, J.: Rorschach Analysis, in Kline, P. (Hrsg.). New Approaches in Psychological Measurement. New York: Wiley 1974.
Hollingshead, A. B., Redlich, F. C.: Social Class and Mental Illness: A Community Study. New York: Wiley 1958.
Hook, S.: Psychoanalysis, Scientific Method and Philosophy: A Symposium. New York: New York University Press 1959.
Hoppe, A.: The Greatest Generation, San Francisco Chronicle (Feb. 1), Chronicle Publishing 1970.
Howard, A.: An Assessment of Assessment Centers, Acad. Mgt. J., 17, 1974, 115–134.
Horn, G., Rose, S. P. R., Bateson, P. P. G.: Experience and Plasticity in the Central Nervous System, Science, 181, 1973, 506–514.
Jackson, D. D.: The Question of Family Homeostasis, Psychiatr. Quart. Suppl., 31, 1957, 79–90.
Jones, M. C.: The Elimination of Children's Fear, J. Exp. Psychol., 1, 1924, 382–390.
Jones, M. C.: Psychological Correlates of Somatic Development, Child Develpm., 36, 1965, 899–912.
Jourard, S. M., Friedman, R.: Experimentersubject Distance and Self-disclosure, J. Pers. Soc. Psychol., 15, 1970, 278–282.
Jung, C. G.: Die psychologische Diagnose des Tatbestandes. Halle: Marhold 1906.
Jung, C. G.: Psychologische Abhandlungen. 12 Bde. Zürich: Rascher 1914–1957.
Jung, C. G.: Psychologische Typen. Zürich: Rascher [9]1960.
Kallmann, F. J.: The Genetic Theory of Schizophrenia, Amer. J. Psychiatr., 103, 1946, 309–322.
Karlsson, J. L.: Genetic Association of Giftedness and Creativity with Schizophrenia, Hereditas, 666, 1970, 177–182.
Kelly, G. A.: The psychology of personal constructs. New York: Norton 1955.
Kety, S. S.: Disorders of the Human Brain, Scientific American, 241, 1979, 202–214.
Kiesler, D. J.: Some Myths of Psychotherapy Research and the Search for a Paradigm. Psychol. Bull., 65, 1966, 110–136.
Kluckhohn, C., Murray, H. A.: Personality in Nature, Society, and Culture. New York: Knopf 1948.
Kübler-Ross, E.: On Death and Dying. New York: Macmillan. Paperback ed. 1970.
Kübler-Ross, E.: Death: The Final Stage of Growth. Englewood Cliffs, N. J.: Prentice-Hall 1975.
Koch, H. L.: Twins and Twin Relations. Chicago: University of Chicago Press 1966.
Kulka, R. A., Verhoff, J. Douvan, E.: Class and the Use of Professional Help for Personal Problems, J. Health Soc. Behav. (March), 20, 1979, 2–17.
Laing, R. D., Esterson, A.: Sanity, Madness and the Family: Families of Schizophrenics. 2nd ed. London: Tavistock 1970.
Lamb, M. E.: Father-infant and Mother-infant Interaction in the First Year of Life, Child Develpm., 48, 1977, 167–181.
Lazarus, A. A.: A Plea for Technical and Theoretical Breadth, AABT Newsletter (June), 3, 2, 1968.
Lee, S. D., Temerlin, M. K.: Social Class, Diagnosis and Prognosis for Psychotherapy, Psychother. Theory Res. Pract., 7, 1970, 181–185.
Lefcourt, H. M.: Locus of Control: Current Trends in Theory and Research. Hillsdale, N. J.: Lawrence Erlbaum Assoc. 1976.
Lerner, R. M., Korn, S. J.: The Development of Body Build Stereotypes in Males, Child Develpm., 43, 1972, 908–920.
Lersch, P.: Aufbau der Person. München: Barth [8]1962.
Lersch, P., Thomae, H. (Hrsg.): Persönlichkeitsforschung und Persönlichkeitstheorie. Hb. d. Psychol., Bd. 4. Göttingen: Hogrefe [4]1968.
Levitsky, A., Perls, F. S.: The Rules and Games of Gestalt Therapy, in Fagan, J., Shepherd, I. L. (Hrsg.): Gestalt Therapy Now. Palo Alto, Calif.: Science & Behavior 1970.
Lewis, M., Kreitzberg, V. S.: Effects of Birth Order and Spacing on Mother-infant Interactions, Develpm. Psychol., 15, 1979, 617–625.
Lieberman, M. A., Yalom, I. D., Miles, M. B.: Encounter Groups: First Facts. New York: Basic Books 1973.
Lindzey, G.: Projective Techniques and Cross-cultural Research. New York: Appleton 1961.
Livson, N., Peskin, H.: Perspectives on Adolescence from Longitudinal Research, in Adelson, V. (Hrsg.). Handbook of Adolescent Psychology. New York: Wiley 1980.
London, P.: The Modes and Morals Of Psychotherapy. New York: Holt 1964.
London, P.: Rescuers: Motivational Hypotheses About Christians Who Saved Jews, in Macauley, J., Berkowitz, L. (Hrsg.). Altruism and Helping Behavior. New York: Academic Press 1970.
London, P.: The End of Ideology in Behavior Modification, Amer. Psychol., 27, 1972, 913–920.
Lovaas, O. I.: A Program for the Establishment of Speech in Psychotic Children, in Wing, J. K. (Hrsg.). Early Childhood Autism. Elmsford, N. Y.: Pergamon 1966.
Lykken, D. I.: A Study of Anxiety in the Sociopathic Personality, J. Abnorm. Soc. Psychol., 55, 1957, 6 bis 10.
McArthur, L. Z., Eisen, S. V.: Television and Sex-role Stereotyping, J. Appl. Soc. Psychol., 6, 1976, 329 bis 351.
MacFarlane, J. W.: Perspectives on Personality Consis-

tency and Change from the Guidance Study, Vita Humana, 7, 1964, 115–126.
MacFarlane, J. W., Allen, L., Honzik, M. P.: A Developmental Study of the Behavior Problems of Normal Children Between 21 Months and 14 Years, U. Calif. Publ. Child Develpm., Vol. 2, 1954.
MacKinnon, D. W.: Violation of Prohibitions, in Murray, H. A. (Hrsg.): Explorations in Personality. New York: Oxford University Press 1938.
Maddi, S. R.: The Existential Neurosis, J. Abnorm. Psychol., 72, 1967, 311–325.
Mahler, M., Pine, F., Bergman, A.: The Psychological Birth of the Human Infant. New York: Basic Books 1975.
Mark, V. H., Ervin, F. R.: Violence and the Brain. New York: Harper & Row 1970.
Marshall, E.: Psychotherapy Works, But for Whom? Science, 207, 1980, 506–508.
Maslow, A. H.: Motivation and Personality. New York: Harper 1954.
Maslow, A. H.: Toward a Psychology of Being. Princeton: Van Nostrand 1962.
Maslow, A. H.: A Theory of Metamotivation: The Biological Rooting of the Value Life, J. Hum. Psychol., 1, 1967, 93–127.
Maslow, A. H.: Motivation and Personality. 2nd ed. New York: Harper & Row 1970.
Maslow, A. H.: Psychologie des Seins. München: Goldmann 1973.
Masters, W. H., Johnson, V. E.: Human Sexual Response. Boston: Little, Brown 1966.
Masters, W. H., Johnson, V. E.: Human Sexual Inadequacy. Boston: Litte, Brown 1970.
Meador, B. D., Rogers, C. R.: Person-centered Therapy, in Corsini, R. J. (Hrsg.). Current Psychotherapies. Itosca, Ill.: Peacock 1979.
Meyer, J. E.: Depersonalisation. Darmstadt: Wiss. Buchgesellschaft 1968.
Mischel, W.: Personality and assessment. New York: Wiley 1968.
Mischel, W.: Processes in delay of gratification. In: Berkowitz, L. (Hrsg.): Advances in experimental social psychology, Bd. 7. New York: Academic Press 1974.
Money, J., Primrose, C.: Sexual Dimorphism and Dissociation in the Psychology of Male Transsexuals, J. Nerv. Mental Dis., 147, 1968, 472–486.
Montemayor, R.: Men and Their Bodies: The Relationship Between Body Type and Behavior, J. Soc. Issues, 34, 1978, 48–64.
Morgan, C. D., Murray, H. A.: A Method for Investigating Fantasies: The Thematic Apperception Test, Arch. Neurol. Psychiatr., 34, 1935, 289–306.
Morganstern, K. P.: Implosive Therapy and Flooding Procedures: A Critical Review, Psychol. Bull., 79, 1973, 318 u. 334.
Murray, H. A.: Thematic Apperception Test. Cambridge, Mass.: Havard University Press 1943.
Nichols, R. C.: The National Merit Twin Study, in Vandenberg, S. G. (Hrsg.). Methods and Goals of Human Behavior Genetics. New York: Academic Press 1965.
Olbrisch, M. E.: Psychotherapeutic Interventions in Physical Health: Effectiveness and Economic Efficiency, Amer. Psychol., 32, 1977, 761–777.
Pawlik, K. (Hrsg.): Multivariate Persönlichkeitsforschung. Bern: Huber 1982.
Perls, F., Hefferline, R. E., Goodman, P.: Gestalt Therapy: Excitement and Growth in the Human Personality. New York: Dell 1951.
Peskin, H.: Pubertal Onset and Ego-functioning: A Psychoanalytical Approach, J. Abnorm. Soc. Psychol., 72, 1967, 1–15.
Peskin, H., Livson, N.: Pre- and Post-pubertal Personality and Adult Psychologic Functioning, Seminars in Psychiatr., 4, 1972, 343–353.
Peskin, H., Livson, N.: Uses of the Past in Adult Psychological Health, in Eichhorn, D., Mussen, P. H., Clausen, J., Hann, M., Honzik, M. P. (Hrsg.). Present and Past in Middle Life. New York: Academic Press 1980.
Phares, E. J.: Locus of Control, in H. London Exner, J. E. Dimensions of Personality. New York: Wiley 1978.
Porter, R. H., Laney, M. D.: Attachment Theory and the Concept of Inclusive Fitness, Merrill-Palmer Quart., 26, 1980, 35–51.
Rank, O.: Will Therapy and Truth and Reality. New York: Knopf 1947.
Remplein, H.: Psychologie der Persönlichkeit. München: E. Reinhardt [2]1956.
Rogers, C. R.: Counseling and Psychotherapy. Boston: Houghton Mifflin. 1942. (dtsch. 1978).
Rogers, C. R.: Client-centered Therapy. Boston: Houghton Mifflin 1951.
Rogers, C. R.: The Necessary and Sufficient Conditions of Therapeutic Personality Change, J. Consult. Psychol., 21, 1957, 95–103.
Rogers, C. R.: On Becoming a Person. Boston: Houghton Mifflin. 1961.
Rogers, C. R.: Carl Rogers on Personal Power. New York: Delacorte 1977.
Rogers, C. R., Dymond, R. F. (Hrsg.): Psychotherapy and Personality Change. Chicago: University of Chicago Press 1954.
Rogers, C. R., Skinner, B. F.: Some Views Concerning the Control of Human Behavior: A Symposium, Science, 124, 1956, 1057–1066.
Rohracher, H.: Kleine Charakterkunde. Wien: Urban & Schwarzenberg [12]1969.
Rosenhan, D.: The Natural Socialization of Altruistic Autonomy, in Macaulay, J. Berkowitz, L. (Hrsg.).

Altruism and Helping Behavior. New York: Academic Press 1970.
Rosenhan, D., White, G. M.: Observation and Rehearsal as Determinants of Prosocial Behavior, J. Pers. Soc. Psychol., 5, 1967, 424–431.
Rosenman, M.: Liking, Loving, and Styles of Loving, Psychol. Rep., 42, 1978, 1243–1246.
Roth, E.: Persönlichkeitspsychologie. Stuttgart: Kohlhammer ^{2}1970.
Rosen, J. M.: Selected Papers on Direct Psychoanalysis. New York: Grune & Stratton 1968.
Rotter, J. B.: Social Learning and Clinical Psychology. Englewood Cliffs, N. J.: Prentice-Hall 1954.
Rotter, J. B.: Generalized Expectancies for Internal vs. External Control of Reinforcement, Psychol. Monogr., 80, Whole No. 609, 1966.
Rotter, J. B., Mulry, R. C.: Internal External Control of Reinforcement and Decision Time, J. Pers. Soc. Psychol., 2, 1965, 598–604.
Rubin, R. T., Reinisch, J. M., Haskett, R. F.: Postnatal Gonadal Steroid Effects on Human Behavior, Science, 211, 1981, 1318–1324.
Salter, A.: Conditioned Reflex Therapy: The Direct Approach to the Reconstruction of Personality. New York: Capricorn Books-Putnam 1961. Originally published in 1949.
Sandifer, M. G., Pettus, C., Quade, D.: A Study of Psychiatric Diagnosis, J. Nerv. Ment. Dis., 139, 1964, 350–356.
Sarason, I. G., Smith, R. E.: Personality, in Mussen, P. H., Rosenzweig, M. R. (Hrsg.): Annual Review of Psychology. Vol. 22. Palo Alto, Calif.: Annual Reviews. 1971.
Sarnoff, I.: Personality Dynamics and Development. New York: Wiley 1962.
Satir, V.: Conjoint Family Therapy: A Guide to Theory and Technique. Rev. ed. Palo Alto, Calif.: Science & Behavior 1967.
Scarf, M.: The More Sorrowful Sex, Psychology Today (April), 12, No. 11, 1979, 44–52 and 89–90.
Schachter, S., Latané, B.: Crime, Cognition and the Autonomic Nervous System, in Levine, D. (Hrsg.). Nebraska Symposium on Motivation. Vol. 12. Lincoln: University of Nebraska Press 1964.
Schaffer, H. R., Emerson, P. E.: The Development of Social Attachments in Infancy, Monogr. Soc. Res. Child Develpm., 29, Whole No. 1, 1964.
Schmauk, F. J.: Punishment, Arousal and Avoidance Learning in Sociopaths, J. Abnorm. Soc. Psychol., 76, 1970, 325–335.
Schmidt, L. R.: Objektive Persönlichkeitsmessung. Weinheim: Beltz 1975.
Schneider, K.: Die psychopathischen Persönlichkeiten. Wien: Deuticke ^{9}1950.
Schoenfeldt, L. F.: The Hereditary Components of the Project TALENT Two-day Test Battery, Meas. Eval. Guid., 1, 1968, 130–140.
Schorochowa, E. W. (Hrsg.): Zur Psychologie der Persönlichkeit. Berlin: Dtsch. Verl. d. Wissensch. 1976.
Sears, R. R., Maccoby, E. E., Levin, H.: Patterns of Child Rearing. Evanston, Ill.: Row, Peterson 1957.
Seligman, M. E. P.: Helplessness: On Depression, Development, and Death. San Francisco: Freeman, 1975, 440–441.
Sheldon, W. H., Stevens, S. S.: The Varieties of Temperament. New York: Harper 1942.
Sheldon, W. H., Stevens, S. S., Tucker, W. B.: The Varieties of Human Physique. New York: Harper 1940.
Shelton, J. L., Madrazo-Peterson, R.: Treatment Outcome and Maintenance in Systematic Desensitization: Professional Versus Nonprofessional Effectiveness, J. Counseling Psychol., 25, 1978, 331–335.
Shepard, M., Lee, M.: Games Analysts Play. New York: Berkley Medallion 1970.
Shields, J.: Monozygotic Twins Brought Up Apart and Brought Up Together: An Investigation into the Genetic and Environmental Causes of Variation in Personality. London: Oxford University Press 1962.
Sims, J. H., Baumann, D. D.: The Tornado Threat: Coping Styles of the North and South, Science, 176, 1972, 1386–1391.
Skinner, B. F.: Beyond Freedom and Dignity. New York: Knopf 1971.
Slater, E., Glithro, E.: A Followup of Patients Diagnosed as Suffering from Hysteria, J. Psychosom. Res., 9, 1965, 9–13.
Sloane, R. B., Staples, F. R., Cristol, A. H., Yorkston, M. J., Whipple, K.: Psychotherapy Versus Behavior Therapy. Cambridge, Mass: Harvard University Press 1975.
Small, L.: The Briefer Psychotherapies. New York: Brunner/Mazel 1971.
Smith, M. L., Glass, G. B.: Meta-analysis of Psychotherapy Outcome Studies, Amer. Psychol., 32, 1977, 752–760.
Speisman, J. C.: Depth of Interpretation and Verbal Resistance in Psychotherapy, J. Consult. Psychol., 23, 1959, 93–99.
Spitzer, R. L., Endicott, J., Robins, E., Kuriansky, J., Garland, B.: Preliminary Report of the Reliability of Research Diagnostic Criteria Applied to Psychiatric Records, in Sudilofsky, A., Beer, B., Gershon, S. (Hrsg.). Prediction in Psychopharmacology. New York: Raven 1976.
Spock, B. M.: Baby and Child Care. New York: Pocket Books 1957.
Squier, R., Dunbar, F.: Emotional Factors in the Course of Pregnancy, Psychosom. Med., 8, 1946, 161 bis 175.

Srole, L., Langner, T. S., Michael, S. T., Opler, M. K., Rennie, T. A. C.: Mental Health in the Metropolis: The Midtown Manhattan Study. New York: McGraw-Hill 1962.
Stampfl, T. G., Levis, D. J.: Essentials of Implosive Therapy: A Learning-theory-based Psychodynamic Behavioral Therapy, J. Abnorm. Psychol., 72, 1967, 496–503.
Stefansson, J.: Hysterical Neurosis. Conversion Type, Acta Psychiatrica Scandinavia, 53, 1976, 119–138.
Stendler, C. B.: Sixty Years of Child Training Practices, J. Pediat., 36, 1950, 122–134.
Stern, W.: Allgemeine Psychologie auf personalistischer Grundlage. Den Haag: Nijhoff [2]1950.
Stewart, L. H.: Birth Order and Political Leadership: I. The American Presidents. Paper delivered at the Annual Meeting of the American Psychological Association, Miami, Florida 1970.
Stuart, R. B. (Hrsg.): Behavioral Self-management: Strategies, Techniques, and Outcomes. New York: Brunner/Mazel 1977.
Sullivan, H. S.: The Interpersonal Therapy of Psychiatry. New York: Norton 1953.
Sullivan, H. S.: The Psychiatric Interview. New York: Norton 1954.
Suomi, S. J., Harlow, H. F.: Social Rehabilitation of Isolate-reared Monkeys. Develpm. Psychol., 6, 1972, 487–496.
Sutton-Smith, B., Rosenberg, B. G.: The Sibling. New York: Holt 1970.
Swazey, J. P.: Chlorpromazine in Psychiatry: A Study of Therapeutic Innovation. Cambridge, Mass.: M. I. T. Press 1974.
Szasz, T.: The Manufacture of Madness. New York: Harper 1970.
Szasz, T.: The Second Sin. New York: Anchor/Doubleday 1973.
Thomae, H.: Persönlichkeit, eine dynamische Interpretation. Bonn: Bouvier 1951.
Thomas, A., Chess, S., Birch, H. G.: Temperament and Behavior Disorders in Children. New York: New York University Press 1968.
Thoresen, C. E., Mahoney, M. J.: Behavioral Selfcontrol. New York: Holt 1974.
Toman, W.: Motivation, Persönlichkeit, Umwelt. Göttingen: Hogrefe 1968.
Torrey, E. F.: The Mind Game: With Doctors and Psychiatrists. New York: Emerson Hall 1972.
Toynbee, A.: A Study of History, Vol. 12: Reconsiderations. New York: Oxford University Press 1961.
Truax, C. B., Carkhuff, R. R.: Toward Effective Counseling and Psychotherapy. Chicago: Aldine 1967.
Truax, C. B., Mitchell, K. M.: Research on Certain Therapist Interpersonal Skills in Relation to Process and Outcome, in Bergin, A. E., Garfield, S. L. (Hrsg.). Handbook of Psychotherapy & Behavior Change: An Experimental Analysis. New York: Wiley 1971.
Ulich, D.: Konflikt und Persönlichkeit. München: Oldenbourg 1971.
Vandenberg, S. G.: The Hereditary Abilities Study: Hereditary Components in a Psychological Test Battery, Amer. J. Hum. Genet., 14, 1962, 220–237.
Vandenberg, S. G. (Hrsg.): Progress in Human Behavior Genetics. Baltimore: Johns Hopkins Press 1968.
Weinraub, M., Lewis, M.: The Determinants of Children's Responses to Separation, Monogr. Soc. Res. Child Develpm., 42, Whole No. 4, 1977.
Weiss, R.: Marital Separation. New York: Basic Books 1975.
Wellek, A.: Die Polarität im Aufbau des Charakters. Bern: Francke [3]1966.
Wender, P. H., Rosenthal, D., Katz, S. S.: A Psychiatric Assessment of the Adoptive Parents of Schizophrenics, in Rosenthal, D., Katz, S. S. (Hrsg.). The Transmission of Schizophrenia. London: Pergamon 1968.
Wender, P. H., Rosenthal, D., Kety, S. S., Schulsinger, F., Welner, J.: Social Class and Psychopathology in Adoptees: A Natural Experimental Method for Separating the Roles of Genetic and Experiential Factors, Arch. Gen. Psychiatr., 28, 1973, 318 bis 325.
Whalen, R. E.: Sexual Differentiation: Models, Methods, and Meachanisms, in Friedman, R. C., Richart, R. M., Van de Wiele, R. L. (Hrsg.). Sex Differences in Behavior. New York: Wiley 1974.
Wheelis, A.: How People Change. New York: Harper & Row 1973.
Wheelis, A.: On Not Knowing How to Live. New York: Harper & Row 1975.
White, R. W.: Motivation Reconsidered: The Concept of Competence, Psychol., Rev., 66, 1959, 297–333.
White, R. W.: The Abnormal Personality. 3rd ed. New York: Ronald 1964.
Whyte, W. H.: The Fallacies of Personality Testing, Fortune (Sept.) 1954.
Wiggins, J. S., Renner, K. E., Clore, G. L., Rose, R. J.: The Psychology of Personality. Reading, Mass.: Addison-Wesley 1971.
Wilde, G. J. S.: Inheritance of Personality Traits: An Investigation into the Hereditary Determination of Neurotic Instability, Extraversion and Other Personality Traits by Means of a Questionnaire Administered to Twins, Acta Psychologica, 22, 1964, 37–51.
Wittlich, B.: Wörterbuch der Charakterkunde. München: Barth [3]1950.
Wolpe, J.: Praxis der Verhaltenstherapie. Bern: Huber 1972.
Zimbardo, P. G.: Pathology of Prisons, Society, 9, No. 4 (April), 1972, 4–8.

Stichwortverzeichnis

Inhaltsverzeichnis

Band 7: Sozialpsychologie

Einleitung

Wenn man einen Menschen als „sozial" bezeichnet, meint man, er sei positiv auf andere bezogen, zuvorkommend oder hilfreich gegenüber seinen Mitmenschen eingestellt, besonders, wenn es sich um Schwächere handelt. In diesem Sinn wäre „Sozialpsychologie" eine Art moralischer Psychologie. Das ist zwar nicht ganz falsch, aber im eigentlichen Sinn liegt ihr Forschungsbereich weitgehend wertungsfrei im „Zwischenmenschlichen".

Das ist allerdings eine sehr vage Zielsetzung. Genau das war auch das Schicksal dieser Psychologiedisziplin im Laufe ihrer Geschichte. Der *individuelle* Aspekt der Psychologie reicht zurück bis in das griechische Altertum; das erste Lehrbuch der Psychologie von Aristoteles enthielt Sozialpsychologie ebensowenig wie die erste Persönlichkeitspsychologie von seinem unmittelbaren Lehrnachfolger Theophrast. Erst über zweitausend Jahre später, in unserem Jahrhundert, bemerkte man diese enorme Lücke. Im Jahre 1921 schrieb Sigmund Freud: „Wenn die Psychologie, welche die Anlagen, Triebregungen, Motive, Absichten eines einzelnen Menschen bis zu seinen Handlungen und in die Beziehungen zu seinen Nächsten verfolgt, ihre Aufgabe restlos gelöst und alle diese Zusammenhänge durchsichtig gemacht hätte, dann fände sie sich plötzlich vor einer neuen Aufgabe, die sich ungelöst vor ihr erhebt. Sie müßte die überraschende Tatsache erklären, daß dies ihr verständlich gewordene Individuum unter einer bestimmten Bedingung ganz anders fühlt, denkt und handelt, als von ihm zu erwarten stand, und diese Bedingung ist die Einreihung in eine Menschenmenge."

An der Geschichte dieser „Grundlagen der Psychologie" läßt sich ablesen, welche Verschiebung sich hier vollzogen hat. Vor fast drei Jahrzehnten schienen 28 Seiten als Einführung in die Sozialpsychologie ausreichend. Aber von Auflage zu Auflage verschob sich bei ungefähr gleichem Gesamtumfang der Anteil dieses Faches, so daß in dieser Ausgabe ein gesonderter Band vorgesehen werden mußte.

Man kann allerdings auch der Meinung sein, daß die dickleibigen Lehrbücher der Sozialpsychologie ungerechtfertigte Grenzüberschreitungen vornehmen. Wenn man im Themenkatalog der American Psychological Association unter den 37 Forschungsbereichen *innerhalb* der Sozialpsychologie z. B. „sexuelles Verhalten", „Alkohol- und Drogenmißbrauch", „Verbrechensbekämpfung" oder „Kunstpsychologie" findet, so sind diese sicher auch „sozial", d. h. sie gehen in ihrer Bedeutung über das Individuum hinaus. Aber bei einer solchen Ausweitung wäre schließlich alles in der Psychologie „Sozialpsychologie", einschließlich der Entwicklung, der Wahrnehmung, des Denkens usw.

Im Gegensatz zu den Speziallehrbüchern müssen wir also im Verhältnis zu den anderen Themenbereichen der Psychologie eine Einschränkung der Thematik der Sozialpsychologie vornehmen. Wir konzentrieren uns auf die *Einflüsse, die sich aus der sozialen Situation* ergeben. Dabei wird nicht das spezielle Phänomen als „sozial" betrachtet, sondern vielmehr die *Art* der Fragen, die wir uns darüber stellen. So liegt beispielsweise im 1. Kapitel, in dem „Prosoziales Verhalten und Aggression" erörtert werden, einer unserer Akzente auf den situationsspezifischen Faktoren, die diese Verhaltensweisen fördern oder hemmen. Um solche Faktoren zu beleuchten, müssen wir von einer Prämisse ausgehen, die zwar fiktiv, aber taktisch notwendig ist: Wir tun so, als wäre die soziale Situation das einzig Wichtige, dagegen alle Unterschiede von Mensch zu Mensch irrelevant oder gar nicht existent – eine Position, die bei diesen speziellen Verhaltensweisen besonders schwierig ist. Bei diesem Verfahren setzen wir uns darüber hinweg, daß sich die einzelnen Menschen hinsichtlich des Grades ihrer altruistischen oder aggressiven

Prädisposition, die sie in die soziale Situation „einbringen", in unerhörtem Maß voneinander unterscheiden. Derselben „Brille" bedienen wir uns hinsichtlich anderer Differenzen zwischen den Individuen, die nicht unmittelbar mit dem untersuchten Phänomen zusammenhängen. Unterschiede im Intelligenzniveau sind nur ein Beispiel dafür; wir tun so, als wären die Akteure in unseren experimentellen sozialpsychologischen „Szenen" alle gleich intelligent, obwohl wir wissen, daß dem nicht so ist. (Natürlich kann Intelligenz auch in die sozialpsychologische Fragestellung eingeführt werden, wenn sie selbst ein „situationsspezifischer Einfluß" ist, wie beispielsweise, wenn wir den Grad studieren wollen, in dem die Tendenz eines Individuums, sich in einer Gruppe aggressiv zu verhalten, von seiner Wahrnehmung beeinflußt wird, wie intelligent die anderen Gruppenmitglieder sind).

Im 2. Kapitel, in dem wir uns mit der Entstehung und Veränderung sozialer Einstellungen befassen, haben wir uns vielleicht nicht allzusehr bemüht, die Fiktion aufrechtzuerhalten, daß die Menschen identische und deshalb auswechselbare Einheiten in sozialpsychologischen Studien seien. In gewissem Sinn ist das Studium von Einstellungen ein „natürliches" Forschungsgebiet der Sozialpsychologie, da Einstellungen naturgemäß in der sozialen Umwelt entstehen und gedeihen. Es ist demnach kein Zufall, daß eine der frühesten Definitionen der Sozialpsychologie (1918) „das Studium von Einstellungen" lautete. Sehr sympathisch finden wir (darauf wird in diesem Kapitel eingegangen) die Charakterisierung der Sozialpsychologie durch den namhaften amerikanischen Psychologen Gordon W. Allport als „ein Versuch, zu verstehen und zu erklären, in welcher Weise das Denken, Fühlen und Verhalten von Individuen durch die faktische, phantasierte oder implizierte Anwesenheit anderer beeinflußt wird". Diese „Anwesenden", in welcher Form auch immer, sind zwangsläufig soziale Wesen, deren Einstellungen (wie wir sie wahrnehmen) uns beeinflussen. Gleichzeitig sind sie auch die sozialen Zielpersonen der Einstellungen (und bis zu einem gewissen Grad des Verhaltens), die wir ihnen gegenüber haben. (Das ist soziale Interaktion par excellence!) Bei unserer Abhandlung dieses Themas gehen wir auf verschiedene Aspekte sozialer Einstellungen und Überzeugungen ein; darunter auf die verschiedenen Arten von Überzeugungen und wie sie sich hinsichtlich ihrer Entstehung und ihrer Bekräftigung unterscheiden; auf die komplexen Beziehungen zwischen empfundenen Einstellungen und tatsächlichem Verhalten; und die lange Kette verflochtener Faktoren, die berücksichtigt werden müssen, wenn wir verstehen wollen, wie man Einstellungen verändern kann und warum Einstellungen so unterschiedlich resistent gegen Veränderungen sind. Sehr wahrscheinlich werden Sie aus dieser Abhandlung den Eindruck mitnehmen, daß Einstellungen „bloße" Vermittler im Bereich des menschlichen Verhaltens sind. Das stimmt, aber gleichzeitig sind Einstellungen zentrale Determinanten in unserem Verhältnis zueinander.

Personenwahrnehmung, das Thema im 3. Kapitel, könnte, anders benannt, einladender klingen. Ebenso wie im Falle der Einstellungen ist dies ein traditioneller Fragenkomplex innerhalb der Sozialpsychologie, sowie ein spezifisch „sozialer". Es ist auch ein Komplex, der viel mit Ihren eigenen täglichen Erfahrungen zu tun hat, da unsere Wahrnehmung anderer die Grundlage dafür bildet, wie wir mit ihnen sozial umgehen. Wie bilden wir uns Urteile über die Gefühlszustände und Persönlichkeiten anderer? Wie zutreffend sind diese Urteile? Was bestimmt die ersten Eindrücke, die wir von anderen haben? Dies sind einige der Fragen, die wir in unserer Betrachtung dieser ständig ablaufenden menschlichen Aktivität, der Personenwahrnehmung, stellen.

„Das Individuum in der Gruppe" ist unser etwas ehrgeiziger Titel für das 4. Kapitel. Im Unterschied zu anderen Kapiteln des 7. Bandes richtet sich unser Interesse hier mehr auf das Niveau der sozialen Gruppe als auf das Individuum. Genauer gesagt, wir befassen uns in erster Linie mit der Frage, inwieweit die Beschaffenheit der Gruppe das Verhalten eines Individuums beeinflußt und wie dieses seinerseits auf andere Gruppenmitglieder und die Beschaffenheit der Gruppe selbst zurückwirkt. Wie wir sehen werden, gerät man dadurch an eine Reihe von „Huhn-oder-Ei"-Fragen. Beispielsweise, bestimmt ein Gruppenführer die Eigenart einer Gruppe und ihrer Funktionsweise oder bedingen die Bedürfnisse der einzelnen Mitglieder die Beschaffenheit der Gruppe und daher auch die Art von Führer, die sie wählt? Wir machen keinen Versuch, auf Fragen wie diese eindeutige Antworten zu geben – Fragen, die sich nicht nur beim Studium des Führungsproblems ergeben, sondern auch bei der Betrachtung von

Themen wie Gruppeneinflüsse auf das Problemlösen und die Entscheidungsfindung und Unterschiede in der individuellen Anpassung an den Gruppendruck.

Trotz unseres Kriteriums, uns auf den Einfluß situationsbedingter Faktoren auf psychologische Phänomene konzentrieren zu wollen, mußten wir notgedrungen hinsichtlich der im 7. Band präsentierten Fragen und Daten stark selektiv vorgehen. Das könnte gar nicht anders sein, da das Gebiet der Sozialpsychologie trotz unserer einengenden Definition jeden vertretbaren Raum, den wir ihr zugestanden haben könnten, (legitimerweise) aufgrund der sie gegenwärtig beflügelnden Kraft und Phantasie ihrer Konzeptionen und Forschungen sprengen würde. Warum glauben wir das? Weil wir immer noch an den Sinn des allerletzten Satzes unserer ersten Ausgabe glauben: „Das zentrale Problem, auf das sich das Studium des Menschen richten muß, ist, wie dieser ein *Individuum* in der Gesellschaft bleiben kann.“ Das gilt gerade auch für die Stellung des Individuums in der Gruppe.

1. Kapitel Prosoziales Verhalten und Aggression

Wo kann man die Probleme, die sich aus der sozialen Situation ergeben, beginnen lassen? Ein möglicher Ansatzpunkt für das Studium der Sozialpsychologie ist die Analyse der heutigen gesellschaftlichen Szene; insbesondere könnten wir uns mit den vielen schwierigen sozialen Problemen auseinandersetzen, vor denen unsere Gesellschaft heute steht. Kriege, Straßenkriminalität, Drogenmißbrauch, Ethik in Wirtschaft und Regierung – all dies und mehr sind sicherlich Probleme, denen „das Individuum in der Gesellschaft" begegnet. Aber ihrer Natur nach können diese Probleme sinnvollerweise nur in einer bestimmten Gesellschaft zu einem bestimmten Zeitpunkt ihrer Geschichte untersucht werden. Wir haben uns daher für einen anderen Ansatz entschieden, der nicht so zeitgebunden und kulturabhängig ist. Wir werden uns mit einigen der *allgemeinen* Prozesse und Konzepte befassen, die für eine sinnvolle Analyse der Probleme relevant sind, welche sich aus dem Zusammenleben von Menschen in einer sozialen Gemeinschaft ergeben. Wir hoffen, daß der Leser aus einer solchen konzeptionellen Präsentation größeren Gewinn ziehen kann als aus einer Erörterung von Problemen der heutigen gesellschaftlichen Situation. (In diesem Zusammenhang sei die Warnung ausgesprochen, daß es riskant sein kann, aus dem Studium einzelner und kleiner Gruppen Schlüsse auf größere soziopolitische Phänomene zu ziehen.)

1 Prosoziales Verhalten

Der Mensch ist ein soziales Wesen, das den größten Teil seiner Zeit in Interaktion mit seinen Mitmenschen verbringt. Aber welche Art von Geschöpf ist „der Mensch" – gütig, wohlwollend und kooperativ oder egoistisch, feindselig und aggressiv? Die Antwort scheint zu sein, daß wir eine Mischung guter und schlechter Eigenschaften besitzen und aufeinander abwechselnd mitfühlend und hilfsbereit oder feindselig und aggressiv reagieren können. Wir werden deshalb sowohl das „prosoziale" als auch das „antisoziale" Verhalten erforschen.

1.1 Definitionen prosozialen Verhaltens

Überraschenderweise ist *prosoziales Verhalten* nicht leicht zu definieren. Die Meinungsverschiedenheiten über die Definition entstehen meist durch die Frage, ob ein sozialer Akt nach seiner *Motivation* oder seinen *Folgen* zu definieren sei. Die motivationale Definition geht davon aus, daß ein *prosozialer Akt* jeder Akt sei, der zum Nutzen anderer ohne Erwartung einer Belohnung unternommen werde. Diese Definition mag einem sympathisch sein, ja selbstverständlich erscheinen, nur ist es nicht immer möglich, die Motive eines Menschen festzustellen, zum Teil deshalb, weil wir uns nicht über die Bewußtseinsebene des Individuums einigen können, auf der eine solche Feststellung am ehesten zu treffen wäre. So würden beispielsweise Verstärkungstheoretiker argumentieren, daß ein sozialer Akt der Hilfeleistung entweder durch ausgesprochen positive Gefühle oder durch die Vermeidung negativer Gefühle verstärkt werde – Schuldgefühle, die entstanden wären, wenn man nicht so gehandelt hätte. Angesichts solcher Probleme ziehen es manche Psychologen vor, soziale Handlungen strikt in *behavioristischen* Begriffen zu definieren, das heißt, in Hinblick darauf, ob sich aus der betreffenden Handlung eine Hilfe oder ein Nutzen für andere ergibt.

Ein weiteres Problem mit dem Begriff *prosoziales Verhalten* ist, daß er auf ein breites Spektrum scheinbar höchst unterschiedlicher Verhaltensweisen angewandt werden kann: Schenken, Teilen, Retten und Kooperation, um nur einige zu nennen. Diese Verhaltensweisen gleichen sich insofern, als andere daraus Nutzen ziehen, aber sie unterscheiden sich sehr stark hinsichtlich der Natur des Handelns, das sie erfordern. Trotz dieser Definitionsprobleme haben Psychologen insbesondere in den letzten Jahren viel zur Erhellung dieses Phänomens, seines Ursprungs und seiner Determinanten beigetragen.

1.2 Biologische Grundlagen prosozialen Verhaltens

Eine Reihe von Wissenschaftlern hat die Auffassung vertreten, daß für altruistisches oder helfendes Verhalten beim Menschen und bei anderen Spezies eine triebhafte Basis vorhanden sei. Campbell (1965) hat argumentiert, da jedes Individuum, ob Mensch oder Tier, bessere Überlebenschancen habe, wenn es mit anderen zusammenlebt, als wenn es allein leben würde, hätten die kooperativeren und sozialeren Individuen bzw. Exemplare eine größere Chance, zu überleben und sich zu vermehren, so daß die evolutionären Prozesse allmählich die Entwicklung sozialer, helfender Motive begünstigen würden.

O. E. Wilson hat in einem umstrittenen Buch *Sociobiology: The New Synthesis* (1975) argumentiert, daß altruistisches Verhalten beim Menschen auch biologisch bedingt sei. Wilson vertritt die Auffassung, daß letztlich nur diejenigen Spezies, deren Angehörige auf das Überleben ihres Gen-Pools bedacht seien, im Laufe der Evolution überleben könnten. Das selbstaufopfernde Verhalten *einzelner* sei nur dann ein wertvoller Wesenszug für das Überleben der Spezies, wenn es dem Gen-Pool durch das Überleben anderer diene und ihn zu bewahren helfe.

Wilson untermauert seine Argumentation mit vielen Beispielen selbstaufopfernden Verhaltens bei Säugetieren und Insekten. Bei den Termiten verteidigen beispielsweise die Krieger den Bau gegen Eindringlinge, indem sie sich vor ihre Artgenossen stellen und sich dadurch größter Gefahr aussetzen. Viele Krieger gehen zugrunde, mit der Folge, daß andere am Leben bleiben und der Bau gerettet ist. Wenn die amerikanische Ameisenart *fire ants* angegriffen wird, dann neigen die Verletzten eher als die Unverletzten dazu, den Bau zum Angriff zu verlassen, sie kämpfen auch aggressiver gegen den Eindringling. Verletzte Ameisen helfen somit, ihren Gen-Pool zu schützen, indem sie sich selbst opfern.

In neuerer Zeit hat Wilson (1979) in seinem mit dem Pulitzer-Preis ausgezeichneten Essay „On Human Nature“ dieses Thema noch beträchtlich erweitert und die noch viel allgemeinere Behauptung aufgestellt, daß im Gehirn angeborene Zensur- und Motivationsinstanzen vorhanden seien, die einen tiefen und unbewußten Einfluß auf unsere ethischen Prämissen nehmen, und aus denen sich die Moral als „Trieb“ entwickelt habe. Wilson stellt dann die entscheidende Frage: „Welcher der Zensur- und Motivationsinstanzen sollten wir gehorchen und welche sollten wir lieber unterdrücken oder sublimieren?“ Wilsons soziobiologische Konzeptionen und Fragestellungen gehen eindeutig weit über das hinaus, womit wir uns in diesem Kapitel auseinandersetzen können (sie werden auch im 1. Bd. erörtert), aber sie bieten uns einen überaus wertvollen Kontext für die Betrachtung prosozialen Verhaltens.

Viele Psychologen bezweifeln den Erklärungswert aller Theorien, wonach Altruismus oder prosoziales Verhalten angeboren seien, zumindest soweit es den Menschen betrifft. Es liege auf der Hand, behaupten sie, daß wir die biologische Fähigkeit haben, auf das Leiden anderer mit Kummer zu reagieren, aber es sei auch offenkundig, daß sich Menschen nicht in derselben Weise genötigt fühlten oder programmiert seien, anderen zu helfen, wie eine Vogelmutter ihre Jungen verteidigt oder eine Arbeitsameise ihre Königin. Nicht alle Menschen helfen anderen in gleichem Maß, und die einzelnen helfen nicht mit gleicher Wahrscheinlichkeit unter allen Umständen. (Gerade auf diese Frage der *individuellen Unterschiede* bleibt Wilson eine unmittelbare Antwort schuldig.) Die Fragen, die Psychologen somit vorrangig interessieren, sind die nach den Faktoren, die zum Erwerb einer prosozialen Orientierung beitragen und über deren Äußerung bestimmen. Und weiter, warum schwankt der Einfluß dieser Faktoren von Mensch zu Mensch oder sogar bei ein und demselben Individuum?

1.3 Die Sozialisation prosozialen Verhaltens

Wenn es keine genetische Disposition bzw. keinen Trieb gibt, anderen zu helfen, wie sind dann solche Reaktionen zu erklären? Viele Psychologen haben argumentiert, daß prosoziales Verhalten einfach erlerntes Verhalten sei. Da prosoziales Verhalten für harmonische Beziehungen notwendig sei, versuche die Gesellschaft durch ihre Sozialisationsinstanzen den Individuen prosoziales Verhalten beizubringen. Von frühestem Alter an werden Kinder angewiesen, rücksichtsvoll und sensibel gegenüber den Bedürfnissen anderer zu sein, mit anderen zu teilen und Menschen, die in Schwierigkeiten oder weniger vom Glück begünstigt sind als sie selbst, zu helfen. Prosoziales Verhalten von Kindern wird durch Lob belohnt, während auf dessen Fehlen mit Mißbilligung reagiert wird.

Nicht nur spezifische Reaktionen sind erlernt, sondern auch Normen, die für ganze Verhaltenskategorien gelten, werden in frühem Alter erworben.

Drei solche Normen sind das *Gebot der Gegenseitigkeit,* das *Gebot der sozialen Verantwortlichkeit* und das *Gebot der Fairneß*. Das Gebot der Gegenseitigkeit, das universell zu sein scheint (Gouldner, 1960), diktiert, denjenigen zu helfen, die uns geholfen haben, und jenen nicht zu helfen, die uns geschadet haben. Schon im Alter von fünf und sechs Jahren scheint dieses Gebot einen beträchtlichen Einfluß auf die Beziehungen eines Menschen zu anderen auszuüben. Seine Macht spiegelt sich nicht nur in der Tatsache, daß wir eher dazu neigen, denjenigen zu helfen, die uns geholfen haben, sondern auch in der Tatsache, daß wir oft Gefälligkeiten anderer wegen der Verpflichtung ablehnen, die wir empfinden, uns zu revanchieren (Gergen, Ellsworth, Maslach u. Siepel, 1975). Ressentiments sind besonders häufig, wenn der Empfänger einer Gefälligkeit aus irgendeinem Grund nicht imstande ist, sich erkenntlich zu zeigen. (Die Vereinigten Staaten haben Ressentiments dieser Art in manchen Ländern geerntet, die sie finanziell unterstützt haben, aber wie bereits bemerkt, ist ein solcher Rückschluß von zwischenmenschlichen Interaktionen auf soziopolitische Phänomene zumindest riskant.)

Das Gebot der sozialen Verantwortlichkeit schreibt vor, daß wir denjenigen helfen, die in Not und von uns abhängig sind (Berkowitz, 1972). Appelle an die Öffentlichkeit, für karitative Zwecke zu spenden, weisen häufig auf die Tatsache hin, daß eine bestimmte Gruppe Hilfe brauche

Abbildung 1: Der Text auf der Tafel lautet: Teilen heißt Anteilnehmen – die Heilsarmee.

und daß es die Aufgabe der Allgemeinheit sei, diese bereitzustellen (s. Abb. 1). Es wird nicht versprochen, daß der Geber durch seinen Beitrag irgendeinen unmittelbaren Nutzen haben wird. Nein, man nimmt an, daß ein einfacher Hinweis auf die Bedürftigkeit und die persönliche Verantwortung jedes einzelnen genügt, um die Menschen zur Hilfeleistung zu veranlassen. Von frühester Jugend an wird uns dieses Gebot von unseren Eltern und anderen nahegebracht, die uns ermahnen, denjenigen zu helfen, die „weniger vom Glück begünstigt", „kleiner", „schwächer" usw. sind. Anzeichen dafür, daß die Wahrnehmung sozialer Verantwortung die Bereitschaft zur Hilfe fördere, wurden von Staub (1975) berichtet, der feststellte, daß Kinder eher dazu neigten, einander notfalls zu helfen, wenn man ihnen die Verantwortung für eine Situation übertrug.

Das Gebot der Fairneß sagt uns, daß Menschen bekommen sollten, was ihnen zusteht – nicht mehr und nicht weniger. Wer fleißiger gearbeitet und mehr geleistet hat oder sich in anderer Weise verdienter gemacht hat als andere, sollte ein größeres Stück des Kuchens abbekommen (Walster, Walster u. Berscheid, 1978). Entsprechend sollten auch zwei Personen, die dieselbe Anstrengung in eine Aufgabe investieren, im Prinzip denselben Lohn erhalten. Erhält der eine mehr als der andere, so ist dies ungerecht. Die Menschen werden im allgemeinen versuchen, die Gerechtigkeit wiederherzustellen, indem sie das Entgelt umverteilen. Man nimmt an, daß dies eines der Motive für Mildtätigkeit, Philanthropie und die sozialen Wohlfahrtsprogramme sei.

Die Tatsache, daß ein Gebot der Fairneß existiert, bedeutet nicht, daß es nicht auch Selbstsucht gibt bzw. Menschen erfreut sind, wenn sie mehr bekommen als sie verdient haben. Es bedeutet nur, daß die Menschen unter dem Druck stehen, für sich und andere Gerechtigkeit zu fordern und für diese einzutreten (Messick u. Sentis, 1979). Der Einfluß auch dieses Gebots kann am Verhalten sehr kleiner Kinder beobachtet werden. In einer von Lerner (1974) durchgeführten Studie verteilten Schüler der vierten Klasse, die bei einem Spiel Preise gewonnen hatten, diese an die übrigen teilnehmenden Kinder je nach dem Einsatz jedes einzelnen Teammitglieds, wobei die wichtigeren einen größeren Anteil bekamen. In einer anderen Studie (Long u. Lerner, 1974) spendeten Kinder, die für einen Job nach ihrer Auffassung überbe-

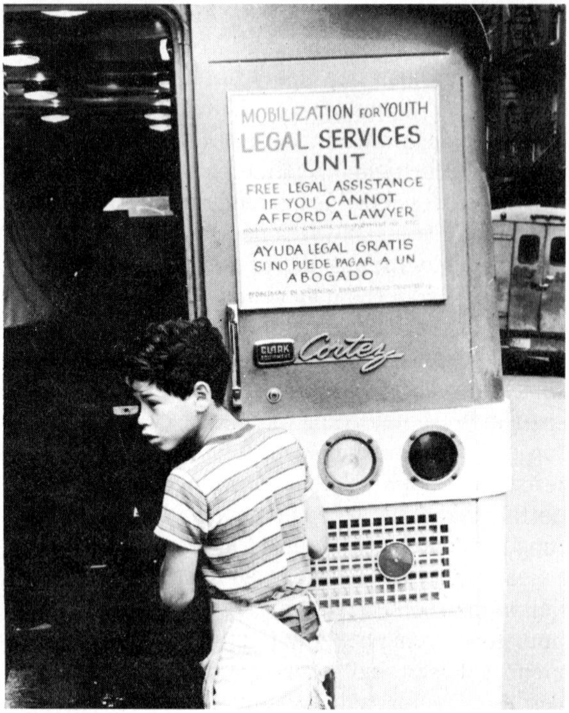

Abbildung 2: Wird dieser Junge in seinem Leben Gerechtigkeit finden? In der Lower East Side von New York City fahren freiwillige Helfer mit einem Bus herum, in dem sie kostenlose Rechtsberatung für die Armen anbieten.

Zur Verfügung gestellt von ACTION.

zahlt worden waren, später mehr für karitative Zwecke als diejenigen, die nach eigener Meinung angemessen entlohnt worden waren. Der interessanteste Aspekt dieses Ergebnisses war, daß der Unterschied auftrat, gleichgültig, ob die Spenden den anderen bekannt wurden oder nicht. Anscheinend spendeten die Kinder, weil sie es wollten oder für richtig hielten, nicht um jemanden zu beeindrucken.

Einer der faszinierendsten Befunde, die sich aus den Forschungsarbeiten über Gerechtigkeit ergaben, ist, daß Menschen dazu neigen, ihre Wahrnehmungen des Charakters oder Schicksal eines Opfers zu verzerren, um an ihrer wichtigen Überzeugung festhalten zu können, daß es Fairneß gibt bzw. daß die „Gerechtigkeit siegen wird" (Lerner u. Miller, 1978). Die Tendenz, Opfern unfairerweise die Schuld an ihrem Schicksal zuzuschieben, ist ein Mittel, um die Vorstellung von Gerechtigkeit zu erhalten, und scheint besonders häufig in Fällen aufzutreten, wo es nicht möglich ist, dem Opfer Gerechtigkeit widerfahren zu lassen. Es ist beispielsweise nicht leicht, sich vorzustellen, wie man einem Vergewaltigungsopfer zur Gerechtigkeit verhelfen könnte, aber wenn wir uns selbst einreden können – wie es so oft versucht wird –, daß „sie es selbst herbeigeführt hat", dann mindert sich unser Unrechtsbewußtsein, und unser *„Glaube an eine gerechte Welt"* wird bekräftigt. Unsere Fähigkeit, uns selbst vorzumachen, daß andere ihr Schicksal verdienten, ist eines der Haupthindernisse auf dem Weg zu echter Fairneß und Gerechtigkeit für alle. Nicht nur erhält das Opfer keine Hilfe von seinen Mitbürgern, sondern als Folge der Versuche „braver Bürger", an ihrer Vorstellung von einer gerechten Welt festzuhalten, wird das Opfer noch weiter erniedrigt und mit Schuldzuweisungen überhäuft. Die heutigen Vorurteile gegenüber verschiedenen Minoritäten könnten zum größten Teil eine Folge des universellen Bedürfnisses der Mehrheit sein, bestehende Ungerechtigkeiten zu rechtfertigen, obwohl manche Versuche unternommen werden, die Dinge ins Lot zu bringen (s. Abb. 2).

Es ist nicht nur so, daß Menschen oft unfairerweise anderen die Schuld für deren schlimmes Schicksal zuschreiben; viele scheinen sich auch oft *selbst* zu Unrecht anzuklagen, wenn sie ein Unglück ereilt. Ungerechtfertigte Selbstbezichtigung ist in vielen Gruppen einschließlich der unheilbar Kranken und der Vergewaltigungsopfer häufig zu beobachten (Janoff-Bulman, 1979). Überraschenderweise ist bei Vergewaltigungsopfern Selbstbeschuldigung viel häufiger als Empörung. Die Tendenz von Menschen, sich ihr negatives Schicksal selbst zur Last zu legen, könnte der stichhaltigste Beweis für die These sein, daß Menschen, die ihr Schicksal nicht ändern können, motiviert werden zu glauben, was ihnen zustoße, sei fair und gerecht.

Durch die aktive Anwendung von Verstärkungstechniken und direkter Unterweisung werden Gebote erworben, die prosoziales Verhalten vorschreiben. Aber wir lernen prosoziale Verhaltensweisen auch einfach, indem wir andere beobachten. Viele Untersuchungen zeigen, daß das Verhalten sozialer Vorbilder das prosoziale Verhalten sowohl von Kindern als auch von Erwachsenen beeinflussen kann. Über ein frühes aufschlußreiches Experiment mit Kindern berichten Rosenhan und White (1967). Bei dieser Untersuchung wurden Schüler und Schülerinnen der vierten und fünften Klasse zu einem Kegelspiel animiert, bei dem Geschenkbons zu gewinnen waren, die sie in einem Spielzeugladen einlösen konnten. Die Versuchsleiter untersuchten in dieser Studie eine Reihe von Faktoren, unter anderem, ob sich die Kinder das Verhalten eines Erwachsenen zum Vorbild nehmen würden, den sie einen Teil seiner Geschenkbons in einen Kasten werfen sahen, der die Aufschrift „Für die Waisenkinder von Trenton" trug und auf dem ein Photo von Kindern in abgerissener Kleidung zu sehen war. Von den Vpn, die das „Vorbild" sahen, spendeten später knapp die Hälfte, als sie allein waren. Im Gegensatz dazu gab von den Kindern, die kein „wohltätiges Vorbild" gehabt hatten, nicht ein einziges etwas von seinen Geschenkbons ab. Macaulay (1970) berichtet über eine Reihe von Studien, welche zeigten, daß das Spendenverhalten Erwachsener in verschiedenen realen Situationen durch die Existenz eines wohltätigen Vorbilds ebenfalls stark beeinflußt wird.

Wenn Vorbilder, mit denen wir nur flüchtig in Kontakt kommen, unser prosoziales Verhalten beeinflussen können, dann stelle man sich vor, wie einflußreich *ständig wiederkehrende* Leitbilder sein könnten. Das beste Beispiel ständig vorhandener Vorbilder sind die eigenen Eltern. Sie beeinflussen die prosoziale Orientierung ihrer Kinder nicht nur durch ihre Anweisungen und aktiven Eingriffe, sondern durch ihr eigenes Beispiel. Die Nachkommen mitfühlender und altruistischer Eltern scheinen ähnliche Merkmale aufzuweisen. Beispielsweise stellte Hoffman (1975) in einer großangelegten Untersuchung von Schülern der fünften Klasse und ihren Eltern fest, daß altruistische Kinder zumindest einen Elternteil hatten, den sie als altruistisches Vorbild betrachteten. Darüber hinaus zeigen schon achtzehn Monate alte Kinder, obwohl sie zu direktem helfendem Verhalten noch nicht fähig sind, mehr Einfühlung gegenüber sichtbarem Leid anderer (wie Weinen), wenn sie selbst schon Erwachsene weinen gesehen hatten (Hoffman, 1979).

Eine Studie von Rosenhan (1970) zeigt ebenfalls den Einfluß von Eltern auf das soziale Verhalten ihrer Kinder. In den frühen sechziger Jahren interviewte Rosenhan Leute, die in der amerikanischen Bürgerrechtsbewegung aktiv gewesen waren. Zwei Gruppen von Aktivisten wurden identifiziert: eine stark engagierte Gruppe, die ihre Wohnungen, Jobs und Bildungsziele um der Sache willen aufgegeben hatten, und eine teilweise engagierte Gruppe, die gelegentlich an Demonstrationen teilgenommen, aber ihre übrigen persönlichen Ziele nicht aufgegeben hatten. In Gesprächen über ihre Eltern berichteten die stark engagierten Aktivisten häufiger über eine enge Beziehung zu mindestens einem altruistischen Elternteil als die nur teilweise engagierten Personen (s. Box 7/1).

Eltern sind nicht die einzigen Vorbilder, mit denen Kinder wiederholt konfrontiert sind. Die Medien, insbesondere das Fernsehen, bieten ebenfalls immer wiederkehrende Leitbilder. Ein Großteil des Forschungsinteresses im Bereich des Fernsehens hat sich auf aggressive, gewalttätige Leitbilder beschränkt, aber die Anzeichen häufen sich, daß Kinder auch durch altruistische TV-Vorbilder beeinflußt werden (Rushton, 1980). So untersuchten beispielsweise Friederich und Stein (1975) die Auswirkungen der Sendung „Mister Rogers' Neighborhood", in der besonderer Nachdruck auf Güte und Hilfsbereitschaft gelegt wird, auf Kindergartenkinder. Nachdem die Kinder diese Serie im Laufe einer Woche viermal zwanzig Minuten lang gesehen hatten, ergab das spätere Verhalten der Kinder den klaren Beweis, daß sie die prosoziale Botschaft der Sendung aufgenommen hatten, und, was am eindrucksvollsten war, daß diese prosozialen Verhaltensweisen auf eine Reihe von Situationen generalisiert hatten, die sich von den in der Sendung gezeigten stark unterschieden.

Das Verhalten anderer in Kontexten, die prosozialem Handeln förderlich sind, ist ein Beispiel situationsbedingter Einflüsse auf soziales Verhalten. Je hilfsbereiter andere in unserer sozialen Welt sind, desto hilfsbereiter werden im allgemeinen auch *wir*. Aber es gibt viele andere, von Situation zu Situation wechselnde Faktoren, die unser prosoziales Verhalten beeinflussen, wie das damit verbundene Risiko, die eigene Stimmung im Augenblick, wie wir uns fühlen könnten, wenn wir nicht helfen würden und so weiter.

BOX 7/1

Christen, die Juden retteten

Während des Prozesses gegen Adolf Eichmann berichteten Zeugen über einen Christen, der Juden aus Konzentrationslagern gerettet hatte. Rabbi Harold Schulweis aus Oakland, Kalifornien, sah in diesem Rettungsversuch einen „versöhnlichen Zug" in dem „grauenerregenden Menschenbild", das durch den Eichmann-Prozeß zutage getreten sei, und er schrieb einen Zeitschriftenartikel, in dem er dazu aufforderte, christliche Retter zu identifizieren und zu ehren. Diese Idee wurde von NBC aufgegriffen, und am Weihnachtstag 1962 präsentierte der Kommentator Chet Huntley einen dokumentarischen Bericht, in dem einige Retter vorgestellt und ihre Geschichte erzählt wurde.

Aufgrund dieser Präsentation wurde ein *Institut für Rechtschaffene Handlungen* gegründet, und eine Gruppe von Sozialpsychologen unter Leitung von Perry London ging daran, einige der Personen zu interviewen, die ihr Leben riskiert hatten, um Juden zu retten. Sie wollten herausfinden, ob es irgendwelche Persönlichkeitsmerkmale gab, durch die sich die Retter von ihren weniger altruistischen Zeitgenossen unterschieden. Nach langer Suche wurden schließlich 27 Retter in den Vereinigten Staaten und in Israel gefunden. Diese Personen wurden in umfangreichen Interviews ersucht, ihre Rettungstätigkeit, die Ereignisse, die dazu hinführten, und persönliche Details über sich selbst zu schildern.

Die Interviews ergaben, daß die Handlungsweise der Retter viele verschiedene Gründe und Motive hatte; eine Reihe von Eigenschaften schienen die Retter jedoch miteinander gemein zu haben. Eines dieser verbindenden Merkmale war eine starke Identifizierung mit einer stark moralisch geprägten Leitfigur – nicht notwendigerweise religiöser Natur, aber sehr prononciert in Hinblick auf moralische Fragen. Das Interview mit einem deutschen Retter, der davon sprach, daß ihm seine Mutter beigebracht habe, „wie man lebt", welche moralischen Grundsätze sie ihn gelehrt habe und welch moralisches Vorbild sie für ihn gewesen sei, veranschaulichte die starke Elternidentifizierung der Retter.

P. London: Rescuers: Motivational hypotheses about Christians who saved Jews. Aus: J. Macaulay u. L. Berkowitz (Hrsg.): *Altruism and Helping Behaviour.* New York: Academic Press, 1970.

2 Die Entwicklung der moralischen Urteilsfähigkeit

Die Moral eines Menschen zeigt sich nicht nur in seinem Verhalten, sondern auch in seinen Urteilen über moralische Fragen. Für Psychologen, die sich mit der kognitiven Entwicklung befassen, ist das Urteil und nicht das Verhalten der interessanteste Aspekt der Moral.

Die moralische Urteilsfähigkeit durchläuft ebenso wie die Wahrnehmung, das Denkvermögen, die Gehfähigkeit, die Emotionen und fast alle übrigen Fähigkeiten des Erwachsenen einen Entwicklungsprozeß. Das moralische Urteilsvermögen tritt niemals plötzlich, voll entfaltet und fähig zur Unterscheidung zwischen gut und böse auf. Im Laufe der geistigen Reifung macht das Denken von Kindern in Hinblick auf die Moral mehrere Stadien durch.

Manche Menschen erreichen niemals die reifeste Stufe moralischer Argumentation, während andere in der Mitte der Adoleszenz über eine moralische Urteilsfähigkeit verfügen, die als reif angesehen werden kann. Das Tempo, mit dem Kinder diese Stadien durchlaufen, hängt von ihrem Intelligenzniveau, der Gesellschaft oder Kultur, in der sie aufwachsen, und den Erziehungspraktiken ab, denen sie ausgesetzt sind. Die Reihenfolge dieser Stadien scheint jedoch festzustehen.

Piaget (1965), Kohlberg (1969) und viele andere haben verschiedene Dimensionen identifiziert, in bezug auf die sich das moralische Urteil entwickelt, und sie haben die etwaigen Altersstufen angegeben, in denen die entsprechenden Stadien der moralischen Entwicklung auftreten. Dies sind:

1. *Intentionalität.* Kleine Kinder beurteilen ein Ereignis in Hinblick auf seine konkreten Folgen, während ältere Kinder die Absichten der Person berücksichtigen, die eine Handlung vollzog. Beispielsweise erscheint es einem Achtjährigen in der Regel schlimmer, vier teure Tassen unabsichtlich zu zerbrechen, als eine absichtlich kaputtzumachen. Die meisten Vierzehnjährigen würden jedoch zu dem gegenteiligen Schluß kommen.
2. *Relativismus.* Kleine Kinder nehmen an, daß alle Handlungen unzweideutig als „richtig" oder „falsch" klassifiziert werden können. Größere Kinder scheinen diese verabsolutierende Haltung aufzugeben; sie werden relativistischer und akzeptieren die Vorstellung, daß dieselbe Handlung unterschiedlich beurteilt werden kann. Das kleinere Kind nimmt auch an, wenn Menschen in ihren moralischen Urteilen uneinig seien, müsse einer von ihnen „unrecht" haben; und sie vermuten im allgemeinen, daß es die ältere von zwei Personen am besten wissen müsse.
3. *Unabhängigkeit von Sanktionen.* Kleinere Kinder tendieren dazu, die Schwere eines Delikts post factum nach der von Autoritätsfiguren zugemessenen Strafhöhe oder anderen Sanktionen zu beurteilen. Größere Kinder beurteilen die Schwere einer Straftat nach der Art der Normen, gegen die verstoßen wurde, oder nach dem Ausmaß des beabsichtigten Schadens. Ein dreijähriges Kind würde wahrscheinlich ein Kind, das gezüchtigt wurde, als schlimm bezeichnen, ungeachtet, ob das Kind die Züchtigung in den Augen anderer Erwachsener „verdient" hat. Eine leider verbreitete Analogie unter Erwachsenen ist es, eine Person bloß deshalb für schuldig zu halten, weil ihr ein Verbrechen zur Last gelegt wird – und an dieser Auffassung festzuhalten, obwohl der oder die Betreffende später freigesprochen wird.
4. *Anwendung von Reziprozität.* Viele Kinder unter dem Alter von zwölf scheinen nicht fähig zu sein, sich an die Stelle anderer zu versetzen. Sie handeln nur aufgrund ihrer eigenen Gefühle und Bedürfnisse und können nicht verstehen, was andere motiviert, anders zu handeln. (Dies hängt mit Piagets Konzept der „Egozentrizität" zusammen, das in Box 4/1, S. 17, beschrieben ist.) Solche Kinder neigen zu Akten der Vergeltung und Gegenseitigkeit, wenn ihnen jemand anderer etwas antut (beispielsweise an den Haaren ziehen, wenn sie an den Haaren gezogen wurden, obwohl es im ersten Fall unabsichtlich geschah). Andere Kinder können schon in früher Jugend Verhalten zeigen, das versöhnlich oder verzeihend ist.
5. *Gebrauch von Strafe zur Sühne und Besserung.* Kleine Kinder neigen zu der Einstellung, daß streng bestraft werden sollte, wer schlimme Taten begangen hat. Größere Kinder bevorzugen mildere Strafen, die dem Opfer eine Wiedergutmachung bieten und den Übeltäter bessern.
6. *Realistische Auffassung von Mißgeschick.* Kinder unter etwa acht Jahren neigen dazu, Unfälle und Mißgeschicke als von Gott oder irgendeiner anderen Allmacht verhängte Strafen zu betrachten. Größere Kinder sind imstande, Strafen von natürlichem Mißgeschick zu unterscheiden.

Im allgemeinen hält sich das kleine Kind an feste Regeln und neigt eher dazu, den Buchstaben des Gesetzes (den es verstehen kann) zu befolgen als dessen Geist (den es vielleicht noch nicht begreift). Das Kind betrachtet Regeln als etwas Absolutes. Wenn es reifer wird, beginnt es jedoch zu erkennen, daß Regeln zum Vorteil aller von Menschen gemacht werden, daß Regeln unvollkommen sein und einander widersprechen können, und daß man selbst entscheiden muß, welche Regeln man als dem Allgemeinwohl dienlich ansieht.

Das eben skizzierte Bild des Entwicklungsverlaufs basiert offensichtlich auf Beobachtungen westlicher Kinder, die in einer Umwelt aufwachsen, in der westliche Moralvorstellungen vermittelt werden. Es sind jedoch einige Untersuchungen über nichtwestliche Gesellschaften durchgeführt worden, und diese haben im allgemeinen zu ähnlichen Schlußfolgerungen geführt. Dennoch hat es den Anschein, daß Fortschritte in den Moralvorstellungen von spezifischen „Schulungs"-Erfahrungen abhängen könnten.

Untersuchungen von Tracy und Cross (1973) deuten darauf hin, daß die Entwicklung der Auffassungen von Moral durch bestimmte Trainingsverfahren beschleunigt werden kann. Sie werteten die moralische Einstellung von 76 Schülern der siebenten Klasse aus und gaben dann der Hälfte der Jungen (der Versuchsgruppe) Gelegenheit zum Rollenspiel in Dilemmas, die ethische Erwägungen eine Stufe über ihrem gegenwärtigen Niveau erforderten. Drei Wochen später erhielten alle Jungen weitere moralische Probleme zu lösen. Die Jungen in der Versuchsgruppe bewiesen größere Reife des moralischen Urteils als jene, die keine Gelegenheit gehabt hatten, reifere Lösungen kennenzulernen. Weder Intelligenz noch sozioökonomische Schichtzugehörigkeit der Vpn schien sich auf ihre Fähigkeit auszuwirken, zu einem höheren Argumentationsniveau vorzustoßen.

2.1 Moralisches Urteil und prosoziales Verhalten

Urteilsfähigkeit und Verhalten mögen gleich wichtige Aspekte der Moral sein, aber hängen sie miteinander zusammen? Eine der wenigen Studien, die dieses Verhältnis erforschte, berichtet McNamee (1977). Bei diesem Experiment wurde die Bereitschaft von Studenten in verschiedenen Stadien der moralischen Entwicklung untersucht, einem anderen Menschen Hilfe anzubieten. Die Gelegenheit zu helfen ergab sich, als die Versuchsleiterin und der Proband in einen Testraum gingen, wo der letztere einen Fragebogen über seine moralischen Einstellungen ausfüllen sollte.

In diesem Augenblick erschien ein Mitarbeiter, der sich als der nächste Proband für den Versuch ausgab. Er erklärte, daß es ihm nicht möglich sein werde, an dem Versuch teilzunehmen, weil er gerade Drogen genommen habe und es ihm schlecht gehe. Er sei zu dem Versuch erschienen, weil er geglaubt habe, daß die Versuchsleiterin, eine Psychologin, ihm helfen könne. Die Versuchsleiterin antwortete, daß sie eine Experimentalpsychologin und keine Therapeutin sei. Der „Fixer" bemühte sich weiterhin um Hilfe und äußerte die Hoffnung, daß die Versuchsleiterin ihm eine Stelle nennen könne, wo man ihm helfen werde. Die Versuchsleiterin antwortete, daß sie keine Erfahrung mit Drogen habe und nicht wisse, wo er Hilfe finden könne. Sie forderte ihn auf, sich einen neuen Termin für den Test geben zu lassen. Der Fixer verließ zögernd den Raum. Der Proband stand somit vor der Wahl, entweder ein unbeteiligter Beobachter zu bleiben oder sich einzumischen.

Insgesamt versuchten 43 Prozent der Vpn, dem Drogenkonsumenten zu helfen. Was am interessantesten ist, Vpn auf höheren Stadien der moralischen Entwicklung wiesen einen höheren Prozentsatz hilfsbereiter Reaktionen auf (zweites Stadium: neun Prozent; drittes Stadium: 28 Prozent; viertes Stadium: 38 Prozent; fünftes Stadium: 68 Prozent und sechstes Stadium: 100 Prozent). Auch das Ausmaß der Intervention war je nach dem Stadium der moralischen Entwicklung unterschiedlich. Nur sechs Prozent der Vpn reagierten mit mehr als einem Hinweis auf eine andere Hilfsquelle und boten tatsächlich ihren persönlichen Beistand an. Mit einer Ausnahme waren alle Vpn, die ihre eigenen Dienste anboten, im fünften oder sechsten Stadium.

3 Toleranz gegenüber Dissens

In diesem Kapitel ist von Anfang an klar geworden, daß Konzepte wie Moral und Gerechtigkeit nicht leicht zu definieren sind. Die meisten Leser werden sich vielleicht mit den allgemeinen und abstrakten Definitionen zufrieden geben, die wir angeführt haben, aber es würde beträchtliche Meinungsunterschiede darüber geben, ob spezifische Handlungsweisen moralisch oder gerecht sind. Diese Uneinigkeit sollte Psychologiestudenten nicht überraschen. Jeder von uns hat seine persönlichen Motive, Sichtweisen des Verhaltens anderer, Einstellungen und früheren Erfahrungen in bezug auf jedes Ereignis, das die Frage der Moral oder Fairneß aufwerfen kann. Sobald man erkannt hat, daß Meinungsverschiedenheiten zwischen den Menschen in Hinblick auf Fragen der Moral unvermeidbar und nicht lösbar sind, erheben sich philosophische, rechtliche und politische Fragen von großer Bedeutung für eine gut funktionierende Gesellschaft. Wir können uns mit solchen Fragen hier nicht unmittelbar auseinandersetzen. Vielmehr wollen wir uns einem damit zusammenhängenden psychologischen Problem zuwenden: Welche Faktoren tragen zur Bereitschaft eines Individuums bei, Dissens zu tolerieren, d. h. Meinungen, die von seinen eigenen und von den kulturellen und sozialen Normen seiner Gesellschaft abweichen?

3.1 Abstrakte Konzepte von Dissens

Der Glaube an das abstrakte Konzept des *Rechts auf Dissens* zählt zu den wichtigsten kulturellen Wertvorstellungen der amerikanischen Gesellschaft. Insofern sollte jeder Amerikaner, der intelligent und alt genug ist, um mit politischen Konzepten in Berührung gekommen zu sein – und der der Hauptströmung der amerikanischen Kultur angehört –, überaus aufgeschlossen für dieses Gebot sein. Eine Studie (Gallatin u. Adelson, 1971) hat gezeigt, daß amerikanische Teenager im Durchschnitt viel eher als ihre englischen und deutschen Altersgenossen zu der Auffassung neigen, daß Gesetze zum Schutz persönlicher Freiheitsrechte (z. B. der freien Meinungsäußerung und der ökonomischen Selbständigkeit) unter keinen Umständen aufgehoben werden sollten. Außerdem hat sich gezeigt, daß diese Tendenz bei amerikanischen Teenagern mit zunehmendem Alter ansteigt: unter dem Alter von 15 Jahren hielten es amerikanische Teenager für relativ wichtiger, daß es unwiderrufliche Strafgesetze gibt, aber mit 15 maßen sie unwiderruflichen gesetzlichen Garantien persönlicher Freiheit bereits weitaus größere Bedeutung bei.

Andere Untersuchungen haben in ähnlicher Weise gezeigt, daß der Glaube an den abstrakten Begriff des Rechts auf Dissens mit dem Alter zunimmt; der verstärkte Glaube an dieses Konzept geht auch einher mit größerer Intelligenz, Wissen über die politische Szene Amerikas, mit politischem Engagement, Bildungsstand und erhöhtem Fernsehkonsum. Eine dieser Studien (Knutson, 1972) beschäftigt sich mit Determinanten des umfassenderen Begriffs des politischen Liberalismus (einschließlich der Einstellungen zum Dissens) und kommt zu dem Schluß, das Maslows Schema der Bedürfnishierarchie (s. 5. Bd., 1. Kap.) ein brauchbares Prognoseinstrument für diese allgemeine Orientierung sei: Menschen, die einen niederen Rang in Maslows Hierarchie einnehmen (d. h. die überwiegend mit der Befriedigung „niedrigerer" physiologischer Bedürfnisse beschäftigt sind) tendieren dazu, in ihren engstirnigen politischen Einstellungen dogmatisch und illiberal zu sein. Dagegen zeigen die meisten der von „höheren" Bedürfnissen (wie Selbstverwirklichung) motivierten Menschen ein größeres Interesse – und eine liberale Grundeinstellung – in prinzipiellen politischen und ideologischen Fragen.

3.2 Spezifische Beispiele von Dissens

Schauen wir uns jetzt Einstellungen zu *spezifischen* Fällen von Dissens an. Wir beginnen mit einer kleinen Selbstprüfung: Nehmen wir an, Sie haben die Befugnis zu entscheiden, ob Sie eine Ansprache erlauben sollen, in der die Auffassung vertreten wird, daß Weiße prinzipiell allen farbigen Rassen überlegen seien, oder (2) das System der freien Marktwirtschaft zwangsläufig zu ungeheurer sozialer Ungerechtigkeit und einer kranken Gesellschaft führen müsse, oder (3) unserem Planeten innerhalb von hundert Jahren eine katastrophale Übervölkerung und vielleicht Zerstörung drohe, wenn die Abtreibung und der Kindermord nicht erlaubt (und sogar von der Regierung ermutigt und subventioniert) werden. Wahrscheinlich empfinden Sie mindestens eine dieser Auffassungen als unmoralisch, falsch, aufwieglerisch, geschmacklos, gefährlich oder erschreckend. Würden Sie in einer solchen Situation als der Entscheidungsbefugte es in Betracht ziehen, die freie Äußerung der Ideen, die Sie ablehnen, zu unterbinden?

Wie immer man diese Frage beantworten mag, wir alle wissen, daß viele Menschen, die sich generell für Verfechter des Rechts auf freie Meinungsäußerung halten, versuchen würden, die Äußerung einer oder mehrerer dieser spezifischen Beispiele von Dissens zu verhindern. (Vielleicht würden sogar die *meisten* Menschen dazu tendieren.) Woher kommt dieser offensichtliche Widerspruch? Toleranz gegenüber dem abstrakten Konzept (sogar glühendes Eintreten dafür), aber Intoleranz gegenüber konkreten Fällen von Dissens? Es kann durchaus sein, daß einige derselben Faktoren, die die Sympathie für das Konzept erklären, die Ablehnung spezifischer Fälle bewirken. Für viele Amerikaner ist das Recht auf eine abweichende Meinung beispielsweise ein Teil des gesellschaftlich gebilligten Wertsystems – „so amerikanisch wie *apple pie*". Auch das abstrakte Recht auf freie Meinungsäußerung ist ein Teil des gesamten „Pakets" etablierter Überzeugungen. Aber dieses verallgemeinerte Wertsystem umfaßt *auch* (um bei unserem vorigen Beispiel zu bleiben) das Eintreten für das System der freien Marktwirtschaft, Abscheu vor Kindesmord und so weiter. Genau dieselben Kräfte der Sozialisation und Erziehung, die zur Akzeptanz des abstrakten Konzepts führen, produzieren somit auch die Ablehnung (oder Akzeptanz) bestimmter spezifischer Fälle.

Diese mögliche Erklärung gilt sowohl für liberale als auch für konservative Personen. Auch der Liberale hat seinen Glauben an das abstrakte Konzept des Rechts auf Dissens als Bestandteil des anerkannten liberalen Glaubenskodex erworben. Da dieses System das Eintreten für die Gleichwertigkeit der Rassen einschließt, würde die Zulassung einer Rede über die rassische Überlegenheit der Weißen einen inneren Konflikt auslösen. Aber so wie „kein Mensch eine Insel" ist, existieren auch nur wenige Überzeugungen isoliert voneinander. Das Gewebe der Überzeugungen mag unregelmäßig und in unsystematischer Weise entstanden sein, aber jeder Faden darin hängt mit jedem anderen zusammen und verstärkt diese oder wird von ihnen verstärkt.

Trotz des oben Gesagten sind viele Menschen imstande, Konflikte zwischen abstrakten Prinzipien und spezifischen Fällen zugunsten des abstrakten Prinzips zu lösen (wenn man einer Reihe von Meinungsumfragen glauben darf, ist weniger als die Hälfte der amerikanischen Bevölkerung dazu imstande). Wir könnten daher unsere ursprüngliche Frage umdrehen und fragen, wie es möglich ist, daß manche Menschen das Recht auf eine abweichende Meinung von ihren eigenen liebgewonnenen und festen Überzeugungen tolerieren können? Die Antwort liegt nach unserer Auffassung in der Stärke des Konflikts zwischen den beiden Überzeugungen, der Persönlichkeit des oder der Betreffenden, der Art und Weise, wie das Wertsystem erworben wurde und der Struktur des Wertsystems als solchem. (Eine Reihe dieser Themen, die noch nicht erörtert wurden, werden im nächsten Kapitel behandelt, das sich mit der Entwicklung sozialer Einstellungen befaßt.)

Wir möchten nicht den Eindruck hinterlassen, daß soziales Verhalten, Moral und Toleranz gegenüber abweichenden Meinungen so multidimensional seien, daß die Möglichkeit ausscheidet, diese Phänomene könnten bei manchen miteinander zusammenhängende und *dauerhafte* menschliche Eigenschaften darstellen. Ein neuerer Bericht von Nassi (1979) läßt vielleicht einen anderen Schluß zu. Nassi, die Personen untersuchte, welche als Studenten an der Universität von Kalifornien (Berkeley) Ende der siebziger Jahre in der Free-Speech-Bewegung Mitte der sechziger Jahre aktiv gewesen waren, stellte über diesen Zeitraum von etwa fünfzehn Jahren eine auffallende Konstanz ihrer Merkmale fest. Bei einem Vergleich dieser Stichprobe von etwa 100 ehemaligen politisch aktiven Studenten mit anderen Studenten, die zur selben Zeit an derselben Universität studierten, konstatierte sie, daß die Aktivisten ihren geschärften Sinn für moralische Wertvorstellungen bewahrt hatten, der sie schon früher von ihren gesellschaftlich weniger bewußten Altersgenossen unterschieden hatte. Und in einem wichtigen Sinn hatten sie auch in ihren finanziellen Entscheidungen im Einklang mit ihren Moralvorstellungen gehandelt. Die ehemaligen Aktivisten waren im Alter von 31 Jahren mit weitaus größerer Häufigkeit als andere im sozialen Dienstleistungsbereich und in allgemein kreativeren Berufen tätig. Am spektakulärsten (im Sinne einer Validierung des *persönlichen Preises* ihres Festhaltens an ihrem sozialen Engagement) war, daß die ehemaligen Aktivisten im Schnitt nur 17500 Dollar pro Jahr verdienten – ein Einkommen „weit unter dem, was bei ihrem Bildungsstand und ihrer sozialen Herkunft zu erwarten gewesen wäre". Im Gegensatz dazu hatte die politisch nichtengagierte Vergleichsgruppe ein durchschnittliches Jahreseinkommen von 27000 Dollar und war überwiegend in der Wirtschaft oder in freien Berufen tätig.

Aus Daten wie diesen müssen wir den Schluß ziehen, daß sich zumindest manche Menschen auf ihrem Lebensweg durch eine konsequente und dauerhafte Orientierung zu prosozialem Verhalten, verwoben mit einem ausgeprägten moralischen Empfinden leiten lassen.

4 Aggression

Wenige würden bezweifeln, daß die sozialen Beziehungen der Menschen ebenso stark durch feindselige und aggressive wie durch prosoziale Handlungen gekennzeichnet sind. Aggressionen treten zwischen einzelnen, Gruppen und sogar Nationen häufig auf; und Psychologen haben beträchtliche Anstrengungen darauf verwandt, ihre Ursachen und die Mittel festzustellen, durch die Aggression unter Kontrolle gebracht werden kann.

4.1 Definitionen von Aggression

Populäre Konzepte über Aggression umfassen eine breite Skala von Ereignissen von Kampfsport bis zu Kannibalismus und Krieg. Wie können so unterschiedliche Situationen und Verhaltensweisen in einer einzigen Definition subsumiert werden? In den folgenden zwei Versuchen, Aggression zu definieren, begegnen wir wieder genau denselben Problemen wie bei unserem früheren Versuch, *prosoziales Verhalten* zu definieren. Nach der ersten, verhaltensbezogenen Definition ist *Aggression* jedes Verhalten, das anderen *schadet*. Nach der zweiten Definition, die von der Absicht ausgeht, ist *Aggression* jede Handlung, die der *Absicht* dient, anderen zu schaden. Die erstgenannte Definition benennt ein beobachtbares Verhaltenskriterium, um zu entscheiden, ob eine Aggression vorliegt: Schaden wurde zugefügt. Dies scheint einfach genug. Die zweite Definition wirft jedoch ein Problem auf: Wir können Absichten nicht beobachten, so daß es schwierig ist, sicher zu sein, ob tatsächlich eine so definierte aggressive Handlung begangen wurde. Die Wahl, welche Definition brauchbarer ist, mag somit eindeutig erscheinen, aber man studiere einmal die folgende Liste von Beispielen:

1. Ein kleines Kind erbricht seine Nahrung auf das neue Kleid der Mutter.
2. Ein Einbrecher wird von jemandem getötet, in dessen Haus er eingedrungen ist.
3. Ein verärgerter Sohn schreibt absichtlich nicht an seine Mutter, die einen Brief erwartet und gekränkt sein wird, wenn keiner kommt.
4. Ein Zahnarzt zieht einem schreienden Kind einen Zahn.
5. Ein Kongreßabgeordneter protestiert nicht gegen die Eskalation von Bombenangriffen, die er moralisch ablehnt.
6. Ein Henker drückt auf den Knopf und richtet damit einen verurteilten Verbrecher auf dem elektrischen Stuhl hin.

Keine der beiden Definitionen von Aggression ist auf alle oben genannten Ereignisse anwendbar. Obwohl die von der Absicht ausgehende Definition adäquater erscheint, läßt auch sie einige Probleme ungelöst. Der Zahnarzt führte *absichtlich* eine Schmerzen verursachende Handlung durch, aber vermutlich für eine gute Sache und ohne die Absicht, wehzutun, um des Wehtuns willen. Und ist es ein Akt der Aggression, *nicht* zu handeln, wenn die Interaktion der bewußten Absicht dient, jemanden zu kränken, wie in dem Fall des einen Brief verweigernden Sohnes?

Dies ist zweifellos eine komplizierte Frage, denn Aggression ist ein multidimensionales Konzept. Um uns wissenschaftlich damit auseinanderzusetzen, müssen wir ihre verschiedenen Dimensionen und die Art und Weise, in der diese untereinander zusammenhängen, zu verstehen suchen, statt eine einheitliche Erklärung zu formulieren.

4.2 Biologische Grundlagen der Aggression

Ebenso wie hinsichtlich des prosozialen Verhaltens gibt es beträchtliche Auseinandersetzungen über den Ursprung aggressiver Impulse. Auf der einen Seite sind diejenigen, die glauben, daß Aggression von einem Trieb beherrscht sei, und auf der anderen sind jene, die meinen, sie sei die Folge von Lernerfahrungen. Auch hier ist wieder die bereits erwähnte (s. S. 14) soziobiologische Position relevant.

Freud war der Ansicht, daß der Mensch einen angeborenen Trieb oder Instinkt zu kämpfen habe. Er vertrat die Auffassung, daß alle Menschen starke selbstzerstörerische Impulse (Todeswünsche) haben, die manchmal nach innen und manchmal nach außen gerichtet werden. Wenn sie nach innen gerichtet sind, veranlassen diese Impulse Menschen, sich selbst zu bestrafen, generell masochistisch zu werden und zuletzt Selbstmord zu begehen. Um diesem Schicksal zu entrinnen, externalisieren sie in der Regel solche Impulse und dies ruft seinerseits aggressives, kriegsähnliches Verhalten hervor.

Konrad Lorenz, der mit dem Nobelpreis ausgezeichnete Tierverhaltensforscher, glaubt ebenfalls, daß Menschen einen Aggressionstrieb besitzen. Aber während Freud die destruktiven Aspekte des Aggressionstriebs hervorhob, betont Lorenz (1966) die positive und adaptive (der Anpassung dienende) Natur der Aggression. Als Verhaltensforscher spekuliert Lorenz, daß der Aggressionstrieb beim Menschen wie bei anderen Tierarten wichtigen Überlebensfunktionen diene: Tierarten, die gegeneinander aggressiv seien, hätten bessere Überlebenschancen als solche, die das nicht seien, weil die Wahrscheinlichkeit größer sei, daß sie (1) sich über die verfügbare Umwelt verbreiten und die maximale Nutzung von Nahrung und anderen Ressourcen gewährleisten und (2) Konkurrenzkämpfe gegeneinander ausfechten, um die stärksten Exemplare zur Fortpflanzung zu bestimmen.

Die Spekulationen von Freud und Lorenz sind faszinierend, aber sie lassen sich nicht leicht experimentell untersuchen. Außerdem haben viele Wissenschaftler den Erklärungswert von Triebtheorien der menschlichen Aggression in Frage gestellt. Der Mensch besitzt offensichtlich die Fähigkeit zum Angriff, also muß es zumindest eine gewisse biologische Basis für die Aggression geben. Aber ebenso offenkundig ist, daß es Unterschiede in der Aggressivität zwischen den einzelnen Kulturen (z.B. Mead, 1935) und Individuen gibt. Es steht auch fest, daß Aggressivität von den Umweltbedingungen modifiziert und beeinflußt werden kann. Für die meisten Psychologen lautet daher die interessante Frage nicht: „Hat die Aggression eine Triebgrundlage?" sondern: „Welche Faktoren tragen zu den Unterschieden in der Aggressivität zwischen den Menschen und in verschiedenen Situationen bei?". Dies ist eine Lösung derselben Art wie jene, zu der wir bereits in Hinblick auf das prosoziale Verhalten gekommen sind.

4.3 Die Sozialisation der Aggression

Im Säuglingsalter und in der frühen Kindheit wird Aggression oft ganz hemmungslos geäußert. Die meisten Mütter sind zu vernünftig, um schockiert oder besorgt zu sein, wenn ein kleines Kind mit den Füßen tritt, mit den Fäusten herumfuchtelt oder Beschimpfungen ausstößt wie: „Ich hasse dich, du schmutzige alte Hexe!" Obwohl solches Verhalten nicht akzeptabel oder angenehm ist, ist es nicht abnorm. Den Prozeß, durch den man lernt, die Aggression zu beherrschen oder in einer Weise auszudrücken, die für die eigene Kultur akzeptabel ist, bezeichnet man als die *Sozialisation der Aggression.* Es liegt auf der Hand, daß der Mensch nicht aufhört, aggressiv zu sein, wenn er erwachsen wird. Doch als ein Ergebnis der allmählichen Sozialisation lernen viele von uns, die Aggression unter Kontrolle zu halten, wie es im Zusammenleben ja tatsächlich nötig ist. Manche Personen bleiben überaus aggressiv, aber lernen Aggression auf subtilere Weise zu äußern, etwa durch verbale Angriffe, verdeckten Zwang, implizite Forderungen und andere destruktive Taktiken. Schließlich gibt es auch Menschen, die weitgehend unsozialisiert bleiben, und ihre brutalen aggressiven Impulse finden oft Ausdruck in der tätlichen Verletzung anderer – bis sie daran gehindert werden.

Es gibt eine beträchtliche Menge an Forschungsdaten über die Frage, wie Aggression sozialisiert wird. Eine frühe Studie, die die späteren Arbeiten stark beeinflußte (Sears, Maccoby u. Levin, 1957), weist auf zwei wichtige und klar unterscheidbare Dimensionen der Sozialisation von Aggression hin: (1) Die Permissivität (das Ausmaß, in dem die Eltern dem Kind gestatten, aggressiv zu sein) und (2) die Strenge der Bestrafung (das Ausmaß, in dem die Eltern das Kind bestrafen, nachdem es sich aggressiv verhalten hat). Die *Permissivität* bezieht sich auf das Verhalten eines Elternteils *vor* einem Verstoß. Erwarten die Eltern die Aggression? Äußert die Mutter oder der Vater viele oder wenige Warnungen, die das Kind veranlassen, aggressive Handlungen zu scheuen? *Bestrafung* bezieht sich auf die Handlungen von Eltern *nach* einem Verstoß. Wie streng gehen die Eltern mit dem Kind um, das den Verstoß begangen hat?

Da Permissivität keine Angst in bezug auf (geplante oder bereits begangene) Verstöße erzeugt, wäre zu erwarten, daß Kinder mit permissiven Müttern und Vätern aggressiver seien als solche mit nichtpermissiven Eltern. Und da Bestrafung Verhalten unterdrückt, wäre weiter zu erwarten, daß ein Kind um so mehr vermeiden wird, aggressiv zu sein, je strenger eine Mutter oder ein Vater Aggression bestraft. Diese Voraussage wird jedoch der Komplexität der Situation nicht gerecht.

Basierend auf Berichten von Müttern über ihre Erziehungspraktiken konnten Sears und Mitarbeiter (1957) Familien als hoch oder niedrig auf den Skalen für Permissivität und Strafbereitschaft einstufen. Diese Mütter berichteten auch über das Ausmaß an aggressivem Verhalten bei ihren Kindern. Tabelle 1 zeigt ein wichtiges Ergebnis dieser Studie. Es stellte sich heraus, daß Eltern, die am nachsichtigsten waren (Gruppe C), im Schnitt Kinder hatten, die sich hinsichtlich ihres Aggressivitätsniveaus sehr wenig von denen der Eltern unterschieden, die am wenigsten nachsichtig waren

(Gruppe B). Die am *wenigsten* aggressiven Kinder (Gruppe A) wurden von den Eltern großgezogen, die weder permissiv noch punitiv (strafend) waren. Diese Eltern vertraten die Einstellung, daß Aggression falsch sei und nicht toleriert werde; das vermittelten sie dem Kind auf subtile Weise, aber sie bestraften Aggression nicht streng. Die Eltern, die die stärkste Aggression auslösten (Gruppe D) waren jene, denen es nicht gelang, die Botschaft der Gruppe A in wirksamer Weise zu übermitteln. Eltern der Gruppe D reagierten, als ob jede Art von Verhalten akzeptabel sei, das heißt, sie gaben dem Kind wenige warnende Signale, nicht aggressiv zu sein. Wenn sich das Kind von Eltern der Gruppe D jedoch aggressiv verhielt, dann wurde es streng bestraft. Warum beharren dann solche Kinder auf ihrem strafbaren Verhalten? Bestrafung kann, wenn sie streng ist, beim Kind verständlicherweise Feindseligkeit erzeugen und dadurch zu weiterer Aggression führen. Außerdem kann solche elterliche Aggression, wenn sie sich konsequent und genügend streng äußert, die meiste Aggression des Kindes in Gegenwart der Eltern unterdrücken, mit dem Resultat, daß das Kind dann außerhalb des eigenen Heims aggressiver wird als Kinder, die nicht streng bestraft werden (Sears, Whiting, Nowlis u. Sears, 1953).

Tabelle 1: Prozentsatz stark aggressiver Kinder, aufgeteilt nach dem Grad an Permissivität und Strafbereitschaft bei Aggression gegen die Eltern

Gruppe	Elternverhalten	Prozent stark aggressiver	
		Jungen	Mädchen
A	Niedrig permissiv und niedrig punitiv	3,7	13,3
B	Niedrig permissiv und hoch punitiv	20,4	19,1
C	Hoch permissiv und niedrig punitiv	25,3	20,6
D	Hoch permissiv und hoch punitiv	41,7	38,1

Der Erziehungsstil der Gruppe A (niedrig permissiv und niedrig punitiv) scheint dem von Baumrind (1978) empfohlenen zu entsprechen, den sie sorgfältig sowohl von den permissiven als auch den „autoritären", stark strafenden Methoden der Erziehung unterscheidet. Baumrinds „autoritative Disziplin" (s. 1. Bd., 4. Kap.) hat Konsequenzen für die spätere Entwicklung weit über die Aggression hinaus; und ihre Daten legen den Eindruck nahe, daß der „autoritative" Erziehungsstil in der Kindheit und darüber hinaus zu größerer sozialer Kompetenz führt.

Abgesehen von dem Grad an Permissivität, den Eltern gegenüber den Aggressionen ihrer Kinder zeigen, dienen sie auch, insbesondere die punitiven, als *Vorbilder* für Aggression. Kinder lernen durch die Beobachtung eines aggressiven Elternteils nicht nur, wie man sich aggressiv verhält, sie lernen auch, daß Aggressivität ein angemessenes Verhalten ist. Eltern sind aber nicht die einzigen Aggressionsmodelle für Kinder. Die Medien und insbesondere das Fernsehen strotzen vor Beispielen aggressiver Individuen und Handlungen. Waters und Malamud (1975) schätzten, daß amerikanische Jugendliche im Alter von sechzehn durchschnittlich 13000 Morde im Fernsehen gesehen haben. Im amerikanischen Fernsehen wird durchschnittlich alle 16 Minuten eine Gewalttat und alle 31 Minuten ein Mord gezeigt. 80 Prozent aller Sendungen mit Spielhandlungen enthalten irgendeine Art von Gewalttätigkeit (Gerbner, 1972), und Gewalt ist die am häufigsten gezeigte Handlungsweise als Mittel zur Lösung von Problemen.

Die Frage, ob sich das Ansehen von Gewalt im Fernsehen auf das Verhalten der Zuschauer auswirkt, ist im Mittelpunkt umfangreicher Forschungen gestanden. Eine umfangreiche Reihe von Untersuchungen wurden von Park, Berkowitz, Leyens, West und Sebastian (1977) in den Vereinigten Staaten und Belgien durchgeführt. Die Vpn waren jugendliche Straftäter im offenen Strafvollzug. Eine Woche lang sah die Hälfte der Probanden jeden Abend aggressive und die andere Hälfte nichtaggressive Filme. Das Verhalten beider Gruppen wurde dann in den folgenden drei Wochen beobachtet und mit dem der vorangegangenen drei Wochen verglichen. Die Resultate waren eindeutig. In beiden Studien verhielten sich die Vpn, die die aggressiven Filme gesehen hatten, aggressiver als jene, denen die neutralen Filme gezeigt worden waren. Und diese Wirkung war besonders offensichtlich in der Woche, in der die Probanden die Filme sahen.

Die Befunde von Park und seinen Kollegen decken sich mit vielen, wenn auch nicht mit allen Ergebnissen anderer Untersuchungen dieser

Frage. Nach Sichtung des vorhandenen empirischen Datenmaterials kam die *Nationale Kommission über die Ursachen und die Verhinderung von Gewalt* (1969) zu dem Schluß: „Es besteht Grund zur Annahme, daß die ständige Konfrontation mit gewalttätigem Verhalten im Fernsehen einen schädlichen Einfluß auf den Charakter und die Einstellung des Menschen hat."

4.4 Umwelteinflüsse auf Aggression

Eine der am längsten bestehenden und einflußreichsten Theorien der Aggression ist die *Frustration-Aggression-Hypothese* (Dollard, Doob, Miller, Mowrer u. Sears, 1939). In ihrer ursprünglichen Formulierung war diese Hypothese ebenso elegant wie provokativ: „... das Auftreten von aggressivem Verhalten setzt immer das Vorhandensein von Frustration voraus, und umgekehrt führt das Vorhandensein von Frustration immer zu irgendeiner Form von Aggression" (Dollard et al., 1939, S. 1). Für diese Hypothese spricht eine ganze Menge, und wir kennen alle viele Fälle, in denen das Erlebnis von Frustration – die Blockierung von zielgerichtetem Verhalten – einem Akt der Aggression unsererseits oder von jemand anderem vorausging. Psychologen haben auch umfangreiche empirische Belege für den Zusammenhang zwischen Frustration und Aggression gesammelt.

Ein Versuch von Holmes (1972) gibt eine Vorstellung von dieser Forschungsarbeit. Bei diesem Versuch wurde Frustration ausgelöst, indem man die Vpn zwang, herumzusitzen und zu warten, weil sich ein Proband (in Wirklichkeit ein Mitarbeiter) verspätete. Als er schließlich eintraf, gab der Proband keine Erklärung für seine Verspätung ab. In einer nichtfrustrierten Kontrollgruppe erschienen alle Probanden rechtzeitig. Die Teilnehmer erhielten anschließend Gelegenheit, gegenüber dem Zuspätkommenden oder einem unschuldigen Mitglied der Gruppe aggressiv zu werden. Die Resultate zeigten, daß sich die Vpn, die frustriert worden waren, indem man sie warten ließ, aggressiver sowohl gegenüber dem Nachzügler als auch gegenüber dem unschuldigen Zuschauer verhielten.

Trotz der empirischen Belege für die Frustration-Aggression-Hypothese und trotz der spontanen Zustimmung, die sie ursprünglich fand, wird sie heute nur noch von wenigen Psychologen in ihrer ursprünglichen Form akzeptiert (Berkowitz, 1969). Es stimmt einfach nicht, daß Frustration *immer* zu Aggression führt oder daß der Aggression *immer* Frustration vorausgeht. Frustration kann oft zu Aggression führen, aber sie kann auch Verzweiflung, Resignation oder konstruktive Versuche, die Quelle der Frustration zu beseitigen, auslösen. So kann beispielsweise die Ablehnung durch eine renommierte Universität bei einem Bewerber Frustration auslösen, aber diese Reaktion äußert sich wahrscheinlicher in Form von Niedergeschlagenheit als von Wut, oder sie kann den oder die Betreffende/n zu wirksameren Handlungen anspornen. Und obwohl manche Akte der Aggression durch Erlebnisse der Frustration ausgelöst worden sein mögen, trifft das auf viele nicht zu. Tatsächlich sind es die vielen Fälle, in denen Menschen leidenschaftslos – und *ohne* offensichtliche Frustration – gegen andere aggressiv werden, auf die Gesellschaftskritiker mit der größten Besorgnis hinweisen.

Die empirischen Befunde scheinen darauf hinzudeuten, daß zwei Faktoren besonders wichtig für die Vorhersage sind, ob Frustration zu Aggression führen wird. Erstens muß die Frustration besonders stark sein (Harris, 1974); ein niedriges oder moderates Maß scheint nicht zu Aggression zu führen. Zweitens löst nur Frustration, die als willkürlich oder illegitim betrachtet wird, Aggression aus (Rule u. Nesdale, 1976). In der oben beschriebenen Untersuchung von Holmes hätten sich die frustrierten Probanden wahrscheinlich nicht aggressiv verhalten, wenn der Zuspätkommende einen guten Grund für seine Verspätung angegeben hätte. Umgekehrt würde die Frustration des abgelehnten Studienbewerbers mit größerer Wahrscheinlichkeit in Aggression umschlagen, wenn der Bewerber entdecken müßte, daß er oder sie aufgrund seiner/ihrer Geschlechts- oder Rassenzugehörigkeit oder aus irgendeinem anderen illegitimen Grund abgelehnt wurde.

Es scheint, daß sich auch andere von der Umwelt erzeugte Zustände als Frustration auf die Aggressivität auswirken können. Extreme Hitze macht uns beispielsweise nicht nur reizbar, sondern kann auch unsere Tendenz, aggressiv zu werden, erhöhen. Eine neuere Analyse von Carlsmith und Anderson (1979) bestätigt diese Spekulation durch den Nachweis, daß ein Großteil kollektiver Gewalt in den amerikanischen Städten bei „Hitzewellen" verübt wird. Ein Laborversuch von Baron und Bell

(1975) ergab ebenfalls, daß extreme Hitze zumindest unter bestimmten Bedingungen die Aggressivität erhöht.

Berkowitz (1974) hat auf eine weitere wichtige Umweltdeterminante der Aggression hingewiesen: aggressive Auslösereize. Diese Reize, meint er, disponieren oder verleiten Menschen zu aggressiven Reaktionen, so daß um so mehr Aggression auftritt, je mehr solcher Reize in der Szene vorhanden sind. Berkowitz zufolge erwerben Waffen aufgrund ihrer regelmäßigen und wiederholten Assoziierung mit Aggression einen starken aggressiven Auslösereizcharakter. Berkowitz und LePage (1967) führten ein Experiment zur Überprüfung dieses *Waffeneffekts* durch. Bei diesem Versuch wurden Vpn von einem Anwesenden (einem Mitarbeiter) entweder geärgert oder nicht geärgert und erhielten dann Gelegenheit, sich an dem Betreffenden durch Verabreichung von Elektroschocks zu rächen. Dies geschah entweder in Gegenwart oder Abwesenheit von Waffen (einem Gewehr und einem Revolver). Entsprechend den Vermutungen von Berkowitz verabreichten die verärgerten Vpn dem Opfer in Gegenwart der Waffen tatsächlich mehr Schocks als in deren Abwesenheit.

4.5 Hirnschaden, chromosomale Anomalie und Aggression

Letztlich wird alles Verhalten vom Gehirn und dem Zentralnervensystem kontrolliert. Der Einfluß des Gehirns auf die Aggression wird durch die Tatsache demonstriert, daß sich das Aggressionsniveau oft infolge eines Hirnschadens verändert. Mark und Ervin (1970) schätzen, daß zehn Millionen Amerikaner einen offenkundigen Gehirnschaden haben, während weitere fünf Millionen Opfer einer weniger offenkundigen Form dieses Leidens sein könnten. Gehirnschaden kann vor der Geburt oder bei der Entbindung eintreten und durch Faktoren wie Erkrankungen der Mutter während der Schwangerschaft, Größenmißverhältnisse zwischen dem Becken der Mutter und dem Kopf des Kindes und anhaltende Senkung des Blutzuckerspiegels verursacht sein. Weitere Ursachen können Unfälle, Tumoren und bestimmte Krankheiten sein. Nicht alle Hirnschäden verstärken die Tendenz zu Gewalttätigkeit oder Aggressivität, aber das ist oft der Fall.

Ein dramatisches Beispiel dafür stellen die Taten von Charles Whitman an der Universität von Texas im Jahr 1966 dar. Whitman hatte Psychiatern von seinen periodisch auftretenden und unkontrollierbaren Anwandlungen von Gewalttätigkeit erzählt, aber das war ohne Folgen geblieben. Schließlich ermordete Whitman nach einer Periode heftiger Qualen seine Mutter und seine Frau. Am nächsten Morgen verbarrikadierte er sich mit einem starken Jagdgewehr auf der Aussichtsterrasse im obersten Stock eines Turmes der Universität von Texas. 90 Minuten lang schoß er auf alles, was sich bewegte, wobei er vierzehn Menschen tötete und 38 verwundete, bevor er selbst getötet wurde. Eine Autopsie ergab einen Tumor von der Größe einer Walnuß im limbischen System seines Gehirns. Dies ist ein extremes, aber wahrscheinlich nicht seltenes Beispiel von Gewalttätigkeit, verursacht durch Hirnschaden. Mark und Ervin (1970) behaupten, daß ein beträchtlicher Prozentsatz der Personen, die zu plötzlichen, irrationalen Ausbrüchen von Gewalttätigkeit neigen, neurologische Störungen haben dürften. Selbst wenn ein Gehirnschaden vorhanden ist, kann die Provokation zur Aggression dennoch von den in der Umwelt vorhandenen Auslösereizen abhängen (s. Box 7/2).

Die Zahl der in lebenden Zellen gefundenen Chromosomen (Träger der Erbanlagen) ist bei allen Spezies verschieden. Bei Menschen sind normalerweise 46 Chromosomen in 23 Paaren vorhanden, wobei die eine Hälfte jedes Paars von den beiden Elternteilen stammt. Zweiundzwanzig Paare sind beim Mann und bei der Frau identisch, während das 23. Paar (die Geschlechtschromosomen) des Mannes sich von dem der Frau unterscheiden. Genauer gesagt, dieses Paar besteht bei der Frau aus zwei gleichen Chromosomen (XX), wogegen der Mann ein Chromosom hat, das dem der Frau gleicht (X), während das zweite anders ist (Y). In relativ seltenen Fällen kommt es jedoch vor, daß Männer ein zusätzliches Y-Chromosom haben (XYY). Dies tritt bei einem von 500–600 Männern auf. Dieses XYY- oder *„Supermann"-Syndrom* wurde in neuerer Zeit mit erhöhter Aggressivität und Kriminalität in Verbindung gebracht. Jacobs, Brunton und Melville (1965) berichteten, daß diese chromosomale Anomalie 15 bis 20 mal häufiger bei Verbrechern auftrete als bei

BOX 7/2

Die Behandlung hirngeschädigter Patienten

Ein Mittel, um den Zusammenhang zwischen Hirnschaden und Aggressivität zu demonstrieren, ist die Betrachtung von Fällen, in denen durch die Behandlung eines Hirnschadens die Aggressivität des Betreffenden vermindert wurde. V. Mark und F. Ervin berichten über viele solcher Fälle. Einer davon ist Clara T., die fast drei Jahrzehnte lang an einem Hirnschaden litt, bevor ihr durch eine Hirnoperation geholfen wurde.

Im Alter von 33 glitt Clara T. auf Glatteis aus und erlitt eine Kopfverletzung, die bald zu Anfällen von Schläfenlappenepilepsie führte. Trotz aller Medikamente erhöhte sich die Häufigkeit und Stärke ihrer Anfälle in den folgenden 29 Jahren, in denen sie physisch gewalttätig wurde und ihre Schwiegermutter, ihren Mann und viele Besucher angriff. Nach ihrer Einlieferung ins Krankenhaus verletzte sie in einem Anfall von Gewalttätigkeit eine Krankenschwester mit einer Schere. Sechs Menschen brauchten 45 Minuten, um diese 62jährige Frau zu überwältigen, die nur 40 kg wog.

Neurologische Untersuchungen ergaben, daß Clara einen ausgedehnten Schaden in ihren Schläfenlappen hatte. Es wurde eine stereotaktische Operation durchgeführt, bei der eine Bank von 40 Elektroden in und um die Amygdala (Mandel) implantiert wurde. Die Elektroden blieben mehrere Monate lang an Ort und Stelle, und in dieser Zeit wurden umfangreiche Tests ausgeführt. Man entdeckte in den Aufzeichnungen durch bestimmte Elektroden abnorme Gehirnströme, und als an diesen Punkten eine schwache elektrische Stimulierung vorgenommen wurde, erlitt Clara einen Anfall. Mit Hilfe von Strom einer bestimmten Frequenz wurde durch diese Elektroden Hitze erzeugt, um die die Elektrodenspitzen umgebenden Zellen zu zerstören. Die Elektroden wurden dann entfernt und Claras Verhalten genau beobachtet. Sie erlitt zwar weiterhin epileptische Anfälle, aber diese waren wesentlich milder und traten seltener auf. In den sechs Jahren nach ihrer Operation kam es zu keinerlei Wutanfällen oder unprovozierten Angriffen mehr, und sie konnte ihr normales Leben in ihrer Familie und ihrem Bekanntenkreis wieder aufnehmen.

V. Marc. u. F. Irvin: *Violence and the Brain.* New York: Harper & Row, 1970.

normalen Populationen. Nach ihrer Schilderung besteht das XYY-Syndrom aus (1) geistiger Retardierung, (2) überdurchschnittlicher Körpergröße und (3) gelegentlichen Ausbrüchen extremer Gewalttätigkeit.

Eine naheliegende Schlußfolgerung aus dieser Analyse ist, daß ein zusätzliches Y-Chromosom Menschen zur Gewalttätigkeit prädisponiert. Bevor wir eine solche Spekulation akzeptieren, müssen wir jedoch eine Reihe von Einwänden in Betracht ziehen. Erstens ist zu bedenken, daß die meisten Gewaltverbrechen von Männern mit der normalen XY-Chromosomverbindung begangen werden, und daß *die meisten* Männer mit der XYY-Kombination *keine* Gewalttaten verüben. Zweitens scheint es, daß die meisten der XYY-Männer, die in Gefängnispopulationen zu finden sind, nicht wegen Gewaltverbrechen inhaftiert sind, sondern wegen Delikten wie Diebstahl oder Raub (Price u. Whatmore, 1967). Es ist deshalb noch ziemlich umstritten, wieviel Einfluß das zusätzliche Y-Chromosom auf die Aggressivität des einzelnen haben könnte. Es ist auch unklar, wie ein solcher Einfluß ausgeübt würde, wenn es ihn gibt. Eine Möglichkeit eines indirekten Einflusses ist, daß sich Männer mit einem extra Y-Chromosom schneller entwickeln und größer und stärker werden als ihre Altersgenossen, und daß sie deshalb für aggressive Handlungen mehr verstärkt werden. Diese Erklärung würde erhöhte Aggressivität als eine Kombination von genetischen und Lernfaktoren ansehen und nicht als eine direkte Verbindung zwischen der chromosomalen Anomalie und kriminellem Verhalten.

Die menschliche Aggression scheint ebenso wie das prosoziale Verhalten ein sehr komplexes Phänomen zu sein, bei dem sowohl biologische als auch situationsbedingte und Lerneinflüsse eine Rolle spielen dürften. Durch weitere Untersuchungen werden wir Aggression wahrscheinlich noch besser verstehen lernen; und wenn die Forschungen Erfolg haben sollten, dann werden vielleicht harmonischere Beziehungen zwischen den Menschen möglich sein. Wir sind noch weit von diesem Ziel entfernt und noch weiter von einem noch wichtigeren Nebenprodukt eines solchen Verständnisses – die Reduzierung mörderischer Konflikte zwischen sozialen Gruppen und sogar Nationen. Zweifellos gibt es wenige Errungenschaften, die die Psychologie befähigen würden, der Menschheit besser zu dienen, als die Erreichung dieses Zieles.

Zusammenfassung

1. Ein *prosozialer Akt* ist jedes Verhalten, das praktiziert wird, um anderen zu nützen, ohne daß man für sich eine greifbare Belohnung erwartet. Zu den prosozialen Akten zählen u.a. Kooperation, Spenden, Teilen mit anderen und rettendes Verhalten.

2. Die *Angeborenheitstheorie* von prosozialem Verhalten geht davon aus, daß helfende Haltung beim Menschen eine *biologische* Basis hat. Es wird argumentiert, daß prosoziales Verhalten insofern für die menschliche Spezies eine wichtige Anpassungsfunktion erfülle, als dieses Verhalten die Wahrscheinlichkeit erhöhe, daß der *Genpool* überlebt.

3. *Sozialisationstheorien* des prosozialen Verhaltens argumentieren, daß Menschen zwar die biologische Fähigkeit haben mögen, für andere Mitgefühl zu empfinden, aber daß die Entwicklung dieser Fähigkeit von der *Internalisierung sozialer Normen* abhänge.

4. Die moralische Entwicklung scheint eine Reihe von Stadien zu durchlaufen, die sich in Hinblick auf eine Anzahl von Dimensionen voneinander unterscheiden: die Beachtung von Intentionen statt Folgen, relativierendes statt verabsolutierendes Urteilen, beim Fällen eines moralischen Urteils davon absehen lernen, ob Sanktionen angewandt wurden oder nicht, und andere.

5. Zumindest in westlichen Kulturen scheinen sich die Übergänge von einem moralischen Stadium zu einem anderen bei den meisten Menschen etwa auf denselben Altersstufen zu vollziehen. Das Eintreten in das nächsthöhere Stadium kann jedoch durch spezifische Schulung beeinflußt werden.

6. Toleranz gegenüber abweichenden Meinungen wird zwar als abstrakte Idee gebilligt, aber von den meisten Menschen in spezifischen Fällen nicht angewandt. Verschiedene Faktoren beeinflussen diese beiden Überzeugungsebenen.

7. *Aggressives Verhalten* kann definiert werden auf der Basis seiner schädlichen *Auswirkungen* oder der *Absicht* des Aggressors, anderen Schaden zuzufügen. Keine der beiden Definitionen ergibt eine klar umrissene Klassifikation.

8. *Angeborenheitstheorien* der Aggression argumentieren, daß der Mensch eine im Biologischen wurzelnde Disposition zur Aggressivität besitze. Freud erörtert diese Disposition in Begriffen eines *Todestriebes,* während Lorenz den *Überlebenswert* der Aggression für die Spezies hervorhebt.

9. Die *Sozialisation* der Aggression bewirkt in der Regel, daß einerseits ihre direkte Äußerung gehemmt wird, und daß man andererseits lernt, sie in akzeptabler Form indirekt auszudrücken. Bei diesem Sozialisationsprozeß spielt der elterliche *Grad an Permissivität* gegenüber aggressivem Verhalten sowie die *Strenge der Bestrafung* für dessen Auftreten eine Rolle. Am erfolgreichsten sind Eltern, die weder permissiv noch streng bestrafend sind. Umweltkräfte wie die Störung von zielgerichtetem Verhalten und das Vorhandensein aggressiver Auslösereize wirken sich ebenfalls auf die Äußerung von Aggression aus.

10. *Hirnschaden* und *chromosomale Anomalien* können in manchen Fällen ebenfalls die Neigung zur Aggressivität erhöhen.

2. Kapitel Einstellung und Einstellungsänderung

Woran denken Sie, wenn Sie das Wort *Einstellung* hören? Es ist tatsächlich ein sehr verbreitetes Wort, das in einer Vielzahl verschiedener Zusammenhänge auftritt (das englische Wort *attitude* ist nicht identisch mit unserem Fremdwort Attitüde, das mehr eine gekünstelte Haltung meint). Von einem Trainer wird man vielleicht ermahnt, eine „Siegerhaltung" zu entwickeln, ein Professor kann einem nahelegen, mit einer „positiven Einstellung" an das Studium heranzugehen, und eine Freundin sagt einem vielleicht, „deine Auffassung gefällt mir nicht". Darüber hinaus werden viele verschiedene Adjektive benutzt, um Einstellungen zu charakterisieren. So bezeichnen Sie beispielsweise die Einstellung Ihrer Eltern vielleicht als „altmodisch", die Ihrer Zimmergenossin als „extrem" und Ihre eigene als „ziemlich realistisch". Schließlich sollte man sich klarmachen, daß die Worte *Denken* und *Fühlen* oft an die Stelle des Wortes *Einstellung* treten. Wenn wir Leute fragen, was sie über die Energiekrise „denken" oder wie sie sich in Kalifornien „fühlen", dann befragen wir sie eigentlich über ihre Einstellungen.

In jedem der obengenannten Fälle und auch in mehreren anderen Kontexten, in denen das Wort *Einstellung* in unserem täglichen Sprachgebrauch benutzt wird, treten drei grundlegende Voraussetzungen zutage. Erstens, Einstellungen beziehen sich auf ein Objekt, auf jemand oder etwas. Eine Einstellung schwebt in der Regel nicht im luftleeren Raum; wir stellen sie uns als auf etwas bezogen oder gerichtet vor. Von Ihrem Standpunkt aus ist die Einstellung Ihrer Eltern *zu* der sexuellen Freiheit in Studentenheimen „altmodisch", die Einstellung Ihrer Zimmergenossin *zum* Leben nach dem Tod ist „extrem", und Ihre eigene Einstellung *zu* Ihrem Studienerfolg ist „ziemlich realistisch". Ob es sich um Energiesparen, Tomaten, Kalifornien, Blondinen, vorehelichen Sex oder sogar einen selbst handelt, wir gehen in der Regel davon aus, daß sich eine Einstellung *auf etwas bezieht.* Im täglichen Sprachgebrauch verkörpert Einstellung somit irgendeine Beziehung zwischen Individuen und ihrem Verständnis von ihrer Umwelt und/oder von sich selbst.

Zweitens impliziert das Wort *Einstellung* etwas im Inneren des Betreffenden, das die Art und Weise, wie sich diese Person gegenüber dem Objekt seiner Einstellung *verhält,* vielleicht schon beeinflußt hat und weiterhin beeinflussen wird. Wenn man die Einstellung eines Menschen zum Energiesparen kennt, kann man wahrscheinlich erklären, warum der oder die Betreffende öffentliche Verkehrsmittel benutzt, mit Holz heizt und sich für Solarzellen als Energiealternative interessiert. Wenn man weiß, daß jemand eine sehr liberale Einstellung zu vorehelichem Sex hat, dann kann man wahrscheinlich sein oder ihr Verhalten bei einem der nächsten Treffen voraussagen.

Drittens sagt uns die Kenntnis der Einstellungen eines Menschen etwas über die Gedanken und Gefühle des Betreffenden sowie über sein allgemeines Verhalten. Nehmen wir beispielsweise an, daß Sie nach einem Gespräch mit Ihrer Nachbarin im Einführungskurs Psychologie zu dem Schluß kommen, daß sie eindeutig die „falsche Einstellung" zu dem Kurs habe. Sie glauben jetzt zu wissen, warum Sie sie nicht oft in dem Kurs gesehen haben. Sie können sich auch denken, ohne fragen zu müssen, daß sie das Buch für nutzlos hält, die Vorlesungen (und wahrscheinlich den Professor) nicht schätzt und daß sie bei der heutigen Prüfung nicht besonders gut abschneiden wird. Die Kenntnis ihrer Einstellung hat Ihnen wahrscheinlich weitaus mehr über sie gesagt, als Sie direkt beobachten könnten, und vielleicht sogar mehr, als ihr recht ist. Ihre eigene Einstellung zu ihr ist klar – Sie finden, daß sie von Psychologie nichts versteht, Sie finden sie nicht sonderlich sympathisch, und Sie werden es wahrscheinlich vermeiden, in Zukunft mit ihr zu reden.

Fassen wir zusammen: Die Alltagssprache enthüllt drei sehr wichtige Merkmale des Begriffes Einstellung. *Einstellung* definiert in der Regel irgendeine Beziehung zwischen dem einzelnen und seiner Umwelt. Einstellung deutet auf irgendeinen inneren Faktor im Menschen hin, der sein Verhalten beeinflußt. Einstellung bedeutet, daß jemand in bestimmter Weise denkt, fühlt und sich verhält. Das Konzept der Einstellung ist deshalb nützlich zur Erklärung, zur Voraussage und (potentiell) auch zur Kontrolle von Verhalten. Die Kenntnis der Einstellungen eines Menschen befähigt uns nicht nur zu verstehen, was der Betreffende in der Vergangenheit gedacht, gefühlt oder getan hat, sondern auch vorauszusagen, was er in der Zukunft denken, fühlen oder tun könnte. Und stellen wir uns einmal die Möglichkeiten vor, wenn wir die Einstellungen eines Menschen tatsächlich beeinflussen oder verändern könnten. Wie wir sehen werden, betrachten die Sozialpsychologen Einstellungen in ähnlicher Weise wie die fachfremde

Öffentlichkeit, und Sozialpsychologen interessieren sich in besonderem Maß für Einstellungsänderungen.

Der Grund für diese enge Beziehung zwischen Sozialpsychologie und dem Studium von Einstellungen ist ganz einfach. Gordon Allport definierte Sozialpsychologie als „einen Versuch, zu verstehen und zu erklären, in welcher Weise das Denken, Fühlen und Verhalten von Individuen durch die tatsächliche, vorgestellte oder implizierte Anwesenheit anderer beeinflußt wird“ (1954, S. 5). Tatsächlich ist für die meisten Sozialpsychologen die Haupt- und Grundfrage die nach den sozialen Einflüssen. Wie beeinflussen uns andere Menschen? Wie Sie vielleicht schon erraten haben, lautet eine Antwort: durch ihre Einstellungen. Andere Menschen „vermitteln“ uns unsere Einstellungen, und unsere Einstellungen bestimmen ihrerseits, wie wir denken, fühlen und uns verhalten. Kurz, Einstellungen vermitteln genau die Beziehungen, die die Sozialpsychologie zu erklären versucht. Aus diesem Grund wird das Konzept der Einstellung unter Sozialpsychologen allgemein als ein effizientes Werkzeug zum Verständnis und zur Erklärung menschlichen Verhaltens angesehen. Tatsächlich ist das *Studium der Einstellungen* immer eines der zentralen Anliegen der Sozialpsychologie gewesen, und dies ist auch weiterhin so.

1 Charakterisierung von Einstellungen

Wie unterscheidet sich eine Einstellung von einer Tatsache? Warum sind Einstellungen so mächtige Determinanten von Urteilen und Handlungen? Wie können sich Einstellungen am Leben erhalten trotz ungeheurer Mengen an Beweismaterial, das sie eindeutig als irrational, unlogisch und schlicht falsch erweist (s. Abb. 3)? Warum sind andere Einstellungen so leicht zu verändern, und welche Arten von Veränderungstechniken (z.B. Werbung, politische Kampagnen, Publicitygags und so weiter) funktionieren am besten und warum? Dies sind einige der Fragen, die die von Sozialpsychologen durchgeführte Einstellungsforschung zu beantworten versucht hat. Und wie wir sehen werden, sind diese Versuche recht erfolgreich gewesen.

Wie wir bereits ausgeführt haben, sind sich die meisten Sozialpsychologen einig, daß Einstellungen auf Überzeugungen beruhen (die wiederum Glaubenssache sind), daß sie unsere Emotionen berühren und unser Verhalten beeinflussen. Wir bieten zu diesem Zeitpunkt keine formellere Definition an. Vielmehr werden wir in den folgenden Erörterungen dieser drei Komponenten der Einstellungen ein Verständnis dafür zu entwickeln suchen, was Einstellungen sind, wo sie herkommen und warum sie Versuchen widerstehen bzw. auf diese ansprechen, sie zu verändern.

1.1 Die Glaubenskomponente von Einstellungen

Überzeugungen, oft als „Kognitionen“ oder „kognitive Elemente“ bezeichnet, können aus vernünftigen Tatsachenargumenten, Vorurteilen, Rationalisierungen früherer Handlungen oder auch aus grundlegenden ideologischen Annahmen bestehen, deren wir uns nicht im mindesten bewußt sind. Am einen Ende der Skala können Überzeugungen den Status von Fakten annehmen (siehe die unten angeführten Überzeugungen des Typus A und B). Ihre Überzeugung, daß beispielsweise die Erde rund, der physische Tod unvermeidlich und Ihr Name ______ ist, wird aller Wahrscheinlichkeit nach nicht bestritten oder durch irgendwelches Beweismaterial widerlegt werden. Daher sehen Sie (wie jedermann) solche Überzeugungen als Tatsachen an und erkennen kaum, daß es sich dabei um Überzeugungen handelt. (Fragen Sie sich jedoch einmal, ob Sie beweisen könnten, daß die Erde rund ist.)

Am andere Ende der Skala rangieren Überzeugungen, die allgemein als überwiegend, wenn nicht ausschließlich als subjektive Meinungen erkannt werden (siehe Überzeugungen des Typus E, S. 36). Obwohl *Sie* überzeugt sein mögen, daß Spinat etwas Köstliches und Baseball ein großartiger Sport ist und daß japanische Autos amerikanischen bei weitem überlegen sind, werden Sie wahrscheinlich nicht erwarten, mit diesen Ansichten überall nur Zustimmung zu finden. Obwohl Sie vom *Realitätsbezug* dieser Ansichten überzeugt und auch sehr widerstandsfähig gegen alle Änderungsversuche sein mögen, werden Sie doch erkennen, daß diese Überzeugungen nicht denselben Status bean-

Abbildung 3: Die Mode wechselt, und *zu ihrer Zeit* gilt jede Mode tatsächlich als der letzte Schrei.

„Am Strand bei Long Branch – die Kinderstunde", Harper's Weekly, 15. August 1874. NYPL Picture Collection.

sprüchen können wie die Behauptung, daß die Erde rund sei.

Zwischen diesen beiden Polen rangieren Überzeugungen, die in den Augen mancher Fakten und in denen anderer Meinungen sind. Die Überzeugung, die Frau gehöre ins Haus (oder ins Parlament), Marihuana fördere das Denken (oder zerstöre das Gehirn) und Gott sei tot (oder lebe), all diese ideologischen Überzeugungen werden von manchen mit Nachdruck verfochten und von anderen schärfstens abgelehnt. Der Grad, in dem Überzeugungen dieser Art zugänglich für Einwände oder gefeit gegen Argumente sind, hängt von ihrer Stellung im subjektiven Überzeugungssystem des Betreffenden ab. Wie wir sehen werden, kann dieselbe Überzeugung, die bei einem Menschen sehr veränderbar ist, bei einem anderen völlig inflexibel sein. Außerdem erweist sich die Beeinflussungstaktik, die bei einem Menschen Erfolg hat, bei einem anderen oft als nutzlos. Das Konzept eines *Überzeugungssystems* liefert uns die Erklärung, warum dies so ist.

Milton Rokeach (1960, 1968, 1973) hat ein *Überzeugungssystem* als die Gesamtheit der Annahmen eines Individuums in bezug auf die physische Welt, die soziale Welt und das Selbst definiert. Jedes Überzeugungssystem ist in Hinblick auf mehrere Dimensionen organisiert. Eine wichtige Dimension ist die *Zentralität,* das Maß, in dem eine bestimmte Überzeugung als Grundlage für andere dient. Im allgemeinen bildet eine zentrale Überzeugung die Grundlage für viele andere, sie nimmt leicht den Status eines Faktums an, wird von dem Betreffenden als wichtig angesehen und ist sehr schwer, wenn nicht unmöglich, zu verändern. Im Gegensatz dazu existieren *nichtzentrale* oder periphere Überzeugungen in relativer Isolierung innerhalb des Überzeugungssystems, werden von dem Betreffenden nicht als sehr wichtig angesehen und sind leicht zu verändern. Behalten wir diese Zen-

Tabelle 2: Eine theoretische Typologie von Überzeugungen

Typus und Definition	Beispiele	Quelle	Werden aufrechterhalten durch	Werden verändert durch
Typus A: Ursprüngliche Überzeugungen (100 Prozent Konsens)	„Ich traue meinen Sinnen" „Mein Name ist ______". „Das ist ein Buch".	Direkte Erfahrung mit dem Objekt der Überzeugung.	Konsens, konsequente und ständige Verstärkung.	Selten verändert. Ausnahmen nur infolge von Psychosen, Gehirnwäsche und religiöser Konversion.
Typus B: Ursprüngliche Überzeugungen (kein Konsens)	„Ich bin ein guter Mensch". (B+) „Ich bin ein schrecklicher Mensch". (B−) „Schränke sind gefährliche Orte".	Direkte Erfahrung mit dem Objekt der Überzeugung.	Selbstbekräftigung als Glaubensartikel.	Schwer zu verändern. Eine mögliche Veränderungssituation ist Psychotherapie.
Typus C: Nicht-ursprüngliche Autoritätsüberzeugungen	„Meine Eltern verstehen etwas von X". „Mein Buch ist eine Autorität über Y". „Wissenschaftler sind Experten über Z".	Modifikationen von Typus-A-Überzeugungen. Sozialer Einfluß.	Selbstbekräftigung als Glaubensartikel.	Durch Kritik an der Bezugsgruppe. Durch Eingrenzung des Expertenwissens der Autorität. Durch Diskreditierung der Autorität.
Typus D: Abgeleitete Überzeugungen	„Orangensaft ist gut für mich". „Der Mars hat zwei Monde". „Überzeugungen sind eine Komponente von Einstellungen".	Sind von einem Glauben an eine Autorität abgeleitet und repräsentieren, was die Autorität sagte oder sagen würde.	Selbstbekräftigung unter Bezugnahme auf zugrundeliegende Typus-C-Überzeugung. Soziale Bekräftigung durch Bezugsgruppen. Stützt sich auf Prämissen und logische Argumentation.	Jede Typus-C-Methode. Logische Argumentation, die das schwächste Glied der Prämissen angreift.
Typus E: Unwesentliche Überzeugungen	„Glux-Seife ist hervorragend". „Blumen sind schön". „Pulverkaffee schmeckt scheußlich".	Direkte Erfahrung mit dem Objekt der Überzeugung.	Selbstbekräftigung: „Das spüre ich einfach". Soziale Bekräftigung durch Bezugsgruppen. Durch Beispiele persönlicher Erfahrung.	Gewöhnlich durch Konfrontation mit neuen Beweisen des Gegenteils bzw. mit Beispielen.

Nach: M. Rokeach: *Beliefs, Attitudes and Values.* San Francisco: Jossey-Bass, 1968.

tralitätsdimension im Auge, wenn wir uns jetzt Rokeachs Konzeption verschiedener Überzeugungsarten zuwenden – wo sie herkommen, wie sie aufrechterhalten werden, und wie man sie verändern könnte (die folgenden Ausführungen sind in Tabelle 2, zusammengefaßt; werfen Sie jetzt einen Blick darauf und studieren Sie sie nach Lektüre dieses Kapitels noch einmal).

1.2 Typus A: Ursprüngliche Überzeugungen mit 100% Konsens

Überzeugungen des Typus A werden sehr früh im Leben durch direkte Begegnungen mit dem Objekt der Überzeugung gelernt. Sie werden nicht von anderen Überzeugungen abgeleitet; vielmehr dienen sie gewöhnlich als Basis für andere Überzeu-

Abbildung 4: Ein Beispiel zur Störung unserer Typus-A-Überzeugung, daß wir uns auf unsere Sinne verlassen können. Auf den ersten Blick überrascht uns das nebenstehende Photo (sofern wir uns nicht an die Wahrnehmungstäuschungen aus Band 2, S. 21 erinnern): Das Kind kann doch nicht größer sein als der Mann! Der Betrachter wird alsbald nach „Gründen" für diese Unstimmigkeit suchen.

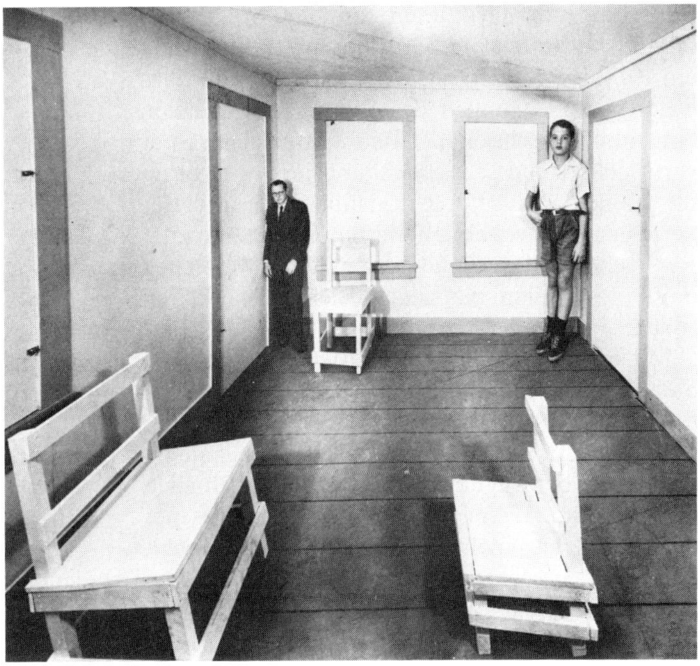

gungen und sind in der Regel zentral für das Überzeugungssystem des Betreffenden. Sie werden verstärkt und aufrechterhalten, weil sie nie angefochten werden. Alle unsere Erfahrungen mit dem Überzeugungsobjekt und alle unsere Bezugsgruppen – die Menschen, mit denen wir interagieren – verstärken unsere Überzeugung. Es besteht somit Einmütigkeit in bezug auf eine Überzeugung des Typus A.

Vielleicht das beste Beispiel einer ursprünglichen Überzeugung des Typus A ist unser Glaube an unsere Sinne. Wir lernen sehr früh, daß wir dem vertrauen können, was uns unsere Sinne sagen, obwohl wir, wie Aschs Konformitätsstudien (4. Kap.) gezeigt haben, durch sozialen Druck veranlaßt werden können, daran zu zweifeln. Zu den Überzeugungen des Typus A zählen die Konstanzen in bezug auf Objekte, Menschen und das Selbst, welche die „Grundwahrheiten" über die Wirklichkeit repräsentieren. Wenn Sie dieses Buch aus der Hand legen, dann wissen Sie, daß es nicht zerfallen und seine Beschaffenheit verändern wird, und daß es nicht über Sie lachen wird, sobald Sie außer Sichtweite sind. Sie sind außerdem imstande, es durch bloße Berührung oder Betrachtung von fast jedem Blickwinkel aus als ein Buch zu erkennen. Ihre Überzeugung, „das ist ein Buch", wird – unter „normalen Umständen" – nie in Frage gestellt, ständig verstärkt und ändert sich daher nie.

In ähnlicher Weise wird die Überzeugung, „dieser Mensch ist meine Mutter", von kleinen Kindern sehr früh erworben. So wissen wir beispielsweise, daß Säuglinge bereits im Alter von vier Monaten eine geringere Veränderung ihrer Pupillenöffnung aufweisen (ein Anzeichen von geringerem Interesse), wenn sie das Gesicht ihrer Mutter anschauen, als wenn sie die Gesichter von Fremden betrachten (Fitzgerald, 1968). Und diese Überzeugung, daß „die Mama" *wirklich* „die Mama" ist, wird durch jede Begegnung mit der Mutter, durch alle Bekannten der Familie und sogar durch Fremde ständig verstärkt.

Allgemein gilt somit, daß Typus-A-Überzeugungen selten widersprochen wird und daß sie, selbst wenn das geschieht, sich fast nie verändern. Falls man je Gelegenheit hatte, in einen verzerrten Raum zu schauen, dann hat man Informationen bekommen, die gegen Überzeugungen des Typus A verstoßen (s. Abb. 4). In der amerikanischen Fernsehserie „Candid Camera" wurden wiederholt Szenen gezeigt, die Überzeugungen des Typus A widersprechen. Wenn ein Briefkasten dem Postkunden dafür „dankt", daß er einen Brief eingeworfen hat, wenn ein Hydrant einen Passanten bittet, einen Hund daran zu hindern, das zu tun, was Hunde an Hydranten tun, und wenn eine Geburtstagstorte vom Tisch herunterfällt, sobald ein Kind die Kerzen ausbläst, dann verstößt dies gegen Überzeugungen des Typus A. Im ersten Augenblick erschrickt der Beobachter, dann ist er verunsichert und schließlich amüsiert, weil er an die „neue Sachlage“ nicht glaubt. Eine in dieser Serie häufig zu sehende Reaktion ist, daß sich der Beobachter hilfesuchend nach anderen Menschen umsieht, die ihm die „neue Sachlage“ erklären sollen.

Mit erwachsenen Beobachtern sind die obigen Situationen komisch, aber für Kinder können sie erschreckend oder sogar gefährlich sein. Kinder neigen eher dazu, die „neue Sachlage“ zu glauben, weil ihre Überzeugungen des Typus A noch nicht gefestigt sind. Wenn Sie jemand als Erwachsener hartnäckig mit einem falschen Namen anspricht, dann wird Sie das vielleicht etwas irritieren, aber Sie würden diese Situation sicher als eine Ausnahme betrachten, lange bevor Sie in Versuchung gerieten, Ihre Typus-A-Überzeugung zu ändern. (Wenn *alle* Ihre Freunde darin konspirierten, dann könnte Sie das bald stark beunruhigen.) Wenn Sie ein Kind bei einem falschen Namen rufen und daran festhalten, auch wenn das Kind möchte, daß das Spiel aufhört, dann kann das Ergebnis sehr schmerzhaft sein, insbesondere, wenn das Kind Sie kennt und Ihnen vertraut. Kinder sind, natürlich speziell in den frühen Stadien der kognitiven Entwicklung, anfällig für Manipulationen dieser Art.

Es gibt sehr wenige Anlässe, bei denen es möglich ist, Überzeugungen des Typus A bei Erwachsenen zu ändern. „Gehirnwäsche“, religiöse Konversion und psychotische Zusammenbrüche sind drei Fälle, in denen gewisse Veränderungen von Typus-A-Überzeugungen eines Menschen eintreten können. Diese Prozesse haben viel miteinander gemein, und es ist nicht zu weit hergeholt, sie als langfristige und besonders krasse Erfahrungen nach Art der „Candid Camera“ zu betrachten. Ein Wechsel des religiösen Glaubens ist jedoch keinesfalls immer (oder auch nur in der Regel) auf eine „Gehirnwäsche“ zurückzuführen.

1.3 Typus B: Ursprüngliche Überzeugungen ohne Konsens

Überzeugungen des Typus B sind identisch mit solchen des Typus A, mit einer wichtigen Ausnahme: ihre Stabilität hängt nicht davon ab, ob sie von anderen geteilt, verstärkt oder gebilligt werden. (Werden sie allgemein geteilt, dann verwandeln sie sich in den Typus A.) Diese Unabhängigkeit macht Überzeugungen des Typus B unangreifbar für Argumente. Beispiele sind Wahnvorstellungen, Phobien und die verschiedenen selbstaufwertenden (Typus B+) und selbstabwertenden (Typus B−) Überzeugungen, die durch frühe Erfahrungen entstehen. So mögen Sie beispielsweise, ungeachtet der Ansichten anderer und unbeeinflußt durch alle Beweise des Gegenteils, davon überzeugt sein, daß Schränke gefährlich (oder harmlos) sind, daß Ihre Eltern Sie lieben (oder nicht) und daß Sie im Grunde ein tüchtiger (oder untüchtiger) Mensch sind.

Ebenso wie Überzeugungen des Typus A werden solche des Typus B durch unmittelbare Erfahrung und sehr früh im Leben gelernt. Denken Sie beispielsweise an die Hunderte, wenn nicht Tausende von Anlässen, bei denen Ihre Eltern Ihnen durch Worte und Taten gezeigt haben, daß Sie in ihren Augen in der Tat ein wertvoller Mensch sind. Diese Botschaft erhielten die meisten Menschen andauernd und konsequent. Ebenso wie in bezug auf Überzeugungen des Typus A sind Kinder jedoch auch anfällig für „neue Beweise“, die ihren Überzeugungen des Typus B widersprechen. So gibt es tatsächlich starke Anzeichen, daß eine Ursache der Schizophrenie die anhaltende Konfrontation eines Kindes in dessen prägenden Jahren mit sich ständig wiederholenden widersprüchlichen Botschaften seitens der Eltern ist. So mögen Eltern beispielsweise *sagen,* daß sie ihr Kind lieben, während sowohl ihr Tonfall als auch ihre nonverbalen Botschaften nur zu klar signalisieren, daß sie das nicht tun (diese Auffassung über die Entstehung von Schizophrenie wird im 6. Bd., 4. Kap., erörtert). Da Überzeugungen des Typus B sehr zentral sind, schwächt dieser Mangel an konsequenter Verstärkung die gesamte Überzeugungsstruktur. Psychische Erkrankungen in Form von Psychosen oder Neurosen können die Folge sein. Sehr spezielle Situationen sind notwendig, um diese primitiven Überzeugungen zu verändern. Eine Interpretation des psychotherapeutischen Prozesses ist die, daß er spezielle Situationen jener Art bietet, die imstande sein können, manche der B(–)-Überzeugungen in B(+)-Überzeugungen in bezug auf das eigene Selbst umzuwandeln.

1.4 Typus C: Nichtursprüngliche Autoritätsüberzeugungen

Überzeugungen des Typus C sind nichtursprüngliche Überzeugungen, die von Typus-A-Überzeugungen abgeleitet sind oder Modifikationen derselben darstellen. Im wesentlichen basieren alle Typus-C-Überzeugungen auf der Annahme, daß jemand auf einem bestimmten Gebiet eine Autorität sei. Solange wir noch klein sind, sehen wir in unseren Eltern Autoritäten in bezug auf praktisch alles. Sobald das Kind außerhalb der Familien zu interagieren beginnt, besteht jedoch die ständig zunehmende Möglichkeit zu entdecken, daß Überzeugungen, die es für universell hielt, wie der Glaube an das Christkind oder an Gott oder an die Rolle des Mannes als einziger Ernährer, de facto nicht von allen geteilt werden. An diesem Punkt beginnen sich nichtursprüngliche Überzeugungen zu entwickeln.

Typus-C-Überzeugungen betreffen positive und negative Autorität. Sie mögen beispielsweise überzeugt sein, daß Ihre Eltern Autoritäten in bezug auf Kindererziehung, Religion und „die gute alte Zeit" sind, aber daß sie eindeutig keine Autoritäten in bezug auf Fußball, Spinoza oder Sex darstellen. In diesem Sinne mögen Sie Beckenbauer für eine Autorität in bezug auf Fußball, aber nicht in bezug auf Kindererziehung halten, Ihr Philosophielehrbuch für eine Autorität in bezug auf Spinoza, aber nicht in bezug auf Religion, und Ihren Zimmergenossen für eine Autorität in bezug auf Sex, obwohl er nichts über „die gute alte Zeit" weiß. Typus-C-Überzeugungen sind somit Annahmen darüber, *wer eine Autorität in bezug auf was ist*.

Typus-C-Überzeugungen haben nicht denselben Faktenstatus wie Typus-A- und Typus-B-Überzeugungen. Wir lernen, Meinungsunterschiede und selbst Kontroversen in bezug auf den Typ C zu erwarten, und weil Überzeugungen dieses Typus potentiell angreifbar sind, erhalten wir sie gewöhnlich aktiv aufrecht, entweder als Glaubensartikel oder indem wir bei anderen Unterstützung suchen. Nehmen wir beispielsweise an, daß Sie glauben, Ihre Eltern seien Autoritäten in bezug auf Erziehung – eine Typus-C-Überzeugung, die Ihrer Gewißheit zugrundeliegt, daß die Art und Weise, wie Sie aufgezogen wurden, die beste Art war, wie man Kinder aufziehen kann. Sie mögen glauben, daß dies die beste Form der Erziehung ist, „einfach weil dies die beste Form *ist*" (eine Überzeugung, die infolge Ihres Glaubens an Ihre Eltern als Autoritäten aufrechterhalten wird), und Sie fühlen sich vielleicht *nur* zu solchen Personen hingezogen und erwägen vielleicht auch solche zu heiraten, deren Ansichten über Erziehung mit den Ihren übereinstimmen (die Überzeugung wird aufrechterhalten, indem man sich Gleichgesinnte als Unterstützung sucht). Obwohl man sich nicht *bewußt* zu sein braucht, daß man seine Eltern für Autoritäten hält, wird man gegen alle konträren Auffassungen gefeit sein und damit andere Autoritäten implizit ablehnen, auf die sich alle anderslautenden Auffassungen stützen.

Überzeugungen des Typus C können jedoch verändert werden. Bleiben wir bei unserem Erziehungsbeispiel. Stellen Sie sich vor, daß Sie ein einziges Kind sind und daß jemand Ihre Ansichten über Erziehung verändern will. Eine Möglichkeit wäre, die *Bezugsgruppe* zu *kritisieren* (d.h. die „Leute Ihrer Art"), die Sie zur Unterstützung Ihrer Ansichten heranziehen. Ihr Kritiker kann beispielsweise darauf hinweisen, daß ein einziges Kind (d.h. Ihre Bezugsgruppe) keine unmittelbaren Erfahrungen mit anderen Kindern habe und deshalb nicht viel über Erziehungsfragen wissen könne. (Man beachte, daß Ihre Aufgeschlossenheit für dieses Argument Ihren Glauben an Ihre Eltern als Erziehungsautoritäten beeinflussen könnte, obwohl Ihr Kritiker Ihre Eltern nicht erwähnt hat.) Eine zweite Möglichkeit wäre, das Gebiet, auf dem Ihre Autoritäten sachkundig sind, einzuschränken. Man könnte beispielsweise darauf hinweisen, daß Ihre Eltern zwar wunderbare Menschen seien und über viele Dinge Bescheid wüßten, daß sie aber in Erziehungsfragen keine Experten seien, weil sie schließlich nur ein Kind großgezogen hätten. Schließlich könnte man versuchen, Ihre Autoritäten *direkt* zu *diskreditieren*. Man könnte argumentieren, daß Ihre Eltern wahrscheinlich völlige Schafsköpfe seien, die nichts von Erziehung

BOX 7/3

Peer-Gruppen-Einfluß auf Typus-C-Überzeugungen

Anfangs betrachten wir unsere Eltern als die obersten Autoritäten in bezug auf so ziemlich alles. Obwohl uns nicht bewußt sein mag, daß dies einst unsere Überzeugung war, können wir erkennen, daß die eigenen Eltern an Einfluß auf unser Leben verlieren, während wir vom Kind zum Erwachsenen werden. Wenn junge Menschen das Elternhaus verlassen und einen anderen Lebensstil kennenlernen – beispielsweise, wenn sie in einen anderen Ort an eine Universität gehen –, verändern sich gewöhnlich manche ihrer Einstellungen und manche ihrer Überzeugungen, auf denen diese Einstellungen basieren. Dies wird überzeugend demonstriert in Newcombs klassischer Bennington-College-Studie. Um diese Studie voll und ganz würdigen zu können, muß man mit der politischen Geschichte Amerikas in der ersten Hälfte des zwanzigsten Jahrhunderts vertraut sein, eine Epoche, in der Amerika von der Wirtschaftskrise geschüttelt wurde und die Welt vom Krieg bedroht war.

Zum Zeitpunkt der Untersuchung (1935–1939) war das Bennington-College neu und geographisch isoliert. Die Studentinnen, es waren ausschließlich Frauen, stammten überwiegend aus wirtschaftlich privilegierten konservativen Familien. Die Mitglieder des Professorenkollegiums waren dagegen überwiegend Liberale, die sich stark für die sozialen Fragen der Epoche engagierten und der Ansicht waren, daß ihre bis dahin „behüteten" Studentinnen sich den politischen und sozialen Realitäten stellen sollten.

Der allgemeine Trend der Einstellungsänderung an diesem College verlief von Konservatismus der Erstsemester zu einer liberalen Haltung in den höheren Semestern. Ein Beispiel: Eine „Probeabstimmung" der Studentinnen während des Präsidentschaftswahlkampfs von 1936 ergab einen erheblichen Unterschied zwischen den politischen Präferenzen der Erstsemester und denen der höheren Semester. Wie die Tabelle zeigt, stimmten 62 Prozent der Erstsemester, aber nur 15 Prozent der höheren Semester für Landon, den republikanischen Kandidaten. Roosevelt, der für den New Deal eintretende Kandidat der Demokraten, erhielt von den Erstsemestern nur 29 Prozent der Stimmen, von den höheren Semestern dagegen 54 Prozent. Die Stimmenzahlen für die Kandidaten der sozialistischen und kommunistischen Parteien Amerikas erhöhten sich von 9 Prozent unter den Erstsemestern auf 30 Prozent unter den Studentinnen der höheren Semester. Über diese offenkundige Veränderung hinaus wiesen andere, die Einstellungen betreffende Daten die gleiche Tendenz von Konservatismus unter den Erstsemestern zu Liberalismus unter den höheren Semestern auf. Die Einstellungen zu neun spezifischen sozialen und wirtschaftlichen Fragen wurden während des vierjährigen Studiengangs jährlich gemessen. In bezug auf alle neun Fragen waren die Studentinnen der höheren Semester weniger konservativ als die Erstsemester.

	1. Studienjahr		2. Studienjahr		3. u. 4. Studienjahr	
	Studentinnen	Eltern	Studentinnen	Eltern	Studentinnen	Eltern
Landon (Republikaner)	62	66	43	69	15	6
Roosevelt (Demokrat)	29	26	42	22	54	35
Thomas, Browder (Sozialist, Kommunist)	9	7	15	8	30	4

Die Tabelle zeigt auch, daß die Erstsemester ähnlich stimmten wie ihre Eltern, was darauf hindeutet, daß die Erstsemester ihre Eltern implizit noch für Autoritäten in politischen Fragen hielten. Im Gegensatz dazu unterschieden sich die Studentinnen des dritten und vierten Studienjahres deutlich von ihren Eltern. Wer hatte die Stelle ihrer Eltern als politische Autoritäten eingenommen? Das folgende Exzerpt aus einem Interview mit einer liberalen Studentin des vierten Studienjahres gibt darauf eine Antwort:

„Natürlich wird hier sozialer Druck auf einen ausgeübt, seinen Konservatismus aufzugeben. Ich bin froh darüber, denn für mich wurde das zum Mittel, um mich von meiner Familie unabhängig zu machen. Die Veränderung meiner Einstellungen hat sich für mich Hand in Hand mit zwei sehr wichtigen Dingen vollzogen: Meine eigene Unabhängigkeit zu erreichen und gleichzeitig ein Teil der Collegegemeinschaft zu werden."

Tatsächlich erwiesen sich die liberalen Studentinnen des vierten Jahrgangs als stark motiviert, sich von ihrer Familie unabhängig zu machen und sich in der Collegegemeinschaft Ansehen zu verschaffen (liberale Studentinnen genossen in Bennington Prestige). Offensichtlich hatte das Professorenkollegium von Bennington die Eltern der Studentinnen als Autoritäten in politischen Fragen abgelöst. Diese neue Typus-C- oder Autoritätsüberzeugung wurde unterstützt (verstärkt) durch die „In-Peer-Gruppe" – die überwiegend liberalen Studentinnen des dritten und vierten Jahrgangs.

Das bedeutet, daß neue Erfahrungen und neue Bezugsgruppen bewirken können, daß wir alte Überzeugungen revidieren und neue annehmen. Denken Sie einmal darüber nach, wie sich Ihre eigenen Einstellungen verändert haben, seit Sie Ihr Elternhaus verließen. In welchen Fragen sind Sie jetzt anderer Ansicht als Ihre Eltern, in denen Sie ihnen früher zustimmten? Vermutlich zählen dazu Sexualität, Religion und Politik. Falls Sie Ihre Einstellungen zu diesen Fragen geändert haben, dann haben Ihre Eltern zwangsläufig ihren Status als Autoritäten in Ihrem Überzeugungssystem teilweise eingebüßt.

Wir wollen jedoch nicht den Eindruck erwekken, daß jede neue Erfahrung bzw. jede neue Bezugsgruppe automatisch zu einer Veränderung des Überzeugungssystems führt. Manche Studentinnen von Newcombs Studie blieben während ihres ganzen Aufenthalts in Bennington konservativ. Bezeichnenderweise tendierten diese Studentinnen dazu, die Collegegemeinschaft abzulehnen. Statt eine Änderung zu bewirken, können Bezugsgruppen somit auch der entgegengesetzten Funktion dienen, die Überzeugungen aufrechtzuerhalten, die wir bereits hegen. (Über eine von Newcomb durchgeführte Nachfolgeuntersuchung, die diese Annahme bewies, wird in Box 7/4, S. 43, berichtet.)

T. Newcomb: *Personality and Social Change: Attitude Formation in a Student Community.* New York: Drydon, 1943.

verstünden und allem Anschein nach engstirnig und uninformiert seien und von dem Thema keine Ahnung hätten.

Wenn Sie beim Lesen des obigen Absatzes erfolgreich die Rolle eines einzigen Kindes gespielt haben, dann sollten Sie gegenüber der letzten Argumentation den größten Widerstand verspürt haben. Vielleicht klang das erste, gegen Ihre Bezugsgruppe zielende Argument vernünftig. Da ist jedoch ein Haken. Obwohl das Bezugsgruppenargument auf den geringsten Widerstand stößt (und daher die beste Aussicht bietet, Veränderungen hervorzurufen), wäre die dadurch bewirkte Änderung Ihrer Typus-C-Überzeugung wahrscheinlich relativ gering. Im Gegensatz dazu ist die *Diskreditierungs*methode schwieriger zu handhaben, weil der Widerstand dagegen stark ist, aber falls die Methode funktioniert, ist die dadurch bewirkte Veränderung beträchtlich. Was würden Sie denken, fühlen und tun, wenn Sie tatsächlich zu der Überzeugung kämen, daß Ihre Eltern engstirnig, uninformiert und ganz allgemein dumm sind? Obwohl die meisten Menschen nie restlos zu dieser Auffassung gelangen, stimmt es, daß die eigenen Eltern im allgemeinen (in der eigenen Vorstellung) von unangreifbaren Autoritäten in bezug auf alles zu Autoritäten in bezug auf immer weniger Dinge herabsinken. Neue Erfahrungen und neue Bezugsgruppen (z.B. Gleichaltrige) spielen bei diesem Veränderungsprozeß eine große Rolle (s. Box 7.3).

1.5 Typus D: Abgeleitete Überzeugungen

Ist man von der Glaubwürdigkeit einer bestimmten Autorität überzeugt, so bedeutet das, daß man alle Ansichten akzeptiert, die von dieser Autorität ausgehen. So würde beispielsweise jemand, der den Präsidenten der Vereinigten Staaten als Autorität betrachtet, wahrscheinlich seinen politischen Ansichten über internationale Krisen, Inflation, das Energieproblem, Apfelkuchen und Sünde zustimmen. Selbst Aussagen, die Fakten zu sein scheinen, wie „ich glaube, daß Überzeugungen eine Komponente von Einstellungen sind", sind abgeleitete Überzeugungen (in diesem Fall abgeleitet von einem Typus-C-Glauben an die Autorität dieses Buches).

Abgeleitete Überzeugungen können sich je nach dem Überzeugungstypus, von dem sie ausgehen, und nach ihrer *vertikalen Struktur* unterscheiden, worunter man das Vorhandensein oder Fehlen von Prämissen zur Unterstützung einer Überzeugung versteht. Nehmen wir beispielsweise diese Überzeugung: „Ich sollte mindestens ein Glas Orangensaft täglich trinken." Sie können der Ansicht sein, daß das Trinken von Orangensaft aus den folgenden Gründen wichtig sei:

1. „Soweit ich mich zurückerinnern kann, habe ich immer täglich Orangensaft getrunken." (Ursprüngliche Überzeugung)
2. „Meine Mutter, die etwas davon versteht, hat mir immer jeden Morgen Orangensaft gegeben." (Autoritätsüberzeugung)

„Deshalb: Ich sollte mindestens ein Glas Orangensaft täglich trinken."

In diesem Fall wäre es sehr schwierig für jemanden, Ihre Gewohnheit zu verändern, weil Ihr Glaube an Orangensaft (1) sowohl von einer Typus-A- als auch einer Typus-C-Überzeugung abgeleitet ist und (2) fast keine vertikale Struktur besitzt. Ein Kritiker müßte entweder Ihre früheren Erfahrungen angreifen oder die „Autorität" Ihrer Mutter, und keiner dieser beiden Ansätze ist sehr erfolgversprechend.

Stellen wir uns nun dieselbe Überzeugung, „ich sollte täglich mindestens ein Glas Orangensaft trinken", mit einer entwickelteren vertikalen Struktur unterstützender Prämissen vor:

1. „Ich glaube an die Glaubwürdigkeit von Wissenschaftlern." (Typus-C-Überzeugung)
2. „Wissenschaftler sagen, daß wir täglich Vitamin C brauchen." (Typus-D-Überzeugung)
3. „Ich habe gehört, daß Orangensaft eine bestimmte Menge an Vitamin C enthält." (Typus-D-Überzeugung, obwohl die Autorität vergessen wurde)
4. „Die Sonne ist eine Quelle von Vitamin C." (Typus D, wahrscheinlich wieder basierend auf Wissenschaftlern als Autoritäten.)
5. „Ich bekomme nicht viel Sonne, besonders im Winter." (Eigene Beobachtung)

Deshalb: „Ich sollte täglich mindestens ein Glas Orangensaft trinken."

In diesem Fall stützt sich die genannte Überzeugung hinsichtlich des Orangensafts auf mehrere Prämissen. Um Ihre Gewohnheit des Safttrinkens zu verändern, wäre es nötig, Tatsachen anzuführen, die einer oder mehreren Ihrer Prämissen widersprechen. Wir könnten darauf hinweisen (wenn auch wahrscheinlich ohne große Aussicht auf Erfolg), daß Wissenschaftler keine Autoritäten seien. Aussichtsreicher wäre es zu beweisen, daß Orangensaft nicht sehr viel Vitamin C enthält, daß man sogar im Winter im allgemeinen genügend Sonnenbestrahlung erhält, um den täglichen Bedarf an Vitamin C zu decken oder daß es Vitamin-C-Tabletten gibt und diese weniger als Orangensaft kosten. Eine oder alle diese Taktiken könnten die Überzeugung, täglich ein Glas Orangensaft zu benötigen, verändern, weil abgeleitete Überzeugungen im allgemeinen um so leichter zu verändern sind, *je komplexer* ihre zugrundeliegende vertikale Struktur ist und je *weniger zentral* die Überzeugung ist, von der sie abgeleitet sind.

Nicht alle abgeleiteten Überzeugungen sind jedoch leicht zu verändern. Was ihnen an vertikaler Struktur fehlt, können sie an *horizontaler Struktur* gewinnen, worunter man die Anwesenheit oder Abwesenheit von unabhängigen und parallelen Prämissen versteht, die dieselbe Überzeugung unterstützen. Dieselbe abgeleitete Überzeugung kann viele verschiedene Bündel von horizontalen unterstützenden Argumenten haben (s. Abb. 5). Die Schwächung einer der in Abbildung 5 angegebenen Prämissen würde den Glauben an das Trinken von Orangensaft nicht zerstören, und generell kann man sagen, daß eine abgeleitete Überzeugung mit einer gutentwickelten horizontalen Struktur schwer zu verändern ist.

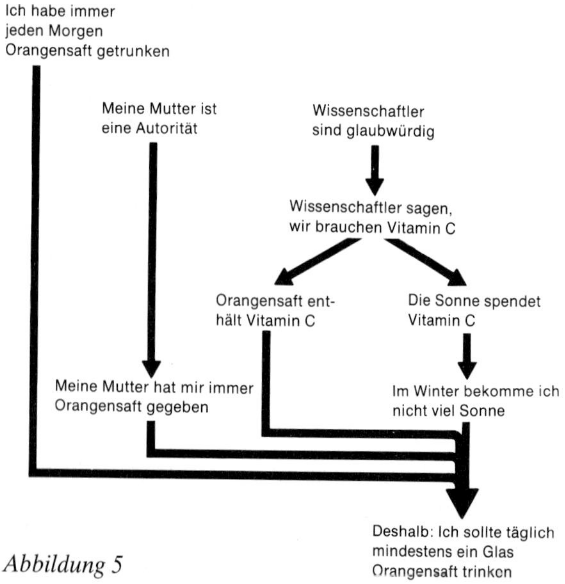

Abbildung 5

BOX 7/4

Soziale Unterstützung von Überzeugungen und Einstellungen

Wir haben darauf hingewiesen, daß uns neue Erfahrungen und neue Bezugsgruppen veranlassen können, alte Überzeugungen zu revidieren und neue Einstellungen zu entwickeln. Diese Beziehung kann sich jedoch auch umkehren; alte Überzeugungen und festgefügte Einstellungen können uns veranlassen, neue Erfahrungen zu meiden und neue Bezugsgruppen abzulehnen. Kurz, wir können es vorziehen, uns nur mit Menschen zu umgeben, die unsere gegenwärtigen Überzeugungen unterstützen und mit unseren momentanen Einstellungen übereinstimmen. Tatsächlich mag diese soziale Unterstützung die Hartnäckigkeit der Überzeugungen und Einstellungen erklären, die Sozialpsychologen so oft konstatiert haben.

In den Jahren 1960 und 1961 untersuchte T. Newcomb die politischen und wirtschaftlichen Einstellungen von 139 der 141 Studentinnen am Bennington-College, die er zwischen 1935 und 1939 studiert hatte (s. Box 7/3, S. 40). Worauf es Newcomb bei dieser Nachfolgeuntersuchung ankam, war, herauszufinden, ob diese Frauen auch zwanzig Jahre später noch immer an ihren relativ liberalen Einstellungen festhielten oder ob sie zu relativ konservativen Einstellungen zurückgekehrt waren.

Wie die Tabelle zeigt, ist der Grad an Stabilität der Einstellungen über diesen Zeitraum von 20 Jahren hinweg erstaunlich. Die Frauen, die bei ihrem Studienabschluß im progressivsten Quartil der Gesamtgruppe gewesen waren, bevorzugten John F. Kennedy mit einer Häufigkeit von 30:3 gegenüber Richard M. Nixon; die im nächsten Quartil im Verhältnis von 25:8. Zwanzig Jahre nach dem Abgang von der Universität bevorzugten 83 Prozent der ursprünglich weniger konservativen Hälfte der Gruppe Kennedy, während nur 37 Prozent der ursprünglich konservativeren Hälfte ihm den Vorzug gab.

Quartile der Progressivität in politischen und wirtschaftlichen Fragen

	Nixon	Kennedy	insgesamt
	bevorzugten		
1. (Progressivste)	3	30	33
2.	8	25	33
3.	18	13	31
4. (Konservativste)	22	11	33
Insgesamt	51	79	130

Diese Befunde lassen den Schluß zu, daß die Gruppe als Ganzes 20 Jahre nach dem Hochschulabschluß weitaus weniger konservativ ist als aufgrund ihres sozioökonomischen Status zu erwarten wäre. Sechzig Prozent der Gruppe äußerte eine Präferenz für Kennedy. Der Anteil an protestantischen Studentinnen desselben sozioökonomischen Status, die 1960 Kennedy den Vorzug gaben, betrug in ganz Amerika 28 Prozent.

Woher kommt diese erstaunliche Dauerhaftigkeit progressiver politischer Einstellungen? Newcomb meint dazu:

> „Wenn ich deshalb einen einzigen Faktor auswählen sollte, der am meisten zur Aufrechterhaltung der progressiven Einstellung dieser Frauen zwischen den späten dreißiger und frühen sechziger Jahren beigetragen hat, dann, glaube ich, wäre das die Tatsache, daß sie Ehemänner mit einer generell nichtkonservativen Grundhaltung gewählt haben, die ihnen halfen, sich jene Umwelt zu schaffen, die ihre vorhandenen Einstellungen bekräftigte."

T. Newcomb: Persistence and regression of changed attitudes: Longrange studies. *Journal of Social Issues,* 1963, *19,* 3–14.

Überzeugungen des Typus D werden somit aufrechterhalten, weil sie von grundlegenderen Überzeugungen (des Typus A, B oder C) abgeleitet sind, weil sie von anderen unterstützt werden, die mit diesen Überzeugungen übereinstimmen (s. Box 7/4) und weil sie durch logische Argumente untermauert sind. Eine Überzeugung des Typus D kann verändert werden, indem man irgendeine dieser Stützen attackiert. Man könnte logische Argumente gegen die Überzeugung vorbringen, könnte die Bezugsgruppen kritisieren, die die Überzeugung unterstützen, oder den Bereich der

Sachkunde der jeweiligen Autorität einschränken bzw. die Autorität diskreditieren, auf der solche Überzeugungen beruhen. Die relative Wirksamkeit dieser Veränderungstaktiken hängt davon ab, wie zentral die Überzeugungen, von denen die Typus-D-Überzeugung abgeleitet ist, für den Betreffenden sind, sowie von der vertikalen und horizontalen Struktur der jeweiligen Typus-D-Überzeugung.

1.6 Typus E: Unwesentliche Überzeugungen

Viele Überzeugungen in unseren Glaubenssystemen repräsentieren ziemlich willkürliche Vorlieben oder persönliche Geschmacksrichtungen. Solche Überzeugungen sind *folgenlos,* weil sie wenige oder gar keine Verbindungen zu anderen Überzeugungen haben. Ebenso wie Überzeugungen des Typus A und Typus B werden sie durch unmittelbare Erfahrungen mit dem Überzeugungsobjekt gelernt. Obgleich Typus-E-Überzeugungen keiner sozialen Unterstützung bedürfen, um aufrechterhalten zu werden, suchen wir oft die Gesellschaft anderer, die dieselben Vorlieben bzw. den gleichen „guten Geschmack" haben wie wir. Überzeugungen des Typus E *können* leidenschaftlich vertreten werden, aber in der Regel ist das nicht der Fall. Überzeugungen des Typus E ändern sich oft, wenn man neue Erfahrungen macht, die ihnen widersprechen. Wenn diese Überzeugungen geändert werden, hat das sehr geringe Auswirkungen auf den Rest des Überzeugungssystems. Die Tabelle 2 (S. 36) wird inzwischen wesentlich klarer geworden sein und sollte nunmehr aufs neue studiert werden.

1.7 Die Auswirkung von Einstellungen

Erinnern Sie sich aus unserer Erörterung zu den Alltagsäußerungen, daß die Frage, „Wie stehen Sie gefühlsmäßig zu ...?" bedeuten kann, „Wie ist Ihre Einstellung zu ...?". Einstellungen haben oft sowohl mit positiven wie auch negativen Gefühlen zu den verschiedenen Personen, Objekten und Situationen zu tun, denen wir begegnen. Ebenso wie Überzeugungen können auch die emotionalen Komponenten unserer Einstellungen durch unmittelbare Erfahrungen gelernt sein. So kann beispielsweise ein Kind, das an seinem ersten Schultag ein erschreckendes Erlebnis hatte, lernen, Schulen zu fürchten; und diese emotionale Einstellung kann sich auf seine Überzeugungen und sein Verhalten gegenüber Schulen auswirken. Die andere Möglichkeit ist, daß ein Kind seine Furcht vor Schulen indirekt erwirbt, durch die Reaktionen oder Berichte anderer Kinder oder, wie es oft der Fall ist, durch seine eigene Mutter. Es gibt eine Menge Anzeichen dafür, daß die Furcht eines Kindes vor der Schule eine Reaktion auf den Wunsch der Mutter darstellt, daß das Kind von ihr abhängig bleiben soll (Eisenberg, 1958). Mütter von schulphobischen Kindern neigen dazu, die Schule als einen kalten, abschreckenden Ort anzusehen, und sie scheuen oft keine Mühe, ihre Kinder davor zu „schützen" (Kessler, 1966).

Schließlich wurde gezeigt, daß wir positive oder negative Gefühle gegenüber ganzen Völkern und Volksgruppen einfach durch bedeutungslose Nebeneinanderstellungen und Assoziationen erwerben können. Nehmen wir einmal das folgende Experiment: Staats und Staats (1958) forderten Probanden auf, Listen von Worten auswendig zu lernen, darunter sechs Namen von Nationalitäten: Griechen, Holländer, Franzosen, Italiener, Schweden und Deutsche. Die übrigen Worte waren positiv, negativ oder neutral. Bei der einen Gruppe von Probanden folgte auf Holländer in der Liste immer ein positives Wort (z.B. *gesund*) und auf Schweden ein negatives Wort (z.B. *Mißerfolg*). Diese Anordnung wurde bei einer zweiten Gruppe umgekehrt. Auf die Namen anderer Nationalitäten folgten neutrale Worte (z.B. *Stuhl*). Nach dem Auswendiglernen mußten die Probanden auf einer Skala von „angenehm bis unangenehm" ihre Gefühle zu jeder Nationalitätsbezeichnung angeben. Wie vorausgesagt, stuften die Probanden, bei denen *Holländer* mit einem positiven Wort und *Schweden* mit einem negativen Wort gekoppelt war, *Holländer* als sympathischer als *Schweden* ein, während es bei der zweiten Gruppe umgekehrt war. Womit wir es hier zu tun haben, ist eindeutig ein Fall von Abwertung durch Wortassoziation.

Einstellungen können somit, ob mittelbar oder unmittelbar, von irgendeiner emotionalen Erfahrung abgeleitet sein, und sie können durch bloße

Assoziationen eine emotionale Färbung annehmen. Die emotionale Komponente einer Einstellung ist in der Regel um so gewichtiger, je entschiedener diese Einstellung vertreten wird. Und auf unsere obige Erörterung bezogen, sind Einstellungen, die auf zentralen Überzeugungen basieren, emotionaler als solche, die auf peripheren Überzeugungen fußen. Logischerweise (oder unlogischerweise) gerät man in große Erregung, wenn diese Einstellungen attackiert werden, während man sich bestärkt fühlt, wenn diese Einstellungen durch neue Erfahrungen bestätigt werden. Worum es hier geht, ist, daß durch die Bekräftigung oder Widerlegung von Einstellungen oft deren *emotionale Komponenten* zutagetreten, und daß die emotionale Komponente einer Einstellung, die sehr entschieden vertreten wird und/oder auf zentralen Überzeugungen beruht, in der Regel stärker ist.

Einstellungen sind dann von besonderer Bedeutung, wenn sie zum Verständnis sozialer Interaktion herangezogen werden sollen. Wie bereits erwähnt, gehen viele unserer Einstellungen auf frühere Erfahrungen zurück, und viele unserer früheren Erfahrungen haben mit unserem Verhalten zu tun – mit dem, was wir getan haben. Es sollte klar sein, daß unsere gegenwärtigen Einstellungen teilweise aus unserem früheren Verhalten resultieren und ihrerseits unser künftiges Verhalten beeinflussen (es würde Psychologen, Meinungsforschern, Politikern, Werbefachleuten und anderen nicht viel nutzen, die Einstellung von jemandem zu kennen, wenn sie absolut keinen Einfluß darauf hätte, was der oder die Betreffende in der Zukunft *tun* wird). Spezifisches Verhalten in bezug auf ein spezifisches Objekt resultiert jedoch aus dem Zusammenwirken verschiedener Faktoren: den vielen verschiedenen und manchmal unvereinbaren Überzeugungen, die mit dem Objekt verbunden sind; den vielen verschiedenen und manchmal widersprüchlichen Gefühlen in bezug auf das Objekt; und der speziellen momentanen Situation, in der das Verhalten auftritt.

Wie wir sehen werden, gibt es dennoch eine bemerkenswerte Fülle von Beweisen für die Annahme, daß Verhalten anhand von Einstellungen voraussagbar ist. Im Grunde deutet dieses Beweismaterial auf eine Wechselbeziehung hin: (1) Wenn man sich in bestimmter Weise verhält, so führt dies zur Entwicklung von Einstellungen, die mit dem Verhalten übereinstimmen, und (2) bestimmte Einstellungen führen zu Verhaltensweisen, die mit der Einstellung in Einklang stehen. Diese Feststellungen wurden durch ein erstaunliches (und ungewöhnliches) Experiment von Valins (1966) bestätigt. Valins zeigte männlichen Probanden Dias halbnackter Frauen. Den Versuchspersonen wurde mitgeteilt, daß ihr Herzschlag gemessen werde, während sie die einzelnen Aufnahmen betrachteten, und daß sie ihren eigenen Herzschlag hören würden. In Wirklichkeit hörten diese Versuchspersonen eine schon vorher aufgezeichnete Sequenz von Herzschlägen, die sich deutlich änderten, wenn bestimmte (der *willkürlich ausgewählten*) Dias gezeigt wurden. Die Probanden hatten somit Gelegenheit, etwas zu beobachten, das sie für ihr eigenes emotionales Verhalten gegenüber den Dias hielten. Nach der Sitzung wurden die Probanden aufgefordert, jedes Dia nach seiner Attraktivität zu bewerten, und später erfuhren sie, daß sie nach dem Experiment Dias ihrer Wahl mit nach Hause nehmen durften. Das Ergebnis: die Probanden bezeichneten jene Dias als die attraktivsten und wählten diese später aus, um sie mit nach Hause zu nehmen, bei denen sich der Herzschlag (den sie für den ihren hielten), am stärksten beschleunigt hatte. Kontrollpersonen, denen gesagt worden war, daß dieselben Geräusche lediglich von den Versuchsgeräten stammten, wiesen nicht diese Unterschiede auf. Vielleicht am überraschendsten war, daß die Probanden nach wie vor dieselben Dias bevorzugten, als sie ihnen *vier Wochen nach* dem ursprünglichen Experiment seitens eines „unabhängigen Meinungsforschers" in ihrer eigenen Wohnung vorgeführt wurden. Die Studie von Valins illustriert überzeugend, daß Verhaltensweisen Einstellungen beeinflussen und daß sich Einstellungen ihrerseits auf das Verhalten auswirken.

Fassen wir zusammen: Einstellungen (1) werden von früheren Erfahrungen (mittelbaren, unmittelbaren und selbst bloßen Assoziationen) mit dem Einstellungsobjekt abgeleitet; (2) setzen sich aus den Überzeugungen über das Einstellungsobjekt sowie den vom Einstellungsobjekt ausgelösten Gefühlen zusammen; (3) haben ihren Sitz im Individuum und bleiben über Zeiträume und Situationen hinweg erhalten; (4) beeinflussen das Verhalten des Individuums gegenüber dem Einstellungsobjekt; (5) werden unterstützt durch neue Erfahrungen, logische Argumente, anderen, die uns zustimmen, und in Form von Glaubensartikeln und (6) werden in manchen Fällen sehr entschieden vertreten und widersetzen sich jeder Veränderung, während sie in anderen revidiert oder widerrufen werden, wann immer der oder die Betreffende auf neues und widersprechendes Beweismaterial stößt. Aufgrund dieser Feststellungen können wir nun eine formellere Definition anbieten: Eine *Einstellung* ist ein Bündel relativ dauerhafter Überzeugungen und damit verbundener Gefühle in bezug auf ein Objekt oder eine Situation, durch die Überzeugungen und schließlich Weltanschauungen mit Ansichten über existentielle Grundfragen (z.B. zur eigenen Lebensbestimmung, zur politischen Zukunft) aufgebaut werden. Diese Überzeugungselemente müssen untereinander nicht unbedingt übereinstimmen, es ist eher so, daß man sie mit der nächsten sozialen Umwelt auszugleichen versucht. Dadurch werden sie zu potenzierten ideologischen Ausrichtungen, die sich in den Trends gesellschaftlicher Bewegungen (beispielsweise in bestimmten Jugendbewegungen oder in den Wahltrends) niederschlagen können.

Neuere Untersuchungen zur Psychologie der Weltanschauungen (Benesch, 1984) zeigen, daß die meisten Menschen im Laufe ihres Lebens solche persönlichen Überzeugungssysteme entwikkeln. Früher schlossen sich die Menschen einem bestehenden Weltanschauungssystem an bzw. es wurde ihnen aufgedrängt. Heute gliedert man eher einer elterlich vorgeformten Rumpfanschauung einzelne zusätzliche, modifizierende Überzeugungen an, bis sich daraus eine allgemeine Meinungsgrundlage gebildet hat. Diese privaten Weltanschauungen haben erhebliche soziale Auswirkungen. Durch sie wird nicht nur der private Lebenssinn geistig untermauert, sondern als politische, gesellschaftliche, religiöse Massenphänomene bestimmen sie die Zukunftsentwicklung der verschiedenen Länder mit.

2 Einstellungsänderungen

Sozialpsychologen haben sich auf zwei verschiedene Situationen der Einstellungsänderung konzentriert: (1) Kommunikation und Überredung und (2) einstellungsdiskrepantes Verhalten. Wir wollen jetzt die Situation der *Kommunikation und Überredung* eingehender untersuchen, in der ein Kommunikator in der Regel eine Kommunikation präsentiert, die eine neue Einstellung enthält. Wir werden versuchen, jene Bedingungen herauszuarbeiten, die einer maximalen Einstellungsänderung förderlich sind und auf die zwei Theorien eingehen – die *S-R-Theorie* und die Theorie des *kognitiven Gleichgewichts* –, die erklären, wann und warum überredende Kommunikationen geeignet sind, Einstellungen zu ändern.

2.1 Kommunikation und Überredung: Eine S-R-Erklärung

Ende der vierziger Jahre begannen Sozialpsychologen an der Universität Yale eine ziemlich intensive und langfristige Untersuchung des Überredungsprozesses. Die „Yale-Gruppe" wählte sich folgendes Arbeitsmodell: „*Wer* sagt *was* zu *wem* mit *welcher Wirkung*?" „Wer" war der *Kommunikator,* und „was" war die *Kommunikation* oder Botschaft. „Wem" bezog sich auf das Kommunikations*ziel,* die Person, deren Einstellung verändert werden sollte, und „mit welcher Wirkung" bedeutete das spätere *Verhalten* der Zielperson.

Die Yale-Gruppe bediente sich einer Stimulus-Reaktions-Theorie, um den Überredungsprozeß zu verstehen (Doob, 1947). Der Kommunikator und die Kommunikation waren die Reize, und die späteren Verhaltensweisen der Zielperson stellten die Reaktionen dar. Einstellungen spielten eine wichtige, wenn nicht die entscheidende Vermittlerrolle zwischen den Reizen und den Reaktionen. Einstellung wurde als die implizite Reaktion auf einen Reiz definiert und ihrerseits als ein Reiz für eine Vielzahl von Reaktionen. So kommunizierte beispielsweise ein Kommunikator, „Milch ist gut" (der Stimulus). Die Zielperson wiederholte „Milch ist gut" (eine implizite Reaktion oder Einstellung). Diese vorwiegend innerlich ablaufende Reaktion fungierte dann als Stimulus (Einstellung), um Milch zu trinken (Verhalten).

Die Yale-Gruppe vertrat die Auffassung, daß Kommunikation und Überredung einen Zwei-Phasen-Prozeß von *Aufmerksamkeit* und *Akzeptanz* darstellen. Zunächst muß die Zielperson die neue Einstellung *beachten* – die Einstellung (gewöhnlich implizit) sich selbst gegenüber artikulieren. Dann muß die Zielperson die neue Einstellung *akzeptieren* (das heißt, sie glauben). Die Yale-Gruppe führte zahlreiche Untersuchungen durch, um herauszufinden, welche Arten von Reizen (d. h. Kommunikator- und Kommunikationsfaktoren) dazu führen, daß eine Zielperson eine Botschaft sowohl beachtet als auch akzeptiert. Sehen wir uns nun einige der Ergebnisse an.

2.2 Kommunikatorfaktoren

Eine Reihe von Kommunikatormerkmalen wirken sich auf die Einstellungsänderung aus. Eine größere Einstellungsänderung wird von Kommunikatoren erzielt, die angesehen sind (Hovland u. Weiss, 1952), die Experten sind (Aronson et al., 1963), sympathisch (Eagly u. Chaiken, 1975), attraktiv (Norman, 1976), vertrauenswürdig (Walster u. Festinger, 1962), der Zielperson ähnlich (Brock, 1965), die gegen ihre eigenen wohlverstandenen Interessen sprechen (Walster, Aronson u. Abrahams, 1966) und die Unterstützung der Bezugsgruppe der Zielperson genießen (Landy, 1972).

Obwohl diese Liste von Forschungsergebnissen – und es gibt noch weitere – beeindruckend ist, können wir resumieren: Kommunikatoren bewirken um so größere Einstellungsänderungen, wenn sie sowohl als *Experten* als auch als *vertrauenswürdig* betrachtet werden. Die Kombination von Sachkunde und Vertrauenswürdigkeit definiert die *Kommunikatorglaubwürdigkeit.* Obwohl es Anzeichen gibt, daß die Wirkung der Kommunikatorglaubwürdigkeit im Laufe der Zeit abnehmen könnte (Hovland u. Weiss, 1952), trifft es im allgemeinen zu, daß ein *Kommunikator um so größere Einstellungsänderungen bewirken kann, je glaubwürdiger er ist.* Die anderen oben angeführten Kommunikatormerkmale wie Ähnlichkeit, Attraktivität, Ansehen und so weiter rufen stärkere Einstellungsänderungen hervor, weil sie die Glaubwürdigkeit (Sachkunde oder Vertrauenswürdigkeit des Kommunikators) erhöhen. Wenn somit in der Werbung für ein Auto behauptet wird, daß „zwei von drei Riesenschlitten-Besitzern" (die als *Experten* in bezug auf Autos gelten, da sie teure Modelle besitzen) das neue Miniauto bevorzugen, daß „Rostig" eine alte, gut eingeführte Firma, ein Name ist, dem man vertrauen kann, oder daß „neun von zehn Ärzten" (*sachkundig* und *vertrauenswürdig*) Blitzaspirin empfehlen, dann versuchen diese Botschaften, Kommunikatorglaubwürdigkeit zu schaffen, von der der Werbungtreibende annimmt, daß sie unsere Einstellungen und letztlich auch unser Verhalten gegenüber diesen Produkten verändern wird.

Aber wie bewirkt ein glaubwürdiger Kommunikator eine Einstellungsänderung? Die Forschung scheint darauf hinzudeuten, daß die Glaubwürdigkeit stärker auf Akzeptanz als auf Aufmerksamkeit setzt (Asch, 1948). Genauer gesagt, wir schenken der Botschaft ungeachtet der Glaubwürdigkeit des Kommunikators Beachtung, aber wir sind eher geneigt, die Argumente eines besonders glaubwürdigen Kommunikators zu akzeptieren. Warum ist dem so? Die Antwort lautet wie bei den meisten S-R-Theorien, wegen der Verstärkung. Besonders glaubwürdige Kommunikatoren sind in der Vergangenheit mit Verstärkungen assoziiert worden, während das bei weniger glaubwürdigen Kommunikatoren nicht zutrifft. Mit anderen Worten, der besonders glaubwürdige Kommunikator hat in der Vergangenheit entweder selbst recht gehabt oder wir assoziieren ihn mit jemandem, der recht hatte. Ihm zu glauben oder jemandem wie ihm, hat sich schon früher gelohnt, deshalb sind wir eher geneigt, das zu *akzeptieren,* was er jetzt sagt.

2.3 Kommunikationsfaktoren

Obwohl die *Kommunikator*faktoren gründlich untersucht wurden, hat sich ein noch größerer Teil der Literatur auf *Kommunikations*faktoren konzentriert. Kommunikationen können beispielsweise beeinflussen, was das Publikum *denkt,* durch das Maß, in dem Standpunkte in extremer Form vertreten werden, durch Beleuchtung beider Seiten einer Frage, durch Anführen der überzeugendsten Argumente an erster oder letzter Stelle und durch das Ziehen expliziter Schlüsse. Kommunikationen können beeinflussen, was das Publikum *fühlt* durch Einbeziehung von Witzen oder indem man das Publikum auf andere Weise in gute Stimmung versetzt, durch Erregen von Furcht oder durch direkte Appelle an die Emotionen des Publikums. Schließlich können Kommunikationen das Publikum zu *Verhalten* animieren, indem man rhetorische Fragen stellt oder das Publikum zur Teilnahme ermuntert oder (vielleicht paradoxerweise) indem es einer beträchtlichen Anstrengung bedarf, die Botschaft bloß zu hören (z. B. wenn der Kommunikator leise spricht oder absichtlich störende

Hintergrundgeräusche eingeblendet werden). Jeder der oben genannten Faktoren erwies sich als einflußreich für den Grad an Einstellungsänderung, der von der Kommunikation bewirkt wird, entweder indem die Aufmerksamkeit der Zielgruppe erregt und gefesselt wird oder indem sich die Glaubwürdigkeit des Kommunikators erhöht (beispielsweise durch eine scheinbar ausgewogene statt einer einseitigen Kommunikation). Zusammengenommen erhöhen diese Faktoren die *Akzeptanz* der Kommunikation. Wie bereits bemerkt, versuchen fast alle der Werbetexte, die wir angeführt haben, als glaubwürdig zu erscheinen; und es ist auch wesentlich, daß sie *zuerst* unsere Aufmerksamkeit erregen (beispielsweise durch Farbe, Design oder Bewegung).

Die meisten der oben genannten Kommunikationsfaktoren sind nur bedingt geeignet, Einstellungsänderungen zu bewirken: das heißt, sie funktionieren nur unter bestimmten Umständen. Nehmen wir als Beispiel das Erregen von Aufmerksamkeit durch das Auslösen von Furcht. Es wurde nachgewiesen, daß eine furchterregende Kommunikation nur *dann* eine Einstellungsänderung bewirkt, *wenn* der Zielgruppe genau mitgeteilt wird, was sie tun soll, um ihre Furcht zu *vermindern* (Leventhal u. Singer, 1966). Zu starke Furchterzeugung kann ein Publikum auch zu der Panikreaktion veranlassen, die Beweise zu leugnen (eine häufige Reaktion beispielsweise von Zigarettenrauchern auf Warnungen vor Lungenkrebs), während eine zu geringe Furchterzeugung von der Zielperson vielleicht gar nicht beachtet wird und daher keine Einstellungsänderung bewirken kann.

Ein Kommunikationsfaktor, dem große Aufmerksamkeit geschenkt wurde, ist die *Kommunikationsdiskrepanz* – der Unterschied zwischen der ursprünglichen Einstellung einer Zielgruppe und der Einstellung, für die die Kommunikation eintritt. Mit anderen Worten: wieviel Diskrepanz (und damit beabsichtigte Einstellungsänderung) sollte die Kommunikation optimalerweise enthalten? Mehrere Studien haben gezeigt, daß im allgemeinen gilt, *je größer die Diskrepanz, desto größer die Einstellungsänderung* (z.B. Hovland u. Pritzker [1957]). Der erreichte Grad an Veränderung scheint jedoch auch vom Kommunikator abzuhängen. Bei sehr glaubwürdigen Kommunikatoren ist es im allgemeinen so, daß um so mehr Veränderung eintritt, je mehr Veränderung sie fordern. Bei Kommunikatoren von mäßiger oder geringer Glaubwürdigkeit ist die Relation zwischen Diskrepanz und resultierender Einstellungsänderung kurvilinear (s. Abb. 6). Im allgemeinen gilt, *je geringer die Glaubwürdigkeit des Kommunikators, desto wahrscheinlicher, daß größere Einstellungsänderung durch geringere Diskrepanz zustandekommt, und desto geringer im allgemeinen die bewirkte Einstellungsänderung.*

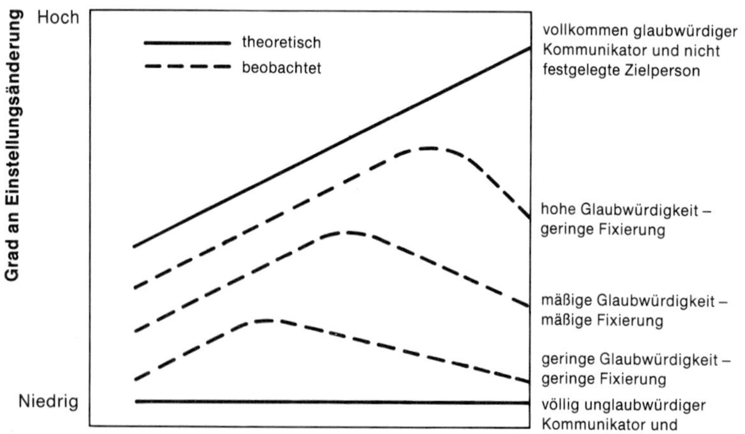

Abbildung 6: Die Zusammenhänge zwischen Einstellungsänderung, Kommunikationsdiskrepanz und Kommunikatorglaubwürdigkeit sowie Zielgruppenfixierung. Wenn der Kommunikator vollkommen glaubwürdig und die Zielperson ganz offen (d. h. nicht festgelegt) ist, dann sollte der in der Kommunikation empfohlene Grad an Änderung (die Diskrepanz) der tatsächlich erzielten Einstellungsänderung entsprechen. Ist der Kommunikator völlig unglaubwürdig und die Zielperson hundertprozentig festgelegt, dann sollte keine Einstellungsänderung erfolgen, gleichgültig, wie groß die Diskrepanz der Kommunikation ist. Die meisten Kommunikations- und Überredungssituationen sind irgendwo zwischen diesen beiden Extremfällen angesiedelt. Man beachte, daß der Grad an Diskrepanz, der nötig ist, um eine maximale Einstellungsänderung zu erzielen, von der Glaubwürdigkeit des Kommunikators und der Festgelegtheit der Zielperson abhängt.

2.4 Zielfaktoren

Relativ wenige Merkmale der Zielpersonen haben sich als einflußreich auf die Einstellungsänderung erwiesen. Obwohl es ein Persönlichkeitsmerkmal zu geben scheint, das als Persuabilität oder „Überredbarkeit“ bezeichnet werden kann, kamen Hovland und Janis (1959) nach umfangreichen Untersuchungen zu dem Schluß, daß die Auswirkung dieses Faktors auf die Einstellungsänderung relativ minimal ist. Eine Ausnahme ist, daß das Bildungsniveau der Zielperson mit dem Grad an Einstellungsänderung zusammenhängt, der von einseitigen im Gegensatz zu ausgewogenen Kommunikationen bewirkt wird. Hovland, Lumsdaine und Sheffield (1949) stellten fest, daß gebildetere Männer stärker durch ausgewogene Argumentation beeinflußt werden, während ungebildetere Männer stärker auf einseitige Botschaften ansprechen.

Eine weitere Ausnahme ist die Fixierung der Zielgruppe auf eine bestimmte Einstellung; damit ist der Grad, in dem Zielpersonen auf eine Einstellung festgelegt sind, von der sie sich schwer lösen können, gemeint (z.B. langfristige „sexistische“ Stereotype). Die Zielgruppenfixierung hängt eng mit Rokeachs Konzept der Zentralität zusammen. Wir sind im allgemeinen stärker auf diejenigen Einstellungen festgelegt oder fixiert, die auf zentralen, nichtperipheren Überzeugungen basieren. Die Resultate verschiedener Studien deuten darauf hin, daß Versuche, Einstellungen zu verändern, *nur* dann erfolgreich sind, wenn die Zielperson relativ offen ist. Ist die Zielperson dagegen in einer Frage sehr engagiert bzw. festgelegt, dann führen solche Versuche – selbst seitens sehr glaubwürdiger Kommunikatoren – aller Wahrscheinlichkeit nach nicht zum Erfolg. Stark fixierte Zielgruppen neigen eher dazu, den Kommunikator als nicht glaubwürdig abzulehnen, als ihre Einstellungen zu ändern (Aronson et al., 1963; Bergin, 1962). Stark fixierte Zielgruppen tendieren auch eher zu Fehlwahrnehmungen (Hovland, Harvey u. Sherif, 1957) oder Rationalisierungen (Abelson, 1959) als zur Annahme einer stark diskrepanten Botschaft. Tatsächlich interagiert die Fixierung mit der Diskrepanz in ähnlicher Weise wie die Kommunikatorglaubwürdigkeit (s. wieder Abb. 5). Je stärker die Fixierung der Zielgruppe, desto geringer die Wahrscheinlichkeit, daß sie eine diskrepante Kommunikation akzeptiert (Rhine u. Severance, 1970).

Wir können somit jetzt die ideale Kommunikations- und Überredungssituation definieren: Maximale Einstellungsänderung tritt ein, wenn die Zielpersonen nicht fixiert sind, wenn die Kommunikatorglaubwürdigkeit hoch ist und wenn die Kommunikation stark von der ursprünglichen Einstellung der Zielpersonen abweicht.

2.5 Kommunikation und Überredung: Eine Erklärung aufgrund von kognitivem Gleichgewicht

Die Theorie der kognitiven Balance bzw. des kognitiven Gleichgewichts (Heider, 1958) ist eine von mehreren kognitiven Theorien, die auf die Kommunikations- und Überredungssituation angewandt wurden (Abelson u. Rosenberg, 1958; Newcomb, 1953; Osgood u. Tannenbaum, 1955). In Heiders Balance-Theorie geht es um die Beziehungen zwischen zwei Personen und dem Einstellungsobjekt. Die Personen, P und O, sind miteinander und mit dem Einstellungsobjekt, X, durch Sentimentbeziehungen verbunden. Sentimentbeziehungen sind im wesentlichen affektiver Natur (beispielsweise mögen/nicht mögen oder übereinstimmen/nicht übereinstimmen). Heider glaubte, daß es die Menschen vorziehen, wenn ihre *Sentimentbeziehungen* im Gleichgewicht sind. Um das Gleichgewicht wiederherzustellen, nahm Heider an, daß die *schwächste* der drei Sentimentbeziehungen geändert würde und daß der Grad an Änderung dem Grad des Ungleichgewichts entspreche. Betrachten wir einmal das folgende Beispiel aus unserer obigen Erörterung über Bezugsgruppen (s. Box 7/3, S. 40): Nehmen wir an, P (für Person) sei eine Studentin am Bennington-College. P's Professor (O; für „other“) bevorzugt bei der Wahl von 1936 eindeutig Roosevelt (X). Was wird P's Einstellung zu Roosevelt sein? In Abbildung 7 sind drei mögliche Resultate zu sehen. P's Sentimentbeziehungen werden im Gleichgewicht sein, wenn P ihren Professor mag und Roosevelt bevorzugt (P ist eine liberale Studentin des vierten Jahrgangs). Ein anderes mögliches ausgeglichenes Resultat wäre, wenn P nicht Roosevelt, sondern Landon bevorzugt, und wenn sie ihren Professor nicht mag (P ist eine konservative Studentin). P's Sentimentbeziehungen wären unausgeglichen,

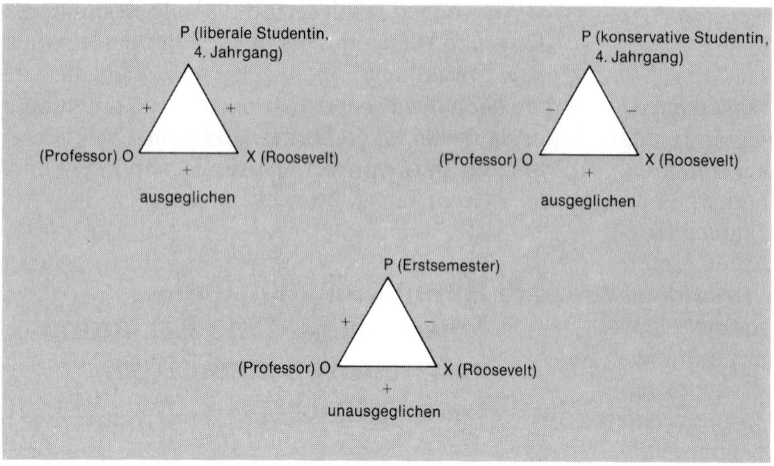

Abbildung 7: Ausgeglichene und unausgeglichene Sentimentbeziehungen am Bennington-College.

wenn P ihren Professor mag, aber Roosevelt ablehnt (P ist eine Studentin des ersten Jahrgangs). Wie wir in Box 7/3 sahen, wurde dieses Ungleichgewicht von den meisten Bennington-Erstsemestern vor Erreichung des vierten Studienjahrs gelöst: Sie hatten ihre Einstellungen zugunsten von Roosevelt geändert.

Wendet man die Theorie der kognitiven Balance auf die Kommunikations- und Überredungssituation an, dann wird die P-O-Beziehung als Kommunikatorglaubwürdigkeit betrachtet, die O-X-Beziehung als Kommunikationsdiskrepanz und die P-X-Beziehung als Zielgruppenfixierung. Die Theorie der kognitiven Balance würde voraussagen, daß die größte Einstellungsänderung eintreten werde, wenn (1) das Dreieck im Ungleichgewicht ist, (2) eine hohe Kommunikatorglaubwürdigkeit besteht, (3) der Kommunikator eine stark diskrepante Botschaft übermittelt und (4) die Zielperson nicht festgelegt ist. Für die Theorie des kognitiven Gleichgewichts besteht die Aufgabe des Kommunikators somit nicht darin, Aufmerksamkeit zu erregen oder Akzeptanz zu erringen bzw. eine neue Einstellung zu verstärken, sondern ein maximales Ungleichgewicht zu schaffen, vorzugsweise durch Herstellung einer sehr hohen Glaubwürdigkeit und durch Übermittlung einer stark diskrepanten Botschaft.

Nehmen wir jedoch an, daß die Zielpersonenfixierung nicht das schwächste, sondern das stärkste Glied in dem Dreieck ist (zum Beispiel, daß die P-X-Beziehung auf einer zentralen Überzeugung basiert). In diesem Fall sollte keine Einstellungsänderung eintreten. Zwei alternative Resultate sind wahrscheinlich. Wenn die P-O-Beziehung das schwächste Glied ist, wird die Zielperson *den Kommunikator abwerten.* (Wenn Ihre neue Zimmergenossin beispielsweise Ihre Eltern für „spießig" hält, dann werden Sie Ihre neue Zimmergenossin für töricht halten und sie wahrscheinlich nicht mögen.) Wenn die O-X-Beziehung das schwächste Glied ist, dann wird die Zielperson *die Kommunikation fehlerhaft wahrnehmen.* (Wenn beispielsweise Ihr bester Freund Ihre Eltern für „spießig" hält, dann werden Sie seine Bemerkung entweder ignorieren, „spießig" als positive Eigenschaft interpretieren oder sich in irgendeiner Weise einreden, daß seine Bemerkung im Grunde nicht böse gemeint war.)

Die Theorie der kognitiven Balance enthält eine Reihe fesselnder und unerwarteter Konsequenzen (z. B., daß man einen Gegner dazu bringen könnte, an etwas zu glauben, wenn man entschieden in der entgegengesetzten Richtung von der argumentiert, in die man ihn führen will). Wir wollen hier jedoch nur eine erwähnen. Welche Strategie könnte ein politischer Kandidat, der als Außenseiter gilt, verfolgen, wenn es ihm eher darum geht, unsere *Sympathien* zu erringen als unsere Einstellungen zu bestimmten Fragen zu ändern? Zum einen könnte der Kandidat entschieden für eine Sache eintreten, von der wir ohnehin bereits überzeugt sind (zum Beispiel Apfelkuchen, Mutterliebe oder niedrigere Steuern). Die Alternative wäre, daß der Kandidat entschieden gegen eine Sache auftritt, die wir bereits heftig ablehnen (z. B. Sünde, Straßenkriminalität oder Inflation). Beide Strategien sind geeignet, unsere ursprünglich neutralen Gefühle gegenüber dem Kandidaten in eindeutig positive umzuwandeln.

Mit der Erkenntnis, daß das Eintreten für oder gegen eine bestimmte Position eine höchst wirksame Methode zur Einstellungsänderung ist, wenden wir uns jetzt einer ebenso wirksamen, aber subtileren Technik der Einstellungsänderung zu: dem *einstellungsdiskrepanten Verhalten.* Dabei wollen wir uns auf die Bedingungen konzentrieren, die einer maximalen Einstellungsänderung förderlich sind, und uns mit den beiden Theorien auseinandersetzen – der kognitiven Dissonanztheorie und der Selbstwahrnehmungstheorie – die Erklärungen dafür anbieten, warum und wann diese Technik wirksam ist.

2.6 Einstellungsdiskrepantes Verhalten: Eine Erklärung aufgrund von kognitiver Dissonanz

Im Jahre 1957 postulierte Leon Festinger eine Theorie, die seither besser erforscht wurde als jede andere in der Sozialpsychologie: die *Theorie der kognitiven Dissonanz.* Ähnlich wie Heiders Theorie des kognitiven Gleichgewichts beschäftigt sich die Dissonanztheorie mit den Beziehungen zwischen kognitiven Elementen. Ein kognitives Element kann jedoch eine *Überzeugung* (z.B. „Bier enthält Alkohol."), ein *Gefühl* (z.B. „Ich hasse Bier.") oder ein *Verhalten* betreffen (z.B. „Ich vermeide es, Bier zu trinken."). Ein Vorteil der Dissonanztheorie ist, daß sie weithin anwendbar ist, weil sie sowohl Kognitionen über Verhaltensweisen und Gefühle wie auch Kognitionen hinsichtlich Überzeugungen betrifft (s. Box 7/5). Ein zweiter Vorteil ist die Einfachheit der Theorie: Sie befaßt sich mit der Beziehung zwischen zwei kognitiven Elementen und nicht zwischen drei (wie Heiders Balance-Theorie) oder vielen (wie Rokeachs Überzeugungssystem).

Festinger definierte drei mögliche Beziehungen, die zwischen jeweils zwei kognitiven Elementen herrschen können: Diese können *irrelevant* (wie in „ich hasse Bier" und „dieser Text ist interessant"), *konsonant* (wie in „ich hasse Bier" und „ich trinke niemals Bier") oder *dissonant* (wie in „ich hasse Bier" und „ich trinke Bier") sein. *Dissonanz* wird definiert als eine unangenehme psychologische Spannung, die immer dann empfunden wird, wenn sich eine Kognition aus dem Gegenteil der anderen Kognition ergibt. Im oben erwähnten Beispiel ist meine Einstellung die, daß ich Bier hasse. Wenn ich de facto Bier trinke, so ist das ein *einstellungsdiskrepantes Verhalten.* Meine Kognition, daß ich Bier trinke, ergibt sich aus der Kognition, daß ich Bier mag – dem Gegenteil meiner wahren Einstellung. Deshalb sollte ich eine kognitive Dissonanz erleben. Weil die Dissonanz als eine unangenehme Spannung empfunden wird, sollte ich versuchen, meine Dissonanz zu reduzieren. (Wie wir sehen werden, ist die Änderung unseres Verhaltens unter bestimmten Bedingungen die wahrscheinlichste Methode, um Dissonanz zu reduzieren.) Ich könnte aufhören, Bier zu trinken, oder die Alternative, ich könnte meine ursprüngliche Einstellung ändern und anfangen, Bier zu mögen.

Als allgemeinen Lehrsatz können wir folgendes festhalten: *Einstellungsänderung tritt immer dann ein, wenn Individuen Verhaltensweisen praktizieren, die von ihren ursprünglichen Einstellungen abweichen, wobei sich der Grad an Einstellungsänderung proportional zum Grad der kognitiven Dissonanz verhält.* Je größer die Dissonanz, desto größer somit die Einstellungsänderung. Bevor wir auf die Determinanten der kognitiven Dissonanz eingehen, könnte jedoch ein realistisches Beispiel einer Situation vom einstellungsdiskrepanten Verhalten hilfreich sein. Nehmen wir an, daß Sie im Laufe Ihres Grundkurses in Psychologie an einem Experiment teilnehmen. Bei Ihrem Eintreffen im Labor erklärt Ihnen die Versuchsleiterin, der Zweck der Studie sei, Ihre Fertigkeiten bei verschiedenen Aufgaben zu testen. Sie erhalten ein Tablett und werden aufgefordert, zwölf Spulen daraufzustellen, das Tablett dann zu leeren, es wieder mit Spulen zu füllen und so weiter. Nachdem Sie stundenlang, wie es Ihnen scheint, das Tablett beladen und geleert haben, bringt Ihnen die Versuchsleiterin ein Brett mit 48 Zapfen. Ihre Aufgabe ist es nun, bei jedem Zapfen eine Vierteldrehung im Uhrzeigersinn vorzunehmen. Nachdem Sie alle 48 Zapfen gedreht haben, beginnen Sie wieder von vorn. Nachdem Sie *wirklich* stundenlang, wie es Ihnen scheint, Zapfen gedreht haben, teilt Ihnen die Versuchsleiterin mit, daß der Versuch für Sie vorüber sei, und daß Sie zu der „Kontrollgruppe" zählten. Sie erklärt Ihnen, wenn Sie zu der „Versuchsgruppe" gehört hätten, dann wären Sie von einer Mitarbeiterin der Versuchsleiterin im Wartezimmer empfangen worden. Die

BOX 7/5

Reden Sie sanft und Sie werden keinen Prügel brauchen

Wie im fortlaufenden Text erwähnt, besteht ein Vorzug der kognitiven Dissonanztheorie in ihrer breiten Anwendbarkeit. Zwei Sozialpsychologen, die seit Jahren eng mit der Dissonanztheorie verbunden sind, E. Aronson und M. Carlsmith, haben die Auffassung vertreten, daß die Theorie durchaus Konsequenzen für die Erziehungstechniken und die Entwicklung von Selbstkontrolle haben könnte. Sie argumentierten, daß bei unserem Bemühen, das Verhalten eines Kindes in Einklang mit den Werten unserer Gesellschaft zu formen, unser letztendliches Ziel nicht Gehorsam angesichts von Drohungen, sondern Selbstkontrolle in Abwesenheit von unmittelbarem Druck sei. Könnten demnach milde Drohungen nicht wirksamer sein als scharfe?

Die kognitive Dissonanztheorie würde genau das voraussagen. Wenn einem Kind mit einer großen Strafe gedroht wird, falls es eine bestimmte Handlung begeht, dann sollte es *keine* Dissonanz empfinden, wenn es diese Handlung nicht begeht. Seine Einstellung zu der Handlung dürfte also weitgehend so bleiben, wie sie war, bevor ihm gedroht wurde, und sobald die drohende Person verschwindet, ist es durchaus wahrscheinlich, daß das Kind genau das tun wird, was ihm so streng verboten wurde. Wenn ein Kind dagegen milde gewarnt wird, eine Tat nicht zu begehen, dann *sollte* es Dissonanz empfinden, wenn es sie nicht begeht. Eine Möglichkeit, um diese Dissonanz zu reduzieren, wäre, das Verhalten als etwas anzusehen, was sich nicht lohnt. Diese neue Einstellung wird sich darüber hinaus wahrscheinlich auch auf andere Situationen und andere Zeiten übertragen. Kurz, das Kind wird ein „Gewissen" entwickeln, das es daran hindert, das „schlimme" Verhalten zu praktizieren.

Um diese Argumentation zu testen, gaben Aronson und Carlsmith einer Gruppe von Kindern im Alter von drei bis fünf Jahren Gelegenheit, mit Spielsachen zu spielen, die ihnen entweder mit milden oder mit strengen Drohungen verboten worden waren. Sie untersuchten dann die Auswirkungen dieser Drohungen darauf, wie sehr die Kinder später die „verbotenen" Spielsachen mochten. Jedem Kind wurden fünf Spielsachen gezeigt: ein batteriegetriebener Panzer, ein Bagger, ein Satz Plastikwerkzeuge, eine batteriegetriebene Lokomotive und ein Satz Geschirr und Pfannen. Nachdem der Versuchsleiter festgestellt hatte, welches der fünf Spielsachen für jedes Kind das zweitbevorzugte war, erklärte er, er müsse jetzt einige Minuten weggehen, um eine Besorgung zu machen. Dem Kind wurde gesagt, daß es mit den Spielsachen spielen dürfe, während der Versuchsleiter weg sei, aber daß er nicht wolle, daß das Kind mit ... (das zweitbevorzugte Spielzeug) spiele. Bei dem Versuch mit der *milden Drohung* sagte der Versuchsleiter:

„Ich möchte nicht, daß du mit ______ spielst. Wenn du damit spielen würdest, wäre ich verärgert. Aber du kannst mit allen anderen Sachen spielen, während ich weg bin, und ich komme gleich zurück."

Bei dem Versuch mit der *strengen Drohung* sagte der Versuchsleiter:

„Ich möchte nicht, daß du mit ______ spielst. Wenn du damit spielen würdest, wäre ich sehr böse. Ich müßte alle meine Spielsachen einpacken und nach Hause gehen und würde niemals wiederkommen. Du kannst mit allen anderen Sachen spielen, während ich weg bin, aber wenn du mit ______ spielen würdest, dann würde ich denken, daß du bloß ein kleines Baby bist. Ich bin gleich wieder zurück."

Der Versuchsleiter verließ den Raum, beobachtete das Kind zehn Minuten lang durch einen Ein-

Mitarbeiterin hätte Ihnen dann eingeredet, daß die Sache mit den Spulen und Zapfen Spaß mache und interessant und spannend sei. Die Versuchsleiterin erzählt Ihnen dann, daß sich ihre Assistentin verspätet habe, daß eine andere Vp im Vorzimmer warte und daß diese Vp zu der „Versuchsgruppe" gehöre. Sie fragt Sie dann, ob Sie als ihre Komplizin auftreten und der wartenden Vp erzählen wollen, daß das Experiment „Spaß" mache und „interessant und spannend" sei. Würden Sie angesichts der Tatsache, daß Sie sich mit den Spulen und Zapfen tödlich gelangweilt haben, dieses einstellungsdiskrepante Verhalten ausführen?

Nehmen wir an, daß Sie bereit sind, der wartenden Vp zu versichern, der Versuch sei „phantastisch". Wieviel Dissonanz würden Sie empfinden,

wegspiegel, kehrte dann zurück und forderte das Kind auf, die Spielsachen nach ihrer Beliebtheit einzustufen.

Die Resultate: Keines der Kinder spielte ungeachtet der Strenge der ausgesprochenen Drohung während der zehn Minuten mit dem „verbotenen" Spielzeug. Der wirkliche Test bestand jedoch in der späteren neuen Einstellung der Kinder zu dem Spielzeug. Bei dem Versuch mit der milden Drohung fanden 36 Prozent der Kinder das Spielzeug nachher weniger attraktiv und nur neun Prozent fanden es attraktiver. Im Gegensatz dazu fand keines der Kinder bei dem Versuch mit der strengen Drohung das Spielzeug weniger attraktiv; und 64 Prozent zeigten eine erhöhte Präferenz für das Spielzeug. Diese Resultate standen in Einklang mit der kognitiven Dissonanzhypothese in bezug auf einstellungsdiskrepantes Verhalten.

Die Konsequenzen sind klar. Bei mindestens einem Drittel der Kinder, denen milde gedroht worden war, hatte sich die Einstellung, daß das verbotene Spielzeug „schlecht" sei, zu entwikkeln begonnen. Keines der Kinder, denen streng gedroht worden war, ließ erkennen, daß es das Verbot des Versuchsleiters verinnerlicht hatte. Im Gegenteil: viele der Vpn, denen streng gedroht worden war, betrachteten das Spielzeug jetzt als begehrenswerter.

Bestanden diese Unterschiede nur vorübergehend oder hielten sie über längere Zeit an? Bei einer Nachfolgeuntersuchung der Studie von Aronson und Carlsmith führte J. Freedman eine Wiederholung mit etwas älteren Kindern (zweite bis vierte Klasse) durch. In Freedmans Studie erhielten die Kinder jedoch Gelegenheit, *vierzig Tage* lang mit dem „verbotenen" Spielzeug zu spielen, nachdem ihnen entweder milde oder streng gedroht worden war. Dann wurde jedes Kind allein hereingerufen und aufgefordert, einige Zeichnungen zu kopieren. Sobald das Kind fertig war, sagte der Versuchsleiter, während er die Zeichnungen des Kindes anschaue, dürfe dieses mit all den Spielsachen spielen, die jemand anderer in dem Raum zurückgelassen habe. Die Spielsachen waren natürlich dieselben wie diejenigen, die in dem Zeitraum von vierzig Tagen benutzt worden waren, einschließlich des „verbotenen" Spielzeugs. Die Resultate waren erstaunlich. Als die Kinder Gelegenheit hatten, ungehindert mit dem „verbotenen" Spielzeug zu spielen, zogen es zwei Drittel der Vpn, denen milde gedroht worden war, von sich aus vor, *nicht* damit zu spielen. Im Gegensatz dazu spielten drei Viertel der Kinder, denen streng gedroht worden war, mit dem „verbotenen" Spielzeug.

Die Kinder, denen nur milde gedroht worden war, zeigten somit in beiden Hinsichten – durch ihre anfänglichen Verhaltensänderung und durch ihr späteres Verhalten –, daß das „verbotene" Spielzeug für sie einfach weniger attraktiv geworden war, und daß sie es als falsch empfanden, damit zu spielen. Diese Resultate stimmen mit den Voraussagen der Dissonanztheorie über einstellungsdiskrepantes Verhalten überein, und sie bestätigen die größere Wirksamkeit eines milden Verbots für die Entwicklung der Fähigkeit zur Selbstkontrolle bei Kindern.

E. Aronson u. J. Carlsmith: Effect of the severity of threat on the devaluation of forbidden behavior. Journal of *Abnormal and Social Psychology,* 1963, *66,* 584–588.

J. Freedman: Long-term behavioral effects of cognitive dissonance. *Journal of Experimental Social Psychology,* 1965, *1,* 145–155.

wenn Ihnen die Versuchsleiterin dafür 50 Mark gegeben hätte? Wieviel, wenn Sie nur eine Mark bekommen hätten? Nehmen wir an, es stellt sich heraus, daß die wartende Vp mit Ihnen befreundet ist. Würden Sie eine größere Dissonanz empfinden, wenn Sie mit der Vp befreundet sind, oder wenn es eine Unbekannte ist, die Sie aller Wahrscheinlichkeit nicht mehr sehen werden? Glauben Sie schließlich, daß Sie mehr Dissonanz empfinden würden, wenn Ihnen das Experiment nur ein bißchen langweilig erschien oder wenn Sie absolut überzeugt sind, daß es die langweiligste Sache ist, mit der Sie je behelligt wurden? Vergleichen Sie Ihre Antworten mit der folgenden Erörterung, bei der drei Hauptdeterminanten des Grades an kognitiver Dissonanz resumiert werden.

2.7 Die Stärke des ausgeübten Drucks

Das oben beschriebene Szenarium war genau das, was sich bei einem klassischen Versuch mit kognitiver Dissonanz abspielte, der von Festinger und Carlsmith (1959) durchgeführt wurde. Bei dem Versuch erhielten manche Vpn einen Dollar dafür, daß sie sagten, das Experiment sei „interessant“, andere erhielten 20 Dollar und eine dritte Gruppe von Kontrollpersonen nahm an der langweiligen Aufgabe teil, wurde aber nicht aufgefordert, das einstellungsdiskrepante Verhalten zu praktizieren (die Resultate der Untersuchung von Festinger und Carlsmith sind in Tabelle 3 dargestellt). In beiden Meßwerten wies die Gruppe der mit einem Dollar belohnten Probanden die größte Einstellungsänderung auf; später bewerteten diese Probanden die langweiligen Aufgaben von allen drei Gruppen am positivsten. Warum *mehr* Änderung für *weniger* Geld? Weil die Belohnung von 20 Dollar einen größeren äußeren Anreiz bildete, das einstellungsdiskrepante Verhalten auszuüben.

Tabelle 3: Grad an Einstellungsänderung als Funktion der Belohnung

Versuchsbedingung	Meßwerte der Einstellungsänderung: Gefiel die Aufgabe	Meßwerte der Einstellungsänderung: Bereit, an ähnlichem Versuch teilzunehmen
Ein Dollar Belohnung	+ 1,35	+ 1,20
20 Dollar Belohnung	– –,05	– –,25
Kontrollgruppe	– –,45	– –,62

Nach: Festinger u. Carlsmith, 1959, S. 207.

Dissonanzstudien haben auch übereinstimmend gezeigt, daß Probanden immer dann eine größere Einstellungsänderung aufweisen, wenn sie eine Wahl haben, als wenn sie keine Wahl haben (Davis u. Jones, 1960), wenn sie von einem „unsympathischen“ und nicht von einem „netten“ Versuchsleiter zu dem Verhalten aufgefordert werden (Zimbardo et al., 1965) und wenn ihnen mild und nicht streng gedroht wird, für den Fall, daß sie das einstellungsdiskrepante Verhalten nicht praktizieren (Freedman, 1965). (S. Box 7/5, S. 52.) Unsere Schlußfolgerung: Je geringer der ausgeübte Druck, der auf das einstellungsdiskrepante Verhalten hinwirkt, desto größer die Einstellungsänderung.

2.8 Der Grad an dissonantem Verhalten

Um das Ausmaß oder den Grad an dissonantem Verhalten zu erhöhen, muß man die Erkenntnis festigen oder verstärken, daß der Betreffende de facto das einstellungsdiskrepante Verhalten praktiziert hat. Der Betreffende muß der Tatsache ins Auge sehen, daß er etwas getan hat. Dahinter steht die Überlegung, wenn die Kognition in bezug auf das Verhalten stark ist, dann wird die Kognition in bezug auf die ursprüngliche Einstellung relativ schwächer und wird sich deshalb mit größerer Wahrscheinlichkeit verändern.

Es gibt eine Reihe von Möglichkeiten, um den Grad an dissonantem Verhalten zu erhöhen. Goethals u. Cooper (1972) haben beispielsweise gezeigt, daß Vpn, die angewiesen wurden, ein Referat über die Gefahren des Trinkens zu halten, *nur dann* anfangen zu glauben, was sie gesagt haben, wenn sie meinen, ihr Referat habe einen Kommilitonen überzeugt, aber nicht, wenn der Student unbeeindruckt geblieben ist. Eine andere Untersuchung ergab, daß Probanden, die glaubten, sie würden eine negative Bewertung eines anderen Menschen später „zurücknehmen“ können, den Betreffenden weniger ablehnten als Probanden, die glaubten, sie müßten bei der negativen Einschätzung, die sie ausgesprochen hatten, bleiben (Davis u. Jones, 1960). Bei dem Versuch mit den Spulen und Zapfen sollten Sie eine größere Dissonanz empfinden, wenn Sie gegenüber einem Freund lügen als gegenüber einem Fremden, und zwar sowohl, weil Sie wahrscheinlich im ersteren Fall mehr Mühe aufwandten, und weil die Folgen wahrscheinlich gravierender sind. Allgemein kann man somit sagen, daß sich der Grad an dissonantem Verhalten immer dann erhöht, wenn wir etwas tun, das es schwierig machen würde, unser Verhalten zu leugnen bzw. uns nicht dazu zu bekennen. Unsere Schlußfolgerung: Je größer der Grad an einstellungsdiskrepantem Verhalten, desto größer die Einstellungsänderung.

2.9 Einstellungsdiskrepantes Verhalten: Empfundene Dissonanz oder Selbstwahrnehmung?

Der Kern der kognitiven Dissonanztheorie ist nicht überraschenderweise das Konzept der Dissonanz. Einstellungsdiskrepante Verhaltensweisen „verursachen“ Dissonanz, und Dissonanz „verursacht“ ihrerseits Einstellungsänderung. Man erinnere sich an unsere Definition der Dissonanz als eine empfundene psychische Spannung, ein unangenehmes Gefühl, das der Betreffende zu beseitigen sucht. Wenn jemand Dissonanz erlebt, so *weiß* er nicht, warum er so empfindet, und er ist nicht sicher, was er empfindet, außer, daß das Gefühl unbehaglich ist. Psychologen sind in einer ähnlichen Verlegenheit, was die Dissonanz betrifft. Dissonanz kann nicht beobachtet oder gemessen werden, und ihre Existenz muß aus vorhergehenden Bedingungen oder aus dem späteren Auftreten „dissonanzvermindernder“ Verhaltensweisen erschlossen werden.

Daryl Bem (1967, 1972) erhob zusammen mit vielen anderen Psychologen Einwände gegen das Konzept der Dissonanz, teils deshalb, weil es nicht beobachtet, gemessen oder von Personen, die vermeintlich Dissonanz erlebten, genau beschrieben werden kann. Bems Haupteinwand war jedoch, daß das Konzept der Dissonanz *unnötig* für eine Erklärung der Einstellungsänderungen sei, die eintreten, wenn Menschen einstellungsdiskrepantes Verhalten praktizieren. Bem vertrat eine Theorie der Selbstwahrnehmung als eine alternative Erklärung für „dissonanzerzeugte“ Einstellungsänderungen. Er meinte, daß wir unsere Einstellungen kennenlernen, indem wir sie aus Beobachtungen unseres eigenen manifesten Verhaltens und der Umstände, unter denen dieses Verhalten erfolgt, erschließen. Insbesondere, wenn wir unsere eigene Einstellung nicht kennen, verlassen wir uns auf diese äußeren Anhaltspunkte – auf unsere eigene Selbstwahrnehmung –, aus denen wir auf unseren inneren Zustand (Einstellung) schließen.

So nahmen beispielsweise in der oben erörterten Studie von Festinger und Carlsmith Vpn wahr, daß sie einem anderen Probanden weismachten, die Aufgaben mit den Spulen und Zapfen seien „interessant“. Die Probanden, die 20 Dollar erhielten, nahmen dieses Verhalten an sich zusammen mit der Tatsache wahr, daß sie diese Summe erhielten. Bem behauptete, diese Probanden seien zur Überzeugung gekommen, der Grund, warum sie „logen“, sei, *weil* sie 20 Dollar erhielten. Im Gegensatz dazu nahmen die Ein-Dollar-Probanden ihr Verhalten zusammen mit der Tatsache wahr, daß sie nur einen Dollar erhielten. Diese Probanden kamen zu dem Schluß, der Grund, weshalb sie das Experiment als „interessant“ bezeichneten, sei, weil sie geglaubt haben müßten, daß es tatsächlich interessant gewesen sei (das heißt, weil ein Dollar kein ausreichender Grund wäre, um zu lügen).

In einer Reihe von ausgeklügelten Versuchen hat Bem demonstriert, daß Beobachter, die lediglich über die Manipulationen eines Dissonanzexperiments informiert werden, die Reaktionen der tatsächlichen Probanden im ursprünglichen Dissonanzexperiment getreulich nachvollziehen können. Diese Beobachter praktizieren weder einstellungsdiskrepantes Verhalten, noch *empfinden* sie irgendeine Dissonanz; sie nehmen lediglich Verhalten wahr und schließen auf seine Ursachen. Deshalb, argumentiert Bem, könnten Probanden in einem typischen Dissonanzversuch sehr leicht dasselbe tun wie die Beobachter – nämlich ihr einstellungsdiskrepantes Verhalten selbst wahrnehmen und daraus auf eine Einstellung (oder 20 Dollar, eine strenge Drohung und so weiter) als dessen Ursache schließen.

Über die Selbstwahrnehmungstheorie wird im 3. Kapitel noch mehr gesagt; inzwischen wollen wir den grundlegenden Unterschied zwischen kognitiver Dissonanz und Selbstwahrnehmung unterstreichen. Beide Theorien stimmen weitgehend darin überein, daß Einstellungsänderungen immer dann eintreten, wenn wenig Druck auf das Verhalten ausgeübt wird und wenn das Verhalten ins Gewicht fällt. Es gibt nur scheinbare Meinungsverschiedenheiten über die Stärke der anfänglich vorhandenen Einstellung und der Einstellungsänderung. Die Selbstwahrnehmungstheorie besagt, wenn man seine Einstellung „kenne“ (das heißt, eine ausgeprägte ursprüngliche Einstellung habe), dann werde man sein Verhalten nicht dazu benutzen, um auf eine neue Einstellung zu schließen. Die kognitive Dissonanztheorie versichert, wenn die anfängliche Einstellung stark sei, dann sei das Potential für Dissonanz vorhanden, aber werde selten aktiviert, und daher erfolge selten eine Einstellungsänderung. Der Unterschied zwischen diesen beiden Theorien besteht somit nicht in ihren Voraussagen darüber, *wann* einstellungsdiskrepantes Verhalten zu Einstellungsänderung führe, sondern darin, *warum* dies so ist. Ist Einstellungsänderung somit das Resultat von Dissonanzverminderung oder von Selbstwahrnehmung?

2.10 Abschließende Bemerkungen über Einstellungsänderungen

Sozialpsychologen haben zwei verschiedene Situationen untersucht, in denen Einstellungsänderungen eintreten. In der *Kommunikations-* und *Überredungs*situation präsentiert ein Kommunikator in der Regel eine Kommunikation, die eine neue Einstellung enthält. Wie wir gesehen haben, stimmen zwei sehr plausible Theorien – die *S-R-Theorie* und die *Theorie des kognitiven Gleichgewichts* – über die spezifischen Bedingungen überein, die ein Maximum an Einstellungsänderung bewirken, aber sie bieten divergierende Erklärungen dafür an, warum es zu dieser Einstellungsänderung kommt. Beide Theorien nehmen jedoch an, daß *Einstellungsänderung* zu *Verhaltensänderung* führt – daß sich, wenn wir jemand dazu bringen können, eine neue Einstellung zu *beachten* und zu *akzeptieren,* dann eine Reihe von Verhaltensweisen einschließlich derjenigen, die wir wünschen, sicher ergeben werden. So versuchen uns die Werbespots im Fernsehen zu überreden, ein bestimmtes Produkt zu mögen, *damit wir* mit unseren Freunden darüber reden und das Produkt schließlich immer wieder kaufen. In ähnlicher Weise versuchen Politiker uns zu einer günstigen Einstellung ihnen gegenüber zu veranlassen, *damit* wir für ihre Parteikassen spenden, ihre Ansteckknöpfe tragen und schließlich für sie stimmen.

In der einstellungsdiskrepanten Verhaltenssituation werden wir mehr oder weniger manipuliert, ein Verhalten zu praktizieren, das psychologisch gesehen einer vorhandenen Einstellung widerspricht. Wieder stimmen zwei sehr plausible Theorien – die kognitive *Dissonanztheorie* und die *Selbstwahrnehmungstheorie* – hinsichtlich der spezifischen Bedingungen überein, die eine maximale Einstellungsänderung bewirken, aber sie bieten voneinander abweichende Erklärungen für die Ursache dieser Veränderung an. Beiden Theorien liegt die *umgekehrte* Annahme zugrunde, daß *Verhaltensänderung zu Einstellungsänderung führe* – daß „etwas ausprobieren" (zumindest manchmal) bedeutet, es zu „mögen". So nehmen wir an einer Parteiveranstaltung teil, „bloß um zu sehen, was da passiert", oder benutzen die „Gratisprobepakkung" einer Seifenfirma, die wir mit der Post bekommen. Wie wir gesehen haben, kann es damit enden, daß wir den Kandidaten sympathisch finden bzw. künftig diese Seife bevorzugen.

Obwohl diese beiden zu Einstellungsänderungen führenden Situationen – (1) Kommunikation und Überredung und (2) einstellungsdiskrepantes Verhalten – tatsächlich recht unterschiedlich sind, möchten wir darauf hinweisen, daß die ihnen zugrundeliegenden Annahmen nur verschieden *erscheinen.* Beide Annahmen sind Bestandteile des Kontinuums frühere-Erfahrungen-Einstellung-künftiges-Verhalten. Obwohl sich die kognitiven Dissonanz- und die Selbstwahrnehmungstheorien auf das Bindeglied frühere Erfahrung-Einstellung (d.h. Verhalten-Einstellung) konzentrieren, gehen beide Theorien von der impliziten Annahme aus, daß die neue Einstellung ihrerseits künftige Verhaltensweisen beeinflussen wird. Und obwohl sich die S-R-Theorie und die Theorie des kognitiven Gleichgewichts auf das Bindeglied Einstellung-(künftiges)Verhalten konzentrieren, liegt ihnen die implizite Annahme zugrunde, daß Einstellungen nicht im Kopf „ausgearbeitet" werden, sondern daß man sie von früheren Erfahrungen ableitet. Obwohl sich diese Theorien der Einstellungsänderung auf verschiedene Situationen konzentrieren und divergierende Erklärungen anbieten, stimmen alle sozialpsychologischen Theorien der Einstellungsänderung im großen und ganzen hinsichtlich der grundlegenden Fragen überein, wo Einstellungen herkommen und wie sie sich auswirken, und sie sind sich über deren Bedeutung für das Verständnis des individuellen und des Gruppenverhaltens einig.

Zusammenfassung

1. *Einstellung* ist ein sehr zentrales Konzept der Sozialpsychologie. Man nimmt an, daß Einstellungen aus früheren Erfahrungen abgeleitet sind, daß sie über lange Zeiträume und verschiedene Situationen hinweg bestehen bleiben und daß sie die Beziehungen zwischen dem Individuum und seiner Umwelt vermitteln.

2. *Überzeugungen* sind eine sehr wichtige Komponente von Einstellungen. Überzeugungssysteme setzen sich zusammen aus ursprünglichen *Überzeugungen* (Typus A und B), Autoritätsüberzeugungen (Typus C), abgeleiteten Überzeugungen (Typus D) und unwesentlichen Überzeugungen (Typus E).

3. Jede Überzeugung kann in Hinblick auf ihre *Zentralität* (das Ausmaß, in dem sie als Grundlage für andere Überzeugungen dient) und ihre *vertikale und horizontale Struktur* (d.h. die Beschaffenheit ihrer Prämissen) charakterisiert werden. Diese Charakteristika bestimmen, wie die Überzeugung aufrechterhalten wird und in welchem Grad sie gegen Veränderungen gefeit ist.

4. Die *emotionale Komponente* einer Einstellung kann sich aus direkten oder indirekten Erfahrungen ableiten oder auch durch bloße Assoziation mit dem Einstellungsobjekt. Die emotionale Komponente einer Einstellung zeigt sich, wenn die Einstellung angegriffen oder unterstützt wird, und sie ist wahrscheinlich bei solchen Einstellungen größer, die mit großer Entschiedenheit vertreten werden und die auf zentralen Überzeugungen beruhen.

5. Die *Verhaltenskomponente* einer Einstellung läßt sich aus der Tatsache ersehen, daß Einstellungen von früherem Verhalten abgeleitet sind und teilweise künftiges Verhalten bestimmen.

6. In der *Kommunikations-* und *Überredungssituation* sind Einstellungsänderungen am wahrscheinlichsten, wenn der Kommunikator glaubwürdig, die Botschaft extrem und die Zielperson nicht auf die ursprüngliche Einstellung festgelegt ist.

7. Für die *S-R-Theorie* geht es bei der Einstellungsänderung darum, die Zielperson zur Formulierung einer neuen Einstellung zu bewegen (Aufmerksamkeit) und die Akzeptanz der neuen Einstellung dann zu verstärken. Für die *Theorie der kognitiven Balance* geht es bei der Einstellungsänderung darum, ein maximales Ungleichgewicht zu schaffen. Das Gleichgewicht wird wieder hergestellt, wenn die Einstellung verändert wird.

8. Wenn sich Individuen in einer Weise verhalten, die ihren Einstellungen widerspricht *(einstellungsdiskrepantes Verhalten)* ist die Einstellungsänderung dann am wahrscheinlichsten, wenn das Verhalten ohne oder nur mit geringen Anreizen erfolgt, wenn es schwierig ist, das Verhalten zu leugnen, und wenn das Verhalten einer entschieden vertretenen Einstellung widerspricht.

9. Zwei Vorgänge, die Einstellungsänderungen in der einstellungsdiskrepanten Verhaltenssituation erklären, sind die *Dissonanzverminderung* (kognitive Dissonanztheorie) und die *logische Deduktion* (Selbstwahrnehmungstheorie).

10. Während sich die Theorien der Einstellungsänderung auf verschiedene Situationen konzentrieren und unterschiedliche Erklärungen für den *Grund* der Einstellungsänderungen anbieten, sind sich alle Theorien darüber einig, wodurch Einstellungen entstehen, wie sie sich auswirken, und daß Einstellungen wichtige und nützliche analytische Konstrukte sind.

3. Kapitel
Personenwahrnehmung

Personenwahrnehmung ist etwas, was wir alle praktizieren; und sie gehört wahrscheinlich zu den Fertigkeiten, die fast jeder gern besser beherrschen würde. Personenwahrnehmung bildet die Grundlage für einen Großteil der Sozialpsychologie: Die Verhaltensweisen anderer zu kennen, zu verstehen und dadurch imstande zu sein, sie zu antizipieren ist eine sehr grundlegende Notwendigkeit für eine reibungslose soziale Interaktion. Bevor Einstellungen verändert werden können, bevor soziale, altruistische Verhaltensweisen erfolgen können, bevor wir uns entschließen, uns zu einer Gruppe zu gesellen oder diese zu verlassen, muß Personenwahrnehmung stattfinden. Jeder Mensch verfügt über beträchtliche Erfahrungen in der Wahrnehmung anderer Menschen. Allerdings wissen viel mehr über Personenwahrnehmung, als wir in Worte fassen können.

Bei der Darlegung der Grundtatsachen über die Personenwahrnehmung werden wir uns auf Ihre Erfahrungen beziehen. Und Sie werden vielleicht – ja Sie *sollten* – das Gefühl bekommen, daß Ihnen viele der Dinge, die zur Sprache kommen, bereits vertraut sind. Was dieser Zweig der Sozialpsychologie vermag, ist jedoch, „explizit" zu machen, *was* Sie wissen: die *Situationen* für Ihre Erkenntnisse zu definieren sowie einige der Gründe zu erklären, warum Sie Erkenntnisse sammeln konnten.

Zunächst wollen wir vier empirische Personenwahrnehmungsprinzipien oder -fakten vorstellen. Um das erste Prinzip zu verstehen, ist es notwendig, frühere Erfahrungen und das Gedächtnis heranzuziehen. Außerdem sind sich die Sozialpsychologen nicht ganz sicher, von welchen Determinanten dieses Prinzip abhängt. Versuchen Sie sich beispielsweise an die erste Begegnung mit jemandem zu erinnern, den sie jetzt „kennen". Nachdem Sie nur wenige Minuten mit dem Betreffenden gesprochen hatten oder sogar, nachdem Sie ihn oder sie nur wenige Minuten beobachteten, hatten Sie ein Grundgefühl, wahrscheinlich ein allgemeines Gewahrwerden, daß diese Person etwas an sich hat, was Ihnen gefiel (oder mißfiel), daß Sie ihr mehr (oder gar nichts) mitteilen wollten und daß Sie sich freuen würden (oder nicht), diese Person wiederzusehen.

Dieses Gefühl ist in zweierlei Hinsicht fundamental. Es ist fundamental, weil es „roh" und unverarbeitet ist. Sie haben nicht darüber nachgedacht; und Sie können wahrscheinlich nicht genau dingfest machen, was Sie empfinden. Obwohl Sie vielleicht sagen können, warum *Sie* so empfinden, ist es den Sozialpsychologen nicht gelungen, Übereinstimmung zwischen verschiedenen Wahrnehmenden festzustellen, warum sie auf eine bestimmte Person mit bestimmten Gefühlen reagieren. Dieses Gefühl ist in einem zweiten Sinn fundamental, weil es zum Fundament dafür wird, was als nächstes geschehen könnte – und oft auch geschieht. Nach der ersten Begegnung mit einem Menschen erhalten Sie immer mehr Daten zur Personenwahrnehmung, wenn Sie mit dem Betreffenden mehr sprechen oder ihm erneut begegnen, und diese Daten werden um das ursprüngliche Grundgefühl herum organisiert und in Hinblick auf dieses interpretiert. In manchen Fällen mögen Sie freilich entdecken, daß Ihr anfängliches Gefühl falsch war – daß der Betreffende in Wirklichkeit gar nicht „so" ist. In den meisten Fällen wird jedoch Ihr ursprüngliches Gefühl um so mehr bestätigt, je mehr Interaktion Sie mit dem Betreffenden haben. Das erste Prinzip ist somit, daß die *Personenwahrnehmung zunächst aus einer physisch-intuitiven Reaktion auf einen anderen Menschen* besteht, die ein überwiegend positives (oder negatives) Gefühl in bezug auf den Betreffenden hinterläßt.

Ein zweites Prinzip der Personenwahrnehmung kann optisch illustriert werden. Schauen Sie sich einige Sekunden lang die Abbildung auf S. 62 an. Was – oder besser *wer* – erregt Ihre Aufmerksamkeit? Wer fällt Ihnen zuerst auf? Zu wem kehren Ihre Augen zurück? Welche Person in dem Bild beschäftigt Sie? Die Antwort ist offenkundig. Und sie illustriert dieses zweite Prinzip der Personenwahrnehmung: *Wir neigen dazu, dem Ungewöhnlichen Beachtung zu schenken und eine Erklärung dafür zu suchen.* Alltägliche Dinge an alltäglichen Menschen interessieren uns nicht; ungewöhnliche Dinge an gewöhnlichen und insbesondere an ungewöhnlichen Menschen erregen jedoch unser Interesse.

Ein drittes Prinzip der Personenwahrnehmung träte zutage, wenn wir Sie auffordern würden, an jemanden zu denken, den Sie sehr gut kennen – vielleicht einen Verwandten oder eine Freundin oder Zimmergenossin. (Vergessen Sie Ihren philosophischen Einwand, daß man niemanden je *wirklich gut kennt.*). Wenn Sie dann aufgefordert würden, alles zu erzählen, was Sie über diesen Menschen wissen, dann könnten Sie zweifellos eine Menge sagen. Sie würden wahrscheinlich mit

Abbildung 8: Selbst in einer so ungewöhnlichen und abwechslungsreichen Szene wie dieser erregt die Dame in dem eleganten Sessel am stärksten unser Interesse und unsere Neugier.

irgendwelchen Eigenschaften beginnen („Sie ist wirklich nett – freundlich und entgegenkommend.“). Und wenn sie weitermachen würden, dann würden Sie zu verschiedenen Verhaltensweisen übergehen, die Sie beobachtet haben („Sie ist oft über sich selbst deprimiert, besonders über ihr Studium. Sie geht nicht viel aus.“). Dann fällt Ihnen vielleicht noch die eine oder andere Eigenschaft ein („Sie ist zurückhaltend und reserviert.“). Wenn man sie ersucht hätte, diesen Menschen zu *beschreiben,* statt zu sagen, was Sie über sie *wissen,* dann hätten Sie wahrscheinlich ganz anders begonnen. Ihre Beschreibung hätte mit körperlichen Merkmalen und Gruppenklassifikationen wie ihrem Alter, ihrer Augenfarbe und der Tatsache begonnen, daß sie im zweiten Studienjahr ist und im Hauptfach Biologie studiert, in einem bestimmten Studentenheim wohnt, und *dann* wären Sie auf ihre Eigenschaften und Verhaltensweisen eingegangen. Das Grundprinzip der Personenwahrnehmung wird durch beide Reaktionen veranschaulicht: *bei der Personenwahrnehmung geht es um die Beziehungen zwischen Verhaltensweisen und Eigenschaften.* Personenwahrnehmung kann mit den offensichtlicheren Verhaltensweisen und Eigenschaften „beginnen“ (insbesondere, wenn wir jemandem zum ersten Mal begegnen oder das Gefühl haben, sehr wenig über den oder die Betreffende zu wissen), aber sie schreitet sehr rasch zu Persönlichkeitsmerkmalen voran, sobald wir anfangen, uns ein Bild von jemandem zu machen, und das Gefühl haben, den Betreffenden ziemlich gut zu kennen.

Unsere letzte Erkenntnis über die Personenwahrnehmung ist wahrscheinlich inzwischen klargeworden, oder sie wird es sicher, sobald wir sie in Worte fassen. *Was man über einen Menschen „weiß“, ist der eigene Eindruck – ein miteinander verschmolzenes Bündel von Persönlichkeitsmerkmalen.* Es ist eine Tatsache, daß wir dazu tendieren, einen anderen Menschen (und auch uns selbst) als eine einheitliche, organisierte Mischung von Wesenszügen zu sehen, die gewöhnlich „miteinander zusammenhängen". Wir sehen einen Menschen nicht als eine Ansammlung von Reizen: wir erleben einen Menschen nicht als einen großen Mund, eine Stupsnase, schütteres Haar, blutunterlaufene Augen und so weiter. Obwohl wir Menschen in dieser Weise beschreiben mögen und obwohl manche dieser Reize (wie blutunterlaufene Augen) vielleicht unsere Aufmerksamkeit erregen, bilden wir uns *fast sofort* einen einheitlicheren Eindruck. Wenn wir das Gefühl haben oder glauben, jemanden zu kennen, denken wir an diesen Menschen meist in Hinblick auf den einheitlichen Eindruck, den wir uns von ihm gemacht haben und wir sehen ihn auch so.

Die empirischen Prinzipien der Personenwahrnehmung sind somit folgende: Wir erhalten schon durch die kürzesten Interaktionen ein Grundgefühl in bezug auf Menschen. Was uns in der Regel als erstes auffällt (und worüber wir mehr wissen wollen), ist ungewöhnliches Verhalten und/oder ein ungewöhnlicher Mensch. Wir gehen rasch von beobachteten Verhaltensweisen zu abgeleiteten Eigenschaften über, und aus diesen Eigenschaften machen wir uns ein einheitliches Bild, das all das enthält, was wir über einen anderen Menschen „wissen". Diese Tatsachen dürften Ihnen nicht unbekannt sein. Obwohl Sie sie vielleicht nie genau so ausgedrückt haben, haben Sie sie wahrscheinlich als Teil Ihrer Erfahrungen mit Personenwahrnehmung „gekannt".

Sozialpsychologen „kennen" diese Prinzipien als Menschen wie als Psychologen ebenfalls und haben ihr eigenes Wissen – das dem Ihren weitgehend gleicht – als Ausgangspunkt zur Erforschung der Personenwahrnehmung benutzt. Tatsächlich ist das simple Faktum, daß Menschen andere Menschen kennen können, wollen oder müssen, die einem Großteil dieser Forschung und fast der gesamten Theorie über die Psychologie der Personenwahrnehmung zugrundeliegende Annahme gewesen.

Bevor wir weitergehen, sollten wir darauf hinweisen, daß die Bezeichnung „Personenwahrnehmung" etwas irreführend sein könnte, weil dieser Bereich der Sozialpsychologie viel mehr umfaßt als der Begriff *Wahrnehmung* vielleicht vermuten läßt. Wie wir sehen werden, wird heute davon ausgegangen, daß „Personenwahrnehmung" ein überaus komplexer Prozeß ist, der aus mehreren Unterprozessen besteht. So wurde die Personenwahrnehmung zu verschiedenen Zeiten beispielsweise als Leistung im Bereich der Wahrnehmung, des Erkennens, des Gedächtnisses, als Eindrucksbildung, Beobachtung, Attribution und Ziehen von Schlüssen angesehen. Die neuere Forschung auf diesem Gebiet befaßt sich mit dem Erwerb, der Verarbeitung, der Organisation und dem Gebrauch von Informationen über Menschen und wird daher angemessener als „Personenkognition" bezeichnet. Aber wahrscheinlich sollte man dieses Gebiet weder als Personenwahrnehmung noch als Personenkognition bezeichnen, weil es beides und noch mehr ist. *Personenwahrnehmung,* so wie wir sie heute verstehen, ist allgemein als das Studium dessen zu definieren, was wir über andere Menschen wissen und woher wir dieses Wissen beziehen.

1 Personenwahrnehmung als Beobachtung

Bis zum Jahre 1954 ließ sich die Forschung über Personenwahrnehmung von der „Tatsache" leiten, daß *ein Mensch schon aus der kürzesten Interaktion etwas über einen anderen Menschen erfahren kann.* Von dem Vorgang, durch den dieses Wissen erlangt wird, wurde angenommen, daß es sich um „normale" Beobachtung oder Wahrnehmung handele. Obwohl Menschen als Objekte spezieller Art angesehen wurden, schrieb man ihnen keinen speziellen Status als Objekte der Wahrnehmung zu. Man ging davon aus, daß die Personenwahrnehmung von denselben Gesetzen geleitet wird und aus denselben Prozessen besteht wie die Objektwahrnehmung. Tatsächlich wurde die Personenwahrnehmung der Objektwahrnehmung gleichgesetzt, mit der Ausnahme, daß die Objekte in diesem Fall Menschen waren.

Aus diesem Standpunkt ergaben sich zwei naheliegende Fragen. Wenn Menschen etwas über andere Menschen wissen können, was sind dann erstens die Merkmale, aus denen sie Eindrücke bilden? Und zweitens, in welchem Grade sind diese Eindrücke richtig? Bei der Beantwortung dieser beiden Fragen versuchten die Forscher, die Reize streng zu kontrollieren, um sicher zu sein,

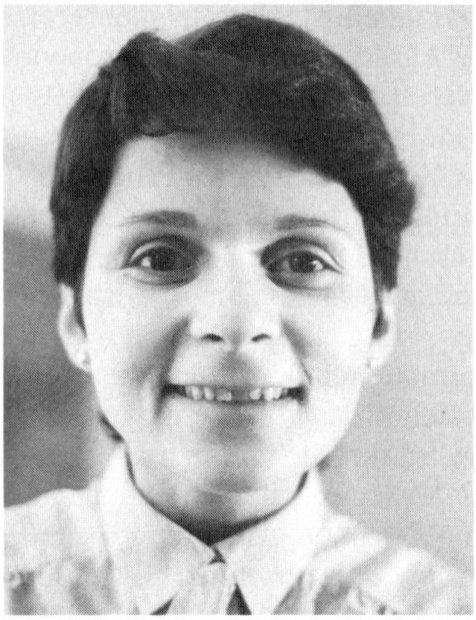

(1) Die Mundwinkel werden nach hinten und oben gezogen. Die Lippen können geschlossen oder geöffnet sein, so daß die Zähne zu sehen sind. Eine Falte verläuft von den Nasenflügeln zu einem Punkt seitlich der Mundwinkel. Die Wangen sind gehoben. Unter den unteren Augenlidern, die gehoben, aber nicht angespannt werden können, sind Fältchen zu sehen. Krähenfüße verlaufen von den äußeren Augenwinkeln nach außen.

(2) Die inneren Enden der Augenbrauen werden hochgezogen. Die Haut unter der Augenbraue bildet ein Dreieck, dessen innere Ecke hochgezogen ist. Die Mundwinkel sind nach unten gezogen oder die Lippe zittert.

(3) Die Brauen sind gesenkt und zusammengezogen. Zwischen den Brauen treten vertikale Furchen auf. Das Unterlid ist angespannt und eventuell hochgezogen. Das Oberlid ist angespannt und kann durch das Stirnrunzeln gesenkt werden. Die Augen haben einen harten, starrenden Ausdruck und scheinen vorzutreten. Die Lippen nehmen eine von zwei Grundstellungen ein – entweder fest zusammengepreßt, wobei die Mundwinkel gerade oder nach unten gezogen sind; oder geöffnet und in eine quadratähnliche Form gespannt, als brülle man.

Abbildung 9: Können Sie die auf diesen Photos ausgedrückten Emotionen erkennen? Die Photos zeigen die Emotionen in der Reihenfolge, wie sie in Tabelle 4 (S. 67) angeführt sind. Die Mimik, die jeden Ausdruck begleitet, wird unter jedem Photo beschrieben.

daß ein bestimmter, von einer Person ausgehender Reiz eine zutreffende Repräsentation der spezifischen Emotion oder des Persönlichkeitsmerkmals war, das man untersuchen wollte. „Außenreize" (beispielsweise der soziale Kontext) wurden deshalb so weit wie möglich eliminiert, um die Determinanten von Personenwahrnehmungsurteilen feststellen zu können. Zwei der beliebteren Forschungstechniken bestanden darin, Vpn (das heißt Beurteilern) Photographien von Gesichtern vorzulegen (für das Erkennen von Emotionen) oder ihnen kurze deskriptive persönliche Aussagen an die Hand zu geben (zur Feststellung von Persönlichkeitsmerkmalen). Die Vpn wurden dann aufgefordert zu erklären, welche Emotion sich auf den Photos äußere bzw. welche Eigenschaften der oder die Betreffende haben könnte. Sehen wir uns jetzt einige der Antworten auf diese frühen Fragestellungen zur Personenwahrnehmung an.

1.1 Das Erkennen von Emotionen

Können Beobachter Emotionen richtig aus dem Gesichtsausdruck ablesen? (Können Sie beispielsweise die Emotionen erkennen, die in Abbildung 9 dargestellt sind?) Eine der frühesten Untersuchungen dieser Frage war Darwins *The Expression of the Emotions in Men and Animals,* das 1872 erschienen war. In Einklang mit seiner Theorie der Evolution postulierte Darwin das Konzept der *phylogenetischen Gewohnheit,* eines nonverbalen

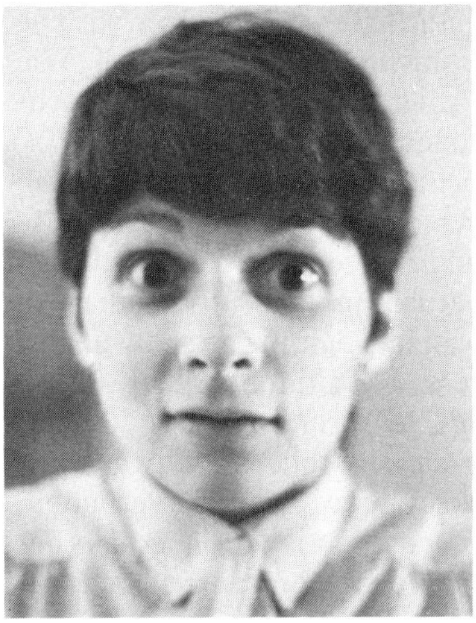

(4) Die Brauen werden gehoben und zusammengezogen. Die Furchen in der Stirn konzentrieren sich auf die Mitte. Das Oberlid wird gehoben, so daß die Sklera (die Lederhaut) des Auges sichtbar wird, und das untere Lid ist angespannt und hochgezogen. Der Mund ist offen und die Lippen sind entweder leicht angespannt und zurückgezogen oder stark nach hinten gespannt.

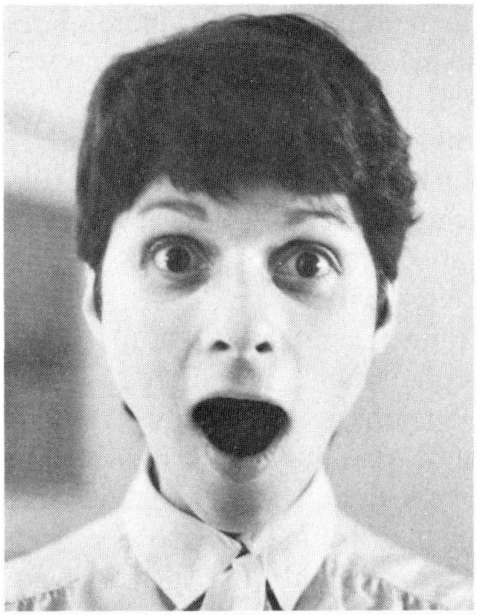

(5) Die Brauen sind hochgezogen, so daß sie einen hohen Bogen bilden. Die Haut unterhalb der Braue ist gedehnt. Die Stirn weist horizontale Furchen auf. Die Augenlider sind geöffnet, das obere Lid ist angehoben und das untere hinuntergezogen; über der Iris und auch oft darunter ist die Sklera zu sehen. Der Kiefer fällt nach unten, so daß Lippen und Zähne geöffnet sind, aber der Mund ist weder angespannt noch gedehnt.

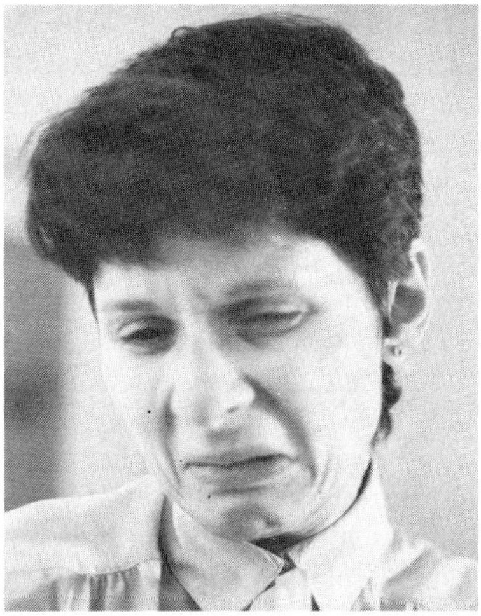

(6) Die Oberlippe ist angehoben. Die Unterlippe ist ebenfalls gehoben und zur Oberlippe hochgereckt oder gesenkt und leicht vorstehend. Die Nase ist gekräuselt. Die Wangen sind gehoben. Unter dem unteren Lid sind Furchen zu sehen, und das Lid schiebt sich nach oben, ist aber nicht angespannt. Die Stirnhaut senkt sich und damit auch das obere Augenlid.

Die Beschreibungen stammen aus: M. L. Knapp: *Nonverbal Communication in Human Interaction,* 2. Aufl. Holt, Rinehart & Winston, 1978, S. 272–277. Photos © R. Lynn Goldberg, 1981.

Ausdrucksverhaltens, das die kommunikative Funktion verloren hat, die es in unserer evolutionären Vergangenheit einst hatte. So heben wir beispielsweise oft die Augenbrauen, wenn wir nicht hören, was jemand gesagt hat. Wir versuchen nicht, mit unseren Augen zu hören, noch versuchen wir, den Sprecher besser zu sehen, wenn wir das tun. Die hochgezogene Augenbraue ist eine phylogenetische Gewohnheit, die in unserer evolutionären Vergangenheit durch eine Muskelverbindung bewirkte, daß sich die Ohren spitzten und dadurch tatsächlich eine etwas größere Gehörschärfe ermöglichten. Die meisten Menschen benutzen auch heute noch dieses Ausdrucksverhalten, obwohl sich die Ohren dadurch nur geringfügig bewegen und es somit seine frühere Anpassungsfunktion verloren hat. Andere Beispiele, die sich aus dieser Theorie ergeben, sind das Blecken der Zähne, wenn wir wütend sind (die meisten Menschen beißen ja ihre Feinde nicht mehr) und der Gesichtsausdruck von Ekel, wenn uns jemand oder etwas abstößt (obwohl die meisten keine Absicht haben zu erbrechen, wird zur Äußerung von Ekel der Gesichtsausdruck nachgeahmt, der beim Erbrechen entsteht). Das Vorhandensein von phylogenetischen Gewohnheiten bedeutete für Darwin, daß ein großer Teil des menschlichen Ausdrucksverhaltens nicht der bewußten kognitiven Kontrolle unterliegt und daher unsere animalische Natur (unsere „wahren" Gefühle) enthülle. Darwin kam zu dem Schluß, daß der Gesichtsausdruck von Emotionen innerhalb der Arten angeboren und universell sei. Alle Menschen müßten demnach dasselbe Ausdrucksverhalten manifestieren. Darwin zweifelte darüber hinaus nicht daran, daß der jeweilige Gesichtsausdruck einer Emotion ein genau erkennbares Zeichen der ihm zugrundeliegenden Emotion sei. Der Gesichtsausdruck stellte für ihn eine gültige Repräsentation wahrer Emotionen dar. Darwin würde unsere frühere Frage also bejaht haben: Beobachter können Emotionen anhand des Gesichtsausdrucks erkennen.

Als Psychologen jedoch Darwins Schlußfolgerungen zu untersuchen begannen, stießen sie nur auf geringe stichhaltige Beweise für ihre Validität. Alles schien von allem übrigen abzuhängen. Zum einen unterschieden sich die Menschen sowohl hinsichtlich der Art und Weise wie auch des Grades, in dem sie verschiedene Emotionen äußerten. Manche Menschen äußerten manche Emotionen (manchmal) sehr deutlich, andere hingegen nicht. Verschiedene Menschen äußerten dieselbe Emotion unterschiedlich, und oft drückten auch *dieselben* Personen dieselbe Emotion zu verschiedenen Anlässen verschieden aus. Ein 1968 verfaßter ausführlicher Überblick kam zu dem Schluß, ob Emotionen erkannt werden oder nicht, sei „abhängig von der Art des benutzten Reizes, von der geäußerten Emotion, von der Zahl und Art der Kategorien, in bezug auf die das Urteil gefällt werde, und die Menge der Kontextinformationen, die die Vp erhalte“ (Tagiuri, 1968, S. 404). Dieses Fazit war weit von den Vorstellungen Darwins entfernt. Man war sich jetzt darüber einig, daß das Erkennen von Emotionen allein aufgrund des Gesichtsausdrucks überaus schwierig sei. Die Äußerungen von Emotionen sind nicht universell innerhalb einer bestimmten Kultur – viel weniger in allen Kulturen – und man war der Ansicht, daß Darwin dem Forschungsgebiet einen Bärendienst erwiesen habe. Es war Beobachtern nicht möglich, Emotionen aus dem Gesichtsausdruck abzulesen, wie er behauptet hatte.

Um das oben Gesagte nun umzukehren: neuere Studien von Izard (1971) und Paul Ekman und Mitarbeitern (Ekman, Sorensen u. Friesen, 1969) haben gezeigt, daß Darwin vielleicht doch auf der richtigen Spur gewesen ist. Bei diesen Studien wurden sorgfältig ausgewählte Stimulusphotographien benutzt, von denen angenommen wurde, daß sie relativ frei von gelernten kulturspezifischen Signalen sind und die auch frei von den methodologischen Fehlern zu sein schienen, mit denen die früheren Forschungsarbeiten behaftet waren. Die Resultate waren schlüssig und eindrucksvoll. Wie Tabelle 4 (S. 67) zeigt, gibt es zumindest sechs erkennbare Emotionen: Glück, Traurigkeit, Wut, Furcht, Ekel, Verachtung. Izards Forschung ergab zwei weitere: Interesse und Scham. Diese Emotionen sind allein aufgrund des Gesichtsausdrucks erkennbar und werden in den verschiedensten Kulturen recht zutreffend identifiziert. Obwohl die drei „fortgeschrittenen“ Kulturen bessere Resultate erzielten als die zwei „primitiven“, ist dies sehr wahrscheinlich auf die ausschließliche Abbildung von Weißen zurückzuführen. Dies läßt vermuten, daß der *Ausdruck* von Emotionen innerhalb der Spezies zwar angeboren und universell ist, das *Erkennen* von Emotionen hingegen in gewissem Maß erlernt ist. Es gibt auch noch andere Beweise für diese Behauptung. Gates (1923) stellte fest, daß die Fähigkeit amerikanischer Kinder, Emotionen zu erkennen, mit dem Alter zunimmt. Im Alter von drei Jahren konnten Kinder zuverlässig den Ausdruck von Glück erkennen. Das Erkennen von Traurigkeit, Wut, Furcht, Überraschung und Ekel-Verachtung folgten in Abständen von jeweils etwa drei Jahren, so daß alle sechs Emotionen im Alter von vierzehn Jahren erkannt wurden. Ekel-Verachtung zu erkennen, fällt Kindern und (wie Tab. 4 zeigt) Angehörigen primitiver Kulturen schwer, ist jedoch für Erwachsene fortgeschrittener Kulturen leicht. Es ist vielleicht signifikant, daß die eine Emotion, die als erstes, universell und ohne Verwechslungen erkannt wird, der Ausdruck von Glück ist. Obwohl es stimmt, daß noch mehr Emotionen „erkannt“ werden können, wenn Informationen über den Kontext hinzukommen, sind wir zu dem Schluß gelangt, daß Beobachter allein aufgrund des Gesichtsausdrucks mindestens sechs Emotionen erkennen können.

1.2 Die Voraussetzungen richtigen Beobachtens

Der Forschung stellen sich hier zwei Fragen. Erstens, sind manche Beobachter durchgehend besser in der Beurteilung als andere? Zweitens, werden bestimmte Persönlichkeitsmerkmale richtiger beurteilt als andere? Zur Beantwortung der ersten Frage wurden umfangreiche Forschungsarbeiten durchgeführt, möglicherweise wegen der

Tabelle 4: Treffsicherheit des Erkennens von sechs Emotionen bei Stichproben aus fünf Kulturen

Geäußerte Emotion	Vereinigte Staaten	Brasilien	Japan	Neuguinea[a]	Borneo[a]	Chile	Argentinien	Mittelwert[b]
	Beurteilte Emotionen (Prozent für am häufigsten beurteilte Emotionen)							
Glück (G)	97 (G)	97 (G)	87 (G)	99 (G)	92 (G)	90 (G)	94 (G)	94,4 (G)
Traurigkeit (T)	73 (T)	82 (T)	74 (T)	55 (T) 23 (W)	52 (T)	90 (T)	85 (T)	67,2 (T)
Wut (W)	69 (W) 29 (E)	82 (W)	63 (W) 14 (E)	56 (W) 22 (F)	64 (W)	76 (W)	72 (W)	66,8 (W)
Furcht (F)	88 (F)	77 (F)	71 (F) 26 (Ü)	46 (F) 31 (W)	54 (F) 25 (W)	78 (F)	68 (F)	67,2 (F)
Überraschung (Ü)	91 (Ü)	82 (Ü)	87 (Ü)	38 (Ü) 30 (F)	36 (Ü) 23 (F)	88 (Ü)	93 (Ü)	66,8 (Ü)
Ekel-Verachtung (E)	82 (E)	86 (E)	82 (E)	29 (E) 23 (W)	26 (T) 23 (G)	85 (E)	79 (E)	55,8 (E)
Zahl der Beurteiler	99	40	29	18	15	119	168	

[a] Sowohl die Stichproben aus Neuguinea wie auch aus Borneo stammten aus isolierten nichtwestlichen, präalphabetischen Kulturen. Die Autoren berichten, daß sie sich bemühten, Kulturen zu finden, die am wenigsten von den modernen technologischen, kommerziellen und ideologischen Strömungen beeinflußt sind. Die amerikanischen, brasilianischen und japanischen Stichproben bestanden aus im jeweiligen Land geborenen Studenten des ersten Semesters.

[b] Durchschnittliche Treffsicherheit (in Prozent) der Beurteilung jeder geäußerten Emotion in den ersten fünf Kulturen außer Chile und Argentinien.

Nach: P. Ekman, E. Sorenson u. W. Friesen: Pan-Cultural elements in facial displays of emotion. *Science,* 1969, *164,* 86–88.

Zusätzliche Daten über Chile und Argentinien aus: P. Ekman (Hrsg.): *Darwin and Facial Expression: A Century of Research in Review.* New York: Academic Press, 1973 a.

praktischen Schwierigkeit, Personen zu finden, die imstande sind, andere zutreffend zu beurteilen. Nehmen wir an, daß auch nur eine solche Person gefunden werden kann. Wenn man sich dann um eine Stelle bewirbt, im Begriff ist, sich zu verheiraten oder für ein politisches Amt zu kandidieren, dann würde man vielleicht von diesem „Beobachter mit dem totalen Durchblick" interviewt werden. Oder der Experte könnte einen sogar heimlich beobachten, ohne daß man sich dessen bewußt ist und dem zugestimmt hat. Sehr bald würde dann der künftige Chef, der künftige Ehepartner bzw. die Öffentlichkeit erfahren, wie man „wirklich" ist. Vielleicht mit dieser Möglichkeit vor Augen, untersuchten Psychologen so gut wie jedes Persönlichkeitsmerkmal, das sie messen konnten (ja auch einige Eigenschaften, für die es bisher noch kein Meßverfahren gegeben hatte), um zu sehen, ob vielleicht irgendein „Schlüssel"-Faktor existiert, der die Richtigkeit der Personenwahrnehmung beeinflußt. Zu den untersuchten „Merkmalen" zählten die Breite der persönlichen Erfahrungen, die Selbsterkenntnis, die soziale Anpassung, die Fähigkeit zur Distanzierung, das ästhetische Empfinden, die Introversion, die Intelligenz und sogar die Zahl der absolvierten Semester in Psychologie. Das Ergebnis dieser Studien war insgesamt enttäuschend. Während eine Studie beispielsweise eine etwas höhere Trefferquote bei Beobachtern feststellte, die hohe Werte in bezug auf ein bestimmtes Charakteristikum aufwiesen, ergaben drei andere Studien negative Resultate. Der Schluß, zu dem man bereits 1955 (Taft) und zuletzt wieder 1979 kam (Schneider, Hastorf u. Ellsworth) ist, daß die Richtigkeit der Personenwahrnehmung kein vielversprechendes individuelles Charakteristikum darstellt und daß sich kein einzelnes Persönlichkeitsmerkmal bzw. keine Konstellation solcher Merkmale bei den Beobachtern nachweisen ließ, das bzw. die sich auf die Richtigkeit ihrer Personenwahrnehmung generell ausgewirkt hätte.

Daß keine Antwort auf die Frage gefunden wurde, welche Beobachter richtiger urteilten, war teilweise auf die Tatsache zurückzuführen, daß generell *alle* Beobachter unzutreffend urteilten. Bei den verschiedenen Versuchen, herauszufinden, welche Persönlichkeitsmerkmale richtig beurteilt wurden, ergab sich jedesmal, daß *kein* Persönlichkeitsmerkmal zutreffend beurteilt werden konnte, wenn ein „ganzer Mensch" (nicht das Photo eines Gesichts) der Stimulus war. Es gab nur wenige Ausnahmen gegenüber diesem allgemeinen Befund. Beispielsweise kann man sagen, je stärker ein zu beurteilendes Merkmal im Verhalten sichtbar wurde (Verweiblichung dürfte sich beispielsweise im Verhalten sichtbarer ausdrücken als Ehrlichkeit) und je expressiver die zu beurteilende Person war (das heißt, je mehr nonverbale Verhaltensweisen sie zeigte), desto richtiger waren die Urteile (Estes, 1937). In keiner dieser Forschungsarbeiten wurde jedoch ein einzelner Reiz oder ein Bündel von Reizen entdeckt, der bzw. die eine richtige Beurteilung eines Persönlichkeitsmerkmals bewirkte.

Was man hingegen entdeckte, war, daß die Beobachter oft mehr sagten, als sie angesichts der ihnen vorgesetzten Stimuli sagen „sollten". Was die Beobachter berichteten, war falsch, aber es gab Anlaß zum Nachdenken (in den Fünfzigern) und erwies sich als wichtig (in den Siebzigern), daß diese Fehlschlüsse bei allen Versuchspersonen in derselben Form auftraten, so daß es den Forschern gelang, die folgenden fünf *„Beurteilungsfehler"* zu identifizieren:

1. *Halo- oder Hofeffekt:* Die Tendenz von Beurteilern, eine bestimmte Person in Hinblick auf mehrere Charakterzüge ähnlich zu beurteilen, und zwar aufgrund ihres (zweifellos unbewußten) „guten" oder „schlechten" Eindrucks von der beurteilten Person. Wenn der anfängliche gefühlsmäßige Gesamteindruck, den man von jemandem hat, positiv ist, dann tendiert man beispielsweise dazu, diesem Menschen andere „gute" Eigenschaften zuzuschreiben und den Betreffenden auch in späteren Interaktionen positiv zu bewerten.
2. *Logischer Irrtum:* Beobachter schienen im allgemeinen anzunehmen, daß bestimmte Eigenschaften gemeinsam auftreten, gleichgültig, ob das auch tatsächlich der Fall war. So wird beispielsweise von einem gütigen Menschen angenommen, daß er auch warmherzig (nicht kalt) und ehrlich (nicht unehrlich) ist.
3. *Mildeeffekt:* Eine allgemeine Tendenz mancher Beurteiler, andere in Hinblick auf positive oder wünschenswerte Eigenschaften hoch und hinsichtlich negativer, ungünstiger Eigenschaften niedrig einzustufen – eine gutmütige Methode der Beurteilung anderer nach dem Grundsatz *in dubio pro reo.*
4. *Projektive Ähnlichkeit:* Eine Tendenz, anderen die Eigenschaften zuzuschreiben – „gute" wie „schlechte" –, die man selbst für sich in Anspruch nimmt.
5. *Stereotypisierung:* Eine Tendenz, Menschen viele der (realen und vorgestellten) Merkmale des typischen Angehörigen der Gruppe oder sozialen Schicht zuzuschreiben, denen man sie zurechnet. (Professoren werden beispielsweise *als Gruppe* für „zerstreut" gehalten und, ob das stimmt oder nicht, würden Sie dazu neigen, den Verfasser dieses Textes so einzuschätzen, falls Sie ihm begegneten?)

Das Vorhandensein dieser Beurteilungsfehler sowie ihre Häufigkeit und Übereinstimmung ließen vermuten, daß die Personenwahrnehmung stärker davon abhängt, was im Beobachter „vor sich geht", als von den spezifischen Eigenheiten der zu beurteilenden Person. Diese Schlußfolgerung aus den Treffsicherheitsstudien wurde mit der Zeit allgemein akzeptiert, während sich der Brennpunkt der Untersuchungen von der „Personenwahrnehmung" zur „Personenkognition" verlagerte. Die Entdeckung dieser Beurteilungsfehler lieferte somit den Anstoß für die Erforschung, *wie* sich die Beobachter ihre Eindrücke bilden, worauf wir später eingehen werden.

1.3 Die Wahrnehmung von nonverbalem Verhalten

Die Erforschung von nonverbalem Ausdrucksverhalten hat in den letzten paar Jahren stark zugenommen. Dieses Interesse kann auf eine Reihe von Faktoren zurückgeführt werden, nicht zuletzt Darwins ursprüngliche Behauptung, daß nonverbales Ausdrucksverhalten ein besonders zuverlässiges Anzeichen unserer Gefühle sei. Es wurde auch demonstriert, daß Beobachter verschiedene nonverbale Verhaltensweisen auswerten können (wie beim oben erwähnten Erkennen von Emotionen), ohne sich dessen anscheinend bewußt zu sein. In diesem Zusammenhang berichtet Sommer (1968), daß Verhörspezialisten der Polizei die Anweisung haben, sich nahe zu dem Beschuldigten hinzusetzen, ohne trennende Möbelstücke dazwischen, und im Laufe der Befragung näher an ihn heranzurücken, um „die Wahrheit aus ihm herauszuholen". Schließlich scheint nonverbales Verhalten auch praktische Anwendungsmöglichkeiten zu haben, nachdem es in der Psychotherapie bereits

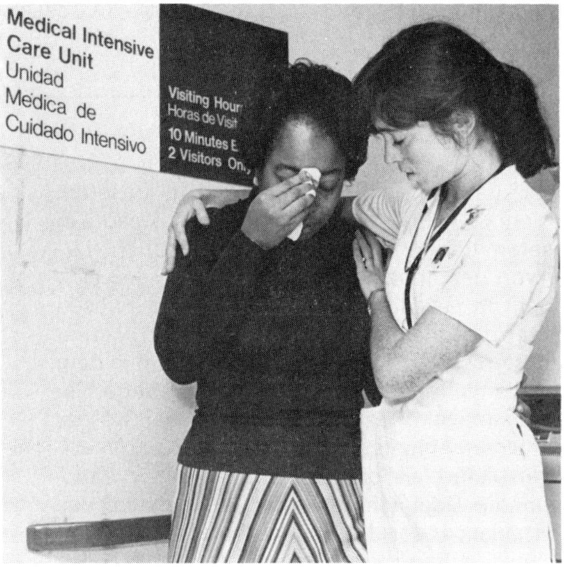

Abbildung 10: Auch im Umgang mit den Verwandten eines Patienten wiegt eine Berührung tausend Worte auf.

© Ken Karp.

lange als unverzichtbares Signal gilt, um Angst zu entdecken (z. B. Reich [1933]; Mahl [1968]) und sie abzubauen (z. B. Perls [1969]).

Die Popularität dieses Forschungsgebiets hat eine Reihe von Studien hervorgebracht, in denen die wahrgenommenen Bedeutungen verschiedener nonverbaler Verhaltensweisen untersucht wurden. So werden beispielsweise Berührungen als Zeichen von Freundlichkeit angesehen; wenn Menschen berührt werden, sind sie eher bereit, ihre persönlichen Gefühle mitzuteilen (Jourard u. Friedman, 1970). Wenn chirurgische Patientinnen von einer Krankenschwester angefaßt werden, die ihnen ihre Operation erklärt, weisen diese Patientinnen weniger Angst auf (was sich sowohl in ihren verbalen Reaktionen als auch in ihren Blutdruckwerten zeigt, die vor und nach der Operation gemessen werden) und sie machen sich geringere Sorgen über postoperative Komplikationen als Patientinnen, die nicht berührt wurden (s. Abb. 10), obwohl die von der Schwester gegebenen verbalen Erklärungen identisch sind (Whitcher u. Fisher, 1979). In ähnlicher Weise gilt Augenkontakt als Zeichen der Anziehung, und es wurde nachgewiesen, daß Augenkontakt sowohl Sympathie hervorruft (Rubin, 1970) als auch Hilfsbereitschaft (Ellsworth u. Langer, 1976). In anderen Untersuchungen, in denen verschiedene Bündel nonverbaler Verhaltensweisen miteinander verglichen wurden (beispielsweise Körpersignale mit Gesichtssignalen) ergaben sich äußerst interessante Resultate, die in manchen Fällen unseren unreflektierten Vorstellungen in bezug auf Personenwahrnehmung widersprechen (s. Box 7/6, S. 70).

Leider gibt es eine Reihe populärer Schriften, die als „Wörterbücher" nonverbalen Verhaltens auftreten oder zu erklären behaupten, was die verschiedenen nonverbalen Verhaltensweisen universell „bedeuten". Seien Sie gewarnt, daß es nicht angebracht ist, solche allgemeinen Schlüsse zu ziehen, wobei der spezifische Kontext ignoriert wird, in dem die jeweiligen Signale auftraten. So wurde beispielsweise nachgewiesen, daß das Anfassen einer anderen Person in etwas unterschiedlichen Situationen von verschiedenen Menschen als abstoßend wie auch als Zuneigung erweckend empfunden werden kann, und Augenkontakt wurde ebenso häufig als bedrohlich empfunden wie als Zeichen der Anziehung. Wir wissen auch, daß sich die Menschen hinsichtlich ihres Ausdrucksvermögens unterscheiden, so daß ein spezifisches nonverbales Verhalten, das bei einem Menschen häufig auftritt, bei einem anderen sehr selten sein kann. Außerdem haben wir keinerlei Gewißheit, daß Signale der Körpersprache *immer* die wahren Gefühle offenbaren. Nonverbales Verhalten kann gehemmt werden (so, wenn Sie sich bemühen, Ihre Verlegenheit zu verbergen) oder gespielt (so, wenn Sie versuchen, in einer Psychologievorlesung Interesse zu demonstrieren, insbesondere, wenn der/die Professor/in den Blick auf Sie richtet). So reizvoll es wäre, wenn die Körpersprache ermöglichen würde, in einem anderen Menschen „zu lesen wie in einem Buch", so ist die Psychologie außerstande zu behaupten, daß irgendein bestimmtes nonverbales Verhalten immer dasselbe bedeutet, oder genau zu erklären, wie nonverbale Verhaltensweisen zu unserem Eindruck von anderen Menschen beitragen oder diesen schmälern.

2 Personenwahrnehmung als Eindrucksbildung

Bisher haben wir die Personenwahrnehmung als Beobachtung angesehen. Der größte Teil der Forschungen, die wir besprochen haben, hat versucht,

BOX 7/6

Schau Mutter in die Augen, aber verbirg deinen Körper

Erinnern Sie sich, wie es war, wenn Sie als Kind etwas Verbotenes getan hatten? Sie wußten, daß es etwas Schlimmes war, aber Sie versuchten sich hinter einer Lüge zu verstecken. Ihre Mutter oder irgendeine andere Autoritätsperson sagte dann: „Schau mir in die Augen und sag mir, daß du es nicht getan hast!" Sie versuchten vielleicht, ihr in die Augen zu sehen, aber Sie konnten es einfach nicht. Oder vielleicht ist es Ihnen auch gelungen, ihr in die Augen zu sehen und zu sagen, daß Sie es „nicht getan" hätten, aber sie wußte dennoch, daß Sie sie anlogen. Diese Klischees und Verhaltensweisen, sowohl die Ihren als auch die Ihrer Eltern, zeugen von einer verbreiteten Annahme – daß man eine Lüge vom Gesicht des Lügners „ablesen" könne bzw. daß man daraus ersehen könne, ob jemand lüge oder nicht, wenn einem der Betreffende in „die Augen schaue". Aber ist das wirklich so?

P. Ekman und W. Friesen, die beide am Langley-Porter-Neuropsychiatrischen Institut in San Francisco arbeiteten, haben die Auffassung vertreten, daß die Augen und das Gesicht genau die Körperteile seien, die man *nicht* beachten solle, um eine Lüge herauszufinden. Sie meinen, wenn wir jemand zu täuschen versuchen, dann verrate der Körper durch „nonverbale" Signale mehr als das Gesicht. Was ist der Grund dafür? Ekman und Friesen machten in ihrer Studie von 1974 Videofilme von Interviews, in denen die Probanden angewiesen wurden, entweder ehrlich zu sein und offen ihre Gefühle in bezug auf einen schönen Film zu äußern, den sie gerade gesehen hatten, oder zu lügen, ihren negativen Eindruck von einem ihnen unsympathischen Film zu verbergen und positive Gefühle vorzutäuschen. Sofort nach der Filmaufzeichnung wurden die Probanden gefragt, was man ihrer Ansicht nach unter Kontrolle halten oder vermeiden sollte, um ein erfolgreicher Lügner zu sein. Wie vorauszusehen, erwähnten 81 Prozent der Probanden das Gesicht und nur 19 Prozent den Körper. Dieses Ergebnis bestätigte die Behauptung der Forscher, daß wir uns der Vorgänge in unserem Gesicht deutlicher bewußt sind als der Abläufe in unserem übrigen Körper, und daß wir auch stärker von der Annahme beeinflußt sind, daß sich Lügen im Gesicht zeigen. Ekman und Friesen führten die Videofilme dann Beobachtern vor und forderten sie auf zu beurteilen, ob die Vp in dem Film die Wahrheit gesagt oder gelogen hatte. Sie fanden manche Belege dafür, daß der Körper deutlichere Anhaltspunkte für das Aufdecken von Lügen liefert als das Gesicht, aber *nur dann,* wenn die Beobachter vorher ein Beispiel des nichttäuschenden Verhaltens eines Probanden gesehen hatten, bevor ihnen sein täuschendes Verhalten vorgeführt wurde.

Ein neuerer und noch überzeugenderer Test der Körpertäuschungshypothese wurde von G. Littlepage und M. Pineault an der Middle Tennessee State University durchgeführt. Diese Psychologen ersuchten zwei Studenten, jeweils zwei Fragen zweimal zu beantworten, einmal wahrheitsgetreu und einmal mit einer Lüge. Beide Probanden wurden auf zweierlei Art gefilmt: Eine Großaufnahme des Gesichts und eine Aufnahme des Körpers vom Hals abwärts. Die Beobachter sahen sich dann die Filmaufnahmen beider Probanden bei der Beantwortung beider Fragen an. Manche Beobachter sahen nur die Körpersignale, andere nur das Gesicht und hörten dazu die Äußerung entweder einer Lüge oder der Wahrheit. Die Beobachter wurden dann aufgefordert anzugeben, ob sie glaubten, daß die Probanden logen (− 1) oder die Wahrheit sagten (+ 1). Ihre durchschnittlichen Ergebnisse sind in der nachstehenden Tabelle enthalten. Die Forscher erfaßten auch die Treffsicherheit in einer Tabelle, wobei sie jede richtige Antwort mit einem Wert von + 1 verzeichneten und jede falsche Antwort mit 0 bewerteten (siehe Tabelle). Ein völlig richtiges Ergebnis würde demnach + 1,0 lauten, und ein Ergebnis von + 0,50 wäre nach dem Zufallsprinzip zu erwarten.

Die Tabelle zeigt, daß die Beobachter viel eher

eine Lüge konstatierten, wenn sie (1) den Körper und nicht das Gesicht sahen *und* (2) wenn der Proband tatsächlich log (– 0,35). Was noch wichtiger ist, diese Identifizierungen waren richtig: die Vpn, die die Körpersignale gesehen hatten, entdeckten eine Lüge mit größerer Sicherheit als jene, die das Gesicht gesehen hatten, und zwar in einem Verhältnis von 85:35 Prozent. Im Gegensatz dazu entdeckten die Probanden, die nur das Gesicht sahen, Lügen nur mit einer Häufigkeit, die unter dem Zufallswert lag. Die Schlußfolgerungen liegen auf der Hand: Die Körpersignale verraten Lügen, während die Gesichtssignale diese zu verbergen scheinen.

Nonverbale Anzeichen von Täuschung

Abhängige Maßnahme	Sagt der Proband die Wahrheit oder lügt er?		Treffsicherheit, mit der Wahrheit und Lüge identifiziert wurde	
Nonverbale Signale	Körper-signale	Mimische Signale	Körper-signale	Mimische Signale
Verbales Verhalten der Vp				
Wahrheit	+ .16	+ .15	.66	.70
Lüge	– .35	+ .15	.85	.35

P. Ekman u. W. Friesen: Nonverbal leakage and clues to deception. *Psychiatry,* 1969, *32,* 88–106.

P. Ekman u. W. Friesen: Detecting deception from the body or face. *Journal of Personality and Social Psychology,* 1974, *29,* 288–298.

G. Littlepage u. M. Pineault: Detecting of deceptive factural statements from the body and the face. *Personality and Social Psychology Bulletin,* 1979, *5,* 325–328 (Tabelle daraus).

das Phänomen zu verstehen, indem man nach den wichtigen Reizen suchte und sich darauf konzentrierte, wie die Beobachter idealerweise auf die Reize reagieren *sollten* (d.h. die Treffsicherheit). Man erinnere sich jedoch daran, daß das Hauptergebnis war, daß Menschen keine „idealen" Beobachter sind, daß sie Fehler machten und häufig Eigenschaften bei anderen „wahrnahmen", ohne daß dafür eine Grundlage vorhanden war.

In den frühen vierziger Jahren versuchte Solomon Asch mit einem ganz anderen Ansatz an das Studium der Personenwahrnehmung heranzugehen (s. Box 7/7). Asch, ein Gestaltpsychologe, war überzeugt, daß wir Menschen als einheitliches Ganzes „erleben" – daß wir uns ein integriertes Bild von einem Menschen machen. In einer Reihe von Experimenten bewies er seine Behauptung und entdeckte dabei, daß die Eigenschaften, aus denen sich unsere Eindrücke zusammensetzen, so untereinander zusammenhängen, daß manche zentraler für den Gesamteindruck sind als andere. Vorwiegend aufgrund der Arbeit von Asch und auch, weil es kaum gelungen war, die wichtigen Stimuli zu identifizieren, während es um so besser gelang, die Beurteilungsfehler zu entdecken, verlagerte sich der Forschungsschwerpunkt. Die Psychologen, die sich für die Personenwahrnehmung interessierten, begannen sich von den Personenwahrnehmungsreizen ab- und den Personenwahrnehmungsreaktionen zuzuwenden. Die Personenwahrnehmung wurde zum Studium der *Eindrucksbildung*. Welche Gründe auch immer unserer Tendenz zugrundeliegen, uns ein einheitliches Bild von einem anderen Menschen zu machen, so steht doch fest, daß diese Eindrücke fast immer auf unvollständigen Daten basieren, so daß die von einem anderen Menschen gelieferten Reize auf verschiedene Arten organisiert werden können. Um sich ein ganzes Bild zu machen, erfindet der Beobachter daher oft Attribute, um Lücken zu schließen.

2.1 Implizite Persönlichkeitstheorie

Über zwei Tatsachen waren sich die Psychologen, die sich für Eindrucksbildung interessierten, völlig einig. Erstens, *Beobachter machen sich ein einheitliches Bild von anderen Menschen.* (Das „empirische Faktum", das wir in der Einführung zu diesem

BOX 7/7

Wie Eindrücke von einer Persönlichkeit entstehen: Die Asch-Experimente

Möchten Sie an einem klassischen psychologischen Versuch teilnehmen? Stellen Sie sich zunächst einen Menschen vor, der folgende Eigenschaften hat: intelligent – geschickt – fleißig – warmherzig – entschlossen – praktisch – vorsichtig. Nachdem Sie sich ein Bild von diesem Menschen gemacht haben, kreuzen Sie dasjenige Adjektiv in der folgende Liste von Adjektivpaaren an, das Ihrem Bild von diesem Menschen am ehesten entspricht:

______ GROSSZÜGIG-KLEINLICH ______
______ UNZUVERLÄSSIG-ZUVERLÄSSIG ______
______ NÜCHTERN-PHANTASIEVOLL ______
______ BESTÄNDIG-UNBESTÄNDIG ______
______ UNGLÜCKLICH-GLÜCKLICH ______
______ ERNSTHAFT-LEICHTFERTIG ______
______ GESELLIG-UNGESELLIG ______
______ SCHWACH-STARK ______

Denken Sie jetzt rasch an eine andere Person, die folgende Eigenschaften hat: intelligent – geschickt – fleißig – kalt – entschlossen – praktisch – vorsichtig. Kreuzen Sie nun wieder jeweils ein Adjektiv der folgenden Liste an, wie es nach Ihrem Eindruck zu der oben geschilderten Person zu passen scheint. (Sehen Sie sich Ihre früheren Reaktionen nicht an.)

______ GROSSZÜGIG-KLEINLICH ______
______ UNZUVERLÄSSIG-ZUVERLÄSSIG ______
______ NÜCHTERN-PHANTASIEVOLL ______
______ BESTÄNDIG-UNBESTÄNDIG ______
______ UNGLÜCKLICH-GLÜCKLICH ______
______ ERNSTHAFT-LEICHTFERTIG ______
______ GESELLIG-UNGESELLIG ______
______ SCHWACH-STARK ______

Dieser Test, an dem Sie eben teilgenommen haben, entspricht den Versuchsbedingungen einer sehr berühmten Studie der Eindrucksbildung. Wir wollen diese Studie zunächst beschreiben, bevor Sie Ihre eigenen Antworten auf die beiden Listen sowohl miteinander vergleichen wie auch mit den Antworten der ursprünglichen Versuchspersonen.

Vor mehreren Jahrzehnten versuchte Asch seine Theorie der Eindrucksbildung durch eine Untersuchung zu überprüfen, die seither den Test erfolgreicher Wiederholung bestanden und eine profunde Wirkung auf die Psychologie der Personenwahrnehmung gehabt hat. Asch, ein Gestaltpsychologe, vertrat die Theorie, daß wir dazu neigen, einen Menschen als ein einheitliches Ganzes und nicht als eine Ansammlung isolierter Merkmale zu sehen. Um diese Auffassung zu testen, teilte Asch seinen Probanden mit, daß er ihnen eine Reihe von Eigenschaften vorlesen werde, die einen bestimmten Menschen kennzeichneten, und daß sie dann versuchen sollten, sich ein Bild von dieser Person zu machen. Die folgende Liste wurde den Vpn zweimal vorgelesen: intelligent – geschickt – fleißig – ______ – entschlossen – praktisch – vorsichtig. Beim ersten Versuch enthielt die Liste in der Mitte entweder „warmherzig" oder „kalt", so wie es bei Ihnen der Fall war. In einem zweiten Versuch hörten die Probanden die Liste entweder mit dem Wort „höflich" oder „ungeschliffen" in der Mitte. Die Vpn wurden aufgefordert, eine kurze Charakterisierung der beschriebenen Person zu verfassen und dann jeweils das Adjektiv von insgesamt 18 Adjektivpaaren anzukreuzen, das am ehesten ihrem Eindruck von der beschriebenen Person entsprach. (Dem Leser wurden nur acht Paare vorgesetzt, um ihm Zeit zu sparen.)

Asch berichtete zwei sehr aufschlußreiche Resultate. Erstens stellte er fest, daß *jede* der über tausend Versuchspersonen in seinem Experiment fähig war, sich ein einheitliches Bild zu machen. Obwohl die Vpn eine Reihe einzelner Eigenschaften hörten, schienen ihre Eindrücke über das hinauszureichen, was sie gehört hatten, und zu einem einzigen schlüssigen Bild zu verschmelzen. Zweitens stellte er fest, daß die Variante „warmherzig-kalt" eine tiefgreifende Wirkung auf das Bild hatte, das sich die Probanden machten, während das für die Variante „höflich-ungeschliffen" nicht zutraf. Probanden, die entweder „höflich" oder „ungeschliffen" gehört hatten, wichen weder in dem Bild, das sie sich machten, noch in den Adjektiven, die sie ankreuzten, stark voneinander ab (s. Tab. auf S. 73). Im Gegensatz dazu machten sich die Vpn die „warmherzig" gehört hatten, ein ganz anderes Bild und kreuzten andere Adjektive an als die Vpn, die „kalt" gehört hatten. Asch vertrat die Auffassung, daß „warmherzig" und „kalt" sehr zentrale Eigenschaften seien – daß sie den Kern des Bildes darstellten, das sich die Probanden machten. „Warmherzigkeit" sollte deshalb in positiver Beziehung zu einer Reihe von Eigenschaften stehen, aus denen sich das Bild zusammensetzt („großzügig", „phantasievoll", „glücklich", „gesellig"), aber nicht zu allen möglichen Eigenschaften („zuverlässig", „beständig", „ernsthaft" und „stark"). Verglichen mit „warmherzig" und „kalt" erwiesen sich „höflich" und „ungeschliffen" als peripher für den Eindruck und als nur mäßig mit den Eigenschaften korrespondierend, aus denen sich das einheitliche Bild zusammensetzte.

Aschs methodologisches Verfahren, den Vpn eine Liste von Eigenschaften vorzusetzen und sie aufzufordern, sich aufgrund dieser Eigenschaften ein Bild zu machen, ist seither bei den Forschern, die sich für Eindrucksbildung interessieren, zum populärsten Ansatz geworden. Was am wichtigsten ist, Aschs Schlußfolgerungen, daß sich Beobachter einheitliche Bilder machen können und dies auch tun und daß manche Eigenschaften für das entstehende Bild zentraler (bzw. peripherer) sind als andere, dienten als wichtige Grundlage für spätere Theorien und Forschungsarbeiten über Eindrucksbildung.

Prozent der Vpn, die jedes Adjektiv auf der WARMHERZIG-KALT- und der HÖFLICH-UNGESCHLIFFEN-Liste ankreuzten

	„Zusätzliches Adjektiv"			
Beurteiltes Adjektiv	warmherzig	kalt	höflich	ungeschliffen
großzügig	91	8	56	58
phantasievoll	51	19	33	31
glücklich	90	34	75	65
gesellig	91	38	83	68
zuverlässig	94	99	95	100
beständig	100	97	100	100
ernsthaft	100	99	100	100
stark	98	95	100	100

S. Asch: Forming impressions of Personality. *Journal of Abnormal and Social Psychology,* 1946, *41,* 258–290. (Tabelle adaptiert.)

Kapitel darlegten.) Zweitens, diese Eindrücke sind stärker durch etwas „im Kopf" des Beobachters bedingt als durch die Reize, die sich dem Beobachter bieten. Die grundlegende Forschungsfrage lautete deshalb: Was ist dieses Etwas „im Kopf"?

Ein Faktor, der den Inhalt bestimmt, zu dessen Auswahl wir neigen (wenn wir einen unvollständigen Eindruck ergänzen), ist unsere allgemeine Vorstellung davon, welche Eigenschaften von Menschen *zueinander passen.* Diese allgemeine Vorstellung bildet unsere eigene private Theorie der Persönlichkeit, und sie bestimmt in beträchtlichem Maße, wie wir andere beurteilen. Unsere private Theorie wird fast niemals untersucht oder ausgesprochen und wird deshalb von Psychologen als eine *implizite Theorie der Persönlichkeit* bezeichnet. Wenn wir etwas (aber nicht alles) über einen anderen Menschen wissen und versuchen, uns ein vollständiges und abgerundetes Bild von diesem Menschen zu machen, dann beziehen wir das fehlende Material aus unserer impliziten Theorie. Manchmal genügt eine einzige Beobachtung in bezug auf einen Menschen, um eine Theorie der Persönlichkeit zu evozieren, was sich sowohl auf die Wahrnehmung als auch auf das Verhalten des Beurteilers auswirkt.

Anscheinend besteht eine implizite Theorie der Persönlichkeit aus einem speziellen Bündel deskriptiver Kategorien (z.B. äußere Erscheinung, Temperament, geistige Fähigkeiten, sozioökonomische Schicht) und bestimmten Annahmen darüber, welche Eigenschaften mit welchen anderen Eigenschaften Hand in Hand gehen (z.B. beleibte Menschen sind umgänglich, extrem intelligenten Menschen fällt es schwer, sehr enge Beziehungen zu anderen herzustellen, Angehörige der Unterschicht haben häufig rohe Gesichtszüge). Die Forschungsergebnisse haben inzwischen ein gewisses Verständnis dafür bewirkt, wie implizite Persönlichkeitstheorien gebildet werden. Zum Beispiel forderte Wishner (1960) in einer auf den Asch-Studien basierenden Untersuchung eine Reihe von Studenten auf, ihre Professoren in Hinblick auf mehrere der von Asch benutzten Eigenschaften zu bewerten. Er stellte dann die Korrelationen zwischen diesen Eigenschaften fest und entdeckte, daß „warmherzig" und „kalt" stark mit den Eigenschaften korrelierten, die von der „warmherzig-kalt"-Manipulation am stärksten betroffen waren. So korrelierte „warmherzig-kalt" hoch mit „glücklich-unglücklich" (+ 0,54), wies aber keine Korrelation mit „ernsthaft-leichtfertig" auf (+ 0,02). Während Asch raten mußte, welche Eigenschaften zentral für die Entstehung von Eindrücken seien, sagte Wishner voraus, daß ein Eigenschaftspaar zentral sein würde, wenn es hohe Korrelationen mit den Eigenschaften der Befragungsliste aufwies, und daß es peripher sein würde, wenn es mit diesen Eigenschaften nicht korrelierte. Diese wahrgenommenen Beziehungen zwischen Eigenschaften deuten auf einen Faktor bei der Entstehung impliziter Persönlichkeitstheorien hin.

Weiteren Aufschluß liefert die Erkenntnis, daß es Dimensionen gibt, die *jeder* Beobachter heranzieht, um sich ein Bild zu machen. Osgood, Suci und Tannenbaum (1957) haben drei solche Dimensionen identifiziert: eine *bewertende* Dimension (z.B. gut/schlecht), eine *Potenz*dimension (z.B. stark/schwach) und eine dritte, relativ weniger wichtige *Aktivitäts*dimension (z.B. aktiv/passiv). Diese Dimensionen sind voneinander unabhängig; so können beispielsweise „gute" Menschen als entweder stark oder schwach empfunden werden und „starke" Menschen als entweder „gut" oder „schlecht". Jede Eigenschaft, die wir heranziehen, um jemanden zu beschreiben, nimmt in der Regel Bezug auf eine oder mehrere dieser Dimensionen. So wurden z.B. zwei sehr starke Tendenzen in den Beschreibungen festgestellt, die Kinder von anderen Kindern geben: sie fällen sehr umfassende positive oder negative Urteile über andere (die bewertende Dimension) und sie heben in ihren Urteilen jene Handlungen von Altersgenossen hervor (wie Aggression und Unterordnung), die unmittelbare interpersonelle Konsequenzen haben (die Potenzdimension) (Yarrow u. Campbell, 1963). Gut/schlecht, stark/schwach und in geringerem Grad aktiv/passiv scheinen somit Grundkategorien unserer impliziten Persönlichkeitstheorien zu sein.

Ein anderer Aspekt aller impliziten Persönlichkeitstheorien betrifft die bereits erwähnten *Beurteilungsfehler.* Jeder von uns verfügt über diese uns zur Verfügung stehenden „Regeln" der Eindrucksbildung, aber wir unterscheiden uns sowohl in bezug auf den Grad, in dem wir sie anwenden, sowie hinsichtlich der Häufigkeit, mit der wir sie benutzen. Schließlich besteht die implizite Persönlichkeitstheorie aus jenen „speziellen" Eigenschaften, die verschiedene Beobachter bevorzugen. Ich tendiere vielleicht dazu, andere Menschen danach zu beurteilen, wie kreativ sie sind, vielleicht, weil ich es selbst nicht bin, weil ich es gern wäre und weil ich Menschen bewundere, die diese Gabe besitzen. Jemand anderer bewertet andere vielleicht nach ihrer Intelligenz, ihren sportlichen Fähigkeiten, ihrer Offenheit, ihrem Liberalismus oder nach irgendeiner anderen Eigenschaft, die für den Urteilenden subjektiv wichtig ist. Dieser Aspekt der impliziten Persönlichkeitstheorie ist bei jedem Menschen anders.

Diese Erkenntnisse wurden überzeugend veranschaulicht durch eine Studie von Dornbusch et al. (1965). Diese Forscher ersuchten Kinder im Alter von 9 bis 11 Jahren, die an einem Ferienlager teilnahmen, vier ihrer Zeltmitbewohner zu beschreiben. Die Beschreibungen wurden analysiert, um die verschiedenen Kategorien festzustellen, die die Vpn zur Schilderung ihrer Eindrücke benutzten. Dornbusch und seine Mitarbeiter versuchten herauszufinden, ob es eine größere Übereinstimmung in bezug auf einen gemeinsamen Stimulus (zwei Kinder, die eine drittes beurteilten) oder einen gemeinsamen Beobachter (ein Kind, das zwei verschiedene Kinder beurteilt) gab. Die Resultate liefen auf eine eindrucksvolle Demonstration der impliziten Persönlichkeitstheorie und der Bedeutung des Beobachters für die Personenwahrnehmung hinaus. Wenn ein Kind zwei andere Kinder beschrieb, ergab sich eine Deckungsgleichheit von 57 Prozent zwischen den beiden Beschreibungen. Wenn zwei Kinder *dasselbe* andere Kind beschrieben, bestand eine Übereinstimmung bzw. eine Deckungsgleichheit von nur 45 Prozent zwischen den beiden Beschreibungen. Ein identischer Beobachter rief somit größere Überschneidungen hervor als ein identischer Stimulus. Eine zweite Erkenntnis war vielleicht sogar noch faszinierender: es bestand eine Deckungsgleichheit von 38 Prozent zwischen zwei willkürlich herausgegriffenen Beschreibungen (das heißt, von verschiedenen Beobachtern und verschiedenen Beurteilten). Man veranschauliche sich die Konsequenz: etwa ein Drittel dessen, was wir zur Beschreibung von irgend jemandem sagen (z.B. über unseren besten Freund) taucht in unserer Beschreibung von *irgend jemandem* auf, sowie in der Beschreibung *irgend jemandes* von unserem besten Freund und in der Beschreibung *irgend jemandes* von *irgend jemandem!* (Dies mag ein Grund sein, warum die in chinesischen „Glückskeksen" enthaltenen schriftlichen Prophezeiungen und die Voraussagen von Astrologen so zutreffend erscheinen.)

Tabelle 5: Erste Eindrücke und die Hypothese von der Bedeutungsänderung

Verhalten in der Episode	Im Versuch präsentierte Eigenschaften	Veränderungen, wenn die erste Eigenschaft unsympathisch	sympathisch ist
1A. Hilft dem Mädchen auf	SYMPATHISCH		
1B. Stößt Mädchen um	UNSYMPATHISCH		
2. Verlangt den Geschäftsführer zu sehen	SELBSTSICHER	UNÜBERLEGT	KÜHN
3. Besteht darauf, den Geschäftsführer zu sehen	BEHARRLICH	STUR	ENTSCHLOSSEN
4. Beschwert sich beim Geschäftsführer	ANKLAGEND	NÖRGELND	DURCHSETZUNGSFÄHIG
5. Läßt sich beschwichtigen	FLEXIBEL	SCHWANKEND	AUFGESCHLOSSEN

2.2 Das Kombinieren von Informationen über einen anderen Menschen

Implizite Persönlichkeitstheorie ist nützlich zur Erklärung der kognitiven Kategorien (d. h. Eigenschaften), die wir heranziehen, um uns ein Bild zu machen, aber die Frage, *wie* wir Eigenschaftsinformationen verarbeiten, bedarf einer Erklärung. Auch in diesem Fall regte Asch (1946) zu Forschungen über dieses Problem an, indem er nachwies, daß sich die Eindrücke der Probanden voneinander unterschieden, je nach der Reihenfolge, in der die charakterisierenden Eigenschaften zur Stimulusperson dargeboten wurden. So schätzten Probanden, denen ein Mensch als intelligent, fleißig, impulsiv, kritisch, eigensinnig und neidisch geschildert wurde, den Betreffenden als glücklicher, humorvoller und geselliger ein als Probanden, die *dieselben* Eigenschaften, aber in *umgekehrter Reihenfolge,* hörten. Wie ist das zu erklären? Da die Eigenschaften in beiden Fällen identisch waren, dürften sich aufgrund der impliziten Persönlichkeitstheorie keine Unterschiede in den resultierenden Eindrücken ergeben. Die Reihenfolge, in der wir Informationen erhalten, scheint jedoch entscheidend zu sein.

2.3 Die Bedeutung erster Eindrücke

Sowohl die Forschungsergebnisse über Eindrucksbildung als auch die gängigen Klischees deuten darauf hin, daß sich erste Eindrücke der Veränderung widersetzen und wichtig sind. Stellen Sie sich folgende Episode vor (s. Diagramm in Tab. 5): Sie sind in einem Kaufhaus und beobachten einen Menschen (Skip) entweder dabei (Verhalten 1A), wie er einem kleinen Mädchen aufhilft, das hingefallen ist (SYMPATHISCH), oder (Verhalten 1B), wie er ein kleines Mädchen umstößt, ohne ihr aufzuhelfen (UNSYMPATHISCH). Skip geht dann zu einem Verkäufer hin und verlangt in irgendeiner anderen Angelegenheit den Geschäftsführer zu sprechen (SELBSTSICHER). Der Verkäufer zögert, aber Skip besteht darauf, den Geschäftsführer zu sprechen („BEHARRLICH"). Der Geschäftsführer erscheint und Skip BESCHWERT sich. Der Geschäftsführer spricht mit Skip, der schließlich zufrieden scheint (BEEINFLUSSBAR). Dieser Vorfall könnte zu einem Eindrucksbildungsversuch umfunktioniert werden, indem man einen Menschen (Skip) gegenüber manchen Probanden als *sympathisch,* selbstsicher, beharrlich, anklagend und beeinflußbar beschreibt und gegenüber anderen als *unsympathisch,* selbstsicher und so weiter.

Eine Erklärung für die Dauerhaftigkeit erster Eindrücke ist die *Bedeutungsänderungs*hypothese, die von Asch (1946) erstmals postuliert wurde. Die ersten Informationen, die wir über einen Menschen erhalten (in unserem Beispiel SYMPATHISCH oder UNSYMPATHISCH) etablieren eine Richtungstendenz, so daß später erhaltene Informationen in Zusammenhang mit den ursprünglichen Informationen gesehen und nicht unabhängig von dem betrachtet werden, was wir bereits „wissen“. Wenn SELBSTSICHER auf SYMPATHISCH folgt, dann bedeutet es für uns KÜHN, aber wenn SELBSTSICHER auf UNSYMPATHISCH folgt, dann bedeutet es UNÜBERLEGT. Später auftauchende Informationen, seien es Eigenschaften oder Verhaltensweisen, nehmen eine Bedeutung an, die in Richtung unserer früheren Erkenntnisse verzerrt werden (wie in Tab. 5 durchgängig gezeigt wird).

Eine zweite Erklärung für die Hartnäckigkeit erster Eindrücke besagt, daß wir den zuerst eintreffenden Informationen größere *Aufmerksamkeit* widmen als den später kommenden. Es scheint einleuchtend, daß sich die herausragendsten Wesenszüge eines Menschen öfter und ausgeprägter in seinem Verhalten äußern als Eigenschaften, die weniger wichtig in seinem Gesamtbild sind. Deshalb beachten wir vielleicht Skips anfängliches Verhalten gegenüber dem kleinen Mädchen und *bemerken vielleicht gar nicht* die späteren „unsympathischen“ Verhaltensweisen und Eigenschaften des SYMPATHISCHEN Skip oder die späteren „sympathischen“ Verhaltensweisen und Eigenschaften des UNSYMPATHISCHEN Skip. Schließlich halten wir auch aufgrund des Phänomens der *Meinungsträgheit* (Inertia-Effekt; Cattell, 1950) an unseren ersten Eindrücken fest: man versteht darunter die Tendenz, alle Informationen, die später auftauchen und dem widersprechen, was wir bereits „wissen“, einfach nicht in unser Bild aufzunehmen. Wir betrachten diese Informationen – falls überhaupt – als Ausnahmen einer Regel, die wir bereits festgestellt haben. Wenn der UNSYMPATHISCHE Skip auf seinem Weg aus dem Geschäft irgendeinem anderen Mädchen beim Tragen seiner Pakete helfen würde, dann würden wir dieses „gute“ Verhalten wahrscheinlich als gültigen Beweis vernachlässigen. Vielleicht sind wir sogar so phantasievoll, dieser „guten“ Tat ein „schlechtes“ Motiv zu unterschieben (könnten Sie das? Versuchen Sie es und es wird Ihnen gelingen).

Erste Eindrücke üben einen mächtigen Einfluß aus, aber wenn Probanden angewiesen werden, auf alle Informationen zu achten oder bewußt zu versuchen, sich *kein* Bild zu machen, bis man alle Informationen erhalten hat, dann schwächt sich der Einfluß des ersten Eindrucks stark ab. Obwohl es eine Fülle von Beweisen gibt, daß erste Eindrücke wichtig sind, gibt es keine Beweise dafür, daß sie richtiger sind als spätere. Es stimmt jedoch, daß uns erste Eindrücke richtiger *erscheinen,* weil alle neueren Informationen, die diese als falsch erweisen könnten, uminterpretiert, ignoriert oder unterbewertet werden.

Die Arbeiten über Eindrucksbildung haben die „Tatsache“ bewiesen, daß ein Mensch einen anderen als einheitliche Konstellation von Eigenschaften erlebt. Darüber hinaus haben Forschungen die uns zur Verfügung stehenden kognitiven Instrumente aufgedeckt (nämlich die implizite Persönlichkeitstheorie), wenn wir uns ein Bild machen, und haben eine Reihe von Erklärungen dafür angeboten, *wie* wir uns faktisch Eindrücke bilden. Mit zwei empirischen Tatsachen – daß wir ungewöhnliches Verhalten beachten und daß wir vom Verhalten auf Eigenschaften schließen – hat man sich jedoch noch nicht auseinandergesetzt. Eine andere sehr wichtige Frage bleibt unbeantwortet: Woher kommen die Eigenschaften, die wir heranziehen, um uns ein Bild von einem anderen Menschen zu machen? (Die Menschen tragen keine Etiketten mit ihren Eigenschaften auf der Stirn.) Und wie wissen wir, daß jemand eine bestimmte Eigenschaft hat oder nicht hat? Kurz, wie gelangen wir von der Personenwahrnehmung als Beobachtung zur Personenwahrnehmung als Eindrucksbildung?

3 Personenwahrnehmung als Attribution

Die von Fritz Heider (1958) postulierte *Attributionstheorie* versuchte die obige Frage zu beantworten, indem sie sich auf das empirische Prinzip der Personenwahrnehmung konzentrierte, daß *Verhaltensweisen und Eigenschaften als miteinander zusammenhängend gesehen werden.* Heider interessierte sich besonders für zwischenmenschliche Beziehungen und war von der Tatsache beeindruckt, daß Menschen imstande zu sein scheinen, die Verhaltensweisen anderer zu „deuten“ (d.h.

sich verständlich zu machen). Er vertrat die Auffassung, daß wir zu diesem Verständnis fähig seien, weil wir *Personen-Verhaltens-Einheiten* wahrnehmen; das heißt, wir sehen Verhaltensweisen und Personen durch *kausale* Beziehungen miteinander verbunden. (In simplen Worten: Wir gehen davon aus, daß Menschen ihr eigenes Verhalten „verursachen".) Heider meinte, wenn wir ein Verhalten beobachten, können wir daraus oft das Vorhandensein einer Eigenschaft bei dem Betreffenden, der dieses Verhalten „verursacht" hat, ableiten. Wir lernen Menschen somit kennen, indem wir von ihren Handlungen auf ihre Wesenszüge schließen. Wir können *uns* auch *selbst* kennenlernen, indem wir von unserem eigenen Verhalten auf unsere Eigenschaften schließen, obwohl es, wie wir sehen werden, einige wichtige Unterschiede zwischen der Selbstattribution und der Fremdattribution bestehen.

Zwischen vielen Verhaltensweisen und Individuen, die wir beobachten, versuchen wir nicht, Kausalbeziehungen herzustellen, weil wir bereits „wissen", warum sie miteinander gekoppelt sind. Wir denken gewöhnlich nicht darüber nach, warum zwei Menschen Arm in Arm zur Schule gehen. Wir fragen uns nicht, warum der Fußgänger in der Kleinstadt die Hauptstraße entlangschlendert, während der Fußgänger in der Großstadt gehetzt über die Straße läuft. Wir reagieren automatisch auf das Lächeln einer Freundin mit unserem eigenen Lächeln. Unser Interesse erwacht nicht, wenn wir beobachten, daß sich alle Leute, die einen Lift betreten, sofort umdrehen und der Tür zuwenden. Alle diese Verhaltensweisen bedürfen keiner Erklärung, weil sie von Konventionen und sozialen Normen gesteuert (d. h. „verursacht") sind. All dies deckt sich mit unseren Erwartungen: Wir denken nicht darüber nach und wir reagieren, falls überhaupt, automatisch darauf. Es stimmt auch, daß *keine* dieser Verhaltensweisen besonders aufschlußreich in bezug auf die Menschen ist, an denen wir sie beobachten; es sind ganz gewöhnliche Verhaltensweisen, wie sie gewöhnlich von gewöhnlichen Leuten praktiziert werden.

Aber was wäre, wenn das Arm in Arm gehende Paar aus zwei Männern bestünde? Würden Sie ein zweites Mal hinsehen, um sich zu vergewissern, daß Sie richtig gesehen haben? Und was wäre, wenn der Fußgänger in der Kleinstadt durch die Straßen rennt und ein Fußgänger in der Großstadt sich des militärischen Parademarsches bedient (würde das Ihr Interesse nicht so weit erregen, daß Sie sich fragen, warum?)? Und was wäre schließlich, wenn Ihnen eine anziehende unbekannte Person des anderen Geschlechts zulächeln würde (würden Sie nicht sehr rasch etwas über diese Person vermuten?)? In allen diesen Fällen merken wir auf, fragen wir nach dem Grund und entwikkeln wir eine erklärende Hypothese oder eine vorläufige Deutung. Kurz, wir schließen aus dem beobachteten Verhalten auf eine Ursache.

In Einklang mit dem empirischen Personenwahrnehmungsprinzip, *daß wir dazu neigen, außergewöhnliches Verhalten zu bemerken und mehr darüber (sowie über außergewöhnliche Menschen) wissen wollen,* ist es die Beobachtung von ungewöhnlichem Verhalten (oder ungewöhnlichen Menschen), die den Attributionsprozeß *in Gang setzt.* Testen Sie diese Behauptung, wenn Sie das nächste Mal in einem Aufzug fahren. Wenden Sie sich nicht der Tür zu. Achten Sie darauf, ob den anderen Fahrgästen Ihr Verhalten auffällt und ob sie sich zu fragen scheinen, warum Sie das tun.

3.1 Der Attributionsprozeß

Das Studium des Attributionsprozesses ist zu einem zentralen Anliegen der Sozialpsychologie geworden, vielleicht, weil es intuitiv reizvoll erscheint und vielfache Anwendungsmöglichkeiten hat. Die Attributionstheorie ist besonders hilfreich für Sozialpsychologen, die sich für Personenwahrnehmung interessieren, weil sie den Versuch unternimmt, die Lücke zwischen *Wahrnehmung* und *Eindruck* zu schließen. Die bedeutenden Attributionstheoretiker (Heider, 1958a; Jones u. Davis, 1965; Kelley, 1967) haben sich auf zwei vordringliche Fragen konzentriert: die Bedingungen, unter denen wir einen anderen Menschen „kennenlernen", und die „Fehler", die wir dabei machen. Bevor wir uns diesen Fragen zuwenden, wollen wir eine kurze Zusammenfassung des Attributionsprozesses als solchem bieten (bitte beachten Sie bei der Lektüre Abb. 11).

Den Kern des *Attributionsprozesses* bildet die Feststellung der Ursache eines Verhaltens, das wir beobachtet haben. Denken Sie noch einmal an unser Beispiel von den beiden Männern, die Arm in Arm miteinander gehen. Eine *umweltbezogene Attribution* dieses Verhaltens würde die Feststellung nach sich ziehen, daß irgendeine äußere Kraft

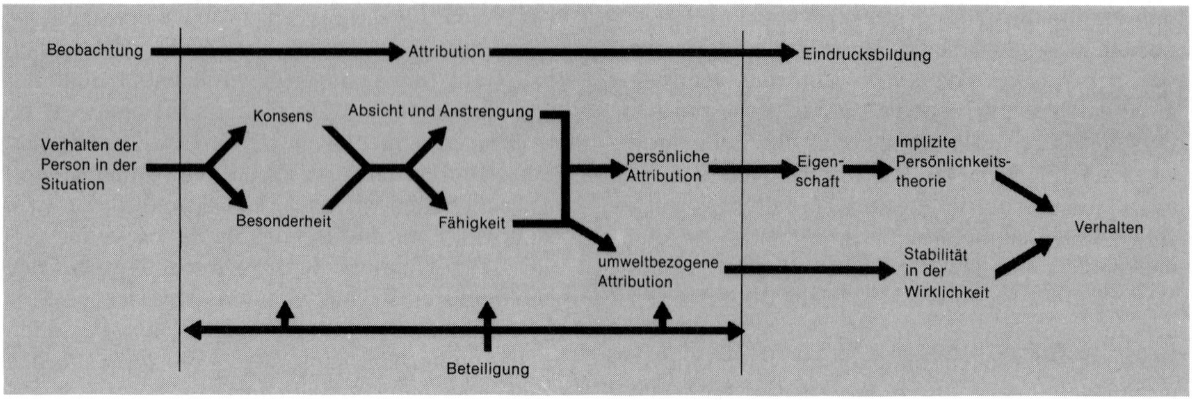

Abbildung 11: Schematische Darstellung des Attributionsprozesses in der Personenwahrnehmung (siehe Text).

die Ursache ihres Verhaltens sei, beispielsweise, daß Glatteis herrsche und die Männer einander stützten (d. h. die *Situation* ist die Ursache) oder daß ihnen jemand fünf Dollar geboten habe, wenn sie händchenhaltend über das Universitätsgelände gehen. (Obwohl die „Ursache" im zweiten Fall ein anderer Mensch ist, wird dies dennoch als umweltbedingte Ursache angesehen, weil sie außerhalb der Personen liegt, die das Verhalten praktizieren.)

Eine *persönliche Attribution* für das Verhalten der Männer würde die Feststellung beinhalten, daß ihr Verhalten aus ihnen selbst heraus zu erklären sei. Beispielsweise, die Männer sind schwul (eine Eigenschaft, an die wir wahrscheinlich als erstes gedacht haben), die Männer *bemühen sich,* komisch zu sein (eine *Absicht,* auf die wir vielleicht als zweites getippt haben) oder einer der Männer ist blind und *kann* nicht allein gehen (eine *Behinderung,* die wir vielleicht gar nicht ins Auge gefaßt haben). Persönliche Attribuierungen sind natürlich weitaus wichtiger, wenn wir versuchen, Menschen zu verstehen oder kennenzulernen.

Der Attributionsprozeß beginnt mit der Beobachtung. Aber nicht von der Art, die wir zuvor erörtert haben (z. B. die Betrachtung der Photographie eines Gesichts). Was beobachtet wird, ist das *momentane Verhalten* einer *Person* in einer *Situation.* Diese Beobachtung ist reich an potentiellen Informationen, aber hält nicht lange still, so daß wir jede Komponente sorgfältig analysieren oder alle möglichen Alternativen in Betracht ziehen könnten. Obwohl es hilfreich ist, den Attributionsprozeß zu „verlangsamen" und so zu tun, *als ob* er sich in genau unterscheidbaren separaten Phasen abspielte, sollten wir die Tatsache nicht aus dem Auge verlieren, daß unsere Attributionen als spontan und *nicht* als das Resultat einer langen, sorgfältig überlegten Argumentationskette erlebt werden. Der Attributionsprozeß endet, wenn wir eine Attribution gemacht haben und zu verstehen glauben, was wir beobachtet haben – wenn wir uns nicht mehr fragen, warum, sondern zu wissen glauben, warum. Wenn wir eine Umweltattribution vorgenommen haben, verstehen wir etwas von der Beschaffenheit der realen Welt. Auf unser früheres Beispiel bezogen: wir wissen, daß Glatteis „bewirkt", daß sich zwei Männer aneinander festhalten. Vereiste Wege sind rutschig, und wir werden daher vermeiden, sie zu benutzen, es sei denn, wir haben jemanden, der uns hilft. Wenn wir eine persönliche Attribution gemacht haben, glauben wir, etwas über die beobachtete Person zu wissen – irgendeine stabile Disposition oder Eigenschaft. Wir können diese Eigenschaft dann in unsere implizite Persönlichkeitstheorie einbauen, um mehr über diesen Menschen zu wissen. Es kann natürlich sein, daß wir auf die beiden Männer ganz anders reagieren, wenn wir ihr Verhalten durch eine persönliche Attribution erklären, als wenn wir für dasselbe Verhalten eine Umweltattribution heranziehen.

3.2 Bedingungen, die persönliche Attributionen erleichtern

Bei der Herausarbeitung der Faktoren, die zu persönlichen Attributionen führen, stützen wir uns weitgehend auf Heiders „naive Psychologie". Bei dieser Theorie benutzte Heider Begriffe der Alltagssprache, um populäre Vorstellungen zu erklären, was Verhalten verursacht. Heiders Hauptbeitrag in dieser Hinsicht lag eher in der ausführlichen Darlegung als in der Entdeckung. Die folgenden Faktoren dürften Ihnen nicht unbekannt sein.

1. *Bemühen = Absicht* und *Anstrengung:* Je mehr wir glauben, eine Person bemühe sich, ein bestimmtes Verhalten zu praktizieren, mit desto größerer Wahrscheinlichkeit schreiben wir diesem eine persönliche Ursache zu. Intention (Absicht) und Anstrengung sind zwei Komponenten des Bemühens. Der Grad an Augenkontakt ist ein brauchbarer Index der Stärke einer Intention. Zum Beispiel variierten Ellsworth und Carlsmith (1968) systematisch den emotionalen Ton (positiv/negativ) eines Interviews *und* die Menge an Augenkontakt seitens des Interviewers. Nach dem Interview erklärten die Probanden, daß ihnen das *positive* Interview mit intensivem Augenkontakt (Anzeichen starker und positiver Intention) besser gefallen habe als das *negative* Interview mit intensivem Augenkontakt, und das würde Ihnen oder mir verständlicherweise nicht anders gehen. Nonverbale Expressivität ist im allgemeinen ebenfalls ein guter Index des Bemühens. Rejeski und Lowe (1980) stellten fest, daß von Sportlern, die sich bei einem Testlauf sehr expressiv verhielten, angenommen wurde, sie hätten sich mehr bemüht. Und obwohl beide Gruppen den Test nicht bestanden, wurden den expressiven Läufern für ihr Versagen weniger Vorwürfe gemacht als den nichtexpressiven, da von ersteren angenommen wurde, sie hätten ihr Bestes gegeben. Sowohl Anstrengungssignale als auch Absichtssignale erhöhen daher den Grad an persönlicher Attribuierung.

2. *Fähigkeit:* Je mehr wir glauben, daß jemand die Fähigkeit hat, ein Verhalten zu praktizieren, mit desto größerer Wahrscheinlichkeit attribuieren wir eine persönliche Ursache. In Heiders Theorie ist *Fähigkeit* ein allgemeiner Begriff, der körperliche Fähigkeiten (wie Kraft), geistige Fähigkeiten (wie Intelligenz) oder soziale Fähigkeiten (wie Status oder Macht) einschließt. Eine interessante Demonstration, daß der Fähigkeitsfaktor zu persönlicher Verursachung führt, wird durch eine Studie von DeJong (1977) geliefert. Er stellte fest, daß übergewichtige Teenager, die ihre Drüsen nicht als „Entschuldigung" für ihr Übergewicht benutzten, als weniger selbstdiszipliniert, fauler und weniger sympathisch beurteilt wurden als ebenso fettleibige Mädchen, die behaupteten, an einer Schilddrüsenerkrankung zu leiden. Von den gesunden Mädchen wurde angenommen, sie hätten die Fähigkeit, Übergewicht zu vermeiden, während den drüsenkranken Mädchen diese Fähigkeit fehlte und sie daher als schuldlos betrachtet wurden.

3. *Geringer Konsens:* Je niedriger der Konsens eines Verhaltens ist (das heißt, je unwahrscheinlicher sein Auftreten ist), mit desto größerer Wahrscheinlichkeit führen wir es auf eine persönliche Ursache zurück. *Konsens* bezieht sich auf die Zahl der Menschen, die ein bestimmtes Verhalten praktizieren würden. Verhalten mit geringem Konsens ist Verhalten, das nur wenige Leute praktizieren würden; es ist de facto *ungewöhnliches* Verhalten. Nehmen wir an, Ihr Freund beißt in einen schmackhaft aussehenden Apfel (wahrscheinlich „fremdbestimmt" durch den köstlichen Apfel und ein Zeichen von hohem Konsens, da die meisten Menschen in schmackhafte Äpfel beißen). Sie würden dieses Verhalten wahrscheinlich kaum weiter beachten. Aber nehmen wir an, Ihr Freund beißt in einen faulen Apfel. Da sehr wenige Menschen in faule Äpfel beißen (Verhalten mit geringem Konsens), würden Sie anfangen, sich über Ihren Freund Gedanken zu machen, insbesondere wenn er den Apfel vorher angeschaut hätte (= Absicht). Nehmen wir schließlich an, Ihr Freud beißt ein Kind. Dies muß ein Verhalten mit extrem niedrigem Konsens sein, und Sie würden dann gegenüber Ihrem (Ex-) Freund eine starke persönliche Attribuierung vornehmen.

4. *Geringe Besonderheit:* Je geringer die Besonderheit des beobachteten Verhaltens, mit desto größerer Wahrscheinlichkeit werden wir es einer persönlichen Ursache zuschreiben. Zur Veranschaulichung dieses Prinzips stelle man sich folgendes Beispiel vor: Ulla sagt Michael, daß er großartig sei. Woher wissen wir, ob Michael tatsächlich großartig oder ob Ulla bloß eine „Schmeichelkatze" ist? *Besonderheit* bezieht sich darauf, ob Ulla *jedem* Mann, mit dem sie ausgeht, versichert, daß er großartig sei. Wenn Ulla das *nur* zu Michael sagt, dann ist dies ein Verhalten mit hoher Besonderheit, und wir werden wahrscheinlich zu dem Schluß kommen, daß Michael tatsächlich großartig ist (zumindest in Ullas Augen), insbesondere, wenn wir diese Ansicht über Michael teilen (d.h. auch Verhalten mit hohem Konsens). Michael ist eine umweltbedingte Ursache für Ullas Verhalten. Aber wenn Ulla jedem Mann ähnliche Komplimente macht (Verhalten von geringer Besonderheit), dann würden wir sehr wahrscheinlich eine persönliche Attribuierung gegenüber Ulla für ihr Verhalten vornehmen (d.h. Ulla ist eine Schmeichlerin), obwohl es schwierig sein könnte, Michael davon zu überzeugen.

Die erwähnten vier Faktoren sollten nicht als voneinander unabhängig betrachtet werden. So ziehen wir beispielsweise oft unsere Konsensinformationen heran, um auf Besonderheit zu schließen. Besonderheitsinformationen setzen voraus, daß wir mehr als einmal Gelegenheit haben, jemanden zu beobachten (z.B. mußten wir beobachten, ob

Ulla jedem Mann dieses Kompliment machte oder nur Michael). Wenn es uns und anderen nie in den Sinn käme, zu Michael zu sagen, daß er großartig sei (da er ein ziemlich langweiliger Patron ist), dann wissen wir, daß Ullas Verhalten von geringem Konsens zeugt. Dieses Wissen veranlaßt uns, Ulla eine persönliche Ursache zuzuschreiben (z. B. Ulla ist entweder eine Schmeichlerin oder eine Närrin) und auf geringe Besonderheit zu *schließen*. Wir wissen dann, daß Ulla *immer so ist,* obwohl wir sie nur einmal gesehen haben. Diese Tendenz, aufgrund einer einzigen Beobachtung auf die Besonderheit zu schließen, ist ein fundamentaler Irrtum, den wir oft begehen, wenn wir eine andere Person beobachten. Wir neigen dann zu der Annahme, daß das eine Verhalten, das wir beobachtet haben, typisch für die Art und Weise sei, wie sich diese Person immer benimmt, insbesondere, wenn das Verhalten ungewöhnlich ist.

In ähnlicher Weise hängen Fähigkeit und Absicht miteinander zusammen. Menschen mit großen Fähigkeiten sind der Definition nach weniger eingeschränkt in dem, was sie tun können, als Personen mit geringen Fähigkeiten. Das Verhalten von Personen mit großen Fähigkeiten wird deshalb eher als Spiegel ihrer Absichten gewertet. In vielen Fällen geben wir Menschen mit großen Fähigkeiten die Schuld für ihre Mißerfolge, weil wir von ihnen erwarten, daß sie immer alles tun können, was sie tun wollen. Wenn sie es nicht schaffen, dann schließen wir, daß sie sich nicht bemüht haben. So werden beispielsweise viele Hochleistungssportler kräftig ausgebuht – viel eher als durchschnittliche Sportler –, wenn sie nicht spektakuläre Leistungen bieten. Umgekehrt wird von Menschen, die *immer* genau das tun, was sie beabsichtigen, angenommen, daß sie über einen hohen Grad an Fähigkeiten verfügen, wenn sie uns dadurch auch nicht sonderlich ans Herz wachsen mögen. Manchmal finden wir diese Menschen sympathischer, wenn sie sich gelegentlich eine Blöße geben und dadurch zeigen, daß sie „auch nur Menschen" sind (vielleicht veranlaßt Sie das zu Spekulationen über die Möglichkeit, daß Persönlichkeiten des öffentlichen Lebens manchmal geringfügige Schwächen zur Schau stellen, um genau dieses Ziel zu erreichen). So fanden Versuchspersonen beispielsweise einen Kollegen von überragenden Fähigkeiten viel sympathischer, nachdem sie gesehen hatten, daß er sich mit Kaffee vollkleckerte (Aronson, Willerman u. Floyd, 1966). Aber diese Fehlleistungstechnik hatte die gegenteilige Auswirkung auf die Sympathie, die einem Kollegen von durchschnittlichen Fähigkeiten entgegengebracht wurde; die Versuchspersonen mochten ihn *weniger,* nachdem ihm dasselbe Mißgeschick zugestoßen war.

3.3 Vorurteile im Attributionsprozeß

Wir haben über den Attributionsprozeß gesprochen, als handele es sich um ein Problem der Logik. Freilich verhalten sich Beobachter häufig sowohl objektiv als auch rational, und der Attribuierungsprozeß ist im wesentlichen kognitiver Natur. Aber es gibt sowohl nach unserer eigenen Erfahrung als auch aus der Literatur über Attributionsforschung genügend Belege dafür, daß Beobachter in ihren Attributionen für die Ursachen von Verhalten nicht völlig objektiv verfahren. Wir setzen uns im folgenden mit zwei der wichtigeren Quellen von Vorurteilen im Attributionsprozeß auseinander: *Beteiligung* und *Voreingenommenheit gegenüber dem Selbst/Anderen.*

Praktisch jeder Attributionstheoretiker hat die Auffassung vertreten, daß Attributionen in dem Ausmaß vorurteilsbehaftet sind, als der Beobachter an dem beobachteten Verhalten beteiligt ist. Heider (1958a) bezeichnete das als *egozentrische Attribution* (diese liegt vor, wenn die eigenen Wünsche oder Bedürfnisse des Beobachters die Attribution bestimmen). So neigen wir immer dann, wenn uns das beobachtete Verhalten gefällt (oder mißfällt), wenn wir das Ziel des beobachteten Verhaltens sind (Jones u. Davis, 1965), wenn das Verhalten besonders wichtig für uns ist (Kelley, 1971) oder wenn wir unser *eigenes* Verhalten beobachten (Bem 1972) dazu, das zu sehen und zu glauben, was wir sehen und glauben „möchten", und entsprechend attribuieren wir auch. Dieses Vorurteil kann in jedem Stadium des in Abbildung 11 dargestellten Attributionsprozesses auftreten. Im allgemeinen ist die Wahrscheinlichkeit, daß wir voreingenommen sind, um so größer, je beteiligter wir sind, und um so weitreichender werden auch die Auswirkungen unseres Vorurteils sein. (S. Box 7/8, S. 82, wo diese Behauptung bewiesen wird.)

Während Selbstattribution und Fremdattribution in vieler Hinsicht sehr ähnlich sind, haben

Jones und Nisbett (1971) vor einiger Zeit einen durchgehenden Unterschied zwischen diesen beiden Phänomenen entdeckt. Wer sich selbst beobachtet, neigt dazu, Umweltattributionen gegenüber persönlichen Attributionen zu bevorzugen, wer andere beobachtet, favorisiert persönliche Attributionen gegenüber Umweltattributionen (auf ein ähnliches Phänomen wird in unserer Erörterung der „Kontrollüberzeugung" im 6. Bd., 2. Kap., hingewiesen). Wir tendieren dazu, das Verhalten *anderer* „zu sehr" auf *innere* Eigenschaften und unser *eigenes* Verhalten „zu sehr" auf Eigenschaften der *Umwelt* zurückzuführen. Nehmen wir folgendes Beispiel: Stellen Sie sich vor, ich sei Ihr Prüfer und Sie sind soeben durchgefallen. Mein Vorurteil als Fremdbeobachter besteht darin, Ihnen gegenüber eine persönliche Attribution vorzunehmen – daß Sie sich nicht *bemühten,* den Stoff zu lernen, daß Sie *unfähig* sind oder beides. Sie als Selbstbeobachter würden in voreingenommener Weise zu einer Umweltattribution neigen – daß die Prüfung furchtbar schwierig sei oder daß Sie in letzter Zeit ein sehr schweres Leben gehabt hätten. Warum gelangen wir zu so unterschiedlichen Schlußfolgerungen?

Erstens ist nachgewiesen worden, daß wir nicht die persönliche Verantwortung für unser eigenes „schlechtes" Verhalten übernehmen wollen (ein *selbstverteidigendes Vorurteil*). So wollen Sie sich selbst weder als faul noch als dumm ansehen, und ich will weder mich selbst noch meine Prüfung als furchtbar schwierig betrachten. Im Gegensatz zu diesem selbstverteidigenden Vorurteil gibt es auch Belege für ein *Schwerevorurteil.* Das heißt, wir neigen dazu, andere Menschen *um so mehr* für persönlich verantwortlich zu halten, je *gravierender* ihr „schlechtes" Verhalten ist. Mit anderen Worten, je schlechter Sie bei meiner Prüfung abschneiden, desto mehr neige ich dazu, Sie für persönlich verantwortlich zu halten. Das Selbstverteidigungsvorurteil und das Schweregradvorurteil führen uns in genau entgegengesetzte attributionelle Richtungen. Zweitens gibt es Unterschiede sowohl hinsichtlich der *Art* und *Menge* an Informationen, die uns beiden hinsichtlich Ihres Verhaltens zur Verfügung stehen. Als Fremdbeobachter verfüge ich über *Konsens*informationen. Ich weiß, daß ich die Prüfung für recht leicht hielt und daß sehr wenige Studenten durchgefallen sind. Ihr Verhalten hat deshalb für mich geringen Konsens. Wie bereits erwähnt, werde ich wahrscheinlich auch auf geringe Besonderheit schließen (z.B., da Sie bei meiner Prüfung durchgefallen sind, werden Sie wahrscheinlich bei den meisten Prüfungen durchfallen). Sie als Selbstbeobachter verfügen über *Besonderheits*informationen. Sie wissen, daß Sie nicht bei den meisten Prüfungen durchfallen; ja es kann sogar sein, daß Sie bis jetzt bei keiner einzigen Prüfung durchgefallen sind. Sie werden daher wahrscheinlich wünschen, daß Ihr Umweltattributionsverhalten einen hohen Konsens hat, und Sie haben vielleicht schon Kontakt mit den wenigen anderen aufgenommen, die bei der Prüfung ebenfalls schlecht abgeschnitten haben. Schließlich haben Sie eindeutig *mehr* Informationen über Ihr Verhalten, als ich je haben könnte. Sie wissen, wie sehr Sie sich bemüht haben, den Stoff zu bewältigen, wieviele Stunden Sie dafür aufgewendet haben und wie oft Sie Ihre Skripten durchgearbeitet haben. Ich kann diesbezüglich nur raten, aber ich habe nicht dieselbe Gewißheit wie Sie.

Können wir diese Unterschiede auflösen? Wenn Sie meinen ungünstigen Eindruck abschwächen wollen, wäre Ihre beste Taktik, mir die Informationen zukommen zu lassen, die mir fehlen (z.B., daß Sie fleißig gelernt haben *und* daß Sie noch nie bei einer Prüfung durchgefallen sind) und es zu vermeiden, mein eigenes Selbstverteidigungsvorurteil wachzurufen (indem Sie z.B. meine Prüfung oder mich nicht als unfair bezeichnen). Wenn Sie darauf hinweisen, wie furchtbar schwierig Ihr Leben in letzter Zeit war, könnte das möglicherweise ebenfalls bewirken, daß ich besser von Ihnen denke – falls ich Ihnen glaube.

4 Abschließende Bemerkungen über Personenwahrnehmung

Wir haben gesehen, daß unser empirisches Wissen von manchen Grundprinzipien der Personenwahrnehmung zeugt, Prinzipien, die durch die Arbeit von Sozialpsychologen, die sich für Personenwahrnehmung interessieren, mehr oder weniger bestätigt werden. Diese Arbeit hat gezeigt, daß sich die Personenwahrnehmung aus Beobachtungen, Attributionen und Schlußfolgerungen zusammensetzt. Einzelheiten wie der Gesichtsausdruck und sonstiges nonverbales Verhalten liefern häufig

BOX 7/8

Die Dinge völlig klarstellen

Ein amtierender Präsident gibt *immer* der Opposition im Kongreß die Schuld an den Schwierigkeiten des Landes. Ein Präsidentschaftsbewerber gibt *immer* dem amtierenden Präsidenten die Schuld für genau dieselben Mißstände. Wir erwarten gar nichts anderes mehr. Als sich Gerald Ford und Jimmy Carter 1976 von ihrer jeweiligen Partei zum Präsidentschaftskandidaten ernennen ließen, sagten beide genau das, was von ihnen erwartet wurde. Ford bezichtigte die Demokraten im Kongreß und Carter bezichtigte den damaligen Präsidenten Ford. Beide Botschaften waren unmißverständlich. Oder doch nicht?

C. Lowe und S. Cassin an der Universität von Connecticut wollten herausfinden, wie die Botschaften der beiden Kandidaten wahrgenommen wurden. Die Ansprachen Fords und Carters bei der Annahme ihrer Nominierung wurden auf Videofilm aufgezeichnet und aus beiden zwei sechsminütige Exzerpte zusammengestellt. Das Thema, mit dem sich beide sechsminütigen Aufzeichnungen beschäftigten, war der Mangel an einem signifikanten Fortschritt von 1974 bis 1976 und die gegenwärtige (1976) Lage der Nation. Aus der Aufzeichnung von Ford ging eindeutig hervor, daß Ford dem Kongreß die Schuld gab; aus der Aufzeichnung von Carter war klar, daß Carter Ford beschuldigte.

Diese Aufzeichnungen wurden dann mehr als 200 Studenten der Universität von Connecticut vorgeführt. *Bevor* sie eine der Aufzeichnungen sahen, hatten die Probanden angegeben, wie *beteiligt* sie an der Präsidentschaftswahl von 1976 waren und welchen Kandidaten – Ford oder Carter – sie bevorzugten. *Nachdem* sie die Aufzeichnungen gesehen hatten, gaben die Probanden an (1) in welchem Ausmaß der Redner ihrer Ansicht nach der Unfähigkeit des Präsidenten bzw. des Kongresses die Schuld an dem mangelnden Fortschritt in den letzten zwei Jahren gegeben hatte (d.h. *Wahrnehmung* von *Verhalten*); (2) welcher Prozentsatz der Einwohner des Bundesstaates nach ihrer Schätzung der Botschaft zustimmen werde (d.h. Grad an *Konsens*); (3) wie sachkundig und gut informiert ihnen der Kandidat aufgrund der Aussagen auf dem Band erschien (d.h. wahrgenommene Fähigkeit); (4) wie stark ihr Eindruck war, der Redner habe dem Kongreß bzw. dem Präsidenten *nur deshalb* die Schuld zugeschoben, um selbst gewählt zu werden (d.h. eine persönliche *Attribution* für den Inhalt der Rede).

Die Graphik auf Seite 83 zeigt die Resultate *nur* derjenigen Vpn, die angegeben hatten, daß sie an der Wahl *starken Anteil nehmen,* danach angeordnet, welchen Kandidaten sie bevorzugten (Carter oder Ford) und welchen Kandidaten sie sprechen gehört hatten (Carter oder Ford). Zunächst empfanden stark beteiligte Vpn ungeachtet ihrer Kandidatenpräferenz die Botschaft des jeweils von ihnen *abgelehnten* Kandidaten

ziemlich klare Informationen über bestimmte Emotionen, wie auch allgemeinere Aufschlüsse über Absichten und wie man sich bemüht, etwas zu tun. Häufiger beziehen unsere Beobachtungen jedoch die Person, das Verhalten und die Situation ein – ein allgemeinerer Ansatz, der uns Informationen über die Ursachen von Verhalten liefert.

Eine Frage, die wir uns wahrscheinlich stellen, wenn wir das Verhalten eines Menschen beobachtet haben, ist die nach der Ursache, insbesondere, wenn das Verhalten ungewöhnlich ist. Unsere Antwort auf diese Frage kommt durch Attribution einer Ursache für das beobachtete Verhalten zustande. Wir können entweder eine stabile Eigen-

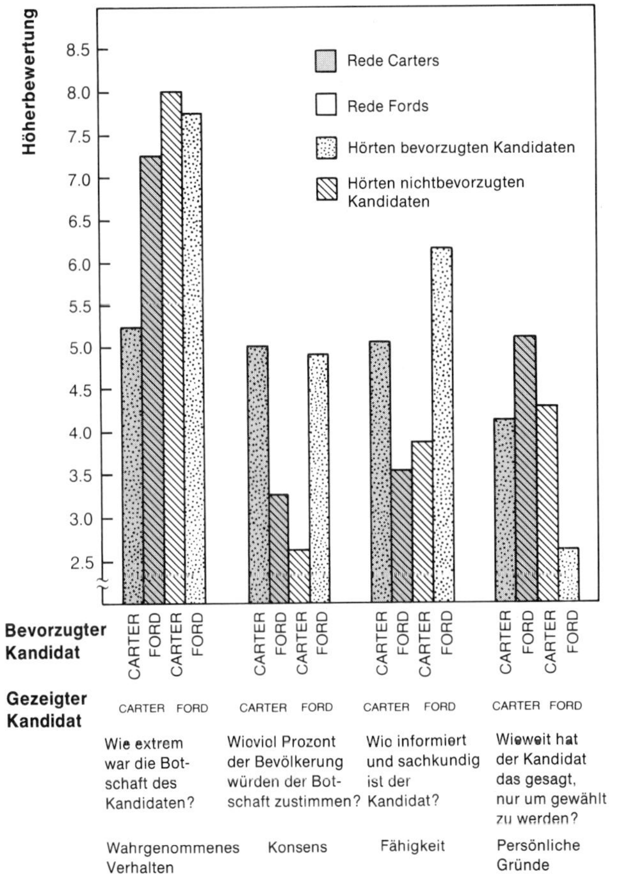

als extrem: die Ford-Anhänger bezeichneten Carters Kritik an den Leistungen Fords als extrem und die Carter-Anhänger empfanden Fords Kritik am Demokratischen Kongreß als extrem. Zweitens glaubten alle Vpn, daß mehr Menschen ihrem Kandidaten zustimmen würden als dem anderen Kandidaten, der nach ihrer Ansicht eine Botschaft mit *geringem Konsens* verkündet hatte. Drittens fanden alle Vpn, daß ihr *bevorzugter* Kandidat viel besser informiert und sachkundiger sei als der von ihnen abgelehnte Kandidat, dessen Fähigkeiten sie sehr gering einschätzten. Schließlich empfanden die stark beteiligten Vpn den von ihnen *abgelehnten* Kandidaten als voreingenommen (d.h. sie fanden, er stelle seine Behauptungen nur auf, um selbst gewählt zu werden). Der von ihnen bevorzugte Kandidat machte seine Aussagen dagegen nach ihrer Ansicht, weil sie die Wahrheit darstellten (d.h. eine Umweltattribution seiner Botschaft). Es ist darauf hinzuweisen, daß die wenig beteiligten Vpn ungeachtet ihrer Kandidatenpräferenz und gleichgültig, welchen Kandidaten sie sahen, sich bezüglich *keiner* der oben genannten Meßwerte von den stark beteiligten unterschieden.

Aus dieser Studie sind zweierlei Erkenntnisse zu gewinnen. Erstens, wenn wir stark beteiligt sind, können wir Verhalten tatsächlich falsch wahrnehmen. Das Klischee, daß man sieht, was man sehen will, ist durchaus zutreffend. Zweitens, und das ist noch wichtiger, die Dinge, die wir aufgrund unserer Beobachtungen aller Wahrscheinlichkeit nach wissen, sind sehr stark von unserem ursprünglichen Vorurteil beeinflußt. Wir „wissen" in der Regel, daß die Personen (z.B. Kandidaten), die wir mögen, beliebt, fähig und unvoreingenommen sind, und wir „wissen" mit noch größerer Sicherheit, daß die Personen (z.B. Kandidaten), die wir nicht mögen, unbeliebt, unfähig und sichtlich voreingenommen sind. Im Auge des Betrachters scheint mehr zu liegen als bloß Schönheit, auch *Glaubwürdigkeit.*

C. Lowe u. S. Cassin: Biased attributions for political messages: The role of involvement. Vortrag auf der Konferenz der Eastern Psychological Association, April 1978, Photos – U.P.I.

schaft der Umwelt als Ursache des Verhaltens ansehen oder wir können auf eine stabile „innere" Eigenschaft des Betreffenden als Ursache schließen. Dieser Attributionsprozeß gilt sowohl für die Selbstwahrnehmung als auch für die Fremdwahrnehmung und ist sowohl kognitiver als auch motivationaler Natur. Obwohl Attributionen auf Informationen beruhen, werden sie von unseren Wünschen und Bedürfnissen beeinflußt, und wir sehen oft, was wir sehen „wollen".

Die Eigenschaft, die wir durch eine persönliche Attribution „erhalten", kann in unsere impliziten Persönlichkeitstheorien eingebaut werden, um ein vollständiges und einheitliches Bild des Menschen zu erhalten, den wir beobachtet haben. Auch in dieser Hinsicht könnten wir versuchen, logisch vorzugehen und uns von benennbaren Regeln leiten zu lassen, wenn wir Informationen über Eigenschaften miteinander kombinieren; statt dessen sind wir jedoch sehr voreingenommen und machen Beurteilungsfehler, insbesondere hinsichtlich unserer bevorzugten Eigenschaften.

Obwohl die verschiedenen Theorien der Personenwahrnehmung historisch gesehen verschiedene Aspekte des Personenwahrnehmungsprozesses hervorgehoben haben, besteht allgemeine Übereinstimmung hinsichtlich der grundlegenderen Aspekte der Personenwahrnehmung. Zum allermindesten können wir uns jetzt der allgemeinen Erkenntnis anschließen, daß die Personenwahrnehmung ein kritisches und zentrales Element in der täglichen sozialen Interaktion ist. Und darum geht es bei einem Großteil dessen, was uns in unserem Leben wertvoll erscheint.

Zusammenfassung

1. In unseren Erfahrungen mit anderen Individuen treten manche Grundprinzipien der *Personenwahrnehmung* zutage. Bei diesen Prinzipien geht es um unsere Fähigkeit, andere Menschen zu verstehen, die Bedeutung von ungewöhnlichem Verhalten, die Beziehung zwischen Verhaltensweisen und Eigenschaften und unsere Fähigkeit, uns ein geschlossenes Bild zu machen.

2. Der Begriff „Wahrnehmung" ist etwas irreführend. Die Personenwahrnehmung hat sich historisch zusammengesetzt aus Beobachtung, Wahrnehmung, Erkennen, Gedächtnis, Eindrucksbildung, Kognitionen, Schlußfolgerungen und Attributionen. Das Forschungsgebiet der Personenwahrnehmung definiert man am besten als Studium sowohl dessen, *was* wir über andere wissen, als auch *wie* unser Verständnis anderer zustandekommt.

3. Die Personenwahrnehmung als *Beobachtung* benutzte einen *S-R-Ansatz*, um das richtige Erkennen von Emotionen und von Persönlichkeit festzustellen. Allein aufgrund des *Gesichtsausdrucks* können wir eine begrenzte Anzahl von Emotionen erkennen, aber es gibt nur geringe Anzeichen, daß die Persönlichkeit auf diese Weise zutreffend erfaßt werden kann.

4. *Nonverbale Verhaltensweisen* können wichtige Fingerzeige für die Personenwahrnehmung liefern, aber ihre Bedeutung kann je nach dem Kontext, in dem sie auftreten, schwanken.

5. Mit Hilfe eines *Gestaltansatzes* demonstrierte Asch, daß Beobachter sich ein geschlossenes Bild machen, daß manche Eigenschaften zentral sind und daß die ersten Informationen die entstehenden Eindrücke am stärksten beeinflussen.

6. Implizite *Persönlichkeitstheorien* sind private (und gewöhnlich nicht hinterfragte) Vorstellungen, die angenommene Beziehungen zwischen sichtbaren deskriptiven Merkmalen beinhalten, Vorstellungen, die sich auf das einheitliche Bild auswirken, das wir uns von anderen machen.

7. Es gibt verschiedene Modelle der Voraussage, wie Beobachter Informationen kombinieren, die sie in einer bestimmten Reihenfolge erhalten. Die Hypothese von der Bedeutungsänderung, die Aufmerksamkeitshypothese und die Trägheitshypothese bieten Erklärungen für die Dauerhaftigkeit erster Eindrücke an.

8. Auf der bahnbrechenden Arbeit Heiders aufbauend, haben die *Attributionstheoretiker* versucht, den Zusammenhang zwischen *beobachtetem Verhalten* und *abgeleiteter Eigenschaft,* die Bedingungen, unter denen wir einen anderen Menschen (und uns selbst) kennenlernen und die Fehler, die wir dabei machen, zu erklären.

9. Bedingungen, die *persönliche Attribution* fördern, sind Wahrnehmungen der Absicht, besondere Anstrengungen oder Fähigkeiten und geringer Konsens bzw. Besonderheit.

10. Zwei Quellen *attributionaler Voreingenommenheit* sind egozentrische Attribution, wobei unsere Bedürfnisse und Wünsche unsere Attribution beeinflussen, und eine Voreingenommenheit gegenüber dem Selbst bzw. anderen, wobei sich Selbstbeobachter auf Umweltursachen und Fremdbeobachter auf persönliche Ursachen konzentrieren.

4. Kapitel
Das Individuum in der Gruppe

Es ist eine Binsenwahrheit, daß jeder Mensch in eine bestehende Gesellschaft hineingeboren wird und sein Leben als Mitglied vieler Gruppen lebt. Beispielsweise wird ein Junge in eine Familie hineingeboren und wird in dieser großgezogen; er wird in Schulklassen unterrichtet; er schließt sich Nachbarschafts-„Banden“ an oder spielt mit Gruppen von Freunden; im Berufsleben ist er ebenfalls in der Regel Teil einer sozialen Gruppe. Diese Gruppen stellen die unmittelbare soziale Umwelt eines Individuums dar, und es ist schwierig, sich menschliches Verhalten vorzustellen, das nicht ständig und wesentlich von diesem sozialen Kontext beeinflußt wird. In diesem Sinn ist alles Verhalten soziales Verhalten und die sozialen Gruppen, denen man angehört, werden ihrerseits zu primären Determinanten des eigenen psychischen Geschehens.

1 Gruppeneinflüsse

Entwicklungsmäßig gesehen übt die Gruppe fundamentale Einflüsse auf die Entfaltung eines Kindes, das sozial völlig unentwickelt ins Leben tritt, zu einem sozialisierten (d. h. zivilisierten) Erwachsenen aus. Bei diesem Prozeß ist die Familie natürlich die relevanteste und einflußreichste soziale Gruppe, da sie die Macht ausübt, bestimmte Verhaltensweisen zu belohnen und andere zu bestrafen. Die Familie bietet auch Gelegenheit zur Nachahmung: Das Kind lernt die Formen reifen Verhaltens, die die älteren Mitglieder der Familie praktizieren. Schließlich stellt die Umgebung die kognitiven Schemata zur Verfügung, durch die das Leben bewältigt werden soll. Obwohl die Kinder in den meisten Gesellschaften stark von ihren Peers (führenden Altersgenossen) beeinflußt werden, wirkt die Familie doch prägend auf die Art der Peer-Interaktionen, die sie haben werden. Abgesehen von ihrer entscheidenden Rolle in der Wahl der Umgebung, in der das Kind aufwächst, bringen beispielsweise feindselige und strafende Eltern Kinder hervor, die mit geringerer Wahrscheinlichkeit gute Beziehungen zu ihren Altersgenossen haben. Durch die Familie und später durch Gruppen lernt der einzelne mit Problemen des Lebens in der Gesellschaft fertigzuwerden. Die Gruppen selbst haben schließlich bestimmte unmittelbare Auswirkungen auf das Verhalten des Individuums.

1.1 Handlungsauswirkungen durch die Gruppe

Wir beginnen unsere Untersuchung der Auswirkungen der Gruppe mit einer Betrachtung des vielleicht ältesten Problems in der experimentellen Sozialpsychologie: *Soziale Stimulierung*. Das Studium der sozialen Stimulierung hat sich besonders mit zwei spezifischen Phänomenen befaßt: den *Zuschauereffekten* und den *Koaktionseffekten*. Unter ersterem versteht man die Auswirkung der Anwesenheit passiver Zuschauer auf das Verhalten des Individuums; das letztere ist die Auswirkung anderer Personen, die aktiv und gleichzeitig an derselben Aktivität beteiligt sind, auf das Verhalten des Individuums.

Zajonc sichtete 1965 die Forschungsarbeiten über diese Probleme, von denen viele aus den dreißiger Jahren stammten. Er vertrat die Auffassung, daß die „bloße Anwesenheit“ anderer – als Zuschauer oder als Mitwirkende – erregend und aktivierend sei. Und da man weiß, daß Erregung die Ausführung einfacher gutgelernter Reaktionen fördert, aber die Ausführung neuer Reaktionen hemmt, meinte Zajonc, daß die Gegenwart anderer Menschen die Reaktionen der erstgenannten Art fördere und der letzteren Art beeinträchtige.

Zajonc konnte zeigen, inwiefern sich diese Hypothese zur Interpretation und Analyse einer großen Anzahl separater Studien über Zuschauer- und Koaktionseffekte eignete. Eine dieser Untersuchungen, die in dieser Frühphase des Forschungsinteresses durchgeführt worden war, ergab, daß die Vpn in Gegenwart von Zuschauern eine beträchtliche Verbesserung ihrer Leistungen bei Aufgaben wie einfachem Multiplizieren und Assoziieren mit bekannten Wörtern – gutgelernte kognitive Fertigkeiten – aufwiesen (Dashiell, 1930). Wenn sie jedoch einen völlig neuen Stoff lernen mußten – beispielsweise Listen sinnloser Silben –, brauchten die Vpn, die in Gegenwart mehrerer Zuschauer arbeiteten, mehr Lerndurchgänge, um die Listen zu behalten, und machten viel mehr Fehler während des Lernprozesses als Vpn, die allein arbeiteten.

Zur Veranschaulichung dieses Phänomens denke man an den Unterschied zwischen professionellen Tennisspielern und Wochenendspielern, die vor einer großen Menge spielen. Die Profis, die mit allen Einzelheiten des Spielverlaufs bestens vertraut sind und über enorme Übung verfügen, werden aus der gesteigerten Erregung, die von den Zuschauern ausgelöst wird, wahrscheinlich Nutzen ziehen und deshalb besser spielen als in Abwesenheit eines Publikums. Die Spielstärke der Wochenendspieler wird dagegen wahrscheinlich unter das Leistungsniveau absinken, das sie ohne die erregende Anwesenheit von Zuschauern erreichen.

Diese allgemeine Hypothese wurde auch durch Koaktionsexperimente bestätigt. So verglich beispielsweise F. H. Allport (1920) in einem bahnbrechenden Versuch die Leistungen von Probanden miteinander, die entweder in separaten, isolierten Nischen oder an einem gemeinsamen Tisch arbeiteten. Die allein arbeitenden schnitten bei einem Problemlösungstest, der die logische Widerlegung bestimmter klassischer philosophischer Argumente erforderte, besser ab als in Gruppen zusammenarbeitende Probanden. Diese Aufgabe verlangte von den Probanden zumindest eine neue Reaktion und wird daher – wie Zajonc meint – am besten allein gelöst. Dagegen zeichneten sich die in einer Gruppe arbeitenden Probanden bei einer Reihe von Aufgaben aus, zu denen wieder Multiplikation und Wortassoziationen zählten, die den Vpn beide vertraut waren.

Zajonc zieht eine drollige Moral aus der Geschichte, indem er den Studenten rät,

> „... ganz allein zu lernen, am besten in einem isolierten Raum, und ihre Prüfungen in Gesellschaft vieler anderer Studenten auf einer Bühne und in Gegenwart eines großen Publikums abzulegen. Die Ergebnisse einer solchen Prüfung würden ihre wildesten Erwartungen übersteigen, natürlich vorausgesetzt, daß sie ihren Stoff gründlich gelernt hätten."

Einige Psychologen haben die Behauptungen Zajoncs in Frage gestellt, daß die „bloße Anwesenheit" anderer Erregung hervorrufe. Sie vertraten die Auffassung, daß die durch die Anwesenheit anderer bewirkte erhöhte Erregung auf die Sorge des Betreffenden zurückzuführen sei, daß diese anderen seine Leistung beurteilen würden (Geen, 1977). Mit anderen Worten: die gesteigerte Erregung wird durch die „Beurteilungsfurcht" ausgelöst – etwas, womit wir alle vertraut sind. Wer von uns möchte Zeugen bei seinem möglichen Versagen haben?

Es ist kaum zu bezweifeln, daß Menschen in Gegenwart anderer häufig „Beurteilungsfurcht" erleben und daß dieses Erlebnis sowohl zur Erregung als auch zur *sozialen Stimulierung* beiträgt. Dennoch scheint es, daß Zajoncs Hypothese, daß die „bloße Anwesenheit" anderer erregend wirke, ebenfalls stimmt. So hat zum Beispiel Markus (1978) einen Versuch durchgeführt, bei dem die Vpn eine Reaktion ausführen mußten, die offensichtlich keiner Bewertung unterzogen wurde. Die von Markus gewählte Reaktion war die des Ankleidens. Das Ankleiden stellt für die meisten Menschen eine natürliche, stark routinierte und gut gelernte Reaktion dar. Es ist auch eine Reaktion, die in der Regel keine Furcht vor Bewertung auslöst. Diese Handlung wurde sowohl „allein" als auch vor „Publikum" ausgeführt.

Bei diesem Versuch mußten die Probanden (1) ihre eigenen Schuhe ausziehen; (2) vom Versuchsleiter bereitgestellte Schuhe und Socken anziehen; (3) einen Laborkittel anziehen; (4) den Laborkittel wieder ausziehen; (5) die bereitgestellten Schuhe ablegen; und (6) die eigenen Schuhe wieder anziehen. Man beachte, daß, obwohl die Verrichtungen einfach erscheinen, manche (1) und (6) besser gelernt und routiniert sind als andere (2), (3), (4), (5). Der Hypothese entsprechend, daß die bloße Anwesenheit anderer erregend wirken kann, führten die Vpn die einfachen und vertrauten Aufgaben (1) und (6) in der Gegenwart anderer schneller und die komplexeren und weniger vertrauten Aufgaben (2), (3), (4), (5) langsamer aus, als wenn sie allein waren.

Die hemmende Wirkung von Erregung scheint nicht der einzige Grund zu sein, warum individuelle Leistungen in Gegenwart anderer oft nachlassen. Wie der deutsche Psychologe Ringelmann vor über fünfzig Jahren entdeckte, bemühen sich die Menschen oft weniger, wenn sie Teil einer Gruppe oder eines Teams sind (in Dashiell, 1930). Ringelmann ließ deutsche Arbeiter mit aller Kraft an einem Seil ziehen, allein oder mit einer, zwei oder sieben anderen Personen, wobei er einen Dehnungsmesser benutzte, um festzustellen, wie stark der in Druckkilogramm meßbare, von ihnen ausgeübte Zug war. Die Resultate zeigten, daß die Männer, wenn sie allein zogen, im Durchschnitt auf sehr respektable 63 kg kamen. Dreiergruppen übten eine Kraft von 160 kg aus (nur zweieinhalbmal mehr als die durchschnittliche Einzelleistung) und Gruppen von acht zogen 248 kg (weniger als das Vierfache der Einzelleistung). Ringelmanns Befund mag fragwürdig erscheinen, da er der herkömmlichen Überzeugung widerspricht, das

BOX 7/9

Die Geschworenen als Entscheidungsfindungsgruppe

Eine wichtige Entscheidungsfindungsgruppe, die erst in letzter Zeit die Aufmerksamkeit von Sozialpsychologen erregt hat, ist das Geschworenengericht. Die von Geschworenen bzw. Schöffen getroffenen Entscheidungen haben wichtige Konsequenzen für viele Menschen, wobei es in manchen Fällen um Leben oder Tod geht. Davis, Bray und Holt haben einen Großteil der Forschungsarbeiten über die Entscheidungsprozesse von Geschworenen gesichtet und sich mit einer Reihe wichtiger Fragen auseinandergesetzt.

Eine Frage von großer Bedeutung ist: „Wie wirkt sich die Gruppendiskussion auf die Urteile der Geschworenen aus?" Mit anderen Worten, würden die Urteile anders ausfallen, wenn gemeinsame Beratung nicht gestattet wäre und wenn man die einzelnen Geschworenen nach der Gerichtsverhandlung einfach nach ihren Urteilen fragte? Aufgrund des vorhandenen Beweismaterials hat es den Anschein, daß die Beratungen zu einer Polarisierung der Einzelurteile führen. Das heißt, das Urteil, dem die meisten Geschworenen anfangs als *einzelne* zuneigen, wird nach der Gruppendiskussion von noch *mehr* Geschworenen unterstützt.

In einer umstrittenen Entscheidung des Obersten Gerichtshofs (*Williams* gegen *Florida,* 1970) wurde festgelegt, daß die amerikanischen Bundesstaaten die Zahl der Geschworenen mit weniger als den traditionell üblichen zwölf Mitgliedern festsetzen können. Der Oberste Gerichtshof war anscheinend nicht der Auffassung, daß sich die Zahl der Geschworenen auf die Urteile auswirke. Aber stimmt das? Obwohl sich eine Reihe von Untersuchungen mit dieser Frage befaßt haben, ist die Antwort nicht eindeutig. So viel scheint klar, daß sechs Geschworene schneller zu einem Urteil gelangen als zwölf. Davis, Bray und Holt haben, zum Teil gestützt auf ein statistisches Argument, auch die Ansicht vertreten, daß die ursprünglichen Einzelstandpunkte der Mehrheit nach einer Diskussion in einem sechsköpfigen Ausschuß einen größeren Einfluß auf das schließliche Urteil haben als in einem Zwölferrat. Tatsächlich neigen sechsköpfige Ausschüsse je nach ihren ursprünglichen privaten Inklinationen manchmal eher dazu, Angeklagte für schuldig bzw. für unschuldig zu befinden, als zwölfköpfige Ausschüsse. Davis et al. weisen jedoch darauf hin, daß der Unterschied zwischen sechs- und zwölfköpfigen Ausschüssen gering ist und sich nur dann signifikante Differenzen herauskristallisieren, wenn eine große Zahl von Prozessen untersucht wird.

Eine andere Entscheidung des Obersten Gerichtshofs, die zu einer Veränderung der Geschworenengerichtsbarkeit führte, war die, welche nicht einstimmige Entscheidungen in bundesstaatlichen Prozessen zuließ (*Johnson* gegen *Louisiana,* 1972). Erstens scheint es, daß die Geschworenen mit um so größerer Wahrscheinlichkeit keine Einigung erzielen *(„Hung Jury"),* je kleiner der Prozentsatz ist, der für ein Urteil benötigt wird (z. B. zwei Drittel gegenüber drei Viertel). Zweitens, die ursprüngliche Mehrheit hat bei Nichteinstimmigkeit größeren Einfluß als bei Einstimmigkeit. So kann man ebenso wie hinsichtlich des Vergleichs zwischen sechsköpfigen und zwölfköpfigen Ausschüssen nicht sagen, daß das Urteil *schuldig* bei der einen oder der anderen Entscheidungsregelung wahrscheinlicher oder unwahrscheinlicher sei. Man muß sich jedoch auch klar darüber sein, daß das Prozentsatzkriterium ins Gewicht fallen kann, und daß der Unterschied von der ursprünglichen Disposition der Mehrheit der Geschworenen abhängt und darüber entscheidet, ob ein Spruch zugunsten oder zuungunsten eines Angeklagten ausfällt.

Die psychologische Erforschung von Geschworenengerichten kann nicht Fragen beantworten wie, ob es besser ist, Gruppendiskussionen, zwölfköpfige Gremien oder einstimmige Urteilssprüche zu haben. Dies sind Fragen, die die Gesellschaft und die Gesetzgeber beantworten müssen. Für das Treffen dieser Entscheidungen können sich die Befunde der Psychologen allerdings als überaus nützlich erweisen, aber nur, wenn diese Befunde unseren Gesetzgebern zur Kenntnis gebracht werden.

J. Davis, R. Bray u. R. Holt: The empirical study of decision processes in juries: A critical review. Aus: J. Tapp u. F. Levine (Hrsg.): *Law, Justice and the Individual in Society.* New York: Holt, Rinehart & Winston, 1977.

BOX 7/10

Der Risikoschub

Wieviel Risiko ist man bereit einzugehen? Bei einer Entscheidung mit geringem Risiko wählt man einen sicheren, aber kleinen Gewinn; bei einer Entscheidung mit hohem Risiko verzichtet man auf die Sicherheit des kleinen, aber gewissen Gewinns und versucht es mit der winzigen Chance, das ganz große Glück zu machen. Einige frühe Studien deuteten darauf hin, daß die Risikobereitschaft davon abhängt, ob die Entscheidung allein getroffen wird. Um diesen Befund weiter zu überprüfen und herauszufinden, wie es dazu kommt, wurden Probleme konstruiert, bei denen die Reaktionen der Vpn entlang einer Risikodimension variieren konnten, und gleichzeitig studierte man die Auswirkungen verschiedener Arten von Gruppeninteraktionen. Das folgende ist ein typisches Problem, das bei diesen Experimenten benutzt wurde:

„Mr. E. ist Präsident eines Metallkonzerns in den Vereinigten Staaten. Das Unternehmen floriert und Mr. E. denkt an die Möglichkeit einer Expansion durch Errichtung eines weiteren Werkes an einem neuen Standort. Er hat die Wahl, eine weitere Fabrik in den Vereinigten Staaten zu errichten, wo die Investition einen mäßigen Gewinn abwerfen würde, oder einen Standort im Ausland zu wählen, was aufgrund der billigeren Arbeitskraft und dem leichten Zugang zu den Rohstoffen viel höhere Gewinne verspricht. Das Land, das er im Auge hat, ist jedoch durch politische Instabilität und Revolutionen gefährdet. Der Führer einer kleinen Minderheitspartei dieses Landes ist sogar entschlossen, alle ausländischen Investitionen zu nationalisieren, das heißt, zu enteignen. Stellen Sie sich vor, daß Sie Mr. E. beraten. Nachstehend sind mehrere Wahrscheinlichkeiten anhaltender politischer Stabilität in dem in Frage kommenden Land angeführt. Bitte kreuzen Sie die geringste Wahrscheinlichkeit an, die Sie für akzeptabel halten würden, damit das Unternehmen von Mr. E. in diesem Land ein Werk errichtet.

Die Chancen sind 1:10, daß das Land politisch stabil bleiben wird.
Die Chancen sind 3:10 ...
Die Chancen sind 5:10 ...
Die Chancen sind 7:10 ...
Die Chancen sind 9:10 ...

Machen Sie hier ein Kreuz, wenn Sie meinen, daß das Unternehmen von Mr. E. kein Werk im Ausland errichten sollte, gleichgültig, wie groß die Wahrscheinlichkeit politischer Stabilität ist."

Um den Effekt von Entscheidungsfindung in der Gruppe bzw. von einzelnen auf die Risikobereitschaft zu studieren, wurden zwei verschiedene Verfahren benutzt. Beim ersten wurden die Versuchspersonen unter zwei Bedingungen getestet: (1) Sie erörtern die Entscheidung in kleinen Gruppen und wählen dann; (2) es werden keine Gruppen gebildet, keine Diskussionen abgehalten und jede Vp entscheidet für sich allein. Die Ergebnisse der beiden Bedingungen werden dann miteinander verglichen. Beim zweiten Verfahren entscheiden die Vpn zuerst allein, diskutieren das Problem dann in einer Gruppe und treffen danach erneut individuelle Entscheidungen.

Welches Verfahren auch benutzt wurde, es kam in der Regel dasselbe allgemeine Resultat heraus: Die Vpn gelangten nach einer Gruppendiskussion zu riskanteren Entscheidungen, als wenn sie nur allein über das Problem nachgedacht hatten.

Aber das ist noch nicht die ganze Geschichte. Anderen Forschern ist es gelungen, Probleme zu konstruieren, die durchgehend das entgegengesetzte Resultat ergaben: Die Gruppenentscheidungen waren konservativer als die einzelner. Bei einem solchen hypothetischen Problem ging es um die Entscheidung, ob ein junger Mann den Entschluß zu seiner Heirat rückgängig machen sollte, weil er mit seiner Verlobten immer häufiger Streit hatte. Die Versuchspersonen hatten, ähnlich wie beim oben genannten Problem, unter verschiedenen Chancen für eine glückliche Ehe zu wählen.

Die Untersuchung der Unterschiede zwischen den Arten von Problemen, die dazu tendieren, nach einer Gruppendiskussion einen Risikoschub zu erzeugen, und solchen, die einen konservativen Schub bewirken, hat interessante Aufschlüsse ergeben. Die Probleme, die in der Regel einen Risikoschub erzeugen, sind solche, die ein starkes Element der Konkurrenz, sei es ökonomischer oder sozialer Art enthalten. Im Gegensatz dazu handelt es sich bei den Problemen, die gewöhnlich einen konservativen Schub erzeugen, um solche, bei denen die Autonomie eines Menschen auf dem Spiel steht. Diese Erkenntnis sollte zu weiteren Forschungen Anlaß geben und schließlich zu einer entsprechend komplexeren Formulierung des Entscheidungsfindungsprozesses führen. Daß sowohl die Forschungen als auch die Komplexität parallel zunehmen, wird durch ein Sonderheft einer psychologischen Fachzeitschrift dokumentiert, das zwanzig verschiedene Berichte über „Entscheidungsveränderungen in Gruppendiskussionen" enthält; D. Pruitt, der sich wacker bemüht, einen Überblick über diese Berichte zu geben, erörtert fast ein Dutzend miteinander konkurrierende theoretische Modelle, die ein besseres Verständnis dieser Entscheidungsveränderungsphänomene versprechen.

D. Pruitt: Towards an understanding of choice shifts in group discussion. *Journal of Personality and Social Psychology,* 1971, *20,* 495–510.

Gefühl der Zugehörigkeit zu einem Team führe zu erhöhter Anstrengung, aber neuere Untersuchungen von Latané, Williams und Harkins (1979), in denen verschiedenste Aufgaben benutzt werden, ergaben ebenfalls Anzeichen von *sozialer Bummelei.* Die Erkenntnis, daß sich Menschen weniger Mühe geben, wenn sie Teil einer Gruppe sind, erfüllt das alte Sprichwort „Viele Hände machen die Arbeit leicht" mit neuer und nüchternerer Bedeutung.

1.2 Gemeinschaftliche Entscheidungsfindung

Ein anderes Sprichwort besagt „Viele Köpfe sind besser als einer", was wohl heißen soll, daß Gruppen dem einzelnen beim Problemlösen und bei der Entscheidungsfindung überlegen seien. Sozialpsychologen haben diese Hypothese gründlich untersucht und sowohl Beweise dafür als auch dagegen gefunden. *Wenn es für das zu lösende Problem eine einzige Antwort gibt, die, sobald sie gefunden wurde, klar erkennbar ist,* dann scheinen Gruppen leistungsfähiger zu sein als einzelne (Davis, 1970).

In einer Studie von Barnlund (1959) wurde beispielsweise die Überlegenheit einer Gruppenlösung gegenüber kombinierten Einzellösungen klar erwiesen. Die Aufgabe bestand darin, bei einer Reihe logischer Syllogismen (Schlußfolgerungen) unter mehreren möglichen Lösungen zu wählen. Es wurden zwei parallele Tests mit je dreißig Syllogismen konstruiert (das heißt, die beiden Tests wiesen den gleichen Schwierigkeitsgrad auf). Jede Versuchsperson arbeitete zunächst ihre eigenen Lösungen für alle Syllogismen der einen Testversion aus. Acht oder neun Wochen später bildete sie dann zusammen mit anderen Probanden, die bei dem Test ähnliche Ergebnisse erzielt hatten, eine Gruppe. Jede Gruppe bestand somit aus Personen mit ähnlichen Fähigkeiten. Die Gruppen erhielten dann die Aufgabe, durch Gruppendiskussion die dreißig Syllogismen in der zweiten Testfassung zu lösen. Die Gruppenlösungen wurden erstens mit den durchschnittlichen Einzelergebnissen der Mitglieder beim ersten Test verglichen und zweitens mit einem errechneten Mehrheitsergebnis, das man erhielt, indem man die Einzellösungen als individuelle Beiträge zur Mehrheitsentscheidung behandelte.

Die Gruppenlösungen erwiesen sich bei beiden Vergleichen als eindeutig überlegen. Eine Kontrollgruppe von Vpn, die die beiden Formen des Tests zu verschiedenen Zeiten einzeln ablegten, wies keine signifikante Veränderung auf. Die Überlegenheit der Diskussionsgruppe war deshalb nicht auf Übung oder Vertrautheit mit Syllogismen zurückzuführen.

Der Vorteil durch das Hinzuziehen von Gruppenmitgliedern erhöht sich übrigens interessanterweise nur bis zu einem gewissen Punkt. Es scheint eine „funktionelle" Größe für eine Entscheidungsfindungsgruppe zu geben (vier oder fünf Mitglieder), und sobald die Gruppe diese Zahl überschreitet, beginnen die Leistungen abzusinken (Bray, Kerr u. Atkin, 1978). (Anwendungsmöglichkeiten im realen Leben sind in Box 7/9, S. 89, genannt.) Das Sprichwort müßte demnach richtiger lauten: „Vier oder fünf Köpfe sind besser als einer". Wenn zuviele Leute beteiligt sind, scheint sich die Erkenntnis eines anderen Sprichworts zu beweisen: „Zuviele Köche verderben den Brei".

Häufig gibt es für die Probleme, an denen wir arbeiten, keine richtigen oder unrichtigen Antworten, nur bessere oder schlechtere. Sind Gruppen auch hier einzelnen generell überlegen? Nicht unbedingt, wie es scheint. Ein Mensch, der an die Überlegenheit der Gruppe beim Lösen von Problemen verschiedenster Art glaubte, war Osborn, ein prominenter Werbefachmann, der eine Technik des Gruppenproblems entwickelte und propagierte, die er als *„brainstorming"* bezeichnete (Osborn, 1957). Der Kern dieser Technik ist eine absolute Aussetzung jeglicher Kritik der anderen an allen vorgebrachten Ideen. Osborn behauptete: „Dem Durchschnittsmenschen kommen bei der Arbeit mit einer Gruppe doppelt so viele Ideen, als wenn er allein arbeitet."

Ein besonders interessantes Charakteristikum der Gruppenentscheidungsfindung, das, verglichen mit den Lösungen einzelner, manchmal zu besseren und manchmal zu schlechteren Entscheidungen führen kann, ist das sogenannte *Risikoschub*phänomen (Box 7/10, S. 90).

1.3 Gruppendynamik

In den zwanziger Jahren begann Kurt Lewin die „Lokomotionen" (Bewegungskräfte) innerhalb von Gruppen zu studieren: Die „dynamischen Merkmale von Regionen hinsichtlich möglicher Lokomotionen bestehen darin, daß Individuen einander näher durch Kommunikation kommen, durch Angleichungen von Haltungen und Meinungen oder daß Gruppen sich in ihren Zielen nähern, soziale Hindernisse beseitigt werden oder dergleichen" (Lewin, 1936; 1969). Der Begriff Gruppendynamik wird heute fast synonym mit dem Begriff Gruppenpsychologie verwendet. Die wichtigsten Themen sind nach wie vor die Fragen zur Gruppenbildung, die Rangordnungen, die Übernahme sozialer Rollen, die sehr unterschiedlichen Formen mitmenschlicher Kontakte, die Führungsstile, der Aufbau und die Entwicklung sozialer Normen. In zahlreichen Weiterentwicklungen der Lewinschen Grundgedanken wurden die sozialen Balancezustände in den Gruppen untersucht (Heider, 1958; Cartwright u. Harary, 1956). Man nimmt dabei an, daß in Gruppen immer wieder Ungleichgewichte in der Gruppenstruktur auftauchen, die dann dynamisch einer Ausgleichsbalance zustreben.

Viele der Studien, in denen Gruppenproblemlösen und -entscheidungsfindung untersucht wurden, haben sich mit Gruppen befaßt, die neu entstanden sind und eine geringe Kohäsion, wenig Identitätsgefühl und ein geringes Bedürfnis nach Selbsterhaltung haben. Man könnte es für wahrscheinlich halten, daß eine durch starke Loyalität und durch ein gemeinsames Engagement für den Erfolg verbundene Gruppe viele Vorteile gegenüber anderen Gruppen haben würde. Dies mag in vielen Fällen zutreffen, aber einer solchen Gruppe drohen auch potentielle Gefahren. Insbesondere sind solche Gruppen anfällig für das, was Irving Janis als *„groupthink"* (die Geistesverfassung einer Gruppe) bezeichnet hat (Janis, 1972; Janis u. Mann, 1977).

Janis erklärt das Grundprinzip des groupthink folgendermaßen:

> „Je mehr Herzlichkeit und *esprit de corps* unter den Mitgliedern einer den Kurs bestimmenden In-Gruppe herrscht, desto größer ist die Gefahr, daß unabhängiges kritisches Denken durch *groupthink* ersetzt wird."

Welche andere Konsequenzen hat *groupthink*? Erstens werden die Gruppenmitglieder durch die falsche Einmütigkeit, die sie geschaffen haben, so in Sicherheit gewiegt, daß sie sich unverwundbar fühlen und daher bereit sind, außerordentliche Risiken einzugehen. Die Folge ist, daß sie Warnsignale von innerhalb und außerhalb der Gruppe ignorieren und zu nichtbedrohlichen Rationalisierungen greifen. Zweitens beginnen sie wahrhaftig an ihre eigene Moral zu glauben – was ihnen gestattet, sich über die ethischen Konsequenzen aller ihrer Entscheidungen hinwegzusetzen. Drittens entwickeln sie stereotype Ansichten über Oppositionsführer und verstärken diese negativ; zu glauben, daß die Opposition dumm oder unmoralisch sei, heißt, erneut in seinem Glauben an die Richtigkeit des Gruppenanliegens bestärkt zu werden. Viertens unterdrückt das Opfer des *groupthink* seine eigenen Zweifel hinsichtlich des Verhaltens der Gruppe und übt Druck auf Dissidenten aus, den Mund zu halten oder zu verschwinden. Fünftens wird der Gruppenführer, um die Illusion der Einmütigkeit des Glaubens zu bewahren, durch „Bewußtseinswächter" vor abweichenden Meinungen geschützt, Personen, die Dissidenten aufspüren und unterdrücken, bevor diese eine Chance haben, den Führer zu „kontaminieren". Die von Gruppen auf diese Weise getroffenen Entscheidungen müssen mit Sicherheit früher oder später zu einem Fiasko führen, weil sie, wie Janis bemerkte, „von der völlig inadäquaten Art und Weise zeugen, wie die Entscheidungsbefugten ihre Aufgabe der Entscheidungsfindung erfüllten".

Als ein Beispiel von *groupthink* in Aktion zitiert Janis eine Entscheidung der Regierung von John F. Kennedy, eine Invasion Kubas einzuleiten. Die Entscheidungsträger gelangten zu der irrigen, aber von allen geteilten Überzeugung, daß das kubanische Volk so erpicht darauf sei, den vor einiger Zeit an die Macht gekommenen Fidel Castro loszuwerden, daß es sich den eindringenden „Freiheitskämpfern" anschließen werde, so daß Castros Armee zerfallen und seine Regierung stürzen werde. Obwohl manche Berater Kennedys wie der Historiker Arthur Schlesinger später sagten, sie hätten viele Zweifel an der Weisheit dieses Konsens gehabt, verführte sie die Macht des *groupthink,* ihre Stimme vor der Invasion nie in ernsthafter Kritik zu erheben. Das Ende des Abenteuers ist Geschichte: die von den Amerikanern unterstützte Streitmacht, nicht die Castros, löste sich in der Schweinebucht auf. Die Geschichte hat Ähnlichkeit mit der Watergate-Affäre oder in Deutschland der Flick-Affäre, bei denen Vertuschungen aus Gründen der „Gruppensolidarität" von den Betroffenen für wichtiger gehalten wurden als demokratische Grundregeln.

Tetlock (1979) zufolge können die Fehler in den Entscheidungsfindungsprozessen, die dazu beitragen, daß man zu den falschen Schlußfolgerungen kommt, aufgrund der Analyse von Janis-Mann identifiziert werden. Er führt aus (Tetlock, 1979, S. 1315):

> „Die dem *groupthink* erliegenden Entscheidungsträger überblickten nicht ausreichend (a) das volle Spektrum der zur Verfügung stehenden Alternativen; (b) zogen nicht das volle Spektrum der Zielsetzungen in Betracht, auf die sich der eingeschlagene Kurs auswirken könnte; (c) sie verschafften sich nicht ausreichende Informationen zur Bewertung alternativer Strategien; (d) sie erwogen nicht sorgfältig die Kosten und Nutzen jeder Alternative; (e) sie berücksichtigten Informationen nicht angemessen, die bestehenden Überzeugungen und Präferenzen widersprachen; (f) sie überprüften nicht erneut die Beurteilungen aller bekannten Alternativen einschließlich derjenigen, die bisher als inakzeptabel gegolten hatten; (g) sie entwickelten keine hinreichend detaillierten Pläne zur Verwirklichung der Politik, für die sie sich entschieden hatten, unter spezieller Berücksichtigung von Plänen für den Fall, daß bekannte Risiken eintraten."

Tetlocks Abhandlung ist von besonderer Bedeutung, da er die Prinzipien des *groupthink* auf internationale Krisen der jüngsten Zeit anwendet. Anhand von tatsächlichen öffentlichen Äußerungen beteiligter Politiker, die jetzt in den zeitgeschichtlichen Archiven vorliegen, analysierte er die Entscheidungsfindungsprozesse, die zu der kubanischen Raketenkrise und der Eskalation des Vietnamkriegs sowie den Invasionen Nordkoreas und in der Schweinebucht führten. Im großen und ganzen bestätigen Tetlocks Resultate die Formulierungen von Janis; die einzige Ausnahme ist vielleicht, daß die *groupthink*-Entscheidungen zwar durch allzu vereinfachte Sichtweisen der jeweiligen Fragen und die Tendenz gekennzeichnet waren, die Richtigkeit des amerikanischen Standpunkts überzubetonen, daß jedoch keine Tendenz da zu sein schien – wie Janis vorausgesagt hätte – die negativen Qualitäten der an der jeweiligen Krise beteiligten gegnerischen Staaten zu übertreiben.

Janis offeriert verschiedene Vorschläge zur Minimierung der Tendenzen zum *groupthink* und der falschen oder schädlichen Entscheidungen, zu denen es führen kann. Einer der Vorschläge Janis' besagt, daß Gruppenführer dazu beitragen können, *groupthink* zu vermeiden, indem sie einen „offenen“ Führungsstil praktizieren. Flowers (1977) führte einen Laborversuch durch, um die Brauchbarkeit dieses Vorschlags zu testen. Bei diesem Versuch wurde die Qualität von Lösungen miteinander verglichen, die von Gruppen produziert wurden, welche unter „aufgeschlossenen“ und „unaufgeschlossenen“ Führern arbeiteten. „Unaufgeschlossene“ Führer begannen, indem sie ihre eigenen Lösungen für die Probleme vorbrachten und Diskussionen entmutigten, während sie zu rascher Zustimmung aufforderten. „Aufgeschlossene Führer“ brachten ihre Lösungen für die Probleme nicht vor und ermutigten sowohl zu Diskussionen als auch zu Widerspruch. Die vorgeschlagenen Lösungen wurden danach bewertet, wobei sich zeigte, daß Gruppen mit „aufgeschlossenen“ Führern tatsächlich Lösungen höherer Qualität produzierten.

Eine weitere interessante Anregung von Janis, die noch nicht getestet wurde, ist, daß bei jeder Zusammenkunft einer Gruppe irgendein Mitglied dazu bestimmt werden sollte, den *advocatus diaboli* zu spielen, d.h. so überzeugend wie möglich für das Gegenteil dessen einzutreten, was die Gruppe tun möchte. Im Laufe der Zeit würde dann jedes Gruppenmitglied Erfahrung darin gewinnen, gegen die Ziele der Gruppe zu argumentieren, und daraus würde vielleicht ein gewisses Maß an Immunität gegenüber dem *groupthink* resultieren.

Die Frage, die wir zuvor anschnitten, schien vielleicht zunächst klar und einfach: Wie steht es mit der relativen Effizienz des Problemlösens von einzelnen gegenüber Gruppen? Das empirische Datenmaterial läßt jedoch erkennen, daß die Frage ungeheuer kompliziert ist. Inzwischen hat es den Anschein, daß die Antwort von so unterschiedlichen Faktoren wie der Beschaffenheit der Aufgabe, der Verteilung der Fähigkeiten unter den Gruppenmitgliedern, den Arrangements für die Aufteilung und Koordination der Aktivitäten der Gruppenmitglieder und der Art und Weise abhängt, wie die einzelnen Beiträge zu einer Gruppenlösung vereinigt werden.

2 Anpassung an den Gruppendruck

Der am häufigsten beobachtete und am besten erforschte Aspekt des Gruppenverhaltens ist die Wirksamkeit des Gruppendrucks, das, was wir sagen und tun, so zu verändern, daß wir mit dem übereinstimmen, was andere sagen und tun. Beispiele dieses „Konformitätsdrucks“ gibt es im Alltag in Hülle und Fülle, und den Sozialpsychologen fällt es nicht schwer, sie auch im Labor zu produzieren.

Asch (1956) führte eine Serie von experimentellen Studien über das Phänomen der Konformität durch, die zu Klassikern auf diesem Gebiet wurden. Seine Technik bestand darin, Gruppen zu bilden, die aus einem echten Probanden und einer verschiedenen Anzahl (von drei bis zehn) anderer Versuchspersonen bestanden, die in Wirklichkeit Komplizen des Versuchsleiters waren. In einer Versuchsreihe wurden diese Mitarbeiter zuvor angewiesen, bei einer Reihe visueller Beurteilungen einstimmig falsche Schätzungen zu äußern, welche von drei auf eine Leinwand projizierten Linien in der Länge einer Vergleichslinie entsprach. Der Zweck war herauszufinden, wie der echte Proband (der sein Urteil als letzter in der Gruppe abgeben mußte) reagieren würde. Würde er dem Gruppendruck soweit erliegen, daß er eine Antwort gab, die seinem eigenen Urteil widersprach, oder würde er unabhängig vom Gruppendruck bleiben und nach seinen eigenen Ansichten reagieren?

Der Effekt des Gruppendrucks erwies sich als sehr stark. Etwa ein Drittel aller echten Vpn gaben Urteile ab, die deutlich verzerrt in Richtung des falschen Gruppenkonsenses waren. Und sie taten das, obwohl der Unterschied zwischen der richtigen Linie und der von den Komplizen gewählten so groß war, daß ohne den Gruppendruck niemand einen Fehler gemacht hätte. Außerdem zeigten die experimentellen Variationen, daß die *Größe* des einstimmigen Gruppenkonsenses ein signifikanter Faktor war. Wenn die Gruppe aus nur einem Mitarbeiter und einem echten Probanden bestand, dann blieb der Proband völlig unabhängig. Wenn er zwei gegen sich hatte, setzte eine merkliche Konformität ein; und wenn er drei gegen sich hatte, erreichte die Konformität einen hohen Grad. Über diesen Punkt hinaus – selbst bei fünf-

BOX 7/11

Die Messung von Konformität

In seiner Arbeit am Institut für Persönlichkeitsbeurteilung und -erforschung an der Universität von Kalifornien hat R. S. Crutchfield eine Technik entwickelt, mit der die wesentlichen Bedingungen des Gruppendruckverfahrens von Asch reproduziert werden (s. S. 94), wobei aber auf Komplizen verzichtet werden kann und alle Probanden in der Gruppensituation echte Versuchspersonen sind. Es wird ein elektrisches Kommunikationsnetz benutzt.

Fünf Personen nehmen an einer Aufgabe teil, bei der sie ihre individuellen Urteile über verschiedene Arten von Stimuli äußern, beispielsweise die relative Länge von Linien bestimmen, die Antworten auf einfache arithmetische Aufgaben wählen, ihre Meinungen zu sozialen Fragen bekunden. Die Stimuli werden in Form von Dias vor der Gruppe auf die Wand projiziert. Alle Teilnehmer sitzen in nach vorne offenen Nischen hinter Schaltbrettern. Die Gruppenmitglieder dürfen nicht direkt miteinander sprechen; sie dürfen nur indirekt über diese Schaltbretter miteinander kommunizieren. Jeder Teilnehmer äußert sein Urteil, indem er einen der numerierten Hebel auf seiner Anlage betätigt, wodurch auf den Schaltbrettern der anderen Gruppenmitglieder das jeweilige Signal aufleuchtet. Alle Beteiligten können somit sehen, zu welchen Einschätzungen die übrigen Gruppenmitglieder in jeder Frage kommen.

Die fünf Probanden werden vom Versuchsleiter angewiesen, in einer bestimmten Reihenfolge zu antworten; das heißt, der eine als erster, der andere als zweiter usw. Diese Reihenfolge der Reaktionen wird während der Sitzung ständig gewechselt, so daß alle fünf Teilnehmer nacheinander alle fünf Positionen einnehmen.

Aber die Probanden werden vom Versuchsleiter kraß getäuscht. In Wirklichkeit ist *keine* elektrische Verbindung zwischen ihren Schaltbrettern vorhanden; alle Signale, die angeblich die Urteile der übrigen Gruppenmitglieder anzeigen, werden ihnen in Wirklichkeit vom Versuchsleiter „zugespielt". Alle fünf Probanden erhalten stets dieselben Informationen; zum Beispiel wird jedem an einem bestimmten Punkt fälschlicherweise mitgeteilt, daß er an zweiter Stelle antworte, und jedem wird dieselbe (nicht existente) Antwort seines (nicht existenten) Vorgängers übermittelt.

Durch diese Täuschung kann der Versuchsleiter die Probanden an bestimmten Punkten der Sitzung mit konstruierten Konflikten konfrontieren. Er tut dies, indem er ihnen vorspiegelt, die anderen vier Mitglieder hätten alle dieselbe falsche Antwort gegeben. Die Konformitätstendenz des einzelnen läßt sich somit von der Zahl der Fragen ablesen, bei denen er sich diesem falschen Gruppenkonsens anschließt bzw. von der Zahl der Fälle, in denen er die richtige Antwort gibt oder sich von seinem eigenen Urteil leiten läßt.

Das Ausmaß des Konformitätsverhaltens, das durch diese Technik zutage tritt, ist erstaunlich hoch. Bei leichten Wahrnehmungsvergleichen und einfachen arithmetischen Aufgaben schließen sich bis zu 30 Prozent der Probanden dem falschen Gruppenkonsens an. Wenn die arithmetische Aufgabe höchst verzwickt erscheint (sie ist de facto unlösbar), können bis zu 80 Prozent der Vpn dazu verleitet werden, die offenkundig unlogische Antwort zu akzeptieren, auf die sich der Rest der Gruppe angeblich geeinigt hat. Und die Konformitätstendenz in sozialen Fragen ist ebenso eklatant. So wurde beispielsweise um Zustimmung oder Ablehnung zu der folgenden Aussage ersucht: „Da die freie Meinungsäußerung nicht ein Recht, sondern ein Privileg ist, ist eine Gesellschaft berechtigt, dieses Privileg zu suspendieren, sobald sie sich bedroht fühlt." Von den Kontrollprobanden, die außerhalb der Gruppendrucksituation antworteten, äußerten nur 19 Prozent Zustimmung. Aber von den Versuchspersonen, die mit einem einstimmigen Gruppenkonsens konfrontiert wurden, der angeblich dieser Aussage zustimmte, äußerten sich 58 Prozent zustimmend.

Bei einer einzigen Sitzung können bis zu 50 verschiedene Fragen unter Gruppendruck abgehandelt werden. Es ist daher leicht möglich, für jeden Befragten einen allgemeinen Konformitätsscore zu ermitteln. Diese Scores können dann dazu benutzt werden, um den Zusammenhang zwischen individuellen Unterschieden im Konformitätsverhalten und Persönlichkeitsfaktoren zu studieren.

R. S. Crutchfield: Conformity and character. *American Psychologist,* 1955, *10,* 191–198.

zehn Komplizen – war keine Zunahme der Konformität mehr zu verzeichnen. Wenn ein Partner eingeführt wurde, der konsequent die richtige Antwort gab, dann eliminierte dies praktisch die Konformität des Probanden. Die soziale Unterstützung bloß *eines einzigen* anderen Gruppenmitglieds reichte offensichtlich aus, um den Widerstand gegen den sonst so mächtigen Gruppendruck zu stärken. Die Beschaffenheit des Reizobjekts war ebenfalls ein Faktor. Wenn der Unterschied zwischen der richtigen und der falschen Linie verringert wurde, erhöhte sich der Grad an Konformität beträchtlich. Wenn so hohe Grade an Konformität in einer Situation erzeugt werden können, wo es um Objektwahrnehmung geht, dann kann man sich vorstellen, wieviel Konformität in Situationen entstehen kann, wo das soziale Verhalten, die Einstellungen oder die Kleidung das Ziel von Beeinflussungsversuchen sind (Box 7/11, S. 95).

2.1 Informatorischer und normativer Einfluß

Andere können uns auf zweierlei Weise beeinflussen. Erstens können sie uns helfen, unsere physische und soziale Welt zu definieren und zu deuten. Viele Aspekte der Realität können wir natürlich selbst erkennen. (Regnet es draußen? Zeigt die Ampel grün? Können wir zehn Kilometer laufen?) Aber oft können wir wichtige Erkenntnisse über uns selbst und unsere Welt nur von anderen beziehen. (Sind unsere sexuellen Einstellungen liberal? War die Prüfung schwierig? Ist es ungewöhnlich, zehn Kilometer laufen zu können?) Nur andere können uns über bestimmte Fragen Aufschlüsse geben oder, wie es Sozialpsychologen nennen, uns *kognitive Klarheit* verschaffen. Eine Methode, wie eine Gruppe seine Mitglieder beeinflussen kann, ist somit durch den *informatorischen sozialen Einfluß* gegeben. Und über je weniger Informationen oder Erfahrungen das Individuum verfügt, desto größer wird der Einfluß der Mehrheit auf es sein. Wenn wir unsicher in bezug auf die Realität sind, lassen wir uns von anderen die Richtung zeigen.

Gruppen können auch *normativen sozialen Einfluß* auf die einzelnen Mitglieder ausüben: Indem sie Belohnungen oder Anerkennung versprechen oder mit Strafen, Ablehnung oder Blamage drohen. Der Preis der Abweichung kann oft über Blamage oder Ablehnung hinausgehen und in Verfolgung oder Schlimmeres ausarten. Die Tötung der Studenten der Kent-State-University vom Mai 1970 sind besonders abscheuerregende Beispiele dieses Phänomens (s. Abb. 12). Freedman und Doob (1968) stellten beispielsweise fest, daß Nichtdevianten, wenn sie aufgefordert wurden, entweder einen Devianten oder einen Nichtdevianten als Ziel von Aggressionen auszuwählen, fast immer ein deviantes Mitglied der Gruppe und nicht ein angepaßtes auswählten.

Abbildung 12

Black Star.

Selbst ohne den Druck von Verfolgung und Aggression akzeptieren und unterstützen Gruppen im allgemeinen Konformisten viel stärker als Abweichler. Über ein Beispiel der Konformität gegenüber Gruppenwerten berichtete Newcomb in seiner klassischen Studie der Studentinnen am Bennington-College zwischen 1935 und 1939 (s. 2. Kap.). Obwohl diese Studentinnen überwiegend aus „konservativem Milieu" stammten, veränderten sie sich bald in Richtung auf den Liberalismus, der von der Professorenschaft und älteren Studentinnen in Bennington verkörpert wurde. Die Studentinnen, die sich in ihren Einstellungen nicht anpaßten, waren bald sozial geächtet. Eine Studentin beschrieb die Motivation für ihre Anpassung so: „Es ist sehr einfach, mir lag soviel daran, akzeptiert zu werden, daß ich die politische Couleur der hiesigen Gemeinschaft annahm. Ich konnte mich einfach nicht gegen die Menge durchsetzen, wenn ich nicht viele Freunde und starke Unterstützung hatte“ (Newcomb, 1943, S. 132).

Eine besonders mächtige Form von normativem sozialen Einfluß ist die Forderung nach Gehorsam gegenüber irgendeiner Autorität. Es gibt Beispiele, daß Menschen bei Furcht vor schweren Strafen zu grausamen Akten des Gehorsams bereit waren, aber manche Menschen gehorchen Befehlen, anderen Schaden zuzufügen, auch wenn ihnen keine Strafen drohen. Die einfache Forderung von jemandem in einer Autoritätsposition, etwas zu tun, genügt oft, um Gehorsam zu bewirken. Eine Studie von Milgram (1964) hat in beeindruckender Weise den Einfluß einer Autorität bewiesen. Den Probanden wurde erklärt, der Versuch diene dem Studium der Auswirkung von Strafen auf das Lernen im Kontext einer kollektiven Unterrichtssituation. Bei der Versuchsanordnung prüfte ein Team von drei Lehrern (von denen zwei Mitarbeiter des Versuchsleiters waren) eine vierte Person, den Prüfling (ebenfalls ein Komplize des Versuchsleiters) über eine verbale Lernaufgabe. Den Lehrern wurde gesagt, sie müßten dem Prüfling einen Elektroschock verabreichen, sooft er einen Fehler mache, wobei die Stärke des Schocks von den Lehrern selbst bestimmt werden könne. In seinen Anweisungen hob der Versuchsleiter hervor, daß die Lehrer entweder jedesmal Stromstöße derselben Stärke verabreichen oder die Intensität nach Wunsch heben oder senken konnten, wobei der jeweils bei einem Durchgang verabreichte Stromstoß der niedrigsten Stufe entsprach, die von einem der drei Lehrer bei dem jeweiligen Durchgang befürwortet wurde. Wie vorher ausgemacht, schlugen die Lehrer (1) und (2) (die Komplizen des Versuchsleiters) eine Erhöhung um 15 Volt vor, sooft sich der Prüfling irrte. Der naive Proband, Lehrer Nummer drei, wurde jeweils als letzter gefragt, wie stark der Schock sein solle, der beim jeweiligen Durchgang für einen Irrtum verabreicht wurde. Er war daher bei jedem Durchgang in der Lage, die Stärke des Stromstoßes zu bestimmen, der dem Prüfling verabreicht wurde. Nach den Regeln des Experiments konnte er die Stärke der Schocks während der ganzen Sitzung auf dem anfänglichen Niveau von fünfzehn Volt halten, oder er konnte sich den Vorschlägen der beiden Komplizen anschließen. Der naive Proband (Lehrer Nummer 3) verabreichte den Schock, indem er auf einem Schockgenerator den entsprechenden Knopf drückte. Der Schockgenerator wirkte um so echter, als er eine Firmenbezeichnung und die Angabe „Stromleistung 15–450 Volt“ trug. Kein Proband kam auf die Idee, daß das Instrument in Wirklichkeit nur eine Attrappe war, mit der man gar keine Stromstöße verabreichen konnte. (Überlegungen zum Problem der Irreführung von Versuchspersonen – eine häufige und manchmal unvermeidliche Praxis in der sozialpsychologischen Forschung – finden sich in Box 7/12, S. 98.)

Der Prüfling war an ein Gerät angeschnallt, das Ähnlichkeit mit einem elektrischen Stuhl hatte und sich im Nebenzimmer des Raumes befand, in dem die Lehrer vor dem Schockgenerator saßen. Seine Reaktionen wurden den Lehrern durch ein Kommunikationssystem übermittelt. Nach einem vorher festgelegten Plan machte er in der Gesamtserie von 40 Durchgängen 30 Fehler. Als die ihm in diesen Fehlerdurchgängen verabreichten Stromstöße immer stärker wurden, stöhnte und protestierte er und verlangte schließlich, den Versuch abbrechen zu dürfen. Jede Reaktion des Prüflings war, abgestimmt auf die jeweilige Schockstärke, vorher auf Band aufgezeichnet worden. Der Prüfling ließ kein Mißbehagen erkennen, bis der 75-Volt-Schock verabreicht wurde, auf den er mit einem leichten Ächzen reagierte. Ähnliche Reaktionen erfolgten auf die Stromstöße von 90 und 105 Volt. Bei 120 Volt rief der Prüfling dem Versuchsleiter zu, daß die Schocks schmerzhaft würden. Bei der Verabreichung des Stromstoßes von 135 Volt rief der Prüfling, daß er den Versuch abbrechen wolle, wobei er über Herzbeschwerden klagte. (Als der Prüfling in Gegenwart der drei Lehrer am elektrischen Stuhl festgeschnallt worden war, hatte er beiläufig erwähnt, daß er an einem leichten Herzfehler leide.) Diese Zurufe setzten sich mit zunehmender Dringlichkeit fort, bis der Prüfling bei 180 Volt schrie: „Ich halte den Schmerz nicht mehr aus!“ Bei 285 Volt reagierte er auf den Stromstoß mit einem gequälten Schrei. Bei 300 Volt rief er verzweifelt, er werde keine Antworten mehr auf die Lernaufgaben geben. Danach blieb er still.

Eine zweite Gruppe von Versuchspersonen wurde unter Kontrollbedingungen getestet, wobei der naive Proband der einzige Lehrer war. Er wurde angewiesen, einen Schock zu verabreichen, sooft der Prüfling einen Fehler mache, und es wurde ihm gesagt, daß er als Lehrer bei allen Durchgängen die Stärke der Stromstöße selbst bestimmen könne. In

BOX 7/12

Ethik und psychologische Forschung

Es wird dem Leser aufgefallen sein (ihn vielleicht auch deprimiert haben), daß Täuschung eine wichtige Taktik in der Forschungsarbeit der experimentellen Sozialpsychologen zu sein scheint. So ist beispielsweise in fast jedem der in diesem Abschnitt referierten Versuche die Würde oder die Integrität entweder der Versuchspersonen oder des Versuchsleiters in Gefahr. Nach Auffassung vieler erniedrigt der Versuchsleiter, der einen Probanden (sei es explizit oder implizit) über den Zweck eines Versuchs oder über die Bedingungen, unter denen der Proband arbeitet, täuscht, sowohl den Probanden (der sich in gutem Glauben auf den Versuch eingelassen hat) als auch sich selbst (da der Proband danach seine Einschätzung der Vertrauenswürdigkeit des Versuchsleiters und von Wissenschaftlern im allgemeinen wird revidieren müssen). Dieses Problem bereitet Psychologen vor allem aus zwei Gründen zunehmend Sorge. Erstens ist es natürlich eine Frage der Ethik und der simplen persönlichen Würde oder Selbstachtung. Woher nimmt der Experimentalpsychologe das Recht, so wird gefragt, irgendeinen Menschen hinters Licht zu führen – sei es ein Kind, ein Student, ein Freiwilliger oder eine entlohnte Versuchsperson. Zweitens ist da der rein wissenschaftliche Preis des Betruges. Wenn der Betrug funktioniert und die Versuchsperson sich wirklich täuschen läßt, liegt es auf der Hand, daß ein solcher Versuch nur einmal funktionieren kann; die Sache spricht sich bald herum und die Glaubwürdigkeitslücke zwischen Versuchsperson und Psychologe verbreitert sich. Durch diese Praxis riskiert man eine langfristige Erosion der Vertrauensbeziehung zwischen den Forschern und ihren Versuchspersonen – ein Ergebnis, das sich letzten Endes fatal auf den Fortschritt der Erforschung des menschlichen Verhaltens auswirken würde.

Diese Problematik ist dem Sozialpsychologen zur Genüge bekannt. Eine naheliegende Antwort könnte lauten, daß man *nur dann* zur Täuschung greifen solle, wenn es darum geht, Bedingungen herzustellen, die für einen Versuch nötig sind, und wenn es sich um einen wichtigen Versuch handelt. Aber wer soll entscheiden, daß der Versuch wichtig ist – der Versuchsleiter, dessen ganzes Sinnen und Trachten darauf gerichtet ist, einen maximalen Gewinn an psychologischer Erkenntnis zu erzielen? Oder die Versuchsperson, die vielleicht kaum daran interessiert ist, aber den größten Preis zu entrichten hat?

Die American Psychological Association hat sich kürzlich auch auf einen Katalog ethischer Prinzipien geeinigt, nach denen sich die Forschung mit menschlichen Versuchspersonen oder, wie es darin heißt, „Teilnehmern" richten soll. Es ist ein mit Sorgfalt verfaßtes Dokument, destilliert aus mehrjährigen Beratungen mit Tausenden von Psychologen. Es besteht darauf, daß von den Teilnehmern im maximal möglichen Umfang eine „informierte Zustimmung" einzuholen ist, und sein oberstes Anliegen ist, daß das Befinden der Teilnehmer nach dem Versuch ebensogut oder besser sein müsse als zuvor. Aber was die entscheidende Frage des Nutzens für die Wissenschaft auf der einen und der Kosten für den Teilnehmer auf der anderen Seite betrifft, wird dem einzelnen Forscher die letztendliche Verantwortung übertragen. Wie es in dem Bericht heißt:

> Fast jede mit Menschen arbeitende psychologische Forschung erfordert einen Kompromiß zwischen ethischen Idealen, eine Entscheidung zugunsten einer bestimmten ethischen Erwägung auf Kosten anderer. Aus diesem Grund gibt es Stimmen, die dem ganzen Unternehmen Einhalt gebieten wollen oder die Schranken errichten wollen, durch die Forschung über viele zentrale psychologische Fragen unmöglich gemacht würde. Aber für einen Psychologen ist die Entscheidung, keine Forschung zu betreiben, als solche eine ethisch fragwürdige Lösung, da es eine seiner Verpflichtungen ist, sein Forschungsinstrumentarium zur Erweiterung des Wissens zu benutzen, das schließlich dem Wohl der Mensch-

heit dienen soll ... Wenn er diese Entscheidung trifft, muß der Forscher den potentiellen Nutzen berücksichtigen, der durch die in Frage stehende Forschung zu erwarten ist, und zwar in Hinblick auf die möglichen Kosten für die Forschungsteilnehmer, die durch das Verfahren zu erwarten sind. ... Eine Analyse, die sich von diesen Grundsätzen leiten läßt, fragt in Hinblick auf jedes Verfahren: „Lohnt es sich angesichts dessen, was wir dem Forschungsteilnehmer zumuten müssen, und angesichts der Bedeutung der zu erwartenden Forschungsergebnisse?" Die Entscheidung kann gegen die geplante Forschung ausfallen, oder sie kann die positive Verpflichtung des Forschers bestätigen, die geplante Arbeit in Angriff zu nehmen."

Manche bezweifeln, ob diese Art der Kosten-Nutzen-Analyse in Fragen der Ethik angebracht ist. Dazu zählt D. Baumrind von der Universität von Kalifornien:

„Weit davon entfernt, moralische Dilemmas zu vermeiden, dient der Einsatz einer Kosten-Nutzen-Analyse nur zur Legitimierung des Schlupflochs, das als „moralisches Dilemma" bekannt ist ... Die Kosten-Nutzen-Analyse wird besonders schwierig, wenn das Individuum oder die Gruppe, die das Verhältnis abschätzen, selbst parteiisch und nicht neutral ist ... Wenn der Forscher seine eigene Perspektive mit dem Wohl der Menschheit gleichsetzt ..., dann wird der Versuchsperson de facto diktiert, was nach Ansicht des Forschers getan werden *sollte*. Die Versuchsperson ist ‚gut', wenn sie sich für die Menschheit entscheidet (repräsentiert durch die vorgeschlagene Forschung) und ‚schlecht', wenn sie sich dafür entscheidet, ihre eigenen Interessen zu schützen. Von da ist es nur noch ein Schritt ... bis zu dem Schluß, daß der Forscher im Interesse der Menschheit das Recht, ja die Pflicht habe (vorausgesetzt, daß bestimmte Bedingungen erfüllt sind), der Vp zu helfen, zu der ‚richtigen' Entscheidung zu kommen."

Der Philosoph Feyerabend unterstreicht diesen Gesichtspunkt in seinem Angriff gegen eine derart elitäre Rolle des Wissenschaftlers. Er behauptet, das „moralische Dilemma" sei somit nicht endgültig zur Befriedigung aller gelöst – noch, so vermuten wir, kann es das je sein. Aber der ethische Kodex der APA bleibt dennoch ein außerordentliches Dokument, das von enormer Sensitivität gegenüber den Rechten menschlicher Versuchspersonen zeugt. Es ist in den Worten von *„Science"* (dem Hauptorgan der *American Association for the Advancement of Science*) „wahrscheinlich der umfassendste Katalog ethischer Prinzipien zur Regelung der psychologischen Forschung am Menschen, den es in der Welt gibt". Und er wird immer noch unter beträchtlichen Mühen weiterentwickelt. Änderungen werden immer noch vorgenommen, oft begleitet von beträchtlichen (und unvermeidlichen) Kontroversen. Die Balance zwischen dem öffentlichen „Wohl" (wie auch immer man es definieren mag) und den individuellen Rechten ist schwer zu erreichen. Und selbst wenn eine solche Balance zu irgendeinem historischen Zeitpunkt erreicht würde, könnte es sein, daß gesellschaftliche Umwälzungen dieses Gleichgewicht zwangsläufig wieder stören. „Ewige Wachsamkeit" wird wahrscheinlich die ewige Strategie sein müssen, um unter sich ständig ändernden Bedingungen die moralische Balance zu wahren.

H. Kelman: Human use of human subjects: The problem of deception in social psychological experiments. *Psychological Bulletin,* 1967, *67,* 1–11.

Ad hoc Committee on Ethical Standards in Psychological Research: *Ethical principles on the Conduct of Research with Human Participants.* Washington, D.C.: American Psychological Association, 1973.

D. Baumrind: Metaethical and normative considerations covering the treatment of human subjects in the behavioral sciences. Vortrag, gehalten auf dem Symposium in Psychology and Ethics an der Loyola Unversity. Chicago, 1973.

P. Feyerabend: *Science in a Free Society.* London: New Left Books, 1978.

C. Holden: APA adapts detailed code on human experimentation. *Science,* 1973b, *179,* 662. Copyright 1973 by the American Association for the Advancement of Science.

jeder anderen Hinsicht waren die Versuchsbedingungen der Kontrollgruppe identisch.

Die Ergebnisse dieser Studie, die in Abbildung 13 zu sehen sind, lassen erkennen, daß die Versuchspersonen stark durch die zwei Komplizen beeinflußt wurden (die von den Komplizen vorgeschlagenen Schockstärken sind in der Kurve der „Komplizen-Gruppe" zu sehen). Milgram (1964) kommentiert:

„Die Versuchspersonen lassen sich von der Gruppe dazu verleiten, einem anderen Menschen Schmerzen in einer Stärke zuzufügen, die weit über den Grad hinausgeht, der in Abwesenheit von sozialem Druck gewählt wird. Einem Menschen Schmerzen zu bereiten, ist eine Handlung, die für die meisten Personen mit beträchtlicher psychologischer Bedeutung befrachtet ist: Sie ist eng verknüpft mit Fragen des Gewissens und des ethischen Urteils. Man hätte annehmen können, daß die Proteste des Opfers und innere Hemmungen, anderen wehzutun, der Fügsamkeit der Versuchspersonen Grenzen gesetzt hätten."

Das hätte man in der Tat annehmen können. Siebenundzwanzig der 40 Versuchspersonen fuhren jedoch fort, Elektroschocks von zunehmender Stärke zu verabreichen, selbst nachdem der Prüfling gerufen hatte, daß er das Experiment abbrechen wolle, wobei er auf seine Herzbeschwerden hinwies. Sieben der Versuchspersonen hörten nie auf, sich den „Lehrern" zu fügen, sondern gingen

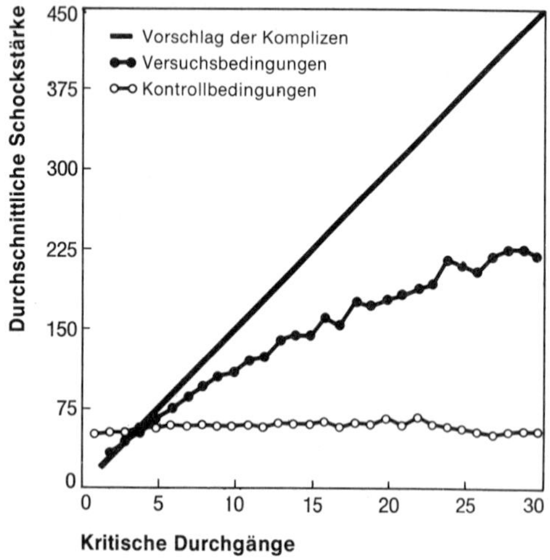

Abbildung 13: Durchschnittliche Stärke simulierter Elektroschocks, verabreicht von 40 Vpn unter Einfluß einer „Komplizen-Gruppe", sowie von 40 Vpn, die keinem solchen Einfluß ausgesetzt waren.

bis zur maximalen Schockstärke von 450 Volt mit diesen mit. Von den 40 Kontrollprobanden verabreichten nur zwei Schocks von über 150 Volt.

Dieses Experiment zeigt normativen Gruppeneinfluß in Aktion, wenn die Gruppe die grausame Behandlung eines anderen Menschen unterstützt. Aber Gruppendruck kann auch einen günstigen Effekt haben. Eine zweite Studie von Milgram (1965) zeigt, daß normativer Gruppeneinfluß auch zu humanem Verhalten führen kann. In dieser Studie widersetzten sich die Lehrer Nummer 1 und 2 (wieder Mitarbeiter des Versuchsleiters) dem Versuchsleiter, indem sie sich weigerten, dem Prüfling weitere Schocks zu verabreichen. In diesen ungehorsamen Gruppen von 40 Vpn schlossen sich 36 dem Widerstand gegen den Versuchsleiter an.

Obwohl dieses Resultat darauf hindeutet, daß normativer sozialer Einfluß auch Gutes bewirken kann, bestätigt er die allgemeine Schlußfolgerung aus Milgrams früherem Versuch. In beiden Fällen läßt sich der einzelne von der Gruppe leiten, offenbar ungeachtet seiner wahren (wenn auch unbekannten) Neigungen. Obwohl günstige Auswirkungen von Gruppendruck sicher weniger beunruhigend sind als unheilvolle, fällt es schwer, das eine wie das andere Phänomen ermutigend zu finden. Die Beeinflußbarkeit des Menschen gibt Anlaß zur Sorge, gleichgültig, in welcher Richtung sich der einzelne der Gruppe beugt.

2.2 Die Krise des Gewissens

In seinem Kommentar über die Implikationen seiner Arbeit zitiert Milgram aus Harold J. Laskis (1929) Essay „Die Gefahren des Gehorsams":

„... Zivilisation bedeutet vor allem die Weigerung, unnötige Schmerzen zu verursachen. Aufgrund dieser Definition können diejenigen, die gedankenlos die Befehle von Autoritäten vertreten, noch nicht für sich in Anspruch nehmen, zivilisierte Menschen zu sein ... Wenn wir ein Leben führen wollen, dem es nicht völlig an Sinn und Bedeutung fehlt, ist es unsere Aufgabe, nichts zu akzeptieren, was unseren Grunderfahrungen widerspricht, bloß weil es die Tradition oder die Konvention oder irgendeine Autorität verlangt. Es ist gut möglich, daß wir unrecht haben; aber unser Selbstausdruck wird im Keim erstickt, wenn sich die Gewißheiten, die man uns auffordert zu akzeptieren, nicht mit den Gewißheiten decken, die wir selbst erleben. Das ist der Grund, warum die Voraussetzung der Freiheit in jedem Staat immer eine umfassende und prinzipielle Skepsis gegenüber den Gesetzen ist, die die Macht erläßt."

Trotz der unerhörten Macht des gesellschaftlichen Einflusses wäre es ein Fehler, zu dem Schluß zu gelangen, daß der einzelne keine Möglichkeit des Widerstandes hat. Nicht alle Menschen gehorchen Befehlen, selbst wenn ihr Ungehorsam mit schweren Strafen bedroht wird; und in der Geschichte gibt es zahllose Beispiele von Menschen, die konsequent den Gehorsam verweigerten und in vielen Fällen schließlich die Mehrheit beeinflußten. Ein solcher Minderheiteneinfluß wurde in einer Reihe von Studien durch Moscovici und Faucheux (1972) nachgewiesen. Diese Forscher stellten fest, daß eine *konsequent* agierende Minderheit sogar die Farbwahrnehmung naiver Versuchspersonen verändern kann. In einer Untersuchung wurden den Vpn 36 Dias gezeigt, die eindeutig blau waren (wie die Reaktionen von Probanden einer Kontrollgruppe zeigten). Jede Versuchsgruppe bestand aus sechs Personen (vier naive Probanden und zwei Mitarbeiter), die ständig – bei einem Dia nach dem anderen – behaupteten, die Dias seien grün. (Jede Vp wurde aufgefordert, die Farbe der gezeigten Dias anzugeben.) Obwohl alle Dias eindeutig blau waren, bezeichneten 32 Prozent der Vpn zumindest eines der Dias als grün, und mehr als 8 Prozent der gesamten Antworten aller Vpn stimmten mit den Minderheitsmeinungen überein.

Nach Sichtung einer Reihe von Studien identifizierte Nemeth (1979) vier Phänomene als charakteristische Beispiele von „Minderheiteneinfluß". Erstens, ein solcher Einfluß tritt nicht zu Beginn des Prozesses auf, sondern erst nach beträchtlicher Hartnäckigkeit seitens der Komplizen des Versuchsleiters. Zweitens, dieser Einfluß greift rapide um sich, sobald er auftritt. Mit anderen Worten, sobald *ein* Mitglied der Mehrheit zu der Minderheitenposition übergeht, tritt ein „Schneeballeffekt" ein und andere schließen sich ihm rasch an. Drittens, Angehörige der Minderheit werden von der Mehrheit in der Regel als unsympathisch empfunden, obwohl sie gleichzeitig als „willensstark", „unabhängig" und „selbstsicher" gesehen werden. Viertens, die Mitglieder der Mehrheit berichten im allgemeinen, die Angehörigen der Minderheit hätten sie veranlaßt, intensiver über ihre Standpunkte nachzudenken als die übrigen Angehörigen der Mehrheit.

Die Ergebnisse von Moscovici, Faucheux (1972) und anderen stimmen optimistisch in Hinblick auf die Forschung über Konformismus und Gehorsam. Wenn eine konsequent agierende Minderheit im geschilderten Umfang Anhänger gewinnen kann, selbst wenn ihre Position falsch ist, dann besteht ja eine noch größere Hoffnung, daß eine Minderheit, die richtige Auffassungen vertritt, Einfluß ausüben kann. (Vielleicht ist diese Vermutung auf den verspäteten, aber überwältigenden Umschwung der öffentlichen Meinung in Amerika in Hinblick auf den Vietnam-Krieg anwendbar.)

2.3 Deindividuation

Die Macht von Gruppennormen über einzelne erweist sich am klarsten in Situationen, in denen die Normen zusammenbrechen. Zu manchen der destruktivsten antisozialen Verhaltensweisen, zu denen Menschen fähig sind, kommt es, wenn sie Teil einer Gruppe sind; einzelne sind selbst oft entsetzt über ihr eigenes früheres Verhalten als Mitglied einer Gruppe. Wie kommt es, daß Menschen in Gruppen oft die Kontrolle verlieren? Es wird die Auffassung vertreten, daß die Zugehörigkeit zu einer Gruppe aufgrund des Gefühls der Anonymität einen Zustand der *Deindividuation* hervorrufe. In diesem Zustand verliert das Individuum sowohl sein „Selbstgefühl" wie seine normalen Hemmungen und Maßstäbe (Diener, 1979). Der Zustand der Deindividuation fördert unverantwortliches Verhalten, da das Selbst nicht mehr da ist, um Verantwortung zu übernehmen und auszuüben.

In einem Zustand der Deindividuation scheinen Menschen daher besonders anfällig für die Beeinflussung durch das Verhalten anderer. Die Ansteckungsreaktion, die in Menschenmengen eintritt – wo die Gruppe als ein Ganzes und vielleicht als ein Mob reagiert – ist ein Beispiel dafür, wie sich durch den Verlust der Individualität die Beeinflußbarkeit durch andere erhöht. Einer der Gründe, warum Sekten eine so vollständige, oft versklavende Herrschaft über ihre Mitglieder ausüben, scheint ebenfalls darin zu liegen, daß diese Symptome von Deindividuation aufweisen – Identitätsverlust, Ziellosigkeit und Gefühle von Anonymität (Thomas, 1979). Sektenführer sind darüber hinaus oft bestrebt, ihren Einfluß über ihre Anhänger zu erhöhen, indem sie aktiv und geschickt deren

Gefühle der Deindividuation verstärken. Der Sektenführer James Jones schien in dieser Hinsicht besonders erfolgreich (Killduff u. Javers, 1978), und der Massenselbstmord von Jamestown war eine erschreckende Demonstration, wie extrem dieser eigene „Ich-Verlust" werden kann.

2.4 Zuschauerintervention

Gruppen können sich sowohl durch *Nichthandeln* als auch durch *Handeln* verantwortungslos benehmen. Nicht nur ist die Wahrscheinlichkeit größer, daß Menschen durch Gruppen zu Schaden kommen als durch einzelne, es ist auch wahrscheinlicher, daß ihnen von einzelnen geholfen wird als von Gruppen. Vor einigen Jahren wurde eine Frau namens Kitty Genovese um drei Uhr morgens vor ihrem Wohnhaus in New York überfallen und getötet. Ihre Schreie lockten mindestens 38 Nachbarn an die Fenster. Diese Beobachter berichteten später, sie hätten Horrorgefühle erlebt, während sie den Überfall beobachteten (der eine halbe Stunde dauerte!), aber niemand versuchte, das Opfer zu retten oder auch nur die Polizei zu rufen. Warum? Die Nachbarn selbst konnten ihre Passivität nicht erklären. Ein sehr ähnlicher Vorfall ereignete sich 1979 zu Mittag auf einem Golfplatz in San Francisco mit demselben Ergebnis: Eine Frau wurde trotz ihrer anhaltenden Hilferufe, die von einer großen Zahl in der Nähe befindlicher Golfspieler gehört wurden, ermordet.

Vielleicht wäre den Frauen in den genannten Fällen geholfen worden, wenn nur ein Mensch oder wenige Personen in der Nähe gewesen wären (s. Abb. 14). Latané und Rodin (1969) führten ein Experiment durch, um die Auswirkung der Zahl der Zuschauer auf die individuelle Bereitschaft zu untersuchen, einer Frau in Not zu helfen. Die Forscher sagten voraus, daß ein einzelner Zuschauer eher bereit sein werde, Hilfe zu leisten, als ganze Gruppen von Zuschauern. Als die Versuchspersonen eintrafen, um an dem Experiment teilzunehmen, wurden sie von der jungen Frau in ein Wartezimmer geführt und erhielten einen Fragebogen zum Ausfüllen. Unter der einen Versuchsbedingung arbeiteten sie allein an dem Frage-

Abbildung 14: Der auf dem Gehsteig liegende Mann kann betrunken oder krank – vielleicht sogar tot sein. Niemand scheint ihn zu bemerken, aber wahrscheinlich hat jeder der Passanten einen kurzen Blick auf ihn geworfen, wie die Frau rechts im Bild. Keiner dieser Passanten scheint diesem Mann helfen zu wollen, aber möglicherweise würde es einer von ihnen versuchen, wenn niemand anderer da wäre.

bogen; unter der anderen Bedingung waren die Probanden zu dritt. Sobald die Probanden mit dem Ausfüllen begannen, ging die junge Frau in einen Nebenraum und begann zu arbeiten. Nach einigen Minuten hörten die Versuchspersonen, daß im Nebenraum ein Stuhl umstürzte und die Frau aufschrie und Dinge sagte, wie: „Ich kann das nicht wegschieben. Au, mein Knöchel. Ich krieg das nicht weg." Die Hauptfrage war natürlich, ob die Versuchspersonen der Frau zu Hilfe eilen würden. Von den allein wartenden Probanden leisteten ihr 70 Prozent Hilfe. Von den Probanden, die mit zwei Fremden warteten, kamen ihr nur 40 Prozent zu Hilfe.

Latané und Rodin vermuteten, daß der Grad an Besorgnis, den die anderen Anwesenden erkennen lassen, ebenfalls entscheidenden Einfluß darauf hat, ob ein bestimmter Zeuge eines Vorfalls seine Hilfe anbietet. Um diese Hypothese zu testen, führten sie in ihren Versuch eine dritte Bedingung ein, unter der die Versuchsperson ihren Fragebogen in Gegenwart eines anderen Probanden ausfüllte, eines Komplizen des Versuchsleiters, der keinerlei Anteilnahme erkennen ließ, als die Frau zu schreien begann. Unter dieser Bedingung kamen nur sieben Prozent der Versuchspersonen der Frau zu Hilfe.

Warum ist die Wahrscheinlichkeit, daß Menschen helfen, geringer, wenn sie Teil einer Gruppe sind, als wenn sie allein sind? Zwei Erklärungen wurden dafür angeboten. Die eine ist, daß sich Menschen in einer Gruppe persönlich weniger verantwortlich fühlen, in einem Notfall einzugreifen, als wenn sie allein sind. Je größer die Gruppe, desto größer die *Diffusion der Verantwortung* für die Hilfeleistung. Das Gefühl geringerer persönlicher Verantwortung kann sich somit nicht nur auf unsere Bereitschaft auswirken, riskante Entscheidungen zu billigen und uns an asozialen Akten zu beteiligen, sondern auch auf unsere Neigung, anderen zu Hilfe zu kommen. Diese Hypothese einer Diffusion der Verantwortung wurde von Morgan (1979) bestätigt, der feststellte, daß die Anwesenheit anderer die Bereitschaft zur Hilfeleistung besonders dann vermindert, wenn die Kosten oder das Risiko des Helfens hoch waren. Mit je mehr Unannehmlichkeiten eine Hilfeleistung verbunden ist, desto eher scheuen die Menschen wahrscheinlich vor der Verantwortung zurück.

Ein zweiter Grund für das Nichthelfen hat mit dem Phänomen des bereits erwähnten informatorisch-sozialen Einflusses zu tun. Ein Notfall stellt die meisten Menschen vor eine neue Situation, und wie in den meisten neuen Situationen sind wir sehr darauf bedacht, die Lage nicht falsch zu interpretieren und deshalb zu überreagieren. Unheilpropheten und Leute, die „ihre Fassung verlieren", werden in unserer Gesellschaft nicht geschätzt. Aber wie entscheiden wir, was die richtige Interpretation einer Situation und eine angemessene Verhaltensweise ist? Wenn wir allein sind, müssen wir uns auf unser eigenes Urteil verlassen. Aber wenn wir in einer Gruppe sind, können wir erwarten, von den anderen Gruppenmitgliedern den richtigen Weg gezeigt zu bekommen. Was jedoch geschieht, ist, daß die ebenso verwirrten übrigen Mitglieder der Gruppe von uns Informationen erwarten und daß wir uns gegenseitig den Eindruck vermitteln, die Situation sei nicht ernst und es sei nicht notwendig zu handeln. („Wenn es ein Notfall wäre und geholfen werden müßte, dann würden ja die anderen etwas tun. Oder nicht?")

3 Personaler Raum und Beengtheit

Gruppen wirken sich auch hinsichtlich des physischen Raumes, den sie dem einzelnen zugestehen, auf das Individuum aus. Ergebnisse aus diesem Forschungsbereich deuten darauf hin, daß Menschen bestimmte Bedürfnisse nach räumlicher Rückzugsmöglichkeit haben. Wenn diese Bedürfnisse nicht erfüllt werden, leidet die persönliche Funktionsfähigkeit, und es kann Angst auftreten. Ein Verständnis dieses Phänomens ist unerläßlich, wenn die Gesellschaft das Wohlbefinden von Menschen berücksichtigen will, die in nächster Nähe voneinander leben oder arbeiten. Und dies hat natürlich Konsequenzen für das Gruppen- und Massenverhalten.

Als *Territorialverhalten* bezeichnet man unsere Annahme, daß wir exklusive Rechte auf bestimmte geographische Bereiche haben, selbst wenn wir keinen juristischen Anspruch auf diese Bereiche erheben können. Um ein häufiges Beispiel zu nehmen: Nach der ersten Schulwoche betrachten die meisten Schüler einen bestimmten Sitzplatz als ihr Territorium und weisen Anzeichen des Mißbehagens oder der Irritation auf, wenn sich jemand

Abbildung 15

anderer da hinsetzt. Interessant, selbst für das einfache zitierte Beispiel, ist die subtile Art und Weise, wie Fremde bestimmte implizite Territorialrechte respektieren, und die emotionalen Mechanismen, die dieses Verhalten regulieren (wir kommen gleich darauf zurück).

Unter *personalem Raum* versteht man nicht einen geographischen Ort, sondern den Raum, der unseren Körper umgibt, ein Raum, der sich mit uns „bewegt". Jeder Mensch betrachtet diesen Raum als zu ihm gehörig und versucht zu verhindern, daß andere in diesen Raum eindringen. So sind Personen, die in einem öffentlichen Leseraum sitzen, deutlich bestrebt, zumindest einen leeren Platz zwischen ihnen selbst und dem nächsten Leser zu haben (Sommer, 1969). Dieses Phänomen ist auch in informelleren Umgebungen zu beobachten (s. Abb. 15).

Der personale Raum ändert sich jedoch mit den Umständen. Willis (1966) registrierte die faktischen, physischen Distanzen von Zweiergruppen, die miteinander Gespräche führten. Diese Zweiergruppen wurden danach klassifiziert, ob sie einander fremd oder miteinander bekannt waren. Ihr Nasenabstand wurde zu Beginn des Gesprächs gemessen. Bekannte standen näher beieinander (durchschnittlich etwa 60 cm voneinander entfernt) als Fremde (etwa 70 cm). Es gibt natürlich viele Umstände (z. B. in überfüllten Aufzügen und Warteräumen), unter denen der persönliche Raum verletzt werden muß. In solchen Situationen machen Menschen häufig den Versuch, den Grad der Verletzung ihres personalen Raums (und dessen anderer) zu verringern, indem sie die Augen schließen, Rücken an Rücken zueinander stehen, nach unten schauen oder eine Zeitung in Augenhöhe halten. Versuchen Sie, in einem überfüllten Bus einem Fremden gegenüberzustehen und diesem voll in die Augen zu schauen. Sie werden wahrscheinlich Angst und Verunsicherung empfinden. Ihr „Opfer" wird vielleicht versuchen, dieser unerwarteten Konfrontation zu entgehen, indem er oder sie zu Boden blickt, wegrückt oder eine „interessante" Anzeige an der Wand liest (und nochmals liest). Der Betreffende kann aber auch reagieren, indem er Sie anstarrt, Sie fragt, ob Sie etwas stört oder durch einen noch offensichtlicheren antagonistischen Akt.

Unsere physiologischen Reaktionen auf Verletzungen unseres personalen Raums haben Ähnlichkeit mit der Art und Weise, wie wir uns fühlen, bevor wir uns einer schwierigen Aufgabe unterziehen. Dazu zählen verstärktes Schwitzen, kalte Hände und Füße, beschleunigter Herzschlag und erhöhter Blutdruck. McBride, King und James (1965) sehen darin Abwehrreaktionen, die Bemühungen vorausgehen bzw. diese auslösen, seinen persönlichen Raum wiederherzustellen. Diese Forscher maßen Veränderungen der galvanischen Hautreaktion (ein Maßstab des Schwitzens) je nachdem, aus welcher Richtung sich jemand dem Betreffenden nähert. Sie stellten fest, daß diese Reaktion am stärksten ist, wenn sich jemand genau von vorn nähert, mittel, wenn jemand von der Seite kommt, und am schwächsten, wenn sich jemand von hinten nähert. Sie stellten auch fest, daß diese Schwitzreaktion größer ist, wenn jemand von anderen Personen berührt wird, als wenn dies durch unbelebte Objekte geschieht. (Solche Invasionen wirken sich auch auf unsere Gedanken und emotionalen Reaktionen aus, wie aus Box 7/13 hervorgeht.) Besonders bemerkenswert an der Wahrung des personalen Raums und am Territorialverhalten ist, daß diese Wahrung gewöhnlich auf einer unbewußten Ebene funktioniert. Bei Stadtbewohnern dringen nur die außergewöhnlicheren und schwer vermeidbaren Verletzungen unseres personalen Raums je in unser direktes Bewußtsein. Doch kleinere Übertretungen können bewirken, daß wir uns vage beunruhigt fühlen, ohne uns je über die Ursache dieser Unruhe klarzuwerden.

Ähnliche Probleme können heute bei Raumflügen und langen U-Boot-Fahrten auftreten, bei denen die Mannschaften lange Zeit in sehr engem Kontakt miteinander leben müssen. Es wurden Untersuchungen durchgeführt über den Zusammenhang zwischen sozialen Interaktionsmustern und der Fähigkeit, simulierte Aufgaben dieser Art zu erfüllen. Altman, Taylor und Wheeler (1971) brachten je zwei Personen in kleinen Räumen unter, die jeweils nur Klappbetten, zwei Stühle, einen Tisch, ein Regal, Material für die Aufgaben, eine Lampe, einen Eisschrank, eine chemische Toilette und Mindestrationen an Lebensmitteln enthielten. Daten wurden durch akustische und Videoaufzeichnungen sowie durch Untersuchung von Blutproben gesammelt, die vor und nach der Isolationszeit abgenommen wurden. Es stellte sich heraus, daß die Vpn, denen es gelang, diese achttägige Isolierung erfolgreich durchzustehen, vom ersten Tag an ihre Territorialansprüche auf Bett, Stuhl und Raumseite sowie regelmäßige Zeiten der sozialen Interaktion geregelt hatten. Die Paare, die den Test nicht bestanden, hatten erst quasi in letzter Minute den Versuch unternommen, Territorialansprüche zu stellen und Grundregeln für die Interaktion festzulegen, um ihre Situation erträglich zu machen.

Die Blutproben dieser Vpn wurden über eine Form von proteingebundenem Jod (PBI) analysiert, das Aufschluß über die Streßreaktion gibt. Die Probanden, die außerstande waren, den Versuch abzuschließen (Gruppe B), wiesen ursprünglich viel geringere PBI-Werte auf als die Probanden, die den Versuch abschlossen (Gruppe A), aber ihr PBI-Spiegel war nach der Isolierung höher als der der Gruppe A. Diesem Befund entsprachen auch die beobachteten und selbst berichteten Daten im emotionalen Bereich. Die Angehörigen der Gruppe B schienen anfangs die potentiellen Belastungen der Situation, in die sie sich begaben, zu verkennen und zu unterschätzen. Als sie sich in den Isolationsraum begaben, empfanden sie daher anfangs zunächst nur wenig Streß und kümmerten sich nicht darum, Grenzen zur Regulierung der sozialen Interaktion zu ziehen. Nach etwa einem Tag erhöhte sich ihre Nervosität und Unruhe sehr drastisch, aber da war es schon zu spät, und trotz ihrer Bemühungen, jetzt eine territoriale Abgrenzung vorzunehmen, gewannen sie ihre Gelassenheit nicht mehr zurück. Anscheinend ist es für unser psychisches Wohlbefinden entscheidend, sowohl die Wichtigkeit, sich ein persönliches Territorium zu schaffen, zu erkennen, als auch dies in einer potentiell beengenden Situation so früh wie möglich zu tun.

Einer der interessantesten Befunde, die sich aus den Untersuchungen des *crowding*-Phänomens (Beengtheitserleben) ergeben, ist, daß das Erleben der Beengtheit und der damit verbundenen eben beschriebenen negativen Folgen nicht strikt von der interpersonalen Dichte (dem verfügbaren Raum geteilt durch die Zahl der anwesenden Personen) abhängig ist. Altman (1975), der die Bedeutung der Dichte herunterspielt, vertritt die Auffassung, Beengtheit werde erlebt, wenn der *Wunsch* nach einer Rückzugsmöglichkeit beim einzelnen größer ist als der dafür *faktisch vorhandene Raum.*

Greenberg und Firestone (1977) haben Altmans Hypothese durch die Ergebnisse eines Versuchs bestätigt, der zeigte, daß Individuen, die bei einer intimen Interaktion beobachtet wurden, die üblichen Isolations-Rückzugs-Symptome „beengter“

BOX 7/13

Eine Verletzung des personalen Raums

Stellen Sie sich eine Cafeteria vor, in der mehrere Leute an den Tischen sitzen. Die Tische bieten jeweils sechs Personen Platz. Einige Tische sind nicht besetzt. Wenn man die Cafeteria betritt und sich allein an einen dieser Tische setzt, dehnt sich dann der eigene personale Raum so aus, daß der gesamte Tisch vorübergehend zu eigenem Territorium wird? Cathy Osmond, eine Psychologiestudentin an der State University von Kalifornien in Harvard, beschloß, dies durch ein informelles Experiment zu testen, bei dem sie in den Tischraum anderer Personen eindrang. Der folgende Bericht über ihre eigenen emotionalen und Verhaltensreaktionen und die der anderen liefert eine klare Antwort.

„An drei Tagen ging ich in meiner Nachmittagspause in die Cafeteria neben meiner Arbeitsstätte und setzte mich dort an einen Tisch, der bereits besetzt war. Es kostete mich viel Mut, das zu tun.

Meine erste Versuchsperson las, als ich mich an ihren Tisch setzte. Überrascht blickte sie auf, verzog das Gesicht und starrte mich an. Dann deutete sie ein Lächeln an und murmelte ‚hallo'. Dann tat sie so, als lese sie weiter, aber ich bezweifle, daß sie sich konzentrieren konnte. Sie rutschte auf ihrem Stuhl herum und klopfte mit einem Finger auf den Tisch, während sie mit der anderen Hand ihr Buch umblätterte. Nach einigen sehr unbehaglichen Minuten erklärte ich ihr, was ich vorhatte, und ersuchte sie, mir zu sagen, wie sie sich fühle. Sie schien erleichtert. Sie antwortete: ‚Ich fühlte mich so unbehaglich. Es hat mich so aus der Fassung gebracht, daß mir nichts anderes einfiel, als dich zu ignorieren und weiterzulesen. Dabei kam ich mir ziemlich dumm vor. Warum sollte ich mich davon, daß du am gleichen Tisch sitzt, so nervös machen lassen? Ich meine, warum habe ich nicht mit dir geredet, statt so zu tun, als lese ich?'"

Die zweite Vp trank eine Cola. Ich setzte mich hin, ohne ein Wort zu sagen. Er begann mit dem Aschenbecher und mit seinem Strohhalm zu fummeln. Er vermied es, mit mir Augenkontakt aufzunehmen, bis es sich nicht länger vermeiden ließ. Dann zuckte er die Achseln, lachte und sagte: ‚Was machst du da?' Ich erklärte ihm mein Vorhaben und fragte ihn, wie er sich fühle. Er antwortete:

‚Ich fühlte mich komisch. Ich dachte, du seist irgendein ‚Freak'. Ich wußte nicht, was ich sagen sollte, ob ich sagen sollte, hau ab, oder ob ich aufstehen oder selbst abhauen sollte.'

Ich fragte ihn, warum er nicht wegging oder mich aufforderte zu gehen. Er antwortete:

‚Ach, ich weiß nicht. Das Ganze schien zu absurd. Ich überlegte mir: ‚Warum nicht?'

Die dritte Vp trank ebenfalls eine Cola und zappelte und fummelte genauso herum. Danach sagte er:

‚Ich glaubte, daß du mich vielleicht für einen Bekannten oder so gehalten hast. Deshalb hat es mich anfangs nicht sehr gestört, als du dich hersetztest. Aber später war es klar, daß das nicht der Fall war. Es begann mich zu stören und mich zu ärgern. Aber ich brachte nichts heraus.'"

Diese Vorfälle spielten sich zwischen Fremden ab. Ein Freund, der sich zu einem an den Tisch setzt, wäre einem natürlich willkommen. Das heißt, der Radius des unverletzbaren personalen Raumes würde kleiner werden. Aber er wäre immer noch vorhanden, wie wir sehen werden. Ein anderer Psychologiestudent experimentierte bei den Mahlzeiten mit einer Übertretung des personalen Raumes. Er wohnt mit sechs anderen Leuten zusammen in einer WG, wo für alle ge-

---

Personen aufwiesen – vermindertes Anschauen, verminderte Blicke ins Gesicht, verminderte Enthüllung –, obwohl sie sich unter Bedingungen geringer Dichte befanden. In diesem Fall hatte es den Anschein, als seien sich „zwei genug", während ein Dritter „zuviel" ist, aber auch zwei können zuviel sein, wenn man sich selbst genug ist.

Außer unserem Wunsch nach Privatheit ist auch der Grad, in dem andere uns an der Verfolgung unserer Ziele oder in unserem Verhalten behindern, ein wichtiger Maßstab des Beengtheitsgefühls. Hohe Dichte vermindert oft unsere Fähigkeit zu funktionieren und unsere Ziele zu verfolgen, aber oft ist dies auch nicht der Fall. Wenn die

meinsam gekocht wird und regelmäßig alle zusammen abendessen. Als eines dieser Abendessen zur Hälfte vorbei war, begann er seine Tasse, seine Gabel und seine Serviette an den Teller seines Nebenmannes heranzuschieben. Dieser murmelte etwas über Geschirrspülen, stand auf, räumte alle leeren Teller in die Küche und begann sie abzuwaschen. Am nächsten Abend machte der Student dasselbe mit seinem Nebenmann auf der anderen Seite. Dieser schaute ihn eine Weile fragend an, senkte dann den Blick und sagte während der ganzen Mahlzeit kein weiteres Wort mehr. Der Student, der dieses Informationsexperiment durchführte, berichtete, daß er seine Rolle als äußerst belastend empfunden habe und sehr erleichtert gewesen sei, als er seinen Freunden sagen konnte, was er da gemacht hatte. Seine Freunde äußerten ebenfalls große Erleichterung, als sie diese Erklärung erhielten.

Machen Sie selbst ein Experiment mit dem personalen Raum. Wir sind uns der ungeschriebenen Regeln über den personalen Raum normalerweise nicht bewußt, obwohl wir sie sorgfältig einhalten. Aber wenn Sie es sich zur Aufgabe machen, diese Regeln aufzudecken, dann wird es Ihnen gelingen, viele herauszufinden. Wählen Sie eine dieser Regeln aus und überlegen Sie, wie Sie dagegen verstoßen könnten. Aber lassen Sie Ihren Sinn für Mäßigung walten, indem Sie eine relativ harmlose Regel und eine relativ sanfte Form des Verstoßes wählen. Beobachten Sie, wie die anderen Beteiligten darauf reagieren. Sagen Sie ihnen, was Sie gemacht haben. Fragen Sie sie, wie sie sich fühlten. Machen Sie sich ihre eigenen Gefühle über diese Erfahrung klar. Sie werden alle dabei eine Menge lernen. Nutzen Sie diese Chance!

Anwesenheit anderer zielgerichtetes Verhalten nicht behindert, tendieren Menschen dazu, sich nicht beengt zu fühlen (Schmidt u. Keating, 1979). Tatsächlich konstatierten Wicker, Kirmeyer, Hanson und Alexander (1976), daß sich Individuen unter Bedingungen *geringer* Dichte beengter fühlten als bei *hoher* Dichte, wenn sie im ersten Fall in ihrem Verhalten behindert wurden, im zweiten dagegen nicht.

Ein weiterer Faktor, der sich auf den Effekt hoher Dichte auswirkt, ist die subjektiv empfundene Kontrolle des Individuums über diese Bedingungen (Sherrod u. Cohen, 1980). Wenn Menschen das Gefühl haben, einer Menge bzw. einem beengten Zustand entkommen zu können, wenn sie das wünschen, dann werden sie sich dadurch weniger gestört fühlen, als wenn sie glauben, diese Kontrolle nicht zu besitzen. So stellte Sherrod (1974) beispielsweise fest, daß Probanden unter Bedingungen hoher Dichte bei komplexen kognitiven Aufgaben geringere Leistungen erbrachten und sich weniger hartnäckig mit einem unlösbaren Rätsel befaßten als unter Bedingungen geringer Dichte, aber nur, wenn sie glaubten, den Raum nicht verlassen zu können.

Obwohl das Gefühl der Kontrolle die negativen Auswirkungen des *crowding* zu mildern scheint, unterminiert ein langer Aufenthalt unter Bedingungen hoher Dichte interessanterweise generell das Gefühl der Kontrolle über die eigene Umgebung. So stellte beispielsweise Rodin (1976) fest, daß Kinder, die in Gegenden mit hoher Dichte wohnen, weniger dazu neigten als Kinder aus Gegenden mit geringer Dichte, in einer Laborsituation die Kontrolle über verschiedene Aktivitäten wie Puzzles und Spiele zu übernehmen. Rodin schloß daraus, daß chronische Dichte de facto bewirkte, daß man in der eigenen häuslichen Umgebung weniger Kontrolle ausüben könne; die Folge sei, daß Menschen, die unter solchen Bedingungen leben, generell von sich erwarten, relativ machtlos zu sein. Diese Einstellung bewirkte schließlich, daß sie selbst in Situationen – im realen Leben oder im Labor –, wo sie Kontrolle ausüben könnten, auf diese verzichten.

4 Der Beitrag des einzelnen zur Gruppe

Bisher haben wir uns überwiegend mit der Art und Weise befaßt, wie sich Gruppen auf einzelne auswirken. Wir wenden uns jetzt den Rollen zu, die einzelne als Mitglieder von Gruppen spielen. Nehmen wir an, Sie haben sich soeben einer Gruppe angeschlossen, die die Aufgabe hat, eine wichtige Entscheidung zu treffen. Sollten Sie die Entscheidung so behandeln, wie Sie das tun würden, wenn es keine Gruppe gäbe – das heißt, selbst eine Lösung finden und sie der Gruppe präsentieren? Sollten Sie ein „netter" Mensch sein – und „nette" Menschen halten den Mund – und akzeptieren, was auch immer die Gruppe beschließt? Viele Mitglieder von Entscheidungsfindungsgruppen verhalten sich in dieser Weise, aber das ist kein Gruppenverhalten. Eine Gruppe hat spezielle Funktionen, denen durch Mitglieder, die sich in einer der beschriebenen Weisen verhalten, nicht gut gedient ist; diese werden durch eine Untersuchung der Gruppenstruktur und -funktion und ihren Konsequenzen für das Verhalten der einzelnen Gruppenmitglieder deutlich werden.

4.1 Gruppenstruktur und -funktion

Viele Gruppentheoretiker finden es nützlich, davon auszugehen, daß Gruppen zwei verschiedene Umfelder und zwei korrespondierende Reihen von Funktionen haben. Das äußere Umfeld der Gruppe besteht aus all den Ereignissen oder Problemen, zu deren Bewältigung die Gruppe ins Leben gerufen wurde. Wenn Sie und andere als Gruppe daran arbeiten sollten, den Stadtentwicklungsplan in Ihrem Bezirk zu ändern, dann wäre Ihr Bezirk Ihr *äußeres Umfeld* und Sie würden mit der Kommunalbürokratie verhandeln müssen und hätten Funktionen auszuüben wie die Beschaffung von Antragsformularen, das Einholen von Informationen und das Sammeln von Unterschriften. Außerdem würde Ihre Gruppe Pläne und Aktivitäten entwickeln müssen, die es den Mitgliedern gestatten würden, diese Aufgaben in effizienter und befriedigender Weise zu erfüllen. Zu diesem Zweck müßte sich die Gruppe mit ihrem *inneren Umfeld* befassen. Dieses besteht aus dem Verhalten der Gruppenmitglieder zueinander, einschließlich von Aspekten wie Planung, Koordination und – was am allerwichtigsten ist – die Aufrechterhaltung eines guten Gruppenklimas und einer starken Motivation.

Die Pflege des inneren Umfelds ist eine schwierige und komplizierte Aufgabe, bei der viele Gruppen scheitern. Die Mitglieder der Gruppe werden nicht harmonisch zusammenarbeiten, wenn sie nicht das Gefühl haben, daß ihnen von den übrigen Mitgliedern der angemessene Status und Respekt zugestanden wird, und wenn sie nicht darüber hinaus den Eindruck haben, daß die Gruppe Fortschritte bei ihrer Aufgabe macht. Die Gruppenmitglieder können deshalb zur Erreichung der Gruppenziele beitragen, indem sie sich nicht nur mit dem äußeren Umfeld befassen, sondern indem sie sich gegenseitig ermuntern, das äußere Problem zu untersuchen und Lösungsvorschläge zu machen, indem sie einander für konstruktive Beiträge belohnen, unproduktiven Beiträgen mit taktvoller Kritik begegnen und jedem Mitglied eine Rolle zu verschaffen suchen, in der es sich bewähren und dadurch belohnt fühlen kann. Im inneren Umfeld können Hindernisse vieler Art auftreten, einschließlich Rivalitäten oder Eifersucht unter den Mitgliedern, mangelnde Bereitschaft bestimmter Mitglieder, ihren Anteil an Arbeit zu übernehmen, Unfähigkeit, koordinierte Aktivitäten zu planen, und Uneinigkeit über die Mittel und Wege, wie an die Probleme der Gruppe herangegangen werden sollte. Wegen dieser potentiellen Probleme beim Umgang mit dem inneren Umfeld ist Problemlösen in der Gruppe weitaus komplizierter als individuelles Problemlösen.

Gemeinschaftsleistungen, wobei die Gruppe durch *Zusammenarbeit* mehr erreicht als durch bloße Addition individueller Bemühungen, können nur eintreten, wenn das innere Umfeld mit großem Geschick behandelt wird. Sie kennen vielleicht den Spruch, „Ein Kamel ist ein Pferd, das von einer Kommission gezeichnet wurde" – ein vorhersagbares Resultat, wenn dem Komitee die Fähigkeit fehlt, sein inneres Umfeld zu pflegen, obwohl es nach außen hin nur um das Pferd geht.

4.2 Führerschaft

Das wichtigste Kennzeichen einer Gruppenstruktur ist, daß es Führer und Geführte gibt. Nahezu alle Gruppen haben Führer, obwohl sich diese hinsichtlich ihres Einflusses und ihres formalen Status stark voneinander unterscheiden können. Die Frage, wodurch Führung zustandekommt, hat politische und soziale Analytiker jahrhundertelang beschäftigt. Seit Aristoteles hält die Debatte darüber an, ob jemand als Führer zur Welt kommt oder durch die Situation dazu gemacht wird. Ari-

Abbildung 16: Bezweifeln Sie, daß es sich hier um eine *zugewiesene* Führungsrolle handelt?

stoteles glaubte ebenso wie Shakespeares Julius Cäsar, daß „manche geboren sind zu führen und andere zu folgen". Viele andere Autoritäten haben jedoch argumentiert, daß in erster Linie situationsbedingte Einflüsse darüber entscheiden, wer eine Führungsrolle übernimmt.

Um die Führungstheorie vom „großen Mann" zu testen, haben Sozialpsychologen herauszufinden versucht, ob es so etwas wie eine „Führerpersönlichkeit" gibt. Wenn es sie gäbe, dann sollte sie methodisch identifizierbar sein. Mann (1959) analysierte 1400 verschiedene Studien über die Korrelate zwischen Persönlichkeit und Führungsqualitäten, aber er kam nicht zu schlüssigen Ergebnissen. Keine Eigenschaft *korrelierte durchgängig* mit Führungsfähigkeit, obwohl die am häufigsten damit verbundenen Eigenschaften *Intelligenz* (in 50 Prozent der Studien), *Dominanz* (in 42 Prozent der Studien) und *Extraversion* (in 37 Prozent der Studien) waren.

Wenn Persönlichkeitsfaktoren nur einen minimalen Einfluß darauf haben, wer zu einem Führer wird oder wie fähig ein Führer ist, was sind dann die zuverlässigen Determinanten? Manche Forschungen haben gezeigt, daß eine bloß *zugewiesene* Führungsrolle sowohl Führungsverhalten als auch Akzeptanz durch andere hervorrufen kann (s. Abb. 16). Die *Macht der Ernennung* wurde durch eine Untersuchung von Marinerekruten demonstriert. Von einer Gruppe frisch eingetroffener Rekruten wurde ein Mann *willkürlich* zum stellvertretenden Maat ernannt (eine Position, die mit verschiedenen kleineren Aufgaben verbunden ist wie, die Mannschaften zum Appell antreten zu lassen). Als diese Rekruten später gefragt wurden, von welchem Mann in ihrer Einheit sie im Gefecht geführt werden wollten, wählten sie den Mann, der anfangs zu ihrem Führer bestimmt worden war (Bell u. French, 1950). Andere Forschungen (s. Box 7/14) haben gezeigt, daß es möglich ist, einen Führer „künstlich zu erzeugen", indem man den Betreffenden veranlaßt, mehr zu reden als andere.

BOX 7/14

Wie man einen Führer „produziert“

Da Gruppenführer mehr sprechen, überlegten A. Bavelas, A. Hastorf, A. Gross und W. Kite an der Universität Stanford, ob man nicht jemanden am leichtesten dadurch zu einem Führer machen könnte, indem man ihn einfach auffordert, mehr zu reden. Um diese Hypothese zu testen, gaben sie Vier-Personen-Gruppen Gelegenheit, über ein Problem zu diskutieren, und forderten die Teilnehmer dann auf, einander in Hinblick auf ihre Führungsfähigkeit einzustufen (von 1 bis 4). Danach schulten sie nur das Gruppenmitglied, das die *niedrigste* Einstufung erhalten hatte, mehr zu reden.

Dazu benutzten sie folgendes Trainingsverfahren. Jeder Teilnehmer hatte vor sich ein Kästchen mit einem grünen und einem roten Licht. Den Gruppenmitgliedern wurde mitgeteilt, daß jeder von ihnen während des zweiten Teils ihrer gemeinsamen Diskussion Rückmeldungen über seine Beiträge erhalten würde. Wenn das rote Licht aufleuchtete, so würde das bedeuten, daß er die Diskussion behindere, das grüne Licht würde dagegen bedeuten, daß er dazu beitrage. Während der folgenden Diskussion wurde der am niedrigsten eingestufte Teilnehmer positiv verstärkt (erhielt grünes Licht), so oft er redete, während den übrigen Mitgliedern häufig durch rotes Licht das Wort abgeschnitten wurde. Nach dieser Übungssitzung stuften die Teilnehmer einander wieder in Hinblick auf ihre Führungsqualitäten ein. Schließlich wurde eine dritte Diskussionsrunde abgehalten, bei der keine Signallichter benutzt wurden und nach der erneute Einstufungen vorgenommen wurden. (Auf diese Weise konnte man feststellen, ob die Schulung eine Wirkung zeigte, selbst nachdem keine Verstärkung mehr erfolgte.)

Das Ergebnis war, daß sich durch die Anerkennung hilfreicher Beiträge sowohl die Redefrequenz eines Teilnehmers wie die Tendenz der anderen, ihn als einen Führer zu betrachten, erhöht. In der ersten Diskussionsrunde erhielten die Personen, die hinsichtlich ihrer Führungsqualitäten am niedrigsten eingestuft wurden (und die danach geschult wurden), Durchschnittswerte von nur 1,8 (auf einer Skala von 1 bis 4); sie sprachen in dieser Runde auch durchschnittlich nur 16 Prozent der Zeit. Nach der zweiten Runde (in der das Training stattfand) erhöhte sich ihre durchschnittliche Einstufung auf 3,3 und sie sprachen 37 Prozent der Zeit. Nach der dritten Runde fielen sie wieder leicht zurück auf eine Wertung von 2,7 und sprachen 27 Prozent der Zeit.

Warum hat diese simple Technik so gut funktioniert? Die Wissenschaftler vermuten, daß die veränderte Einschätzung durch Veränderungen in der Art und Weise zustandekam, wie die verstärkte Person sich selbst wahrnahm und von den anderen Gruppenmitgliedern wahrgenommen wurde. Genauer gesagt, je mehr der Betreffende die Änderungen in seinem Verhalten als von ihm *selbst bewirkt* betrachtete, desto mehr wuchs er in seine neue Führungsrolle hinein. Und je mehr die übrigen Gruppenmitglieder sein neues Verhalten als spontan empfanden (und nicht durch das Licht oder den Versuchsleiter bewirkt), desto stärker empfanden sie ihn wirklich als einen besseren Führer.

A. Bavelas, A. Hastorf, A. Gross u. W. Kite: Experiments on the alteration of group structure. *Journal of Experimental Social Psychology,* 1965, *1,* 55–70.

Die meisten Sozialpsychologen glauben, daß sich eine Führungsrolle durch eine Interaktion zwischen der Person und der Situation entwickelt. Verschiedene Situationen erfordern demnach verschiedene Typen von Führern. Bales (1970) hat zwei allgemeine Typen unterschieden. Der erste Typus, der *aufgabenbezogene Führer,* ist bestrebt, das jeweilige Sachproblem so effizient wie möglich zu lösen. Der zweite Typus, der *sozioemotionale Führer,* bemüht sich darum, ein günstiges Gruppenklima zu schaffen und zu erhalten und auf die persönlichen Bedürfnisse und Probleme der einzelnen Mitglieder einzugehen. Welcher dieser beiden Typen der effektivste Führer ist, scheint von den Umständen abzuhängen. So hat sich beispielsweise gezeigt, daß sich stark aufgabenbezogene Führer dort am besten bewährten, wo (1) eine gute Beziehung zwischen Führer und Gruppenmitgliedern herrschte und es sich um eine hochstrukturierte Aufgabe handelte oder (2) die Beziehung zwischen Führer und Mitgliedern schlecht und die Aufgabe relativ unstrukturiert war. Stark sozioemotional orientierte Führer bewährten sich dagegen am besten in Situationen, wo entweder (1) die Beziehung zwischen Führer und Mitgliedern gut und die Aufgabe unstrukturiert war oder (2) die Beziehung zwischen Führern und Mitgliedern schlecht und die Aufgabe hochstrukturiert war (Fiedler, 1967).

Eine weitere wichtige Dimension, nach der man Führer voneinander unterscheiden kann, ist ihr Führungs*stil*. Sind sie demokratisch oder autokratisch? Für viele von uns wäre es ein Trost, glauben zu können, daß demokratische Führer effektiver sind als autokratische, und manche Forschungen bestätigen tatsächlich diese Annahme. Relevant ist hier die klassische Studie, über die Lewin, Lippitt und White (1939) berichteten. Um die Auswirkungen verschiedener Führungsstile zu bewerten, teilten die Forscher zehnjährige Jungen willkürlich drei verschiedenen Freizeitgruppen zu, in denen verschiedene Hobbies gepflegt wurden (wie beispielsweise, aus Papiermacheé Theatermasken anzufertigen). Jede Gruppe wurde von einem Erwachsenen geleitet, der sich entweder autoritär, demokratisch oder völlig permissiv verhielt.

In der autoritär geführten Gruppe bestimmte der Leiter, was zu geschehen hatte, gab Schritt für Schritt Anweisungen, so daß die Jungen im Ungewissen über den „Endzweck“ blieben, diktierte jedem Jungen eine bestimmte Aufgabe zu, wies einzelne an, miteinander zusammenzuarbeiten, verhielt sich subjektiv in seinem Lob und beteiligte sich selbst nicht an der Arbeit der Gruppe. Im Gegensatz dazu gestattete der demokratische Leiter den Jungen, an der Planung der Aktivitäten teilzunehmen, gab ihnen eine allgemeine Vorstellung von den einzelnen Schritten des Projektes, schlug alternative Verfahrensweisen vor, erlaubte ihnen, zusammenzuarbeiten, mit wem sie wollten, bewertete sie in fairer und objektiver Weise und brachte sich selbst als „Mitglied“ in die Gruppe ein. In der nach dem *Laissez-faire*-Prinzip geführten Gruppe gab der Leiter den Jungen völlige Freiheit zu verfahren, wie sie wollten, bot ihnen Material und Informationen nur, wenn ihn die Jungen danach fragten, und enthielt sich fast aller Kommentare über ihre Arbeit.

Wie zu erwarten, wirkte sich der Führungsstil deutlich auf die Reaktionen der Jungen aufeinander und auf die Gruppe aus. Die Teilnehmer der autoritären Gruppe verhielten sich weitaus aggressiver gegeneinander und waren viel unzufriedener als die Mitglieder der demokratisch geführten Gruppe. Der Führungsstil beeinflußte auch die Produktion der Gruppe. Obwohl die autoritär geführte Gruppe etwas mehr produzierte, wurden die Arbeiten der Teilnehmer an der demokratischen Gruppe qualitativ höher bewertet als die Produkte der beiden anderen Gruppen.

Es muß jedoch nicht so sein, daß sich ein demokratischer Führer immer besser bewährt als ein autoritärer. Wenn die Situation sehr belastend und mehrdeutig ist, scheint autoritäre Führung vorgezogen zu werden. Diese Hypothese wurde durch eine Reihe von Untersuchungen bestätigt. Einzelhändler, denen mitgeteilt wurde, daß in ihrer Nähe ein Supermarkt eröffnet werden solle, zogen beispielsweise einen stärkeren Führer vor als Händler, die nicht auf diese Weise bedroht worden waren (Mulder u. Stemerding, 1963). (Es fällt leicht, andere Parallelen aus der internationalen Szene zu finden.)

Es ist nicht nur so, daß Gruppen in Zeiten starker Belastungen starke, autoritäre Führer bevorzugen, sondern die Führer, jedenfalls die erfolgreichsten, können auch in schwierigen Zeiten selbst autoritärer werden. Fodor (1978) beobachtete das Verhalten einer großen Zahl von Führern während des Übergangs von geringer zu starker Gruppenbelastung und stellte fest, daß ihr Führungsstil zunehmend autoritärer wurde. Unter anderem gaben sie viel bestimmtere Anweisungen und benutzten Drohungen und Zwang als Beeinflussungstechniken.

Gegenwärtig kann man nicht sagen, daß ein Führungstypus besser als ein anderer sei, oder daß sich bestimmte Arten von Menschen am besten in Gruppen einfügen. Soviel steht fest, daß Führungsstil und Kombinationen von Mitgliederpersönlichkeiten wichtige Variablen für die Gruppeneffektivität und die Zusammenarbeit sind. Die Auswirkungen dieser Variablen hängen jedoch noch von anderen Faktoren und anderen Zusammenhängen ab. Es wird die Aufgabe einfallsreicher künftiger Psychologen sein, Licht in diese Zusammenhänge zu bringen. Und dasselbe wird in der absehbaren Zukunft für die vielen unbeantworteten Fragen gelten, auf die wir in unserem Studium des Individuums in der Gruppe gestoßen sind – wie für das gesamte Gebiet der Sozialpsychologie.

Zusammenfassung

1. Menschliches Verhalten findet fast zwangsläufig in einem *sozialen Kontext* statt, so daß andere Menschen direkt oder indirekt die meisten unserer Erfahrungen und Handlungen beeinflussen. Soziale *Gruppeneinflüsse,* ursprünglich durch die Familie vermittelt, sind bei der Entwicklung des Individuums von der Kindheit an wirksam.

2. Bestimmte soziale Gruppeneinflüsse sind längst experimentell untersucht, einschließlich der Wirkungen von Zuschauern *(Zuschauer-/Zuhörereffekte)* und von anderen, mit derselben Aufgabe beschäftigten Personen *(Koaktionseffekte)* auf das Individuum. Im allgemeinen kommt der Gruppenkontext gut eingeübten Verrichtungen zugute, während neue davon eher behindert werden.

3. Gruppen haben die Tendenz, sich riskanter und weniger verantwortungsbewußt zu verhalten, als dieselben Personen das tun würden, wenn sie allein handelten. Aber diese Tendenz kann für bestimmte spezifische soziale Aufgaben umgekehrt werden.

4. Individuen arbeiten in Gruppen manchmal härter, als wenn sie allein sind, aber es gibt auch Anzeichen dafür, daß Individuen als Mitglieder einer Gruppe oft weniger Energie und Anstrengung aufwenden.

5. Im Gegensatz zu den allgemein günstigen Wirkungen von Kommunikation in sozialen Kontexten haben direkte Vergleiche des Problemlösungsverhaltens von Gruppen, die als Einheit arbeiten (wie beim „Brainstorming"), mit allein arbeitenden einzelnen keinen durchgehenden Vorteil für eine der beiden Strategien ergeben.

6. Der *Gruppendruck* übt im allgemeinen eine starke Wirkung auf das Urteil des einzelnen aus. Es gibt zwei wichtige Mechanismen der sozialen Beeinflussung in einer Konformitätssituation: Die von anderen in derselben Situation gelieferten Informationen werden als zuverlässige Anhaltspunkte für die richtige Reaktion gewertet *(informatorischer sozialer Einfluß),* und was andere tun und welches Verhalten sie von einem erwarten, wird zum akzeptablen Verhalten in der Situation *(normativer sozialer Einfluß).* In beiden Fällen kann das angepaßte Verhalten unkritisch sein und verrät eine menschliche Tendenz mit beunruhigenden ethischen Konsequenzen für unsere Gesellschaft.

7. Sozialer Einfluß sieht nicht immer so aus, daß die Mehrheit die Minderheit beeinflußt. In manchen Fällen kann eine *konsequent agierende Minderheit* tatsächlich die Mehrheit beeinflussen.

8. Teilnahme an einer Gruppe hat oft zur Folge, daß Menschen das Gefühl ihrer persönlichen Identität bzw. ihre persönlichen Maßstäbe verlieren und dadurch Gefühle von Anonymität entwickeln. In diesem Zustand erhöht sich die Abhängigkeit des Individuums von äußeren Richtungssignalen, und sowohl das prosoziale als auch das antisoziale Verhalten kann zunehmen.

9. *Konzepte des Territorialverhaltens* und des *personalen Raums* werden durch zahlreiche Ergebnisse von Versuchen bestätigt, die zeigten, daß Übertretungen durch Fremde belastende psychische und physische Reaktionen zur Folge hatten. Die Beengtheitsgefühle hängen von verschiedenen Faktoren ab. Menschen fühlen sich dann am ehesten beengt, wenn sie den Wunsch nach Zurückgezogenheit haben, wenn ihr Verhalten beeinträchtigt wird und wenn sie nur geringe Kontrolle über ihre Umgebung haben.

10. Das Verhalten von Gruppenmitgliedern zueinander stellt das *innere Umfeld* dar, das die Fähigkeit der Gruppe, ihr Ziel zu erreichen, entscheidend beeinflußt (Gruppendynamik). Die Pflege dieses Umfeldes, damit entsprechende Planung und Koordination möglich sind und die Motivation des einzelnen erhalten bleibt, ist eine Aufgabe, die von durchschnittlichen sozialen Gruppen oft nicht erfüllt wird.

11. Die *Führungsfunktion* in Gruppen kann in verschiedener Weise analysiert werden. In überraschendem Maß ist die bloße *Quantität der Redebeiträge* eine entscheidende Determinante, wen die Gruppe als Führer wahrnimmt. Da die Rolle des Führers eine multidimensionale ist, kann man verschiedene Arten von Führern unterscheiden, von denen sich jeder in bestimmter Weise bewährt. Welcher Typus von einer bestimmten Gruppe bevorzugt wird, hängt teilweise von den Bedürfnissen der einzelnen Gruppenmitglieder ab.

Glossar

Aggression: Die Schwierigkeit zur Definition dieses Begriffes liegt an der uneindeutigen Merkmalsbestimmung. Einerseits zählt man dazu das schädigende Verhalten (zu sich und anderen), andererseits muß die Intention (aggressive Absicht), die Art der Schädigung (u. U. schon unmerkliche Rachegelüste) und der Einbau in das gesamte Verhalten (Art der Rechtfertigung) mitberücksichtigt werden.

Attributionstheorie: Eine Theorie der Personenwahrnehmung, die sich damit beschäftigt, wie Menschen Informationen über Verhalten gebrauchen bzw. mißbrauchen, um daraus Schlüsse über die persönlichen und umweltbedingten Ursachen dieses Verhaltens zu ziehen.

Deindividuation: Verlust der Identität oder der persönlichen Verantwortlichkeit, der bei Teilnehmern von Gruppen eintritt und dazu führt, daß sie Dinge tun, die sie normalerweise nicht tun würden, wenn sie allein sind.

Dissonanz: Eine unangenehme psychologische Spannung, die immer dann empfunden wird, wenn sich eine Kognition aus dem Gegenteil der anderen Kognition ergibt.

Egozentrische Attribution: Davon spricht man, wenn die Attribution von den Wünschen oder Bedürfnissen des Beobachters bestimmt wird.

Eindrucksbildung: Die Schaffung eines geschlossenen Bildes von einem Menschen durch Ergänzung der unzureichenden Informationen, die uns die Wahrnehmung liefert. Die Annahmen über zusätzliche Eigenschaften, die nicht unmittelbar wahrgenommen werden, basieren auf der impliziten Persönlichkeitstheorie des Beobachters.

Einstellung: Ein relativ dauerhaftes Bündel von Überzeugungen und damit verbundenen Gefühlen in bezug auf ein Objekt oder eine Situation, die das Individuum dazu disponieren, sich gegenüber dem Objekt oder der Situation in bestimmter Weise zu verhalten.

Frustrations-Aggressions-Hypothese: Die Theorie der Aggression, derzufolge Frustration immer zu Aggression führt, und der Aggression immer Frustration vorausgeht. Heutige Versionen dieser Theorie nehmen den Standpunkt ein, daß Frustration und Aggression weniger fest miteinander verbunden seien.

Gebot der Fairneß: Ein soziales Gebot, das besagt, daß bei einer zwischenmenschlichen Begegnung für die Beteiligten etwas herauskommen sollte, was mit den Investitionen oder dem Charakter der Betreffenden in Einklang steht. Wenn diese Norm verletzt wird, sind Menschen motiviert, die Gerechtigkeit wiederherzustellen.

Gebot der Gegenseitigkeit: Ein soziales Gebot, das besagt, daß Menschen denjenigen helfen sollten, die ihnen geholfen haben, und jenen nicht helfen sollten, die ihnen geschadet haben.

Gebot der sozialen Verantwortung: Ein soziales Gebot, das besagt, daß man Menschen helfen sollte, die von einem abhängig sind.

Glaube an eine gerechte Welt: Die Tendenz zu glauben, daß in der Welt Gerechtigkeit und Ordnung herrsche, und daß man alles, was einem zustoße, verdient habe. Diese Überzeugung kann dazu führen, daß unschuldigen Opfern die Schuld für das erlittene Unrecht zugeschoben wird.

groupthink: Eine Denkweise, zu der Menschen neigen, wenn sie sich so darauf konzentrieren, die Einmütigkeit ihrer Gruppe zu erkennen und zu bewahren, daß ihr persönliches kritisches Denken außer Kraft gesetzt wird.

Horizontale Struktur: Das Vorhandensein (oder Fehlen) von unabhängigen und parallelen Prämissen, die dieselbe Überzeugung unterstützen.

Implizite Persönlichkeitstheorie: Die private Theorie eines Menschen über die Beziehungen zwischen verschiedenen Eigenschaften, die weitgehend bestimmt, wie wir die Lücken in unseren Eindrücken von anderen füllen.

Informatorischer sozialer Einfluß: Darunter versteht man, wenn das Verhalten eines Individuums in einer Gruppensituation die Tendenz widerspiegelt, Informationen von anderen Personen als Beweis über die Realität zu akzeptieren. Dieser Einfluß kann sogar stärker sein als die Informationen, die einem die eigenen Sinne vermitteln.

Koaktionseffekt: Ein Fall sozialer Förderung, wobei

die anderen Anwesenden aktiv und gleichzeitig an denselben Handlungen beteiligt sind wie das Individuum.

Kommunikationsdiskrepanz: Der Unterschied zwischen der ursprünglichen Einstellung einer Zielperson und der in der Kommunikation vertretenen Einstellung.

Kommunikatorglaubwürdigkeit: Diese basiert auf einer Kombination aus der Sachkunde und der Vertrauenswürdigkeit des Kommunikators.

Normativer sozialer Einfluß: Davon spricht man, wenn sich das Verhalten eines Individuums in einer Gruppensituation so verändert, daß es den mutmaßlichen Erwartungen der Gruppe entspricht und Belohnungen erwarten läßt.

Personaler Raum: Der Raum, der den eigenen Körper unmittelbar umgibt und den der einzelne als private Zone empfindet. Die bevorzugte Distanz zwischen den einzelnen hängt unter anderem von kulturellen Faktoren und vom Grad der Bekanntschaft mit diesen anderen ab.

Personenwahrnehmung: Das Studium unserer Erkenntnisse über Menschen sowie der Prozesse, wie wir zu diesen Erkenntnissen gelangen.

Phylogenetische Gewohnheit: Ein nonverbales Ausdrucksverhalten, das die kommunikative Funktion verloren hat, die es in unserer evolutionären Vergangenheit einst hatte. (Darwin nahm an, daß es unsere wahren Emotionen ausdrückt.)

Prosoziales Verhalten: Zu ihm werden alle Formen hilfreicher Unterstützung anderer Menschen sowie die *Intention* zur kooperativen Reaktion verstanden.

Soziale Stimulierung: Ein allgemeiner Begriff, der den Zuhörer-/Zuschauer- und den Koaktionseffekt einschließt und die Steigerung der individuellen Leistungen bezeichnet, die durch die Gegenwart anderer bewirkt wird.

Sozialpsychologie: Eine wissenschaftliche Disziplin, die zu verstehen und zu erklären sucht, wie die Gedanken, Gefühle und Verhaltensweisen der Menschen durch die tatsächliche, vorgestellte oder implizierte Gegenwart anderer beeinflußt werden.

Supermann-Syndrom: Darunter versteht man die Hypothese, daß Männer, die ein zusätzliches Y-Chromosom besitzen, in speziellem Maß zu aggressivem Verhalten neigen. Die Beweise für diese Hypothese sind nicht schlüssig.

Territorialverhalten: Die Erwartung, daß bestimmte Lebensräume von einem selbst und niemand anderem in Besitz genommen werden. Dieses Gefühl eines ausschließlichen Anrechts auf bestimmte Räume entbehrt sehr häufig einer juristischen Basis.

Überzeugungssystem: Das gesamte „Universum" der Überzeugungen eines Menschen in bezug auf die physische Welt, die soziale Welt und das Selbst.

Vertikale Struktur: Das Vorhandensein (oder Fehlen) von Prämissen, die einer bestimmten Überzeugung zugrundeliegen und diese unterstützen.

Waffeneffekt: Darunter versteht man das Faktum, daß die Gegenwart von Waffen die Tendenz hat, aggressives Verhalten zu fördern, selbst wenn diese nicht zu seiner Ausführung benutzt werden.

Weltanschauung: Dieser von Kant eingeführte Begriff umfaßt das relativ einheitliche System an Überzeugungen, nach denen Menschen ihr Leben ausrichten.

Zentralität: Das Ausmaß, in dem eine Überzeugung als Grundlage für andere Überzeugungen dient.

Zielpersonenfixierung: Der Grad, in dem eine Zielperson auf eine Einstellung festgelegt ist bzw. es schwierig findet, diese aufzugeben.

Zuhörer-/Zuschauereffekt: Ein Beispiel der sozialen Förderung, wobei die anderen Personen, die bei der Handlung eines Individuums anwesend sind, die Rolle passiver Zuschauer spielen.

Literaturverzeichnis

Abelson, R. P.: Modes of Resolution of Belief Dilemmas, Conflict Resolution, 3, 1959, 343–352.

Abelson, R. P. & Rosenberg, M. J.: Symbolic Psycho-logic: A Model of Attitudinal Cognition, Behav. Sci. 3, 1958, 1–13.

Ad hoc Commitee on Ethical standards in Psychological Research: Ethical Principles on the Conduct of Research with Human Participants. Washington, D.C.: American Psychological Association 1973.

Allport, F. H.: The Influence of the Group upon Association and Thought, J. Exp. Psychol., 3, 1920, 159–182.

Allport, G. W.: Personality. New York: Holt, 1937.

Allport, G. W.: The Historical Background of Modern Social Psychology, in G. Lindzey (Ed.). Handbook of Social Psychology. Vol. 1. Cambridge, Mass.: Addison-Wesley, 1954.

Altman, I.: The Environment and Social Behavior. Monterey, Calif.: Brooks/Cole, 1975.

Altman, I., Taylor, D. A. & Wheeler, L.: Ecological Aspects of Group Behavior in Social Isolation, J. Appl. Soc. Psychol., 1, 1971, 76–100.

Argyl, M.: Soziale Interaktion. Köln: Kiepenheuer & Witsch 1972.

Aronson, E. & Carlsmith, J. M.: Effect of the Severity of Threat on the Devalutation of Forbidden Behavior, J. Abnorm. Soc. Psycho., 66, 1963, 548–8.

Aronson, E., Turner, J. & Carlsmith, J. M.: Communicator Credibility and Communicator Discrepancy as Determinants of Opinion Change, J. Abnorm. Soc. Psychol., 67, 1963, 31–36.

Aronson, E., Willerman, B. & Floyd, J.: The Effects of a Pratfall on Increasing Interpersonal Attractiveness, Psychonom. Sci., 4, 1966, 227–228.

Asch, S. E.: Forming Impressions of Personality, J. Abnorm. Soc. Psychol., 41, 1946, 258–290.

Asch, S. E.: Social Psychology. Englewood Cliffs: Prentice-Hall 1952.

Asch, S. E.: Studies of Independence and Submission to Group Pressure: I. A Minority of One Against a Unanimous Majority, Psychol. Monogr., 7, Series No. 416, 1956.

Bales, R. F.: Personality and Interpersonal Behavior. New York: Holt, Rinehart & Winston, 1970.

Barnlund, D. C.: A Comparative Study of Individual Majority, and Group Judgment, J. Abnorm. Soc. Psychol., 58, 1959, 55–66.

Baron, R. A. & Bell, P. A.: Aggression and Heat: Mediating Effects of Prior Provocation and Exposure to an Aggressive Model, J. Pers. Soc. Psychol., 31, 1975, 825–832.

Bar-Tal, D.: Prosocial behavior. Theory and research. New York: Wiley 1976.

Baumrind, D.: Metaethical and Normative Considerations Covering the Treatment of Human Subjects in the Behavioral Sciences. Paper presented in Symposium in Psychology and Ethics at Loyola University, Chicago 1973.

Baumrind, D.: Parental Disciplinary Patterns and Social Competence in Children, in E. Oragastin & G. Elder (Eds.): Adolescence in the Life Cycle. Washington, D.C.: Hemisphere 1978.

Baumrind, D.: New Directions in Socialization Research, Amer. Psychol., 35, 1980, 639–652.

Bavelas, A., Hastorf, A. H., Gross, A. E. & Kite, W. R.: Experiments on the Alteration of Group Structure, J. Exp. Soc. Psychol., 1, 1965, 55–70.

Beck, W.: Grundzüge der Sozialpychologie. München: Barth 1953.

Bem, D. J.: Self-perception: An Alternative Inpretation of Cognitive Dissonance Phenomena, Psychol. Rev., 74, 1967, 183–200.

Bem, D. J.: Self-perception Theory, in L. Berkowitz (Ed.). Advances in Experimental Social Psychology. Vol. 6. New York: Academic Press, 1972.

Benninghaus, H.: Ergebnisse und Perspektiven der Einstellungs-Verhaltensforschung. Meisenheim: Hain 1976.

Bergius, R.: Sozialpsychologie. Hamburg: Hoffmann u. Campe 1976.

Bergin, A. E.: The Effect of Dissonant Persuasive Communications on Changes in a Self-referring Attitude, J. Pers., 30, 1962, 423–438.

Berkowitz, L.: The Frustration-aggression Hypothesis

Revisited, in L. Berkowitz (Ed.): Roots of Aggression. New York: Atherton 1969.
Berkowitz, L.: Social Norms, Feelings, and Other Factors Affecting Helping and Altruism, in L. Berkowitz (Ed.). Advances in Experimental Social Psychology. Vol. 6. New York: Academic Press 1972.
Berkowitz, L.: Some Determinants of Impulsive Aggression: Role of Mediated Associations with Reinforcements for Aggression, Psychol. Rev., 81, 1974, 165–176.
Berkowitz, L. & Lepage, A.: Weapons as Aggressioneliciting Stimuli, J. Pers. Soc. Psychol., 7, 1967, 202–207.
Berkowitz, L.: Grundriß der Sozialpsychologie. München: Reinhardt 1976.
Bion, W. A.: Experiments in Groups ans Other Papers. New York: Basic Books 1959.
Blondel, Ch.: Einführung in die Kollektivpsychologie. Bern: Francke 1948.
Bradford, L. P., Gibb, J. A. & Benne, L. D.: T-Group Theory and Laboratory Method. New York: Wiley 1964.
Bradford, L. etal. (Hrsg.): Gruppentraining. Stuttgart: Klett 1972.
Brock, T. C.: Communicator-recipient Similarity and Decision Change, J. Pers. Soc. Psychol., 1, 1965, 650–654.
Brody, N.: Social motivation. Ann. Rev. Psychol. 31, 1980, 143–168.
Brody, S.: Aims and Methods in Child Psychotherapy, J. Amer. Acad. Child Psychiatr., 3, 1964, 385.
Bronfenbrenner, U.: Ökologische Sozialisationsforschung. Stuttgart: Klett 1976.
Campbell, D. T.: Ethnocentrism and Other Altruistic Motives, in D. Levine (Ed.). Nebraska Symposium on Motivation. Vol. 13. Lincoln: University of Nebraska Press 1965.
Carlsmith, J. M. & Anderson, C. A.: Ambient Temperature and the Occurrence of Violence, J. Pers. Soc. Psychol., 37, 1979, 337–344.
Crutchfield, R. S.: Conformity and Character, Amer. Psychol., 10, 1955, 191–198.
Darwin, C.: A Biographical Sketch of an Infant, Mind, 2, 1877, 292–294.
Darwin, C.: The Origin of Species. New York: Collier. Originally published in 1859, 1962.
Darwin, C.: The Expression of the Emotions in Man and Animals. Chicago: University of Chicago Press. Originally published in 1872, 1965.
Dashiell, J. F.: An Experimental Analysis of Some Group Effects, J. Abnorm. Soc. Psychol., 25, 1930, 190–199.
Davis, D. W.: The Effects of Individual, Structural, and Positional Variables on Problem-solving Groups, Dissertation Abstracts Intern., 32, 1970, 3035.
Davis, J., Bray R., Holt, R.: The Empirical Study of Decision Processes in Juries, in J. Tapp & F. Levine (Eds.): Law, Justice, and the Individual in Society. New York: Holt, Rinehart & Winston 1977.
Davis, K. E. & Jones, E. E.: Changes in Interpersonal Perception as a Means of Reducing Cognitive Dissonance, J. Abnorm. Soc. Psychol., 61, 1960, 402 bis 410.
De Jong, W.: The Stigma of Obesity: The Consequences of Naive Assumptions Concerning the Causes of Physical Deviance. Unpublished doctoral dissertation, Stanford University 1977.
Diener, E.: Deindividuation, Self-awareness, and Disinhibition. J. Pers. Soc. Psychol., 37, 1979, 1160–1171.
Dollard, J., Doob, L. W., Miller, N. E. Mowrer, O. H. & Sears, R. R.: Frustration and Aggression. New Haven, Conn.: Yale University Press 1939.
Dollard, J. & Miller, N. E.: Personality and Psychotherapy: An Analysis in Theories of Learning, Thinking and Culture. New York: McGraw-Hill 1950.
Doob, L. W.: The Behavior of Attitudes, Psychol. Rev., 54, 1947, 135–156.
Dornbusch, S. M., Hastorf, H. H. Mazzy, R. E. & Vreeland, R. S.: The Perceiver and the Perceived: Their Influence on the Categories of Interpersonal Cognition, J. Pers. Soc. Psychol., 1, 1965, 434–440.
Eagly, A. H. Chaiken, S.: An Attribution Analysis of the Effect of Communicator Characteristics on Opinion Change: The Case of Communicator Attractiveness, J. Pers. Soc. Psychol., 32, 1975, 136–144.
Eisenberg, I.: School Phobia: A Study in Communication of Anxiety, Amer. J. Psychiatr., 114, 1958, 712–718.
Ekman, P. (Ed.): Darwin and Facial Expression: A Century of Research in Review. New York: Academic Press 1973a.
Ekman, P. & Friesen, W. V.: Nonverbal Leakage and Clues to Deception, Psychiatry, 32, 1969, 88–106.
Ekman, P. & Friesen, W. V.: Detecting Deception from the Body of Face, J. Pers. Soc. Psychol., 29, 1974, 288–298.
Ekman, P. & Oster, H.: Facial Expressions of Emotion, Ann. Rev. Psychol., 30, 1979, 527–554.
Ekman, P. & Sorenson, E. R. & Friesen, W. V.: Pancultural Elements in Facial Displays of Emotion, Science, 164, 1969, 86–88.
Ellsworth, P. C. & Carlsmith, J. M.: Effects of Eye Contact and Verbal Content on Affective Response to a Dyadic Interaction, J. Pers. Soc. Psychol., 10, 1968, 15–20.
Feger, H.: Einstellungsstruktur und Einstellungsveränderung: Ergebnisse, Probleme und ein Komponentenmodell der Einstellungsobjekte. Z. Soz. Ps. 10, 1979, 331–349.
Festlinger, L.: A Theory of Cognitive Dissonance. Stanford, Calif.: Stanford University Press 1957.

Festlinger, L., Carlsmith, J. M.: Cognitive Consequences of Forced Compliance, J. Abnorm Soc. Psychol., 58, 1959, 203–210.
Feyerabend, P.: Science in a Free Society. London: New Left Books 1978.
Fiedler, F.: A Theory of Leadership Effectiveness. New York: McGraw-Hill 1967.
Fitzgerald, H. E.: Autonomic Pubillary Reflex Activity During Infancy and Its Relation to Social and Nonsocial Stimuli, J. Exp. Child Psychol., 6, 1968, 470–482.
Flowers, M. L.: A Laboratory Test of Some Implications of Janis' Group think Hypothesis, J. Pers. Soc. Psychol., 35, 1977, 886–896.
Fodor, E.: Simulated Work Climate as an Influence on Choice of Leadership Style, Pers. Soc. Psychol. Bull., 4, 1978, 111–114.
Freedman, J. L.: Long-term Behavioral Effects of Cognitive Dissonance, J. Exp. Soc. Psychol., 1, 1965, 145–155.
Freedman, J. L., Doob, A. N.: Deviancy. New York: Academic Press. 1968.
Frey, D. (Hrsg.): Kognitive Theorien der Sozialpsychologie. Bern: Huber 1978.
Friederich, L. K. & Stein, A. H.: Prosocial Television and Young Children: The Effects of Verbal Labeling and Role Playing on Learning and Behavior, Child Develpm., 46, 1975, 27–38.
Gallatin, J. & Adelson, J.: Legal Guarantees of Individual Freedom: A Cross-national Study of the Development of Political Thought, J. Soc. Issues, 27, 1971, 93–108.
Gates, G. S.: An Experimental Study of the Growth of Social Perception, J. Educ. Psychol., 14, 1923, 449–461.
Gavett, G. I.: A First Course in Statistical Method. New York: McGraw-Hill 1925.
Gergen, K. J., Ellsworth, P., Maslach, C. & Siepel, M.: J. Pers. Soc. Psychol., 31, 1975, 390–400.
Goethals, G. R. & Cooper, R. J.: Role of Intention and Postbehavioral Consequence in the Arousal of Cognitive Dissonance, J. Pers. Soc. Psychol., 23, 1972, 293–301.
Gouldner, A.: The Norm of Reciprocity: A Preliminary Statement, Amer. Soc. Rev., 25, 1960, 161–178.
Graumann, C. F. (Hrsg.): Sozialpsychologie. Hb. d. Psychol. Bd. 7, 1/2. Göttingen: Hogrefe 1969, 1970.
Grawe, K.: Verhaltenstherapie in Gruppen. München: Urban & Schwarzenberg 1980.
Greenberg, C. I. & Firestone, I. J.: Compensatory Responses to Crowding: Effects of Personal Space Intrusion and Privacy Reduction, J. Pers. Soc. Psychol., 35, 1977, 637–644.
Hare, A. P.: Handbook of small group research. New York: Free Press 1962.
Harris, M. B.: Mediators Between Frustration and Aggression in a Field Experiment, J. Exp. Soc. Psychol., 10, 1974, 561–571.
Hartley, E. L. u. R. E.: Die Grundlagen der Sozialpsychologie. Berlin: Rembrandt 1956.
Heider, F.: The Psychology of Interpersonal Relations. New York: Wiley 1958.
Heider, F.: Social Perception and Phenomenal Causality, in R. Tagiuri & L. Petrullo (Eds.). Person Perception and Interpersonal Behavior. Stanford, Calif.: Stanford University Press. 1958a.
Hellpach, W.: Elementares Lehrbuch der Sozialpsychologie. Stuttgart: Klett 1953[3].
Heigl-Evers, A. (Hrsg.): Sozialpsychologie, 2 Bd. Weinheim: Beltz 1984.
Herkner, W.: Einführung in die Sozialpsychologie. Bern: Huber 1975.
Hiebsch, H., Vorwerg, M.: Sozialpsychologie. Berlin: Dt. Verlag d. Wissenschaften 1979.
Höhn, E., Schick, C. P.: Das Soziogramm. Göttingen: Hogrefe 1964[2].
Hoffman, M. L.: Moral Internalization, Parental Power, and the Nature of Parent-child Interaction, Develpm. Psychol., 11, 1975, 228–239.
Hoffman, M. L.: Development of Empathy and Altruism. Paper read at the Annual Meeting of the American Psychological Association 1979.
Holden, C.: Psychosurgery: Legitimate Therapy or Laundererd Lobotomy? Science, 179, 1973a, 1109–1112.
Holden, C.: APA Adopts Detailed Code on Human Experimentation, Science, 179, 1973b. 662.
Hormuth, S. S. (Hrsg.): Sozialpsychologie der Einstellungsänderung. Königstein/T.: A. Hain 1979.
Hovland, C. I. Harvey, J. & Sherif, M.: Assimilation and Contrast Effects in Reactions to Communication and Attitude Change, J. Abnorm. Soc. Psychol., 55, 1957, 224–252.
Hovland, C. I. & Janis, I. L. (Eds.): Personality and Persuasibility. New Haven, Conn.: Yale University Press 1959.
Hovland, C. I., Lumsdaine, A. A. & Sheffield, F. D.: Experiments on Mass Communication. Princeton: Princeton University Press 1949.
Hovland, C. I. & Pritzker, H. A.: Extent of Opinion Change as a Function of Amount of Change Advocated, J. Abnorm. Soc. Psychol., 54, 1957, 257 bis 261.
Hovland, C. I. & Weiss, W.: The Influence of Source Credibility on Communication Effectiveness, Pub. Opin. Quart., 15, 1952, 635–650.
Irle, M.: Soziale Systeme. Göttingen: Hogrefe 1963.
Irle, M.: Lehrbuch der Sozialpsychologie. Göttingen: Hogrefe 1975.
Irle, M. (Hrsg.): Kursus der Sozialpsychologie, 3 Teile. Darmstadt, Neuwied: Luchterhand 1978.
Jacobs, P. A., Brunton, M. & Melville, M.: Aggressive

Behavior, Mental Subnormality, and the XYY Male, Nature, 208, 1965, 1351–1352.
Janis, I. L.: Victims of Groupthink. Boston: Houghton Mifflin 1972.
Janis, I. L. & Mann, L.: Decision Making. New York: Free Press 1977.
Janoff-Bulman, R.: Characterological Versus Behavioral Self-blame: Inquiries into Depression and Rape, J. Pers. Soc. Psychol., 37, 1979, 1798–1809.
Jones, E. E., Gerard, H. B.: Foundations of social psychology. New York: Wiley 1967.
Jones, E. E. & Nisbett, R. E.: The Actor and the Observer: Divergent Perceptions of the Causes of Behavior. Morristown, N. J.: General Learning Press 1971.
Jourard, S. M. & Friedman, R.: Experimentersubject Distance and Self-disclosure, J. Pers. Soc. Psychol., 15, 1970, 278–282.
Kelley, H. H.: Attribution Theory in Social Psychology, in D. Levine (Ed.): Nebraska Symposium on Motivation, 1967. Lincoln: University of Nebraska Press 1967.
Kelley, H. H.: Attribution in Social Interaction. Morristown, N. J.: General Learning Press 1971.
Kelman, H. C.: Human Use of Human Subjects: The Problem of Deception in Social Psychological Experiments, Psychol. Bull., 67, 1967, 1–11.
Kessler, J. W.: Psychopathology of Childhood. Englewood Cliffs, N. J.: Prentice-Hall 1966.
Kiesler, D. J.: Some Myths of Psychotherapy Research and the Search for a Paradigm, Psychol. Bull., 65, 1966, 110–136.
Kilduff, M. & Javers, R.: The Suicide Cult. New York: Bantam 1979.
Kluth, H.: Sozialprestige und sozialer Status. Stuttgart: Enke 1957.
Knutson, J. N.: The Human Basis of the Polity: A Psychological Study of Political Men. Chicago: Aldine-Atherton 1972.
Kohlberg, L.: Stage and Sequence: The Developmental Approach to Moralization. New York: Holt 1969.
Krappmann, L.: Soziologische Dimensionen der Identität. Stuttgart: Klett 1978[5].
Kreft, D., Mielenz, I.: Wörterbuch soziale Arbeit. Weinheim: Beltz 1980.
Kulka, R. A., Veroff, J. & Douvan, E.: Class and the Use of Professional Help for Personal Problems, J. Health Soc. Behav. (March), 20, 1979, 2–17.
Landy, D.: The Effects of an Overheard Audience's Reaction and Attractiveness on Opinion Change, J. Exp. Soc. Psychol., 8, 1972, 276–288.
Laski, H. J.: The Dangers of Obedience, Harper's Monthly Magazine, 159, 1929, 1–10.
Latané, B. & Rodin, J.: A Lady in Distress: Inhibiting Effects of Friends and Strangers on Bystander Intervention, J. Exp. Soc. Psychol., 5, 1969, 189–202.
Latané, B., Williams, K. & Harkins, S.: Many Hands Make Light the Work: The Causes and Consequences of Social Loafing, J. Pers. Soc. Psychol., 37, 1979, 822–832.
Lerner, M. J.: The Justice Motive; „Equity“: „Parity“ Among Children, J. Pers. Soc. Psychol., 29, 1974, 539–550.
Lerner, M. J. & Inouye, N.: Personal communication, 19, 1969.
Lerner, M. J. & Miller, D. T.: Just World Research and the Attribution Process: Looking Back and Ahead, Psychol. Bull., 85, 1969, 1030–1051.
Lazarus, A. A.: A Plea for Technical and Theoretical Breadth, AABT Newsletter (June), 3, 1968, 2.
Littlepage, G. E. & Pineault, M. A.: Detection of Deceptive Factual Statements from the Body and the Face, Pers. Soc. Psychol. Bull., 5, 1979, 325–328.
Lewin, K.: Grundzüge der topologischen Psychologie. Bern: Huber 1969.
London, P.: The Modes and Morals Of Psychotherapy. New York: Holt 1964.
London, P.: Rescuers: Motivational Hypotheses About Christians Who Saved Jews, in J. Macauley & L. Berkowitz (Eds.). Altruism and Helping Behavior. New York: Academic Press 1970.
London, P.: The End of Ideology in Behavior Modification, Amer. Psychol., 27, 1972, 913–920.
Long, G. T. & Lerner, M. J.: Deserving, the „Personal Contract“, and Altruistic Behavior by Children, J. Pers. Soc. Psychol., 29, 1974, 551–556.
Lowe, C. A. & Kassin, S. M.: Biased Attributions for Political Messages: The Role of Involvement. Paper presented at the Eastern Psychological Association Meeting, April 1978, 1978.
Macaulay, J.: A Skill for Charity, in J. Macaulay & L. Berkowitz (Eds.). Altruism and Helping Behavior. New York: Academic Press 1970.
McClelland, D. C.: Macht als Motiv. Stuttgart: Klett-Cotta 1978.
McDavid, J. W., Harari, H.: Social psychology. New York: Harper 1968.
Mahl, G. F.: Gestures and Body Movements in Interviews, Res. Psychoth., 3, 1968, 295–346.
Mann, R. D.: A Review of the Relationship Between Personality and Performance in Small Groups Psychol. Bull., 56, 1959, 241–270.
Mark, V. H. & Ervin, F. R.: Violence and the Brain. New York: Harper & Row 1970.
Markus, H.: The Effect of Mere Presence on Social Facilitation: An Unobtrusive Test, J. Exp. Soc. Psychol., 14, 1978, 389–397.
Mead, M.: Sex and Temperament in Three Primitive Societies. New York: Morrow 1935.
Merton, R. K.: Social theory and social structure. Gencoe (Ill.): Free Press 1957.
Milgram, S.: Group Pressure and Action Against a

Person. J. Abnorm. Soc. Psychol., 69, 1964, 137 bis 143.

Milgram, S.: Liberating Effects of Group Pressure 1965.

Moscovici, S. & Faucheux, C.: Social Influence Conformity Bias and the Study of Active Minorities, in L. Berkowitz (Ed.). Advances in Experimental Social Psychology. New York: Academic Press 1972.

Moscovici, S.: Sozialer Wandel durch Minoritäten. München: Urban & Schwarzenberg 1979.

Mulder, M. & Stemerding, A.: Threat, Attraction to Group and Need for Strong Leadership, Hum. Relations, 16, 1963, 317–334.

Nassi, A. J.: Survivors of the Sixties: Comparative Psychosocial and Political Development of Former Berkeley Student Acitist. Unpublished doctoral dissertation, University of California, Davis.

Nemeth, C.: The Role of an Active Minority in Intergroup Relations, in W. Austin & S. Worchel (Eds.). The Social Psychology of Intergroup Relations. Monterey, Calif.: Brooks/Cole 1979.

Newcomb, T. M.: Personality and Social Change: Attitude Formation in a Student Community. New York: Dryden 1943.

Newcomb, T. M.: An Approach to the Study of Communicative Acts, Psychol. Rev., 60, 1953, 393–404.

Newcomb, T. M.: Sozialpsychologie. Meisenheim: Hain 1959.

Newcomb, T. M.: Persistence and Regression of Changed Attitudes: Long Range Studies, J. Soc. Issues, 19, 1963, 3–14.

Norman, R.: When Waht Is Said Is Important: A Comparison of Expert and Attractive Sources, J. Exp. Soc. Psychol., 12, 1976, 294–300.

Osgood, C. E. & Tannenbaum, P. H.: The Principle of Congruity in the Prediction of Attitude Change, Psychol. Rev., 62, 1955, 42–55.

Park, D., Berkowitz, L., Leyens, J. P., West, S. G. & Sebastian, R. J.: Some Effects of Violent and Nonviolent Movies on the Behavior of Juvenile Delinquents, in L. Berkowitz (Ed.). Advances in Experimental Social Psychology. Vol. 10. New York: Academic Press 1977.

Piaget, J.: The Moral Judgment of the Child. New York: Free Press 1965.

Price, W. H. & Whatmore, P. B.: Behavior Disorders and Pattern of Crime Among XYY Males Identified at a Maximum Security Hospital, Brit. Med. J., 1, 1967, 533–536.

Pruitt, D. G.: Towards an Understanding of Choice Shifts in Group Discussions, J. Pers. Soc. Psychol., 20, 1971, 495–510.

Reich, W.: Charakter-Analyse. Copenhagen: Sexpol Verlag 1933.

Rejeski, W. J., jr. & Lowe, C. A.: Nonverbal Expression of Effort as Causally Relevant Information, J. Pers., 48, 1980, 233–244.

Rhine, R. J. & Severance, L. J.: Ego Involvement, Discrepancy, Source Credibility and Attitude Change, J. Pers. Soc. Psychol., 16, 1970, 175–190.

Rice, A. K.: Führung und Gruppe. Stuttgart: Klett 1971.

Rokeach, M.: The Open and Closed Mind. New York: Basic Books 1960.

Rokeach, M.: Beliefs, Attitudes and Values. San Francisco: Jossey-Bass 1968.

Rokeach, M.: The Nature of Human Values. New York: Free Press 1973.

Rosenhan, D.: The Natural Socialization of Altruistic Autonomy, in J. Macaulay & L. Berkowitz (Eds.). Altruism and Helping Behavior. New York: Academic Press 1970.

Rosenhan, D. & White, G. M.: Obervation and Rehearsal as Determinants of Prosocial Behavior, J. Pers. Soc. Psychol., 5, 1967, 424–431.

Rule, B. G. & Nesdale, A. R.: Emotional Arousal and Aggressive Behavior, Psychol. Bull., 83, 1976, 851–863.

Rushton, J. P.: Effects of Television and Film Material on the Prosocial Behavior of Viewers, in L. Berkowitz (Ed.). Advances in Experimental Social Psychology. Vol. 12. New York: Academic Press 1980.

Schmidt, D. E. & Keating, J. P.: Human Crowding and Personal Control: An Integration of the Research, Psychol. Bull., 86, 1979, 680–700.

Sears, R. R., Maccoby, E. E. & Levin, H.: Patterns of Child Rearing. Evanston, Ill.: Row, Peterson 1957.

Sears, R. R., Whiting, J. W. M., Nowlis, V. & Sears, R. S.: Some Child-rearing antecedents of Aggression and Dependency in Young Children, Gen. Psychol. Monogr., 47, 1953, 135–234.

Secord, P. F. u. Backman, C. W.: Sozialpsychologie. Frankfurt: Fachbuchhdlg. f. Psychol. 1976.

Sherrod, D. R.: Crowding, Perceived Control, and Behavioral Aftereffects, J. App. Soc. Psychol., 4, 1974, 171–86.

Sherrod, D. R., Cohen, S.: Density, Personal Control, and Design, in J. Aillo & A. Baum (Eds.). Residential Crowding and Design. New York: Plenum Press 1980.

Sbandi, P.: Gruppenpsychologie. München§ Pfeiffer 1973.

Sommer, R.: Personal Space. Englewood Cliffs, N. J.: Prentice-Hall 1969.

Staats, A. W. & Staats, C. K.: Attitudes Established by Classical Conditioning, J. Abnorm. Soc. Psychol., 57, 1958, 37–40.

Staub, E.: The Development of Prosocial Behavior in Children. Morristown, N. J.: General Learning Press 1975.

Stroebe, W.: Grundlagen der Sozialpsychologie I. Stuttgart: Klett-Cotta 1980.

Thomas, W. I. & Znanieckl, F.: The Polish Peasant in Europe and America. Boston: Badger Press 1968.

Tracy, J. J. & Cross, H. J.: Antecedents of Shift in Moral Judgment, J. Pers. Soc. Psychol., 26, 1973, 238–244.
Triandis, H. C.: Einstellungen und Einstellungsänderungen. Weinheim: Beltz 1975.
Ullrich, R., Ullrich, R. (Hrsg.): Soziale Kompetenz, Bd. 1. München: Pfeiffer 1978.
Ullrich, R., Ullrich, R., Grawe, K., Zimmer, D.: Soziale Kompetenz, Bd. 2. München: Pfeiffer 1980.
Uznadze, D. N.: Prangisvtli, A. S.: Einstellungspsychologie (hrsg. von M. Vorwerg). Berlin: Volk u. Wissen 1976.
Valins, S.: Cognitive Effects of False Heart-rate Feedback, J. Pers. Soc. Psychol., 4, 1966, 400–408.
Walster, E., Aronson, E. & Abrahams, D.: On Increasing the Persuasiveness of a Low Prestige Communicator, J. Exp. Soc. Psychol., 2, 1966, 325–342.
Walster, E. & Festlinger, L.: The Effectiveness of „Overheard" Persuasive Communications, J. Abnorm. Soc. Psychol., 65, 1962, 695–402.
Walster, E., Walster, G. W. & Berschied, E.: Equity, Theory and Research. Boston: Allyn & Bacon 1978.
Warner, W. L. & Lunt, P. S.: The Social Life of the Modern Community. New Haven: Yale University Press 1941.
Waters, H. F. & Malamud, P.: „Drop that Gun, Captain Video," Newsweek (March 10), 1975, 81–82.
Watzlawick, P., Beavin, J. H., Jackson, D. D.: Menschliche Kommunikation. Bern: Huber 1980[5].
West, S. G. u. Wickl und R. A.: Einführung in sozialpsychologisches Denken. Weinheim: Beltz 1984.
Wicker, A. W., Kirmeyer, S., Hanson, L. & Alexander, L.: Effects of Manning Level on Subjective Experiences, Performance, and Verbal Interaction in Groups, Organizational Behav. Hum. Perf., 17, 1976, 251–274.
Wilson, E. O.: Sociobiology: The New Synthesis. Cambridge, Mass.: Harvard University Press 1975.
Wilson, E. O.: On Human Nature. Cambridge, Mass.: Harvard University Press 1978.
Wishner, J.: Reanalysis of „Impressions of Personality", Psychol. Rev. 67, 1960, 96–112.
Witte, E. H. (Hrsg.): Beiträge zur Sozialpsychologie. Weinheim: Beltz 1980.
Zimbardo, P. G., Weisenberg, M., Firestone, I. & Levy, B.: Communicator Effectiveness in Producing Public Conformity and Private Attitude Change, J. Pers., 33, 1965, 233–255.
Zajonc, R. B.: Social Facilitation, Science, 149, 1965, 260–274.

Stichwortverzeichnis